ŒUVRE COLLECTIVE

CET OUVRAGE A ÉTÉ RÉDIGÉ PAR

[...ffres indiquent les numéros de titres et chapitres]

ce du locataire 33 | Changement d'usage des logements - Meublés touristiques 435 |
du logement loué 44 | Le champ d'application du régime des locations meublées 61 |
le des locations meublées 62 | Le contentieux du bail 92

plitiques des législations sur le logement 011 | Parc locatif dans le logement
012 | Spécificité de la réglementation – Sources conventionnelles 023 | La diversité
ions locatives – Locataires mariés 121 | Locataires concubins 123 | La forme
enu du contrat de bail – Signature et date d'effet du contrat 133 | Obligation
n et réparations 313 | Les travaux dans le logement 41 | Les événements personnels
r le bail 42 | Changement d'usage des logements – Évolution législative et champ
on 431 | Régime d'autorisation 432 | Exceptions 433 | Régime HLM 434 |
ités de la location dans le secteur HLM – Caractéristiques HLM et sources de
ntation 71 | Règles d'attribution des logements 72 | Contrats de location HLM
ns financières 73 | Congé, doit au maintien dans les lieux et vente HLM 74 |
e la loi de 1948 81 | Concertation et accords collectifs 911 | Mesures préventives
tentieux de l'expulsion 93

u revenu locatif (Impôt sur le revenu, impôt sur les sociétés 101 | Le bailleur
rale 102 | La contribution sur les revenus locatifs 103 | Le régime de TVA 104 |
ns locales 105 | Les impositions diverses 106

ues des législations sur le logement 011 | Les spécificités de la réglementation -
ératif de la réglementation des baux d'habitation 021 | Champ d'application
terminé 022 | La déclaration et l'autorisation préalable de mise en location 11 |
s situations locatives – Locataires pacsés 122 | Locataires en colocation 124 |
bail et l'état des lieux – Forme du contrat 132 | Contenu du contrat 132 |
te d'effet du contrat 133 | Etat des lieux 134 | Les garanties du bailleur 14 |
de délivrance et de garantie du bailleur 21 | Les autres obligations du bailleur
ons générales du preneur 31 | Les charges locatives 32 | Les travaux dans le
vaux en cours de contrat avec la participation du locataire 411 | Travaux en
réalisés par le bailleur 412 | La durée du contrat dans le secteur privé 51 |
secteur privé 52 | Le congé donné par le bailleur dans le secteur privé 53 |
par le locataire dans le secteur privé 54 | La sortie du régime de la loi
vacants 821 | Baux de sortie du régime de la loi du 1er septembre 1948 822 |
conciliation 911

DALLOZ RÉFÉRENCE

DROIT ET PRATIQUE DES BAUX D'HABITATION

NOVEMBRE 2017

9e ÉDITION

YVES ROUQUET
Docteur en droit
Responsable du département « Droit immobilier »
aux Éditions Dalloz
Rédacteur en chef de l'*AJDI*
(*Actualité Juridique-Droit immobilier*)
Professeur à l'ICH Paris (CNAM)

HERVÉ DES LYONS †
Directeur adjoint
direction des études juridiques et fiscales
de l'Union sociale pour l'habitat

NICOLAS DAMAS
Docteur en Droit
Maître de Conférences HDR (Université de Lorraine)
Avocat au Barreau de Metz

GUILLAUME MAROT
Avocat au Barreau de Paris

DALLOZ

ISBN 978-2-247-16815-6

31-35, rue Froidevaux
75685 PARIS CEDEX 14

SERVICE CLIENTÈLE
+33 (0) 820 800 017
serviceclient@dalloz.fr

www.editions-DALLOZ.fr

Avant-propos

Cet ouvrage a connu huit éditions sous le titre *Baux d'habitation* sous la marque des Éditions Delmas, rédigé par Hervé des Lyons et moi-même.

Désireux de proposer à nos lecteurs un ouvrage plus approfondi, en développant plus largement notamment certaines questions contentieuses et en l'ouvrant à la fiscalité immobilière, jusqu'alors laissée de côté, nous avons sollicité deux nouveaux auteurs, Guillaume Marot, avocat au barreau à Paris et Nicolas Damas, avocat et maître de conférences HDR à l'Université de Lorraine.

Dorénavant intitulé *Droit et pratique des baux d'habitation* et publié dans la collection Dalloz référence, ce titre est singulièrement augmenté et résolument tourné vers une présentation claire et ordonnée de l'ensemble des questions auxquelles sont confrontés l'ensemble des acteurs du logement en France, qu'ils soient bailleurs, locataires, dans le secteur privé ou social, ainsi que leurs conseils et les magistrats chargés de dire un droit éminemment technique et parfois changeant.

Alors qu'il avait achevé son travail d'écriture, Hervé des Lyons nous a soudainement et trop tôt quittés. Cet ouvrage, qu'il avait souhaité, demeure le sien. Louis du Merle, conseiller à la direction des études juridiques et fiscales de l'Union sociale pour l'habitat, a bien voulu relire et actualiser ses contributions, qu'il en soit ici très chaleureusement remercié.

Yves Rouquet

Sommaire

Table des matières

LIVRE

0. SOURCES ET ENJEUX

SECTION 0

ORIENTEUR

0.00 Plan du livre.

TITRE

01. Les enjeux

SECTION 0
ORIENTEUR

01.00 **Plan du titre.**

Division – Dimension politique du logement. Le secteur du logement possède une dimension politique non négligeable, car il s'y mêle des approches et des analyses de nature économique, sociale, voire psychologique. Le logement n'est pas de ce fait une marchandise comme les autres.

Il est sensible à la conjoncture politique, mesurée aux orientations prises dans les textes législatifs notamment ainsi qu'à la conjoncture économique, qui modèle les décisions des investisseurs, grands et petits. Le poids de la décision publique dans le domaine du logement est considérable, par le volume des aides budgétaires et fiscales distribuées tant aux opérateurs publics que privés.

S'il reste des besoins de logement à satisfaire, on peut s'accorder sur le constat que la politique du logement a réussi à prendre la mesure des mutations intervenues depuis la seconde guerre mondiale et à proposer un parc en quantité et en qualité croissantes.

CHAPITRE

011. Enjeux politiques des législations sur le logement locatif

SECTION 0
ORIENTEUR

011.00 **Plan du chapitre.**

Division – Ambition de la réglementation des rapports locatifs. Longtemps cantonné au terrain économique (l'ambition de la loi du 1er septembre 1948 n'était « que » d'accélérer la reconstruction du parc locatif), l'enjeu de la réglementation des relations entre locataires et propriétaires est, aujourd'hui, aussi politique.

Cela a été particulièrement patent dans les années 80.

SECTION 1
RÉFORMES DES ANNÉES 80

011.11 **Recherche d'équilibre dans les rapports locatifs.** La promulgation de trois lois en huit ans ayant pour ambition de réformer l'ensemble des droits et obligations des bailleurs et locataires atteste d'une recherche délicate d'équilibre dans les rapports locatifs.

Il s'agit de la loi du 22 juin 1982 [1], dite loi Quilliot, suivie un peu plus de quatre ans après par la loi du 23 décembre 1986 [2], dite loi Méhaignerie, elle-même (partiellement) supplantée au bout de deux ans et demi par la loi du 6 juillet 1989 [3], dite loi Mermaz-Malandain. Auparavant, si l'on met à part la loi du 1er septembre 1948 [4], dont la vocation était de disparaître à terme plus ou moins rapproché, aucun texte général ne soumettait les contrats de location d'habitation à des conditions particulières. Le contrat faisait la loi des parties et, dans le silence du contrat, le code civil intervenait à titre supplétif.

011.12 **Intervention de l'État dans les rapports locatifs.** Le législateur de 1982 a tenté de traduire par une meilleure sécurité des relations contractuelles l'impression de précarité ressentie par les locataires au début des années 80. Cette stratégie de sécurisation s'est mesurée dans deux des points clés du contrat d'habitation : la durée du contrat et les conditions de son renouvellement, d'une part, le prix exprimé par le montant du loyer, d'autre part.

Les lois qui ont suivi n'ont fait que décliner des approches différenciées autour de ces deux thèmes.

La loi du 23 décembre 1986 a ainsi cherché à faciliter une transition entre le régime de 1982, qui donnait une importance particulière à la négociation collective des loyers sous le contrôle de l'État dans une période de forte inflation, et le retour à la fixation des loyers au prix du marché sous le contrôle du juge et de commissions locales de conciliation. Elle a alors créé une période transitoire étalée sur cinq ou neuf ans selon les communes, que l'intervention de la loi du 6 juillet 1989 n'a pas laissé se dérouler jusqu'à son terme.

1. L. n° 82-526, 22 juin 1982 relative aux droits et obligations des locataires et des bailleurs, *JO* 23 juin, p. 1967.
2. L. n° 86-1290, 23 déc. 1986 tendant à favoriser l'investissement locatif, l'accession à la propriété de logements sociaux et le développement de l'offre foncière, *JO* 24 déc., p. 15531, dite loi Méhaignerie.
3. L. n° 89-462, 6 juill. 1989 tendant à améliorer les rapports locatifs et portant modification de la loi n° 86-1290, 23 déc. 1986, *JO* 8 juill., p. 8541, dite loi Mermaz-Malandain.
4. L. n° 48-1360, 1er sept. 1948 sur les baux et loyers, *JO* 2 sept., p. 8659, dite loi Grimaud.

SECTION 2
LOI DU 6 JUILLET 1989 : UNE LOI D'ÉQUILIBRE ?

011.21 Équilibre entre droit de propriété et droit au logement. Jusqu'à la loi n° 2014-366 du 24 mars 2014 pour l'accès au logement et un urbanisme rénové, dite loi Alur [1], on s'accordait à reconnaître que la loi du 6 juillet 1989 était un texte d'équilibre entre deux droits aussi fondamentaux que le droit de propriété et le droit au logement. D'ailleurs, les modifications qui y étaient régulièrement apportées étaient plus techniques que politiques, n'entamant en rien son économie et sa philosophie générales.

Or, la loi du 24 mars 2014, dite loi Alur, a touché à certains fondamentaux, notamment en instaurant un nouveau régime d'encadrement administratif des loyers (entraînant la création d'observatoires locaux sur une grande partie du territoire), en créant la garantie universelle des loyers (Gul) [2], en réformant le champ d'application du texte, en consacrant un titre I *bis* aux meublés, en amendant l'article 15 relatif aux congés et l'article 24 relatif à la clause résolutoire, etc.

Ce texte se caractérise aussi par les dates auxquelles il va entrer dans notre droit positif.

En effet, au-delà du nombre important de décrets d'application qu'il va nécessiter pour être pleinement applicable, le principe, tiré de l'article 2 du code civil, de l'application de la législation antérieure aux contrats en cours, est partiellement battu en brèche.

De fait, l'article 14 de la loi du 24 mars 2014, rend immédiatement applicable aux contrats en cours certaines de ses dispositions [3].

Compliquant davantage la situation, dans sa décision rendue au sujet de ce texte, le Conseil constitutionnel [4] précise que les dispositions de la loi nouvelle ne s'appliquent pas aux baux conclus avant l'entrée en vigueur de la loi [5], y compris s'ils ont fait l'objet d'une reconduction tacite après cette entrée en vigueur.

Depuis, la loi n° 2015-990 du 6 août 2015 pour la croissance, l'activité et l'égalité des chances économiques, dite loi Macron [6], qui a modifié certains articles de la loi du 6 juillet 1989, a par ailleurs tenté de clarifier la situation en distinguant les dispositions applicables aux contrats en cours lors de la publication de la loi, de celles qui vont prévaloir à compter de leur reconduction tacite ou de leur renouvellement [7].

Ainsi, sauf exceptions, jusqu'à leur renouvellement ou leur reconduction tacite, les baux en cours au 7 août 2015 demeurent soumis aux dispositions qui leur étaient applicables.

En revanche, là encore sauf exceptions, à compter de la date d'effet de leur renouvellement ou de leur reconduction tacite, les baux sont régis par l'ensemble des dispositions de la loi du 6 juillet 1989 en vigueur au jour du renouvellement ou de la reconduction tacite.

Enfin, dans le domaine du logement social pour l'essentiel, la loi du 27 janvier 2017, relative à l'égalité et à la citoyenneté, a inscrit les règles d'attribution des logements sociaux HLM dans une nouvelle perspective de mixité sociale, accompagnée d'une nouvelle politique des loyers [8].

1. L. n° 2014-366, 24 mars 2014 pour l'accès au logement et un urbanisme rénové, *JO* 26 mars, p. 5809, dite loi Alur.
2. Trop onéreuse, la Gul a, en définitive, été abandonnée, au profit du dispositif VISALE, v. s[s] n° 145.31.
3. Sur la question, v. Damas, *AJDI* 2014. 334; *D.* 2014. Pan. 1221, spéc. 1224; P. Bouaziz et B. Filippi, *Gaz. Pal.* 18-19 juin 2014. 5; Vial-Pedroletti, *Loyers et copr.* 2014. Étude 9; *JCP* 2014. 932; F. de La Vaissière, RTDI 2/2015. 58.
4. Cons. const., n° 2014-691 DC, 20 mars 2014, *JO* 26 mars, p. 5925.
5. Le 27 mars 2014.
6. L. n° 2015-990, 6 août 2015 pour la croissance, l'activité et l'égalité des chances économiques, *JO* 7 août, p. 13537.
7. SUR LA QUESTION de l'application dans le temps des dispositions nouvelles de la loi du 6 juillet 1989, v. Damas, *AJDI* 2015. 654; J. Monéger, *Loyers et copr.* 2015. Étude 11; Vial-Pedroletti, *Loyers et copr.* 2015. Étude 13.
8. L. n° 2017-86, 27 janv. 2017, relative à l'égalité et à la citoyenneté, *JO* 28 janv., n° 1.

CHAPITRE

012. Parc locatif dans le logement en France

SECTION 0

ORIENTEUR

012.00 **Plan du chapitre.**

012.03 **Bibliographie indicative.**

Ouvrages. Y. Rouquet, *Location mode d'emploi*, 12e éd., 2017, Delmas Express – J. Lafond, B. Vial-Pedroletti, *Les baux d'habitation*, 8e éd., LexisNexis, 2017.

Actualisables. RÉP. CIV., v° « Baux d'habitation et mixtes (Rapports locatifs individuels : loi du 6 juillet 1989) », N. Damas – RÉP. PR. CIV., v° « Bail d'habitation » F. de La Vaissière.

Articles. SOeS. « Comptes du logement 2014, premiers résultats 2015 ». Coll. Références, févr. 2016; S. Arnault et *al.* « Les conditions de logement fin 2013 : premiers résultats de l'enquête logement », *Insee Première*, n° 1546, avr. 2015.

SECTION UNIQUE

ÉTUDE D'ENSEMBLE

012.11 **Parc de logements en France 2013.** Selon l'INSEE[1] (enquête logement réalisée en 2016), à la fin 2016 le parc de logements en France métropolitaine comptait plus de 29 millions de résidences principales.

012.12 **Propriétaires et locataires.** Plus de la moitié de ces logements (58 %) étaient occupés par des ménages propriétaires dont 20 % d'accédants. Après avoir augmenté dans les années 1990 et 2000, le flux annuel des acquéreurs récents est revenu à des niveaux plus faibles.

Les locataires d'un logement loué vide représentent quant à eux 39,7 % des ménages en 2016, avec une progression relative des locataires du secteur social, à 16,8 % en 2016 contre 15,6 % en 2001 et une hausse (puisqu'il existe de plus en plus de logements) de locataires du secteur libre (à 23 % en 2016 contre 20,7 % en 2001).

RÉSIDENCES PRINCIPALES
SELON LE STATUT D'OCCUPATION

	2001	2006 (2)	2013	2016
Propriétaires	56,0	57,2	57,9	58
• Non accédants	35,0	37,6	38,4	37,8
• Accédants (1)	21,0	19,6	19,5	20,1
Locataires d'un local loué vide	36,3	36,1	36,7	39,7
dont :				
• Secteur social	15,6	15,7	16,8	16,8
• Secteur libre (y.c. loi 1948)	20,7	20,4	19,9	23
Autres locataires	3,2	3,1	2,9	2,4
Fermiers ou métayers	0,3	0,0	– (3)	– (3)
Logés gratuitement	4,2	3,6	2,5	2,4
Parc total (en milliers)	24 525	26 280	28 077	29 173

(1) Ménages propriétaires de leur logement à qui il reste, à la date de l'enquête, des prêts relatifs à l'acquisition de ce logement à rembourser. Champ : France métropolitaine. *Source :* Insee, enquête logement.

(2) La période de référence de l'enquête Logement est en fin d'année sauf en 2006 (milieu d'année).

(3) Question non posée en 2013 Champ : France métropolitaine Sources : Insee, Enquête Logement

L'enquête Logement est une des principales enquêtes de l'Insee par son ancienneté (1955) et la taille de son échantillon (36 000 logements répondants en 2013). C'est la source statistique majeure pour décrire le parc de logements et les conditions

1. Institut national de la statistique et des études économiques, « Le parc de logements en France au 1er janvier 2016 », *Insee Focus*, n° 73, 2016/12.

d'occupation par les ménages de leur résidence principale.

Définition du Secteur social : les locataires du secteur social sont ici les ménages locataires d'un logement vide ayant indiqué que leur loyer relevait de la législation HLM. La très grande majorité de ces ménages (94 %) ont un bailleur de type organisme HLM ou assimilé. Les autres ont indiqué que leur bailleur était une société d'économie mixte, une administration, une collectivité, un organisme de sécurité sociale, ou encore une association au titre de l'action logement.

012.13 Demandes de changement de logement. Selon l'INSEE : « Un ménage sur quatre déclare vouloir changer de logement ou y être contraint, mais près d'un locataire sur deux (46 %) est dans ce cas : le confort des logements, vu par leurs occupants, s'est constamment amélioré depuis les années 1970. 15 % des ménages considéraient leurs conditions de logement comme insuffisantes ou très insuffisantes en 1973, ils ne sont plus que 6 % en 2013. En 2013, comme en 2006, un ménage sur quatre déclare vouloir changer de logement ou y être contraint et, dans ce deuxième cas pour des raisons essentiellement professionnelles ou familiales. Les ménages locataires envisagent plus fréquemment de déménager que les ménages propriétaires (46 % contre 13 %). Plus de la moitié des ménages qui déclarent vouloir changer de logement souhaitent un logement plus grand (52 %), notamment lorsqu'ils vivent en appartement (62 %). »

012.14 Mobilité résidentielle et prix des loyers dans le secteur libre. Selon l'observatoire Clameur après une année 2015 de reprise de la mobilité résidentielle dans le secteur libre (de 27,3 à 30,5 %), l'activité s'est repliée en 2016. L'activité s'est ressaisie en 2017 (à 29,8 %), en dépit d'une période hivernale habituellement peu propice à la mobilité résidentielle.

En matière de loyers de 2013 à 2017, les loyers de marché ont augmenté de 0.4 % par an, pour une inflation à 0.6 % (INSEE). En 2015, en dépit du redressement de la mobilité résidentielle, les loyers ont baissé rapidement de - 1,1 % au total. L'année 2016 s'est terminée sur une augmentation de 1.0 %. Sur un marché dont l'activité reste soutenue durant les mois d'hiver, 2017 commence sur une stabilisation des loyers. Mais avec des différences selon la taille des logements et la localisation.

012.15 Accroissement de la situation de pauvreté dans les logements du parc social. Les locataires HLM se situent de plus en plus parmi les ménages les plus modestes : 60 % environ des locataires HLM et 68 % des emménagés récents sont dans une situation assimilable à une situation de pauvreté (revenu de moins de 999 euros par mois). L'enquête sur l'Occupation du parc social (OPS 2012) indique en effet qu'en 2012, 61 % des locataires HLM se situent en dessous de la référence de 60 % des plafonds PLUS [1], et 68 % parmi les emménagés récents (ménages résidant depuis moins de trois ans dans leur logement; ceux-ci pouvant être des ménages entrés dans le parc social ou bien ayant quitté un logement social pour un autre). Les emménagés récents apparaissent comme plus pauvres (plus d'un quart sont sous 20 % des plafonds PLUS) que les locataires en place [2].

1. PLUS, Prêt locatif à usage social. Correspond au niveau de ressources pour l'entrée dans le logement social HLM.
2. M. Menanteau DEEF/USH. *Actualités Habitat*. Revue de l'Union Sociale pour l'Habitat, n° 1019, 15 sept. 2015, p. 16.

TITRE

02. Les spécificités de la réglementation

SECTION 0
ORIENTEUR

02.00 **Plan du titre.**

02.03 **Bibliographie indicative.**

Ouvrages. Y. Rouquet, *Location mode d'emploi*, 12e éd., 2017, Delmas Express – J. Lafond, B. Vial-Pedroletti, *Les baux d'habitation*, 8e éd., LexisNexis, 2017.

Actualisables. RÉP. CIV., vis « Baux d'habitation et mixtes (Rapports locatifs collectifs) », N. Damas; « Baux d'habitation et mixtes (Rapports locatifs individuels : loi du 6 juillet 1989) », N. Damas; « Bail d'habitation ou professionnel – Loi du 1er septembre 1948 », H. Des Lyons et Y. Rouquet; « Habitat social (HLM) », H. Des Lyons – RÉP. PR. CIV., v° « Bail d'habitation », F. de La Vaissière – DICT. PERM. Gest. Immo., vis « Baux d'habitation et mixte ».

CHAPITRE

021. Caractère impératif de la réglementation des baux d'habitation

SECTION 0
ORIENTEUR

021.00 **Plan du chapitre.**

Sect. unique Étude d'ensemble

021.01 **Textes applicables.**

TEXTE SOURCE

• **L. n° 89-462, 6 juill. 1989,** tendant à améliorer les rapports locatifs et portant modification de la loi n° 86-1290 du 23 décembre 1986, *JO*, 8 juill., p. 8541, art. 2.

TEXTE *IN EXTENSO*

• **L. 6 juill. 1989, art. 2**

Les dispositions du présent titre sont d'ordre public.

Le présent titre s'applique aux locations de locaux à usage d'habitation ou à usage mixte professionnel et d'habitation, et qui constituent la résidence principale du preneur, ainsi qu'aux garages, aires et places de stationnement, jardins et autres locaux, loués accessoirement au local principal par le même bailleur. La résidence principale est entendue comme le logement occupé au moins huit mois par an, sauf obligation professionnelle, raison de santé ou cas de force majeure, soit par le preneur ou son conjoint, soit par une personne à charge au sens du code de la construction et de l'habitation.

Toutefois, ce titre ne s'applique pas :

1° Aux logements-foyers, à l'exception du premier alinéa de l'article 6 et de l'article 20-1 ;

2° Aux logements meublés, régis par le titre Ier *bis;*

3° Aux logements attribués ou loués en raison de l'exercice d'une fonction ou de l'occupation d'un emploi et aux locations consenties aux travailleurs saisonniers, à l'exception de l'article 3-3, des deux premiers alinéas de l'article 6, de l'article 20-1 et de l'article 24-1.

021.03 **Bibliographie indicative.**

Ouvrages. Y. Rouquet, *Location mode d'emploi*, 12e éd., 2017, Delmas Express – J. Lafond, B. Vial-Pedroletti, *Les baux d'habitation*, 8e éd., LexisNexis, 2017, nos 12 à 89.

Actualisables. RÉP. CIV., vis « Baux d'habitation et mixtes (Rapports locatifs collectifs) », N. Damas; « Baux d'habitation et mixtes (Rapports locatifs individuels : loi du 6 juillet 1989) », N. Damas; « Bail d'habitation ou professionnel – Loi du 1er septembre 1948 », H. Des Lyons et Y. Rouquet; « Habitat social (HLM) », H. Des Lyons – RÉP. PR. CIV., v° « Bail d'habitation », F. de La Vaissière – DICT. PERM. Gest. Immo., vis « Baux d'habitation et mixte ».

SECTION UNIQUE
ÉTUDE D'ENSEMBLE

021.11 **Protection des cocontractants.** Il ressort de l'article 2 de la loi du 6 juillet 1989 que les dispositions du titre Ier (consacré aux rapports entre les bailleurs et les locataires et comprenant les articles 1er à 25-2) sont d'ordre public.

Il s'agit d'un ordre public de protection, c'est-à-dire d'un ensemble de règles édictées dans le but de protéger l'un des cocontractants (en l'occurrence, en fonction des dispositions, le locataire ou le bailleur).

Si le cocontractant que la loi a entendu protéger peut s'affranchir pour tout ou partie de cette protection, il est à noter que le juge ne valide une renonciation que pour autant qu'elle soit :

– certaine et sans équivoque;

– intervenue en connaissance de cause;

– et postérieure à la naissance du droit auquel la partie au contrat entend renoncer (c'est-à-dire après la signature du contrat) [1]. Il a été jugé qu'est prohibée, la clause du bail par laquelle le locataire s'oblige à renoncer à tout recours contre le bailleur en cas de trouble ou de dommage subi du fait

1. POUR UN EXEMPLE de renonciation du locataire à la durée du bail : Civ. 3e, 23 juin 1998, n° 96-17.992, NP, *Administrer* janv. 1999. 57, note Canu – POUR UN EXEMPLE de défaut de renonciation du bailleur au bénéfice du préavis en cas de départ de son locataire : Civ. 3e, 26 juin 1991, n° 90-10.212, NP, *Loyers et copr.* 1991, n° 451.

d'autres locataires ou occupants de l'immeuble[1]. De même, est frappée de nullité la clause prévoyant que la responsabilité du bailleur ne peut être recherchée à raison de pertes, avaries, dégâts causés dans les locaux loués à tous les biens meubles, quelle qu'en soit l'origine[2].

Par ailleurs, en aucun cas, l'ordre public de protection ne saurait empêcher le bailleur de s'imposer à lui-même des obligations constituant pour le preneur une protection supplémentaire, ni justifier un manquement de la part de ce bailleur à l'une des obligations qu'il s'est imposées[3].

Enfin, le bailleur ne peut pas, dans la convention, renoncer à invoquer la nullité d'une clause excluant le bénéfice d'une nouvelle loi d'ordre public[4].

1. Paris, 21 nov. 1996, RG n° 95/021672, *Loyers et copr.* 1997, n° 10, obs. Vial-Pedroletti.
2. Lyon, 24 oct. 2007, RG n° 05/07464, *BICC* 2008, n° 1102.
3. Paris, 28 oct. 1994, RG n° 93/15038, *Loyers et copr.* 1995, n° 106.
4. Civ. 3e, 20 mars 1996, n° 94-10.710, *Bull. civ.* III, n° 73; *D.* 1997. 272.

CHAPITRE

022. Champ d'application strictement déterminé

SECTION 0
ORIENTEUR

022.00 Plan du chapitre.

Division – Application totale ou partielle. En dehors de l'hypothèse de l'extension volontaire du champ d'application de la loi (possible dès lors que la location en question ne relève pas d'un autre statut impératif et que la volonté des parties est sans équivoque [1]), trois cas de figure sont à distinguer puisque, à côté des conventions entrant dans le champ d'application de la loi [2], d'autres en sont totalement exclues, alors qu'une troisième catégorie a vocation à être partiellement régie par la loi du 6 juillet 1989 (v. le tableau récapitulatif s^s n° 022.211).

En réécrivant l'article 2 de la loi du 6 juillet 1989 [3], la loi du 24 mars 2014, dite loi Alur [4], applicable uniquement aux contrats signés à compter du 27 mars 2014, a sensiblement fait bouger les lignes.

Il convient, par conséquent, d'envisager la législation applicable avant et après l'entrée en vigueur de la loi du 24 mars 2014.

022.01 Textes applicables.

TEXTES SOURCES

• **L. n° 89-462, 6 juill. 1989** tendant à améliorer les rapports locatifs et portant modification de la loi n° 86-1290 du 23 décembre 1986, *JO*, 8 juill., p. 8541, art. 2, 40.

TEXTES *IN EXTENSO*

• **L. 6 juill. 1989, art. 2**

* V. s^s n° 021.01

• **L. 6 juill. 1989, art. 40**

I. – Les 4°, 7° à 9° et le dernier alinéa de l'article 3, l'article 3-1, le II de l'article 5, les articles 8, 8-1, 10 à 12, 15 à 18, le 1° de l'article 20, les cinq premiers alinéas de l'article 23 et les articles 25-3 à 25-11 ne sont pas applicables aux logements appartenant aux organismes d'habitations à loyer modéré et

1. POUR DES EXEMPLES de volonté non équivoque : Civ. 3e, 20 déc. 1994, n° 92-21.565, NP, (lois de 1982 et 1986), *Loyers et copr.* 1995, n° 94 – Paris 10 févr. 1995, *Loyers et copr.* 1995, n° 193.
2. Concernant l'application de la loi à la Nouvelle-Calédonie, v. L. n° 89-462, 6 juill. 1989, art. 44 à 47, in *Code des baux Dalloz*.
3. L. n° 89-462, 6 juill. 1989 tendant à améliorer les rapports locatifs et portant modification de la loi n° 86-1290 du 23 déc. 1986, *JO* 8 juill., p. 8541.
4. L. n° 2014-366, 24 mars 2014 pour l'accès au logement et un urbanisme rénové, *JO* 26 mars 2014 p. 5809, dite loi Alur.

ne faisant pas l'objet d'une convention passée en application de l'article L. 351-2 du code de la construction et de l'habitation.

L'article 14 leur est applicable à condition que le bénéficiaire du transfert ou de la continuation du contrat remplisse les conditions d'attribution et que le logement soit adapté à la taille du ménage. Ces deux conditions ne sont pas requises envers le conjoint, le partenaire lié au locataire par un pacte civil de solidarité ou le concubin notoire et, lorsqu'ils vivaient effectivement avec le locataire depuis plus d'un an, les ascendants, les personnes présentant un handicap au sens de l'article L. 114 du code de l'action sociale et des familles et les personnes de plus de soixante-cinq ans. Lorsque le bénéficiaire du transfert est un descendant remplissant les conditions de ressources mais pour lequel le logement est inadapté à la taille du ménage, l'organisme bailleur peut proposer un relogement dans un logement plus petit pour lequel l'intéressé est prioritaire.

Les treizième à vingt-troisième alinéas du I de l'article 15 sont applicables lorsque le congé émane du locataire.

II. – Les dispositions des articles 3, 3-1, 8 à 20, du premier alinéa de l'article 22 et de l'article 24 ne sont pas applicables aux logements dont le loyer est fixé en application des dispositions du chapitre III de la loi n° 48-1360 du 1er septembre 1948 précitée.

III. – Les 4°, 7° à 9° et le dernier alinéa de l'article 3, l'article 3-1, le II de l'article 5, les articles 8, 8-1, 10 à 12, 15 et 17, le II de l'article 17-1 et les articles 17-2 et 18 ne sont pas applicables aux logements régis par une convention conclue en application de l'article L. 351-2 du code de la construction et de l'habitation.

L'article 14 leur est applicable à condition que le bénéficiaire du transfert ou de la continuation du contrat remplisse les conditions d'attribution et que le logement soit adapté à la taille du ménage. Ces deux conditions ne sont pas requises envers le conjoint, le partenaire lié au locataire par un pacte civil de solidarité ou le concubin notoire et, lorsqu'ils vivaient effectivement avec le locataire depuis plus d'un an, les ascendants, les personnes présentant un handicap au sens de l'article L. 114 du code de l'action sociale et des familles et les personnes de plus de soixante-cinq ans.

Les treizième à vingt-troisième alinéas du I de l'article 15 leur sont applicables.

L'article 16, le I de l'article 17-1, l'article 18, le 1° de l'article 20, les cinq premiers alinéas de l'article 23 et les articles 25-3 à 25-11 ne sont pas applicables aux logements régis par une convention conclue en application de l'article L. 353-14 du code de la construction et de l'habitation.

Les articles 25-3 à 25-11 de la présente loi ne sont pas applicables aux logements appartenant à une société d'économie mixte et qui sont régis par une convention conclue en application de l'article L. 351-2 du code de la construction et de l'habitation.

IV. – Les dispositions des cinq premiers alinéas de l'article 23 ne sont pas applicables aux logements dont les conditions sont réglementées en contrepartie de primes ou prêts spéciaux à la construction consentis par le Crédit foncier de France ou la Caisse centrale de coopération économique.

V. – Les articles 10, 15, à l'exception des treizième à vingt-troisième alinéas du I, 17 et 17-2 ne sont pas applicables aux logements donnés en location à titre exceptionnel et transitoire par les collectivités locales.

VI. – Les loyers fixés en application des articles 17, 17-1 et 17-2 ou négociés en application des articles 41 *ter* et 42 de la loi n° 86-1290 du 23 décembre 1986 précitée ne peuvent ni excéder, pour les logements ayant fait l'objet de conventions passées en application de l'article L. 351-2 du code de la construction et de l'habitation, les loyers plafonds applicables à ces logements, ni déroger, pour les logements ayant fait l'objet de primes ou de prêts spéciaux à la construction du Crédit foncier de France ou de la Caisse centrale de coopération économique, aux règles applicables à ces logements.

Les accords conclus en application des articles 41 *ter* et 42 de la loi n° 86-1290 du 23 décembre 1986 précitée ne peuvent conduire à déroger, pour les logements dont le loyer est fixé en application du chapitre III de la loi n° 48-1360 du 1er septembre 1948 précitée, aux règles de fixation de ce loyer ni, pour les logements gérés par les organismes d'habitations à loyer modéré, aux règles de fixation et d'évolution des loyers prévues à l'article L. 442-1 du code de la construction et de l'habitation.

VII. – Les dispositions des articles 17 à 20 ne sont pas applicables aux logements auxquels s'appliquent les dispositions de l'article L. 472-1-3 du code de la construction et de l'habitation.

Les dispositions de l'article 17, du I de l'article 17-1, des articles 17-2 et 18 et du 1° de l'article 20 ne sont pas applicables aux sociétés d'économie mixte pour les logements régis par un cahier des charges en application du chapitre V du titre IV du livre IV du code de la construction et de l'habitation.

VIII. – Les 4°, 7°, 8°, 9° et dernier alinéa de l'article 3, les articles 3-1, 8, 10 à 11-1, 15, 17, 17-2, 18, les sixième à dernier alinéas de l'article 23 et le II de l'article 17-1 ne sont pas applicables aux logements des résidences universitaires définies à l'article L. 631-12 du code de la construction et de l'habitation et régies par une convention conclue en application de l'article L. 351-2 du même code. Toutefois, les treizième à vingt-troisième alinéas du I de l'article 15 sont applicables lorsque le congé émane du locataire.

Les articles 3-1, 8, 10 à 11-1 et les sixième à dernier alinéas de l'article 23 ne sont pas applicables aux logements des résidences universitaires définies audit article L. 631-12.

Les charges locatives accessoires au loyer principal des logements des résidences universitaires peuvent être récupérées par le bailleur sous la forme d'un forfait versé simultanément au loyer, dont le montant et la périodicité de versement sont définis au contrat et qui ne peut donner lieu à complément ou à régularisation ultérieure. Le montant du forfait de charges est fixé en fonction des montants exigibles par le bailleur en application de l'article 23. Ce montant ne doit pas être manifestement disproportionné au regard des charges dont le locataire ou, le cas échéant, le précédent locataire se serait acquitté.

022.02 **Jurisprudence de référence.**

• **Cass., Ass. plén., 2 févr. 1996, n° 91-21.373**, *Bull. civ.*, n° 1

* V. s[s] n° 022.35

Si le titulaire d'un contrat de location à usage mixte professionnel et d'habitation n'est pas tenu, durant le bail, d'utiliser les lieux à chacun des usages prévus par la convention des parties, il ne peut, lorsque au terme du contrat il n'occupe pas pour son habitation principale, au moins partiellement, les locaux pris en location, se prévaloir du droit au renouvellement du contrat que la loi sur les rapports locatifs confère à celui qui habite les lieux loués.

• **Civ. 3e, 15 déc. 2004, n° 02-20.614**, *Bull. civ.* III, n° 239

* V. s[s] n° 022.191

Doit être cassé l'arrêt de la cour d'appel qui, pour débouter le locataire de sa demande de condamnation du bailleur à remplir son obligation de délivrance en effectuant les travaux nécessaires à l'approvisionnement des lieux en eau courante, retient que le loyer du logement classé en catégorie IV de la loi de 1948 a été déterminé en considération de ce classement, que le locataire a été informé de ce qu'il ne sera pas possible de faire installer l'eau courante, que le gestionnaire lui avait fait une proposition de relogement qu'il a refusée, alors que l'exigence de la délivrance au preneur d'un logement décent impose son alimentation en eau courante.

022.03 **Bibliographie indicative.**

Ouvrages. Y. Rouquet, *Location mode d'emploi*, 12e éd., 2017, Delmas Express – J. Lafond, B. Vial-Pedroletti, *Les baux d'habitation*, 8e éd., LexisNexis, 2017, n°s 90 à 262.

Actualisables. RÉP. CIV., v[is] « Baux d'habitation et mixtes (Rapports locatifs collectifs) », N. Damas; « Baux d'habitation et mixtes (Rapports locatifs individuels : loi du 6 juillet 1989) », N. Damas; « Bail d'habitation ou professionnel – Loi du 1er septembre 1948 », H. Des Lyons et Y. Rouquet; « Habitat social (HLM) », H. Des Lyons – RÉP. PR. CIV., v° « Bail d'habitation », F. de La Vaissière.

SECTION 1
CONVENTIONS ENTRANT DANS LE CHAMP D'APPLICATION DE LA LOI DE 1989

§ 1
Nature du contrat

022.11 **Critère de l'affectation du local avant la loi Alur.** Avant la loi du 24 mars 2014, dite loi Alur, la loi du 6 juillet 1989 s'appliquait « aux locations de locaux à usage d'habitation principale ou à usage mixte professionnel et d'habitation principale ainsi qu'aux garages, places de stationnement, jardins et autres locaux, loués accessoirement au local principal par le même bailleur »[1].

1. L. n° 89-462, 6 juill. 1989, art. 2, al. 1er.

022.12 **Critère de l'affectation du local depuis la loi Alur.** Depuis la réécriture de l'article 2 de la loi de 1989 par la loi du 24 mars 2014, dite loi Alur, applicable aux baux conclus à compter du 27 mars 2014, la statut des baux d'habitation vaut pour les « locations de locaux à usage d'habitation ou à usage mixte professionnel et d'habitation, et qui constituent la résidence principale du preneur, ainsi qu'aux garages, aires et places de stationnement, jardins et autres locaux, loués accessoirement au local principal par le même bailleur ».

Pour être soumise au régime de la loi du 6 juillet 1989, la convention doit donc remplir cumulativement deux conditions : il doit s'agir d'un contrat de louage de choses et les locaux loués doivent être affectés à l'un des usages prévus par ce texte.

§ 2
Exigence d'un contrat de louage de chose

022.21 **Appréciation *in concreto*.** Les parties doivent conclure un contrat de louage de choses, que l'article 1709 du code civil définit comme « un contrat par lequel l'une des parties s'oblige à faire jouir l'autre d'une chose pendant un certain temps, et moyennant un certain prix que celle-ci s'oblige de lui payer ».

À cet égard, le juge n'est pas lié par la qualification retenue par les parties (ni d'ailleurs par celle retenue par les experts[2]). Doit être qualifié de bail[3], le contrat passé entre les occupants et le propriétaire d'un hôtel, dès lors que le loueur n'offre pas les services caractéristiques du contrat d'hôtellerie, que certains occupants ont acquis des éléments de literie et installé des lignes téléphoniques personnelles, qu'ils paient un « loyer » et qu'ils sont en place depuis plusieurs années[4] (pour des exemples de conventions ne constituant pas des contrats de location v. s[s] n°s 022.41 s.).

§ 3
Conformité de l'affectation des locaux aux prévisions légales

022.31 **Habitation principale, local mixte ou local accessoire.** La définition de l'affectation des locaux est importante puisque seules trois affectations vont ouvrir droit à l'application du régime de la loi du 6 juillet 1989.

2. Soc. 17 oct. 1958, *Bull. civ.* IV, n° 1051.
3. Et non de contrat d'hôtellerie.
4. Civ. 3e, 26 juin 1996, n° 94-16.850, *Bull. civ.* III, n° 161; *RDI* 1996. 623, obs. Collart-Dutilleul.

Il s'agit de l'affectation des locaux à usage d'habitation principale (depuis la loi du 24 mars 2014, dite loi Alur, il est question de « résidence principale du preneur »), de l'affectation à usage mixte professionnel et d'habitation et, enfin, des locaux loués accessoirement au local principal par le même bailleur. La restriction de l'application de la loi du 6 juillet 1989 aux baux d'habitation, aux baux mixtes et à leurs accessoires s'explique par le fait que la finalité de ce texte est de défendre le droit au logement. Dans son article 1er, en effet, la loi de 1989 dispose que « le droit au logement est un droit fondamental [qui] s'exerce dans le cadre des lois qui le régissent »[1].

022.32 Locaux à usage d'habitation principale – Absence de définition (avant la loi Alur). C'est l'hypothèse la plus fréquente d'une personne louant un appartement ou une maison individuelle pour y vivre. Avant la loi du 24 mars 2014, dite loi Alur, le texte ne définissait pas la notion d'habitation principale[2], et on retenait, en application de l'article 102 du code civil, qu'il s'agissait du lieu où le locataire a son « principal établissement ». La Cour de Paris avait toutefois jugé que cette notion d'« habitation principale » était une notion spécifique distincte des notions juridiques de « domicile », « résidence » et « habitation »[3]. Elle en tirait la conséquence que le régime de la loi de 1989 s'appliquait à un bail portant sur des locaux dans lequel le locataire justifiait avoir résidé de façon effective et continue et où il était toujours administrativement domicilié, avant de les avoir quittés pour des raisons professionnelles et judiciaires ponctuelles[4].

Pour autant, on pouvait concevoir (notamment pour des raisons professionnelles ou de santé) qu'une personne puisse disposer de plusieurs « établissements principaux ».

022.33 Locaux à usage d'habitation principale – Définition (depuis la loi Alur). Pour les contrats signés depuis le 27 mars 2014, date d'entrée en vigueur du nouvel article 2 de la loi du 6 juillet 1989 issu de la loi du 24 mars 2014, dite loi Alur, qui évoque la notion, non plus d'« habitation principale », mais de « résidence principale »[5], la règle a évolué, puisque désormais, « la résidence principale est entendue comme le logement occupé *au moins huit mois par an, sauf obligation professionnelle, raison de santé ou cas de force majeure*, soit par le preneur ou son conjoint, soit par une personne à charge au sens du code de la construction et de l'habitation ».

Sur le terrain de la preuve, on retiendra que la première chambre civile de la Cour de cassation, se retranchant derrière le pouvoir souverain des juges du fond, a jugé que le rapport de détective produit par le bailleur sur la domiciliation fiscale du locataire en Suisse ne suffit pas à établir que ce dernier ne résidait plus à titre principal dans les lieux loués[6].

022.34 Locaux à usage mixte professionnel et d'habitation. Un bail mixte est un bail qui sert à la fois à l'habitation du locataire et à l'exercice de sa profession.

Précisons que la mixité au sens de l'article 2 de la loi du 6 juillet 1989 ne se conçoit qu'entre une affectation d'habitation et une affectation professionnelle : un bail portant à la fois sur des locaux d'habitation et sur des locaux commerciaux est commercial pour le tout et est régi par les dispositions des articles L. 145-1 à L. 145-60 du code de commerce et des articles non abrogés du décret n° 53-960 du 30 septembre 1953[7], ce, même si la majeure partie des locaux est consacrée à l'habitation[8] (toutefois, sur le changement d'usage des logements v. s^s n°s 431.11 s).

Une clause de destination mixte va, par exemple, permettre à un avocat d'exercer son activité dans son logement. Sans cette clause, il s'exposerait à la résiliation de son bail[9].

022.35 Conséquences de l'utilisation exclusivement professionnelle de locaux mixtes. Un problème se pose lorsque le locataire, qui a loué le local en vertu d'un bail mixte, utilise les lieux exclusivement pour l'exercice de sa profession (l'utilisation exclusive des lieux pour l'habitation ne présentant quant à elle pas de difficulté, la loi de 1989 ayant alors, par essence, vocation à s'appliquer).

Cet abandon d'une des facettes de la destination des lieux fait-il perdre au locataire le bénéfice du régime de la loi de 1989 ?

Statuant en assemblée plénière, sa formation la plus solennelle, la Cour de cassation a, en 1996, précisé que si, durant le bail, le preneur n'est pas tenu d'utiliser les lieux à chacun des usages prévus par la convention, il ne peut se prévaloir du droit au

1. Au nombre de ces lois régissant le droit au logement v. notamment la loi n° 90-449, 31 mai 1990 visant à la mise en œuvre du droit au logement, également dite loi Besson.
2. À l'inverse de la loi du 1er sept. 1948, qui, dans son article 10, 2°, définit la notion d'habitation principale comme le lieu occupé au moins huit mois par an.
3. Paris, 17 nov. 2005, RG n° 04/21820, *AJDI* 2006. 204.
4. AUSSI s^s n° 312.17.
5. SUR l'impact de ce changement de terminologie, v. Damas, *AJDI* 2014. 334.
6. Civ. 1re, 31 janv. 2006, n° 02-15.028, *Bull. civ.* I, n° 43; *AJDI* 2006. 569, note de La Vaissière; *Rev. loyers* 2006. 187, obs. Rémy.
7. Com. 5 mai 1966, *Bull. civ.* III, n° 230 – *Droit et pratique des baux commerciaux 2018/2019*, « Dalloz Action », 2017, n°s 211.11 s..
8. Civ. 3e, 16 avr. 1969, *Bull. civ.* III, n° 284.
9. Paris, 18 janv. 2011, n° 09/10674 : *Loyers et copr.* 2011, n° 112, obs. Vial-Pedroletti

renouvellement du contrat lorsque, à son terme, il n'occupe pas les locaux pris en location, au moins partiellement, pour son habitation principale[1].

La situation est donc claire : pendant la durée du contrat, le bailleur ne pourra pas dénier au locataire le bénéfice de la loi de 1989, et ne pourra, par conséquent, pas obtenir la résiliation du bail pour absence d'occupation des lieux à usage d'habitation[2]. En revanche, en fin de relation contractuelle, le locataire perdra son droit au renouvellement, droit conféré exclusivement par la loi à celui qui habite les lieux loués.

Reste à savoir s'il suffit, pour bénéficier de ce droit au renouvellement, de rétablir l'usage mixte quelques jours avant que le congé ne soit donné, ou même quelques jours avant l'échéance du contrat. Cela nous semble douteux puisqu'en vertu de l'article 1134 du code civil, toute convention doit être exécutée de bonne foi. Rien n'interdit cependant au bailleur de consentir le renouvellement d'un bail portant sur des locaux à usage mixte mais utilisés exclusivement à des fins professionnelles, le contrat renouvelé étant alors soumis au régime de la loi de 1989[3]. Dans ce cas, le bailleur ne pourra pas, à l'occasion de ce renouvellement, pratiquer une augmentation de loyer qui ne respecterait pas les règles édictées par cette loi et, éventuellement, par le décret de blocage pris en application de l'article 18 de la loi de 1989 (sur cette question v. ss nos 521.41 et 522.322)[4].

022.36 Locaux accessoires. En application de l'adage selon lequel « l'accessoire suit le principal », l'article 2 de la loi du 6 juillet 1989 précise qu'entrent dans le champ d'application de ce texte les locaux tels des « garages, places de stationnement, jardins et autres locaux loués accessoirement au local principal par le même bailleur ».

Deux conditions doivent être réunies :

• Un bailleur unique : le local accessoire doit être loué par le même bailleur que le local principal.

• Un local accessoire : le local en question, dont la consistance importe peu (l'énumération de l'article 2 étant purement indicative), doit constituer l'accessoire du local principal. Ainsi, à l'évidence, en l'absence de bail principal portant sur un local d'habitation, la location d'un emplacement de garage ne relève pas de la loi de 1989[5]. En revanche, le caractère accessoire du bail sera avéré lorsque le sort des deux locaux sera lié par un seul et même bail. À défaut, l'article 2 de la loi n'imposant nullement l'existence d'un bail unique[6], tout est question d'interprétation de la volonté des parties, qu'il appartient aux juges du fond d'apprécier souverainement[7].

022.37 Locaux non qualifiés d'accessoires. Les emplacements de stationnement loués par des contrats distincts des appartements n'en sont pas l'accessoire dès lors que ces contrats ne mentionnent pas l'existence des baux des logements, que les rapports contractuels y sont organisés de manière indépendante[8], que ces baux n'ont pas été prévus lors de l'attribution des logements, qu'ils n'en ont donc pas constitué le préalable indispensable, et qu'il n'existe aucun lien naturel, de par la configuration des lieux, entre ces emplacements et les locaux d'habitation[9].

De même, n'est pas un accessoire de l'appartement, l'emplacement de parking loué par un bail distinct pour trois mois renouvelables par tacite reconduction avec faculté pour le bailleur de donner congé avec un préavis d'un mois[10].

À noter que la mention de deux loyers sur la même quittance ne constitue pas la reconnaissance du caractère accessoire de la location de l'emplacement de stationnement[11].

SECTION 2

CONVENTIONS TOTALEMENT EXCLUES DE LA LOI DU 6 JUILLET 1989

022.41 Quatre hypothèses. On recense quatre cas d'exclusion totale du champ d'application de la loi du 6 juillet 1989.

1. Cass., Ass. plén., 2 févr. 1996, n° 91-21.373, *Bull. civ.*, n° 1; *D.* 1996. 189, note Aubert; *AJDI* 1996. 573, *RDI* 1996. 423 – Civ. 3e, 2 déc. 1998, n° 96-21.265, *Bull. civ.* III, n° 227; *RDI* 1999. 156, obs. Collart-Dutilleul; *AJDI* 1999. 525, obs. Blatter; 9 mars 2011, n° 10-30.223, *Bull. civ.* III, n° 32; *D.* 2011. Actu. 877, obs. Rouquet; *ibid.* 2012. Pan. 1086, spéc. 1087, obs. Damas; *AJDI* 2011. 705, note Damas.
2. Paris, 26 oct. 1999, RG n° 1997/27188, *Rev. loyers* 2000. 209 – Paris, 1er juin 2010, RG n° 08/09087, *Loyers et copr.* 2010, n° 250, obs. Vial-Pedroletti.
3. Civ. 3e, 11 juin 1997, n° 95-16.736, *Bull. civ.* III, n° 130; *RDI* 1997. 629, obs. Collart-Dutilleul [CRIT.].
4. Civ. 3e, 10 juin 1998, n° 96-19.259, *Bull. civ.* III, n° 121; *RDI* 1998. 695, obs. Collart-Dutilleul.
5. Civ. 3e, 23 juin 1993, n° 91-11.286, NP, *Loyers et copr.* 1993, n° 335.
6. EN CE SENS : Versailles, 9 juill. 1993, *Administrer* janv. 1994. 57.
7. Civ. 3e, 5 mars 1997, n° 95-14.588, NP, *Loyers et copr.* 1997, n° 135, obs. Vigneron.
8. Le loyer de ces emplacements étant fixé en dehors des règles de la loi de 1989.
9. Civ. 3e, 8 janv. 1997, n° 94-19.945, NP, *RJDA* 1997, n° 184 – Civ. 3e, 5 mars 1997, n° 95-14.588, NP, *Loyers et copr.* 1997, n° 135, obs. Vigneron – AUSSI : Paris, 31 mars 2005, RG n° 03/17086, *Loyers et copr.* 2005, n° 151, obs. Vial-Pedroletti.
10. Paris, 20 nov. 1991, RG n° 90/023869, *Loyers et copr.* 1992, n° 94.
11. Paris, 8 juin 1994, *JurisData* n° 022335, *Loyers et copr.* 1994, n° 113.

§ 1
Conventions autres que des contrats de location

022.51 Contrats non conformes à l'article 1709 du code civil. Sont exclus du champ d'application de la loi de 1989 [1] les contrats qui ne répondent pas aux critères énoncés par l'article 1709 du code civil (v. s[s] n° 022.21).

Sous réserve du pouvoir de requalification de la convention litigieuse par le juge, il en va notamment ainsi :

- d'un prêt à usage (essentiellement gratuit) [2];
- d'une « convention d'hébergement » englobant des prestations dépassant le cadre de la jouissance du bien (changement du linge, remise en forme des lits...) [3];
- d'un « contrat de séjour » par lequel une maison de retraite s'oblige à héberger des personnes âgées et à leur fournir des prestations hôtelières, sociales et médicales [4];
- d'une « convention de mise à disposition » portant sur des services collectifs d'une résidence du troisième âge [5];
- d'un contrat administratif [6];
- d'une convention d'occupation précaire [7] (à noter cependant qu'une réponse ministérielle a considéré qu'une telle convention est soumise à la loi de 1989 pour les logements du secteur privé ou au code de la construction et de l'habitation pour les logements HLM [8]).

Une convention d'occupation précaire se caractérise par des circonstances particulières autres que la seule volonté des parties constituant un motif de précarité [9]. Et c'est au moment de la signature de la convention qu'il convient de se placer pour déterminer s'il existait des circonstances particulières indépendantes de la seule volonté des parties justifiant le recours à une convention d'occupation précaire [10];

- d'un bail emphytéotique;
- d'un bail à construction;
- d'un droit d'usage et d'habitation;
- d'un contrat de location-accession [11];
- d'un contrat de location-attribution [12].

Concernant un contrat de location avec promesse de vente, cependant, la Cour de cassation a décidé que la loi du 6 juillet 1989 (texte d'ordre public) régissait la période de location du contrat assorti d'une promesse de vente [13]. Cet arrêt est à rapprocher d'une autre décision, émanant de la même juridiction, déclarant la loi de 1989 applicable à un bail prévoyant qu'une promesse de vente sera établie ultérieurement [14].

§ 2
Location consentie à une personne morale

022.61 Inapplicabilité de la réglementation aux personnes morales. La loi du 6 juillet 1989, comme avant elle les lois du 22 juin 1982, dite loi Quilliot, et du 23 décembre 1986, dite loi Méhaignerie, ne régit pas les locations consenties à des locataires personnes morales [15], lesquelles personnes morales ne bénéficient pas du droit à l'habitat [16]. Il en va ainsi d'une association [17] comme d'un syndicat de copropriétaires [18]. La solution est la même à l'égard d'une personne morale souhaitant louer des locaux d'habitation pour loger des membres de son personnel [19], ou à l'égard de l'État ou des collectivités locales.

1. L. n° 89-462, 6 juill. 1989 tendant à améliorer les rapports locatifs et portant modification de la loi n° 86-1290 du 23 déc. 1986, *JO* 8 juill., p. 8541.
2. Paris, 14 avr. 1995, RG n° 94/003339, *Loyers et copr.* 1995, n° 452.
3. Paris, 20 sept. 1995, RG n° 95/008016, *RJDA* 1996, n° 609.
4. Civ. 3e, 1er juill. 1998, n° 96-17.515, *Bull. civ.* III, n° 145; *RDI* 1998. 694, obs. Collart Dutilleul.
5. Civ. 3e, 13 juill. 1999, n° 97-12.047, *Bull. civ.* III, n° 169; *RDI* 1999. 690.
6. Com. 5 janv. 1953, *Bull. civ.* III, n° 3.
7. Versailles, 23 févr. 1995, RG n° 5205/93, *Ann. loyers* 1995. 917.
8. Rép. min. n° 3172, *JOAN Q* 5 juill. 1993, p. 2583.
9. Civ. 3e, 9 nov. 2004, n° 03-15.084, *Bull. civ.* III, n° 195; *AJDI* 2005. 386; *D.* 2004. AJ 3139, obs. Rouquet.
10. Civ. 3e, 29 avr. 2009, n° 08-10.506, *Bull. civ.* III, n° 90, *D.* 2009. AJ 1357, obs. Rouquet.
11. Convention régie par la loi n° 84-595, 12 juill. 1984.
12. Civ. 3e, 20 déc. 1994, n° 92-20.864, *Bull. civ.* III, n° 226; *D.* 1995. IR 35, *AJDI* 1995. 318.
13. Civ. 3e, 13 juin 2001, n° 99-17.585, *Bull. civ.* III, n° 75; *D.* 2001. IR 2176; *Loyers et copr.* 2001, n° 198, obs. Vial-Pedroletti; *AJDI* 2001. 798 – Civ. 3e, 29 avr. 2009, n° 08-10.506, *Bull. civ.* III, n° 90; *D.* 2009. AJ 1357, obs. Rouquet.
14. Civ. 3e, 19 déc. 2001, n° 99-21.208, NP, *AJDI* 2002. 380, obs. Beaugendre.
15. Civ. 3e, 12 janv. 1994, n° 91-22.055, *Bull. civ.* III, n° 3; *AJDI* 1994. 455, obs. Blatter; *Defrénois* 1994. 1178, obs. Vermelle – Civ. 3e, 18 mai 2010, n°s 09-13.323 et 09-15.194, NP, *AJDI* 2010. 629, note de La Vaissière.
16. Paris, 17 mars 1998, *Loyers et copr.* 1998, n° 155, obs. Vial-Pedroletti.
17. Civ. 3e, 23 mai 1995, n° 93-12.789, *Bull. civ.* III, n° 126; *D.* 1996. Somm. 364, obs. CRDP Nancy 2; *AJDI* 1995. 690, *RDI* 1995. 801.
18. Paris, 18 déc. 1997, RG n° 96/82418, *Loyers et copr.* 1998, n° 63, obs. Vial-Pedroletti.
19. Paris, 16 janv. 1992, RG n° 89/13700, *D.* 1993. Somm. 171, obs. Bihr, *JCP* 1993. 170.

§ 3
Location ne portant pas sur un local

A.
La notion de « local d'habitation »

022.71 Bail devant concerner un « local ». Toutes les locations qui ne portent pas sur un local d'habitation ou sur un local mixte échappent aux dispositions de la loi de 1989.

C'est ainsi que la location d'un terrain ne relève pas de la loi du 6 juillet 1989 [1], quand bien même le locataire y aurait installé sa résidence principale [2].

Et la solution est la même lorsque la maison préfabriquée implantée ne présente pas un caractère de permanence et de solidarité avec le terrain donné à bail [3].

Mais le locataire d'une péniche utilisée à usage d'habitation est soumis à la loi du 6 juillet 1989 [4]. Il en va de même dès lors que les parties ont convenu d'une possibilité d'habitation sur la chose louée en raison de l'installation de chalets et de mobile-homes [5].

022.72 Location portant sur un immeuble ou un local dans lequel un fonds est exploité. Le régime qui leur est applicable est celui des articles L. 145-1 à L. 145-60 du code de commerce et des articles non abrogés du décret du 30 septembre 1953 [6] réglant les rapports entre bailleurs et locataires en ce qui concerne le renouvellement des baux à loyer d'immeubles ou de locaux à usage commercial, industriel ou artisanal [7] (toutefois, sur le changement d'usage des logements v. s[s] n°s 431.11 s.).

022.73 Location portant sur un immeuble à usage agricole. Elles sont régies par les articles L. 411-1 et suivants et R. 411-1 et suivants du code rural [8].

B.
Local à usage exclusivement professionnel

1°
Textes applicables et définition

022.81 Locaux à usage exclusivement professionnel – Textes applicables. Les locations portant sur des locaux à usage exclusivement professionnel relèvent des articles 57 A et 57 B de la loi du 23 décembre 1986, dite loi Méhaignerie, texte d'ordre public en vertu de l'article 46 de la même loi [9]. On notera que, depuis la loi du 4 août 2008 de modernisation de l'économie [10], dite loi LME, l'article 57 A a été amendé de manière à permettre aux parties d'opter pour le régime des baux commerciaux dans les conditions fixées au 7° du I de l'article L. 145-2 du code de commerce.

022.82 Définition du local « à usage exclusivement professionnel ». Un local professionnel se définit comme celui où le locataire exerce une profession ou une fonction dont il tire des revenus de façon habituelle [11].

Par ailleurs, l'usage exclusivement professionnel d'un local ne peut viser que l'exercice d'activités économiques lucratives qui ne sont ni commerciales, ni rurales, qu'il s'agisse d'activités libérales réglementées ou non (à propos d'un arrêt refusant d'appliquer l'article 57 A à un bail portant sur des locaux à usage exclusif de bureaux destinés à abriter les services de gestion interne d'un centre hospitalier, sans service rendu découlant d'un savoir-faire spécifique) [12].

2°
Durée de location et effets

022.91 Durée. Il ressort de ce texte qu'un contrat de location d'un tel local doit être établi par écrit pour une durée de six ans.

1. Civ. 3e, 22 mars 2011, n° 10-14.112, NP, *Administrer* nov. 2011. 33, obs. Canu.
2. Paris, 24 févr. 2011, RG n° 09/28772, *AJDI* 2011. 452 (terrain de camping).
3. Civ. 3e, 30 mai 2012, n° 11-17.364, NP, *AJDI* 2012. 600; *Administrer* oct. 2012. 51, obs. Canu; AUSSI, à propos d'un bungalow, Caen, 28 janv. 2014, n° 12/00333, *Loyers et copr.* 2014, n° 107, obs. Vial-Pedroletti; Rev. loyers 2014. 128
4. Colmar, 4 juin 2012, n° 11/03651, *Loyers et copr.* 2012, n° 258, obs. Vial-Pedroletti.
5. Montpellier, 13 août 2008, *JCP* 2008. IV. 2958; Aix-en-Provence, 7 oct. 2014, n° 12/17033, Rev. loyers 2014. 474.
6. Décr. n° 53-960, 30 sept. 1953 réglant les rapports entre bailleurs et locataires en ce qui concerne le renouvellement des baux à loyer d'immeubles ou de locaux à usage commercial, industriel ou artisanal, *JO* 1 oct., p. 8618.
7. *Droit et pratique des baux commerciaux 2018/2019*, « Dalloz Action », 2017, n°s 211.11 s.
8. Chandellier et Saget, *Baux ruraux*, 6e éd., « Encyclopédie Delmas », Dalloz, 2007.
9. CONFIRMANT le caractère d'ordre public de l'art. 57 A : Civ. 3e, 10 déc. 2002, n° 99-21.858, *Bull. civ.* III, n° 255; *D.* 2003. AJ 496, avec les obs.; *AJDI* 2003. 352, obs. Blatter – Paris, 28 févr. 1997, RG n° 95/017288, *Loyers et copr.* 1997, n° 174, obs. Ph.-H. B. – Versailles, 4 déc. 1998, RG n° 5922/97, *RDI* 1999. 316, obs. Collart-Dutilleul – Il s'agit d'un ordre public de protection auquel il est possible de renoncer : Paris, 10 oct. 2012, RG n° 10/23581, *AJDI* 2013. 444.
10. L. n° 2008-776, 4 août 2008 de modernisation de l'économie, *JO* 5 août.
11. Paris, 30 oct. 1995, RG n° 95/020200, *D.* 1995. IR 248; *Loyers et copr.* 1996, n° 111; v. aussi, Versailles, 10 mars 2011, RG n° 10/0592, *AJDI* 2011. 626, obs. Dumont-Lefrand.
12. Paris, 26 avr. 2000, RG n° 1997/13255, *D.* 2000. IR 155; *Loyers et copr.* 2001, n° 85, obs. Vial-Pedroletti.

Cette durée est cependant théorique pour le locataire puisque celui-ci peut « à tout moment, notifier au bailleur son intention de quitter les locaux en respectant un délai de préavis de six mois »[1]. En conséquence, il a été jugé que viole l'article 57 A, alinéa 5, la cour qui retient que l'effet d'un congé doit être reporté à l'échéance annuelle suivante, prévue au contrat, alors qu'en vertu de ce texte, le locataire peut, à tout moment notifier son intention de quitter les locaux en respectant un délai de préavis de six mois[2].

022.92 Échéance du contrat. Quant à la possibilité de se dégager du contrat en fin de bail, il est précisé que « chaque partie peut notifier à l'autre son intention de ne pas renouveler le contrat à l'expiration de celui-ci en respectant un délai de préavis de six mois ». Ce qui, *a contrario*, signifie qu'à défaut de manifestation de volonté des parties, le bail se renouvellera tacitement pour six ans.

À propos du congé donné par le bailleur, il a été jugé que, même donné au visa de l'article 15 de la loi du 6 juillet 1989, le congé pour vendre pour un bail professionnel est valable, dès lors qu'il respecte les conditions de forme[3] et de délai[4] posées par ce dernier article (étant précisé que les conditions posées par les deux textes sont identiques)[5]. À noter au demeurant qu'un congé non motivé est valable[6].

L'article 57 A précise par ailleurs que les notifications qu'il prévoit doivent être effectuées par lettre recommandée avec demande d'avis de réception ou par acte d'huissier[7].

022.93 État des lieux. Enfin, l'article 57 B de la loi du 23 décembre 1986 (créé par la loi n° 2014-626 du 18 juin 2014[8]) prévoit qu'au moment de chaque prise de possession des locaux par un locataire et lors de leur restitution, un état des lieux est établi contradictoirement et amiablement par les parties ou par un tiers mandaté par elles et joint au contrat de location. Le texte précise que si l'état des lieux ne peut être établi contradictoirement, il est établi par un huissier de justice, sur l'initiative de la partie la plus diligente, à frais partagés par moitié entre le bailleur et le locataire[9].

Pour autant, les locaux peuvent être loués même s'ils ne respectent pas les critères de décence du décret n° 2002-120 du 30 janvier 2002[10][11].

3°
Dispositions applicables au bail professionnel non couvertes par la loi du 23 décembre 1986

022.101 Caractère partiel du régime : retour au code civil ou au contrat. Tous les aspects non traités par cet article (obligation de délivrance et d'entretien du bailleur, loyers et charges dont le preneur doit s'acquitter, résiliation du bail, sous-location, cession...) relèvent donc de la volonté des parties ou, à défaut, des articles 1709 et suivants du code civil.

Aucune proposition ou aucun projet de loi n'ayant, à ce jour, abouti[12], au grand dam d'ailleurs de la doctrine[13] et des professionnels (les seconds se confondant d'ailleurs parfois avec les premiers), le véritable statut des baux professionnels reste à créer.

022.102 Insuffisances du statut spécifique aux baux professionnels – Rôle de la jurisprudence. En attendant l'adoption d'un statut complet propre aux baux professionnels, la jurisprudence tente, au cas par cas, de trouver des solutions aux problèmes non traités par l'article 57 A.

022.103 Entrée en vigueur du statut. Concernant l'application de l'article 57 A de la loi du 23 décembre 1986 dans le temps[14], la Cour de cassation a décidé qu'il n'est pas applicable aux baux en cours lors de son entrée en vigueur[15]. En revanche,

1. Pour une clause contraire à cette faculté offerte au preneur, v. Com. 17 mars 2015, n° 14-12.185, *Gaz. Pal.* 12-14 avr. 2015. 31, avec les obs.; *Loyers et copr.* 2015, n° 118, obs. Vial-Pedroletti.
2. Civ. 3e, 2 févr. 2000, n° 98-15.675, *Bull. civ.* III, n° 20; *D.* 2000. IR 57; *AJDI* 2000. 1034, obs. Blatter.
3. Lettre recommandée avec demande d'avis de réception ou acte d'huissier.
4. Au moins six mois.
5. Civ. 3e, 3 déc. 2003, n° 02-13.688, *Bull. civ.* III, n° 216; *AJDI* 2004. 455, obs. Rouquet.
6. Paris, 7 févr. 2006, RG n° 2003/21091, *Loyers et copr.* 2006, n° 103, obs. Vial-Pedroletti.
7. JUGEANT CEPENDANT qu'aucune sanction ne vient condamner le non-respect des formes par le preneur, Toulouse, 24 mars 1998, RG n° 97/02115, *Loyers et copr.* 1998, n° 296, obs. Vial-Pedroletti.
8. L. n° 2014-626, 18 juin 2014 relative à l'artisanat, au commerce et aux très petites entreprises, *JO* 19 juin 2014, p. 10105.
9. Aux termes de la loi n° 2014-626, 18 juin 2014, pour les baux conclus avant son entrée en vigueur, l'article 57 B s'applique à toute restitution d'un local dès lors qu'un état des lieux a été établi lors de la prise de possession.
10. Décr. n° 2002-120, 30 janv. 2002 relatif aux caractéristiques du logement décent pris pour l'application de l'article 187 de la loi n° 2000-1208 du 13 déc. 2000 relative à la solidarité et au renouvellement urbains, *JO* 31 janv. 2002, p. 2090.
11. Poitiers, 10 juin 2015, n° 14/02765, *Rev. loyers* 2015. 348.
12. SUR l'économie du dernier projet de loi concernant les baux professionnels : Blatter, *AJDI* 2001. 665.
13. VOIR NOTAMMENT Monéger, *Loyers et copr.* mai et nov. 1997, p. 3 – Brault, *Gaz. Pal.* 1997. 2. Doctr. 1605 – Blatter, *AJDI* 1998. 261 et *AJDI* 2001. 665 – Assouline, *Gaz. Pal.* 1998. 2. Doctr. 860.
14. INTRODUIT dans la loi de 1986 par L. n° 89-462, 6 juill. 1989, art. 36.
15. Le 10 juill. 1989; Civ. 3e, 11 juin 1997, n° 95-17.535, *Bull. civ.* III, n° 129; *D. Affaires* 1997, 1177; *AJDI* 1997. 938 – Civ. 3e, 25 avr. 2001, n° 99-15.242, *Bull. civ.* III, n° 52.

le bail tacitement reconduit constituant un nouveau contrat, l'article 57 A est applicable à compter du renouvellement du bail [1].

022.104 Exact contours du champ d'application de l'article 57 A de la loi du 23 décembre 1986. Les magistrats ont jugé que l'article 57 A est applicable aux personnes morales [2], telles les sociétés civiles [3] ou les groupements d'intérêt économique [4]; étant précisé que le fait, pour ladite personne morale, d'avoir opté pour une forme commerciale est indifférent [5].

• Association. Dans le même sens, la Haute juridiction a jugé qu'est soumis au statut des baux professionnels, le contrat de location consenti à une association dont l'activité habituelle est de promouvoir la réhabilitation d'immeubles en vue d'améliorer les conditions d'habitation et dont les ressources résultent, notamment, de ses activités [6]. Il en va de même pour le bail consenti à une association organisant des spectacles, dès lors qu'il est établi qu'elle tire ses revenus pour l'essentiel de son activité à titre onéreux [7]. À l'inverse, les dispositions de l'article 57 A ne s'appliquent pas à une association lorsqu'il n'est pas démontré que son activité est exercée à titre onéreux de manière habituelle ou que ses ressources résultent, notamment, de ses activités [8].

• Sous-location partielle. Le statut des baux professionnels a par ailleurs été jugé inapplicable à une sous-location partielle à usage exclusivement professionnel [9].

• Collectivité publique. De même, un bail professionnel étant un contrat de location consenti à une personne physique ou morale qui exerce dans les lieux loués une activité à usage exclusivement professionnel, ce qui suppose que les ressources de cette personne résultent notamment des activités pratiquées dans les lieux, il a été jugé qu'une collectivité publique, tel un département, qui assure un service public dans ses bureaux ne saurait relever de l'article 57 A [10].

022.105 Conditions du contrat. Il a été jugé que les mentions minimales de l'article 57 A ne sont pas limitatives et qu'une cour d'appel peut, dans l'exercice de son pouvoir souverain, fixer les conditions du contrat conformément au projet de bail proposé par le bailleur [11].

022.106 Loyer et charges. Selon la jurisprudence, la révision du loyer ne peut intervenir que si elle est prévue par une clause expresse [12]. Et il en va de même de l'augmentation du loyer à l'occasion du renouvellement du bail [13]. Quant au montant du loyer du bail reconduit tacitement, nouveau contrat aux termes de l'article 1738 du code civil, il ne pourra pas être révisé en prenant pour indice de référence celui de l'année de conclusion du bail initial [14].

Concernant les charges, il a été jugé qu'en l'absence de clause univoque, l'impôt foncier n'a pas à être payé par le locataire [15].

022.107 Droit au renouvellement. Aucun droit au renouvellement n'étant édicté par le texte, il ne peut être imputé à faute au bailleur d'avoir délivré un congé au preneur [16]. Et ce n'est pas une clause du bail qui préciserait que le bail « pourra » être renouvelé à son expiration pour une période de douze ans qui y changera quelque chose [17]. De plus, les dispositions de l'article 57 A n'instituant pas de procédure de fixation du loyer du bail renouvelé, ce sont les règles de droit commun qui demeurent applicables. Ainsi, lorsque le bail est reconduit au terme du contrat sans qu'aucun congé n'ait été donné, le prix ne peut être modifié judiciairement et il est reconduit

1. POSTÉRIEUREMENT à l'entrée en vigueur de cet article : Civ. 3e, 10 juin 1998, no 96-15.626, *Bull. civ.* III, no 119; *D.* 1998. IR 188; *D. Affaires* 1998, 1208, obs. Y. R; *RTD civ.* 1999. 93.
2. Civ. 3e, 10 déc. 2002, no 99-21.858, *Bull. civ.* III, no 255; *D.* 2003. AJ 496; *AJDI* 2003. 352, obs. Blatter – Paris, 20 févr. 1991, RG no 90/4713, *BICC* 1991, no 1000.
3. Versailles, 4 déc. 1998, RG no 5922/97, *RDI* 1999. 316, obs. Collart-Dutilleul.
4. Paris, 5 mars 2003, RG no 2001/04491, *Loyers et copr.* 2003, no 28, obs. Vial-Pedroletti.
5. Civ. 3e, 7 nov. 2001, no 99-20.976, *Bull. civ.* III, no 122; *RTD civ.* 2003. 85; *D.* 2001. AJ 3535, obs. Rouquet.
6. Civ. 3e, 10 déc. 2002, no 99-21.858, *Bull. civ.* III, no 255; *D.* 2003. AJ 496; *AJDI* 2003. 352, obs. Blatter.
7. Paris, 11 mai 2006, RG no 05/17418, *Loyers et copr.* 2006, no 175, obs. Vial-Pedroletti.
8. Paris, 13 mai 2008, RG no 05/22338, *AJDI* 2008. 769.
9. Civ. 3e, 1er mars 2000, no 98-10.496, *Bull. civ.* III, no 45; *Loyers et copr.* 2000, no 112, obs. Vial-Pedroletti; *RDI* 2000. 252, *D.* 2001. 169 – AUSSI Vial-Pedroletti, *Loyers et copr.* 2000, Chron. no 5.
10. Rennes, 8 avr. 2015, no 13/07429, *AJDI* 2015. 606.
11. Civ. 3e, 4 avr. 2007, no 06-10.980, *Bull. civ.* III, no 55; *D.* 2007. AJ 1202; *AJDI* 2007. 751, note Rouquet.
12. Civ. 3e, 5 janv. 2011, no 09-70.455, NP, *AJDI* 2011. 300, note Zalewski – Sur la validité d'une clause de révision dite « à base fixe », Civ. 3e, 16 oct. 2013, no 12-16.335, *Bull. civ.* III, no 129;*D.* 2013. Actu. 2464, obs. Rouquet; *ibid.* 2014. Chron. C. cass. 1003, obs. Pic; *AJDI* 2014. 36, obs. Planckeel et Antoniutti.
13. Civ. 3e, 2 oct. 1996, no 94-22.047, NP, *Rev. loyers* 1996. 503; *RDI* 1997. 142, obs. Collart-Dutilleul – V. aussi Civ. 3e, 8 févr. 2006, no 05-10.724, *Bull. civ.* III, no 25; *AJDI* 2006. 385, note Rouquet; *Administrer* juin 2006. 43, obs. Canu.
14. Civ. 3e, 3 juin 2004, no 02-21.072, NP, *AJDI* 2005. 35, obs. Mercier.
15. Amiens, 23 mars 2000, RG no 99/02275, *Loyers et copr.* 2000, no 244, obs. Vial-Pedroletti.
16. Civ. 3e, 2 mai 2006, *Rev. loyers* 2007. 325.
17. Aix-en-Provence, 20 déc. 2007, RG no 2007/597, *Loyers et copr.* 2008, no 102, obs. Vial-Pedroletti.

au même montant[1]. Enfin, les juges du fond ne peuvent se substituer aux parties en cas de désaccord entre les parties sur le quantum du loyer de renouvellement[2].

§ 4
Résidence secondaire

022.111 Non-application de la loi de 1989. Il est de jurisprudence constante que la loi ne s'applique pas à la location d'une résidence secondaire[3].

SECTION 3
CONVENTIONS PARTIELLEMENT EXCLUES DE LA LOI DE 1989

§ 1
Incidence de la loi Alur

022.121 Loi du 6 juillet 1989, articles 2 et 40. En dehors du contrat de sous-location, dont l'article 8 de la loi précise qu'à l'exception des dispositions de cet article, la loi de 1989 lui est étrangère[4] (sur la notion de sous-location v. s[s] n°s 422.11 s.), les exclusions partielles de la loi de 1989 résultent de ses articles 2 et 40.

Elles ont évolué avec la loi du 24 mars 2014, dite loi Alur[5].

022.122 Exclusions qui existaient avant la loi Alur et qui existent toujours. Il s'agit des locaux meublés, des logements-foyers, des logements attribués ou loués en raison de l'exercice d'une fonction ou de l'occupation d'un emploi, des locations consenties aux travailleurs saisonniers, des logements HLM non conventionnés en application de l'article L. 351-2 du code de la construction et de l'habitation, des logements (appartenant ou non à des organismes HLM) conventionnés au titre de l'article L. 351-2 et au titre de l'article L. 353-14 du même code, des logements soumis à la loi de 1948, de ceux dont les conditions sont réglementées en contrepartie de primes ou prêts spéciaux à la construction consentis par le Crédit foncier de France ou la Caisse centrale de coopération économique, des logements donnés en location à titre exceptionnel et transitoire par les collectivités locales, des logements auxquels s'appliquent les dispositions de l'article L. 472-1-3 du code de la construction et de l'habitation et des sociétés d'économie mixte pour les logements régis par un cahier des charges en application du chapitre V du titre IV [du livre IV] du code de la construction et de l'habitation.

022.123 Exclusion nouvelle issue de la loi Alur. Il s'agit des logements des résidences universitaires définies à l'article L. 631-12 du code de la construction et de l'habitation.

Selon ce texte, la résidence universitaire est un établissement destiné au logement collectif à titre de résidence principale dans des immeubles comportant à la fois des locaux privatifs, meublés ou non, et des locaux affectés à la vie collective. Cet établissement accueille des étudiants, des personnes de moins de trente ans en formation ou en stage et des personnes titulaires d'un contrat de professionnalisation ou d'apprentissage. À titre exceptionnel, cet établissement peut accueillir des enseignants et des chercheurs.

Ces résidences peuvent faire l'objet d'une convention conclue en application de l'article L. 351-22 du code de la construction et de l'habitation lorsqu'elles bénéficient d'une autorisation spécifique délivrée par le représentant de l'État dans le département. Les occupants ne bénéficient pas du droit au maintien dans les lieux.

Le contrat de location a une durée maximale d'un an. Il peut être renouvelé dès lors que l'occupant continue à remplir les conditions précisées au présent article. Le résident ne peut ni céder le contrat de location ni sous-louer le logement.

L'article L. 441-2 du code de la construction et de l'habitation (relatif aux commissions d'attribution des logements sociaux) ne s'applique pas aux résidences universitaires.

Les immeubles entièrement consacrés au logement des étudiants, des personnes de moins de trente ans en formation ou en stage et des personnes titulaires d'un contrat de professionnalisation ou d'apprentissage et faisant l'objet, au 28 janvier 2017, d'une convention conclue en application de l'article L. 351-2 du code de la construction et de l'habitation peuvent, après agrément du projet de l'organisme et sans qu'un nouveau concours finan-

1. Paris, 7 mars 1994, *Loyers et copr.* 1994, n° 327.
2. Civ. 3e, 8 févr. 2006, n° 05-10.724, *Bull. civ.* III, n° 25; *AJDI* 2006. 385, obs. Rouquet; *Administrer* juin 2006, p. 43, obs. Canu.
3. Civ. 3e, 29 nov. 1983, n° 83-10.063, *Bull. civ.* III, n° 242; *D.* 1984, Jur. 41, note Giverdon – Civ. 3e, 11 oct. 1989, n° 88-14.501, *Bull. civ.* III, n° 186; *JCP* 1990. II, n° 21536, note Paisant – Civ. 3e, 14 mai 2003, n° 02-10.326, NP, *Administrer* janv. 2004. 33, note Beddeleem – Civ. 3e, 21 mars 2007, n° 06-11.843, *Bull. civ.* III, n° 41; *D.* 2007. AJ 1015, obs. Rouquet; *ibid.* 2008. Pan. 1302, obs. Damas; *AJDI* 2007. 481, note Rouquet.
4. Civ. 3e, 1er mars 2000, n° 98-10.496, *Bull. civ.* III, n° 45; *D.* 2000. IR 96; *Loyers et copr.* 2000, n° 112, obs. Vial-Pedroletti.
5. Le nouvel art. 2 de la loi du 6 juill. 1989 est applicable aux baux signés à compter du 27 mars 2014.

cier de l'État puisse être sollicité, bénéficier des dispositions de l'article L. 351-2 du code de la construction et de l'habitation.

§ 2
Exclusions

A.
Locations saisonnières

022.131 **Location à caractère saisonnier antérieure à la loi Alur.** Aux termes de l'article 2 de la loi du 6 juillet 1989 dans sa rédaction antérieure à la loi du 24 mars 2014, dite loi Alur, les locations à caractère saisonnier étaient exclues du champ d'application de ce texte, à l'exception de son article 3-1 relatif à l'obligation, pour le bailleur, de fournir un dossier de diagnostic technique (v. s^{s} n°s 132.25 s.).

On remarquera qu'aux termes de l'article L. 134-3-1 du code de la construction et de l'habitation (dans sa rédaction issue de la loi du 12 juillet 2010[1], dite Grenelle 2), les locations saisonnières (comme les baux ruraux, d'ailleurs) sont exemptées de diagnostic de performance énergétique (sur le DPE v. s^{s} n°s 132.151 s.).

022.132 **Apports de la loi Alur.** Depuis la réécriture de l'article 2 de la loi du 6 juillet 1989 par la loi du 24 mars 2014, dite loi Alur, le texte ne fait plus mention des locations à caractère saisonnier.

On se gardera d'en déduire que, désormais, les locations saisonnières relèvent de la loi de 1989, puisque ce texte ne vaut pour les locations constituant la résidence principale du locataire, ce qui implique une occupation huit mois par an (v. s^{s} n° 022.32).

022.133 **Qualification.** Si la loi de 1989 ne définit pas ce qu'il faut entendre par « location saisonnière », aux termes de la loi du 2 janvier 1970[2] relative aux professionnels de l'immobilier, dite loi Hoguet, est considérée comme telle la location d'un immeuble conclue pour une durée maximale et non renouvelable de 90 jours consécutifs. Toutefois, l'article 2 de l'arrêté du 16 mai 1967 relatif aux locations saisonnières en meublé indique que, « par location saisonnière au sens du présent arrêté, il convient d'entendre les locations en meublé consenties à l'occasion des vacances, quelle que soit la durée de la location ou le mode de location intervenu ».

On retiendra en dernière analyse que la notion de « location saisonnière » implique un engagement contractuel pour le temps d'une saison, laquelle saison se définit comme « une période d'activité déterminée pendant une partie de l'année ». En conséquence, selon l'activité en cause, la saison peut être fort brève ou assez longue[3]. Ainsi, la commune intention des parties de conclure un engagement de location saisonnière pour une durée ne pouvant excéder sept mois ne saurait entraîner l'exclusion des dispositions de la loi de 1989 dès lors que la durée retenue ne correspond à aucune période déterminée justifiant la qualification de « bail saisonnier »[4].

022.134 **Contrat formel.** En présence d'une location saisonnière, l'article L. 324-2 du code du tourisme précise que toute offre ou contrat de location doit revêtir la forme écrite et contenir l'indication du prix demandé ainsi qu'un état descriptif des lieux.

B.
Local meublé

022.141 **Renvoi.** Concernant le régime applicable aux logements meublés loués à titre de résidence principale, régis par le titre Ier *bis* de la loi du 6 juillet 1989 (art. 25-3 à 25-11), v. Livre VI.

C.
Logement-foyer

022.151 **Logement-foyer : Exclusion.** Expressément exclue du champ d'application de la loi du 6 juillet 1989, hormis les dispositions de ses articles 6, alinéas 1 et 2 [article 6, alinéa 1er, depuis la loi du 24 mars 2014, dite loi Alur], et de l'article 20-1 (ayant trait à l'obligation, pour le bailleur de délivrer un logement décent et, à défaut, à la possibilité pour le locataire de demander une mise en conformité [v. s^{s} n°s 211.32 s.][5]), la notion de logement-foyer et le régime applicable à ce type de logement sont définis par les articles L. 633-1 à

1. L. n° 2010-788, 12 juill. 2010 portant engagement national pour l'environnement, *JO* 13 juill., p. 12905.
2. L. n° 70-9, 2 janv. 1970 réglementant les conditions d'exercice des activités relatives à certaines opérations portant sur les immeubles et les fonds de commerce, *JO* 4 janv., p. 142.
3. Civ. 3e, 22 juill. 1987, n° 86-12.858, *Bull. civ.* III, n° 150 (loi de 1982) – DÉJÀ, dans la même affaire, en appel : Aix-en-Provence, 10 janv. 1986, RG n° 86/019, *D.* 1986. IR 433, obs. Giverdon.
4. Aix-en-Provence, 4 janv. 1999, *JurisData* n° 042763, *Loyers et copr.* 2000, n° 62, obs. Vial-Pedroletti.
5. SUR le rôle des associations en cas de litige portant sur la décence du logement : v. s^{s} n°s 211.11 et 912.113 – L. n° 89-462, 6 juill. 1989, art. 2, al. 2.

L. 633-5 et R. 633-1 à R. 633-9 du code de la construction et de l'habitation [1].

022.152 Définition. Un logement-foyer est un « établissement destiné au logement collectif à titre de résidence principale de personnes dans des immeubles comportant à la fois des locaux privatifs meublés ou non et des locaux communs affectés à la vie collective » [2]. Depuis la loi du 25 mars 2009 de mobilisation pour le logement et la lutte contre l'exclusion [3], il est précisé qu'un logement-foyer accueille notamment des personnes âgées, des personnes handicapées, des jeunes travailleurs, des étudiants, des travailleurs migrants ou des personnes défavorisées [4].

022.153 Formation et contenu du contrat. Toute personne logée à titre de résidence principale dans un logement-foyer a droit à l'établissement d'un contrat écrit, auquel est annexé le règlement intérieur de l'établissement [5], lequel s'impose à la personne logée [6]. Conclu pour un mois, renouvelable par tacite reconduction [7], le contrat doit préciser le montant à acquitter pour le logement et les charges, celui des prestations obligatoires, lorsqu'elles existent, ainsi que le montant des prestations que l'établissement propose à titre facultatif. Il précise également les conditions d'admission dans l'établissement [8].

022.154 Congé. Aux termes des articles L. 633-2 et R. 633-3 du code de la construction et de l'habitation, le gestionnaire ou le propriétaire ne peut résilier le contrat que pour trois motifs :

- inexécution par la personne logée d'une de ses obligations contractuelles ou manquement grave et répété au règlement intérieur (le délai de préavis est alors d'un mois) ;
- cessation totale de l'activité de l'établissement (avec un préavis de trois mois) ;
- cas de la personne logée cessant de remplir les conditions d'admission dans l'établissement (préavis de trois mois).

De son côté, la personne logée ou son représentant peut résilier à tout moment son contrat sous réserve d'un délai de préavis de huit jours [9].

On notera enfin que chaque établissement doit être doté d'un conseil de concertation [10].

Cette obligation concerne les unités d'au moins trente résidents. Dans ces logements-foyers, les membres du *comité de résidents*, qui représentent les résidents au sein du conseil de concertation sont élus.

Dans les logements-foyers de moins de trente résidents, les modalités de concertation entre le gestionnaire et, s'il est distinct du gestionnaire, le propriétaire et les résidents sont fixées par le règlement intérieur. Le comité de résidents est alors constitué de l'ensemble des résidents titulaires d'un contrat.

022.155 Appréciation jurisprudentielle du « logement-foyer ». Le juge a considéré que les contrats de résidence conclus avec la Sonacotra ne sont pas des contrats de louage d'immeuble [11].

À noter que l'exclusion [12] de la loi de 1989 concerne non seulement les conventions passées entre le gérant du foyer et ses clients, mais vaut également pour les baux conclus entre le propriétaire-bailleur du foyer et son gestionnaire (en qualité de locataire) [13].

D. Logement de fonction

022.161 Définition et preuve. L'article 2 de la loi du 6 juillet 1989 n'emploie pas les termes « logement de fonction ». Le législateur a préféré viser les « logements attribués ou loués en raison de l'exercice d'une fonction ou de l'occupation d'un emploi ». Retenons qu'un tel logement se caractérise par le lien qui existe entre bail et contrat de travail.

Il incombe au juge de rechercher la commune intention des parties [14] et si la preuve que le bail est

1. POUR une étude d'ensemble; Wertenschlag, « Protection des personnes logées en logement-foyer », *AJDI* 2008. 363.
2. CCH, art. L. 633-1.
3. L. n° 2009-323, 25 mars 2009 de mobilisation pour le logement et la lutte contre l'exclusion, *JO* 27 mars, p. 5408.
4. CCH, art. L. 633-1, mod. par la loi du 25 mars 2009 – SUR CETTE LOI : Damas, *AJDI* 2009. 274; *D.* 2010. Pan. 1168, spéc. 1177; Lafond, *JCP N* 2009, n° 1136; *Rev. loyers* 2009. 262; Raclet, *Administrer* août-sept. 2009. 7.
5. Aux termes de l'article L. 633-3 du CCH, à titre dérogatoire, dans les établissements sociaux et médico-sociaux relevant des 6°, 7° et 12° du I de l'article L. 312-1 du CASF, le règlement de fonctionnement mentionné à l'article L. 311-7 du CASF tient lieu de règlement intérieur.
6. CCH, art. L. 633-2.
7. Selon l'article L. 633-3 du CCH, à titre dérogatoire, dans les établissements sociaux et médico-sociaux relevant des 6°, 7° et 12° du I de l'article L. 312-1 du CASF, la durée du contrat est celle du contrat de séjour conclu entre le résident et le gestionnaire en application des articles L. 311-4 ou L. 342-1 du CASF. Les clauses et mentions obligatoires peuvent alors être insérées dans le contrat de séjour.
8. CCH, art. L. 633-2 et R. 633-2.
9. CCH, art. R. 633-3.
10. CCH, art. L. 633-4 et R. 633-5 s.
11. Versailles, 31 janv. 1986 et Paris, 27 févr. 1986, RG n° 3/659, *D.* 1986. IR 434, obs. Giverdon.
12. Désormais partielle.
13. Paris, 3 juill. 1992, RG n° 91/21078, *Loyers et copr.* 1992, n° 452.
14. Civ. 3e, 22 juin 2017, n° 16-15.743, P, *D.* 2017. Actu. 1361; *Dalloz actu.*, 11 juill. 2017, obs. M. Ghiglino.

lié à un tel contrat est rapporté, la loi de 1989 va s'appliquer dans la limite définie ci-dessous (v. s^s^ n° 022.162). Dans le cas contraire, la loi de 1989 va s'appliquer dans son intégralité[1].

022.162 Régime applicable aux logements de fonction. L'article 2, alinéa 2, de la loi du 6 juillet 1989 précise que, sauf exceptions, les dispositions de son titre premier (article 1er à 25-2) ne s'appliquent pas aux logements attribués ou loués en raison de l'exercice d'une fonction ou de l'occupation d'un emploi, renvoyant implicitement les parties aux termes de leur contrat ou, à défaut, aux dispositions supplétives du code civil.

La liste des articles de la loi du 6 juillet 1989 qui, par dérogation, s'applique aux logements de fonction a évolué.

• Avant la loi du 24 mars 2014, dite loi Alur, ces exceptions concernaient les dispositions des articles 3-1 (emportant obligation, pour le bailleur, de fournir un dossier de diagnostic technique à son cocontractant, v. s^s^ n°s 132.25 s.), 6 alinéas 1er et 2, et 20-1 (relatifs à la délivrance d'un logement décent et à la possibilité, pour un locataire de demander une mise en conformité; v. s^s^ n°s 211.61 s.[2]).

• Depuis la loi du 24 mars 2014, dite loi Alur, ces exceptions sont l'article 3-3 (diagnostic technique : anc. art. 3-1 remanié, v. s^s^ n° 132.25), l'article 6, alinéas 1er et 2 et l'article 20-1 (logement décent), ainsi que l'article 24-1 (relatif à l'intervention d'une association en cas de litige commun.

Ainsi, par exemple, avant comme après la loi Alur du 24 mars 2014, l'article 24 de la loi de 1989, en ce qu'il oblige le bailleur à aviser le préfet de l'assignation délivrée au locataire dans la perspective de la résiliation de son bail[3], est inapplicable à un locataire occupant un logement de fonction[4].

022.163 Étendue de la notion. Il a été jugé que le bail a pour objet un logement de fonction, dès lors que le contrat stipule que l'attribution du logement ne constitue à aucun titre une location relevant du code civil et de la législation spéciale sur les loyers mais n'est consentie qu'à titre d'accessoire du contrat de travail, que le logement est réservé aux agents en activité de service et que la SNCF a le droit de mettre fin à toute époque et sans indemnité à cette attribution au cas où l'agent vient à cesser ses fonctions[5].

L'exclusion des logements de fonction doit par ailleurs s'interpréter largement puisqu'elle concerne non seulement les contrats liant l'employeur à son salarié, mais s'applique également au bail consenti au profit de l'employeur afin qu'il loge l'un de ses salariés[6]. Ainsi, le local loué par un syndicat de copropriétaires pour y loger le gardien est un logement de fonction (à noter que le logement en question est alors exclu de la loi de 1989 à deux titres, puisque non seulement il s'agit d'un logement de fonction, mais, de surcroît, le locataire est une personne morale)[7].

Mais le locataire d'un logement de fonction qui poursuit sa jouissance des lieux pendant dix ans au-delà de la cessation de son contrat de travail est titulaire d'un bail d'habitation soumis à la loi de 1989[8].

022.164 Absence d'exécution des obligations de service par le salarié. Quant à la non-exécution par le salarié de ses obligations de service, elle n'autorise pas l'employeur à réclamer, pour l'occupation, à titre personnel et professionnel, du logement de fonction, le paiement d'un loyer et de charges locatives, non prévu par les dispositions contractuelles[9].

022.165 Limites à la notion de « logement de fonction ». Il a été jugé que n'est pas un logement de fonction au sens de la loi, le local qu'un employeur a offert de réserver à un salarié, lors de son embauche, sans obligation d'acceptation, ses fonctions n'exigeant pas qu'il soit logé dans des conditions particulières et sans que la cessation de l'emploi puisse avoir d'incidence sur la convention conclue entre l'employeur en qualité de bailleur et le salarié[10]. De même, la cour d'appel de Paris considère que la clause du bail selon laquelle l'employeur consent à son salarié une réduction de loyer pendant le temps de la durée de ses fonctions dans l'entreprise a pour objet de favoriser le locataire et qu'elle n'est pas pour autant exclusive de l'application de la loi du 6 juillet 1989[11]. Enfin, la même juridiction a décidé que n'est pas un logement de fonction, mais un bail soumis à la loi de 1989, le logement faisant l'objet

1. Toulouse, 6 janv. 1998, *Loyers et copr.* 1999, n° 6, obs. Vial-Pedroletti.
2. SUR le rôle des associations en cas de litige portant sur la décence du logement v. s^s^ n°s 211.11 et 912.113.
3. À ce sujet : v. s^s^ n°s 923.73 s.
4. Paris, 19 févr. 2003, RG n° 2002/16761, *AJDI* 2003. 410.
5. Civ. 3e, 22 juin 2017, n° 16-15.743, P, *D.* 2017. Actu. 1361; *Dalloz actu.*, 11 juill. 2017, obs. M. Ghiglino.
6. Paris, 18 nov. 1986, RG n° M/14636, (loi de 1982), *Loyers et copr.* 1987, n° 58 – Paris, 14 juin 1996, RG n°s 95/000800 et 95/011228, *Loyers et copr.* 1996, n° 330.
7. Paris, 18 déc. 1997, RG n° 96/82418, *Loyers et copr.* 1998, n° 63, obs. Vial-Pedroletti.
8. Civ. 3e, 23 sept. 2014, n° 13-14.958, NP, *Loyers et copr.* 2014, n° 266, obs. Vial-Pedroletti.
9. Soc. 26 janv. 2011, n° 09-43.193, *Bull. civ.* V, n° 32; *D.* 2011. Actu. 452, obs. Ines; *AJDI* 2011. 296.
10. En qualité de locataire : Civ. 3e, 23 juin 1993, n° 91-20.817, *Bull. civ.* III, n° 96; *D.* 1996. Somm. 365, obs. CRDP Nancy 2, [loi de 1986].
11. Paris, 17 oct. 2002, RG n° 2001/03563, *AJDI* 2003. 197, obs. Rouquet.

d'un droit de réservation de l'État au profit de ses fonctionnaires[1].

E.
Bail consenti aux travailleurs saisonniers

022.171 Avant la loi Alur. Avant la loi du 24 mars 2014, dite loi Alur, les locations consenties aux travailleurs saisonniers étaient soumises aux dispositions de la loi du 6 juillet 1989 relatives au dossier de diagnostic technique (L. 6 juill. 1989, art. 3-1, v. s^s^ n°s 132.25 s.) et à la délivrance d'un logement décent (L. 6 juill. 1989, art. 6, al. 1 et 2, et art. 20-1; v. s^s^ n°s 211.31 s.).

022.172 Depuis la loi Alur. Depuis la loi du 24 mars 2014, sont applicables l'article 3-3 (diagnostic technique : ancien art. 3-1 remanié, v. s^s^ n° 132.25), l'article 6, alinéas 1er et 2 et l'article 20-1 (logement décent) et l'article 24-1 (relatif à l'intervention d'une association en cas de litige commun à plusieurs locataires, v. s^s^ n° 211.11).

F.
Logement conventionné et non-conventionné

022.181 Logement HLM non conventionné en application de l'article L. 351-2 du CCH. L'article L. 351-2 du code de la construction et de l'habitation a trait à l'aide personnalisée au logement (APL). Le logement non conventionné en vertu de ce texte n'ouvre pas droit à l'APL.

022.182 Logement HLM non conventionné. Exclusion des dispositions de la loi de 1989 jusqu'à la loi Alur. Jusqu'à la loi du 24 mars 2014, dite loi Alur, les articles 8 (relatif à la cession du bail et à la sous-location), 10 à 12 (durée du contrat et résiliation du bail par le locataire), 15 à 19 (congé et loyer), le premier alinéa de l'article 20 (commission de conciliation), le premier alinéa de l'article 22 (limitation du dépôt de garantie à un mois de loyer), et les cinq premiers alinéas de l'article 23 (charges récupérables) de la loi du 6 juillet 1989 ne sont pas applicables aux logements HLM non conventionnés.

022.183 Logement HLM non conventionné. Exclusion des dispositions de la loi de 1989 depuis la loi Alur. Depuis la loi du 24 mars 2014, dite loi Alur, applicable aux baux signés, renouvelés ou tacitement reconduits à compter du 27 mars 2014, ne sont pas applicables les 4°, 7° à 9° et le dernier alinéa du nouvel article 3 (contrat de location), le nouvel article 3-1 (action en diminution de loyer en cas de surface habitable erronée), le II de l'article 5 (communication de données aux observatoires des loyers), les articles 8 (cession et sous-location), 8-1 (colocation), 10 à 12 (durée du bail et résiliation par le locataire), 15 à 18 (congé et loyer), le 1° de l'article 20 (compétence de la commission de conciliation en matière de loyers), les 5 premiers alinéas de l'article 23 (charges locatives) et les articles 25-3 à 25-11 (logements meublés).

Une augmentation de loyer d'un logement HLM non conventionné en application de l'article L. 351-2 du code de la construction et de l'habitation ne relève pas des dispositions de la loi de 1989[2].

Toutefois, l'article 14 leur est applicable à condition que le bénéficiaire du transfert (en cas de décès du titulaire du bail) ou de la continuation du contrat (hypothèse de l'abandon de domicile) remplisse les conditions d'attribution et que le logement soit adapté à la taille du ménage. Ces deux conditions ne sont toutefois pas requises envers le conjoint, le partenaire lié au locataire par un pacte civil de solidarité ou le concubin notoire et, lorsqu'ils vivaient effectivement avec le locataire depuis plus d'un an, les ascendants, les personnes présentant un handicap au sens de l'article L. 114 du code de l'action sociale et des familles et les personnes de plus de soixante-cinq ans.

La loi du 24 mars 2014, dite loi Alur, est venue préciser que « Lorsque le bénéficiaire du transfert est un descendant remplissant les conditions de ressources mais pour lequel le logement est inadapté à la taille du ménage, l'organisme bailleur peut proposer un relogement dans un logement plus petit pour lequel l'intéressé est prioritaire ».

De même, avant la loi du 24 mars 2014, dite loi Alur, les dispositions des 2e et 3e alinéas de l'article 15-I (congé), remplacés, depuis cette loi par « les neuvième à dix-neuvième alinéas du I de l'article 15 » et, depuis la loi du 6 août 2015[3] dite loi Macron, par « les treizième à vingt-troisième » vont recevoir application lorsque le congé émane du locataire.

Enfin, les accords collectifs conclus en application des articles 41 *ter* et 42 de la loi du 23 décembre 1986[4] (v. s^s^ n°s 912.131 s.) ne peuvent conduire à déroger aux règles de fixation et d'évolution des

1. Paris, 19 nov. 1991, RG n° 90/016941, [loi de 1986], *Loyers et copr.* 1992, n° 95.

2. Versailles, 15 janv. 1999, RG n° 97/00004505, *BICC* 2000, n° 63.
3. L. n° 2015-990, 6 août 2015 pour la croissance, l'activité et l'égalité des chances économiques, dite loi Macron, *JO*, 7 août, p. 13537.
4. L. n° 86-1290, 23 déc. 1986 tendant à favoriser l'investissement locatif, l'accession à la propriété de logements sociaux et le développement de l'offre foncière, dite loi Mehaignerie, *JO* 24 déc., p. 15531.

loyers qui leur sont propres (prévues à CCH, art. L. 442-1).

022.184 Logement (HLM ou non) conventionné en application de l'article L. 351-2 du CCH. Il s'agit des logements ouvrant droit à l'APL.

022.185 Logement HLM (ou non) conventionné. Exclusion des dispositions de la loi de 1989 jusqu'à la loi Alur. Avant la loi du 24 mars 2014, dite loi Alur, la loi de 1989 leur est opposable, à l'exception des dispositions des articles 8, 10 à 12, 15 (congé), 17 e (augmentation de loyer en cas de réalisation de travaux d'amélioration par le bailleur) et du premier alinéa de l'article 22.

022.186 Logement HLM (ou non) conventionné. Exclusion des dispositions de la loi de 1989 depuis la loi Alur. Depuis la loi du 24 mars 2014, dite loi Alur, applicable aux baux signés, renouvelés ou tacitement reconduits à compter du 27 mars 2014, et la loi relative à l'égalité et à la citoyenneté du 27 janvier 2017[1], sont exclus les 4°, 7° à 9° et le dernier alinéa du nouvel article 3 (contrat de location), le nouvel article 3-1 (action en diminution de loyer en cas de surface habitable erronée), le II de l'article 5 (communication de données aux observatoires des loyers) et l'article 18 (décret de blocage).

Toutefois, les dispositions de l'article 14 vont recevoir application, sous réserve que le bénéficiaire du transfert ou de la continuation du contrat remplisse les conditions d'attribution et que le logement soit adapté à la taille du ménage. Ces deux conditions ne sont toutefois pas requises envers le conjoint, le partenaire lié au locataire par un PACS ou le concubin notoire et, lorsqu'ils vivaient effectivement avec le locataire depuis plus d'un an, les ascendants, les personnes présentant un handicap[2] et les personnes de plus de soixante-cinq ans.

Vont également recevoir application, depuis la loi Alur du 24 mars 2014, les neuvième à dix-neuvième alinéas du I de l'article 15 » remplacés par la loi Macron du 6 août 2015[3] par « les treizième à vingt-troisième » du même article[4].).

En outre, pour ces logements, les loyers fixés en application de l'article 17 [depuis la loi du 24 mars 2014, dite loi Alur, « en application des articles 17, 17-1 et 17-2 »] ou ayant fait l'objet d'un accord collectif (en application des articles 41 *ter* et 42 de la loi du 23 décembre 1986, dite loi Méhaignerie) ne peuvent excéder les plafonds qui leur sont applicables. Ainsi, sous réserve du respect du plafond applicable, l'article 17 c[5] est applicable à un logement conventionné non HLM en vertu de l'article L. 351-2 du code de la construction et de l'habitation[6].

Par ailleurs, lorsque les logements conventionnés sont gérés par des organismes HLM, les accords collectifs conclus en application des articles 41 *ter* et 42 de la loi du 23 décembre 1986 ne peuvent conduire à déroger aux règles de fixation et d'évolution des loyers prévues à l'article L. 442-1 du code de la construction et de l'habitation.

Enfin, depuis la loi égalité citoyenneté du 27 janvier 2017, le régime des meublés « résidence principale » (L. 6 juill. 1989, art. 25-3 à 25-11) ne sont pas applicables aux logements appartenant à une société d'économie mixte et qui sont régis par une convention conclue en application de l'article L. 351-2 du code de la construction et de l'habitation.

022.187 Logement conventionné en application de l'article L. 353-14 du CCH. À l'égard des logements conventionnés en application de l'article L. 353-14 du code de la construction et de l'habitation (relatif aux logements conventionnés appartenant aux organismes d'HLM ainsi qu'à ceux appartenant aux collectivités locales, gérés par les organismes en question), avant la loi du 24 mars 2014, dite loi Alur, en complément des exclusions mentionnées ci-dessus concernant la location d'un logement conventionné, étaient exclues les dispositions de l'article 16 (observatoires de loyers), celles des paragraphes *a, b, c* et *d* de l'article 17 (loyer), des articles 18 (blocage des loyers) et 19 (références), du premier alinéa de l'article 20 et des cinq premiers alinéas de l'article 23 (charges locatives).

022.188 Logement conventionné en application de l'article L. 353-14 du CCH : incidence de la loi Alur. Depuis la loi du 24 mars 2014, dite loi Alur, applicable aux baux signés, renouvelés ou tacitement reconduits à compter du 27 mars 2014, sont visés (en sus des dispositions exclues en matière de logement conventionné) l'article 16 (observatoires locaux des loyers), le I de l'article 17-1 (révision du loyer), l'article 18 (décret d'encadrement des loyers en zones tendues), le 1° de l'article 20 (commissions de conciliation) et les cinq premiers alinéas de l'article 23 (charges locatives) ainsi que, depuis la loi du 6 août 2015[7] dite loi Macron, les articles 25-3 à 25-11 (locations meublées).

1. L. n° 2017-86, 27 janv. 2017 relative à l'égalité et à la citoyenneté, *JO* 28 janv., n° 1.
2. Au sens de l'article L. 114 du CASF.
3. L. n° 2015-990, 6 août 2015, *JO* 7 août, p. 13537.
4. Avant la loi du 24 mars 2014, étaient visés les 2e et 3e alinéas de l'article 15-I lorsque le congé émanait du locataire.
5. Relatif à la fixation du loyer de renouvellement.
6. Cass., Avis, 5 mai 1995, n° 09-50.002, *Bull. avis*, n° 3; *D.* 1995. IR 145 – Civ. 3e, 4 nov. 1998, n° 96-20.443, NP, *Administrer* déc. 1999, p. 42, obs. Canu.
7. L. n° 2015-990, 6 août 2015 pour la croissance, l'activité et l'égalité des chances économiques, dite loi Macron, *JO* 7 août, p. 13537.

G. Bail soumis à la loi de 1948

022.191 Logement soumis à la loi de 1948. Les dispositions des articles 3 (mentions du contrat de location, documents à communiquer et état des lieux), 8 à 20 (sous-location, échange de logements, notifications en cas de locataires mariés, durée du contrat, résiliation par le locataire, transmission du contrat, congé, loyer, commission de conciliation), celles du premier alinéa de l'article 22, et celles de l'article 24 (clause résolutoire) ne leur sont pas applicables.

Depuis la loi du 24 mars 2014, dite loi Alur, applicable aux baux signés, renouvelés ou tacitement reconduits à compter du 27 mars 2014, à ces articles, il convient d'ajouter le nouvel article 3-1 (action en diminution de loyer en cas de surface habitable erronée).

De plus, pour ces logements, les accords collectifs conclus en application des articles 41 *ter* et 42 de la loi du 23 décembre 1986 ne peuvent conduire à déroger aux règles de fixation du loyer issues de la loi de 1948. L'article 15 de la loi de 1989 ne s'applique pas davantage aux logements soumis à la loi de 1948[1]. À l'inverse, les dispositions relatives à la décence des logements[2] s'appliquent aux logements soumis à la loi de 1948[3] (sur les logements relevant de la loi de 1948 v. s[s] n°s 811.31 et s).

H. Autres exclusions

022.201 Logement dont les conditions sont réglementées en contrepartie de primes ou prêts spéciaux à la construction. Les primes ou prêts spéciaux sont consentis par le Crédit foncier de France ou la Caisse centrale de coopération économique. En contrepartie, les logements sont régis par des conditions spécifiques. Les dispositions des cinq premiers alinéas de l'article 23 de la loi de 1989 ne leur sont pas applicables.

Par ailleurs, pour ces logements, les loyers fixés en application de l'article 17 [depuis la loi du 24 mars 2014, dite loi Alur, « en application des articles 17, 17-1 et 17-2 »] ou ayant fait l'objet d'un accord collectif ne peuvent déroger aux règles qui leur sont applicables. Par plusieurs arrêts du 14 mai 2003[4], la troisième Chambre civile de la Cour de cassation a jugé que le bailleur d'un logement ayant fait l'objet de primes ou de prêts spéciaux à la construction est tenu, lors du renouvellement du bail, dans la double limite des dispositions de l'article 17 *c* de la loi du 6 juillet 1989 et de ses obligations relatives à la fixation du loyer plafonné révisé. Par ailleurs lorsque le bail a été conclu postérieurement au remboursement complet des prêts, il échappe cependant à la réglementation propre aux logements de cette catégorie[5].

022.202 Logement donné en location à titre exceptionnel et transitoire par les collectivités locales.

• Avant la loi du 24 mars 2014, dite loi Alur, la loi du 6 juillet 1989 leur était opposable, à l'exception des dispositions de l'article 10, de l'article 15 – hormis les 2e, 3e, et 4e alinéas du HI (délais de préavis et déchéance de tout titre d'occupation), qui demeurent applicables –, et des paragraphes *b* et *c* de l'article 17 (fixation de loyer initial par référence aux loyers du voisinage et loyer de renouvellement).

• Depuis la loi du 24 mars 2014, dite loi Alur, applicable aux baux signés, renouvelés ou tacitement reconduits à compter du 27 mars 2014, sont exclus les articles 10, 15, à l'exception des neuvième à dix-neuvième alinéas (et, depuis la loi du 6 août 2015[6] dite loi Macron, à l'exception des treizième à vingt-troisième) du I, 17 et 17-2 (loyer).

022.203 Logement auquel s'appliquent les dispositions de l'article L. 472-1-3 du CCH. Il s'agit des logements gérés par une société d'économie mixte constituée en application de la loi du 30 avril 1946[7] ou par une société d'économie mixte locale dans les départements de la Guadeloupe, Martinique, Guyane et La Réunion, leur appartenant ou appartenant à l'État ou à un groupement de collectivités locales. Les articles 17 à 20 de la loi de 1989 ne sont pas applicables à ces logements.

022.204 Logement pour lequel les SEM ont conclu une convention globale de patrimoine.
• Avant la loi du 24 mars 2014, dite loi Alur, il ressortait de l'article 40 de la loi du 6 juillet 1989, que les dispositions des *a*, *b*, *c* et *d* de l'article 17 (loyer initial, de renouvellement et révisé), des articles 18 (décrets de blocage), 19 (loyers de référence) et du

1. Civ. 3e, 7 janv. 1998, n° 96-11.407, NP, *Rev. loyers* 1998. 184, obs. J. Rémy; *Administrer* août-sept. 1998, p. 46, obs. V. Canu – V. aussi Civ. 3e, 8 juill. 2015, n° 13-27.223, NP, *AJDI* 2016. 42, obs. F. de La Vaissière
2. L. 6 août 1989, art. 6.
3. Civ. 3e, 15 déc. 2004, n° 02-20.614, *Bull. civ.* III, n° 239; *AJDI* 2005. 125, Rouquet; *RDI* 2005. 113, obs. Heugas-Darraspen; *D.* 2005. 305, Monéger et *D.* 2005. 749, note Damas.
4. Civ. 3e, 14 mai 2003, n° 01-17.852, *Bull. civ.* III, n° 104, *AJDI* 2003. 590, obs. Rouquet.
5. Civ. 3e, 30 juin 1992, n° 90-17.397, [loi de 1982], *Bull. civ.* III, n° 226; *D.* 1992. IR 206.
6. L. n° 2015-990, 6 août 2015 pour la croissance, l'activité et l'égalité des chances économiques, dite loi Macron, *JO* 7 août, p. 13537.
7. L. n° 46-860, 30 avr. 1946.

1er alinéa de l'article 20 (commissions départementales de conciliation) n'étaient pas applicables aux « sociétés d'économie mixte pour les logements régis par un cahier des charges en application du chapitre V du titre IV (du livre IV) du code de la construction et de l'habitation ».

• Depuis la loi du 24 mars 2014, dite loi Alur, applicable aux baux signés à compter du 27 mars 2014, sont exclus les articles 17, le I de l'article 17-1, les articles 17-2 et 18 (loyer) et le 1° de l'article 20-1 (logement décent).

Il s'agit des logements pour lesquels les SEM ont conclu une « convention globale de patrimoine » (sur cette notion v. ss no 733.54).

022.205 Logements des résidences universitaires. Aux termes du VIII de l'article 40 de la loi du 6 juillet 1989, créé par la loi du 24 mars 2014, dite loi Alur, applicable aux baux signés, renouvelés ou tacitement reconduits à compter du 27 mars 2014, les 4°, 7°, 8°, 9° et dernier alinéa de l'article 3 (contrat de location), les articles 3-1 (action en diminution du loyer), 8 (sous-location), 10 à 11-1 (durée du bail), 15 (congé), 17, 17-2, 18 (loyer), les sixièmes à dernier alinéas de l'article 23 (charges locatives) et le II de l'article 17-1 (travaux d'amélioration réalisés par le bailleur) ne sont pas applicables aux logements des résidences universitaires définies à l'article L. 631-12 du code de la construction et de l'habitation et régies par une convention conclue en application de l'article L. 351-2 du même code. Toutefois, les neuvième à dix-neuvième [treizième à vingt-troisième, depuis la loi du 6 août 2015 [1]] alinéas du I de l'article 15 (congé) sont applicables lorsque le congé émane du locataire.

Par ailleurs, les articles 3-1, 8, 10 à 11-1, et les sixième à dernier alinéas de l'article 23 ne sont pas applicables aux logements des résidences universitaires définies audit article L. 631-12 du code de la construction et de l'habitation.

Enfin, les charges locatives peuvent être récupérées par le bailleur sous la forme d'un forfait versé simultanément au loyer, dont le montant et la périodicité de versement sont définis au contrat et qui ne peut donner lieu à complément ou à régularisation ultérieure. Le montant du forfait de charges est fixé en fonction des montants exigibles par le bailleur en application de l'article 23. Ce montant ne doit pas être manifestement disproportionné au regard des charges dont le locataire ou, le cas échéant, le précédent locataire se serait acquitté.

SECTION 4
TABLEAU RÉCAPITULATIF

022.211 Champ d'application de la loi du 6 juillet 1989. Voici, sous forme de tableau synthétique, le résumé des principales règles relatives au champ d'application de la loi de 1989, à jour des lois Alur du 24 mars 2014, Macron du 6 août 2015 [2] et Égalité citoyenneté du 27 janvier 2017 [3].

(Voir tableau page suivante)

1. L. no 2015-990, 6 août 2015 pour la croissance, l'activité et l'égalité des chances économiques, dite loi Macron, *JO* 7 août, p. 13537.
2. L. no 2015-990, 6 août 2015 pour la croissance, l'activité et l'égalité des chances économiques, dite loi Macron, *JO* 7 août, p. 13537.
3. L. no 2017-86, 27 janv. 2017 relative à l'égalité et à la citoyenneté, *JO* 28 janv., no 1.

CHAMP D'APPLICATION DE LA LOI N° 89-462 DU 6 JUILLET 1989

Convention	Application totale de la loi	Application partielle de la loi [Indication des articles exclus]	Exclusion totale de la loi	Paragraphe correspondant
• Location d'un local à usage d'habitation principale	x			022.32
• Location d'un local à usage mixte	x			022.34
• Location d'un local accessoire	x			022.36
• Conventions autres qu'un contrat de location			x	022.51
• Location consentie à une personne morale			x	022.61
• Location portant sur un local commercial			x	022.72
• Location portant sur un immeuble agricole			x	022.73
• Location d'un local à usage exclusivement professionnel			x	022.81
• Location d'une résidence secondaire			x	022.111
• Location saisonnière		x [tous sauf l'article 3-1]	x	022.122
• Location meublée	x [art. 25-3 à 25-11]			022.122, 022.141
• Location d'un logement-foyer		x x. [tous sauf les articles 6, al. 1er, et 20-1]		022.122
• Location d'un logement de fonction		x. [tous sauf les articles 3-3, 6, al. 1er et 2, 20-1 et 24-1]		022.161
• Location consentie à un travailleur saisonnier		x. [tous sauf les articles 3-3, 6, al. 1er et 2, 20-1 et 24-1]		022.171
• Location d'un logement HLM non conventionné (CCH, art. L. 351-2)		x [3 (4°, 7° à 9°, dernier al.) 3-1, II du 5, 8, 8-1, 10 à 12, 14 (sous conditions, v. ss nos 144.21 s.), 15 (sauf les al. 13 à 23 du I si le congé émane du locataire) à 18, 20 (1°), 23 (al. 1er à 5), 25-3 à 25-11]		022.181 s.
• Location d'un logement conventionné (CCH, art. L. 351-2)		x [3 (4°, 7° à 9°, dernier al.) 3-1, II du 5,8, 8-1, 10 à 12, 14 (sous conditions, v. ss nos 144.21 s.), 15 (sauf les al. 13 à 23 du I), 17, 17-1, 17-2, 18 et, pour les logements appartenant à une SEM, les art. 25-3 à 25-11]		022.184 s.
• Location d'un logement HLM conventionné (CCH, L. 353-14)		(en complément des indications ci-dessus concernant la location d'un logement conventionné) x. 16, 17-1 (I), 18, 20 (al. 1er), 23 (al. 1er à 5)]		022.187
• Location d'un logement « loi de 1948 »		x [3, 3-1, 8 à 20, 22 (al. 1er), 24]		022.191
• Location d'un logement financé par des primes ou des prêts spéciaux du CFF ou de la CCCE		x [23 (al. 1er à 5)]		022.201
• Logement donné en location à titre exceptionnel et transitoire par une collectivité locale		x [10, 15 (sauf 13 à 23e al. du I), 17 et 17-2]		022.202
Location d'un logement (CCH, L. 472-1-3)		x [17 à 20]		022.203
• SEM pour les logements régis par un cahier des charges en application du chapitre V du titre IV du livre IV du CCH • Logements des résidences universitaires		x [17, 17-1 (I), 17-2, 18, 20 (1°)] x. [3 (4°, 7°, 8°, 9° et dernier alinéa), 3-1, 8, 10 à 11-1, 15 (sauf les al. 13 à 23 du I si le congé émane du locataire), 17, 17-1 (II), 17-2, 18, 23 (6e et dernier al.)		022.123, 022.204

TITRE

03. Bibliographie de référence

SECTION 0

ORIENTEUR

03.00 Plan du titre.

CHAPITRE

031. Bibliographie indicative

SECTION 0

ORIENTEUR

031.00 **Plan du chapitre.**

SECTION 1

RÉFÉRENCES PRINCIPALES

031.11 **Ouvrages.** V. Zalewski-Sicard, *Baux d'habitation - Congés et droits de préemption,* Ellipses, 2016 - J. Lafond, B. Vial-Pedroletti, *Les baux d'habitation,* 8e éd., LexisNexis, 2017 - C. Beddeleem, *Guide des baux d'habitation et mixtes, Ann. loyers* 10/11 2014; *Les baux d'habitation,* Édilex, 1996 - S. Lannerée, *Propriétaires et locataires, vos droits, vos obligations,* 7e éd., Puits Fleuri, 2008 - *Locataires : guide de vos droits, démarches et recours,* CLCV, 2016 - J. Lafond et Pillebout, *Le locataire et son logement,* LexisNexis, 2002 - J.-M. Roux, *Questions de propriétaires et locataires de locaux d'habitation (et réponses des juges),* Edilaix, 2003 - M. Barré-Pépin et C. Coutant-Lapalus (dir.), *Logement et famille : des droits en question,* Dalloz, Coll. « Thèmes et commentaires », 2005 - Y. Rouquet, *Location mode d'emploi,* 12e éd., Delmas Express, 2017.

031.12 **Actualisables.** RÉP. CIV. vis « Bail (expulsion) », S. Gérard; « Baux d'habitation et mixtes (Rapports locatifs collectifs) », N. Damas; « Baux d'habitation et mixtes (Rapports locatifs individuels : loi du 6 juillet 1989) », N. Damas; « Bail d'habitation ou professionnel - Loi du 1er septembre 1948 », H. Des Lyons et Y. Rouquet; « Habitat social (HLM) », H. Des Lyons - RÉP. PR. CIV., v° « Bail d'habitation », F. de La Vaissière; « Force publique : refus de concours », R. Vandermeeren - DICT. PERM. Gest. Immo., vis « Baux d'habitation et mixte », « Expulsion » - LAMY DR. IMMO.

SECTION 2

PROJET DE LOI POUR L'ACCÈS AU LOGEMENT ET UN URBANISME RÉNOVÉ (ALUR)

031.21 **Articles.** N. Damas, *AJDI* 2013. 562 - F. de La Vaissière, « Le concept de "loyer médian" est-il exploitable ? », *AJDI* 2013. 569 (loyer médian); « Pourquoi le projet de loi ne résoudra en rien la crise du logement », *Administrer* nov. 2013. 15; *RTDI* 4/2013. 3 - B. Vial-Pedroletti, *Loyers et copr.* 2013. Focus 67 - J. Monéger, *Loyers et copr.* 2013. Repères 7 et 9 - S. Gasnier, « La garantie universelle des loyers en questions », *AJDI* 2013. 641.

SECTION 3

LOI N° 2014-366 DU 24 MARS 2014 POUR L'ACCÈS AU LOGEMENT ET UN URBANISME RÉNOVÉ (ALUR)

031.31 **Articles.** N. Damas, « La loi Alur et les baux d'habitation », *AJDI* 2014. 334; *D.* 2014. Pan. 1221, spéc. 1224 - de La Vaissière, « Loi Alur : la censure du Conseil constitutionnel relative aux "personnes à charge" est incomplète ! » *AJDI* 2014. 325; « La loi Alur et les expulsions locatives », *ibid.* 349; « Faut-il sauver le soldat Alur ? », *ibid.* 565; « Encadrement des loyers... *perseverare diabolique* », *ibid.* 2015. 645; *Defrénois* 2014. 559; *IRC* juill.-août 2014. 6; « Que faire du volet locatif de la loi

Alur ? », *RTDI* 4/2014. 3; « Analyse du volet locatif de la loi Alur », *RTDI* 2014. n° spécial. 29; *ibid. 46* (garantie universelle des loyers); *ibid.* 2/2015. 59 (application de la loi dans le temps); *Ann. loyers* mars 2015. 79 (incidences de l'état de l'immeuble sur le cours du bail de résidence principale après la loi Alur); *ibid.* avr. 2015. 86 (postérité du volet locatif de la loi Alur) - Wertenschlag et Geib, *AJDI* 2014. 372 (volet « environnement » de la loi Alur) - Bouyeure, *Administrer* mars 2014. 5 - Pays, *Ann. loyers* 2014. 544 (meublés) - Monéger, *Loyers et copr.* 2014. Repère 4 (censure du Conseil constitutionnel) - Humblot-Catheland et Canu, *Rev. loyers* 2014. 163 - Bouaziz et Filippi, *Gaz. Pal.* 18-19 juin 2014. 5 (de l'application immédiate des mesures de la loi Alur relatives au congédiement de fin de bail ou au jeu de la clause résolutoire) - CANU, *Administrer* juin 2014. 7 - Souied et Narjot, *Rev. bleue* mai-juin 2014. 20 (nouveau statut de la colocation); *ibid.* sept.-oct. 2014. 15 (règles de fixation des loyers); *ibid.* nov.-déc. 2015. 25 (fixation des loyers depuis la loi Alur) - Vial-Pedroletti, *Loyers et copr., hors-série* mai 2014. Étude 1 (baux d'habitation); *ibid.* Étude 9 (controverses sur l'application transitoire) - Daudré et Wallut, *ibid., hors-série* mai 2014. Étude 2 (contrôle de l'usage d'habitation) - Ringler, *RTDI* 2014, n° spéc. 40 (meublés et meubles touristiques) - Souied, Troestler et Narjot, *Rev. bleue* juill.-août 2014. 9 - Lafond, *Loyers et copr. 2015.* Étude 2 (congédiement du locataire et baux en cours); *JCP N* 2014. 1161 (rédaction des baux); *ibid. 1162* (se préparer à la loi Alur) - Puygauthier, *JCP N* 2014. 1163 (locations meublées) - Zalewski-Sicard, *Rev. loyers* 2015. 103 (état des lieux de l'entrée en vigueur de la loi Alur) - Raclet et Giannetti, *Ann. loyers juin* 2015. 96 *(idem); IRC juin* 2015. 20 (les congés après la loi Alur) - Tarroux, *Administrer* févr. 2016. 7.

SECTION 4

LOI N° 2015-990 DU 6 AOÛT 2015 POUR LA CROISSANCE, L'ACTIVITÉ ET L'ÉGALITÉ DES CHANCES ÉCONOMIQUES (MACRON)

031.41 **Articles.** de La Vaissière, *RTDI* 3/2015. 59 - Damas, *AJDI* 2015. 654 - Monéger, *Loyers et copr. 2015.* Étude 11 - Boulanger, *JCP N* 2015. 1155 - VIAL-Pedroletti, *Loyers et copr. 2015.* Étude 13 (droit transitoire : concilier Alur et Macron) - Canu, *Administrer* nov. 2015. 7.

031.42 **Autres articles.** Aubert et Bihr, « Le nouveau contrat de location à usage d'habitation et à usage mixte », *ALD 1989.* Chron. 147; *Defrénois* 1989. 1153 - De Belot et Legrand, *Gaz. Pal.* 1989. 2. *Doctr. 510; Administrer* août-sept. 1989. 2 - Berthault, « Commentaire de la loi du 6 juill. 1989 », *Rev. loyers* 1989. 317 - Blatter, « La loi du 6 juill. 1989 et le droit au logement », *AJPI* 1989. 609; Formules, *Loyers et copr.* août-sept. 1989, p. 1 - Brière de L'isle, « Quelques réflexions sur la loi n° 89-462 du 6 juill. 1989 », *RDI* 1989. 277 - J. Lafond et F. Lafond, « La réforme des baux d'habitation du secteur privé (loi du 6 juill. 1989) », *JCP N* 1989. I. 297 - Lassaubatjeu-André, Formules, *Defrénois* 1989. 1194 - Porte, Fau et Debeaurain, *Ann. loyers* 1989. 724 - Rozès, « Les modifications du droit des loyers », *Droit et Ville*, 1989, n° 28, p. 97 - Warembourg-Auque, « L'équilibre introuvable (commentaire de la loi n° 89-462 du 6 juill. 1989) », *JCP* 1989. I. 3421 - Batteur et Le Bars, « Le droit au maintien du logement », *JCP N* 1995. I. 321 - Giverdon, *Loyers et copr., hors série* nov. 1999, p. 6 (philosophie de la loi du 6 juill. 1989) - Grillet-Ponton, « Le droit du bail d'habitation à l'épreuve de la réglementation locative », *JCP* 2000. I. 240 - Thioye, « élargissement du cercle des "parties" dans le bail d'habitation », *AJDI* 2002. 432 - Rémy, « chronique de trois années de jurisprudence », *Gaz. Pal.* 2002. 1. Doctr. 544 - Fertal, *Gaz. Pal.* 2002. 2. Doctr. 1609 (bail et retraite) - Des Lyons et Rouquet, *AJDI* 2004. 607; *ibid. 704* (revue de jurisprudence janv. 2003 - juin 2004); *ibid.* 2005. 802 (chronique d'actualité législative et jurisprudentielle juill. 2004 - août 2005); *ibid.* 2008. 351 et *453* (chronique d'actualité législative et jurisprudentielle sept. 2005 - déc. 2007) - Herrnberger, *Rev. loyers* 2005. 62 (prise en compte des données environnementales) - de La Vaissière, *AJDI* 2005. 366 (ordre public dans les conventions locatives) - Rémy et Pialoux, *Rev. loyers* 2004. 668 (panorama de deux ans de jurisprudence); *ibid.* 2005. 541 (un an de jurisprudence); *ibid.* 2006. 494 (*idem*); *ibid.* 2007. 488 (*idem*); *ibid.* 2008. 530 (*idem*); *ibid.* 2009. 478 (*idem*); *ibid.* 2010. 454 (*idem*); *ibid.* 2011. 450 (l'actualité législative et jurisprudentielle des loyers d'habitation); *ibid.* 2012. 459 (*idem*); *ibid.* 2013. 482 (*idem*) - Beddeleem, *Administrer juin* 2006. 35 (revue de jurisprudence 2005); *ibid. juin* 2007. 44 (revue de jurisprudence 2006); *ibid.* juill. 2008. 44 (revue de jurisprudence 2007); *ibid.* août-sept. 2009. 16 (revue de jurisprudence 2008); *ibid.* mai 2009. 31 (revue de jurisprudence 2009); *ibid.* juill. 2011. 43 (revue de jurisprudence 2010); *ibid.* juin 2012. 7 (revue de jurisprudence 2011); *ibid.* juill. 2015. 7 (revue de jurisprudence janv. 2012 - mars 2015) - Forestier, *AJDI* 2006. *722* (vidéosurveillance dans les immeubles collectifs); *Rev. loyers* 2008. 12 (propriétaire - bailleur : une liberté de choix obsolète) - Bazin, *Dr. et proc.* 2006. 318 - ALTIDE, *JCP N 2007. Actu. 538* (le bailleur face au libre choix du locataire en matière de fournisseur d'énergie) - Schütz, *Dr. et proc.* 2008. 7 (droits fondamentaux du locataire de l'immeuble à usage d'habitation) - Ferrand, *Rev. loyers* janv. 2008. 2 (accès au logement privé et lutte contre les discriminations) - Raclet et Yankelevich, *IRC* mars 2008. 25 (bail d'habitation et divorce); *ibid.* mars 2010. 15 (panorama de législation et de jurisprudence); *ibid.* juin 2012. 9 (actualité législative et jurisprudentielle 2011, 1re partie) - Raclet, *ibid.* juill.-août 2012. 11 (actualité législative et jurisprudentielle 2011, 2e partie) - Gallet, *Rev. loyers* 2008. 469 (effets du surendettement sur les parties au bail d'habitation); *ibid.* 2011. 240 (bail d'habitation et surendettement : application dans le temps des lois récentes) - Durance et Piquemal, *AJDI* 2008. 913 (le couple et le logement) - Roussel, Hoareau et Dobigny, *Rev. loyers* 2009. 51 (de l'importance du recours au bail authentique) - Pays, *Ann. loyers 2/3 2009* (guide fiscal des locations 2009) - GIL, *Administrer* févr. 2009. 17 (droit de l'habitat à l'épreuve des droits fondamentaux et de la Conv. EDH) - Sabatié, *Rev. bleue* mars 2009. 34 (mesurer l'importance des surfaces) - Damas, *AJDI* 2010. 99 (modifications de la fin 2009); *ibid.* 2016. 336 (réforme du droit des obligations) - Denizot et Le More, *ibid. 296* (droit immobilier et question prioritaire de constitutionnalité) - Monéger, *Loyers et copr. 2010. Repère 5* (de la vulnérabilité en droit des baux) - Vial-Pedroletti, *Loyers et copr. 2010.* Étude 6 (prêt de logement par le locataire) - Trébulle, *Dr. et patr.* juin 2010. *77* (environnement et baux) - Vigneau, *Loyers et copr. 2011.* Étude 1 (logement et surendettement) - Vidal, *AJDI* 2011. 33 (notion de restitution des clés) - Sadeghloo, *AJDI* 2013. *744* (les baux d'habitation en droit français et en droit iranien) - Pialoux et Barthelémy, *Rev. loyers* 2015. 12 (actualité législative et jurisprudentielle 2014).) - Derrez, *IRC* mars 2015. 11 (colocation) - Rouquet, *D. avocats* 2016. 88 *(local professionnel : pour quel régime locatif opter ?).*

LIVRE

1. LA CONCLUSION DU BAIL

SECTION 0

ORIENTEUR

1.00 Plan du livre.

1.01 Textes applicables.

TEXTES SOURCES

• **L. n° 89-462, 6 juill. 1989** tendant à améliorer les rapports locatifs et portant modification de la

• **L. n° 86-1290, 23 déc. 1986,** *JO* 8 juill., p. 8541.

1.03 Bibliographie indicative.

Ouvrages. J. Lafond, B. Vial-Pedroletti, *Les baux d'habitation*, 8e éd., LexisNexis, 2017.

Actualisables. RÉP. CIV., vis « Bail », par C. Aubert de Vincelles, C. Noblot; « Bail d'habitation et mixte : rapports locatifs individuels – Loi du 6 juillet 1989 », N. Damas – LAMY DR. IMMO, nos 5484 s. – DICT. PERM. Gestion immob., « Baux d'habitation et mixtes ».

• **CCH, art. R. 634-1**

Pour l'application des dispositions des articles L. 634-1 à L. 634-5, les logements mis en location ou faisant l'objet d'une nouvelle mise en location sont ceux dont le contrat est soumis au titre Ier ou au titre Ier *bis* de la loi n° 89-462 du 6 juillet 1989 tendant à améliorer les rapports locatifs et portant modification de la loi n° 86-1290 du 23 décembre 1986. Le contrat portant reconduction ou renouvellement de la location ou avenant à ce contrat n'est pas soumis à l'obligation de déclaration.

• **CCH, art. R. 634-2**

La déclaration de mise en location est établie par le ou les bailleurs ou leur mandataire et précise :

1° Pour un bailleur personne physique, son identité, son adresse et ses coordonnées;

2° Pour un bailleur personne morale, sa dénomination ou sa raison sociale, sa forme juridique, l'adresse de son siège social ainsi que la qualité du signataire de la déclaration;

3° Dans le cas où le mandataire agit pour le compte du bailleur, le nom ou la raison sociale du mandataire, son adresse ainsi que l'activité exercée et, le cas échéant, le numéro et le lieu de délivrance de la carte professionnelle;

4° La localisation, la désignation et la consistance du logement et, le cas échéant, de l'immeuble dans lequel il est situé, ainsi que la date de conclusion du contrat.

• **CCH, art. R. 634-3**

Dans la semaine suivant le dépôt d'une déclaration, il est adressé au déclarant :

1° Lorsque la déclaration est complète, un récépissé indiquant la date de dépôt de la déclaration et reproduisant l'ensemble des informations mentionnées dans celle-ci;

2° Lorsque la déclaration est incomplète, un accusé de réception indiquant la date de dépôt de la déclaration, les pièces ou informations manquantes et invitant le déclarant à fournir ces pièces ou informations dans un délai fixé par l'autorité compétente, qui ne peut être supérieur à un mois. Si le déclarant ne produit pas l'ensemble des pièces ou informations demandées dans le délai qui lui est imparti, il doit procéder au dépôt d'une nouvelle déclaration; l'accusé de réception adressé au requérant lui demandant de compléter son dossier mentionne cette conséquence.

• **CCH, art. R. 634-4**

Pour l'application de l'article L. 634-4, lorsque le préfet est informé qu'une personne a mis en location un logement sans remplir les obligations de déclaration prescrites, celle-ci est invitée à présenter ses observations dans un délai d'un mois. Dans ce délai, l'intéressé peut procéder à la régularisation de sa situation. À cet effet, il joint aux observations adressées au préfet copie du récépissé du dépôt de la déclaration.

111.03 Bibliographie indicative.

Ouvrages. J. Lafond, B. Vial-Pedroletti, *Les baux d'habitation*, 8e éd., LexisNexis, 2017, n°s 312, 786 s.

Actualisables. DICT. PERM. Gestion immob., « Baux d'habitation et mixtes », n°s 15 s.

Articles. Y. Rouquet, « Permis de louer : mesures réglementaires », *AJDI* 2017. 6.

SECTION 1

DÉLIMITATION DES ZONES SOUMISES À DÉCLARATION DE MISE EN LOCATION

111.11 Lutte contre l'habitat indigne. Afin de lutter contre l'habitat indigne, l'organe délibérant de l'établissement public de coopération intercommunale (EPCI) compétent en matière d'habitat ou, à défaut, le conseil municipal, peut délimiter des zones soumises à déclaration de mise en location au regard de l'objectif de lutte contre l'habitat indigne et en cohérence avec le programme local de l'habitat (PLH) en vigueur et le plan départemental d'action pour le logement et l'hébergement des personnes défavorisées. Ces zones peuvent concerner un ou plusieurs ensembles immobiliers. La délibération, qui peut préciser les catégories et les caractéristiques des logements concernés pour chacune des zones géographiques qu'elle délimite, mentionne la date d'entrée en vigueur du dispositif (qui ne peut être fixée dans un délai inférieur à six mois à compter de la publication de la délibération), ainsi que le lieu et les modalités de dépôt de la déclaration [1].

La délibération exécutoire est transmise à la caisse d'allocations familiales et à la caisse de mutualité sociale agricole [2].

Dans ces zones, les personnes qui mettent en location un logement doivent le déclarer au président de l'EPCI ou au maire dans les quinze jours suivant la conclusion du bail [3].

SECTION 2

CHAMP D'APPLICATION DE L'OBLIGATION DE DÉCLARATION DE MISE EN LOCATION

111.21 Mise en location. Les baux de logements mis en location ou faisant l'objet d'une nouvelle mise en location concernés sont ceux dont le contrat est soumis au titre Ier ou au titre Ier *bis* de la loi n° 89-462 du 6 juillet 1989, soit les baux portant sur des locaux loués vides ou meublés constituant la résidence principale du locataire. En revanche, le contrat portant reconduction ou renouvellement de la location ou avenant à ce contrat n'est pas soumis à l'obligation de déclaration [4].

1. CCH, art. L. 634-1.
2. CCH, art. L. 634-2.
3. CCH, art. L. 634-3.
4. CCH, art. R. 634-1.

SECTION 3
PROCÉDURE DE DÉCLARATION DE MISE EN LOCATION

111.31 Contenu de la déclaration. Établie par le(s) bailleur(s) ou leur mandataire, la déclaration précise :

- pour un bailleur personne physique, son identité, son adresse et ses coordonnées;

- pour un bailleur personne morale, sa dénomination ou sa raison sociale, sa forme juridique, l'adresse de son siège social ainsi que la qualité du signataire de la déclaration;

- dans le cas où le mandataire agit pour le compte du bailleur, le nom ou la raison sociale du mandataire, son adresse ainsi que l'activité exercée et, le cas échéant, le numéro et le lieu de délivrance de la carte professionnelle;

- la localisation, la désignation et la consistance du logement et, le cas échéant, de l'immeuble dans lequel il est situé, ainsi que la date de conclusion du contrat[1].

Cette déclaration doit comporter en annexe le dossier de diagnostic technique prévu à l'article 3-3 de la loi du 6 juillet 1989 (v. s[s] n°s 132.131 s.)[2].

La déclaration est établie conformément à un formulaire dont le modèle est fixé par arrêté du ministre chargé du logement. Il s'agit du formulaire Cerfa n° 15651[3]. Une notice explicative est enregistrée sous le Cerfa n° 52147[4].

Cette déclaration peut être adressée par voie électronique si la délibération ayant délimité les zones soumises à déclaration de mise en location a prévu cette faculté[5].

111.32 Récépissé ou accusé de réception. Dans la semaine suivant le dépôt d'une déclaration, il est adressé au déclarant un récépissé si la déclaration est complète[6] ou, en cas de déclaration incomplète, un accusé de réception indiquant les pièces ou informations manquantes et précisant le délai imparti (qui ne peut être supérieur à un mois) pour compléter le dossier[7] (V. s[s] n° 111.42).

SECTION 4
CONSÉQUENCES EN CAS DE NON-RESPECT DE SES OBLIGATIONS PAR LE BAILLEUR

111.41 Sanctions. Si l'absence de déclaration de mise en location est sans effet sur la validité du bail dont bénéficie le locataire[8], le non-respect de ses obligations par le bailleur le prive du bénéfice du paiement en tiers payant des aides personnelles au logement (lequel est subordonné à la production du récépissé de la déclaration de mise en location) et le rend passible d'une amende de 5 000 €, dont le produit est intégralement versé à l'Agence nationale de l'habitat (ANAH). L'amende est proportionnée à la gravité des manquements constatés relatifs aux obligations de déclaration et ne peut être prononcée plus d'un an à compter de la constatation des manquements.[9].

111.42 Régularisation. Toutefois, lorsque le préfet est informé qu'une personne a mis en location un logement sans remplir ses obligations de déclaration, celle-ci est invitée à présenter ses observations dans un délai d'un mois. Dans ce délai, l'intéressé peut procéder à la régularisation de sa situation[10].

1. CCH, art. R. 634-2.
2. CCH, art. L. 634-3.
3. Issu d'un arrêté du 27 mars 2017, *JO* 4 avr., n° 29.
4. Formulaire et notice explicative sont téléchargeables sur http://www.service-public.fr.
5. CCH, art. L. 634-3.
6. Une copie du récépissé est transmise pour information par le propriétaire au locataire (CCH, art. L. 634-3).
7. CCH, art. R. 634-3.
8. CCH, art. L. 634-3.
9. CCH, art. L. 634-4.
10. CCH, art. R. 634-4.

CHAPITRE

112. Autorisation préalable de mise en location

SECTION 0
ORIENTEUR

112.00 Plan du chapitre.

Sect.	1	Délimitation des zones soumises à autorisation préalable de mise en location
Sect.	2	Champ d'application de l'obligation d'autorisation préalable de mise en location
Sect.	3	Procédure d'autorisation préalable de mise en location
Sect.	4	Conséquences en cas de non-respect de ses obligations par le bailleur

112.01 Textes applicables.

TEXTES SOURCES

- **CCH, art. L. 635-1 à L. 635-11.**
- **CCH, art. R. 635-1 à R. 635-4.**

TEXTES *IN EXTENSO*

- **CCH, art. L. 635-1**

I. – L'organe délibérant de l'établissement public de coopération intercommunale compétent en matière d'habitat ou, à défaut, le conseil municipal peut délimiter des zones soumises à autorisation préalable de mise en location sur les territoires présentant une proportion importante d'habitat dégradé. Ces zones sont délimitées au regard de l'objectif de lutte contre l'habitat indigne et en cohérence avec le programme local de l'habitat en vigueur et le plan départemental d'action pour le logement et l'hébergement des personnes défavorisées. Ces zones peuvent concerner un ou plusieurs ensembles immobiliers.

II. – La délibération mentionnée au I peut fixer, pour chacune des zones géographiques qu'elle délimite, les catégories et caractéristiques des logements qui sont soumis à autorisation préalable. Elle précise la date d'entrée en vigueur du dispositif, qui ne peut être fixée à un délai inférieur à six mois à compter de la publication de la délibération mentionnée au I, ainsi que le lieu et les modalités de dépôt de la demande d'autorisation.

- **CCH, art. L. 635-2**

La délibération exécutoire est transmise à la caisse d'allocations familiales et à la caisse de mutualité sociale agricole.

- **CCH, art. L. 635-3**

La mise en location d'un logement situé dans les zones soumises à autorisation préalable de mise en location est subordonnée à la délivrance d'une autorisation par le président de l'établissement public de coopération intercommunale compétent en matière d'habitat ou, à défaut, par le maire de la commune.

Le président de l'établissement public de coopération intercommunale compétent en matière d'habitat ou, à défaut, le maire peut refuser ou soumettre à conditions l'autorisation préalable de mise en location lorsque le logement est susceptible de porter atteinte à la sécurité des occupants et à la salubrité publique. La décision de rejet de la demande d'autorisation préalable de mise en location est motivée et précise la nature des travaux ou aménagements prescrits pour satisfaire aux exigences de sécurité et de salubrité précitées.

- **CCH, art. L. 635-4**

La demande d'autorisation, transmise à l'établissement public de coopération intercommunale compétent en matière d'habitat ou, à défaut, à la commune, est établie conformément à un formulaire dont le modèle est fixé par arrêté du ministre chargé du logement. Elle peut être adressée par voie électronique si la délibération mentionnée au II de l'article L. 635-1 a prévu cette faculté. Pour les logements dont les contrats de location sont soumis à l'article 3-3 de la loi n° 89-462 du 6 juillet 1989 tendant à améliorer les rapports locatifs et portant modification de la loi n° 86-1290 du 23 décembre 1986, le dossier de diagnostic technique prévu à ce même article est annexé à cette demande.

Le dépôt de la demande d'autorisation donne lieu à la remise d'un récépissé.

À défaut de notification d'une décision expresse dans un délai d'un mois à compter du dépôt de la demande d'autorisation, le silence gardé par le président de l'établissement public de coopération intercommunale compétent en matière d'habitat ou le maire de la commune vaut autorisation préalable de mise en location.

L'autorisation préalable de mise en location doit être renouvelée à chaque nouvelle mise en location.

• **CCH, art. L. 635-5**

Cette autorisation doit être jointe au contrat de bail à chaque nouvelle mise en location ou relocation.

• **CCH, art. L. 635-6**

La décision de refus d'une demande d'autorisation est transmise à la caisse d'allocations familiales, à la caisse de mutualité sociale agricole et aux services fiscaux.

• **CCH, art. L. 635-7**

Lorsqu'une personne met en location un logement sans avoir préalablement déposé la demande d'autorisation prévue au présent chapitre auprès de l'établissement public de coopération intercommunale compétent en matière d'habitat ou, à défaut, de la commune, le représentant de l'État dans le département peut, après avoir informé l'intéressé de la possibilité de présenter ses observations dans un délai déterminé, ordonner le paiement d'une amende au plus égale à 5 000 €. En cas de nouveau manquement dans un délai de trois ans, le montant maximal de cette amende est porté à 15 000 €.

Lorsqu'une personne met en location un logement en dépit d'une décision de rejet de sa demande d'autorisation préalable notifiée par le président de l'établissement public de coopération intercommunale compétent en matière d'habitat ou, à défaut, le maire de la commune, le représentant de l'État dans le département peut, après avoir informé l'intéressé de la possibilité de présenter ses observations dans un délai déterminé, ordonner le paiement d'une amende au plus égale à 15 000 €.

Le produit des amendes prévues aux deux premiers alinéas est intégralement versé à l'Agence nationale de l'habitat.

L'amende est proportionnée à la gravité des manquements constatés et ne peut être prononcée plus d'un an à compter de la constatation des manquements.

• **CCH, art. L. 635-8**

La mise en location de locaux à usage d'habitation par un bailleur, sans autorisation préalable, est sans effet sur le bail dont bénéficie le locataire.

L'autorisation préalable de mise en location délivrée à titre tacite est sans incidence sur la qualification du logement au regard des caractéristiques de décence ou du caractère indigne de l'habitat défini à l'article 1er-1 de la loi n° 90-449 du 31 mai 1990 visant à la mise en œuvre du droit au logement.

• **CCH, art. L. 635-9**

La délivrance d'une autorisation préalable de mise en location est inopposable aux autorités publiques chargées d'assurer la police de la salubrité ou de la sécurité publiques, ainsi qu'aux droits des occupants afférents aux mesures de police administratives édictées à ce titre.

Nonobstant l'article L. 635-3, l'autorisation préalable de mise en location ne peut être délivrée lorsque l'immeuble dans lequel est situé le logement fait l'objet d'un arrêté d'insalubrité, de péril ou relatif aux équipements communs des immeubles collectifs à usage principal d'habitation.

• **CCH, art. L. 635-10**

Les refus d'autorisation préalable de mise en location ou les autorisations assorties de réserves sont transmis par les autorités compétentes au comité responsable du plan départemental d'action pour le logement et l'hébergement des personnes défavorisées et sont inscrits à l'observatoire des logements indignes mentionné à l'article 3 de la loi n° 90-449 du 31 mai 1990 visant à la mise en œuvre du droit au logement.

• **CCH, art. L. 635-11**

Les modalités d'application du présent chapitre sont définies par décret en Conseil d'État.

• **CCH, art. R. 635-1**

Pour l'application des dispositions des articles L. 635-1 à L. 635-11, une mise en location, une relocation ou une nouvelle mise en location sont définies comme étant la conclusion d'un contrat de location soumis au titre Ier ou au titre Ier *bis* de la loi n° 89-462 du 6 juillet 1989 tendant à améliorer les rapports locatifs et portant modification de la loi n° 86-1290 du 23 décembre 1986, à l'exclusion de sa reconduction ou de son renouvellement ou de la conclusion d'un avenant à ce contrat.

• **CCH, art. R. 635-2**

La demande d'autorisation préalable de mise en location est établie par le ou les bailleurs ou leur mandataire et précise :

1° Pour un bailleur personne physique, son identité, son adresse et ses coordonnées;

2° Pour un bailleur personne morale, sa dénomination ou sa raison sociale, sa forme juridique, l'adresse de son siège social ainsi que la qualité du signataire de la déclaration;

3° Dans le cas où le mandataire agit pour le compte du bailleur, le nom ou la raison sociale du mandataire, son adresse ainsi que l'activité exercée et, le cas échéant, le numéro et le lieu de délivrance de la carte professionnelle;

4° La localisation, la désignation et la consistance du logement et, le cas échéant, de l'immeuble dans lequel il est situé.

• **CCH, art. R. 635-3**

Pour l'application de l'article L. 635-4, la délivrance de l'accusé de réception mentionné aux articles L. 112-3, R. 112-5 et R. 112-6 du code des relations entre le public et l'administration vaut récépissé de demande d'autorisation.

L'autorisation préalable de mise en location reproduit l'ensemble des informations mentionnées dans la demande d'autorisation.

L'autorisation devient caduque s'il apparaît qu'elle n'est pas suivie d'une mise en location dans un délai de deux ans suivant sa délivrance.

En cas de mutation à titre gratuit ou onéreux du logement, une autorisation en cours de validité peut être transférée au nouveau propriétaire du logement. Ce transfert prend effet à compter du dépôt par le nouveau propriétaire, auprès de l'autorité compétente, d'une déclaration de transfert, sous réserve de l'accord du bénéficiaire initial de l'autorisation. La déclaration de transfert est établie conformément à un formulaire dont le modèle est fixé par arrêté du ministre chargé du logement et déposée selon des modalités définies par l'autorité compétente mentionnée au I de l'article L. 635-1.

• **CCH, art. R. 635-4**

I. – Le délai pendant lequel l'intéressé a la possibilité de présenter ses observations, mentionné aux premier et deuxième alinéas de l'article L. 635-7, est fixé à un mois.

II. – Pour l'application du premier alinéa de l'article L. 635-7, lorsque le préfet est informé qu'une personne a mis en location un logement sans avoir préalablement déposé une demande d'autorisation, l'intéressé peut procéder à la régularisation de sa situation dans le délai qui lui est imparti pour présenter ses observations. À cet effet, il joint aux observations adressées au préfet copie du récépissé du dépôt de la demande d'autorisation.

112.03 **Bibliographie indicative.**

Ouvrages. J. Lafond, B. Vial-Pedroletti, *Les baux d'habitation*, 8e éd., LexisNexis, 2017, nos 313, 790 s.

Actualisables. DICT. PERM. Gestion immob., « Baux d'habitation et mixtes », nos 21 s.

Articles. Y. Rouquet, « Permis de louer : mesures réglementaires », *AJDI* 2017. 6.

SECTION 1
DÉLIMITATION DES ZONES SOUMISES À AUTORISATION PRÉALABLE DE MISE EN LOCATION

112.11 **Lutte contre l'habitat dégradé.** Sur les territoires présentant une proportion importante d'habitat dégradé, l'organe délibérant de l'établissement public de coopération intercommunale (EPCI) ou le conseil municipal peut délimiter des zones soumises à autorisation préalable de mise en location au regard de l'objectif de lutte contre l'habitat indigne et en cohérence avec le programme local de l'habitat (PLH) en vigueur et le plan départemental d'action pour le logement et l'hébergement des personnes défavorisées. Ces zones peuvent concerner un ou plusieurs ensembles immobiliers.

La délibération, qui peut préciser les catégories et les caractéristiques des logements concernés pour chacune des zones géographiques qu'elle délimite, mentionne la date d'entrée en vigueur du dispositif (qui ne peut être fixée à un délai inférieur à six mois à compter de la publication de la délibération), ainsi que le lieu et les modalités de dépôt de la demande d'autorisation[1].

La délibération exécutoire est transmise à la caisse d'allocations familiales et à la caisse de mutualité sociale agricole[2].

Dans ces zones, la mise en location d'un logement est subordonnée à la délivrance d'une autorisation par le président de l'EPCI ou par le maire de la commune[3].

1. CCH, art. L. 635-1.
2. CCH, art. L. 635-3.

SECTION 2
CHAMP D'APPLICATION DE L'OBLIGATION D'AUTORISATION PRÉALABLE DE MISE EN LOCATION

112.21 **Mise en location et relocation.** Sont concernées la mise en location, la relocation ou la nouvelle mise en location des baux soumis au titre Ier ou au titre Ier *bis* de la loi n° 89-462 du 6 juillet 1989, soit les baux portant sur des locaux loués vides ou meublés constituant la résidence principale du locataire. En revanche, la reconduction. le renouvellement ou de conclusion d'un avenant au contrat n'est pas soumise à autorisation[4].

L'autorisation, qui doit être jointe au bail[5], doit être suivie d'une mise en location dans les deux ans de sa délivrance. À défaut, elle devient caduque[6].

SECTION 3
PROCÉDURE D'AUTORISATION PRÉALABLE DE MISE EN LOCATION

112.31 **Contenu de la demande d'autorisation.** Établie par le(s) bailleur(s) ou leur mandataire, la déclaration précise :

– pour un bailleur personne physique, son identité, son adresse et ses coordonnées;

– pour un bailleur personne morale, sa dénomination ou sa raison sociale, sa forme juridique, l'adresse de son siège social ainsi que la qualité du signataire de la déclaration;

– dans le cas où le mandataire agit pour le compte du bailleur, le nom ou la raison sociale du mandataire, son adresse ainsi que l'activité exercée et, le cas échéant, le numéro et le lieu de délivrance de la carte professionnelle;

– la localisation, la désignation et la consistance du logement et, le cas échéant, de l'immeuble dans lequel il est situé, ainsi que la date de conclusion du contrat[7].

La demande d'autorisation est établie conformément à un formulaire dont le modèle est fixé par arrêté du ministre chargé du logement. Il s'agit du formulaire Cerfa n° 15652[8]. Une notice explicative est enregistrée sous le Cerfa n° 52148[9].

3. CCH, art. L. 635-1.
4. CCH, art. R. 635-1.
5. CCH, art. L. 635-5.
6. CCH, art. R. 635-3.
7. CCH, art. R. 635-1.
8. Issu d'un arrêté du 27 mars 2017, *JO* 4 avr., n° 30.
9. Formulaire et notice explicative sont téléchargeables sur http://www.service-public.fr

Cette demande d'autorisation peut être adressée par voie électronique si la délibération ayant délimité les zones soumises à autorisation préalable a prévu cette faculté. La demande d'autorisation comporte en annexe le dossier de diagnostic technique (prévu à l'article 3-3 de la loi du 6 juillet 1989, v. s^s^ n°s 132.11 s.) [1].

112.32 Récépissé ou autorisation tacite. Le dépôt de la demande d'autorisation donne lieu à la remise d'un récépissé. À défaut de notification d'une décision expresse dans un délai d'un mois à compter du dépôt de la demande d'autorisation, le silence gardé par le président de l'établissement public de coopération intercommunale compétent en matière d'habitat ou le maire de la commune vaut autorisation préalable de mise en location [2].

À défaut de notification d'une décision expresse dans le mois suivant le dépôt de la demande d'autorisation, le silence gardé par le président de l'EPCI ou par le maire vaut autorisation, sans toutefois pouvoir être interprété comme une reconnaissance du caractère décent ou digne du logement [3].

En effet, l'autorisation préalable de mise en location délivrée à titre tacite est sans incidence sur la qualification du logement au regard des caractéristiques de décence ou du caractère indigne de l'habitat défini à l'article 1er-1 de la loi n° 90-449 du 31 mai 1990 visant à la mise en œuvre du droit au logement [4].

112.33 Transfert de l'autorisation en cas de mutation. En cas de mutation à titre gratuit ou onéreux du logement, une autorisation en cours de validité peut être transférée au nouveau propriétaire du logement. Cette déclaration de transfert de l'autorisation préalable de mise en location de logement doit être établie sur formulaire Cerfa n° 15663 [5]. Une notice explicative est enregistrée sous le Cerfa n° 52149 [6].

Ce transfert prend effet à compter du dépôt par le nouveau propriétaire, auprès de l'autorité compétente, d'une déclaration de transfert, sous réserve de l'accord du bénéficiaire initial de l'autorisation [7].

112.34 Refus ou autorisation conditionnelle. Lorsque le logement est susceptible de porter atteinte à la sécurité des occupants et à la salubrité publique, l'autorisation préalable de mise en location peut être refusée ou soumise au respect de certaines conditions. Ce refus doit être motivé et préciser la nature des travaux ou aménagements prescrits [8].

Le refus d'autorisation préalable ou l'autorisation assortie de réserves sont transmis par les autorités compétentes au comité responsable plan départemental d'action pour le logement et l'hébergement des personnes défavorisées et sont inscrits à l'observatoire des logements indignes [9] [10].

À noter qu'n toute hypothèse, l'autorisation préalable de mise en location ne saurait être délivrée lorsque l'immeuble dans lequel est situé le logement fait l'objet d'un arrêté d'insalubrité, de péril ou relatif aux équipements communs des immeubles collectifs à usage principal d'habitation [11].

SECTION 4
CONSÉQUENCES EN CAS DE NON-RESPECT DE SES OBLIGATIONS PAR LE BAILLEUR

112.41 Sanctions. Si l'absence de demande d'autorisation préalable de mise en location est sans effet sur la validité du bail dont bénéficie le locataire [12], le non-respect de ses obligations par le bailleur va pouvoir entraîner :

- en cas de mise en location un logement sans avoir préalablement déposé la demande d'autorisation : une amende au plus égale à 5 000 €, montant porté à 15 000 € en cas de récidive dans les trois ans;

- en cas de mise en location un logement en dépit d'une décision de rejet de sa demande d'autorisation : une amende au plus égale à 15 000 € [13].

L'amende (dont le produit est intégralement versé à l'ANAH [14]) est proportionnée à la gravité des manquements constatés relatifs aux obligations de déclaration et ne peut être prononcée plus d'un an à compter de la constatation des manquements.

1. CCH, art. L. 635-4.
2. CCH, art. L. 635-4.
3. CCH, art. L. 635-4.
4. CCH, art. L. 635-8.
5. Issu d'un arrêté du 27 mars 2017, *JO* 4 avr., n° 30.
6. Formulaire et notice explicative sont téléchargeables sur http://www.service-public.fr
7. CCH, art. R. 635-3.
8. CCH, art. L. 635-3.
9. Prévu à l'article 3 de la loi n° 90-449 du 31 mai 1990 visant à la mise en œuvre du droit au logement (*JO* 2 juin, p. 6551).
10. CCH, art. L. 635-10.
11. CCH, art. L. 635-9.
12. CCH, art. L. 635-8.
13. CCH, art. L. 635-7.
14. Agence nationale de l'habitat.

TITRE

12. La diversité des situations locatives

SECTION 0 ORIENTEUR

12.00 Plan du titre.

Chap. 121		**Locataires mariés**
Sect.	1	Les effets du mariage sur le logement commun pris à bail
Sect.	2	Conséquences en matière de bail d'habitation
Sect.	3	Congé, séparation, divorce, violences et effets sur le bail d'habitation
Chap. 122		**Locataires pacsés**
Sect.	1	Effets légaux du Pacs
Sect.	2	Cotitularité du bail
Sect.	3	Violences au sein du couple et incidences sur le logement
Chap. 123		**Locataires concubins**
Sect.	1	Cotitularité des concubins et ses effets
Sect.	2	Solidarité des concubins et ses conséquences
Sect.	3	Violences au sein du couple et conséquences sur le logement
Chap. 124		**Locataires en colocation**
Sect.	1	Régime antérieur à la loi du 24 mars 2014
Sect.	2	Régime postérieur à la loi du 24 mars 2014
Sect.	3	Colocation en HLM : régime créé par la loi du 25 mars 2009

Division – Locataires selon leur statut personnel. La situation personnelle des signataires du contrat de location a une importance toute particulière. Les droits des époux, ceux des partenaires d'un Pacs (pacte civil de solidarité), ou ceux des concubins ne sont pas égaux face au logement commun. Chaque cas fera l'objet d'une analyse. La question des colocataires sera ensuite étudiée, avec ses propres caractéristiques. Les évolutions législatives les plus récentes ayant une incidence sur les statuts personnels des signataires de baux ont été successivement la loi sur le pacte civil de solidarité en 1999, la loi sur le divorce en 2004, la loi du 17 mai 2013[1] ouvrant le mariage aux personnes de même sexe, enfin la loi du 24 mars 2014, dite loi Alur[2]. La jurisprudence, tout particulièrement celle de la Cour de cassation, apporte, quant à elle, des interprétations dont la pratique doit tenir compte.

12.01 Textes applicables.

TEXTES DE RÉFÉRENCE

• **C. civ., art. 220, 262, 515-1, 515-8, 515-9, 515-10, 515-11, 515-12, 515-11, 4°, 1751.**

12.03 Bibliographie indicative.

Ouvrages. J. Lafond, B. Vial-Pedroletti, *Les baux d'habitation*, 8e éd., LexisNexis, 2017, n°s 418 à 442.

Actualisables. RÉP. CIV., v^{is} « Bail », par C. Aubert de Vincelles, C. Noblot, n°s 68 s. ; « Bail d'habitation et mixte : rapports locatifs individuels – Loi du 6 juillet 1989 », N. Damas, n°s 266, 336 s. – LAMY DR. IMMO, n°s 5502 s., 5837 s. – DICT. PERM. Gestion immob., « Baux d'habitation et mixtes », n°s 14 s.

1. L. n° 2013-404, 17 mai 2013 ouvrant le mariage aux couples de personnes de même sexe, *JO* 18 mai, p. 8253.
2. L. n° 2014-366, 24 mars 2014 pour l'accès au logement et un urbanisme rénové, *JO* 26 mars 2014, p. 5809.

CHAPITRE

121. Locataires mariés

SECTION 0 ORIENTEUR

121.00 Plan du chapitre.

Division – Effets de la situation du couple sur le bail. Quelle est la situation des époux au regard du bail du logement commun et quelles conséquences en tirer ?

Quels sont les événements – congé, séparation, divorce – qui ont une incidence sur les rapports contractuels entre bailleur et locataires ?

121.01 Textes applicables.

TEXTES SOURCES

- **C. cov., art. 220, 262, 515-9 s., 1751.**

TEXTES *IN EXTENSO*

- **C. civ., art. 220**

Chacun des époux a pouvoir pour passer seul les contrats qui ont pour objet l'entretien du ménage ou l'éducation des enfants : toute dette ainsi contractée par l'un oblige l'autre solidairement.

La solidarité n'a pas lieu, néanmoins, pour des dépenses manifestement excessives, eu égard au train de vie du ménage, à l'utilité ou à l'inutilité de l'opération, à la bonne ou mauvaise foi du tiers contractant.

Elle n'a pas lieu non plus, s'ils n'ont été conclus du consentement des deux époux, pour les achats à tempérament ni pour les emprunts à moins que ces derniers ne portent sur des sommes modestes nécessaires aux besoins de la vie courante et que le montant cumulé de ces sommes, en cas de pluralité d'emprunts, ne soit pas manifestement excessif eu égard au train de vie du ménage.

- **C. civ., art. 262**

Le jugement de divorce est opposable aux tiers, en ce qui concerne les biens des époux, à partir du jour où les formalités de mention en marge prescrites par les règles de l'état civil ont été accomplies.

- **C. civ., art. 1751**

Le droit au bail du local, sans caractère professionnel ou commercial, qui sert effectivement à l'habitation de deux époux, quel que soit leur régime matrimonial et nonobstant toute convention contraire et même si le bail a été conclu avant le mariage, ou de deux partenaires liés par un pacte civil de solidarité, dès lors que les partenaires en font la demande conjointement, est réputé appartenir à l'un et à l'autre des époux ou partenaires liés par un pacte civil de solidarité.

En cas de divorce ou de séparation de corps, ce droit pourra être attribué, en considération des intérêts sociaux et familiaux en cause, par la juridiction saisie de la demande en divorce ou en séparation de corps, à l'un des époux, sous réserve des droits à récompense ou à indemnité au profit de l'autre époux.

En cas de décès d'un des époux ou d'un des partenaires liés par un pacte civil de solidarité, le conjoint ou le partenaire lié par un pacte civil de solidarité survivant cotitulaire du bail dispose d'un droit exclusif sur celui-ci sauf s'il y renonce expressément.

121.02 Jurisprudence de référence.

> Effets de la cotitularité

- **Civ. 3e, 27 janv. 1993, n° 90-21.825**, *Bull. civ.* III, n° 11

* V. ss n° 121.12

La cotitularité confère aux époux sur le bien loué les mêmes droits, mais également les mêmes obligations, dont celle de payer les loyers et accessoires.

- **Civ. 3e, 29 nov. 2000, n° 98-23.068**, *Bull. civ.* III, n° 176

* V. ss n° 121.21

L'épouse, cotitulaire du bail, dispose d'un droit personnel sur celui-ci. La signature par son mari seul d'un second contrat ne lui fait pas perdre le bénéfice du premier bail.

> Effets du divorce sur la cotitularité et la solidarité

• **Civ. 3e 22 oct. 2015, n° 14-23.726**, P

* V. ss n° 121.33

« …la transcription du jugement de divorce ayant attribué le droit au bail à l'un des époux met fin à la cotitularité du bail tant légale que conventionnelle ».

121.03 Bibliographie indicative.

Ouvrages. P.-J. Claux, S. David, *Droit et pratique du divorce 2015-2016,* « Dalloz Référence », spéc. nos 221.81 à 221.85.

Actualisables. RÉP. CIV., vis « Bail », par C. Aubert de Vincelles, C. Noblot, nos 68 s. ; « Bail d'habitation et mixte : rapports locatifs individuels – Loi du 6 juillet 1989 », N. Damas, nos 336 s., 404 – LAMY DR. IMMO, nos 5502 s., 5895 – DICT. PERM. Gestion immob., « Baux (Code civil) », nos 77 s.

Articles. V. Zalewski-Sicard. « Le sort du bail en cas de divorce », *Rev. loyers* 2016. 2229; L. Mauger-Vielpeau. « Bail du domicile conjugal : un régime dérogatoire en cas de divorce », *JCP N* 2015, 1185; A. Bourrat-Guéguen, « Le renforcement de la protection des personnes victimes de violence au sein d'un couple dans le cadre de la loi du 4 août 2014 pour l'égalité réelle entre les femmes et les hommes », *LPA* 12 févr. 2015, n° 31; S. Castagné, « Mariage, Pacs, concubinage. Analyse comparative », *JCP N* 2008, 1325, spéc. nos 117 s.; A. Durance et N. Piquemal, « Le couple et le logement », *AJDI* 2008. 913; N. Damas, « La cotitularité du bail entre époux est acquise dès que leur cohabitation a été effective », note sous Civ. 3e civ., 31 mai 2006, *D.* 2006. 2777; B. Vial-Pedroletti, « Les nouveaux droits privilégiés du conjoint survivant sur le logement familial ». *Loyers et copr.* févr. 2002, Chron. 2; C. Levinshon, « Le bail d'habitation et le divorce des locataires », *AJPI*, 10 janv. 1997, p. 31; G. Yamba, « Le sort de la solidarité ménagère en cas de séparation des époux », *JCP N*, 1996, 1505; F. Dekeuwer-Défossez, « Séparation des époux et solidarité ménagère », *Droit et Patr.*, déc. 1995, p. 45; B. Lotti, « Le bail conjugal d'habitation », *JCP N*, 1993, 325; B. Vial-Pedroletti, « Renonciation individuelle d'un époux au droit au bail », *Loyers et copr.* 1993, Chron.

SECTION 1
LES EFFETS DU MARIAGE SUR LE LOGEMENT COMMUN PRIS À BAIL

121.11 Cotitularité et solidarité. La situation des époux en matière de logement commun est réglée par le code civil qui définit la nature de leurs droits et obligations réciproques.

Ils sont à la fois cotitulaires du bail portant sur le local d'habitation qu'ils occupent et solidaires pour le paiement du loyer correspondant. La jurisprudence précise les limites de ces principes face à plusieurs événements tels que le congé délivré par le locataire ou le divorce prononcé par le juge.

121.12 Article 1751 du code civil. En application de l'article 1751 du code civil, le bail portant sur le local servant effectivement à l'habitation des deux époux qui a été consenti à l'un d'entre eux est réputé appartenir à l'un et à l'autre des époux. Ce, même si le bail est antérieur au mariage, quel que soit le régime matrimonial adopté par les conjoints et nonobstant toute clause contraire. Il appartiendrait au bailleur de démontrer que le local n'a jamais servi à l'habitation commune des époux[1]. Les couples bénéficiant des nouvelles dispositions du code civil à la suite de la loi n° 2013-404 du 17 mai 2013[2] ouvrant le mariage aux couples de personnes de même sexe, sont concernés par l'ensemble des commentaires ci dessous.

La cotitularité confère aux époux sur le bien loué les mêmes droits, mais également les mêmes obligations, dont celle de payer les loyers et accessoires[3].

En revanche, la cotitularité disparaissant avec le bail, à l'expiration de celui-ci, ou à compter de sa résiliation, seul l'époux ayant continué à occuper les lieux est redevable de l'indemnité d'occupation[4].

121.13 Champ d'application de l'article 1751 du code civil. Le « local servant effectivement à l'habitation des deux époux » visés à l'article 1751 ne concerne ni la résidence secondaire des époux, ni les locaux dans lesquels chacun vit séparément[5]. En conséquence, la cotitularité du droit de bail n'est pas opposable à l'épouse en instance de divorce, non-signataire du bail et qui n'a pas habité dans les lieux[6]. Par ailleurs, il a été jugé que le bref passage de cinq mois de l'épouse dans l'appartement n'est pas suffisant pour considérer que le local a servi à l'entretien du ménage et à l'éducation de l'enfant né du mariage[7]. De la même manière, les dispositions de l'article 1751 ne sont pas applicables à l'égard d'un local annexe destiné à l'habitation d'un des enfants des époux[8]. Il importe peu par ailleurs que le bail ait été consenti en considération de la fonction de l'un des conjoints[9].

1. Paris, 30 oct. 2007, RG n° 05/11193, *AJDI* 2008. 214.
2. L. n° 2013-404, 17 mai 2013 ouvrant le mariage aux couples de personnes de même sexe, *JO* 18 mai, p. 8253.
3. Civ. 3e, 27 janv. 1993, n° 90-21.825, *Bull. civ.* III, n° 11; *D.* 1993. 9, *Gaz. Pal.* 7 juill. 1993, 188-189 – Versailles, 20 mars 1998, RG n° 2171/97, *Ann. loyers* 2000. 89.
4. Paris, 6 nov. 1997, *JurisData* n° 023442, *Loyers et copr.* 1998, n° 34, obs. Vial-Pedroletti – Paris, 28 sept. 1999, RG n° 1998/02574, *JCP* 2000. II. 245, 1, obs. Wiederkehr – SUR LA QUESTION AUSSI : Vial-Pedroletti, *Loyers et copr.* 2000, Chron. n° 9.
5. Civ. 3e, 28 janv. 1971, n° 69-13.314, *Bull. civ.* III, n° 59; *D.* 1971. Somm. 94.
6. Paris, 9 oct. 1997, *JurisData* n° 023030, *Loyers et copr.* 1998, n° 1, obs. Vial-Pedroletti – Civ. 2e, 29 nov. 1999, *Rev. loyers* 2000, obs. Rémy.
7. Paris, 13 janv. 2000, RG n° 1998/15334, *Rev. loyers* 2000. 246, obs. Rémy.
8. Paris, 5 mai 1995, *JurisData* n° 021326, *Loyers et copr.* 1995, n° 463.
9. Civ. 3e, 10 janv. 2007, n° 05-19.914, NP; *D.* 2008, Pan. 1300, obs. Damas; *AJDI* 2007. 467, note Rouquet.

Le local à usage mixte (c'est-à-dire le local d'habitation et professionnel), est également exclu du champ d'application de l'article 1751-2 [1] du code civil. Il en va de même, *a fortiori*, pour les locaux exclusivement professionnels [2] et les locaux commerciaux (d'ailleurs, l'article 1751 exclut expressément de son champ d'application les locaux à caractère professionnel ou commercial) [3].

121.14 Époux solidaires quant au paiement des loyers. Les époux sont solidaires quant à l'exécution des obligations du contrat, en application de l'article 220 alinéa 1er du code civil : « Chacun des époux a pouvoir pour passer seul les contrats qui ont pour objet l'entretien du ménage ou l'éducation des enfants : toute dette ainsi contractée par l'un oblige l'autre solidairement ». Il en va ainsi d'une dette de loyer du logement servant effectivement à l'habitation des deux époux.

Les conséquences à tirer de la solidarité sont les suivantes :

- la solidarité autorise le créancier (le bailleur) à poursuivre chacun des débiteurs solidaires (les époux) pour la totalité de la dette (le loyer, les charges, les réparations locatives) ;
- la solidarité de l'article 220 du code civil ne s'étend pas aux loyers des locaux professionnels ou commerciaux;
- il n'y a pas solidarité pour un local dans lequel chacun des époux vit séparément de l'autre.

SECTION 2
CONSÉQUENCES EN MATIÈRE DE BAIL D'HABITATION

121.21 Quant au contrat de location lui-même. Le mariage ouvre un droit propre à chacun des époux sur le logement commun et la jurisprudence a tiré des conséquences importantes de ce droit ouvert au conjoint, d'abord sur son étendue, lorsque, par exemple l'autre membre du couple prend ultérieurement des décisions seul. L'épouse, cotitulaire du bail, dispose d'un droit personnel sur celui-ci. La signature par son mari seul d'un second contrat au visa de la loi du 22 juin 1982 ne lui fait pas perdre le bénéfice du premier bail, soumis aux dispositions de la loi du 1er septembre 1948, à défaut d'acte positif de renonciation de sa part [4]. L'avenant au bail destiné à en proroger la durée n'est pas opposable à l'épouse, cotitulaire du bail, qui ne l'a pas ratifié [5].

Ainsi, le mari reste titulaire d'un droit au bail sur le local ayant effectivement servi à l'habitation des deux époux, quand bien même aurait-il cessé toute communauté de vie avec sa femme [6].

De même, le mari, informé du congé délivré par son épouse et de la nécessité de donner congé lui-même pour mettre fin au bail, s'il ne donne pas suite, reste seul engagé vis-à-vis du bailleur [7].

Par ailleurs, depuis le 1er juillet 2002, en vertu du dernier alinéa de l'article 1751 du code civil, créé par la loi du 3 décembre 2001 [8], « en cas de décès d'un des époux, le conjoint survivant cotitulaire du bail dispose d'un droit exclusif sur celui-ci sauf s'il y renonce expressément » [9]. Ce texte est applicable aux successions ouvertes à compter de cette même date (en vertu de l'art. 25-II de la loi du 3 déc. 2001).

121.22 Quant aux notifications faites aux époux. La cotitularité des époux oblige à notifier à chacun d'entre eux les actes de procédure, le bail étant indivisible. À défaut, l'acte qui n'est pas notifié à chacun des époux sera réputé inopposable à celui qui n'est pas visé dans l'acte. Sont notamment concernés les congés délivrés par le bailleur (pour reprise, pour vente ou pour un motif légitime et sérieux, mais aussi pour démolition, ou pour travaux dans le cadre de la réglementation HLM par exemple) ainsi que les commandements et les assignations (sur les conditions de délivrance des congés v. ss nos 131.11 s. et 741.61 s.). La Cour de cassation fait une application stricte des effets de la cotitularité, celle-ci durant tout le temps du mariage. Elle censure par conséquent un arrêt qui, en présence de commandements délivrés à la femme et visant la clause résolutoire, déniait à l'époux tout droit au bail alors que, même hospitalisé depuis dix ans, il avait vécu avec son épouse dans les lieux pendant trois ans [10].

1. Paris, 13 sept. 1989, *JurisData* n° 021326, *D.* 1989. IR 250 – Paris, 16 déc. 1999, RG n° 1998/18650, *Loyers et copr.* 2000, n° 82, obs. Vial-Pedroletti.
2. Paris, 19 févr. 1996, *JurisData* n° 020321, *Loyers et copr.* 1996, n° 296.
3. Civ. 3e, 10 mai 1991, n° 89-17.044, *Bull. civ.* III, n° 126.
4. Civ. 3e, 29 nov. 2000, n° 98-23.068, *Bull. civ.* III, n° 176; *Administrer* oct. 2001, p. 52, obs. Gauclère.
5. Civ. 3e, 25 sept. 2002, n° 01-01.494, *Bull. civ.* III, n° 172; *Loyers et copr.* 2002, n° 274, obs. Vial-Pedroletti.
6. Civ. 3e, 31 mai 2006, n° 04-16.920, *Bull. civ.* III, n° 135; *D.* 2006. IR 1632.
7. Lyon, 8e Ch., 13 oct. 2015; *Loyers et copr.* 2015, n° 240, note B. Vial-Pedroletti.
8. L. n° 2001-1135, 3 déc. 2001 relative aux droits du conjoint survivant et des enfants adultérins et modernisant diverses dispositions de droit successoral, *JO* 4 déc., p. 19279.
9. RÉDACTION ISSUE des art. 14-I et 25-I de la loi du 3 déc. 2001.
10. Civ. 3e, 31 mai 2006, n° 04-16.920, *Bull. civ.* III, n° 135; *D.* 2006. IR 1632; *ibid* 2006. 2777, note N. Damas; *Rev. loyers* 2006. 404, note Rémy.

Toutefois, la cotitularité est subordonnée à l'habitation effective des deux époux. Si l'épouse occupe seule le logement loué la notification de la proposition de renouvellement à elle seule, et non au mari, est bien régulière[1].

121.23 Opposabilité de plein droit. Le législateur a apporté cependant un tempérament à la rigueur des conséquences du défaut d'opposabilité, pour les cas où le bailleur ignore le mariage du locataire. L'article 9-I de la loi du 6 juillet 1989, applicable depuis le 1er janvier 1995, dans tous les secteurs locatifs, indique en effet : « Nonobstant les dispositions de l'article 1751 du code civil, les notifications ou significations faites en application du présent titre par le bailleur sont de plein droit opposables au conjoint du locataire si son existence n'a pas été préalablement portée à la connaissance du bailleur ».

Le locataire doit donc informer le bailleur de son mariage. À défaut, les notifications qui lui sont faites seront opposables à son conjoint, non signataire du bail. Dès lors, si le mari ne justifie pas, par un acte positif avoir porté à la connaissance du bailleur son mariage, la procédure d'expulsion est opposable à son épouse[2]. Le fait que les quittances de loyer aient été établies aux deux noms ne suffit pas à démontrer que le mari a eu une démarche positive pour informer son bailleur du fait qu'il était marié. Le commandement de payer délivré à lui seul est donc bien opposable à son épouse[3].

Mais le bailleur, qui n'a pas demandé que le jugement d'expulsion soit rendu opposable à la nouvelle femme du locataire, mariée avec celui-ci avant le jugement d'expulsion, ne peut s'opposer à la cotitularité légale du bail du logement qu'elle occupe[4].

121.24 Quant aux notifications faites par les époux. Les époux locataires doivent rester vigilants quant à l'effet des actes qu'ils délivreraient séparément, le bailleur pouvant en contester l'opposabilité.

Le bail ne prend fin que si les deux époux ont donné congé. En l'état d'un congé délivré par le mari seul, confirmé ultérieurement par les deux époux, le point de départ du préavis est calculé par rapport au seul congé donné en commun[5].

SECTION 3
CONGÉ, SÉPARATION, DIVORCE, VIOLENCES ET EFFETS SUR LE BAIL D'HABITATION

121.31 Solidarité des époux nonobstant le congé donné par l'un d'eux. Le congé donné par l'un des époux ne prive pas le conjoint resté dans les lieux de son droit au bail. Permet-il à l'époux ayant quitté le logement de se désintéresser du paiement du loyer ? Cette question a fait l'objet d'intéressants développements de jurisprudence.

La troisième chambre civile de la Cour de cassation en 1989 a tracé dans un premier temps les limites de l'obligation qui pèserait sur l'époux qui part, en affirmant qu'ayant valablement mis fin, par le congé, au lien contractuel l'unissant au bailleur, il n'était pas tenu solidairement au paiement des loyers[6]. Cette décision aboutissait à priver d'effet l'article 220 du code civil[7] relatif à la solidarité légale des époux.

La première chambre civile de la Haute cour avait retenu, quant à elle, quelques mois auparavant, que l'article 220 faisait peser sur les époux une obligation solidaire et qu'il avait vocation à s'appliquer à toute dette, même non contractuelle (il s'agissait d'une indemnité d'occupation), ayant pour objet l'entretien du ménage ou l'éducation des enfants[8]. Elle confirmait cette analyse dans un arrêt du 13 octobre 1992, tant que le divorce n'est pas prononcé : constatant que les époux n'étaient pas divorcés, et que le bail avait été conclu par eux « pour assurer le logement de la famille », l'époux restait solidairement tenu du paiement des loyers, malgré le congé qu'il avait fait délivrer[9].

La troisième chambre civile s'est finalement rangée à cette position, dans le cas d'un conjoint qui avait été autorisé à résider séparément. Étant cotitulaire du bail il restait tenu solidairement envers le bailleur du paiement des loyers et des charges jusqu'à ce que la mention du jugement de divorce ait été faite en marge des registres de l'état civil[10]. L'article 220 du code civil qui fait peser sur les époux une obligation solidaire s'applique à toute dette ayant pour objet l'entretien du ménage ou l'éducation des enfants, même non contractuelle, et l'indemnité d'occupation due par l'épouse doit être

1. Paris, 4e ch., 8 nov. 2012, n° 10/11026, *Loyers et copr.* 2012, n° 43, obs. Vial-Pedroletti.
2. Civ. 3e, 29 oct. 2013, n° 12-23.138, *Bull. civ.* III, n° 135; *Ann. loyers* 2013. 2007, note Beddeleem.
3. Ca Lyon, 6e ch., 2 juill. 2015, n° 13/09883, *Loyers et copr.* 2015, n° 212, note B. Vial-Pedroletti.
4. Civ. 3e, 9 nov. 2011, n° 10-20.287, *Bull. civ.* III, n° 188; *Dalloz actu.*, 25 nov. 2011, note Rouquet; *AJDI* 2012. 516, note Damas; *JCP N*, 4 mai 2012, p. 45, note Mauger-Vielpeau.
5. Civ. 3e, 19 juin 2002, n° 01-00.652, *Bull. civ.* III, n° 140; *Loyers et copr.* 2002, n° 221, obs. Vial-Pedroletti.
6. Civ. 3e, 13 déc. 1989, n° 88-13.266, *Bull. civ.* III, n° 232; *Gaz. Pal.* 10 avr. 1990, 101-102.
7. V. texte de l'article 220 ss n° 121.01
8. Civ. 1re, 7 juin 1989, n° 87-19.049, NP.
9. Civ. 1re, 13 oct. 1992, n° 90-18.404, *Bull. civ.* I, p. 166.
10. Civ. 3e, 27 mai 1998, n° 96-13.543. *Bull. civ.* III, n° 109.

acquittée par l'époux jusqu'à la date de transcription du divorce dans les registres de l'état civil[1].

121.32 Absence d'effets de la séparation sur la cotitularité et la solidarité. Avant que le divorce ne soit prononcé, la situation reste inchangée. Les époux étant tenus solidairement au règlement de ces sommes, le bailleur peut librement poursuivre l'un quelconque d'entre eux pour le paiement de la totalité de la dette, même en cas de résidence séparée des époux; de même, une ordonnance de non-conciliation n'a pas davantage d'effet sur la solidarité qui reste entière[2]. Toutefois, la solidarité cesse en cas de jugement de séparation de corps, et ce à la date de l'accomplissement des formalités de mention en marge des registres de l'état civil[3].

Le débat a cependant été rouvert sur la limite des engagements réciproques des époux au cours d'une procédure de divorce entre deux époux locataires, le logement étant attribué par ordonnance de non-conciliation à l'épouse. L'agence immobilière, mandataire du bailleur, accepte alors de signer avec l'époux une convention aux termes de laquelle celui-ci était déchargé de ses obligations nées du bail portant sur le domicile conjugal, et la caution familiale de l'époux dispensée du respect de ses engagements. Le bailleur, informé, engage une action à l'encontre des époux et de la caution. Le premier juge ne le suit pas et c'est l'épouse qui interjette appel de cette décision et est elle même déboutée. Par un arrêt du 17 juin 2015, la première chambre civile de la Cour de cassation décide tout d'abord d'écarter la demande portée par l'épouse contre la caution, dans la mesure où elle ne dispose pas d'une action à son encontre, le contrat de caution étant signé avec le bailleur, elle étant tiers à l'acte. Mais la Haute juridiction reçoit sa demande car la convention signée par l'agence est susceptible de lui nuire, au titre de la créance qu'elle tient de la contribution des époux à la dette locative. Cette décision de cassation partielle de l'arrêt d'appel apporte à la notion de cotitularité une interprétation explicite de protection de l'un des époux contre l'autre[4].

Le divorce modifie, quant à lui, la situation des époux au regard de la cotitularité et de la solidarité.

121.33 Effets du divorce sur la cotitularité et la solidarité. • L'article 262 du code civil précise que « le jugement de divorce est opposable aux tiers, à partir du jour où les formalités de mention en marge prescrites par les règles de l'état civil ont été accomplies ».

La deuxième chambre civile l'a affirmé depuis 1990[5].

Toutes les conséquences en sont tirées, notamment quant au règlement des impayés de loyers, de charges et de réparations locatives. L'époux demeure solidairement tenu au paiement du loyer jusqu'à cette transcription[6].

La Haute cour, dans un arrêt du 22 octobre 2015 qu'elle a décidé de publier dans son Bulletin, ainsi que dans son rapport annuel et sur son site Internet, lui donnant ainsi une importance particulière, a réaffirmé comme principe que : « ... la transcription du jugement de divorce ayant attribué le droit au bail à l'un des époux met fin à la cotitularité du bail tant légale que conventionnelle ».

Une SCI propriétaire faisait valoir que le divorce des époux locataires d'un bail d'habitation mettait fin au bénéfice de la cotitularité « légale » du bail avec l'attribution du bail à l'un des époux, conformément à l'article 1751, mais ne mettait pas fin pour autant à la cotitularité « conventionnelle » résultant de la signature du bail par chacun des époux. L'époux n'ayant pas donné congé, et la SCI ignorant par ailleurs le divorce prononcé, elle se considérait comme légitime à lui demander le paiement du loyer. La Cour a opposé que le jugement de divorce avait attribué le droit au bail à l'épouse, qu'il avait été transcrit sur les registres de l'état civil, et que l'époux ne se trouvait plus locataire à compter de la date de cette transcription[7]. La solidarité de l'époux, même prévue au contrat, prend fin à cette date.

• Tant que le divorce n'est pas transcrit, la séparation simple des époux n'a pas d'effet sur le contrat de location qui ne peut être modifié sans l'accord de tous les signataires. Mais, par ailleurs, la transcription du divorce ne met pas fin à la solidarité pour la période qui la précède. Il résulte de la clause de solidarité que l'engagement solidaire de l'époux au paiement de l'indemnité d'occupation doit recevoir

1. Civ. 3e, 24 sept. 2008, n° 06-21.193, NP, Les cahiers de l'habitat, nov.-déc. 2008, p. 83.
2. Civ. 2e, 3 oct. 1990, n° 88-18.453, *Bull. civ.* II, n° 177.
3. Civ. 3e, 2 juin 1993, n° 91-14.522, *Bull. civ.* III, n° 74.
4. Civ. 1re, 17 juin 2015, n° 14-17.906, P, *D.* 2015. 1756, note M. Nicolle; *ibid.* 2016. 566, obs. M. Mekki; *ibid.* 1334, obs. J.-J. Lemouland et D. Vigneau; *JCP N* 2015, 1185, comm. L. Mauger-Vielpeau; *RTD civ.* 2016. 436, obs. B. Vareille.
5. Civ. 2e 3 oct. 1990, n° 88-18.453, *Bull. civ.* II, p. 90; *D.* 1992. 219, obs. F. Lucet; *RTD civ.* 1991. 584, obs. F. Lucet et B. Vareille.
6. Civ. 3e, 18 janv. 2011, n° 09-72.626, NP, *Administrer* n° 455, p. 10 – SUR LA QUESTION, P.-J. Claux, S. David (dir.), *Droit et pratique du divorce 2018/2019*, « Dalloz Référence », 2017, n° 221.85.
7. Civ. 3e, 22 oct. 2015, n° 14-23.726, P.; *D.* 2015. 2616, note T. Lakssimi; *AJDI* 2016. 422, note N. Damas; Sem. Jur., éd. not. 30 oct. 2015, n° 1027; *ibid.* 12 févr. 2016, n° 6, Comm. L. Mauger-Vielpeau; *Loyers et copr.* 2015, 241, note B. Vial-Pedroletti; *Administrer* janv. 2016. 45 note Camu.

application postérieurement à la résiliation du bail, nonobstant la transcription du divorce[1].

• Après le divorce, le contrat de location peut être modifié pour tenir compte de la nouvelle situation (un seul locataire, fin de la solidarité). Mais tant qu'aucune décision définitive n'a tranché la contestation portant sur l'existence d'un droit au bail, la cour d'appel ne peut rejeter la demande de l'un des époux pour l'attribution d'un tel droit[2].

121.34 Attribution préférentielle du droit au bail. L'objectif poursuivi est de pouvoir disposer du logement pour soi et, le cas échéant, les enfants du couple. Cette attribution fait l'objet d'une demande adressée au juge par l'un des époux. À défaut de demande la cotitularité du bail cesse à compter de la transcription du jugement de divorce en marge de l'état civil[3]. L'attribution est le plus souvent accordée à celui des époux qui a en garde les enfants, afin de maintenir leur environnement habituel.

Un ex-époux peut demander l'attribution préférentielle du droit au bail du local d'habitation, y compris si celui-ci est un bail emphytéotique[4].

121.35 Étendue du droit au bail. Il est intéressant d'observer jusqu'où l'application de l'article 1751 du code civil produit ses effets dans les cas de séparation des époux. L'époux, titulaire à titre personnel du droit au bail, signé avant son mariage peut revendiquer la poursuite du bail, seule la jouissance du domicile conjugal ayant été attribuée à sa femme, à titre provisoire, et même si son ex épouse a signé seule un nouveau bail après leur séparation, qui ne lui était pas opposable. Le mari n'ayant pas donné congé, il demeurait titulaire d'un droit au bail et le défaut d'occupation avancé par le bailleur ne peut lui être opposé en raison de la crise conjugale qui existait[5]. Ainsi également l'épouse qui au cours de la procédure de divorce avait quitté les lieux, laissant la jouissance du domicile conjugal à son mari, n'a pas renoncé à son droit sur le bail à la suite du décès du mari pendant la procédure. Elle peut donc le revendiquer[6].

121.36 Violences conjugales. La loi du 26 mai 2004 relative au divorce[7] permet au juge aux affaires familiales d'attribuer la jouissance du logement conjugal à l'époux victime de violences et à ses enfants et de prononcer l'éviction du conjoint violent[8]. Celui-ci ne peut par ailleurs bénéficier des délais de grâce légaux ou de ceux que le juge peut attribuer, pour voir son expulsion retardée.

Deux lois ont apporté depuis, successivement, une protection renforcée dans le cas de violences dans un couple. La loi du 9 juillet 2010, relative aux violences faites spécifiquement aux femmes, aux violences au sein des couples et aux incidences de ces dernières sur les enfants a créé un nouveau titre XIV dans le code civil, traitant des mesures de protection aux victimes de violences, sous les articles 515-9 et suivants. L'article 515-9 précise que lorsque les violences exercées au sein du couple ou par un ancien conjoint, un ancien partenaire lié par un pacte civil de solidarité ou un ancien concubin mettent en danger la personne qui en est victime, un ou plusieurs enfants, le juge aux affaires familiales peut délivrer en urgence à cette dernière une ordonnance de protection[9]. La loi du 4 août 2014 pour l'égalité réelle entre les hommes et les femmes[10] y a ajouté que, concernant les époux, « sauf circonstances particulières », la jouissance du logement est attribuée au conjoint qui n'est pas l'auteur des violences. Le juge statue, en outre, sur les modalités de prise en charge des frais afférents à ce logement.

121.37 Limites à la solidarité. Les effets de la solidarité sont-ils sans limites ?

La solidarité des époux doit-elle jouer par exemple si la dette ne relève pas de « l'entretien du ménage » visé à l'article 220 du code civil ou pour le local qui ne sert pas « effectivement à l'habitation des deux époux », au sens de l'article 1751 du code civil ? La réponse apportée par la jurisprudence permet de limiter dans le temps les effets de la solidarité. La Cour de cassation a rejeté un pourvoi contre un arrêt ayant refusé la solidarité pour le paiement d'une indemnité d'occupation due par l'époux resté dans les lieux après la résiliation du bail. Dans ce cas, le juge du fond avait relevé que la dette n'était destinée ni à l'entretien du ménage, ni à l'éducation de l'enfant[11]. Elle a considéré que le bail conclu par le mari après l'ordonnance de non-conciliation, pour son seul usage, n'est pas destiné à l'entretien du ménage et n'engage pas son épouse sur le fonde-

1. Paris, 20 févr. 2007, n° 05-05.169, NP.
2. Civ. 3e, 19 sept. 2007, n° 06-17.200, NP, *AJDI* 2008. 665, note Zalewski.
3. Civ. 3e, 2 févr. 2000, n° 97-18.294, *Bull. civ.* III, n° 18.
4. Civ. 1re, 12 juin 2013, n° 12-11.724, *Bull. civ.* I, n° 127, *Loyers et copr.* 2013, n° 239, note Vial-Pedroletti.
5. Civ. 3e, 1er avr. 2009, n° 08-15.929, *Bull. civ.* III, n° 72; *AJDI* 210, p. 123, obs. Damas; *Loyers et copr.* 2009, n° 140, note Vial-Pedroletti.
6. Civ. 3e, 18 mai 2011, n° 10-13.853, *Bull. civ.* III, n° 78; *Opérations immobilières*, juill.-août 2011, p. 40, Comm. Crucis-Busquet.
7. L. n° 2004-439, 26 mai 2004 relative au divorce, *JO* 27 mai, p. 9319.
8. C. civ., art. 220-1, al. 3.
9. L. n° 2010-769, *JO* 10 juill., p. 12762.
10. L. n° 2014-873 *JO* 5 août, p. 12949.
11. Civ. 1re, 14 févr. 1995, n° 92-19.780, *Bull. civ.* I, n° 83; *Dr. et patr.* déc. 1995, note Dekeuwer-Défossez – DANS LE MÊME SENS : Paris, 6e ch. B, 5 avr. 2001, RG n° 2000/01354, *AJDI* 2001. 786.

ment de l'article 220 du code civil[1]. Elle relève que la solidarité peut cesser avant la transcription du divorce si la cotitularité a elle-même cessé par la résiliation judiciaire du bail, sauf si l'indemnité a un caractère ménager[2]. Mais la Cour a souligné enfin que la liquidation judiciaire de l'époux, qui prive le bailleur de toute action envers celui-ci, ne lui interdit pas d'agir envers l'autre époux[3].

1. Civ. 2e, 24 nov. 1999, nº 97-19.079, *Bull. civ.* III, nº 173, *Rev. loyers* 2000. 193, note J. R.
2. Civ. 3e, 4 mars 2009, nº 08-10.156, NP, *AJDI* 2009. 536, obs. de La Vaissière.
3. Civ. 3e, 23 mars 2005, nº 03-20.457, *Bull. civ.* III, nº 69, *AJDI* 2005. 359, *Rev. loyers* 2005. 329, note Gallet.

CHAPITRE

122. Locataires pacsés

SECTION 0 ORIENTEUR

122.00 **Plan du chapitre.**

Sect.	1	Effets légaux du Pacs
Sect.	2	Cotitularité du bail
Sect.	3	Violences au sein du couple et incidences sur le logement

122.01 **Textes applicables.**

TEXTES SOURCES

• **C. civ., art. 515-1, 515-9, 515-11, 4°, 1751.**

TEXTES *IN EXTENSO*

• **C. civ., art. 515-1**

Un pacte civil de solidarité est un contrat conclu par deux personnes physiques majeures, de sexe différent ou de même sexe, pour organiser leur vie commune.

• **C. civ., art. 515-9**

* V. s^s^ n° 121.01

• **C. civ., art. 515-11, 4°**

L'ordonnance de protection est délivrée, dans les meilleurs délais, par le juge aux affaires familiales, s'il estime, au vu des éléments produits devant lui et contradictoirement débattus, qu'il existe des raisons sérieuses de considérer comme vraisemblables la commission des faits de violence allégués et le danger auquel la victime ou un ou plusieurs enfants sont exposés. À l'occasion de sa délivrance, le juge aux affaires familiales est compétent pour :

(...)

4° Préciser lequel des partenaires liés par un pacte civil de solidarité ou des concubins continuera à résider dans le logement commun et statuer sur les modalités de prise en charge des frais afférents à ce logement. Sauf circonstances particulières, la jouissance de ce logement est attribuée au partenaire lié par un pacte civil de solidarité ou au concubin qui n'est pas l'auteur des violences, même s'il a bénéficié d'un hébergement d'urgence.

• **C. civ., art. 1751**

* V. s^s^ n° 121.01

122.03 **Bibliographie indicative.**

Ouvrages. P. Murat (dir.), *Droit de la famille 2016/2017*, 3e éd., « Dalloz Action », 2016, titre 15 (le PACS).

Actualisables. RÉP. CIV., v^is^ « Bail », par C. Aubert de Vincelles, C. Noblot, n°s 68 s.; « Bail d'habitation et mixte : rapports locatifs individuels – Loi du 6 juillet 1989 », N. Damas, n°s 336, 341, 384 – LAMY DR. IMMO, n°s 5505., 5895 – DICT. PERM. Gestion immob., « Baux (Code civil) », n°s 77 s.

SECTION 1 EFFETS LÉGAUX DU PACS

122.11 **Définition du Pacs.** Le Pacte civil de solidarité (Pacs) est un contrat conclu « par deux personnes physiques majeures, de sexe différent ou de même sexe, pour organiser leur vie commune » selon l'article 515-1 du code civil.

122.12 **Absence de cotitularité « automatique » entre les partenaires.** S'il n'y a pas de cotitularité « automatique » entre les partenaires d'un Pacs, depuis la modification de l'article 1751 du code civil par la loi du 24 mars 2014, dite loi Alur[1], applicable depuis le 8 août 2015, date d'entrée en vigueur de la loi n° 2015-990 du 6 août 2015, dite Macron[2], aux contrats en cours ainsi qu'aux baux conclus, renouvelés ou reconduits tacitement à compter de cette date, lorsque les partenaires liés par un Pacs en font la demande conjointement, les deux partenaires sont cotitulaires du bail portant sur le local servant effectivement à leur habitation (concernant le champ d'application de l'article 1751 du code civil v. s^s^ n° 121.13).

1. L. n° 2014-366, 24 mars 2014 pour l'accès au logement et un urbanisme rénové, *JO* 26 mars, p. 5809.
2. L. n° 2015-990 du 6 août 2015, art. 82-II, *JO* 7 août 2015, p. 13537 s.

122.13 Incidence du décès du partenaire cotitulaire du bail. La même loi du 24 mars 2014 a également modifié le dernier alinéa de l'article 1751, qui prévoit désormais qu'en cas de décès d'un des partenaires liés par un pacte civil de solidarité, le partenaire lié par un pacte civil de solidarité survivant cotitulaire du bail dispose d'un droit exclusif sur celui-ci sauf s'il y renonce expressément.

122.14 Incidence de la dissolution du pacs. Quant aux effets de la dissolution du pacs, il ressort de l'article 1751-1 du code civil, introduit dans notre droit positif par la loi du 24 mars 2014, dite loi Alur (applicable depuis le 8 août 2015, date d'entrée en vigueur de la loi n° 2015-990 du 6 août 2015, dite Macron [1], aux contrats en cours, ainsi qu'aux baux conclus, renouvelés ou reconduits tacitement à compter de cette date), que, dans cette hypothèse, « l'un des partenaires peut saisir le juge compétent en matière de bail aux fins de se voir attribuer le droit au bail du local, sans caractère professionnel ou commercial, qui sert effectivement à l'habitation des deux partenaires, sous réserve des créances ou droits à indemnité au profit de l'autre partenaire. Le bailleur est appelé à l'instance. Le juge apprécie la demande en considération des intérêts sociaux et familiaux des parties ».

122.15 Principe de solidarité. Aux termes de l'article 515-4 du code civil, il existe une solidarité de plein droit à l'égard des tiers pour les dettes contractées par l'un des partenaires pour les besoins de la vie courante et pour les dépenses relatives au logement commun.

122.16 Conséquence de la solidarité entre les partenaires. Le bailleur peut donc réclamer le paiement du loyer au partenaire du locataire même non titulaire du bail. S'agissant des dépenses relatives au logement commun, il s'y ajoutera les charges, indemnités d'occupation ou réparations locatives. La cour d'appel de Paris estime cependant que si chacun d'entre eux est tenu solidairement au paiement du loyer, y compris celui qui ne serait pas signataire du bail d'habitation, cette solidarité entraîne obligation pour le bailleur de délivrer quittance à leurs deux noms [2].

Comme c'est une obligation solidaire, chacun des partenaires pourra être contraint au paiement de la totalité de la dette; le paiement par l'un est libératoire, à charge pour lui de se retourner contre son coobligé [3].

1. L. n° 2015-990 du 6 août 2015, art. 82-II, *JO* 7 août 2015, p. 13537 s.
2. Paris, 6e ch. B, 13 mai 2004, RG n° 2003/02302, *Rev. loyers* 2005. 34.
3. C. civ., art. 1200.

Cette solidarité prend effet avec le Pacs qui est opposable aux tiers dès son inscription sur le registre du lieu de résidence. Elle prend nécessairement fin avec lui.

122.17 Régime de la solidarité. La loi ne prévoit cependant aucune modalité de publicité du Pacs visant à l'information des créanciers. L'article 5 II du décret du 21 décembre 1999 [4] prévoit en effet que les « titulaires d'un droit de créance » né d'un contrat relatif au logement peuvent obtenir communication auprès des greffes de certaines informations, à l'exclusion de celles relatives au nom, prénom, date et lieu de naissance du partenaire de la personne au nom de laquelle la demande est faite.

Sur ce point, la différence entre les partenaires pacsés et les concubins est fondamentale : les premiers sont solidaires (qu'ils soient ou non cotitulaires du bail); les seconds ne seront solidaires que s'ils sont cotitulaires conformément au contrat signé et que celui-ci comprend une clause de solidarité.

SECTION 2
COTITULARITÉ DU BAIL

122.21 Opposabilité des notifications et significations au partenaire du locataire pacsé. Deux hypothèses sont à distinguer.

122.22 Les partenaires pacsés ont demandé conjointement à bénéficier de la cotitularité du droit de bail. Dès lors que, en application de l'article 1751 du code civil dans sa rédaction issue de la loi du 24 mars 2014, dite loi Alur (v. ss n° 122.15), les deux partenaires ont conjointement fait la demande de bénéficier de la cotitularité du droit au bail, le bailleur devra adresser un courrier à chacun des deux partenaires, quand bien même le bail ne serait signé que de l'un d'entre eux.

En effet, aux termes de l'article 9-1 de la loi du 6 juillet 1989 [5], « nonobstant les dispositions des articles 515-4 [6] et 1751 [7] du code civil, les notifications ou significations faites en application du présent titre par le bailleur sont de plein droit oppo-

4. Décr. n° 99-1090, 21 déc. 1999 relatif aux conditions dans lesquelles sont traitées et conservées les informations relatives à la formation, la modification et la dissolution du pacte civil de solidarité et autorisant la création à cet effet d'un traitement automatisé des registres mis en œuvre par les greffes des tribunaux d'instance, par le greffe du tribunal de grande instance de Paris et par les agents diplomatiques et consulaires français, *JO* 24 déc., p. 19217.
5. Issu L. n° 2000-1208 13 déc. 2000, dite SRU, *JO* 14 déc., p. 19777, art. 189.
6. Instaurant la solidarité entre les partenaires, v. ss n° 122.15.
7. Relatif à la cotitularité du droit au bail, v. ss n° 122.31.

sables au partenaire (...) si l'existence de ce partenaire (...) n'a pas été préalablement portée à la connaissance du bailleur ». Or, la demande de bénéfice de la cotitularité sus-évoquée constitue la démarche par laquelle l'existence du partenaire du locataire est portée à la connaissance du bailleur au sens de l'article 9-1 de la loi du 6 juillet 1989.

Ainsi, lorsque le bail n'a été signé que par le locataire, et non par son partenaire auquel il est lié par un Pacs, dès lors que les deux partenaires ont conjointement fait la demande de bénéficier de la cotitularité du droit au bail, le bailleur doit adresser un courrier séparé à chacun d'entre eux.

122.23 Les partenaires pacsés n'ont pas demandé conjointement à bénéficier de la cotitularité du droit de bail. On peut alors s'interroger sur la portée de la mesure prévue à l'article 9-1 de la loi du 6 juillet 1989, car le partenaire d'un locataire lié par un Pacs ne détient alors pas de droit sur le logement du seul fait du Pacs, à la différence des époux.

SECTION 3
VIOLENCES AU SEIN DU COUPLE ET INCIDENCES SUR LE LOGEMENT

122.31 Attribution préférentielle du logement. En matière de violence au sein du couple, relevons que la loi du 9 juillet 2010, relative aux violences faites spécifiquement aux femmes, aux violences au sein des couples et aux incidences de ces dernières sur les enfants a inséré un nouveau titre XIV dans le code civil, traitant des mesures de protection aux victimes de violences, sous les articles 515-9 et suivants.

L'article 515-9 du code civil précise que lorsque les violences exercées au sein du couple ou par (...) un ancien partenaire lié par un pacte civil de solidarité (...) mettent en danger la personne qui en est victime, un ou plusieurs enfants, le juge aux affaires familiales peut délivrer en urgence à cette dernière une ordonnance de protection[1].

La loi du 4 août 2014 pour l'égalité réelle entre les hommes et les femmes[2] a par ailleurs ajouté un alinéa 4° à l'article 515-11 du code civil aux termes duquel le juge peut « préciser lequel des partenaires liés par un pacte civil de solidarité (...) continuera à résider dans le logement commun et statuer sur les modalités de prise en charge des frais afférents à ce logement. Sauf circonstances particulières, la jouissance de ce logement est attribuée au partenaire lié par un pacte civil de solidarité (...) qui n'est pas l'auteur des violences, même s'il a bénéficié d'un hébergement d'urgence ».

1. L. n° 2010-769, *JO* 10 juill., p. 12762.
2. L. n° 2014-873 *JO* 5 août, p. 12949.

CHAPITRE

123. Locataires concubins

SECTION 0 ORIENTEUR

123.00 Plan du chapitre.

Sect. 1 Cotitularité des concubins et ses effets
Sect. 2 Solidarité des concubins et ses conséquences
Sect. 3 Violences au sein du couple et conséquences sur le logement

Division. La notion de concubinage est définie légalement à l'article 515-8 du code civil. « Le concubinage est une union de fait, caractérisée par une vie commune présentant un caractère de stabilité et de continuité, entre deux personnes, de sexe différent ou de même sexe, qui vivent en couple.[1] »

L'analyse de la situation juridique des concubins par rapport au bail d'habitation repose sur deux éléments : la cotitularité des concubins, d'une part, leur solidarité, d'autre part.

123.01 Textes applicables.

TEXTES SOURCES

• **C. civ., art. 515-8, 515-9, 515-10, 515-11, 515-12.**

TEXTES *IN EXTENSO*

• **C. civ., art. 515-8**

Le concubinage est une union de fait, caractérisée par une vie commune présentant un caractère de stabilité et de continuité, entre deux personnes, de sexe différent ou de même sexe, qui vivent en couple.

• **C. civ., art. 515-9**

* V. s^s n° 121.01

• **C. civ., art. 515-10**

L'ordonnance de protection est délivrée par le juge, saisi par la personne en danger, si besoin assistée, ou, avec l'accord de celle-ci, par le ministère public.

Dès la réception de la demande d'ordonnance de protection, le juge convoque, par tous moyens adaptés, pour une audition, la partie demanderesse et la partie défenderesse, assistées, le cas échéant, d'un avocat, ainsi que le ministère public. Ces auditions peuvent avoir lieu séparément. Elles peuvent se tenir en chambre du conseil.

• **C. civ., art. 515-11, 4°**

* V. s^s n° 122.01

• **C. civ., art. 515-12**

Les mesures mentionnées à l'article 515-11 sont prises pour une durée maximale de six mois à compter de la notification de l'ordonnance. Elles peuvent être prolongées au-delà si, durant ce délai, une requête en divorce ou en séparation de corps a été déposée ou si le juge aux affaires familiales a été saisi d'une requête relative à l'exercice de l'autorité parentale. Le juge aux affaires familiales peut, à tout moment, à la demande du ministère public ou de l'une ou l'autre des parties, ou après avoir fait procéder à toute mesure d'instruction utile, et après avoir invité chacune d'entre elles à s'exprimer, supprimer ou modifier tout ou partie des mesures énoncées dans l'ordonnance de protection, en décider de nouvelles, accorder à la personne défenderesse une dispense temporaire d'observer certaines des obligations qui lui ont été imposées ou rapporter l'ordonnance de protection.

123.02 Jurisprudence de référence.

> Cotitularité du bail

• **Civ. 3e, 28 avr. 2009, n° 08-12.424**, NP

* V. s^s n° 123.12

Le concubin, non signataire du contrat de bail, ne peut se maintenir dans les lieux après le départ de la locataire.

> Solidarité

• **Civ. 3e, 8 nov. 1995, n° 93-11.196**, *Bull. civ.* III, n° 220

* V. s^s n° 123.24

Le preneur qui s'est engagé solidairement avec l'autre reste, de ce chef, tenu au paiement du loyer et des charges échus après son départ et ceci jusqu'à l'expiration du bail en cours.

123.03 Bibliographie indicative.

Ouvrages. J. Lafond, B. Vial-Pedroletti, *Les baux d'habitation*, 8e éd., LexisNexis, 2017, n°s 420, 421, 427.

Actualisables. RÉP. CIV., v^is « Bail », par C. Aubert de Vincelles, C. Noblot, n° 68; « Bail d'habitation et mixte : rapports locatifs individuels – Loi du 6 juillet 1989 », N. Damas,

1. L. n° 99-944, 15 nov. 1999, art. 3. *JO* 16 nov., p. 16959.

n°s 82, 336, 404 – LAMY DR. IMMO, n°s 5502 s. – DICT. PERM. Gestion immob., « Baux (Code civil) », n°s 77 s.

Articles. A. Bourrat-Guéguen, « Le renforcement de la protection des personnes victimes de violence au sein d'un couple dans le cadre de la loi du 4 août 2014 pour l'égalité réelle entre les femmes et les hommes », LPA 12 févr. 2015, n° 31 ; S. Castagné, « Mariage, Pacs, concubinage. Analyse comparative », *JCP N* 2008, 1325, spéc. n°s 117 s. ; K. Altman, « La cotitularité du bail », *Les Cahiers de l'Habitat*, nov.-déc. 2010, p. 7 ; B. Vial-Pedroletti, « Situation juridique du concubin du colocataire », *Loyers et copr.* mai 2004, Études 5 ; C. Dreveau, « La solidarité des copreneurs dans le bail d'habitation », *Administrer* oct. 2003, p. 20 ; E. Dagneaux, E. Panissié, A. Seck, « Le logement des concubins », *Gaz. Pal.* 6 juin 2003 p. 17.

SECTION 1
COTITULARITÉ DES CONCUBINS ET SES EFFETS

123.11 Cotitularité. La cotitularité des concubins n'est pas de droit comme pour les époux, ou comme pour les partenaires d'un PACS qui en font la demande (v. s[s] n°s 122.21 s.) ; elle ne peut résulter que du contrat lui-même, chacun des concubins devant être signataire du contrat pour prétendre en être titulaire et bénéficier des effets de la titularité.

123.12 Conséquences de l'absence de cotitularité. L'absence de cotitularité permet, tout au plus, de quitter le logement à tout moment sans que celui qui part n'ait à supporter de conséquences envers le bailleur, notamment sur le paiement du loyer.

Le concubin non titulaire ne pourra, en revanche, se maintenir dans le logement en cas de congé délivré par le locataire en titre. Le concubin qui s'est maintenu dans les lieux après le départ de la locataire ne peut prétendre au statut de locataire, à défaut d'accord non équivoque du bailleur[1]. Le fait que la compagne du locataire ait réglé des loyers ou qu'elle ait participé à l'activité d'une association de locataires ne valent pas preuve du consentement du bailleur à lui reconnaître la qualité de locataire[2].

À défaut de cotitularité le concubin non signataire est un simple occupant et ne pourra revendiquer que des droits limités sur le logement, dans des circonstances particulières comme le décès ou l'abandon de domicile du locataire (sur la continuation ou le transfert du contrat v. s[s] n°s 421.11 s.).

123.13 Effets de la cotitularité. La cotitularité donne un droit à chacun des signataires du bail, vis-à-vis du bailleur, mais également vis-à-vis du cotitulaire. Vis-à-vis du bailleur, il bénéficie d'un titre sur le local qui s'exprime par exemple en cas de congé donné par l'autre cotitulaire. Celui qui ne donne pas congé peut rester dans les lieux sans que sa présence soit contestée. À l'inverse il peut donner congé à tout moment et, en absence de clause de solidarité, il ne sera pas tenu du paiement du loyer après son départ, voire dès la délivrance du congé (v. ci-dessous). Si une clause de solidarité est inscrite dans le bail son départ l'engage au-delà de la durée du préavis, dans les conditions prévues au bail et jusqu'au terme de celui-ci.

123.14 Signature éventuelle d'un avenant au contrat de location. La rédaction d'un avenant au contrat est possible pour rendre le concubin cotitulaire, mais le bailleur n'y est pas tenu. Il peut y avoir un intérêt, dans la mesure où il pourra s'appuyer sur deux titulaires et augmenter sa garantie pour le paiement du loyer. Il peut, à cette occasion, prévoir une clause de solidarité dans le bail, qui engage chacun des titulaires au paiement pour la totalité. En HLM, on doit considérer qu'il ne s'agit pas d'une nouvelle attribution, puisque le logement est déjà attribué et il n'y a donc pas lieu de vérifier le respect des plafonds de ressources. Par contre, l'ensemble des ressources des occupants doit être pris en compte pour l'application du supplément de loyer de solidarité (sur les conditions financières de la location HLM v. s[s] n°s 732.11 s., 737.11 s.).

SECTION 2
SOLIDARITÉ DES CONCUBINS ET SES CONSÉQUENCES

123.21 Clause de solidarité. Les concubins ne sont solidaires que s'ils sont cotitulaires, d'une part, et qu'une clause de solidarité a expressément été prévue au contrat[3], d'autre part. La clause doit être claire et refléter l'intention des parties. Cette solidarité résulte par exemple d'une clause du contrat précisant que le local est « pris conjointement et solidairement ».

123.22 Effets de l'absence de solidarité. S'ils sont seulement cotitulaires, les concubins doivent le paiement du loyer chacun pour leur part. La Cour de cassation a relevé qu'en l'absence de solidarité conventionnelle le colocataire qui a délivré seul congé n'est pas tenu du loyer et des charges durant le délai de préavis, dès lors que, du fait du maintien dans les lieux de l'autre colocataire, le logement se trouve occupé avant la fin du prévis par un autre locataire en accord avec le bailleur[4]. Ce raisonne

1. Civ. 3e, 28 avr. 2009, n° 08-12.424, NP.
2. Paris, 25 mars 2008, RG n° 06-17.211, *AJDI* 2008. 667.
3. EN EFFET, selon l'article 1202 du code civil, la solidarité ne se présume pas, elle doit être expressément stipulée.
4. Civ. 3e, 28 oct. 2009, n° 08-17.209, *Bull. civ.* III, n° 236 ; *AJDI* 2010. 318, obs. Zalewski. *Dalloz actu.*, 4 nov. 2009, Comm. G. Forest.

ment s'appuie sur la lettre de l'article 15-I de la loi du 6 juillet 1989 selon lequel pendant le délai de préavis, le locataire est redevable du loyer et des charges concernant tout le délai de préavis si c'est lui qui a notifié le congé, « sauf si le logement se trouve occupé avant la fin du préavis par un autre locataire en accord avec le bailleur ». La Cour a considéré que le copreneur dans les lieux occupait les lieux en accord avec le bailleur puisqu'il était titulaire du contrat de location. Cette solution aboutit à distraire de toute obligation de paiement l'un des colocataires pendant la durée du délai de préavis.

123.23 Mariage et concubinage ont des effets différents. Il n'y a pas, en matière de solidarité, de parallélisme avec la situation des époux ou des partenaires d'un PACS examinée plus haut (v. s[s] n°s 121.33 et 122.15). Ainsi le concubin « qui avait l'intention de se marier », ne peut revendiquer l'application de l'article 220 du code civil, qui institue une solidarité de plein droit des époux en matière de dettes contractées pour l'entretien du ménage ou l'éducation des enfants, car il n'est pas applicable en cas de concubinage[1].

123.24 Effets de la solidarité entre co-contractants. La clause de solidarité permet au bailleur de réclamer le paiement du loyer auprès de l'un quelconque des locataires solidaires en cas de non-paiement.

La clause de solidarité prévue au bail a un effet pendant toute la durée de celui-ci, même en cas de congé anticipé de l'un des copreneurs. Le preneur qui s'est engagé solidairement avec l'autre reste, de ce chef, tenu au paiement du loyer et des charges échus après son départ et ceci jusqu'à l'expiration du bail en cours[2].

Ainsi, le congé donné par le concubin cotitulaire du bail ne met pas fin à son engagement solidaire avec celui resté dans les lieux.

Cet effet est cependant limité à la durée du bail en cours à la date du congé[3]. Ainsi l'indemnité d'occupation, créance née postérieurement à la résiliation du bail, n'est pas due par le locataire qui a quitté les lieux à l'expiration du bail[4], sauf si une clause expresse du bail l'a prévu.

À défaut de terme prévu par le bail (c'est le cas des contrats reconductibles tacitement signés par les organismes HLM), le bailleur aura un intérêt certain à prévoir la durée pendant laquelle la solidarité aura effet, après le départ du cotitulaire solidaire.

SECTION 3
VIOLENCES AU SEIN DU COUPLE ET CONSÉQUENCES SUR LE LOGEMENT

123.31 Attribution préférentielle du logement. Deux lois ont apporté, successivement, une protection aux victimes dans le cas de violences dans un couple. La loi du 9 juillet 2010, relative aux violences faites spécifiquement aux femmes, aux violences au sein des couples et aux incidences de ces dernières sur les enfants a créé un nouveau titre XIV dans le code civil, traitant des mesures de protection aux victimes de violences, sous les articles 515-9 et suivants.

L'article 515-9 précise que lorsque les violences exercées au sein du couple ou par un ancien conjoint, un ancien partenaire lié par un pacte civil de solidarité ou un ancien concubin mettent en danger la personne qui en est victime, un ou plusieurs enfants, le juge aux affaires familiales peut délivrer en urgence à cette dernière une ordonnance de protection[5].

La loi du 4 août 2014 pour l'égalité réelle entre les hommes et les femmes[6] y a ajouté que, concernant les concubins, le juge peut :

« 4° Préciser lequel des (partenaires liés par un pacte civil de solidarité ou des) concubins continuera à résider dans le logement commun et statuer sur les modalités de prise en charge des frais afférents à ce logement. Sauf circonstances particulières, la jouissance de ce logement est attribuée (au partenaire lié par un pacte civil de solidarité ou) au concubin qui n'est pas l'auteur des violences, même s'il a bénéficié d'un hébergement d'urgence; »

1. Civ. 1re, 11 janv. 1984, n° 82-16.198, *Bull. civ.* I, n° 12.
2. Civ. 3e, 8 nov. 1995, n° 93-11.196, *Bull. civ.* III, n° 220. *D.* 1996. 368, note CRDP Nancy II; *RDI* 1996, p. 285, note F. Collart-Dutilleul.
3. Civ. 3e, 12 juill. 2000, n° 98-15.868, NP, *Administrer*, mars 2001, p. 31 note B. Gauglère; *Rev. Habitat français*, mai 2001, p. 25.
4. Civ. 3e, 5 mai 2004, n° 03-10.201, *Bull. civ.* III, n° 87; *Rev. loyers* 2004. 475, note Rémy.
Note 14 Civ. 3e, 24 mars 1999, *Bull. civ.* III n° 75. Civ. 3e, 4 mai 2004, n° 03-11.995, NP, *Rev. loyers* 2004, 517;
5. L. n° 2010-769, *JO* 10 juill., p. 12762.
6. L. n° 2014-873 *JO* 5 août, p. 12949.

CHAPITRE

124. Locataires en colocation

SECTION 0 ORIENTEUR

124.00 Plan du chapitre.

Division - Possible rotation des locataires. La colocation a d'abord été une pratique. Plusieurs personnes, en général jeunes, décident ensemble de louer une habitation commune. La situation se traduit le plus souvent par la signature d'un bail de droit commun. Mais la colocation c'est aussi, toujours en pratique, la possibilité d'une rotation des locataires dans le logement loué, avec l'accord des occupants. La notion de colocation n'était pas définie juridiquement en dehors du cas des logements HLM (v. s[s] n°s 124.51 s.). Ce n'est plus le cas depuis la loi du 24 mars 2014, qui a conféré à la colocation un statut à part entière [1]. Le développement de cette formule ne doit pas faire oublier qu'elle s'accompagne de contraintes particulières.

124.01 Textes applicables.

TEXTES SOURCES

• **L. n° 89-462, 6 juill. 1989, art. 8-1**

TEXTES *IN EXTENSO*

• **L. 6 juill. 1989, art. 8-1**

I. – La colocation est définie comme la location d'un même logement par plusieurs locataires, constituant leur résidence principale, et formalisée par la conclusion d'un contrat unique ou de plusieurs contrats entre les locataires et le bailleur, à l'exception de la location consentie exclusivement à des époux ou à des partenaires liés par un pacte civil de solidarité au moment de la conclusion initiale du contrat.

II. – Lorsque la colocation est formalisée par la conclusion de plusieurs contrats entre les locataires et le bailleur, elle constitue une division du logement tenue au respect des articles L. 111-6-1 et L. 111-6-1-1 du code de la construction et de l'habitation.

Chaque contrat de bail formalisant une colocation respecte le présent titre Ier ou, s'il concerne un logement loué meublé, le titre Ier *bis* de la présente loi.

Le montant de la somme des loyers perçus de l'ensemble des colocataires ne peut être supérieur au montant du loyer applicable au logement en application des articles 17 ou 25-9. Les articles 17-1 et 17-2 sont applicables.

Les normes de peuplement prises en application du 2° du I de l'article L. 831-3 du code de la sécurité sociale s'imposent aux logements loués en colocation.

Un décret en Conseil d'État adapte aux logements loués en colocation les caractéristiques applicables aux conditions de décence.

III. – Le contrat de bail d'une colocation respecte un contrat type défini par décret en Conseil d'État, pris après avis de la Commission nationale de concertation.

IV. – Les parties au contrat de bail d'une colocation peuvent convenir dans le bail de la souscription par le bailleur d'une assurance pour compte récupérable auprès des colocataires dans les conditions prévues au g de l'article 7. Les colocataires peuvent provoquer la résiliation de l'assurance pour compte récupérable dans les conditions fixées au même article.

V. – Les charges locatives accessoires au loyer principal d'un contrat de bail d'une colocation sont récupérées par le bailleur au choix des parties comme prévu par ce contrat :

1° Soit dans les conditions prévues à l'article 23, lorsqu'il s'agit de provisions pour charges;

2° Soit sous la forme d'un forfait versé simultanément au loyer, dont le montant et la périodicité de versement sont définis dans le contrat et qui ne peut donner lieu à complément ou à régularisation ultérieure. Le montant du forfait de charges est fixé en fonction des montants exigibles par le bailleur en application de l'article 23 et peut être révisé cha-

1. L. n° 2014-366, 24 mars 2014, *JO* 26 mars, art. 1, I, 13.

que année aux mêmes conditions que le loyer principal. Ce montant ne doit pas être manifestement disproportionné au regard des charges dont le locataire ou, le cas échéant, le précédent locataire se serait acquitté.

VI. – La solidarité d'un des colocataires et celle de la personne qui s'est portée caution pour lui prennent fin à la date d'effet du congé régulièrement délivré et lorsqu'un nouveau colocataire figure au bail. A défaut, elles s'éteignent au plus tard à l'expiration d'un délai de six mois après la date d'effet du congé.

L'acte de cautionnement des obligations d'un ou de plusieurs colocataires résultant de la conclusion d'un contrat de bail d'une colocation identifie nécessairement, sous peine de nullité, le colocataire pour lequel l'extinction de la solidarité met fin à l'engagement de la caution.

124.03 Bibliographie indicative.

Ouvrages. J. Lafond, B. Vial-Pedroletti, *Les baux d'habitation*, 8e éd., LexisNexis, 2017, n° 435 s.

Actualisables. RÉP. CIV., V° « Bail d'habitation et mixte : rapports locatifs individuels – Loi du 6 juillet 1989 », N. Damas, nos 329 s. – DICT. PERM. Gestion immob., « Baux d'habitation et mixtes », nos 324 s.

Articles. Damas N., « La loi ALUR et les baux d'habitation », *AJDI* 2014. 334 ; *ibid*. 2015. 654, « La loi "Macron" et les baux d'habitation » ; Rouquet Y., *AJDI* 2015. 570, « Loi "Macron" : gestion immobilière ».

SECTION 1
RÉGIME ANTÉRIEUR À LA LOI DU 24 MARS 2014

124.11 Cotitularité. La cotitularité résulte du bail. Seuls les signataires du contrat de location détiennent des droits sur le local.

Les conditions dans lesquelles de nouveaux colocataires peuvent succéder aux signataires d'origine sont précisées par le contrat lui-même : liberté ou accord explicite du bailleur, le plus souvent par avenant au contrat et dans les mêmes conditions de garantie. Dans cette hypothèse, le contrat peut prévoir qu'il ne sera pas établi de nouvel état des lieux à chaque arrivée et que le bailleur n'a pas à rembourser de dépôt de garantie à chaque partant, laissant ainsi aux colocataires le soin de régler entre eux cette question.

Si tous les colocataires souhaitent quitter ensemble le logement, ils devront délivrer ensemble le congé. Le propriétaire qui donne congé, quant à lui, le délivrera à chacun des colocataires.

124.12 Présence d'une clause de solidarité. Très fréquemment, une clause de solidarité lie tous les signataires. Dans ce cas, le bailleur, s'il existe des difficultés de paiement, pourra faire le choix de celui ou de ceux des locataires qu'il estime pouvoir utilement poursuivre. Ceux qui ont payé la totalité du loyer peuvent toutefois agir en remboursement contre celui qui n'a pas payé sa quote-part [1].

Dans cette hypothèse, celui qui délivre congé reste solidaire quant au paiement du loyer jusqu'à la fin du contrat en cours à la date du congé ou à la date de résiliation du contrat. Toutefois, l'occupation des lieux ayant cessé pour ce qui le concerne, le colocataire cesse d'être tenu du paiement des loyers à compter de la date d'acquisition de la clause résolutoire visée au commandement [2].

124.13 Absence d'une clause de solidarité. À défaut de clause de solidarité le bailleur ne peut exiger d'un locataire le paiement du solde de loyer resté impayé par l'autre. À cette occasion la Cour de cassation a précisé que la dette de loyer n'était pas, par elle-même, indivisible [3].

La cour a toutefois dans une hypothèse particulière levée l'obligation de paiement du loyer à la date de délivrance du congé et non à sa date d'effet, ayant relevé que le logement était demeuré occupé par l'autre colocataire avec l'accord du bailleur, s'appuyant sur la rédaction de l'article 15 alinéa 3 de la loi du 6 juillet 1989 [4].

Le congé donné à l'un des copreneurs solidaires par le bailleur est opposable aux autres [5] (sur la question v. nos 531.11 s.).

SECTION 2
RÉGIME POSTÉRIEUR À LA LOI DU 24 MARS 2014

§ 1
Définition et entrée en vigueur

124.21 Définition législative de la colocation. La loi du 24 mars 2014, dite loi Alur, crée un statut pour la colocation, dans le parc privé uniquement (pour le parc social, v. ss nos 124.31 s.).

Aux termes de l'article 8-1 nouveau de la loi du 6 juillet 1989, modifiée, la colocation est définie comme « la location d'un même logement par plusieurs locataires, constituant leur résidence principale, et formalisée par la conclusion d'un contrat unique ou de plusieurs contrats entre les locataires et le bailleur ». Complétant le premier alinéa de

1. Civ. 3e, 27 févr. 2002, n° 00-17.290, NP, *Loyers et copr.* 2002, n° 275, obs. Vial-Pedroletti.
2. Paris, 23 janv. 2001, RG n° 1999/17663, *Rev. loyers* 2001. 198
3. Civ. 3e, 30 oct. 2013, n° 12-21.034, *Bull. civ.* III, n° 136, *Loyers et copr.* 2013, n° 332, note Vial-Pedroletti
4. Civ. 3e, 28 oct. 2009, n° 08- 17209, *Bull. civ.* III, n° 236.
5. Civ. 3e, 20 juill. 1989, n° 88-12.676, *Bull. civ.* III, n° 174; *AJPI* 1990. 20; *Loyers et copr.* 1990, n° 9.

l'article 8-1, la loi « Macron » du 6 août 2015[1] précise que cette définition ne vaut pas pour la location consentie exclusivement à des époux ou à des partenaires liés par un pacte civil de solidarité au moment de la conclusion initiale du contrat (pour le cas des époux et des partenaires de Pacs, v. s^s n°s 121.11 s. et 122.11 s.).

L'objectif est de faciliter de telles colocations entre personnes sans lien particulier (pour le cas des concubins, v. s^s 123.11 s.). Visant fréquemment un public jeune la colocation avant loi du 24 mars 2014, dite loi Alur, ne répondait pas à un régime particulier et les conditions de rotation des colocataires, de congé donné par l'un d'entre eux, de partage du logement commun et de solidarité par exemple pouvaient donner lieu à des difficultés d'application pratique. La loi du 24 mars 2014 s'est efforcée de traiter de tous ces cas de manière à sécuriser la relation locative ainsi créée, et ce pour le bailleur comme pour les colocataires[2].

124.22 Entrée en vigueur. Les nouvelles dispositions de la loi du 24 mars 2014, dite loi Alur, sont applicables aux contrats conclus, renouvelés ou tacitement reconduits à compter du 27 mars 2014[3]. Les anciens contrats de colocation restent soumis aux dispositions antérieures qui leur étaient propres.

§ 2
Régime locatif du ou des contrats – Loi applicable

124.31 Régime locatif et loi applicable. La colocation bénéficie d'un régime de droit commun du bail. Il renvoie à la loi n° 89-462 du 6 juillet 1989, que les locaux soumis à la colocation soient loués nus (soumis au titre 1er de la loi) ou meublés (soumis au titre 1er *bis* de la même loi, créé par la loi du 24 mars 2014).

124.32 Un ou des contrats. La liberté est laissée aux parties de choisir un seul ou plusieurs contrats, qui font l'objet d'un bail conforme aux spécifications d'un bail type (v. s^s n° 132.13).

La signature de plusieurs baux permet l'autonomie de chacun d'entre eux. Dès lors, chacun des colocataires détient un droit sur une partie du local, à titre exclusif, ainsi que, en complément, un droit d'accès aux autres pièces communes (cuisine, sanitaires...).

124.33 Normes applicables au logement loué. En cas de pluralité de baux, est interdite toute division d'immeuble en vue de mettre à disposition des locaux à usage d'habitation d'une superficie et d'un volume habitables inférieurs respectivement à 14 m² et à 33 m³, les installations ou pièces communes mises à disposition des locaux à usage d'habitation nés de la division n'étant pas comprises dans le calcul de la superficie et du volume desdits locaux [4]. Le local doit en outre répondre à des règles d'hygiène et être pourvu d'une installation d'alimentation en eau potable, d'une installation d'évacuation des eaux usées et d'un accès à la fourniture de courant électrique.

Le logement mis en location doit respecter les normes de l'allocation personnalisée de logement.

Enfin, le logement doit répondre à des normes de décence (sur le critère de décence, v. s^s n°s 211.31 s.) propres aux logements en colocation. Un décret en conseil d'État doit adapter aux logements loués en colocation les conditions de décence normalement prévues pour la location de lodélogements nus ou meublés[5].

124.34 Conditions de loyer. Le loyer global des colocations à contrats multiples (ou le loyer du contrat simple) respecte les conditions applicables au loyer définies par la loi du 24 mars 2014 dite loi Alur, tant pour les différents loyers de référence qu'elle crée (v. s^s n°s 521.11 s.), que pour sa révision ou pour la fixation du loyer du contrat renouvelé (v. s^s n°s 522.11 s. et 523.11 s.), que le local soit meublé ou non.

124.35 Régime des charges. Il répondra soit au régime habituel des charges prévues à l'article 23 de la loi du 6 juillet 1989 (v. s^s n°s 311.11 s.), ou, de manière originale, pourra donner lieu à un versement forfaitaire par les colocataires. Dans ce cas il n'y aura pas de versement de complément en fin d'année ni de régularisation.

Ce montant forfaitaire, défini dans le contrat ainsi que sa périodicité, pourra être révisé chaque année aux mêmes conditions que le loyer principal. Il répond cependant à la définition de la notion de charges résultant de l'article 23 de la loi du 6 juillet 1989 et ne doit pas être « manifestement disproportionné au regard des charges dont le locataire ou le précédent locataire se serait acquitté ».

1. L. n° 2015-990 du 6 août 2015, art. 82-I, 3°, *JO* 7 août, p. 13537 s., en vigueur le 8 août 2015
2. Sur la finalité et le régime de la colocation, V. Rép. min. n° 14237, *JOAN Q*, 27 sept. 2017, p. 8879; *AJDI* 2016. 809
3. Pour un exemple de refus d'application de l'art. 8-1 à un contrat en cours lors de l'entrée en vigueur de la loi ALUR du 24 mars 2014, V. Metz, 7 févr. 2017, n° 14/02873, *Rev. loyers* 2017. 127, obs. S. B.
4. CCH, art. L. 111-6-1
5. Ce décret est toujours en attente de publication.

124.36 **Assurance pour compte.** Le bailleur pourra souscrire une telle assurance, ainsi qu'elle résulte de la rédaction de l'article 7 *g* de la loi du 6 juillet 1989 (v. s[s] n° 332.61).

§ 3 Solidarité des colocataires

124.41 **Clause de solidarité.** La nature même de la colocation étant de permettre la rotation des colocataires dans le local loué la question de la solidarité s'est posée avant la loi du 24 mars 2014. Dès lors qu'une clause de solidarité était signée les colocataires devaient répondre solidairement et indivisiblement de l'exécution du bail.

124.42 **Limite dans le temps.** La loi du 24 mars 2014 prévoit que le colocataire solidaire (et sa caution le cas échéant) n'est plus tenu à cette solidarité à la date d'effet de son congé, à la condition qu'un nouveau colocataire figure au bail. Si ce n'est pas le cas, la solidarité du colocataire sortant et de sa caution s'éteignent au plus tard à la fin d'un délai de 6 mois après la date d'effet du congé. On soulignera par ailleurs que la loi prévoit qu'en cas d'engagement d'une caution solidaire l'acte de cautionnement contient, à peine de nullité, l'identité du (ou des) colocataire(s). Enfin, la loi « Macron » du 6 août 2015[1] est venue préciser que l'extinction de la solidarité (et non plus, comme dans la version du texte issue de la loi ALUR, « le congé ») met fin à l'engagement de la caution.

SECTION 3 Colocation en HLM : régime créé par la loi du 25 mars 2009

§ 1 Définition

124.51 **Source.** L'article 61, I, 9° de la loi du 25 mars 2009 de mobilisation pour le logement et la lutte contre l'exclusion, dite loi Boutin[2], donne un contenu à la colocation dans le secteur du logement social en modifiant l'article L. 442-8-4 du CCH. elle en pose les principes et en définit les modalités.

124.52 **Catégories de bénéficiaires.** Il permet aux organismes d'HLM de louer sans conditions de ressources des logements, meublés ou non, à trois catégories de locataires. Il s'agit d'un ou plusieurs étudiants, de personnes de moins de trente ans, ou de personnes titulaires de contrats d'apprentissage ou de professionnalisation. On remarquera que la condition d'âge ne s'applique pas aux étudiants ou aux titulaires de contrats d'apprentissage ou de professionnalisation.

124.53 **Apport de la loi.** Ces locataires, n'étant pas soumis au respect des conditions de ressources pour l'accès au logement social, ne bénéficient pas du droit au maintien dans les lieux.

124.54 **Contenu du bail.** Le bail à conclure sur ces logements est d'un an, durée fixe. C'est donc un contrat à durée déterminée. Outre la durée d'un an, la loi précise le régime de colocation :

- un contrat unique est signé, quel que soit le nombre de colocataires ;
- une clause de solidarité entre locataires est obligatoirement inscrite dans le contrat.

124.55 **Conditions d'attribution et de rotation des locataires.** L'attribution de ces logements se fait par la commission d'attribution de l'organisme bailleur (sur l'attribution en HLM v. s[s] titre 72) nonobstant le fait qu'ils ne soient pas soumis à plafonds de ressources. Tout changement de locataire fait l'objet « d'une autorisation préalable du bailleur et d'une information de la commission d'attribution de l'organisme ».

La caractéristique principale de cette notion nouvelle de colocation sociale est l'absence de droit au maintien dans les lieux, ce qui a obligé à légiférer pour encadrer la solution dérogatoire.

Enfin le nombre de logements concernés par ce régime dans le patrimoine d'un même bailleur est limité. Il est fixé par la convention d'utilité sociale (CUS) signée par chaque organisme d'HLM.

§ 2 Renouvellement du bail

124.61 **Principe.** Le contrat d'un an peut être renouvelé par périodes d'un an sous réserve que le ou les locataires répondent, à la date du renouvellement, aux mêmes caractéristiques que lors de la signature du contrat (catégories limitatives de locataires et condition d'un séjour régulier en France pour les étrangers). Ces conditions sont rappelées obligatoirement dans le contrat de location.

124.62 **Congé du bailleur.** Le bailleur, lorsqu'il ne souhaite pas renouveler le contrat, notifie sa décision par lettre recommandée avec demande d'avis de réception ou la signifie par acte d'huissier aux locataires trois mois au moins avant le terme du contrat. En l'absence de cette notification, le ou les

1. L. n° 2015-990, 6 août 2015, art. 82-I, 3°, *JO* 7 août, p. 13537 s., en vigueur le 8 août 2015
2. L. n° 2009-323, 25 mars 2009, *JO* 27 mars, p. 5408.

locataires qui souhaitent renouveler le contrat communiquent au bailleur, au plus tard un mois avant son terme, les justificatifs prouvant qu'ils répondent toujours aux conditions pour être logés dans le logement. Lorsque le ou les locataires n'ont pas fourni ces justificatifs dans ce délai, le contrat n'est pas renouvelé.

124.63 Congé et rotation des locataires et durée du bail. Un congé peut être délivré par le (ou les) colocataire(s), dans le respect d'un préavis d'un mois [1].

Lorsque le contrat est conclu avec plusieurs locataires, le remplacement de l'un d'entre eux par un nouveau locataire est sans effet sur la durée du contrat qui se poursuit jusqu'à son terme.

1. L. n° 2014-366, 24 mars 2014, *JO* 26 mars 2014, p. 5809, dite loi Alur, art. 9.

TITRE

13. Le contrat de bail et l'état des lieux

SECTION 0
ORIENTEUR

13.00 **Plan du titre.**

13.01 **Textes applicables.**

TEXTES SOURCES

- **L. n° 89-462, 6 juill. 1989, art. 3, 3-1, 3-2, 3-3, 4.**
- **CCH, art. L. 442-8 à L. 442-8-4.**

13.03 **Bibliographie indicative.**

Ouvrages. J. Lafond, B. Vial-Pedroletti, *Les baux d'habitation*, 8e éd., LexisNexis, 2017, nos 366 à 783.

Actualisables. RÉP. CIV., vis « Bail », par C. Aubert de Vincelles, C. Noblot, nos 77 s., 83; « Bail d'habitation et mixte : rapports locatifs individuels – Loi du 6 juillet 1989 », N. Damas, nos 90 s., 117 s. – LAMY DR. IMMO, nos 5862 s., 5887 s. – DICT. PERM. Gestion immob., « Baux d'habitation et mixtes », nos 56 s.

CHAPITRE

131. Forme du contrat

SECTION 0 ORIENTEUR

131.00 Plan du chapitre.

131.01 Textes applicables.

TEXTES SOURCES

• **L. n° 89-462, 6 juill. 1989, art. 3.**

TEXTES *IN EXTENSO*

• **L. 6 juill. 1989, art. 3**

Le contrat de location est établi par écrit et respecte un contrat type défini par décret en Conseil d'État, pris après avis de la Commission nationale de concertation.

Le contrat de location précise :

1° Le nom ou la dénomination du bailleur et son domicile ou son siège social ainsi que, le cas échéant, ceux de son mandataire;

2° Le nom ou la dénomination du locataire;

3° La date de prise d'effet et la durée;

4° La consistance, la destination ainsi que la surface habitable de la chose louée, définie par le code de la construction et de l'habitation;

5° La désignation des locaux et équipements d'usage privatif dont le locataire a la jouissance exclusive et, le cas échéant, l'énumération des parties, équipements et accessoires de l'immeuble qui font l'objet d'un usage commun, ainsi que des équipements d'accès aux technologies de l'information et de la communication;

6° Le montant du loyer, ses modalités de paiement ainsi que ses règles de révision éventuelle;

7° Le loyer de référence et le loyer de référence majoré, correspondant à la catégorie de logement et définis par le représentant de l'État dans le département dans les zones où s'applique l'arrêté mentionné au I de l'article 17;

8° Le montant et la date de versement du dernier loyer appliqué au précédent locataire, dès lors que ce dernier a quitté le logement moins de dix-huit mois avant la signature du bail;

9° La nature et le montant des travaux effectués dans le logement depuis la fin du dernier contrat de location ou depuis le dernier renouvellement du bail;

10° Le montant du dépôt de garantie, si celui-ci est prévu.

Le renoncement, le cas échéant, au bénéfice de la garantie universelle des loyers, telle que prévue à l'article 24-2, doit être expressément mentionné dans le contrat de location. À défaut, le bailleur s'engage à déclarer le contrat de location auprès de l'agence mentionnée au II du même article 24-2.

Une notice d'information relative aux droits et obligations des locataires et des bailleurs ainsi qu'aux voies de conciliation et de recours qui leur sont ouvertes pour régler leurs litiges est annexée au contrat de location. Cette notice d'information précise également les droits, obligations et effets, pour les parties au contrat de location, de la mise en œuvre de la garantie universelle des loyers, telle que prévue au même article 24-2. Un arrêté du ministre chargé du logement, pris après avis de la Commission nationale de concertation, détermine le contenu de cette notice.

Lorsque l'immeuble est soumis au statut de la copropriété, le copropriétaire bailleur est tenu de communiquer au locataire les extraits du règlement de copropriété concernant la destination de l'immeuble, la jouissance et l'usage des parties privatives et communes, et précisant la quote-part afférente au lot loué dans chacune des catégories de charges.

Le bailleur ne peut pas se prévaloir de la violation du présent article.

Chaque partie peut exiger de l'autre partie, à tout moment, l'établissement d'un contrat conforme au présent article. En cas de mutation à titre gratuit ou onéreux du logement, le nouveau bailleur est tenu de notifier au locataire son nom ou sa dénomination et son domicile ou son siège social ainsi que, le cas échéant, ceux de son mandataire.

En cas d'absence dans le contrat de location d'une des informations relatives à la surface habitable, aux loyers de référence et au dernier loyer acquitté par le précédent locataire, le locataire peut, dans un délai d'un mois à compter de la prise d'effet du contrat de location, mettre en demeure le bailleur de porter ces informations au bail. À défaut de réponse du bailleur dans le délai d'un mois ou en cas de refus de ce dernier, le locataire peut saisir, dans le délai de trois mois à compter de la mise en demeure, la juridiction compétente afin d'obtenir, le cas échéant, la diminution du loyer.

131.02 Jurisprudence de référence.

• **Civ. 3e, 7 févr. 1990, n° 88-16.225**, *Bull. civ.* III, n° 40

* V. s^s n° 131.11

Mais attendu qu'après avoir justement retenu que le bail ayant été exécuté, l'absence d'écrit ne le rendait pas nul, le tribunal qui a souverainement déterminé la valeur locative du bien a légalement justifié sa décision de ce chef.

• **Civ. 3e, 29 nov. 2000, n° 98-12.442**, *Bull. civ.* III, n° 179

* V. s^s n° 131.12

En application de l'article 3 de la loi de 1989, le propriétaire est fondé à obtenir un bail écrit comportant les stipulations conformes à l'accord des parties et, pour le surplus, aux dispositions statutaires de la loi.

131.03 Bibliographie indicative.

Ouvrages. J. Lafond, B. Vial-Pedroletti, *Les baux d'habitation*, 8e éd., LexisNexis, 2017, n°s 391 à 404.

Actualisables. RÉP. CIV., v° « Bail d'habitation et mixte : rapports locatifs individuels – Loi du 6 juillet 1989 », N. Damas, n°s 92 s. – LAMY DR. IMMO, n° 5862 – DICT. PERM. Gestion immob., « Baux d'habitation et mixtes », n°s 56 s.

SECTION 1
DE LA PRÉVALENCE D'UN BAIL ÉCRIT

131.11 Jurisprudence dominante en faveur de l'écrit. Le contrat de location est établi par écrit[1]. Pour autant, un bail verbal n'est pas nul[2].

Cette solution semble devoir être maintenue sous l'empire de la loi du 24 mars 2014, dite loi Alur[3], alors même que le nouvel article 3 issu de cette loi (article qui, aux termes de la loi n° 2015-990 du 6 août 2015, dite Macron[4], s'applique uniquement aux nouveaux baux et aux baux faisant l'objet d'un renouvellement, mais non aux baux tacitement reconduits) précise que « le contrat de location est établi par écrit et respecte un contrat type défini par décret en Conseil d'État, pris après avis de la Commission nationale de concertation[5]. En effet, le nouvel article 3 précise toujours que « chaque partie peut exiger de l'autre partie, à tout moment, l'établissement d'un contrat conforme au présent article » (v. ci-dessous).

C'est ce qui ressort de la jurisprudence dominante, même si certaines décisions se sont prononcées en faveur de cette nullité[6] et même si la question divise la doctrine[7]. Il a ainsi été jugé que la validité d'un congé n'est pas subordonnée à la signature préalable d'un contrat écrit[8] et que l'absence d'écrit n'interdit pas au bailleur d'user de son droit de reprise[9]. De même, la délivrance d'un congé pour vendre est valide, dès lors que la procédure instaurée par la loi du 6 juillet 1989 est respectée[10].

131.12 Validité du bail verbal. Par ailleurs, la jurisprudence a déclaré applicable à un bail verbal, l'obligation du bailleur, voulant faire jouer la clause résolutoire, de délivrer un commandement de payer à son cocontractant[11]. Un bail verbal est valable jusqu'au moment où l'un des contractants décide de faire jouer l'avant-dernière phrase de cet article 3, en vertu de laquelle « chaque partie peut exiger, à tout moment, de l'autre partie, l'établissement d'un contrat conforme aux dispositions du présent article »[12] (sur la mise en conformité v. s^s n° 132.192). La Cour suprême a même précisé qu'en application de cet article, le propriétaire est fondé à obtenir un bail écrit conforme à l'accord des parties et, pour le surplus, aux dispositions statutaires de la loi[13], laquelle est d'ordre public (sur ce point v. s^s n° 021.11). Il est cependant fortement conseillé de conclure dès l'origine un bail écrit puisque, à défaut, certaines dispositions de la loi de 1989 ne peuvent recevoir application.

1. L. n° 89-462, 6 juill. 1989, art. 3.
2. Civ. 3e, 7 févr. 1990, n° 88-16.225, *Bull. civ.* III, n° 40; *D.* 1993. Somm. 173, obs. Bihr, [loi de 1982] – Bourges, 29 août 1996, RG n° 95/00172, *Loyers et copr.* 1997, n° 70, obs. Vial-Pedroletti – Bordeaux, 26 juin 1997, *Juris-Data* n° 042867, *Loyers et copr.* 1998, n° 5, obs. Vial-Pedroletti.
3. L. n° 2014-366, 24 mars 2014 pour l'accès au logement et un urbanisme rénové, *JO* 26 mars, p. 5809.
4. L. n° 2015-990 du 6 août 2015, art. 82-II, *JO* 7 août 2015, p. 13537 s, en vigueur le 8 août 2015.
5. Il s'agit du décret n° 2015-587 du 29 mai 2015 (*JO* 31 mai, p. 9035), v. Chapitre 132.
6. TI Privas, 19 mai 1993, *Rev. loyers* 1994. 211 – TI Prades, 22 avr. 1994, *JCP N* 1996. II. 309, note Gallet.
7. HOSTILES À LA NULLITÉ : Belot et Legrand, *Administrer* 1989, n° 204, p. 2 – VOIR AUSSI : Aubert et Bihr, Droit de la gestion de l'immeuble, 2000, Dalloz Action, n°s 3006 s.
8. Paris, 11 mars 1997, RG n° 95/23360, *Loyers et copr.* 1997, n° 159, obs. Vial-Pedroletti.
9. Civ. 3e, 27 janv. 1999, n° 96-21.041, NP, *RJDA* 1999, n° 269; *Administrer* févr. 2000, p. 43, obs. Canu.
10. Paris, 10 févr. 2005, RG n° 03/15778, *Rev. loyers* 2005. 391.
11. Bourges, 28 oct. 1996, RG n° 95/02024, *Loyers et copr.* 1997, n° 225, obs. Vial-Pedroletti.
12. POUR DES APPLICATIONS : Nancy, 20 mars 1985 (loi de 1982), *D.* 1986. IR 435 – Paris, 21 nov. 1988 (loi de 1982), *D.* 1989. IR 11.
13. Civ. 3e, 29 nov. 2000, n° 98-12.442, *Bull. civ.* III, n° 179; *Loyers et copr.* 2001, n° 170, obs. Vial-Pedroletti – VOIR CEPENDANT jugeant, à propos de la loi Quilliot de 1982, que le législateur n'a pas prévu de substitution de plein droit des dispositions de ce texte aux engagements des parties en cas de non-établissement d'un contrat de location conforme : Paris, 25 oct. 1985, RG n° L17/660, *D.* 1986. IR 53.

SECTION 2
DE L'UTILITÉ D'UN BAIL ÉCRIT

131.21 Critères favorisant l'écrit. En l'absence de bail écrit, il est impossible au bailleur de revendiquer la conclusion d'un contrat pour une durée réduite[1]. De la même manière, il sera impossible au bailleur de faire jouer l'article 7 *g* de la loi, c'est-à-dire de poursuivre la résiliation de plein droit du contrat verbal pour défaut d'assurance[2].

Tout comme les dispositions relatives à la révision du loyer ne pourront être invoquées[3]. Sauf, toutefois, à prouver l'existence d'un accord des parties sur ce point[4].

La réévaluation du prix du bail lors du renouvellement[5] sera par ailleurs impossible en cas de contrat verbal[6].

Enfin, il a été jugé qu'un bail verbal ne permettait pas de faire jouer une clause de résiliation de plein droit[7].

1. SUR le contrat de l'art. 11 v. s[s] n°s 513.11 s. – Paris, 5 juill. 1995, RG n° 94/027275, *Loyers et copr.* 1995, n° 454 – Bordeaux, 26 juin 1997, *JurisData* n° 042867, *Loyers et copr.* 1998, n° 5, obs. Vial-Pedroletti.
2. Paris, 20 mai 1997, RG n° 95/06465, *Loyers et copr.* 1997, n° 225, obs. Vial-Pedroletti.
3. Civ. 3[e], 4 oct. 1995, n° 93-20.461, *Bull. civ.* III, n° 211; *D.* 1996. Somm. 376, obs. CRDP Nancy 2, [loi de 1986] – Rennes, 21 janv. 1999, RG n° 9709084, *Loyers et copr.* 1999, n° 204, obs. Vial-Pedroletti.
4. Colmar, 1[er] oct. 2007, RG n° 3A05/04814, *Loyers et copr.* 2008, n° 50, obs. Vial-Pedroletti – Lyon, 13 mai 2008, RG n° 07/00030, *Loyers et copr.* 2008, n° 185, obs. Vial-Pedroletti.
5. En vertu de l'art. 17 *c*.
6. Rennes, 21 janv. 1999, RG n° 9709084, *Loyers et copr.* 1999, n° 204, obs. Vial-Pedroletti – Paris, 17 juin 2003, *Administrer* avr. 2004. 43, obs. Beddeleem.
7. Civ. 3[e], 23 sept. 2014, n° 13-15.713, NP, *AJDI* 2014. 868; *Loyers et copr.* 2014, n° 292, obs. Vial-Pedroletti.

CHAPITRE

132. Contenu du contrat

SECTION 0 ORIENTEUR

132.00 Plan du chapitre.

132.01 Textes applicables.

TEXTES SOURCES

• **L. n° 89-462, 6 juill. 1989, art. 3, 3-1, 3-3, 4.**

TEXTES *IN EXTENSO*

• **L. 6 juill. 1989, art. 3**

* V. s^{s} n° 131.01

• **L. 6 juill. 1989, art. 3-1**

Lorsque la surface habitable de la chose louée est inférieure de plus d'un vingtième à celle exprimée dans le contrat de location, le bailleur supporte, à la demande du locataire, une diminution du loyer proportionnelle à l'écart constaté. À défaut d'accord entre les parties ou à défaut de réponse du bailleur dans un délai de deux mois à compter de la demande en diminution de loyer, le juge peut être saisi, dans le délai de quatre mois à compter de cette même demande, afin de déterminer, le cas échéant, la diminution de loyer à appliquer. La diminution de loyer acceptée par le bailleur ou prononcée par le juge prend effet à la date de signature du bail. Si la demande en diminution du loyer par le locataire intervient plus de six mois à compter de la prise d'effet du bail, la diminution de loyer acceptée par le bailleur ou prononcée par le juge prend effet à la date de la demande.

• **L. 6 juill. 1989, art. 3-3**

Un dossier de diagnostic technique, fourni par le bailleur, est annexé au contrat de location lors de sa signature ou de son renouvellement et comprend :

1° Le diagnostic de performance énergétique prévu à l'article L. 134-1 du code de la construction et de l'habitation;

2° Le constat de risque d'exposition au plomb prévu aux articles L. 1334-5 et L. 1334-7 du code de la santé publique;

3° Une copie d'un état mentionnant l'absence ou, le cas échéant, la présence de matériaux ou produits de la construction contenant de l'amiante. Un décret en Conseil d'État définit les modalités d'application du présent 3°, notamment la liste des matériaux ou produits concernés;

4° Un état de l'installation intérieure d'électricité et de gaz, dont l'objet est d'évaluer les risques pouvant porter atteinte à la sécurité des personnes. Un décret en Conseil d'État définit les modalités d'application du présent 4° ainsi que les dates d'entrée en vigueur de l'obligation en fonction des enjeux liés aux différents types de logements, dans la limite de six ans à compter de la publication de la loi n° 2014-366 du 24 mars 2014 pour l'accès au logement et un urbanisme rénové.

Dans les zones mentionnées au I de l'article L. 125-5 du code de l'environnement, le dossier de diagnostic technique est complété à chaque changement de locataire par l'état des risques naturels et technologiques.

Le locataire ne peut se prévaloir à l'encontre du bailleur des informations contenues dans le diagnostic de performance énergétique, qui n'a qu'une valeur informative.

• **L. 6 juill. 1989, art. 4**

Est réputée non écrite toute clause :

a) Qui oblige le locataire, en vue de la vente ou de la location du local loué, à laisser visiter celui-ci les jours fériés ou plus de deux heures les jours ouvrables;

b) Par laquelle le locataire est obligé de souscrire une assurance auprès d'une compagnie choisie par le bailleur;

c) Qui impose comme mode de paiement du loyer l'ordre de prélèvement automatique sur le compte courant du locataire ou la signature par avance de traites ou de billets à ordre;

d) Par laquelle le locataire autorise le bailleur à prélever ou à faire prélever les loyers directement sur son salaire dans la limite cessible;

e) Qui prévoit la responsabilité collective des locataires en cas de dégradation d'un élément commun de la chose louée;

f) Par laquelle le locataire s'engage par avance à des remboursements sur la base d'une estimation faite unilatéralement par le bailleur au titre des réparations locatives;

g) Qui prévoit la résiliation de plein droit du contrat en cas d'inexécution des obligations du locataire pour un motif autre que le non-paiement du loyer, des charges, du dépôt de garantie, la non-souscription d'une assurance des risques locatifs ou le non-respect de l'obligation d'user paisiblement des locaux loués, résultant de troubles de voisinage constatés par une décision de justice passée en force de chose jugée;

h) Qui autorise le bailleur à diminuer ou à supprimer, sans contrepartie équivalente, des prestations stipulées au contrat;

i) Qui autorise le bailleur à percevoir des amendes ou des pénalités en cas d'infraction aux clauses d'un contrat de location ou d'un règlement intérieur à l'immeuble;

j) Qui interdit au locataire l'exercice d'une activité politique, syndicale, associative ou confessionnelle;

k) Qui impose au locataire la facturation de l'état des lieux de sortie dès lors que celui-ci n'est pas établi par un huissier de justice dans le cas prévu par l'article 3-2;

l) Qui prévoit le renouvellement du bail par tacite reconduction pour une durée inférieure à celle prévue à l'article 10;

m) Qui interdit au locataire de rechercher la responsabilité du bailleur ou qui exonère le bailleur de toute responsabilité;

n) Qui interdit au locataire d'héberger des personnes ne vivant pas habituellement avec lui;

o) Qui impose au locataire le versement, lors de l'entrée dans les lieux, de sommes d'argent en plus de celles prévues aux articles 5 et 22;

p) Qui fait supporter au locataire des frais de relance ou d'expédition de la quittance ainsi que les frais de procédure en plus des sommes versées au titre des dépens et de l'article 700 du code de procédure civile;

q) Qui prévoit que le locataire est automatiquement responsable des dégradations constatées dans le logement;

r) Qui interdit au locataire de demander une indemnité au bailleur lorsque ce dernier réalise des travaux d'une durée supérieure à vingt et un jours;

s) Qui permet au bailleur d'obtenir la résiliation de plein droit du bail au moyen d'une simple ordonnance de référé insusceptible d'appel;

t) Qui impose au locataire, en surplus du paiement du loyer pour occupation du logement, de souscrire un contrat pour la location d'équipements.

132.02 **Jurisprudence de référence.**

• **Civ. 3e, 5 avr. 2006, n° 05-10.218**, *Bull. civ.* III, n° 93

* V. s^s n° 132.25

Satisfait aux exigences légales le bailleur, dont il n'est pas allégué qu'il eût un mandataire, délivrant un congé pour vendre comportant l'indication de la dénomination et du siège social du nouveau bailleur.

132.03 **Bibliographie indicative.**

Ouvrages. J. Lafond, B. Vial-Pedroletti, *Les baux d'habitation*, 8e éd., LexisNexis, 2017, nos 443 à 783.

Actualisables. RÉP. CIV., v° « Bail d'habitation et mixte : rapports locatifs individuels – Loi du 6 juillet 1989 », N. Damas, nos 95 s., 295 s. – LAMY DR. IMMO, nos 5864 s., 5876 s. – DICT. PERM. Gestion immob., « Baux d'habitation et mixtes », nos 64 s.

Articles. N. Dammas, « Gestion locative et relance de l'offre de logements », *AJDI* 2007. 370.

SECTION 1
CLAUSES IMPÉRATIVES

132.11 **Précision liminaire – Clauses impératives et clauses facultatives.** L'article 3 de la loi du 6 juillet 1989 énumère les clauses que le contrat doit impérativement contenir ainsi que les documents qui doivent obligatoirement y être annexés. L'article 4 dresse, quant à lui, une liste des clauses prohibées.

On notera qu'à côté des clauses impératives et des clauses prohibées, le bail peut (heureusement pour la liberté des contractants) contenir des clauses facultatives.

Tel est notamment le cas de la clause de révision du loyer, de celle prévoyant le versement d'un dépôt de garantie, de la clause par laquelle le preneur s'oblige à réaliser des travaux en contrepartie d'une réduction de loyer (plus communément appelée « clause travaux ») et de celle envisageant la mise en œuvre de la résiliation de plein droit. Reste la question du changement de fournisseur d'électricité et de gaz par le locataire. Depuis le 1er mars 2011, date d'entrée en vigueur de la loi du 7 décembre 2010 portant nouvelle organisation du marché de l'électricité[1], dite loi Nome, cette question n'a plus grand intérêt. En effet, si, par le passé, le changement de fournisseur par le locataire pouvait être redouté par le bailleur, en ce qu'il était définitif, la loi Nome a consacré, pour les particuliers et les PME, le principe de réversibilité totale et sans condition entre tarifs libres et tarifs réglementés. Cette réversibilité concerne les contrats d'électricité d'une puissance inférieure ou égale à 36 kilovoltampères et les souscripteurs consommant moins de 30 000 kilowattheures de gaz par an (on retrouve en détail ces cas de figure au fil des développements sur le loyer v. s[s] n°s 521.21 s., sur les garanties du bailleur s[s] les chap. 141 s., sur les travaux dans le logement v. s[s] n°s 411.11 s. et 412.11 s. et sur la résiliation v. s[s] n°s 922.11 s.).

132.12 Évolution de la législation. En réécrivant l'article 3 de la loi du 6 juillet 1989, la loi du 24 mars 2014, dite loi Alur[2] (article qui, aux termes de la loi n° 2015-990 du 6 août 2015, dite Macron[3],ne s'applique qu'aux nouveaux baux et aux baux faisant l'objet d'un renouvellement, mais non aux baux tacitement reconduits), a sensiblement modifié le périmètre des clauses impératives.

132.13 Contrat type. Alors que l'article 3 de la loi du 6 juillet 1989, dans sa rédaction issue de la loi Alur du 24 mars 2014 (aux termes de la loi n° 2015-990 du 6 août 2015, dite Macron [4], applicable uniquement aux nouveaux baux et aux baux faisant l'objet d'un renouvellement, mais non aux baux tacitement reconduits), impose aux parties de respecter les termes d'un contrat de location type, le décret n° 2015-587 du 29 mai 2015[5] vient préciser le contenu de ce document[6].

En vigueur le 1er août 2015, le décret du 29 mai 2015 comporte, en annexe 1, le contrat type de location ou de colocation de logement nu.

Ce contrat type, qui ne contient que les « clauses essentielles du contrat dont la législation et la réglementation en vigueur au jour de sa publication imposent la mention par les parties dans le contrat » comporte des parties relatives à la désignation des parties, à l'objet du contrat, à la date de prise d'effet et à la durée du contrat, à ses conditions financières, aux travaux, aux garanties, le cas échéant, aux clauses de solidarité et résolutoire et aux honoraires de location, ainsi qu'aux autres conditions particulières.

Sont enfin visées la liste des annexes à joindre au bail, au rang desquelles est mentionnée la « notice d'information relative aux droits et obligations des locataires et des bailleurs », objet d'un l'arrêté du 29 mai 2015 (V. s[s] n° 132.101).

Ce bail type vaut pour les locations et colocations de logement nu constituant la résidence principale du preneur, à l'exception toutefois :

- des locations de logements conventionnés en application des articles L. 321-8 ou L. 351-2 du CCH et des locations de logements HLM non conventionnés en application de l'art. L. 351-2 du CCH;

- des colocations formalisées par la conclusion de plusieurs contrats entre les colocataires et le bailleur;

- en Guadeloupe, à la Martinique, en Guyane, à La Réunion et à Mayotte, des locations de logement des sociétés d'économie mixte agréées conformément à l'article L. 481-1 du code de la construction et de l'habitation, construit, acquis ou amélioré avec le concours financier de l'État prévu à l'article R. 372-1 du même code.

132.14 Sept mentions obligatoires. Le contrat de location doit obligatoirement contenir sept types de précisions.

§ 1
Coordonnées et localisation du bailleur

132.21 Qualité du bailleur. Trois cas de figure sont à distinguer, le bailleur pouvant être une personne physique, une personne morale (une société) et le bien pouvant être géré par un mandataire. Enfin, il convient d'évoquer l'incidence du changement de propriétaire du bien loué en cours de bail.

132.22 Bailleur personne physique. Avant comme après la loi du 24 mars 2014, dite loi Alur, le contrat doit alors préciser le nom et le domicile du bailleur.

La précision du domicile, cela se mesure notamment en fin de bail, lorsque le bailleur refuse de restituer le dépôt de garantie qui lui a été transmis par son mandataire : avant la loi de 1994, si ce mandataire refusait de communiquer les coordonnées de son mandant (le bailleur), le locataire ne pouvait l'y contraindre qu'en délivrant à son encontre (par voie d'huissier) une sommation interpellative, préalable à toute mise en demeure (elle-même point de passage obligé avant toute action en justice).

La situation est désormais plus simple.

À propos du domicile, rappelons que l'article 102 du code civil le définit comme suit : « Le domicile de

1. L. n° 2010-1488, 7 déc. 2010 portant nouvelle organisation du marché de l'électricité, *JO* 8 déc., p. 21467.
2. L. n° 2014-366, 24 mars 2014 pour l'accès au logement et un urbanisme rénové, *JO* 26 mars, p. 5809.
3. L. n° 2015-990 du 6 août 2015, art. 82-II, *JO* 7 août 2015, p. 13537 s., en vigueur le 8 août 2015.
4. L. n° 2015-990 du 6 août 2015, art. 82-II, *JO* 7 août 2015, p. 13537 s., en vigueur le 8 août 2015.
5. *JO* 31 mai, p. 9035.
6. V. annexe n° 1112.11.

tout Français, quant à l'exercice de ses droits civils, est au lieu où il a son principal établissement ».

En pratique, domicile et résidence principale se confondront fréquemment (v. s^{s} n° 022.32). En cas de déménagement du bailleur, celui-ci est tenu d'en avertir son cocontractant. À défaut, il ne pourrait pas reprocher au locataire de lui avoir délivré un congé à son ancienne adresse. Une telle notification serait donc valable, quand bien même la lettre recommandée avec accusé de réception aurait-elle été retournée à l'expéditeur avec la mention « n'habite pas à l'adresse indiquée »[1].

132.23 **Bailleur personne morale.** Le contrat doit indiquer la dénomination de la société bailleresse et l'adresse de son siège social.

132.24 **Bien géré par un mandataire.** Lorsque le bailleur aura confié la gérance du bien loué à un mandataire, en plus des précisions répertoriées ci-dessus, le bail devra indiquer ses coordonnées et son adresse. Cela se justifie puisqu'au quotidien, le locataire aura affaire à lui.

Comme la plupart du temps le mandataire en question est une personne morale (une agence immobilière), le nom et le siège social de cette dernière devront être mentionnés.

132.25 **Bien changeant de propriétaire en cours de location.** Aujourd'hui comme hier, il est prévu qu'« en cas de mutation à titre gratuit ou onéreux des locaux ["du logement", depuis la loi du 24 mars 2014, dite loi Alur], le nouveau bailleur est tenu de notifier au locataire son nom ou sa dénomination et son domicile ou son siège social, ainsi que, le cas échéant, ceux de son mandataire ».

Tous les cas de mutation semblent donc visés : vente, donation entre vifs, succession, etc. Cependant, dans l'hypothèse particulière où, suite au décès du bailleur, simple usufruitier du bien loué, les héritiers[2] en recouvrent la pleine propriété, la cour d'appel de Rennes a, dans un arrêt critiqué, jugé qu'il n'y avait pas « mutation »[3].

Toutefois, cette obligation légale pesant sur le nouveau propriétaire n'est, d'une part, enfermée dans aucun délai, et, d'autre part, assortie d'aucune sanction. Ainsi, satisfait aux exigences légales le bailleur, dont il n'est pas allégué qu'il eut un mandataire, délivrant un congé pour vendre comportant l'indication de la dénomination et du siège social du nouveau bailleur[4].

Quant aux modalités pratiques de la notification imposée par les textes, la cour d'appel de Paris a indiqué que la lettre de l'administrateur de biens adressée au locataire l'avisant que l'immeuble était vendu et que l'acquéreur (au cas particulier, un office public d'HLM) se mettra en rapport avec lui pour lui réclamer dorénavant les loyers ne saurait suppléer la notification incombant au nouveau bailleur[5].

§ 2
Coordonnées et localisation du locataire

132.31 **Nouveauté de la loi Alur.** Aux termes de l'article 3 de la loi du 6 juillet 1989 dans sa rédaction issue de la loi du 24 mars 2014, dite loi Alur (article qui, aux termes de la loi n° 2015-990 du 6 août 2015, dite Macron[6], s'applique uniquement aux nouveaux baux et aux baux faisant l'objet d'un renouvellement, mais non aux baux tacitement reconduits), le bail doit, de surcroît, mentionner « le nom ou la dénomination du locataire ».

§ 3
Date de prise d'effet et durée du bail

132.41 **Efficacité du contrat dès la signature.** Concernant la date de la prise d'effet du bail v. s^{s} n° 133.291; à propos de la durée du contrat v. s^{s} n°s 133.11 s. et 731.11 s.

§ 4
Consistance et destination de la chose louée

132.51 **Composition et utilisation du local.** Le contrat de location doit tout d'abord mentionner le nombre de pièces du local, l'existence de dépendances... Autant d'éléments dont l'état sera minutieusement répertorié dans l'état des lieux d'entrée (v. s^{s} n°s 132.11 s.).

Le bail doit ensuite préciser si les lieux sont à destination d'habitation ou à destination mixte – professionnelle et habitation – (sur la notion de destination v. s^{s} n°s 022.31 s.).

1. Limoges, 28 janv. 1998, RG n° 1082/96, *Loyers et copr.* 1998, n° 292, obs. Vial-Pedroletti.
2. Nus-propriétaires.
3. Rennes, 18 sept. 1997, RG n° 97/00851, *Loyers et copr.* 1998, n° 61, obs. crit. Vial-Pedroletti.
4. Civ. 3e, 5 avr. 2006, n° 05-10.218, *Bull. civ.* III, n° 93; *AJDI* 2006. 828, note Zalewski; *Rev. loyers* 2006. 284, obs. Rémy – AUSSI : Rennes, 18 sept. 1997, RG n° 97/00851, *Loyers et copr.* 1998, n° 61, obs. crit. Vial-Pedroletti.
5. Paris, 18 janv. 2001, RG n° 2000/10443, *Loyers et copr.* 2001, n° 171, obs. Vial-Pedroletti.
6. L. n° 2015-990, 6 août 2015, art. 82-II, *JO* 7 août, p. 13537 s., en vigueur le 8 août 2015

§ 5
Surface habitable de la chose louée

132.61 Mention requise. Avant comme après la loi du 24 mars 2014, dite loi Alur, le contrat de location doit préciser la surface habitable de la chose louée.

La loi du 24 mars 2014, dite loi Alur, précise tout de même que cette surface est définie par le code de la construction et de l'habitation.

Selon l'alinéa 2 de l'article R. 111-2 du code de la construction et de l'habitation, la surface habitable d'un logement est la surface de plancher construite, après déduction des surfaces occupées par les murs, cloisons, marches et cages d'escaliers, gaines, embrasures de portes et de fenêtres. Étant précisé que l'alinéa 3 du même texte indique qu'il n'est pas tenu compte de la superficie des combles non aménagés, caves, sous-sols, remises, garages, terrasses, loggias, balcons, séchoirs extérieurs au logement, vérandas, volumes vitrés prévus à l'article R. 111-10, locaux communs et autres dépendances des logements, ni des parties de locaux d'une hauteur inférieure à 1,80 mètre.

Grâce à cette mention, il est désormais plus facile aux commissions de médiation mises en place dans le cadre de la loi Dalo (v. s^s^ n°s 725.11 s.) d'apprécier le critère de sur-occupation du logement (sur l'application de l'article 3 de la loi de 1989 aux organismes d'HLM v. s^s^ n°s 022.181 s.).

132.62 Absence de sanction légale avant la loi Alur. La sanction encourue en cas de manquement de la précision de la surface habitable n'était pas précisée, avant la loi du 24 mars 2014, dite loi Alur.

À défaut de précision dans la loi, certains arrêts avaient diminué le loyer, soit en en proportion de la moindre surface[1], soit en décidant que le préjudice du locataire n'était pas directement proportionnel à la superficie louée[2] [3].

D'autres avaient toutefois refusé d'indemniser le locataire à raison d'une surface moindre au motif que le locataire ne démontrait pas avoir contracté principalement en considération d'une surface minimale qui n'a pas été respectée[4].

132.63 Dispositif prévue par la loi Alur : mention sur le contrat. L'article 3 nouveau de la loi du 6 juillet 1989 issue de la loi Alur du 24 mars 2014 (article qui, aux termes de la loi n° 2015-990 du 6 août 2015, dite Macron[5], ne s'applique qu'aux nouveaux baux et aux baux faisant l'objet d'un renouvellement, mais non aux baux tacitement reconduits) précise que le locataire peut, dans un délai d'un mois à compter de la prise d'effet du contrat de location, mettre en demeure le bailleur de porter ces informations au bail.

À défaut de réponse du bailleur dans le délai d'un mois ou en cas de refus de ce dernier, le locataire peut saisir, dans le délai de trois mois à compter de la mise en demeure, la juridiction compétente afin d'obtenir, le cas échéant, la diminution du loyer.

132.64 Dispositif prévue par la loi Alur : diminution du loyer. Par ailleurs, s'inspirant de ce qui prévaut en matière de copropriété lors de la vente d'un lot (L. n° 65-57, 10 juill. 1965, art. 46) l'article 3-1 de la loi du 6 juillet 1989 issus de la loi du 24 mars 2014, dite loi Alur, précise que lorsque la surface habitable de la chose louée est inférieure de plus d'1/20e à celle exprimée dans le contrat de location, le bailleur supporte, à la demande du locataire, une diminution du loyer proportionnelle à l'écart constaté.

À défaut d'accord entre les parties ou à défaut de réponse du bailleur dans un délai de deux mois à compter de la demande en diminution de loyer, le juge peut être saisi, dans le délai de quatre mois à compter de cette même demande, afin de déterminer, le cas échéant, la diminution de loyer à appliquer.

La diminution de loyer acceptée par le bailleur ou prononcée par le juge prend effet à la date de signature du bail. Si la demande en diminution du loyer par le locataire intervient plus de six mois à compter de la prise d'effet du bail, la diminution de loyer acceptée par le bailleur ou prononcée par le juge prend effet à la date de la demande.

§ 6
Désignation des éléments loués

132.71 Parties communes. Le contrat doit préciser « la désignation des locaux et équipements d'usage privatif dont le locataire a la jouissance exclusive et,

1. Civ. 3e, 28 nov. 2012, n° 11-25.874, NP, *AJDI* 2013. 113; *Loyers et copr.* 2013, n° 34, obs. Vial-Pedroletti; Versailles, 7 sept. 2010, *Loyers et copr.* 2011, n° 4, obs. Vial-Pedroletti; 22 mars 2011 : *Loyers et copr.* 2011, n° 208, obs. Vial-Pedroletti
2. Aix-en-Provence, 19 juill. 2013, n° 2013/419, *Loyers et copr.* 2013, n° 300, obs. Vial-Pedroletti.
3. *CONTRA* toutefois, jugeant que l'erreur de superficie n'entraîne ni la nullité du bail, ni même une réduction de loyer : Paris, 15 juin 2010, n° 07/16179, *AJDI* 2011. 60.
4. Lyon, 8 sept. 2015, n° 14/03780, *Loyers et copr.* 2015, n° 247, obs. Vial-Pedroletti – Refusant d'indemniser le locataire sur le fondement du dol ou d'un vice caché, v. aussi Versailles, 1er juill. 2014, n° 13/06692, *Loyers et copr.* 2014, n° 236, obs. Vial-Pedroletti
5. L. n° 2015-990 du 6 août 2015, art. 82-II, *JO* 7 août 2015, p. 13537 s., en vigueur le 8 août 2015.

le cas échéant, l'énumération des parties, équipements et accessoires de l'immeuble qui font l'objet d'un usage commun », ainsi, depuis l'entrée en vigueur de la loi du 24 mars 2014, dite loi Alur, que des équipements d'accès aux technologies de l'information et de la communication [1].

Ces dispositions visent toutes les locations, y compris celles consenties dans une copropriété, un lotissement (il s'agit alors de locations de maisons individuelles) ou un ensemble immobilier (les éléments faisant l'objet d'usage commun pouvant être l'ascenseur, les voies de circulation privées, les aires de jeux, les équipements sportifs tels les courts de tennis ou une piscine, etc.) [2].

§ 7 Informations financières relatives à la location

132.81 Éléments requis avant comme depuis la loi Alur. L'article 3 de la loi du 6 juillet 1989 prévoit certaines mentions relatives au loyer et au dépôt de garantie.

• Loyer. Le contrat doit préciser le montant du loyer, ses modalités de paiement (notamment s'il est payable à terme à échoir ou à terme échu), ainsi que, le cas échéant, les conditions de sa révision (sur le loyer et les charges v. s^s n°s 322.11 s. et 521.11 s.).

• Dépôt de garantie. Lorsque celui-ci est prévu, son montant – qui ne peut dépasser un mois de loyer hors charges en vertu de l'article 22 de la loi de 1989 (v. s^s n°s 142.11 s.) – doit être indiqué [3].

132.82 Éléments qui viennent s'ajouter, depuis la loi Alur. À ces mentions, la loi du 24 mars 2014, dite loi Alur, est venue ajouter, en modifiant l'article 3 de la loi du 6 juillet 1989 (article qui, aux termes de la loi n° 2015-990 du 6 août 2015, dite Macron [4], ne s'applique qu'aux nouveaux baux et aux baux faisant l'objet d'un renouvellement, mais non aux baux tacitement reconduits), les éléments suivants.

132.83 Loyers de référence. Le bail doit préciser le loyer de référence et le loyer de référence majoré, correspondant à la catégorie de logement et définis par le représentant de l'État dans le département dans les zones « tendues » où s'applique l'arrêté mentionné au I de l'article 17 (v. s^s n° 521.22) [5].

En cas d'absence dans le contrat de location signé des informations relatives aux loyers de référence, le locataire peut, dans un délai d'un mois à compter de la prise d'effet du contrat de location, mettre en demeure le bailleur de porter ces informations au bail. À défaut de réponse du bailleur dans le délai d'un mois ou en cas de refus de ce dernier, le locataire peut saisir, dans le délai de trois mois à compter de la mise en demeure, la juridiction compétente afin d'obtenir, le cas échéant, la diminution du loyer [6].

132.84 Dernier loyer acquitté par l'ancien locataire. Le bail doit mentionner le montant et la date de versement du dernier loyer appliqué au [7] précédent locataire, dès lors du moins que ce dernier a quitté le logement moins de dix-huit mois avant la signature du bail [8].

En cas d'absence dans le contrat de location des informations relatives au dernier loyer acquitté par le précédent locataire, le locataire peut, dans un délai d'un mois à compter de la prise d'effet du contrat de location, mettre en demeure le bailleur de porter ces informations au bail. À défaut de réponse du bailleur dans le délai d'un mois ou en cas de refus de ce dernier, le locataire peut saisir, dans le délai de trois mois à compter de la mise en demeure, la juridiction compétente afin d'obtenir, le cas échéant, la diminution du loyer [9].

132.85 Travaux déjà effectués dans le logement. Le bail doit préciser la nature et le montant des travaux effectués dans le logement depuis la fin du dernier contrat de location ou depuis le dernier renouvellement du bail [10].

132.86 Éventuel renoncement à la garantie universelle des loyers (GUL). Pour les contrats de location conclus à compter du 1er janvier 2016, lorsque le bailleur aura renoncé au bénéfice de la GUL [11], ce renoncement devra être expressément mentionné dans le contrat de location.

Faute de renoncement, le bailleur devra déclarer le contrat de location auprès de l'Agence de la garantie universelle des loyers mentionnée au II de l'article 24-2 de la loi du 6 juillet 1989.

1. L. n° 89-462, 6 juill. 1989, art. 3, qui, aux termes de la loi « Macron » n° 2015-990 du 6 août 2015, en vigueur le 8 août 2015, ne s'applique qu'aux nouveaux baux et aux baux faisant l'objet d'un renouvellement, mais non aux baux tacitement reconduits.
2. SUR CE POINT : Rép. min. 27 janv. 1983, *JCP N* 1983, prat. p. 8749.
3. SUR les modalités de dépôt de garantie en HLM v. s^s n°s 732.11 s.
4. L. n° 2015-990, 6 août 2015, art. 82-II, *JO* 7 août, p. 13537 s., en vigueur le 8 août 2015.
5. L. n° 89-462, 6 juill. 1989, nouvel art. 3, 7°.
6. L. n° 89-462, 6 juill. 1989, nouvel art. 3, *in fine*.
7. La loi n° 2015-990 du 6 août 2015, dite Macron, par son article 82, a remplacé les termes « acquitté par le » par « appliqué au ».
8. L. n° 89-462, 6 juill. 1989, nouvel art. 3, 8°.
9. L. n° 89-462, 6 juill. 1989, nouvel art. 3, *in fine*.
10. L. n° 89-462, 6 juill. 1989, nouvel art. 3, 9°.
11. Au sujet de laquelle, v. s^s n° 133.21.

SECTION 2

ANNEXES IMPÉRATIVES

132.91 Six documents destinés à l'information du preneur. Elles sont au nombre de six. Il s'agit de la notice d'information (pour les baux conclus après le 27 mars 2014), de l'état des lieux d'entrée, des extraits du règlement de copropriété qui intéressent le locataire, d'un dossier de diagnostic technique, d'une information sur les modalités de réception des services de télévision dans l'immeuble (pour les baux conclus avant le 27 mars 2014) et, le cas échéant, d'une information sur les risques de pollution des sols.

§ 1

Notice d'information

132.101 Nouveauté de la loi Alur. Pour les baux conclus, renouvelés ou tacitement reconduits à compter du 27 mars 2014, date d'entrée en vigueur de la loi du 24 mars 2014, dite loi Alur, une notice d'information relative aux droits et obligations des locataires et des bailleurs ainsi qu'aux voies de conciliation et de recours qui leur sont ouvertes pour régler leurs litiges doit être annexée au contrat de location.

Cette notice d'information, dont le contenu a été précisé par l'arrêté du 29 mai 2015 [1], en vigueur le 1er août 2015 doit également préciser les droits, obligations et effets, pour les parties au bail, de la mise en œuvre de la garantie universelle des loyers (GUL) [2].

Aux termes de cet arrêté du 29 mai 2015, cette notice s'intéresse tour à tour à l'établissement du bail, aux droits et obligations des parties, à la fin de contrat et à la sortie du logement et au règlement des litiges locatifs. Elle dresse par ailleurs la liste des contacts utiles (organismes payeurs des aides au logement, associations représentatives des bailleurs et des locataires, ...) [3].

§ 2

État des lieux d'entrée

132.111 Référence pour l'évaluation des frais de réparation. L'état des lieux d'entrée doit être joint au contrat [4] (sur la question, v. ss nos 134.12 s.).

1. NOR : ETLL1511666A, *JO* 31 mai, p. 9041
2. Au sujet de laquelle, v. ss no 133.21.
3. V. annexe no 1112.12.
4. L. no 89-462, 6 juill. 1989, anc. art. 3; art. 3-2 nouv.

§ 3

Extraits du règlement de copropriété

132.121 Destination de l'immeuble – Répartition des charges. Avant comme après la loi du 24 mars 2014, dite loi Alur, lorsque la location se situe dans un immeuble en copropriété, le bailleur doit communiquer au locataire les extraits du règlement de copropriété :

- concernant la destination de l'immeuble ainsi que la jouissance et l'usage des parties privatives et communes;

- précisant la quote-part de charges communes afférente au lot loué dans chacune des catégories de charges (charges relatives à la conservation, l'entretien et à l'administration des parties communes et charges entraînées par les services collectifs et les éléments d'équipement commun).

À défaut de communication des extraits du règlement de copropriété, le locataire peut invoquer la nullité du bail [5] (sur l'impossibilité de facturer une quelconque somme au locataire au titre de cette communication v. ss nos 133.148).

§ 4

Dossier de diagnostic technique (DDT)

A.

Contenu impératif du DDT

132.131 Évolution de la législation. En matière de dossier de diagnostic technique, il convient d'envisager la législation avant et après la loi du 24 mars 2014, dite loi Alur.

En effet, le nouvel article 3-3 de la loi du 6 juillet 1989 a très sensiblement étendu les obligations dont le bailleur devait, jusqu'à présent s'acquitter au visa de l'ancien article 3-1.

132.132 Baux signés jusqu'au 27 mars 2014. Pour les baux signés, renouvelés ou tacitement reconduits jusqu'au 27 mars 2014 date d'entrée en vigueur de la loi du 24 mars 2014, selon l'ancien article 3-1 de la loi du 6 juillet 1989, lors de la signature du bail ou de son renouvellement, le bailleur doit fournir et annexer au contrat de location un dossier de diagnostic technique.

Ce dossier est composé de trois éléments :

- l'état des risques naturels et technologiques;
- le diagnostic de performance énergétique;
- et le constat de risque d'exposition au plomb.

5. Rép. min. no 43710, *JOAN Q* 28 sept. 2010, p. 10634; *JCP N* 2010. Actu. 697.

132.133 Baux conclus depuis le 27 mars 2014. Pour les baux signés, renouvelés ou tacitement reconduits à compter du 27 mars 2014, à ces trois éléments, se sont ajoutés :

- la copie d'un état mentionnant l'absence ou, le cas échéant, la présence de matériaux ou produits de la construction contenant de l'amiante;

- Un état de l'installation intérieure d'électricité et de gaz, dont l'objet est d'évaluer les risques pouvant porter atteinte à la sécurité des personnes.

132.134 Question de la mérule. Aux termes de l'article L. 133-7 du code de la construction et de l'habitation (issu de la loi du 24 mars 2014), dès qu'il a connaissance de la présence de mérule (champignon lignivore) dans un immeuble bâti, l'occupant de l'immeuble contaminé en fait la déclaration en mairie. Lorsque le foyer d'infection se situe dans les parties communes d'un immeuble en copropriété, la déclaration incombe au syndicat des copropriétaires.

B. État des risques naturels et technologiques

132.141 Réforme datant du 1er juin 2006. Dans les zones couvertes par un plan de prévention des risques technologiques (PPRT) ou par un plan de prévention des risques naturels prévisibles (PPRNP), prescrit ou approuvé, dans des zones de sismicité ou dans des zones à potentiel radon définies par voie réglementaire [1], le dossier de diagnostic technique annexé au bail doit être complété, à chaque changement de locataire par l'état des risques naturels et technologiques.

On retiendra également de l'article L. 125-5-III, IV et V du code de l'environnement que :

- le préfet arrête la liste des communes dans lesquelles cet état des risques est requis, ainsi que, pour chaque commune concernée, la liste des risques et des documents à prendre en compte;

- lorsqu'un immeuble bâti a subi un sinistre ayant donné lieu au versement d'une indemnité en application de l'article L. 125-2 ou de l'article L. 128-2 du code des assurances (relatifs, respectivement, à l'assurance des risques de catastrophes naturelles et à l'assurance des risques de catastrophes technologiques), le bailleur est tenu d'informer par écrit le locataire de tout sinistre survenu pendant la période où il a été propriétaire de l'immeuble ou dont il a été lui-même informé;

- en cas de non-respect des dispositions de l'article L. 125-5 du code de l'environnement, le locataire peut poursuivre la résolution du contrat ou demander au juge une diminution du prix.

132.142 Contenu de l'état des risques naturels et technologiques. Selon l'article R. 125-26 du code de l'environnement, cet état mentionne les risques dont il est question dans les documents et le dossier mentionnés à l'article R. 125-24 (documents graphiques, règlement du plan, note de présentation, documents d'information permettant une délimitation et une qualification de phénomènes, fiche permettant de préciser la nature et, dans la mesure du possible, l'intensité des risques, etc.) et auxquels l'immeuble faisant l'objet de la location est exposé. Il est par ailleurs accompagné des extraits de ces documents et dossier permettant de localiser cet immeuble au regard des risques encourus.

Le même texte précise par ailleurs que l'état des risques est établi par le bailleur conformément à un modèle [2] défini par l'arrêté du 13 octobre 2005.

Il précise enfin que lorsqu'un terrain situé en secteur d'information sur les sols mentionné à l'article L. 125-6 du code de l'environnement fait l'objet d'un contrat de vente ou de location, le vendeur ou le bailleur fournit les informations sur les sols à l'acquéreur ou au preneur selon les mêmes modalités.

132.143 Durée de validité de l'état des risques naturels et technologiques. Selon l'article R. 125-26 du code de l'environnement, cet état doit être établi moins de six mois avant la date de conclusion du contrat de location écrit.

C. Diagnostic de performance énergétique (DPE)

132.151 Droit à information du locataire. En vertu de l'article 3-1 de la loi du 6 juillet 1989 et de l'article L. 134-3 du code de la construction et de l'habitation, depuis le 1er juillet 2007, le propriétaire bailleur tient le diagnostic de performance énergétique à la disposition de tout candidat locataire lors de la signature du bail ou de son renouvellement.

L'article 5-I du décret du 15 mai 2008 [3] est venu lever toute ambiguïté sur la notion de « renouvellement » en précisant que, par ce terme, il faut entendre le premier renouvellement de location au sens de l'article 10, alinéa 4, de la loi de 1989 (v. s^s n° 512.11). Il est donc à présent indiscutable que le locataire dont le contrat s'est tacitement reconduit (situation visée à l'art. 10, al. 3, de la loi

1. Décret à paraître (Ord. n° 2016-128, 10 févr. 2016, art. 43, *JO* 11 févr., n° 8.

2. Ce modèle publié au *JO*, 18 nov. 2005, est téléchargeable sur : www.ecologie.gouv.fr, rubrique « risques naturels ».

3. Décr. n° 2008-461, 15 mai 2008, *JO* 18 mai, p. 8103.

de 1989) ne peut reprocher à son cocontractant de ne pas lui avoir fourni un nouveau DPE. Il en va désormais de même du preneur dont le contrat s'est déjà renouvelé au moins une fois. Encore, cette obligation est-elle - logiquement - allégée par le II du même article, qui indique que la production du DPE n'est exigible que pour les renouvellements survenant à une date postérieure à l'expiration du délai de validité du diagnostic fourni lors de la location initiale (sur la durée de vie du DPE v. ci-dessous).

L'ancien article 3-1 de la loi de 1989, l'article 3-3 du même texte issu de la loi du 24 mars 2014, dite loi Alur et le dernier alinéa de l'article L. 134-3-1 du code de la construction et de l'habitation précisent expressément que ce diagnostic n'a qu'une valeur informative et que le locataire ne peut se prévaloir à l'encontre du bailleur des informations qu'il recèle.

À compter de la même date, le propriétaire bailleur tient le diagnostic de performance énergétique à la disposition de tout candidat locataire qui en fait la demande.

132.152 **Contenu du DPE.** L'article L. 134-1 du code de la construction et de l'habitation indique les trois types d'informations que le diagnostic de performance énergétique doit comprendre (étant précisé que l'article R. 134-2 du code de la construction et de l'habitation détaille en huit points le contenu exact du diagnostic).

Il s'agit de :

- la quantité d'énergie effectivement consommée ou estimée pour une utilisation standardisée du bâtiment ou de la partie de bâtiment;

- une classification en fonction de valeurs de référence afin que les consommateurs puissent comparer et évaluer sa performance énergétique;

- les recommandations destinées à améliorer cette performance.

Aux termes de l'article R. 134-3, lorsque le diagnostic porte sur tout ou partie d'un bâtiment bénéficiant d'un dispositif collectif de chauffage, de refroidissement ou de production d'eau chaude, le propriétaire du dispositif collectif, son mandataire ou le syndic de copropriété doit fournir à la personne qui demande le diagnostic et aux frais de cette dernière, la quantité annuelle d'énergie consommée par le dispositif collectif, le calcul ou les modalités ayant conduit à la détermination de cette quantité à partir de la quantité totale d'énergie consommée par ce dispositif et, enfin, une description des installations collectives de chauffage, de refroidissement ou de production d'eau chaude et de leur mode de gestion.

132.153 **Personne habilitée à établir ce diagnostic.** Selon l'article L. 134-1 du code de la construction et de l'habitation, le DPE doit être établi par une personne répondant aux conditions prévues par l'article L. 271-6 du code de la construction et de l'habitation, c'est-à-dire, conformément à ce texte (et aux art. R. 271-1 s. du même code), par une personne (physique ou morale) dont les compétences ont été certifiées ainsi qu'il est dit à l'article R. 271-1, disposant d'une organisation et de moyens appropriés et couverte par une assurance (en vertu de l'art. R. 271-2 du code de la construction et de l'habitation, le montant de la garantie ne peut être inférieur à 300 000 euros par sinistre et 500 000 euros par année d'assurance) et indépendante (du propriétaire, du mandataire, des entreprises susceptibles d'intervenir).

Toutefois, jusqu'au 1er novembre 2007, date d'entrée en vigueur des articles R. 271-1 et suivants, en application de l'article 3 du décret du 14 septembre 2006 [1], le diagnostic de performance énergétique pourra être valablement réalisé par un « technicien qualifié ».

132.154 **Durée de validité du DPE.** Selon l'article L. 134-1 du code de la construction et de l'habitation, dans sa rédaction issue de la loi du 12 juillet 2010 [2], dite Grenelle II, la durée de validité du DPE est fixée par décret [3].

C'est un décret du 13 avril 2011 [4] qui, en réécrivant l'article R. 134-4-2 du code de la construction et de l'habitation, règle la question : la durée de validité du DPE est fixée à dix ans.

132.155 **Performance énergétique et annonces immobilières.** Aux termes de l'article L. 134-4-3 du code de la construction et de l'habitation, issue de la loi du 12 juillet 2010 [5], dite Grenelle II, « à compter du 1er janvier 2011, en cas de vente ou de location d'un bien immobilier, le classement du bien au regard de sa performance énergétique est mentionné dans les annonces relatives à la vente ou la location, selon des modalités définies par décret en conseil d'État ».

Le décret du 28 décembre 2010 [6], texte d'application de cet article L. 134-4-3 et applicable depuis le 1er janvier 2011, concerne toute annonce relative à la mise en vente ou en location d'un bien immobilier devant faire l'objet d'un DPE.

Il insère au CCH les articles R. 134-5-1 et suivants et opère une distinction entre les annonces immobilières publiées dans la presse écrite, celles

1. Décr. n° 2006-1147, 14 sept. 2006, *JO* 15 sept., p. 13588.
2. L. n° 2010-788, 12 juill. 2010 portant engagement national pour l'environnement, *JO* 13 juill., p. 12905.
3. SUR la loi dite Grenelle II : Damas, *AJDI* 2010. 690.
4. Décr. n° 2011-413, 13 avr. 2011, *JO* 19 avr., p. 6840.
5. SUR ce texte : Damas, *AJDI* 2010. 690.
6. Décr. n° 2010-1662, 28 déc. 2010 relatif à la mention du classement énergétique des bâtiments dans les annonces immobilières, *JO* 30 déc., p. 23221.

affichées dans une vitrine et celles diffusées par internet.

132.156 DPE et annonces immobilières par voie de presse écrite. Pour les annonces immobilières insérées dans la presse écrite, l'article R. 134-5-1 nouveau du code de la construction et de l'habitation prévoit, sans distinguer entre annonces émanant de particuliers et annonces professionnelles, qu'elles doivent mentionner la lettre [comprise entre A et G] correspondant à l'échelle de référence du classement énergétique prévu par le e de l'article R. 134-2 (il s'agit du classement du bâtiment ou de la partie de bâtiment en application d'une échelle de référence établie en fonction de la quantité annuelle d'énergie consommée ou estimée, pour le chauffage, la production d'eau chaude sanitaire et le refroidissement, rapportée à la surface du bâtiment ou de la partie du bâtiment).

Cette mention précédée des mots « classe énergie » doit être en majuscules et d'une taille au moins égale à celle des caractères du texte de l'annonce.

132.157 DPE et annonces immobilières par voie d'affiche commerciale. En ce qui concerne les annonces affichées dans les locaux des personnes physiques ou morales exerçant une activité liée à l'achat, la vente ou la location d'immeubles bâtis, à la gestion immobilière ou à la vente de listes ou de fichiers relatifs à l'achat, la vente ou la location d'immeubles bâtis, l'article R. 134-5-2 du code de la construction et de l'habitation précise qu'elles doivent, à compter du 1er janvier 2011, faire apparaître le classement énergétique du bien sur l'échelle de référence prévue par le e de l'article R. 134-2.

Cette mention, lisible et en couleur, doit représenter au moins 5 % de la surface du support.

132.158 DPE et annonces immobilières sur Internet. S'agissant des annonces présentées au public par un réseau de communications électroniques, toujours à compter du 1er janvier 2011, elles font apparaître le classement énergétique du bien sur l'échelle de référence prévue par le e de l'article R. 134-2.

Cette mention, lisible et en couleur, doit respecter au moins les proportions suivantes : 180 pixels × 180 pixels (CCH, art. R. 134-5-3).

132.159 Sanctions. Le texte ne prévoit pas de sanction spécifique. Par conséquent, en cas d'absence d'affichage de la performance énergétique dans l'annonce immobilière, les dispositions de droit commun vont recevoir application. Ainsi, sur le plan civil, le dol (pour dissimulation d'un fait qui, s'il avait été connu, aurait conduit l'acquéreur à ne pas contracter ou à le faire à un prix moindre) pourra être retenu et entraîner la nullité de l'acte ou la réduction du prix[1]. Quant à l'incrimination pénale, elle va être celle de publicité de nature à induire en erreur[2] (punie par deux ans de prison et 37 500 euros d'amende)[3].

D. Constat de risque d'exposition au plomb (CREP)

132.161 Réforme en vigueur depuis le 12 août 2008. De la combinaison de l'article 3-1 de la loi de 1989 et des articles L. 1334-5 à L. 1334-7 du code de la santé publique, il ressort qu'à compter du 12 août 2008, le diagnostic technique fourni par le bailleur doit comporter un constat de risque d'exposition au plomb. Ici, tout manquement du bailleur à son obligation pourra être lourdement sanctionné puisque les articles L. 1334-7 et L. 1334-9 du code de la santé publique disposent que constituent un manquement aux obligations particulières de sécurité et de prudence susceptible d'engager la responsabilité pénale du bailleur :

- la non-réalisation, de sa part, des travaux appropriés pour supprimer le risque d'exposition au plomb, avant la mise en location[4];
- l'absence du constat dans le contrat de location[5].

Lorsque le logement loué sera situé dans un immeuble en copropriété, le constat n'aura à porter que sur les parties privatives.

132.162 Locations visées par le CREP. Seuls sont visés les locaux dépendant d'un immeuble affecté en tout ou partie à l'habitation construit avant le 1er janvier 1949 (CSP, art. L. 1334-7).

132.163 Contenu du CREP. Le CREP devra présenter un repérage des revêtements contenant du plomb et, le cas échéant, dresser un relevé sommaire des facteurs de dégradation du bâti. Il est par ailleurs prévu que sera annexée à ce constat une notice d'information.

Ainsi qu'il est dit à l'article R. 1334-10 du code de la santé publique, l'auteur du CREP identifie les éléments comportant un revêtement, précise la concentration en plomb de ces revêtements et la méthode d'analyse utilisée pour la mesurer et décrit l'état de conservation des revêtements contenant du plomb. Il consigne, le cas échéant, dans le rapport du constat, la liste des facteurs de dégradation du bâti.

1. C. civ., art. 1116.
2. C. consom., art. L. 121-1 et C. pén., art. L. 213-1.
3. Rép. min., no 95911, *JOAN Q* 11 janv. 2011, p. 295.
4. CSP, art. L. 1334-9.
5. CSP, art. L. 1334-7.

132.164 Charges financière du CREP – Durée de validité. • Nonobstant toute clause contraire, le CREP est à la charge du bailleur (CSP, art. L. 1334-7).

• Dès l'instant où le constat est négatif (c'est-à-dire lorsqu'il révèle l'absence de revêtements contenant du plomb ou la présence de plomb à des concentrations inférieures aux seuils autorisés), en matière locative, la durée de validité du CREP est illimitée : il suffira au bailleur d'annexer au bail le constat initial (CSP, art. L. 1334-7).

Toutefois, en application de l'article R. 1334-11 du code de la santé publique, le CREP doit avoir été établi depuis moins de six ans à la date de signature du contrat de location. Le texte précise cependant que, comme par le passé, la validité de ce constat n'est pas limitée dans le temps dès l'instant où il est négatif.

132.165 Personne habilitée à établir ce diagnostic. Comme en matière de diagnostic de performance énergétique, il ressort de l'article R. 1334-11 du code de la santé publique, dans sa rédaction issue du décret n° 2006-1114 du 5 septembre 2006, en vigueur le 1er novembre 2007, qu'il doit être dressé par une personne répondant aux conditions de l'article L. 271-6 du code de la construction et de l'habitation (v. ss n° 132.153).

Quant à la situation du locataire en place lors de la réalisation du constat, l'article L. 1334-9 du code de la santé publique précise qu'en cas de présence de revêtements dégradés contenant du plomb à des concentrations supérieures aux seuils autorisés, le propriétaire devra informer l'occupant de la situation et faire réaliser – à ses frais – les travaux nécessaires à la garantie de sa sécurité.

132.166 Diagnostic « amiante ». Selon l'article 3-3, 3° de la loi du 6 juillet 1989 issu de la loi du 24 mars 2014, dite loi Alur, et applicable aux seuls contrats signés à compter du 27 mars 2014, le dossier de diagnostic technique doit comprendre une copie d'un état mentionnant l'absence ou, le cas échéant, la présence de matériaux ou produits de la construction contenant de l'amiante.

Un décret en Conseil d'État (à paraître) va définir les modalités d'application de cette obligation, notamment la liste des matériaux ou produits concernés.

132.167 État de l'installation intérieure d'électricité et de gaz. Selon le 4° du nouvel article 3-3 de la loi du 6 juillet 1989, opposable aux seuls baux signés à compter du 27 mars 2014, le dossier de diagnostic technique doit comprendre un état de l'installation intérieure d'électricité et de gaz, dont l'objet est d'évaluer les risques pouvant porter atteinte à la sécurité des personnes.

Deux décrets en Conseil d'État définissent les modalités d'application cette composante du diagnostic, ainsi que les dates d'entrée en vigueur de l'obligation en fonction des enjeux liés aux différents types de logements, dans la limite de six ans à compter de la publication de la loi du 24 mars 2014, dite loi Alur[1], soit dans la limite du 26 mars 2020.

132.168 État de l'installation intérieure d'électricité. Selon un décret du 11 août 2016[2], l'état de l'installation intérieure d'électricité au sens de l'article 3-3 de la loi du 6 juillet 1989 concerne les locaux d'habitation comportant une installation intérieure d'électricité réalisée depuis plus de quinze ans.

Le contenu de cet état et ses modalités suivant lesquelles il est réalisé sont identiques à ceux prévus par les articles R.* 134-10 à R.* 134-12 du code de la construction et de l'habitation concernant l'état de l'installation intérieure d'électricité prévu, en cas de vente, par l'article L. 134-7 du même code.

L'état de l'installation intérieure d'électricité est par conséquent réalisé par une personne répondant aux conditions de l'article L. 271-6 du code de la construction et de l'habitation dans les parties privatives des locaux à usage d'habitation et leurs dépendances, en aval de l'appareil général de commande et de protection de l'installation électrique propre à chaque logement, jusqu'aux bornes d'alimentation ou jusqu'aux socles des prises de courant. Cet état porte également sur l'adéquation des équipements fixes aux caractéristiques du réseau et sur les conditions de leur installation au regard des exigences de sécurité[3].

Les six points de sécurité électrique recensés à l'article R. * 134-11 du code de la construction et de l'habitation fixent les exigences minimales de sécurité de l'installation intérieure d'électricité existante :

Établi selon les exigences méthodologiques et le modèle définis par arrêté ministériel[4], l'état de l'installation intérieure d'électricité relève ainsi l'existence et décrit, au regard des exigences de sécurité, les caractéristiques :

– d'un appareil général de commande et de protection et de son accessibilité;

– d'au moins un dispositif différentiel de sensibilité appropriée aux conditions de mise à la terre, à l'origine de l'installation électrique;

– d'un dispositif de protection contre les surintensités adapté à la section des conducteurs, sur chaque circuit;

1. L. n° 2014-366, 24 mars 2014 pour l'accès au logement et un urbanisme rénové, *JO* 26 mars, p. 5809.
2. Décr. n° 2016-1105, 11 août 2016 relatif à l'état de l'installation intérieure d'électricité dans les logements en location, *JO* 13 août, n° 27.
3. CCH, art. R. 134-10.
4. V. Arr. 28 sept. 2017, *JO* 12 oct., n° 4.

- d'une liaison équipotentielle et d'une installation électrique adaptées aux conditions particulières des locaux contenant une baignoire ou une douche.

L'état de l'installation intérieure d'électricité identifie par ailleurs :

- les matériels électriques inadaptés à l'usage ou présentant des risques de contacts directs avec des éléments sous tension;

- les conducteurs non protégés mécaniquement.

La durée de validité de l'état de l'installation intérieure d'électricité est de six ans.

Le décret de 2016 précise par ailleurs qu'un état de l'installation intérieure d'électricité, réalisé selon les exigences de l'article L. 134-7 du code de la construction et de l'habitation tient lieu d'état de l'installation intérieure d'électricité au sens de l'article 3-3 de la loi de 1989, s'il a été réalisé depuis moins de six ans à la date à laquelle ce document doit être produit.

Lorsqu'une installation intérieure d'électricité a fait l'objet d'une attestation de conformité relative à la mise en conformité ou à la mise en sécurité de l'installation électrique, visée par un organisme agréé par le ministre chargé de l'énergie en application du décret n° 72-1120 du 14 décembre 1972, cette attestation, ou, à défaut, lorsque l'attestation ne peut être présentée, la déclaration de l'organisme agréé indiquant qu'il a bien visé une attestation, tient lieu d'état de l'installation électrique intérieure, si l'attestation a été établie depuis moins de six ans à la date à laquelle ce document doit être produit.

Concernant l'application du décret de 2016, pour les logements situés dans un immeuble collectif dont le permis de construire a été délivré avant le 1er janvier 1975, le nouveau texte entre en vigueur pour les contrats de location signés à compter du 1er juillet 2017. Pour les autres logements, le décret de 2016 entre en vigueur pour les contrats de location signés à compter du 1er janvier 2018.

132.169 État de l'installation intérieure de gaz. Aux termes d'un second décret du 11 août 2016[1], l'état de l'installation intérieure de gaz au sens de l'article 3-3 de la loi de 1989 concerne les locaux d'habitation comportant une installation en fonctionnement et qui a été réalisée depuis plus de quinze ans ou dont le dernier certificat de conformité date de plus de quinze ans.

Le contenu de l'état de l'installation intérieure de gaz et les modalités suivant lesquelles il est réalisé sont identiques à ceux envisagés par les articles R. 134-7 et R. 134-8 du code de la construction et de l'habitation, concernant l'état de l'installation en cas de vente du logement.

L'état de l'installation intérieure de gaz doit ainsi nécessairement être établi par une personne répondant aux conditions de l'article L. 271-6 du code de la construction et de l'habitation et de ses textes d'application et décrire, au regard des exigences de sécurité :

- l'état des appareils fixes de chauffage et de production d'eau chaude sanitaire ou mettant en œuvre un moteur thermique, alimentés par le gaz;

- l'état des tuyauteries fixes d'alimentation en gaz et leurs accessoires;

- l'aménagement des locaux où fonctionnent les appareils à gaz, permettant l'aération de ces locaux et l'évacuation des produits de combustion.

Réalisé sans démontage d'éléments des installations. Il est établi selon un modèle défini par arrêté ministériel[2].

La durée de validité de l'état de l'installation intérieure de gaz, comme celui relatif à l'état « électricité », est de six ans.

Le décret de 2016 précise par ailleurs qu'un état de l'installation intérieure de gaz, réalisé selon les exigences de l'article L. 134-6 du code de la construction et de l'habitation tient lieu d'état de l'installation intérieure de gaz s'il a été réalisé depuis moins de six ans à la date à laquelle ce document doit être produit.

Lorsqu'un état de l'installation intérieure de gaz a été réalisé avant le 14 août 2016, date d'entrée en vigueur du nouveau texte, dans le respect des conditions qu'il édicte, par un organisme d'inspection accrédité pour la réalisation de diagnostics des installations intérieures de gaz par le Cofrac ou par un autre organisme, signataire de l'accord européen multilatéral pris dans le cadre de la coordination européenne des organismes d'accréditation (EA), cet état tient lieu d'état de l'installation intérieure de gaz prévu à l'article 3-3 de la loi de 1989, s'il a été réalisé depuis moins de six ans à la date à laquelle ce document doit être produit.

Comme en matière d'état de l'installation intérieure électricité, concernant l'application du décret de 2016, le texte distingue les logements situés dans un immeuble collectif dont le permis de construire a été délivré avant le 1er janvier 1975 et les autres logements. Pour les premiers, le texte de 2016 entre en vigueur pour les contrats de location signés à compter du 1er juillet 2017.

1. Décr. n° 2016-1104, 11 août 2016 relatif à l'état de l'installation intérieure de gaz dans les logements en location, *JO* 13 août, n° 26.

2. V. Arr. 6 avr. 2007 définissant le modèle et la méthode de réalisation de l'état de l'installation intérieure de gaz (*JO* 28 avr.).

Pour les autres logements, le décret entre en vigueur pour les contrats de location signés à compter du 1er janvier 2018.

§ 5
Information sur les modalités de réception des services de télévision

132.171 Document à simple valeur informative – Baux conclus avant le 27 mars 2014. Pour les baux conclus avant le 27 mars 2014, date d'entrée en vigueur de la loi du 24 mars 2014, dite loi Alur, selon l'ancien article 3-2 de la loi du 6 juillet 1989, une information sur les modalités de réception des services de télévision dans l'immeuble est fournie par le bailleur et annexée au contrat de location lors de sa signature ou de son renouvellement. Elle comprend :

a) une information sur la possibilité ou non de recevoir les services de télévision par voie hertzienne;

b) lorsqu'un réseau de communications électroniques interne à l'immeuble distribue des services de télévision, une information qui précise si l'installation permet ou non l'accès aux services nationaux en clair de télévision par voie hertzienne terrestre en mode numérique ou s'il faut s'adresser au distributeur de services pour bénéficier du « service antenne » numérique, tel que prévu au deuxième alinéa de l'article 34-1 de la loi n° 86-1067 du 30 septembre 1986 relative à la liberté de communication;

c) dans le dernier cas prévu par le *b*, une information qui précise les coordonnées du distributeur de services auquel le locataire doit s'adresser pour bénéficier du « service antenne » numérique, tel que prévu au deuxième alinéa de l'article 34-1 de la loi du 30 septembre 1986. Comme en matière de DPE, le texte précisait toutefois que le locataire ne peut se prévaloir à l'encontre du bailleur de ces informations qui n'ont qu'une valeur informative[1].

132.172 Document à simple valeur informative – Baux conclus depuis le 27 mars 2014. Pour les baux conclus depuis le 27 mars 2014, cette annexe disparaît, mais l'obligation d'information demeure, puisque le nouvel article 3 de la loi du 6 juillet 1989 dispose que « le contrat de location précise (...) la désignation des locaux et équipements d'usage privatif dont le locataire a la jouissance exclusive et, le cas échéant, l'énumération des parties, équipements et accessoires de l'immeuble qui font l'objet d'un usage commun, ainsi que des équipements d'accès aux technologies de l'information et de la communication ».

1. SUR l'exacte portée de l'obligation d'information du bailleur : Damas, *AJDI* 2007. 370, spéc. p. 371.

§ 6
Information sur les risques de pollution des sols

132.181 Information impérative. Selon l'article L. 125-7 du code de l'environnement (dans sa version issue de la loi du 24 mars 2014, dite loi Alur), lorsqu'un terrain situé en secteur d'information sur les sols pollués fait l'objet d'un contrat de location, le bailleur du terrain est tenu d'en informer par écrit le locataire.

Il communique les informations rendues publiques par l'État, en application de l'article L. 125-6 du même code.

L'acte de location atteste de l'accomplissement de cette formalité.

À défaut et si une pollution constatée rend le terrain impropre à la destination d'habitation, dans un délai de deux ans à compter de la découverte de la pollution, le locataire a le choix de demander la résolution du contrat ou d'obtenir une réduction du loyer.

Un décret en Conseil d'État[2] doit définir les modalités d'application de ces dispositions.

SECTION 3
SANCTIONS DU DÉFAUT DE CONFORMITÉ DU CONTRAT

132.191 Révision ou nullité du contrat. Deux sanctions sont envisageables. Il s'agit de la mise en conformité du contrat et de sa nullité.

132.192 Mise en conformité. Avant comme après la loi du 24 mars 2014, dite loi Alur, l'ancien article 3 de la loi du 6 juillet 1989 précise que chaque partie peut exiger de l'autre partie, à tout moment, l'établissement d'un contrat conforme à l'article 3.

Le locataire ne peut donc pas s'opposer à l'insertion d'une clause de révision de loyer dans le bail écrit, une telle clause étant conforme à l'article 3[3].

À défaut de mise en conformité amiable, l'une des parties au contrat pourrait donc demander en justice le respect de cet alinéa. Ainsi, en cas de refus de la part du locataire, le bailleur pourrait demander

2. Non publié à l'heure où ces lignes sont rédigées.
3. Metz, 5 janv. 2006, RG n° 02/01272, *Loyers et copr.* 2006, n° 150.

la résiliation judiciaire du bail[1], voire, selon les circonstances, l'allocation de dommages et intérêts[2].

132.193 Nullité du contrat. La nullité du contrat est moins évidente et ce, pour deux raisons.

Tout d'abord parce que cette sanction ne semble ouverte qu'au preneur. En effet, l'article 3 (ancien et nouveau) de la loi dispose que le bailleur ne peut se prévaloir de la violation du présent article.

Il a par ailleurs été jugé que le défaut de remise des diagnostics obligatoires n'entraîne pas la nullité du bail[3] (sur le caractère purement informatif du DPE, v. en outre s^s n° 132.159).

Ensuite, parce que la jurisprudence se montre très frileuse à la prononcer, même en cas de bail verbal, ce qui constitue pourtant le défaut de mise en conformité le plus grave (sur la question v. s^s n°s 131.11 s.).

SECTION 4
CLAUSES INTERDITES

§ 1
Cadre général

132.201 Clauses abusives et clauses réputées non écrites. L'article 4 de la loi du 6 juillet 1989 sanctionne dix-neuf clauses en les réputant non écrites.

Il s'agit en réalité de la transposition légale de clauses « épinglées » par la Commission des clauses abusives (sur les recommandations de cette commission v. s^s n° 132.251).

Les clauses visées sont nulles, voire, selon une certaine jurisprudence (rendue en matière de copropriété mais transposable aux rapports locatifs), inexistantes. Les clauses réputées non écrites sont en effet non avenues par le seul effet de la loi[4]. En conséquence, une telle clause étant censée n'avoir jamais existé, tout intéressé peut, à tout moment, faire constater son absence de conformité[5], sans que son action soit enfermée dans un quelconque délai de prescription[6]. Cependant, plusieurs arrêts ont jugé en sens contraire qu'une action en nullité d'une clause réputée non écrite est soumise à la prescription décennale ou trentenaire[7]. Pour autant, la nullité[8] n'affecte que la clause litigieuse, le reste du contrat demeurant valable[9].

132.202 Liste non limitative des clauses réputées non écrites. Si l'article 4 de la loi énumère expressément dix-neuf clauses interdites, il n'en dresse cependant pas une liste exhaustive. En effet, comme on va le voir, d'autres clauses ont été sanctionnées, soit parce qu'elles sont purement et simplement prohibées, soit parce qu'elles sont abusives.

132.203 Autres clauses prohibées – Respect de l'ordre public. En dehors des dix-neuf clauses de l'article 4, toute stipulation du contrat contraire à un article d'ordre public de la loi de 1989, c'est-à-dire toute clause en opposition avec les dispositions des articles 1er à 25-2 (sur la notion d'ordre public v. s^s n° 021.11), est également interdite.

132.204 Et pour quelques clauses prohibées de plus... Le principe selon lequel les charges récupérables sont exigibles sur justification prohibe toute évaluation forfaitaire, nonobstant toute clause contraire du bail[10].

Les dispositions légales limitant la nature des charges récupérables sur les locataires ayant un caractère impératif, les parties n'ont pas le droit d'y déroger, fût-ce par référence au contenu du règlement de copropriété[11].

À défaut de préciser expressément les conditions de réalisation de travaux par le preneur et sa contrepartie financière, une « clause travaux » doit être réputée nulle[12].

Est nulle, la clause prévoyant, pour le bailleur, la faculté de reprise annuelle pour habiter[13].

Est illicite, car contraire aux dispositions de l'article 22 de la loi du 6 juillet 1989, la clause qui prévoit l'attribution intégrale et automatique du dépôt de garantie au bailleur en cas de mise en œuvre d'une clause résolutoire ou en cas de non-respect des délais de préavis, et ce, quelles que soient la nature et les conséquences du manquement[14].

1. Nîmes, 20 sept. 2001, RG n° 99/3352, *Loyers et copr.* 2002, n° 58, obs. Vial-Pedroletti.
2. Paris, 29 mars 2007, RG n° 06/03586, *Loyers et copr.* 2007, n° 142, obs. Vial-Pedroletti.
3. Paris, 24 janv. 2013, n° 11/21803, *AJDI* 2013. 524.
4. Civ. 3e, 1er avr. 1987, *JCP* 1988. II. 21028, note Blaise.
5. Civ. 3^e, 9 mars 1988, n° 86-17.869, *Bull. civ.* III, n° 54; *D.* 1989. 143, note Atias – Civ. 3e, 9 juin 1999, n° 98-10.801, NP, *RDI* 1999. 457, note Capoulade; *Loyers et copr.* 1999, n° 226, obs. Vigneron.
6. Aix-en-Provence, 11 mai 1999, *D.* 1999. Somm. 313, obs. Atias.
7. Paris, 23e ch. A, 9 janv. 1989, *JurisData* n° 020092, *D.* 1989. IR 44 – Paris, 23e ch. B, 7 déc. 1988, RG n° 86/019530, *Loyers et copr.* 1989, n° 90.
8. Ou l'inexistence.
9. Paris, 25 févr. 1992, *Loyers et copr.* 1992, n° 202.
10. Civ. 3e, 20 déc. 1995, n° 94-14.352, NP, *D.* 1996. IR 29; *Administrer* août-sept. 1996, p. 30, [lois de 1982 et 1986] – CEPENDANT une cour d'appel a, il y a quelques années, rendu une décision en sens contraire : Paris, 13 oct. 1995, RG n° 94/009678, *D.* 1995. IR 239.
11. Aix-en-Provence, 18 déc. 1996, *Defrénois* 1997. 809.
12. TI Privas, 7 févr. 1995, *Rev. loyers* 1995. 426.
13. Paris, 3 févr. 1993, RG n° 92/006472, *Loyers et copr.* 1993, n° 221.
14. Rennes, 22 janv. 1998, RG n° 9405228, *BICC* 1998, n° 1153.

§ 2
Clauses prohibées par l'article 4 de la loi de 1989

A.
Clauses relatives au loyer

132.211 Paiement du loyer par prélèvement automatique (L. 6 juill. 1989, art. 4 *c*). Le bailleur ne peut pas imposer au locataire le paiement du loyer par ordre de prélèvement automatique sur son compte-courant ou par la signature par avance de traites ou de billets à ordre (L. 6 juill. 1989, art. 4 *c*). Un arrêt est venu préciser que l'acceptation du locataire de payer son loyer par prélèvements bancaires n'implique pas, en elle-même, à défaut de stipulation contractuelle expresse, que le locataire renonce aux règles légales d'imputation des paiements de l'article 1256 du code civil[1].

132.212 Paiement du loyer par prélèvement sur le salaire (L. 1989, art. 4 *d*). En vertu de l'article 4 *d*, la clause par laquelle le locataire autorise le bailleur à prélever ou à faire prélever les loyers directement sur son salaire (dans la limite cessible) est réputée non écrite. Il a été jugé qu'a *fortiori*, la clause autorisant le bailleur à recouvrer les loyers impayés par voie de saisie-arrêt est prohibée[2].

B.
Clauses relatives à la responsabilité

132.221 Responsabilité collective des locataires (L. 1989, art. 4 *e*). La clause prévoyant la responsabilité collective des locataires en cas de dégradation d'un élément commun de la chose louée est prohibée.

132.222 Bailleur face aux « tags ». Cette disposition a reçu une application à l'égard de graffitis dont les auteurs n'ont pas été identifiés. La cour d'appel de Paris a, en 1995, jugé que, visée par l'article 4 e, la clause mettant les frais de nettoyage des graffitis à la charge des locataires était prohibée[3]. Suite au pourvoi du bailleur, la Cour de cassation a rendu un arrêt de rejet. Cet arrêt de rejet retiendra l'attention car il ne s'est pas fondé sur l'article 4 e pour justifier l'impossibilité d'imputer les frais de remise en état des parties communes dégradées, mais sur le décret du 26 août 1987 relatif aux charges récupérables[4] : la Haute juridiction a précisé que les travaux de nettoyage de graffitis et de peinture ne peuvent être assimilés à des travaux d'entretien courant, ni être classés dans les dépenses relatives aux fournitures consommables[5], dès lors que les « tags » apposés sur les parties communes constituent des dégradations volontaires dont les auteurs (et seulement eux, serions nous tentés de préciser), sont responsables[6]. Faute d'avoir identifié le responsable des dégradations, le bailleur doit donc supporter les frais.

Il en aurait été différemment en cas d'identification du fauteur de trouble. Alors en effet, la règle en vertu de laquelle « tout fait quelconque de l'homme, qui cause à autrui un dommage, oblige celui par la faute duquel il est arrivé à la réparer »[7] aurait eu vocation à s'appliquer.

132.223 Perception d'amendes ou de pénalités (L. 1989, art. 4 *i*). Aux termes de l'article 4 *i*, la clause qui autorise le bailleur à percevoir des amendes ou, depuis la loi du 24 mars 2014, dite loi Alur (applicable aux baux conclus à compter du 27 mars 2014) des pénalités en cas d'infraction aux clauses du contrat ou du règlement intérieur de l'immeuble est réputée non écrite.

Cette interdiction se justifie par le fait que le bailleur n'a aucun pouvoir de police à l'égard de son cocontractant.

Cela étant exposé, la prohibition de l'article 4 *i* est d'interprétation stricte et la doctrine s'accorde à considérer qu'une amende prévue dans le règlement de copropriété ou dans le règlement intérieur de la copropriété serait valable[8].

132.224 Avant la modification apportée à l'article 4 *i*) par la loi Alur. Le principe de l'interprétation stricte de l'article 4 *i* conduisait également à considérer que les clauses pénales stipulées dans le contrat étaient valables[9].

1. EN VERTU DUQUEL, à l'égard de dettes de même nature, l'imputation se fait sur la plus ancienne : Civ. 3e, 10 mars 2004, n° 03-10.807, *Bull. civ.* III, n° 50; *D.* 2004. IR 1283.
2. Rennes, 14 déc. 1995, RG n° 94/05228, *Loyers et copr.* 1996, n° 456.
3. Paris, 12 mai 1995, RG n° 93/025139, *Loyers et copr.* 1995, n° 354.
4. Décr. n° 87-713, 26 août 1987 pris en application de l'art. 18 de la loi n° 86-1290 du 23-12-1986 tendant à favoriser l'investissement locatif, l'accession à la propriété de logements sociaux et le développement de l'offre foncière et relatif aux charges récupérables, *JO* 30 août, p. 9976.
5. Postes visés au IV de l'annexe au décr. n° 87-713, 26 août 1987 sur les charges récupérables.
6. Civ. 3e, 17 juill. 1997, n° 95-18.100, *Bull. civ.* III, n° 165; *RDI* 1997. 628, obs. Collart-Dutilleul.
7. C. civ., art. 1240 (anct art. 1382).
8. NOTAMMENT : Aubert et Bihr, *Droit de la gestion de l'immeuble*, « Dalloz Action », 2000, n° 3652.
9. Civ. 3e, 25 mars 1987, n° 85-16.907, *Bull. civ.* III, n° 63; *D.* 1987. 380, note Paisant – Civ. 3e, 8 janv. 1997, n° 95-10.339, *Bull. civ.* III, n° 8; *RDI* 1997. 297, note Derrupé et Collart-Dutilleul; *AJPI* 1997. 303, note Blatter – *Contra* toutefois : Paris, 25 sept. 1984, *JurisData* n° 600464, *D.* 1985. IR 293, obs. Giverdon; *AJPI* 1985. 399 – Bordeaux, 16 juill. 1999, *JurisData* n° 045102, *Loyers et copr.* 2000, n° 220.

Une clause pénale est la clause par laquelle les parties évaluent forfaitairement et d'avance l'indemnité à laquelle donnera lieu l'inexécution des obligations contractées[1].

• Exemples de clauses pénales qui pouvaient être insérée au bail. La clause selon laquelle, en cas de retard dans le paiement du loyer ou des charges récupérables, le locataire devra verser au bailleur une pénalité égale à 10 % de la somme due est une clause pénale.

• Il en va de même de la stipulation en vertu de laquelle l'indemnité d'occupation due par le locataire qui se maintient dans les lieux au-delà du terme du contrat sera égale au double du loyer prévue au bail[2].

132.225 Incidence de la loi du 27 mars 2014. Cette interprétation n'a plus droit de cité pour les contrats conclus depuis le 27 mars 2014, date d'entrée en vigueur de la loi du 24 mars 2014, dite loi Alur. À compter de cette date, en effet, compte tenu de la modification de l'article 4 *i*, toute clause pénale est réputée non écrite.

C. Autres clauses prohibées

132.231 Visite des lieux loués (L. 1989, art. 4 *a*). La première clause interdite est celle « qui oblige le locataire, en vue de la vente ou de la location du local loué, à laisser visiter celui-ci les jours fériés ou plus de deux heures les jours ouvrables ».

Il s'agit d'imposer au bailleur, voulant vendre ou relouer le logement occupé, le respect de son obligation d'assurer au locataire la jouissance paisible des lieux loués (obligation qui lui est imposée par l'article 6 de la loi du 6 juillet 1989). Ainsi, en 1990, le juge parisien a réputé non écrite la clause obligeant le preneur qui a donné ou reçu congé ou dont le bailleur a, en cours de bail, mis en vente[3] le logement, à laisser visiter les lieux de 9 heures à 17 heures les jours ouvrables, et de 11 heures à 13 heures les dimanches et jours fériés. En l'espèce, ce magistrat ne s'est d'ailleurs pas contenté de réputer purement et simplement la clause non écrite, puisqu'il a limité le droit de visite de 15 heures à 17 heures, les jours ouvrables[4].

On notera que le droit de visite n'est reconnu au bailleur que dans le cadre du congé pour vente, c'est-à-dire, uniquement à partir du moment où il aura indiqué au locataire, titulaire d'un droit de préemption sur le bien vendu, le prix et les conditions de la vente. Préalablement à cette information, le propriétaire ne peut exiger du locataire l'accès au logement pour des visites en vue de la vente[5].

132.232 Assurance (L. 1989, art. 4 *b*). La seconde clause réputée non écrite est celle « par laquelle le locataire est obligé de souscrire une assurance auprès d'une compagnie choisie par le bailleur ».

Si le preneur doit, en application de l'article 7 *g* de la loi, souscrire une assurance couvrant ses risques locatifs (le défaut d'assurance est même une cause de résiliation de plein droit du contrat, v. s^s^ n°s 312.111 et 922.11 s.), en revanche, il est libre quant au choix de son assureur.

132.233 Remboursement des réparations locatives (L. 1989, art. 4 *f*). La clause « par laquelle le locataire s'engage par avance à des remboursements sur la base d'une estimation faite unilatéralement par le bailleur au titre des réparations » est prohibée.

Cette prohibition est le pendant de l'article 7 *d* qui prévoit la prise en charge par le preneur des réparations locatives telles que définies par le décret du 26 août 1987[6], ce qui sous-tend un remboursement après contrôle et sur justificatifs.

De même, le bailleur ne saurait imposer un prestataire à son cocontractant. Est réputée non écrite, la clause obligeant le locataire à souscrire un contrat d'entretien de la chaudière auprès d'un professionnel imposé par le bailleur[7]. En revanche, rien n'interdit au bailleur de proposer un prestataire, le preneur devant rester libre de choisir les moyens d'exécution de son obligation d'entretien[8].

132.234 Résiliation de plein droit (L. 1989, art. 4 *g*). Dans le cadre de la loi du 6 juillet 1989, une clause de résiliation de plein droit ne peut être stipulée qu'en cas de non-paiement du loyer, des charges, ou, lorsqu'il a été prévu, du dépôt de garantie et en cas de non-souscription d'une assurance des risques locatifs. Une clause résolutoire visant le cas d'une sous-location prohibée serait donc réputée non écrite[9]. Tout

1. Civ. 1re, 10 oct. 1995, n° 93-16.869, *Bull. civ.* I, n° 347; *D.* 1996, Jur. 486, note Fillion-Dufouleur; *D.* 1996. Somm. 116, obs. Delebecque.
2. Civ. 3e, 8 avr. 2010, n° 08-20.525, *Bull. civ.* III, n° 75; *D.* 2010. Actu. 1021; *Dalloz actu.* 3 mai 2010, obs. Chenu.
3. Occupé.
4. TI Paris, 7 juin 1990, *Rev. loyers* 1996. 192.
5. Bordeaux, 20 nov. 2001, RG n° 00/00974, *Rev. loyers* 2002. 498, obs. Pelletier.
6. Décr. n° 87-712, 26 août 1987 pris en application de l'art. 7 de la loi 86-1290 du 23-12-1986 tendant à favoriser l'investissement locatif, l'accession à la propriété de logements sociaux et le développement de l'offre foncière et relatif aux réparations locatives, *JO* 30 août, p. 9976.
7. Paris, 4 mars 1997, RG n° 95/11344, *Loyers et copr.* 1997, n° 138, obs. Vial-Pedroletti.
8. Colmar, 15 janv. 1998, RG n° 3B95/05415, *Loyers et copr.* 1998, n° 295, obs. Vial-Pedroletti.
9. Paris, 7 avr. 1987, RG n° 85/017043, *D.* 1987. IR 118, [loi de 1986].

comme la clause prévoyant la résiliation de plein droit en cas de non-paiement du coût d'un commandement[1]; ou en cas d'utilisation abusive des locaux ou non conforme à leur destination[2].

132.235 Diminution ou suppression de prestations sans contrepartie (L. 1989, art. 4 *h*). La prohibition de ce type de clause s'explique par la nécessité de conserver l'équilibre initial des obligations respectives des parties au contrat. Doit être réputée non écrite, la clause en vertu de laquelle le locataire devra faire son affaire personnelle des troubles de fait qui pourraient lui être causés par des colocataires[3]. La même sanction sera réservée à la clause selon laquelle, pendant la durée du bail, le bailleur aura droit de faire tous les travaux qu'il jugera utile et ne devra, quelle que soit la durée de ces travaux, aucune indemnité au preneur[4].

132.236 Interdiction de certaines activités (L. 1989, art. 4 *j*). La clause interdisant au locataire l'exercice d'une activité politique, syndicale, associative ou confessionnelle est privée d'effet.

Il ne pouvait en aller autrement : comment en effet concevoir que, par contrat, les parties puissent faire échec à des droits inscrits dans des textes aussi fondamentaux que la Constitution ou la Déclaration des droits de l'homme et du citoyen ? (sur la prohibition des pratiques discriminatoires v. aussi s[s] n°s 133.291 s.).

§ 3
Clauses prohibées depuis 2006 ou 2014

132.241 Clauses réputées non écrites par la loi du 13 juillet 2006 (L. 1989, art. 4 *k* à 4 *s*) et par la loi du 24 mars 2014 (L. 1989, art. 4 *t*). Les lois du 13 juillet 2006 portant engagement national pour le logement[5] et du 24 mars 2014 pour l'accès au logement et un urbanisme rénové[6] sont venues compléter la liste des clauses réputées non-écrites de l'article 4 de la loi du 6 juillet 1989.

Les dispositions de la loi ENL sont d'application immédiate et s'appliquent immédiatement aux baux en cours[7].

Est ainsi désormais également concernée la clause :

- qui impose au locataire la facturation de l'état des lieux dès lors que celui-ci n'est pas établi par un huissier de justice dans le cas prévu par l'article 3 de la loi du 6 juillet 1989 (art. 4 *k*); une telle stipulation avait déjà été considérée comme illicite par la Commission des clauses abusives en 2000 (v. s[s] n° 132.251); et sur la question v. aussi s[s] n°s 133.145 s.;

Pour les baux conclus à compter du 27 mars 2014, date d'entrée en vigueur de la loi du 24 mars 2014, dite loi Alur, qui a modifié l'article 4 k, cette prohibition est limitée à l'état des lieux de sortie.

- qui prévoit le renouvellement du bail par tacite reconduction pour une durée inférieure à celle prévue à l'article 10 de la loi (art. 4 *l*) (sur la durée du bail tacitement reconduit v. aussi s[s] n° 512.11 s.);

- qui interdit au locataire de rechercher la responsabilité du bailleur ou qui exonère le bailleur de toute responsabilité (art. 4 *m*); il s'agit en réalité de la traduction législative des points 22 et 25 à 29 de la recommandation n° 2000-01 du 17 février 2000 de la Commission des clauses abusives (v. s[s] n° 132.251)[8];

- qui interdit au locataire d'héberger des personnes ne vivant pas habituellement avec lui (art. 4 *n*); l'article 4 *n* tient compte, à la fois de la jurisprudence de la Cour de cassation (qui n'envisage toutefois que l'hébergement des « proches »[9]) et du point 31 de la recommandation n° 2000-01 du 17 février 2000 de la Commission des clauses abusives (v. s[s] n° 132.251);

- qui impose au locataire le versement, lors de l'entrée dans les lieux, de sommes d'argent en plus de celles prévues aux articles 5 et 22 (art. 4 *o*) (sur cette question v. aussi n° 142.21)[10];

- qui fait supporter au locataire des frais de relance ou d'expédition de la quittance ainsi que les frais de procédure en plus des sommes versées au titre des dépens et de l'article 700 du code de procédure civile (art. 4 *p*); cet article 4 *p* va au-delà de l'annexe à la recommandation n° 2000-01 du 17 février 2000 de la Commission des clauses abusives qui, au titre des clauses illicites, épinglait celle prévoyant que les frais relatifs notamment à l'envoi

1. Civ. 3e, 14 déc. 1988, n° 87-14.424, *Bull. civ.* III, n° 184; *D.* 1989. 423, note Paisant, [loi de 1982].
2. Paris, 9 déc. 1994, RG n° 93/024247, *Loyers et copr.* 1995, n° 257.
3. Versailles, 5 déc. 1997, RG n° 95/5679, *D.* 1999. Somm. 137, obs. CRDP Nancy 2.
4. Rennes, 28 nov. 1996, RG n° 95/03939, *Loyers et copr.* 1997, n° 305, obs. Vial-Pedroletti.
5. L. n° 2006-872, 13 juill. 2006, *JO* 16 juill., p. 10662.
6. L. n° 2014-366, 24 mars 2014 pour l'accès au logement et un urbanisme rénové, *JO* 26 mars, p. 5809.
7. Civ. 3e, 13 juill. 2011, n° 10-22.959, *Bull. civ.* III, n° 128; *AJDI* 2012. 122, obs. Damas.
8. Réputant non écrite la clause qui exonère le bailleur de toute responsabilité en cas d'infiltration d'eau dans les locaux, v. Paris, 18 déc. 2014, n° 13/15895, *Loyers et copr. 2015, n° 36, obs.* Vial-Pedroletti
9. Remarquant qu'une personne hébergée est nécessairement un « proche », VOIR TOUTEFOIS : Jamin, *JCP* 1996. I, n° 3958, n° 1.
10. Jugeant illicite la pratique de l'agent immobilier consistant à facturer de façon systématique au locataire des frais d'état des lieux sans qu'il ait été nécessité l'intervention d'un huissier, v. Paris, 11 févr. 2016, n° 14/01748, *AJDI* 2016. 457.

des avis d'échéance ou quittances de loyer sont à la charge du locataire (v. s[s] n° 132.251). Il ne doit toutefois pas être interprété comme interdisant au bailleur de récupérer les frais de commandement de payer visant la clause résolutoire de l'article 24 de la loi du 6 juillet 1989. En effet, d'une part, l'article L. 111-8 du code des procédures civiles d'exécution exclut clairement des frais devant rester à la charge du créancier, ceux concernant des actes dont l'accomplissement est prescrit par la loi, ce qui est le cas du commandement article 24, qui, en vertu de ce texte, doit être obligatoirement délivré. D'autre part, les frais de commandement constituent, en tout état de cause, des dépens, visés à l'article 695 du code de procédure civile (lesquels sont d'ailleurs déclarés récupérables par l'article 4 *p*). Dès lors, ces frais ne peuvent être concernés par l'article 4 *p* : ils restent légalement à la charge du locataire débiteur;

- qui prévoit que le locataire est automatiquement responsable des dégradations constatées dans le logement (art. 4 *q*); traduction du point 9 de la recommandation n° 2000-01 du 17 février 2000 de la Commission des clauses abusives (v. s[s] n° 132.251);

- qui interdit au locataire de demander une indemnité au bailleur lorsque ce dernier réalise des travaux d'une durée supérieure à quarante jours jusqu'à la loi Alur[1] et vingt-et-un jours, depuis (art. 4 *r*); il s'agit de la reprise du point II-4° de la recommandation de la Commission des clauses abusives n° 80-07 du 4 février 1980 (v. s[s] n° 132.251);

- qui permet au bailleur d'obtenir la résiliation de plein droit du bail au moyen d'une simple ordonnance de référé insusceptible d'appel (art. 4 *s*). Cette clause avait déjà été considérée comme illicite par la Commission des clauses abusives en 2000 (v. s[s] n° 132.251);

- qui impose au locataire, en surplus du paiement du loyer pour occupation du logement, de souscrire un contrat pour la location d'équipements (art. 4 *t*, issu de la loi du 24 mars 2014, dite loi Alur, applicable aux baux conclus à compter du 27 mars 2014).

Concernant la prohibition des clauses pénales par la loi du 24 mars 2014, dite loi Alur, v. aussi s[s] n°s 132.23 s.

§ 4
Influence de la commission des clauses abusives

132.251 Commission des clauses abusives – Respect de l'ordre public. Notons enfin que la recommandation n° 2000-01 du 17 février 2000 de la Commission des clauses abusives[2], complétant la recommandation n° 80-04 du 4 février 1980[3] concernant les contrats de location de locaux à usage d'habitation a, dans son annexe I, listé 25 clauses illicites au regard de dispositions d'ordre public.

On retiendra par exemple qu'est illicite :

- la clause prévoyant que le locataire prendra les lieux dans l'état où ils se trouvent (violation de l'article 6 de la loi du 6 juillet 1989). Émise avant que la loi du 13 décembre 2000[4], dite loi SRU, n'impose au bailleur de délivrer un logement décent à son cocontractant (v. s[s] n° 211.32), cette recommandation n'en est que plus d'actualité;

- celle stipulant que seront partagés par moitié les frais relatifs à l'état des lieux établi contradictoirement (violation de l'article 3, alinéa 2, de la loi de 1989);

- la clause en vertu de laquelle le locataire doit laisser un accès permanent au bailleur (violation de l'article 6 *b*);

- celle précisant que les frais relatifs à l'envoi des avis d'échéance ou des quittances de loyer sont à la charge du locataire (violation de l'article 23 de la loi du 6 juillet 1989 et de l'annexe au décret n° 87-713 du 26 août 1987, relatif aux charges récupérables);

- celle prévoyant que tout mois commencé est dû pour le loyer et les accessoires (violation de l'article 15, alinéa 3 de la loi du 6 juillet 1989);

- celle qui exonère le bailleur de toute responsabilité en cas d'arrêt ou de mauvais fonctionnement des éléments d'équipement présents dans les lieux loués ou dans l'immeuble (violation de l'art. 6 *a* et *c*);

- la clause obligeant le locataire à souscrire une assurance auprès d'une entreprise d'assurance française (violation de l'article 49 du traité instituant la Communauté européenne).

132.252 Commission des clauses abusives – Autres clauses abusives. Par deux recommandations, la Commission des clauses abusives a mis à l'index de nombreuses clauses insérées dans les contrats de location de locaux à usage d'habitation. Il s'agit de la recommandation n° 80-04 du 4 février 1980 concernant les contrats de location de locaux à usage d'habitation, complétée par la recommandation n° 2000-01 du 17 février 2000[5].

1. L. n° 2014-366, 24 mars 2014 pour l'accès au logement et un urbanisme rénové, *JO* 26 mars, p. 5908, p. 5809.
2. REPRODUITE AU *BOCC* du 17 oct. 1980 et au *Code des baux*, Dalloz.
3. REPRODUITE AU *BOCC* du 22 juin 2000 et au *Code des baux*, Dalloz.
4. L. n° 2000-1208, 13 déc. 2000 relative à la solidarité et au renouvellement urbains, *JO* 14 déc., p. 19777.
5. REPRODUITES AU *Code des baux*, Dalloz et, respectivement, au *BOCC* du 17 oct. 1980 et du 22 juin 2000.

132.253 Recommandation de 1980. En 1980, la Commission des clauses abusives a recommandé :

I. – que les contrats de location de locaux à usage d'habitation proposés aux locataires comportent :

1°) l'indication des références du régime juridique auquel est assujettie la location;

2°) la précision de la durée du contrat et de la date à laquelle il prend effet;

3°) l'indication de l'identité et de la qualité des parties;

4°) l'état des lieux contradictoirement dressé;

5°) l'énumération des réparations locatives;

6°) l'énumération des charges récupérables et une information sur l'évolution de leur montant et sur leur répartition au cours des douze derniers mois (notamment eau, chauffage, électricité, entretien);

7°) une clause donnant au locataire toute la possibilité de vérifier le montant réel des charges dont le remboursement lui est demandé, par la production des pièces comptables justificatives ou celles des contrats que le bailleur a pu conclure à ce titre;

8°) l'engagement par le bailleur de rembourser, dans un délai maximum de trois mois à compter de la fin du contrat de location, le montant du dépôt de garantie, déduction faite, le cas échéant, des sommes qui lui sont dues;

II. – que soient éliminées des contrats de location de locaux à usage d'habitation proposés aux locataires, les clauses suivantes ayant pour objet ou pour effet :

1°) d'exonérer le bailleur de sa responsabilité en cas de non-délivrance des lieux loués dans les conditions prévues lors de la conclusion du contrat;

2°) d'empêcher le locataire d'obtenir réparation du préjudice qu'il subit en cas de modifications unilatéralement effectuées par le bailleur, portant soit sur les lieux loués, soit sur les prestations prévues;

3°) d'exonérer le bailleur de son obligation d'entretenir les lieux loués et de procéder aux réparations qui lui incombent;

4°) d'obliger le locataire à souffrir toutes les réparations jugées utiles par le bailleur, sans aucune diminution du loyer, même si les réparations durent plus de quarante jours;

5°) de limiter l'obligation de réparation du bailleur aux seuls travaux visés par l'article 606 du code civil;

6°) de décharger le bailleur de son obligation de garantie, notamment en cas de défauts ou vices empêchant l'habitation des lieux loués dans des conditions normales;

7°) de décharger le bailleur de sa responsabilité du fait de ses préposés;

8°) de limiter le droit du locataire de jouir en bon père de famille (jouir « raisonnablement » depuis la loi n° 2014-873 du 4 août 2014, *JO* 5 août, p. 12949) des lieux loués, notamment d'interdire directement ou indirectement la constitution ou le fonctionnement d'associations;

9°) de faire payer au locataire des charges autres que celles considérées comme récupérables;

10°) de fixer une limite au droit du locataire de vérifier le montant des charges dont le paiement lui est réclamé;

11°) d'exiger du preneur un dépôt de garantie supérieur à deux mois de loyer;

12°) d'autoriser le bailleur à résilier unilatéralement le contrat en dehors des cas de mauvaise foi du locataire;

13°) d'empêcher le jeu normal de l'article 1152 du code civil sur la révision des clauses pénales;

14°) d'obliger le locataire à rembourser les frais et honoraires exposés pour le recouvrement judiciaire et de prévoir un remboursement forfaitaire des frais exposés en cas de recouvrement non judiciaire;

15°) de déroger aux règles légales de compétence territoriale ou d'attribution.

132.254 Recommandation de 2000. En 2000, la Commission a recommandé :

A. que les documents contractuels soient imprimés lisiblement avec des caractères dont la hauteur ne saurait être inférieure au corps 8;

B. que soient éliminées des contrats les clauses ayant pour objet ou pour effet :

I. – Pour les contrats soumis aux seules dispositions du code civil :

[...]

9° d'empêcher le locataire de s'exonérer de sa responsabilité en raison des dégradations survenues pendant sa jouissance des lieux, dans les hypothèses où il n'a pas commis de faute;

[...]

II. – Pour les contrats soumis aux dispositions d'une loi d'ordre public :

14° de laisser croire au locataire que certaines obligations figurant au bail sont imposées par une loi d'ordre public;

15° d'imposer au locataire des obligations qui outrepassent ses obligations légales;

16° de laisser à la charge du locataire, en fin de bail, les frais de remise en état incombant légalement au bailleur;

17° d'interdire au preneur d'effectuer des aménagements qui ne causent pas de dégradations irréversibles aux lieux loués;

18° de laisser, pour les travaux et aménagements effectués par le locataire, au seul bailleur l'option entre la remise en état des lieux loués et l'abandon sans indemnité;

19° de laisser croire au consommateur qu'il ne peut justifier, postérieurement à l'envoi du congé, du motif de préavis réduit d'un mois;

20° d'obliger le locataire à négocier avec le propriétaire le montant du loyer renouvelé faute de quoi les frais de la procédure de renouvellement seraient à sa charge.

III. - Clauses communes à l'ensemble des contrats de location :

21° d'exiger du locataire, lorsqu'un dépôt de garantie est prévu, de tenir les lieux garnis de meubles et objets meublants pour répondre des obligations découlant du bail;

22° d'exiger du locataire, sans motif légitime, le ramonage des cheminées plusieurs fois par an;

23° d'interdire au locataire de contester les clauses du bail, à peine de résiliation;

24° d'interdire au locataire, par des clauses non limitatives de renonciation, tout recours contre le bailleur;

25° d'exonérer le bailleur d'un emplacement de véhicule de sa responsabilité en cas de détérioration du véhicule lorsque celle-ci lui est imputable;

26° d'interdire au locataire de rechercher la responsabilité du bailleur en raison d'un défaut d'entretien de l'immeuble, de la vétusté ou de la dangerosité des éléments installés;

27° d'interdire au preneur de rechercher la responsabilité du bailleur en cas de destruction totale des lieux loués;

28° d'exonérer le bailleur de sa responsabilité lorsque le contrat impose au locataire de remettre ses clefs, en cas d'absence, à une personne qu'il n'a pas lui-même librement choisie;

29° d'exonérer, dans tous les cas, le bailleur de sa responsabilité pour les troubles, dommages ou actes délictueux causés par les colocataires occupants de l'immeuble ou les tiers;

30° d'exiger du locataire qui effectue des travaux, avec l'accord du propriétaire, d'en confier la réalisation à l'architecte ou aux entreprises choisis par ce dernier;

31° d'interdire au preneur de faire occuper les lieux loués par les personnes de son choix;

32° de déterminer le montant de l'indemnité due par le locataire qui n'exécute pas ses obligations sans prévoir une indemnité du même ordre à la charge du bailleur qui n'exécute pas les siennes;

33° de permettre au bailleur de mettre fin à l'usage qui s'est instauré de déroger à une clause du bail, sans mise en demeure laissant au preneur un délai de mise en conformité;

34° d'exiger du locataire qu'il souscrive des assurances autres que celles qu'il est d'usage de contracter;

35° de prévoir une « domiciliation » du locataire dans les lieux qu'il a libérés.

132.255 **Pouvoir du juge.** La qualification de « clause abusive » est très importante puisque si l'article L. 132-1 du code de la consommation prévoit que « des décrets en Conseil d'État, pris après avis de la Commission [des clauses abusives], peuvent déterminer des types de clauses qui doivent être regardées comme abusives », la jurisprudence reconnaît au juge, même (comme en l'espèce) en l'absence d'un tel décret, le pouvoir de considérer une clause comme abusive et de la réputer non écrite[1]. Démarche que le juge sera d'autant plus enclin à adopter, qu'il existera une recommandation de la Commission.

1. Civ. 3e, 14 mai 1991, *D.* 1991, Jur. 449, note Ghestin – Civ. 1re, 6 janv. 1994, no 91-19.424, *Bull. civ.* III, no 8; *Gaz. Pal.* 15 avr. 1995, 105-106; *D.* 1994. Somm. 209, obs. Delebecque.

CHAPITRE

133. Signature et date d'effet du contrat

SECTION 0 ORIENTEUR

133.00 Plan du chapitre.

133.01 Textes applicables.

TEXTES SOURCES

> Règles applicables au seul secteur HLM.

• CCH, art. L. 442-8 à L. 442-8-4.

TEXTES *IN EXTENSO*

• CCH, art. L. 442-8

Dans tous les immeubles destinés à la location et financés au moyen de crédits prévus par le livre III, il est interdit de louer en meublé ou de sous-louer un logement, meublé ou non, sous quelque forme que ce soit, sous peine d'une amende de 9 000 €.

Le premier alinéa n'est pas applicable aux logements-foyers mentionnés à l'article L. 633-1.

• CCH, art. L. 442-8-1

I. – Par dérogation à l'article L. 442-8, les organismes mentionnés à l'article L. 411-2 peuvent louer, meublés ou non, des logements :

– à des organismes bénéficiant de l'agrément relatif à l'intermédiation locative et à la gestion locative sociale prévu à l'article L. 365-4 en vue de les sous-louer;

– à des organismes déclarés ayant pour objet de les sous-louer à titre temporaire à des personnes âgées, à des personnes présentant un handicap au sens de l'article L. 114 du code de l'action sociale et des familles ou à des personnes de moins de trente ans;

– à des centres régionaux des œuvres universitaires et scolaires mentionnés à l'article L. 822-3 du code de l'éducation ayant pour objet de les sous-louer à des étudiants;

– à des personnes morales de droit public ou privé mentionnées à l'article L. 444-1 du code de l'action sociale et des familles en vue de les sous-louer à des accueillants familiaux visés à l'article L. 441-1 du même code, ainsi qu'aux personnes âgées ou aux personnes présentant un handicap au sens de l'article L. 114 du même code ayant conclu un contrat d'accueil avec ces accueillants;

– à des centres communaux ou intercommunaux d'action sociale, dans le cadre de leurs compétences définies à la section 2 du chapitre III du titre II du livre Ier du même code, en vue de les sous-louer à titre temporaire à des personnes physiques;

– à des centres communaux ou intercommunaux d'action sociale ou à des associations déclarées ayant pour objet de les sous-louer meublés, pour une durée n'excédant pas six mois, à des travailleurs dont l'emploi présente un caractère saisonnier tel que mentionné au 3° de l'article L. 1242-2 du code du travail;

– à des établissements publics de coopération intercommunale dotés de la compétence d'aide aux personnes âgées.

II. – Par dérogation à l'article L. 442-8, les locataires des organismes mentionnés à l'article L. 411-2 peuvent, après information de l'organisme bailleur, sous-louer :

– une partie de leur logement à des personnes de plus de soixante ans ou à des personnes adultes présentant un handicap au sens de l'article L. 114 du code de l'action sociale et des familles avec lesquelles ils ont conclu un contrat conforme à l'article L. 442-1 du même code;

– pour une durée d'un an renouvelable, une partie de leur logement à des personnes de moins de trente ans.

Le coût de la ou des pièces principales sous-louées est calculé au prorata du loyer et des charges rapporté à la surface habitable du logement.

III. – Peuvent être exigés en sus le montant des prestations, taxes et fournitures individuelles et tous impôts et taxes perçus à l'occasion des locations en meublé.

133.02 Jurisprudence de référence.

• **Civ. 1re, 17 mars 1992, n° 90-16.606**, *Bull. civ.* I, n° 86

* V. ss n° 133.194

Ne donne pas de base légale à sa décision la cour d'appel qui, pour déclarer irrecevables la demande en dissolution d'une société civile immobilière constituée entre plusieurs indivisaires ainsi que la demande en annulation d'un contrat de location consenti par cette SCI, demandes intentées par l'héritier de l'un des coïndivisaires, retient que celui-ci ne pouvait agir seul, alors qu'il lui appartenait de rechercher si les actes incriminés de constitution de la SCI et de mise en location ne procédaient pas d'une collusion entre ceux qui y avaient souscrit, en vue de porter frauduleusement atteinte aux droits indivis à revenir au demandeur.

• **Civ. 1re, 25 oct. 2005, n° 03-14.320**, *Bull. civ.* I, n° 387

* V. ss n° 133.193

L'article 815-3 du code civil écarte l'hypothèse d'un mandat tacite couvrant la conclusion ou le renouvellement des baux et exige que le gérant dispose d'un mandat spécial.

• **Civ. 3e, 28 juin 2006, n° 05-10.137**, *Bull. civ.* III, n° 161

* V. ss n° 133.292

Le défaut de paiement par le locataire du premier loyer et du dépôt de garantie ne décharge pas le bailleur de son obligation de délivrance.

• **Civ. 3e, 28 oct. 2009, n° 08-20.224**, *Bull. civ.* III, n° 237

* V. ss n° 133.291

Le louage des choses est un contrat par lequel l'une des parties s'oblige à faire jouir l'autre d'une chose pendant un certain temps, et, moyennant un certain prix que celle-ci s'oblige de lui payer. Une cour d'appel avait retenu que l'acceptation d'une offre de bail ne pouvait valoir bail que si cette dernière comportait l'ensemble des éléments essentiels à la convention intervenue et spécialement les précisions nécessaires quant à la chose en faisant l'objet, au prix et à sa date d'effet et qu'en l'espèce le projet litigieux ne comportait aucune indication relative à cette date, de sorte qu'il n'y avait pu y avoir rencontre des consentements des parties sur celle-ci. En statuant ainsi, la cour d'appel, qui a ajouté à la loi une condition tenant à la date de la prise d'effet du bail, a violé l'article 1709 du code civil, ensemble l'article 1719 du même code.

133.03 Bibliographie indicative.

Ouvrages. J. Lafond, B. Vial-Pedroletti, *Les baux d'habitation*, 8e éd., LexisNexis, 2017, nos 405 à 442, 515 à 540.

Actualisables. RÉP. CIV., v° « Bail d'habitation et mixte : rapports locatifs individuels – Loi du 6 juillet 1989 », N. Damas, nos 92 s. – LAMY DR. IMMO, nos 5862 s. – DICT. PERM. Gestion immob., « Baux d'habitation et mixtes », nos 56 s., 67, 97 s.

SECTION 1
SIGNATURE DU CONTRAT

133.11 Distinction. En la matière, il y a lieu de distinguer les règles applicables aussi bien dans le secteur privé que dans le secteur HLM et les règles spécifiques à chaque secteur.

§ 1
Règles applicables dans le secteur privé et dans le secteur HLM

133.21 Baux conclus avant le 27 mars 2014. En vertu des troisième et quatrième alinéas de l'article 1er de la loi du 6 juillet 1989, dans sa rédaction applicable aux baux signés avant le 27 mars 2014, date d'entrée en vigueur de loi du 24 mars 2014, dite loi Alur[1], aucune personne ne peut se voir refuser la location d'un logement en raison de son origine, de son patronyme, de son apparence physique; de son sexe, de sa situation de famille, de son état de santé, de son handicap, de ses mœurs, de son orientation sexuelle, de ses opinions politiques, de ses activités syndicales, de son appartenance ou sa non-appartenance vraie ou supposée à une ethnie, une nation, une race ou une religion déterminée.

133.22 Baux conclus à compter du 27 mars 2014. Pour les baux conclus à partir du 27 mars 2014, le même texte précise désormais qu'aucune personne ne peut se voir refuser la location d'un logement pour un motif discriminatoire défini à l'article 225-1 du code pénal, c'est-à-dire toute dis-

1. L. n° 2014-366, 24 mars 2014 pour l'accès au logement et un urbanisme rénové, *JO* 26 mars 2014, p. 5809.

tinction opérée entre les personnes physiques à raison :

- de leur origine;
- de leur sexe;
- de leur situation de famille;
- de leur grossesse;
- de leur apparence physique;
- de leur patronyme;
- de leur lieu de résidence;
- de leur état de santé;
- de leur handicap;
- de leurs caractéristiques génétiques;
- de leurs mœurs;
- de leur orientation ou identité sexuelle;
- de leur âge;
- de leurs opinions politiques;
- de leurs activités syndicales;
- de leur appartenance ou de leur non-appartenance, vraie ou supposée, à une ethnie, une nation, une race ou une religion déterminée.

133.23 Prohibition de toute discrimination. Qui plus est, avant comme après la loi du 24 mars 2014, dite loi Alur, le quatrième alinéa de l'article 1er de la loi du 6 juillet 1989 renverse, pour partie, la charge de la preuve puisque, en cas de contentieux, le candidat locataire n'aura qu'à présenter « des éléments de fait laissant supposer l'existence d'une discrimination directe ou indirecte ». L'accumulation, par le bailleur, de demandes de renseignements plus ou moins confidentiels pourrait, vraisemblablement constituer les « éléments de fait » en question.

Il incombera alors au bailleur de prouver que sa décision de refus n'a pas été motivée par la prise en compte des éléments susmentionnés, mais a été dictée par des considérations objectives (comme, par exemple, des revenus insuffisants) [1].

133.24 Capacité des contractants. En dehors du fait que pour conclure un contrat de location, le bailleur, comme le locataire, doivent être sains d'esprit [2], se pose le problème de la capacité des cocontractants.

À cet égard, il convient de distinguer les règles communes au bailleur et au preneur, des règles spécifiques à chacun d'eux.

A.
Règles communes au bailleur et au locataire

133.31 Mineurs et majeurs sous tutelle. La question de la capacité de contracter ne se posera pas lorsque les deux seront majeurs capables [3]. Il en ira de même pour le contractant mineur émancipé [4].

Pour les mineurs non émancipés, le bail devra être signé par l'administrateur légal ou par le tuteur [5].

Dans l'hypothèse d'un majeur en tutelle, le contrat devra être signé par le tuteur [6].

Dans ces deux derniers cas, notons que, de plus, les règles (spécifiques au bailleur) des articles 456, alinéa 3, et 595, alinéas 2 et 3, du code civil vont s'appliquer (v. ss nos 133.171 et 133.181).

133.32 Sauvegarde de justice. Le majeur placé sous sauvegarde de justice pourra, quant à lui, valablement contracter : « le majeur placé sous sauvegarde de justice conserve l'exercice de ses droits » [7]. La seule incidence que pourrait avoir le placement sous sauvegarde de justice concerne le prix du bail, qui pourrait être rescindé pour lésion ou réduit en cas d'excès [8].

133.33 Curatelle. Le majeur sous curatelle [9] pourra, à l'instar du majeur sous sauvegarde de justice, valablement contracter [10] avec, en application de l'article 510-3 du code civil, la même faculté d'obtenir la rescision pour lésion ou la réduction pour excès. La solution est la même lorsque le majeur est placé sous curatelle aggravée aux termes de l'article 512 du code civil (permettant au juge d'ordonner que le curateur percevra seul les revenus de la personne en curatelle, assurera lui-même le règlement des dépenses et versera l'excédent à un compte ouvert chez un dépositaire agréé) [11].

B.
Règles spécifiques au locataire

133.41 Division – Couples. Seuls les cas du locataire marié, en concubinage ou titulaire d'un pacte civil de solidarité (Pacs) appellent quelques brèves remarques (pour une présentation détaillée de la situation des parties au contrat de location v. ss titre 12).

1. SOUS RÉSERVE des observations apportées sur l'attribution des logements HLM : v. ss nos 721.11 s.
2. C. civ., art. 489.
3. C. civ., art. 1123.
4. C. civ., art. 481.
5. C. civ., art. 389 s. – AUSSI : Aix-en-Provence, 7 juin 2000, *JurisData* n° 118502, *Loyers et copr.* 2000, n° 265, obs. Vial-Perdoletti – Colmar, 11 avr. 2007, RG n° 3B06/01093, *Loyers et copr.* 2007, n° 242, obs. Vial-Pedroletti.
6. C. civ., art. 492 s.
7. C. civ., art. 491-2, al. 1er.
8. C. civ., art. 491-2, al. 2.
9. C. civ., art. 508 s.
10. Versailles, 28 mai 1999, RG n° 97/00005385, *Loyers et copr.* 2000, n° 265, obs. Vial-Pedroletti.
11. Paris, 12 nov. 2002, RG n° 2000/23327, *Loyers et copr.* 2003, n° 102, obs. Vial-Pedroletti.

1°

Locataire marié

133.51 Hypothèse du locataire marié. Aux termes de l'article 1751 du code civil, les époux sont cotitulaires du droit au bail portant sur le local, sans caractère professionnel ou commercial, qui sert effectivement à l'habitation de deux époux. Par ailleurs, selon l'alinéa 1er de l'article 220 du code civil, les époux sont solidaires quant à l'exécution des obligations du contrat. Enfin, en vertu du dernier alinéa de l'article 1751 du code civil, « en cas de décès d'un des époux, le conjoint survivant cotitulaire du bail dispose d'un droit exclusif sur celui-ci sauf s'il y renonce expressément » (sur tous ces aspects v. ss nos 121.11 s.).

133.52 Hypothèse du locataire marié victime de violences conjugales. Le conjoint victime de violence conjugale peut demander au juge aux affaires familiales de statuer sur la résidence séparée des époux. Il précisera lequel des deux continuera à résider dans le logement conjugal et les modalités de prise en charge des frais afférents à ce logement. Sauf circonstances particulières, la jouissance du logement est attribuée au conjoint qui n'est pas l'auteur des violences, même s'il a bénéficié d'un hébergement d'urgence[1].

2°

Locataire pacsé

133.61 Cotitularité du bail facultative. Depuis la modification de l'article 1751 du code civil par la loi du 24 mars 2014, dite loi Alur[2], lorsque les partenaires liés par un Pacs en font la demande conjointement, les deux partenaires sont cotitulaires du bail portant sur le local servant effectivement à leur habitation.

133.62 Solidarité des dettes relatives au logement commun. Par ailleurs, le partenaire du locataire est solidaire de celui-ci, puisque, en vertu du second alinéa de l'article 515-4 du code civil, « les partenaires sont tenus solidairement à l'égard des tiers des dettes contractées par l'un d'eux pour les besoins de la vie courante et pour les dépenses relatives au logement commun ».

133.63 Droit exclusif sur le bail du partenaire survivant. Notons enfin qu'aux termes de l'article 1751, dernier alinéa, dès sa rédaction issue de la loi Alur du 24 mars 2014, « en cas de décès (...) d'un des partenaires liés par un pacte civil de solidarité, le (...) partenaire lié par un pacte civil de solidarité survivant cotitulaire du bail dispose d'un droit exclusif sur celui-ci sauf s'il y renonce expressément » (sur tous ces aspects, v. ss nos 122.11 s.).

133.64 Partenaire victime de violences conjugales. Le partenaire d'un Pacs peut revendiquer en cas de violence conjugale le maintien dans le logement commun, même s'il n'est pas titulaire du contrat de location. Le juge statue sur les modalités de prise en charge des frais afférents à ce logement. Sauf circonstances particulières, la jouissance du logement est attribuée au partenaire lié par un pacte civil de solidarité qui n'est pas l'auteur des violences, même s'il a bénéficié d'un hébergement d'urgence[3].

3°

Locataire vivant en concubinage

133.71 Absence de cotitularité. Sauf si le concubin est lui-même signataire du bail, il n'existe aucune cotitularité entre les concubins : il a en effet été jugé que le principe de cotitularité de l'article 1751 du code civil ne s'applique pas aux concubins[4].

133.72 Absence de solidarité en l'absence de clause contractuelle. Par ailleurs, à défaut de clause contraire inscrite dans le contrat de location, le concubin du signataire du bail n'est pas solidaire de ce dernier (sur les incidences de cette absence de cotitularité et de solidarité en cours de bail v. ss nos 123.11 s.).

133.73 Concubin victime de violences conjugales. Tout au plus le concubin peut demander en cas de violence conjugale à continuer à résider dans le logement commun. Le juge aux affaires familiales rend une ordonnance de protection dans laquelle il statue sur les modalités de prise en charge des frais afférents à ce logement. Sauf circonstances particulières, la jouissance de ce logement est attribuée au concubin qui n'est pas l'auteur des violences, même s'il a bénéficié d'un hébergement d'urgence[5].

1. C. civ., art. 515-11, mod. par L. n° 2014-873, 4 août 2014 pour l'égalité réelle entre les hommes et les femmes; *JO* 5 août, p. 12949.
2. L. n° 2014-366, 24 mars 2014, *JO* 26 mars, p. 5809.
3. C. civ., art. 515-11, mod. par L. n° 2014-873, 4 août 2014 pour l'égalité réelle entre les hommes et les femmes; *JO* 5 août, p. 12949.
4. Versailles, 29 mai 1998, RG n° 4541/96, *Gaz. Pal.* 1998. 2. Somm. 626 – Versailles, 22 juin 2001, RG n° 1999/7125, *D.* 2002. Somm. 1720, obs. CRDP Nancy 2 – Paris, 25 mars 2008, RG n° 06/17211, *AJDI* 2008. 667.
5. C. civ., art. 515-11, mod. par L. n° 2014-873, 4 août 2014 pour l'égalité réelle entre les hommes et les femmes; *JO* 5 août, p. 12949.

4°
Autres locataires

133.81 Hypothèse des colocataires ni pacsés ni concubins. En insérant un article 8-1 dans la loi du 6 juillet 1989, la loi du 24 mars 2014, dite loi Alur, donne un cadre à la colocation.

Avant cette loi, il n'existait aucune solidarité légale et seule une clause instaurant ce lien permettait au bailleur, le cas échéant, d'actionner l'un et l'autre de ses cocontractants pour l'intégralité de la dette. En pratique, en cas de colocation, la clause de solidarité est systématiquement prévue (pour une étude détaillée de la colocation avant et après la loi du 24 mars 2014, dite loi Alur, v. s[s] n°s 124.11 s.).

133.82 Hypothèse des locataires par l'effet de la loi : décès ou abandon de domicile. Le législateur a entendu protéger les occupants à la suite du décès ou de l'abandon du domicile par le locataire. Il a par conséquent prévu un transfert du contrat au profit de certains bénéficiaires désignés dans l'article 14 de la loi du 6 juillet 1989.

Ceux-ci se trouvent ainsi locataires par l'effet de la loi, par le biais d'un transfert automatique du contrat en leur faveur, s'ils remplissent les conditions prévues par le texte lorsque le titulaire du contrat vient à décéder ou s'il abandonne le domicile (v. s[s] n°s 421.21 s.). Par conséquent, ceux qui ne souhaitent pas rester dans les lieux, doivent délivrer un congé.

5°
Tableau récapitulatif

133.91 Tableau récapitulatif.

PERSONNES DEVANT SIGNER UN BAIL

Situation	Signataire(s)
Époux locataires	Un seul des époux
Locataire vivant en concubinage	Le seul locataire (sauf si le concubin est copreneur)
Locataire pacsé	Un seul si demande conjointe de cotitularité
Copreneurs (colocation)	L'ensemble des copreneurs

§ 2
Règles applicables dans le seul secteur privé

133.101 Six situations. Six situations doivent être mentionnées : logement loué par un intermédiaire, logement loué appartenant à une personne morale, bail passé par un usufruitier, bail passé par l'administrateur légal (ou le tuteur) du bailleur, mineur non émancipé, logement, bien commun aux deux époux et logement en indivision.

A.
Logement loué par un intermédiaire

1°
Rémunération de l'intermédiaire

133.111 Droit à rémunération de l'intermédiaire. L'hypothèse dans laquelle le bien est loué non par le bailleur lui-même, mais par un intermédiaire, pose principalement la question de la rémunération de ce dernier.

Dans ce domaine, en ce qu'elle a substantiellement amendé l'article 5 de la loi du 6 juillet 1989, la loi du 24 mars 2014, dite loi Alur (applicable aux baux signés depuis le 27 mars 2014), a modifié les règles applicables.

133.112 Intermédiaire pouvant prétendre à rémunération. Il s'agit principalement des professionnels de l'immobilier soumis à la loi du 2 janvier 1970, dite loi Hoguet[1].

Sont également concernés par ce texte, les notaires[2], les avocats, les conseils juridiques... Le bailleur ne peut prétendre à une quelconque rémunération[3].

En revanche, l'indivisaire mandaté par l'indivision dont il fait partie en tant que conseil juridique est un intermédiaire au sens de l'article 5 de la loi de 1989[4].

2°
Actes ouvrant droit à rémunération

133.121 Division – Acte pouvant donner lieu à rémunération. La loi du 24 mars 2014, dite loi Alur, ayant modifié la donne, il y a lieu de distinguer les règles qui prévalaient avant son entrée en vigueur (le 27 mars 2014) de celles qui régissent désormais les nouveaux baux.

a)
Baux signés avant le 27 mars 2014

133.131 Acte pouvant donner lieu à rémunération – Baux conclus avant le 27 mars 2014. Pour les baux signés avant le 27 mars 2014, aux termes de l'article 5 de la loi du 6 juillet 1989, dans sa rédaction antérieure à la loi du 24 mars 2014, dite loi Alur, la rémunération des personnes qui se livrent ou prêtent leur concours à l'établissement d'un acte

1. SUR la réglementation applicable aux agents immobiliers : Moyse et Amoyel, *Agent immobilier*, 6e éd., « Encyclopédie Delmas », Dalloz, 2013/2014.
2. Rép. min. 14 déc. 1982, *JCP N* 1983, prat. p. 510.
3. Rép. min. n° 66511, *JOAN Q* 29 mars 1993, p. 1162.
4. Civ. 3e, 29 avr. 1987, n° 85-15.705, NP, *JCP* 1987. IV. 221, [loi de 1982].

de location d'un immeuble d'habitation appartenant à autrui est partagée par moitié entre le bailleur et le locataire.

b)
Baux signés à compter du 27 mars 2014

133.141 Acte pouvant donner lieu à rémunération – Baux conclus à compter du 27 mars 2014. Pour les baux conclus à compter du 27 mars 2014, l'article 5-I de la loi du 6 juillet 1989 modifié précise que la rémunération des personnes mandatées pour se livrer ou prêter leur concours à l'entremise ou à la négociation d'une mise en location d'un logement est à la charge exclusive du bailleur.

Toutefois, sont partagés entre le bailleur et le preneur les honoraires des personnes mandatées pour effectuer la visite du preneur, constituer son dossier et rédiger un bail ainsi que l'état des lieux.

133.142 Les honoraires des personnes mandatées pour effectuer la visite du preneur, constituer son dossier et rédiger un bail. Ces honoraires sont partagés entre le bailleur et le preneur. Le montant TTC imputé au preneur pour ces prestations ne peut excéder celui imputé au bailleur et doit demeurer inférieur ou égal à un plafond par m^2 de surface habitable de la chose louée fixée par voie réglementaire et révisable chaque année, dans des conditions définies par décret. Ces honoraires sont dus à la signature du bail.

133.143 Plafonnement des honoraires dus pour la visite, la constitution du dossier et la rédaction du bail. Aux termes de l'article 1er du décret n° 2014-890 du 1er août 2014 [1], ce plafond varie selon la zone géographique dans laquelle est situé le bien loué, le texte distinguant une « zone très tendue » (zone géographique correspondant aux territoires des communes comprises dans la zone A *bis* telle que définie à l'article R. 304-1 du code de la construction et de l'habitation, soit, aux termes de l'arrêté du 1er août 2014 [2], Paris et certaines communes des Yvelines, des Hauts-de-Seine, de Seine-Saint-Denis, de Val-de-Marne et d'Enghien-les-bains, dans le Val-d'Oise) d'une « zone tendue » (zone géographique correspondant aux territoires des communes dont la liste est annexée au décret n° 2013-392 du 10 mai 2013 relatif au champ d'application de la taxe annuelle sur les logements vacants, instituée par l'article 232 du code général des impôts, à l'exclusion des communes comprises dans la zone très tendue ci-dessus [3]).

133.144 Montant des plafonds. À compter du 15 septembre 2014 [4], le plafond portant sur les prestations de visite du preneur, de constitution de dossier et de rédaction de bail est égal :

– pour les logements situés en zone très tendue, à 12 euros par m^2 de surface habitable;

– pour les logements situés en zones tendue, à 10 euros par m^2 de surface habitable;

– pour les logements situés en dehors des zones tendues et très tendues, à 8 euros par m^2 de surface habitable [5].

Il s'agit de plafonds révisables chaque année au 1er janvier par arrêté du ministre chargé du logement en fonction de la variation annuelle du dernier indice de référence des loyers publié mentionné au I de l'article 17-1 de la loi du 6 juillet 1989 [6].

133.145 Honoraires des personnes mandatées pour réaliser un état des lieux. Ces honoraires sont partagés entre le bailleur et le preneur. le montant TTC imputé au locataire pour cette prestation ne peut excéder celui imputé au bailleur et demeure inférieur ou égal à un plafond par m^2 de surface habitable de la chose louée fixé par voie réglementaire et révisable chaque année, dans des conditions définies par décret. Ces honoraires sont dus à compter de la réalisation de la prestation.

133.146 Plafonnement des honoraires pour réaliser un état des lieux. Selon l'article 2-II, du décret n° 2014-890 du 1er août 2014 [7], à compter du 15 septembre 2014, ce plafond est égal à 3 euros par m^2 de surface habitable. Il est révisable chaque année selon les mêmes modalités que celles applicables aux plafonds relatifs aux honoraires de visite, de constitution de dossier et de rédaction de bail (v. ci-dessus).

133.147 Reconduction tacite et rémunération de l'agent immobilier. Sous l'empire de la législation antérieure à la loi du 24 mars 2014, dite loi Alur, l'administration a considéré que la reconduction tacite d'un contrat de location ne peut donner lieu à la perception d'une rémunération par l'agence immobilière : seul l'établissement d'un contrat de renouvellement rentre dans les prévisions de l'article 5 [8].

1. *JO* 6 août, p. 13028.
2. *JO* 6 août.
3. Le décret de 2013 concerne les agglomérations d'Ajaccio, Annecy, Arles, Bastia, Bayonne, Beauvais, Bordeaux, Draguignan, Fréjus, Genève-Annemasse, Grenoble, La Rochelle, La Teste-de-Buch – Arcachon, Lille, Lyon, Marseille – Aix-en-Provence, Meaux, Menton-Monaco, Montpellier, Nantes, Nice, Paris, Saint-Nazaire, Sète, Strasbourg, Thonon-les-Bains, Toulon et Toulouse.
4. Décr. n° 2014-890, 1er août 2014, art. 5.
5. Décr. n° 2014-890, 1er août 2014, art. 2-I.
6. Décr. n° 2014-890, 1er août 2014, art. 3.
7. *JO* 6 août, p. 13028.
8. Rép. min. n° 16952, *JOAN Q* 5 sept. 1994, p. 4494.

133.148 Autres frais sollicités par l'agent immobilier. Concernant les frais[1] engendrés par la cession d'un contrat de location, il a également été précisé qu'ils étaient compris dans le champ d'application de l'article 5[2]. Par ailleurs, la pratique de certaines agences proposant à des candidats à la location des contrats de réservation contre le paiement d'une somme qui, en outre, reste acquise à l'agence si le bail n'est pas signé est totalement contraire aux dispositions des articles 6 et 18 de la loi du 2 janvier 1970[3]. De plus, aux termes de l'article 3, alinéa 9, de la loi du 6 juillet 1989 (dans sa rédaction issue de la loi du 22 déc. 2010[4]), en cas d'intervention d'un tiers (mandaté par les parties) dans la rédaction de l'état des lieux (dressé contradictoirement et amiablement), les honoraires négociés ne sont laissés ni directement, ni indirectement à la charge du locataire[5].

À propos de ces frais, en vertu de l'article 4 *k* de la loi de 1989, est réputée non écrite la clause qui impose au locataire la facturation de l'état des lieux dès lors que celui-ci n'est pas établi par un huissier de justice dans le cas prévu par l'article 3 (sur les clauses réputées non-écrites v. s[s] n°s 132.236 et 132.241; concernant l'établissement de l'état des lieux par huissier v. s[s] n°s 133.231, 134.42) (sur la rémunération de l'huissier intervenant sur l'initiative de la partie la plus diligente v. s[s] n° 134.42).

Enfin, la photocopie des extraits du règlement de copropriété (prévue à l'article 3 de la loi de 1989, v. s[s] n° 132.121) constitue un acte d'administration du bien loué dont le loyer est la contrepartie et ne doit pas entraîner de frais supplémentaires pour le locataire[6].

B.
Logement loué appartenant à une personne morale

133.151 Incidence sur la durée du bail. Si le logement loué appartient à une personne morale, la principale incidence de cet état de fait portera sur la durée minimale du bail (v. s[s] n° 511.14).

Quant au signataire du bail, il va s'agir du représentant statutaire de la personne morale ou de la personne qui aura été spécialement désignée pour ce faire en assemblée générale.

C.
Bail passé par un usufruitier

133.161 Spécificité des baux de plus de 9 ans. Une personne est libre de consentir un bail sur le logement dont elle est usufruitière[7]. Il en va de même en matière de renouvellement[8] (sur l'étendue de l'obligation d'entretien du bailleur usufruitier v. s[s] n°s 221.11 s.).

La seule restriction (qui découle du second alinéa de l'article 595 du code civil) concerne les baux consentis pour plus de neuf ans : en cas de cessation de l'usufruit, ces baux ne sont opposables au nu-propriétaire que pour la période qui reste à courir de la période de neuf ans en cours. En conséquence, il a été jugé qu'à la suite du décès de l'usufruitier, le nu-propriétaire est fondé à donner congé au locataire pour la fin de la période de neuf ans en cours; ce, quel que soit le régime juridique de la location consentie[9].

Par ailleurs, est sans effet, le bail que l'usufruitier a passé seul ou renouvelé plus de deux ans avant l'expiration du bail en cours et dont l'exécution n'a pas commencé avant la cessation de l'usufruit[10]. Les alinéas 2 et 3 de l'article 595 du code civil ont également vocation à s'appliquer lorsque le bailleur est un mineur non émancipé ou un majeur en tutelle.

D.
Bail passé par l'administrateur légal (ou le tuteur) du bailleur, mineur non émancipé

133.171 Exclusion du droit au renouvellement et au droit au maintien dans les lieux. En vertu de l'article 456, alinéa 3, du code civil, « les baux consentis par le tuteur ne confèrent au preneur, à l'encontre du mineur devenu majeur ou émancipé, aucun droit de renouvellement et aucun droit à se maintenir dans les lieux à l'expiration du bail, nonobstant toutes dispositions légales contraires. Ces dispositions

1. De notaire.
2. Rép. min. n° 21774, *JOAN Q* 9 avr. 1990, p. 1744.
3. Rép. min. n° 44639 : *JOAN Q* 26 juin 2000, p. 3845; *Administrer* avr. 2001, 78 – AUSSI : Rép. min. n° 14741, *JOAN Q* 27 oct. 2003, *AJDI* 2004. 485, obs. Rouquet.
4. L. n° 2010-1609, 22 déc. 2010 relative à l'exécution des décisions de justice, aux conditions d'exercice de certaines professions réglementées et aux experts judiciaires, *JO* 23 déc., p. 22552.
5. DÉJÀ : Rép. min. n° 24636, *JOAN CR* 10 mai 1999, p. 2881, *Loyers et copr.* 1999, n° 206, obs. Vial-Pedroletti et Rép. min. n° 77467, *JOAN Q* 17 janv. 2006, p. 526; *AJDI* 2006. 233.
6. Rép. min. n° 39514, *JOAN Q* 2 déc. 1996, p. 6327 – AUSSI : Rép. min. n° 43710, *JOAN Q* 28 sept. 2010, p. 10634.
7. C. civ., art. 595, al. 1er.
8. Civ. 3e, 7 avr. 1994, n° 92-10.998, *Bull. civ.* III, n° 73; *Administrer* nov. 1994, p. 22, note Frank, [loi de 1986].
9. Versailles, 16 oct. 1998, RG n° 96/00006021, *D.* 1999. Somm. 136, obs. CRDP Nancy 2.
10. C. civ., art. 595, al. 3.

ne sont toutefois pas applicables aux baux consentis avant l'ouverture de la tutelle et renouvelés par le tuteur ». Faute de volonté du bailleur ou faute d'accord entre les parties sur les conditions du nouveau contrat, un tel bail cesse de plein droit à l'expiration de son terme, sans qu'il soit nécessaire de donner congé[1].

Le fait que le preneur ait contracté dans la croyance que le tuteur était propriétaire est indifférent[2].

Ce principe ne connaît qu'une exception, lorsque le juge des tutelles (ou le conseil de famille en cas de tutelle) a autorisé l'administrateur légal (ou le tuteur) à consentir, sur les biens du mineur, un bail ouvrant droit à renouvellement à l'encontre du mineur devenu majeur[3].

E.
Logement, bien commun aux deux époux

133.181 Similitude avec l'usufruitier. Les baux d'habitation portant sur les biens communs peuvent être passés par un seul conjoint[4] et sont soumis aux règles prévues par les baux passés par l'usufruitier[5].

F.
Logement en indivision

133.191 Nullité du bail consenti par « l'indivision ». Parce qu'elle est dépourvue de personnalité juridique, une indivision ne saurait conclure un bail en son nom. Un tel bail serait frappé de nullité absolue[6] [7].

133.192 Majorité des 2/3 et baux. Depuis le 1er janvier 2007, l'article 815-3 du code civil (modifié par la loi du 23 juin 2006 portant réforme des successions et libéralités[8]) dispose qu'en cas d'indivision du bien loué, le ou les indivisaires titulaires d'au moins 2/3 des droits indivis peuvent, à cette majorité, conclure et renouveler des baux d'habitation, sous réserve toutefois d'en informer les autres indivisaires. Le non-respect de cette obligation d'information rend les décisions prises inopposables à l'égard des autres indivisaires.

133.193 Unanimité et baux. En dehors de l'hypothèse du ou des indivisaires détenant au moins les 2/3 des droits indivis, le consentement de tous les indivisaires est requis pour la conclusion et le renouvellement des baux, sauf cependant si un mandat spécial a été octroyé à l'un d'entre eux[9]. À défaut, le bail est inopposable à l'égard des autres indivisaires[10], mais pas nul à l'égard du preneur[11]. Alors, le mandat doit être exprès[12]. En effet, en matière de conclusion ou de renouvellement de baux, le même article 815-3 proscrit, *in fine*, tout mandat tacite. Cette exigence s'impose même si l'indivisaire s'est comporté, à l'égard de son cocontractant, comme mandataire apparent[13].

133.194 Unanimité et actions relatives au paiement des loyers. Il a également été jugé que l'action en résolution du bail pour non-paiement des loyers implique le consentement de tous les indivisaires[14].

Il en va de même de l'action en paiement des loyers[15]. Cependant, en 1993, la cour d'appel de Paris a jugé que la souscription d'un bail d'habitation de trois ans pouvait être passée par un seul

1. Civ. 3e, 2 févr. 1977, n° 75-12.897, *Bull. civ.* III, n° 56, [bail rural] – Civ. 3e, 15 mars 2000, n° 98-14.608, *Bull. civ.* III, n° 60; *D.* 2000. AJ 273, obs. Rouquet; *RTD civ.* 2000. 544, obs. Hauser, [bail commercial].
2. Civ. 1re, 10 mai 1988, n° 86-16.497, *Bull. civ.* III, n° 128; *D.* 1988, Jur. 516, note Massip – Civ. 1re, 14 mai 1996, n° 93-21.829, *Bull. civ.* I, n° 206; *D.* 1996. IR 157.
3. Civ. 1re, 21 juin 1989, n° 87-19.434, *Bull. civ.* I, n° 244.
4. Civ. 3e, 13 mars 2002, n° 00-13.741, NP, *Loyers et copr.* 2002, n° 196, obs. Vial-Pedroletti.
5. C. civ., art. 1425.
6. Annulant un congé donné par « la famille » propriétaire au motif qu'une telle entité est dépourvue de toute personnalité juridique, v. Civ. 3e, 10 juin 1998, n° 96-17.975, NP, *Rev. loyers* 1998. 494, note J. Rémy. EN CE SENS AUSSI, à propos d'un congé pour vente donné par « l'indivision », v. Civ. 3e, 25 avr. 2001, n° 99-14.368, *Bull. civ.* III, n° 50; *D.* 2001. 1591, et les obs.; *RTD civ.* 2002. 130, obs. J. Patarin; *Loyers et copr.* 2001, n° 219, obs. B. Vial-Pedroletti; Paris, 19 févr. 2004, RG n° 2002/17943, *AJDI* 2004. 383 – AUSSI, jugeant que l'indivision n'est pas dotée d'une personnalité juridique autonome, distincte de celle de ses membres, Com. 2 juin 2015, n° 12-29.405, P; *Dalloz actu.*, 22 juin 2015, obs. X. Delpech; *D.* 2015. 1270; *AJ fam.* 2015. 546, obs. J. Casey; *RTD civ.* 2015. 905, obs. W. Dross; *RTD com.* 2015. 747, obs. A. Martin-Serf.
7. Pour autant, dès lors que le locataire a réglé le loyer entre les mains du mandataire des propriétaires indivis, il ne saurait se prévaloir de cette nullité : Civ. 3e, 16 mars 2017, n° 16-13.063, P; *D.* 2017. 705; *ibid.* 1149, obs. N. Damas.
8. L. n° 2006-728, 23 juin 2006, *JO* 24 juin 2006.
9. POUR UN EXEMPLE de mandat spécial de notifier au locataire une proposition de renouvellement du bail : Civ. 3e, 12 janv. 1994, n° 91-18.687, NP, (loi de 1986), *Loyers et copr.* 1994, n° 134.
10. Civ. 1re, 30 juin 2004, n° 99-15.294, *Bull. civ.* I, n° 193; *Loyers et copr.* 568, obs. Rémy.
11. Civ. 3e, 25 janv. 2006, n° 04-20.163, NP, *Administrer* avr. 2006. 34, obs. Canu.
12. Civ. 1re, 25 oct. 2005, n° 03-14.320, *Bull. civ.* I, n° 387; *AJDI* 2006. 272, obs. Beaugendre – Versailles, 2 nov. 2001, RG n° 99/07582, *D.* 2003. Somm. 730, obs. Pierre.
13. Civ. 3e, 19 oct. 1988, n° 87-14.427, NP, *JCP N* 1989. II. 83, obs. Moreau – Civ. 3e, 12 avr. 1995, n° 92-20.732, *Bull. civ.* III, n° 109; *RDI* 1996. 336, obs. Bergel.
14. Civ. 1re, 17 mars 1992, n° 90-16.606, *Bull. civ.* I, n° 86; *D.* 1992. 401, obs. Delebecque; *D.* 1993. 226, obs. Grimaldi; *RTD civ.* 1993. 390, note Patarin.
15. Civ. 3e, 30 juin 1999, n° 97-21.447, *Bull. civ.* III, n° 157; *JCP N* 1999, n° 46, p. 1655 – Civ. 3e, 7 déc. 2004, n° 03-16.732, NP, *AJDI* 2005. 26.

indivisaire, réputé agir dans l'intérêt de tous en attendant le partage[1]. Moins de quatre ans plus tard, elle a même rendu un arrêt similaire à propos d'un bail de sept ans[2]. Enfin, dans un arrêt, rendu dans des circonstances particulières, puisque l'indivisaire ayant consenti seul le bail était décédé, il a été jugé que ses héritiers coïndivisaires sont tenus, s'ils acceptent purement et simplement la succession, de garantir les conventions passées par leur auteur, peu important qu'ils aient eu la volonté de ratifier cet acte[3].

G.
Tableau récapitulatif

133.201 PERSONNES POUVANT SIGNER UN BAIL

Situation	Signataire(s)
Bien géré par un intermédiaire	L'intermédiaire
Bailleur personne morale	Le représentant de la personne morale
Local grevé d'usufruit	L'usufruitier
Bailleur majeur sous administration légale ou sous tutelle ou Bailleur mineur non émancipé	L'administrateur légal ou le tuteur
Bien commun aux époux	Un seul des conjoints
Bien en indivision	Le ou les indivisaires détenant au moins les 2/3 des droits indivis ou, à défaut, tous les indivisaires (sauf mandat spécial consenti à l'un d'entre eux)

§ 3
Règles applicables dans le seul secteur HLM

A.
Bailleur HLM

133.211 **Offices publics de l'habitat, sociétés anonymes d'HLM, sociétés anonymes coopératives de production d'HLM.** L'article L. 411-1 du code de la construction et de l'habitation décrit les missions et les compétences des organismes d'HLM.

Il distingue :

- la construction, l'acquisition, l'attribution et la gestion de logements locatifs destinés à des personnes répondant à des plafonds de ressources. Il s'agit du service d'intérêt général pour lequel les organismes HLM peuvent bénéficier d'exonérations fiscales et d'aides spécifiques de l'État;

- l'aménagement, l'accession et les prestations de services prévus par des textes particuliers, qui relèvent de la mission d'intérêt général que constitue la recherche de la mixité sociale et de la diversité de l'habitat.

Dans ce cadre, la construction et la gestion de logements sociaux locatifs est l'apanage de deux familles d'organismes.

Les offices publics de l'habitat se voient reconnaître par la réglementation des compétences « en complément de leur activité locative »[4], qui est donc de principe, tandis que les sociétés anonymes d'HLM réalisent des opérations dans les conditions fixées par leur statut « principalement en vue de la location »[5] (v. s[s] n°s 711.21 s.).

Parmi ces dernières, les sociétés anonymes coopératives de production d'HLM peuvent, sans agrément depuis la loi du 13 décembre 2000, gérer des logements en vue de la location qu'elles ont construits ou acquis[6], même si leur activité est orientée principalement vers l'accession à la propriété.

Le contrat de location est signé par le directeur général dans les offices publics de l'habitat[7] et le président ou le directeur général dans les SA[8].

133.212 **Hypothèses et limites.** Il convient de distinguer deux périodes lorsque la question de l'éventualité d'une rémunération d'un intermédiaire en HLM est abordée.

La loi Alur (applicable aux baux signés depuis le 27 mars 2014), a en effet modifié les règles applicables antérieurement.

1°
Avant la loi Alur du 24 mars 2014

133.221 **Situation antérieure à la loi Alur.** Auparavant, l'article 5-1 de la loi du 6 juillet 1989, applicable aux baux conclu par un organisme HLM par renvoi des articles 40, I et 40, III de la même loi, permettait de partager par moitié « la rémunération des personnes qui se livrent ou prêtent leur concours à l'établissement d'un acte de location d'un immeuble d'habitation appartenant à autrui ».

D'emblée il faut signaler que cette situation était très rarement rencontrée en HLM, la pratique étant seulement constatée pour quelques biens de type intermédiaire (financés en PLI essentiellement),

1. Paris, 18 oct. 1993, RG n° 92/003997, *Loyers et copr.* 1994, n° 1.
2. Paris, 16 janv. 1997, RG n° 95/002241, *Loyers et copr.* 1997, n° 103.
3. Civ. 3e, 15 mai 2008, n° 07-14.655, *Bull. civ.* III, n° 81; *Loyers et copr.* 2008, 362, obs. Peignot; *JCP* 2008. I. 194, n° 5, obs. Périnet-Marquet.
4. CCH, art. L. 421-1.
5. CCH, art. L. 422-2.
6. CCH, art. L. 422-3.
7. CCH, art. R. 421-18.
8. C. com., art. L. 225-51 et L. 225-56.

lorsque le bailleur ne trouvait pas de candidat locataire.

Elle pouvait donner lieu à un partage des honoraires concernant la recherche du locataire par exemple. Elle se conjuguait cependant avec une autre disposition, propre aux HLM, à savoir l'article L. 442-6-2 du code de la construction et de l'habitation qui précisait, depuis la loi n° 98-657 du 29 juillet 1998, que : « Lors de la demande d'attribution d'un logement social ou de la signature du bail, le bailleur ne peut réclamer au demandeur ou preneur le paiement de frais à quelque titre que ce soit. »

L'interprétation du texte écartait tout frais de dossier à l'entrée du locataire, sans interdire la rémunération du professionnel qui avait favorisé la rencontre des parties.

2°
Après la loi Alur du 24 mars 2014

133.231 **Situation depuis la loi Alur.** Pour les baux conclus à compter du 27 mars 2014, l'article 5-I de la loi du 6 juillet 1989 modifié précise que la rémunération des personnes mandatées pour se livrer ou prêter leur concours à l'entremise ou à la négociation d'une mise en location d'un logement est à la charge exclusive du bailleur. Ainsi la solution antérieure au 27 mars 2014 ne peut perdurer et si le bailleur HLM a recours à un intermédiaire il devra en assumer seul la charge.

L'article 5-1 de la loi dans sa nouvelle version poursuit en précisant que les honoraires des personnes mandatées « pour effectuer la visite du preneur, constituer son dossier et rédiger un bail ainsi que l'état des lieux » peuvent être partagés par moitié.

Cette possibilité paraît écartée en HLM par les dispositions de l'article L. 442-6-2 du code de la construction et de l'habitation :

pour les visites du logement qui s'inscrivent dans la procédure d'attribution;

pour la signature de bail qui écarte les frais de rédaction du contrat de location.

On retiendra enfin qu'en matière d'état des lieux la pratique est de procéder à une rédaction contradictoire, donc gratuite.

Toutefois le texte de l'article 5 I, toujours applicable en HLM après la loi Alur, précise encore que : « Les honoraires des personnes mandatées pour réaliser un état des lieux sont partagés entre le bailleur et le preneur. Le montant toutes taxes comprises imputé au locataire pour cette prestation ne peut excéder celui imputé au bailleur et demeure inférieur ou égal à un plafond par mètre carré de surface habitable de la chose louée fixé par voie réglementaire et révisable chaque année, dans des conditions définies par décret. Ces honoraires sont dus à compter de la réalisation de la prestation. »

Bien qu'exceptionnelle une telle solution est donc envisageable en HLM (Sur le montant plafonné du coût de l'état des lieux, v. s[s] n° 133.146).

Il convient alors de ne pas omettre de respecter la prescription suivante, à peine de nullité du bail, mentionnée à la fin de l'article 5-1 : « Les trois premiers alinéas du présent I ainsi que les montants des plafonds qui y sont définis sont reproduits, à peine de nullité, dans le contrat de bail lorsque celui-ci est conclu avec le concours d'une personne mandatée et rémunérée à cette fin. »

Une dernière hypothèse de répartition des frais d'établissement de l'état des lieux est prévue dans l'article 3-2 de la loi du 6 juillet 1989, relatif à l'établissement des états des lieux aux termes duquel :

« Si l'état des lieux ne peut être établi dans les conditions prévues au premier alinéa *(c'est-à-dire directement par les deux parties ou par un tiers mandaté)*, il est établi par un huissier de justice, sur l'initiative de la partie la plus diligente, à frais partagés par moitié entre le bailleur et le locataire et à un coût fixé par décret en Conseil d'État. »

B.
Locataire personne physique

133.241 **Décision de la commission d'attribution.** Les locataires sont soit des personnes physiques soit des personnes morales. Dans ce dernier cas le logement est sous-loué à une personne physique.

Ne peuvent devenir locataires que les personnes auxquelles la commission d'attribution de l'organisme bailleur a attribué un logement. En outre les locataires personnes physiques répondent aux conditions d'attribution réglementées applicables en HLM.

Deux conditions préalables sont exigées de ces derniers :

- des conditions de ressources maximales prévues pour l'accès à un logement HLM;
- les étrangers doivent être en situation régulière et détenir des titres de séjour valides.

133.242 **Champ.** L'immense majorité des locataires HLM sont des personnes physiques, comparé aux rares locataires personnes morales traitées au point C ci-dessous.

133.243 **Signature du bail et cotitularité.** Le droit au bail sur le logement loué naît de la signature du contrat par le locataire (la question de la capacité juridique du locataire est traitée de la même manière dans le secteur privé et dans le secteur social, v. s[s] n°s 133.31 s.). De même on se reportera aux développements antérieurs pour les situations des locataires mariés, pacsés ou concubins (v. ss nos 133.41 s.).

133.244 Conditions d'attribution. Depuis la réforme de l'attribution des logements survenue en 1986 [1], il n'y a plus de règles d'occupation minimale des logements HLM en fonction du nombre de pièces composant le logement. Cependant, le nombre d'occupants reste évidemment déterminant pour adapter la taille du logement aux demandeurs et les commissions d'attribution tiennent compte de la composition des ménages.

Le logement ne peut être occupé qu'à titre de résidence principale et selon la destination fixée par le contrat, à savoir soit l'usage d'habitation soit l'usage mixte d'habitation et professionnel qui autorise une profession libérale à exercer dans une partie du local loué sa profession, en contrepartie d'une majoration de la surface corrigée qui sert d'assiette à la fixation du loyer du logement (sur les conditions du changement d'usage v. ss nos 434.11 s.).

L'occupation doit durer au moins huit mois par an [2].

133.245 Colocation HLM. Un régime particulier de location au bénéfice de personnes jeunes est organisé par la loi du 25 mars 2009 [3] dans l'article L. 442-8-4 du code de la construction et de l'habitation, modifié.

Il autorise les organismes HLM à louer directement, en meublé ou non, des logements à des étudiants, à des personnes de moins de trente ans ou à des personnes titulaires d'un contrat d'apprentissage ou de professionnalisation, seuls ou en colocation et ce, sans condition de respect des plafonds de ressources. Le contrat de location a une durée d'un an. Il peut toutefois être renouvelé dans des conditions précisées à l'article R. 442-3-4 du code de la construction et de l'habitation : respect des conditions d'âge ou de statut ayant justifié la signature du contrat et, pour les étrangers, séjour régulier et détention des titres de séjour nécessaires. Ces conditions devront être rappelées dans le contrat.

En cas de location d'un même logement à plusieurs personnes, un contrat de location unique est signé par l'ensemble des colocataires qui consentent à une clause de solidarité inscrite dans ce contrat.

Ces logements sont attribués, à l'origine, par la commission d'attribution de l'organisme bailleur, mentionnée à l'article L. 441-2 (sur cette notion, v. ss nos 721.11 s.). Tout changement de colocataire fait l'objet d'une autorisation préalable du bailleur et d'une information de la commission d'attribution.

133.246 Sous-location autorisée. Le régime exceptionnel de sous-location autorisée de logements HLM par des locataires personnes physiques à des sous-locataires, eux-mêmes personnes physiques, a été adapté par la loi du 25 mars 2009 [4], qui a complété l'article L. 442-8-1 du code de la construction et de l'habitation, en leur permettant, après information de l'organisme bailleur, de sous-louer une partie de leur logement :

- à des personnes de plus de soixante ans ou à des personnes adultes présentant un handicap au sens de l'article L. 114 du code de l'action sociale et des familles, avec lesquelles ils ont conclu un contrat conforme à l'article L. 442-1 du même code;

- à des personnes de moins de trente ans, pour une durée d'un an renouvelable.

Le coût de la ou des pièces principales sous-louées est calculé au *prorata* du loyer et des charges rapportés à la surface habitable du logement. Les sous-locataires ne bénéficient pas du droit au maintien dans les lieux. Leur contrat de location est d'un an, qui peut être renouvelé pour des durées semblables.

C. Locataire personne morale et sous-location d'origine légale

133.251 Sous-location – Principe d'interdiction. L'interdiction de la location en meublé et de la sous-location des logements HLM est posée par l'article L. 442-8 du code de la construction et de l'habitation. Elle est assortie d'une amende de 9 000 euros. Plusieurs exceptions ont toutefois été prévues par la législation pour des locataires personnes morales, précisées aux articles L. 442-8-1 à L. 442-8-3-1.

133.252 Locataire personne morale – Exception au principe d'interdiction. Sont autorisés à être locataires de logements HLM des personnes morales qui ont vocation à sous-louer des logements pour répondre aux besoins de populations spécifiques, jeunes ou personnes en difficulté par exemple.

En dehors de ces cas expressément visés par le texte du code de la construction et de l'habitation, toute location à d'autres personnes morales serait contraire à l'interdiction de principe énoncée à l'article L. 442-8 du code de la construction et de

1. Décr. n° 86-670, 19 mars 1986, modifiant les art. R. 441-1 s. du CCH.
2. L. 1er sept. 1948, art. 10.
3. L. n° 2009-323, 25 mars 2009 de mobilisation pour le logement et la lutte contre l'exclusion, *JO* 27 mars, p. 5408.
4. L. n° 2009-323, 25 mars 2009 de mobilisation pour le logement et la lutte contre l'exclusion, *JO* 27 mars, p. 5408.

l'habitation (clubs sportifs, associations culturelles, pompiers volontaires...).

La sous-location peut se faire meublée ou non meublée.

1°
Bénéficiaires

133.261 **Champ. Article L. 442-8 1 du CCH.** Des associations, des organismes agréés peuvent louer des logements pour les sous-louer. Peuvent ainsi être locataires en vue de la sous-location, dans la rédaction de l'article L. 442-8-1 issue de l'article 61, 7° de la loi du 25 mars 2009 :

- des organismes bénéficiant de l'agrément relatif à l'intermédiation locative et à la gestion locative sociale prévu à l'article L. 365-4;

- des organismes déclarés ayant pour objet de les sous-louer à titre temporaire à des personnes âgées, à des personnes présentant un handicap au sens de l'article L. 114 du code de l'action sociale et des familles ou à des personnes de moins de trente ans;

- des centres régionaux des œuvres universitaires et scolaires, mentionnés à l'article L. 822-3 du code de l'éducation, ayant pour objet de les sous-louer à des étudiants;

- des personnes morales de droit public ou privé mentionnées à l'article L. 444-1 du code de l'action sociale et des familles (CASF) en vue de les sous-louer à des accueillants familiaux visés à l'article L. 441-1 du même code, ainsi qu'aux personnes âgées ou aux personnes présentant un handicap au sens de l'article L. 114 du même code ayant conclu un contrat d'accueil avec ces accueillants;

- des centres communaux ou intercommunaux d'action sociale, dans le cadre de leurs compétences définies à la section 2 du chapitre III du titre II du livre Ier du même code (CASF, art. L. 123-4 s.), en vue de les sous-louer à titre temporaire à des personnes physiques;

- des centres communaux ou intercommunaux d'action sociale ou des associations déclarées ayant pour objet de les sous-louer meublés, pour une durée n'excédant pas six mois, à des travailleurs dont l'emploi présente un caractère saisonnier tel que mentionné au 3° de l'article L. 1242-2 du code du travail;

- des établissements publics de coopération intercommunale dotés de la compétence d'aide aux personnes âgées.

Il est prévu de manière expresse que les bailleurs peuvent exiger en sus du loyer le montant des prestations, taxes et fournitures individuelles et tous impôts et taxes perçus à l'occasion des locations en meublé (CCH, art. L. 442-8-1, III).

2°
Rapports entre locataires, sous-locataires et bailleurs HLM

133.271 **Contrat de location principale.** Il s'agit du contrat qui lie le bailleur au locataire principal. Il ne diffère pas en général du droit commun. Il n'existe pas de texte sur son contenu, qui justifierait un traitement particulier.

Les obligations des parties sont identiques. Le montant du loyer maximum est le même que pour le logement occupé par un locataire personne physique.

Le bailleur et le locataire peuvent cependant convenir, dans une convention particulière, des conditions générales de la location, rappelant les objectifs poursuivis par l'association ou l'organisme agréé. Ainsi, peuvent être précisés les engagements réciproques en terme d'entretien des logements; le cas échéant, les garanties apportées par le locataire en fin de contrat; les conditions d'attribution des logements aux sous-locataires; la possibilité de passage de la sous-location à la location directe pour les ménages en réinsertion (bail glissant).

133.272 **Contrat de sous--location. Art. L. 442-8-2 CCH.** Le régime de sous-location a fait l'objet, quant à lui, d'une attention spéciale du législateur, sur le bénéfice des allocations, sur le statut du sous-locataire et sur la fin de la sous-location.

1° Les sous-locataires sont tout d'abord assimilés à des locataires pour la perception des allocations de logement.

2° Le statut du sous-locataire a été complété par la loi du 29 juillet 1998, relative à la lutte contre les exclusions. La loi du 6 juillet 1989 s'applique à eux dans les mêmes conditions que pour les locataires HLM [1]. Ils sont soumis aux conditions de ressources HLM pour l'attribution du logement.

3° La sous-location étant temporaire, la durée du contrat de sous-location ne peut être supérieure à celle du contrat principal. L'article L. 442-8-2 du code de la construction et de l'habitation précise que, lorsque le contrat de location arrive à son terme ou est résilié, le sous-locataire perd son droit au maintien « à l'issue de son contrat de sous-location » [2]. En outre, « les sous-locataires perdent le droit au maintien dans les lieux après le refus d'une offre de relogement définitif correspondant à leurs besoins et à leurs possibilités » [3]. Ces dispositions indiquent que le sous-locataire détiendrait un

1. CCH, art. L. 442-8-2, qui renvoie aux art. 40, I et III de la loi du 6 juill. 1989.
2. CCH art. L. 442-8-2, 4e al. dans sa rédaction issue de la loi de 2009.
3. Même article.

droit spécifique au maintien dans les lieux, quoique temporaire. Enfin, il prévoit également que « les sous-locataires mentionnés à l'article L. 442-8-1 du code de la construction et de l'habitation qui ne répondent plus aux conditions pour être logés par les personnes morales locataires perdent le bénéfice du droit au maintien dans les lieux, ces conditions devant être précisées dans le contrat de location », ce qui nécessite une rédaction attentive, par les bailleurs, de ces contrats.

3°
Autres cas de location autorisée à des personnes morales, en vue de la sous-location. Art. L. 442-8-1-1 CCH

133.281 Places d'hébergement. Peuvent également être locataires de logements HLM d'autres personnes morales visées à l'article L. 442-8-1-1 du code de la construction et de l'habitation, depuis la loi du 24 mars 2014, dite loi Alur. L'objectif poursuivi est ici de fournir des places d'hébergements, dans les logements loués, pour des personnes en difficulté ou, parmi celles-ci, pour des personnes victimes de violence au sein de leur couple. Les organismes locataires sont :

- des organismes bénéficiant de l'agrément relatif à l'intermédiation locative et à la gestion locative sociale prévu à l'article L. 365-4;

- des organismes mentionnés aux 8° du I de l'article L. 312-1 du code de l'action sociale et des familles, c'est-à-dire les établissements ou services assurant l'accueil, notamment dans les situations d'urgence, le soutien ou l'accompagnement social, l'adaptation à la vie active ou l'insertion sociale et professionnelle des personnes ou des familles en difficulté ou en situation de détresse;

- et des organismes mentionnés à l'article L. 322-1 du même code c'est-à-dire toute personne morale privée qui veut héberger, à titre gratuit ou onéreux, des adultes dans un établissement qui ne relève pas du régime d'autorisation prévu au code de l'action sociale et des familles.

Les personnes bénéficiaires des logements n'ont toutefois pas le statut de sous-locataire examiné plus haut en vertu de l'article L. 442-8-2 du code de la construction et de l'habitation. Il ne leur est pas applicable, la sous-location étant transitoire.

133.282 Location à une personne morale en vue de la sous-location à des personnes reconnues prioritaires au titre du Dalo ou à des personnes en difficulté d'insertion (CCH, art. L. 442-8-3). Pour ces personnes visées aux articles L. 441-2-3 (Dalo) ou au II de l'article L. 301-1 du code de la construction et de l'habitation (personnes en difficulté en raison de l'inadaptation de leurs ressources ou de leurs conditions d'existence) il a été prévu une mesure de suivi particulier. Un examen périodique contradictoire doit être fait pour évaluer la capacité des sous-locataires à assumer les obligations résultant d'un transfert de bail à leur nom.

Les modalités de cet examen ont été précisées par décret[1], pris en application de l'article 98 de la loi du 25 mars 2009[2] : il s'agit d'un entretien entre le bailleur, le locataire et le sous-locataire, réalisé tous les six mois et à l'initiative de la personne morale locataire.

133.283 Cas particulier des logements-foyers (CCH, art. L. 633-1). On réserve ici enfin le cas des logements-foyers que les organismes HLM propriétaires peuvent louer à des gestionnaires personnes morales, essentiellement des associations et des Centres communaux ou intercommunaux d'action sociale. Ces structures peuvent accueillir des personnes âgées ou handicapées, des jeunes travailleurs, des étudiants ou des travailleurs migrants ainsi que, sous la dénomination de résidences sociales, des personnes éprouvant des difficultés pour accéder à un logement. Les logements foyers sont réglementés dans une partie propre du code de la construction et de l'habitation (CCH), aux articles L. 633-1 et suivants et, pour leur régime locatif et les relations entre bailleurs et gestionnaires, aux articles R. 353-154 à R. 353-165-12.

SECTION 2
DATE D'EFFET DU CONTRAT

133.291 Efficacité du contrat dès la signature. Si la date de prise d'effet du bail peut coïncider avec la date de signature de la convention, rien dans la loi n'interdit aux parties de dissocier ces deux événements en convenant d'une date d'effet antérieure ou postérieure à cette signature[3]. Il est toutefois parfaitement concevable qu'un bail n'indique pas de date de prise d'effet, cet élément n'ayant pas été jugé « essentiel » par la Cour de cassation[4].

Et faute de précision dans le bail, la date de prise d'effet du contrat doit être fixée au jour de la signature de l'état des lieux, de la remise des clés et de la prise d'effet de l'assurance locative. Ce, alors même

1. Décr. n° 2010-1564, 15 déc. 2010, *JO* 16 déc. – CCH, art. R. 442-4-1.
2. L. n° 2009-323, 25 mars 2009 de mobilisation pour le logement et la lutte contre l'exclusion, *JO* 27 mars.
3. Civ. 3e, 27 janv. 1993, n° 89-19.377, NP, *RJDA* 1993, n° 207, [loi de 1986].
4. Civ. 3e, 28 oct. 2009, n° 08-20.224, *Bull. civ.* III, n° 237; *D.* 2009. AJ 2752; *Dr. et proc.* 2010, n° 1, suppl. « Droit des baux immobiliers », p. 2, obs. Savaux.

que l'entrée effective dans les lieux a été postérieure[1].

En pratique, la prise d'effet du contrat est souvent postérieure de quelques jours à sa signature.

133.292 **Conseil pratique.** Un décalage plus long est cependant peu conseillé, puisqu'il peut laisser croire aux parties qu'elles ne se sont pas engagées dès la signature, alors qu'il n'en est rien : dès cet instant, les cocontractants étant d'accord sur leurs obligations réciproques (la signature du contrat en atteste), le contrat est réputé conclu. Sauf accord du bailleur, il est donc impossible à un locataire de mettre fin à un bail après sa signature mais avant sa prise d'effet. Le preneur sera contraint de donner congé en bonne et due forme et de respecter le délai de préavis (de trois mois en principe)[2]. Ce qui, en vertu de l'article 15 de la loi de 1989, l'oblige à payer le loyer et les charges pendant ce laps de temps[3]. Parallèlement, dès la signature du bail, le bailleur s'engage à délivrer les lieux. Et cet engagement ne saurait être remis en cause en cas de non-paiement du premier mois de loyer (lorsque le loyer est à « terme à échoir » v. s[s] n° 311.31) et/ou du dépôt de garantie par le preneur[4]. Le bailleur prendra donc soin de n'apposer sa signature au bas du contrat que lorsqu'il aura obtenu de son cocontractant le respect de ses obligations financières.

SECTION 3
GARANTIES PROHIBÉES

133.301 **Documents que le bailleur ne peut exiger.** Là encore, il faut faire la distinction entre la règle qui prévalait jusqu'à la loi du 24 mars 2014, dite loi Alur (la loi interdisait au bailleur de demander certains documents), et les dispositions issues de ce texte (qui renvoie à un décret établissant la liste des pièces pouvant être exigées).

133.302 **Documents que le bailleur ne peut exiger – Baux conclus avant le 27 mars 2014.** Pour les baux conclus jusqu'au 27 mars 2014, l'article 22-2 de la loi du 6 juillet 1989, le bailleur ne pouvait exiger du candidat locataire qu'il produise :

- une photographie d'identité, hormis celle de la pièce justificative d'identité;
- une carte d'assuré social;
- une copie de relevé de compte bancaire ou postal;
- une attestation de bonne tenue de compte bancaire ou postal;
- une attestation d'absence de crédit en cours;
- une autorisation de prélèvement automatique;
- un jugement de divorce, à l'exception du paragraphe commençant par l'énoncé : « Par ces motifs... »;
- une attestation du précédent bailleur indiquant que le locataire est à jour de ses loyers et charges, dès lors que le locataire peut présenter d'autres justificatifs;
- une attestation de l'employeur dès lors qu'il peut être fourni le contrat de travail et les derniers bulletins de salaire;
- un contrat de mariage;
- un certificat de concubinage;
- un chèque de réservation de logement.

Il a toutefois été jugé que la demande de fourniture d'un chèque de réservation d'un logement ne devait pas être sanctionnée, faute de préjudice, dès lors que le chèque a été restitué au candidat non retenu[5].

- un dossier médical personnel (interdiction valant aussi en cas de demande de logement adapté ou spécifique);
- un extrait de casier judiciaire;
- la remise sur un compte bloqué de biens, d'effets, de valeurs ou d'une somme d'argent correspondant à plus d'un mois de loyer en principal en l'absence du dépôt de garantie ou de la souscription de la garantie autonome prévue à l'article 2321 du code civil;
- la production de plus de deux bilans pour les travailleurs indépendants;
- une copie des informations contenues dans le fichier national des incidents de remboursement des crédits aux particuliers ou de l'information de la non-inscription à ce fichier (il s'agit d'un fichier qui regroupe à la fois les incidents graves de non-paiement et les mesures de règlement des situations de surendettement acceptées par les débiteurs ou décidées par les tribunaux).

On notera que la cour d'appel de Paris a jugé que, pour s'assurer de la solvabilité d'un candidat locataire, le bailleur peut toutefois exiger de celui-ci la production de son avis d'imposition et de ses der-

1. Rennes, 21 avr. 2011, *Loyers et copr.* 2011, n° 170, obs. Vial-Pedroletti.
2. Civ. 3e, 19 juill. 1995, n° 93-12.723, NP, *Loyers et copr.* 1996, n° 5 – Civ. 3e, 12 juin 2001, n° 99-19.281, NP, *AJDI* 2002. 39; *Loyers et copr.* 2001, n° 255, obs. Vial-Pedroletti.
3. SAUF hypothèse de relocation avant la fin de ce préavis : v. s[s] n° 541.41.
4. Civ. 3e, 28 juin 2006, n° 05-10.137, *Bull. civ.* III, n° 161; *D.* 2006. IR 1986; *D.* 2007. 903, obs. Damas; *RTD civ.* 2006. 785, note Gautier; *JCP* 2006. IV. 2606; *AJDI* 2006. 731, obs. Rouquet.
5. Bordeaux, 1er juin 2011, n° 10/04007, *AJDI* 2012. 273.

nières quittances de loyer[1]. Par ailleurs, il a pu être remarqué que la production d'un extrait d'acte de naissance ou de mariage n'est pas interdite[2].

133.303 Documents que le bailleur ne peut exiger – Baux conclus à compter du 27 mars 2014. Pour les baux conclus à compter du 27 mars 2014, en vertu du nouvel article 22-2 de la loi du 6 juillet 1989 dans sa rédaction issue de la loi du 24 mars 2014, dite loi Alur, « la liste des pièces justificatives pouvant être exigées du candidat à la location ou de sa caution par le bailleur, préalablement à l'établissement du contrat de location, est définie par décret en Conseil d'État, pris après avis de la Commission nationale de concertation »[3].

Aucun autre document que ceux qui seront énumérés ne devrait pouvoir être exigé.

Par ailleurs, « en préalable à l'établissement du contrat de location, le bailleur ne peut imposer la cosignature d'un ascendant ou d'un descendant du candidat à la location ».

133.304 Sanction. En cas de manquement à l'article 22-2, le texte précise qu'une amende administrative prononcée par le préfet (après que l'intéressé a été informé de la possibilité de présenter ses observations dans un délai déterminé) est encourue. Son montant, qui doit être proportionné à la gravité des faits constatés et qui ne peut être prononcée plus d'un an à compter de la constatation des faits, ne peut être supérieur à 3 000 euros pour une personne physique et à 15 000 euros pour une personne morale.

1. Paris, 13 sept. 2002, RG n° 2001/03771, *AJDI* 2002. 880, obs. Rouquet.
2. Damas, *AJDI* 2007. 370.
3. Décr. n° 2015-1437, 5 nov. 2015 fixant la liste des pièces justificatives pouvant être demandées au candidat à la location et à sa caution, *JO* 7 nov., p. 20832.

CHAPITRE

134. État des lieux

SECTION 0
ORIENTEUR

134.00 Plan du chapitre.

134.01 Textes applicables.

TEXTES SOURCES

• **L. n° 89-462, 6 juill. 1989, art. 3-2.**

TEXTES *IN EXTENSO*

• **L. 6 juill. 2989, art. 3-2**

Un état des lieux est établi selon des modalités définies par décret en Conseil d'État, pris après avis de la Commission nationale de concertation, dans les mêmes formes et en autant d'exemplaires que de parties lors de la remise et de la restitution des clés. Il est établi contradictoirement et amiablement par les parties ou par un tiers mandaté par elles et joint au contrat de location.

Si l'état des lieux ne peut être établi dans les conditions prévues au premier alinéa, il est établi par un huissier de justice, sur l'initiative de la partie la plus diligente, à frais partagés par moitié entre le bailleur et le locataire et à un coût fixé par décret en Conseil d'État. Dans ce cas, les parties en sont avisées par l'huissier au moins sept jours à l'avance, par lettre recommandée avec demande d'avis de réception.

À défaut d'état des lieux ou de la remise d'un exemplaire de l'état des lieux à l'une des parties, la présomption établie par l'article 1731 du code civil ne peut être invoquée par celle des parties qui a fait obstacle à l'établissement de l'acte ou à sa remise à l'une des parties.

Le locataire peut demander au bailleur ou à son représentant de compléter l'état des lieux d'entrée dans un délai de dix jours à compter de son établissement. Si cette demande est refusée, le locataire peut saisir la commission départementale de conciliation territorialement compétente.

Pendant le premier mois de la période de chauffe, le locataire peut demander que l'état des lieux soit complété par l'état des éléments de chauffage.

Le propriétaire ou son mandataire complète les états des lieux d'entrée et de sortie par les relevés des index pour chaque énergie, en présence d'une installation de chauffage ou d'eau chaude sanitaire individuelle, ou collective avec un comptage individuel. L'extrait de l'état des lieux correspondant est mis à la disposition de la personne chargée d'établir le diagnostic de performance énergétique prévu à l'article L. 134-1 du code de la construction et de l'habitation qui en fait la demande, sans préjudice de la mise à disposition des factures.

134.02 Jurisprudence de référence.

• **Civ. 3e, 13 oct. 1999, n° 97-21.683**, *Bull. civ.* III, n° 202

* V. ss n° 134.52

Viole l'art. 1737 du code civil, une cour d'appel qui, pour rejeter les demandes d'un bailleur tendant à obtenir le paiement de loyers et le remboursement de travaux nécessaires à la remise en état du local, retient que ce bailleur ne produit aucun témoignage, aucune correspondance, ni autre document pouvant laisser supposer que les locaux étaient encore occupés après l'expiration du bail et se contente d'affirmer que les clés du local ne lui ont été restituées qu'au moment de l'état des lieux, sans même soutenir qu'il les aurait réclamées avant cette date, sans constater que les clés avaient effectivement été remises ou que le bailleur avait refusé de les recevoir.

• **Civ. 3e, 23 mai 2002, n° 01-00.938**, *Bull. civ.* III, n° 109

* V. ss nos 134.16, 134.71

Les actes sous seing privé qui contiennent des conventions synallagmatiques ne sont valables qu'autant qu'ils ont été faits en autant d'originaux qu'il y a de parties ayant un intérêt distinct.

• **Civ. 3e, 23 mai 2002, n° 00-13.144**, *Bull. civ.* III, n° 110

* V. ss n° 134.17

L'état des lieux dressé contradictoirement constate une situation de fait jusqu'à preuve contraire. Le locataire ayant établi que l'état des lieux d'entrée ne correspondait pas à la réalité et n'ayant pas pris possession des lieux loués, le bailleur a méconnu son obligation de délivrance et ne peut prétendre au paiement des loyers.

134.03 **Bibliographie indicative.**

Ouvrages. J. Lafond, B. Vial-Pedroletti, *Les baux d'habitation*, 8e éd., LexisNexis, 2017, nos 771 à 783.

Actualisables. RÉP. CIV., vis « Bail », par C. Aubert de Vincelles, C. Noblot, nos 138; « Bail d'habitation et mixte : rapports locatifs individuels – Loi du 6 juillet 1989 », N. Damas, nos 101 s., 442 – LAMY DR. IMMO, nos 5874 s. – DICT. PERM. Gestion immob., « Baux d'habitation et mixtes », nos 76 s.

SECTION 1
ÉTAT DES LIEUX D'ENTRÉE

134.11 **Référence pour l'évaluation des frais de réparation.** L'état des lieux d'entrée doit être joint au contrat[1].

Il s'agit d'un document primordial puisque, de sa comparaison avec l'état des lieux de sortie, résultera l'obligation pour le preneur de prendre en charge le coût des réparations locatives nécessaires à la remise en état du logement (v. ss nos 312.21 s.).

Avant l'intervention de la loi du 24 mars 2014, dite loi Alur, les dispositions relatives à l'état des lieux étaient contenues à l'article 3 de la loi du 6 juillet 1989. Depuis l'entrée en vigueur de ce texte (le 27 mars 2014), les signataires d'un bail doivent se référer à l'article 3-2 nouveau de la loi.

134.12 **Forme et contenu.** Sauf exception, l'état des lieux est établi par les parties, ou par un tiers mandaté par elles, contradictoirement et amiablement (sur le recours subsidiaire à un huissier de justice v. ss nos 134.42 s.).

À cette occasion, les parties font le tour du logement et remplissent l'état des lieux d'entrée en deux exemplaires en qualifiant l'état de chaque pièce, de chaque élément d'équipement par des termes tels que « bon état », « état d'usage », « mauvais état » et, le cas échéant, en assortissant cette qualification de commentaires ou de réserves.

Les indications portées doivent être précises et complètes. Un état des lieux trop succinct risquerait en effet de ne pas être pris en compte[2]. Si, malgré tout, il était pris en compte, un tel état des lieux d'entrée sera défavorable au preneur, surtout si le bailleur prend soin de rédiger l'état des lieux de sortie avec minutie[3].

Aux termes de l'article 3-2 de la loi du 6 juillet 1989 dans sa rédaction issue de la loi du 24 mars 2014, dite loi Alur, applicable aux les contrats signés depuis le 27 mars 2014, « un état des lieux est établi selon des modalités définies par décret en Conseil d'État, pris après avis de la Commission nationale de concertation ».

Texte d'application de l'article 3-2 de la loi de 1989, le décret no 2016-382 du 30 mars 2016[4], en vigueur depuis le 1er juin 2016, précise que l'état des lieux doit porter sur l'ensemble des locaux et équipements d'usage privatif mentionnés au contrat de bail et dont le locataire a la jouissance exclusive. Il a vocation à décrire le logement et constate son état de conservation.

Ce texte ne détermine par ailleurs qu'un contenu minimum, puisqu'il indique que ce document comporte *au moins* les informations suivantes :

- le type d'état des lieux : d'entrée ou de sortie.
- sa date d'établissement;
- la localisation du logement;
- le nom ou la dénomination des parties et le domicile ou le siège social du bailleur;
- le cas échéant, le nom ou la dénomination et le domicile ou le siège social des personnes mandatées pour réaliser l'état des lieux;
- le cas échéant, les relevés des compteurs individuels de consommation d'eau ou d'énergie;
- le détail et la destination des clés ou de tout autre moyen d'accès aux locaux à usage privatif ou commun;
- pour chaque pièce et partie du logement, la description précise de l'état des revêtements des sols, murs et plafonds, des équipements et des éléments du logement. Il peut être complété d'observations ou de réserves et illustré d'images;
- la signature des parties ou des personnes mandatées pour réaliser l'état des lieux.

134.13 **Modalités d'établissement.** Aux termes du décret no 2016-382 du 30 mars 2016[5], en vigueur depuis le 1er juin 2016, l'état des lieux est établi selon les modalités suivantes :

- le logement contient les seuls meubles ou équipements mentionnés au contrat de location;
- la forme du document permet la comparaison de l'état du logement constaté à l'entrée et à la sortie des lieux. Le texte précise que les états des lieux peuvent être réalisés sous la forme d'un document unique ou de documents distincts ayant une présentation similaire;

1. L. no 89-462, 6 juill. 1989, anc. art. 3; art. 3-2 nouv., v. ss nos 132.11 s.
2. Paris, 1er mars 1989, RG no 88/009048, *Loyers et copr.* 1989, no 216, [loi de 1982].
3. Civ. 3e, 20 déc. 1995, no 93-20.288, NP, *Rev. loyers* 1996. 130; *RJDA* 1996, no 197.
4. *JO* 31 mars, texte no 93.
5. *JO* 31 mars, texte no 93.

– l'état des lieux, établi sur support papier ou sous forme électronique, est remis en main propre ou par voie dématérialisée à chacune des parties ou à leur mandataire au moment de sa signature.

134.14 Moment de son établissement – avant la loi Alur. L'état des lieux d'entrée est rédigé « lors de la remise [...] des clés »[1].

Toutefois, une fois l'état des lieux d'entrée signé, des informations complémentaires pourront y être portées.

Avant l'entrée en vigueur de la loi du 24 mars 2014, dite loi Alur, le seul ajout envisagé par le législateur concernait l'état des éléments de chauffage. En effet, l'ancien article 3 de la loi du 6 juillet 1989 indiquait que pendant le premier mois de la période de chauffe, à la demande du locataire, l'état des lieux d'entrée pouvait être complété, par l'état de ces éléments. » Cette possibilité, pérennisée par l'article 3-2 de la loi du 6 juillet 1989 issues de la loi du 24 mars 2014, dite loi Alur, est importante car elle assure au locataire qui signerait un état des lieux d'entrée en dehors de cette période de chauffe de ne pas être démuni en cas de dysfonctionnement du chauffage. Le complément de l'état des lieux devra se faire en respectant la même forme que celle retenue pour l'état des lieux initial (contradictoire ou par constat d'huissier, v. ci-dessous) (sur l'intervention d'un huissier de justice v. s^s n° 134.42).

134.15 Moment de son établissement – depuis la loi Alur. Depuis la loi du 24 mars 2014, dite loi Alur[2], à cette faculté de compléter l'état des lieux, s'en sont ajoutées deux autres.

Tout d'abord, le locataire peut demander au bailleur ou à son représentant de compléter l'état des lieux « d'entrée »[3] dans un délai de dix jours à compter de son établissement. Si cette demande est refusée, le locataire peut saisir la commission départementale de conciliation territorialement compétente.

Ensuite, en présence d'une installation de chauffage ou d'eau chaude sanitaire individuelle, ou collective avec un comptage individuel, le propriétaire ou son mandataire complète les états des lieux d'entrée et de sortie par les relevés des index pour chaque énergie.

L'extrait de l'état des lieux correspondant est mis à la disposition de la personne chargée d'établir le diagnostic de performance énergétique[4] prévu à l'article L. 134-1 du code de la construction et de l'habitation qui en fait la demande, sans préjudice de la mise à disposition des factures.

134.16 Nombre d'exemplaires. • Avant la publication de la loi du 24 mars 2014, dite loi Alur, un état des lieux établi contradictoirement par les parties était valable même s'il n'avait été rédigé qu'en un seul exemplaire. Il avait en effet été jugé[5] que, se bornant à constater une situation de fait, l'état des lieux n'est pas soumis à l'exigence de l'article 1325 du code civil en vertu duquel les actes sous seing privé contenant des conventions synallagmatiques ne sont valables qu'autant qu'ils ont été faits en autant d'originaux qu'il y a de parties ayant un intérêt distinct[6].

• Depuis l'entrée en vigueur de la loi du 24 mars 2014, dite loi Alur, l'article 3-2 de la loi du 6 juillet 1989[7] précise que « l'état des lieux est établi (...) dans les mêmes formes et en autant d'exemplaires que de parties ».

134.17 Conséquences du défaut d'état des lieux. À défaut d'état des lieux (ou, depuis la loi du 24 mars 2014, dite loi Alur, « ou de la remise d'un exemplaire de l'état des lieux à l'une des parties »), la présomption de bon état édictée par l'article 1731 du code civil va s'appliquer (rappelons qu'il ressort de cet article 1731 que « S'il n'a pas été fait d'état des lieux, le preneur est présumé les avoir reçus en bon état de réparations locatives, et doit les rendre tels, sauf la preuve contraire »). La présomption de bon état de l'article 1731 du code civil, qui est limitée aux réparations locatives[8], est une présomption simple qui peut être détruite par la preuve contraire[9]. Celle-ci peut être établie par témoignage[10] comme par tout autre moyen[11].

134.18 Exception au principe. La seule exception à ce principe, visée expressément par l'ancien article 3 de la loi du 6 juillet 1989 et par le nouvel article 3-2 du même texte, concerne « celle des parties qui a fait obstacle à l'établissement de l'acte » ou, depuis la loi du 24 mars 2014, dite loi Alur, « à sa remise à l'une des parties », qui ne pourra pas invoquer cette présomption[12]. Pour l'anecdote, on relèvera que, dans un arrêt rendu dans des circons-

1. L. n° 89-462, 6 juill. 1989, anc. art. 3, al. 2 et nouv. art. 32, al. 1er.
2. Applicable aux baux conclus depuis le 27 mars 2014.
3. Précision apportée par la loi n° 2015-990 du 6 août 2015, dite Macron, *JO*, 7 août, p. 13537.
4. Au sujet duquel, v. s^s n°s 132.151 s.
5. À PROPOS d'un état des lieux de sortie.
6. Civ. 3e, 23 mai 2002, n° 01-00.938, *Bull. civ.* III, n° 109; *D.* 2003. Somm. 732, obs. Damas; *AJDI* 2002. 842, obs. Beaugendre.
7. Applicables aux baux signés à compter du 27 mars 2014.
8. Civ. 3e, 18 mars 2009, n° 08-11.011, NP, *Loyers et copr.* 2009, n° 111, obs. Vial-Pedroletti.
9. Civ. 3e, 23 mai 2002, n° 00-13.144, *Bull. civ.* III, n° 110; *AJDI* 2002. 681, obs. Laporte-Leconte.
10. Versailles, 11 oct. 1996, RG n° 7903/95, *Loyers et copr.* 1997, n° 97, obs. Vial-Pedroletti.
11. Paris, 3 mars 1999, *AJDI* 1999. 341 – Civ. 3e, 25 juin 1997, n° 94-21.438, NP, *Loyers et copr.* 1997, n° 278.
12. POUR UN EXEMPLE d'opposition du bailleur à l'établissement de l'état des lieux : TI Clermont-Ferrand, 18 janv. 1995, *Rev. loyers* 1996. 358.

tances très particulières, la cour d'appel de Paris a jugé que le bailleur ne pouvait pas être considéré comme ayant fait obstacle à l'état des lieux, l'huissier qu'il avait sollicité étant décédé après l'avoir dressé, mais avant d'avoir retranscrit ses notes [1] (sur l'état des lieux de sortie et la restitution de la chose louée v. s^s^ n°s 134.21 s.; et sur l'extension de compétence des commissions départementales de conciliation en matière d'état des lieux instaurée par la loi du 13 décembre 2000 relative à la solidarité et au renouvellement urbains v. s^s^ n°s 911.11 s.).

SECTION 2
ÉTAT DES LIEUX DE SORTIE

134.21 Restitution du local – Arrêté de compte. En fin de contrat, le locataire doit restituer les lieux loués au propriétaire.

À cette occasion, un état des lieux de sortie sera rédigé afin que les éventuelles dégradations imputables au locataire soient recensées et que les parties puissent procéder à un arrêté de compte (sur la restitution du dépôt de garantie v. s^s^ n°s 142.31 s.).

134.22 Évaluation des dégradations éventuelles. La comparaison entre l'état des lieux d'entrée et l'état des lieux de sortie va permettre aux parties de déterminer les dégradations subies par le logement imputables au locataire (sur les causes d'exonération de la responsabilité du locataire v. s^s^ n°s 313.61 s.) qui vont entraîner une indemnisation du bailleur.

Encore faut-il, pour que cette comparaison puisse avoir lieu, que les parties aient dressé un état des lieux d'entrée (v. s^s^ n°s 134.11 s.).

SECTION 3
SITUATION DES PARTIES EN L'ABSENCE D'ÉTAT DES LIEUX D'ENTRÉE

134.31 Présomption de bon état. Lorsqu'en début de relation contractuelle les parties n'ont pas établi d'état des lieux d'entrée, il ressort de la combinaison de l'ancien article 3 de la loi de 1989 (article 3-2 de la loi du 6 juillet 1989, depuis la loi 24 mars 2014 [2], dite loi Alur, applicable aux baux conclus depuis le 27 mars 2014) et de l'article 1731 du code civil que le locataire est présumé les avoir reçus en bon état de réparations locatives.

Cela implique qu'il devra répondre de toute dégradation du logement constatée lors de l'état des lieux de sortie. Ce principe connaît cependant trois exceptions.

• Le locataire pourra, tout d'abord, en application de l'article 1731, *in fine*, du code civil, combattre la présomption de bon état par tout moyen (v. s^s^ n° 134.17).

• Il pourra ensuite, en vertu de la combinaison des textes sus-indiquée, établir que le constat de l'état du logement à son arrivée a été rendu impossible parce que le bailleur s'y est opposé (v. aussi s^s^ n° 134.18).

Enfin, le preneur pourra exciper d'une cause d'exonération de sa responsabilité (v. s^s^ n°s 313.61 s.).

SECTION 4
RÉDACTEURS DE L'ÉTAT DES LIEUX DE SORTIE

134.41 Rédaction contradictoire. L'état des lieux de sortie doit être rédigé contradictoirement et signé par les parties au contrat, c'est-à-dire par le(s) locataire(s) et le(s) bailleur(s).

Les parties pourront cependant se faire valablement représenter par « un tiers mandaté par elles », dès lors que celui-ci aura été dûment habilité pour ce faire. Il a été jugé que la gardienne de l'immeuble, qui est la salariée du bailleur et non sa mandataire, et qui n'est, par définition, pas partie au contrat, n'a pas qualité pour rédiger l'état des lieux de sortie (dans une hypothèse où le locataire, de surcroît, n'était pas présent lors de l'établissement de ce constat) [3].

134.42 Intervention d'un huissier de justice. Ce principe de l'état des lieux contradictoire connaît cependant une exception : lorsqu'il ne peut être établi de la sorte (notamment parce que les parties n'arrivent pas à se mettre d'accord sur les termes à employer), l'ancien article 3 de la loi et, aujourd'hui, l'article 3-2 du même texte prévoit qu'alors, le constat devra être dressé sur l'initiative de la partie la plus diligente, par un huissier de justice à frais partagés par moitié entre le bailleur et le locataire et à un coût fixé par décret en Conseil d'État. Et, aux termes de l'article 4 de la loi du 6 juillet 1989, est réputée non écrite la clause qui impose au locataire la facturation de l'état des lieux [« de sortie », précise le texte depuis sa modification par la loi 24 mars 2014, dite loi Alur, applicable aux baux conclus à compter du 27 mars 2014] dès lors que celui-ci n'est pas établi par un huissier de justice

1. Civ. 3e, 7 oct. 1998, n° 97-11.305, NP, *D.* 1999. Somm. 143, obs. CRDP Nancy 2.
2. L. n° 2014-366, 24 mars 2014, *JO* 26 mars, p. 5809.
3. Versailles, 29 mai 1998, RG n° 1996/4490, *Rev. loyers* 1999. 437, obs. Teilliais; *Loyers et copr.* 1999, n° 119, obs. Vial-Pedroletti.

dans le cas prévu par l'article 3 [aujourd'hui, article 3-2] (v. s[s] n° 132.241).

En pareille hypothèse, au moins sept jours à l'avance et par lettre recommandée avec accusé de réception, l'auxiliaire de justice devra avertir les parties du jour et de l'heure auxquels il établira son constat[1] (leur permettant ainsi d'être présentes).

134.43 Hypothèse d'intervention d'un huissier. L'huissier n'a vocation à intervenir qu'en cas de conflit entre les parties. À ce propos, un état des lieux établi par huissier n'a de valeur que si le bailleur rapporte la preuve qu'il aurait été impossible de rédiger un état des lieux contradictoire[2]. En conséquence, à défaut de litige né et actuel relativement à l'état des lieux, la demande en justice de désignation d'un huissier doit être rejetée[3]. Qui plus est, les frais ne seront partagés entre les contractants que pour autant que la partie défaillante aura été régulièrement convoquée[4]. À défaut, c'est celui qui a mandaté l'officier ministériel qui devra supporter l'intégralité du coût de l'opération[5].

Par ailleurs, le texte prévoyant que l'huissier doit intervenir à la demande de la partie la plus prompte à réagir, la question s'est posée de savoir ce qui se passe lorsque chaque partie fait dresser un état des lieux par huissier. Il a été jugé qu'alors chacun doit supporter les frais qu'il a engagés[6].

Enfin, l'huissier a tout intérêt à s'assurer que son intervention a été requise à bon escient[7] puisqu'à défaut, il court le risque de se voir appliquer l'article 650 du code de procédure civile, en vertu duquel « les frais afférents aux actes inutiles sont à la charge des huissiers de justice qui les ont faits »[8].

134.44 Déménagement et recours à un huissier. Quant au recours à un huissier dans l'hypothèse du déménagement du locataire « à la cloche de bois » (rendant, par essence tout état des lieux de sortie contradictoire impossible), il est utile (si tant est que le bailleur arrive à localiser son cocontractant). Dans ces circonstances, le locataire doit supporter l'intégralité des frais d'établissement de l'état des lieux par l'huissier[9]. Bien que non contradictoire, un état des lieux de sortie, établi par huissier de justice à la demande du bailleur, devra en effet être admis comme élément de preuve, dès lors qu'il aura été réalisé immédiatement après le départ du locataire, parti sans en avertir son cocontractant[10] et sans lui laisser d'adresse[11]. À l'inverse, il a été jugé que l'état des lieux établi par huissier n'a aucune force probante dès lors qu'il a été effectué après le départ du locataire sans que celui-ci n'ait été contacté par le bailleur, alors qu'il connaissait les coordonnées de son père, qui s'était porté caution[12].

SECTION 5
MOMENT DE LA RÉDACTION DE L'ÉTAT DES LIEUX DE SORTIE

134.51 Restitution du local effectuée par la remise des clés. Ainsi que cela ressort expressément de la loi du 6 juillet 1989, l'état des lieux de sortie doit être rédigé lors de la restitution des clés par le preneur[13]. Il a toutefois été admis que l'état des lieux du locataire entrant pouvait être retenu comme état des lieux de sortie du précédent[14].

Et l'état des lieux doit s'apprécier au jour du terme de la location et non à celui du départ des lieux s'il est antérieur[15].

Un état des lieux dressé longtemps après le départ du locataire ne serait en effet pas recevable, les dégradations ne pouvant plus alors être attribuées au preneur. Le bailleur ne peut en effet se prévaloir d'un état des lieux dressé plus de deux mois après la date de libération des lieux dont il a été informé par le congé[16].

134.52 Restitution des clés et restitution des lieux – Distinction. Restitution des clés et restitution des lieux ne sont synonymes que si deux conditions sont cumulativement remplies par le locataire :

1. L. n° 89-462, 6 juill. 1989, art. 3, al. 8.
2. Versailles, 28 juin 1996, RG n° 2744/94, *Loyers et copr.* 1997, n° 73, obs. Vial-Pedroletti.
3. TI Clermont-Ferrand, ord. réf., 30 nov. 1995, *Rev. loyers* 1996. 189, note Gallet.
4. Civ. 3e, 27 mai 2003, n° 02-12.253, *Bull. civ.* III, n° 113; *AJDI* 2003. 589, obs. Rouquet; *D.* 2003. IR 1664.
5. Paris, 15 déc. 2005, RG n° 04/18080, *Loyers et copr.* 2006, n° 51, obs. Vial-Pedroletti.
6. Civ. 3e, 18 juill. 1998, *Administrer* juill. 1999, p. 38, obs. Canu.
7. C'est-à-dire qu'on a fait appel à ses services après échec de l'établissement de l'état des lieux entre les parties et que la partie qui le sollicite a bien été la plus diligente.
8. Civ. 1re, 17 nov. 1993, n° 91-21.010, *Bull. civ.* I, n° 330; *D.* 1993. IR 259.
9. Nîmes, 2 janv. 2008, RG n° 06/04740, *Loyers et copr.* 2008, n° 129, obs. Vial-Pedroletti.
10. Civ. 3e, 20 févr. 1996, n° 94-14.824, NP, *Rev. loyers* 1996. 251.
11. Versailles, 28 mai 1999, RG n° 97/00003682, *Loyers et copr.* 2000, n° 39, obs. Vial-Pedroletti.
12. Paris, 1er juill. 1996, RG n° 94/26422, *Loyers et copr.* 1996, n° 332 – Versailles, 29 mai 1998, RG n° 9732/90, *Rev. loyers* 1999. 437, obs. Teilliais; *Loyers et copr.* 1999, n° 119, obs. Vial-Pedroletti.
13. L. n° 89-462, 6 juill. 1989, anc. art. 3, art. 3-2 nouv.
14. Dans une hypothèse où le locataire avait donné son accord de principe à cette pratique; Civ. 3e, 21 sept. 2005, n° 04-15.392, NP, *Rev. loyers* 2005. 569.
15. Rennes, 21 avr. 2011, RG n° 09/01858, *AJDI* 2012. 106.
16. Civ. 3e, 5 févr. 2014, n° 13-10.804, *Bull. civ.* III, n° 16; *D.* 2014. Actu. 424, obs. Rouquet.

celui-ci doit quitter matériellement les lieux et remettre toutes les clés au propriétaire ou à une personne habilitée à cet effet[1]. Il a en effet déjà été jugé que le fait de quitter matériellement les lieux ne constitue pas une restitution des lieux, dès lors que le propriétaire n'est pas en mesure de reprendre possession de son bien, le preneur ne lui ayant pas remis les clés[2]. Il en ira cependant différemment si la date du déménagement du locataire a dû être repoussée du fait du bailleur[3].

En revanche, dès lors que les clés auront été rendues, il y aura restitution des lieux, même en l'absence d'état des lieux de sortie contradictoire. La date de restitution des lieux est en effet celle de la remise des clés. À défaut d'état des lieux de sortie contradictoire, cette restitution ne saurait être reportée à la date d'établissement de l'état des lieux par huissier[4]. Un locataire qui ne restituerait pas les lieux en fin de bail serait redevable d'une indemnité d'occupation[5] et une action en vue d'obtenir son expulsion pourrait être intentée (sur l'expulsion du locataire v. s^s^ n°s 931.11 s.).

SECTION 6
FORME ET CONTENU

134.61 Forme. Les règles de forme sont les mêmes que celles qui s'appliquent lors de l'établissement de l'état des lieux d'entrée (v. s^s^ n° 134.12). L'attestation des lieux par le nouveau locataire serait inopposable à l'ancien locataire[6], tout comme, d'ailleurs, seront inopérants des témoignages faisant état de dégradations, alors que la comparaison de l'état des lieux de sortie avec l'état des lieux d'entrée n'en fait apparaître aucune[7].

134.62 Contenu. Quant au contenu de ce document, il devra, comme l'état des lieux d'entrée (v. s^s^ n°s 134.11 s.) être rédigé avec le plus de minutie possible.

Aux termes de l'article 3-2 nouveau de la loi du 6 juillet 1989[8], l'état des lieux doit être établi selon des modalités définies par décret en Conseil d'État, pris après avis de la Commission nationale de concertation.

Texte d'application de cet article 3-2, le décret n° 2016-382 du 30 mars 2016[9], en vigueur depuis le 1er juin 2016, précise que l'état des lieux doit porter sur l'ensemble des locaux et équipements d'usage privatif mentionnés au contrat de bail et dont le locataire a la jouissance exclusive.

Il a vocation à décrire le logement et constate son état de conservation.

Le texte nouveau ne fixe qu'un contenu minimum, puisqu'il indique en effet que ce document comporte *au moins* les informations qu'il énumère.

Ainsi, lors de la sortie du locataire, l'état des lieux doit indiquer :

- le type d'état des lieux : d'entrée ou de sortie,
- sa date d'établissement,
- la localisation du logement,
- le nom ou la dénomination des parties et le domicile ou le siège social du bailleur,
- le cas échéant, le nom ou la dénomination et le domicile ou le siège social des personnes mandatées pour réaliser l'état des lieux,
- le cas échéant, les relevés des compteurs individuels de consommation d'eau ou d'énergie,
- le détail et la destination des clés ou de tout autre moyen d'accès aux locaux à usage privatif ou commun,
- pour chaque pièce et partie du logement, la description précise de l'état des revêtements des sols, murs et plafonds, des équipements et des éléments du logement. Il peut être complété d'observations ou de réserves et illustré d'images,
- la signature des parties ou des personnes mandatées pour réaliser l'état des lieux.
- l'adresse du nouveau domicile ou du lieu d'hébergement du locataire,
- la date de réalisation de l'état des lieux d'entrée,
- éventuellement, les évolutions de l'état de chaque pièce et partie du logement constatées depuis l'établissement de l'état des lieux d'entrée.

134.63 Modalités d'établissement. Comme à l'entrée (v. s^s^ n° 134.13 s.), l'état des lieux de sortie est établi selon les modalités suivantes :

- le logement contient les seuls meubles ou équipements mentionnés au contrat de location,
- la forme du document permet la comparaison de l'état du logement constaté à l'entrée et à la sortie des lieux. Le texte précise que les états des lieux peuvent être réalisés sous la forme d'un document

1. Civ. 3e, 13 nov. 1997, n° 96-11.493, NP, *Loyers et copr.* 1998, n° 3, obs. Vial-Pedroletti.
2. Civ. 3e, 13 oct. 1999, n° 97-21.683, *Bull. civ.* III, n° 202; *D.* 1999. AJ 87, obs. Rouquet.
3. Civ. 3e, 19 déc. 2000, n° 99-15.131, NP, *AJDI* 2001. 326, obs. Le Masson.
4. Paris, 13 janv. 1998, *Loyers et copr.* 1998, n° 183.
5. Civ. 3e, 13 nov. 1997, n° 96-11.493, NP, *Loyers et copr.* 1998, n° 3, obs. Vial-Pedroletti.
6. TI Épernay, 20 nov. 1995, n° 95/213, *JCP N* 1997. II. 1010, obs. Gallet.
7. Metz, 25 juin 1998, *JurisData* n° 049580, *Loyers et copr.* 1999, n° 286, obs. Vial-Pedroletti.
8. Issu L. n° 2014-366, 24 mars 2014 et applicable aux baux signés à compter du 27 mars 2014.

9. *JO* 31 mars, n° 93.

unique ou de documents distincts ayant une présentation similaire,

– l'état des lieux, établi sur support papier ou sous forme électronique, est remis en main propre ou par voie dématérialisée à chacune des parties ou à leur mandataire au moment de sa signature.

Ainsi, faute de décrire des pertes ou des dégradations précises, la mention portée sur l'état des lieux de sortie « manque d'entretien du locataire » est trop vague et trop générale pour permettre au bailleur de demander au locataire une remise à neuf du logement. Elle lui permet uniquement d'imputer au preneur le coût des travaux de nettoyage[1]. Par ailleurs, il a été jugé que la mention « pas d'accord » apposée par le locataire était inopérante[2].

Pour autant, un état des lieux contradictoire ne constate qu'une situation de fait jusqu'à preuve contraire[3]. De plus, l'absence d'établissement de l'état des lieux de sortie, même imputable au locataire, ne suffit pas à démontrer la créance du bailleur[4] encore faudra-t-il que celui-ci rapporte la preuve que des dégradations imputables au preneur sont venues endommager le local loué, c'est-à-dire que la remise en état du logement nécessite la réalisation de réparations locatives. Concernant l'extension de compétence, en matière d'état des lieux, des commissions départementales de conciliation, prévue par la loi du 13 décembre 2000.

SECTION 7
NOMBRE D'EXEMPLAIRES

134.71 **Validité d'un exemplaire unique.** Avant la loi du 24 mars 2014, dite loi Alur, un état des lieux de sortie établi contradictoirement par les parties était valable même s'il n'avait été rédigé qu'en un seul exemplaire. En effet, un état des lieux de sortie se bornant à constater une situation de fait, il n'est pas soumis à l'exigence de l'article 1325 du code civil en vertu duquel les actes sous seing privé contenant des conventions synallagmatiques ne sont valables qu'autant qu'ils ont été faits en autant d'originaux qu'il y a de parties ayant un intérêt distinct[5].

Depuis la loi 24 mars 2014, dite loi Alur, le nouvel article 3-2 de la loi du 6 juillet 1989[6] précise que l'état des lieux « est établi (...) dans les mêmes formes et en autant d'exemplaires que de parties ».

1. Versailles, 2 avr. 1999, RG n° 2432/97, *RJDA* 1999, n° 1304.
2. Civ. 3e, 10 mars 2004, n° 02-21.224, NP, *AJDI* 2004. 281.
3. Civ. 3e, 25 févr. 2004, n° 02-16.589, *Bull. civ.* III, n° 37; *AJDI* 2004. 379, obs. Rouquet.
4. Civ. 3e, 8 janv. 1997, n° 95-11.585, NP, *RJDA* 1997, n° 185.
5. Civ. 3e, 23 mai 2002, n° 01-00.938, *Bull. civ.* III, n° 109; *D.* 2003. Somm. 732, obs. Damas; *AJDI* 2002. 842, obs. Beaugendre.
6. Applicable aux contrats signés à compter du 27 mars 2014.

TITRE

14. Les garanties du bailleur

SECTION 0
ORIENTEUR

14.00 Plan du titre.

Division. Privilège du bailleur – Dépôt de garantie – Garantie autonome – Cautionnement – Assurance « impayés de loyer ». Il y a différents moyens pour le bailleur de se garantir contre l'inexécution des obligations du locataire.

En dehors de la possibilité, en présence de copreneurs, de faire figurer au contrat la solidarité entre eux, nous en dénombrerons cinq.

Quatre de ces garanties ont un fondement législatif. Il s'agit du privilège du bailleur, du dépôt de garantie, de la garantie autonome et du cautionnement par une tierce personne.

La dernière garantie que le bailleur peut se ménager est issue de la pratique. Il s'agit de l'assurance « impayés de loyer », aujourd'hui supplantée par le dispositif VISALE.

Notons, enfin que le bailleur peut se garantir de la bonne exécution future du contrat en demandant à son cocontractant qu'il lui fournisse un certain nombre de justificatifs.

14.01 Textes applicables.

TEXTES SOURCES

- **C. civ., art. 1752, 2332.**
- **L. n° 89-462, 6 juill. 1989, art. 22, 22-1, 22-1-1, 22-2.**

14.03 Bibliographie indicative.

Ouvrages. J. Lafond, B. Vial-Pedroletti, *Les baux d'habitation*, 8e éd., LexisNexis, 2017, nos 644 s., 1490 s.

Actualisables. RÉP. CIV., Vo « Bail d'habitation et mixte : rapports locatifs individuels – Loi du 6 juillet 1989 », N. Damas – LAMY DR. IMMO, nos 5572 s., 5955 s., 5961 s. – DICT. PERM. Gestion immob., « Baux d'habitation et mixtes », nos 302 s.

CHAPITRE

141. Privilège du bailleur

SECTION 0
ORIENTEUR

141.00 **Plan du chapitre.**

Sect. unique Étude d'ensemble

141.01 **Textes applicables.**

TEXTES SOURCES

• **C. civ., art. 1752, 2332.**

TEXTES *IN EXTENSO*

• **C. civ., art. 1752**

Le locataire qui ne garnit pas la maison de meubles suffisants, peut être expulsé, à moins qu'il ne donne des sûretés capables de répondre du loyer.

• **C. civ., art. 2332**

Les créances privilégiées sur certains meubles sont :

1° Les loyers et fermages des immeubles, sur les fruits de la récolte de l'année, et sur le prix de tout ce qui garnit la maison louée ou la ferme, et de tout ce qui sert à l'exploitation de la ferme; savoir, pour tout ce qui est échu, et pour tout ce qui est à échoir, si les baux sont authentiques, ou si, étant sous signature privée, ils ont une date certaine; et, dans ces deux cas, les autres créanciers ont le droit de relouer la maison ou la ferme pour le restant du bail, et de faire leur profit des baux ou fermages, à la charge toutefois de payer au propriétaire tout ce qui lui serait encore dû;

Et, à défaut de baux authentiques, ou lorsque étant sous signature privée ils n'ont pas une date certaine, pour une année à partir de l'expiration de l'année courante.

Le même privilège a lieu pour les réparations locatives et pour tout ce qui concerne l'exécution du bail. Il a lieu également pour toute créance résultant, au profit du propriétaire ou bailleur, de l'occupation des lieux à quelque titre que ce soit.

(...)

Le propriétaire peut saisir les meubles qui garnissent sa maison ou sa ferme, lorsqu'ils ont été déplacés sans son consentement, et il conserve sur eux son privilège, pourvu qu'il ait fait la revendication, savoir, lorsqu'il s'agit du mobilier qui garnissait une ferme, dans le délai de quarante jours; et dans celui de quinzaine, s'il s'agit des meubles garnissant une maison (...)

141.02 **Jurisprudence de référence.**

• **Civ. 3e, 24 juin 2009, n° 08-14.357**, *Bull. civ.* III, n° 154

* V. s^s n° 141.12

Il n'y a pas lieu de distinguer entre les meubles dont le preneur a la propriété et les autres pour déterminer l'assiette du privilège de l'article 2332, 1°, du code civil, sauf si le bailleur connaissait l'origine des meubles lorsqu'ils ont été introduits dans le local.

• **Com. 16 nov. 2010, n° 09-70.765**, *Bull. civ.* IV, n° 178

* V. s^s n° 141.12

Il résulte de l'article 2332 du code civil que le privilège du bailleur d'immeuble porte sur tous les meubles garnissant le local loué, même s'ils appartiennent à un tiers, sauf s'il est établi que le bailleur connaissait l'origine de ces meubles lorsqu'ils ont été introduits dans ce local.

141.03 **Bibliographie indicative.**

Actualisables. RÉP. CIV., v^is « Bail », par C. Aubert de Vincelles, C. Noblot, n° 134; « Bail d'habitation et mixte : rapports locatifs individuels – Loi du 6 juillet 1989 », N. Damas, n° 269 – LAMY DR. IMMO, n°s 5572 s.

SECTION UNIQUE
ÉTUDE D'ENSEMBLE

141.11 **Saisie des meubles meublant – Expulsion.**

Le bailleur dispose *ipso facto* d'une créance privilégiée sur les loyers et sur le prix de tout ce qui garnit les lieux loués[1]. Le bailleur dispose du même privilège pour les réparations locatives et pour tout ce qui concerne l'exécution du bail.

Il pourra ainsi faire saisir les meubles qui garnissent la location.

1. C. civ., art. 2332 (anc. art. 2102).

141.12 Domaine du privilège. Ce privilège porte sur tous les meubles garnissant la maison, même si ces meubles appartiennent à des tiers, sauf si ceux-ci démontrent que le bailleur connaissait l'origine des meubles au moment de leur introduction dans l'immeuble[1]. À noter que la connaissance ultérieure par le bailleur du droit de propriété de ce tiers est indifférente[2].

Et on ne pourrait pas reprocher au bailleur de ne pas avoir procédé à des vérifications quant à l'identité du propriétaire des meubles[3].

141.13 Privilège et sous-location. En cas de sous-location non autorisée (sur cette question v. s^s n°s 422.11 et 423.11 s.), que le bailleur principal peut faire valoir son privilège sur les meubles du sous-locataire, non seulement pour le prix de la sous-location (conformément à l'art. 1753, C. civ.), mais encore pour tous les loyers échus ou à échoir dus par le locataire principal[4].

141.14 Privilège et clause relative aux meubles meublant. Par ailleurs, l'article 1752 du code civil précise que « le locataire qui ne garnit pas la maison de meubles suffisants, peut être expulsé, à moins qu'il ne donne des sûretés capables de répondre du loyer ». Ainsi, le bailleur peut-il faire insérer dans le bail une clause imposant au locataire de garnir les lieux loués de meubles suffisants.

141.15 Ordre des créanciers. Aux termes de l'article 2232-1 du code civil, sauf dispositions contraires, les privilèges spéciaux priment les privilèges généraux.

Quant à l'article 2232-3 du même code, il précise notamment que les privilèges spéciaux du bailleur d'immeuble, du conservateur et du vendeur de meuble s'exercent dans l'ordre qui suit :

1°) Le privilège du conservateur, lorsque les frais de conservation sont postérieurs à la naissance des autres privilèges;

2°) Le privilège du bailleur d'immeuble, qui ignorait l'existence des autres privilèges;

3°) Le privilège du conservateur, lorsque les frais de conservation sont antérieurs à la naissance des autres privilèges;

4°) Le privilège du vendeur de meuble;

5°) Le privilège du bailleur d'immeuble, qui connaissait l'existence des autres privilèges.

1. Civ. 1re, 12 mai 1969, *Bull. civ.* I, n° 176; *D.* 1970. 43, note Malinvaud – Civ. 3e, 24 juin 2009, n° 08-14.357, *Bull. civ.* III, n° 154; *D.* 2009. AJ 1888, obs. Prigent; *ibid.* 2010. Pan. 1168, spéc. 1173, obs. Damas; *AJDI* 2010. 127, note Zalewski – Com. 16 nov. 2010, n° 09-70.765, *Bull. civ.* IV, n° 178; *AJDI* 2011. 356, obs. Damas.
2. Civ. 3e, 4 févr. 1976, n° 74-13.586, *Bull. civ.* III, n° 47.
3. Orléans, 9 mars 1978, *JurisData* n° 761565, *Loyers ferm.* 1979, 138; *JCP N* 1980. II. 256.
4. Cass., Req. 11 avr. 1892, *D.* 1892. 1. 345, rapport Loubers, concl. Reynaud, note de Loynes.

CHAPITRE

142. Dépôt de garantie

SECTION 0 ORIENTEUR

142.00 **Plan du chapitre.**

142.01 **Textes applicables.**

TEXTES SOURCES

• **L. n° 89-462, 6 juill. 1989, art. 22.**

TEXTES *IN EXTENSO*

• **L. 6 juill. 1989, art. 22**

Lorsqu'un dépôt de garantie est prévu par le contrat de location pour garantir l'exécution de ses obligations locatives par le locataire, il ne peut être supérieur à un mois de loyer en principal. Au moment de la signature du bail, le dépôt de garantie est versé au bailleur directement par le locataire ou par l'intermédiaire d'un tiers.

Un dépôt de garantie ne peut être prévu lorsque le loyer est payable d'avance pour une période supérieure à deux mois; toutefois, si le locataire demande le bénéfice du paiement mensuel du loyer, par application de l'article 7, le bailleur peut exiger un dépôt de garantie.

Il est restitué dans un délai maximal de deux mois à compter de la remise en main propre, ou par lettre recommandée avec demande d'avis de réception, des clés au bailleur ou à son mandataire, déduction faite, le cas échéant, des sommes restant dues au bailleur et des sommes dont celui-ci pourrait être tenu, aux lieu et place du locataire, sous réserve qu'elles soient dûment justifiées. À cette fin, le locataire indique au bailleur ou à son mandataire, lors de la remise des clés, l'adresse de son nouveau domicile.

Il est restitué dans un délai maximal d'un mois à compter de la remise des clés par le locataire lorsque l'état des lieux de sortie est conforme à l'état des lieux d'entrée, déduction faite, le cas échéant, des sommes restant dues au bailleur et des sommes dont celui-ci pourrait être tenu, en lieu et place du locataire, sous réserve qu'elles soient dûment justifiées.

Lorsque les locaux loués se situent dans un immeuble collectif, le bailleur procède à un arrêté des comptes provisoire et peut, lorsqu'elle est dûment justifiée, conserver une provision ne pouvant excéder 20 % du montant du dépôt de garantie jusqu'à l'arrêté annuel des comptes de l'immeuble. La régularisation définitive et la restitution du solde, déduction faite, le cas échéant, des sommes restant dues au bailleur et des sommes dont celui-ci pourrait être tenu en lieu et place du locataire, sont effectuées dans le mois qui suit l'approbation définitive des comptes de l'immeuble. Toutefois, les parties peuvent amiablement convenir de solder immédiatement l'ensemble des comptes.

Le montant de ce dépôt de garantie ne porte pas intérêt au bénéfice du locataire. Il ne doit faire l'objet d'aucune révision durant l'exécution du contrat de location, éventuellement renouvelé.

À défaut de restitution dans les délais prévus, le dépôt de garantie restant dû au locataire est majoré d'une somme égale à 10 % du loyer mensuel en principal, pour chaque période mensuelle commencée en retard. Cette majoration n'est pas due lorsque l'origine du défaut de restitution dans les délais résulte de l'absence de transmission par le locataire de l'adresse de son nouveau domicile.

En cas de mutation à titre gratuit ou onéreux des locaux loués, la restitution du dépôt de garantie incombe au nouveau bailleur. Toute convention contraire n'a d'effet qu'entre les parties à la mutation.

142.02 **Jurisprudence de référence.**

• **Civ. 3e, 5 févr. 2003, n° 01-01.398**, *Bull. civ.* III, n° 29

* V. s^{s} n° 142.64

Doit être cassé l'arrêt qui rejette la demande du locataire en restitution du montant de dépôt de garantie, cette demande étant jugée prématurée, le bail stipulant que ce dépôt de garantie ne doit être rendu qu'après déduction des sommes restant dues au bailleur et qu'il appartient aux parties de faire leurs comptes, alors que la cour devait préciser à quel titre des sommes auraient été encore dues au bailleur.

Admettant *a contrario* que le montant du dépôt de garantie que le bailleur doit restituer au locataire a vocation à être augmenté des sommes dont il peut être tenu (dans une affaire où il a été reconnu que le locataire sortant pouvait, sur le fondement de l'enrichissement sans cause, réclamer au nouveau preneur le remboursement du combustible laissé dans la cuve à son départ, dès lors que le volume de gaz restant n'a pas été payé par le locataire pour le compte du bailleur) : Civ. 3e, 29 nov. 2006, nº 05-12.574, *Bull. civ* III, nº 239.

• **Civ. 3e, 17 nov. 2016, nº 15-24.552**, P

* V. ss nº 142.72

La loi nouvelle régissant immédiatement les effets légaux des situations juridiques ayant pris naissance avant son entrée en vigueur et non définitivement réalisées, la majoration du dépôt de garantie prévue par la loi du 24 mars 2014 s'applique à la demande de restitution formée après l'entrée en vigueur de ce texte.

142.03 Bibliographie indicative.

Ouvrages. J. Lafond, B. Vial-Pedroletti, *Les baux d'habitation*, 8e éd., LexisNexis, 2017, nos 739 à 744, 1490 s.

Actualisables. RÉP. CIV., vis « Bail », par C. Aubert de Vincelles, C. Noblot, nº 134; « Bail d'habitation et mixte : rapports locatifs individuels – Loi du 6 juillet 1989 », N. Damas, nos 185 s. – LAMY DR. IMMO, nos 5955 s. – DICT. PERM. Gestion immob., « Baux d'habitation et mixtes », nº 302.

142.05 Dépôt versé par le locataire ou par un tiers. Les parties peuvent convenir qu'à l'occasion de son entrée dans les lieux, le preneur sera tenu de verser un dépôt de garantie. L'objet du dépôt de garantie est de « garantir l'exécution de ses obligations locatives par le locataire »[1].

Parce qu'il n'est plus rare que le dépôt de garantie soit versé au bailleur, non pas par le locataire lui-même, mais par un tiers (dans le cadre du LOCA-PASS® ou du FSL, notamment), la loi du 8 février 2008 pour le pouvoir d'achat[2] prévoit désormais expressément (L. 6 juill. 1989, art. 22) que, « au moment de la signature du bail, le dépôt de garantie est versé au bailleur directement par le locataire ou par l'intermédiaire d'un tiers »[3].

SECTION 1
CAS OÙ UN DÉPÔT DE GARANTIE PEUT ÊTRE PRÉVU

142.11 Interdiction exceptionnelle. Un dépôt de garantie peut être prévu dans tous les cas, hormis l'hypothèse où « le loyer est payable d'avance pour une période supérieure à deux mois »[4]. Lorsque, comme dans la très grande majorité des cas, le loyer d'un bail d'habitation sera à payer tous les mois, le bailleur sera donc en droit d'insérer une clause contractuelle instaurant un dépôt de garantie.

De surcroît, la loi ajoute que si le locataire, lié par un contrat prévoyant un loyer payable d'avance pour une période de plus de deux mois, demande à bénéficier des dispositions de l'article 7 *a, in fine* en vertu desquelles « le paiement mensuel est de droit lorsque le locataire en fait la demande » (v. ss nº 311.21), le bailleur peut alors exiger un dépôt de garantie[5]. En définitive, les cas d'interdiction de prévoir un dépôt de garantie vont, en pratique, être très rares.

SECTION 2
DÉTERMINATION DU MONTANT DU DÉPÔT DE GARANTIE

142.21 Maximum autorisé. Depuis la loi du 8 février 2008 pour le pouvoir d'achat[6], le dépôt de garantie ne peut être supérieur à un mois de loyer en principal (contre deux mois auparavant)[7], c'est-à-dire hors charges (v. aussi L. 6 juill. 1989, art. 4 *o*, issu L. 13 juill. 2006[8], qui répute non écrite la clause imposant au locataire le versement, lors de l'entrée dans les lieux, de sommes d'argent en plus de celles prévues aux articles 5 et 22).

On précisera que cette réduction de deux à un mois ne concerne que les baux conclus à compter de la publication de la loi du 8 février 2008, soit à partir du 9 février 2008 (L. 8 févr. 2008, art. 10-II).

Et le locataire titulaire d'un bail en cours qui avait versé un dépôt de garantie équivalent à deux mois de loyers ne peut s'en prévaloir pour demander le remboursement d'un mois[9].

Il s'agit d'un maximum qui ne saurait jamais être dépassé. En conséquence, le locataire ayant déjà versé le montant maximum admis par le texte ne peut être contraint à s'acquitter d'un versement supplémentaire entre les mains d'un prestataire, au titre de charges récupérables[10]... ou à défaut de cau-

1. L. nº 89-462, 6 juill. 1989, art. 22, al. 1er.
2. L. nº 2008-111, 8 févr. 2008 pour le pouvoir d'achat, *JO* 9 févr.
3. TOUTEFOIS, cet ajout n'était pas nécessaire compte tenu de l'art. 1236 du code civil : Damas, *AJDI* 2008. 174, spéc. p. 177.
4. L. nº 89-462, 6 juill. 1989, art. 22, al. 2.
5. L. nº 89-462, 6 juill. 1989, art. 22, al. 2.
6. L. nº 2008-111, 8 févr. 2008 pour le pouvoir d'achat, *JO* 9 févr., p. 2451.
7. L. nº 89-462, 6 juill. 1989, art. 22, al. 1er.
8. L. nº 2006-872, 13 juill. 2006 portant engagement national pour le logement, *JO* 16 juill., p. 10662.
9. Rép. min. nº 32932 : *JOAN Q* 17 mars 2009; *AJDI* 2009. 393.
10. Toulouse, 17 nov. 1998, RG nº 97/04100, *Loyers et copr.* 2000, nº 38, obs. Vial-Pedroletti.

tion bancaire[1]. Par ailleurs, une demande de remboursement de la fraction dépassant le maximum autorisé sera couronnée de succès[2].

142.22 Logements non visés par la réforme du 8 février 2008. Cependant, en application de l'article 40 de la loi de 1989, les dispositions de l'article 22, alinéa 1er, relatives au maximum autorisé, ne sont pas applicables à certaines catégories de logements (v. ss nos 022.131 s.).

Il s'agit :

- des logements de la loi de 1948[3] dont l'article 75 prévoit que « les loyers payés d'avance, sous quelque forme que ce soit et même à titre de garantie, ne peuvent excéder une somme correspondant à deux mois de loyer pour les locations faites au mois et au quart du loyer annuel pour les autres cas » (v. ss no 022.191);

- des logements HLM conventionnés, pour lesquels le montant du dépôt de garantie est limité à un mois en vertu de la convention type annexée à l'article R. 353-1 du code de la construction et de l'habitation (v. ss nos 732.31 s.);

- des logements HLM non conventionnés, à l'égard desquels les dispositions de l'article 75 de la loi de 1948 vont recevoir application[4] (v. ss nos 022.181 et 732.32);

- des logements conventionnés du secteur privé pour lesquels le code de la construction et de l'habitation prévoit[5] que « les conventions fixent les conditions dans lesquelles il est demandé au locataire, lors de la signature du bail un cautionnement [dépôt de garantie], qui peut être au plus équivalent à deux mois de loyer en principal, révisable en fonction de l'évolution de celui-ci. Elles fixent également les conditions dans lesquelles ce cautionnement (dépôt de garantie) lui est restitué à son départ ».

142.23 Caractéristiques des sommes versées. Le texte[6] indique expressément que ce dépôt de garantie n'est ni révisable au profit du bailleur (en fonction de l'indice du coût de la construction, par exemple)[7] et ce, même à l'occasion d'un renouvellement de bail[8], ni, à l'inverse, productif d'intérêts au bénéfice du locataire (on ne peut bien évidemment pas interdire au bailleur de placer la somme ainsi récoltée sur un compte rémunéré)[9].

L'interdiction de comptabiliser des intérêts connaît cependant une exception et un tempérament.

• L'exception est relative aux logements conventionnés puisque la convention qui leur est applicable peut prévoir la révision du dépôt de garantie (v. ss no 142.22). Curieusement, l'article 40 de la loi de 1989 ne prévoit, pour les logements conventionnés, que l'exclusion de l'alinéa 1er de l'article 22 (relatif au montant maximal du dépôt de garantie), alors que l'interdiction de réviser le dépôt de garantie (qui fait l'objet d'un alinéa spécial, le 4 *e*), n'est pas visée (v. ss no 022.184).

• Le tempérament concerne l'hypothèse du bailleur qui ne restitue pas les fonds dans le délai légal (v. ss no 142.71 s.).

SECTION 3
RÈGLES APPLICABLES À LA RESTITUTION DU DÉPÔT DE GARANTIE

§ 1
Sommes à restituer

142.31 Déductions que peut faire le bailleur. Le dépôt de garantie sera restitué au locataire en fin de bail « déduction faite, le cas échéant, des sommes restant dues au bailleur et des sommes dont celui-ci pourrait être tenu, aux lieu et place du locataire, sous réserve qu'elles soient dûment justifiées »[10].

Les « sommes restant dues au bailleur » visent les éventuels retards ponctuels de loyers et/ou de charges. Attention : il a été jugé, lorsque le locataire se maintient dans les lieux au-delà du terme du bail, et qu'il devient ainsi occupant sans titre, que le bailleur ne peut pas déduire l'indemnité d'occupation du dépôt de garantie[11]. Et c'est logique puisque, alors, les dispositions de la loi de 1989 n'ont plus vocation à s'appliquer.

1. Paris, 11 mars 2004, RG no 2002/16551, *AJDI* 2004. 458; *JCP* 2004. IV. 2439.
2. Paris, 20 mars 2008, RG no 07/03329, *AJDI* 2008. 591.
3. L. no 48-1360, 1er sept. 1948 portant modification et codification de la législation relative aux rapports des bailleurs et locataires ou occupants de locaux d'habitation ou à usage professionnel et instituant des allocations de logement, *JO*, 2 sept., p. 8659.
4. CCH, art. L. 442-6.
5. CCH, art. R. 353-43.
6. L. no 89-462, 6 juill. 1989, art. 22, al. 4.
7. Rép. min., *JOAN Q* 25 avr. 1983 (loi de 1982), p. 1942; *Ann. loyers* 1983. 511.
8. Paris, 10 mai 1990, RG no 89/2583, *Loyers et copr.* 1990, no 287 (loi de 1986) – Paris, 21 juin 2001, RG no 2000/06260, *Loyers et copr.* 2002, no 3, obs. Vial-Pedroletti.
9. Rép. min. no 13785, *JOAN Q* 9 mai 1996, p. 1143.
10. L. no 89-462, 6 juill. 1989, art. 22, al. 3. Précisant qu'Il incombe au bailleur de justifier des sommes lui restant dues qui viendraient en déduction du montant du dépôt de garantie, Civ. 3e, 15 févr. 2012, no 11-13.014, *Bull. civ.* III, no 28; *D.* 2012. Actu. 553; *AJDI* 2012. 518, note Damas, v. aussi Civ. 3e, 1er févr. 2011, no 10-11.603, NP, *AJDI* 2011. 448, obs. Dreveau.
11. Civ. 3e, 28 sept. 2004, no 03-14.870, NP, *AJDI* 2005. 307, obs. Zalewski.

Les sommes dont le bailleur « pourrait être tenu, aux lieu et place du locataire » correspondent au coût des dégradations et autres défauts d'entretien, frais de remise des lieux en état... Dans tous les cas de figure, le texte précise, ce qui, eu égard aux règles de preuve, tombe d'ailleurs sous le sens, qu'il incombe au bailleur de rapporter la preuve que la déduction qu'il opère est justifiée.

Quant à l'effet de la dévaluation sur le montant à restituer, la Cour de cassation a décidé que les sommes restituées après l'ordonnance l'instaurant[1] devaient être converties de plein droit en nouvelles unités monétaires, quelle que soit la date à laquelle elles ont pris naissance[2]. Transposable au passage du franc à l'euro, cette jurisprudence reste d'actualité.

142.32 Éventualité d'une restitution d'un montant supérieur. Une décision de la Cour de cassation du 29 novembre 2006[3] semble admettre *a contrario* que le montant du dépôt de garantie que le bailleur doit restituer a vocation à être augmenté des sommes dont il peut être tenu envers le locataire. En l'occurrence, le locataire sortant demandait au preneur lui ayant succédé de lui payer le coût du combustible restant dans la cuve à son départ. Au motif que le demandeur avait la possibilité d'actionner le bailleur en restitution du dépôt de garantie, il a été débouté par les juges du fond (l'action fondée sur l'enrichissement sans cause étant subsidiaire). Cette décision est censurée par la Haute juridiction qui valide l'action du locataire sortant envers le nouvel occupant. Cette censure intervient au motif que le prix du combustible restant n'avait, en l'occurrence, pas été acquitté par le locataire sortant pour le compte de son bailleur.

Cette motivation a de quoi surprendre, la finalité assignée au versement prévu à l'article 22 de la loi se limitant à instaurer, en faveur du bailleur, une garantie quant à « l'exécution de ses obligations locatives par le locataire ». C'est tellement vrai que le texte n'envisage d'ailleurs que la diminution du montant à restituer.

142.33 Pratiques interdites. La pratique consistant, pour le locataire, à ne pas payer ses deux derniers mois de loyer[4] ou, en cours de bail, à se dispenser d'acquitter deux termes[5] est interdite.

Par ailleurs, le bail ne peut pas prévoir l'attribution intégrale et automatique du dépôt de garantie en cas de mise en œuvre de la clause résolutoire ou en cas de non-respect des délais de préavis. Une telle clause serait nulle[6].

§ 2
Responsabilité exclusive du bailleur quant à la restitution du dépôt de garantie

142.41 Obligation du bailleur actuel. Seul le bailleur est responsable de la restitution des sommes dues, à l'exclusion de l'agent immobilier à qui il aurait confié un mandat de gestion[7].

Depuis la loi du 25 mars 2009[8], le dernier alinéa de l'article 22 de la loi de 1989 précise que, en cas de mutation à titre gratuit ou onéreux des locaux loués, la restitution du dépôt de garantie incombe « au nouveau bailleur »[9]. Toute convention contraire n'a d'effet qu'entre les parties à la mutation.

Dans l'hypothèse du décès du bailleur, en vertu des articles 1012 et 1024 du code civil, le locataire pourra réclamer le remboursement du dépôt de garantie à l'héritier universel ou à titre universel[10], mais non à son ayant cause particulier[11].

§ 3
Personne ayant qualité pour demander la restitution

142.51 Locataire : bénéficiaire exclusif de la restitution. Il s'agit bien évidemment du locataire.

1. EN L'OCCURRENCE : Ord. n° 58-1341, 27 déc. 1958, *JO* 28 déc., p. 11935.
2. Civ. 3e, 21 juill. 1999, n° 97-20.478, *Bull. civ.* III, n° 183; *JCP* 1999. II. 10223, obs. Bénabent.
3. Civ. 3e, 29 nov. 2006, n° 05-12.574, *Bull. civ.* III, n° 239; *D.* 2006. IR 3010; *AJDI* 2007. 391, note Rouquet.
4. Civ. 3e, 5 oct. 1999, n° 98-10.162, NP, *AJDI* 1999. 1164; *Administrer* janv. 2001. 32, obs. Canu – TI Laon, 6 mars 1995, *JCP N* 1996. II, n° 311, note Gallet.
5. Lyon, 17 oct. 1995, RG n° 94/03284, *Loyers et copr.* 1996, n° 158.
6. Rennes, 22 janv. 1998, RG n° 9405228, *BICC* 1998, n° 1153.
7. Civ. 3e, 16 juin 1999, n° 97-19.396, NP, *AJDI* 1999. 816 – Civ. 3e, 16 mai 2000, n° 98-21.005, NP, *Administrer* oct. 2001, p. 54, obs. Canu – Civ. 1re, 12 juill. 2005, n° 03-20.063, NP, *AJDI* 2005. 899, obs. de La Vaissière – Civ. 3e, 23 juin 2009, n° 08-13.938, NP, *AJDI* 2010. 36, note Dreveau – Civ. 1re, 19 déc. 2013, n° 12-22.202, NP, *AJDI* 2014. 277; *Loyers et copr.* 2014, n° 42, obs. Vial-Pedroletti; Civ. 3e, 26 nov. 2014, n° 13-24.351, NP, *Loyers et copr.* 2015, n° 9, obs. Vial-Pedroletti
8. L. n° 2009-323, 25 mars 2009 de mobilisation pour le logement et la lutte contre l'exclusion, *JO* 27 mars – SUR CETTE LOI : Damas, *AJDI* 2009. 274; *D.* 2010. Pan. 1168, spéc. 1177; Lafond, *JCP N* 2009, n° 1136; Canu, *Loyers et copr.* 2009. 262; Raclet, *Administrer* août-sept. 2009. 7.
9. EN SENS CONTRAIRE précédemment : Douai, 6 févr. 1992, RG n° 514/91, *BICC* 1992, n° 1494 – AUSSI : Rép. min. n° 17744, *JO Sénat* 7 juill. 2005, p. 1838; *AJDI* 2006. 151, obs. Rouquet.
10. Rép. min. n° 17744, *JO Sénat* 7 juill. 2005, p. 1838; *AJDI* 2006. 151, obs. Rouquet.
11. Civ. 3e, 25 févr. 2004, n° 02-16.589, *Bull. civ.* III, n° 37; *AJDI* 2004. 379, obs. Rouquet; *D.* 2004. IR 731.

Cela vaut aussi lorsque le dépôt de garantie a été versé, non pas directement par le preneur, mais, pour son compte, par le fonds de solidarité pour le logement (FSL). Seule une stipulation expresse entre le locataire et le FSL pourrait déroger à cette règle[1].

§ 4
Délai de restitution

142.61 **Évolution de la législation.** En la matière, la loi du 24 mars 2014, dite loi Alur[2] a changé les règles.

142.62 **Délai réglementaire de deux mois.** La restitution de tout ou partie du dépôt de garantie doit intervenir « dans un délai maximal de deux mois à compter de la restitution des clés par le locataire »[3].

Depuis la modification de l'article 22 de la loi du 6 juillet 1989 par la loi du 24 mars 2014, dite loi Alur, :

- le point de départ du délai de deux mois court à compter de la remise en main propre, ou par lettre recommandée avec demande d'avis de réception, des clés au bailleur ou à son mandataire;

- dans la perspective de cette restitution, le locataire indique au bailleur ou à son mandataire, lors de la remise des clés, l'adresse de son nouveau domicile;

- le délai maximal de restitution est abaissé à un mois compter de la remise des clés par le locataire lorsque l'état des lieux de sortie est conforme à l'état des lieux d'entrée, déduction faite, le cas échéant, des sommes restant dues au bailleur et des sommes dont celui-ci pourrait être tenu, en lieu et place du locataire, sous réserve qu'elles soient dûment justifiées.

142.63 **Justification des sommes déduites – Délai.** On précisera qu'aucun texte ne fait obligation au bailleur de justifier dans ce délai de deux mois des sommes qu'il entend déduire du montant du dépôt de garantie[4].

Sous l'empire de l'ancienne législation, il avait été remarqué que, si le point de départ légal de ce délai est la date de la remise des clés[5], en pratique, il est très difficile, voire impossible, pour le bailleur, de respecter la lettre du texte. Celui-ci s'accommode en effet mal des règles de gestion (arrêté de comptes à date fixe, envoi du décompte de charges par le syndic une fois par an...). Qui plus est, l'article 22, alinéa 3, de la loi de 1989 contenait une contradiction puisque, d'une part, il enfermait la restitution du dépôt de garantie dans un délai très strict, mais, d'autre part, il exigeait du bailleur qu'il ne retienne que les sommes dûment justifiées. Or, la justification en question est susceptible d'intervenir hors délai.

142.64 **Prolongement du délai par les juges et par le pouvoir législatif.** Prenant certaines libertés avec le texte, la jurisprudence a d'ailleurs prolongé le délai de restitution[6], ce, avec l'assentiment de l'administration[7].

Tirant les enseignements de ce qui précède, le législateur de 2014 (loi du 24 mars 2014, dite loi Alur) a modifié l'article 22 qui précise que lorsque le logement est situé dans un immeuble collectif, le bailleur procède à un arrêté des comptes provisoire et peut, lorsqu'elle est dûment justifiée, conserver une provision ne pouvant excéder 20 % du montant du dépôt de garantie jusqu'à l'arrêté annuel des comptes de l'immeuble. La régularisation définitive et la restitution du solde, déduction faite, le cas échéant, des sommes restant dues au bailleur et des sommes dont celui-ci pourrait être tenu en lieu et place du locataire, sont effectuées dans le mois qui suit l'approbation définitive des comptes de l'immeuble.

• Le texte permet toutefois aux parties de solder amiablement et immédiatement l'ensemble des comptes.

§ 5
Sanction en cas de non-respect du délai de restitution

142.71 **Intérêts au profit du locataire sortant.** Là encore, il y a un avant et un après la loi du 24 mars 2014, dite loi Alur.

1. Civ. 3e, 14 juin 2006, n° 05-13.784, *Bull. civ.* III, n° 146; *D.* 2006. IR 1769; *AJDI* 2007. 37, note Zalewski; *Loyers et copr.* 2006. 406, obs. Canu.
2. L. n° 2014-366, 24 mars 2014, *JO* 26 mars, p. 5809.
3. L. n° 89-462, 6 juill. 1989, art. 22, al. 3.
4. Civ. 3e, 8 déc. 2009, n° 08-20.340, NP, *AJDI* 2010. 387, obs. Dreveau; *Administrer* juin 2010. 46, obs. Canu.
5. Civ. 3e, 16 juill. 1998, n° 95-20.683, NP, *Administrer* juill. 1999, p. 38, obs. Canu.
6. Civ. 3e, 18 mars 1992, n° 90-11.763, *Bull. civ.* III, n° 93; *D.* 1993. Somm. 175, obs. Bihr; *Administrer* oct. 1992, p. 79, note Aubert, [loi de 1986]; 5 févr. 2003, n° 01-01.398, *Bull. civ.* III, n° 29; *AJDI* 2003. 414, obs. Rouquet; TI Boissy-Saint-Léger, 21 juin 1984, *D.* 1985. IR 291, obs. Giverdon, [loi de 1982].
7. Rép. min. n° 40363, *JOAN Q* 20 mars 2000, p. 1878; *Administrer* mai 2000, p. 65; Rép. min. n° 4514, *JOAN Q* 18 nov. 2002, p. 4297; *Administrer* janv. 2003. 119 – AUSSI : Rép. min. n° 5956, *JOAN Q* 24 févr. 2003, p. 1417; *AJDI* 2003. 420, obs. Rouquet – Rép. min. n° 30815, *JOAN Q* 16 mars 2004, p. 2063, *AJDI* 2001. 642, obs. Rouquet – Rép. min. n° 85014, *JOAN Q* 20 juin 2006, p. 6578.

En effet, sous l'empire de l'article 22 de la loi de 1989 dans sa rédaction antérieure, en cas de non-respect du délai de deux mois, « le solde du dépôt de garantie restant dû au locataire, après arrêté des comptes [c'est-à-dire, déduction faite de ce que le preneur reste devoir au bailleur], produisait intérêt au taux légal au profit du locataire »[1]. Et il a été jugé qu'il n'entre pas dans les prérogatives du juge de doubler cette « pénalité »[2] (sur le point de départ à retenir pour calculer ce délai de deux mois v. s^s^ nº 142.62).

142.72 Intérêts au profit du locataire sortant – Loi Alur. Dans sa rédaction issue de la loi du 24 mars 2014, dite loi Alur, l'article 22 précise désormais que, à défaut de restitution dans les délais prévus, le dépôt de garantie restant dû au locataire est majoré d'une somme égale à 10 % du loyer mensuel en principal, pour chaque période mensuelle commencée en retard.

Toutefois, cette majoration n'est pas due lorsque l'origine du défaut de restitution dans les délais résulte de l'absence de transmission par le locataire de l'adresse de son nouveau domicile.

La question de l'application dans le temps des dispositions issues de la loi Alur du 24 mars 2014 s'est posée.

En effet, aux termes de l'article 14 de ce texte, la nouvelle rédaction ne vaut pas pour les contrats en cours à la date d'entrée en vigueur de la loi de 2014 (le 27 mars 2014).

Pourtant, la Cour de cassation a été amenée à préciser que la loi nouvelle régissant immédiatement les effets légaux des situations juridiques ayant pris naissance avant son entrée en vigueur et non définitivement réalisées, la majoration du dépôt de garantie prévue par la loi du 24 mars 2014 s'applique à la demande de restitution formée après l'entrée en vigueur de ce texte[3].

On notera toutefois que, depuis l'entrée en vigueur, de la loi nº 2015-990 du 6 août 2015[4] (le 8 août 2015), l'article 22 de la loi de 1989 dans sa version post-Alur est expressément déclarée applicable aux baux en cours.

§ 6
En cas de litige

142.81 Compétence du juge d'instance. À compter du 1er juillet 2017, date de l'entrée en vigueur de la suppression des juridictions de proximité, le contentieux relatif à la restitution du dépôt de garantie relève de la compétence du tribunal d'instance du lieu de situation de l'immeuble, et non plus, comme par le passé, successivement du juge de proximité et de la juridiction de proximité (sur la disparition de ces juridictions et sur le droit transitoire applicable, v. s^s^ n°s 921.31 s.).

1. L. nº 89-462, 6 juill. 1989, art. 22, al. 5.
2. Civ. 3e, 19 mai 2010, nº 09-13.426, NP, *AJDI* 2010. 728, note Zalewski.
3. Civ. 3e, 17 nov. 2016, nº 15-24.552, P, *Dalloz actu.*, 24 nov. 2016, obs. Y. Rouquet.
4. L. nº 2015-990 du 6 août 2015, art. 82-II, *JO* 7 août 2015, p. 13537 s., en vigueur le 8 août 2015.

CHAPITRE

143. Garantie autonome

SECTION 0 ORIENTEUR

143.00 **Plan du chapitre.**

Sect. unique Étude d'ensemble

143.01 **Textes applicables.**

TEXTES SOURCES

• **L. n° 89-462, 6 juill. 1989, art. 22-1-1.**

TEXTES *IN EXTENSO*

• **L. 6 juill. 1989, art. 22-1-1**

La garantie autonome prévue à l'article 2321 du code civil ne peut être souscrite qu'en lieu et place du dépôt de garantie prévu à l'article 22 et que dans la limite du montant résultant des dispositions du premier alinéa de cet article.

143.03 **Bibliographie indicative.**

Actualisables. RÉP. CIV., v° « Bail d'habitation et mixte : rapports locatifs individuels – Loi du 6 juillet 1989 », N. Damas, n° 188 – LAMY DR. IMMO, n° 5960 – DICT. PERM. Gestion immob., « Baux d'habitation et mixtes », n°s 153, 304.

SECTION UNIQUE ÉTUDE D'ENSEMBLE

143.11 **Obligations du garant.** La garantie autonome est définie à l'article 2321 du code civil.

Il s'agit de l'engagement par lequel le garant (personne physique ou morale) s'oblige, en considération d'une obligation souscrite par un tiers, à verser une somme soit à première demande, soit suivant des modalités convenues. Le texte précise par ailleurs que :

– le garant n'est pas tenu en cas d'abus ou de fraude manifestes du bénéficiaire ou de collusion de celui-ci avec le donneur d'ordre;

– le garant ne peut opposer aucune exception tenant à l'obligation garantie.

Envisageant l'emploi de cette sûreté à la sphère des rapports locatifs soumis à la loi du 6 juillet 1989, l'article 22-1-1 de ce texte, issu de l'ordonnance du 23 mars 2006, précise qu'elle ne peut être souscrite qu'en lieu et place du dépôt de garantie (sur cette notion v. s^{s} n°s 142.05 s.) et uniquement dans la limite d'un mois de loyer hors charges. La garantie autonome n'a donc pas vocation à être souscrite en lieu et place du cautionnement.

143.12 **Utilité.** Cette nouvelle sûreté présente des avantages pour les deux cocontractants.

• Locataire. Le principal avantage de cette garantie est qu'elle lui permet, lors de son entrée dans les lieux, de ne pas avoir à verser plus qu'un mois de loyer (et encore, uniquement, lorsque le terme est à échoir).

• Bailleur. Il pourrait être séduit par la formule, dans la mesure où elle semble condamner la pratique – illégale (v. s^{s} n° 142.33) – consistant, pour le preneur, à ne pas payer les deux derniers mois de loyer, couverts par le montant du dépôt de garantie.

143.13 **Précautions.** Toutefois, les parties au bail qui opteraient pour cette nouvelle garantie devront prendre un soin extrême à la rédaction de leur contrat.

• En effet tout d'abord les termes de l'article 2331 du code civil, précisent que, sauf convention contraire, cette sûreté ne suit pas l'obligation garantie. Ainsi, à défaut de stipulation expresse en sens inverse, l'acquéreur du logement (en cas de vente du bien occupé) ou l'héritier du bailleur (dans l'hypothèse du décès de celui-ci) ne sauraient bénéficier de la garantie autonome.

• Par ailleurs, une stipulation devra préciser la durée de l'engagement souscrit par le garant (celle-ci ne vaut-elle que pour la durée initiale du bail ou, au contraire, s'étend-elle aux renouvellements et/ou à la période de tacite reconduction ?).

• Enfin, on remarquera avec certains auteurs [1] qu'alors qu'en matière de dépôt de garantie, il revient au bailleur de dûment justifier les sommes réclamées, il appartiendra ici au locataire d'établir qu'il n'est plus redevable à l'égard du bailleur, ce qui correspond à un renversement de la charge de la preuve qui risque de rendre frileux un certain nombre de garants potentiels.

1. Zalewski, *Loyers et copr.* 2006, p. 271 s.

CHAPITRE

144. Cautionnement

SECTION 0
ORIENTEUR

144.00 Plan du chapitre.

144.01 Textes applicables.

TEXTES SOURCES

• **L. n° 89-462, 6 juill. 1989, art. 22-1.**

TEXTES *IN EXTENSO*

• **L. 6 juill. 1989, art. 22-1**

Le cautionnement ne peut pas être demandé, à peine de nullité, par un bailleur qui a souscrit une assurance, ou toute autre forme de garantie, garantissant les obligations locatives du locataire, sauf en cas de logement loué à un étudiant ou un apprenti. Cette disposition ne s'applique pas au dépôt de garantie mentionné à l'article 22.

Si le bailleur est une personne morale autre qu'une société civile constituée exclusivement entre parents et alliés jusqu'au quatrième degré inclus, le cautionnement ne peut être demandé que :

– s'il est apporté par un des organismes dont la liste est fixée par décret en Conseil d'État;

– ou si le logement est loué à un étudiant ne bénéficiant pas d'une bourse de l'enseignement supérieur.

Lorsqu'un cautionnement pour les sommes dont le locataire serait débiteur dans le cadre d'un contrat de location conclu en application du présent titre est exigé par le bailleur, celui-ci ne peut refuser la caution présentée au motif qu'elle ne possède pas la nationalité française ou qu'elle ne réside pas sur le territoire métropolitain.

Le cautionnement pour les sommes dont le locataire serait débiteur s'étend également aux sommes correspondant aux aides versées au bailleur en application de l'article 24-2.

Lorsque le cautionnement d'obligations résultant d'un contrat de location conclu en application du présent titre ne comporte aucune indication de durée ou lorsque la durée du cautionnement est stipulée indéterminée, la caution peut le résilier unilatéralement. La résiliation prend effet au terme du contrat de location, qu'il s'agisse du contrat initial ou d'un contrat reconduit ou renouvelé, au cours duquel le bailleur reçoit notification de la résiliation.

La personne physique qui se porte caution fait précéder sa signature de la reproduction manuscrite du montant du loyer et des conditions de sa révision tels qu'ils figurent au contrat de location, de la mention manuscrite exprimant de façon explicite et non équivoque la connaissance qu'elle a de la nature et de l'étendue de l'obligation qu'elle contracte et de la reproduction manuscrite de l'alinéa précédent. Le bailleur remet à la caution un exemplaire du contrat de location. Ces formalités sont prescrites à peine de nullité du cautionnement.

144.02 Jurisprudence de référence.

• **Cass., Ass. plén., 6 déc. 2004, n° 03-10.713**, *Bull. ass. plén.*, n° 14

* V. s[s] n° 144.36

En cas de vente de l'immeuble donné à bail, le cautionnement garantissant le paiement des loyers est, sauf stipulation contraire, transmis de plein droit au nouveau propriétaire en tant qu'accessoire de la créance de loyer cédée à l'acquéreur par l'effet combiné de l'art. 1743 et des art. 1692, 2013 et 2015 :

• **Com. 8 nov. 2005, n° 01-12.896**, *Bull. civ.* IV, n° 218

* V. s[s] n° 144.37

En cas de fusion-absorption d'une société propriétaire d'un immeuble donné à bail, le cautionnement garantissant le paiement des loyers est, sauf stipulation contraire, transmis de plein droit à la société absorbante.

• **Civ. 3e, 9 juill. 2008, n° 07-10.926**, *Bull. civ.* III, n° 124

* V. s[s] n° 144.44

Les formalités prescrites par l'article 22-1 ne concernent que les cautionnements conclus sous seings privés et non ceux donnés en la forme authentique, avec le concours d'un notaire.

144.03 **Bibliographie indicative.**

Ouvrages. J. Lafond, B. Vial-Pedroletti, *Les baux d'habitation*, 8e éd., LexisNexis, 2017, nos 658 s.

Actualisables. RÉP. CIV., vis « Bail », par C. Aubert de Vincelles, C. Noblot, no 135; « Bail d'habitation et mixte : rapports locatifs individuels – Loi du 6 juillet 1989 », N. Damas, nos 273 s. – LAMY DR. IMMO, nos 5962 s. – DICT. PERM. Gestion immob., « Baux d'habitation et mixtes », nos 152 s.

SECTION 1
DÉFINITION ET RÉGIME

144.11 **Garantie extrinsèque.** Le cautionnement est une garantie extrinsèque (c'est-à-dire extérieure à la personne du locataire) qui va permettre au bailleur de s'assurer qu'en cas de défaillance de son cocontractant, les obligations de celui-ci seront bien remplies. Dans le langage courant le terme de « caution » désigne parfois (à tort) le dépôt de garantie. On notera, en le déplorant, que la confusion est entretenue par certains textes officiels, tel l'article R. 353-43 du code de la construction et de l'habitation (v. ss no 142.22).

Le cautionnement peut émaner d'un établissement financier comme d'un particulier ou d'une personne morale (sur le cautionnement du locataire dans le cadre du dispositif VISALE, v. ss nos 145.31 s.).

144.12 **Incompatibilité avec une autre garantie.** Les règles relatives au cautionnement sont exclusivement fixées par l'article 22-1 de la loi du 6 juillet 1989. Le champ d'application du cautionnement est strictement limité.

En effet, sauf en cas de logement loué à un étudiant ou un apprenti, aucun cautionnement ne peut être demandé « à peine de nullité » précise le texte dans sa rédaction issue de la loi du 24 mars 2014, dite loi Alur[1], par un bailleur qui a souscrit une assurance ou, selon une modification issue de la loi Alur[2], « toute autre forme de garantie » garantissant les obligations locatives du locataire (sur cette question v. ss nos 145.03 s.).

144.13 **Incompatibilité avec une autre garantie – Loi Alur.** Dans sa rédaction issue de la loi du 24 mars 2014, dite loi Alur, applicable aux baux signés, renouvelés ou tacitement reconduits depuis le 27 mars 2014, l'article 22-1 précise :

– que cette règle de non-cumul ne concerne pas le dépôt de garantie de l'article 22 (au sujet duquel, v. ss nos 142.05 s.),

– que le cautionnement pour les sommes dont le locataire serait débiteur s'étend également aux sommes correspondant aux aides versées au bailleur en application de la garantie universelle des loyers visée à l'article 24-2 (au sujet de laquelle, v. ss nos 145.21 s.).

En cas de cumul interdit, à défaut de sanction spécifique édictée par les textes, sous réserve de l'interprétation des tribunaux, le cautionnement sollicité à tort est nul, au profit de l'assurance qui produit ses effets sans toutefois porter atteinte au contrat en cours[3].

144.14 **Interdiction de cumul : quelques imprécisions.** De cette rédaction approximative sont nées plusieurs interrogations[4].

• On peut ainsi se demander si l'interdiction est toujours de mise lorsque la souscription est postérieure à la signature du bail (le texte envisage « un bailleur qui a souscrit une assurance... »).

De plus, puisque seule est visée la souscription par le bailleur, il semble pouvoir être soutenu que, dans l'hypothèse où le souscripteur est l'administrateur du bien loué, le cumul assurance/caution est légal.

Enfin, que se passe-t-il si, en cours de bail, le locataire perd sa qualité d'étudiant ou d'apprenti ?

144.15 **Personne morale et cautionnement.** Le bailleur personne morale, autre qu'une société civile familiale (entendons par là une société constituée exclusivement entre parents et alliés jusqu'au quatrième degré inclus), et notamment un organisme d'HLM, ne peut demander de cautionnement que :

– s'il est apporté par un des organismes dont la liste est fixée par décret en Conseil d'État. Aux termes du décret du 28 décembre 2009, il s'agit des fonds de solidarité pour le logement (FSL) prévus à l'article 6 de la loi du 31 mai 1990[5] susvisée, dite loi Besson, et des fonds locaux prévus à l'article 7 de la même loi; des organismes collecteurs de la participation des employeurs à l'effort de construction prévue à l'article L. 313-1 du code de la construction et de l'habitation agréés; des associations auxquelles un FSL ou un fonds local accorde sa garantie en application des dispositions de l'article 6 de la loi « Besson » de 1990 ou de tous les organismes ou associations qui apportent, à titre gratuit, leur caution à un candidat à la location afin de favoriser son accès au logement[6];

1. Applicable aux baux signés depuis le 27 mars 2014.
2. Applicable aux baux signés depuis le 27 mars 2014.
3. Rép. min. no 12456, *JO Sénat* 6 mai 2010, p. 1160; *AJDI* 2010. 436.
4. Posées avec beaucoup de pertinence par Damas : *AJDI* 2009. 274.
5. L. no 90-449, 31 mai 1990 visant à la mise en œuvre du droit au logement, *JO* 2 juin, p. 6551.
6. SUR CE DÉCRET : Damas, *D.* 2010. 1168, spéc. 1176.

– ou si le logement est loué à un étudiant ne bénéficiant pas d'une bourse de l'enseignement supérieur.

144.16 Interdiction de cumul et dispositions transitoires. En application des dispositions transitoires de la loi du 21 juillet 1994[1], dont l'article 22-1 de la loi de 1989 est issu, ce texte est entré en vigueur le 1er septembre 1994 et n'est applicable qu'aux cautionnements consentis après cette date. Il a ainsi été jugé[2] qu'un cautionnement donné en 1991 échappe aux dispositions de l'article 22-1 et est soumis aux seules règles du code civil[3]. À l'inverse, un cautionnement souscrit en 1997 est soumis à l'article 22-1[4].

En revanche, il n'est pas interdit de cumuler plusieurs cautionnements[5].

SECTION 2
LÉGALITÉ DU CAUTIONNEMENT ET CHOIX DE LA CAUTION

144.21 Cumul avec d'autres garanties. Les parties peuvent convenir que le preneur devra fournir une caution bancaire garantissant, par exemple, une année de loyer[6] ou une caution personnelle[7].

Concernant le choix de la personne souhaitant se porter caution, selon l'article 22-1 de la loi de 1989, le bailleur ne saurait refuser la caution présentée au motif qu'elle ne possède pas la nationalité française[8] ou qu'elle ne réside pas sur le territoire métropolitain[9]. On retiendra d'un arrêt de la Cour de cassation que, le fait, pour un bailleur, de réclamer une caution à un locataire étranger non ressortissant d'un État membre de l'Union européenne ne constitue pas une pratique discriminatoire, dès lors que le locataire n'établit pas que lui seul s'est vu réclamer cette garantie pour l'unique raison de son appartenance à un groupe ethnique particulier[10].

1. L. n° 94-624, 21 juill. 1994, *JO* 24 juill., p. 10685, art. 23-II.
2. Paris, 23 nov. 1999, RG n° 1998/00677, *AJDI* 2000. 144.
3. C. civ., art. 2011 s.
4. Versailles, 14 déc. 2001, RG n° 14/1201, *D.* 2003. Somm. 801, obs. Pierre.
5. Douai, 21 mars 2013, n° 12/02129, *AJDI* 2013. 527.
6. Paris, 13 oct. 1995, RG n° 94/004516, *D.* 1996. Somm. 376, obs. CRDP Nancy 2, [loi de 1982].
7. Paris, 18 févr. 1999, RG n° 1998/02247, *Loyers et copr.* 1999, n° 149, obs. Vial-Pedroletti.
8. L. n° 89-462, 6 juill. 1989, art. 22-1, mod. par L. n° 2002-73, 17 janv. 2002, art. 161 – SUR cette interdiction : Gareau, *AJDI* 2001. 956.
9. POUR UNE CRITIQUE de cet ajout par le législateur de 2006 : Damas, *AJDI* 2006. 712.
10. Civ. 3e, 19 mars 2003, n° 01-03.730, *Bull. civ.* III, n° 65; *RTD civ.* 2003, n° 4; *D.* 2004. Somm. 837, obs. Gérard; *AJDI* 2003. 417, obs. Rouquet.

Quant à la solvabilité de la caution, en application de l'article 22-2 de la loi de 1989 et du décret du 5 novembre 2015[11], le bailleur pourra s'en assurer en exigeant de celui-ci qu'il fournisse tout ou partie des pièces justificatives suivantes :

A. Pour les cautions personnes physiques, une pièce justificative d'identité en cours de validité, comportant la photographie et la signature du titulaire parmi les documents suivants :

1. Carte nationale d'identité française ou étrangère.

2. Passeport français ou étranger.

3. Permis de conduire français ou étranger.

B. Pour les cautions personnes morales les deux justificatifs :

1. Extrait K *bis* original de moins de trois mois de la société ou les statuts ou toute autre pièce justifiant de l'existence légale de la personne, faisant apparaître le nom du responsable et l'adresse de l'organisme ainsi que la preuve qu'une déclaration a été effectuée auprès d'une administration, une juridiction ou un organisme professionnel.

2. Justificatif d'identité du représentant de la personne morale figurant sur l'extrait K *bis* ou les statuts.

C. Une seule pièce justificative de domicile parmi les documents suivants :

1. Dernière quittance de loyer.

2. Facture d'eau, de gaz ou d'électricité de moins de trois mois.

3. Attestation d'assurance logement de moins de trois mois.

4. Dernier avis de taxe foncière ou, à défaut, titre de propriété de la résidence principale.

D. Un ou plusieurs documents attestant des activités professionnelles parmi les documents suivants :

1. Contrat de travail ou de stage ou, à défaut, une attestation de l'employeur précisant l'emploi et la rémunération proposée, la date d'entrée en fonctions envisagée et le cas échéant la durée de la période d'essai.

2. L'extrait K ou K *bis* du registre du commerce et des sociétés datant de moins de trois mois pour une entreprise commerciale.

3. L'extrait D 1 original du registre des métiers de moins de trois mois pour un artisan.

4. La copie du certificat d'identification de l'INSEE, comportant les numéros d'identification, pour un travailleur indépendant.

5. La copie de la carte professionnelle pour une profession libérale.

11. Décr. n° 2015-1437, 5 nov. 2015 fixant la liste des pièces justificatives pouvant être demandées au candidat à la location et à sa caution, *JO* 7 nov. 2015, p. 20832.

6. Toute pièce récente attestant de l'activité pour les autres professionnels.

E. Un ou plusieurs documents attestant des ressources parmi les documents suivants :

1. Dernier avis d'imposition ou de non-imposition et, lorsque tout ou partie des revenus perçus n'a pas été imposé en France mais dans un autre État ou territoire, le dernier avis d'imposition à l'impôt ou aux impôts qui tiennent lieu d'impôt sur le revenu dans cet État ou territoire ou un document en tenant lieu établi par l'administration fiscale de cet État ou territoire.

2. Titre de propriété d'un bien immobilier ou dernier avis de taxe foncière.

3. Trois derniers bulletins de salaires.

4. Les deux derniers bilans ou, à défaut, une attestation de ressources pour l'exercice en cours délivré par un comptable pour les professions non salariées.

5. Justificatif de versement des indemnités, retraites, pensions, prestations sociales et familiales et allocations perçues lors des trois derniers mois ou justificatif de l'ouverture des droits, établis par l'organisme payeur.

6. Justificatif de revenus fonciers, de rentes viagères ou de revenus de valeurs et capitaux mobiliers.

Les pièces produites peuvent être des copies des documents originaux. Elles sont rédigées ou traduites en langue française et les montants inscrits convertis en euros. Les documents originaux doivent pouvoir être présentés à la demande du bailleur.

144.22 Sanction. En cas de manquement à l'article 22-2, le texte précise qu'une amende administrative prononcée par le préfet (après que l'intéressé a été informé de la possibilité de présenter ses observations dans un délai déterminé) est encourue. Son montant, qui doit être proportionné à la gravité des faits constatés et qui ne peut être prononcée plus d'un an à compter de la constatation des faits, ne peut être supérieur à 3 000 euros pour une personne physique et à 15 000 euros pour une personne morale.

SECTION 3
DURÉE DE L'ENGAGEMENT DE LA CAUTION

144.31 Cautionnement à durée déterminée. La durée de l'engagement de la caution ne pose alors, en principe, pas de problème puisqu'elle est limitée par une clause du cautionnement, par exemple, la durée du bail initial. En conséquence, un cautionnement limité à la durée du bail initial ne saurait être étendu à la période de tacite reconduction [1]. De la même manière, en l'absence de toute mention à l'acte précisant l'extension du cautionnement en cas de reconduction du bail, l'engagement de la caution doit être limité à la durée du contrat initial [2]. Dans le même ordre d'idées, il a été jugé que l'acte de caution donné « pour la durée du contrat initial et son renouvellement éventuel » ou « pour l'exécution du présent bail et de ses suites » ne vaut pas en cas de reconduction tacite du bail [3] - jurisprudence à comparer toutefois avec celle en vertu de laquelle le cautionnement donné « pour la durée du contrat initial et de son renouvellement éventuel » est un cautionnement à durée indéterminée, le nombre de renouvellements possibles n'étant pas expressément précisé [4]. À noter que, dans le secteur HLM, bien que les baux soient à durée indéterminée (v. s^s^ n° 731.33), l'engagement demandé à la caution sera limité dans le temps (cinq ans par exemple).

144.32 Résiliation unilatérale d'un cautionnement à durée déterminée – Non. La caution signataire d'un contrat à durée déterminée ne peut mettre fin unilatéralement à son engagement (à l'inverse de la caution engagée à durée indéterminée v. s^s^ n° 144.34), celui-ci va s'achever à l'expiration du bail, soit, le cas échéant, deux mois après la date de délivrance du commandement de payer infructueux [5].

144.33 Cautionnement à durée indéterminée. La loi du 6 juillet 1989 [6] considère que le cautionnement d'obligations locatives est à durée indéterminée :

- soit lorsqu'une clause de l'engagement de caution le mentionne expressément;

- soit lorsque le cautionnement ne comporte aucune indication de durée. L'engagement de caution qui, figurant à la fin du bail, ne comporte pas d'indication de durée, doit s'analyser en un cautionnement à durée indéterminée, peu important que la durée du contrat de bail, distinct du contrat de cautionnement, soit de trois ans [7].

Alors, la caution pourra résilier unilatéralement son engagement.

1. Paris, 19 févr. 1997, RG n° 96/5790, *Loyers et copr.* 1997, n° 255, obs. Vial-Pedroletti.
2. Civ. 3e, 4 oct. 2000, n° 98-22.267, NP, *D.* 2000. IR 265, (à propos d'un cautionnement antérieur au 1er sept. 1994, date d'entrée en vigueur de l'art. 22-1).
3. Versailles, 25 juin 1999, RG n° 97/00006864, *Loyers et copr.* 2000, n° 161, obs. Vial-Pedroletti – Metz, 30 mars 2000, RG n° 98/02129, *Loyers et copr.* 2001, n° 114, obs. Vial-Pedroletti.
4. Versailles, 6 nov. 1998, RG n° 96/00007603, *Ann. loyers* 1999. 1380, obs. Teilliais.
5. Versailles, 5 nov. 1999, RG n° 97/00007987, *BICC* 2000, n° 1063; *D.* 2002. Somm. 1723, obs. CRDP Nancy 2.
6. L. n° 89-462, 6 juill. 1989, art. 22-1, al. 1er.
7. Orléans, 20 janv. 2000, RG n° 99/00257, *Loyers et copr.* 2001, n° 28, obs. Vial-Pedroletti.

144.34 Date de prise d'effet de la résiliation. La résiliation ne sera cependant pas immédiate puisque sa prise d'effet sera différée au terme du bail au cours duquel le bailleur aura reçu notification de la résiliation [1].

Peu importe qu'il s'agisse du bail initial, d'un contrat reconduit ou renouvelé [2]. Faute d'avoir résilié unilatéralement son engagement, la caution reste donc engagée pour la période de tacite reconduction [3] ou à l'occasion du bail renouvelé [4].

Ainsi, si un bail a été conclu entre deux personnes physiques pour une durée de trois ans le 1er juin 2003 et qu'un cautionnement a été stipulé à durée indéterminée (ou n'a pas mentionné de durée), la caution qui notifiera la résiliation unilatérale de son engagement le 30 septembre 2004 sera libérée de celui-ci à compter du 1er juin 2006, terme du bail.

Si, à propos du même bail, la caution a dénoncé son engagement le 2 juin 2006, son cautionnement s'achèvera le 1er juin 2009, que les parties aient renouvelé le bail initial pour trois ans ou que celui-ci se soit reconduit tacitement pour la même durée en vertu de l'article 10 de la loi du 6 juillet 1989 (v. s^s^ n° 512.21).

144.35 Cas particulier de la colocation. En cas de colocation (au sujet de laquelle, v. s^s^ n°s 124.11 s.), on retiendra de l'article 8-1 de la loi du 6 juillet 1989, créé par la loi du 24 mars 2014 [5], dite loi Alur, applicable aux baux signés, renouvelés ou tacitement reconduits à compter du 27 mars 2014, la solidarité de la personne qui s'est portée caution pour un colocataire prend fin à la date d'effet du congé régulièrement délivré et lorsqu'un nouveau colocataire figure au bail (les conditions sont cumulatives). À défaut, la solidarité du colocataire sortant s'éteint au plus tard à l'expiration d'un délai de six mois après la date d'effet du congé. Quant à l'acte de cautionnement des obligations d'un ou de plusieurs colocataires résultant de la conclusion d'un contrat de bail d'une colocation, il doit identifier nécessairement, sous peine de nullité, le colocataire pour lequel le congé met fin à l'engagement de la caution (sur la solidarité entre colocataires, v. s^s^ n° 124.41).

144.36 Sort du cautionnement en cas de vente du bien loué. Mettant fin à plusieurs années d'incertitude par un arrêt du 6 décembre 2004 [6], l'Assemblée plénière de la Cour de cassation a précisé qu'en cas de vente de l'immeuble donné à bail, le cautionnement garantissant le paiement des loyers est, sauf stipulation contraire, transmis de plein droit au nouveau propriétaire en tant qu'accessoire de la créance de loyer cédée à l'acquéreur par l'effet combiné de l'article 1743 et des articles 1692, 2013 [devenu aujourd'hui l'art. 2290] et 2015 [nouvel art. 2292] du code civil [7]. Par le passé, la Chambre commerciale de la Cour de cassation avait eu l'occasion de défendre la thèse inverse [8].

144.37 Sort du cautionnement en cas de fusion-absorption de la société bailleresse. La solution est la même en cas de fusion-absorption de la société bailleresse : le cautionnement garantissant le paiement des loyers est, là encore, sauf stipulation contraire, transmis de plein droit à la société absorbante [9].

SECTION 4
PORTÉE DE L'ENGAGEMENT PRIS PAR LA CAUTION ET FORMALISME À RESPECTER

144.41 Engagement dont la portée doit être mesurée. L'engagement de la caution est un engagement lourd de conséquences : loin d'être virtuel ou uniquement moral, il s'agit bien de suppléer la carence du preneur et de répondre à sa place de ses engagements à l'égard du bailleur. Les termes de l'engagement de la caution devront donc être mesurés : si, par exemple, celle-ci s'engage au titre de caution solidaire (c'est-à-dire sans bénéfice de discussion ni de division) pour toutes les sommes dont le preneur pourrait être débiteur envers son cocontractant, elle sera lourdement engagée et devra même régler l'indemnité d'occupation dont le

1. Chambéry, 28 sept. 1999, *Loyers et copr.* 2000, n° 60, obs. Vial-Pedroletti.
2. L. n° 89-462, 6 juill. 1989, art. 22-1, al. 1er, *in fine*.
3. Paris, 29 janv. 1999, RG n° 1998/15781, *Loyers et copr.* 1999, n° 145, obs. Vial-Pedroletti.
4. Civ. 3e, 13 juill. 2005, n° 04-15.064, *Bull. civ.* III, n° 157; *AJDI* 2005. 908, obs. Rouquet, *Loyers et copr.* 2005, n° 10.
5. L. n° 2014-366, 24 mars 2014 pour l'accès au logement et un urbanisme rénové, *JO* 26 mars 2014, p. 5809.
6. Cass., Ass. plén., 6 déc. 2004, n° 03-10.713, *Bull. ass. plén.*, n° 14; *D.* 2005. AJ 70, obs. Avena-Robardet; *ibid.* 2005. 227, note Aynès; *ibid.* 749, obs. N. Damas; *ibid.* 1424, obs. A. Boujeka, M. Bourassin, E. Claudel et B. Thullier; *ibid.* 2078, obs. P. Crocq; *RTD com.* 2005. 51, obs. Monéger; *RTD com.* 2005. 404, obs. Legeais; *AJDI* 2005. 240, obs. Cohet-Cordey.
7. Cass., Ass. plén., 6 déc. 2004, n° 03-10.713, *Bull. ass. plén.*, n° 14; *D.* 2005. AJ 70, obs. Avena-Robardet; *D.* 2005. 227, note Aynès; *RTD com.* 2005. 51, obs. Monéger; *RTD com.* 2005. 404, obs. Legeais; *AJDI* 2005. 240, obs. Cohet-Cordey.
8. Com. 26 oct. 1999, *Bull. civ.* IV, n° 184; *D.* 2000. 224, obs. Aynès; *D.* 2000. AJ 25, obs. V. A.-R. – Com. 3 déc. 2003, n° 01-10.755, NP, *Loyers et copr.* 2004, n° 64, obs. Vial-Pedroletti.
9. Com. 8 nov. 2005, n° 01-12.896, *Bull. civ.* IV, n° 218; *D.* 2005. AJ 2875, obs. Lienhard; *Rev. loyers* 2006. 81, obs. Chemin-Bomben; *Rev. sociétés* 2006. 57, note M.-L. Coquelet; *RTD com.* 2006. 145, obs. P. Le Cannu; *ibid.* 179, obs. D. Legeais; *LPA* 5 janv. 2006, n° 4, p. 10, note S. Prigent.

locataire pourrait être redevable[1]. Tel ne sera pas le cas si elle s'est limitée à garantir le loyer principal, la provision pour charges et le droit de bail[2].

Potentiellement donc, la caution s'engage pour des sommes très importantes. Cela explique et justifie le fait que des bailleurs réclament un certain nombre de pièces à la personne voulant se porter caution (bulletins de salaires, avis d'imposition...), cette communication ayant pour but à la fois de protéger le bailleur et d'attirer l'attention de la caution sur l'étendue de son engagement[3].

144.42 Formalisme légal destiné à protéger la caution. Dès lors, on comprend le souci du législateur de faire en sorte que la caution mesure l'ampleur de son engagement.

Il a donc conditionné la validité du cautionnement au fait que la signature de la personne « physique »[4] qui s'engage soit précédée de la reproduction manuscrite d'une formule indiquant[5] :

- le montant du loyer;

- les conditions de sa révision telles qu'elles figurent au contrat de location;

- de façon explicite et non équivoque la connaissance que la caution a de la nature et de l'étendue de l'obligation qu'elle contracte;

- les termes du deuxième alinéa de l'article 22-1 de la loi du 6 juillet 1989. En présence de deux cautions, l'acte unique de cautionnement devra contenir les mentions manuscrites émanant de chacune d'elles[6].

Il importe que cette mention manuscrite émane de la caution[7].

144.43 Information de la caution - contrat de bail. De plus, afin de parfaire son information, la caution recevra un exemplaire du contrat de location[8]. Concernant cette communication du contrat, on relèvera deux jurisprudences qui, selon nous ne sont toutefois pas des exemples à suivre. La première, qui émane de la cour d'appel de Besançon, valide un engagement de caution antérieur de plusieurs jours à la date de signature du bail, au motif qu'aucune disposition n'impose que ce soit un exemplaire signé du bail qui soit remis[9]. Poussant le raisonnement plus loin, la Cour de Paris semblerait se contenter de l'engagement contracté alors que la caution n'avait été destinataire que d'un projet de contrat (dans une espèce où le cautionnement, signé avant le bail, a été annulé au motif que rien ne démontre que la caution était en possession d'un projet de bail)[10]. Or, le texte de l'article 22-1, disposition d'ordre public, exige expressément et à peine de nullité, la remise du contrat de location lui-même.

144.44 Sanction du non respect du formalisme. En conséquence, si la seule mention manuscrite qui émane de la caution est sa signature, son engagement doit être annulé (ce, d'autant plus si la personne qui s'engage est de nationalité étrangère !)[11]. Il a par ailleurs été jugé que la mention dactylographiée prévoyant une obligation plus étendue que celle résultant de la mention manuscrite est sans portée[12].

Ces formalités sont prescrites à peine de nullité du cautionnement[13], sans qu'il soit nécessaire d'établir l'existence d'un grief[14]. Pour autant, l'article 22-1 étant un texte d'ordre public de protection (v. s[s] n° 021.11), la nullité en question est relative et ne peut être invoquée que par la caution, sans pouvoir être soulevée d'office par le juge[15].

Précisons enfin que la mention manuscrite n'est pas obligatoire lorsque le bail est authentique[16]. Le

1. Civ. 1re, 31 mars 1998, n° 96-16.637, *Bull. civ.* I, n° 135; *AJDI* 1998. 1102, note Gallet – Civ. 1re, 21 mars 2006, n° 04-17.323, NP, *Loyers et copr.* 2006, n° 146, obs. Vial-Pedroletti.
2. Civ. 1re, 15 déc. 1998, n° 96-20.604, *Bull. civ.* I, n° 360; *RDI* 1999. 313, obs. Collart-Dutilleul.
3. Rép. min. n° 18631, *JOAN CR* 16 nov. 1998, p. 6304 – Rép. min n° 36175, *Administrer* févr. 2000, p. 67.
4. C'est l'article 121-I de la loi n° 2017-86 du 27 janv. 2017 relative à l'égalité et à la citoyenneté (*JO* 28 janv., n° 1) qui a circonscrit l'obligation de reproduire une mention manuscrite aux seules cautions, personnes physiques.
5. L. n° 89-462, 6 juill. 1989, art. 22-1, al. 2.
6. Versailles, 14 déc. 2001, RG n° 14/1201, *D.* 2003. Somm. 801, obs. Pierre.
7. Sur la nullité d'un acte de cautionnement dont la mention manuscrite a été écrite par le locataire, v. Aix-en-Provence, 9 déc. 2014, n° 11/14318, *Loyers et copr.* 2015, n° 31, obs. Vial-Pedroletti
8. L. n° 89-462, 6 juill. 1989, art. 22-1, al. 2.
9. Besançon, 13 mai 2003, *JurisData* n° 215603, *Loyers et copr.* 2003, n° 233, obs. Vial-Pedroletti.
10. Paris, 17 oct. 2003, *Rev. loyers* 2004. 21, obs. Rémy.
11. Versailles, 3 oct. 1997, RG n°s 1633/95 et 7280/95, *Loyers et copr.* 1998, n° 121, obs. Vial-Pedroletti.
12. Paris, 9 févr. 2005, RG n° 03/08421, *AJDI* 2005. 468.
13. L. n° 89-462, 6 juill. 1989, art. 22-1, al. 2, *in fine* – AUSSI : Rouen, 25 mars 2003, RG n° 01/04184, *Loyers et copr.* 2003, n° 170, obs. Vial-Pedroletti.
14. Civ. 3e, 8 mars 2006, n° 05-11.042, *Bull. civ.* III, n° 59; *D.* 2006. IR 808, obs. Rouquet; *AJDI* 2006. 643, obs. Laporte-Leconte.
15. Paris, 19 mars 1999, RG n° 1998/20580, *Loyers et copr.* 2000, n° 160, obs. Vial-Pedroletti – EN SENS CONTRAIRE : Poitiers, 17 oct. 2000, *JurisData* n° 161135, *Loyers et copr.* 2002, n° 111, obs. Vial-Pedroletti; Toulouse, 16 janv. 2001, RG n° 2000/01957 : *ibid.* 2002, n° 112, obs. Vial-Pedroletti – Nîmes, 24 juin 2008, RG n° 07/01590 : *ibid.* 2008, n° 238, obs. Vial-Pedroletti.
16. Civ. 3[e], 9 juill. 2008, n° 07-10.926, *Bull. civ.* III, n° 124; *D.* 2008. AJ 2079, obs. Rouquet; *ibid.* 2008. Chron. C. cass. 2742, obs. Monge; *AJDI* 2008. 855, note Chenu – Douai, 16 janv. 2003, RG n° 01/03988, *Loyers et copr.* 2003, n° 232, obs. Vial-Pedroletti – AUSSI : lettre du ministre de la Justice au Conseil supérieur du notariat, 26 janv. 1995, *JCP N* 1995, n° 5, p. 170.

cautionnement souscrit dans le cadre de la loi de 1989 relève uniquement des dispositions de l'article 22-1, celles de l'article L. 341-2 du code de la consommation[1] lui sont inopposables[2].

144.45 Formalisme auquel il faut se conformer quel que soit le cautionnement. Le point de savoir si les formalités de l'article 22-1 alinéa 3 s'imposent aux engagements de caution à durée déterminée a fait longtemps débat. Il est aujourd'hui tranché de manière certaine puisque, par un arrêt de principe du 26 septembre 2006, la Cour de cassation a précisé qu'en présence d'un cautionnement à durée déterminée, la loi n'opérant pas de distinction, la reproduction manuscrite est requise[3].

1. Imposant, à peine de nullité, la reproduction de certaines mentions à la caution, personne physique, lorsqu'elle s'engage par un acte sous seing privé envers un créancier professionnel.
2. Rép. min. n° 12024, *JO Sénat* 30 sept. 2004, p. 2236.
3. Civ. 3e, 27 sept. 2006, n° 05-17.804, *Bull. civ.* III, n° 187; *AJDI* 2006. 912, obs. Rouquet – Civ. 3e, 14 sept. 2010, n° 09-14.001, NP, *Loyers et copr.* 2010, n° 279, obs. Vial-Pedroletti.

CHAPITRE

145. Assurance loyer impayé

SECTION 0 ORIENTEUR

145.00 **Plan du chapitre.**

145.01 **Textes applicables.**

TEXTES SOURCES

• **Décr. n° 2015-1654, 13 déc. 2015** modifiant le décret n° 2009-1621 du 23 décembre 2009 fixant le cahier des charges prévu au g de l'article L. 313-3 du code de la construction et de l'habitation au titre de la garantie universelle des risques locatifs, *JO* 13 déc., p. 23034, art.1.

TEXTES *IN EXTENSO*

• **Décr. 13 déc. 2015, art. 1er**

L'article 19 du cahier des charges du dispositif de garantie universelle des risques locatifs annexé au décret du 23 décembre 2009 susvisé est complété par des alinéas ainsi rédigés :

Dans le cadre de la mise en extinction du dispositif de garantie universelle des risques locatifs, un assureur lié avec l'APAGL par une convention en cours de validité peut, d'un commun accord avec l'APAGL et avant le 31 décembre 2015, signer un avenant à cette convention prévoyant que :

– à compter du 1er janvier 2016, aucun nouveau contrat groupe ou individuel ne pourra être souscrit ni aucune adhésion nouvelle à un contrat groupe;

– à titre dérogatoire, les contrats d'assurance GRL en cours d'exécution au 31 décembre 2015 ayant pour objet la couverture d'un bail signé par un locataire éligible au contrat socle pourront bénéficier d'une unique reconduction, pour une durée de validité d'une année supplémentaire au maximum à compter de leur date d'échéance annuelle courant 2016;

– à titre dérogatoire, les contrats d'assurance GRL en cours d'exécution au 31 décembre 2015 ayant pour objet la couverture d'un bail signé par un locataire éligible au contrat socle pourront faire l'objet, après le 31 décembre 2015, d'une unique reconduction sous forme d'une adhésion pour une durée de validité d'une année au maximum à compter de leur date d'échéance annuelle courant 2016 dans le cadre d'un transfert vers un assureur ayant signé l'avenant susmentionné;

– à compter du 1er janvier 2016, les conditions de distribution du contrat socle mentionnées au VI de l'article 2 ne s'appliquent plus;

– la signature de cet avenant a pour effet d'annuler tout préavis de résiliation de la convention qui aurait été déjà notifié à l'assureur par l'APAGL;

– la convention sera résiliée de plein droit au 31 décembre 2016, dans les conditions prévues au cinquième alinéa du présent article.

145.03 **Bibliographie indicative.**

Actualisables. RÉP. CIV., v° « Bail d'habitation et mixte : rapports locatifs individuels – Loi du 6 juillet 1989 », N. Damas, nos 278 s. – LAMY DR. IMMO, nos 5964 s. – DICT. PERM. Gestion immob., « Baux d'habitation et mixtes », nos 72 s., 151 s.; « Assurances immobilières », nos 120 s.

SECTION 1 ASSURANCE « IMPAYÉS DE LOYERS » (GLI ET GRL)

145.11 **Souscription auprès des agents immobiliers ou auprès des assureurs.** Depuis plusieurs années, les compagnies d'assurance proposent deux types de contrats « impayés de loyers », également dénommés « garantie des loyers impayés » (GLI). Le fondement juridique de tels contrats est l'article L. 121-6 du code des assurances, en vertu duquel « tout intérêt direct ou indirect à la non réalisation d'un risque peut faire l'objet d'une assurance ».

• Le premier type de contrat consiste, *via* les agences immobilières, à proposer aux bailleurs de souscrire une assurance leur garantissant le paiement des loyers et des dégradations dont le preneur pourrait se rendre responsable.

L'acceptation du dossier auprès de la compagnie implique que le bailleur loue son bien à des personnes répondant à des critères rigoureux de solvabilité et nécessite que le bien soit géré par l'agence immobilière. Cette prestation est donc facturée en plus des honoraires de gestion « normaux » et représente un pourcentage des sommes encaissées (généralement entre 2 et 3 %).

• Le second type de contrat émane de compagnies d'assurance qui proposent directement au bailleur de les assurer contre les risques locatifs.

145.12 **Garantie des risques locatifs.** À côté de ces assurances « classiques », il existait le système de garantie des risques locatifs (GRL), système qui tendait à supplanter la garantie LOCA-PASS®.

Depuis le 1er janvier 2016 toutefois, plus aucune GRL ne peut être souscrite. Pour ce qui est des contrats en cours, aux termes d'un décret du 13 décembre 2015 [1], ils pouvaient être reconduits pour un an au maximum à compter de leur date d'échéance annuelle intervenant courant 2016. Ce dispositif n'a pas rencontré son public et il a été décidé de le remplacer par le système VISALE (au sujet duquel, v. ss nos 145.31 s.).

145.13 **Garantie LOCA-PASS®.** Accordée par les organismes 1 % logement, la garantie LOCA-PASS® est une caution solidaire gratuite donnée au propriétaire bailleur personne morale pour un logement faisant l'objet d'une convention APL ou d'une convention signée avec l'Agence nationale de l'habitat (Anah). Cette caution va jouer pendant trois ans à compter de l'entrée dans les lieux du locataire mais plafonnée à dix-huit mensualités de loyers et charges ne pouvant excéder 2 300 euros par mensualité garantie. Peuvent bénéficier de cette garantie les salariés des entreprises du secteur privé non agricole, les jeunes de moins de 30 ans en formation en alternance au sein d'une entreprise, en situation ou en recherche d'emploi et aux étudiants boursiers d'État pour les aider à devenir locataires.

145.14 **Cumul et non cumul.** Cette garantie LOCA-PASS® ne peut se cumuler, sur un même logement avec une autre garantie LOCA-PASS®, une garantie similaire accordée par le fonds de solidarité logement (FSL), la GRL ou une assurance « impayés de loyers ».

En revanche, la Garantie LOCA-PASS® peut se cumuler avec l'avance LOCA-PASS®, système par lequel les organismes 1 % logement avancent le dépôt de garantie (plafonné à 500 euros) sous forme d'un prêt sans intérêt, sans frais de dossier, remboursable en trois ans maximum. Le bénéficiaire ne pourra toutefois pas cumuler, pour le même logement, cette avance LOCA-PASS® avec une autre avance LOCA-PASS® ou une aide similaire accordée par le FSL.

Tous les renseignements sur la garantie LOCA-PASS® et sur l'avance LOCA-PASS® sont délivrés sur www.actionlogement.fr/

145.15 **Garantie des risques locatifs (GRL).** La GRL avait été mise en place par l'État et le 1 % Logement (« Action logement »).

Selon le code de la construction et de l'habitation [2], les ressources de la participation des employeurs à l'effort de construction sont notamment consacrées :

– au versement, à des personnes physiques, de prêts à taux nul ou à taux réduit, en fonction, le cas échéant, de leur activité ou de leurs ressources, pour financer leur dépôt de garantie leur permettant l'accès à un logement locatif;

– à la fourniture, à des personnes physiques, de garanties ou cautions accordées en fonction, le cas échéant, de leur activité ou de leurs ressources, pour couvrir leur risque de non-paiement du loyer et des charges locatives afin de faciliter leur maintien dans un logement locatif;

– à la fourniture de prêts ou subventions à des salariés ou des personnes âgées de trente ans au plus, en situation d'accès à l'emploi, de formation professionnelle ou de mobilité professionnelle, afin de supporter les coûts supplémentaires liés à l'accès au logement, à une double charge de logement ou au changement de logement.

Les contrats GRL étaient proposés aux bailleurs privés par certains organismes d'assurance).

145.16 **Garantie des risques locatifs.** Les contrats de garantie des risques locatifs permettaient aux bailleurs de bénéficier d'une couverture des loyers impayés et des frais de contentieux et de se prémunir contre les détériorations des lieux.

Cette garantie bénéficiait aux bailleurs dont les locataires (en CDI, en CDD, en intérim...) ne répondaient pas aux « critères usuels de solvabilité exigés des assureurs et des bailleurs », mais dont le taux d'effort (rapport entre le loyer + charges et revenus) était inférieur ou égal à 50 %.

Le logement loué (qui peut être un meublé), devait être la résidence principale du locataire.

Le loyer (provision pour charges incluses) ne devait toutefois pas être supérieur à 2 000 euros par mois.

1. Décr. n° 2015-1654 du 13 déc. 2015, *JO* 13 déc., p. 23034.

2. CCH, art. L. 313-3 a et R. 313-19-1.

145.17 Plafonnement de la Garantie des risques locatifs. Plafonnée à 70 000 euros pour les loyers impayés et les frais de contentieux, la GRL jouait, soit en cas d'impayé total pendant deux mois (pas nécessairement consécutifs), soit en cas d'impayé partiel atteignant un mois de loyer sur un an (une fois déduites les aides au logement versées au propriétaire).

Pour les dégradations, une franchise égale au montant du dépôt de garantie était appliquée et le plafond est de 7 700 euros (3 500 euros pour les meublés).

SECTION 2
GARANTIE UNIVERSELLE DES LOYERS

145.21 Principe. Le très volumineux article 24-2 de la loi du 6 juillet 1989, issu de la loi du 24 mars 2014 [1], dite loi Alur, instaure la garantie universelle des loyers (GUL).

Ce texte devait être complété par des mesures réglementaires et nécessitait la création, sous la forme d'un établissement public administratif de l'État, d'une Agence de la garantie universelle des loyers.

Sauf renoncement exprès stipulé au bail (v. s[s] n° 132.86), la GUL devait s'appliquer aux contrats de location conclus à compter du 1er janvier 2016 et, par avenant, à compter de la même date, aux baux en cours.

La GUL avait pour objet de couvrir, sous la forme d'un système d'aides, les bailleurs contre les risques d'impayés de loyers, de charges récupérables et de sommes relatives à la contribution pour le partage des économies de charges.

Jugé trop onéreux et trop compliqué à mettre en œuvre, la GUL a toutefois abandonnée au profit d'un nouveau dispositif dénommé VISALE, acronyme de « Visa pour le logement et l'emploi ».

SECTION 3
VISALE

145.31 Présentation du dispositif. Le dispositif VISALE, acronyme de « Visa pour le logement et l'emploi », tend à supplanter à la fois la GRL et la GUL [2].

1. L. n° 2014-366, 24 mars 2014 pour l'accès au logement et un urbanisme rénové, *JO* 26 mars 2014, p. 5809.
2. Annonçant la garantie VISALE, v. Rép. min. n° 45569, *JO* AN Q, 15 déc. 2015, p. 260; *D.* 2016. Pan. 1102, spéc. 1106, obs. Damas. V. aussi M. Diab, *AJDI* 2016. 86; Vial-Pedroletti, *Loyers et copr.* 2016. Focus 16.

Aux termes d'une convention quinquennale 2015-2019 qui a été signée le 2 décembre 2014 entre l'État et l'UESL – Action logement, la garantie VISALE, est destiné aux salariés du secteur privé, plus particulièrement en situation de mobilité, de recrutement, de parcours résidentiels liés à l'emploi ou rencontrant des difficultés liées au logement.

Les bénéficiaires entrant dans le parc locatif privé (le parc social est exclu de la garantie) disposent ainsi pour leur résidence principale (vide ou meublée) d'une garantie remboursable sous forme d'un engagement plafonné d'assurer le paiement du loyer et des charges locatives en cas d'impayé.

145.32 Bénéficiaires. Sont éligibles :

– les salariés de plus de 30 ans quel que soit son contrat de travail (hors CDI confirmé) et entrant dans un logement dans les trois mois de sa prise de fonction et dans la limite de la validité du contrat de travail;

– les salariés de moins de 30 ans, peu important leur contrat de travail et dont l'entrée dans le logement se fait dans un délai de douze mois après leur prise de fonction et dans la limite de la validité du contrat de travail;

– les ménages entrant dans un logement locatif privé via un organisme agréé d'intermédiation locative.

À noter qu'une extension du dispositif est envisagée pour les demandeurs d'emploi.

Enfin, le taux d'effort du ménage locataire doit être inférieur ou égal à 50 %, ramené entre 30 et 50 % lorsque le locataire a moins de 30 ans et est en CDI confirmé.

145.33 Bail. Pour bénéficier de la garantie VISALE, bailleur et locataire ne doivent pas appartenir à la même famille. Il doit par ailleurs avoir été signé après le cautionnement VISALE et comporter une clause résolutoire en cas de manquement à une obligation contractuelle par l'une des parties. En cas de colocation, le bail doit être individualisé pour chaque locataire.

Le bail ne doit pas être couvert par d'autres garanties ayant le même objet que la garantie VISALE (caution personne physique, assurance, ...).

Le loyer stipulé (charges comprises) doit, quant à lui, être inférieur ou égal à 1 300 € (1 500 € pour Paris *intra-muros*).

145.34 Mise en œuvre du dispositif. Avant la signature du bail, le locataire doit obtenir un visa certifié par Action logement, garantissant au bailleur son éligibilité. De son côté, sur la base du visa certifié remis au locataire, le bailleur doit adhérer à VISALE.

Gratuite tant par le bailleur que pour le locataire, les démarches s'opèrent en ligne (sur http://www.visale.fr).

La réponse intervient dans les deux jours.

Le montant garanti par VISALE couvre les trois premières années du bail et est plafonné à trente-six loyers impayés et charges nettes.

En cas de mise en jeu de la garantie, le locataire devra rembourser Action Logement.

Les dégradations locatives ne sont pas couvertes.

La garantie VISALE est exclusive pour le bailleur de toute autre garantie de même nature sur la période considérée (assurance loyers impayés, caution familiale ou bancaire, garantie LOCA-PASS® [1].

1. Le locataire peut toutefois bénéficier de l'avance LOCA-PASS® d'Action Logement pour financer son dépôt de garantie (au sujet de laquelle V. s[s] n° 145.14).

CHAPITRE

146. Garanties prohibées

SECTION 0

ORIENTEUR

146.00 Plan du chapitre.

146.01 Textes applicables.

TEXTES SOURCES

• **L. n° 89-462, 6 juill. 1989, art. 22-2.**

TEXTES *IN EXTENSO*

• **L. 6 juill. 1989, art. 22-2**

La liste des pièces justificatives pouvant être exigées du candidat à la location ou de sa caution par le bailleur, préalablement à l'établissement du contrat de location, est définie par décret en Conseil d'État, pris après avis de la Commission nationale de concertation.

En préalable à l'établissement du contrat de location, le bailleur ne peut imposer la cosignature d'un ascendant ou d'un descendant du candidat à la location.

Les manquements au présent article sont punis d'une amende administrative, prononcée par le représentant de l'État dans le département, dont le montant ne peut être supérieur à 3 000 € pour une personne physique et à 15 000 € pour une personne morale.

Le montant de l'amende est proportionné à la gravité des faits constatés.

L'amende ne peut être prononcée plus d'un an à compter de la constatation des faits.

L'amende est prononcée après que l'intéressé a été informé de la possibilité de présenter ses observations dans un délai déterminé.

146.02 Jurisprudence de référence.

• **Paris, 13 sept. 2002, n° 2001/03771**

* V. s[s] n° 146.11

Pour s'assurer de la solvabilité d'un candidat locataire, le bailleur peut exiger de celui-ci la production de son avis d'imposition et de ses dernières quittances de loyer.

146.03 Bibliographie indicative.

Ouvrages. J. Lafond, B. Vial-Pedroletti, *Les baux d'habitation*, 8e éd., LexisNexis, 2017, n°s 350 à 362.

Actualisables. RÉP. CIV., V° « Bail d'habitation et mixte : rapports locatifs individuels – Loi du 6 juillet 1989 », N. Damas, n°s 81 s. – LAMY DR. IMMO, n°s 5866 s. – DICT. PERM. Gestion immob., « Baux d'habitation et mixtes », n°s 153 s.

Articles. N. Damas, « Gestion locative et relance de l'offre de logements », *AJDI* 2007. 370.

146.05 Documents que le bailleur ne peut exiger. Là encore, il faut faire la distinction entre la règle qui prévalait jusqu'à la loi du 24 mars 2014, dite loi Alur (la loi interdisait au bailleur de demander certains documents), et les dispositions issues de ce texte (qui renvoie à un décret établissant la liste des pièces pouvant être exigées).

SECTION 1

SITUATION AVANT LA LOI ALUR

146.11 Documents que le bailleur ne peut exiger – Baux conclus, renouvelés ou tacitement reconduits avant le 27 mars 2014. Pour les baux conclus jusqu'au 27 mars 2014, l'article 22-2 de la loi du 6 juillet 1989, le bailleur ne pouvait exiger du candidat locataire qu'il produise :

- une photographie d'identité, hormis celle de la pièce justificative d'identité;
- une carte d'assuré social;
- une copie de relevé de compte bancaire ou postal;
- une attestation de bonne tenue de compte bancaire ou postal;
- une attestation d'absence de crédit en cours;
- une autorisation de prélèvement automatique;
- un jugement de divorce, à l'exception du paragraphe commençant par l'énoncé : « Par ces motifs... »;

- une attestation du précédent bailleur indiquant que le locataire est à jour de ses loyers et charges, dès lors que le locataire peut présenter d'autres justificatifs;
- une attestation de l'employeur dès lors qu'il peut être fourni le contrat de travail et les derniers bulletins de salaire;
- un contrat de mariage;
- un certificat de concubinage;
- un chèque de réservation de logement.

Il a toutefois été jugé que la demande de fourniture d'un chèque de réservation d'un logement ne devait pas être sanctionnée, faute de préjudice, dès lors que le chèque a été restitué au candidat non retenu[1].

- un dossier médical personnel (interdiction valant aussi en cas de demande de logement adapté ou spécifique);
- un extrait de casier judiciaire;
- la remise sur un compte bloqué de biens, d'effets, de valeurs ou d'une somme d'argent correspondant à plus d'un mois de loyer en principal en l'absence du dépôt de garantie ou de la souscription de la garantie autonome prévue à l'article 2321 du code civil;
- la production de plus de deux bilans pour les travailleurs indépendants;
- une copie des informations contenues dans le fichier national des incidents de remboursement des crédits aux particuliers ou de l'information de la non-inscription à ce fichier (il s'agit d'un fichier qui regroupe à la fois les incidents graves de non-paiement et les mesures de règlement des situations de surendettement acceptées par les débiteurs ou décidées par les tribunaux).

On notera que la cour d'appel de Paris a jugé que, pour s'assurer de la solvabilité d'un candidat locataire, le bailleur peut toutefois exiger de celui-ci la production de son avis d'imposition et de ses dernières quittances de loyer[2]. Par ailleurs, il a pu être remarqué que la production d'un extrait d'acte de naissance ou de mariage n'est pas interdite[3].

SECTION 2
SITUATION DEPUIS LA LOI ALUR

146.21 Documents que le bailleur ne peut exiger – Baux conclus renouvelés ou tacitement reconduits à compter du 27 mars 2014. Pour les baux conclus à compter du 27 mars 2014, en vertu du nouvel article 22-2 de la loi du 6 juillet 1989 dans sa rédaction issue de la loi du 24 mars 2014, dite loi Alur, « la liste des pièces justificatives pouvant être exigées du candidat à la location ou de sa caution par le bailleur, préalablement à l'établissement du contrat de location, est définie par décret en Conseil d'État, pris après avis de la Commission nationale de concertation ».

Le décret qui a déterminé la liste des pièces justificatives est le décret n° 2015-1437 du 5 novembre 2015[4].

Ces pièces sont les suivantes :

A. Une pièce justificative d'identité en cours de validité, comportant la photographie et la signature du titulaire parmi les documents suivants :

1. Carte nationale d'identité française ou étrangère.
2. Passeport français ou étranger.
3. Permis de conduire français ou étranger.
4. Document justifiant du droit au séjour du candidat à la location étranger, notamment, carte de séjour temporaire, carte de résident, carte de ressortissant d'un État membre de l'Union européenne ou de l'Espace économique européen.

B. Une seule pièce justificative de domicile parmi les documents suivants :

1. Trois dernières quittances de loyer ou, à défaut, attestation du précédent bailleur, ou de son mandataire, indiquant que le locataire est à jour de ses loyers et charges.
2. Attestation d'élection de domicile établissant le lien avec un organisme agréé au titre de l'article L. 264-2 du code de l'action sociale et des familles.
3. Attestation sur l'honneur de l'hébergeant indiquant que le candidat à la location réside à son domicile.
4. Dernier avis de taxe foncière ou, à défaut, titre de propriété de la résidence principale.

C. Un ou plusieurs documents attestant des activités professionnelles parmi les documents suivants :

1. Contrat de travail ou de stage ou, à défaut, une attestation de l'employeur précisant l'emploi et la rémunération proposée, la date d'entrée en fonctions envisagée et, le cas échéant, la durée de la période d'essai.
2. L'extrait K ou K *bis* du registre du commerce et des sociétés de moins de trois mois pour une entreprise commerciale.
3. L'extrait D 1 original du registre des métiers de moins de trois mois pour un artisan.

1. Bordeaux, 1er juin 2011, n° 10/04007, *AJDI* 2012. 273.
2. Paris, 13 sept. 2002, RG n° 2001/03771, *AJDI* 2002. 880, obs. Rouquet.
3. N. Damas, *AJDI* 2007. 370.
4. Décr. n° 2015-1437, 5 nov. 2015 fixant la liste des pièces justificatives pouvant être demandées au candidat à la location et à sa caution, *JO* 7 nov., p. 20832

4. La copie du certificat d'identification de l'INSEE, comportant les numéros d'identification, pour un travailleur indépendant.

5. La copie de la carte professionnelle pour une profession libérale.

6. Toute pièce récente attestant de l'activité pour les autres professionnels.

7. Carte d'étudiant ou certificat de scolarité pour l'année en cours.

D. Un ou plusieurs documents attestant des ressources parmi les documents suivants :

1. Le dernier ou avant-dernier avis d'imposition ou de non-imposition et, lorsque tout ou partie des revenus perçus n'a pas été imposé en France mais dans un autre État ou territoire, le dernier ou avant-dernier avis d'imposition à l'impôt ou aux impôts qui tiennent lieu d'impôt sur le revenu dans cet État ou territoire ou un document en tenant lieu établi par l'administration fiscale de cet État ou territoire.

2. Trois derniers bulletins de salaires.

3. Justificatif de versement des indemnités de stage.

4. Les deux derniers bilans ou, à défaut, une attestation de ressources pour l'exercice en cours délivré par un comptable pour les professions non salariées.

5. Justificatif de versement des indemnités, retraites, pensions, prestations sociales et familiales et allocations perçues lors des trois derniers mois ou justificatif de l'ouverture des droits, établis par l'organisme payeur.

6. Attestation de simulation établie par l'organisme payeur ou simulation établie par le locataire relative aux aides au logement.

7. Avis d'attribution de bourse pour les étudiants boursiers.

8. Titre de propriété d'un bien immobilier ou dernier avis de taxe foncière.

9. Justificatif de revenus fonciers, de rentes viagères ou de revenus de valeurs et capitaux mobiliers.

Aucun autre document que ceux qui seront énumérés ne devraient pouvoir être exigés.

Ces pièces justificatives peuvent être exigées par le bailleur de chacun des candidats à la location.

Les dispositions du décret ne s'appliquent toutefois pas aux demandes d'attribution de logements sociaux mentionnées à l'article L. 441-1 du code de la construction et de l'habitation (concernant les règles d'attribution de logements HLM, v. Titre 72).

Précisons enfin que les pièces produites peuvent être des copies des documents originaux. Elles sont rédigées ou traduites en langue française et les montants inscrits convertis en euros. Les documents originaux doivent pouvoir être présentés à la demande du bailleur.

Par ailleurs, « en préalable à l'établissement du contrat de location, le bailleur ne peut imposer la cosignature d'un ascendant ou d'un descendant du candidat à la location ».

146.22 **Sanction.** En cas de manquement à l'article 22-2, le texte précise qu'une amende administrative prononcée par le préfet (après que l'intéressé a été informé de la possibilité de présenter ses observations dans un délai déterminé) est encourue. Son montant, qui doit être proportionné à la gravité des faits constatés et qui ne peut être prononcée plus d'un an à compter de la constatation des faits, ne peut être supérieur à 3 000 euros pour une personne physique et à 15 000 euros pour une personne morale.

LIVRE

2. LES OBLIGATIONS PRINCIPALES DU BAILLEUR

SECTION 0
ORIENTEUR

2.00 **Plan du livre.**

2.01 **Textes applicables.**

TEXTES SOURCES

- **L. n° 89-462, 6 juill. 1989,** tendant à améliorer les rapports locatifs et portant modification de la L. n° 86-1290, 23 déc. 1986, *JO*, 8 juill., p. 8541.
- **C. civ., art. 1221, 1222, 1721, 1722, 1725.**
- **CCH, art. L. 129-8, L. 129-9.**
- **CCH, art. R. 129-12 à R. 129-15.**
- **Décr. n° 2002-120, 30 janv. 2002** relatif aux caractéristiques du logement décent pris pour l'application de l'article 187 de la loi n° 2000-1208 du 13 décembre 2000 relative à la solidarité et au renouvellement urbains, *JO* 31 janv., p. 2190.

2.03 **Bibliographie indicative.**

Ouvrages. J. Lafond, B. Vial-Pedroletti, *Les baux d'habitation*, 8e éd., LexisNexis, 2017.

Actualisables. RÉP. CIV., V° « Bail d'habitation et mixte : rapports locatifs individuels – Loi du 6 juillet 1989 », N. Damas, nos 229-261 – LAMY DR. IMMO, nos 5977 s. – DICT. PERM. Gestion immob., « Baux d'habitation et mixtes », nos 109-130.

TITRE

21. Les obligations de délivrance et de garantie du bailleur

SECTION 0

ORIENTEUR

21.00 Plan du titre.

21.01 Textes applicables.

TEXTES SOURCES

- **L. n° 89-462, 6 juill. 1989, art. 6, 6, 2-1, 24.**
- **C. civ., art. 1721, 1725.**
- **CCH, art. L. 129-8, L. 129-9.**
- **CCH, art. R. 129-12 à R. 129-15.**
- **Décr. n° 2002-120, 30 janv. 2002** relatif aux caractéristiques du logement décent pris pour l'application de l'article 187 de la loi n° 2000-1208 du 13 décembre 2000 relative à la solidarité et au renouvellement urbains, *JO* 31 janv., p. 2190.

21.03 Bibliographie indicative.

Ouvrages. J. Lafond, B. Vial-Pedroletti, *Les baux d'habitation*, 8e éd., LexisNexis, 2017.

Actualisables. RÉP. CIV., v° « Bail d'habitation et mixte : rapports locatifs individuels – Loi du 6 juillet 1989 », N. Damas, nos 230-250 – LAMY DR. IMMO, nos 5978 s. – DICT. PERM. Gestion immob., « Baux d'habitation et mixtes », nos 110-130.

CHAPITRE

211. Obligation de délivrance

SECTION 0 ORIENTEUR

211.00 Plan du chapitre.

Division. Il sera successivement étudié l'étendue de l'obligation de délivrance avant d'envisager les sanctions encourues en cas de non-respect, tout en relevant le rôle nouveau joué par les associations de locataires.

211.01 Textes applicables.

TEXTES SOURCES

• **L. n° 89-462, 6 juill. 1989, art. 6, al. 2, 24-1.**

• **Décr. n° 2002-120, 30 janv. 2002** relatif aux caractéristiques du logement décent pris pour l'application de l'article 187 de la loi n° 2000-1208 du 13 décembre 2000 relative à la solidarité et au renouvellement urbains, *JO* 31 janv., p. 2190.

TEXTES *IN EXTENSO*

• **L. 6 juill. 1989, art. 6**

Le bailleur est tenu de remettre au locataire un logement décent ne laissant pas apparaître de risques manifestes pouvant porter atteinte à la sécurité physique ou à la santé, répondant à un critère de performance énergétique minimale et doté des éléments le rendant conforme à l'usage d'habitation. Un décret en Conseil d'État définit le critère de performance énergétique minimale à respecter et un calendrier de mise en œuvre échelonnée.

Les caractéristiques correspondantes sont définies par décret en Conseil d'État pour les locaux à usage de résidence principale ou à usage mixte mentionnés au deuxième alinéa de l'article 2 et les locaux visés aux 1° à 3° du même article, à l'exception des logements-foyers et des logements destinés aux travailleurs agricoles qui sont soumis à des règlements spécifiques.

Le bailleur est obligé :

a) De délivrer au locataire le logement en bon état d'usage et de réparation ainsi que les équipements mentionnés au contrat de location en bon état de fonctionnement; toutefois, les parties peuvent convenir par une clause expresse des travaux que le locataire exécutera ou fera exécuter et des modalités de leur imputation sur le loyer; cette clause prévoit la durée de cette imputation et, en cas de départ anticipé du locataire, les modalités de son dédommagement sur justification des dépenses effectuées; une telle clause ne peut concerner que des logements répondant aux caractéristiques définies en application des premier et deuxième alinéas;

b) D'assurer au locataire la jouissance paisible du logement et, sans préjudice des dispositions de l'article 1721 du code civil, de le garantir des vices ou défauts de nature à y faire obstacle hormis ceux qui, consignés dans l'état des lieux, auraient fait l'objet de la clause expresse mentionnée au a ci-dessus;

c) D'entretenir les locaux en état de servir à l'usage prévu par le contrat et d'y faire toutes les réparations, autres que locatives, nécessaires au maintien en état et à l'entretien normal des locaux loués;

d) De ne pas s'opposer aux aménagements réalisés par le locataire, dès lors que ceux-ci ne constituent pas une transformation de la chose louée.

• **L. 6 juill. 1989, art. 24-1**

Lorsqu'un locataire a avec son bailleur un litige locatif ou lorsque plusieurs locataires ont avec un même bailleur un litige locatif ayant une origine commune, ils peuvent donner par écrit mandat d'agir en justice en leur nom et pour leur compte à une association siégeant à la Commission nationale de concertation; si le litige porte sur les caractéristiques du logement mentionnées aux premier et deuxième alinéas de l'article 6, ce mandat peut être donné en outre à une association dont l'un des objets est l'insertion ou le logement des personnes défavorisées ou à une association de défense des personnes en situation d'exclusion par le logement mentionnées à l'article 3 de la loi n° 90-449 du 31 mai 1990 visant à la mise en œuvre du droit au logement. Une association précitée peut assister ou représenter, selon les modalités définies à l'article 828 du code de procédure civile, un locataire en cas de litige portant sur le respect des caractéristiques de décence de son logement. La collectivité territorialement compétente en matière d'habitat ainsi que les organismes payeurs des aides au logement territorialement compétents peuvent être destinataires du mandat à agir mentionné au présent alinéa.

Les dispositions de l'alinéa précédent sont applicables aux locataires des locaux mentionnés aux 1° à 3° de l'article 2 lorsque le litige locatif porte sur la décence du logement.

211.02 Jurisprudence de référence.

• **Civ. 3e, 21 mars 2012, n° 11-14.838**, *Bull. civ.* III, n° 48

* V. ss n° 211.52

N'est pas constitué d'une seule pièce et, par voie de conséquence, doit être doté d'un w.-c. intérieur le logement comportant une pièce principale et dans lequel il existe un mur de séparation.

• **Civ. 3e, 4 juin 2014, n° 13-17.289**, *Bull. civ.* III, n° 73

* V. ss n° 211.32

La seule alimentation en électricité ne pouvant être considérée comme un équipement ou une installation permettant un chauffage normal du logement, une cour d'appel, qui a constaté que les lieux étaient dépourvus d'appareil de chauffage, en a déduit, à bon droit, que le bailleur a manqué à son obligation de délivrer un logement décent.

• **Civ. 3e, 4 juin 2014, n° 13-12.314**, *Bull. civ.* III, n° 74

* V. ss n° 211.72

L'indemnisation du preneur pour les troubles de jouissance subis du fait du manquement par le bailleur à son obligation de délivrance d'un logement décent n'est pas subordonnée à une mise en demeure du bailleur.

211.03 Bibliographie indicative.

Ouvrages. J. Lafond, B. Vial-Pedroletti, *Les baux d'habitation*, 8e éd., LexisNexis, 2017, nos 280 s., 819 s.

Actualisables. RÉP. CIV., v° « Bail d'habitation et mixte : rapports locatifs individuels – Loi du 6 juillet 1989 », N. Damas, nos 230-237 – LAMY DR. IMMO, n° 5978 – DICT. PERM. Gestion immob., « Baux d'habitation et mixtes », nos 110-125.

SECTION 1
RÔLE DES ASSOCIATIONS DANS LE CADRE DES LITIGES LOCATIFS

211.11 Exigence d'un agrément. Alors que la loi n° 2014-344 du 17 mars 2014 relative à la consommation [1] a consacré l'action de groupe, il est intéressant de relever que, selon l'article 24-1 de la loi du 6 juillet 1989, lorsqu'un locataire a avec son bailleur un litige locatif ou lorsque plusieurs locataires ont avec un même bailleur un litige locatif ayant une origine commune, ils peuvent donner par écrit mandat d'agir en justice en leur nom et pour leur compte à une association siégeant à la Commission nationale de concertation (sur la CNC v. ss nos 912.11 s.) et agréée à cette fin.

211.12 Suppression de l'exigence de l'agrément. La loi du 24 mars 2014, dite loi Alur [2], applicable pour les baux signés, renouvelés ou tacitement reconduits à compter du 27 mars 2014, a supprimé cette exigence d'agrément. Par ailleurs, le même texte est venu préciser que la collectivité territorialement compétente en matière d'habitat ainsi que les organismes payeurs des aides au logement territorialement compétents peuvent être destinataires du mandat à agir.

211.13 Hypothèse d'un litige portant sur la décence du logement. Le texte ajoute que si le litige porte sur la décence du logement (sur la notion de décence v. ss nos 211.31 s.) :

– ce mandat peut également être donné à une association dont l'un des objets est l'insertion ou le logement des personnes défavorisées ou à une association de défense des personnes en situation d'exclusion par le logement mentionnées à l'article 3 de la loi du 31 mai 1990 visant à la mise en œuvre du droit au logement;

– une telle association peut assister ou représenter un locataire, selon les modalités définies à l'article 828 du code de procédure civile (sur la question v. aussi ss nos 912.13 s.).

• Aux termes de l'article 24-1, *in fine*, dans sa rédaction initiale, en cas de litige portant sur la décence du logement, ces dispositions sont applicables « aux locataires des locaux mentionnés au deuxième alinéa de l'article 2 » de la loi de 1989, soit aux locataires de logements foyers, de meublés, de logements de fonction, et aux locations consenties aux travailleurs saisonniers, mais aussi, de manière surprenante, aux locataires de locations saisonnières, alors que les articles 6 (al. 1er et 2) et 20-1 de la loi de 1989 (relatifs à la décence) ne sont pas opposables à de tels logements (v. ss n° 022.131).

• Depuis la modification de l'article 24-1, *in fine*, par la loi du 24 mars 2014, dite loi Alur, (opposable aux baux signés, renouvelés ou tacitement reconduits à compter du 27 mars 2014, ce texte fait référence « aux locataires des locaux mentionnés aux

1. *JO* 18 mars, p. 5400.
2. L. n° 2014-366, 24 mars 2014 pour l'accès au logement et un urbanisme rénové, *JO* 26 mars, p. 5809.

1° à 3° de l'article 2 lorsque le litige locatif porte sur la décence du logement ». Ainsi, sont désormais visés les seuls locataires de logements foyers, de meublés, de logements de fonction, et les travailleurs saisonniers.

SECTION 2
ÉTENDUE DE L'OBLIGATION DE DÉLIVRANCE

211.21 Portée de l'obligation de délivrance. Le bailleur est obligé de délivrer au locataire un logement décent en bon état d'usage et de réparation ainsi que les équipements mentionnés au contrat de location en bon état de fonctionnement[1]. La loi du 25 mars 2009[2] a précisé, à l'article 1719, 1° du code civil, que lorsque des locaux loués à usage d'habitation sont impropres à cet usage, le bailleur ne peut se prévaloir de la nullité du bail ou de sa résiliation pour demander l'expulsion de l'occupant.

Cette délivrance sera attestée par la remise des clés[3]. Il appartiendra toutefois au bailleur de prouver qu'il a pleinement satisfait à son obligation[4]. Le défaut de paiement par le nouveau locataire du premier loyer[5] et/ou du dépôt de garantie ne décharge pas le bailleur de son obligation de délivrance (sur cette question v. aussi s^s^ n° 133.282)[6]. La seconde partie de l'article 6 *a* de la loi de 1989 est relatif à la « clause travaux » que les parties ont pu insérer au contrat et par laquelle le preneur s'engage à réaliser un certain nombre de travaux en contrepartie d'une diminution temporaire du loyer. (Cette question fait l'objet d'une étude approfondie v. s^s^ n°s 411.21 s.)

211.22 Date de délivrance. Par ailleurs, même si cela va de soi, il appartient au bailleur de délivrer le logement à la date de prise d'effet du bail. Le bailleur est en effet responsable du retard avec lequel il délivre le logement, quand bien même ce retard serait imputable au précédent locataire qui quitte les lieux plus tard que prévu[7]. Dans le même ordre d'idées, il a été jugé que l'occupation illicite du bien loué par un tiers qui empêche sa délivrance au preneur ne constitue pas une cause étrangère qui ne peut être imputée au bailleur que si elle revêt les caractères de la force majeure[8].

§ 1
Obligation de décence

A.
Critères de décence

211.31 Usage convenu – Décence – Prévention des intoxications. Depuis la loi du 13 décembre 2000[9], dite loi SRU, cette obligation de délivrance recèle deux aspects. En effet, non seulement, comme par le passé, le bailleur doit délivrer un logement en état de servir à l'usage pour lequel il a été loué à son cocontractant, mais de plus, ce logement doit, être décent. Enfin, depuis le 1er janvier 2009, le propriétaire doit délivrer un local conforme aux mesures de prévention des intoxications par le monoxyde de carbone.

211.32 Détermination des critères de décence par décret en Conseil d'État. Il ressort du premier alinéa de l'article 6 de la loi du 6 juillet 1989, inséré par l'article 187-II de la loi du 13 décembre 2000 que le propriétaire doit délivrer un logement décent à son cocontractant.

Cette obligation, d'ordre public[10], est ainsi formulée par le texte : « le bailleur est tenu de remettre au locataire un logement décent ne laissant pas apparaître de risques manifestes pouvant porter atteinte à la sécurité physique ou à la santé, répondant à un critère de performance énergétique minimale[11] et doté des éléments le rendant conforme à l'usage d'habitation ».

1. L. n° 89-462, 6 juill. 1989, art. 6 *a*.
2. L. n° 2009-323, 25 mars 2009 de mobilisation pour le logement et la lutte contre l'exclusion, *JO* 27 mars, p. 5408.
3. Civ. 3e, 25 juin 2008, n° 07-14.341, *Bull. civ.* III, n° 111; *D.* 2008. AJ 2000; *RJDA* 2008, n° 987.
4. Civ. 3e, 1er oct. 1997, n° 95-19.140, *Bull. civ.* III, n° 175; *JCP N* 1997. 1404.
5. Lorsque le loyer est à « terme à échoir » v. s^s^ n° 311.41.
6. Civ. 3e, 28 juin 2006, n° 05-10.137, *Bull. civ.* III, n° 161; *D.* 2006. IR 1986; *AJDI* 2006. 731, obs. Rouquet.
7. Civ. 3e, 19 mai 2004, n° 03-12.541, *Bull. civ.* III, n° 99; *D.* 2004. IR 1560; *AJDI* 2004. 803, obs. Rouquet.
8. Civ. 3e, 28 sept. 2005, n° 04-13.720, *Bull. civ.* III, n° 175; *D.* 2006, Pan. 901, obs. Damas; *AJDI* 2005. 901, obs. Rouquet.
9. L. n° 2000-1208, 13 déc. 2000 relative à la solidarité et au renouvellement urbains, *JO* 14 déc., p. 1977.
10. Civ. 3e, 4 juin 2014, n° 13-17.289, *Bull. civ.* III, n° 73; *D.* 2014. Actu. 1274, obs. Rouquet; *ibid.* 2015. Pan. 1178, obs. Damas; *AJDI* 2014. 873, obs. Damas; *Loyers et copr.* 2014, n° 199, obs. Vial-Pedroletti; *Rev. loyers* 2014. 359, obs. B. Humblot-Catheland; *JCP N* 2014. 1353, note J.-J.Barbieri – Aix-en-Provence, 28 oct. 2014, n° 19/14490, *Loyers et copr.* 2015, n° 5, obs. Vial-Pedroletti; 16 déc. 2014, n° 12/18941, *Rev. loyers* 2015. 74 – Paris, 5 févr. 2015, n° 13/23627, *Loyers et copr.* 2015, n° 93, obs. Vial-Pedroletti.
11. Ajout opéré par la loi n° 2015-992 du 17 août 2015 (*JO* 18 août, p. 14263), le même texte complétant l'alinéa 1er de l'article 6 par la précision selon laquelle un décret en Conseil d'État définit le critère de performance énergétique minimale à respecter et un calendrier de mise en œuvre échelonnée. Ce décret d'application est paru. Il s'agit du décret n° 2017-312 du 9 mars 2017 (*JO* 11 mars, n° 31).

211.33 Critères de décence pour les locaux d'habitation ou mixte. Le deuxième alinéa du même article 6) précise que « les caractéristiques correspondantes sont définies par décret en Conseil d'État pour les locaux à usage d'habitation principale ("de résidence principale" depuis la loi du 24 mars 2014, dite loi Alur [1]) ou à usage mixte mentionnés au premier alinéa (devenue "deuxième alinéa, la loi du 24 mars 2014, dite loi Alur) de l'article 2 et les locaux visés au deuxième alinéa (désormais, "aux 1° à 3°") du même article (il s'agit des logements foyers, des locaux meublés, des logements attribués ou loués en raison de l'exercice d'une fonction ou de l'occupation d'un emploi et des locations consenties aux travailleurs saisonniers; v. s[s] n°s 022.131 s.), à l'exception des logements-foyers et des logements destinés aux travailleurs agricoles qui sont soumis à des règlements spécifiques ».

211.34 Critères de décence et locaux d'habitation anciens. Concernant la mise en œuvre des critères de décence dans l'habitat ancien, on retiendra d'une réponse ministérielle que le législateur n'a pas entendu faire du « logement décent » le véhicule de la création de nouvelles normes, mais définir les caractéristiques minimales des logements donnés en location [2].

211.35 Critères de décence. Le décret du 30 janvier 2002 [3] définit les caractéristiques que le local devra réunir. Les critères d'occupation liés au nombre d'habitants ne figurent pas parmi les caractéristiques de la décence, car le propriétaire bailleur ne peut être tenu pour responsable du nombre de personnes habitant effectivement le logement qu'il a mis en location [4].

B.
Sécurité physique et santé du preneur.

211.41 Respect de la sécurité physique et de la santé des locataires – Intégrité de l'habitat. Aux termes de l'article 2 du décret, le logement doit assurer le clos et le couvert. Le gros œuvre du logement et de ses accès doit être en bon état d'entretien et de solidité et protéger les locaux contre les eaux de ruissellement et les remontées d'eau. Les menuiseries extérieures et la couverture avec ses raccords et accessoires doivent assurer la protection contre les infiltrations d'eau dans l'habitation (étant entendu que pour les logements situés dans les départements d'Outre-mer, il peut être tenu compte, pour l'appréciation des conditions relatives à la protection contre les infiltrations d'eau, des conditions climatiques spécifiques à ces départements).

211.42 Respect de la sécurité physique et de la santé des locataires. Infiltration d'air parasites. Aux termes du point 2 de l'article 2 du décret du 30 janvier 2002 dans sa rédaction issue du décret n° 2017-312 du 9 mars 2017 [5], à compter du 1er janvier 2018, le logement « est protégé contre les infiltrations d'air parasites. Les portes et fenêtres du logement ainsi que les murs et parois de ce logement donnant sur l'extérieur ou des locaux non chauffés présentent une étanchéité à l'air suffisante. Les ouvertures des pièces donnant sur des locaux annexes non chauffés sont munies de portes ou de fenêtres. Les cheminées doivent être munies de trappes ». Le texte précise que ces dispositions ne sont pas applicables dans les départements situés Outre-mer.

211.43 Respect de la sécurité physique et de la santé des locataires – Retenue des personnes. Les dispositifs de retenue des personnes, dans le logement et ses accès, tels que garde-corps des fenêtres, escaliers, loggias et balcons, doivent être dans un état conforme à leur usage. En mai 2002, la cour d'appel d'Aix-en-Provence a jugé que constitue un manquement à l'obligation de délivrance loyale de la chose louée, la mise à disposition d'un appartement muni d'une fenêtre dépourvue de dispositif suffisant à prévenir le basculement des occupants du local [6], qu'il s'agisse d'enfants ou d'adultes [7]. Et en 2012, la Cour de cassation a considéré que n'est pas décent le logement dont les dispositifs de garde-corps des balcons ne sont pas dans un état conforme à leur usage [8].

211.44 Respect de la sécurité physique et de la santé des locataires – Matériaux de construction. Concernant la nature et l'état de conservation et d'entretien des matériaux de construction, des canalisations et des revêtements du logement, ils ne

1. Applicable aux baux conclus, renouvelés ou tacitement reconduits à compter du 27 mars 2014.
2. Rép. min. n° 73576, *JOAN Q* 6 mai 2002, p. 2428; *Administrer* juill. 2002, p. 66.
3. Applicable à Mayotte, avec, jusqu'au 31 décembre 2019, certaines adaptations (mentionnées à l'art. 6 *bis* du texte). Décr. n° 2002-120, 30 janv. 2002 relatif aux caractéristiques du logement décent pris pour l'application de l'article 187 de la loi n° 2000-1208 du 13 déc. 2000 relative à la solidarité et au renouvellement urbains, *JO* 31 janv., p. 2090.
4. Rép. min. n° 10778, *JOAN Q* 14 avr. 2003, p. 2990; *JCP N* 2003. 1316.
5. Décr. n° 2017-312, 9 mars 2017 modifiant le décret n° 2002-120 du 30 janvier 2002 relatif aux caractéristiques du logement décent pris pour application de l'article 187 de la loi n° 2000-1208 du 13 décembre 2000 relative à la solidarité et au renouvellement urbain, *JO* 11 mars, n° 31.
6. Situé au 4e étage.
7. Aix-en-Provence, 7 mai 2002, RG n° 50/172, *Loyers et copr.* 2003, n° 83, obs. Vial-Pedroletti.
8. Civ. 3e, 14 févr. 2012, n° 11-13.136, NP, *Rev. loyers* 2012. 170; *Loyers et copr.* 2012, n° 97, obs. Vial-Pedroletti.

doivent pas présenter de risques manifestes pour la santé et la sécurité physique des locataires. Un appartement peut être jugé non décent à raison, notamment, des revêtements contenant du plomb[1].

211.45 Respect de la sécurité physique et de la santé des locataires – Gaz et électricité. Les réseaux et branchements d'électricité et de gaz et des équipements de chauffage et de production d'eau chaude, doivent être, non seulement conformes aux normes de sécurité définies par les lois et règlements, mais de surcroît, en bon état d'usage et de fonctionnement. Ainsi, le logement dont le tuyau d'alimentation de gaz à remplacer est périmé depuis neuf ans avant la date de délivrance des lieux au locataire est indécent[2]. Par ailleurs, un logement dont l'installation électrique fait courir au locataire un risque d'électrocution est indécent ainsi qu'en cas de non-respect des normes d'isolation et d'insuffisance de l'installation de chauffage[3]. Selon les services du ministère du Logement, l'état de l'installation électrique doit toutefois s'apprécier en fonction du risque apparent qu'elle peut présenter pour un non-technicien sans qu'il soit nécessaire de procéder, si l'installation, bien qu'ancienne, n'est pas dangereuse, à une quelconque mise aux normes. Et seuls les travaux qui seraient exécutés sur cette installation devraient être conformes à la réglementation en vigueur au moment de leur réalisation[4].

211.46 Respect de la sécurité physique et de la santé des locataires – Ventilation. Jusqu'au 30 juin 2018, selon le point 5 de l'article 2 du décret du 30 janvier 2002, les dispositifs d'ouverture et de ventilation des logements doivent permettre un renouvellement de l'air adapté aux besoins d'une occupation normale du logement et au fonctionnement des équipements[5].

À compter du 1er juillet 2018, l'exigence concernant la ventilation des logements évolue. En effet, aux termes, désormais du point 7 de l'article 2 du décret du 30 janvier 2002 dans sa rédaction issue du décret n° 2017-312 du 9 mars 2017[6], le logement permet une aération suffisante. Le texte précise par ailleurs que les dispositifs d'ouverture et les éventuels dispositifs de ventilation des logements sont en bon état et permettent un renouvellement de l'air et une évacuation de l'humidité adaptés aux besoins d'une occupation normale du logement et au fonctionnement des équipements.

211.47 Respect de la sécurité physique et de la santé des locataires – Luminosité. Les pièces principales (au sens du troisième alinéa de l'article R. 111-1 du code de la construction et de l'habitation) doivent bénéficier d'un éclairement naturel suffisant et d'un ouvrant donnant à l'air libre ou sur un volume vitré donnant à l'air libre.

C. Éléments d'équipement et de confort

211.51 Éléments d'équipement et de confort. Conformément à l'article 3 du décret de 2002, le logement décent est celui qui comporte les éléments d'équipement et de confort suivants : chauffage, eau potable et eau courante, évacuation des eaux, cuisine, sanitaire et éclairage.

211.52 Chauffage. Est visée une installation permettant un chauffage normal, munie des dispositifs d'alimentation en énergie et d'évacuation des produits de combustion et adaptée aux caractéristiques du logement (étant entendu que pour les logements situés dans les départements d'Outre-mer, il peut ne pas être fait application de ces dispositions lorsque les conditions climatiques le justifient).

On retiendra que le logement dépourvu d'appareil de chauffage est indécent[7].

Selon la cour d'appel de Nîmes, le chauffage au bois n'est pas conforme au décret et le bailleur doit être condamné à mettre en place une autre installation de chauffage[8]. Toutefois, une réponse ministérielle de 2003 précise que dès lors qu'un logement dispose d'une alimentation en électricité ou gaz de ville, ainsi que d'un conduit d'évacuation des fumées, il doit être considéré en conformité avec les

1. Paris, 22 mai 2007, RG n° 05/15099, *AJDI* 2007. 753.
2. Civ. 3e, 14 févr. 2012, n° 11-13.136, NP, *Rev. loyers* 2012. 170; *Loyers et copr.* 2012, n° 97, obs. Vial-Pedroletti.
3. Angers, 9 oct. 2007, RG n° 06/05740, *JCP* 2008. IV. 1841.
4. Rép. min. n° 73576, *JOAN Q* 6 mai 2002, p. 2428; *Administrer* juill. 2002, p. 66.
5. Pour des exemples de logements indécents en raison d'un manque de ventilation, v. Rennes, 16 avr. 2014, Rev. loyers 2014. 295; Lyon, 8 sept. 2015, n° 13/03973, *Loyers et copr.* 2015, n° 219, obs. Vial-Pedroletti.; Aix-en-Provence, 16 déc. 2014, n° 12/18941, Rev. loyers 2015. 74.
6. Décr. n° 2017-312, 9 mars 2017 modifiant le décret n° 2002-120 du 30 janvier 2002 relatif aux caractéristiques du logement décent pris pour application de l'article 187 de la loi n° 2000-1208 du 13 décembre 2000 relative à la solidarité et au renouvellement urbain, *JO* 11 mars, n° 31.
7. Civ. 3e, 4 juin 2014, n° 13-17.289, *Bull. civ.* III, n° 73; *D.* 20116.8064. Actu. 1274, obs. Rouquet; *ibid.* 2015. Pan. 1178, obs. Damas; *AJDI* 2014. 873, obs. Damas; *Loyers et copr.* 2014, n° 199, obs. Vial-Pedroletti; Rev. loyers 2014. 359, obs. B. Humblot-Catheland; *RTDI* 3/ 2014. 57, obs. F. de La Vaissière; *JCP N* 2014. 1353, note J.-J. Barbieri.; Paris, 30 oct. 2012, *Loyers et copr.* 2013, n° 6, obs. Vial-Pedroletti; *contra*, estimant qu'est décent le logement disposant d'une alimentation en électricité ou gaz de ville, ainsi que d'un conduit d'évacuation des fumées : Rép. min. n° 6501, *JOAN Q* 14 juill. 2003, p. 5624; *AJDI* 2003. 856, obs. Rouquet.
8. Nîmes, 29 janv. 2004, RG n° 02/02538, *Loyers et copr.* 2004, n° 144, obs. Vial-Pedroletti.

dispositions relatives au chauffage du décret « logement décent »[1].

Enfin, le locataire ne peut exiger la mise en conformité de l'installation électrique à des normes arrêtées plusieurs années après la prise du bail. Sauf toutefois, s'il démontre la dangerosité de cette installation ou l'existence de troubles dans la jouissance de ces éléments d'équipement[2].

211.53 **Eau potable et eau courante.** Est visée une installation d'alimentation en eau potable assurant à l'intérieur du logement la distribution avec une pression et un débit suffisants pour l'utilisation normale de ses locataires.

Compte tenu du libellé du point 2, la décence impose en réalité une alimentation non seulement en eau potable[3]. D'ailleurs, l'exigence de l'alimentation du logement en eau courante a été consacrée par la jurisprudence[4].

211.54 **Évacuation des eaux.** Est visé un système d'évacuation installations des eaux ménagères et des eaux-vannes empêchant le refoulement des odeurs et des effluents et munies de siphon.

211.55 **Cuisine.** Sont visés une cuisine ou un coin cuisine aménagé de manière à recevoir un appareil de cuisson et comprenant un évier raccordé à une installation d'alimentation en eau chaude et froide et à une installation d'évacuation des eaux usées.

211.56 **Sanitaires.** Est visée une installation sanitaire intérieure au logement comprenant un w.-c., séparé de la cuisine et de la pièce où sont pris les repas, et un équipement pour la toilette corporelle, comportant une baignoire ou une douche, aménagée de manière à garantir l'intimité personnelle, alimentée en eau chaude et froide et muni d'une évacuation des eaux usées.

Il est cependant mentionné que l'installation sanitaire d'un logement d'une seule pièce peut être limitée à un w.-c. extérieur au logement à condition que ce w.-c. soit situé dans le même bâtiment et facilement accessible. Retenons à cet égard qu'il a été jugé que n'est pas constitué d'une seule pièce et, par voie de conséquence, doit être doté d'un w.-c. intérieur, le logement comportant une pièce principale et dans lequel il existe un mur de séparation[5].

211.57 **Éclairage.** Est visé un réseau électrique permettant l'éclairage suffisant de toutes les pièces et des accès ainsi que le fonctionnement des appareils ménagers courants indispensables à la vie quotidienne.

L'article 3, *in fine*, du décret indique que dans les logements situés dans les départements d'Outremer, les dispositions relatives à l'alimentation en eau chaude prévues aux 4 et 5 ci-dessus ne sont pas applicables.

D.
Caractéristiques de la pièce principale

211.61 **Existence et caractéristiques de la pièce principale.** Conformément à l'article 4 du décret, le logement doit disposer au moins d'une pièce principale ayant :

- soit une surface habitable (au sens de l'art. R. 111-2 du code de la construction et de l'habitation) au moins égale à 9 mètres carrés et une hauteur sous plafond au moins égale à 2,20 mètres; une pièce située à l'entresol, d'une hauteur sous plafond inférieur à 2 mètres ne saurait être qualifiée de « pièce d'habitation »[6];

- soit un volume habitable (au sens du même art. R. 111-2) au moins égal à 20 mètres cubes.

Précisons que la règle des 14 mètres carrés, qui figure dans le code de la construction et de l'habitation (CCH, art. R. 111-2, al. 1er), ne concerne que les nouveaux logements, qu'il s'agisse de construction neuve ou de création de nouveaux lots de copropriété après division[7].

E.
Sanction du défaut de décence

211.71 **Sanction spécifique : mise en conformité.** Si le logement ne répond pas aux normes de décence, alors, il ressort de l'article 20-1 de la loi du 6 juillet 1989 (inséré par l'article 187-II de la loi du 13 décembre 2000, dite loi SRU et modifié par la loi

1. Rép. min. n° 6501, *JOAN Q* 14 juill. 2003, p. 5624; *AJDI* 2003. 856, obs. Rouquet.
2. Paris, 27 mars 2003, RG n° 2001/07737, *AJDI* 2003. 503 – Paris, 14 oct. 2010, RG n° 08/24062, *Loyers et copr.* 2011, n° 5, obs. Vial-Pedroletti.
3. Qui « traduit la satisfaction de l'ensemble des caractéristiques physico-chimiques et bactériologiques aux conditions de la consommation humaine » [Rép. min. n° 56097, *JOAN Q* 12 avr. 2005, p. 3856; *AJDI* 2005. 512], mais aussi en eau courante (qui correspond à une installation d'eau sous-pression distribuée par un réseau public, ou depuis un réservoir, un château d'eau) : Rép. min. n° 56097, préc.
4. Civ. 3e, 15 déc. 2004, n° 02-20.61, *Bull. civ.* III, n° 239; *AJDI* 2005. 25, obs. Rouquet; *D.* 2005, Pan. 751, obs. Damas – À PROPOS de cet arrêt, VOIR AUSSI : Monéger, *D.* 2005. 305; exigeant l'alimentation en eau courante et en électricité : Paris, 23 mai 2007, *JurisData* n° 338798, *AJDI* 2008. 31.
5. Civ. 3e, 21 mars 2012, n° 11-14.838, *Bull. civ.* III, n° 48; *D.* 2012. Actu. 879, obs. Rouquet; *ibid.* 2013. Pan. 863, obs. Damas.
6. Civ. 3e, 11 janv. 2005, n° 03-18.846, NP, *AJDI* 2005. 206 [arrêt rendu au visa du décr. n° 87-149 du 6 mars 1987 sur les normes minimales de confort et d'habitabilité].
7. Rép. min. n° 10778, *JOAN Q* 14 avr. 2003, p. 2990; *JCP N* 2003. 1316.

du 13 juillet 2006) que « le locataire peut demander au propriétaire leur mise en conformité sans qu'il soit porté atteinte à la validité du contrat en cours ».

Aux termes du deuxième alinéa de l'article 20-1 dans sa rédaction issue de la loi du 24 mars 2014, dite loi Alur (applicable aux baux en cours [1]), « l'information du bailleur par l'organisme payeur de son obligation de mise en conformité du logement, telle que prévue aux articles L. 542-2 et L. 831-3 du code de la sécurité sociale *[relatifs à l'allocation logement]*, tient lieu de demande de mise en conformité par le locataire ».

La seule sanction spécifique à l'obligation de délivrer un logement décent est la mise en conformité : le locataire ne pourrait exiger du bailleur que celui-ci lui fournisse un logement de substitution [2]. Il a toutefois été jugé que le relogement provisoire peut être imposé au bailleur, le temps de réaliser les travaux requis [3].

211.72 Recours au droit commun. Toutefois, en application du droit commun, le locataire peut demander la résiliation du bail aux torts exclusifs du bailleur avec allocation de dommages et intérêts.

Dans le cadre d'une telle procédure, il a été jugé que l'indemnisation du preneur pour les troubles de jouissance subis du fait du manquement par le bailleur à son obligation de délivrance d'un logement décent n'est pas subordonnée à une mise en demeure du bailleur [4].

211.73 Défaut d'accord entre les parties. À défaut d'accord entre les parties, auquel, selon le texte, est assimilé un défaut de réponse du bailleur pendant plus de deux mois, la commission départementale de conciliation « peut être saisie » [5]. La saisine de la CDC est donc bien une phase facultative. Cela est d'ailleurs confirmé par la dernière phrase de l'alinéa 1er de l'article 20-1 (également issue de la loi du 5 mars 2007) ainsi libellée : « La saisine de la commission ou la remise de son avis ne constitue pas un préalable à la saisine du juge par l'une ou l'autre des parties ».

La CDC doit rendre son avis dans les conditions de l'article 20 de la loi (sur la compétence d'attribution de la CDC v. ss nos 911.41 s.; à propos des conditions de sa saisine v. ss no 911.71).

211.74 Intervention du juge. Après passage en commission ou non, le juge (en l'occurrence, le tribunal d'instance du lieu de situation de l'immeuble [6]) peut être saisi par l'une ou l'autre des parties (en pratique, par le locataire). Souverain dans son appréciation de la décence ou non du logement [7], il détermine, le cas échéant, la nature des travaux à réaliser et le délai de leur exécution. Il peut aussi, depuis la loi du 13 juillet 2006, dite loi ENL, réduire le montant du loyer [8] ou suspendre, avec ou sans consignation, son paiement et la durée du bail jusqu'à l'exécution des travaux de mise en conformité.

Enfin, depuis la loi susvisée du 5 mars 2007 et la loi du 25 mars 2009 [9], le juge doit nécessairement transmettre au représentant de l'État dans le département l'ordonnance ou le jugement constatant que le logement loué n'est pas décent [10].

L'article 41-1 de loi de 1989 (créé par l'article 187-II de la loi du 13 décembre 2000) précise que « les dispositions de l'article 20-1 sont applicables aux contrats en cours ».

§ 2
Qualité du logement loué au regard de l'usage convenu

211.81 Délivrance d'un logement adéquat à l'usage convenu. Le bailleur doit délivrer un logement en état de servir à l'usage pour lequel il a été loué [11]. Ni la connaissance de l'état des lieux par le

1. L. no 2014-366, 24 mars 2014, *JO* 26 mars, p. 5809, art. 14.
2. Civ. 3e, 15 déc. 2004, no 02-20.614, *Bull. civ.* III, no 239; *AJDI* 2005. 25, obs. Rouquet; *D.* 2005, Pan. 751, obs. Damas; *D.* 2005. 305, obs. Monéger – Besançon, 16 déc. 2003, RG no 02/01379, *Loyers et copr.* 2004, no 107, obs. Vial-Pedroletti.
3. Paris, 27 janv. 2005, RG no 03/02302, *Loyers et copr.* 2005, no 110, obs. Vial-Pedroletti.
4. Civ. 3e, 4 juin 2014, no 13-12.314, *Bull. civ.* III, no 74; *D.* 2014. Actu. 1274, obs. Rouquet; *AJDI* 2014. 872, obs. Damas; *Loyers et copr.* 2014, no 200, obs. Vial-Pedroletti; Rev. loyers 2014. 356, obs. S. Benilsi; Aix-en-Provence, 26 mai 2015, no 2015/293, *Loyers et copr.* 2015, no 159, obs. Vial-Pedroletti – *Contra*, toutefois : Aix-en-Provence, 14 janv. 2014, no 12/18926, *Loyers et copr.* 2014, no 112, obs. Vial-Pedroletti.
5. Art. 20-1, dans sa rédaction issue de la loi no 2007-290 du 5 mars 2007 instituant le droit au logement opposable et portant diverses mesures en faveur de la cohésion sociale, dite loi Dalo, *JO* 6 mars.
6. EN APPLICATION de l'art. R. 221-48 du COJ, issu du décret no 2008-522 du 2 juin 2008 portant refonte de la partie réglementaire de ce code, en vigueur depuis le 5 juin 2008.
7. Civ. 2e, 29 nov. 2012, no 11-20.091, *Bull. civ.* II, no 196; *Dalloz actu.*, 19 déc. 2012, obs. Rouquet; *AJDI* 2013. 430, obs. Dreveau.
8. POUR un ex. de condamnation du bailleur à restituer les loyers versés : Paris, 28 mars 2013, RG no 10/24182, *AJDI* 2013. 529.
9. L. no 2009-323, 25 mars 2009 de mobilisation pour le logement et la lutte contre l'exclusion, *JO* 27 mars – SUR CETTE LOI : Damas, *AJDI* 2009. 274; *D.* 2010. Pan. 1168, spéc. 1177; Lafond, *JCP N* 2009, no 1136; Canu, *Rev. loyers* 2009. 262; Raclet, *Administrer* août-sept. 2009. 7.
10. Art. 20-1, *in fine*.
11. Paris, 31 janv. 1994, RG no 91/18287, *Administrer* août-sept. 1994, p. 49.

locataire, ni la « faiblesse » du montant du loyer, ni la possibilité de sous-louer, ni l'autorisation donnée aux preneurs de réaliser des travaux, n'exonèrent le bailleur de son obligation de délivrance [1].

Ce, nonobstant l'insertion au contrat d'une clause selon laquelle le locataire accepte les lieux en l'état [2]. Il a, par exemple, été jugé que même si le locataire accepte de prendre les lieux « en l'état », cela ne dispense pas le bailleur de réparer les volets et les fenêtres [3]. De même, une « clause de souffrance » [4] ne saurait permettre au bailleur de s'affranchir de son obligation de délivrance (sur l'obligation, pour le preneur, de laisser exécuter certains travaux v. s^s n° 312.41) [5].

211.82 Absence d'obligation de remettre à neuf le logement. Il n'est donc pas demandé au bailleur de fournir un logement remis à neuf à son cocontractant. Un logement neuf qui comporterait certains vices de construction ne pourrait pas plus être loué en l'état [6].

Il faut et il suffit que les lieux loués permettent au locataire de les habiter [7] (si le logement est à usage d'habitation) ou de les habiter et d'y exercer sa profession (si le logement a été loué à usage mixte). Le bailleur ne peut, en raison de l'obligation de délivrance à laquelle il est tenu, s'exonérer de l'obligation de procéder aux travaux rendus nécessaires par les vices affectant la structure de l'immeuble [8].

Cette obligation de délivrance vaut à la fois pour le local loué et pour ses éléments d'équipement (chaudière, chauffe-eau, four...) dès lors qu'ils ont été consignés dans le contrat (ou dans l'état des lieux d'entrée).

211.83 Délivrance et usage convenu. Si le logement a servi d'habitation au précédent locataire et que le nouveau locataire l'a loué à usage mixte (c'est-à-dire à la fois pour son habitation et pour l'exercice de sa profession), il appartient au bailleur de s'assurer que le local peut être affecté à cette double destination [9].

211.84 Renouvellement du bail et délivrance. L'obligation de délivrance s'impose au bailleur tant lors de la conclusion du bail initial que lors de son renouvellement, le bail renouvelé s'analysant en un nouveau contrat [10].

211.85 Hypothèses de non-adéquation avec l'usage convenu. Le bailleur qui délivre un logement dépourvu d'arrivée d'eau ne remplit pas son obligation de délivrance (jurisprudence, on l'aura compris, antérieure à l'entrée en vigueur de l'obligation de décence) [11]. Tout comme est fautif, celui qui loue un local sans en assurer le clos et le couvert, sans fournir de chauffage ni d'installation électrique [12].

Il en va de même du bailleur qui met un logement à la disposition du locataire sans avoir réalisé les réparations qui lui incombent, ou celles qui incombaient au locataire sortant [13], de celui qui loue un local dont les sols sont sales et certains éléments d'équipement [14] vétustes [15].

Manque pareillement à son obligation de délivrance, le bailleur qui loue un logement infesté de puces [16] ou d'insectes [17]. Cependant, la cour d'appel de Rouen a refusé de considérer que le bailleur a manqué à son obligation de délivrance du fait de la présence de rongeurs sous le parquet, dès lors que les locaux n'étaient pas inhabitables [18]; ou le propriétaire qui loue un logement sans avoir entrepris les travaux de désamiantage imposés par les textes [19].

1. Civ. 3e, 20 sept. 2006, n° 05-16.243, NP, *AJDI* 2007. 203, note Zalewski; *Rev. loyers* 2006. 463, obs. Rémy; COMP., VOIR TOUTEFOIS : Civ. 3e, 14 mai 2008, n° 07-18.054, NP, *Rev. loyers* 2008. 386.
2. Civ. 3e, 5 juin 2002, n° 00-18.697, *Bull. civ.* III, n° 123; *D.* 2002. IR 2303; *AJDI* 2002. 759, obs. Briand – Bordeaux, 17 juill. 2001, *JurisData* n° 164659, *Loyers et copr.* 2002, n° 171, obs. Vial-Pedroletti.
3. Civ. 3e, 10 févr. 2004, n° 03-10.833, NP, *Loyers et copr.* 2004, n° 69, obs. Vial-Pedroletti.
4. Clause par laquelle le locataire accepte par avance et sans contrepartie les désagréments que pourrait lui occasionner la réalisation de travaux.
5. Civ. 3e, 1er juin 2005, n° 04-12.200, *Bull. civ.* III, n° 119; *D.* 2005. IR 1655; *AJDI* 2005. 650, obs. Rouquet.
6. Nîmes, 22 oct. 1996, RG n° 95/2273, *Rev. loyers* 1997. 447.
7. Paris, 10 févr. 1984, *JurisData* n° 020681, *D.* 1984. IR 326, obs. Giverdon, [loi de 1982].
8. Civ. 3e, 9 juill. 2008, n° 07-14.631, *Bull. civ.* III, n° 121; *D.* 2008. AJ 1999, obs. Rouquet; *AJDI* 2008. 841, note Zalewski – Civ. 3e, 28 mai 2008, n° 07-12.277, *Bull. civ.* III, n° 98; *D.* 2008. AJ 1622, obs. Rouquet.
9. Civ. 3^e, 2 juill. 1997, n° 95-14.151, *Bull. civ.* III, n° 159; *D.* 1997. IR 201; *D. Affaires* 1997, 997.
10. Civ. 3^e, 16 juin 1999, *Ann. loyers* 1999. 1586.
11. Civ. 3^e, 8 juin 1995, n° 93-14.869, NP, *D.* 1996. Somm. 378, obs. CRDP Nancy 2; *RDI* 1995. 801, obs. Collart-Dutilleul.
12. Civ. 3e, 27 janv. 1993, n° 90-21.933, *Bull. civ.* III, n° 11; *D.* 1993. IR 51, [loi de 1986].
13. Limoges, 1er avr. 1997, RG n° 1504/95, *Loyers et copr.* 1998, n° 36, obs. Vial-Pedroletti – Civ. 3e, 23 févr. 1999, n° 97-13.196, NP, *Loyers et copr.*, n° 118, obs. Vial-Pedroletti.
14. Plaques électriques, robinets de lavabo...
15. Civ. 3e, 12 juin 2003, n° 00-10.601, NP, *Administrer* nov. 2003, p. 38, obs. Canu.
16. Reims, 12 nov. 1998, RG n° 97/00721, *JCP N* 1999, n° 28, p. 1120, obs. Djigo.
17. Aix-en-Provence, 26 mai 2015, n° 2015/293, *AJDI* 2015. 610.
18. Rouen, 23 juin 1999, RG n° 9703312, *Loyers et copr.* 2000, n° 137, obs. Vial-Pedroletti.
19. NOTAMMENT, art. R. 1334-7 s. du code de la santé publique – Civ. 3e, 2 juill. 2003, n° 02-14.642, *Bull. civ.* III, n° 138, *AJDI* 2003. 751, obs. Rouquet; *Dr. et patr.* avr. 2003, p. 80, obs. Chauvel.

Il y a enfin violation de l'obligation de délivrance lorsque le syndicat des copropriétaires a refusé au preneur l'installation d'une gaine d'extraction, alors que le bailleur s'était engagé à faire le nécessaire pour obtenir cette autorisation [1], ou lorsque les aménagements nécessaires à la sécurité des occupants du logement ou à son accès par voiture n'ont été réalisés qu'avec retard [2].

§ 3
Conformité aux mesures de prévention des intoxications par le monoxyde de carbone

211.91 Nécessité d'un système d'évacuation dans le cas d'appareil à combustion fixe. Dans les locaux existants, les mesures de prévention des intoxications par le monoxyde de carbone visées aux articles R. 131-31 à R. 131-33 du code de la construction et de l'habitation (en vigueur depuis le 1er janv. 2009) sont applicables, à la charge du propriétaire, aux parties des locaux à usage d'habitation ou à leurs dépendances, lorsqu'elles comportent ou doivent comporter un appareil à combustion fixe de chauffage ou de production d'eau chaude sanitaire d'une puissance inférieure ou égale à 70 kilowatts et utilisant un combustible solide, liquide ou gazeux.

On retiendra de l'article R. 131-31 que les parties des locaux à usage d'habitation ou leurs dépendances, destinées à recevoir de façon fixe un appareil de chauffage ou de production d'eau chaude sanitaire d'une puissance inférieure ou égale à 70 kilowatts et utilisant les combustibles solides, liquides ou gazeux doivent être munies :

1°) d'une entrée d'air permanente directe ou indirecte dans le cas où l'appareil utilise, pour la combustion, une partie de l'air de la pièce dans laquelle il est installé;

2°) d'un système d'évacuation vers l'extérieur des produits de combustion satisfaisant aux conditions techniques et de sécurité et adapté à l'usage, au type d'appareil et au combustible auxquels il est destiné.

L'entrée d'air permanente et le système d'évacuation sont conçus et entretenus de manière à permettre le bon fonctionnement des appareils.

211.92 Exclusions. Toutefois, ces dispositions ne s'appliquent pas aux locaux destinés à recevoir des appareils à circuit de combustion étanche qui, par leur conception, intègrent le circuit d'amenée d'air comburant et qui évacuent les produits de combustion vers l'extérieur sans risque de fuite vers l'intérieur des locaux d'habitation [3].

Par ailleurs, certains appareils de production d'eau chaude pourront être dispensés de l'obligation de raccordement prévue à l'article R. 131-31 par arrêté [4].

211.93 Cas des immeubles collectifs. Quant aux immeubles collectifs d'habitation, il est prévu que les installations de ventilation mécanique contrôlée auxquelles sont raccordés des appareils utilisant le gaz combustible ou les hydrocarbures liquéfiés doivent être équipées d'un dispositif de sécurité collective [5].

211.94 Sanction. Le propriétaire d'un local existant qui ne mettrait pas en place les dispositifs de prévention serait passible de l'amende prévue pour les contraventions de la 3e classe [6].

211.95 Obligation du preneur. Quant au locataire, il doit prendre soin de ne pas entraver le bon fonctionnement de l'entrée d'air et du système d'évacuation vers l'extérieur.

SECTION 3
SANCTION DU NON-RESPECT DE L'OBLIGATION DE DÉLIVRANCE

211.101 Demande en délivrance conforme ou en résiliation. Lorsque le bailleur n'a pas rempli son obligation de délivrance, en dehors de l'indemnisation qu'il peut solliciter [7], et qui peut prendre la forme d'une réduction de loyer [8], le locataire a le choix entre demander au juge qu'il condamne son cocontractant à lui délivrer le bien loué (sur la procédure spécifique de demande de mise en conformité aux normes de décence, v. s^{s} n°s 211.71 s.) et demander la résiliation pure et simple du bail [9]; étant précisé que la résiliation du bail suppose que les locaux soient inhabitables [10]. Il est des hypothèses où le locataire n'aura cependant pas à choisir. Cela sera notamment le cas lorsque le bien loué aura été

1. Civ. 3e, 26 mars 1997, n° 95-14.103, *Bull. civ.* III, n° 70; *D.* 1997. Somm. 325, obs. Atias.
2. Civ. 3e, 24 juin 1998, n° 96-17.471, NP, *Loyers et copr.* 1998, n° 231, obs. Vial-Pedroletti.
3. CCH, art. R. 131-32.
4. CCH, art. R. 131-34.
5. CCH, art. R. 131-33.
6. CCH, art. R. 152-11.
7. Civ. 3^{e}, 16 janv. 1980, n° 78-12.389, *Bull. civ.* III, n° 13.
8. Civ. 3e, 8 juin 1995, n° 93-14.869, NP, *Gaz. Pal.* 28 avr. 1996 119-121; *D.* 1996. Somm. 378, obs. CRDP Nancy 2; *RDI* 1995. 801, obs. Collart-Dutilleul.
9. Soc. 8 juin 1956, *Bull. civ.* IV, n° 535 – Civ. 3e, 26 mars 1997, n° 95-14.103, *Bull. civ.* III, n° 70; *Gaz. Pal.* 21 déc. 1997, 355-357; *D.* 1997. Somm. 325, obs. Atias.
10. Rouen, 23 juin 1999, RG n° 9703312, *Loyers et copr.* 2000, n° 137, obs. Vial-Pedroletti.

détruit en totalité. Alors, seule la résiliation pourra être prononcée (sur la destruction de la chose louée v. s^s n° 221.31; et sur la possibilité pour le locataire de ne pas payer son loyer v. s^s n° 311.41).

211.102 **Célérité du preneur à agir.** Le preneur souhaitant faire sanctionner le non-respect, par le bailleur, de son obligation de délivrance, devra agir sans tarder. En effet, une inaction de sa part pourrait s'interpréter en une renonciation. Il a ainsi été jugé qu'il n'y a pas de défaut de délivrance lorsque la surface réelle est inférieure de 5 m^2 à la surface visée dans le contrat, dès lors que le preneur, qui occupe les lieux depuis de nombreuses années sans réclamations ni réserves, ne démontre pas que la surface de l'appartement était un élément déterminant de son accord [1]. Dans le même ordre d'idées, relevons cette décision refusant de faire droit à la demande du locataire qui, en trois années d'occupation, n'a jamais émis la moindre réclamation [2].

1. Versailles, 9 nov. 2001, RG n° 09/1101, *D.* 2003. Somm. 733, obs. Pierre.
2. Paris, 12 oct. 2004, RG n° 2003/6683, *AJDI* 2004. 882.

CHAPITRE

212. Obligations de garantie

SECTION 0 ORIENTEUR

212.00 Plan du chapitre.

Division – Garantie d'une jouissance paisible et garantie des vices et défauts. Le bailleur est obligé d'assurer au locataire la jouissance paisible du logement et, sans préjudice des dispositions de l'article 1721 du code civil (en vertu duquel le bailleur doit garantie pour tous les vices ou les défauts de la chose louée qui en empêchent l'usage, même s'il les ignorait lors de la conclusion du bail), de le garantir des vices ou défauts de nature à y faire obstacle, hormis ceux qui, consignés dans l'état des lieux (d'entrée), auraient fait l'objet d'une (« clause travaux » de l'article 6 *a* de la loi du 6 juillet 1989)[1].

Il pèse donc sur le bailleur deux obligations de garantie voisines, mais qu'il convient de distinguer : l'obligation d'assurer la jouissance paisible à son cocontractant et l'obligation de le garantir contre tous les vices ou les défauts de la chose louée, deux obligations dont le non-respect va être sanctionné.

212.01 Textes applicables.

TEXTES SOURCES

• **C. civ., art. 1721, 1725.**

• **L. n° 89-462, 6 juill. 1989, art. 6.**

• **CCH, art. L. 129-8, L. 129-9, R. 129-12 à R. 129-15.**

TEXTES *IN EXTENSO*

• **C. civ., art. 1721**

Il est dû garantie au preneur pour tous les vices ou défauts de la chose louée qui en empêchent l'usage, quand même le bailleur ne les aurait pas connus lors du bail.

S'il résulte de ces vices ou défauts quelque perte pour le preneur, le bailleur est tenu de l'indemniser.

• **C. civ., art. 1725**

Le bailleur n'est pas tenu de garantir le preneur du trouble que des tiers apportent par voies de fait à sa jouissance, sans prétendre d'ailleurs aucun droit sur la chose louée; sauf au preneur à les poursuivre en son nom personnel.

• **L. 6 juill. 1989, art. 6**

* V. s^s n° 211.03

• **CCH, art. L. 129-8**

Le propriétaire d'un logement installe dans celui-ci au moins un détecteur de fumée normalisé et s'assure, si le logement est mis en location, de son bon fonctionnement lors de l'établissement de l'état des lieux mentionné à l'article 3-2 de la loi n° 89-462 du 6 juillet 1989 tendant à améliorer les rapports locatifs et portant modification de la loi n° 86-1290 du 23 décembre 1986. L'occupant d'un logement, qu'il soit locataire ou propriétaire, veille à l'entretien et au bon fonc-

1. L. n° 89-462, 6 juill. 1989, art. 6 b.

tionnement de ce dispositif et assure son renouvellement, si nécessaire, tant qu'il occupe le logement.

Cette obligation incombe au propriétaire non occupant dans des conditions définies par décret en Conseil d'État, notamment pour les locations saisonnières, les foyers, les logements de fonction et les locations meublées. Ce décret fixe également les mesures de sécurité à mettre en œuvre par les propriétaires dans les parties communes des immeubles pour prévenir le risque d'incendie.

L'occupant du logement notifie cette installation à l'assureur avec lequel il a conclu un contrat garantissant les dommages d'incendie.

• **CCH, art. R. 129-12**

Chaque logement, qu'il se situe dans une habitation individuelle ou dans une habitation collective, est équipé d'au moins un détecteur de fumée normalisé.

Le détecteur est alimenté par piles ou fonctionne à partir de l'alimentation électrique du logement, sous réserve dans ce cas qu'il soit équipé d'une alimentation de secours susceptible de prendre le relais en cas de dysfonctionnement électrique.

Le détecteur de fumée doit :

– détecter les fumées émises dès le début d'un incendie;

– émettre immédiatement un signal sonore suffisant permettant de réveiller une personne endormie dans le seul logement où la détection a eu lieu.

Un arrêté conjoint des ministres chargés de la construction et de la sécurité civile fixe les modalités d'application du présent article.

• **CCH, art. R. 129-13**

La responsabilité de l'installation du détecteur de fumée normalisé mentionné à l'article R. 129-12 incombe au propriétaire et la responsabilité de son entretien incombe à l'occupant du logement. Cependant, ces deux responsabilités incombent :

– au propriétaire pour les logements à caractère saisonnier, les logements-foyers visés au R. 351-55 dont la gestion est assurée par le propriétaire ou par un organisme autres que ceux mentionnés à l'article L. 365-4, les résidences hôtelières à vocation sociale, les logements attribués ou loués en raison de l'exercice d'une fonction ou d'un emploi et les locations meublées;

– aux organismes agréés mentionnés à l'article L. 365-4 exerçant les activités d'intermédiation locative et de gestion locative sociale pour les logements-foyers et logements familiaux gérés par ces organismes.

• **CCH, art. R. 129-14**

Dans les parties communes des immeubles à usage d'habitation, les propriétaires mettent en œuvre des mesures de sécurité contre l'incendie. Ces mesures indiquent les consignes à respecter en cas d'incendie et visent également à éviter la propagation du feu des locaux à risques vers les circulations et dégagements. Un arrêté conjoint des ministres en charge de la construction et de la sécurité civile fixe les modalités d'application du présent article.

212.02 Jurisprudence de référence.

• **Com. 5 mai 1953**, *Bull. civ.* III, n° 156

* V. s^s n° 212.21

L'obligation du bailleur l'oblige à ne pas troubler lui-même la jouissance du preneur.

• **Civ. 3e, 30 nov. 1988, n° 87-15.914**, *Bull. civ.* III, n° 169

* V. s^s n° 212.11

L'obligation du bailleur de faire jouir paisiblement le preneur de la chose louée ne comporte pas d'exception tenant à la qualité du bailleur (à propos d'organismes d'HLM).

• **Civ. 3e, 18 déc. 2002, n° 01-00.519**, *Bull. civ.* III, n° 262

* V. s^s n° 212.43

Sauf convention expresse, les pratiques dictées par les convictions religieuses du preneur n'entrent pas dans le champ contractuel du bail et ne font naître à la charge du bailleur aucune obligation spécifique (à propos d'un bailleur ayant refusé de faire droit à la demande de locataires, fondée sur les prescriptions de la religion judaïque, proscrivant notamment en période de shabbat, la mise en œuvre de toute forme d'énergie, y compris l'électricité, d'installer, au moins pour l'un des accès à la résidence, des serrures mécaniques actionnées par des clés, en plus des serrures électriques actionnées seulement par digicode).

• **Civ. 3e, 14 nov. 2007, n° 06-18.430**, *Bull. civ.* III, n° 202

* V. s^s n° 212.137

La vente de l'immeuble ne dispense pas le précédent bailleur de son obligation d'effectuer les travaux qui se sont avérés nécessaires lorsqu'il était propriétaire et lui incombaient. Le vendeur est tenu d'indemniser le locataire du trouble de jouissance subi du fait de la non-exécution des travaux qui lui incombaient alors en sa qualité de propriétaire, ce trouble ne cessant que par leur exécution.

• **Civ. 3e, 8 oct. 2015, n° 14-20.345**, NP

* V. s^s n° 212.72

L'absence d'obligation de garantir le trouble de jouissance causé au preneur par des tiers ne dispense pas le bailleur de son obligation de faire, pendant la durée du bail, les réparations nécessaires autres que locatives (désordres engendrés par des travaux de rénovation dans un immeuble mitoyen).

212.03 Bibliographie indicative.

Ouvrages. J. Lafond, B. Vial-Pedroletti, *Les baux d'habitation*, 8e éd., LexisNexis, 2017, n°s 819 s.

Actualisables. RÉP. CIV., v° « Bail d'habitation et mixte : rapports locatifs individuels – Loi du 6 juillet 1989 », N. Damas, n°s 238-250 – LAMY DR. IMMO, n° 5979 – DICT. PERM. Gestion immob., « Baux d'habitation et mixtes », n°s 126-130.

SECTION 1
OBLIGATION D'ASSURER LA JOUISSANCE PAISIBLE DU PRENEUR

212.11 Obligation générale – Renonciation possible. L'étendue de l'obligation de jouissance paisible due au preneur retiendra tout d'abord notre attention. Précisons dès à présent que la renonciation du preneur à son droit de jouissance paisible est possible dès lors qu'elle intervient après la signature du contrat de location, et qu'elle est à la fois certaine et dénuée d'équivoque[1] (sur les conditions à la renonciation d'un texte d'ordre public de protection v. s^s^ n° 021.11).

L'obligation d'assurer la jouissance paisible des lieux loués est une obligation qui pèse sur tout bailleur, que celui-ci soit un bailleur du secteur privé ou un bailleur HLM. Cela ressort tant des textes[2] que de la jurisprudence[3].

Si le bailleur a l'obligation de ne pas troubler lui-même la jouissance paisible des lieux de son cocontractant, il doit également, dans une certaine mesure, le garantir contre les troubles qui pourraient émaner de tiers.

§ 1 Garantie contre les troubles émanant du bailleur lui-même

A. Débiteur de la garantie

212.21 Obligation incombant au bailleur en titre au moment du trouble. Bien évidemment, en signant le contrat de location, le bailleur s'oblige à ne pas troubler lui-même la jouissance des lieux du preneur[4]. L'obligation du bailleur d'assurer la jouissance paisible des lieux ne cesse qu'en cas de force majeure[5]. Laquelle peut, le cas échéant, prendre la forme d'un refus du locataire de laisser exécuter les travaux (si tant est que ce refus se caractérise par son imprévisibilité, son irrésistibilité et son caractère extérieur[6]).

Cela vaut aussi bien pour les troubles de fait (hypothèse où le locataire est gêné dans la jouissance des lieux, par le simple comportement du bailleur) que pour les troubles de droit (hypothèse où, par exemple, le bailleur louerait le même local deux fois).

212.22 Tramsission de la garantie à l'ayant-droit. Si, en cours de bail, l'appartement est vendu, cette obligation de garantir la jouissance paisible du preneur va passer à l'acquéreur[7], à moins que le trouble de jouissance soit antérieur à la vente, auquel cas, c'est l'ancien propriétaire qui devra être poursuivi[8]. En effet, la vente de l'immeuble ne dispense pas le précédent bailleur de son obligation d'effectuer les travaux qui se sont avérés nécessaires lorsqu'il était propriétaire et lui incombaient. En conséquence, le vendeur est tenu d'indemniser le locataire du trouble de jouissance subi du fait de la non-exécution des travaux qui lui incombaient alors en sa qualité de propriétaire, ce trouble ne cessant que par leur exécution[9].

Décès du bailleur et jouissance paisible. En cas de décès du bailleur en cours de bail, cette obligation est transférée à l'héritier dès lors qu'il aura accepté la succession[10].

B. Étendue de l'obligation de garantie de jouissance paisible du bailleur

1° Mise à disposition d'équipements et services

212.31 Équipement. Le bailleur ne peut supprimer le chauffage et l'eau chaude à son cocontractant[11], pas plus que l'usage du téléphone[12], d'une antenne de télévision[13], de l'ascenseur[14] ou d'un w.-c., fût-il commun[15]. Il convient en effet de noter que l'obligation du bailleur d'assurer la jouissance paisible du locataire vaut également pour les parties communes de l'immeuble[16].

212.32 Antennes-relais. Concernant l'épineuse question de l'implantation des antennes-relais à proximité des habitations, il a été ordonné, au nom du respect du principe de précaution, le démantèlement, lorsque l'antenne relais a été installée sur la propriété voisine de l'habitation du demandeur[17].

1. Paris, 16 juin 1998, RG n° 97/06792, *Loyers et copr.* 1998, n° 207, obs. Vial-Pedroletti.
2. L. n° 89-462, 6 juill. 1989, art. 40.
3. Civ. 3e, 30 nov. 1988, n° 87-15.914, *Bull. civ.* III, n° 169.
4. Com. 5 mai 1953, *Bull. civ.* III, n° 156.
5. Civ. 3e, 23 janv. 2008, n° 06-19.520, NP, *Rev. loyers* 2008. 151, obs. Rémy – Civ. 3e, 29 avr. 2009, n° 08-12.261, *Bull. civ.* III, n° 88; *D.* 2009. AJ 1481, obs. Rouquet; *ibid.* 2010, Pan. 1168, spéc. 1169, obs. Damas.
6. Civ. 3e, 5 janv. 2010, n° 08-21.140, NP, *AJDI* 2010. 468, note de La Vaissière.
7. Com. 5 mai 1953, *Bull. civ.* III, n° 156.
8. Civ. 3e, 9 juill. 1970, n° 69-10.888, *Bull. civ.* III, n° 471.
9. Civ. 3e, 14 nov. 2007, n° 06-18.430, *Bull. civ.* III, n° 202; *D.* 2007. AJ 3069, obs. Forest; *ibid.* 2008. Pan. 1300, spéc. p. 1301, obs. Damas; *AJDI* 2008. 379, note Zalewski.
10. Civ. 3e, 30 avr. 1969, *Bull. civ.* III, n° 346.
11. Paris, 21 déc. 1983, *JurisData* n° 030197, *D.* 1984. IR 110.
12. Civ. 3e, 21 déc. 1981, *D.* 1982. IR 160.
13. Soc. 11 déc. 1963, *D.* 1964. Somm. 53.
14. Paris, 8 janv. 2008, RG n° 05/14586, *JCP* 2008. IV. 1277.
15. Paris, 18 déc. 2014, n° 12/20367, *Loyers et copr.* 2015, n° 39, obs. Vial-Pedroletti.
16. Civ. 3e, 13 juill. 2010, n° 09-66.115, NP, *Defrénois* 2010. 1818, obs. Atias.
17. Versailles, 4 févr. 2009, RG n° 08/08775, *D.* 2009. AJ 499; *ibid.* 2009. 819, obs. Boutonet; *ibid.* 2009. Pan. 2300, spéc. 2303, obs. Reboul-Maupin; *ibid.* 2009. Pan. 2448, ▶

212.33 **Assurances.** Le bailleur manque encore à son obligation d'assurer la jouissance paisible de son cocontractant en ne souscrivant pas d'assurance contre le risque d'orage (dans une région exposée à ce type d'intempéries) [1].

Bien que l'assurance du preneur contre le vol ne soit pas obligatoire, doit être condamné le bailleur qui refuse d'installer des persiennes, volets ou protections de fenêtres, alors que le logement qu'il loue se situe en rez-de-chaussée, comporte huit fenêtres et que l'assurance du locataire refuse de l'assurer contre le vol [2].

212.34 **Distribution du courrier.** Quant à la distribution de courrier, il incombe au bailleur de veiller à ce que ses préposés mis à la disposition des locataires dans le cadre de leurs obligations professionnelles manifestent en permanence à leur égard politesse, obligeance et dévouement [3]. Par ailleurs, même si la question de l'obligation pour le bailleur de fournir une boîtes aux lettres à son cocontractant semble faire débat [4], il a été jugé que lorsque l'absence de boîtes aux lettres est à l'origine de nombreux incidents relatifs à la distribution du courrier, le juge peut contraindre le bailleur à installer des boîtes aux lettres individuelles et nominatives pour chaque appartement loué [5].

2°
Forme de la chose louée et travaux

212.41 **Jouissance paisible et forme de la chose louée.** Par ailleurs, sauf accord de son cocontractant [6], le bailleur ne peut pas, en cours de bail, changer la forme de la chose louée [7]. Il ne peut donc pas restreindre l'accès à l'immeuble [8]; consentir une servitude de passage au profit d'un voisin [9], supprimer une vue sur un jardin [10] ou supprimer un escalier (même secondaire) [11].

Encore faut-il qu'il y ait véritablement changement de la forme de la chose louée. Tel ne sera pas le cas lorsque le bailleur aura remplacé des portes vétustes par un portail métallique [12]; ou lorsqu'il aura substitué des clés aux poignées de la porte palière de l'ascenseur [13]; ou en cas de remplacement d'un chauffage collectif par un chauffage individuel [14].

212.42 **Travaux.** Il a été jugé que le bailleur a failli à son obligation d'assurer la jouissance paisible du locataire lorsque celui-ci subit des nuisances lors de la réalisation de travaux et à la suite de ces travaux [15] (sur la question, v. aussi s^s^ n°s 211.81, 312.41 s.).

212.43 **Limites à l'obligation de jouissance paisible du bailleur.** En revanche, on ne saurait reprocher au bailleur de refuser d'installer une porte blindée [16] ou de supprimer un vide-ordures, dès lors que cette suppression répond à des impératifs d'hygiène [17].

De même, il a été jugé que la hauteur anormale d'un bac à douche ne suffit pas à caractériser l'existence d'un vice ou d'un défaut empêchant l'usage par le preneur de la chose louée ou de nature à faire obstacle à sa jouissance paisible [18].

3°
Vie privée

212.51 **Accès à l'immeuble.** De la même manière, il a été jugé que le fait de ne pas avoir fait droit à la demande de locataires de confession judaïque de procéder à l'installation, au moins pour l'un des accès à la résidence, des serrures mécaniques actionnées par des clés, en plus des serrures électriques actionnées seulement par digicode, ne constitue pas une faute, dès lors qu'aucune stipulation expresse du contrat n'a fait entrer dans le champ contractuel

► spéc. 2456, obs. Trébulle – COMP. TOUTEFOIS, exigeant quesoit établie la preuve du lien de causalité entre la pathologie présentée par l'appelant et les antennes relais implantées à proximité de l'appartement loué ainsi que la faute du bailleur : Colmar, 15 déc. 2008, RG n° 08/1243, *RDI* 2009. 175, obs. Lorio.

1. Civ. 3e, 19 févr. 1997, n° 95-14.612, NP, *Ann. loyers* 1997. 1089.
2. Nancy, 28 févr. 1995, RG n° 3025/93, *Loyers et copr.* 1995, n° 351.
3. Paris, 1er juin 2006, RG n° 05/00970, *AJDI* 2006. 639.
4. Indemnisant le locataire pour violation de l'art. R. 111-14 CCH lorsque le bailleur refuse d'installer une boîte aux lettres individuelle, Paris, 9 sept. 2008, *Loyers et copr.* 2008, n° 276, obs. Vial-Pedroletti; AUSSI : Civ. 3e, 3 oct. 2012, n° 11-22.308, NP, *Loyers et copr.* 2012, n° 317, obs. Vial-Pedroletti. CONTRA, jugeant qu'aucun texte légal ou réglementaire n'impose au bailleur d'équiper le logement d'une boîte aux lettres : Amiens, 16 mai 2013, RG n° 12/02941, *Rev. loyers* 2013. 343.
5. Civ. 3e, 30 oct. 2007, n° 06-18.384, NP, *AJDI* 2008. 201; *Administrer* mai 2008, p. 52, obs. Canu.
6. Civ. 3e, 22 mars 1961, *AJPI* 1961. 157.
7. C. civ., art. 1723.
8. Civ. 1re, 26 juin 1967, *D.* 1967, Jur. 673.
9. Civ. 3e, 23 oct. 1991, n° 89-14.147, *Bull. civ.* III, n° 248.
10. Paris, 20 oct. 1960, *Gaz. Pal.* 1961. 1. 65.
11. Civ., 22 mars 1961, *Gaz. Pal.* 1961. 1. 428.
12. Soc. 3 févr. 1960, *Bull. civ.* IV, n° 123.
13. Civ. 1re, 7 févr. 1967, *Bull. civ.* I, n° 49; *D.* 1967, Jur. 211, note Breton.
14. Civ. 3e, 16 avr. 2008, n° 07-12.781, NP, *AJDI* 2008. 579.
15. Paris, 21 juin 2012, *Loyers et copr.* 2012, n° 295, obs. Vial-Pedroletti; AUSSI, pour des travaux incessants dans l'immeuble pendant dix ans : Paris, 12 janv. 2016, n° 14/01504, *AJDI* 2016. 436
16. Rép. min. n° 11559, *JOAN Q* 9 mai 1994, p. 2373.
17. Civ. 3e, 2 févr. 2000, n° 98-13.471, NP, *Administrer* févr. 2001, p. 31, obs. Beddeleem.
18. Civ. 3e, 8 avr. 2010, n° 08-21.410, *Bull. civ.* III, n° 73; *D.* 2010. Actu. 1076; *AJDI* 2010. 726, note Rouquet.

les pratiques dictées par les convictions religieuses[1].

212.52 Entrée dans les lieux. Le bailleur ne peut pénétrer dans les lieux loués :

- qu'avec l'accord ponctuel de son cocontractant;
- ou en application d'une clause contractuelle, notamment en cas de recherche d'un acquéreur ou d'un nouveau locataire (sur le contenu d'une telle clause v. s^s n° 132.231);
- ou, enfin dans la perspective de la réalisation de travaux par le bailleur (v. s^s n° 312.41).

À défaut, le propriétaire-bailleur se rendrait coupable d'une violation de domicile.

212.53 Vie privée du preneur. Par ailleurs, ne respecte pas le droit à la vie privée de son cocontractant[2] le propriétaire qui fait visiter le logement loué sans en avertir le locataire[3]. Et le droit au respect de la vie privée du locataire s'étend à la présentation interne des locaux constituant le cadre de son habitat. Ainsi, l'utilisation faite des photographies qui en sont prises demeure soumise à l'autorisation du locataire[4].

4°
Mise à disposition de places de stationnement

212.61 Véhicule électrique ou hybride. Selon le premier alinéa de l'article L. 111-6-4 du code de la construction et de l'habitation (issu de la loi du 12 juillet 2010[5], dite loi Grenelle II, le propriétaire d'un immeuble doté de places de stationnement d'accès sécurisé à usage privatif ou, en cas de copropriété, le syndicat représenté par le syndic ne peut s'opposer sans motif sérieux et légitime à l'équipement des places de stationnement d'installations dédiées à la recharge électrique pour véhicule électrique ou hybride rechargeable et permettant un comptage individuel, à la demande d'un locataire ou occupant de bonne foi et aux frais de ce dernier.

En vertu du second alinéa du même texte, la préexistence de telles installations ou la décision prise par le propriétaire de réaliser de telles installations en vue d'assurer dans un délai raisonnable l'équipement nécessaire constitue notamment un motif sérieux et légitime de refus.

La procédure d'information du propriétaire que le locataire devra respecter avant d'engager les travaux est précisée à l'article R. 136-2 du code de la construction et de l'habitation (issu du décret n° 2011-873 du 25 juillet 2011[6], en vigueur le 1er janvier 2015).

Aux termes de ce texte, qui concerne les bâtiments à usage principal d'habitation groupant au moins deux logements et comprenant un parc de stationnement bâti clos et couvert, avant de procéder aux travaux permettant la recharge normale des véhicules électriques ou hybrides rechargeables avec un système de mesure permettant une facturation individuelle des consommations, le locataire ou occupant de bonne foi du logement en informe le propriétaire par lettre recommandée avec demande d'avis de réception.

Cette information doit comporter une description détaillée des travaux à entreprendre, assortie d'un plan ou d'un schéma, sauf si l'établissement de ce plan a été rendu impossible du fait du propriétaire.

Le destinataire de l'information va dépendre des situations.

- *Si l'immeuble est en copropriété*, la demande est notifiée au copropriétaire avec copie au syndic de copropriété représentant le syndicat des copropriétaires. Alors, dans le délai de trois mois suivant la réception de la demande, le copropriétaire doit notifier au syndic sa demande d'inscription de la question à l'ordre du jour de la prochaine assemblée générale.
- Si l'immeuble appartient à un propriétaire unique ou une société, la demande est notifiée à son représentant légal.
- *Si l'immeuble est en indivision*, la demande est notifiée à l'un des indivisaires, à charge pour lui d'informer sans délai ses coïndivisaires.

Le propriétaire (ou le syndicat des copropriétaires représenté par le syndic), qui entend s'opposer aux travaux doit, à peine de forclusion, saisir le tribunal d'instance du lieu de l'immeuble dans le délai de six mois suivant réception de la demande. Le propriétaire (ou le syndic de copropriété *es qualités*) doit alors notifier une copie de la saisine au demandeur (ou au copropriétaire qui la notifie sans délai au

1. Civ. 3e, 18 déc. 2002, n° 01-00.519, *Bull. civ.* III, n° 262; *D.* 2004. 844, obs. N. Damas; *AJDI* 2003. 182, obs. Y. Rouquet, obs. O. Guérin; *RTD civ.* 2003. 290, obs. J. Mestre et B. Fages; *ibid.* 383, obs. J.-P. Marguénaud; *ibid.* 575, obs. R. Libchaber; *RJPF* 2003/4.13, note E. Garaud; *Dr. et procédures*, 2003.157, obs. B. Vareille.
2. Droit consacré par l'art. 9 du code civil.
3. Civ. 3e, 25 févr. 2004, n° 02-18.081, *Bull. civ.* III, n° 41; *D.* 2004. 1631, obs. Caron; *D.* 2005. 749, note Damas; *RTD civ.* 2004. 482, obs. Hauser; *JCP* 2004. IV. 1809; Chron. Garaud; *RJPF* 2004, 5.12; *AJDI* 2004. 370, obs. Rouquet.
4. À PROPOS d'un bailleur ayant fait état de photographies afin d'établir le défaut d'entretien du preneur : Civ. 1re, 7 nov. 2006, n° 05-12.788, *Bull. civ.* III, n° 466; *RTD civ.* 2007. 87, obs. Hauser; *Dr. et patr.* 2006, n° 633; *D.* 2007. 700, note Bruguière; *AJDI* 2007. 299, note de La Vaissière; AUSSI : Raynaud, *AJDI* 2007. 265.
5. L. n° 2010-788, 12 juill. 2010 portant engagement national pour l'environnement, *JO* 13 juill., p. 12905 – Damas, *AJDI* 2010. 690.
6. Décr. n° 2011-873, 25 juill. 2011, *JO* 27 juill., p. 12756.

demandeur), par lettre recommandée avec demande d'avis de réception.

Le propriétaire (ou le syndic) peut dans le même délai décider de la réalisation de tels travaux afin d'équiper l'ensemble des places de stationnement de l'immeuble. Mais, si le propriétaire (ou le syndic) n'a pas réalisé les travaux dans les six mois suivant cette décision, le demandeur peut réaliser les travaux qu'il a notifiés.

Concernant l'installation d'équipements permettant la recharge des véhicules électriques ou hybrides rechargeables dans des bâtiments neufs à usage principal d'habitation groupant au moins deux logements, le code de la construction et de l'habitation [1] prévoit notamment que lorsque de tels bâtiments sont équipés d'un parc de stationnement, ce parc est alimenté par un circuit électrique spécialisé pour permettre la recharge des véhicules électriques ou hybrides rechargeables. L'équipement réalisé est nécessairement relié à un tableau général basse tension en aval du dispositif de mise hors tension général de l'installation électrique du bâtiment ou de celui du point de livraison spécifique de l'infrastructure de recharge des véhicules électriques ou hybrides rechargeables. Les places desservies sont soit des places individuelles, soit un espace commun.

212.62 Stationnement des vélos des locataires. Aux termes de l'article L. 111-5-2 du code de la construction et de l'habitation [2], toute personne qui construit un ensemble d'habitations équipé de places de stationnement individuelles couvertes ou d'accès sécurisé le dote des infrastructures permettant le stationnement sécurisé des vélos.

Quant à l'article R. 111-14-4 du même code [3], il précise que lorsque les bâtiments neufs à usage principal d'habitation groupant au moins deux logements comprennent un parc de stationnement d'accès réservé aux seuls occupants de l'immeuble, ces bâtiments doivent être équipés d'au moins un espace réservé au stationnement sécurisé des « vélos », terme désignant les cycles et les cycles à pédalage assisté [4]. Cet espace peut toutefois être réalisé à l'extérieur du bâtiment, à condition qu'il soit couvert, clos et situé sur la même unité foncière que le bâtiment. » Il comporte un système de fermeture sécurisé et des dispositifs fixes permettant de stabiliser et d'attacher les vélos par le cadre et au moins une roue. Il présente une capacité de stationnement en adéquation avec le nombre, le type ou la surface de logements précisée par arrêté du ministre chargé du logement [5].

1. CCH, art. L. 111-5-2 et R. 111-14-2, ce dernier texte ayant été modifié en dernier lieu par le décret n° 2016-968 du 13 juill. 2016 (*JO*, 16 juill., n° 47).
2. Dans sa version issue de la loi n° 2015-992 du 17 août 2015 (*JO*, 18 août, p. 14263).
3. Modifié en dernier lieu par le décret n° 2016-968 du 13 juill. 2016 (*JO*, 16 juill., n° 47).
4. Tels que définis à l'article R. 311-1 du code de la route.

§ 2
Garantie contre les troubles émanant de tiers

212.71 Prévention – Mesures de sécurité. Si en la matière, en règle générale, la garantie due par le bailleur est faible, il y a cependant lieu de mentionner, d'une part, l'obligation de gardiennage ou de surveillance et, d'autre part, l'obligation d'assurer la sécurité et la tranquillité des locaux qui pèsent spécifiquement sur certains propriétaires. Enfin, il conviendra de s'arrêter quelques instants sur la possibilité, pour le propriétaire, de faire appel aux forces de l'ordre.

212.72 Règle générale. En vertu de l'article 1725 du code civil, « le bailleur n'est pas tenu de garantir le preneur du trouble que des tiers apportent par voies de fait à sa jouissance, sans prétendre d'ailleurs aucun droit sur la chose louée, sauf au preneur à les poursuivre en son nom personnel ». *A contrario*, il ressort donc de ce texte que le bailleur est tenu de garantir le preneur contre le tiers qui, par exemple, viendrait réclamer la jouissance du local en vertu d'un contrat (sur la notion de trouble de droit v. aussi s[s] n° 212.21).

Pour le reste, le bailleur n'a donc pas à répondre des voies de fait dont des tiers se rendraient coupables.

L'absence d'obligation de garantir le trouble de jouissance causé au preneur par des tiers ne dispense toutefois pas le bailleur de son obligation de faire, pendant la durée du bail, les réparations nécessaires autres que locatives [6].

212.73 Notion de tiers – Importance. Quelques précisions s'imposent quant à la notion de « tiers ». Cette définition est en effet importante, puisque si le fauteur de trouble n'est pas considéré comme un tiers au sens de l'article 1725 du code civil, le bailleur devra répondre de ses agissements comme si c'était lui-même qui en était l'auteur.

212.74 Exclusion des tiers – Préposé. C'est une évidence, le préposé du bailleur n'est pas un « tiers » à son égard, pas plus que le concierge, en raison du lien contractuel (à savoir, leur contrat de travail)

5. V. Arr. 13 juill. 2016 (*JO* 16 juill., n° 49).
6. Civ. 3e, 8 oct. 2015, n° 14-20.345, NP, *AJDI* 2016. 198, obs. Damas; *Loyers et copr.* 2015, n° 242, obs. Vial-Pedroletti.

qui les unit au propriétaire-bailleur[1]. Le bailleur doit donc répondre de leur comportement. Il incombe au bailleur de veiller à ce que ses préposés, chargés notamment de distribuer le courrier, mis à la disposition des locataires dans le cadre de leurs obligations professionnelles, manifestent en permanence à leur égard politesse, obligeance et dévouement[2].

212.75 Exclusion des tiers – Locataires. De la même manière, la qualification de « tiers » a été refusée aux autres locataires du bailleur (généralement appelés « colocataires », terme non dénué d'ambiguïté puisque, dans le langage courant, des « colocataires » sont des personnes qui louent le même appartement) [3]. Cette solution vaut quand bien même le colocataire indélicat se rendrait coupable de voie de fait, c'est-à-dire lorsque son comportement ne pourrait se rattacher à l'exercice normal de ses droits locatifs (en cas de violence, d'insultes, de dégradations, etc.) [4]. Toutefois, alors, le locataire pourrait rechercher la responsabilité délictuelle du fauteur de troubles[5], et ainsi obtenir des dommages et intérêts. Cependant, seule une action envers le bailleur lui permettra d'obtenir la résiliation du bail aux torts de ce dernier. Les clients d'un autre locataire du bailleur ne sont pas davantage des tiers[6]. Il a également été jugé que les nuisances importantes occasionnées par les travaux de rénovation de l'ensemble immobilier voisin ne constituent pas une voie de fait commise par un tiers exonérant le bailleur de sa responsabilité[7]. Par ailleurs, n'est pas un tiers au sens de l'article 1725 le fournisseur de combustibles agissant dans le cadre d'un contrat de livraison au nom du bailleur[8]. Il en va de même pour la mère du locataire[9].

212.76 Qualité de tiers – Copropriétaire et syndicat de copropriétaires. En revanche, un copropriétaire a bien cette qualité à l'égard du bailleur, autre copropriétaire[10], tout comme est un tiers le syndicat des copropriétaires[11].

Précisons, enfin, que le bailleur ne saurait être déclaré responsable des infiltrations affectant les lieux loués dues à la rupture d'une canalisation de réseau d'eaux pluviales, alors qu'une compagnie des eaux, gérant pour la commune le réseau en question, était à l'origine du trouble[12]. Cette règle connaît cependant une exception, lorsqu'il existe, entre la commune et le bailleur, une convention de travaux publics[13].

212.77 Vol – Concurrence professionnelle. Les troubles de faits émanant de tiers, et le vol, ainsi que l'exercice d'une activité concurrente à celle du preneur doivent être évoqués.

212.78 Vol – trouble de fait émanant d'un tiers. Sauf clause contraire insérée dans le contrat, le bailleur n'a pas à répondre du vol dont serait victime le locataire[14]. En effet, en principe, le bailleur n'est pas tenu d'une obligation de résultat quant à la sécurité du locataire[15].

Il n'en irait autrement que dans la mesure où une faute pourrait être imputée au bailleur ou à l'un de ses préposés[16]. Un arrêt de la Cour de cassation a retenu la responsabilité du bailleur, le cambriolage ayant été rendu possible par la présence d'un échafaudage[17].

212.79 Exercice d'une activité concurrente à celle du preneur. Ce n'est qu'en vertu d'une clause expresse que le bailleur aura l'obligation de garantir

1. Civ. 3e, 6 nov. 1970, nº 69-12.350, *Bull. civ.* III, nº 586.
2. Paris, 1er juin 2006, RG nº 05/00970, *AJDI* 2006. 639.
3. Civ. 3e, 16 nov. 1994, nº 93-11.184, *Bull. civ.* III, nº 189; *D.* 1994. IR 267; *JCP* 1995. II, nº 22391, note Djigo – Civ. 3e, 19 mai 2004, nos 02-19.730, 02-19.908 et 02-20.106, *Bull. civ.* III, nº 100; *D.* 2004. IR 1640; *AJDI* 2004. 804, obs. Rouquet – Paris, 12 janv. 2005, RG nº 03/13571, *Administrer* mai 2005, p. 29, obs. Boccara et Lipman-Boccara.
4. Civ. 3e, 20 avr. 2005, nº 03-18.390, *Bull. civ.* III, nº 96; *D.* 2006, Pan. 959, obs. Damas; *AJDI* 2005. 565, obs. Rouquet; *Administrer* juin 2005, p. 32, obs. Barbier – EN SENS CONTRAIRE : Soc. 11 mars 1955, *Bull. civ.* IV, nº 239 ou Soc. 6 mars 1958, *Bull. civ.* IV, nº 332.
5. Civ. 1re, 24 janv. 1961, *Bull. civ.* I, nº 55; *D.* 1962. 123, note Plancqueel – Civ. 3e, 29 mai 1991, nº 89-15.973, *Bull. civ.* III, nº 152; *Administrer* mars 1992, p. 28, note Gélinet.
6. Civ. 3e, 22 oct. 2003, nº 01-17.183, *Bull. civ.* III, nº 177; *D.* 2004. Somm. 837, obs. Damas; *AJDI* 2004. 195, obs. Ascensi.
7. Paris, 14 sept. 2000, RG nº 1999/09703, *Loyers et copr.* 2001, nº 58, obs. Vial-Pedroletti.
8. Paris, 16 janv. 2013, nº 10/04536, *AJDI* 2013. 627.
9. Paris, 1er oct. 2013, nº 10/12298, *Loyers et copr.* 2013, nº 334, obs. Vial-Pedroletti.
10. Civ. 3e, 25 mars 1998, nº 96-10.119, *Bull. civ.* III, nº 189; *D. Affaires* 1998, 752, obs. Y. R.; *JCP* 1998. II, nº 10107, obs. Djigo – Civ. 3e, 13 oct. 1999, nº 98-11.088, NP, *Rev. loyers* 2000. 101, obs. Rémy.
11. Paris, 16e ch. A, 7 avr. 2004, RG nº 2002/17952, *AJDI* 2004. 717 – Paris, 17 avr. 2008, *Loyers et copr.* 2008, nº 247, *obs.* Vial-Pedroletti – Paris, 6e ch. C, 6 mars 2007, RG nº 05/01252, *Loyers et copr.* 2007. 64 – Paris, 19 mai 2015, RG nº 13/18848, *AJDI* 2015. 766 – Riom, 20 févr. 2012, *Loyers et copr.* 2012, nº 140, *obs.* Vial-Pedroletti – Montpellier, 22 janv. 2013, RG nº 11/04765, *AJDI* 2013. 608 – *Contra* toutefois : Paris, 23e ch. A, 26 avr. 2000, *AJDI* 2000. 637 – Amiens, 14 févr. 2013, RG nº 10/01547, *Rev. loyers* 2013. 193.
12. Civ. 3e, 28 juin 2000, nº 98-20.406, *Bull. civ.* III, nº 128; *AJDI* 2000. 840; *Administrer* oct. 2000, p. 38, obs. Boccara et Lipman-Boccara.
13. Civ. 3e, 7 nov. 2001, nº 99-20.962, *Bull. civ.* III, nº 121; *D.* 2002. AJ 404, obs. Rouquet; *AJDI* 2002. 124.
14. Civ. 3e, 12 juin 1996, nº 94-19.052, *Bull. civ.* III, nº 137; *RTD com.* 1997. 314, obs. Bouloc; *RJDA* 1996, nº 1162.
15. Civ. 3e, 21 nov. 1990, nº 89-15.922, *Bull. civ.* III, nº 236; *RDI* 1991. 264 – SUR CE POINT voir cependant v. ss nº 212.131.
16. Civ. 3e, 22 févr. 1983, nº 81-16.206, *Bull. civ.* III, nº 50.
17. Civ. 3e, 28 févr. 1990, nº 88-14.028, *Bull. civ.* III, nº 63; *Gaz. Pal.* 29 juin 1990, 180-181; *D.* 1990. 13.

à son cocontractant, signataire d'un bail mixte[1], qu'aucune activité concurrente à la sienne ne viendra le troubler[2]. En cas de violation d'une clause d'exclusivité, le bailleur devra dédommager le locataire, à raison du trouble de jouissance subi[3]. En effet, le locataire bénéficiaire d'une telle clause est en droit d'exiger que le bailleur fasse respecter cette clause par ses autres locataires, même si ceux-ci ne sont pas parties au contrat contenant cette stipulation[4].

Lorsque le bailleur unique d'un immeuble aura généralisé à l'ensemble de ses contrats une clause de non-concurrence, il prendra bien soin, à l'occasion des changements de locataires, de maintenir cette stipulation. En effet, à défaut, les autres locataires pourraient demander en justice la résolution de la clause de non-concurrence qui les concerne[5].

§ 3
Détecteurs de fumée

212.81 Effectivité à compter du 8 mars 2015. Posée par les articles L. 129-8 et L. 129-9 et R. 129-12 à R. 129-15 du code de la construction et de l'habitation et par un arrêté du 5 février 2013, l'obligation d'installer un détecteur de fumée doit avoir été satisfaite avant le 8 mars 2015[6, 7] Elle doit être envisagée du point de vue de la personne qui en est responsable, de son étendue, des caractéristiques techniques du détecteur de fumée et de la notification de l'installation à l'assureur du logement.

A.
Personne responsable de l'obligation

212.91 Obligations pesant sur le propriétaire. Selon l'article L. 129-8 du code de la construction et de l'habitation, dans sa rédaction issue de la loi du 24 mars 2014, dite loi Alur, il appartient désormais au propriétaire du logement (et non plus, comme cela était prévu initialement, à son occupant) d'installer au moins un détecteur de fumée normalisé[8].

De plus, si le logement est mis en location, le propriétaire doit s'assurer du bon fonctionnement du détecteur lors de l'établissement de l'état des lieux mentionné à l'article 3-2 de la loi du 6 juillet 1989 (v. s[s] n°s 134.11 s.).

Pour les logements loués au 8 mars 2015, date d'entrée en vigueur de l'obligation, l'obligation d'installation faite au propriétaire est satisfaite par la fourniture d'un détecteur à son locataire ou, s'il le souhaite, par le remboursement au locataire de l'achat du détecteur[9].

212.92 Obligations pesant sur l'occupant. Selon le même texte, l'occupant d'un logement, qu'il soit locataire ou propriétaire, doit veiller à l'entretien et au bon fonctionnement de ce dispositif et doit assurer son renouvellement, si nécessaire, tant qu'il occupe le logement[10].

212.93 Obligations pesant sur le propriétaire non-occupant. Alors que l'article L. 129-8 du code de la construction et de l'habitation indique que cette obligation incombe au propriétaire non occupant dans des conditions définies par décret en Conseil d'État, les alinéas 2 et 3 de l'article R. 129-13 du code de la construction et de l'habitation précisent que la responsabilité de l'installation et de l'entretien du détecteur de fumée pèse :

- sur le propriétaire pour les logements à caractère saisonnier, les logements-foyers visés au R. 351-55 dont la gestion est assurée par le propriétaire ou par un organisme autres que ceux mentionnés à l'article L. 365-4 du code de la construction et de l'habitation, les résidences hôtelières à vocation sociale, les logements attribués ou loués en raison de l'exercice d'une fonction ou d'un emploi et les locations meublées;

- sur les organismes agréés mentionnés à l'article L. 365-4 du code de la construction et de l'habitation exerçant les activités d'intermédiation locative et de gestion locative sociale pour les logements-foyers et logements familiaux gérés par ces organismes.

1. À usage d'habitation et professionnel.
2. Paris, 30 sept. 2004, RG n° 03/07506, *JCP E* 2005, p, 863, n° 22, obs. Kenfack [à propos d'un bail commercial].
3. Com. 16 févr. 1953 : *Bull. civ.* III, n° 70.
4. Civ. 3e, 4 mai 2006, n° 04-10.051, *Bull. civ.* III, n° 107; *D.* 2006. AJ 1454, obs. Rouquet; *ibid.* 2007, Pan. 1831, obs. Rozès; *Administrer* juill. 2006, p. 45, note Barbier.
5. Civ. 3e, 3 mai 2007, n° 06-11.591, *Bull. civ.* III, n° 67; *D.* 2007. AJ 1335, obs. Rouquet; *ibid.* 2007, 2068, note Rochfeld; *ibid.* 2008. Pan. 247, obs. Gomy; *ibid.* 2008. Pan. 1645, spéc. 1648, obs. Rozès.
6. Décr. n° 2011-36, 10 janv. 2011 relatif à l'installation de détecteurs de fumée dans tous les lieux d'habitation, art. 3, *JO* 11 janv., p. 573.
7. A noter qu'aux termes du 1 *bis* de l'article 5 la loi n° 2010-238 du 9 mars 2010 (*JO,* 10 mars 2010, p. 4759), créé par la loi « Macron » n° 2015-990 du 6 août 2015 (*JO,* 7 août 2015, p. 13537), les propriétaires ayant signé un contrat d'achat des détecteurs au plus tard au 8 mars 2015 éteint réputés satisfaire à l'obligation prévue à l'article L. 129-8 du CCH, à la condition que le détecteur de fumée ait été installé avant le 1er janv. 2016.
8. V. aussi l'alinéa 1er de l'article R. 129-13 du CCH, disposant que la responsabilité de l'installation du détecteur de fumée normalisé incombe au propriétaire.
9. L. n° 2014-366, 24 mars 2014, *JO* 26 mars, p. 5809, art. 3-III.
10. V. aussi l'alinéa 1er de l'article R. 129-13 du CCH, selon lequel la responsabilité de l'entretien du détecteur incombe à l'occupant du logement.

B.
Étendue de l'obligation

212.101 Habitat individuel ou collectif – Parties communes. L'article R. 129-12, alinéa 1er, du code de la construction et de l'habitation indique que chaque logement, qu'il se situe dans une habitation individuelle ou dans une habitation collective, est équipé d'au moins un détecteur de fumée normalisé.

Selon l'article R. 129-14 du code de la construction et de l'habitation, dans les parties communes des immeubles à usage d'habitation, les propriétaires doivent mettre en œuvre des mesures de sécurité contre l'incendie. Ces mesures indiquent les consignes à respecter en cas d'incendie et visent également à éviter la propagation du feu des locaux à risques vers les circulations et dégagements.

C.
Caractéristiques techniques du détecteur de fumée

212.111 Alimentation autonome – Volume sonore. L'article R. 129-12 (al. 2 s.) du code de la construction et de l'habitation précise que le détecteur est alimenté par piles ou fonctionne à partir de l'alimentation électrique du logement, sous réserve dans ce cas qu'il soit équipé d'une alimentation de secours susceptible de prendre le relais en cas de dysfonctionnement électrique.

Le texte dispose par ailleurs que le détecteur de fumée doit, d'une part, détecter les fumées émises dès le début d'un incendie et, d'autre part, émettre immédiatement un signal sonore suffisant permettant de réveiller une personne endormie dans le seul logement où la détection a eu lieu.

D.
Notification de l'installation à l'assureur du logement

212.121 Assurance. Alors que le troisième alinéa de l'article L. 129-8 du code de la construction et de l'habitation indique que l'occupant du logement notifie l'installation du détecteur à l'assureur avec lequel il a conclu un contrat garantissant les dommages d'incendie, l'article R. 129-15 du code de la construction et de l'habitation précise que cette notification se fait par la remise d'une attestation à l'assureur par l'occupant ou, dans les cas dérogatoires prévus à l'article R. 129-13, par le propriétaire ou l'organisme agréé mentionné à l'article L. 365-4 du code de la construction et de l'habitation exerçant les activités d'intermédiation locative et de gestion locative sociale.

Aux termes de l'article L. 122-9 du code des assurances, cette notification va permettre de minorer la prime ou de cotisation, lorsqu'elle sera prévue par la police d'assurance garantissant les dommages incendie.

Sont nulles toutes clauses frappant de déchéance l'assuré en cas de non-respect des dispositions des articles L. 129-8 et L. 129-9 du code de la construction et de l'habitation [1].

§ 4
Sécurité de l'immeuble

A.
Obligation de surveillance et de gardiennage

212.131 Obligation de gardiennage ou de surveillance pesant sur certains bailleurs. Il ressort du premier alinéa de l'article L. 271-1 du code de la sécurité intérieure que les propriétaires d'immeubles à usage d'habitation doivent, lorsque l'importance de ces immeubles ou leur situation le justifient, assurer le gardiennage ou la surveillance de ceux-ci et prendre les mesures permettant d'éviter les risques manifestes pour la sécurité et la tranquillité des locaux.

Quant au second alinéa de l'article L. 271-1 du CSI, il indique qu'un décret en Conseil d'État précise les zones dans lesquelles cette obligation s'applique, les caractéristiques des immeubles ou locaux qui y sont assujettis, les mesures de gardiennage ou de surveillance à prendre en fonction de l'usage, de la localisation et de la taille des immeubles ou locaux et les dates auxquelles ces mesures devront au plus tard intervenir. Il s'agit des articles R. 271-1 à R. 271-8 du CSI [2]. Un troisième alinéa précise que les communes ou les EPCI exerçant la compétence relative aux dispositifs locaux de prévention de la délinquance peuvent contribuer à cette obligation de gardiennage et de surveillance lorsque les immeubles ou groupes d'immeubles collectifs à usage d'habitation qui y sont assujettis sont particulièrement exposés à des risques de délinquance et font l'objet de dispositions des contrats locaux de sécurité (dont il est question à l'article R. 271-5 du CSI; v. ss no 212.143).

212.132 Bailleurs concernés. Il ressort de l'article R. 271-1 du CSI que l'obligation légale concerne

1. C. assur., art. L. 113-11, 3°; ajouté par la L. no 2010-238, 9 mars 2010, *JO* 10 mars, p. 4759.
2. POUR UN REGARD CRITIQUE sur ce texte : Gérard, *AJDI* 2002. 345.

tout bailleur (et non pas les seuls bailleurs sociaux) gérant cent logements locatifs ou plus dans un immeuble ou groupe d'immeubles collectifs formant un ensemble situé soit dans une zone urbaine sensible (ZUS) définie au 3e de l'article 42 de la loi du 4 février 1995 [1], soit dans une commune dont la population dépasse 25 000 habitants ou qui est comprise dans une aire urbaine d'un seul tenant regroupant au moins 50 000 habitants et dont une ou plusieurs communes comptent plus de 15 000 habitants.

212.133 Modalités de mise en œuvre de cette obligation de gardiennage/surveillance. L'article R. 271-2 du CSI indique que les fonctions de gardiennage ou de surveillance sont assurées sur l'ensemble de l'année par au moins une personne (concierge, gardien, employé d'immeuble ou prestataire de services) à temps plein ou équivalent temps plein par tranche de 100 logements. Il est par ailleurs précisé par le même texte que le bailleur peut, à titre de complément, recourir à des agents de prévention et de médiation ou à des correspondants de nuit.

Quant à l'article R. 271-3 du CSI, il prévoit que le(s) conseil(s) de concertation locative (sur cette notion v. ss nos 912.71 s.) sont consultés par le bailleur avant la mise en place d'un système de gardiennage/surveillance.

Notons que certaines associations nationales de défense des locataires ont posé la question (non évoquée par le texte) de l'éventuelle récupération de ces nouveaux frais de personnel auprès des locataires (ce qui, implicitement, pose, une fois de plus, l'épineuse question de l'éventuelle révision du décret « charges », dossier dont la Commission nationale de concertation s'était emparée il y a quelques années sans toutefois déboucher sur un consensus; concernant les charges récupérables v. ss nos 321.11 s.).

Enfin, à la demande du préfet (ou, à Paris, du préfet de Police), le bailleur devra lui faire connaître, dans les deux mois suivants, les mesures qu'il a prises [2].

212.134 Sanctions encourues en cas de manquement du bailleur. Ces sanctions sont mentionnées à l'article R. 271-7 du CSI. Aux termes de ce texte, le bailleur qui se soustrait à ses obligations est passible d'une amende de la 5e classe (étant précisé qu'il va encourir autant d'amendes qu'il manquera de gardien(s) par tranche de 100 logements). Par ailleurs, le fait pour le bailleur de ne pas déférer à la demande du préfet ou de lui transmettre des informations mensongères ou erronées sera puni de la même peine.

212.135 Armement des gardiens - Constitution d'une personne morale. Aux termes de l'article L. 614-1 du Code de la sécurité intérieure (CSI), les propriétaires, exploitants ou affectataires d'immeubles ou groupes d'immeubles collectifs à usage d'habitation peuvent constituer une personne morale dont l'objet est l'exercice, pour le compte de ses membres, de l'activité mentionnée au 1° de l'article L. 611-1 du même code (soit, la fourniture des services ayant pour objet la surveillance humaine ou la surveillance par des systèmes électroniques de sécurité ou le gardiennage de biens meubles ou immeubles ainsi que la sécurité des personnes se trouvant dans ces immeubles), dans les conditions prévues par l'article L. 271-1 du CSI.

212.136 Armement des gardiens - Autorisation nominative. Selon les dispositions de l'article L. 614-4 du CSI, les agents de la personne morale constituée peuvent être nominativement autorisés par le représentant de l'État dans le département, ou, à Paris, par le préfet de police, à porter une arme de la catégorie D figurant sur une liste fixée par décret en Conseil d'État dans l'exercice de leurs missions, lorsque les immeubles ou groupes d'immeubles collectifs à usage d'habitation dans lesquels ils assurent les fonctions de gardiennage ou de surveillance sont particulièrement exposés à des risques d'agression sur les personnes.

212.137 Armement des gardiens - armes autorisées. Aux termes des articles R. 614-1 à R. 614-10 du CSI [3] la personne morale à laquelle les gestionnaires d'immeubles collectifs d'habitation peuvent en confier le gardiennage et la surveillance peut acquérir et détenir des armes classées au 8° de la catégorie B et au b du 2° de la catégorie D et des bâtons de défense de type tonfa classés au a du 2° de la catégorie D.

Pour chaque employé nommément désigné, une demande d'autorisation de port d'arme individuel doit être présentée au préfet.

Les employés autorisés à détenir une arme doivent recevoir une formation spécifique (théorique et pratique), sanctionnée par un certificat individuel de réussite. Ils ne peuvent porter, dans l'accomplissement de leurs missions, que les armes remises par la personne morale et uniquement pour « le temps strictement nécessaire à l'exercice de *[leur]* mission ».

Et lorsqu'ils portent ces armes, cela doit être « de façon continue et apparente ».

1. L. no 95-115, 4 févr. 1995 d'orientation pour l'aménagement et le développement du territoire, *JO* 5 févr., p. 1973.
2. CSI, art. R. 271-6.
3. Dans sa rédaction issue du Décr. no 2014-1253 du 27 oct. 2014 (*JO* 29 oct., texte no 37)

En dehors du service, les armes sont remisées dans un local sécurisé et non accessible au public.

La personne morale en charge de la sécurité des immeubles doit tenir à jour un registre (mis à la disposition des services de la police et de la gendarmerie nationales) précisant le nombre et la liste des armes détenues ainsi que la liste des employés autorisés à porter une arme et leurs horaires de travail.

B.
Obligation d'assurer la sécurité et la tranquillité des locaux

212.141 Obligation d'assurer la sécurité et la tranquillité des immeubles d'habitation pour certains bailleurs. Les propriétaires d'immeubles à usage d'habitation doivent « prendre les mesures permettant d'éviter les risques manifestes pour la sécurité et la tranquillité des locaux »[1].

Le contenu de cette obligation de sécurité/tranquillité des locaux est précisé aux articles R. 271-4 à R. 271-6 du code de la sécurité intérieure.

212.142 Bailleurs concernés par l'obligation de sécurité/tranquillité. Il ressort de l'article R. 271-4 du CSI que l'obligation d'assurer la sécurité et la tranquillité pèse sur les mêmes bailleurs que ceux redevables de l'obligation de gardiennage ou de surveillance et définis à l'article R. 271-1 du CSI (v. s[s] n° 212.131).

212.143 Modalités de mise en œuvre de l'obligation de sécurité/tranquillité. Afin d'éviter les risques manifestes pour la sécurité et la tranquillité des locaux, il ressort des articles R. 271-4 et R. 271-6 du CSI que le bailleur concerné doit, après consultation du ou des conseils de concertation locative prévus à l'article 44 *ter* de la loi du 23 décembre 1986[2] (v. s[s] n°s 912.71 s.) :

- installer et entretenir un éclairage assurant une bonne visibilité de l'entrée des immeubles et de leurs parties communes, notamment des parcs de stationnement, quand ils sont situés à l'intérieur des locaux;

- installer et entretenir les systèmes permettant de limiter l'accès aux parties communes des immeubles aux résidents et aux personnes autorisées par les résidents ou habilitées et l'accès aux caves et parcs de stationnement intérieurs aux résidents qui en bénéficient et aux personnes habilitées, ou prendre les mesures ayant le même effet.

1. CSI, art. L. 271-1.
2. L. n° 86-1290, 23 déc. 1986 tendant à favoriser l'investissement locatif, l'accession à la propriété de logements sociaux et le développement de l'offre foncière, *JO* 24 déc., p. 15531, dite loi Mehaignerie.

On retiendra par ailleurs de l'article R. 271-6 du CSI que le préfet (ou, à Paris, le préfet de police) peut exiger d'avoir connaissance (dans les deux mois) des mesures effectivement prises. Notons enfin que rien n'interdirait au bailleur, en tant que de besoin, de prévoir des mesures complémentaires au dispositif obligatoire.

En effet, l'article R. 271-5 du CSI précise que les services de police et de gendarmerie peuvent être associés, le cas échéant, dans le cadre des contrats locaux de sécurité mentionnés à l'article D. 132-7 du CSI, à la définition, en fonction des circonstances locales, des modalités d'application des mesures prises conformément à l'article R. 271-4 ou être invités par le bailleur à émettre un avis sur toute mesure complémentaire.

212.144 Sanctions. Il ressort de l'article R. 271-8 du CSI que le bailleur qui se soustraira à ses obligations est passible d'autant d'amendes de la 5e classe qu'il y aura d'immeubles ou groupes d'immeubles pour lesquels il n'aura pas pris les mesures prescrites.

En outre, le fait pour le bailleur de ne pas communiquer le détail des mesures prises au préfet qui en fera la demande ou de transmettre des informations mensongères ou erronées sera puni de la même peine d'amende.

212.145 Possibilité, pour le propriétaire, de faire appel aux forces de l'ordre. Les articles L. 126-1 à L. 126-3 du code de la construction et de l'habitation permettent aux propriétaires de faire appel aux forces de l'ordre. Même si, à notre connaissance, aucune action en responsabilité n'a été engagée à l'encontre d'un bailleur qui n'aurait pas usé de cette faculté, alors que le besoin s'en faisait sentir, il nous semble qu'un bailleur négligent pourrait être sanctionné.

212.146 Recours préventif aux forces de l'ordre (autorisation permanente de pénétrer dans les parties communes). Il ressort de l'article L. 126-1 du code de la construction et de l'habitation que les propriétaires ou exploitants d'immeubles à usage d'habitation ou leurs représentants peuvent accorder à la police et à la gendarmerie ainsi, le cas échéant, qu'à la police municipale, une autorisation permanente de pénétrer dans les parties communes de ces immeubles.

212.147 Intervention ponctuelle des forces de l'ordre (en cas d'occupation des espaces communs). En vertu de l'article L. 126-2 du même code, ces propriétaires ou exploitants d'immeubles à usage d'habitation ou leurs représentants, qui, en application de l'article L. 271-1 du code de la sécurité intérieure assurent le gardiennage ou la surveillance des immeubles et ont pris les mesures nécessaires à la sécurité/tranquillité des lieux, peuvent, en cas d'occupation des espaces communs du bâti par des personnes qui entravent l'accès et la libre circulation des locataires ou empêchent le bon fonctionnement des dispositifs de sécurité et de sûreté ou nuisent à la tranquillité des lieux, faire appel à la police ou à la gendarmerie nationales ou à la police municipale pour rétablir la jouissance paisible de ces lieux.

212.148 Sanctions à l'égard des contrevenants. L'article L. 126-3 du code de la construction et de l'habitation, dans sa rédaction issue de la loi susvisée du 5 mars 2007[1], modifiée par la loi renforçant la lutte contre les violences de groupes du 2 mars 2010[2] prévoit que le fait d'occuper en réunion les espaces communs ou les toits des immeubles collectifs d'habitation en empêchant délibérément l'accès ou la libre circulation des personnes ou le bon fonctionnement des dispositifs de sécurité et de sûreté est puni de deux mois d'emprisonnement et de 3 750 euros d'amende.

Le texte ajoute que lorsque cette infraction est accompagnée de voies de fait ou de menaces, de quelque nature que ce soit, elle est punie de six mois d'emprisonnement et de 7 500 euros d'amende.

Il précise enfin, dans son dernier alinéa, que les personnes coupables des infractions sus-indiquées encourent également, à titre de peine complémentaire, une peine de travail d'intérêt général.

C.
Transmission d'images de vidéosurveillance

212.151 Obligation de transmettre certaines images de vidéosurveillance[3]. L'article 23 de la loi Loppsi 2 du 14 mars 2011[4] insère notamment un article L. 126-1-1 dans le CCH.

212.152 Images visées. Ce texte permet la transmission aux services chargés du maintien de l'ordre (services de la police ou gendarmerie nationales ou, le cas échéant, agents de la police municipale) des images réalisées en vue de la protection des parties communes des immeubles collectifs à usage d'habitation. Les images susceptibles d'être transmises « ne doivent concerner ni l'entrée des habitations privées, ni la voie publique ».

212.153 Transmission – Moment. Cette transmission n'a vocation à intervenir que lorsque auront été identifiées des « circonstances faisant redouter la commission imminente d'une atteinte grave aux biens ou aux personnes ». Elle s'effectue en temps réel et est strictement limitée au temps nécessaire à l'intervention des forces de l'ordre.

212.154 Transmission – Modalités. Les conditions et les modalités du transfert sont précisées par une convention préalablement conclue entre le gestionnaire de l'immeuble et le représentant de l'État dans le département. Conclue pour une durée maximale d'un an et, renouvelable par reconduction expresse, cette convention porte notamment sur l'indication du service chargé du maintien de l'ordre, destinataire des images; la nature des événements faisant redouter l'imminence d'une atteinte grave aux biens ou aux personnes et pouvant justifier la transmission des images; les modalités de transmission et de conservation des images et les mesures de sécurité afférentes; les modalités d'affichage et d'information du public concernant la possibilité de transmission des images à un service chargé du maintien de l'ordre ainsi que les modalités d'accès aux images pour les personnes ayant fait l'objet d'un enregistrement; la durée de transmission et de conservation des images dans la limite d'un mois à compter de leur transmission sans préjudice des nécessités de leur conservation pour les besoins de la procédure pénale et les modalités de financement du transfert des images[5].

Cette convention, prévoit l'information par affichage sur place de l'existence du système de prise d'images et de la possibilité de leur transmission aux forces de l'ordre.

En outre, lorsque la convention a pour objet de permettre la transmission des images aux services de police municipale, elle est signée par le maire.

Enfin, cette convention est transmise à la commission départementale de vidéo protection[6], laquelle va apprécier la pertinence des garanties prévues et, le cas échéant, va en demander le renforcement au représentant de l'État dans le département.

212.155 Autorisation de transmission. Le texte prévoit deux cas de figure.

Lorsque l'immeuble est en copropriété, l'autorisation est donnée par l'assemblée générale statuant à la majorité des copropriétaires « dans les conditions fixées à l'article 25 de la loi n° 65-557 du 10 juillet 1965 ».

Lorsque l'immeuble est « social » (notion nouvelle que le texte ne définit malheureusement pas), l'autorisation doit émaner du « gestionnaire ».

1. L. n° 2007-297, 5 mars 2007 relative à la prévention de la délinquance, *JO* 7 mars.
2. L. n° 2010-201, 2 mars 2010, *JO* 3 mars.
3. sur la question aussi : Rouquet, *D.* 2011. Actu. 819.
4. L. n° 2011-267, 14 mars 2011 d'orientation et de programmation pour la performance de la sécurité intérieure, *JO* 15 mars.
5. CCH, art. R. 127-8, issu du décret n° 2012-112 du 27 janv. 2012, *JO* 29 janv., p. 1706.
6. Mentionnée à l'art. 10 de la loi n° 95-73 du 21 janv. 1995 d'orientation et de programmation relative à la sécurité.

D.
Ondes électromagnétiques.

212.161 Information du preneur. Aux termes de l'article 184 de la loi n° 2010-788 du 12 juillet 2010 dans sa rédaction issue de la loi n° 2015-136 du 9 février 2015 [1], les équipements émetteurs de champs électromagnétiques d'un niveau supérieur à un seuil fixé par décret [2] ne peuvent être installés dans un local privé à usage d'habitation sans qu'une information claire et lisible ne soit donnée aux occupants concernant l'existence d'un rayonnement et, le cas échéant, les recommandations d'usage permettant de minimiser l'exposition à celui-ci.

Par ailleurs, les notices d'utilisation des équipements terminaux radioélectriques doivent comporter une information claire sur les indications pratiques permettant d'activer ou de désactiver l'accès sans fil à internet.

Enfin, aux termes de l'article L. 34-9-1 du Code des postes et des communications électroniques [3], un décret [4] définit les valeurs limites des champs électromagnétiques émis par les équipements utilisés dans les réseaux de communications électroniques ou par les installations radioélectriques n'utilisant pas des fréquences spécifiquement assignées à leur utilisateur, lorsque le public y est exposé.

Le respect de ces valeurs peut être vérifié sur place par des organismes répondant aux exigences de qualité fixées par décret.

Le résultat des mesures est transmis par ces organismes à l'Agence nationale des fréquences, qui en assure la mise à la disposition du public.

Lorsqu'une mesure des ondes électromagnétiques est réalisée dans des immeubles d'habitation, les résultats sont transmis aux propriétaires et aux occupants. Ces résultats mentionnent le nom de l'organisme ayant réalisé la mesure. Tout occupant d'un logement peut avoir accès, auprès de l'Agence nationale des fréquences, à l'ensemble des mesures réalisées dans le logement.

SECTION 2
OBLIGATION DE GARANTIR LE LOCATAIRE CONTRE LES VICES ET LES DÉFAUTS DE LA LOCATION

212.171 Principe. En application de l'article 1721 du code civil, déclaré expressément applicable aux locations régies par la loi du 6 juillet 1989 [5], le bailleur doit garantir le preneur contre tous les vices ou les défauts qui empêcheraient l'usage de la chose louée.

Cette obligation de garantie est générale puisqu'elle va jouer, quand bien même le bailleur aurait ignoré l'existence du vice ou du défaut de la location lors de la signature du bail [6] [7].

Elle ne va cependant recevoir application que dans la mesure où le vice affectant le bien loué est un vice caché : s'il s'agit d'un vice apparent (c'est-à-dire d'un vice qui, par définition, était visible lors de la signature du bail), le bailleur n'en devra pas garantie [8].

212.172 Hypothèses de responsabilité du bailleur. Le propriétaire est garant de l'effondrement de la toiture [9], du sol [10] ou de la voûte du sous-sol, suite à la réalisation de travaux par le précédent locataire [11]; de la construction d'un plancher non conforme aux normes de sécurité [12]; du vice de construction affectant la cheminée [13]; du local infesté par des puces [14] ou des punaises [15]; du mauvais état des canalisations [16]; de l'explosion du couvercle du réservoir de la chasse d'eau des toilettes, aspergeant le locataire d'eau bouillante [17], du descellement d'une barre d'appui d'une fenêtre [18], de l'absence de tout garde-corps [19], du descellement d'un carreau du sol du couloir menant au studio loué [20]...

Il a par ailleurs été jugé qu'est fautif le bailleur qui loue un logement situé dans un immeuble com-

1. *JO* 10 févr., p. 2346.
2. À paraître.
3. Également dans sa rédaction issue de L. n° 2015-136, 9 févr. 2015, *JO* 10 févr., p. 2346.
4. À paraître.
5. L. n° 89-462, 6 juill. 1989, art. 6 b.
6. C. civ., art. 1721, première phrase, *in fine*.
7. Précisant que la clause subrogeant le preneur dans les droits du bailleur envers l'assureur dommages-ouvrage n'est pas de nature à exonérer le bailleur de la garantie légale des vices ou défauts de la chose louée, v. Civ. 3e, 2 mars 2017, n° 15-24.876, P; *D.* 2017. Actu. 569; *Dalloz actu.*, 9 mars 2017, obs. Y. Rouquet.
8. Civ. 3e, 2 mars 1993, n° 91-14.834, NP, *Rev. huiss.* 1993, p. 732, note Lièvremont.
9. Soc. 24 janv. 1959, *Bull. civ.* IV, n° 113.
10. Civ. 3e, 27 févr. 1973, n° 71-13.860, *Bull. civ.* III, n° 150.
11. Civ. 3e, 2 avr. 2003, n° 01-17.724, *Bull. civ.* III, n° 74; *AJDI* 2003. 409, obs. Rouquet; *Administrer* juin 2003, p. 31, obs. Boccara et Lipman-Boccara.
12. Civ. 3e, 13 oct. 1981, n° 80-11.277, *Bull. civ.* III, n° 150.
13. Req. 26 juill. 1909, *D.* 1909. 1, p. 533.
14. Rennes, 11 mars 1999, RG n° 9802105, *Loyers et copr.* 1999, n° 230, obs. Vial-Pedroletti.
15. Pau, 26 févr. 1894, *D.* 1895. 2, p. 23.
16. Civ. 3e, 19 janv. 1977, n° 75-11.649, *Bull. civ.* III, n° 30.
17. Paris, 31 mars 2015, RG n° 13/12306, *Loyers et copr.* 2015, n° 131, obs. Vial-Pedroletti (non-conformité des installations sanitaires).
18. Civ. 3e, 25 janv. 1961, *JCP* 1962. II, n° 12429, note Savatier.
19. Nîmes, 15 juin 2004, RG n° 02/00572, *Loyers et copr.* 2005, n° 23, obs. Vial-Pedroletti.
20. Civ. 3e, 22 mars 2005, n° 04-13.821, NP, *AJDI* 2005. 649, obs. Zalewski; *Rev. loyers* 2005. 330.

portant de l'amiante, alors que le syndic de copropriété l'avait averti de la situation[1].

Et lorsque le locataire est victime d'un accident d'ascenseur, il n'a pas à prouver que le bailleur n'a pas fait le nécessaire pour l'entretien de cet élément d'équipement : il lui suffit de démontrer que l'appareil présentait un dysfonctionnement à l'origine de son préjudice[2].

L'article 6 *b, in fine* de la loi de 1989 prévoit une exception à cette obligation de garantir les vices et les défauts de la chose louée. Il s'agit de l'hypothèse où les parties ont inséré dans le contrat une « clause travaux » qui décharge partiellement le bailleur de son obligation (sur cette clause travaux v. s^{s} n°s 411.21 s.).

SECTION 3
SANCTION DU NON-RESPECT DES OBLIGATIONS DU BAILLEUR

212.181 Exécution forcée ou résiliation du bail. En dehors de l'indemnisation du locataire, en fonction de la gravité du non-respect par le bailleur de son obligation, et de l'obligation violée, la sanction pourra prendre la forme de l'exécution de l'obligation bafouée ou de la résiliation du bail[3]. En revanche, il ne pourra pas condamner le propriétaire à reloger son cocontractant[4] (sur la possibilité pour le locataire de ne pas payer son loyer v. s^{s} n° 311.41). Le locataire victime d'un manquement de la part du bailleur, spécialement d'un trouble de jouissance, devra intenter une action au cours de la relation contractuelle, alors qu'il se trouve encore dans les lieux[5].

Quant à l'office du juge, on se fera l'écho de cette décision de la Haute juridiction censurant une cour d'appel pour avoir refusé d'indemniser le locataire, alors qu'elle avait constaté le vice (le logement était humide), le dommage subi (dégradation de l'état de santé du preneur), ainsi que le lien de causalité entre les deux[6].

1. Civ. 3e, 2 juill. 2003, n° 02-14.642, *Bull. civ.* III, n° 138; *AJDI* 2003. 661, obs. Rouquet; *D.* 2004. 411, note Pignarre.
2. Civ. 3e, 1er avr. 2009, n° 08-10.070, *Bull. civ.* III, n° 71; *D.* 2009. AJ 1083, obs. Chenu; *ibid.* 2010. Pan. 1168, spéc. 1169, obs. Damas; *AJDI* 2009. 701, note de La Vaissière, décision admettant par ailleurs l'appel en garantie du bailleur contre l'ascensoriste, tenu à une obligation de résultat en matière de sécurité.
3. Civ. 3e, 19 févr. 1997, n° 95-14.826, NP, *RDI* 1997. 499, obs. Derrupé et Collart-Dutilleul; *Ann. loyers* 1997. 1089.
4. Civ. 3e, 14 janv. 2004, n° 01-12.510, *Bull. civ.* III, n° 8; *Rev. loyers* 2004. 227, obs. Rémy.
5. Civ. 3e, 7 déc. 2004, n° 03-17.938, NP, *AJDI* 2005. 26.
6. Civ. 3e, 19 janv. 2005, n° 03-15.631, NP, *AJDI* 2005. 379, obs. Zalewski.

TITRE

22. Les autres obligations du bailleur

SECTION 0

ORIENTEUR

22.00 Plan du titre.

22.01 Textes applicables.

TEXTES SOURCES

- **L. n° 89-462, 6 juill. 1989, art. 6, 21.**
- **C. civ., art. 1221, 1222, 1722.**
- **CCH, art. L. 129-8, L. 129-9.**
- **CCH, art. R. 129-12 à R. 129-15.**
- **Décr. n° 2002-120, 30 janv. 2002** relatif aux caractéristiques du logement décent pris pour l'application de l'article 187 de la loi n° 2000-1208 du 13 décembre 2000 relative à la solidarité et au renouvellement urbains, *JO* 31 janv., p. 2190.

22.03 Bibliographie indicative.

Ouvrages. J. Lafond, B. Vial-Pedroletti, *Les baux d'habitation*, 8e éd., LexisNexis, 2017, nos 819 s.

Actualisables. RÉP. CIV., v° « Bail d'habitation et mixte : rapports locatifs individuels – Loi du 6 juillet 1989 », N. Damas, nos 251-261 – LAMY DR. IMMO, nos 5980 s. – DICT. PERM. Gestion immob., « Baux d'habitation et mixtes », nos 56 s., 67, 97 s.

CHAPITRE

221. Obligation d'entretien

SECTION 0 ORIENTEUR

221.00 Plan du chapitre.

221.01 Textes applicables.

TEXTES SOURCES

• **C. civ., art. 1221, 1222, 1722.**

• **L. n° 89-462, 6 juill. 1989, art. 6.**

TEXTES *IN EXTENSO*

• **C. civ., art. 1221**

Le créancier d'une obligation peut, après mise en demeure, en poursuivre l'exécution en nature sauf si cette exécution est impossible ou s'il existe une disproportion manifeste entre son coût pour le débiteur et son intérêt pour le créancier.

• **C. civ., art. 1222**

Après mise en demeure, le créancier peut aussi, dans un délai et à un coût raisonnables, faire exécuter lui-même l'obligation ou, sur autorisation préalable du juge, détruire ce qui a été fait en violation de celle-ci. Il peut demander au débiteur le remboursement des sommes engagées à cette fin.

Il peut aussi demander en justice que le débiteur avance les sommes nécessaires à cette exécution ou à cette destruction.

• **C. civ., art. 1722**

Si, pendant la durée du bail, la chose louée est détruite en totalité par cas fortuit, le bail est résilié de plein droit; si elle n'est détruite qu'en partie, le preneur peut, suivant les circonstances, demander ou une diminution du prix, ou la résiliation même du bail. Dans l'un et l'autre cas, il n'y a lieu à aucun dédommagement.

• **L. 6 juill. 1989, art. 6.**

Le bailleur est tenu de remettre au locataire un logement décent ne laissant pas apparaître de risques manifestes pouvant porter atteinte à la sécurité physique ou à la santé, répondant à un critère de performance énergétique minimale et doté des éléments le rendant conforme à l'usage d'habitation. Un décret en Conseil d'État définit le critère de performance énergétique minimale à respecter et un calendrier de mise en œuvre échelonnée.

Les caractéristiques correspondantes sont définies par décret en Conseil d'État pour les locaux à usage de résidence principale ou à usage mixte mentionnés au deuxième alinéa de l'article 2 et les locaux visés aux 1° à 3° du même article, à l'exception des logements-foyers et des logements destinés aux travailleurs agricoles qui sont soumis à des règlements spécifiques.

Le bailleur est obligé :

a) De délivrer au locataire le logement en bon état d'usage et de réparation ainsi que les équipements mentionnés au contrat de location en bon état de fonctionnement; toutefois, les parties peuvent convenir par une clause expresse des travaux que le locataire exécutera ou fera exécuter et des modalités de leur imputation sur le loyer; cette clause prévoit la durée de cette imputation et, en cas de départ anticipé du locataire, les modalités de son dédommagement sur justification des dépenses effectuées; une telle clause ne peut concerner que des logements répondant aux caractéristiques définies en application des premier et deuxième alinéas;

b) D'assurer au locataire la jouissance paisible du logement et, sans préjudice des dispositions de l'article 1721 du code civil, de le garantir des vices ou défauts de nature à y faire obstacle hormis ceux qui, consignés dans l'état des lieux, auraient fait l'objet de la clause expresse mentionnée au a ci-dessus;

c) D'entretenir les locaux en état de servir à l'usage prévu par le contrat et d'y faire toutes les réparations, autres que locatives, nécessaires au maintien en état et à l'entretien normal des locaux loués;

d) De ne pas s'opposer aux aménagements réalisés par le locataire, dès lors que ceux-ci ne constituent pas une transformation de la chose louée.

221.02 Jurisprudence de référence.

• **Cass., Ass. plén., 6 oct. 2006, n° 05-13.255**, *Bull. ass. plén.*, n° 9

* V. s^s^ n° 221.22

Le tiers à un contrat peut invoquer, sur le fondement de la responsabilité délictuelle, un manquement contractuel, dès lors que ce manquement lui a causé un dommage (à propos du défaut d'entretien du bailleur, invoqué par le locataire-gérant du fonds de commerce exploité dans les lieux).

• **Civ. 3e, 2 juill. 2003, no 02-14.642**, *Bull. civ.* III, no 138

* V. ss no 221.35

L'obligation de réaliser des travaux de désamiantage d'une durée de douze à dix-huit mois dont le montant est inférieur à la valeur des lieux loués ne permet pas au bailleur de faire jouer l'art. 1722.

• **Civ. 3e, 28 juin 2006, no 05-15.563**, *Bull. civ.* III, no 6

* V. ss no 221.11

Le bailleur usufruitier est intégralement tenu de son obligation d'entretien, l'art. 605 C. civ. ne réglant que les rapports entre usufruitier et nu-propriétaire.

221.03 Bibliographie indicative.

Ouvrages. J. Lafond, B. Vial-Pedroletti, *Les baux d'habitation*, 8e éd., LexisNexis, 2017, nos 841 s.

Actualisables. RÉP. CIV., vo « Bail d'habitation et mixte : rapports locatifs individuels – Loi du 6 juillet 1989 », N. Damas, nos 251-256 – LAMY DR. IMMO, no 5980 – DICT. PERM. Gestion immob., « Baux d'habitation et mixtes », no 122.

SECTION 1
UNE OBLIGATION ESSENTIELLE

221.11 Maintien des locaux en état de servir à l'usage convenu. Le bailleur est obligé d'entretenir les locaux en état de servir à l'usage prévu par le contrat [usage d'habitation ou usage mixte] et d'y faire toutes les réparations, autres que locatives, nécessaires au maintien en état et à l'entretien normal des lieux loués [1]. Le bailleur usufruitier est intégralement tenu de son obligation d'entretien, l'article 605 du code civil [2] ne réglant que les rapports entre usufruitier et nu-propriétaire [3].

Il s'agit d'une obligation essentielle du bailleur pour laquelle le législateur s'est montré particulièrement rigoureux puisque, contrairement à ce qui est prévu à l'égard de l'obligation de délivrance, le bailleur ne peut pas y échapper partiellement par le mécanisme d'une « clause travaux » (sur les obligations du bailleur en matière de prévention des intoxications par le monoxyde de carbone v. ss nos 211.91 s.).

1. L. no 89-462, 6 juill. 1989, art. 6 c.
2. SELON lequel l'usufruitier n'est tenu qu'aux réparations d'entretien.
3. Civ. 3e, 28 juin 2006, no 05-15.563, *Bull. civ.* III, no 165; *D.* 2007, Pan. 905, obs. Damas; *AJDI* 2006. 730, obs. Y. Rouquet.

SECTION 2
CONTENU DE L'OBLIGATION D'ENTRETIEN

221.21 Étendue de l'obligation. L'obligation d'entretien porte aussi bien sur le local loué lui-même que sur ses accessoires (garage, cave...) et ses éléments d'équipement (chauffe-eau, chauffage, baignoire, piscine [4]...).

Cette obligation se définit négativement puisqu'elle porte à la fois :

– sur toutes les réparations qui ne sont pas de nature locative (sur la notion de réparations locatives v. ss nos 313.21 s.), c'est-à-dire, ce qu'il est communément convenu d'appeler les « grosses réparations »;

– sur les réparations locatives dont le preneur n'a pas à assumer la charge (c'est-à-dire celles qui ont été occasionnées par vétusté, malfaçon, vice de construction, cas fortuit ou force majeure [5], v. ss nos 312.31 et 313.61 s.). De plus, le preneur n'a pas à assumer la charge des réparations locatives que le précédent locataire aurait dû réaliser (et qui ont été consignées dans l'état des lieux d'entrée).

Les juges du fond apprécient souverainement si les réparations demandées incombent au bailleur [6].

221.22 Responsabilité du bailleur et tiers au contrat. La responsabilité du bailleur, notamment pour défaut d'entretien, peut être recherchée par un tiers au contrat sur le fondement de la responsabilité délictuelle, dès lors que ce manquement lui a causé un dommage [7].

221.23 Réparations à la charge du bailleur. • Chauffage. A failli à son obligation d'entretien le bailleur qui loue un logement dont le chauffage présente des dysfonctionnements, quand bien même sa défectuosité n'irait-elle pas jusqu'à nuire à l'habitabilité même du logement et quand bien même la sécurité des occupants ne serait-elle pas en cause, le fait que le bailleur s'efforce de maintenir la qualité générale de la location étant, par ailleurs, indifférent [8].

• Installation électrique. La réfection de l'installation électrique incombe au bailleur [9].

4. Civ. 3e, 1er févr. 2000, no 98-15.252, NP, *Loyers et copr.* 2000, n. Pedroletti.
5. L. no 89-462, 6 juill. 1989, art. 7 d.
6. Civ. 3e, 24 nov. 1987, no 84-13.794, *Bull. civ.* III, no 189, [loi de 1982].
7. Cass., Ass. plén., 6 oct. 2006, no 05-13.255, *Bull. civ.*, no 9; R., p. 398; *BICC* 1er déc. 2006, note et rapp. Assié, concl. Gariazzo; *D.* 2006. 2825, note Viney; *ibid.* 2007. IR 2484, obs. Gallmeister; *ibid.* 2007, Pan. 1831, obs. Rozès; *AJDI* 2007. 295, note Damas; *RDI* 2006. 504, obs. P. Malinvaud; *RTD civ.* 2007. 61, obs. Deumier; *Ibid.* 115, obs. Mestre et Fages; *Ibid.* 123, obs. P. Jourdain.
8. Civ. 3e, 5 juill. 1995, no 93-13.020, *Bull. civ.* III, no 163.
9. Paris, 11 oct. 1995, RG no 94/004696, *Loyers et copr.* 1996, no 54.

• Gel. Est responsable des conséquences du gel, le bailleur qui a omis de mettre en place un système de calorifugeage efficace[1].

• Plancher et porte-fenêtre. La réfection du plancher et de la porte-fenêtre de l'appartement dont les dégradations ne sont pas le fait du preneur[2] incombe au bailleur.

• Piscine. La Cour de cassation a jugé que le fait qu'une piscine ait correctement fonctionné durant cinq ans ne permet pas d'établir que le propriétaire n'a pas failli à son obligation d'entretien[3].

• Peinture et tenture. Il a été jugé que les travaux de réfection complète des peintures et des tentures de l'appartement, nécessaires à l'habitabilité des lieux, sont à la charge du bailleur[4].

• Travaux obligatoires. Les travaux imposés par l'administration sont assimilés aux réparations rendues nécessaires par la force majeure et, comme tels, incombent au bailleur[5]... à moins que ces travaux soient devenus indispensables à raison de l'utilisation que le locataire a faite des locaux et des installations[6].

• Termites. Le traitement anti-termites est à la charge du bailleur[7].

SECTION 3
LIMITES À L'OBLIGATION D'ENTRETIEN

221.31 Division – Quatre hypothèses exonératoires. On relèvera quatre limites principales à cette obligation d'entretien[8] : la faute du locataire, les travaux d'amélioration, la destruction de la chose louée et la force majeure.

221.32 Faute du locataire. La faute du locataire va exonérer le bailleur de son obligation d'entretien.

221.33 Travaux d'amélioration. En aucun cas, il ne pourra être imposé au bailleur de réaliser des travaux d'amélioration[9].

221.34 Destruction de la chose louée. Il ressort du code civil[10] que « si, pendant la durée du bail, la chose louée est détruite en totalité par cas fortuit, le bail est résilié de plein droit; si elle n'est détruite qu'en partie, le preneur peut, suivant les circonstances, demander une diminution du prix, ou la résiliation même du bail. Dans l'un et l'autre cas, il n'y a lieu à aucun dédommagement ».

• Il y a perte partielle dès lors que partie de la chose louée ne peut être conservée sans dépense excessive et devient ainsi impropre à l'usage auquel elle était destinée[11]. Tel est le cas lorsque le coût des travaux de restauration atteindrait au moins la valeur vénale de l'immeuble[12].

Que la destruction soit partielle ou, *a fortiori*, totale, le preneur ne peut contraindre le bailleur à reconstruire la partie détruite[13] : le locataire ne sera en droit d'obtenir que la résiliation de son bail, ou une baisse de loyer.

221.35 Destruction totale et impossibilité absolue et définitive d'user de la chose. À la destruction totale, il convient d'assimiler l'impossibilité absolue et définitive d'user de la chose louée conformément à sa destination ou la nécessité d'effectuer des travaux tels que le coût excède la valeur de cette chose. Il a ainsi été jugé que l'obligation de réaliser des travaux de désamiantage d'une durée comprise entre douze et dix-huit mois dont le montant est inférieur à la valeur des lieux loués ne permet pas au bailleur d'obtenir la résiliation de plein droit du bail[14].

221.36 Conditions de mise en œuvre de l'article 1722. Encore faut-il, pour que l'article 1722 du code civil[15] puisse jouer que la destruction des lieux soit imputable à un cas fortuit, auquel il faut assimiler la vétusté[16].

En présence d'une faute du bailleur, et plus particulièrement d'un défaut d'entretien de sa part,

1. Besançon, 8 avr. 1999, RG n° 322/99, *Loyers et copr.* 2000, n° 3, obs. Vial-Pedroletti.
2. Paris, 3 avr. 1996, RG n° 94/026117, *Loyers et copr.* 1996, n° 252.
3. Civ. 3e, 1er févr. 2000, n° 98-15.252, NP, *Loyers et copr.* 2000, n° 111, obs. Vial-Pedroletti.
4. Civ. 3e, 24 nov. 1987, n° 84-13.794, *Bull. civ.* III, n° 189, [loi de 1982].
5. Soc. 20 nov. 1953, *Bull. civ.* IV, n° 739 – Civ. 3e, 7 janv. 1998, n° 95-21.027, NP, *RDI* 1998. 302, obs. Collart-Dutilleul – Civ. 3e, 21 mars 2001, n° 99-14.462, NP, *AJDI* 2001. 424, obs. Blatter – Toulouse, 31 janv. 2001, RG n° 2000/00015, *D.* 2001. IR 1589.
6. Civ. 3e, 28 mai 2003, n° 01-16.992, NP, *AJDI* 2003. 577, obs. Ascensi.
7. Bordeaux, 9 janv. 2001, *JurisData* n° 135642, *Loyers et copr.* 2001, n° 168, obs. Vial-Pedroletti.
8. Paris, 3 avr. 1996, RG n° 94/026117, *Loyers et copr.* 1996, n° 252.
9. Civ. 3e, 13 mai 1992, n° 91-10.410, *Bull. civ.* III, n° 144; *Rev. huiss.* 1993, p. 31, note Martin.
10. C. civ., art. 1722.
11. Soc. 13 févr. 1958, *Bull. civ.* IV, n° 230; *AJPI* 1958. 100; Civ. 6 févr. 1963, *Bull. civ.* I, n° 84.
12. Civ. 3e, 3 juin 1971, n° 69-14.829, *Bull. civ.* III, n° 348; *D.* 1971. Somm. 178 – Civ. 3e, 1er juill. 2003, n° 01-17.853, NP, *AJDI* 2003. 580 – COMP. TOUTEFOIS, exigeant des juges du fond qu'ils recherchent si le coût des travaux de remise en état de l'immeuble loué n'excédait pas sa valeur : Civ. 3e, 9 déc. 2009, n° 08-17.483, *Bull. civ.* III, n° 269; *D.* 2010. AJ 92; *ibid.* 2010. Pan. 1168, spéc. 1169, obs. Damas.
13. Civ. 3e, 15 nov. 2005, n° 04-17.470, NP, *Administrer* janv. 2006. 37, obs. Boccara et Lipman-Boccara.
14. Civ. 3e, 2 juill. 2003, n° 02-14.642, *Bull. civ.* III, n° 138; *D.* 2003. Somm. 839, obs. Damas; *AJDI* 2003. 661, obs. Rouquet.
15. Affirmant que cet article n'est pas d'ordre public, v. Civ. 1re, 17 déc. 2015, n° 14-23.385, NP, *JCP E* 2016. 1273, n° 7, obs. J. Monéger.
16. Civ. 3e, 6 mars 1984, n° 82-15.817, *Bull. civ.* III, n° 59.

l'article 1722 ne saurait donc jouer[1]. Cependant, la résiliation du bail pourra avoir lieu mais sur le fondement combiné des articles 1722 et 1741 (duquel il ressort que le contrat de louage se résout par la perte de la chose louée) du code civil[2], ce qui implique que le preneur pourra obtenir des dommages et intérêts (sanction inconcevable sur le fondement du seul art. 1722 du code civil qui, rappelons-le, exclut tout dédommagement). La solution sera identique en cas de vice de construction, même ignoré du bailleur[3].

Quant au point de savoir s'il y a réellement destruction des lieux loués (et donc, exonération du bailleur de remplir son obligation d'entretien), la jurisprudence l'admet dès lors que la chose louée ne peut être conservée sans dépense excessive[4], c'est-à-dire dès lors que les travaux de reconstruction seraient trop onéreux par rapport à la valeur vénale de l'immeuble[5].

221.37 Force majeure. Il ne saurait être reproché au bailleur de ne pas avoir entretenu les lieux dès lors qu'il a été confronté à un cas de force majeure (qui se définit comme un « événement imprévisible et insurmontable empêchant le débiteur d'exécuter son obligation »[6]). C'est ainsi qu'il a été jugé que le bailleur ne saurait être tenu responsable de l'électrocution du locataire suite au remplacement par ce dernier d'une installation conforme par une autre, non conforme, dès lors que le bailleur n'a pas été informé du remplacement et que le locataire ne l'a pas invité à remédier aux risques qui pouvaient s'ensuivre[7].

• Toutefois que la force majeure n'exonère le bailleur de ses obligations que pendant le temps où elle l'empêche de donner ou de faire ce à quoi il s'est obligé. Il a ainsi été jugé qu'était fautif le bailleur ayant attendu neuf mois pour réparer la toiture des lieux loués endommagés par une violente tempête[8]; solution qui ne vaut cependant que pour autant que le preneur ne s'oppose pas à la réalisation des travaux[9].

1. Civ. 3e, 30 sept. 1998, n° 96-17.684, *Bull. civ.* III, n° 177.
2. Civ. 3e, 22 janv. 1997, n° 95-12.410, *Bull. civ.* III, n° 17; *RDI* 1997. 296, obs. Collart-Dutilleul – Civ. 3e, 4 avr. 2001, n° 99-12.322, NP, *AJDI* 2001. 600, obs. Briand.
3. Soc. 24 janv. 1959, *Bull. civ.* IV, n° 113.
4. Soc. 13 févr. 1958, *Bull. civ.* IV, n° 230.
5. Civ. 3e, 3 juin 1971, n° 69-14.829, *Bull. civ.* III, n° 348; *D.* 1971. Somm. 178 – Civ. 3e, 19 juill. 1988, n° 86-17.618, NP, *Rev. loyers* 1988. 428.
6. Lexique des termes juridiques, Dalloz.
7. Civ. 3e, 15 sept. 2010, n° 09-67.192, *Bull. civ.* III, n° 158; *D.* 2010. Actu. 2158; *Dalloz actu.*, 28 sept. 2010, obs. Chenu.
8. Civ. 3e, 22 févr. 2006, n° 05-12.032, *Bull. civ.* III, n° 46; *D.* 2006. AJ 782, obs. Rouquet; *AJDI* 2006. 640, obs. Dumont.

SECTION 4
SANCTION DE L'OBLIGATION D'ENTRETIEN

221.41 Exécution forcée, indemnisation ou résiliation du bail. En dehors de l'hypothèse de la destruction du bien loué (v. ss n° 221.31), le non-respect de l'obligation d'entretien pourra donner lieu aux différentes sanctions traditionnelles déjà mentionnées en cas de violation de ses autres obligations par le bailleur (indemnisation du locataire pour le préjudice subi, résiliation du bail, condamnation du bailleur à réaliser les travaux) (sur la possibilité pour le locataire de ne pas payer son loyer v. ss n° 311.41).

221.42 Exécution de l'obligation par le locataire aux frais du bailleur. À cet arsenal, il faut ajouter une sanction spécifique à l'obligation d'entretenir les lieux loués : en cas de mise en demeure du bailleur infructueuse de remplir son obligation d'entretien, en application de l'ancien article 1144 du code civil, le locataire va pouvoir obtenir l'autorisation judiciaire de réaliser lui-même (ou de faire réaliser par un professionnel) les travaux incombant juridiquement au bailleur[10]. Nous insistons sur l'absolue nécessité d'obtenir cette autorisation préalablement à l'exécution des travaux car, à défaut (en dehors de l'hypothèse de travaux urgents[11]), le locataire ne pourra obtenir le remboursement des frais exposés[12] (étant précisé qu'en ce qui concerne les travaux urgents, s'ils peuvent être entrepris sans autorisation, encore faut-il que le locataire n'engage pas de dépenses inconsidérées[13]).

9. Civ. 3e, 13 juin 2007, n° 06-12.283, NP, *AJDI* 2008. 197, note Kessler.
10. Jugeant que l'allocation au preneur d'une provision en vue de la réalisation de travaux incombant au bailleur vaut nécessairement autorisation de les effectuer, v. Civ. 3e, 7 juill. 2016, n° 15-18.306 P.
11. Civ. 3e, 22 nov. 1996, *Ann. loyers* 1996. 1371.
12. Civ. 3e, 5 mars 1997, n° 95-14.137, NP, *Administrer* déc. 1997, p. 42, obs. Canu – Civ. 3e, 6 nov. 2001, n° 00-13.679, NP, *Administrer* avr. 2002. 41, obs. Canu – 11 janv. 2006, n° 04-20.142, *Bull. civ.* III, n° 9; *D.* 2006. IR 248, obs. Rouquet; *D.* 2007. 1827, note Rozès; *AJDI* 2006. 561, obs. de la Vaissière – Civ. 3e, 29 avr. 2009, n° 08-12.261, *Bull. civ.* III, n° 88; *D.* 2009. AJ 1481, obs. Rouquet; *ibid.* 2010. Pan. 1168, spéc. p. 1169, obs. Damas; *AJDI* 2009. 875, note Zalewski – Civ. 3e, 8 juill. 2009, n° 08-14.388, NP, *Rev. loyers* 2009. 391 – Civ. 3e, 23 mai 2013, n° 11-29.011, *Bull. civ.* III, n° 59; *D.* 2013. Actu. 1348; *AJDI* 2013. 824, obs. Rouquet – Civ. 3e, 29 sept. 2015, n° 14-17.913, NP, *AJDI* 2016. 359, *obs. C. Castela* – Versailles, 19 nov. 1999, RG n° 12/1199, *D.* 2001. Somm. 170, obs. CRDP Nancy 2 – Paris, 22 oct. 2002, RG n° 2001/00835, *AJDI* 2003. 196, obs. Rouquet – Aix-en-Provence, 11 mars 2014, RG n° 12/10118, *Rev. loyers* 2014. 205; 15 sept. 2015, RG n° 14/00070, *Loyers et copr.* 2016, n° 46, obs. Ph.-H. B.
13. Civ. 3e, 12 juin 2001, n° 00-12.634, NP, *AJDI* 2001. 977, obs. Laurent; *Loyers et copr.* 2001, n° 220, obs. Vial-Pedroletti.

À noter qu'aux termes de l'article 1221 du code civil dans sa rédaction issue de l'ordonnance nº 2016-131 du 10 février 2016 [1], depuis le 1er oct. 2016, « le créancier d'une obligation peut, après mise en demeure, en poursuivre l'exécution en nature sauf si cette exécution est impossible ou s'il existe une disproportion manifeste entre son coût pour le débiteur et son intérêt pour le créancier ».

Quant à l'article 1222 du code civil, il précise, d'une part, qu'« après mise en demeure, le créancier peut aussi, dans un délai et à un coût raisonnables, faire exécuter lui-même l'obligation ou, sur autorisation préalable du juge, détruire ce qui a été fait en violation de celle-ci. Il peut demander au débiteur le remboursement des sommes engagées à cette fin » et, d'autre part, qu'« il peut aussi demander en justice que le débiteur avance les sommes nécessaires à cette exécution ou à cette destruction ».

1. Ord. nº 2016-131, 10 févr. 2016 portant réforme du droit des contrats, du régime général et de la preuve des obligations, *JO* 11 févr., nº 26.

CHAPITRE

222. Interdiction de s'opposer aux aménagements réalisés par le locataire

SECTION 0

ORIENTEUR

222.00 **Plan du chapitre.**

Sect. unique Étude d'ensemble

222.01 **Textes applicables.**

TEXTES SOURCES

• **L. n° 89-462, 6 juill. 1989, art. 6.**

TEXTES *IN EXTENSO*

• **L. 6 juill. 1989, art. 6**

* V. s^s n° 221.01

222.03 **Bibliographie indicative.**

Ouvrages. J. Lafond, B. Vial-Pedroletti, *Les baux d'habitation*, 8e éd., LexisNexis, 2017, n° 1054.

Actualisables. RÉP. CIV., v° « Bail d'habitation et mixte : rapports locatifs individuels – Loi du 6 juillet 1989 », N. Damas, n°s 257-259 – LAMY DR. IMMO, n° 5981 – DICT. PERM. Gestion immob., « Baux d'habitation et mixtes », n° 124.

SECTION UNIQUE

ÉTUDE D'ENSEMBLE

222.11 **Droit du locataire.** Le bailleur ne peut s'opposer aux aménagements réalisés par le locataire dès lors que ceux-ci ne constituent pas une transformation de la chose louée[1].

Cette obligation est le pendant de l'article 7 *f* de la loi de 1989, duquel il ressort *a contrario* que le preneur peut réaliser dans les lieux loués tous travaux ne s'analysant pas en des transformations (sur la distinction entre aménagement et transformation v. s^s n° 312.71).

1. L. n° 89-462, 6 juill. 1989, art. 6 d.

CHAPITRE

223. Obligation de transmettre une quittance de loyer au locataire

SECTION 0
ORIENTEUR

223.00 **Plan du chapitre.**

223.01 **Textes applicables.**

TEXTES SOURCES

• **L. n° 89-462, 6 juill. 1989, art. 21.**

TEXTES *IN EXTENSO*

• **L. 6 juill. 1989, art. 21**

Le bailleur ou son mandataire est tenu de transmettre gratuitement une quittance au locataire qui en fait la demande. La quittance porte le détail des sommes versées par le locataire en distinguant le loyer et les charges.

Aucuns frais liés à la gestion de l'avis d'échéance ou de la quittance ne peuvent être facturés au locataire.

Avec l'accord exprès du locataire, le bailleur peut procéder à la transmission dématérialisée de la quittance.

Si le locataire effectue un paiement partiel, le bailleur est tenu de délivrer un reçu.

223.02 **Jurisprudence de référence.**

• **Civ. 3e, 24 mars 2004, n° 01-14.439**, *Bull. civ.* III, n° 60

* V. s[s] n° 223.15

Les « avis d'échéance » qu'un bailleur adresse au locataire n'étant pas délivrés sous l'intitulé de « quittance » et ne portant pas le détail des sommes acquittées, ces documents ne satisfont pas aux exigences de l'art. 21 de la loi de 1989.

223.03 **Bibliographie indicative.**

Ouvrages. J. Lafond, B. Vial-Pedroletti, *Les baux d'habitation*, 8e éd., LexisNexis, 2017, n°s 995 s.

Actualisables. RÉP. CIV., v° « Bail d'habitation et mixte : rapports locatifs individuels – Loi du 6 juillet 1989 », N. Damas, n° 229 – LAMY DR. IMMO, n° 5982 – DICT. PERM. Gestion immob., « Baux d'habitation et mixtes », n°s 137-142.

SECTION 1
MODALITÉS DE L'OBLIGATION

223.11 **Gratuité obligatoire.** D'ordre public[1], cette obligation est expressément mentionnée à l'article 21 de la loi du 6 juillet 1989.

Il ressort tout d'abord de ce texte que le bailleur ou, depuis la modification de ce texte par la loi du 24 mars 2014, dite loi Alur, sur ce point, applicable aux contrats en cours[2], « son mandataire » est tenu (depuis la loi du 25 mars 2009) de « transmettre » gratuitement une quittance au locataire qui en fait la demande. En conséquence, force est de constater que le comportement du bailleur n'est pas répréhensible s'il s'abstient de fournir ce justificatif à son cocontractant, faute pour celui-ci de l'avoir demandé.

1. L. n° 89-462, 6 juill. 1989, art. 2; Paris, 11 sept. 2012, *Loyers et copr.* 2012, n° 293, obs. Vial-Pedroletti.
2. L. n° 2014-366, 24 mars 2014, *JO* 26 mars, p. 5809, art. 14.

223.12 Destinataire de la quittance. Cette quittance doit être délivrée au(x) locataire(s). Solidaires de la dette locative [1], les partenaires liés par un pacte civil de solidarité sont en droit d'obtenir une quittance libellée à leurs deux noms [2].

À noter toutefois que, depuis la loi du 24 mars 2014, dite loi Alur, lorsque les partenaires liés par un Pacs en font la demande conjointement, les deux partenaires sont cotitulaires du bail portant sur le local servant effectivement à leur habitation (C. civ., art. 1751, mod. L. n° 2014-366, 24 mars 2014; pour une étude d'ensemble relative aux parties au contrat, v. s^s titre 12).

223.13 Gratuité de la transmission. La transmission de la quittance est gratuite. Les frais d'agence (si le bien est géré par un professionnel) ou postaux ne peuvent par conséquent être réclamés au locataire en sus de son loyer. Cela est condamné, par la jurisprudence et l'administration [3], mais aussi, depuis la loi du 13 juillet 2006, dite loi ENL, par la loi de 1989 qui, dans un article 4 *p*, répute non écrite toute clause qui fait supporter au locataire des frais d'expédition de la quittance (v. s^s n° 132.241).

D'ailleurs, l'alinéa 2 de l'article 21 de la loi du 6 juillet 1989, dans sa rédaction issue de la loi du 24 mars 2014, dite loi Alur [4], prévoit qu'« aucuns frais liés à la gestion de l'avis d'échéance ou de la quittance ne peuvent être facturés au locataire ».

223.14 Mode de transmission. La terminologie adoptée par la loi du 25 mars 2009 [5] (la quittance doit être transmise, et non plus remise) interdit désormais la pratique consistant, pour le bailleur ou son gestionnaire, à ne pas adresser au locataire qui en ferait la demande le justificatif par voie postale, mais à se contenter de l'informer qu'il le tient à sa disposition.

223.15 Contenu de la quittance. Quant au contenu de la quittance, le législateur indique qu'il doit porter le détail des sommes versées par le locataire en distinguant deux postes :

- le loyer;
- les charges.

Attention : faute de s'intituler « quittance » et de comporter le détail des sommes acquittées, un « avis d'échéance » ne satisfait pas aux exigences de l'article 21 [6].

L'alinéa 3 de l'article 21, dans sa rédaction issue de la loi du 24 mars 2014, dite loi Alur [7], précise que, « avec l'accord exprès du locataire, le bailleur peut procéder à la transmission dématérialisée de la quittance ».

223.16 Preuve. La quittance fait foi du paiement jusqu'à preuve contraire [8]. La résiliation du bail, qui n'a d'effet que pour l'avenir, ne rend pas la délivrance de quittances sans objet [9].

223.17 Paiement partiel et reçu. Précisons enfin que si le locataire s'acquitte partiellement de sa dette, le bailleur doit lui délivrer un reçu [10].

SECTION 2
SANCTION DE L'INEXÉCUTION

223.21 Compétence juridictionnelle. En vertu de l'article R. 221-38 du code de l'organisation judiciaire, selon lequel, « le tribunal d'instance connaît des actions dont un contrat de louage d'immeubles à usage d'habitation ou un contrat portant sur l'occupation d'un logement est l'objet, la cause ou l'occasion », il incombe au tribunal d'instance de connaître du contentieux relatif au défaut de transmission de la quittance.

Et cela vaut tant pour les baux à usage d'habitation que pour les baux à usage mixte, d'habitation et professionnel.

Pour ces derniers, la question pouvait se poser de la compétence du tribunal de grande instance, puisqu'il ressort de l'article R. 211-4 du COJ que cette juridiction « a compétence exclusive dans les matières déterminées par les lois et règlements, au nombre desquelles figurent [...] les baux professionnels ».

La cour de cassation a toutefois écarté cette hypothèse, jugeant que le tribunal d'instance, qui connaît des actions dont un contrat portant sur l'occupation d'un logement est l'objet, la cause ou l'occasion, est compétent pour connaître des

1. EN APPLICATION de l'article 515-4 du code civil : v. s^s n°s 122.15 s.
2. Paris, 13 mai 2004, RG n° 2003/02302, *Rev. loyers* 2005. 33, obs. Plançon.
3. Paris, 15 oct. 2003, RG n° 2001/20445, *BICC* 2004, n° 1460 – Rép. min. n° 9919, *JOAN Q* 14 févr. 1994 – Rép. min. n° 39514, *JOAN Q* 2 déc. 1996, p. 6327.
4. Applicable aux baux en cours : L. n° 2014-366, 24 mars 2014, *JO* 26 mars, p. 5809, art. 14.
5. L. n° 2009-323, 25 mars 2009 de mobilisation pour le logement et la lutte contre l'exclusion, *JO* 27 mars – SUR CETTE LOI : Damas, *AJDI* 2009. 274; *D.* 2010. Pan. 1168, spéc. 1177; Lafond, *JCP N* 2009, n° 1136; Canu, *Rev. loyers* 2009. 262; Raclet, *Administrer* août-sept. 2009. 7.
6. Civ. 3e, 24 mars 2004, 01-14.439, *Bull. civ.* III, n° 69; *D.* 2004. 1208; *AJDI* 2004. 380, obs. Rouquet.
7. Applicable aux baux en cours.
8. TI Issoire, 1er avr. 1994, *JCP N* 1996. II. 308, note Gallet – Civ. 3e, 5 févr. 1997, n° 95-10.401, NP, *D.* 1997. Somm. 269, obs. CRDP Nancy 2.
9. Civ. 3e, 28 juin 2005, n° 04-10.778, NP, *Rev. loyers* 2005. 445; *Loyers et copr.* 2005, n° 169, obs. Vial-Pedroletti.
10. L. n° 89-462, 6 juill. 1989, art. 21, *in fine*.

actions portant sur les baux mixtes, à usage d'habitation et professionnel[1].

Cette solution mérite approbation, puisque l'article 2 de la loi du 6 juillet 1989 déclare le statut des baux d'habitation applicable aux baux mixtes professionnels et d'habitation. Dès lors, un contentieux portant sur un bail mixte relève nécessairement de la compétence du juge naturel des litiges relatifs à l'occupation d'un logement[2].

223.22 Indemnisation. La seule sanction envisageable est une réparation pécuniaire, qui se traduit par l'allocation de dommages et intérêts, dans le cadre d'une procédure (sur les conséquences pour le locataire qui ne réglerait pas son loyer au motif que le bailleur ne lui délivre pas de quittance v. s[s] nº 311.61).

Par ailleurs, la jurisprudence ne sanctionne le bailleur qui n'établit pas une quittance détaillée, en allouant des dommages et intérêts au preneur, que dans la mesure où celui-ci établit que cela lui a causé préjudice[3].

1. Civ. 3e, 17 nov. 2016, nº 15-25.265 P, *Dalloz actu.*, 21 nov. 2016, obs. Rouquet.
2. Jugeant que tout contrat, quelle que soit sa qualification juridique et son caractère onéreux ou gratuit, qui porte sur l'occupation d'un logement, relève de la compétence du tribunal d'instance, v. Paris, 30 janv. 2008, RG nº 07/19301, *AJDI* 2008. 757.
3. Civ. 3e, 16 déc. 1997, nº 96-10.428, NP, *Administrer* mai 1998, p. 41, obs. Canu.

LIVRE

3. LES OBLIGATIONS DU PRENEUR

SECTION 0 ORIENTEUR

3.00 Plan du livre.

3.01 Textes applicables.

TEXTES SOURCES

• **L. n° 89-462, 6 juill. 1989,** tendant à améliorer les rapports locatifs et portant modification de la L. n° 86-1290, 23 déc. 1986, *JO*, 8 juill., p. 8541.

• **L. n° 66-457, 2 juill. 1966** relative à l'installation d'antennes réceptrices de radiodiffusion, *JO* 5 juill., p. 5654.

• **CCH, art. L. 125-1 s., L. 442-3, L. 442-3, L. 521-2.**

• **CCH, art., R. 125-1 s.**

• **C. civ., art. 1724, 1730, 1731, 1732, 1733, 1734, 1756, 2222.**

• **C. assur., art. L. 215-1.**

• **L. n° 75-1351, 31 déc. 1975** relative à la protection des occupants de locaux à usage d'habitation, *JO* 4 janv. 1976, p. 191, art. 10-1 A.

• **Décr. n° 2016-1282, 29 sept. 2016** relatif aux travaux d'adaptation du logement aux personnes en situation de handicap ou de perte d'autonomie réalisés aux frais du locataire, *JO* 30 sept., n° 48.

• **Décr. n° 87-712, 26 août 1987** pris en application de l'article 7 de la loi n° 86-1290 du 23 décembre 1986 tendant à favoriser l'investissement locatif, l'accession à la propriété de logements sociaux et le développement de l'offre foncière et relatif aux réparations locatives, *JO* 30 août, p. 9976, art. 1.

• **Décr. n° 87-713, 26 août 1987** pris en application de l'article 18 de la loi n° 86-1290 du 23 décembre 1986 tendant à favoriser l'investissement locatif, l'accession à la propriété de logements sociaux et le développement de l'offre foncière et fixant la liste des charges récupérables, *JO* 30 août, p. 9976.

• **Décr. n° 2016-382, 30 mars 2016** fixant les modalités d'établissement de l'état des lieux et de prise en compte de la vétusté des logements loués à usage de résidence principale, *JO* 31 mars, n° 93, art. 4.

• **Décr. n° 82-955, 9 nov. 1982** fixant la liste des charges récupérables (charges locatives concernant les logements du secteur HLM). (ascenseurs et monte-charges, eau froide, eau chaude, chauffage collectif des locaux privatifs et des parties communes, installations individuelles, parties communes intérieures au bâtiment ou à l'ensemble de bâtiments d'habitation, espaces extérieurs au bâtiment ou à l'ensemble de bâtiments d'habitation, hygiène, équipements divers du bâtiment ou à l'ensemble de bâtiments d'habitation, impositions et redevances), *JO* 13 nov., p. 3405.

3.03 Bibliographie indicative.

Ouvrages. J. Lafond, B. Vial-Pedroletti, *Les baux d'habitation*, 8e éd., LexisNexis, 2017, nos 874 à 914, 1026 s.

Actualisables. RÉP. CIV., v° « Bail d'habitation et mixte : rapports locatifs individuels – Loi du 6 juillet 1989 », N. Damas, nos 229-261 – LAMY DR. IMMO, nos 5977 s. – DICT. PERM. Gestion immob., « Assurances immobilières », « Baux d'habitation et mixtes », nos 144-183.

TITRE

31. Les obligations générales du preneur

SECTION 0 ORIENTEUR

31.00 Plan du titre.

Division – Obligations. Le locataire doit tout d'abord s'acquitter du loyer et des charges. Il doit par ailleurs user paisiblement des lieux loués, mais aussi répondre des dégradations et des pertes. Le preneur a également l'obligation de laisser exécuter certains travaux, a l'interdiction de transformer les lieux, doit s'assurer et entretenir le détecteur de fumée dont est doté le logement. Enfin, il est assujetti à une obligation générale d'entretien et de réparation.

31.01 Textes applicables.

TEXTES SOURCES

- **L. n° 89-462, 6 juill. 1989, art. 6-1, 7, 7-1.**
- **CCH, art. L. 521-2.**
- **C. civ., art. 1724, 1730, 1731, 1732, 1733, 1734, 1756, 2222.**
- **L. n° 75-1351, 31 déc. 1975** relative à la protection des occupants de locaux à usage d'habitation, *JO* 4 janv. 1976, p. 191, art. 10-1 A.
- **Décr. n° 2016-1282, 29 sept. 2016** relatif aux travaux d'adaptation du logement aux personnes en situation de handicap ou de perte d'autonomie réalisés aux frais du locataire, *JO* 30 sept., n° 48.
- **Décr. n° 87-712, 26 août 1987,** pris en application de l'article 7 de la loi n° 86-1290 du 23 décembre 1986 tendant à favoriser l'investissement locatif, l'accession à la propriété de logements sociaux et le développement de l'offre foncière et relatif aux réparations locatives, *JO* 30 août p. 9976, art. 1.
- **Décr. n° 2016-382, 30 mars 2016,** fixant les modalités d'établissement de l'état des lieux et de prise en compte de la vétusté des logements loués à usage de résidence principale, *JO* 31 mars, n° 93, art. 4.

31.03 Bibliographie indicative.

Ouvrages. J. Lafond, B. Vial-Pedroletti, *Les baux d'habitation*, 8e éd., LexisNexis, 2017, nos 874 s., 1026 s.

Actualisables. RÉP. CIV., v° « Bail d'habitation et mixte : rapports locatifs individuels – Loi du 6 juillet 1989 », N. Damas, nos 229-261 – LAMY DR. IMMO, nos 5977 s. – DICT. PERM. Gestion immob., « Baux d'habitation et mixtes », nos 144-179.

CHAPITRE

311. Obligation de payer le loyer et les charges

SECTION 0 ORIENTEUR

311.00 **Plan du chapitre.**

311.01 **Textes applicables.**

TEXTES SOURCES

- **L. 6 juill. 1989, art. 7, 7-1.**
- **CCH, art. L. 521-2.**
- **C. civ., art. 2222.**

TEXTES *IN EXTENSO*

- **L. 6 juill. 1989, art. 7**

Le locataire est oblige :

a) De payer le loyer et les charges récupérables aux termes convenus; le paiement mensuel est de droit lorsque le locataire en fait la demande. Le paiement partiel du loyer par le locataire réalisé en application des articles L. 542-2 et L. 831-3 du code de la sécurité sociale ne peut être considéré comme un défaut de paiement du locataire;

b) D'user paisiblement des locaux loués suivant la destination qui leur a été donnée par le contrat de location;

c) De répondre des dégradations et pertes qui surviennent pendant la durée du contrat dans les locaux dont il a la jouissance exclusive, à moins qu'il ne prouve qu'elles ont eu lieu par cas de force majeure, par la faute du bailleur ou par le fait d'un tiers qu'il n'a pas introduit dans le logement;

d) De prendre à sa charge l'entretien courant du logement, des équipements mentionnés au contrat et les menues réparations ainsi que l'ensemble des réparations locatives définies par décret en Conseil d'État, sauf si elles sont occasionnées par vétusté, malfaçon, vice de construction, cas fortuit ou force majeure. Les modalités de prise en compte de la vétusté de la chose louée sont déterminées par décret en Conseil d'État, après avis de la Commission nationale de concertation. Lorsque les organismes bailleurs mentionnés à l'article L. 411-2 du code de la construction et de l'habitation ont conclu avec les représentants de leurs locataires des accords locaux portant sur les modalités de prise en compte de la vétusté et établissant des grilles de vétusté applicables lors de l'état des lieux, le locataire peut demander à ce que les stipulations prévues par lesdits accords soient appliquées;

e) De permettre l'accès aux lieux loués pour la préparation et l'exécution de travaux d'amélioration des parties communes ou des parties privatives du même immeuble, de travaux nécessaires au maintien en état ou à l'entretien normal des locaux loués, de travaux d'amélioration de la performance énergétique à réaliser dans ces locaux et de travaux qui permettent de remplir les obligations mentionnées au premier alinéa de l'article 6. Les deux derniers alinéas de l'article 1724 du code civil sont applicables à ces travaux sous réserve du respect de la loi n° 67-561 du 12 juillet 1967 relative à l'amélioration de l'habitat. Avant le début des travaux, le locataire est informé par le bailleur de leur nature et des modalités de leur exécution par une notification de travaux qui lui est remise en main propre ou par lettre recommandée avec demande d'avis de réception. Aucuns travaux ne peuvent être réalisés les samedis, dimanches et jours fériés sans l'accord exprès du locataire. Si les travaux entrepris dans un local d'habitation occupé, ou leurs conditions de réalisation, présentent un caractère abusif ou vexatoire ou ne respectent pas les conditions définies dans la notification de préavis de travaux ou si leur exécution a pour effet de rendre l'utilisation du local impossible ou dangereuse, le juge peut prescrire, sur demande du locataire, l'interdiction ou l'interruption des travaux entrepris;

f) De ne pas transformer les locaux et équipements loués sans l'accord écrit du propriétaire; à défaut de cet accord, ce dernier peut exiger du locataire, à son départ des lieux, leur remise en l'état ou conserver à son bénéfice les transformations effectuées sans que le locataire puisse réclamer une indemnisation des frais engagés; le bailleur a toutefois la faculté d'exiger aux frais du locataire la remise immédiate des lieux en l'état lorsque les transformations mettent en péril le bon fonctionnement des équipements ou la sécurité du local. Toutefois, des travaux d'adaptation du logement aux personnes en situation de handicap ou de perte d'autonomie peuvent être réalisés aux frais du locataire. Ces travaux font l'objet d'une demande écrite par lettre recommandée avec demande d'avis de réception auprès du bailleur. L'absence de réponse dans un délai de quatre mois à compter de la date de réception de la demande vaut décision d'acceptation du bailleur. Au départ du locataire, le bailleur ne peut pas exiger la remise des lieux en l'état. La liste des travaux ainsi que les modalités de mise en œuvre sont fixées par décret en Conseil d'État;

g) De s'assurer contre les risques dont il doit répondre en sa qualité de locataire et d'en justifier lors de la remise des clés puis, chaque année, à la demande du bailleur. La justification de cette assurance résulte de la remise au bailleur d'une attestation de l'assureur ou de son représentant.

Toute clause prévoyant la résiliation de plein droit du contrat de location pour défaut d'assurance du locataire ne produit effet qu'un mois après un commandement demeuré infructueux. Ce commandement reproduit, à peine de nullité, les dispositions du présent alinéa.

À défaut de la remise de l'attestation d'assurance et après un délai d'un mois à compter d'une mise en demeure non suivie d'effet, le bailleur peut souscrire une assurance pour compte du locataire, récupérable auprès de celui-ci.

Cette mise en demeure doit informer le locataire de la volonté du bailleur de souscrire une assurance pour compte du locataire et vaut renoncement à la mise en œuvre de la clause prévoyant, le cas échéant, la résiliation de plein droit du contrat de location pour défaut d'assurance du locataire.

Cette assurance constitue une assurance pour compte au sens de l'article L. 112-1 du code des assurances. Elle est limitée à la couverture de la responsabilité locative mentionnée au premier alinéa du présent g. Le montant total de la prime d'assurance annuelle, éventuellement majoré dans la limite d'un montant fixé par décret en Conseil d'État, est récupérable par le bailleur par douzième à chaque paiement du loyer. Il est inscrit sur l'avis d'échéance et porté sur la quittance remise au locataire.

Une copie du contrat d'assurance est transmise au locataire lors de la souscription et à chaque renouvellement du contrat.

Lorsque le locataire remet au bailleur une attestation d'assurance ou en cas de départ du locataire avant le terme du contrat d'assurance, le bailleur résilie le contrat souscrit pour le compte du locataire dans le délai le plus bref permis par la législation en vigueur. La prime ou la fraction de prime exigible dans ce délai au titre de la garantie souscrite par le bailleur demeure récupérable auprès du locataire.

• L. 6 juill. 1989, art. 7-1

Toutes actions dérivant d'un contrat de bail sont prescrites par trois ans à compter du jour où le titulaire d'un droit a connu ou aurait dû connaître les faits lui permettant d'exercer ce droit.

Toutefois, l'action en révision du loyer par le bailleur est prescrite un an après la date convenue par les parties dans le contrat de bail pour réviser ledit loyer.

• CCH, art. L. 521-2

I – Le loyer ou toute autre somme versée en contrepartie de l'occupation cesse d'être dû pour les locaux qui font l'objet d'une mise en demeure prise en application de l'article L. 1331-22 du code de la santé publique à compter de l'envoi de la notification de cette mise en demeure.

Le loyer en principal ou toute autre somme versée en contrepartie de l'occupation cessent d'être dus pour les locaux qui font l'objet d'une mise en demeure ou d'une injonction prise en application des articles L. 1331-23 et L. 1331-24 du code de la santé publique ou de mesures décidées en application de l'article L. 123-3, à compter du premier jour du mois qui suit l'envoi de la notification de la mesure de police. Les loyers ou redevances sont à nouveau dus à compter du premier jour du mois qui suit le constat de la réalisation des mesures prescrites.

Pour les locaux visés par une déclaration d'insalubrité prise en application des articles L. 1331-25 et L. 1331-28 du code de la santé publique ou par un arrêté de péril pris en application de l'article L. 511-1, le loyer en principal ou toute autre somme versée en contrepartie de l'occupation du logement cesse d'être dû à compter du premier jour du mois qui suit l'envoi de la notification de l'arrêté ou de son affichage à la mairie et sur la façade de l'immeuble, jusqu'au premier jour du mois qui suit l'envoi de la notification ou l'affichage de l'arrêté de mainlevée.

Dans le cas où des locaux ont fait l'objet d'une mise en demeure prononcée en application de l'article L. 1331-26-1 du code de la santé publique suivie d'une déclaration d'insalubrité prise en application de l'article L. 1331-28 du même code, le loyer ou toute autre somme versée en contrepartie de l'occupation du logement cesse d'être dû à compter du premier jour du mois qui suit l'envoi de la notification de la mise en demeure ou son affichage jusqu'au premier jour du mois qui suit l'envoi de la notification ou l'affichage de l'arrêté de mainlevée de l'insalubrité.

Les loyers ou toutes autres sommes versées en contrepartie de l'occupation du logement indûment perçus par le propriétaire, l'exploitant ou la personne ayant mis à disposition les locaux sont restitués à l'occupant ou déduits des loyers dont il devient à nouveau redevable.

II – Dans les locaux visés au I, la durée résiduelle du bail à la date du premier jour du mois suivant l'envoi de la notification de la mainlevée de l'arrêté d'insalubrité ou de péril ou du constat de la réalisation des mesures prescrites, ou leur affichage, est celle qui restait à courir au premier jour du mois suivant l'envoi de la notification de l'arrêté d'insalubrité ou de péril, de l'injonction, de la mise en demeure ou des prescriptions, ou leur affichage.

Ces dispositions s'appliquent sans préjudice des dispositions du dernier alinéa de l'article 1724 du code civil.

III – Lorsque les locaux sont frappés d'une interdiction définitive d'habiter et d'utiliser, les baux et contrats d'occupation ou d'hébergement poursuivent de plein droit leurs effets, exception faite de l'obligation de paiement du loyer ou de toute somme versée en contrepartie de l'occupation, jusqu'à leur terme ou jusqu'au départ des occupants et au plus tard jusqu'à la date limite fixée par la déclaration d'insalubrité ou l'arrêté de péril.

Une déclaration d'insalubrité, un arrêté de péril ou la prescription de mesures destinées à faire cesser une situation d'insécurité ne peut entraîner la résiliation de plein droit des baux et contrats d'occupation ou d'hébergement, sous réserve des dispositions du VII de l'article L. 521-3-2.

Les occupants qui sont demeurés dans les lieux faute d'avoir reçu une offre de relogement conforme aux dispositions du II de l'article L. 521-3-1 sont des occupants de bonne foi qui ne peuvent être expulsés de ce fait.

• **C. civ., art. 2222**

La loi qui allonge la durée d'une prescription ou d'un délai de forclusion est sans effet sur une prescription ou une forclusion acquise. Elle s'applique lorsque le délai de prescription ou le délai de forclusion n'était pas expiré à la date de son entrée en vigueur. Il est alors tenu compte du délai déjà écoulé.

En cas de réduction de la durée du délai de prescription ou du délai de forclusion, ce nouveau délai court à compter du jour de l'entrée en vigueur de la loi nouvelle, sans que la durée totale puisse excéder la durée prévue par la loi antérieure.

311.02 Jurisprudence de référence.

• **Civ. 3e, 18 déc. 2002, n° 01-00.519**, *Bull. civ.* III, n° 262

* V. ss n° 311.41

Sauf convention expresse, les pratiques dictées par les convictions religieuses du preneur n'entrent pas dans le champ contractuel du bail et ne font naître à la charge du bailleur aucune obligation spécifique (à propos d'un bailleur ayant refusé de faire droit à la demande de locataires, fondée sur les prescriptions de la religion judaïque, proscrivant notamment en période de shabbat, la mise en œuvre de toute forme d'énergie, y compris l'électricité, d'installer, au moins pour l'un des accès à la résidence, des serrures mécaniques actionnées par des clés, en plus des serrures électriques actionnées seulement par digicode).

• **Civ. 3e, 17 déc. 2015, n° 14-22.754**, P

* V. ss n° 311.41

Le non-respect des normes de décence (local de moins de 9 m^2) autorise le locataire à suspendre le paiement des loyers.

• **Civ. 3e, 12 mai 2016, n° 15-16.285**, P

* V. ss n° 311.51

Le délai de prescription d'un an applicable à l'action en révision du loyer par le bailleur, prévu par l'art. 7-1, a couru, pour les indexations ayant pris effet antérieurement à l'entrée en vigueur de la loi du 24 mars 2014, à compter du jour de l'entrée en vigueur de cette loi, sans que la durée totale du délai ne puisse excéder la durée de cinq ans antérieurement applicable. Ayant relevé que le bail comportait une clause d'indexation et que la société chargée de la gestion du bien avait commis une erreur dans le calcul de l'indexation et exactement retenu qu'il y avait lieu de calculer l'indexation du loyer telle qu'elle aurait dû intervenir dès l'entrée en vigueur du bail, sur la base du loyer en vigueur à cette date.

311.03 Bibliographie indicative.

Ouvrages. J. Lafond, B. Vial-Pedroletti, *Les baux d'habitation*, 8e éd., LexisNexis, 2017, nos 875 s.

Actualisables. RÉP. CIV., v° « Bail d'habitation et mixte : rapports locatifs individuels – Loi du 6 juillet 1989 », N. Damas, nos 229-261 – LAMY DR. IMMO, nos 5977 s. – DICT. PERM. Gestion immob., « Baux d'habitation et mixtes », nos 145-150.

SECTION 1
ÉTENDUE DE L'OBLIGATION

311.11 Obligation principale. L'obligation « de payer le loyer et les charges récupérables aux termes convenus »[1] est, bien évidemment l'obligation principale pesant sur le locataire.

Nous étudierons successivement l'étendue de l'obligation de paiement et la sanction du défaut de paiement, étant précisé que les modalités de paiement des charges locatives sont traitées dans un chapitre distinct (v. ss nos 321.11 s., et sur la solidarité pouvant exister entre les colocataires v. ss nos 133.41 s.).

311.12 Périodicité – Refus de paiement – Prescription. Il convient d'étudier quelle doit être la périodicité du paiement, la différence entre « terme à échoir » et « terme échu », la problématique du refus de paiement du loyer et son fait justificatif et les règles de prescription applicables en la matière. (sur la (ou les) personne(s) responsable(s) du paiement v. ss nos 133.41 s.).

§ 1
Périodicité du paiement

311.21 Paiement mensuel de droit. Le preneur est obligé de payer l'intégralité des sommes dues.

Si, généralement, le bail prévoit un paiement mensuel, rien n'interdirait aux parties de convenir d'une autre périodicité (un paiement trimestriel serait valable).

Cependant, une clause contractuelle prévoyant un paiement plus espacé sera sans effet dès lors que le locataire demandera à régler ce qu'il doit tous les mois. En effet, « le paiement mensuel est de droit lorsque le locataire en fait la demande »[2] (sur l'exigibilité par le bailleur d'un dépôt de garantie lorsque le locataire demande à payer son loyer mensuellement v. ss n° 142.11).

§ 2
Paiement préalable ou postérieur au mois de référence

311.31 Terme à échoir ou terme échu. Le loyer peut être payable d'avance (à terme à échoir) ou à terme échu. Lorsque le loyer est stipulé payable à terme à échoir au 5 du mois, cela signifie que le loyer du mois de janvier devra être payé au plus tard le 5 janvier. À l'inverse, lorsque le loyer est payable à

1. L. n° 89-462, 6 juill. 1989, art. 7 a.
2. L. n° 89-462, 6 juill. 1989, art. 7 a, *in fine*.

terme échu, pour reprendre notre exemple, le 5 janvier, le locataire s'acquittera du paiement du loyer du mois de décembre.

La différence est surtout sensible en début de bail puisque, dans l'hypothèse d'un loyer à terme à échoir, le locataire devra débourser, lors de son entrée dans les lieux, un mois de loyer et charges, auquel il va falloir, la plupart du temps, ajouter le montant du dépôt de garantie (à ce sujet v. s^s n°s 142.11 s.), les frais d'agence (sur ce point v. s^s n°s 223.11 s.), les frais de déménagement...

§ 3
Refus de paiement

311.41 **Exception d'inexécution.** Le locataire n'est fondé à opposer au bailleur l'exception d'inexécution[1] (c'est-à-dire à refuser de payer la contrepartie financière de son occupation) que lorsque le logement est affecté de désordres tels qu'il y aura impossibilité totale d'utiliser les lieux conformément à leur destination[2] (en l'occurrence, l'habitation ou l'habitation et l'exercice d'une profession). Et encore, ce refus de paiement doit-il avoir été autorisé par le juge, auquel il incombe de rechercher si les manquements du bailleur justifient (ou non) le refus de paiement[3].

Un refus fondé sur un désordre qui ne rendrait pas le local totalement impropre à sa destination serait voué à l'échec, étant entendu que les juges du fond apprécient souverainement le bien-fondé de l'exception d'inexécution invoquée par le locataire[4].

1. *Exceptio non adimpleti contractus.*
2. Civ. 3e, 31 oct. 1978, n° 77-10.987, *Bull. civ.* III, n° 329 – Civ. 3e, 21 nov. 1995, n° 94-11.806, NP, *Administrer* avr. 1996. 37, obs. Barbier – Civ. 3e, 16 févr. 2000, n° 98-12.435, NP, *AJDI* 2000. 433; *Administrer* mars 2001, p. 36, obs. Canu – Civ. 3e, 18 déc. 2002, n° 01-00.519, *Bull. civ.* III, n° 262; *D.* 2004. 844, obs. Damas; *RTD civ.* 2003. 290, obs. Mestre et Fages; *RJPF* 2003, 4.13, note Garaud; *AJDI* 2003. 193, obs. Dumont – Civ. 3e, 8 mars 2005, n° 03-13.747, NP, *AJDI* 2005. 464, obs. Zalewski – Paris, 28 janv. 1998, RG n° 97/14704, *D. Affaires* 1998, 366, obs. Y. R. – Versailles, 18 juin 1999, RG n° 5689/97, *D.* 2001. Somm. 170, obs. CRDP Nancy 2 – Paris, 16 févr. 2000, RG n° 1997/12033, *D.* 2000. AJ 243, obs. Rouquet – Paris, 28 mars 2008, RG n° 06/17970, *AJDI* 2008. 481.
3. Civ. 3e, 3 avr. 2001, n° 99-17.057, NP, *AJDI* 2001. 599, obs. Laporte – Estimant que le non-respect des normes de décence (local de moins de 9 m²) autorise le locataire à suspendre le paiement des loyers, v. Civ. 3e, 17 déc. 2015, n° 14-22.754 P, *D.* 2016. Actu. 72; *ibid.* Pan. 1102, spéc. 1107, obs. Damas; *Dalloz actu.*, 15 janv. 2016, obs. A. Cayol; *Loyers et copr.* 2016, n° 29, obs. Vial-Pedroletti.
4. Civ. 3e, 15 déc. 1993, n° 92-12.324, *Bull. civ.* III, n° 168, *Gaz. Pal.* 1er juin 1994, 152-153; *D.* 1994, Jur. 462, note Storck – Civ. 3e, 29 avr. 1998, n° 96-14.516, NP, *Administrer* juill. 1998, p. 28, obs. Boccara, Lipman-Boccara et Sainturat.

311.42 **Exception d'inexécution : motifs inefficaces.** • Dysfonctionnement du système d'assainissement. Celui-ci ne saurait justifier le refus de paiement du locataire, dès lors que le trouble de jouissance qui s'en suit ne rend pas les lieux inhabitables[5].

• Défaut d'entretien de l'immeuble. Celui-ci n'autorise pas le locataire à ne pas s'acquitter de sa dette locative (en revanche, ce manquement de la part du bailleur autorise son cocontractant à demander en justice la réalisation des travaux ou la résiliation du bail)[6].

• Montant du loyer. Relevons enfin que l'existence d'une contestation sur le montant du loyer[7] ou des charges[8] ne peut dispenser le locataire de payer son loyer.

• Logement indécent mais pas totalement inhabitable. Le locataire ne saurait se dispenser de tout versement lorsque le logement reste (au moins) partiellement habitable malgré le non-respect des normes de décence posées par le décret n° 2002-120 du 30 janvier 2002 (au sujet desquelles, v. s^s n°s 211.31 s.)[9].

311.43 **Locaux déclarés insalubres.** En application de l'article L. 521-2 du code de la construction et de l'habitation, alinéa 3, dans les locaux qui font l'objet d'un arrêté d'insalubrité, le loyer en principal, ou toute autre somme versée en contrepartie de l'occupation, cesse d'être dû à compter du premier jour du mois qui suit l'envoi de la notification de la mesure de police[10] (le texte ajoute que les loyers ou redevances sont à nouveau dus à compter du premier jour du mois qui suit le constat de la réalisation des mesures prescrites).

Et lorsqu'un arrêté de péril vise des parties communes d'un immeuble en copropriété, la mesure de suspension des loyers prévue par l'art. L. 521-2, I, s'applique à la totalité des lots comprenant une quote-part dans ces parties commune[11]. En l'état de la jurisprudence, il n'en ira autrement que lorsque l'appartement du locataire ne dépendra pas d'un immeuble soumis au statut de la copropriété[12].

5. Paris, 25 nov. 1997, RG n° 95/20255, *Loyers et copr.* 1998, n° 31, obs. Vial-Pedroletti.
6. Soc. 7 juill. 1955, *D.* 1957. 1, note Savatier.
7. Paris, 12 déc. 1996, RG n°s 95/026459 et 96/80738, *Loyers et copr.* 1997, n° 64.
8. Soc. 25 janv. 1961, *Bull. civ.* IV, n° 109.
9. POUR DES ILLUSTRATIONS, v. Nancy, 1er oct. 2015, RG n° 14/01936, *Loyers et copr.* 2016, n° 7, obs. B.V.-P.; 7 janv. 2016, RG n° 15/00053, *Loyers et copr.* 2016, n° 59, obs. Vial-Pedroletti; Aix-en-Provence, 6 oct. 2015, RG n° 14/13867, Rev. loyers 2015. 453.
10. POUR UNE APPLICATION jurisprudentielle : Paris, 21 mars 2006, RG n° 2004/12808, *AJDI* 2006. 572; *Rev. loyers* 2006. 289.
11. Civ. 3e, 20 oct. 2016, n° 15-22.680 P.
12. Paris, 25 févr. 2016, RG n° 14/19607; *AJDI* 2016. 424.

§ 4
Prescription des actions en paiement

311.51 Régime applicable pour les baux en cours. Aux termes de l'article 7-1 de la loi du 6 juillet 1989, selon la loi n° 2015-990 du 6 août 2015, dite Macron[1] applicable aux contrats en cours dans les conditions fixées à l'article 2222 du code civil, en application de l'adage *Specialia genralibus derogant*, il convient d'appliquer les dispositions du nouvel article 7-1 de la loi du 6 juillet 1989 qui précise que toutes les actions dérivant d'un contrat de bail sont prescrites par trois ans à compter du jour où le titulaire d'un droit a connu ou aurait dû connaître les faits lui permettant d'exercer ce droit[2].

Compte tenu de la généralité des termes employés, il y a lieu de considérer que les actions visées par le texte sont les actions en paiement du loyer, des charges locatives ou d'une indemnité d'occupation.

La question s'est posée en jurisprudence de savoir si, lorsque le bailleur est un professionnel (en l'occurrence, il s'agissait d'un organisme d'HLM), la prescription triennale de l'article 7-1 doit d'appliquer ou si elle doit céder le pas aux règles du droit de la consommation selon lesquelles l'action des professionnels, pour les biens et les services qu'ils fournissent aux consommateurs, se prescrit par deux ans[3].

Selon la Cour de cassation, le bail d'habitation régit par la loi du 6 juillet 1989 obéit à des règles spécifiques exclusives du droit de la consommation, de sorte que la prescription édictée par l'article 7-1 est seule applicable à l'action en recouvrement des réparations locatives et des loyers impayés[4]. Ainsi, avons-nous la confirmation que le logement n'est pas un produit de consommation comme les autres.

Le texte réserve par ailleurs un sort particulier à l'action en révision du loyer par le bailleur (v. s[s] n°s 523.11 s.), qui est prescrite un an après la date convenue par les parties dans le contrat de bail pour réviser ledit loyer.

On précisera qu'aux termes de l'article 2222 du code civil, la loi qui allonge la durée d'une prescription ou d'un délai de forclusion est sans effet sur une prescription ou une forclusion acquise. Elle s'applique lorsque le délai de prescription ou le délai de forclusion n'était pas expiré à la date de son entrée en vigueur. Il est alors tenu compte du délai déjà écoulé. Et en cas de réduction de la durée du délai de prescription ou du délai de forclusion, ce nouveau délai court à compter du jour de l'entrée en vigueur de la loi nouvelle, sans que la durée totale puisse excéder la durée prévue par la loi antérieure[5].

311.52 Dispositions applicables avant comme après la loi Alur. L'article 7-1 de la loi du 6 juillet 1989 ne réglant pas toutes les situations, les dispositions du code civil en matière de report du point de départ de la prescription, de suspension et d'interruption de la prescription édictés par le code civil demeurent applicables. Il en va de même de l'impossibilité d'aménager conventionnellement la prescription.

311.53 Cas de report du point de départ de la prescription. Plusieurs points méritent d'être soulignés.

Selon l'article 2234 du code civil, la prescription ne court pas ou est suspendue contre celui qui est dans l'impossibilité d'agir par suite d'un empêchement résultant de la loi, de la convention ou de la force majeure.

Par ailleurs, si l'article 2235 du code civil nous enseigne qu'elle ne court pas non plus ou est suspendue contre les mineurs non émancipés et les majeurs en tutelle, c'est tout de suite pour préciser que cette règle ne joue pas « pour les actions en paiement ou en répétition des (...) loyers, fermages, charges locatives, intérêts des sommes prêtées et, généralement, les actions en paiement de tout ce qui est payable par années ou à des termes périodiques plus courts ».

Elle ne court pas non plus ou est suspendue entre époux, ainsi qu'entre partenaires liés par un pacte civil de solidarité[6].

Il en va de même contre l'héritier acceptant à concurrence de l'actif net, à l'égard des créances qu'il a contre la succession[7].

311.54 Cas de suspension du point de départ de la prescription. La prescription est suspendue à compter du jour où, après la survenance d'un litige, les parties conviennent de recourir à la médiation ou à la conciliation ou, à défaut d'accord écrit, à compter du jour de la première réunion de médiation ou de

1. L. n° 2015-990, 6 août 2015, *JO* 7 août, p. 13537 s, art. 82-II, applicable au 8 août 2015.
2. Déclarant, avant la promulgation de la loi Macron du 6 août 2015, l'art. 7-1 inapplicable aux contrats en cours et jugeant que l'action en paiement d'un arriéré de charges locatives échappe au nouveau délai de prescription triennale (application de la prescription quinquennale, v. Paris, 1er juill. 2014, RG n° 12/23120, *Loyers et copr.* 2014, n4, nr. 2014, Vial-Pedroletti.
3. C. consom., art. L. 218-2, anc. art. L. 137-2.
4. Civ. 3e, 26 janv. 2017, n° 15-27.580 P, *D.* 2017. Actu. 298; *Dalloz actu.*, 1er févr. 2017, obs. Y. Rouquet.
5. POUR UNE APPLICATION de cette dernière règle à la precription de l'action en révision du loyer, v. Civ. 3e, 12 mai 2016, n° 15-16.285 P, *D.* 2016. Actu. 1078; *Dalloz actu.*, 25 mai 2016, obs. Rouquet.
6. C. civ., art. 2236.
7. C. civ., art. 2237.

conciliation. Elle est également suspendue à compter de la conclusion d'une convention de procédure participative ou à compter de l'accord du débiteur constaté par l'huissier de justice pour participer à la procédure prévue à l'article L. 125-1 du code des procédures civiles d'exécution. Le délai de prescription recommence à courir, pour une durée qui ne peut être inférieure à six mois, à compter de la date à laquelle soit l'une des parties ou les deux, soit le médiateur ou le conciliateur déclarent que la médiation ou la conciliation est terminée. En cas de convention de procédure participative, le délai de prescription recommence à courir à compter du terme de la convention, pour une durée qui ne peut être inférieure à six mois. En cas d'échec de la procédure prévue au même article, le délai de prescription recommence à courir à compter de la date du refus du débiteur, constaté par l'huissier, pour une durée qui ne peut être inférieure à six mois [1].

La prescription est également suspendue lorsque le juge fait droit à une demande de mesure d'instruction présentée avant tout procès. Le délai de prescription recommence à courir, pour une durée qui ne peut être inférieure à six mois, à compter du jour où la mesure a été exécutée [2].

311.55 Causes d'interruption de la prescription. Il ressort principalement des nouvelles dispositions du code civil que la prescription est interrompue :

- par la reconnaissance par le débiteur du droit de celui contre lequel il prescrivait [3];

- par la demande en justice, même en référé, même lorsqu'elle est portée devant une juridiction incompétente ou lorsque l'acte de saisine de la juridiction est annulé par l'effet d'un vice de procédure [4], étant précisé que l'interruption dure autant que l'instance elle-même [5];

- l'action en production de décomptes de charges rectifiés et en paiement de dommages-intérêts interrompt la prescription de l'action en paiement des charges indûment perçues, les deux actions poursuivant un seul et même but [6];

- par un acte d'exécution forcée [7].

311.56 Impossibilité d'aménager conventionnellement la prescription. Alors que l'une des mesures phares de la réforme de la prescription consiste à permettre aux parties, d'une part, d'abréger ou d'allonger sa durée et, d'autre part, d'ajouter aux causes de suspension ou d'interruption [8], cette faculté est expressément écartée en matière d'« actions en paiement ou en répétition des (...) loyers, fermages, charges locatives, intérêts des sommes prêtées et, généralement, aux actions en paiement de tout ce qui est payable par années ou à des termes périodiques plus courts » [9].

SECTION 2

SANCTION DU DÉFAUT DE PAIEMENT

311.61 Résiliation judiciaire ou mise en œuvre d'une clause résolutoire. La sanction à ce manquement est la résiliation judiciaire ou la mise en œuvre de la clause résolutoire insérée au bail (sur ce sujet v. s[s] n°s 922.11 s. et 923.11 s.). Lorsque le défaut de paiement donne lieu à une action en résiliation judiciaire, les juges vont pouvoir apprécier les circonstances et, le cas échéant, estimer que la rétention de tout ou partie du loyer ne constitue pas un manquement suffisamment grave pour justifier la résiliation du bail [10] (pareille marge de manœuvre ne leur sera pas laissée en cas de mise en œuvre de la clause résolutoire, v. s[s] n°s 922.11 s.). Tout sera alors question d'espèce. Il a par exemple été jugé, à propos du refus du bailleur de délivrer des quittances de loyer au preneur, tantôt, que le non-paiement ne pouvait entraîner la résiliation du bail [11], tantôt, que ladite résiliation judiciaire était justifiée [12].

311.62 Rôle du fonds de solidarité pour le logement – Cas particulier des impayés des factures d'électricité, de gaz, de chaleur et d'eau. L'article 6 de la loi du 31 mai 1990 visant à la mise en œuvre du droit au logement [13] précise, que le fonds de solidarité pour le logement (FSL) accorde, dans les conditions définies par son règlement intérieur, des aides financières sous forme de cautionnements, prêts ou avances remboursables, garanties ou subventions à des personnes éprouvant des difficultés particulières et qui entrent dans un logement locatif ou qui, étant locataires, sous-locataires ou résidents de logements-foyers, se trouvent dans l'impossibilité d'assumer leurs obligations relatives au paiement du

1. C. civ., art. 2238.
2. C. civ., art. 2239.
3. C. civ., art. 2240.
4. C. civ., art. 2241.
5. C. civ., art. 2242.
6. Civ. 3e, 19 mai 2010, n° 09-12.689, *Bull. civ.* III, n° 97; *D.* 2010. Actu. 1419; *AJDI* 2010. 726, note Zalewski.
7. C. civ., art. 2244.
8. C. civ., art. 2254, al. 1er.
9. C. civ., art. 2254, al. 2.
10. Civ. 3e, 29 avr. 1998, n° 96-14.516, NP, *Administrer* juill. 1998, p. 28, obs. Boccara, Lipman-Boccara et Sainturat – Civ. 3e, 20 mai 1997, *Gaz. Pal.* 1997. 2. Somm. 477, obs. Brault.
11. Paris, 17 janv. 1995, RG n° 93/015507, *Loyers et copr.* 1995, n° 208.
12. Paris, 1er juill. 2004, RG n° 02/14390, *AJDI* 2005. 305, obs. Zalewski.
13. L. n° 90-449, 31 mai 1990 visant à la mise en œuvre du droit au logement, *JO* 2 juin, p. 6551.

loyer, des charges et des frais d'assurance locative, ou qui, occupant régulièrement leur logement, se trouvent dans l'impossibilité d'assumer leurs obligations relatives au paiement des fournitures d'eau, d'énergie et de services téléphoniques.

Quant aux dettes au titre des impayés de loyer et de facture d'énergie, d'eau et de téléphone, le même texte précise qu'elle peuvent être prises en charge par le FSL si leur apurement conditionne l'accès à un nouveau logement.

311.63 Procédure spécifique en cas de non-paiement. Depuis le 1er décembre 2008, en application du décret du 13 août 2008 [1], une procédure particulière est réservée au consommateur d'électricité, de gaz, de chaleur ou d'eau qui n'a pas acquitté sa facture dans un délai de quatorze jours après sa date d'émission ou à la date limite de paiement, lorsque cette date est postérieure. Dans pareille situation, par un premier courrier, son fournisseur l'informe qu'à défaut de règlement dans un délai supplémentaire de quinze jours, sa fourniture pourra être réduite ou suspendue pour l'électricité ou suspendue pour le gaz, la chaleur ou l'eau. Consommateur et fournisseur pourront alors définir des modalités de paiement.

311.64 Absence d'accord – Conséquences. À défaut d'accord, le fournisseur peut procéder à la réduction ou à la coupure. Il en avise alors le consommateur au moins vingt jours à l'avance par un second courrier dans lequel il informe ce consommateur que ce dernier peut saisir les services sociaux si, comme il est dit à l'article L. 115-3 du code de l'action sociale et des familles, il éprouve des difficultés particulières lui donnant droit à une aide de la collectivité (ce dernier texte précise qu'en cas de non-paiement des factures, la fourniture d'énergie, d'eau ainsi que d'un service téléphonique restreint est maintenue jusqu'à ce qu'il ait été statué sur la demande d'aide).

On notera cependant qu'aux termes de l'alinéa 3 de l'article L. 115-3 du CASF, du 1er novembre de chaque année au 31 mars de l'année suivante, les fournisseurs d'électricité, de chaleur et de gaz ne peuvent procéder, dans une résidence principale, à l'interruption, y compris par résiliation de contrat, pour non-paiement des factures, de la fourniture d'électricité, de chaleur ou de gaz. Les fournisseurs d'électricité peuvent toutefois procéder à une réduction de puissance [2].

Pour les distributeurs d'eau, l'interdiction de couper l'eau de la résidence principale du consommateur est valable tout au long de l'année.

311.65 Procédure spécifique aux bénéficiaires du tarif social ou d'une aide du FSL. Une procédure particulière est prévue lorsque le logement concerné est la résidence principale du consommateur et que celui-ci est dans une situation financière fragile (entendons par là, notamment, qu'il bénéficie d'un tarif social ou qu'il a déjà reçu une aide du FSL). Alors, le locataire bénéficie d'un délai supplémentaire de trente jours. Par ailleurs, sauf opposition de sa part, les services sociaux seront avertis de la situation.

311.66 Correspondant « solidarité-précarité ». L'article 11 du décret de 2008 précise que, pour les relations avec les services sociaux (départementaux ou communaux), les associations de défense d'usagers ou les consommateurs qui en feront la demande, chaque fournisseur d'électricité, de gaz, de chaleur ou d'eau approvisionnant des personnes physiques doit désigner un correspondant « solidarité-précarité », qui peut être commun à plusieurs départements et à plusieurs fournisseurs.

1. Décr. no 2008-780, 13 août 2008 relatif à la procédure applicable en cas d'impayés des factures d'électricité, de gaz, de chaleur et d'eau, *JO* 14 août.

2. Cette faculté n'est toutefois possible à l'égard des consommateurs bénéficiaires du tarif social électricité ou du chèque énergie.

CHAPITRE

312. Obligations relatives à l'usage du local loué

SECTION 0
ORIENTEUR

312.00 Plan du chapitre.

Sect.	1	Obligation d'user paisiblement des lieux loués
Sect.	2	Obligation de répondre des dégradations et des pertes
Sect.	3	Obligation d'entretenir les lieux
Sect.	4	Obligation de laisser exécuter certains travaux
Sect.	5	Interdiction de transformer les lieux
	§ 1	Droit commun
	A.	Distinction entre « transformation » et « aménagement »
	B.	Hypothèse de l'accord du bailleur
	C.	Option du bailleur n'ayant pas donné son accord aux travaux d'amélioration
	§ 2	Travaux d'adaptation du logement aux personnes en situation de handicap ou de perte d'autonomie
Sect.	6	Obligation de s'assurer
Sect.	7	Obligation d'entretenir un détecteur de fumée

312.01 Textes applicables.

TEXTES SOURCES

• **L. 6 juill. 1989, art. 6-1, 7.**

• **C. civ., art. 1724, 1732, 1733, 1734.**

• **L. n° 75-1351, 31 déc. 1975** relative à la protection des occupants de locaux à usage d'habitation, *JO* 4 janv. 1976, p. 191, art. 10-1 A.

• **Décr. n° 2016-1282, 29 sept. 2016** relatif aux travaux d'adaptation du logement aux personnes en situation de handicap ou de perte d'autonomie réalisés aux frais du locataire, *JO* 30 sept., n° 48.

TEXTES *IN EXTENSO*

• **L. 6 juill. 1989, art. 6-1**

Après mise en demeure dûment motivée, les propriétaires des locaux à usage d'habitation doivent, sauf motif légitime, utiliser les droits dont ils disposent en propre afin de faire cesser les troubles de voisinage causés à des tiers par les personnes qui occupent ces locaux.

• **L. 6 juill. 1989, art. 7**

* V. s^s n° 311.01

• **C. civ., art. 1724**

Si, durant le bail, la chose louée a besoin de réparations urgentes et qui ne puissent être différées jusqu'à sa fin, le preneur doit les souffrir, quelque incommodité qu'elles lui causent, et quoiqu'il soit privé, pendant qu'elles se font, d'une partie de la chose louée.

Mais, si ces réparations durent plus de vingt et un jours, le prix du bail sera diminué à proportion du temps et de la partie de la chose louée dont il aura été privé.

Si les réparations sont de telle nature qu'elles rendent inhabitable ce qui est nécessaire au logement du preneur et de sa famille, celui-ci pourra faire résilier le bail.

• **C. civ., art. 1732**

Il *[le preneur]* répond des dégradations ou des pertes qui arrivent pendant sa jouissance, à moins qu'il ne prouve qu'elles ont eu lieu sans sa faute.

• **C. civ., art. 1733**

Il répond de l'incendie, à moins qu'il ne prouve :

Que l'incendie est arrivé par cas fortuit ou force majeure, ou par vice de construction.

Ou que le feu a été communiqué par une maison voisine.

• **C. civ., art. 1734**

S'il y a plusieurs locataires, tous sont responsables de l'incendie, proportionnellement à la valeur locative de la partie de l'immeuble qu'ils occupent;

À moins qu'ils ne prouvent que l'incendie a commencé dans l'habitation de l'un d'eux, auquel cas celui-là seul en est tenu;

Ou que quelques-uns ne prouvent que l'incendie n'a pu commencer chez eux, auquel cas ceux-là n'en sont pas tenus.

• **L. 31 mars 1975, art. 10-1-A**

Quiconque exécute ou fait exécuter les travaux mentionnés aux deux premiers alinéas de l'article 2 de la loi n° 67-561 du 12 juillet 1967 relative à l'amélioration de l'habitat ou au e de l'article 7 de la loi n° 89-462 du 6 juillet 1989 tendant à améliorer les rapports locatifs et portant modification de la loi n° 86-1290 du 23 décembre 1986 sans avoir fait la notification, prévue auxdits articles, ou sans respecter les conditions d'exécution figurant dans la notification ou encore malgré une décision d'interdiction ou d'interruption des travaux prononcée par le juge du tribunal d'instance, statuant par ordonnance de référé, encourt les sanctions prévues à l'article **L. 480-4 du code de l'urbanisme**.

Le tribunal peut, en outre, ordonner la remise en état des lieux aux frais du condamné.

Les premier, troisième et quatrième alinéas de l'article L. 480-1, les articles L. 480-2, L. 480-3, L. 480-7, L. 480-8 et L. 480-9 du code de l'urbanisme sont applicables aux infractions mentionnées au premier alinéa du présent article.

312.02 Jurisprudence de référence.

• **Civ. 3e, 5 mai 2004, n° 01-16.041**, *Bull. civ.* III, n° 89

* V. s^s n° 312.44

Si le locataire est, aux termes de l'art. 7 e, obligé de laisser exécuter les travaux d'amélioration dans les lieux loués, il peut s'opposer aux travaux d'amélioration des lieux loués.

• **Civ. 3e, 10 nov. 2009, n° 09-11.027**, *Bull. civ.* III, n° 244

* V. s^s n° 312.14

Les locataires sont responsables des nuisances et actes de malveillance commis par leurs enfants qu'ils hébergent, quand bien même ceux-ci échapperaient-ils de façon totale et définitive à leur autorité.

• **Civ. 3e, 8 oct. 2015, n° 14-16.166**, NP

* V. s^s n° 312.93

La construction par le locataire d'un local sur les parties communes de l'immeuble ne constitue pas une transformation des locaux loués au sens de l'article 7 f, dont le bailleur ne peut demander la suppression qu'au départ du locataire.

• **Civ. 3e, 28 janv. 2016, n° 14-28.812**, P

* V. s^s n° 312.23

Ayant retenu à bon droit que le dommage constitué par les frais de relogement des locataires de l'immeuble voisin, dont le demandeur n'est pas le bailleur, concerne des tiers au contrat de location pour lesquels les dispositions de l'article 1733 présumant le locataire responsable ne sont pas applicables, une cour d'appel, qui a estimé souverainement que le bailleur ne démontre pas, conformément à l'article 1384 [1242], alinéa 2, du Code civil, l'existence d'une faute imputable au locataire en a exactement déduit, sans violer le principe de réparation intégrale du préjudice dès lors que le bailleur sollicite l'indemnisation du préjudice subi par un tiers, que sa demande doit être rejetée.

312.03 Bibliographie indicative.

Ouvrages. J. Lafond, B. Vial-Pedroletti, *Les baux d'habitation*, 8e éd., LexisNexis, 2017, n°s 886 s., 889 s., 1026 s.

Actualisables. RÉP. CIV., v° « Bail d'habitation et mixte : rapports locatifs individuels – Loi du 6 juillet 1989 », N. Damas, n°s 229-261 – LAMY DR. IMMO, n°s 5977 s. – DICT. PERM. Gestion immob., « Baux d'habitation et mixtes », n°s 166-179.

SECTION 1
OBLIGATION D'USER PAISIBLEMENT DES LIEUX LOUÉS

312.11 Jouissance paisible – respect de la destination du local. Le locataire est obligé d'user paisiblement des lieux loués suivant la destination qui leur a été donnée par le contrat de location [1].

Le règlement intérieur d'une résidence n'est opposable au locataire que pour autant que son contenu a été porté à la connaissance de ce dernier [2].

Le preneur doit user du bien loué « raisonnablement » [3], c'est-à-dire en respectant la tranquillité du voisinage et la destination des lieux. À défaut, il sera sanctionné.

312.12 Usage des lieux constitutifs de troubles de voisinage – Animaux. Les exemples de comportements prohibés sont nombreux [4]. Par exemple, concernant les animaux familiers, si la loi [5] répute non écrite toute stipulation tendant à en interdire purement et simplement la détention dans un local d'habitation [6], toute une série de décisions sanctionne certains comportements. C'est ainsi que la présence de nombreux chats dans l'appartement a été réprimée [7], tout comme celle d'un serpent [8]. Dans le même ordre d'idées, dès avant que le législateur ne se penche sur le problème des chiens d'attaque (pitbulls et autres) [9], la présence d'un chien méchant laissé en liberté a été condamnée [10].

312.13 Usage des lieux constitutifs de troubles de voisinage – Comportements violents. Les comportements violents sont pareillement « épinglés » par les magistrats [11], qu'il s'agisse de violences contre le gardien de l'immeuble [12], ou d'injures et de coups

1. L. n° 89-462, 6 juill. 1989, art. 7 b.
2. Civ. 3e, 19 mai 2004, n° 03-11.360, NP, *AJDI* 2005. 55, obs. Mercier.
3. L. n° 2014-873, 4 août 2014, *JO* 5 août, p. 12949.
4. SUR LA QUESTION : Ph. Boulisset et V. de Chauville, *Relations et conflits de voisinage*, 2017/2018, « Encyclopédie Delmas », Dalloz, 2017.
5. L. n° 70-598, 9 juill. 1970, art. 10.
6. Sauf clause interdisant la détention d'un chien d'attaque [Alinéa ajouté à la loi de 1970 par la loi n° 99-5, 6 janv. 1999, art. 3-I], mais valide les clauses subordonnant leur présence au fait qu'ils ne doivent commettre ni dégâts ni occasionner de troubles de voisinage.
7. Paris, 22 mai 1991, RG n° 90/06838, [loi de 1982], *Administrer* août-sept. 1991, p. 64.
8. Colmar, 25 oct. 1993, RG n° 4873/92, *JCP* 1994. IV, n° 1910.
9. C. rur., art. L. 211-11 s.
10. Dijon, 14 avr. 1994, RG n° 00000754/93, *BICC* 1994, n° 1062; *Rev. loyers* 1995. 89.
11. Et peuvent entraîner la résiliation du bail.
12. Paris, 7 nov. 1996, RG n° 95/022116, *Loyers et copr.* 1997, n° 7.

contre des voisins, dès lors que ces actes ont eu lieu dans l'immeuble[1]. Il en ira de même en cas d'injures proférées contre le bailleur, mais non lorsque ce sera le mandataire de celui-ci qui aura été visé[2].

La sanction peut alors être prononcée sans que le bailleur soit préalablement obligé de mettre le locataire en demeure[3].

312.14 Usage des lieux constitutifs de troubles de voisinage – Locataire gardien de la chose et responsable des occupants de son chef. On relèvera par ailleurs que la Cour de cassation a condamné un locataire en sa qualité de gardien de la chose louée[4], suite à la chute d'un volet ayant blessé un passant[5].

• Enfin, le locataire est responsable des agissements des occupants de son chef, et ce, même lorsque le fauteur échappe à son autorité, notamment parce qu'il s'agit d'un enfant majeur[6].

312.15 Usage des lieux non répréhensibles. Encore que le trouble ne sera répréhensible que pour autant qu'il existera un lien suffisant entre celui-ci et un éventuel manquement du locataire à son obligation de jouissance paisible.

Tel n'est pas le cas lorsque le fils du locataire, a été condamné en correctionnelle pour des faits commis dans le hall d'un immeuble appartenant au même ensemble immobilier que celui où se situaient les lieux loués, mais distant de plus d'un kilomètre[7].

De même, le seul constat d'inconvénients de voisinage ressentis à proximité immédiate de l'immeuble loué ne suffit pas à établir l'existence d'un lien entre les troubles constatés et un manquement, par le locataire, à son obligation de jouissance paisible[8].

Quant à la libération des lieux loués au cours du délai de préavis[9], il a été jugé qu'elle n'est pas en soi constitutive d'un manquement à l'obligation de jouissance paisible[10].

312.16 Responsabilité du bailleur. Ajoutons qu'il est de l'intérêt bien compris du bailleur de veiller au respect, par le locataire, de cette obligation. En effet, le tiers victime d'un trouble de voisinage trouvant son origine dans les lieux loués pourrait en demander réparation au propriétaire.

D'abord consacrée par la jurisprudence[11], cette affirmation trouve à présent sa légitimité dans la loi. En effet, la loi du 5 mars 2007 relative à la prévention de la délinquance[12] a ajouté un article 6-1 à la loi du 6 juillet 1989, selon lequel, « après mise en demeure dûment motivée, les propriétaires des locaux à usage d'habitation doivent, sauf motif légitime, utiliser les droits dont ils disposent en propre afin de faire cesser les troubles de voisinage causés à des tiers par les personnes qui occupent ces locaux ». Selon la lettre du texte, cette « obligation à l'égard des tiers du fait d'autrui »[13] vise les agissements fautifs du locataire, mais aussi ceux du squatter (il est en effet question, sans distinction des « personnes qui occupent ces locaux »)[14] (sur l'occupation personnelle du logement par le locataire et l'hébergement de tiers v. s[s] n°s 423.11 s.).

312.17 Usage conforme à la destination des lieux. Un logement loué à usage d'habitation ne peut être affecté à l'exploitation d'un commerce, sans l'autorisation (expresse ou tacite) du bailleur[15]. Il a ainsi été jugé qu'un bail à usage d'habitation bourgeoise prohibait l'installation d'un cabinet de chirurgien-dentiste[16], d'un atelier d'artiste-peintre[17] ou d'une officine d'agent d'affaires[18]. Par ailleurs, il est interdit de transformer un local loué à usage d'habitation et professionnel en une bijouterie[19]. En revanche, le seul exercice dans la location, louée pourtant à usage exclusif d'habitation, de la profession d'assistante maternelle ne peut consti-

1. Civ. 3e, 8 nov. 1995, n° 93-10.853, NP, *RJDA* 1995, n° 1339 – Agen, 6 mars 2007, *BICC* 2007, n° 1443.
2. Civ. 3e, 17 sept. 2008, n° 07-13.175, NP, *AJDI* 2009. 126, obs. Zalewski; *Rev. loyers* 2008. 499, obs. Rémy; *Loyers et copr.* 2008, n° 244, obs. Vial-Pedroletti.
3. Paris, 7 nov. 1996, RG n° 95/022116, *Loyers et copr.* 1997, n° 7.
4. Le transfert de la garde s'opérant entre bailleur et locataire lors de la remise des clés.
5. Civ. 3e, 12 déc. 2002, n° 01-10.974, *Bull. civ.* III, n° 288; *D.* 2003. 454, note Damas; *AJDI* 2003. IR 180, obs. Rouquet.
6. Civ. 3e, 10 nov. 2009, n° 09-11.027, *Bull. civ.* III, n° 244; *D.* 2009. 2864, obs. Rouquet; *AJDI* 2010. 452, note Damas.
7. Civ. 3e, 14 oct. 2009, n° 08-16.955, *Bull. civ.* III, n° 221 (2e esp.); *D.* 2009. AJ 2552, obs. Forest (1re esp.); *ibid.* 2010. Pan. 1168, spéc. 1172, obs. Damas; *AJDI* 2010. 316, note Zalewski (1re esp.).
8. Civ. 3e, 14 oct. 2009, n° 08-16.955, *Bull. civ.* III, n° 221 (1re esp.); *D.* 2009. AJ 2552, obs. Forest (2e esp.); *ibid.* 2010. Pan. 1168, spéc. 1172, obs. Damas; *AJDI* 2010. 316, note Zalewski (2e esp.).
9. Peut-être propice à l'intrusion de squatters.
10. Civ. 3e, 9 janv. 2008, n° 07-11.379, *Bull. civ.* III, n° 3; *D.* 2008. AJ 295, obs. Forest; *ibid.* 2008. Pan. 1308, obs. Damas; *AJDI* 2008. 765, note Laporte-Leconte.
11. Civ. 3e, 30 juin 2004, n° 03-11.562, *Bull. civ.* III, n° 140; *AJDI* 2004. 1134, avec les obs. – Civ. 3e, 17 avr. 1996, n° 94-15.876, *Bull. civ.* III, n° 108; *AJPI* 1997. 208, obs. Gallet; *D.* 1997. Somm. 271, obs. CRDP Nancy 2; *RTD civ.* 1996. 638, obs. Jourdain.
12. L. n° 2007-297, 5 mars 2007 relative à la prévention de la délinquance, *JO* 7 mars.
13. Monéger, *Code des baux, Dalloz*, commentaire s[s] L. 6 juill. 1989, art. 6-1.
14. SUR LA QUESTION, voir aussi : Damas, *AJDI* 2007. 370.
15. Bordeaux, 21 oct. 2003, *JurisData* n° 227784, *BICC* 2004, n° 884.
16. Soc. 26 oct. 1950, *Bull. civ.* III, n° 767.
17. Civ. 3e, 16 avr. 1969, *Bull. civ.* III, n° 286.
18. Soc. 18 févr. 1954, *Bull. civ.* IV, n° 118.
19. Soc. 3 févr. 1955, *Bull. civ.* IV, n° 92.

tuer un motif sérieux et légitime de congé[1]. Pour autant, il ne semble pas juridiquement exclu qu'une action, non pas en validation d'un congé, mais en résiliation de bail puisse alors prospérer. Enfin, la présence de machines à écrire, de micro-ordinateurs et d'une photocopieuse est insuffisante à transformer les pièces louées à usage d'habitation en bureaux[2].

312.18 Occupation des lieux. On notera enfin que si l'usage paisible des lieux loués conformément à leur destination, prévu par l'article 7 de la loi de 1989, implique qu'ils soient occupés par le locataire, la loi n'exige pas qu'il y ait son domicile ou qu'il l'occupe constamment[3] (sur la notion d'« usage d'habitation principale » v. aussi n° 022.32) (sur l'utilisation exclusivement professionnelle de locaux mixtes v. s[s] n° 022.34 et sur les conditions d'un changement d'affectation v. s[s] n°s 433.11 s.).

312.19 Sanctions en cas de non-respect de l'obligation d'usage paisible. Comme on l'a vu, en cas de manquement grave du locataire, la sanction sera la résiliation du bail.

Un comportement moins caractérisé pourra cependant ne donner lieu qu'à une interdiction de réitérer le comportement litigieux et à des dommages-intérêts.

SECTION 2
OBLIGATION DE RÉPONDRE DES DÉGRADATIONS ET DES PERTES

312.21 Responsabilité du locataire engagée sauf force majeure. Le locataire est obligé de répondre des dégradations et des pertes qui surviennent pendant la durée du contrat[4] dans les locaux dont il a la jouissance exclusive, à moins qu'il ne prouve qu'elles ont eu lieu par cas de force majeure, par la faute du bailleur ou par le fait d'un tiers qu'il n'a pas introduit dans le logement[5].

Après nous être penchés sur l'objet de l'obligation de garantie du locataire, nous verrons quelles sont les sanctions encourues en cas de non-respect, à moins que le preneur puisse se prévaloir d'une circonstance lui permettant de se soustraire à sa responsabilité.

1. Paris, 29 janv. 1992, *JCP N* 1993. II. 173, note Djigo.
2. Civ. 3e, 20 juin 1995, n° 93-12.532, NP, *Rev. loyers* 1995. 512.
3. Paris, 8 nov. 2005, RG n° 2004/06782, *AJDI* 2006. 128.
4. Civ. 3e, 26 nov. 2013, n° 12-20.978, NP, *Loyers et copr.* 2014, n° 36, obs. Vial-Pedroletti
5. L. n° 89-462, 6 juill. 1989, art. 7 c.

312.22 Objet de l'obligation de garantie du locataire. Le locataire ne doit répondre des dégradations et des pertes que pour les locaux dont il a la jouissance exclusive et ce, pendant la durée du contrat. Pour autant, à la double condition que sa responsabilité soit établie et qu'une clause du bail ne l'exclut pas, il devra répondre des dégradations et des pertes survenues dans les locaux dont il n'a pas la jouissance exclusive (couloirs, escaliers...) sur le fondement de l'article 1732 du code civil (qui envisage la responsabilité du preneur en termes généraux englobant toutes les dégradations et pertes qui arrivent durant sa jouissance[6], à moins qu'il ne prouve qu'elles ont eu lieu sans sa faute).

Ceci étant précisé, et sous réserve que le locataire ne puisse exciper d'une cause exonératoire (v. s[s] n° 312.25), il devra répondre des explosions de gaz[7], de l'éclatement de la chaudière suite à l'action du gel[8], d'un incendie[9]...

312.23 Responsabilité du locataire et incendie. Concernant le cas particulier de l'incendie, si le texte de l'article 7 *c* n'y fait pas allusion, ce n'est pas pour exonérer le locataire de sa responsabilité en la matière, les dispositions de ce texte n'étant pas exclusives des règles des articles 1733 et 1734 du code civil[10].

Rappelons qu'il ressort de l'article 1733, qui ne s'applique que dans les rapports entre bailleur et locataire[11] ou entre le locataire et le sous-locataire occupant exclusivement les lieux[12, 13], mais pas à l'égard d'un tiers victime[14], que le locataire répond

6. Étant remarqué que la « durée de jouissance » peut être différente de la « durée du contrat », notion retenue par le législateur en 1989.
7. Civ. 3e, 6 déc. 1972, n° 71-14.801, *Bull. civ.* III, n° 661.
8. Paris, 22 mars 1996, RG n° 95/003754, *Loyers et copr.* 1996, n° 255.
9. Civ. 3e, 22 nov. 1989, n° 88-11.188, *Bull. civ.* III, n° 217, [loi de 1982].
10. Civ. 3e, 22 nov. 1989, n° 88-11.188, *Bull. civ.* III, n° 217, [loi de 1982] – Civ. 3e, 18 mars 1992, n° 89-15.310, NP, *Administrer* 1993, n° 241, p. 27, obs. de Ricqlès-Marjolin.
11. Civ. 3e, 22 juin 1983, n° 82-12.236, *Bull. civ.* III, n° 144; *Rev. loyers* 1983. 417.
12. Civ. 3e, 24 janv. 2007, n°s 06-13.028 et 06-14.253, *Bull. civ.* III, n° 6; *D.* 2007. AJ 444; *AJDI* 2007. 468, note Rouquet.
13. Retenant la responsabilité de l'occupant à qui le locataire a prêté son logement, l'incendie trouvant son origine dans un acte de la vie courante imputable à cet occupant (absence de caractérisation de l'acceptation du locataire d'organiser, de diriger et de contrôler son mode de vie), v. Civ. 2e, 6 févr. 2014, *Loyers et copr.* 2014, n° 137, obs. Vial-Pedroletti; *JCP* 2014. 533, note Perdix.
14. Civ. 3e, 28 janv. 2016, n° 14-28.812 P, *D.* 2016. Actu. 313, obs. Rouquet; *ibid.* 880, note Waltz-Teracol; *ibid.* Pan. 1102, spéc. 1110, obs. Damas; *Loyers et copr.* 2016, n° 55, obs. Vial-Pedroletti; *Rev. loyers* 2016. 135, obs. B. de Lacger (rejet de la demande d'indemnisation de locataires de l'immeuble voisin pour les frais occasionnés par leur relogement suite à l'incendie).

de l'incendie, à moins qu'il ne prouve que celui-ci est arrivé par cas fortuit ou force majeure, ou par vice de construction, ou que le feu a été communiqué par une maison voisine. Lorsque, l'incendie a pour origine un vice de construction – hypothèse à laquelle le défaut d'entretien du bailleur et la vétusté de l'installation électrique doivent être assimilés –, le locataire n'a pas à prouver que les caractéristiques de la force majeure étaient réunies[1]. Quant à l'incendie d'origine criminelle, il incombe aux juges du fond de rechercher si cette circonstance n'a pas mis la locataire dans l'impossibilité d'éviter le dommage[2, 3].

312.24 Incendie et partage de responsabilité. Quant à l'article 1734, il envisage le partage de responsabilité de l'incendie lorsqu'il y a plusieurs locataires. Alors, tous sont responsables au *prorata* de la valeur locative des lieux qu'ils occupent, sauf s'ils prouvent que l'incendie a commencé dans l'habitation de l'un d'eux (auquel cas, celui-ci sera pleinement responsable) ou sauf si certains prouvent que l'incendie n'a pu commencer chez eux (auquel cas le partage de responsabilité se fera entre ceux qui n'ont pas établi cette preuve) (sur les mesures de sécurité à mettre en œuvre par le propriétaire dans les parties communes des immeubles pour prévenir le risque d'incendie v. ss nos 312.111 s.).

312.25 Faits exonératoires. Parce que le locataire a la jouissance exclusive des locaux qu'il occupe, le législateur[4] fait peser sur lui une présomption de responsabilité des dégradations et pertes subies par le logement. Cette présomption peut toutefois être combattue par le locataire[5], lequel devra rapporter la preuve que les dégradations sont dues à raison :

- de la survenance d'un cas de force majeure;

- de la faute du bailleur, notamment parce qu'il n'a pas respecté l'obligation d'entretien pesant sur lui en vertu de l'article 6 *c*[6] (v. ss nos 211.11 s.), du moins lorsque cette faute est à l'origine du sinistre[7];

- de l'intervention d'un tiers que le locataire n'a pas introduit dans le logement[8]. Si le preneur ne serait donc être tenu pour responsable des dégradations perpétrées par un cambrioleur, il ressort *a contrario* de la loi du 6 juillet 1989 que le locataire doit répondre des dégradations et des pertes imputables à un tiers qu'il aura fait pénétrer chez lui, dès lors, nous semble-t-il, que le tiers en question pourra être rattaché à la catégorie des « personnes de sa maison » dont il est question à l'article 1735 du code civil. Sont des personnes de la maison du locataire ceux qui résident temporairement dans les lieux ou qui y sont intervenus à titre professionnel à sa demande[9]. Cela concerne la maîtresse du preneur installée dans les lieux[10], le plombier du locataire[11], un de ses salariés[12], ou encore le déménageur qui agit pour son compte[13]. À l'inverse, le médecin locataire n'a pas à répondre des agissements de ses patients[14] (v. aussi ss n° 313.71).

Et le fait du tiers n'est pas exonératoire dès lors que le locataire a commis une faute en quittant les lieux définitivement sans en informer le bailleur ni donner congé et restituer les clés[15].

312.26 Sanction en cas de manquement du locataire. La sanction pourra être l'obligation pour le preneur de réparer ou d'indemniser le bailleur, voire, en cas de manquement grave de la part du preneur, la résiliation pure et simple du bail (sur la prise en compte des dégradations lors du départ du locataire v. ss n° 313.81).

À noter que le locataire ne pourra pas être poursuivi pour le délit de dégradation involontaire par explosion ou incendie. En effet, cette incrimination implique un manquement à une obligation de sécurité ou de prudence au sens de l'article 322-5 du code pénal imposée par la loi ou le règlement. Or l'article 1728 du code civil n'édicte pas une telle obligation[16].

1. Civ. 3e, 15 juin 2005, n° 04-12.243, *Bull. civ.* III, n° 128; *D.* 2006, Pan. 959, obs. Damas; *AJDI* 2005. 731, obs. Rouquet.
2. Civ. 3e, 21 sept. 2005, n° 04-14.706, NP, *AJDI* 2006. 191, note de la Vaissière.
3. POUR UN EXEMPLE d'incendie causé par des malfaiteurs exonérant le locataire de sa responsabilité, en l'absence de faute caractérisée de sa part, v. Civ. 3e, 18 nov. 2014, *Loyers et copr.* 2015, n° 2, obs. Vial-Perdoletti.
4. C. civ., art. 1732; L. n° 89-462, 6 juill. 1989, art. 7 c.
5. SUR la charge de la preuve, v. Civ. 3e, 9 juin 2016, n° 15-15.175 P, *D.* 2016. Actu. 1311; *Dalloz actu.*, 16 juin 2016, obs. Rouquet.
6. POUR UN EXEMPLE de défaut de mise aux normes : Civ. 3e, 7 mars 2007, n° 05-17.146, NP, *AJDI* 2008. 30, note Zalewski.
7. Civ. 3e, 13 juin 2007, n° 06-10.033, *Bull. civ.* III, n° 104; *D.* 2007. AJ 1873; *AJDI* 2008. 284, note de la Vaissière; *Ann. loyers* 2007. 2245, obs. Cerati-Gauthier.
8. L. n° 89-462, 6 juill. 1989, art. 7 c.
9. Civ. 3e, 16 juin 2004, n° 03-15.528, *Bull. civ.* III, n° 119; *D.* 2004. IR 2009, avec les obs.; *ibid.* 2005. Pan. 749, spéc. p. 751, obs. Damas; *AJDI* 2004. 881, note Rouquet.
10. Civ. 13 déc. 1927, *DP* 1928. 1. 99, note Dallant.
11. Civ. 3e, 19 janv. 2000, n° 98-12.697, *Bull. civ.* III, n° 8; *Loyers et copr.* 2000, n° 83, obs. Vial-Pedroletti.
12. Bordeaux, 10 avr. 1995, RG n° 95/590, *Rev. huiss.* 1995. 1118.
13. Aix-en-Provence, 6 avr. 1995, RG n° 92/9653, *Bull. Aix* 1995, n° 1, p. 163.
14. Civ. 3e, 19 nov. 2008, n° 07-15.508, *Bull. civ.* III, n° 174; *D.* 2008. AJ, 3004, obs. Rouquet.
15. Civ. 3e, 14 janv. 2016, n° 14-20.500, NP, *Loyers et copr.* 2016, n° 57, obs. Vial-Pedroletti (à propos d'un squatter).
16. Crim. 18 janv. 2012, n° 11-81.324, *Bull. crim.*, n° 17, *D.* 2012. Actu. 360, obs. Bombled; *AJDI* 2012. 661, obs. Zalewski; *RDI* 2012. 165, obs. Roujou de Boubée.

SECTION 3
OBLIGATION D'ENTRETENIR LES LIEUX

312.31 Entretien courant – Réparation locative. Le locataire est obligé de prendre à sa charge l'entretien courant du logement, des équipements mentionnés au contrat et les menues réparations ainsi que l'ensemble des réparations locatives définies par décret en Conseil d'État, sauf si elles sont occasionnées par vétusté, malfaçon, vice de construction, cas fortuit ou force majeure[1]. Le non-respect de cette obligation d'entretien par le locataire va pouvoir entraîner la résiliation judiciaire du bail en cours d'exécution[2] (concernant les causes d'exonération du locataire, v. s^s n°s 313.61 s.).

SECTION 4
OBLIGATION DE LAISSER EXÉCUTER CERTAINS TRAVAUX

312.41 Permettre l'accès aux lieux loués. Aux termes de l'article 7 *e* de la loi du 6 juillet 1989, dans sa rédaction issue de la loi du 24 mars 2014, dite loi Alur, applicable aux baux en cours[3], le locataire est obligé de permettre l'accès aux lieux loués pour la préparation et l'exécution de certains travaux.

312.42 Les travaux concernés. Il s'agit :

- de travaux d'amélioration des parties communes ou des parties privatives du même immeuble;

- de travaux nécessaires au maintien en état ou à l'entretien normal des locaux loués;

- de travaux d'amélioration de la performance énergétique à réaliser dans ces locaux[4];

- et de travaux qui permettent de mettre le logement aux normes de décence.

Le texte précise que les deux derniers alinéas de l'article 1724 du code civil[5] sont applicables à ces travaux sous réserve du respect de la loi n° 67-561 du 12 juillet 1967[6] relative à l'amélioration de l'habitat (ayant trait à l'exécution des travaux destinés à adapter, totalement ou partiellement, les locaux d'habitation à des normes de salubrité, de sécurité, d'équipement et de confort et à l'exécution dans les locaux à usage locatif des travaux destinés à économiser l'énergie, v. s^s n° 411.101).

312.43 Droits du locataire. Ainsi, en en vertu de l'article 1724 du code civil[7] :

- si les travaux durent plus de vingt-et-un jours, le prix du bail sera diminué à proportion du temps et de la partie de la chose louée dont le locataire aura été privé;

- si les réparations sont de telle nature qu'elles rendent inhabitable ce qui est nécessaire au logement du preneur et de sa famille, celui-ci pourra faire résilier le bail.

Notons que le législateur de 1989 n'a pas limité l'obligation du locataire aux seuls travaux urgents. Cette obligation, en ce qu'elle oblige le locataire à supporter les travaux d'entretien du bailleur est le pendant de l'article 6 *c* (imposant au bailleur d'effectuer lesdits travaux).

312.44 Information du locataire. Selon l'article 7 *e*, dans sa version issue de la loi du 24 mars 2014, dite loi Alur[8], avant le début des travaux, le locataire est informé par le bailleur de leur nature et des modalités de leur exécution.

Cette information prend la forme d'une notification qui est remise au locataire en main propre ou par lettre recommandée avec demande d'avis de réception, voire, même si le texte n'en dit mot, par voie d'huissier.

Sauf accord exprès du locataire, il est indiqué qu'aucuns travaux ne peuvent être réalisés les samedis, dimanches et jours fériés.

Par ailleurs, si les travaux entrepris dans un local d'habitation occupé, ou leurs conditions de réalisation, présentent un caractère abusif ou vexatoire ou ne respectent pas les conditions définies dans la notification de préavis de travaux ou si leur exécution a pour effet de rendre l'utilisation du local impossible ou dangereuse, le juge peut prescrire, sur demande du locataire, l'interdiction ou l'interruption des travaux entrepris.

312.45 Remarques relatives aux travaux d'amélioration. Il faut comprendre l'article 7 *e* comme n'imposant au preneur une obligation de tolérer leur réalisation que dans la mesure où ils concernent les

1. L. n° 89-462, 6 juill. 1989, art. 7 d.
2. Civ. 3e, 30 juin 2004, n° 02-20.721, *Bull. civ.* III, n° 134; *AJDI* 2004. 805, note Rouquet; *Administrer* oct. 2004, p. 61, obs. Boccara et Lipman-Boccara.
3. L. n° 2014-366, 24 mars 2014, *JO* 26 mars, p. 5809, art. 14.
4. POUR UNE ILLUSTRATION : Civ. 3e, 9 avr. 2014, n° 12-35.313, NP, *Loyers et copr.* 2014, n° 174, obs. Vial-Pedroletti.
5. Dont la version issue de la loi n° 2014-366 du 24 mars 2014, dite loi Alur (*JO* 26 mars, p. 5809) est, depuis le 8 août 2015, date d'entrée en vigueur de la loi « Macron » n° 2015-990 du 6 août 2015 applicable aux contrats en cours (L. n° 2015-990 préc., art. 82-II, *JO* 7 août, p. 13537 s.).
6. L. n° 67-561, 12 juill. 1967, *JO* 13 juill., p. 7019.
7. Dont les alinéas 2 et 3 sont expressément déclarés applicables aux locaux régis par la loi de 1989 – L. n° 89-462, 6 juill. 1989, art. 7 e.
8. Applicable aux baux en cours.

parties communes ou les parties privatives d'autres logements que celui du locataire : en aucun cas, le bailleur ne peut obliger le locataire à supporter la réalisation de tels travaux des lieux loués eux-mêmes [1].

Si incontestable soit-elle au plan juridique, cette solution risque de conduire à la paralysie des opérations de réhabilitation, spécialement dans le secteur HLM. Concernant la réalisation de travaux d'amélioration des lieux loués en cours de bail moyennant une augmentation de loyer (en application de l'article 17 *e* de la loi de 1989 v. s[s] n°s 412.11 s.).

Toutefois, par exception, depuis la réécriture de l'article 7 *e* par la loi du 12 juillet 2010 [2], dite loi Grenelle II, le bailleur peut désormais imposer à son cocontractant la réalisation des travaux d'amélioration de la performance énergétique dans les lieux loués [3].

312.46 Remarques relatives aux travaux relavant de la loi du 12 juillet 1967. Concernant les travaux destinés à adapter, totalement ou partiellement, les locaux d'habitation à des normes de salubrité, de sécurité, d'équipement et de confort et les travaux destinés à économiser l'énergie réalisés dans les locaux à usage locatif, on retiendra de la loi du 12 juillet 1967 [4] (et de son décret d'application [5]) :

- que dès lors qu'ils ne présentent pas de caractère abusif vexatoire ces travaux peuvent, nonobstant toute disposition ou stipulation contraire, être exécutés par le propriétaire dans les mêmes conditions que les réparations urgentes visées à l'article 1724 du code civil;

- que le texte organise l'information préalable du locataire lorsque les travaux n'affectent que les locaux occupés par un locataire;

- qu'en aucun cas, le locataire ne peut interdire l'accès des locaux loués ni s'opposer au passage dans ceux-ci de conduits de toute nature;

- que, moyennant le respect de certaines modalités, le locataire a la faculté, nonobstant toute disposition ou stipulation contraire, d'exécuter ou faire exécuter les travaux lorsque leur réalisation n'intéresse pas d'autres parties de l'immeuble affectées à usage privatif ou ne risque pas de compromettre le bon aspect ou la solidité de l'immeuble. Et lors de son départ, le bailleur devra l'indemniser (conformément aux dispositions du décret n° 68-977 du 9 novembre 1968 [6]).

312.47 Sanctions du non-respect de l'obligation d'information du locataire ou d'exécution des travaux non-conforme. Aux termes de l'article 10-1 A de la loi n° 75-1351 du 31 décembre 1975, inséré par la loi du 24 mars 2014, dite loi Alur, quiconque exécute ou fait exécuter les travaux mentionnés aux deux premiers alinéas de l'article 2 de la loi n° 67-561 du 12 juillet 1967 ou au *e* de l'article 7 de la loi du 6 juillet 1989 sans avoir fait la notification, prévue auxdits articles, ou sans respecter les conditions d'exécution figurant dans la notification ou encore malgré une décision d'interdiction ou d'interruption des travaux prononcée par le juge du tribunal d'instance, statuant par ordonnance de référé, encourt les sanctions prévues à l'article L. 480-4 du code de l'urbanisme (peine d'amende et, en cas de récidive, d'emprisonnement) [7]. Le texte précise par ailleurs que tribunal peut, en outre, ordonner la remise en état des lieux aux frais du condamné.

SECTION 5
INTERDICTION DE TRANSFORMER LES LIEUX

312.51 Distinction. Il convient, en la matière, de distinguer les règles qui prévalent pour la plupart des travaux emportant transformation des lieux de celles qui s'imposent en cas de travaux d'adaptation du logement aux personnes en situation de handicap ou de perte d'autonomie.

§ 1
Droit commun

312.61 Nécessité d'un accord écrit du bailleur. Le locataire ne peut transformer les locaux et équipements loués sans l'accord écrit du propriétaire [8]. À défaut, au départ du locataire, le bailleur aura la possibilité, soit de conserver lesdites transformations, soit de demander au preneur qu'il les supprime. Indépendamment du droit qui lui est reconnu, le bailleur pourrait poursuivre la résiliation du bail sur le fondement de l'article 1184 du code civil [9], devenu l'article 1227.

1. Civ. 3e, 5 mai 2004, n° 01-16.041, *Bull. civ.* III, n° 89; *AJDI* 2004. 556, obs. Rouquet; *D.* 2004. IR 1426; *Rev. loyers* 2004. 479, obs. Humblot-Gignoux.
2. L. n° 2010-788, 12 juill. 2010 portant engagement national pour l'environnement, *JO* 13 juill., p. 12905.
3. SUR LA QUESTION : Damas, *AJDI* 2010. 689, spéc. 691.
4. L. n° 67-561, 12 juill. 1967, *JO* 13 juill. 1967, p. 7019.
5. Décr. n° 68-976, 9 nov. 1968, *JO* 10 nov. 1968, p. 10554.
6. Décr. n° 68-976, 9 nov. 1968, *JO* 10 nov. 1968, p. 10554.
7. Les art. L. 480-1, al. 1er, 3 et 4, L. 480-2, L. 480-3, L. 480-7, L. 480-8 et L. 480-9 du code de l'urbanisme sont également applicables à ces infractions.
8. L. n° 89-462, 6 juill. 1989, art. 7 f, al. 1er.
9. Versailles, 9 juill. 1993, *JurisData* n° 042565, *Administrer* janv. 1994. 58.

A.
Distinction entre « transformation » et « aménagement »

312.71 **Critère du gros œuvre.** Il ressort de l'article 7 *f* de la loi du 6 juillet 1989 que si le locataire ne peut réaliser des travaux de transformation dans les lieux loués, son cocontractant ne saurait lui interdire de procéder à des aménagements.

Dès lors, la distinction entre transformation et aménagement s'avère indispensable à opérer. La jurisprudence permet de cerner les deux notions.

312.72 **Travaux d'aménagement.** Les travaux de peinture et la pose d'une moquette sont assurément de simples travaux d'aménagement[1]. Le fait que la couleur de la peinture soit différente du blanc initial ne saurait y changer quoi que ce soit, dès lors que la teinte retenue ne rend pas l'appartement inhabitable[2]. Il en va de même de la pose de boiseries[3]. Par ailleurs, le preneur peut, sans autorisation, modifier l'usage des pièces ainsi que leur agencement intérieur[4]. de même, il a été jugé que dès lors qu'il ne porte pas sur le gros œuvre, l'aménagement des combles ne saurait être qualifié de transformation[5], pas plus que le remplacement[6] d'un bidet par une baignoire non scellée[7], ou l'installation d'un éclairage extérieur[8]. Enfin, selon la cour d'appel de Versailles, la création d'une ouverture dans la cloison séparant la cuisine du salon et l'installation d'un auvent dans le jardin ne sont pas des améliorations[9]. Toutefois, et de manière quelque peu paradoxale, la Cour de paris a décidé que la suppression d'une cloison et l'agrandissement du séjour constituent des transformations illicites justifiant la résiliation du bail[10]. Mais, tout est ici cas d'espèce.

312.73 **Travaux de transformation.** En revanche, le fait de pratiquer une ouverture de 2 mètres de large dans le mur séparant les deux appartements est une transformation au sens du texte[11], tout comme la transformation d'une chambre en cuisine aménagée et de l'utilisation de l'ancienne cuisine comme lingerie[12], ou la réunion de chambres de services par suppression de cloisons et l'annexion de parties communes[13]. De même, les travaux de pose de panneaux photovoltaïques démontables mais qui impliquent la dépose du toit, la reprise de l'étanchéité et la modification des plafonds, constituent une transformation[14].

B.
Hypothèse de l'accord du bailleur

312.81 **Remboursement des frais de travaux d'amélioration conservés par le bailleur – Accord.** Si le bailleur entend autoriser les transformations souhaitées par son cocontractant, il devra, aux termes de la loi, donner son accord par écrit[15].

Le caractère obligatoirement écrit de cette autorisation doit inciter les parties à préciser quel sera le sort des travaux en fin de bail (donneront-ils lieu à indemnisation du preneur ? Si oui, à quelle hauteur ? Au contraire, le preneur devra-t-il les enlever ?).

312.82 **Remboursement des frais de travaux d'amélioration conservés par le bailleur – droit commun.** À défaut de stipulation contractuelle, en vertu de l'article 555 du code civil, soit les améliorations feront accession au bailleur en fin de contrat, soit il pourra contraindre le preneur à les enlever (aux frais de ce dernier). S'il décide de les conserver, il devra verser au locataire soit une somme égale à celle dont le local a augmenté de valeur en raison des travaux réalisés, soit une somme représentant le coût des matériaux et le prix de la main d'œuvre estimés à la date du remboursement, compte tenu de l'état du local[16]. Lorsque les améliorations ont été détruites avant la fin du bail, c'est-à-dire avant qu'elles ne reviennent au bailleur par voie d'accession, ledit bailleur ne peut prétendre au paiement de leur contre-valeur[17].

1. Nancy, 1er févr. 1995, RG n° 00001029/93, *Rev. huiss.* 1996, p. 98.
2. Nancy, 1er févr. 1995, RG n° 00001029/93, *Rev. huiss.* 1996, p. 98.
3. Paris, 25 nov. 1999, *AJDI* 2000. 141.
4. Rouen, 27 oct. 1999, RG n° 98/01701, *Loyers et copr.* 2000, n° 109, obs. Vial-Pedroletti.
5. Rouen, 27 oct. 1999, RG n° 98/01701, *Loyers et copr.* 2000, n° 109, obs. Vial-Pedroletti.
6. Réalisé par un professionnel.
7. Rouen, 27 oct. 1999, RG n° 98/01701, *Loyers et copr.* 2000, n° 109, obs. Vial-Pedroletti.
8. Rouen, 27 oct. 1999, RG n° 98/01701, *Loyers et copr.* 2000, n° 109, obs. Vial-Pedroletti.
9. Versailles, 29 juin 2010, RG n° 09/06690, *Loyers et copr.* 2010, n° 283, obs. Vial-Pedroletti.
10. Paris, 5 janv. 2010, RG n° 07/20816, *Loyers et copr.* 2010, n° 98, obs. Vial-Pedroletti.
11. Paris, 27 oct. 1993, RG n° 92/023355, *Loyers et copr.* 1994, n° 50.
12. Paris, 18 mars 1994, *Loyers et copr.* 1994, n° 272.
13. Paris, 9 déc. 2004, RG n° 03/12952, *Loyers et copr.* 2005, n° 87, obs. Vial-Pedroletti.
14. Nîmes, 23 mai 2013, n° 12/03451, *AJDI* 2013. 826.
15. L. n° 89-462, 6 juill. 1989, art. 7 f.
16. COMP. : Civ. 3e, 8 janv. 1997, n° 94-21.483, *Bull. civ.* III, n° 3; *RDI* 1997. 297, obs. Collart-Dutilleul et Civ. 3e, 10 juill. 2007, n° 06-16.799, NP, *Loyers et copr.* 2007, n° 188, obs. Vial-Pedroletti.
17. Civ. 3e, 2 avr. 2003, n° 01-17.017, *Bull. civ.* III, n° 76; *D.* 2003. IR 1200; *AJDI* 2003. 501, obs. Laporte-Leconte – Civ. 3e, 20 avr. 2005, n° 03-20.927, NP, *AJDI* 2005. 905.

C.
Option du bailleur n'ayant pas donné son accord aux travaux d'amélioration

312.91 Demande de remise en l'état. À défaut d'accord écrit, le propriétaire peut exiger du locataire, à son départ des lieux, leur remise en l'état ou conserver à son bénéfice les transformations effectuées sans que le locataire puisse réclamer une indemnisation des frais engagés. Le bailleur a toutefois la faculté d'exiger, aux frais du locataire, la remise immédiate des lieux en l'état lorsque les transformations mettent en péril le bon fonctionnement des équipements ou la sécurité du local[1].

Deux hypothèses doivent donc être distinguées en fonction du péril que feraient courir les travaux au bon fonctionnement des équipements ou à la sécurité du local.

312.92 Travaux ne mettant pas le local ou ses équipements en péril. Le bailleur ne pourra pas intervenir avant le départ de son cocontractant.

Les termes, employés par le législateur, de « départ des lieux » impliquent que le bailleur ne pourrait pas subordonner le renouvellement du bail (contre le gré du preneur) à la suppression des travaux de transformation (v. aussi s[s] n°s 521.71 s.). Par contre, la réalisation de tels travaux serait un motif légitime et sérieux de donner congé.

Lors du départ du locataire, le bailleur aura le choix entre conserver les transformations (sans avoir à indemniser le locataire) et demander la suppression des travaux (aux frais du preneur). Le fait de ne pas exiger la remise en état du local lors du départ du locataire, de ne formuler à cette occasion aucune protestation ni réserve et de relouer le local tel quel vaut option du bailleur pour l'appropriation des transformations. Sa réclamation, cinq ans plus tard de voir détruire les travaux aux frais de l'ancien locataire est donc sans portée[2]. Précisons que des travaux de transformation réalisés par le précédent locataire ne sauraient en aucun cas être reprochés au preneur actuel, lequel n'a pas à déférer à la sommation de démolition du bailleur, quand bien même serait-il le fils de l'ancien occupant[3].

312.93 Travaux mettant le local ou ses équipements en péril. En cas de mise en péril du local ou des équipements, le bailleur peut exiger la remise immédiate des lieux dans leur état initial. Encore faudra-t-il que le bailleur établisse l'état de péril[4].

Il a toutefois été jugé que, même en dehors de tout péril, le bailleur est en droit d'exiger la suppression immédiate de la construction par le locataire d'un local sur les parties communes de l'immeuble. Cette solution est logique car cette construction ne concernant pas les « locaux loués », elle n'entre pas dans les prévisions de l'article 7 *f*[5].

§ 2
Travaux d'adaptation du logement aux personnes en situation de handicap ou de perte d'autonomie

312.101 Régime d'exception. Les travaux d'adaptation du logement aux personnes en situation de handicap ou de perte d'autonomie peuvent, selon l'article 7 *f* de la loi du 6 juillet 1989, être réalisés aux frais du locataire.

312.102 Travaux concernés. Aux termes du décret n° 2016-1282 du 29 septembre 2016[6], la liste limitative des travaux d'adaptation du logement aux personnes en situation de handicap ou de perte d'autonomie, mentionnés à l'article 7 *f* de la loi du 6 juillet 1989, comprend, lorsqu'ils constituent des travaux de transformation, les travaux suivants :

- création, suppression ou modification de cloisons ou de portes intérieures au logement;
- modification de l'aménagement ou de l'équipement des pièces d'eau (cuisine, toilettes, salle d'eau);
- création ou modification de prises électriques ou de communications électroniques et de points d'éclairage;
- installation ou adaptation de systèmes de commande (notamment commande des installations électriques, d'eau, de gaz et de chauffage, interphone, signalisation, interrupteurs); installation d'élévateurs ou d'appareils permettant notamment le déplacement de personnes à mobilité réduite; installation ou modification des systèmes de fermeture et d'ouverture (portes, fenêtres, volets) et d'alerte.

312.103 Demande du locataire. Il ressort de la combinaison de l'article 7 *f* de la loi de 1989 et décret n° 2016-1282 du 29 septembre 2016[7], que le

1. L. n° 89-462, 6 juill. 1989, art. 7 f, *in fine*.
2. Civ. 3e, 22 janv. 1997, n° 95-12.754, NP, *Rev. loyers* 1997. 245 – Versailles, 24 sept. 1999, RG n° 95/00000282, *BICC* 2000, n° 866.
3. Versailles, 23 oct. 1998, RG n° 9096/97, *BICC* 1999, n° 689.
4. Paris, 22 mai 1996, RG n° 94/028055, *Loyers et copr.* 1996, n° 384.
5. Civ. 3e, 8 oct. 2015, n° 14-16.166 : *D.* 2016. Pan. 1102, spéc. 1110, obs. Damas; *AJDI* 2016. 206, obs. Damas; *Loyers et copr.* 2015, n° 243, obs. Vial-Pedroletti.
6. Décr. n° 2016-1282, 29 sept. 2016, relatif aux travaux d'adaptation du logement aux personnes en situation de handicap ou de perte d'autonomie réalisés aux frais du locataire, art. 1er, *JO* 30 sept., n° 48.
7. Décr. n° 2016-1282, 29 sept. 2016, art. 2-I, *JO* 30 sept., n° 48.

preneur doit solliciter l'accord du bailleur en lui adressant une demande écrite par lettre recommandée avec demande d'avis de réception.

Le locataire doit notamment indiquer l'entreprise chargée de les exécuter.

Sa demande reproduit l'article 7 *f* de la loi de 1989 et indique expressément qu'en application de ce texte, à défaut de réponse dans le délai de quatre mois, le bailleur sera réputé avoir donné son accord tacite à ces travaux de transformation et ne pourra pas, à l'issue du bail, demander la remise en état des lieux.

312.104 Réponse du bailleur. Dans les quatre mois à compter de la date de réception de la demande, le bailleur peut, expressément accepter ou refuser la demande du locataire. À défaut de réponse dans ce délai, ainsi qu'il vient d'être dit (v. s^s^ n° 312.103), son silence vaut acceptation[1].

312.105 Attestation de l'achèvement des travaux. Dans un délai de deux mois suivant l'achèvement des travaux, le locataire atteste auprès du bailleur que les travaux ont été réalisés par l'entreprise choisie et correspondent effectivement aux travaux de transformation notifiés et autorisés par le bailleur[2].

312.106 Situation des parties au départ du locataire. Au départ du locataire, le bailleur ne peut exiger la remise des lieux en l'état[3].

SECTION 6
OBLIGATION DE S'ASSURER

312.111 Renvoi. Sur la question, v. chap. 331 et 332.

SECTION 7
OBLIGATION D'ENTRETENIR UN DÉTECTEUR DE FUMÉE

312.121 Renvoi. Sur la question, v. s^s^ n°s 212.81 s.

1. L. n° 89-462, 6 juill. 1989, art. 7 *f*.
2. Décr. n° 2016-1282, 29 sept. 2016, art. 2-II, *JO* 30 sept., n° 48.
3. L. n° 89-462, 6 juill. 1989, art. 7 *f*.

CHAPITRE

313. Obligations d'entretien et réparations

SECTION 0 ORIENTEUR

313.00 **Plan du chapitre.**

313.01 **Textes applicables.**

TEXTES SOURCES

• **L. 6 juill. 1989, art. 7 c) et 7 d).**

• **Décr. n° 87-712, 26 août 1987,** pris en application de l'article 7 de la loi n° 86-1290 du 23 décembre 1986 tendant à favoriser l'investissement locatif, l'accession à la propriété de logements sociaux et le développement de l'offre foncière et relatif aux réparations locatives, *JO* 30 août p. 9976, art. 1.

• **Décr. n° 2016-382, 30 mars 2016,** fixant les modalités d'établissement de l'état des lieux et de prise en compte de la vétusté des logements loués à usage de résidence principale, *JO* 31 mars, n° 93, art. 4.

• **C. civ., art. 1730 à 1732, 1756.**

TEXTES *IN EXTENSO*

• **L. 6 juill. 1989, art. 7 c) et d)**

Le locataire est obligé : (...)

c) De répondre des dégradations et pertes qui surviennent pendant la durée du contrat dans les locaux dont il a la jouissance exclusive, à moins qu'il ne prouve qu'elles ont eu lieu par cas de force majeure, par la faute du bailleur ou par le fait d'un tiers qu'il n'a pas introduit dans le logement;

d) De prendre à sa charge l'entretien courant du logement, des équipements mentionnés au contrat et les menues réparations ainsi que l'ensemble des réparations locatives définies par décret en Conseil d'État, sauf si elles sont occasionnées par vétusté, malfaçon, vice de construction, cas fortuit ou force majeure. Les modalités de prise en compte de la vétusté de la chose louée sont déterminées par décret en Conseil d'État, après avis de la Commission nationale de concertation. Lorsque les organismes bailleurs mentionnés à l'article L. 411-2 du code de la construction et de l'habitation ont conclu avec les représentants de leurs locataires des accords locaux portant sur les modalités de prise en compte de la vétusté et établissant des grilles de vétusté applicables lors de l'état des lieux, le locataire peut demander à ce que les stipulations prévues par lesdits accords soient appliquées; » (...)

• **Décr. 26 août 1987, art. 1er**

Sont des réparations locatives les travaux d'entretien courant et de menues réparations, y compris les remplacements d'éléments assimilables auxdites réparations, consécutifs à l'usage normal des locaux et équipements à usage privatif.

Ont notamment le caractère de réparations locatives les réparations énumérées en annexe au présent décret.

• **Décr. 30 mars 2016, art. 4**

En application de l'article 7 de la loi du 6 juillet 1989 susvisée, la vétusté est définie comme l'état d'usure ou de détérioration résultant du temps ou de l'usage normal des matériaux et éléments d'équipement dont est constitué le logement.

• **C. civ., art. 1730**

S'il a été fait un état des lieux entre le bailleur et le preneur, celui-ci doit rendre la chose telle qu'il l'a reçue, suivant cet état, excepté ce qui a péri ou a été dégradé par vétusté ou force majeure.

• **C. civ., art. 1731**

S'il n'a pas été fait d'état des lieux, le preneur est présumé les avoir reçus en bon état de réparations locatives, et doit les rendre tels, sauf la preuve contraire.

• **C. civ., art. 1732**

* V. ss n° 312.01

• **C. civ., art. 1756**

Le curement des puits et celui des fosses d'aisances sont à la charge du bailleur s'il n'y a clause contraire.

313.02 **Jurisprudence de référence.**

• **Civ. 3e, 7 avr. 1994, no 92-16.432**, NP

* V. ss no 313.31

La liste annexée au décret relatif aux réparations locatives n'est pas exhaustive.

• **Civ. 3e, 23 juin 2015, no 14-13.385**, NP

* V. ss no 313.44

La locataire qui soutient que la dégradation de la porte palière a été causée par des tiers qu'elle n'a pas introduit dans le logement n'est pas tenue à son remplacement.

• **Civ. 3e, 3 avr. 2001, no 99-13.668**, NP – Civ. 3e, 11 mars 2014, no 12-28.396, NP

* V. ss no 313.44

« ...l'indemnisation du bailleur n'est pas subordonnée à la preuve de l'exécution par celui-ci des travaux dont il demande réparation ».

• **Civ. 3e, 17 oct. 1990, no 88-20.194**, *Bull. civ.* III, no 188

* V. ss no 313.65

L'obligation de répondre des dégradations et des pertes ne s'étend pas à la remise à neuf des papiers peints, peintures et revêtements de sol, atteints par la vétusté après quatorze années d'occupation.

• **Civ. 3e, 11 déc. 1991, no 90-15.246**, *Bull. civ.* III, no 310

* V. ss no 313.85

Viole l'art. 1730 l'arrêt qui procède à une réduction de l'indemnisation due au bailleur au titre de l'impossibilité de relocation des lieux avant l'exécution de tels travaux tout en retenant que leur charge incombait au preneur et que la relocation était impossible avant leur exécution.

• **Civ. 3e, 24 mars 2010, no 09-10.218**, *Bull. civ.* III, no 66

* V. ss no 313.52

Attendu que l'article 1756 du code civil ne met à la charge du bailleur que le seul curement des puits et des fosses d'aisances; qu'en retenant que la vidange d'une fosse septique incombait au locataire, la juridiction de proximité a fait une exacte application du décret no 87-712 du 26 août 1987 relatif aux réparations locatives.

313.03 **Bibliographie indicative.**

Ouvrages. J. Lafond, B. Vial-Pedroletti, *Les baux d'habitation*, 8e éd., LexisNexis, 2017, nos 900 s.

Actualisables. RÉP. CIV., vo « Bail d'habitation et mixte : rapports locatifs individuels – Loi du 6 juillet 1989 », N. Damas, nos 229-261 – LAMY DR. IMMO, nos 5977 s. – DICT. PERM. Gestion immob., « Baux d'habitation et mixtes », nos 169-177.

Sur les réparations locatives

> Articles. F. de La Vaissière, « Les décrets d'application relatifs au volet locatif de la loi Alur », *Ann. Loyers* mai 2016, p. 91; L. Roy, « Réparations locatives : qui paye quoi ? » *Le Particulier Immobilier*, no 230, avril 2007; Y. Rouquet, « Réparations locatives et indemnisation du bailleur », *Rev. FNAIM*, 2006, p. 48; « Travaux en location et réparations locatives : que peut-on faire ? Qui doit faire quoi ? » : www.fnaim.fr; « Les droits et les obligations des locataires et des propriétaires », www.adil17.org.

SECTION 1
PRÉSENTATION

313.11 **Mode de détermination des réparations incombant au locataire.** Selon l'article 7 *d* de la loi du 6 juillet 1989, le locataire est tenu « de prendre à sa charge, au cours du contrat, l'entretien courant du logement, des équipements mentionnés au contrat et les menues réparations ainsi que l'ensemble des réparations locatives définies par décret en Conseil d'état ».

L'état des lieux de sortie permet aux deux parties au contrat de location d'établir entre elles le constat d'état du local (v. ss nos 134.22 s.). Ce constat va servir à préciser ce qui relève des réparations locatives et à déterminer le compte de sortie du locataire. Le locataire est présumé rendre les lieux en bon état, sous réserve de ce qui a été mentionné dans l'état des lieux d'entrée.

En outre le locataire est présumé responsable des dégâts survenus en cours de bail, conformément à l'article 7c de la loi du 6 juillet 1989 (v. ss nos 312.21 s.).

Encore faut-il déterminer si l'on est bien en face d'une réparation de nature locative. Le tribunal qui a souverainement retenu que les dégradations ne s'étaient pas produites pendant la durée du bail a, sans inverser la charge de la preuve, légalement justifié sa décision[1].

Une demande de réparations locatives ne saurait être accueillie sans que le juge du fond ne recherche si, par examen de l'état des lieux d'entrée, la dégradation s'est bien produite au cours de la jouissance du locataire sortant[2].

313.12 **Pouvoir souverain du juge du fond dans l'appréciation des réparations locatives.** À plusieurs reprises la Cour de cassation a rappelé le caractère souverain de l'appréciation des faits par le juge du fond.

Le tribunal retient souverainement que les traces d'humidité apparaissant au plafond n'étaient pas imputables à la locataire compte tenu de l'appartement sous toiture[3].

313.13 **Conditions de remboursement d'une réparation faite par le locataire.** Si une réparation s'avère nécessaire en cours de bail, alors qu'elle relèverait normalement du bailleur, le preneur doit mettre le bailleur en demeure de la réaliser ou se faire autoriser par le juge à la faire[4].

1. Civ. 3e, 13 juill. 2010, no 09-15.748, NP, *AJDI* 2011. 212, obs. Dreveau.
2. Civ. 3e, 7 juill. 2015, no 14-15.281, NP, *AJDI* 2015. 842, obs. F. de La Vaissière.
3. Civ. 3e, 1er févr. 2011, no 09-72.380, NP, *Administrer*, 2012, no 455, p. 10.
4. Civ. 3e, 31 oct. 2012, no 11-18.635, NP, *Loyers et copr.* 2013, no 33, note Vial-Pedroletti.

SECTION 2
ÉLÉMENTS ENTRANT DANS LA DÉFINITION DES RÉPARATIONS LOCATIVES

313.21 Entretien courant et menues réparations. Le décret d'application de l'article *7 d*, applicable à tous les secteurs locatifs [1], définit les réparations locatives en général comme étant « les travaux d'entretien courant et de menues réparations, y compris les remplacements d'éléments assimilables auxdites réparations, consécutifs à l'usage normal des locaux et équipements à usage privatif ».

Le caractère d'ordre public du texte interdit d'y déroger (sur la notion d'ordre public v. s^s n° 021.11).

313.22 Entretien courant. Le locataire est tout d'abord tenu d'assurer l'entretien courant du logement.

Il ne fait pas de doute que le locataire qui, pendant toute la durée du contrat, a exclusivement accès au logement, peut seul en assurer l'entretien courant, ainsi que celui des équipements prévus au contrat.

Le bailleur doit, quant à lui, l'entretien des locaux « en état de servir à l'usage prévu par le contrat » [2]. Ainsi la cour d'appel de Paris a décidé que le bailleur avait la charge de la réfection de l'installation électrique [3].

C'est bien le locataire qui est le débiteur de l'obligation d'entretien et le bailleur qui n'a pas fait valoir ses droits à l'encontre de l'association locataire ne peut opposer au sous-locataire, tiers à la convention, un défaut d'entretien des lieux [4].

313.23 Menues réparations. Le locataire doit en outre réaliser les menues réparations sur la chose louée (sur la distinction avec les réparations à la charge du bailleur, définies à l'article 6 *c* de la loi du 6 juillet 1989 comme étant « toutes les réparations, autres que locatives, nécessaires au maintien en état et à l'entretien normal des locaux loués » v. s^s n°s 211.21 s.).

313.24 Réparations locatives : date d'exigibilité. Les réparations ne portent que sur les locaux dont le locataire a la jouissance exclusive. Elles doivent être réalisées tout au long du bail. En fait, on admet le principe de leur exigibilité à la fin de la location, au départ du locataire. Ainsi la demande du propriétaire relative à l'exécution de travaux de peinture et de menuiserie n'est fondée sur aucun élément objectif et l'exécution de l'obligation du preneur aux réparations locatives ne peut être exigée par le bailleur qu'en fin de bail, sauf la possibilité pour celui-ci d'en demander la résiliation [5]. Toutefois le bailleur pourrait demander l'exécution en cours de bail de certaines réparations dont le report en fin de bail pourrait mettre en péril la chose louée : réfection de vitrages ou ramonage par exemple.

Il ne peut cependant pénétrer de force chez le locataire, même pour des réparations urgentes, au risque d'avoir à répondre d'une violation de domicile, susceptible de dommages intérêts au bénéfice du locataire. Il doit faire procéder par injonction ou saisir le tribunal d'instance du lieu de situation de l'immeuble pour faire nommer un expert aux fins de constatation. Le locataire doit l'entretien courant et les réparations locatives alors même qu'elles ne sont pas imputables à un usage anormal des lieux [6].

Sont également à la charge du locataire les remplacements d'éléments qui sont assimilables aux menues réparations. Par analogie avec le décret relatif aux charges locatives, on peut entendre la notion de remplacement assimilable comme un remplacement qu'un coût de réparation supérieur au simple remplacement rendrait prohibitif (v. s^s n° 322.32).

313.25 Dégradations. Elles relèvent non de l'article *7 d*, qui définit les réparations locatives, mais de l'article *7 c* de la loi de 1989, qui oblige le locataire à « répondre des dégradations et pertes qui surviennent pendant la durée du contrat dans les locaux dont il a la jouissance exclusive ». Cependant, elles se rattachent pleinement à l'obligation de réparation, notamment parce que le locataire est le seul à pouvoir en rendre compte puisque sont concernés les locaux « dont il a la jouissance exclusive ». Par ailleurs, c'est souvent à l'occasion du départ du locataire que le constat et l'évaluation de ces pertes ou dégradations sont établis (sur la notion de dégradations v. s^s n° 312.21).

SECTION 3
LISTE DES RÉPARATIONS LOCATIVES

313.31 Liste non limitative dressée par décret. Le décret du 26 août 1987 [7], après avoir défini les répa-

1. Décr. n° 87-712, 26 août 1987, *JO* 30 août, p. 9976.
2. L. n° 89-462, 6 juill. 1989, art. 6 c (v. s^s n°s 221.11 s.).
3. Paris, 11 oct. 1995, RG n° 94/004696, *Loyers et copr.* 1996, n° 54.
4. Paris, 6e ch. B, 6 sept. 2001, RG n° 2000/13057, *AJDI* févr. 2002, p. 153.
5. Civ. 3e, 12 juin 2003, n° 00-10.601, NP. Pour une circonstance particulière de résiliation v. Civ. 3e, n° 04-20.721, *Bull.* 2004 n° 134 p. 120.
6. Civ. 3e, 23 févr. 1994, n° 92-11.238, NP, *Loyers et copr.* 1994, n° 182.
7. Décr. n° 87-712, 26 août 1987 pris en application de l'art. 7 de la loi 861290 du 23 déc. 1986 tendant à favoriser l'investissement locatif, l'accession à la propriété de logements sociaux et le développement de l'offre foncière et relatif aux réparations locatives, *JO* 30 août, p. 9976.

rations locatives renvoie, en annexe, à la liste des réparations qui ont « notamment » le caractère de réparations locatives. Cette formulation sous-entend que la liste annexée n'est pas limitative[1].

La liste annexée comprend six rubriques.

§ 1
Parties extérieures et ouvertures

313.41 Parties extérieures dont le locataire a l'usage exclusif. Pour les parties extérieures dont le locataire a l'usage exclusif, il doit l'entretien du jardin, à savoir notamment des allées, pelouses et massifs ainsi que la taille et l'élagage des arbres et des arbustes. De même, l'enlèvement de la mousse des auvents et terrasses et le dégorgement des descentes d'eaux pluviales sont dus.

Mais si les travaux d'élagage des arbres et arbustes et de la taille des haies incombent effectivement au locataire pendant la durée du bail, tel n'est pas le cas lorsque ces travaux sont nécessaires dès l'entrée dans les lieux, non pas au titre de l'entretien courant, mais pour la remise en état de bon entretien tel qu'il aurait du être délivré par le bailleur[2].

313.42 Responsabilité de l'entretien d'une piscine. Le juge du fond ne peut se contenter d'observer que durant cinq ans l'équipement a bien fonctionné et il doit rechercher si les travaux de remise en état d'une piscine dus à l'absence d'éléments tels que la protection électrique et le clapet anti-retour sur aspiration, ne constituaient pas des réparations incombant au bailleur[3].

313.43 Ouvertures intérieures et extérieures. Le locataire doit le graissage des portes et fenêtres et les menues réparations sur les boutons et poignées de portes ainsi que le remplacement de boulons, clavettes et targettes. Les vitres détériorées doivent être remplacées. Le remplacement d'un vitrage de faible dimension avec des dormants classiques donnant sur une terrasse est locatif, mais pas un vitrage important s'intégrant dans un ensemble verre acier donnant sur la façade d'un immeuble[4]. Seul le remplacement de quelques lames ou de cordes de stores et de jalousies est prévu. Mais le remplacement de la totalité des lames ou l'installation de nouvelles coulisses d'un volet roulant n'est pas une réparation locative dès lors que la dégradation de celui-ci ne résulte pas d'une faute du locataire[5].

313.44 Sort de la porte palière. Selon l'administration, le remplacement d'une porte palière n'est pas assimilable à une réparation locative, et, en cas de cambriolage, la réparation et, éventuellement, le remplacement de la porte palière incombent au propriétaire[6]. Solution démentie par la Cour de cassation selon laquelle si le bailleur est tenu d'une obligation d'entretien et de réparation, il n'a pas à répondre, en application de l'article 1725 du code civil, des dégradations commises par un tiers[7]. La Cour de cassation est cependant revenue sur cette position. Si elle a, sur le même fondement de l'article 1725, refusé d'indemniser la locataire pour les troubles de jouissance provenant de tiers vis-à-vis du propriétaire, elle a cependant considéré que le tribunal d'instance n'avait pas satisfait aux exigences de l'article 7 c) de la loi du 6 juillet 1989 en ne répondant pas aux conclusions de la locataire qui soutenait que la dégradation de la porte avait été causée par des squatters qui s'étaient introduits dans le hall de l'immeuble, de sorte qu'elle n'était pas tenue de prendre en charge la réparation de ce dommage[8].

Le locataire doit remplacer les pièces perdues telles que les clés des verrous et serrures et les petites pièces des grilles.

§ 2
Parties intérieures

313.51 Parties intérieures. Le maintien en état de propreté des plafonds, murs et cloisons est locatif ainsi que les menus raccords de peinture et de tapisserie, mais non la réfection complète des peintures et des revêtements de sol vétustes[9] (sur la jurisprudence citée v. s^{s} n° 313.62).

Le locataire est aussi tenu de reboucher les trous étant donné leur nombre, leur dimension et leur emplacement[10].

Le remplacement de lames de parquet et de raccords de moquette et autres revêtements de sol est à la charge du locataire comme celui de tablettes de

1. CONFIRMÉ, à propos d'un appareil sanitaire cassé, par Civ. 3e, 7 avr. 1994, n° 92-16.432, NP, *Loyers et copr.* 1994, n° 230.
2. Rouen, 11 févr. 2016, RG n° 15/00714. *Rev. loyers* 2016, p. 138, note S.B.; *ibid.* p. 290, note E.P.
3. Civ. 3e, 1er févr. 2000, n° 98-15.252, NP.
4. Civ. 3e, 24 nov. 2009, n° 08-19.764, NP, *AJDI* mai 2010, p. 384, obs. Dreveau.
5. Paris, 21 mars 1997, RG n° 96/11626, *Loyers et copr.* 1997, n° 22 – Fort-de-France, 8 mars 2016, n° 15-00.169.
6. Rép. min. n° 11559, *JOAN Q* 9 mai 1994, p. 2373.
7. Civ. 3e, 2 févr. 2011, n° 09-72.874, NP, *Loyers et copr.* 2011, n° 105, note Vial-Pedroletti.
8. Civ. 3e, 23 juin 2015, n° 14-13.385, NP, *Ann. Loyers* sept. 2015, p. 73.
9. Versailles, 31 janv. 1997, RG n° 7957/94, *BICC* 1997, n° 857.
10. POUR un plafond comportant de nombreux trous de chevilles : Versailles, 18 sept. 1998, RG n° 96/00009936, *D.* 1999. Somm. 143, obs. CRDP Nancy 2.

placards et de tasseaux. Le locataire qui se prétend libéré d'une obligation doit justifier le paiement ou le fait qui a produit l'extinction de son obligation. Ainsi les planchers étant dans un état de dégradation important, dès lors que l'état des lieux d'entrée ne comportait aucune mention relative aux parquets, il revenait aux locataires de démontrer que les dégradations étaient dues à la vétusté ou à la force majeure[1].

313.52 Installations de plomberie. Sont locatifs les dégorgements de canalisations d'eau, le remplacement de joints et de colliers, l'entretien de robinets et des ouvertures d'aération de gaz, la vidange des fosses septiques et d'aisance. La vidange d'une fosse septique est bien à la charge du locataire, par application du décret du 26 août 1987, nonobstant les dispositions de l'article 1756 du code civil, qui impute au bailleur le curement des puits et des fosses d'aisance[2]. Le dysfonctionnement d'une fosse septique est à la charge des locataires, bien qu'ils justifient l'avoir vidée six mois avant leur départ, dès lors qu'ils ne peuvent rapporter la faute d'un tiers[3]. À l'occasion d'une explosion due au défaut de serrage d'un écrou de la canalisation de gaz, il a été jugé que l'écrou desserré se situant à la base d'un embout à l'extrémité d'une canalisation métallique, faisait partie de la tuyauterie fixe et que son entretien ne relevait pas du locataire[4].

313.53 Installations de chauffage et chauffe-eau. En matière de chauffage, production d'eau chaude et robinetterie, le rinçage et le nettoyage des corps de chauffe et des tuyauteries ainsi que le remplacement de joints des robinets relèvent du locataire. Si le simple nettoyage du chauffe-eau électrique relève de l'entretien courant, les juges du fond retiennent souverainement que le bailleur conserve à sa charge le détartrage de l'appareil avec dépose du bloc résistance[5]. Le remplacement complet d'un robinet ne peut être considéré comme locatif[6].

313.54 Installations sanitaires. Sont à la charge du locataire le remplacement des joints et flotteurs de chasses d'eau, celui des tuyaux flexibles de douche ainsi que le nettoyage des dépôts de calcaire des éviers et des appareils sanitaires. Les réparations des écoulements des douches et des w.-c. sont à la charge du locataire à défaut de vices de conception ou de dysfonctionnements des regards intérieurs et extérieurs qui seraient imputables au bailleur[7]. La réparation de la fuite d'eau des w.-c. incombe au locataire qui doit supporter en outre la surconsommation résultant de son intervention tardive[8].

313.55 Équipements d'installations d'électricité. Les interrupteurs, prises, fusibles, ampoules et tubes lumineux doivent être remplacés ainsi que les baguettes et gaines de protection.

313.56 Autres équipements mentionnés au contrat de location. L'obligation d'entretien courant et de menues réparations porte sur les machines installées (réfrigérateurs, machines à laver, hottes, capteurs solaires, antennes individuelles de télévision par exemple). En outre, le locataire doit assurer le ramonage des conduits d'évacuation des fumées et des gaz et des conduits de ventilation. L'obligation de ramoner après chaque période de chauffe est annuelle[9]. Mais il n'est pas tenu d'assurer la réfection du conduit extérieur d'évacuation du chauffage[10].

La liste des réparations locatives a vieilli et devrait prendre en compte de nouvelles prestations ou de nouvelles technologies ou matériaux (rien n'est dit sur le PVC par exemple dans les huisseries) ; mais il ne faut pas oublier qu'elle n'a pas, à la différence de la liste des charges locatives, de caractère limitatif, ce qui permet le raisonnement par analogie.

SECTION 4
CAUSES D'EXONÉRATION

§ 1
En matière de réparations locatives

313.61 Vétusté. Principes. La responsabilité du locataire n'est pas engagée d'après la loi, si les réparations sont occasionnées par « vétusté, malfaçon, vice de construction, cas fortuit ou force majeure ».

L'article 7 *d* de la loi du 6 juillet 1989, dans sa rédaction issue de la loi du 24 mars 2014, dite loi Alur, applicable aux contrats en cours[11], précise qu'un décret en conseil d'État détermine « les

1. Civ. 3e, 23 janv. 2007, no 05-21.232, NP, *AJDI* 2007. 468, note Rouquet.
2. Civ. 3e, 25 mars 2010, no 09-10.218, *Bull. civ.* III, no 66 ; *Administrer* 2010, no 435, p. 34.
3. Civ. 3e, 2 mai 2012, no 11-15.401, NP, *Loyers et copr.* 2012, note Vial-Pedroletti ; *Administrer* 2012, no 458, p. 49, obs. Canu.
4. Civ. 3e, 10 mars 1999, no 97-12.133, NP, *RJDA* 1999, no 535 ; *Administrer* juin 2000. 2, obs. Canu.
5. Civ. 3e, 29 oct. 2008, no 06-21.633, *Bull. civ.* III, no 163 ; *AJDI* 2010. 200, note Damas.
6. Rép. min. no 15538, *JOAN Q* 22 août 1994, p. 4312.
7. Nancy, 28 févr. 1995, RG no 3025/93, *Rev. huiss.* 1996, p. 98 ; *Loyers et copr.* 1995, no 355.
8. Montpellier, 11 juin 2002, RG no 00/04981, *Loyers et copr.* 2003, no 60.
9. TI Laon, 6 mars 1995, *JCP N* 1996. II. 311, note Gallet.
10. Paris, 19 févr. 1996, RG no 94/019779, *D.* 1997. Somm. 271, obs. CRDP Nancy 2.
11. L. no 2014-366, 24 mars 2014, *JO* 26 mars, p. 5809, art. 14.

modalités de prise en compte de la vétusté de la chose louée »[1]. Il s'agit du décret n° 2016-382 du 30 mars 2016, fixant les modalités d'établissement de l'état des lieux et de prise en compte de la vétusté des logements loués à usage de résidence principale[2].

La vétusté y est définie de la manière suivante (Décr. n° 2016-382, 30 mars 2016, art. 4) : « En application de l'article 7 de la loi du 6 juillet 1989 (susvisée), la vétusté est définie comme l'état d'usure ou de détérioration résultant du temps ou de l'usage normal des matériaux et éléments d'équipement dont est constitué le logement. »

Toutefois le décret n'apporte pas d'élément nouveau significatif par rapport à la jurisprudence en cours (il ne prévoit pas d'annexe comprenant une grille de vétusté type par exemple).

313.62 **Vétusté. Accords collectifs.** La loi Alur, précitée, permet aux locataires HLM de demander l'application des accords collectifs qui ont pu intervenir entre les bailleurs HLM et leurs représentants sur les états des lieux et les grilles de vétusté[3]. De nombreux accords de ce type ont été signés par les bailleurs HLM avec les associations de locataires représentatives et sont déjà en application, après négociation soit à l'échelle du département soit à celle d'un bailleur. Toutefois il ne s'agit pas, sauf exception, d'accords relevant de l'article 42 de la loi du 23 décembre 1986 car ils n'ont pas été soumis au vote des locataires.

Le décret du 30 mars 2016 précité ajoute que, au moment de la signature du contrat de location, les parties signataires, quelles qu'elles soient, pourront convenir de l'application d'une grille de vétusté choisie parmi celles ayant fait l'objet d'un accord collectif national ou départemental, négocié soit au sein de la Commission nationale des rapports locatifs soit dans une commission départementale des rapports locatifs, même si le logement ne relève pas du secteur locatif régi par l'accord. Or il faut remarquer que, à la mi-2016, de tels accords n'existent pas encore, qu'ils aient été signés dans un secteur national ou dans une commission départementale (sur la notion de secteur locatif, v. s^s n° 912.12).

Dans les mêmes conditions le décret précise que les parties pourront également convenir de se rapporter à une grille de vétusté conclue en application de l'article 42 de la loi du 23 décembre 1986, même si le logement ne relève pas du patrimoine régi par l'accord.

On a vu plus haut que les accords signés par les bailleurs HLM relevaient peu de l'article 42. Aussi il est souhaitable qu'un recensement de ce type d'accord soit fait puisque cette disposition a un effet sur tout le territoire. Ainsi, par exemple, un locataire et un bailleur du sud de la France pourraient se prévaloir d'un accord signé dans le nord de la France, et réciproquement. Encore faut-il qu'ils en aient connaissance, d'une part, et que l'accord respecte bien les prescriptions légales, d'autre part. En effet la référence à l'article 42 de la loi du 23 décembre 1986 suppose qu'un vote des locataires ait été exprimé sur le contenu de la grille de vétusté, soit à l'initiative du bailleur ayant proposé à tous ses locataires une telle grille, soit après une proposition d'accord conclu entre le bailleur et une ou des associations représentatives des locataires sur une telle grille. Sur cette base l'accord n'est, toutefois, opposable que s'il a recueilli la majorité de l'article 42 de la loi du 23 décembre 1986, après vote de tous les locataires du bailleur (sur les accords de l'article 42, v. s^s n°s 912.91 s.).

On peut considérer, dans ces conditions, que les grilles actuellement utilisées dans les rapports entre bailleurs et locataires peuvent, en tout état de cause, continuer à servir de référence, sous le contrôle du juge en cas de contestation.

313.63 **Vétusté. Applications.** Une jurisprudence abondante existe sur la vétusté[4], dont l'appréciation, délicate, est toujours soumise au contrôle du juge en cas de conflit. L'obligation de restituer les lieux en bon état doit en effet être appréciée en fonction de la durée de la location et de l'état initial des lieux et les juges du fond disposent d'un pouvoir souverain d'appréciation.

313.64 **Exemples jurisprudentiels.** Ainsi, les preneurs ne doivent s'acquitter que d'une fraction des frais de remise en état des papiers peints dès lors que ceux-ci devaient, au bout de six ans, être remplacés, même si le locataire avait été particulièrement soigneux[5]. De même, il a été jugé, qu'après treize années d'occupation, diverses réparations étaient dues exclusivement à la vétusté et, de ce fait, incombaient entièrement au bailleur[6]. La même solution a été retenue après une occupation de plus de huit ans[7]. En présence d'un jaunissement des tapisseries après trois ans d'occupation, le tribunal a souverainement retenu que la cause devait être recherchée dans un phénomène de vétusté, non imputable au

1. L. n° 2014-366, 24 mars 2014, *JO* 26 mars, p. 5809, art. 1, 10° b).
2. *JO* 31 mars, n° 93. Pour une analyse critique du décret, voir : F. de La Vaissière, « Les décrets d'application relatifs au volet locatif de la loi Alur », *Ann. Loyers* mai 2016, p. 91 et s. not. p. 93.
3. L. n° 2014-366, 24 mars 2014, *JO* 26 mars, p. 5809, art. 1, 10° b).
4. SUR CETTE NOTION : Vidal, *AJDI* 2011. 602.
5. Civ. 3e, 10 févr. 1988, n° 86-18.525, NP.
6. Civ. 3e, 25 févr. 1987, n° 85-11.998, NP.
7. Civ. 3e, 17 juill. 1992, n° 89-14.231, NP, *Rev. loyers* 1992. 403.

locataire[1]. Le jaunissement des peintures ne peut être retenu contre le locataire que s'il est démontré qu'il est dû à un usage anormal ou illicite de la chose louée[2]. Enfin, la Cour de cassation a précisé que le constat d'état des lieux étant seul produit et l'essentiel des réfections consistant en peintures et changement de revêtement de sol, la remise en état des lieux n'entre pas dans la liste des réparations de menu entretien auxquelles le locataire est tenu de pourvoir[3].

313.65 Obligation de prendre en compte l'état du local. Les juges du fond doivent cependant veiller à ce que l'état du local soit bien pris en compte, notamment au départ de la location. Doit ainsi être cassé, le jugement qui a rejeté la demande du bailleur en paiement de travaux de réfection des peintures et des papiers peints [...] alors qu'il n'était pas établi que les désordres constatés étaient dus à la vétusté, ni que l'état des peintures et papiers peints avait fait l'objet d'observations à l'entrée du locataire dans les lieux, et alors que ceux-ci devaient être restitués dans l'état où le locataire les avait reçus[4].

313.66 Cohérence entre l'état des lieux et le paiement des réparations. Par ailleurs, il ne doit pas y avoir de contradiction entre les énonciations de l'état des lieux et la somme réclamée au locataire. Ne saurait avoir d'effet l'engagement du locataire de payer la somme de 582 euros[5] au titre des réparations locatives alors que l'état des lieux était qualifié de « bon » sous réserve d'une usure d'usage[6]. Mais, doit être cassé le jugement qui énonce que le bailleur ne rapporte pas la preuve que les travaux ont été rendus nécessaires par des dégradations autres que celles résultant d'un usage normal de la chose sans rechercher si la locataire n'avait pas accepté de prendre en charge un certain nombre de réparations mentionnées dans l'état des lieux[7].

313.67 Force majeure, cas fortuit. Selon l'article 1148 du code civil : « Il n'y a lieu à aucun dommages et intérêts lorsque, par suite d'une force majeure ou d'un cas fortuit, le débiteur a été empêché de donner ou de faire ce à quoi il était obligé, ou a fait ce qui lui était interdit ». Après la réforme du droit des obligations, c'est-à-dire à compter du 1er octobre 2016, la force majeure sera définie ainsi dans l'article 1218 : « Il y a force majeure en matière contractuelle lorsqu'un événement échappant au contrôle du débiteur, qui ne pouvait être raisonnablement prévu lors de la conclusion du contrat et dont les effets ne peuvent être évités par des mesures appropriées, empêche l'exécution de son obligation par le débiteur. » La force majeure (et le cas fortuit) sont des cas d'exonérations pour le locataire. Il s'agit d'évènements de nature exceptionnelle, dont la jurisprudence (avant la réforme du code civil) a déterminé trois caractères constants : l'événement est extérieur à celui qui s'en prévaut; il est imprévisible et il est irrésistible. On cite communément des évènements de nature climatique (tempêtes, ouragans, inondations), dont la violence n'a pu être prévue. L'irrésistibilité tient au caractère insurmontable de l'événement pour la victime qui n'a pu réagir autrement qu'elle n'a fait.

313.68 Autres causes d'exonération. La malfaçon ou le vice de construction ne peuvent être davantage imputés au locataire. Le montant des réparations locatives doit être réduit dans la mesure où les dommages résultant d'infiltrations ou de taches d'humidité sont imputables à une construction défectueuse de l'immeuble[8]. La détérioration d'un store résultant d'un défaut de la chose, constituant un vice de fabrication, ne peut être assimilée à une réparation locative[9].

On aura souvent dans ces cas à recourir à un expert (pour un exemple v. s^s^ n° 313.42 : défaillance de fonctionnement d'une piscine).

§ 2
En matière de dégradations

313.71 Présomption de faute à l'encontre du locataire. Les cas d'exonération énoncés par l'article 7 *c* de la loi du 6 juillet 1989, en matière de dégradations, sont au nombre de trois : la force majeure, la faute du bailleur ou le fait d'un tiers que le locataire n'a pas introduit dans le logement. Le locataire qui procède à l'enlèvement de meubles de cuisine, sans invoquer aucune des circonstances de l'article 7*c* ni se prévaloir d'une autorisation, doit répondre de ces dégradations et pertes[10].

C'est au locataire de rapporter la preuve des faits qui l'exonèrent et le juge du fond doit rechercher si le preneur démontrait que les désordres avaient eu lieu par vétusté, par cas de force majeure, par la faute de la bailleresse ou par le fait d'un tiers qu'il n'avait pas introduit dans le logement[11]. En effet, il existe une présomption de ce que les dégradations

1. Civ. 3e, 11 janv. 2006, n° 04-19.902, NP, *Administrer* avr. 2006. 34.
2. Civ. 3e, 20 mai 2014, n° 13-13.901 : *Rev. loyers* juill. 2014, p. 366, Ph. G.
3. Civ. 3e, 21 déc. 1988, n° 86-11.799, NP.
4. Civ. 3e, 17 oct. 1990, n° 88-20.194, *Bull. civ.* III, n° 188; *Gaz. Pal.* 13 mars 1991, 72-73; *Loyers et copr.* mai 1990, p. 5.
5. 3 812 F.
6. Civ. 3e, 16 janv. 1991, n° 89-17.294, NP.
7. Civ. 3e, 26 avr. 1989, n° 87-16.343, NP.
8. Civ. 2e, 16 mai 1984, n° 82-16.967, NP.
9. Civ. 3e, 21 nov. 1990, n° 89-15.931, NP.
10. Versailles 18 sept. 1998, RG n° 96/00009936, *D.* 1999. Somm. 143, obs. CRDP Nancy 2.
11. Civ. 3e, 9 juin 2016, n° 15-15.175.

pendant la durée du bail relèvent d'une faute du locataire. Le locataire est notamment responsable des dégradations causées après son départ par l'occupant sans droit ni titre des lieux[1]. Par ailleurs les juges du fond doivent statuer sur la demande de remise en état des lieux loués, même si la demande principale en vue de l'acquisition de la clause résolutoire n'est plus sollicitée par le bailleur du fait du départ des locataires après congé[2]. Dès lors que les dégradations ont été constatées lors de la restitution des lieux (ce qui est suffisamment rapporté par un mèl de l'administrateur de biens), le locataire est présumé en être responsable[3].

SECTION 5
INDEMNISATION DU BAILLEUR

313.81 Dommages intérêts générés par l'inexécution des réparations locatives. L'obligation qui pèse sur le locataire s'analyse en une restitution des lieux en bon état.

C'est à partir de la comparaison des états des lieux d'entrée et de sortie qu'est estimé le coût des réparations, sachant que le défaut d'entretien ou les dégradations ouvrent au bailleur un droit à indemnité.

Ce droit compense en réalité le préjudice subi du fait du défaut d'entretien ou des dégradations. Il se traduit par une indemnisation puisque l'obligation de procéder aux réparations locatives est une obligation de faire dont l'inexécution se résout en dommages et intérêts, conformément aux articles 1217 et 1221 et suivants du code civil[4] (ancien article 1142).

Il conviendra d'être attentif aux effets de la réforme du droit des obligations sur la matière. Cependant la rédaction de l'article 1221 relatif à l'exécution forcée en nature paraissant peu adapté ici : « Le créancier d'une obligation peut, après mise en demeure, en poursuivre l'exécution en nature sauf si cette exécution est impossible ou s'il existe une disproportion manifeste entre son coût pour le débiteur et son intérêt pour le créancier. »

313.82 Conditions nécessaires à l'obtention de l'indemnité. La question s'est posée de savoir si le bailleur devait rapporter la preuve de l'exécution des travaux qui servent de base à l'estimation de son préjudice, autrement dit, s'il devait rapporter la preuve que les réparations ont bien été effectuées.

La jurisprudence de la Cour de cassation a affirmé que l'indemnisation du bailleur n'était pas subordonnée à la preuve de l'exécution par celui-ci des travaux dont il demande réparation[5]. Elle l'a ensuite réaffirmé à plusieurs reprises[6].

Mais elle a considéré que, pour que le bailleur puisse percevoir des dommages et intérêts, encore fallait-il que le juge, au moment où il statue, constate qu'il est résulté un préjudice de la faute contractuelle[7]. Le fait que le bailleur ne prétendait ni avoir réalisé des travaux ou contribué à l'aménagement du nouveau preneur, ni dû consentir un bail à des conditions plus défavorables que si l'état des lieux avait été différent, a entraîné le rejet de sa demande de dommages et intérêts.

Puis la Haute Cour est revenue à son raisonnement antérieur en affirmant que « le bailleur est en droit de demander la réparation intégrale du préjudice que lui cause l'inexécution par le preneur des réparations locatives prévues au bail, que son indemnisation n'est pas subordonnée à l'exécution de ces réparations et qu'il appartient au juge d'évaluer le montant d'un dommage dont il constate l'existence dans son principe[8] ».

Une décision, rendue par la Cour de cassation le 31 mars 2009, a été appréciée diversement par la doctrine. Toutefois, en dernière analyse, sa formulation, qui évoque à nouveau la nécessité d'un préjudice résultant de la faute contractuelle, ne remettrait cependant pas en cause l'automaticité de l'indemnisation[9].

D'ailleurs, depuis, le juge du droit a eu l'occasion de réaffirmer que la preuve de l'exécution des travaux n'est pas requise[10].

1. Civ. 3e, 7 avr. 2010, nº 09-13.512, *Loyers et copr.* 2010, nº 159, note Vial-Pedroletti.
2. Civ. 3e, 28 oct. 2008, nº 07-18.404, NP, *AJDI* 2009. 296, obs. Dreveau.
3. Civ. 3e, 9 avr. 2013 nº 12-14.011, NP, *Loyers et copr.* 2013, nº 172, note Vial-Pedroletti.
4. Dans leur rédaction issue de Ord. nº 2016-131, 10 févr. 2016, *JO* 11 févr., nº 26, en vigueur le 1er oct. 2016.
5. Civ. 3e, 3 avr. 2001, nº 99-13.668 NP, *Loyers et copr.* 2001, nº 139, obs. Vial-Pedroletti; *Administrer* janv. 2002. 35, obs. Canu.
6. Civ. 3e, 29 janv. 2002, nº 99-20.768, NP – Civ. 3e, 30 janv. 2002, nº 00-15.784, *Bull. civ.* III, nº 17 – Civ. 3e, 2 déc. 2003, nº 02-17.106, NP, *AJDI* 2004. 117.
7. Civ. 3e, 3 déc. 2003, nº 02-18.033, *Bull. civ.* III, nº 221; *D.* 2004. IR 395, avec les obs.; *AJDI* 2004. 204, obs. Beaugendre; *Administrer* avr. 2004. 30, obs. Boccara et Lipman-Boccara.
8. Civ. 3e, 25 janv. 2006, nº 04-20.726, NP, *AJDI* 2006. 634, note Zalewski; Rev. bleue mai 2006, p. 48, obs. Rouquet; *Administrer* avr. 2006. 34, obs. Canu – AUSSI : Civ. 3e, 2 oct. 2007, nº 06-18.142, NP, *AJDI* 2007. 926; *Rev. loyers* 2007. 457, obs. Rémy – Civ. 3e, 16 sept. 2008, nº 07-15.789, NP, *Loyers et copr.* 2008, nº 241, obs. Vial-Pedroletti.
9. Civ. 3e, 31 mars 2009, nº 08-12.714, NP, *Administrer*, nº 432, p. 36.
10. Civ. 3e, 11 mars 2014, nº 12-28.396, NP, *AJDI* 2014. 776, obs. F. de La Vaissière; *ibid.* 2015. 114, obs. P. Chatellard; *Administrer* mai 2014. 37, obs. *D.* Lipman-W. Boccara; *Loyers et copr.* 2014, nº 153, obs. Ph. – H. B.; *Gaz. Pal.* 18-19 avr. 2014. 20, obs. J.-D. Barbier

Plus récemment la Haute cour a affirmé, à nouveau, que : « ...l'indemnisation du bailleur en raison de l'inexécution par le preneur des réparations locatives prévues au bail n'est pas subordonnée à l'exécution de ces réparations; la cour d'appel, qui n'a pas recherché si le préjudice à raison de l'inexécution de l'obligation d'entretien du locataire n'avait pas existé jusqu'à démolition du bien, n'a pas donné de base légale à sa décision [1] ».

313.83 Position de l'administration. L'administration a pris position en indiquant que la loi ne prévoyait pas que le bailleur soit en mesure de produire des factures pour justifier la réalisation des travaux. D'une part, cela ne permettrait pas aux bailleurs qui le souhaitent de réaliser ces travaux, d'autre part, ce serait pénaliser les locataires compte tenu des délais de réalisation des travaux par les entreprises, les empêchant de récupérer rapidement la somme due [2].

Par ailleurs, la circonstance que les dégradations sont dues en partie à des tierces personnes ne justifie pas une diminution de la charge du locataire [3].

313.84 Évaluation du dédommagement. Le dédommagement du bailleur est bien souvent évalué à partir du coût (réel et non forfaitaire [4]) des travaux que devrait effectuer le bailleur pour compenser ce qui aurait dû être fait et ne l'a pas été par le locataire. Il s'agit soit de réparations sur le logement lui-même ou sur les équipements situés à l'intérieur du logement, de leur remplacement, le cas échéant, soit d'un nettoyage du logement, voire du rétablissement des lieux dans leur état initial lorsqu'il aura été procédé à des transformations sans autorisation. La Haute Cour censure la cour d'appel qui ne recherche pas, dans le cadre d'une procédure concernant l'évaluation des dommages intérêts dus par le locataire qui n'a pas restitué les lieux en bon état, si les éléments enlevés par le locataire n'avaient pas été incorporés à l'immeuble pour devenir la propriété du bailleur par voie d'accession, au visa des articles 551 et 555 du code civil selon lesquels « tout ce qui s'unit et s'incorpore à la chose appartient au propriétaire » [5]. Le bailleur qui est obligé de retarder la vente de son bien en raison des dégradations imputables à son locataire est en droit de demander des dommages et intérêts à celui-ci [6]. Mais le bailleur qui engage d'importants travaux de rénovation avant la fin du bail peut se voir opposer la renonciation au bénéfice du préavis de trois mois de l'article 15 de la loi du 6 juillet 1989 [7].

Sur les conditions de restitution du dépôt de garantie au locataire, v. s^s n°s 142.31 s.

313.85 Avance du coût des réparations. En tout état de cause, le bailleur n'a pas à faire l'avance du coût des réparations. L'indemnisation due à un propriétaire au titre de l'impossibilité de relocation des lieux avant exécution des remises en état ne peut être réduite au motif qu'il peut faire exécuter les travaux [8] puisque la charge de ces remises incombe au preneur, que la relocation est impossible avant l'exécution des travaux et que le bailleur n'a pas à faire l'avance de leur coût [9]. Mais le trouble de jouissance subi par le bailleur doit être limité à la durée des travaux de réfection, dès lors que le rapport d'expertise ne comporte pas la moindre allusion à l'existence d'une situation de danger ou à une insalubrité, que le lien de causalité entre les désordres dans le logement et le départ du locataire n'est pas établi et qu'il n'est justifié d'aucune tentative de nouvelle location ou d'aucun refus de la part d'un éventuel locataire [10]. En outre le bailleur ne peut entreprendre des travaux qui excèdent de simples réparations locatives (comme par exemple une remise à neuf) [11].

Le juge du fond ne peut refuser d'évaluer le montant de la créance du bailleur dont il a constaté l'existence, au seul motif que les devis produits sont insuffisants [12].

313.86 Privation de jouissance et indemnité. À noter, enfin, qu'une jurisprudence ancienne, confirmée à plusieurs reprises, reconnaît au bailleur le droit de percevoir une indemnité de privation de jouissance pendant la durée des travaux, si le preneur ne les exécute pas avant de quitter les lieux [13] (sur l'extension de compétence, en matière de réparations, des commissions départementales de conciliation, prévue par la loi du 13 décembre 2000, dite loi SRU v. s^s n°s 911.51 s.).

1. Civ. 3e, 11 mars 2014, n° 12-28.396, NP, *AJDI*, 2015, p. 114, obs. P. Chatellard.
2. Rép. Min. n° 86462, *JOAN Q* 22 févr. 2011, p. 1836.
3. Civ. 3e, 14 nov. 2002, n° 01-03.511, NP, *Loyers et copr.* 2003, n° 34, obs. Vial-Pedroletti.
4. Civ. 3e, 13 oct. 2005, n° 04-14.863, NP, *Rev. loyers* 2006. 41.
5. Civ. 3e, 7 juill. 2004, n° 03-13.309, NP, *Administrer* oct. 2004, p. 60, obs. Boccara et Lipman-Boccara.
6. Bordeaux, 28 févr. 2006, *JurisData* n° 299263, *JCP* 2006. IV. 2535.
7. Civ. 3e, 19 mai 2010, n° 09-13.426, NP, *AJDI* 2010. 728.
8. Au besoin avec autorisation judiciaire.
9. Civ. 3e, 11 déc. 1991, n° 90-15.246, *Bull. civ.* III, n° 310; *D.* 1992. IR 15.
10. Civ. 3e, 20 janv. 2009, n° 08-11.912, NP.
11. Civ. 3e, 18 mars 2009, n° 07-15.110, NP, *Loyers et copr.* 2009, n° 111, note Vial-Pedroletti.
12. Civ. 3e, 28 sept. 2010, n° 09-15.336, NP, *Loyers et copr.* 2010, n° 309, note Vial-Pedroletti.
13. Cass., Req. 10 juin 1907 – Civ. 3e, 27 avr. 1979, n° 78-70.128, NP.

TITRE

32. Les charges locatives

SECTION 0

ORIENTEUR

32.00 **Plan du titre.**

32.01 **Textes applicables.**

TEXTES SOURCES

- **L. 6 juill. 1989, art. 23, 23-1.**
- **CCH, art. L. 125-1 s., L. 442-3.**
- **CCH, art. R. 125-1 s.**
- **Décr. n° 87-713, 26 août 1987** pris en application de l'art. 18 de la loi 861290 du 23-12-1986 tendant à favoriser l'investissement locatif, l'accession à la propriété de logements sociaux et le développement de l'offre foncière et fixant la liste des charges récupérables, *JO* 30 août, p. 9976.
- **Décr. n° 82-955, 9 nov. 1982** fixant la liste des charges récupérables (charges locatives concernant les logements du secteur HLM) (ascenseurs et monte-charges, eau froide, eau chaude, chauffage collectif des locaux privatifs et des parties communes, installations individuelles, parties communes intérieures au bâtiment ou a l'ensemble de bâtiments d'habitation, espaces extérieurs au bâtiment ou a l'ensemble de bâtiments d'habitation, hygiène, équipements divers du bâtiment ou a l'ensemble de bâtiments d'habitation, impositions et redevances), *JO* 13 nov., p. 3405.

> Pour les charges de télévision

L. n° 66-457, 2 juill. 1966 relative à l'installation d'antennes réceptrices de radiodiffusion, *JO* 5 juill., p. 5654.

32.03 **Bibliographie indicative.**

Ouvrages. J. Lafond, B. Vial-Pedroletti, *Les baux d'habitation*, 8e éd., LexisNexis, 2017, nos 935 s.

Actualisables. RÉP. CIV., v° « Bail d'habitation et mixte : rapports locatifs individuels – Loi du 6 juillet 1989 », N. Damas, nos 229-261 – LAMY DR. IMMO, nos 5977 s. – DICT. PERM. Gestion immob., « Baux d'habitation et mixtes », nos 267-291.

CHAPITRE

321. Définition des charges récupérables

SECTION 0 ORIENTEUR

321.00 Plan du chapitre.

Sect. 1 Caractéristiques
Sect. 2 Entretien courant

321.01 Textes applicables.

TEXTES SOURCES

- **L. 6 juill. 1989, art. 23, 23-1.**
- **CCH, art. L. 125-1 s., L. 442-3.**
- **CCH, art. R. 125-1 s.**

TEXTES *IN EXTENSO*

- **L. 6 juill. 1989, art. 23**

Les charges récupérables, sommes accessoires au loyer principal, sont exigibles sur justification en contrepartie :

1° Des services rendus liés à l'usage des différents éléments de la chose louée;

2° Des dépenses d'entretien courant et des menues réparations sur les éléments d'usage commun de la chose louée. Sont notamment récupérables à ce titre les dépenses engagées par le bailleur dans le cadre d'un contrat d'entretien relatif aux ascenseurs et répondant aux conditions de l'article L. 125-2-2 du code de la construction et de l'habitation, qui concernent les opérations et les vérifications périodiques minimales et la réparation et le remplacement de petites pièces présentant des signes d'usure excessive ainsi que les interventions pour dégager les personnes bloquées en cabine et le dépannage et la remise en fonctionnement normal des appareils;

3° Des impositions qui correspondent à des services dont le locataire profite directement.

La liste de ces charges est fixée par décret en Conseil d'État. Il peut y être dérogé par accords collectifs locaux portant sur l'amélioration de la sécurité ou la prise en compte du développement durable, conclus conformément à l'article 42 de la loi n° 86-1290 du 23 décembre 1986 précitée.

Les charges locatives peuvent donner lieu au versement de provisions et doivent, en ce cas, faire l'objet d'une régularisation annuelle. Les demandes de provisions sont justifiées par la communication de résultats antérieurs arrêtés lors de la précédente régularisation et, lorsque l'immeuble est soumis au statut de la copropriété ou lorsque le bailleur est une personne morale, par le budget prévisionnel.

Un mois avant cette régularisation, le bailleur en communique au locataire le décompte par nature de charges ainsi que, dans les immeubles collectifs, le mode de répartition entre les locataires et, le cas échéant, une note d'information sur les modalités de calcul des charges de chauffage et de production d'eau chaude sanitaire collectifs. Durant six mois à compter de l'envoi de ce décompte, les pièces justificatives sont tenues, dans des conditions normales, à la disposition des locataires.

À compter du 1er septembre 2015, le bailleur transmet également, à la demande du locataire, le récapitulatif des charges du logement par voie dématérialisée ou par voie postale.

Lorsque la régularisation des charges n'a pas été effectuée avant le terme de l'année civile suivant l'année de leur exigibilité, le paiement par le locataire est effectué par douzième, s'il en fait la demande.

Pour l'application du présent article, le coût des services assurés dans le cadre d'un contrat d'entreprise ou d'un contrat d'achat d'électricité, d'énergie calorifique ou de gaz naturel combustible, distribués par réseaux correspond à la dépense, toutes taxes comprises, acquittée par le bailleur.

- **L. 6 juill. 1989, art. 23-1**

Lorsque des travaux d'économie d'énergie sont réalisés par le bailleur dans les parties privatives d'un logement ou dans les parties communes de l'immeuble, une contribution pour le partage des économies de charge peut être demandée au locataire du logement loué, à partir de la date d'achèvement des travaux, sous réserve que ces derniers lui bénéficient directement et qu'ils lui soient justifiés. Elle ne peut toutefois être exigible qu'à la condition qu'un ensemble de travaux ait été réalisé ou que le logement atteigne un niveau minimal de performance énergétique.

Cette participation, limitée au maximum à quinze ans, est inscrite sur l'avis d'échéance et portée sur la quittance remise au locataire. Son montant, fixe et non révisable, ne peut être supérieur à la moitié du montant de l'économie d'énergie estimée.

Un décret en Conseil d'État, pris après avis de la Commission nationale de concertation, précise les conditions d'application du présent article, notamment la liste des travaux éligibles à réaliser et les niveaux minimaux de performance énergétique à atteindre, ainsi que les modalités d'évaluation des économies d'énergie, de calcul du montant de la participation demandée au locataire du logement et de contrôle de ces évaluations après travaux.

• CCH, art. L. 125-1

Les dispositions de la présente section s'appliquent aux ascenseurs qui sont destinés à desservir de manière permanente les bâtiments et les constructions.

Ne sont pas concernés par les dispositions de la présente section les installations à câbles, y compris les funiculaires pour le transport public ou non des personnes, les ascenseurs spécialement conçus et construits à des fins militaires ou de maintien de l'ordre, les ascenseurs équipant les puits de mine, les élévateurs de machinerie de théâtre, les ascenseurs installés dans des moyens de transport, les ascenseurs liés à une machine et exclusivement destinés à l'accès au poste de travail de celle-ci et les ascenseurs de chantier.

• CCH, art. L. 442-3

I. – À compter du 13 novembre 1982 et nonobstant toute disposition ou stipulation contraire, dans les immeubles appartenant aux organismes d'habitations à loyer modéré, les charges récupérables, sommes accessoires au loyer principal, sont exigibles en contrepartie :

– des services rendus liés à l'usage des différents éléments de la chose louée;

– des dépenses d'entretien courant et des menues réparations sur les éléments d'usage commun de la chose louée, qui ne sont pas la conséquence d'une erreur de conception ou d'un vice de réalisation. Sont notamment récupérables à ce titre les dépenses engagées par le bailleur dans le cadre d'un contrat d'entretien relatif aux ascenseurs et répondant aux conditions de l'article L. 125-2-2, qui concernent les opérations et les vérifications périodiques minimales et la réparation et le remplacement de petites pièces présentant des signes d'usure excessive ainsi que les interventions pour dégager les personnes bloquées en cabine et le dépannage et la remise en fonctionnement normal des appareils;

– des impositions qui correspondent à des services dont le locataire profite directement.

La liste de ces charges est fixée par décret en Conseil d'État. Il peut y être dérogé par accords collectifs locaux portant sur l'amélioration de la sécurité ou la prise en compte du développement durable, conclus conformément à l'article 42 de la loi n° 86-1290 du 23 décembre 1986 tendant à favoriser l'investissement locatif, l'accession à la propriété de logements sociaux et le développement de l'offre foncière.

Pour l'application du présent I, le coût des services assurés dans le cadre d'un contrat d'entreprise ou d'un contrat d'achat d'électricité, d'énergie calorifique ou de gaz naturel combustible, distribués par réseaux correspond à la dépense, toutes taxes comprises, acquittée par le bailleur.

II. – Lorsque des travaux d'économie d'énergie sont réalisés par le bailleur dans les parties privatives d'un logement ou dans les parties communes de l'immeuble, une contribution pour le partage des économies de charge peut être demandée au locataire du logement loué, à partir de la date d'achèvement des travaux, sous réserve que ces derniers lui bénéficient directement et qu'ils lui soient justifiés. Elle ne peut toutefois être exigible qu'à la condition qu'un ensemble de travaux ait été réalisé ou que le logement atteigne un niveau minimal de performance énergétique.

Cette participation, limitée au maximum à quinze ans, est inscrite sur l'avis d'échéance et portée sur la quittance remise au locataire. Son montant, fixe et non révisable, ne peut être supérieur à la moitié du montant de l'économie d'énergie estimée.

Un décret en Conseil d'État, pris après avis de la Commission nationale de concertation, précise les conditions d'application du présent II, notamment la liste des travaux éligibles à réaliser et les niveaux minimaux de performance énergétique à atteindre, ainsi que les modalités d'évaluation des économies d'énergie, de calcul du montant de la participation demandée au locataire du logement et de contrôle de ces évaluations après travaux.

• CCH, art. R. 125-1

Les ascenseurs auxquels s'appliquent les dispositions de la présente section sont les appareils qui desservent de manière permanente les niveaux de bâtiments et de constructions à l'aide d'une cabine qui se déplace le long de guides rigides dont l'inclinaison sur l'horizontale est supérieure à 15 degrés et qui est destinée au transport soit de personnes, soit de personnes et d'objets, soit uniquement d'objets dès lors qu'elle est accessible sans difficulté à une personne et qu'elle est équipée d'éléments de commande situés à l'intérieur ou à portée de la personne qui s'y trouve.

Sont également regardés comme des ascenseurs les appareils qui se déplacent selon une course parfaitement fixée dans l'espace, même s'ils ne se déplacent pas le long de guides rigides, notamment les ascenseurs guidés par des ciseaux.

La présente section ne s'applique pas aux appareils dont la vitesse n'excède pas 0,15 m/s.

321.03 Bibliographie indicative.

Ouvrages. J. Lafond, B. Vial-Pedroletti, *Les baux d'habitation*, 8e éd., LexisNexis, 2017, nos 937 s.

Actualisables. RÉP. CIV., v° « Bail d'habitation et mixte : rapports locatifs individuels – Loi du 6 juillet 1989 », N. Damas, nos 229-261 – LAMY DR. IMMO, nos 5977 s. – DICT. PERM. Gestion immob., « Baux d'habitation et mixtes », nos 267-271.

SECTION 1
CARACTÉRISTIQUES

321.11 Sommes accessoires au loyer principal. La notion de « charges récupérables », également appelées « charges locatives », est aujourd'hui la même dans le secteur privé et dans le secteur HLM.

Les deux textes de référence[1] sont en effet, à une exception près (mentionnée ci-dessous), rédigés dans les mêmes termes.

Dans les deux cas, il est indiqué que les charges récupérables, sommes accessoires au loyer principal, sont exigibles sur justification en contrepartie :

- des services rendus liés à l'usage des différents éléments de la chose louée;

- des dépenses d'entretien courant et des menues réparations sur les éléments d'usage commun de la chose louée;

- des impositions qui correspondent à des services dont le locataire profite directement. L'ancien « droit de bail », rebaptisé « contribution annuelle représentative du droit de bail »[2] et visée par l'article 23 de la loi du 6 juillet 1989 avant sa modification par la loi du 13 juillet 2006, a été supprimé pour les revenus locatifs perçus à compter du 1er janvier 2001[3].

Quant à l'énumération précise des charges récupérables, fixée par décret, et à leurs caractéristiques, c'est tout l'objet du développement qui suit (sur la contribution pour le partage des économies de charge prévue à l'article 23-1 de la loi du 6 juill. 1989 v. ss nos 411.41 s.).

SECTION 2
ENTRETIEN COURANT

321.21 Entretien courant – Ascenseur. À propos des dépenses d'entretien courant et des menues réparations sur les éléments d'usage commun, deux remarques doivent être formulées. Tout d'abord, l'article L. 442-3 du code de la construction et de l'habitation diffère de l'article 23 de la loi de 1989 en ce qu'il se poursuit par le membre de phrase suivant « qui ne sont pas la conséquence d'une erreur de conception ou d'un vice de réalisation ».

321.22 Ascenseur – Loi du 13 juillet 2006. Par ailleurs et surtout, la loi du 13 juillet 2006 portant engagement national pour le logement[4], dite loi ENL, a amendé, tant l'article 23 de la loi de 1989 que l'article L. 442-3 du code de la construction et de l'habitation, de manière à préciser que « sont notamment récupérables les dépenses engagées par le bailleur dans le cadre d'un contrat d'entretien relatif aux ascenseurs et répondant aux conditions de l'article L. 125-2-2 du code de la construction et de l'habitation, qui concernent les opérations et les vérifications périodiques minimales et la réparation et le remplacement de petites pièces présentant des signes d'usure excessive ainsi que les interventions pour dégager les personnes bloquées en cabine et le dépannage et la remise en fonctionnement normal des appareils ». Il s'agissait de tirer les conséquences en matière de relation locative de la loi du 2 juillet 2003 urbanisme et habitat ayant soumis les ascenseurs à un contrôle technique périodique portant sur leur état de fonctionnement et sur la sécurité des personnes[5].

321.23 Information du preneur – Ascenseur. On précisera sur ce sujet que l'article R. 125-2-7 du code de la construction et de l'habitation donne au locataire le droit de consulter, dans les locaux du siège social ou du domicile du propriétaire ou dans ceux de son représentant (telle une agence immobilière), le rapport du contrôle technique. Sur sa demande et à ses frais, il peut en outre recevoir du propriétaire la copie écrite de ces documents.

321.24 Étapes de la mise en sécurité des ascenseurs. Aux termes de l'article R. 125-1-2 du code de la construction et de l'habitation, la mise en sécurité des ascenseurs anciens (entendons par là, installés avant le 27 août 2000) est prévue en trois étapes. À chaque étape correspond des interventions techniques spécifiques. Le délai imparti pour réaliser les opérations mentionnées à la première étape (installation de serrures munies de dispositifs de contrôle de la fermeture et du verrouillage des portes palières, d'un dispositif de détection de la présence des personnes destiné à les protéger contre le choc des portes coulissantes lors de leur fermeture[6], etc.) s'est achevée le 31 décembre 2010[7]. La deuxième, le 3 juillet 2014[8]. Quant à la troisième, elle doit impérativement être menée à bien avant le 3 juillet 2018.

1. L. no 89-462, 6 juill. 1989, art. 23 – CCH, art. L. 442-3.
2. L. no 98-1267, 30 déc. 1998, art. 12-J.
3. L. no 99-1172, 30 déc. 1999, art. 12-A.
4. L. no 2006-872, 13 juill. 2006 portant engagement national pour le logement, *JO* 16 juill., p. 10662.
5. CCH, art. L. 125-1 s. mod., par L. no 2017-86, 27 janv. 2017 et art. R. 125-1 s.
6. CCH, art. R. 125-1-2.
7. Décr. no 2008-291, 28 mars 2008 modifiant le décret no 2004-964 du 9 sept. 2004 relatif à la sécurité des ascenseurs et le code de la construction et de l'habitation, *JO* 30 mars, p. 5391.
8. Décr. no 2013-664, 23 juill. 2013, *JO* 25 juill., p. 12391, art. 1er-1°.

CHAPITRE

322. Caractéristiques et énumération des charges récupérables

SECTION 0 ORIENTEUR

322.00 **Plan du chapitre.**

322.01 **Textes applicables.**

TEXTES SOURCES

> Pour les charges de télévision

• **L. n° 66-457, 2 juill. 1966** relative à l'installation d'antennes réceptrices de radiodiffusion, *JO* 5 juill., p. 5654.

• **L. n° 89-462, 6 juill. 1989, art. 23.**

• **CCH, art. L. 442-3.**

• **Décr. n° 87-713, 26 août 1987** pris en application de l'art. 18 de la loi 861290 du 23-12-1986 tendant a favoriser l'investissement locatif, l'accession a la propriété de logements sociaux et le développement de l'offre foncière et fixant la liste des charges récupérables, *JO* 30 août, p. 9976.

• **Décr. n° 82-955, 9 nov. 1982** fixant la liste des charges récupérables (charges locatives concernant les logements du secteur HLM). (ascenseurs et monte-charges, eau froide, eau chaude, chauffage collectif des locaux privatifs et des parties communes, installations individuelles, parties communes intérieures au bâtiment ou a l'ensemble de bâtiments d'habitation, espaces extérieurs au bâtiment ou a l'ensemble de bâtiments d'habitation, hygiène, équipements divers du bâtiment ou a l'ensemble de bâtiments d'habitation, impositions et redevances), *JO* 13 nov., p. 3405.

TEXTES *IN EXTENSO*

• **L. 6 juill. 1989, art. 23**

* V. s^s n° 321.01

• **CCH., art. L. 442-3**

* V. s^s n° 321.01

322.02 **Jurisprudence de référence.**

> Pour les charges de télévision

• **Civ. 3e, 28 juin 2000, n° 97-21.684**, *Bull. civ.* III, n° 131

* V. s^s n° 322.133

Un accord, proposé par un bailleur en matière de charges de télévision, et approuvé par la majorité des locataires, s'impose à tous.

• **Civ. 3e, 5 févr. 1992, n° 90-13.153**, *Bull. civ.* III, n° 38

* V. s^s n° 322.42

Le bailleur ne peut récupérer sur les locataires que le coût du combustible consommé, et non celui qu'il est éventuellement obligé de stocker entre chaque période de chauffage en raison du type de chauffage choisi.

• **Civ. 3e, 6 déc. 1995, n° 93-17.250**, *Bull. civ.* III, n° 251

* V. s^s n° 322.42

La liste des charges récupérables ne comporte pas les dépenses de modernisation des chaufferies du bailleur.

• **Civ. 3e, 17 juill. 1997, n° 95-18.100**, *Bull. civ.* III, n° 165

* V. s^s n° 322.71.

Les travaux de nettoyage de graffitis et de peinture ne peuvent être assimilés à des travaux d'entretien courant ni être classés dans les dépenses relatives aux fournitures consommables, dès lors que les graffitis apposés sur les parties communes des immeubles constituent des dégradations volontaires, dont les auteurs sont responsables.

• **Civ. 3e, 10 mars 1999, no 97-10.499**, *Bull. civ.* III, no 61

* V. ss no 322.71

L'annexe au décret no 87-713 du 26 août 1987 comporte une liste limitative des charges récupérables.

• **Civ. 3e, 30 oct. 2002, no 01-10.617**, *Bull. civ.* III, no 212

* V. ss no 322.53

Concernant les *frais de rôle de la taxe d'enlèvement des ordures ménagères,* jugeant que faute de figurer sur la liste des impositions et redevances annexée au décret no 87-713 du 26 août 1987, le prélèvement forfaitaire prévu à l'art. 1641 CGI (en contrepartie des frais de dégrèvement et de non-valeurs relatifs à la taxe d'enlèvement des ordures ménagères) n'est pas récupérable par le bailleur.

• **Civ. 3e, 15 mai 2008, no 07-16.567**, *Bull. civ.* III, no 84

* V. ss no 322.51

L'enlèvement des « encombrants » n'est pas inclus dans la liste des charges récupérables.

• **Civ. 3e; 17 déc. 2013, no 12-26.780**, *Bull. civ.* III, no 165

* V. ss no 322.116

Lorsque le gardien d'un immeuble ou d'un groupe d'immeubles partage avec un tiers l'entretien des parties communes et l'élimination des rejets, ou une seule de ces deux tâches, les dépenses correspondant à sa rémunération ne sont récupérables que si le gardien ne peut en assurer seul l'exécution par suite d'une impossibilité matérielle temporaire. Ayant relevé que les gardiens effectuaient partiellement l'entretien des parties communes et l'élimination des déchets ou l'une de ces deux tâches avec l'aide d'une société tierce intervenant pendant leur temps de travail, le tribunal en a exactement déduit que les charges afférentes à la rémunération des gardiens n'étaient pas récupérables et devaient donner lieu à restitution.

322.03 Bibliographie indicative.

Ouvrages. J. Lafond, B. Vial-Pedroletti, *Les baux d'habitation*, 8e éd., LexisNexis, 2017, nos 937 s.

Actualisables. RÉP. CIV., vo « Bail d'habitation et mixte : rapports locatifs individuels – Loi du 6 juillet 1989 », N. Damas, nos 229-261 – LAMY DR. IMMO, nos 5977 s. – DICT. PERM. Gestion immob., « Baux d'habitation et mixtes », nos 269-271, 278-292.

Articles. Y. Rouquet, « Charges locatives : ce qui change en matière de dépenses de personnel », *AJDI* 2009. 87.

SECTION 1

CARACTÈRE IMPÉRATIF ET LIMITATIF DE LA LISTE DES CHARGES RÉCUPÉRABLES

322.11 Énumération établie par décret en Conseil d'État. La liste des charges récupérables est fixée par décret en Conseil d'État.

Pour les locations consenties dans le secteur privé, il s'agit du décret du 26 août 1987 [1], texte pris sous l'empire de la loi du 23 décembre 1986, dite loi Méhaignerie, toujours en vigueur en application de l'article 25-V de la loi du 6 juillet 1989.

Pour les baux portant sur des logements appartenant à des organismes HLM, le texte concerné est le décret du 9 novembre 1982 [2], modifié.

Le contenu de ces deux textes est identique.

322.12 Liste impérative et limitative. La liste des charges récupérables, annexée au texte, présente deux caractéristiques majeures : elle est impérative et, en principe, limitative.

322.13 Liste impérative. Le caractère impératif tombe sous le sens puisque le décret du 26 août 1987 est un décret d'application d'une loi d'ordre public. Les parties ne peuvent donc pas déroger aux dispositions de ce texte, quand bien même le règlement de copropriété, applicable au local loué, contiendrait-il des dispositions en opposition avec le « décret charges » [3].

Et le texte n'opérant pas de distinction selon le caractère collectif ou individuel de l'immeuble, un tribunal ne peut rejeter la demande de paiement des charges locatives d'un bailleur au motif qu'une stipulation du contrat en prévoit le paiement pour les seuls immeubles collectifs [4].

322.14 Liste en principe limitative. Le caractère exhaustif de la liste annexée au décret se déduit de son article 1er. Ce texte dispose en effet que « la liste des charges récupérables... figure en annexe au présent décret ».

La formulation retenue diffère radicalement de celle de l'article 1er du décret du 26 août 1987 relatif aux réparations locatives, lequel dispose dans son second alinéa qu'« ont notamment le caractère de réparations locatives, les réparations énumérées en annexe au présent décret » et dont la jurisprudence s'accorde à reconnaître le caractère non limitatif (sur ce point v. ss no 313.31).

1. Décr. no 87-713, 26 août 1987 pris en application de l'art. 18 de la loi 861290 du 23 décembre 1986 tendant à favoriser l'investissement locatif, l'accession à la propriété de logements sociaux et le développement de l'offre foncière et fixant la liste des charges récupérables, *JO* 30 août, p. 9976. Ce texte est applicable à Mayotte depuis le 1er janv. 2014.
2. Décr. no 82-955, 9 nov. 1982 fixant la liste des charges récupérables (charges locatives concernant les logements du secteur HLM), *JO* 13 nov., p. 3405 – Ce texte est applicable à Mayotte depuis le 1er janv. 2014.
3. Civ. 3e, 16 févr. 2010, no 08-70.452, NP, *AJDI* 2010. 805, obs. Dreveau; Aix-en-Provence, 18 déc. 1996, *Defrénois* 1997. 809, obs. Atias.
4. Civ. 3e, 3 oct. 2012, no 11-21.923, *Bull. civ.* III, no 129; *D.* 2012. Actu. 2393; *ibid.* 2013. Pan. 863, spéc. 867, obs. Damas.

Ainsi, un raisonnement *a contrario* permet à la jurisprudence de retenir que la liste des charges récupérables est limitative[1].

Certes, à propos du caractère récupérable des dépenses engagées par le bailleur dans le cadre d'un contrat d'entretien d'ascenseur (v. s[s] n° 321.11), l'article 23 de la loi de 1989 modifié par la loi du 13 juillet 2006 emploie l'adverbe « notamment » (« sont notamment récupérables les dépenses... »). Cette maladresse du législateur ne semble toutefois pas être de nature à remettre en cause l'exhaustivité de la liste annexée décret[2].

En revanche, il existe bel et bien plusieurs tempéraments au caractère exhaustif de cette liste.

322.15 Tempéraments au caractère exhaustif de la liste des charges récupérables. On ne doit pas déduire du caractère exhaustif de cette liste qu'aucune autre charge ne puisse être réclamée au locataire et ce, pour au moins trois raisons.

1° Tout d'abord, une charge non énumérée par le décret, mais édictée par un texte spécifique, peut incomber au locataire. Il en va ainsi, par exemple, en matière de charges de télévision (à ce sujet v. s[s] n° 322.131) ou d'assurance pour compte souscrite par le bailleur (v. s[s] n° 312.61).

2° Par ailleurs, la jurisprudence a jugé que la liste limitative des charges récupérables ne s'oppose pas à ce que, par l'effet d'une convention séparée, les locataires supportent des frais en plus tels que :

- les frais des services d'administration, de sécurité et de santé, du service alimentaire, du service loisirs et des chambres d'hôtes d'une résidence du troisième âge, ces prestations ne constituant pas la contrepartie du seul usage de l'appartement loué[3];
- la rétribution des services d'un jardinier missionné par le bailleur[4].

3° Enfin, reprenant à son compte l'une des propositions phares du « Rapport Pelletier » du 11 juin 2003, la loi du 13 juillet 2006 portant engagement national pour le logement a modifié l'article 23 de la loi de 1989 de manière à pouvoir déroger à la liste fixée par décret en signant des accords collectifs locaux (sur la signature de tels accords v. s[s] n°s 912.11 s.).

322.16 Accords collectifs locaux – Domaine. On notera toutefois que le texte n'autorise la conclusion de tels accords qu'en matière, d'une part, d'« amélioration de la sécurité » et, d'autre part, de la « prise en compte du développement durable ». Même si l'on conçoit assez bien ce qu'il faut entendre par « développement durable » (il est ici question d'économiser l'énergie), on peut regretter que le législateur n'ait pas cru bon de définir cette notion, relativement nouvelle, soit directement, soit en renvoyant à un texte d'application, coupant ainsi court à toute velléité contentieuse.

SECTION 2
ÉNUMÉRATION DES CHARGES RÉCUPÉRABLES

322.21 Liste issue des décrets en Conseil d'État. Le décret du 9 novembre 1982 et le décret du 26 août 1987, dont la rédaction est identique, énumèrent, dans une annexe, les charges récupérables, tout en traitant de manière spécifique les dépenses de personnel (sur ces dernières v. s[s] n°s 322.81 s.).

§ 1
Huit postes de charges récupérables

322.31 Huit postes. L'annexe au décret, qui fixe la liste des charges récupérables, est composée des huit postes. Certains d'entre eux méritent qu'on s'y arrête, le contentieux qu'ils génèrent étant important.

322.32 Équipements, services et taxes. Il s'agit des postes suivants :

- I. Ascenseurs et monte-charge (sur l'apport de la loi du 13 juillet 2006 à propos des charges d'ascenseurs v. s[s] n° 321.11);
- II. Eau froide, eau chaude et chauffage collectif des locaux privatifs et des parties communes (sur l'individualisation des contrats de fourniture d'eau v. s[s] n° 912.111);
- III. Installations individuelles;
- IV. Parties communes intérieures au bâtiment ou à l'ensemble des bâtiments d'habitation;
- V. Espaces extérieurs au bâtiment ou à l'ensemble de bâtiments d'habitation (voies de circulation, aires de stationnement, abords et espaces verts, aires et équipements de jeux);
- VI. Hygiène;
- VII. Équipements divers du bâtiment ou de l'ensemble de bâtiments d'habitation;
- VIII. Impositions et redevances.

1. Civ. 3e, 10 mars 1999, n° 97-10.499, *Bull. civ.* III, n° 61; *Administrer* juill. 1999, p. 35, note Beddeleem; *JCP* 1999. II, n° 10154, note Radé et Mozas – Civ. 3e, 29 janv. 2002, n° 99-17.042, NP, *AJDI* 2002. 299, obs. Rouquet; *Administrer* juin 2002, p. 41, obs. Canu – Civ. 3e, 27 nov. 2002, n° 01-11.130, *Bull. civ.* III, n° 237; *AJDI* 2003. 119, obs. Rouquet – Civ. 3e, 1er juin 2005, n° 04-12.137, *Bull. civ.* III, n° 121; *AJDI* 2005. 662, obs. Rouquet (téléalarme et télésurveillance).
2. SUR la question : Damas, *AJDI* 2006. 710.
3. Civ. 3e, 13 juill. 1999, n° 97-12.047, *Bull. civ.* III, n° 169; *Administrer* mai 2000, p. 31, note Beddeleem; *RJDA* 1999, n° 1057.
4. Angers, 8 oct. 2013, RG n° 12/00750, *AJDI* 2014. 285.

Le texte précise que le remplacement d'éléments d'équipement concernant l'un des postes de charges récupérables n'est considéré comme assimilable aux menues réparations (et donc récupérable) que si son coût est au plus égal au coût de celles-ci [1].

§ 2
Postes de charges récupérables générant un important contentieux

A.
Eau et chauffage

322.41 **Charges d'eau.** Il a été jugé que les dépenses d'entretien des pompes destinées à doser les produits utilisés pour éviter la corrosion des installations et des canalisations sont non récupérables [2]. Cela vaut, notamment, pour les adoucisseurs d'eau, destinés à limiter le dépôt de calcaire par salinisation de l'eau.

Conformément à l'annexe au décret « charges » [3], la TVA des charges locatives est récupérable au titre de l'eau chaude et de l'eau froide [4].

322.42 **Charges de chauffage.** Le bailleur n'est pas en droit de répercuter sur le locataire les frais de modernisation de la chaufferie [5]... pas plus que les frais de location d'une citerne de gaz [6], l'amortissement de ses installations [7], ou la réparation de la vanne du système de climatisation [8].

Notons que le bailleur ne peut récupérer que le coût du combustible consommé, et non celui qu'il est obligé de stocker entre deux périodes de chauffe, compte tenu du type de chauffage choisi [9].

Par ailleurs, il a été jugé que, à défaut de ventilation entre les dépenses récupérables et les autres dépenses, les missions de gestion, télégestion et télésurveillance du chauffage ne peuvent donner lieu à récupération [10].

322.43 **Cas des contrats de vente de chaleur.** Enfin, par deux fois, la Haute juridiction a indiqué que les contrats de vente de chaleur étaient soumis au « décret charges » [11]. Et c'est logique, puisque l'achat de vapeur, de chaleur ou de calories correspond à un « achat de combustible » ou à une « fourniture d'énergie » au sens du décret. Or, une calorie se définit comme une unité de mesure d'énergie thermique, la chaleur étant l'état final de toute forme d'énergie [12]. Dans la première espèce, il a été jugé que constitue un détournement d'une disposition d'ordre public le montage consistant à prévoir dans le bail que les locataires doivent faire leur affaire personnelle de la souscription d'un contrat de vente de chaleur auprès d'une société dénommée (dont les factures ne distinguaient pas entre les dépenses locatives et les dépenses de l'amortissement de l'installation de chauffage et des grosses réparations). Dans la seconde affaire, alors que le bailleur avait conclu directement avec un prestataire de services un marché selon lequel celui-ci finançait les nouvelles installations et facturait directement au locataire le coût du chauffage, de l'eau chaude et de l'entretien du matériel, la Cour de cassation a jugé que les locataires ne devaient pas supporter le remboursement de l'investissement de la société prestataire et l'amortissement du gros matériel.

322.44 **Réseaux de chaleur.** Depuis la loi du 7 décembre 2010 [13] Nouvelle organisation du marché de l'électricité [14], dite loi Nome, le dernier alinéa de l'article 23 de la loi du 6 juillet 1989 précise que « pour l'application du présent article, le coût des services assurés dans le cadre d'un contrat d'achat d'électricité, d'énergie calorifique ou de gaz naturel combustible, distribués par réseaux [15] correspond à

1. Décr. n° 82-955, 9 nov. 1982, art. 2 c – Décr. n° 87-713, 26 août 1987, art. 2 e.
2. Paris, 18 mars 2008, RG n° 06/00086, *AJDI* 2008. 679.
3. Point II. 1 : « Les dépenses relatives à la consommation d'eau incluent l'ensemble des taxes et redevances [...]. »
4. Civ. 3e, 23 mars 2011, n° 10-10.013, NP, *AJDI* 2011. 529, note Zalewski; Paris, 25 janv. 2007, RG n° 05/25410, *Loyers et copr.* 2007, n° 99, obs. Vial-Pedroletti.
5. Civ. 3e, 6 déc. 1995, n° 93-17.250, *Bull. civ.* III, n° 251; *Administrer* mai 1996, p. 32, note Beddeleem.
6. Rép. min. n° 55822, *JOAN Q* 14 janv. 1985, p. 192.
7. Toulouse, 16 mars 1999, RG n° 98/01808, *BICC* 1999, n° 1379.
8. Lyon, 5 déc. 2006, RG n° 04/05805, *Loyers et copr.* 2007, n° 76, obs. Vial-Pedroletti.
9. Civ. 3e, 5 févr. 1992, n° 90-13.153, *Bull. civ.* III, n° 38; *Administrer* août-sept. 1992, p. 42, note Aubert; *Defrénois*, 1992, p. 1145, obs. Vermelle.
10. Civ. 3e, 23 mars 2004, n° 02-20.933, NP, *AJDI* 2004. 457.
11. Civ. 3e, 9 mars 2005, n° 01-18.039, *Bull. civ.* III, n° 59; *AJDI* 2005. 390, obs. Rouquet (2 esp.).
12. Paris, 18 juill. 2008, RG n° 07/09128, *AJDI* 2008. 857 – SUR ce point aussi l'arrêt de rejet de la Cour de cassation : Civ. 3e, 10 nov. 2009, n° 08-20.035, NP.
13. L. n° 2010-1488, 7 déc. 2010 portant nouvelle organisation du marché de l'électricité, *JO* 8 déc., p. 21467.
14. JUGEANT que cette loi, non interprétative, ne saurait rétroagir, v. Orléans, 15 févr. 2016, RG n° 14/03349, *Loyers et copr.* 2016, n° 119, obs. B. Vial-Pedroletti.
15. DÉCLARANT les mots « ou d'un contrat d'achat d'électricité, d'énergie calorifique ou de gaz naturel combustible, distribués par réseaux » conformes à la Constitution, aux motifs que le principe d'égalité ne s'oppose ni à ce que législateur règle de façon différente des situations différentes, ni à ce qu'il déroge à l'égalité pour des raisons d'intérêt général, pourvu que, dans l'un et l'autre cas, la différence de traitement qui en résulte soit en rapport direct avec l'objet de la loi qui l'établit; que le principe d'égalité devant la loi n'impose pas que les règles de récupération des charges locatives pour les dépenses liées au chauffage soient identiques quel que soit le mode de chauffage retenu; que les dispositions contestées incitent à recourir aux énergies de ▶

la dépense, toutes taxes comprises, acquittée par le bailleur ». A donc désormais vécu la jurisprudence refusant de déclarer récupérables auprès des locataires les dépenses d'investissement et de fonctionnement des réseaux de fourniture de chaleur [1].

322.45 Individualisation des frais de chauffage et de fourniture d'eau chaude. Aux termes de l'article L. 241-9 du code de l'énergie, tout immeuble collectif pourvu d'un chauffage commun doit comporter, quand la technique le permet, une installation permettant de déterminer la quantité de chaleur et d'eau chaude fournie à chaque local occupé à titre privatif. Le texte ajoute qu'il incombe au propriétaire de l'immeuble ou, en cas de copropriété, au syndicat des copropriétaires représenté par le syndic de s'assurer que l'immeuble comporte une installation répondant à cette obligation.

En ce qui concerne la récupération des frais de chauffage et de fourniture d'eau chaude mis à la charge des occupants, le même article précise que ceux-ci comprennent, en plus des frais fixes, le coût des quantités de chaleur calculées pour chaque local. Et il s'agit d'une obligation d'ordre public, puisqu'elle s'impose « nonobstant toute disposition, convention ou usage contraires » [2].

Il ressort par ailleurs de la combinaison des articles R. 241-7 et R. 241-10 du code de l'énergie [3] que, au plus tard le 31 mars 2017, tout immeuble collectif équipé d'un chauffage commun à tout ou partie des locaux occupés à titre privatif et fournissant à chacun de ces locaux une quantité de chaleur réglable par l'occupant doit être muni d'appareils permettant de déterminer la quantité de chaleur fournie à chaque local occupé à titre privatif et ainsi d'individualiser les frais de chauffage collectif.

La date butoir du 31 mars 2017 est toutefois au 31 décembre 2017, voire au 31 décembre 2019, pour les immeubles dont les valeurs de consommation en chauffage sont inférieures à des seuils fixés par arrêté [4].

Cette obligation d'individualisation ne vaut cependant pas pour :

- les immeubles dans lesquels il est techniquement impossible de mesurer la chaleur consommée par chaque local pris séparément ou de poser un appareil permettant aux occupants de chaque local de moduler la chaleur fournie par le chauffage collectif;

- et les immeubles dont l'individualisation des frais de chauffage entraînerait un coût excessif résultant de la nécessité de modifier l'ensemble de l'installation de chauffage [5].

B.
Hygiène

322.51 Charges concernant l'hygiène. Les frais de location des containers pour les ordures ménagères ne sont pas récupérables [6], pas plus que les frais du personnel ayant procédé au débouchage des vide-ordures (seuls les produits de désinsectisation et de désinfection étant mentionnés dans le décret) [7].

De la même manière, faute d'être visés par le décret, les frais de dératisation ne sont pas récupérables [8], pas plus que l'entretien des pompes de relevage des eaux usées [9] ou des frais de débouchage des égouts [10]. Il en va de même de l'enlèvement des « encombrants » [11].

À l'inverse, les frais de détartrage des colonnes de chutes, des branchements d'eaux usées et d'eaux-vannes, ainsi que les frais de curage des collecteurs extérieurs sont des charges récupérables [12].

► réseau dans un but de protection de l'environnement; que la différence de traitement qui en résulte, s'agissant des charges que l'organisme d'HLM peut récupérer auprès de ses locataires, est en lien direct tant avec une différence de situation qu'avec l'objectif d'intérêt général que le législateur s'est assigné; qu'en modifiant, y compris pour les baux en cours, le cadre légal applicable à la détermination des charges récupérables pour les habitations à loyer modéré, le législateur n'a pas porté atteinte aux conventions légalement conclues, v. Cons. const. 23 janv. 2015, n° 2014-441 QPC, *JO* 25 janv., p. 1151; *D.* 2015. Actu. 209; *ibid.* Pan. 1178, spéc. 1181, obs. N. Damas; *Dalloz actu.*, 11 févr. 2015, obs. C. Dreveau; *AJDI* 2015. 285, obs. N. Damas; *Loyers et copr.* 2015, n° 67, obs. B. Vial-Pedroletti; *Rev. loyers* 2015. 130, obs. M. Jaoul.

1. Civ. 3e, 10 nov. 2009, n° 08-20.035, NP.
2. C. énergie, art. L. 241-9, al. 2.
3. Dans leur rédaction issue de décr. n° 2016-710, 30 mai 2016, *JO* 31 mai, n° 35.
4. Arr. 30 mai 2016, *JO* 31 mai, n° 39.
5. C. énergie, art. R. 241-8.
6. Civ. 3e, 5 oct. 1994, n° 92-11.622, NP, *Loyers et copr.* 1994, n° 462.
7. Civ. 3e, 10 mars 1999, n° 97-10.499, *Bull. civ.* III, n° 61; *Administrer* juill. 1999, p. 35, note Beddeleem; *JCP* 1999. II, n° 10154, note Radé et Mozas – Civ. 3e, 27 nov. 2002, n° 01-11.130, *Bull. civ.* III, n° 237; *AJDI* 2003. 119, obs. Rouquet.
8. Civ. 3e, 24 févr. 1999, n° 97-14.386, NP, *Administrer* févr. 2000, p. 46, obs. Canu – Civ. 3e, 29 janv. 2002, n° 99-17.042, NP, *AJDI* 2002. 299, obs. Rouquet; *Administrer* juin 2002, p. 41, obs. Canu.
9. Civ. 3e, 27 mai 2003, n° 01-12.002, NP, *AJDI* 2003. 593; *Administrer* nov. 2003, p. 37, obs. Canu.
10. Civ. 3e, 3 avr. 2007, n° 06-12.937, NP, *AJDI* 2007. 482; *Administrer* août-sept. 2007. 43, obs. Canu.
11. Civ. 3e, 15 mai 2008, n° 07-16.567, *Bull. civ.* III, n° 84; *D.* 2008. AJ 1483, obs. Rouquet; *AJDI* 2008. 854, note Zalewski.
12. Civ. 3e, 6 déc. 1995, n° 93-17.250, *Bull. civ.* III, n° 251; *Administrer* mai 1996, p. 32, note Beddeleem; *Gaz. Pal.* 20 sept. 1999, 264-265.

Mais les frais de dégorgement des colonnes d'eaux usées des boîtes de branchement des eaux usées, et des colonnes « eaux-vannes », non compris dans la liste limitative des charges récupérables, ne peuvent être assimilés aux charges d'élimination des rejets, seuls les frais de personnel étant visés [1].

322.52 Taxe d'enlèvement des ordures ménagères. Si, en principe, cette taxe est récupérable par le bailleur [2], tel n'est pas le cas lorsqu'elle n'apparaît pas de façon indépendante dans le budget communal, qu'aucun taux d'imposition n'a été établi pour son calcul et qu'elle ne donne lieu à aucun produit [3].

322.53 Taxe d'enlèvement des ordures ménagères – Jurisprudence. Quant au caractère non récupérable des frais de rôle de cette taxe, la Cour de cassation l'a affirmé dans un arrêt de principe du 30 octobre 2002. Par cette décision, la Haute juridiction a en effet jugé que, faute de figurer sur la liste des impositions et redevances annexée au décret du 26 août 1987, le prélèvement forfaitaire prévu à l'article 1641 du CGI (en contrepartie des frais de dégrèvement et de non-valeurs relatifs à la taxe d'enlèvement des ordures ménagères) n'est pas récupérable par le bailleur [4]. Cet arrêt est à rapprocher de la position qu'avait prise la cour d'appel de Paris dans un arrêt du 14 juin 2001, compte tenu, d'une part, du fait que ces frais ne sont pas visés par la liste - limitative - des charges récupérables et, d'autre part, qu'ils sont déductibles du revenu foncier [5]. On rappellera pour mémoire que le tribunal d'instance de Nîmes avait, par le passé, déjà dénié tout caractère récupérable à ces frais, dans la mesure où ils correspondent à une prestation dont bénéficie le propriétaire et non à un accessoire de la taxe des ordures ménagères [6].

Mais les « frais de traitement des ordures ménagères », qui correspondent au débarrassage des encombrants ne sont pas récupérables [7].

1. Civ. 3e, 13 juin 2012, no 11-18.740, NP, *RJDA* 2012, no 837 (2e esp.); *Loyers et copr.* 2012, no 225, obs. Vial-Pedroletti.
2. Paris, 23 oct. 1997, RG no 96/81525, *Loyers et copr.* 1998, no 2, obs. Vial-Pedroletti.
3. Civ. 3e, 10 juin 1998, no 96-20.521, *Bull. civ.* III, no 122; *D.* 1999. Somm. 142, obs. CRDP Nancy 2.
4. Civ. 3e, 30 oct. 2002, no 01-10.617, *Bull. civ.* III, no 212; *D.* 2003. Somm. 801, obs. Pierre; *AJDI* 2003. 268, obs. Rouquet – Civ. 3e, 24 mars 2004, no 01-14.439, *Bull. civ.* III, no 60; *D.* 2004. 1208; *AJDI* 2004. 380, obs. Rouquet.
5. Paris, 14 juin 2001, Sociétés civiles SNR Sté Nouvelles Résidences c/Verger et autres, RG no 1999/24887 – AUSSI : TI Calais, 11 mai 1999, RG no 11-99-000083.
6. TI Nîmes, 8 févr. 2000, *Assoc. comité de défense des locataires amicale de la ZUP de Nîmes c/OPHLM du Gard*, RG no 11-99-000694.
7. Lyon, 3 sept. 2015, RG no 14/03158, *Rev. loyers* 2015. 400.

C. Taxes foncière, d'habitation et droit de bail

322.61 Taxe foncière et taxe d'habitation. La taxe foncière n'est, bien évidemment, pas une charge pesant sur le locataire [8].

Quant à la taxe d'habitation, bien qu'il incombe au preneur de l'acquitter, elle ne saurait juridiquement s'analyser en une charge récupérable puisque, d'une part, elle n'est pas mentionnée dans le « décret charges » et, d'autre part, parce qu'elle ne correspond pas à un service dont le locataire profite directement [9]. En vertu de l'article 1686 du CGI, le propriétaire est tenu de payer la taxe d'habitation due par le locataire qui a quitté les lieux loués. Le bailleur peut cependant dégager sa responsabilité en se faisant communiquer, un mois avant le déménagement de son cocontractant, la quittance de la taxe. Si celle-ci n'est pas présentée, le bailleur doit, dans le mois qui suit le départ de son locataire, en avertir les services fiscaux. En cas de déménagement « à la cloche de bois », l'information des services fiscaux doit intervenir dans les trois mois. Enfin, en cas d'expulsion, il suffit au propriétaire d'informer l'administration de l'obtention du jugement d'expulsion [10].

322.62 Droit de bail et taxe additionnelle au droit de bail. Sur le sujet, on se bornera à indiquer, pour mémoire, que le droit de bail, remplacé par la « contribution annuelle représentative du droit de bail », avant d'être purement et simplement supprimé pour les revenus locatifs perçus à compter du 1er janvier 2001 (v. ss no 321.11) était une charge récupérable.

La contribution sur les revenus locatifs instituée à compter du 1er janvier 2001 est à la charge du seul bailleur [11].

D. Autres charges récupérables

322.71 Travaux de nettoyage de graffitis. Dès lors que les graffitis apposés sur les parties communes de l'immeuble constituent des dégradations volontaires dont les auteurs n'ont pas été identifiés, ces travaux de nettoyage ne sont pas des charges locatives, faute de pouvoir être assimilés à des travaux

8. Angers, 14 févr. 1994, RG no 1402/94, *D.* 1996. Somm. 377, obs. CRDP Nancy 2 – Besançon, 24 nov. 1999, RG no 98/00348, *Loyers et copr.* 2000, no 221.
9. Caen, 6 juin 1996, RG no 95/01125, *Loyers et copr.* 1997, no 139.
10. Rép. min. no 39419, *JOAN Q* 27 mars 2000, p. 1993; *Administrer* mai 2000, p. 67.
11. Civ. 3e, 19 sept. 2007, no 06-16.409, *Bull. civ.* III, no 144; *RJDA* 2008, no 13; *Gaz. Pal.* 2007. 2. 4078, obs. Barbier.

d'entretien courant ni être classés dans les dépenses relatives aux fournitures consommables [1].

Il s'agit d'une dépense qui restera à la charge du bailleur (v. s[s] n° 132.222).

322.72 Charges concernant les espaces verts. L'entretien des espaces verts communs à l'ensemble des locataires est récupérable, puisqu'il s'agit d'une dépense d'entretien courant « sur les éléments d'usage commun de la chose louée » [2]. Il incombe au locataire qui conteste le montant des factures d'entretien des espaces verts d'en démontrer la surévaluation [3]. Il a toutefois été jugé que ne sont récupérables ni les frais de remplacement des plantes [4], ni l'élagage des arbres [5], ni leur abattage [6].

Encore que seuls les frais d'entretien d'espaces verts appartenant au bailleur peuvent donner lieu à récupération. En effet, de tels frais ne peuvent être réclamés au locataire s'ils portent sur des espaces verts appartenant, non pas au bailleur, mais à un tiers [7], puisqu'alors, ces espaces verts ne font pas partie de la chose louée par le bailleur, lequel ne peut consentir de bail sur la chose d'autrui [8].

Par ailleurs, le locataire ne saurait participer à l'entretien d'espaces verts situés dans le jardin privatif d'un autre occupant de l'immeuble [9]. Et les frais de remplacement du matériel d'arrosage ne sont pas récupérables [10].

De plus, le coût de la taille des haies incombe au bailleur dès lors que cette opération est nécessaire dès l'entrée dans les lieux [11].

Enfin, il a été jugé que l'achat d'une brouette pour une surface de 10 000 m^2 est récupérable, s'agissant d'un « petit matériel nécessaire à l'entretien de propreté de l'ensemble des bâtiments d'habitation » [12].

1. Civ. 3e, 17 juill. 1997, n° 95-18.100, *Bull. civ.* III, n° 165; *Gaz. Pal.* 13 mai 1998, 133-134; *RDI* 1997. 628, obs. Collart-Dutilleul; *Loyers et copr.* 1997, n° 256, obs. Vial-Pedroletti.
2. L. n° 89-462, 6 juill. 1989, art. 23, 2° – AUSSI : Toulouse, 16 janv. 2001, RG n° 1999/05691, *Loyers et copr.* 2002, n° 2, obs. Vial-Pedroletti.
3. Civ. 3e, 15 oct. 2008, n° 07-21.452, *Bull. civ.* III, n° 154; *D.* 2008. AJ 2669, obs. Rouquet.
4. Paris, 4 mars 2004, RG n° 2002/18462, *AJDI* 2004. 382.
5. Civ. 3e, 23 mars 2004, n° 02-20.933, NP, *AJDI* 2004. 457.
6. Civ. 3e, 13 nov. 2007, n° 06-16.832, NP, *AJDI* 2008. 586, note Zalewski.
7. À une commune, par exemple.
8. Versailles, 2 juin 1989, *JurisData* n° 600701, *D.* 1989. IR 209 – Versailles, 18 déc. 1987, RG n° 8157/86, *Rev. loyers* 1988. 210.
9. Civ. 3e, 1er juin 1988, n° 87-10.561, NP, *Loyers et copr.* 1988, n° 317.
10. Aix-en-Provence, 7 janv. 2011, RG n° 09/01135, *AJDI* 2011. 297.
11. Rouen, 11 févr. 2016, RG n° 15/00714, *Loyers et copr.* 2016, n° 86, obs. B. Vial-Pedroletti.
12. Civ. 3e, 28 avr. 2009, n° 08-11.739, NP, *AJDI* 2009. 717, note Rouquet.

322.73 Dépenses d'extincteurs. Faute de figurer dans la liste annexée au décret « charges », les dépenses d'extincteurs ne sont pas récupérables [13].

322.74 Mise à disposition d'un téléphone. Il a été jugé que même si la loge n'est pas ouverte aux locataires 24 h/24, les frais d'abonnement de la ligne téléphonique qui y est mise à leur disposition sont récupérables [14]. Toutefois, selon la Cour de cassation, la récupération de ces frais est conditionnée par l'existence d'une information préalable des locataires [15]. Aucune précision n'est malheureusement fournie sur la nature de l'information requise (information orale, lettre simple, LRAR, exploit d'huissier ?). Dans le doute, une stipulation faisant état de ce service semble s'imposer, soit dans le bail (hypothèse du nouveau contrat) soit dans un avenant (pour les locataires déjà en place).

SECTION 3
DÉPENSES DE PERSONNEL

322.81 Charges récupérables auprès du locataire. La question de la récupération des dépenses de personnel, comprises dans l'énumération ci-dessus (poste IV « entretien de propreté » et poste VI « élimination des rejets ») est régie par l'article 2 des décrets de 1982 et de 1987.

La rédaction de l'article 2 des deux décrets est aujourd'hui identique. Seules subsistent quelques différences formelles, puisque l'article 2 *c* du décret de 1982 correspond à l'article 2 *e* du décret de 1987; l'article 2 *d*, à l'article 2 *c* et l'article 2 *e*, à l'article 2 *d*.

Selon l'article 2 *a* des deux décrets, il n'y a pas lieu de distinguer entre les services assurés par le bailleur en régie et les services assurés dans le cadre d'un contrat d'entreprise. Dans ce dernier cas (contrat d'entreprise), le texte précise que le bailleur doit s'assurer que le contrat d'entreprise distingue les dépenses récupérables et les autres dépenses. Quant aux lois du 13 juillet 2006 [16] et du 7 décembre 2010 [17] nouvelle organisation du marché de l'électricité, dite loi Nome, elles ont inséré un ultime alinéa à l'article 23 de la loi de 1989 précisant que « pour l'application du présent article, le coût des services assurés dans le cadre d'un contrat d'entre-

13. Agen, 7 nov. 2007, RG n° 05/01785, *BICC* 2008, n° 1103 – AUSSI : Beddeleem, *Ann. loyers* 1997. 97.
14. Civ. 3e, 30 nov. 2005, n° 04-14.508, *Bull. civ.* III, n° 232; *AJDI* 2006. 468, note de la Vaissière – EN SENS CONTRAIRE CEPENDANT : Rép. min. n° 42805, *JOAN Q* 22 juill. 1991, p. 2900.
15. Civ. 3e, 29 oct. 2008, n° 06-21.633, *Bull. civ.* III, n° 163; *D.* 2008. AJ 2794, obs. Rouquet.
16. Loi non rétroactive : Civ. 3e, 19 mars 2008, n° 07-10.704, *Bull. civ.* III, n° 55, *D.* 2008. AJ 988, obs. Rouquet; *AJDI* 2008. 676, note Chenu.
17. L. n° 2010-1488, 7 déc. 2010, *JO* 8 mars.

prise ou d'un contrat d'achat d'électricité, d'énergie calorifique ou de gaz naturel combustible, distribués par réseaux correspond à la dépense, toutes taxes comprises, acquittée par le bailleur ». Ces dispositions ont porté un coup d'arrêt définitif, d'une part, à la jurisprudence qui interdisait au bailleur de récupérer auprès du locataire la TVA [1], et la marge bénéficiaire de l'entreprise [2] et, d'autre part, à celle qui ne permettait pas au bailleur de récupérer les dépenses d'investissement et de fonctionnement des réseaux de fourniture de chaleur.

322.82 TVA – Réforme du 19 décembre 2008. Attendue de longue date par tous les acteurs de ce secteur, une réforme du régime de la récupération de ces dépenses est intervenue fin 2008, par le décret du 19 décembre 2008 [3].

Cette réforme intervient après de nombreuses années de négociation au sein de la Commission nationale de concertation (sur la CNC v. s[s] n°s 912.11 s.) et à la suite du rapport remis par un groupe de travail présidé par Philippe Pelletier, alors président de l'Anah, au ministre du Logement de l'époque le 11 juin 2003 [4].

Applicable pour les charges échues à compter du 1er janvier 2009 [5], ce régime donne sa pleine mesure depuis 2010, lors de la régularisation de l'exercice 2009. Du moins, lorsque le contrat de location aura prévu le versement d'une provision mensuelle de charges (sur ce point v. s[s] n°s 323.22 s.).

Lorsque les parties auront envisagé le paiement du montant des charges réelles engagées par le bailleur au fur et à mesure qu'elles se présentent (hypothèse toutefois rare en pratique), les dispositions du nouveau texte joueront dès la date d'exigibilité des sommes engagées.

§ 1
Encadrement technique donnant lieu à récupération

322.91 Récupération maximale de 10 % des dépenses. Jusqu'à la réforme opérée par le décret du 19 décembre 2008 [6], le décret charges indiquait que « le coût des services assurés en régie inclut les dépenses de personnel d'encadrement technique ». Lorsque le décret emploie le terme de « régie » [7], il faut comprendre que les services sont assurés en interne par des salariés du bailleur.

Le texte nouveau précise que la récupération ne concerne que le personnel d'encadrement « chargé du contrôle direct du gardien, du concierge ou de l'employé d'immeuble » [8].

Par ailleurs, il indique que les dépenses de ce personnel d'encadrement ne peuvent donner lieu à récupération que « à concurrence de 10 % de leur montant ».

Quant au contenu des « dépenses de personnel » récupérables, il s'agit des dépenses de personnel récupérables correspondent à la rémunération et aux charges sociales et fiscales [9].

§ 2
Entretien des parties communes et élimination des rejets

322.101 Distinction gardien/employé d'immeuble. Le décret « charges » opère une distinction entre d'une part, le gardien ou le concierge et, d'autre part, l'employé d'immeuble [10].

En pratique, la différence tient au fait que l'employé d'immeuble est uniquement chargé de procéder à l'entretien des parties communes et/ou à l'élimination des rejets, tandis que le gardien reçoit des missions complémentaires (accueil des nouveaux locataires, établissement des états des lieux, missions de surveillance...).

A.
Entretien et/ou élimination des rejets assurés par un gardien ou un concierge

322.111 Pourcentage de la rémunération donnant lieu à récupération. Les missions du gardien n'étant pas cantonnées aux seules tâches récupé-

1. Civ. 3e, 13 nov. 2007, n° 03-20.630, NP, *Administrer* mai 2008, p. 52, obs. Canu – Agen, 7 nov. 2007, RG n° 05/01785, *BICC* 2008, n° 1103.
2. Civ. 3e, 30 oct. 2002, n° 01-01.179, *Bull. civ.* III, n° 212; *D.* 2003. Somm. 801, obs. Pierre; *AJDI* 2003. 268, obs. Rouquet – Civ. 3e, 24 mars 2004, n° 01-14.439, *Bull. civ.* III, n° 60; *D.* 2004. 1208*AJDI* 2004. 380, obs. Rouquet.
3. Décr. n° 2008-1411, 19 déc. 2008, *JO* 26 déc. – POUR une étude d'ensemble : Rouquet, *AJDI* 2009. 87; AUSSI : Picard et Mathern, *Rev. Bleue*, févr. 2009, p. 26.
4. Le rapport « Pelletier » est consultable dans son intégralité sur http://www2.logement.gouv.fr/
5. Décr. susvisé du 19 déc. 2008, art. 3.
6. Décr. n° 2008-1411, 19 déc. 2008, *JO* 26 déc.
7. Décr. de 1982 et de 1987, art. 2 a.
8. VOIR DÉJÀ, au préalable, jugeant que le bailleur doit démontrer que les « responsables commerciaux de site » encadrent et contrôlent les salariés chargés des tâches matérielles de nettoyage et d'enlèvement des ordures ménagères, Civ. 3e, 12 juin 2003, n° 02-10.539, NP, *Administrer* nov. 2003, p. 38, obs. Canu.
9. Décr. de 1982 et de 1987, art. 2 b.
10. DANS LE MÊME SENS, v. l'art. 18 de la Convention collective nationale des gardiens, concierges et employés d'immeubles du 11 déc. 1979 modifiée, *CONTRA*, confondant les deux fonctions : C. trav., art. 7211-2.

rables, il a été convenu[1] que seuls 75 % du montant de sa rémunération seraient récupérables auprès des locataires. Plus exactement, le texte indiquait que « lorsque l'entretien des parties communes et l'élimination des rejets sont assurés par un gardien ou un concierge, les dépenses correspondant à sa rémunération, à l'exclusion du salaire en nature, sont exigibles au titre des charges récupérables à concurrence des trois quarts de leur montant ».

De cette rédaction, la Cour de cassation en a conclu que la récupération était conditionnée par une exécution cumulative des missions[2], sans partage d'activité avec un tiers[3], et de manière effective[4].

Dès lors que les conditions de cumul, d'effectivité et d'absence de partage d'activité sont réunies, il importe peu que le gardien accomplisse des activités pour le compte du bailleur[5].

322.112 Écueil des décrets de 82 et 87. Il s'est rapidement avéré que cette rigidité cadrait mal avec les exigences d'une gestion moderne et rationnelle du personnel de l'immeuble locatif. Il était difficilement acceptable que la récupération du gardien ne puisse avoir lieu au prétexte qu'il s'occupait de l'enlèvement des encombrants mais n'effectuait pas l'élimination des rejets[6].

322.113 Décret de 2008. Introduisant davantage de souplesse, le décret de 2008 distingue désormais :

– l'hypothèse où le gardien/concierge assure, conformément à son contrat de travail, l'entretien des parties communes et l'élimination des rejets, donnant lieu, comme auparavant, à récupération des dépenses correspondant à sa rémunération et aux charges sociales et fiscales y afférentes à concurrence de 75 % de leur montant;

– de celle où, conformément à son contrat de travail, il n'assure que l'une ou l'autre des deux tâches. Alors, les dépenses de personnel ne sont récupérables qu'à concurrence de 40 % de leur montant.

Le nouveau texte évoque le gardien ou le concierge d'un immeuble ou d'un groupe d'immeubles.

322.114 Caractère forfaitaire de la récupération des frais de personnel. Le texte de 2008 se refuse toujours à prendre en compte l'activité réelle du gardien/concierge[7]. Il est en effet acquis, avant comme après la réforme, que le pourcentage donnant lieu à récupération est forfaitaire[8].

Un arrêt de la cour d'appel de Paris de 2008 a toutefois semé le trouble en précisant que l'évaluation forfaitaire à hauteur de 75 % représentait un maximum[9], nécessitant une mise au point de la part de l'administration.

– C'est ainsi qu'en 2010, une réponse ministérielle a confirmé le caractère forfaitaire des sommes dues, tout en estimant que « l'usage de l'expression [à concurrence de] indique clairement que le bailleur peut décider de choisir d'appliquer, mais toujours forfaitairement, un pourcentage inférieur »[10].

322.115 Prise en compte des couples de gardiens/concierges. Pérennisant une récente jurisprudence de la Cour de cassation[11], et faisant preuve de pragmatisme, le décret de 2008 précise qu'un couple de gardiens ou de concierges qui assure, dans le cadre d'un contrat de travail commun, l'entretien des parties communes et l'élimination des rejets est assimilé à un personnel unique. L'emploi du terme « couple » permet de viser l'hypothèse des époux, mais aussi celles des concubins et des pacsés. Cette interprétation a d'ailleurs été confirmée par une réponse ministérielle de septembre 2010, laquelle ajoute que la récupération à hauteur de 75 % des frais de gardiennage n'est pas conditionné au fait que le mode de répartition des tâches au sein de ce couple soit défini[12].

322.116 Remplacement du gardien/concierge. Se faisant l'écho d'une réponse ministérielle de 1994, selon laquelle la notion de « rémunération » doit

1. Accord « Delmon » de 1974 entériné par les décrets de 1982 et 1987.
2. Civ. 3e, 7 mai 2002, no 00-16.268, *Bull. civ.* III, no 93; *AJDI* 2002. 458, note Rouquet.
3. Civ. 3e, 27 sept. 2006, no 05-18.193, *Bull. civ.* III, no 186; *D.* 2006. IR 2416, avec les obs.; *ibid.* 2007, Pan., p. 903, obs. Damas; *AJDI* 2007. 39, note Rouquet.
4. Civ. 3e, 30 nov. 2005, no 04-14.508, *Bull. civ.* III, no 232; *AJDI* 2006. 468, note de la Vaissière – AUSSI : Civ. 3e, 8 oct. 1997, no 95-20.113, *Bull. civ.* III, no 186; *D.* 1998. 345, note Rouquet; *Gaz. Pal.* 7 déc. 1997, 341/343 – Civ. 3e, 19 mars 2008, no 07-10.704, *Bull. civ.* III, no 55; *D.* 2008. AJ, 988, obs. Rouquet; *AJDI* 2008. 676, note Chenu.
5. Civ. 3e, 10 nov. 2009, no 08-20.035, NP.
6. Civ. 3e, 15 mai 2008, no 07-16.567, *Bull. civ.* III, no 84; *D.* 2008. AJ, 1483, obs. Rouquet; *AJDI* 2008. 854, note Zalewski.
7. Refusant de moduler le pourcentage de récupération en fonction de cette activité réelle – AUSSI : Civ. 3e, 9 janv. 2008, no 06-21.794, *Bull. civ.* III, no 4; *D.* 2008. AJ 284, obs. Rouquet; *ibid.* 2008. Pan., 1300, spéc. 1308, obs. Damas; *AJDI* 2008. 589, note Chenu.
8. CE 7 juin 2000, req. no 200201, *Gaz. Pal.* 2001. 1. Somm. 508 – Civ. 3e, 9 janv. 2008, no 06-21.794, *Bull. civ.* III, no 4; *D.* 2008. AJ 284, obs. Rouquet; *ibid.* 2008. Pan. 1300, spéc. 1308, obs. Damas; *AJDI* 2008. 589, note Chenu.
9. Paris, 6e ch. B, 18 juill. 2008, RG no 07/09128, *AJDI* 2008. 857.
10. Rép. min. no 54143, *JOAN Q* 16 mars 2010, p. 3131; *AJDI* 2010. 358.
11. Civ. 3e, 15 oct. 2008, no 07-21.452, *Bull. civ.* III, no 154; *D.* 2008. AJ 2669, obs. Rouquet.
12. Rép. min. no 55825, *JOAN Q* 7 sept. 2010, p. 9756.

être prise au sens large et inclure les frais de remplacement des gardiens pendant leurs absences ou congés[1], le décret de 2008 envisage la récupération des frais de personnel (selon le cas, à concurrence de 75 % ou de 40 %) en cas d'intervention d'un tiers :

- pendant les repos hebdomadaires et les congés prévus dans les clauses de son contrat de travail;

- en cas de force majeure et d'arrêt de travail;

- ou en raison de l'impossibilité matérielle ou physique temporaire pour le gardien ou le concierge d'effectuer seul la ou les deux tâches qui lui incombent.

Sur l'exact champ d'application du texte, on relèvera cette jurisprudence de la Cour de cassation selon laquelle, en dépit de la lettre du texte, lorsque le gardien partage avec un tiers l'entretien des parties communes et l'élimination des rejets, ou une seule de ces deux tâches, les dépenses correspondant à sa rémunération ne sont récupérables que si le gardien ne peut en assurer seul l'exécution par suite d'une *impossibilité matérielle temporaire*[2]. Par ailleurs, l'impossibilité dont s'agit ne doit être que partielle, puisque le texte ne vise que les cas où le gardien/concierge ne peut effectuer seul sa (ses) mission(s).

322.117 Impossibilité matérielle ou physique temporaire – Absence de définition. Les notions nouvelles d'« impossibilité matérielle ou physique temporaire » n'ont pas été définies. Selon une réponse ministérielle, il ne pouvait en aller autrement, ces impossibilités pouvant être par nature très diverses et avoir trait à des événements aussi différents qu'une maladie, un handicap temporaire, une panne d'un outil ou même un événement météorologique imprévisible[3].

Par voie de conséquence, selon la même réponse ministérielle, il est impossible de prévoir une liste type de pièces justificatives à fournir par le bailleur. Il appartiendra donc au bailleur de présenter au titre de pièces justificatives tout document relatif au motif de cette incapacité et justifiant le bien-fondé de l'intervention nécessaire d'un tiers[4].

322.118 Dépenses non récupérables. Coupant cours à toute discussion (et à un certain nombre de contentieux), le nouveau texte dresse une liste de ce qu'il convient d'exclure des dépenses récupérables.

Sont visés :

- le salaire en nature (déjà prévue par l'ancienne version du décret à l'égard du gardien/concierge, la solution est nouvelle pour l'employé d'immeuble[5]);

- l'intéressement et la participation aux bénéfices de l'entreprise[6];

- les indemnités et primes de départ à la retraite[7];

- les indemnités de licenciement;

- la cotisation à une mutuelle prise en charge par l'employeur ou par le comité d'entreprise;

- la participation de l'employeur au comité d'entreprise;

- la participation de l'employeur à l'effort de construction;

- la cotisation à la médecine du travail. Ces exclusions valent aussi en cas de remplacement du gardien/concierge par un tiers.

B.
Entretien et/ou élimination des rejets assurés par un employé d'immeuble

322.121 Missions et pourcentage de la rémunération donnant lieu à récupération. Les dépenses de personnel sont récupérables en totalité. Ce qui est logique, l'employé d'immeuble étant « dédié » aux seules missions récupérables.

La grande nouveauté du texte de 2008 est qu'il envisage désormais cette récupération, dès lors que l'employé d'immeuble assure, conformément à son contrat de travail, l'entretien des parties communes ou l'élimination des rejets.

Contrairement à la situation antérieure, aucun cumul n'est plus requis, sans d'ailleurs que cela ait une incidence sur le taux de récupération (toujours égal à 100 %, même en cas d'exercice alternatif des missions).

322.122 Question du remplacement de l'employé d'immeuble. Si le mécanisme d'intervention d'un tiers prévu à l'égard du concierge/gardien (v. s[s] n° 322.116) n'est pas ici reproduit, il ne faut pas en conclure qu'aucun remplacement n'est possible. En effet, si le texte n'envisage pas le remplacement de l'employé d'immeuble, c'est que, à la différence du concierge/gardien, il n'est pas affecté à un bâtiment en particulier (d'ailleurs le texte envisage « le » gardien ou « le » concierge, mais « un »

1. Rép. min. n° 14001, *JOAN Q* 11 juill. 1994, p. 3617.
2. Civ. 3e, 17 déc. 2013, n° 12-26.780, *Bull. civ.* III, n° 165; *D.* 2014. Actu. 11, obs. Rouquet; *D.* 2014. Chron. C. cass. 1004, obs. Pic; *ibid.* Pan. 1221, spéc. 1222, obs. N. Damas; *Loyers et copr.* 2014, n° 41, obs. B. Vial-Pedroletti; *Rev. loyers* 2014. 69, obs. B. Humblot-Catheland.
3. Rép. min. n° 55883, *JOAN Q* 7 sept. 2010, p. 9758.
4. Rép. min. n° 55883, *JOAN Q* 7 sept. 2010, p. 9758.
5. EN SENS CONTRAIRE d'ailleurs : Civ. 3e, 30 mai 1996, n° 93-14.125, *Bull. civ.* III, n° 123; *D.* 1996. IR 151 – Civ. 3e, 1er mars 2000, n° 98-15.244, NP, *Administrer* mars 2001, p. 37, obs. Canu.
6. *CONTRA* : TI Versailles, 11 janv. 1996, *Rev. loyers* 1996. 414.
7. CONFIRMATION DE : Civ. 3e, 25 juin 2008, n° 07-15.598, *Bull. civ.* III, n° 114; *D.* 2008. AJ, 1900, obs. Rouquet; *RJDA* 2008, n° 996.

employé d'immeuble). En conséquence, lorsqu'un employé sera empêché, il sera remplacé par un autre employé. Et ce remplacement sera parfaitement transparent pour le locataire.

322.123 Dépenses non récupérables. Les mêmes exclusions qu'en matière de dépenses de gardien/concierge sont applicables (en conséquence, v. s^s^ n° 322.116).

SECTION 4
CHARGES DE TÉLÉVISION : CARACTÈRE RÉCUPÉRABLE

322.131 Silence du décret relatif aux charges. Aux termes de l'article R. 111-14 du code de la construction et de l'habitation, les immeubles « groupant plusieurs logements », ce qui exclut de son champ d'application les logements individuels, doivent être munis des dispositifs collectifs nécessaires à la distribution des services de radiodiffusion sonore et de télévision dans les logements, et des gaines ou passages pour l'installation des câbles correspondants.

Pour autant, la question de la récupérabilité des charges de télévision et, le cas échéant, de leur étendue, est posée en raison de l'absence de référence à la télévision dans le décret relatif aux charges, tant dans le secteur privé que dans le secteur social. Sous le régime de la loi du 1er septembre 1948, l'article 38, dans sa rédaction antérieure à la réforme du 6 juillet 1989, n'évoquait pas davantage ces charges.

322.132 Justification. On doit considérer ces dépenses comme récupérables.

En effet, les charges avancées par le bailleur en matière de télévision répondent bien à la définition légale des charges dans la mesure où elles correspondent à des « services rendus liés à l'usage des différents éléments de la chose louée » [1]. Mais on a vu précédemment que les textes renvoyaient à un décret la définition des charges et ce de manière limitative.

La raison de ce traitement particulier tient en réalité à l'existence d'un texte antérieur de valeur législative que les différentes lois relatives aux rapports entre bailleurs et locataires n'ont pas remis en question. Il s'agit de la loi du 2 juillet 1966 modifiée, relative à l'installation d'antennes réceptrices de radiodiffusion [2]. Ce texte a été adapté à plusieurs reprises en considération des évolutions des techniques de diffusion télévisuelle et de télécommunication (câble, internet) [3].

La loi du 2 juillet 1966 prévoit expressément la possibilité de répercuter sur le locataire les frais liés à la télévision, dans des conditions particulières puisque même l'investissement est récupérable.

322.133 Modalités. L'article 2 de la loi du 2 juillet 1966 autorise le propriétaire qui a installé à ses frais une antenne collective ou un réseau interne raccordé à un réseau câblé à demander à chaque usager acceptant de se raccorder à cette antenne ou à ce réseau de prendre en charge une quote-part des frais engagés. En l'absence de conclusion d'un accord collectif [4], seuls les locataires acceptant d'être raccordés à un câble d'antenne collective de télévision doivent s'acquitter d'une quote-part des frais [5].

La loi du 2 juillet 1966, dite loi Malraux, du nom du ministre de la Culture de l'époque, avait pour objectif, notamment, de permettre le remplacement par une antenne unique des multiples antennes individuelles que les occupants des immeubles installaient sur les toits dans un mouvement souvent considéré comme anarchique.

Actuellement, les antennes et les réseaux existent dans la quasi-totalité des immeubles collectifs et le raccordement des logements a déjà été effectué dans les immeubles anciens ou est réalisé dès la construction des logements pour le neuf. Dans ces conditions la demande de raccordement est devenue désuète. En outre, lorsqu'il est procédé à un remplacement des antennes, la loi a prévu une procédure d'accord collectif qui, une fois voté, est opposable à tous et permet la récupération des dépenses d'installation, d'entretien et de remplacement (sur les accords collectifs v. s^s^ n°s 912.91 s.).

322.134 Réception de la télévision par antenne ou parabole collective et droits d'auteur. En modifiant l'article L. 132-20 du code de la propriété intellectuelle et en insérant un article L. 216-2 dans le même code, la loi du 1er août 2006 [6] exonère du paiement de droits d'auteurs la distribution à des fins non commerciales de la télédiffusion sur les réseaux internes aux immeubles ou ensembles d'immeubles collectifs à usage d'habitation installés par leurs propriétaires ou copropriétaires, ou par les mandataires de ces derniers, à seule fin de permettre le raccordement de chaque logement de ces mêmes

1. L. n° 89-462, 6 juill. 1989 – CCH, art. L. 442-3.
2. L. n° 66-457, 2 juill. 1966 relative à l'installation d'antennes réceptrices de radiodiffusion, *JO* 5 juill., p. 5654 – AUSSI : Décr. n° 67-1171, 22 déc. 1967.
3. L. n° 2001-624, 17 juill. 2001, art. 20, *JO* 18 juill.
4. Civ. 3e, 28 juin 2000, n° 97-21.684, *Bull. civ.* III, n° 131; *D.* 2000. IR 227; *Rev. loyers* 2000. 447.
5. Civ. 3e, 29 janv. 2002, n° 99-17.042, NP, *AJDI* 2002. 299, obs. Rouquet; *Administrer* juin 2002, obs. Canu.
6. L. n° 2006-961, 1er août 2006 relative au droit d'auteur et aux droits voisins dans la société de l'information, *JO* 3 août, p. 11529.

immeubles ou ensembles d'immeubles collectifs à usage d'habitation à des dispositifs collectifs de réception des télédiffusions par voie hertzienne normalement reçues dans la zone[1].

322.135 Cas des copropriétés. La loi du 2 juillet 1966 s'applique, en outre, aux immeubles « qui sont soumis au régime de la copropriété »[2].

L'installation des antennes et des réseaux est décidée par la copropriété, en tant qu'éléments d'équipement communs, selon les règles propres aux copropriétés. Toutefois le copropriétaire bailleur est fondé à demander à son locataire une participation dans les mêmes conditions[3]. Ainsi, la décision d'une assemblée générale interdisant la pose d'antennes paraboliques ou introduisant dans le règlement de copropriété des dispositions non-conformes à la loi est contraire aux dispositions d'ordre public de la loi du 2 juillet 1966 sur le droit à l'antenne[4].

322.136 Remplacement d'une antenne existante. L'article 1er de la loi du 2 juillet 1966 renvoie les modalités du remplacement d'une antenne par un réseau interne raccordé au réseau câblé à la signature d'un accord collectif pris en application de l'article 42 de la loi n° 86-1290 du 26 décembre 1986[5].

322.137 Dépenses concernées. Que l'on soit en présence d'une installation ou d'un remplacement d'antenne (ou d'un réseau) existant, l'étendue des dépenses récupérables est précisée par la loi du 2 juillet 1966. Il s'agit des dépenses d'installation, d'entretien et de remplacement de l'antenne ou du réseau. Ces dépenses sont réparties entre tous les locataires qui disposent d'un branchement à cette occasion. La quote-part de chacun est égale au total des frais divisé par le nombre de branchements[6].

Dans le cas d'un accord collectif pour le remplacement d'une antenne, l'accord précise, aux termes de la loi, « le contenu et la tarification » du service collectif proposé[7]. L'accord collectif voté s'impose à tous les locataires branchés sur l'antenne collective ou sur le réseau interne raccordé au réseau câblé. Un accord proposé par un bailleur et approuvé par la majorité des locataires s'impose à tous et cet accord intervenu dans le respect des dispositions légales, ne va pas à l'encontre du principe de la libre concurrence[8].

La loi du 2 juillet 1966 règle par ailleurs la question du droit d'un ou de plusieurs locataires à installer, entretenir ou remplacer à ses (leurs) frais une antenne individuelle et sur les conditions éventuelles d'opposition du bailleur (v. s[s] n°s 411.111 s.).

1. EN SENS CONTRAIRE PRÉCÉDEMMENT : Civ. 1re, 1er mars 2005, n° 02-17.391, *Bull. civ.* I, n° 105 ; *D.* 2005. 955, obs. Allaeys.
2. L. n° 66-457, 2 juill. 1966, art. 4.
3. Rép. min. n° 35930, *JOAN Q* 25 avr. 1988, p. 1776.
4. Paris, 23e ch. A, 30 mai 2001, RG n° 2000/01205, *Loyers et copr.* 2001, n° 233.
5. SUR les accords collectifs et plus précisément les conditions de signature de tels accords v. s[s] n°s 912.91 s.
6. Décr. n° 67-1171, 22 déc. 1967, art. 3.
7. Décr. n° 67-1171, 22 déc. 1967, art. 2.
8. Civ. 3e, 28 juin 2000, n° 97-21.684, *Bull. civ.* III, n° 131 ; *RTD civ.* 2001. 160, note Gautier ; *Rev. loyers* 2000, 447.

CHAPITRE

323. Régime applicable aux charges récupérables

SECTION 0 ORIENTEUR

323.00 Plan du chapitre.

Sect. 1 Régime d'ordre public
Sect. 2 Justification de la provision demandée
Sect. 3 Procédure de régularisation annuelle
§ 1 Documents à communiquer au locataire
§ 2 Justificatifs mis à la disposition du locataire
Sect. 3 Contestation

323.01 Textes applicables.

TEXTES SOURCES

• **L. n° 89-462, 6 juill. 1989, art. 23.**

TEXTES *IN EXTENSO*

• **L. 6 juill. 1989, art. 23**

* V. s[s] n° 321.01

323.02 Jurisprudence de référence.

• **Civ. 3e, 20 déc. 1995, n° 93-20.123**, *Bull. civ.* III, n° 262

* V. s[s] n° 323.56

La production de justificatifs de charges en cours de procédure est valable.

• **Civ. 3e, 28 janv. 2004, n° 02-15.810**, *Bull. civ.* III, n° 17

* V. s[s] n° 323.53

Le bailleur doit tenir les pièces justificatives à la disposition personnelle de chaque locataire.

• **Civ. 3e, 8 déc. 2010, n° 09-71.124**, *Bull. civ.* III, n° 216

* V. s[s] n° 323.32

Les charges locatives ne sont dues que pour autant que le bailleur communique au locataire leur mode de répartition et tient à sa disposition les pièces justificatives.

• **Civ. 3e, 21 mars 2012, n° 11-14.174**, *Bull. civ.* III, n° 49

* V. s[s] n° 323.32

En l'état de l'obligation légale d'une régularisation annuelle des charges pesant sur le bailleur, la réclamation présentée sur une période écoulée de cinq ans de plus du triple de la somme provisionnée, si elle est juridiquement recevable et exacte dans son calcul est, dans ce cas, déloyale et brutale et constitutive d'une faute dans l'exécution du contrat.

• **Civ. 3e, 2 déc. 2014, n° 13-23.988**, NP

* V. s[s] n° 323.32

Si la règle selon laquelle les conventions doivent être exécutées de bonne foi permet au juge de sanctionner l'usage déloyal d'une prérogative contractuelle, elle ne l'autorise pas à porter atteinte à la substance même des droits et obligations légalement convenus entre les parties.

323.03 Bibliographie indicative.

Ouvrages. J. Lafond, B. Vial-Pedroletti, *Les baux d'habitation*, 8e éd., LexisNexis, 2017, n°s 719 s. et 966 s.

Actualisables. RÉP. CIV., V[o] « Bail d'habitation et mixte : rapports locatifs individuels – Loi du 6 juillet 1989 », N. Damas, n°s 229-261 – LAMY DR. IMMO, n°s 5977 s. – DICT. PERM. Gestion immob., « Baux d'habitation et mixtes », n°s 268, 272-276.

SECTION 1 RÉGIME D'ORDRE PUBLIC

323.11 Dispositions d'ordre public. Que le logement loué appartienne au secteur privé ou au secteur HLM, qu'il soit conventionné ou non, le régime applicable aux charges récupérables est le même.

Il découle des alinéas 6 et 7 de l'article 23 de la loi du 6 juillet 1989[1].

Il s'agit d'un texte d'ordre public[2].

Si le texte n'interdit pas au bailleur de demander à son cocontractant de lui régler les charges réelles au fur et à mesure qu'elles se présentent, en pratique, les parties se mettront toujours d'accord sur le versement d'une provision mensuelle et, une fois par an, procéderont à une régularisation de charges, c'est-à-dire à un ajustement des sommes acquittées avec les sommes réellement exposées.

1. L. n° 89-462, 6 juill. 1989 tendant à améliorer les rapports locatifs et portant modification de la loi 86-1290 du 23 déc. 1986, *JO* 8 juill., p. 8541, dite loi Mermaz-Malandain.
2. Civ. 3e, 16 févr. 2010, n° 08-70.452, NP, *Rev. loyers* 2010. 175.

Les charges récupérables sont toutefois dues même lorsque le bail ne prévoit pas de provision pour charges[1].

323.12 Rôle du juge. Non seulement il appartient au juge de rechercher si les charges sont justifiées[2] mais, de plus, de rechercher si les deux étapes successives de la régularisation (fourniture du décompte et mise à disposition des pièces justificatives) ont bien été respectées[3]. Il a été jugé que l'obligation aux charges n'est pas suspendue par l'effet d'un arrêté d'insalubrité[4].

SECTION 2
JUSTIFICATION DE LA PROVISION DEMANDÉE

323.21 Prohibition de toute évaluation forfaitaire. Quelle que soit la qualité du bailleur (personne physique ou personne morale) et quel que soit le régime juridique dont dépend le logement loué (logement dépendant d'une copropriété ou non), « les demandes de provisions sont justifiées par la communication de résultats antérieurs arrêtés lors de la précédente régularisation »[5].

Par ailleurs, lorsque le bailleur sera une personne morale ou lorsque le logement sera situé dans un immeuble soumis au régime de la copropriété, le bailleur devra, en plus, fournir au locataire le budget prévisionnel[6]. Ainsi, l'article 23 de la loi de 1989 prohibe toute évaluation forfaitaire des charges récupérables, ce, nonobstant toute clause contraire contenue dans le contrat de location[7]. Remarquons cependant que le titre Ier de la loi de 1989 étant un texte d'ordre public de protection, le preneur peut y renoncer valablement dès lors que cette renonciation est certaine et sans équivoque et qu'elle est intervenue en connaissance de cause et postérieurement à la signature du bail[8].

323.22 Dangers de ne pas fournir de justificatifs ou de sous-évaluer la provision pour charges. À défaut de fourniture des justificatifs, le locataire peut prétendre à la réduction de la provision pour charges qui lui est demandée[9]. En revanche, le simple retard apporté par le bailleur dans la présentation des comptes de charges ne peut être sanctionné par la suspension du paiement total des provisions[10].

Par ailleurs, sous-évaluer la provision mensuelle de charges peut s'avérer dangereux pour le propriétaire. Pour preuve, cet arrêt ayant condamné le bailleur à verser 2 000 euros au locataire n'ayant pu correctement estimer l'étendue de son engagement financier[11].

SECTION 3
PROCÉDURE DE RÉGULARISATION ANNUELLE

323.31 Possibilité d'une régularisation sur plusieurs années. Lorsque les charges locatives donnent lieu au versement de provisions, elles doivent « faire l'objet d'une régularisation annuelle »[12]. Le bailleur qui ne respecterait pas l'obligation de faire, une fois par an, une régularisation de charges serait quand même en droit de procéder à une régularisation sur plusieurs années ce, dans la limite de la prescription de l'action[13] (sur cette question v. ss 311.56).

Toutefois, depuis la modification de l'article 23 de la loi du 6 juillet 1989 par la loi du 24 mars 2014[14], dite loi Alur, l'avant-dernier alinéa de ce texte[15] dispose que « lorsque la régularisation des charges n'a pas été effectuée avant le terme de l'année civile suivant l'année de leur exigibilité, le paiement par le locataire est effectué par douzième, s'il en fait la demande ».

323.32 Conséquences du défaut de régularisation. Par ailleurs, dès avant l'avènement de la loi Alur, il avait été jugé qu'à défaut de régularisation :

1. Paris, 3 oct. 2006, *AJDI* 2006. 40.
2. Civ. 3e, 19 janv. 2000, no 98-12.658, *Bull. civ.* III, no 9; *D.* 2000. IR 34.
3. Civ. 3e, 30 juin 2004, no 03-11.098, *Bull. civ.* III, no 135; *D.* 2004. IR 2268, avec les obs.; *Rev. loyers* 2004. 601, obs. Canu.
4. Paris, 20 mars 2007, RG no 05/09544, *AJDI* 2007. 561 – COMP., en matière de loyer, au no 311.31.
5. L. no 89-462, 6 juill. 1989, art. 23, al. 6 – Civ. 3e, 3 avr. 2001, no 99-20.337, NP, *Administrer* janv. 2002. 30, obs. Gauclère.
6. L. no 89-462, 6 juill. 1989, art. 23, al. 6 – Civ. 3e, 3 avr. 2001, no 99-20.337, NP, *Administrer* janv. 2002. 30, obs. Gauclère.
7. Civ. 3e, 20 déc. 1995, no 93-20.123, *Bull. civ.* III, no 262; *Administrer* août-sept. 1996, p. 30, note Beddeleem; *Gaz. Pal.* 9 oct. 1996, 283-284, [loi de 1982 et de 1986] – Civ. 3e, 4 mai 2010, no 09-12.382, NP, *AJDI* 2010. 471 – Paris, 25 mars 1999, RG no 1997/25926, *Loyers et copr.* 2000, no 61, obs. Vial-Pedroletti.
8. Paris, 13 oct. 1995, RG no 94/023776, *D.* 1995. IR 239 – SUR LA NOTION d'ordre public de protection, v. ss no 021.11.
9. Civ. 3e, 18 juin 2002, no 01-01.856, NP, *Administrer* avr. 2003. 44, note Gauclère.
10. Civ. 3e, 29 avr. 2009, no 08-11.332, NP, *AJDI* 2009. 795, note Dreveau.
11. Paris, 29 oct. 2003, RG no 2002/20651, *AJDI* 2004. 27 – AUSSI : Paris, 26 juin 2008, RG no 06/06352, *AJDI* 2008. 858 (500 euros).
12. L. no 89-462, 6 juill. 1989, art. 23, al. 6, mod. par L. no 2014-366, 24 mars 2014, *JO* 26 mars, p. 5809, sur ce point, applicable aux contrats en cours lors de son entrée en vigueur (le 27 mars 2014).
13. Rép. min. no 108788, *JOAN Q* 17 avr. 2007, p. 3779.
14. L. no 2014-366, 24 mars 2014, *JO* 26 mars, p. 5809.
15. Applicable aux contrats en cours au 27 mars 2014.

- le bailleur ne peut réclamer les charges tant échues qu'à échoir[1], et le preneur est en droit de demander la restitution de provisions versées[2];

- le locataire est en droit de demander une réduction de la provision pour charges[3];

- en l'état de l'obligation légale d'une régularisation annuelle des charges pesant sur le bailleur, la réclamation présentée sur une période écoulée de cinq ans de plus du triple de la somme provisionnée, si elle est juridiquement recevable et exacte dans son calcul est, dans ce cas, déloyale et brutale et constitutive d'une faute dans l'exécution du contrat[4];

- une clause résolutoire ne saurait jouer pour non-paiement, les charges n'étant pas exigibles[5];

- les charges locatives ne sont pas dues, faute pour le bailleur d'avoir communiqué au locataire leur mode de répartition et avoir tenu à sa disposition les pièces justificatives[6].

Le bailleur devra alors communiquer au preneur un certain nombre de documents et mettre à sa disposition les justificatifs.

Toutefois, selon le juge du droit, si la règle selon laquelle les conventions doivent être exécutées de bonne foi permet au juge de sanctionner l'usage déloyal d'une prérogative contractuelle, elle ne l'autorise pas à porter atteinte à la substance même des droits et obligations légalement convenus entre les parties[7].

§ 1
Documents à communiquer au locataire

323.41 Communication du mode de répartition des charges locatives. Un mois avant cette régularisation, le bailleur doit communiquer à son cocontractant le décompte par nature de charges, ainsi que, dans les immeubles collectifs, le mode de répartition entre les locataires[8]. Depuis la modification de l'article 23 de la loi du 6 juillet 1989 par la loi du 24 mars 2014, dite loi Alur[9], le bailleur est à présent également tenu de communiquer, « le cas échéant, une note d'information sur les modalités de calcul des charges de chauffage et de production d'eau chaude sanitaire collectifs ».

Le bailleur qui communique le décompte de régularisation des charges et leurs justificatifs ne saurait obtenir le paiement d'un arriéré en l'absence de communication du mode de répartition des charges entre les locataires[10]. Ce droit à communication n'appartient par conséquent qu'au locataire et un occupant sans droit ni titre continuant de percevoir des allocations de logement ne pourrait réclamer des décomptes de charges[11].

Les documents à communiquer doivent donc porter, non seulement sur la nature et la catégorie des charges, mais encore, dans les immeubles collectifs, sur leur mode de répartition[12].

323.42 Répartition des charges dans les immeubles collectifs. Dans les immeubles collectifs soumis au régime de la copropriété, ce mode de répartition ne fait pas de difficulté puisqu'il est inscrit dans le règlement de copropriété, chaque lot étant affecté d'un nombre précis de millièmes de charges générales et de charges spéciales.

En revanche, le problème de la clé de répartition à adopter entre les lots se pose, notamment en matière de logement social, lorsque l'immeuble collectif appartient tout entier à une seule personne (le bailleur), la loi étant muette sur ce point. Alors, en tout état de cause, la répartition devra, conformément à l'article 1135 du code civil, être équitable[13], prendre en compte la consistance, la superficie et la situation des lots, et ne pas être contraire aux dispositions de la loi de 1989[14].

§ 2
Justificatifs mis à la disposition du locataire

323.51 Droit de consultation d'une durée de six mois. Durant six mois[15] à compter de l'envoi du décompte par nature de charges, les pièces justificatives sont tenues « dans des conditions normales »

1. Paris, 20 mars 2007, RG n° 05/09544, *AJDI* 2007. 561.
2. Civ. 3e, 9 juin 2015, n° 14-15.444, NP, *AJDI* 2015. 610.
3. Civ. 3e, 18 juin 2002, n° 01-01.856, NP, *Administrer* avr. 2003. 44, note Gauclère.
4. Civ. 3e, 21 mars 2012, n° 11-14.174, *Bull. civ.* III, n° 49; *D.* 2012. Actu. 946, obs. Rouquet; *ibid.* 2013. Pan. 863, spéc. 867, obs. Damas; *AJDI* 2012. 597, obs. Le Gac-Pech – Civ. 3e, 8 oct. 2015, n° 14-21.710, NP, *AJDI* 2015. 843.
5. Paris, 1er juill. 2008, RG n° 05/11708, *AJDI* 2008. 857 – COMP. toutefois, jugeant que l'obligation du bailleur de procéder annuellement à une régularisation des charges n'est assortie d'aucune sanction : Aix-en-Provence, 17 sept. 2015, RG n° 14/11824, *Loyers et copr.* 2015, n° 218, obs. Vial-Pedroletti.
6. Civ. 3e, 8 déc. 2010, n° 09-71.124, *Bull. civ.* III, n° 216; *D.* 2011. 1181, obs. Damas; *AJDI* 2011. 447, obs. Zalewski; Civ. 3e, 31 mai 2011, n° 10-18.568, NP, *Administrer* nov. 2011. 34, obs. Canu.
7. Civ. 3e, 2 déc. 2014, n° 13-23.988, NP, *AJDI* 2015. 198; *Loyers et copr.* 2015, n° 33, obs. Vial-Pedroletti.
8. L. n° 89-462, 6 juill. 1989, art. 23, al. 7.
9. Applicable aux contrats en cours au 27 mars 2014.
10. Civ. 3e, 4 mars 2008, n° 06-21.192, NP, *Rev. loyers* 2008. 275, obs. Canu; *RJDA* 2008, n° 1110.
11. Civ. 3e, 1er févr. 2011, n° 10-11.603, NP, *AJDI* 2011. 448, obs. Dreveau.
12. TI Privas, 19 mai 1993, *Rev. loyers* 1994. 211.
13. Paris, 27 oct. 1989, RG n° 02/5064, *Loyers et copr.* 1990, n° 286.
14. Paris, 17 sept. 2003, RG n° 2002/01169, *AJDI* 2003. 764.
15. Préalablement d'un mois, ce délai a été porté à six mois par la loi du 24 mars 2014, dite loi Alur, sur ce point, applicable aux contrats en cours.

est venue préciser la loi du 24 mars 2014, dite loi Alur, à la disposition du locataire [1].

Et il incombe aux juges du fond de constater que le bailleur a tenu à la disposition du locataire les pièces justificatives des sommes réclamées [2].

Aux termes de l'article 23 de la loi du 6 juillet 1989, dans sa rédaction issue de la loi du 24 mars 2014, dite loi Alur [3], « à compter du 1er septembre 2015, le bailleur transmet également, à la demande du locataire, le récapitulatif des charges du logement par voie dématérialisée ou par voie postale ».

Plusieurs précisions doivent être apportées à ce sujet.

323.52 Nature des pièces justificatives. Les pièces en question n'ont pas été définies par le législateur de 1989. Mais, par analogie avec les dispositions de la loi du 22 juin 1982, dite loi Quilliot [4], on peut estimer qu'il s'agit notamment des factures [5], des contrats de fourniture et d'exploitation en cours et de leurs avenants, de la quantité consommée et du prix unitaire de chacune des catégories de charges. Il a été jugé que la production par le bailleur d'un seul décompte informatique est insuffisante [6]. Tout comme, ne sauraient constituer des justificatifs au sens de l'article 23 de la loi de 1989, les « comptes de gestion » qui sont destinés aux assemblées générales de copropriété et ont trait à la répartition des charges générales de copropriété, sans comporter de ventilation [7]. Dans le même sens, il a été jugé que les décomptes de charges de copropriété mentionnant des dépenses très générales sont insuffisants pour justifier la régularisation annuelle des charges récupérables [8].

323.53 Caractère individuel de ce droit de contrôle. Pour la première fois, en 2004, la Cour de cassation a déclaré qu'en période de régularisation de charges, le bailleur doit tenir les pièces justificatives à la disposition personnelle de chaque locataire [9].

En conséquence, le bailleur ne peut pas estimer avoir rempli son obligation légale de mise à disposition des justificatifs en organisant un contrôle de charges avec les représentants d'une association de défense (en vertu de l'article 44 de la loi du 23 décembre 1986) et en invitant chaque locataire à se joindre à ceux-ci (sur le contrôle de charges par une association de locataires v. ss n° 912.41).

323.54 Bailleurs concernés par cette obligation. Cette obligation de mise à disposition des justificatifs de charges s'impose à tous les bailleurs, y compris aux bailleurs sociaux [10].

323.55 Opposabilité du délai de consultation. En vertu du principe selon lequel les conventions doivent être exécutées de bonne foi [11], le délai de consultation (d'un mois avant la loi Alur du 24 mars 2014 et de six mois depuis) n'est pas opposable au locataire dès lors que le bailleur a fait obstacle à la communication des justificatifs durant ce laps de temps [12].

323.56 Possibilité de fournir les justificatifs en cours de procédure. Le délai de communication d'un mois n'étant pas prescrit à peine de forclusion [13], il a été admis que la production des justificatifs pouvait intervenir en cours de procédure [14].

323.57 Étendue de l'obligation de mise à disposition des justificatifs par le bailleur. La question s'est posée de savoir si le locataire pouvait exiger du bailleur qu'il lui envoie les photocopies des justificatifs de charges.

La cour d'appel de Paris y a répondu par la négative, l'obligation légale de tenir des documents à la disposition du locataire ne pouvant s'interpréter en ce sens, même moyennant remboursement des frais au bailleur [15].

SECTION 4
CONTESTATION

323.61 Ineffectivité du consentement tacite. La contestation des charges locatives peut émaner du locataire lui-même, comme d'une association de défense des locataires déclarée [16]. Le fait de s'être

1. L. n° 89-462, 6 juill. 1989, art. 23, al. 7.
2. Civ. 3e, 1er avr. 2009, n° 08-14.854, *Bull. civ.* III, n° 76; *D.* 2009. AJ 1089, obs. Rouquet.
3. Opposable aux contrats en cours au 27 mars 2014.
4. L. n° 82-526, 22 juin 1982, art. 24.
5. Douai, 7 mars 2013, RG n° 12/00235, *AJDI* 2013. 529.
6. TI Bobigny, 12 sept. 1995, *JCP N* 1997. II, n° 1014, obs. Gallet.
7. Paris, 14 déc. 2000, RG n° 1999/12055, *Loyers et copr.* 2001, n° 88, obs. Vial-Pedroletti.
8. Lyon, 20 avr. 2004, RG n° 01/06993, *Loyers et copr.* 2004, n° 179, obs. Vial-Pedroletti – AUSSI : Civ. 3e, 20 janv. 2009, n° 08-10.269, NP, *AJDI* 2009. 455, note Dreveau.
9. Civ. 3e, 28 janv. 2004, n° 02-15.810, *Bull. civ.* III, n° 17; *AJDI* 2004. 290, obs. Rouquet.
10. Rép. min. n° 20151, *JOAN Q* 9 janv. 1995, p. 213.
11. C. civ., art. 1134.
12. Rép. min. n° 19043, *JOAN Q* 9 janv. 1995, p. 213.
13. Beddeleem, « Guide des baux d'habitation », *Ann. loyers* 5/6 2008, n° 3065.
14. Civ. 3e, 20 déc. 1995, n° 93-20.123, *Bull. civ.* III, n° 262; *D.* 1996. IR 29 – Civ. 3e, 3 avr. 1996, n° 94-13.891, *Bull. civ.* III, n° 93 – Civ. 3e, 1er avr. 2009, n° 08-14.854, *Bull. civ.* III, n° 76; *D.* 2009. AJ 1089, obs. Rouquet.
15. Paris, 27 sept. 1996, RG n° 022676, *D.* 1997. Somm. 270, obs. CRDP Nancy 2 – Paris, 7 mars 2006, RG n° 2004/18377, *Loyers et copr.* 2006, n° 122, obs. Vial-Pedroletti.
16. Civ. 3e, 17 juill. 1997, n° 95-18.100, *Bull. civ.* III, n° 165; *D.* 1997. IR 179.

acquitté sans réserve des provisions de charges et de ses régularisations pendant plusieurs années ne saurait valoir acquiescement des décomptes de la part du locataire[1].

Sur le délai de prescription applicable à une telle action en contestation v. s[s] n° 311.41. Sur la question du contrôle des charges par les associations de locataires v. s[s] n° 912.41. Sur l'extension de compétence, en matière de charges locatives, des commissions départementales de conciliation par la loi du 13 décembre 2000, dite loi SRU v. s[s] n°s 911.11 s.

1. Civ. 3e, 6 janv. 2009, n° 07-20.952, NP, *Loyers et copr.* 2009, n° 60, obs. Vial-Pedroletti – Paris, 12 oct. 1995, RG n° 023334, *Loyers et copr.* 1996, n° 59.

TITRE

33. L'assurance du locataire

SECTION 0

ORIENTEUR

33.00 Plan du titre.

Division. Il convient d'envisager l'étendue de l'obligation d'assurance (chap. 331) pesant sur le preneur, puis la sanction du défaut d'assurance (chap. 332).

33.01 Textes applicables.

TEXTES SOURCES

- **L. 6 juill. 1989, art. 4 *b*, 4 *g*, 7 *g*, 15.**
- **C. assur., art. L. 215-1.**

33.03 Bibliographie indicative.

Ouvrages. J. Lafond, B. Vial-Pedroletti, *Les baux d'habitation*, 8e éd., LexisNexis, 2017, nos 908 s.

Actualisables. RÉP. CIV., v° « Bail d'habitation et mixte : rapports locatifs individuels – Loi du 6 juillet 1989 », N. Damas, nos 229-261 – LAMY DR. IMMO, nos 5977 s. – DICT. PERM. Gestion immob., « Assurances immobilières », nos 137-140, « Baux d'habitation et mixtes », nos 180 s.

Articles. G. Fau, R. Porte, « L'assurance obligatoire du locataire », *Ann. Loyers* 1990, p. 508 s. ; P. Casson, La résiliation du bail à défaut d'assurance des risques locatifs, *LPA* 11 avr. 2008 n° 74, p. 7.

CHAPITRE

331. Obligation d'assurance

SECTION 0 ORIENTEUR

331.00 **Plan du chapitre.**

Division. Ce n'est qu'en vertu d'une législation spécifique (sect. 1) que le preneur a l'obligation de « s'assurer contre les risques dont il doit répondre en sa qualité de locataire » (sect. 2).

331.01 **Textes applicables.**

TEXTES SOURCES

• **L. n° 89-462, 6 juill. 1989, art. 4 *b*, 7 *g*.**

TEXTES *IN EXTENSO*

• **L. 6 juill. 1989, art. 4 b**

[Est réputée non écrite toute clause :]

b) Par laquelle le locataire est obligé de souscrire une assurance auprès d'une compagnie choisie par le bailleur;

• **L. 6 juill. 1989, art. 7 g**

[Le locataire est obligé :]

g) De s'assurer contre les risques dont il doit répondre en sa qualité de locataire et d'en justifier lors de la remise des clés puis, chaque année, à la demande du bailleur. La justification de cette assurance résulte de la remise au bailleur d'une attestation de l'assureur ou de son représentant.

Toute clause prévoyant la résiliation de plein droit du contrat de location pour défaut d'assurance du locataire ne produit effet qu'un mois après un commandement demeuré infructueux. Ce commandement reproduit, à peine de nullité, les dispositions du présent alinéa.

À défaut de la remise de l'attestation d'assurance et après un délai d'un mois à compter d'une mise en demeure non suivie d'effet, le bailleur peut souscrire une assurance pour compte du locataire, récupérable auprès de celui-ci.

Cette mise en demeure doit informer le locataire de la volonté du bailleur de souscrire une assurance pour compte du locataire et vaut renoncement à la mise en œuvre de la clause prévoyant, le cas échéant, la résiliation de plein droit du contrat de location pour défaut d'assurance du locataire.

Cette assurance constitue une assurance pour compte au sens de l'article L. 112-1 du code des assurances. Elle est limitée à la couverture de la responsabilité locative mentionnée au premier alinéa du présent g. Le montant total de la prime d'assurance annuelle, éventuellement majoré dans la limite d'un montant fixé par décret en Conseil d'État, est récupérable par le bailleur par douzième à chaque paiement du loyer. Il est inscrit sur l'avis d'échéance et porté sur la quittance remise au locataire.

Une copie du contrat d'assurance est transmise au locataire lors de la souscription et à chaque renouvellement du contrat.

Lorsque le locataire remet au bailleur une attestation d'assurance ou en cas de départ du locataire avant le terme du contrat d'assurance, le bailleur résilie le contrat souscrit pour le compte du locataire dans le délai le plus bref permis par la législation en vigueur. La prime ou la fraction de prime exigible dans ce délai au titre de la garantie souscrite par le bailleur demeure récupérable auprès du locataire.

Toute clause prévoyant la résiliation de plein droit du contrat de location pour défaut d'assurance du locataire ne produit effet qu'un mois après un commandement demeuré infructueux. Ce commandement reproduit, à peine de nullité, les dispositions du présent paragraphe.

• **C. assur., art. L. 215-1**

Toute personne assujettie à l'obligation d'assurance énoncée au g de l'article 7 de la loi n° 89-462 du 6 juillet 1989 tendant à améliorer les rapports locatifs et portant modification de la loi n° 86-1290 du 23 décembre 1986 ou tout bailleur souscrivant une assurance habitation pour le compte d'un locataire dans les conditions définies au même g qui, ayant sollicité la souscription d'un contrat auprès d'une entreprise d'assurance couvrant en France les risques dont elle doit répondre en sa qualité de locataire, se voit opposer un refus peut saisir le bureau central de tarification prévu à l'article L. 212-1.

Le bureau central de tarification fixe le montant de la prime moyennant laquelle l'entreprise d'assurance intéressée est tenue de garantir le risque qui lui a été proposé. Il peut, dans les conditions fixées par décret en Conseil d'État, déterminer le montant d'une franchise qui reste à la charge de l'assuré.

Toute entreprise d'assurance qui maintient son refus de garantir le risque dont la prime a été fixée par le bureau central de tarification est considérée comme ne fonctionnant plus conformément à la réglementation en vigueur. Elle encourt, selon le cas, soit le retrait des agréments prévus aux articles L. 321-1, L. 321-7, L. 321-8 ou L. 321-9, soit les sanctions prévues à l'article L. 363-4.

331.02 Jurisprudence de référence.

* **Civ. 3e, 20 janv. 2010, n° 09-65.791**, *Bull. civ.* III, n° 15

* V. s^s n° 331.11

« L'obligation pour le locataire d'un local meublé de s'assurer contre les risques dont il doit répondre étant, sauf stipulation expresse contraire, facultative ».

331.03 Bibliographie indicative.

Ouvrages. J. Lafond, B. Vial-Pedroletti, *Les baux d'habitation*, 8e éd., LexisNexis, 2017, n°s 908 s.

Actualisables. RÉP. CIV., v° « Bail d'habitation et mixte : rapports locatifs individuels – Loi du 6 juillet 1989 », N. Damas, n°s 229-261 – LAMY DR. IMMO, n°s 5977 s. – DICT. PERM. Gestion immob., « Assurances immobilières », n°s 137-139, « Baux d'habitation et mixtes », n°s 180-181, 183.

Articles. G. Fau, R. Porte, « L'assurance obligatoire du locataire », *Ann. Loyers* 1990, p. 508 s.

SECTION 1
CHAMP D'APPLICATION

331.11 Locations concernées. Le Code civil est muet sur une obligation de s'assurer pesant sur le locataire. Une telle obligation n'est prévue que par les dispositions spécifiques de la loi du 6 juillet 1989. Il en résulte que toutes les locations relevant de ce régime sont soumises à l'obligation de s'assurer, en ce compris les locations meublées, par renvoi de l'article 25-3 à l'article 7 de la loi du 6 juillet 1989. Avant la loi Alur, le régime des locations meublées, relevant des articles L. 632-1 et suivants du code de la construction et de l'habitation, ne prévoyait aucune obligation spécifique d'assurance, et la Cour de cassation en avait déduit que « l'obligation pour le locataire d'un local meublé de s'assurer contre les risques dont il doit répondre [est], sauf stipulation expresse contraire, facultative »[1].

331.12 Risques assurés. Les risques dont doit répondre le preneur sont les risques d'incendie ou d'explosion, les risques liés aux dégâts des eaux. L'assurance contre le vol, bien que fortement préconisée, n'est pas obligatoire[2].Il en va de même de l'assurance insolvabilité[3].

331.13 Refus d'assurance. Selon l'article L. 215-1 du code des assurances, toute personne assujettie à l'obligation d'assurance de l'article 7 *g* de la loi du 6 juillet 1989 qui, ayant sollicité la souscription d'un contrat auprès d'une entreprise d'assurance couvrant en France les risques dont elle doit répondre en sa qualité de locataire, se voit opposer un refus peut saisir le bureau central de tarification[4]. Il incombe alors à ce dernier, moyennant, le cas échéant une franchise restant à la charge de l'assuré, de fixer le montant de la prime moyennant laquelle l'entreprise d'assurance intéressée est tenue de garantir le risque qui lui a été proposé. Et toute entreprise d'assurance qui maintient son refus de garantir le risque dont la prime a été fixée par le bureau central de tarification est considérée comme ne fonctionnant plus conformément à la réglementation en vigueur. Elle encourt, selon le cas, soit le retrait de ses agréments[5], soit des sanctions[6].

SECTION 2
MODALITÉS

331.21 Principe. L'obligation d'assurance du locataire est continue. Elle doit être respectée tout au long de la relation locative. Il est dès lors nécessaire que le preneur soit assuré dès son entrée dans les lieux, mais également jusqu'à la restitution des clés, et qu'il en justifie auprès de son bailleur.

331.22 Justification lors de la remise des clés. Le locataire doit justifier de son assurance lors de la remise des clés. La justification de cette assurance résulte de la remise au bailleur d'une attestation de l'assureur ou de son représentant[7]. En revanche, le locataire n'est pas tenu de produire le contrat d'assurance lui-même[8]. Il serait très imprudent pour un bailleur d'accepter de remettre les clés au locataire sans avoir obtenu ladite justification.

1. Civ. 3e, 20 janv. 2010, n° 09-65.791, *Bull. civ.* III, n° 15; *D.* 2010. AJ 583, obs. Rouquet; *ibid.* 2011. Pan. 1181, obs. Damas; *AJDI* 2010. 374, n. Zalewski; *Loyers et copr.* 2010, n° 70, obs. Vial-Pedroletti.
2. Nancy, 28 févr. 1995, RG n° 3025/93, *Loyers et copr.* 1995, n° 351.
3. V. J. Lafond, B. Vial-Pedroletti, *Les baux d'habitation*, LexisNexis, 2017, n° 909.
4. Dont il est question à l'article L. 212-1 du code des assurances.
5. Ceux prévus aux articles L. 321-1, L. 321-7, L. 321-8 ou L. 321-9 du code des assurances.
6. Celles prévues aux articles L. 351-7, L. 351-8 et L. 363-4 du code des assurances.
7. L. n° 89-462, 6 juill. 1989, art. 7 g, al. 1er.
8. Aix-en-Provence, 22 févr. 2013, RG n° 10/10491, *AJDI* 2013. 524; Reims, 12 mars 2013, RG n° 11/03142, *AJDI* 2013. 61.

331.23 Justification en cours de bail. En cours de bail, chaque année, le locataire doit justifier auprès du bailleur qu'il est assuré. L'obligation ne pèse toutefois sur le preneur que si le bailleur en fait la demande. Il ne pourrait donc être reproché au locataire de ne pas avoir spontanément produit un justificatif d'assurance. Le texte n'apporte guère de précisions quant à la date à laquelle le bailleur pourra légitimement demander la production du justificatif (date anniversaire de la remise des clés, fin d'année civile...), se contentant d'évoquer une périodicité annuelle. L'on peut estimer que c'est à l'expiration de la période d'assurance en cours (en principe une année) que le bailleur peut exiger la production d'une attestation d'assurance pour la période à venir.

331.24 Choix de l'assurance. Le locataire choisit librement la compagnie d'assurance avec laquelle il contracte. Celle-ci ne peut, en particulier, être imposée par le bailleur. Une telle clause serait réputée non écrite en application de l'article 4 b) de la loi du 6 juillet 1989.

CHAPITRE

332. Sanctions

SECTION 0
ORIENTEUR

332.00 Plan du chapitre.

332.01 Textes applicables.

TEXTES SOURCES

• **L. n° 89-462, 6 juill. 1989, art. 4 *g*, 7 *g*, 15.**

• **Décr n° 2016-383, 30 mars 2016, art. 1.**

• **C. civ., art. 1227.**

TEXTES *IN EXTENSO*

• **L. 6 juill. 1989, art. 4 g**

[Est réputée non écrite toute clause :]

g) Qui prévoit la résiliation de plein droit du contrat en cas d'inexécution des obligations du locataire pour un motif autre que le non-paiement du loyer, des charges, du dépôt de garantie, la non-souscription d'une assurance des risques locatifs ou le non-respect de l'obligation d'user paisiblement des locaux loués, résultant de troubles de voisinage constatés par une décision de justice passée en force de chose jugée.

• **L. 6 juill. 1989, art. 7 g**

* V. s^s^ n° 331.01

• **Décr. 30 mars 2016, art. 1**

La prime d'assurance annuelle mentionnée au g de l'article 7 de la loi du 6 juillet 1989 susvisée peut être majorée dans la limite de 10 % de son montant.

• **L. 6 juill. 1989, art. 15, I**

I. – Lorsque le bailleur donne congé à son locataire, ce congé doit être justifié soit par sa décision de reprendre ou de vendre le logement, soit par un motif légitime et sérieux, notamment l'inexécution par le locataire de l'une des obligations lui incombant. À peine de nullité, le congé donné par le bailleur doit indiquer le motif allégué et, en cas de reprise, les nom et adresse du bénéficiaire de la reprise ainsi que la nature du lien existant entre le bailleur et le bénéficiaire de la reprise qui ne peut être que le bailleur, son conjoint, le partenaire auquel il est lié par un pacte civil de solidarité enregistré à la date du congé, son concubin notoire depuis au moins un an à la date du congé, ses ascendants, ses descendants ou ceux de son conjoint, de son partenaire ou de son concubin notoire. Lorsqu'il donne congé à son locataire pour reprendre le logement, le bailleur justifie du caractère réel et sérieux de sa décision de reprise. Le délai de préavis applicable au congé est de six mois lorsqu'il émane du bailleur. (...)

• **C. civ., art. 1227**

La résolution peut, en toute hypothèse, être demandée en justice.

332.02 Jurisprudence de référence.

• **Civ. 3e, 21 nov. 1995, n° 92-21.425**, NP

* V. s^s^ n° 332.42

« Attendu qu'ayant relevé, par motifs propres et adoptés, que le propriétaire après avoir rappelé aux preneurs l'obligation prévue au bail de contracter une assurance, leur avait délivré une sommation de justifier de cette assurance ainsi que de l'acquis des cotisations dans le délai d'un mois et que l'attestation d'assurance adressée à M. Y..., avec effet rétroactif, ne pouvait être prise en considération pour faire échec à la clause résolutoire, le contrat n'ayant été souscrit qu'après l'expiration du délai imparti ».

• **Civ. 3e, 17 mai 2006, n° 05-14.495**, *Bull. civ.* III, n° 126

* V. s^s^ n° 332.21

« L'inexécution par le locataire de l'une des obligations lui incombant pouvant constituer un motif légitime et sérieux de congé même si elle a cessé à la date de délivrance de ce congé, la cour d'appel, qui a constaté qu'à l'occasion d'un dégât des eaux survenu dans l'immeuble, il était apparu que M. Y... n'avait pas souscrit une assurance et que cette carence faisait courir un risque important à la bailleresse, et qui a relevé que les retards de paiement des loyers étaient constants pour les années 1997 à 2004 et imputés à tort par le locataire à un tiers alors que le versement direct de l'allocation logement au bailleur était un fait récent, a souverainement retenu que le congé avait été délivré pour des motifs légitimes et sérieux ».

• **Civ. 2e, 24 mai 2012, no 11-18.647**, NP
* V. ss no 332.72
« Il appartenait à la société bailleresse de rapporter la preuve qu'elle avait vérifié annuellement que son locataire était assuré ».

• **Civ. 3e, 29 sept. 2015, no 14-19.862**, NP
* V. ss no 332.42
[La locataire] « n'avait pas justifié dans le mois suivant la délivrance du commandement être assurée contre les risques locatifs ».

• **Civ. 3e, 31 mars 2016, no 15-11.078**, NP
* V. ss no 332.71
« La mission de [l'administrateur de biens] étant limitée à la conclusion du bail, qui avait été consenti pour une durée d'un an, la seule faute pouvant lui être reprochée était de n'avoir pas exigé la remise d'une attestation d'assurance valable pour la période du 1er septembre 2003 au 1er septembre 2004, et, à bon droit, retenu, par motifs propres et adoptés, que, l'incendie s'étant produit le 12 novembre 2005, soit postérieurement au deuxième renouvellement du bail, il n'existait pas de lien de causalité entre la faute commise par [l'administrateur de biens] lors de l'entrée dans les lieux de la locataire et le sinistre, rien n'établissant que la locataire, à supposer qu'elle ait justifié d'un contrat d'assurance pour entrer dans les lieux, aurait maintenu celle-ci en vigueur à l'époque du sinistre ».

332.03 **Bibliographie indicative.**

Ouvrages. J. Lafond, B. Vial-Pedroletti, *Les baux d'habitation*, 8e éd., LexisNexis, 2017, nos 911 s., 1312 s.

Actualisables. RÉP. CIV., vo « Bail d'habitation et mixte : rapports locatifs individuels – Loi du 6 juillet 1989 », N. Damas, nos 229-261 – LAMY DR. IMMO, nos 5977 s. – DICT. PERM. Gestion immob., « Assurances immobilières », no 140, « Baux d'habitation et mixtes », no 182.

Articles. P. Casson, La résiliation du bail à défaut d'assurance des risques locatifs, *LPA* 11 avr. 2008 no 74, p. 7.

SECTION 1
À L'ENCONTRE DU LOCATAIRE

332.11 **Principe.** Le défaut d'assurance du locataire engage bien évidemment sa responsabilité puisqu'il s'agit du non-respect d'une obligation légale. Le préjudice occasionné au bailleur, ou à des tiers, devra dès lors être réparé. D'autres sanctions peuvent également s'appliquer, et en particulier un congé pour motif légitime et sérieux, la résiliation du bail, ou la souscription d'une assurance pour compte.

§ 1
Congé pour motif légitime et sérieux.

332.21 **Manquement à une obligation.** Le bailleur peut s'opposer au renouvellement du bail en délivrant congé pour motif légitime et sérieux (L. 6 juill. 1989, art. 15). Ce motif peut être caractérisé par le manquement du locataire à ses obligations, en particulier celle de souscrire une assurance contre les risques locatifs[1]. La Cour de cassation a ainsi estimé, à juste titre, que « cette carence faisait courir un risque important à la bailleresse »[2].

§ 2
Résiliation du bail

332.31 **Office du juge.** La résiliation du bail peut être obtenue soit par la constatation par le juge de l'acquisition d'une clause résolutoire, soit par le prononcé par le juge de cette résiliation si les manquements du locataire sont jugés suffisamment graves.

A.
Clause résolutoire

332.41 **Est réputée non écrite la clause qui prévoit la résiliation de plein droit du bail pour un motif autre que les trois motifs listés (L. 6 juill. 1989, art. 4 g).** Parmi ceux-ci figure « la non-souscription d'une assurance des risques locatifs ». Il faut prendre garde au respect strict de ce texte, et ne pas confondre défaut de souscription d'assurance et défaut de justification de l'assurance souscrite. La clause résolutoire ne sera valable que si elle se cantonne au défaut de souscription[3].

332.42 **Mise en œuvre de la clause.** Toute clause prévoyant la résiliation de plein droit du contrat de location pour défaut d'assurance du locataire ne produit effet qu'un mois après un commandement demeuré infructueux. Ce commandement reproduit, à peine de la nullité, les dispositions de l'article 7 *g*[4].

Le défaut d'assurance est donc sévèrement sanctionné par le législateur et par la jurisprudence[5]. L'attestation d'assurance adressée par le locataire avec effet rétroactif ne saurait être prise en compte pour faire échec à la clause résolutoire dès lors que la souscription du contrat a eu lieu postérieurement

1. Paris 19 sept. 1991, RG no 5192/90, *Loyers et copr.* 1992, no 97 – Civ. 3e, 17 mai 2006, no 05-14.495, *Bull. civ.* no 126, *D.* 2007, Pan. 911, obs. Damas; *AJDI* 2007. 200, note Laporte-Leconte.
2. Civ. 3e, 17 mai 2006, préc.
3. Versailles, ch. 1, sect. 2, 2 févr. 2010, RG no 09/01531.
4. L. no 89-462, 6 juill. 1989, art. 7 g, al. 2.
5. POUR DES EXEMPLES de résiliation : Paris, 5 sept. 2006, RG no 04/13328, *AJDI* 2006. 834 – Paris, 6 déc. 2006, RG no 05/03692, *AJDI* 2007. 393 – Paris, 25 oct. 2007, RG no 06/11806, *AJDI* 2008. 214.

à l'expiration du délai d'un mois imparti pour régulariser la situation [1].

Par ailleurs, la clause résolutoire est acquise à l'égard du locataire qui n'a pas produit d'attestation d'assurance dans le mois de la signification du commandement, la circonstance qu'il ait présenté cette attestation à l'audience étant indifférente [2].

En revanche, la cour d'appel de Paris a eu l'occasion de refuser le jeu de la clause résolutoire pour défaut d'assurance, dès lors que le commandement ne visait l'acquisition de cette clause que du chef du non-paiement des loyers [3].

L'article 7 g) de la loi du 6 juillet 1989 ne prévoit pas que le locataire puisse solliciter des délais qui suspendront la clause résolutoire [4]. (sur la mise en œuvre de la clause résolutoire v. s^s^ n°s 922.11 s.).

B. Résiliation judiciaire

332.51 Demande en justice. Sur le fondement de l'article 1227 du Code civil (anc. art. 1184), la résolution judiciaire peut toujours être demandée en justice. Le juge va alors apprécier si le manquement allégué est suffisamment grave. Le contentieux publié est peu fourni sur la question de l'assurance, et certaines décisions ont pu retenir que l'inexécution par le locataire de son obligation de s'assurer n'était pas suffisamment grave pour justifier le prononcé de la résolution [5].

C. Assurance pour compte.

332.61 Faculté pour le bailleur. En cas de manquement du locataire à son obligation d'assurance, le bailleur a la possibilité de souscrire une assurance pour compte.

Il s'agit d'une nouveauté issue de la loi du 24 mars 2014, dite loi Alur, et plus précisément de l'article 7 *g* applicable aux contrats en cours lors de l'entrée en vigueur de la loi Alur. Il est ainsi prévu qu'« à défaut de la remise de l'attestation d'assurance (...), le bailleur peut souscrire une assurance pour compte du locataire ».

La loi Alur a également prévu la possibilité pour les parties d'insérer une clause dans le bail prévoyant une assurance pour compte des colocataires. Il s'agit alors de l'hypothèse particulière de la colocation (L. 6 juill. 1989, art. 8-1 applicable aux seuls baux signés à compter du 27 mars 2014, v. s^s^ n°s 011.21 s.).

332.62 Nature et caractéristiques de l'assurance. L'assurance dont il s'agit est une assurance pour compte au sens de l'article L. 112-1 du code des assurances.

L'assurance peut être contractée en vertu d'un mandat général ou spécial ou même sans mandat, pour le compte d'une personne déterminée. Dans ce dernier cas, l'assurance profite à la personne pour le compte de laquelle elle a été conclue, alors même que la ratification n'aurait lieu qu'après le sinistre. L'assurance peut aussi être contractée pour le compte de qui il appartiendra. La clause vaut, tant comme assurance au profit du souscripteur du contrat que comme stipulation pour autrui au profit du bénéficiaire connu ou éventuel de ladite clause. Le souscripteur d'une assurance contractée pour le compte de qui il appartiendra est seul tenu au paiement de la prime envers l'assureur; les exceptions que l'assureur pourrait lui opposer sont également opposables au bénéficiaire du contrat, quel qu'il soit.

Cette assurance est limitée à la couverture de la responsabilité locative mentionnée au premier alinéa de l'article 7 *g* de la loi du 6 juillet 1989, c'est-à-dire aux risques de dégât des eaux, d'explosion et d'incendie (v. s^s^ n° 312.111).

332.63 Prime récupérable. Si la possibilité, pour le bailleur, de se prévaloir de l'article L. 112-1 du code des assurances existait avant la loi du 24 mars 2014, dite loi Alur, le grand mérite de cette dernière est de la rendre récupérable auprès du locataire [6].

Le montant total de la prime d'assurance annuelle, éventuellement majoré dans la limite d'un montant fixé par décret en Conseil d'État, est récupérable par le bailleur par douzième à chaque paiement du loyer. Il est inscrit sur l'avis d'échéance et porté sur la quittance remise au locataire.

Pour la parfaite information de celui-ci, lors de la souscription et à chaque renouvellement du contrat,

1. Civ. 3e, 21 nov. 1995, n° 92-21.425, NP, *JCP N* 1997. II, n° 1008, obs. Gallet – Agen, 2 mai 2000, RG n° 98/01147, *Loyers et copr.* 2000, n° 271, obs. Vial-Pedroletti; Grenoble, 2e ch., 15 déc. 2015, n° 15/01158.
2. Civ. 3e, 29 sept. 2015, n° 14-19.862, NP – Rennes, 11 janv. 2001, RG n° 99/05479, *Loyers et copr.* 2002, n° 4, obs. Vial-Pedroletti – CONTRA : Versailles, ch. 1, sect. 2, 2 févr. 2010, RG n° 09/01531, préc.
3. Paris, 15 nov. 2002, RG n° 2002/08211, *AJDI* 2003. 114.
4. Aix-en-Provence, 21 févr. 2013, RG n° 11/21442, *AJDI* 2013. 525
5. Aix-en-Provence, 22 févr. 2013, RG n° 10/10491, *AJDI* 2013. 524 : Hypothèse où le locataire justifiait être assuré pendant une période postérieure. ÉGALEMENT Paris, 6e ch. B, 9 janv. 1987, *Loyers et copr.* 1987, comm. 210., et sous l'empire de la loi du 23 décembre 1986, Civ. 3e, 11 mai 1988, *Ann. Loyers* 1988. 1214.
6. L. n° 89-462, 6 juill. 1989, art. 7 g, al. 2, *in fine*, dans sa rédaction issue de la L. n° 2014-366 du 24 mars 2014, *JO* 26 mars, p. 5809.

une copie du contrat d'assurance est transmise au locataire.

Le décret n° 2016-383 du 30 mars 2016 dispose en son article premier que la prime d'assurance annuelle mentionnée au g de l'article 7 de la loi du 6 juillet 1989 susvisée peut être majorée dans la limite de 10 % de son montant.

332.64 Conditions de souscription d'une assurance pour compte. Le bailleur ne peut souscrire une assurance pour compte qu'à défaut de la remise, par le locataire, de l'attestation d'assurance et après un délai d'un mois à compter d'une mise en demeure non suivie d'effet (L. 6 juill. 1989, art. 7 g).

Cette mise en demeure doit informer le locataire de la volonté du bailleur de souscrire une assurance pour compte du locataire.

332.65 Effets de l'assurance pour compte. Au-delà du fait que la souscription d'une telle assurance va couvrir le locataire pour les risques dont il doit répondre, il convient de préciser que cette souscription entraîne, pour le bailleur, renoncement à la mise en œuvre de l'éventuelle clause résolutoire pour défaut d'assurance (au sujet de laquelle, v. s^s^ n°s 332.41 s. et 922.11).

332.66 Refus d'assurance. Tout bailleur qui, souhaitant souscrire une assurance habitation pour le compte d'un locataire, essuierait un refus de la part d'une entreprise d'assurance couvrant en France les risques dont le locataire doit répondre, peut saisir le bureau central de tarification dans les conditions édictées à l'article L. 215-1 du code des assurances (v. s^s^ n° 331.13).

332.67 Événements mettant fin à l'assurance pour compte. Le texte en envisage deux.

Il s'agit de la remise au bailleur, par le locataire, d'une attestation d'assurance et du départ du locataire avant le terme du contrat d'assurance.

Dans ces deux hypothèses, « le bailleur résilie le contrat souscrit pour le compte du locataire dans le délai le plus bref permis par la législation en vigueur » (L. 6 juill. 1989, art. 7 g). Le texte ajoute que la (fraction de) prime exigible dans ce délai au titre de la garantie souscrite par le bailleur demeure récupérable auprès du locataire.

SECTION 2
RESPONSABILITÉ DU BAILLEUR ET DE SON MANDATAIRE

332.71 Responsabilité de l'intermédiaire professionnel. Il importe que l'administrateur de biens vérifie la validité et l'étendue de l'assurance du locataire, et ce au plus tard lors de la remise des clés. À défaut sa responsabilité serait engagée[1], en particulier envers le bailleur. Il est à noter que cette responsabilité est cantonnée aux termes du mandat. Ainsi, retenant dans une décision récente[2] que la mission de l'administrateur était limitée à la conclusion du bail, qui avait été consenti pour une durée d'un an, la Cour de cassation estime que la seule faute pouvant lui être reprochée était de n'avoir pas exigé la remise d'une attestation d'assurance valable pour la période correspondante. Or, l'incendie s'étant déclaré lors d'un renouvellement ultérieur, la Cour de cassation a pu en déduire qu'il n'existait pas de lien de causalité entre la faute commise par l'administrateur lors de l'entrée dans les lieux de la locataire et le sinistre, rien n'établissant que la locataire, à supposer qu'elle ait justifié d'un contrat d'assurance pour entrer dans les lieux, aurait maintenu celle-ci en vigueur à l'époque du sinistre. Il est toutefois permis de penser que le manquement de l'agent immobilier a fait perdre au bailleur une chance de refuser la conclusion initiale du bail avec ce candidat à la location.

332.72 Responsabilité du bailleur. Le fait pour le bailleur de ne pas veiller à ce que son locataire soit assuré peut également constituer une faute. En effet, l'absence d'assurance du locataire peut causer un préjudice aux tiers victimes, par exemple d'un sinistre ayant pris son origine dans le local loué, et qui s'est communiqué aux locaux voisins. En l'absence d'assurance, les tiers victimes qui entendent être indemnisés par le locataire seront dès lors dépendants de la solvabilité de celui-ci. En cas d'insolvabilité, leur préjudice ne sera pas complètement réparé. Saisie d'une action en responsabilité contre le bailleur (initiée par les tierces victimes d'une explosion provoquée par le suicide du locataire), la Cour de cassation a jugé « qu'il appartenait à la société bailleresse de rapporter la preuve qu'elle avait vérifié annuellement que son locataire était assuré »[3]. Bien que la décision n'affirme pas explicitement que la carence du bailleur (professionnel en l'espèce) constitue une faute au sens de l'article 1382 (auj. 1240) du Code civil (elle statue au visa de l'article 1315 (auj. 1353) relatif à la charge de la preuve), l'orientation semble assez clairement définie : le bailleur est fermement invité à exiger l'attestation d'assurance, et à défaut, il devra en tirer les conséquences en mettant en œuvre les nombreuses voies d'action dont il dispose (v. s^s^ n°s 332.11 s.).

1. Civ. 2e, 13 oct. 2005, n° 04-16.139, NP. DÉJÀ : Civ. 1re, 9 nov. 1993, *RDI* 1995. 127, obs. Tomasin; 2e civ. 4 oct. 1995, *RCA* déc. 1998, Hors-série Chron. 112, p. 168, n. H. Groutel.
2. Civ. 3e, 31 mars 2016, n° 15-11.078, NP.
3. Civ. 2e, 24 mai 2012, n° 11-18.647, NP, *AJDI* 2012. 505, *Loyers et copr.* 2012, comm. 230, obs. Vial-Pédroletti

LIVRE

4. LES ÉVÉNEMENTS INFLUANT SUR LE BAIL

SECTION 0

ORIENTEUR

4.00 Plan du livre.

4.03 Bibliographie indicative.

Ouvrage. J. Lafond, B. Vial-Pedroletti, *Les baux d'habitation*, 8e éd., LexisNexis, 2017.

Actualisables. RÉP. IMMO., v° « Bail d'habitation et mixte : rapports locatifs individuels – Loi du 6 juillet 1989 », N. Damas – LAMY DR. IMMO, – DICT. PERM. Gestion immob., « Baux d'habitation et mixtes » ; « Droit de préemption ».

TITRE

41. Les travaux dans le logement

SECTION 0 ORIENTEUR

41.00 Plan du titre.

41.01 Textes applicables.

TEXTES SOURCES

> Secteur HLM

- **CCH, art. L. 353-15, III, L. 442-6, II.**
- **L. 1er sept. 1948, art. 11 à 14.**

> Travaux d'économie d'énergie

- **Décr. n° 2009-1439, 23 nov. 2009** pris en application de l'article 23-1 de la loi n° 89-462 du 6 juill. 1989 tendant à améliorer les rapports locatifs, relatif à la contribution du locataire au partage des économies de charges issues des travaux d'économie d'énergie réalisés par un bailleur privé, *JO* 25 nov., p. 20228.

> Antenne de télévision / droit à la fibre optique

- **L. n° 66-457, 2 juill. 1966,** modifiée, relative à l'installation d'antennes réceptrices de radiodiffusion, *JO* 5 juill., p. 5654, **art. 1 à 4.**
- **D. n° 67-1171, 22 déc. 1967** fixant les conditions d'application de la loi n° 66-457 du 2 juillet 1966 relative à l'installation d'antennes réceptrices de radiodiffusion, *JO* 28 déc., p. 12830.

41.03 Bibliographie indicative.

Ouvrages. J. Lafond, B. Vial-Pedroletti, *Les baux d'habitation*, 8e éd., LexisNexis, 2017, nos 1027 à 1065.

Actualisables. RÉP. IMMO., v° « Bail d'habitation et mixte : rapports locatifs individuels – Loi du 6 juillet 1989 », N. Damas, nos 123 s., 177 s., 293 s. – LAMY DR. IMMO, nos 5560, 5673, 5950 s., 5981, 6001 – DICT. PERM. Gestion immob., « Baux d'habitation et mixtes », nos 124, 178, 221 s., 293; « Baux-Loi du 1er septembre 1948 », nos 311 s.

CHAPITRE

411. Travaux en cours de contrat avec la participation du locataire

SECTION 0 ORIENTEUR

411.00 Plan du chapitre.

Division – Règles communes. La question des travaux est commune à tous les régimes locatifs. Lorsque des particularités existent pour certains secteurs locatifs, elles sont signalées.

411.01 Textes applicables.

TEXTES SOURCES

> Travaux d'économie d'énergie

• **Décr. nº 2009-1439, 23 nov. 2009** pris en application de l'article 23-1 de la loi nº 89-462 du 6 juill. 1989 tendant à améliorer les rapports locatifs, relatif à la contribution du locataire au partage des économies de charges issues des travaux d'économie d'énergie réalisés par un bailleur privé, *JO* 25 nov., p. 20228.

> Antenne de télévision / droit a la fibre optique

• **L. nº 66-457, 2 juill. 1966,** modifiée, relative à l'installation d'antennes réceptrices de radiodiffusion, *JO* 5 juill., p. 5654, art. 1 à 4.

• **D. nº 67-1171, 22 déc. 1967** fixant les conditions d'application de la loi nº 66-457 du 2 juillet 1966 relative à l'installation d'antennes réceptrices de radiodiffusion, *JO* 28 déc., p. 12830.

TEXTES *IN EXTENSO*

• **L. 2 juill. 1966, art. 1**

I. – Le propriétaire d'un immeuble ne peut, nonobstant toute convention contraire, même antérieurement conclue, s'opposer, sans motif sérieux et légitime à l'installation, à l'entretien ou au remplacement ainsi qu'au raccordement au réseau interne à l'immeuble, aux frais d'un ou plusieurs locataires ou occupant de bonne foi, que ces derniers soient personnes physiques ou morales, d'une antenne extérieure réceptrice de radiodiffusion ou réceptrice et émettrice de télécommunication fixe.

L'offre, faite par le propriétaire, de raccordement soit à une antenne collective, soit à un réseau interne à l'immeuble qui fournissent un service collectif dont le contenu et la tarification sont définis par un accord collectif pris en application de l'article 42 de la loi nº 86-1290 du 23 décembre 1986 tendant à favoriser l'investissement locatif, l'accession à la propriété de logements sociaux et le développement de l'offre foncière et constitue, notamment, un motif sérieux et légitime de s'opposer à l'installation ou au remplacement d'une antenne individuelle.

Les modalités de remplacement d'une antenne collective par un autre mode de réception des programmes sont déterminées par un accord collectif pris en application de l'article 42 de la loi nº 86-1290 du 23 décembre 1986 précitée.

Toutefois, le propriétaire d'un immeuble ne peut s'opposer, sans motif sérieux et légitime, à l'installation, au remplacement ou à l'entretien des antennes individuelles, émettrices et réceptrices, nécessaires au bon fonctionnement de stations du service amateur autorisées conformément à la réglementation en vigueur. Les bénéficiaires sont responsables, chacun en ce qui le concerne, des travaux d'installation, d'entretien ou de remplacement et des conséquences que pourrait comporter la présence des antennes en cause.

II. – Le propriétaire d'un immeuble ne peut, nonobstant toute convention contraire, même antérieurement conclue, s'opposer sans motif sérieux et légitime au raccordement à un réseau de communications électroniques à très haut débit en fibre optique ouvert au public ainsi qu'à l'installation, à l'entretien ou au remplacement des équipements nécessaires, aux frais d'un ou plusieurs locataires ou occupants de bonne foi.

Constitue notamment un motif sérieux et légitime de s'opposer au raccordement à un réseau de communications électroniques à très haut débit en fibre optique ouvert au public la préexistence de lignes de communications électroniques en fibre optique permettant de répondre aux besoins spécifiques du demandeur. Dans ce cas, le propriétaire peut demander que le raccordement soit réalisé au moyen desdites lignes, dans les conditions prévues par l'article L. 34-8-3 du code des postes et des communications électroniques.

Constitue également un motif sérieux et légitime de s'opposer au raccordement à un réseau de communications électroniques à très haut débit en fibre optique ouvert au public la décision prise par le propriétaire, dans un délai de six mois suivant la demande du ou des locataires ou occupants de bonne foi, d'installer des lignes de communications électroniques à très haut débit en fibre optique en vue d'assurer la desserte de l'ensemble des occupants de l'immeuble dans des conditions satisfaisant les besoins spécifiques du demandeur. Dans ce cas, une convention est établie entre le propriétaire de l'immeuble et l'opérateur dans les conditions prévues par l'article L. 33-6 du code des postes et des communications électroniques.

Lorsqu'elles sont réalisées par un opérateur de communications électroniques exploitant un réseau ouvert au public, les opérations d'installation mentionnées au premier alinéa du présent II se font dans les conditions financières prévues à l'article L. 33-6 du code des postes et des communications électroniques.

Le présent II est applicable à tous les immeubles à usage d'habitation ou à usage mixte, quel que soit leur régime de propriété.

• **L. 2 juill. 1966, art. 2**

Le propriétaire qui a installé à ses frais une antenne collective ou un réseau interne à l'immeuble fournissant un service collectif est fondé à demander à chaque usager acceptant de se raccorder à cette antenne collective ou à ce réseau interne, à titre de frais de branchement et d'utilisation, une quote-part des dépenses d'installation, d'entretien et de remplacement.

• **L. 2 juill. 1966, art. 3**

Le propriétaire peut, après un préavis de deux mois, raccorder les récepteurs individuels à l'antenne collective et déposer les antennes extérieures précédemment installées par des locataires ou occupants de bonne foi, lorsqu'il prend en charge les frais d'installation et de raccordement de l'antenne collective et les frais de démontage des antennes individuelles.

• **L. 2 juill. 1966, art. 4**

La présente loi est applicable aux immeubles qui se trouvent en indivision ou qui sont soumis au régime de la copropriété.

Les indivisaires, les copropriétaires et les membres des sociétés de construction peuvent, lorsqu'ils sont occupants, se prévaloir des dispositions de la présente loi.

411.02 Jurisprudence de référence.

> Protection des personnes en matière de liberté de recevoir des informations

• **CEDH 16 déc. 2008, n° 23883-06**

* V. s[s] n° 411.112

« Même si les autorités nationales jouissent d'une certaine marge d'appréciation, l'atteinte portée en l'espèce au droit des requérants à la liberté d'information n'était pas « nécessaire dans une société démocratique ». Ainsi, l'État défendeur a manqué à son obligation positive de protéger ce droit. Partant, il y a eu violation de l'article 10 de la Convention.

> Droit à l'antenne

• **Civ. 3e, 3 nov. 2005, n° 02-21.489**, *Bull. civ.* III, n° 207

* V. s[s] n° 411.131

Le bailleur ne peut imposer dans le bail une autorisation préalable de pose de l'antenne.

• **Paris, 6e Ch. B, 27 sept. 2007, RG n° 06/20676**

* V. s[s] n° 411.132

Le bailleur est fondé à demander la suppression de l'antenne qui est de nature à altérer de façon grave l'aspect de l'immeuble et à créer un surplomb dangereux pour les passants.

411.03 Bibliographie indicative.

Actualisables. RÉP. IMMO., v° « Bail d'habitation et mixte : rapports locatifs individuels – Loi du 6 juillet 1989 », N. Damas, n°s 123 s., 178, 293 – LAMY DR. IMMO, n°s 5560, 5673, 5950, 5981 – DICT. PERM. Gestion immob., « Baux d'habitation et mixtes », n°s 124, 178, 293; « Baux-Loi du 1er septembre 1948 », n°s 311 s.

> Sur les travaux d'économie d'énergie

Articles. A. Danon, J. Petitfils, « 3e ligne de quittance : la contribution du locataire aux travaux d'économie d'énergie », *Loyers et copr.* 2015, Études 9.

SECTION 1
« CLAUSE TRAVAUX » DE L'ARTICLE 6 DE LA LOI DU 6 JUILLET 1989

411.11 Aménagement de l'obligation de délivrance. L'article 6 *a* permet au bailleur d'échapper partiellement à son obligation de délivrer un logement en bon état d'usage et de réparation et des équipements en bon état de fonctionnement dès lors que les parties ont inséré dans le contrat ce qu'il est convenu d'appeler une « clause travaux ».

Une « clause travaux » est la clause du contrat de location par laquelle le locataire s'engage à exécuter ou à faire exécuter des travaux, moyennant une réduction temporaire du loyer.

Cette clause pose le problème de sa validité et celui de son incidence sur les relations entre les parties.

§ 1 Conditions de validité de la « clause travaux »

411.21 **Forme et contenu.** Le législateur s'est montré exigeant quant à la validité d'une telle clause, tant sur la forme qu'elle doit revêtir que sur son contenu et sur la nature des travaux concernés.

411.22 **Forme.** Il doit s'agir d'une clause expresse du bail ou, bien que le texte ne l'indique pas explicitement, d'un avenant au contrat.

411.23 **Contenu.** Au-delà de la définition, de la description, du coût des travaux et de la date de leur réalisation, qui doivent, bien évidemment faire l'objet de mentions, l'article 6 *a* ajoute que la clause doit préciser les modalités de l'imputation de ces travaux sur le loyer et la durée de cette imputation. Il ressort donc de l'économie du texte que la réduction de loyer a vocation à n'être que temporaire.

Ce texte impose par ailleurs aux parties de prévoir les modalités de dédommagement du locataire en cas de départ « anticipé » de celui-ci, c'est-à-dire, en cas de départ avant la fin de la période de réduction du loyer. La loi prévoit alors que devront être présentés les justificatifs des dépenses effectuées (factures de travaux ou de matériaux puisque le locataire peut réaliser les travaux lui-même).

411.24 **Nature des travaux concernés.** Il ressort de l'article 6 *a* de la loi du 6 juillet 1989 qu'une « clause travaux » ne peut concerner que des logements répondant aux normes de décence telles que définies par le décret du 30 janvier 2002[1], normes de référence ayant remplacé (depuis la loi du 13 juillet 2006) celles issues du décret du 6 mars 1987 relatif aux normes minimales de confort et d'habitabilité. Il a ainsi été jugé qu'une « clause travaux » ne pourrait pas concerner des travaux de mise en conformité prévus au décret de 1987[2] ou à celui de 2002[3], tels la réfection de la toiture nécessaire à rendre le logement habitable[4]. Ainsi, une telle clause ne saurait porter sur un logement présentant des infiltrations et dont les ouvrants et le gros œuvre ne seraient pas en bon état[5]. De même, doit être invalidée la « clause travaux » portant sur l'aménagement et le raccordement en eau et en électricité d'un corps de bâtiment très vétuste, dépourvu de tout confort, ne comprenant ni cuisine, ni salle d'eau, ni cabinet d'aisance intérieur et, par suite, ne répondant pas aux normes minimales de confort et d'habitabilité prévues à l'article 6[6]. Enfin un locataire ne peut être contraint, même avec contrepartie, à réaliser des travaux de mise aux normes minimales de confort et d'habitabilité du logement prévus par le décret du 6 mars 1987 (travaux de cloisonnement de la salle de bains)[7].

§ 2 Difficultés de mise en œuvre de la « clause travaux »

411.31 **Critère de la validité.** Deux cas de figure sont à distinguer, selon que la clause est ou non valide.

411.32 **« Clause travaux » non valide.** Cette absence de validité peut avoir deux origines, chacune d'entre elles générant des effets spécifiques.

411.33 **Imprécision.** Si la non-validité de la clause est due à son manque de précision quant aux modalités de sa mise en œuvre, la sanction encourue est la nullité. Faute d'avoir prévu expressément les modalités d'exécution de la « clause travaux », celle-ci doit en effet être déclarée nulle et non avenue[8]. On relèvera même que, par un récent arrêt, la cour d'appel de Paris a considéré que la nullité de la « clause travaux », stipulation déterminante participant de l'équilibre du contrat, devait entraîner la

1. Décr. n° 2002-120, 30 janv. 2002 relatif aux caractéristiques du logement décent pris pour l'application de l'article 187 de la loi n° 2000-1208 du 13 déc. 2000 relative à la solidarité et au renouvellement urbains, *JO* 31 janv., p. 2090.
2. Civ. 3e, 3 févr. 2010, n° 08-21.205, *Bull. civ.* III, n° 28; *D.* 2010. AJ 442, obs. Rouquet; *ibid.* 2010. 1192, note Niboyet; *AJDI* 2010. 640, obs. Damas – Paris, 27 sept. 2001, RG n° 1999/06392, *Loyers et copr.* 2002, n° 32, obs. Vial-Pedroletti – Paris, 30 avr. 2002, RG n° S00/35048; *D.* 2003. Somm. 802, obs. Gérard.
3. V. NOTAMMENT Paris, 14 déc. 2006, RG n° 05/20771, *AJDI* 2007. 196; Paris, 26 juin 2008, *Loyers et copr.* 2008, n° 243, obs. Vial-Pedroletti; Paris, 13 févr. 2014, RG n° 11/22094, *Loyers et copr.* 2014, n° 142, obs. Vial-Pedroletti; *Rev. loyers* 2014. 128; Paris, 8 mars 2016, RG n° 14/13141, *Loyers et copr.* 2016, n° 116, obs Vial-Pedroletti.
4. Dijon, 2 oct. 1998, RG n° 97/00865, *Loyers et copr.* 1999, n° 179, obs. Vial-Pedroletti.
5. Paris, 19 déc. 1994, *JurisData* n° 025702, *Loyers et copr.* 1995, n° 399 – Montpellier, 7 mai 2002, RG n° 01/01991, *Loyers et copr.* 2003, n° 58, obs. Vial-Pedroletti.
6. Paris, 24 oct. 2001, RG n° 1999/23220, *Loyers et copr.* 2002, n° 198, obs. Vial-Pedroletti.
7. Civ. 3e, 3 févr. 2010, n° 08-21.205, *Bull. civ.* III, n° 28; *Opérations immobilières*, mars 2010, p. 40, note Crucis-Busquet.
8. Civ. 3e, 10 nov. 2004, n° 03-16.721, *Bull. civ.* III, n° 196, *D.* 2004. IR 3035 – TI Privas, 7 févr. 1995, *Rev. loyers* 1995. 426.

nullité du bail[1]. Cependant, cette sanction ne sera pas retenue en présence d'une clause précise, les parties ayant uniquement omis de prévoir le cas du départ anticipé du locataire[2]. La voie consistant à demander au juge de compléter la clause imprécise et d'ordonner son exécution semble également possible.

411.34 Mise en conformité. Une autre hypothèse, d'une portée plus restreinte que la précédente, puisqu'elle ne concerne que les locaux vacants à compter du 23 décembre 1986 et qui étaient précédemment régis par la loi de 1948, doit être signalée. Si, lors de la délivrance, le logement ne respectait pas les normes de confort et d'habitabilité, la clause travaux ne peut s'appliquer et, en vertu de l'article 25 de la loi du 23 décembre 1986, le locataire est fondé, dans l'année qui suit la prise d'effet du contrat initial, à demander (amiablement, puis judiciairement), au bailleur qu'il réalise cette mise aux normes.

Une telle demande ne peut porter atteinte à la validité du contrat de location en cours[3].

À défaut de mise aux normes, le loyer sera fixé conformément à l'article 17 *b* de la loi du 6 juillet 1989 (sur le loyer encadré, v. s[s] n°s 521.21 s.).

411.35 « Clause travaux » valide. Lorsque la clause est valide, sa mise en œuvre peut cependant poser des difficultés.

411.36 Non respect de la clause. Tout d'abord, le preneur peut refuser de réaliser les travaux ou le bailleur peut refuser d'appliquer la minoration de loyer. La partie lésée pourra alors demander en justice l'exécution de son engagement par le contractant indélicat, voire l'annulation de la clause. Cette dernière éventualité pose problème lorsque c'est le bailleur qui refuse d'appliquer la minoration de loyer puisque, dans ce cas, si le juge annule la « clause travaux », le bailleur pourrait n'avoir pas rempli son obligation de délivrance. En pareille circonstance, le preneur devrait pouvoir obtenir la résiliation du bail pour violation de l'article 6 *a*.

411.37 Travaux non conformes à la clause. Ensuite, le preneur peut effectuer les travaux sans respecter les caractéristiques arrêtées par les parties. Le bailleur pourra, dans ce cas, faire constater ce non-respect et ne pas appliquer la minoration de loyer. Il pourra également faire jouer l'article 7 *f* et contraindre le locataire à remettre les lieux en état en fin de bail, voire immédiatement (v. s[s] n° 312.91).

• En toute hypothèse, il incombe au locataire de ne pas effectuer, sans l'accord du bailleur, des travaux dépassant la valeur convenue au bail[4].

411.38 Renonciation à appliquer le loyer dû à l'issue de la période de minoration. L'article 6 *a* de la loi du 6 juillet 1989 étant un texte d'ordre public de protection[5], le bailleur pourrait, au-delà de la période de minoration, renoncer à appliquer le loyer convenu. Cette renonciation devrait toutefois être certaine, univoque, intervenue en connaissance de cause et postérieure à l'application de la clause travaux (v. s[s] n° 021.11). Dans une affaire où la période de minoration courait sur toute la durée du bail, il a été jugé que ni l'acceptation par le bailleur, avant la date de renouvellement du contrat, du calcul opéré par le locataire et du paiement de loyers indexés sur la base du loyer minoré correspondant au seul loyer exigible avant renouvellement, ni le silence gardé postérieurement au terme de cette période ne manifestent de manière non équivoque la volonté du bailleur de renoncer à exiger le loyer prévu au bail à compter de ce renouvellement[6].

411.39 Types de logement visés. Une telle clause est applicable dans tous les logements, privés ou sociaux. C'est le cas des logements dont le loyer est fixé par application du chapitre III de la loi du 1er septembre 1948, l'article 6 *a* de la loi du 6 juillet 1989 étant applicable à ces logements[7].

Deux autres dispositions de la loi de 1948 envisagent une hypothèse de travaux avec la participation du locataire, quoique dans des conditions un peu différentes (v. s[s] n°s 411.91 s.).

SECTION 2
TRAVAUX D'ÉCONOMIE D'ÉNERGIE AVEC UNE CONTRIBUTION DU LOCATAIRE

411.41 Types de logement visés. L'article 119 de la loi du 25 mars 2009, de mobilisation pour le logement et la lutte contre l'exclusion[8], ouvre la faculté au bailleur qui réalise des travaux d'efficacité

1. Paris, 27 sept. 2001, RG n° 1999/06392, *Loyers et copr.* 2002, n° 32, obs. Vial-Pedroletti.
2. Limoges, 20 janv. 1998, RG n° 2002/96, *Loyers et copr.* 1998, n° 263, obs. Vial-Pedroletti.
3. L. 23 déc. 1986, art. 25, al. 2.
4. Aix-en-Provence, 15 avr. 2011, RG n° 09/20019, *AJDI* 2012. 106.
5. En vertu de l'article 2, L. 6 juill. 1989 (v. s[s] n° 021.11).
6. Civ. 3e, 22 janv. 2014, n° 12-29.856, *Bull. civ.* III, n° 4; *D.* 2014. Actu. 277; *Dalloz actu.*, 30 janv. 2014, obs. Rouquet; *Administrer* mars 2014. 29, obs. Lipman-W. Boccara; *Rev. loyers* 2014. 107, obs. J. Prigent.
7. L. n° 89-462, 6 juill. 1989, art. 40 II.
8. L. n° 2009-323, 25 mars 2009 de mobilisation pour le logement et la lutte contre l'exclusion, *JO* 27 mars, p. 5408.

énergétique dans les parties privatives d'un logement et/ou dans les parties communes d'un immeuble de demander au locataire une « contribution pour le partage des économies de charges ». Cette disposition s'applique aussi bien dans le secteur privé relevant de la loi du 6 juillet 1989, par création d'un article 23-I dans cette loi, que dans le secteur social, en complétant l'article L. 442-3 du code de la construction et de l'habitation. Elle est également ouverte en loi de 1948, l'article 23-I de la loi de 1989 n'étant pas exclu du champ d'application de la loi de 1948, selon son article 40, II. La contribution ne peut être demandée pour une durée supérieure à quinze ans et elle n'est pas révisable. Enfin, et surtout, son montant ne peut être supérieur à la moitié du montant de l'économie d'énergie estimée. La contribution du locataire ne peut entrer dans le calcul de l'APL, que ce soit au titre du loyer principal ou au titre des charges[1].

La contribution du locataire est soumise à plusieurs conditions.

§ 1 Conditions permettant d'exiger la contribution

411.51 **Principes.** La loi pose en principe que les travaux doivent bénéficier directement au locataire, qu'ils doivent lui être justifiés et que la contribution repose sur un ensemble de travaux ou que le logement atteigne un niveau minimal de performance énergétique. En outre la contribution n'est exigible qu'à la condition que le bailleur ait engagé une démarche de concertation préalable avec les locataires.

411.52 **Concertation.** Dans le secteur privé la concertation est réalisée par le bailleur avec son locataire (le texte précise qu'il s'agit du bailleur, de son représentant ou d'un tiers mandaté par lui). Dans le secteur social l'interlocuteur du bailleur est l'association (ou les associations) représentative(s) de locataires présente(s) dans son patrimoine. Cela suppose une vraie démarche de concertation. La concertation n'exige pas la signature d'un accord; de même elle n'est pas soumise à un vote préalable des locataires. Elle s'appuie cependant sur une volonté concrète d'échanges en vue d'un résultat partagé avec les locataires (et dans le secteur social avec leurs associations).

411.53 **Contenu.** Le texte précise par ailleurs le contenu de cette concertation. La concertation porte sur le programme de travaux que le bailleur envisage d'entreprendre, les modalités de leur réalisation, les bénéfices attendus en termes de consommation énergétique des logements et la contribution des locataires, notamment sa durée, au partage des économies de charges résultant de ces travaux.

411.54 **Date d'application.** À l'issue des travaux, une ligne supplémentaire en sus des lignes relatives au loyer et aux charges, intitulée : « Contribution au partage de l'économie de charges » et la mention des dates de la mise en place et du terme de cette ligne supplémentaire, ainsi que de la date d'achèvement des travaux sont inscrites sur chaque avis d'échéance et portées sur chaque quittance remise au locataire.

411.55 **Formalisme.** Préalablement à la conclusion d'un nouveau bail avec un autre locataire pendant la durée de versement de la contribution, le bailleur apporte au nouveau locataire les éléments propres à justifier les travaux réalisés et le maintien de cette contribution et l'informe de son terme.

§ 2 Nature des travaux

411.61 **Travaux susceptibles d'appel à contribution.** Le décret du 23 novembre 2009[2] pour le secteur privé, l'article R. 442-27 du code de la construction et de l'habitation pour le secteur social, précisent les travaux pouvant justifier l'appel de la contribution. Ils sont de deux types.

411.62 **Baisse de la consommation d'énergie – Nature des travaux.** « 1° Soit des travaux correspondant à une combinaison d'au moins deux actions d'amélioration de la performance énergétique du logement ou du bâtiment concerné, parmi les actions suivantes :

a) Travaux d'isolation thermique des toitures;

b) Travaux d'isolation thermique des murs donnant sur l'extérieur;

c) Travaux d'isolation thermique des parois vitrées donnant sur l'extérieur;

d) Travaux de régulation ou de remplacement de systèmes de chauffage ou de production d'eau chaude sanitaire;

e) Travaux d'installation d'équipements de chauffage utilisant une source d'énergie renouvelable;

1. Rép. min. n° 113293, *JOAN Q* 8 mai 2012, p. 3576.

2. Décr. n° 2009-1439, 23 nov. 2009 pris en application de l'article 23-1 de la loi n° 89-462 du 6 juill. 1989 tendant à améliorer les rapports locatifs, relatif à la contribution du locataire au partage des économies de charges issues des travaux d'économie d'énergie réalisés par un bailleur privé, *JO* 25 nov., p. 20228.

f) Travaux d'installation d'équipements de production d'eau chaude sanitaire utilisant une source d'énergie renouvelable, sous réserve que ces travaux et le niveau minimal de performance énergétique atteint soient conformes, *a minima*, aux exigences définies aux articles R. 131-25 à R. 131-28 du code de la construction et de l'habitation (respect de prescriptions techniques). Les niveaux minima à atteindre pour chaque catégorie de travaux sont précisés par des arrêtés du 23 novembre 2009 [1].

411.63 Baisse de la consommation d'énergie – Locaux visés. Selon l'arrêté du 23 novembre 2009 ces dispositions s'appliquent dans le secteur privé aux bâtiments dont la date d'achèvement est antérieure au 1er janvier 1990. Dans le secteur social il s'agit de ceux achevés avant le 1er janvier 1948.

411.64 Nature des travaux. Mais le décret envisage également une 2e catégorie de travaux : « 2° Soit des travaux conformes *a minima* aux exigences définies aux articles R. 131-25 à R. 131-28 du code de la construction et de l'habitation (respect de prescriptions techniques) et permettant d'amener la consommation d'énergie du bâtiment pour 5 postes de dépenses définis, à savoir le chauffage, la ventilation, la production d'eau chaude sanitaire, le refroidissement et l'éclairage des locaux, en dessous d'un seuil défini par le même arrêté conjoint des ministres en charge de la construction et de l'énergie.

411.65 Dates d'achèvement des locaux – Locaux visés. Ces dispositions s'appliquent aux bâtiments dont la date d'achèvement est comprise entre le 1er janvier 1948 et le 31 décembre 1989 dans le secteur privé et à ceux achevés à partir du 1er janvier 1948 dans le secteur social.

411.66 Dates d'achèvement des locaux. Par rapport aux dates d'achèvement ci dessus on peut observer en particulier que, pour les logements sociaux (dont la très grande majorité a été achevée après le 1er janvier 1948), c'est la 2e catégorie de travaux, assise sur le respect d'un niveau de consommation d'énergie, qui va s'appliquer. Dans le secteur privé le choix est laissé au bailleur entre bouquet de travaux et respect d'un seuil après travaux.

§ 3
Calcul de la contribution

411.71 Principe. L'économie de charges sur laquelle est normalement basée la contribution demandée au locataire en contrepartie des travaux d'amélioration énergétique réalisés par le bailleur est calculée par une méthode de calcul conventionnel de la consommation d'énergie résultant d'une étude thermique préalable et prenant en compte les caractéristiques techniques et énergétiques du bâtiment, sa localisation géographique, ainsi qu'une occupation conventionnelle de celui-ci.

411.72 Exception. La contribution peut néanmoins être fixée de manière forfaitaire si l'une au moins des conditions suivantes est remplie :

a) Les caractéristiques constructives du bâtiment sont incompatibles avec la méthode de calcul.

b) Le bailleur ne possède pas plus de trois logements mis à bail dans l'immeuble considéré.

411.73 Détermination de la contribution par arrêté. La méthode de calcul et le forfait, qui tient compte des caractéristiques des logements considérés, sont définis par un arrêté conjoint des ministres chargés de la construction et de l'énergie [2].

411.74 Secteur social. À l'issue de la réalisation de travaux d'économie d'énergie dans les bâtiments achevés à partir du 1er janvier 1948, le bailleur peut demander à son locataire une contribution mensuelle fixe et non révisable dont le montant est calculé sur la base d'une estimation de l'économie d'énergie en euros par mois calculée à partir de la méthode Th-C-E ex mentionnée dans un arrêté du 8 août 2008.

411.75 Bâtiments achevés avant 1948 – Propriétaire de trois logements maximum. En revanche dans les bâtiments achevés avant le 1er janvier 1948 ou dans lesquels le bailleur ne détient pas plus de trois logements locatifs, celui-ci peut demander à son locataire une contribution mensuelle forfaitaire fixe et non révisable s'élevant à : 10 euros pour les logements comprenant une pièce principale; 15 euros pour les logements comprenant deux ou trois pièces principales; 20 euros pour les logements comprenant quatre pièces principales et plus.

411.76 Secteur privé : bâtiment achevés avant 1948. Dans le secteur privé, dans les bâtiments achevés avant le 1er janvier 1948 la contribution mensuelle, fixe et non révisable s'élève également à : 10 euros pour les logements d'une pièce principale; 15 euros pour les logements de 2 ou 3 pièces principales; 20 euros pour les logements de 4 pièces principales ou plus.

411.77 Immeuble achevé après 1948. Dans les bâtiments achevés après le 1er janvier 1948, le bailleur peut demander à son locataire une contribu-

1. Arr. 23 nov. 2009 (secteur privé), *JO* 25 nov., p. 20230; Arr. 23 nov. 2009 (secteur social), *JO* 25 nov., p. 20238.

2. Arr. 23 nov. 2009 (secteur privé), *JO* 25 nov., p. 20230; Arr. 23 nov. 2009 (secteur social), *JO* 25 nov., p. 20238.

tion mensuelle fixe et non révisable dont le montant est calculé :

1°) Soit sur la base d'une estimation de l'économie d'énergie mensuelle en euros calculée à partir de la méthode Th-C-E ex mentionnée dans un arrêté du 8 août 2008.

2°) Soit sur la base d'une estimation de l'économie d'énergie mensuelle en euros calculée à partir d'une des méthodes réglementaires prévues dans un arrêté du 9 novembre 2006.

411.78 Propriétaire de trois logements maximum. En outre un bailleur privé qui ne possède pas plus de trois logements dans un immeuble peut demander un montant de contribution mensuelle fixé de manière forfaitaire, fixe et non révisable (v. s^s^ n° 411.76).

411.79 Contribution forfaitaire. Les montants forfaitaires pourront être actualisés tous les trois ans en fonction de l'évolution de l'indice de révision des loyers (IRL). Cette actualisation permettra aux bailleurs qui réaliseront après son intervention de tels travaux de bénéficier de tarifs nouveaux.

§ 4
Justification des travaux et opposabilité

411.81 Intérêt d'une intervention sur tout l'immeuble. Le bailleur est tenu de transmettre à son locataire des attestations en vue du contrôle de la réalisation effective des travaux à l'issue de la réalisation de ces derniers, selon un modèle de formulaire annexé à l'arrêté du 23 novembre 2009. En outre il tient à disposition des locataires (ou de leurs associations) les factures des travaux d'amélioration de la performance énergétique réalisés, pendant le mois qui suit la date d'achèvement des travaux.

411.82 Opposabilité des travaux au locataire. L'objectif d'amélioration de la performance énergétique sur lequel s'appuie le texte nécessite dans la plupart des cas une intervention sur la totalité d'un immeuble collectif, tant parties communes que parties privatives. Il était alors nécessaire de préciser les conditions d'opposabilité applicables à ces travaux. Aussi le législateur a-t-il adapté les textes relatifs aux rapports entre propriétaires et locataires sur ce point, ainsi que ceux concernant la copropriété.

La question pouvait en effet se poser en matière de baux d'habitation en vertu d'une jurisprudence relative à l'article 7 *e* de la loi n° 89-462 du 6 juillet 1989. Il était impératif de permettre la réalisation de travaux qui sont dans l'intérêt de la collectivité tout entière. C'est ce que fait la loi n° 2010-788 du 12 juillet 2010, portant engagement national pour l'environnement dite loi Grenelle II dans son article 10, en rendant opposables au locataire « les travaux nécessaires au maintien en état, à l'entretien normal des locaux loués, ainsi que les travaux d'amélioration de la performance énergétique à réaliser dans ces locaux », après modification de l'article 7 *e* de la loi du 6 juillet 1989.

411.83 Notion de travaux d'intérêt collectif. Pour la copropriété, l'article 25 *f* de la loi du 10 juillet 1965 fixant le statut de la copropriété, dans sa rédaction issue de la loi du 12 juillet 2010 et de la loi Alur du 24 mars 2014, crée la notion de « travaux d'intérêt collectif », réalisés sur les parties privatives et aux frais du copropriétaire du lot concerné. En outre personne (copropriétaire ou occupant) ne peut s'opposer à de tels travaux qui relèvent de l'article 25 *f*, sous réserve de notification préalable (8 jours avant les dits travaux)[1].

SECTION 3
CLAUSE TRAVAUX DE LA LOI DU 1ER SEPTEMBRE 1948

411.91 Travaux d'entretien et de réparation du logement. L'article 73 de la loi du 1er septembre 1948[2] autorise le locataire ou l'occupant dont le bail relève de cette législation et disposant de la part du propriétaire d'une autorisation amiable ou obtenue par voie de justice, à réaliser des travaux d'entretien ou de réparation au lieu et place de celui-ci, avec compensation dans le loyer. Le locataire peut même être autorisé par le juge, en cas de carence du bailleur, à bénéficier de l'aide financière de l'Agence nationale de l'habitat (Anah).

411.92 Travaux réalisés sur l'immeuble. L'article 40 de la loi de 1948 permet au locataire ou à l'occupant de passer une convention selon laquelle il s'engage, postérieurement à son entrée dans les lieux, à participer aux dépenses de travaux afférents à l'immeuble, à la seule condition que ces travaux aient été prévus dans la convention.

SECTION 4
CAS DES TRAVAUX DE LA LOI DU 12 JUILLET 1967

411.101 Amélioration de l'habitat. Le locataire (de tous secteurs locatifs) peut exécuter ou faire exécuter les travaux prévus par la loi du 12 juillet

1. L. 10 juill. 1965, art. 9.
2. L. n° 48-1360, 1er sept. 1948 portant modification et codification de la législation relative aux rapports des bailleurs et locataires ou occupants de locaux d'habitation ou à usage professionnel et instituant des allocations de logement, *JO* 2 sept., p. 8659, dite loi Grimaud.

1967, relative à l'amélioration de l'habitat [1], sous réserve de respecter les conditions suivantes :

- qu'il s'agisse exclusivement de travaux d'adaptation à des normes de salubrité, de sécurité, d'équipement et de confort fixées par le décret du 9 novembre 1968 tel qu'il a été modifié en 2002 par le décret relatif aux caractéristiques du logement décent [2]; l'objectif poursuivi est de mettre les locaux en conformité avec tout ou partie du décret sur le logement décent, sans dépasser les caractéristiques qui y sont définies (sur la notion de logement décent, v. s^s n° 211.32);
- que leur réalisation n'affecte pas d'autres parties de l'immeuble affectées à usage privatif;
- qu'ils ne risquent pas de compromettre le bon état ou la solidité de l'immeuble.

411.102 Droit et obligation du propriétaire. Le propriétaire, informé par acte extrajudiciaire (acte d'huissier) ou par lettre recommandée avec AR peut éventuellement engager lui-même ces travaux ou s'y opposer sous le contrôle du juge pour un motif légitime et sérieux. S'il accepte la proposition du locataire, il doit l'indemniser à son départ en tenant compte de la valeur actualisée des travaux. et une clause d'exclusion de toute indemnité est contraire aux dispositions de l'article 5 de la loi de 1967 [3]. Le propriétaire n'a toutefois pas l'obligation légale de réaliser les travaux d'amélioration visés par le décret du 9 novembre 1968 [4] du 13 décembre 2000 qui oblige à remettre au locataire un logement décent.

SECTION 5
POSE D'UNE ANTENNE DE TÉLÉVISION À L'INITIATIVE DU LOCATAIRE

411.111 Droit à l'antenne protégé. L'article 1er de la loi du 2 juillet 1966 [5] prévoit que : « Le propriétaire d'un immeuble ne peut, nonobstant toute convention contraire, même antérieurement conclue, s'opposer, sans motif sérieux et légitime, à l'installation, à l'entretien ou au remplacement, ainsi qu'au raccordement au câblage interne de l'immeuble aux frais d'un ou plusieurs locataires ou occupant de bonne foi, [...] d'une antenne extérieure réceptrice de radiodiffusion... ». Le locataire s'est ainsi vu reconnaître un droit à l'antenne protégé et à propos duquel plusieurs décisions de jurisprudence ont été rendues.

411.112 Protection par la Cour européenne des droits de l'homme. La Cour européenne des droits de l'homme exerce un contrôle vigilant sur la protection due aux personnes en matière de liberté de recevoir des informations, précisée par l'article 10 de la Convention européenne des droits de l'homme. Est ainsi disproportionnée l'expulsion de locataires intervenue en Suède pour avoir refusé de retirer une antenne parabolique dépassant d'une fenêtre, dès lors qu'il n'y avait pas d'autre moyen pour eux d'accéder à des programmes leur permettant de rester en contact avec la culture de leur pays d'origine [6].

§ 1
Champ d'application

411.121 Télévision et télécommunication. La loi du 2 juillet 1966 concerne la télévision et tous les modes de réception de celle-ci (antenne hertzienne, câble, satellite), mais également les antennes réceptrices et émettrices de télécommunication fixe [7], ce qui inclut le téléphone et le système de communication « internet ».

Elle s'applique en général dans les relations entre locataire et propriétaire [8], y compris en HLM [9], ainsi qu'aux immeubles qui se trouvent en indivision ou qui sont soumis au régime de la copropriété [10]. Les locataires personnes morales sont expressément concernées par la loi du 2 juillet 1966.

La loi du 2 juillet 1966, par ailleurs, s'applique aux lotissements [11].

§ 2
Conditions

411.131 Demande du locataire. Le locataire qui entend se prévaloir du droit à l'antenne doit, avant

1. L. n° 67-561, 12 juill. 1967 amélioration de l'habitat, *JO* 13 juill., p. 701.
2. Décr. n° 68-976, 9 nov. 1968, *JO* 10 nov.; mod. par Décr. n° 2002-120, 30 janv. 2002 relatif aux caractéristiques du logement décent, *JO* 31 janv., p. 2090.
3. Besançon, 17 sept. 2002. *JurisData* n° 2002-187278. *Loyers et copr.* 2003, n° 2, note Vial-Pedroletti.
4. Civ. 3e, 27 févr. 2002, n° 00-14.230, NP, *Loyers et copr.* 2002, n° 252 – Cette solution, concernant un logement sans chauffage ni eau chaude, ne pourrait cependant plus être retenue depuis la loi n° 2000-1208 relative à la solidarité et le renouvellement urbains (SRU).
5. L. n° 66-457, 2 juill. 1966 relative à l'installation d'antennes réceptrices de radiodiffusion, *JO* 5 juill., p. 5654.
6. CEDH 16 déc. 2008, n° 23883-06, *AJDI* 2009. 438.
7. L. n° 2001-624, 17 juill. 2001 portant diverses dispositions d'ordre social, éducatif et culturel, modifiant la loi du 2 juill. 1966, *JO* 18 juill. 2001, p. 11496.
8. Civ. 3e, 21 juin 2000, n° 98-19.531, *Bull. civ.* III, n° 125; *Rev. loyers* 2000. 448.
9. Civ. 3e, 21 juin 2000, n° 98-19.531, *Bull. civ.* III, n° 125; *D.* 2000. IR *206*, *Rev. loyers* 2000. 448.
10. L. n° 66-457, 2 juill. 1966, art. 4.
11. Civ. 3e, 25 sept. 2002, *Bull. civ.* III, n° 183; *D.* 2002. IR *2778*.

de procéder à l'installation, informer le propriétaire par lettre recommandée avec accusé de réception en joignant une description détaillée des travaux à entreprendre ainsi que la nature du ou des services dont la réception sera obtenue[1].

Une cour d'appel ne peut condamner le locataire à retirer l'antenne qu'il avait posée en façade, le bailleur lui ayant imposé par contrat une demande d'autorisation préalable, car le texte législatif ne permet pas d'inscrire dans le bail une telle autorisation préalable[2]. Dans le même sens : le bailleur n'a pas à donner son autorisation à l'installation, mais seulement à être informé[3].

411.132 Défaut d'information du bailleur. Le défaut d'information du bailleur n'a pas pour effet de rendre illégale la pose de l'antenne, mais de rendre inopposable le délai de forclusion octroyé au bailleur pour s'y opposer[4]. Mais le juge doit vérifier si le locataire a rempli son obligation d'information du propriétaire assortie d'une description détaillée des travaux[5]. Ainsi, lorsque le preneur n'a pas procédé à l'information préalable et que l'antenne, installée sur le balcon de l'appartement, est de nature à altérer de façon grave l'aspect de l'immeuble et à créer un surplomb dangereux pour les passants, le bailleur est fondé à demander sa suppression dès lors que l'installation est possible sur le toit de l'immeuble et a été autorisée par le bailleur[6]. Le même bailleur peut se voir opposer l'absence de motif légitime et sérieux pour une installation d'antenne à l'arrière d'un pavillon dont il ne peut démontrer qu'elle altère l'harmonie d'une résidence[7] et voir valider sa demande de suppression d'une parabole qui contribue à altérer l'aspect de l'immeuble et qui, placée sur un balcon, est en outre de nature à créer un surplomb dangereux pour les personnes passant au pied de l'immeuble[8]. La parabole, entièrement visible de l'extérieur, nuit à l'esthétique de l'immeuble[9].

411.133 Position du propriétaire – recours au juge. Le propriétaire qui entend opposer un refus à l'installation projetée dispose de deux possibilités. Il peut d'abord recourir au juge. Le propriétaire peut saisir le tribunal d'instance du lieu de l'immeuble dans le délai de trois mois à peine de forclusion, en arguant d'un motif légitime et sérieux. Le risque de dégradation du complexe d'étanchéité de la toiture-terrasse constitue un tel motif[10] de même que l'atteinte à l'harmonie et l'esthétique de l'immeuble[11]. Une pose d'antenne sur un rebord extérieur de balcon est de nature à altérer de manière grave l'aspect de l'immeuble et à créer un surplomb dangereux pour les personnes passant à son pied[12]. Mais ne nuit pas à l'harmonie de l'immeuble la pose d'une antenne sur le plancher d'un balcon, l'antenne ne dépassant que de quelques centimètres[13]. Dans tous les cas, le propriétaire doit rapporter la preuve des risques qu'il évoque[14].

411.134 Position du propriétaire – Raccordement à l'installation collective. Le propriétaire peut aussi proposer, dans le même délai, le raccordement au câble ou à l'antenne collective fournissant un service collectif défini par accord collectif pris en application de l'article 42 de la loi du 23 décembre 1986 (v. s[s] n°s 912.91 s.). Les prestations collectives fournies doivent être comparables à l'installation projetée pour constituer un motif légitime et sérieux de refus[15]. C'est au propriétaire de démontrer que l'existence d'un autre raccordement possible constitue un motif légitime et sérieux de s'opposer au maintien de l'antenne parabolique[16].

Le propriétaire a toutefois la faculté de subordonner la réalisation de l'installation par le locataire au respect de conditions destinées à garantir l'intégrité de l'immeuble et la sécurité des personnes (intervention d'un spécialiste, souscription d'une assu-

1. Décr. n° 67-1171, 22 déc. 1967, *JO* 28 déc., p. 12830, art. 1er.
2. Civ. 3e, 3 nov. 2005, n° 02-21.489, *Bull. civ.* III, n° 207; *D.* 2005. IR *2822; ibid.* 2006, *Pan. 963*, obs. Damas; *AJDI* 2006. 29, note Rouquet; *AJDA* 2006. 167; *Loyers et copr.* 2006, n° 5, obs. Vial-Pedroletti; *Administrer* janv. 2006. 33 obs. Bouyeure.
3. Paris, 5 févr. 1998, RG n° 96/00265, *Loyers et copr.* 1998, n° 174, obs. Vial-Pedroletti – CONTRA : les locataires doivent demander l'autorisation au bailleur, Besançon, 2 févr. 2000, RG n° 134876, *Loyers et copr.* 2001, n° 140, obs. Vial-Pedroletti.
4. Civ. 3e, 5 janv. 2011, n° 09-72.538, *Bull. civ.* III, n° 1; *Dalloz actu.*, 19 janv. 2011, obs. Rouquet; *ibid.* 2012, Pan 1086, spéc. 1089, obs. Damas; *AJDI* 2011. 619, obs. Damas; *Loyers et copr.* 2011, n° 70, obs. Vial-Pedroletti; *Rev. loyers* 2011, 68, obs. Rémy; *Administrer*, avr. 2011, 35, obs. Canu.
5. Civ. 3e, 10 févr. 1999, n° 97-13.356, NP.
6. Paris 6e ch. B, 27 sept. 2007, RG n° 06/20676, *Loyers et copr.* 2008, n° 1, note Vial-Pedroletti.
7. Paris, 15 oct. 2009, RG n° 379208, *Loyers et copr.* 2010, n° 286.
8. Paris, 17 mars 2009, RG n° 375897, *AJDI* 2009. 613.
9. Versailles, 3 mai 2012. *JurisData* n° 2012-010494, *Loyers et copr.* 2012, n° 196.
10. Paris, 10 févr. 2000, RG n° 1998/11174, *Rev. loyers* 2000. 266.
11. Paris, 16 déc. 1999, RG n° 1998/14367, *Loyers et copr.* 2000, n° 94, obs. Vigneron.
12. Paris, 27 sept. 2007, RG n° 06/20676, *Loyers et copr.* 2008, n° 1, note Vial-Pedroletti.
13. Paris, 5 févr. 1998, RG n° 96/00266, *Loyers et copr.* 1998, n° 179.
14. Civ. 3e, 21 juin 2000, n° 98-19.531, *Bull. civ.* III, n° 125; *Rev. loyers* 2000. 448.
15. Paris, 28 mars 1995, RG n°s 93/18333 et 93/23800, *D.* 1996. Somm. 380.
16. Paris, 28 févr. 2012, n° 10/23087, *JurisData*, n° 2012-003660, *Loyers et copr.* 2012, n° 130, note Vial-Pedroletti.

rance par exemple). Il n'est alors pas tenu de saisir le tribunal d'instance dans les délais de la loi, dès lors qu'il ne s'oppose pas à la demande du locataire [1]. Le bailleur qui ne s'oppose pas dans le délai de trois mois pour un motif légitime et sérieux se voit justement opposer la forclusion [2].

Les radioamateurs détiennent le même droit à l'antenne dans le cadre de la loi du 2 juillet 1966.

411.135 **Passage au tout numérique en copropriété.** Le passage au tout numérique a eu lieu en 2011. Le syndic avait l'obligation de porter la question à l'ordre du jour de l'assemblée générale de copropriété. La décision relative aux travaux est prise à la majorité de l'article 24 de la loi n° 65-557 du 10 juillet 1965 [3] fixant le statut de la copropriété des immeubles bâtis (majorité des voix exprimées des copropriétaires présents ou représentés).

SECTION 6
DROIT À LA FIBRE OPTIQUE

411.141 **Droit du locataire.** Le locataire bénéficie depuis la loi de modernisation pour l'économie du 4 août 2008 [4] d'un droit équivalent au droit à l'antenne sous la forme de l'accès à la fibre optique. Il peut demander son raccordement à un réseau de communications électroniques à très haut débit en fibre optique ouvert au public, ainsi que l'installation, l'entretien ou le remplacement des équipements nécessaires, à ses frais ou à ceux de plusieurs locataires ou occupants de bonne foi.

411.142 **Opposition du propriétaire subordonnée à l'existence d'un motif sérieux et légitime.** Le propriétaire ne peut, nonobstant toute convention contraire, même antérieurement conclue, s'opposer sans motif sérieux et légitime à ce raccordement. Constitue notamment un motif sérieux et légitime de s'opposer à ce raccordement :

- soit la préexistence de lignes de communications électroniques en fibre optique permettant de répondre aux besoins spécifiques du demandeur. Dans ce cas, le propriétaire peut demander que le raccordement soit réalisé au moyen desdites lignes;

- soit la décision prise dans un délai de six mois, suivant la demande du ou des locataires ou occupants de bonne foi, d'installer des lignes de communications électroniques à très haut débit en fibre optique en vue d'assurer la desserte de l'ensemble des occupants de l'immeuble dans des conditions satisfaisant les besoins spécifiques du demandeur. Dans ce cas, une convention est établie entre le propriétaire de l'immeuble et l'opérateur dans les conditions prévues par l'article L. 33-6 du code des postes et des communications électroniques.

411.143 **Champs d'application.** Le texte est applicable à tous les immeubles à usage d'habitation ou à usage mixte, quel que soit leur régime de propriété.

En copropriété le syndic a l'obligation d'inscrire à l'ordre du jour de l'assemblée générale toute proposition faite par un opérateur de fibre optique d'installer une ligne desservant l'ensemble des locaux.

Trois décrets du 15 janvier 2009 [5] précisent les conditions d'application de la loi de modernisation de l'économie.

1. Civ. 3e, 9 févr. 2000, n° 98-15.495, *Bull. civ.* III, n° 30; *Loyers et copr.* 2000, n° 120, obs. Vigneron.
2. Dijon, 13 janv. 1993, *JurisData* n° 600371, *Rev. loyers* 1994. 450, obs. Gallet; *Dr. et proc.* 1993. 900.
3. L. n° 65-557, 10 juill. 1965 fixant le statut de la copropriété des immeubles bâtis, *JO* 11 juill., p. 5950.
4. L. n° 2008-776, 4 août 2008 de modernisation de l'économie, art. 109 (V), *JO* 5 août, p. 12471.
5. Décr. n° 2009-52, 15 janv. 2009 relatif à l'installation de lignes de communications électroniques à très haut débit en fibre optique dans les bâtiments neufs, Décr. n° 2009-53, 15 janv. 2009 relatif au droit au très haut débit pris en application du II de l'article 1er de la loi n° 66-457 du 2 juill. 1966 relative à l'installation d'antennes réceptrices de radiodiffusion, Décr. n° 2009-54, 15 janv. 2009 relatif à la convention entre opérateur et propriétaire portant sur l'installation, la gestion, l'entretien et le remplacement de lignes de communications électroniques à très haut débit en fibre optique dans un immeuble, *JO* 16 janv., p. 903 s.

CHAPITRE

412. Travaux en cours de contrat réalisés par le bailleur

SECTION 0 ORIENTEUR

412.00 Plan du chapitre.

412.01 Textes applicables.

TEXTES SOURCES

> Secteur HLM

- **CCH, art. L. 353-15, III, L. 442-6, II.**
- **L. 1er sept. 1948, art. 11 à 14.**

TEXTES *IN EXTENSO*

> Secteur HLM

- **CCH, art. L. 353-15, III**

(...)

III. En cas d'autorisation de démolir visée à l'article L. 443-15-1 ou de démolition prévue par une convention visée à l'article 10 de la loi n° 2003-710 du 1er août 2003 d'orientation et de programmation pour la ville et la rénovation urbaine, le locataire ayant refusé trois offres de relogement respectant les conditions prévues à l'article 13 *bis* de la loi n° 48-1360 du 1er septembre 1948 précitée ne bénéficie plus du droit au maintien dans les lieux. Toutefois, cette condition n'est pas exigée du bailleur qui démontre qu'un logement, répondant aux conditions du même article 13 *bis*, a été spécialement conçu pour le relogement du locataire. À l'expiration d'un délai de six mois à compter de la notification de la troisième offre de relogement, le locataire est déchu de tout titre d'occupation des locaux loués.

Les locaux ainsi rendus disponibles ne peuvent être réoccupés avant le début des travaux.

- **CCH, art. L. 442-6, II**

(...)

II. En cas d'autorisation de démolir visée à l'article L. 443-15-1 ou de démolition prévue par une convention visée à l'article 10 de la loi n° 2003-710 du 1er août 2003 d'orientation et de programmation pour la ville et la rénovation urbaine, le locataire ayant refusé trois offres de relogement respectant les conditions prévues à l'article 13 *bis* de la loi n° 48-1360 du 1er septembre 1948 précitée ne bénéficie plus du droit au maintien dans les lieux. Toutefois, cette condition n'est pas exigée du bailleur qui démontre qu'un logement, répondant aux conditions du même article 13 *bis*, a été spécialement conçu pour le relogement du locataire. À l'expiration d'un délai de six mois à compter de la notification de la troisième offre de relogement, le locataire est déchu de tout titre d'occupation des locaux loués.

Les locaux ainsi rendus disponibles ne peuvent être réoccupés avant le début des travaux.

- **L. 1er sept. 1948, art. 11**

Le droit au maintien dans les lieux ne peut être opposé au propriétaire qui aura obtenu du ministre de la construction ou de son délégué l'autorisation de démolir un immeuble pour construire un autre immeuble d'une surface habitable supérieure et contenant plus de logements que l'immeuble démoli.

Le propriétaire devra donner un préavis de six mois à chacun des occupants pour vider les lieux.

Il devra, en outre, commencer les travaux de reconstruction dans les trois mois du départ du dernier occupant.

Les locaux ainsi rendus disponibles ne pourront en aucun cas être réoccupés avant le début des travaux.

• **L. 1er sept. 1948, art. 12**

Le droit au maintien dans les lieux ne peut être opposé au propriétaire qui avec l'autorisation préalable du ministre chargé de la reconstruction et de l'urbanisme ou de son délégué effectue des travaux tels que surélévation ou addition de construction ayant pour objet d'augmenter la surface habitable, le nombre de logements ou le confort de l'immeuble, et qui rendent inhabitable ce qui est nécessaire au logement de l'occupant et de sa famille.

Il en est de même lorsque le propriétaire effectue des travaux nécessitant l'évacuation des lieux compris dans un secteur ou périmètre prévu à l'article 3 de la loi n° 62-903 du 4 août 1962 et autorisés ou prescrits dans les conditions prévues audit article.

Le propriétaire doit donner à chaque occupant un préavis de six mois pour quitter les lieux loués. Les travaux doivent être commencés dans les trois mois du départ du dernier occupant.

• **L. 1er sept. 1948, art. 13**

Les personnes évincées en application des articles 11 et 12 bénéficient, si elles ne sont pas relogées dans un local remplissant les conditions prévues à l'article 13 *bis* ci-dessous, du droit à réintégration dans un des locaux situés dans les immeubles ayant fait l'objet des travaux visés auxdits articles et peuvent s'y maintenir dans les conditions prévues par la présente loi.

Dès l'achèvement des travaux, le propriétaire devra, par lettre recommandée avec accusé de réception, ou par acte extrajudiciaire, les mettre en demeure de lui faire connaître, dans le délai d'un mois et dans la même forme, s'ils entendent user de ce droit. La notification devra mentionner, à peine de nullité, la forme et le délai de la réponse.

• **L. 1er sept. 1948, art. 13 *bis***

Le local mis à la disposition des personnes évincées, en application des articles 11 et 12, doit satisfaire aux caractéristiques définies en application des premier et deuxième alinéas de l'article 6 de la loi n° 89-462 du 6 juillet 1989 tendant à améliorer les rapports locatifs et portant modification de la loi n° 86-1290 du 23 décembre 1986 et correspondre à leurs besoins personnels ou familiaux et, le cas échéant, professionnels, et à leurs possibilités. Il doit en outre être situé :

Dans le même arrondissement ou les arrondissements limitrophes ou les communes limitrophes de l'arrondissement où se trouve le local, objet de la reprise, si celui-ci est situé dans une commune divisée en arrondissements;

Dans le même canton ou dans les cantons limitrophes de ce canton inclus dans la même commune ou dans les communes limitrophes de ce canton si la commune est divisée en cantons;

Dans les autres cas sur le territoire de la même commune ou d'une commune limitrophe, sans pouvoir être éloigné de plus de 5 km.

• **L. 1er sept. 1948, art. 13 *ter***

Le congé délivré en application des articles 11 et 12 ci-dessus doit, à peine de nullité, indiquer les motifs pour lesquels il est donné et reproduire les dispositions des articles 13 et 13 *bis* ci-dessus.

• **L. 1er sept. 1948, art. 13 *quater***

Toute convention entre le bailleur et le locataire ou l'occupant pour la mise en œuvre des dispositions des articles 11 à 13 *bis* ci-dessus ne peut être signée, à peine de nullité, qu'après l'expiration d'un délai de trente jours suivant la réception de la demande.

Le projet de convention est adressé au locataire ou à l'occupant par lettre recommandée avec demande d'avis de réception.

À peine de nullité de la convention, ce projet ainsi que la convention ultérieurement signée doivent reproduire l'un et l'autre en caractères très apparents les dispositions du présent article. L'avis de réception mentionné au deuxième alinéa doit, également à peine de nullité de la convention, lui être annexé.

• **L. 1er sept. 1948, art. 14**

Nonobstant les dispositions de l'article 1723 du code civil, les locataires ou occupants d'un immeuble ne peuvent mettre obstacle aux travaux que le propriétaire se propose d'entreprendre avec l'autorisation préalable du ministre de la construction ou de son délégué et qui ont pour objet d'augmenter la surface habitable, le nombre de logements ou le confort de l'immeuble ou d'améliorer le confort d'un ou de plusieurs logements dudit immeuble, lorsque ces travaux ne rendent pas inhabitable ce qui est nécessaire au logement du locataire ou de l'occupant et de leur famille.

Toutefois, cette autorisation n'est pas nécessaire pour les travaux figurant sur une liste fixée par décret. La liste des travaux énumérés pourra dépendre de la situation du patrimoine immobilier bâti et des conditions de son utilisation dans la ou les communes soumises aux dispositions de la présente loi.

Selon la nature des travaux à exécuter et sous réserve d'un préavis de trois mois, les occupants sont tenus soit d'évacuer la partie des locaux intéressés par lesdits travaux, soit de permettre l'accès de leur logement et d'accepter notamment le passage de canalisations ne faisant que le traverser.

Si les travaux durent plus de quarante jours, le loyer sera diminué à proportion du temps et de la partie du local dont ils auront été privés.

Lorsque les travaux ont pour objet de diviser un logement insuffisamment occupé au sens des dispositions de l'article 10 7°, l'occupant ne peut prétendre qu'à l'occupation du nombre de pièces fixé en application de l'article 327 du code de l'urbanisme et de l'habitation.

En tout état de cause, lorsque les travaux visés au présent article n'affectent qu'un logement, le propriétaire doit notifier au locataire ou occupant, par acte extrajudiciaire ou par lettre recommandée avec demande d'avis de réception, son intention de les exécuter. Si le locataire ou occupant entend s'opposer aux travaux ou à leurs modalités d'exécution pour un motif sérieux et légitime, il doit saisir, à peine de forclusion, la juridiction compétente, dans le délai de deux mois à compter de la réception de la notification qui lui a été faite.

Le préavis de trois mois prévu au troisième alinéa ci-dessus comporte, à peine de nullité, la reproduction du texte intégral des articles 14 et 59 *bis* de la présente loi, la description sommaire des travaux, les conditions de leur exécution, l'indication des bases selon lesquelles le loyer sera calculé après leur achèvement, ainsi qu'une copie de l'autorisation visée au premier alinéa ci-dessus lorsqu'une telle autorisation est exigée.

En l'absence de l'autorisation ou de la notification prévues ci-dessus ou en cas d'exécution des travaux dans des conditions différentes de celles énoncées dans la notification ou encore plus généralement si les travaux, même non soumis à autorisation, présentent un caractère abusif ou vexatoire, le juge du tribunal d'instance, statuant par ordonnance de référé, est compétent pour prescrire l'interdiction ou l'interruption des travaux. Il peut ordonner l'interdiction ou l'interruption à titre provisoire s'il estime nécessaire une mesure d'instruction.

412.02 **Jurisprudence de référence.**

• **Secteur HLM et loi de 1948**

> **Travaux n'entrainant pas le départ des locataires**

• **Civ. 3e, 5 juin 1991, n° 89-19.197**, NP

* V. ss n° 412.64

C'est au locataire d'établir le manquement du bailleur dans le respect de la procédure de l'article 14 de la loi du 1er septembre 1948.

> **Travaux entraînant le départ des locataires**

• **Civ. 3e., 22 nov. 1995, n° 93-21.723**, *Bull. civ.* III, n° 137

* V. ss n° 412.81

Le permis de construire ou le permis de démolir ne tiennent pas lieu d'autorisation spécifique de l'article 12 de la loi du 1er septembre 1948.

> **Local de relogement**

• **Civ. 3e, 8 nov. 1977, n° 76-12.845**, *Bull. civ.* III, n° 374

* V. ss n° 412.103

Le loyer du local de relogement doit correspondre aux possibilités financières du bénéficiaire.

> **Protection des locataires**

• **Civ. 3e, 10 mai 1990, n° 88-17.215**, NP

* V. ss n° 412.143

La cour d'appel, qui a souverainement apprécié le montant de la diminution du loyer pour des travaux exécutés par le bailleur au delà de 40 jours, a légalement justifié sa décision.

412.03 **Bibliographie indicative.**

Actualisables. RÉP. IMMO., vis « Bail d'habitation et mixte : rapports locatifs individuels – Loi du 6 juillet 1989 », N. Damas, nos 177, 293 s.; « Bail d'habitation ou professionnel – Loi du 1er septembre 1948 », H. des Lyons, n° 83-118 – LAMY DR. IMMO, n° 5951, 6001 – DICT. PERM. Gestion immob., « Baux d'habitation et mixtes », nos 178, 221 s., 293 s.; « Baux-Loi du 1er septembre 1948 », nos 313 s.

Articles. S. Mayer, « La rénovation des locaux occupés soumis à la loi du 1er septembre 1948 », *Gaz. Pal.* 20-21 avr. 1994, p. 2 à 23.

412.05 **Concurrence d'intérêts légitimes.** L'équilibre doit être cherché entre une juste protection du locataire en cas de travaux et la nécessité de promouvoir l'amélioration en continu des logements ainsi que leur maintien en état d'habitabilité. Cette préoccupation se retrouve dans quasiment toutes les législations de la loi de 1948 à aujourd'hui.

SECTION 1
TRAVAUX D'AMÉLIORATION PRÉVUS PAR LA LOI DU 6 JUILLET 1989

412.11 **Possible majoration du loyer.** L'ancien article 17 *e* de la loi du 6 juillet 1989, devenu, depuis la loi du 24 mars 2014, dite loi Alur[1], l'article 17-1-II[2] énonce que « lorsque les parties sont convenues, par une clause expresse, de travaux d'amélioration du logement que le bailleur fera exécuter, le contrat de location ou un avenant à ce contrat peut fixer la majoration du loyer consécutive à la réalisation de ces travaux ».

Cette possibilité de majorer le loyer est exclue pour les logements HLM, qu'ils soient ou non conventionnés à l'APL[3]. Cela ne signifie pas que des travaux d'amélioration ne peuvent être réalisés en HLM (v. ss nos 412.51 s.), mais que leur contrepartie est soumise aux règles particulières qui régissent l'évolution des loyers HLM (v. ss nos 735.71 s.).

§ 1
Conditions de validité de la prise en charge de travaux d'amélioration par le bailleur

412.21 **Clause.** • Forme. Cette prise en charge doit être prévue par une clause expresse du bail ou par un avenant à celui-ci. Un accord verbal ne saurait permettre à l'une des parties au contrat de revendiquer l'application de l'article 17-1 II[4].

• Contenu. La clause devra préciser les travaux qu'elle vise, leur date d'exécution et leur durée, ainsi que la majoration de loyer qui en résultera.

412.22 **Nature des travaux concernés.** Il doit s'agir de travaux d'amélioration.

La définition jurisprudentielle de la notion de « travaux d'amélioration » au sens de l'article 17-1

1. L. n° 2014-366, 24 mars 2014 pour l'accès au logement et un urbanisme renforcé, *JO* 26 mars, p. 5809.
2. Applicable aux contrats en cours au 27 mars 2014, date d'entrée en vigueur de la loi du 24 mars 2014.
3. L. n° 89-462, 6 juill. 1989, art. 40 I et III.
4. Paris, 11 janv. 1993, RG n° 91/019874, *Loyers et copr.* 1993, n° 167, rendu au visa de l'anc. art. 17 *e*.

Il devrait être la même que celle qui prévalait en application de l'ancien article 17 *e* de la loi du 6 juillet 1989. Ainsi, les travaux d'amélioration envisagés par l'article 17-1 II seraient notamment ceux qui apportent un équipement nouveau, un service ou une qualité supérieure au niveau des prestations existantes; ou apportant une qualité permettant de diminuer d'une façon certaine les dépenses d'entretien ou d'exploitation; ou encore, ceux qui apporteraient une plus grande sécurité pour les biens comme pour les personnes [1].

Ces travaux d'amélioration ne pourraient donc pas être des interventions relevant de l'entretien courant ou constituant un rattrapage du défaut d'entretien, ou relevant de grosses réparations ou de gros entretien [2].

En conséquence, des travaux de ravalement ne pourraient être retenus dans le cadre de l'article 17-1 II de la loi du 6 juillet 1989. Il en irait de même de l'installation d'un filtre de centrifuge sur l'appareil de chauffage nécessaire à la conservation de la tuyauterie et des appareils de chauffage [3].

En revanche, la pose d'un lecteur de carte magnétique d'accès au parking serait une amélioration [4].

§ 2
Conséquences de la réalisation des travaux d'amélioration

412.31 Majoration de loyer. La principale conséquence de la réalisation de ces travaux est qu'elle va permettre au bailleur d'appliquer une majoration de loyer.

Il s'agit d'une majoration définitive qui ne peut intervenir qu'après l'exécution des travaux. Ainsi, il ne serait pas possible de prévoir une augmentation progressive du prix du bail en cours de travaux, en fonction de l'avancement de ceux-ci.

Le montant de cette majoration sera librement fixé entre les parties (dans le bail ou dans un avenant). Le bailleur n'aura donc pas à fournir des références de nature à rapporter la preuve que le nouveau loyer est conforme au prix du voisinage [5].

412.32 Calcul de la majoration. La base de la majoration du loyer étant le plus souvent assise sur le montant global des travaux d'amélioration, il est important de préciser qu'il convient de prendre en considération la seule quote-part afférente à l'appartement loué, et non la facture globale [6].

Relevons que l'article 17-1-II [7] se termine par la précision selon laquelle « cette majoration ne peut faire l'objet d'une action en diminution de loyer » (au sujet de laquelle, v. s^{s} n°s 522.301 s.).

§ 3
Sanctions encourues en cas de non-respect de l'article 17-1 II

412.41 Non respect de la clause par le bailleur. Lorsque le bailleur ne respectera pas son engagement de réaliser les travaux convenus (non-réalisation ou réalisation non conforme aux termes de la clause), le locataire n'aura pas à s'acquitter du supplément de loyer (en cas d'inexécution totale) ou pourra demander la résolution de la clause (en cas de travaux non conformes). Il pourra de plus demander des dommages et intérêts.

La sanction pourrait également, semble-t-il, prendre la forme de la résolution pure et simple du contrat s'il s'avérait que les travaux d'amélioration convenus ont été déterminants dans la décision du preneur de louer l'appartement. Il faudrait alors que ce caractère déterminant ressorte des termes du contrat. Tel pourrait être le cas lorsque le locataire souffre d'une infirmité et qu'il a été convenu que le logement fasse l'objet de travaux d'accessibilité aux personnes handicapées.

412.42 Absence d'imputabilité au bailleur de la non-réalisation des travaux. Pour autant, la non-réalisation des travaux n'est pas toujours imputable au bailleur. Tel est le cas lorsque la clause visait la création d'un ascenseur, création dont l'initiative revenait à la seule assemblée générale de copropriété. En pareille circonstance, il a été jugé que la clause insérée n'était pas purement potestative et qu'elle ne devait donc pas être annulée [8].

412.43 Non respect de la clause par le locataire. Au locataire qui refuse de payer la majoration de prix, la sanction appliquée sera la résiliation judiciaire ou la résiliation en application de la clause de résiliation de plein droit pour non-paiement (v. s^{s} n°s 922.11 et 923.11 s.).

1. Paris, 3 nov. 1992, RG n° 91/003388, *Loyers et copr.* 1993, n° 83.
2. Paris, 3 nov. 1992, RG n° 91/003388, préc.
3. Paris, 3 nov. 1992, RG n° 91/003388, préc.
4. Paris, 3 nov. 1992, RG n° 91/003388, préc.
5. Civ. 3e, 5 juin 2002, n° 00-18.697, NP, *AJDI* 2002. 609, obs. Rouquet; *Administrer* août-sept. 2002, p. 51, note Gauclère.
6. Paris, 3 nov. 1992, RG n° 91/003388, *Loyers et copr.* 1993, n° 83.
7. Issu de la loi du 24 mars 2014, dite loi Alur, applicable aux contrats en cours le 27 mars 2014.
8. Paris, 12 mai 1989, RG n° 88/013543, *D.* 1989. Somm. 40, obs. Bihr.

SECTION 2
TRAVAUX EXÉCUTÉS PAR LE BAILLEUR DANS LE SECTEUR HLM ET EN LOI DE 1948

412.51 Tempérament au droit au maintien dans les lieux. La reconnaissance législative du droit au maintien dans les lieux pour le locataire est un principe fondamental des relations entre bailleurs et locataires en HLM et dans la loi du 1er septembre 1948. Applicable conformément au CCH en HLM [1], ce droit subit cependant des exceptions. Celles-ci peuvent relever d'un arbitrage du bailleur en faveur de travaux pour la conservation du bien, tels que les travaux de rénovation ou de réhabilitation, voire dans certains cas – plus nombreux actuellement du fait de l'obsolescence d'un parc pour partie construit avant ou pendant les années 1970 –, de travaux de démolition.

Mais si la réglementation offre au bailleur HLM ou relevant de la loi de 1948 [2] de larges possibilités d'amélioration du confort du logement, elle a également opté pour une protection spéciale des locataires ou des occupants. La loi de 1948, renforcée par les lois du 31 décembre 1975 [3] et du 31 décembre 1976 [4], leur apporte des garanties en cas de travaux exécutés en leur présence ou nécessitant leur départ.

Enfin, la concertation dans les procédures de travaux de réhabilitation HLM est organisée par les textes.

§ 1
Travaux n'entraînant pas le départ des locataires

412.61 Nécessité d'une autorisation de l'administration. Ils résultent de l'application de l'article 14 de la loi du 1er septembre 1948. Il permet au propriétaire qui détient une autorisation préalable de l'administration, de réaliser des travaux auxquels les locataires ou occupants d'un immeuble ne peuvent « mettre obstacle ».

412.62 Nature des travaux. Lorsqu'ils portent sur l'immeuble, ce sont des travaux d'augmentation de la surface habitable, du nombre de logements ou du confort de l'immeuble. Il peut s'agir aussi de travaux d'amélioration du confort d'un ou plusieurs logements. Des travaux de restructuration complète de l'immeuble, même réalisés dans le cadre d'une mission d'intérêt collectif [5] n'interdisent pas au locataire, qui doit « souffrir les travaux », au sens de l'article 7 *e* de la loi du 6 juillet 1989, de rechercher la responsabilité du bailleur qui doit les mettre en œuvre de façon à causer le minimum de préjudice au locataire [6].

412.63 Obligations du propriétaire – Autorisation administrative. Les obligations du propriétaire sont de trois ordres. Le bailleur doit d'abord avoir obtenu une autorisation administrative préalable, sauf pour certains travaux définis par le décret du 30 décembre 1964 [7], qui sont de droit : installation de l'eau, du gaz, de l'électricité, d'une salle de bains ou d'une salle de douches ou d'un cabinet de toilette, avec eau courante chaude et froide, d'un w.-c., du chauffage central, d'un vide-ordures et tous travaux de modernisation afférents à ces mêmes équipements. Encore faut-il que ces travaux n'entraînent pas un trouble de jouissance pour les voisins, par exemple en réduisant l'accès à leur propre logement, en particulier lorsque le trouble aurait pu être évité par une meilleure organisation des lieux [8].

412.64 Obligations du propriétaire – Préavis. Le bailleur doit ensuite délivrer un préavis de trois mois aux occupants, comportant le texte intégral des articles 14 et 59 *bis* de la loi du 1er septembre 1948 et les informant de la nature des travaux notamment; mais ni la durée [9], ni la description précise des travaux [10] ne sont exigées. C'est au locataire d'établir le manquement du bailleur dans le respect de la procédure de l'article 14 [11].

412.65 Obligations du propriétaire – Forme. Lorsque les travaux n'affectent qu'un seul logement, le propriétaire doit enfin notifier son intention de les exécuter au locataire ou à l'occupant par acte extrajudiciaire ou par lettre recommandée avec AR.

Le propriétaire doit conserver l'habitabilité du logement pendant la durée des travaux. À défaut, il est débouté de toutes ses demandes [12].

1. CCH, art. L. 442-6 et art. L. 353-15.
2. L. n° 48-1360, 1er sept. 1948 portant modification et codification de la législation relative aux rapports des bailleurs et locataires ou occupants de locaux d'habitation ou à usage professionnel et instituant des allocations de logement, *JO* 2 sept., p. 8659, dite loi Grimaud.
3. L. n° 75-1351, 31 déc. 1975 relative à la protection des occupants de locaux d'habitation, *JO* 4 janv. 1976, p. 191.
4. L. n° 76-1285, 31 déc. 1976 portant réforme de l'urbanisme, *JO* 1er janv. 1977, p. 4.
5. Création de 28 logements sociaux.
6. Paris, 30 janv. 2008, RG n° 05/24326, *AJDI* 2008. 757.
7. Décr. n° 64-1356, 30 déc. 1964 portant application de l'art. 14 de la loi n° 48-1360 du 1er septembre 1948 modifiée, *JO* 31 déc., p. 11910.
8. Paris, 6e ch. B, 22 mars 2007, RG n° 06/02737, *Loyers et copr.* 2007, n° 120, note Vial-Pedroletti.
9. Civ. 3e, 8 févr. 1989, n° 87-15.164, NP, *Administrer* août-sept. 89, p. 54.
10. Paris, 9 juin 1995, RG n° 022119, *Loyers et copr.* 1996, n° 21.
11. Civ. 3e, 5 juin 1991, n° 89-19.197, NP, *Loyers et copr.* nov. 1991.
12. Civ. 3e, 28 nov. 2006, n° 05-17.810, NP, *Administrer* n° 399, p. 43, obs. Canu.

412.66 Situation du locataire. À l'expiration du délai de trois mois, il doit laisser exécuter les travaux.

Il peut saisir le juge d'instance qui, en cas de travaux abusifs ou vexatoires, peut prescrire l'interdiction ou l'interruption des travaux. Le locataire peut s'opposer à des travaux qui n'augmentent pas le confort ou la sécurité du logement[1].

Si les travaux n'affectent qu'un seul logement, le locataire qui veut s'y opposer doit saisir, dans les deux mois qui suivent la notification qui lui a été faite, à peine de forclusion, le juge compétent[2] sur la base d'un motif légitime et sérieux. Il peut toutefois saisir le juge des référés lorsqu'il estime que les travaux projetés ont un caractère abusif ou vexatoire sur le fondement de l'article 14, dernier alinéa de la loi du 1er septembre 1948[3]. Au delà du délai de deux mois pour saisir le juge, le locataire ne peut plus contester, au fond, les travaux[4].

§ 2
Travaux entraînant le départ des locataires

412.71 Travaux importants ou démolition de l'immeuble. Ils sont de deux ordres : soit il est question de travaux importants sur l'immeuble tels que surélévation ou addition de construction, soit l'immeuble doit être démoli.

A.
Nature des travaux

412.81 Travaux de structure. L'article 12 de la loi du 1er septembre 1948 permet au bailleur, muni d'une autorisation administrative spécifique, de réaliser des travaux ayant pour objet d'augmenter la surface habitable ou le nombre de logements ou le confort de l'immeuble. Le permis de construire ou le permis de démolir ne tiennent pas lieu d'autorisation spécifique[5]. L'article 12 ne prévoit pas d'exception à la nécessité de disposer d'une autorisation administrative[6]. Mais l'autorisation de travaux en secteur sauvegardé vaut autorisation administrative au sens de l'article 12[7].

412.82 Démolition : immeubles régis par la loi de 1948. Le droit au maintien dans les lieux n'est pas opposable au propriétaire qui a reçu l'autorisation du ministre de la Construction ou de son délégué de démolir un immeuble pour construire un autre immeuble, selon l'article 11 de la loi du 1er septembre 1948, à la condition que la nouvelle construction ait une surface habitable supérieure et contienne plus de logements que l'immeuble démoli.

412.83 Démolition : HLM. Le législateur autorise dorénavant le bailleur à démolir des immeubles compris dans le périmètre d'une opération de l'Agence Nationale pour la Rénovation Urbaine (ANRU) ou, après autorisation du préfet, visée à l'article L. 443-15-1 du code de la construction et de l'habitation[8]. Le bailleur s'oblige à proposer jusqu'à trois offres de relogement au locataire dont l'immeuble est démoli.

En outre, l'accord de la commune d'implantation ainsi que celui du garant des prêts ayant servi à la construction est nécessaire. L'article R. 443-17 du code de la construction et de l'habitation entraîne, en cas de démolition, le remboursement immédiat des aides de l'État et des prêts aidés ou consentis par lui, mais le préfet dispose d'importantes facultés de dérogation pour tenir compte de la situation financière de l'organisme et de l'intérêt de l'opération au plan économique et social.

412.84 Financement. Les organismes d'HLM peuvent disposer de financements de type PLUS construction-démolition (CD) assortis de subventions, hors ZUS.

De plus, l'ANRU, a permis de réunir dans un dispositif unique tous les financements de la rénovation urbaine afin d'accompagner des projets urbains globaux présentés par les élus et visant à transformer en profondeur les quartiers d'habitat social (plus de 750 quartiers en zone urbaine sensible sont éligibles). L'ANRU finance en conséquence les investissements sur les logements et ceux qui concernent les aménagements nécessaires à la restructuration du quartier.

412.85 Démolition : conditions communes. Le permis de démolir, selon le code de l'urbanisme[9], n'est exigible que si le conseil municipal en a décidé ainsi ou si la construction relève d'une protection particulière.

1. Dijon, 26 mars 1997, RG n° 00002981/95, *Loyers et copr.* 1997, n° 310, obs. Vial-Pedroletti.
2. Il s'agit du juge d'instance, juge de droit commun en matière de bail.
3. Civ. 3e, 20 déc. 2000, n° 99-12.804, NP, *AJDI* 2001. 252, obs. Laporte.
4. Civ. 3e, 11 déc. 1979, *Gaz. Pal.* 1980. 1, Somm. 124.
5. Civ. 3e., 22 nov. 1995, n° 93-21.723, *Bull. civ.* III, n° 137; *Loyers et copr.* 1996, n° 66.
6. Dijon, 4 avr. 2003, *JurisData* n° 2003, 208953, *Loyers et copr.* 2003, n° 195, note Vial-Pedroletti.
7. Bordeaux, 5e Ch. 2 juill. 1992 : *Rev. loyers* 1993, p. 33.
8. L. n° 2009-323, 25 mars 2009 de mobilisation pour le logement et la lutte contre l'exclusion, *JO* 27 mars, p. 5408, art. 61, 5°; mod. art. L. 353-15, CCH pour les logements conventionnés et L. 442-6, CCH pour les logements non conventionnés.
9. C. urb., art. L. 421-3.

L'article L. 451-1 du même code, entré en vigueur le 1er octobre 2007 au terme de la réforme des autorisations d'urbanisme, précise que « lorsque la démolition est nécessaire à une opération de construction ou d'aménagement, la demande de permis de construire ou d'aménager peut porter à la fois sur la démolition et sur la construction ou l'aménagement. Dans ce cas, le permis de construire ou le permis d'aménager autorise la démolition ».

B. Conditions de forme et de délai

412.91 Préavis de six mois – Offre de relogement. Le bailleur soumis à la loi de 1948 doit donner congé avec un préavis de six mois à chacun des occupants. Le congé doit indiquer le motif pour lequel il est donné et reproduire les dispositions des articles 13 et 13 *bis* de la loi du 1er septembre 1948. En HLM, en cas de démolition, la troisième offre de relogement répondant aux conditions légales est assortie de l'information donnée au locataire qu'au terme d'un délai de six mois il sera déchu de tout titre d'occupation en cas de refus de cette troisième offre. Les trois offres de relogement doivent également respecter les conditions de l'article 13 *bis* de la loi du 1er septembre 1948.

On notera cependant que l'obligation de proposer trois offres de relogement n'est pas imposée pour les travaux relevant de l'article 12 de la loi du 1er septembre 1948, et ce pour les bailleurs relevant de cette loi ou pour les organismes HLM. Une offre répondant aux conditions de l'article 13 *bis* est suffisante : elle devra, en particulier, correspondre aux besoins personnels ou familiaux et, le cas échéant, professionnels des personnes relogées, ainsi qu'à leurs possibilités.

412.92 Absence de formalisme particulier. Le congé de la loi de 1948, comme les offres de relogement en HLM ne sont pas soumis à une règle de forme particulière. Ils peuvent être donnés notamment par lettre recommandée avec demande d'avis de réception ou encore être notifiés par acte d'huissier.

412.93 Autorisation et début des travaux. L'autorisation de démolir visée à l'article 11 doit avoir été délivrée préalablement à la notification du préavis de six mois[1]. Il en est de même de l'autorisation spécifique de l'article 12[2]. À défaut, le locataire ne peut se voir reprocher d'être resté dans les lieux[3]. En HLM il est recommandé d'obtenir assez tôt dans la procédure les autorisations de l'article L. 443-15-1 du code de la construction et de l'habitation et le permis de démolir quand il est nécessaire. La jurisprudence en application de l'article 11 de la loi du 1er septembre 1948 exige que le permis de démolir ait été obtenu préalablement à l'offre de relogement.

Les travaux doivent commencer, au plus tard, trois mois après le départ du dernier occupant. Dans le cas d'une démolition, les locaux rendus disponibles ne peuvent en aucun cas être réoccupés avant le début des travaux.

C. Relogement des occupants

412.101 Relogement ou réintégration. Le propriétaire « loi de 1948 » dispose du choix entre relogement et réintégration dans les logements qui ont été reconstruits. Le bailleur HLM doit, quant à lui, faire jusqu'à trois offres, si nécessaire.

Les conditions de relogement sont strictement prévues par la loi[4].

412.102 Formalisme obligatoire. Tout projet de convention pour le relogement doit être envoyé par lettre recommandée avec demande d'avis de réception et préciser s'il s'agit d'un relogement provisoire ou définitif et reproduire les dispositions de l'article 13 *quater* de la loi qui donne au locataire un délai d'un mois pour examiner les propositions qui lui sont faites et signer la convention.

L'avis de réception est joint à la convention, à peine de nullité. En présence d'une convention de relogement[5], la locataire relogée après avoir signé la convention en novembre 2000 ne peut en contester la validité plus de deux ans après[6].

412.103 Conditions du relogement. Le relogement répond à certaines conditions, posées par l'article 13 *bis* de la loi du 1er septembre 1948 :

– le local mis à la disposition des personnes évincées doit satisfaire aux caractéristiques du logement décent[7] (v. ss nos 211.32 s.); ne répond pas à cette condition le logement qui doit faire l'objet de travaux pour être habitable[8];

1. Civ. 3e, 7 oct. 1980, no 79-11.972, *Bull. civ.* III, no 148.
2. Civ. 3e, 14 déc. 1994, no 93-11.554, *Bull. civ.* III, no 209; *Loyers et copr.* 1995, no 157.
3. Civ. 3e, 31 mai 1994, no 92-20.153, NP, *Loyers et copr.* 1994, no 378.
4. L. 1er sept. 1948, art. 13, 13 *bis* et 13 *quater*.
5. Requise dans les conditions de l'article 13 *quater* de la loi.
6. Civ. 3e, 23 janv. 2007, no 06-11.477, NP, *Rev. loyers* 2007. 141.
7. Depuis la loi no 2009-323 du 25 mars 2009 de mobilisation pour le logement et la lutte contre l'exclusion (*JO* 27, p. 5480).
8. Civ. 3e, 16 déc. 1997, no 96-10.150, NP, *Rev. loyers* 1998. 235; Ancienne rédaction : « le local est en bon état et répond à des conditions d'hygiène normales ».

- il correspond aux besoins personnels, familiaux et, le cas échéant, professionnels des personnes évincées, ainsi qu'à leurs possibilités; le loyer doit correspondre aux possibilités financières du bénéficiaire [1]. Aucune disposition n'impose que le local proposé soit soumis au même régime juridique que celui dont la personne est évincée [2]; le locataire qui conteste les propositions de relogement qui lui sont faites par la société d'HLM doit démontrer qu'elles ne satisfont pas aux conditions de bon état, d'hygiène ou de proximité ou que les logements ne correspondent pas à ses besoins personnels [3].

412.104 Relogement – Condition de distance. Le local satisfait à des conditions de distance par rapport à l'ancien logement : dans la même commune ou une commune limitrophe; dans le même arrondissement (canton) ou un arrondissement (canton) limitrophe ou une commune limitrophe de cet arrondissement (canton). Le juge du fond apprécie souverainement les caractères du local de remplacement et les besoins des personnes concernées [4].

412.105 Trois offres de relogement – limite. Enfin, la condition posée par la loi du 25 mars 2009 [5] de faire jusqu'à trois offres de relogement en HLM n'est toutefois pas exigée du bailleur démontrant qu'un logement, répondant aux conditions de l'article 13 *bis*, a été conçu spécialement pour le relogement du locataire.

D.
Réintégration des occupants

412.111 Acceptation dans le délai d'un mois à compter de la notification. La réintégration après les travaux, prévue par l'article 11 de la loi de 1948, fait l'objet d'une mise en demeure par lettre recommandée avec demande d'avis de réception ou par acte extrajudiciaire [6]. La notification mentionne à peine de nullité la forme et le délai de réponse (un mois).

L'absence de réponse à la proposition dans le délai vaut refus d'exercice du droit à réintégration. Le refus d'un relogement qui satisfait aux conditions de l'article 13 *bis* fait perdre le droit à réintégration et le locataire qui accepte un autre logement plus vaste dans l'immeuble reconstruit renonce aux dispositions de la loi [7].

§ 3
Concertation dans les projets de réhabilitation ou de démolition

412.121 Obligation du bailleur créée par la loi du 13 décembre 2000. La loi du 13 décembre 2000 relative à la solidarité et au renouvellement urbains [8] a apporté des modifications sensibles aux règles de concertation entre bailleurs et locataires en cas de travaux jusqu'alors essentiellement applicables dans le secteur social. Désormais, dans le cas de travaux d'amélioration des logements ou de leur démolition, la concertation tend à se généraliser.

Ainsi, à l'exception des bailleurs relevant du quatrième secteur locatif (v. s^s^ n° 912.12), à savoir les « bailleurs personnes physiques et les sociétés civiles immobilières constituées exclusivement entre parents et alliés jusqu'au quatrième degré inclus » [9], les autres bailleurs doivent, préalablement à toute décision d'amélioration ayant une incidence sur les loyers ou les charges ou de construction-démolition, mener une concertation avec les représentants des locataires (sur les conditions de cette concertation v. s^s^ n°s 912.31 s.).

SECTION 3
CAS DES TRAVAUX DE LA LOI DU 12 JUILLET 1967

412.131 Amélioration de l'habitat. Pour les travaux prévus par la loi de 1967 [10] (v. s^s^ n° 412.145), les logements visés sont essentiellement des logements dépourvus de confort mesuré à travers des normes de sécurité, de salubrité et d'équipement. Lorsque l'initiative est prise par le propriétaire, les travaux s'imposent au locataire, sauf s'ils présentent un caractère abusif ou vexatoire pour lesquels le juge d'instance peut prescrire des mesures d'interdiction ou d'interruption [11]. Le bailleur qui ne justifie ni de l'utilité ni de la nécessité des travaux et ne produit aucun élément de nature à établir que les travaux

1. Civ. 3e, 8 nov. 1977, n° 76-12.845, *Bull. civ.* III, n° 374.
2. Paris, 27 janv. 2000, *Rev. loyers* 2000. 247.
3. Civ. 3e, 10 juin 1998, n° 96-18.701, NP, *Administrer* mars 1999, p. 34, obs. Canu.
4. Civ. 3e, 10 juin 1998, n° 96-18.701, NP, *Administrer* mars 1999, p. 34, obs. Canu.
5. L. n° 2009-323, 25 mars 2009 de mobilisation pour le logement et la lutte contre l'exclusion, *JO* 27 mars, p. 5408.
6. L. 1er sept. 1948, art. 13.
7. Civ. 3e, 8 févr. 1972, n° 71-20.020, *Bull. civ.* III, n° 82; *JCP* 1972. IV. 69.
8. L. n° 2000-1208, 13 déc. 2000 relative à la solidarité et au renouvellement urbains, *JO* 14 déc., p. 19777.
9. L. n° 86-1290, 23 déc. 1986, art. 41 *ter* et 44 *quater*.
10. L. n° 67-561, 12 juill. 1967 relative à l'amélioration de l'habitat, *JO* 13 juill., p. 701.
11. L. n° 67-561, 12 juill. 1967 relative à l'amélioration de l'habitat, art. 2.

litigieux entrent dans la catégorie des travaux prévus par la loi du 12 juillet 1967 doit être débouté[1].

Lorsque les travaux ne portent que sur un seul logement, le locataire ne peut cependant s'y opposer que s'il saisit le juge compétent dans le délai de deux mois à compter de la notification qui lui est faite, à peine de forclusion.

SECTION 4
PROTECTION DES LOCATAIRES EN CAS DE RÉNOVATION

412.141 Obligation d'information préalable du locataire par le bailleur pour les travaux relevant de la loi du 12 juillet 1967 ou de l'article *7 e* de la loi du 6 juillet 1989. Depuis l'entrée en vigueur de la loi du 24 mars 2014[2], dite loi Alur, soit depuis le 27 mars 2014[3] une nouvelle obligation d'information pèse sur le bailleur qui réalise des travaux dans le cadre de la loi du 12 juillet 1967 (v. s[s] n° 412.131) ou les travaux listés dans l'article *7 e* de la loi du 6 juillet 1989 (v. s[s] n°s 312.41 s.). Cette obligation est applicable à tous les bailleurs. Avant le début des travaux, le locataire doit être informé par le bailleur de leur nature et des modalités de leur exécution par une notification de travaux qui lui est remise en main propre ou par lettre recommandée avec demande d'avis de réception. Aucuns travaux ne peuvent être réalisés les samedis, dimanches et jours fériés sans l'accord exprès du locataire. Si les travaux entrepris dans un local d'habitation occupé, ou leurs conditions de réalisation, présentent un caractère abusif ou vexatoire ou ne respectent pas les conditions définies dans la notification de préavis de travaux ou si leur exécution a pour effet de rendre l'utilisation du local impossible ou dangereuse, le juge peut prescrire, sur demande du locataire, l'interdiction ou l'interruption des travaux entrepris.

412.142 Sanctions. À défaut de respecter la notification ci-dessus ou les conditions d'exécution des travaux ou encore s'il passe outre à l'interdiction ou à l'interruption des travaux, le bailleur s'expose aux sanctions de l'article L. 480-4 du code de l'urbanisme.

Le tribunal peut, en outre, ordonner la remise en état des lieux aux frais du condamné.

412.143 Indemnisation du locataire au delà d'un certain délai. Selon les termes de l'article 1724 du code civil, avant sa modification par la loi du 24 mars 2014, le locataire est tenu de subir certains travaux réalisés par le bailleur, sous réserve d'une indemnisation au-delà d'un certain délai : « Si, durant le bail, la chose louée a besoin de réparations urgentes et qui ne puissent être différées jusqu'à sa fin, le preneur doit les souffrir, quelque incommodité qu'elles lui causent, et quoiqu'il soit privé, pendant qu'elles se font, d'une partie de la chose louée.

Mais, si ces réparations durent plus de quarante jours, le prix du bail sera diminué à proportion du temps et de la partie de la chose louée dont il aura été privé. »

La cour d'appel, qui a souverainement apprécié le montant de la diminution du loyer pour des travaux exécutés par le bailleur au delà de 40 jours, a légalement justifié sa décision[4]. Par ailleurs le bailleur ne peut se prévaloir d'une clause d'exclusion de toute indemnisation, l'article 7e de la loi du 6 juillet 1989 qui renvoie à l'article 1724 du code civil étant d'ordre public, ce qui interdit toute dérogation conventionnelle[5].

La loi du 24 mars 2014, dite loi Alur, a prévu, dans le même sens, que le contrat ne peut contenir de clause qui exclue l'indemnisation du locataire pour des travaux, en portant le délai maximum à 21 jours (au lieu des 40 antérieurs).

La fin de l'article 1741 va plus loin dans la protection des locataires dans la mesure où il précise que : « Si les réparations sont de telle nature qu'elles rendent inhabitable ce qui est nécessaire au logement du preneur et de sa famille, celui-ci pourra faire résilier le bail. »

Les modifications de la loi Alur sont, depuis le 8 août 2015, date d'entrée en vigueur de la loi n° 2015-990 du 6 août 2015, dite Macron applicable aux contrats en cours[6].

412.144 Droit d'opposition sauf en matière de performance énergétique. Le bailleur dispose sous certaines conditions, de la faculté de réaliser des travaux sur les parties communes et les parties privatives (sur les obligations du locataire, v. s[s] n° 312.41). La jurisprudence a notamment souligné la possibilité ouverte au locataire de refuser certains travaux dans son propre logement[7]. Mais le législateur, à l'occasion de la loi du 12 juillet 2010, dite loi Grenelle II, a formalisé pour le locataire l'obligation d'accepter

1. Civ. 3e, 3 févr. 1993, *CNAVTS, Loyers et copr.* 1993, n° 129.
2. L. n° 2014-366, 24 mars 2014 pour l'accès au logement et un urbanisme renforcé, *JO* 26 mars, p. 5809.
3. L. n° 2014-366, 24 mars 2014, art. 1 III, créant un 10-1 A, L. n° 75-1351, 31 déc. 1975 relative à la protection des occupants de locaux d'habitation.
4. Civ. 3e, 10 mai 1990, n° 88-17.215, NP.
5. Paris, 6e ch. C, 15 mai 2001 : *Rev. loyers* 2001, p. 349.
6. L. n° 2015-990, 6 août 2015, art. 82-II, *JO* 7 août, p. 13537, en vigueur le 8 août 2015.
7. Civ. 3e, 5 mai 2004, n° 01-16.041, *Bull. civ.* III, n° 89; *AJDI* 2004. 556, obs. Rouquet; *D.* 2004. IR 1426; *Rev. loyers* 2004. 479, obs. Humblot-Gignoux.

les travaux d'efficacité énergétique, y compris dans son logement, afin de ne pas empêcher la poursuite de l'objectif de réduction des consommations d'énergie[1].

L'article 7 *e* de la loi du 6 juillet 1989, modifié par la loi du 24 mars 2014, dite loi Alur, ajoute aux travaux auxquels le locataire ne peut s'opposer « les travaux qui permettent de remplir les obligations mentionnées au premier alinéa de l'article 6 », c'est-à-dire les travaux relatifs à la décence des logements.

412.145 Opposition : procédure. Des dispositions législatives générales permettent aux locataires de s'opposer à certains travaux s'ils peuvent être considérés comme abusifs ou assimilés à une éviction, dans le cadre de la rénovation des centres anciens par exemple. Le locataire peut s'opposer à des travaux concernant le logement qu'il loue, même lorsqu'ils sont la conséquence d'une décision prise par la copropriété, dès lors qu'il n'est pas démontré que l'assemblée se soit prononcée sur la partie des travaux contestée qui affecte son logement, ni établi qu'ils étaient nécessaires[2]. Les nuisances diverses résultant de travaux engagés par le propriétaire et subies par les locataires pendant plus de deux ans justifient une indemnité[3].

412.146 Protection du locataire – Résiliation. L'article 6 de la loi du 31 décembre 1975[4], relative à la protection des occupants de locaux à usage d'habitation, accorde ainsi un délai de trente jours au locataire pour signer une convention de résiliation d'un bail en cours après réception d'une demande adressée par le propriétaire.

1°) La demande doit être adressée par lettre recommandée avec demande d'avis de réception.

2°) La lettre doit contenir la reproduction de l'article 6 de la loi de 1975, à peine de nullité.

3°) Le projet doit avoir pour objet la démolition pour reconstruire un immeuble d'une surface habitable supérieure, ou des travaux ayant pour objet d'augmenter la surface d'habitation ou le confort de l'immeuble. La formule est par conséquent très inspirée des articles 11 et 12 de la loi de 1948 (v. s^s n°s 412.71 s.).

4°) Cette mesure de protection des locataires est applicable en cours de contrat de location. Elle favorise les actions de rénovation importantes sur des immeubles entiers.

SECTION 5

POSE D'UNE ANTENNE DE TÉLÉVISION À L'INITIATIVE DU PROPRIÉTAIRE

412.151 Participation financière du locataire. Le propriétaire, qui a installé à ses frais une antenne collective ou un réseau interne à l'immeuble raccordé à un réseau câblé fournissant un service collectif, est fondé à demander à chaque usager acceptant de se raccorder à cette antenne collective ou à ce réseau interne, une quote-part des dépenses d'installation, d'entretien et de remplacement à titre de frais de branchement et d'utilisation[5].

Le défaut d'acceptation de l'usager rend inopposable la demande du bailleur[6] (sur le paiement de droits d'auteur en matière de télévision, v. s[s] n° 322.134). Aucune disposition de la loi du 2 juillet 1966, transposable aux copropriétés, ni aucune autre disposition légale n'autorise un syndicat à imposer aux personnes se raccordant au réseau câblé interne à l'immeuble un abonnement à un ensemble de chaînes, nul ne pouvant être contraint de s'abonner à des programmes télévisuels et la part réclamée au titre des charges correspond à un tel abonnement et non à des frais d'installation, d'entretien ou de remplacement de ce réseau[7].

412.152 Remplacement d'une antenne collective par un réseau câblé. Cette solution ne doit pas être confondue avec l'hypothèse prévue expressément à l'article 1er de la loi du 2 juillet 1966 qui renvoie à la négociation d'un accord collectif visé à l'article 42 de la loi du 23 décembre 1986 les modalités de remplacement d'une antenne collective par un réseau interne raccordé à un réseau câblé[8]. Dans ce cas, si l'accord proposé est accepté à la majorité, il s'impose à tous les usagers[9]. L'accord collectif peut prévoir alors le coût de l'installation ainsi que celui de l'abonnement au service de télévision fourni (sur les conditions de négociation de l'accord collectif v. s[s] n°s 912.111 s.).

1. L. n° 2010-788, 12 juill. 2010 portant engagement national pour l'environnement, art. 10, mod. art. 7 *g*, L. n° 89-462, 6 juill. 1989.
2. Civ. 3e, 16 avr. 2008, n° 07-12.789, NP, *AJDI* 2008. 766, obs. Zalewski.
3. Paris, 25 sept. 2007, RG n° 05/14147, *Loyers et copr.* 2008, n° 4.
4. L. n° 75-1351, 31 déc. 1975 relative à la protection des occupants de locaux d'habitation, *JO* 4 janv., p. 191.
5. L. n° 66-457, 2 juill. 1966, modifiée, relative à l'installation d'antennes réceptrices de radiodiffusion, *JO* 5 juill., p. 5654, art. 2.
6. Civ. 3e, 29 janv. 2002, n° 99-17.042, NP, *AJDI* 2002. 299, obs. Rouquet; *Administrer* juin 2002, p. 41, note Canu.
7. Civ. 3e, 1er déc. 1999, n° 98-11.726, NP, *D.* 2001. Somm. 346, obs. Giverdon; *Loyers et copr.* 2000, n° 47, obs. Vigneron; *AJDI* 2000. 260.
8. Rép. min. n° 39929, *JOAN Q* 19 oct. 2004, p. 8156.
9. Civ. 3e, 28 juin 2000, n° 97-21.684, *Bull. civ.* III, n° 131; *RTD civ.* 2001. 160, note Gautier; *Rev. loyers* 2000. 447.

TITRE

42. Les évènements personnels influant sur le bail

SECTION 0
ORIENTEUR

42.00 **Plan du titre.**

42.01 **Textes applicables.**

TEXTES SOURCES

> Abandon de domicile, décès du locataire

- **L. n° 89-462, 6 juill. 1989, art. 14, 40, I et III.**
- **C. civ., art. 515-1, 515-8, 1751.**

> Sous location et cession de bail

- **L. n° 89-462, 6 juill. 1989, art. 8.**
- **CCH, art. L. 442-8.**
- **L. 1er sept. 1948, art. 78.**

> Hébergement

- **L. n° 89-462, 6 juill. 1989, art. 4 n).**

> Échange de logements

- **L. 6 juill 1989, art. 9.**

42.03 **Bibliographie indicative.**

Ouvrage. J. Lafond, B. Vial-Pedroletti, *Les baux d'habitation*, 8e éd., LexisNexis, 2017.

Actualisables. RÉP. IMMO., v° « Bail d'habitation et mixte : rapports locatifs individuels – Loi du 6 juillet 1989 », N. Damas, nos 100, 146, 167, 202 s., 318 s. – LAMY DR. IMMO, nos 5589, 5736, 5825, 5871, 5898, 5991 s. – DICT. PERM. Gestion immob., « Baux d'habitation et mixtes », n° 167, 198 s., 318 s.; « Baux-loi du 1er septembre 1948 », nos 48 s., 67; « HLM-Location », nos 256 s., 266, 292 s.

CHAPITRE

421. Abandon de domicile et décès du locataire

SECTION 0
ORIENTEUR

421.00 Plan du chapitre.

Division – Protection des proches. Deux situations propres à la personne du locataire ont un effet sur le bail. En réglementant les conditions dans lesquelles certains bénéficiaires peuvent rester dans les lieux le législateur a eu pour objectif de préserver les proches de celui qui a abandonné son domicile ou qui est décédé.

421.01 Textes applicables.

TEXTES SOURCES

• **L. n° 89-462, 6 juill. 1989, art. 14, 40, I et III.**

• **C. civ., art. 515-1, 515-8, 1751.**

TEXTES *IN EXTENSO*

• **L. 6 juill. 1989, art. 14**

En cas d'abandon du domicile par le locataire, le contrat de location continue :

– au profit du conjoint sans préjudice de article 1751 du code civil;

– au profit des descendants qui vivaient avec lui depuis au moins un an à la date de l'abandon du domicile;

– au profit du partenaire lié au locataire par un pacte civil de solidarité;

– au profit des ascendants,du concubin notoire ou des personnes à charge, qui vivaient avec lui depuis au moins un an à la date de l'abandon du domicile.

Lors du décès du locataire, le contrat de location est transféré :

– au conjoint survivant qui ne peut se prévaloir des dispositions de l'article 1751 du code civil;

– aux descendants qui vivaient avec lui depuis au moins un an à la date du décès;

– au partenaire lié au locataire par un pacte civil de solidarité;

– aux ascendants,au concubin notoire ou aux personnes à charge, qui vivaient avec lui depuis au moins un an à la date du décès.

En cas de demandes multiples, le juge se prononce en fonction des intérêts en présence.

À défaut de personnes remplissant les conditions prévues au présent article, le contrat de location est résilié de plein droit par le décès du locataire ou par l'abandon du domicile par ce dernier.

• **L. 6 juill. 1989, art. 40, I et III**

I. – Les 4°, 7° à 9° et le dernier alinéa de l'article 3, l'article 3-1, le II de l'article 5, les articles 8, 8-1, 10 à 12, 15 à 18, le 1° de l'article 20, les cinq premiers alinéas de l'article 23 et les articles 25-3 à 25-11 ne sont pas applicables aux logements appartenant aux organismes d'habitations à loyer modéré et ne faisant pas l'objet d'une convention passée en application de l'article L. 351-2 du code de la construction et de l'habitation.

L'article 14 leur est applicable à condition que le bénéficiaire du transfert ou de la continuation du contrat remplisse les conditions d'attribution et que le logement soit adapté à la taille du ménage. Ces deux conditions ne sont pas requises envers le conjoint, le partenaire lié au locataire par un pacte civil de solidarité ou le concubin notoire et, lorsqu'ils vivaient effectivement avec le locataire depuis plus d'un an, les ascendants, les personnes présentant un handicap au sens de l'article L. 114 du code de l'action sociale et des familles et les personnes de plus de soixante-cinq ans. Lorsque le bénéficiaire du transfert est un descendant remplissant les conditions de ressources mais pour lequel le logement est inadapté à la taille du ménage, l'organisme bailleur peut proposer un relogement dans un logement plus petit pour lequel l'intéressé est prioritaire.

Les treizième à vingt-troisième alinéas du I de l'article 15 sont applicables lorsque le congé émane du locataire.

(...)

III. – Les 4°, 7° à 9° et le dernier alinéa de l'article 3, l'article 3-1, le II de l'article 5, les articles 8, 8-1, 10 à 12, 15 et 17, le II de l'article 17-1, les articles 17-2 et 18 et le premier alinéa de l'article 22 ne sont pas applicables aux logements régis par une convention conclue en application de l'article L. 351-2 du code de la construction et de l'habitation.

L'article 14 leur est applicable à condition que le bénéficiaire du transfert ou de la continuation du contrat remplisse les conditions d'attribution et que le logement soit adapté à la taille du ménage. Ces deux conditions ne sont pas requises envers le conjoint, le partenaire lié au locataire par un pacte civil de solidarité ou le concubin notoire et, lorsqu'ils vivaient effectivement avec le locataire depuis plus d'un an, les ascendants, les personnes présentant un handicap au sens de l'article L. 114 du code de l'action sociale et des familles et les personnes de plus de soixante-cinq ans.

Les treizième à vingt-troisième alinéas du I de l'article 15 leur sont applicables.

L'article 16, le I de l'article 17-1, l'article 18, le 1° de l'article 20, les cinq premiers alinéas de l'article 23 et les articles 25-3 à 25-11 ne sont pas applicables aux logements régis par une convention conclue en application de l'article L. 353-14 du code de la construction et de l'habitation.

• **C. civ., art. 515-1**

Un pacte civil de solidarité est un contrat conclu par deux personnes physiques majeures, de sexe différent ou de même sexe, pour organiser leur vie commune.

• **C. civ., art. 515-8**

Le concubinage est une union de fait, caractérisée par une vie commune présentant un caractère de stabilité et de continuité, entre deux personnes, de sexe différent ou de même sexe, qui vivent en couple.

• **C. civ., art. 1751**

Le droit au bail du local, sans caractère professionnel ou commercial, qui sert effectivement à l'habitation de deux époux, quel que soit leur régime matrimonial et nonobstant toute convention contraire et même si le bail a été conclu avant le mariage, ou de deux partenaires liés par un pacte civil de solidarité, dès lors que les partenaires en font la demande conjointement, est réputé appartenir à l'un et à l'autre des époux ou partenaires liés par un pacte civil de solidarité.

En cas de divorce ou de séparation de corps, ce droit pourra être attribué, en considération des intérêts sociaux et familiaux en cause, par la juridiction saisie de la demande en divorce ou en séparation de corps, à l'un des époux, sous réserve des droits à récompense ou à indemnité au profit de l'autre époux.

En cas de décès d'un des époux ou d'un des partenaires liés par un pacte civil de solidarité, le conjoint ou le partenaire lié par un pacte civil de solidarité survivant cotitulaire du bail dispose d'un droit exclusif sur celui-ci sauf s'il y renonce expressément.

421.02 Jurisprudence de référence.

> Abandon de domicile. Notion

• **Civ. 3e, 16 déc. 1987, n° 86-12.424**, NP

* V. ss n° 421.25

La notion d'abandon de domicile ne peut résulter d'un départ consécutif à une réorganisation de vie personnelle et professionnelle.

• **Civ. 3e, 26 nov. 2008, n° 07-17.728**, *Bull. civ.* III, n° 186

* V. ss n° 421.27

Le placement du locataire en maison de retraite, dans la mesure où il est définitif et qu'il s'impose au bénéficiaire de la continuation du contrat, a le caractère d'un abandon de domicile.

> Communauté de vie. Notion

• **Civ. 3e, 13 juill. 1994, n° 92-15.928**, *Bull. civ.* III, n° 145

* V. ss nos 421.62, 421.43

La personne qui revendique le bénéfice du transfert doit avoir vécu depuis au moins un an à la date du décès avec le locataire.

421.03 Bibliographie indicative.

Ouvrages. N. Couzigou-Suhas, *La famille et son logement*, LAMY Axe Droit, 2010.

Actualisables. RÉP. IMMO., v° « Bail d'habitation et mixte : rapports locatifs individuels – Loi du 6 juillet 1989 », N. Damas, nos 146, 202 s. – LAMY DR. IMMO, nos 5736, 5895 s. – DICT. PERM. Gestion immob., « Baux d'habitation et mixtes », nos 198 s.; « HLM-Location », nos 292 s.

Articles. A. Durance et N. Piquemal, « Le couple et le logement », *AJDI* 2008. 913; B. Vial-Pedroletti, « La protection spécifique du conjoint survivant en cas de décès du locataire », *Loyers et copr.* 2013, n° 9; F. Guégan, « Résiliation du bail d'habitation et reprise du logement abandonné par le locataire », *Rev. loyers* 2011, p. 346; L. Lauvergnat, « La reprise des locaux abandonnés », *JPG*-G 2011, 1143; A. Djigo, « Le transfert du bail », *Loyers et copr.* nov. 1999, hors série, p. 20; « L'abandon de domicile : un départ définitif imposé au co-occupant », *Loyers et copr.* 2009, étude 12; S. Castagné, « Mariage, Pacs, Concubinage. Analyse comparative », *JCP N* 2008, 1325; Sagaut, « Le logement après le décès », AJ *Fam.* 2008. 364; H. des Lyons, « Pacs et concubinage : les nouveaux couples face aux baux d'habitation », *AJ fam.* 2002. 170; V. Brémond, « Réflexions autour du transfert à cause de mort du contrat de bail d'habitation », *JCP N* 2002. n° 14 et 15-16; P. de Belot, « Incidence du décès du locataire d'habitation sur son titre locatif », *Administrer* août 2002; G. Teillais, « Le logement du conjoint survivant », *Ann. Loyers* 2001, 1080; C. Beddeleem, « Le pacte civil de solidarité dans les baux d'habitation et mixtes », *Ann. Loyers* 2001, 12; G. Fau, « Le droit des concubins », *Ann. Loyers* 1998, 331; F. M, « Le transfert du droit au maintien dans les lieux en HLM », *AJPI*, 1991, p. 400; J.-M. Legrand, « La transmission du bail d'habitation », *Administrer*, mai 1985.

SECTION 1
TRANSMISSION DU CONTRAT DE BAIL

421.11 **Fin du bail.** L'abandon de domicile par le preneur ou son décès met normalement fin au contrat de location, conformément à l'article 14 de la loi du 6 juillet 1989. Ce faisant, la loi innove par rapport au code civil dont l'article 1742 prévoit que le décès du preneur ou du bailleur ne met pas fin au contrat de location, le droit au bail passant à ses héritiers.

421.12 **Continuation ou transfert du contrat de bail.** Ce principe de résiliation de plein droit du contrat à la date du décès du locataire pouvant avoir des conséquences lourdes pour certaines personnes qui partageaient le logement avec le locataire, le législateur est intervenu pour protéger les proches du disparu.

L'article 14 de la loi du 6 juillet 1989 prévoit :

- la « continuation » du contrat de location en cas d'abandon de domicile au profit de bénéficiaires nommés par la loi;
- le « transfert » du contrat en cas de décès pour ces mêmes bénéficiaires.

421.13 **Sur la terminologie.** Cette différence entre continuation et transfert du contrat peut trouver une explication dans la rupture que crée le décès du locataire. Les bénéficiaires voient dans ce cas transférés à leur profit les droits que le de cujus tenait du contrat de location. Dans le cas de l'abandon de domicile, l'idée d'une continuité du contrat prévaut, le précédent titulaire survivant.

Dans les deux cas, le contrat de location ne subit pas de modification : par exemple, le loyer ou la durée restent inchangés.

Examinons dans quelles hypothèses, pour quels bénéficiaires et dans quelles conditions le transfert (ou la continuation) du bail se produisent.

SECTION 2
HYPOTHÈSES LÉGALES

421.21 **Conditions de mise en œuvre de la mesure.** La loi retient deux hypothèses de mise en œuvre de la mesure : le décès du locataire et l'abandon du domicile.

421.22 **Décès.** Le décès est prouvé par l'acte d'état civil le constatant.

421.23 **Abandon de domicile.** La jurisprudence a longtemps retenu par principe son caractère brusque et imprévisible. La notion d'abandon de domicile ne peut résulter d'un départ consécutif à une réorganisation de vie personnelle et professionnelle[1]. Et le locataire en titre reste redevable du paiement du loyer jusqu'à la restitution des clés[2]. Il ne peut par conséquent résulter d'un départ concerté avec les personnes qui vivent avec le locataire[3]. À défaut de départ brusque et imprévisible de ses parents, les conditions d'application de l'article 14 ne sont pas réunies au bénéfice du fils des preneurs, même s'il a vécu avec eux jusqu'à leur départ[4]. Mais des divergences d'ordre personnel entre la mère et la fille, qui entraînent le départ définitif de la première, sans informer la seconde de sa nouvelle adresse ni lui donner de nouvelles, caractérisent l'abandon de domicile au sens de l'article 14 de la loi du 6 juillet 1989[5]. On notera que la Cour de cassation ne tient pas ici compte des notions de brusquerie et d'imprévisibilité retenues jusqu'alors.

421.24 **Congé et abandon.** Même en cas de congé délivré, le départ brusque et imprévisible d'un locataire qui donne congé le même jour peut s'analyser comme un abandon de domicile, l'article 14 de la loi de 1989 ne distinguant pas entre l'abandon de fait du logement et l'abandon juridique par un congé[6]. Mais le départ porté par écrit à la connaissance du bailleur, puis par congé dans lequel le preneur déclare se désister au profit de son concubin ne caractérise pas un abandon de domicile[7].

421.25 **Abandon et disparition.** L'abandon de domicile ne signifie pas nécessairement la disparition du locataire. L'hospitalisation du locataire de manière imprévisible et dont l'état de santé justifie son séjour définitif dans une unité de longue durée est constitutif d'un abandon de domicile[8]. L'abandon de domicile se différencie ainsi de l'absence, même de longue durée, qui implique la réintégration à terme du domicile.

1. Civ. 3e, 16 déc. 1987, n° 86-12.424, NP – DANS LE MÊME SENS : Paris, 29 janv. 1992, RG n° 91/002692, *D.* 1992. IR 122; *Loyers et copr.* 1992, n° 195; *Administrer* mai 1992, p. 43.
2. Paris, 26 mars 2002, RG n° 2000/18752, *Loyers et copr.* 2002, n° 277, obs. Vial-Pedroletti.
3. Paris, 27 mars 1997, RG n° 95/023237, *Loyers et copr.* 1997, n° 222.
4. Paris, 6e ch. B, 30 nov. 2000, RG n° 1999/17247, *AJDI* 2001. 166.
5. Civ 3e 8 juill. 2009, n° 08-16.992, *Bull. civ.* III, n° 173; *AJDI* 2010. 220, note Damas; *Rev. loyers* 2009. 384, note Rémy.
6. Civ. 3e, 6 déc. 1995, n° 94-11.573, *Bull. civ.* III, n° 247; *D.* 1996. Somm. 367, obs. CRDP Nancy 2; *RDI* 1996. 287, obs. Collart-Dutilleul; *Loyers et copr.* 1996, n° 103, obs. Vial-Pedroletti; *AJPI* 1996. 482, note Blatter.
7. Civ. 3e, 19 mars 2003, n° 01-14.973, NP, *Administrer* mai 2004, p. 29, obs. Beddeleem.
8. Nancy, 19 déc. 1996, RG n° 94/002583, *Loyers et copr.* 1997, n° 307, obs. Vial-Pedroletti. Paris, 30 oct. 2013, n° 10/09505. *AJDI* 2014. 284 – VOIR CEPENDANT s'agissant d'une longue hospitalisation : Paris, 6 mai 1991, RG n° 90/ 6355, *Loyers et copr.* 1991, n° 362.

421.26 Preuve. Les éléments de preuve de l'abandon de domicile devront être rapportés par le bénéficiaire qui revendique la transmission du bail. Ainsi, le concubin doit faire la preuve de l'abandon des lieux par le preneur[1]. Le respect de la condition de cohabitation pendant une durée d'un an au moins ne suffit pas à lui seul et le fils de la locataire qui prétend à la continuation du bail à son profit doit apporter la preuve du départ soudain. La cour d'appel n'est pas tenue de rechercher d'office si le fils peut être considéré comme occupant du chef de son parent[2].

421.27 Placement du locataire en maison de retraite. La jurisprudence a cependant évolué en 2008, en retenant que le placement du locataire en maison de retraite, dans la mesure où il était définitif et qu'il s'imposait au bénéficiaire de la continuation du contrat, avait le caractère d'un abandon de domicile[3]. Le communiqué rédigé par la Haute cour rapporte que la position antérieure adoptée pouvait paraître inadaptée aux situations dans lesquelles le départ était imposé par les événements sans pour autant revêtir un caractère soudain. Une maladie ou une infirmité peut contraindre le locataire à rejoindre un établissement adapté, et ses proches subissent entièrement ce départ. Il convenait de les protéger, dès lors que le départ est définitif et qu'il s'impose à celui qui reste.

SECTION 3
BÉNÉFICIAIRES DE LA TRANSMISSION

§ 1
Époux ou partenaire

421.31 Condition de cohabitation d'un an minimum sauf pour l'époux ou le partenaire. Suivant l'article 14 de la loi du 6 juillet 1989, peuvent bénéficier de la continuation ou du transfert du contrat les personnes suivantes : le conjoint, le partenaire lié par un pacte civil de solidarité[4], ainsi que le concubin notoire, les descendants, les ascendants, et les personnes à charge, à la condition, dans ces quatre derniers cas, qu'ils aient vécu avec le locataire pendant au moins un an à la date du décès de celui-ci.

421.32 Conjoint – Abandon de domicile.

– L'article 14 de la loi du 6 juillet 1989 réserve, en matière d'abandon de domicile, le cas de l'article 1751 du code civil. Dans la mesure où celui-ci confère au conjoint la cotitularité du bail, il bénéficie de ce fait d'un titre locatif qui préexiste à l'événement, si le logement « sert effectivement à l'habitation des deux époux ». Il restera titulaire du contrat dans ce cas;

– pour les autres cas, par exemple un logement qui ne sert de résidence habituelle qu'à l'un des époux, ou un local mixte professionnel et d'habitation, l'abandon de domicile ouvrira au conjoint la continuation du contrat sans condition de cohabitation.

421.33 Conjoint – Décès du locataire. En cas de décès deux hypothèses sont envisagées : le droit du conjoint, devenu un droit exclusif, d'une part, la concurrence entre bénéficiaires, d'autre part.

421.34 Droits du conjoint. Lorsque le conjoint à la date du décès bénéficie de l'article 1751, c'est-à-dire que les locaux loués servent « effectivement à l'habitation de deux époux », son droit personnel fait obstacle à la dévolution organisée au profit des autres bénéficiaires[5]. La jurisprudence a reconnu aux enfants des droits locatifs, sous condition de cohabitation dans les lieux, notamment à la suite des décès successifs des deux époux[6]. Mais le transfert ne peut se réaliser dans l'hypothèse où le conjoint survivant est lui-même cotitulaire du bail. Ainsi au décès de la mère le fils n'a pu bénéficier du transfert du bail à son profit en présence des droits de son père. Et au départ de celui-ci, qui ne peut être caractérisé comme un abandon de domicile, le fils ne bénéficie pas davantage d'une continuation du bail à son profit. L'inoccupation effective des lieux par le père entraîne la résiliation du bail, le père et le fils étant condamnés *in solidum* jusqu'au départ effectif du fils[7].

On notera enfin que lorsque le mariage a été célébré à l'étranger il doit être retranscrit à l'état civil pour que ses effets puissent être reconnus en cas de décès de l'un des époux. À défaut l'époux survivant ne pourra se prévaloir de l'article 14[8].

1. Paris, 27 mars 1997, RG n° 95/023237, *Loyers et copr.* 1997, n° 222.
2. Civ. 3e, 26 oct 2004; n° 03-13.841, NP, *Administrer* mai 2005, p. 35, note Canu.
3. Civ. 3e, 26 nov. 2008, n° 07-17.728, *Bull. civ.* III, n° 186; *D.* 2008. AJ 3087, obs. Rouquet; *ibid.* 2009. Pan. 896, spéc. 904, obs. Damas; *ibid.* 2009. Chron. C. cass. 1231, spéc. 1234, obs. Monge; *AJDI* 2009. 453, note Damas; *Loyers et copr.* 2009, n° 29, obs. Vial-Pedroletti; *Administrer* févr. 2009, 46; *ibid.* mai 2009, 47, obs. Canu.
4. L. n° 99-944, 15 nov. 1999 relative au pacte civil de solidarité, *JO* 16 nov., p. 959, art. 14.
5. « La protection spécifique du conjoint survivant en cas de décès du locataire », *Loyers et copr.* 2013, n° 9, par Vial-Pedroletti; AUSSI : *AJDI* 2010. 453, obs. Damas; *Administrer* 2010, 45, obs. Canu.
6. Civ. 3e, 25 nov. 2009, n° 08-14.823, *Bull. civ.* III, n° 264; *Loyers et copr.* 2008, n° 39.
7. Paris, 19 janv. 2010, RG n° 08/06168, *AJDI* 2010. 640.
8. Paris, 11 juin 2015, RG n° 14/16347, DICT. PERM. Gestion immob. *Bull.* Oct. 2015, note A. Fontin.

421.35 Un droit devenu exclusif. L'article 1751 du code civil a été complété par la loi du 3 décembre 2001 qui accorde, depuis, au conjoint survivant un droit exclusif sur le bail[1]. Toutefois, il peut y renoncer[2].

Dans le cas d'un divorce en cours l'épouse avait été autorisée à résider séparément de son mari par une ordonnance de non conciliation qui attribuait la jouissance exclusive du domicile conjugal au mari. Suite au décès de celui-ci l'épouse ne peut être considérée comme ayant renoncé à son droit exclusif sur le bail avant qu'il ne soit né à la suite du décès de son époux[3].

En revanche après le divorce et sa transcription en marge des actes d'état civil, l'article 14 ne peut permettre à l'ancien époux de se prévaloir d'un transfert du bail suite au décès de son ex épouse[4].

421.36 Concurrence entre le conjoint survivant et d'autres bénéficiaires. Le conjoint survivant, qui ne remplit pas la condition de vie effective dans les lieux, peut cependant faire valoir son droit au transfert du contrat. Mais il peut alors se trouver en concurrence avec d'autres bénéficiaires désignés par la loi, le juge se prononçant en cas de litige.

Un bail mixte professionnel et d'habitation est transmis au conjoint survivant, même en présence de l'héritier du défunt, qui exerçait sa profession dans les lieux avec le locataire décédé[5].

421.37 Partenaire d'un pacte civil de solidarité. Jusqu'à la loi du 15 novembre 1999[6], relative au pacte civil de solidarité, dorénavant défini à l'article 515-1 du code civil, seul le concubin notoire prenait rang parmi les bénéficiaires de l'article 14 de la loi du 6 juillet 1989. C'est dorénavant le cas également du partenaire d'un Pacs.

Mais, à la différence du concubin solidaire, il bénéficie de la continuation du contrat en cas d'abandon de domicile ou de son transfert en cas de décès, par le seul effet du pacte.

La preuve du Pacs suffit, puisque la loi n'a pas prévu de condition de vie commune dans ce cas.

Depuis la loi du 24 mars 2014, dite loi Alur, et la modification de l'article 1751 qui en résulte, la cotitularité légale du droit au bail a été étendue des époux aux partenaires d'un Pacs. Le droit au bail du local est réputé appartenir à l'un et à l'autre des partenaires, à la condition toutefois qu'ils en fassent la demande conjointement, si le local sert effectivement à l'habitation des deux partenaires. Chacun dispose alors d'un droit exclusif, sans concurrence avec d'éventuels autres bénéficiaires (v. s[s] n° 421.35).

§ 2
Autres bénéficiaires

421.41 Concubin notoire. Le concubin notoire bénéficie du transfert du contrat, à la condition qu'il vive depuis au moins un an avec le locataire parti ou décédé. Avant comme après la loi du 15 novembre 1999, qui l'a défini dans le code civil à l'article 515-8, le concubinage, en tant que situation de fait, peut être prouvé par tous moyens et c'est au concubin d'en rapporter la preuve[7]. Deux avis d'imposition successifs, une attestation d'assurance aux deux noms, neuf attestations de voisins et d'amis témoignant d'une vie commune établissent le concubinage notoire[8].

La loi du 15 novembre 1999 s'applique au concubinage de personnes « de même sexe ». AUPARAVANT, la jurisprudence ne reconnaissait pas le bénéfice du transfert à la personne de même sexe vivant avec le locataire[9]. La Cour européenne des droits de l'homme, dans une affaire opposant un ressortissant polonais à l'État polonais a reconnu que la protection de la famille prévue par la Constitution est un principe légitime pouvant justifier une différence de traitement, mais qu'il ne permet pas de refuser de manière générale la transmission d'un bail aux personnes vivant une relation homosexuelle[10].

421.42 Concubin et loi de 1948. Réservons le cas de la loi du 1er septembre 1948, pour laquelle la situation du concubin a été variable : bénéficiaire de l'article 16 de la loi du 22 juin 1982 pendant son application (art. 75, 2°), il a pu revendiquer et obtenir le transfert en cas de décès[11]. Toutefois, il ne peut actuellement se maintenir dans les lieux après le décès ou l'abandon de domicile du locataire ou de

1. L. n° 2001-1135, 3 déc. 2001, relative aux droits du conjoint survivant et des enfants adultérins et modernisant diverses dispositions de droit successoral, art. 14, *JO* 4 déc., p. 19279 [disp. applicables depuis le 1er juill. 2002].
2. Paris, 25 sept. 2007, RG n° 05/21120, *Loyers et copr.* 2008, n° 7.
3. Civ. 3e, 18 mai 2011, n° 10-13.853, *Bull. civ.* III, n° 78, *Dalloz actu.*, 30 mai 2011, note Rouquet; *AJDI* oct. 2011, p. 786, obs. Damas; *Rev. loyers* 2011. 254, note Rémy.
4. Paris, pôle 4 Ch. 3, 15 oct. 2015, n° 13/24089.
5. Civ. 3e, 24 nov. 1993; *Rev. Huissiers* 1994, 428, note R. Martin.
6. L. n° 99-944, 15 nov. 1999 relative au pacte civil de solidarité, *JO* 16 nov., p. 959.
7. Versailles, 28 nov. 1997, RG n° 96/2668, *BICC* 1998, n° 844.
8. Paris, 3 mars 2011, n° 09/23760, *AJDI* 2011. 708.
9. Civ. 3e, 17 déc. 1997, n° 95-20.779, *Bull. civ.* III, n° 225; *D.* 1998, Jur. 111 concl. Weber et note Aubert; *Gaz. Pal.* 12 avr. 1998, 102-106. CONTRA : Paris, 8 juin 2006, *AJDI* 2006. 743.
10. CEDH 2 mars 2010, n° 13102/02, *AJDI* 2010. 547.
11. Civ. 3e, 30 oct. 1990, n° 89-14.749, *Bull. civ.* III, n° 211.

l'occupant, l'article 5 de la loi de 1948 ne le visant pas, même après la réforme intervenue dans la loi du 13 juillet 2006[1]. En effet l'article 40 II de la loi du 6 juillet 1989 répute l'article 14 inapplicable aux logements « loi de 1948 »[2].

421.43 **Autres bénéficiaires.** La loi du 6 juillet 1989 a uniformisé les conditions de transmission du contrat aux autres bénéficiaires par rapport aux lois antérieures. Ces bénéficiaires doivent tous justifier d'une durée de cohabitation d'un an minimum avec le locataire[3]. Il s'agit des ascendants, des descendants et des personnes à charge. L'ascendance comme la descendance concernent la parenté en ligne directe sans limitation de degré. Le décès de la tante du demandeur ne lui ouvre pas de droit au transfert[4].

La notion de personnes à charge recouvre des personnes qui n'ont pas de lien de parenté avec le locataire et vivent avec lui en raison de ressources insuffisantes pour subvenir à leurs besoins[5].

Du fait du caractère limitatif de la liste de l'article 14, le légataire universel ne peut bénéficier de ces dispositions[6].

421.44 **Concurrence entre bénéficiaires.** Dans l'hypothèse d'une concurrence entre les bénéficiaires désignés par la loi, l'article 14 de la loi du 6 juillet 1989 précise « qu'en cas de demandes multiples, le juge se prononce en fonction des intérêts en présence ».

421.45 **Nullité de la clause étendant le bénéfice du transfert de bail.** La clause du bail qui étend à d'autres personnes vivant avec le locataire depuis au moins un an le bénéfice du transfert n'est pas valable. En effet les dispositions de l'article 14 ne sont pas destinées à assurer la seule protection des occupants mais, également, à limiter, au profit du bailleur, les personnes pouvant bénéficier d'un transfert du bail[7].

421.46 **Hypothèse des logements HLM.** Le « droit de suite » par lequel le bailleur HLM loue des appartements aux enfants d'anciens locataires ne constitue qu'une pratique qui n'oblige pas l'organisme à défaut de décès des parents[8] (aussi, sur le cas des logement HLM, v. s^{s} n°s 421.81 s.).

SECTION 4
CONDITIONS DU TRANSFERT OU DE LA CONTINUATION DU BAIL

§ 1
Condition préalable : un contrat en cours

421.51 **Nécessité d'un titre locatif.** Une première condition est relative à l'existence d'un titre locatif. La protection de la loi ne s'entend en effet qu'en présence d'un contrat de location en cours.

Si le contrat a été résilié, les bénéficiaires éventuels de la transmission ne peuvent tenir de droits d'un auteur qui n'est plus locataire.

En revanche, en cas de congé délivré par le locataire, les bénéficiaires pourront prétendre à l'application de l'article 14 de la loi de 1989, si celui-ci n'a pas encore pris effet à la date de l'abandon de domicile ou du décès.

§ 2
Communauté d'habitation

421.61 **Cohabitation habituelle, continue et effective.** La condition d'une communauté préalable d'habitation est posée par l'article 14 pour les bénéficiaires (à l'exception du conjoint et du partenaire d'un pacte civil de solidarité v. s^{s} n°s 421.31 s.).

421.62 **Cohabitation habituelle – Illustrations.** La loi protège le descendant qui vivait effectivement avec le prédécédé de manière stable et durable depuis au moins un an à la date du décès[9]. Il doit s'agir d'une cohabitation habituelle, continue et effective des lieux, permettant de dire, éventuellement, que la personne avait bien établi dans les lieux son domicile, au sens de l'article 102 du code civil[10]. Aussi n'a pas droit au transfert du bail, le fils qui n'avait pas vécu un an dans les lieux avec la locataire[11]. Il doit s'agir d'une communauté de vie :

1. V. L. n° 2006-872, 13 juill. 2006 portant engagement national pour le logement, art. 85.
2. Paris, 6e ch. C, 24 sept. 2003, *Rev. loyers* 2004. 31, note Rémy.
3. Civ. 3e, 13 juill. 1994, n° 92-15.928, *Bull. civ.* III, n° 145; *Loyers et copr.* 1994, n° 365.
4. Paris, pôle 4 Ch. 3, 15 oct. 2015, n° 13/19329.
5. Civ. 14 mai 1956. *Bull. civ.* IV, n° 444.
6. Civ. 3e, 10 déc. 2008. *Bull. civ.* III, n° 203. *D.* 2009. AJ 102; *ibid.* 2010. Pan. 1168, spéc. 1179, obs. Damas; *Loyers et copr.* 2009, n° 27, obs. Vial-Pedroletti; *Rev. loyers* 2009, obs. Rémy.
7. Paris, 19 févr. 2009, RG n° 06/14174, *Loyers et copr.* 2009, n° 170, note Vial-Pedroletti.
8. Paris, 30 oct. 2002, RG n° 2002/08264, *AJDI* 2003. 134.
9. Civ. 3e, 13 juill. 1994; *Bull. civ.* III, n° 145; *Loyers et copr.* 1994, n° 365.
10. Versailles, 20 sept. 1996, RG n° 4566/94, *Loyers et copr.* 1997, n° 133.
11. Civ. 3e, 13 juill. 1999, n° 97-21.720, *Bull. civ.* III, n° 170; *Loyers et copr.* 1999, n° 242, obs. Vial-Pedroletti – *Idem* pour une cohabitation de seulement huit mois : Civ. 3e, 12 juin 2001, n° 98-21.451, NP, *Loyers et copr.* 2001, n° 225.

la descendante d'un locataire ne peut prétendre au transfert, sa présence quotidienne auprès de son père pour lui dispenser des soins n'équivalant pas à une communauté de vie[1]. De même, la locataire et sa fille ayant vécu moins d'un an dans les lieux à la date du décès, celle-ci ne peut prétendre à un transfert du contrat[2]. La cohabitation antérieure du fils, interrompue huit mois avant le décès de sa mère, ne lui ouvre pas de droit au transfert[3].

N'apporte pas la preuve d'une cohabitation d'au moins un an la fille, dont la présence attestée par de nombreux témoins auprès de ses parents malades pendant plus d'un an, a néanmoins conservé le logement dont elle était locataire dans l'immeuble voisin. L'article 14 de la loi du 6 juillet 1989 n'a pas pour objet d'offrir un choix entre deux logements à ceux qui en disposent déjà d'un[4].

La souscription d'un contrat de fourniture d'énergie, une facture d'accès Internet et des bons de visite d'un fournisseur de gaz n'attestent pas de la réalité d'une cohabitation, ces documents ayant été établis sur la seule foi des déclarations unilatérales du petit-fils de la locataire. En outre sa carte d'identité, établie il y a moins d'un an avant le décès mentionne une adresse différente à laquelle lui sont adressées les courriers de Pôle Emploi[5].

Les personnes à charges doivent remplir deux conditions cumulatives : elles ne doivent pas être autonomes financièrement et doivent dépendre d'une autre personne qui leur procure des moyens d'existence. La garde malade du locataire en titre décédé ne remplit pas ces deux conditions[6].

421.63 Bailleur HLM et stipulation plus favorable. La durée de cohabitation doit avoir été d'au moins un an. Le délai est calculé à compter du décès. Une stipulation conventionnelle, plus favorable aux ayants droit que l'article 14 de la loi du 6 juillet 1989, ne s'impose pas au bailleur HLM[7], les dispositions de l'article 14 ainsi que les conditions d'attribution des logements HLM n'étant pas destinées « à assurer la seule protection des preneurs »[8]. (aussi, sur le cas des logement HLM, v. s^{s} n°s 421.81 s.).

1. Grenoble, 24 mars 1998, RG n° 00001084/97, *Loyers et copr.* 1999, n° 91.
2. Civ. 3e, 13 juill. 1994, n° 92-15.928, *Bull. civ.* III, n° 145; *AJPI* 1994. 836, obs. J.-P. Blatter [à propos de la loi de 1982].
3. Civ. 3e, 12 juin 2001, n° 98-21.451, NP, *AJDI* 2002. 218, note Beaugendre.
4. Versailles, 1er juin 2004, RG n° 03/00693, *Loyers et copr.* nov. 2004, n° 182, note Vial-Pedroletti.
5. Colmar, 22 févr. 2016, n° 15/01008
6. Paris Ch. 3, 4 juin 2015, n° 14/07105 *Ann. Loyers* Sept. 2015, p. 71.
7. Le bail prévoyait une présence de six mois seulement.
8. Civ. 3e, 1er oct. 2008, n° 07-13.008, *Bull. civ.* III, n° 140; *D.* 2008. AJ 2504, obs. Rouquet; *AJDI* 2009. 303, note Damas; *Loyers et copr.* 2008, n° 245, note Vial-Pedroletti.

§ 3
Caractère automatique ou non de la transmission du bail

421.71 Nécessité d'une manifestation de volonté ? Le décès (ou l'abandon de domicile) entraîne-t-il, sans qu'il y ait lieu à une quelconque manifestation de volonté de la part des personnes visées à l'article 14 de la loi du 6 juillet 1989, la substitution desdits bénéficiaires au locataire décédé ou parti ?

421.72 Textes. La loi emploie les termes suivants : « le contrat continue », ou : « le contrat est transféré ». L'usage du présent de l'indicatif paraît conférer une valeur automatique à la transmission. C'est aussi la position exprimée par l'administration : « la continuation ou le transfert s'opère de par le seul effet de la loi et ne requiert donc aucune manifestation de volonté »[9].

421.73 Jurisprudence. Un arrêt admet qu'en cas de décès, le bail est transféré de plein droit, « aucune manifestation (du bénéficiaire) n'étant exigée par le texte pour ce transfert automatique »[10]. La Cour de cassation s'est également prononcée pour l'automaticité du transfert : « ...en l'absence de contestation entre les personnes pouvant prétendre bénéficier de la transmission du bail, celui-ci avait été automatiquement transmis (au bénéficiaire), qui remplissait les conditions d'habitation commune avec son père de plus d'une année »[11].

Dans le cas particulier où l'époux décédé occupait seul un logement, la question s'est à nouveau posée du caractère automatique ou non du transfert au bénéfice du conjoint séparé. Le cas était le suivant : le mari, séparé depuis 1974, avait loué un logement en 1995. À la suite de son décès en 2006 le bailleur, s'appuyant sur le caractère automatique du transfert, réclame à l'épouse, en 2009, le paiement des loyers sur 3 ans. La Cour de cassation a confirmé le rejet de cette demande par le juge du fond. Elle considère qu'au décès du preneur « le bail est transféré au conjoint survivant qui n'habite pas dans les lieux à condition qu'il en fasse la demande »[12]. Ce faisant la Cour donne sa portée exacte à l'objectif poursuivi par le législateur, qui est de protéger d'éventuels bénéficiaires du transfert que le décès du preneur place en situation délicate.

9. Rép. min. n° 25865, *JOAN Q* 26 oct. 1987, p. 5966.
10. Rennes, 4e ch., 6 mai 1999, RG n° 97/08855, *Loyers et copr.* 2000, n° 37, obs. Vial-Pedroletti.
11. Civ. 3e, 16 mai 2006, n° 05-13.910, NP.
12. Civ. 3e, 10 avr. 2013, n° 12-13.225, *Bull. civ.* III, n° 48; *D.* 2013. Actu. 997, obs. Rouquet; *Opér. Immob.*, mai 2013, p. 41, comm. Pelletier; *Administrer* juill. 2013, p. 51 comm. Rouquette-Térouanne; *Loyers et copr.* 2013, n° 173, note Vial-Pedroletti; *AJDI* 2014. 205, note Damas.

421.74 **Conséquences.** En cas de transfert automatique la conséquence essentielle tient dans l'obligation faite aux personnes désignées par l'article 14 de délivrer un congé soumis aux règles de préavis s'ils n'entendent pas se maintenir dans le logement.

Le contrat en cours n'est pas modifié; un avenant peut cependant prendre en compte le nom du ou des bénéficiaires, dorénavant parties au contrat. En tout état de cause il est de l'intérêt des deux parties que le bénéficiaire du transfert automatique se fasse connaître du bailleur. Au terme du bail, le dépôt de garantie sera restitué, dans les conditions légales, au bénéficiaire de la continuation ou du transfert du bail [1].

421.75 **Absence de bénéficiaire.** En l'absence de tout bénéficiaire, le contrat est résilié de plein droit par le décès ou l'abandon de domicile. Il appartient alors au bailleur de prendre les mesures nécessaires à la libération des lieux. En présence d'une association, désignée légataire universelle par le locataire décédé, le juge du fond constate, à bon droit, que l'association ne remplissait pas les conditions posées par l'article 14 de la loi du 6 juillet 1989 pour occuper les lieux et a pu retenir qu'il appartenait au bailleur de prendre les mesures nécessaires pour les faire libérer. Dès lors, aucune indemnité d'occupation n'est due [2].

421.76 **Non transfert des dettes locatives.** Le bénéficiaire du transfert doit-il prendre en charge les loyers impayés antérieurs au décès du locataire ? Dès lors que le transfert s'effectue de manière automatique en vertu de la loi et qu'il s'agit par conséquent du même contrat, on peut en effet penser que les dettes nées du contrat s'imposent au bénéficiaire.

Le ministre de la Justice avait sur ce point exprimé une position favorable à cette analyse [3].

La Cour de cassation ne l'a pas suivi. Elle a en effet retenu que, l'article 14 de la loi du 6 juillet 1989 ne prévoyant pas la reprise de l'arriéré locatif par le bénéficiaire du transfert du bail, et les bénéficiaires n'ayant pas pris l'engagement de payer, la cour d'appel a considéré, à bon droit, que les nouveaux locataires ne pouvaient être, en tant que tels, reconnus débiteurs de l'arriéré de loyers [4]. En particulier, la demande de transfert ne peut être considérée comme une rétractation de la renonciation antérieure à la succession [5].

Enfin les créances du locataire vis-à-vis du bailleur relèvent de l'actif successoral.

421.77 **Recours du bailleur.** Le bailleur n'est cependant pas dépourvu de tout recours. Il peut, bien évidemment, réclamer et, le cas échéant, poursuivre les héritiers pour le paiement de la dette locative qui fait partie du passif successoral. Ces héritiers peuvent être, éventuellement, les repreneurs du contrat et seront par conséquent tenus au paiement. Ils ne peuvent toutefois être condamnés solidairement, au nom du principe de division des dettes héréditaires [6].

Lorsque la restitution tardive des lieux est due à une instruction criminelle, l'héritier ne peut être condamné au paiement d'une indemnité d'occupation [7].

421.78 **Sort des héritiers ayant renoncé à la succession.** Les héritiers qui renoncent à la succession sont censés n'avoir jamais hérité selon l'article 805 du code civil. Logiquement, le bailleur ne peut donc les poursuivre pour le paiement des arriérés de loyer ou le paiement d'une indemnité d'occupation. Les effets de la renonciation remontant au jour du décès, le bailleur ne peut réclamer une indemnité d'occupation, même si la renonciation est tardive, le simple fait de détenir les clés ne leur conférant par ailleurs pas la qualité d'occupants [8]. Mais l'héritier qui a été sommé de prendre parti, aux termes de l'article 772 du code civil, dispose d'un délai de deux mois pour se prononcer ou solliciter un délai supplémentaire lorsqu'il n'a pas été mis en mesure de clôturer l'inventaire commencé ou lorsqu'il justifie d'autres motifs sérieux et légitimes. À défaut d'avoir pris parti à l'expiration du délai de deux mois ou du délai prolongé, il est réputé acceptant pur et simple et doit être condamné à une indemnité d'occupation correspondant au montant des loyers et charges dus si le bail s'était poursuivi. [9]

421.79 **Reprise des lieux.** Que se passe-t-il enfin lorsqu'il n'existe aucun héritier déclaré ? Le bailleur est-il démuni ou peut-il recouvrer l'usage de son logement par une procédure adaptée. Il dispose en théorie de deux moyens qui sont concurrentiels.

1. Rép. min. n° 308, *JOAN* 17 oct. 1988.
2. Civ. 3e, 10 déc. 2008, n° 07-19.320, *Bull. civ.* III, n° 203; *D.* 2009. AJ 102; *ibid.* 2010. Pan. 1168, spéc. 1179, obs. Damas; *AJDI* 2009. 545, note Zalewski.
3. Rép. min. n° 25865, *JOAN Q* 26 oct. 1987, p. 5966 : « le bénéficiaire est tenu au paiement des loyers exigibles antérieurement [au transfert] ».
4. Civ. 3e, 16 févr. 2000, n° 97-22.156, *Bull. civ.* III, n° 32; *Loyers et copr.* 2000, n° 140, obs. Vial-Pedroletti; *D.* 2001. Somm. 2936, obs. Brémond – DANS LE MÊME SENS : Paris, 25 mars 2008, RG n° 06/15474, *AJDI* 2008. 682.
5. Paris, 24 avr. 2001, RG n° 1999/05724, *Loyers et copr.* 2002, n° 60.
6. Civ. 3e, 16 févr. 2000, n° 97-22.156, *Bull. civ.* III, n° 32.
7. Douai, 3e ch. 22 nov. 2012, n° 12/1166, *JurisData* n° 2012-029601, *Loyers et copr.* 2013, n° 68, note Vial-Pedroletti.
8. Paris, 6e ch., 16 janv. 2003, RG n° 2001/07140, *Loyers et copr.* 2003, n° 212, obs. Vial-Pedroletti.
9. Paris, Ch. 4, 21 janv. 2014, n° 12/11853. *Loyers et copr.* 2014, n° 105, note Vial-Pedroletti.

L'article 1324 du code de procédure civile permet au bailleur de récupérer son logement en s'adressant au président du tribunal d'instance. Celui-ci peut autoriser le propriétaire des locaux à faire enlever les meubles et à les faire soit déposer dans un autre lieu, soit cantonner dans une partie du local qui était occupé par le défunt. Les frais d'enlèvement et de conservation des meubles sont avancés par le propriétaire. Cette procédure peut, en fonction des circonstances locales (encombrement ou non des tribunaux par exemple) être considérée comme trop longue et, par conséquent, onéreuse.

Il existe une deuxième procédure qui consiste à saisir, sur requête, le président du Tribunal de grande instance du domicile du défunt.

Dans le cadre de la procédure des successions vacantes et en déshérence, les articles 809 et suivants du code civil permettent à toute personne intéressée, dont le propriétaire du bien loué, de saisir sur requête le président du tribunal de grande instance, aux fins de voir confier la curatelle de la succession vacante à l'autorité administrative. Le curateur, s'il ne peut procéder à la vente des biens successoraux avant l'expiration d'un délai de six mois suivant l'ouverture de la succession, doit cependant en application des dispositions de l'article 610 du même code, prendre possession dès sa désignation des valeurs et autres biens du défunt détenus par des tiers et de l'ensemble des biens dans l'appartement loué. Ces textes visent au respect des intérêts tant des héritiers que des créanciers du défunt[1].

À l'issue de ce délai de six mois « il procède ou fait procéder à la vente des biens jusqu'à l'apurement du passif » (C. civ., art. 810-2). La vente est faite selon les modalités qui apparaissent les plus appropriées, eu égard aux circonstances et à la nature des biens considérés (v. C. civ., art. 810-3). La curatelle prend fin lorsque des héritiers se sont entre-temps déclarés à la succession ou que celle-ci a été liquidée (par la réalisation de l'intégralité de ses actifs), ou enfin par l'envoi en possession de l'État, en sa qualité d'héritier ultime des successions vacantes.

§ 4
Conditions particulières propres aux logements HLM

421.81 Conditions de ressources et d'adéquation de la taille du ménage. La loi n° 2009-323 du 25 mars 2009 a modifié l'article 40 de la loi du 6 juillet 1989 dans les conditions suivantes. L'article 40-I de la loi du 6 juillet 1989 pour les logements HLM « non conventionnés », c'est-à-dire qui n'ont pas fait l'objet d'une convention signée avec l'État en application de l'article L. 351-2 du Code de la construction et de l'habitation, ouvrant droit en particulier à l'APL (aide personnalisée au logement), et l'article 40-III pour les logements HLM « conventionnés » (sur cette notion, v. s[s] n° 712.26) ajoutent deux conditions à la transmission du bail prévue par l'article 14 de la loi. Tout d'abord, le bénéficiaire doit respecter les conditions d'attribution dudit logement HLM, condition préalable à la transmission du bail; ensuite, la loi du 25 mars 2009 a ajouté que le logement devait être adapté à la taille du ménage.

Ces deux conditions ne sont pas requises cependant du conjoint, du partenaire lié au locataire par un pacte civil de solidarité ou du concubin notoire; elles ne sont pas requises non plus, à la condition qu'ils vivent effectivement avec le locataire depuis plus d'un an, des ascendants, des personnes présentant un handicap au sens de l'article L. 114 du code de l'action sociale et des familles, et des personnes de plus de soixante-cinq ans. Ces deux conditions s'ajoutant à celles de l'article 14 de la loi du 6 juillet 1989, une personne handicapée doit démontrer qu'elle avait une communauté de vie stable et continue avec le défunt pendant l'année précédant le décès[2].

Aucun texte ne fait obstacle à ce que le bail puisse faire l'objet d'un transfert commun aux trois frères et sœur qui vivaient ensemble dans les lieux depuis de nombreuses années et que le ménage devait être entendu dans son acception de cellule économique et familiale.[3]

421.82 Conditions de ressources. Le bénéficiaire doit justifier de ressources inférieures au plafond HLM (et, s'il est étranger, être en situation régulière au regard de la réglementation). Dès avant la loi de 2009 la jurisprudence avait jugé que pour les logements HLM la condition de ressources était imposée en cas de transfert du contrat de location : le transfert du bail ne peut intervenir au profit de la concubine notoire du locataire que si elle remplit les conditions d'attribution de logement régi par la législation sur les habitations à loyer modéré[4]. De même avait été cassé l'arrêt qui avait accordé le bénéfice de cette mesure à un descendant dont les ressources dépassaient le plafond fixé par la régle-

1. Rép. Min. n° 65706, *JOAN Q* 22 juin 2010, p. 7045.

2. Paris, Pôle 4, 4e ch., 22 janv. 2013, n° 10/16908, *Loyers et copr.* 2013, n° 10/16908, *Loyers et copr.* 2013, n° 109, note Coutant-Lapalus.
3. Civ. 3e, 25 mars 2015, n° 14-11.043, *Bull. civ.* III, n° 33; *JCP N* 2015, n° 476.
4. Civ. 3e, 4 oct. 1995, n° 93-14.040, *Bull. civ.* III, n° 212; *JCP N* 1996, p, 633, note Djigo. *Administrer* mai 1996. 39, note Canu.

mentation, sous le prétexte que, par suite du transfert à son profit du contrat consenti à son ascendant décédé, il n'était pas un candidat à une location nouvelle mais un locataire en place[1]. Or c'est bien le décès qui ouvre le droit à un titre locatif issu du transfert du contrat et non la seule présence dans les lieux du bénéficiaire antérieurement à celui-ci. La perception d'un supplément de loyer de solidarité (sur cette notion v. s[s] n°s 737.11 s.) pour quelques mois, sous la réserve expresse de la régularisation juridique de l'occupation des lieux, ne signifie pas que le bailleur avait renoncé à se prévaloir de la résiliation du bail ni accepté sans réserve le principe d'un transfert de bail[2].

421.83 Conditions d'occupation. C'est la deuxième condition imposée, dans un premier temps par la jurisprudence[3], puis par le texte des articles 40, I et III de la loi du 6 juillet 1989 (texte modifié par la loi du 25 mars 2009).

Les conditions d'occupation ne sont pas définies directement dans la loi du 6 juillet 1989. On a recours à la notion de logement « insuffisamment occupé », précisée par le code de la construction et de l'habitation.

Avant la loi du 27 janvier 2017 relative à l'égalité et à la citoyenneté, qui a redéfini la notion de sous-occupation (article L. 621-2 du CCH), était considéré comme tel un logement dans lequel le nombre de pièces principales est supérieur de plus de deux au nombre d'occupants, soit une personne dans un type 4 ou deux personnes dans un type 5[4].

Sur ce fondement, la jurisprudence est venue illustrer la notion de sous-occupation. Par exemple, il a été jugé que le petit-fils, qui réside seul dans un appartement de 4 pièces, ne remplit pas les conditions de l'article 40 de la loi[5].

Cependant, la jurisprudence n'a pas été homogène quant aux conditions d'occupation des lieux avant ou après le décès. Bien qu'occupé par les deux fils de la locataire décédée, un logement de cinq pièces doit être considéré comme occupé par trois personnes dès lors qu'ils sont tous deux divorcés avec un et deux enfants avec un droit de visite exercé régulièrement et que l'une des filles va prochainement résider chez son père en raison de problèmes de santé[6].

Dans une interprétation plus restrictive la cour d'appel d'Aix-en-Provence a jugé que la taille du ménage s'appréciait au regard de la situation du bénéficiaire de la transmission au cours de l'année qui précède le décès du locataire. Ne remplit pas les conditions d'occupation le locataire qui était célibataire au cours de cette période, peu important qu'il vive dans le logement concerné, depuis le décès, avec une autre personne et les deux enfants de cette dernière[7].

Enfin l'article 40, I de la loi du 6 juillet 1989, modifié par la loi n° 2014-366 du 23 mars 2014, permet une adaptation dans le cas où le bénéficiaire, descendant du locataire en titre décédé, est en situation de sous occupation du logement qui lui est transmis. Il précise en effet que :

« Lorsque le bénéficiaire du transfert est un descendant remplissant les conditions de ressources mais pour lequel le logement est inadapté à la taille du ménage, l'organisme bailleur peut proposer un relogement dans un logement plus petit pour lequel l'intéressé est prioritaire. »

Cette rédaction appelle deux observations : la première est qu'elle n'ouvre qu'une faculté au bailleur. Il n'est pas tenu de faire cette proposition. La seconde est que le législateur a oublié d'étendre cette possibilité à l'article 40, III de la loi du 6 juillet 1989.

Or l'article 40, I, ne vise que les logements HLM non conventionnés, qui ne représentent plus qu'une très faible minorité des logements HLM alors que l'article 40, III, qui a été oublié, constitue plus de 97 % du patrimoine HLM.

Considérer que cette faculté est ouverte à tous les bailleurs HLM ne devrait pas être une difficulté sur le plan pratique.

421.84 Date de référence. La date à retenir pour déterminer l'exercice dont les ressources doivent être prises en compte au bénéfice du concubin du locataire décédé est la date du décès de celui-ci et non celle où un accord intervient entre l'organisme propriétaire et le pétitionnaire quant à la possibilité d'un transfert[8]. Un demandeur ne peut se prévaloir des dispositions de l'article 40-I de la loi du 6 juillet 1989, dès lors que l'abandon de domicile est bien antérieur à la loi du 25 mars 2009 qui a modifié l'article 40-I[9].

1. Civ. 3e, 8 nov. 1989, n° 88-11.805, *Bull. civ.* III, n° 209 [à propos de l'art. 16 de la loi du 22 juin 1982].
2. Civ. 3e, 6 mars 2012, n° 11-14.760, NP, *AJDI* 2012. 365; *Loyers et copr.* 2012, n° 201, note Coutant-Lapalus.
3. Civ. 3e, 19 sept. 2012, n° 11-20.307, NP, *AJDI* 2013. 211, obs. Zalewski.
4. Ancien art. R. 641-4 du CCH, abrogé par le décr. n° 2017-1403, 25 sept. 2017 pris en application de l'article L. 621-2 du code de la construction et de l'habitation, *JO* 27 sept., n° 18.
5. Paris, pôle 4, ch. 3, 18 févr. 2016, n° 14-25.040. *Ann. Loyers* 2016, p. 53.
6. Caen, 2e ch., 5 janv. 2012, *JurisData* n° 2012-003798, *Loyers et copr.* 2012, n° 137, obs. Vial-Pedroletti.
7. Aix-en-Provence, 11e Ch., 17 déc. 2013, n° 12/02380, *Rev. loyers* févr. 2014, p. 74.
8. Civ. 3e, 19 juill. 1995, n° 92-11.512, *Bull. civ.* III, n° 193; *Gaz. Pal.* 5 juill. 1996, 187-188; *D.* 1995. 36; *Rev. loyers* 1996. 98.
9. Paris, 30 oct. 2013, RG n° 10/09505. *AJDI* 2014. 284.

CHAPITRE

422. Sous-location et cession

SECTION 0 ORIENTEUR

422.00 Plan du chapitre.

422.01 Textes applicables.

TEXTES SOURCES

> Secteur privé

L. n° 89-462, 6 juill. 1989, art. 8.

> Secteur HLM

CCH, art. L. 442-8.

> Logement loi de 1948

• L. 1er sept. 1948, art. 78.

TEXTES *IN EXTENSO*

• L. 6 juill. 1989, art. 8

Le locataire ne peut ni céder le contrat de location, ni sous-louer le logement sauf avec l'accord écrit du bailleur, y compris sur le prix du loyer. Le prix du loyer au mètre carré de surface habitable des locaux sous-loués ne peut excéder celui payé par le locataire principal. Le locataire transmet au sous-locataire l'autorisation écrite du bailleur et la copie du bail en cours.

En cas de cessation du contrat principal, le sous-locataire ne peut se prévaloir d'aucun droit à l'encontre du bailleur ni d'aucun titre d'occupation.

Les autres dispositions de la présente loi ne sont pas applicables au contrat de sous-location.

• CCH, art. L. 442-8

Dans tous les immeubles destinés à la location et financés au moyen de crédits prévus par le livre III, il est interdit de louer en meublé ou de sous-louer un logement, meublé ou non, sous quelque forme que ce soit, sous peine d'une amende de 9 000 €.

Le premier alinéa n'est pas applicable aux logements-foyers mentionnés à l'article L. 633-1.

• L. 1er Juill. 1948, art. 78

À dater de la publication de la présente loi, par dérogation à l'article 1717 du code civil, le preneur n'a le droit ni de sous-louer, ni de céder son bail, sauf clause contraire du bail ou accord du bailleur.

Toutefois, par dérogation à l'alinéa précédent et nonobstant toutes clauses contraires, le locataire principal ou l'occupant maintenu dans les lieux a toujours la faculté de sous-louer une pièce lorsque le local comporte plus d'une pièce.

Dans les communes visées à l'article 10 7° ci-dessus, le locataire principal ou l'occupant maintenu dans les lieux, vivant seul et âgé de plus de soixante-cinq ans, peut sous-louer deux pièces à la même personne ou à deux personnes différentes, sous réserve que le local ne comporte pas plus de cinq pièces.

Dans le délai d'un mois, le locataire ou occupant est tenu, à moins que la sous-location n'ait été expressément autorisée par le propriétaire ou son représentant, de notifier cette sous-location au bailleur par lettre recommandée avec demande d'avis de réception, en précisant le prix demandé au sous-locataire, sous peine de déchéance du droit au maintien dans les lieux.

422.02 Jurisprudence de référence.

> Sous-location autorisée – Obligations du locataire principal

• Civ. 3e, 13 juin 1969, *Bull. civ.* III, n° 480

* V. ss n° 422.14

Le locataire principal, tenu vis-à-vis du propriétaire de l'exécution des obligations du bail, est responsable des manquements du sous-locataire.

> Preuve de la sous-location

• Civ. 2e, 6 mai 2010, n° 09-15.199, NP

* V. ss n° 422.22

La mission confiée à l'huissier n'apporte pas une atteinte disproportionnée aux droits du locataire.

> Notion de sous-location

• **Civ. 3e 17 mai 2006**, n° 05-13.045, NP

* V. ss n° 422.23

Le juge qui ne constate pas l'existence d'une contrepartie pour la jouissance des lieux ne donne pas de base légale à sa décision.

422.03 Bibliographie indicative.

Actualisables. RÉP. IMMO., v° « Bail d'habitation et mixte : rapports locatifs individuels – Loi du 6 juillet 1989 », N. Damas, nos 318 s.; « Bail d'habitation ou professionnel – Loi du 1er septembre 1948 », H. des Lyons, nos 64-81 – LAMY DR. IMMO, nos 5589 s., 5825 s., 5988 s. – DICT. PERM. Gestion immob., « Baux d'habitation et mixtes », nos 318 s.; « Baux-loi du 1er septembre 1948 », nos 67 s.; « HLM-Location », nos 256 s.

Articles. P. Derrez, « Les régimes de la sous-location d'un logement », *Opérations immobilières*, oct. 2012; B. Vial-Pedroletti, « Le prêt de logement par le locataire », *Loyers et copr.* 2010. Étude 6.

SECTION 1
INTERDICTION DE PRINCIPE ET EXCEPTIONS

422.11 Nécessaire autorisation du bailleur. Le code civil reconnaît au preneur le droit de sous-louer et même de céder son bail à un autre, si cette faculté ne lui a pas été interdite[1]. Les textes d'ordre public relatifs aux relations entre propriétaires et locataires ont posé le principe inverse.

• Pour les logements qui relèvent du droit commun : « le locataire ne peut ni céder le contrat de location, ni sous-louer le logement sauf avec l'accord écrit du bailleur »[2].

• Pour les logements HLM[3] et ceux qui relèvent de la loi du 1er septembre 1948[4] : « par dérogation à l'article 1717 du code civil, le preneur n'a le droit ni de sous-louer, ni de céder son bail, sauf clause contraire du bail ou accord du bailleur »[5].

422.12 Exceptions légales. La loi du 1er septembre 1948 prévoit toutefois une exception en vue d'une meilleure occupation des logements[6].

En HLM en revanche, l'interdiction de la sous-location est renforcée puisque l'article L. 442-8 du code de la construction et de l'habitation l'interdit rigoureusement, sauf exceptions d'origine légale qui sont développées ss n° 133.251.

Les organismes HLM peuvent, par ailleurs, dans des conditions réglementées, être locataires de logements privés, en vue de leur sous-location. Les organismes sont soit des offices publics de l'habitat, soit des sociétés anonymes d'habitation à loyer modéré, soit des sociétés anonymes coopératives de production d'habitations à loyer modéré (sur les différents organismes HLM, v. ss n° 711.31). Les logements sont des logements, meublés ou non, conventionnés suite à une aide de l'ANAH (agence nationale d'amélioration de l'habitat, devenue ANH) et destinés à la sous-location aux personnes en difficultés de ressources ou de conditions d'existence ou aux personnes physiques dont la situation nécessite une solution locative de transition. Les règles régissant la location et la sous-location de ces logements (logement vacant depuis un an, logement décent, conditions d'attribution, application partielle de la loi du 6 juillet 1989 au contrat de sous-location, rapports entre le propriétaire, l'organisme HLM locataire et le sous-locataire en fin de bail...) sont précisées aux articles L. 444-1 à L. 444-9 du code de la construction et de l'habitation[7].

Enfin, la loi du 10 juillet 1989, modifiée[8], relative à l'accueil par des particuliers, à leur domicile, à titre onéreux, de personnes âgées ou handicapées adultes, permet aux locataires, sous réserve d'un agrément du président du conseil général, de signer un contrat avec ces bénéficiaires dans des conditions très réglementées[9].

422.13 Exceptions conventionnelles. Le bailleur privé peut autoriser la sous-location, voire la cession du contrat, et en définir le contenu.

L'article 8 de la loi du 6 juillet 1989 précise que le contrat de sous-location n'est pas soumis aux dispositions de la loi du 6 juillet 1989. Mais il ajoute que le locataire doit transmettre au sous-locataire

1. C. civ., art. 1717.
2. L. n° 89-462, 6 juill. 1989, art. 8.
3. Qu'ils soient conventionnés ou non : CCH, art. L. 353-15 et L. 442-6.
4. L. n° 48-1360, 1er sept. 1948 portant modification et codification de la législation relative aux rapports des bailleurs et locataires ou occupants de locaux d'habitation ou à usage professionnel et instituant des allocations de logement, *JO* 2 sept., p. 8659, dite loi Grimaud.
5. L. 1er sept. 1948, art. 78.
6. L. 1er sept. 1948, art. 78, al. 2, 3 et 4.
7. B. Wertenschlag, « La prise à bail de logements privés vacants par les organismes d'HLM », *AJDI* 1998. 332; Ch.-H. Gallet, « La prise à bail par les organismes d'HLM de logements vacants pour les sous-louer », *Rev. loyers* 1998, p. 531.
8. L. n° 89-475, 10 juill. 1989 relative à l'accueil par des particuliers, à leur domicile, à titre onéreux, de personnes âgées ou handicapées adultes, *JO* 12 juill., p. 8761, abrogée et reprise essentiellement aux art. L. 441 s. du Code de l'action sociale et des familles (Ord. n° 2000-1249, 21 déc. 2000, *JO* 23 déc., p. 12471).
9. Ces conditions sont précisées aux articles L. 441-1 s. du code de l'action sociale et familiale, modifiés en dernier lieu par la loi n° 2002-73, 17 janv. 2002, art. 51; les bailleurs HLM ne peuvent s'opposer à la signature d'un tel contrat, s'il est conforme : v. CCH, art. L. 442-8-1 – V. Derrez, « Les régimes de la sous-location d'un logement », *Opérations immobilières*, oct. 2012, p. 48.

l'autorisation écrite du bailleur ainsi que la copie du bail en cours [1].

Dans le cas d'une sous-location autorisée avec l'accord du bailleur, le prix du loyer au m^2 de surface habitable ne peut dépasser celui payé par le locataire et, s'il est supérieur, l'action en restitution de trop-perçu est recevable [2].

Le consentement de la bailleresse a été vicié dans la mesure où elle n'a jamais eu l'intention d'autoriser des sous-locations meublées successives non limitées dans le temps et qu'elle n'a jamais donné son accord sur le prix du loyer de sous-location [3].

422.14 Rapports bailleur-locataire-sous-locataire. Le bailleur qui n'a pas été appelé à concourir à l'acte de sous-location ne peut agir en expulsion du sous-locataire, la sous-location produisant ses effets seulement dans les rapports entre locataire principal et sous-locataire [4].

À l'expiration du contrat principal, le sous-locataire ne peut se prévaloir d'aucun droit à l'encontre du bailleur, ni d'aucun titre d'occupation.

Le locataire principal, tenu vis-à-vis du propriétaire de l'exécution des obligations du bail, est responsable des manquements du sous-locataire comme s'il occupait lui-même le logement [5].

SECTION 2
PREUVE DE LA SOUS-LOCATION

422.21 Appréciation souveraine des juges du fond. Le principe de l'interdiction des sous-locations a entraîné une jurisprudence très importante qui permet de mieux définir cette notion.

Le pouvoir d'interprétation des juges du fond est souverain quant au contenu des clauses du bail.

Quels sont alors les critères retenus par les juges pour apprécier l'existence ou non d'une sous-location interdite par le bail ?

422.22 Moyens de preuve du bailleur. En présence d'une clause d'interdiction de la sous-location prévue au contrat de location le bailleur peut, sans outrepasser ses droits, vérifier les conditions d'occupation du local : la mission confiée à l'huissier de justice ne porte pas une atteinte disproportionnée au droit du locataire au respect de son domicile [6].

422.23 Contrepartie monétaire ou en nature. S'il est acquis que l'existence d'une obligation de paiement définit suffisamment la sous-location, celle-ci doit cependant être caractérisée. Ainsi, le juge qui ne constate pas l'existence d'une contrepartie pour la jouissance des lieux ne donne pas de base légale à sa décision [7].

Il y a ainsi sous-location :

- dans le cas de la fourniture d'une chambre de service pendant la durée de l'année scolaire [8];
- lorsqu'un tiers bénéficiant d'une chambre de service est lié par un contrat de travail avec les locataires, la mise à disposition de la chambre constituant une partie du salaire [9];
- lorsque l'occupant déclare payer un loyer de 168 euros, les locataires affirmant qu'il s'agit du prix de l'électricité consommée [10];
- lorsque la jouissance d'une chambre est attribuée en contrepartie de travaux ménagers dans l'appartement des locataires [11];
- lorsque le locataire fait publier une annonce par un organisme chargé de proposer une sélection de chambres meublées moyennant une contrepartie financière supérieure au prix du loyer, caractérisant ainsi une sous-location interdite [12].

En revanche, ce n'est pas le cas lorsqu'une personne fait les courses pour les autres occupants et procède parfois à un achat pour l'appartement [13].

Enfin la jurisprudence connaît ses premiers développements relatifs à la mise à disposition, pour de courtes périodes et sans autorisation du bailleur, de logements locatifs au bénéfice de touristes, essentiellement dans les centres villes et en particulier à Paris, y compris pour des logements HLM. Cette pratique peut se heurter à plusieurs dispositions législatives telle que l'interdiction de sous-location, étudiée ici, les restrictions en matière de location meublée et les obligations en matière de changements d'usage exposées aux chapitres 432 et 435, en particulier à Paris.

1. Depuis L. n° 2014-366, 24 mars 2014 pour l'accès au logement et un urbanisme rénové, *JO* 26 mars, p. 5809, art. 1, 12°.
2. Civ. 3e, 19 sept. 2006, n° 05-10.013, NP, *Rev. loyers* nov. 2006, p. 468.
3. Paris, pôle 4 Ch. 4, 1er mars 2016, RG n° 14 /08524. Inédit
4. Civ. 3e, 1er févr. 2012, n° 10-22.863, *Bull. civ.* III, n° 18; *AJDI* 2012. 247.
5. Civ. 3e, 13 juin 1969, *Bull. civ.* III, n° 480.
6. Civ. 2e, 6 mai 2010, n° 09-15.199, NP, *Loyers et copr.* 2010, n° 188, obs. Vial-Pedroletti.
7. Civ. 3e, 17 mai 2006, n° 05-13.045, NP, *Loyers et copr.* 2006, n° 171, note Vial-Pedroletti.
8. Civ. 3e, 19 mai 1999, n° 97-18.057, NP, *RJDA* 1999, n° 764; *AJDI* 1999. 715 – AUSSI à propos d'une personne logée assistant dans les actes quotidiens le locataire principal : Paris, 16 nov. 1993.
9. Paris, 31 janv. 2002, RG n° 2000/15684, *AJDI* 2002. 287.
10. Civ. 3e, 29 avr. 2002, n° 01-01.749, NP, *Administrer* oct. 2002, p. 29 obs. Canu.
11. Paris, 4 juill. 2002, RG n° 2001/07747, *AJDI* 2002. 601.
12. Paris 6e ch. C, 11 oct. 2005, RG n° 03/240. *Rev. loyers* mars 2006, p. 149.
13. Civ. 3e, 5 juill. 1995, n° 93-10.924, *Bull. civ.* III, n° 164; *JCP* 1995. 1817; *Gaz. Pal.* juin 1996, 116.

La preuve de la sous-location peut être rapportée par la publication sur Internet d'annonces portant sur des locations meublées [1].

SECTION 3

CESSION : MISE À DISPOSITION DU LOGEMENT EN TOTALITÉ PAR LE LOCATAIRE

422.31 Obligation d'occupation personnelle des lieux par le locataire. Le fait pour un locataire de quitter les lieux loués au profit d'un occupant qui y réside à titre exclusif caractérise la cession de bail. L'hébergement prolongé pendant plusieurs années d'un tiers au bail, alors que le preneur n'occupe plus personnellement le logement, est assimilable à une cession de bail interdite par la loi [2]. Est une infraction à l'obligation « d'occuper les lieux par lui-même et sa famille » le fait pour le preneur d'avoir quitté les lieux pour les laisser à la disposition de sa fille et des enfants de celle-ci [3]; dans le même sens, le fils du locataire occupant les lieux [4], ou son petit-fils, à la suite de l'admission de la locataire dans une résidence spécialisée [5] ? Le locataire a manqué non seulement à son obligation de faire usage desdits lieux à titre d'habitation principale, ce qui n'est pas compatible avec leur utilisation à titre de pied à terre, mais également à celle de ne pas en céder l'usage à un tiers, fût-ce sa mère dès lors que le droit d'héberger ses proches qui est reconnu à tout locataire implique que ce locataire continue à occuper lui-même les lieux loués avec les personnes qu'il héberge et non pas que ces personnes se substituent à lui dans cette occupation, comme en l'espèce pendant les jours ouvrables [6].

422.32 Possible interdiction de prêt du local. Il est d'ailleurs licite de prévoir dans le bail une stipulation interdisant le prêt des lieux à un tiers sans le consentement du bailleur. Elle n'interdit pas l'hébergement familial et n'est donc pas contraire à l'article 8. 1 de la Convention européenne de sauvegarde des droits de l'homme. Elle prohibe toute mise à disposition d'un tiers des locaux, le locataire n'habitant plus les lieux [7]. Mais « ...à défaut de caractériser l'existence d'une obligation de paiement à sa charge en contrepartie de la mise à disposition des locaux par son frère, il n'en résulte pas le preuve d'une sous-location à son profit [8] ».

SECTION 4

DISTINCTION ENTRE SOUS-LOCATION PARTIELLE ET HÉBERGEMENT

422.41 Appréciation par les juges des clauses prohibant le prêt du local. Les juges du fond détiennent un pouvoir souverain d'appréciation en fonction de la rédaction de la clause d'interdiction et des circonstances. En présence d'une interdiction de sous-location, cession ou prêt du logement, l'utilisation de celui-ci par le locataire comme pied-à-terre tandis que son neveu avait déclaré y demeurer, la cour d'appel, qui n'a pas tiré les conséquences légales de ses propres constatations dont il résultait que le locataire n'occupait pas effectivement et personnellement le logement et l'avait laissé à la disposition de tiers, a violé les textes obligeant le locataire à respecter la destination des lieux prévue au contrat [9]. Le prêt d'une chambre par les locataires constitue une infraction aux clauses du bail mais la cour d'appel retient souverainement que cette infraction n'est pas d'une gravité suffisante pour entraîner la résiliation du contrat de location [10]. La fermeture à clé des chambres mises à la disposition des occupants, l'installation de lignes téléphoniques avec le paiement des factures par les occupants ne suffit pas à caractériser l'existence d'une contrepartie [11]. En revanche, en présence d'une clause interdisant de prêter les lieux loués à des tiers sous quelque prétexte que ce soit, la cour d'appel a légalement justifié sa décision en retenant souverainement que le prêt d'une chambre de service était un manquement grave de la locataire à ses obligations contractuelles et caractérisait sa mauvaise foi [12].

1. Paris, pôle 4 Ch. 4, 15 mars 2016, RG n° 14/18198, *Rev. loyers* 2016, p. 197, note S.B.; TI Paris, V^{e} arr., 6 avr. 2016, n° 11-15-000294, inédit.
2. Paris, 18 mars 1994, RG n° 93/008536, *Loyers et copr.* 1994, n° 226.
3. Civ. 3e, 4 oct. 1994, n° 93-11.329, NP, *Rev. loyers* 1995. 210.
4. Paris, 6e ch. B, 8 mars 2007, RG n° 06/01956, *Loyers et copr.* 2007, n° 139, note Vial-Pedroletti.
5. Paris, Pôle 4, ch. 4, 4 oct. 2011, n° 10/09110, NP.
6. Paris, Pôle 4, ch. 4, 1er juin 2010, n° 07/12046
7. Civ. 3e, 10 mars 2010, n° 09-12.135, *Bull. civ.* III, n° 56; *D.* 2010. 893, *Administrer* n° 435, p. 32; *Loyers et copr.* 2010, n° 131, note Vial-Pedroletti.
8. Montpellier, 2e Ch. A, 11 déc. 2011, RG n° 00/03765; *Loyers et copr.* 2012, 247, obs. Vial-Pedroletti.
9. Civ. 3e, 14 janv. 2016, n° 14-23.621, NP, *Administrer*, juin 2016, p. 51, note V. Canu.
10. Civ. 3e, 7 juill. 1993, n° 91-19.253, NP, *Loyers et copr.* 1993, n° 338.
11. Civ. 3e, 14 nov. 2002, n° 01-12.558, NP, *Loyers et copr.* 2003, n° 34, obs. Vial-Pedroletti.
12. Civ. 3e, 9 févr. 1994, n° 91-17.012, NP, *Loyers et copr.* 1994, n° 150.

CHAPITRE

423. Hébergement

SECTION 0
ORIENTEUR

423.00 **Plan du chapitre.**

Sect. 1 Obligation d'occupation personnelle et limites
Sect. 2 Logement HLM : obligation d'occupation personnelle renforcée ?
Sect. 3 Hébergement familial autorisé

423.01 **Textes applicables.**

TEXTES SOURCES

• **L. n° 89-462, 6 juill. 1989, art. 4 n).**

TEXTES *IN EXTENSO*

• **L. 6 juill. 1989, art. 4 n)**

Est réputée non écrite toute clause :

(...)

n) Qui interdit au locataire d'héberger des personnes ne vivant pas habituellement avec lui.

423.02 **Jurisprudence de référence.**

• **Civ. 3e., 6 mars 1996, n° 93-11.113**, *Bull. civ.* III, n° 60

* V. ss n° 423.31

« ...attendu que les clauses d'un bail d'habitation ne pouvant, en vertu de l'article 8.1 de la Convention de sauvegarde des droits de l'homme et des libertés fondamentales, avoir pour effet de priver le preneur de la possibilité d'héberger ses proches... ».

423.03 **Bibliographie indicative.**

Actualisables. RÉP. IMMO., v° « Bail d'habitation et mixte : rapports locatifs individuels – Loi du 6 juillet 1989 », N. Damas, nos 100, 167; « Bail d'habitation ou professionnel – Loi du 1er septembre 1948 », H. des Lyons, n° 146 – LAMY DR. IMMO, n° 5871 – DICT. PERM. Gestion immob., « Baux d'habitation et mixtes », n° 167.

Articles. B. Vial-Pedroletti, « Le prêt de logement par le locataire », *Loyers et copr.* 2010. Étude 6.

423.05 **Contrat, jurisprudence et textes.** Il n'y a pas à proprement parler une opposition de principe entre la sous-location qui serait interdite et l'hébergement qui serait autorisé.

Dans de nombreux cas, des clauses contractuelles interdisent tout hébergement sous quelque forme que ce soit.

La jurisprudence est cependant plus souple en ce qu'elle reconnaît au locataire la faculté d'héberger chez lui des membres de sa famille, tout en continuant d'occuper le logement.

Le législateur est par ailleurs intervenu[1] pour compléter la liste des clauses réputées non écrites de l'article 4 de la loi du 6 juillet 1989 : est dorénavant réputée non écrite la clause qui interdit au locataire d'héberger des personnes ne vivant pas habituellement avec lui[2]. Il convient de souligner à ce propos que la jurisprudence aura vraisemblablement à préciser cette notion pour définir, notamment, les personnes concernées par cette formulation, qui pourrait s'interpréter très largement[3].

Mais, si le bail n'interdit pas l'hébergement des enfants, il ne peut aboutir à autoriser l'occupation du logement aux lieu et place du locataire en titre[4].

SECTION 1
OBLIGATION D'OCCUPATION PERSONNELLE ET LIMITES

423.11 **Principe de non-ingérence dans la vie privée du locataire.** La jurisprudence s'est penchée sur les conséquences à tirer de clauses dites d'occupa-

1. L. n° 2006-872, 13 juill. 2006 portant engagement national pour le logement, *JO* 16 juill., p. 10662.
2. L. n° 89-462, 6 juill. 1989, art. 4 n.
3. V. NOTAMMENT : N. Damas, « Panorama de droit immobilier. janv. 2006 – déc. 2006 », *D.* 2007. 903, n° 13.
4. Paris, 6e ch. B, 22 mai 2003, RG n° 2001/18617, *Loyers et copr.* 2003, n° 192, obs. Vial-Pedroletti – AUSSI, pour un cas où le locataire reproche au bailleur d'avoir conclu un bail directement avec le sous-locataire avant la fin du bail originel : Civ. 3e, 27 janv. 2004, n° 02-13.200, NP, *AJDI* 2004. 631, note Beaugendre.

tion strictement personnelle. Il a été jugé que la clause, imposant une occupation à caractère strictement personnel, ne saurait avoir pour effet de priver le locataire du droit d'héberger les personnes de son choix et qu'une telle clause prohibe seulement, conformément au droit commun, toute cession de bail et toute sous-location [1].

423.12 Conditions de cohabitation. La question des conditions de cohabitation dans les lieux avec le locataire et de ses limites avait été posée de manière précise par un arrêt de 1988 : « L'hébergement d'une personne par le preneur, pouvant se fonder sur des relations amicales ou amoureuses, s'il constitue une violation formelle de la clause contractuelle interdisant de faire occuper les lieux par un tiers ne présente pas un caractère de gravité suffisant pour justifier la résiliation du bail, à moins d'accorder au bailleur, par l'effet d'une telle clause, un droit de regard et d'ingérence dans la vie privée du preneur que la législation et la morale actuelles n'accordent pas aux parents sur les agissements de leurs enfants proches de la majorité » [2]. Dans le même sens : « il ne peut être reproché à la locataire de recevoir un homme avec qui elle a eu un enfant en l'absence d'un concubinage » [3]. Mais : « ... a formellement contrevenu aux clauses du bail, le preneur qui a vécu de très nombreuses années dans ce logement en compagnie d'une personne, homosexuelle comme lui » [4]. Cette solution ne pourrait plus être retenue pour des concubins homosexuels depuis la nouvelle définition du concubinage dans le code civil et la réforme du Pacs (v. s^s^ n° 421.37).

SECTION 2
LOGEMENT HLM : OBLIGATION D'OCCUPATION PERSONNELLE RENFORCÉE ?

423.21 Attribution conditionnée à la situation de famille et de ressources. La question de l'hébergement en logement HLM est posée en raison de la nature des logements HLM, soumis à des règles strictes d'attribution et d'occupation (v. s^s^ n°s 721.11 s.). Le locataire d'un office d'HLM hébergeant dans son appartement deux tierces personnes depuis plusieurs années, et l'attribution d'un logement HLM étant fonction de la situation de famille et des ressources du preneur, celui-ci est tenu d'une obligation d'occupation « strictement » personnelle [5]. Les juges du fond gardent cependant leur faculté d'appréciation : il a été jugé que l'hébergement gracieux d'un ami n'était pas de nature à justifier la résiliation du bail HLM [6].

Depuis ces décisions, la jurisprudence a évolué vers la reconnaissance d'un certain droit à l'hébergement.

SECTION 3
HÉBERGEMENT FAMILIAL AUTORISÉ

423.31 Protection par la Convention européenne des droits de l'homme. Affinant son approche, la jurisprudence a tracé au cours des vingt dernières années le contour de l'interdiction contractuelle. Après avoir retenu la possibilité d'héberger « les personnes de son choix » [7], la Cour de cassation a reconnu que « l'hébergement familial ne constituait pas une sous-location prohibée » [8]. Dans le même sens, il a été jugé que « l'interdiction d'héberger des tiers ne peut viser les membres de la proche famille du preneur, et plus spécialement des descendants qui ne sont pas des tiers au sens des dispositions conventionnelles ou légales applicables en l'espèce » [9]. La Cour de cassation, en opposant les clauses d'un bail d'habitation et l'article 8-1 de la Convention de sauvegarde des droits de l'homme et des libertés fondamentales [10], a reconnu au preneur la possibilité d'héberger ses proches [11] :

« Mais attendu que les clauses d'un bail d'habitation ne pouvant, en vertu de l'article 8.1 de la Convention de sauvegarde des droits de l'homme et des libertés fondamentales, avoir pour effet de priver le preneur de la possibilité d'héberger ses proches, la cour d'appel qui, pour écarter l'existence d'un manquement du preneur à ses obligations, a relevé que Mme Mel Z... hébergeait M. Y..., père de ses deux derniers enfants, ainsi que Mlle X..., sa sœur, a, par ces seuls motifs et sans dénaturation, légalement justifié sa décision; ».

1. Civ. 3e, 5 mai 1993, n° 91-14.650, NP, *JCP* 1993, n° 44-45.
2. Paris, 5 févr. 1988. *D.* 1988. IR 60.
3. Paris, 13 mars 1992, *Administrer* oct. 1992, p. 96.
4. Paris, 9 mai 1990, RG n° 90/976, *Rev. loyers* 1991. 19.
5. Civ. 3e, 29 juin 1989, *Loyers et copr.* nov. 1989, p. 9.
6. Civ. 3e, 31 mai 1989, n° 87-19.909, NP, *Rev. loyers* 1989. 417.
7. Civ. 3e, 5 mai 1993, n° 91-14.650, NP, *JCP* 1993, n° 44-45, préc.
8. Civ. 3e, 14 déc. 1994, n° 92-15.129, *Bull. civ.* III, n° 210; *Rev. loyers* 1995. 344, à propos de l'art. 78 de la loi du 1er sept. 1948 et de l'hébergement des petites-filles de la locataire.
9. Paris, 27 févr. 1987, RG n° S6/I5832.
10. « Toute personne a droit au respect de sa vie privée et familiale, de son domicile et de sa correspondance. »
11. Civ. 3e, 6 mars 1996, n° 93-11.113, *Bull. civ.* III, n° 60; *D.* 1996. Somm. 379, obs. CRDP Nancy 2; *D.* 1997, Jur. 167, note de Lamy; *Administrer* nov. 1996, p. 28, obs. Canu; *RDI* 1996. 620, obs. Collart-Dutilleul; *AJPI* 1996. 7, note Wertenschlag.

423.32 Notion de proche. La notion de proche gagnerait à être mieux définie. Selon M. Toitot, conseiller à la Cour de cassation, elle comprend « les membres de la famille avec un lien de parenté ou d'alliance mais ne saurait exclure des situations de fait en fonction de l'évolution des mœurs »[1]. Pourtant, certains juges opposent une résistance à cette analyse en considérant que l'hébergement du père d'un des enfants de la locataire est un tiers au contrat, conclu *intuitu personae*, et qu'il constitue un manquement grave et continu justifiant la résiliation du bail[2].

En revanche « l'obligation d'occuper personnellement les lieux loués ne saurait avoir pour effet de priver la locataire du droit d'héberger un membre de sa proche famille, en l'occurrence sa sœur et le jeune fils de celle-ci, une telle clause prohibant, seulement, conformément au droit commun, toute cession de bail et toute sous-location, dont l'existence n'est pas établie en l'espèce... Il n'est pas interdit à l'intimée d'héberger dans les lieux loués sa sœur et son neveu, même durablement, dès lors qu'elle-même y conserve son domicile »[3]. La Cour de cassation a tiré toutes les conséquences du droit reconnu à l'hébergement dans une affaire opposant deux colocataires. En présence d'un bail signé par deux colocataires concubins, qui comporte une clause d'habitation personnelle prohibant toute sous-location, cession et mise à disposition même gratuite de l'appartement, l'un des concubins ne peut agir en expulsion de la fille de sa colocataire, alors que celle-ci avait établi sa résidence chez sa mère qui occupait personnellement les lieux, les clauses d'un bail ne pouvant avoir pour effet de priver le preneur de la possibilité d'héberger ses proches[4]. On retiendra cependant que la faculté d'héberger un membre de sa famille n'est envisageable que si le locataire occupe lui-même et concomitamment les lieux loués « de façon effective, réelle et continue »[5].

1. *Rapp. C. cass. 2000*, « Étude sur la protection du locataire de locaux à usage d'habitation ».
2. Versailles, 29 janv. 1999, RG n° 692/97, *D.* 2001. Somm. 169, obs. CRDP Nancy 2.
3. Paris, pôle 4 Ch. 3, 10 déc. 2015, RG n° 14/02483, inédit.
4. Civ. 3e, 22 mars 2006 n° 04-19.349, *Bull. civ.* III, n° 73, *Rev. loyers* 2006. 287, note Rémy.
5. Paris, Pôle 4, 4e ch., 4 oct. 2011, n° 10/09110, NP.

CHAPITRE

424. Échange de logements

SECTION 0
ORIENTEUR

424.00 Plan du chapitre.

Division – Conditions strictement délimitées. La possibilité d'un « échange[1] » de logements entre deux locataires, sans opposition possible du bailleur (l'échange est « de droit »), est ouverte par l'article 9 de la loi du 6 juillet 1989. Elle est soumise à des conditions qui réduisent l'éventualité d'un tel échange à des cas exceptionnels.

Par ailleurs, les conséquences de cet échange peuvent conduire à considérer celui-ci comme porteur de certaines difficultés.

On signalera enfin la possibilité pour un locataire HLM en sous occupation de changer de logement sans qu'il soit tenu compte de ses ressources[2]. Ce n'est pas un échange proprement dit puisqu'il ne concerne qu'un locataire. Mais de telles solutions permettent une meilleure occupation des logements HLM.

424.01 Textes applicables.

TEXTES SOURCES

• **L. 6 juill. 1989, art. 9.**

TEXTES *IN EXTENSO*

• **L. 6 juill. 1989, art. 9**

Lorsque deux locataires occupant deux logements appartenant au même propriétaire et situés dans un même ensemble immobilier demandent à procéder à un échange de logements entre eux, cet échange est de droit dès lors que l'une des deux familles concernées comporte au moins trois enfants et que l'échange a pour conséquence d'accroître la surface du logement occupé par la famille la plus nombreuse.

Dans les contrats en cours, chaque locataire se substitue de plein droit à celui auquel il succède et ne peut être considéré comme un nouvel entrant.

Ces dispositions ne sont pas applicables lorsque l'un des deux ou les deux logements sont soumis aux dispositions du chapitre III du titre 1er de la loi n° 48-1360 du 1er septembre 1948 portant modification et codification de la législation relative aux rapports des bailleurs et locataires ou occupants des locaux à usage d'habitation ou à usage professionnel et instituant des allocations de logement.

424.02 Jurisprudence de référence.

> Sur la notion d'ensemble immobilier

• **Paris, 15 nov. 2007, RG n° 06/16437**

* V. s^s n° 424.11

L'échange n'est pas de droit s'il porte sur deux appartements, situés dans la même commune, mais dans deux résidences éloignées l'une de l'autre et séparées par un fleuve.

> Sur la transmission des droits locatifs et ses conséquences pour le propriétaire

• **Civ. 3e, 15 mai 1996, n° 94-17.262**, NP

* V. s^s n° 424.21

« Attendu que la cour d'appel a retenu, à bon droit, qu'à la suite de l'échange d'appartements, le droit locatif de Mme B... avait été transmis aux époux C... auxquels le bail était opposable. »

424.03 Bibliographie indicative.

Ouvrages. J. Lafond, B. Vial-Pedroletti, *Les baux d'habitation*, 8e éd., LexisNexis, 2017, n°s 1177 s.

Actualisables. RÉP. IMMO., v° « Bail d'habitation et mixte : rapports locatifs individuels – Loi du 6 juillet 1989 », N. damas, n°s 320 s.; « Bail d'habitation ou professionnel – Loi du 1er septembre 1948 », H. des Lyons, n° 82 – LAMY DR. IMMO, n°s 5991-5994 – DICT. PERM. Gestion immob., « Baux d'habitation et mixtes », n°s 320 s.; « Baux-loi du 1er septembre 1948 », n°s 48 s.; « HLM-Location », n° 266.

1. Pour une analyse critique de la notion, v. J.-P. Blatter, J.-CL. Bail d'habitation, Fasc. 138 n° 3.
2. CCH, art. L. 442-3-1.

SECTION 1
CONDITIONS D'UN ÉCHANGE

424.11 Conditions relevant des logements. La faculté d'échange visée par l'article 9 de la loi du 6 juillet 1989 repose sur trois conditions :

- il ne peut s'agir que de deux logements appartenant au même propriétaire. Toute autre hypothèse aurait rendu problématique sa mise en œuvre;

- les logements doivent être situés dans le même ensemble immobilier. Cette notion n'est pas définie par la loi ou par un texte postérieur[1]. Elle fait appel à des notions d'unité physique et de proximité géographique; l'échange n'est pas de droit s'il porte sur deux appartements, situés dans la même commune, mais dans deux résidences éloignées l'une de l'autre et séparées par un fleuve[2];

- aucun des deux logements concernés ne doit être soumis aux dispositions du chapitre III de la loi du 1er septembre 1948, relatif aux loyers. L'objectif est ici d'éviter que ne se prolonge davantage le régime exceptionnel de la loi de 1948, à travers la possibilité d'échanges successifs auxquels le propriétaire ne pourrait s'opposer.

En revanche l'échange est ouvert dans les autres statuts, logements privés soumis à la loi du 6 juillet 1989, logements HLM.

On devrait toutefois considérer que l'échange ne sera pas possible dans le cas où l'un des logements fait l'objet de droits ouverts à des tiers, comme pour les logements réservés du parc social par exemple.

424.12 Conditions relevant des locataires concernés. Lorsque deux locataires souhaitent échanger leurs logements, ils doivent satisfaire deux conditions :

- l'une des deux familles concernées doit comporter au moins trois enfants;

- l'échange doit avoir pour effet de permettre à la famille la plus nombreuse d'accroître la surface du logement qu'elle occupe. Ici aussi, il n'y a pas d'autre condition : pas de surface minimale offerte à chaque occupant par exemple.

SECTION 2
CONSÉQUENCES D'UN ÉCHANGE

424.21 Substitution pleine et entière du locataire. L'article 9 de la loi de 1989 précise que : « dans les contrats en cours, chaque locataire se substitue de plein droit à celui auquel il succède et ne peut être considéré comme un nouvel entrant ».

La formule est celle d'une substitution pleine et entière d'un locataire vis-à-vis de l'autre dans le contrat, avec toutes ses conséquences[3].

§ 1
Effets de la substitution

424.31 Acteurs multiples. L'analyse conduit à distinguer les effets touchant aux rapports entre le propriétaire et le preneur et ceux qui concernent les preneurs entre eux.

424.32 Effets dans les rapports entre propriétaire et locataires. Le texte exclut d'emblée toute évolution de loyer ou de dépôt de garantie, par exemple, à l'occasion de l'échange, puisqu'aucun des locataires n'est un nouvel entrant. Aucune augmentation ou somme quelconque ne peut donc être réclamée en raison de l'échange.

La substitution entraîne cependant l'obligation pour chacun de respecter le nouveau contrat, dans toutes ses clauses. Si des travaux ont été prévus par une clause spécifique ayant des effets sur le montant du loyer (sur cette notion, v. ss n° 411.11), elle devra être appliquée. Si un accord collectif (v. ss nos 912.21 s.) prévoit des augmentations suite à des améliorations, il s'impose au nouveau locataire qui ne l'a pas signé.

424.33 Situation du locataire se substituant. Le locataire se substituant à l'autre accepte par avance cette nouvelle situation à laquelle il ne peut opposer qu'une éventuelle demande d'adaptation du contrat, à la condition d'un accord préalable du bailleur. Il doit ainsi accepter le logement dans l'état où il se trouve et ne peut demander que le logement soit refait avant l'échange. Ainsi un locataire ne peut revendiquer, au moment de l'échange, l'application de l'article 3 de la loi du 6 juillet 1989 sur l'état des lieux. Il ne peut en conséquence exiger du bailleur le remboursement par moitié du constat d'huissier qu'il a fait réaliser[4].

424.34 Effets dans les rapports entre coéchangistes. La situation des preneurs est plus favorable puisque l'échange se fait à leur instigation, alors que le bailleur ne peut s'y opposer.

Chacun doit toutefois apprécier cet échange à la mesure de ses conséquences. À l'objectif d'une meilleure adéquation de la taille du logement, s'ajoute un montant de loyer différent avec des évo-

1. Il est possible qu'un échange ait lieu entre un locataire d'une maison individuelle et un locataire d'un logement collectif : Rép. Min. n° 3122, *JO Sénat Q* 13 nov. 1997, p. 3171.
2. Paris, 15 nov. 2007, RG n° 06/16437, *Loyers et copr.* 2008, n° 29, note Vial-Pedroletti.
3. Civ. 3e, 15 mai 1996, n° 94-17.262, NP
4. Versailles, 29 sept. 2009, RG n° 08/06935, *JurisData* n° 379216, *Loyers et copr.* 2010, n° 6, note Vial-Pedroletti.

lutions à terme, par exemple en cas de travaux, qui peuvent ne pas avoir été suffisamment mesurées. De même, la durée de la location peut varier d'un contrat à l'autre.

D'autres effets sont impératifs, par exemple l'opposabilité à chacun des preneurs de l'état des lieux d'entrée signé par l'autre. L'obligation de réparations locatives est transférée à chacun d'entre eux, avec des conséquences qui pourraient être importantes à l'issue du contrat selon l'existence d'un état des lieux ou non (v. s[s] n°s 134.31 s.), selon l'état du local au début de la location et au moment de l'échange et, par conséquent, selon l'entretien du logement.

§ 2
Limites à la substitution

424.41 **Dépôt de garantie.** Certains effets de la substitution nécessitent un examen particulier et conduisent à s'interroger sur les limites de celle-ci. Tel est le cas du dépôt de garantie. Les montants des dépôts de garantie sont différents et les conditions de leur restitution sont liées à la durée respective des locations et à l'entretien du logement par chaque locataire.

Le dépôt de garantie est attaché au local mais l'obligation d'entretien est transférée d'un locataire à un autre. Cependant, le dépôt de garantie n'est pas restitué au moment de l'échange. Doit-il faire l'objet d'un compte entre les locataires ? Ils devront en décider.

424.42 **Garanties du bailleur.** Les difficultés pourront provenir ici des différences de situation entre preneurs. À supposer que le bailleur ait souhaité qu'une personne se porte caution pour l'un ou pour l'autre des locataires, la substitution de l'un par l'autre ne peut entraîner celle des cautions, qui ne sont pas transférables.

En tout état de cause chacun, coéchangiste et bailleur, devra mesurer les difficultés qu'un échange peut entraîner pour faire que cette mesure de souplesse ne recèle pas de difficultés insurmontables à terme

TITRE

43. Le changement d'usage des logements

SECTION 0
ORIENTEUR

43.00 **Plan du titre.**

43.01 **Textes applicables.**

TEXTES SOURCES

> Changement d'usage (régime général)

• **CCH, art. L. 621-4, L. 631-7 à L. 631-9, L. 651-2 à L. 651-4, L. 651-6, L. 651-7.**

• **Circ. n° 2006-19, 22 mars 2006** sur l'application des mesures relatives au changement d'usage des locaux d'habitation, *BOMELT*, n° 2006/7, p. 81.

> Changement d'usage (régime HLM)

CCH, art. L. 443-11, al. 11 et 12, L. 631-7-2 à L. 631-7-5.

> Meublés touristiques

• **C. tourisme, art. L. 324-1, L. 324-1-1, L. 324-2, L. 324-2-1.**

• **C. tourisme, art. D. 324-1, D. 324-1-1, D. 324-1-2.**

43.03 **Bibliographie indicative.**

Ouvrages. G. Daudré et P. Wallut, *Changements d'usage des locaux d'habitation (les réformes de l'article L. 631-7 du Code de la construction et de l'habitation)*, 2e éd., LexisNexis, 2016.

Actualisables. RÉP. IMMO., v° « Bail d'habitation et mixte : rapports locatifs individuels – Loi du 6 juillet 1989 », N. Damas, nos 14 s.; « Bail d'habitation ou professionnel – Loi du 1er septembre 1948 », H. des Lyons, nos 143 s.; « habitat social (HLM) », H. des Lyons, n° 183 – LAMY DR. IMMO, nos 2323 s., 5559 – DICT. PERM. Gestion immob., « changement d'usage des locaux »; « Location saisonnière », nos 19, 24.

CHAPITRE

431. Évolution législative et champ d'application

SECTION 0 ORIENTEUR

431.00 Plan du chapitre.

431.01 Textes applicables.

TEXTES SOURCES

• **CCH, art. L. 631-7, L. 631-7-1 B, L. 631-8, L. 631-9.**

• **Ord. n° 2005-655, 8 juin 2005** relative au logement et à la construction, art. 29.

TEXTES *IN EXTENSO*

• **CCH, art. L. 631-7**

La présente section est applicable aux communes de plus de 200 000 habitants et à celles des départements des Hauts-de-Seine, de la Seine-Saint-Denis et du Val-de-Marne. Dans ces communes, le changement d'usage des locaux destinés à l'habitation est, dans les conditions fixées par l'article L. 631-7-1, soumis à autorisation préalable.

Constituent des locaux destinés à l'habitation toutes catégories de logements et leurs annexes, y compris les logements-foyers, logements de gardien, chambres de service, logements de fonction, logements inclus dans un bail commercial, locaux meublés donnés en location dans les conditions de l'article L. 632-1.

Pour l'application de la présente section, un local est réputé à usage d'habitation s'il était affecté à cet usage au 1er janvier 1970. Cette affectation peut être établie par tout mode de preuve. Les locaux construits ou faisant l'objet de travaux ayant pour conséquence d'en changer la destination postérieurement au 1er janvier 1970 sont réputés avoir l'usage pour lequel la construction ou les travaux sont autorisés.

Toutefois, lorsqu'une autorisation administrative subordonnée à une compensation a été accordée après le 1er janvier 1970 pour changer l'usage d'un local mentionné à l'alinéa précédent, le local autorisé à changer d'usage et le local ayant servi de compensation sont réputés avoir l'usage résultant de l'autorisation.

Sont nuls de plein droit tous accords ou conventions conclus en violation du présent article.

Le fait de louer un local meublé destiné à l'habitation de manière répétée pour de courtes durées à une clientèle de passage qui n'y élit pas domicile constitue un changement d'usage au sens du présent article.

• **CCH, art. L. 631-7-1 B**

Une délibération du conseil municipal peut définir un régime de déclaration préalable permettant d'affecter temporairement à l'habitation des locaux destinés à un usage autre que l'habitation, pour une durée n'excédant pas quinze ans.

Si la commune est membre d'un établissement public de coopération intercommunale compétent en matière de plan local d'urbanisme, la délibération est prise par l'organe délibérant de cet établissement.

Jusqu'à l'expiration du délai mentionné au premier alinéa, les locaux peuvent, par dérogation à l'article L. 631-7, retrouver leur usage antérieur.

En cas de location d'un local temporairement affecté à l'habitation en application du présent article, le contrat doit mentionner le caractère temporaire de cette affectation. Sous cette réserve, le retour des locaux à leur usage antérieur est un motif légitime et sérieux, au sens de l'article 15 de la loi n° 89-462 du 6 juillet 1989 tendant à améliorer les rapports locatifs et portant modification de la loi n° 86-1290 du 23 décembre 1986. Il ne constitue pas un événement au sens de l'article 11 de cette même loi.

• **CCH, art. L. 631-8**

Lorsque le changement d'usage fait l'objet de travaux entrant dans le champ d'application du permis de construire, la demande de permis de construire ou la déclaration préalable vaut demande de changement d'usage.

Ces travaux ne peuvent être exécutés qu'après l'obtention de l'autorisation mentionnée à l'article L. 631-7.

• **CCH, art. L. 631-9**

Dans les communes autres que celles mentionnées au premier alinéa de l'article L. 631-7, les dispositions dudit article peuvent être rendues applicables par décision de l'autorité administrative sur proposition du maire ou, pour les communes appartenant à une zone d'urbanisation continue de plus de 50 000 habitants définie à l'article 232 du code général des impôts, par une délibération de l'organe délibérant de l'établissement public de coopération intercommunale compétent en matière de plan local d'urbanisme ou, à défaut, du conseil municipal.

Ces dispositions peuvent également, dans les mêmes conditions, être rendues applicables sur une partie seulement de la commune.

• **Ord. 8 juin 2005, art. 29**

I. • Les personnes qui, avant l'entrée en vigueur de la présente ordonnance, ont changé, sans autorisation l'usage d'un local auquel était applicable l'article L. 631-7 du code de la construction et de l'habitation, bénéficient sur demande d'une autorisation à titre personnel si elles justifient, avant le 1er juillet 2006, de l'usage continu et non contesté des lieux à des fins autres que l'habitation depuis au moins vingt ans à la date d'entrée en vigueur de la présente ordonnance.

II. • Les autorisations définitives accordées sur le fondement du même article L. 631-7 avant l'entrée en vigueur de la présente ordonnance et qui ont donné lieu à compensation effective, sont attachées au local et non à la personne.

III. • Les locaux régulièrement affectés à un usage autre que l'habitation qui, à la date d'entrée en vigueur de la présente ordonnance, sont temporairement affectés à l'habitation en vertu d'une déclaration d'affectation temporaire des locaux, peuvent, nonobstant les dispositions de l'article L. 631-7 du code de la construction et de l'habitation, retrouver leur affectation antérieure sur simple déclaration adressée au préfet avant l'expiration du délai mentionné dans la déclaration d'affectation temporaire. En l'absence de déclaration, les locaux qui, à l'expiration de ce délai, demeurent affectés à l'habitation sont régis par les dispositions applicables aux locaux à usage d'habitation.

431.02 Jurisprudence de référence.

• **CE 6e et 2e ss sect., 21 janv. 1998**, *Manuel*, req. no 125863, *Lebon*

* V. ss no 431.31

En dehors du périmètre défini par l'article L. 631-7 du code de la construction et de l'habitation aucune autorisation n'est à solliciter pour changer l'affectation d'un local à usage d'habitation.

• **Civ. 3e, 22 juin 2017, no 16-17.946**, P

* V. ss no 431.42

L'importance respective des surfaces consacrées à l'usage d'habitation et à l'usage professionnel est indifférente à l'application de l'article L. 631-7 CCH aux locaux d'un bail mixte professionnel et d'habitation.

431.03 Bibliographie indicative.

Ouvrages. G. Daudré et P. Wallut, *Changements d'usage des locaux d'habitation (les réformes de l'article L. 631-7 du Code de la construction et de l'habitation)*, 2e éd., LexisNexis, 2016; Chérel (dir.) *Changement d'usage de l'immeuble*, LAMY Axe Droit, 2011.

Actualisables. RÉP. IMMO., vo « Bail d'habitation et mixte : rapports locatifs individuels – Loi du 6 juillet 1989 », N. Damas, nos 14 s.; « Bail d'habitation ou professionnel – Loi du 1er septembre 1948 », H. des Lyons, nos 143 s. – LAMY DR. IMMO, no 2324 – DICT. PERM. Gestion immob., « Changement d'usage des locaux ».

Articles. A. Durance, « Changement de destination et changement d'affectation des immeubles », *AJPI* 1987. 169; B. Boussageon, « La transformation des locaux d'habitation en locaux professionnels », *AJPI* 1990. 328; Gélinet, « La transformation en logements de locaux affectés à un autre usage », *Rev. loyers* 1995. 441; G. Liet-Vaux, « Réflexions nouvelles sur les changements de destination ou affectation des locaux », *JCP N* 1990. I. 289; « Caractère personnel des dérogations sur des autorisations en matière de changement d'affectation des locaux », *AJDI*, 2001, p. 319; Hernberger, « La régularité de l'affectation du bien vendu », *Rev. loyers* 2003. 278.

Sur la réforme de 2005. D. Dutrieux, « L'ordonnance du 8 juin 2005 relative au logement et à la construction : la réforme attendue des changements d'affectation », *JCP N* 2005. 1136; Constr.-Urb. juill.-août 2005, p. 18; P. Wallut, « De l'affectation à l'usage : la réforme attendue de l'article L. 631-7 du CCH », *JCP N* 2005. 1745; A. Vincent, « Changement d'affectation des locaux : entrée en vigueur de l'ordonnance du 8 juin 2005 », *D.* 2008, no 14, p. 922; *AJDA* 24 mars 2008, p. 557; S. Pérignon, « Le nouveau régime de changement d'usage des locaux d'habitation », *AJDA* 14 nov. 2005, p. 2112; Coutant-Lapalus, *Loyers et copr.* 2005. Étude 9; Wertenschlag et Abinader, *AJDI* 2005. 723; Assouline, « Une réforme en trompe-l'œil », *JCP* 2005. Actu. 458; A. Hinfray, « La réforme des changements d'usage immobilier », *Loyers et copr.* nov. 2006, p. 4; Lassner, « Les changements d'affectation après la réforme du 8 juin 2005 », *AJDI* 2006. 265.

Sur la réforme de 2008. Blatter, « La loi du 4 août 2008 », *AJDI* 2008. 649; Monéger et Brault, *Loyers et copr.* 2008, étude 8; Ruet, *LPA* 2009, no 50, p. 3; Beddeleem, Ann. Loyers 2009, 57; P. Wallut, « L'heure de la décentralisation pour le contrôle du changement d'usage de logements », *JCP N* 2009. 1126; Laporte-Leconte, *AJDI* 2010. 273; Briand, « Le bail et le changement d'usage », *Rev. loyers* 2012, p. 146; *JCP N* 2014. 1157; Daudré et Wallut, « La loi du 24 mars 2014 », *Loyers et copr.* Hors série, mai 2014, étude 2; Pays, « Le choix du local d'activité : les critères juridiques » *AJDI* 2015. 352.

SECTION 1
ÉVOLUTION LÉGISLATIVE

431.11 Assouplissement de la règle d'interdiction. Afin de maintenir le parc des logements disponibles dans l'après seconde guerre mondiale, un principe d'interdiction de tout changement d'affectation des locaux à usage d'habitation a été posé par l'ordonnance du 11 octobre 1945, principe codifié en 1978 aux articles L. 631-7 et suivants du code de la construction et de l'habitation.

La nécessité d'un maintien de cette police spéciale des immeubles s'est faite sentir principalement dans les grandes agglomérations. Corrélativement, la pression a été forte en faveur d'un assouplissement de la règle d'interdiction, notamment à la demande des professions libérales qui y voyaient une condition de la poursuite de leur activité.

431.12 Encarement de la pratique. Puis le développement de locations de courte durée de meublés touristiques, particulièrement dans la région parisienne, a conduit le législateur à en encadrer la pratique.

La réglementation dorénavant applicable résulte à la fois de la réforme intervenue par la loi de simplification du droit du 9 décembre 2004[1], de l'ordonnance du 8 juin 2005[2], de la loi du 4 août 2008 de modernisation de l'économie, dite loi LME[3], et, enfin, de la loi du 24 mars 2014, dite loi Alur[4].

Le Conseil constitutionnel a été amené à se prononcer sur le régime de l'autorisation des changements d'usage. Saisi de la constitutionnalité du régime il a considéré que les dispositions des articles L. 631-7 et L. 631-7-1 A du code de la construction et de l'habitation « ne revêtent pas un caractère disproportionné au regard de l'objectif » de « lutte contre la pénurie de logements destinés à la location »[5].

431.13 2004 : modifications. La loi du 9 décembre 2004 de simplification du droit a autorisé le gouvernement à prendre par ordonnance les dispositions « nécessaires pour adapter et simplifier le régime juridique applicable aux changements d'affectation des locaux »[6]. Sur le plan du vocabulaire tout d'abord, pour éviter les confusions avec la notion de destination utilisée en matière de permis de construire, le terme dorénavant reconnu est celui de changement d'usage. La réforme intervenue avec l'ordonnance du 8 juin 2005, relative au logement et à la construction, a redéfini le champ d'application de l'article L. 631-7 du code de la construction et de l'habitation, substitué un régime d'autorisation préalable à celui d'interdiction, clarifié la notion de locaux à usage d'habitation et instauré un régime de compensation, qui ne s'appliquait jusqu'alors qu'à Paris[7]. L'ordonnance du 8 juin 2005 a été ratifiée par la loi du 13 juillet 2006, dont l'article 79 complète par ailleurs le régime des changements d'usage.

431.14 2008 : modifications. Poursuivant l'allégement du contrôle des changements d'usage, la loi du 4 août 2008 de modernisation de l'économie transfère du préfet au maire la compétence dans ce domaine. Cette loi, de lecture particulièrement complexe dans sa partie relative au changement partiel d'usage d'un logement, permet cependant de clarifier le régime des changements d'usage en HLM. Dans ce parc, la demande de changement d'usage pour la totalité du local, réservée au seul bailleur, est réglementée dans l'article L. 443-11 du code de la construction et de l'habitation, tandis que le changement partiel, à la demande du bénéficiaire locataire, est fixé dans le livre VI du code.

431.15 Date d'entrée en vigueur de la réforme de 2008. La date d'entrée en vigueur de la réforme a été différée : prévue au 1er janvier 2009 par l'article 13, X de la loi du 4 août 2008, sous réserve de la compensation des charges assumées par les communes du fait du transfert de compétences[8], elle a été reportée au 1er avril 2009 par la loi pour l'accélération des programmes de construction et d'investissement publics et privés du 17 février 2009[9]. Les arrêtés préfectoraux pris avant le 1er avril 2009 s'appliquent jusqu'à l'adoption des règlements municipaux par les villes concernées.

431.16 2014-2015 : évolutions. Deux inflexions nouvelles sont intervenues depuis.

En renvoyant à une délibération locale la possibilité de définir un régime d'autorisation temporaire pour les meublés touristiques, dans l'article L. 631-7-1 A, la loi du 24 mars 2014, dite loi Alur, confirme le mouvement de renvoi aux exécutifs locaux de telles décisions, tout en mettant en exergue les dangers possibles d'une raréfaction des locaux à usage d'habitation dans les grandes villes touristiques (aussi, pour les développements sur les meublés touristiques dans le cadre de l'article L. 631-7-1 A, v. ss no 435.33).

La loi 2015-990 du 6 août 2015 pour la croissance, l'activité et l'égalité économique, dite loi Macron, facilite, sur délibération du conseil municipal, le passage vers l'usage d'habitation à titre

1. L. no 2004-1343, 9 déc. 2004 de simplification du droit, *JO* 10 déc., p. 20857.
2. Ord. no 2005-655, 8 juin 2005 relative au logement et à la construction, *JO* 9 juin, p. 10083.
3. L. no 2008-776, 4 août 2008 de modernisation de l'économie, *JO* 5 août, p. 12471.
4. L. no 2014-366, 24 mars 2014, *JO* 26 mars, p. 5908.
5. Cons. const, 20 mars 2014, décis. no 2014-691 DC (L. no 2014-366, 24 mars 2014), *JO* 26 mars, p. 5925.
6. L. no 2004-1343, 9 déc. 2004 de simplification du droit, art. 42, *JO* 10 déc., p. 20857.
7. SUR LA RÉFORME, v. circ. no 2006-19, 22 mars 2006 relative au changement d'usage des locaux d'habitation, obs. Guillini et Raimbert, *Gaz. Pal.* 15-16 nov. 2006, p. 24 s.
8. Arr. 29 févr. 2012 constatant le montant du droit à compensation au titre du transfert de la compétence, *JO* 8 mars 2012, p. 4322.
9. L. no 2009-179, 17 févr. 2009 pour l'accélération des programmes de construction et d'investissement publics et privés, *JO* 18 févr., p. 2841.

temporaire de locaux affectés à un autre usage, dans l'article L. 631-7-1 B.

SECTION 2

CHAMP D'APPLICATION DU RÉGIME DES CHANGEMENTS D'USAGE

431.21 Deux catégories d'usage : habitation ou non habitation. L'article L. 631-7 du code de la construction et de l'habitation soumet à autorisation par principe tout changement d'usage des locaux affectés à l'habitation dans un champ géographique restreint. Un changement d'usage sans autorisation administrative préalable est toutefois possible lorsqu'il ne s'agit que d'une partie d'un local d'habitation et que ni le bail ni le règlement de copropriété ne s'y opposent (v. s^s n°s 433.11 s.).

La loi ne retient plus que deux catégories d'usage : habitation ou non habitation. La référence à un usage professionnel ou administratif, commercial ou industriel a été rapportée. Enfin, la notion de local à usage d'habitation est désormais définie par la loi.

§ 1

Champ d'application géographique

431.31 Communes et départements visés par la nécessité d'une autorisation administrative. Le champ géographique de l'autorisation est restreint aux communes de plus de 200 000 habitants et aux départements des Hauts-de-Seine, de la Seine-Saint-Denis et du Val-de-Marne[1]. Sont concernées les villes de : Paris, Lyon, Marseille, Bordeaux, Lille, Montpellier, Nantes, Nice, Rennes, Strasbourg et Toulouse.

Il va de soi qu'en dehors de ces périmètres, aucune autorisation n'est à solliciter[2]. Il est cependant utile de vérifier qu'une mesure d'extension n'a pas été prise dans la commune concernée. La décision d'extension relève soit du préfet, sur proposition du maire, soit, depuis la loi du 24 mars 2014, dite loi Alur, de l'organe délibérant de l'établissement public de coopération intercommunal compétent en matière de plan local d'urbanisme, dans les communes appartenant à une zone d'urbanisation de plus de 50 000 habitants[3]. La situation est particulière pour les logements de type HLM pour lesquels un changement total d'affectation relève d'autres dispositions (v. s^s n°s 434.11 s.).

§ 2

Locaux concernés

431.41 Locaux d'habitation visés exclusivement. Ces dispositions sont générales ; elles s'appliquent à tous les locaux d'habitation. Mais seulement à eux, la réforme ne distinguant plus les usages autres que l'habitation. Ainsi, les changements d'usage des locaux à usage autre que d'habitation sont libres depuis le 10 juin 2005, y compris dans les communes qui sont dans le champ d'application de la réforme.

L'interdiction ne vise que les locaux à usage d'habitation, susceptibles d'être transformés en un autre usage.

Sont classés comme tels, selon le texte, « toutes catégories de logements et leurs annexes, y compris les logements foyers, logements de gardien, chambres de service, logements de fonction, logements inclus dans un bail commercial, locaux meublés donnés en location dans les conditions de l'article L. 632-1 »[4].

431.42 Usage mixte professionnel et d'habitation. Un local d'un bail mixte d'habitation et professionnel est soumis aux dispositions de l'article L. 631-7 du code de la construction et de l'habitation. Dès lors, l'affectation de la totalité des lieux à un usage professionnel est soumise à autorisation, et l'importance respective des surfaces consacrées à l'usage d'habitation et à l'usage professionnel est indifférente[5].

431.43 Usage temporaire d'habitation. La loi du 6 août 2015, dite loi Macron, permet au conseil municipal de délibérer afin de définir un régime de déclaration préalable permettant d'affecter temporairement à l'habitation des locaux destinés à un usage autre que l'habitation.

La durée de validité de la délibération est fixée à quinze ans maximum (CCH, art. L. 631-7-1 B).

Si la commune est membre d'un établissement public de coopération intercommunale compétent en matière de plan local d'urbanisme, la délibération est prise par l'organe délibérant de cet établissement.

Jusqu'à l'expiration du délai mentionné au premier alinéa, les locaux peuvent, par dérogation à l'article L. 631-7, retrouver leur usage antérieur.

1. Est prise en compte la population permanente de la localité à la date du changement d'usage : Civ. 3e, 7 nov. 1979, n° 78-10.980, *Bull. civ.* III, n° 198.
2. CE 21 janv. 1998, *Manuel*, req. n° 125863, *Lebon*.
3. CCH, art. L. 631-9.
4. Il s'agit de toute location d'un local meublé, que la location s'accompagne ou non de prestations secondaires, à usage de résidence principale du preneur.
5. Civ. 3e, 22 juin 2017, n° 16-17.946, P; *D.* 2017. 1361

Enfin l'arrivée du terme fixé pour l'affectation temporaire autorise le bailleur de tels locaux à donner congé au locataire au titre d'un motif légitime et sérieux, au sens de l'article 15 de la loi du 6 juillet 1989 (v. s^s^ n° 535.23), à la condition que le contrat de location ait mentionné le caractère temporaire de cette affectation.

431.44 **Date d'appréciation de l'usage d'un local.** L'usage d'habitation est apprécié en fonction de l'usage effectif du bien au 1er janvier 1970. Cet usage peut être établi par tout mode de preuve. Il pourra être utilement rapporté grâce au fichier immobilier ou à tout bail, acte de vente, permis de construire. Est assimilé à un local à usage d'habitation le local autre qu'à usage d'habitation au 1er janvier 1970 transformé en habitation par compensation, ainsi que le local autre qu'à usage d'habitation affecté temporairement à l'habitation dans les conditions de l'article L. 631-7-1 antérieur et qui n'a pas fait l'objet d'un retour à l'habitation (v. s^s^ n° 431.47). Le préfet ne peut plus délivrer de certificat indiquant l'affectation du local à tel ou tel usage[1]. Les locaux construits après le 1er janvier 1970 sont réputés avoir l'usage pour lequel la construction a été autorisée.

431.45 **D'un usage professionnel à un autre.** Il n'est pas nécessaire de demander une nouvelle autorisation en cas de changement d'activité professionnelle « la notion de local professionnel devant s'entendre comme s'agissant du local où s'exerce régulièrement une profession qu'elle soit ou non commerciale, le changement de nature de l'activité professionnelle n'entraîne pas de changement de destination au sens de l'article L. 631-7 du code de la construction et de l'habitation »[2].

431.46 **D'un usage mixte commercial et d'habitation à un usage exclusivement commercial.** Il a été jugé que, en présence d'un lot composé d'un magasin, d'un appartement et de locaux annexes, donc à usage commercial et d'habitation, son passage en local exclusivement commercial ne modifie pas sa destination, qui reste commerciale. La Cour de cassation considère que la fin de l'usage d'habitation ne constitue pas un changement d'affectation contraire à la destination de l'immeuble[3].

431.47 **Mesures transitoires.** L'ordonnance susvisée du 8 juin 2005, entrée en vigueur le 10 juin 2005, a prévu plusieurs mesures destinées à résoudre des questions qui se posaient antérieurement[4].

Il convenait tout d'abord de régler le sort des changements d'affectation intervenus avant le 10 juin 2005 sans autorisation. Le texte permet aux personnes qui avaient procédé à un tel changement sans autorisation dans le régime de l'article L. 631-7, avant la réforme de décembre 2004, de bénéficier d'une autorisation à titre personnel à la condition de justifier, avant le 1er juillet 2006, « de l'usage continu et non contesté des lieux à des fins autres que l'habitation depuis au moins vingt ans ».

Par ailleurs, le nouveau régime permettant la délivrance d'attestations attachées au local et non plus à la personne dans le cas de compensations physiques (v. s^s^ n° 432.31), le législateur a, de manière rétroactive, étendu ce principe aux personnes qui ont obtenu, avant le 10 juin 2005, une autorisation définitive ayant donné lieu à compensation effective.

1. CCH, anc. art. L. 631-7-2.

2. Civ. 3e, 20 déc. 1995, n° 94-12.897, *Bull. civ.* III, n° 266; *JCP* 1996. II, n° 22637 obs. Liet-Vaux; *Administrer* nov. 1996, n° 283, note Hinfray; *Gaz. Pal.* 3 avr. 1997, 93.
3. Civ. 3e, 24 mars 2015, n° 13-25.528, NP, *AJDI* 2015. 680, note C. Dreveau.
4. Ord. n° 2005-655, 8 juin 2005, art. 29.

CHAPITRE

432. Régime d'autorisation

SECTION 0 ORIENTEUR

432.00 Plan du chapitre.

432.01 Textes applicables.

TEXTES SOURCES

• **CCH, art. L. 621-4, L. 631-7-1, L. 631-8, L. 651-2, L. 651-3, L. 651-6 et L. 651-7.**

TEXTES *IN EXTENSO*

• **CCH, art. L. 621-4**

À Paris et dans les communes des départements des Hauts-de-Seine, de la Seine-Saint-Denis et du Val-de-Marne ayant appartenu à l'ancien département de la Seine, le service du logement est départemental. Dans ces communes, les agents assermentés ayant pour fonction le contrôle de l'usage des locaux destinés à l'habitation bénéficient des prérogatives prévues aux articles L. 651-6 et L. 651-7.

Il est institué à Paris et dans chacune des communes mentionnées ci-dessus un comité consultatif municipal du logement dont la composition est fixée par décision administrative.

• **CCH, art. L. 631-7-1**

L'autorisation préalable au changement d'usage est délivrée par le maire de la commune dans laquelle est situé l'immeuble, après avis, à Paris, Marseille et Lyon, du maire d'arrondissement concerné. Elle peut être subordonnée à une compensation sous la forme de la transformation concomitante en habitation de locaux ayant un autre usage.

L'autorisation de changement d'usage est accordée à titre personnel. Elle cesse de produire effet lorsqu'il est mis fin, à titre définitif, pour quelque raison que ce soit, à l'exercice professionnel du bénéficiaire. Toutefois, lorsque l'autorisation est subordonnée à une compensation, le titre est attaché au local et non à la personne. Les locaux offerts en compensation sont mentionnés dans l'autorisation qui est publiée au fichier immobilier ou inscrite au livre foncier.

L'usage des locaux définis à l'article L. 631-7 n'est en aucun cas affecté par la prescription trentenaire prévue par l'article 2227 du code civil.

Pour l'application de l'article L. 631-7, une délibération du conseil municipal fixe les conditions dans lesquelles sont délivrées les autorisations et déterminées les compensations par quartier et, le cas échéant, par arrondissement, au regard des objectifs de mixité sociale, en fonction notamment des caractéristiques des marchés de locaux d'habitation et de la nécessité de ne pas aggraver la pénurie de logements. Si la commune est membre d'un établissement public de coopération intercommunale compétent en matière de plan local d'urbanisme, la délibération est prise par l'organe délibérant de cet établissement.

• **CCH, art. L. 631-8**

* V. s[s] n° 431.01

• **CCH, art. L. 651-2**

Toute personne qui enfreint les dispositions de l'article L. 631-7 ou qui ne se conforme pas aux conditions ou obligations imposées en application dudit article est condamnée à une amende civile dont le montant ne peut excéder 50 000 € par local irrégulièrement transformé.

Cette amende est prononcée par le président du tribunal de grande instance, statuant en la forme des référés, sur requête du maire de la commune dans laquelle est situé le local irrégulièrement transformé ou de l'Agence nationale de l'habitat et sur conclusions du procureur de la République, partie jointe avisée de la procédure. Le produit de l'amende est intégralement versé à la commune dans laquelle est situé ce local. Le tribunal de grande instance compétent est celui dans le ressort duquel est situé le local.

Sur requête du maire de la commune dans laquelle est situé le local irrégulièrement transformé ou de l'Agence nationale de l'habitat, le président du tribunal ordonne le retour à l'usage d'habitation du local transformé sans autorisation, dans un délai qu'il fixe. À l'expiration de celui-ci, il prononce une astreinte d'un montant maximal de 1 000 € par jour et par mètre carré utile du local irrégulièrement transformé. Le produit en est intégralement versé à la commune dans laquelle est situé le local irrégulièrement transformé.

Passé ce délai, l'administration peut procéder d'office, aux frais du contrevenant, à l'expulsion des occupants et à l'exécution des travaux nécessaires.

• **CCH, art. L. 651-3**

Quiconque a, pour l'une quelconque des déclarations prévues aux titres Ier (chapitre II), II (chapitre Ier), III et IV du présent livre, à l'exclusion des articles L. 612-1, L. 631-1 à L. 631-6, L. 641-12 et L. 641-14, ou par les textes pris pour leur application, sciemment fait de fausses déclarations, quiconque a, à l'aide de manœuvres frauduleuses, dissimulé ou tenté de dissimuler les locaux soumis à déclaration, est passible d'un emprisonnement d'un an et d'une amende de 80 000 euros ou de l'une de ces deux peines seulement.

Le tribunal correctionnel prononce, en outre, la résiliation du bail et l'expulsion des locataires irrégulièrement installés.

• **CCH, art. L. 651-6**

Les agents assermentés du service municipal du logement sont nommés par le maire. Ils prêtent serment devant le juge du tribunal d'instance de leur résidence et sont astreints aux règles concernant le secret professionnel.

Leur nombre est fixé à 1 par 30 000 habitants ou fraction de ce chiffre. Ce nombre peut être augmenté par décision ministérielle.

Ils sont habilités à visiter les locaux à usage d'habitation situés dans le territoire relevant du service municipal du logement.

Ils doivent être munis d'un ordre de mission personnel ainsi que d'une carte d'identité revêtue de leur photographie.

La visite des locaux ne peut avoir lieu que de huit heures à dix-neuf heures; l'occupant ou le gardien du local est tenu de laisser visiter sur présentation de l'ordre de mission; la visite s'effectue en sa présence.

En cas de carence de la part de l'occupant ou du gardien du local, l'agent assermenté du service municipal du logement peut, au besoin, se faire ouvrir les portes et visiter les lieux en présence du maire ou du commissaire de police. Les portes doivent être refermées dans les mêmes conditions.

• **CCH, art. L. 651-7**

Les agents assermentés du service municipal du logement constatent les conditions dans lesquelles sont effectivement occupés les locaux qu'ils visitent. Ils sont habilités à recevoir toute déclaration et à se faire présenter par les propriétaires, locataires ou autres occupants des lieux toute pièce ou document établissant ces conditions. Sans pouvoir opposer le secret professionnel, les administrations publiques compétentes et leurs agents sont tenus de communiquer aux agents du service municipal du logement tous renseignements nécessaires à l'accomplissement de leur mission de recherche et de contrôle.

Quiconque fait volontairement obstacle, en violation des prescriptions ci-dessus, à la mission des agents du service municipal du logement, est passible de l'amende civile prévue à l'article L. 651-4.

432.02 Jurisprudence de référence.

• **Civ. 3e, 9 déc. 2009, no 08-18.038**, *Bull. civ.* III, no 277

* V. ss no 432.14

L'autorisation accordée par le bailleur d'affecter une des pièces de la maison louée à l'exercice d'une activité de coiffure n'entraîne pas de changement de destination du local d'habitation.

• **Civ. 3e, 23 nov. 1993, no 91-21.489**, NP

* V. ss no 432.42

C'est au propriétaire des lieux, préalablement à la conclusion du bail, de solliciter l'autorisation de changement d'affectation.

• **Civ. 3e, 15 janv. 2003, no 01-03.076**, *Bull. civ.* III, no 8

* V. ss no 432.44

L'article L. 631-7 du CCH étant d'ordre public, ses dispositions peuvent être invoquées par toute personne qui y a intérêt, et notamment par le syndicat des copropriétaires à l'encontre d'un copropriétaire et de sa locataire.

432.03 Bibliographie indicative.

Ouvrages. G. Daudré et P. Wallut, *Changements d'usage des locaux d'habitation (les réformes de l'article L. 631-7 du Code de la construction et de l'habitation)*, 2e éd., LexisNexis, 2016; Chérel (dir.), *Changement d'usage de l'immeuble*, LAMY Axe Droit, 2011.

Actualisables. RÉP. IMMO., vo « Bail d'habitation et mixte : rapports locatifs individuels – Loi du 6 juillet 1989 », N. Damas, nos 14 s. – LAMY DR. IMMO, nos 2326 s. – DICT. PERM. Gestion immob., « changement d'usage des locaux », nos 28 s.

Articles. G. Daudré et P. Wallut. « Nouvelles règles pour Paris », *Loyers et copr.* 2011, étude 4; D. Blaise, « Le régime de l'autorisation préalable de changement d'usage des locaux d'habitation : le cas parisien », *Dr. Adm.* 2012, étude 15; « L'autorisation préalable de changement d'usage des locaux d'habitation en rez-de-chaussée à Paris », *Dr. Adm.* 2014, Comm. 17; A. Belaud-Guillet, « Le nouveau règlement parisien en matière d'autorisations de changement d'usage et l'ouverture de la chasse aux touristes », *AJDI* 2015. 237; G. Daudré et P. Wallut, « Changement d'usage des locaux d'habitation à Paris. Nouvelle modification du règlement municipal », *JCP N*, no 12, 9 janv. 2015, p. 5; A. Fontin, « Lifting pour le changement d'usage à Paris : les règles sont retendues », DICT. PERM. *Gestion immob.* 5 janv. 2015; Briand, « Le changement d'usage des locaux d'habitation à Paris : Nouvelle modification "du règlement" municipal », *JCP N* 2015. 1000; Belaud-Guillet, « Le nouveau règlement municipal parisien »; *AJDI* 2015. 237; G. Daudré et P. Wallut, *Loyers et copr.* 2015. étude 5.

SECTION 1 PRINCIPE

432.11 Autorisation accordée par le maire. L'autorisation préalable au changement d'usage est délivrée par le maire de la commune dans laquelle est situé l'immeuble, après avis, à Paris, Lyon et Marseille, du maire d'arrondissement concerné.

432.12 Dérogation pour un local en totalité. L'autorisation de changement d'usage n'a plus à être motivée.

Une délibération du conseil municipal fixe les conditions dans lesquelles sont délivrées les autorisations et déterminées les compensations (v. ss nos 432.31 s.) par quartier et, le cas échéant, par arrondissement. La loi inscrit cette démarche dans un cadre puisqu'elle fait référence aux « objectifs de mixité sociale », et elle précise ensuite qu'il sera tenu compte notamment « des caractéristiques des marchés de locaux d'habitation et de la nécessité de ne pas aggraver la pénurie de logements »[1]. Enfin, si la commune est membre d'un établissement public de coopération intercommunale compétent en matière de plan local d'urbanisme, la délibération est prise par l'organe délibérant de cet établissement.

432.13 Autorisation pour une partie du local. Le maire peut également accorder des autorisations pour une partie du local seulement[2]. Dans ce cas, l'exercice d'une activité professionnelle, y compris commerciale[3], est possible, sous les conditions suivantes :

- aucune stipulation contractuelle prévue dans le bail ou le règlement de copropriété ne doit s'y opposer[4];
- le local est la résidence principale du demandeur;
- le changement n'engendre ni nuisance, ni danger pour le voisinage;
- il ne conduit à aucun désordre pour le bâti.

Pour un exercice professionnel dans une partie d'un local d'habitation sans autorisation préalable v. ss no 433.11.

432.14 Changement d'usage et législation applicable. En tout état de cause, le changement d'usage ne peut entraîner l'application d'une autre législation que celle concernant les locaux d'habitation. En particulier, le bail n'est pas soumis aux dispositions des articles L. 145-1 et suivants du code de commerce et ne peut être un élément constitutif du fonds de commerce, ce qui s'entend puisque le local reste l'habitation principale du demandeur. Le bail liant les parties stipulant un usage d'habitation, l'autorisation accordée par le bailleur d'affecter une des pièces de la maison louée à l'exercice d'une activité de coiffure n'a été donnée que pour requérir l'autorisation administrative nécessaire et sous la réserve exprimée que cet accord ne modifiât pas la nature de la location qui demeurait exclusivement à usage d'habitation[5].

SECTION 2
NATURE DE L'AUTORISATION

432.21 Distinction selon la présence d'une compensation. L'autorisation de changement d'usage total ou partiel est-elle accordée pour une personne ou pour un local ? Deux situations sont retenues par la loi selon que l'autorisation fait ou non l'objet d'une compensation.

432.22 Caractère personnel de principe de l'autorisation. L'autorisation est accordée à titre personnel au requérant, selon l'article L. 631-7-1, deuxième alinéa, du code de la construction et de l'habitation. Le texte ajoute qu'« elle cesse de produire effet lorsqu'il est mis fin, à titre définitif, pour quelque raison que ce soit, à l'exercice professionnel du bénéficiaire ». La réforme s'inscrit ainsi dans la continuité du principe qu'avait énoncé la loi du 23 décembre 1986 en faveur de la nature personnelle de l'autorisation.

Dès lors que le caractère personnel de l'autorisation est reconnu, toute cessation d'activité ou toute vente d'un local la fait tomber. Par ailleurs, elle ne peut pas être cédée. Une nouvelle autorisation doit être demandée pour exercer une activité dans le local.

432.23 Caractère réel de l'autorisation avec compensation. La réforme de l'ordonnance du 8 juin 2005 a eu pour principal effet de conférer un caractère réel aux autorisations avec compensation et la loi du 4 août 2008 de modernisation de l'économie n'est pas revenue sur ce principe. Les autorisations avec compensation sont attachées au local et non à la personne du bénéficiaire. Elles donnent lieu en conséquence à publication au fichier immobilier[6] ou inscription au livre foncier, avec mention des locaux offerts en compensation. Elles ont un caractère réel et sont transmissibles. Leur sont assimilées les autorisations avec compensation délivrées antérieurement à la réforme[7] (v. ss no 431.47).

1. CCH, art. L. 631-7-1.
2. CCH, art. L. 637-7-2.
3. Depuis le 1er janv. 2009, sauf dans les logements appartenant aux organismes d'HLM dans lesquels seule une autorisation professionnelle peut être délivrée.
4. Condition ajoutée expressément par la loi no 2008-776 du 4 août 2008 de modernisation de l'économie.
5. Civ. 3e, 9 déc. 2009, no 08-18.038, *Bull. civ.* III, no 277; *AJDI* 2010. 543.
6. Aux frais du bénéficiaire selon la circulaire no 2006-19 du 22 mars 2006 relative au changement d'usage des locaux d'habitation.
7. SUR LA QUESTION des dérogations avec compensation accordées avant le 10 juin 2005, date d'entrée en vigueur de la réforme de 2005 et de leurs effets : Civ. 3e, 9 mai 2012 no 11-16.139, *Bull. civ.* III, no 72, *AJDI* 2012. 432, note Daudré; *Loyers et copr.* 2012, no 195, note Vial-Pedroletti; *Rev. loyers* 2012. 256, note Briand.

432.24 Nécessité d'exécuter des travaux et permis de construire. A l'occasion du changement d'usage, l'article L. 631-8 du code de la construction et de l'habitation précise que, si les travaux nécessaires entrent dans le champ du permis de construire la demande de permis de construire ou la déclaration préalable vaut demande de changement d'usage. Mais ils ne pourront être mis en œuvre qu'après l'obtention de l'autorisation de changement d'usage.

432.25 Sanctions. Les infractions aux règles de l'article L. 631-7 sont sanctionnées d'une amende civile dont le montant ne peut excéder 50 000 € par local irrégulièrement transformé selon l'article L. 651-2 du code de la construction et de l'habitation[1].

Cette amende est prononcée par le président du tribunal de grande instance, statuant en la forme des référés, sur requête du maire de la commune dans laquelle est situé le local irrégulièrement transformé ou de l'Agence nationale de l'habitat et sur conclusions du procureur de la République, partie jointe avisée de la procédure. Le produit de l'amende est intégralement versé à la commune dans laquelle est situé ce local. Le tribunal de grande instance compétent est celui dans le ressort duquel est situé le local.

L'article L. 651-2 du CCH prévoit que, sur requête du maire de la commune dans laquelle est situé le local irrégulièrement transformé ou de l'Agence nationale de l'habitat, le président du tribunal ordonne la réaffectation des locaux à leur usage antérieur dans un délai qu'il fixe et au-delà duquel une astreinte est prononcée.

À l'expiration du délai, il prononce une astreinte d'un montant maximal de 1 000 € par jour et par mètre carré utile du local irrégulièrement transformé. Le produit en est intégralement versé à la commune dans laquelle est situé le local irrégulièrement transformé.

Il faut y ajouter la nullité de plein droit des conventions ou accords intervenus en violation de l'article L. 631-7.

Par ailleurs l'article L. 651-3 prévoit une sanction pénale en cas de fausses déclarations ou de manœuvres frauduleuses en vue de dissimuler des locaux soumis à déclaration, avec un emprisonnement d'un an et d'une amende de 80 000 euros ou de l'une de ces deux peines seulement.

SECTION 3
COMPENSATION

432.31 Compensation légale. La possibilité d'une compensation est directement prévue par le texte de l'article L. 631-7-1 du code de la construction et de l'habitation.

432.32 Forme de la compensation. Dés lors qu'une telle compensation est prévue, elle ne peut prendre alors qu'une seule forme qui est « la transformation concomitante en habitation de locaux ayant un autre usage ».

Depuis le 1er janvier 2009, c'est au conseil municipal d'en décider par délibération[2]. Ces compensations peuvent être fixées par quartiers, voire par arrondissements. La loi renvoie aux objectifs de mixité sociale, « en fonction notamment des caractéristiques des marchés de locaux d'habitation et de la nécessité de ne pas aggraver la pénurie de logements », qui reste ainsi, plus de soixante ans après 1945, la préoccupation principale en la matière[3].

432.33 Évolution à Paris. La situation à Paris a évolué depuis la réforme de 2008, relative à la décentralisation des décisions en matière de changement d'usage. Un premier règlement des 15, 16 et 17 décembre 2008 a été modifié successivement les 7 et 8 février 2011 puis les 17, 18 et 19 novembre 2014. Il est applicable depuis le 1er janvier 2015.

Les compensations proposées à Paris de locaux ayant un autre usage que l'habitation et transformés en logements doivent avoir une « qualité équivalente » aux surfaces transformées, correspondre à des « unités de logement » (pas de fraction possible) et le logement doit répondre aux critères du logement décent (v. ss n° 211.32),

Ils doivent être de même surface que ceux qui font l'objet du changement et doivent être situés dans le même arrondissement. Mais compte tenu de la tension du marché il existe à Paris un secteur de compensation renforcé (SCR) couvrant les arrondissements 1 à 9, ainsi que le 16e arrondissement et certaines parties d'autres arrondissements. La règle de compensation est alors de 2 pour 1 (2 m^2 de logements pour 1 m^2 d'autre surface compensée[4]), sauf si le logement offert est un logement social conventionné à l'APL (sur la notion de conventionnement, v. ss n° 733.31) pour une durée de 30 ans; dans ce cas la règle du 1 m^2 pour 1 m^2 s'applique. En outre pour ce type de compensation il est autorisé de compenser non pas dans le même arrondissement mais sur tout le territoire du secteur de com-

L. n° 2016-1547, 18 nov. 2016 de modernisation de la justice du XXIe siècle, art. 59.

2. Le Conseil d'État a refusé de transmettre au Conseil constitutionnel une question prioritaire de constitutionnalité contre cette disposition de l'art. L. 631-7-1 du CCH : CE 8 juin 2012, req. n° 357797.
3. À Paris la question est réglée par un règlement municipal (16 déc. 2008, mod. par délib. des 7 et 8 févr. 2011, *BMO* 18 févr. 2011, p. 412).
4. La surface est calculée dans les conditions de l'article R. 111-2 du code de la construction et de l'habitation.

pensation renforcé (SCR), selon certaines modalités qui prennent en compte les conséquences de cet avantage qui se font sentir sur les quartiers centraux des 1er au 8e arrondissement.

Certaines professions peuvent obtenir dans certains quartiers et dans certaines limites de surface une autorisation de changement d'usage pour exercer dans le local leur profession, et ce sans compensation [1]. Certaines personnes (physiques ou morales) qui exercent dans un local une mission d'intérêt général peuvent se voir délivrer une autorisation sans compensation pour ce local.

Pour les activités meublées soumises à contrôle, v. ss chap. 435.

Le Conseil de Paris a complété sa réglementation en adoptant les 15, 16 et 17 février 2016 deux délibérations, exonérant pour 5 ans de taxe foncière les locaux à usage d'habitation issus de locaux professionnels ou de bureau, pour la première, et accordant, pour la seconde, au propriétaire qui a transformé des locaux en locaux d'habitation, une réversibilité sur 15 ans lui permettant de retourner à un autre usage ces locaux transformés en habitation, sans avoir à demander d'autorisation.

SECTION 4
CONSÉQUENCES DANS LES RELATIONS ENTRE BAILLEURS ET LOCATAIRES

432.41 Protection d'ordre public du parc de logement. Le changement d'usage d'un local d'habitation est soumis à autorisation selon l'article L. 631-7, dans le champ géographique qu'il définit. Ses dispositions sont d'ordre public. L'enjeu est bien de protéger le parc de logements et non des intérêts particuliers. En conséquence, sont réputés « nuls de plein droit tous accords ou conventions conclus en violation du présent article », selon l'article L. 631-7 du code de la construction et de l'habitation.

La question de l'autorisation administrative par rapport à la date de conclusion du bail est posée dans le cas des changements d'usage, ainsi que celle de l'accord du propriétaire.

432.42 Autorisation administrative préalable. La validité du contrat de location est subordonnée à l'accomplissement des formalités d'autorisation.

L'obligation pèse sur le bailleur de délivrer un local dont l'usage soit conforme à sa destination. C'est au propriétaire des lieux, préalablement à la conclusion du bail, de solliciter l'autorisation de changement d'affectation [2].

La clause selon laquelle « le preneur fait son affaire de l'obtention de toutes autorisations administratives qui seraient nécessaires pour son installation dans les locaux loués » est sans effet car l'autorisation administrative exigée par la loi « aurait dû être obtenue par la propriétaire, préalablement à la signature du bail » [3].

Mais la question est posée pour les autorisations à caractère personnel pour lesquelles le bénéficiaire est par exemple, une profession libérale (v. ss nos 432.22 et 432.23).

Dans ce cas la doctrine renvoie à son obtention par le bénéficiaire, avant la signature du bail, avec l'accord du propriétaire, à moins que le bail soit conclu sous la condition suspensive de l'obtention de l'autorisation [4].

Enfin, l'article L. 631-8 du code de la construction et de l'habitation précise que lorsque le changement d'usage fait l'objet de travaux relevant du permis de construire, la demande de permis de construire ou de déclaration de travaux tient lieu de demande de changement d'usage et que les travaux ne peuvent débuter avant l'obtention de l'autorisation de changement d'usage.

432.43 Autorisation du bailleur. Un changement d'usage total d'un local d'habitation, à l'initiative du locataire, ne peut s'effectuer sans l'accord préalable du bailleur. L'exercice de la profession d'architecte dans les lieux affectés à usage d'habitation justifie la résiliation du bail, à défaut d'une autorisation non équivoque des bailleurs de changement de destination des lieux [5]. C'est à celui qui se prévaut de la nature commerciale du bail d'en rapporter la preuve [6]. Mais, les propriétaires ne peuvent poursuivre la locataire en déchéance du droit au maintien dans les lieux pour modification de la destination du bail alors qu'au début de l'activité de la locataire en janvier 1957, l'ordonnance du 11 octobre 1945, alors applicable, ne subordonnait pas l'exer-

1. La liste des professions est disponible sur le site de l'agence pour la création d'entreprise (APCE).

2. Civ. 3e, 23 nov. 1993, no 91-21.489, NP, *Rev. loyers* 1994. 149 – AUSSI : Civ. 3e, 11 déc. 1996, no 94-12.025, NP, *Rev. loyers* 1997. 570 – Civ. 3e, 29 avr. 2002, no 01-01.497, NP, *Rev. loyers* 2002. 410, note Vaissié.
3. Civ. 3e, 10 juin 2015, no 14-15.961, P, *D.* 2015. 1319, obs. Y. Rouquet; *ibid.* 2016. 1102, obs. N. Damas; *AJDI* 2015. 773, note N. Damas; *Loyers et copr.* 2015, 191, note B. Vial-Pedroletti.
4. Daudré et Wallut, G. Daudré et P. Wallut, *Changements d'usage des locaux d'habitation (les réformes de l'article L. 631-7 du Code de la construction et de l'habitation)*, 2e éd., LexisNexis, 2016.
5. Civ. 3e, 16 juill. 1997, no 95-17.272, NP, *Loyers et copr.* 1997, no 254.
6. PAR EXEMPLE dans le cas d'un bail consenti pour six ans à usage d'habitation : Civ. 3e, 14 nov. 2002, no 01-10.282, *Bull. civ.* III, no 222; *Ann. loyers* 2003. 446, note Beddeleem.

cice d'une activité libérale à la délivrance d'une autorisation [1].

432.44 Disposition d'ordre public. L'article L. 631-7 du code de la construction et de l'habitation étant d'ordre public, ses dispositions peuvent être invoquées par toute personne qui y a intérêt, et notamment par le syndicat des copropriétaires à l'encontre d'un copropriétaire et de sa locataire [2]. La jurisprudence admet par ailleurs que même dans le cas où le bailleur a accepté, de son propre fait, un changement d'affectation alors que celui-ci était illégal, il peut cependant demander la résiliation du bail. La règle *nemo auditur propriam turpitudinem allegans* [3], qui n'empêche pas de se prévaloir du caractère illicite de la convention, n'interdit pas au bailleur ayant autorisé une modification de la destination des lieux, prohibée par la loi, ou à ses ayants droit, de poursuivre la résiliation du bail [4].

432.45 Changement d'usage et règlement de copropriété. Enfin, le respect des dispositions du contrat ou du règlement de copropriété s'impose au locataire, dans les trois situations applicables au changement d'usage partiel des articles L. 631-7-2, 7-3, et 7-4 (v. tableau récapitulatif : le changement d'usage d'un local d'habitation dans le secteur privé, s^s n° 433.23).

1. Civ. 3e, 1er juin 2005, n° 04-12.824, *Bull. civ.* III, n° 118; *Administrer* janv. 2006. 36.
2. Civ. 3e, 15 janv. 2003, n° 01-03.076, *Bull. civ.* III, n° 8; *Loyers et copr.* 2003, n° 95, note Vial-Pedroletti.
3. « Nul ne peut se prévaloir de sa propre turpitude ».
4. Civ. 3e, 24 juin 1992, n° 90-21.276, *Bull. civ.* III, n° 219; *Gaz. Pal.* 11 déc. 1992, 346-347; *Rev. loyers* 1992. 396, note Vaissette.

CHAPITRE

433. Exceptions à la règle d'autorisation préalable de changement d'usage

SECTION 0 ORIENTEUR

433.00 **Plan du chapitre.**

Sect. 1 Exercice, sans autorisation préalable, d'une activité professionnelle dans une partie d'un local à usage d'habitation.

Sect. 2 Immatriculation au registre du commerce et/ou domiciliation du siège social en cas de création d'une entreprise

Division. Le législateur a prévu deux cas dérogatoires pour faciliter le télétravail dans le local d'habitation du bénéficiaire (v. s^s n°s 433.11 s.) et favoriser la création d'entreprises (v. s^s n°s 433.21 s.).

433.01 **Textes applicables.**

TEXTES SOURCES

- **CCH, art. L. 631-7-3, L. 631-7-4.**
- **C. com., art. L. 123-10, L. 123-11-1.**

TEXTES *IN EXTENSO*

- **CCH, art. L. 631-7-3**

Dès lors qu'aucune stipulation contractuelle prévue dans le bail ou le règlement de copropriété ne s'y oppose, l'exercice d'une activité professionnelle, y compris commerciale, est autorisé dans une partie d'un local à usage d'habitation, dès lors que l'activité considérée n'est exercée que par le ou les occupants ayant leur résidence principale dans ce local et ne conduit à y recevoir ni clientèle ni marchandises.

Les dispositions du présent article sont applicables aux représentants légaux des personnes morales.

- **CCH, art. L. 631-7-4**

Dès lors qu'aucune stipulation contractuelle prévue dans le bail ou le règlement de copropriété ne s'y oppose, l'exercice d'une activité professionnelle, y compris commerciale, est autorisé dans une partie d'un local d'habitation situé au rez-de-chaussée, pourvu que l'activité considérée ne soit exercée que par le ou les occupants ayant leur résidence principale dans ce local, qu'elle n'engendre ni nuisance, ni danger pour le voisinage et qu'elle ne conduise à aucun désordre pour le bâti. ??Le bail d'habitation de cette résidence principale n'est pas soumis au chapitre V du titre IV du livre Ier du code de commerce et ne peut être un élément constitutif du fonds de commerce.

- **C. com., art. L. 123-10**

Les personnes physiques demandant leur immatriculation au registre du commerce et des sociétés ou au répertoire des métiers doivent déclarer l'adresse de leur entreprise et en justifier la jouissance. Elles peuvent notamment domicilier leur entreprise dans des locaux occupés en commun par plusieurs entreprises dans des conditions fixées par décret en Conseil d'État. Ce décret précise, en outre, les équipements ou services requis pour justifier la réalité de l'installation de l'entreprise domiciliée.

Les personnes physiques peuvent déclarer l'adresse de leur local d'habitation et y exercer une activité, dès lors qu'aucune disposition législative ou stipulation contractuelle ne s'y oppose.

Lorsqu'elles ne disposent pas d'un établissement, les personnes physiques peuvent, à titre exclusif d'adresse de l'entreprise, déclarer celle de leur local d'habitation. Cette déclaration n'entraîne ni changement d'affectation des locaux, ni application du statut des baux commerciaux.

• **C. com., art. L. 123-11-1**

Toute personne morale est autorisée à installer son siège au domicile de son représentant légal et y exercer une activité, sauf dispositions législatives ou stipulations contractuelles contraires.

Lorsque la personne morale est soumise à des dispositions législatives ou stipulations contractuelles mentionnées à l'alinéa précédent, son représentant légal peut en installer le siège à son domicile, pour une durée ne pouvant ni excéder cinq ans à compter de la création de celle-ci, ni dépasser le terme légal, contractuel ou judiciaire de l'occupation des locaux.

Dans ce cas, elle doit, préalablement au dépôt de sa demande d'immatriculation ou de modification d'immatriculation, notifier par écrit au bailleur, au syndicat de la copropriété ou au représentant de l'ensemble immobilier son intention d'user de la faculté ainsi prévue.

Avant l'expiration de la période mentionnée au deuxième alinéa, la personne doit, sous peine de radiation d'office, communiquer au greffe du tribunal les éléments justifiant son changement de situation, selon les modalités fixées par décret en Conseil d'État.

Il ne peut résulter des dispositions du présent article ni le changement de destination de l'immeuble, ni l'application du statut des baux commerciaux.

433.02 Jurisprudence de référence.

• **Paris, 6e ch. C, 11 déc. 2001, RG n° 2000/07434**

* V. ss n° 433.12

L'activité de styliste dans les lieux loués est autorisée dès lors qu'il n'est pas démontré que la locataire y reçoit de la clientèle ou des marchandises.

• **Civ. 3e, 25 févr. 2016, n° 15-13.856**, P

* V. ss n° 433.21

Dès lors qu'aucune activité n'y est exercée la domiciliation d'une personne morale par son représentant légal dans le local à usage d'habitation qu'il loue n'entraîne pas de changement dans la destination des lieux.

433.03 Bibliographie indicative.

Ouvrages. G. Daudré et P. Wallut, *Changements d'usage des locaux d'habitation (les réformes de l'article L. 631-7 du Code de la construction et de l'habitation)*, 2e éd., LexisNexis, 2016; Chérel (dir.) *Changement d'usage de l'immeuble*, LAMY Axe Droit, 2011.

Actualisables. RÉP. IMMO., v° « Bail d'habitation ou professionnel – Loi du 1er septembre 1948 », H. des Lyons, nos 143-144 – LAMY DR. IMMO, n° 5559 – DICT. PERM. Gestion immob., « changement d'usage des locaux », n° 18.

Articles. J. Rémy, « La prohibition des changements d'affectation et l'exercice d'une profession à domicile »; *Rev. loyers* 1999, p. 270; G. Liet-Vaux, « Une petite faveur pour le télétravail dans des locaux d'habitation. Loi du 2 juillet 1998 », *Administrer*, avr. 1999, p. 16.

433.05 Source légale. Il existe plusieurs exceptions à la règle de l'autorisation préalable des changements d'usage posée par l'article L. 631-7 du code de la construction et de l'habitation qui sont toutes d'origine légale.

Il est à noter que la loi du 24 mars 2014, dite loi Alur, a supprimé l'exception qui s'appliquait depuis la loi du 14 novembre 1996, relative au pacte de relance pour la ville[1], dans les zones franches urbaines définies par la loi d'orientation pour l'aménagement et le développement du territoire[2]. L'article L. 631-10 du code de la construction et de l'habitation a été en effet abrogé[3].

SECTION 1
EXERCICE, SANS AUTORISATION PRÉALABLE, D'UNE ACTIVITÉ PROFESSIONNELLE DANS UNE PARTIE D'UN LOCAL À USAGE D'HABITATION

433.11 Prévalence du contrat de bail et du règlement de copropriété. Il s'agit de favoriser l'activité des bénéficiaires dans leur logement, sans avoir à solliciter l'autorisation de changement d'usage, qu'il se soit agi du préfet dans l'ancienne réglementation, ou du maire depuis la loi du 4 août 2008. Cette liberté était entière avant la loi de 2008, le bailleur ne pouvant s'y opposer.

Depuis le nouveau texte, applicable depuis le 1er avril 2009, le respect des prescriptions du bail et du règlement de copropriété est impératif. Il envisage l'exercice d'une activité professionnelle, y compris commerciale, dans une partie du local d'habitation[4], mais il distingue le cas particulier des rez-de-chaussée[5].

433.12 Conditions. Elles doivent toutes être respectées :

1°) Le bénéficiaire doit avoir sa résidence principale dans le logement.

2°) L'activité doit s'exercer dans une partie du logement seulement. Elle peut être professionnelle ou commerciale. Il s'agit bien, en tout état de cause, de permettre au bénéficiaire de travailler chez lui.

3°) Seul l'occupant ou les occupants qui ont leur résidence principale dans le logement sont concernés.

4°) À la différence de l'autorisation partielle de l'article L. 631-7-2, il ne peut s'agir d'exercer une activité assimilable à une activité de professionnel libéral ou à réaliser des activités de ventes dans les locaux puisque le bénéficiaire ne peut ni recevoir de clientèle, ni stocker de marchandises. L'intention

1. L. n° 96-987, 14 nov. 1996 relative à la mise en œuvre du pacte de relance pour la ville, *JO* 15 nov., p. 16656.
2. L. n° 95-115, 4 févr. 1995 – POUR la délimitation des zones franches urbaines : décr. n° 96-1154, 26 déc. 1996, mod.
3. L. n° 2014-366, 24 mars 2014, *JO* 26 mars, p. 5809, art. 17.
4. CCH, art. L. 631-7-3.
5. CCH, art. L. 631-7-4.

est de permettre des activités comme le télétravail. Ainsi l'activité de styliste dans les lieux loués est autorisée dès lors qu'il n'est pas démontré que la locataire y reçoit de la clientèle ou des marchandises [1].

5°) Mais cette interdiction est levée pour les locaux qui se situent au rez-de-chaussée des immeubles [2] pour lesquels, sous condition de n'engendrer ni nuisance ni danger pour le voisinage et de ne conduire à aucun désordre pour le bâti, il est seulement précisé que le bail reste à usage d'habitation et n'est pas soumis aux articles L. 145-1 et suivants du code de commerce.

6°) Enfin, le bail ou le règlement de copropriété ne doivent pas s'y opposer.

La loi du 1er août 2003 pour l'initiative économique [3] a étendu cette autorisation aux représentants légaux des personnes morales [4].

433.13 Conséquences. Le respect des conditions offre une relative liberté mais :

1°) Les textes n'autorisent pas à procéder à un changement d'usage total du logement.

2°) L'accord du propriétaire devra être obtenu (et le règlement de copropriété respecté).

3°) Enfin, le texte ne précise aucune condition de durée.

SECTION 2
IMMATRICULATION AU REGISTRE DU COMMERCE ET/OU DOMICILIATION DU SIÈGE SOCIAL EN CAS DE CRÉATION D'UNE ENTREPRISE

433.21 Personne physique. Aux termes de l'article L. 123-10 du code de commerce, les personnes physiques demandant leur immatriculation au registre du commerce et des sociétés ou au répertoire des métiers peuvent déclarer l'adresse de leur local d'habitation et y exercer une activité, dès lors qu'aucune disposition législative ou stipulation contractuelle ne s'y oppose. L'objectif est, rappelons-le, de favoriser le télétravail à domicile, sans gêner le voisinage.

La domiciliation d'une personne morale par son représentant légal dans le local à usage d'habitation soumis à la loi du 1er septembre 1948 qu'il loue n'entraîne pas de changement dans la destination des lieux si aucune activité n'y est exercée [5]. Cette faculté ne saurait être étendue à un simple changement de siège social ou à l'extension d'une entreprise déjà existante [6].

Même en cas d'opposition légale ou conventionnelle lorsqu'elles ne disposent pas d'un établissement, les personnes physiques peuvent, à titre exclusif d'adresse de l'entreprise, déclarer celle de leur local d'habitation. Cette déclaration n'entraîne ni changement d'affectation des locaux, ni application du statut des baux commerciaux. Il faut en conclure, d'une part, que le propriétaire ou la copropriété ne peuvent s'opposer à cette simple domiciliation, et, d'autre part, que le bénéficiaire ne pourra pas revendiquer le bénéfice du statut des baux commerciaux [7].

433.22 Personne morale – principe. Aux termes de l'article L. 123-11-1 du code de commerce, la personne morale qui demande son immatriculation au registre du commerce et des sociétés est également autorisée à installer son siège au domicile de son représentant légal et à y exercer une activité, sauf disposition législative ou stipulation contractuelle contraire.

433.23 Personne morale – obligations. Lorsque la personne morale est soumise à des dispositions législatives ou stipulations contractuelles contraires (ex. : clause du bail ou règlement de copropriété), son représentant légal peut cependant en installer le siège à son domicile, pour une durée ne pouvant ni excéder cinq ans à compter de la création de celle-ci, ni dépasser le terme légal, contractuel ou judiciaire de l'occupation des locaux. Dans ce cas, elle doit, préalablement au dépôt de sa demande d'immatriculation, notifier par écrit au bailleur, au syndicat de la copropriété ou au représentant de l'ensemble immobilier son intention d'user de cette faculté.

Avant l'expiration du délai de cinq ans ou l'expiration du bail, la personne doit, sous peine de radiation d'office, communiquer au greffe du tribunal les éléments justifiant son changement de situation.

Il ne peut en résulter ni changement de destination de l'immeuble, ni application du statut des baux commerciaux. La loi du 1er août 2003 pour l'initiative économique a principalement augmenté la durée pour laquelle les nouvelles entreprises peuvent bénéficier de cette domiciliation (5 ans et non plus 2 ans). Comme auparavant, il ne peut s'agir que de l'installation d'un siège social. Le stockage de matériaux ou l'exercice d'une activité de vente dans les lieux est prohibé.

1. Paris, 6e ch. C, 11 déc. 2001, RG n° 2000/07434, *Loyers et copr.* 2002, n° 197.
2. CCH, art. L. 631-7-4.
3. L. n° 2003-721, 1er août 2003 pour l'initiative économique, *JO* 5 août, p. 13449.
4. CCH, art. L. 631-7-3, dern. al.
5. Civ. 3e, 25 févr. 2016, n° 15-13.856, P, *Rev. loyers* 2016, p. 193.
6. Paris, 6e ch. B, 14 déc. 2000, *Rev. loyers* 2001. 194, obs. Rémy, arrêt rendu sous l'empire de l'ancien article L. 123-11 du code de commerce.
7. *Droit et pratique des baux commerciaux 2018/2019*, « Dalloz Action », 2017, nos 751.21 s., particulièrement 751.24.

TABLEAU RÉCAPITULATIF – LE CHANGEMENT D'USAGE D'UN LOCAL D'HABITATION DANS LE SECTEUR PRIVÉ

	Changement d'usage total d'un local à usage d'habitation [CCH, art. L. 631-7]	**Changement d'usage partiel d'un local à usage d'habitation [CCH, art. L. 631-7-2]**	**Changement d'usage partiel d'un local à usage d'habitation sans autorisation [CCH, art. L. 631-7-3]**	**Changement d'usage partiel d'un local à usage d'habitation sans autorisation en rez-de-chaussée [CCH, art. L. 631-7-4]**
Pourquoi ?	• Tout autre usage que l'habitation	• Exercice d'une activité professionnelle, y compris commerciale	• Exercice d'une activité professionnelle, y compris commerciale*	• Exercice d'une activité professionnelle, y compris commerciale**
Pour qui ?	• Propriétaire ou bénéficiaire	• Bénéficiaire ayant sa résidence principale dans le logement	• Bénéficiaire ayant sa résidence principale dans le logement	• Bénéficiaire ayant sa résidence principale dans le logement
Par qui ?	• Maire de la commune (après avis, à Paris, Lyon et Marseille, du maire d'arrondissement concerné)	• Maire de la commune (après avis, à Paris, Lyon et Marseille, du maire d'arrondissement concerné)		
Comment ?	• Autorisation (avec ou sans compensation)	• Autorisation	• Sans autorisation	• Sans autorisation
Où ?	• Communes de plus de 200 000 habitants et départements des Hauts-de-Seine, de la Seine-Saint-Denis et du Val-de-Marne	• Communes de plus de 200 000 habitants et départements des Hauts-de-Seine, de la Seine-Saint-Denis et du Val-de-Marne	• Communes de plus de 200 000 habitants et départements des Hauts-de-Seine, de la Seine-Saint-Denis et du Val-de-Marne	• Communes de plus de 200 000 habitants et départements des Hauts-de-Seine, de la Seine-Saint-Denis et du Val-de-Marne
Observations	• Une mesure d'extension peut être prise dans une autre commune (CCH, art. L. 631-9) • Si la commune est membre d'un établissement public de coopération intercommunale compétent en matière de plan local d'urbanisme, la délibération est prise par l'organe délibérant de cet établissement	• Aucune stipulation contractuelle prévue dans le bail ou le règlement de copropriété ne s'y oppose	• Aucune stipulation contractuelle prévue dans le bail ou le règlement de copropriété ne s'y oppose	• Aucune stipulation contractuelle prévue dans le bail ou le règlement de copropriété ne s'y oppose

* Il est interdit de recevoir de la clientèle, ou de stocker des marchandises.

** Possibilité de recevoir de la clientèle ou de stocker des marchandises.

CHAPITRE

434. Régime HLM

SECTION 0
ORIENTEUR

434.00 **Plan du chapitre.**

Division – Principe d'interdiction de changement d'usage. Comment changer l'usage d'un logement HLM, puisque sa destination première est de loger des personnes à ressources modestes ou défavorisées et que le nombre de ces logements est encore insuffisant ? Le principe est donc ici que le changement d'usage est prohibé sur tout le parc HLM, sauf dispositions spéciales du code de la construction et de l'habitation, dont l'objectif est d'abord de dynamiser certains quartiers en difficulté.

Il faut distinguer le changement d'usage total (v. s[s] n°s 434.11 s.) du changement partiel (v. s[s] n° 434.31).

Le changement d'usage total d'un logement de type HLM n'est possible que dans le cadre de l'article L. 441-11 du code de la construction et de l'habitation et, aux termes de cet article, les dispositions des articles L. 631-7 et suivants sont écartées dans ce cas.

L'article L. 631-7-5 du code de la construction et de l'habitation a affirmé en outre les conditions du changement d'usage partiel des logements HLM (pour un tableau récapitulant ces dispositions particulières v. s[s] n° 434.34).

434.01 **Textes applicables.**

TEXTES SOURCES

• **CCH, art. L. 443-11, al. 11 et 12, L. 631-7-2 à L. 631-7-5.**

TEXTES *IN EXTENSO*

• **CCH, art. L. 443-11, al. 10e à 11e**

(...)

Afin d'assurer l'équilibre économique et social d'un ou plusieurs ensembles d'habitations ou d'un quartier connaissant des difficultés particulières, l'organisme d'habitations à loyer modéré propriétaire peut, après accord du représentant de l'État dans le département, qui consulte la commune d'implantation, vendre des logements vacants à toute personne physique ou morale, ou les louer à ces mêmes personnes pour des usages autres que l'habitation. Afin de contribuer aux politiques de développement social des quartiers, et notamment de ceux connaissant des difficultés particulières, un organisme d'habitations à loyer modéré peut mettre à disposition d'une association des locaux moyennant, éventuellement, le paiement des charges locatives correspondant auxdits locaux.

Dans les quartiers prioritaires de la politique de la ville ou dans les territoires définis à l'article 6 de la loi n° 2003-710 du 1er août 2003 d'orientation et de programmation pour la ville et la rénovation urbaine, les organismes d'habitations à loyer modéré peuvent, après avis de la commune d'implantation, louer des locaux d'habitation situés en rez-de-chaussée, en vue d'y exercer des activités économiques. Passé le délai d'un mois, cet avis est réputé favorable. Le bail d'habitation de ces locaux n'est pas soumis au chapitre V du titre IV du livre Ier du code de commerce et ne peut être un élément constitutif du fonds de commerce.

Dans ce cas, les dispositions prévues aux articles L. 311-3, L. 631-7, L. 631-7-4 et L. 631-7-5 ne s'appliquent pas.

• **CCH, art. L. 631-7-2**

Dès lors qu'aucune stipulation contractuelle prévue dans le bail ou le règlement de copropriété ne s'y oppose, le maire peut autoriser, dans une partie d'un local d'habitation utilisé par le demandeur comme sa résidence principale, l'exercice d'une activité professionnelle, y compris commerciale, pourvu qu'elle n'engendre ni nuisance, ni danger pour le voisinage et qu'elle ne conduise à aucun désordre pour le bâti. Le bail d'habitation de cette résidence principale n'est pas soumis aux dispositions du chapitre V du titre IV du livre Ier du code de commerce et ne peut être un élément constitutif du fonds de commerce.

• **CCH, art. L. 631-7-3**

* V. s[s] n° 433.01

• **CCH, art. L. 631-7-4**

* V. s[s] n° 433.01

• **CCH, art. L. 631-7-5 I**

L'article L. 631-7-2 est applicable aux logements appartenant aux organismes mentionnés à l'article L. 411-2, sauf pour l'exercice d'une activité commerciale. L'article L. 631-7-3 est applicable aux logements appartenant à ces mêmes organismes. Par dérogation à l'article L. 631-7-4, l'exercice d'une activité professionnelle, y compris commerciale, dans une partie d'un local d'habitation appartenant à ces mêmes organismes et situé au rez-de-chaussée est soumis à une autorisation délivrée dans les conditions fixées à l'article L. 631-7-2. II. – L'autorisation délivrée en application de l'article L. 631-7-2 dans les cas visés au premier ou au dernier alinéa du I du présent article est précédée d'un avis du propriétaire du local. Passé un délai d'un mois, cet avis est réputé favorable.

434.03 Bibliographie indicative.

Actualisables. RÉP. IMMO., v° « Habitat social (HLM) », H. des Lyons, n° 183 – DICT. PERM. Gestion immob., « changement d'usage des locaux », n° 14.

Articles. B. Wertenschlag, « Le changement d'affectation des logements HLM », *AJPI* 1993. 417.

SECTION 1
CHANGEMENT D'USAGE TOTAL : CONDITIONS

434.11 Champ d'application géographique. Il faut retenir ici que la démarche émane du propriétaire qui va solliciter un changement d'usage pour la totalité du logement.

Sont concernés, sous conditions, les logements HLM, implantés dans des quartiers en difficulté, peu important la taille de la commune (villes de plus de 200 000 habitants ou pas).

434.12 Locaux concernés et possibilités ouvertes au propriétaire (CCH, art. L. 443-11, al. 9). Deux cas sont ouverts par le code. Le premier à l'article L. 443-11, 9e alinéa. Il s'agit « d'assurer l'équilibre économique et social d'un ou plusieurs ensembles d'habitations ou d'un quartier connaissant des difficultés particulières ».

Le champ d'application matériel de la mesure est limité aux logements vacants. Le texte autorise le propriétaire « à vendre ou à louer ces logements à toute personne physique ou morale pour des usages autres que l'habitation ». Ces changements pourront permettre la création de commerces, d'activités de services sociaux ou de professionnels libéraux, de locaux d'animation...

434.13 Locaux concernés et possibilités ouvertes au propriétaire (CCH, art. L. 443-11, al. 10). Le second à l'article L. 443-11, 10e alinéa. Il s'agit ici de favoriser l'exercice d'activités économiques « au rez-de-chaussée » des immeubles situés dans certaines zones ou territoires.

Le champ géographique couvre les quartiers classés dans les anciennes zones urbaines sensibles (ZUS)[1], jusqu'à la loi n° 2014-173 du 21 février 2014 de programmation pour la ville et la cohésion urbaine et, à titre exceptionnel, après avis conforme du maire de la commune ou du président de l'établissement public de coopération intercommunale compétent et accord du ministre chargé de la ville et du ministre chargé du logement, ceux présentant des caractéristiques économiques et sociales analogues. Sont ici seuls concernés les locaux normalement à usage d'habitation, situés en rez-de-chaussée uniquement, le changement d'usage ayant pour effet d'autoriser l'exercice d'activités économiques, ce qui peut s'entendre de la création d'entreprises (bureaux) ou de commerces de proximité. C'est la location pour un autre usage qui est autorisée, non plus seulement à titre provisoire, mais définitivement, depuis le 1er janvier 2009[2].

434.14 Objectifs poursuivis. La dynamisation des quartiers en difficulté par la création de surfaces de type commercial ou professionnel par exemple, par l'implantation d'activités de service au bénéfice des habitants et propres à créer des emplois, est à la base de cette démarche.

434.15 Procédure. La demande provenant exclusivement de l'organisme propriétaire, la décision est prise, dans le premier cas (quartiers en difficulté) par le représentant de l'État dans le département, qui consulte le maire de la commune d'implantation des logements, et, dans le second cas (zones urbaines sensibles et assimilées) sur le seul avis de la commune d'implantation, réputé favorable après un mois.

SECTION 2
CHANGEMENT D'USAGE TOTAL : CONSÉQUENCES

434.21 Affectation nouvelle des logements. Le législateur ayant retenu l'hypothèse d'une vente, on peut avancer que celle-ci va déroger aux dispositions particulières applicables à la vente de logements vacants, inadaptées ici[3].

1. DÉFINIES comme des territoires et des quartiers classés comme prioritaires dans le cadre de la politique de la ville du fait des difficultés qu'ils rencontrent, principalement en matière d'emploi et de chômage. Le décret n° 96-1156 du 26 décembre 1996 fixe la liste de 750 Zones urbaines sensibles (Zus). Le décret n° 2000-796 du 24 août 2000 ajoute le quartier « Nouveau Mons » de Mons-en-Baroeul à la liste des Zus et le décret n° 2001-707 du 31 juillet 2001 modifie le périmètre de la Zus de Grigny (91).
2. L. n° 2008-776, 4 août 2008 de modernisation de l'économie, art. 13-I, *JO* 5 août, p. 12471.
3. CCH, art. L. 443-11, 3e al.

Dans le cas d'une location, le bien restant la propriété de l'organisme, les règles traditionnelles de la location seront applicables en fonction de la destination du local, professionnelle (ou mixte professionnelle et d'habitation), commerciale, éventuellement à usage de bureaux[1].

434.22 Autorisation accordée. En cas de revente du bien, l'autorisation est acquise.

434.23 Conditions financières. L'idée d'une compensation financière sous forme de reconstitution de surface équivalente est tout à fait étrangère aux objectifs poursuivis par l'article L. 443-11 et doit donc être écartée.

Le texte prévoit par contre des dispositions d'ordre financier puisqu'il est dit à l'avant-dernier alinéa de l'article L. 443-13 que dans le cas de vente du logement vacant, l'organisme doit rembourser à l'État « une somme équivalente au montant des aides financières accordées par l'État pour la construction, l'acquisition ou l'amélioration du bien vendu ».

Le décret d'application de cette mesure, codifié à l'article R. 443-15 du code de la construction et de l'habitation, laisse au préfet la possibilité d'étaler le remboursement si l'organisme a des difficultés financières.

Enfin, l'article L. 311-3 du code de la construction et de l'habitation n'est pas applicable. Cet article, qui vise les logements ayant bénéficié du régime des primes et prêts[2] avant 1977, rend normalement exigible la répétition des primes à compter de la transformation du local concerné. Ses dispositions sont donc écartées dans la mise en œuvre de l'article L. 443-11[3].

SECTION 3
CHANGEMENT D'USAGE PARTIEL

434.31 Autorisation du maire après acceptation du propriétaire. La loi du 4 août 2008 de modernisation pour l'économie[4] permet l'activité professionnelle, à la demande cette fois du bénéficiaire, dans une partie d'un local d'habitation HLM. Trois cas sont à retenir.

434.32 Conditions de l'autorisation. En vertu de l'article L. 631-7-2 le maire (et non plus le préfet) peut autoriser un demandeur à exercer une activité professionnelle dans une partie d'un local d'habitation aux conditions cumulatives suivantes :

- le bail ou le règlement de copropriété ne s'y opposent pas;
- le bénéficiaire doit avoir sa résidence principale dans le logement;
- le changement n'engendre ni nuisance, ni danger pour le voisinage;
- il ne conduit à aucun désordre pour le bâti;
- le propriétaire donne son avis, réputé favorable après un délai d'un mois. L'avis négatif du propriétaire empêche par conséquent le changement d'usage. Le bail d'habitation n'est pas soumis aux dispositions du code du commerce et ne peut être un élément constitutif du fonds de commerce.

434.33 Rez-de-chaussée. A l'article L. 631-7-4 la loi ajoute, sous les mêmes conditions et après autorisation du maire, que, pour les locaux situés au rez-de-chaussée, l'activité peut être commerciale. Le propriétaire, consulté, peut donc également s'y opposer.

434.34 Autorisation non nécessaire – Conditions. Enfin, selon l'article L. 631-7-3, l'exercice d'une activité professionnelle, y compris commerciale, est possible dans une partie d'un local d'habitation, cette fois sans aucune autorisation, à trois conditions :

- le bail ou le règlement de copropriété ne l'interdisent pas (nouvelle condition depuis la loi pour la modernisation de l'économie);
- il n'y a ni réception de clientèle ni marchandises. Il s'agit ici de l'activité de télétravail ou de tous types de services (travail à façon, styliste par exemple);
- seul l'occupant ou les occupants qui ont leur résidence principale dans le logement sont concernés. La loi du 1er août 2003 pour l'initiative économique a étendu cette autorisation aux représentants légaux des personnes morales[5].

1. SUR le régime locatif applicable au logement désaffecté : B. Wertenschlag, « Le changement d'affectation des logements HLM », *AJPI* 1993. 417 s.
2. CCH, art. R. 311-1 s.
3. CCH, art. L. 443-11, dern. al.
4. L. n° 2008-776, 4 août 2008 de modernisation de l'économie, *JO* 5 août, p. 12471.
5. L. n° 2003-721, 1er août 2003 pour l'initiative économique, *JO* 5 août; CCH, art. L. 631-7-3, dern. al.

Tableau récapitulatif – Le changement d'usage en HLM

	Changement d'usage total d'un logement [CCH, art. L. 443-11, 6e al.]	Changement d'usage total d'un logement en rez-de-chaussée [CCH, art. L. 443-11, 7e al.]	Changement d'usage partiel d'un logement [CCH, art. L. 631-7-2 et L. 631-7-5]	Changement d'usage partiel d'un logement en rez-de-chaussée [CCH, art. L. 631-7-4 et L. 631-7-5]	Changement d'usage partiel d'un logement sans autorisation [CCH, art. L. 631-7-3]
Pourquoi ?	• Vendre ou louer des logements vacants pour un usage autre que l'habitation	• Louer des locaux d'habitation pour des activités économiques	• Exercice d'une activité professionnelle non commerciale	• Exercice d'une activité professionnelle, y compris commerciale	• Exercice d'une activité professionnelle, y compris commerciale
Pour qui ?	• Propriétaire	• Bailleur	• Bénéficiaire ayant sa résidence principale dans le logement	• Bénéficiaire ayant sa résidence principale dans le logement	• Bénéficiaire ayant sa résidence principale dans le logement
Par qui ?	• Préfet, qui consulte la commune d'implantation	• Propriétaire, après avis de la commune d'implantation	• Maire, après avis du propriétaire	• Maire, après avis du propriétaire	• Bénéficiaire
Comment ?	• Autorisation	• Décision	• Autorisation	• Autorisation	• Sans autorisation
Où ?	• Dans tout le parc HLM pour l'équilibre économique d'un ensemble ou quartier en difficulté	• Dans les ZUS et les territoires de rénovation urbaine	• Dans les villes de plus de 200 000 habitants et dans les départements 92, 93 et 94	• Dans les villes de plus de 200 000 habitants et dans les départements 92, 93 et 94	• Dans les villes de plus de 200 000 habitants et dans les départements 92, 93 et 94
Observations			• Sauf dispositions contraires du bail ou du règlement de copropriété	• Sauf dispositions contraires du bail ou du règlement de copropriété	• Sauf dispositions contraires du bail ou du règlement de copropriété

CHAPITRE

435. Meublés touristiques

SECTION 0
ORIENTEUR

435.00 Plan du chapitre.

435.01 Textes applicables.

TEXTES SOURCES

- **C. tourisme, art. L. 324-1, L. 324-1-1, L. 324-2, L. 324-2-1.**
- **C. tourisme, art. D. 324-1, D. 324-1-1, D. 324-1-2.**
- **CCH, art. L. 631-7, L. 631-7-1 a, L. 651-2.**

TEXTES *IN EXTENSO*

- **C. tourisme, art. L. 324-1**

L'État détermine les procédures de classement des meublés de tourisme selon des modalités fixées par décret.

La décision de classement d'un meublé de tourisme dans une catégorie, en fonction de critères fixés par un tableau de classement élaboré par l'organisme mentionné à l'article L. 141-2 et homologué par arrêté du ministre chargé du tourisme, est prononcée par l'organisme qui a effectué la visite de classement.

Cette visite de classement est effectuée :

1° Soit par des organismes évaluateurs accrédités, dans des conditions fixées par arrêté du ministre chargé du tourisme, dans les domaines correspondant à leurs missions par l'instance nationale d'accréditation mentionnée à l'article 137 de la loi n° 2008-776 du 4 août 2008 précitée ou par tout organisme européen équivalent signataire de l'accord multilatéral pris dans le cadre de la coordination européenne des organismes d'accréditation;

2° Soit, dans des conditions fixées par décret, par les organismes qui, à la date du 22 juillet 2009, étaient titulaires de l'agrément requis pour la délivrance des certificats de visite des meublés de tourisme.

L'organisme qui a effectué la visite de classement transmet sa décision de classement à l'organisme mentionné à l'article L. 132-2.

- **C. tourisme, art. L. 324-1-1**

I. – Toute personne qui offre à la location un meublé de tourisme, que celui-ci soit classé ou non au sens du présent code, doit en avoir préalablement fait la déclaration auprès du maire de la commune où est situé le meublé.

Cette déclaration préalable n'est pas obligatoire lorsque le local à usage d'habitation constitue la résidence principale du loueur, au sens de l'article 2 de la loi n° 89-462 du 6 juillet 1989 tendant à améliorer les rapports locatifs et portant modification de la loi n° 86-1290 du 23 décembre 1986.

II. – Dans les communes où le changement d'usage des locaux destinés à l'habitation est soumis à autorisation préalable au sens des articles L. 631-7 et L. 631-9 du code de la construction et de l'habitation une délibération du conseil municipal peut décider de soumettre à une déclaration préalable soumise à enregistrement auprès de la commune toute location pour de courtes durées d'un local meublé en faveur d'une clientèle de passage qui n'y élit pas domicile.

Lorsqu'elle est mise en œuvre, cette déclaration soumise à enregistrement se substitue à la déclaration mentionnée au I du présent article.

Un téléservice permet d'effectuer la déclaration. La déclaration peut également être faite par tout autre moyen de dépôt prévu par la délibération susmentionnée.

Dès réception, la déclaration donne lieu à la délivrance sans délai par la commune d'un accusé-réception comprenant un numéro de déclaration.

Un décret détermine les informations qui peuvent être exigées pour l'enregistrement.

- **C. tourisme, art. L. 324-2**

Toute offre ou contrat de location saisonnière doit revêtir la forme écrite et contenir l'indication du prix demandé ainsi qu'un état descriptif des lieux.

Toute offre de location mentionnée au II de l'article L. 324-1-1 contient le numéro de déclaration mentionné à cet article.

- **C. tourisme, art. L. 324-2-1**

I. – Toute personne qui se livre ou prête son concours contre rémunération, par une activité d'entremise ou de négociation ou par la mise à disposition d'une plateforme numérique, à la mise en location d'un logement soumis à l'article L. 324-1-1 du présent code et aux articles L. 631-7 et suivants du code de la construction et de l'habitation informe le loueur des obligations de déclaration ou d'autorisation préalables prévues par ces articles et obtient de lui, préalablement à la location du bien, une déclaration sur l'honneur attestant du respect de ces obligations, indiquant si le logement constitue ou non sa résidence principale au sens de l'article 2 de la loi n° 89-462 du 6 juillet 1989, ainsi que, le cas échéant, le numéro de déclaration du logement, obtenu en application du II de l'article L. 324-1-1 du présent code.

II. – Toute personne qui se livre ou prête son concours contre rémunération, par une activité d'entremise ou de négociation ou par la mise à disposition d'une plateforme numérique, à la mise en location d'un local meublé soumis au II de l'article L. 324-1-1 et aux articles L. 631-7 et suivants du code de la construction et de l'habitation publie dans l'annonce relative au local, son numéro de déclaration, obtenu en application du II de l'article L. 324-1-1 du présent code.

Elle veille à ce que le logement proposé à la location ou à la sous-location ne soit pas loué plus de cent vingt jours par an par son intermédiaire lorsque le logement constitue la résidence principale du loueur au sens de l'article 2 de la loi n° 89-462 du 6 juillet 1989 précitée. À cette fin, lorsqu'elle en a connaissance, elle décompte le nombre de nuits faisant l'objet d'une occupation, et en informe, à sa demande, annuellement, la commune du logement loué. Au-delà de cent vingt jours de location, le logement ne peut plus faire l'objet d'une offre de location par son intermédiaire jusqu'à la fin de l'année en cours.

III. – Les modalités de contrôle et de sanction aux manquements aux obligations prévues par le II du présent article sont fixées par décret.

• C. tourisme, art. D. 324-1

I. – Les meublés de tourisme sont des villas, appartements, ou studios meublés, à l'usage exclusif du locataire, offerts en location à une clientèle de passage qui y effectue un séjour caractérisé par une location à la journée, à la semaine ou au mois, et qui n'y élit pas domicile.

II. – Est un local meublé au sens du II de l'article L. 324-1-1 :

1° Un meublé de tourisme défini au I du présent article;

2° Une partie d'un tel meublé, que ce meublé soit ou non à l'usage exclusif du locataire.

• C. tourisme, art. D. 324-1-1

I. – La déclaration de location d'un meublé de tourisme, que celui-ci soit classé ou non au sens du présent code, prévue au I de l'article L. 324-1-1 est adressée au maire de la commune où est situé le meublé par tout moyen permettant d'en obtenir un accusé de réception.

La déclaration précise l'identité et l'adresse du déclarant, l'adresse du meublé de tourisme, le nombre de pièces composant le meublé, le nombre de lits, la ou les périodes prévisionnelles de location et, le cas échéant, la date de la décision de classement et le niveau de classement des meublés de tourisme.

II. – La déclaration, effectuée au moyen d'un téléservice dans les conditions prévues au II de l'article L. 324-1-1, indique :

1° L'identité, l'adresse postale et l'adresse électronique du déclarant;

2° L'adresse du local meublé, précisant, lorsque ce dernier fait partie d'un immeuble comportant plusieurs locaux, le bâtiment, l'escalier, l'étage et le numéro d'appartement.

Lorsque cette possibilité lui est offerte, le déclarant peut indiquer le numéro invariant identifiant le logement tel qu'il ressort de son avis de taxe d'habitation, en lieu et place des informations mentionnées au premier alinéa du présent 2°;

3° Son statut de résidence principale ou non;

4° Le nombre de pièces composant le meublé, le nombre de lits et, le cas échéant, la date de la décision de classement et le niveau de classement ou de toute autre reconnaissance de qualité des meublés de tourisme.

La déclaration fait l'objet d'un numéro de déclaration délivré immédiatement par la commune. Ce numéro est constitué de treize caractères répartis en trois groupes séparés ainsi composés :

– le code officiel géographique de la commune de localisation à cinq chiffres;

– un identifiant unique à six chiffres, déterminé par la commune;

– une clé de contrôle à deux caractères alphanumériques, déterminée par la commune.

III. – Tout changement concernant les éléments d'information de la déclaration visée au I ou II du présent article fait l'objet d'une nouvelle déclaration.

• C. tourisme, art. R. 324-1-2

Le fait, pour une personne qui offre à la location un meublé de tourisme au sens de l'article D. 324-1, de ne pas respecter l'obligation de déclaration prévue à l'article L. 324-1-1 est puni des peines prévues pour les contraventions de la troisième classe.

• CCH, art. L. 631-7

* V. s[s] n° 431.01

• CCH, art. L. 631-7-1°A

Une délibération du conseil municipal peut définir un régime d'autorisation temporaire de changement d'usage permettant à une personne physique de louer pour de courtes durées des locaux destinés à l'habitation à une clientèle de passage qui n'y élit pas domicile.

La délibération fixe les conditions de délivrance de cette autorisation temporaire par le maire de la commune dans laquelle est situé l'immeuble après avis, à Paris, Marseille et Lyon, du maire d'arrondissement concerné. Elle détermine également les critères de cette autorisation temporaire, qui peuvent porter sur la durée des contrats de location, sur les caractéristiques physiques du local ainsi que sur sa localisation en fonction notamment des caractéristiques des marchés de locaux d'habitation et de la nécessité de ne pas aggraver la pénurie de logements. Ces critères peuvent être modulés en fonction du nombre d'autorisations accordées à un même propriétaire.

Si la commune est membre d'un établissement public de coopération intercommunale compétent en matière de plan local d'urbanisme, la délibération est prise par l'organe délibérant de cet établissement.

Le local à usage d'habitation bénéficiant de cette autorisation temporaire ne change pas de destination, au sens du 2° du II de l'article L. 123-1-5 du code de l'urbanisme.

Lorsque le local à usage d'habitation constitue la résidence principale du loueur, au sens de l'article 2 de la loi n° 89-462 du 6 juillet 1989 tendant à améliorer les rapports locatifs et portant modification de la loi n° 86-1290 du 23 décembre 1986, l'autorisation de changement d'usage prévue à l'article L. 631-7 du présent code ou celle prévue au présent article n'est pas nécessaire pour le louer pour de courtes durées à une clientèle de passage qui n'y élit pas domicile.

• **CCH, art. L. 651-2**

* V. s[s] n° 432.01

435.03 Bibliographie indicative.

Ouvrages. G. Daudré et P. Wallut, *Changements d'usage des locaux d'habitation (les réformes de l'article L. 631-7 du Code de la construction et de l'habitation)*, 2e éd., LexisNexis, 2016.

Actualisables. LAMY DR. IMMO, n° 2324 – DICT. PERM. Gestion immob., « changement d'usage des locaux », n° 8, « Location saisonnière », n°s 19, 24.

Articles. G. Daudré et P. Wallut, « Locations meublées de courte durée. Le permis de louer à Paris », *Loyers et copr.* 2012, alerte 40; J. Monéger, « La location d'un appartement meublé aux touristes n'est pas permis dans des locaux à usage d'habitation », *Loyers et copr.* 2010, repère 9; R. Defrance, « La location de vacances », *Rev. inf. jur. et pratique FNAIM* 2002, n° 300, p. 59; H. Périnet-Marquet, « Les meublés touristiques dans les immeubles en copropriété », *JCP N* 2017. 1216.

SECTION 1
CADRE GÉNÉRAL

435.11 Enjeu de la réglementation. La location d'un meublé touristique échappe par nature aux grandes réglementations des locations d'habitations qui ne visent, à l'instar de la loi du 6 juillet 1989, que les locations de locaux dans lesquels le locataire va installer sa résidence principale. Le concept de location touristique s'inscrit quant à lui dans les locations de courte durée, qui ne nécessitent pas une protection spécifique du preneur. Dès lors, le contrat de location est soumis au droit commun du bail, régi par les articles 1709 et suivants du code civil, et donc à la liberté contractuelle.

Sur certains points particuliers, toutefois, une intervention des pouvoirs publics a été rendue nécessaire, qui se résume à deux domaines.

D'une part, le code du tourisme impose quelques obligations au loueur, notamment une obligation de déclaration (C. tourisme, art. L. 324-1 s.). D'autre part, le CCH a mis en place un dispositif visant, par le biais du mécanisme d'autorisation du changement d'usage, à contrôler la mise sur le marché des locations touristiques qui menacent de réduire l'offre de logements pérennes (CCH, art. L. 631-7 s.).

435.12 Notion. La notion de meublé touristique n'est pas définie dans les mêmes termes par les deux réglementations. L'article D. 324-1 du Code du tourisme définit les meublés de tourisme comme étant « des villas, appartements, ou studios meublés, à l'usage exclusif du locataire, offerts en location à une clientèle de passage qui y effectue un séjour caractérisé par une location à la journée, à la semaine ou au mois, et qui n'y élit pas domicile ». Le CCH ne donne qu'une définition indirecte du meublé touristique, car il est précisé à l'article L. 631-7 dernier alinéa que « le fait de louer un local meublé destiné à l'habitation de manière répétée pour de courtes durées à une clientèle de passage qui n'y élit pas domicile constitue un changement d'usage au sens du présent article ».

Le critère essentiel tient dès lors à ce que le locataire n'élise pas domicile dans le local. Il n'est pas fait référence à la résidence principale, et donc à la durée d'occupation sur l'année. Le CCH paraît plus restrictif car il mentionne expressément une location de courte durée, alors que le code du tourisme envisage la location au mois (qui pourrait être renouvelée).

Le terme de meublé de tourisme est propre au code du tourisme. La réglementation du code de la construction et de l'habitation est bien plus large et englobe toute location répétée de courte durée. Il n'y a toutefois pas d'enjeu particulier à identifier la qualité du locataire (réel touriste, ou déplacement d'affaires…).

SECTION 2
RÉGLEMENTATION DES MEUBLÉS DE TOURISME

435.21 Déclaration. Selon l'article L. 324-1-1 du Code de tourisme, toute personne qui offre à la location un meublé de tourisme, que celui-ci soit classé ou non au sens du présent code, doit en avoir préalablement fait la déclaration auprès du maire de la commune où est situé le meublé.

Cette déclaration de location d'un meublé de tourisme est adressée au maire de la commune où est situé le meublé par tout moyen permettant d'en obtenir un accusé de réception. La liste des meublés de tourisme, classés ou non au sens du présent code, est ainsi consultable en mairie.

La déclaration précise l'identité et l'adresse du déclarant, l'adresse du meublé de tourisme, le nombre de pièces composant le meublé, le nombre de lits, la ou les périodes prévisionnelles de location et, le cas échéant, la date de la décision de classement et le niveau de classement des meublés de tourisme.

Tout changement concernant les éléments d'information que comporte la déclaration fait l'objet d'une nouvelle déclaration en mairie (C. tourisme, art. D. 324-1-1).

Le fait, pour une personne qui offre à la location un meublé de tourisme de ne pas respecter l'obligation de déclaration est puni des peines prévues pour les contraventions de la troisième classe (C. tourisme, art. R. 324-1-2).

435.22 **Dérogation.** Cette déclaration préalable n'est pas obligatoire lorsque le local à usage d'habitation constitue la résidence principale du loueur, au sens de l'article 2 de la loi 6 juillet 1989. Cette dérogation a été insérée par la loi Alur du 24 mars 2014 et s'harmonise avec la réglementation du changement d'usage qui prévoit une dérogation similaire.

435.23 **Enregistrement.** Dans les communes où le changement d'usage des locaux destinés à l'habitation est soumis à autorisation, une délibération du conseil municipal peut décider de soumettre à une déclaration préalable soumise à enregistrement auprès de la commune toute location pour des courtes durées d'un local meublé en faveur d'une clientèle de passage qui n'y élit pas domicile.

La déclaration, dont le régime a été précisé par un décret n° 2017-678 du 28 avril 2017 (art. D. 324-1 et D. 324-1-1 C. tourisme) donne lieu à délivrance d'un accusé-réception comprenant un numéro de déclaration, qui devra figurer sur toute offre de location.

435.24 **Classement.** Les meublés de tourisme peuvent faire l'objet d'un classement (de une à cinq étoiles), à l'initiative du propriétaire et réalisé soit par un organisme évaluateur accrédité, soit par les organismes qui, à la date du 22 juillet 2009, étaient titulaires de l'agrément requis pour la délivrance des certificats de visite des meublés de tourisme (C. tourisme, art. L. 324-1, 2°).

L'organisme qui a effectué la visite de classement dispose d'un délai d'un mois à compter de la date à laquelle s'est achevée la visite du meublé pour remettre au loueur du meublé ou à son mandataire le certificat de visite, qui comprend :

a) Un rapport de contrôle attestant la conformité au tableau de classement dans la catégorie demandée;

b) La grille de contrôle renseignée par l'organisme évaluateur;

c) Une proposition de décision de classement pour la catégorie indiquée dans le rapport de contrôle.

Le loueur du meublé ou son mandataire dispose d'un délai de quinze jours à compter de la réception de ce certificat de visite pour refuser la proposition de classement. À l'expiration de ce délai et en l'absence de refus, le classement est acquis. Le classement est prononcé pour une durée de cinq ans (C. tourisme, art. D. 324-4). Le loueur du meublé ou son mandataire peut signaler le classement de son meublé par l'affichage d'un panonceau selon un modèle établi par l'organisme évaluateur et homologué par arrêté du ministre chargé du tourisme. Il doit afficher, de manière visible à l'intérieur du meublé, la décision de classement (C. tourisme, art. D. 324-6).

Le préfet peut prononcer la radiation de la liste des meublés classés meublés de tourisme pour défaut ou insuffisance grave d'entretien du meublé et de ses installations (C. tourisme, art. R. 324-7). Cette radiation ne peut être prononcée sans que l'exploitant en ait été préalablement avisé et invité à se faire entendre personnellement ou par mandataire (C. tourisme, art. R. 324-8).

435.25 **Régime locatif.** Toute offre ou contrat de location saisonnière doit revêtir la forme écrite et contenir l'indication du prix demandé ainsi qu'un état descriptif des lieux. (C. tourisme, art. L. 324-2), et le numéro de déclaration lorsque la commune a mis en place une déclaration préalable soumise à enregistrement.

435.26 **Intermédiaire.** Toute personne qui se livre ou prête son concours contre rémunération, par une activité d'entremise ou de négociation ou par la mise à disposition d'une plateforme numérique, à la mise en location d'un logement soumis à l'article L. 324-1-1 du présent code et aux articles L. 631-7 et suivants du code de la construction et de l'habitation informe le loueur des obligations de déclaration ou d'autorisation préalables prévues par ces articles et obtient de lui, préalablement à la location du bien, une déclaration sur l'honneur attestant du respect de ces obligations (C. tourisme, art. L. 324-2-1). Cette disposition, issue de la loi Alur du 24 mars 2014, traduit la volonté d'encadrer l'activité des intermédiaires professionnels (se développant notamment via internet), et de limiter le développement des locations touristiques ne respectant ni la réglementation touristique, ni celle du changement d'usage.

La loi n° 2016-1321 du 7 octobre 2016 a renforcé les obligations pesant sur ces intermédiaires en ajoutant au contenu de l'attestation sur l'honneur l'indication selon laquelle le logement constitue ou non sa résidence principale ainsi, le cas échéant, que la mention du numéro de déclaration du logement lorsque la commune a mis en place une déclaration préalable soumise à enregistrement. Ce numéro de déclaration doit en outre être publié dans l'annonce relative au local, et l'intermédiaire veille à ce que ce logement ne soit pas proposé à la location ou à la sous-location plus de 120 jours par an par son intermédiaire, lorsqu'il s'agit de la résidence principale du loueur.

L'intermédiaire doit décompter le nombre de nuits faisant l'objet d'une occupation et en informe annuellement la commune, à sa demande. Au-delà de 120 jours de location, le logement ne peut plus faire l'objet d'une offre de location par son intermédiaire jusqu'à la fin de l'année en cours.

SECTION 3
RÉGLEMENTATION DU CHANGEMENT D'USAGE

435.31 Cadre général. La réglementation relative au changement d'usage des locaux, prévue aux articles L. 631-7 et suivants du code de la construction et de l'habitation, dépasse le seul cadre des meublés touristiques. Cette législation a pour objet de contrôler, et de limiter, la diminution de l'offre de logements au profit de l'offre commerciale ou professionnelle. C'est pourquoi un dispositif particulier d'autorisation a été mis en place (v. s[s] n°s 432.11 s.).

Des dispositions particulières ont été prévues, relatives aux meublés touristiques, par la loi Alur du 24 mars 2014.

435.32 Principes. Le texte de l'article L. 631-7 du code de la construction et de l'habitation est tout d'abord complété par un alinéa qui affirme dorénavant que « le fait de louer un local meublé destiné à l'habitation de manière répétée pour de courtes durées à une clientèle de passage qui n'y élit pas domicile constitue un changement d'usage au sens du présent article. ». Les juges du fond avaient déjà fait entrer la location touristique dans le régime des autorisations préalables de changement d'usage, dès lors que la location meublée litigieuse ne répondait pas aux conditions posées par l'article L. 632-1 ancien du code de la construction et de l'habitation (absence de résidence principale) [1]. En conséquence, le régime des autorisations de changement d'usage s'appliquera en particulier lorsque le propriétaire d'un local à usage d'habitation, meublé ou non, décide de le louer (par hypothèse meublé) de manière répétée à des personnes de passage n'y élisant pas domicile.

435.33 Assouplissement. La nécessité d'obtenir une autorisation de changement d'usage peut disparaître si le conseil municipal (ou l'organe délibérant de l'établissement public de coopération intercommunale compétent en matière de plan local d'urbanisme si la commune en est membre) délibère pour préciser les conditions de délivrance de l'autorisation temporaire. Des critères peuvent être retenus, tels que la durée des contrats de location, la localisation du local. Ils peuvent de même être modulés en fonction du nombre d'autorisations accordées au même propriétaire.

Ce régime d'autorisation temporaire est défini à l'article L. 631-7-1 A. Le champ géographique d'application du dispositif est le même que celui de l'article L. 631-7 du code de la construction et de l'habitation (v. s[s] n° 431.31). La Métropole de Nice a par exemple rapidement adopté ce régime d'autorisation temporaire [2].

435.34 Exception. L'article L. 631-7-1 A dernier alinéa précise que lorsque le local à usage d'habitation constitue la résidence principale du loueur, au sens de l'article 2 de la loi du 6 juillet 1989, l'autorisation de changement d'usage prévue à l'article L. 631-7 ou l'autorisation temporaire prévue à l'article 631-7-1 A n'est pas nécessaire pour le louer pour de courtes durées à une clientèle de passage qui n'y élit pas domicile. Ainsi, le propriétaire d'un logement peut le louer à titre touristique sans avoir à respecter le régime relatif au changement d'usage, dès lors que le logement reste sa résidence principale, c'est-à-dire qu'il l'occupe au moins huit mois par an (v. s[s] n° 435.26). Mais cette exception peut également s'appliquer à un locataire qui a sa résidence principale, et qui le sous-louerait à titre touristique, sous la réserve supplémentaire du respect nécessaire de l'article 8 de la loi du 6 juillet 1989, qui interdit la sous-location sauf avec l'accord écrit du bailleur.

435.35 Cas des copropriétés. Le Conseil constitutionnel a écarté une disposition de la loi du 24 mars 2014, dite loi Alur, qui ouvrait aux copropriétés la faculté d'exiger leur accord préalable pour de telles locations. Cette possibilité « portait une atteinte disproportionnée aux droits de chacun des copropriétaires ».

1. Paris 24 mai 2011, *AJDI* 2011. 532, obs. G. Daudré.

2. Métropole Nice-Cote d'Azur, 10 juill. 2014, délib. n° 25-2.

TITRE

44. La vente du logement loué

SECTION 0
ORIENTEUR

44.00 Plan du titre.

Division. La relation locative ne peut rester indifférente à la vente du logement loué. Plus qu'un simple changement de cocontractant pour le locataire, la mutation de propriété du logement produit de nombreux effets juridiques, susceptibles de modifier les droits et obligations respectifs des parties. Le législateur a en particulier à cœur d'assurer au locataire une certaine stabilité, que ce soit en lui octroyant une faculté d'achat prioritaire du logement (chap. 442) ou en reportant le terme du bail en cours (chap. 441).

44.01 Textes applicables

TEXTES SOURCE

- **C. civ., art. 1743.**
- **L. n° 89-462, 6 juill. 1989, art. 3, 11-1, 11-2, 15, 22.**
- **L. n° 75-1351, 31 déc. 1975, art. 10 et 10-1.**
- **Accords collectifs des 9 juin 1998 et 16 mars 2005.**

44.03 Bibliographie indicative.

Ouvrages. J. Lafond, B. Vial-Pedroletti, *Les baux d'habitation*, 8e éd., LexisNexis, 2017, nos 1511 s.

Actualisables. RÉP. IMMO., v° « Bail d'habitation et mixte : rapports locatifs individuels – Loi du 6 juillet 1989 », nos 409 s., N. Damas – DICT. PERM. Gestion immob., « Baux d'habitation et mixtes », n° 382, « Droit de préemption », nos 200 s.

CHAPITRE

441. Effets généraux de la vente du logement loué

SECTION 0 ORIENTEUR

441.00 Plan du chapitre.

Division. Ni le Code civil, ni les législations spécifiques n'établissent un statut général de la vente du logement loué. Ce n'est que par touches impressionnistes que l'on peut reconstituer un ensemble de règles, complété utilement par une jurisprudence abondante. Nous distinguerons les normes s'appuyant sur le Code civil de celles reposant sur la loi du 6 juillet 1989.

441.01 Textes applicables

TEXTES SOURCE

- **C. civ., art. 1743.**
- **L. n° 89-462, 6 juill. 1989, art. 3, 11-2, 15, 22.**

TEXTES *IN EXTENSO*

- **C. civ., art. 1743**

Si le bailleur vend la chose louée, l'acquéreur ne peut expulser le fermier, le métayer ou le locataire qui a un bail authentique ou dont la date est certaine.

Il peut, toutefois, expulser le locataire de biens non ruraux s'il s'est réservé ce droit par le contrat de bail.

- **L. 6 juill. 1989, art. 3**

Le contrat de location est établi par écrit et respecte un contrat type défini par décret en Conseil d'État, pris après avis de la Commission nationale de concertation.

Le contrat de location précise :

1° Le nom ou la dénomination du bailleur et son domicile ou son siège social ainsi que, le cas échéant, ceux de son mandataire;

2° Le nom ou la dénomination du locataire;

3° La date de prise d'effet et la durée;

4° La consistance, la destination ainsi que la surface habitable de la chose louée, définie par le code de la construction et de l'habitation;

5° La désignation des locaux et équipements d'usage privatif dont le locataire a la jouissance exclusive et, le cas échéant, l'énumération des parties, équipements et accessoires de l'immeuble qui font l'objet d'un usage commun, ainsi que des équipements d'accès aux technologies de l'information et de la communication;

6° Le montant du loyer, ses modalités de paiement ainsi que ses règles de révision éventuelle;

7° Le loyer de référence et le loyer de référence majoré, correspondant à la catégorie de logement et définis par le représentant de l'État dans le département dans les zones où s'applique l'arrêté mentionné au I de l'article 17;

8° Le montant et la date de versement du dernier loyer appliqué au précédent locataire, dès lors que ce dernier a quitté le logement moins de dix-huit mois avant la signature du bail;

9° La nature et le montant des travaux effectués dans le logement depuis la fin du dernier contrat de location ou depuis le dernier renouvellement du bail;

10° Le montant du dépôt de garantie, si celui-ci est prévu.

Le renoncement, le cas échéant, au bénéfice de la garantie universelle des loyers, telle que prévue à l'article 24-2, doit être expressément mentionné dans le contrat de location. À défaut, le bailleur s'engage à déclarer le contrat de location auprès de l'agence mentionnée au II du même article 24-2.

Une notice d'information relative aux droits et obligations des locataires et des bailleurs ainsi qu'aux voies de conciliation et de recours qui leur sont ouvertes pour régler leurs litiges est annexée au contrat de location. Cette notice d'information précise également les droits, obligations et effets, pour les parties au contrat de location, de la mise en œuvre de la garantie universelle des loyers, telle que prévue au même article 24-2. Un arrêté du ministre chargé du logement, pris après avis de la Commission nationale de concertation, détermine le contenu de cette notice.

Lorsque l'immeuble est soumis au statut de la copropriété, le copropriétaire bailleur est tenu de communiquer au locataire les extraits du règlement de copropriété concernant la destination de l'immeuble, la jouissance et l'usage des parties privatives et communes, et précisant la quote-part afférente au lot loué dans chacune des catégories de charges.

Le bailleur ne peut pas se prévaloir de la violation du présent article.

Chaque partie peut exiger de l'autre partie, à tout moment, l'établissement d'un contrat conforme au présent article. En cas de mutation à titre gratuit ou onéreux du logement, le nouveau bailleur est tenu de notifier au locataire son nom ou sa dénomination et son domicile ou son siège social ainsi que, le cas échéant, ceux de son mandataire.

En cas d'absence dans le contrat de location d'une des informations relatives à la surface habitable, aux loyers de référence et au dernier loyer acquitté par le précédent locataire, le locataire peut, dans un délai d'un mois à compter de la prise d'effet du contrat de location, mettre en demeure le bailleur de porter ces informations au bail. À défaut de réponse du bailleur dans le délai d'un mois ou en cas de refus de ce dernier, le locataire peut saisir, dans le délai de trois mois à compter de la mise en demeure, la juridiction compétente afin d'obtenir, le cas échéant, la diminution du loyer.

• **L. 6 juill. 1989, art. 11-2**

Lorsqu'un immeuble à usage d'habitation ou à usage mixte d'habitation et professionnel de cinq logements ou plus, situé dans une des zones mentionnées au I de l'article 17, est mis en copropriété :

1° Les baux en cours dont le terme intervient moins de trois ans après la date de mise en copropriété sont prorogés de plein droit d'une durée de trois ans;

2° Les autres baux en cours sont prorogés d'une durée permettant au locataire d'occuper le logement pendant une durée de six ans à compter de la mise en copropriété.

• **L. 6 juill. 1989, art. 15**

I. – Lorsque le bailleur donne congé à son locataire, ce congé doit être justifié soit par sa décision de reprendre ou de vendre le logement, soit par un motif légitime et sérieux, notamment l'inexécution par le locataire de l'une des obligations lui incombant. À peine de nullité, le congé donné par le bailleur doit indiquer le motif allégué et, en cas de reprise, les nom et adresse du bénéficiaire de la reprise ainsi que la nature du lien existant entre le bailleur et le bénéficiaire de la reprise qui ne peut être que le bailleur, son conjoint, le partenaire auquel il est lié par un pacte civil de solidarité enregistré à la date du congé, son concubin notoire depuis au moins un an à la date du congé, ses ascendants, ses descendants ou ceux de son conjoint, de son partenaire ou de son concubin notoire. Lorsqu'il donne congé à son locataire pour reprendre le logement, le bailleur justifie du caractère réel et sérieux de sa décision de reprise. Le délai de préavis applicable au congé est de six mois lorsqu'il émane du bailleur.

En cas d'acquisition d'un bien occupé :

– lorsque le terme du contrat de location en cours intervient plus de trois ans après la date d'acquisition, le bailleur peut donner congé à son locataire pour vendre le logement au terme du contrat de location en cours;

– lorsque le terme du contrat de location en cours intervient moins de trois ans après la date d'acquisition, le bailleur ne peut donner congé à son locataire pour vendre le logement qu'au terme de la première reconduction tacite ou du premier renouvellement du contrat de location en cours;

lorsque le terme du contrat en cours intervient moins de deux ans après l'acquisition, le congé pour reprise donné par le bailleur au terme du contrat de location en cours ne prend effet qu'à l'expiration d'une durée de deux ans à compter de la date d'acquisition.

En cas de contestation, le juge peut, même d'office, vérifier la réalité du motif du congé et le respect des obligations prévues au présent article. Il peut notamment déclarer non valide le congé si la non-reconduction du bail n'apparaît pas justifiée par des éléments sérieux et légitimes.

Toutefois, la possibilité pour un bailleur de donner congé à un locataire et la durée du bail sont suspendues à compter :

a) De la réception de l'avis de tenue de la réunion de la commission départementale compétente en matière d'environnement, de risques sanitaires et technologiques, notifié par le représentant de l'État dans le département dans les conditions prévues aux articles L. 1331-26 et L. 1331-27 du code de la santé publique;

b) De l'engagement par le maire de la procédure contradictoire prévue à l'article L. 511-2 du code de la construction et de l'habitation, relative aux bâtiments menaçant ruine.

Cette suspension est levée à l'expiration d'un délai maximal de six mois à compter de la réception du courrier de l'autorité administrative compétente engageant l'une des procédures mentionnées aux a et b, faute de notification d'un des arrêtés prévus à leur issue ou de leur abandon.

Lorsque l'autorité administrative compétente a notifié les arrêtés prévus respectivement aux articles L. 1331-25 et L. 1331-28 du code de la santé publique ou à l'article L. 511-2 du code de la construction et de l'habitation, il est fait application des articles L. 521-1 et L. 521-2 du même code.

Une notice d'information relative aux obligations du bailleur et aux voies de recours et d'indemnisation du locataire est jointe au congé délivré par le bailleur en raison de sa décision de reprendre ou de vendre le logement. Un arrêté du ministre chargé du logement, pris après avis de la Commission nationale de concertation, détermine le contenu de cette notice.

Lorsqu'il émane du locataire, le délai de préavis applicable au congé est de trois mois.

Le délai de préavis est toutefois d'un mois :

1° Sur les territoires mentionnés au premier alinéa du I de l'article 17;

2° En cas d'obtention d'un premier emploi, de mutation, de perte d'emploi ou de nouvel emploi consécutif à une perte d'emploi;

3° Pour le locataire dont l'état de santé, constaté par un certificat médical, justifie un changement de domicile;

4° Pour les bénéficiaires du revenu de solidarité active ou de l'allocation adulte handicapé;

5° Pour le locataire qui s'est vu attribuer un logement défini à l'article L. 351-2 du code de la construction et de l'habitation.

Le locataire souhaitant bénéficier des délais réduits de préavis mentionnés aux 1° à 5° précise le motif invoqué et le justifie au moment de l'envoi de la lettre de congé. À défaut, le délai de préavis applicable à ce congé est de trois mois.

Le congé doit être notifié par lettre recommandée avec demande d'avis de réception, signifié par acte d'huissier ou remis en main propre contre récépissé ou émargement. Ce délai court à compter du jour de la réception de la lettre recommandée, de la signification de l'acte d'huissier ou de la remise en main propre.

Pendant le délai de préavis, le locataire n'est redevable du loyer et des charges que pour le temps où il a occupé réellement les lieux si le congé a été notifié par le bailleur. Il est redevable du loyer et des charges concernant tout le délai de préavis si c'est lui qui a notifié le congé, sauf si le logement se trouve occupé avant la fin du préavis par un autre locataire en accord avec le bailleur.

À l'expiration du délai de préavis, le locataire est déchu de tout titre d'occupation des locaux loués.

II. – Lorsqu'il est fondé sur la décision de vendre le logement, le congé doit, à peine de nullité, indiquer le prix et les conditions de la vente projetée. Le congé vaut offre de vente au profit du locataire : l'offre est valable pendant les deux premiers mois du délai de préavis. Les dispositions de l'article 46 de la loi n° 65-557 du 10 juillet 1965 fixant le statut de la copropriété des immeubles bâtis ne sont pas applicables au congé fondé sur la décision de vendre le logement.

À l'expiration du délai de préavis, le locataire qui n'a pas accepté l'offre de vente est déchu de plein droit de tout titre d'occupation sur le local.

Le locataire qui accepte l'offre dispose, à compter de la date d'envoi de sa réponse au bailleur, d'un délai de deux mois pour la réalisation de l'acte de vente. Si, dans sa réponse, il notifie son intention de recourir à un prêt, l'acceptation par le locataire de l'offre de vente est subordonnée à l'obtention du prêt et le délai de réalisation de la vente est porté à quatre mois. Le contrat de location est prorogé jusqu'à l'expiration du délai de réalisation de la vente. Si, à l'expiration de ce délai, la vente n'a pas été réalisée, l'acceptation de l'offre de vente est nulle de plein droit et le locataire est déchu de plein droit de tout titre d'occupation.

Dans le cas où le propriétaire décide de vendre à des conditions ou à un prix plus avantageux pour l'acquéreur, le notaire doit, lorsque le bailleur n'y a pas préalablement procédé, notifier au locataire ces conditions et prix à peine de nullité de la vente. Cette notification est effectuée à l'adresse indiquée à cet effet par le locataire au bailleur; si le locataire n'a pas fait connaître cette adresse au bailleur, la notification est effectuée à l'adresse des locaux dont la location avait été consentie. Elle vaut offre de vente au profit du locataire. Cette offre est valable pendant une durée d'un mois à compter de sa réception. L'offre qui n'a pas été acceptée dans le délai d'un mois est caduque.

Le locataire qui accepte l'offre ainsi notifiée dispose, à compter de la date d'envoi de sa réponse au bailleur ou au notaire, d'un délai de deux mois pour la réalisation de l'acte de vente. Si, dans sa réponse, il notifie son intention de recourir à un prêt, l'acceptation par le locataire de l'offre de vente est subordonnée à l'obtention du prêt et le délai de réalisation de la vente est porté à quatre mois. Si, à l'expiration de ce délai, la vente n'a pas été réalisée, l'acceptation de l'offre de vente est nulle de plein droit.

Les termes des cinq alinéas précédents sont reproduits à peine de nullité dans chaque notification.

Ces dispositions ne sont pas applicables aux actes intervenant entre parents jusqu'au troisième degré inclus, sous la condition que l'acquéreur occupe le logement pendant une durée qui ne peut être inférieure à deux ans à compter de l'expiration du délai de préavis, ni aux actes portant sur les immeubles mentionnés au deuxième alinéa de l'article L. 111-6-1 du code de la construction et de l'habitation.

Dans les cas de congés pour vente prévus à l'article 11-1, l'offre de vente au profit du locataire est dissociée du congé. En outre, le non-respect de l'une des obligations relatives au congé pour vente d'un accord conclu en application de l'article 41 *ter* de la loi n° 86-1290 du 23 décembre 1986 tendant à favoriser l'investissement locatif, l'accession à la propriété de logements sociaux et le développement de l'offre foncière, et rendu obligatoire par décret, donne lieu à l'annulation du congé.

Est nul de plein droit le congé pour vente délivré au locataire en violation de l'engagement de prorogation des contrats de bail en cours, mentionné au premier alinéa du A du I de l'article 10-1 de la loi n° 75-1351 du 31 décembre 1975 relative à la protection des occupants de locaux à usage d'habitation.

III. – Le bailleur ne peut s'opposer au renouvellement du contrat en donnant congé dans les conditions définies au paragraphe I ci-dessus à l'égard de tout locataire âgé de plus de soixante-cinq ans et dont les ressources annuelles sont inférieures à un plafond de ressources en vigueur pour l'attribution des logements locatifs conventionnés fixé par arrêté du ministre chargé du logement, sans qu'un logement correspondant à ses besoins et à ses possibilités lui soit offert dans les limites géographiques prévues à l'article 13 *bis* de la loi n° 48-1360 du 1er septembre 1948 précitée. Le présent alinéa est également applicable lorsque le locataire a à sa charge une personne de plus de soixante-cinq ans vivant habituellement dans le logement et remplissant la condition de ressources précitée et que le montant cumulé des ressources annuelles de l'ensemble des personnes vivant au foyer est inférieur au plafond de ressources déterminé par l'arrêté précité.

Toutefois, les dispositions de l'alinéa précédent ne sont pas applicables lorsque le bailleur est une personne physique âgée de plus de soixante-cinq ans ou si ses ressources annuelles sont inférieures au plafond de ressources mentionné au premier alinéa.

L'âge du locataire, de la personne à sa charge et celui du bailleur sont appréciés à la date d'échéance du contrat; le montant de leurs ressources est apprécié à la date de notification du congé.

IV. – Le fait pour un bailleur de délivrer un congé justifié frauduleusement par sa décision de reprendre ou de vendre le logement est puni d'une amende pénale dont le montant ne peut être supérieur à 6 000 € pour une personne physique et à 30 000 € pour une personne morale.

Le montant de l'amende est proportionné à la gravité des faits constatés. Le locataire est recevable dans sa constitution de partie civile et la demande de réparation de son préjudice.

• **L. 6 juill. 1989, art. 22**

Lorsqu'un dépôt de garantie est prévu par le contrat de location pour garantir l'exécution de ses obligations locatives par le locataire, il ne peut être supérieur à un mois de loyer en principal. Au moment de la signature du bail, le dépôt de garantie est versé au bailleur directement par le locataire ou par l'intermédiaire d'un tiers.

Un dépôt de garantie ne peut être prévu lorsque le loyer est payable d'avance pour une période supérieure à deux mois; toutefois, si le locataire demande le bénéfice du paiement mensuel du loyer, par application de l'article 7, le bailleur peut exiger un dépôt de garantie.

Il est restitué dans un délai maximal de deux mois à compter de la remise en main propre, ou par lettre recommandée avec demande d'avis de réception, des clés au bailleur ou à son mandataire, déduction faite, le cas échéant, des sommes restant dues au bailleur et des sommes dont celui-ci pourrait être tenu, aux lieu et place du locataire, sous réserve qu'elles soient dûment justifiées. À cette fin, le locataire indique au bailleur ou à son mandataire, lors de la remise des clés, l'adresse de son nouveau domicile.

Il est restitué dans un délai maximal d'un mois à compter de la remise des clés par le locataire lorsque l'état des lieux de sortie est conforme à l'état des lieux d'entrée, déduction faite, le cas échéant, des sommes restant dues au bailleur et des sommes dont celui-ci pourrait être tenu, en lieu et place du locataire, sous réserve qu'elles soient dûment justifiées.

Lorsque les locaux loués se situent dans un immeuble collectif, le bailleur procède à un arrêté des comptes provisoire et peut, lorsqu'elle est dûment justifiée, conserver une provision ne pouvant excéder 20 % du montant du dépôt de garantie jusqu'à l'arrêté annuel des comptes de l'immeuble. La régularisation définitive et la restitution du solde, déduction faite, le cas échéant, des sommes restant dues au bailleur et des sommes dont celui-ci pourrait être tenu en lieu et place du locataire, sont effectuées dans le mois qui suit l'approbation définitive des comptes de l'immeuble. Toutefois, les parties peuvent amiablement convenir de solder immédiatement l'ensemble des comptes.

Le montant de ce dépôt de garantie ne porte pas intérêt au bénéfice du locataire. Il ne doit faire l'objet d'aucune révision durant l'exécution du contrat de location, éventuellement renouvelé.

À défaut de restitution dans les délais prévus, le dépôt de garantie restant dû au locataire est majoré d'une somme égale à 10 % du loyer mensuel en principal, pour chaque période mensuelle commencée en retard. Cette majoration n'est pas due lorsque l'origine du défaut de restitution dans les délais résulte de l'absence de transmission par le locataire de l'adresse de son nouveau domicile.

En cas de mutation à titre gratuit ou onéreux des locaux loués, la restitution du dépôt de garantie incombe au nouveau bailleur. Toute convention contraire n'a d'effet qu'entre les parties à la mutation.

441.02 Jurisprudence de référence.

• **Civ. 3e, 18 févr. 2009, no 07-21.879**, *Bull. civ.* III, no 39

* V. ss no 441.92

Le bail en cours transmis à l'OPAC (...) était soumis aux dispositions légales qui lui étaient applicables jusqu'à sa date d'expiration.

• **Cass. Ass. plén. 6 déc. 2004, no 03-10.713**, *Bull. ass.* plén., no 14

* V. ss no 441.51

En cas de vente de l'immeuble donné à bail, le cautionnement garantissant le paiement des loyers est, sauf stipulation contraire, transmis de plein droit au nouveau propriétaire en tant qu'accessoire de la créance de loyers cédée à l'acquéreur par l'effet combiné de l'article 1743 et des articles 1692, 2013 et 2015 du Code civil.

• **Civ. 3e, 22 sept. 2016, no 15-19.672**, P

* V. ss no 441.51

Est opposable au propriétaire d'un immeuble l'arrêté d'insalubrité pris antérieurement à l'acquisition, dès lors qu'il a été notifié au précédent propriétaire.

441.03 Bibliographie indicative.

Actualisables. RÉP. IMMO., Vo « Bail d'habitation et mixte : rapports locatifs individuels – Loi du 6 juillet 1989 », nos 409 s., N. Damas – DICT. PERM. Gestion immob., « Baux d'habitation et mixtes », no 382, « Droit de préemption », nos 200 s.

Articles. J. Carbonnier, « De l'opposabilité du *bail* à l'acquéreur de l'immeuble », *RTD civ.* 1948. 48; « Des effets du bail sans date certaine à l'égard de l'acquéreur de l'immeuble. L'opposabilité du bail à l'acquéreur de l'immeuble et les vicissitudes de l'article 1743 du Code civil », *RTD civ.* 1962. 351 – J.-M. Delpérier et J.-D. Roché, « La vente de l'immeuble loué », *JCP N* 2003. 640 s – P. Derrez « Le changement de bailleur au cours du bail d'habitation », *Ann. Loyers* 1994, p. 497 – C. Larroumet « L'acquéreur de l'immeuble loué et la caution du locataire », *D.* 2000, Chron. p. 155 s. – J. Monéger « De quelques traits de plume : à propos de la vente de l'immeuble loué », *Loyers et copr.* 2003, Chron. 5 – Y. Trémorin, « La caution du locataire et la vente de l'immeuble loué », *JCP N* 2000. 950.

SECTION 1
DROIT COMMUN DU BAIL

441.11 Principe de poursuite du bail en cours.

Les articles 1743 et suivants du Code civil posent le principe de la poursuite du bail, assorti de l'exception de l'expulsion du preneur.

§ 1
Principe de la poursuite du bail

A.
Conditions

441.21 **Bail authentique.** Si le bailleur vend la chose louée, l'acquéreur ne peut expulser le fermier, le métayer ou le locataire qui a un bail authentique ou dont la date est certaine (C. civ., art. 1743).

1°
Nature du transfert de propriété

441.31 **Interprétation large.** Ainsi que l'énonce expressément l'article 1743 du Code civil, la vente du logement loué est l'hypothèse envisagée par le législateur. Toutes les ventes sont concernées, qu'il s'agisse d'une vente amiable ou d'une vente sur saisie immobilière[1], voire de licitation d'un bien indivis[2]. Mais la jurisprudence est allée au-delà du texte en étendant l'application de l'article 1743 à un apport en société[3] et même à une donation[4].

2°
Nature du bail

441.41 **Opposabilité.** Le bail doit être authentique ou avoir date certaine (C. civ., art. 1743). Il s'agit en particulier d'éviter toute fraude aux droits de l'acquéreur qui découvrirait, après l'acquisition, la présence d'un locataire dans le logement, muni d'un titre dont la date pourrait ne pas être sincère. La jurisprudence est toutefois allée au-delà des critères textuels en retenant qu'il suffit que l'acquéreur ait eu connaissance, avant l'acquisition, de l'existence du bail[5]. Les décisions sont particulièrement nombreuses en matière de ventes sur adjudication[6].

B.
Effets

441.51 **Situation de l'acquéreur.** L'acquéreur se trouve substitué dans les droits et obligations du vendeur. Il doit donc respecter les obligations nées du contrat de bail et peut se prévaloir des créances y afférentes. En particulier, au terme d'une véritable saga jurisprudentielle, il a été jugé que le cautionnement locatif se transmet de plein droit à l'acquéreur[7]. L'acquéreur peut également agir contre le preneur en dédommagement pour les dégradations commises, peu importe que ces dégradations aient été commises avant ou après l'acquisition du bien[8]. Il est par ailleurs possible, par une stipulation expresse, de subroger l'acheteur dans les droits et obligations du vendeur. L'acquéreur se retrouve également débiteur de certaines obligations dont le fait générateur est antérieur à la vente. Ainsi a-t-il été récemment jugé qu'est opposable au propriétaire d'un immeuble l'arrêté d'insalubrité pris antérieurement à l'acquisition, dès lors qu'il a été notifié au précédent propriétaire[9].

441.52 **Situation du vendeur.** Sauf convention contraire, le vendeur cesse d'avoir tout droit ou obligation concernant l'immeuble vendu à compter de la date d'entrée en jouissance de l'acquéreur. Les dettes personnelles antérieures restent dues[10].

§ 2
Expulsion du preneur

441.61 **Prérogative légale.** L'expulsion du locataire peut être décidée par l'acquéreur dès lors que le bail n'est pas authentique ou n'a pas date certaine (C. civ., art. 1743). La jurisprudence a tempéré cette rigueur en décidant que l'acquéreur ayant eu connaissance de l'existence du bail ne peut demander l'expulsion du locataire (v. s[s] n° 441.41).

441.62 **Statut locatif.** L'inopposabilité du bail à l'acquéreur du logement loué l'autorise à expulser le locataire. Si la solution ne soulève pas de problèmes particuliers lorsque la location est soumise au code civil, elle suscite des difficultés dans le cadre de

1. Civ. 3e, 25 janv. 1977, n° 75-12.722, *Bull. civ.* III, n° 37
2. Civ. 1re, 19 mars 1991, n° 89-20.352, *Bull. civ.* I, n° 90, *D.* 1991. IR 99.
3. Com. 11 févr. 1964, *D.* 1964, jur. 262, note P. Esmein.
4. Com. 3 nov. 1966, *Bull. civ.* III, n° 416.
5. iv. 3e, 12 juill. 1976, n° 75-13.652, *Bull. civ.* III, n° 305.
6. Civ. 3e, 29 sept. 1999, n° 97-22.129, *Bull. civ.* III, n° 188; *Loyers et copr.* 2000, comm. 2, obs. B. Vial-Pédroletti – Civ. 3e, 11 févr. 2004, n° 02-12.762, *Bull. civ.* III, n° 24; *D.* 2005, Pan. 749 spéc. 755, obs. N. Damas; *AJDI* 2004. 371, Y. Rouquet, *Loyers et copr.* 2004, comm. 84, obs. B. Vial-Pedroletti – Civ. 3e, 23 janv. 2007, n° 06-14.433, NP.
7. Cass. Ass. plén., 6 déc. 2004, n° 03-10.713, *Bull. ass. plén.*, n° 14; *D.* 2005. 227, note L. Aynès; *ibid.* 70, obs. V. Avena-Robardet; *ibid.* 749, obs. N. Damas; *ibid.* 1424, obs. A. Boujeka, M. Bourassin, E. Claudel et B. Thullier; *ibid.* 2078, obs. P. Crocq; *AJDI* 2005. 240, obs. F. Cohet-Cordey; *RTD com.* 2005. 51, obs. J. Monéger; *ibid.* 404, obs. D. Legeais; *JCP G* 2005. II. 10010, note S. Piedelièvre; *Loyers et copr.* 2005, comm. 25, obs. B. Vial-Pedroletti.
8. Civ. 3e, 21 nov. 2001, n° 00-13.237, NP, *Loyers et copr.* 2002, comm. 57, obs. B. Vial-Pedroletti.
9. Civ. 3e, 22 sept. 2016, n° 15-19.672, P, *AJDI* 2017. 207, obs. N. Damas.
10. AINSI, à propos d'un trouble de jouissance lié à la non-exécution de travaux par le vendeur : Civ. 3e, 14 nov. 2007, n° 06-18.430, *Bull. civ.* III, n° 202; *D.* 2007. 3069, obs. G. Forest; *ibid.* 2008. 1300, obs. N. Damas; *AJDI* 2008. 379, obs. V. Zalewski.

législations impératives renforçant la protection du locataire. Une doctrine autorisée estime que les dispositions de l'article 1743 du Code civil prévalent sur la loi du 6 juillet 1989 [1]. En revanche, les locaux soumis à la loi du 1er septembre 1948 connaissent un sort différent : le droit au maintien dans les lieux, d'origine légale, ne peut être évincé et l'occupant de bonne foi ne risquera pas l'expulsion, quand bien même l'acquéreur n'aurait pas eu connaissance de l'existence antérieure d'un bail [2].

441.63 **Prérogative contractuelle.** L'acquéreur peut se réserver le droit d'expulser le locataire (C. civ., art. 1743, al. 2 et art. 1745). Cependant, ces dispositions ne peuvent faire obstacle aux statuts impératifs résultant de la loi du 1er septembre 1948 et de la loi du 6 juillet 1989. Cette prérogative n'a dès lors qu'un champ d'application limité.

SECTION 2
Loi du 6 juillet 1989

441.71 **Prolongation de bail et report du droit à donner congé.** La loi du 6 juillet 1989 contient certaines dispositions relatives à la vente du logement loué, qui sont complétées par la jurisprudence. En principe, le bail est transféré à l'acquéreur, et se poursuit selon les conditions antérieures. Toutefois, deux régimes spécifiques ont été aménagés, permettant une prolongation du bail, ou un report de la possibilité de donner congé.

§ 1
Principe : Continuation du bail en cours

441.81 **Maintien des droits locatifs.** La vente du logement loué est en principe indifférente pour le locataire en place. Ses droits et obligations ne sont pas affectés. Il en va ainsi quant au statut locatif applicable, et quant à la durée du bail en cours.

A.
Statut locatif applicable

441.91 **Hypothèse.** Le critère d'application de telle ou telle législation impérative peut résulter de la nature de la personne du bailleur. Ainsi, le fait pour un organisme d'habitation à loyer modéré de devenir propriétaire d'un logement peut conduire à la mise en œuvre de la législation HLM (v. par ex. ss nos 734.75 et 735.52). La question qui se pose est alors de savoir si cette application s'opère dès la vente ou est reportée à une échéance autre.

441.92 **Solution.** La Cour de cassation a jugé que le bail en cours transmis à l'organisme HLM était soumis aux dispositions légales qui lui étaient applicables jusqu'à sa date d'expiration [3]. En l'espèce, le bail cédé étant soumis à la loi du 6 juillet 1989, l'acquéreur devait en respecter les dispositions impératives tout au long de la période en cours. Le nouveau statut locatif n'aurait alors vocation à s'appliquer que lors du renouvellement ou de la tacite reconduction du bail.

B.
Durée du bail

441.101 **Principe.** La durée initiale du bail est différente selon que le bailleur est une personne physique (à laquelle est assimilée la société civile familiale et l'indivision, par application de l'article 13 de la loi du 6 juillet 1989) ou une personne morale (L. 6 juill. 1989, art. 10). Dans le premier cas, la durée du bail est de trois ans, alors qu'elle est de six ans dans le second cas. En cas de reconduction tacite, la durée du bail reconduit est de trois ans pour les bailleurs personnes physiques et assimilés, et de six ans pour les bailleurs personnes morales.

441.102 **Incidence de la vente.** Si un bail a été conclu avec un bailleur personne physique, pour une durée de trois ans, et si le logement loué est vendu au cours de cette période initiale, à un bailleur personne morale, il faut retenir que l'échéance initiale n'est pas affectée par le changement de qualité du bailleur. En revanche, la durée du bail reconduit tiendra compte du changement de qualité du bailleur, et sera portée à six ans. Un raisonnement identique doit être retenu lorsque c'est un bailleur personne morale qui cède le logement à un bailleur personne physique ou assimilé : la période en cours de six ans n'est pas modifiée, et la durée du bail reconduit sera ramenée à trois ans.

C.
Information quant à la mutation et sort du dépôt de garantie

441.111 **Information du locataire.** En cas de mutation à titre gratuit ou onéreux du logement, le

1. P. Derrez, « Le changement de bailleur en cours de bail d'habitation », *Ann. Loyers* 1994. 499 ; B. Vial Pedroletti, *J.-Cl.* Bail à Loyer, Fasc. 289, n° 25.
2. Soc. 11 juin 1949, *JCP G* 1949. II. 5099 ; Civ. 3e, 13 nov. 1970, n° 69-20.073, *Bull. civ.* III, n° 597.
3. Civ. 3e, 18 févr. 2009, n° 07-21.879, *Bull. civ.* III, n° 39 ; *D.* 2009. 731, obs. Y. Rouquet ; *ibid.* 2010. 1168, obs. N. Damas ; *AJDI* 2009. 625, obs. V. Zalewski.

nouveau bailleur est tenu de notifier au locataire son nom ou sa dénomination et son domicile ou son siège social ainsi que, le cas échéant, ceux de son mandataire (L. 6 juill. 1989, art. 3).

441.112 Débiteur de l'obligation de restitution du dépôt de garantie. En cas de mutation à titre gratuit ou onéreux des locaux loués, la restitution du dépôt de garantie incombe au nouveau bailleur. Toute convention contraire n'a d'effet qu'entre les parties à la mutation (L. 6 juill. 1989, art. 22). La loi n'a donc pas prévu de plein droit la transmission du dépôt du garantie du vendeur au profit de l'acquéreur. Celle-ci devra être expressément prévue dans l'acte de vente, ce qui relève de la pratique notariale courante. Le défaut de transmission à l'acquéreur ne saurait lui permettre de résister à une demande en restitution formée par le locataire. Cette rédaction de l'article 22 est issue de la loi du 25 mars 2009, qui a contré une jurisprudence critiquable obligeant le locataire à se retourner vers son bailleur initial. En cas de vente du logement, la jurisprudence décidait en effet que cette obligation de restitution, n'ayant pas une nature *propter rem,* restait, sauf convention contraire, à la charge du bailleur originaire[1]. L'obligation de restitution du dépôt de garantie ne se transmettait ainsi pas à l'ayant cause particulier[2]. La clause de l'acte de vente d'un immeuble loué à un tiers, relative à la transmission à l'acquéreur du dépôt de garantie perçu par le bailleur, n'était ainsi pas opposable au preneur, non partie à l'acte[3].

§ 2
Exception : Prolongation du bail en cours en cas de mise en copropriété de l'immeuble

A.
Objectifs

441.121 Objectif. Le législateur entend protéger les locataires en cas de mise en copropriété d'un immeuble. La crainte est qu'à la suite de cette opération, des congés leur soient délivrés, que ce soit pour vendre ou pour reprendre. Des dispositifs successifs se sont ainsi appliqués, résultant d'un nouvel article 11-2 de la loi du 6 juillet 1989.

441.122 Loi Alur. Lorsqu'un immeuble indivis ayant cinq locaux d'habitation ou plus est mis en copropriété, les baux en cours sont prorogés de plein droit d'une durée de trois ans de plus que leur durée contractuelle ou légale antérieure, dès lors que l'immeuble est situé dans une des zones mentionnées au I de l'article 17 de la loi du 6 juillet 1989 (L. 6 juill. 1989, art. 11-2, tel qu'issu de L. 24 mars 2014).

441.123 Loi du 6 août 2015. Cette loi, dite loi Macron, a remplacé le dispositif précédent et prévoit sous certaines conditions, la prorogation des baux en cours lors de la mise en copropriété de l'immeuble.

B.
Champ d'application

441.131 Immeuble de 5 logements et plus. L'immeuble doit comprendre cinq logements ou plus et être à usage d'habitation ou à usage mixte d'habitation et professionnel. La mixité de l'usage d'habitation avec l'usage commercial n'est pas envisagée. Dès lors, un immeuble comprenant cinq logements et un local commercial ne devrait pas entrer dans le régime de l'article 11-2 de la loi du 6 juillet 1989.

441.132 Statut locatif. Le texte ne précise pas si tous les baux sont concernés par la prorogation, ou si seuls ceux soumis à la loi du 6 juillet 1989 en bénéficient. Cette dernière interprétation a notre préférence, du fait de l'insertion du texte au sein de la loi du 6 juillet 1989. Par ailleurs, il est à noter que les baux portant sur des locaux meublés ne sont pas soumis à cette disposition, car elle ne figure pas dans la liste édictée à l'article 25-3 de la loi du 6 juillet 1989.

441.133 Zone géographique. Le champ d'application géographique est cantonné aux zones de tension locatives visées à l'article 17 I, soit, aux termes du décret n° 2015-650 du 10 juin 2015, les communes figurant sur la liste annexée au décret n° 2013-392 du 10 mai 2013 relatif au champ d'application de la taxe annuelle sur les logements vacants.

441.134 Mise en copropriété. Le fait générateur de la protection est la mise en copropriété de l'immeuble. Cela signifie que l'immeuble devait antérieurement être la propriété d'une personne unique (ou d'une indivision). La mise en copropriété s'opérera notamment dès la prise d'effet de la première vente d'un lot à une personne autre que le propriétaire d'origine. Cette date marquera le point de départ de l'appréciation des délais de prorogation offerts à tous les locataires. Il convient de retenir la date de signature de l'acte authentique, car c'est à cette date, en principe, que s'opérera le transfert de propriété du logement. La mise en copropriété pourrait également résulter d'un partage (immeuble indivis ou commun).

1. Douai, 6 févr. 1992, *BICC* 1992, n° 352.
2. Civ. 3e, 25 févr. 2004, n° 02-16.589, *Bull. civ.* III, n° 37
3. Civ. 3e, 18 janv. 1983, n° 81-15.516, *Bull. civ.* III, n° 14.

C. Conséquences

441.141 **Distinction.** Les effets dépendent de la durée de la période séparant la mise en copropriété du terme du contrat en cours. La prorogation du bail est en effet différente selon que cette durée est considérée comme suffisante ou non. Il est important de noter que l'ensemble des baux en cours portant sur un logement situé dans l'immeuble mis en copropriété est affecté par cette mise en copropriété. Ainsi, dans l'hypothèse où un logement est vendu, la prorogation profitera au locataire du logement vendu, mais également à tous les autres locataires d'un logement soumis à la loi du 6 juillet 1989. Il n'est pas question de prendre en compte la vente ultérieure du lot occupé par tel ou tel locataire. Il se peut ainsi que le lot pris à bail par le locataire bénéficiaire de la prorogation ne soit même jamais offert à la vente.

441.142 **Terme proche.** Les baux en cours dont le terme intervient moins de trois ans après la date de mise en copropriété sont prorogés de plein droit d'une durée de trois ans. La nouvelle échéance sera donc variable selon chaque bail de logement concerné.

441.143 **Terme plus éloigné.** Les autres baux en cours sont alors prorogés d'une durée permettant au locataire d'occuper le logement pendant une durée de six ans à compter de la mise en copropriété. Bien qu'il ne soit pas prévu expressément ici qu'elle s'opère de plein droit, l'emploi du présent de l'indicatif semble conférer à cette prorogation ce caractère impératif et automatique. Le point de départ de la prorogation est unique pour tous les locataires. La prorogation effective est donc variable selon les cas.

441.144 **Exemples.** Un bail de six ans a été signé le 1er janvier 2012 et vient à expiration le 31 décembre 2017. L'immeuble est mis en copropriété le 1er novembre 2017. Le bail est prorogé de plein droit de trois ans, soit jusqu'au 31 décembre 2020.

Un bail de six ans a été signé le 1er janvier 2015 et vient à expiration le 31 décembre 2020. L'immeuble est mis en copropriété le 1er novembre 2017. Le bail doit être prorogé afin qu'une durée de six années à compter du 1er novembre 2017, soit jusqu'au 30 octobre 2023, soit atteinte. La prorogation est ici de deux ans et dix mois.

§ 3 Congés délivrés par l'acquéreur

441.151 **Hypothèses dans lesquelles le droit de donner congé est suspendu.** Le législateur a estimé que le locataire d'un logement vendu pouvait craindre la délivrance prochaine d'un congé par l'acquéreur de ce logement, soit en vue de le reprendre pour habiter, soit en vue de le revendre libre de toute occupation. La loi du 24 mars 2014, dite loi Alur, puis la loi du 6 août 2015, dite loi Macron, ont successivement mis en place deux mécanismes de suspension du droit pour l'acquéreur de délivrer congé.

441.152 **Loi Alur.** En cas d'« acquisition d'un bien occupé », ce qui vise l'hypothèse du logement vendu occupé en cours de bail, la loi Alur indiquait que :

- *tout congé pour vente* n'est autorisé qu'à compter du terme du premier renouvellement du bail en cours (à propos du congé pour vendre v. ss nos 441.154 s.);

- *tout congé pour reprise* (au sujet duquel, v. ss no 441.155) n'est autorisé qu'à compter du terme du bail en cours ou, si le terme du bail intervient moins de deux ans après l'acquisition, après un délai de deux ans.

Ces dispositions étaient relativement imprécises et ont soulevé un certain nombre d'interrogations[1]. La loi Macron a cependant rapidement modifié la rédaction du texte.

441.153 **Loi Macron.** Depuis la modification de l'article 15 par la loi no 2015-990 du 6 août 2015, dite loi Macron[2], les modalités de la suspension du droit pour le bailleur de donner congé ont été affinées et il faut distinguer selon la nature du congé délivré.

441.154 **Congé pour vendre.** La situation diffère selon le terme du contrat de location en cours, comparé à la date d'acquisition (soit l'acte authentique de vente, qui opère transfert de propriété). S'il intervient plus de trois ans après la date d'acquisition, le bailleur peut donner congé à son locataire pour vendre le logement au terme du contrat de location en cours. Cette situation, qui ne concerne donc par hypothèse que les baux de plus de trois ans, est donc conforme aux règles habituelles des congés. Si le terme du contrat de location en cours intervient moins de trois ans après la date d'acquisition, le bailleur ne peut donner congé à son locataire pour vendre le logement qu'au terme de la première reconduction tacite ou du premier renouvellement du contrat de location en cours. Selon que l'acquéreur est une personne physique (ou assimilée) ou morale, il devra donc patienter pendant une durée supplémentaire de trois ou six ans. Il est à noter que la loi n'a curieusement pas prévu l'hypothèse où le terme intervient trois ans exactement après l'acquisition. Le régime prévu lorsque le terme intervient

1. V. N. Damas, « La loi Alur et les baux d'habitation », *AJDI* 2014. 334.
2. *JO* 7 août, p. 13537.

moins de trois ans après l'acquisition dérogeant aux conditions habituelles du congé, il pourrait en résulter une interprétation stricte et donc son exclusion lorsque la durée est de trois ans exactement.

441.155 **Congé pour reprise.** La durée de référence est ici de deux ans. Lorsque le terme du contrat en cours intervient deux ans ou plus après l'acquisition, le congé pour reprise est délivré selon les règles habituelles. En revanche, lorsque le terme du contrat en cours intervient moins de deux ans après l'acquisition, le congé pour reprise donné par le bailleur au terme du contrat de location en cours ne prend effet qu'à l'expiration d'une durée de deux ans à compter de la date d'acquisition. En d'autres termes, le congé doit être donné six mois avant le terme initial, mais les effets de ce congé sont reportés à une date ultérieure. C'est en quelque sorte le délai de préavis qui se trouve de fait augmenté.

CHAPITRE

442. Droit de préemption du locataire

SECTION 0
ORIENTEUR

442.00 Plan du chapitre.

Division. Si en principe le locataire ne dispose pas d'une priorité d'achat en cas de vente du bien loué, les hypothèses dérogatoires se sont multipliées, avec l'objectif de faciliter le maintien du locataire dans les lieux et de faciliter l'accession à la propriété. Il en va ainsi en matière de vente par lot, et de ventes collectives de logement.

442.01 Textes applicables

TEXTES SOURCES

- **L. n° 89-462, 6 juill. 1989, art. 11-1.**
- **L. n° 75-1351, 31 déc. 1975, art. 10 et 10-1.**
- **Accords collectifs des 9 juin 1998 et 16 mars 2005.**

TEXTES *IN EXTENSO*

- **L. 6 juill. 1989, art. 11-1**

Quand un congé pour vente conforme aux dispositions de l'article 15 est délivré par un bailleur relevant de secteurs locatifs définis aux quatrième et cinquième alinéas de l'article 41 *ter* de la loi n° 86-1290 du 23 décembre 1986 précitée, dans le cadre d'une vente par lots de plus de cinq logements dans le même immeuble, le bail peut être expressément reconduit pour une durée inférieure à celle prévue par l'article 10. Quand ce congé pour vente intervient moins de deux ans avant le terme du bail, la reconduction du bail est de droit, à la demande du locataire, afin de lui permettre, dans tous les cas, de disposer du logement qu'il occupe pendant une durée de deux ans à compter de la notification du congé pour vente.

La reconduction du bail est établie par écrit entre les parties au plus tard quatre mois avant l'expiration du bail en cours. À l'expiration de la durée fixée par les parties pour le bail reconduit, celui-ci est résilié de plein droit.

- **L. 31 déc. 1975, art. 10**

I. – Préalablement à la conclusion de toute vente d'un ou plusieurs locaux à usage d'habitation ou à usage mixte d'habitation et professionnel, consécutive à la division initiale ou à la subdivision de tout ou partie d'un immeuble par lots, le bailleur doit, à peine de nullité de la vente, faire connaître par lettre recommandée avec demande d'avis de réception, à chacun des locataires ou occupants de bonne foi, l'indication du prix et des conditions de la vente projetée pour le local qu'il occupe. Cette notification vaut offre de vente au profit de son destinataire.

L'offre est valable pendant une durée de deux mois à compter de sa réception. Le locataire qui accepte l'offre ainsi notifiée dispose, à compter de la date d'envoi de sa réponse au bailleur, d'un délai de deux mois pour la réalisation de l'acte de vente. Si dans sa réponse, il notifie au bailleur son intention de recourir à un prêt, son acceptation de l'offre de vente est subordonnée à l'obtention du prêt et, en ce cas, le délai de réalisation es porté à quatre mois. Passé le délai de réalisation de l'acte de vente, l'acceptation par le locataire de l'offre de vente est nulle de plein droit.

Dans le cas où le propriétaire décide de vendre à des conditions ou à un prix plus avantageux pour l'acquéreur, le notaire doit, lorsque le propriétaire n'y a pas préalablement procédé, notifier au locataire ou occupant de bonne foi ces conditions et prix à peine de nullité de la vente. Cette notification vaut offre de vente au profit du locataire ou occupant de bonne foi. Cette offre est valable pendant une durée d'un mois à compter de sa réception. L'offre qui n'a pas été acceptée dans le délai d'un mois est caduque.

Le locataire ou occupant de bonne foi qui accepte l'offre ainsi notifiée dispose, à compter de la date d'envoi de sa réponse au propriétaire ou au notaire, d'un délai de deux mois pour la réalisation de l'acte de vente. Si, dans sa réponse, il notifie son intention de recourir à un prêt, l'acceptation par le locataire ou occupant de bonne foi de l'offre de vente est subordonnée à l'obtention du prêt et le délai de réalisation de la vente est porté à quatre mois. Si, à l'expiration de ce délai, la vente n'a pas été réalisée, l'acceptation de l'offre de vente est nulle de plein droit. Les termes des cinq alinéas qui précèdent doivent être reproduits, à peine de nullité, dans chaque notification.

Nonobstant les dispositions de l'article 1751 du code civil, les notifications faites en application du présent article par le bailleur sont de plein droit opposables au conjoint du locataire ou occupant de bonne foi si son existence n'a pas été préalablement portée à la connaissance du bailleur.

En cas d'absence d'acceptation par un des locataires ou occupants de bonne foi des offres de vente mentionnées aux premier et troisième alinéas, le bailleur communique sans délai au maire de la commune sur le territoire de laquelle est situé l'immeuble le prix et les conditions de la vente de l'ensemble des locaux pour lesquels il n'y a pas eu acceptation de ces offres de vente. À défaut, toute vente à un autre acquéreur est réputée nulle.

La commune dispose alors, pour assurer le maintien dans les lieux des locataires, d'un délai de deux mois à compter de cette notification pour décider d'acquérir le ou les logements au prix déclaré ou proposer de les acquérir à un prix inférieur. À défaut d'accord amiable, le prix d'acquisition est fixé par la juridiction compétente en matière d'expropriation; ce prix est exclusif de toute indemnité accessoire, notamment de l'indemnité de réemploi. Le prix est fixé, payé ou, le cas échéant, consigné selon les règles applicables en matière d'expropriation. En cas d'acquisition, la commune règle le prix au plus tard six mois après sa décision d'acquérir le bien au prix demandé, la décision définitive de la juridiction ou la date de l'acte ou du jugement d'adjudication. En l'absence de paiement ou, s'il y a obstacle au paiement, de consignation de la somme due à l'expiration du délai de six mois prévu au présent alinéa, le propriétaire reprend la libre disposition de son bien.

II. – Lorsque la vente du local à usage d'habitation ou à usage mixte d'habitation et professionnel a lieu par adjudication volontaire ou forcée, le locataire ou l'occupant de bonne foi doit y être convoqué par lettre recommandée avec demande d'avis de réception un mois au moins avant la date de l'adjudication.

À défaut de convocation, le locataire ou l'occupant de bonne foi peut, pendant un délai d'un mois à compter de la date à laquelle il a eu connaissance de l'adjudication, déclarer se substituer à l'adjudicataire. Toutefois, en cas de vente sur licitation, il ne peut exercer ce droit si l'adjudication a été prononcée en faveur d'un indivisaire.

III. – Le présent article s'applique aux ventes de parts ou actions des sociétés dont l'objet est la division d'un immeuble par fractions destinées à être attribuées aux associés en propriété ou en jouissance à temps complet. Il ne s'applique pas aux actes intervenant entre parents ou alliés jusqu'au quatrième degré inclus. Il ne s'applique pas aux ventes portant sur un bâtiment entier ou sur l'ensemble des locaux à usage d'habitation ou à usage mixte d'habitation et professionnel dudit bâtiment. Il ne s'applique ni aux ventes d'un ou de plusieurs locaux à usage d'habitation ou à usage mixte d'habitation et professionnel d'un même immeuble à un organisme mentionné à l'article L. 411-2 du code de la construction et de l'habitation, ni, pour les logements faisant l'objet de conventions conclues en application de l'article L. 351-2 du même code, aux ventes d'un ou de plusieurs locaux à usage d'habitation ou à usage mixte d'habitation et professionnel d'un même immeuble à une société d'économie mixte mentionnée à l'article L. 481-1 dudit code ou à un organisme bénéficiant de l'agrément prévu à l'article L. 365-1 du même code.

• L. 31 déc. 1975, art. 10-1

I. – A. – Préalablement à la conclusion de la vente, dans sa totalité et en une seule fois, d'un immeuble à usage d'habitation ou à usage mixte d'habitation et professionnel de plus de cinq logements au profit d'un acquéreur ne s'engageant pas à proroger les contrats de bail à usage d'habitation en cours à la date de la conclusion de la vente afin de permettre à chaque locataire ou occupant de bonne foi de disposer du logement qu'il occupe pour une durée de six ans à compter de la signature de l'acte authentique de vente qui contiendra la liste des locataires concernés par un engagement de prorogation de bail, le bailleur doit faire connaître par lettre recommandée avec demande d'avis de réception à chacun des locataires ou occupants de bonne foi l'indication du prix et des conditions de la vente, dans sa totalité et en une seule fois, de l'immeuble ainsi que l'indication du prix et des conditions de la vente pour le local qu'il occupe.

Cette notification doit intervenir à peine de nullité de la vente, dans sa totalité et en une seule fois, de l'immeuble. Elle s'accompagne d'un projet de règlement de copropriété qui réglera les rapports entre les copropriétaires si l'un au moins des locataires ou occupants de bonne foi réalise un acte de vente, ainsi que des résultats d'un diagnostic technique portant constat de l'état apparent de la solidité du clos et du couvert et de celui de l'état des conduites et canalisations collectives ainsi que des équipements communs et de sécurité. Ce diagnostic est établi par un contrôleur technique au sens de l'article L. 111-23 du code de la construction et de l'habitation ou par un architecte au sens de l'article 2 de la loi n° 77-2 du 3 janvier 1977 sur l'architecture, qui ne doit avoir avec le propriétaire de l'immeuble ou son mandataire aucun lien de nature à porter atteinte à son impartialité ou à son indépendance. Les dépenses afférentes à ce diagnostic sont à la charge du bailleur.

Nonobstant les dispositions de l'article 1751 du code civil, cette notification est de plein droit opposable au conjoint du locataire ou occupant de bonne foi si son existence n'a pas été préalablement portée à la connaissance du bailleur. Elle vaut offre de vente au profit du locataire ou occupant de bonne foi.

L'offre est valable pendant une durée de quatre mois à compter de sa réception. Le locataire ou occupant de bonne foi qui accepte l'offre ainsi notifiée dispose, à compter de la date d'envoi de sa réponse au bailleur, d'un délai de deux mois pour la réalisation de l'acte de vente. Si, dans sa réponse, il notifie au bailleur son intention de recourir à un prêt, son acceptation de l'offre de vente est subordonnée à l'obtention du prêt et, en ce cas, le délai de réalisation est porté à quatre mois. Passé le délai de réalisation de l'acte de vente, l'acceptation de l'offre de vente est nulle de plein droit.

Lorsque, en raison de la vente d'au moins un logement à un locataire ou un occupant de bonne foi, l'immeuble fait l'objet d'une mise en copropriété et que le bailleur décide de vendre les lots occupés à des conditions ou à un prix plus avantageux à un tiers, le notaire doit, lorsque le propriétaire n'y a pas préalablement procédé, notifier au locataire ou occupant de bonne foi ces conditions et prix à peine de nullité de la vente. Cette notification vaut offre de vente à leur profit. Elle est valable pendant une durée d'un mois à compter de sa réception. L'offre qui n'a pas été acceptée dans le délai d'un mois est caduque.

Le locataire ou occupant de bonne foi qui accepte l'offre ainsi notifiée dispose, à compter de la date d'envoi de sa réponse au propriétaire ou au notaire, d'un délai de deux mois pour la réalisation de l'acte de vente. Si, dans sa réponse, il notifie son intention de recourir à un prêt, l'acceptation par le locataire ou occupant de bonne foi de l'offre de vente est subordonnée à l'obtention du prêt et le délai de réalisation de la vente est porté à quatre mois. Si, à l'expiration de ce délai, la vente n'a pas été réalisée, l'acceptation de l'offre de vente est nulle de plein droit.

Les dispositions du présent A doivent être reproduites, à peine de nullité, dans chaque notification.

B. – Préalablement à la conclusion de la vente mentionnée au premier alinéa du A, le bailleur communique au maire de la commune sur le territoire de laquelle est situé l'immeuble le prix et les conditions de la vente de l'immeuble dans sa totalité et en une seule fois. Lorsque l'immeuble est soumis à l'un des droits de préemption institués par les chapitres Ier et II du titre Ier du livre II du code de l'urbanisme, la déclaration préalable faite au titre de l'article L. 213-2 du même code vaut communication au sens du présent article.

II. – Les dispositions du I ne sont pas applicables en cas d'exercice de l'un des droits de préemption institués par le titre Ier du livre II du code de l'urbanisme ou lorsque la vente intervient entre parents ou alliés jusqu'au quatrième degré inclus.

Elles sont applicables aux cessions de la totalité des parts ou actions de sociétés lorsque ces parts ou actions portent attribution en propriété ou en jouissance à temps complet de chacun des logements d'un immeuble de plus de cinq logements.

Elles ne sont pas applicables aux cessions de parts ou actions susvisées lorsque ces cessions interviennent entre parents ou alliés jusqu'au quatrième degré inclus.

Elles ne sont pas applicables aux cessions d'immeubles à un organisme visé à l'article L. 411-2 du code de la construction et de l'habitation ni, pour les logements faisant l'objet de conventions conclues en application de l'article L. 351-2 du même code, aux cessions d'immeubles à une société d'économie mixte visée à l'article L. 481-1 du même code.

442.02 Jurisprudence de référence.

• **Civ. 3e, 8 juin 2005, no 04-12.999**, *Bull. civ.* III, no 127

* V. ss no 442.34

Le droit de préemption reconnu au locataire lors de la vente consécutive à la division initiale ou à la subdivision de tout ou partie d'un immeuble par lots ne s'applique pas aux ventes portant sur un bâtiment entier ou sur l'ensemble des locaux à usage d'habitation ou à usage mixte dudit bâtiment.

• **Civ. 3e, 17 déc. 2008, no 07-15.943**, *Bull. civ.* III, no 210

* V. ss no 442.42

Ayant souverainement retenu que l'offre de vente qui énonçait que le prix était « payable au comptant le jour de la signature de l'acte authentique de vente, en ce compris les honoraires de négociation » impliquait nécessairement que l'acquéreur supportait la commission due à l'intermédiaire (...), la cour d'appel (...) en a exactement déduit que les offres de vente faites aux locataires titulaires d'un droit de préemption étaient nulles.

• **Civ. 3e, 7 juill. 2009, no 08-13.195**, NP

* V. ss no 442.45

Le non-respect du droit de préemption du locataire n'entraîne que la nullité de la vente et n'ouvre aucun droit de substitution au profit de celui-ci.

• **Civ. 3e, 23 juin 2010, nos 09-13.153 et 09-13.327**, *Bull. civ.* III, no 128

* V. ss no 442.65

L'offre de vente prévue à l'article 10 de la loi du 31 décembre 1975 avait été adressée (...) antérieurement à la réunion des locataires et à l'envoi de la lettre de confirmation constituant le point de départ du délai de trois mois à respecter avant d'envoyer cette offre, la cour d'appel en a exactement déduit que, les dispositions d'ordre public de l'accord du 9 juin 1998 n'ayant pas été respectées, l'offre de vente et le congé pour vendre délivrés (...) étaient nuls et qu'en conséquence la vente était frappée de nullité.

• **Civ. 3e, 5 sept. 2012, no 11-17.630**, *Bull. civ.* III, no 111

* V. ss no 442.65

Les dispositions de l'article 2.2 alinéa 1 de l'accord du 9 juin 1998, d'ordre public, n'ayant pas été respectées, il en résultait la nullité de l'offre de vente.

• **Civ. 3e civ. 11 févr. 2016, nos 14-25.682, 15-50.079**, PB

* V. ss no 442.82

Seuls doivent être pris en compte, pour le calcul du nombre de logements rendant applicables les dispositions de l'article 10-1-I-A de la loi du 31 décembre 1975, les logements susceptibles d'être offerts à la location présentant les caractéristiques de décence fixées par le décret du 30 janvier 2002.

442.03 Bibliographie indicative.

Actualisables. RÉP. IMMO., vo « Bail d'habitation et mixte : rapports locatifs individuels – Loi du 6 juillet 1989 », nos 409 s., N. Damas – DICT. PERM. Gestion immob., « Baux d'habitation et mixtes », nos 469 s., « Droit de préemption », nos 227 s.

Articles. « Regards croisés sur les ventes à la découpe » (table ronde), *AJDI* 2006. 622 – W. Altide, « Loi du 13 juin 2006 relative au droit de préemption et à la protection des locataires en cas de vente d'un immeuble », *JCP N* 2006, no 24, act. 412 – Ph. de Belot et J.-M. Legrand, « Le droit de préemption en matière de locaux d'habitation », *Gaz. Pal.* 1977. 2. Doctr. 587 – C. Berthault, « Les droits de préemption en matière de locaux d'habitation ou mixte », *Rev. loyers* 1985. 260 – Ph. Bihr, « Le droit de préemption du locataire en cas de vente du local servant à son habitation principale », *Administrer* 1991, p. 2 s. – M. Dagot, « Le droit de préemption du locataire d'habitation », *JCP G* 1977. I. 2878; « Les modifications apportées au droit de préemption du locataire d'habitation en cas de mise en copropriété », *JCP N* 1982. I. 279 – G. Fau et R. Porte, « Le droit de préemption du locataire d'appartement », *Ann. loyers* 1990. 489 s. – P. Faure, « La fin du droit de substitution du locataire en matière de congé pour vendre », *AJPI* 1995. 199 s. – C. Fénardon, « Application et articulation des droits de préemption du locataire d'habitation », *JCP N* 2007. 1194 – E. Jubault, « Contribution à l'étude de la loi n° 2006-685 du 13 juin 2006 relative au droit de préemption et à la protection des locataires en cas de vente d'immeuble », *JCP N* 2007. 1173 – S. Lelièvre et S. Chaix-Bryan, « Nouveau regard sur la vente à la découpe », *Dr. et patr.* 2007, p. 32 – J. Monéger, « La vente par lot ou par appartement et la loi n° 75-1351 du 31 décembre 1975 : premières décisions », *Loyers et copr.* 2006, étude 2 – J.-L. Puygautier, « Le droit de préemption du locataire en cas de vente après division d'un immeuble », *Defrénois* 2001, 37421, p. 1247 – B. Vial-Pedroletti, « La protection renforcée des locataires lors de la vente de plus de dix logements dans un même immeuble », *Loyers et copr.* 2006, étude 9.

SECTION 1
VENTE PAR LOT

442.11 Principe. Il ressort de l'article 10-I, alinéa 1er, de la loi du 31 décembre 1975 que « préalablement à la conclusion de toute vente d'un ou plusieurs locaux à usage d'habitation ou à usage mixte d'habitation et professionnel, consécutive à la division initiale ou à la subdivision de tout ou partie d'un immeuble par lots[1], le bailleur doit, à peine de nullité de la vente, faire connaître par lettre recommandée avec demande d'avis de réception, à chacun des locataires ou occupants de bonne foi, l'indication du prix et des conditions de la vente projetée pour le local qu'il occupe. Cette notification vaut offre de vente au profit de son destinataire ». Le décret n° 77-742 du 30 juin 1977 précise les modalités d'application de ce texte.

§ 1
Champ d'application

A.
Bénéficiaires

442.21 Locataire ou occupant de bonne foi. La notion de locataire doit être restreinte à la seule personne physique[2]. La notion d'occupant de bonne foi renvoie, selon l'article 1er du décret du 30 juin 1977, à celle énoncée à l'article 4 de la loi du 1er septembre 1948. Lorsque la location est consentie à plusieurs locataires, chacun d'eux bénéficie à titre d'individuel des dispositions de l'article 10 de la loi du 31 décembre 1975. Il en va de même lorsque les locataires sont époux cotitulaires au sens de l'article 1751 du Code civil. L'article 10 I de la loi du 31 décembre 1975 précise toutefois que les notifications faites par le bailleur sont de plein droit opposables au conjoint du locataire ou occupant de bonne foi si son existence n'a pas été préalablement portée à la connaissance du bailleur. L'article 5 du décret précise les modalités spécifiques en cas d'instance en divorce ou en séparation de corps, et en cas de décès ou d'abandon de domicile d'un occupant pouvant se prévaloir du droit au maintien dans les lieux.

442.22 Occupation effective des lieux. L'article 1er du décret du 30 juin 1977 ajoute la précision d'une occupation effective des lieux. Une hésitation a pu apparaître, quant au domaine de cette exigence qui n'apparaît pas dans l'article 10 de la loi du 31 décembre 1975. La Cour de cassation a estimé que cette condition d'occupation effective concerne tant l'occupant de bonne foi que le locataire[3].

B.
Opérations concernées

442.31 Nécessité d'une division préalable. L'immeuble doit avoir été divisé (ou subdivisé) par lots, antérieurement à la vente envisagée du lot. En principe, la division résulte de la publication de l'état descriptif de division (Décr. 30 juin 1977, art. 1er). Mais la Cour de cassation retient une conception plus souple, et ne subordonne pas l'existence du droit de préemption à une telle publication[4]. Par ailleurs, il est à noter que le droit de préemption de la loi du 31 décembre 1975 ne peut être invoqué par le locataire d'un appartement situé dans un immeuble qui, dès sa construction, a été placé sous le régime de la copropriété[5].

442.32 Première vente. La vente est la seule opération visée par l'article 10 de la loi du 31 décembre

1. Par « vente consécutive à la division de l'immeuble », il faut entendre la première vente par lots postérieure à l'établissement de l'état descriptif de division et du règlement de copropriété : Civ. 3e, 8 juin 2005, n° 04-12.999, *Bull. civ.* III, n° 127 ; *D.* 2005. IR 1729 ; *ibid.* 2006. 958, obs. N. Damas ; *AJDI* 2005. 652, obs. Rouquet – Civ. 3e, 16 nov. 2005, n° 04-12.563, *Bull. civ.* III, n° 223 ; *D.* 2005. IR 2968, obs. Rouquet ; *ibid.* 2006. Pan. 963, obs. Damas. EN SENS CONTRAIRE toutefois : Paris, 13 déc. 2007, RG n° 07/09127, *Loyers et copr.* 2008, n° 73, obs. Vial-Pedroletti.
2. Paris, 2e ch. B 31 mai 2001, *Gaz. Pal.* 2002. 1074, n. M. Pialoux; Paris, 16e ch. A, 13 juin 2007, RG n° 04/20352, *Loyers et copr.* 2007, comm. 235, obs. Vial-Pedroletti.
3. Civ. 3e, 15 nov. 2006, n° 04-15.679, *Bull. civ.* III, n° 226 ; *AJDI* 2007. 476, note de La Vaissière ; *Loyers et copr.* 2007, comm. 21, obs. Vial-Pedroletti.
4. Civ. 3e 17 déc. 2014, n° 13-20.976, NP, *D.* 2015. 721, note P. Cassia ; *AJDI* 2015. 287 ; *Loyers et copr.* 2015, comm. 58, obs. B. Vial-Pedroletti.
5. Civ. 3e, 30 nov. 1982, n° 81-15.724, *Bull. civ.* III, n° 238 ; *JCP* 1983. II, n° 20019, note Dagot.

1975. Le droit de préemption ne saurait donc jouer en matière d'apport en société, de partage ou d'aliénation à titre gratuit[1]. Il faut en outre que la vente soit la première depuis la division initiale de l'immeuble. Une vente de l'immeuble divisé ne constituera pas une première vente au sens du texte, car elle ne porte pas spécifiquement sur le lot loué[2]. Par ailleurs, lorsque, après la division d'une maison d'habitation, l'un des propriétaires vend pour la première fois son lot, le droit de préemption est ouvert aux locataires des deux appartements constituant ce lot[3].

442.33 Objet de la vente. Les locaux visés par la loi du 31 décembre 1975 sont à usage d'habitation ou à usage mixte d'habitation et professionnel. Les lots principaux comme les lots accessoires entrent dans son champ d'application[4].

442.34 Ventes exclues. L'article 10 de la loi du 31 décembre 1975 ne concerne que la vente d'appartements et non la vente d'un bâtiment entier[5] ni la vente de l'ensemble des locaux à usage d'habitation ou à usage mixte d'habitation et professionnel dudit bâtiment[6]. Le droit de préemption est également exclu lorsqu'il existe un lien de parenté ou d'alliance entre l'acquéreur et le vendeur, jusqu'au quatrième degré inclus, et dans l'hypothèse de la vente à un organisme HLM ou à une société d'économie mixte (art. 10 III). Il faut noter également que l'exercice antérieur de son droit de préemption par la commune sur un appartement interdit au bailleur d'invoquer la vente du bâtiment entier[7]. Ainsi, une vente groupée de lots distincts ne constitue pas une vente en bloc du bâtiment entier.

442.35 Cas particulier de la vente par adjudication. Un droit de préemption s'impose au bailleur même lorsque la vente a lieu par adjudication volontaire ou forcée (L. 31 déc. 1975, art. 10 II). Le locataire doit être convoqué à l'adjudication, et dispose, à défaut, d'un droit de substitution (Décr. 30 juin 1977, art. 7).

§ 2
Mise en œuvre

442.41 Offre de vente. Le bailleur doit obligatoirement offrir au bénéficiaire du droit de préemption la vente du lot. Elle doit être préalable à toute vente à un tiers. Il paraissait possible de conclure une promesse de vente avec un tiers acquéreur sous condition suspensive de non préemption par le locataire[8], mais la Cour de cassation a adopté récemment une lecture plus restrictive des textes[9].

442.42 Contenu de l'offre de vente. Le prix doit figurer dans l'offre de vente, et il ne peut, selon la Cour de cassation, inclure une commission au profit de l'intermédiaire[10]. Cette solution est logique, puisqu'à défaut, une telle clause ajouterait une condition dans l'exercice du droit de préemption du locataire qui n'est pas prévue par le texte[11]. D'ailleurs, la Cour a pu considérer que les juges du fond ont souverainement estimé que la clause figurant dans le mandat de négociation stipulant les honoraires à la charge du mandant, pourtant de nature à éclairer les juges, ne concerne pas le locataire[12].

442.43 Formalisme. La notification de l'offre doit être réalisée, à la diligence du vendeur, par lettre recommandées avec demande d'avis de réception, ou par acte d'huissier, et comporter, à peine de nullité, la reproduction des cinq premiers alinéas de l'article 10 de la loi du 31 décembre 1975.

1. V. M. Dagot, « Le droit de préemption du locataire d'habitation », *JCP G* 1977. I. 2878
2. Civ. 3e, 16 nov. 2005, no 04-12.563, *Bull. civ.* III, no 223; *D.* 2005. 2968, obs. Y. Rouquet; *ibid.* 2006. 958, obs. N. Damas; *AJDI* 2006. 372, obs. Y. Rouquet; *Loyers et copr.* 2006, comm. 2, obs. B. Vial-Pedroletti : cas d'une société qui achète un bâtiment entier, puis le revend par lots. Le droit de préemption sera applicable lors de ces reventes.
3. Civ. 3e, 1er avr. 2009, no 08-11.305, *Bull. civ.* III, no 79; *D.* 2009. 1143; *ibid.* 1231, Chron. A.-C. Monge et F. Nési; *ibid.* 2010. 1168, obs. N. Damas; *AJDI* 2009. 715, obs. V. Zalewski
4. Civ. 3e, 13 juin 1990, nos 88-18.095 et 88-19.188, *Bull. civ.* III, no 148.
5. L. 31 déc. 1975, art. 10-III – AUSSI : Civ. 3e, 23 oct. 1984, *JurisData* no 701657, *Rev. loyers* 1985. 390 – Civ. 3e, 19 mai 1999, no 95-17.784, NP, *RJDA* 1999, no 769.
6. L. 75, art. 10-III.
7. Civ. 3e. 8 juin 2005, no 04-12.999, *Bull. civ.* III, no 127, *D.* 2005. IR 1729; *ibid.* 2006. 958, obs. N. Damas; *AJDI* 2005. 652, obs. Rouquet.
8. Civ. 3e, 17 juin 1992, no 90-16.862, *Bull. civ.* III, no 216; *Loyers et copr.* 1992, comm. 371, obs. B. Vial-Pedroletti.
9. Civ. 3e, 13 oct. 2016, no 15-21.238, NP, *AJDI* 2017. 46.
10. Civ. 3e, 17 déc. 2008, no 07-15.943, *Bull. civ.* III, no 210; *D.* 2009. 101, obs. Rouquet; *ibid.* 2010. 1168, obs. N. Damas; *AJDI* 2009. 533, note Zalewski.
11. DANS LE MÊME SENS, jugé au visa de l'article 15-II de la loi du 6 juill. 1989 relatif au congé pour vendre, AINSI : Paris, 4 mars 2004, RG no 2002/18462, *AJDI* 2004. 382 – ENCORE : Civ. 3e, 1er juin 2010, no 09-65.557, NP, *AJDI* 2010. 641. Sur le fondement de l'article 15 de la loi du 6 juillet 1989, la Cour de cassation a toutefois précisé que la nullité du congé était conditionnée par la démonstration d'un grief : Civ. 3e, 8 oct. 2015, no 14-20.666, PB, *D.* 2015. 2074, obs. Y. Rouquet; *ibid.* 2198, Chron. A.-L. Méano, V. Georget et A.-L. Collomp; *ibid.* 2016. 1102, obs. N. Damas; *AJDI* 2016. 514, obs. N. Damas.
12. COMP., jugeant que l'effet relatif des contrats n'interdit pas aux juges du fond de rechercher dans un acte étranger à l'une des parties en cause des renseignements de nature à éclairer leur décision : Civ. 1re, 24 janv. 1967, *Bull. civ.* I, no 33; Com. 8 mai 1972, *JCP* 1972. II. 17193, note P. L.; Civ. 1re, 3 janv. 1996, no 93-20.404, *Bull. civ.* I, no 7; *RTD civ.* 1996. 904, obs. Mestre; *RDI* 1996. 388, obs. Groslière et Saint-Halary-Houin.

442.44 **Conséquences de la notification.** La notification ouvre au locataire un droit de préemption similaire à celui existant dans le cadre de l'article 15-II de la loi de 1989 (v. s[s] n°s 534.93 s.) : l'offre est valable deux mois, et en cas d'acceptation, le locataire dispose d'un délai de deux mois pour réaliser la vente (délai qui est porté à quatre mois si la vente est subordonnée à l'obtention d'un prêt). L'absence de réponse du bénéficiaire est assimilée à un refus. Par ailleurs, un second droit de préemption (droit de préemption subsidiaire) est prévu en cas de vente ultérieure à un prix ou à des conditions plus avantageux. Le délai de réflexion est alors d'un mois.

442.45 **Sanction.** Le non respect du droit de préemption est sanctionné par la nullité de la vente consentie au tiers. Le locataire pourra invoquer cette nullité dans les cinq années de la connaissance de cette vente[1]. Il ne pourra en revanche pas être substitué dans les droits de cet acquéreur[2].

442.46 **Droit de préemption communal – Création.** En amendant l'article 10 de la loi du 31 décembre 1975[3], la loi du 24 mars 2014, dite loi Alur, a créé un droit de préemption communal. En effet, le texte précise qu'en cas d'absence d'acceptation par un des locataires ou occupants de bonne foi des offres de vente, le bailleur doit communiquer sans délai au maire de la commune sur le territoire de laquelle est situé l'immeuble le prix et les conditions de la vente de l'ensemble des locaux pour lesquels il n'y a pas eu acceptation de ces offres de vente (à défaut, toute vente à un autre acquéreur est réputée nulle). Afin d'assurer le maintien dans les lieux des locataires, la commune dispose alors de deux mois à compter de cette notification pour décider d'acquérir le ou les logements au prix déclaré ou proposer de les acquérir à un prix inférieur (à défaut d'accord amiable, le prix d'acquisition est fixé judiciairement). En cas d'acquisition, la commune règle le prix au plus tard six mois après sa décision d'acquérir le bien au prix demandé, la décision définitive de la juridiction ou la date de l'acte ou du jugement d'adjudication. En l'absence de paiement ou, s'il y a obstacle au paiement, de consignation de la somme due à l'expiration du délai de six mois prévu au présent alinéa, le propriétaire reprend la libre disposition de son bien.

1. Civ. 3e, 27 oct. 2004, n° 02-16.000, NP.
2. Civ. 3e, 15 nov. 2006, n° 04-15.679, *Bull. civ.* III, n° 226; *Loyers et copr.* 2007, comm. 21, obs. B. Vial-Pedroletti; 7 juill. 2009, n° 08-13.195, NP, *D.* 2010. 112, obs. P. Capoulade et C. Atias; *AJDI* 2010. 137, obs. V. Zalewski; *Loyers et copr.* 2009, comm. 230, obs. B. Vial-Pedroletti.
3. L. n° 75-1351, 31 déc. 1975 portant modification de la loi du 1er sept. 1948, *JO* 4 janv. 1976, p. 191.

SECTION 2
VENTES COLLECTIVES

442.51 **Division – Protection légale des locataires.** Afin de couper court à certaines pratiques qui conduisaient à la délivrance de nombreux congés donnés suite à la « découpe » d'un immeuble, spécialement de la part de fonds de pensions[4], la pratique, puis la loi, ont institué des garde-fous, dont la caractéristique est qu'ils envisagent tant la situation des locataires face à la vente occupée de leur logement par le propriétaire-bailleur que l'hypothèse du congé pour (re)vente (sur le congé pour vendre sur le fondement de l'article 15-II de la loi de 1989 v. s[s] n°s 534.11 s.).

Deux accords collectifs, aujourd'hui rendus obligatoires par décret pour l'ensemble des logements des secteurs II et III (sur la définition des secteurs locatifs et les accords collectifs v. s[s] n°s 912.11 s.) présentent certaines garanties pour les locataires. Ces accords concernent la vente de plus de dix lots dans le même immeuble, sans toutefois envisager la vente de l'immeuble dans son ensemble. Cette dernière hypothèse est toutefois explicitement prévue par la loi Aurillac du 13 juin 2006[5].

§ 1
Accord collectif de location du 9 juin 1998

442.61 **Objets de l'accord.** Cet accord[6], étendu par le décret du 22 juillet 1999[7], envisage notamment l'information du locataire, l'aménagement de l'exécution du bail et la prise en compte de situations particulières.

Il concerne non seulement la mise en œuvre des congés pour vendre, mais également celle des offres de vente[8].

4. SUR LA QUESTION : « Regards croisés sur les ventes à la découpe » (table ronde), *AJDI* 2006. 622.
5. L. n° 2006-685, 13 juin 2006 relative au droit de préemption et à la protection des locataires en cas de vente d'un immeuble, *JO* 14 juin, p. 8944.
6. *JO* 23 juill. aussi : Circ. n° 98-75, 28 juill. 1998, *BOMELT* 98/16, p. 36.
7. Décr. n° 99-628, 22 juill. 1999 rendant obligatoire, en application de l'art. 41 *ter* de la loi 861290 du 23 déc. 1986, aux secteurs locatifs II et III, l'accord collectif de location relatif aux congés pour vente par lots aux locataires dans les ensembles immobiliers d'habitation, *JO* 23 juill. – AUSSI : Circ. n° 98-75, 28 juill. 1998, *BOMELT* 98/16, p. 36.
8. Civ. 3e, 5 sept. 2012, n° 11-17.630, *Bull. civ.* III, n° 111; *D.* 2012. Actu. 2170; *ibid.* 2013. Pan. 863, spéc. 874, obs. Damas; *Dalloz actu.*, 18 sept. 2012, obs. Dreveau; *AJDI* 2013. 351, obs. Damas. AUSSI sur l'absence de prise en compte de la seule durée entre l'offre de vente et le congé pour vendre : Civ., 3e, 18 janv. 2012, n° 11-30.003, *Bull. civ.* III, 12; *D.* 2012. 354, obs. Y. Rouquet; *ibid.* 2013. 863, obs. N. Damas; *AJDI* 2012. 755, obs. N. Damas

442.62 Informations relatives à la vente. Est prévue l'information des locataires ou de leurs représentants, tant préalable à la prise de la décision de vente de plus de dix logements [1] dans le même immeuble (le bailleur doit informer de son intention les associations de locataires représentatives [2]), qu'une fois la décision arrêtée (organisation d'une réunion d'information et envoi d'une documentation, relative notamment à l'état de l'immeuble, aux règles de fonctionnement des copropriétés et aux possibilités de relogement). Il est également prévu que le bailleur confirme par écrit à chaque locataire les modalités envisagées pour la vente; qu'il donne, à titre purement indicatif, une information particulière aux locataires susceptibles d'acheter. À compter de cette confirmation, le bailleur devra attendre trois mois avant d'envoyer aux locataires l'offre de vente prévue à l'article 10 de la loi de 1975. Ce n'est qu'une fois notifiée l'offre de vente qu'un congé pour vente de l'article 15 de la loi de 1989 pourra être adressé. Enfin, une information est donnée au maire de la commune ou de l'arrondissement du siège de l'immeuble dès la décision de vente.

442.63 Mise en œuvre de mesures destinées à faciliter les opérations. Ainsi, il est prévu que le locataire, dont la durée du bail restant à courir est inférieure à trente mois à compter de la date de l'offre de vente de l'article 10 de la loi de 1975, peut, si sa situation le nécessite (départ en retraite, mutation, etc.) demander au bailleur une prorogation du droit d'occuper son logement.

442.64 Prise en compte des situations particulières. Si le locataire ne se porte pas acquéreur et s'il justifie d'un revenu inférieur à 80 % du plafond de ressources PLI, le congé ne peut lui être délivré sans une proposition de relogement. De même, le renouvellement du bail est prévu lorsqu'un locataire ne peut ni acheter ni déménager (locataire de plus de 70 ans, locataire dont l'état de santé présente un caractère de gravité reconnue, handicapé physique ou atteint d'une dépendance psychologique établie). La Cour de cassation a décidé que les règles spécifiques de l'accord de 1998 devaient recevoir application, même lorsque, dans l'immeuble mis en vente, tous les locaux ne sont pas loués [3]. La cour d'appel de Paris, quant à elle, a eu l'occasion de juger que l'accord collectif doit s'appliquer même si les ventes ne débutent que plusieurs mois après la délivrance du congé et même si elles se déroulent sur plus de deux années [4]. En revanche, la haute juridiction a refusé d'appliquer cet accord collectif dans une hypothèse où avant sa date d'entrée en vigueur, le locataire avait reçu un congé pour vendre régulier ayant entraîné la déchéance de plein droit de tout titre d'occupation [5].

442.65 Sanction. Quant à la sanction encourue en cas de non-respect de l'accord de 1998, il a été jugé qu'elle était constituée par la nullité du congé, de l'offre de vente [6] et, par voie de conséquence, de la vente elle-même [7].

§ 2
Accord collectif de location du 16 mars 2005

442.71 Extension des mesures de protection de l'accord de 1998. Cet accord, étendu par le décret du 10 novembre 2006 [8], conserve les acquis de

1. POUR UN EXEMPLE d'inapplicabilité de l'accord, les demandeurs ne démontrant pas que l'immeuble comporte plus de dix logements : Civ. 3e, 4 mars 2009, n° 08-10.977, NP, *Rev. loyers* 2009. 283, obs. Canu. Jugeant que l'accord collectif doit s'appliquer même s'il s'est écoulé plusieurs années entre la dernière vente et la délivrance d'un nouveau congé, Civ. 3e, 18 janv. 2012, n° 11-30.003, *Bull. civ.* III, n° 13; *D.* 2012. Actu. 354, obs. Rouquet; *ibid.* 2013. Pan. 863, spéc. 874, obs. Damas; *AJDI* 2012. 755, obs. Damas.
2. SUR la prise en considération d'une association qui s'est constituée en cours d'application de l'accord collectif : Civ. 3e, 31 oct. 2012, n° 11-19.876, *Bull. civ.* III, n° 154; *D.* 2012. Actu. 2603, obs. Rouquet; *ibid.* 2013. Pan. 863, spéc. 875, obs. Damas; *AJDI* 2013. 353, obs. Damas – Précisant que l'accord collectif de 1998 n'impose de concertation qu'avec les associations et non avec les groupements de locataires tels que définis dans la loi n° 86-1290 du 23 déc. 1986 : Civ. 3e, 11 déc. 2013, n° 12-13.441, *Bull. civ.* III, n° 160; *D.* 2014. Actu. 10; *Dalloz actu.*, 16 janv., obs. Dreveau.
3. Civ. 3e, 5 mai 2004, n° 03-11.224, *Bull. civ.* III, n° 88, *Rev. loyers* 2004. 506, obs. Canu.
4. Paris, 6 déc. 2007, RG n° 05/19999, *AJDI* 2008. 213.
5. Civ. 3e, 24 mars 2004, n° 02-19.242, *Bull. civ.* III, n° 59; *Rev. loyers* 2004. 403, obs. Canu – DANS LA MÊME AFFAIRE : Civ. 3e, 20 sept. 2006, n° 05-19.612, *Bull. civ.* III, n° 180; *AJDI* 2007. 388, note de La Vaissière.
6. Civ. 3e, 9 janv. 2008, n° 06-18.856, *Bull. civ.* III, n° 2; *D.* 2008. AJ 294, obs. Forest; *AJDI* 2008. 674, note Zalewski – Civ. 3e, 20 févr. 2008, n° 06-21.122, *Bull. civ.* III, n° 30; *D.* 2008. AJ 692, obs. Rouquet; *ibid.* 2008. 1669, note Seïd Algadi; *AJDI* 2008. 485, note de Lacger 0150 – Civ. 3e, 24 juin 2009, n° 08-14.731, *Bull. civ.* III, n° 156; *D.* 2009. AJ 1827, obs. Forest; *ibid.* 2009. Chron. C. cass. 2573, obs. Monge; *AJDI* 2010. 37, note Damas – Civ. 3e, 5 sept. 2012, n° 11-17.630, *Bull. civ.* III, n° 111; *D.* 2012. Actu. 2170; *ibid.* 2013. Pan. 863, spéc. 874, obs. Damas; *Dalloz actu.*, 18 sept. 2012, obs. Dreveau; *AJDI* 2013. 351, obs. Damas.
7. Civ. 3e, 23 juin 2010, nos 09-13.153 et 09-13.327, *Bull. civ.* III, n° 128; *D.* 2010. Actu. 1709, obs. Rouquet; *Loyers et copr.* 2010, n° 218, obs. Vial-Pedroletti.
8. Décr. n° 2006-1366, 10 nov. 2006 rendant obligatoire en application de l'article 41 *ter* de la loi n° 86-1290 du 23 déc. 1986, à tous les logements des deuxième et troisième secteurs locatifs, l'accord collectif de location relatif aux congés pour vente par lots aux locataires dans les ensembles immobiliers d'habitation, *JO* 11 nov., p. 17015.

l'accord collectif de 1998 et en améliore certains aspects. Il prévoit, entre autres mesures :

- que le seuil de l'obligation de relogement pour les locataires de plus de 70 ans et les locataires handicapés est porté à 100 % des plafonds de ressources du PLI (toutefois, pour les locataires âgés, seuls sont concernés ceux qui ne sont pas assujettis à l'ISF);

- l'instauration de délais pour éviter les inconvénients d'un départ rapide si le locataire doit quitter son logement (pour les locataires qui ont des enfants à charge scolarisés, le bail est prolongé automatiquement jusqu'à la fin de l'année scolaire; dans tous les cas, le bail est prolongé automatiquement compte tenu de l'ancienneté du locataire : à partir de six ans, à raison d'un mois par année d'ancienneté, dans la limite de trente mois);

- une information écrite, un affichage dans les immeubles, une information des associations de locataires, ainsi qu'une information sur le fonctionnement futur de la copropriété. L'article 15-II de la loi du 6 juillet 1989 (tel que modifié par la « loi Aurillac » du 13 juin 2006 [1]; v. s[s] n°s 442.82 s.) précise que le non-respect de l'une des obligations relatives au congé pour vente d'un accord collectif rendu obligatoire par décret donne lieu à l'annulation dudit congé.

§ 3
Loi du 13 juin 2006, dite loi Aurillac

442.81 Mesure de protection. Au-delà de ces accords collectifs d'une portée limitée (seuls les secteurs II et III étant concernés v. s[s] n°s 912.11 s.), et dès avant l'extension par décret de l'accord du 16 mars 2005, le législateur a entendu répondre au phénomène des ventes en bloc qui, quantitativement, représentaient en 2005, 15 % du total des ventes.

442.82 Droit de préemption du locataire – Obligations incombant à l'acquéreur. Ainsi, après l'article 10 de la loi du 31 décembre 1975, la loi du 13 juin 2006 [2], dite loi Aurillac, a inséré un article 10-1, duquel il ressort que lorsque le propriétaire-bailleur d'un immeuble à usage d'habitation ou à usage mixte (habitation et professionnel) de plus de cinq logements (depuis la modification de ce texte par la loi du 24 mars 2014 [3], dite loi Alur, dix logements auparavant [4]) décide de le vendre dans sa totalité et en une seule fois (hypothèse qui échappe à l'article 10 de la loi de 1975, ainsi que cela est précisé dans son § III), il doit :

- soit obtenir de l'acquéreur qu'il s'engage à proroger les baux d'habitation en cours pendant six ans à compter de la vente; il ressort de l'article 15-II, *in fine*, de la loi du 6 juillet 1989, tel qu'amendé par la loi du 13 juin 2006, que le congé pour vente qui serait délivré au locataire en violation de l'engagement de prorogation serait nul de plein droit;

- soit, si l'acquéreur n'a pas pris cet engagement de prorogation, adresser une notification aux locataires en place, aux termes de laquelle ils disposent d'un droit de préemption pour le logement qu'ils occupent.

442.83 Absence d'engagement de prorogation. Lorsque c'est la seconde branche de l'alternative qui est choisie, cette notification, qui intervient à peine de nullité de la vente, doit comporter un projet de règlement de copropriété, ainsi que les résultats d'un diagnostic technique – financé par le propriétaire-bailleur – portant constat de l'état apparent de la solidité du clos et du couvert, de l'état des conduites et canalisations collectives et de l'état des équipements communs et de sécurité.

Les locataires ont alors quatre mois pour se déterminer. S'ils acceptent l'offre, ils bénéficient d'un délai de deux ou de quatre mois (en cas d'emprunt) pour réaliser l'acte de vente.

On notera enfin que les locataires vont bénéficier d'un second droit de préemption lorsque l'un d'entre eux aura accepté l'offre qui lui aura été faite, qu'en conséquence, l'immeuble aura été mis en copropriété, dès lors que le bailleur aura décidé de vendre les lots occupés à des conditions ou à un prix plus avantageux (sur la situation particulière du locataire en fin de bail lors de la vente v. s[s] n°s 512.41 s.).

442.84 Exact champ d'application de la loi Aurillac. En vertu de l'article 60 de la loi du 25 mars 2009 [5], les dispositions de l'article 10-1 de la loi du 30 juil-

1. L. n° 2006-685, 13 juin 2006 relative au droit de préemption et à la protection des locataires en cas de vente d'un immeuble, *JO* 14 juin, p. 8944.
2. L. n° 2006-685, 13 juin 2006 relative au droit de préemption et à la protection des locataires en cas de vente d'un immeuble, *JO* 14 juin, p. 8944.
3. L. n° 2014-366, 24 mars 2014 pour l'accès au logement et un urbanisme rénové, *JO* 26 mars, p. 5809.
4. POUR UN EXEMPLE de refus d'application de la loi Aurillac, faute pour l'immeuble de ne pas comporter plus de dix logements : Civ. 3e, 10 juill. 2012, n° 11-12.063, NP, *AJDI* 2013. 280, obs. Zalewski – Seuls doivent être pris en compte, pour le calcul du nombre de logements rendant applicables les dispositions de l'article 10-1-I-A de la loi du 31 décembre 1975, les logements susceptibles d'être offerts à la location présentant les caractéristiques de décence fixées par le décret du 30 janvier 2002 : Civ. 3e, 11 févr. 2016, n°s 14-25.682, 15-50.079, P, *D.* 2016. 425, obs. Y. Rouquet; *ibid.* 1102, obs. N. Damas; *AJDI* 2016. 690, obs. N. Damas.
5. L. n° 2009-323, 25 mars 2009 de mobilisation pour le logement et la lutte contre l'exclusion, *JO* 27 mars 2009, p. 5408 – SUR CETTE LOI : Damas, *AJDI* 2009. 274; *D.* 2010. Pan. 1168, spéc. 1177; Lafond, *JCP N* 2009, n° 1136; Canu, *Rev. loyers* 2009. 262; Raclet, *Administrer* août-sept. 2009. 7.

let 1975 ne sont pas applicables aux cessions d'immeubles à un organisme d'HLM (visé à CCH, art. L. 411-2), ni pour les logements faisant l'objet de conventions conclues en application de l'article L. 351-2 du même code, aux cessions d'immeubles à une société d'économie mixte visée à l'article L. 481-1 du même code.

En revanche, ces dispositions sont applicables aux cessions de la totalité des parts ou actions de sociétés lorsque ces parts ou actions portent attribution en propriété ou en jouissance à temps complet de chacun des logements d'un immeuble de plus de cinq logements (depuis la loi Alur du 24 mars 2014, dix auparavant). Elles ne vont toutefois pas jouer lorsque ces cessions de parts ou d'actions interviennent entre parents ou alliés jusqu'au quatrième degré inclus[1].

Notons enfin que les dispositions de l'article 10-1 de la loi de 1975, destinées à protéger les seules personnes physiques locataires, ne saurait bénéficier à un locataire personne morale[2].

442.85 Intervention des pouvoirs publics. Précisons par ailleurs que la loi prévoit des incitations fiscales pour l'acquéreur qui s'engage dans l'acte d'acquisition à affecter le logement à la location pendant une période minimale (CGI, art. 1584 *bis* et 1594 F *ter* et pour la sanction en cas de non-respect : art. 1840 G *ter*). En effet, Le nouveau texte permet aux conseils municipaux et aux conseils départementaux de décider, sur délibération, de réduire le taux de certaines taxes notamment lorsque l'acquéreur de l'immeuble s'engage dans l'acte d'acquisition à affecter le logement à la location pendant au moins trois ou six ans selon les cas. Les taxes visées sont la taxe de publicité foncière et les droits d'enregistrement (du ressort du département), ainsi que leurs taxes additionnelles (de la compétence des conseils municipaux).

Enfin, selon le nouvel article L. 210-2 du code de l'urbanisme, créé par la loi Aurillac, « en cas de vente d'un immeuble à usage d'habitation, la commune peut faire usage de son droit de préemption pour assurer le maintien dans les lieux des locataires »[3].

442.86 Reconduction du bail. Lorsqu'un congé pour vente est délivré par un bailleur relevant des secteurs II et III, dans le cadre d'une vente par lots de plus de cinq logements dans le même immeuble, l'article 11-1 de la loi du 6 juillet 1989 prévoit que le bail peut[4] être expressément reconduit pour une durée inférieure à celle prévue par l'article 10. Quand ce congé pour vente intervient moins de deux ans avant le terme du bail, la reconduction du bail est de droit, à la demande du locataire, afin de lui permettre, dans tous les cas, de disposer du logement qu'il occupe pendant une durée de deux ans à compter de la notification du congé pour vente. La reconduction du bail est établie par écrit entre les parties au plus tard quatre mois avant l'expiration du bail en cours[5]. À l'expiration de la durée fixée par les parties pour le bail reconduit, celui-ci est résilié de plein droit.

1. L. n° 75-1351, 31 déc. 1975, art. 10-1-II.
2. Paris, 2 févr. 2012, *Loyers et copr.* 2012, n° 96, obs. Vial-Pedroletti.
3. POUR une étude d'ensemble de la loi Aurillac, v. de La Vaissière, *AJDI* 2006. 616.
4. Jugé que la reconduction n'est alors pas automatique et nécessite le consentement du bailleur et du locataire : Paris, 6e ch., 7 mars 2006, RG n° 2004/22141, *AJDI* 2006. 571; *Loyers et copr.* 2006. 126, obs. Vial-Pedroletti.
5. Le seul fait pour le locataire d'avoir sollicité que le bail fût prorogé ne pouvait faire obstacle à la recevabilité de sa demande tendant à faire constater que l'offre de vente et le congé délivrés étaient nuls : Civ. 3e, 18 janv. 2012, n° 11-10.389, *Bull. civ.* III, n° 12; *D.* 2012. 353, obs. Y. Rouquet; *ibid.* 2013. 863, obs. N. Damas; *AJDI* 2012. 754, obs. N. Damas.

LIVRE

5. LES SPÉCIFICITÉS DE LA DURÉE DU BAIL, DU LOYER ET DU CONGÉ DANS LE SECTEUR PRIVÉ

SECTION 0

ORIENTEUR

5.00 Plan du livre.

5.01 Textes applicables.

TEXTES SOURCES

- **L. n° 89-462, 6 juill. 1989, art. 4 *l*, 8-1, 9-1, 10, 11-1, 11-2, 13, 13 a), 15, 15-III, 16, 17, 17-1, 17-2, 20.**
- **L. 1er sept. 1948, art. 13 *bis*.**
- **C. civ., art. 1210, 1211, 1751.**
- **CSP, art. L. 1331-26.**
- **CCH, art. L. 111-6-1, L. 511-2, L. 521-1 s.**
- **C. urb., art. L. 211-1 s.**
- **Décr. n° 90-780, 31 août 1990** portant application de l'article 19 de la loi n° 89-462 du 6 juillet 1989 tendant à améliorer les rapports locatifs (*JO* 6 sept., p. 10827).
- **Décr. n° 2014-1334, 5 nov. 2014** relatif aux observatoires locaux des loyers, aux modalités de communication et de diffusion de leurs données et à la création du Comité scientifique de l'observation des loyers (*JO* 7 nov., p. 18813).
- **Décr. n° 2015-650, 10 juin 2015** relatif aux modalités de mise en œuvre du dispositif d'encadrement du niveau de certains loyers et modifiant l'annexe à l'article R. 366-5 du code de la construction et de l'habitation (*JO* 12 juin, p. 9713).
- **Décr. n° 2017-1198, 27 juill. 2017** relatif à l'évolution de certains loyers dans le cadre d'une nouvelle location ou d'un renouvellement de bail, pris en application de l'article 18 de la loi n° 89-462 du 6 juillet 1989 (*JO* 29 juill., n° 142).

5.03 Bibliographie indicative.

Ouvrages. J. Lafond, B. Vial-Pedroletti, *Les baux d'habitation*, 8e éd., LexisNexis, 2017 – V. Zalewski-Sicard, *Baux d'habitation – Congés et droits de préemption*, Ellipses, 2016.

Actualisables. RÉP. PR. CIV., v° « Bail d'habitation », F. de La Vaissière; RÉP. CIV., v° « Bail d'habitation et mixte : rapports locatifs individuels – Loi du 6 juillet 1989 », N. Damas – LAMY DR. IMMO, n°s 5837 s. – DICT. PERM. Gestion immob., « Baux d'habitation et mixtes ».

TITRE

51. La durée du contrat

SECTION 0

ORIENTEUR

51.00 Plan du titre.

Division – Bail initial – Renouvellement – Bail à durée réduite. Trois cas de figure sont à dissocier.

Il faut en effet distinguer la durée du bail initial (chapitre 511) de celle du bail renouvelé ou tacitement reconduit (chapitre 512), sans oublier l'hypothèse de la conclusion d'un bail à durée réduite (chapitre 513).

51.01 Textes applicables.

TEXTES SOURCES

- **L. n° 89-462, 6 juill. 1989, art. 4 *l*, 10, 11-1, 11-2, 13.**
- **C. civ., art. 1210, 1211.**

51.03 Bibliographie indicative.

Ouvrage. J. Lafond, B. Vial-Pedroletti, *Les baux d'habitation*, 8e éd., LexisNexis, 2017.

Actualisables. RÉP. PR. CIV., v° « Bail d'habitation », F. de La Vaissière; RÉP. CIV., v° « Bail d'habitation et mixte : rapports locatifs individuels – Loi du 6 juillet 1989 », N. Damas – LAMY DR. IMMO, nos 5887 s. – DICT. PERM. Gestion immob., « Baux d'habitation et mixtes ».

CHAPITRE

511. Durée initiale du contrat de bail

SECTION 0 ORIENTEUR

511.00 Plan du chapitre.

Sect. unique Durée minimale

511.01 Textes applicables.

TEXTES SOURCES

• **L. n° 89-462, 6 juill. 1989, art. 10, 13.**

• **C. civ., art. 1210, 1211.**

TEXTES *IN EXTENSO*

• **L. 6 juill. 1989, art. 10**

Le contrat de location est conclu pour une durée au moins égale à trois ans pour les bailleurs personnes physiques ainsi que pour les bailleurs définis à l'article 13 et à six ans pour les bailleurs personnes morales.

Si le bailleur ne donne pas congé dans les conditions de forme et de délai prévues à l'article 15, le contrat de location parvenu à son terme est soit reconduit tacitement, soit renouvelé.

En cas de reconduction tacite, la durée du contrat reconduit est de trois ans pour les bailleurs personnes physiques ainsi que pour les bailleurs définis à l'article 13, et de six ans pour les bailleurs personnes morales.

En cas de renouvellement, la durée du contrat renouvelé est au moins égale à celles définies au premier alinéa du présent article. L'offre de renouvellement est présentée dans les conditions de forme et de délai prévues pour le congé, à l'article 15. Le loyer du contrat renouvelé est défini selon les modalités prévues à l'article 17-2.

À titre dérogatoire, après l'accord exprès des parties, le contrat de location peut être renouvelé avant l'expiration du bail en cours quand le propriétaire a signé avec l'Agence nationale de l'habitat une convention avec travaux mentionnée aux articles L. 321-4 et L. 321-8 du code de la construction et de l'habitation, et sous réserve que les ressources du locataire en place soient conformes aux plafonds prévus par cette convention. L'offre de renouvellement est présentée dans le délai de trois mois après l'accord des parties et dans les formes prévues à l'article 15 de la présente loi pour le congé. Le montant du loyer fixé par le contrat de location renouvelé doit être alors fixé selon les règles applicables au conventionnement des logements avec l'Agence nationale de l'habitat.

Concernant les locaux à usage d'habitation, régis par les dispositions d'ordre public de la présente loi, le contrat de bail conclu par l'emphytéote avec le locataire se poursuit automatiquement avec le propriétaire de l'immeuble jusqu'au terme du bail prévu par le contrat de location, lorsque le bail à construction ou le bail emphytéotique prend fin avant la fin du contrat de location. Toute clause contraire est réputée non écrite.

• **L. 6 juill. 1989, art. 13**

Les dispositions de l'article 11 [bail précaire] et de l'article 15 [congé] peuvent être invoquées :

a) Lorsque le bailleur est une société civile constituée exclusivement entre parents et alliés jusqu'au quatrième degré inclus, par la société au profit de l'un des associés;

b) Lorsque le logement est en indivision, par tout membre de l'indivision.

• **C. civ., art. 1210**

Le créancier qui consent à la division de la dette à l'égard de l'un des codébiteurs, conserve son action solidaire contre les autres, mais sous la déduction de la part du débiteur qu'il a déchargé de la solidarité.

• **C. civ., art. 1211**

Le créancier qui reçoit divisément la part de l'un des débiteurs, sans réserver dans la quittance la solidarité ou ses droits en général, ne renonce à la solidarité qu'à l'égard de ce débiteur.

Le créancier n'est pas censé remettre la solidarité au débiteur lorsqu'il reçoit de lui une somme égale à la portion dont il est tenu, si la quittance ne porte pas que c'est pour sa part.

Il en est de même de la simple demande formée contre l'un des codébiteurs pour sa part, si celui-ci n'a pas acquiescé à la demande, ou s'il n'est pas intervenu un jugement de condamnation.

511.02 Jurisprudence de référence.

• **Civ. 3e, 25 sept. 2002, n° 01-01.034**, *Bull. civ.* III, n° 171

* V. ss n° 511.14

La prorogation en cours de bail, pour trois années supplémentaires, du contrat initial de six ans, n'est pas contraire à l'article 10.

• **Civ. 3e, 28 nov. 2006, no 05-17.726**, NP

* V. ss no 511.11

La loi n'interdit nullement de conclure un bail de neuf ans.

• **Civ. 3e, 10 mars 2010, no 09-12.135**, *Bull. civ.* III, no 56

* V. ss no 511.11

Lorsque le bail prévoit que le locataire sera maintenu dans les lieux sa vie durant, le bailleur ne peut délivrer congé avant l'arrivée de ce terme.

511.03 Bibliographie indicative.

Ouvrage. J. Lafond, B. Vial-Pedroletti, *Les baux d'habitation*, 8e éd., LexisNexis, 2017, nos 515 s.

Actualisables. RÉP. CIV., vo « Bail d'habitation et mixte : rapports locatifs individuels – Loi du 6 juillet 1989 », N. Damas, nos 323, 353 – LAMY DR. IMMO, nos 5887 s. – DICT. PERM. Gestion immob., « Baux d'habitation et mixtes », nos 184 s.

511.05 Dispositions d'ordre public. Le contrat de location est conclu pour une durée au moins égale à trois ans lorsque le bailleur est une personne physique et au moins égale à six ans pour le bailleur personne morale[1].

Il s'agit d'une règle d'ordre public. En conséquence, saisis d'une clause du contrat prévoyant une durée inférieure à trois ans, les magistrats devront la réputer non écrite. La cour d'appel de Versailles a même récemment donné raison au premier juge pour avoir porté à trois ans la durée du bail, tout en décidant que les autres clauses contractuelles qui pouvaient subsister de façon autonome devaient recevoir application[2].

SECTION UNIQUE

DURÉE MINIMALE

511.11 Durée minimale et stipulation contractuelle. La loi ne fixe toutefois que la durée minimale des conventions à l'égard du bailleur. Rien n'interdit donc aux parties de s'entendre sur une durée plus longue[3]. Le bail pourra même prévoir que le locataire sera maintenu dans les lieux sa vie durant (hypothèse du bail « viager »). Alors, le bailleur s'interdira de délivrer congé avant l'arrivée de ce terme, certain dans son principe, même si la date ne peut, par définition être connue avec certitude[4]. Ainsi, un tel bail ne saurait être annulé pour cause de perpétuité, le locataire pouvant, de son côté, s'extraire du lien contractuel en délivrant un congé. À l'égard du locataire, la notion de durée minimale est en effet relative puisqu'en cours d'exécution du contrat, il peut mettre fin au bail à tout moment en respectant un préavis de trois mois, voire d'un mois dans certaines hypothèses (v. ss nos 542.41 s.).

D'origine prétorienne, la prohibition des baux perpétuels est aujourd'hui codifiée à l'article 1210 du code civil dans sa version issue de l'ordonnance no 2016-131 du 10 févr. 2016[5]. Il s'évince en effet de ce texte, d'une part que les engagements perpétuels sont prohibés et, d'autre part Chaque contractant peut y mettre fin dans les conditions prévues pour le contrat à durée indéterminée. Soit, aux termes de l'article 1211 du même code, le délai de préavis contractuellement prévu ou, à défaut, un délai raisonnable.

511.12 Durée minimale et qualité du bailleur. Cette durée minimale est déterminée par la qualité du bailleur lors de l'entrée dans les lieux. En conséquence, le changement de bailleur en cours de bail par substitution d'une personne morale à une personne physique est sans incidence[6].

511.13 Bailleur personne physique. Le bail est alors conclu pour une durée minimale de trois ans.

Notons qu'en vertu de l'article 13 de la loi du 6 juillet 1989, le bailleur est réputé être une personne physique lorsque le local appartient à une société civile familiale ou lorsque le logement est en indivision; étant précisé qu'est une société civile familiale au sens de l'article 13 de la loi, la société civile « constituée exclusivement entre parents et alliés jusqu'au quatrième degré inclus ». Est donc exclue du champ d'application de l'article 13 la société constituée entre concubins[7].

Quant à la charge de la preuve du caractère familial de la société, il a été jugé qu'elle pesait sur le bailleur[8].

511.14 Bailleur personne morale. Le contrat de location devra alors être conclu pour une durée qui ne pourra être inférieure à six ans. La prorogation

1. L. no 89-462, 6 juill. 1989, art. 10.
2. Versailles, 5 mai 2000, RG no 98/05483, *D.* 2002. Somm. 1722, obs. CRDP Nancy 2 – AUSSI Paris, 23 oct. 2014, RG no 12/02153, *Loyers et copr.* 2015, no 4, obs. Vial-Pedroletti.
3. Civ. 3e, 28 nov. 2006, no 05-17.726, NP, *AJDI* 2007. 205, note de La Vaissière (bail de 9 ans) – 31 mai 2012, no 11-18.041, NP, *Loyers et copr.* 2012, no 228, obs. Vial-Pedroletti – Paris, 16 janv. 1997, RG no 95/002241, *Loyers et copr.* 1997, no 103 (bail de 7 ans) – 28 mars 2013, RG no 11/16613, *AJDI* 2013. 529 – TI Melun, 28 nov. 1995, *Rev. loyers* 1996. 75 (bail de 12 ans).
4. Civ. 3e, 10 mars 2010, no 09-12.135, *Bull. civ.* III, no 56; *D.* 2010. AJ 766, obs. Rouquet; *ibid.* 2010. 1846, note Juillet; *AJDI* 2010. 889, note Damas.
5. Ord. no 2016-131, 10 févr. 2016 portant réforme du droit des contrats, du régime général et de la preuve des obligations, *JO* 11 févr., no 26, en vigueur depuis le 1er oct. 2016.
6. Aix-en-Provence, 4 mars 1993, RG no 93/291, *D.* 1996. Somm. 366, obs. CRDP Nancy 2.
7. Civ. 3e, 8 nov. 1995, no 93-11.196, *Bull. civ.* III, no 223.
8. Paris, 15 nov. 1993, RG no 92/017437, *Loyers et copr.* 1994, no 43.

en cours de bail, pour trois années supplémentaires, du contrat initial de six ans, n'est pas contraire à l'article 10[1].

Il est des hypothèses où la détermination de la qualité du bailleur n'est pas sans poser problème. Il a notamment été jugé que le bail est de trois ans lorsqu'il a été conclu par une personne morale en sa qualité d'administrateur à la succession du bailleur, personne physique[2].

1. Civ. 3e, 25 sept. 2002, nº 01-01.034, *Bull. civ.* III, nº 171; *AJDI* 2002. 857, obs. Rouquet; *Loyers et copr.* 2002, nº 280, obs. Vial-Pedroletti.

2. Civ. 3e, 18 mars 1998, nº 96-12.906, NP, *Administrer* oct. 1998, p. 51, obs. Canu.

CHAPITRE

512. Durée du bail tacitement reconduit ou renouvelé

SECTION 0
ORIENTEUR

512.00 Plan du chapitre.

Division – Renouvellement à défaut de congé. À l'issue de la période initiale de trois ou six ans, les parties peuvent se retrouver dans l'une des trois situations suivantes :

– au moins six mois avant la fin du bail, le bailleur a, en vertu de l'article 15 de la loi du 6 juillet 1989, donné congé à son locataire pour l'un des motifs légaux (reprise pour habiter, congé pour vente ou congé pour motif légitime ou sérieux v. s^s n°s 531.11 s.);

– dans le même délai, le bailleur a, conformément à l'article 17 *c* [article 17-2, depuis la loi du 24 mars 2014, dite loi Alur[1], aux termes de la loi n° 2015-990 du 6 août 2015, dite Macron[2], applicable aux nouveaux baux et aux baux faisant l'objet d'un renouvellement, mais non aux baux tacitement reconduits, proposé au preneur de renouveler le bail (v. s^s n°s 521.11 s.);

– dans le délai légal, le bailleur n'a ni donné congé, ni proposé le renouvellement du bail à son locataire. Le bail va alors être reconduit tacitement.

Ces trois hypothèses (congé, renouvellement et tacite reconduction) sont prévues par l'article 10 de la loi du 6 juillet 1989.

1. L. n° 2014-366, 24 mars 2014, *JO* 26 mars, p. 5809.
2. L. n° 2015-990 du 6 août 2015, art. 82-II, *JO* 7 août, p. 13537 s., en vigueur le 8 août 2015.

Dans son alinéa 2, cet article indique en effet que « si le bailleur ne donne pas congé dans les conditions de forme et de délai prévues par l'article 15, le contrat de location parvenu à son terme est soit reconduit tacitement, soit renouvelé ».

512.01 Textes applicables.

TEXTES SOURCES

• **L. n° 89-462, 6 juill. 1989, art. 4 *i*, 10, 11-1, 11-2, 13.**

TEXTES *IN EXTENSO*

• **L. 6 juill. 1989, art. 4 *i***

Est réputée non écrite toute clause :

(...)

l) Qui prévoit le renouvellement du bail par tacite reconduction pour une durée inférieure à celle prévue à l'article 10.

• **L. 6 juill. 1989, art. 10**

* V. s^s n° 511.01

• **L. 6 juill. 1989, art. 11-1**

Quand un congé pour vente conforme aux dispositions de l'article 15 est délivré par un bailleur relevant de secteurs locatifs définis aux quatrième et cinquième alinéas de l'article 41 *ter* de la loi n° 86-1290 du 23 décembre 1986 précitée, dans le cadre d'une vente par lots de plus de cinq logements dans le même immeuble, le bail peut être expressément reconduit pour une durée inférieure à celle prévue par l'article 10. Quand ce congé pour vente intervient moins de deux ans avant le terme du bail, la reconduction du bail est de droit, à la demande du locataire, afin de lui permettre, dans tous les cas, de disposer du logement qu'il occupe pendant une durée de deux ans à compter de la notification du congé pour vente.

La reconduction du bail est établie par écrit entre les parties au plus tard quatre mois avant l'expiration du bail en cours. À l'expiration de la durée fixée par les parties pour le bail reconduit, celui-ci est résilié de plein droit.

• **L. 6 juill 1989, art. 11-2**

Lorsqu'un immeuble à usage d'habitation ou à usage mixte d'habitation et professionnel de cinq logements ou plus, situé dans une des zones mentionnées au I de l'article 17, est mis en copropriété :

1° Les baux en cours dont le terme intervient moins de trois ans après la date de mise en copropriété sont prorogés de plein droit d'une durée de trois ans;

2° Les autres baux en cours sont prorogés d'une durée permettant au locataire d'occuper le logement pendant une durée de six ans à compter de la mise en copropriété.

• **L. 6 juill. 1989, art. 13**

* V. s^s n° 511.01

512.02 Jurisprudence de référence.

• **Civ. 3e, 27 sept. 2006, n° 05-18.168**, *Bull. civ.* III, n° 185

* V. ss n° 512.16

La durée du bail d'habitation tacitement reconduit doit être fixée selon la législation applicable à la date de la reconduction. Les dispositions de l'art. 10 modifiées par la loi du 21 juill. 1994 sont applicables à un bail d'habitation tacitement reconduit à une date postérieure à celle d'entrée en vigueur de cette loi.

• **Civ. 3e, 5 avr. 2006, n° 04-18.398**, *Bull. civ.* III, n° 94

* V. ss n° 512.42

Les dispositions de l'article 11-1 sont inapplicables lorsque, lors de la délivrance du congé pour vente, l'immeuble ne comportait que sept logements.

• **Civ. 3e, 18 janv. 2012, n° 11-10.389**, *Bull. civ.* III, n° 12

* V. ss n° 512.45

Ayant relevé, à bon droit, que la renonciation à un droit ou à une action ne peut se présumer et que, pour être utilement opposée par celui qui s'en prévaut, elle doit être certaine, expresse et non équivoque, une cour d'appel a pu, sans méconnaître l'article 6-1 de la Conv. EDH, retenir que le seul fait pour le locataire d'avoir sollicité que le bail fût prorogé à compter de la date prévue pour son terme en application de l'article 11-1, ne pouvait faire obstacle à la recevabilité de sa demande tendant à faire constater que l'offre de vente et le congé délivrés étaient nuls.

512.03 Bibliographie indicative.

Ouvrage. J. Lafond, B. Vial-Pedroletti, *Les baux d'habitation*, 8e éd., LexisNexis, 2017.

Actualisables. RÉP. CIV., v° « Bail d'habitation et mixte : rapports locatifs individuels – Loi du 6 juillet 1989 », N. Damas, nos 354 s. – LAMY DR. IMMO, nos 5904 s. – DICT. PERM. Gestion immob., « Baux d'habitation et mixtes », nos 195.

SECTION 1
DURÉE DU BAIL TACITEMENT RECONDUIT

512.11 Notion de « reconduction tacite ». Il y a reconduction tacite lorsqu'aucune des parties n'a donné congé en bonne et due forme ou lorsque le bailleur n'a pas proposé de renouveler le bail. Se fondant sur la lettre du texte (et remarquant que l'article 10 n'évoque que l'hypothèse du congé donné par le bailleur), certains auteurs se sont cependant demandés si, même à défaut de congé par le preneur, celui-ci ne pouvait pas quitter les lieux au terme du contrat[1]. Aucune décision de justice n'est, à notre connaissance, venue répondre à cette interrogation.

512.12 Reconduction tacite et durée du bail. L'article 10, alinéa 3, dispose qu'en cas de reconduction tacite (c'est-à-dire à défaut de congé ou de proposition de renouvellement), « la durée du contrat reconduit est de trois ans pour les bailleurs personnes physiques ainsi que pour les bailleurs définis à l'article 13 (v. nos 511. 1 s.) et de six ans pour les bailleurs personnes morales ». La durée du bail est déterminée par la qualité du bailleur[2] à la date de la reconduction tacite[3].

La durée d'un bail tacitement reconduit est donc identique à la durée minimale du bail initial. Si la durée du contrat reconduit est, en principe, fixe et non une durée minimale[4], la clause du bail consenti par une personne physique précisant clairement que le contrat doit être tacitement reconduit pour six ans a été déclarée applicable[5]. Cette solution s'explique certainement par le fait que l'ordre public de la loi de 1989 est un ordre public de protection (v. ss n° 021.11) et que la clause en question est favorable au locataire[6].

512.13 Clause stipulant une durée plus courte – sanction. À noter que l'article 4 l de la loi de 1989, créé par la loi du 13 juillet 2006, répute non-écrite la clause qui prévoit le renouvellement du bail par tacite reconduction pour une durée inférieure à celle prévue à l'article 10 de la loi (sur les clauses réputées non-écrites v. ss nos 132.201 s. et 132.241 s.).

512.14 Reconduction tacite – Effet. Les clauses du bail initial seront reconduites à l'identique. Ce principe n'est cependant pas absolu, notamment en matière de cautionnement (sur le cautionnement v. ss nos 144.31 s.) et d'application d'un accord collectif (sur la notion d'accord collectif v. ss nos 912.91 s.).

512.15 Modification de l'article 10 de la loi de 1986 par la loi de 1994. La loi du 21 juillet 1994 relative à l'habitat[7] a notablement modifié l'article 10 de la loi du 6 juillet 1989. En effet, alors que dans sa version initiale, la reconduction tacite du bail inter-

1. Aubert et Bihr, *Dalloz Action*, Droit de la gestion de l'immeuble, éd. 2000, n° 3804.
2. Personne morale ou personne physique.
3. Paris, 27 janv. 2005, RG n° 03/02302, *AJDI* 2005. 309.
4. Paris, 7 nov. 2006, RG n° 04/21426, *Loyers et copr.* 2007, n° 47, obs. Vial-Pedroletti.
5. Civ. 3e, 17 oct. 2007, n° 06-11.104, NP, *AJDI* 2008. 210, note Zalewski; *Administrer* févr. 2008. 27, obs. Canu.
6. Paris, 18 juill. 2008, RG n° 07/04895, *Loyers et copr.* 2008, n° 242, obs. Vial-Pedroletti.
7. L. n° 94-624, 21 juill. 1994 relative à l'habitat, *JO* 24 juill., p. 10685.

venait pour une durée égale à celle du contrat initial, dans la version actuelle, issue de la loi de 1994, cette durée est de trois ou de six ans, en fonction de la qualité du bailleur. La différence était donc sensible lorsque le bail initial avait été conclu pour une longue période (par exemple, neuf ou douze années).

512.16 Application dans le temps de la modification de l'article 10 de la loi de 1986 par la loi de 1994. En 2006, s'est posée la question de l'application dans le temps de la loi de 1994 : un bail signé en 1993 pour neuf ans devait-il être tacitement reconduit pour la même période ou, pour seulement trois ans (le bailleur étant une personne physique) ?

En affirmant que les dispositions de l'article 10 modifiées par la loi du 21 juillet 1994 sont applicables à un bail d'habitation tacitement reconduit à une date postérieure à celle d'entrée en vigueur de cette loi, la Cour de cassation[1] reprend une position classique en matière de reconduction tacite[2]. En effet, selon la doctrine, c'est « parce qu'on admet que la tacite reconduction emprunte sa force obligatoire non au contrat d'origine, mais à l'accord tacite en vertu duquel les effets du contrat sont prorogés, qu'on admet que c'est la loi en vigueur au jour de cet accord tacite qui doit fixer les conditions et la durée de la reconduction »[3].

SECTION 2
DURÉE DU BAIL RENOUVELÉ

§ 1
Principe

512.21 Loi du 6 juillet 1989, article 10. La durée du bail renouvelé est fixée en considération du principe énoncé à l'article 10 de la loi, étant entendu que ce principe connaît deux exceptions (énoncées aux articles 10 *in fine* et 11-1 du même texte).

Le principe est qu'en cas de renouvellement du contrat de bail initial, les parties ne peuvent pas contracter pour une durée inférieure à la durée minimale du contrat initial, c'est-à-dire trois ou six ans (sur le régime du bail initial v. s^{s} n°s 511.11 s.).

1. Civ. 3e, 27 sept. 2006, n° 05-18.168, *Bull. civ.* III, n° 185; *D.* 2006. IR 2415; *AJDI* 2007. 204, note Rouquet.
2. Civ., 26 nov. 1929, *S.* 1930. 1. 345 – Civ., 5 mars 1947, *S.* 1947. 1. 94; *JCP* 1947. II. 3521, note P. L. P.
3. Aubry et Rau, t. 1, n° 109, cité par Bach, RÉP. CIV., v° *Conflits de lois dans le temps*, n° 515 – SUR LA QUESTION, v. aussi : Mestre et Fages, *RTD civ.* 2002. 507.

§ 2
Exceptions

A.
Convention avec travaux signée entre le bailleur et l'Anah

512.31 Exception en cas de convention avec travaux signée entre le bailleur et l'Anah. Depuis la loi du 25 mars 2009[4], l'article 10 de la loi de 1989 s'est enrichi d'un nouvel alinéa, aux termes duquel, à titre dérogatoire, le contrat de location peut être renouvelé avant l'expiration du bail en cours, lorsque le propriétaire a signé avec l'Agence nationale de l'habitat (Anah) une convention avec travaux mentionnée au code de la construction et de l'habitation, aux articles L. 321-4 (secteur locatif intermédiaire) et L. 321-8 (secteur locatif social).

Dans le cadre de ce conventionnement, le bailleur va bénéficier d'avantages fiscaux (déduction fiscale) et d'une subvention de l'Anah. En contrepartie, il s'engage, pour neuf ans au moins, à louer un logement décent à un locataire sous conditions de ressources et pour un prix maîtrisé. Toutes les précisions sont fournies sur www.anah.fr/. Il s'agit, on l'aura compris, d'encourager l'entretien du parc existant et de favoriser une certaine mixité sociale.

512.32 Conditions. Cette dérogation est soumise à plusieurs conditions.

- Tout d'abord, le texte précise que l'accord exprès des parties doit être préalablement recueilli.

- Par ailleurs, cette dérogation ne peut valoir que sous réserve que les ressources du locataire en place soient conformes aux plafonds prévus par la convention en question.

512.33 Procédure. Quant à la procédure applicable, il est indiqué que l'offre de renouvellement doit être présentée dans le délai de trois mois après l'accord des parties et dans les formes prévues à l'article 15 de la loi pour le congé (soit par lettre recommandée avec demande d'avis de réception soit par voie d'huissier v. s^{s} n° 532.11).

Ainsi, à l'accord des parties va succéder une offre de renouvellement.

512.34 Interrogations. On croit donc comprendre, puisque la caractéristique d'une offre est de pouvoir être déclinée, que l'accord en question ne porte que sur le principe du renouvellement anticipé, dont les modalités doivent être précisées dans l'offre, dont le contenu n'est pas défini par la loi.

4. L. n° 2009-323 du 25 mars 2009 de mobilisation pour le logement et la lutte contre l'exclusion, *JO* 27 mars, p. 5408.

Dès lors, que se passera-t-il si, *in fine*, le locataire refuse cette proposition ? Par ailleurs, se pose la question du moment auquel le bailleur doit signer la convention avec l'Anah : dès l'« accord des parties » ? Une fois l'offre acceptée ?

Autant d'interrogations (mais la liste n'est pas exhaustive) qu'une rédaction plus rigoureuse aurait dû permettre d'éviter.

512.35 **Montant du loyer.** Le montant du loyer du bail renouvelé, enfin, précisé dans le contrat de location renouvelé (mais aussi, imagine-t-on, dans l'offre), devra être fixé « selon les règles applicables au conventionnement des logements avec l'Agence nationale de l'habitat ».

B. Vente de plus de cinq logements dans le même immeuble

512.41 **Exception en cas de vente de plus de cinq logements dans le même immeuble.** En vertu de l'article 11-1 de la loi du 6 juillet 1989 (inséré par l'article 198 de la loi du 13 décembre 2000 et modifié par la loi du 13 juin 2006, dite loi Aurillac et par la loi du 24 mars 2014[1], dite loi Alur), lorsque le congé émane d'un bailleur relevant de secteurs locatifs définis aux 4ᵉ et 5ᵉ alinéas de l'article 41 *ter* de la loi du 23 décembre 1986 (il s'agit des deuxième et troisième secteurs; sur la définition des secteurs locatifs v. sˢ nᵒˢ 912.12 s.), dans le cadre d'une vente par lots de plus de cinq logements depuis la loi du 24 mars 2014[2], dite loi Alur, (contre dix précédemment) dans le même immeuble, le bail peut être expressément reconduit pour une durée inférieure à celle prévue par l'article 10.

512.42 **Champ d'application.** Concernant le champ d'application de l'article 11-1, on retiendra que ses dispositions sont inapplicables lorsque, lors de la délivrance du congé pour vente, l'immeuble ne comporte que sept logements[3]. Par ailleurs, il a été jugé que, pour l'application de cet article, il n'y a pas lieu de distinguer, parmi les logements concernés, ceux qui sont soumis à la loi du 6 juillet 1989 et feront également l'objet de congés fondés sur son article 15[4].

512.43 **Régime juridique – Accord des parties.** Quant au régime juridique applicable, il a été jugé qu'en prévoyant que le bail peut être expressément reconduit pour une durée inférieure à celle prévue à l'article 10, l'article 11-1 n'implique aucun caractère obligatoire à la reconduction qu'il autorise et qui n'est susceptible d'être mise en œuvre que par l'effet du consentement du bailleur et du preneur[5].

512.44 **Régime juridique – Reconduction de droit.** Le texte ajoute que lorsque le congé pour vente intervient moins de deux ans avant le terme du bail, la reconduction du contrat est de droit, à la demande du locataire, afin de lui permettre, dans tous les cas, de disposer du logement qu'il occupe pendant une durée de deux ans à compter de la notification du congé pour vente. On relèvera la maladresse de la rédaction qui aboutit, lorsque le congé est délivré deux ans avant la fin du bail, ce qui est juridiquement tout à fait possible, à ne donner aucun délai supplémentaire au locataire[6] !

512.45 **Prorogation du bail et requête en nullité de l'offre et du congé.** Notons cette décision aux termes de laquelle le seul fait pour le locataire d'avoir sollicité que le bail fût prorogé à compter de la date prévue pour son terme en application de l'article 11-1 de la loi du 6 juillet 1989 ne peut faire obstacle à la recevabilité de sa demande tendant à faire constater que l'offre de vente et le congé délivrés étaient nuls[7].

La reconduction du bail doit alors faire l'objet d'un écrit entre les parties. Celui-ci doit intervenir au plus tard quatre mois avant l'expiration du bail en cours.

512.46 **Fin de période de reconduction : résiliation de plein droit.** Quant à la situation à la fin de la période de reconduction, dans ses dispositions finales, l'article 11-1 précise que le bail reconduit est « résilié de plein droit », rendant ainsi inutile tout congé de la part du bailleur.

512.47 **Dissociation de l'offre de vente et du congé.** Il est à noter, enfin, que l'article 15 de la loi de 1989, dispose que « dans les cas de congé pour vente prévus à l'article 11-1, l'offre de vente au profit du locataire est dissociée du congé » (sur le congé pour vendre v. sˢ nᵒˢ 534.11 s., ainsi que, spécialement, v. sˢ nᵒˢ 442.61 s., relatif aux accords collectifs de location des 9 juin 1998 et 16 mars 2005 étendus par décret).

C. Autres exceptions

512.51 **Exception en cas de bail conclu par un emphytéote.** Aux termes du dernier alinéa de l'article 10, issu de la loi du 24 mars 2014[8], dite loi Alur,

1. L. nᵒ 2014-366, 24 mars 2014, *JO* 26 mars, p. 5809.
2. Modification applicable aux congés délivrés après le 27 mars 2014.
3. Civ. 3ᵉ, 5 avr. 2006, nᵒ 04-18.398, *Bull. civ.* III, nᵒ 94; *AJDI* 2006. 742, obs. de La Vaissière.
4. Paris, 7 mars 2006, RG nᵒ 2004/22141, *AJDI* 2006. 571.
5. Paris, 7 mars 2006, RG nᵒ 2004/22141, *AJDI* 2006. 571.
6. Canu *in AJDI* 2006. 624.
7. Civ. 3ᵉ, 18 janv. 2012, nᵒ 11-10.389, *Bull. civ.* III, nᵒ 12; *D.* 2012. Actu. 353, obs. Rouquet; *AJDI* 2012. 754, obs. Damas.
8. Applicable aux baux signés à compter du 27 mars 2014.

concernant les locaux à usage d'habitation, régis par les dispositions d'ordre public de la loi du 6 juillet 1989, le contrat de bail conclu par l'emphytéote avec le locataire se poursuit automatiquement avec le propriétaire de l'immeuble jusqu'au terme du bail prévu par le contrat de location, lorsque le bail à construction ou le bail emphytéotique prend fin avant la fin du contrat de location. Toute clause contraire est réputée non écrite.

512.52 **Exception en cas de mise en copropriété d'un immeuble situé en zone tendue.** Aux termes de l'article 11-2 de la loi du 6 juillet 1989, qui, selon la loi Macron du 6 août 2015 [1], s'applique aux contrats en cours, lorsqu'un immeuble indivis ayant cinq locaux d'habitation ou plus est mis en copropriété, les baux en cours sont prorogés de plein droit d'une durée de trois ans de plus que leur durée contractuelle ou légale antérieure, dès lors que l'immeuble est situé dans une des zones mentionnées au I de l'article 17.

1. L. n° 2015-990 du 6 août 2015, art. 82-II, *JO* 7 août, p. 13537 s., en vigueur le 8 août 2015.

CHAPITRE

513. Contrat à durée réduite

SECTION 0
ORIENTEUR

513.00 **Plan du chapitre.**

Division – Bail de moins de trois ans. Il est permis à certains bailleurs, confrontés à certains événements de conclure un bail de moins de trois ans[1].

513.01 **Textes applicables.**

TEXTES SOURCES

• **L. n° 89-462, 6 juill. 1989, art. 11, 13.**

TEXTES *IN EXTENSO*

• **L. 6 juill. 1989, art. 11**

Quand un événement précis justifie que le bailleur personne physique ait à reprendre le local pour des raisons professionnelles ou familiales, les parties peuvent conclure un contrat d'une durée inférieure à trois ans mais d'au moins un an. Le contrat doit mentionner les raisons et l'événement invoqués.

Par dérogation aux conditions de délai prévues à l'article 15, le bailleur confirme, deux mois au moins avant le terme du contrat, la réalisation de l'événement.

Dans le même délai, le bailleur peut proposer le report du terme du contrat si la réalisation de l'événement est différée. Il ne peut user de cette faculté qu'une seule fois.

Lorsque l'événement s'est produit et est confirmé, le locataire est déchu de plein droit de tout titre d'occupation du local au terme prévu dans le contrat.

Lorsque l'événement ne s'est pas produit ou n'est pas confirmé, le contrat de location est réputé être de trois ans.

Si le contrat prévu au présent article fait suite à un contrat de location conclu avec le même locataire pour le même local, le montant du nouveau loyer ne peut être supérieur à celui de l'ancien éventuellement révisé conformément à l'article 17-1.

• **L. 6 juill. 1989, art. 13**

* V. s[s] n° 511.01

513.02 **Jurisprudence de référence.**

• **Civ. 3e, 14 déc. 1994, n° 92-19.219,** *Bull. civ.* III, n° 211

* V. s[s] n° 513.14

Est insuffisante la seule mention de la nécessité, pour l'un des propriétaires, de s'installer à Paris, pour des raisons professionnelles *ou* familiales, alors que le contrat ne précise ni l'événement, ni la raison justifiant la nécessité de la reprise.

513.03 **Bibliographie indicative.**

Ouvrage. J. Lafond, B. Vial-Pedroletti, *Les baux d'habitation*, 8e éd., LexisNexis, 2017, n°s 541 s.

Actualisables. RÉP. CIV., v° « Bail d'habitation et mixte : rapports locatifs individuels – Loi du 6 juillet 1989 », N. Damas, n°s 346, 353 – LAMY DR. IMMO, n°s 5888 – DICT. PERM. Gestion immob., « Baux d'habitation et mixtes », n°s 187 s.

SECTION 1
CONDITIONS DU BAIL À DURÉE RÉDUITE

513.11 **Minimum d'une année.** La première phrase du premier alinéa de l'article 11 dispose que « quand un événement précis justifie que le bailleur personne physique ait à reprendre le local pour des raisons professionnelles ou familiales, les parties peuvent conclure un contrat d'une durée inférieure à trois ans mais d'au moins un an ».

Il en découle que la conclusion d'un bail à durée réduite est soumise à deux conditions, la première ayant trait au bailleur, la seconde étant relative à l'événement précis qui la justifie.

513.12 **Bailleur personne physique exclusivement.** Il ressort expressément de la première phrase de l'article 11 que seul un bailleur personne physique peut conclure un bail à durée réduite.

1. L. n° 89-462, 6 juill. 1989, art. 11.

Précisons que l'article 13 de la loi prévoit l'extension du bénéfice de l'article 11 aux bailleurs assimilés aux personnes physiques (sociétés civiles familiales et indivisions). Faisant application de ce qui précède, il a, par exemple, été jugé que la perspective de la sortie de l'indivision autorisait le bailleur à conclure un contrat à durée réduite [1].

513.13 Absence de liste énumérative. L'événement doit être précis et la raison invoquée doit être professionnelle ou familiale.

Les raisons et l'événement invoqués doivent faire l'objet d'une mention dans le contrat.

La loi ne dresse pas la liste des événements en question. Il peut s'agir, par exemple, du départ à la retraite du bailleur, de son retour en France (en raison, par exemple, de la fin de son contrat de travail à l'étranger [2]), de sa mutation professionnelle, du besoin de libérer les lieux pour accueillir l'un de ses enfants...

Les tribunaux exercent un contrôle assez strict sur les raisons et l'événement invoqués [3].

513.14 Une jurisprudence exigeante. La conclusion d'un bail de courte durée ne faisant état que de la seule installation d'un enfant n'a pas été admise [4] : il aurait fallu que le bailleur précise les circonstances de l'installation prévue de l'enfant [5].

De même, la seule mention de la nécessité pour le bailleur de reprendre le logement « pour des raisons professionnelles ou familiales », sans préciser ni l'événement ni la raison justifiant la nécessité de la reprise est insuffisante [6].

Par ailleurs, le « désir » de vendre le logement ne permet pas de déroger aux règles relatives à la durée du bail [7]. Il en va de même du « projet » de vendre le bien immobilier donné à bail [8]. Ce, d'autant plus que la vente du logement constitue l'un des motifs admis par l'article 15 de la loi du 6 juillet 1989 pour donner congé en fin de bail [9].

À noter également que la fin d'un conventionnement [10] avec la DDE ne saurait être considérée comme un événement précis au sens de l'article 11 [11].

Retenons que l'événement prévu peut concerner un membre de la famille du bailleur obligé de se loger dans l'appartement repris en raison de son retour en France [12].

Dans tous les cas de figure, la fin de l'affectation temporaire d'un local à l'habitation ne saurait constituer un « événement » au sens de l'article 11 de la loi du 6 juillet 1989 [13] (sur les changements d'affectation v. s^s titre 43).

SECTION 2
RÉGIME DU BAIL À DURÉE RÉDUITE

513.21 Durée, mise en œuvre et loyer. Le régime du bail à durée réduite soulève trois questions. La première a trait à la durée de ce bail, la seconde, à sa mise en œuvre, et la troisième, au loyer applicable.

§ 1
Durée du bail

513.31 Durée d'un an minimum. La durée du bail doit être comprise entre un et trois ans.

§ 2
Procédure

513.41 Notification au locataire de l'événement motif de la durée du bail. Deux mois au moins avant le terme du contrat à durée réduite, le bailleur doit confirmer au locataire la réalisation de l'événement qui a motivé la conclusion d'un tel bail [14]. En réalité, le juge ne se contente pas d'un courrier du bailleur : il exige que celui-ci apporte la preuve de la réalisation de l'événement [15]. Le texte est muet quant à la forme que doit prendre la confirmation. Comme en matière de congé, afin de se constituer une preuve que la notification n'a pas été tardive, le bailleur aura intérêt à adresser à son cocontractant une lettre recommandée avec accusé de réception,

1. TI Paris, 1er mars 1999, *Rev. loyers* 1999. 297, obs. Gélinet.
2. Paris, 13 janv. 2015, RG n° 13/10268, *Rev. loyers* 2015. 75.
3. Pour des exemples, Toulouse, 29 mars 2011, RG n° 10/05230, *AJDI* 2011. 709 – Besançon, 23 mars 2011, RG n° 09/02601, *AJDI* 2011. 788.
4. Paris, 19 févr. 1991, RG n° 90/2751, *D.* 1993. Somm. 173, obs. Bihr, [loi de 1986]; Reims, 5 mars 2014, *Rev. loyers* 2014. 205.
5. Dans la perspective de la réussite à un examen, de la fin du service militaire...
6. Civ. 3e, 14 déc. 1994, n° 92-19.219, *Bull. civ.* III, n° 211; *Administrer* août-sept. 1995, p. 28, note Canu.
7. Bordeaux, 29 juin 1995, *JurisData* n° 044013, *Loyers et copr.* 1996, n° 53 – Montpellier, 12 juin 2001, RG n° 98/03994, *Loyers et copr.* 2002, n° 113, obs. Vial-Pedroletti.
8. Nîmes, 10 janv. 2013, RG n° 12/00504, *AJDI* 2013. 527.
9. V. s^s n°s 534.11 s.
10. En vertu de CCH, art. L. 351-2.
11. Civ. 3e, 18 juill. 2001, n° 99-16.523, NP, *Administrer* mai 2002, p. 36, note Beddeleem.
12. Paris, 17 avr. 1991, RG n° 90/017162, *Loyers et copr.* 1991, n° 322, [loi de 1986].
13. CCH, art. L. 631-7-1.
14. Civ. 3e, 11 juill. 2007, n° 06-17.229, *Bull. civ.* III, n° 131; *D.* 2007. AJ 2162; *ibid.* 2008. Pan. 1305, obs. Damas.
15. Paris, 22 mars 1996, RG n° 94/020361, *Loyers et copr.* 1996, n° 246 – V. aussi Paris, 13 janv. 2015, RG n° 13/10268, *Rev. loyers* 2015. 75.

voire, compte tenu de la jurisprudence applicable en la matière, si le locataire était absent lors de la présentation de ce courrier et s'il tarde à le retirer à la poste, à avoir recours aux services d'un huissier de justice (v. s[s] n° 532.26).

Plusieurs cas de figure sont à distinguer.

513.42 Événement confirmé et avéré. Lorsque ces deux conditions ont été cumulativement remplies, à l'échéance du bail, le locataire est déchu de plein droit de tout titre d'occupation.

513.43 Événement non avéré, ou tardivement confirmé. Que l'événement ne se soit pas produit, qu'il n'ait pas été confirmé ou qu'il ait été confirmé moins de deux mois avant la fin du contrat, la sanction est la même : le bail à durée réduite est transformé en bail à durée normale, c'est-à-dire qu'il est réputé avoir été conclu pour trois ans (la durée minimale légalement requise lorsque le bailleur est une personne physique)[1]. Un cas particulièrement intéressant s'est présenté en jurisprudence : un locataire avait quitté les lieux au terme du contrat à durée réduite, alors même que le bailleur n'avait pas confirmé l'événement. Le locataire ne pouvait par conséquent valablement soutenir que son départ résultait d'un comportement frauduleux du bailleur, bien que, du fait même de l'abstention de celui-ci, le locataire était fondé à revendiquer le bénéfice d'un bail de trois ans[2].

513.44 Réalisation différée de l'événement. En cas de réalisation différée de l'événement (le retour en France du bailleur est reporté, sa mise à la retraite est repoussée, l'installation dans les lieux d'un de ses enfants est retardée du fait de son échec à un examen...), le bailleur a la faculté (dont il ne peut user qu'une seule fois), au moins deux mois avant le terme du contrat, d'en proposer le report.

Un second report serait donc impossible : le bail serait alors *ipso facto* réputé avoir été conclu pour trois ans.

513.45 Schéma récapitulatif.

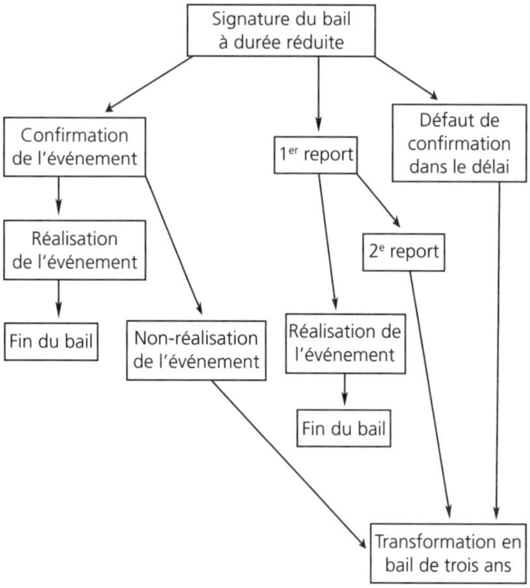

§ 3
Loyer applicable aux baux à durée réduite

513.51 Montant identique. Si, en principe, la fixation du loyer d'un bail à durée réduite ne répond pas à des règles particulières (sur les règles applicables v. s[s] n°s 521.11 s.), il existe cependant une exception : lorsque le contrat à durée réduite « fait suite à un contrat conclu avec le même locataire pour le même local, le montant du nouveau loyer ne peut être supérieur à celui de l'ancien, éventuellement révisé »[3].

1. Civ. 3e, 10 janv. 2007, n° 05.21-408, *Bull. civ.* III, n° 1.
2. Versailles, 15 mai 1998, RG n° 96/00004147, *Loyers et copr.* 1999, n° 114, obs. Vial-Pedroletti; *Gaz. Pal.* 1998. 2. Somm. 628 – Paris, 20 mars 2008, RG n° 06/17937, *AJDI* 2008. 591.
3. L. n° 89-462, 6 juill. 1989, art. 11, *in fine*.

TITRE

52. Le loyer dans le secteur privé

SECTION 0

ORIENTEUR

52.00 Plan du titre.

52.01 Textes applicables.

TEXTES SOURCES

- **L. n° 89-462, 6 juill. 1989, art. 9-1, 16, 17, 17-1, 17-2, 20.**
- **Décr. n° 90-780, 31 août 1990** portant application de l'article 19 de la loi n° 89-462 du 6 juillet 1989 tendant à améliorer les rapports locatifs (*JO* 6 sept., p. 10827).
- **Décr. n° 2014-1334, 5 nov. 2014** relatif aux observatoires locaux des loyers, aux modalités de communication et de diffusion de leurs données et à la création du Comité scientifique de l'observation des loyers (*JO* 7 nov., p. 18813).
- **Décr. n° 2015-650, 10 juin 2015** relatif aux modalités de mise en œuvre du dispositif d'encadrement du niveau de certains loyers et modifiant l'annexe à l'article R. 366-5 du code de la construction et de l'habitation (*JO* 12 juin, p. 9713).
- **Décr. n° 2017-1198, 27 juill. 2017** relatif à l'évolution de certains loyers dans le cadre d'une nouvelle location ou d'un renouvellement de bail, pris en application de l'article 18 de la loi n° 89-462 du 6 juillet 1989 (*JO* 29 juill., n° 142).

52.03 Bibliographie indicative.

Ouvrage. J. Lafond, B. Vial-Pedroletti, *Les baux d'habitation*, 8e éd., LexisNexis, 2017, nos 575 s.

Actualisables. RÉP. CIV., v° « Bail d'habitation et mixte : rapports locatifs individuels – Loi du 6 juillet 1989 », N. Damas, nos 119 s. – LAMY DR. IMMO, nos 5942 s. – DICT. PERM. Gestion immob., « Baux d'habitation et mixtes », nos 210 s.

CHAPITRE

521. Fixation du loyer initial

SECTION 0 ORIENTEUR

521.00 **Plan du chapitre.**

Division – Limites à la liberté contractuelle. Jusqu'à l'entrée en vigueur de la loi du 24 mars 2014[1], dite loi Alur, le loyer initial était librement fixé entre le locataire et le bailleur. En 2012 et 2013, ce principe avait toutefois été tempéré par l'instauration, d'un décret annuel d'encadrement du loyer initial.

Pour les baux conclus à compter du 27 mars 2014, le loyer initial d'un local situé en zone « tendue » est encadré[2].

Par ailleurs, la prise en charge de travaux par l'un ou par l'autre permettra cependant de le moduler.

521.01 **Textes applicables.**

TEXTES SOURCES

• **L. n° 89-462, 6 juill. 1989, art. 16, 17, 17-1, 20.**

• **Décr. n° 2014-1334, 5 nov. 2014** relatif aux observatoires locaux des loyers, aux modalités de communication et de diffusion de leurs données et à la création du Comité scientifique de l'observation des loyers (*JO* 7 nov., p. 18813).

• **Décr. n° 2015-650, 10 juin 2015** relatif aux modalités de mise en œuvre du dispositif d'encadrement du niveau de certains loyers et modifiant l'annexe à l'article R. 366-5 du code de la construction et de l'habitation (*JO* 12 juin, p. 9713).

• **Décr. n° 2017-1198, 27 juill. 2017** relatif à l'évolution de certains loyers dans le cadre d'une nouvelle location ou d'un renouvellement de bail, pris en application de l'article 18 de la loi n° 89-462 du 6 juillet 1989 (*JO* 29 juill., n° 142).

TEXTES *IN EXTENSO*

• **L. 6 juill. 1989, art. 16**

Des observatoires locaux des loyers peuvent être créés à l'initiative des collectivités territoriales, des établissements publics de coopération intercommunale à fiscalité propre compétents en matière d'habitat ou de l'État. Ces observatoires ont notamment pour mission de recueillir les données relatives aux loyers sur une zone géographique déterminée et de mettre à la disposition du public des résultats statistiques représentatifs sur ces données.

Le parc de référence pour l'observation et l'analyse des loyers est constitué de l'ensemble des locaux à usage d'habitation ou à usage mixte professionnel et d'habitation, à l'exception de ceux appartenant aux organismes d'habitations à loyer modéré et aux sociétés d'économie mixte de construction et de gestion des logements sociaux, ainsi que de ceux appartenant aux organismes bénéficiant de l'agrément relatif à la maîtrise d'ouvrage prévu à l'article L. 365-2 du code de la construction et de l'habitation.

Les observatoires locaux des loyers mentionnés au premier alinéa sont agréés par le ministre chargé du logement, dans des conditions fixées par décret, après avis du comité régional de l'habitat et de l'hébergement ou du conseil départemental de l'habitat et de l'hébergement mentionnés à l'article L. 364-1 du même code et sous condition du respect des prescriptions méthodologiques émises par une instance scientifique indépendante chargée de conseiller le ministre chargé du logement, dans des conditions définies par décret. L'agrément n'est accordé qu'aux observatoires dont les statuts assurent la représentation équilibrée des bailleurs, des locataires et des gestionnaires au sein de leurs organes dirigeants ainsi que la présence de personnalités qualifiées au sein de ces organes. L'État et les établissements publics de coopération intercommunale dotés d'un programme local de l'habitat exécutoire sont représentés au sein des organes diri-

1. L. n° 2014-366, 24 mars 2014, *JO* 26 mars, p. 5809.
2. Comme on va le voir, l'entrée en vigueur du nouveau dispositif est toutefois subordonnée à la publication de plusieurs textes réglementaires.

geants des observatoires. Toutefois, peuvent être agréés, à titre transitoire et jusqu'au 31 décembre 2015, les observatoires locaux des loyers dont les statuts ne sont pas conformes aux dispositions du présent article. Les observatoires locaux des loyers sont intégrés dans le dispositif d'observation de l'habitat défini à l'article L. 302-1 dudit code.

Les observatoires locaux des loyers peuvent prendre la forme d'association ou de groupement d'intérêt public.

Ils transmettent l'ensemble de leurs données à l'association nationale mentionnée au troisième alinéa de l'article L. 366-1 du même code. Un décret fixe les conditions dans lesquelles ces données sont transmises et peuvent être communiquées à des tiers.

L'organisme mentionné à l'article L. 223-1 du code de la sécurité sociale transmet à l'association nationale mentionnée au troisième alinéa de l'article L. 366-1 du code de la construction et de l'habitation les données dont il dispose relatives aux loyers et aux caractéristiques des logements dont les occupants bénéficient de l'allocation mentionnée aux articles L. 542-1 et L. 831-1 du code de la sécurité sociale, ainsi que le nom et l'adresse des propriétaires de ces logements. Un décret en Conseil d'État fixe la nature de ces données et leurs conditions de transmission et d'utilisation.

• **L. 6 juill. 1989, art. 17**

I. – Les zones d'urbanisation continue de plus de 50 000 habitants où il existe un déséquilibre marqué entre l'offre et la demande de logements, entraînant des difficultés sérieuses d'accès au logement sur l'ensemble du parc résidentiel existant, qui se caractérisent notamment par le niveau élevé des loyers, le niveau élevé des prix d'acquisition des logements anciens ou le nombre élevé de demandes de logement par rapport au nombre d'emménagements annuels dans le parc locatif social, sont dotées d'un observatoire local des loyers prévu à l'article 16 de la présente loi. Un décret fixe la liste des communes comprises dans ces zones.

Dans ces zones, le représentant de l'État dans le département fixe chaque année, par arrêté, un loyer de référence, un loyer de référence majoré et un loyer de référence minoré, exprimés par un prix au mètre carré de surface habitable, par catégorie de logement et par secteur géographique.

Les catégories de logement et les secteurs géographiques sont déterminés en fonction de la structuration du marché locatif constatée par l'observatoire local des loyers.

Chaque loyer de référence est égal au loyer médian calculé à partir des niveaux de loyers constatés par l'observatoire local des loyers selon les catégories de logement et les secteurs géographiques.

Chaque loyer de référence majoré et chaque loyer de référence minoré sont fixés respectivement par majoration et par minoration du loyer de référence.

Les compétences attribuées au représentant de l'État dans le département par le présent article sont exercées, dans la région d'Île-de-France, par le représentant de l'État dans la région.

Le loyer de référence majoré est égal [Rédaction conforme à l'article 1er de la décision du Conseil constitutionnel n° 2014-691 DC du 20 mars 2014] à un montant supérieur de 20 % au loyer de référence.

Le loyer de référence minoré est égal [Rédaction conforme à l'article 1er de la décision du Conseil constitutionnel n° 2014-691 DC du 20 mars 2014] au loyer de référence diminué de 30 %.

II. – A. – Dans les zones où s'applique l'arrêté mentionné au I, le loyer de base des logements mis en location est fixé librement entre les parties lors de la conclusion du contrat de bail, dans la limite du loyer de référence majoré. Une action en diminution de loyer peut être engagée si le loyer de base prévu dans le contrat de bail est supérieur au loyer de référence majoré en vigueur à la date de signature dudit contrat.

B. – Un complément de loyer [Dispositions déclarées non conformes à la Constitution par décis. Cons. const., n° 2014-691 DC, 20 mars 2014] peut être appliqué au loyer de base tel que fixé au A pour des logements présentant des caractéristiques de localisation ou de confort [Dispositions déclarées non conformes à la Constitution par décis. Cons. Const. n° 2014-691 DC, 20 mars 2014] par comparaison avec les logements de la même catégorie situés dans le même secteur géographique. Les modalités d'application du présent alinéa sont précisées par décret en Conseil d'État.

Le montant du complément de loyer [Dispositions déclarées non conformes à la Constitution par décis. Cons. const., n° 2014-691 DC, 20 mars 2014] et les caractéristiques du logement le justifiant sont mentionnés au contrat de bail.

Lorsqu'un complément de loyer [Dispositions déclarées non conformes à la Constitution par décis. Cons. const., n° 2014-691 DC, 20 mars 2014] est appliqué, le loyer s'entend comme la somme du loyer de base et de ce complément.

Un complément de loyer [Dispositions déclarées non conformes à la Constitution par décis. Cons. const., n° 2014-691 DC, 20 mars 2014] ne peut être appliqué à un loyer de base inférieur au loyer de référence majoré.

Le locataire qui souhaite contester le complément de loyer [Dispositions déclarées non conformes à la Constitution par décis. Cons. const., n° 2014-691 DC, 20 mars 2014] dispose d'un délai de trois mois à compter de la signature du bail pour saisir la commission départementale de conciliation prévue à l'article 20 de la présente loi.

En cas de contestation, il appartient au bailleur de démontrer que le logement présente des caractéristiques de localisation ou de confort [Dispositions déclarées non conformes à la Constitution par décis. Cons. const., n° 2014-691 DC, 20 mars 2014] par comparaison avec les logements de la même catégorie situés dans le même secteur géographique.

En cas de conciliation, le montant du loyer, tenant compte de l'éventuel complément de loyer, [Dispositions déclarées non conformes à la Constitution par décis. Cons. const., n° 2014-691 DC, 20 mars 2014] est celui fixé par le document de conciliation délivré par la commission départementale de conciliation.

En l'absence de conciliation, le locataire dispose d'un délai de trois mois à compter de la réception de l'avis de la commission départementale de conciliation pour saisir le juge d'une demande en annulation ou en diminution du complément de loyer [Dispositions déclarées non conformes à la Constitution par la décision du Conseil constitutionnel n° 2014-691 DC du 20 mars 2014]. La fin de non-recevoir tirée de l'absence de saisine préalable de la commission départementale de conciliation peut être soulevée d'office par le juge.

Dans les deux cas, le loyer résultant du document de conciliation ou de la décision de justice s'applique à compter de la prise d'effet du bail.

III. – En dehors des territoires mentionnés au I, la fixation du loyer des logements mis en location est libre.

IV. – Un décret en Conseil d'État fixe les modalités d'application du présent article.

• **L. 6 juill. 1989, art. 17-1**

I. – Lorsque le contrat prévoit la révision du loyer, celle-ci intervient chaque année à la date convenue entre les parties ou, à défaut, au terme de chaque année du contrat.

La variation qui en résulte ne peut excéder, à la hausse, la variation d'un indice de référence des loyers publié par l'Institut national de la statistique et des études économiques chaque trimestre et qui correspond à la moyenne, sur les douze derniers mois, de l'évolution des prix à la consommation hors tabac et hors loyers. À défaut de clause contractuelle fixant la date de référence, cette date est celle du dernier indice publié à la date de signature du contrat de location.

À défaut de manifester sa volonté d'appliquer la révision du loyer dans un délai d'un an suivant sa date de prise d'effet, le bailleur est réputé avoir renoncé au bénéfice de cette clause pour l'année écoulée.

Si le bailleur manifeste sa volonté de réviser le loyer dans le délai d'un an, cette révision de loyer prend effet à compter de sa demande.

II. – Lorsque les parties sont convenues, par une clause expresse, de travaux d'amélioration du logement que le bailleur fera exécuter, le contrat de location ou un avenant à ce contrat peut fixer la majoration du loyer consécutive à la réalisation de ces travaux. Cette majoration ne peut faire l'objet d'une action en diminution de loyer.

• **L. 6 juill. 1989, art. 20**

Il est créé, auprès du représentant de l'État dans chaque département, une commission départementale de conciliation composée de représentants d'organisations de bailleurs et d'organisations de locataires, en nombre égal. La commission rend un avis dans le délai de deux mois à compter de sa saisine et s'efforce de concilier les parties.

La compétence de la commission porte sur :

1° Les litiges résultant de l'application des articles 17, 17-1, 17-2 et 18 de la présente loi et des articles 30 et 31 de la loi n° 86-1290 du 23 décembre 1986 tendant à favoriser l'investissement locatif, l'accession à la propriété de logements sociaux et le développement de l'offre foncière;

2° Les litiges relatifs aux caractéristiques du logement mentionnées aux deux premiers alinéas de l'article 6 de la présente loi;

3° Les litiges relatifs à l'état des lieux, au dépôt de garantie, aux charges locatives et aux réparations;

4° Les litiges relatifs aux congés délivrés en application de l'article 15;

5° Les difficultés résultant de l'application des accords collectifs nationaux ou locaux prévus aux articles 41 *ter* et 42 de la loi n° 86-1290 du 23 décembre 1986 précitée ou de l'application du plan de concertation locative prévu à l'article 44 *bis* de la même loi et les difficultés résultant des modalités de fonctionnement de l'immeuble ou du groupe d'immeubles.

Pour le règlement des litiges mentionnés aux 1° à 4° du présent article, la commission départementale de conciliation peut être saisie par le bailleur ou le locataire. Pour le règlement des difficultés mentionnées au 5°, elle peut être saisie par le bailleur, plusieurs locataires ou une association représentative de locataires.

À défaut de conciliation entre les parties, elle rend un avis comportant l'exposé du différend et la position des parties ainsi que, le cas échéant, celle de la commission. Cet avis peut être transmis au juge par l'une ou l'autre des parties. En cas de conciliation, elle établit un document de conciliation comportant les termes de l'accord trouvé.

La composition de la commission départementale de conciliation, le mode de désignation de ses membres, son organisation et ses règles de saisine et de fonctionnement sont fixés par décret.

521.03 Bibliographie indicative.

Ouvrage. J. Lafond, B. Vial-Pedroletti, *Les baux d'habitation*, 8e éd., LexisNexis, 2017, nos 576 s. et 626 s.

Actualisables. RÉP. CIV., v° « Bail d'habitation et mixte : rapports locatifs individuels – Loi du 6 juillet 1989 », N. Damas, nos 121, 144 – LAMY DR. IMMO, nos 5943 s. – DICT. PERM. Gestion immob., « Baux d'habitation et mixtes », nos 211 s.

SECTION 1
RÉGIME ANTÉRIEUR À LA LOI ALUR : UN LOYER EN PRINCIPE LIBREMENT FIXÉ PAR LES PARTIES

521.11 Principe de la libre fixation du loyer initial. Depuis le 1er août 1997, c'est la liberté contractuelle qui a vocation à s'appliquer pour la fixation de tout loyer initial.

En effet, avant la loi du 24 mars 2014 [1], dite loi Alur, la loi du 6 juillet 1989 [2] distinguait les logements pour lesquels le loyer est fixé librement (art. 17 *a*) des logements dont le loyer doit être déterminé par référence aux loyers pratiqués dans le voisinage (art. 17 *b*). Cependant, dans la mesure où cet article 17 *b* précisait que « les dispositions [de fixation des loyers par références] sont applicables jusqu'au 31 juillet 1997 » et qu'aucun texte n'était venu repousser cette date butoir, depuis le 1er août 1997, les loyers initiaux de tous les logements relevant de la loi de 1989 étaient fixés en toute liberté par les contractants.

521.12 Encadrement du loyer initial. Un décret du 20 juillet 2012 [3], dont les modalités ont été

1. L. n° 2014-366, 24 mars 2014, *JO* 26 mars, p. 5809.
2. L. n° 89-462, 6 juill. 1989, art. 17.
3. Décr. n° 2012-894, 20 juill. 2012 relatif à l'évolution de certains loyers dans le cadre d'une nouvelle location ou d'un renouvellement de bail, pris en application de l'article 18 de la loi n° 89-462, 6 juill. 1989, *JO* 21 juill.

pérennisées par un décret du 30 juillet 2013 [1], prévoyait l'encadrement du loyer d'un logement vacant situé dans une zone tendue.

Ces décrets avaient été pris au visa de l'ancien article 18 de la loi du 6 juillet 1989, qui permettait d'encadrer les loyers par voie réglementaire pour une période qui ne pouvait excéder un an.

Précisons que si la validité de ces décrets d'encadrement était limitée à un an (v. ci-dessous), leurs effets vont au-delà de cette durée pour s'appliquer pendant toute la durée du bail [2].

521.13 **Logements visés.** Les logements concernés étaient ceux qui sont vacants au sens de l'article 17 *b* de la loi du 6 juillet 1989, soit des logements non neufs ou assimilés visés à l'ancien article 17 *a*.

Les agglomérations concernées étaient celles qui connaissaient une situation anormale du marché locatif au sens de l'ancien article 18 de la loi du 6 juillet 1989, soit, aux termes du décret du 30 juillet 2013, 39 agglomérations (28 en métropole et 11 dans les départements d'outre-mer).

En 2013, étaient visées les agglomérations d'Amiens, d'Annecy, d'Annemasse, d'Arles, d'Arras, de Beauvais, de Bordeaux, de Caen, de Compiègne, de Creil, de Fréjus, de Grenoble, de La Rochelle, du Havre, de Lille, de Lyon, de Marseille - Aix en Provence, de Meaux, de Menton, de Montpellier, de Nantes, de Nice, de Paris, de Rouen, de Rennes, de Strasbourg, de Toulon, de Toulouse, de Basse Terre, de Cayenne, de Fort de France, du Robert, de Mamoudzou, de Pointe-à-Pitre - Les Abymes, de Saint André, de Saint-Denis, de Saint-Louis, de Saint-Paul et de Saint-Pierre. [3]

521.14 **Mécanisme d'encadrement.** Aux termes du décret du 30 juillet 2013 [4], pris au visa de l'ancien article 18 de la loi du 6 juillet 1989 lorsqu'un logement vacant tel que défini à l'article 17 *b* de la loi du 6 juillet 1989, faisait l'objet d'une nouvelle location entre le 1er août 2013 et le 31 juillet 2014, le loyer ne pouvait excéder le dernier loyer appliqué au précédent locataire, révisé dans les limites prévues à l'ancien *d* du même article (à propos de la révision du loyer, v. s^s^ n°s 523.11 s.).

521.15 **Conditions de réévaluation.** Le loyer du nouveau contrat de location pouvait toutefois être réévalué dans les conditions et les limites suivantes :

- Lorsque le bailleur avait réalisé, depuis la conclusion du dernier contrat, des travaux d'amélioration portant sur les parties privatives ou communes d'un montant au moins égal à la moitié de la dernière année de loyer, une hausse du loyer annuel pouvait intervenir, mais ne pouvait excéder 15 % du coût réel des travaux toutes taxes comprises.

- Lorsque le dernier loyer appliqué au précédent locataire était manifestement sous-évalué, la hausse du nouveau loyer ne pouvait excéder la plus élevée des deux limites suivantes :

- la moitié de la différence entre le montant moyen d'un loyer représentatif des loyers habituellement constatés dans le voisinage pour des logements comparables déterminé selon les modalités prévues à l'ancien article 19 de la loi du 6 juillet 1989 [5] (à propos des références de loyer, v. s^s^ n°s 522.51 s.) et le dernier loyer appliqué au précédent locataire;

- une majoration du loyer annuel égale à 15 % du coût réel des travaux TTC, lorsque le bailleur avait réalisé depuis la fin du dernier contrat de location des travaux d'amélioration portant sur les parties privatives ou communes d'un montant au moins égal à la moitié de la dernière année de loyer.

Le texte précisait en outre :

- que le coût des travaux d'amélioration portant sur les parties communes à prendre en compte était déterminé en fonction des millièmes correspondant au logement en cause;

- que les dispositions du décret du 30 juillet 2013 ne faisaient pas obstacle à l'application des clauses par lesquelles les parties ont convenu que le bailleur réaliserait des travaux d'amélioration en contrepartie d'une augmentation de loyer (L. 6 juill. 1989, anc. art. 17 *e*, v. s^s^ n°s 412.41 s.) ou des accords collectifs locaux conclus en application de l'article 42 de la loi « Méhaignerie » du 23 décembre 1986 [6] (au sujet desquels, v. s^s^ n°s 912.11 s.);

- que la commission départementale de conciliation prévue à l'article 20 de la loi du 6 juillet 1989 (v. s^s^ n°s 911.11 s.) était compétente pour connaître des différends relatifs à l'application du décret d'encadrement du 30 juillet 2013. Elle pouvait être saisie et se prononçait selon les modalités définies au même article.

1. Décr. n° 2013-689, 30 juill. 2013, *JO* 31 juill., p. 11956.
2. À PROPOS des décrets d'encadrement antérieurs : Civ. 3e, 12 avr. 1995, n° 93-18.839, NP, *AJPI* 1995. 592, note Blatter – Civ. 3e, 11 mai 1995, 93-12.753, *Bull. civ.* III, n° 116; *Administrer* nov. 1995, p. 42, note Canu – CE 28 juill. 1999, req. n° 200956, *RJDA* 1999, n° 1186 – Paris, 19 mars 1991, RG n° 15505/90, *D.* 1993. Somm. 177, obs. Bihr.
3. POUR le détail des communes concernées : v. le *Code des baux* Dalloz, App., v° *Encadrement des loyers.*
4. Décr. n° 2013-689, 30 juill. 2013, *JO* 31 juill., p. 11956.
5. Abrogé par L. n° 2014-366, 24 mars 2014, *JO* 26 mars, p. 5809.
6. L. n° 86-1290, 23 déc. 1986, *JO* 24 déc. 1986, p. 15531.

SECTION 2
RÉGIME D'ENCADREMENT INSTAURÉ PAR LA LOI ALUR

§ 1
Champs du régime

521.21 Périmètre des mesures d'encadrement. L'article 17 de la loi du 6 juillet 1989, dans sa rédaction issue de la loi du 24 mars 2014, dite loi Alur, qui, aux termes de la loi n° 2015-990 du 6 août 2015, dite Macron, s'applique aux nouveaux baux et aux baux faisant l'objet d'un renouvellement, mais non aux baux tacitement reconduits [1], instaure un régime d'encadrement des loyers dans les seules zones « tendues ».

En dehors de ces zones tendues, la fixation du loyer des logements mis en location est libre.

521.22 Notion de « zone tendue ». La notion de « zone tendue » est définie au I du nouvel article 17 de la loi du 6 juillet 1989.

Il s'agit des « zones d'urbanisation continue de plus de 50 000 habitants où il existe un déséquilibre marqué entre l'offre et la demande de logements, entraînant des difficultés sérieuses d'accès au logement sur l'ensemble du parc résidentiel existant, qui se caractérisent notamment par le niveau élevé des loyers, le niveau élevé des prix d'acquisition des logements anciens ou le nombre élevé de demandes de logement par rapport au nombre d'emménagements annuels dans le parc locatif social ».

521.23 Liste des communes. Le décret n° 2015-650 du 10 juin 2015 [2] fixe la liste des communes comprises dans ces zones, lesquelles devront se doter d'un observatoire local des loyers au sens de l'article 16 nouveau de la loi du 6 juillet 1989.

Aux termes de l'article 1er du décret du 10 juin 2015 [3], il s'agit des communes des zones mentionnées à la liste annexée au décret n° 2013-392 du 10 mai 2013 relatif au champ d'application de la taxe annuelle sur les logements vacants, instituée par l'article 232 du code général des impôts. Sont donc concernées les agglomérations d'Ajaccio, Annecy, Arles, Bastia, Bayonne, Beauvais, Bordeaux, Draguignan, Fréjus, Genève-Annemasse, Grenoble, La Rochelle, La Teste-de-Buch – Arcachon, Lille, Lyon, Marseille – Aix-en-Provence, Meaux, Menton-Monaco, Montpellier, Nantes, Nice, Paris, Saint-Nazaire, Sète, Strasbourg, Thonon-les-Bains, Toulon et Toulouse [4] [5].

À noter qu'aux termes de l'article 6 du décret du 10 juin 2015, t 1989 la liste des communes concernées peut être modifiée par décret.

§ 2
Observatoires locaux des loyers

521.31 Initiative de création. Aux termes du nouvel article 16 de la loi du 6 juillet 1989 issu de la loi du 24 mars 2014, dite loi Alur, des observatoires locaux des loyers peuvent être créés à l'initiative des collectivités territoriales, des EPCI à fiscalité propre compétents en matière d'habitat ou de l'État.

521.32 Forme. Les observatoires locaux des loyers peuvent prendre la forme d'association ou de groupement d'intérêt public.

521.33 Agrément. Ces observatoires sont agréés par le ministre chargé du logement, dans des conditions fixées par le décret n° 2014-1334 du 5 novembre 2014 [6], après avis du comité régional de l'habitat et de l'hébergement ou du conseil départemental de l'habitat et de l'hébergement mentionnés à l'article L. 364-1 du code de la construction et de l'habitation et sous condition du respect des prescriptions méthodologiques émises par le comité scientifique d'observation des loyers, instance indépendante chargée de conseiller le ministre chargé du logement, dans des conditions définies par l'article 5 du même décret [7, 8].

1. L. n° 2015-990 du 6 août 2015, art. 82-II, *JO* 7 août, p. 13537 s., en vigueur le 8 août 2015.
2. *JO* 12 juin, p. 9713.
3. *JO* 12 juin, p. 9713.
4. V. le texte de ce décret *in Code des baux* Dalloz, App., v° *Taxe sur les logements vacants*.
5. L'art. 232 du CGI a été modifié par l'art. 100 de la loi n° 2017-256 du 28 février 2017 (*JO* 1er mars, n° 1). Aux termes de cette modification, la liste des communes où la taxe est instituée inclut les communes situées dans les collectivités régies par l'art. 73 de la Constitution *[relatif aux départements et régions d'outre-mer]* comprises dans une zone d'urbanisation continue de plus de 50 000 habitants où existe un déséquilibre marqué entre l'offre et la demande de logements, entraînant des difficultés sérieuses d'accès au logement sur l'ensemble du parc résidentiel existant, qui se caractérisent notamment par le niveau élevé des loyers, le niveau élevé des prix d'acquisition des logements anciens ou le nombre élevé de demandes de logement par rapport au nombre d'emménagements annuels dans le parc locatif social.
6. *JO* 7 nov., p. 18813.
7. V. AUSSI l'avis du 25 nov. 2014 relatif aux prescriptions méthodologiques émises par le comité scientifique de l'observation des loyers (*JO* 2 déc.), précisant que ces prescriptions peuvent être consultées sur le site du ministère du logement, de l'égalité des territoires et de la ruralité : http://www.territoires.gouv.fr.
8. Garant de la qualité statistique des données diffusées par les observatoires et placé auprès du ministre chargé du ▶

L'agrément n'est accordé qu'aux observatoires dont les statuts assurent la représentation équilibrée des bailleurs, des locataires et des gestionnaires au sein de leurs organes dirigeants ainsi que la présence de personnalités qualifiées au sein de ces organes. L'État et les EPCI dotés d'un programme local de l'habitat exécutoire sont représentés au sein des organes dirigeants des observatoires [1].

Délivré (et retiré) par le ministre chargé du logement, l'agrément nécessite qu'un dossier (dont le contenu est défini par un arrêté du 10 novembre 2014 [2]) soit constitué. Après avoir vérifié l'ensemble des éléments fournis, le ministre transmet la demande d'agrément au préfet de région, lequel la soumet pour avis au comité régional de l'habitat et de l'hébergement ou au conseil départemental de l'habitat et de l'hébergement.

L'agrément est accordé à l'organisme pour un périmètre géographique donné constitué par une liste de communes dès lors que celui-ci justifie :

- du respect des prescriptions méthodologiques définies par le comité scientifique de l'observation des loyers [3] concernant les modalités de définition des objectifs de collecte des données, la méthode de collecte, de contrôle et de traitement des données ainsi que les modalités de diffusion des résultats par l'observatoire;

- d'une représentation équilibrée des bailleurs, des locataires et des gestionnaires au sein de ses organes dirigeants ainsi que de la présence de personnalités qualifiées dans le domaine du logement ou de la statistique au sein de ces organes;

- d'un statut d'association ou de groupement d'intérêt public;

- de la représentation au sein des organes dirigeants de l'observatoire des préfets de département ou de région ou de leurs représentants;

- de la représentation des EPCI dotés d'un programme local de l'habitat exécutoire au sein des organes dirigeants de l'observatoire. C'est ainsi qu'ont été agréés en application de décret n° 2014-1334 du 5 novembre 2014, l'association Observatoire des loyers de l'agglomération parisienne (OLAP) [4], l'agence départementale pour l'information sur le logement (ADIL) du Nord [5] et l'agence départementale d'information sur le logement (ADIL) de l'Orne [6].

521.34 **Missions.** Ces observatoires ont notamment pour mission de recueillir les données relatives aux loyers sur une zone géographique déterminée et de mettre à la disposition du public des résultats statistiques représentatifs sur ces données.

Ils transmettent l'ensemble de leurs données à l'association nationale mentionnée au troisième alinéa de l'article L. 366-1 du code de la construction et de l'habitation (il s'agit de l'Agence nationale d'information pour le logement – ANIL). Le décret n° 2014-1334 du 5 novembre 2014 et l'arrêté du 10 novembre 2014 précité [7] fixent les conditions dans lesquelles ces données sont transmises et peuvent être communiquées à des tiers.

L'observatoire agréé :

- transmet les données qu'il a collectées et complétées à l'ANIL;

- met à la disposition du public une publication annuelle de ses résultats retraités et agrégés [8];

- anomymise et communique les données dont il dispose;

- transmet ces données anonymisées aux préfets de région et de département, ainsi qu'au service statistique du ministère chargé du logement;

▶ logement, le comité scientifique définit les prescriptions méthodologiques applicables, émet des avis et est informé de la mise en œuvre de la politique de valorisation et de diffusion des informations à caractère scientifique et technique. Il assure par ailleurs une veille du dispositif. Il est composé de cinq experts nommés par arrêté du ministre chargé du logement pour un mandat de trois ans renouvelable et choisis en raison de leur qualification en matière économique dans le domaine du logement ou des statistiques. Il se réunit sur convocation du ministre chargé du logement ou de son président, au moins une fois par an. Gratuites, les fonctions de membre du comité peuvent donner lieu à des remboursements de frais de transport et de séjour. Le fonctionnement de ce comité est régi par les articles 4 à 7, 9 et 12 à 14 du décret n° 2006-672 du 8 juin 2006 (*JO* 9 juin, p. 8706) relatif aux commissions administratives à caractère consultatif ainsi que par le règlement intérieur qu'il établit. Son secrétariat est assuré par le service statistique du ministre chargé du logement.

1. Toutefois, pouvaient être agréés, à titre transitoire et jusqu'au 31 décembre 2015, les observatoires locaux des loyers dont les statuts n'étaient sont pas conformes aux dispositions de l'article 16.
2. *JO* 14 nov., p. 19190
3. Dont la composition, les missions et les règles de fonctionnement sont définies à l'article 5 du décret n° 2014-1334 du 5 novembre 2014 (*JO* 7 nov.) – V. aussi l'avis du 25 nov. 2014 relatif aux prescriptions méthodologiques émises par le comité scientifique de l'observation des loyers (*JO* 2 déc.), précisant que ces prescriptions peuvent être consultées sur le site du ministère du logement, de l'égalité des territoires et de la ruralité : http://www.territoires.gouv.fr.
4. Par arr. du 22 déc. 2014, *JO* 26 déc. [pour la commune de Paris] et par arr. 29 juin 2016, *JO* 8 juill. [pour l'unité urbaine de Paris, regroupant 400 communes franciliennes de Seine-et-Marne, des Yvelines, de l'Essonne, de Hauts-de-Seine, de la Seine-Saint-Denis, du Val-de-Marne et du Val d'Oise)
5. Arr. 25 mars 2015, *JO* 28 mars, rect. 25 avr.
6. Arr. 4 mai 2015, *JO* 8 mai.
7. *JO* 7 nov.
8. L'arrêté précité du 10 nov. 2014 (*JO* 14 nov., p. 19190) précise notamment quels sont les informations que doivent contenir les résultats retraités de l'observatoire (publiés annuellement).

- peut habiliter les chercheurs qui en font la demande motivée à accéder aux données individuelles, par l'intermédiaire d'un centre d'accès sécurisé et dans des conditions fixées par arrêté du ministre chargé du logement (cette habilitation peut également émaner de l'ANIL);

- rend compte de son activité dans un rapport annuel dont le contenu est précisé par l'arrêté précité du 10 novembre 2014 [1].

À noter, que selon le nouvel article 16 de la loi du 6 juillet 1989, la Caisse nationale des allocations familiales transmet également à l'ANIL les données dont elle dispose relatives aux loyers et aux caractéristiques des logements dont les occupants bénéficient de l'allocation de logement mentionnée aux articles L. 542-1 et L. 831-1 du code de la sécurité sociale, ainsi que le nom et l'adresse des propriétaires de ces logements.

521.35 **Parc de référence.** Pour l'observation et l'analyse des loyers, ce parc de référence est constitué de l'ensemble des locaux à usage d'habitation ou à usage mixte professionnel et d'habitation, à l'exception de ceux appartenant aux organismes d'HLM et aux SEM de construction et de gestion des logements sociaux, ainsi que de ceux appartenant aux organismes bénéficiant de l'agrément relatif à la maîtrise d'ouvrage prévu à l'article L. 365-2 du code de la construction et de l'habitation.

521.36 **Collecte des données.** Les données peuvent émaner de deux canaux :

Tout d'abord, aux termes de l'article 5-II de la loi du 6 juillet 1989, issu de la loi du 24 mars 2014, dite loi Alur, les professionnels qui interviennent, à quelque titre que ce soit, lors de la conclusion du contrat de bail d'un logement, lors de la location ou pour en assurer la gestion locative communiquent à l'observatoire local des loyers compétent, des informations relatives au logement et au contrat de location. Cette communication s'effectue directement ou par l'intermédiaire d'un organisme tiers qui transmet ces informations à l'ANIL, selon une méthodologie validée par l'instance scientifique mentionnée audit article. La nature de ces informations et les conditions dans lesquelles elles sont transmises sont définies par décret.

Selon l'article 4 du décret n° 2014-890 du 1er août 2014 [2], les professionnels concernés par la collecte des données (v. ci-dessus) transmettent, chaque année, par fichier informatique, à l'observatoire local des loyers compétent agréé par le ministre chargé du logement, les catégories d'informations suivantes :

- identifiant du logement interne au système d'information du professionnel;
- localisation du logement;
- caractéristiques principales du logement;
- informations relatives au loyer;
- date d'entrée du locataire dans le logement.

L'arrêté précité du 10 novembre 2014 [3] a fixé le contenu de ces catégories d'informations, leur date limite de transmission et les caractéristiques du fichier informatique.

Par ailleurs, selon le décret n° 2014-890 du 1er août 2014 précité [4], lorsque la communication des informations s'effectue par l'intermédiaire d'un organisme tiers, celui-ci les transmet, dans les mêmes conditions, sans en modifier le contenu et complétées par les coordonnées de l'organisme professionnel ayant transmis les données en premier lieu, à l'ANIL qui les transmet à son tour, dans un délai d'un mois, en intégralité, à l'observatoire local des loyers avec mention de l'identité de l'organisme professionnel ayant transmis les données en premier lieu.

Le texte précise enfin que l'observatoire local des loyers ou, le cas échéant, l'ADIL délivre au professionnel un certificat de transmission des informations. Ce certificat peut être délivré par voie électronique.

Ensuite, toute personne intéressée peut communiquer à l'observatoire les mêmes informations.

§ 3
Mesures d'encadrement

521.41 **Double encadrement.** Le loyer est soumis à un double encadrement. Le premier émane du préfet, tandis que l'autre est le fait du pouvoir réglementaire.

A.
Encadrement émanant du préfet

521.51 **Principe. Encadrement du loyer émanant du préfet.** Dans les zones tendues (définies s[s] n° 521.22), le préfet fixe chaque année, par arrêté, un loyer de référence, un loyer de référence majoré et un loyer de référence minoré, tous exprimés par un prix au m^2 de surface habitable, par catégorie de logement et par secteur géographique.

521.52 **Loyers de référence.** *Chaque loyer de référence* est « égal au loyer médian calculé à partir des niveaux de loyers constatés par l'observatoire local

1. *JO* 14 nov., p. 19190.
2. *JO* 6 août, p. 13028.
3. *JO* 14 nov., p. 19190.
4. *JO* 6 août, p. 13028.

des loyers selon les catégories de logement et les secteurs géographiques ». Les catégories de logement et les secteurs géographiques sont déterminés en fonction de la structuration du marché locatif constatée par l'observatoire local des loyers [1].

À propos des loyers de référence, le décret n° 2015-650 du 10 juin 2015 [2] indique :

• que les catégories de logement sont déterminées en fonction au moins des caractéristiques du logement relatives au type de location, meublée ou non meublée, au nombre de pièces principales au sens de l'article R. 111-1-1 du code de la construction et de l'habitation et à l'époque de construction;

• que les secteurs géographiques délimitent des zones homogènes en termes de niveaux de loyer constatés sur le marché locatif.

Chaque loyer de référence majoré (égal à un montant supérieur de 20 % au loyer de référence) et chaque loyer de référence minoré (égal au loyer de référence diminué de 30 %) sont « fixés respectivement par majoration et par minoration du loyer de référence » [3].

521.53 Liberté de fixation du loyer de base. Lors de la conclusion du contrat de bail, le *loyer de base* des logements mis en location est alors *fixé librement*, dans la limite du loyer de référence majoré.

Une action en diminution de loyer peut toutefois être engagée si le loyer de base prévu dans le contrat de bail est supérieur au loyer de référence majoré en vigueur à la date de signature du bail.

521.54 Complément de loyer. Un complément de loyer peut toutefois être appliqué à ce loyer de base pour des logements présentant des « caractéristiques de localisation ou de confort par comparaison avec les logements de la même catégorie situés dans le même secteur géographique ».

Aux termes du décret n° 2015-650 du 10 juin 2015 [4], ces caractéristiques ne vont permettre l'application d'un complément de loyer que dès lors qu'elles réunissent les conditions suivantes :

• elles n'ont pas été prises en compte pour la détermination du loyer de référence correspondant au logement;

• elles sont déterminantes pour la fixation du loyer, notamment par comparaison avec les logements de la même catégorie situés dans le même secteur géographique;

• elles ne donnent pas lieu à récupération par le bailleur au titre des charges, ni à la contribution pour le partage des économies d'énergie pour les travaux réalisés par le bailleur.

On précisera, d'une part, que le montant du complément de loyer et les caractéristiques du logement le justifiant doivent être mentionnés dans le bail et, d'autre part, qu'un complément de loyer ne peut être appliqué à un loyer de base inférieur au loyer de référence majoré.

521.55 Encadrement des loyers parisiens et lillois. A Paris, par un arrêté du 21 juin 2017 [5], en vigueur le 1er août 2017 et révisable tous les ans, le préfet de région a pris les mesures nécessaires à l'encadrement des loyers parisiens.

À Lille (ainsi que les communes de Hellemmes et Lhomme, qui lui sont associées), l'encadrement résulte d'un arrêté du 16 décembre 2016 [6] (en vigueur à compter du 1er février 2017 et jusqu'au 31 janvier 2018).

Ces arrêtés comportent en annexe :

– la liste des secteurs géographiques concernés (pour Paris, il existe quatorze secteurs soit, 80 quartiers et pour Lille, 4 secteurs);

– les loyers de référence, loyers de référence majorés et loyers de références minorés tant pour les locations non meublées que pour les locations meublées (auxquelles est appliqué une majoration unitaire par m^2). Ces loyers sont exprimés par un prix au mètre carré de surface habitable, par catégorie de logement (nombre de pièces principales au sens de l'article R. 111-1-1 du code de la construction et de l'habitation et époque de construction) et par secteur géographique.

Pour Paris, une carte interactive est disponible sur le site de la Direction régionale et interdépartementale de l'hébergement et du logement (DRIHL) pour connaître les montants des loyers par type de logement, par quartier ou par adresse [7]. Et l'Agence départementale d'information sur le logement de Paris (ADIL 75 [8]) est mandatée par la DRIHL pour répondre à toutes les questions des particuliers et des professionnels.

1. L. n° 89-462, 6 juill. 1989, art. 17, issu L. 24 mars 2014, dite loi Alur.
2. *JO* 12 juin, p. 9713 – Déclarant infondée la demande d'annulation de ce décret, v. CE 9 déc. 2016, n° 392538, *Dalloz actu.*, n° 392538.
3. L. n° 89-462, 6 juill. 1989, art. 17, issu L. 24 mars 2014, dite loi Alur.
4. *JO* 12 juin, p. 9713.
5. Arr. n° 2017-06-21-009, 21 juin 2017, publié au *Recueil des actes administratifs de la préfecture de la région d'Île-de-France*, abrogeant Arr. n° 2016-06-20-001, 20 juin 2016, ayant lui-même abrogé Arr. n° 2015-176-0007, 25 juin 2015.
6. Arr. 16 déc. 2016, publié au *Recueil des actes administratifs de la préfecture du Nord*, nos 327 à 333, 19 déc. 2016.
7. http://www.drihl.ile-de-france.developpement-durable.gouv.fr/le-dispositif-d-encadrement-des-loyers-a-paris-a3564.html.
8. http://www.adil75.org.

À Lille, tous les renseignements utiles sont en ligne sur le site de la préfecture du Nord[1] et sur celui de l'Agence départementale d'information sur le logement du Nord (ADIL du Nord[2]).

Qui plus est, le ministère du logement a mis en place un site permettant aux bailleurs comme aux locataires parisiens et lillois de connaître le loyer de référence quartier par quartier et le loyer maximum à ne pas dépasser[3].

On notera toutefois que l'arrêté pris par le préfet du Nord le 16 décembre 2016 a été annulé par le Tribunal administratif de Lille par un jugement du 17 octobre 2017, au motif qu'il ne visait que les prix lillois, alors qu'il aurait dû concerner les 59 communes de l'agglomération[4].

Cette interprétation semble être conforme aux textes, puisque l'article 17-I de la loi du 6 juillet 1989, dans sa rédaction issue de la loi ALUR envisage la fixation des loyers de référence par le préfet, non pas à l'échelle d'une seule commune, mais au niveau de la « *[zone]* d'urbanisation continue de plus de 50 000 habitants où il existe un déséquilibre marqué entre l'offre et la demande de logements, entraînant des difficultés sérieuses d'accès au logement sur l'ensemble du parc résidentiel existant, qui se *[caractérise]* notamment par le niveau élevé des loyers, le niveau élevé des prix d'acquisition des logements anciens ou le nombre élevé de demandes de logement par rapport au nombre d'emménagements annuels dans le parc locatif social ».

Son décret d'application n° 2015-650 du 10 juin 2015 ne dit pas autre chose lorsqu'il précise que « les communes comprises dans les zones mentionnées au I de l'article 17 de la loi du 6 juillet 1989 » sont celles qui figurent sur la liste annexée au décret n° 2013-392 du 10 mai 2013, soit au total 28 agglomérations, celle Lille comprenant 59 communes.

Et, selon le tribunal administratif de Lille, « une commune qui appartient à une agglomération au sens de l'annexe du décret du 10 mai 2013 ne saurait à elle seule constituer, pour l'application de l'article 17 de la loi du 6 juillet 1989, une "zone d'urbanisation", alors même qu'elle remplirait les conditions en termes de nombre d'habitants et de déséquilibre entre l'offre et la demande de logement mentionnées au I de cet article, comme c'est le cas pour la commune de Lille ».

On remarquera que cette solution pourrait également valoir pour l'arrêté préfectoral d'encadrement pris par le préfet de la région Île-de-France, lequel ne vise que les 80 quartiers de la « commune de Paris », alors qu'aux termes de l'annexe du décret de 2013, l'agglomération parisienne est constituée de plus de 400 communes.

Ces mesures d'encadrement ont vocation, en définitive, à s'appliquer dans toutes les villes situées dans une zone tendue[5].

1. http://nord.gouv.fr/Politiques-publiques/Amenagement-urbanisme-habitat-et-construction/L-encadrement-des-loyers-a-Lille/Les-dispositifs-d-encadrement-des-loyers-a-Lille.
2. http://www.adilnord.fr.
3. http://www.encadrementdesloyers.gouv.fr.
4. TA Lille, 17 oct. 2017, n° 1610304.

521.56 Contestation de l'application du complément de loyer. Le locataire qui entend contester l'application du complément de loyer doit, dans les trois mois de la signature du bail, saisir la commission départementale de conciliation (au sujet de laquelle, v. s[s] n°s 911.11 s.). En cas de contestation, il incombe au bailleur de démontrer que le logement présente des caractéristiques de localisation ou de confort par comparaison avec les logements de la même catégorie situés dans le même secteur géographique.

Si la commission arrive à concilier les parties, le montant du loyer est celui fixé par le document de conciliation délivré par la commission. À défaut, le locataire peut, dans les trois mois à compter de la réception de l'avis de la commission, saisir le juge d'une demande en annulation ou en diminution du complément de loyer.

Et la fin de non-recevoir tirée de l'absence de saisine préalable de la commission départementale de conciliation peut être soulevée d'office par le juge.

Dans tous les cas de figure[6], le loyer résultant du document de conciliation ou de la décision de justice s'applique à compter de la prise d'effet du bail.

B.
Encadrement découlant d'un décret

521.61 Principe. Dans ces zones tendues (définies s[s] n° 521.22), l'encadrement « préfectoral » va pouvoir être doublé, d'un décret.

Très proche de sa rédaction antérieure (v. s[s] n° 521.12), l'article 18 de la loi du 6 juillet 1989 issue de la loi du 24 mars 2014, dite loi Alur, précise désormais que, pour chacune des zones tendues, un

5. Annulant la décision du Premier ministre révélée par deux déclarations de limiter l'encadrement des loyers, à titre expérimental, aux seules agglomérations de Paris et Lille, aux motifs que si l'article 37-1 de la Constitution du 4 oct. 1958 prévoit que « la loi et le règlement peuvent comporter, pour un objet et une durée limités, des dispositions à caractère expérimental », ces dispositions ne permettent pas au pouvoir réglementaire de procéder à une mise en œuvre de la loi à titre expérimental lorsque la loi ne l'a pas elle-même prévu, v. CE 15 mars 2017, n° 391654, *Lebon*; *D.* 2017. Pan. 1149, spéc. 1154, obs. N. Damas; *AJDI* 2017. 282, obs. F. de La Vaissière; *AJDA* 2017. 601; *Dalloz actu.*, 21 mars 2017, obs. M.-C. de Montecler – À propos de cet arrêt, v. aussi Monéger, *Loyers et copr.* 2017. Repère 4.
6. Conciliation ou absence de conciliation.

décret en fixe annuellement le montant maximum d'évolution des loyers des logements vacants et des contrats renouvelés. Le texte ajoute que ce décret peut prévoir des adaptations particulières, notamment en cas de travaux réalisés par les bailleurs ou de loyers manifestement sous-évalués. Enfin, cet article 18 précise qu'en cas de litige entre les parties résultant de l'application du décret, la commission départementale de conciliation (au sujet de laquelle, v. s^{s} n°s 911.11 s.) est compétente et sa saisine constitue un préalable obligatoire à la saisine du juge par l'une ou l'autre des parties.

521.62 Locaux nus ou meublés. Pour les contrats de location de locaux nus ou meublés conclus pendant la période du 1er août 2017 au 31 juillet 2018 [1], un décret du 27 juillet 2017 [2], qui abroge le précédent décret d'encadrement [3], est venu encadrer les loyers des baux conclus dans les agglomérations situées dans les zones tendues (définies s^{s} n° 521.22).

521.63 Logements vacants. Aux termes de ce texte, qui concerne les « logements inoccupés proposés à la location », à l'exception toutefois, des logements faisant l'objet d'une première location et des logements inoccupés par un locataire depuis plus de dix-huit mois [4], lorsqu'un logement vacant fait l'objet d'une nouvelle location, le loyer du nouveau bail ne peut excéder le dernier loyer appliqué au précédent locataire.

521.64 Dernier loyer – Précisions. L'article 8 du nouveau texte précise que, lorsque le dernier loyer appliqué au précédent locataire a fait l'objet d'une réévaluation sans que celle-ci ait été entièrement appliquée à la date à laquelle cessent les relations contractuelles entre le bailleur et le précédent locataire, le « dernier loyer appliqué au précédent locataire » est le loyer convenu entre les parties ou fixé judiciairement, y compris la fraction non encore réévaluée.

521.65 Révision du loyer. Si aucune révision de loyer n'est intervenue au cours des douze mois précédant la conclusion du nouveau contrat de location, le loyer appliqué au nouveau locataire ne peut excéder le dernier loyer appliqué au précédent locataire révisé en fonction de la variation de l'indice de référence des loyers mentionnée au deuxième alinéa du I de l'article 17-1 de la loi de 1989 (v. s^{s} n°s 523.11 s.) [5]. Le même texte précise que la date de référence à prendre en compte pour cette révision est celle du dernier indice publié à la date de signature du nouveau contrat de location.

Selon l'article 9 du décret de 2015, en cas d'encadrement du loyer par arrêté préfectoral (prévu au I de l'article 17 ou au I de l'article 25-9 de la loi de 1989 [6]) pris à la date de la conclusion d'un nouveau contrat, la révision du loyer ne peut pas excéder la limite prévue au A du II de l'article 17 de la loi, à savoir, le loyer de référence majoré (au sujet duquel, v. n°s 521.52 s.).

521.66 Réévaluation du loyer : conditions et limites. L'article 4 du décret de 2015 prévoit par ailleurs des dérogations à ce qui précède, le loyer du nouveau contrat de location pouvant être réévalué dans les conditions et les limites suivantes :

1°) Lorsque le bailleur a réalisé, depuis la conclusion du contrat de location initial avec le précédent locataire ou, au cas où le bail a été renouvelé, depuis son dernier renouvellement, des travaux d'amélioration ou de mise en conformité avec les caractéristiques de décence [7] portant sur les parties privatives ou sur les parties communes pour un montant au moins égal à la moitié de la dernière année de loyer, la hausse du loyer annuel ne peut excéder 15 % du coût réel des travaux TTC. À noter, d'une part, qu'est exclu du montant des travaux d'amélioration ou de mise en conformité le coût des travaux ayant donné ou donnant lieu à une contribution pour le partage des économies de charge en application de l'article 23-1 de la loi de 1989 (v. s^{s} n°s 411.51 s.) ou à une majoration du loyer suite à la réalisation de travaux d'amélioration par le bailleur en application du II de l'article 17-1 [8] (v. s^{s} n°s 521.73) de la même loi et, d'autre part, que le coût des travaux d'amélioration ou de mise en conformité portant sur les parties communes est déterminé en fonction des millièmes correspondant au logement [9].

2°) Lorsque le dernier loyer appliqué au précédent locataire est manifestement sous-évalué, la hausse du nouveau loyer ne peut excéder la moitié de la différence entre le montant d'un loyer déterminé par référence aux loyers habituellement constatés dans le voisinage pour des logements comparables [10] et le

1. SUR la durée des effets des décrets d'encadrement, v. s^{s} n° 521.12.
2. Décr. n° 2017-1198, 27 juill. 2017, *JO* 29 juill., n° 142.
3. Décr. n° 2015-931, 29 juill. 2014, *JO* 30 juill., p. 13097.
4. Décr. n° 2016-1040, 29 juill. 2016, *JO* 30 juill., n° 49, art. 2.
5. Décr. n° 2017-1198, 27 juill. 2017, *JO* 29 juill., n° 142, art. 3.
6. Relatif aux locaux loués meublés, v. s^{s} n°s 022.141 s.
7. Définies en application de la L. 6 juill. 1989, art. 6, al. 1er et 2.
8. Décr. n° 2017-1198, 27 juill. 2017, *JO* 29 juill., n° 142, art. 7, 1°.
9. Décr. n° 2017-1198, 27 juill. 2017, *JO* 29 juill., n° 142, art. 7, 2°.
10. L'art. 6 du décret du 27 juillet 2017 précise que les logements comparables servant à la détermination du loyer de référence sont situés soit dans le même groupe d'immeubles, soit dans tout autre groupe d'immeubles comportant des caractéristiques similaires et situé dans la même zone géographique. Les éléments constitutifs de ces références sont définis par le décret n° 90-780 du 31 août 1990.

dernier loyer appliqué au précédent locataire, révisé dans les limites prévues ci-dessus.

3°) Le loyer relatif à un logement qui a fait l'objet depuis moins de six mois de travaux d'amélioration d'un montant au moins égal à la dernière année de loyer peut être librement réévalué. Toutefois, comme au 1°, d'une part, est exclu du montant des travaux d'amélioration ou de mise en conformité le coût des travaux ayant donné ou donnant lieu à une contribution pour le partage des économies de charge de l'article 23-1 de la loi de 1989 (v. s[s] n°s 411.51 s.) ou à une majoration du loyer consécutive à la réalisation de travaux d'amélioration par le bailleur en application du II de l'article 17-1[1] (v. s[s] n°s 521.73 s.) et, d'autre part, que le coût des travaux d'amélioration ou de mise en conformité portant sur les parties communes est déterminé en fonction des millièmes correspondant au logement[2].

521.67 **Réévaluation du loyer : exclusion.** Toutefois, lorsqu'un arrêté préfectoral d'encadrement a été pris à la date de la conclusion d'un nouveau contrat, ces trois dérogations ne s'appliquent pas lorsque le dernier loyer appliqué au précédent locataire, tel que défini au troisième alinéa du B du II de l'article 17 de la même loi, c'est-à-dire en tenant compte d'un complément de loyer[3], est supérieur au loyer de référence majoré en vigueur à la date de conclusion du nouveau contrat de location.

SECTION 3

INCIDENCE DE LA PRISE EN COMPTE DES TRAVAUX SUR LA FIXATION DU LOYER

521.71 **Prise en charge des travaux.** La prise en charge de certains travaux par l'une des parties au contrat va avoir des incidences sur le prix du bail. Il existe deux cas de figure.

521.72 **Prise en charge de travaux par le locataire en vertu d'une « clause travaux ».** Une « clause travaux », prévue à l'article 6 *a* de la loi du 6 juillet 1989 est la clause du contrat de location par laquelle le locataire s'engage à exécuter ou à faire exécuter des travaux, moyennant une réduction temporaire du loyer. (les incidences de cette « clause travaux » sur le loyer font l'objet de développements v. s[s] n°s 411.21 s.).

521.73 **Prise en charge par le bailleur de travaux d'amélioration.** L'article 17 *e* de la loi de 1989, devenu article 17-1-II depuis la loi du 24 mars 2014, dite loi Alur, énonce que « lorsque les parties sont convenues, par une clause expresse, de travaux d'amélioration du logement que le bailleur fera exécuter, le contrat de location ou un avenant à ce contrat fixe la majoration du loyer consécutive à la réalisation de ces travaux » (sur les incidences de cette clause sur le loyer v. s[s] n°s 412.41 s.).

1. Décr. n° 2017-1198, 27 juill. 2017, *JO* 29 juill., n° 142, art. 7, 1°.
2. Décr. n° 2017-1198, 27 juill. 2017, *JO* 29 juill., n° 142, art. 7, 2°.
3. Au sujet duquel, v. s[s] n° 521.54.

CHAPITRE

522. Fixation et application du loyer de renouvellement

SECTION 0 ORIENTEUR

522.00 Plan du chapitre.

522.01 Textes applicables.

TEXTES SOURCES

- **L. n° 89-462, 6 juill. 1989, art. 9-1, 16, 17-2, 20.**
- **Décr. n° 90-780, 31 août 1990** portant application de l'article 19 de la loi n° 89-462 du 6 juillet 1989 tendant à améliorer les rapports locatifs (*JO* 6 sept., p. 10827).
- **Décr. n° 2017-1198, 27 juill. 2017** relatif à l'évolution de certains loyers dans le cadre d'une nouvelle location ou d'un renouvellement de bail, pris en application de l'article 18 de la loi n° 89-462 du 6 juillet 1989 (*JO* 29 juill., n° 142).

TEXTES *IN EXTENSO*

- **L. 6 juill. 1989, art. 9-1**

Nonobstant les dispositions des articles 515-4 et 1751 du code civil, les notifications ou significations faites en application du présent titre par le bailleur sont de plein droit opposables au partenaire lié par un pacte civil de solidarité au locataire ou au conjoint du locataire si l'existence de ce partenaire ou de ce conjoint n'a pas été préalablement portée à la connaissance du bailleur.

- **L. 6 juill. 1989, art. 16**

* V. s^s^ n° 521.01

- **L. 6 juill. 1989, art. 17-2**

I. – Lors du renouvellement du contrat, et dans les zones où s'applique l'arrêté mentionné au I de l'article 17, une action en diminution de loyer peut être engagée si le montant du loyer fixé au contrat de bail, hors montant du complément de loyer le cas échéant, est supérieur au loyer de référence majoré.

Dans ces mêmes zones, lors du renouvellement du contrat, une action en réévaluation de loyer peut être engagée dès lors que le loyer est inférieur au loyer de référence minoré.

Dans ces deux cas, l'une ou l'autre des parties peut proposer un nouveau loyer à son cocontractant, au moins six mois avant le terme du contrat pour le bailleur et au moins cinq mois avant le terme du contrat pour le locataire, dans les conditions de forme prévues à l'article 15. Le montant du loyer de référence majoré ou minoré pris en compte correspond à celui qui est en vigueur à la date de la proposition émise par l'une des parties.

Le nouveau loyer proposé dans le cadre d'une action en réévaluation de loyer est inférieur ou égal au loyer de référence minoré. Le locataire peut, par référence aux loyers habituellement constatés dans le voisinage pour des logements comparables, contester l'action en réévaluation de loyer selon la procédure prévue au présent article.

Les loyers servant de références doivent être représentatifs de l'ensemble des loyers habituellement constatés dans le voisinage pour des logements comparables, situés soit dans le même groupe d'immeubles, soit dans tout autre groupe d'immeubles comportant des caractéristiques similaires et situés dans la même zone géographique. Un décret en Conseil d'État définit les éléments constitutifs de ces références.

Le nombre minimal de références à fournir est de trois. Toutefois, il est de six dans les communes, dont la liste est fixée par décret, faisant partie d'une agglomération de plus d'un million d'habitants.

Lorsque le bailleur fait application du présent I, il ne peut donner congé au locataire pour la même échéance du contrat.

La notification d'une proposition d'un nouveau loyer reproduit intégralement, à peine de nullité, les dispositions du présent I et mentionne le montant du loyer ainsi que le loyer de référence majoré ou le loyer de référence minoré ayant servi à le déterminer.

En cas de désaccord ou à défaut de réponse du cocontractant saisi quatre mois avant le terme du contrat, l'une ou l'autre des parties peut saisir la commission départementale de conciliation mentionnée à l'article 20.

À défaut d'accord constaté par la commission départementale de conciliation, le juge peut être saisi, avant le terme du contrat. À défaut de saisine du juge, le contrat est reconduit de plein droit aux conditions antérieures du loyer, éventuellement révisé en application de l'article 17-1. Le contrat dont le loyer est fixé judiciairement est réputé renouvelé pour la durée définie à l'article 10, à compter de la date d'expiration du contrat. La décision du juge est exécutoire par provision.

Lorsque les parties s'accordent sur une hausse du loyer ou lorsque cette hausse est fixée judiciairement, celle-ci s'applique par tiers ou par sixième selon la durée du contrat.

Toutefois, cette hausse s'applique par sixième annuel au contrat renouvelé, puis lors du renouvellement ultérieur, dès lors qu'elle est supérieure à 10 % si le premier renouvellement avait une durée inférieure à six ans.

La révision éventuelle résultant de l'article 17-1 s'applique à chaque valeur ainsi définie.

II. – Dans les zones où ne s'applique pas l'arrêté mentionné au I de l'article 17, lors du renouvellement du contrat, le loyer ne donne lieu à réévaluation que s'il est manifestement sous-évalué.

Dans ce cas, le bailleur peut proposer au locataire, au moins six mois avant le terme du contrat et dans les conditions de forme prévues à l'article 15, un nouveau loyer fixé par référence aux loyers habituellement constatés dans le voisinage pour des logements comparables dans les conditions définies aux cinquième et sixième alinéas du I du présent article.

Lorsque le bailleur fait application des dispositions du présent II, il ne peut donner congé au locataire pour la même échéance du contrat.

La notification reproduit intégralement, à peine de nullité, les dispositions du présent II et mentionne le montant du loyer ainsi que la liste des références ayant servi à le déterminer.

En cas de désaccord ou à défaut de réponse du locataire quatre mois avant le terme du contrat, l'une ou l'autre des parties saisit la commission départementale de conciliation.

À défaut d'accord constaté par la commission, le juge est saisi avant le terme du contrat. À défaut de saisine, le contrat est reconduit de plein droit aux conditions antérieures du loyer, éventuellement révisé. Le contrat dont le loyer est fixé judiciairement est réputé renouvelé pour la durée définie à l'article 10 à compter de la date d'expiration du contrat. La décision du juge est exécutoire par provision.

La hausse convenue entre les parties ou fixée judiciairement s'applique par tiers ou par sixième selon la durée du contrat.

Toutefois, cette hausse s'applique par sixième annuel au contrat renouvelé, puis lors du renouvellement ultérieur, dès lors qu'elle est supérieure à 10 % si le premier renouvellement avait une durée inférieure à six ans.

La révision éventuelle résultant de l'article 17-1 s'applique à chaque valeur ainsi définie.

• **L. 6 juill. 1989, art. 20**

* V. s[s] n° 521.01

522.02 Jurisprudence de référence.

• **Civ. 3e, 27 janv. 1993, n° 90-20.050**, NP

* V. s[s] n° 522.101

Est irrecevable la proposition de nouveau loyer émanant d'un bailleur ayant manqué à son obligation de délivrer au locataire un logement en bon état d'usage et de réparation et ne lui ayant pas assuré la jouissance paisible du logement.

• **Civ. 3e, 8 juin 1995, n° 93-10.652**, *Bull. civ.* III, n° 139

* V. s[s] n° 522.41

Les juges du fond apprécient souverainement la condition de sous-évaluation manifeste.

• **Civ. 3e, 19 janv. 2000, n° 98-10.486**, *Bull. civ.* III, n° 10

* V. s[s] n° 522.142

Lorsque la lettre n'a pas été remise au preneur, mais retournée au bailleur, la proposition de nouveau loyer n'a pas été faite valablement.

• **Civ. 3e, 27 nov. 2002, n° 01-11.130**, *Bull. civ.* III, n° 237

* V. s[s] n° 522.64

L'offre de renouvellement faite pour une date prématurée n'est pas nulle, mais prend effet à la date pour laquelle elle aurait dû être formulée.

• **Civ. 3e, 5 nov. 2003, n° 01-11.247**, *Bull. civ.* III, n° 187

* V. s[s] n° 522.181

Ajoute à la loi une condition qu'elle ne comporte pas la cour d'appel qui prononce la nullité de la proposition de nouveau loyer au motif que les références ont été annexées à la notification, dans un document distinct.

• **Civ. 3e, 12 oct. 2011, n° 10-21.214**, *Bull. civ.* III, n° 164

* V. s[s] n° 522.41

Il appartient au bailleur de rapporter la preuve que le loyer en cours est manifestement sous-évalué.

• **Civ. 3e, 12 oct. 2011, n° 10-20.122**, *Bull. civ.* III, n° 166

* V. s[s] n° 522.41

Au moment du renouvellement du bail d'une durée de trois ans, le loyer peut donner lieu à réévaluation s'il est manifestement sous-évalué, peu important qu'une précédente réévaluation, appliquée par 1/6e sur six ans suivant accord entre les parties constaté par la commission départementale de conciliation, fût en cours à cette date.

• **Civ. 3e, 7 mars 2012, n° 10-27.820**, *Bull. civ.* III, n° 39
* V. ss n° 522.251
Le juge ne peut être valablement saisi avant que la commission de conciliation ait donné son avis ou que le délai de deux mois qui lui est imparti à cette fin soit écoulé.

522.03 Bibliographie indicative.
Ouvrage. J. Lafond, B. Vial-Pedroletti, *Les baux d'habitation*, 8e éd., LexisNexis, 2017, nos 605 s.
Actualisables. RÉP. CIV., v° « Bail d'habitation et mixte : rapports locatifs individuels – Loi du 6 juillet 1989 », N. Damas, nos 145, 172 – LAMY DR. IMMO, nos 5953 s. – DICT. PERM. Gestion immob., « Baux d'habitation et mixtes », nos 227 s.

SECTION 1
ÉVOLUTION DE LA LÉGISLATION

522.11 Apports de la loi Alur. La loi du 24 mars 2014, dite loi Alur[1], a créé un mécanisme d'encadrement applicable dans les zones tendues[2].

En dehors de ces zones, la procédure d'augmentation en raison de la sous-évaluation manifeste du loyer pratiqué, qui préexistait à la loi Alur, est maintenue.

SECTION 2
FIXATION DU LOYER HORS ZONE TENDUE

§ 1
Principes

522.21 Nécessité de l'accord exprès du locataire pour toute modification du bail. La question de la fixation du loyer de renouvellement en cas de sous-évaluation manifeste était traitée, avant la loi du 24 mars 2014, dite loi Alur, par l'ancien article 17 *c* de la loi du 6 juillet 1989 et, depuis, hors zone tendue, par l'article 17-2-II, du même texte[3].

Si, la plupart du temps, l'offre de renouvellement porte sur une majoration du loyer, rien n'interdit au bailleur de proposer d'autres modifications du bail à l'issue du contrat initial (modification de la durée, insertion d'une clause de révision de loyer, d'une clause de résiliation de plein droit...). Alors, l'inertie du locataire aura pour conséquence de rendre la proposition caduque et le contrat sera renouvelé aux conditions antérieures sans qu'une action en justice puisse y changer quoi que ce soit (sauf, bien sûr, hypothèse où la demande de modification concernerait la mise en conformité du bail – sur cette question v. ss n° 132.192)[4].

522.22 Renouvellement du contrat – Conditions de réévaluation. Lors du renouvellement du contrat, le loyer ne donne lieu à réévaluation que s'il est manifestement sous-évalué[5].

Le principe est donc l'absence de majoration de loyer lors du renouvellement et l'exception ne peut jouer qu'en cas de sous-évaluation manifeste du loyer initial. En dehors de cette sous-évaluation manifeste, qui justifie une proposition de renouvellement pour un prix majoré, en pratique, les parties qui, au terme du bail, ne veulent pas interrompre leur relation contractuelle ne vont pas se manifester. Juridiquement, le bail ne va alors pas être renouvelé, mais, en vertu de l'article 10 de la loi du 6 juillet 1989, il sera tacitement reconduit pour une durée de trois ou six ans (v. ss nos 512.11 s.).

Il convient donc d'étudier la notion de loyer manifestement sous-évalué, de s'arrêter sur la proposition de nouveau loyer, puis d'envisager la procédure en cas de désaccord entre les parties ou à défaut de réponse du locataire, avant de consacrer quelques développements à l'application de la hausse de loyer (sur les règles spécifiques de fixation du loyer d'un bail à durée réduite faisant suite à un contrat conclu avec le même locataire pour le même local v. ss n° 513.51).

§ 2
Loyer manifestement sous-évalué

522.31 Plan. Après avoir tenté de définir la notion de « sous-évaluation manifeste », nous étudierons ce qu'il faut entendre par « loyer de référence », concept permettant, en pratique, de déterminer s'il y a ou non lieu à majorer le loyer.

A.
Définition de la sous-évaluation manifeste

522.41 Comparaison avec le loyer de référence. Si la sous-évaluation manifeste est une condition préalable à la proposition de réévaluation de loyer[6], il n'existe pas de définition légale de cette notion.

1. L. n° 2014-366, 24 mars 2014 pour l'accès au logement et un urbanisme rénové, *JO* 26 mars, p. 5809.
2. SUR la notion de « zone tendue », v. ss n° 521.22.
3. qui, aux termes de la loi « Macron » n° 2015-990 du 6 août 2015 (L. n° 2015-990 du 6 août 2015, art. 82-II, *JO* 7 août, p. 13537 s., en vigueur le 8 août 2015), s'applique aux nouveaux baux et aux baux faisant l'objet d'un renouvellement mais non aux baux tacitement reconduits.
4. Bihr et Aubert, *Droit de la gestion de l'immeuble*, 8e éd., Dalloz Action, 2000, nos 3817 s. – AUSSI : J. Lafond, B. Vial-Pedroletti, *Les baux d'habitation*, 8e éd., LexisNexis, 2017, nos 474 s.
5. L. n° 89-462, 6 juill. 1989, art. 17 *c*, al. 1er.
6. Civ. 3e, 1er mars 1995, n° 92-16.919, *Bull. civ.* III, n° 63; *JCP* 1995. 130; *Gaz. Pal.* déc. 1995, 342-343.

Tout est en fait affaire de comparaison : on va en effet considérer qu'un loyer est manifestement sous-évalué dès lors qu'il est très en dessous du prix pratiqué par les autres bailleurs du voisinage, pour un logement similaire.

Ce qui implique que le bailleur devra établir la sous-évaluation manifeste[1] à l'aide de loyers de référence. La casuistique est donc, en la matière, très importante, ce d'autant plus (mais comment pourrait-il en être autrement ?), que la sous-évaluation manifeste est appréciée souverainement par les juges du fond[2] (sur les pouvoirs dévolus au juge v. aussi s^s n° 522.261).

Et si, lors du renouvellement, une précédente réévaluation est en cours, elle ne fait pas obstacle à un nouveau réajustement du loyer dès lors que sa sous-évaluation est manifeste[3].

B. Loyers servant de référence

522.51 Critères qualitatif et quantitatif. Les loyers servant de référence doivent impérativement contenir certaines mentions, être en nombre suffisant et être joints au contrat.

1° Définition et contenu

522.61 Définition de la notion de « loyers – servant de référence ». « Les loyers servant de références doivent être représentatifs de l'ensemble des loyers habituellement constatés dans le voisinage pour des logements comparables, situés soit dans le même groupe d'immeubles, soit dans tout autre groupe d'immeubles comportant des caractéristiques similaires et situés dans la même zone géographique. »[4] On voit donc que rien n'interdit au bailleur de produire des références de loyers en dehors de l'immeuble où est situé le logement loué[5], voire des références situées dans un autre arrondissement[6] (l'immeuble visé doit toutefois être situé dans le « quartier »[7]). Ce, même si le juge pourra être tenté de privilégier les références provenant du même immeuble[8]. Il va, en définitive, prendre en compte la notion d'« unité géographique », caractérisée par le type d'habitat[9].

Précisons également que les logements servant de référence doivent nécessairement relever de la loi de 1989[10]. Sous cette réserve, les références peuvent concerner des locations consenties au profit d'organisations institutionnelles[11].

522.62 Contenu des références. En application du décret n° 90-780 du 31 août 1990 du 31 août 1990[12] dans sa rédaction issue du décret n° 2015-650 du 10 juin 2015[13], les références produites par le bailleur mentionnent au moins pour chaque logement loué :

- le nom de la rue et la dizaine de numéros où se situe l'immeuble; en conséquence, les références ne comportant pas l'indication de la dizaine de numéros ne peuvent pas être prises en compte[14];

- le type d'habitat, individuel ou collectif et la qualité et l'époque de la construction de l'immeuble;

- l'étage du logement et la présence éventuelle d'un ascenseur[15];

- la surface habitable du logement et le nombre de ses pièces principales (étant précisé que la surface habitable doit s'entendre de la surface plancher constante, déduction faite des dépendances telles les balcons[16]); les références concernant des loge-

1. Jugeant qu'il appartient au bailleur de rapporter la preuve que le loyer en cours est manifestement sous-évalué, Civ. 3e, 12 oct. 2011, n° 10-21.214, *Bull. civ.* III, n° 164; *D.* 2011. Actu. 2538, obs. Rouquet; *ibid.* 2012. Pan. 1086, spéc. 1091, obs. Damas; *AJDI* 2012. 432, obs. Damas.
2. Civ. 3e, 8 juin 1995, n° 93-10.652, *Bull. civ.* III, n° 139; *D.* 1996. Somm. 375, obs. CRDP Nancy 2; *JCP* 1995. 236; *Gaz. Pal.* avr. 1996, 119-121 – Civ. 3e, 3 avr. 2001, n° 99-15.416, NP, *Administrer* janv. 2002. 34, obs. Canu.
3. Civ. 3e, 12 oct. 2011, n° 10-20.122, *Bull. civ.* III, n° 166; *D.* 2011. Actu. 2538, obs. Rouquet; *ibid.* 2012. 190, note Boillot; *ibid.* Pan. 1086, spéc. 1091, obs. Damas; *AJDI* 2012. 430, obs. Damas – Aix-en-Provence, 21 févr. 2013, RG n° 11/19878, *AJDI* 2013. 524.
4. L. n° 89-462, 6 juill. 1989, anc. art. 19, art. 17-2-I, depuis L. 24 mars 2014, dite loi Alur.
5. Civ. 3e, 1er juill. 1998, n° 96-20.163, NP, *Administrer* mars 1999, p. 34, obs. Canu [1re esp.].
6. Paris, 28 janv. 2010, RG n° 08/16328, *Loyers et copr.* 2010, n° 102, obs. Vial-Pedroletti.
7. Paris, 9 déc. 2004, RG n° 03/08794, *AJDI* 2005. 218.
8. Paris, 26 juin 2007, RG n° 05/06985, *AJDI* 2007. 930.
9. Paris, 10 mai 2007, RG n° 06/06016, *AJDI* 2007. 753.
10. Civ. 3e, 22 mars 1995, n° 93-16.930, NP, *D.* 1995. IR 101, [loi de 1986] – Civ. 3e, 21 nov. 1995 n° 93-21.087, NP, *Loyers et copr.* 1996, n° 56, [loi de 1986] – Jugeant que lors du renouvellement du bail, le loyer ne peut être réévalué que s'il est manifestement sous-évalué par rapport à des logements comparables, soumis au même régime locatif, v. Civ. 3e, 24 mai 2017, n° 16-15.750, P, *D.* 2017. 1121; *Dalloz actu.*, 20 juin 2017, obs. A. Cayol.
11. Paris, 29 sept. 2005, RG n° 04/06571, *AJDI* 2005. 909.
12. *JO* 6 sept. 1990, p. 10827.
13. *JO* 12 juin 2015, p. 9713.
14. Civ. 3e, 1er juill. 1998, n° 96-12.562, NP, *Administrer* mars 1999, p. 34, obs. Canu [2e esp.].
15. Paris, 7 avr. 2005, RG n° 04/16605, *AJDI* 2005. 841 – Précisant que les logements servant de référence doivent être comparables et non similaires, ce qui suppose une certaine diversité, par exemple des différences d'étage, v. Paris, 8 oct. 2015, n° 13/24706, *Rev. loyers* 2015. 453.
16. Civ. 3e, 19 juill. 2000, n° 98-15.994, NP, *Administrer* oct. 2001, p. 58, obs. Canu.

ments plus grands que celui loué par le bailleur ne peuvent pas être validées [1];

- l'existence éventuelle d'annexes prises en compte pour le loyer;

- l'état d'équipement du logement (notamment, WC intérieur, salle d'eau, chauffage central) [2];

- l'indication selon laquelle le locataire est dans les lieux depuis plus ou moins de trois ans. À cet égard, on notera que l'article 1er-1 du décret n° 90-780 du 31 août 1990 [3], issu du décret n° 2015-650 du 10 juin 2015 [4], se borne à préciser que « les références doivent porter non seulement sur des baux conclus récemment, mais également sur des baux conclus depuis plus de trois ans » (comp., avant la loi du 24 mars 2014, dite loi Alur [5], l'anc. art. 19, *in fine*, de la loi du 6 juillet 1989 exigeant que les références comportent, « *au moins pour deux tiers*, des références de locations pour lesquelles il n'y a pas eu de changement de locataire depuis trois ans »);

- le montant du loyer mensuel hors charges effectivement exigé; lorsque l'augmentation proposée a vocation à s'appliquer par sixième, les références fournies devront concerner des loyers applicables dans les mêmes conditions [6];

- l'année de constatation des éléments constitutifs de la référence.

522.63 Indication de la destination du bien loué. On aurait tendance à vouloir ajouter à cette liste l'indication de la destination de l'appartement loué (habitation ou mixte). En effet, la Cour de cassation a jugé qu'à défaut d'avoir obtenu l'autorisation requise par l'article L. 637-1 du code de la construction et de l'habitation préalablement à la signature du bail initial, le propriétaire ne peut produire des références portant sur des baux à usage mixte [7]. Par ailleurs, participant de la même logique, une décision de la cour d'appel de Paris a refusé de prendre en considération une référence, faute de préciser le caractère mixte de la destination (habitation et professionnelle) [8] (sur les changements d'affectation v. ss titre 43).

522.64 Éléments indifférents. En revanche, le fait que le bailleur soit propriétaire des appartements loués servant de références est indifférent [9]. De même, le mode de financement (privé ou non) des immeubles servant de références n'a pas à être pris en compte [10]. Notons enfin que la loi n'impose pas de prendre en considération l'état intérieur du logement [11].

2°
Nombre de références

522.71 Nombre de références que le bailleur doit fournir. Selon l'article 19 de la loi du 6 juillet 1989, aujourd'hui abrogé, et du nouvel article 17-2-I du même texte, issu de la loi du 24 mars 2014, dite loi Alur, mais qui, aux termes de la loi n° 2015-990 du 6 août 2015, dite Macron [12], ne s'appliquc qu'aux nouveaux baux et aux baux faisant l'objet d'un renouvellement (mais non aux baux tacitement reconduits), en principe, le bailleur est tenu de fournir trois références.

Cependant, ce principe connaît une exception de taille, puisque le texte prévoit que le bailleur devra fournir six références au locataire si le logement est situé dans les communes faisant partie d'une agglomération de plus d'un million d'habitants. La liste des communes concernées est fixée par le décret n° 87-818 du 2 octobre 1987 [13].

3°
Mention dans le contrat

522.81 Annexion des références au contrat. Aux termes de l'article 1er-1 du décret n° 90-780 du 31 août 1990 [14], créé par le décret n° 2015-650 du

1. Paris, 27 févr. 1997, RG n° 06/80019, *Loyers et copr.* 1997, n° 191.
2. Paris, 7 avr. 2005, RG n° 04/16605, *AJDI* 2005. 841.
3. *JO* 6 sept., p. 10827.
4. *JO* 12 juin, p. 9713.
5. L. n° 2014-366, 24 mars 2014 pour l'accès au logement et un urbanisme rénové, *JO* 26 mars, p. 5809.
6. Civ. 3e, 12 avr. 1995, n° 93-13.210, *Bull. civ.* III, n° 105; *JCP* 1995. 185; *Gaz. Pal.* févr. 1996, 42-44.
7. Civ. 3e, 7 juill. 2004, n° 03-11.427, *Bull. civ.* III, n° 144; *D.* 2004. IR 2546, avec les obs.; *AJDI* 2004. 890, obs. Rouquet.
8. Paris, 13 févr. 1997, RG n° 96/81643, *Loyers et copr.* 1997, n° 284.
9. Dès lors toutefois que les références fournies par le bailleur sont représentatives des loyers habituellement pratiqués dans le voisinage immédiat : Civ. 3e, 17 déc. 2014, n° 13-24.360, *Bull. civ.* III, n° 166; *D.* 2015. Actu. 73; *ibid.* 2015. Pan. 1178, spéc. 1180, obs. Damas; *Dalloz actu.*, 13 janv. 2015, obs. C. Dreveau; *AJDI* 2015. 286, obs. Damas – V. déjà, Paris, 1er oct. 1990, RG n° 89/14729, *D.* 1993. Somm. 176, obs. Bihr; Nîmes, 29 mai 1997, RG n° 96/457, *Loyers et copr.* 1998, n° 37, obs. Vial-Pedroletti – V. encore Versailles, 11 févr. 2014, RG n° 12/07467, *Loyers et copr.* 2014, n° 108, obs. Vial-Pedroletti.
10. Civ. 3e, 27 nov. 2002, n° 01-11.130, *Bull. civ.* III, n° 237; *AJDI* 2003. 119, obs. Rouquet (2 esp.) – Paris, 22 févr. 1991, RG n° 89/18325, *Loyers et copr.* 1991, n° 281, [loi de 1986].
11. Civ. 3e, 27 nov. 2002, n° 01-11.130, *Bull. civ.* III, n° 237; *AJDI* 2003. 119, obs. Rouquet – 2 esp.; V. TOUTEFOIS, précisant qu'il y a lieu de retenir l'état effectif du logement à la date de renouvellement du bail, Paris, 22 mars 2007, RG n° 06/02467, *AJDI* 2007. 572.
12. L. n° 2015-990 du 6 août 2015, art. 82-II, *JO* 7 août, p. 13537 s., en vigueur le 8 août 2015.
13. Décr. n° 87-818, 2 oct. 1987, *JO* 8 oct., p. 11717. Il s'agit d'un décret d'application de la loi Méhaignerie du 23 déc. 1986, toujours en vigueur en application de l'art. 25-V de la loi du 6 juill. 1989, et modifié, en dernier lieu, par le décret n° 2015-733 du 24 juin 2015, *JO*, 26 juin, p. 10776.
14. *JO* 6 sept., p. 10827.

10 juin 2015 [1], lorsque la détermination du montant d'un loyer manifestement sous-évalué est subordonnée à la présentation par le bailleur de références aux loyers habituellement constatés dans le voisinage pour des logements comparables, ces références sont jointes au contrat.

4°
Observatoire des loyers

522.91 Aide à l'établissement de référence. L'ancien article 16 de la loi de 1989 prévoyait que dans chaque département, ou au niveau d'une agglomération, il pouvait se créer un observatoire des loyers agréé par le ministère chargé du Logement, ayant pour vocation de recueillir et diffuser les données statistiques nécessaires à la détermination des références. Si le texte précisait que ces observatoires fournissaient les éléments d'information en leur possession aux commissions départementales de conciliation et aux juges qui en faisaient la demande afin de faciliter la conciliation ou de trancher un litige, en pratique, les observatoires constitués communiquaient ces informations aux particuliers qui s'adressaient à eux.

D'autres organismes ou institutions peuvent également aider le bailleur dans sa recherche (ou le preneur voulant s'opposer aux prétentions du bailleur). Il s'agit notamment des associations de défense des propriétaires ou des locataires (v. la liste des associations nationales en annexe 1113.30) et des agences immobilières ou de leurs fédérations (pour celles qui sont affiliées à une instance nationale).

522.92 Perspectives d'évolution. Les mesures d'encadrement mis en place par la loi du 24 mars 2014, dite loi Alur, dans les zones tendues, tant pour la fixation du loyer initial que pour la détermination du prix du bail renouvelé ont nécessité la réécriture complète de l'article 16 de la loi du 6 juillet 1989. À terme, les observatoires locaux des loyers devraient se multiplier (sur ces observatoires v. s[s] n° 521.31).

522.93 Absence d'observatoire – Solution. Bien évidemment, le « chasseur de références » peut, spécialement en dehors des zones tendues, prendre son bâton de pèlerin et faire le tour des locaux comparables au sien dans le voisinage. Cet exercice risque cependant d'être fastidieux.

§ 3
Proposition d'un nouveau loyer

522.101 Conditions d'une majoration de loyer. Lorsque le bailleur estime que le prix du bail est « manifestement sous-évalué », il va proposer au locataire, au moins six mois avant l'échéance du bail et dans les conditions de formes prévues en cas de congé, « un nouveau loyer fixé par référence aux loyers habituellement constatés dans le voisinage pour des logements comparables dans les conditions définies », avant la loi du 24 mars 2014, dite loi Alur, à l'article 19 de la loi de 1989 et, depuis ce texte, aux cinquième et sixième alinéas du I de l'article 17-2 de la loi du 6 juillet 1989.

En vertu de l'article 17 *c* (devenu, depuis la loi du 24 mars 2014, dite loi Alur, l'art. 17-2-II, al. 3), il est interdit à un bailleur ayant fait une proposition de renouvellement (dont, par exemple, les conditions financières n'auraient pas été acceptées), de donner congé au locataire pour la même échéance du contrat [2]. À noter qu'un bailleur ayant manqué à son obligation de délivrance et d'assurer la jouissance paisible du locataire n'est pas recevable à lui proposer un renouvellement avec majoration de loyer [3]. Par ailleurs, compte tenu du formalisme du texte, il a été jugé que son mécanisme ne peut jouer à l'égard d'un bail verbal [4].

L'étude de la proposition de nouveau loyer nécessite que l'on se penche sur son auteur et son destinataire, mais également que l'on s'arrête sur les règles de délai et de forme à respecter, avant d'en venir à son contenu.

A.
Auteur et destinataire de la proposition

1°
Auteur de la proposition

522.111 Bailleur, auteur exclusif de la proposition. La question de la capacité du bailleur à formuler cette proposition de renouvellement (lorsqu'il s'agit d'un mineur non émancipé, d'un majeur protégé, d'un usufruitier, lorsque le bien loué est en indivision...) a déjà été traitée (v. s[s] n°s 133.24 s.). On précisera toutefois que seul le bailleur est habilité à proposer le renouvellement du bail. Ainsi, est nulle la proposition présentée par un administrateur de biens, sans référence au bailleur, cette mention étant une condition de validité de l'acte [5]. Cette solution vaut même lorsque, dans les faits, le pre-

1. *JO* 12 juin, p. 9713.

2. POUR des annulations de congé délivrés dans ces conditions : Civ. 3e, 31 oct. 2006, n° 05-16.483, NP, *Administrer* mars 2007, p. 45, obs. Canu et Paris, 11 déc. 2007, RG n° 05/08488, *AJDI* 2008. 212.
3. Civ. 3e, 27 janv. 1993, n° 90-21.933, *Bull. civ.* III, n° 11; *Gaz. Pal.* 7 juill. 1993, 188-189; *D.* 1993. IR 51, [loi de 1986].
4. SUR CE POINT : v. s[s] n°s 131.11 s.
5. Paris, 27 mai 2003, RG n° 2001/04482, *Loyers et copr.* 2003, n° 217, obs. Vial-Pedroletti.

neur connaissait l'identité du bailleur[1]. À noter toutefois qu'il a été jugé que l'offre de renouvellement émanant d'une filiale de la société bailleresse est valable[2].

2°
Destinataire de la proposition : cas du conjoint du locataire

522.121 Opposabilité de plein droit au conjoint. La question de l'opposabilité au conjoint du locataire de cette offre peut poser difficulté (pour une étude d'ensemble de la question des parties au contrat, v. s^s titre 12, spéc. v. s^s n° 121.21, à propos des époux).

Il ressort en effet de l'article 9-1 de la loi du 6 juillet 1989 que « nonobstant les dispositions des articles (...) et 1751 du code civil (instaurant entre les époux une cotitularité du droit de bail v. s^s n° 121.12), les notifications ou significations faites en application du présent titre par le bailleur sont de plein droit opposables (...) au conjoint du locataire si l'existence de ce (...) conjoint n'a pas été préalablement portée à la connaissance du bailleur ». L'article 9-1 vaut pour toute notification ou signification faite par le bailleur au preneur. Il concerne donc la proposition de renouvellement, mais aussi le congé (v. s^s n° 531.72), comme toute autre mise en demeure, quelle qu'elle soit.

En application des articles 1751 du code civil et 9-1 de la loi du 6 juillet 1989, deux cas de figure sont à distinguer.

522.122 Bailleur connaissant l'existence du conjoint du locataire. Alors, le bailleur doit adresser sa proposition de renouvellement du bail à l'un et à l'autre des conjoints. À défaut de cette double notification, l'offre de renouvellement n'est pas opposable au conjoint[3].

Sur le plan pratique, la jurisprudence exige que la notification fasse l'objet de lettres distinctes adressées à chacun des époux[4].

522.123 Bailleur ne connaissant pas l'existence du conjoint du locataire. Lorsque l'existence du conjoint du locataire n'a pas été portée à la connaissance du bailleur, le législateur a décidé de sanctionner l'attitude du preneur qui est, au mieux, coupable d'une négligence fautive et, au pire, d'une parfaite mauvaise foi.

Alors, la notification de la proposition de renouvellement au seul locataire est suffisante et vaut à l'égard des deux conjoints.

Le contentieux le plus fréquent en la matière va donc porter sur la preuve de la connaissance par le bailleur de l'existence du conjoint du locataire.

522.124 Preuve de la connaissance par le bailleur de l'existence du conjoint du locataire. Dans un arrêt de principe, la Cour de cassation a, en 2005, décidé que l'article 9-1 de la loi du 6 juillet 1989 fait peser sur le locataire une obligation d'information de son lien matrimonial impliquant une démarche positive de sa part envers son bailleur[5]. La cour a de plus précisé que la preuve que l'information a bien été donnée incombe au locataire.

Par voie de conséquence, une procédure d'expulsion engagée à l'encontre d'un locataire est opposable à son épouse dès lors que celui-ci ne justifie pas avoir porté, par une démarche positive, à la connaissance du bailleur, le fait qu'il était marié[6].

Quant à l'application de ce principe, relevons cette décision ancienne de la cour d'appel de Limoges, ayant jugé qu'un congé irrégulier dans sa forme[7] dans lequel le locataire fait état de la présence de son conjoint dans les lieux loués ne prouve pas que le bailleur a eu connaissance de l'existence de ce dernier[8] (sur cette question v. s^s n°s 121.22 s.).

3°
Destinataire de la proposition : cas du locataire pacsé

522.131 Opposabilité au partenaire du locataire lié par un Pacs. La situation est sensiblement la même que dans le cas précédent, puisque, selon l'article 9-1 de la loi du 6 juillet 1989, « nonobstant les dispositions des articles 515-4 et 1751 du code civil, les notifications ou significations faites en application du présent titre par le bailleur sont de plein droit opposables au partenaire (...) si l'existence de ce partenaire (...) n'a pas été préalablement portée à la connaissance du bailleur ».

1. Lyon, 21 févr. 2006, RG n° 04/04991, *BICC* 2006, n° 1450.
2. Paris, 13 mai 2008, RG n° 05/18186, *AJDI* 2008. 769.
3. V. en matière de congé, Civ. 3e, 2 févr. 1982, n° 80-11.309, *Bull. civ.* III, n° 29; *Dr. et proc.* 1983. 644, obs. Galand.
4. V. pour un congé valant offre de renouvellement, Civ. 3e, 14 juin 1995, n° 93-11.331, NP, *Loyers et copr.* 1995, n° 348 – AUSSI À PROPOS d'un congé sans offre de renouvellement : Civ. 3e, 10 mai 1989, n° 88-10.363, *Bull. civ.* III, n° 103; *Defrénois* 1991. 728, obs. Aubert.
5. Civ. 3e, 19 oct. 2005, n° 04-17.039, *Bull. civ.* III, n° 198; *D.* 2006, Pan. 960, obs. Damas; *AJDI* 2006. 201, obs. Rouquet – V. AUSSI : Paris, 20 févr. 2007, RG n° 05/00972, *AJDI* 2007. 841, note Zalewski.
6. Civ. 3e, 29 oct. 2013, n° 12-23.138, *Bull. civ.* III, n° 135; *D.* 2014. Pan. 1221, obs. Damas; *Dalloz actu.*, 18 nov. 2013, obs. M. Kebir; *AJDI* 2014. 283, obs. Damas; *Loyers et copr.* 2014, n° 4, obs. Vial-Pedroletti.
7. Car envoyé par lettre simple.
8. Limoges, 28 avr. 1997, RG n° 96/1223, *Loyers et copr.* 1998, n° 33, obs. crit. Vial-Pedroletti.

Or, l'article 515-4 du code civil rend les partenaires liés par un Pacs solidaires, tandis que l'article 1751 du code même code, dans sa rédaction issue de la loi du 24 mars 2014, dite loi Alur, précise que « le droit au bail du local, sans caractère professionnel ou commercial, qui sert effectivement à l'habitation de (...) deux partenaires liés par un Pacte civil de solidarité, dès lors que les partenaires en font la demande conjointement, est réputé appartenir à l'un et à l'autre des (...) partenaires liés par un pacte civil de solidarité ».

Par conséquent, lorsque le bail n'a été signé que par le locataire, et non par son partenaire auquel il est lié par un Pacs, dès lors que les deux partenaires ont conjointement fait la demande de bénéficier de la cotitularité du droit au bail, démarche par laquelle l'existence du partenaire du locataire est portée à la connaissance du bailleur au sens de l'article 9-1 de la loi du 6 juillet 1989, le bailleur doit adresser un courrier séparé à chacun d'entre eux (pour une étude d'ensemble de la question des parties au contrat v. s^s titre 12 et, à propos des partenaires liés par un Pacs, n°s 122.11 s.).

B. Délai et forme

522.141 **Délai de six mois minimum avant le terme du bail.** La proposition de renouvellement doit être faite « au moins six mois avant le terme du contrat et dans les conditions de forme prévues à l'article 15 [de la loi de 1989, relatif au congé] », c'est-à-dire par lettre recommandée avec demande d'avis de réception, par acte d'huissier ou, depuis la loi Alur du 24 mars 2014, remise en main propre contre récépissé ou émargement. La notification effectuée par lettre simple est donc rigoureusement nulle[1].

Les règles de computation du délai sont importantes puisque, en pratique, elles vont induire la forme à retenir.

522.142 **Règles de computation du délai.** Le délai se calcule à compter de la remise de la lettre à son destinataire[2].

Le point de départ du délai ne pose aucun problème lorsque la notification est réalisée par huissier.

En revanche, lorsqu'elle est réalisée au moyen d'une lettre recommandée avec AR, la jurisprudence considère qu'elle n'a pas été valablement faite si le preneur n'a pas signé l'accusé de réception[3].

On observera enfin que, faisant application de l'article 641 du code de procédure civile selon lequel, lorsqu'un délai est exprimé en mois, il expire le jour du dernier mois qui porte le même quantième que le jour de l'acte, de l'événement, de la décision ou de la notification qui fait courir le délai et précisant qu'à défaut d'un quantième identique, le délai expire le dernier jour du mois, une proposition de renouvellement délivrée le 31 décembre pour le 30 juin a été validée[4].

522.143 **Forme à privilégier.** Dès lors, la prudence semble commander au bailleur d'avoir recours aux services d'un huissier dans le délai requis s'il s'aperçoit que le locataire ne va pas retirer la lettre recommandée avec AR qu'il lui a adressée[5] (sur la forme que doit revêtir la lettre de congé v. s^s n° 532.11).

522.144 **Validité d'une offre de renouvellement prématurée.** Par deux décisions récentes, la Cour de cassation a estimé que l'offre de renouvellement faite pour une date prématurée n'est pas nulle, mais prend effet à la date pour laquelle elle aurait dû être formulée[6].

C. Contenu de la proposition

522.151 **Mentions obligatoires.** La proposition de renouvellement doit impérativement comporter trois éléments : la reproduction de l'article 17 *c* (ou, depuis la loi du 24 mars 2014, dite loi Alur, les dispositions du II de l'article 17-2) de la loi du 6 juillet 1989, l'indication du montant du loyer proposé et la mention de la liste de références ayant servi à déterminer le loyer. En revanche, le texte n'impose pas au bailleur d'indiquer dans la notification que le loyer est « manifestement sous-évalué »[7], ou de mentionner la base de calcul de la sous-évaluation manifeste, ou encore de faire état de l'existence d'un

1. Paris, 8 sept. 1992, RG n° 91/8205, *Loyers et copr.* 1992, n° 455.
2. Civ. 3e, 10 janv. 1996, n° 93-21.097, *Bull. civ.* III, n° 5; *Administrer* nov. 1996, p. 28, obs. Canun; *Gaz. Pal.* 8 nov. 1996, 313-314.
3. Civ. 3e, 19 janv. 2000, n° 98-10.486, *Bull. civ.* III, n° 10; *Loyers et copr.* 2000, n° 85, obs. Vial-Pedroletti – Versailles, 8 mars 2002, *JurisData*, n° 183383, *BICC* 2003, n° 56; *AJDI* 2002. 530, obs. Rouquet.
4. Civ. 3^e, 16 oct. 2007, n°s 06.17-590, 06.17-591, 06.17-592, 06.17-593 et 06.17-594, NP, *AJDI* 2008. 209, note Chenu [5 arrêts].
5. Versailles, 8 mars 2002, *JurisData*, n° 183383, *BICC* 2003, n° 56; *AJDI* 2002. 530, obs. Rouquet.
6. Civ. 3^e, 27 mars 2002, n° 00-21.752, *Bull. civ.* III, n° 74; *D.* 2003. Somm. 803, obs. Pierre-Maurice; *AJDI* 2002. 529, obs. Laporte-Leconte – Civ. 3e, 27 nov. 2002, n° 01-11.132, *Bull. civ.* III, n° 237; *AJDI* 2003. 119, obs. Rouquet (1re esp.).
7. Civ. 3e, 30 nov. 2005, n° 04-16.050, *Bull. civ.* III, n° 234; *D.* 2006. IR 11; *AJDI* 2006. 203, obs. Rouquet; *Administrer* mars 2006, p. 44, obs. Canu.

décret de blocage applicable ou d'une incertitude sur le métrage de l'appartement[1].

En toute hypothèse, le bailleur pourra, dans ses conclusions, régulariser une offre de nouveau loyer imprécise ou incomplète[2].

1°
Reproduction de l'article 17 c (ou du II de l'article 17-2)

522.161 **Nullité de forme.** À peine de nullité, la notification de proposition du renouvellement doit reproduire intégralement le texte requis.

522.162 **Sanction discutée.** La question de savoir si le manquement à cette obligation doit être sanctionné en dehors de tout grief pour le locataire est discutée.

522.163 **Sanction de la non-reproduction du texte.** La Cour de cassation se montre exigeante puisqu'elle considère qu'il s'agit d'une irrégularité de forme qui ne peut être sanctionnée que lorsqu'elle a généré un préjudice au preneur[3], préjudice que celui-ci devra bien évidemment établir[4].

Certains juges du fond reconnaissent cependant que la non-reproduction de l'article 17 *c* constitue une irrégularité de fond qui doit être sanctionnée indépendamment de tout grief[5].

D'autres juridictions, enfin, adoptent une solution médiane consistant à reconnaître le caractère d'irrégularité de forme à ce manquement, mais, dans le même temps, à considérer qu'en lui-même cet oubli est constitutif d'un grief[6].

2°
Indication du montant du loyer

522.171 **Indication essentielle.** L'indication du montant du loyer proposé pour le renouvellement est bien évidemment primordiale (sur les règles d'application de la hausse de loyer v. s^s n°s 523.11 s.).

3°
Mention de la liste de références ayant servi à déterminer le loyer

522.181 **Exigences légales.** Le texte exige uniquement que la notification mentionne la liste des références, étant entendu que la charge de la preuve pèse sur le bailleur[7] (sur l'obligation de joindre ces références au bail v. s^s n° 522.183). En aucune façon, il ne saurait donc être reproché au bailleur de ne pas avoir produit les contrats de location ayant servi de références[8]. De la même manière, ne pas avoir incorporé les références dans le corps même de la notification est sans incidence, dès lors que la liste de références y a été annexée, dans un document distinct[9].

522.182 **Élément de comparaison produit en cours de procédure – Examen par le juge.** La question s'est posée de savoir si le bailleur peut, dans le cadre d'une action en justice, fournir en cours de procédure d'autres références afin de compléter (et valider) sa notification. La Cour de cassation admet une telle pratique[10], estimant notamment que l'élément de comparaison produit postérieurement au dépôt du rapport de l'expert doit être examiné par le juge[11].

Les juges du fond se montrent, quant à eux, beaucoup plus réservés. Par exemple, la cour d'appel de Paris a, dans le meilleur des cas, jugé que le bailleur ne peut, en cours d'instance, que consolider sa demande, sans pour autant pouvoir pallier sa carence initiale[12].

522.183 **Sanction en cas de défaut de production des références.** La sanction encourue est la nullité de la proposition. L'absence de jonction au bail des références de loyer ne saurait avoir pour conséquence le retour au loyer antérieur[13].

Reste à savoir si cette sanction va jouer en toute hypothèse ou uniquement en cas de grief avéré pour le locataire. Avec la plus grande constance, la Cour de cassation ne prononce la nullité de l'offre de

1. Civ. 3e, 6 juill. 2017, n° 16-16.426 P; *D.* 2017. 1473.
2. Civ. 3e, 6 juill. 2017, n° 16-16.426 P. Concernant cette faculté offerte au bailleur en matière de fournitures de références de loyer, v. aussi s^s n° 522.182.
3. Civ. 3e, 8 juin 1995, n° 93-14.869, *Bull. civ.* III, n° 138; *D.* 1996. 378; *JCP* 1995. 236; *Gaz. Pal.* 28 avr. 1996, 119-121 – AUSSI : Paris, 7 avr. 2005, RG n° 04/07979, *AJDI* 2005. 841.
4. Civ. 3e, 9 mars 1994, n° 91-16.941, *Bull. civ.* III, n° 49; *JCP* 1994. 159; *Gaz. Pal.* 11 sept. 1994, 254-256; *Administrer* août-sept. 1994, p. 27, note Rémy et Pialoux, [deux arrêts].
5. Civ. 3e, 4 janv. 1995, n° 92-19.732, NP, *Rev. loyers* 1995. 226 – Paris, 15 avr. 1991, RG n° 10480/90, *Administrer* juill. 1991, p. 45.
6. Paris, 26 avr. 1993, RG n° 92/007793, *Loyers et copr.* 1993, n° 288 – Caen, 21 sept., 1995, RG n° 94/01626, *JCP* 1996. IV, n° 2669.
7. Versailles, 22 mai 1992, *JurisData* n° 600457, *Rev. loyers* 1992. 359, obs. Aubert, [loi de 1986].
8. Nîmes, 29 mai 1997, RG n° 96/457, *Loyers et copr.* 1998, n° 37, obs. Vial-Pedroletti.
9. Civ. 3e, 5 nov. 2003, n° 01-11.247, *Bull. civ.* III, n° 187; *AJDI* 2004. 122, obs. Rouquet; *D.* 2003. IR 3006.
10. Civ. 3e, 1er mars 1995, n° 92-16.151, *Bull. civ.* III, n° 62 – Civ. 3e, 13 janv. 1999, n° 97-12.356, NP, *Administrer* févr. 2000, p. 43, obs. Canu.
11. Civ. 3e, 10 avr. 2002, n° 00-12.805, NP, *Loyers et copr.* 2002, n° 253, obs. Vial-Pedroletti.
12. Paris, 8 sept. 1992, RG n° 91/8205, *D.* 1993. Somm. 175, obs. Bihr – AUSSI : Paris, 7 avr. 2005, RG n° 04/16605, *AJDI* 2005. 841 – TI Paris, 23 mai 1991, *Rev. loyers* 1992. 110, note crit. Aubert.
13. Civ. 3e, 28 juin 2000, n° 98-21.703, NP, *AJDI* 2000. 843.

renouvellement que dans la mesure où le preneur prouve le grief que l'irrégularité lui a causé. Cela a été jugé à l'égard de références ne respectant pas la règle des deux tiers[1] (v. s^s n° 522.62), comme à l'égard de références n'indiquant pas la dizaine de numéros[2].

Cependant, il a été admis que le grief était constitué dès lors que l'absence d'informations essentielles ne mettait pas le preneur en mesure de discuter les prétentions du bailleur et d'en vérifier l'exactitude ainsi que la légalité (dans une hypothèse où les références, au nombre de quatre au lieu de six, ne précisaient ni l'adresse, ni l'état de l'équipement des logements, ni la date de construction de l'immeuble !)[3].

§ 4
Procédure en cas de désaccord ou à défaut de réponse du locataire

522.191 Acceptation expresse obligatoire. Une fois l'offre de renouvellement adressée au locataire, celui-ci peut accepter ou refuser. En cas d'acceptation, celle-ci devra être expresse.

522.192 Refus. Quant au refus, il pourra se matérialiser de deux manières : il pourra être exprimé (le locataire répondra au bailleur qu'il n'accepte pas sa proposition), mais il pourra aussi résulter d'une abstention de sa part. En effet, le législateur a assimilé le défaut de réponse à un refus.

522.193 Absence d'accord. À défaut d'accord du locataire, la procédure à respecter commence par la saisine de la commission départementale de conciliation (CDC) et, en cas d'échec de cette saisine, va se poursuivre devant le juge. En pratique, la saisine de la commission est, la plupart du temps, le fait du bailleur, le locataire souhaitant contester la proposition de renouvellement n'ayant pas intérêt à effectuer cette saisine puisque son silence vaut refus et puisqu'en cas de non-saisine de la commission (et, le cas échéant, du juge v. s^s n°s 522.211 s.), « le contrat est reconduit de plein droit aux conditions antérieures du loyer éventuellement révisé »[4].

1. Civ. 3e, 22 mars 1995, n° 93-14.282, *Bull. civ.* III, n° 83; *D.* 1996. Somm. 375, obs. CRDP Nancy 2.
2. Civ. 3e, 1er juill. 1998, n° 96-12.562, NP, *Administrer* mars 1999, p. 34, obs. Canu [2e esp.].
3. Civ. 3e, 18 janv. 1995, n° 92-20.067, *Bull. civ.* III, n° 18; *Administrer* nov. 1995, p. 40, note Canu, [loi de 1986] – DANS LE MÊME SENS : Civ. 3e, 13 juill. 1999, n° 97-20.161, NP, *Administrer* oct. 2000, p. 57, obs. Canu; *AJDI* 2000. 927.
4. L. n° 89-462, 6 juill. 1989, anc. art. 17 c, nouvel art. 17-2-II.

A.
Saisine de la commission départementale de conciliation

522.201 Phase obligatoire. Le cinquième alinéa de l'article 17 *c* (depuis la loi du 24 mars 2014, dite loi Alur, article 17-2-II) de la loi de 1989 dispose qu'« en cas de désaccord ou à défaut de réponse du locataire quatre mois avant le terme du contrat, l'une ou l'autre des parties saisit la commission de conciliation » (concernant les CDC, v. s^s n°s 911.11 s.).

À défaut d'accord entre les parties, la saisine de la commission de conciliation est une phase obligatoire : la saisine directe du tribunal ne serait pas recevable[5]. Il appartient aux juges du fond de rechercher si la commission a bien été saisie avant le tribunal[6].

522.202 Délai de saisine. Dès que le locataire a exprimé son refus quant à la proposition de renouvellement ou, en cas d'absence de réponse, quatre mois avant le terme du contrat, le bailleur qui entend faire valoir ses prétentions devra saisir la commission. Précisons qu'une saisine antérieure au délai de quatre mois avant l'expiration du contrat serait irrecevable[7].

522.203 Date ultime de saisine. Quant à la date ultime de saisine de la commission, le texte n'en fixe pas, aucun délai n'étant imparti au locataire pour répondre à la proposition du bailleur. Ainsi, seule serait tardive la saisine après le terme du contrat[8]. La Cour de cassation a, dans un arrêt, décidé que le locataire ne disposait que d'un délai de deux mois à compter du renouvellement du bail pour saisir la commission de conciliation et contester le montant du loyer du bail renouvelé[9]. Cette décision, qui n'est conforme ni à la lettre ni à l'esprit du texte appelle les réserves les plus expresses[10].

5. EN CE SENS : Civ. 3e, 15 févr. 1995, n° 92-14.163 *Bull. civ.* III, n° 48; *Gaz. Pal.* 8 déc. 1995, 342-343.
6. Civ. 3e, 19 févr. 2003, n° 00-22.194, *Bull. civ.* III, n° 40; *Loyers et copr.* 2003, n° 107, obs. Vial-Pedroletti.
7. Paris, 11 mars 1991, RG n° 90/1936, *Rev. loyers* 1991. 413, [loi de 1986] – Paris, 7 juin 1991, RG n° 89/016774, *Loyers et copr.* 1991, n° 381 [loi de 1986] – Paris, 11 févr. 2010, RG n° 08/05485, *Loyers et copr.* 2010, n° 187, obs. Vial-Pedroletti.
8. Civ. 3e, 27 nov. 2002, n° 01-11.134, *Bull. civ.* III, n° 238; *AJDI* 2003. 119, obs. Rouquet (2e esp.) – Paris, 5 oct. 1999, *Rev. loyers* 2000. 213.
9. Civ. 3e, 8 févr. 2006, n° 04-17.690, *Bull. civ.* III, n° 28; *AJDI* 2006. 380, obs. Gariazzo; *AJDI* 2006. 337, obs. crit. Rouquet; *Rev. loyers* 2006. 190, obs. crit. Canu.
10. Ne serait-ce parce qu'accorder une quelconque efficacité à une contestation, une fois le bail renouvelé, est *contra legem*.

522.204 Avis rendu tardivement. Si la commission ne rend pas son avis dans le délai maximum de deux mois prévu par l'article 20 de la loi de 1989 et par le décret 19 juillet 2001, les parties (en pratique, le bailleur v. s^s n° 522.193) auront intérêt à saisir le juge dès l'expiration de ce délai (mais pas avant, sur ce point v. s^s n° 522.251) et, en toute hypothèse, avant le terme du contrat. En effet, la saisine de la commission ne conserve pas les délais. À défaut, toute action judiciaire serait donc vouée à l'échec.

522.205 Perte de la lettre de saisine par la commission. La même attitude devra, *a fortiori*, être adoptée si la commission a purement et simplement perdu la lettre de saisine du requérant. En pareille circonstance, que celui-ci ne s'attende pas à recevoir une indemnisation (tout au plus pourra-t-il prétendre à une excuse de l'administration) puisque, ainsi que cela a été récemment jugé, la saisine du juge judiciaire n'étant pas subordonnée à l'émission d'un avis par la commission (la seule obligation légale des parties étant de saisir préalablement cette commission), la faute commise par celle-ci, dont le secrétariat a égaré la lettre de saisine du requérant, n'est pas de nature à ouvrir à ce dernier droit à indemnité [1].

522.206 Effets de l'avis. La commission rend un avis. Celui-ci peut constater trois types de situation : une conciliation totale, une conciliation partielle ou une absence de conciliation.

522.207 Conciliation totale. La conciliation va mettre fin au litige et va être suivie de la signature d'un nouveau bail aux conditions financières arrêtées par les parties. L'expression de l'accord du preneur devant la commission, les termes d'une lettre qu'il a envoyée au propriétaire ainsi que le paiement sans réserve du nouveau loyer pendant six mois consécutifs attestent de son acceptation [2].

522.208 Conciliation partielle. En cas de conciliation partielle, la commission constate la conciliation dont les termes font l'objet d'un document de conciliation. Ce document fait également apparaître les points de désaccord qui subsistent. [3].

522.209 Non-conciliation. Faute de conciliation totale (c'est-à-dire en cas de conciliation partielle ou de non-conciliation), le bailleur aura intérêt, avant le terme du contrat, à saisir le tribunal d'instance puisque, à défaut, le bail sera reconduit de plein droit aux conditions antérieures du loyer éventuellement révisé.

1. CE 19 mars 2001, req. n° 199743, *AJDI* 2001. 429, obs. Rouquet; *D.* 2002. Somm. 1722, obs. CRDP Nancy 2.
2. Civ. 3e, 23 juin 1993, n° 91-20.052, NP, *Administrer* févr. 1994, p. 53.
3. Décr. n° 2001-653, 19 juill. 2001, art. 8.

B.
Saisine du juge

522.211 Fixation judiciaire du loyer. La saisine du juge intervient en cas d'absence d'accord des parties devant la commission départementale de conciliation.

Elle va aboutir à la fixation du loyer de renouvellement par voie judiciaire, le point de départ du nouveau bail étant fixé à compter de la date d'expiration du contrat et la décision du juge étant exécutoire par provision.

1°
Juge compétent

522.221 Compétence d'attribution. En application de l'article R. 221-37 du code de l'organisation judiciaire, la compétence est dévolue au tribunal d'instance – devant lequel le ministère d'avocat n'est pas obligatoire [4] –, en dernier ressort pour les litiges portant sur une valeur inférieure ou égale à 4 000 euros [5] et à charge d'appel lorsque la demande est supérieure ou est indéterminée.

522.222 Compétence territoriale. Le juge compétent est le juge du lieu de la situation de l'immeuble [6].

2°
Forme de la saisine

522.231 Remise au greffe de la copie de l'assignation. En application de l'article 838 du code de procédure civile, la saisine doit être réalisée par remise au greffe d'une copie de l'assignation [7]. Le tribunal ne serait pas valablement saisi en cas de délivrance d'une citation à l'adversaire [8].

3°
Personnes visées par l'assignation

522.241 Toute partie au contrat de bail. Deux cas de figure sont à dissocier en fonction de l'auteur de l'assignation.

• Lorsque le demandeur est le locataire, il va assigner le bailleur.

4. C. pr. civ., art. 827.
5. Ce seuil a été modifié par la loi n° 2005-47 du 26 janv. 2005 relative aux compétences du TI, du juge de proximité et du TGI – Le seuil était auparavant de 3 800 euros.
6. COJ, art. R. 221-48.
7. Paris, 16 mars 1993, RG n° 92/000958, *Administrer* nov. 1993, p. 45, note de Ricqlès-Marjolin.
8. Paris, 28 févr. 1990, RG n° 90/446, *Rev. loyers* 1990. 487, [loi de 1986] – Paris, 27 févr. 1992, *Administrer* juill. 1992, p. 49, [loi de 1986].

• Lorsque la demande émane du bailleur, celui-ci doit, en toute hypothèse, diriger son (ses) assignation(s) à l'encontre de tous les signataires du bail.

522.242 Connaissance de l'existence du conjoint – Assignation. De surcroît, en application des articles 1751 du code civil et de l'article 9-1 de la loi de 1989, il devra également assigner le conjoint de celui-ci lorsque son existence aura été portée à sa connaissance (v. s^s n° 531.72).

Il a été jugé que la procédure de renouvellement devait être poursuivie contre chacun des époux. À défaut, compte tenu du principe de cotitularité du bail entre les conjoints posé par l'article 1751 du code civil, la procédure de renouvellement sera privée d'efficacité à l'égard des deux[1]. Pareille sanction atteindra le bailleur ayant omis d'assigner le partenaire pacsé du locataire, du moins dès lors que les deux partenaires auront conjointement fait la demande de bénéficier de la cotitularité du droit au bail[2] (v. s^s n°s 122.15 et 122.22). Il en ira différemment du concubin du locataire, puisque celui-ci n'est pas cotitulaire du bail signé du seul locataire (sur ce point v. s^s n°s 123.11 s. et 133.71).

522.243 Ignorance de l'existence du conjoint – Opposabilité de plein droit. Si l'existence du conjoint du locataire n'a pas été portée à la connaissance du bailleur, toujours en application de l'article 9-1 de la loi du 6 juillet 1989, la signification du bailleur lui sera opposable de plein droit.

4°
Délai de la saisine

522.251 Double limite. La saisine doit intervenir avant le terme du bail. À défaut, le texte[3] indique expressément que celui-ci « est reconduit de plein droit aux conditions antérieures du loyer éventuellement révisé » (sur la révision du loyer v. s^s n°s 523.11 s.)[4].

Le juge ne peut toutefois être valablement saisi avant que la commission de conciliation ait donné son avis ou que le délai de deux mois, imparti à la commission de conciliation par l'article 20 de la loi de 1989 et par l'article 8 du décret du 19 juillet 2001 pour rendre son avis, soit écoulé[5] (sur ce délai v. s^s n° 911.82; sur l'attitude à adopter lorsque la commission tarde à rendre son avis v. s^s n°s 522.204 s.).

Si cette solution s'éloigne un peu de la lettre du texte (qui conditionne la saisine du juge au défaut d'accord constaté par la commission), elle présente l'avantage de couper court à une pratique permettant au bailleur de contourner la phase de (tentative de) conciliation, et consistant à saisir coup sur coup la commission et la justice.

522.252 Précaution. Le bailleur prendra en conséquence soin de saisir la commission suffisamment tôt de manière à ce que le délai de deux mois susvisé s'achève avant l'expiration du bail, lui permettant ainsi de saisir la justice à temps. Notons que la saisine d'un tribunal incompétent avant le terme du contrat est suffisante pour interrompre le délai : en vertu des articles 96 et 97 du code de procédure civile, à défaut de contredit, une action ainsi engagée se poursuivra devant la juridiction désignée par le juge incompétent[6].

5°
Devoirs et pouvoirs du juge

522.261 Vérification de la procédure de conciliation – Fixation du loyer. En ce qui concerne les devoirs du juge, on retiendra qu'il lui incombe de rechercher si la commission a bien été saisie avant le tribunal[7].

Quant à ses pouvoirs, ils sont très larges.

En effet, comme cela a déjà été précisé (v. s^s n°s 522.41 et 522.261), les juges du fond apprécient souverainement les loyers de référence produits par les parties[8].

522.262 Appréciation souveraine – Ancien article 19 de la loi 1989 facultatif. La marge de manœuvre des juges du fond est on ne peut plus large, puisque la Cour de cassation leur a même reconnu le pouvoir de fixer le loyer de renouvellement en s'affranchissant des règles de l'ancien article 19 de la loi de 1989 (abrogé par la loi du 24 mars 2014[9], dite loi Alur, et partiellement reversé à l'article 17-2-I, issu

1. Civ. 3e, 15 juin 1994, n° 92-10.332, NP, *Loyers et copr.* 1994, n° 363, [loi de 1986].
2. C. civ., art. 1751, mod. par L. 24 mars 2014, dite loi Alur.
3. Anc. art. 17 c, nouvel art. 17-2-II.
4. Civ. 3e, 23 juin 1993, n° 91-19.272, *Bull. civ.* III, n° 98; *D.* 1993. IR 210 – Civ. 3e, 20 oct. 1998, *D.* 1999. Somm. 141, obs. CRDP Nancy 2.
5. Civ. 3e, 13 déc. 2006, n° 05-20.761, *Bull. civ.* III, n° 249; *D.* 2007. AJ 83, obs. Rouquet; *ibid.* 2007. Pan. 907, obs. Damas; *AJDI* 2007. 307, note de La Vaissière; 12 oct. 2011, n° 10-21.216, *Bull. civ.* III, n° 165; *D.* 2011. Actu. 2539, obs. Rouquet; *ibid.* 2012. Pan. 1086, spéc. 1091, obs. Damas; *AJDI* 2012. 431, obs. Damas – 7 mars 2012, n° 10-27.820, *Bull. civ.* III, n° 39; *D.* 2012. Actu. 815, obs. Rouquet; *ibid.* 2013. Pan. 863, spéc. 867, obs. Damas; *AJDI* 2012. 596, obs. Damas.
6. Civ. 3e, 10 mars 1993, n° 91-11.268, *Bull. civ.* III, n° 29; *Administrer* août-sept. 1993, p. 20, note Aubert.
7. Civ. 3e, 19 févr. 2003, n° 00-22.194, *Bull. civ.* III, n° 40; *AJDI* 2003. 416, obs. Rouquet; *D.* 2004. Somm. 845, obs. Damas; *Gaz. Pal.* 2003. 2. 3078, obs. Rémy.
8. Civ. 3e, 18 déc. 1991, n° 90-12.168, *Bull. civ.* III, n° 322; *D.* 1992, Jur. 336, note Aubert; *Gaz. Pal.* 29 avr. 1992, 120-121, [loi de 1986].
9. L. n° 2014-366, 24 mars 2014 pour l'accès au logement et un urbanisme rénové, *JO* 26 mars, p. 5809.

de ce texte)[1], dispositions qui ne s'imposent qu'au seul bailleur[2] de manière assez contradictoire avec ce qui précède, notons cependant que, dans un arrêt, la Haute cour a exigé que les juges du fond précisent en quoi les références prises en compte respectent les dispositions de cet article 19[3]. Pour autant, ils doivent indiquer le prix du loyer déterminé conformément aux dispositions de l'article 17 *c* (aujourd'hui, l'article 17-2-II de la loi du 6 juillet 1989)[4].

522.263 Appréciation souveraine – Moyenne mathématique des loyers de référence facultative. Il a par ailleurs été jugé que les juges du fond ne sont pas contraints de retenir la moyenne mathématique des loyers de référence produits par le bailleur[5]. Cela est d'autant plus vrai lorsque le preneur n'a pas fourni de références en réplique à celles produites par son cocontractant. À défaut de production d'éléments de comparaison par le locataire, le juge sera en effet enclin à opter pour une moyenne arithmétique[6].

522.264 Appréciation souveraine – Éléments de détermination. Encore pourrait-il se déterminer à partir d'autres éléments que ceux émanant du bailleur[7], tels l'avis de la commission de conciliation, des références émanant d'un observatoire des loyers, ou encore les conclusions d'un expert nommé par le tribunal[8].

Enfin, la cour d'appel de Paris a pris en compte l'absence de travaux particuliers et l'occupation continue des lieux pour minorer le loyer de renouvellement, arguant d'une absence de perte de loyer[9].

Ce dernier argument ne nous semble pas déterminant d'un point de vue économique, puisque ce n'est qu'à l'occasion de la relocation (suite à un changement de locataire) que les hausses de loyer sont les plus fortes (le prix du bail n'est alors soumis qu'à la loi du marché)[10].

Précisons que selon certains auteurs, le juge ne pourrait pas décider de fixer le prix du bail renouvelé à un prix inférieur au loyer initial[11].

Le bail dont le loyer de renouvellement aura été fixé par le juge est renouvelé pour trois ans si le bailleur est une personne physique, et pour six ans en cas contraire (sur la durée du bail renouvelé v. aussi n°s 512.21 s.).

C. Tableau récapitulatif

522.271 Suites à la proposition de renouvellement. Voici le récapitulatif des suites qui peuvent être données à la proposition de renouvellement et ce qui va en découler.

SUITE DONNÉE À LA PROPOSITION DE RENOUVELLEMENT

Accord 4 mois avant la fin du contrat	Réponse 4 mois avant la fin du contrat	Saisine de la commission de conciliation	Conciliation	Saisine du juge avant le terme du contrat	Résultat
• NON	• NON	• NON		• Impossible	• Reconduction du contrat aux conditions antérieures (sans majoration de loyer, mais avec application de la clause de révision lorsqu'elle existe)
• NON	• NON	• OUI	• NON	• NON	• Reconduction du contrat aux conditions antérieures (sans majoration de loyer, mais avec application de la clause de révision lorsqu'elle existe)
• NON	• NON	• OUI	• NON	• OUI	• Renouvellement du contrat (loyer fixé par le juge) avec hausse étalée sur 3 ou 6 ans
• NON	• NON	• OUI	• OUI		• Renouvellement du contrat (loyer fixé par l'accord) avec hausse étalée sur 3 ou 6 ans
• OUI	• OUI				• Renouvellement du contrat avec majoration de loyer, avec hausse étalée sur 3 ou 6 ans

1. Nombre minimal de références et règle des deux tiers, v. s^{s} n°s 522.62 et 522.63.
2. Civ. 3e, 8 juin 1995, n° 93-10.652, *Bull. civ.* III, n° 139; *D.* 1995. 375; *JCP* 1995. 236; *Gaz. Pal.* avr. 1996, 119-121.
3. Civ. 3e, 21 juin 1995, n° 93-10.038, NP, *Loyers et copr.* 1995, n° 352.
4. Civ. 3e, 29 mars 2000, n° 98-16.415, *Bull. civ.* III, n° 69; *D.* 2000. IR 119; *Administrer* juin 2001, p. 25, obs. Canu.
5. Civ. 3^{e}, 16 nov. 1993, n° 92-12.221, NP, *Loyers et copr.* 1994, n° 48, [loi de 1986].
6. Reims, 27 nov. 1997, *JurisData* n° 047852, *JCP* 1998. IV, n° 1878.
7. Civ. 3^{e}, 8 juin 1995, n° 93-13.999, *Bull. civ.* III, n° 137; *JCP* 1995. 236; *Gaz. Pal.* avr. 1996, 119-121, [loi de 1986].
8. TI Puteaux, 30 juin 1988, *D.* 1989, Jur. 21, note Aubert, [loi de 1986].
9. Paris, 12 mars 2009, RG n° 07/17664, *AJDI* 2009. 711; au sujet de cet arrêt, v. aussi Rouquet, *AJDI* 2009. 673.
10. POUR UNE ANALYSE critique de cette décision : Rouquet, *AJDI* 2009. 673.
11. J. Lafond, B. Vial-Pedroletti, *Les baux d'habitation*, 8e éd., LexisNexis, 2017, n° 2004 – Giverdon, *JCP N* 1989. I. 359.

§ 5
Application de la hausse de loyer

522.281 **Principe.** La hausse de loyer, qu'elle soit issue de la convention des parties, d'un accord en commission de conciliation ou d'une décision de justice, s'applique par tiers, lorsque le bail de renouvellement est d'une durée de trois ans ou par sixième, lorsque la durée du contrat renouvelé a été fixée à six ans.

522.282 **Exception : répartition de la majoration dans le temps.** Ce principe connaît une exception lorsque la hausse est supérieure à 10 %. Alors, cette hausse va s'appliquer par sixième annuel au contrat renouvelé, quelle que soit sa durée.

En conséquence, si le renouvellement a été conclu pour une durée inférieure à six ans (ce qui est généralement le cas, puisqu'en pratique lorsque le bailleur est une personne physique, le contrat est renouvelé pour trois ans), les effets de la majoration se poursuivront lors du renouvellement ultérieur.

522.283 **Application d'une majoration de loyer supérieure à 10 %.** Le loyer initial s'élevait à 600 euros et le loyer de renouvellement à 700 euros. La majoration est donc supérieure à 10 % du prix d'origine et la hausse va s'étaler sur six ans. Durant la première année du renouvellement du bail, le locataire devra donc s'acquitter d'un loyer mensuel de 616,67 euros, c'est-à-dire du loyer initial (600 euros) + 1/6 de l'augmentation (16,67 euros). Entre le début de la seconde année et la fin de la sixième année, le loyer mensuel augmentera tous les ans de 16,67 euros (633,34 euros la seconde année, 650 € la troisième, 666,68 euros la quatrième, 683,35 euros la cinquième et 700 euros à compter de la sixième année). À cette augmentation, il conviendra d'ajouter les effets de l'éventuelle clause de révision.

522.284 **Clause d'indexation.** Concernant le jeu de cette clause d'indexation, la question s'est posée de savoir s'il convenait d'en tenir compte dès la première année de renouvellement ou, uniquement à partir de la seconde année, étant entendu que le texte de l'ancien article 17 *c* (à présent, art. 17-2-II) de la loi de 1989 semble se déterminer en faveur de la première branche de l'alternative puisqu'il précise à cet égard que « la révision éventuelle résultant [d'une clause de révision] s'applique à chaque valeur ainsi définie » (sur la révision du loyer v. s[s] n°s 523.11 s.). Par un arrêt de principe de 1994, la Cour de cassation a tranché en faveur d'une application littérale du texte en indiquant que la révision du loyer en fonction de l'indice Insee du coût de la construction, chaque année à la date convenue entre les parties, n'est pas incompatible avec l'augmentation du loyer par sixième. Ainsi, dès la première année de renouvellement, la révision annuelle indiciaire se cumule avec l'augmentation annuelle par sixième du loyer[1].

SECTION 3
FIXATION DU LOYER EN ZONE TENDUE

§ 1
Deux actions possibles

522.291 **Action en diminution ou en augmentation du loyer.** Pour les baux signés à compter du 27 mars 2014, aux termes de l'article 17-2-I de la loi du 6 juillet 1989 issu de la loi du 24 mars 2014[2], dite loi Alur, qui, aux termes de la loi n° 2015-990 du 6 août 2015, dite Macron[3],ne s'applique qu'aux nouveaux baux et aux baux faisant l'objet d'un renouvellement (mais non aux baux tacitement reconduits), lors du renouvellement du contrat portant sur un local situé dans une zone tendue, une action en diminution ou en réévaluation du loyer peut être engagée.

§ 2
Action en diminution du loyer de renouvellement

522.301 **Cas d'ouverture de l'action.** Une telle action peut être engagée par le locataire si le montant du loyer fixé au contrat de bail, hors montant du complément de loyer le cas échéant (au sujet duquel, v. s[s] n° 521.54), est supérieur au loyer de référence majoré (lequel est égal à un montant supérieur de 20 % au loyer de référence, v. s[s] n° 521.52).

522.302 **Proposition de diminution.** Le preneur doit proposer une diminution de son loyer au moins cinq mois avant le terme du contrat et respecter les conditions de forme prévues à l'article 15 de la loi du 6 juillet 1989 relatif à la délivrance d'un congé (lettre recommandée avec demande d'avis de réception, acte d'huissier ou remise en main propre contre récépissé ou émargement, v. s[s] n° 542.11).

Le choix de ce délai de cinq mois n'est pas neutre, puisqu'il interdit au bailleur destinataire d'une proposition de diminution de loyer de délivrer un congé à son locataire[4].

1. Civ. 3e, 30 nov. 1994, n° 92-13.425, *Bull. civ.* III, n° 202, *Defrénois* 1995. 427, obs. Vermelle.
2. L. n° 2014-366, 24 mars 2014 pour l'accès au logement et un urbanisme rénové, *JO* 26 mars, p. 5809.
3. L. n° 2015-990 du 6 août 2015, art. 82-II, *JO* 7 août, p. 13537 s., en vigueur le 8 août 2015.
4. SUR LA QUESTION : Damas, *AJDI* 2014. 334, spéc. 342.

La notification de la proposition d'un nouveau loyer doit reproduire intégralement, à peine de nullité, les dispositions de l'article 17-2-I de la loi du 6 juillet 1989 et mentionner le montant du loyer ainsi que le loyer de référence minoré ayant servi à le déterminer. Et le montant du loyer de référence minoré pris en compte doit correspondre à celui qui est en vigueur à la date de la proposition émise.

522.303 Contestation de la proposition par le bailleur. En cas de désaccord ou à défaut de réponse du bailleur saisi quatre mois avant le terme du contrat, l'une ou l'autre des parties « peut saisir »[1] la commission départementale de conciliation (v. s^s n°s 522.201 s.).

À défaut d'accord constaté par la commission départementale de conciliation, le juge peut être saisi, avant le terme du contrat.

À défaut de saisine du juge, le contrat est reconduit de plein droit aux conditions antérieures du loyer, éventuellement révisé (concernant la révision du loyer, v. s^s n°s 523.11 s.).

Le contrat dont le loyer est fixé judiciairement est réputé renouvelé, à compter de la date d'expiration du contrat, pour une durée de trois ans lorsque le bailleur est une personne physique et pour une durée de six ans lorsque le bailleur est une personne morale.

§ 3
Action en augmentation du loyer de renouvellement

522.311 Cas d'ouverture de l'action. Cette action peut être engagée dès lors que le loyer est inférieur au loyer de référence minoré (égal au loyer de référence diminué de 30 %, v. s^s n° 521.52).

Lorsque le bailleur fait cette démarche, il ne peut donner congé au locataire pour la même échéance du contrat.

522.312 Proposition d'augmentation. Cette proposition doit intervenir au moins six mois avant le terme du contrat et respecter les conditions de forme prévues à l'article 15 relatif à la délivrance d'un congé (lettre recommandée avec demande d'avis de réception, acte d'huissier ou remise en main propre contre récépissé ou émargement, v. s^s n° 532.11).

La notification doit reproduire intégralement, à peine de nullité, les dispositions de l'article 17-2-I de la loi du 6 juillet 1989 et mentionner le montant du loyer ainsi que le loyer de référence majoré ayant servi à le déterminer, lequel doit correspondre à celui qui est en vigueur à la date de la proposition émise.

Le nouveau loyer proposé doit être inférieur ou égal au loyer de référence minoré.

522.313 Contestation de la proposition d'augmentation par référence aux loyers de voisinage. Le locataire peut contester l'action en réévaluation de loyer en se référant aux loyers habituellement constatés dans le voisinage pour des logements comparables (concernant les références de loyer, v. s^s n°s 522.51 s.).

522.314 Procédure. En cas de désaccord ou à défaut de réponse du preneur saisi quatre mois avant le terme du contrat, l'une ou l'autre des parties « peut saisir »[2] la commission départementale de conciliation (v. s^s n° 522.201).

Comme en matière de contestation de la proposition de diminution du loyer :

- à défaut d'accord constaté par la CDC, le juge peut être saisi, avant le terme du contrat,
- à défaut de saisine du juge, le contrat est reconduit de plein droit aux conditions antérieures du loyer, éventuellement révisé (concernant la révision du loyer, v. s^s n°s 523.11 s.),
- le contrat dont le loyer est fixé judiciairement est réputé renouvelé, à compter de la date d'expiration du contrat, pour une durée de trois ans lorsque le bailleur est une personne physique et pour une durée de six ans lorsque le bailleur est une personne morale.

522.315 Modalités d'application de la hausse du loyer. Que la hausse intervienne sur accord entre les parties ou sur décision de justice, le principe est qu'elle s'applique par 1/3 ou par 1/6e selon la durée du contrat.

Cette hausse s'applique par 1/6e annuel au contrat renouvelé, puis lors du renouvellement ultérieur, dès lors qu'elle est supérieure à 10 % si le premier renouvellement avait une durée inférieure à six ans.

Et la révision éventuelle (au sujet de laquelle, v. s^s n°s 523.11 s.) s'applique à chaque valeur ainsi définie.

§ 4
Encadrement du loyer de renouvellement par décret

522.321 Montant maximum d'évolution des loyers de renouvellement. Comme l'évolution des logements vacants, l'évolution des loyers de renouvellement peut être contrainte par un décret.

1. Estimant qu'en dépit de la lettre du texte, cette saisine est obligatoire, Damas, *AJDI* 2014. 334, spéc. 342.

2. Estimant qu'en dépit de la lettre du texte, cette saisine est obligatoire, Damas, *AJDI* 2014. 334, spéc. 342.

En effet, en application de l'article 18 de la loi du 6 juillet 1989 issue de la loi du 24 mars 2014[1], dite loi Alur, pour chacune des zones tendues, un décret en fixe annuellement le montant maximum d'évolution des loyers des logements vacants et des contrats renouvelés. Le texte ajoute :

- que ce décret peut prévoir des adaptations particulières, notamment en cas de travaux réalisés par les bailleurs ou de loyers manifestement sous-évalués;

- qu'en cas de litige entre les parties résultant de l'application du décret, la commission départementale de conciliation (au sujet de laquelle, v. s^s^ n°s 911.11 s.) est compétente et sa saisine constitue un préalable obligatoire à la saisine du juge par l'une ou l'autre des parties.

522.322 Ce que prévoit le décret du 27 juillet 2017. Pour les contrats de location de locaux nus ou meublés conclus pendant la période du 1er août 2017 au 31 juillet 2018[2], un décret du 27 juillet 2017[3], qui abroge le précédent décret d'encadrement[4], encadre les loyers de renouvellement des baux conclus dans les agglomérations situées dans les zones tendues (définies ss n° 521.22).

Aux termes de l'article 5 du nouveau texte, lors du renouvellement d'un contrat de location, si le loyer est manifestement sous-évalué, la hausse de loyer convenue entre les parties ou fixée judiciairement ne peut excéder la plus élevée des deux limites posées par ce texte. suivantes :

522.323 Première limite. La moitié de la différence entre le montant d'un loyer déterminé par référence aux loyers habituellement constatés dans le voisinage pour des logements comparables[5] et le loyer appliqué avant le renouvellement du contrat de location, révisé dans les limites prévues au I de l'article 17-1 de la loi de 1989 (v. ss nos 523.11 s.).

Selon l'article 8 du décret de 2017, lorsque le dernier loyer appliqué au précédent locataire a fait l'objet d'une réévaluation sans que celle-ci ait été entièrement appliquée à la date à laquelle cessent les relations contractuelles entre le bailleur et le précédent locataire, le « dernier loyer appliqué au précédent locataire » est le loyer convenu entre les parties ou fixé judiciairement, y compris la fraction non encore réévaluée;

522.324 Seconde limite. Une majoration du loyer annuel égale à 15 % du coût réel des travaux TTC, si le bailleur a réalisé, depuis la conclusion du contrat de location initial ou, lorsque le bail a été renouvelé, depuis son dernier renouvellement, des travaux d'amélioration ou de mise en conformité avec les caractéristiques de décence portant sur les parties privatives ou sur les parties communes pour un montant au moins égal à la dernière année de loyer. À ce sujet, précisons, d'une part, qu'est exclu du montant des travaux d'amélioration ou de mise en conformité le coût des travaux ayant donné ou donnant lieu à une contribution pour le partage des économies de charge en application de l'article 23-1 de la loi de 1989 (v. ss nos 411.51 s.) ou à une majoration du loyer en application du II de l'article 17-1 de la même loi relatif aux « clauses travaux »[6] (v. ss nos 411.21 et 521.71) et, d'autre part, que le coût des travaux d'amélioration ou de mise en conformité portant sur les parties communes est déterminé en fonction des millièmes correspondant au logement[7].

522.325 Exclusion. Toutefois, lorsqu'un arrêté préfectoral d'encadrement a été pris à la date du renouvellement du bail, les dispositions qui précèdent ne s'appliquent pas lorsque la réévaluation du loyer est soumise aux dispositions du I de l'article 17-2 (v. ss nos 522.291 s.).

1. L. n° 2014-366, 24 mars 2014 pour l'accès au logement et un urbanisme rénové, *JO* 26 mars, p. 5809.
2. SUR la durée des effets des décrets d'encadrement, v. ss n° 521.22.
3. Décr. n° 2017-1198, 27 juill. 2017, *JO* 29 juill. 2017, n° 142.
4. Décr. n° 2015-931, 29 juill. 2015, *JO* 31 juill., p. 13097.
5. L'art. 6, du décret du 27 juillet précise que les logements comparables servant à la détermination du loyer de référence sont situés soit dans le même groupe d'immeubles, soit dans tout autre groupe d'immeubles comportant des caractéristiques similaires et situé dans la même zone géographique. Les éléments constitutifs de ces références sont définis par le décret n° 90-780 du 31 août 1990.
6. Décr. n° 2017-1198, 27 juill. 2017, *JO* 29 juill., n° 142, art. 7, 1°.
7. Décr. n° 2017-1198, 27 juill. 2017, *JO* 29 juill., n° 142, art. 7, 2°.

CHAPITRE

523. Révision du loyer

SECTION 0 ORIENTEUR

523.00 Plan du chapitre.

523.01 Textes applicables.

TEXTES SOURCES

- **L. n° 89-462, 6 juill. 1989, art. 17-1.**

TEXTES *IN EXTENSO*

- **L. 6 juill. 1989, art. 17-1**

* V. s[s] n° 521.01

523.02 Jurisprudence de référence.

- **Civ. 3e, 12 mai 2016, n° 15-16.285**, P

* V. s[s] n° 523.11

Le délai de prescription d'un an applicable à l'action en révision du loyer par le bailleur, prévu par l'art. 7-1, a couru, pour les indexations ayant pris effet antérieurement à l'entrée en vigueur de la loi du 24 mars 2014, à compter du jour de l'entrée en vigueur de cette loi, sans que la durée totale du délai ne puisse excéder la durée de cinq ans antérieurement applicable. Ayant relevé que le bail comportait une clause d'indexation et que la société chargée de la gestion du bien avait commis une erreur dans le calcul de l'indexation et exactement retenu qu'il y avait lieu de calculer l'indexation du loyer telle qu'elle aurait dû intervenir dès l'entrée en vigueur du bail, sur la base du loyer en vigueur à cette date.

523.03 Bibliographie indicative.

Ouvrage. J. Lafond, B. Vial-Pedroletti, *Les baux d'habitation*, 8e éd., LexisNexis, 2017, n°s 605 s. et 1004 s.

Actualisables. RÉP. CIV., V° « Bail d'habitation et mixte : rapports locatifs individuels – Loi du 6 juillet 1989 », N. Damas, n°s 173, 184 – LAMY DR. IMMO, n°s 5949 s. – DICT. PERM. Gestion immob., « Baux d'habitation et mixtes », n°s 227 s.

SECTION 1 PREMIÈRE VUE SUR LA RÉVISION

523.11 Périodicité. Il ressort de l'article 17-1 de la loi du 6 juillet 1989, issu de la loi du 24 mars 2014, dite loi Alur[1] et applicable aux contrats en cours lors de l'entrée en vigueur de ce texte (le 27 mars 2014)[2][3] que lorsque le bail prévoit la révision du loyer, celle-ci intervient chaque année à la date convenue entre les parties ou, à défaut, au terme de chaque année du contrat.

Et lorsque le bail comporte une clause d'indexation et que la société chargée de la gestion du bien a commis une erreur dans le calcul de l'indexation, il y a lieu de calculer l'indexation du loyer telle qu'elle aurait dû intervenir dès l'entrée en vigueur du bail, sur la base du loyer en vigueur à cette date[4].

À noter toutefois cette jurisprudence (rendue sous l'empire de l'ancien article 17 *d* de la loi de 1989), selon laquelle, lorsque le locataire s'est acquitté d'une indexation non prévue au bail, par l'effet de la prescription, celui-ci ne peut contester le jeu de l'indexation plus de cinq ans avant sa demande et la créance de restitution ne peut être calculée sur la base du loyer initial mais doit l'être sur celle du loyer acquitté à la date du point de départ de la prescription[5].

1. L. n° 2014-366, 24 mars 2014 pour l'accès au logement et un urbanisme renforcé, *JO* 26 mars, p. 5809.
2. Cet art. 17-1 remplace l'anc. art. 17 *d* de la loi du 6 juill. 1989.
3. Précisant que, pour les baux en cours, l'art. 17-1 ne régit que les indexations postérieures au 27 mars 2014, v. Paris, 17 févr. 2015, n° 14/03164, *Loyers et copr.* 2015, n° 111, obs. Vial-Pedroletti. *Contra*, appliquant l'art. 17-1 à un bail en cours lors de la publication de la loi de 2014 pour l'indexation du loyer de 2012 : Paris, 1er juill. 2014, n° 12/23120, *Loyers et copr.* 2014, n° 234, obs. crit. Vial-Pedroletti.
4. Civ. 3e, 12 mai 2016, n° 15-16.285 P, *D.* 2016. Actu. 1078; *Dalloz actu.*, 25 mai 2016, obs. Rouquet.
5. Civ. 3e, 6 juill. 2017, n° 16-16.426 P; *D.* 2017. 1473.

523.12 **Assiette de la révision.** L'article 17-1 de la loi du 6 juillet 1989 envisageant la « révision du loyer », l'assiette de la révision englobe l'éventuel complément de loyer prévu à l'article 17 de la loi du 6 juillet 1989 dans sa rédaction issue de la loi du 24 mars 2014, dite loi Alur (au sujet duquel v. s[s] n° 521.41), puisque ce texte précise que « lorsqu'un complément de loyer est appliqué, le loyer s'entend comme la somme du loyer de base et de ce complément ».

523.13 **Prohibition de toute autre hausse en cours de bail.** L'article 17-1 de la loi du 6 juillet 1989 (anc. art. 17 *d*), d'ordre public, interdit toute hausse autre que celle résultant de la révision. Toutefois, il a été jugé qu'en acceptant la fixation rétroactive d'un loyer à la hausse, le locataire a renoncé, après la naissance de son droit, à l'application de cette règle[1].

SECTION 2
CARACTÈRE FACULTATIF DE LA RÉVISION

523.21 **Écrit obligatoire.** La révision du loyer n'est qu'une faculté qui doit avoir été prévue par les parties. Une clause d'indexation pré-imprimée est valable[2], sous réserve toutefois qu'elle contienne une mention manuscrite[3] (sur l'impossibilité d'appliquer la révision du loyer à un bail verbal v. s[s] n° 522.101).

SECTION 3
APPLICATION DE LA RÉVISION

523.31 **Mise en œuvre.** Contrairement à ce qui prévalait sous l'empire de l'ancien article 17 *d* de la loi de 1989, aux termes de l'article 17-1, créé par la loi du 24 mars 2014, dite loi Alur, et applicable aux contrats en cours au 27 mars 2014, date d'entrée en vigueur du nouveau texte, la clause ne va jouer que pour autant que le bailleur va manifester son souhait de l'appliquer.

523.32 **Importance de l'attitude du bailleur.** En effet, le texte dispose que, à défaut de manifester sa volonté d'appliquer la révision du loyer dans un délai d'un an suivant sa date de prise d'effet, le bailleur est réputé avoir renoncé au bénéfice de cette clause pour l'année écoulée[4] (sur le délai de prescription de l'action en paiement de la révision de loyer, laquelle dépend de la date à laquelle le contrat a été signé v. s[s] n°s 311.51 s.).

1. Versailles, 9 avr. 2013, n° 11/01986, *Loyers et copr.* 2013, n° 202, obs. Vial-Pedroletti.
2. Civ. 3e, 15 avr. 2008, n° 07-11.795, NP, *RJDA* 2008, n° 768.
3. Paris, 2 juill. 2009, RG n° 08/03791, *Loyers et copr.* 2009, n° 253, obs. Vial-Pedroletti.

523.33 **Cas particulier de la première révision.** L'article 17-1 de la loi du 6 juillet 1989 précise que, si le bailleur manifeste sa volonté de réviser le loyer dans le délai d'un an, cette révision de loyer prend effet à compter de sa demande.

SECTION 4
CHOIX DE L'INDICE

523.41 **Indice de référence des loyers.** Si les parties sont libres de choisir n'importe quel indice en rapport avec l'objet du bail[5], en pratique, leur choix s'arrêtera généralement sur l'indice de référence des loyers publié par l'Insee dont il est question à l'article 17-1, ce texte précisant que l'augmentation du loyer qui résulte de la révision ne peut excéder, à la hausse, la variation d'un indice de référence des loyers publié par l'Institut national de la statistique et des études économiques chaque trimestre et qui correspond à la moyenne, sur les douze derniers mois, de l'évolution des prix à la consommation hors tabac et hors loyers (IRL).

523.42 **Date de référence. Selon** l'article 17-1 de la loi du 6 juillet 1989, à défaut de clause contractuelle fixant la date de référence, cette date est celle du dernier indice publié à la date de signature du contrat de location.

SECTION 5
SENS DE LA VARIATION DE L'INDICE

523.51 **Liberté contractuelle.** On relèvera que l'article 17-1 de la loi du 6 juillet 1989 dispose que la variation qui résulte de la révision du loyer ne peut excéder, à la hausse, la variation de l'IRL.

Pour autant, rien ne semble interdire aux parties d'insérer une clause contractuelle aux termes de laquelle la révision va, le cas échéant, pouvoir jouer à la baisse[6].

4. Comp., sous l'empire de l'anc. art. 17 d, jugeant que lorsqu'une clause d'indexation existe dans le contrat, elle s'applique automatiquement sans être subordonnée à une manifestation positive quelconque de la part du bailleur : Paris, 25 janv. 1995, RG n°s 94/018934 et 94/020478, *D.* 1996. Somm. 376, obs. CRDP Nancy 2 ; comp. aussi, jugeant que le fait, pour le bailleur, de ne pas réclamer le montant du loyer indexé dès sa prise d'effet n'implique pas renonciation de sa part à se prévaloir de la clause d'indexation : Paris, 25 janv. 1995, RG n°s 94/018934 et 94/020478, *D.* 1996. Somm. 376, obs. CRDP Nancy 2.
5. C. mon. fin., art. L. 112-2.
6. Intervenues sous l'empire de l'anc. art. 17 *d*. V. Rép. min. n° 73902 : *JOAN Q* 21 sept. 2010, p. 10425 – AUSSI : Rép. min. n° 40721 : *JOAN Q* 16 sept. 1996, p. 4958.

TITRE

53. Le congé donné par le bailleur dans le secteur privé

SECTION 0

ORIENTEUR

53.00 Plan du titre.

53.01 Textes applicables.

TEXTES SOURCES

- **L. n° 89-462, 6 juill. 1989, art. 9-1, 13 a), 15, 15-III.**
- **L. 1er sept. 1948, art. 13 *bis*.**
- **CSP, art. L. 1331-26.**
- **CCH, art. L. 111-6-1, L. 511-2, L. 521-1 s.**
- **C. urb., art. L. 211-1 s.**

53.03 Bibliographie indicative.

Ouvrages. J. Lafond, B. Vial-Pedroletti, *Les baux d'habitation*, 8e éd., LexisNexis, 2017, nos 1321 s. – V. Zalewski-Sicard, *Baux d'habitation – Congés et droits de préemption*, Ellipses, 2016.

Actualisables. RÉP. CIV., v° « Bail d'habitation et mixte : rapports locatifs individuels – Loi du 6 juillet 1989 », N. Damas, nos 375 s. – LAMY DR. IMMO, nos 5911 s. – DICT. PERM. Gestion immob., « Baux d'habitation et mixtes », nos 329 s.

CHAPITRE

531. Auteur et destinataire du congé

SECTION 0 ORIENTEUR

531.00 Plan du chapitre.

531.01 Textes applicables.

TEXTES SOURCES

• **L. n° 89-462, 6 juill. 1989, art. 9-1, 15.**

TEXTES *IN EXTENSO*

• **L. 6 juill. 1989, art. 9-1**

Nonobstant les dispositions des articles 515-4 et 1751 du code civil, les notifications ou significations faites en application du présent titre par le bailleur sont de plein droit opposables au partenaire lié par un pacte civil de solidarité au locataire ou au conjoint du locataire si l'existence de ce partenaire ou de ce conjoint n'a pas été préalablement portée à la connaissance du bailleur.

• **L. 6 juill. 1989, art. 15**

I. – Lorsque le bailleur donne congé à son locataire, ce congé doit être justifié soit par sa décision de reprendre ou de vendre le logement, soit par un motif légitime et sérieux, notamment l'inexécution par le locataire de l'une des obligations lui incombant. À peine de nullité, le congé donné par le bailleur doit indiquer le motif allégué et, en cas de reprise, les nom et adresse du bénéficiaire de la reprise ainsi que la nature du lien existant entre le bailleur et le bénéficiaire de la reprise qui ne peut être que le bailleur, son conjoint, le partenaire auquel il est lié par un pacte civil de solidarité enregistré à la date du congé, son concubin notoire depuis au moins un an à la date du congé, ses ascendants, ses descendants ou ceux de son conjoint, de son partenaire ou de son concubin notoire. Lorsqu'il donne congé à son locataire pour reprendre le logement, le bailleur justifie du caractère réel et sérieux de sa décision de reprise. Le délai de préavis applicable au congé est de six mois lorsqu'il émane du bailleur.

En cas d'acquisition d'un bien occupé :

– lorsque le terme du contrat de location en cours intervient plus de trois ans après la date d'acquisition, le bailleur peut donner congé à son locataire pour vendre le logement au terme du contrat de location en cours;

– lorsque le terme du contrat de location en cours intervient moins de trois ans après la date d'acquisition, le bailleur ne peut donner congé à son locataire pour vendre le logement qu'au terme de la première reconduction tacite ou du premier renouvellement du contrat de location en cours ;

– lorsque le terme du contrat en cours intervient moins de deux ans après l'acquisition, le congé pour reprise donné par le bailleur au terme du contrat de location en cours ne prend effet qu'à l'expiration d'une durée de deux ans à compter de la date d'acquisition.

En cas de contestation, le juge peut, même d'office, vérifier la réalité du motif du congé et le respect des obligations prévues au présent article. Il peut notamment déclarer non valide le congé si la non-reconduction du bail n'apparaît pas justifiée par des éléments sérieux et légitimes.

Toutefois, la possibilité pour un bailleur de donner congé à un locataire et la durée du bail sont suspendues à compter :

a) De la réception de l'avis de tenue de la réunion de la commission départementale compétente en matière d'environnement, de risques sanitaires et technologiques, notifié par le représentant de l'État dans le département dans les conditions prévues aux articles L. 1331-26 et L. 1331-27 du code de la santé publique;

b) De l'engagement par le maire de la procédure contradictoire prévue à l'article L. 511-2 du code de la construction et de l'habitation, relative aux bâtiments menaçant ruine.

Cette suspension est levée à l'expiration d'un délai maximal de six mois à compter de la réception du courrier de l'autorité administrative compétente engageant l'une des procédures mentionnées aux a et b, faute de notification d'un des arrêtés prévus à leur issue ou de leur abandon.

Lorsque l'autorité administrative compétente a notifié les arrêtés prévus respectivement aux articles L. 1331-25 et L. 1331-28 du code de la santé publique ou à l'article L. 511-2 du code de la construction et de l'habitation, il est fait application des articles L. 521-1 et L. 521-2 du même code.

Une notice d'information relative aux obligations du bailleur et aux voies de recours et d'indemnisation du locataire est jointe au congé délivré par le bailleur en raison de sa décision de reprendre ou de vendre le logement. Un arrêté du ministre chargé du logement, pris après avis de la Commission nationale de concertation, détermine le contenu de cette notice.

Lorsqu'il émane du locataire, le délai de préavis applicable au congé est de trois mois.

Le délai de préavis est toutefois d'un mois :

1° Sur les territoires mentionnés au premier alinéa du I de l'article 17;

2° En cas d'obtention d'un premier emploi, de mutation, de perte d'emploi ou de nouvel emploi consécutif à une perte d'emploi;

3° Pour le locataire dont l'état de santé, constaté par un certificat médical, justifie un changement de domicile;

4° Pour les bénéficiaires du revenu de solidarité active ou de l'allocation adulte handicapé;

5° Pour le locataire qui s'est vu attribuer un logement défini à l'article L. 351-2 du code de la construction et de l'habitation.

Le locataire souhaitant bénéficier des délais réduits de préavis mentionnés aux 1° à 5° précise le motif invoqué et le justifie au moment de l'envoi de la lettre de congé. À défaut, le délai de préavis applicable à ce congé est de trois mois.

Le congé doit être notifié par lettre recommandée avec demande d'avis de réception, signifié par acte d'huissier ou remis en main propre contre récépissé ou émargement. Ce délai court à compter du jour de la réception de la lettre recommandée, de la signification de l'acte d'huissier ou de la remise en main propre.

Pendant le délai de préavis, le locataire n'est redevable du loyer et des charges que pour le temps où il a occupé réellement les lieux si le congé a été notifié par le bailleur. Il est redevable du loyer et des charges concernant tout le délai de préavis si c'est lui qui a notifié le congé, sauf si le logement se trouve occupé avant la fin du préavis par un autre locataire en accord avec le bailleur.

À l'expiration du délai de préavis, le locataire est déchu de tout titre d'occupation des locaux loués.

II. – Lorsqu'il est fondé sur la décision de vendre le logement, le congé doit, à peine de nullité, indiquer le prix et les conditions de la vente projetée. Le congé vaut offre de vente au profit du locataire : l'offre est valable pendant les deux premiers mois du délai de préavis. Les dispositions de l'article 46 de la loi n° 65-557 du 10 juillet 1965 fixant le statut de la copropriété des immeubles bâtis ne sont pas applicables au congé fondé sur la décision de vendre le logement.

À l'expiration du délai de préavis, le locataire qui n'a pas accepté l'offre de vente est déchu de plein droit de tout titre d'occupation sur le local.

Le locataire qui accepte l'offre dispose, à compter de la date d'envoi de sa réponse au bailleur, d'un délai de deux mois pour la réalisation de l'acte de vente. Si, dans sa réponse, il notifie son intention de recourir à un prêt, l'acceptation par le locataire de l'offre de vente est subordonnée à l'obtention du prêt et le délai de réalisation de la vente est porté à quatre mois. Le contrat de location est prorogé jusqu'à l'expiration du délai de réalisation de la vente. Si, à l'expiration de ce délai, la vente n'a pas été réalisée, l'acceptation de l'offre de vente est nulle de plein droit et le locataire est déchu de plein droit de tout titre d'occupation.

Dans le cas où le propriétaire décide de vendre à des conditions ou à un prix plus avantageux pour l'acquéreur, le notaire doit, lorsque le bailleur n'y a pas préalablement procédé, notifier au locataire ces conditions et prix à peine de nullité de la vente. Cette notification est effectuée à l'adresse indiquée à cet effet par le locataire au bailleur; si le locataire n'a pas fait connaître cette adresse au bailleur, la notification est effectuée à l'adresse des locaux dont la location avait été consentie. Elle vaut offre de vente au profit du locataire. Cette offre est valable pendant une durée d'un mois à compter de sa réception. L'offre qui n'a pas été acceptée dans le délai d'un mois est caduque.

Le locataire qui accepte l'offre ainsi notifiée dispose, à compter de la date d'envoi de sa réponse au bailleur ou au notaire, d'un délai de deux mois pour la réalisation de l'acte de vente. Si, dans sa réponse, il notifie son intention de recourir à un prêt, l'acceptation par le locataire de l'offre de vente est subordonnée à l'obtention du prêt et le délai de réalisation de la vente est porté à quatre mois. Si, à l'expiration de ce délai, la vente n'a pas été réalisée, l'acceptation de l'offre de vente est nulle de plein droit.

Les termes des cinq alinéas précédents sont reproduits à peine de nullité dans chaque notification.

Ces dispositions ne sont pas applicables aux actes intervenant entre parents jusqu'au troisième degré inclus, sous la condition que l'acquéreur occupe le logement pendant une durée qui ne peut être inférieure à deux ans à compter de l'expiration du délai de préavis, ni aux actes portant sur les immeubles mentionnés au deuxième alinéa de l'article L. 111-6-1 du code de la construction et de l'habitation.

Dans les cas de congés pour vente prévus à l'article 11-1, l'offre de vente au profit du locataire est dissociée du congé. En outre, le non-respect de l'une des obligations relatives au congé pour vente d'un accord conclu en application de l'article 41 *ter* de la loi n° 86-1290 du 23 décembre 1986 tendant à favoriser l'investissement locatif, l'accession à la propriété de logements sociaux et le développement de l'offre foncière, et rendu obligatoire par décret, donne lieu à l'annulation du congé.

Est nul de plein droit le congé pour vente délivré au locataire en violation de l'engagement de prorogation des contrats de bail en cours, mentionné au premier alinéa du A du I de l'article 10-1 de la loi n° 75-1351 du 31 décembre 1975 relative à la protection des occupants de locaux à usage d'habitation.

III. – Le bailleur ne peut s'opposer au renouvellement du contrat en donnant congé dans les conditions définies au paragraphe I ci-dessus à l'égard de tout locataire âgé de plus de soixante-cinq ans et dont les ressources annuelles sont inférieures à un plafond de ressources en vigueur pour l'attribution des logements locatifs conventionnés fixé par arrêté du ministre chargé du logement, sans qu'un logement correspondant à ses besoins et à ses possibilités lui soit offert dans les limites géographiques prévues à l'article 13 *bis* de la loi n° 48-1360 du 1er septembre 1948 précitée. Le présent alinéa est également applicable lorsque le locataire a à sa charge une personne de plus de soixante-cinq ans vivant habituellement dans le logement et remplissant la condition de ressources précitée et que le montant cumulé des ressources annuelles de l'ensemble des personnes vivant au foyer est inférieur au plafond de ressources déterminé par l'arrêté précité.

Toutefois, les dispositions de l'alinéa précédent ne sont pas applicables lorsque le bailleur est une personne physique âgée de plus de soixante-cinq ans ou si ses ressources annuelles sont inférieures au plafond de ressources mentionné au premier alinéa.

L'âge du locataire, de la personne à sa charge et celui du bailleur sont appréciés à la date d'échéance du contrat; le montant de leurs ressources est apprécié à la date de notification du congé.

IV. – Le fait pour un bailleur de délivrer un congé justifié frauduleusement par sa décision de reprendre ou de vendre le logement est puni d'une amende pénale dont le montant ne peut être supérieur à 6 000 € pour une personne physique et à 30 000 € pour une personne morale.

Le montant de l'amende est proportionné à la gravité des faits constatés. Le locataire est recevable dans sa constitution de partie civile et la demande de réparation de son préjudice.

531.02 Jurisprudence de référence.

• **Civ. 3e, 2 févr. 1982, n° 80-11.309**, *Bull. civ.* III, n° 29

* V. ss n° 531.72

Le congé délivré à un seul des conjoints n'est pas opposable à l'autre, et le conjoint non visé par le congé peut en contester la validité à son encontre.

• **Civ. 3e, 12 juill. 1988, n° 86-19.610**, *Bull. civ.* III, n° 126

* V. ss n° 531.12

Le congé de droit commun est un acte unilatéral qui met fin au bail par la seule manifestation de volonté de celui qui le délivre.

• **Cass., Ass. plén., 13 févr. 1998, n° 95-10.378**, *Bull. civ.*, n° 1

* V. ss n° 531.43

N'est pas valable le congé avec offre de vente émanant d'un cabinet de gestion au nom et pour le compte du propriétaire, alors que tout congé délivré en application de l'art. 22 de la loi de 1986 [art. 15 de la loi de 1989] doit comporter la dénomination sociale du bailleur lui-même.

531.03 Bibliographie indicative.

Ouvrages. J. Lafond, B. Vial-Pedroletti, *Les baux d'habitation*, 8e éd., LexisNexis, 2017, nos 1322 s. – V. Zalewski-Sicard, *Baux d'habitation – Congés et droits de préemption*, Ellipses, 2016.

Actualisables. RÉP. CIV., v° « Bail d'habitation et mixte : rapports locatifs individuels – Loi du 6 juillet 1989 », N. Damas, n° 377 – LAMY DR. IMMO, nos 5917, 5923 – DICT. PERM. Gestion immob., « Baux d'habitation et mixtes », nos 329 s.

SECTION 1
REMARQUES PRÉLIMINAIRES

531.11 Évolution de la législation. La question du congé est importante, sa mise en œuvre étant délicate et l'inobservation des règles qui lui sont applicables ayant des conséquences radicales.

Le régime du congé a été en partie modifié par la loi du 24 mars 2014, dite loi Alur[1], applicable depuis le 8 août 2015, date d'entrée en vigueur de la loi n° 2015-990 du 6 août 2015, dite Macron[2], aux contrats en cours.

Les contrats conclus avant cette date restent, quant à eux, soumis à la législation antérieure.

531.12 Caractère unilatéral du congé. Le congé est un acte unilatéral qui met fin au bail par la seule manifestation de volonté de celui qui le délivre[3]. Aussi, sauf accord du cocontractant ou éventuelle erreur de droit (concept juridique délicat à manier, l'erreur devant porter sur la loi applicable, mais non sur l'interprétation de cette loi[4]), le congé ne peut être valablement rétracté par son auteur.

SECTION 2
AUTEUR ET DESTINATAIRE DU CONGÉ

531.21 Qualité des parties. C'est une évidence, le congé doit être donné par le bailleur au locataire.

Si, la plupart du temps, l'identification, la capacité et le pouvoir de l'un et de l'autre ne posent pas de problème, il existe des hypothèses qui méritent que l'on s'y arrête.

1. L. n° 2014-366, 24 mars 2014 pour l'accès au logement et un urbanisme rénové, *JO* 26 mars, p. 5809.
2. L. n° 2015-990 du 6 août 2015, art. 82-II, *JO* 7 août, p. 13537 s., en vigueur le 8 août 2015.
3. Civ. 3e, 12 juill. 1988, n° 86-19.610, *Bull. civ.* III, n° 126 – Civ. 3e, 12 juin 1996, n° 94-16.701, *Bull. civ.* III, n° 138; *D.* 1997. Somm. 273, obs. CRDP Nancy 2 – V. AUSSI, À PROPOS d'une location meublée : Civ. 3e, 4 févr. 2009, n° 07-20.980, *Bull. civ.* III, n° 30; *D.* 2009. AJ 491, note Rouquet; *ibid.* 2010. Pan. 1168, spéc. 1173, obs. Damas; *AJDI* 2009. 608, note Damas.
4. V. À PROPOS d'un congé pour vendre : Paris, 28 janv. 2010, RG n° 08/10194, Actu. 2010, 1349, obs. Rouquet; *Rev. bleue* juill.-août 2010. 14, obs. Dronne.

§ 1
Auteur du congé

A.
Bailleur, personne morale

531.31 Régularité de la représentation. Lorsque le bailleur est une personne morale, il faudra s'assurer que la personne physique signataire du congé a bien qualité pour délivrer cet acte. Cette vérification implique que l'habilitation de l'auteur du congé (par les statuts de la société, par l'assemblée générale...) soit portée à la connaissance du locataire[1].

Lorsque le bailleur est une société civile familiale (c'est-à-dire constituée exclusivement entre parents et alliés jusqu'au quatrième degré inclus), le congé pourra être donné par la société au profit de l'un de ses associés[2] (sur la validité d'un congé émanant d'une personne morale dans l'hypothèse d'une reprise pour habiter v. s^s n° 533.13; à propos du congé pour vendre v. s^s n° 534.22).

B.
Bien géré par un agent immobilier

531.41 Habilitation du mandataire. Le mandataire doit être habilité à délivrer ce congé. La preuve explicite de l'existence d'un mandat de gestion doit être rapportée[3].

Selon un arrêt de la Chambre mixte de la Cour de cassation du 24 février 2017[4], lorsque le mandat n'est pas régulier (en l'occurrence, il ne contenait pas de limitation de durée[5] et n'était pas inscrit au registre des mandats[6]), il est atteint de nullité relative. Cela interdit par conséquent au locataire, tiers au mandat, destinataire d'un congé[7], de s'en prévaloir.

Il s'agit d'un revirement de jurisprudence induit par la réforme du droit des obligations opérées par l'ordonnance du 10 février 2016[8]. Selon la haute juridiction, l'évolution du droit des obligations résultant de ce texte conduit à apprécier différemment l'objectif poursuivi par les dispositions relatives aux prescriptions formelles que doit respecter le mandat, lesquelles visent la seule protection du mandant dans ses rapports avec le mandataire. L'existence de dispositions protectrices du locataire, qui assurent un juste équilibre entre les intérêts de ce dernier et ceux du bailleur, et la finalité de protection du seul propriétaire des règles fixées par la législation relative au mandat conduisent à modifier la jurisprudence et à décider que la méconnaissance des règles précitées doit être sanctionnée par une nullité relative[9].

Retenons enfin que si, en principe, le congé s'analyse en un acte d'administration, lorsque il s'agit d'un congé pour vendre, c'est alors un acte de disposition et l'agent immobilier a dû recevoir un mandat spécial (v. s^s n° 534.21).

531.42 Hypothèse du décès du bailleur. La question de la validité du congé donné par le mandataire du bailleur décédé est discutée en jurisprudence. La position de la Cour de cassation elle-même est assez contrastée. Par deux décisions distantes de moins de deux ans, cette juridiction a en effet rendu deux arrêts quelque peu contradictoires.

En 1995, elle a jugé que le mandataire d'un bailleur décédé avait agi dans les limites de son mandat en délivrant congé au locataire dès lors que la preuve qu'il avait connaissance du décès de son mandant n'avait pas été rapportée[10].

En 1997, la même juridiction a décidé que l'acte délivré au nom d'une personne décédée était entaché d'une irrégularité de fond pouvant être soulevée par tout intéressé[11].

531.43 Indication du nom du propriétaire. Lorsque le congé est délivré par l'intermédiaire d'un mandataire, il doit impérativement comporter indication du nom du propriétaire. L'Assemblée plénière de la Cour de cassation a en effet jugé que le congé[12] émanant d'un cabinet de gestion délivré au nom et pour le compte du propriétaire doit comporter la

1. Paris, 18 déc. 1997, RG n° 96/82418, *Gaz. Pal.* 1998. Somm. 287 – AUSSI, v. s^s n° 531.41.
2. L. n° 89-462, 6 juill. 1989, art. 13 a.
3. Paris, 22 janv. 1998, *Gaz. Pal.* 1998. Somm. 285.
4. Cass., ch. mixte, 24 févr. 2017, n° 15-20.411 P; *D.* 2017. 793, obs. explicative de la Cour de cassation, note B. Fauvarque-Cosson; *ibid.* 1149, obs. N. Damas; *Dalloz actu.*, 10 mars 2017, obs. A. Gailliard; AJ *Contrat* 2017. 175, obs. D. Houtcieff; *RTD civ.* 2017. 377, obs. H. Barbier.
5. Violation de l'art. 7, al. 1er, de la loi n° 70-9, 2 janv. 1970, *JO* 4 janv., p. 142.
6. Violation de l'art. 72, al. 5, du Décr. n° 72-678, 20 juill. 1972, *JO* 22 juill., p. 7773.
7. En l'occurrence, il s'agissait d'un congé-vente.
8. Ord. n° 2016-131, 10 févr. 2016, *JO* 11 févr., n° 26, en vigueur depuis le 1er oct. 2016.
9. COMP. auparavant, retenant la nullité absolue du mandat : Civ. 3e, 25 févr. 2003, n° 01-00.461, NP, *Loyers et copr.* 2004, n° 22, obs. B. Vial-Pedroletti – Civ. 3e, 8 avr. 2009, n° 07-21.610, *Bull. civ.* III, n° 80; *D.* 2009. AJ 1142; *Dalloz actu.*, 28 avr. 2009, obs. G. Forest; *AJDI* 2009. 890, note M. Thioye – Civ. 1re, 18 oct. 2005, n° 02-16.046, *Bull. civ.* I, n° 363; *Administrer* janv. 2006. 54, obs. J.-R. Bouyeure; *Rev. loyers* 2006. 16, obs. J. Prigent; *Loyers et copr.* 2006, n° 26, obs. B. Vial-Pedroletti.
10. Civ. 3e, 19 juill. 1995, n° 93-14.579, *Bull. civ.* III, n° 190; *RDI* 1995. 769, obs. Tomasin.
11. Civ. 3e, 19 mars 1997, n° 95-16.826, NP, *Rev. loyers* 1997. 369 – Aix-en-Provence, 14 mars 1996, RG n° 92/13979, *Loyers et copr.* 1997, n° 15, obs. Brault et Mutelet.
12. En l'espèce, avec offre de vente.

dénomination sociale du bailleur lui-même[1]. Le fait que le mandataire soit investi d'un pouvoir régulier est insuffisant[2]. Par ailleurs, il a été jugé que le congé délivré par un mandataire au nom de la « succession propriétaire » est nul[3]. L'absence d'indication du nom du bailleur est cependant une irrégularité de fond qui sera sanctionnée indépendamment de tout grief subi par le locataire[4]. Cette solution vaut même lorsque le preneur connaissait, en fait, l'identité du bailleur[5]. Notons que le congé n'a pas à être signé par le bailleur[6].

C.
Bien loué en indivision

531.51 Unanimité ou accord des 2/3 des droits indivis. Lorsque le logement loué est en indivision, le congé pourra être délivré par tout membre de l'indivision[7], mais nécessitera l'accord unanime de tous les indivisaires ou, à tout le moins, depuis la modification de l'article 815-3 du code civil par la loi du 23 juin 2006 portant réforme des successions et des libéralités, l'accord du ou des indivisaires titulaires d'au moins 2/3 des droits indivis (sur l'impact de la loi du 23 juin 2006 en matière de bail d'habitation v. aussi s[s] n° 133.192). À défaut d'un tel accord, le congé sera nul[8]. Notons cependant que le congé délivré par un seul des indivisaires, sans l'accord requis, est valable, dès lors qu'avant l'expiration du bail, l'auteur du congé est devenu, suite au partage, propriétaire à part entière du logement[9].

531.52 Congé et personnalité juridique de son auteur. Par ailleurs, un congé délivré par « la famille propriétaire » est nul, cette notion étant dépourvue de toute personnalité juridique[10]. Il en va de même d'un congé (pour vente) donné par « l'indivision »[11].

531.53 Congé par un époux seul au nom des deux d'un bien commun – Opposabilité. On notera enfin s'agissant d'un bien appartenant à deux époux, qu'il a été jugé que la délivrance d'un congé (valant reprise pour habiter) par l'épouse seule, mais au nom des deux, est opposable au locataire[12].

D.
Bien loué en propriété démembrée

531.61 Pouvoir exclusif à l'usufruitier. L'usufruitier peut valablement donner congé[13].

Il est d'ailleurs le seul a en avoir le pouvoir : le congé délivré par le nu-propriétaire serait nul[14]. La solution est cependant différente en cas de congé pour vendre (v. s[s] n° 534.21).

§ 2
Destinataire du congé

531.71 Situations du ou des locataires. Trois cas de figure sont à dissocier : les locataires sont des conjoints, les locataires sont des copreneurs, le locataire décède ou abandonne le domicile.

531.72 Locataires époux. L'article 9-1 de la loi du 6 juillet 1989 (modifié par la loi du 13 décembre 2000) précise : « nonobstant les dispositions de l'article 1751 du code civil (qui instaure entre les époux une cotitularité du droit de bail v. s[s] n° 121.11), les notifications ou significations faites en application du présent titre (dont l'art. 15 relatif au congé fait partie) par le bailleur sont de plein droit opposables [...] au conjoint du locataire si l'existence [...] de ce conjoint n'a pas été préalablement portée à la connaissance du bailleur ».

1. Cass., Ass. plén., 13 févr. 1998, n° 95-10.378, *Bull. civ.*, n° 1; *D.* 1998. IR 71; *RDI* 2000. 82, obs. D. Tomasin; *AJDI* 1998. 534, note J.-P. Blatter et C. Giverdon; *JCP* 1998. II, n° 10060, concl. Sodini et note Monéger; *Gaz. Pal.* 12 avr. 1998, 102-106, [loi de 1986] – AUSSI : Paris, 19 oct. 2004, RG n° 2002/20986, *Loyers et copr.* 2005, n° 28, obs. Vial-Pedroletti.
2. Versailles, 15 mai 1998, RG n° 4079/96, *Rev. loyers* 1999. 198, obs. Teilliais.
3. Paris, 29 août 2000, RG n° 1999/08149, *Loyers et copr.* 2001, n° 59, obs. Vial-Pedroletti.
4. Paris, 19 oct. 2004, RG n° 2002/20986, *Loyers et copr.* 2005, n° 28, obs. Vial-Pedroletti – AUSSI : Civ. 3e, 29 janv. 2002, n° 00-16.375, NP, *Administrer* oct. 2002, p. 27, obs. Canu [solution implicite] – EN SENS CONTRAIRE toutefois : Versailles, 15 mai 1998, RG n° 4079/96, *Rev. loyers* 1999. 198, obs. Teilliais.
5. Lyon, 21 févr. 2006, RG n° 04/04991, *BICC* 2006, n° 1450.
6. Cela a été jugé à propos d'un congé signé « pour ordre » par le mandataire du bailleur, sans que son identité ni cette qualité ne soient mentionnées : Civ. 3e, 16 mai 2007, n° 06-12.356, *Bull. civ.* III, n° 78; *D.* 2007. AJ 1502; *AJDI* 2008. 293, note de La Vaissière.
7. L. n° 89-462, 6 juill. 1989, art. 13 *b*.
8. Com. 5 oct. 1966, *Bull. civ.* III, n° 379 – Civ. 3e, 8 avr. 1999, n° 97-15.706, *Bull. civ.* III, n° 88; *RDI* 1999. 466, obs. Collart-Dutilleul.
9. Civ. 3e, 22 janv. 1977, *Ann. loyers* 1977. 976 – Paris, 2 juin 1998, RG n° 96/81024, *Loyers et copr.* 1999, n° 58, obs. Vial-Pedroletti – DANS LE MÊME SENS AUSSI : Civ. 3e, 4 mai 2000, n° 98-18.108, *Bull. civ.* III, n° 96; *D.* 2000. IR 167.
10. Civ. 3e, 10 juin 1998, n° 96-17.975, NP, *Rev. loyers* 1998. 494, obs. Rémy.
11. Civ. 3e, 25 avr. 2001, n° 99-14.368, *Bull. civ.* III, n° 50; *D.* 2001. IR 1591 – Paris, 19 févr. 2004, RG n° 2002/20395, *AJDI* 2004. 382.
12. Paris, 2 sept. 2003, RG n° 2001/17090, *Loyers et copr.* 2003, n° 237, obs. Vial-Pedroletti.
13. Civ. 3e, 8 mai 1979, n° 77-15.885, *Bull. civ.* III, n° 102; *JCP* 1979. IV, n° 224 – Lyon, 26 mars 2002, RG n° 2000/04218, *JCP* 2003. IV, n° 1195.
14. Poitiers, 25 mars 1997, RG n° 056121, *Loyers et copr.* 1999, n° 31, obs. Vial-Pedroletti.

Dès lors :

– soit le bailleur connaît l'existence du conjoint du locataire et il devra délivrer congé aux deux preneurs (sur l'obligation, pour le locataire, d'informer son cocontractant dans le cadre d'une démarche positive v. s^s n° 522.123); à défaut, le congé ne sera pas opposable au conjoint qui n'en aura pas été destinataire [1]. Ainsi, la décision d'expulsion du mari [2] et de tout occupant de son chef est inopposable à sa femme [3]. Il est alors plus prudent de donner congé par deux lettres distinctes adressées à chaque époux [4] (même si certaines décisions se contentent d'une seule notification [5]). Notons enfin, concernant l'épouse colocataire, qu'un congé délivré à celle-ci sous le nom patronymique de son mari serait valable, cette mention ne laissant aucun doute quant à l'identité du destinataire [6];

– soit l'existence du conjoint du locataire n'a pas été portée à la connaissance du bailleur, et la notification du congé au seul locataire déclaré est suffisante pour mettre fin au bail à l'égard des deux (sur la preuve de la connaissance par le bailleur de l'existence du conjoint du locataire v. s^s n° 522.124).

531.73 Locataire pacsé. Depuis la modification de l'article 1751 du code civil par la loi du 24 mars 2014 [7], dite loi Alur, applicable depuis le 8 août 2015, date d'entrée en vigueur de la loi n° 2015-990 du 6 août 2015, dite Macron [8], aux contrats en cours, lorsque les partenaires liés par un Pacs en font la demande conjointement, les deux partenaires sont cotitulaires du bail portant sur le local servant effectivement à leur habitation.

Par conséquent, en application de ce texte et de l'article 9-1 de la loi du 6 juillet 1989, dès lors qu'une telle demande conjointe a eu lieu, il convient de notifier le congé à chacun des partenaires (pour une étude d'ensemble relative aux parties au contrat v. s^s titre 12).

531.74 Locataire vivant en concubinage. Dans la mesure où le concubin du locataire non signataire du contrat ne se voit conférer par les textes aucune cotitularité du bail, le congé ne devra être notifié qu'au seul locataire. La même solution va prévaloir à l'égard du concubin du locataire.

531.75 Copreneurs et colocataires. Deux régimes distincts sont applicables en fonction de la solidarité ou de l'absence de solidarité qui, en vertu d'une clause du bail, peut exister entre les preneurs (sur le régime de la colocation prévu par l'article 8-1 de la loi du 6 juillet 1989 issu de la loi du 24 mars 2014, dite loi Alur, notion qui se définit comme étant la location d'un même logement par plusieurs locataires, constituant leur résidence principale, et formalisée par la conclusion d'un contrat unique ou de plusieurs contrats entre les locataires et le bailleur, à l'exception de la location consentie exclusivement à des époux ou à des partenaires liés par un pacte civil de solidarité au moment de la conclusion initiale du contrat, v. s^s n°s 121.11 s. et 122.11).

531.76 Copreneurs non solidaires. Lorsque les copreneurs n'auront pas souscrit d'engagement solidaire, chacun d'entre eux devra être destinataire du congé. À défaut, le copreneur non averti officiellement du congé demeurera locataire [9]. Quant à la validité du congé à l'égard de celui qui en a été destinataire, elle a été reconnue par la Cour de cassation en 1971 [10], mais déniée par la cour d'appel de Paris dans un arrêt de 1987 au motif que le bail est nécessairement indivis et par nature indivisible [11].

531.77 Copreneurs solidaires. En présence de locataires solidaires, la notification du congé à l'un seul d'entre eux sera suffisante.

Bien que cela soit contesté par une partie de la doctrine [12], en vertu des dispositions du code civil relatives aux obligations solidaires [13], cette notification sera en effet opposable aux autres [14]. Afin d'éviter toute contestation (et tout contentieux...), il est cependant conseillé au bailleur de procéder à une notification individuelle à l'égard de chaque copreneur.

531.78 Hypothèse du décès ou de l'abandon de domicile du locataire. En cas de décès ou d'abandon de domicile du locataire, il incombe au bailleur de notifier le congé à l'éventuel bénéficiaire (ou aux éventuels bénéficiaires), selon le cas, du transfert ou

1. Civ. 3e, 2 févr. 1982, n° 80-11.309, *Bull. civ.* III, n° 29; *Dr. et proc.* 1983. 644, obs. Galand.
2. Seul destinataire du congé.
3. Civ. 3e, 23 janv. 1985, n° 83-14.962, *Bull. civ.* III, n° 16; *JCP N* 1986. II. 73, note Simler.
4. Civ. 3e, 10 mai 1989, n° 88-10.363, *Bull. civ.* III, n° 103, *RTD civ.* 1990. 300, obs. Rémy; *Defrénois* 1991. 728, obs. Aubert.
5. Civ. 3e, 18 juill. 2000, n° 96-13.798, NP, *AJDI* 2000. 953.
6. V. À PROPOS d'une assignation donnée à l'épouse colocataire : Civ. 3e, 24 janv. 2001, n° 99-14.310, *Bull. civ.* III, n° 9; *AJDI* 2001. 509, obs. Briand.
7. L. n° 2014-366, 24 mars 2014 pour l'accès au logement et un urbanisme rénové, *JO* 26 mars, p. 5809.
8. L. n° 2015-990 du 6 août 2015, art. 82-II, *JO* 7 août, p. 13537 s., en vigueur le 8 août 2015.
9. Paris, 12 juin 1997, RG n° 95/26476, *Loyers et copr.* 1997, n° 250.
10. Civ. 3e, 3 juin 1971, n° 70-20.040, *Bull. civ.* III, n° 347; *D.* 1971. Somm. 178.
11. Paris, 23 sept. 1987, RG n° 87/9974, *D.* 1987. IR 217.
12. V. NOTAMMENT, Aubert, *Administrer* juin 1991, p. 4 – Berthault, *Rev. loyers* 1992. 389.
13. C. civ., art. 1197 s.
14. Civ. 3e, 20 juill. 1989, n° 88-12.676, *Bull. civ.* III, n° 174 – Civ. 3e, 21 oct. 1992, n° 90-22.051, *Bull. civ.* III, n° 275, *JCP* 1993. II, n° 22184, note Dumortier.

de la continuation du bail au sens de l'article 14 de la loi de 1989 (v. s^s n°s 421.21 s.) [1].

531.79 Tableau récapitulatif du (des) destinataire(s) du congé émanant du bailleur

Situation	Destinataire(s)
Époux locataires (existence du conjoint connue du bailleur)	Les deux
Époux locataires (existence du conjoint ignorée du bailleur)	Le locataire (mais le congé est opposable aux deux)
Copreneurs non solidaires	Les deux
Copreneurs solidaires	Un seul (cependant, en pratique, la notification d'un congé à chaque copreneur est plus prudente)
Locataire vivant avec un partenaire (Pacs) non-signataire du bail	Les deux partenaires si demande conjointe de cotitularité
Locataire vivant avec un concubin non-signataire du bail	Le seul locataire
Locataire décédé ou ayant abandonné le domicile	Le(s) bénéficiaire(s)

Section 3
Obligations du bailleur pendant le préavis

531.81 **Effet du congé.** Que le congé émane du bailleur ou du locataire, à l'expiration du délai de préavis, le locataire est déchu de tout titre d'occupation des locaux loués [2] (sur les conséquences de la fin du contrat v. s^s n°s 134.21 s.).

Lorsque le congé a été notifié par le bailleur, pendant le délai de préavis, le locataire n'est redevable du loyer et des charges que pour le temps où il a occupé réellement les lieux [3]. Lorsque le preneur n'a pas pris l'initiative du congé, très logiquement, le législateur ne lui fait supporter le coût financier de la location que pour le temps où il reste effectivement dans les lieux. Ainsi, le loyer cesse d'être dû avant la fin du délai de préavis par le locataire sortant lorsque le logement est occupé par un autre preneur en accord avec le bailleur [4].

1. Civ. 3e, 2 nov. 2005, n° 04-16.311, NP, *AJDI* 2006. 274, note de La Vaissière; *Rev. loyers* 2006. 27, obs. Canu.

2. L. n° 89-462, 6 juill. 1989, art. 15-I, *in fine*.
3. L. n° 89-462, 6 juill. 1989, art. 15-I, al. 3.
4. Civ. 3e, 28 oct. 2009, n° 08-17.209, *Bull. civ.* III, n° 236; *D.* 2009. AJ 2686, obs. Forest; *AJDI* 2010. 318, obs. Zalewski.

CHAPITRE

532. Forme et délai du congé

SECTION 0 ORIENTEUR

532.00 Plan du chapitre.

532.01 Textes applicables.

TEXTES SOURCES

- **L. n° 89-462, 6 juill. 1989, art. 15.**
- **CSP, art. L. 1331-26.**
- **CCH, art. L. 511-2, L. 521-1 s.**

TEXTES *IN EXTENSO*

- **L. 6 juill. 1989, art. 15**

* V. s[s] n° 531.01

- **CSP, art. L. 1331-26**

Lorsqu'un immeuble, bâti ou non, vacant ou non, attenant ou non à la voie publique, un groupe d'immeubles, un îlot ou un groupe d'îlots constitue, soit par lui-même, soit par les conditions dans lesquelles il est occupé ou exploité, un danger pour la santé des occupants ou des voisins, le représentant de l'État dans le département, saisi d'un rapport motivé du directeur général de l'agence régionale de santé ou, par application du troisième alinéa de l'article L. 1422-1, du directeur du service communal d'hygiène et de santé concluant à l'insalubrité de l'immeuble concerné, invite la commission départementale compétente en matière d'environnement, de risques sanitaires et technologiques à donner son avis dans le délai de deux mois :

1° Sur la réalité et les causes de l'insalubrité;

2° Sur les mesures propres à y remédier.

L'insalubrité d'un bâtiment doit être qualifiée d'irrémédiable lorsqu'il n'existe aucun moyen technique d'y mettre fin, ou lorsque les travaux nécessaires à sa résorption seraient plus coûteux que la reconstruction.

Le directeur général de l'agence régionale de santé établit le rapport prévu au premier alinéa soit de sa propre initiative, soit sur saisine du maire, du président de l'établissement public de coopération intercommunale compétent en matière de logement et d'urbanisme, soit encore à la demande de tout locataire ou occupant de l'immeuble ou de l'un des immeubles concernés.

Le maire de la commune ou le président de l'établissement public de coopération intercommunale, à l'initiative duquel la procédure a été engagée, doit fournir un plan parcellaire de l'immeuble avec l'indication des noms des propriétaires tels qu'ils figurent au fichier immobilier. Lorsque cette initiative a pour objet de faciliter l'assainissement ou l'aménagement d'un îlot ou d'un groupe d'îlots, le projet d'assainissement ou d'aménagement correspondant est également fourni.

- **CCH, art. L. 511-2**

I. – Le maire, par un arrêté de péril pris à l'issue d'une procédure contradictoire dont les modalités sont définies par décret en Conseil d'État, met le propriétaire de l'immeuble menaçant ruine, et le cas échéant les personnes mentionnées au premier alinéa de l'article L. 511-1-1, en demeure de faire dans un délai déterminé, selon le cas, les réparations nécessaires pour mettre fin durablement au péril ou les travaux de démolition, ainsi que, s'il y a lieu, de prendre les mesures indispensables pour préserver les bâtiments contigus.

Lorsque le bâtiment menaçant ruine est à usage principal d'habitation, l'arrêté de péril précise également que la non-exécution des réparations, travaux ou mesures dans le délai qu'il détermine expose le propriétaire au paiement d'une astreinte par jour de retard.

Si l'état du bâtiment, ou d'une de ses parties, ne permet pas de garantir la sécurité des occupants, le maire peut assortir l'arrêté de péril d'une interdiction d'habiter et d'utiliser les lieux qui peut être temporaire ou définitive. Les dispositions des articles L. 521-1 à L. 521-4 sont alors applicables.

Cet arrêté précise la date d'effet de l'interdiction, qui ne peut être fixée au-delà d'un an si l'interdiction est définitive, ainsi que la date à laquelle le propriétaire ou l'exploitant des locaux d'hébergement doit avoir informé le maire de l'offre d'hébergement ou de relogement qu'il a faite aux occupants en application de l'article L. 521-3-1.

II. – La personne tenue d'exécuter les mesures prescrites par l'arrêté de péril peut se libérer de son obligation par la conclusion d'un bail à réhabilitation. Elle peut également conclure un bail emphytéotique ou un contrat de vente moyennant paiement d'une rente viagère, à charge pour les preneurs ou débirentiers d'exécuter les travaux prescrits et d'assurer, le cas échéant, l'hébergement des occupants. Les parties peuvent convenir que l'occupant restera dans les lieux lorsqu'il les occupait à la date de l'arrêté de péril.

III. – Sur le rapport d'un homme de l'art, le maire constate la réalisation des travaux prescrits ainsi que leur date d'achèvement et prononce la mainlevée de l'arrêté de péril et, le cas échéant, de l'interdiction d'habiter et d'utiliser les lieux.

L'arrêté du maire est publié au fichier immobilier ou au livre foncier dont dépend l'immeuble pour chacun des locaux, à la diligence du propriétaire et à ses frais.

IV. – Lorsque l'arrêté de péril n'a pas été exécuté dans le délai fixé, le maire met en demeure le propriétaire d'y procéder dans un délai qu'il fixe et qui ne peut être inférieur à un mois.

Lorsque l'arrêté de péril concerne tout ou partie des parties communes d'un immeuble soumis à la loi n° 65-557 du 10 juillet 1965 fixant le statut de la copropriété des immeubles bâtis, l'astreinte est appliquée dans les conditions prévues à l'article L. 543-1.

Lorsque l'arrêté concerne un immeuble en indivision, l'astreinte est appliquée dans les conditions fixées à l'article L. 541-2-1.

Lorsque le bâtiment menaçant ruine est à usage principal d'habitation, le maire peut, sans attendre l'expiration du délai fixé par la mise en demeure, appliquer une astreinte d'un montant maximal de 1 000 € par jour de retard à l'encontre du propriétaire défaillant. Son montant peut être progressif dans le temps et modulé dans des conditions fixées par voie réglementaire, tenant compte de l'ampleur des mesures et travaux prescrits et des conséquences de la non-exécution.

L'application de l'astreinte et sa liquidation ne font pas obstacle à l'exécution d'office par le maire des mesures et travaux prescrits par l'arrêté prévu au I pour mettre fin à l'exposition au risque d'incendie ou de panique des occupants ou des voisins. Dans ce cas, le montant de l'astreinte s'ajoute à celui du coût des mesures et travaux exécutés d'office. Il est recouvré comme en matière de contributions directes et garanti par les dispositions prévues au 8° de l'article 2374 du code civil et aux articles L. 541-1 et suivants du présent code.

Si les mesures prescrites concernent un établissement recevant du public aux fins d'hébergement, l'arrêté appliquant l'astreinte est notifié au propriétaire de l'immeuble et à l'exploitant, lesquels sont alors solidairement tenus au paiement de l'astreinte.

L'astreinte court à compter de la notification de l'arrêté la prononçant et jusqu'à la complète exécution des travaux prescrits. Le recouvrement des sommes est engagé par trimestre échu.

Le maire peut, lors de la liquidation du dernier terme échu, consentir à une remise de son produit lorsque les réparations, travaux ou mesures prescrits par l'arrêté de péril ont été exécutés et si le redevable établit que le non-respect du délai imposé pour l'exécution totale de ses obligations est exclusivement dû à des circonstances indépendantes de sa volonté. Le montant total des sommes demandées ne peut être supérieur au montant de l'amende prévue au I de l'article L. 511-6.

L'astreinte est recouvrée, dans les conditions prévues par les dispositions relatives aux produits communaux, au bénéfice de la commune sur le territoire de laquelle est implanté l'immeuble ayant fait l'objet de l'arrêté. Dans le cas où l'arrêté a été pris par le président d'un établissement public de coopération intercommunale en application de l'article L. 5211-9-2 du code général des collectivités territoriales, l'astreinte est recouvrée au bénéfice de l'établissement public concerné.

À défaut pour le maire ou, le cas échéant, le président de l'établissement public de coopération intercommunale de liquider le produit de l'astreinte, de dresser l'état nécessaire à son recouvrement et de la faire parvenir au représentant de l'État dans le département dans le mois qui suit la demande émanant de celui-ci, la créance est liquidée et recouvrée par l'État. Après prélèvement de 4 % pour frais de recouvrement, les sommes perçues sont versées au budget de l'Agence nationale de l'habitat.

V. – À défaut de réalisation des travaux dans le délai imparti, le maire, par décision motivée, fait procéder d'office à leur exécution. Il peut également faire procéder à la démolition prescrite, sur ordonnance du juge statuant en la forme des référés, rendue à sa demande.

Si l'inexécution de travaux prescrits portant sur les parties communes d'un immeuble en copropriété résulte de la défaillance de certains copropriétaires, sur décision motivée du maire, la commune peut se substituer à ceux-ci pour les sommes exigibles à la date votée par l'assemblée générale des copropriétaires; elle est alors subrogée dans les droits et actions du syndicat à concurrence des sommes par elle versées.

Lorsque la commune se substitue au propriétaire défaillant et fait usage des pouvoirs d'exécution d'office qui lui sont reconnus, elle agit en lieu et place des propriétaires, pour leur compte et à leurs frais.

Les dispositions du quatrième alinéa de l'article L. 1334-4 du code de la santé publique sont applicables.

VI. – Les pouvoirs dévolus au maire par le présent article sont exercés à Paris par le préfet de police.

• CCH, art. L. 521-1

Pour l'application du présent chapitre, l'occupant est le titulaire d'un droit réel conférant l'usage, le locataire, le sous-locataire ou l'occupant de bonne foi des locaux à usage d'habitation et de locaux d'hébergement constituant son habitation principale.

Le propriétaire ou l'exploitant est tenu d'assurer le relogement ou l'hébergement des occupants ou de contribuer au coût correspondant dans les conditions prévues à l'article L. 521-3-1 dans les cas suivants :

– lorsqu'un immeuble fait l'objet d'une déclaration d'insalubrité, d'une mise en demeure ou d'une injonction prise en application des articles L. 1331-22, L. 1331-23, L. 1331-24, L. 1331-25, L. 1331-26-1 et L. 1331-28 du code de la santé publique, si elle est assortie d'une interdiction d'habiter temporaire ou définitive ou si les travaux nécessaires pour remédier à l'insalubrité rendent temporairement le logement inhabitable;

– lorsqu'un immeuble fait l'objet d'un arrêté de péril en application de l'article L. 511-1 du présent code, si l'arrêté ordonne l'évacuation du bâtiment ou s'il est assorti d'une interdiction d'habiter ou encore si les travaux nécessaires pour mettre fin au péril rendent temporairement le logement inhabitable;

– lorsqu'un établissement recevant du public utilisé aux fins d'hébergement fait l'objet de mesures destinées à faire cesser une situation d'insécurité en application de l'article L. 123-3.

532.02 **Jurisprudence de référence.**

• **Civ. 3e, 14 déc. 1994, no 93-12.481**, *Bull. civ.* III, no 216

* V. ss no 532.25

Conformément à l'art. 669, al. 3, NCPC [C. pr. civ.], la date de réception d'une notification faite par lettre recommandée avec demande d'avis de réception est celle qui est apposée par l'Administration des postes lors de la remise de la lettre à son destinataire.

• **Civ. 3e, 10 janv. 1996, no 93-21.097**, *Bull. civ.* III, no 5

* V. ss no 532.25

La date d'arrivée de la lettre au bureau de poste n'est pas à prendre en compte, le délai de préavis devant se calculer à partir de la date de la remise.

532.03 **Bibliographie indicative.**

Ouvrages. J. Lafond, B. Vial-Pedroletti, *Les baux d'habitation*, 8e éd., LexisNexis, 2017, nos 1352 s. et 1361 s. – V. Zalewski-Sicard, *Baux d'habitation – Congés et droits de préemption,* Ellipses, 2016.

Actualisables. RÉP. CIV., vo « Bail d'habitation et mixte : rapports locatifs individuels – Loi du 6 juillet 1989 », N. Damas, nos 378 s. – LAMY DR. IMMO, nos 5918, 5924 – DICT. PERM. Gestion immob., « Baux d'habitation et mixtes », nos 329 s.

SECTION 1
FORME DE LA NOTIFICATION

532.11 **Lettre RAR, acte d'huissier ou remise en main propre.** Le congé doit être notifié par lettre recommandée avec demande d'avis de réception ou signifié par acte d'huissier[1]. Le congé adressé par lettre simple est donc nul[2]. Si la notification par acte d'huissier présente le plus de garanties pour le bailleur (v. ss no 532.25), elle ne constitue pas nécessairement une garantie de bonne fins. À preuve, cette décision de la cour d'appel de Versailles[3] qui annule un congé signifié par huissier au domicile du locataire, motif pris que, connaissant les désordres affectant l'immeuble (ni la porte d'entrée, ni la boîte aux lettres du locataire ne fermaient plus à clés), le bailleur (il s'agissait d'un professionnel de la gestion locative) aurait dû veiller à ce que la remise du congé intervienne à la personne même de son cocontractant.

Pour les baux en cours au 8 août 2015, date d'entrée en vigueur de la loi no 2015-990 du 6 août 2015, dite Macron[4], à ces deux formes (lettre recommandée avec demande d'avis de réception et acte d'huissier), s'ajoute une troisième : la remise en main propre contre récépissé ou émargement.

SECTION 2
DÉLAI À RESPECTER

532.21 **Préavis de six mois minimum.** Le délai de préavis applicable au congé est de six mois lorsqu'il émane du bailleur[5]. Le bailleur ne peut donner congé que pour le terme du bail.

En matière de délai, le contentieux porte, principalement, sur le point de départ de la notification du congé et, accessoirement, sur la date de fin de préavis.

532.22 **Hypothèses dans lesquelles le droit de donner congé est suspendu.** Pour les baux en cours le 8 août 2015, date d'entrée en vigueur de la loi no 2015-990 du 6 août 2015, dite Macron[6], l'article 15 de la loi du 6 juillet 1989 dans sa rédaction issue de la loi du 24 mars 2014, dite loi Alur, le droit, pour le bailleur de délivrer congé, est suspendu dans plusieurs hypothèses.

532.23 **Congé délivré par l'acquéreur du bien.** En cas d'« acquisition d'un bien occupé » (ce qui, on l'aura compris, vise l'hypothèse du bien vendu occupé en cours de bail), la loi a évolué.

En effet, la loi Alur indiquait que :

– *tout congé pour vente* n'est autorisé qu'à compter du terme du premier renouvellement du bail en cours (à propos du congé pour vendre v. ss nos 534.11 s.);

– *tout congé pour reprise* (au sujet duquel, v. ss nos 533.11 s.) n'est autorisé qu'à compter du terme du bail en cours ou, si le terme du bail intervient moins de deux ans après l'acquisition, après un délai de deux ans.

Depuis la modification de l'article 15 par la no 2015-990 du 6 août 2015, dite loi Macron[7], le texte indique qu'en cas d'acquisition d'un bien occupé :

– lorsque le terme du contrat de location en cours intervient plus de trois ans après la date

1. L. no 89-462, 6 juill. 1989, art. 15-I, al. 2, *in fine*.
2. Lyon, 25 juin 2002, RG no 00/06330, *Loyers et copr.* 2003, no 5, obs. Vial-Pedroletti – Amiens, 28 févr. 2003, RG no 02/01530, *Loyers et copr.* 2003, no 234, obs. Vial-Pedroletti.
3. Versailles, 25 mai 2010, RG no 09/05872, *Loyers et copr.* 2010, no 248, obs. Vial-Pedroletti.
4. L. no 2015-990, 6 août 2015, art. 82-II, *JO* 7 août, p. 13537 s., en vigueur le 8 août 2015.
5. L. no 89-462, 6 juill. 1989, art. 15-I, al. 2.
6. L. no 2015-990, 6 août 2015, art. 82-II, *JO* 7 août, p. 13537 s., en vigueur le 8 août 2015.
7. *JO* 7 août, p. 13537.

d'acquisition, le bailleur peut donner congé à son locataire pour vendre le logement au terme du contrat de location en cours;

- lorsque le terme du contrat de location en cours intervient moins de trois ans après la date d'acquisition, le bailleur ne peut donner congé à son locataire pour vendre le logement qu'au terme de la première reconduction tacite ou du premier renouvellement du contrat de location en cours;

- lorsque le terme du contrat en cours intervient moins de deux ans après l'acquisition, le congé pour reprise donné par le bailleur au terme du contrat de location en cours ne prend effet qu'à l'expiration d'une durée de deux ans à compter de la date d'acquisition.

532.24 Déclaration d'insalubrité ou arrêté de péril. La possibilité pour un bailleur de donner congé à un locataire et la durée du bail sont suspendues à compter :

- de la réception de l'avis de tenue de la réunion de la commission départementale compétente en matière d'environnement, de risques sanitaires et technologiques, notifié par le représentant de l'État dans le département dans les conditions prévues aux articles L. 1331-26 et L. 1331-27 du code de la santé publique, relatifs à la déclaration d'insalubrité de l'immeuble;

- de l'engagement par le maire de la procédure relative aux bâtiments menaçant ruine (procédure contradictoire pouvant déboucher sur la publication d'un arrêté de péril prévu à l'article L. 511-2 du Code de la construction et de l'habitation).

Cette suspension est toutefois levée à l'expiration d'un délai maximal de six mois à compter de la réception du courrier de l'autorité administrative compétente engageant l'une des procédures d'insalubrité ou de péril, faute de notification d'un des arrêtés prévus à leur issue ou de leur abandon.

Le texte précise enfin que lorsqu'un arrêté d'insalubrité ou de péril est pris, le locataire bénéficie des mesures de protection des articles L. 521-1 et L. 521-2 du code de la construction et de l'habitation, aux termes desquelles le loyer cesse d'être dû et qui imposent au bailleur une obligation de relogement.

532.25 Détermination du point de départ de la notification du congé. Le problème se pose lorsque le congé a été adressé par lettre recommandée avec AR.

En effet, le délai de préavis « court à compter du jour de la réception de la lettre recommandée »[1].

Or, en application des règles du code de procédure civile[2], « la date de réception d'une notification faite par lettre recommandée avec demande d'avis de réception est celle qui est apposée par l'Administration des postes lors de la remise de la lettre à son destinataire »[3]. En conséquence, si la lettre n'est pas remise à son destinataire, notamment s'il ne va pas la chercher à la poste ou si l'accusé de réception est signé par un tiers[4], le délai de préavis ne commencera jamais à courir[5]. En effet, la date d'arrivée de la lettre au bureau de poste est indifférente[6], tout comme ne saurait être prise en considération la date de sa première présentation[7]. Pour l'anecdote, on mentionnera cet arrêt de la cour d'appel de Versailles qui a confirmé cette jurisprudence très sévère pour le bailleur, dans une hypothèse où le locataire était employé de La Poste : la cour indique que cette seule qualité ne suffit pas à faire présumer la mauvaise foi du locataire qui était absent de son domicile lors des deux premières présentations de la lettre de congé (et qui l'a finalement reçue moins de six mois avant le terme du contrat, le bail se trouvant ainsi renouvelé tacitement)[8].

532.26 Avantage de la signification et de la remise en main propre contre récépissé ou émargement. Nonobstant le surcoût que cela implique, le recours à une signification par voie d'huissier sera souvent préférable[9] ou, pour les baux en cours le 8 août 2015, date d'entrée en vigueur de la loi n° 2015-990 du 6 août 2015, dite Macron[10], la remise en main propre contre récépissé ou émargement. En effet, en application de l'article 658 du code de procédure civile et de l'article 15 de la loi de 1989, le délai de préavis part alors du jour de la signification de l'acte, et non pas de celui de sa réception effective[11]. En tout état de cause, si le

1. L. n° 89-462, 6 juill. 1989, art. 15-I, al. 2, *in fine*.
2. C. pr. civ., art. 669, al. 3.
3. Civ. 3e, 14 déc. 1994, n° 93-12.481, *Bull. civ.* III, n° 216; *AJPI* 1997. 209 – 10 janv. 1996, n° 93-17.725, *Bull. civ.* III, n° 10; *D.* 1996. Somm. 369, obs. CRDP Nancy 2; *AJPI* 1997. 209 (2e esp.) – 2 févr. 2005, n° 04-10.219, *Bull. civ.* III, n° 26; *AJDI* 2005. 463, obs. Rouquet – 13 juill. 2011, n° 10-20.478, *Bull. civ.* III, n° 129, *D.* 2011. Actu. 2037, obs. Rouquet; *ibid.* 2012. Pan. 1086, spéc. 1092, obs. Damas; *AJDI* 2012. 121, obs. Damas.
4. Civ. 3e, 18 déc. 2002, n° 01-01.286, NP, *AJDI* 2003. 343 – AUSSI : Civ. 3e, 29 oct. 2008, n° 07-17.911, *Bull. civ.* III, n° 161; *D.* 2008. AJ 2872, obs. Rouquet.
5. Civ. 3e, 10 janv. 1996, n° 93-21.097, *Bull. civ.* III, n° 5; *D.* 1996. Somm. 369, obs. CRDP Nancy 2 – Civ. 3e, 7 janv. 1998, n° 96-10.326, *Bull. civ.* III, n° 3; *RDI* 1998. 305, obs. Collart-Dutilleul.
6. Civ. 3e, 10 janv. 1996, n° 93-21.097, *Bull. civ.* III, n° 5; *D.* 1996. IR 38; *Administrer* nov. 1996, p. 28, obs. Canu.
7. Civ. 3e, 9 mars 2004, n° 02-20.886, NP, *Loyers et copr.* 2004, n° 106, obs. Vial-Pedroletti.
8. Versailles, 12 juin 1998, RG n° 4996/96, *Loyers et copr.* 1999, n° 116, obs. Vial-Pedroletti.
9. Préconisant de bannir l'emploi de la lettre recommandée avec AR, v. Blatter, *AJPI* 1997. 192 – V. AUSSI : Magnin, *LPA* 1999, n° 12, p. 4.
10. L. n° 2015-990 du 6 août 2015, art. 82-II, *JO* 7 août, p. 13537 s., en vigueur le 8 août 2015.
11. Paris, 4 mars 1999, RG n° 1997/15965, *Loyers et copr.* 1999, n° 147, obs. Vial-Pedroletti.

bailleur choisit la forme de l'envoi en recommandé, il lui sera conseillé d'adresser à son cocontractant une lettre recommandée avec AR suffisamment tôt pour pouvoir, si le preneur ne va pas la retirer, lui faire délivrer un acte d'huissier dans le délai légal[1], voire, pour les baux en cours le 8 août 2015, date d'entrée en vigueur de la loi n° 2015-990 du 6 août 2015, dite Macron[2], lui remettre le congé en main propre. Le conseil est d'autant plus judicieux qu'il est de jurisprudence constante qu'un congé prématuré n'est pas nul, ses effets étant seulement reportés à la date pour laquelle il aurait dû être donné[3]. En conséquence, en cas de congé prématuré, le bailleur ne pourra agir en justice pour le faire déclarer valable avant sa date d'effet[4]. Par ailleurs, en cas de congé-vente prématuré, aucune réactualisation du prix n'est envisageable : le propriétaire est lié par son offre de vente jusqu'à l'expiration des deux premiers mois du délai de préavis[5]. À l'inverse, un congé tardif[6] est bel et bien frappé de nullité[7].

532.27 Détermination de la date de la fin du préavis – Règle. La détermination de la date de la fin du préavis suit les règles édictées par le code de procédure civile, duquel il ressort que :

Lorsque, comme en l'espèce, « un délai est exprimé en mois [...], ce délai expire le jour du dernier mois [...] qui porte le même quantième que le jour de l'acte [...] ou de la notification qui fait courir le délai. À défaut d'un quantième identique, le délai expire le dernier jour du mois »[8]; ce principe ne connaît pas de dérogation[9].

« Tout délai expire le dernier jour à vingt-quatre heures. Le délai qui expirerait normalement un samedi, un dimanche ou un jour férié ou chômé, est prorogé jusqu'au premier jour ouvrable suivant »[10]. Ainsi, un congé délivré pour le 1er du mois, date d'expiration du bail, est tardif, tout délai expirant le dernier jour à vingt-quatre heures[11]. Cette règle ne s'applique pas à la durée du bail : un bail qui expire le 31 du mois n'est pas prorogé au 1er du mois suivant si le 31 est, par exemple, un dimanche. En effet, l'article 642 du code de procédure civile ne va jouer que pour autant qu'une formalité doit être accomplie avant l'expiration d'un délai[12].

532.28 Détermination de la date de la fin du préavis – Illustration. Pour un congé donné par le bailleur[13] reçu le 8 janvier, le délai expirera le 8 juillet[14].

Mais pour un congé reçu le 31 mars, le préavis s'achèvera le 30 septembre. Un congé délivré le 31 décembre sera effectif le 30 juin[15]; un congé signifié par le propriétaire plus de six mois avant la date d'expiration du bail, le 31 mars à 24 heures, nonobstant le fait que le congé a été donné pour le 1er avril sera valable[16].

Si le congé a été reçu le 31 août, le préavis prendra fin le 28 ou le 29 février (selon les années)[17].

Par ailleurs, un congé reçu le 14 janvier expirera, non pas le 14 juillet, mais le 15 juillet (si le 14 est un jour de la semaine compris entre le dimanche et le jeudi), voire le 16, si le 14 est un samedi ou même le 17 si le jour de la fête nationale est un vendredi.

1. Versailles, 15 mars 2002, *JurisData* n° 183380, *AJDI* 2002. 250, obs. Rouquet.
2. L. n° 2015-990 du 6 août 2015, art. 82-II, *JO* 7 août, p. 13537 s., en vigueur le 8 août 2015.
3. Civ. 3e, 1er févr. 1989, n° 87-14.522, NP, *Loyers et copr.* 1989, n° 109, [loi de 1982] – Civ. 3e, 30 nov. 1994, n° 92-14.241, NP, *Loyers et copr.* 1995, n° 96 – Civ. 3e, 17 mai 2005, n° 04-15.781, NP, *Administrer* févr. 2005, p. 35, obs. Canu – Civ. 3e, 13 juin 2006, n° 05-13.252, NP, *AJDI* 2006. 743 – Civ. 3e, 10 janv. 2007, n° 05-21.408, *Bull. civ.* III, n° 1; *D.* 2007. AJ 298, obs. Rouquet; *AJDI* 2007. 480, note Zalewski; – Civ. 3e, 19 sept. 2006, n° 04-19.555, NP, *AJDI* 2006. 911, note Zalewski – Civ. 3e, 29 oct. 2008, n° 07-17.911, *Bull. civ.* III, n° 161; *D.* 2008. AJ 2940, obs. Rouquet – Civ. 3e, 10 déc. 2008, n° 07-15.386, *Bull. civ.* III, n° 202; *D.* 2009. AJ 101, obs. Rouquet; *ibid.* 2010. Pan. 1168, spéc. 1180, obs. Damas; *AJDI* 2009. 623, obs. de La Vaissière.
4. Civ. 3e, 8 déc. 1999, n° 98-10.206, *Bull. civ.* III, n° 231 – Civ. 3e, 8 févr. 2006, n° 04-17.512, *Bull. civ.* III, n° 23; *AJDI* 2006. 641, note de La Vaissière – Civ. 3e, 31 oct. 2006, n° 05-11.929, NP, *AJDI* 2007. 310.
5. Civ. 3e, 10 déc. 2008, n° 07-15.386, *Bull. civ.* III, n° 202; *D.* 2009. AJ 101, obs. Rouquet; *ibid.* 2010. Pan. 1168, spéc. 1180, obs. Damas; *AJDI* 2009. 623, obs. de La Vaissière; Civ. 3e, 19 mai 2010, n° 09-13.474, *Bull. civ.* III, n° 99; *D.* 2010. Actu. 1348, obs. Rouquet – EN SENS CONTRAIRE toutefois : TGI Paris, 8 avr. 1991, *Rev. loyers* 1992. 164, note Aubert; SUR le droit de préemption du locataire en cas de congé-vente v. ss nos 534.51 s.
6. Circonstance que le juge peut relever d'office : Paris, 20 mars 2007, RG n° 05/24186, *Loyers et copr.* 2007, n° 143, obs. Vial-Pedroletti.
7. Civ. 3e, 10 juill. 1996, n° 94-17.138, NP, *Rev. loyers* 1996. 414 – Civ. 3e, 8 avr. 1998, n° 97-15.929, *Bull. civ.* III, n° 82, *D.* 1998. 121.
8. C. pr. civ., art. 641, al. 2.
9. POUR UN EXEMPLE D'APPLICATION : Paris, 6 juin 1994, RG n° 93/008976, *Rev. huiss.* 1995, p. 354.
10. C. pr. civ., art. 642.
11. Civ. 3e, 8 avr. 1998, n° 97-15.929, *Bull. civ.* III, n° 82; COMP. : Civ. 3e, 2 mai 2007, n° 06-13.575, NP, *AJDI* 2007. 746.
12. Civ. 2e, 14 févr. 1990, n° 88-18.471, *Bull. civ.* II, n° 32; *D.* 1990. Somm. 350, obs. Julien – Paris, 16 sept. 2004, RG n° 03/06775, *loyers et copr.* 2005, n° 113.
13. Donc avec un délai de préavis de 6 mois.
14. À 24 heures.
15. Civ. 3e, 31 oct. 2006, n° 05-16.483, NP, *Rev. loyers* 2007. 33; DANS LE MÊME SENS, À PROPOS d'une proposition de renouvellement art. 17 c : Civ. 3e, 16 oct. 2007, nos 06.17-590, 06.17-591, 06.17-592, 06.17-593 et 06.17-594, NP, *AJDI* 2008. 209, note Chenu.
16. Civ. 3e, 11 juill. 2007, n° 06-15.943, *Bull. civ.* III, n° 130; *D.* 2007. AJ 2162; *ibid.* 2008. Pan. 1311, obs. Damas; *AJDI* 2008. 390, note de La Vaissière.
17. Civ. 3e, 1er juin 2010, n° 08-16.320, NP, *AJDI* 2010. 642.

CHAPITRE

533. Reprise pour habiter

SECTION 0
ORIENTEUR

533.00 Plan du chapitre.

Sect. 1 Bénéficiaire de la reprise
Sect. 2 Objet de la reprise
Sect. 3 Mentions du congé
§ 1 Motif de la reprise
§ 2 Caractère réel et sérieux de la décision de reprise du bailleur
§ 3 Coordonnées du bénéficiaire
Sect. 4 Contrôle de la réalité de la reprise
§ 1 Absence de contrôle préalable
§ 2 Contrôle *a posteriori* de la réalité de la reprise
§ 3 Sanction des congés frauduleux

533.01 Textes applicables.

TEXTES SOURCES

• **L. n° 89-462 du 6 juill. 1989, art. 13 a), 15.**

TEXTES *IN EXTENSO*

• **L. 6 juill. 1989, art. 13 a)**

Les dispositions de l'article 11 [bail précaire] et de l'article 15 [congé] peuvent être invoquées :

a) Lorsque le bailleur est une société civile constituée exclusivement entre parents et alliés jusqu'au quatrième degré inclus, par la société au profit de l'un des associés.

• **L. 6 juill. 1989, art. 15**

* V. ss n° 531.01

533.02 Jurisprudence de référence.

• **Civ. 3e, 7 févr. 1996, n° 93-20.135**, *Bull. civ.* III, n° 35

* V. ss n° 533.13

La reprise du logement de nature à justifier un congé donné par le bailleur sur le fondement de l'art. 15-I doit s'entendre de la reprise pour habiter. La décision de reprendre, au sens et pour l'application de ce texte, ne peut émaner d'un bailleur personne morale.

• **Civ. 3e, 19 avr. 2000, n° 98-21.124**, *Bull. civ.* III, n° 80

* V. ss n° 533.95

La mutation professionnelle du bailleur qui a dû, sans attendre le départ de son locataire, se reloger et a signé pour ce faire un bail de six ans, ne constitue pas un cas de force majeure justifiant le défaut d'occupation du local objet de la reprise par le bénéficiaire.

• **Civ. 3e, 19 janv. 2005, n° 03-15.922**, *Bull. civ.* III, n° 9

* V. ss n° 533.14

Une société civile de famille ne peut donner congé aux fins de reprise qu'au profit de l'un de ses associés.

• **Civ. 3e, 13 juill. 2005, n° 04-12.577**, *Bull. civ.* III, n° 156

* V. ss n° 533.91

N'est pas frauduleux le congé délivré par le bailleur qui n'occupe pas les lieux en raison de l'aggravation de son état de santé après délivrance du congé, faisant ainsi obstacle à un changement de résidence.

533.03 Bibliographie indicative.

Ouvrages. J. Lafond, B. Vial-Pedroletti, *Les baux d'habitation*, 8e éd., LexisNexis, 2017, nos 1778 s. – V. Zalewski-Sicard, *Baux d'habitation – Congés et droits de préemption,* Ellipses, 2016.

Actualisables. RÉP. CIV., v° « Bail d'habitation et mixte : rapports locatifs individuels – Loi du 6 juillet 1989 », N. Damas, nos 403 s. – LAMY DR. IMMO, nos 5927 s. – DICT. PERM. Gestion immob., « Baux d'habitation et mixtes », nos 362 s.

SECTION 1
BÉNÉFICIAIRE DE LA REPRISE

533.11 Parents – Partenaires. Le bénéficiaire de la reprise « ne peut être que le bailleur, son conjoint, le partenaire auquel il est lié par un pacte civil de solidarité (Pacs[1]) enregistré à la date du congé, son concubin notoire depuis au moins un an à la date du congé, ses ascendants, ses descendants ou

1. Institué par L. n° 99-944, 15 nov. 1999 – P. Murat (dir.), *Droit de la famille 2016/2017*, « Dalloz Action », 2016, n° 152.151.

ceux de son conjoint, de son partenaire ou de son concubin notoire »[1]. Précision importante : l'action tendant à faire déclarer valable un congé aux fins de reprise, engagée par le titulaire de droit de reprise, est transmissible aux héritiers[2].

Plusieurs enseignements doivent être tirés de ce qui précède, tant en ce qui concerne le lien de parenté requis, qu'en ce qui concerne la possibilité de reprise pour habiter offerte à une personne morale, qu'en matière d'usufruit ou de nue-propriété.

533.12 Lien de parenté. En dehors du bailleur, seuls peuvent donc bénéficier du droit de reprise :

- son conjoint;

- son partenaire, dans le cadre d'un Pacs enregistré à la date du congé ou son concubin notoire depuis au moins un an à la même date;

- ses ascendants; la formulation retenue par le législateur laisse donc supposer que la reprise pour habiter ne peut concerner que les ascendants du bailleur, à l'exclusion des ascendants de son conjoint, concubin notoire ou partenaire. C'est ce qu'a d'ailleurs indiqué la cour d'appel de Metz, en annulant le congé délivré par le bailleur pour loger sa belle-mère[3]. Cette interprétation est cependant combattue par une partie de la doctrine[4];

- ses descendants ou ceux de son conjoint, partenaire ou concubin notoire. Notons cependant que seule une reprise au profit d'un descendant majeur serait valable, le domicile légal d'un descendant mineur étant, en vertu du code civil[5], celui de ses père et mère[6]. En conséquence, lorsque la reprise pour habiter concerne un mineur et un majeur, le congé n'est validé qu'au seul bénéfice du majeur[7].

Tant par sa formulation (le « bénéficiaire de la reprise ne peut être que... ») que par son caractère d'ordre public (sur cette question v. s^s n° 021.11), la liste de l'article 15 doit être considérée comme exhaustive. Ainsi, ne peuvent bénéficier d'une reprise pour habiter les neveux et nièces[8], un ex-conjoint ou concubin du bailleur[9], un frère, une sœur ou une aide à domicile[10].

533.13 Reprise pour habiter par le bailleur personne morale – Principe. Les personnes morales sont, par essence, exclues de ce droit de reprise puisqu'il s'agit d'une reprise pour habiter[11]. Cependant, les droits respectifs des parties devant s'apprécier au jour de la délivrance du congé, le bailleur, personne physique, a le droit de délivrer un congé pour habiter pour la date d'expiration du bail consenti par une personne morale à laquelle il s'est substitué[12].

533.14 Tempérament. Ce principe connaît toutefois une exception puisqu'en vertu de l'article 13 *a* de la loi de 1989, lorsque le bailleur est une société civile constituée exclusivement entre parents et alliés jusqu'au quatrième degré inclus, la reprise pour habiter peut jouer au profit de l'un de ses associés.

En conséquence, une société familiale est en droit d'exercer une reprise pour habiter au bénéfice d'un de ses associés. Le congé doit alors indiquer le nom de l'associé bénéficiaire de la reprise[13]. Une SCI constituée d'un seul associé après rachat de l'ensemble des parts sociales aux précédents associés avec lesquels il n'avait aucun lien de famille n'est pas une SCI familiale au sens de l'article 13 *a*[14]. La notion de « société familiale » est strictement définie à l'article 13 *a* et le congé pour reprise doit être annulé dès lors que la société civile bailleresse est constituée entre concubins[15] ou entre des personnes physiques et une personne morale[16].

On notera que, par un arrêt de principe, la Cour de cassation a précisé que ce droit de reprise n'existe qu'à l'égard de l'associé, et non à l'égard de l'ensemble des personnes énumérées à l'article 15-I (conjoint, concubin, descendant... de cet associé)[17], ce qui est conforme à la fois à une analyse littérale de l'article 13 *a* et à l'application de l'adage latin *specialia generalibus derogant*[18].

1. L. n° 89-462, 6 juill. 1989, art. 15-I, al. 1er.
2. Civ. 3e, 28 sept. 2005, n° 04-16.183, *Bull. civ.* III, n° 177; *AJDI* 2006. 200, obs. de La Vaissière; *Rev. loyers* 2005. 564, obs. Canu.
3. Metz, 20 mai 1997, RG n° 2374/96, *Loyers et copr.* 1998, n° 294, obs. crit. Vial-Pedroletti.
4. J. Lafond, B. Vial-Pedroletti, *Les baux d'habitation*, 8e éd., LexisNexis, 2017, n° 1795.
5. C. civ., art. 108-2, al. 1er.
6. Paris, 2 juill. 1998, RG n° 97/07119, *Rev. loyers* 1999. 154, obs. Rémy – Toulouse, 1er juill. 2003, RG n° 2002/01313, *Loyers et copr.* 2004, n° 24, obs. Vial-Pedroletti.
7. Toulouse, 24 avr. 2007, RG n° 05/06698, *Loyers et copr.* 2007, n° 171.
8. Paris, 11 mars 1997, RG n° 95/23360, *D.* 1997, Jur. 355, note Bihr.
9. Toulouse, 1er juill. 2003, RG n° 2002/01313, *Loyers et copr.* 2004, n° 24, obs. Vial-Pedroletti.
10. Paris, 8 févr. 2011, RG n° 10/05674, *AJDI* 2011. 454.
11. Civ. 3e, 7 févr. 1996, n° 93-20.135, *Bull. civ.* III, n° 35; *Administrer* août-sept. 1996, p. 33, note Beddeleem.
12. Versailles, 24 mars 2000, RG n° 98/03677, *Loyers et copr.* 2001, n° 33, obs. Vial-Pedroletti; Versailles, 22 sept. 2009, RG n° 08/06693, *Loyers et copr.* 2010, n° 5, obs. Vial-Pedroletti.
13. Versailles, 3 avr. 2012, RG n° 11/01183, *AJDI* 2013. 355.
14. Civ. 3^e, 31 mai 2007, n° 06-13.524, *Bull. civ.* III, n° 93; *D.* 2007. AJ 1726, obs. Forest; *ibid.* 2008. Pan. 1310, obs. Damas; *AJDI* 2008. 126, note Zalewski.
15. Civ. 3^e, 8 nov. 1995, n° 93-11.196, *Bull. civ.* III, n° 223.
16. Paris, 23 mars 2006, RG n° 05/00620, *Loyers et copr.* 2006, n° 121, obs. Vial-Pedroletti.
17. Civ. 3e, 19 janv. 2005, n° 03-15.922, *Bull. civ.* III, n° 9; *D.* 2005, Pan. 753, obs. Damas; *AJDI* 2005. 216, obs. Rouquet – AUSSI : Paris, 1er févr. 2005, RG n° 2004/04821, *AJDI* 2005. 392.
18. POUR une interprétation extensive de l'art. 13 a : Paris, 23 mars 1999, *D.* 1999. IR 127 – Versailles, 22 mars 1996, RG, n° 2686/94, *Loyers et copr.* 1996, n° 378.

533.15 **Mise en garde.** Le locataire doit être en mesure de vérifier la régularité, la réalité et la sincérité du congé. Par conséquent, celui-ci doit nécessairement se référer à l'article 13 *a* de la loi de 1989 et justifier que, lors de sa délivrance, le bailleur était une SCI familiale. À défaut, le congé doit être annulé, ces irrégularités causant nécessairement grief au locataire[1].

Certains arrêts contournent cependant cette interdiction en validant le congé délivré par une personne morale sur le fondement d'un motif sérieux et légitime pour loger certains de ses collaborateurs (v. s[s] n° 535.27). Précisons, à toutes fins utiles que c'est à la date de délivrance du congé qu'il y a lieu de se placer pour apprécier le caractère familial de la société[2].

533.16 **Usufruit.** Les usufruitiers sont titulaires du droit de reprise que leur confère l'article 15 de la loi de 1989. Ils peuvent donc l'exercer au profit d'un de leurs descendants[3].

En revanche, le nu-propriétaire ne dispose pas de ce droit de reprise[4].

533.17 **Indivision.** Lorsque le logement loué est en indivision, les dispositions de l'article 15 peuvent être invoquées par tout membre de l'indivision[5], sous réserve, bien évidemment, de l'accord des autres membres de l'indivision (sur cette question, et sur l'incidence de la loi du 23 juin 2006 portant réforme des successions et libéralités v. aussi n° 531.51; sur l'application des dispositions protectrices des locataires âgés à l'égard du membre de l'indivision qui reprend le logement v. s[s] n° 536.31).

SECTION 2
OBJET DE LA REPRISE

533.21 **Liberté de choix entre plusieurs locaux.** Cette question n'est susceptible de poser un problème que lorsque le bailleur est propriétaire de plusieurs logements qu'il pourrait reprendre. Notons qu'en pareille occurrence, il est jugé avec constance que le bailleur est libre de son choix[6].

SECTION 3
MENTIONS DU CONGÉ

533.31 **Motif, caractère sérieux, bénéficiaire et notice d'information.** En dehors de l'indication du nom du propriétaire (v. s[s] n° 531.43), deux mentions doivent obligatoirement figurer dans le congé délivré par le bailleur. Il s'agit du motif de la reprise et des coordonnées du bénéficiaire de la reprise. À ces deux mentions, s'en ajoute une troisième, pour les baux en cours le 8 août 2015, date d'entrée en vigueur de la loi n° 2015-990 du 6 août 2015, dite Macron[7] : le caractère réel et sérieux de la décision de reprendre du bailleur.

Quant à la reproduction de l'article 15 de la loi de 1989 dans le congé pour habiter, il ne s'agit nullement d'une mention obligatoire[8].

§ 1
Motif de la reprise

533.41 **Obligation légale.** À peine de nullité, le congé donné par le bailleur doit indiquer le motif allégué[9]. Cette obligation légale s'impose pour tout congé émanant du bailleur.

Ici, le bailleur devra expressément indiquer qu'il entend reprendre le logement pour l'habiter lui-même ou le faire habiter par l'un des bénéficiaires de la reprise visés par le texte.

§ 2
Caractère réel et sérieux de la décision de reprise du bailleur

533.51 **Justification du bailleur.** Pour les baux en cours le 8 août 2015, date d'entrée en vigueur de la loi n° 2015-990 du 6 août 2015, dite Macron[10], l'article 15 modifié de la loi du 6 juillet 1989 exige du bailleur qu'il justifie du « caractère réel et sérieux de sa décision de reprise » (v. annexe 1112.22).

1. Paris, 8 sept. 2009, RG n° 07/02259, *AJDI* 2010. 41.
2. Civ. 3e, 31 mai 2007, n° 06-13.524, *Bull. civ.* III, n° 93; *D.* 2007. AJ 1726, obs. Forest; *ibid.* 2008. Pan. 1310, obs. Damas; *AJDI* 2008. 126, note Zalewski – Civ.3e, 28 sept. 2011, n° 10-28.559, NP, *AJDI* 2012. 269, note Zalewski.
3. Versailles, 30 janv. 1985, RG n° 4844/83, *Gaz. Pal.* 1986. 2. Somm. 354, [loi de 1982].
4. Pau, 10 juill. 1986, *JurisData* n° 044459, *Cahiers jurispr. Aquitaine* 1987, n° 1, p. 73.
5. L. n° 89-462, 6 juill. 1989, art. 13 b.
6. Civ. 3e, 15 mai 1996, n° 94-14.879, NP, *Rev. loyers* 1996. 362, obs. J.-C. B. – Paris, 17 juin 1997, RG n°s 96/82029 et 96/82215, *Loyers et copr.* 1997, n° 260.
7. L. n° 2015-990 du 6 août 2015, art. 82-II, *JO* 7 août, p. 13537 s., en vigueur le 8 août 2015.
8. Paris, 22 févr. 1994, RG n° 92/018481, *Loyers et copr.* 1994, n° 320.
9. L. n° 89-462, 6 juill. 1989, art. 15, al. 1er.
10. L. n° 2015-990 du 6 août 2015, art. 82-II, *JO* 7 août, p. 13537 s., en vigueur le 8 août 2015.

§ 3
Coordonnées du bénéficiaire de la reprise

533.61 Possibilité de vérification. À peine de nullité, le congé doit mentionner les nom et adresse du bénéficiaire de la reprise[1].

L'indication des coordonnées de la personne qui va reprendre le logement va permettre au preneur de s'assurer que celle-ci est bien une « bénéficiaire » du droit de reprise au sens de l'article 15 (v. s[s] n°s 533.11 s.).

533.62 Nom du bénéficiaire. L'identité du bénéficiaire est la première précision que doit fournir le bailleur.

533.63 De la possibilité d'opérer une substitution de bénéficiaire. La question s'est posée de savoir s'il pouvait y avoir substitution de bénéficiaire. Rien, dans le texte de la loi, ne permet de justifier que le bénéficiaire « réel » de la reprise soit différent de celui mentionné dans le congé. Il a cependant été admis qu'une telle pratique n'est pas frauduleuse, dès lors que le nouveau bénéficiaire remplit les conditions pour profiter d'un congé en vue de reprise familiale et que le motif invoqué par le bailleur pour justifier la substitution est légitime. Il appartient alors au bailleur d'en informer le locataire[2].

De la même manière, la question de la légalité d'une reprise alternative (c'est-à-dire au profit de telle personne ou de telle autre) a été débattue en jurisprudence.

533.64 Reprise alternative. Une reprise alternative est valable dès lors qu'elle n'est pas équivoque.

Est ainsi valable, le congé pour reprendre le logement afin de loger soit sa fille, soit sa mère[3].

En revanche, est nul, le congé pour reprise exprimé en des termes équivoques ne permettant pas de savoir si le bénéficiaire répond aux exigences légales[4].

533.65 Adresse du bénéficiaire - Disposition légale. L'adresse du bénéficiaire est une précision légalement requise dont l'omission est sanctionnée par la nullité du congé. Il n'en ira autrement que dans l'hypothèse où l'adresse du bailleur et celle du bénéficiaire de la reprise serait la même[5].

1. L. n° 89-462, 6 juill. 1989, art. 15, al. 1er.
2. Versailles, 2 févr. 1996, RG n° 4998/94, *D.* 1997. Somm. 266, obs. CRDP Nancy 2.
3. Civ. 3e, 4 nov. 1987, n° 86-13.968, NP, *Loyers et copr.* 1988, p. 7, [loi de 1982].
4. Civ. 3e, 10 déc. 1985, n° 84-16.722, *Bull. civ.* III, n° 166, [loi de 1982].
5. Civ. 3e, 6 nov. 1991, n° 90-14.286, NP, *JCP* 1992. IV, n° 69, [loi de 1982].

La question de savoir si cette sanction est systématique ou si elle ne va jouer que dans l'hypothèse où l'omission va causer un grief au locataire est discutée.

533.66 Conditions de mise en œuvre de la nullité du congé pour défaut d'adresse du bénéficiaire. Certaines décisions[6], appliquant à cette omission le régime des nullités de forme[7], ne prononcent l'annulation du congé que dans la mesure où cet oubli a causé un grief au locataire[8]... alors que d'autres[9] considèrent qu'en elle-même, cette omission a causé un grief au preneur et annulent systématiquement le congé[10].

533.67 Indication du lien de parenté avec le bailleur. Si, pour les baux conclus avant le 27 mars 2014, cette précision était facultative[11], pour les contrats de location conclus à compter de cette date[12], l'article 15-I, dans sa rédaction issue de la loi du 24 mars 2014, dite loi Alur, exige du bailleur qu'il indique dans le congé « la nature du lien existant entre le bailleur et le bénéficiaire de la reprise ».

533.68 Pas de régime dérogatoire lorsque le bailleur est une SCI familiale. Lorsque le bailleur est une SCI familiale (v. s[s] n° 533.14), la loi n'impose au bailleur ni de reproduire les termes de l'article 13 *a* de la loi du 6 juillet 1989, ni de justifier de cette particularité[13].

533.69 Notice d'information. Pour les baux en cours le 8 août 2015, date d'entrée en vigueur de la loi n° 2015-990 du 6 août 2015, dite Macron[14], le bailleur doit joindre au congé une notice d'information relative à ses obligations et aux voies de recours et d'indemnisation du locataire, dont le contenu doit être précisé par arrêté du ministre chargé du logement, pris après avis de la Commission nationale de concertation[15].

6. De la Cour de cassation, mais aussi de cours d'appel.
7. C. pr. civ., art. 114.
8. Civ. 3e, 6 nov. 1986, n° 85-14.476, *Bull. civ.* III, n° 146; *JCP* 1987. IV. 16, [loi de 1982] – Civ. 3e, 13 mars 1991, n° 89-18.477, *Bull. civ.* III, n° 92; *Administrer* févr. 1992, p. 31, note Gélinet, [loi de 1982] – Paris, 26 mars 1986, RG n° L/06954, *Rev. loyers* 1986. 274, [loi de 1982].
9. Émanant des juridictions du fond.
10. Paris, 22 mai 1996, RG n° 94/019283, *Loyers et copr.* 1996, n° 374 – Versailles, 14 nov. 1997, RG n° 4268/95, *Loyers et copr.* 1998, n° 208, obs. Vial-Pedroletti.
11. Civ. 3e, 2 févr. 2000, n° 98-13.690, *Bull. civ.* III, n° 21, *Loyers et copr.* 2000, n° 86, obs. Vial-Pedroletti – Paris, 22 mai 1996, RG n° 94/019283, *Loyers et copr.* 1996, n° 374.
12. Date d'entrée en vigueur L. 24 mars 2014, dite loi Alur.
13. Civ. 3e, 28 juin 2011, n° 09-71.459, NP, *D.* 2012. Pan. 1086, spéc. 1095, obs. Damas; *AJDI* 2012. 40, obs. Dreveau.
14. L. n° 2015-990 du 6 août 2015, art. 82-II, *JO* 7 août, p. 13537 s., en vigueur le 8 août 2015.
15. À paraître.

SECTION 4
CONTRÔLE DE LA RÉALITÉ DE LA REPRISE

533.71 Compétence du tribunal d'instance. Le juge n'exerce aucun contrôle préalable sur la réalité de l'intention du bailleur de reprendre son logement pour l'habiter, mais va contrôler *a posteriori* que la reprise pour habiter a bien lieu et va, le cas échéant, sanctionner les congés frauduleux. Le juge compétent est le tribunal d'instance du lieu de la situation de l'immeuble[1] (v. s[s] n°s 522.221 et 522.222).

§ 1
Absence de contrôle préalable

533.81 Conditions de validité de la reprise. La validité du congé n'est pas subordonnée à un contrôle préalable[2].

Il appartient toutefois au juge, lorsque cela lui est demandé, de rechercher l'existence d'une fraude[3]. Ajoutons que, pour les baux en cours le 8 août 2015, date d'entrée en vigueur de la loi n° 2015-990 du 6 août 2015, dite Macron[4], l'article 15 de la loi du 6 juillet 1989, dans sa rédaction issue de la loi du 24 mars 2014, dite loi Alur, précise que, « en cas de contestation, le juge peut, même d'office, vérifier la réalité du motif du congé et le respect des obligations prévues au présent article. Il peut notamment déclarer non valide le congé si la non-reconduction du bail n'apparaît pas justifiée par des éléments sérieux et légitimes ».

Le bailleur n'a pas à justifier de son besoin de logement ou de celui du bénéficiaire de la reprise[5]. De même, le fait pour le bailleur de disposer d'autres possibilités de logement à proximité semblant mieux correspondre à ses besoins ne suffit pas à caractériser la fraude[6], laquelle ne se présume pas[7].

En elle-même, la reprise pour habiter est un motif suffisant justifiant la décision de donner congé[8]. Encore faut-il qu'il s'agisse, pour le bénéficiaire, de reprendre le logement au titre de sa résidence principale : une reprise pour habiter le logement comme résidence secondaire ou saisonnière serait nulle. Et cela vaut lorsque le bénéficiaire est le bailleur lui-même[9], comme lorsqu'il s'agit d'une des autres personnes visées à l'article 15-I mentionnées au v. s[s] n° 533.11[10] (sur l'occupation discontinue des locaux v. s[s] n° 533.92).

§ 2
Contrôle *a posteriori* de la réalité de la reprise

533.91 Comportements frauduleux sanctionnables. Une fois le logement libéré, plusieurs comportements frauduleux vont être sanctionnés. Il s'agit de l'inoccupation des lieux, de la remise du logement en location et de la vente du logement. Il faut préciser que l'intention frauduleuse du bailleur s'apprécie lors de la délivrance du congé[11]. La jurisprudence précise de plus que la loi n'impose pas au bailleur d'informer le locataire de la raison pour laquelle le motif légitime du congé à fin de reprise a perdu, pour une cause extérieure au bailleur, son actualité[12].

533.92 Conditions d'occupation – Délai d'occupation des lieux. Même si la loi du 6 juillet 1989 ne prévoit pas le délai maximum dans lequel la reprise effective doit intervenir, suite à la libération des lieux par le locataire, le bénéficiaire de la reprise doit occuper le logement dans un délai raisonnable[13].

Quant à la notion de « délai raisonnable », elle sera appréciée en fonction des éléments de chaque affaire. Il a ainsi été jugé qu'une inoccupation du logement pendant plus de deux ans était fraudu-

1. COJ, art. R. 221-48.
2. Civ. 3e, 30 oct. 1990, n° 89-15.747, NP, *Loyers et copr.* 1991, n° 2, [loi de 1982].
3. Civ. 3e, 18 févr. 2003, n° 01-16.664, NP, *Administrer* août-sept. 2003, p. 44, obs. Canu – Civ. 3e, 22 oct. 2003, n° 02-14.702, NP, *Loyers et copr.* 2004, n° 25, obs. Vial-Pedroletti – Civ. 3e, 26 oct. 2004, n° 03-15.507, NP, *Administrer* mai 2005, p. 38, obs. Canu.
4. L. n° 2015-990 du 6 août 2015, art. 82-II, *JO* 7 août, p. 13537 s., en vigueur le 8 août 2015.
5. Civ. 3[e], 24 janv. 1996, n° 93-19.027, *Bull. civ.* III, n° 20; *D.* 1996. Somm. 371, obs. CRDP Nancy 2 – Civ. 3[e], 29 juin 2004, n° 03-16.582, NP, *AJDI* 2004. 644.
6. Civ. 3[e], 19 mai 2004, n° 03-10.576, NP, *AJDI* 2004. 816, obs. Zalewski – Versailles, 6 nov. 1998, RG n° 7264/96, *Loyers et copr.* 2000, n° 63, obs. Vial-Pedroletti.
7. Civ. 3[e], 11 juin 1997, n° 95-20.020, NP, *RJDA* 1997, n° 1019.
8. Paris, 27 juin 1995, RG n° 94/003661, *Rev. huiss.* 1996, p. 231.
9. Civ. 3[e], 31 janv. 2001, n° 99-11.956, *Bull. civ.* III, n° 11; *AJDI* 2001. 341, obs. Rouquet; *D.* 2002. Somm. 1725, obs. CRDP Nancy 2 – Civ. 3[e], 4 nov. 2003, n° 02-16.391, NP, *Loyers et copr.* 2004, n° 25, obs. Vial-Pedroletti – Paris, 6 nov. 1991, RG n° 90/021186, *JCP* 1992. IV, n° 670, [loi de 1982].
10. Civ. 3e, 13 nov. 2008, n° 05-19.722, *Bull. civ.* III, n° 169; *D.* 2008. AJ 3011, obs. Rouquet : en l'occurrence, il s'agissait de la belle-mère âgée du bailleur qui ne pouvait rester sans surveillance et alternait les séjours auprès de ses deux enfants.
11. Paris, 11 janv. 1996, RG n° 94/021882, *Loyers et copr.* 1996, n° 153.
12. En l'occurrence, l'état de santé du propriétaire s'était aggravé un mois après délivrance du congé; Civ. 3e, 13 juill. 2005, n° 04-12.577, *Bull. civ.* III, n° 156; *D.* 2006, Pan. 964, obs. Damas; *AJDI* 2005. 740, obs. Rouquet.
13. Paris, 7 janv. 1998, RG n° 95/25889, *Loyers et copr.* 1998, n° 98, obs. Vial-Pedroletti – Paris, 2 févr. 2006, RG n° 04/15970, *AJDI* 2006. 469.

leuse [1], sauf toutefois lorsque cette inoccupation est justifiée par la réalisation de travaux et l'état de santé du bailleur [2]. Par ailleurs, une vacance de dix mois n'a pas été considérée comme abusive [3], pas plus qu'une occupation au bout de trois ans après sa libération, compte tenu des travaux à réaliser et des problèmes de santé du bailleur [4]... alors que, dans d'autres circonstances, neuf mois d'inoccupation (ou même cinq) [5] ont été sanctionnés [6].

533.93 Condition d'occupation – Durée minimale d'occupation des lieux. Concernant la durée minimale d'occupation des lieux après la reprise, là encore, la loi est muette. Il semble que la jurisprudence se contente d'une occupation assez brève [7], puisqu'une période de cinq mois a été considérée comme étant suffisante [8]; voire de trois mois (dans une affaire où pourtant, le logement était resté inoccupé pendant dix mois et où, suite à l'occupation d'un trimestre, il avait été reloué !) [9]. La reprise de la vie commune entre époux constitue une cause légitime de cessation de l'occupation des lieux repris [10].

533.94 Reprise partielle ou discontinue des locaux. Concernant la reprise partielle des lieux, la cour d'appel de Paris a estimé qu'elle ne constituait pas une fraude de la part du bailleur [11]. Cette juridiction s'est également montrée clémente à l'égard d'un bailleur ayant occupé le logement de manière non continue, dans une hypothèse où cette occupation discontinue lui était dictée par son activité professionnelle [12].

533.95 Fait justificatif de l'inoccupation des lieux. Seuls certains événements vont permettre au bailleur de justifier l'inoccupation du logement. N'ont pas été admis comme justifiant la non-reprise du logement pour habiter : le fait que l'épouse du bénéficiaire ait trouvé un emploi dans une autre ville [13]; l'obligation d'effectuer d'importants travaux dans le local libéré [14]; le coût de tels travaux, dès lors que le bailleur ne rapporte pas la preuve qu'il aurait été incapable de les prendre en charge financièrement [15]; l'état de santé de la femme du bailleur, dès lors que cet état de santé ne l'empêchait pas de déménager [16]; la décision du bénéficiaire de la reprise de poursuivre ses études dans une autre ville que celle dans laquelle se trouve le logement [17] ou encore, la mutation professionnelle du bailleur, l'ayant obligé à se reloger sans attendre le départ de son locataire (et à signer un contrat de location) [18].

533.96 Inoccupation justifiée. La non-reprise est justifiée lorsqu'elle a été motivée par le souhait du grand-père d'aider son petit-fils à s'installer après son mariage, même si finalement, le petit-fils n'a pas occupé les locaux [19]. L'inoccupation des lieux a, par ailleurs été jugée sans incidence sur la validité du congé, lorsqu'elle a été la conséquence du maintien dans les lieux du locataire au-delà du terme du bail et de la nécessité de réaliser d'importants travaux de remise en état à son départ [20].

533.97 Remise du logement en location. Le comportement du bailleur qui remet son logement en location est fautif lorsque cela traduit sa mauvaise foi (toute convention devant être exécutée de bonne foi [21]). Cela sera le cas lorsque la remise en location aura été très rapprochée du départ du preneur. Ainsi, la relocation trois semaines après le départ du précédent locataire est frauduleuse [22]. En revanche, une remise en location plus d'un an après la fin de l'occupation par le locataire n'a pas été jugée frau-

1. Paris, 7 janv. 1998, RG n° 95/25889, *Loyers et copr.* 1998, n° 92, obs. Vial-Pedroletti – V. AUSSI pour une vacance de 23 mois : Paris, 9 déc. 2004, RG n° 04/02760, *AJDI* 2005. 217.
2. Civ. 3e, 5 janv. 2011, n° 09-67.861, NP, *D.* 2012. Pan. 1086, spéc. 1095, obs. Damas; *AJDI* 2011. 368, note Dreveau.
3. Civ. 3e, 18 nov. 1998, n° 96-21.706, NP, *RDI* 1999. 157, obs. Collart-Dutilleul; *Administrer* août-sept. 1999, p. 59, note Beddeleem.
4. Rouen, 18 juill. 2002, RG n° 01/01121, *JCP* 2003. IV. 1657.
5. Civ. 3e, 21 févr. 2001, n° 99-12.261, NP, *AJDI* 2001. 433, obs. Beaugendre.
6. Paris, 14 oct. 1997, RG n° 96/82124, *Loyers et copr.* 1998, n° 6, obs. Vial-Pedroletti.
7. Civ. 3e, 6 mars 1996, n° 94-15.513, NP, *RJDA* 1996, n° 760.
8. Toulouse, 23 juin 1998, RG n° 97/03122, *Loyers et copr.* 1999, n° 33, obs. Vial-Pedroletti.
9. Civ. 3e, 18 nov. 1998, n° 96-21.706, NP, *RDI* 1999. 157, obs. Collart-Dutilleul; *Administrer* août-sept. 1999, p. 59, note Beddeleem.
10. Nîmes, 3 févr. 2009, RG n° 08/03810, *Loyers et copr.* 2009, n° 119, obs. Vial-Pedroletti.
11. Paris, 18 oct. 1990, RG n° 89/20710, *Gaz. Pal.* 1992. 2. Somm. 397, obs. de Belot, [loi de 1986].
12. Paris, 8 nov. 1995, RG n° 94/018851, *Loyers et copr.* 1996, n° 100.
13. Versailles, 14 janv. 1994, RG n° 3756/92, *Rev. huiss.* 1995, p. 226.
14. Versailles, 14 janv. 1994, RG n° 3756/92, *Rev. huiss.* 1995, p. 226.
15. Paris, 14 oct. 1997, RG n° 96/82124, *Loyers et copr.* 1998, n° 6, obs. Vial-Pedroletti.
16. Paris, 22 nov. 1995, RG n° 94/019774, *Loyers et copr.* 1996, n° 101.
17. Rouen, 5 déc. 2000, RG n° 98/05448, *Loyers et copr.* 2001, n° 145, obs. Vial-Pedroletti.
18. Civ. 3e, 19 avr. 2000, n° 98-21.124, *Bull. civ.* III, n° 80; *Loyers et copr.* 2000, n° 164, obs. Vial-Pedroletti.
19. Paris, 9 nov. 1992, *D.* 1993. IR 41.
20. Versailles, 16 févr. 2001, RG n° 99/04519, *JCP* 2001. IV. 2812; Lyon, 16 juin 2009, RG n° 08/02508, *Loyers et copr.* 2009, n° 257, obs. Vial-Pedroletti; Toulouse, 23 sept. 2008, RG n° 07/02954, *BICC* 2009, n° 946.
21. C. civ., art. 1134.
22. Pau, 9 juin 1997, RG n° 96/001431, *Loyers et copr.* 1998, n° 66, obs. Vial-Pedroletti – AUSSI : Douai, 2 mars 2000, RG n° 1997/06846, *Loyers et copr.* 2001, n° 200, obs. Vial-Pedroletti.

duleuse (en l'espèce, le local avait, il est vrai, été occupé trois mois par le bailleur)[1]. Par ailleurs, le bailleur serait parfaitement en droit de relouer le logement au bénéficiaire de la reprise, « le législateur ayant seulement voulu favoriser l'habitation personnelle des membres d'une famille, sans imposer un quelconque régime d'occupation »[2].

533.98 Vente du logement. La mise en vente d'un logement ayant fait l'objet d'une reprise pour habiter sera sanctionnée dès lors que cela va refléter le défaut d'intention réelle du bailleur d'habiter les lieux libérés[3]. Il en ira également ainsi lorsque le bailleur aura effectué des démarches en vue de la vente de son logement (dans une espèce où, de surcroît, une promesse de vente avait été signée)[4]. En revanche, aucune fraude n'est caractérisée lorsque la vente du logement se justifie par la dégradation de l'état de santé du bailleur, dès lors que cette dégradation est, à la fois, postérieure à la délivrance du congé et incompatible avec l'occupation des lieux[5].

§ 3
Sanction des congés frauduleux

533.101 Indemnisation. La réparation du (ou des) préjudice(s) se traduit par l'attribution de dommages et intérêts[6].

En revanche, la réintégration des locataires n'est jamais prononcée, et d'ailleurs, à en croire la jurisprudence, cette sanction ne serait pas légale, le texte ne la prévoyant pas. Ainsi, seule la sanction de droit commun de la responsabilité civile (l'allocation de dommages-intérêts) pourrait s'appliquer[7]. Certains auteurs ne partagent cependant pas cette analyse[8].

À noter que, comme en matière de congé pour vendre (v. s^{s} n° 534.131) pour les baux en cours le 8 août 2015, date d'entrée en vigueur de la loi n° 2015-990 du 6 août 2015, dite Macron[9], en vertu du § IV de l'article 15 issu de ce texte, « le fait pour un bailleur de délivrer un congé justifié frauduleusement par sa décision de reprendre ou de vendre le logement est puni d'une amende pénale dont le montant ne peut être supérieur à 6 000 euros pour une personne physique et à 30 000 euros pour une personne morale ». Le texte précise que « le montant de l'amende est proportionné à la gravité des faits constatés. Le locataire est recevable dans sa constitution de partie civile et la demande de réparation de son préjudice ».

1. Civ. 3e, 18 nov. 1998, n° 96-17.935, NP, *RDI* 1999. 157, obs. Collart-Dutilleul; *Administrer* août-sept. 1999, p. 59, note Beddeleem.
2. Paris, 11 févr. 2010, RG n° 08/12983, *Loyers et copr.* 2010, n° 185, obs. Vial-Pedroletti.
3. Civ. 3e, 12 oct. 2004, n° 03-14.794, NP, *AJDI* 2004. 891; *Administrer* juin 2005, p. 740, obs. Rouquet – Dijon, 11 janv. 1989, *JurisData* n° 043269, *Rev. loyers* 1989. 371, note Aubert, [loi de 1982].
4. Besançon, 18 juin 1993, *JurisData* n° 043620, *Loyers et copr.* 1994, n° 6.
5. Civ. 3e, 13 juill. 2005, n° 04-12.577, *Bull. civ.* III, n° 156; *D.* 2006, Pan. 964, obs. Damas; *AJDI* 2005. 740, obs. Rouquet.
6. Paris, 7 janv. 1998, RG n° 95/80217, *Loyers et copr.* 1998, n° 92, obs. Vial-Pedroletti – Besançon, 6 janv. 1999, RG n° 97/0713, *Loyers et copr.* 1999, n° 236, obs. Vial-Pedroletti.
7. Paris, 3 juill. 1991, RG n° 022436, *Loyers et copr.* 1991, n° 410 – Rouen, 1er mars 2005, RG n° 03/03762, *Loyers et copr.* 2005, n° 128, obs. Vial-Pedroletti – TI Boulogne-Billancourt, 24 juill. 1986, *Rev. loyers* 1986. 390, note Rémy et Pialoux.
8. Bihr et Aubert, *Droit de la Gestion de l'immeuble*, Dalloz Action, éd. 2000, n° 3866 – AUSSI : J. Lafond, B. Vial-Pedroletti, *Les baux d'habitation*, 8e éd., LexisNexis, 2017, n° 1835.
9. L. n° 2015-990 du 6 août 2015, art. 82-II, *JO* 7 août, p. 13537 s., en vigueur le 8 août 2015.

CHAPITRE

534. Congé pour vendre

SECTION 0 ORIENTEUR

534.00 Plan du chapitre.

Division. Même si cela ressemble à une lapalissade, il faut, tout d'abord, préciser que le congé pour vendre implique la délivrance d'un congé. Il convient ensuite d'étudier qui doit être l'auteur du congé, quelles mentions doivent y figurer et comment s'exercent les deux droits de préemption dont dispose le locataire : droit de préemption initial et second droit de préemption en cas de vente à un tiers à des conditions plus avantageuses que celles proposées au preneur. Enfin, nous verrons quel est le contrôle exercé par le juge sur la réalité du congé. L'apport à une société de l'immeuble dans lequel se situe le local loué ne présente pas la nature juridique d'une vente [1].

534.01 Textes applicables.

TEXTES SOURCES

- **L. n° 89-462, 6 juill. 1989, art. 15.**
- **CCH, art. L. 111-6-1.**
- **C. urb., art. L. 211-1 s.**

TEXTES *IN EXTENSO*

- **L. 6 juill. 1989, art. 15**

* V. s[s] n° 531.01

- **CCH, art. L. 111-6-1**

Sont interdites :

– qu'elle soit en propriété ou en jouissance, qu'elle résulte de mutations à titre gratuit ou onéreux, de partage ou de locations, toute division par appartements d'immeubles qui sont frappés d'une interdiction d'habiter, ou d'un arrêté de péril, ou sont déclarés insalubres, ou comportent pour le quart au moins de leur superficie totale des logements loués ou occupés classés dans la catégorie IV visée par la loi n° 48-1360 du 1er septembre 1948 précitée. La division d'un immeuble bâti ou d'un groupe d'immeubles bâtis, entre plusieurs personnes, par lots comprenant chacun une partie privative et une quote-part de parties communes est néanmoins autorisée lorsqu'il s'agit d'y réaliser des travaux de restauration immobilière déclarés d'utilité publique en application de l'article L. 313-4 du code de l'urbanisme;

– qu'elle soit en propriété ou en jouissance, qu'elle résulte de mutations à titre gratuit ou onéreux, de partage ou de locations, toute division d'immeuble en vue de mettre à disposition des locaux à usage d'habitation d'une superficie et d'un volume habitables inférieurs respectivement à 14 m^2 et à 33 m^3, les installations ou pièces communes mises à disposition des locaux à usage d'habitation nés de la division n'étant pas comprises dans le calcul de la superficie et du volume desdits locaux, ou qui ne sont pas pourvus d'une installation d'alimentation en eau potable, d'une installation d'évacuation des eaux usées ou d'un accès à la fourniture de courant électrique, ou qui n'ont pas fait l'objet de diagnostics amiante en application de l'article L. 1311-1 du code de la santé publique et risque de saturnisme lorsque l'immeuble est soumis aux dispositions de l'article L. 1334-5 du même code;

– toute division par appartements d'immeuble de grande hauteur à usage d'habitation ou à usage professionnel ou commercial et d'habitation dont le contrôle exercé par la commission de sécurité a donné lieu à un avis défavorable de

1. Civ. 3e, 3 oct. 2007, n° 06-16.948, NP, *AJDI* 2008. 391, note Zalewski; *Administrer* févr. 2008. 26, obs. Canu.

l'autorité compétente ou à des prescriptions qui n'ont pas été exécutées.

Sont punies d'un emprisonnement de deux ans et d'une amende de 75 000 euros les personnes qui mettent en vente, en location ou à la disposition d'autrui des locaux destinés à l'habitation et provenant d'une division réalisée en méconnaissance des interdictions définies au présent article.

Les personnes physiques encourent également la peine complémentaire suivante : l'interdiction, pour une durée de cinq ans au plus, d'exercer une activité professionnelle ou sociale dès lors que les facilités que procure cette activité ont été sciemment utilisées pour préparer ou commettre l'infraction. Cette interdiction n'est toutefois pas applicable à l'exercice d'un mandat électif ou de responsabilités syndicales.

Les peines encourues par les personnes morales sont :

– l'amende, selon les modalités prévues par l'article 131-38 du code pénal;

– les peines complémentaires prévues aux 2°, 4°, 8° et 9° de l'article 131-39 du même code. Pour l'application du 8°, la confiscation porte sur le fonds de commerce ou sur l'immeuble destiné à l'hébergement des personnes et ayant servi à commettre l'infraction.

• **C. urb., art. L. 211-1 s.**

Les communes dotées d'un plan d'occupation des sols rendu public ou d'un plan local d'urbanisme approuvé peuvent, par délibération, instituer un droit de préemption urbain sur tout ou partie des zones urbaines et des zones d'urbanisation future délimitées par ce plan, dans les périmètres de protection rapprochée de prélèvement d'eau destinée à l'alimentation des collectivités humaines définis en application de l'article L. 1321-2 du code de la santé publique, dans les zones et secteurs définis par un plan de prévention des risques technologiques en application de l'article L. 515-16 du code de l'environnement, dans les zones soumises aux servitudes prévues au II de l'article L. 211-12 du même code, ainsi que sur tout ou partie de leur territoire couvert par un plan de sauvegarde et de mise en valeur rendu public ou approuvé en application de l'article L. 313-1 lorsqu'il n'a pas été créé de zone d'aménagement différé ou de périmètre provisoire de zone d'aménagement différé sur ces territoires.

Les conseils municipaux des communes dotées d'une carte communale approuvée peuvent, en vue de la réalisation d'un équipement ou d'une opération d'aménagement, instituer un droit de préemption dans un ou plusieurs périmètres délimités par la carte. La délibération précise, pour chaque périmètre, l'équipement ou l'opération projetée.

Ce droit de préemption est ouvert à la commune. Le conseil municipal peut décider de le supprimer sur tout ou partie des zones considérées. Il peut ultérieurement le rétablir dans les mêmes conditions. Toutefois, dans le cas prévu au deuxième alinéa de l'article L. 210-1, le droit de préemption peut être institué ou rétabli par arrêté du représentant de l'État dans le département.

Lorsqu'un lotissement a été autorisé ou une zone d'aménagement concerté créée, la commune peut exclure du champ d'application du droit de préemption urbain la vente des lots issus dudit lotissement ou les cessions de terrain par la personne chargée de l'aménagement de la zone d'aménagement concerté. Dans ce cas, la délibération du conseil municipal est valable pour une durée de cinq ans à compter du jour où la délibération est exécutoire.

534.02 Jurisprudence de référence.

• **Civ. 3e, 14 juin 2006, no 05-12.559**, *Bull. civ.* III, no 150

* V. ss no 534.141

Il appartient au preneur qui conteste la réalité du motif du congé de rapporter la preuve de l'absence d'intention de vendre du bailleur.

• **Civ. 1re, 12 juill. 2006, no 04-19.815**, *Bull. civ.* I, no 392

* V. ss no 534.21

L'administrateur de biens qui délivre un congé pour vente, acte de disposition et non de gestion, doit être titulaire d'un mandat spécial en ce sens.

• **Civ. 3e, 3 oct. 2007, no 06-16.948**, NP

* V. ss no 531.01

L'apport à une société de l'immeuble dans lequel se situe le local loué ne présente pas la nature juridique d'une vente.

• **Civ. 3e, 11 mars 2015, no 14-10.447**, P

* V. ss no 534.111

La vente de la totalité de l'immeuble ne donnant pas droit à l'exercice d'un droit de préemption au profit du locataire, lorsque la vente porte sur l'immeuble en son entier, le locataire n'est pas fondé à revendiquer le bénéfice d'un droit de préemption subsidiaire et le congé qui lui a été délivré est valable.

• **Civ. 3e, 8 oct. 2015, no 14-20.666**, P

* V. ss no 534.44

Ayant exactement retenu que si le locataire, titulaire d'un droit de préemption, qui accepte l'offre de vente du bien qu'il habite ne peut se voir imposer le paiement d'une commission renchérissant le prix du bien, le prononcé de la nullité du congé suppose, en application de l'article 114 du code de procédure civile la preuve d'un grief, et souverainement retenu que l'intégration de la commission dans le prix demandé n'avait eu aucune incidence sur l'exercice du droit de préemption par le locataire, qui n'a subi aucun préjudice, une cour d'appel en a déduit à bon droit que la demande d'annulation du congé devait être rejetée.

534.03 Bibliographie indicative.

Ouvrages. J. Lafond, B. Vial-Pedroletti, *Les baux d'habitation*, 8e éd., LexisNexis, 2017, nos 1511 s. – V. Zalewski-Sicard, *Baux d'habitation – Congés et droits de préemption,* Ellipses, 2016.

Actualisables. RÉP. CIV., vo « Bail d'habitation et mixte : rapports locatifs individuels – Loi du 6 juillet 1989 », N. Damas, nos 409 s. – LAMY DR. IMMO, nos 5930 s. – DICT. PERM. Gestion immob., « Baux d'habitation et mixtes », nos 382 s.

SECTION 1
NÉCESSITÉ DE LA DÉLIVRANCE D'UN CONGÉ

534.11 Vente d'un local non occupé. Le congé pour vente de l'article 15-II de la loi du 6 juillet

1989[1] est un mécanisme qui permet au bailleur de vendre le logement libre de toute occupation.

Il est sous-tendu par la délivrance d'un congé et se distingue donc de la mise en œuvre de l'article 10 de la loi du 31 décembre 1975, relative à la protection des occupants de locaux à usage d'habitation[2], puisque, en aucun cas, l'offre de vente présentée dans le cadre de l'article 10 de la loi de 1975 ne peut valoir congé[3].

534.12 Articulation entre l'article 15-II de la loi de 1989 et l'article 10 de la loi de 1975. Il ressort de l'article 10-I, alinéa 1er, de la loi du 31 décembre 1975 quc « préalablement à la conclusion de toute vente d'un ou plusieurs locaux à usage d'habitation ou à usage mixte d'habitation et professionnel, consécutive à la division initiale ou à la subdivision de tout ou partie d'un immeuble par lots[4], le bailleur doit, à peine de nullité de la vente, faire connaître par lettre recommandée avec demande d'avis de réception, à chacun des locataires ou occupants de bonne foi, l'indication du prix et des conditions de la vente projetée pour le local qu'il occupe. Cette notification vaut offre de vente au profit de son destinataire ».

534.13 Droit de préemption communal – Création. En amendant l'article 10 de la loi du 31 décembre 1975[5], la loi du 24 mars 2014, dite loi Alur, a créé un droit de préemption communal. En effet, le texte précise qu'en cas d'absence d'acceptation par un des locataires ou occupants de bonne foi des offres de vente, le bailleur doit communiquer sans délai au maire de la commune sur le territoire de laquelle est situé l'immeuble le prix et les conditions de la vente de l'ensemble des locaux pour lesquels il n'y a pas eu acceptation de ces offres de vente (à défaut, toute vente à un autre acquéreur est réputée nulle). Afin d'assurer le maintien dans les lieux des locataires, la commune dispose alors de deux mois à compter de cette notification pour décider d'acquérir le ou les logements au prix déclaré ou proposer de les acquérir à un prix inférieur (à défaut d'accord amiable, le prix d'acquisition est fixé judiciairement). En cas d'acquisition, la commune règle le prix au plus tard six mois après sa décision d'acquérir le bien au prix demandé, la décision définitive de la juridiction ou la date de l'acte ou du jugement d'adjudication. En l'absence de paiement ou, s'il y a obstacle au paiement, de consignation de la somme due à l'expiration du délai de six mois prévu au présent alinéa, le propriétaire reprend la libre disposition de son bien.

534.14 Précisions jurisprudentielles – Offre de vente. En matière d'offre de vente, on notera qu'il a été jugé par la haute cour[6] que c'est souverainement qu'une cour d'appel a annulé une offre énonçant que le prix est « payable au comptant le jour de la signature de l'acte authentique de vente, en ce compris les honoraires de négociation », dans la mesure où cette formulation implique nécessairement que l'acquéreur supporte la commission due à l'intermédiaire. Cette solution est logique, puisque cette clause ajoute une condition dans l'exercice du droit de préemption du locataire qui n'est pas prévue par le texte[7]. Par ailleurs, la Cour considère que les juges du fond ont souverainement estimé que la clause figurant dans le mandat de négociation stipulant les honoraires à la charge du mandant, pourtant de nature à éclairer les juges, ne concerne pas le locataire[8].

534.15 Droit de préemption *stricto sensu*. S'ouvre alors au locataire un droit de préemption similaire à celui existant dans le cadre de l'article 15-II de la loi de 1989 : offre valable deux mois, délai de deux mois pour réaliser la vente (délai qui est porté à quatre mois si la vente est subordonnée à l'obtention d'un prêt) et second droit de préemption en cas de vente plus avantageuse (v. s^s n°s 534.93 s.).

1. L. n° 89-462, 6 juill. 1989 tendant à améliorer les rapports locatifs et portant modification de la loi 861290 du 23 déc. 1986, *JO* 8 juill., p. 8541, dite loi Mermaz-Malandain.
2. L. n° 75-1351, 31 déc. 1975 modification de la loi du 1er sept. 1948, *JO* 4 janv., p. 191.
3. Civ. 3e, 14 mai 1997, n° 95-13.833, *Bull. civ.* III, n° 106; *Administrer* déc. 1997, p. 36, note Beddeleem.
4. Par « vente consécutive à la division de l'immeuble », il faut entendre la première vente par lots postérieure à l'établissement de l'état descriptif de division et du règlement de copropriété : Civ. 3e, 8 juin 2005, n° 04-12.999, *Bull. civ.* III, n° 127; *D.* 2005. IR 1729; *AJDI* 2005. 652, obs. Rouquet – Civ. 3e, 16 nov. 2005, n° 04-12.563, *Bull. civ.* III, n° 223; *D.* 2005. IR 2968, obs. Rouquet; *ibid.* 2006. Pan. 963, obs. Damas. EN SENS CONTRAIRE toutefois : Paris, 13 déc. 2007, RG n° 07/09127, *Loyers et copr.* 2008, n° 73, obs. Vial-Pedroletti.
5. L. n° 75-1351, 31 déc. 1975 modification de la loi du 1er sept. 1948, *JO* 4 janv., p. 191.
6. Civ. 3e, 17 déc. 2008, n° 07-15.943, *Bull. civ.* III, n° 210; *D.* 2009. 101, obs. Rouquet; *AJDI* 2009. 533, note Zalewski.
7. DANS LE MÊME SENS, jugé au visa de l'article 15-II de la loi du 6 juill. 1989 relatif au congé pour vendre, V. D'AILLEURS : Paris, 4 mars 2004, RG n° 2002/18462, *AJDI* 2004. 382 – V. ENCORE : Civ. 3e, 1er juin 2010, n° 09-65.557, NP, *AJDI* 2010. 641.
8. COMP., jugeant que l'effet relatif des contrats n'interdit pas aux juges du fond de rechercher dans un acte étranger à l'une des parties en cause des renseignements de nature à éclairer leur décision : Civ. 1re, 24 janv. 1967, *Bull. civ.* I, n° 33; Com. 8 mai 1972, *JCP* 1972. II. 17193, note P. L.; Civ. 1re, 3 janv. 1996, n° 93-20.404, *Bull. civ.* I, n° 7; *RTD civ.* 1996. 904, obs. Mestre; *RDI* 1996. 388, obs. Groslière et Saint-Halary-Houin.

Précisons que l'article 10 de la loi du 31 décembre 1975 [1] ne concerne que la vente d'appartements et non la vente d'un bâtiment entier [2] ou la vente de l'ensemble des locaux à usage d'habitation ou à usage mixte d'habitation et professionnel dudit bâtiment [3], que l'exercice antérieur de son droit de préemption par la commune sur un appartement interdit au bailleur d'invoquer la vente du bâtiment entier [4], que la notification de l'offre de vente ne s'impose qu'à l'égard du locataire qui occupe effectivement les lieux [5] et que lorsque, après la division d'une maison d'habitation, l'un des propriétaires vend pour la première fois son lot, le droit de préemption est ouvert aux locataires des deux appartements constituant ce lot.

Par ailleurs, il est à noter que le droit de préemption de la loi du 31 décembre 1975 ne peut être invoqué par le locataire d'un appartement situé dans un immeuble qui, dès sa construction, a été placé sous le régime de la copropriété [6].

534.16 Distinction des deux droits de préemption. Le champ d'application de ces deux droits de préemption est donc bien délimité :

- dans le cadre de la loi du 31 décembre 1975, il s'agit d'une vente occupée consécutive à la mise en copropriété de l'immeuble;

- dans l'hypothèse de l'article 15-II de la loi du 6 juillet 1989, le bailleur décide de se séparer de son locataire pour vendre le logement libre de toute occupation. Ainsi, il ne saurait être soutenu que, préalablement à l'offre du droit de préemption de l'article 15, celui de la loi du 31 décembre 1975 doit être purgé [7].

De la distinction de ces deux droits de préemption, il s'ensuit que lorsque le locataire aura contesté avec succès la validité d'un congé pour vendre, il pourra, de surcroît, sur le fondement de la loi de 1975, arguer d'une fraude à son détriment à l'occasion de la vente ultérieure de l'immeuble dont dépend son logement [8].

1. L. n° 75-1351, 31 déc. 1975 modification de la loi du 1er sept. 1948, *JO* 4 janv., p. 191.
2. L. 75, art. 10-III, AUSSI : Civ. 3e, 23 oct. 1984, *JurisData* n° 701657, *Rev. loyers* 1985. 390 – Civ. 3e, 19 mai 1999, n° 95-17.784, NP, *RJDA* 1999, n° 769.
3. L. 75, art. 10-III.
4. Civ. 3e. 8 juin 2005, n° 04-12.999, *Bull. civ.* III, n° 127, *D.* 2005. IR 1729; *AJDI* 2005. 652, obs. Rouquet.
5. Civ. 3e, 15 nov. 2006, nos 04-15.679 et 04-17.329, *Bull. civ.* III, n° 226; *AJDI* 2007. 476, note de La Vaissière.
6. Civ. 3e, 30 nov. 1982, n° 81-15.724, *Bull. civ.* III, n° 238; *JCP* 1983. II, n° 20019, note Dagot.
7. Civ. 3e, 14 déc. 1994, n° 93-18.463, *Bull. civ.* III, n° 207; *Rev. loyers* 1995. 286, note Vaissette – Paris, 30 nov. 1999, RG n° 1998/06231, *AJDI* 2000. 145.
8. Civ. 3e, 15 sept. 2010, n° 09-68.452, *Bull. civ.* III, n° 159; *D.* 2010. 2158; *Dalloz actu.*, 30 sept. 2010, obs. Chenu.

534.17 Absence de droit de préemption. En dehors du jeu de la loi de 1975, la vente du logement occupé n'ouvre pas de droit de préemption au profit du locataire.

En conséquence, lorsque le bailleur rétracte son congé (avec l'accord du locataire, le bail étant renouvelé), décidant, en définitive de vendre son bien occupé, le locataire ne dispose pas de droit de préemption [9].

La situation juridique de celui-ci n'est alors pas affectée par la vente : son titre locatif n'est pas remis en cause (le bail se poursuit avec le nouveau propriétaire) [10].

La seule incidence que la vente va avoir est que le nouveau bailleur va devoir notifier au locataire son nom, sa dénomination et son domicile ou son siège social, ainsi (éventuellement) que ceux de son mandataire [11] (v. ss n° 132.24) (sur le cas particulier des ventes à la découpe v. ss nos 442.51 s.).

SECTION 2
AUTEUR DU CONGÉ

534.21 Capacité et pouvoir de vendre le logement. À la différence des autres congés émanant du bailleur (reprise pour habiter et congé pour motif légitime et sérieux), le congé pour vendre implique que celui qui le donne ait la capacité et le pouvoir de passer des actes de disposition.

En conséquence, lorsque le bien loué est grevé d'usufruit, le concours du nu-propriétaire au congé donné par l'usufruitier est indispensable [12]. Le congé donné par le seul usufruitier [13] ou par le seul nu-propriétaire [14] serait en effet entaché de nullité.

9. Civ. 3e, 22 mars 2005, n° 04-11.032, *Bull. civ.* III, n° 68; *AJDI* 2005. 483, note Zalewski – AUSSI : Civ. 3e, 13 juin 2006, n° 04-14.169, NP, *AJDI* 2006. 831, note Zalewski – Civ. 3e, 20 sept. 2006, n° 05-19.612, *Bull. civ.* III, n° 180; *AJDI* 2006. 834; *Rev. loyers* 2006. 515, obs. Humblot-Gignoux – AUSSI : Civ. 3e, 11 juill. 2007, n° 06-15.455, *Bull. civ.* III, n° 129; *D.* 2007. AJ 2236, obs. Forest; *ibid.* 2008. Pan. 1311, obs. Damas; *AJDI* 2008. 389, note Zalewski.
10. Civ. 3e, 2 juin 1999, n° 97-16.236, NP, *Rev. loyers* 2000. 39, obs. Rémy.
11. L. n° 89-462, 6 juill. 1989, art. 3.
12. Paris, 1er mars 1995, RG n° 94/028232, *D.* 1996. Somm. 372, obs. CRDP Nancy 2 – Rennes, 29 oct. 1998, RG n° 97/08286, *Loyers et copr.* 1999, n° 260, obs. Vial-Pedroletti.
13. TI Boulogne-Billancourt, 2 mars 1994, *Rev. loyers* 1994. 406 – Dijon, 18 févr. 2000, RG n° 98/02019, *Loyers et copr.* 2001, n° 31, obs. Vial-Pedroletti – Paris, 14 mars 2003, RG n° 2002/02953, *AJDI* 2003. 422.
14. Paris, 15 mai 1996, RG n° 94/26519, *Loyers et copr.* 1996, n° 375.

Par ailleurs, l'administrateur de biens qui délivre un congé pour vente, acte de disposition, doit être titulaire d'un mandat spécial en ce sens [1].

De même, le congé pour vendre délivré par le donataire sans le consentement du donateur est irrégulier, dès lors que celui-ci avait stipulé dans l'acte de donation une clause d'inaliénabilité interdisant la vente de ses droits sur le logement sans son accord [2].

Enfin, est nul le congé délivré par le gérant d'une SCI dont l'objet statutaire consiste dans l'acquisition et la gestion d'un patrimoine immobilier, mais ne prévoit pas la vente d'immeubles [3].

534.22 Validité du congé émanant d'une personne morale. Un congé pour vendre peut émaner d'un bailleur, personne physique comme d'un bailleur, personne morale [4] (sur l'auteur du congé v. aussi s^s^ n°s 531.31 s.).

SECTION 3
MENTIONS DU CONGÉ

534.31 Énumération. Au-delà de l'indication de la dénomination du bailleur, mention impérative quel que soit le type de congé (v. s^s^ n° 531.43), et, pour les baux en cours le 8 août 2015, date d'entrée en vigueur de la loi n° 2015-990 du 6 août 2015, dite Macron [5], de l'obligation de joindre au congé une notice d'information relative aux obligations du bailleur et aux voies de recours et d'indemnisation du locataire (v. s^s^ n° 533.69), le congé pour vendre doit obligatoirement indiquer quels sont le prix et les conditions de la vente et reproduire les termes des cinq premiers alinéas de l'article 15-II de la loi de 1989.

534.32 Indication du prix et des conditions de la vente. Lorsqu'il est fondé sur la décision de vendre le logement, le congé doit, à peine de nullité, indiquer le prix et les conditions de la vente projetée [6]. Le congé lui-même doit indiquer ces éléments [7].

Reste à déterminer ce que recouvrent les notions de « prix » et de « conditions de la vente ». En la matière, la jurisprudence est abondante, mais pas toujours univoque.

534.33 Notaire et date de vente. Il ne s'agit pas de précisions que le congé doit contenir [8].

§ 1
Prix

534.41 Prix. La cour d'appel de Versailles a annulé le congé au motif qu'il ne précisait pas si le prix était payable comptant ou s'il pouvait être échelonné et parce qu'il n'indiquait pas si la vente était conclue sous condition suspensive ou résolutoire [9]. Précisons toutefois que, par le passé, la même juridiction avait, à l'inverse, validé un congé muet sur les modalités de paiement du prix au motif que cette absence de précision impliquait que la vente n'était soumise à aucune condition particulière et que le prix devait être payé comptant [10].

Par ailleurs, l'indétermination du prix de vente entraînera également la nullité du congé [11], tout comme la proposition se bornant à mentionner qu'il sera consenti 20 % de réduction au locataire, sans par ailleurs indiquer le prix de vente [12] !

534.42 Indemnité d'immobilisation. De même, il a été jugé qu'en faisant obligation à un locataire, en cas d'acceptation de l'offre, de consigner à titre d'indemnité d'immobilisation 10 % du prix, le propriétaire d'un appartement a, dans son congé, abrégé les délais accordés au locataire pour réunir les fonds et subordonné l'acceptation de cette offre à une condition incompatible avec les dispositions d'ordre public de l'article 15 de la loi du 6 juillet 1989 [13].

534.43 Commission d'intermédiaire. Enfin, est nul le congé imposant au locataire, en sus du prix de

1. Civ. 1re, 12 juill. 2006, n° 04-19.815, *Bull. civ.* I, n° 392; *D.* 2006. IR 2273 – Ch. mixte, 24 févr. 2017, n° 15-20.411 P, *D.* 2017. 505 – Paris, 18 déc. 2007, RG n° 06/03406, *AJDI* 2008. 212.
2. Civ. 3e, 31 mai 2006, n° 05-10.270, *Bull. civ.* III, n° 136; *AJDI* 2006. 830, note de La Vaissière.
3. Paris, 20 mai 2010, RG n° 07/02637, *Loyers et copr.* 2010, n° 249, obs. Vial-Pedroletti.
4. Civ. 3e, 19 févr. 1997, n° 95-15.128, *Bull. civ.* III, n° 37; *Administrer* août-sept. 1997, p. 39, note Beddeleem; *Loyers et copr.* 1997, n° 101, obs. Vial-Pedroletti.
5. L. n° 2015-990 du 6 août 2015, art. 82-II, *JO* 7 août, p. 13537 s., en vigueur le 8 août 2015.
6. L. n° 89-462, 6 juill. 1989, art. 15-II, al. 1er.
7. Paris, 22 avr. 1988, *JurisData* n° 022421, *D.* 1988. IR 139, [loi de 1982] – Versailles, 14 mai 1999, RG n° 4438/97, *RDI* 1999. 467, obs. Collart-Dutilleul.
8. Paris, 18 févr. 1986, RG n° K/11011, *D.* 1986. IR 436, obs. Giverdon, [loi de 1982].
9. Versailles, 12 juin 1998, RG n° 4998/96, *Gaz. Pal.* 1999. 1. Somm. 7.
10. Versailles, 13 nov. 1985, RG n° 2049/84, *Rev. loyers* 1986. 152, [loi de 1982].
11. Paris, 22 mai 2003, RG n° 2001/18617, *AJDI* 2003. 593; Paris, 9 mai 2003, RG n° 2002/20671, *Loyers et copr.* 2003, n° 213, obs. Vial-Pedroletti.
12. Paris, 9 mai 2003, RG n° 2002/20671, *AJDI* 2003. 593.
13. Civ. 3^e^, 1er mars 2000, n° 98-16.836, *Bull. civ.* III, n° 44; *D.* 2001. Somm. 173, obs. CRDP Nancy 2; *Administrer* mars 2001, p. 38, obs. Canu – CEPENDANT EN SENS CONTRAIRE : Paris, 11 mars 1999, RG n° 1998/08124, *Loyers et copr.* 2000, n° 64, obs. Vial-Pedroletti.

vente, le paiement d'une commission d'intermédiaire, dans la mesure où l'offre de vente comporte alors une condition posée pour l'exercice du droit de préemption du locataire non prévue par le texte de loi[1,2].

Il a toutefois été jugé que le prononcé de la nullité du congé suppose, en application de l'article 114 du code de procédure civile, la preuve d'un grief[3].

534.44 Prix global. En revanche, lorsque le bailleur vend plusieurs appartements, il n'a pas à préciser le prix global qu'il demande pour l'ensemble[4]. D'ailleurs, le congé qui n'indiquerait que ce prix global serait, pour le coup, nul[5].

534.45 Frais notarié. Par ailleurs, selon le dernier état de la jurisprudence, le montant des frais notarié n'a pas à être précisé[6].

534.46 Vente en viager. Enfin, en cas de vente en viager, il a été jugé que le congé doit comporter l'indication de la valeur du bien vendu, donnée essentielle qui permet de fixer le montant du bouquet et de la rente en fonction notamment de l'âge du vendeur[7].

1. Civ. 3e, 1er juin 2010, no 09-65.557, NP, *AJDI* 2011. 50, note Darmon; à propos de cet arrêt, v. aussi Darmon, *AJDI* 2011. 1 – V. encore Civ. 3e, 3 juill. 2013, no 12-19.442, *Bull. civ.* III, no 92; *D.* 2013. Actu. 1747, obs. Rouquet; *ibid.* 2014. Pan. 1221, spéc. 1223, obs. Damas; *AJDI* 2014. 206, obs. Damas; *Administrer* nov. 2013. 48, obs. Canu – Paris, 4 mars 2004, RG no 2002/21160, *AJDI* 2004. 382; Paris, 2 juill. 2015, no 13/15796, *AJDI* 2015. 686. DANS LE MÊME SENS, v. au no 534.11 un arrêt de la troisième chambre civile de la Cour de cassation, rendu au visa de l'article 10 de la loi du 10 déc. 1975 – *Contra* toutefois : Montpellier, 6 févr. 2013, no 10/10197, *AJDI* 2013. 524.
2. COMP., dans le cadre du second droit de préemption, jugeant qu'alors la commission de l'agence est à la charge du locataire : Aix-en-Provence, 4 févr. 2014, no 13/06869, *Loyers et copr.* 2014, no 204, obs. Vial-Pedroletti.
3. Jugeant que l'intégration de la commission dans le prix demandé n'a eu, en l'occurrence, aucune incidence sur l'exercice du droit de préemption par le locataire, qui n'a subi aucun préjudice, v. Civ. 3e, 8 oct. 2015, no 14-20.666 P : *D.* 2015. Actu. 2074, obs. Rouquet; *ibid.* Chron. C. cass. 2198, spéc. 2203, obs. A.-L. Collomp; *ibid.* 2016. Pan. 1102, spéc. 1111, obs. Damas; *AJDI* 2016. 514, obs. Damas; *Loyers et copr.* 2015, no 244, obs. Vial-Pedroletti; *Administrer* janv. 2016. 43, obs. V. Canu.
4. Paris, 6 juill. 1994, RG no 93/05190, *Loyers et copr.* 1994, no 457.
5. Agen, 18 nov. 1997, RG no 96/001426, *Loyers et copr.* 1998, no 122, obs. Vial-Pedroletti.
6. Civ. 3e, 28 nov. 2006, no 05-20.567, NP, *AJDI* 2007. 139; Paris, 16 avr. 2015, no 12/17124, *Loyers et copr.* 2015, no 159, obs. Vial-Pedroletti; EN SENS CONTRAIRE, annulant le congé comportant une incertitude sur la charge de ces frais notariés : Paris, 20 mai 1997, RG no 96/87576, *Loyers et copr.* 1997, no 226, obs. Vial-Pedroletti.

§ 2
Conditions de la vente

A.
Mentions obligatoires

534.51 Consistance du bien mis en vente. L'offre ne pouvant porter que sur les locaux loués[8], l'absence de précision concernant la consistance exacte du bien mis en vente va entraîner la nullité du congé[9]. De même, n'est pas valable l'offre de vente ne portant que sur une partie des lieux loués[10] ou celle portant sur les locaux loués et d'autres locaux[11].

Mais la nullité du congé ne peut être soulevée que par le contractant que la loi a entendu protéger, soit, le locataire[12].

Il a toutefois été jugé que le congé est valable même en l'absence d'indication du numéro de lot[13]. Par ailleurs, le locataire est libre de se porter acquéreur d'un ensemble plus vaste que les seuls locaux loués[14]. On notera de plus que la Cour de cassation a validé un congé pour vendre délivré avant la division de l'immeuble, au motif que l'objet de la vente pouvait être déterminé[15]. Enfin, le propriétaire n'encourt aucune sanction lorsque l'immeuble vendu dans son ensemble est indivisible[16].

7. Paris, 14 févr. 2006, RG no 2005/05976, *Loyers et copr.* 2006, no 98, obs. Vial-Pedroletti.
8. Paris, 6 nov. 1986, RG no 85/19270, *Gaz. Pal.* 1988. 1. Somm. 106, [loi de 1982].
9. Paris, 23 nov. 1999, RG no 1998/20514, *Rev. loyers* 2000. 206, obs. Rémy.
10. Civ. 3e, 21 juin 2000, no 98-14.045, *Bull. civ.* III, no 121; *D.* 2001. Somm. 172, obs. CRDP Nancy 2 – Civ. 3e, 11 déc. 2013, no 12-13.441, *Bull. civ.* III, no 160; *D.* 2014. Actu. 10; *ibid.* 2014. Pan. 1221, spéc. 1224, obs. Damas; *Dalloz actu.*, 16 janv. 2014, obs. Dreveau; *AJDI* 2014. 702, obs. Damas; *Loyers et copr.* 2014, no 74, obs. Vial-Pedroletti; *Rev. loyers* 2014. 71, obs. Canu – Paris, 5 févr. 1996, RG no 95/80066, *Rev. loyers* 1996. 254 – Paris, 10 mars 2005, RG no 04/08552, *Loyers et copr.* 2005, no 129, obs. Vial-Pedroletti.
11. Civ. 3e, 13 juill. 1999, no 97-18.862, *Bull. civ.* III, no 168; *Administrer* mai 2000, p. 35, note Beddeleem – Paris, 16 déc. 2004, RG no 04/00991, *Loyers et copr.* 2005, no 66, obs. Vial-Pedroletti.
12. Civ. 3e, 18 févr. 2009, no 08-11.615, *Bull. civ.* III, no 41; *D.* 2009. AJ 632, obs. Rouquet; *ibid.* 2010. Pan. 1168, spéc. 1181, obs. Damas; *AJDI* 2009. 628, note Damas.
13. Civ. 3e, 28 nov. 2012, no 11-25.529, NP, *Loyers et copr.* 2013, no 36, obs. Vial-Pedroletti – Paris, 30 janv. 2007, RG no 05/13718, *AJDI* 2007. 310; *Loyers et copr.* 2007, no 95, obs. Vial-Pedroletti.
14. Rép. min. no 60713, *JOAN Q* 30 août 2005, p. 8183.
15. Civ. 3e, 22 janv. 2003, no 01-13.909, *Bull. civ.* III, no 11; *D.* 2003. IR 397; *AJDI* 2003. 349, obs. Ascensi.
16. Civ. 3e, 24 nov. 2004, no 03-13.571, *Bull. civ.* III, no 209; *AJDI* 2005. 568, obs. Ascensi; *Rev. loyers* 2005. 30, obs. Rémy.

534.52 **Reproduction des cinq premiers alinéas de l'article 15-II.** Seule la reproduction des cinq premiers alinéas de l'article 15-II est obligatoire : celle du paragraphe I du même article n'est pas requise[1]. Et cette reproduction peut, soit intervenir dans le congé lui-même, soit faire l'objet d'une annexe au congé, expressément annoncée dans le corps dudit congé[2].

La nullité attachée à l'absence de reproduction des alinéas imposés est une nullité de forme qui, comme telle[3], ne va jouer que dans la mesure où elle cause grief au locataire[4]. À noter que certaines décisions considèrent que le défaut de reproduction des cinq premiers alinéas de l'article 15-II cause forcément un grief au locataire[5].

B.
Mentions non obligatoires

534.61 **Délai d'exercice du droit de préemption.** L'article 15 de la loi du 6 juillet 1989 n'exige pas que soit précisée la date d'expiration du délai de deux mois accordé au locataire pour répondre à l'offre de vente[6].

534.62 **Délai de rétractation.** Les dispositions de l'article L. 271-1 du code de la construction et de l'habitation relatives au délai de rétractation de sept jours du candidat acquéreur ne sont pas plus applicables à un congé pour vendre[7].

534.63 **Règlement de copropriété et état descriptif.** La question relative à l'obligation d'annexer ces documents au congé a été tranchée par la Cour de cassation : le congé pour vendre n'a pas à être accompagné du règlement de copropriété ni de l'état descriptif de division[8]. Partant, il importe peu que la mention du lot et des tantièmes de copropriété, visée au bail, ne figure pas au congé[9].

534.64 **Superficie.** En vertu de l'article 190 de la loi du 13 décembre 2000, « les dispositions de l'article 46 de la loi n° 65-557 du 10 juillet 1965 fixant le statut de la copropriété des immeubles bâtis [relatives à l'obligation de mentionner la superficie du lot dans l'acte de vente] ne sont pas applicables au congé fondé sur la décision de vendre le logement ». L'article 190-II du même texte dispose par ailleurs que, « sous réserve des décisions de justice passées en force de chose jugée, sont validés les congés fondés sur la décision de vendre le logement en tant qu'ils n'ont pas satisfait aux dispositions de l'article 46 » de la loi de 1965.

Ainsi, se trouve confirmée la jurisprudence selon laquelle le défaut d'indication de la superficie du lot, objet de l'offre de vente, n'entraînait pas la nullité du congé, l'article 46 de la loi n° 65-557 du 10 juillet 1965 relative à la copropriété ne s'appliquant pas au congé pour vendre[10].

534.65 **Informations non obligatoires.** À ce sujet, signalons que, de manière contradictoire, la 6e chambre, section C, de la cour d'appel de Paris a, à six mois d'intervalle, d'abord jugé que l'erreur de superficie du logement loué ne constituait pas une cause de nullité du congé pour vendre[11], puis décidé que, même si la loi « Carrez » n'était pas ici applicable, le congé faisant état d'une superficie supérieure de 22 m² à la surface réelle devait être annulé en ce qu'il induisait nécessairement le locataire en erreur[12].

On notera par ailleurs qu'aux termes de l'article 3 de la loi du 6 juillet 1989, dans sa rédaction tant antérieure que postérieure à la loi du 24 mars 2014, dite loi Alur, le bail doit mentionner la surface habitable de la chose louée (v. ss n° 132.61).

534.66 **Information du locataire concernant les termites et le plomb.** Il a été jugé que, dans le cadre d'un congé pour vendre, le bailleur n'était tenu ni par les dispositions relatives aux termites et autres insectes xylophages[13], ni par celles afférentes au

1. Civ. 3e, 17 avr. 1996, n° 94-14.650, NP, *RJDA* 1996, n° 903.
2. Civ. 3e, 18 févr. 2009, n° 08-11.114, *Bull. civ.* III, n° 42; *D.* 2009. AJ 632, obs. Rouquet; *ibid.* 2010. Pan. 1168, spéc. 1181, obs. Damas; *AJDI* 2009. 626, note Damas.
3. C. Pr. civ., art. 114.
4. Civ. 3e, 15 mai 2008, n° 07-10.243, *Bull. civ.* III, n° 83; *D.* 2008. AJ 1553, obs. Forest; *AJDI* 2008. 852, note de La Vaissière – Civ. 3e, 3 févr. 2009, n° 07-21.484, NP, *AJDI* 2009. 306 – Versailles, 16 juin 1989, *D.* 1989. Somm. 398, obs. Bihr, [loi de 1986].
5. Civ. 3e, 3 juill. 2002, n° 01-02.472, NP, *Administrer* janv. 2003. 45, obs. Canu – Paris, 23 févr. 1999, RG n° 1997/21646, *Loyers et copr.* 1999, n° 176, obs. Vial-Pedroletti.
6. Civ. 3e, 12 oct. 2011, n° 10-20.582, NP, *Administrer* janv. 2012. 65, obs. Canu; *RJDA* 2012, n° 24.
7. Paris, 12 mai 2011, n° 09/02778, *AJDI* 2012. 272.
8. Civ. 3e, 19 oct. 2005, n° 04-17.039, *Bull. civ.* III, n° 198; *AJDI* 2006. 201, obs. Rouquet; *D.* 2005. IR 2897 – Civ. 3e, 17 oct. 2007, n° 06 12.533, *Bull. civ.* III, n° 178; *D.* 2007. AJ 2806; *ibid.* 2008. Pan. 1311, obs. Damas; *AJDI* 2008. 392, note Rouquet.
9. Paris, 11 déc. 2014, n° 13/05965, *Rev. loyers* 2015. 38; 11 déc. 2014, n° 13/05962, *Loyers et copr.* 2015, n° 32, obs. Vial-Pedroletti.
10. Civ. 3e, 13 mars 2002, n° 00-18.044, *Bull. civ.* III, n° 62; *Loyers et copr.* 2002, n° 144, obs. Vial-Pedroletti – Paris, 14 sept. 1999, RG n° 1998/14246, *RDI* 2000. 68, obs. Groslière et Saint-Alary-Houin – Paris, 21 sept. 1999, RG n° 1998/14702, *Loyers et copr.* 2000, n° 5, obs. Vial-Pedroletti.
11. Paris, 6e ch. C, 17 sept. 2002, RG n° 2000/20534, *AJDI* 2002. 858.
12. Paris, 6e ch. C, 11 mars 2003, RG n° 2001/07722, *AJDI* 2003. 511.
13. Aujourd'hui, CCH, art. L. 133-1 s., R. 133-1 s.

saturnisme[1], ces textes n'imposant l'information de l'acquéreur qu'en annexe à l'acte authentique de vente[2].

Précisons toutefois que depuis le 27 mars 2014, date d'entrée en vigueur du nouvel article 3-3 de la loi du 6 juillet 1989 inséré dans ce texte par la loi du 24 mars 2014, dite loi Alur, le dossier de diagnostic technique doit nécessairement comporter un constat de risque d'exposition au plomb (v. s^s n°s 132.161 s.). Par ailleurs, contractuellement, les parties sont libres d'étendre l'obligation d'information du bailleur.

534.67 Information du locataire concernant le diagnostic technique. Selon la cour d'appel de Paris, l'absence de communication du diagnostic technique visé à l'article 3-1 de la loi de 1989, article 3-3 depuis la loi du 24 mars 2014, dite loi Alur (v. s^s n°s 132.131 s.) ne constitue pas une des conditions de la vente au sens de l'article 15[3].

534.68 Engagement pris par le vendeur de réaliser des travaux dans les parties communes. L'engagement pris par le vendeur dans l'acte de vente, de réaliser ces travaux dans les parties communes, constitue non une condition substantielle de la vente, mais un avantage annexe qui n'a pas à être mentionné dans l'offre qui porte à la connaissance des locataire les conditions essentielles de la vente[4].

SECTION 4
DROIT DE PRÉEMPTION EN FAVEUR DU LOCATAIRE

534.71 Droit d'option. Sauf exception, le locataire dispose d'un droit de préemption pour acquérir le bien mis en vente, droit qu'il peut cependant décider de ne pas exercer.

§ 1
Cas d'exclusion du droit de préemption

534.81 Trois limitations. Il en existe trois. Il s'agit de la vente consentie à un proche parent, de l'hypothèse d'un logement situé dans un immeuble déclaré inhabitable, et du cas où le droit de préemption du locataire est supplanté par le droit de préemption de la commune. À cette liste, ajoutons l'hypothèse du congé rétracté par le bailleur, avec l'aval du locataire. En effet, alors, le bail s'est renouvelé et le logement a été vendu occupé[5].

534.82 Vente consentie à un proche parent. Pour les baux conclus avant le 27 mars 2014, date d'entrée en vigueur de la loi du 24 mars 2014, dite loi Alur, le locataire perdait son droit de préemption lorsque la vente intervenait au profit d'un parent du bailleur jusqu'au quatrième degré inclus (des cousins germains, un grand-oncle et son petit-neveu, ...).

Sous l'empire de l'article 15 de la loi du 6 juillet dans sa rédaction issue de la loi du 24 mars 2014, dite loi Alur, seul un lieu de parenté jusqu'au troisième degré inclus (un oncle et son neveu, un arrière-grand-père et son arrière-petite-fille, ...) permet d'échapper au droit de préemption du locataire.

Encore faudra-t-il, pour que ce droit de préemption disparaisse, que l'acquéreur occupe le logement durant au moins deux ans à compter de l'expiration du délai de préavis du locataire[6]. En pratique, on voit cependant mal un ancien locataire surveiller pendant deux ans l'acheteur et s'assurer qu'il occupe bel et bien le logement libéré. Par ailleurs, le texte ne dit pas si l'occupation en question doit être permanente ou si elle peut être discontinue, voire occasionnelle. Quant à la sanction encourue par l'acheteur qui ne respecterait pas cette condition d'occupation, il semble qu'il s'agisse de la nullité du congé[7].

534.83 Immeuble inhabitable. Le droit de préemption du locataire disparaît lorsque la vente porte sur un immeuble mentionné « au deuxième alinéa de l'article L. 111-6-1 du code de la construction et de l'habitation [...][8] ».

Il s'agit :

- des immeubles frappés d'une interdiction d'habiter;
- des immeubles frappés d'un arrêté de péril;
- des immeubles déclarés insalubres;
- de ceux qui comportent pour le quart au moins de leur superficie totale des logements loués ou occupés classés dans la catégorie IV de la loi de 1948 (sur le classement des logements en catégories v. s^s n° 814.21).

1. Aujourd'hui, code de la santé publique, art. L. 1334-1 s. et R. 1334-1 s.
2. Paris, 30 oct. 2001, RG n° 2001/05659, *Loyers et copr.* 2002, n° 115, obs. Vial-Pedroletti.
3. Paris, 28 nov. 2006, RG n° 04/21381, *AJDI* 2007. 139.
4. Paris, 21 janv. 2010, RG n° 08/20994, *AJDI* 2010. 643.
5. Civ. 3e, 22 mars 2005, n° 04-11.032, *Bull. civ.* III, n° 68; *AJDI* 2005. 483, obs. Zalewski – Civ. 3e, 13 juin 2006, n° 04-14.169, NP, *AJDI* 2006. 831, note Zalewski – Civ. 3e, 20 sept. 2006, n° 05-14.898, NP, *AJDI* 2006. 834; *Rev. loyers* 2006. 515, obs. Humblot-Gignoux.
6. L. n° 89-462, 6 juill. 1989, art. 15-II, al. 7.
7. J. Lafond, B. Vial-Pedroletti, *Les baux d'habitation*, 8e éd., LexisNexis, 2017, n° 1517.
8. L. n° 89-462, 6 juill. 1989, art. 15-II, al. 7.

534.84 **Exercice de son droit de préemption par la commune.** En exerçant son droit de préemption urbain[1], la commune va supplanter le locataire. Le droit de préemption de celui-ci sera alors inefficace.

§ 2
Acceptation de l'offre

534.91 **Bénéficiaire du droit de préemption : bénéficiaire exclusif.** Le droit de préemption appartient au locataire et à lui seul. Par conséquent, il ne saurait être exercé par la SCI dont le locataire est l'associé[2].

534.92 **Destinataire de l'acceptation.** Si, en principe, le destinataire de cette acceptation est le propriétaire, la haute cour a jugé, au visa de l'article 111 du code civil, que l'acceptation de l'offre adressée par lettre recommandée avec AR à l'huissier expéditeur du congé est valable, dès lors que celui-ci contenait élection de domicile en l'étude de l'officier ministériel[3].

534.93 **Durée de validité de l'offre.** Le congé vaut offre de vente au profit du locataire : l'offre est valable pendant les deux premiers mois du délai de préavis[4]. Ainsi, est nul, le congé pour vente demandant une réponse sous huitaine[5].

On notera que la contestation du congé par le locataire n'a pas d'effet suspensif sur le délai d'acceptation de l'offre de vente[6]. En cas de contestation par le locataire, celui-ci a donc intérêt, à titre conservatoire (si l'acquisition du logement l'intéresse), à accepter l'offre, et, ultérieurement, à intenter une action en annulation du congé, cette action n'étant, quant à elle, pas enfermée dans le délai de l'acceptation de l'offre[7] (sur les effets d'un congé pour vendre délivré prématurément en matière de délai d'exercice du droit de préemption v. s[s] n° 532.25).

534.94 **Effets de l'acceptation de l'offre.** À l'égard des tiers, l'effet est radical. L'acceptation de l'offre implique la nullité de la vente consentie en fraude des droits du locataire[8]. Cette acceptation va rompre définitivement tous les liens de droit qui ont pu exister avec un tiers, signataire d'une promesse de vente. Ainsi, l'impossibilité pour le preneur d'acquérir finalement le bien[9] ne saurait faire revivre cette promesse[10]. Quant aux rapports entre les parties, notons cette décision selon laquelle la stipulation d'une condition résolutoire tenant à l'appréciation judiciaire de la validité du congé est indifférente à l'efficacité de l'acceptation de l'offre de vente[11].

534.95 **Délai pour réaliser la vente.** Le locataire qui accepte l'offre, dispose, à compter de la date d'envoi de sa réponse au bailleur, d'un délai de deux mois pour réaliser la vente.

Ce délai est porté à quatre mois lorsque, dans sa réponse valant acceptation, le locataire déclare qu'il va contracter un prêt.

Que le délai de réalisation de la vente soit de deux ou de quatre mois, l'acceptation de l'offre par le preneur va entraîner la prorogation de la relation contractuelle (jusqu'à l'expiration dudit délai).

Si, en définitive, la vente ne se réalisait pas (notamment pour défaut d'obtention de son prêt par le locataire), l'acceptation de l'offre serait déclarée nulle de plein droit et le locataire serait déchu de plein droit de tout titre d'occupation[12]. Précisons qu'en 1999, la Cour de cassation a indiqué que le bailleur ne pourrait abréger les délais accordés par la loi à son cocontractant pour réunir les fonds. Ainsi, le bailleur ne peut pas faire obligation au locataire, en cas d'acceptation de l'offre, de consigner à titre d'indemnité d'immobilisation 10 % du prix[13]. Notons cependant que la Cour de Paris a, dix jours après la décision de la Cour de cassation, décidé le contraire[14].

534.96 **Réalisation de la vente.** Une fois toutes les conditions réunies par le locataire, la vente doit être signée dans le délai légal. Le locataire qui refusera de signer l'acte de vente dans le délai légal verra son congé validé et devra être expulsé[15]. Si, toutefois, la

1. C. urb., art. L. 211-1 s.
2. Paris, 10 sept. 2009, *JurisData* n° 379131, *Loyers et copr.* 2010, n° 4, obs. Vial-Pedroletti.
3. Civ. 3e, 28 mars 2007, n° 06-12.550, *Bull. civ.* III, n° 51; *Administrer* août-sept. 2007, p. 43, obs. Canu.
4. L. n° 89-462, 6 juill. 1989, art. 15-II, al. 1er.
5. Lyon, 25 juin 2002, RG n° 00/06330, *Loyers et copr.* 2003, n° 5, obs. Vial-Pedroletti.
6. Civ. 3e, 8 janv. 1997, n° 94-21.625, *Bull. civ.* III, n° 1; *D.* 1997. Somm. 267, obs. CRDP Nancy 2 – Civ. 3e, 18 févr. 2003, n° 01-02.362, *Bull. civ.* III, n° 38; *AJDI* 2003. 669, obs. Beaugendre; *D.* 2003. IR 664.
7. Civ. 3e, 7 oct. 1998, n° 96-18.082, *Bull. civ.* III, n° 189; *D.* 1999. Somm. 139, obs. CRDP Nancy 2 – Civ. 3e, 18 févr. 2003, n° 01-02.362, *Bull. civ.* III, n° 38; *AJDI* 2003. 669, obs. Beaugendre; *D.* 2003. IR 664.
8. Civ. 3e, 10 juill. 1996, n° 94-15.115, *Bull. civ.* III, n° 181; *Administrer* janv. 1997. 34, note Beddeleem, [loi de 1982].
9. Pour défaut d'obtention d'un crédit, faute d'avoir concrétisé la vente dans les délais.
10. Paris, 17 déc. 1997, RG n° 96/07214, *D.* 1999. Somm. 10, obs. Tournafond.
11. Civ. 3e, 17 oct. 2007, n° 06-12.533, *Bull. civ.* III, n° 178; *D.* 2007. AJ 2806; *ibid.* 2008. Pan. 1311, obs. Damas; *AJDI* 2008. 392, note Rouquet.
12. L. n° 89-462, 6 juill. 1989, art. 15-II, al. 3.
13. Civ. 3e, 1er mars 2000, n° 98-16.836, *Bull. civ.* III, n° 44; *D.* 2001. Somm. 173, obs. CRPS Nancy 2; *Administrer* mars 2001, p. 38, obs. Canu.
14. Paris, 11 mars 1999, RG n° 1998/05009, *Loyers et copr.* 2000, obs. Vial-Pedroletti.
15. Civ. 3e, 4 avr. 1991, n° 89-17.924, NP, *Rev. loyers* 1991. 323, [loi de 1982].

signature ne pouvait avoir lieu dans les délais, suite à des atermoiements imputables au seul bailleur, la vente signée hors délai serait valable, et le locataire serait fondé à en demander la régularisation devant les tribunaux[1]. Il devra cependant alors sommer le bailleur de réitérer l'acte de cession chez le notaire avant l'expiration du délai légal d'acceptation : à défaut, son acceptation serait considérée comme tardive[2]. À noter que rien n'empêche le locataire de revendre immédiatement le bien acquis par voie de préemption, ce, même si, au passage, il réalise un profit substantiel (sauf bien sûr, hypothèse de manœuvre illicite)[3].

§ 3
Refus de l'offre

534.101 Obligation de quitter le logement. À défaut d'acceptation de l'offre de vente, « à l'expiration du délai de préavis, le locataire [...] est déchu de plein droit de tout titre d'occupation sur le local »[4]. L'offre faite au locataire est à prendre ou à laisser : s'il conteste le prix ou les conditions proposés, son droit de préemption disparaît (sur l'exigence du propriétaire de consigner immédiatement une partie du prix v. s[s] n° 534.95)[5].

Le preneur devra alors quitter les lieux, au plus tard à l'expiration du préavis. Un locataire qui se maintiendrait dans les lieux au-delà de cette date ultime pourrait être expulsé[6]. De plus, si le bailleur rapporte la preuve que le maintien dans les lieux du locataire[7] a fait échouer la transaction en cours, il est en droit de lui demander des dommages et intérêts[8].

SECTION 5
VENTE À UN PRIX PLUS AVANTAGEUX (SECOND DROIT DE PRÉEMPTION)

534.111 Notification au locataire obligatoire. Si, pour une raison quelconque (état du marché immobilier notamment) le bailleur signe une promesse de vente avec un acquéreur à des conditions ou à un prix plus avantageux (pour l'acquéreur !), le notaire ou le bailleur sont dans l'obligation d'en avertir le locataire. À noter que l'obligation de notifier les conditions et prix plus avantageux joue en cas de minoration ultime consentie au bénéficiaire de la promesse de vente, quand bien même le bailleur aurait-il déjà notifié régulièrement au locataire deux prix de vente successifs[9].

Mais lorsque le congé est frappé de nullité, celle-ci ne laisse pas subsister le droit de préemption du locataire. Ce dernier n'est donc pas fondé à invoquer un défaut de notification de la vente consentie à un tiers et la privation d'un droit de préemption[10].

Par ailleurs, il a été jugé que le locataire qui n'a pas exercé son droit de préemption dans le cadre du congé pour vendre qu'il a reçu pour son logement ne saurait exciper du droit de préemption subsidiaire lorsque le bailleur propriétaire de l'immeuble vend ultérieurement le bâtiment dans son entier[11]. Cette décision mérite approbation, puisque le droit de préemption dont le locataire dispose sur le logement loué en vertu de l'article 15 de la loi de 1989 avait été purgé à l'issue des deux premiers mois du délai de préavis, la vente ultérieure par le bailleur, non pas du seul logement loué mais de l'intégralité de l'immeuble, rendant impossible, pour cause de défaut d'identité d'objets, le jeu du droit de préemption subsidiaire du locataire.

534.112 Sanction du défaut de notification. À défaut de notification, la vente pourra être annulée. Cette notification doit être réalisée au domicile nouveau du locataire (si celui-ci l'a communiqué) ou (à défaut) à l'adresse qu'il vient de quitter (ce qui lui permettra d'être au courant de la nouvelle offre de vente s'il a pris soin de faire suivre son courrier). La notification n'est requise qu'en cas de vente plus avantageuse[12].

534.113 Valeur de la notification – Offre de vente. Cette notification va valoir offre de vente. L'ancien locataire aura alors un mois à compter de sa réception pour l'accepter[13]. Le délai d'un mois commençant à courir à compter de la réception de

1. Civ. 3e, 8 nov. 1995, n° 93-19.827, *Bull. civ.* III, n° 222.
2. Civ. 3e, 3 avr. 1996, n° 94-17.350, *Bull. civ.* III, n° 94; *D.* 1997. Somm. 267, obs. CRDP Nancy 2.
3. Civ. 3e, 16 oct. 1991, n° 89-20.260, *Bull. civ.* III, n° 243; *Defrénois* 1992. 376, obs. Vermelle, [loi de 1982].
4. L. n° 89-462, 6 juill. 1989, art. 15-II, al. 2.
5. Civ. 3e, 20 juin 1990, n° 88-20.106, *Bull. civ.* III, n° 151; *D.* 1990. Somm. 306, obs. Bihr, [loi de 1982].
6. Civ. 3e, 18 févr. 1998, n° 96-12.200, NP, *RJDA* 1998, n° 401.
7. Devenu occupant sans droit ni titre.
8. Civ. 3e, 13 mai 1998, n° 96-17.814, *Bull. civ.* III, n° 100; *Loyers et copr.* 1998, n° 185, obs. Vial-Pedroletti.
9. Versailles, 22 oct. 1999, RG n° 8234/97, *Gaz. Pal.* 2001. 1. Somm. 507.
10. Civ. 3e, 9 nov. 2011, n° 10-23.542, *Bull. civ.* III, n° 187; *D.* 2011. Actu. 2868; *ibid.* 2012. Pan. 1086, spéc. 1094, obs. Damas; *Dalloz actu.*, 24 nov. 2011, obs. Rouquet; *AJDI* 2012. 352, obs. Damas.
11. Civ. 3e, 11 mars 2015, n° 14-10.447, P., *D.* 2015. Actu. 680, obs. Rouquet; *ibid.* 2015. Pan. 1178, spéc. 1182, obs. Damas; *AJDI* 2015. 684, obs. Damas; *Loyers et copr.* 2015, n° 112, obs. Vial-Pedroletti; Constr.-Urb. 2015, n° 79, obs. C. Sizaire.
12. Civ. 3e, 12 févr. 1992, n° 90-13.432, *Bull. civ.* III, n° 45; *Rev. loyers* 1992. 287, note Vaissette, [loi de 1982].
13. L. n° 89-462, 6 juill. 1989, art. 15-II, al. 4.

la notification par le locataire, le bailleur aura intérêt à procéder par voie d'huissier[1].

Si celui-ci décide de donner suite à la proposition, il disposera alors d'un délai de deux mois (s'il peut payer comptant) ou quatre mois (s'il doit obtenir un prêt pour réaliser cette acquisition) à compter de la date d'envoi de sa réponse (au bailleur ou au notaire)[2] [3].

SECTION 6
CONTRÔLE DE LA VENTE

534.121 Contrôle par le juge. Comme en matière de reprise pour habiter, le juge ne va pas vérifier la réalité de l'intention de vendre du bailleur : il n'exerce son contrôle et ne va sanctionner les congés frauduleux qu'en fonction du comportement du bailleur après le départ du locataire.

Toutefois, pour les baux en cours le 8 août 2015, date d'entrée en vigueur de la loi n° 2015-990 du 6 août 2015, dite Macron[4], l'article 15 de la loi du 6 juillet 1989, dans sa rédaction issue de la loi du 24 mars 2014[5], dite loi Alur, précise que, « en cas de contestation, le juge peut, même d'office, vérifier la réalité du motif du congé et le respect des obligations prévues au présent article. Il peut notamment déclarer non valide le congé si la non-reconduction du bail n'apparaît pas justifiée par des éléments sérieux et légitimes ».

§ 1
Absence de contrôle de la réalité du motif

534.131 Indifférence d'une offre d'achat. En soi, la décision de vendre le logement est un motif péremptoire de congé[6]. La loi n'impose pas au bailleur de prouver qu'un tiers a fait une offre d'achat[7].

Toutefois, lorsque cela lui a été demandé, il incombe au juge de rechercher si le congé n'a pas été délivré frauduleusement[8].

1. SUR les règles de computation des délais : v. s[s] n° 522.142.
2. L. n° 89-462, 6 juill. 1989, art. 15-II, al. 5.
3. Sur la légalité du surenchérissement du prix de vente par le montant de la commission due à l'intermédiaire, v. n° 534.42-4.
4. L. n° 2015-990 du 6 août 2015, art. 82-II, *JO* 7 août, p. 13537 s., en vigueur le 8 août 2015.
5. L. n° 2014-366, 24 mars 2014 pour l'accès au logement et un urbanisme rénové, *JO* 26 mars, p. 5809.
6. Paris, 9 oct. 1991, *D.* 1993. Somm. 174, obs. Bihr.
7. Pau, 25 juin 1987, *JurisData* n° 043966, *Gaz. Pal.* 1987. 2. Somm. 409, obs. de Belot, [loi de 1982].
8. Civ. 3e, 26 juin 2007, n° 06-16.644, NP, *AJDI* 2008. 208, note Zalewski.

§ 2
Contrôle du juge *a posteriori*

534.141 Preuve à rapporter par le locataire. Nous allons voir dans quelle mesure le juge va sanctionner un prix trop élevé proposé au locataire et la relocation du logement libéré, étant précisé qu'il appartient au preneur qui conteste la réalité du motif du congé de rapporter la preuve de l'absence d'intention de vendre du bailleur[9].

534.142 Fixation libre du prix. Le bailleur est libre de déterminer le prix qu'il souhaite[10]. En l'absence de manœuvre illicite, le désir du propriétaire de réaliser une plus-value n'est en effet pas répréhensible[11].

534.143 Prix abusif. Cependant, la pratique consistant à arrêter un prix volontairement dissuasif dans l'intention évidente d'empêcher le locataire d'exercer son droit de préemption constitue une fraude affectant l'acte juridique et justifiant son annulation[12]. La preuve de l'intention frauduleuse du bailleur doit alors être établie puisque la fraude ne se présume pas[13].

534.144 Prix frauduleux. Tout est affaire de circonstances, les juges du fond appréciant souverainement l'intention frauduleuse du bailleur[14]. Les magistrats seront d'autant plus vigilants que le bailleur est un professionnel.

Il a ainsi été jugé que le prix fixé à un montant correspondant au double de l'état du marché était frauduleux dès lors que le propriétaire était un marchand de biens ayant acquis l'immeuble entier dans le but de le vider de ses occupants et de revendre les logements rapidement, libres de toute occupation[15].

9. Civ. 3e, 14 juin 2006, n° 05-12.559, *Bull. civ.* III, n° 150; *D.* 2007. Pan. 911, obs. N. Damas; *AJDI* 2006. 740, obs. Rouquet.
10. Civ. 3e, 7 févr. 1996, n° 93-21.175, NP, *Ann. loyers* 1996. 1378.
11. Civ. 3e, 19 avr. 2000, n° 98-18.123, *Bull. civ.* III, n° 81; *JCP* 2000. IV, n° 1918.
12. Civ. 3e, 5 juill. 1995, n° 93-16.774, *Bull. civ.* III, n° 169; *D.* 1996. Somm. 373, obs. CRDP Nancy 2, [2 arrêts] – Civ. 3e, 4 mai 2000, n° 98-19.240, NP, *Administrer* juin 2001, p. 27, obs. Canu – Versailles, 1er juin 2001, RG n° 00/08616, *D.* 2001. IR 2721.
13. Civ. 3e, 7 mai 2002, n° 00-14.128, NP, *Administrer* janv. 2003. 43, obs. Canu – Civ. 3e, 16 sept. 2009, n° 08-13.701, *Bull. civ.* III, n° 189; *D.* 2009. AJ 2281, obs. Rouquet; *ibid.* 2010. Pan. 1168, spéc. 1180, obs. Damas.
14. Civ. 3e, 5 juill. 1995, n° 93-16.774, *Bull. civ.* III, n° 169; *D.* 1996. Somm. 373, obs. CRDP Nancy 2, [2 arrêts] – Civ. 3e, 28 mai 2003, n° 02-10.208, NP, *Administrer* mars 2004, p. 32, note Beddeleem.
15. Paris, 16 sept. 1993, RG n° 92/19546, *D.* 1993. IR 221.

Dans le même ordre d'idées, un agent immobilier, qui connaît le prix du marché doit être sanctionné s'il propose un prix supérieur à 40 % de l'estimation d'un expert[1]. En revanche, il a été jugé qu'un prix correspondant à 112 % de l'estimation de l'expert n'est pas frauduleux[2].

Enfin, la collusion entre le bailleur et l'acquéreur pour fixer un prix manifestement exorbitant sera sanctionnée, spécialement s'il s'agit de deux sociétés appartenant au même groupe[3].

534.145 **Relocation.** Si l'article 15-II de la loi de 1989 n'interdit pas au bailleur de renoncer à vendre son logement et de décider, finalement, de le relouer, ce n'est que dans la mesure où ce revirement est exempt de fraude. Il a par exemple été jugé que le délai de six mois écoulé entre la signature du mandat de vente et la conclusion du nouveau contrat de location attestait suffisamment que le bailleur a eu l'intention de se séparer de son bien[4]. À l'inverse, en cas de contestation en justice de la validité du congé pour vendre, le bailleur qui reloue le logement avant que le juge ne valide ledit congé agit en fraude des droits de son cocontractant[5].

L'absence de démarches sérieuses pour trouver un acquéreur sera, par ailleurs, un élément que les magistrats retiendront[6].

§ 3
Sanction du congé frauduleux

534.151 **Indemnisation du locataire.** Si plusieurs sanctions sont juridiquement envisageables, en pratique, la sanction sera l'allocation de dommages et intérêts[7].

La réintégration du locataire ne sera, quant à elle, en pratique, que très rarement prononcée[8].

Lorsqu'elle intervient, la réintégration s'opère par la restitution des clés par le bailleur au locataire[9].

534.152 **Baux conclus au 27 mars 2014.** À noter que, comme en matière de congé pour reprise (v. ss n° 533.91), pour les baux en cours le 8 août 2015, date d'entrée en vigueur de la loi n° 2015-990 du 6 août 2015, dite Macron[10], en vertu du § IV de l'article 15 issu de ce texte, « le fait pour un bailleur de délivrer un congé justifié frauduleusement par sa décision de (...) vendre le logement est puni d'une amende pénale dont le montant ne peut être supérieur à 6 000 euros pour une personne physique et à 30 000 euros pour une personne morale ». Et « le montant de l'amende est proportionné à la gravité des faits constatés. Le locataire est recevable dans sa constitution de partie civile et la demande de réparation de son préjudice ».

1. Paris, 20 nov. 1997, RG n° 93/23959, *Rev. loyers* 1998. 195, obs. G. A.
2. Civ. 3e, 19 avr. 2000, n° 98-18.123, *Bull. civ.* III, n° 81 ; *JCP* 2000. IV, n° 1918.
3. Civ. 3e, 24 févr. 1999, n° 97-16.140, NP, *RJDA* 1999, n° 389.
4. Rennes, 30 oct. 1997, RG n° 95/05607, *RDI* 1999. 157, obs. Collart-Dutilleul.
5. Civ. 3e, 7 oct. 1998, n° 96-18.082, *Bull. civ.* III, n° 189, *JCP* 1998. IV, n° 3243.
6. Civ. 3e, 5 juill. 1995, n° 93-16.774, *Bull. civ.* III, n° 169 ; *D.* 1996. Somm. 373, obs. CRDP Nancy 2, [2 arrêts] – Civ. 3e, 30 juin 1999, n° 97-18.938, NP, *Administrer* mai 2000, p. 33, obs. Beddeleem – Civ. 3e, 15 mars 2000, n° 98-14.372, NP, *AJDI* 2000. 557 ; *Administrer* mars 2001, p. 38, obs. Canu.
7. Paris, 16 oct. 1996, *D.* 1997. Somm. 266, obs. CRDP Nancy 2.
8. POUR UN EXEMPLE : Paris, 25 avr. 2006, RG n° 2004/17448.
9. Paris, 7 juill. 2006, RG n° 06/01911, *Loyers et copr.* 2006, n° 195, obs. Vial-Pedroletti.
10. L. n° 2015-990 du 6 août 2015, art. 82-II, *JO* 7 août, p. 13537 s., en vigueur le 8 août 2015.

CHAPITRE

535. Congé pour motif légitime et sérieux

SECTION 0

ORIENTEUR

535.00 **Plan du chapitre.**

Sect. 1 Motifs imputables au locataire
Sect. 2 Motifs étrangers au locataire
Sect. 3 Contrôle par le juge du motif allégué

Division – Bailleur personne physique ou personne morale. À côté du congé pour habiter et du congé pour vendre, le bailleur a la faculté de donner congé pour un motif légitime et sérieux. À noter que les personnes morales peuvent donner congé pour motif légitime et sérieux[1]. Les seules mentions impératives que le congé pour motif légitime et sérieux doit comporter sont la dénomination sociale du bailleur (mention impérative quel que soit le type de congé v. s^s n° 531.43) et le motif allégué.

Avant d'étudier le contrôle exercé par le juge sur la réalité du motif allégué, il y a lieu de distinguer les motifs de congédiement imputables au comportement du preneur de ceux qui lui sont étrangers.

535.01 **Textes applicables.**

TEXTES SOURCES

- **L. n° 89-462, 6 juill. 1989, art. 15.**

TEXTES *IN EXTENSO*

- **L. 6 juill. 1989, art. 15**

* V. s^s n° 531.01

535.02 **Jurisprudence de référence.**

- **Civ. 3e, 2 oct. 2002, n° 01-00.589**, *Bull. civ.* III, n° 191

* V. s^s n° 535.13

Le comportement agressif du locataire, contraire aux obligations de bon voisinage vis-à-vis des autres habitants de l'immeuble et des bâtiments voisins, permet au bailleur de délivrer congé pour motif réel et sérieux.

- **Civ. 3e, 5 sept. 2012, n° 11-22.336**, *Bull. civ.* III, n° 112

* V. s^s n° 535.14

Le défaut d'usage à titre d'habitation principale, au moins partiellement, d'un logement constitue un motif légitime et sérieux de congé.

535.03 **Bibliographie indicative.**

Ouvrages. J. Lafond, B. Vial-Pedroletti, *Les baux d'habitation*, 8e éd., LexisNexis, 2017, n°s 1839 s. – V. Zalewski-Sicard, *Baux d'habitation – Congés et droits de préemption,* Ellipses, 2016.

Actualisables. RÉP. CIV., v° « Bail d'habitation et mixte : rapports locatifs individuels – Loi du 6 juillet 1989 », N. Damas, n°s 430 s. – LAMY DR. IMMO, n°s 5936 s. – DICT. PERM. Gestion immob., « Baux d'habitation et mixtes », n°s 415 s.

SECTION 1

MOTIFS IMPUTABLES AU LOCATAIRE

535.11 **Sanction à l'inexécution d'une obligation par le locataire.** Le bailleur donne alors congé pour sanctionner le locataire en raison de l'inexécution de l'une (au moins) de ses obligations. Étant précisé que l'inexécution par le locataire de l'une de ses obligations peut constituer un motif légitime et sérieux de congé même si elle a cessé à la date de la délivrance du congé[2]. Relevons toutefois qu'il a été jugé que si l'appréciation du caractère sérieux et légitime du motif allégué doit en principe se faire au jour de la délivrance du congé, ceci n'exclut pas la prise en compte d'éléments postérieurs permettant de contrôler son caractère légitime et sérieux (en l'occurrence, il s'agissait de prendre en compte le paiement postérieur par une société dans le cadre de la garantie LocaPass®)[3].

1. Civ. 3e, 7 févr. 1996, n° 93-20.135, *Bull. civ.* III, n° 35; *Gaz. Pal.* 22 déc. 1996, 357-359, *Administrer* août-sept. 1996, p. 33, note Beddeleem – Paris, 24 juin 1999, RG n° 1997/19761, *JCP* 2000. IV, n° 1199.
2. Civ. 3e, 17 mai 2006, n° 05-14.495, *Bull. civ.* III, n° 126; *D.* 2007, Pan. 911, obs. Damas; *AJDI* 2007. 200, note Laporte-Leconte.
3. Grenoble, 15 févr. 2011, RG n° 09/03710, *AJDI* 2011. 534.

535.12 Défaut de paiement du loyer. Le fait de ne pas s'acquitter intégralement de son loyer est un motif légitime et sérieux de congé[1]. Peu importe si la dette de loyer est faible[2].

Il en ira ainsi également du défaut répété de paiement au terme convenu[3], et ce, comme cela a été mentionné au v. s^s n° 535.11, même si, en définitive, le bailleur a été intégralement réglé. En revanche, le retard de paiement régularisé par le locataire dans le délai imparti par le juge ne justifie pas la délivrance d'un congé pour motif légitime et sérieux[4].

535.13 Défaut d'usage paisible des lieux loués. Le tapage tant diurne que nocturne a, par exemple été admis comme motif de congé[5]. *Idem* pour un locataire nourrissant des pigeons et causant du tapage tant diurne que nocturne (dans une espèce où le bailleur avait été condamné, suite à la procédure engagée par la copropriété)[6]. Il en va de même d'un locataire qui ne chauffe ni n'éclaire le local loué, duquel il émane des odeurs nauséabondes[7]. Une solution identique prévaut à l'encontre d'un locataire qui a un comportement agressif à l'égard des autres habitants de l'immeuble et des bâtiments voisins[8]. À noter qu'un bailleur qui se serait vu refuser la résiliation judiciaire du bail pour absence d'usage paisible du local, serait fondé à délivrer congé au locataire pour le même motif, les deux actions n'ayant pas le même fondement juridique[9].

535.14 Non-respect de la destination des lieux. Est justifié, le congé délivré au locataire qui, en violation de la clause d'habitation bourgeoise contenue dans le bail et des dispositions relatives à la domiciliation d'une entreprise, a exercé dans les lieux une activité commerciale, même réduite[10]. La solution serait la même à l'égard d'un locataire exerçant une profession libérale dans les lieux, en dépit d'une clause d'habitation bourgeoise absolue.

De même, le défaut d'usage à titre d'habitation principale, au moins partiellement, d'un logement constitue un motif légitime et sérieux de congé[11].

Et il a été jugé qu'un bailleur n'est pas de mauvaise foi en délivrant un congé pour motif légitime et sérieux au locataire exerçant son activité dans la totalité des lieux, alors qu'il a laissé reconduire le contrat ou provoqué son renouvellement à plusieurs reprises[12].

535.15 Défaut d'assurance. Ce motif a été admis pour justifier le non-renouvellement du bail[13].

535.16 Sous-location ou prêt des lieux loués à un tiers. Il s'agit là encore d'un motif de non-renouvellement dès lors que la sous-location ou le prêt sont intervenus en dehors de toute autorisation écrite du bailleur[14].

535.17 Opposition du locataire à la réalisation de travaux. En vertu de l'article 7 *e* de la loi de 1989, le locataire doit laisser exécuter dans les lieux loués les travaux nécessaires « au maintien en état et à l'entretien des lieux loués » (v. s^s n° 312.41). Ne pas respecter cette obligation justifie que le bailleur lui donne congé. Cela est d'autant plus justifié lorsque c'est le locataire lui-même qui a attiré l'attention du bailleur sur la nécessité desdits travaux[15] !

SECTION 2
MOTIFS ÉTRANGERS AU LOCATAIRE

535.21 Motif étranger au locataire – Non renouvellement du cautionnement. En dehors d'un manquement du locataire à l'une de ses obligations, le bailleur va être autorisé à donner congé pour motif légitime et sérieux dans toute une série d'hypothèses. En effet, un tel congé n'est pas limité à l'inexécution par le preneur de l'une de ses obligations[16]. Il a ainsi été jugé que le non-renouvellement du cautionnement pouvait constituer un motif sérieux et légitime de congé au sens de l'article 15 de la loi de 1989[17].

1. Paris, 21 déc. 1984, *JurisData* n° 027413, *Gaz. Pal.* 1985. 2. Somm. 369, obs. de Belot, [loi de 1982].
2. Bourges, 21 mai 1997, *Loyers et copr.* 1998, n° 88, obs. Vial-Pedroletti.
3. Paris, 5 juin 1997, RG n° 96/80792, *Rev. loyers* 1997. 501 – Paris, 14 janv. 1999, RG n° 39302/96, *AJDI* 1999. 242.
4. Civ. 3e, 17 juill. 1996, n° 94-18.406, *Bull. civ.* III, n° 185; *AJPI* 1996. 897, note Blatter.
5. Paris, 29 mai 1997, RG n° 95/10726, *Loyers et copr.* 1997, n° 229.
6. Paris, 12 févr. 2004, RG n° 2002/18348, *AJDI* 2004. 382.
7. Poitiers, 12 mai 1998, *Rev. huiss.* 1999, p. 110, obs. Bourdillat.
8. Civ. 3e, 2 oct. 2002, n° 01-00.589, *Bull. civ.* III, n° 191; *D.* 2002. IR 2985; *Rev. loyers* 2002. 646, obs. Canu.
9. Paris, 18 oct. 1990, RG n° 89/21842, *JCP* 1991. IV. 122, [loi de 1982].
10. Paris, 15 mars 2002, RG n° 2000/14235, *Loyers et copr.* 2002, n° 278, obs. Vial-Pedroletti.
11. Civ. 3e, 5 sept. 2012, n° 11-22.336, *Bull. civ.* III, n° 112; *D.* 2012. Actu. 2094, obs. Rouquet; *ibid.* 2013. Pan. 863, spéc. 871, obs. Damas; *AJDI* 2013. 441, obs. Damas.
12. Civ. 3e, 9 mars 2011, n° 10-30.223, *Bull. civ.* III, n° 32; *D.* 2011. Actu. 877, obs. Rouquet; *ibid.* 2012. Pan. 1086, spéc. 1087, obs. Damas; *AJDI* 2011. 705, note Damas.
13. Paris, 19 sept. 1991, RG n° 5192/90, *Loyers et copr.* 1992, n° 97.
14. Paris, 22 mars 1984, *JurisData* n° 021926, *D.* 1985. IR 288, obs. Giverdon, [loi de 1982].
15. Paris, 31 mai 1995, RG n° 94/004151, *Loyers et copr.* 1995, n° 507.
16. Civ. 3e, 7 févr. 1996, n° 94-14.339, *Bull. civ.* III, n° 34; *D.* 1997. Somm. 268, obs. CRDP Nancy 2.
17. TGI Paris, 27 sept. 2000, *Loyers et copr.* 2001, n° 199, obs. Vial-Pedroletti.

535.22 Démolition – Expropriation. Deux motifs non imputables au locataire sont communément relevés en jurisprudence. Il s'agit, d'une part, de la démolition, de la rénovation des lieux loués ou de l'expropriation pour cause d'utilité publique et, d'autre part, de la nécessité de loger une personne.

535.23 Changement d'affectation. À côté de ces deux motifs, nous nous devons de faire état du cas du congé délivré à un locataire occupant un local affecté temporairement à l'habitation en application de l'article L. 631-7-1 du code de la construction et de l'habitation (CCH). En vertu de ce texte « en cas de location d'un local temporairement affecté à l'habitation [pour une durée ne pouvant excéder 13 ans], le contrat doit mentionner le caractère temporaire de cette affectation. Sous cette réserve, le retour des locaux à leur usage primitif est un motif légitime et sérieux au sens de l'article 15 [de la loi de 1989] ». Précisons que ce retour à l'usage primitif ne saurait constituer un événement justifiant la signature d'un bail à durée réduite (sur cette question v. s^s n° 513.13). On notera enfin que l'interdiction définitive d'habiter les lieux prononcée en application de l'article L. 521-2 du CCH ne saurait constituer un motif valable de congé. En effet, en vertu de ce texte, les baux poursuivent de pleins droits leurs effets, exception faite de l'obligation de paiement[1].

535.24 Démolition. La démolition en vue de la reconstruction de l'immeuble peut justifier le non-renouvellement du bail pour motif légitime et sérieux[2].

Encore faut-il que cette opération de démolition-reconstruction soit avérée. Tel sera le cas si le bailleur est en mesure de fournir une promesse de vente de l'immeuble à une société de promotion immobilière[3], ou le dépôt d'une demande de démolition[4]. N'est pas fautif le bailleur qui, après avoir délivré un congé en vue de la destruction de l'immeuble et de l'édification d'un lotissement, décide en cours d'opération de vendre l'immeuble à un promoteur, dès lors que cette vente a été réalisée dans le même but : la réalisation d'un lotissement emportant démolition du logement loué. Dans ces conditions, le congé n'a pas à être requalifié en congé pour vente[5].

535.25 Rénovation ou expropriation. Des travaux de rénovation ou une décision d'expropriation vont pareillement justifier la délivrance d'un congé pour motif légitime et sérieux, dès lors que l'opération envisagée exige la libération des lieux[6]. Là encore, il incombera au bailleur de prouver ses allégations. Ce sera chose faite s'il produit l'agrément que l'administration lui a octroyé[7] ou s'il peut justifier de l'avis favorable de la commission d'urbanisme[8]. Il a même été jugé que l'absence de justification par le bailleur de l'obtention des autorisations nécessaires pour la réalisation du projet était inopérante, dans la mesure où le défaut d'agrément de l'autorité administrative est sans incidence sur la preuve de la réalité de la volonté de reconstruction et n'empêche pas la présentation ultérieure d'un projet modifié répondant aux exigences administratives[9]. Notons cependant que certaines décisions se montrent plus exigeantes.

535.26 Illustrations jurisprudentielles. Illustrant ce courant jurisprudentiel, on retiendra deux arrêts. Le premier émane de la Cour de cassation qui, se retranchant derrière l'appréciation souveraine des juges du fond, retient qu'une simple étude de faisabilité d'une opération à l'état de projet est insuffisante à démontrer le caractère légitime et sérieux du motif allégué[10]. Le second a été rendu, en matière d'expropriation, par la cour d'appel de Versailles. Il précise qu'un arrêté préfectoral portant déclaration d'utilité publique de l'acquisition de l'immeuble loué ne constitue pas un motif légitime et sérieux, cet arrêté n'étant que le premier acte préparatoire à la procédure d'expropriation[11].

Dans des domaines voisins, il a été jugé qu'est un motif légitime et sérieux, le risque d'effondrement de la toiture[12], ou la nécessité de mettre le local aux normes de décence[13].

On notera enfin que le motif légitime et sérieux doit concerner le bailleur. Cette condition ne pose pas de problème lorsque le bailleur est une personne physique. En revanche, en présence d'un bailleur

1. Paris, 5 oct. 2010, RG n° 08/20478, *Loyers et copr.* 2011, n° 6, obs. Vial-Pedroletti.
2. Versailles, 13 déc. 1991, *Administrer* mars 1993, p. 40, note Lafond – Paris, 4 févr. 2003, RG n° 2001/08017, *AJDI* 2003. 351.
3. Paris, 19 déc. 1996, RG n° 95/023878, *Loyers et copr.* 1997, n° 102, obs. Vial-Pedroletti.
4. Versailles, 12 juin 1998, RG n° 4998/96, *Ann. loyers* 2000. 86, obs. Teilliais.
5. Civ. 3e, 22 mars 2006, n° 04-10.900, *Bull. civ.* III, n° 76; *AJDI* 2006. 383, obs. Rouquet.
6. Civ. 3e, 7 févr. 1996, n° 94-21.175, NP, *D.* 1997. Somm. 268, obs. CRDP Nancy 2.
7. Paris, 8 sept. 1993, RG n° 93/012197, *Rev. loyers* 1997. 30.
8. Rennes, 18 sept. 1997, RG n° 97/00851, *Loyers et copr.* 1998, n° 61, obs. Vial-Pedroletti.
9. Paris, 18 mai 2000, RG n° 1998/09893, *Loyers et copr.* 2001, n° 7, obs. Vial-Pedroletti.
10. Civ. 3e, 2 juill. 1997, n° 95-19.152, NP, *Loyers et copr.* 1997, n° 258, obs. Vial-Pedroletti.
11. Versailles, 15 janv. 1999, RG n° 8196/95, *BICC* 2000, n° 53.
12. Riom, 17 févr. 2011, *Loyers et copr.* 2011, n° 135, obs. Vial-Pedroletti.
13. Bordeaux, 19 févr. 2013, n° 11/07831, *AJDI* 2013. 525.

personne morale, seuls des travaux décidés au nom de celle-ci pourront être invoqués. Sera en conséquence nul le congé donné afin de permettre à l'un des associés de s'agrandir[1].

535.27 Nécessité de loger une personne – Critique. Certaines décisions reconnaissent la faculté au bailleur de donner congé pour motif sérieux et légitime au preneur afin de loger quelqu'un. Un congé pour motif légitime et sérieux a ainsi été validé, le bailleur justifiant du besoin de loger dans l'appartement une aide à domicile exigée par l'état de santé du bailleur[2]. Encore faut-il alors que le bailleur puisse justifier l'existence de la personne à son service[3]. Cela est contestable puisqu'il nous semble que ce cas de figure est déjà réglé par la procédure (beaucoup plus rigoureuse et formaliste) du congé donné en vue de la reprise du bien pour l'habiter (v. s^s n°s 533.11 s.). De plus, le congé pour motif légitime et sérieux pouvant émaner d'une personne morale (v. s^s n° 535.01), alors que la reprise pour habiter étant réservée aux seuls bailleurs personnes physiques (v. s^s n° 533.13), reconnaître que l'obligation de loger une personne relève du congé légitime et sérieux est paradoxal puisque cela revient à autoriser ce que la loi interdit par ailleurs !

535.28 Nécessité de loger une personne – Bailleur personne morale. Pourtant, la Cour de cassation semble avoir validé cette pratique en présence d'un bailleur personne morale. Par exemple, la Haute juridiction a jugé valable le congé délivré pour motif légitime et sérieux par l'Assistance publique afin de loger un salarié des Hôpitaux de Paris, dans le cadre d'un plan d'ensemble[4]. Elle a jugé de la même manière à propos d'une association religieuse souhaitant loger un enseignant[5]. Certaines juridictions du fond ont d'ailleurs suivi le même raisonnement[6]. On notera cependant que la Cour de cassation a rejeté le congé motivé par la décision du bailleur, personne morale, de transférer, pour convenance personnelle, son siège social dans les lieux loués[7].

SECTION 3
CONTRÔLE PAR LE JUGE DU MOTIF ALLÉGUÉ

535.31 Appréciation souveraine. En la matière, le juge du fond dispose d'un pouvoir souverain d'appréciation[8]. Il doit exercer un contrôle *a priori* sur les motifs allégués[9]. Doit ainsi être annulé le congé donné pour un motif[10] légitime et sérieux[11], alors qu'en réalité, le congé délivré l'a été afin de masquer l'intention du bailleur de vendre le logement loué et de priver le locataire de son droit de préemption de l'article 15-II[12].

En ce qui concerne les baux en cours le 8 août 2015, date d'entrée en vigueur de la loi n° 2015-990 du 6 août 2015, dite Macron[13], l'article 15 de la loi, dans sa rédaction issue de la loi du 24 mars 2014[14], dite loi Alur, précise que, « en cas de contestation, le juge peut, même d'office, vérifier la réalité du motif du congé et le respect des obligations prévues au présent article. Il peut notamment déclarer non valide le congé si la non-reconduction du bail n'apparaît pas justifiée par des éléments sérieux et légitimes ».

La sanction prononcée est l'annulation du congé litigieux et, le cas échéant, l'octroi de dommages et intérêts.

1. TI Paris, 13 juin 2003, n° 11/03/000069, *AJDI* 2003. 762, obs. Rouquet.
2. Paris, 23 févr. 1994, RG n° 92/022607, *Loyers et copr.* 1994, n° 323.
3. Paris, 23 mars 1994, RG n° 92/022607, *Loyers et copr.* 1994, n° 223.
4. Civ. 3e, 7 févr. 1996, n° 93-20.135, *Bull. civ.* III, n° 35; *D.* 1996. IR 78; *Administrer* août-sept. 1996, p. 33, note Beddeleem.
5. Civ. 1re, 19 nov. 1996, n° 94-16.788, NP, *Rev. loyers* 1997. 444.
6. Agen, 5 mars 1997, RG n° 96/000376, *Loyers et copr.* 1998, n° 7, obs. Vial-Pedroletti – Paris, 24 juin 1999, RG n° 1997/19761, *JCP* 2000. IV, n° 1199 – Paris, 9 nov. 2004, RG n° 2003/06217, *Loyers et copr.* 2005, n° 91.
7. Civ. 3e, 29 janv. 2002, n° 00-18.094, NP, *Administrer* juin 2002, p. 41, obs. Canu.
8. Civ. 3e, 17 juill. 1996, *AJPI* 1996. 897, note Blatter.
9. Civ. 3e, 7 févr. 1996, n° 93-20.135, *Bull. civ.* III, n° 35; *Administrer* août-sept. 1996, p. 33, note Beddeleem.
10. Soi-disant.
11. La construction d'un foyer pour personnes âgées ou la réalisation d'un programme de logements à prix modéré.
12. Civ. 3e, 19 janv. 2000, n° 98-10.918, NP, *AJDI* 2000. 344; *RJDA* 2000, n° 252; *Administrer* août-sept. 2000, p. 26, obs. Beddeleem.
13. L. n° 2015-990 du 6 août 2015, art. 82-II, *JO* 7 août, p. 13537 s.
14. L. n° 2014-366, 24 mars 2014 pour l'accès au logement et un urbanisme rénové, *JO* 26 mars, p. 5809.

CHAPITRE

536. Protection des locataires âgés et démunis

SECTION 0 ORIENTEUR

536.00 Plan du chapitre.

Division – Protection corrélative à la situation du bailleur. L'article 15-III de la loi de 1989 instaure une protection particulière à l'égard des locataires âgés et démunis.

Cette protection, qui vaut pour tous les cas de congé, pour reprise ou pour vente [1], mais pas en cas de résiliation judiciaire du bail pour manquement du locataire à ses obligations [2],disparaît lors du décès, en cours de bail, du locataire visé : elle ne saurait profiter au conjoint survivant ne remplissant pas les conditions requises par la loi [3].

Elle connaît un tempérament, lorsque le bailleur propose un logement de remplacement à son cocontractant et une exception, lorsque le bailleur est lui-même soit âgé, soit démuni. La protection des locataires âgés et démunis de l'article 15-III de la loi de 1989 s'applique aux cas de congé pour reprise ou pour vente [4].

1. Lyon, 9 nov. 1999, *Loyers et copr.* 2000, n° 58, obs. Vial-Pedroletti.
2. Civ. 3e, 15 oct. 2014, n° 13-16.990, *Bull. civ.* III, n° 128; *D.* 2014. Actu. 2112; *Dalloz actu.*, 30 oct. 2014, obs. Rouquet; *AJDI* 2015. 205, obs. Damas; *Loyers et copr.* 2014, n° 296, obs. Vial-Pedroletti; *Rev. loyers* 2015. 36, obs. B. Humblot-Catheland; Paris, 27 oct. 2015, n° 13/22603 : *Rev. loyers* 2015. 516, obs. S. B.
3. Civ. 3e, 3 mai 2012, n° 11-17.010, *Bull. civ.* III, n° 63; *D.* 2012. Actu. 1331, obs. Rouquet; *ibid.* 2012. Chron. C. cass. 2540, spéc. 2542, obs. Pic; *ibid.* 2013. Pan. 863, spéc. 869, obs. Damas; *AJDI* 2013. 121, obs. Damas.
4. Lyon, 9 nov. 1999, RG n° 98/06648, *Loyers et copr.* 2000, n° 58, obs. Vial-Pedroletti.

536.01 Textes applicables.

TEXTES SOURCES

- **L. n° 89-462, 6 juill. 1989, art. 15-III.**
- **L. 1er sept. 1948, art. 13 *bis*.**

TEXTES *IN EXTENSO*

- **L. 6 juill. 1989, art. 15, III**

* V. ss n° 531.01

- **L. 1er sept. 1948, art. 13 *bis***

Le local mis à la disposition des personnes évincées, en application des articles 11 et 12, doit satisfaire aux caractéristiques définies en application des premier et deuxième alinéas de l'article 6 de la loi n° 89-462 du 6 juillet 1989 tendant à améliorer les rapports locatifs et portant modification de la loi n° 86-1290 du 23 décembre 1986 et correspondre à leurs besoins personnels ou familiaux et, le cas échéant, professionnels, et à leurs possibilités. Il doit en outre être situé :

Dans le même arrondissement ou les arrondissements limitrophes ou les communes limitrophes de l'arrondissement où se trouve le local, objet de la reprise, si celui-ci est situé dans une commune divisée en arrondissements;

Dans le même canton ou dans les cantons limitrophes de ce canton inclus dans la même commune ou dans les communes limitrophes de ce canton si la commune est divisée en cantons;

Dans les autres cas sur le territoire de la même commune ou d'une commune limitrophe, sans pouvoir être éloigné de plus de 5 km.

536.02 Jurisprudence de référence.

- **Civ. 3e, 18 févr. 1998, n° 96-18.125**, *Bull. civ.* III, n° 36

* V. ss n° 536.13

Il convient de donc des ressources annuelles du locataire déclarées à l'administration fiscale, avant tout abattement ou déduction pratiqués par cette administration.

- **Civ. 3e, 29 avr. 2009, n° 08-11.513**, *Bull. civ.* III, n° 91

* V. ss n° 536.33

Il suffit que l'un des deux époux bailleurs soit âgé de plus de 60 ans à l'échéance du contrat de bail pour pouvoir délivrer un congé reprise sans offre de relogement au locataire âgé et de ressources modestes.

• **Civ. 3e, 2 juin 2010, n° 09-66.698**, *Bull. civ.* III, n° 111

* V. ss n° 536.22

La loi de 1989 n'oblige pas le bailleur à présenter au locataire protégé une offre de relogement en même temps qu'il lui délivre le congé : il faut et suffit que cette offre soit faite pendant la période de préavis.

• **Civ. 3e, 15 oct. 2014, n° 13-16.990**, *Bull. civ.* III, n° 128

* V. ss n° 536.01

Les dispositions protectrices des locataires âgés et démunis ne s'appliquent pas en cas de résiliation judiciaire du bail pour manquement du locataire à ses obligations.

• **Civ. 3e, 7 juill. 2016, n° 14-29.148**, P

* V. ss n° 536.34

Ayant exactement retenu que la bailleresse, personne morale, ne pouvait se prévaloir au profit de l'un de ses associés de la dispense d'offre de relogement réservée par l'article 15-III au bailleur personne physique et constaté que la locataire, qui était âgée de plus de 70 ans [65 ans] et dont les ressources étaient inférieures à une fois et demie le montant annuel du SMIC [plafond de ressources pour l'attribution d'un logement locatif conventionné], n'a bénéficié d'aucune offre de relogement, une cour d'appel a déduit, à bon droit, de ces seuls motifs, que les congés sont irréguliers et doivent être annulés.

536.03 Bibliographie indicative.

Ouvrages. J. Lafond, B. Vial-Pedroletti, *Les baux d'habitation*, 8e éd., LexisNexis, 2017, nos 1328 s. – V. Zalewski-Sicard, *Baux d'habitation – Congés et droits de préemption*, Ellipses, 2016.

Actualisables. RÉP. CIV., v° « Bail d'habitation et mixte : rapports locatifs individuels – Loi du 6 juillet 1989 », N. Damas, nos 389 s. – LAMY DR. IMMO, n° 5938 – DICT. PERM. Gestion immob., « Baux d'habitation et mixtes », nos 348 s.

SECTION 1
PRINCIPE DE LA PROTECTION DES LOCATAIRES ÂGÉS ET DÉMUNIS

536.11 Personne âgée et démunie : seuils. Pour les baux conclus avant le 27 mars 2014, date d'entrée en vigueur de la loi du 24 mars 2014, dite loi Alur, le bailleur ne peut donner congé au locataire lorsque celui-ci remplit cumulativement deux conditions :

– est âgé de plus de 70 ans;

– a des ressources annuelles inférieures à une fois et demie le montant annuel du Smic.

536.12 Âge et évaluation des ressources. La loi du 24 mars 2014, dite loi Alur, a revu ces critères. Pour les baux en cours le 8 août 2015 [1], le locataire protégé est celui qui, à la fois :

– est âgé de plus de soixante-cinq ans;

– et qui a des ressources annuelles inférieures à un plafond de ressources en vigueur pour l'attribution des logements locatifs conventionnés fixé par arrêté du ministre chargé du logement.

À noter que, depuis la loi n° 2015-990 du 6 août 2015, dite loi Macron [2], la protection joue aussi lorsque le locataire a à sa charge une personne de plus de soixante-cinq ans vivant habituellement dans le logement et remplissant la condition de ressources précitée et que le montant cumulé des ressources annuelles de l'ensemble des personnes vivant au foyer est inférieur au plafond de ressources déterminé par l'arrêté précité.

Conformément aux dispositions légales [3], la date à prendre en compte pour apprécier l'âge du locataire et, le cas échéant depuis la loi du 6 août 2015, dite loi Macron, de la personne à sa charge est la date de l'échéance du contrat [4], tandis que la date pour apprécier ses ressources est celle de la date de la notification du congé [5].

Un important contentieux s'est développé à propos des ressources du locataire.

536.13 Ressources à prendre en compte. Les magistrats ont précisé qu'il s'agit des ressources annuelles du locataire déclarées à l'Administration fiscale, avant tout abattement ou déduction [6], étant entendu que la période à prendre en considération pour le calcul des ressources est la dernière année civile écoulée [7].

Seules doivent être prises en compte les ressources régulières [8], ce qui exclut les aides familiales épisodiques [9], la perception d'un capital [10], les primes d'assurance-vie [11], ou encore des revenus de capitaux de valeurs mobilières, des revenus soumis au prélèvement libératoire et du fruit de la vente de biens immobiliers [12].

1. Aux termes de l'art. 82 de la loi n° 2015-990 du 6 août 2015, dite Macron, *JO* 7 août, p. 13537.
2. *JO* 7 août, p. 13537.
3. L. n° 89-462, 6 juill. 1989, art. 15-III, al. 3.
4. AUSSI : Paris, 19 sept. 2007, RG n° 06/19920, *AJDI* 2008. 128.
5. Civ. 3e, 10 déc. 1997, n° 96-11.243, *Bull. civ.* III, n° 220; *RJDA* 1998, n° 156.
6. Civ. 3e, 18 févr. 1998, n° 96-18.125, *Bull. civ.* III, n° 36; *AJDI* 1999. 134, note Teilliais.
7. Paris, 15 mai 2003, RG n° 2002/14146, *D.* 2004. Somm. 841, obs. Damas.
8. Civ. 3e, 28 mai 1997, n° 95-18.116, *Bull. civ.* III, n° 117 – Versailles, 4 oct. 1996, RG n° 044615, *D.* 1996. Somm. 370, obs. CRDP Nancy 2.
9. Paris, 22 mai 1991, *JurisData* n° 600480, *Rev. loyers* 1991. 324, [loi de 1982].
10. Pau, 8 mars 1995, RG n° 94/000757, *Cah. jurispr. Aquitaine* 1995, p. 70.
11. Paris, 7 nov. 1996, RG n° 95/025126, *Loyers et copr.* 1997, n° 8.
12. Civ. 3e, 16 sept. 2009, n° 08-13.701, *Bull. civ.* III, n° 190; *D.* 2009. AJ 2282, obs. Rouquet; *ibid.* 2010. Pan. 1168, spéc. 1179, obs. Damas; *AJDI* 2010. 222, note de La Vaissière.

Un problème particulier se pose lorsque le logement est occupé par plusieurs personnes.

536.14 Appréciation des ressources de tous les occupants du logement loué. Après quelques hésitations, il semble que la jurisprudence soit aujourd'hui fixée. En effet, par un arrêt de principe du 19 juillet 2000, la troisième Chambre de la Cour de cassation a précisé que pour le calcul des ressources du locataire âgé de plus de 70 ans, les ressources de chacun des époux colocataires doivent être appréciées séparément[1]. Cette solution avait d'ailleurs déjà été retenue en 1994 par la même juridiction en cas de cotitularité conventionnelle du droit de bail[2].

On retiendra par ailleurs cette décision de la cour d'appel de Paris, appliquant les dispositions de l'article 15 III de la loi du 6 juillet 1989, alors que seul l'un des coïndivisaires locataires remplissait la condition de ressources[3].

SECTION 2

Tempérament au principe : mise à disposition d'un logement de substitution

536.21 Obligation du bailleur. Le bailleur va retrouver la possibilité de donner congé à un locataire âgé et démuni dès lors qu'il lui proposera « un logement correspondant à ses besoins et possibilités » situé dans le voisinage[4]. Mais le bailleur ne pourra pas se contenter de lui communiquer diverses offres de location figurant sur le marché locatif : il devra s'assurer de l'effectivité de ces offres et de l'accord des propriétaires pour louer leurs biens au preneur évincé[5].

536.22 Proposition de relogement et congé. La proposition de relogement ne devra toutefois pas nécessairement être formulée dans le congé lui-même : il faut et suffit que cette offre soit faite pendant la période de préavis[6]. En revanche, si elle a déjà été faite officieusement avant la délivrance du congé, elle devra être réitérée avec le congé[7]. Quant au refus du locataire d'accepter le logement remplissant les conditions légales[8], elle ne saurait être fondée. En pareille circonstance, le bailleur serait réputé avoir rempli son obligation[9].

536.23 Absence de proposition – Sanction. Le défaut de proposition d'un logement de remplacement rendra le congé nul et le bail sera alors reconduit. Il ne peut en effet pas être soutenu que le congé délivré sans proposition de relogement sera valable dès que le bailleur aura pallié à ce manquement[10].

536.24 Logement adapté aux besoins et aux possibilités du locataire. L'adéquation du logement avec les besoins et les possibilités du locataire est souverainement appréciée par les juges du fond. Un logement trop exigu ne pourra pas être pris en compte[11], pas plus qu'un logement dont le loyer serait trop élevé au regard des possibilités financières[12] du preneur[13]. Par ailleurs, un logement situé dans le même immeuble que celui occupé par le locataire, pour un loyer mensuel et provisions pour charges légèrement supérieurs ne correspond pas aux exigences légales, dès lors qu'il est proposé pour une durée maximale de trois ans, le propriétaire ayant l'intention de vendre à l'issue de ce délai[14]. Et le logement d'une surface moindre que celui actuellement occupé, situé au rez-de-chaussée au lieu du 7e étage et manquant de luminosité ne correspond pas aux besoins du locataire[15]. À l'inverse, répond aux critères légaux l'appartement de 72 m^2 (au lieu de 98), situé à moins de 50 mètres du logement actuel du locataire, dès l'instant où il a été rénové et que le loyer est inférieur aux prix du quartier[16].

536.25 Logement à proximité. Les limites géographiques imposées par l'article 15-III sont celles de l'article 13 *bis* de la loi de 1948[17].

1. Civ. 3e, 19 juill. 2000, no 98-20.636, *Bull. civ.* III, no 146, *D.* 2001. Somm. 172, obs. CRDP Nancy 2; *Rev. loyers* 2000. 441, obs. Rémy – Civ. 3e, 24 sept. 2002, no 01-03.699, NP, *AJDI* 2003. 195, obs. Laporte-Leconte.
2. Civ. 3e, 15 juin 1994, no 91-17.440, NP, *AJPI* 1994. 929, note Blatter.
3. Paris, 31 janv. 2002, RG no 2001/08387, *AJDI* 2002. 300.
4. L. no 89-462, 6 juill. 1989, art. 15-III, al. 1er.
5. Paris, 11 janv. 2011, RG no 08/14726, *AJDI* 2011. 297; *Loyers et copr.* 2011, no 101, obs. Vial-Pedroletti.
6. Civ. 3e, 2 juin 2010, no 09-66.698, *Bull. civ.* III, no 111; *D.* 2010. Actu. 1486; *ibid.* 2011. Pan. 1181, spéc. 1189, obs. Damas; *AJDI* 2011. 51, obs. Rouquet; *Rev. loyers* 2010. 317, obs. Canu.
7. Civ. 3e, 26 juin 1996, no 94-18.306, *Bull. civ.* III, no 157; *Administrer* juill. 1997, p. 37, note Beddeleem.
8. Tant en terme de proximité qu'en terme d'adaptation du logement.
9. Toulouse, 31 oct. 1995, RG no 125/94, *Loyers et copr.* 1996, no 418.
10. Civ. 3e, 1er juill. 1998, no 96-16.761, *Bull. civ.* III, no 146; *RDI* 1998. 695, obs. Collart-Dutilleul.
11. Paris, 15 sept. 1989, RG no 88/17006, *Loyers et copr.* 1990, no 78.
12. Par définition limitées[loi de 1982].
13. Pau, 8 mars 1995, RG no 94/000757, *Cah. jurispr. Aquitaine* 1995, p. 70.
14. Civ. 3e, 16 sept. 2009, no 08-15.589, *Bull. civ.* III, no 190; *D.* 2009. AJ 2282, obs. Rouquet; *ibid.* 2010. Pan. 1168, spéc. 1179, obs. Damas; *AJDI* 2010. 222, note de La Vaissière.
15. Paris, 24 févr. 2011, *Loyers et copr.* 2011, no 136, obs. Vial-Pedroletti.
16. Paris, 10 déc. 2009, RG no 08/18695, *Loyers et copr.* 2010, no 129, obs. Vial-Pedroletti.
17. L. no 48-1360, 1er sept. 1948.

En vertu de ce texte, le logement de remplacement doit être situé :

- dans le même arrondissement ou les arrondissements limitrophes ou les communes limitrophes de l'arrondissement où se trouve le local, objet de la reprise, si celui-ci est situé dans une commune divisée en arrondissements;

- dans le même canton ou les cantons limitrophes de ce canton inclus dans la même commune ou dans les communes limitrophes de ce canton si la commune est divisée en cantons;

- dans les autres cas sur le territoire de la même commune ou d'une commune limitrophe, sans pouvoir être éloigné de plus de cinq kilomètres.

SECTION 3
EXCEPTION AU PRINCIPE : LE BAILLEUR EST ÂGÉ OU DÉMUNI

536.31 Règle générale. Pour les baux conclus avant l'entrée en vigueur de la loi du 24 mars 2014[1], dite loi Alur, soit avant le 27 mars 2014, le bailleur peut donner congé à son locataire âgé et démuni si lui-même remplit au moins l'une des deux conditions suivantes :

- être une personne physique âgée de plus de 60 ans;

- avoir des ressources annuelles inférieures à une fois et demie le montant annuel du Smic. Et la période à prendre en considération pour le calcul des ressources annuelles est la dernière année civile écoulée et non la période calculée de quantième à quantième à partir du congé[2].

- Pour les baux conclus depuis le 27 mars 2014, l'article 15 de la loi du 6 juillet 1989 dans sa rédaction issue de la loi du 24 mars 2014, dite loi Alur, change ces critères.

536.32 Conditions alternatives d'âge ou de ressources. Désormais, pPour échapper à l'obligation de reloger son locataire âgé et peu argenté, le bailleur doit :

- soit être âgé de plus de soixante-cinq ans;

- soit avoir des ressources annuelles inférieures à un plafond de ressources en vigueur pour l'attribution des logements locatifs conventionnés fixé par arrêté du ministre chargé du logement.

À l'égard du bailleur, le législateur pose des conditions alternatives (alors qu'à l'égard du locataire, elles sont cumulatives). L'âge du bailleur est apprécié à la date d'échéance du contrat tandis que ses ressources sont appréciées à la date de notification du congé[3]. Il importe peu que la reprise bénéficie à un descendant de moins de 60 ans[4].

La question de savoir si le bailleur répond aux conditions légales pose problème lorsque le logement est en indivision, appartient à une SCI familiale au sens de l'article 13 a de la loi de 1989 (v. s[s] n° 536.34) ou lorsque le bien loué est grevé d'usufruit.

536.33 Cas particulier du logement en indivision. Le point de savoir si les conditions légales (âge et ressources) doivent être remplies par tous les indivisaires ou seulement par l'un d'entre eux est discuté[5].

Mettant fin à la controverse, à deux reprises, la haute juridiction a précisé en 2009, en ce qui concerne la condition d'âge, qu'il suffit que l'un des deux époux bailleurs soit âgé de plus de 60 ans à l'échéance du contrat de bail pour pouvoir délivrer un congé reprise sans offre de relogement au locataire âgé et de ressources modestes[6].

Et ce qui vaut pour l'âge doit, vraisemblablement, valoir pour la condition de ressources.

536.34 Logement appartenant à une SCI familiale. En 2016, la haute juridiction a jugé que la SCI bailleresse constituée exclusivement entre parents et alliés jusqu'au quatrième degré inclus doit offrir un logement de substitution au locataire âgé et démuni auquel elle a délivré un congé-reprise, alors même que l'associé bénéficiaire de la reprise est âgé[7]. Cette solution mérite approbation, car alors que l'article 13 *a* de la loi de 1989 assimile bailleur personne physique et bailleur SCI familiale lorsque le congé est délivré par la société au profit de l'un des associés,

1. L. n° 2014-366, 24 mars 2014 pour l'accès au logement et un urbanisme rénové, *JO* 26 mars, p. 5809.
2. Paris, 10 mai 2011, RG n° 08/23997, *AJDI* 2012. 271.
3. L. n° 89-462, 6 juill. 1989, art. 15-III, al. 3.
4. Civ. 3e, 4 nov. 1992, n° 90-11.215, *Bull. civ.* III, n° 287; *Administrer* mai 1993, p. 42, note Aubert, [loi de 1982] – Paris, 11 mars 1999, RG n° 1998/08124, *Loyers et copr.* 1999, n° 208, obs. Vial-Pedroletti.
5. JUGEANT que le congé est valable dès lors que les conditions alternatives de l'article 15-III étaient réunies par un seul des coïndivisaires : Paris, 4 déc. 1996, RG n° 95/18746, *D.* 1997. Somm. 265, obs. CRDP Nancy 2 – Lyon, 9 nov. 1999, RG n° 98/06648, *Loyers et copr.* 2000, n° 58, obs. Vial-Pedroletti; EN SENS CONTRAIRE : Orléans, 16 oct. 1996, RG n° 94/001610, *Loyers et copr.* 1997, n° 193, obs. crit. Vial-Pedroletti – Nîmes, 10 sept. 1998, RG n° 96.4372, *Loyers et copr.* 1999, n° 90, obs. crit. Vial-Pedroletti.
6. Civ. 3e, 29 avr. 2009, n° 08-11.513, *Bull. civ.* III, n° 91; *D.* 2009. AJ 1417, obs. Rouquet; *ibid.* 2010. Pan. 1168, spéc. 1180, obs. Damas *AJDI* 2009. 793, note Dreveau – DANS LE MÊME SENS, À PROPOS d'une indivision de 19 personnes, seules 8 d'entre elles ayant atteint l'âge requis : Civ. 3e, 16 sept. 2009, n° 08-13.701, *Bull. civ.* III, n° 189; *D.* 2009. AJ 2281, obs. Rouquet; *ibid.* 2010. Pan. 1168, spéc. 1180, obs. Damas.
7. Civ. 3e, 7 juill. 2016, n° 14-29.148 P : *Dalloz actu.*, 21 juill. 2016, obs. Rouquet.

l'article 15-III de la même loi réserve expressément l'exception à l'obligation d'offrir de reloger un locataire âgé et démuni à l'hypothèse du bailleur personne physique lui-même âgé ou peu fortuné[1].

536.35 Logement grevé d'usufruit. Dans la mesure où l'usufruitier est la seule personne habilitée à donner congé (v. s[s] n° 531.61), les conditions d'âge et de ressources ne doivent s'apprécier qu'à son égard[2].

1. DANS LE MÊME SENS, jugeant que la condition d'âge ou de ressources permettant au bailleur d'être exonéré de l'obligation d'offrir un relogement au locataire évincé s'apprécie en la personne du bailleur personne physique et non en celle du bénéficiaire de la reprise, v. Paris, 12 janv. 2016, n° 14/23305, *AJDI* 2016. 432; *Loyers et copr.* 2016, n° 87, obs. Vial-Pedroletti
2. Rennes, 29 oct. 1998, RG n° 9708286, *Loyers et copr.* 1999, n° 260, obs. Vial-Pedroletti.

TITRE

54. Le congé donné par le locataire dans le secteur privé

SECTION 0
ORIENTEUR

54.00 Plan du titre.

Division. Après avoir étudié la question de l'auteur et du destinataire du congé, nous verrons que celui-ci n'a pas besoin d'être motivé pour être valable. Puis, nous nous arrêterons sur la forme et le délai que le preneur doit respecter (sur le caractère unilatéral du congé v. s[s] n° 531.12).

540.01 54.01 Textes applicables.

TEXTES SOURCES

- **L. n° 89-462, 6 juill. 1989, art. 8-1, 15.**
- **C. civ., art. 1751.**

54.03 Bibliographie indicative.

Ouvrages. J. Lafond, B. Vial-Pedroletti, *Les baux d'habitation*, 8e éd., LexisNexis, 2017, nos 1183 s. à 1241 – V. Zalewski-Sicard, *Baux d'habitation – Congés et droits de préemption*, Ellipses, 2016.

Actualisables. RÉP. CIV., v° « Bail d'habitation et mixte : rapports locatifs individuels – Loi du 6 juillet 1989 », N. Damas, nos 455 s. – LAMY DR. IMMO, nos 5917 s. – DICT. PERM. Gestion immob., « Baux d'habitation et mixtes », nos 423 s.

CHAPITRE

541. Auteur et destinataire du congé

SECTION 0 ORIENTEUR

541.00 Plan du chapitre.

541.01 Textes applicables.

TEXTES SOURCES

- **L. n° 89-462, 6 juill. 1989, art. 8-1, 15.**
- **C. civ., art. 1751.**

TEXTES *IN EXTENSO*

- **L. 6 juill. 1989, art. 8-1**

I. – La colocation est définie comme la location d'un même logement par plusieurs locataires, constituant leur résidence principale, et formalisée par la conclusion d'un contrat unique ou de plusieurs contrats entre les locataires et le bailleur, à l'exception de la location consentie exclusivement à des époux ou à des partenaires liés par un pacte civil de solidarité au moment de la conclusion initiale du contrat.

II. – Lorsque la colocation est formalisée par la conclusion de plusieurs contrats entre les locataires et le bailleur, elle constitue une division du logement tenue au respect des articles L. 111-6-1 et L. 111-6-1-1 du code de la construction et de l'habitation.

Chaque contrat de bail formalisant une colocation respecte le présent titre Ier ou, s'il concerne un logement loué meublé, le titre Ier *bis* de la présente loi.

Le montant de la somme des loyers perçus de l'ensemble des colocataires ne peut être supérieur au montant du loyer applicable au logement en application des articles 17 ou 25-9. Les articles 17-1 et 17-2 sont applicables.

Les normes de peuplement prises en application du 2° du I de l'article L. 831-3 du code de la sécurité sociale s'imposent aux logements loués en colocation.

Un décret en Conseil d'État adapte aux logements loués en colocation les caractéristiques applicables aux conditions de décence.

III. – Le contrat de bail d'une colocation respecte un contrat type défini par décret en Conseil d'État, pris après avis de la Commission nationale de concertation.

IV. – Les parties au contrat de bail d'une colocation peuvent convenir dans le bail de la souscription par le bailleur d'une assurance pour compte récupérable auprès des colocataires dans les conditions prévues au g de l'article 7. Les colocataires peuvent provoquer la résiliation de l'assurance pour compte récupérable dans les conditions fixées au même article.

V. – Les charges locatives accessoires au loyer principal d'un contrat de bail d'une colocation sont récupérées par le bailleur au choix des parties comme prévu par ce contrat :

1° Soit dans les conditions prévues à l'article 23, lorsqu'il s'agit de provisions pour charges;

2° Soit sous la forme d'un forfait versé simultanément au loyer, dont le montant et la périodicité de versement sont définis dans le contrat et qui ne peut donner lieu à complément ou à régularisation ultérieure. Le montant du forfait de charges est fixé en fonction des montants exigibles par le bailleur en application de l'article 23 et peut être révisé chaque année aux mêmes conditions que le loyer principal. Ce montant ne doit pas être manifestement disproportionné au regard des charges dont le locataire ou, le cas échéant, le précédent locataire se serait acquitté.

VI. – La solidarité d'un des colocataires et celle de la personne qui s'est portée caution pour lui prennent fin à la date d'effet du congé régulièrement délivré et lorsqu'un nouveau colocataire figure au bail. À défaut, elles s'éteignent au plus tard à l'expiration d'un délai de six mois après la date d'effet du congé.

L'acte de cautionnement des obligations d'un ou de plusieurs colocataires résultant de la conclusion d'un contrat de bail d'une colocation identifie nécessairement, sous peine de nullité, le colocataire pour lequel l'extinction de la solidarité met fin à l'engagement de la caution.

- **L. 6 juill. 1989, art. 15**

I. – Lorsque le bailleur donne congé à son locataire, ce congé doit être justifié soit par sa décision de reprendre ou de vendre le logement, soit par un motif légitime et sérieux, notamment l'inexécution par le locataire de l'une des obligations lui incombant. À peine de nullité, le congé donné par le bailleur doit indiquer le motif allégué et, en cas de reprise, les nom et adresse du bénéficiaire de la reprise ainsi que la nature du lien existant entre le bailleur et le bénéficiaire de la reprise qui ne peut être que le bailleur, son conjoint, le partenaire auquel il est lié par un pacte civil de solidarité enregistré à la date du congé, son concubin notoire depuis au moins un an à la date du congé, ses ascendants, ses descendants ou ceux de son conjoint, de son partenaire ou de son concubin notoire. Lorsqu'il donne congé à son locataire pour reprendre le logement, le bailleur justifie du caractère réel et sérieux de sa décision de reprise. Le délai de préavis applicable au congé est de six mois lorsqu'il émane du bailleur.

En cas d'acquisition d'un bien occupé :

– lorsque le terme du contrat de location en cours intervient plus de trois ans après la date d'acquisition, le bailleur peut donner congé à son locataire pour vendre le logement au terme du contrat de location en cours;

– lorsque le terme du contrat de location en cours intervient moins de trois ans après la date d'acquisition, le bailleur ne peut donner congé à son locataire pour vendre le logement qu'au terme de la première reconduction tacite ou du premier renouvellement du contrat de location en cours;

– lorsque le terme du contrat en cours intervient moins de deux ans après l'acquisition, le congé pour reprise donné par le bailleur au terme du contrat de location en cours ne prend effet qu'à l'expiration d'une durée de deux ans à compter de la date d'acquisition.

En cas de contestation, le juge peut, même d'office, vérifier la réalité du motif du congé et le respect des obligations prévues au présent article. Il peut notamment déclarer non valide le congé si la non-reconduction du bail n'apparaît pas justifiée par des éléments sérieux et légitimes.

Toutefois, la possibilité pour un bailleur de donner congé à un locataire et la durée du bail sont suspendues à compter :

a) De la réception de l'avis de tenue de la réunion de la commission départementale compétente en matière d'environnement, de risques sanitaires et technologiques, notifié par le représentant de l'État dans le département dans les conditions prévues aux articles L. 1331-26 et L. 1331-27 du code de la santé publique;

b) De l'engagement par le maire de la procédure contradictoire prévue à l'article L. 511-2 du code de la construction et de l'habitation, relative aux bâtiments menaçant ruine.

Cette suspension est levée à l'expiration d'un délai maximal de six mois à compter de la réception du courrier de l'autorité administrative compétente engageant l'une des procédures mentionnées aux a et b, faute de notification d'un des arrêtés prévus à leur issue ou de leur abandon.

Lorsque l'autorité administrative compétente a notifié les arrêtés prévus respectivement aux articles L. 1331-25 et L. 1331-28 du code de la santé publique ou à l'article L. 511-2 du code de la construction et de l'habitation, il est fait application des articles L. 521-1 et L. 521-2 du même code.

Une notice d'information relative aux obligations du bailleur et aux voies de recours et d'indemnisation du locataire est jointe au congé délivré par le bailleur en raison de sa décision de reprendre ou de vendre le logement. Un arrêté du ministre chargé du logement, pris après avis de la Commission nationale de concertation, détermine le contenu de cette notice.

Lorsqu'il émane du locataire, le délai de préavis applicable au congé est de trois mois.

Le délai de préavis est toutefois d'un mois :

1° Sur les territoires mentionnés au premier alinéa du I de l'article 17;

2° En cas d'obtention d'un premier emploi, de mutation, de perte d'emploi ou de nouvel emploi consécutif à une perte d'emploi;

3° Pour le locataire dont l'état de santé, constaté par un certificat médical, justifie un changement de domicile;

4° Pour les bénéficiaires du revenu de solidarité active ou de l'allocation adulte handicapé;

5° Pour le locataire qui s'est vu attribuer un logement défini à l'article L. 351-2 du code de la construction et de l'habitation.

Le locataire souhaitant bénéficier des délais réduits de préavis mentionnés aux 1° à 5° précise le motif invoqué et le justifie au moment de l'envoi de la lettre de congé. À défaut, le délai de préavis applicable à ce congé est de trois mois.

Le congé doit être notifié par lettre recommandée avec demande d'avis de réception, signifié par acte d'huissier ou remis en main propre contre récépissé ou émargement. Ce délai court à compter du jour de la réception de la lettre recommandée, de la signification de l'acte d'huissier ou de la remise en main propre.

Pendant le délai de préavis, le locataire n'est redevable du loyer et des charges que pour le temps où il a occupé réellement les lieux si le congé a été notifié par le bailleur. Il est redevable du loyer et des charges concernant tout le délai de préavis si c'est lui qui a notifié le congé, sauf si le logement se trouve occupé avant la fin du préavis par un autre locataire en accord avec le bailleur.

À l'expiration du délai de préavis, le locataire est déchu de tout titre d'occupation des locaux loués.

II. – Lorsqu'il est fondé sur la décision de vendre le logement, le congé doit, à peine de nullité, indiquer le prix et les conditions de la vente projetée. Le congé vaut offre de vente au profit du locataire : l'offre est valable pendant les deux premiers mois du délai de préavis. Les dispositions de l'article 46 de la loi n° 65-557 du 10 juillet 1965 fixant le statut de la copropriété des immeubles bâtis ne sont pas applicables au congé fondé sur la décision de vendre le logement.

À l'expiration du délai de préavis, le locataire qui n'a pas accepté l'offre de vente est déchu de plein droit de tout titre d'occupation sur le local.

Le locataire qui accepte l'offre dispose, à compter de la date d'envoi de sa réponse au bailleur, d'un délai de deux mois pour la réalisation de l'acte de vente. Si, dans sa réponse, il notifie son intention de recourir à un prêt, l'acceptation par le locataire de l'offre de vente est subordonnée à l'obtention du prêt et le délai de réalisation de la vente est porté à quatre mois. Le contrat de location est prorogé jusqu'à l'expiration du délai de réalisation de la vente. Si, à l'expiration de ce délai, la vente n'a pas été réalisée, l'acceptation de l'offre de vente est nulle de plein droit et le locataire est déchu de plein droit de tout titre d'occupation.

Dans le cas où le propriétaire décide de vendre à des conditions ou à un prix plus avantageux pour l'acquéreur, le notaire doit, lorsque le bailleur n'y a pas préalablement procédé, notifier au locataire ces conditions et prix à peine de nullité de la vente. Cette notification est effectuée à l'adresse indiquée à cet effet par le locataire au bailleur; si le locataire n'a pas fait connaître cette adresse au bailleur, la notification est effectuée à l'adresse des locaux dont la location avait été consentie. Elle vaut offre de vente au profit du locataire. Cette offre est valable pendant une durée d'un mois à compter de sa réception. L'offre qui n'a pas été acceptée dans le délai d'un mois est caduque.

Le locataire qui accepte l'offre ainsi notifiée dispose, à compter de la date d'envoi de sa réponse au bailleur ou au notaire, d'un délai de deux mois pour la réalisation de l'acte de vente. Si, dans sa réponse, il notifie son intention de recourir à un prêt, l'acceptation par le locataire de l'offre de vente est subordonnée à l'obtention du prêt et le délai de réalisation de la vente est porté à quatre mois. Si, à l'expiration de ce délai, la vente n'a pas été réalisée, l'acceptation de l'offre de vente est nulle de plein droit.

Les termes des cinq alinéas précédents sont reproduits à peine de nullité dans chaque notification.

Ces dispositions ne sont pas applicables aux actes intervenant entre parents jusqu'au troisième degré inclus, sous la condition que l'acquéreur occupe le logement pendant une durée qui ne peut être inférieure à deux ans à compter de l'expiration du délai de préavis, ni aux actes portant sur les immeubles mentionnés au deuxième alinéa de l'article L. 111-6-1 du code de la construction et de l'habitation.

Dans les cas de congés pour vente prévus à l'article 11-1, l'offre de vente au profit du locataire est dissociée du congé. En outre, le non-respect de l'une des obligations relatives au congé pour vente d'un accord conclu en application de l'article 41 *ter* de la loi n° 86-1290 du 23 décembre 1986 tendant à favoriser l'investissement locatif, l'accession à la propriété de logements sociaux et le développement de l'offre foncière, et rendu obligatoire par décret, donne lieu à l'annulation du congé.

Est nul de plein droit le congé pour vente délivré au locataire en violation de l'engagement de prorogation des contrats de bail en cours, mentionné au premier alinéa du A du I de l'article 10-1 de la loi n° 75-1351 du 31 décembre 1975 relative à la protection des occupants de locaux à usage d'habitation.

III. – Le bailleur ne peut s'opposer au renouvellement du contrat en donnant congé dans les conditions définies au paragraphe I ci-dessus à l'égard de tout locataire âgé de plus de soixante-cinq ans et dont les ressources annuelles sont inférieures à un plafond de ressources en vigueur pour l'attribution des logements locatifs conventionnés fixé par arrêté du ministre chargé du logement, sans qu'un logement correspondant à ses besoins et à ses possibilités lui soit offert dans les limites géographiques prévues à l'article 13 *bis* de la loi n° 48-1360 du 1er septembre 1948 précitée. Le présent alinéa est également applicable lorsque le locataire a à sa charge une personne de plus de soixante-cinq ans vivant habituellement dans le logement et remplissant la condition de ressources précitée et que le montant cumulé des ressources annuelles de l'ensemble des personnes vivant au foyer est inférieur au plafond de ressources déterminé par l'arrêté précité.

Toutefois, les dispositions de l'alinéa précédent ne sont pas applicables lorsque le bailleur est une personne physique âgée de plus de soixante-cinq ans ou si ses ressources annuelles sont inférieures au plafond de ressources mentionné au premier alinéa.

L'âge du locataire, de la personne à sa charge et celui du bailleur sont appréciés à la date d'échéance du contrat; le montant de leurs ressources est apprécié à la date de notification du congé.

IV. – Le fait pour un bailleur de délivrer un congé justifié frauduleusement par sa décision de reprendre ou de vendre le logement est puni d'une amende pénale dont le montant ne peut être supérieur à 6 000 € pour une personne physique et à 30 000 € pour une personne morale.

Le montant de l'amende est proportionné à la gravité des faits constatés. Le locataire est recevable dans sa constitution de partie civile et la demande de réparation de son préjudice.

• **C. civ., art. 1751**

Le droit au bail du local, sans caractère professionnel ou commercial, qui sert effectivement à l'habitation de deux époux, quel que soit leur régime matrimonial et nonobstant toute convention contraire et même si le bail a été conclu avant le mariage, ou de deux partenaires liés par un pacte civil de solidarité, dès lors que les partenaires en font la demande conjointement, est réputé appartenir à l'un et à l'autre des époux ou partenaires liés par un pacte civil de solidarité.

En cas de divorce ou de séparation de corps, ce droit pourra être attribué, en considération des intérêts sociaux et familiaux en cause, par la juridiction saisie de la demande en divorce ou en séparation de corps, à l'un des époux, sous réserve des droits à récompense ou à indemnité au profit de l'autre époux.

En cas de décès d'un des époux ou d'un des partenaires liés par un pacte civil de solidarité, le conjoint ou le partenaire lié par un pacte civil de solidarité survivant cotitulaire du bail dispose d'un droit exclusif sur celui-ci sauf s'il y renonce expressément.

541.02 Jurisprudence de référence.

• **Civ. 3e, 8 nov. 1995, n° 93-17.110**, *Bull. civ.* III, n° 220

* V. ss n° 541.13

Le congé donné par l'un des copreneurs solidaires, qui a quitté les lieux, ne le libère pas de son obligation solidaire de payer les loyers et les charges.

• **Civ. 3e, 5 mai 2004, n° 03-10.201**, *Bull. civ.* III, n° 87

* V. ss n° 541.13

Sauf stipulation expresse contraire, l'engagement solidaire souscrit par des co-preneurs ne survit pas à la résiliation du bail. Le co-preneur ayant quitté les lieux n'est donc pas redevable de l'indemnité d'occupation, due en raison de la faute quasi-délictuelle commise par celui qui se maintient dans les lieux.

541.03 **Bibliographie indicative.**

Ouvrages. J. Lafond, B. Vial-Pedroletti, *Les baux d'habitation*, 8e éd., LexisNexis, 2017, nos 1197 s. – V. Zalewski-Sicard, *Baux d'habitation – Congés et droits de préemption*, Ellipses, 2016.

Actualisables. RÉP. CIV., vo « Bail d'habitation et mixte : rapports locatifs individuels – Loi du 6 juillet 1989 », N. Damas, nos 457 s. – LAMY DR. IMMO, no 5919 – DICT. PERM. Gestion immob., « Baux d'habitation et mixtes », nos 442 s.

SECTION 1 AUTEUR ET DESTINATAIRE DU CONGÉ

§ 1 Auteur du congé

541.11 **Locataire unique ou multiple.** Il s'agit du locataire. En cas de pluralité de locataires ou d'occupants, plusieurs hypothèses sont à envisager.

541.12 **Colocataires non solidaires.** Lorsqu'il n'existe pas de solidarité entre les signataires du bail (hypothèse cependant d'école puisque la quasi-totalité des contrats comportent une clause de solidarité), le congé donné uniquement par l'un d'eux produit ses pleins effets à son égard : à l'issue du préavis, il n'est donc plus tenu de respecter ses obligations locatives [1], à l'inverse du locataire n'ayant pas délivré de congé. Pour ce dernier, en effet, sauf stipulation contraire, le congé délivré par son colocataire est sans incidence [2].

541.13 **Colocataires solidaires.** Lorsque les signataires du bail sont solidaires, le congé doit émaner de chacun d'entre eux. En effet, un copreneur solidaire ne peut mettre fin au bail sans l'accord des autres [3].

À défaut de congé émanant de l'ensemble des locataires, l'auteur du congé restera toutefois tenu du paiement des loyers et des charges, quand bien même aurait-il quitté les lieux [4]. Sauf stipulation expresse contraire, l'engagement solidaire ne vaut pas pour l'indemnité d'occupation due par le locataire qui se maintient dans les lieux au-delà de l'échéance contractuelle ou judiciaire [5] du bail [6] (sur le régime de la colocation prévu par l'article 8-1 de la loi du 6 juillet 1989 issu de la loi du 24 mars 2014 [7], dite loi Alur, v. ss nos 124.11 s.).

541.14 **Locataires mariés.** En application des principes de cotitularité du droit de bail [8] et de solidarité entre les époux [9] (sur ces notions v. ss nos 121.11 s.), le congé donné par l'un des deux époux seulement n'est pas opposable à l'autre, qui reste donc locataire [10]. De plus, tant que durent les liens du mariage (c'est-à-dire jusqu'à la publication du jugement de divorce), l'époux ayant donné congé restera malgré tout solidairement tenu du paiement des loyers et des charges [11]. À noter cette jurisprudence aux termes de laquelle le mari reste titulaire d'un droit au bail sur le local ayant effectivement servi à l'habitation des deux époux, quand bien même aurait-il cessé toute communauté de vie avec sa femme [12] (sur la situation du concubin du locataire v. ss nos 123.11 s.).

541.15 **Locataires liés par un Pacs.** Même si le partenaire n'est pas signataire du bail, depuis la modification de l'article 1751 du code civil par la loi du 24 mars 2014 [13], dite loi Alur, applicable depuis le 8 août 2015, date d'entrée en vigueur de la loi no 2015-990 du 6 août 2015, dite Macron [14], aux contrats en cours, il est cotitulaire du droit au bail, du moins dès lors que les deux pacsés ont fait une demande conjointe en ce sens.

Partant, en cas de demande conjointe de cotitularité, le congé doit émaner de chacun d'entre eux (sur la question, v. ss nos 122.11 s.).

541.16 **Locataires vivant en concubinage.** En dehors de l'hypothèse où les deux sont signataires du bail (auquel cas le congé doit émaner de chacun d'eux), le concubin n'étant ni cotitulaire ni solidaire (v. ss no 123.12), seul le signataire du bail doit donner congé.

1. Civ. 3e, 21 nov. 1990, no 89-14.827, *Bull. civ.* III, no 237.
2. Soc. 27 janv. 1961, *Bull. civ.* IV, no 121 – Civ. 3e, 27 sept. 2005, no 04-12.723, *Bull. civ.* III, no 173; *AJDI* 2005. 900, note Rouquet.
3. Soc. 27 janv. 1961, *Bull. civ.* IV, no 121 – Civ. 3e, 27 sept. 2005, no 04-12.723, *Bull. civ.* III, no 173; *AJDI* 2005. 900, note Rouquet.
4. Civ. 3e, 8 nov. 1995, no 93-17.110, *Bull. civ.* III, no 220; *D.* 1996. Somm. 368, obs. CRDP Nancy 2 – Civ. 3e, 1er févr. 2005, no 04-10.417, NP, *Loyers et copr.* 2005, no 83, obs. Vial-Pedroletti.
5. Hypothèse de la résiliation.
6. Civ. 3e, 5 mai 2004, no 03-10.201, *Bull. civ.* III, no 87; *D.* 2005, Pan. 750, obs. Damas; *AJDI* 2004. 449, obs. Rouquet.
7. L. no 2014-366, 24 mars 2014 pour l'accès au logement et un urbanisme rénové, *JO* 26 mars, p. 5809.
8. C. civ., art. 1751.
9. C. civ., art. 220.
10. Civ. 3e, 20 févr. 1969, *Bull. civ.* III, no 161; *JCP* 1969. II, no 15946, note R. D.
11. Civ. 1re, 13 oct. 1992, no 90-18.404, *Bull. civ.* III, no 251; *Gaz. Pal.* 1er déc. 1993, 335-336, *Defrénois* 1993. 708, obs. Massip et p. 380, obs. Champenois.
12. Civ. 3e, 31 mai 2006, no 04-16.920, *Bull. civ.* III, no 135; *D.* 2006. IR 1632.
13. L. no 2014-366, 24 mars 2014 pour l'accès au logement et un urbanisme rénové, *JO* 26 mars, p. 5809.
14. L. no 2015-990 du 6 août 2015, art. 82-II, *JO* 7 août, p. 13537 s.

541.17 Tableau récapitulatif.

AUTEURS DU CONGÉ DONNÉ PAR LE(S) LOCATAIRE(S)

Situation	Auteur(s)
Colocataires non solidaires	Les deux (sauf si l'un des colocataires veut continuer la relation contractuelle)
Colocataires solidaires	Les deux
Locataires mariés	Les deux
Locataire « pacsé » (partenaire non-signataire du bail)	Les deux si demande conjointe de cotitularité
Locataire vivant en concubinage (concubin non-signataire du bail)	Le seul locataire

§ 2 Destinataire du congé

541.21 Bailleur ou représentants. Le destinataire du congé est le bailleur.

La notion de « bailleur » n'étant toutefois pas toujours sans poser de problèmes, rappelons pour l'essentiel que lorsque le logement sera en indivision, le congé devra être délivré à tous les indivisaires (v. toutefois s^s n° 133.192, l'impact de la loi du 23 juin 2006 portant réforme des successions et des libéralités, en vigueur depuis le 1er janvier 2007), lorsqu'il sera grevé d'usufruit, il devra être notifié à l'usufruitier, et lorsqu'il sera géré par une agence immobilière, il devra être donné au mandataire (pour plus de précisions v. s^s n°s 531.31 s.).

SECTION 2 ABSENCE DE MOTIVATION DU CONGÉ

541.31 Motif indifférent. Sous réserve, depuis la loi du 24 mars 2014 [1], dite loi Alur, du locataire souhaitant bénéficier d'un délai de préavis abrégé (v. s^s n°s 542.41 s., spéc. 542.51, à l'inverse du bailleur, le locataire qui décide de rompre la relation contractuelle n'a pas à invoquer un quelconque motif.

SECTION 3 OBLIGATION DU LOCATAIRE PENDANT LE PRÉAVIS

541.41 Maintien de l'obligation de payer le loyer. Le locataire est redevable du loyer et des charges concernant tout le délai de préavis si c'est lui qui a notifié le congé, sauf si le logement se trouve occupé avant la fin du préavis par un autre locataire en accord avec le bailleur [2]. Mais le délai de préavis s'applique même en cas de remise des clés anticipée, dès lors que le logement ne s'est pas trouvé occupé avant la fin du préavis par un autre locataire [3].

À défaut d'occupation du logement par un autre locataire, éventuellement présenté par l'ancien locataire mais, en toute hypothèse, agréé par le bailleur, le loyer sera donc dû intégralement pendant la durée du préavis. Cela vaut également pour les charges locatives, telle la taxe d'enlèvement des ordures ménagères [4] (sur les charges récupérables v. s^s n°s 321.11 s.).

Ce, même si le preneur quitte les lieux avant l'expiration de ce délai.

La circonstance que le bailleur ait réalisé des travaux dans le logement libéré par anticipation par le locataire n'y change rien [5]. On notera toutefois que, à plusieurs reprises, le locataire a été exempté de tout préavis en raison de l'inhabitabilité des lieux (v. s^s n° 542.63).

541.42 Expiration du délai de préavis. À l'expiration du délai de préavis, le locataire est déchu de tout titre d'occupation des locaux loués [6] (sur les conséquences de la fin du contrat v. s^s n°s 134.21 s.).

1. L. n° 2014-366, 24 mars 2014 pour l'accès au logement et un urbanisme rénové, *JO* 26 mars, p. 5809.
2. L. n° 89-462, 6 juill. 1989, art. 15-I, al. 3.
3. Civ. 3e, 22 nov. 2011, n° 10-27.618, NP, *RJDA* 2012, n° 250; *Loyers et copr.* 2012, n° 6, obs. Vial-Pedroletti.
4. Civ. 3e, 29 avr. 2002, n° 00-21.293, NP, *Administrer* oct. 2002, p. 28, obs. Canu.
5. Civ. 3e, 27 nov. 1990, n° 89-10.104, *Bull. civ.* III, n° 245.
6. L. n° 89-462, 6 juill. 1989, art. 15-I, *in fine*.

CHAPITRE

542. Forme et délai du congé

SECTION 0
ORIENTEUR

542.00 **Plan du chapitre.**

542.01 **Textes applicables.**

TEXTES SOURCES

• **L. n° 89-462, 6 juill. 1989, art. 15.**

TEXTES *IN EXTENSO*

• **L. 6 juill. 1989, art. 15**

* V. s^s n° 541.01

542.02 **Jurisprudence de référence.**

• **Civ. 3e, 4 avr. 2001, n° 99-15.451**, *Bull. civ.* III, n° 42

* V. s^s n° 542.94

La seule absence d'emploi ne faisant pas partie des cas de modification de la situation professionnelle visés à l'art. 15, I, al. 2 de la loi n° 89-462 du 6 juill. 1989, pour le bénéfice d'un préavis d'un mois, le locataire qui subit une période de chômage n'est pas visé par ce texte.

• **Civ. 3e, 22 oct. 2003, n° 02-15.627**, *Bull. civ.* III, n° 179

* V. s^s n° 542.83

Ajoute à la loi une condition qu'elle ne comporte pas, la cour qui exige que la mutation nécessite un changement de domicile dans une autre ville.

• **Civ. 3e, 3 déc. 2003, n° 02-14.411**, *Bull. civ.* III, n° 217

* V. s^s n° 542.62

Le locataire qui bénéficiait d'une « promesse d'embauche », simple projet auquel l'employeur n'a pas donné suite, ne peut se prévaloir d'une perte d'emploi. Il ne peut donc pas prétendre à un délai de préavis réduit à un mois.

• **Civ. 3e, 20 janv. 2010, 09-10.287**, *Bull. civ.* III, n° 16

* V. s^s n° 542.81

L'art. 15 prévoyant que le préavis est réduit à un mois en cas de mutation, sans préciser que celle-ci doit être imposée par l'employeur, il importe peu que le locataire soit à l'origine de cette mutation pour bénéficier de la réduction.

• **Civ. 3e, 5 févr. 2014, n° 13-10.804**, *Bull. civ.* III, n° 16

* V. s^s n° 542.97

Ayant relevé que le locataire a perdu son emploi le 31 décembre puis retrouvé un nouvel emploi le 23 mars suivant, une cour d'appel en a déduit à bon droit qu'il peut, à l'occasion du congé délivré le 29 mai de la même année, se prévaloir d'un délai de préavis réduit.

• **Civ. 3e, 9 juin 2016, n° 15-15.175**, P

* V. s^s n° 542.93

La rupture conventionnelle du contrat de travail constitue une perte d'emploi au sens de l'art. 15 et permet au locataire de bénéficier d'un délai de préavis d'un mois.

542.03 **Bibliographie indicative.**

Ouvrages. J. Lafond, B. Vial-Pedroletti, *Les baux d'habitation*, 8e éd., LexisNexis, 2017, n°s 1190 s. et 1202 s. – V. Zalewski-Sicard, *Baux d'habitation – Congés et droits de préemption*, Ellipses, 2016.

Actualisables. RÉP. CIV., v° « Bail d'habitation et mixte : rapports locatifs individuels – Loi du 6 juillet 1989 », N. Damas, n°s 458 s. – LAMY DR. IMMO, n°s 5918, 5920 – DICT. PERM. Gestion immob., « Baux d'habitation et mixtes », n°s 424, 442 s.

SECTION 1
FORME DU CONGÉ

542.11 **Lettre RAR ou huissier de justice ou remise en main propre.** La forme que doit revêtir la notification est la même que lorsque le congé émane du bailleur (v. s^s n° 532.11). Le locataire a donc le choix entre envoyer une lettre recommandée avec AR, avoir recours aux services d'un huissier ou, pour les baux en cours le 8 août 2015, date d'entrée en vigueur de la loi n° 2015-990 du 6 août 2015, dite Macron [1], remettre le congé en main propre contre récépissé ou émargement (sur les formes pour lesquelles il est conseillé d'opter, compte tenu de la fixation du point de départ du délai de préavis v. s^s^ n° 532.25).

542.12 Autres formes – Nullité. Toute autre forme serait nulle. Ainsi, la remise d'une lettre dans la boîte aux lettres du bailleur n'emporte pas congé. À noter cependant qu'une récente décision de la Cour de Paris a jugé valable le congé déposé dans la boîte du bailleur, celui-ci ayant répondu dès le lendemain [2]. Il n'en va pas différemment d'une lettre simple, ce, quand bien même, le bailleur ne contesterait-il pas l'avoir reçue [3]. De même, la remise des clés au concierge, mandataire du bailleur, accompagnée d'un appel téléphonique ne saurait valoir congé [4]. Dans le même sens, il a été jugé que la remise des clés par le locataire à un huissier de justice, son mandataire, et l'envoi d'une lettre au bailleur l'informant que l'officier ministériel détenait lesdites clés ne vaut pas congé [5]. Cependant, il a été remarqué que le formalisme du congé n'est pas prévu à peine de nullité [6]; et que le seul but recherché par la loi est d'établir que le bailleur a bien été averti du congé, aucune sanction ne venant, dans ce cas, sanctionner le non-respect des formes par le preneur [7]. Enfin, la cour d'appel de Versailles a considéré qu'en application de l'article 114 du code de procédure civile [8], le non-respect du formalisme du congé ne doit être sanctionné que dans la mesure où cette irrégularité a causé un grief au bailleur [9].

Quant au commandement de payer délivré par le bailleur, il ne saurait, en aucune manière, être assimilé à un congé. Et la seule acceptation des clés et l'établissement d'un état des lieux de sortie ne caractérisent pas la renonciation du bailleur aux loyers dus par le locataire jusqu'au terme du délai de préavis [10].

1. L. n° 2015-990 du 6 août 2015, art. 82-II, *JO* 7 août, p. 13537 s.
2. Paris, 20 mars 2001, RG n° 1999/05290, *Loyers et copr.* 2002, n° 86, obs. Vial-Pedroletti.
3. Civ. 3e, 3 avr. 2001, n° 99-15.175, NP, *Loyers et copr.* 2001, n° 173, obs. Vial-Pedroletti.
4. Civ. 3e, 24 mars 1993, n° 91-19.529, *Bull. civ.* III, n° 41; *Defrénois* 1994. 424, obs. Vermelle, [loi de 1982].
5. Civ. 3e, 13 juin 2001, n° 99-14.998, *Bull. civ.* III, n° 74; *D.* 2001. IR 2084.
6. Paris, 5 févr. 1996, RG n° 94/014959, *D.* 1996. Somm. 367, obs. CRDP Nancy 2.
7. Toulouse, 24 mars 1998, RG n° 97/02115, *Loyers et copr.* 1998, n° 296, obs. Vial-Pedroletti, [bail professionnel].
8. Relatif aux vices de forme.
9. Versailles, 20 nov. 1998, RG n° 97/00008812, *BICC* 1998, n° 907.

SECTION 2

DÉLAI DU CONGÉ

542.21 Principe et exceptions. Le délai de droit commun est de trois mois. Mais, par exception, il est des hypothèses où il est réduit à un mois. Le locataire peut donner congé à tout moment en cours de bail.

§ 1

Délai de droit commun (trois mois)

542.31 Droit commun. Le délai de préavis est de trois mois lorsqu'il émane du locataire [11].

542.32 Réduction possible du délai par accord du bailleur. Le preneur peut donner congé à tout moment du bail.

Le point de départ du délai de préavis est le jour de la réception de la lettre recommandée ou de la signification de l'acte d'huissier [12]. Compte tenu des règles applicables en la matière (v. s^s^ n° 532.25), il ne saurait donc être trop conseillé au preneur d'avoir recours au ministère d'un huissier.

Le délai se décompte donc de date à date en application des règles de computation décrites aux v. s^s^ n°s 532.25 et 532.27.

542.33 Renonciation au délai légal par le bailleur. Les dispositions du titre premier de la loi de 1989 étant d'ordre public de protection, une telle renonciation est possible, dès lors qu'elle est certaine et non équivoque [13].

Notons, à ce sujet qu'il a été jugé que le simple fait, pour le bailleur, d'accepter les clés remises par le locataire – en dehors de tout congé ou en cours de préavis – ne saurait valoir renonciation de sa part au délai de préavis de trois mois [14]. En revanche, vaut renonciation la réalisation d'importants travaux par le bailleur, après le départ, en cours de préavis, du preneur ayant délivré congé et ayant restitué les clés [15].

10. Civ. 3e, 26 nov. 2008, n° 07-18.856, NP, *AJDI* 2009. 365, note Dreveau.
11. L. n° 89-462, 6 juill. 1989, art. 15-I, al. 2.
12. L. n° 89-462, 6 juill. 1989, art. 15-I, al. 2, *in fine*.
13. Paris, 5 mars 1998, RG n° 96/81025, *Loyers et copr.* 1998, n° 264, obs. Vial-Pedroletti. V. s^s^ n° 021.11.
14. Respectivement, Bourges, 21 nov. 2000, RG n° 99/01903, *Loyers et copr.* 2001, n° 172, obs. Vial-Pedroletti. et Civ. 3e, 1er juill. 2003, n° 02-15.569, NP, *Loyers et copr.* 2003, n° 235, obs. Vial-Pedroletti.
15. Civ. 3e, 19 mai 2010, n° 09-13.426, NP, *AJDI* 2010. 728, note Zalewski.

§ 2
Délai réduit (un mois)

542.41 **Évolution de la législation.** En la matière, il convient de distinguer la situation qui prévalait avant l'entrée en vigueur de la loi du 24 mars 2014[1], dite loi Alur, de celle qui s'applique depuis.

A.
Causes de réduction du préavis

1°
Liste légale

542.51 **Hypothèses visées.** Avant comme après la loi du 24 mars 2014, dite loi Alur, le délai de préavis du congé donné par le locataire est réduit à un mois :

- en cas d'obtention d'un premier emploi; ce cas de préavis réduit;

Une réponse ministérielle a précisé que, sous réserve de l'appréciation souveraine des tribunaux, il y a lieu de considérer la date d'affiliation au régime de Sécurité sociale comme la date de référence du premier emploi du locataire, quelle que soit la forme de son contrat de travail[2]. Par ailleurs, pour la Cour de cassation, n'est pas un premier emploi celui d'étudiant occupé par le locataire alors qu'il était domicilié chez ses parents et n'avait pas commencé son cycle universitaire[3];

- en cas de mutation;
- en cas de perte d'emploi ou de nouvel emploi consécutif à une perte d'emploi.

542.52 **Locataire souffrant.** Concernant le locataire souffrant, alors qu'avant la loi du 24 mars 2014, dite loi Alur, seul le locataire âgé de plus de 60 ans dont l'état de santé justifiait un changement de domicile était éligible à un préavis réduit, pour les baux en cours le 8 août 2015, date d'entrée en vigueur de la loi n° 2015-990 du 6 août 2015, dite Macron[4], la condition d'âge a disparu. Désormais, tout locataire dont l'état de santé, constaté par un certificat médical, justifie un changement de domicile peut exciper d'un seul mois de préavis.

On doit cependant réserver le cas des logements dont le bailleur est un organisme d'HLM.

Dans l'interprétation faite par le Conseil constitutionnel de la loi du 24 mars 2014, dite loi Alur[5], ces dispositions nouvelles ne s'appliquent en effet pas aux locataires HLM des logements dont le contrat de location est antérieur au 27 mars 2014 (v. s[s] n° 712.52).

542.53 **Locataire aux faibles ressources.** Pour ce qui est des locataires aux faibles ressources, alors qu'hier, étaient exonérés du respect du préavis de trois mois les bénéficiaires du revenu minimum d'insertion (RMI) ou du revenu de solidarité active (RSA), depuis la loi du 24 mars 2014, dite loi Alur, applicable depuis le 8 août 2015, date d'entrée en vigueur de la loi Macron du 6 août 2015[6], aux contrats en cours sont concernés les bénéficiaires du RSA et ceux de l'allocation adulte handicapé (AAH).

542.54 **Ajout de la loi Alur.** Enfin, la loi du 24 mars 2014, dite loi Alur, applicable depuis le 8 août 2015, date d'entrée en vigueur de la loi Macron du 6 août 2015[7], aux contrats en cours a ajouté deux catégories de locataires pouvant bénéficier du préavis réduit.

Il s'agit :

- d'une part du congé relatif à un logement situé dans un secteur tendu sur lequel des mesures d'encadrement des loyers sont en vigueur (v. s[s] n° 521.22);
- d'autre part du congé du locataire qui s'est vu attribuer un logement ouvrant droit à l'aide personnalisée au logement (CCH, art. L. 351-2).

542.55 **Preuve du motif de préavis réduit.** Pour les baux conclus avant le 27 mars 2014, l'article 15 de la loi de 1989 n'oblige pas le locataire à rapporter cette preuve à peine de nullité[8], il peut se borner, dans son congé, à affirmer bénéficier d'un préavis d'un mois, à charge pour lui, si le bailleur le lui demande, de prouver cette affirmation[9]. A ainsi été considéré comme ayant respecté les conditions fixées par l'article 15, le locataire qui a averti son cocontractant au moins un mois avant son départ et qui lui a adressé, par la suite, le justificatif du changement de son lieu de travail[10] ou la justification de la perte de son activité professionnelle[11]. De la

1. L. n° 2014-366, 24 mars 2014 pour l'accès au logement et un urbanisme rénové, *JO* 26 mars, p. 5809.
2. Rép. min. n° 911, *JOAN Q* 14 oct. 2002, p. 3611; *Administrer* déc. 2002, p. 51.
3. Civ. 3e, 29 juin 2011, n° 10-18.271, *Bull. civ.* III, n° 112; *D.* 2012. Pan. 1086, spéc. 1093, obs. Damas; *Dalloz actu.*, 18 juill. 2011, obs. Rouquet; *AJDI* 2012. 199, note Damas.
4. L. n° 2015-990 du 6 août 2015, art. 82-II, *JO* 7 août, p. 13537 s.
5. Cons. Constit. n° 2014-691, 20 mars 2014, *JO* 26 mars, p. 5925.
6. L. n° 2015-990, 6 août 2015, art. 82-II, *JO* 7 août, p. 13537 s.
7. L. n° 2015-990, 6 août 2015, art. 82-II, *JO* 7 août, p. 13537 s.
8. Civ. 3e, 8 déc. 1999, n° 98-10.206, *Bull. civ.* III, n° 236; *D.* 2000. IR 17.
9. Paris, 14e ch., 4 juin 1999, RG n° 1998/25902, *Loyers et copr.* 2000, n° 35, obs. Vial-Pedroletti.
10. TI Issoire, 1er avr. 1994, *JCP N* 1996. II. 308, note Gallet.
11. Limoges, 18 nov. 1997, RG n° 97/618, *Loyers et copr.* 1998, n° 91, obs. Vial-Pedroletti.

même manière, le locataire justifiant être allocataire du RMI bénéficie d'un délai de préavis d'un mois, même s'il ne démontre pas avoir donné connaissance au bailleur de sa situation particulière[1]. Et le fait que le locataire n'ait justifié que tardivement de sa mutation ne le prive pas de son droit à donner congé avec un délai de préavis réduit[2].

En revanche, rien n'interdit au bailleur de se renseigner, notamment auprès de l'employeur de son locataire, pour savoir si l'allégation de ce dernier est exacte (les investigations ne doivent cependant pas alors, dépassant la convenance, dégénérer en une véritable enquête policière)[3].

542.56 Baux conclus au 27 mars 2014. Cette solution n'est plus de mise pour les baux conclus depuis le 27 mars 2014, date d'entrée en vigueur de la loi du 24 mars 2014[4], dite loi Alur, puisque, aux termes de l'article 15 de la loi du 6 juillet 1989, dans sa rédaction issue de ce nouveau texte, désormais, « le locataire souhaitant bénéficier des délais réduits de préavis |...] précise le motif invoqué et le justifie au moment de l'envoi de la lettre de congé. À défaut, le délai de préavis applicable à ce congé est de trois mois ».

2°
Liste limitative

542.61 Liste limitative. Comme toute exception, cette liste[5] est cependant d'interprétation stricte et doit donc être considérée comme limitative[6].

542.62 Caractère exhaustif de la liste fixant les cas de préavis réduit à un mois. Le délai de préavis réduit à un mois ne saurait jouer à l'égard d'un locataire qui a eu un grave accident[7]. Il en va de même de l'étudiant qui doit effectuer un stage en dehors de sa ville de résidence[8] ou qui termine ses études[9], du locataire qui bénéficie d'une « promesse d'embauche »[10], de celui qui abandonne une activité libérale[11]. Il ne saurait pas plus être invoqué par le preneur dont le logement a besoin de réparations urgentes ou a été partiellement détruit[12] ou par le commerçant boulanger qui cède son fonds de commerce[13]. De la même manière, n'est pas éligible à un préavis réduit le locataire ayant entamé avec sous épouse, cotitulaire du bail, une procédure de séparation de corps[14].

542.63 Manquement à l'obligation de délivrance. À noter cependant que, par une décision du 18 janvier 2000, la cour d'appel de Bordeaux a appliqué le délai de préavis d'un mois au locataire dont le bailleur n'avait pas respecté son obligation de délivrance (le logement étant très humide)[15]. Cette décision est contestable en ce qu'elle méconnaît la liste légale et en ce qu'elle ne tire pas les conséquences du manquement du bailleur : de deux choses l'une, soit (comme cela a d'ailleurs été jugé par la cour d'appel de Douai le 10 février 2000), la violation de l'obligation de délivrance du bailleur ne rend pas le logement impropre à sa destination et le délai de trois mois doit s'appliquer[16] (sans préjudice de l'octroi de dommages et intérêts au locataire pour trouble de jouissance), soit elle impose au locataire de déménager et alors, le locataire doit être purement et simplement dispensé de préavis (comme cela a déjà été jugé à propos d'un appartement infesté de puces[17]), le bail se trouvant résilié (sur l'obligation de délivrance v. s^{s} n°s 211.21 s.).

B.
Mise en œuvre

542.71 Principales difficultés dans la mise en œuvre du délai de préavis réduit. Passons à présent en revue les principales difficultés rencontrées pour la mise en œuvre du délai de préavis réduit.

1. Civ. 3e, 30 juin 2010, n° 09-16.244, *Bull. civ.* III, n° 135; *D.* 2010. AJ 1788, obs. Rouquet; *ibid.* 2011. Pan. 1181, spéc. 1189, obs. Damas; *AJDI* 2011. 294, note Damas; *Dr. et proc.* 2010, n° 8, suppl. « Droit des baux immobiliers », p. 21, obs. Savaux.
2. Civ. 3e, 7 juill. 2004, n° 03-14.439, *Bull. civ.* III, n° 143; *AJDI* 2004. 889, obs. Rouquet; *Rev. loyers* 2004. 644, obs. Rémy.
3. Versailles, 5 déc. 1997, RG n° 5390/95, *Administrer* juill. 1998, p. 33, obs. Teilliais.
4. L. n° 2014-366, 24 mars 2014 pour l'accès au logement et un urbanisme rénové, *JO* 26 mars, p. 5809, sur ce point, applicable depuis le 8 août 2015, date d'entrée en vigueur de la loi Macron n° 2015-990 du 6 août 2015 (*JO* 7 août, p. 13537 s.), aux contrats en cours.
5. L. n° 89-462, 6 juill. 1989, art. 15-I, al. 2.
6. Paris, 14 nov. 1996, RG n° 94/17004, *Loyers et copr.* 1997, n° 5.
7. Rép. min. n° 20610, *JOAN Q* 30 janv. 1995, p. 597.
8. Bordeaux, 30 mars 2000, *JurisData* n° 115914, *Loyers et copr.* 2000, n° 250, obs. Vial-Pedroletti.
9. Rép. min. n° 52184, *JOAN Q* 22 mars 2005, p. 3055; *AJDI* 2005. 513, obs. Y. R.
10. Civ. 3e, 3 déc. 2003, n° 02-14.411, *Bull. civ.* III, n° 217; *Administrer* juin 2004, p. 46, obs. Canu; *Rev. loyers* 2004. 100, obs. Humblot-Gignoux.
11. Civ. 3e, 16 mars 1994, n° 92-15.816, *Bull. civ.* III, n° 51; *D.* 1994. IR 84 – Paris, 9 sept. 2004, RG n° 03/07129, *Loyers et copr.* 2004, n° 201, obs. Vial-Pedroletti.
12. Versailles, 11 oct. 1996, RG n° 7903/95, *Loyers et copr.* 1997, n° 134.
13. TI Lyon, 18 avr. 1986, *Ann. loyers* 1986. 589, [loi de 1982].
14. Toulouse, 27 avr. 2010, RG n° 09/01326, *Loyers et copr.* 2010, n° 252, obs. Vial-Pedroletti.
15. Bordeaux, 18 janv. 2000, *JurisData* n° 106726, *Loyers et copr.* 2000, n° 135, obs. crit. Vial-Pedroletti.
16. Douai, 10 févr. 2000, RG n° 1997/06589, *Loyers et copr.* 2001, n° 197, obs. Vial-Pedroletti.
17. Reims, 12 nov. 1998, RG n° 97/00721, *Loyers et copr.* 1999, n° 205, obs. Vial-Pedroletti – AUSSI : Paris, 3 mai 2001, RG n° 1999/16180, *loyers et copr.* 2002, n° 87, obs. Vial-Pedroletti.

1°
Mutation du locataire

542.81 Mutation professionnelle. L'article 15 prévoyant que le préavis est réduit à un mois en cas de mutation, sans préciser que celle-ci doit être imposée par l'employeur, il importe peu que le locataire soit à l'origine de cette mutation pour bénéficier de la réduction [1]. Mais le déménagement d'un médecin exerçant son activité en profession libérale n'est pas une mutation [2]. Pas plus que n'est une mutation, le départ à la retraite du locataire [3].

On notera qu'il importe peu qu'en définitive l'annonce de la mutation n'ait pas été suivie d'effet, dès lors que ce revirement résulte, non pas de la seule volonté du locataire, mais de la redéfinition de sa mission par son employeur [4].

De la même manière, une mutation limitée dans le temps (on parle alors de « mission ») va permettre au locataire de bénéficier du délai de préavis réduit [5].

542.82 Locataire concerné par la mutation. La mutation ne va justifier un préavis réduit que dans la mesure où elle touche le locataire lui-même. Lorsque le bail sera signé par plusieurs copreneurs, elle va permettre au copreneur muté de se dégager rapidement du contrat (il ne sera toutefois dégagé de ses obligations que pour autant qu'aucune solidarité ne sera stipulée au bail; sur la question v. s[s] n° 541.13) [6]. En revanche, la mutation du concubin (qui n'est pas titulaire du bail) ou celle de la caution sont indifférentes [7].

542.83 Indifférence du lieu. Quant au lieu de mutation, il est sans importance. La Cour de cassation, suivie par de nombreuses décisions de juridictions du fond [8], a en effet précisé que la réduction du délai de préavis n'est pas subordonnée à un certain éloignement géographique imposé par la nouvelle activité professionnelle [9]. À signaler tout de même qu'une décision isolée de la cour d'appel de Paris a refusé de prendre en compte la mutation du locataire dans un autre arrondissement de la même ville [10].

542.84 Date de la mutation. Concernant le moment à laquelle cette mutation doit intervenir, à l'évidence, pour qu'un lien de causalité puisse être reconnu entre congé et mutation, le premier ne doit pas être donné trop longtemps après que la seconde ne se soit produite. Il a ainsi été jugé que le congé donné près de quatre mois après la mutation du locataire ne pouvait être considéré comme rentrant dans le cadre de l'aléa professionnel permettant sa réduction à un mois [11].

2°
Perte d'emploi.

542.91 Perte d'emploi – Qualité de salarié du preneur. La « perte d'emploi » ne saurait concerner une activité libérale [12], pas plus qu'une activité commerciale [13] (un locataire non-salarié ne peut en effet être licencié ! [14]) ou la démission du locataire [15]. Une radiation du répertoire des métiers, démarche unilatérale, ne constitue pas plus une perte d'emploi [16]. De même, la perte d'emploi ne saurait s'appliquer à une activité indépendante telle l'activité de chambres d'hôtes [17].

En revanche, quel qu'en soit le motif, le licenciement du locataire lui permettra de bénéficier d'un délai de préavis abrégé [18].

542.92 Non-reconduction d'un CDD. De même, la non-reconduction du contrat de travail à durée déterminée (CDD) du locataire lui permet de n'être

1. Civ. 3e, 20 janv. 2010, n° 09-10.287, *Bull. civ.* III, n° 16; *D.* 2010. AJ 326, obs. Rouquet. EN SENS CONTRAIRE toutefois : Versailles, 5 déc. 1997, RG n° 5390/95, *Administrer* juill. 1998, p. 33, note Teilliais.
2. Paris, 27 nov. 1990, RG n° 89/22433; *Administrer* mars 1991, p. 62, [loi de 1986].
3. Paris, 21 janv. 2003, RG n° 2001/07112, *AJDI* 2003. 198.
4. Paris, 4 juin 1999, RG n° 1998/25902, *Loyers et copr.* 2000, n° 35, obs. Vial-Pedroletti.
5. Paris, 22 mars 2001, RG n° 1999/16755, *Loyers et copr.* 2002, n° 59, obs. Vial-Pedroletti.
6. Paris, 11 mars 2004, RG n° 2002/20148, *AJDI* 2004. 451.
7. Aix-en-Provence, 26 févr. 1998, *JurisData* n° 041520, *Loyer et copr.* 1998, n° 290, obs. Vial-Pedroletti.
8. Paris, 8e ch., 12 mars 1997, RG n° 95/14710, *Loyers et copr.* 1997, n° 194, obs. Vial-Pedroletti; Paris, 9 sept. 2004, RG n° 03/07129, *Rev. loyers* 2005. 36.
9. Civ. 3e, 22 oct. 2003, n° 02-15.627, *Bull. civ.* III, n° 179; *AJDI* 2004. 32, obs. Rouquet; *D.* 2004. Somm. 842, obs. Pierre – Civ. 3[e], 20 juill. 1994, n° 92-18.450, *Bull. civ.* III, n° 151; *D.* 1994. Somm. 368, obs. CRDP Nancy 2.
10. Paris, 6[e] ch., 27 mars 1997, RG n° 95/28416, *Loyers et copr.* 1997, n° 194, obs. Vial-Pedroletti.
11. Besançon, 30 janv. 2001, *JurisData* n° 133511, *Loyers et copr.* 2001, n° 174, obs. Vial-Pedroletti – DANS LE MÊME SENS : Paris, 16 oct. 2001, RG n° 2001/04245, *AJDI* 2002. 37, obs. Rouquet.
12. Civ. 3[e], 16 oct. 1994, *Administrer* juill. 1995, p. 23, note Giverdon.
13. Agen, 22 mars 2000, RG n° 98/00879, *Loyers et copr.* 2000, n° 269, obs. Vial-Pedroletti.
14. Civ. 3e, 18 juin 2002, *Administrer* janv. 2003. 44, obs. Canu.
15. Paris, 30 oct. 1997, RG n° 96/80572, *JCP N* 1998, n° 7, p. 226, obs. Djigo.
16. Nîmes, 17 févr. 2011, *Loyers et copr.* 2011, n° 212, obs. Vial-Pedroletti.
17. Pau, 28 mars 2013, RG n° 11/04627, *AJDI* 2013. 528.
18. Paris, 10 févr. 1998, RG n° 96/83542, *Loyer et copr.* 1998, n° 182, obs. crit. Vial-Pedroletti.

redevable que d'un préavis d'un mois [1]. Il est pourtant des cas où la mauvaise foi du preneur va lui interdire de bénéficier de cet avantage. Il en sera ainsi lorsque le locataire aura signé le bail quelques jours seulement avant le terme de son CDD [2].

542.93 **Rupture conventionnelle d'un CDI.** La rupture conventionnelle du contrat de travail (créée par la loi du 25 juin 2008 portant modernisation du marché du travail [3] et prévue aux articles L. 1237-11 et suivants du code du travail) constitue une perte d'emploi au sens de l'article 15 de la loi du 6 juillet 1989 et permet au locataire de bénéficier d'un délai de préavis d'un mois [4], [5].

542.94 **Perte d'emploi et chômage – Distinction.** Quant aux notions de « perte d'emploi » et de « chômage », elles ne sauraient se confondre. En effet, la Cour de cassation a indiqué que la seule absence d'emploi ne faisant pas partie des cas de modification de la situation professionnelle pour bénéficier d'un préavis d'un mois, le locataire qui subit une période de chômage ne peut s'en prévaloir [6].

Seule la perte d'emploi du locataire ou d'un des colocataires sera prise en compte [7].

542.95 **Date de la perte d'emploi.** En ce qui concerne le moment auquel intervient cette perte d'emploi, comme en matière de mutation, il doit être suffisamment proche de la délivrance du congé pour qu'existe un lien de causalité [8]. Ainsi, la perte d'emploi antérieure de près d'un an à la notification du congé ne va pas permettre au locataire d'échapper aux trois mois de préavis [9]. De même, le locataire qui a donné congé uniquement par crainte d'être licencié ne va pas bénéficier du délai réduit dès lors que son licenciement va intervenir dix-huit mois plus tard [10].

542.96 **Précision.** Notons enfin que le bénéfice du préavis réduit n'est pas conditionné par le fait que le locataire quitte la région [11].

542.97 **Nouvel emploi consécutif à une perte d'emploi.** Il a été jugé que le locataire peut bénéficier d'un préavis réduit, même lorsque le nouvel emploi est à durée déterminée [12].

En tout état de cause, le préavis doit être délivré à une date suffisamment proche de la nouvelle embauche, pour que subsiste un lien de causalité entre les deux événements [13].

3°
Maladie du locataire.

542.101 **Locataire malade.** En la matière, la principale difficulté pour le locataire sera d'établir que son état de santé le contraint à déménager. On relèvera que la Haute juridiction exige du preneur qu'il démontre l'existence d'une incompatibilité entre le logement et son état de santé [14] et qu'elle a refusé de prendre en compte des certificats médicaux établissant que le locataire a besoin d'un environnement calme et peu bruyant, au motif qu'on ne peut se constituer un titre à soi-même [15]. Toutefois, certains juges du fond acceptent ce mode de preuve [16].

Et le bénéfice de la réduction du délai de préavis peut être revendiqué par le locataire dont le conjoint, cotitulaire légal du bail, présente un état de santé justifiant un changement de domicile conjugal [17].

1. Civ. 3e, 8 déc. 1999, no 98-10.206, *Bull. civ.* III, no 236; *D.* 2000. IR 17; *Rev. loyers* 2000. 168, obs. crit. Mendak – Civ. 3e, 8 juill. 2009, no 08 14.903, *Bull. civ.* III, no 172; *D.* 2009. AJ 1974, obs. Rouquet; *ibid.* 2010. Pan. 1168, spéc. 1179, obs. Damas; *AJDI* 2010. 139, note Dreveau – Paris, 16 mars 2000, RG no 1998/02850, *AJDI* 2000. 434.
2. Civ. 3e, 30 sept. 1998, no 96-22.017, NP, *D.* 1999. Somm. 137, obs. CRDP Nancy 2.
3. L. no 2008-596, 25 juin 2008 portant modernisation du marché du travail, *JO* 26 juin, p. 10224.
4. Civ. 3e, 9 juin 2016, no 15-15.175 P, *D.* 2016. Actu. 1311; *Dalloz actu.*, 16 juin 2016, obs. Rouquet – AUSSI, dans le même sens, Rép. min. no 40307, *JOAN Q* 16 mars 2010, p. 3128; *AJDI* 2010. 358; *D.* 2011. Pan. 1181, spéc. 1188, obs. crit. Damas.
5. Rép. min. no 40307, *JOAN Q* 16 mars 2010, p. 3128; *AJDI* 2010. 358; *D.* 2011. Pan. 1181, spéc. 1188, obs. Damas.
6. Civ. 3e, 4 avr. 2001, no 99-15.451, *Bull. civ.* III, no 42; *D.* 2002. Somm. 3054, obs. Willmann; Civ. 3e, 24 mars 2010, no 09-10.084, *Bull. civ.* III, no 65; *D.* 2010. Actu. 964, obs. Rouquet; *AJDI* 2010. 724, note Damas.
7. Civ. 3e, 21 mars 1990, no 88-19.339, NP, *Loyer et copr.* 1990, no 262, [loi de 1982] – Paris, 24 oct. 2000, RG no 1998/2124, *Loyers et copr.* 2001, no 60, obs. Vial-Pedroletti.
8. Paris, 2 oct. 1995, RG no 1998/2124, *Loyers et copr.* 1996, no 6.
9. Paris, 2 oct. 1995, RG no 1998/2124, *Loyers et copr.* 1996, no 6.
10. Civ. 3e, 21 juill. 1999, no 97-21.043, *Bull. civ.* III, no 184; *D.* 1999. IR 211; *JCP N* 1999, no 47, p. 1677, obs. Djigo.
11. Civ. 3e, 19 sept. 2012, no 11-30.369, *Bull. civ.* III, no 125; *D.* 2012. Actu. 2243, obs. Rouquet; *ibid.* 2013. Pan. 863, spéc. 868, obs. Damas; *AJDI* 2013. 521, obs. Damas.
12. Lyon, 13 janv. 2009, RG no 07/03403, *Loyers et copr.* 2009, no 143, obs. Vial-Pedroletti.
13. Pour une illustration, le locataire ayant perdu son emploi fin décembre, retrouvé un nouveau en mars et délivré congé en mai, v. Civ. 3e, 5 févr. 2014, no 13-10.804, *Bull. civ.* III, no 16; *D.* 2014. Actu. 424, obs. Rouquet; *ibid.* Pan. 1221, spéc. 1224, obs. Damas; *Loyers et copr.* 2014, no 104, obs. Vial-Pedroletti; *Rev. loyers* 2014. 118, obs. Zalewski-Sicard.
14. Civ. 3e, 29 janv. 2002, no 00-18.664, NP, *AJDI* 2002. 531; *Administrer* juin 2002, p. 42, obs. Canu.
15. Civ. 3e, 29 janv. 2002, no 00-18.664, préc.
16. Paris, 15 juin 1999, RG no 1997/22044, *Loyers et copr.* 1999, no 288, obs. Vial-Pedroletti – Versailles, 12 juin 2001, *Gaz. Pal.* 2002. 1. Somm. 146.
17. Civ. 3e, 5 janv. 2012, no 10-26.130, *Bull. civ.* III, no 1; *D.* 2012. Actu. 284, obs. Rouquet.

Précisons enfin que le fait que les difficultés de santé du locataire existent depuis de nombreuses années est indifférent [1], la nécessité soudaine de changement de domicile n'étant pas requise [2].

4°
Locataires aux faibles ressources.

542.111 Bénéficiaire du RMI ou, depuis la loi du 24 mars 2014, dite loi Alur, du RSA ou de l'AAH. Compte tenu du caractère exhaustif de la liste de l'article 15 ouvrant droit à un préavis réduit (v. s^s n° 542.51), le locataire qui a des ressources équivalentes au RMI [3] ou, depuis la loi du 24 mars 2014 [4], dite loi Alur, au RSA [5] ou à l'AAH [6], mais qui ne touche pas l'une de ces allocations ne saurait s'en prévaloir [7], la même solution s'appliquant à l'égard de celui qui perçoit des Assedic l'allocation spécifique de solidarité [8] ou, avant la loi Alur, l'AAH.

Quant à la concomitance entre le bénéfice du RMI et la demande de préavis réduit, elle n'est pas requise par le texte [9].

1. Civ. 3e, 6 nov. 2001, n° 00-14.096, NP, *AJDI* 2002. 298, obs. Laporte-Leconte; *Rev. loyers* 2002. 43, obs. Rémy.
2. Civ. 3e, 5 janv. 2012, n° 10-26.130, *Bull. civ.* III, n° 1; *D.* 2012. Actu. 284, obs. Rouquet.
3. Revenu minimum d'insertion.
4. L. n° 2014-366, 24 mars 2014 pour l'accès au logement et un urbanisme rénové, *JO* 26 mars, p. 5809, sur ce point, applicable depuis le 8 août 2015, date d'entrée en vigueur de la loi « Macron » n° 2015-990 du 6 août 2015 (*JO* 7 août, p. 13537 s.), aux contrats en cours.
5. Revenu de solidarité active.
6. Allocation adulte handicapé.
7. Toulouse, 19 mars 1996, RG n° 1375/95, *Loyers et copr.* 1997, n° 99, obs. Vial-Pedroletti – Versailles, 14 janv. 2014, n° 13/01505, *Rev. loyers* 2014. 73 (RSA).
8. Rennes, 17 juin 1999, RG n° 98/01479, *Loyers et copr.* 2000, n° 65, obs. Vial-Pedroletti.
9. Civ. 3e, 18 févr. 2003, n° 01-13.303, *Bull. civ.* III, n° 39; *AJDI* 2003. 416, obs. Rouquet; *D.* 2004. Somm. 843, obs. Damas.

LIVRE

6. LES SPÉCIFICITÉS DE LA LOCATION MEUBLÉE RÉSIDENCE PRINCIPALE

SECTION 0
ORIENTEUR

6.00 Plan du livre.

Division. La location meublée présente de nombreuses particularités qui ont évolué dans le temps. À l'origine exclusivement soumis au droit commun issu du code civil, le régime des locations meublées[1] s'est peu à peu rapproché de celui issu de la loi du 6 juillet 1989, jusqu'à être absorbé, sous certaines réserves, par celui-ci (Titre 62). Il est en premier lieu nécessaire de circonscrire le champ d'application de ce régime spécifique (Titre 61).

6.01 Textes applicables.

TEXTES SOURCES

• **L. n° 89-462, 6 juill. 1989, art. 25-3 à 25-11.**

• **CCH, art. L. 632-1.**

• **L. n° 2014-366, 24 mars 2014** pour l'accès au logement et un urbanisme rénové, *JO* 26 mars, p. 5809, art. 14.

• **L. n° 2015-990, 6 août 2015** pour l'accès au logement et un urbanisme rénové, *JO* 7 août, p. 3537, art. 82-II.

• **Décr. n° 2015-981, 29 juill. 2015** fixant la liste des éléments de mobilier d'un logement meublé, *JO* 31 juill., p. 13432.

• **Décr. n° 2015-587, 29 mai 2015** relatif aux contrats types de location de logement à usage de résidence principale, *JO* 31 mai, p. 9035.

• **Arr. 29 mai 2015** relatif au contenu de la notice d'information annexée aux contrats de location de logement à usage de résidence principale, *JO* 30 mai, p. 9041.

TEXTES *IN EXTENSO*

• **L. 6 juill. 1989, art. 25-3**

Les dispositions du présent titre sont d'ordre public et s'appliquent aux contrats de location de logements meublés tels que définis à l'article 25-4 dès lors qu'ils constituent la résidence principale du locataire au sens de l'article 2.

Les articles 1er, 3, 3-2, 3-3, 4, à l'exception du l, 5, 6, 7, 7-1, 8, 8-1, 18, 20-1, 21, 22, 22-1, 22-2, 24 et 24-1 sont applicables aux logements meublés.

Le présent titre ne s'applique ni aux logements-foyers, ni aux logements faisant l'objet d'une convention avec l'État portant sur leurs conditions d'occupation et leurs modalités d'attribution.

Le présent titre ne s'applique ni aux logements attribués ou loués en raison de l'exercice d'une fonction ou de l'occupation d'un emploi, ni aux locations consenties aux travailleurs saisonniers.

1. Les locations meublées « résidence secondaires », restent quant à elles régies par la convention des parties et/ou par le code civil – Sur la législation applicable aux « meublés touristiques », locations consenties pour une très courte période, v. ss nos 435.11 s.

• **L. 6 juill. 1989, art. 25-4** (Créé par L. n° 2014-366, 24 mars 2014, art. 8)

Un logement meublé est un logement décent équipé d'un mobilier en nombre et en qualité suffisants pour permettre au locataire d'y dormir, manger et vivre convenablement au regard des exigences de la vie courante.

La liste des éléments que doit comporter ce mobilier est fixée par décret.

• **L. 6 juill. 1989, art. 25-5** (Créé par L. n° 2014-366, 24 mars 2014, art. 8)

Un inventaire et un état détaillé du mobilier sont établis dans les mêmes formes et en autant d'exemplaires que de parties lors de la remise et de la restitution des clés. Ces documents, établis contradictoirement et amiablement, sont signés par les parties ou par un tiers mandaté par elles et joints au contrat de location. Ces documents ne peuvent donner lieu à aucune autre facturation que celle liée à l'établissement de l'état des lieux.

• **L. 6 juill. 1989, art. 25-6** (Créé par L. n° 2014-366, 24 mars 2014, art. 8)

Par dérogation à l'article 22, le montant du dépôt de garantie exigible par le bailleur est limité à deux mois de loyer en principal.

• **L. 6 juill. 1989, art. 25-7** (Créé par L. n° 2014-366, 24 mars 2014, art. 8)

Le contrat de location est établi par écrit et respecte un contrat type défini par décret en Conseil d'État, pris après avis de la Commission nationale de concertation.

Il est conclu pour une durée d'au moins un an.

Si les parties au contrat ne donnent pas congé dans les conditions prévues à l'article 25-8, le contrat de location parvenu à son terme est reconduit tacitement pour une durée d'un an.

Lorsque la location est consentie à un étudiant, la durée du bail peut être réduite à neuf mois. Dans ce cas, la reconduction tacite prévue au troisième alinéa du présent article est inapplicable.

• **L. 6 juill. 1989, art. 25-8** (Mod. par L. n° 2015-990, 6 août 2015, art. 82)

I. – Le locataire peut résilier le contrat à tout moment, sous réserve du respect d'un préavis d'un mois, y compris lorsque la durée du bail est réduite à neuf mois.

Le bailleur qui souhaite, à l'expiration du contrat, en modifier les conditions doit informer le locataire avec un préavis de trois mois. Si le locataire accepte les nouvelles conditions, le contrat est renouvelé pour un an.

Lorsqu'il donne congé à son locataire pour reprendre le logement, le bailleur justifie du caractère réel et sérieux de sa décision de reprise.

Le bailleur qui ne souhaite pas renouveler le contrat doit informer le locataire avec un préavis de trois mois et motiver son refus de renouvellement du bail soit par sa décision de reprendre ou de vendre le logement, soit par un motif légitime et sérieux, notamment l'inexécution par le locataire de l'une des obligations lui incombant.

À peine de nullité, le congé donné par le bailleur doit indiquer le motif allégué et, en cas de reprise, les nom et adresse du bénéficiaire de la reprise ainsi que la nature du lien existant entre le bailleur et le bénéficiaire de la reprise qui ne peut être que le bailleur, son conjoint, le partenaire auquel il est lié par un pacte civil de solidarité enregistré à la date du congé, son concubin notoire depuis au moins un an à la date du congé, ses ascendants, ses descendants ou ceux de son conjoint, de son partenaire ou de son concubin notoire.

En cas de contestation, le juge peut, même d'office, vérifier la réalité du motif du congé et le respect des obligations prévues au présent article. Il peut notamment déclarer non valide le congé si la non-reconduction du bail n'apparaît pas justifiée par des éléments sérieux et légitimes.

Le congé doit être notifié par lettre recommandée avec demande d'avis de réception ou signifié par acte d'huissier ou remis en main propre contre récépissé ou émargement. Ce délai court à compter du jour de la réception de la lettre recommandée ou de la signification de l'acte d'huissier ou de la remise en main propre.

Pendant le délai de préavis, le locataire n'est redevable du loyer et des charges que pour le temps où il a occupé réellement les lieux si le congé a été notifié par le bailleur. Il est redevable du loyer et des charges relatifs à l'intégralité de la période couverte par le préavis si c'est lui qui a notifié le congé, sauf si le logement se trouve occupé avant la fin du préavis par un autre locataire en accord avec le bailleur.

À l'expiration du délai de préavis, le locataire est déchu de tout titre d'occupation du logement loué.

II. – Le bailleur ne peut s'opposer au renouvellement du contrat en donnant congé dans les conditions définies au I à l'égard de tout locataire âgé de plus de soixante-cinq ans et dont les ressources annuelles sont inférieures à un plafond de ressources en vigueur pour l'attribution des logements locatifs conventionnés fixé par arrêté du ministre chargé du logement, sans qu'un logement correspondant à ses besoins et à ses possibilités lui soit offert dans les limites géographiques prévues à l'article 13 *bis* de la loi n° 48-1360 du 1er septembre 1948 précitée. Le présent alinéa est également applicable lorsque le locataire a à sa charge une personne de plus de soixante-cinq ans vivant habituellement dans le logement et remplissant la condition de ressources précitée et que le montant cumulé des ressources annuelles de l'ensemble des personnes vivant au foyer est inférieur au plafond de ressources déterminé par l'arrêté précité.

Toutefois, les dispositions du premier alinéa du présent II ne sont pas applicables lorsque le bailleur est une personne physique âgée de plus de soixante-cinq ans ou si ses ressources annuelles sont inférieures au plafond de ressources mentionné au même premier alinéa.

L'âge du locataire ou de la personne à sa charge et celui du bailleur sont appréciés à la date d'échéance du contrat; le montant de leurs ressources est apprécié à la date de notification du congé.

III. – Le fait pour un bailleur de délivrer un congé justifié frauduleusement par sa décision de reprendre ou de vendre le logement est puni d'une amende pénale dont le montant ne peut être supérieur à 6 000 € pour une personne physique et à 30 000 € pour une personne morale.

Le montant de l'amende est proportionné à la gravité des faits constatés. Le locataire est recevable dans sa constitution de partie civile et la demande de réparation de son préjudice.

• **L. 6 juill. 1989, art. 25-9** (Mod. par L. n° 2015-990, 6 août 2015, art. 82)

I. – Le représentant de l'État dans le département fixe chaque année, par arrêté, dans les zones mentionnées au I de l'article 17, un loyer de référence, un loyer de référence majoré et un loyer de référence minoré par catégorie de logement et par secteur géographique. Le loyer de référence, le loyer de référence majoré et le loyer de référence minoré sont déterminés par l'application d'une majoration unitaire par mètre carré aux loyers de référence définis au I de l'article 17 pour tenir compte du caractère meublé du logement. Cette majoration est déterminée à partir des écarts constatés entre les loyers des logements loués nus et les loyers des logements loués meublés observés par l'observatoire local des loyers.

Les compétences attribuées au représentant de l'État dans le département par le présent article sont exercées, dans la région d'Île-de-France, par le représentant de l'État dans la région.

Le II de l'article 17 et l'article 17-2 de la présente loi sont applicables aux logements meublés, en tenant compte des loyers de référence définis au premier alinéa du présent I. Pour l'application de ces articles, le complément de loyer tient compte des équipements et services associés aux logements meublés. Pour l'application de l'article 17-2, la hausse du loyer convenue entre les parties ou fixée judiciairement s'applique au contrat renouvelé. Toutefois, si la hausse est supérieure à 10 %, elle s'applique par tiers annuel au contrat renouvelé et lors des renouvellements ultérieurs.

II. – Le I du présent article n'est pas applicable aux logements meublés situés dans une résidence avec services gérée selon un mode d'organisation adapté aux nécessités des résidents par un mandataire unique, définis au c de l'article 261 D du code général des impôts.

III. – Pour la révision du loyer, le I de l'article 17-1 est applicable aux logements meublés.

Lorsque les parties sont convenues, par une clause expresse, de travaux d'amélioration du logement que le bailleur fera exécuter ou d'acquisition d'équipements par le bailleur en sus de l'équipement initial, le contrat de location ou un avenant à ce contrat peut fixer une majoration de loyer consécutive à ces opérations.

• **L. 6 juill. 1989, art. 25-10** (Créé par L. n° 2014-366, 24 mars 2014, art. 8)

Les charges locatives accessoires au loyer principal sont récupérées par le bailleur au choix des parties et tel que prévu par le contrat de bail :

1° Soit dans les conditions prévues à l'article 23, lorsqu'il s'agit de provisions pour charges;

2° Soit sous la forme d'un forfait versé simultanément au loyer, dont le montant et la périodicité de versement sont définis dans le contrat et qui ne peut donner lieu à complément ou à régularisation ultérieure. Le montant du forfait de charges est fixé en fonction des montants exigibles par le bailleur en application du même article 23 et peut être révisé chaque année aux mêmes conditions que le loyer principal. Ce montant ne peut pas être manifestement disproportionné au regard des charges dont le locataire ou, le cas échéant, le précédent locataire se serait acquitté.

• **L. 6 juill. 1989, art. 25-11** (Créé par L. n° 2014-366, 24 mars 2014, art. 8)

La commission départementale de conciliation mentionnée à l'article 20 est compétente pour l'examen des litiges relatifs aux logements meublés et résultant de l'application des dispositions relatives aux loyers, aux congés, à l'état des lieux et du mobilier, au dépôt de garantie, aux charges locatives, aux réparations et aux caractéristiques du logement mentionnées aux deux premiers alinéas de l'article 6.

• **CCH, art. L. 632-1** (mod. par L. n° 2014-366, 24 mars 2014, art. 20)

I. – Une location d'un logement meublé constituant la résidence principale du preneur est soumise au titre Ier *bis* de la loi n° 89-462 du 6 juillet 1989 tendant à améliorer les rapports locatifs et portant modification de la loi n° 86-1290 du 23 décembre 1986.

Lorsque le bailleur est titulaire d'un bail commercial venant à expiration ou lorsque la cessation d'activité est prévue, le contrat peut être d'une durée inférieure à un an et doit mentionner les raisons et événements justificatifs.

Si le bail commercial est renouvelé ou si l'activité est poursuivie, la durée du contrat est portée à un an.

À peine d'irrecevabilité de la demande, l'assignation par l'exploitant d'un établissement recevant du public aux fins d'hébergement, aux fins de constat de résiliation ou de prononcé de la résiliation du bail d'une personne dont le logement loué meublé constitue la résidence principale est notifiée, à la diligence de l'huissier de justice, au représentant de l'État dans le département, par lettre recommandée avec demande d'avis de réception, au moins un mois avant l'audience, afin qu'il informe les services compétents, notamment les organismes chargés du service des aides au logement et le fonds de solidarité pour le logement.

II. – Lorsque la location d'un local meublé constituant la résidence principale du preneur est située dans un établissement recevant du public aux fins d'hébergement, celle-ci est soumise au titre Ier *bis* de la loi n° 89-462 du 6 juillet 1989 précitée. Ne sont pas applicables à cette location les articles 3-2, 3-3, 18, 24-1, 25-4 et 25-11 de la même loi.

Le local loué mentionné au premier alinéa du I doit être équipé du mobilier nécessaire au sommeil et à la vie courante du locataire ainsi qu'être pourvu de chauffage, d'une alimentation en eau et de sanitaires.

Un décret en Conseil d'État adapte les caractéristiques applicables aux conditions de décence aux locaux susceptibles d'être loués à usage de résidence principale dans les établissements recevant du public aux fins d'hébergement, dans le respect des textes pris en application de l'article L. 1311-1 du code de la santé publique.

Lorsqu'un locataire ou plusieurs locataires ont avec le même bailleur un litige locatif ayant une origine commune, ils peuvent donner par écrit mandat d'agir en justice en leur nom et pour leur compte à une association dont l'un des objets est l'insertion ou le logement des personnes défavorisées ou à une association de défense des personnes en situation d'exclusion par le logement mentionnées à l'article 3 de la loi n° 90-449 du 31 mai 1990 visant à la mise en œuvre du droit au logement. Une de ces associations peut assister ou représenter un locataire, selon les modalités définies à l'article 828 du code de procédure civile, en cas de litige portant sur le respect des caractéristiques de décence de son logement.

6.03 Bibliographie indicative.

Actualisables. RÉP. CIV., v° « Bail d'habitation et mixte : rapports locatifs individuels – Loi du 6 juillet 1989 », N. Damas, n°s 22-29 – LAMY DR. IMMO, n°s 5484, 5843 s. – DICT. PERM. Gestion immob., « Locations meublées », « Baux d'habitation et mixtes », n°s 38 s.

Articles. V. Canu, B. Gauclère et F. Gerner, « Être loueur professionnel en meublé ou non ? », *Administrer* 2004, n° 364, p. 9; C. Dadi et D. Billet, « Location d'immeuble nu ou location d'immeuble meublé. Quels critères de choix fiscaux pour un investisseur particulier ? », *JCP G*, 2011, prat. 1335; J. Lafond, « Régime juridique de la location en meublé », *JCP N* 2002. 1665; B. Raclet, « Locations en meublé, l'émergence d'un statut », *AJDI* 2006. 884; G. Teilliais, « La location de locaux d'habitation en meublé », *Ann. Loyers* 1999, p. 3 s; B. Vial-Pedroletti, « Locations de chambres dans un appartement : aménagements conventionnels et difficultés juridiques », *Loyers et copr.* 2008. Étude 1.

TITRE

61. Le champ d'application du régime des locations meublées

SECTION 0 ORIENTEUR

61.00 Plan du titre.

Division. Les baux portant sur des locaux meublés ont successivement été soumis au Code civil, puis à l'article L. 632-1 du code de la construction et de l'habitation, enfin, depuis la loi Alur du 24 mars 2014, aux articles 25-3 et suivants de la loi du 6 juillet 1989 [1]. Les réglementations spécifiques ont mis en avant deux critères permettant de délimiter leur champ d'application : le local doit être suffisamment meublé (Chap. 611), et il doit constituer la résidence principale du preneur (Chap. 612). À défaut, le bail pourra être requalifié et soumis à un régime distinct (Chap. 613). En revanche, l'article 25-3 indique que sont exclus du statut :

– les logements-foyers;

– les logements faisant l'objet d'une convention avec l'État portant sur leurs conditions, d'occupation et leurs modalités d'attribution;

– les logements attribués ou loués en raison de l'exercice d'une fonction ou de l'occupation d'un emploi;

– les locations consenties aux travailleurs saisonniers.

61.01 Textes applicables.

TEXTES SOURCES

- **L. n° 89-462, 6 juill. 1989, art. 25-3 à 25-11.**
- **CCH, art. L. 632-1.**
- **Décr. n° 2015-981, 29 juill. 2015** fixant la liste des éléments de mobilier d'un logement meublé, *JO* 31 juill., p. 13432.

61.03 Bibliographie indicative.

Actualisables. RÉP. CIV., v° « Bail d'habitation et mixte : rapports locatifs individuels – Loi du 6 juillet 1989 », N. Damas, n°s 22-40 – LAMY DR. IMMO, n°s 5484, 5843 s. – DICT. PERM. Gestion immob., « Locations meublées », n°s 10 s., « Baux d'habitation et mixtes », n°s 38 s.

1. AUSSI v. Commission des clauses abusives, recomm. n° 13-01, 6 juin 2013, relative aux contrats de location non saisonnière de logement meublé, *BOCCRF*, 13 sept. 2013.

CHAPITRE

611. Un local meublé

SECTION 0

ORIENTEUR

611.00 Plan du chapitre.

Sect. 1 Définition
Sect. 2 Équipement

611.01 Textes applicables.

TEXTES SOURCES

- **L. nº 89-462, 6 juill. 1989, art. 25-3, 25-4 et 25-5.**
- **CCH, art. L. 632-1.**
- **Décr. nº 2015-981, 29 juill. 2015** fixant la liste des éléments de mobilier d'un logement meublé, *JO* 31 juill., p. 13432.

TEXTES *IN EXTENSO*

- **L. 6 juill. 1989, art. 25-4, al. 1**

* V. s^s nº 6.01

- **L. 6 juill. 1989, art. 25-5**

* V. s^s nº 6.01

611.02 Jurisprudence de référence.

- **Civ. 3e, 9 févr. 2005, nº 03-15.128**, *Bull. civ.* III, nº 35

* V. s^s nº 611.11

Mais attendu qu'ayant, par motifs adoptés, constaté que la liste des meubles était détaillée sur un papier libre ne comportant que la signature du bailleur et que cette liste ne visait que des éléments d'équipement accessoires (chaises, tables, matelas), sans faire référence à des éléments d'équipement essentiels tels que le réfrigérateur, des plaques chauffantes ou une gazinière permettant aux locataires d'avoir une jouissance normale des locaux, la cour d'appel a pu en déduire que le bail devait être qualifié de bail à usage d'habitation soumis aux dispositions de la loi du 6 juillet 1989.

- **Civ. 3e, 15 juin 2011, nº 10-17.070**, NP

* V. s^s nº 611.22

La cour d'appel, qui a souverainement retenu que le fait de déménager les meubles loués sans l'accord établi de M. Y... dans un garde-meubles qu'il avait seul payé n'avait pas modifié la nature de la location meublée qui lui avait été consentie, a pu, motivant sa décision, sans la fonder au regard des seuls contrats ayant précédé le contrat litigieux et sans dénaturation des écritures des locataires, en déduire que dès le premier contrat, la commune intention des parties avait été de conclure la location d'un logement meublé, que M. X..., qui avait gardé à sa disposition les meubles dont il payait la garde, ne démontrait pas leur insuffisance et que la connaissance tardive par le bailleur du déplacement du mobilier ne démontrait pas son accord pour modifier la nature du dernier contrat.

611.03 Bibliographie indicative.

Actualisables. RÉP. CIV., vº « Bail d'habitation et mixte : rapports locatifs individuels – Loi du 6 juillet 1989 », N. Damas, n°s 24-25 – LAMY DR. IMMO, nº 5843 – DICT. PERM. Gestion immob., « Locations meublées », n°s 10-14, « Baux d'habitation et mixtes », n°s 38-40.

SECTION 1

DÉFINITION

611.11 Cadre général. Les juges ont toujours contrôlé que le logement est effectivement meublé[1]. L'article L. 632-1 du code de la construction et de l'habitation n'apportait aucune précision complémentaire et c'est alors le contentieux, très abondant devant les juges du fond[2], qui a permis de combler cette imprécision en mettant en avant le critère suivant : le logement n'est pas suffisamment

1. Cass., Ass. plén., 3 mai 1956, *JCP* 1956. II. 9345 – Civ. 3e, 6 déc. 1977, nº 76-13.035, *Bull. civ.* III, nº 422; *Rev. loyers* 1978. 210 – Rennes, 5 mars 1998, *Loyers et copr.* 1998, nº 291, obs. Vial-Pedroletti (mobilier insuffisant) – Orléans, 29 juin 1998, *Loyers et copr.* 1999, nº 113, obs. Vial-Pedroletti (logement seulement garni d'un meuble en bois, d'une table de cuisine et d'une table pliante).
2. La Cour de cassation n'ayant statué sur cette question que très rarement, et sans poser de ligne directrice (PAR EX. : Civ. 3e, 9 févr. 2005, nº 03-15.128, *Bull. civ.* III, nº 35; *D.* 2005. 592; *ibid.* 2006. 958, obs. Damas; *AJDI* 2005. 484, obs. Rouquet, ÉGALEMENT : Civ. 3e, 27 avr. 2017, nº 16-12.357, NP).

meublé s'il s'avère que les meubles loués avec le local ne sont pas en nombre et de qualité suffisants pour permettre au locataire de vivre convenablement[1]. Le critère essentiel de distinction est alors la possibilité pour le locataire de s'installer immédiatement dans les lieux sans avoir à apporter le moindre élément d'équipement, mais seulement des éléments de décoration et de consommation[2].

611.12 Loi Alur. La loi Alur du 24 mars 2014 a tenté de définir la notion de logement meublé, en s'inspirant des données du contentieux ci-dessus rappelées. C'est ainsi que l'article 25-4, al. 1er dispose qu'un logement meublé est « un logement décent équipé d'un mobilier en nombre et en qualité suffisants pour permettre au locataire d'y dormir, manger et vivre convenablement au regard des exigences de la vie courante ». Cette définition, finalement assez souple, synthétise des formulations couramment utilisées par les juges du fond lorsqu'il s'agit d'apprécier la consistance nécessaire de l'ameublement exigé[3].

611.13 Un logement décent. Cette précision peut paraître superflue dans la mesure où tout logement loué à titre d'habitation principale doit être décent, en application de l'article 1719 du Code civil, et de l'article 6 de la loi du 6 juillet 1989 qui est déclaré expressément applicable aux logements meublés par l'article 25-3 de la loi du 6 juillet 1989 (sur la notion de décence, v. ss nos 211.31 s.). Mais l'enjeu n'est pas négligeable, car en érigeant la décence en critère de qualification du logement décent, la loi Alur renforce la sanction applicable au bailleur en cas de non-respect : celui-ci devra non seulement effectuer les travaux nécessaires à la remise en état de décence, mais il pourra également se voir opposer la requalification du contrat de location en location non meublée (v. ss chap. 613).

SECTION 2
ÉQUIPEMENT

611.21 Équipement du logement. Alors que le projet de loi Alur énonçait que ce mobilier devait nécessairement comporter un lit, une table et des chaises, une cuisine équipée auxquels s'ajoutent des éléments de confort supplémentaires, le texte finalement voté se contente d'indiquer qu'une liste des éléments du mobilier est précisée par décret, ce qui est à approuver, dans la mesure où ce niveau de détail relève en effet du pouvoir réglementaire et non de la loi. Le décret n° 2015-981 du 31 juillet 2015 fixant la liste des éléments de mobilier d'un logement meublé[4] est applicable à compter du 1er septembre 2015. D'une part, il est énoncé que chaque pièce d'un logement meublé est équipée d'éléments de mobilier conformes à sa destination. Il serait donc vain pour le bailleur de soutenir que l'ensemble du mobilier requis est mis à la disposition du locataire, s'il ne ressort pas de l'inventaire de ce mobilier (prévu par l'article 25-5) que chaque pièce comprend effectivement les meubles attendus. Ainsi, si la chambre ne comporte pas de lit, il importera peu qu'un élément de literie soit disponible dans le salon. Certaines décisions des juges du fond avaient déjà statué en ce sens[5]. D'autre part, le décret dispose que le mobilier comporte au minimum les éléments suivants :

1°) Literie comprenant couette ou couverture;

2°) Dispositif d'occultation des fenêtres dans les pièces destinées à être utilisées comme chambre à coucher;

3°) Plaques de cuisson;

4°) Four ou four à micro-ondes;

5°) Réfrigérateur et congélateur ou, au minimum, un réfrigérateur doté d'un compartiment permettant de disposer d'une température inférieure ou égale à - 6 °C;

6°) Vaisselle nécessaire à la prise des repas;

7°) Ustensiles de cuisine;

8°) Table et sièges;

9°) Étagères de rangement;

10°) Luminaires;

11°) Matériel d'entretien ménager adapté aux caractéristiques du logement.

La liste reste relativement évasive, mais il aurait été difficile d'entrer plus avant dans les détails. L'utilité de cette liste est donc quelque peu douteuse, car le contentieux abondant porté devant les juges du fond avait retenu peu ou prou les mêmes solutions. Il est possible de remarquer qu'aucun appareil de réception télévisuelle n'est indispensable, ce qui est à approuver, ni un bureau, ce qui pourrait être

1. Versailles, 15 févr. 1991, *Administrer*, mai 1991. 59 – Civ. 3e, 18 juill. 2000, n° 98-21.452, NP, *Loyers et copr.* 2001, n° 62, obs. Vial-Pedroletti – Civ. 3e, 9 févr. 2005, n° 03-15.128, *Bull. civ.* III, n° 35; *D.* 2006. Pan. 958, obs. Damas, *AJDI* 2005. 484, obs. Rouquet.
2. AINSI l'absence de vaisselle ne permettait pas la qualification de local meublé : Nîmes, 30 nov. 2010, RG n° 10/1931, *AJDI* 2011. 207. DÉJÀ, v. Paris pôle 1, ch. 2 18 nov. 2009 n° 09-11.001, *AJDI* 2010. 212
3. PAR EX. : Paris, 9 déc. 2004, RG n° 03/11005, *AJDI* 2005. 206 – Paris, 10 déc. 2009, RG n° 08/13519, *AJDI* 2010. 303 – Paris, 22 févr. 2011. *Loyers et copr.* 2011, n° 177, obs. Vial-Pedroletti.
4. Décr. n° 2015-981, 29 juill. 2015 fixant la liste des éléments de mobilier d'un logement meublé, *JO* 31 juill., p. 13432.
5. Aix-en-Provence, 22 févr. 2013, n° 11/01843, *AJDI* 2013. 513 (sur les 4 pièces composant le logement, seules 2 étaient meublées).

plus surprenant, notamment lorsque le logement meublé est loué à un étudiant. Cette absence permet toutefois de ne pas perdre de vue l'essentiel : il appartient avant tout aux parties de négocier la présence, ou non, de mobilier complémentaire à celui imposé par le décret, qui ne fixe qu'une liste minimale.

611.22 Évolution. La consistance des meubles peut évoluer en cours d'exécution du contrat. Le bailleur doit maintenir le local meublé. Dès lors, ne saurait être qualifié de « meublé » le local dont le bailleur a vendu les meubles en cours de bail[1], tandis que le fait, pour le locataire, de substituer ses propres meubles à ceux fournis par le bailleur ne change en rien la réalité du caractère meublé du local[2]. C'est ainsi qu'il a été jugé que « *le fait de déménager les meubles loués sans l'accord établi de M. Y... dans un garde-meubles qu'il avait seul payé n'avait pas modifié la nature de la location meublée qui lui avait été consentie* »[3]. Il est toutefois conseillé, dans l'hypothèse où le locataire souhaiterait que le bailleur retire un meuble, de formaliser un avenant faisant apparaître que ce retrait est à l'initiative du locataire, et que le bailleur tient à sa disposition le meuble retiré, qui pourra être replacé dans les lieux à première demande.

1. Civ. 3e, 29 nov. 2005, no 04-17.504, NP, *AJDI* 2005. 118.
2. Paris, 10 oct. 1985, RG no K/07098, [loi de 1982], *D.* 1986. IR 433, obs. Giverdon.
3. Civ. 3e. 15 juin 2011, no 10-17.070, NP, *AJDI* 2011. 621.

CHAPITRE

612. Résidence principale du locataire

SECTION 0 ORIENTEUR

612.00 **Plan du chapitre.**

Sect. unique Détermination

612.01 **Textes applicables.**

TEXTES SOURCES

- **L. n° 89-462, 6 juill. 1989, art. 25-3 à 25-11.**
- **CCH, art. L. 632-1.**

TEXTES *IN EXTENSO*

- **L. 6 juill. 1989, art. 25-3**

* V. s[s] n° 6.01

- **CCH, art. L. 632-1**

* V. s[s] n° 6.01

612.02 **Jurisprudence de référence.**

- **Civ. 3e, 4 févr. 2009, n° 07-20.980**, *Bull. civ.* III, n° 30

* V. s[s] n° 612.12

Ayant relevé que Mme Y... était étudiante à l'institut universitaire de technologie de Grenoble et que ses parents demeuraient dans le département de la Loire, la juridiction de proximité en a exactement déduit, nonobstant toute clause contraire, que le studio meublé était sa résidence principale et que les dispositions impératives de l'article L. 632-1 du code de la construction et de l'habitation étaient applicables.

612.03 **Bibliographie indicative.**

Actualisables. RÉP. CIV., v° « Bail d'habitation et mixte : rapports locatifs individuels – Loi du 6 juillet 1989 », N. Damas, n°s 17-18 – LAMY DR. IMMO, n° 5843 – DICT. PERM. Gestion immob., « Locations meublées », n° 15, « Baux d'habitation et mixtes », n°s 40-45.

Articles. N. Damas, « Meublé : régime et effet du congé », *AJDI* 2009. 608.

SECTION UNIQUE DÉTERMINATION

612.11 **Cadre général.** Cette condition était déjà énoncée à l'article L. 632-1 du code de la construction et de l'habitation, et est reprise à l'article 25-3 de la loi du 6 juillet 1989. Il est précisé que les dispositions du titre premier *bis* « s'appliquent aux contrats de location de logements meublés tels que définis à l'article 25-4 dès lors qu'ils constituent la résidence principale du locataire au sens de l'article 2 ». C'est donc un renvoi à la définition de la résidence principale issue de la loi Alur, et qui a déjà été précisée *supra* (v. s[s] n° 022.32).

612.12 **Jurisprudence antérieure.** Avant la loi Alur, la jurisprudence était restée assez peu fournie sur la question. Dans un arrêt de 2009[1], il avait été déduit de ce que le locataire, étudiant à l'institut universitaire de Grenoble et ayant ses parents résidant dans la Loire, avait nécessairement installé sa résidence principale dans le local meublé. Implicitement, l'éloignement géographique semblait imposer une présence récurrente du locataire dans le local meublé. Sans l'exprimer explicitement, la Cour de cassation renvoyait déjà à une appréciation quantitative de l'occupation du local.

1. Civ. 3e, 4 févr. 2009, n° 07-20.980, *Bull. civ.* III, n° 30; *D.* 2009. AJ 491, n. Rouquet; *D.* 2010. Pan. 1168, spéc. 1173, obs. Damas; *AJDI* 2009. 608, obs. Damas; *Loyers et copr.* 2009. 61, obs. Vial-Pedroletti.

CHAPITRE

613. Modalités d'une action en requalification

SECTION 0
ORIENTEUR

613.00 Plan du chapitre.

Sect. 1 Règles de preuve
Sect. 2 Enjeux de la requalification

Division. Le juge ne va pas s'arrêter à la dénomination « location meublée » retenue par les parties[1]. Si les conditions d'application du régime des locations meublées ne sont pas remplies, la location obéira à d'autres règles. En sens inverse, une location qui devrait relever du régime des locations meublées et qui est contractuellement soumise à un autre régime, peut également être requalifiée. Encore faut-il toutefois préciser les règles de preuve applicables, ainsi que les enjeux de la requalification envisagée.

613.01 Textes applicables.

TEXTES SOURCES

• **L. n° 89-462, 6 juill. 1989, art. 25-3, 25-4.**

TEXTES *IN EXTENSO*

• **L. 6 juill. 1989, art. 25-3**

* V. s^s n° 6.01

• **L. 6 juill. 1989, art. 25-4**

* V. s^s n° 6.01

613.02 Jurisprudence de référence.

• **Civ. 3e, 9 févr. 2005, n° 03-15.128**, *Bull. civ.* III, n° 35

* V. s^s n° 613.11

Mais attendu qu'ayant, par motifs adoptés, constaté que la liste des meubles était détaillée sur un papier libre ne comportant que la signature du bailleur et que cette liste ne visait que des éléments d'équipement accessoires (chaises, tables, matelas), sans faire référence à des éléments d'équipement essentiels tels que le réfrigérateur, des plaques chauffantes ou une gazinière permettant aux locataires d'avoir une jouissance normale des locaux, la cour d'appel a pu en déduire que le bail devait être qualifié de bail à usage d'habitation soumis aux dispositions de la loi du 6 juillet 1989 [régime antérieur à la loi Alur].

• **Civ. 3e, 4 févr. 2009, n° 07-20.980**, *Bull. civ.* III, n° 30

* V. s^s n° 613.13

Ayant relevé que Mme Y... était étudiante à l'institut universitaire de technologie de Grenoble et que ses parents demeuraient dans le département de la Loire, la juridiction de proximité en a exactement déduit, nonobstant toute clause contraire, que le studio meublé était sa résidence principale et que les dispositions impératives de l'article L. 632-1 du code de la construction et de l'habitation étaient applicables.

613.03 Bibliographie indicative.

Articles. V. Zalewski, « Local meublé et résidence principale : la charge de la preuve pèse sur le locataire », *AJDI* 2007. 201.

SECTION 1
RÈGLES DE PREUVE

613.11 Charge de la preuve. Il appartient en principe à celui qui invoque un régime différent de celui auquel il est soumis par la dénomination donnée au contrat, de démontrer que les conditions d'application de ce régime s'appliquent. Le contentieux révèle en réalité une approche différente, selon l'élément qualifiant qui est litigieux. Le locataire doit ainsi démontrer que le local constitue sa résidence principale[2], et doit donc être soumis aux articles 25-3 et suivants de la loi du 6 juillet 1989. En sens inverse, il appartiendra au bailleur de démontrer que le local est suffisamment meublé[3], et à défaut, le bail sera

1. Paris, 20 mars 2008, RG n° 06/17937, *AJDI* 2008. 591 – Paris, 18 mars 2008, RG n° 05/17507, *AJDI* 2008. 668.

2. Civ. 3e, 20 sept. 2006, n° 05-16.363, NP, *AJDI* 2007. 201, note Zalewski; *Loyers et copr.* 2006. 468.
3. Colmar, 17 mai 2004, *Loyers et copr.* 2005, n° 44, obs. Vial-Pedroletti – Paris, 20 mars 2008, RG n° 06/17937, *AJDI* 2008. 591 – Paris pôle 4, ch. 3, 10 déc. 2009, n° 08/13519, *AJDI* 2010. 303

requalifié en location nue[1]. De même, il appartiendra au bailleur de démontrer que le logement est décent, critère érigé par la loi Alur en élément qualifiant de la location meublée.

613.12 Administration de la preuve. Les éléments déterminants de la qualification de location meublée sont purement factuels[2] : il s'agit de démontrer soit que le locataire a installé, ou non, dans le local sa résidence principale, soit que la consistance des meubles est, ou non, suffisante pour mériter cette qualification de logement meublé. Il faut retenir en conséquence que cette preuve peut être librement administrée, par tous moyens. C'est ainsi qu'il a pu être jugé que la preuve du caractère suffisant de l'ameublement peut résulter d'un inventaire établi trois ans avant la date d'effet du bail[3]. De même, s'agissant de la résidence principale, la mention figurant dans le bail selon laquelle la locataire est domiciliée chez ses parents est sans incidence sur la détermination de sa résidence[4].

613.13 Caractère d'ordre public. Le régime des locations nues (L. 6 juill. 1989, art. 1er s.) et celui des locations meublées (L. 6 juill. 1989, art. 25-3 s.) sont d'ordre public. En conséquence, toute clause contraire est réputée non écrite, et en particulier la clause qui interdirait toute action en requalification, ou qui rejetterait par avance la démonstration de ce que le local est, ou n'est pas, suffisamment meublé, ou de ce que le locataire a, ou n'a pas, installé dans les lieux sa résidence principale[5].

SECTION 2
ENJEUX DE LA REQUALIFICATION

613.21 Cadre général. Dès lors que la location litigieuse est requalifiée en location meublée, l'ensemble du régime prévu aux articles 25-3 et suivants de la loi du 6 juillet 1989 est applicable à la relation locative. De même, si la location était présentée comme étant meublée, et que les conditions d'application faisant défaut, elle serait requalifiée en location nue (soumise au titre premier de la loi du 6 juillet 1989), les particularités de la location meublée ne sauraient s'appliquer. En particulier, la durée sera de trois ou six ans (en application de l'article 10 de la loi du 6 juillet 1989), et non d'un an. De même, l'éventuelle majoration de loyer, prévue par l'article 17 dans les zones d'encadrement des loyers ne se justifiera pas, et le locataire pourra obtenir un rappel de loyers indûment versés.

613.22 Conflit de qualification. En principe, la location qui fait l'objet d'une action en requalification est déjà, en apparence, soumise à une autre qualification. L'ordre public attaché à la loi du 6 juillet 1989 doit faire prévaloir le régime respectant les conditions légales, et la requalification doit être accueillie sans réserve, nonobstant toute clause contraire. Tel sera le cas lorsque le contrat a été soumis au droit commun issu du Code civil. Il faut cependant réserver l'hypothèse où les parties ont opté expressément pour un régime distinct, lui aussi d'ordre public. Par exemple, alors que la location devrait relever du statut des locations meublées, un contrat soumis au titre premier de la loi du 6 juillet 1989 a été conclu. Que décider si l'une des parties entend obtenir la requalification en location meublée (le bailleur, par exemple s'il veut obtenir le loyer majoré applicable aux locations meublées en zone d'encadrement des loyers, ou le locataire, par exemple s'il veut bénéficier d'une durée de préavis d'un mois) ? À condition que la clause de soumission à ce régime soit claire et non équivoque, il conviendrait de l'appliquer, en considération de ce que l'ordre public locatif est de protection, et que le régime des locations nues est (de manière générale) plus favorable au locataire que le régime des locations meublées[6]. À ces conditions, tant le locataire que le bailleur devraient se voir refuser la requalification. En sens contraire, si un contrat de location d'un local nu a été expressément soumis au régime des locations meublées, l'ordre public de protection conduira à accueillir la demande en requalification en location nue, du moins lorsqu'elle émane du locataire.

1. Civ. 3e, 18 juill. 2000, no 98-21.452, NP, *Loyers et copr.* 2001, no 62, obs. Vial-Pedroletti; Civ. 3e, 9 févr. 2005, no 03-15.128, *Bull. civ.* III, no 35; *D.* 2005. Somm. 961, obs. Damas; *AJDI* 2005. 484, obs. Rouquet.
2. Paris, 4e ch., 13 nov. 2012, no 10/04560 : la résidence principale est une notion de fait dont la preuve peut être rapportée par tout moyen admis par la loi sans être limitée par les dispositions de l'article 1341 (devenu 1359) du Code civil.
3. Aix-en-Provence, 11 janv. 2013, no 10/15472, *AJDI* 2013. 512.
4. Paris, 4e ch., 13 nov. 2012, no 10/04560.
5. V. not. Civ. 3e, 4 févr. 2009, no 07-20.980, *Bull. civ.* III, no 30; *D.* 2009. AJ 491, n. Rouquet; *D.* 2010. Pan. 1168, spéc. 1173, obs. Damas; *AJDI* 2009. 608, obs. Damas; *Loyers et copr.* 2009. 61, obs. Vial-Pedroletti.
6. Civ. 3e, 21 sept. 2005, no 04-15.063, NP, *AJDI* 2006. 124, obs. F. de La Vaissière; *Loyers et copr.* 2005. 569.

TITRE

62. Le régime des locations meublées

SECTION 0
ORIENTEUR

62.00 Plan du titre.

62.01 Textes applicables.

TEXTES SOURCES

- **L. n° 89-462, 6 juill. 1989, art. 1er, 3, 3-2, 3-3, 4 (sf I), 5, 6, 7, 7-1, 8, 8-1, 18, 20-1, 21, 22, 22-1, 22-2, 24 et 24-1 25-3 à 25-11.**
- **L. n° 2014-366, 24 mars 2014** pour l'accès au logement et un urbanisme rénové, *JO* 26 mars, p. 5809, art. 14.
- **L. n° 2015-990, 6 août 2015** pour l'accès au logement et un urbanisme rénové, *JO* 7 août, p. 3537, art. 82-II.

TEXTES *IN EXTENSO*

- **L. 6 juill. 1989, art. 25-3 à 25-11**

* V. ss n° 6.01

62.03 Bibliographie indicative.

Actualisables. RÉP. CIV., v° « Bail d'habitation et mixte : rapports locatifs individuels – Loi du 6 juillet 1989 », N. Damas, nos 22 s. – LAMY DR. IMMO, n° 5843 – DICT. PERM. Gestion immob., « Locations meublées », nos 16-21, « Baux d'habitation et mixtes », nos 38 s.

CHAPITRE

621. Évolution du cadre législatif de la location

SECTION 0

ORIENTEUR

621.00 Plan du chapitre

621.01 Textes applicables.

TEXTES SOURCES

- **L. n° 89-462, 6 juill. 1989, art. 25-3.**

TEXTES *IN EXTENSO*

- **L. 6 juill. 1989, art. 25-3**

* V. s[s] n° 6.01

621.02 Jurisprudence de référence.

- **Civ. 3e, 20 janv. 2010, n° 09-65.791**, *Bull. civ.* III, n° 15

* V. s[s] n° 621.11

L'obligation pour le locataire d'un local meublé de s'assurer contre les risques dont il doit répondre [est], sauf stipulation expresse contraire, facultative (...)

- **Civ. 3e, 17 déc. 2015, n° 14-25.523**, P

* V. s[s] n° 621.11

Si le locataire, informé par le bailleur avec un préavis de trois mois de son souhait de modifier les conditions du contrat à son expiration, n'accepte pas les nouvelles conditions, le contrat est renouvelé aux conditions antérieures.

Les conditions du bail ne peuvent être modifiées par les parties qu'à l'occasion de la reconduction du bail donnant naissance à un nouveau contrat et que la signature d'un nouveau contrat se substituant au contrat en cours ne peut faire échec aux dispositions de l'article L. 632-1.

La clause litigieuse qui fait peser sur le locataire la quasi-totalité des dépenses incombant normalement au bailleur et dispense sans contrepartie le bailleur de toute participation aux charges qui lui incombent normalement en sa qualité de propriétaire, a pour effet de créer, au détriment du consommateur, un déséquilibre significatif entre les droits et obligations des parties au contrat.

621.03 Bibliographie indicative.

Actualisables. RÉP. CIV., v° « Bail d'habitation et mixte : rapports locatifs individuels – Loi du 6 juillet 1989 », N. Damas, n°s 22 s. – LAMY DR. IMMO, n° 5843 – DICT. PERM. Gestion immob., « Locations meublées », n°s 16-21, « Baux d'habitation et mixtes », n°s 38 s.

Articles. B. Raclet, « Locations en meublé, l'émergence d'un statut », *AJDI* 2006. 884; N. Damas, « La loi Alur et les baux d'habitation », *AJDI* 2014. 334.

SECTION 1

AVANT LA LOI ALUR DU 24 MARS 2014

621.11 Du code civil au code de la construction et de l'habitation. À l'origine exclusivement soumis au code civil, les locaux meublés ont été ensuite régis par un statut propre qui s'inspirait, pour partie seulement, de la loi du 6 juillet 1989[1], et qui était établi aux articles L. 632-1 et suivants du code de la construction et de l'habitation. Lorsque le régime des locaux meublés régissait le contrat de location, la loi du 6 juillet 1989 était ainsi évincée[2], sauf en ses dispositions relatives à l'obligation pour le bailleur de fournir un dossier de diagnostic technique (L. 6 juill. 1989, anc. art. 3-1), de délivrer un logement décent (L. 6 juill. 1989, anc. art. 6, al. 1er et 2), à la possibilité pour le locataire de demander une mise en conformité (L. 6 juill. 1989, anc. art. 20-1), à la référence, en cas d'indexation du loyer, à la hausse résultant de l'indice de référence des loyers (L. 6 juill. 1989, anc. art. 17, *d*).

621.12 Particularités du bail locatif meublé. Schématiquement, le régime des locations de locaux meublés à usage de résidence principale était le

1. B. Raclet, « Locations en meublé, l'émergence d'un statut », *AJDI* 2006. 884.
2. Civ. 3e, 30 sept. 1998, n° 96-21.512, *Bull. civ.* III, n° 176; *D.* 1998. IR 227.

suivant : le bail avait une durée d'un an, tacitement reconductible par période d'une année (à l'exception des locations consenties à des étudiants, dont la durée pouvait être réduite à neuf mois [CCH, anc. art. L. 632-1, al. 2]). Le locataire pouvait donner congé à tout moment, en respectant un préavis d'un mois (CCH, anc. art. L. 632-1, al. 8), alors que le bailleur ne pouvait s'opposer au renouvellement du contrat qu'en délivrant, trois mois au moins avant le terme du bail, un congé motivé par sa décision de reprendre le logement, de le vendre ou reposant sur un motif légitime et sérieux (CCH, anc. art. L. 632-1, al. 5). Jusqu'à la loi n° 2005-32 du 18 janvier 2005, ces dispositions supposaient que le bailleur loue habituellement plus de quatre logements meublés. Pour le surplus, le régime libéral du Code civil avait vocation à s'appliquer[1], ainsi, le cas échéant, que certaines dispositions spécifiques, telles que le droit de la consommation[2].

SECTION 2
DEPUIS LA LOI ALUR DU 24 MARS 2014

621.21 Intégration à la loi du 6 juillet 1989. La loi Alur a profondément modifié le régime des logements meublés puisqu'il est intégré au sein même de la loi du 6 juillet 1989. Ainsi, il est créé un titre 1er *bis*, qui se substitue aux dispositions figurant actuellement aux articles L. 632-1 et suivants du code de la construction et de l'habitation (qui subsistent sur des points relativement accessoires) et qui est intitulé « Des rapports entre bailleurs et locataires dans les logements meublés résidence principale *[sic]* ».

621.22 Régime distinct. Certes, l'absorption par la loi du 6 juillet 1989 (entendue comme le régime des locations nues) n'est pas totale, puisqu'un régime spécifique est édicté. La loi Alur représente toutefois un saut qualitatif sans précédent, car le modèle constitué par le régime des locations nues est évident, et est affirmé dès l'article 25-3 de la loi de 1989, par la longue liste des dispositions du premier titre de la loi de 1989 qui sont déclarées applicables aux locations meublées (art. 1er, 3, 3-2, 3-3, 4, à l'exception du *l*, 5, 6, 7, 7-1, 8, 8-1, 18, 20-1, 21, 22, 22-1, 22-2, 24 et 24-1). Les habitudes doivent être modifiées, car les textes visés ne sont nullement anodins (on pense, en particulier, à l'application du régime restrictif du cautionnement, des modalités de mise en œuvre de la clause résolutoire, ou de l'encadrement de la rémunération des intermédiaires professionnels). Cet accroissement de l'impérativité du régime ne se réalise par ailleurs pas uniquement en faveur du locataire. Ainsi, le renvoi à l'article 7 de la loi du 6 juillet 1989 le soumet aux obligations légales du locataire, alors qu'auparavant certaines obligations ne pesaient sur lui que si elles étaient expressément stipulées[3].

621.23 Détail. Aux termes de l'article 25-3 de la loi du 6 juillet 1989, sont applicables aux logements meublés les dispositions de la loi du 6 juillet 1989 suivantes :

- art. 1er (relatif au droit au logement, v. ss nos 011.21 s.);
- art. 3 (contenu du contrat, v. ss nos 132.11 s.)
- art. 3-2 (état des lieux, v. ss nos 132.111 s.);
- art. 3-3 (dossier de diagnostic technique, v. ss n° 132.25);
- art. 4 (clauses réputées non-écrites, v. ss nos 132.201 s.), à l'exception du *l* (durée du renouvellement du bail par tacite reconduction);
- art. 5 (rémunération des intermédiaires, v. ss nos 133.112 s.);
- art. 6 (obligations du bailleur, v. ss nos 211.11 s., 212.11 s., 221.11 s. et 222.11 s.);
- art. 7 (obligations du locataire, v. ss nos 311.11 s., 312.11 s. et 313.11 s.);
- art. 7-1 (délai de prescription, v. ss nos 311.51 s.);
- art. 8 (cession et sous-location, v. ss nos 422.11 s.);
- art. 8-1 (colocation, v. ss nos 124.11 s.);
- art. 18 (décret d'encadrement des loyers, v. ss n° 521.31);
- art. 20-1 (mise aux normes de décence, v. ss nos 211.71 s.);
- art. 21 (quittance de loyer, v. ss nos 223.11 s.);
- art. 22 (dépôt de garantie, toutefois, l'article 25-6 précise que, « par dérogation à l'article 22, le mon-

1. D'où la nécessité de prévoir des stipulations particulières, notamment afin de contraindre le locataire à s'assurer, faute de régime légal impératif : Civ. 3e, 20 janv. 2010, n° 09-65.791, *Bull. civ.* III, n° 15; *D.* 2010. AJ 583, obs. Rouquet; *ibid.* 2011. Pan. 1181, obs. Damas; *AJDI* 2010. 374, n. Zalewski; *Loyers et copr.* 2010, n° 70, obs. Vial-Pedroletti (« *l'obligation pour le locataire d'un local meublé de s'assurer contre les risques dont il doit répondre étant, sauf stipulation expresse contraire, facultative* »).
2. Civ. 3e, 17 déc. 2015, n° 14-25.523, P, *D.* 2016. 71, obs. Y. Rouquet; *ibid.* 1102, obs. N. Damas : « la clause litigieuse qui fait peser sur le locataire la quasi-totalité des dépenses incombant normalement au bailleur et dispense sans contrepartie le bailleur de toute participation aux charges qui lui incombent normalement en sa qualité de propriétaire, a pour effet de créer, au détriment du consommateur, un déséquilibre significatif entre les droits et obligations des parties au contrat ».
3. AINSI, en matière d'assurance : Civ. 3e, 20 janv. 2010, n° 09-65.791, *Bull. civ.* III, n° 15; *D.* 2010. AJ 583, obs. Rouquet; *ibid.* 2011. Pan. 1181, obs. Damas; *AJDI* 2°010. 374, n. Zalewski; *Loyers et copr.* 2010, n° 70, obs. Vial-Pedroletti.

tant du dépôt de garantie exigible par le bailleur est limité à deux mois de loyer en principal ») ;

- art. 22-1 (cautionnement, v. s[s] n°s 144.11 s.) ;

- art. 22-2 (pièces justificatives pouvant être demandées à un candidat locataire et à sa caution, v. s[s] n°s 146.05 s.) ;

- art. 24 (clause résolutoire, v. s[s] n°s 922.11 s.) ;

- et art. 24-1 (action collective, v. s[s] n° 211.11).

Par ailleurs, aux termes de l'article 24-2 de la loi du 6 juillet 1989 issus de la loi du 24 mars 2014, dite loi Alur, la garantie universelle des loyers est applicable aux logements meublés constituant la résidence principale du preneur, tels que définis aux articles 25-3 et 25-4 (à propos de la GUL, v. s[s] n° 145.21).

CHAPITRE

622. Dispositions transitoires

SECTION 0 ORIENTEUR

622.00 Plan du chapitre.

622.01 Textes applicables.

TEXTES SOURCES

- **L. n° 89-462, 6 juill. 1989, art. 25-3 à 25-11.**
- **CCH, art. L. 632-1.**
- **C. civ., art. 2.**
- **L. n° 2014-366, 24 mars 2014** pour l'accès au logement et un urbanisme rénové, *JO* 26 mars, p. 5809, art. 14.
- **L. n° 2015-990, 6 août 2015** pour l'accès au logement et un urbanisme rénové, *JO* 7 août, p. 3537, art. 82-II.

TEXTES *IN EXTENSO*

- **L. 24 mars 2014, art. 14**

Les contrats de location en cours à la date d'entrée en vigueur de la présente loi demeurent soumis aux dispositions qui leur étaient applicables.

Toutefois, pour les contrats en cours à la date d'entrée en vigueur de la présente loi et mentionnés au premier alinéa de l'article 2 de la loi n° 89-462 du 6 juillet 1989 tendant à améliorer les rapports locatifs et portant modification de la loi n° 86-1290 du 23 décembre 1986, dans sa rédaction antérieure à la présente loi :

1° Les articles 7, 17-1, 20-1, 21 et 23 de la même loi, dans leur rédaction résultant de la présente loi, sont applicables;

2° L'article 11-1 de la loi n° 89-462 du 6 juillet 1989 précitée, dans sa rédaction résultant de la présente loi, leur est applicable pour les congés délivrés après l'entrée en vigueur de la présente loi.

Pour les contrats en cours à la date d'entrée en vigueur de la présente loi et mentionnés au premier alinéa de l'article L. 632-1 du code de la construction et de l'habitation, dans sa rédaction antérieure à la présente loi, les articles 6, 7, 20-1 et 25-11 de la loi n° 89-462 du 6 juillet 1989 précitée, dans leur rédaction résultant de la présente loi, sont applicables.

- **L. 6 août 2015, art. 82-II**

(...)

II. – Jusqu'à leur renouvellement ou leur reconduction tacite, les contrats des locations mentionnées au deuxième alinéa de l'article 2 et au premier alinéa de l'article 25-3 de la loi n° 89-462 du 6 juillet 1989 tendant à améliorer les rapports locatifs et portant modification de la loi n° 86-1290 du 23 décembre 1986 en cours à la date de publication de la présente loi demeurent soumis aux dispositions qui leur étaient applicables.

Toutefois :

1° L'article 22 ainsi que l'article 24, dans sa rédaction résultant du présent article, de la loi n° 89-462 du 6 juillet 1989 précitée leur sont applicables;

2° L'article 7-1 de la même loi est applicable, dans les conditions fixées à l'article 2222 du code civil;

3° Les articles 1724, 1751 et 1751-1 du même code leur sont applicables;

4° L'article 11-2 de la loi n° 89-642 du 6 juillet 1989 précitée, dans sa rédaction résultant du présent article, leur est applicable;

5° L'article 15 de la même loi, dans sa rédaction résultant du présent article, est applicable aux contrats des locations mentionnées au deuxième alinéa de l'article 2 de ladite loi;

6° L'article 25-8 de la même loi, dans sa rédaction résultant du présent article, est applicable aux contrats de location mentionnés au premier alinéa de l'article 25-3 de ladite loi.

À compter de la date d'effet de leur renouvellement ou de leur reconduction tacite, les contrats des locations mentionnées au deuxième alinéa de l'article 2 de la loi n° 89-462 du 6 juillet 1989 précitée sont régis par l'ensemble des dispositions de cette même loi en vigueur au jour du renouvellement ou de la reconduction, à l'exception de ses articles 3, 17 et 17-2, qui ne s'appliquent qu'aux nouveaux baux et aux baux faisant l'objet d'un renouvellement.

À compter de la date d'effet de leur renouvellement ou de leur reconduction tacite, les contrats mentionnés au premier alinéa de l'article 25-3 de la même loi sont régis par l'ensemble des dispositions de cette même loi en vigueur au jour du renouvellement ou de la reconduction, à l'exception de l'article 3, du premier alinéa de l'article 22, de l'article 25-6 et du I de l'article 25-9, qui ne s'appliquent qu'aux nouveaux baux et aux baux faisant l'objet d'un renouvellement.

622.02 **Jurisprudence de référence.**

> Sur l'application dans le temps de la loi Alur

• **Cass., Avis, 16 févr. 2015, n° 14-70.011**, *Bull. Avis*, n° 2

* V. s^s n° 622.14

La loi nouvelle régissant immédiatement les effets légaux des situations juridiques ayant pris naissance avant son entrée en vigueur et non définitivement réalisées, il en résulte que l'article 24 de la loi du 6 juillet 1989 modifié par la loi du 24 mars 2014 en ce qu'il donne au juge la faculté d'accorder un délai de trois ans au plus au locataire en situation de régler sa dette locative s'applique aux baux en cours à la date d'entrée en vigueur de la loi du 24 mars 2014.

622.03 **Bibliographie indicative.**

Actualisables. RÉP. CIV., v^is « Bail d'habitation et mixte : rapports locatifs individuels – Loi du 6 juillet 1989 », N. Damas, n°s 22-29; « Conflits de lois dans le temps », Bach, n° 515 – LAMY DR. IMMO, n° 5843 – DICT. PERM. Gestion immob., « Locations immobilières », n°s 1, 10 s.

Articles. N. Damas, « La loi Alur et les baux d'habitation », *AJDI* 2014. 334; « La Loi Macron et les baux d'habitation », *AJDI* 2015. 654.

SECTION 1
APPLICATION DANS LE TEMPS DE LA LOI ALUR

622.11 **Cadre général.** Le principe est qu'une loi nouvelle régit les situations nées après son entrée en vigueur et n'est pas rétroactive, sauf disposition expresse (C. civ., art. 2). En matière contractuelle, il en résulte que la loi nouvelle n'affecte pas la validité des contrats conclus antérieurement à son entrée en vigueur[1]. En revanche, la jurisprudence confère à la loi nouvelle une certaine application immédiate, restreinte aux effets légaux d'un contrat qui sont alors régis par la loi en vigueur au moment où ils se produisent[2].

La loi elle-même peut prévoir les modalités de son application transitoire. Tel est le cas de la loi Alur, tantôt quant à des dispositions spécifiques (c'est ainsi que la saisine de la commission de coordination des actions de prévention des expulsions locatives n'a été rendue obligatoire, dans certains cas, qu'à compter du 1er janvier 2015), tantôt de manière plus générale en son article 14, qui pose un principe général assorti d'exceptions.

622.12 **Principe.** Il est précisé que « les contrats de location en cours à la date d'entrée en vigueur de la présente loi demeurent soumis aux dispositions qui leur étaient applicables ». Il s'agit de la confirmation de la règle ci-dessus rappelée.

La loi Alur n'a pas d'effet rétroactif et ne s'applique pas aux contrats en cours, mais seulement aux contrats conclus à compter de son entrée en vigueur (soit le 27 mars 2014).

Encore faut-il s'entendre sur ce que recouvre la conclusion d'un contrat de bail. La matière est en effet particulière en ce que le bail, contrat à exécution successive, peut être soit tacitement reconduit, soit renouvelé.

L'on sait que dans les deux cas, un nouveau contrat est formé, qui devrait être soumis aux conditions de validité de la loi applicable au moment de cette formation[3]. Dès lors, un contrat de bail meublé, conclu par exemple le 1er juin 2013 pour un an, tacitement reconduit le 1er juin 2014 pour un an, devrait respecter les nouvelles conditions posées par la loi Alur, en particulier le contrat-type, l'encadrement des loyers, etc.

On imagine aisément les complications engendrées par cette situation que le législateur n'a visiblement pas envisagée. La décision rendue par le conseil constitutionnel le 20 mars 2014 apporte un éclairage bienvenu[4]. Répondant aux arguments des parlementaires, selon lesquels les conditions d'entrée en vigueur de l'encadrement des loyers porteraient atteinte aux conventions légalement conclues, le Conseil affirme qu'il « ressort de l'article 14 de la loi déférée que les dispositions contestées de l'article 6 ne s'appliqueront pas aux baux conclus avant l'entrée en vigueur de la loi, y compris s'ils ont fait l'objet d'une reconduction tacite après cette entrée en vigueur ». Ce faisant, le Conseil retient une conception extensive de la

1. Civ. 3e, 17 févr. 1993, n° 91-10.942, *Bull. civ.* III, n° 19; *RDI* 1994. 120, obs. J. Foyer et J. Hudault.
2. Civ. 3e, 3 juill. 2013, n° 12-21.541, *Bull. civ.* III, n° 89; *D.* 2013. 1742, obs. Y. Rouquet; *ibid.* 2014. 1659, obs. M.-P. Dumont-Lefrand; *AJDI* 2014. 34, obs. J.-P. Blatter : à propos de l'application de la loi du 4 août 2008 à un congé délivré après son entrée en vigueur, bien que le bail commercial ait été conclu antérieurement.
3. RÉP. CIV. v° « Conflits de lois dans le temps », Bach, spéc. n° 515; AINSI, v. Civ. 3e, 27 sept. 2006, n° 05-18.168, *Bull. civ.* III, n° 185; *D.* 2006. 2415; *AJDI* 2007. 204, obs. Y. Rouquet : « la durée du bail d'habitation tacitement reconduit doit être fixée selon la législation applicable à la date de la reconduction et les dispositions de l'article 10 de la loi du 6 juillet 1999 modifiées par la loi du 21 juillet 1994 sont applicables à un bail d'habitation tacitement reconduit à une date postérieure à celle d'entrée en vigueur de cette loi ».
4. Cons. const. 20 mars 2014, n° 2014-691 DC, *AJDA* 2014. 655; *D.* 2014. 1844, obs. B. Mallet-Bricout et N. Reboul-Maupin, *AJDI* 2014. 325, point de vue F. de La Vaissière, *Constitutions* 2014. 169, Chron. P. Bachschmidt, *ibid.* 364, Chron. P. De Baecke.

notion de bail en cours en l'étendant aux tacites reconductions, palliant l'imprécision législative. Il est tout de même curieux que l'hypothèse du renouvellement n'ait pas été abordée ni par le législateur, ni par le Conseil constitutionnel, car la problématique est identique. Tacite reconduction et renouvellement ne pouvant être assimilés (v. L. 6 juill. 1989, art. 10 qui distingue clairement les deux situations), la prudence dans l'interprétation de la décision du Conseil constitutionnel veut que la loi Alur soit pleinement applicable en cas de renouvellement. Par ailleurs, la décision du Conseil ne vaut que pour les dispositions relatives à l'encadrement des loyers.

622.13 **Exceptions.** La loi Alur prévoit que certaines dispositions de la loi du 6 juillet 1989 s'appliqueront immédiatement aux contrats en cours. Il en va ainsi, à propos des locations de logements meublés, des articles suivants :

- l'article 6 (obligations du bailleur, v. s^s n°s 211.11 s.);
- l'article 7 (obligations du preneur, v. s^s n°s 311.11 s. et 312.11 s.);
- l'article 20-1 (mise en conformité des logements indécents, v. s^s n°s 211.71 s.);
- l'article 25-11 (compétence de la Commission départementale de conciliation pour l'examen des litiges relatifs aux logements meublés et relatifs aux loyers, aux congés, à l'état des lieux et du mobilier, au dépôt de garantie, aux charges locatives, aux réparations et aux caractéristiques du logement, v. s^s n°s 911.11 s.).

622.14 **Interrogations.** Cette application différenciée de la loi Alur, selon les dispositions en cours, ne va pas sans soulever quelques difficultés.

En principe, et au vu de la jurisprudence ci-dessus rappelée, les effets légaux des contrats en cours sont régis par la loi nouvelle. La transmission d'une quittance, les modalités de prolongation du bail en cas de délivrance d'un congé, ou la procédure de conciliation sont à n'en pas douter des effets légaux du contrat de location. Il ne devrait dès lors même pas être nécessaire d'indiquer qu'ils s'appliquent dès l'entrée en vigueur de la loi.

Mais c'est pour les autres dispositions nouvelles non listées dans cet article 14 de la loi Alur que le problème se pose : faut-il déduire de ce texte qu'*a contrario*, faute pour le législateur d'avoir prévu leur application expresse aux baux en cours, toutes ces autres dispositions (dont la possibilité offerte au juge d'octroyer un délai de grâce de trois ans et non plus de deux ans maximum, v. L. 6 juill. 1989, art. 24, ou la possibilité de délivrer congé par lettre remise en main propre, v. L. 6 juill. 1989, art. 15) ne s'appliqueront qu'aux baux conclus après la loi Alur ? Si telle a pu être l'interprétation doctrinale dominante, la Cour de cassation a rendu un avis qui fait prédominer la théorie de l'application immédiate de l'effet légal du contrat.

Ainsi, dans un avis rendu le 16 février 2015 [1], a-t-elle énoncé que « la loi nouvelle régissant immédiatement les effets légaux des situations juridiques ayant pris naissance avant son entrée en vigueur et non définitivement réalisées, il en résulte que l'article 24 de la loi du 6 juillet 1989 modifié par la loi du 24 mars 2014 en ce qu'il donne au juge la faculté d'accorder un délai de trois ans au plus au locataire en situation de régler sa dette locative s'applique aux baux en cours à la date d'entrée en vigueur de la loi du 24 mars 2014 ». Cette position a été confirmée depuis [2].

Cette mise à l'écart de l'article 14 de la loi Alur ne nous paraît pas justifiée juridiquement. Elle nous paraît également inopportune en ce que le critère mis en avant, l'effet légal d'une situation juridique ayant pris naissance antérieurement, est relativement imprécis.

De nombreuses dispositions issues de la loi Alur peuvent en effet relever des effets légaux d'une situation contractuelle, et en tout premier lieu les modalités nouvelles relatives au congé (L. 6 juill. 1989, art. 15) ou à la restitution du dépôt de garantie (L. 6 juill. 1989, art. 22), ce qui pourrait s'avérer lourd de conséquences pour les bailleurs. Nous avions mis en garde contre les risques d'une telle orientation [3], à propos précisément de l'application des articles 15 et 24 de la loi du 6 juillet 1989, et même conseillé aux bailleurs, par précaution, d'appliquer immédiatement les dispositions nouvelles. Il nous semblait tout de même que la lettre de l'article 14, listant expressément les seules dispositions d'effet immédiat, n'aurait pas dû conduire la Cour de cassation à emprunter la voie dangereuse, car source d'insécurité juridique, consacrée par cet avis. Les juges du fond semblent partagés et certaines décisions ont refusé d'appliquer aux baux en cours les modalités issues de la loi Alur et non listées à l'article 14 [4].

1. Cass., Avis, 16 févr. 2015, n° 14-70.011, *Bull. Avis*, n° 2; *D.* 2015. 489, *ibid.* 1178, obs. Damas, *AJDI* 2015. 608, obs. Damas.
2. Civ. 3e, 17 nov. 2016, n° 15-24.552, P, *D.* 2016. 2399; *ibid.* 2017. 1149, obs. N. Damas; *AJDI* 2017. 281, obs. N. Damas; *ibid.* 157, point de vue F. de La Vaissière; AJ *Contrat* 2017. 47, obs. V. Forti; *RTD civ.* 2017. 118, obs. H. Barbier.
3. Damas, *AJDI* 2014. 334, spéc. 337.
4. PAR EXEMPLE, à propos d'un congé pour reprise : Paris, 3e ch., 16 avr. 2015, n° 14/08686, *Loyers et copr.* 2015. comm. Vial-Pedroletti, et à propos de l'offre de relogement : Paris, pôle 4, 3e ch., 1er oct. 2015, n° 14/14713, S. c/G.

SECTION 2
APPLICATION DANS LE TEMPS DE LA LOI MACRON

622.21 Cadre général. La loi n° 2015-990 du 6 août 2015 pour la croissance, l'activité et l'égalité des chances économiques, dite loi Macron, apporte des modifications importantes au droit des baux d'habitation, et révèle essentiellement, en ce qui concerne les dispositions transitoires, la volonté de corriger certaines imperfections rédactionnelles de la loi Alur. C'est l'article 82 II de la loi Macron qui traite de cette problématique, avec le souci évident de laisser le moins de prise possible à l'incertitude. Le pari n'est toutefois pas totalement gagné.

§ 1
Baux en cours

622.31 Principe. Le principe posé par la loi Macron reste similaire à celui de la loi Alur, en ce qu'il est d'emblée énoncé que, jusqu'à leur renouvellement ou leur reconduction tacite, les contrats des locations nues ou meublées « en cours à la date de publication de la présente loi demeurent soumis aux dispositions qui leur étaient applicables ».

La seule nuance à remarquer vient de ce que l'article 14 de la loi Alur se référait aux contrats en cours à la date d'entrée en vigueur de la loi (soit, selon l'article 2 du code civil, le lendemain de la publication au *Journal officiel* [*JO* 26 mars 2014], c'est-à-dire le 27 mars 2014), alors que la loi Macron vise sa date de publication, soit le 7 août 2015. Les baux en cours à cette date, par définition conclus antérieurement, restent donc soumis aux dispositions qui leur étaient applicables. Les baux conclus à compter du 8 août 2015 sont, sans qu'il ne soit besoin de le préciser expressément, bien sûr soumis aux nouvelles dispositions issues de la loi Macron.

Il est assez curieux que ce ne soit pas la date d'entrée en vigueur de la loi Macron qui serve de point de référence, car cela peut poser une difficulté pour les baux conclus précisément le 7 août 2015. Ils n'étaient pas en cours à la date de publication de la loi Macron, et ne peuvent donc pas se voir appliquer l'article 82 qui les soumettrait, en principe, aux dispositions antérieures, sauf exception. Mais il ne s'agit pas non plus d'un bail conclu après l'entrée en vigueur de la loi Macron soumis intégralement à ces dispositions nouvelles (ce qui serait le cas si le bail avait été conclu le 8 août). Situés dans une zone grise, de tels baux ne seraient régis que par la loi du 6 juillet 1989, dans sa rédaction applicable au 7 août 2015, et l'application de la loi Macron ne se concevrait qu'au travers des principes généraux posés, d'une part, par les dispositions générales de l'article 2 du code civil et, d'autre part, par la jurisprudence (notamment l'effet légal du contrat rappelé dans l'avis de la Cour de cassation du 16 février 2015), du moins jusqu'à leur reconduction tacite ou leur renouvellement...

622.32 Exception. Par exception, de nombreuses dispositions sont déclarées immédiatement applicables aux baux en cours.

Il s'agit, tout d'abord, des articles 22 (dépôt de garantie), 24 (résiliation judiciaire du bail pour défaut de paiement des loyers et des charges, et prévention des expulsions), 15 et 25-8 (modalités du congé dans les locations nues et meublées) de la loi du 6 juillet 1989. Il s'agit précisément des textes qui peuvent être identifiés comme constituant un effet légal du contrat. En d'autres termes, et en application de l'avis rendu par la Cour de cassation le 16 février 2015, il aurait été tout à fait envisageable (et même certain pour l'article 24) que ces dispositions soient déclarées immédiatement applicables aux baux en cours, même si l'article 82 de la loi Macron ne les avait pas visées. Au moins la situation est-elle clarifiée sur ce point.

D'autres textes sont déclarés immédiatement applicables : il en va ainsi, pour les locations nues et meublées, de l'article 7-1 de la loi du 6 juillet 1989. Ce dernier texte issu de la loi Alur réduit la durée de la prescription de cinq à trois ans pour les actions dérivant d'un contrat de bail et à un an pour les actions « en révision du loyer ». Il est explicitement renvoyé à l'article 2222 du code civil. C'est plus précisément l'alinéa 2 de ce texte qui est pertinent puisque le délai de prescription a diminué. Il dispose qu'en « cas de réduction de la durée du délai de prescription ou du délai de forclusion, ce nouveau délai court à compter du jour de l'entrée en vigueur de la loi nouvelle, sans que la durée totale puisse excéder la durée prévue par la loi antérieure ».

Cette situation a été fréquemment rencontrée lors de l'entrée en vigueur de la loi n° 2008-561 du 17 juin 2008 portant réforme de la prescription en matière civile.

Enfin, les articles 1724, 1751 et 1751-1 du code civil sont également déclarés immédiatement applicables. Ces articles n'ont pas été modifiés par la loi Macron, mais la loi Alur en avait retouché les contours, en abaissant de 40 à 21 jours la durée des réparations au-delà de laquelle le preneur peut demander une diminution du prix du bail (C. civ., art. 1724) et en étendant, avec certains aménagements, la cotitularité aux partenaires pacsés.

622.33 Interrogations. La liste des textes applicables immédiatement aux baux en cours se veut donc exhaustive, mais l'incertitude n'est pas complètement levée, dans la mesure où le raisonnement développé par la Cour de cassation dans son avis du

16 février 2015 pourrait être répliqué, dès lors qu'une disposition autre que celle mentionnée expressément à l'article 82 II de la loi Macron relèverait des effets légaux d'une situation juridique antérieure et non définitivement réalisée.

Du fait de l'application immédiate des articles 25-8, 22 et 24 de la loi du 6 juillet 1989, ces hypothèses devraient être restreintes. Mais il pourrait en aller ainsi de l'article 8-1 de la loi du 6 juillet 1989, relatif à la colocation, applicable aux locations meublées, et surtout à la limitation subséquente de la solidarité. Imaginons qu'un bail ait été conclu avec deux preneurs en juin 2013 et que l'un de ces preneurs donne congé en septembre 2015. La solidarité résultant d'une clause expresse pourrait prendre fin en application et selon les modalités de l'article 8-1 VI.

§ 2
Situation à l'échéance du bail en cours

622.41 **Cadre général.** Si les contrats en cours à la date de publication de la loi Macron restent soumis aux dispositions alors applicables, sous réserve des exceptions ci-dessus relatées, il ne faut pas oublier qu'à l'échéance de ce bail en cours, et à défaut de congé, il s'opère un nouveau bail, soit par tacite reconduction, soit par renouvellement exprès. Ce nouveau bail devrait donc être entièrement soumis, à la date de cette tacite reconduction ou de ce renouvellement, aux dispositions alors en vigueur. Dès l'entrée en vigueur de la loi Alur, nous avions noté les difficultés que cette règle pouvait poser, notamment en ce qui concerne les mentions obligatoires du bail ou l'encadrement des loyers. Le Conseil constitutionnel avait apporté une réponse bienvenue, mais partielle, en énonçant que les dispositions relatives à l'encadrement des loyers ne s'appliqueront pas aux baux conclus avant l'entrée en vigueur de la loi, y compris s'ils ont fait l'objet d'une reconduction tacite après cette entrée en vigueur. La loi Macron tente de prévenir toute difficulté en énonçant un principe et des exceptions, et en distinguant, à la marge, les locations de logements nus et les locations de logements meublés.

622.42 **Principe.** En ce qui concerne les locations meublées, le principe est que, « à compter de la date d'effet de leur renouvellement ou de leur reconduction tacite, les contrats des locations mentionnées au premier alinéa de l'article 25-3 de la loi n° 89-462 du 6 juillet 1989 précitée sont régis par l'ensemble des dispositions de cette même loi en vigueur au jour du renouvellement ou de la reconduction ».

L'objectif est louable en ce qu'il a le mérite de la simplicité : le nouveau contrat doit être conforme aux textes alors en vigueur.

Peut-être pourrait-on simplement, d'une part, regretter qu'il ne soit fait référence qu'à la loi du 6 juillet 1989 (alors que le code civil reste une source de droits et d'obligations en matière de baux d'habitation – en témoignent les modifications récentes de l'article 1751 –, de même que d'autres textes, telle la loi n° 75-1351 du 31 décembre 1975) et, d'autre part, remarquer que cet engagement de la loi Macron est donné sous réserve qu'une loi ultérieure, modifiant la loi du 6 juillet 1989, ne contienne pas de dispositions transitoires différentes...

622.43 **Exceptions.** Il est prévu par l'article 82 II de la loi Macron qu'« à compter de la date d'effet de leur renouvellement ou de leur reconduction tacite, les contrats mentionnés au premier alinéa de l'article 25-3 de la même loi sont régis par l'ensemble des dispositions de cette même loi en vigueur au jour du renouvellement ou de la reconduction, à l'exception de l'article 3, du premier alinéa de l'article 22, de l'article 25-6 et du I de l'article 25-9, qui ne s'appliquent qu'aux nouveaux baux et aux baux faisant l'objet d'un renouvellement ».

La différence, avec les dispositions relatives aux locations nues, tient à ce que les textes relatifs au dépôt de garantie ne seront donc pas applicables aux baux en cours, y compris s'ils ont fait l'objet d'une tacite reconduction ultérieure. Le dépôt de garantie, dans les locations de logements meublés, est plafonné à deux mois de loyer en principal (et non pas à un mois, comme dans les locations de logements nus). Ce plafond a été instauré par la loi Alur, alors qu'auparavant il n'en existait pas. Si un dépôt de garantie plus important avait été stipulé avant l'entrée en vigueur de la loi Alur, le preneur aurait pu réclamer une restitution partielle afin de revenir à un montant correspondant à deux mois de loyer, à l'occasion de la tacite reconduction suivante. La loi Macron empêche cette issue (sauf en cas de renouvellement), mais peut-être un peu tardivement : le contrat de location d'un logement meublé étant souvent d'une durée d'un an, la tacite reconduction d'un bail en cours à la date d'entrée en vigueur de la loi Alur s'est certainement déjà opérée, avant que la loi Macron n'entre en vigueur. Dès lors, à défaut de précision légale contraire lors de cette tacite reconduction, le nouveau plafond du dépôt de garantie s'est appliqué, ce qui permet au preneur de réclamer la différence éventuelle. Par ailleurs, la référence aux nouveaux baux ne s'imposait pas, car il ne s'agit plus de traiter de la situation d'un bail en cours à la date de la loi Macron, qui se renouvellerait ou se reconduirait tacitement. Il est conforme à l'article 2 du code civil qu'un bail conclu après l'entrée en vigueur de la loi soit soumis à cette loi.

La référence au renouvellement s'inscrit, quant à elle, dans la continuité de la décision du Conseil constitutionnel du 20 mars 2014, qui distinguait selon que le bail faisait l'objet ultérieurement d'une reconduction tacite (l'encadrement des loyers ne s'appliquant alors pas) ou d'un renouvellement (l'encadrement des loyers s'appliquant alors, selon un raisonnement *a contrario*).

Cette solution est ainsi étendue à l'article 3, car il paraît difficile d'imposer le respect de mentions obligatoires alors que le bail est tacitement reconduit.

En revanche, l'exception n'est pas étendue au dossier de diagnostic technique (art. 3-3). Est-ce à dire que le bailleur devra fournir, lors d'une tacite reconduction, de nouveaux diagnostics si certains ont été créés ou sont entrés en vigueur depuis la conclusion du bail ? Ce n'est pas du tout certain, car l'article 3-3 prévoit lui-même que les diagnostics sont à annexer au contrat de location lors de sa signature ou de son renouvellement. La tacite reconduction ne semble pas être un fait générateur de production de ces diagnostics.

CHAPITRE

623. Dispositions spécifiques aux locations meublées

SECTION 0
ORIENTEUR

623.00 Plan du chapitre.

Division. Outre le renvoi à de nombreux articles du titre 1er de la loi du 6 juillet 1989, le titre 1er *bis* contient un certain nombre de dispositions spécifiques. Il s'agit des règles relatives au contrat de location, à l'inventaire et à l'état détaillé des meubles, au loyer, à la clause travaux, aux charges locatives, au congé, et à la compétence de la commission départementale de conciliation. Il s'agit aussi des dispositions relatives à l'action collective.

Enfin, certaines dispositions propres aux locations meublées situées dans établissements recevant du public méritent d'être mentionnées. Une attention particulière doit être accordée aux textes qui ne sont pas dans la liste de l'article 25-3, mais qui prévoient eux-mêmes leur application aux locations meublées. Ainsi en va-t-il de l'article 24-2 de la loi du 6 juillet 1989 issu de la loi du 24 mars 2014, dite loi Alur, selon lequel la garantie universelle des loyers aurait été applicable aux logements meublés constituant la résidence principale du preneur (à propos de la GUL, v. s^s n° 145.21).

623.01 Textes applicables.

TEXTES SOURCES

• **L. n° 89-462, 6 juill. 1989, art. 25-3 à 25-11.**

• **CCH, art. L. 632-1.**

• **Décr. n° 2015-587, 29 mai 2015** relatif aux contrats types de location de logement à usage de résidence principale, *JO* 31 mai, p. 9035.

• **Arr. 29 mai 2015** relatif au contenu de la notice d'information annexée aux contrats de location de logement à usage de résidence principale, *JO* 30 mai, p. 9041.

TEXTES *IN EXTENSO*

• **L. 6 juill. 1989, art. 25-3 à 25-11**

* V. s^s n° 6.01

623.02 Jurisprudence de référence.

• **Civ. 3e, 6 avr. 2005, n° 04-11.374**, *Bull. civ.* III, n° 85

* V. s^s n° 623.35

Sur le moyen unique :

Vu l'article L. 632-1 du Code de la construction et de l'habitation;

(...) Le preneur, nonobstant toute clause contraire, peut résilier le bail dès la première année de location sous réserve de respecter un préavis d'un mois.

• **Civ. 3e, 15 oct. 2008, n° 07-13.294**, *Bull. civ.* III, n° 153

* V. s^s n° 623.41

L'absence de contrat écrit ne dispensant pas le locataire du respect du délai de préavis prévu à l'article L. 632-1 du code de la construction et de l'habitation.

• **Civ. 3e, 5 nov. 2015, n° 14-20.295**, NP

* V. s^s n° 623.41

Le locataire d'un logement meublé qui constitue sa résidence principale peut résilier le contrat à tout moment sous réserve du respect d'un préavis d'un mois.

• **Civ. 3e, 17 déc. 2015, n° 14-25.523**, *Bull. civ.* III, n° 136

* V. s^s n° 623.23

Si le locataire, informé par le bailleur avec un préavis de trois mois de son souhait de modifier les conditions du contrat à son expiration, n'accepte pas les nouvelles conditions, le contrat est renouvelé aux conditions antérieures.

Les conditions du bail ne peuvent être modifiées par les parties qu'à l'occasion de la reconduction du bail donnant naissance à un nouveau contrat et [...] la signature d'un nouveau contrat se substituant au contrat en cours ne peut faire échec aux dispositions de l'article L. 632-1.

623.03 Bibliographie indicative.

Actualisables. RÉP. CIV., v° « Bail d'habitation et mixte : rapports locatifs individuels – Loi du 6 juillet 1989 », N. Damas, n°s 26 s. – LAMY DR. IMMO, n°s 5484, 5506 s., 5516, 5843 s. – DICT. PERM. Gestion immob., « Locations meublées », n°s 16-37.

SECTION 1
FORMATION DU CONTRAT

§ 1
Formalisme

623.11 **Inventaire.** Selon l'article 25-5 de la loi du 6 juillet 1989, un inventaire et un état détaillé du mobilier sont établis dans les mêmes formes et en autant d'exemplaires que de parties lors de la remise et de la restitution des clés. Ces documents, établis contradictoirement et amiablement, sont signés par les parties ou par un tiers mandaté par elles et joints au contrat de location. Ces documents ne peuvent donner lieu à aucune autre facturation que celle liée à l'établissement de l'état des lieux.

623.12 **Contrat-type.** L'article 25-7 précise que le contrat de location est établi par écrit et respecte un contrat-type défini par décret en conseil d'État. Le décret n° 2015-587 du 29 mai 2015 relatif aux contrats types de location de logement à usage de résidence principale, permet l'application des articles 3 (logements nus) et 25-7 (logements meublés). Il est entré en vigueur le 1er août 2015. Son champ d'application est très large mais n'est pas pour autant universel, car l'article 2 du Décret précise qu'il s'applique aux locations soumises au titre Ier *bis* de la loi du 6 juillet 1989, à l'exception des colocations de logement meublé formalisées par la conclusion de plusieurs contrats entre les locataires et le bailleur. L'annexe 2 du décret ajoute que le contrat-type ne s'applique pas non plus aux locations de logement appartenant à un organisme d'habitation à loyer modéré et faisant l'objet d'une convention passée en application de l'article L. 351-2 du code de la construction et de l'habitation. En Guadeloupe, à la Martinique, en Guyane, à La Réunion et à Mayotte, le contrat type figurant en annexe n° 2 (logement meublé) ne s'applique pas aux locations de logement des sociétés d'économie mixte agréées conformément à l'article L. 481-1 du code de la construction et de l'habitation, construit, acquis ou amélioré avec le concours financier de l'État prévu à l'article R. 372-1 du même code.

Figure en annexe à ce décret le contrat type de location ou de colocation de logement meublé (Annexe 2). Il est d'emblée précisé que le régime de droit commun en matière de baux d'habitation est défini principalement par la loi du 6 juillet 1989. Le Code civil n'accède même pas à un rôle de figuration... Il est présenté en préambule de cette annexe un certain nombre de principes :

- le présent contrat type de location contient uniquement les clauses essentielles du contrat dont la législation et la réglementation en vigueur au jour de sa publication imposent la mention par les parties dans le contrat. Il appartient cependant aux parties de s'assurer des dispositions applicables au jour de la conclusion du contrat.

- au-delà de ces clauses, les parties sont également soumises à l'ensemble des dispositions légales et réglementaires d'ordre public applicables aux baux d'habitation sans qu'il soit nécessaire de les faire figurer dans le contrat et qui sont rappelées utilement dans la notice d'information qui doit être jointe à chaque contrat.

- les parties sont libres de prévoir dans le contrat d'autres clauses particulières, propres à chaque location, dans la mesure où celles-ci sont conformes aux dispositions législatives et réglementaires en vigueur. Les parties peuvent également convenir de l'utilisation de tout autre support pour établir leur contrat, dans le respect du présent contrat type.

Le contrat-type reprend les mentions obligatoires imposées par l'article 25-7 de la loi du 6 juillet 1989. La rédaction proposée par le contrat type laisse à désirer dans la mesure où il s'agit plus de l'énumération de mots-clés que d'un contrat réellement rédigé. Est ainsi symptomatique le paragraphe IV. A. 2° des « modalités de révision », comprenant simplement la date de révision et la date ou le trimestre de référence de l'IRL. Ces indications nous semblent très insuffisantes à caractériser une clause d'indexation. Elles laissent à penser que la révision annuelle du loyer est légale, et qu'il ne faudrait qu'en préciser les modalités d'application. Au contraire, l'indexation du loyer reste une stipulation contractuelle qui doit être clairement rédigée. Les parties seront donc bien avisées de ne pas se contenter des seules mentions prévues au contrat type.

623.13 **Notice d'information.** Au contrat doit être jointe une notice d'information relative aux droits et obligations des locataires et des bailleurs, qui a été publiée par un arrêté du 29 mai 2015 [1], relatif au contenu de la notice d'information annexée aux contrats de location de logement à usage de résidence principale. Cette notice est rendue obligatoire en application de l'article 3 de la loi du 6 juillet 1989. Il s'agit d'un résumé, parfois proche de la vulgarisation, des dispositions législatives et réglementaires en vigueur.

Cette notice d'information ne saurait valoir contractualisation de son contenu. Dès lors, l'évolution des textes d'ordre public s'impose aux parties, qui ne pourraient s'abriter derrière la rédaction de cette notice. Il en résulte que son utilité est assez douteuse, dans la mesure où les modifications légis-

1. Arr. 29 mai 2015 relatif au contenu de la notice d'information annexée aux contrats de location de logement à usage de résidence principale, *JO* 30 mai, p. 9041.

latives sont relativement fréquentes... Il suffit de prendre pour exemple la loi n° 2015-990 du 6 août 2015 pour la croissance, l'activité et l'égalité des chances économiques, dite loi Macron, qui a modifié certaines dispositions de la loi du 6 juillet 1989. La notice d'information du 29 mai 2015 n'est à cet égard déjà plus à jour... L'on remarquera enfin que la notice contient des indications relatives aux logements meublés, alors pourtant que l'article 3 de la loi du 6 juillet 1989 n'était pas déclaré applicable à ces logements par l'article 25-3, à la date de publication du décret. C'est désormais chose faite depuis la promulgation de la loi du 6 août 2015, qui a ajouté la référence à l'article 3 de la loi du 6 juillet 1989 au sein de l'article 25-3. En dépit de l'excès de zèle du Ministère du logement, il n'a donc été nullement obligatoire d'annexer cette notice à un contrat de location d'un logement meublé conclu entre le 31 mai 2015 et le 8 août 2015.

§ 2
Règles de fond

623.21 Dépôt de garantie. Le dépôt de garantie est limité à deux mois de loyer en principal (art. 25-6). Avant la loi Alur, il n'existait pas de dispositions spécifiques, ce qui garantissait la possibilité d'une libre fixation contractuelle. Son montant, plus élevé que dans les locations nues, se justifie notamment par le fait que le preneur pourrait dégrader non seulement le local, mais également les meubles mis à disposition.

623.22 Durée du bail. La durée initiale est d'*au moins* un an (art. 25-7, al. 2; l'article L. 632-1 du code de la construction et de l'habitation visait une durée d'un an), avec une tacite reconduction pour une durée d'une année[1]. Il faut noter que l'impact sur la durée du bail de la qualité de preneur à bail commercial du bailleur d'un local meublé est maintenu sous l'empire de la nouvelle législation.

La dérogation de durée (neuf mois), qui était déjà prévue à l'article L. 632-1 du code de la construction et de l'habitation est maintenue pour les locations consenties à un étudiant (art. 25-7, al. 4). Dans ce cas, la reconduction tacite n'est pas applicable. Cette durée dérogatoire pourra notamment permettre au bailleur de louer le logement à titre touristique à l'issue de cette durée de neuf mois (en particulier au cours de la période estivale). Il conviendra toutefois de respecter les dispositions spécifiques à ce type de locations (v. s[s] n°s 435.11 s).

1. SUR l'obligation de conseil de l'agent immobilier quant à la durée du bail et des périodes de tacite reconduction : Civ. 3e, 22 mai 2013, n° 12-17.768, NP, *AJDI* 2014. 193, obs. N. Damas.

Dès lors qu'il s'agit de déroger au droit au renouvellement, l'appréciation des conditions d'application de cette durée réduite sera nécessairement stricte. Ainsi, le bailleur sera bien avisé de conserver la preuve de la qualité d'étudiant du locataire (photocopie de la carte d'étudiant), sachant toutefois qu'il peut arriver que le bail soit conclu (en été) avant que le locataire n'ait en sa possession une telle preuve (en septembre). Le locataire devra être contraint, par une clause spécifique, de communiquer immédiatement ce justificatif une fois qu'il sera en sa possession. L'on peut également se demander si cette durée a vocation à s'appliquer en cas de cotitularité du bail entre deux locataires, dont l'un seul a la qualité d'étudiant.

623.23 Évolution. En application des articles 1103 et 1193 (anc. 1134) du code civil, les parties devraient avoir la possibilité de conclure un avenant modifiant les conditions du bail. Toutefois, le droit des baux d'habitation regarde avec méfiance de tels avenants, qui pourraient être conclus sous la menace, exercée par le bailleur, de donner congé en cas de refus par le locataire. C'est pourquoi, en matière de locations meublées, l'article 25-8 al. 2 énonce que le bailleur qui souhaite, à l'expiration du contrat, en modifier les conditions doit informer le locataire avec un préavis de trois mois. Si le locataire accepte les nouvelles conditions, le contrat est renouvelé pour un an. Une procédure stricte est ainsi prévue, et il n'est pas possible d'y déroger. C'est ainsi qu'a jugé la Cour de cassation dans un arrêt du 17 décembre 2015[2].

SECTION 2
LOYER ET CHARGES

623.31 Loyer initial. Un dispositif d'encadrement des loyers est prévu à l'article 25-9. Il est très proche de celui mis en place pour les locations nues à l'article 17 (v. s[s] n°s 521.41 s.). Le loyer de référence est une version majorée de celui fixé par l'article 17 de la loi, afin de tenir compte du caractère meublé du logement. Cette majoration est déterminée à partir des écarts constatés entre les

2. Civ. 3e, 17 déc. 2015, 14-25.523, P, *D.* 2016. 71, obs. Y. Rouquet; *ibid.* 1102, obs. N. Damas. : « si le locataire, informé par le bailleur avec un préavis de trois mois de son souhait de modifier les conditions du contrat à son expiration, n'accepte pas les nouvelles conditions, le contrat est renouvelé aux conditions antérieures (...) Les conditions du bail ne peuvent être modifiées par les parties qu'à l'occasion de la reconduction du bail donnant naissance à un nouveau contrat et [...] la signature d'un nouveau contrat se substituant au contrat en cours ne peut faire échec aux dispositions de l'article L. 632-1 ».

loyers des logements loués nus et les loyers des logements loués meublés observés par l'observatoire local des loyers. Par ailleurs, le complément de loyer tient compte des équipements et services associés aux logements meublés.

623.32 Évolution du loyer. Les dispositions relatives à la révision du loyer, prévues pour les locations nues à l'article 17-1, sont également applicables aux locations meublées (v. s[s] n°s 523.11 s.). Il en va de même pour ce qui est de la possibilité d'augmenter ou de diminuer le loyer lors du renouvellement du bail (l'article 25-9 renvoyant à l'art. 17-2). Toutefois, la loi Macron du 6 août 2015 a complété l'article 25-9 en ce que « pour l'application de l'article 17-2, la hausse du loyer convenue entre les parties ou fixée judiciairement s'applique au contrat renouvelé. Toutefois, si la hausse est supérieure à 10 %, elle s'applique par tiers annuel au contrat renouvelé et lors des renouvellements ultérieurs ». L'article 17-2 distingue deux modalités de détermination du loyer du bail renouvelé, selon que le logement est situé dans la zone d'encadrement des loyers (art. 17-2 I) ou ne l'est pas (art. 17-2 II). Mais, dans les deux cas, il est prévu que la hausse s'applique par tiers ou par sixième selon la durée du contrat, et selon que la hausse est ou non supérieure à 10 %. Cet étalement potentiel sur six ans de la hausse du loyer a paru peu adapté à l'hypothèse de la location d'un logement meublé dans la mesure où la durée du bail est, en principe, d'au moins un an. C'est pourquoi la loi Macron n'autorise désormais un échelonnement de la hausse de loyer que sur trois ans. L'on peut regretter, toutefois, que la rédaction du nouvel article 25-9 se calque sur celle de l'article 17-2, en disposant que la hausse s'applique au contrat renouvelé et « lors des renouvellements ultérieurs » Or, ainsi que le prévoit expressément l'article 25-7, c'est en principe une reconduction tacite qui s'opère à la fin de chaque bail, dès lors qu'aucun congé n'est délivré. Une interprétation littérale pourrait conduire le locataire à prétendre que la hausse par tiers ne s'applique pas tant qu'un renouvellement exprès n'est pas constaté.

623.33 Résidences services. Dans le but, sans doute, de ne pas (trop) dissuader les investisseurs (ni les opérateurs gestionnaires, *via* un bail commercial), les logements meublés situés dans une résidence service échappaient, selon la loi Alur, à l'encadrement des loyers (art. 25-9, II). Il en résultait une liberté de fixation, de révision et de renouvellement du loyer, sous réserve cependant de l'application de l'article 18, visé par l'article 25-3. Toutefois, la loi Macron du 6 août 2015 a modifié cet article 25-9 II en ce que la dérogation accordée aux locations de logements meublés situés dans une résidence avec services voit son champ d'application se réduire légèrement. Dorénavant, ces locations sont soumises à l'article 25-9 III, relatif à la révision du loyer (renvoi à l'article 17-1 I) et à la majoration du loyer en cas de travaux d'amélioration.

623.34 Convention expresse. Selon l'article 25-9 III alinéa 2, lorsque les parties sont convenues, par une clause expresse, de travaux d'amélioration du logement que le bailleur fera exécuter ou d'acquisition d'équipements par le bailleur en sus de l'équipement initial, le contrat de location ou un avenant à ce contrat peut fixer une majoration de loyer consécutive à ces opérations. Cette disposition est très proche de celle prévue à l'article 17-1 II, mais en diffère par la référence à l'acquisition d'équipements.

623.35 Charges. En application de l'article 25-10 de la loi du 6 juillet 1989, les charges peuvent être récupérées, au choix des parties, soit dans les conditions de l'article 23 (v. s[s] n°s 323.11 s.), soit de manière forfaitaire. Dans cette dernière hypothèse, le forfait est versé simultanément au loyer, dont le montant et la périodicité de versement sont définis dans le contrat et qui ne peut donner lieu à complément ou à régularisation ultérieure. Le montant du forfait de charges est fixé en fonction des montants exigibles par le bailleur en application du même article 23 et peut être révisé chaque année aux mêmes conditions que le loyer principal. Ce montant ne peut pas être manifestement disproportionné au regard des charges dont le locataire ou, le cas échéant, le précédent locataire se serait acquitté.

SECTION 3
CONGÉS

623.41 Préavis. En application de l'article 25-8 de la loi du 6 juillet 1989, le locataire peut donner congé à tout moment[1], moyennant un préavis d'un mois, y compris lorsque la durée du bail est réduite à neuf mois. Il n'est pas prévu de durée dérogatoire. La possibilité de donner congé à tout moment s'impose même en cas de stipulation contraire dans le bail[2]. Et le respect du délai vaut même en l'absence de contrat écrit[3]. Il s'agit de l'application du caractère d'ordre public du régime des locations meublées (énoncée, avant la loi Alur à l'article L. 632-3, et depuis la loi Alur à l'article 25-3). Le

1. APPLIQUANT l'anc. art. L. 632-1 CCH : Civ. 3e, 5 nov. 2015, no 14-20.295, NP, *AJDI* 2016. 43, obs. F. de La Vaissière.
2. Civ. 3e, 6 avr. 2005, no 04-11.374, *Bull. civ.* III, no 85; *D.* 2005. 1109, obs. Y. Rouquet; *ibid.* 2006. 2006. Pan. 962, obs. Damas; *AJDI* 2005. 651, obs. Rouquet.
3. Civ. 3e, 15 oct. 2008, no 07-13.294, *Bull. civ.* III, no 153; *D.* 2008. AJ 2722, obs. Rouquet.

bailleur ne peut donner congé que pour le terme du bail, moyennant un préavis de trois mois. *Pendant le délai de préavis*, si le congé a été notifié par le bailleur, le locataire n'est redevable du loyer et des charges que pour le temps où il a occupé réellement les lieux. À l'inverse, si c'est lui qui a notifié le congé, il est redevable du loyer et des charges relatifs à l'intégralité de la période couverte par le préavis. Sauf toutefois si le logement se trouve occupé avant la fin du préavis par un autre locataire en accord avec le bailleur. *À l'expiration du délai de préavis*, le locataire est déchu de tout titre d'occupation du logement loué.

623.42 Motivation. Alors que le locataire n'a aucun motif à apporter lorsqu'il donne congé, il en va différemment pour le bailleur. Les motifs restent identiques à ceux qui étaient énoncés à l'article L. 632-1 du code de la construction et de l'habitation. Ainsi, il doit motiver son refus de renouvellement du bail soit par sa décision de reprendre ou de vendre le logement, soit par un motif légitime et sérieux, notamment l'inexécution par le locataire de l'une des obligations lui incombant. L'accroissement du contrôle du juge sur le caractère réel, sérieux et légitime du congé, réalisé par la loi Alur, est transposé aux locations meublées.

623.43 Notification. La faculté ouverte à l'article 15 de la loi du 6 juillet 1989 de donner congé par courrier remis en main propre, instituée par la loi Alur en complément de la signification par acte d'huissier ou par lettre recommandée avec demande d'avis de réception, n'avait curieusement pas été étendue aux congés délivrés dans le cadre de la location meublée. Cet oubli a été réparé par la loi du 6 août 2015, dite loi Macron.

623.44 Offre de relogement. La protection du locataire âgé de plus de soixante-cinq ans et aux ressources annuelles inférieures à un plafond, qui bénéficie d'une offre de relogement (v. s[s] n°s 536.11 s.), est également transposée aux locations meublées (art. 25-8, II). La loi Alur avait institué une modalité nouvelle de prise en compte plus large, car l'âge et les ressources d'une personne à charge pouvaient être prises en considération, alors que le Conseil constitutionnel avait invalidé cette même disposition ajoutée à l'article 15 de la loi du 6 juillet 1989[1]. La loi Macron du 6 août 2015 harmonise le régime en posant le même régime, tant pour les locations nues que pour les locations meublées, et selon lequel le montant cumulé des ressources annuelles de l'ensemble des personnes vivant au foyer est inférieur au plafond de ressources.

SECTION 4
DIFFÉRENDS

623.51 Compétence de la commission départementale de conciliation. La commission départementale de conciliation[2] est compétente pour l'examen des litiges relatifs aux logements meublés et résultant de l'application des dispositions relatives aux loyers, aux congés, à l'état des lieux et du mobilier, au dépôt de garantie, aux charges locatives, aux réparations et aux caractéristiques de décence du logement[3].

623.52 Action collective. Aux termes de l'article L. 632-1 du code de la construction et de l'habitation, dans sa rédaction issue de la loi du 24 mars 2014, dite loi Alur, lorsqu'un locataire ou plusieurs locataires ont avec le même bailleur un litige locatif ayant une origine commune, ils peuvent donner par écrit mandat d'agir en justice en leur nom et pour leur compte à une association dont l'un des objets est l'insertion ou le logement des personnes défavorisées ou à une association de défense des personnes en situation d'exclusion par le logement mentionnées à l'article 3 de la loi n° 90-449 du 31 mai 1990[4] visant à la mise en œuvre du droit au logement. Une de ces associations peut assister ou représenter un locataire[5], en cas de litige portant sur le respect des caractéristiques de décence de son logement.

1. Cons. const. 20 mars 2014, n° 2014-691 DC; *AJDI* 2014. 325, obs. F. de La Vaissière.
2. L. n° 89-462, 6 juill. 1989, art. 20, v. s[s] n°s 911.11 s.
3. L. n° 89-462, 6 juill. 1989, art. 25-11.
4. L. n° 90-449, 31 mai 1990 visant à la mise en œuvre du droit au logement, *JO* 2 juin, p. 6551.
5. Selon les modalités définies à C. pr. civ., art. 828.

LIVRE

7. LES SPÉCIFICITÉS DE LA LOCATION DANS LE SECTEUR HLM

SECTION 0
ORIENTEUR

7.00 Plan du livre.

7.01 Textes applicables.

TEXTES SOURCES

> Caractéristiques HLM et sources de la réglementation

• **CCH,** particulièrement Livre IV.

• **L. n° 48-1360, 1er sept. 1948** portant modification et codification de la législation relative aux rapports des bailleurs et locataires ou occupants de locaux d'habitation ou à usage professionnel et instituant des allocations de logement, *JO* 2 sept., p. 8659.

• **L. n° 86-1290, 23 déc. 1986** tendant à favoriser l'investissement locatif, l'accession à la propriété de logements sociaux et le développement de l'offre foncière, *JO* 24 déc., p. 15531.

• **L. n° 89-462, 6 juill. 1989,** modifiée, tendant à améliorer les rapports locatifs et portant modification de la loi n° 86-1290 du 23 décembre 1986, *JO* 8 juill., p. 8541.

> Attribution des logements

• **CCH, art. L. 441 à L. 441-2-9, L. 442-2-3-1, L. 442-8 à L. 442-8-4, L. 442-12, L. 445-3.**

• **CCH, art. R. 331-12, R. 441-1 à R. 441-12.**

• **CJA, art. R. 778-1 à R. 778-8, R. 811-1.**

• **L. n° 2007-290, 5 mars 2007** instituant le droit au logement opposable et portant diverses mesures en faveur de la cohésion sociale, *JO* 6 mars, p. 4190.

• **Décr. n° 92-726, 29 juill. 1992** portant application des articles 37, 38 et 41 de la loi d'orientation pour la ville, *JO* 30 juill., p. 10230.

• **Décr. n° 2007-1677, 28 nov. 2007** relatif à l'attribution des logements locatifs sociaux, au droit au logement opposable et modifiant le code de la construction et de l'habitation, *JO* 29 nov., p. 19402.

• **Décr. n° 2008-908, 8 sept. 2008** relatif aux conditions de permanence de la résidence des bénéficiaires du droit à un logement décent et indépendant et modifiant le code de la construction et de l'habitation, *JO* 10 sept., p. 14067.

• **Décr. n° 2010-398, 22 avr. 2010** relatif au droit au logement opposable, *JO* 24 avr., p. 7506.

• **Décr. n° 2011-176, 15 févr. 2011** relatif à la procédure d'attribution des logements sociaux et au droit au logement opposable, *JO* 16 févr., p. 2890.

• **Décr. n° 2013-730, 13 août 2013** portant modification du code de justice administrative, *JO* 15 août, p. 13960.

• **Décr. n° 2015-522, 12 mai 2015** portant diverses dispositions modifiant le code de la construction et de l'habitation en matière de demande de logement social, *JO* 13 mai, p. 8149.

• **Décr. n° 2015-523, 12 mai 2015** relatif au dispositif de gestion partagée de la demande de logement social et à l'information du demandeur, *JO* 13 mai, p. 8151.

• **Décr. n° 2015-52, 12 mai 2015** relatif au contenu, aux modalités d'élaboration, d'évaluation et de révision du plan partenarial de gestion de la demande de logement social et d'information des demandeurs, *JO* 13 mai, p. 8153.

• **Décr. n° 2017-834, 5 mai 2017** portant diverses dispositions modifiant le code de la construction et de l'habitation en matière de demande et d'attribution de logement social, *JO* 7 mai, n° 124.

• **Décr. n° 2017-917, 9 mai 2017** relatif aux demandes de logement locatif social et autorisant le traitement de données à caractère personnel dénommé « Numéro unique » *JO* 10 mai, n° 168.

> Contrats de location HLM et conditions financières

• **L. n° 89-462, 6 juill. 1989, art. 3, 1° à 10°, 22, 22-1.**

• **L. n° 48-1360, 1er sept. 1948, art. 4.**

• **C. civ., art. 1210 à 1215.**

• **CCH, art. L. 351-2, L. 353-1, L. 353-9-2, L. 353-9-3, L. 353-14 à L. 353-18, L. 441-3 à L. 441-15, L. 442-1 à 442-2, L. 445-1 à 445-8**

• **CCH, art. R. 353-1 à R. 353-22, R. 441-19 à R. 441-28, R. 442-1 à R. 442-3.**

• **CCH, art. R. 353-1, ann. 1.**

> Congé, maintien dans les lieux, vente

• **L. n° 89-462, 6 juill. 1989, art. 15, I.**

• **CCH, art. L. 443-7 à L. 443-15-1, L. 443-15-3 et L. 443-15-4, L. 451-5.**

• **CCH, art. R. 443-10 à R. 443-16.**

• **CCH, art. R. 443-11, annexe, Normes minimales d'habitabilité des logements vendus.**

7.03 Bibliographie indicative.

Ouvrages. M. Amzallag et C. Taffin, *Le logement social*, 2e éd., LGDJ 2010; Ch. – A. Dubreuil, P. Néhémie, *Le logement social en France,* P.U. Clermont, 2014.

Actualisables. RÉP. CIV., v° « Habitat social (HLM) », H. des Lyons, nos 1-194 – DICT. PERM. Gestion immob., « HLM-Location », nos 1-345.

TITRE

71. Les caractéristiques HLM et les sources de la réglementation

SECTION 0

ORIENTEUR

71.00 Plan du titre.

71.01 Textes applicables.

TEXTES SOURCES

• **CCH, livres III et IV** (particulièrement : art. L. 411, L. 411-1, L. 411-2).

• **L. n° 48-1360, 1er sept. 1948** portant modification et codification de la législation relative aux rapports des bailleurs et locataires ou occupants de locaux d'habitation ou à usage professionnel et instituant des allocations de logement, *JO* 2 sept., p. 8659.

• **L. n° 86-1290, 23 déc. 1986** tendant à favoriser l'investissement locatif, l'accession à la propriété de logements sociaux et le développement de l'offre foncière, *JO* 24 déc., p. 15531.

• **L. n° 89-462, 6 juill. 1989,** modifiée, tendant à améliorer les rapports locatifs et portant modification de la loi n° 86-1290 du 23 décembre 1986, *JO* 8 juill., p. 8541.

71.03 Bibliographie indicative.

Actualisables. RÉP. CIV., v° « Habitat social (HLM) », H. des Lyons, nos 1-11 – LAMY DR. IMMO, nos 2841 s. – DICT. PERM. Gestion immob., « HLM-Location », nos 1-345.

CHAPITRE

711. Caractéristiques HLM

SECTION 0 ORIENTEUR

711.00 Plan du chapitre.

Division. La vocation des logements HLM est particulière. Ils permettent à des personnes disposant de ressources modestes ou qui sont défavorisées de bénéficier d'habitats locatifs confortables à des prix modérés. Du fait du plafonnement des ressources pour l'accès à ces logements, il résulte naturellement des différences avec le droit commun de la location présenté dans la partie précédente.

Le présent chapitre fait le point sur cette distinction en abordant successivement les différences avec le droit de la location privée puis les éléments communs, ainsi qu'une typologie des opérateurs de logements HLM. À cette occasion le lecteur sera renvoyé aux chapitres développant les aspects spécifiques aux HLM ou aux chapitres relatifs aux aspects communs à la location privée et à la location sociale.

711.01 Textes applicables.

TEXTES SOURCES

• **CCH, art. L. 411, L. 411-1, L. 411-2.**

TEXTES *IN EXTENSO*

• **CCH, art. L. 411**

La construction, l'aménagement, l'attribution et la gestion des logements locatifs sociaux visent à améliorer les conditions d'habitat des personnes de ressources modestes ou défavorisées. Ces opérations participent à la mise en œuvre du droit au logement et contribuent à la nécessaire mixité sociale des villes et des quartiers.

• **CCH, art. L. 411-1**

Les dispositions du présent livre ont pour objet de fixer les règles relatives à la construction, l'acquisition, l'aménagement, l'assainissement, la réparation, la gestion d'habitations collectives ou individuelles, urbaines ou rurales, répondant aux caractéristiques techniques et de prix de revient déterminées par décision administrative et destinées aux personnes et aux familles de ressources modestes.

À ces habitations peuvent être adjoints, dans des conditions fixées par décision administrative, des dépendances, des annexes et des jardins privatifs ou collectifs, accolés ou non aux immeubles.

En outre, les ensembles d'habitations mentionnés aux premiers alinéas peuvent comprendre accessoirement des locaux à usage commun et toutes constructions nécessaires à la vie économique et sociale de ces ensembles.

Les organismes d'habitations à loyer modéré peuvent librement louer les aires de stationnement vacantes dont ils disposent par application de l'article L. 442-6-4.

La location est consentie à titre précaire et révocable à tout moment par le bailleur. Un locataire de ce bailleur ne peut se voir opposer un refus de location d'une aire de stationnement au motif que cette aire est louée librement à une personne ne louant pas un logement dans le parc de ce bailleur.

• **CCH, art. L. 411-2**

Les organismes d'habitations à loyer modéré comprennent :

– les offices publics de l'habitat;

– les sociétés anonymes d'habitations à loyer modéré;

– les sociétés anonymes coopératives de production et les sociétés anonymes coopératives d'intérêt collectif d'habitations à loyer modéré;

– les fondations d'habitations à loyer modéré.

Les organismes d'habitations à loyer modéré mentionnés aux alinéas précédents bénéficient, en conformité avec la décision 2012/21/UE de la Commission, du 20 décembre 2011, relative à l'application de l'article 106, paragraphe 2, du traité sur le fonctionnement de l'Union européenne aux aides d'État sous forme de compensations de service public octroyées à certaines entreprises chargées de la gestion de services d'intérêt économique général, d'exonérations fiscales et d'aides spécifiques de l'État au titre du service d'intérêt général défini comme :

– la construction, l'acquisition, l'amélioration, l'attribution, la gestion et la cession de logements locatifs à loyers plafonnés, lorsqu'elles sont destinées à des personnes dont les revenus sont inférieurs aux plafonds maximum fixés par l'autorité administrative pour l'attribution des logements locatifs conventionnés dans les conditions définies à l'article L. 351-2 et dont l'accès est soumis à des conditions de ressources. Font toutefois partie du service d'intérêt général, jusqu'au 1er janvier 2020, les opérations susmentionnées destinées à des personnes de revenu intermédiaire dont les ressources ne dépassent pas les plafonds fixés au titre IX du livre III, lorsque les logements correspondants représentent moins de 10 % des logements locatifs sociaux mentionnés à l'article L. 302-5 détenus par l'organisme;

– la réalisation d'opérations d'accession à la propriété destinées à des personnes dont les revenus sont inférieurs aux plafonds maximum, majorés de 11 %, fixés par l'autorité administrative pour l'attribution des logements locatifs conventionnés dans les conditions définies à l'article L. 351-2 et dont l'accès est soumis à des conditions de ressources. Font toutefois partie du service d'intérêt général, dans la limite de 25 % des logements vendus par l'organisme, les opérations destinées à des personnes de revenu intermédiaire dont les ressources dépassent les plafonds maximum susmentionnés sans excéder les plafonds fixés au titre IX du livre III, majorés de 11 %, lorsque l'ensemble des opérations sont assorties de garanties pour l'accédant dans des conditions fixées par décret en Conseil d'État;

– la gestion ou l'acquisition en vue de leur revente, avec l'accord du maire de la commune d'implantation et du représentant de l'État dans le département, de logements situés dans des copropriétés connaissant des difficultés importantes de fonctionnement ou faisant l'objet d'un plan de sauvegarde en application de l'article L. 615-1 ou d'une opération programmée d'amélioration de l'habitat visée à l'article L. 303-1 ou situés dans le périmètre d'opérations de requalification de copropriétés dégradées prévues à l'article L. 741-1 ainsi que, pour une période maximale de dix ans à compter de la première cession, la gestion des copropriétés issues de la cession des logements locatifs mentionnés au neuvième alinéa tant que l'organisme vendeur y demeure propriétaire de logements. À défaut d'opposition de la part du représentant de l'État notifiée dans le délai de deux mois à compter de la date de la réception de la demande, son avis est réputé favorable;

– l'intervention comme opérateur, sans pouvoir être tiers-financeur, dans le cadre des procédures prévues à l'article 29-11 de la loi n° 65-557 du 10 juillet 1965 fixant le statut de la copropriété des immeubles bâtis et de l'article L. 615-10 du présent code;

– les services accessoires aux opérations susmentionnées.

Au titre de la mission d'intérêt général que constitue la recherche de la mixité sociale et de la diversité de l'habitat, les organismes d'habitations à loyer modéré peuvent exercer les compétences d'aménagement, d'accession et de prestations de services prévues par les textes qui les régissent.

711.03 Bibliographie indicative.

Ouvrages. J.-C. Driant, *Les politiques du logement en France*, La documentation française, 2015; P. Malinvaud (dir.), *Droit de la construction*, Dalloz Action, 2013, en particulier M. Carraz, dossier 340 : « HLM, la construction HLM »; M. Amzallag, C. Taffin, *Le logement social*, 2e éd., LGDJ, 2010; J.-M. Stébé, *Le Logement social en France*, coll. QSJ, PUF, 2016; R.-H. Guerrand, *Une Europe en construction : deux siècles d'habitat social en Europe*, Paris : Éd. la Découverte, 1992; *Propriétaires et locataires : les origines du logement social en France, (1850-1914)*, Quintette, 1987; *Les origines du logement social en France*, Les Éditions Ouvrières, 1966; J.-P. Flamand, *Loger le peuple : essai sur l'histoire du logement social en France*, La Découverte, 1989; R. Butler, P. Noisette, *Le Logement social en France : 1815-1981, de la cité ouvrière au grand ensemble*, Maspero, 1983; P. Kamoun, *Le logement social à l'âge d'or de la carte postale*, Hors-série, HLm d'Aujourd'hui, 1994; (dir.) *Histoire d'habitants*, Commission mixte nationale HLM & habitants, 1999; *Vl'a Cochon qui déménage, Prélude au droit au logement, Histoire du syndicat des locataires de 1910 à 1914*, Éditions de la Botèlerie, 2000; *Chantons pour un toit, histoire du logement par la chanson de 1850 à nos jours*, Union nationale HLM, 2000; *La CNL en mouvement, 90 ans de lutte pour le droit au logement*, édition CNL, 2006; (co-dir.) *Les HLM témoins et acteurs de leur temps*, Union sociale pour l'habitat, 2006; *Hygiène et Morale. La naissance des habitations à bon marché*, Union sociale pour l'habitat « Publications », 2012.

Actualisables. RÉP. IMMO., v° « Habitat social (HLM) », H. Des Lyons, n° 1-11 – LAMY DR. IMMO, nos 2841 s. – DICT. PERM. Gestion immob., « HLM-Location », nos 1-345; « Logements locatifs conventionnés ».

Articles. Centre d'analyse stratégique, « Les aides au logement des ménages modestes », note d'analyse, févr. 2012, n° 264.

SECTION 1

PARTICULARISME HLM AU REGARD DU DROIT COMMUN DE LA LOCATION

711.11 Visée sociale. L'article L. 411 du code de la construction et de l'habitation (CCH) précise que la construction, l'aménagement, l'attribution et la gestion des logements locatifs sociaux visent à améliorer les conditions d'habitat des personnes de ressources modestes ou défavorisées. Ces opérations participent à la mise en œuvre du droit au logement et contribuent à la nécessaire mixité sociale des villes et des quartiers. Au 1er septembre 2016 les organismes HLM possèdent 4,5 millions de logements locatifs et 0,3 million de logements-foyers. 15 % de la population résidant en France occupe un logement social HLM, soit environ 10 millions de personnes.

711.12 Objectif précis. Le livre IV du code de la construction et de l'habitation, relatif aux HLM, a pour objet de « fixer les règles relatives à la construction, l'acquisition, l'aménagement, l'assainissement, la réparation, la gestion d'habitations collectives ou individuelles, urbaines ou rurales, répondant aux caractéristiques techniques et de prix de revient déterminées par décision administrative et destinées aux personnes et aux familles de ressources modestes ».

Sont ainsi clairement désignées :

• les personnes concernées, qui sont les personnes et les familles de ressources modestes (sur les conditions d'attribution des logements v. s[s] n°s 721.11 s.). En outre, les bénéficiaires des attributions se trouvent sous un statut locatif dérogatoire qui les autorise à se maintenir dans les lieux (v. s[s] n° 731.32), le bailleur ne pouvant donner congé que dans des conditions très restrictives (v. s[s] n°s 741.61 s.);

• les conditions d'encadrement réglementaire à prendre en compte, à savoir des caractéristiques techniques et des prix de revient administrés. Les textes prévoient des contraintes de prix maximum, avec le plafonnement des loyers, et une obligation de paiement d'un supplément de loyer de solidarité si les ressources du locataire dépassent un seuil légal (v. s[s] n°s 737.61 s.).

711.13 Moyens spécifiques. En contrepartie, la puissance publique alloue des moyens significatifs pour favoriser la construction des logements HLM dans des conditions de confort satisfaisantes[1].

Ces moyens peuvent prendre des formes diverses telles que des subventions, des prêts à taux réduit (v. s[s] n°s 733.11 s.) délivrés par la Caisse des dépôts et consignations, dont la ressource est constituée par le livret A des Caisses d'épargne.

Il peut s'agir aussi d'aides fiscales, comme l'exonération de la taxe foncière sur les propriétés bâties (TFPB) ou d'un taux réduit de TVA. Depuis 1996 et afin de réduire les coûts de production, les opérations de construction de logements sociaux ont bénéficié d'un taux de TVA réduit à 5,5 %. Depuis 1998, sont également visés par le taux réduit les travaux d'amélioration, de transformation ou d'aménagement des logements locatifs sociaux ainsi que les opérations d'acquisition amélioration.

711.14 Opérateurs particuliers. C'est à des opérateurs particuliers qu'a été assignée la mission de construire, mais aussi d'attribuer et de gérer ces logements : organismes HLM (v. s[s] n°s 711.32 s.) et SEM (sociétés d'économie mixte) se partagent ce rôle.

Les compétences des organismes HLM sont précisées dans le livre IV du code de la construction et de l'habitation et ils sont soumis à des contrôles sur leurs comptes et sur leurs activités[2]. Le contrôle sur pièces du ministre chargé du Logement est doublé d'un contrôle sur place du ministre des Finances. En outre, la Cour des comptes peut exercer un contrôle sur les organismes qui bénéficient d'un concours financier de l'État.

711.15 Conditions de location réglementées. La location HLM implique des conditions particulières, différentes de la location du secteur privé.

Il s'agit par exemple, pour les bailleurs :

- de la durée spécifique des contrats de location HLM (v. s[s] n°s 731.11 s.);

- des conditions de plafonnement des loyers et d'une évolution réglementée des loyers pratiqués (v. s[s] n°s 733.51 s.);

- des conditions particulières de mise en œuvre de la clause résolutoire de plein droit prévue au contrat de location soumise à des conditions propres aux seuls logements HLM et conduisant à repousser l'assignation dans des délais supérieurs à ceux du droit commun (v. s[s] n°s 923.61 s.).

Pour les locataires :

- de l'obligation de payer dans certaines conditions un supplément de loyer de solidarité lorsqu'il dépasse un certain niveau de ressources (v. s[s] n°s 737.61 s.);

- de répondre sous peine de sanctions pécuniaires à des enquêtes relatives à leur situation en termes de ressources ou de participer à l'enquête biennale sur l'occupation des logements HLM prévue par le Parlement.

711.16 Avantages. Le locataire HLM bénéficie de certains avantages propres. Il en est ainsi :

- du bénéfice du droit au maintien dans les lieux (v. s[s] n° 741.101);

- de l'existence de conditions de préavis raccourcis dans certains cas (v. s[s] n°s 741.41 s.);

- de la possibilité offerte aux locataires de logements collectifs ayant bénéficié d'une aide de l'État et construits après 1977 de renoncer sans condition à l'usage d'une aire de stationnement louée[3].

711.17 Représentation. Les locataires bénéficient de moyens de représentation spécifiques :

- par l'élection de représentants au sein des conseils d'administration ou de surveillance des organismes d'HLM;

- par la présence de représentants des locataires dans les commissions d'attribution de logements;

- par la possibilité, sans commune mesure avec la situation dans le secteur privé de l'habitat, de négocier avec les bailleurs des accords collectifs sur tout sujet ou de participer à des instances de concertation (v. s[s] n°s 912.71 s.).

1. NOTAMMENT, M. Amzallag et C. Taffin, *Le logement social*, 2e éd., LGDJ 2010.
2. CCH, art. L. 342-1 s. relatifs à l'Agence nationale de contrôle des organismes de logement social (ANCOLS).
3. CCH, art. L. 442-6-4.

SECTION 2
LIMITES À LA SPÉCIFICITÉ HLM

711.21 Règles communes. Il existe de nombreux éléments communs de réglementation entre les secteurs locatifs privé et social qui tracent la frontière du particularisme HLM et que l'on mesure par exemple dans les textes législatifs de rééquilibrage des relations entre bailleurs et locataires, pris depuis 1948 et applicables à tous.

Parmi les nombreuses règles partagées, on soulignera notamment :

- les règles de forme du contrat équivalentes : écrit obligatoire, mêmes mentions obligatoires et clauses réputées non écrites ou interdites (v. s^s n°s 132.201 s.);
- les obligations des locataires et des bailleurs semblables (v. s^s titres 21, 22, 31 et 33);
- une liste identique de charges locatives récupérables, bien qu'inscrite dans deux textes réglementaires différents et des conditions équivalentes de justification et de régularisation (v. s^s n°s 321.11 s.);
- les conditions de transfert du contrat et d'échange semblables (v. s^s n°s 421.11 s. et 424.11 s.);
- une même juridiction compétente en matière de litiges locatifs (v. s^s n°s 921.11 s.).

711.22 Aides personnelles unifiées et généralisées. Les locataires de tous les secteurs bénéficient d'aides personnelles délivrées dans des conditions identiques :

- l'aide personnalisée au logement (APL) [1], créée par la loi du 3 janvier 1977, versée sous conditions de ressources aux locataires de logements conventionnés, neufs ou réhabilités (ou conventionnés sans travaux en HLM);
- l'allocation de logement familiale (ALF) [2], créée par la loi du 1er septembre 1948, versée à des personnes isolées ou à des ménages ayant à charge au moins une personne ou aux personnes qui perçoivent une prestation familiale;
- l'allocation de logement sociale (ALS) [3], créée par la loi du 16 juillet 1971 en faveur des personnes défavorisées, notamment personnes âgées, infirmes, jeunes travailleurs a été étendue à toutes les situations de précarité jusqu'à être attribuée sous seules conditions de ressources aux personnes qui ne bénéficient pas de l'ALF ou de l'APL. L'ALS a fait l'objet d'un bouclage intervenu en 1993 qui permet à toute personne d'en bénéficier sous seules conditions de ressources sans avoir à justifier d'une situation particulière.

Ces aides sont exclusives les unes des autres. Une réforme a fusionné les barèmes des différentes aides existantes dans le secteur locatif. Tout en améliorant sensiblement les aides versées aux familles les plus modestes, elle doit permettre un traitement unifié des ressources, qu'il s'agisse de minima sociaux ou de revenus d'activité. Un barème unique pour l'allocation logement et l'aide personnalisée au logement a ainsi été mis en place dès 2001 et la réforme a été achevée au 1er janvier 2002.

711.23 Support juridique unique. Qu'il soit question de location sociale ou de location privée, il existe un support juridique commun : le contrat de location.

La part de libre détermination par les parties du contenu du contrat est certes limitée par le caractère d'ordre public des dispositions des textes de loi s'appliquant à la matière (sur la notion d'ordre public v. s^s n° 021.11), mais pour autant le contrat fixe toujours trois éléments fondamentaux :

- la chose louée, le logement, ses caractéristiques et sa destination;
- son prix, que constitue le montant du loyer;

les obligations générales des parties, bailleur et locataire.

SECTION 3
DIFFÉRENTS TYPES DE BAILLEURS HLM

711.31 Division – Plus de dix millions de locataires HLM. Le parc HLM, composé de 4,5 millions de logements accueillant plus de 10 millions de personnes est essentiellement urbain, collectif à 85 % et plus récent et confortable que le parc privé.

Le parc HLM n'est pas uniforme. S'il répond à des objectifs particuliers par rapport au parc privé qui sont les mêmes sur tout le territoire, s'il est soumis à un régime locatif unique et à des conditions de financement semblables, il a été constitué en plus d'un siècle par des acteurs d'origine variée.

711.32 Offices publics de l'habitat – Sociétés anonymes et fondations HLM. Deux catégories de bailleurs se partagent, pour l'essentiel, le parc de logements locatifs HLM :

- les offices publics de l'habitat (OPH) pour plus de la moitié;
- les sociétés anonymes d'HLM (SA) et les fondations d'HLM pour moins de la moitié.

Les sociétés coopératives d'HLM ont la compétence locative, mais sont principalement tournées vers l'accession à la propriété. Elles ont construit plus de 300 000 logements en un siècle, mais ne détiennent qu'environ 20 000 logements locatifs.

1. CCH, art. L. 351-1 s.
2. CSS, art. L. 542-1 s.
3. CSS, art. L. 831-1 s.

711.33 Offices d'HLM (Offices publics de l'habitat). Il existe 267 offices publics de l'habitat (OPH) au 1er janvier 2017. Les OPH sont des établissements publics[1].

L'ordonnance du 1er février 2007[2] a créé une cette nouvelle catégorie d'établissements publics HLM et organisé la transformation de plein droit en offices publics de l'habitat (OPH) de tous les OPHLM et OPAC existants, avec pour date butoir le 2 février 2009.

Les OPH sont des établissements publics locaux à caractère industriel et commercial rattachés aux collectivités territoriales (communes et départements) ou à leurs groupements (EPCI, établissements publics de coopération intercommunale). Ils sont créés par décret à la demande d'un EPCI compétent dans le domaine de l'habitat, d'un département ou d'une commune dès lors qu'elle n'est pas membre d'un EPCI compétent.

Ce nouveau cadre institutionnel permet aux offices d'HLM de s'adapter au contexte nouveau créé par le renforcement de compétences des collectivités territoriales dans le domaine de l'habitat.

711.34 Conséquences de la nature d'EP. Plusieurs conséquences sont attachées à la nature d'établissement public :

- les biens des offices publics de l'habitat sont insaisissables et ne sont pas susceptibles de faire l'objet de prise d'hypothèques;

- la spécialité de l'établissement public le contraint à n'exercer de compétences que celles qui lui sont reconnues expressément[3];

- par délégation de leur collectivité locale de rattachement, ils peuvent exercer certaines prérogatives telles que l'expropriation ou le droit de préemption;

- en tant qu'établissements publics locaux, les règles du contrôle de légalité s'appliquent à certains de leurs actes (délibérations du conseil d'administration, marchés de travaux...);

- enfin, le contrôle financier est assuré par les chambres régionales des comptes.

711.35 Sociétés et fondations d'HLM. Les sociétés anonymes et fondations d'HLM sont, en 2017 au nombre de 250[4]. Elles disposent d'un actionnariat diversifié constitué d'entreprises, publiques ou privées, de chambres de commerce, de collecteurs de la participation de l'employeur à l'effort de construction (PEEC), de collectivités territoriales, d'organismes HLM...

Sociétés anonymes soumises aux dispositions du code de commerce sur les sociétés commerciales, elles sont par ailleurs régies par des statuts soumis à des clauses types définies réglementairement. Elles sont ainsi des entreprises à but non lucratif en raison de dispositions qui leur sont propres quant à la rémunération du capital social, les cessions d'actions et la dévolution des actifs.

La loi no 2003-710 du 1er août 2003[5] a prévu une évolution de la forme juridique des sociétés, effective depuis le 2 août 2005. Une nouvelle répartition du capital impose un actionnaire de référence majoritaire ainsi qu'une présence au conseil d'administration ou de surveillance de trois représentants des collectivités territoriales et de trois représentants des habitants.

Leur objet, comme celui des autres organismes d'HLM, est le logement des personnes modestes et défavorisées.

711.36 Sociétés coopératives d'HLM. Bien que par vocation, elles soient tournées essentiellement vers l'activité d'accession, les sociétés anonymes coopératives d'HLM (au nombre de 169 en 2017) ont la compétence pour construire et gérer des logements locatifs[6]. Ce sont des sociétés à capital variable fondées sur les principes coopératifs de démocratie et de transparence.

1. SUR CETTE NOTION : Jegouzo-Vienot, *Établissement public et logement social,* « Bibliothèque de droit public », t. 223, LGDJ, 2002.
2. Ord. no 2007-137, 1er févr. 2007, relative aux offices publics de l'habitat, *JO* 2 févr., p. 2028.
3. CCH, art. L. 421-1 et L. 421-4.
4. Leur dénomination est dorénavant « Entreprises sociales pour l'habitat ». Toutefois sur le plan juridique, qui nous intéresse principalement ici, il s'agit de sociétés anonymes.
5. L. no 2003-710, 1er août 2003 d'orientation et de programmation pour la ville et la rénovation urbaine, *JO* 2 août, p. 13281.
6. Elles en détiennent environ 20 000. Par ailleurs la loi du 1er août 2003 crée une nouvelle catégorie d'organisme d'HLM, la société coopérative d'intérêt collectif d'HLM, qui, à compétences égales, permet une coopération plus souple des collèges d'associés.

CHAPITRE

712. Sources de la réglementation HLM

SECTION 0 ORIENTEUR

712.00 **Plan du chapitre.**

Sect. 1		Code de la construction et de l'habitation
	§ 1	Aides à la construction, aides à la personne : CCH, livre III
	§ 2	HLM : CCH, livre IV
Sect. 2		Dispositions de la loi du 1er septembre 1948 applicables aux HLM
Sect. 3		Dispositions législatives du droit commun locatif
Sect. 4		Code civil et code de procédure civile

Division – Quatre sources essentielles. La réglementation des conditions de location des logements HLM ne répond que pour partie au droit commun des locations de locaux d'habitation fixé par la loi du 6 juillet 1989 exposé dans la partie précédente.

Les sources actuelles du droit locatif social empruntent à de nombreux textes, qu'il s'agisse de codes ou de lois d'ordre public. Cette variété, et la complexité qui y est parfois liée, peuvent s'expliquer par deux motifs essentiels : l'absence de codification d'ensemble de la matière, d'une part, malgré plusieurs dispositions législatives dans ce sens, un empilement de textes législatifs intervenus depuis la deuxième moitié du XXe siècle pour réglementer les rapports entre bailleurs et locataires, applicables pour partie en HLM, d'autre part.

Il existe quatre sources essentielles de la réglementation HLM :

– le code de la construction et de l'habitation (v. ss no 712.11);

– la loi du 1er septembre 1948 (v. ss nos 712.41 s.);

– les différentes lois sur les rapports locatifs à partir des années quatre-vingts (v. ss nos 712.51 s.);

– les autres sources, essentiellement le code civil (v. ss nos 712.61 s.).

712.01 **Textes applicables.**

TEXTES SOURCES

• **CCH, livres III et IV.**

• **L. no 48-1360, 1er sept. 1948** portant modification et codification de la législation relative aux rapports des bailleurs et locataires ou occupants de locaux d'habitation ou à usage professionnel et instituant des allocations de logement, *JO* 2 sept., p. 8659.

• **L. no 86-1290, 23 déc. 1986** tendant à favoriser l'investissement locatif, l'accession à la propriété de logements sociaux et le développement de l'offre foncière, *JO* 24 déc., p. 15531.

• **L. no 89-462, 6 juill. 1989,** modifiée, tendant à améliorer les rapports locatifs et portant modification de la loi no 86-1290 du 23 décembre 1986, *JO* 8 juill., p. 8541.

712.02 **Jurisprudence de référence.**

• **Cass., Avis, 16 févr. 2015, no 14-70.011**, *Bull.* avis, no 2

* V. ss no 712.54

La loi nouvelle (régit) immédiatement les effets légaux des situations juridiques ayant pris naissance avant son entrée en vigueur et non définitivement réalisées.

712.03 **Bibliographie indicative.**

Actualisables. RÉP. CIV., vo « Habitat social (HLM) », H. des Lyons, nos 1-11 – LAMY DR. IMMO, nos 2841 s. – DICT. PERM. Gestion immob., « HLM-Location », nos 1-345; « Logements locatifs conventionnés », nos 1 s.

SECTION 1 CODE DE LA CONSTRUCTION ET DE L'HABITATION

712.11 **Parties spécifiques au logement social.** Compte tenu de ses conditions d'émergence et des objectifs qui lui étaient fixés, le parc HLM s'est vu soumettre à une réglementation propre, inscrite à l'origine dans le code de l'urbanisme et de l'habitation, devenu code de la construction et de l'habitation (CCH).

Actuellement, il existe ainsi un socle spécifique au logement social inscrit dans le CCH.

Le Premier ministre, par une circulaire du 27 mars 2013 (no 5643/SG), avait demandé à ses ministres d'engager la refonte de certains codes, dont le Code de la construction et de l'habitation, afin d'« améliorer l'accessibilité et l'intelligibilité du droit », qui présentait à ses yeux « un enjeu de simplification administrative important pour nos concitoyens ».

Mais cette refonte, malgré l'annonce portée par la loi n° 2014-366 du 24 mars 2014 « pour l'accès au logement et un urbanisme rénové » (art. 125), autorisant le Gouvernement à procéder, par voie d'ordonnances, à une nouvelle rédaction des dispositions législatives du code, n'est intervenue ni en 2014, ni en 2015, ni en 2016...

Son actualité a été relancée par la loi n° 2017-86 du 27 janvier 2017, relative à l'égalité et à la citoyenneté, qui confie à nouveau au Gouvernement la mission, par voie d'ordonnance, de « procéder à une nouvelle rédaction du livre IV du code de la construction et de l'habitation afin d'en clarifier la rédaction et le plan. Cette nouvelle codification est effectuée à droit constant après intégration des dispositions législatives en vigueur à la date de la publication de l'ordonnance ou entrant en vigueur après cette date, sous réserve des modifications qui seraient rendues nécessaires pour assurer le respect de la hiérarchie des normes et la cohérence rédactionnelle des textes, harmoniser l'état du droit et abroger les dispositions obsolètes ou devenues sans objet. »

Le code de la construction et de l'habitation est composé de manière hétérogène. Les règles qui concernent le logement social relèvent pour l'essentiel des livres III et IV, qui traitent respectivement des aides publiques et des habitations à loyer modéré.

§ 1
Aides à la construction, aides à la personne : CCH, livre III

712.21 Aides aux opérateurs et aux locataires. Le livre III intitulé « Aides diverses à la construction d'habitations et à l'amélioration de l'habitat. Aide personnalisée au logement », traite dans sa partie législative des aides à la pierre et des aides à la personne ou, tout au moins de l'APL, puisque l'allocation logement est réglementée dans le code de la sécurité sociale.

712.22 Aides à la construction et à la réhabilitation en HLM. C'est dans la partie réglementaire du livre III que l'on retrouve les aides les plus courantes accordées aux opérateurs HLM :

- aide à la construction neuve : Prêt locatif à usage social (PLUS) [1], Prêt locatif aidé d'intégration (PLAI) [2] et Prêt locatif social (PLS) [3];

- aide à l'amélioration : Primes à l'amélioration des logements à usage locatif et à occupation sociale (PALULOS) [4].

712.23 Autres aides. La participation des employeurs à l'effort de construction (l'ex 1 %, aujourd'hui, Action logement) ouverte aux bailleurs sociaux pour compléter le financement des constructions, l'épargne logement, les aides de l'Agence nationale de l'habitat (Anah), réservées aux seuls bailleurs privés ainsi que les aides à l'habitat rural sont précisées dans le livre III [5]. On remarque ici la variété des aides financières qui bénéficient tant aux bailleurs sociaux qu'au secteur privé, cette ouverture se retrouvant dans les aides fiscales qui complètent de plus en plus souvent les aides à la pierre, voire se substituent à elles.

712.24 Garanties publiques. Le livre III vise aussi les conditions de mobilisation de la garantie de l'État et des collectivités territoriales aux prêts consentis et aux emprunts contractés par les sociétés ou organismes ayant pour objet la construction d'immeubles à usage principal d'habitation, dont les organismes HLM [6].

712.25 Aide personnalisée au logement. La vocation des différentes aides personnelles au logement (AL : allocation logements, ALS : allocation logement sociale et APL : aide personnalisée au logement) est d'adapter les dépenses de logement aux ressources des familles, dans la limite d'un plafond. Depuis le 1er avril 1997, les barèmes de l'APL ont été unifiés, mettant ainsi fin à des distinctions en fonction de la date de conventionnement des immeubles (v. ss n° 733.21). En outre, depuis 2002, un barème unique en AL et APL a été mis en place.

La loi du 3 janvier 1977 qui a créé l'APL était la première réforme d'envergure depuis la loi du 1er septembre 1948 dans le domaine du logement. Le souci d'alléger le coût des dépenses publiques allait de pair avec une volonté d'efficacité sociale, l'aide ne devant bénéficier qu'aux occupants des logements répondant à des modalités de financement particulières et n'étant ouverte que sous réserve de la signature avec l'État d'une convention précisant un certain nombre d'obligations de la part du bailleur (v. ss n° 733.31).

Dans le domaine des aides personnelles, également, le Gouvernement doit rassembler les textes dispersés et codifier dans le code de la construction et de l'habitation les dispositions propres à l'allocation de logement familiale et à l'allocation de loge-

1. CCH, art. R. 331-1, I.
2. CCH, art. R. 331-1, II.
3. CCH, art. R. 331-17.
4. CCH, art. R. 323-1 s.
5. CCH, art. L. 313-1 à L. 324-1.
6. CCH, art. L. 312-1 à L. 312-6.

ment sociale, y compris les dispositions relatives aux collectivités de Guadeloupe, de Guyane, de Martinique, de La Réunion, de Saint-Martin et de Saint-Barthélemy, figurant dans le code de la sécurité sociale, ainsi que les dispositions relatives à ces deux allocations applicables au Département de Mayotte.

712.26 Régime locatif des logements conventionnés. Le régime du conventionnement étant ouvert à tous les bailleurs, leurs obligations respectives ont été réglementées. Ainsi, les articles L. 351-1 à L. 351-15 du code de la construction et de l'habitation fixent les règles de l'APL, tandis que le régime du conventionnement est précisé aux articles L. 353-1 à L. 353-20 pour la partie législative et R. 353-1 à R. 353-214 pour la partie réglementaire correspondant à treize types de conventions selon le bailleur ou le financement.

Le conventionnement HLM *stricto sensu* est quant à lui régi par les articles R. 353-1 à R. 353-22, qui définissent un régime de location et auxquels est annexée une convention type obligatoire pour tous les programmes neufs, acquis et/ou améliorés[1].

§ 2
HLM : CCH, livre IV

712.31 Opérateurs. Le livre IV est consacré aux habitations à loyer modéré.

Le livre IV aborde tous les aspects de l'activité, à partir tout d'abord des opérateurs (v. s^s n°s 711.32 s.) : il s'agit soit d'établissements publics (Offices publics de l'habitat), soit d'organismes privés (Fondations, Sociétés anonymes d'HLM, Sociétés anonymes coopératives de production d'HLM, Sociétés anonymes coopératives d'intérêt collectif d'HLM).

Y sont décrites notamment les compétences des différentes familles d'organismes HLM, leurs modes de création ou d'agrément, leurs principales conditions de fonctionnement (titre II), ainsi que les dispositions financières qui leur sont applicables (titre III).

712.32 Gestion locative. Le titre IV intitulé : « Rapports des organismes d'HLM et des bénéficiaires » traite des questions d'attribution, de loyer et de charges récupérables, de cession, transformations et démolitions, enfin des conditions dans lesquelles les organismes HLM peuvent devenir locataires de logements vacants du parc privé.

Ces éléments seront analysés dans cette partie.

712.33 Contrôle. La loi du 24 mars 2014, dite loi Alur, a confié la mission du contrôle et de l'évaluation du logement social à l'Agence nationale de contrôle du logement social (ANCOLS), établissement public de l'État à caractère administratif créé à cet effet).

Ce contrôle constituant la contrepartie des aides qui leur sont apportées, tous les organismes d'HLM, qu'ils soient privés ou publics, y sont soumis[2].

712.34 Application des textes dans les DOM. L'application des règles HLM dans les DOM est précisée par arrêtés, conformément à l'article L. 472-1 du code de la construction et de l'habitation, particulièrement pour les modalités de financement.

Pour autant, l'essentiel des règles s'applique dans les DOM, mais on relèvera cependant qu'à la différence de la métropole, l'APL n'existe pas Outre-mer. De même, il n'y a pas d'établissements publics tels que les offices publics de l'habitat.

SECTION 2
DISPOSITIONS DE LA LOI DU 1ER SEPTEMBRE 1948 APPLICABLES AUX HLM

712.41 Droit au maintien dans les lieux et calcul du prix du loyer. La réglementation HLM emprunte à la loi du 1er septembre 1948 deux idées phares justifiées par les circonstances de l'époque :

- le droit au maintien dans les lieux pour les occupants de locaux construits avant 1948; ils bénéficient également d'une protection en cas de modification substantielle de la chose louée (démolition, restructuration);

- le calcul « scientifique » du prix du loyer à l'aide d'une surface « corrigée », applicable aux cinq millions de logements de l'époque. En l'occurrence, les prix devaient être calculés de telle manière « qu'ils assurent, après application des correctifs, la rémunération du service rendu par le logement ainsi que son maintien en état d'habitabilité ».

Ces deux idées trouvent toujours une traduction concrète en HLM et sont une base de référence des relations entre bailleurs et locataires. Ainsi seules des circonstances exceptionnelles (démolition par exemple) peuvent justifier l'interruption du contrat (v. s^s n° 412.71). Par ailleurs, le loyer HLM est calculé pour la grande majorité du parc à la surface corrigée (v. s^s n° 735.21).

712.42 Applicabilité de la loi de 1948. Deux articles du code de la construction et de l'habitation renvoient à la loi de 1948 :

- l'article L. 353-15 pour les logements conventionnés;

- l'article L. 442-6 pour les logements non conventionnés.

Le tableau ci-après précise les dispositions de la loi du 1er septembre 1948 qui s'appliquent aux HLM.

1. CCH, annexe à l'art. R. 353-1.

2. CCH, art. L. 342-1 et s., issus de L. n° 2014-366, 24 mars 2014, art. 102, *JO* 26 mars, p. 5809.

Pour l'essentiel, ce sont donc les dispositions sur le droit au maintien dans les lieux et sa perte, ainsi que la protection en cas de travaux, qui perdurent. Elles seront évoquées lors de l'examen de la durée du contrat (v. s[s] n°s 731.31 s.), de la fin du contrat (v. s[s] n°s 741.11 s.) et lors de l'examen de la question des travaux (v. s[s] n°s 735.91 s.). Par contre, les dispositions du chapitre 3 de la loi de 1948 relatives au prix du loyer ne s'appliquent pas en matière d'HLM (v. s[s] n°s 735.21 s.).

APPLICATION DE LA LOI DU 1[ER] SEPTEMBRE 1948 AUX LOGEMENTS HLM

Chapitres ou articles de la loi du 1er septembre 1948	Types de mesure	Logements HLM conventionnés (CCH, art. L. 353-15)	Logements HLM non conventionnés (CCH, art. L. 442-6)
Chapitre 1er	Droit au maintien dans les lieux	Oui	Oui
Chapitre 1er	Perte du droit au maintien	Oui	Oui
Chapitre 1er	Travaux dans le logement	Oui	Oui
Chapitre 1er	Démolition et relogement	Oui (en partie)	Oui (en partie)
Chapitre 2 *	Droit de reprise du bailleur	–	–
Chapitre 4 *	Maintien en meublé	–	–
Chapitre 5	Compétence du TI	Oui	Oui
Chapitre 6	Sanctions	Oui	Oui
Chapitre 8 **	Dispositions financières	–	–
Article 70 ***	Dommages de guerre	–	–
Article 74	Paiement mensuel du loyer	Non	Oui
Article 78	Cession et sous-location	Oui	Oui

* Ces chapitres concernent le droit de reprise des bailleurs personnes physiques : ils n'ont pas vocation à s'appliquer en HLM, bien que le texte du CCH en fasse mention.

** Il en est de même pour ces dispositions d'ordre fiscal au bénéfice des bailleurs personnes physiques.

*** Cet article sur les dommages de guerre est obsolète.

SECTION 3
DISPOSITIONS LÉGISLATIVES DU DROIT COMMUN LOCATIF

712.51 Complémentarité entre dispositions spécifiques et de droit commun. Parce qu'il s'agit de lois d'équilibre des rapports locatifs, et parce qu'elles prévoient des mesures protectrices des locataires, les lois intervenues depuis 1982 ont complété le champ HLM.

C'est ainsi que, successivement la loi du 22 juin 1982, dite loi Quilliot[1], la loi du 23 décembre 1986, dite loi Méhaignerie[2], la loi du 6 juillet 1989, dite loi Mermaz[3], la loi du 24 mars 2014, dite loi Alur[4], la loi du 6 août 2015 pour la croissance, l'activité et l'égalité des chances économiques, dite loi Macron[5], la loi du 27 janvier 2017 relative à l'égalité et à la citoyenneté, toutes d'ordre public (sur cette notion v. s[s] n° 021.11), ont précisé les dispositions retenues par le législateur comme étant communes à toutes les locations ou propres à chaque secteur locatif.

On ajoutera à ces textes fondamentaux la loi du 25 mars 2009[6] qui a apporté des réformes significatives au régime du droit au maintien dans les lieux des locataires (v. s[s] n° 741.101) et rendu obligatoire la signature de conventions d'utilité sociale entre l'organisme d'HLM, l'État et les partenaires locaux (v. s[s] n° 733.54).

712.52 Application dans le temps de la loi Alur. La loi du 24 mars 2014, dite loi Alur, modifie la loi du 6 juillet 1989 dans de nombreux domaines. Elle est, conformément à l'article 2 du code civil, applicable aux seuls baux signés à compter du 27 mars 2014, date de son entrée en vigueur. Il convient d'en tenir compte dans la rédaction des baux conclus après cette date.

712.53 Application immédiate de la loi Alur. Toutefois, l'article 14 de la loi Alur précise que certaines dispositions nouvelles sont applicables immédiatement aux baux en cours au 27 mars 2014. Il s'agit des articles concernant les obligations du locataire (L. 6 juill. 1989, art. 7 mod. qui envisage, notamment, l'application des accords collectifs de vétusté à la demande du locataire et la notification obligatoire au locataire en cas de travaux d'amélioration ou de maintien en l'état), la procédure de mise en conformité des logements qui ne répondent pas à la décence (L. 6 juill. 1989, art. 20-1 mod., v. s[s] n° 211.71), l'interdiction des frais de quittance et de la transmission dématérialisée de la quittance (L. 6 juill. 1989, art. 21 mod., v. s[s] n° 223.11) et, enfin, des conditions nouvelles de

1. L. n° 82-526, 22 juin 1982, art. 75 1° et 3°, *JO* 23 juin, p. 1967.
2. L. n° 86-1290, 23 déc. 1986, art. 48, *JO* 24 déc., p. 15531.
3. L. n° 89-462, 6 juill. 1989, art. 40 I et III.
4. L. n° 2014-366, 24 mars 2014, art. 12 et 14, *JO* 26 mars, p. 5809.
5. L. n° 2015-990, 6 août 2015, art. 82, *JO* 7 août, p. 13776.
6. L. n° 2009-323, 25 mars 2009 de mobilisation pour le logement et la lutte contre l'exclusion, *JO* 27 mars, p. 5408 – SUR CETTE LOI : Wertenschlag, *AJDI* 2009. 256.

régularisation des charges locatives (L. 6 juill. 1989, art. 23 mod., v. s[s] n° 323.31).

712.54 Application de la loi Alur : incertitudes. Le sort d'autres dispositions de la loi est resté incertain car la loi du 24 mars 2014, dite loi Alur, n'avait pas précisé dans quelles conditions certains articles allaient s'appliquer. Le principe généralement retenu est que la loi nouvelle, pour les contrats à exécution successive comme les baux d'habitation, est applicable à compter du premier renouvellement ou de la première reconduction postérieure à la loi. Or le Conseil constitutionnel dans sa décision sur la loi du 24 mars 2014, dite loi Alur[1], a précisé que la loi ne s'appliquait pas aux baux tacitement reconduits. Les baux HLM étant des baux de 1 à 3 mois tacitement reconduits (v. s[s] n° 731.31), ces dispositions nouvelles, non citées dans l'article 14, ne s'appliquaient pas aux baux en cours. Il s'agissait pour l'essentiel des conditions d'indemnisation du locataire au-delà d'un délai pour les travaux réalisés par le bailleur (v. s[s] n° 412.143), de la prescription de trois ans pour les actions dérivant d'un contrat (v. s[s] n°s 311.51 s.), de nouveaux motifs de réduction à un mois du délai de préavis du congé délivré par le locataire (v. s[s] n° 542.51), de la restitution des clés en mains propres ou par lettre recommandée avec accusé de réception ou de la restitution du dépôt de garantie soumise à de nouveaux délais (v. s[s] n° 142.62).

Ces mesures plus favorables au locataire ne s'appliquaient pas aux baux conclus avant le 27 mars 2014, ce qui pouvait placer les locataires concernés dans une situation d'inégalité.

La solution à cette impasse est venue en deux étapes. La cour de cassation, tout d'abord, la loi du 6 août 2015, dite loi Macron, ensuite, ont apporté les éclaircissements attendus.

La cour de cassation a rendu un avis le 16 février 2015 dans lequel elle a pris une position en faveur de l'application des dispositions nouvelles aux contrats en cours au jour de leur entrée en vigueur. Cette théorie, dite des effets légaux du contrat, permet à la cour d'affirmer que : « La loi nouvelle (régit) immédiatement les effets légaux des situations juridiques ayant pris naissance avant son entrée en vigueur et non définitivement réalisées ». Ainsi, les dispositions ci-dessus, particulièrement la durée réduite du congé dans les zones tendues sont bien applicables audits contrats[2].

1. Cons. const., n° 2014-691, 20 mars 2014, *JO* 26 mars, p. 5925.
2. Civ. 3e, avis, 16 févr. 2015, n° 14-70.011, *Bull. Avis*, n° 2; *D.* 2015. 489; *ibid.* 1178, obs. N. Damas; *AJDI* 2015. 608, obs. N. Damas; *Loyers et copr.* 2015. comm. 88, note B. Vial-Pedroletti; *Rev. loyers* avr. 2015. 180, note V. Zalewski-Sicard; *RTD civ.* 2015. 569, obs. P. Deumier.

La loi n° 2015-990 du 6 août 2015 pour la croissance, l'activité et l'égalité des chances économiques du 6 août 2015 retient, dans son article 82, que sont désormais immédiatement applicables aux baux en cours à la date de sa publication (c'est-à-dire le 7 août 2015), l'article 7-1 (relatif à la prescription triennale pour les actions dérivant d'un contrat de bail), l'article 15 (relatif au congé), l'article 22 (relatif au dépôt de garantie) et l'article 24 (relatif à la clause résolutoire). Solution attendue par les acteurs de terrain qui avaient pu, pour nombre d'entre eux, l'anticiper dans leurs relations avec leurs locataires dès l'avis de la cour de cassation, voire avant.

712.55 Synthèse. La distinction par secteur locatif entre articles applicables et non applicables dans les lois d'ordre public applicables aux baux d'habitation se justifie pour l'essentiel par l'existence d'autres textes préexistants en HLM. Ainsi, ne s'appliquent pas en HLM les articles de la loi du 6 juillet 1989 relatifs à la durée du contrat, aux loyers ou aux charges parce que d'autres textes particuliers traitent ces questions.

La synthèse - présentée sous forme de tableau (v. s[s] n° 712.62) - permet de déterminer parmi l'ensemble des références évoquées jusqu'ici les sources du droit locatif HLM, thème par thème.

SECTION 4
CODE CIVIL ET CODE DE PROCÉDURE CIVILE

712.61 Prévalence de la législation française. L'activité des organismes HLM - en tant que constructeurs par exemple - a sa source dans de nombreuses autres réglementations telles que le code de l'urbanisme, la loi sur la maîtrise d'ouvrage publique, le code des marchés publics.

Cependant, en matière de gestion locative, qui nous concerne ici, les autres sources intéressantes sont, pour l'essentiel, le code civil et, accessoirement, le code de procédure civile.

Il va de soi que la réglementation européenne trouve également à s'appliquer. Toutefois, le logement n'est pas une compétence européenne *stricto sensu*. De plus, c'est le plus souvent par le biais de la modification des textes français existants que sont transposées les directives européennes.

712.62 Code civil. Avant la loi du 22 juin 1982 sur les rapports entre bailleurs et locataires, le titre VII du code civil « Du contrat de louage » (articles 1708 à 1778) était, la source quasi exclusive de droit à laquelle se raccrocher, sachant par ailleurs qu'il n'intervenait qu'à titre supplétif, dans le silence du contrat liant les parties.

De façon générale, il faut considérer que le code civil reste applicable pour autant qu'il n'est pas contraire aux règles d'ordre public posées par ailleurs.

Dans certains cas, le législateur n'a pas trouvé utile ou nécessaire de reprendre certaines des dispositions du code civil dans les lois d'ordre public; elles s'appliquent néanmoins. L'article 1733 du code civil affirme la présomption de responsabilité du preneur en cas d'incendie, sauf preuve contraire à sa charge. L'article 1751 du code civil reconnaît à chacun des époux le droit au bail sur le local sans caractère professionnel ou commercial et servant effectivement à leur habitation.

TABLEAU RÉCAPITULANT LES SOURCES DU DROIT LOCATIF HLM THÈME PAR THÈME

	Conclusion du contrat	
Forme et contenu	• Écrit et mentions obligatoires	L. 6 juill. 1989, art. 3
	• Clauses non écrites	L. 6 juill. 1989, art. 4
	• Rémunération des intermédiaires	L. 6 juill. 1989, art. 5
Durée du contrat	• Droit au maintien dans les lieux	L. 1er sept. 1948, chapitre 1er
	Exécution du contrat	
Obligations des parties	• Obligations du bailleur	L. 6 juill. 1989, art. 6, art. 20-1, art. 22-2
	• Obligations du locataire	L. 6 juill. 1989, art. 7
Cession/Sous-location	• Interdiction	L. 1er sept. 1948, art. 78
Location en meublé	• Interdiction	CCH, art. L. 442-8
	• Exceptions	CCH, art. L. 442-8-1 s.
Échanges de logement		L. 6 juill. 1989, art. 9
Transfert du contrat		L. 6 juill. 1989, art. 14 + art. 40
Travaux	• Clause travaux du locataire	L. 6 juill. 1989, art. 6
	• Démolition	CCH, art. L. 353-15 et L. 442-6 L. 1er sept. 1948, art. 13 *bis*
	• Sans départ du locataire	L. 1er sept. 1948, art. 12-14
	•Relogement/réinté-gration	L. 1er sept. 1948, art. 13
	Fin du contrat	
Congé du locataire	• Motifs tous logements + logements conventionnés + logements non conventionnés	L. 6 juill. 1989, art. 15 CCH, art. L. 353-15 CCH, art. L. 442-6-3
Congé du bailleur	• Perte droit au maintien • Démolition • Troubles de jouissance	L. 1er sept. 1948, chapitre 1er CCH, L. 442-3-1 et s. CCH, L. 353-15 et L. 442-6 CCH, art. L. 442-4-1
Résiliation de plein droit	• Tous logements • Logements conventionnés • Logements non conventionnés	L. 6 juill. 1989, art. 24, art. 24-1 CCH, art. L. 353-15-1 CCH, art. L. 442-6-1
	Dispositions financières et garanties	
Loyer maximum	• Montant • Logements conventionnés	CCH, art. L. 353-9-2
	• Montant • Logements non conventionnés	CCH, art. L. 442-1
Loyer initial	• Fixation • Logements conventionnés	CCH, art. L. 442-1-1 CCH, art. L. 353-16, art. L. 445-3 VI
	• Fixation • Logements non conventionnés	CCH, art. L. 442-1-1
Révision du loyer	• Logements conventionnés	CCH, art. L. 353-9-3
	• Logements non conventionnés	CCH, art. L. 353-9-3
Supplément de loyer de Solidarité	• Principe • Montant	CCH, art. L. 441-3 CCH, art. L. 441-4
Charges récupérables	• Définition • Régularisation	CCH, art. L. 442-3 L. 6 juill. 1989, art. 23
Dépôt de garantie	• Montant : logements conventionnés • Logements non conventionnés • Restitution	L. 6 juill. 1989, art. 22
Cautionnement	• Durée et mentions obligatoires	L. 6 juill. 1989, art. 22-1

712.63 **Code de procédure civile.** Le code de procédure civile fixe, dans son Livre I, titre XVII, les conditions relatives aux délais, actes d'huissier de justice et notifications, qui permettent de connaître les règles de calcul des délais dans le cas de congé délivré par le bailleur ou le locataire par exemple.

Ainsi, les règles de computation des délais sont codifiées aux articles 640 à 642 dudit code qui permettent de déterminer la date de départ d'un délai, ses règles de calcul et sa date d'expiration (sur ces points v. s[s] n°s 741.11 s.).

Par ailleurs, les conditions dans lesquelles sont notifiés les actes de procédure sont précisées aux articles 651 et suivants dudit code : cela vaut pour les significations (c'est-à-dire les notifications faites par un huissier de justice) et pour les notifications des actes en la forme ordinaire.

712.64 **Code des procédures civiles d'exécution.** Le code des procédures civiles d'exécution définit les règles applicables aux opérations liées à l'expulsion d'un lieu habité, aux articles L. 411-1, L. 412-1 et suivants, L. 431-1 et L. 431-2, L. 433-1 et suivants, L. 451-1.

TITRE

72. Les règles d'attribution des logements

SECTION 0
ORIENTEUR

72.00 Plan du titre.

72.01 Textes applicables.

TEXTES SOURCES

> Demande de logement

• **CCH, art. L. 441 à L. 441-2-9.**

• **CCH, art. R. 441-1 à R. 441-12.**

• **Décr. n° 2017-834, 5 mai 2017** portant diverses dispositions modifiant le code de la construction et de l'habitation en matière de demande et d'attribution de logement social, *JO* 7 mai, n° 14.

• **Décr. n° 2017-917, 9 mai 2017** relatif aux demandes de logement locatif social et autorisant le traitement de données à caractère personnel dénommé « Numéro unique », *JO* 10 mai, n° 168.

• **Arr. 24 juill. 2013** relatif au nouveau formulaire de demande de logement locatif social et aux pièces justificatives fournies pour l'instruction de la demande de logement locatif social, *JO* 3 août, p. 13262.

• **Arr. 19 mai 2017** relatif au cahier des charges des systèmes particuliers de traitement automatisé de la demande de logement social, *JO* 20 juin, n° 9.

> Bénéficiaires

• **CCH, art. L. 441-1 s., L. 442-8 à L. 442-8-4.**

• **CCH, art. R. 441-1.**

• **Arr. 1er févr. 2013** fixant la liste des titres de séjour prévue au 1° de l'article R. 441-1 du code de la construction et de l'habitation, *JO* 12 févr., p. 2425.

• **Note technique du 25 avril 2017** relative aux conditions d'application dans l'espace et dans le temps des principales dispositions de la loi n° 2017-86 du 27 janvier 2017 relative à l'égalité et à la citoyenneté relatives aux attributions et à la gestion de la demande (NOR : LHAL1712312N).

> Plafond de ressources

• **CCH, art. L. 441-1, L. 442-8-4, L. 442-12, L. 445-3.**

• **CCH, art. R. 331-12, R. 441-1 à R. 441-1-2.**

• **Arr. 29 juill. 1987** relatif aux plafonds de ressources des bénéficiaires de la législation sur les habitations à loyer modéré et des nouvelles aides de l'État en secteur locatif, NOR : EQUC8700526A (mod. par arr. 22 déc. 2016).

• **Arr. 10 mars 2011** fixant la méthode de calcul du taux d'effort mentionné à l'art. R. 441-3-1, CCH, *JO* 18 mars, p. 4910.

• **Instruction du 27 avril 2017** relative à la prise en compte de la nouvelle procédure de divorce par consentement mutuel issue de la loi n° 2016-1547 du 18 novembre 2016 de modernisation de la justice du XXIe siècle en matière d'attribution de logement social (NOR : LHAL1712224J).

> Commission d'attribution des logements

• **CCH, art. L. 441-2.**

• **Décr. n° 92-726, 29 juill. 1992** portant application des articles 37, 38 et 41 de la loi d'orientation pour la ville, *JO* 30 juill., p. 10230.

• **Décr. n° 2010-398, 22 avr. 2010** relatif au droit au logement opposable, *JO* 24 avr., p. 7506.

• **Décr. n° 2011-176, 15 févr. 2011** relatif à la procédure d'attribution des logements sociaux et au droit au logement opposable, *JO* 16 févr., p. 2890.

• **Décr. n° 2017-834, 5 mai 2017** portant diverses dispositions modifiant le code de la construction et de l'habitation en matière de demande et d'attribution de logement social, *JO* 7 mai, n° 14.

• **Arr. 10 mars 2011** fixant la méthode de calcul du taux d'effort mentionné à l'art. R. 441-3-1 du CCH, *JO* 18 mars, p. 4910.

• **Circ. 27 mars 1993** relative aux commissions d'attribution des organismes de logement social (non publiée).

> Droit au logement opposable

• **L. n° 2007-290, 5 mars 2007** instituant le droit au logement opposable et portant diverses mesures en faveur de la cohésion sociale, *JO* 6 mars, p. 4190.

• **CCH, art. L. 441-1-4, L. 441-2-3, L. 442-2-3-1.**

• **CJA, art. R. 778-1 à R. 778-8, R. 811-1.**

• **Décr. n° 2007-1677, 28 nov. 2007,** relatif à l'attribution des logements locatifs sociaux, au droit au logement opposable et modifiant le code de la construction et de l'habitation, *JO* 29 nov., p. 19402.

• **Décr. n° 2008-908, 8 sept. 2008** relatif aux conditions de permanence de la résidence des bénéficiaires du droit à un logement décent et indépendant et modifiant le code de la construction et de l'habitation, *JO* 10 sept., p. 14067.

• **Décr. n° 2011-176, 15 févr. 2011** relatif à la procédure d'attribution des logements sociaux et au droit au logement opposable, *JO* 16 févr., p. 2890.

• **Décr. n° 2013-730, 13 août 2013** portant modification du code de justice administrative, *JO* 15 août, p. 13960.

• **Décr. n° 2016-1866, 23 déc. 2016** relatif au délai au-delà duquel un demandeur reconnu prioritaire au titre du droit au logement opposable peut faire un recours devant la juridiction administrative en l'absence de proposition adaptée dans les départements comportant au moins une agglomération, ou une partie d'une agglomération, de plus de 300 000 habitants, *JO* 27 déc., n° 96.

• **Décr. n° 2017-834, 5 mai 2017** portant diverses dispositions modifiant le code de la construction et de l'habitation en matière de demande et d'attribution de logement social, *JO* 7 mai, n° 14.

• **Instruction du 23 décembre 2016** relative aux droits de réservation de l'État et au suivi des contingents des autres réservataires (NOR : LHAL1702498J).

• **Arr. 18 avr. 2014,** pris pour l'application de l'article R. 441-14 du code de la construction et de l'habitation, *JO* 15 mai, p. 8075.

• **Circ. 20 janv. 2012** relative à la mobilisation des attributions des associés collecteurs de l'UESL et de l'AFL ou de ses filiales en faveur du DALO (NOR : DEVL1129117C).

72.03 Bibliographie indicative.

Actualisables. RÉP. CIV., v° « Habitat social (HLM) », H. des Lyons, n°s 155-163 – LAMY DR. IMMO, n°s 2841 s. – DICT. PERM. Gestion immob., « HLM-Location », n°s 1-345.

Articles. G. Teilliais, « L'attribution des logements HLM », *Ann. loyers* 1997. 104; Ph. Brouant, « Les pouvoirs du maire en matière d'attribution des logements sociaux », *AJDI* 1998. 335; Fr. Zitouni, « L'attribution des logements locatifs sociaux à la croisée des politiques sociales et territoriales », *RD sanit. soc.* 2006, n° 3, p. 432; Fiche juridique « Le régime des attributions de logements sociaux », *Actualités Habitat* n° 924, 15 mai 2011; C. Coutant-Lapallus, « Vers une amélioration de la procédure d'attribution des logements sociaux ? », *Loyers et copr.* 2011, p. 7; E. Debaussant-Joniec, « Gestion de la demande de logement social après la loi Alur et les décrets de mai 2015 », *Opérations immobilières* oct. 2015, p. 48.

Dossiers. Union Sociale pour l'Habitat, Analyse du volet Logement de la Loi Égalité et Citoyenneté, « Collection Repères », n° 29, mars 2017; *ibid.*, Réforme de la gestion de la demande : mettre en œuvre l'article 97 de la loi Alur, « Collection Repères », n° 6, juill. 2015; Ministère du Logement, de l'Égalité des territoires et de la Ruralité, Déploiement du « dossier unique », Guide à destination des services enregistreurs et instructeurs. Réforme de la demande de logement social, juill. 2015.

CHAPITRE

721. Politiques d'attribution, demandes de logement et réservations

SECTION 0 ORIENTEUR

721.00 Plan du chapitre.

721.01 Textes applicables.

TEXTES SOURCES

• **CCH, art. L. 441 à L. 441-2-9.**

• **CCH, art. R. 441-1 à R. 441-12.**

• **Arr. 24 juill. 2013** relatif au nouveau formulaire de demande de logement locatif social et aux pièces justificatives fournies pour l'instruction de la demande de logement locatif social, *JO* 3 août, p. 13262.

• **Arr. 19 mai 2017** relatif au cahier des charges des systèmes particuliers de traitement automatisé de la demande de logement social, *JO* 20 juin, texte n° 9.

TEXTES *IN EXTENSO*

• **CCH, art. L. 441**

L'attribution des logements locatifs sociaux participe à la mise en œuvre du droit au logement, afin de satisfaire les besoins des personnes de ressources modestes et des personnes défavorisées.

L'attribution des logements locatifs sociaux doit notamment prendre en compte la diversité de la demande constatée localement; elle doit favoriser l'égalité des chances des demandeurs et la mixité sociale des villes et des quartiers, en permettant l'accès à l'ensemble des secteurs d'un territoire de toutes les catégories de publics éligibles au parc social et en favorisant l'accès des ménages dont les revenus sont les plus faibles aux secteurs situés en dehors des quartiers prioritaires de la politique de la ville.

Les collectivités territoriales et les réservataires de logements locatifs sociaux concourent, en fonction de leurs compétences, à la réalisation des objectifs mentionnés aux alinéas précédents.

Les bailleurs sociaux attribuent les logements locatifs sociaux dans le cadre des dispositions de la présente section et peuvent pratiquer, le cas échéant, des loyers différents selon les secteurs ou au sein des immeubles, afin de remplir ces objectifs.

L'absence de lien avec la commune d'implantation du logement ne peut constituer à soi seul le motif de la non-attribution d'un logement adapté aux besoins et aux capacités du demandeur.

L'État veille au respect des règles d'attribution de logements sociaux.

• **CCH, art. L. 441-1 (al. 29 et 30)**

(...) Ce décret détermine également les limites et conditions dans lesquelles les organismes d'habitations à loyer modéré peuvent, en contrepartie d'un apport de terrain, d'un financement ou d'une garantie financière, contracter des obligations de réservation pour les logements mentionnés au premier alinéa, lors d'une mise en location initiale ou ultérieure. Lorsque ces conventions de réservation ne respectent pas les limites prévues au présent alinéa, elles sont nulles de plein droit. Au moins un quart des attributions annuelles de logements réservés par une collectivité territoriale ou un groupement de collectivités territoriales est destiné aux personnes bénéficiant d'une décision favorable mentionnée à l'article L. 441-2-3 ou, à défaut, aux personnes prioritaires en application du présent article. En cas de manquement à cette obligation, le représentant de l'État dans le département procède à l'attribution aux publics concernés d'un nombre de logements équivalent au nombre de logements restant à attribuer. Ces attributions s'imputent sur les logements réservés par la collectivité territoriale ou le groupement de collectivités territoriales concerné.

Il fixe les conditions dans lesquelles ces conventions de réservation sont conclues, en contrepartie d'un apport de terrain, d'un financement ou d'une garantie financière, accordés par une commune ou un établissement public de coopération intercommunale. Il prévoit que ces obligations de réservation sont prolongées de cinq ans lorsque l'emprunt contracté par le bailleur et garanti par la commune ou l'établissement public de coopération intercommunale est totalement remboursé. (...)

• **CCH, art. L. 441-2-1**

Les demandes d'attribution de logements sociaux sont présentées auprès des bailleurs de logements sociaux mentionnés à l'article L. 441-1, dans des conditions définies par décret en Conseil d'État. Elles peuvent l'être également, lorsqu'ils l'ont décidé, auprès de collectivités territoriales ou d'établissements publics de coopération intercommunale, de bénéficiaires des réservations de logements prévues au même article, de services de l'État, ainsi qu'auprès de tout service commun d'enregistrement placé sous la responsabilité de personnes morales énumérées au présent alinéa ou d'un service intégré d'accueil et d'orientation mentionné à l'article L. 345-2-4 du code de l'action sociale et des familles. Lorsque la demande émane de salariés d'une entreprise versant la participation à la société mentionnée à l'article L. 313-19 du présent code, elle peut être présentée auprès de cette société si elle est bénéficiaire de réservations de logements prévues à l'article L. 441-1.

La situation des personnes devant bénéficier d'un relogement dans le cadre d'une opération de renouvellement urbain fait l'objet d'un enregistrement d'office par le bailleur dont elles sont locataires dans le système national d'enregistrement sur la base des informations fournies par le ménage ou, à défaut, connues du bailleur.

Dès réception, chaque demande fait l'objet, dans les conditions fixées par la loi n° 78-17 du 6 janvier 1978 relative à l'informatique, aux fichiers et aux libertés, d'un enregistrement dans le système national d'enregistrement ou, dans des conditions fixées par décret en Conseil d'État, dans des systèmes particuliers de traitement automatisé agréés par le représentant de l'État dans le département ou, en Île-de-France, dans la région, couvrant tout le territoire du département ou, en Île-de-France, de la région. La demande peut aussi être enregistrée directement par le demandeur, par voie électronique, dans le système national d'enregistrement. Chaque demande est identifiée par un numéro unique délivré au niveau national.

Les informations fournies par le demandeur lors de sa demande ou à l'occasion des modifications éventuelles de celle-ci sont enregistrées dans le système national d'enregistrement dans les mêmes conditions. Il en est de même des informations permettant d'apprécier la situation du demandeur au regard des dispositions de la présente section.

Les personnes et services qui enregistrent la demande ou, selon le cas, le gestionnaire du système national d'enregistrement communiquent au demandeur une attestation de demande dans le délai maximal d'un mois à compter du dépôt de la demande. Le demandeur qui n'a pas reçu l'attestation au terme de ce délai saisit le représentant de l'État dans le département, qui fait procéder à l'enregistrement d'office de la demande par un bailleur susceptible de répondre à la demande ou, si la demande a été déjà enregistrée, enjoint au gestionnaire du système national d'enregistrement de transmettre sans délai à l'intéressé l'attestation de la demande.

L'attestation indique le numéro unique attribué au demandeur. Elle comporte la liste des bailleurs de logements sociaux et des organismes agréés mentionnés à l'article L. 365-2 disposant d'un patrimoine sur les communes demandées. Elle garantit les droits du demandeur en certifiant le dépôt de la demande et fait courir, dans les départements ou, pour l'Île-de-France, dans la région où sont situées les communes qui figurent dans sa demande de logement social, telle qu'enregistrée dans le système national d'enregistrement, les délais définis à l'article L. 441-1-4, à partir desquels le demandeur peut saisir la commission de médiation prévue à l'article L. 441-2-3, dont elle indique les modalités et les délais de saisine.

Les pièces justificatives servant à l'instruction de la demande sont déposées en un seul exemplaire. Elles sont enregistrées dans le système national d'enregistrement et rendues disponibles aux personnes ayant accès aux données nominatives de ce système. Avec l'accord du demandeur et parallèlement à l'instruction de la demande, les bailleurs mentionnés à l'article L. 411-2, ainsi que tout autre organisme mentionné au même article avec lequel ils ont conclu une convention à cet effet, dans les conditions fixées par la loi n° 78-17 du 6 janvier 1978 précitée, peuvent procéder à un examen de la situation du demandeur et, au regard des capacités de ce dernier, l'informer des possibilités d'accession à la propriété auxquelles il peut prétendre.

Lorsque le demandeur obtient un logement, le bailleur mentionné à l'article L. 441-1 qui a attribué le logement procède à l'enregistrement de l'attribution et à la radiation de la demande dès la signature du bail. Dans ce cas, la radiation intervient sans avis préalable au demandeur.

Lorsque le demandeur obtient un logement par l'intermédiaire d'un organisme mentionné à l'article L. 365-2, cet organisme en informe sans délai le gestionnaire du système national d'enregistrement, qui procède à l'enregistrement de l'attribution et à la radiation de la demande.

Aucune attribution de logement ne peut être décidée, ni aucune candidature examinée par une commission d'attribution si la demande n'a pas fait l'objet d'un enregistrement assorti de la délivrance d'un numéro unique.

La méconnaissance du présent article est passible des sanctions pécuniaires prévues à l'article L. 342-14.

L'État confie la gestion du système national d'enregistrement à un groupement d'intérêt public créé à cet effet, regroupant l'État, l'Union sociale pour l'habitat, la fédération des entreprises publiques locales et les représentants des réservataires de logements locatifs sociaux. Le financement du développement, de la gestion de ce système et des procédures applicables au dépôt et au renouvellement des demandes est assuré conjointement par la Caisse de garantie du logement locatif social et par l'État, selon une répartition arrêtée par l'autorité administrative.

Un comité d'orientation, placé auprès du ministre chargé du logement, est saisi pour avis de toute évolution du système national d'enregistrement ayant une incidence sur la relation aux demandeurs de logement social ou sur l'activité des organismes bailleurs ou aux réservataires de logements sociaux.

Il est composé de représentants de l'État, des établissements publics de coopération intercommunale dotés d'un programme local de l'habitat exécutoire, des organismes bailleurs de logements sociaux et des réservataires de logements sociaux, autres que l'État, et de représentants des associations de locataires siégeant à la Commission nationale de concertation ou dont l'un des objets est l'insertion ou le logement des personnes défavorisées ou la défense des personnes en situation d'exclusion par le logement.

Il est présidé conjointement par un représentant de l'État et un représentant des organismes bailleurs de logements sociaux.

721.03 **Bibliographie indicative.**

Actualisables. RÉP. CIV., v° « Habitat social (HLM) », H. des Lyons, n°s 155-163 – DICT. PERM. Gestion immob., « HLM-Location », n°s 1-345.

Articles. E. Debaussant-Joniec, « Gestion de la demande de logement social après la loi Alur et les décrets de mai 2015 », *Opérations immobilières* oct. 2015, p. 48.

Dossiers. Union Sociale pour l'Habitat, Analyse du volet Logement de la Loi Égalité et Citoyenneté, « Collection Repères », n° 29, mars 2017; *ibid.*, Réforme de la gestion de la demande : mettre en œuvre l'article 97 de la loi Alur, « Collection Repères », n° 6, juill. 2015; Ministère du Logement, de l'Égalité des territoires et de la Ruralité, Déploiement du « dossier unique », Guide à destination des services enregistreurs et instructeurs. Réforme de la demande de logement social, juill. 2015.

SECTION 1
POLITIQUES D'ATTRIBUTION

721.11 **Service d'intérêt général en HLM.** Les organismes HLM ont pour mission de construire, aménager, attribuer et gérer des logements locatifs sociaux au bénéfice des personnes de ressources modestes ou défavorisées, selon l'article L. 411 du code de la construction et de l'habitation. Les logements sont attribués par une commission instituée obligatoirement dans chaque organisme d'HLM depuis 1991. Plusieurs lois importantes se sont succédées sur la question des attributions entre 1998 et 2017 avec l'ambition d'améliorer les conditions d'attribution des logements, de mieux garantir les droits des candidats à un logement social, de rendre les attributions plus transparentes et, enfin, de mettre en œuvre la mixité sociale.

Par ailleurs, un droit au logement opposable a été créé, doté d'instruments pour garantir l'accès effectif à un logement.

§ 1
Lois sur l'attribution et le droit au logement (1998-2014)

A.
Évolutions

721.21 **Loi de 1998 : des apports multiples.** La loi du 29 juillet 1998 relative à la lutte contre les exclusions a, tout d'abord, modifié les mécanismes de gestion de la demande HLM et les règles d'attribution des logements avec un triple objectif[1] :

1°) inscrire l'attribution des logements locatifs sociaux dans la perspective du droit au logement, une première fois affirmé par l'article 1er de la loi du 6 juillet 1989.

2°) satisfaire les besoins de catégories comprenant dorénavant, outre les personnes à ressources modestes, les personnes défavorisées.

3°) favoriser l'égalité des chances et la mixité sociale des villes et des quartiers.

721.22 **Loi 2009 : simplification des démarches.** La loi du 25 mars 2009 de mobilisation pour le logement et de lutte contre l'exclusion[2] a engagé une réforme de la formulation et de l'enregistrement de la demande de logement social, afin de simplifier les démarches des demandeurs de logement. En outre, est mis en œuvre et applicable en mars 2011 un

1. CCH, art. L. 441 à L. 441-2-3.
2. L. n° 2009-323, 25 mars 2009, art. 117, *JO* 27 mars, p. 5408.

nouveau système d'enregistrement de la demande de logement qui se substitue au dispositif de délivrance du numéro unique de 1998.

721.23 **Loi Alur : amélioration de la procédure d'attribution.** La loi du 24 mars 2014, dite loi Alur [1], a poursuivi la réforme de la procédure d'attribution pour une meilleure transparence ainsi qu'une efficacité et une équité accrues pour le demandeur de logement social.

721.24 **Loi 2007 : droit au logement opposable.** La loi du 5 mars 2007, instituant le droit au logement opposable et portant diverses mesures en faveur de la cohésion sociale [2], apporte aux personnes qui ont le plus de difficulté à se loger les éléments indispensables à la reconnaissance et à l'opposabilité d'un droit inscrit dans les textes législatifs français depuis 1982. Elle présente une continuité certaine avec le texte de la loi de 1998 de lutte contre les exclusions et c'est pourquoi elle est, pour l'essentiel, présentée dans ce chapitre, même si les logements sociaux HLM ne représentent qu'une des réponses possibles aux objectifs qu'elle poursuit.

721.25 **Prise en compte et traitement des catégories de personnes en difficultés de logement.** La période qui suit la loi de 1998 jusqu'à la loi Alur de 2014 a retenu plusieurs principes pour apporter une réponse à la situation des personnes en difficulté de logement, soit en raison de l'urgence qui justifie un traitement particulier de leur dossier, soit parce qu'elles sont en situation d'exclusion par rapport au logement en raison d'un cumul de handicaps.

721.26 **Définition de prioritaires.** La définition de prioritaires pour l'accès au logement social est mise en avant (v. s[s] n° 722.22). Les droits à réservation du préfet sont destinés aux personnes prioritaires, notamment mal logées ou défavorisées [3].

721.27 **Objectif chiffré d'attribution défini conventionnellement.** Avant la loi relative à l'égalité et à la citoyenneté de 2017, la politique d'attribution aux personnes en situation économique difficile dans les territoires reposait notamment sur :

- des accords collectifs départementaux passés entre le préfet du département et les organismes HLM disposant de patrimoine sur le département [4] pour définir des objectifs quantifiés d'attribution au profit « des personnes connaissant des difficultés économiques et sociales »;

- la possibilité d'accords collectifs intercommunaux passés par un EPCI, compétent en matière d'habitat et disposant d'un PLH adopté, avec les bailleurs sociaux et reposant sur les mêmes objectifs [5]. Dans ce cas, une commission de coordination, présidée par le président de l'EPCI, a pour mission d'examiner les dossiers des demandeurs de logement social concernés par l'accord collectif intercommunal et d'émettre un avis sur l'opportunité d'attribuer un logement dans le parc social du ressort concerné [6]. Cet accord se substitue, après agrément du préfet, à l'accord départemental signé entre l'État et les organismes d'HLM.

- la possibilité offerte à un EPCI disposant d'un PLH approuvé de créer une conférence intercommunale du logement pour définir des orientations pour l'attribution sur son territoire.

En outre, dans chaque département, le plan départemental d'action pour le logement et l'hébergement des personnes défavorisées (PDALHPD) détermine les principes propres à améliorer la coordination des attributions prioritaires de logements sociaux, en articulation avec l'accord départemental signé avec les bailleurs [7]. Enfin, la loi du 25 mars 2009 [8] s'efforce de rendre plus cohérents ces accords en précisant que les représentants des organismes titulaires de droits de réservation sur des logements inclus dans ce patrimoine peuvent être signataires de l'accord collectif départemental ou de l'accord signé avec l'EPCI.

721.28 **Droit de recours.** Un droit de recours a été institué dès la loi du 29 juillet 1998. Il a été renforcé par les lois du 13 juillet 2006 et du 25 mars 2009. Une commission de médiation, créée dans chaque département auprès du préfet, reçoit toute réclamation des demandeurs de logement qui n'ont pas reçu de réponse dans le délai d'attente considéré comme normal, compte tenu des circonstances locales, fixé par le préfet. Elle reçoit également toute réclamation, sans conditions de délai, lorsqu'elle provient d'une personne en difficulté particulière (sous menace d'expulsion, hébergée temporaire ou vivant dans un taudis).

La commission est composée, à parts égales, de représentants de [9] :

- l'État;

- du département des établissements publics de coopération intercommunale tenus de se doter d'un

1. L. n° 2014-366, 24 mars 2014, *JO* 26 mars, p. 5809.
2. L. n° 2007-290, 5 mars 2007, *JO* 6 mars, p. 4190.
3. CCH, art. L. 441-1.
4. CCH, art. L. 441-1-2.
5. CCH, art. L. 441-1-1.
6. CCH, art. L. 441-1-1.
7. Rép. min. n° 14192, *JOAN Q* 9 sept. 2008, p. 7837.
8. L. n° 2009-323, 25 mars 2009 de mobilisation pour le logement et la lutte contre l'exclusion, *JO* 27 mars, p. 5408.
9. CCH, art. L. 441-2-3 et R. 441-13; sur la composition de la commission de médiation, v. s[s] n°s 725.41 s.

PLH ou ayant la compétence habitat et au moins un QPV, de la commune de Paris, des établissements publics territoriaux de la métropole du Grand Paris et des communes;

- des organismes bailleurs et de ceux chargés de structures de logement temporaire;

- d'associations de locataires et d'insertion;

- pour renforcer la représentation du requérant, la loi nº 2017-86 du 27 janvier 2017 relative à l'égalité et à la citoyenneté a ajouté à ces membres des représentants des associations de défense des personnes en situation d'exclusion ouvrant dans le département et des représentants désignés par le conseil national ou régional des personnes accueilli ou accompagnées.

La commission est présidée par une personnalité qualifiée désignée par le préfet.

721.29 Mise en œuvre du DALO (droit au logement opposable). Le préfet, saisi d'une demande d'une personne considérée comme prioritaire par la commission de médiation, peut désigner le demandeur à un organisme HLM disposant de logements correspondants à sa demande et fixer un délai pour qu'il soit logé. Cette attribution est alors imputée sur le contingent de réservation du préfet [1].

B.
Bilan

721.31 Bilan des lois intervenues de 1998 à 2014. Les politiques d'attribution sont orientées de plus en plus vers la prise en compte des demandeurs prioritaires et les personnes reconnues au titre du droit au logement opposable, tout en conservant l'ouverture vers les différentes catégories de demandeurs à faibles ressources. En parallèle, le mouvement vers la reconnaissance des intercommunalités se développe depuis la loi Alur du 24 mars 2014. Ce mouvement se concrétise très fortement avec la loi du 24 janvier 2017 relative à l'égalité et à la citoyenneté [2].

§ 2
Affirmation des territoires dans les politiques d'attribution

721.41 Loi égalité et citoyenneté de 2017 : accueil des ménages à bas revenus et mixité sociale. La loi relative à l'égalité et à la citoyenneté du 27 janvier 2017 poursuit un objectif d'accueil des ménages à bas revenus en dehors des quartiers prioritaires de la politique de la ville (QPV), afin de diversifier leur composition sociale. Elle affirme que la politique d'attribution doit être réfléchie et orientée à l'échelle intercommunale.

Elle s'inscrit dans le prolongement des grandes lois présentées ci-dessus, qui ont eu pour projet de développer, dans l'habitat détenu par les organismes HLM, la mixité sociale et la lutte contre la ségrégation sociale et spatiale.

Elle généralise les outils de ces politiques, telles que la conférence intercommunale d'attribution, la convention du même nom et la commission de coordination qui émettra des avis sur les attributions de logement.

Elle simplifie par ailleurs les démarches d'accès au logement social Hm en mettant en place un numéro unique de demande au niveau national. Elle consacre les systèmes particuliers de traitement automatisé de la demande qui sont interconnectés avec le système national d'enregistrement.

721.42 Droit au logement et mixité sociale. L'article L. 441 du code de la construction affirme que l'attribution des logements sociaux participe à la mise en œuvre du droit au logement en permettant le logement des personnes de ressources modestes et défavorisées.

L'attribution doit, en outre, « favoriser l'égalité des chances des demandeurs et la mixité sociale des villes et des quartiers ».

La loi relative à l'égalité et à la citoyenneté du 27 janvier 2017 a complété le texte de cet article en affirmant la nécessité d'un accès des ménages dont les revenus sont les plus faibles à tous les secteurs du territoire. Les organismes HLM pourront, pour ce faire, adapter leur politique des loyers à ces objectifs d'attribution [3] et les réservataires [4] de logements sociaux participeront à cet objectif.

721.43 Objectif d'accueil de ménages à bas revenus. La loi relative à l'égalité et à la citoyenneté affiche un objectif d'accueil en dehors des quartiers prioritaires de la politique de la ville (QPV [5]), correspondant à 25 % des attributions, pour les ménages aux plus faibles revenus [6]. Sont concernées les personnes aux ressources relevant du quartile le plus bas parmi les demandeurs de logement sur le terri-

1. CCH, art. L. 441-2-3; sur le rôle de la commission de médiation, v. s^s n°s 725.11 s.
2. L. nº 2017-86, 27 janv. 2017 relative à l'égalité et à la citoyenneté, *JO* 28 janv., nº 1.
3. V. chap. 733.
4. V. s^s nº 721.92.
5. Il s'agit de territoires identifiés selon un critère unique, celui du revenu par habitant. Les périmètres des quartiers prioritaires de la politique de la ville sont fixés par le décret nº 2014-1750 du 30 décembre 2014 pour la métropole et par le décret nº 2014-1751 du 30 décembre 2014 pour les départements et collectivités d'outre-mer, rectifiés par le décret nº 2015-1138 du 14 septembre 2015.
6. CCH, art. L. 441-1.

toire. Un arrêté du préfet arrête annuellement le montant supérieur de ce quartile.

La mesure s'applique obligatoirement sur le territoire des établissements publics de coopération intercommunale (EPCI) tenus de se doter d'un programme local de l'habitat (PLH) ou ayant la compétence habitat et au moins un QPV, de la commune de Paris et des établissements publics territoriaux (EPT) de la métropole du Grand Paris [1].

En outre, la loi relative à l'égalité et à la citoyenneté assigne l'obligation aux organismes HLM d'accueillir dans les QPV un nombre de demandeurs autres que ceux identifiés ci-dessus, afin de renforcer la mixité sociale dans ces quartiers. L'objectif chiffré donnera lieu à une approbation par la conférence intercommunale du logement. À défaut le chiffre sera de 50 % [2].

§ 3 Moyens de la politique d'attribution dans les territoires

721.51 Conférence intercommunale d'attribution. La loi relative à l'égalité et à la citoyenneté du 27 janvier 2017 a pour partie redéfini les outils de la politique d'attribution en privilégiant le niveau intercommunal.

Avec la loi relative à l'égalité et à la citoyenneté, une conférence intercommunale d'attribution est obligatoirement mise en place dans les territoires des établissements publics de coopération intercommunale (EPCI) tenus de se doter d'un programme local de l'habitat (PLH) [3] ou ayant la compétence habitat et au moins un QPV, de la commune de Paris et des établissements publics territoriaux (EPT) de la métropole du Grand Paris. C'est elle qui adopte les orientations sur les attributions de logement sur ce territoire en précisant [4] :

- les objectifs de mixité sociale et d'équilibre entre les secteurs du territoire, ainsi que le pourcentage d'attribution en quartier prioritaire de la politique de la ville (QPV), v. s^s^ n° 721.41;

- le taux minimal des attributions annuelles pour l'attribution de logements en dehors des QPV pour les ménages du 1er quartile;

- les objectifs de relogement des personnes prioritaires au titre du Dalo et des catégories de prioritaires définies à l'article L. 441-1 du code de la construction et de l'habitation.

La conférence est composée des maires des communes membres de l'établissement, du représentant de l'État dans le département, des représentants des bailleurs sociaux présents sur le territoire concerné, des représentants du département, des représentants de tout organisme titulaire de droits de réservation, des représentants locaux des associations de locataires siégeant à la Commission nationale de concertation, des représentants des organismes agréés (en application de l'article L. 365-2 du CCH), des représentants des associations dont l'un des objets est l'insertion ou le logement des personnes défavorisées, des représentants locaux des associations de défense des personnes en situation d'exclusion par le logement (associations mentionnées à l'article 31 de la loi n° 98-657 du 29 juillet 1998 d'orientation relative à la lutte contre les exclusions et des représentants des personnes défavorisées) [5].

Elle est coprésidée par le représentant de l'État dans le département et par le président de l'établissement public de coopération intercommunale, le maire de la commune de Paris ou le président du conseil de territoire de l'établissement public territorial de la métropole du Grand Paris.

721.52 Convention intercommunale d'attribution. Ces orientations seront déclinées ensuite dans une convention intercommunale d'attribution. Elle définit [6], le cas échéant en cohérence avec les objectifs du contrat de ville à laquelle elle est alors annexée et en tenant compte, par secteur géographique, des capacités d'accueil et des conditions d'occupation des immeubles :

« 1° Pour chaque bailleur social ayant des logements sur le territoire concerné, un engagement annuel quantifié et territorialisé d'attribution de logements à réaliser en application des vingtième à vingt-deuxième alinéas de l'article L. 441-1 [7];

1. V. note technique du 25 avril 2017 relative aux conditions d'application dans l'espace et dans le temps des principales dispositions de la loi n° 2017-86 du 27 janvier 2017 relative à l'égalité et à la citoyenneté relatives aux attributions et à la gestion de la demande (NOR : LHAL1712312N).
2. CCH, art. L. 441-1-5.
3. CCH, art. L. 302-1, dernier alinéa : « Un programme local de l'habitat est élaboré dans les communautés de communes compétentes en matière d'habitat de plus de 30 000 habitants comprenant au moins une commune de plus de 10 000 habitants, dans les communautés d'agglomération, dans les métropoles et dans les communautés urbaines ».
4. CCH, art. L. 441-1-5.
5. CCH, art. L. 441-1-5.
6. CCH, art. L. 441-1-6.
7. CCH, art. L. 441-1, n° 20 à 22 : « (...) Sur le territoire des établissements publics de coopération intercommunale tenus de se doter d'un programme local de l'habitat en application du dernier alinéa du IV de l'article L. 302-1 ou ayant la compétence en matière d'habitat et au moins un quartier prioritaire de la politique de la ville, de la commune de Paris et des établissements publics territoriaux de la métropole du Grand Paris, au moins 25 % des attributions annuelles, suivies de baux signés, de logements situés en dehors des quartiers prioritaires de la politique de la ville, sont consacrées : ►

« 2° Pour chaque bailleur social, un engagement annuel quantifié et territorialisé d'attribution de logements aux personnes bénéficiant d'une décision favorable mentionnée à l'article L. 441-2-3 [1] et à des personnes répondant aux critères de priorité mentionnés à l'article L. 441-1, ainsi que les modalités de relogement et d'accompagnement social nécessaires à la mise en œuvre de cet engagement;

« 3° Pour chaque bailleur social, un engagement portant sur les actions à mettre en œuvre dans son domaine de compétences pour atteindre les objectifs d'équilibre territorial mentionnés au 1° de l'article L. 441-1-5 [2];

« 4° Pour chacun des autres signataires de la convention, des engagements relatifs à sa contribution à la mise en œuvre des actions permettant de respecter les engagements définis aux 1° à 3° du présent article et, le cas échéant, les moyens d'accompagnement adaptés;

« 5° Les modalités de relogement et d'accompagnement social des personnes relogées dans le cadre des opérations de renouvellement urbain;

« 6° Les conditions dans lesquelles les réservataires de logements sociaux et les bailleurs sociaux procèdent à la désignation des candidats dont les demandes sont présentées aux commissions mentionnées à l'article L. 441-2 [3] et les modalités de la coopération entre les bailleurs sociaux et les titulaires de droits de réservation. »

La convention est soumise pour avis à la conférence intercommunale d'attribution et au comité responsable du plan départemental d'action pour le logement et l'hébergement des personnes défavorisées (PDALHPD). L'avis est réputé favorable dans les deux mois de sa transmission s'il n'est pas rendu.

Si elle est agréée par le préfet la convention se substitue à l'accord collectif intercommunal et à la convention d'équilibre territorial et, sur le territoire où il s'applique, à l'accord collectif départemental (v. s[s] n° 721.51).

Une commission de coordination est créée par la convention intercommunale qui « peut avoir pour mission d'examiner les dossiers de demandeurs de logement social concernés par la convention. Sans se substituer aux décisions des commissions d'attribution prévues à l'article L. 441-2, la commission de coordination émet des avis quant à l'opportunité d'attribuer un logement dans le parc social situé sur le territoire concerné. La commission se dote d'un règlement intérieur. »

Le tableau ci-après décrit les interactions entre les différentes instances et les outils de la politique d'attribution sur les territoires :

► – à des demandeurs dont le niveau de ressources par unité de consommation est inférieur à un montant constaté annuellement par arrêté du représentant de l'État dans le département. Ce montant correspond au niveau de ressources le plus élevé du quartile des demandeurs aux ressources les plus faibles parmi les demandeurs d'un logement social situé sur le territoire de l'établissement public de coopération intercommunale ou, en Île-de-France, sur le territoire de la région, enregistrés dans le système national d'enregistrement;
– ou à des personnes relogées dans le cadre d'une opération de renouvellement urbain. »

1. Il s'agit des bénéficiaires du Dalo (v. chap. 725).
2. CCH, art. L. 441-1-5 : « 1° Les objectifs de mixité sociale et d'équilibre entre les secteurs à l'échelle du territoire concerné à prendre en compte pour les attributions de logements sociaux, dont les mutations, en tenant compte de la situation des quartiers prioritaires de la politique de la ville et dans le respect des articles L. 300-1, L. 441-1 et L. 441-2-3. Dans les quartiers prioritaires de la politique de la ville, un objectif quantifié d'attribution à des demandeurs autres que ceux mentionnés au vingt et unième alinéa de l'article L. 441-1 est défini. À défaut d'une telle disposition dans les orientations approuvées, cet objectif est de 50 %; »
3. Il s'agit des commissions d'attribution des logements HLM (V. chap. 724).

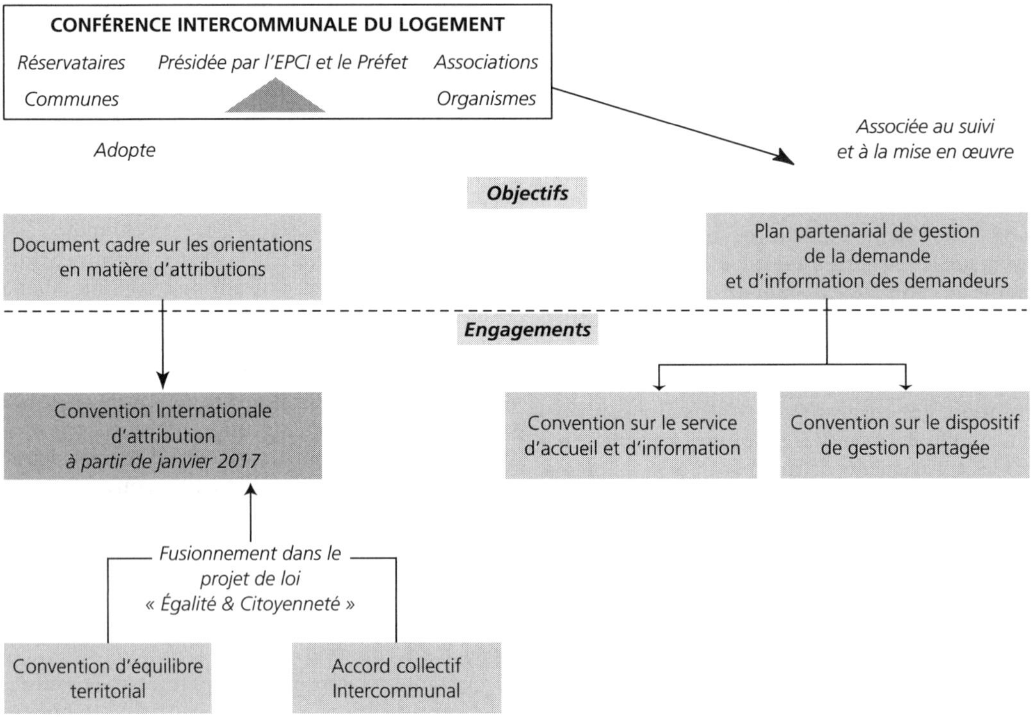

Source : Direction de l'habitat, de l'urbanisme et des paysages. Ministère du logement et de l'habitat durable.

SECTION 2
PRINCIPES APPLICABLES AUX DEMANDES

§ 1
Enregistrement de la demande

721.61 Demandes d'attribution. Les demandes d'attribution de logements sociaux sont faites, soit directement par le demandeur par voie électronique, soit auprès de services d'enregistrement de la demande.

721.62 Services d'enregistrement de la demande. Il s'agit :

- des bailleurs de logements sociaux;

- du service de l'État désigné à cette fin par le préfet;

- du département, des communes, des établissements publics de coopération intercommunale (EPCI) et des établissements publics territoriaux (EPT) de la métropole du Grand Paris lorsqu'ils ont pris une délibération à cet effet.

Peuvent également l'être des réservataires de logements, les employeurs pour les demandes de leurs salariés, la société Action Logement Services pour les demandes des salariés des entreprises cotisant auprès d'elle, les organismes à caractère désintéressé, enfin le SIAO local (service intégré d'accueil et d'orientation) [1].

Les personnes morales ou services ci-dessus qui enregistrent les demandes de logement social peuvent confier, par convention, la mission d'enregistrer les demandes pour leur compte, à l'un ou l'autre d'entre eux, à un mandataire commun sur lequel ils ont autorité, ou au gestionnaire du système particulier de traitement automatisé. Dans ce cas, ces personnes morales ou services ne sont pas considérés comme services enregistreurs; elle ou il ne pourra donc plus avoir accès aux données nominatives figurant dans le système national d'enregistrement (SNE).

Le système particulier de traitement automatisé, lorsqu'il est choisi, est commun à tous les bailleurs sociaux et à toutes les autres personnes ou services assurant dans ce territoire le service d'enregistrement. Il doit être conforme à un cahier des charges arrêté par le ministre chargé du logement [2]. Ce système particulier fait l'objet d'une convention qui précise notamment son organisation locale.

1. CCH, art. L. 441-2-1 et R. 441-2-1.
2. Arr. 19 mai 2017 relatif au cahier des charges des systèmes particuliers de traitement automatisé de la demande de logement social, *JO* 20 juin, nº 9.

721.63 Garanties apportées au demandeur. Des garanties ont été apportées au profit du demandeur en 1998 [1], renforcées dans les lois de 2006 [2], de 2009 [3], de 2014 [4] et de 2017 [5].

721.64 Délivrance d'un numéro unique d'enregistrement. La demande de logement social s'effectue, soit auprès de l'un des guichets enregistreurs relevant des personnes morales ou services citées ci-dessus (v. s^s n° 721.62), du mandataire commun ou du système de traitement automatisé, aux fins qu'il l'enregistre dans le système national d'enregistrement (SNE), soit par voie électronique directement dans le SNE ou dans le système de traitement automatisé.

Les demandes font l'objet d'un enregistrement, assorti d'un numéro unique d'enregistrement.

Avec la loi relative à l'égalité et à la citoyenneté du 27 janvier 2017, l'enregistrement devient national [6]. Les demandeurs qui étaient amenés à faire des demandes dans plusieurs départements (dans le cas d'un bassin d'emploi disséminé sur ces départements par exemple) pourront bénéficier d'un numéro unique délivré au niveau national. L'ancienneté des demandes sera déterminée à dater de l'enregistrement national.

Au stade de l'enregistrement de la demande, le justificatif d'identité est le seul document requis (sauf pour les personnes de nationalité étrangère) [7]. Aucune autre pièce ne peut être exigée du demandeur pour refuser ou différer l'enregistrement de sa demande. En particulier, aucune demande ne peut être rejetée pour un défaut de résidence sur la commune d'implantation du logement sollicité.

De même, aucune attribution de logement ne peut être décidée, ni aucune candidature examinée par une commission d'attribution, si la demande n'a pas fait l'objet d'un enregistrement et de la délivrance d'un numéro unique [8].

721.65 Formulaire national et dossier unique. L'enregistrement s'effectue à partir d'un formulaire national (Cerfa n° 14069 et notice n° 51423). Les informations contenues dans le formulaire permettent à la fois la délivrance du numéro unique, puis l'instruction ultérieure de la demande. La simplification obtenue en 2014 est de permettre également l'enregistrement des pièces justificatives de la situation du demandeur dans le système (c'est le dossier unique). Les personnes ayant accès au système du SNE peuvent accéder également à ces pièces justificatives pour traiter la demande de logement (les personnes, services ou organismes ayant accès au SNE sont listés à l'article R. 441-2-6 du CCH; il s'agit des services habilités à enregistrer les demandes de logement social, v. s^s n° 721.62).

721.66 Attestation transmise au demandeur. Une attestation d'enregistrement est transmise au demandeur au plus tard dans le délai d'un mois à compter du dépôt de la demande. Elle comporte, notamment, le numéro unique ainsi que la liste des bailleurs de logements sociaux disposant d'un patrimoine sur les communes demandées [9]. Un résumé de la demande et la description des étapes à venir du traitement de la demande doivent être joints en annexe à l'attestation. Une annexe à l'attestation indique la liste des pièces exigibles pour l'instruction du dossier (cette liste est limitative).

721.67 Commission de médiation – Saisine. La date de dépôt de la demande fait courir les délais, définis localement par arrêté du préfet [10], au-delà desquels les personnes qui ont déposé une demande de logement peuvent saisir la commission de médiation prévue à l'article L. 441-2-3 du code de la construction et de l'habitation, dans le cadre du droit au logement opposable (DALO). L'attestation d'enregistrement de la demande, adressée au candidat (v. s^s n° 721.66) comporte cette date et les modalités de saisine de cette commission.

721.68 Dispositif de gestion partagée de la demande. La création d'un tel dispositif a été inscrite dans la loi Alur du 24 mars 2014, complétée par la loi relative à l'égalité et à la citoyenneté du 27 janvier 2017.

Il est destiné à mettre en commun, en vue d'une gestion partagée des dossiers, les demandes de logement social et les pièces justificatives nécessaires à leur instruction et les informations relatives à la situation des demandeurs et à l'évolution de leurs dossiers en cours de traitement. Le dispositif doit, en outre, permettre d'améliorer la connaissance des demandes sur le territoire en cause. Il est interconnecté avec le système national d'enregistrement ou avec tout dispositif assurant pour le compte de ce dernier l'enregistrement des demandes au niveau départemental et, en Île-de-France, au niveau régional. Une convention précise notamment les condi-

1. L. n° 98-657, 29 juill. 1998 d'orientation relative à la lutte contre les exclusions, *JO* 31 juill., p. 11679.
2. L. n° 2006-872, 13 juill. 2006 portant engagement national pour le logement, *JO* 16 juill., p. 10662.
3. L. n° 2009-323, 25 mars 2009 de mobilisation pour le logement et la lutte contre l'exclusion, *JO* 27 mars, p. 5408.
4. L. n° 2014-366, 24 mars 2014 pour l'accès au logement et un urbanisme rénové, *JO* 26 mars, p. 5809.
5. L. n° 2017-86, 27 janv. 2017 relative à l'égalité et à la citoyenneté, *JO* 28 janv., n° 1.
6. CCH, art. L. 441-2-1 et R. 441-2-2.
7. CCH, art. R. 441-2-3.
8. CCH, art. L. 441-2-1.
9. CCH, art. L. 441-2-1 et R. 441-2-4.
10. CCH, art. L. 441-1-4.

tions de participation au financement du dispositif des personnes morales concernées par ce dispositif.

Tout établissement public de coopération intercommunale (EPCI) tenu de se doter d'un programme local de l'habitat (PLH) ou ayant la compétence habitat et au moins un quartier prioritaire de la politique de la ville (QPV), les bailleurs de logements sociaux situés dans son ressort territorial, les réservataires de logements sociaux dans ce ressort et les organismes et services chargés de l'information des demandeurs de logement social ou de l'enregistrement des demandes de logement social mettent en place ce dispositif de gestion partagée des demandes [1].

Il respecte les dispositions de la loi relative à l'informatique, aux fichiers et aux libertés du 6 janvier 1978 pour la gestion des données personnelles des demandeurs qu'il contient.

Les informations contenues dans ce dispositif de gestion partagée sont précisées à l'article R. 441-2-15 du code de la construction et de l'habitation.

Tout demandeur a droit à une information sur les données le concernant, telles qu'elles figurent dans ce dispositif de gestion partagée (v. s[s]. n° 721.81). Ainsi, le demandeur peut suivre les différentes étapes et le résultat de sa demande de logement.

§ 2
Renouvellement et radiation de la demande

721.71 **Conditions de renouvellement.** L'attestation transmise au demandeur est valable un an. Le demandeur est prévenu un mois au moins avant sa date d'expiration qu'il doit renouveler sa demande s'il le souhaite. Cette information est faite selon les modalités suivantes [2] :

- si le demandeur n'a pas enregistré ou renouvelé au moins une fois sa demande directement dans le système national d'enregistrement (SNE), cette notification se fait par voie postale, et, le cas échéant, par voie électronique lorsque le demandeur a renseigné une adresse électronique;

- si le demandeur a enregistré ou renouvelé au moins une fois sa demande directement dans le SNE, cette notification se fait par voie électronique.

À compter du 30 juin 2018, si le demandeur a enregistré ou renouvelé au moins une fois sa demande directement dans le SNE et a indiqué son souhait de recevoir cette notification par voie postale, cette notification se fera par voie électronique et par voie postale.

Le renouvellement s'effectue avec le même formulaire que lors de la demande initiale, soit auprès d'un service d'enregistrement qui lui remet une attestation de renouvellement de sa demande ou du système particulier de traitement automatisé, soit par voie électronique dans le SNE ou dans le système particulier de traitement automatisé. Le demandeur procède aux modifications nécessaires (mises à jour, corrections) des informations contenues dans sa demande. Il reçoit une attestation d'enregistrement du renouvellement de sa demande.

L'absence de renouvellement dans les délais entraîne la radiation de la demande.

721.72 **Conditions de radiation.** Une demande ne peut faire l'objet d'une radiation du système national d'enregistrement (SNE) que pour l'un des motifs listés par l'article R. 441-2-8 du CCH : l'attribution d'un logement social lorsqu'elle est suivie de la signature d'un bail; la renonciation écrite par le demandeur; l'absence de réponse du demandeur à un courrier envoyé à la dernière adresse qu'il a indiquée; l'irrecevabilité de la demande au regard des règles d'accès au logement social et, enfin, l'absence de renouvellement de la demande dans le délai imparti par la lettre de notification concernant ce renouvellement. Pour la période de mise en place du numéro unique national (v. s[s]. n° 721.64), il est possible de fusionner plusieurs demandes disposant d'un numéro départemental (ou en Île-de-France régional).

§ 3
Droit à l'information du demandeur

721.81 **Renforcement du droit à l'information du demandeur avec la loi Alur.** « Toute personne qui envisage de présenter une demande de logement social a droit à une information sur les modalités de dépôt de la demande et les pièces justificatives qui peuvent être exigées, ainsi que sur les caractéristiques du parc social et le niveau de satisfaction des demandes exprimées sur le territoire qui l'intéresse.

Tout demandeur de logement social a droit à une information sur les données le concernant qui figurent dans le système national d'enregistrement et dans le dispositif de gestion de la demande qui met en commun les demandes, ainsi que sur les principales étapes du traitement de sa demande.

Il a droit également à une information sur les caractéristiques du parc social et le niveau de satisfaction des demandes exprimées sur le territoire mentionné dans sa demande et sur tout autre territoire susceptible de répondre à ses besoins [3] ».

721.82 **Informations fournies en amont de la demande.** Les informations qui doivent être fournies, soit en amont de la demande, soit sur la

1. CCH, art. L. 441-2-7.
2. CCH, art. R. 441-2-7.
3. CCH, art. L. 441-2-6.

demande elle-même (avec intégration des données déclarées, modifiées ou rectifiées par le demandeur ou un intervenant habilité dans le SNE) sont précisées par les articles R. 441-2-4 à R. 441-2-9 du code de la construction et de l'habitation.

Les pièces justificatives peuvent être déposées :

- soit auprès de l'un des guichets enregistreurs, (v. s[s] n° 721.62) ou du mandataire commun pour qu'elles soient enregistrées dans le système national d'enregistrement (SNE) ou dans un système de traitement automatisé;

- soit par voie électronique directement dans le SNE ou dans le système de traitement automatisé.

721.83 Élaboration du plan partenarial de gestion de la demande et d'information sur certains territoires. Un plan partenarial de gestion de la demande de logement social et d'information des demandeurs doit être élaboré par les établissements publics de coopération intercommunale (EPCI) tenus de se doter d'un PLH ou ayant la compétence habitat et au moins un QPV, la commune de Paris et les établissements publics territoriaux de la métropole du Grand Paris, en y associant les communes membres et un représentant des organismes HLM et des SEM de construction et de gestion de logements sociaux ainsi qu'un représentant de la société Action Logement Services[1].

Il peut, également, être élaboré par les autres EPCI selon les mêmes modalités. Pour les territoires non couverts par un plan partenarial, le représentant de l'État dans le département ou, en Île-de-France, le représentant de l'État dans la région peut élaborer un tel plan.

721.84 Contenu du plan. Ce plan, d'une durée de 6 ans, a pour objet de définir les orientations propres à assurer la gestion partagée des demandes de logement et à satisfaire le droit à l'information du demandeur. Il fixe, notamment, le délai dans lequel le demandeur peut être reçu, s'il le souhaite, après l'enregistrement de sa demande (de 1 mois maximum à 2 mois dans les zones tendues)[2]. Il crée par ailleurs un service d'information et d'accueil des demandeurs avec au moins un lieu d'accueil. La loi du 27 janvier 2017 relative à l'égalité et à la citoyenneté précise que le plan doit prévoir la mise en place d'un système de qualification de l'offre de logements sociaux du territoire en fonction d'indicateurs fixés par le plan, ainsi que les moyens à mobiliser pour atteindre les objectifs fixés.

Le contenu, les modalités d'élaboration, d'évaluation et de révision du plan partenarial de gestion de la demande de logement social et d'information des demandeurs sont précisés à l'article R. 441-2-10 du code de la construction et de l'habitation.

Le plan peut enfin prévoir des expérimentations comme un système de cotation de la demande ou un système de location voulue.

721.85 Cotation de la demande. Location voulue. L'établissement public de coopération intercommunale (EPCI) à l'origine du plan partenarial peut initier un système de cotation de la demande lié à un système de qualification de l'offre de logements. Dans ce cas, son principe et ses modalités doivent être expressément mentionnés dans le plan lié au dispositif de gestion de la demande[3]. Le demandeur est informé des critères de cotation, de leurs modalités de pondération et de la cotation de sa demande. Le plan précise également les conséquences d'un refus de logement par le demandeur sur la cotation de sa demande.

Par ailleurs, l'EPCI à l'origine du plan partenarial peut initier un système de location voulue[4]; son principe, son champ d'application, les modalités de prise en compte des choix des demandeurs via le dispositif, les modalités de sa mise en œuvre et de son évaluation doivent alors également être mentionnés dans le plan. Il consiste à porter à la connaissance du public tout ou partie des logements disponibles sur le territoire visé, leur description et leurs moyens d'accès. Si l'EPCI décide de sa création, il s'impose à tous les organismes d'habitat social et aux réservataires de logements dans son périmètre.

721.86 Publication des logements vacants. Les organismes d'habitations à loyer modéré et les sociétés d'économie mixte (SEM) de construction et de gestion de logements sociaux sont tenus de porter à la connaissance du public, avec leur description et leurs conditions d'accès, les logements sociaux vacants au plus tard le 1er janvier 2020[5].

SECTION 3
MÉCANISME DES RÉSERVATIONS

§ 1
Principes

721.91 Principe légal. Le droit à réservation des logements HLM est reconnu par la loi : les organismes d'HLM peuvent « en contrepartie d'un apport de terrain, d'un financement ou d'une garantie financière, contracter des obligations de réservation, lors d'une mise en location initiale ou ultérieure »[6].

1. CCH, art. L. 442-2-8.
2. CCH, art. L. 441-2-8.
3. CCH, art. L. 441-2-8 et R. 441-2-10.
4. CCH, art. L. 441-2-8 et R. 441-2-10.
5. CCH, art. L. 441-2-8.
6. CCH, art. L. 441-1.

721.92 Réservataires. Les réservataires peuvent être l'État, les collectivités territoriales, leurs établissements publics, les établissements publics de coopération intercommunale (EPCI), les employeurs, la société Action Logement Services et les organismes à caractère désintéressé[1].

721.93 Réservations. Les réservations peuvent porter, soit sur des logements identifiés par programme, soit sur un flux annuel de logements portant sur un ou plusieurs programmes ou l'ensemble du patrimoine de logements locatifs du bailleur, soit enfin par combinaison de ces deux formules. Le contenu des conventions de réservations est défini, quel qu'en soit le bénéficiaire, suivant ces options. Elles précisent les modalités des réservations (signalement de la vacance, délai de présentation des candidats...). En cas de non-respect des conventions ou d'absence de déclaration des mises en service et des vacances, des sanctions sont prévues[2].

Le mécanisme des réservations permet au réservataire de proposer des candidats; c'est cependant toujours l'organisme d'HLM qui attribue le logement. Si le candidat est rejeté, le réservataire propose, en règle générale, un autre candidat.

L'existence de réservations ne déroge pas aux règles de traitement des demandes (application du numéro unique d'enregistrement, passage en commission d'attribution).

721.94 Conditions. Le total des logements réservés par le préfet ne peut représenter plus de 30 % du total des logements de chaque organisme, dont au plus 5 % au bénéfice des agents civils et militaires de l'État. Un arrêté du préfet, peut, à titre exceptionnel, déroger à ces limites pour une durée déterminée, pour permette le logement des personnes chargées de mission de sécurité publique ou pour répondre à des besoins d'ordre économique.

L'utilisation du contingent réservé au préfet doit s'exercer au bénéfice des demandeurs reconnus prioritaires au titre du DALO ou des personnes prioritaires pour l'attribution des logements sociaux dans le respect des règles énoncées par l'article L. 441-1 du code de la construction et de l'habitation (v. s[s] n° 722.22)[3].

§ 2
Contingent préfectoral

721.101 Mise en œuvre du contingent préfectoral. La capacité de l'État à mobiliser son contingent en faveur des plus défavorisés a été renforcée[4]. Une convention signée par l'organisme HLM avec l'État, avant le 1er octobre 2011, mentionne obligatoirement la nature et les modalités d'échange d'informations nécessaires à la mise en œuvre du contingent préfectoral[5]. Un arrêté du 10 mars 2011 fixe le contenu minimum obligatoire de cette convention[6]. À défaut de signature de la convention ou en cas de résiliation de celle-ci, le préfet règle par arrêté les modalités pratiques de mise en œuvre des réservations dont bénéfice l'État.

721.102 Délégation. La loi du 13 août 2004, relative aux libertés et aux responsabilités locales, prévoyait la possibilité pour le préfet de département de déléguer, par convention, au maire ou, avec l'accord du maire, au président d'un établissement public de coopération intercommunale compétent en matière d'habitat, tout ou partie des réservations de logements sociaux au profit de personnes prioritaires dont il bénéficie. La convention fixait les engagements du délégataire et donnait au préfet le pouvoir de reprendre la main si les objectifs du plan départemental en faveur des défavorisés n'étaient pas respectés[7]. La loi relative à l'égalité et à la citoyenneté du 27 janvier 2017 a supprimé ces facultés pour l'avenir.

Les conventions signées antérieurement à la loi peuvent être résiliées de plein droit par le préfet, après avis du comité régional de l'habitat et de l'hébergement. Elles le sont en revanche obligatoirement dans les communes faisant l'objet d'un arrêté de carence mentionné au 2e alinéa de l'article L. 302-9-1 du code de la construction et de l'habitation, un mois après la publication de la loi du 27 janvier 2017, soit le 28 février 2017.

§ 3
Contingents des collectivités et autres partenaires

721.111 Réservations des collectivités territoriales. Au titre de la garantie financière des emprunts des organismes d'HLM, les collectivités territoriales, les établissements publics les regroupant peuvent réserver jusqu'à 20 % des logements de chaque programme[8].

1. CCH, art. R. 441-5.
2. CCH, art. R. 441-5.
3. CCH, art. R. 441-5.
4. CCH, art. R. 441-5.
5. V. l'avis rendu par le conseil national des villes sur la gestion des contingents de réservation de logement et les politiques d'attributions à promouvoir, CNV, 30 sept. 2011.
6. Arr. 10 mars 2011 relatif au contenu de la convention de réservation de logements par l'État mentionné à l'avant-dernier alinéa de l'article R. 441-5, CCH, *JO* 19 mars., p. 4994.
7. CCH, art. L. 441-1 – L. n° 2004-809, 13 août 2004 relative aux libertés et aux responsabilités locales, art. 60, *JO* 17 août, p. 14545.
8. CCH, art. R. 441-5; à noter : les obligations de réservation sont automatiquement prolongées de cinq ans à la fin du remboursement des emprunts garantis par les communes ou les EPCI, v. CCH, art. L. 441-1.

Les conditions de réservation et de présentation des candidats sont normalement fixées par une convention passée entre l'organisme d'HLM et le réservataire. Elle définit les modalités pratiques de mise en œuvre des réservations et, notamment, les délais de signalement par le bailleur de la vacance du logement réservé.

721.112 Réservations de la société Action Logement Services. La société Action Logement Services peut apporter des financements complémentaires à la construction en échange de réservations. Elles sont négociées dans le cadre de conventions signées à cet effet.

721.113 Autres réservations. L'article R. 441-5 du code de la construction et de l'habitation précise en outre que « des réservations supplémentaires peuvent être consenties par les organismes d'habitations à loyer modéré en contrepartie d'un apport de terrain ou d'un financement à l'État et aux collectivités territoriales et aux établissements publics les groupant. » Dans ce cas également, une convention de réservation doit être signée pour préciser les conditions applicables à ces réservations.

721.114 Contribution des réservataires et des bailleurs sociaux aux priorités d'attribution. La loi relative à l'égalité et à la citoyenneté du 27 janvier 2017 donne une place particulière à une contribution des différents réservataires aux objectifs d'attribution des logements sociaux aux publics prioritaires (v. s[s] n° 721.92).

C'est le cas tout d'abord des collectivités territoriales pour lesquelles au moins un quart des attributions annuelles de logements réservés par les collectivités territoriales est destiné aux personnes bénéficiant d'une décision favorable au titre du DALO ou, à défaut, aux personnes prioritaires de l'article L. 441-1 du code de la construction et de l'habitation[1].

Le contingent des logements réservés par Action Logement est également ouvert, pour un quart des attributions de logements pour lesquels la société Action Logement Services dispose de contrats de réservation, au profit de salariés ou de demandeurs d'emploi bénéficiant d'une décision favorable au titre du DALO ou, à défaut, prioritaires en application de l'article L. 441-1 du code de la construction et de l'habitation[2].

L'article L. 313-35 du code de la construction et de l'habitation fixe la même règle s'agissant du contingent de l'association foncière logement.

De même, au moins un quart des attributions annuelles de logements non réservés appartenant aux organismes HLM ou pour lesquels l'attribution à un candidat présenté par le réservataire a échoué, doit être affecté aux personnes bénéficiant d'une décision favorable au titre du DALO ou, à défaut, aux personnes prioritaires en application de l'article L. 441-1 du code de la construction et de l'habitation[3].

À défaut, le représentant de l'État dans le département procède à l'attribution aux publics concernés d'un nombre de logements équivalent au nombre de logements restant à attribuer. Ces attributions s'imputent sur le contingent de chaque réservataire.

1. CCH, art. L. 441-1, al. 29.
2. CCH, art. L. 313-26-2.
3. CCH, art. L. 441-1, al. 33.

CHAPITRE

722. Bénéficiaires

SECTION 0 ORIENTEUR

722.00 Plan du chapitre.

722.01 Textes applicables.

TEXTES SOURCES

- **CCH, art. L. 441-1 s., L. 442-8 à L. 442-8-4.**
- **CCH, art. R. 441-1.**
- **Arr. 1er févr. 2013** fixant la liste des titres de séjour prévue au 1° de l'article R. 441-1 du code de la construction et de l'habitation, *JO* 12 févr., p. 2425.
- **Arr. 24 juill. 2013** relatif au nouveau formulaire de demande de logement locatif social et aux pièces justificatives fournies pour l'instruction de la demande de logement locatif social, *JO* 3 août, p. 13262.

TEXTES *IN EXTENSO*

- **CCH, art. L. 441-1**

Le décret en Conseil d'État prévu à l'article L. 441-2-9 détermine les conditions dans lesquelles les logements construits, améliorés ou acquis et améliorés avec le concours financier de l'État ou ouvrant droit à l'aide personnalisée au logement et appartenant aux organismes d'habitations à loyer modéré ou gérés par ceux-ci sont attribués par ces organismes. Pour l'attribution des logements, ce décret prévoit qu'il est tenu compte notamment du patrimoine, de la composition, du niveau de ressources et des conditions de logement actuelles du ménage, de l'éloignement des lieux de travail, de la mobilité géographique liée à l'emploi et de la proximité des équipements répondant aux besoins des demandeurs. Le niveau des ressources tient compte, le cas échéant, du montant de l'aide personnalisée au logement ou des allocations de logement à caractère social ou familial auxquelles le ménage peut prétendre et des dépenses engagées pour l'hébergement de l'un des conjoints ou partenaires en établissement d'hébergement pour personnes âgées dépendantes. Il est également tenu compte, pour l'attribution d'un logement, de l'activité professionnelle des membres du ménage lorsqu'il s'agit d'assistants maternels ou d'assistants familiaux agréés.

Lorsque le demandeur de logement est l'un des conjoints d'un couple en instance de divorce, cette situation étant attestée par une ordonnance de non-conciliation ou, à défaut, par une copie de l'acte de saisine du juge aux affaires familiales dans les conditions prévues au code de procédure civile, ou lorsque ce demandeur est dans une situation d'urgence attestée par une décision du juge prise en application de l'article 257 du code civil ou par une ordonnance de protection délivrée par le juge aux affaires familiales en application du titre XIV du livre Ier du même code, ou lorsque ce demandeur est une personne qui était liée par un pacte civil de solidarité dont elle a déclaré la rupture au greffe du tribunal d'instance, les seules ressources à prendre en compte sont celles du requérant. Cette disposition est également applicable aux personnes mariées, liées par un pacte civil de solidarité ou vivant maritalement lorsque l'une d'elles est victime de violences au sein du couple attestées par le récépissé du dépôt d'une plainte par la victime. Les ressources du demandeur engagé dans une procédure de divorce par consentement mutuel peuvent être évaluées de la même manière, à titre transitoire et pour une période de cinq ans à compter de la promulgation de la loi n° 2014-366 du 24 mars 2014 pour l'accès au logement et un urbanisme rénové, lorsque la procédure de divorce est attestée par un organisme de médiation familiale. Dans ces cas, la circonstance que le demandeur bénéficie d'un contrat de location au titre du logement occupé par le couple ne peut faire obstacle à l'attribution d'un logement. Si une demande a été déposée par l'un des membres du couple avant la séparation et qu'elle mentionnait l'autre membre du couple parmi les personnes à loger, l'ancienneté de cette demande est conservée au bénéfice de l'autre membre du couple lorsqu'il se substitue au demandeur initial ou lorsqu'il dépose une autre demande dans le cas où le demandeur initial maintient sa propre demande.

En sus des logements attribués à des personnes bénéficiant d'une décision favorable mentionnée à l'article L. 441-2-3, les logements mentionnés au premier alinéa du présent article sont attribués prioritairement aux catégories de personnes suivantes :

a) Personnes en situation de handicap, au sens de l'article L. 114 du code de l'action sociale et des familles, ou familles ayant à leur charge une personne en situation de handicap;

b) Personnes sortant d'un appartement de coordination thérapeutique mentionné au 9° de l'article L. 312-1 du même code;

c) Personnes mal logées ou défavorisées et personnes rencontrant des difficultés particulières de logement pour des raisons d'ordre financier ou tenant à leurs conditions d'existence ou confrontées à un cumul de difficultés financières et de difficultés d'insertion sociale;

d) Personnes hébergées ou logées temporairement dans un établissement ou un logement de transition;

e) Personnes reprenant une activité après une période de chômage de longue durée;

f) Personnes exposées à des situations d'habitat indigne;

g) Personnes mariées, vivant maritalement ou liées par un pacte civil de solidarité justifiant de violences au sein du couple ou entre les partenaires, sans que la circonstance que le conjoint ou le partenaire lié par un pacte civil de solidarité bénéficie d'un contrat de location au titre du logement occupé par le couple puisse y faire obstacle, et personnes menacées de mariage forcé. Ces situations sont attestées par une décision du juge prise en application de l'article 257 du code civil ou par une ordonnance de protection délivrée par le juge aux affaires familiales en application du titre XIV du livre Ier du même code;

h) Personnes engagées dans le parcours de sortie de la prostitution et d'insertion sociale et professionnelle prévu à l'article L. 121-9 du code de l'action sociale et des familles;

i) Personnes victimes de l'une des infractions de traite des êtres humains ou de proxénétisme prévues aux articles 225-4-1 à 225-4-6 et 225-5 à 225-10 du code pénal;

j) Personnes ayant à leur charge un enfant mineur et logées dans des locaux manifestement suroccupés ou ne présentant pas le caractère d'un logement décent;

k) Personnes dépourvues de logement, y compris celles qui sont hébergées par des tiers;

l) Personnes menacées d'expulsion sans relogement.

Les décisions favorables mentionnées à l'article L. 441-2-3 et les critères de priorité prévus au présent article sont pris en compte dans les procédures de désignation des candidats et d'attribution des logements sociaux.

Les réservataires de logements sociaux et les bailleurs rendent publics les conditions dans lesquelles ils procèdent à la désignation des candidats dont les demandes sont examinées par les commissions mentionnées à l'article L. 441-2, ainsi qu'un bilan annuel, réalisé à l'échelle départementale, des désignations qu'ils ont effectuées.

Pour l'appréciation des ressources du demandeur, les processus de désignation des candidats et d'attribution des logements sociaux prennent en compte le montant de l'aide personnalisée au logement ou des allocations de logement à caractère social ou familial auxquelles le ménage peut prétendre et appliquent la méthode de calcul du taux d'effort prévue par décret.

Le plan départemental d'action pour le logement et l'hébergement des personnes défavorisées, la convention intercommunale d'attribution ou, pour la commune de Paris, la convention d'attribution, mentionnée à l'article L. 441-1-6 et les accords collectifs mentionnés aux articles L. 441-1-1 et L. 441-1-2 déterminent les conditions dans lesquelles les critères de priorité prévus au présent article sont pris en compte dans les procédures de désignation des candidats et d'attribution des logements sociaux.

« Sur le territoire des établissements publics de coopération intercommunale tenus de se doter d'un programme local de l'habitat en application du dernier alinéa du IV de l'article L. 302-1 ou ayant la compétence en matière d'habitat et au moins un quartier prioritaire de la politique de la ville, de la commune de Paris et des établissements publics territoriaux de la métropole du Grand Paris, au moins 25 % des attributions annuelles, suivies de baux signés, de logements situés en dehors des quartiers prioritaires de la politique de la ville, sont consacrées :

– à des demandeurs dont le niveau de ressources par unité de consommation est inférieur à un montant constaté annuellement par arrêté du représentant de l'État dans le département. Ce montant correspond au niveau de ressources le plus élevé du quartile des demandeurs aux ressources les plus faibles parmi les demandeurs d'un logement social situé sur le territoire de l'établissement public de coopération intercommunale ou, en Île-de-France, sur le territoire de la région, enregistrés dans le système national d'enregistrement;

– ou à des personnes relogées dans le cadre d'une opération de renouvellement urbain.

Ce taux peut être, le cas échéant, adapté, compte tenu de la situation locale, par les orientations en matière d'attributions mentionnées à l'article L. 441-1-5 approuvées par l'établissement public de coopération intercommunale, l'établissement public territorial de la métropole du Grand Paris ou la commune de Paris et par le représentant de l'État dans le département. Il est révisé tous les trois ans en fonction de l'évolution de la situation locale.

La convention intercommunale d'attribution ou, pour la commune de Paris, la convention d'attribution mentionnée à l'article L. 441-1-6 fixe, en tenant compte de l'occupation sociale de leur patrimoine respectif et afin de favoriser la mixité sociale dans l'ensemble du parc concerné, la répartition entre les bailleurs sociaux des attributions à réaliser sous réserve que le taux applicable au territoire concerné soit globalement respecté. L'atteinte de ces objectifs fait l'objet d'une évaluation annuelle présentée à la conférence intercommunale du logement ou, pour la commune de Paris, la conférence du logement, mentionnée à l'article L. 441-1-5.

Les bailleurs peuvent adapter leur politique des loyers pour remplir les objectifs de mixité définis au présent article.

Lorsque l'objectif d'attribution fixé pour chaque bailleur n'est pas atteint, le représentant de l'État dans le département procède à l'attribution aux publics concernés d'un nombre de logements équivalent au nombre de logements restant à attribuer sur les différents contingents.

Le Gouvernement publie annuellement des données statistiques relatives à l'application des vingtième à vingt-troisième alinéas du présent article à l'échelle de chaque établissement public de coopération intercommunale concerné, de la commune de Paris et de chaque établissement public territorial de la métropole du Grand Paris.

Le décret mentionné au premier alinéa fixe les conditions dans lesquelles le maire de la commune d'implantation des logements est consulté sur les principes régissant ces attributions et sur le résultat de leur application. Au moins un quart des attributions annuelles de logements réservés par une collectivité territoriale ou un groupement de collectivités territoriales est destiné aux personnes bénéficiant d'une décision favorable mentionnée à l'article L. 441-2-3 ou, à défaut, aux personnes prioritaires en application du présent article. En cas de manquement à cette obligation, le représentant de l'État dans le département procède à l'attribution aux publics concernés d'un nombre de logements équivalent au nombre de logements restant à attribuer. Ces attributions s'imputent sur les logements réservés par la collectivité territoriale ou le groupement de collectivités territoriales concerné.

Ce décret détermine également les limites et conditions dans lesquelles les organismes d'habitations à loyer modéré peuvent, en contrepartie d'un apport de terrain, d'un financement ou d'une garantie financière, contracter des obligations de réservation pour les logements mentionnés à l'alinéa précédent, lors d'une mise en location initiale ou ultérieure. Lorsque ces conventions de réservation ne respectent pas les limites prévues au présent alinéa, elles sont nulles de plein droit.

Il fixe les conditions dans lesquelles ces conventions de réservation sont conclues, en contrepartie d'un apport de terrain, d'un financement ou d'une garantie financière, accordés par une commune ou un établissement public de coopération intercommunale. Il prévoit que ces obligations de réservation sont prolongées de cinq ans lorsque l'emprunt contracté par le bailleur et garanti par la commune ou l'établissement public de coopération intercommunale est totalement remboursé.

Il détermine également les limites et conditions de réservation des logements par le représentant de l'État dans le département au profit des personnes prioritaires, notamment mal logées ou défavorisées. En cas de refus de l'organisme de loger le demandeur, le représentant de l'État dans le département qui l'a désigné procède à l'attribution d'un logement correspondant aux besoins et aux capacités du demandeur sur ses droits de réservation.

Dans les conventions de réservation mentionnées au présent article, en cours à la date de publication de la loi n° 2015-990 du 6 août 2015 pour la croissance, l'activité et l'égalité des chances économiques ou signées à compter de cette date, et conclues pour des logements situés dans les zones mentionnées au premier alinéa du I de l'article 17 de la loi n° 89-462 du 6 juillet 1989 tendant à améliorer les rapports locatifs et portant modification de la loi n° 86-1290 du 23 décembre 1986, le délai dans lequel le réservataire propose un ou plusieurs candidats à l'organisme propriétaire des logements ne peut excéder un mois à compter du jour où le réservataire est informé de la vacance du logement. Le présent alinéa est d'ordre public.

Au moins un quart des attributions annuelles de logements non réservés ou pour lesquels l'attribution à un candidat présenté par le réservataire a échoué est destiné aux personnes bénéficiant d'une décision favorable mentionnée à l'article L. 441-2-3 ou, à défaut, aux personnes prioritaires en application du présent article. En cas de manquement d'un bailleur social à cette obligation, le représentant de l'État dans le département procède à l'attribution aux publics concernés d'un nombre de logements équivalent au nombre de logements restant à attribuer. Ces attributions s'imputent sur les logements non réservés ou sur ceux dont dispose le bailleur à la suite de l'échec de l'attribution à un candidat présenté par un réservataire.

Les plafonds de ressources pour l'attribution des logements locatifs sociaux fixés en application du présent article sont révisés chaque année en tenant compte de la variation de l'indice de référence des loyers mentionné à l'article 17-1 de la loi n° 89-462 du 6 juillet 1989 tendant à améliorer les rapports locatifs dans des conditions définies par décret en Conseil d'État.

• CCH, art. R. 441-1

Les organismes d'habitations à loyer modéré attribuent les logements visés à l'article L. 441-1 aux bénéficiaires suivants :

1° Les personnes physiques séjournant régulièrement sur le territoire français dans des conditions de permanence définies par un arrêté conjoint du ministre chargé de l'immigration, du ministre chargé des affaires sociales et du ministre chargé du logement, dont les ressources n'excèdent pas des limites fixées pour l'ensemble des personnes vivant au foyer, telles que définies par l'article L. 442-12, par arrêté conjoint du ministre chargé du logement, du ministre chargé de l'économie et des finances et du ministre chargé de la santé; ces plafonds de ressources sont révisés chaque année au 1er janvier en tenant compte de la variation de l'indice de référence des loyers appréciée par comparaison entre le troisième trimestre de l'antépénultième année et le troisième trimestre de l'année précédente; Pour apprécier ces plafonds, les dépenses engagées pour l'hébergement de l'un des conjoints ou partenaires en établissement d'hébergement pour personnes âgées dépendantes sont déduites des ressources du demandeur dans la limite du montant annuel donnant droit à réduction d'impôt défini à l'article 199 *quindecies* du code général des impôts;

2° Dans les conditions fixées à l'article L. 442-8-1, les personnes morales mentionnées à cet article pour loger des personnes remplissant les conditions de ressources et de séjour définies au 1°;

3° Dans les conditions fixées à l'article L. 442-8-4, les étudiants, les personnes de moins de trente ans ou les personnes titulaires d'un contrat d'apprentissage ou de professionnalisation qui séjournent régulièrement sur le territoire dans des conditions de permanence définies par l'arrêté prévu au 1°.

• CCH, art. L. 442-8-1

I. – Par dérogation à l'article L. 442-8, les organismes mentionnés à l'article L. 411-2 peuvent louer, meublés ou non, des logements :

– à des organismes bénéficiant de l'agrément relatif à l'intermédiation locative et à la gestion locative sociale prévu à l'article L. 365-4 en vue de les sous-louer;

– à des organismes déclarés ayant pour objet de les souslouer à titre temporaire à des personnes âgées, à des personnes présentant un handicap au sens de l'article L. 114 du code de l'action sociale et des familles ou à des personnes de moins de trente ans;

– à des centres régionaux des œuvres universitaires et scolaires mentionnés à l'article L. 822-3 du code de l'éducation ayant pour objet de les sous-louer à des étudiants;

– à des associations dont l'objet est de favoriser le logement des étudiants et de gérer des résidences universitaires;

– à des personnes morales de droit public ou privé mentionnées à l'article L. 444-1 du code de l'action sociale et des familles en vue de les sous-louer à des accueillants familiaux visés à l'article L. 441-1 du même code, ainsi qu'aux personnes âgées ou aux personnes présentant un handicap au sens de l'article L. 114 du même code ayant conclu un contrat d'accueil avec ces accueillants;

– à des centres communaux ou intercommunaux d'action sociale, dans le cadre de leurs compétences définies à la section 2 du chapitre III du titre II du livre Ier du même code, en vue de les sous-louer à titre temporaire à des personnes physiques;

– à des centres communaux ou intercommunaux d'action sociale ou à des associations déclarées ayant pour objet de les sous-louer meublés, pour une durée n'excédant pas six mois, à des travailleurs dont l'emploi présente un caractère saisonnier tel que mentionné au 3° de l'article L. 1242-2 du code du travail;

– à des établissements publics de coopération inter-communale dotés de la compétence d'aide aux personnes âgées.

II. – Par dérogation à l'article L. 442-8, les locataires des organismes mentionnés à l'article L. 411-2 peuvent, après information de l'organisme bailleur, sous-louer :

– une partie de leur logement à des personnes de plus de soixante ans ou à des personnes adultes présentant un handicap au sens de l'article L. 114 du code de l'action sociale et des familles avec lesquelles ils ont conclu un contrat conforme à l'article L. 442-1 du même code;

– pour une durée d'un an renouvelable, une partie de leur logement à des personnes de moins de trente ans.

Le coût de la ou des pièces principales sous-louées est calculé au prorata du loyer et des charges rapporté à la surface habitable du logement.

III. – Peuvent être exigés en sus le montant des prestations, taxes et fournitures individuelles et tous impôts et taxes perçus à l'occasion des locations en meublé.

722.03 Bibliographie indicative.

Actualisables. RÉP. CIV., v° « Habitat social (HLM) », H. des Lyons, nos 157-160 – DICT. PERM. Gestion immob., « HLM-Location », nos 1-345.

SECTION 1 BÉNÉFICIAIRE PERSONNE PHYSIQUE OU PERSONNE MORALE

722.11 Personnes physiques. La réglementation [1] prévoit que peuvent bénéficier de logements HLM :

– les personnes physiques de nationalité française;

– les personnes physiques admises à séjourner régulièrement sur le territoire français dans des conditions de permanence définies par arrêté [2];

– les étudiants, les personnes de moins de trente ans ou les personnes titulaires d'un contrat d'apprentissage ou de professionnalisation;

... à la condition que les ressources de l'ensemble des personnes du ménage logé n'excèdent pas des plafonds fixés par arrêté (v. chapitre 723).

722.12 Personnes morales. La volonté d'ouvrir l'accès des logements HLM à des catégories particulières de population en difficultés, ou disposant de ressources précaires, a conduit à admettre comme locataires, en vue de la sous-location, certaines personnes morales [3].

722.13 Organismes agréés d'aide à certaines catégories de population. Les personnes morales suivantes peuvent sous-louer des logements à des catégories particulières de personnes avec lesquelles elles sont en relation pour leur apporter une intermédiation (personnes en difficulté, en voie d'insertion ou de réinsertion), une aide (personnes âgées ou handicapées) ou tout simplement faciliter leur logement (jeunes de moins de trente ans, jeunes en formation);

– organismes bénéficiant de l'agrément relatif à l'intermédiation locative et à la gestion locative sociale prévu à l'article L. 365-4 du code de la construction et de l'habitation en vue de les sous-louer;

– organismes déclarés ayant pour objet de les sous-louer à titre temporaire à des personnes âgées, à des personnes présentant un handicap au sens de l'article L. 114 du code de l'action sociale et des familles, à des personnes de moins de trente ans ou, depuis la loi du 27 janvier 2017 relative à l'égalité et à la citoyenneté, à des actifs dont la mobilité professionnelle implique un changement de secteur géographique;

– centres régionaux des œuvres universitaires et scolaires mentionnés à l'article L. 822-3 du code de l'éducation ayant pour objet de les sous-louer à des étudiants;

– depuis la loi du 27 janvier 2017 relative à l'égalité et à la citoyenneté, à des associations dont l'objet est de favoriser le logement des étudiants et de gérer des résidences universitaires;

– personnes morales de droit public ou privé mentionnées à l'article L. 444-1 du code de l'action sociale et des familles en vue de les sous-louer à des accueillants familiaux visés à l'article L. 441-1 du

1. CCH, art. R. 441-1.

2. Arr. 1er févr. 2013 fixant la liste des titres de séjour prévue au 1° de l'article R. 441-1 du code de la construction et de l'habitation, *JO* 12 févr., p. 2425.

3. CCH, art. L. 442-8-1 s.

même code, ainsi qu'aux personnes âgées ou aux personnes présentant un handicap au sens de l'article L. 114 du même code ayant conclu un contrat d'accueil avec ces accueillants;

- centres communaux ou intercommunaux d'action sociale, dans le cadre de leurs compétences définies à la section 2 du chapitre III du titre II du livre Ier du même code, en vue de les sous-louer à titre temporaire à des personnes physiques;

- centres communaux ou intercommunaux d'action sociale ou à des associations déclarées ayant pour objet de les sous-louer meublés, pour une durée n'excédant pas six mois, à des travailleurs dont l'emploi présente un caractère saisonnier tel que mentionné au 3° de l'article L. 1242-2 du code du travail;

- établissements publics de coopération intercommunale (EPCI) dotés de la compétence d'aide aux personnes âgées.

Les conditions de la sous-location de ces logements sont fixées par l'article L. 442-8-2 du code de la construction et de l'habitation.

722.14 Hébergement. Il existe, en outre, depuis la loi Alur du 24 mars 2014, deux nouvelles catégories de bénéficiaires auxquels les organismes HLM peuvent louer à titre subsidiaire des logements, meublés ou non, en vue de leur fournir des places d'hébergement[1].

1° Cette faculté concerne des personnes ou familles mentionnées au II de l'article L. 301-1[2] dès lors que les besoins ont été identifiés dans le plan local d'action pour le logement et l'hébergement des personnes défavorisées (PDALHPD).

Les organismes locataires sont :

a) Les organismes bénéficiant de l'agrément relatif à l'intermédiation locative et à la gestion locative sociale prévu à l'article L. 365-4;

b) Les organismes mentionnés au 8° du I de l'article L. 312-1 du code de l'action sociale (aides aux personnes ou familles en difficulté ou en situation de détresse) et à l'article L. 322-1 du même code (personne physique ou toute personne morale privée qui veut héberger, à titre gratuit ou onéreux, des adultes).

2° Sont également bénéficiaires de logements pour leur hébergement des personnes mariées, liées par un pacte civil de solidarité ou vivant maritalement qui se trouvent dans une situation d'urgence. Cette situation doit être suffisamment rapportée par une ordonnance de protection délivrée par le juge aux affaires familiales.

Il peut s'agir également de victimes de violences au sein du couple, qui sont attestées par le récépissé du dépôt d'une plainte par la victime.

Le plan local d'action pour le logement et l'hébergement des personnes défavorisées doit avoir identifié les besoins pour ces personnes.

L'ensemble des personnes hébergées n'a vocation qu'à occuper temporairement ces logements, qui sont normalement destinés à la location. C'est pourquoi il est précisé qu'ils ne peuvent être considérés ni comme des locataires, ni comme des sous locataires.

SECTION 2
CRITÈRES D'ATTRIBUTION

722.21 Objectifs. L'attribution des logements HLM doit respecter des critères généraux et des critères de priorité. Avant l'intervention de la loi relative à l'égalité et à la citoyenneté du 27 janvier 2017, l'article L. 441-2 du code de la construction et de l'habitation précisait que la commission d'attribution exerçait sa mission d'attribution des logements locatifs « dans le respect des objectifs fixés à l'article L. 441 du code de la construction et de l'habitation (relatif aux objectifs généraux d'attribution) et des priorités définies aux premier à dixième alinéas de l'article L. 441-1 en faveur des personnes défavorisées et de celles qui rencontrent des difficultés de logement. »

Le texte reconnaît dorénavant une importance particulière aux personnes prioritaires, dont celles qui relèvent du droit au logement opposable : « La commission exerce sa mission d'attribution des logements locatifs dans le respect des articles L. 441-1 (critères de priorité) et L. 441-2-3 (Dalo), en prenant en compte les objectifs fixés à l'article L. 441 (objectifs généraux d'attribution). »

En outre, la loi impose que les ménages bénéficiant du droit au logement opposable (DALO) soient relogés avant que ne s'appliquent les autres critères de priorité.

722.22 Critères légaux de priorité. La loi relative à l'égalité et à la citoyenneté du 27 janvier 2017 a unifié les critères de priorité existants, inscrits soit dans l'article L. 441-1 du code de la construction et de l'habitation, soit dans le plan départemental d'action pour le logement et l'hébergement des personnes défavorisées (PDLAHPD). Désormais, il n'existe plus, pour l'attribution des logements HLM, qu'une liste de critères de priorité à prendre en compte dans les documents de la politique d'attribution (accord collectif départemental, accord col-

1. CCH, art. L. 442-8-1-1
2. CCH, art. L. 301-1, II : « Toute personne ou famille éprouvant des difficultés particulières, en raison notamment de l'inadaptation de ses ressources ou de ses conditions d'existence, a droit à une aide de la collectivité pour accéder à un logement décent et indépendant ou s'y maintenir. »

lectif intercommunal, convention intercommunale d'attribution, PDALHPD). Elle est fixée par l'article L. 441-1 du code de la construction et de l'habitation.

Cette liste comprend, outre les personnes reconnues prioritaires au titre du droit au logement opposable (Dalo), les personnes suivantes :

a) Personnes en situation de handicap, au sens de l'article L. 114 du code de l'action sociale et des familles, ou familles ayant à leur charge une personne en situation de handicap;

b) Personnes sortant d'un appartement de coordination thérapeutique mentionné au 9° de l'article L. 312-1 du même code;

c) Personnes mal logées ou défavorisées et personnes rencontrant des difficultés particulières de logement pour des raisons d'ordre financier ou tenant à leurs conditions d'existence ou confrontées à un cumul de difficultés financières et de difficultés d'insertion sociale;

d) Personnes hébergées ou logées temporairement dans un établissement ou un logement de transition;

e) Personnes reprenant une activité après une période de chômage de longue durée;

f) Personnes exposées à des situations d'habitat indigne;

g) Personnes mariées, vivant maritalement ou liées par un pacte civil de solidarité justifiant de violences au sein du couple ou entre les partenaires, sans que la circonstance que le conjoint ou le partenaire lié par un pacte civil de solidarité bénéficie d'un contrat de location au titre du logement occupé par le couple puisse y faire obstacle, et personnes menacées de mariage forcé. Ces situations sont attestées par une décision du juge prise en application de l'article 257 du code civil ou par une ordonnance de protection délivrée par le juge aux affaires familiales en application du titre XIV du livre Ier du même code;

h) Personnes engagées dans le parcours de sortie de la prostitution et d'insertion sociale et professionnelle prévu à l'article L. 121-9 du code de l'action sociale et des familles;

i) Personnes victimes de l'une des infractions de traite des êtres humains ou de proxénétisme prévues aux articles 225-4-1 à 225-4-6 et 225-5 à 225-10 du code pénal;

j) Personnes ayant à leur charge un enfant mineur et logées dans des locaux manifestement suroccupés ou ne présentant pas le caractère d'un logement décent;

k) Personnes dépourvues de logement, y compris celles qui sont hébergées par des tiers;

l) Personnes menacées d'expulsion sans relogement.

722.23 Logements aménagés – Personnes handicapés. Il est à noter que, pour les logements « construits ou aménagés en vue de leur occupation par des personnes handicapées », ces dernières sont prioritaires dans ces logements : à défaut, ils sont attribués à des personnes âgées dont l'état le justifie ou aux ménages qui les hébergent[1].

722.24 Attributions liées à l'âge ou au handicap. La commission peut attribuer en priorité tout ou partie des logements construits ou aménagés spécifiquement pour cet usage à des personnes en perte d'autonomie liée à l'âge ou au handicap[2].

Cette faculté est toutefois réservée au seul cas des logements inscrits dans le cadre de programmes bénéficiant d'une autorisation spécifique délivrée par le représentant de l'État dans le département. Les modalités d'octroi de cette autorisation spécifique sont définies par décret[3]. De telles attributions peuvent être faites en dehors du contingent réservé au préfet. En effet, celui-ci, dans le cadre de son contingent propre et en fonction de son appréciation des besoins locaux de logements adaptés à ce type de population, peut seul proposer prioritairement les logements construits ou aménagés spécifiquement pour cet usage à des personnes en perte d'autonomie liée à l'âge ou au handicap.

722.25 Critères généraux. Pour l'attribution du logement, il est tenu compte de la composition, du niveau des ressources et des conditions de logement actuelles du ménage, ainsi que de l'éloignement des lieux de travail et de la proximité des équipements répondant aux besoins des demandeurs.

Sont considérées comme personnes vivant au foyer pour l'attribution d'un logement HLM[4] :

– le ou les titulaires du bail;

– les personnes figurant sur les avis d'imposition du ou des titulaires du bail;

– le concubin notoire du titulaire du bail;

– le partenaire lié par un pacte civil de solidarité au titulaire du bail;

– les personnes réputées à charge au sens des articles 194, 196, 196 A *bis* et 196 B du code général des impôts.

1. CCH, art. R. 441-4.
2. CCH, art. L. 441-2, mod. par L. n° 2015-1776, 28 déc. 2015 relative à l'adaptation de la société au vieillissement, *JO* 29 déc., p. 24268.
3. Décr. n° 2017-760, 3 mai 2017 pris pour application de l'article 20 de la loi n° 2015-1776 du 28 décembre 2015 relative à l'adaptation de la société au vieillissement et portant diverses dispositions relatives aux modalités d'instruction des demandes de décision favorable pour le financement de logements sociaux, *JO* 5 mai, n° 115.
4. CCH, art. L. 442-12.

722.26 **Autres critères généraux.** Il est également tenu compte, d'une part, de l'activité professionnelle du demandeur, au bénéfice des assistants maternels ou des assistants familiaux agréés [1], d'autre part, des dépenses engagées pour l'hébergement de l'un des conjoints ou partenaires en établissement d'hébergement pour personnes âgées dépendantes (EHPAD) et, enfin, du patrimoine du demandeur [2]. Sur ce dernier point, depuis la loi du 25 mars 2009 de mobilisation pour le logement et la lutte contre l'exclusion, complétée par la loi relative à l'égalité et à la citoyenneté du 27 janvier 2017 (qui ont précisé le contenu de l'article L. 441-2-2 du code de la construction et de l'habitation), le fait pour l'un des membres du ménage candidat à l'attribution d'un logement social d'être propriétaire d'un logement adapté à ses besoins et capacités ou susceptible de générer des revenus suffisants pour accéder à un logement du parc privé peut constituer un motif de refus pour l'obtention de celui-ci.

Chiffres du logement social en France

Ministère du logement et de l'habitat durable : Le logement social en France.
4 839 600 logements sociaux et foyers gérés par les bailleurs sociaux en 2015
1 218 communes concernées par la loi SRU sont en déficit de logement social en 2016
10 millions de personnes logées en HLM
1 876 000 demandes de logement social en France en 2015
478 573 ménages se sont installés dans des logements neufs ou libérés par leurs occupants en 2015

1. L. 28 juin 2005 relative aux assistants maternels et aux assistants familiaux, art. 15, modifiant l'art. L. 441-1 CCH.
2. CCH, art. L. 441-1.

CHAPITRE

723. Plafonds de ressources

SECTION 0 ORIENTEUR

723.00 Plan du chapitre.

Division. La règle de respect des plafonds de ressources est impérative. Elle ne subit que de rares exceptions soumises à un strict contrôle.

Les plafonds sont déterminés par l'arrêté du 29 juillet 1987, modifié.

723.01 Textes applicables.

TEXTES SOURCES

• **CCH, art. L. 441-1, L. 442-8-4, L. 442-12, L. 445-3.**

• **CCH, art. R. 331-12, R. 441-1 à R. 441-1-2.**

• **Arr. 29 juill. 1987** relatif aux plafonds de ressources des bénéficiaires de la législation sur les habitations à loyer modéré et des nouvelles aides de l'État en secteur locatif, NOR : EQUC8700526A (mod. par arr. 22 déc. 2016).

• **Arr. 10 mars 2011** fixant la méthode de calcul du taux d'effort mentionné à l'art. R. 441-3-1, CCH, *JO* 18 mars, p. 4910.

TEXTES *IN EXTENSO*

• **CCH, art. L. 441-1**

* V. s^s n° 722.01

• **CCH, art. L. 442-8-4**

Par dérogation à l'article L. 442-8 et nonobstant les plafonds de ressources prévus à l'article L. 441-1, les organismes mentionnés à l'article L. 411-2 peuvent louer des logements meublés ou non meublés à un ou plusieurs étudiants, aux personnes de moins de trente ans ou aux personnes titulaires d'un contrat d'apprentissage ou de professionnalisation. Ces locataires ne bénéficient pas du droit au maintien dans les lieux. Le contrat de location a une durée d'un an. Les locataires peuvent donner congé à tout moment, sous réserve d'un préavis d'un mois. Le contrat peut toutefois être renouvelé dans des conditions définies par décret en Conseil d'État. Les charges locatives accessoires au loyer principal des logements peuvent être récupérées par le bailleur sous la forme d'un forfait versé simultanément au loyer, dont le montant et la périodicité de versement sont définis au contrat et qui ne peut donner lieu à complément ou à régularisation ultérieure. Le montant du forfait de charges est fixé en fonction des montants exigibles par le bailleur en application de l'article 23 de la loi n° 89-462 du 6 juillet 1989 tendant à améliorer les rapports locatifs et portant modification de la loi n° 86-1290 du 23 décembre 1986. Ce montant ne doit pas être manifestement disproportionné au regard des charges dont le locataire ou, le cas échéant, le précédent locataire se serait acquitté.

En cas de location d'un même logement à plusieurs personnes, un contrat de location unique est signé par l'ensemble des colocataires qui consentent à une clause de solidarité inscrite dans ce contrat.

Tout changement de colocataire fait l'objet d'une autorisation préalable du bailleur et d'une information de la commission d'attribution mentionnée à l'article L. 441-2.

Le nombre de logements pouvant être attribués dans les conditions prévues aux alinéas précédents est mentionné dans la convention d'utilité sociale prévue à l'article L. 445-1. À défaut d'une telle convention, le bailleur fixe ce nombre après accord du représentant de l'État dans le département et consultation des établissements publics de coopération intercommunale disposant d'un programme local de l'habitat adopté. Cet avis est réputé favorable s'il n'a pas été donné dans un délai de deux mois.

Ces logements sont attribués par la commission d'attribution mentionnée à l'article L. 441-2.

• **CCH, art. L. 442-12**

Sont considérées comme personnes vivant au foyer au titre des articles L. 441-1, et L. 441-4;

– le ou les titulaires du bail;

– les personnes figurant sur les avis d'imposition du ou des titulaires du bail;

– le concubin notoire du titulaire du bail;

– le partenaire lié par un pacte civil de solidarité au titulaire du bail;

– et les personnes réputées à charge au sens des articles 194, 196, 196 A *bis* et 196 B du code général des impôts.

• **CCH, art. L. 445-3**

I. – Les plafonds de ressources prévus par la nouvelle politique des loyers mentionnée à l'article L. 445-2 sont ceux prévus pour l'attribution des logements locatifs sociaux et mentionnés à l'article L. 441-1 ou résultant de la réglementation en vigueur. Un ou plusieurs plafonds de ressources peuvent être institués au sein de chaque ensemble immobilier (...).

723.03 Bibliographie indicative.

Actualisables. RÉP. CIV., v° « Habitat social (HLM) », H. des Lyons, n°s 158-159 – DICT. PERM. Gestion immob., « HLM – Location », n°s 12 s.

Articles. L. Auriac, « Pratique des plafonds de ressources en logement social », *AJDI* 2014. 770.

SECTION 1
PRINCIPES

§ 1
Revenus pris en compte

723.11 Cas général. Le montant des ressources pris en compte correspond à la somme des revenus fiscaux de référence au sens du 1° du IV de l'article 1417 du code général des impôts, figurant sur les avis d'imposition de chaque personne composant le ménage établi au titre de l'avant-dernière année précédant celle de la signature du contrat de location (ainsi, pour une attribution en 2017, les revenus de 2015 seront retenus).

Toutefois, si le(s) requérant(s) peu(ven)t justifier, pour la dernière année civile ou les douze derniers mois, de revenus inférieurs au moins de 10 % à ceux de l'année *n* - 2, il en est tenu compte[1].

Les personnes imposables présentent l'avis d'imposition correspondant.

Les candidats non imposables produisent un avis délivré par le directeur des impôts justifiant de cette situation.

723.12 Avis d'imposition ou ASDIR ? De nouveaux documents, depuis 2016, émanent de l'administration des finances publiques (DGFIP) intitulés « Avis de situation déclarative à l'impôt » (ASDIR).

1. Arr. 29 juill. 1987 relatif aux plafonds de ressources des bénéficiaires de la législation sur les habitations à loyer modéré et des nouvelles aides de l'État en secteur locatif, NOR : EQUC8700526A (mod. par arr. 22 déc. 2016).

La communication de la DGFIP qui accompagne le document précise que les usagers qui déclarent leurs impôts sur le revenu en ligne pourront se prévaloir de cet avis dans leurs démarches, dès la mi-avril 2016.

C'est un avantage revendiqué par la DGFIP pour les formalités accomplies par les déclarants en ligne (les autres devront attendre septembre et leur avis d'imposition).

Pour les bailleurs, il convient de retenir que le nouveau document ne remplace pas l'ancien. Il est précisé par la DGFIP que les usagers qui déclarent en ligne « continueront de recevoir, au cours de l'été, un avis d'imposition ». Ils bénéficieront, en outre, immédiatement de l'ASDIR, qui justifie de leur situation fiscale. Pour les déclarants qui ne déclarent pas en ligne, ils recevront comme d'habitude, leur avis d'imposition dans l'été.

En revanche, pour les usagers non imposables, il est précisé que l'ASDIR remplace l'avis de non-imposition qui n'existe plus à compter de l'année 2016. Ce document sera donc pris en compte à ce titre pour les personnes non imposables.

En revanche, l'ASDIR peut être pris en compte en tant que justificatif pour les ménages requérants qui arguent d'une baisse de revenus d'au moins 10 % par rapport à ceux de l'année N-2 et demandent que soient pris en compte les revenus imposables perçus au titre de la dernière année civile ou au cours des douze derniers mois précédant la date de signature du contrat de location. Ils peuvent présenter leur avis d'imposition de l'année N-2 et l'ASDIR pour justifier éventuellement de la baisse de leurs ressources à l'année N-1.

723.13 Date à retenir pour apprécier les ressources. Les revenus sont pris en compte à la date de la signature du contrat de location, selon l'arrêté du 29 juillet 1987, modifié, relatif aux plafonds de ressources. Cela signifie, en particulier, que pour une commission d'attribution qui statue à la fin du mois de décembre, il conviendra de retenir les ressources de l'année N-2 par rapport à la date de signature du contrat de location, qui peut intervenir en janvier.

723.14 Conditions exceptionnelles pour les couples. Les ressources à prendre en compte sont celles du seul requérant au titre de l'avant-dernière année précédant celle de la signature du nouveau contrat dans certaines situations propres aux difficultés des couples :

- lorsque le demandeur de logement est l'un des conjoints d'un couple en instance de divorce (situation attestée par une ordonnance de non-conciliation ou, à défaut, par une copie de l'acte de saisine du juge aux affaires familiales);

- lorsque le demandeur est dans une situation d'urgence (attestée par une décision du juge prise en application de l'article 257 du code civil ou par le prononcé de mesures urgentes ordonnées par le juge des affaires familiales en application du troisième alinéa de l'article 220-1 du même code) ;

- lorsque le demandeur est une personne qui était liée par un pacte civil de solidarité dont elle a déclaré la rupture au greffe du tribunal d'instance;

- aux personnes mariées, liées par un pacte civil de solidarité ou vivant maritalement lorsque l'une d'elles est victime de violences au sein du couple (attestées par le récépissé du dépôt d'une plainte par la victime) [1].

À titre transitoire et pour une période de 5 ans (à compter du 26 mars 2014), la loi Alur du 24 mars 2014 a prévu que les ressources du demandeur engagé dans une procédure de divorce par consentement mutuel puissent être évaluées de la même manière, lorsque la procédure est attestée par un organisme de médiation familial. Ce dispositif n'apparaît plus pertinent au regard de la réforme opérée par la loi n° 2016-1547 du 18 novembre 2016 de modernisation de la justice du XXIe siècle, qui a dé-judiciarisé la procédure de divorce par consentement mutuel. Selon un instruction du Ministre en charge du logement du 27 avril 2017, « en attendant la modification du code de la construction et de l'habitation tirant les conséquences de cette évolution de l'une des procédures de divorce, il convient donc d'adapter les mesures d'instruction des demandes de logement social des personnes mariées en cours de séparation, conformément à l'esprit de la loi et afin de ne pas pénaliser un demandeur de logement social qui aurait fait le choix de divorcer sans passer devant le juge. Dans un tel cas, l'avocat du demandeur pourra être sollicité pour produire à son client, époux demandeur de logement social, un justificatif attestant de ce que la procédure de divorce par consentement mutuel extrajudiciaire est en cours. » [2]

Il est tenu compte également des dépenses engagées pour l'hébergement du conjoint ou du partenaire en EHPAD (établissement d'accueil de personnes âgées dépendantes).

1. CCH, art. L. 441-1.
2. Instr. 27 avr. 2017 relative à la prise en compte de la nouvelle procédure de divorce par consentement mutuel issue de la loi n° 2016-1547 du 18 novembre 2016 de modernisation de la justice du XXIe siècle en matière d'attribution de logement social (NOR : LHAL1712224J / Texte non paru au *JO*). DANS LE MÊME SENS, v. circ. Min. Justice 26 janv. 2017 de présentation des dispositions en matière de divorce par consentement mutuel et de succession issues de la loi n° 2016-1547 du 18 novembre 2016 de modernisation de la justice du XXIe siècle et du décret n° 2016-1907 du 28 décembre 2016 relatif au divorce prévu à l'article 229-1 du code civil et à diverses dispositions en matière successorale (NOR : JUSC1638274C).

723.15 Situation des étrangers ou des français ayant vécu à l'étranger. Lorsque tout ou partie des revenus perçus par le ménage requérant au cours de l'année de référence n'a pas été imposé en France mais dans un autre État ou territoire connaissant une législation fiscale propre, ce ménage doit produire un avis d'impôt sur le revenu, correspondant aux dispositions fiscales en vigueur qui réglementent l'impôt sur le revenu dans cet État ou de ce territoire, ou un document en tenant lieu, établi par l'administration fiscale de cet État ou de ce territoire [3].

En cas d'impossibilité justifiée de se procurer un tel document, la présentation d'une attestation d'une autre administration compétente ou, le cas échéant, du ou des employeurs peut être admise.

Ces documents doivent être traduits en français et les revenus convertis en euros.

723.16 Bénéficiaires de la protection subsidiaire. Lorsque, pour certains réfugiés, bénéficiaires de la protection subsidiaire ou apatrides, il est impossible de fournir tout document, les bailleurs sont autorisés à prendre en compte les ressources perçues depuis l'entrée sur le territoire national, démontrées par tous moyens de preuve, à l'exception d'une attestation sur l'honneur [4].

723.17 Français provenant de l'étranger en situation d'indigence. Pour les Français rentrés de l'étranger en situation d'indigence attestée, l'examen des ressources s'effectue sur la base de l'attestation de situation d'indigence visée par le ministère des affaires étrangères [5].

§ 2
Détermination des plafonds de ressources

723.21 Considération de la composition du ménage. Les plafonds de ressources sont fixés pour l'ensemble des personnes vivant au foyer par référence à une catégorie de ménages.

Ces catégories dépendent de la composition du ménage demandeur, en prenant en compte les seuls occupants du logement répondant à la définition de

3. Arr. 29 juill. 1987 relatif aux plafonds de ressources des bénéficiaires de la législation sur les habitations à loyer modéré et des nouvelles aides de l'État en secteur locatif.
4. Arr. 24 juill. 2013 relatif au nouveau formulaire de demande de logement locatif social et aux pièces justificatives fournies pour l'instruction de la demande de logement locatif social.
5. Arr. 24 juill. 2013 relatif au nouveau formulaire de demande de logement locatif social et aux pièces justificatives fournies pour l'instruction de la demande de logement locatif social.

l'article L. 442-12 du code de la construction et de l'habitation (v. s[s] n° 722.25).

Les jeunes ménages (couples dont la somme des âges révolus est inférieure à 55 ans) et les personnes seules avec une ou plusieurs personnes à charge bénéficient d'un surclassement de catégorie (v. tableau ci-après).

Depuis la loi du 25 mars 2009, créant l'article L. 442-12 du code de la construction et de l'habitation, les enfants de parents séparés ne sont considérés comme vivant au foyer de l'un et de l'autre parent que dans le cas d'une garde alternée[1].

Les plafonds sont calculés par zones géographiques qui sont au nombre de trois : Paris et les communes limitrophes, le reste de l'Île-de-France et les autres régions.

§ 3
Niveaux des plafonds

723.31 Plafonds pour l'attribution. Il existe deux niveaux de plafonds de ressources en HLM.

723.32 Premier plafond : régime de droit commun. Le premier niveau, de droit commun, conditionne l'accès aux logements HLM soit construits, améliorés ou acquis et améliorés avec le concours financier de l'État soit conventionnés. Il concerne le plus grand nombre des demandeurs de logement social.

PLAFONDS DE RESSOURCES ANNUELLES EN LOCATIF HLM (HORS PLA-I ET PLA-TS) AU 1[ER] JANVIER 2017 – À COMPARER AU REVENU FISCAL DE RÉFÉRENCE DE 2015

Catégorie de ménage	Paris et communes limitrophes	Île-de-France hors Paris et communes limitrophes	Autres régions
Une personne seule	23 146 €	23 146 €	20 123 €
Deux personnes ne comportant aucune personne à charge à l'exclusion des jeunes ménages	34 593 €	34 593 €	26 872 €
Trois personnes ou une personne seule avec une personne à charge ou jeune ménage sans personne à charge	45 347 €	41 583 €	32 316 €
Quatre personnes ou une personne seule avec deux personne à charge	54 141 €	49 809 €	39 013 €
Cinq personnes ou une personne seule avec trois personne à charge	64 417 €	58 964 €	45 895 €
Six personnes ou une personne seule avec quatre personne à charge	72 486 €	66 353 €	51 723 €
Par personne supplémentaire	8 077 €	7 393 €	5 769 €

723.33 Second plafond : ménages en difficultés. Le second, réservé aux ménages qui rencontrent des difficultés d'insertion particulières[2] leur permet d'accéder à des logements HLM également financés avec le concours financier de l'État ou conventionnés, mais bénéficiant de conditions plus favorables de loyers. Les locataires de ces logements répondent à des conditions de ressources spécifiques (au maximum 60 % des plafonds de droit commun), qui sont les suivantes :

PLAFONDS DE RESSOURCES ANNUELLES EN PLA D'INTÉGRATION EN 2017 – À COMPARER AU REVENU FISCAL DE RÉFÉRENCE DE 2015

Catégorie de ménage	Paris et communes limitrophes	Île-de-France hors Paris et communes limitrophes	Autres régions
Une personne seule	12 733 €	12 733 €	11 067 €
Deux personnes ne comportant aucune personne à charge à l'exclusion des jeunes ménages	20 756 €	20 756 €	16 125 €
Trois personnes ou une personne seule avec une personne à charge ou jeune ménage sans personne à charge	27 207 €	24 949 €	19 390 €
Quatre personnes ou une personne seule avec deux personnes à charge	29 781 €	27 394 €	21 575 €
Cinq personnes ou une personne seule avec trois personnes à charge	35 427 €	32 432 €	25 243 €
Six personnes ou une personne seule avec quatre personnes à charge	39 868 €	36 495 €	28 448 €
Par personne supplémentaire	4 442 €	4 065 €	3 173 €

1. Alors que depuis un arrêté du 19 nov. 2001 modifiant l'arrêté du 29 juill. 1987 relatif aux plafonds de ressources, les enfants étaient pris en compte indifféremment par chacun de leurs parents.

2. CCH, art. R. 331-1.

723.34 **Actualisation.** Les plafonds de ressources sont actualisés chaque année au 1er janvier, en tenant compte de la variation de l'indice de référence des loyers (IRL) mentionné à l'article 17, I, 1 de la loi n° 89-462 du 6 juillet 1989, modifiée par la loi du 24 mars 2014, dite loi Alur[1]. La révision intervient « chaque année au 1er janvier en tenant compte de la variation de l'indice de référence des loyers appréciée par comparaison entre le troisième trimestre de l'antépénultième année et le troisième trimestre de l'année précédente »[2].

723.35 **Baisse des plafonds.** Les plafonds de ressources pour l'attribution des logements locatifs sociaux fixés en application de l'article L. 441-1 du code de la construction et de l'habitation ont en outre été minorés de 10,3 % à compter du 1er juin 2009. Cette baisse a affecté tous les plafonds des logements sociaux financés avec des prêts PLUS, mais aussi PLA-I et PLS. Elle a eu comme conséquence de ramener la proportion des ménages éligibles au parc social au niveau qui existait à la fin des années 90[3].

Ministère du logement et de l'habitat durable.
Comment sont attribués les logements sociaux (avril 2016).

« ...Contrairement à des idées reçues, les plafonds de ressources pour l'accès à un logement social sont relativement élevés puisque 60 % de la population y est éligible.
À Paris par exemple, une personne seule ne devra pas gagner plus de 2 130 euros mensuels pour prétendre à un logement PLUS (soit 80 % des logements sociaux). Pour un logement PLAi, donc très social, les ressources ne doivent pas dépasser 12 722 euros par an, soit un peu plus de 1 000 euros mensuels. Partout, hors Île-de-France, une famille de deux enfants ne devra pas gagner plus de 3 590 euros.
Dans les faits, on constate que le logement social accueille des ménages très éloignés de ces maximums. Plus de 60 % des personnes logées dans le parc social ont en effet des revenus inférieurs à 60 % de ces plafonds. »

SECTION 2
DÉROGATIONS ET EXCEPTIONS

§ 1
Dérogations liées à la nature du financement

723.41 **Cas particulier des logements financés en PLUS.** Le financement en PLUS[4] résulte de la réforme du financement du logement locatif social opérée par le décret du 7 octobre 1999[5].

Il prévoit que 10 % au maximum des logements d'une opération peuvent être attribués à des candidats dont les ressources sont au plus égales à 120 % du plafond de ressources HLM.

Cette mesure, favorisant la mixité sociale et couplée avec un niveau de loyer plus élevé pour ces seuls logements, doit contribuer à l'équilibre de l'opération, les autres logements (90 %) bénéficiant de loyers inférieurs.

La dérogation est inscrite dans la convention passée avec l'État par le bailleur.

De même, 30 % au moins des logements doivent être occupés par des ménages dont les ressources n'excèdent pas 60 % du plafond de ressources prévu au premier alinéa de l'article R. 331-12 du code de la construction et de l'habitation pour l'attribution des logements sociaux, c'est-à-dire le plafond PLUS.

723.42 **Dérogations pour les logements financés en PLS (anciennement PLA-CFF).** L'arrêté du 29 juillet 1987 modifié relatif aux plafonds de ressources précise que les plafonds HLM sont majorés de 30 % pour les logements financés en PLS.

723.43 **Logements intermédiaires.** Certains logements destinés à des catégories intermédiaires font l'objet de financements spécifiques, qui ne sont pas aidés par l'État, mais répondent néanmoins à des plafonds de ressources particuliers. Il s'agit des PC (prêts conventionnés) et des PLI (prêts locatifs intermédiaires).

Les logements financés en PC locatifs[6], autrefois exonérés, sont soumis dorénavant à un plafond de ressources lorsqu'ils sont conventionnés à l'APL[7]. Ce plafond correspond à ceux du prêt locatif social (PLS).

Les prêts PLI sont réglementés depuis 2001[8] : leurs conditions d'emploi sont précisées ainsi que leur mode et leurs conditions de distribution. Leurs plafonds de ressources sont fixés par arrêté.

Le niveau maximum des ressources en PLI – qui correspondait depuis mars 2001 à environ 1,5 fois les plafonds PLUS HLM, est dorénavant fixé, depuis le 1er août 2004, à 180 % des plafonds en zone A[9], 160 % en zone B[10] et 140 % en zone C[11].

1. L. n° 2014-366, 24 mars 2014, *JO* 26 mars, p. 5809.
2. CCH, art. R. 441-1.
3. Rép. min. n° 43973, *JOAN Q* 10 nov. 2009, p. 10711.
4. Prêt locatif à usage social, distribué par la Caisse des dépôts et consignations.
5. Décr. n° 99-864, 7 oct. 1999 modifiant le CCH en ce qui concerne les conventions conclues entre l'État et les organismes d'HLM, *JO* 8 oct., p. 14879.
6. PC : prêts conventionnés ne comportant pas d'aide de l'état : la référence à une convention dans leur titre vise en réalité celle passée par l'État avec les banques et les établissements financiers qui distribuent ce prêt.
7. CCH, art. R. 353-11.
8. CCH, art. R. 391-1 s.
9. Agglomération parisienne, Côte d'Azur et partie française de l'agglomération de Genève.
10. Autres agglomérations de plus de 50 000 habitants.
11. Reste du territoire.

§ 2
Dérogations accordées par le préfet de département

723.51 Cas général. Les motifs acceptés pour une dérogation sont limités et précisés dans un arrêté préfectoral. Le préfet peut fixer par arrêté des règles dérogeant localement et temporairement aux conditions de ressources.

Les motifs de la dérogation sont limités à quatre[1] :

- résoudre des problèmes graves de vacance de logements;

- faciliter les échanges de logement dans l'intérêt des familles;

- permettre l'installation d'activités nécessaires à la vie économique et sociale des ensembles d'habitations;

- favoriser la mixité sociale dans les grands ensembles et les quartiers prioritaires de la politique de la ville (QPV).

L'arrêté détermine les plafonds de ressources dérogatoires applicables. Il désigne les immeubles ou les secteurs qui font l'objet de la dérogation, ainsi que la durée de celle-ci.

Dans les mêmes conditions, des dérogations aux plafonds de ressources peuvent également être accordées, en dehors des grands ensembles et des QPV, pour les logements d'un même immeuble ou ensemble immobilier lorsque ceux-ci sont occupés à plus de 65 % par des ménages bénéficiant de l'aide personnalisée au logement (APL).

§ 3
Dérogations spécifiques

723.61 Dérogations dans les cas de délégation d'aides à la pierre. La convention de délégation des aides à la pierre, prévue par la loi du 13 août 2004 relative aux libertés et aux responsabilités locales (v. s^s^ n° 733.53), peut prévoir des majorations aux plafonds de ressources dans la limite d'un dépassement de 30 %[2], afin de favoriser la mixité sociale, pour des logements d'un même immeuble situés dans des ensembles immobiliers ou quartiers dans lesquels plus de 20 % des logements locatifs sociaux sont vacants depuis au moins trois mois ou pour des logements situés dans des quartiers classés en zone urbaine sensible ou pour les logements d'un même immeuble ou ensemble immobilier lorsqu'ils sont occupés à plus de 65 % par des ménages bénéficiant des aides personnelles au logement.

723.62 Dérogations en cas de conventionnement d'utilité sociale (CUS). La convention signée avec l'État dans le cadre des articles L. 445-1 et suivants du code de la construction et de l'habitation autorisait l'organisme d'HLM à déroger aux plafonds de ressources réglementaires, dans le respect des orientations fixées éventuellement par le PLH[3]. L'article R. 445-8 limitait ces dérogations à deux cas permettant de favoriser la mixité sociale dans les immeubles concernés : dans les immeubles sous plafonds de ressources PLUS, la CUS pouvait autoriser un plafond majoré de 30 %; dans les immeubles occupés à plus de 65 % par des bénéficiaires de l'APL, il pouvait être dérogé dans la limite du plafond PLI, aux plafonds de ressources PLUS, si le préfet et, le cas échéant, le délégataire des aides à la pierre, donnait son accord; celui-ci était réputé donné après trois mois.

La loi relative à l'égalité et à la citoyenneté du 27 janvier 2017 a supprimé sous cette forme cette faculté de dérogation, en modifiant l'article L. 445-3 du code de la construction et de l'habitation. Dorénavant, dans le cadre de la CUS 2 et si l'organisme engage la nouvelle politique des loyers (sur ces notions, v. s^s^ n°s 736.71 s.), il pourra instituer plusieurs plafonds de ressources dans le cadre d'un immeuble ou d'un ensemble immobilier dont il veut développer la diversité des personne accueillies.

§ 4
Cas des logements non soumis à plafonds de ressources

723.71 Conditions relatives au local lui-même. Il s'agit, tout d'abord, d'un nombre très réduit de logements HLM pour lesquels la réglementation a exclu l'application des plafonds de ressources de manière expresse. C'est le cas pour les logements ILN (immeubles à loyers normaux), correspondant aux immeubles à loyer intermédiaire des années 1960-1970. Par ailleurs, les logements construits sur fonds propres par les organismes d'HLM et non conventionnés à l'APL ne sont pas soumis à plafonds de ressources.

723.72 Conditions relatives à la situation du demandeur. On doit également mentionner l'hypothèse, retenue par l'article L. 442-4 du code de la construction et de l'habitation, des locataires qui

1. CCH, art. R. 441-1-1.
2. CCH, art. R. 441-1-2.
3. CCH, art. L. 445-3.

sous-occupent[1] leur logement et dont la mutation n'est pas soumise à plafond de ressources.

De même, lorsque deux locataires échangent leurs logements dans les conditions prévues par l'article 9 de la loi du 6 juillet 1989 (v. s^s^ n°s 424.11 s.), il n'y a pas lieu de tenir compte des plafonds de ressources.

Enfin, les bailleurs HLM peuvent louer des logements, meublés ou non, à un ou plusieurs étudiants, aux personnes de moins de trente ans ou aux personnes titulaires d'un contrat d'apprentissage ou de professionnalisation, sans tenir compte d'aucun plafond[2]. Ces locataires ne bénéficient pas du droit au maintien dans les lieux. Le nombre de ces logements est limité et fixé dans la convention d'utilité sociale (CUS) signée avec l'État.

1. Les locaux insuffisamment occupés sont définis « comme des locaux comportant un nombre de pièces habitables, (...) non compris les cuisines, supérieur de plus d'un au nombre de personnes qui y ont effectivement leur résidence principale » (CCH, art. L. 621-2).

2. CCH, art. L. 442-8-4.

CHAPITRE

724. Commission d'attribution des logements HLM

SECTION 0 ORIENTEUR

724.00 Plan du chapitre.

Division – Création par la loi du 13 juillet 1991. La loi du 13 juillet 1991[1] d'orientation pour la ville a introduit dans tous les organismes HLM des commissions d'attribution.

Les innovations de la loi du 13 juillet 1991 ont porté sur :

– la généralisation des commissions d'attribution aux sociétés anonymes d'HLM,

– l'attribution nominative des logements par la commission d'attribution : un logement à un demandeur,

– la participation des représentants des locataires à la commission d'attribution,

– et la participation des maires, membres de droit des commissions.

Sont ensuite intervenues successivement les lois :

– du 13 décembre 2000 relative à la solidarité et au renouvellement urbains (dite loi SRU),

– du 25 mars 2009, de mobilisation pour le logement et la lutte contre l'exclusion,

– du 24 mars 2014, pour l'accès au logement et un urbanisme rénové,

– enfin la loi du 27 janvier 2017, relative à l'égalité et à la citoyenneté,

– qui ont complété la législation sur les commissions d'attribution.

1. L. n° 91-662, 13 juill. 1991 d'orientation pour la ville, *JO* 19 juill., p. 9521.

724.01 Textes applicables.

TEXTES SOURCES

• **CCH, art. L. 441-2.**

• **Décr. n° 92-726, 29 juill. 1992** portant application des articles 37, 38 et 41 de la loi d'orientation pour la ville, *JO* 30 juill., p. 10230.

• **Décr. n° 2010-398, 22 avr. 2010** relatif au droit au logement opposable, *JO* 24 avr., p. 7506.

• **Décr. n° 2011-176, 15 févr. 2011** relatif à la procédure d'attribution des logements sociaux et au droit au logement opposable, *JO* 16 févr., p. 2890.

• **Décr. n° 2017-834, 5 mai 2017** portant diverses dispositions modifiant le code de la construction et de l'habitation en matière de demande et d'attribution de logement social, *JO* 7 mai, n° 124.

• **Arr. 10 mars 2011** fixant la méthode de calcul du taux d'effort mentionné à l'art. R. 441-3-1 du CCH, JO 18 mars, p. 4910.

• **Circ. 27 mars 1993** relative aux commissions d'attribution des organismes de logement social (non publiée).

TEXTES *IN EXTENSO*

• **CCH, art. L. 441-2**

Il est créé, dans chaque organisme d'habitations à loyer modéré, une commission d'attribution chargée d'attribuer nominativement chaque logement locatif. Elle comprend six membres représentant l'organisme d'habitations à loyer modéré, désignés selon des modalités définies par décret, qui élisent en leur sein un président.

Une commission d'attribution est créée sur demande d'un établissement public de coopération intercommunale mentionné au vingtième alinéa de l'article L. 441-1, d'un établissement public territorial de la métropole du Grand Paris ou de la commune de Paris lorsque, sur le territoire concerné, un même organisme dispose de plus de 2 000 logements locatifs sociaux.

La commission exerce sa mission d'attribution des logements locatifs dans le respect des articles L. 441-1 et L. 441-2-3, en prenant en compte les objectifs fixés à l'article L. 441.

Par dérogation au troisième alinéa du présent article et pour les seuls logements ne faisant pas l'objet d'une réservation par le représentant de l'État dans le département en application du trente et unième alinéa de l'article L. 441-1, la commission d'attribution peut attribuer en priorité tout ou partie des logements construits ou aménagés spécifiquement pour cet usage à des personnes en perte d'autonomie liée à l'âge ou au handicap, dans le cadre de programmes bénéficiant d'une autorisation spécifique délivrée par le représentant de l'État dans le département. Les modalités d'octroi de cette autorisation spécifique sont définies par décret.

Pour les logements faisant l'objet d'une réservation par le représentant de l'État dans le département, celui-ci peut s'engager, en fonction de son appréciation des besoins locaux de logements adaptés à ce type de population, à proposer prioritairement les logements construits ou aménagés spécifiquement pour cet usage à des personnes en perte d'autonomie liée à l'âge ou au handicap.

Elle comprend, selon des modalités définies par décret, un représentant désigné par des organismes bénéficiant de l'agrément relatif à l'ingénierie sociale, financière et technique prévu à l'article L. 365-3. Ce représentant dispose d'une voix consultative dans le cadre des décisions d'attribution de la commission.

En outre, le maire de la commune où sont implantés les logements attribués, ou son représentant, est membre de droit des commissions d'attribution.

Le représentant de l'État dans le département, ou l'un de ses représentants est membre de droit de la commission d'attribution.

Les maires d'arrondissement des communes de Paris, Marseille et Lyon ou leur représentant participent à titre consultatif aux travaux de ces commissions pour l'attribution des logements situés dans le ou les arrondissements où ils sont territorialement compétents.

Les réservataires non membres de droit participent avec voix consultative aux décisions de la commission d'attribution qui concernent l'attribution des logements relevant de leur contingent.

Les présidents des établissements publics de coopération intercommunale compétents en matière de programme local de l'habitat, les présidents du conseil de territoire des établissements publics territoriaux de la métropole du Grand Paris ou leurs représentants sont membres de droit de ces commissions pour l'attribution des logements situés sur le territoire où ils sont territorialement compétents. Lorsque l'établissement public de coopération intercommunale ou l'établissement public territorial de la métropole du Grand Paris sur le territoire duquel se situent les logements à attribuer a créé une conférence intercommunale du logement prévue à l'article L. 441-1-5 et a adopté le plan partenarial de gestion de la demande de logement social et d'information des demandeurs prévu à l'article L. 441-2-8, son président dispose d'une voix prépondérante en cas d'égalité des voix. À défaut, le maire de la commune où se situent les logements à attribuer dispose d'une voix prépondérante en cas d'égalité des voix.

Lorsqu'une convention de gérance prévue à l'article L. 442-9 inclut l'attribution de logements, le président de la commission d'attribution de l'organisme ayant confié la gérance des immeubles est membre de droit, pour l'attribution de ces logements, de la commission d'attribution de l'organisme gérant.

À titre dérogatoire, pour une durée de six ans à compter de la date de publication de la loi n° 2014-366 du 24 mars 2014 pour l'accès au logement et un urbanisme rénové, dans les communes non assujetties à la taxe annuelle sur les logements vacants définies au I de l'article 232 du code général des impôts, et après accord du représentant de l'État dans le département, la commission d'attribution peut prendre une forme numérique en réunissant ses membres à distance selon des modalités définies par son règlement et approuvées également par le représentant de l'État dans le département. Pendant la durée de la commission d'attribution numérique, les membres de la commission font part de leurs décisions de manière concomitante à l'aide d'outils informatiques garantissant un accès sécurisé, un choix libre et éclairé, la confidentialité des échanges, le respect de la vie privée des demandeurs et la possibilité, à tout moment et pour tout membre, de renvoyer la décision à une commission d'attribution physique.

724.02 Jurisprudence de référence.

• **CE 27 juill. 2001**, *Ass. Droit au logement*, req. n° 214768

* V. s^s n° 724.31

La commission d'attribution des logements (CAL) est seule compétente pour attribuer chaque logement ayant bénéficié d'une aide de l'État ou ouvrant droit à l'aide personnalisée au logement. Ce pouvoir de fixation par les organismes d'HLM des règles d'attribution ne résulte donc pas d'un transfert illégal.

• **Aix-en-Provence, 28 juin 2005, RG n° 2005/369**

* V. s^s n° 724.56

Un bailleur HLM peut, « eu égard à l'appréciation du contexte social du quartier dans lequel se trouve le logement sollicité », motiver son refus d'attribution par la « non concordance avec les objectifs de mixité sociale conduits conformément à la loi sur le quartier concerné ».

• **T. confl. 16 févr. 2016**, req. n° 4048, *Lebon*

* V. s^s n° 724.55

Quel que soit le statut, public ou privé, du bailleur social, la décision de refus d'attribuer un logement constitue une décision administrative, dont il incombe à la seule juridiction administrative d'apprécier la légalité.

724.03 Bibliographie indicative.

Actualisables. RÉP. CIV., v° « Habitat social (HLM) », H. des Lyons, n° 163 – DICT. PERM. Gestion immob., « HLM-Location », n°s 67 s.

Articles. G. Teilliais, « L'attribution des logements HLM », *Ann. loyers* 1997. 104; Ph. Brouant, « Les pouvoirs du maire en matière d'attribution des logements sociaux », *AJDI* 1998. 335; Fr. Zitouni, « L'attribution des logements locatifs sociaux à la croisée des politiques sociales et territoriales », *RD sanit. soc.* 2006, n° 3, p. 432; *Actualités Habitat* n° 924, 15 mai 2011; C. Coutant-Lapallus, « Vers une amélioration de la procédure d'attribution des logements sociaux ? », *Loyers et copr.* 2011, p. 7.

SECTION 1
PRINCIPES

724.11 **Principe.** Il est créé, dans chaque organisme d'habitation à loyer modéré, une commission d'attribution chargée d'attribuer nominativement chaque logement locatif. Elle comprend six membres représentant l'organisme HLM, qui désignent en leur sein un président.

724.12 **Création d'une ou plusieurs commissions d'attribution.** Le conseil d'administration (ou le conseil de surveillance) décide la création d'une ou de plusieurs commissions en fonction de la dispersion géographique du parc de l'organisme, sans limite particulière (ce qui permet l'installation de commissions par commune si nécessaire). Il définit les orientations d'attribution des commissions.

724.13 **Attribution nominative des logements.** La commission attribue nominativement chaque logement. Ce principe de décision d'attribution par l'organisme qui gère le logement a toujours été maintenu et apporte la garantie fondamentale de la responsabilité du bailleur dès l'attribution et pendant toute la durée du contrat de location.

724.14 **Création d'une commission d'attribution à la demande d'un EPCI.** Depuis la loi relative à la solidarité et au renouvellement urbains (loi du 13 décembre 2000 dite loi SRU) [1], un organisme HLM qui détient plus de 2 000 logements sur une même commune ou établissement public de coopération intercommunale (EPCI), devait créer une commission d'attribution à leur demande.

La loi du 27 janvier 2017, relative à l'égalité et à la citoyenneté[2], a modifié cette disposition (CCH, art. L. 441-2). Dorénavant, seuls les EPCI tenus de se doter d'un programme local de l'habitat (PLH) ou ayant la compétence habitat et au moins un quartier prioritaire de la politique de la ville (QPV) sur leur territoire, ainsi que les établissements publics territoriaux de la métropole du Grand Paris ou de la commune de Paris peuvent demander à un organisme qui détient plus de 2 000 logements sur leur territoire de créer une commission d'attribution.

Ainsi, les communes dans la même situation ne pourront plus faire cette demande.

1. L. n° 2000-1208, 13 déc. 2000, *JO* 14 déc., p. 19777, art. 153 IV.
2. L. n° 2017-86, 27 janv. 2017 relative à l'égalité et à la citoyenneté, *JO* 28 janv., n° 1.

SECTION 2
COMPOSITION DE LA COMMISSION

724.21 **Commission unique.** La commission comprend six membres représentant l'organisme HLM. Sa composition varie selon qu'il s'agit d'un office ou d'une société anonyme d'HLM et selon le nombre de commissions créées. Ainsi, en cas de commission unique, la composition est la suivante :

– pour les offices publics de l'habitat : six membres, désignés par le conseil d'administration. L'un des membres a la qualité de représentant des locataires;

– pour les sociétés anonymes : six membres, soit cinq administrateurs du conseil d'administration ou du conseil de surveillance et un administrateur locataire.

724.22 **Commissions multiples.** En cas de création de plusieurs commissions, les membres de celles-ci ne sont pas nécessairement membres du conseil d'administration, qui peuvent être en nombre insuffisant. Le conseil d'administration désigne les membres dans les mêmes proportions que ci-dessus sur désignation des administrateurs concernés. Les critères d'éligibilité sont fixés par le conseil. La circulaire du 27 mars 1993, relative aux commissions d'attribution des organismes de logement social précise à cette occasion : « Il appartient au seul conseil d'administration ou de surveillance de désigner les membres des commissions, sur la base des propositions des diverses catégories de membres, comme le prévoit le décret (du 29 juillet 1992). Le conseil d'administration ou de surveillance de l'organisme peut refuser la proposition qui lui est faite par une de ces catégories, par décision motivée.

Dans le cas où l'une des catégories évoquées ci-dessus ne formulerait aucune proposition de nomination, ou si le conseil d'administration ou de surveillance a considéré par décision dûment motivée, comme inacceptable les propositions formulées, la commission peut siéger malgré l'existence d'un siège vacant de ce fait. Mais le conseil doit s'efforcer de mettre un terme rapide à une telle situation, pour permettre à la commission de fonctionner dans les conditions prévues par le texte. De plus, il y a lieu d'appeler l'attention des organismes sur le fait que les refus de nomination éventuellement prononcés par le conseil après que des propositions de nomination lui aient été faites sont, bien entendu, susceptibles de recours contentieux. »

724.23 **Membres de droit.** En outre, sont membres de droit des commissions pour les logements situés sur leur territoire[3] :

3. CCH, art. L. 441-2 et R. 441-9.

– le maire de la commune où sont implantés les logements attribués. Il peut se faire représenter par toute personne mandatée à cet effet. Doivent être regardées comme ayant été pris par une autorité incompétente les décisions d'attribution prises par le service administratif de l'office et hors de la présence du maire de la commune concernée[1];

– les présidents des EPCI compétents en matière de programme local de l'habitat;

– les présidents du conseil de territoire des établissements publics territoriaux de la métropole du grand Paris.

Est également membre de droit le représentant de l'État dans le département ou son représentant pour toutes les commissions d'attribution des organismes sur le département.

724.24 Hypothèse d'un organisme mandant. En cas de mandat de gérance comprenant l'attribution des logements, participe à la commission avec voix délibérative le président de la commission d'attribution de l'organisme mandant ou son représentant.

724.25 Bénéficiaires d'une voix consultative. Peuvent participer avec voix consultative aux commissions[2] :

– un représentant des organismes bénéficiant de l'agrément relatif à l'ingénierie sociale, financière et technique prévu à l'article L. 365-3 du code de la construction et de l'habitation, désigné par les organismes bénéficiant de cet agrément dans le département[3];

– à Paris, Lyon ou Marseille : les maires d'arrondissement ou leur représentant pour les logements à attribuer dans leur arrondissement;

– depuis la loi du 27 janvier 2017 relative à l'égalité et à la citoyenneté, les réservataires des logements dans l'organisme, non membres de droit, en ce qui concerne l'attribution des logements relevant de leur contingent[4].

724.26 Caractéristiques des mandats. La durée du mandat des membres de la commission est de trois ans, renouvelable. Il est possible de désigner des membres suppléants. En cas de commission unique, le suppléant est nécessairement administrateur de l'organisme.

SECTION 3
FONCTIONNEMENT DE LA COMMISSION

724.31 Règles de fonctionnement propres. La commission d'attribution des logements (CAL) est seule compétente pour attribuer chaque logement ayant bénéficié d'une aide de l'État ou ouvrant droit à l'aide personnalisée au logement. Ce pouvoir de fixation par les organismes d'HLM des règles d'attribution ne résulte donc pas d'un transfert illégal[5].

Un maire ne peut utiliser son pouvoir de police pour réserver aux seuls habitants de la commune l'attribution des logements sociaux et confier au service du logement de la ville le traitement des demandes d'attribution[6].

724.32 Attribution nominative. C'est une attribution nominative, qui oblige par conséquent à désigner un bénéficiaire pour un logement déterminé. Précisons cependant qu'en cas d'urgence il est possible d'attribuer directement un logement à un demandeur, la régularisation intervenant postérieurement.

724.33 Condition d'attribution : enregistrement de la demande. Aucune attribution de logement ne peut être décidée, ni aucune candidature examinée par une commission d'attribution si la demande n'a pas fait l'objet d'un enregistrement assorti de la délivrance d'un numéro unique (v. s^{s}. n° 721.62 s.)[7].

724.34 Mutation et relogement. Les demandes de mutation au sein d'un organisme sont également soumises à la commission. En revanche, les relogements qui font suite à une situation de sous-occupation ou à un déplacement pour libérer un logement réservé aux handicapés, ne sont pas soumis à une décision de la CAL ou à la délivrance d'un numéro unique.

À noter : la loi relative à l'égalité et à la citoyenneté du 27 janvier 2017 prévoit l'enregistrement obligatoire par le bailleur dans le système national d'enregistrement des personnes devant bénéficier d'un relogement dans le cadre d'une opération de renouvellement urbain (démolition, par exemple), sur la base des informations fournies par le ménage ou, à défaut, de celles connues du bailleur[8].

724.35 Président de la commission. Un président est élu par les six membres désignés par le conseil d'administration ou de surveillance de l'organisme

1. CAA Paris, 30 déc. 1999, *OPDHLM des Hauts-de-Seine*, RG n° 98PA02252.
2. CCH, art. L. 441-2 et R. 441-9.
3. CCH, art. L. 441-2, mod. par L. n° 2009-323, 25 mars 2009, et CCH, art. R. 441-9, mod. par décr. n° 2009-1684, 30 déc. 2009.
4. L. n° 2017-86, 27 janv. 2017 relative à l'égalité et à la citoyenneté, art. 75, *JO* 28 janv., n° 1 – Sur les réservataires, v. s^{s} n° 721.92.
5. CE 27 juill. 2001, *Ass. Droit au logement*, req. n° 214768, *AJDI* 2002. 54, obs. J.-P. Brouant.
6. CE 10 juill. 1996, *Ville d'Épinay-sur-Seine*, req. n° 162601, *AJDI* 1998. 336, obs. Brouant.
7. CCH, art. L. 441-2-1.
8. CCH, art. L. 441-2-1, al. 2.

HLM, soit à durée fixe, soit tous les ans, soit à chaque séance.

724.36 Voix prépondérante. L'article 75 de la loi du 27 janvier 2017, relative à l'égalité et à la citoyenneté a changé la règle de la prépondérance, attribuée antérieurement au maire de la commune concernée[1].

Dorénavant, c'est le président de l'établissement public de coopération intercommunale (EPCI) qui dispose d'une voix prépondérante en cas d'égalité des voix, mais à une double condition : l'EPCI doit avoir créé une conférence intercommunale du logement (prévue à CCH, art. L. 441-1-5) et avoir adopté le plan partenarial de gestion de la demande de logement social et d'information des demandeurs (prévu à CCH, art. L. 441-2-8). Ceci vaut également pour l'établissement public territorial de la métropole du Grand Paris, dans les mêmes conditions.

À défaut, le maire de la commune où se situent les logements à attribuer dispose d'une voix prépondérante en cas d'égalité des voix.

724.37 Règlement intérieur de la commission d'attribution. Le conseil d'administration établit un règlement intérieur de la commission et fixe les règles de *quorum* applicables à ses délibérations[2].

Dans le règlement intérieur, sont définies les règles d'organisation, de fonctionnement de la commission et d'instruction des dossiers, de convocation des réunions et leur fréquence, ainsi que les règles d'établissement du procès-verbal de la commission.

Ce règlement intérieur doit être rendu public.

724.38 Fréquence minimale des réunions. Une réunion de la commission doit avoir lieu au moins tous les deux mois.

724.39 CAL dématérialisée. La loi du 24 mars 2014 dite loi Alur[3] a prévu, à titre dérogatoire pour trois ans, que la CAL pouvait prendre une forme numérique, en réunissant ses membres à distance pour délibérer sur les attributions de logement. Le représentant de l'État dans le département donne son accord et le procédé utilisé doit garantir un accès sécurisé, un vote simultané des membres et le respect de la vie privée des demandeurs.

Cette possibilité a été prorogée pour trois nouvelles années, soit jusqu'au 26 mars 2020, par la loi du 27 janvier 2017 relative à l'égalité et à la citoyenneté[4]. Elle est appliquée par exemple par certains bailleurs en Alsace, Auvergne, Pas-de-Calais et Saône-et-Loire, notamment.

SECTION 4
INSTRUCTION DES DOSSIERS ET DÉCISIONS D'ATTRIBUTION

724.41 Obligations de la commission. Les commissions ont l'obligation d'examiner au moins trois demandes par logement à attribuer, « sauf en cas d'insuffisance du nombre des candidats »[5]. Il est également fait exception à ce principe d'examen de trois dossiers lorsqu'il s'agit de personnes considérées comme prioritaires par la commission de médiation du département et désignées par le préfet à l'organisme, pour se voir attribuer un logement dans le cadre de la procédure du droit au logement opposable (DALO). Un seul dossier peut alors être soumis à la commission d'attribution.

La loi relative à l'égalité et à la citoyenneté du 27 janvier 2017 a introduit une nouvelle obligation : pour l'appréciation des ressources du demandeur, les processus de désignation des candidats et d'attribution des logements sociaux doivent prendre en compte le montant de l'aide personnalisée au logement (APL) ou des allocations de logement à caractère social ou familial auxquelles le ménage peut prétendre[6]. La méthode de calcul du taux d'effort, dont la définition est fixée par arrêté[7], doit également être appliquée.

724.42 Classement des bénéficiaires. La commission d'attribution peut retenir plusieurs attributaires lors de sa délibération et les classer par ordre de priorité[8]. Ainsi, celui qui se situe en deuxième position pourra se voir attribuer le logement si le premier classé le refuse. *Idem* pour le troisième.

724.43 Décisions de la commission. Du point de vue règlementaire la commission ne peut choisir que parmi 5 décisions possibles[9] :

a) Attribution du logement proposé à un candidat.

b) Attribution du logement proposé en classant les candidats par ordre de priorité, l'attribution du logement étant prononcée au profit du candidat suivant en cas de refus de l'offre faite dans les conditions de l'article R. 441-10 par le ou les candidats classés devant lui : il est accordé un délai au bénéfi-

1. CCH, art. L. 441-2 et R. 441-9.
2. CCH, art. R. 441-9, IV.
3. L. n° 2014-366, 24 mars 2014, *JO* 26 mars, p. 5809.
4. L. n° 2017-86, 27 janv. 2017 relative à l'égalité et à la citoyenneté, *JO* 28 janv., n° 1.
5. CCH, art. R. 441-3.
6. CCH, art. L. 441-1.
7. Arr. 10 mars 2011 fixant la méthode de calcul du taux d'effort mentionné à l'art. R. 441-3-1 du CCH, *JO* 18 mars, p. 4910.
8. CCH, art. R. 441-3.
9. CCH, art. R. 441-3.

ciaire de l'offre pour faire connaître son acceptation ou son refus; ce délai ne peut être inférieur à 10 jours;

c) Attribution du logement proposé à un candidat sous condition suspensive, « lorsqu'une pièce justificative, relevant de la liste mentionnée à l'article R. 441-2-4-1[à ce jour, liste annexée à l'arrêté du 24 juillet 2013 relatif au nouveau formulaire de demande de logement social], est manquante au moment de l'examen de la demande par la commission d'attribution; ce type de décision emporte l'obligation pour le bailleur de signer un bail avec l'attributaire sur le logement objet de l'attribution si la fourniture de la pièce dans le délai fixé par la décision d'attribution ne remet pas en cause le respect des conditions d'accès à un logement social du candidat »[1]. En ce cas, la CAL fixe un délai maximal pour la fourniture du justificatif par le demandeur. Si la pièce est produite dans les délais, l'attribution est effective. Si la pièce n'est pas produite, l'organisme constate que la condition n'est pas remplie et la décision de non-attribution s'applique, sans nouveau passage en CAL et le logement est proposé au candidat ayant fait l'objet d'une décision d'attribution, placé derrière lui.

d) Non attribution au candidat du logement proposé; la décision de non attribution doit être motivée.

La décision de non-attribution (c'est celle de ne pas attribuer tel logement à tel demandeur à un moment donné) n'a pas pour conséquence la radiation de la demande dans le fichier des demandes; elle ne lui fait pas perdre son ancienneté dans le fichier des demandeurs. Le motif de non attribution relève de la décision souveraine de la commission.

La commission peut ainsi retenir un certain nombre de motifs, liés à la situation du demandeur, qui n'entraînent pas le rejet de sa demande et ne lui font pas perdre son ancienneté.

e) Décision de rejet pour irrecevabilité de la demande au regard des conditions législatives et réglementaires d'accès au logement social.

Cette décision de rejet doit être notifiée à l'intéressé par écrit (par lettre recommandée avec demande d'avis de réception ou tout autre moyen permettant d'attester la remise à la personne concernée), en exposant le ou les motifs du rejet[2].

Le rejet de la demande pour irrecevabilité entraîne la radiation de la demande. Il s'agit de motifs qui rendent incompatible la demande avec les règles d'attribution, soit en raison des ressources excessives du demandeur, soit en raison du non-respect des règles d'accès au logement social pour les étrangers.

Une décision de rejet, à la différence d'une décision de non attribution, a pour conséquence la radiation de la demande dans le système national d'enregistrement (SNE). Seule une situation conforme au regard des règles d'attribution (ressources par exemple) permettra de faire une nouvelle demande.

La fixation d'un plancher minimum de ressources ayant pour effet d'exclure les candidats les plus défavorisés est contraire à la lettre et à l'esprit des articles L. 441 et suivants du code de la construction et de l'habitation[3].

724.44 Loi relative à l'égalité et à la citoyenneté. La loi relative à l'égalité et à la citoyenneté du 27 janvier 2017 a précisé dans l'article L. 441-1 du code de la construction et de l'habitation que l'absence de lien avec la commune ne pouvait constituer, à lui seul, un motif de non attribution d'un logement adapté aux besoins et aux capacités du demandeur. C'est un élément nouveau car, jusqu'à présent, l'absence de résidence dans la commune ne pouvait, en aucun cas, justifier un tel motif de rejet de la demande. Dorénavant, ce motif pourra être utilisé à la condition d'être accompagné d'une justification complémentaire. On sait, par ailleurs, qu'aucune condition de résidence préalable dans la commune ne peut être opposée au demandeur pour refuser d'enregistrer sa demande (CCH, art. R. 441-2-3).

Par ailleurs, la loi de 2017 a complété la rédaction de l'article L. 442-2-2 du code de la construction et de l'habitation : « Le fait pour l'un des membres du ménage candidat à l'attribution d'un logement social d'être propriétaire d'un logement adapté à ses besoins et capacités *ou susceptible de générer des revenus suffisants pour accéder à un logement du parc privé* peut constituer un motif de refus pour l'obtention d'un logement social. »

La commission d'attribution devra faire la démonstration de ces éléments (en rapportant que le logement est « adapté aux besoins et capacités du demandeur » propriétaire ou qu'il génère des « revenus suffisants pour accéder à un logement du parc privé », ce qui prêtera sans doute à une jurisprudence à venir).

1. Rédaction issue du décr. n° 2017-834 du 5 mai 2017 portant diverses dispositions modifiant le code de la construction et de l'habitation en matière de demande et d'attribution de logement social – Auparavant, la décision d'attribution sous condition suspensive était limitée aux situations dans lesquelles manque « une des conditions d'accès au logement social ». Cette rédaction limitait juridiquement ce type de décision à la production d'un document justifiant du respect des plafonds de ressources ou de la régularité du séjour.
2. CCH, art. L. 441-2-2.
3. TA Marseille, 23 avr. 2001, *Ass. droit au logement Marseille-Provence*, n° 01/1684, *AJDI* 2001. 634, obs. Brouant.

SECTION 5
RECOURS JURIDICTIONNELS CONTRE LES DÉCISIONS DE LA COMMISSION

724.51 Motivation obligatoire des rejets des demandes. Tout rejet d'une demande d'attribution doit être notifié par écrit au demandeur, dans un document exposant le ou les motifs du refus d'attribution [1]. La question du juge compétent n'est toutefois pas tranchée par la législation, mais par la jurisprudence.

724.52 Tribunal compétent – Nature des organismes HLM. Les organismes HLM sont, soit des organismes publics, sous la forme d'EPIC (établissements publics industriels et commerciaux), soit des organismes privés (SA d'HLM), relevant des dispositions du code de commerce sur les sociétés (sur ces distinctions v. s[s] n°s 144.12 s.).

La contestation d'une décision prise par la commission d'attribution d'un organisme public d'HLM relève-t-elle du juge judiciaire ou est-elle susceptible de recours devant les tribunaux administratifs compte tenu de la nature juridique de l'organisme ?

724.53 Compétence du juge administratif. Le tribunal administratif de Nantes [2], saisi d'une demande d'annulation de décisions implicites de refus opposées à deux requérants par un office public, un OPAC et une SA d'HLM, après avoir décliné sa compétence quant à la décision de la SA, qui présentait « un caractère de droit privé », a accueilli la demande contre les décisions des deux offices publics, considérées comme « détachables des contrats de location à intervenir » et comme telles susceptibles d'être attaquées pour excès de pouvoir devant la juridiction administrative. Dans le même sens, la Cour administrative d'appel de Paris, jugeant que l'attribution nominative avait un caractère détachable du contrat, a considéré que son examen relevait du juge de l'excès de pouvoir [3]. Dans le sens contraire, une cour administrative d'appel a pu retenir que des décisions d'attribution, ne révélant l'exercice d'aucune prérogative de puissance publique, des refus d'attribution ne relevaient pas de la compétence du juge administratif [4].

724.54 Compétence du juge judiciaire. Du point de vue des tribunaux judiciaires eux-mêmes, la cour de cassation, ayant eu à examiner les conditions dans lesquelles une attribution avait été faite par une SA d'HLM, organisme de droit privé, n'avait pas décliné sa compétence [5].

724.55 Position du tribunal des conflits. Face à ces divergences d'appréciation au sein des tribunaux le tribunal des conflits a eu à se prononcer. À l'origine de l'affaire jugée en 2016, une ancienne locataire HLM, à la suite de son expulsion d'un logement qu'elle louait à un Office HLM, a saisi la commission départementale de médiation de son département (v. s[s] n° 725.31) qui l'a déclarée prioritaire pour l'attribution d'un logement social. À la suite de cette décision, sur injonction du tribunal administratif, le préfet a soumis sa candidature à l'OPH qui l'avait expulsée. Cette candidature restant sans suite, l'ex-locataire a saisi le tribunal administratif pour lui demander, d'une part, d'annuler la décision implicite par laquelle l'Office avait « refusé de lui attribuer la location d'un logement » et, d'autre part, d'enjoindre à l'office de réexaminer sa candidature, soutenant que celle-ci n'avait pas même été soumise à la commission d'attribution. En défense, l'Office a fait valoir notamment que, sur sa suggestion, le préfet avait en définitive proposé une autre candidature.

Le tribunal administratif ayant décliné la compétence de la juridiction administrative, la plaignante soumet ses demandes au tribunal de grande instance local. Par ordonnance du 3 novembre 2015, le juge de la mise en état, estimant que la détermination de l'ordre de juridiction compétent soulevait une difficulté sérieuse, a saisi le Tribunal des conflits.

La question posée était la suivante : quelle est la juridiction compétente pour statuer sur une demande d'annulation d'une décision d'un office public de l'habitat refusant d'attribuer un logement à une personne déclarée prioritaire dans le cadre de la procédure DALO ?

À qui a-t-elle été posée : au Tribunal des conflits, juridiction composée à parité, de membres du Conseil d'État et de la Cour de cassation et dont la mission est de résoudre les conflits de compétence entre les juridictions de l'ordre judiciaire et les juridictions de l'ordre administratif et de prévenir un déni de justice dans le cas de contrariété de décisions définitives rendues, dans le même litige, par une juridiction de chacun des deux ordres.

Le rapporteur a précisé les positions affirmées jusqu'alors : « La première question qui se pose à vous est celle de savoir à quelle catégorie d'actes se rattache le refus d'attribution d'un logement social. Les juridictions du fond sont partagées. Certaines y

1. CCH, art. L. 441-2-2.
2. TA Nantes, 14 mars 1995, *AJPI* 1995. 597, note Wertenschlag et Girard.
3. CAA Paris, 30 déc. 1999, *OPHLM des Hauts-de-Seine*, n° 98PA02252, *AJDI* 2000. 949, obs. Brouant et Brouillaud. V. AUSSI : CAA Versailles, 10 févr. 2005, req. n° 02VE01219; CAA Marseille, 27 févr. 2001, req. n° 00MA02559.
4. CAA Lyon, 12 mai 1998, *Vernaz*, req. n° 95LYO0342.
5. Civ. 3e, 14 nov. 1991, n° 90-12.852, NP.

voient un acte pris pour l'exécution du service public dont le contentieux ressortit aux juridictions administratives, à condition, selon quelques décisions, qu'il émane de la commission d'attribution d'un organisme public[1]. D'autres ont jugé qu'un tel refus n'était pas détachable du bail de sorte que seules les juridictions judiciaires étaient compétentes pour en connaître, sans qu'il y ait à distinguer selon la nature publique ou privée de l'organisme de logement social[2]. »

Il appelle le Tribunal à observer que « la décision relative à l'attribution d'un logement social nous apparaît plutôt indissociable de l'exécution du service public dont elle constitue pour ainsi dire l'objet », et que la décision est bien « détachable de la gestion du domaine privé de l'Office », question qui n'avait pas été posée précédemment, sous cette forme, par les tribunaux administratifs eux-mêmes.

Y a-t-il une distinction, nécessaire ou non, à faire entre les décisions d'attribution des organismes privés et celles des organismes publics d'HLM. Le rapporteur avance en faveur de l'unicité de la solution au nom de deux idées : d'une part, le rôle des commissions d'attribution est le même dans les deux cas; d'autre part, la décision de la commission d'attribution refusant l'attribution d'un logement « prise dans un but d'intérêt général s'inscrit dans un cadre législatif et réglementaire l'enserrant dans des contraintes strictes et exorbitantes du droit commun ». Le respect des règles de priorité, les sanctions associées donnent à la commission un rôle et des prérogatives de puissance publique : sa décision est une décision administrative.[3]

Le tribunal des conflits a suivi son rapporteur en décidant que quel que soit le statut, public ou privé, du bailleur social, la décision de refus d'attribuer un logement constituait une décision administrative, dont il incombait à la seule juridiction administrative d'apprécier la légalité. Ainsi la qualification retenue pour de telles décisions vaut pour tous les organismes de logement social, publics comme privés, ce qui permet d'avancer que, dorénavant, les contestations portant sur les décisions des organismes en matière d'attribution de logement social relèveront bien, exclusivement, des tribunaux administratifs.

724.56 **Étendue du contrôle du juge.** Les décisions intervenues dans le cadre de l'obligation de motiver les refus d'attribution, inscrite dans la loi relative à la lutte contre les exclusions de 1998, reflètent plusieurs préoccupations.

En présence d'une demande urgente tenant à une sur-occupation manifeste du logement actuel, de la dangerosité des lieux et de l'accouchement prochain de l'épouse du demandeur, commet une erreur de droit l'organisme HLM qui se fonde sur le seul motif de l'insuffisance des ressources pour refuser une attribution[4].

Un bailleur HLM, « eu égard à l'appréciation du contexte social du quartier dans lequel se trouve le logement sollicité », peut motiver son refus d'attribution par la « non concordance avec les objectifs de mixité sociale conduits conformément à la loi sur le quartier concerné »[5].

724.57 **Motivation et personnes prioritaires.** Le juge vérifie que le bailleur respecte les dispositions réglementaires, notamment au regard des critères fixés pour les personnes prioritaires.

Dans sa décision du 14 novembre 1991[6], la Cour de cassation confirme l'arrêt d'appel, selon lequel « l'énumération des priorités faite [par CCH, art. R. 441-4] n'obéit pas à un ordre préférentiel ». Il en résulte qu'entre les différentes catégories de prioritaires énoncées par la réglementation ou à l'intérieur de chaque catégorie, il n'y a pas de classement; le juge éventuellement saisi d'un recours reste libre d'apprécier au cas par cas la situation des demandeurs.

La Cour de cassation retient que les demandeurs reconnus prioritaires pour une demande d'attribution ne bénéficient plus de cette priorité lorsqu'ils sont locataires du parc HLM et qu'ils demandent une mutation dans ce parc[7].

À propos d'un arrêt d'une cour d'appel invitant un office HLM, à la suite de l'expulsion confirmée d'un locataire, à présenter prioritairement un dossier à la commission d'attribution, elle avait considéré que la cour d'appel s'était « immiscée dans la conduite de la procédure d'attribution des logements HLM, en dehors de tous rapports locatifs » et excédé de ce fait ses pouvoirs[8].

Le juge ne peut en effet s'immiscer dans la conduite de la procédure d'attribution, qui relève de la commission d'attribution, y compris quand la Halde (Haute Autorité de Lutte contre les Discrimi-

1. TA Nantes, 14 mars 1995, *AJPI* 1995. 597, note Wertenschlag et Girard, précit. s[s] n° 724.53.
2. CAA Lyon, 12 mai 1998, *Vernaz*, req. n° 95LYO0342, précit. s[s] n° 724.53.
3. T. confl. 9 mai 2016, req n° 4048, *Lebon; AJDA* 2016. 930; *ibid*. 1704, note P. Quilichini; *Loyers et copr.* 2016, 174, comm. B. Vial – Pedroletti; *Act. Soc. Hebdo.* juill. 2016, p. 41.
4. TA Versailles, 6 juill. 2001, NP.
5. Aix-en-Provence, 28 juin 2005, RG n° 2005/369, *AJDI* 2005. 860.
6. Civ. 3e, 14 nov. 1991, n° 90-12.852, NP.
7. Civ. 3e, 30 sept. 2009, n° 08-18.820, *Bull. civ.* III, n° 210; *AJDI* 2010. 570, note Zitouni; *Loyers et copr.* 2010, n° 245, note Vial-Pedroletti.
8. Civ. 3e, 20 déc. 1994, n° 92-18.883, NP.

nations - les compétences de la Halde relèvent aujourd'hui du Défenseur des droits) a été saisie en parallèle par le requérant[1].

En aucun cas, le motif retenu ne peut être discriminant[2].

1. Nîmes, 8 févr. 2011, n° 10/03675. *Loyers et copr.* 2011, n° 243, note Coutant-Lapallus.

2. Crim. 11 juill. 2017, n° 16-82.426, P. Dans cette affaire, le refus de logement opposé au demandeur par la commission d'attribution, en raison de l'origine du demandeur, est jugé constitutif du délit de discrimination (art. 225-1 et suivants du code pénal).

CHAPITRE

725. Application de la loi sur le droit au logement opposable en HLM

SECTION 0 ORIENTEUR

725.00 **Plan du chapitre.**

Division – Rôle éminent des commissions de médiation. La loi sur le droit au logement opposable, dite loi « Dalo[1] » a été mise en œuvre à partir du 1er janvier 2008. À cette date, des commissions de médiation sont installées dans tous les départements (v. ss n° 721.27). Issues du texte de la loi du 29 juillet 1998, relative à la lutte contre l'exclusion, ces commissions jouent un rôle important dans la poursuite des objectifs de la loi qui sont d'offrir aux demandeurs « Dalo » le bénéfice de l'accès à un toit, assorti d'une faculté de recours en cas d'échec.

La loi du 25 mars 2009[2] a complété le texte antérieur afin de rendre le dispositif Dalo plus efficace, notamment en Île-de-France.

La loi Alur[3] a prévu que la commission de médiation pouvait proposer au demandeur un logement loué par une personne morale à un organisme d'HLM en vue de sa sous-location au demandeur. Les conditions de cette sous-location sont précisées à l'article L. 442-8-3 du code de la construction et de l'habitation.

Elle a ouvert également à la commission la faculté de saisir le juge lorsque le demandeur est reconnu prioritaire alors qu'il fait l'objet d'une décision d'expulsion afin qu'il puisse bénéficier d'un délai.

Elle a modifié les conditions du recours pour le droit à l'hébergement opposable pour tenir compte des personnes qui ne remplissent pas les conditions de régularité et de permanence du séjour. Elle a organisé par ailleurs le circuit de l'hébergement en faisant intervenir le SIAO (service d'information, d'accueil et d'orientation) chargé de trouver une place correspondant aux besoins des demandeurs à l'hébergement. La COMED (commission de médiation) peut comprendre, à titre consultatif, un représentant de la personne morale gérant le SIAO.

1. L. n° 2007-290, 5 mars 2007 instituant le droit au logement opposable et portant diverses mesures en faveur de la cohésion sociale, *JO* 6 mars, p. 4190.
2. L. n° 2009-323, 25 mars 2009 de mobilisation pour le logement et la lutte contre l'exclusion, *JO* 27 mars, p. 5408 – Sur cette loi : Wertenschlag, *AJDI* 2009. 256.
3. L. n° 2014-366, 24 mars 2014 pour l'accès au logement et un urbanisme rénové, *JO* 26 mars, p. 5809.

La loi relative à l'égalité et à la citoyenneté[1] a précisé le délai au-delà duquel (et non à partir duquel) les personnes qui ont déposé une demande de logement peuvent saisir la commission de médiation. Elle a renforcé la représentation des requérants dans la commission de médiation, à travers les représentants d'associations d'insertion notamment[2].

725.01 725.01 Textes applicables.

TEXTES SOURCES

- **L. n° 2007-290, 5 mars 2007** instituant le droit au logement opposable et portant diverses mesures en faveur de la cohésion sociale, *JO* 6 mars, p. 4190.
- **CCH, art. L. 441-1-4, L. 441-2-3, L. 442-2-3-1.**
- **CCH, art. R. 441-13 à R. 441-18-5.**
- **CJA, art. R. 778-1 à R. 778-8, R. 811-1.**
- **Décr. n° 2007-1677, 28 nov. 2007,** relatif à l'attribution des logements locatifs sociaux, au droit au logement opposable et modifiant le code de la construction et de l'habitation, *JO* 29 nov., p. 19402.
- **Décr. n° 2008-908, 8 sept. 2008** relatif aux conditions de permanence de la résidence des bénéficiaires du droit à un logement décent et indépendant et modifiant le code de la construction et de l'habitation, *JO* 10 sept., p. 14067.
- **Décr. n° 2011-176, 15 févr. 2011** relatif à la procédure d'attribution des logements sociaux et au droit au logement opposable, *JO* 16 févr., p. 2890.
- **Décr. n° 2013-730, 13 août 2013** portant modification du code de justice administrative, *JO* 15 août, p. 13960.
- **Décr. n° 2014-116, 11 février 2014** relatif au droit au logement opposable, *JO* 13 févr., p. 2497.
- **Décr. n° 2016-1866, 23 décembre 2016** relatif au délai au-delà duquel un demandeur reconnu prioritaire au titre du droit au logement opposable peut faire un recours devant la juridiction administrative en l'absence de proposition adaptée dans les départements comportant au moins une agglomération, ou une partie d'une agglomération, de plus de 300 000 habitants, *JO* 27 déc., n° 96.
- **Décr. n° 2017-759, 3 mai 2017** relatif à la composition du comité de suivi de la mise en œuvre du droit au logement opposable et modifiant le décret n° 2007-295 du 5 mars 2007 instituant le comité de suivi de la mise en œuvre du droit au logement opposable, *JO* 5 mai, n° 114.
- **Arr. 18 avr. 2014,** pris pour l'application de l'article R. 441-14 du code de la construction et de l'habitation, *JO* 15 mai, p. 8075.
- **Circ. 20 janv. 2012** relative à la mobilisation des attributions des associés collecteurs de l'UESL et de l'AFL ou de ses filiales en faveur du DALO (NOR : DEVL1129117C).

TEXTES *IN EXTENSO*

- **CCH, art. L. 441-1-4**

Les délais au delà desquels les personnes qui ont déposé une demande de logement locatif social peuvent saisir la commission de médiation prévue à l'article L. 441-2-3 sont déterminés, au regard des circonstances locales, par un arrêté du représentant de l'État dans le département pris après avis :

1° Du comité responsable du plan départemental d'action pour le logement et l'hébergement des personnes défavorisées;

2° Des conférences intercommunales du logement ou, pour la commune de Paris, de la conférence du logement mentionnée à l'article L. 441-1-5;

3° Des établissements publics de coopération intercommunale ou des établissements publics territoriaux de la métropole du Grand Paris ayant conclu une convention intercommunale d'attribution mentionnée à l'article L. 441-1-5-1;

4° De la commune de Paris, si elle a conclu la convention d'attribution mentionnée à l'article L. 441-1-5-1;

5° Des représentants des bailleurs sociaux dans le département.

- **CCH, art. L. 441-2-3**

I. – Dans chaque département, une ou plusieurs commissions de médiation sont créées auprès du représentant de l'État dans le département. Chaque commission est présidée par une personnalité qualifiée désignée par le représentant de l'État dans le département.

Dans des conditions fixées par décret en Conseil d'État, les commissions sont composées à parts égales :

1° De représentants de l'État;

2° De représentants du département, des établissements publics de coopération intercommunale mentionnés au vingtième alinéa de l'article L. 441-1, de la commune de Paris, des établissements publics territoriaux de la métropole du Grand Paris visés à l'article L. 441-1-1 et des communes;

3° De représentants des organismes bailleurs et des organismes chargés de la gestion d'une structure d'hébergement, d'un établissement ou d'un logement de transition, d'un logement-foyer ou d'une résidence hôtelière à vocation sociale, œuvrant dans le département;

4° De représentants des associations de locataires et des associations et organisations dont l'un des objets est l'insertion ou le logement des personnes défavorisées, œuvrant dans le département.

5° De représentants des associations de défense des personnes en situation d'exclusion œuvrant dans le département et de représentants désignés par les instances mentionnées à l'article L. 115-2-1 du code de l'action sociale et des familles;

6° (Supprimé).

Un représentant de la personne morale gérant le service intégré d'accueil et d'orientation dans le département peut assister à la commission à titre consultatif.

II. – La commission de médiation peut être saisie par toute personne qui, satisfaisant aux conditions réglementaires d'accès à un logement locatif social, n'a reçu aucune proposition adaptée en réponse à sa demande de logement dans le délai fixé en application de l'article L. 441-1-4.

Elle peut être saisie sans condition de délai lorsque le demandeur, de bonne foi, est dépourvu de logement, menacé d'expulsion sans relogement, hébergé ou logé temporairement dans un établissement ou un logement de transition, un logement-foyer ou une résidence hôtelière à vocation sociale, logé dans des locaux impropres à l'habitation ou

1. L. n° 2017-86, 27 janv. 2017, relative à l'égalité et à la citoyenneté, *JO* 28 janv., n° 1; CCH, art. L. 441-1-4.
2. CCH, art. L. 441-2-3 et R. 441-13.

présentant un caractère insalubre ou dangereux. Elle peut également être saisie, sans condition de délai, lorsque le demandeur est logé dans des locaux manifestement suroccupés ou ne présentant pas le caractère d'un logement décent, s'il a au moins un enfant mineur, s'il présente un handicap au sens de l'article L. 114 du code de l'action sociale et des familles ou s'il a au moins une personne à charge présentant un tel handicap.

Le demandeur peut être assisté par les services sociaux, par un organisme bénéficiant de l'agrément relatif à l'ingénierie sociale, financière et technique prévu à l'article L. 365-3, ou par une association agréée de défense des personnes en situation d'exclusion.

La commission reçoit notamment du ou des bailleurs chargés de la demande ou ayant eu à connaître de la situation locative antérieure du demandeur tous les éléments d'information sur la qualité du demandeur et les motifs invoqués pour expliquer l'absence de proposition. Elle reçoit également des services sociaux qui sont en contact avec le demandeur et des instances du plan local d'action pour le logement et l'hébergement des personnes défavorisées ayant eu à connaître de sa situation toutes informations utiles sur ses besoins et ses capacités et sur les obstacles à son accès à un logement décent et indépendant ou à son maintien dans un tel logement.

Dans un délai fixé par décret, la commission de médiation désigne les demandeurs qu'elle reconnaît prioritaires et auxquels un logement doit être attribué en urgence. Elle détermine pour chaque demandeur, en tenant compte de ses besoins et de ses capacités, les caractéristiques de ce logement, ainsi que, le cas échéant, les mesures de diagnostic ou d'accompagnement social nécessaires. Elle peut préconiser que soit proposé au demandeur un logement appartenant aux organismes définis à l'article L. 411-2 loué à une personne morale aux fins d'être sous-loué à titre transitoire dans les conditions prévues au deuxième alinéa de l'article L. 442-8-3. Elle notifie par écrit au demandeur sa décision qui doit être motivée. Elle peut faire toute proposition d'orientation des demandes qu'elle ne juge pas prioritaires.

La commission de médiation transmet au représentant de l'État dans le département ou, en Île-de-France, au représentant de l'État dans la région, la liste des demandeurs auxquels doit être attribué en urgence un logement. Les personnes figurant sur cette liste auxquelles un logement est attribué sont comptabilisées au titre de l'exécution des engagements souscrits par les bailleurs et par les titulaires de droits de réservation dans le cadre des accords collectifs définis aux articles L. 441-1-1 et L. 441-1-2, ainsi que des conventions intercommunales d'attribution ou, pour la commune de Paris, de la convention d'attribution, définies à l'article L. 441-1-5-1.

Après avis des maires des communes concernées et en tenant compte des objectifs de mixité sociale définis par les orientations mentionnées à l'article L. 441-1-5 et la convention mentionnée à l'article L. 441-1-5-1 ou par l'accord collectif intercommunal ou départemental, le représentant de l'État dans le département ou, en Île de France, le représentant de l'État dans la région définit le périmètre au sein duquel ces logements doivent être situés et qui, en Île-de-France, peut porter sur des territoires situés dans d'autres départements de la région après consultation du représentant de l'État territorialement compétent. Le représentant de l'État dans le département tient compte, dans des conditions fixées par décret, de la situation des quartiers prioritaires de la politique de la ville pour la définition de ce périmètre. Il fixe le délai dans lequel le demandeur doit être logé. Le représentant de l'État dans le département désigne chaque demandeur à un organisme bailleur disposant de logements correspondant à la demande. En Île-de-France, il peut aussi demander au représentant de l'État d'un autre département de procéder à une telle désignation. En cas de désaccord, la désignation est faite par le représentant de l'État au niveau régional. Cette attribution s'impute sur les droits à réservation du représentant de l'État dans le département dans lequel le logement est situé ou, dans les conditions prévues à l'article L. 441-1, sur les droits de réservation d'une collectivité territoriale ou d'un groupement de collectivités territoriales ou sur les logements dont disposent les bailleurs, ou, lorsque le demandeur est salarié ou demandeur d'emploi, sur les droits à réservation de la société mentionnée à l'article L. 313-19 dans les conditions prévues à l'article L. 313-26-2 ou sur la fraction réservée des attributions de logements appartenant à l'association foncière logement ou à l'une de ses filiales en application de l'article L. 313-35. Dans les communes faisant l'objet d'un arrêté de carence pris en application de l'article L. 302-9-1, cette attribution s'impute en priorité sur les droits à réservation de la commune, dans les conditions prévues au même article.

Le représentant de l'État dans le département ou, en Île de France, le représentant de l'État dans la région peut également, par décision motivée, proposer au demandeur un logement faisant l'objet d'une convention mentionnée à l'article L. 321-8 dès lors que le bailleur s'est engagé sur des conditions spécifiques d'attribution ou que le logement est donné à bail à un organisme public ou privé dans les conditions prévues à l'article L. 321-10, ou un logement appartenant aux organismes définis à l'article L. 411-2 loué à une personne morale aux fins d'être sous-loué à titre transitoire dans les conditions prévues au deuxième alinéa de l'article L. 442-8-3. En Île-de-France, il peut également demander au représentant de l'État dans un autre département de la région de faire une telle proposition. Si la demande n'aboutit pas, la proposition est faite par le représentant de l'État au niveau régional.

Les personnes auxquelles une proposition de logement a été adressée reçoivent du représentant de l'État dans le département une information écrite relative aux dispositifs et structures d'accompagnement social intervenant sur le périmètre défini au septième alinéa du présent article et, le cas échéant, susceptibles d'effectuer le diagnostic ou l'accompagnement social préconisé par la commission de médiation.

Le représentant de l'État dans le département, ou en Île-de-France, le représentant de l'État dans la région peut également faire au demandeur une proposition de logement en application des articles L. 641-1 et suivants et L. 642-1 et suivants dans l'attente de l'attribution d'un logement définitif.

En cas de refus de l'organisme de loger le demandeur, le représentant de l'État dans le département qui l'a désigné procède à l'attribution d'un logement correspondant aux besoins et aux capacités du demandeur sur ses droits de réservation. En cas de refus de l'organisme de signer un bail à son nom avec un sous-locataire occupant le logement dans les conditions prévues au deuxième alinéa de l'article L. 442-8-3 au terme de la période transitoire, le représentant de l'État dans le département, après avoir recueilli les observations du bailleur, peut procéder à l'attribution du logement à l'occupant, qui devient locataire en titre en lieu et place de la personne morale locataire.

En Île-de-France, il peut également demander au représentant de l'État dans un autre département de la région de procéder à l'attribution d'un tel logement sur ses droits de réservation. Si la demande n'aboutit pas, l'attribution est faite par le représentant de l'État au niveau régional. Elle est imputée sur les droits de réservation du représentant de l'État dans le département où le logement est situé.

Lorsque ces droits ont été délégués dans les conditions prévues à l'article L. 441-1, le représentant de l'État demande au délégataire de procéder à la désignation et, le cas échéant, à l'attribution du logement dans un délai qu'il détermine. En Île-de-France, la demande est faite par le représentant de l'État dans la région il peut aussi demander au représentant de l'État d'un autre département de procéder à une telle demande. En cas de désaccord, la demande est faite par le représentant de l'État au niveau régional. En cas de refus du délégataire, le représentant de l'État dans le département ou, en Île de France, le représentant de l'État dans la région se substitue à ce dernier.

Si l'organisme bailleur fait obstacle à ces attributions, le représentant de l'État dans le département ou, en Île de France, le représentant de l'État dans la région met en œuvre les dispositions de l'article L. 441-1-3.

III. – La commission de médiation peut également être saisie, sans condition de délai, par toute personne qui, sollicitant l'accueil dans une structure d'hébergement, un logement de transition, un logement-foyer ou une résidence hôtelière à vocation sociale, n'a reçu aucune proposition adaptée en réponse à sa demande. Si le demandeur ne justifie pas du respect des conditions de régularité et de permanence du séjour mentionnées au premier alinéa de l'article L. 300-1, la commission peut prendre une décision favorable uniquement si elle préconise l'accueil dans une structure d'hébergement. La commission de médiation transmet au représentant de l'État dans le département ou, en Île de France, le représentant de l'État dans la région la liste des demandeurs pour lesquels doit être prévu un tel accueil dans une structure d'hébergement, un logement de transition, un logement-foyer ou une résidence hôtelière à vocation sociale et précise, le cas échéant, les mesures de diagnostic ou d'accompagnement social nécessaires.

Le représentant de l'État dans le département ou, en Île de France, le représentant de l'État dans la région désigne chaque demandeur au service intégré d'accueil et d'orientation prévu à l'article L. 345-2-4 du code de l'action sociale et des familles aux fins de l'orienter vers un organisme disposant de places d'hébergement présentant un caractère de stabilité, de logements de transition ou de logements dans un logement-foyer ou une résidence hôtelière à vocation sociale correspondant à ses besoins et qui sera chargé de l'accueillir dans le délai fixé par le représentant de l'État. L'organisme donne suite à la proposition d'orientation, dans les conditions prévues aux articles L. 345-2-7 et L. 345-2-8 du même code. En cas d'absence d'accueil dans le délai fixé, le représentant de l'État dans le département désigne le demandeur à un tel organisme aux fins de l'héberger ou de le loger. Au cas où l'organisme vers lequel le demandeur a été orienté ou à qui il a été désigné refuse de l'héberger ou de le loger, le représentant de l'État dans le département ou, en Île de France, le représentant de l'État dans la région procède à l'attribution d'une place d'hébergement présentant un caractère de stabilité ou d'un logement de transition ou d'un logement dans un logement-foyer ou une résidence hôtelière à vocation sociale correspondant à ses besoins. Le cas échéant, cette attribution s'impute sur les droits à réservation du représentant de l'État dans le département. En Île-de-France, il peut aussi demander au représentant de l'État d'un autre département d'effectuer une telle proposition ; en cas de désaccord, la proposition est faite par le représentant de l'État dans la région.

Les personnes auxquelles une proposition d'accueil dans une structure d'hébergement, un logement de transition, un logement-foyer ou une résidence hôtelière à vocation sociale a été adressée reçoivent du représentant de l'État dans le département une information écrite relative aux dispositifs et structures d'accompagnement social présents dans le département dans lequel l'hébergement, le logement de transition, le logement-foyer ou la résidence hôtelière à vocation sociale est situé et, le cas échéant, susceptibles d'effectuer le diagnostic ou l'accompagnement social préconisé par la commission de médiation.

IV. – Lorsque la commission de médiation est saisie d'une demande de logement dans les conditions prévues au II et qu'elle estime, au vu d'une évaluation sociale, que le demandeur est prioritaire mais qu'une offre de logement n'est pas adaptée, elle transmet au représentant de l'État dans le département ou, en Île de France, le représentant de l'État dans la région cette demande pour laquelle doit être proposé un accueil dans une structure d'hébergement, un établissement ou un logement de transition, un logement-foyer ou une résidence hôtelière à vocation sociale.

Lorsque la commission de médiation, saisie d'une demande d'hébergement ou de logement dans un établissement ou un logement de transition, un logement-foyer ou une résidence hôtelière à vocation sociale dans les conditions prévues au III, estime qu'un tel accueil n'est pas adapté et qu'une offre de logement doit être faite, elle peut, si le demandeur remplit les conditions fixées aux deux premiers alinéas du II, le désigner comme prioritaire pour l'attribution d'un logement en urgence et transmettre au représentant de l'État dans le département ou, en Île de France, le représentant de l'État dans la région cette demande aux fins de logement, dans le délai fixé au cinquième alinéa du II.

IV *bis*. – Les propositions faites en application du présent article aux demandeurs reconnus prioritaires par les commissions de médiation ne doivent pas être manifestement inadaptées à leur situation particulière.

IV *ter*. – Un demandeur ne peut saisir qu'une commission de médiation en application du présent article.

V. – La commission de médiation établit, chaque année, un état des décisions prises et le transmet au représentant de l'État dans le département ou, en Île de France, le représentant de l'État dans la région, au comité régional de l'habitat et de l'hébergement d'Île de France, au comité responsable du plan local d'action pour le logement et l'hébergement des personnes défavorisées et aux établissements publics de coopération intercommunale compétents en matière d'habitat. Elle est informée, dans tous les cas, des suites qui sont réservées à ses décisions.

VI. – Les membres de la commission de médiation et les personnes chargées de l'instruction des saisines sont soumis au secret professionnel dans les conditions prévues à l'article 226-13 du code pénal.

Par dérogation aux dispositions du même article 226-13, les professionnels de l'action sociale et médico-sociale définie à l'article L. 116-1 du code de l'action sociale et des familles fournissent aux services chargés de l'instruction des recours amiables mentionnés ci-dessus les informations confidentielles dont ils disposent et qui sont strictement nécessaires à l'évaluation de la situation du requérant au regard des difficultés particulières mentionnées au II de l'article L. 301-1 du présent code et à la détermination des caractéristiques du logement répondant à ses besoins et à ses capacités.

VII. – Lorsque la commission de médiation est saisie, dans les conditions prévues au II, d'un recours au motif du caractère impropre à l'habitation, insalubre, dangereux ou ne répondant pas aux caractéristiques de la décence des locaux occupés par le requérant, elle statue au vu d'un rapport des services mentionnés à l'article L. 1331-26 du code de la santé publique, le cas échéant, de l'établissement public de coopération intercommunale ou de la commune bénéficiaire de la délégation prévue aux articles L. 301-5-1-1 et L. 301-5-1-2 du présent code ou des opérateurs mandatés pour constater l'état des lieux. Si les locaux concernés sont déjà frappés d'une mesure de police, un rapport présentant l'état d'avancement de l'exécution de la mesure est également produit.

Lorsque le rapport conclut au caractère impropre à l'habitation, insalubre, dangereux ou ne répondant pas aux caractéristiques de la décence des locaux occupés par le requérant, les autorités publiques compétentes instruisent sans délai, indépendamment de la décision de la commission de médiation, les procédures prévues par les dispositions législatives, notamment les articles L. 1331-22 à L. 1331-31 du code de la santé publique, le cas échéant, de l'établissement public de coopération intercommunale ou de la commune bénéficiaire de la délégation prévue aux articles L. 301-5-1-1 et L. 301-5-1-2 du présent code et les articles L. 123-3, L. 129-1 à L. 129-7 et L. 511-1 à L. 511-6 du présent code. La mise en œuvre de ces procédures ne fait pas obstacle à l'examen du recours par la commission de médiation.

Les locaux ou logements dont le caractère impropre à l'habitation, insalubre, dangereux ou ne répondant pas aux caractéristiques de la décence a été retenu par la commission de médiation pour statuer sur le caractère prioritaire et sur l'urgence du relogement de leurs occupants sont signalés aux organismes chargés du service des aides personnelles au logement et au gestionnaire du fond de solidarité pour le logement. Ils sont également signalés au comité responsable du plan local d'action pour le logement et l'hébergement des personnes défavorisées aux fins d'inscription à l'observatoire nominatif prévu au cinquième alinéa de l'article 3 de la loi n° 90-449 du 31 mai 1990 visant à la mise en œuvre du droit au logement.

VIII. – Lorsque la commission de médiation reconnaît un demandeur prioritaire auquel un logement doit être attribué en urgence et que celui-ci fait l'objet d'une décision de justice prononçant l'expulsion de son domicile, elle peut saisir le juge afin que celui-ci accorde des délais dans les conditions prévues aux articles L. 412-3 et L. 412-4 du code des procédures civiles d'exécution.

• **CCH, art. L. 441-2-3-1**

I. – Le demandeur qui a été reconnu par la commission de médiation comme prioritaire et comme devant être logé d'urgence et qui n'a pas reçu, dans un délai fixé par décret, une offre de logement tenant compte de ses besoins et de ses capacités peut introduire un recours devant la juridiction administrative tendant à ce que soit ordonné son logement ou son relogement.

Le demandeur peut être assisté par les services sociaux, par un organisme bénéficiant de l'agrément relatif à l'ingénierie sociale, financière et technique prévu à l'article L. 365-3 ou par une association agréée de défense des personnes en situation d'exclusion.

Ce recours est ouvert à compter du 1er décembre 2008 aux personnes mentionnées au deuxième alinéa du II de l'article L. 441-2-3 et, à compter du 1er janvier 2012, aux demandeurs mentionnés au premier alinéa du même II.

En l'absence de commission de médiation dans le département, le demandeur peut exercer le recours mentionné à l'alinéa précédent si, après avoir saisi le représentant de l'État dans le département, il n'a pas reçu une offre tenant compte de ses besoins et de ses capacités dans un délai fixé par voie réglementaire.

Le président du tribunal administratif ou le magistrat qu'il désigne statue en urgence, dans un délai de deux mois à compter de sa saisine. Sauf renvoi à une formation collégiale, l'audience se déroule sans conclusions du commissaire du Gouvernement.

Le président du tribunal administratif ou le magistrat qu'il désigne, lorsqu'il constate que la demande a été reconnue comme prioritaire par la commission de médiation et doit être satisfaite d'urgence et que n'a pas été offert au demandeur un logement tenant compte de ses besoins et de ses capacités, ordonne le logement ou le relogement de celui-ci par l'État et peut assortir son injonction d'une astreinte. Le jugement prononçant l'astreinte mentionne que les sommes doivent être versées jusqu'au jugement de liquidation définitive.

Le montant de cette astreinte est déterminé en fonction du loyer moyen du type de logement considéré comme adapté aux besoins du demandeur par la commission de médiation.

Le produit de l'astreinte est versé au fonds national d'accompagnement vers et dans le logement, institué en application de l'article L. 300-2.

Tant que l'astreinte n'est pas liquidée définitivement par le juge, le versement de l'astreinte au fonds est effectué deux fois par an, le premier versement devant intervenir à la fin du sixième mois qui suit le mois à compter duquel l'astreinte est due en application du jugement qui l'a prononcée. Toute astreinte versée en application du jugement la prononçant reste acquise au fonds. Lorsque l'astreinte a été liquidée définitivement, le versement du solde restant dû, le cas échéant, est effectué dans le mois qui suit la notification de la décision l'ordonnance de liquidation définitive.

II. – Le demandeur qui a été reconnu par la commission de médiation comme prioritaire et comme devant être accueilli dans une structure d'hébergement, un établissement ou logement de transition, un logement-foyer ou une résidence hôtelière à vocation sociale et qui n'a pas été accueilli, dans un délai fixé par décret, dans l'une de ces structures peut introduire un recours devant la juridiction administrative tendant à ce que soit ordonné son accueil dans une structure d'hébergement, un établissement ou logement de transition, un logement-foyer ou une résidence hôtelière à vocation sociale.

Ce recours est ouvert à compter du 1er décembre 2008.

Le président du tribunal administratif ou le magistrat qu'il désigne statue en urgence, dans un délai de deux mois à compter de sa saisine. Sauf renvoi à une formation collégiale, l'audience se déroule sans conclusions du commissaire du Gouvernement.

Le président du tribunal administratif ou le magistrat qu'il désigne, lorsqu'il constate que la demande a été reconnue prioritaire par la commission de médiation et que n'a pas été proposée au demandeur une place dans une structure d'hébergement, un établissement ou logement de transition, un logement-foyer ou une résidence hôtelière à vocation sociale, ordonne l'accueil dans l'une de ces structures et peut assortir son injonction d'une astreinte. Le jugement prononçant l'astreinte mentionne que les sommes doivent être versées jusqu'au jugement de liquidation définitive.

Le montant de cette astreinte est déterminé en fonction du coût moyen du type d'hébergement considéré comme adapté aux besoins du demandeur par la commission de médiation.

Le produit de l'astreinte est versé au fonds national d'accompagnement vers et dans le logement, institué en application de l'article L. 300-2.

Tant que l'astreinte n'est pas liquidée définitivement par le juge, le versement de l'astreinte au fonds est effectué deux fois par an, le premier versement devant intervenir à la fin du sixième mois qui suit le mois à compter duquel l'astreinte est due en application du jugement qui l'a prononcée. Toute astreinte versée en application du jugement la prononçant reste acquise au fonds. Lorsque l'astreinte a été liquidée définitivement, le versement du solde restant dû, le cas échéant, est effectué dans le mois qui suit la notification de la décision l'ordonnance de liquidation définitive.

III. – Lorsque la juridiction administrative est saisie d'un recours dans les conditions prévues au I, elle peut ordonner l'accueil dans une structure d'hébergement, un établissement ou logement de transition, un logement-foyer ou une résidence hôtelière à vocation sociale.

• **CJA, art. R. 778-1**

Sont présentées, instruites et jugées selon les dispositions du présent code, sous réserve des dispositions particulières du code de la construction et de l'habitation et des dispositions du présent chapitre :

1° Les requêtes introduites par les demandeurs reconnus par la commission de médiation prévue à l'article L. 441-2-3 du code de la construction et de l'habitation comme prioritaires et devant se voir attribuer un logement en urgence, en application des dispositions du II du même article, et qui n'ont pas, passé le délai mentionné à l'article R. 441-16-1 du même code, reçu une offre de logement tenant compte de leurs besoins et de leurs capacités;

2° Les requêtes introduites par les demandeurs reconnus par la commission de médiation comme prioritaires pour un accueil dans une structure d'hébergement, un établissement ou logement de transition, un logement-foyer ou une résidence hôtelière à vocation sociale, en application des dispositions du III ou du IV de l'article L. 441-2-3 du code de la construction et de l'habitation, et qui n'ont pas, passé le délai mentionné à l'article R. 441-18 du même code, été accueillis dans l'une de ces structures, logements ou établissements;

3° Les requêtes introduites par les demandeurs qui, en l'absence de commission de médiation, ont saisi le préfet en application du quatrième alinéa du I de l'article L. 441-2-3-1 du code de la construction et de l'habitation et qui n'ont pas, passé le délai prévu par l'article R. 441-17 du même code, reçu une offre de logement tenant compte de leurs besoins et de leurs capacités.

• **CJA, art. R. 778-2**

Les requêtes mentionnées à l'article R. 778-1 sont présentées dans un délai de quatre mois à compter de l'expiration des délais prévus aux articles R. 441-16-1, R. 441-17 et R. 441-18 du code de la construction et de l'habitation. Ce délai n'est toutefois opposable au requérant que s'il a été informé, dans la notification de la décision de la commission de médiation ou dans l'accusé de réception de la demande adressée au préfet en l'absence de commission de médiation, d'une part, de celui des délais mentionnés aux articles R. 441-16-1, R. 441-17 et R. 441-18 de ce code qui était applicable à sa demande et, d'autre part, du délai prévu par le présent article pour saisir le tribunal administratif.

À peine d'irrecevabilité, les requêtes doivent être accompagnées, sauf impossibilité justifiée, soit de la décision de la commission de médiation dont se prévaut le requérant, soit, en l'absence de commission, d'une copie de la demande adressée par le requérant au préfet.

• **CJA, art. R. 778-3**

Les jugements sont rendus par le président du tribunal administratif ou le magistrat qu'il désigne à cet effet, qui doit avoir atteint au moins le grade de premier conseiller ou une ancienneté de deux ans. Sauf mention expresse contraire dans la décision de désignation, les magistrats désignés au titre de l'article R. 222-13 assurent également ces fonctions.

• **CJA, art. R. 778-4**

Le président du tribunal administratif ou le magistrat qu'il désigne à cet effet statue dans le délai prévu à l'article L. 441-2-3-1 du code de la construction et de l'habitation.

Les décisions prises pour l'instruction des affaires sont notifiées aux parties par tous moyens.

Le président du tribunal administratif ou le magistrat qu'il désigne à cet effet peut, dès l'enregistrement de la requête, par une décision qui tient lieu d'avis d'audience, fixer la date à laquelle l'affaire sera appelée à l'audience.

L'avis d'audience ou la décision prévue à l'alinéa précédent reproduit les dispositions des articles R. 731-1, R. 731-2, R. 731-3, R. 732-1 et R. 732-2 en précisant que l'audience, sauf renvoi à une formation collégiale, se déroule sans conclusions du rapporteur public.

• **CJA, art. R. 778-5**

Le juge statue au terme d'une procédure contradictoire écrite ou orale.

Dès qu'il reçoit notification de la requête, le préfet communique au tribunal administratif l'ensemble du dossier constitué pour l'instruction de la demande correspondante, tant devant la commission départementale de médiation que pour donner suite à la décision de celle-ci.

L'instruction est close soit après que les parties ou leurs mandataires ont formulé leurs observations orales, soit, si ces parties sont absentes ou ne sont pas représentées, après appel de leur affaire à l'audience. Toutefois, afin de permettre aux parties de verser des pièces complémentaires, le juge peut décider de différer la clôture de l'instruction à une date postérieure dont il les avise par tous moyens.

L'instruction est rouverte en cas de renvoi à une autre audience.

• **CJA, art. R. 778-6**

Les dispositions des articles R. 522-4, R. 522-7, R. 522-9 et R. 522-11 à R. 522-13 sont applicables.

• **CJA, art. R. 778-7**

À la demande du requérant, la personne assurant l'assistance prévue au deuxième alinéa du I de l'article L. 441-2-3-1 du code de la construction et de l'habitation peut être entendue lors de l'audience.

• **CJA, art. R. 778-8**

Lorsque le président du tribunal administratif ou le magistrat désigné à cet effet constate, d'office ou sur la saisine du requérant, que l'injonction prononcée n'a pas été exécutée, il procède à la liquidation de l'astreinte en faveur du fonds prévu à l'article L. 300-2 du code de la construction et de l'habitation.

Le président du tribunal administratif ou le magistrat désigné à cet effet peut statuer par ordonnance, dans les conditions prévues par le chapitre II du titre IV du livre VII du présent code, après avoir invité les parties à présenter leurs observations sur l'exécution de l'injonction prononcée.

Il liquide l'astreinte en tenant compte de la période pendant laquelle, postérieurement à l'expiration du délai imparti par le jugement, l'injonction est demeurée inexécutée par le fait de l'administration. Il peut, eu égard aux circonstances de l'espèce, modérer le montant dû par l'État voire, à titre exceptionnel, déclarer qu'il n'y a pas lieu de liquider l'astreinte.

• **CJA, art. R. 811-1**

Toute partie présente dans une instance devant le tribunal administratif ou qui y a été régulièrement appelée, alors même qu'elle n'aurait produit aucune défense, peut interjeter appel contre toute décision juridictionnelle rendue dans cette instance.

Toutefois, le tribunal administratif statue en premier et dernier ressort :

1° Sur les litiges relatifs aux prestations, allocations ou droits attribués au titre de l'aide ou de l'action sociale, du logement ou en faveur des travailleurs privés d'emploi, mentionnés à l'article R. 772-5, y compris le contentieux du droit au logement défini à l'article R. 778-1 ; (...)

725.02 Jurisprudence de référence.

• **CE 27 juin 2016**, req. n° 384492, *Lebon*

* V. s^s n° 725.61

Le juge, suite à relogement, peut néanmoins estimer que l'urgence perdure si le logement obtenu ne répond manifestement pas aux besoins de l'intéressé, excède notablement ses capacités financières ou présente un caractère précaire.

• **CE 4 nov. 2015**, req. n° 374241 ;

• **CE, avis, 1er juill. 2016**, req. n° 398546, *Lebon*

* V. s^s n° 725.65

C'est seulement si le demandeur a été informé des conséquences d'un refus, que le fait de rejeter une offre de logement peut lui faire perdre le bénéfice de la décision de la commission de médiation le reconnaissant comme prioritaire. Il appartient à l'administration d'établir que cette information a été délivrée au demandeur.

725.03 Bibliographie indicative.

Actualisables. RÉP. CIV., v° « Habitat social (HLM) », H. des Lyons, n° 156 – DICT. PERM. Gestion immob., « Droit au logement opposable ».

Articles. J. Monéger, « Égalité et Citoyenneté ou l'aventure du ballot du Dalo », *Loyers et copr.*, juill. 2016, repère 7; F. Zitouni, « Logement social et droit au logement ». Chronique de jurisprudence 2013, *AJDI* 2014. 500; *ibid.* Chronique de jurisprudence 2014, *AJDI* 2015. 752; *ibid.* Chronique de jurisprudence 2015, *AJDI* 2016. 667; ANIL, « Droit au logement opposable : le contentieux du relogement », *Habitat Actualité,* févr. 2013; Firmin et Slama, « Le Dalo : évaluation juridique à la veille de l'échéance du 1er janvier 2012 », *AJDI* 2011. 839; C. Brugnon, G. Iacono, « Les critères d'éligibilité au droit à l'hébergement opposable », *AJDI* 2011. 843; D. Malégat-Mély, « Le coût des procédures Dalo », *AJDI* 2011. 849; « Les frontières incertaines du droit au logement et à l'hébergement des étrangers », *AJDI* 2010. 610 s.; « Le Dalo », *Les cahiers du Gridauh*, série « Droit de l'habitat », n° 21, 2011; P. Nguyen-Duy, « Droit au logement opposable, acte II », *AJDA* 2009. 514; J-P. Brouant, « Un droit au logement variablement opposable », *AJDA* 2008. 506; Quilichini, « Le droit au logement opposable », *AJDI* 2007. 364 s.

Documents. *Droit au logement, droit du logement*, Rapport du Conseil d'État 2009, La Documentation française.

SECTION 1
UN DROIT AU LOGEMENT (DALO), POUR QUELS BÉNÉFICIAIRES ?

725.11 Loi inscrite dans un long processus. Texte de circonstance (à la suite de l'affaire des tentes du canal Saint-Martin) ou au contraire aboutissement d'un lent processus d'élaboration sur plus de trente ans (1982-2012) d'un droit français au logement, la loi du 5 mars 2007, dite loi Dalo[1] est en tout cas une recherche de solution pour l'accès à un habitat décent des personnes les plus en difficultés. Cet objectif est très complexe puisqu'il suppose que soient résolues de multiples questions, du financement du logement à qui décide de son attribution, des bénéficiaires qu'il vise aux conditions dans lesquelles ils accèdent à ce logement.

725.12 Concrétisation du droit au logement. L'exercice d'un droit au logement, au-delà d'un affichage dans des documents de nature législative, voire constitutionnelle[2], ne peut trouver sa concrétisation que si le bénéficiaire potentiel de ce droit sait auprès de quelle autorité le faire valoir.

Les textes antérieurs, de la loi du 22 juin 1982 à la loi du 29 juillet 1998, ont permis d'avancer vers une meilleure maîtrise de l'accès pour tous à un logement décent.

La loi « Dalo » a apporté une accélération certaine à cette ambition, tout en posant un défi de taille puisque, d'une part, la réponse devait être donnée sur tout le territoire national et, d'autre part, la mise en place a du être réalisée avant 2012[3].

725.13 Textes antérieurs. Les lois françaises ont tout d'abord reconnu que le droit à l'habitat était « un droit fondamental, qui s'exerce dans le cadre des lois qui le régissent »[4] et que garantir le droit au logement constituait « un devoir de solidarité pour l'ensemble de la nation »[5] avec la création d'instruments forts de solidarité que sont le plan départemental d'accès au logement des personnes défavorisées (PDALPD[6]) et le fonds de solidarité logement (FSL).

725.14 Loi du 29 juillet 1998. Puis la loi du 29 juillet 1998, loi d'orientation relative à la lutte contre les exclusions[7], a pris des mesures destinées à faciliter l'accès et le maintien dans le logement de populations défavorisées. Elle crée, par département, un délai au-delà duquel l'attente pour bénéficier d'un logement social paraît manifestement anormale. Elle est par ailleurs à l'origine des commissions de médiation qui pouvaient être saisies de toute réclamation relative à l'absence d'offre de logement dans le délai ainsi défini (v.s[s] n° 721.27). La commission émettait un avis et pouvait saisir le préfet du dossier du demandeur. Dans le cas de personnes défavorisées, elle saisissait le plan départemental pour apporter une réponse au demandeur.

725.15 Loi du 13 juillet 2006. La loi du 13 juillet 2006 « portant engagement national pour le logement (ENL) »[8] est allée plus loin en ouvrant la saisine des commissions de médiation ? sans que soit opposable le délai anormalement long, dès lors que la réclamation émanait de plusieurs catégories :

- personnes qui sont menacées d'expulsion sans relogement;
- personnes qui sont hébergées temporairement chez des tiers;
- personnes logées dans des taudis ou dans un logement insalubre.

Si la commission mettait en avant le caractère prioritaire d'une demande, le préfet ou le président d'un EPCI délégataire des aides à la pierre pouvait désigner la personne concernée à un organisme de logement social et fixer le délai pour son relogement.

725.16 Contenu de la loi du 5 mars 2007. La loi du 5 mars 2007[9] réaffirme le droit à un logement décent et indépendant aux bénéficiaires qu'elle désigne, à savoir « toute personne qui, résidant sur le territoire français dans des conditions de permanence définies par décret en Conseil d'État[10], n'est pas en mesure d'y accéder par ses propres moyens ou de s'y maintenir »; elle étend les catégories de bénéficiaires de la loi ENL.

La loi Dalo pose un principe d'exception : ceux qui ne peuvent accéder à un logement « par leurs propres moyens » sont concernés, mais on pourrait ajouter : eux seuls; la procédure de la loi Dalo n'est pas un coupe-file pour ceux qui sont dans le circuit normal de la demande de logement, pour lesquels nous avons exposé la procédure d'accès au logement social (v. s[s] n°s 721.61 s.).

1. L. n° 2007-290, 5 mars 2007 instituant le droit au logement opposable et portant diverses mesures en faveur de la cohésion sociale, *JO* 6 mars, p. 4190.
2. Plusieurs constitutions européennes (Espagne, Belgique, par ex.) contiennent la référence à un droit à un logement décent et adapté, les Pays-Bas assurant pour leur part que « les autorités publiques ont le devoir de fournir un logement convenable » et la Suède affirmant qu'il « incombe à la communauté d'assurer le droit au logement ».
3. V. dossier spécial « Le Dalo : évaluation juridique à la veille de l'échéance du 1er janvier 2012 », *AJDI* 2011. 839 s.
4. L. n° 82-526, 22 juin 1982, art. 1er, L. n° 89-462, 6 juill. 1989, art. 1er.
5. L. n° 90-449, 31 mai 1990 visant à la mise en œuvre du droit au logement, dite loi Besson, art. 1er, *JO* 2 juin, p. 6551.
6. Aujourd'hui, plan départemental d'action pour le logement et l'hébergement des personnes défavorisées (PDALHPD).
7. L. n° 98-657, 29 juill. 1998 d'orientation relative à la lutte contre les exclusions, *JO* 31 juill., p. 1167.
8. L. n° 2006-872, 13 juill. 2006 portant engagement national pour le logement, *JO* 16 juill., p. 10662.
9. L. n° 2007-290, 5 mars 2007 instituant le droit au logement opposable et portant diverses mesures en faveur de la cohésion sociale, *JO* 6 mars, p. 4190.
10. Décr. n° 2008-908, 8 sept. 2008 relatif aux conditions de permanence de la résidence des bénéficiaires du droit à un logement décent et indépendant et modifiant le code de la construction et de l'habitation, *JO* 10 sept., p. 14067.

725.17 État : garant du DALO. La loi du 5 mars 2007 définit un garant du droit qui sera l'État. Cette solution diffère de celle retenue en Écosse, qui fait de la commune le garant. Seuls dans l'Union européenne les parlements français et écossais (par le *Homeless Scotland Act* de 2003) ont créé formellement un droit au logement opposable. La Charte des droits fondamentaux de l'Union européenne reconnaît pour sa part depuis le 7 décembre 2000 le droit à une aide au logement.

725.18 Recours. La loi du 5 mars 2007 ouvre un recours contentieux aux personnes reconnues prioritaires qui n'ont pas reçu, dans un délai de trois ou de six mois, selon les départements, une offre de logement.

725.19 Renforcement des moyens d'hébergement durable. La loi du 5 mars 2007 propose une alternative aux personnes qui ne sont pas en mesure d'occuper un logement pérenne sans adaptation et, pour ce faire, elle renforce les moyens de l'hébergement durable. Elle impose une norme communale pour la réalisation de places d'urgence. Enfin, elle permet à toute personne de rester dans les structures conçues à cet effet ou de saisir la commission de médiation pour y accéder.

SECTION 2
COMMISSION DE MÉDIATION

725.21 Compétence départementale. Une ou plusieurs commissions de médiation peuvent être installées dans chaque département, chacune étant présidée par une personne qualifiée désignée par le représentant de l'État dans le département. Mais le demandeur ne peut saisir qu'une seule commission.

§ 1
Saisine et rôle de la commission

725.31 Saisine de la commission : par qui ? La commission de médiation peut tout d'abord être saisie par les demandeurs qui satisfont aux conditions d'accès au logement social et n'ont reçu aucune proposition de logement dans le délai normal d'attribution d'un logement social[1]. Ce délai est fixé par le préfet du département. Il est fonction des « circonstances locales ». La loi relative à l'égalité et à la citoyenneté a réécrit l'article L. 441-1-4 du code de la construction et de l'habitation. Il vise désormais les délais au-delà desquels (et non plus à partir desquels) les personnes qui ont déposé une demande de logement locatif social peuvent saisir la commission de médiation.

Le préfet, pour la détermination du délai, prend l'avis d'un certain nombre d'instances locales, dont le comité responsable du plan départemental d'action pour le logement et l'hébergement des personnes défavorisées (PDALHPD), les conférences intercommunales du logement (v. chap. 721) ou, la conférence du logement de Paris, les établissements publics de coopération intercommunale ou les établissements publics territoriaux de la métropole du Grand Paris ayant conclu une convention intercommunale d'attribution, ainsi que les représentants des bailleurs sociaux dans le département.

Elle peut par ailleurs être saisie, sans condition de délai, par six catégories de personnes, de bonne foi :

- dépourvues de logement;
- menacées d'expulsion sans relogement;
- hébergées ou logées temporairement dans un établissement ou un logement de transition;
- logées dans des locaux impropres à l'habitation ou présentant un caractère insalubre ou dangereux;
- logées en logements foyers et en résidence hôtelière à vocation sociale.

La loi y ajoute une dernière catégorie : « le demandeur logé dans des locaux manifestement sur-occupés ou ne présentant pas le caractère d'un logement décent, s'il a au moins un enfant mineur, s'il présente un handicap au sens de l'article L. 114 du code de l'action sociale et des familles ou s'il a au moins une personne à charge présentant un tel handicap » (CCH, art. L. 441-2-3).

Pour saisir la commission de médiation, le demandeur transmet un formulaire dédié [2] (à télécharger ou à retirer en préfecture).

Le formulaire doit être accompagné des pièces justificatives mentionnées sur la notice d'accompagnement.

Le dossier doit être envoyé ou déposé au secrétariat de la commission de médiation, dont les coordonnées sont communicables en préfecture et figurent sur le site internet de chaque préfecture.

725.32 Point de départ du délai. Le point de départ du délai fixé à la commission pour rendre son avis est le jour du dépôt du dossier. En cas de dossier

1. Depuis le 1er juillet 2014, l'arrêté du 18 avril 2014 remplace les formulaires anciens pour le recours devant la commission (*JO* 15 mai, p. 8075).

2. Cerfa n° 15036*01 « Recours amiable devant la commission départementale de médiation en vue d'une offre de logement », ainsi que sa notice d'information Cerfa n° 51754*01; Cerfa n° 15037*01 « Recours amiable devant la commission départementale de médiation en vue de l'accueil dans une structure d'hébergement, un logement de transition, un logement-foyer ou une résidence hôtelière à vocation sociale » et sa notice d'information Cerfa n° 51755*01.

incomplet, le demandeur est informé par courrier précisant le délai pour produire les éléments manquants, les délais d'instruction étant suspendus.

725.33 Assistance du demandeur. Le demandeur peut être assisté par les services sociaux, par un organisme bénéficiant de l'agrément relatif à l'ingénierie sociale, financière et technique prévu à l'article L. 365-3 du code de la construction et de l'habitation[1], ou par une association agréée de défense des personnes en situation d'exclusion. Le demandeur doit être « de bonne foi »[2] et doit répondre aux conditions d'accès au logement social.

725.34 Rôle de la commission. La commission, après instruction du dossier, va pouvoir désigner les demandeurs auxquels « un logement doit être attribué en urgence » et va déterminer les caractéristiques du logement. Afin de rendre le recours amiable plus efficace, la commission de médiation peut rechercher des éléments d'information auprès du ou des bailleurs chargés de la demande mais aussi de ceux qui ont connu la situation locative antérieure du demandeur. Elle peut recevoir des services sociaux en contact avec le demandeur et des instances du PDALHPD qui ont connu sa situation, toutes informations utiles sur les besoins et capacités du demandeur, sur les obstacles à son accès ou à son maintien dans un logement décent et indépendant.

725.35 Délai pour instruire la demande. La commission a un délai de trois mois à compter de la réception du dossier pour rendre sa décision[3]. Ce délai est porté à six mois dans les Dom.

Pour un dossier de demande d'hébergement, le délai est de six semaines.

725.36 Délai exceptionnel. Un délai exceptionnel de six mois pour proposer un logement avait été prévu en Île-de-France (jusqu'au 1er janvier 2015) et dans les départements comportant au moins une agglomération, ou une partie d'une agglomération, de plus de 300 000 habitants (jusqu'au 1er janvier 2014).

725.37 Transmission de la liste des bénéficiaires. La liste des demandeurs qui doivent être logés d'urgence est transmise au préfet, qui désigne à un bailleur le demandeur auquel doit être attribué le logement en urgence et le périmètre au sein duquel ces logements doivent être situés[4]. En Île-de-France, il peut s'agir d'autres départements de la région après consultation du représentant de l'État territorialement compétent. Ainsi, l'offre de logement peut intervenir sur le territoire d'autres départements de la région IDF que celui sur lequel le demandeur Dalo aura fait son recours.

1. Pour les conditions d'agrément, v. CCH, art. R. 441-13-1.
2. Sur la notion de bonne foi, v. Quilichini, « Le droit au logement opposable », *AJDI* 2007. 364 s.
3. CCH, art. R. 441-15.
4. CCH, art. L. 441-2-3.

§ 2
Composition de la commission

725.41 Intervenants publics et privés. La composition de la commission de médiation est précisée à l'article R. 441-13 du code de la construction et de l'habitation, modifié en dernier lieu par le décret du 5 mai 2017[5] pris en application de la loi relative à l'égalité et à la citoyenneté du 27 janvier 2017, qui a complété cette composition. Elle a notamment renforcé la représentation des requérants.

Les commissions comprennent des représentants, à part égale, des catégories suivantes :

- l'État;
- le département, les EPCI tenus de se doter d'un PLH ou ayant la compétence habitat et au moins un QPV, la commune de Paris et les établissements publics territoriaux de la métropole du Grand Paris;
- les bailleurs et les gestionnaires de structures d'hébergement;
- les associations de locataires et d'insertion;
- les associations de défense des personnes en situation d'exclusion œuvrant dans le département et les instances mentionnées à l'article L. 115-2-1 du code de l'action sociale et des familles (conseil régional des personnes accueillies ou accompagnées).

725.42 Présence à titre consultatif. En outre, peut assister à titre consultatif aux séances un représentant de la personne morale gérant le service intégré d'accueil et d'orientation dans le département (SIAO).

725.43 Autres participants. Un représentant d'organismes bénéficiant d'un agrément pour des activités de maîtrise d'ouvrage d'insertion ou d'intermédiation et de gestion locative sociale participe à cette commission.

725.44 Présidence et vice-présidence. Elle est présidée par une personnalité qualifiée désignée par le préfet, qui a voix prépondérante. Deux vice-présidents peuvent être désignés, qui exercent les attributions du président en l'absence de ce dernier.

5. Décr. n° 2017-834, 5 mai 2017, *JO* 7 mai, n° 124.

725.45 **Membres suppléants.** Les membres de la commission peuvent avoir plusieurs suppléants.

725.46 **Règlement intérieur.** En cas de pluralité de commissions, un règlement intérieur unique est applicable qui fixe les règles d'organisation et de fonctionnement de la commission.

725.47 **Durée du mandat.** Le mandat des membres est d'une durée de trois ans, renouvelable deux fois. Les membres démissionnaires ou décédés sont remplacés par de nouveaux membres nommés pour la durée du mandat restant à courir.

725.48 **Qualité de prioritaire – Appréciation au regard des critères légaux.** La commission peut « par une décision spécialement motivée » désigner comme prioritaire et devant être logée en urgence une personne qui ne répond qu'incomplètement aux critères légaux[1].

SECTION 3
DISTINCTION ENTRE LOGEMENT ET HÉBERGEMENT

725.51 **Contingents mobilisés.** Afin de loger les demandeurs reconnus prioritaires, l'État va pouvoir mobiliser ses droits de réservation dans le parc social de logements.

Mais le contingent préfectoral (v. s^s^ n° 721.101) n'est pas la seule réponse possible et le préfet peut également avoir recours au parc privé conventionné, qui a fait l'objet d'aides particulières dans le cadre d'un programme social thématique[2]. Ces logements peuvent être loués à des organismes publics ou privés en vue de leur sous-location, meublée ou non, aux demandeurs Dalo.

Enfin, la participation des employeurs à l'effort de construction (auparavant, le « 1 % ») est incluse dans le dispositif depuis la loi du 25 mars 2009[3], si le ménage reconnu prioritaire est salarié ou demandeur d'emploi. L'article L. 313-26-2 du code de la construction et de l'habitation prévoit qu'un quart des attributions de logements réservés par la société Action Logement Services est réservé aux salariés et aux demandeurs d'emploi reconnus prioritaires par la commission de médiation et auxquels un logement doit être attribué dans le cadre du droit opposable au logement ou, à défaut, aux prioritaires conformément aux critères généraux (art. L. 441-1 du CCH)[4].

L'État et Action Logement ont convenu de renforcer la performance du contingent géré par Action logement au titre du Dalo. C'est l'objet de l'accord intervenu le 7 mars 2016 en Île-de-France, qui concentre 57 % des recours Dalo, pour atteindre progressivement le taux de 25 %.

L'objectif est fixé à 60 % du contingent en 2016 jusqu'à 100 % en 2018 (soit 4777 logements).

725.52 **Périmètre des logements.** Dans le respect des objectifs de mixité sociale, le préfet désigne un périmètre dans lequel les logements doivent être situés après avis des maires et en tenant compte des objectifs de mixité sociale définis par les orientations adoptées par la conférence intercommunale et la convention d'attribution intercommunale ou par l'accord collectif intercommunal ou départemental[5].

Ce périmètre doit tenir compte de la situation des quartiers prioritaires de la politique de la ville. En outre, les personnes qui se voient attribuer un logement sont comptabilisées au titre des droits de réservation des communes qui font l'objet d'un arrêté de carence pour la construction de logements sociaux sur leur territoire.

Les préfets peuvent également faire au demandeur une proposition de relogement dans le cadre d'une réquisition de logements vacants (CCH, art. L. 641-1 et L. 642-1) dans l'attente d'un logement définitif.

725.53 **Caractéristiques des logements.** Pour apprécier les caractéristiques du logement devant être attribué en urgence à toute personne reconnue prioritaire, il est tenu compte de différents éléments : la taille et la composition du foyer, l'état de santé, les aptitudes physiques ou les handicaps des personnes qui vivront au foyer, la localisation des lieux de travail ou d'activité et la disponibilité des moyens de transport, la proximité des équipements et services nécessaires à ces personnes[6]. Il peut également être tenu compte de tout autre élément pertinent propre à la situation personnelle du demandeur ou des personnes composant le foyer.

Le logement peut être loué par une association et sous-loué au demandeur[7]. À cette occasion, un bail dit « glissant » est mis en œuvre entre le bailleur, l'association et le sous-locataire. Un examen périodique de la situation est réalisé, afin, au terme de la

1. CCH, art. R. 441-14-1.
2. Sur les aides de l'ANAH (Agence nationale pour l'habitat), v. CCH, art. R. 321-1 s.
3. L. n° 2009-323, 25 mars 2009 de mobilisation pour le logement et la lutte contre l'exclusion, *JO* 27 mars, p. 5408.
4. V. Circ. 20 janv. 2012 relative à la mobilisation des attributions des associés collecteurs de l'UESL et de l'AFL ou de ses filiales en faveur du DALO, NOR : DEVL1129117C.
5. CCH, art. L. 441-2-3.
6. CCH, art. R. 441-16-2.
7. L. n° 2014-366, 24 mars 2014, *JO* 26 mars, p. 5809, art. 41 ; CCH, art. L. 442-8-3.

convention tripartite convenue, de permettre la signature du bail directement avec le sous-locataire. Le bailleur qui refuse ce glissement doit motiver sa décision. En cas de refus, le préfet peut attribuer directement le logement.

725.54 Hébergement. La loi du 5 mars 2007[1] permet également au demandeur de solliciter un accueil dans une structure d'hébergement. Depuis la loi du 24 mars 2014, dite loi Alur[2], l'orientation de ce type de demande est confiée, par le préfet, au service intégré d'accueil et d'intégration (SIAO) dans chaque département. En absence d'accueil, le préfet peut désigner le service chargé d'héberger le demandeur, voire procéder à l'attribution de la place d'hébergement, avec imputation sur le contingent du préfet.

Mais la commission de médiation peut également désigner le demandeur en vue de l'attribution d'un logement d'urgence, si elle estime qu'un accueil dans une structure d'hébergement n'est pas adapté.

SECTION 4
APPRÉCIATION DU JUGE SUR LA NOTION D'URGENCE ET SUR LE COMPORTEMENT DES BÉNÉFICIAIRES

725.61 Appréciation de l'urgence. Le pouvoir confié au juge pour constater la situation lui permet de porter une appréciation sur l'urgence du relogement, la consistance de l'offre et son adaptation au demandeur.

La circonstance que, postérieurement à la décision de la commission de médiation, l'intéressé a obtenu un logement ne saurait par elle-même être regardée comme établissant que l'urgence a disparu, notamment lorsque, compte tenu des caractéristiques de ce logement, il continue de se trouver dans une situation lui permettant d'être reconnu comme prioritaire et devant être relogé en urgence en application des dispositions de l'article R. 441-14-1 du code de la construction et de l'habitation[3]. Si tel n'est pas le cas, le juge peut néanmoins estimer que l'urgence perdure si le logement obtenu ne répond manifestement pas aux besoins de l'intéressé, excède notablement ses capacités financières ou présente un caractère précaire[4].

L'hébergement temporaire dans une structure d'hébergement ou un logement de transition ne suffit pas à faire disparaître l'urgence de le reloger[5]. En outre, un hébergement attribué à un demandeur prioritaire doit être stable pour accompagner le demandeur vers l'accès au logement. L'hébergement est une étape vers le logement autonome[6]. La décision de la commission de médiation qui a refusé de reconnaître le demandeur comme prioritaire et devant être logé en urgence au seul motif qu'il avait été précédemment reconnu comme devant être hébergé en urgence (et non logé) doit être annulée[7].

725.62 Droit à l'hébergement d'urgence. Dans le même temps, on observera que le juge administratif a consacré le droit à l'hébergement d'urgence (qui se distingue à la fois du Dalo et du Daho, droit à l'hébergement) en considérant qu'il constitue une liberté fondamentale mettant à la charge de l'État une obligation de résultat[8].

725.63 Quels bénéficiaires étrangers ? Si le Conseil d'État dans son arrêt Gisti a annulé le décret n° 2008-908 du 8 septembre 2008 qui a méconnu le principe d'égalité en excluant du bénéfice du Dalo les détenteurs de certaines catégories de séjour[9], il a retenu par ailleurs que l'exercice du droit au logement était subordonné au respect de la condition de régularité du séjour pour l'ensemble des personnes composant le foyer[10].

Un demandeur d'asile peut revendiquer un droit à l'hébergement, sans avoir au préalable demandé à bénéficier d'une place en centre d'accueil[11].

725.64 Comportement du demandeur. Une jurisprudence importante s'est développée à partir des notions de bonne foi et de comportement du

1. L. n° 2007-290, 5 mars 2007 instituant le droit au logement opposable et portant diverses mesures en faveur de la cohésion sociale, *JO* 6 mars, p. 4190.
2. L. n° 2014-366, 24 mars 2014, *JO* 26 mars, p. 5809.
3. CE 23 déc. 2015, req. n° 379940, *Lebon; AJDI*, 2016, p. 671, note F. Zitouni.
4. CE 27 juin 2016, req. n° 384492, *Lebon* – CE 4 nov. 2016, req. n° 387292, inédit.
5. CE 1er juin 2012, req. n° 339631, *Lebon; Dalloz actu.*, 8 juin 2012, note Grand; *AJDA* 2012. 1084; *AJDI* 2013. 489, étude F. Zitouni.
6. CE 22 avr. 2013, req n° 358427, *Lebon, AJDA*, 2013, 825, note Grand; *AJDI* 2014. 500, étude F. Zitouni.
7. CAA Versailles, 18 juill. 2013, req. n° 11VE04226.
8. CE, Ord. 10 févr. 2012, *Fofana*, req. n° 356456, *Lebon, AJDA*, 2012, 716, note Duranthon; *D.* 2012. 555, et les obs.; *ibid*. 2013. 324, obs. O. Boskovic, S. Corneloup, F. Jault-Seseke, N. Joubert et K. Parrot; *AJDI* 2012. 411, étude R. Piastra; *ibid*. 444; *ibid*. 2013. 489, étude F. Zitouni.
9. CE 11 avr. 2012, req. n° 322326, *Lebon; AJDA* 2012. 735.
10. CE 26 nov. 2012, req. n° 352420, *Lebon; AJDI* 2013. 298, obs. Brouant; *ibid.*, chr. Zitouni 2013, p. 492.
11. CE 1er août 2013, req. n° 345130, *Lebon; AJDA* 2013. 1658, note Poupeau; *AJDI* 2014. 296, obs. J.-P. Brouant; *ibid.* 500, étude F. Zitouni. V. AUSSI « Les frontières incertaines du droit au logement et à l'hébergement des étrangers », Firmin et Slama, *AJDI* 2010. 610 s.

demandeur de logement dans la procédure Dalo. Le juge est amené à apprécier en particulier si ce comportement peut être de nature à délier l'administration de son obligation dans le cadre du Dalo.

La commission de médiation est fondée, pour apprécier la bonne foi du demandeur, à tenir compte du comportement de celui-ci. Elle peut refuser de reconnaître la bonne foi du demandeur causant des troubles de jouissance conduisant à son expulsion[1]. Le refus par le demandeur de suivre les mesures d'accompagnement social que la commission de médiation a elle-même demandées est de nature à délier l'administration de l'obligation de résultat qui pèse sur elle[2].

Le fait par un demandeur d'hébergement de n'avoir pas actualisé son dossier auprès du SIAO Insertion ne caractérise pas une entrave à l'exécution de l'obligation qui pèse sur le préfet[3]. Par ailleurs, de simples inexactitudes de faible portée dans le formulaire rempli par l'intéressé ne sont pas de nature à caractériser une entrave à l'exécution de l'obligation de relogement[4].

725.65 **Refus du demandeur et conséquences.** Les bénéficiaires doivent être informés des conséquences de leur refus d'une proposition de logement ou d'hébergement, en particulier du risque de perte du bénéfice de la décision de la commission de médiation, s'ils refusent l'offre qui leur est faite[5]. C'est seulement si le demandeur a été informé des conséquences d'un refus, que le fait de rejeter une offre de logement peut lui faire perdre le bénéfice de la décision de la commission de médiation le reconnaissant comme prioritaire. Il appartient à l'administration d'établir que cette information a été délivrée au demandeur[6].

À ce stade, l'urgence justifie qu'une seule proposition de logement correspondant aux besoins du demandeur soit suffisante.

1. CE 17 juill. 2013, req. n° 349315, *Lebon; AJDA* 2013. 1542; *AJDI* 2014. 500, étude F. Zitouni – DICT. PERM. Gestion immob., *Bull.* 9 sept. 2013, note Perdereau.
2. CE 28 mars 2013, req. n° 347794, *Lebon; Dalloz actu.*, 9 avr. 2013, note Grand; *AJDA* 2013. 717; *AJDI* 2014. 502.
3. CE 16 juin 2016, req. n° 383986, *Lebon; AJDA* 2016. 1266.
4. CE 15 févr. 2013, req. n° 336006, *Lebon; AJDA* 2013. 375; *ibid.* 1355, concl. N. Polge; *AJDI* 2014. 500, étude F. Zitouni.
5. POUR une analyse de la jurisprudence des tribunaux administratifs (janv. 2009-févr. 2013), v. ANIL Habitat Actualité, « Droit au logement opposable : le contentieux du relogement », févr. 2013.
6. CE 4 nov. 2015, req. n° 374241, *AJDA* 2015. 2124, note R. Grand; *AJDI* 2016. 667, Chron. F. Zitouni – DICT. PERM., Gestion immob., *Bull.* 23 nov. 2015, note Me Perdereau – CE, avis, 1er juill. 2016, req. n° 398546, *Lebon; AJDA* 2016. 1369.

SECTION 5
RECOURS CONTENTIEUX

§ 1
Conditions

725.71 **Recours contentieux corrélé à l'opposabilité du droit au logement.** Si la loi « Dalo » s'est fixée pour objectifs l'affirmation du droit au logement, ainsi que la définition d'une autorité responsable de ce droit, elle apporte aussi la garantie d'un recours contentieux pour le demandeur.

Le demandeur qui a été reconnu par la commission de médiation comme prioritaire et comme devant être logé d'urgence et qui n'a pas reçu une offre de logement tenant compte de ses besoins et de ses capacités, peut introduire un recours devant la juridiction administrative tendant à ce que soit ordonné son logement ou son relogement[7]. Le recours contentieux apporte ainsi à la loi la signature indispensable à son opposabilité.

725.72 **Délais du recours contentieux.** Le recours devant la juridiction administrative peut être introduit par le demandeur qui n'a pas reçu d'offre de logement tenant compte de ses besoins et capacités passé un délai de trois mois à compter de la décision de la commission de médiation le reconnaissant comme prioritaire et comme devant être logé d'urgence[8]. Dans les départements d'outre-mer et dans les départements comportant au moins une agglomération, ou une partie d'une agglomération, de plus de 300 000 habitants, ce délai est de six mois.

725.73 **Recours contentieux proprement dit.** Les requêtes des demandeurs reconnus par la commission de médiation comme prioritaires et devant se voir attribuer un logement en urgence, qui n'ont pas reçu d'offre de logement tenant compte de leurs besoins et de leurs capacités, doivent déposer leur requête dans un délai de quatre mois, à compter de l'expiration du délai de trois ou six mois (v. ss n° 725.34) après notification de la décision de la commission de médiation[9].

725.74 **Assistance du requérant.** Une association agréée, un organisme bénéficiant de l'agrément relatif à l'ingénierie sociale, financière et technique prévu à l'article L. 365-3 du code de la construction et de l'habitation, ou les services sociaux, peuvent, à la demande du requérant, assister celui-ci à l'audience.

7. CCH, art. L. 441-2-3-1.
8. CCH, art. R. 441-16-1.
9. CJA, art. R. 778-2.

725.75 Jugement insusceptible d'appel. Aux termes de l'article 4 du décret n° 2013-730 du 13 août 2013[1] qui modifie l'article R. 811-1 du code de justice administrative, le tribunal administratif statue en premier et dernier ressort sur le contentieux relatif au droit au logement opposable. Ceci s'applique aux décisions rendues à compter du 1er janvier 2014. Ainsi, aucun appel n'est possible, mais un recours en révision ou un pourvoi en cassation peut être porté directement devant le Conseil d'État[2].

725.76 Recours pour le droit à l'hébergement opposable (DAHO). La loi Alur[3] a modifié les conditions du recours pour le droit à l'hébergement opposable (CCH, art. L. 441-2-3, III) pour tenir compte des personnes qui ne remplissent pas les conditions de régularité et de permanence du séjour. La commission peut prendre une décision favorable, mais uniquement si elle préconise l'accueil dans une structure d'hébergement. Elle organise par ailleurs le circuit de l'hébergement en faisant intervenir le SIAO (service d'information, d'accueil et d'orientation) chargé de trouver une place correspondant aux besoins des demandeurs à l'hébergement. La COMED (commission de médiation) peut comprendre, à titre consultatif, un représentant de la personne morale gérant le SIAO.

§ 2
Pouvoirs du juge

725.81 Effets du recours contentieux – Mesures prises par le juge. Le président du tribunal administratif ou le magistrat qu'il désigne statue en urgence, dans un délai de deux mois à compter de sa saisine. Sauf renvoi à une formation collégiale, l'audience se déroule sans conclusions du commissaire du Gouvernement. Le juge ordonne le logement ou le relogement du demandeur par l'État.

S'il constate que la demande a été reconnue par la commission de médiation comme prioritaire, il peut ordonner une astreinte financière à l'État[4].

Il peut également ordonner l'accueil du demandeur dans une structure d'hébergement, un établissement ou un logement de transition ou un logement foyer ou enfin une résidence hôtelière à vocation sociale, s'il considère cette mesure mieux adaptée.

Si les dispositions de l'article L. 441-2-3-1 prévoient que le président du tribunal statue dans un délai de deux mois, elles n'ont pas pour effet de rendre irrégulier un jugement prononcé après l'expiration de ce délai[5].

725.82 Compétences du juge. Il n'appartient pas au juge, saisi en vertu des dispositions de l'article L. 441-2-3-1 du code de la construction et de l'habitation d'apprécier la légalité des décisions des commissions départementales de médiation, tant à la demande de l'administration qu'à celle du demandeur de logement ou d'hébergement. En revanche, le juge administratif doit s'assurer « que la demande de l'intéressé a été reconnue comme prioritaire et devant être satisfaite d'urgence par la commission et que ne lui a pas été offert un logement tenant compte de ses besoins et de ses capacités définis par la commission »[6].

725.83 Expulsion et recours à la force publique. L'absence de relogement dans la procédure Dalo peut-elle s'analyser comme un motif de refus d'octroi de la force publique dans une procédure d'expulsion ? La haute cour administrative a été amenée à préciser que les difficultés rencontrées par les personnes expulsées du fait de l'absence de solution de relogement ne pouvaient être analysées comme étant d'une gravité telle qu'elles justifieraient un refus d'octroi de la force publique[7].

725.84 Astreinte. Le juge qui ordonne à l'État le logement ou le relogement peut assortir son injonction d'une astreinte selon l'article L. 441-2-3-1 du code de la construction et de l'habitation. La portée de l'astreinte a été encadrée par la loi du 25 mars 2009[8]. Le montant de cette astreinte est déterminé en fonction « du loyer moyen du type de logement considéré comme adapté aux besoins du demandeur par la commission de médiation ». En outre, le produit de l'astreinte n'est pas versé au demandeur de logement.

725.85 Effet du non-versement au demandeur. Cette absence de versement à un fonds et non au mal logé a été considérée comme étant compatible avec la Convention européenne des droits de l'homme par un avis rendu le 2 juillet 2010 par le

1. Décr. n° 2013-730, 13 août 2013 portant modification du code de justice administrative, *JO* 15 août, p. 13960.
2. CE 8 juill. 2016, req. n° 381333, *Lebon; AJDA* 2016. 1428
3. L. n° 2014-366, 24 mars 2014 pour l'accès au logement et un urbanisme rénové, *JO* 26 mars, p. 5809.
4. CCH, art. L. 442-3-1.
5. CE 28 mars 2013, req. n° 347794, *Lebon, Dalloz actu.*, 9 avr. 2013, note Grand; *AJDA* 2013. 717; *AJDI* 2014. 502.
6. CE 21 juill. 2009 *Mme Idjihadi* (avis), req. n° 324809, inédit au rec. *Lebon* – CE 15 févr. 2013, req. n° 336006, *Lebon. Dalloz actu.*, 21 févr. 2013, obs. Poupeau; *AJDA* 2013. 375; *ibid.* 1355, concl. N. Polge; *AJDI* 2014. 500, étude F. Zitouni – CE 28 mars 2013, req. n° 361269, *Dalloz actu.*, 9 avr. 2013, note Grand.
7. CE 30 juin 2010, req. n° 332259, *Lebon; AJDA* 2011. 568, note J. Le Gars; *ibid.* 2010. 1344; *D.* 2011. 1509, obs. A. Leborgne; *AJDI* 2011. 421, Chron. F. Zitouni.
8. L. n° 2009-323, 25 mars 2009 de mobilisation pour le logement et la lutte contre l'exclusion, *JO* 27 mars, p. 5408.

Conseil d'État. Saisi par le tribunal administratif de Paris, la haute juridiction a considéré par ailleurs que « le législateur n'a pas entendu limiter le montant de cette astreinte au montant du loyer moyen du logement, mais permettre qu'elle soit modulée, selon les circonstances de l'espèce, en fonction de ce montant, calculé sur la même période que l'astreinte ». Et, « dès lors que le juge dispose ainsi de la faculté de moduler le montant de l'astreinte, il doit pouvoir prendre en compte (...) des critères tenant notamment à la taille de la famille, à la vulnérabilité particulière du demandeur, à la célérité et aux diligences de l'État, tant lors de la fixation de l'astreinte que lors de sa liquidation [1] ».

Ce n'est pas l'avis de la CEDH qui a retenu que l'État français, en payant l'astreinte au lieu de procéder au relogement du demandeur, viole l'article 6-1 de la Convention européenne de sauvegarde des droits de l'homme et des libertés fondamentales sur le procès équitable [2].

Le conseil d'État a répondu à la CEDH. Selon lui, la voie de recours spécifique ouverte aux demandeurs par les dispositions de l'article L. 441-2-3-1 du code de la construction et de l'habitation, devant un juge doté d'un pouvoir d'injonction et d'astreinte de nature à surmonter les éventuels obstacles à l'exécution de ses décisions, présente un caractère effectif, au regard des exigences découlant de l'article 6-1 de la convention européenne de sauvegarde des droits de l'homme et des libertés fondamentales. Il en va ainsi, alors même que l'astreinte éventuellement prononcée sur le fondement de l'article précité, compte tenu des critères qu'il énonce, est versée par l'État, non au requérant, mais au fonds d'accompagnement dans et vers le logement, créé par l'article L. 300-2 du code de la construction et de l'habitation et institué, depuis 2011, au sein d'un établissement public national autonome, la Caisse de garantie du logement locatif social [3].

§ 3
Contentieux indemnitaire

725.91 **Contentieux indemnitaire.** Un contentieux indemnitaire s'est développé autour du droit au logement opposable, dans les zones tendues dans lesquelles le relogement est difficile en l'absence d'une offre suffisante de logements notamment. Appuyée sur la responsabilité pour faute de l'État du fait du non relogement, les indemnités allouées ont pu être alourdies en appel. C'est ce qu'a jugé la cour administrative d'appel de Paris le 22 novembre 2012 en constatant la double carence de l'État qui n'a pas attribué de logement au requérant et n'a pas exécuté le jugement du tribunal administratif enjoignant au préfet d'assurer le relogement de la famille [4].

SECTION 6
BILAN DES COMMISSIONS DE LA LOI DU 5 MARS 2007

725.101 **Bilan 2008-2014.** Le bilan 2008-2014 du Dalo, rendu par le comité de suivi du Dalo dans son 10e rapport, le 12 janvier 2016, fait état de 499 326 recours depuis 2007 :

- 82 028 demandeurs ont pu obtenir un logement social [a].
- 85 % des recours sont déposés dans 17 départements.

Le taux de décisions favorables baisse cependant : il atteint 32,2 % en 2014, pour 45,9 % en 2008.

Environ 60 000 ménages restent à reloger.

- 57 % des recours et 74 % des ménages à reloger sont concentrés en Île-de-France,
- les Bouches-du-Rhône recueillent 5 800 dossiers avec 130 % de hausse des demandes en 2014, 83 % des familles restant à reloger,
- le Rhône avec 3 204 dossiers en 2014 n'a que 15 % des ménages à loger.

a Chiffres du Dalo 2013/2014. Haut Comité pour le logement des personnes défavorisées. www.hclpd.gouv.fr

Madame M.-A. Carlotti, présidente du Haut Comité pour le logement des personnes défavorisées et du comité de suivi du Dalo, a reçu mission d'identifier les moyens de renforcer l'effectivité du Dalo. [5]

À partir d'une analyse faite dans 13 départements métropolitains comportant plus de 250 ménages à reloger, elle constate que l'offre de logements Dalo n'est pas assez mobilisée, le contingent de l'État, théoriquement de 25 %, est sous utilisé, la part d'Action Logement est de 9 % au lieu de 25 % et la mobilisation du parc privé est dérisoire.

31 propositions ont été faites par le comité portant notamment :

- sur le fonctionnement des commissions de médiation,
- sur l'identification et la gestion du contingent préfectoral,
- enfin pour des attributions plus justes et efficaces.

1. CE 2 juill. 2010, *Maache* (avis) req. n° 332825, *Lebon. AJDA* 2010. 1343.
2. CEDH 5e sect., 9 avr. 2015, n° 65829/12, *Tchokontio Happi/France., AJDA* 2015. 720; *D.* 2015. 805, obs. C. de presse; *AJDI* 2016. 667, Chron. F. Zitouni; *Dr. soc.* 2016. 697, étude J.-P. Marguénaud et J. Mouly; *RDSS* 2015. 651, note D. Tharaud.
3. CE, avis, 27 mai 2016, req. n° 397842, *Lebon; AJDA* 2016. 1094, note M.-C. de Montecler.
4. CAA Paris 20 sept. 2012, n° 11PA04843, *AJDI* 2013, chr. Zitouni, p. 497; *Opérations immobilières*, févr. 2013, note Mariani.
5. M.-A. Carlotti, *L'effectivité du Dalo dans 14 départements*, 18e rapport de mission, HCLPD, déc. 2016.

TITRE

73. Le contrat de location HLM et ses conditions financières

SECTION 0
ORIENTEUR

73.00 **Plan du titre.**

73.01 **Textes applicables.**

TEXTES SOURCES

> Contrat

- **L. n° 89-462, 6 juill. 1989, art. 3, 1° à 10°.**
- **L. n° 48-1360,** 1er sept. 1948, art. 4.
- **C. civ., art. 1210 à 1215.**

> Cautionnement et dépôt de garantie

L. n° 89-462, 6 juill. 1989, art. 22, 22-1.

> Financement HLM et conventionnement du parc

- **CCH, art. L. 351-2, L. 353-1, L. 353-14 à L. 353-18.**
- **CCH, art. R. 353-1 à R. 353-22.**
- **CCH, art. R. 353-1, ann. 1.**

> Loyers

- **CCH, art. L. 353-9-2, L. 353-9-3, L. 442-1 à L. 442-2.**
- **CCH, art. R. 353-16, R. 442-1 à R. 442-3.**
- **CCH, art. R. 353-1, ann. I, conv type, art. 9 à 10 *bis*.**

> CUS

CCH, art. L. 353-9-3, L. 442-1 à L. 442-2, L. 445-1 à 445-8.

> Supplément de loyer de solidarité

- **CCH, art. L. 441-3 à L. 441-15.**
- **CCH, art. R. 441-19 à R. 441-28.**

73.03 Bibliographie indicative.

Actualisables. RÉP. CIV., v° « Habitat social (HLM) », H. des Lyons, nos 164-178 – DICT. PERM. Gestion immob., « HLM-Location », nos 1-345; « Logements locatifs conventionnés ».

CHAPITRE

731. Contenu et durée du contrat

SECTION 0
ORIENTEUR

731.00 Plan du chapitre.

731.01 Textes applicables.

TEXTES SOURCES

- **L. n° 89-462, 6 juill. 1989, art. 3, 1° à 10°.**
- **L. n° 48-1360, 1er sept. 1948, art. 4.**
- **C. civ., art. 1210 à 1215.**

TEXTES *IN EXTENSO*

- **L. 6 juill. 1989, art. 3, 1° à 10°**

Le contrat de location est établi par écrit et respecte un contrat type défini par décret en Conseil d'État, pris après avis de la Commission nationale de concertation.

Le contrat de location précise :

1° Le nom ou la dénomination du bailleur et son domicile ou son siège social ainsi que, le cas échéant, ceux de son mandataire;

2° Le nom ou la dénomination du locataire;

3° La date de prise d'effet et la durée;

4° La consistance, la destination ainsi que la surface habitable de la chose louée, définie par le code de la construction et de l'habitation;

5° La désignation des locaux et équipements d'usage privatif dont le locataire a la jouissance exclusive et, le cas échéant, l'énumération des parties, équipements et accessoires de l'immeuble qui font l'objet d'un usage commun, ainsi que des équipements d'accès aux technologies de l'information et de la communication;

6° Le montant du loyer, ses modalités de paiement ainsi que ses règles de révision éventuelle;

7° Le loyer de référence et le loyer de référence majoré, correspondant à la catégorie de logement et définis par le représentant de l'État dans le département dans les zones où s'applique l'arrêté mentionné au I de l'article 17;

8° Le montant et la date de versement du dernier loyer appliqué au précédent locataire, dès lors que ce dernier a quitté le logement moins de dix-huit mois avant la signature du bail;

9° La nature et le montant des travaux effectués dans le logement depuis la fin du dernier contrat de location ou depuis le dernier renouvellement du bail;

10° Le montant du dépôt de garantie, si celui-ci est prévu.

(…)

- **L. 6 juill. 1989, art. 4**

Les occupants de bonne foi des locaux définis à l'article 1er bénéficient de plein droit et sans l'accomplissement d'aucune formalité, du maintien dans les lieux loués, aux clauses et conditions du contrat primitif non contraires aux dispositions de la présente loi, quelle que soit la date de leur entrée dans les lieux.

Sont réputés de bonne foi les locataires, sous-locataires, cessionnaires de baux, à l'expiration de leur contrat, ainsi que les occupants qui, habitant dans les lieux en vertu ou en suite d'un bail écrit ou verbal, d'une sous-location régulière, d'une cession régulière d'un bail antérieur, d'un échange opéré dans les conditions légales, exécutent leurs obligations.

L'acte par lequel le bailleur notifie au locataire qu'il met fin au contrat de louage et qui entraîne l'application des dispositions précédentes doit, à peine de nullité, reproduire les dispositions des deux alinéas précédents et préciser qu'il ne comporte pas en lui-même obligation d'avoir à quitter effectivement les lieux.

Le fait pour le locataire ou l'occupant d'un local à usage professionnel d'exercer une activité, soit en collaboration avec d'autres personnes exerçant une profession libérale dans les conditions prévues par les règles régissant leurs professions, soit au sein d'une société constituée conformément à la loi n° 66-879 du 29 novembre 1966 ne peut être considéré en lui-même comme une infraction aux clauses du bail.

En cas de location partielle ou de sous-location partielle, le droit au maintien dans les lieux n'est opposable ni au propriétaire, ni au locataire ou occupant principal, lorsque les locaux occupés forment, avec l'ensemble des lieux, un tout indivisible, ou lorsqu'il s'agit de pièces constituant l'accessoire du local habité par le propriétaire, le locataire ou l'occupant principal.

• **C. civ., art. 1210**

Les engagements perpétuels sont prohibés.

Chaque contractant peut y mettre fin dans les conditions prévues pour le contrat à durée indéterminée.

• **C. civ., art. 1211**

Lorsque le contrat est conclu pour une durée indéterminée, chaque partie peut y mettre fin à tout moment, sous réserve de respecter le délai de préavis contractuellement prévu ou, à défaut, un délai raisonnable.

• **C. civ., art. 1212**

Lorsque le contrat est conclu pour une durée déterminée, chaque partie doit l'exécuter jusqu'à son terme.

Nul ne peut exiger le renouvellement du contrat.

• **C. civ., art. 1213**

Le contrat peut être prorogé si les contractants en manifestent la volonté avant son expiration. La prorogation ne peut porter atteinte aux droits des tiers.

• **C. civ., art. 1214**

Le contrat à durée déterminée peut être renouvelé par l'effet de la loi ou par l'accord des parties.

Le renouvellement donne naissance à un nouveau contrat dont le contenu est identique au précédent mais dont la durée est indéterminée.

• **C. civ., art. 1215**

Lorsqu'à l'expiration du terme d'un contrat conclu à durée déterminée, les contractants continuent d'en exécuter les obligations, il y a tacite reconduction. Celle-ci produit les mêmes effets que le renouvellement du contrat.

731.02 Jurisprudence de référence.

• **Civ. 3e**, 2 mars 1988, n° 86-16.200, *Bull. civ.* III, n° 50

* V. ss n° 731.33

En l'état d'un bail conclu pour un an avec faculté de renouvellement d'année en année par tacite reconduction, le bail tacitement reconduit est un bail à durée indéterminée.

• **Civ. 3e**, 31 oct. 2007, n° 206-18.212, *Bull. civ.* III, n° 188

* V. ss n° 731.16

La faculté de renoncer à une aire de stationnement n'est ouverte qu'aux locataires dont la location du logement a été subordonnée à la location d'une aire de stationnement.

731.03 Bibliographie indicative.

Actualisables. RÉP. CIV., vis « Habitat social (HLM) », H. des Lyons, nos 164-178; « Bail d'habitation et mixte : rapports locatifs individuels – loi du 6 juillet 1989 », N. Damas, nos 322-327 – LAMY Dr. Immo, n° 5845 – DICT. PERM. Gestion immob., « HLM-Location », nos 171 s.; « Logements locatifs conventionnés », nos 96 s.

SECTION 1
CONTRAT *STRICTO SENSU*

731.11 Application aux HLM de la loi du 6 juillet 1989. La loi du 6 juillet 1989 s'applique pour partie aux contrats de location de logements loués par les organismes HLM propriétaires, tant dans ses dispositions essentielles concernant la « chose louée » (maison ou appartement), que pour celles touchant aux locaux accessoires (v. ss nos 022.181 s. et 712.61). La loi du 24 mars 2014, dite loi Alur[1], a apporté des modifications importantes à la loi du 6 juillet 1989, notamment à travers un contrat type dont certaines dispositions seront applicables en HLM après décret à intervenir (sur la forme et le contenu du contrat v. ss nos 131.11 s. et 132.11 s.). Elle a également précisé que certaines dispositions étaient d'application immédiate aux baux en cours au 27 mars 2014, date de son entrée en vigueur.

Les baux HLM ont cependant aussi leur spécificité qui les soumet à des règles particulières. Le contrat de location doit dans tous les cas préciser la surface habitable de la chose louée.

731.12 Affectation des locaux. Les locaux sont loués nus à usage de résidence principale. Les règles classiques sont ici applicables au contrat de location HLM : il s'agit d'un louage de chose, les relations locatives portant sur un logement (la chose), pour un certain temps (la durée) et moyennant un certain prix (le loyer).

Le locataire doit y résider au moins huit mois par an[2].

Il s'y ajoute certaines contraintes opposables au bailleur et propres au caractère aidé des logements : le logement ne peut pendant une durée d'au moins quinze ans par exemple être affecté à un autre usage, tel que l'usage professionnel ou commercial, ni être utilisé à titre de logement de fonction, ou comme accessoire au contrat de travail[3].

731.13 Baux à usage mixte. L'usage mixte professionnel et d'habitation principale n'est pas proscrit par principe. Il est possible de le prévoir lors de la signature du bail. Il peut s'acquérir en cours de bail dans le respect d'une procédure spécifique de changement d'usage, décrite au v. ss n° 432.11, assortie d'exceptions, soit à l'initiative du locataire (v. ss n° 433.11), soit à celle du bailleur HLM (v. ss n° 434.11).

731.14 Changement d'usage. Dans les mêmes conditions, tout autre changement d'usage d'un logement HLM, à usage entièrement professionnel

1. L. n° 2014-366, 24 mars 2014, *JO* 26 mars, p. 5809, art. 12 notamment.
2. Inscrite dans l'article 4 de la loi du 1er septembre 1948, applicable en HLM selon les articles L. 353-15 du CCH pour les logements conventionnés HLM et L. 442-6 du CCH pour les logements non conventionnés, cette durée minimum obligatoire a été reprise par la loi du 24 mars 2014, dite loi Alur, pour tous les logements locatifs (art. 2 de la loi du 6 juill. 1989 modifié).
3. CCH, art. R. 331-4.

ou à un autre usage (locaux de bureau, de services, commerciaux ou artisanaux) est également soumis à une procédure spéciale sous le contrôle du préfet ou du maire (v. s[s] n° 434.11).

731.15 Locaux accessoires. En complément du local principal à usage de logement, le même bailleur peut louer des locaux accessoires, tels que des « cours, terrains ou jardins », selon la dénomination qu'en donne la loi du 1er septembre 1948 (art. 36), applicable en l'espèce. Il y est précisé que le loyer de ces accessoires fait l'objet d'une évaluation séparée. Il s'y ajoute les « remises et garages » n'ayant aucune affectation commerciale ou industrielle.

731.16 Location facultative d'une aire de stationnement. Dans les immeubles collectifs qui ont fait l'objet d'une aide de l'État, il n'est pas possible d'imposer au locataire la location d'une aire de stationnement (parking ou garage). Ce principe, applicable aux logements conventionnés à l'APL (v. s[s] n° 733.31), a été étendu à tous les logements HLM aidés par la loi du 24 mars 2014[1], dite loi Alur.

En corollaire, le locataire peut renoncer à une aire de stationnement à tout moment[2].

La faculté de renoncer à une aire de stationnement n'est ouverte qu'aux locataires dont la location du logement a été subordonnée à la location d'une aire de stationnement[3].

731.17 Location accessoire et stipulation contractuelle. Le contrat d'origine devra préciser bien évidemment l'existence des locaux accessoires et en prévoir le prix. L'existence d'une location verbale peut être reconnue, à la condition que le loyer accessoire ait été versé depuis la signature du contrat de location[4]. À l'inverse, le tribunal peut retenir par interprétation souveraine des termes ambigus du contrat de bail[5] que celui-ci ne pouvait faire l'objet d'un loyer supplémentaire[6]. De même, l'identification dans l'état des lieux contradictoire d'un garage annexé au logement, lequel est seul visé au contrat de location, sans que soit perçu de manière accessoire de loyer, interdit au bailleur de demander le paiement d'un tel loyer dès lors qu'il ne peut pas démontrer que les garages avaient été mis en location séparément[7].

SECTION 2
DURÉE DU CONTRAT DE LOCATION HLM

731.21 Impact de la réforme du droit des obligations. Distinguons la situation avant et après la réforme intervenue du droit des obligations par l'ordonnance du 10 février 2016[8].

§ 1
Situation avant la réforme du droit des obligations

731.31 Réglementation spécifique. La durée de droit commun de l'article 15 de la loi du 6 juillet 1989 n'est pas applicable[9]. Les contrats de location HLM ne sont donc pas de six ans au moins, comme pour les bailleurs personnes morales de droit commun.

Par tradition, la durée des contrats est même souvent très courte : un an, trois mois, voire un mois seulement. En tout état de cause, le locataire est protégé, soit parce qu'il bénéficie du droit au maintien dans les lieux à la fin de son contrat, soit parce que celui-ci se renouvelle à son expiration par la voie de la tacite reconduction.

731.32 Droit au maintien dans les lieux. Le droit au maintien dans les lieux est ouvert aux locataires, sous-locataires, cessionnaires de baux, à l'expiration de leur contrat, s'ils exécutent leurs obligations.

Cette disposition de l'article 4 de la loi de 1948, applicable en HLM[10], est la garantie pour les locataires de baux à durée déterminée expirés ou qui vont expirer, que la fin du bail n'est pas pour eux synonyme de congé.

Il naît en effet à cette date une nouvelle période au cours de laquelle le bailleur ne pourra donner congé que dans des conditions définies par la loi et strictement contrôlées (sur les motifs possibles de congé et la procédure suivie, en cas de déchéance du droit au maintien dans les lieux v. s[s] n°s 813.51 s.).

731.33 Contrat HLM à durée indéterminée. Observons à titre préliminaire que la très grande majorité des locataires HLM dispose de contrats reconductibles sans limitation de durée. Ces contrats d'un an, de trois mois ou d'un mois se renouvellent par tacite reconduction. La Cour de

1. L. n° 2014-366, 24 mars 2014, *JO* 26 mars, p. 5809, art. 118.
2. CCH, art. L. 442-6-4.
3. Civ. 3e, 31 oct. 2007, n° 06-18.212, *Bull. civ.* III, n° 188.
4. Civ. 3e, 1er juill. 2003, n° 02-11.626, NP, *Ann. loyers* 2003. 2498, note Roux – Civ. 3e, 8 mars 2005, n° 04-10.883, NP, *AJDI* 2005. 564, note Zalewski.
5. Qui ne faisait aucune référence au garage.
6. Civ. 3e, 2 févr. 2005, n° 03-19.282, NP.
7. Civ. 3e, 27 mai 2003, n° 01-10.875, NP, *Ann. loyers* 2003. 2498, note Roux.
8. Ord. n° 2016-131, 10 févr. 2016 portant réforme du droit des contrats, du régime général et de la preuve des obligations, *JO* 11 févr., n° 26.
9. L. 6 juill. 1989, art. 40 I et III.
10. POUR les logements conventionnés : CCH, art. L. 353-15 – POUR les logements non conventionnés : CCH, art. L. 442-6.

cassation a reconnu à ce type de conventions le caractère de contrats à durée indéterminée[1].

Dans ce cas également, le bailleur ne peut donner congé que pour des motifs limités (travaux importants, démolition, troubles graves de jouissance) avec, la plupart du temps, des solutions de relogement (sur le congé v. s^s n° 741.61).

Il n'en va différemment que lorsque le locataire ne respecte pas le contrat de location et que le bailleur poursuit la résiliation du contrat, soit en vertu d'une clause résolutoire de plein droit, soit devant le juge judiciaire sur la base de l'article 1184 du code civil, dans sa version antérieure à la réforme du droit des contrats (sur la résiliation du bail v. s^s n°s 922.11 s. et 923.11 s.).

§ 2
Réforme du droit des obligations et conséquences

731.41 Ordonnance du 10 février 2016. La rédaction des articles 1211 à 1215 du code civil, issue de l'ordonnance du 10 février 2016, prévoit plusieurs rédactions possibles pour la durée des contrats.

Si le contrat est conclu pour une durée indéterminée (C. civ., art. 1211), les parties pourront y mettre fin à tout moment en respectant les règles de durée et de congé prévues au contrat.

Si le contrat est conclu pour une durée déterminée, il a vocation à se poursuivre jusqu'au terme fixé par les parties, sans possibilité pour chaque partie de donner congé pendant cette durée. Le contrat qui se renouvelle, soit avec l'accord des parties (C. civ., art. 1214), soit tacitement (C. civ., art. 1215), est un nouveau contrat dont la durée est indéterminée.

On a vu précédemment que dans leur très grande majorité les locataires HLM disposaient de contrats d'une durée courte, d'un mois, de trois mois, plus rarement d'un an. Ces contrats se reconduisaient tacitement et étaient considérés comme à durée indéterminée pour toute leur durée.

Les nouvelles dispositions du code civil relatives à la durée remettent en cause cette solution. À compter du 1er octobre 2016, date d'application de l'ordonnance du 16 février, à défaut de stipulations contraires, les nouveaux contrats de location prévoyant une durée fixe doivent être qualifiés de contrats à durée déterminée jusqu'à leur terme. Puis, par l'effet de la tacite reconduction, ils deviennent des contrats à durée indéterminée.

731.42 Évolutions possibles. Quel choix doit être fait pour entrer dans le fil de la réforme des contrats ? Deux solutions paraissent être ouvertes pour fixer la durée des nouveaux contrats.

1° pour les baux en cours au 1er octobre 2016.

Les baux d'une durée de 1 mois ou de 3 mois, en cours à la date du 1er octobre 2016, se sont tous reconduits tacitement pour une durée indéterminée depuis le 1er octobre 2016.

Les baux d'une durée d'un an, conclus jusqu'au 1er octobre 2016, posent la question de la faculté pour le locataire de donner congé au cours de leur premier période d'un an. Selon le texte d'ordre public de la loi du 6 juillet 1989, le locataire peut donner congé à tout moment dans le respect de la durée du préavis applicable. Ils ne peuvent ou ne pourront en être empêchés.

2° pour les nouveaux baux conclus à compter du 1er octobre 2016.

Plusieurs choix paraissent possibles.

Choix n° 1 : il est précisé dès sa signature que le contrat de location est à durée indéterminée. En ce cas, une clause spécifique devra préciser que le locataire pourra donner congé à tout moment, dans les conditions de l'article 15 de la loi du 6 juillet 1989. En outre, une clause précisant que le bailleur peut donner congé dans les cas ouverts par la réglementation est également nécessaire (travaux d'amélioration, démolition par exemple).

Choix n° 2 : le contrat a une durée déterminée (par exemple, 1 mois, 3 mois ou un an). Il convient de préciser dans une clause spécifique que, pendant cette durée déterminée, le locataire pourra donner congé à tout moment dans les conditions de l'article 15 de la loi du 6 juillet 1898 et que le bailleur pourra lui-même donner congé pour un des motifs autorisés par la réglementation. À son terme il se reconduira tacitement pour une durée indéterminée.

1. POUR les baux d'un an renouvelables d'année en année : Civ. 3e, 2 mars 1988, n° 86-16.200, *Bull. civ.* III, n° 50.

CHAPITRE

732. Cautionnement et dépôt de garantie

SECTION 0
ORIENTEUR

732.00 Plan du chapitre.

732.01 Textes applicables.

TEXTES SOURCES

• **L. n° 89-462, 6 juill. 1989, art. 22, 22-1.**

TEXTES *IN EXTENSO*

• **L. 6 juill. 1989, art. 22**

Lorsqu'un dépôt de garantie est prévu par le contrat de location pour garantir l'exécution de ses obligations locatives par le locataire, il ne peut être supérieur à un mois de loyer en principal. Au moment de la signature du bail, le dépôt de garantie est versé au bailleur directement par le locataire ou par l'intermédiaire d'un tiers.

Un dépôt de garantie ne peut être prévu lorsque le loyer est payable d'avance pour une période supérieure à deux mois; toutefois, si le locataire demande le bénéfice du paiement mensuel du loyer, par application de l'article 7, le bailleur peut exiger un dépôt de garantie.

Il est restitué dans un délai maximal de deux mois à compter de la remise en main propre, ou par lettre recommandée avec demande d'avis de réception, des clés au bailleur ou à son mandataire, déduction faite, le cas échéant, des sommes restant dues au bailleur et des sommes dont celui-ci pourrait être tenu, aux lieu et place du locataire, sous réserve qu'elles soient dûment justifiées. À cette fin, le locataire indique au bailleur ou à son mandataire, lors de la remise des clés, l'adresse de son nouveau domicile.

Il est restitué dans un délai maximal d'un mois à compter de la remise des clés par le locataire lorsque l'état des lieux de sortie est conforme à l'état des lieux d'entrée, déduction faite, le cas échéant, des sommes restant dues au bailleur et des sommes dont celui-ci pourrait être tenu, en lieu et place du locataire, sous réserve qu'elles soient dûment justifiées.

Lorsque les locaux loués se situent dans un immeuble collectif, le bailleur procède à un arrêté des comptes provisoire et peut, lorsqu'elle est dûment justifiée, conserver une provision ne pouvant excéder 20 % du montant du dépôt de garantie jusqu'à l'arrêté annuel des comptes de l'immeuble. La régularisation définitive et la restitution du solde, déduction faite, le cas échéant, des sommes restant dues au bailleur et des sommes dont celui-ci pourrait être tenu en lieu et place du locataire, sont effectuées dans le mois qui suit l'approbation définitive des comptes de l'immeuble. Toutefois, les parties peuvent amiablement convenir de solder immédiatement l'ensemble des comptes.

Le montant de ce dépôt de garantie ne porte pas intérêt au bénéfice du locataire. Il ne doit faire l'objet d'aucune révision durant l'exécution du contrat de location, éventuellement renouvelé.

À défaut de restitution dans les délais prévus, le dépôt de garantie restant dû au locataire est majoré d'une somme égale à 10 % du loyer mensuel en principal, pour chaque période mensuelle commencée en retard. Cette majoration n'est pas due lorsque l'origine du défaut de restitution dans les délais résulte de l'absence de transmission par le locataire de l'adresse de son nouveau domicile.

En cas de mutation à titre gratuit ou onéreux des locaux loués, la restitution du dépôt de garantie incombe au nouveau bailleur. Toute convention contraire n'a d'effet qu'entre les parties à la mutation.

• **L. 6 juill. 1989, art. 22-1**

Le cautionnement ne peut pas être demandé, à peine de nullité, par un bailleur qui a souscrit une assurance, ou toute autre forme de garantie, garantissant les obligations locatives du locataire, sauf en cas de logement loué à un étudiant ou un apprenti. Cette disposition ne s'applique pas au dépôt de garantie mentionné à l'article 22.

Si le bailleur est une personne morale autre qu'une société civile constituée exclusivement entre parents et alliés jusqu'au quatrième degré inclus, le cautionnement ne peut être demandé que :

– s'il est apporté par un des organismes dont la liste est fixée par décret en Conseil d'État;

– ou si le logement est loué à un étudiant ne bénéficiant pas d'une bourse de l'enseignement supérieur.

Lorsqu'un cautionnement pour les sommes dont le locataire serait débiteur dans le cadre d'un contrat de location conclu en application du présent titre est exigé par le bailleur, celui-ci ne peut refuser la caution présentée au motif qu'elle ne possède pas la nationalité française ou qu'elle ne réside pas sur le territoire métropolitain.

Le cautionnement pour les sommes dont le locataire serait débiteur s'étend également aux sommes correspondant aux aides versées au bailleur en application de l'article 24-2.

Lorsque le cautionnement d'obligations résultant d'un contrat de location conclu en application du présent titre ne comporte aucune indication de durée ou lorsque la durée du cautionnement est stipulée indéterminée, la caution peut le résilier unilatéralement. La résiliation prend effet au terme du contrat de location, qu'il s'agisse du contrat initial ou d'un contrat reconduit ou renouvelé, au cours duquel le bailleur reçoit notification de la résiliation.

La personne physique qui se porte caution fait précéder sa signature de la reproduction manuscrite du montant du loyer et des conditions de sa révision tels qu'ils figurent au contrat de location, de la mention manuscrite exprimant de façon explicite et non équivoque la connaissance qu'elle a de la nature et de l'étendue de l'obligation qu'elle contracte et de la reproduction manuscrite de l'alinéa précédent. Le bailleur remet à la caution un exemplaire du contrat de location. Ces formalités sont prescrites à peine de nullité du cautionnement.

732.03 Bibliographie indicative.

Actualisables. RÉP. CIV., v^is « Habitat social (HLM) », H. des Lyons, n° 156 – DICT. PERM. Gestion immob., « HLM-Location », n°s 238-239; « Logements locatifs conventionnés », n° 397.

SECTION 1
CAUTIONNEMENT

732.11 Cautionnement interdit en principe. La règle a évolué à partir de la loi n° 2009-323 du 25 mars 2009 de mobilisation pour le logement et la lutte contre l'exclusion, qui a interdit aux bailleurs personnes morales, autres qu'une société civile constituée exclusivement entre parents et alliés jusqu'au quatrième degré inclus, de demander qu'une personne physique puisse se porter caution pour les logements qu'elles louent.

La caution apportée au locataire garantit le paiement du loyer, des charges ou de tout engagement du locataire[1].

Le recours à une caution est cependant possible, s'il s'agit :

– d'un organisme dont la liste est fixée par le décret n° 2009-1659 du 28 décembre 2009[2];

– ou si le logement est loué à un étudiant ne bénéficiant pas d'une bourse de l'enseignement supérieur.

732.12 Organismes autorisés. Les organismes qui peuvent apporter une caution aux bailleurs personnes morales sont les suivants :

– les fonds de solidarité pour le logement (FSL), prévus à l'article 6 de la loi du 31 mai 1990[3] et les fonds locaux prévus à l'article 7 de la même loi;

– les organismes collecteurs agréés de la participation des employeurs à l'effort de construction prévue à l'article L. 313-1 du code de la construction et de l'habitation;

– les associations auxquelles un fonds de solidarité pour le logement ou un fonds local accorde sa garantie en application des dispositions de l'article 6 de la loi du 31 mai 1990 susvisée;

– tous les organismes ou associations qui apportent, à titre gratuit, leur caution à un candidat à la location afin de favoriser son accès au logement.

732.13 Régime de la caution. En HLM, à la différence du secteur privé, les baux ne sont pas, le plus souvent, des baux à durée déterminée (v. s^s n° 731.41). C'est pourquoi, lorsqu'une caution est mobilisée, il convient de prévoir une durée précise aux engagements qu'elle prend.

En effet, si l'engagement de caution est conclu sans limitation de durée, celui qui l'a souscrit pourra le résilier à tout moment; il ne restera, en aucun cas, tenu jusqu'au terme du contrat, puisque, par définition, celui-ci n'en a pas.

Sur le régime du cautionnement, en particulier les conditions de l'engagement, on se reportera aux développements faits pour le secteur privé (v. s^s n°s 144.11 s.).

SECTION 2
DÉPÔT DE GARANTIE

732.21 Pratique fréquente. Le versement d'un dépôt de garantie n'est obligatoire, selon la loi du 6 juillet 1989 applicable ici en HLM[4], que si le contrat de location le prévoit. C'est en général la norme pratiquée en HLM. Le dépôt a pour objet de garantir l'exécution de ses obligations par le locataire, qui en rend compte, en règle générale, à la fin du contrat. Le montant du dépôt est cependant limité.

1. L. n° 2009-323, 25 mars 2009, art. 55 modifiant l'art. 22-1 de la loi n° 1989-462, 6 juill. 1989.
2. Applicable à Mayotte.
3. L. n° 90-449, 31 mai 1990 visant à la mise en œuvre du droit au logement, *JO* 2 juin, p. 6551.
4. L. n° 89-462, 6 juill. 1989, art. 40, I et III.

§ 1
Montant du dépôt de garantie

732.31 **Un régime unifié.** Pour tous les logements appartenant aux organismes HLM, qu'ils soient conventionnés ou non conventionnés (sur la notion de conventionnement v. s[s] n° 733.31), le montant du dépôt de garantie est limité à un mois maximum[1].

Cette règle est impérative et il ne peut, en conséquence, y être dérogé. Cette situation résulte de l'unification du régime du dépôt de garantie en HLM, à la suite des dispositions de la loi du 27 janvier 2017[2]. Ce faisant ont été harmonisées les règles du secteur privé et du secteur social de l'habitat locatif.

732.32 **Régime antérieur à 2017 pour les logements non conventionnés en HLM.** Avant le 29 janvier 2017, date d'entrée en vigueur de la loi nouvelle, lorsque le logement n'était pas conventionné, l'article 75 de la loi du 1er septembre 1948 s'appliquait[3]. Il précisait que : « Les loyers payés d'avance, sous quelque forme que ce soit et même à titre de garantie, ne peuvent excéder une somme correspondant à deux mois de loyer pour les locations faites au mois et au quart du loyer annuel pour les autres cas. »

Étant précisé que les locations sont faites au mois, il en résultait que le dépôt de garantie ne pouvait, selon la nature du terme, dépasser un mois ou deux mois en HLM non conventionné.

Si le terme était échu, c'est-à-dire lorsque le paiement du loyer était fait en fin de mois, le dépôt de garantie demandé pouvait être de deux mois (correspondant à 2 mois payés d'avance, selon la formule retenue par l'article 78).

Si le terme était à échoir, c'est-à-dire si le loyer était versé en début de mois, le dépôt de garantie demandé ne pouvait pas dépasser un mois (soit un mois de loyer d'avance et un mois de dépôt). On peut noter toutefois que ces cas étaient rares, le parc HLM étant conventionné en quasi-totalité.

On retiendra enfin que les cas de versements de dépôts de garantie supérieurs à un mois, résultant de l'ancienne réglementation, restent valables. Ils ne sont pas soumis à une exigence de régularisation en cours de bail à l'occasion de la sortie de la loi du 27 janvier 2017. De même, il n'a pas été prévu d'harmoniser le terme pour les contrats en cours. Enfin, au terme du contrat, lors de la restitution du dépôt de garantie, s'il y a lieu, les montants versés seront pris en compte.

§ 2
Restitution du dépôt de garantie

732.41 **Règles de droit commun.** S'agissant de la restitution du dépôt à la fin du contrat, les règles sont les mêmes que dans la location privée. Ainsi la restitution du dépôt de garantie en HLM obéit aux dispositions de l'article 22 de la loi du 6 juillet 1989[4], qui indiquent les délais de restitution et les sanctions applicables à défaut de restitution dans ces délais (sur ces questions, v. n°s 142.31 s.).

732.42 **Changement de bailleur.** On notera qu'en cas de mutation des locaux loués, à titre gratuit ou onéreux, au cours du bail, c'est au nouveau bailleur qu'incombera l'obligation de restitution du dépôt de garantie au locataire[5]. Toute convention contraire lui sera inopposable[6].

1. Pour les logements conventionnés, voir art. 17 de la convention type annexée à l'art. R. 353-1 – POUR les conventions antérieures au 9 oct. 1999, voir les engagements de portée générale, annexés aux conventions signées avec l'État.
2. L. n° 2017-86, 27 janv. 2017 relative à l'égalité et à la citoyenneté, art. 120, *JO* 28 janv., n° 1.
3. Par renvoi de CCH, art. L. 442-6.
4. L. 6 juill. 1989, art. 40-I et III.
5. Civ. 3e, 8 sept. 2016, n° 15-19.169, NP.
6. L. n° 2009-323, 25 mars 2009, art. 103, *JO* 27 mars, p. 5408 – Sur cette loi : Wertenschlag, *AJDI* 2009. 256.

CHAPITRE

733. Financement HLM et conventionnement du parc

SECTION 0 ORIENTEUR

733.00 Plan du chapitre.

733.01 Textes applicables.

TEXTES SOURCES

- **CCH, art. L. 351-2, L. 353-1, L. 353-14 à L. 353-18.**
- **CCH, art. R. 353-1 à R. 353-22.**
- **CCH, art. R. 353-1, ann. 1.**

TEXTES *IN EXTENSO*

- **CCH, art. L. 351-2**

(...)

L'aide personnalisée au logement est accordée au titre de la résidence principale, quel que soit le lieu de son implantation sur le territoire national. Son domaine d'application comprend :

1° Les logements occupés par leurs propriétaires, construits, acquis ou améliorés, à compter du 5 janvier 1977, au moyen de formes spécifiques d'aides de l'État ou de prêts dont les caractéristiques et les conditions d'octroi sont fixées par décret;

2° Les logements à usage locatif appartenant à des organismes d'habitations à loyer modéré ou gérés par eux ou appartenant aux bailleurs du secteur locatif définis au quatrième alinéa de l'article 41 *ter* de la loi n° 86-1290 du 23 décembre 1986 tendant à favoriser l'investissement locatif, l'accession à la propriété des logements sociaux et le développement de l'offre foncière, ou appartenant à d'autres bailleurs, à condition que les bailleurs s'engagent à respecter certaines obligations définies par décrets et précisées par des conventions régies par le chapitre III du présent titre ou par la section 3 du chapitre Ier du titre II du présent livre; celles-ci doivent être conformes à des conventions types annexées aux décrets;

3° Les logements à usage locatif construits, acquis ou améliorés à compter du 5 janvier 1977 au moyen de formes spécifiques d'aides de l'État ou de prêts dont les caractéristiques et les conditions d'octroi sont déterminées par décrets ainsi que les logements à usage locatif construits à compter du 1er octobre 1996 ayant bénéficié d'une décision favorable dans des conditions fixées par le présent code; l'octroi de ces aides ou de la décision favorable est subordonné à l'engagement pris par les bailleurs de respecter certaines obligations définies par décrets et précisées par des conventions régies par le chapitre III du présent titre; celles-ci doivent être conformes à des conventions types annexées aux décrets; (...)

5° Les logements-foyers de jeunes travailleurs et les logements-foyers assimilés dans des conditions fixées par décret en Conseil d'État aux logements mentionnés aux 2° et 3° ci-dessus, dès lors qu'ils font l'objet des conventions régies par le chapitre III du présent titre;

(...)

- **CCH, art. L. 353-3**

Les dispositions du présent chapitre règlent, dans la mesure où elles dérogent à la législation en vigueur, les rapports entre propriétaires et locataires ou occupants des logements qui ont fait l'objet d'une convention en application de l'article L. 351-2.

- **CCH, art. L. 353-14**

Par dérogation aux dispositions de la section I du présent chapitre, les dispositions de la présente section sont applicables aux logements conventionnés appartenant aux organismes d'habitation à loyer modéré mentionnés à l'article L. 411-2, aux logements apportés aux sociétés civiles immobilières régies par les articles L. 443-6-2 et suivants, ainsi qu'à ceux appartenant aux collectivités locales et gérés par lesdits organismes.

- **CCH, art. L. 353-17**

Par dérogation à l'article L. 353-3, les conventions concernant les logements mentionnés à l'article L. 353-14 prennent effet à leur date de signature.

En cas de mutation entre vifs à titre gratuit ou onéreux des biens faisant l'objet de ces conventions, l'acte de cession de ces biens doit faire mention desdites conventions.

La validité de la mutation est subordonnée à l'engagement pris par le nouveau propriétaire de respecter toutes les stipulations des conventions.

• **CCH, art. R. 353-1**

Les conventions conclues en application des dispositions de l'article L. 351-2 (2° et 3°) entre l'État et les organismes d'habitations à loyer modéré doivent être conformes à l'une des conventions types annexées au présent article.

733.03 Bibliographie indicative.

Ouvrages. J.-C. Driant, *Les politiques du logement en France*, La documentation française, 2015; P. Malinvaud (dir.), *Droit de la construction*, « Dalloz Action », 2013, en particulier M. Carraz, dossier 340 : « HLM, la construction HLM »; M. Amzallag, C. Taffin, *Le logement social*, 2e éd., LGDJ, 2010.

Actualisables. RÉP. IMMO., v° « Habitat social (HLM) », H. des Lyons, n° 115-153 – DICT. PERM. Gestion immob., « Aides aux logements locatifs »; « HLM – Location », nos 178, 205; « Logements locatifs conventionnés », nos 76 s.

Article. B. Wertenschlag, « La loi SRU, le financement du logement social et la compétence des organismes d'HLM », *AJDI* 2001. 121.

733.05 Contexte européen applicable au financement HLM. L'activité des organismes HLM repose sur un régime de financement et /ou d'aides spécifiques, afin de leur permettre de répondre à l'objectif d'intérêt général qu'ils poursuivent.

Cette activité s'exerce dans le contexte du droit européen, le Traité de Rome précisant à l'origine que « les entreprises chargées de la gestion d'un service d'intérêt économique général sont soumises aux règles du Traité, notamment aux règles de concurrence, dans les limites où l'application de ces règles ne fait pas échec à l'accomplissement en droit et en fait de la mission particulière qui leur a été impartie. Le développement des échanges ne doit pas être affecté dans une mesure contraire à l'intérêt de la communauté[1]. »

L'article 87 du traité de l'Union européenne[2] précise en outre que :

« 1. Sauf dérogations prévues par le présent traité, sont incompatibles avec le marché commun, dans la mesure où elles affectent les échanges entre États membres, les aides accordées par les États ou au moyen de ressources d'État sous quelque forme que ce soit qui faussent ou qui menacent de fausser la concurrence en favorisant certaines entreprises ou certaines productions. »

À la suite de l'arrêt de la Cour de justice des communautés européennes rendu dans l'affaire *Altmark* en 2003[3], la Commission européenne a adopté trois textes relatifs à l'analyse, au regard du droit des aides d'État au sens de l'article 87 du Traité sur les Communautés européennes, des financements versés par les pouvoirs publics en compensation des charges de service d'intérêt économique général (SIEG).

Parmi ces textes, la décision de la Commission européenne du 28 novembre 2005[4] précise que sont exemptées de notification les compensations de service public octroyées aux entreprises de logement social qui exercent des activités qualifiées de services d'intérêt économique général.

Pour les organismes HLM les missions d'intérêt général qui leur sont confiées relèvent d'un mandat de nature législative, inscrit dans l'article L. 411-2 du code de la construction et de l'habitation, selon lequel :

« Les organismes d'habitations à loyer modéré mentionnés aux alinéas précédents bénéficient, en conformité avec la décision 2012/21/UE de la Commission, du 20 décembre 2011, relative à l'application de l'article 106, paragraphe 2, du traité sur le fonctionnement de l'Union européenne aux aides d'État sous forme de compensations de service public octroyées à certaines entreprises chargées de la gestion de services d'intérêt économique général, d'exonérations fiscales et d'aides spécifiques de l'État au titre du service d'intérêt général défini comme :

– la construction, l'acquisition, l'amélioration, l'attribution, la gestion et la cession de logements locatifs à loyers plafonnés, lorsqu'elles sont destinées à des personnes dont les revenus sont inférieurs aux plafonds maximum fixés par l'autorité administrative pour l'attribution des logements locatifs conventionnés dans les conditions définies à l'article L. 351-2 et dont l'accès est soumis à des conditions de ressources. (...)

– la réalisation d'opérations d'accession à la propriété destinées à des personnes dont les revenus sont inférieurs aux plafonds maximum, majorés de 11 %, fixés par l'autorité administrative pour l'attribution des logements locatifs conventionnés dans les conditions définies à l'article L. 351-2 et dont l'accès est soumis à des conditions de ressources. (...)

1. V. Traité de Rome, 1957, art. 90.
2. Aujourd'hui, v. Traité sur le fonctionnement de l'Union européenne, art. 107.
3. CJCE 24 juill. 2003, Aff. C-280/00, *Altmark Trans* GMBH, *Rec.* 2003, p. I-7747; *AJDA* 2003. 1739, note S. Rodrigues; *ibid.* 2146, Chron. J.-M. Belorgey, S. Gervasoni et C. Lambert; *ibid.* 2004. 315, Chron. J.-M. Belorgey, S. Gervasoni et C. Lambert; *D.* 2003. 2814, note J.-L. Clergerie; *RTD eur.* 2004. 33, étude S. Bracq; *Rev. UE* 2015. 396, étude C. Guillard; *ibid.* 425, étude C. Blumann.
4. Décis. Commission n° 2005/842/CE 28 nov. 2005 concernant l'application des dispositions de l'article 86§2 CE aux aides d'État sous forme de compensations de service public octroyées à certaines entreprises chargées de la gestion de services d'intérêt économique général, *JOUE* L 312/67, 29 nov.

– la gestion ou l'acquisition en vue de leur revente, avec l'accord du maire de la commune d'implantation et du représentant de l'État dans le département, de logements situés dans des copropriétés connaissant des difficultés importantes de fonctionnement ou faisant l'objet d'un plan de sauvegarde (...) ainsi que, pour une période maximale de dix ans à compter de la première cession, la gestion des copropriétés issues de la cession des logements locatifs mentionnés au neuvième alinéa tant que l'organisme vendeur y demeure propriétaire de logements. (...)

– l'intervention comme opérateur, sans pouvoir être tiers-financeur, dans le cadre des procédures prévues à l'article 29-11 de la loi n° 65-557 du 10 juillet 1965 fixant le statut de la copropriété des immeubles bâtis et de l'article L. 615-10 du présent code;

– les services accessoires aux opérations susmentionnées. »

En outre, la signature des conventions d'aides personnalisées au logement (APL), en application de l'article L. 351-2 du code de la construction et de l'habitation conditionne l'obtention des aides pour les organismes.

733.06 Une législation complexe. Les conditions financières de la location HLM sont, on vient de le voir, très spécifiques à ce secteur locatif.

La réglementation est complexe du fait, par ailleurs, d'un empilement des textes, les nouveaux ne remplaçant pas toujours les anciens.

Cette situation résulte pour l'essentiel de l'histoire du financement HLM, particulièrement original en Europe, puisqu'il s'appuie sur la transformation en prêts de très long terme ouverts aux opérateurs HLM, d'une partie de l'épargne populaire placée sur les livrets A, livrets de développement durable et livrets d'épargne populaire.

Elle repose en particulier sur la notion de conventionnement, issue de la loi n° 77-1 du 3 janvier 1977, présentée plus loin. Les conventions dont il est ici question sont des contrats passés par un organisme HLM avec l'État ou un délégataire qui, à la fois, lui apportent les moyens financiers de construire et l'engagent sur le long terme dans le respect de plafonds de loyers et de ressources pour les logements construits. Il s'agit des conventions dites APL (ouvrant droit à l'aide personnalisée au logement), conclues conformément à l'article L. 351-2 du code de la construction et de l'habitation.

SECTION 1
MODES DE FINANCEMENT

733.11 Financement antérieur ou postérieur à la réforme de 1977. On peut distinguer essentiellement deux types de logements HLM, selon qu'ils ont bénéficié d'un régime d'aide antérieurement à la réforme de 1977 ou postérieurement à celle-ci.

733.12 Financement initial antérieur à 1977. Au lendemain de la Seconde Guerre mondiale, l'urgence est à la reconstruction et l'État met en place un système de financement qui repose sur des aides à la pierre, subventions et prêts, versées aux producteurs de logements. En outre un effort vers l'unification des régimes de prêt avait été engagé. À partir des années soixante et le début de deux décennies de fort développement de la construction de logements sociaux, ce mouvement s'est interrompu. Les programmes HLM sont construits et financés selon des conditions diversifiées, en fonction notamment des ressources des candidats locataires. Mais les normes techniques étaient elles-mêmes adaptées à ces différents produits, entraînant des différences de confort sensibles selon les programmes.

733.13 Diversité des programmes. Les programmes sociaux de relogement (PSR) visaient les occupants de locaux voués à la démolition, avec des plafonds de ressources inférieurs de 25 % par rapport aux HLM ordinaires.

Les habitations à loyer modéré ordinaires (HLMO) constituaient la part la plus nombreuse du parc avant 1977 puisqu'ils en représentaient alors 80 %.

Les programmes à loyer réduit (PLR) étaient une catégorie intermédiaire entre les deux précédentes, créée en 1968, avec un financement plus avantageux que les HLMO, et des conditions de ressources équivalentes à celles des PSR.

Les immeubles à loyer moyen (ILM), créés en 1968 également, avaient une superficie de 10 % supérieure à celle des HLMO et leur accès était soumis à des conditions de ressources supérieures de 50 %.

Enfin, les immeubles à loyer normal (ILN) n'étaient pas soumis à plafonds de ressources et disposaient de conditions de financement moins avantageuses, avec des loyers plus élevés.

733.14 Financement initial postérieur à 1977. La réforme du financement du logement social, inscrite dans la loi n° 77-1 du 3 janvier 1977 portant reforme de l'aide au logement, a été conduite à partir d'un double constat : d'une part, à l'ambition de construire en nombre pour répondre à une demande importante, il convient de substituer une qualité de construction neuve attendue des nouveaux locataires; d'autre part, le système d'aides à la pierre, inéquitable et inefficace, demande à être remplacé par un système d'aides à la personne qui tienne mieux compte des capacités de chacun.

Depuis l'entrée en vigueur de la réforme du financement de la construction en 1977, les logements HLM ont été financés avec le prêt locatif aidé (PLA), répondant à des normes de confort homogénéisées, en réaction à la période précédente, puis en PLUS (prêt locatif à usage social), à partir de 2000.

L'engagement de l'État pour le logement des plus démunis s'est concrétisé, en outre, par la création de prêts aux conditions de financement plus favorables, sous réserve que les logements soient occupés par des locataires dont les ressources ne dépassent pas 60 % du plafond de ressources HLM (v. s^s n° 723.31). Ces prêts se sont appelés successivement : prêt locatif aidé très social (PLATS), prêt locatif aidé à loyer modéré (PLALM), prêt locatif aidé insertion, puis intégration (PLAI).

733.15 Financement du logement locatif intermédiaire. Le financement du logement des catégories intermédiaires, ouvert aux HLM, est constitué par le prêt locatif social (PLS), pour les personnes disposant de ressources inférieures à 130 % du plafond HLM, ou par le prêt locatif intermédiaire (PLI).

Le PLS relève du logement conventionné HLM à la différence du PLI, dont l'accès est soumis à un niveau de ressources incompatible avec la perception de l'aide personnalisée au logement.

Les logements locatifs intermédiaires en PLI sont des logements faisant l'objet d'une aide directe ou indirecte, sous quelque forme que ce soit, accordée par l'État, une collectivité locale ou l'un de ses groupements, ou par toute autre personne morale et conditionnée au respect, pendant une certaine durée, de conditions de plafonnement des ressources et des loyers[1]. Ces conditions sont fixées aux articles R. 391-1 et suivants du code de la construction et de l'habitation.

SECTION 2
CONVENTIONNEMENT HLM

733.21 Convention ouvrant droit à l'aide personnalisée au logement. Deux types de logements HLM se distinguent, selon qu'ils ont fait l'objet ou non d'une convention avec l'État ouvrant droit à l'aide personnalisée au logement (APL). L'aide personnalisée prend en charge une partie de la dépense de logements des personnes modestes et défavorisées. Il convient de signaler que la quasi-totalité des logements HLM est conventionnée[2].

§ 1
Logements conventionnés

733.31 Régime. Le régime du conventionnement est issu de la réforme du 3 janvier 1977[3]. Il s'appuie sur une convention signée avec l'État qui ouvre aux locataires le droit à l'APL sous conditions de ressources; elle détermine le loyer maximum applicable aux logements qu'elle concerne et soumet leur attribution à un plafond de ressources. Elle permet au représentant de l'État dans le département de bénéficier de réservations dans les immeubles concernés.

733.32 Contenu de la convention. La convention fixe les conditions de la location : engagements du bailleur à l'égard des locataires (forme et contenu du bail, loyer et dépôt de garantie, conditions de réalisation des travaux), engagements à l'égard de l'État (conditions d'occupation pendant toute la durée de la convention), engagements, enfin, en matière d'APL.

Sa durée est, en HLM, égale à la durée du prêt principal (soit en PLUS – 40 ans, puis 50, en PLS – 15 à 30 ans, en PALULOS 20 ans).

733.33 Modalités de conventionnement. Il existe trois modalités de conventionnement des logements HLM :

– en construction neuve ou en acquisition-amélioration, sur financement aidé par l'État : financement réalisé à partir de 1977 en prêt locatif aidé (PLA), délivré par la Caisse des dépôts et consignations (CDC) ou le Crédit Foncier de France, puis en prêt locatif à usage social (PLUS) depuis le 1er janvier 2000[4] ou en prêt locatif aidé d'intégration (PLAI) et, enfin, en prêt locatif social (PLS)[5];

– en amélioration, avec un financement aidé également : il s'agit des PALULOS ou Primes à l'amélioration des logements à usage locatif et à occupation sociale[6];

– en convention sans travaux. Cette solution, destinée à favoriser l'extension de l'APL à tous les locataires de l'organisme HLM a été initiée en 1988[7], pour tous les logements construits ou acquis avec une aide de l'État, sous une forme qu'on a appelé le « bouclage » du parc HLM à l'APL; elle a ensuite été étendue à tous les logements sans condition[8].

Le régime du conventionnement est donc soit lié au financement d'origine des logements, soit le résultat de démarches ultérieures conjointes entre l'État et les organismes de logement social.

1. CCH, art. L. 302-16, réd. Ord. n° 2014-159, 20 févr. 2014.
2. Enquête OPS (Observatoire du parc social), v. CCH art. L. 442-5.
3. L. n° 77-1, 3 janv. 1977 portant réforme de l'aide au logement, *JO* 4 janv., p. 64.
4. CCH, art. R. 331-1 s.
5. CCH, art. R. 331-17 s.
6. CCH, art. R. 323-1 s.
7. Circ. 1er févr. 1988 relative à la mise en œuvre du « bouclage » des aides au logement, à la conclusion des accords-cadres et au nouveau régime du conventionnement après travaux, *BOMELATT*, n° 9, 31 mars 1988.
8. L. n° 90-449, 31 mai 1990, visant à la mise en œuvre du droit au logement modifiant l'article L. 351-2, CCH.

§ 2
Logements non conventionnés

733.41 Logements non conventionnés. Les logements HLM non conventionnés (moins de 2 % du parc en 2017) sont soit des logements qui ont été financés avec les anciennes aides de l'État, avant la réforme de 1977 (v. s[s] n° 733.12), et qui n'ont pas fait l'objet d'une amélioration financée en PALULOS ou d'un bouclage du patrimoine, soit des logements construits ou acquis sur fonds propres ou sur financements non aidés, qui n'ont pas été conventionnés à l'APL.

733.42 Logements locatifs intermédiaires. Au titre des logements non conventionnés le logement locatif intermédiaire est financé par le prêt locatif intermédiaire (PLI). Il est distribué par des établissements financiers ayant signé une convention annuelle avec la Caisse des dépôts et consignations ou sont octroyés directement par elle. Il est réservé à des candidats sous plafonds de ressources et de loyers spécifiques. Le régime en a été défini en mars 2001[1]. Toutefois il existe des PLI depuis 1987, dont les contrats de prêt définissaient les plafonds applicables.

En tant qu'ils appartiennent aux organismes bailleurs HLM les logements locatifs intermédiaires ouvrent droit au maintien dans les lieux pour leurs bénéficiaires; leur régime de charges est le même que pour celui des autres logements HLM[2].

SECTION 3
ÉVOLUTIONS LÉGISLATIVES SIGNIFICATIVES

733.51 Génèse. Depuis la réforme de 1977 créant le régime du conventionnement APL, plusieurs évolutions ont marqué les conditions de financement des logements HLM, à la fin du XXe siècle tout d'abord, puis au début du XXIe. Elles ont eu des incidences sur les relations entre bailleurs et locataires HLM.

733.52 Première évolution. Une première évolution significative date des années quatre-vingt-dix qui ont vu se succéder :

- le changement de la norme de surface pour le calcul des loyers HLM, passée de la surface corrigée à la surface utile, pour la construction neuve et l'acquisition amélioration, depuis le 1er juillet 1996;

- la réforme de la subvention de l'État, à laquelle s'est substituée une TVA à taux réduit, depuis le 1er octobre 1996;

- la réforme du prêt pour le financement du logement social, par l'adoption du prêt locatif à usage social (PLUS), à la place du PLA et du PLALM, à compter du 1er janvier 2000, afin de simplifier le régime du financement social et de l'adapter à la mixité sociale.

Ainsi, à partir de 1996 l'application de la réforme aux seules opérations nouvelles s'est traduite, pour les opérateurs HLM, par une gestion du parc à deux vitesses : l'un, relevant de la surface corrigée et l'autre, le plus récent, relevant de la surface utile.

733.53 Seconde évolution : la délégation aux collectivités territoriales des aides à la pierre. La loi du 13 août 2004[3] a marqué une nouvelle étape, à travers la poursuite de la décentralisation, en renforçant les compétences des collectivités territoriales et des EPCI (Établissement public de coopération intercommunale) dans le domaine du logement.

Elle crée une procédure, facultative, de délégation aux collectivités territoriales de la compétence d'attribution des aides publiques à la pierre dans leur ressort, après signature d'une convention avec l'État. Une dérogation aux plafonds de ressources est possible et le contingent de réservation du préfet pouvait être transféré au maire ou au président de l'établissement public de coopération intercommunale (v. s[s] n° 721.94). L'EPCI ou le département délégataire des aides à la pierre est alors le signataire de la convention APL. En complément ou indépendamment des aides de l'État, ils peuvent aider à la réalisation, la réhabilitation, la démolition de logements locatifs sociaux et apporter des compléments aux aides personnelles au logement.

Dans le même temps, on a assisté à une accélération du désengagement de l'État dans le financement du logement social et à un rôle accru pris par les collectivités territoriales et les EPCI.

733.54 Troisième évolution. Le régime du conventionnement APL portait en lui un inconvénient, apparu dans les années 90. Les loyers plafonds applicables aux logements locatifs sont définis par rapport à l'équilibre financier de l'opération au moment de sa construction, sans variation possible dans le temps. Or la durée de la convention APL est alignée sur la durée du prêt principal le plus long ayant permis la construction des logements et celle-ci peut atteindre 50 ans.

Ce qui est une garantie de stabilité pour le locataire peut aboutir à une distorsion dans le temps avec la réalité du terrain : soit le loyer plafond ne pourra être atteint par le loyer pratiqué parce que les caractéristiques de l'environnement de l'immeuble

1. CCH, art. R. 391-1 s.
2. V. CCH, art. L. 442-3.
3. L. n° 2004-809, 13 août 2004 relative aux libertés et responsabilités locales, *JO* 17 août, p. 14545.

ont changé négativement; soit le loyer plafond est inférieur à ce qu'il pourrait être, plus de 20 ou 30 ans après la construction, compte tenu des mêmes caractéristiques de cet environnement (situation dans la ville, services collectifs proches, qualité des transports publics, etc.).

Pour pallier cette situation, sera conçu le conventionnement global permettant une certaine remise en ordre des loyers en fonction de la qualité du service rendu.

La loi du 13 août 2004 relative aux libertés et aux responsabilités locales[1] a mis en place ce régime dit de conventionnement global qui permet aux organismes qui s'engagent vis-à-vis de l'État sur un cahier des charges social, à réorganiser, à masse constante, les loyers maximaux applicables dans les logements conventionnés qu'ils gèrent.

Ces dispositions n'ont pu véritablement jouer à plein et elles ont été remplacées par celles de la loi du 25 mars 2009[2] qui substitue la convention d'utilité sociale (CUS) à la convention globale de patrimoine avec plusieurs objectifs : rendre obligatoire la signature de la convention, associer plus étroitement les partenaires locaux à sa signature, adapter le supplément de loyer de solidarité perçu par les organismes auprès de leurs locataires dans les zones tendues, définir des indicateurs de performance que les organismes seront tenus de suivre.

733.55 Caractéristiques de la convention d'utilité sociale (première génération). On peut retenir quatre caractéristiques des premières conventions d'utilité sociale :

1°) La convention d'utilité sociale devient obligatoire. Chaque organisme d'HLM a conclu une convention d'utilité sociale avant le 1er juillet 2011.

2°) La convention d'utilité sociale est signée par l'État et l'organisme d'HLM pour une durée de six ans renouvelable. La loi du 25 mars 2009 introduit formellement la participation à la négociation des départements et des EPCI dotés d'un programme local de l'habitat (PLH). Les modalités d'association au dialogue de ces partenaires locaux ont été définies par décret en Conseil d'État[3]. La signature des CUS par ces collectivités et EPCI devient obligatoire pour ceux auxquels l'organisme est rattaché et reste optionnelle pour les autres.

3°) L'organisme HLM peut déroger aux règles du supplément de loyer de solidarité (SLS), en restant conforme aux orientations du PLH en la matière, le cas échéant. La convention d'utilité sociale doit respecter en outre sur les zones de marché tendu des conditions de modulation du SLS définies par décret en Conseil d'État[4].

4°) Des indicateurs de performance ont été précisés par décret en Conseil d'État[5]. Ils portent sur les grands thèmes de la mission sociale des organismes et permettent de vérifier que les objectifs fixés en commun pour chaque aspect de la politique de l'organisme sont atteints.

733.56 Objectifs contractuels non atteint – Conséquences. Lorsque les objectifs contractuels ne sont pas atteints, une procédure contradictoire permet de remédier à la situation. Ce n'est que dans le cas où le manquement constaté résulte de la seule responsabilité de l'organisme qu'une sanction sous forme de pénalité plafonnée à 100 euros par logement pourra être prononcée.

733.57 Applications. Mis en place au 1er juillet 2011, le régime du conventionnement d'utilité sociale devait, sur le plan des loyers, permettre aux propriétaires HLM de bénéficier d'une gestion plus cohérente, grâce à une surface de référence unique sur tout leur parc, soit en surface corrigée, soit, plus vraisemblablement en surface utile, au choix de l'organisme propriétaire. Les locataires auraient vu leur loyer mieux adapté au service qui leur est rendu, leur loyer ne dépendant plus du financement d'origine de leur immeuble, quels que soient le confort et le service rendu. Or, dès la fin 2011 la législation a imposé, pour six ans, dans des conditions économiques contraintes, une limitation des évolutions des loyers, à hauteur de la variation de l'indice de référence des loyers (IRL)[6]. Les (rares) organismes qui s'étaient engagés dans la remise en ordre des loyers, conformément à la réglementation alors applicable, n'ont pu poursuivre celle-ci comme envisagé.

733.58 Loi égalité citoyenneté. La loi relative à l'égalité et à la citoyenneté du 27 janvier 2017 a engagé une nouvelle démarche s'appuyant sur un triple objectif : un objectif d'accueil des ménages à très faibles ressources en dehors des quartiers de la politique de la ville (QPV), considérés comme moins attractifs; un objectif de diversification des personnes accueillies dans les quartiers QPV; une nouvelle politique des loyers (la NPL), adaptée à ces objectifs d'accueil diversifié et les rendant possibles. Les dispositions de la loi nouvelle sont précisées par un décret du 9 mai 2017[7].

1. L. n° 2004-809, 13 août 2004, relative aux libertés et responsabilités locales, *JO* 17 août, p. 14545.
2. L. n° 2009-323, 25 mars 2009 de mobilisation pour le logement et la lutte contre l'exclusion, *JO* 27 mars, p. 5408 – SUR CETTE LOI : Wertenschlag, *AJDI* 2009. 256.
3. Décr. n° 2009-1486, 3 déc. 2009, *JO* 4 déc., p. 20930.
4. Décr. n° 2009-1682, 30 déc. 2009, *JO* 31 déc., p. 23053.
5. Décr. n° 2009-1486, 3 déc. 2009, *JO* 4 déc., p. 20930.
6. L. n° 2010-1657, 29 déc. 2010 de finances pour 2010, art. 210, III et L. n° 2014-366, 24 mars 2014 pour l'accès au logement et un urbanisme rénové, art. 103.
7. Décr. n° 2017-922, 9 mai 2017, *JO* 10 mai, n° 173.

733.59 **Plan suivi.** Les développements qui suivent présentent les règles de fixation des loyers en HLM, pour le loyer maximum (chapitre 734) et le loyer pratiqué (chapitre 735). Ils décrivent les évolutions autorisées de ces loyers avant de traiter de la réglementation applicable en 2017 et après, dans le cadre des conventions d'utilité sociale prévues pour la période de six ans comprise entre 2018 et 2023 (chapitre 736).

CHAPITRE

734. Loyer maximum

SECTION 0 ORIENTEUR

734.00 Plan du chapitre.

Division – Fixation encadrée. Le montant des loyers HLM est encadré, parce que les logements sont destinés à des personnes de ressources modestes et dès lors qu'une aide a été apportée à la réalisation des logements. Les aides peuvent en effet recouvrir plusieurs formes :

– aides budgétaires de l'État et des collectivités;

– aides dites "de circuit" ou de taux (financement à conditions préférentielles par la Caisse des dépôts et consignations sur la ressource du livret A);

– aides fiscales enfin (taux réduit de TVA, exonération de taxe foncière, etc.).

Il existe ainsi un loyer maximum ou loyer plafond pour toutes les opérations aidées, que le logement soit conventionné ou non.

734.01 Textes applicables.

TEXTES SOURCES

- **CCH, art. L. 353-9-2.**
- **CCH, art. R. 353-16.**
- **CCH, art. R. 353-1, ann. I, conv type, art. 9 à 10 *bis*.**
- **CCH, art. L. 442-1 à L. 442-2.**
- **CCH, art. R. 442-1 à R. 442-3.**

TEXTES *IN EXTENSO*

- **CCH, art. L. 353-9-2**

Les loyers et redevances maximaux des conventions conclues en application de l'article L. 351-2 sont révisés chaque année au 1er janvier en fonction de l'indice de référence des loyers prévu au I de l'article 17-1 de la loi n° 89-462 du 6 juillet 1989 tendant à améliorer les rapports locatifs et portant modification de la loi n° 86-1290 du 23 décembre 1986. La date de l'indice de référence des loyers prise en compte pour cette révision est celle du deuxième trimestre de l'année précédente.

Le présent article est applicable à compter du 1er janvier 2010 à toutes les conventions, y compris aux conventions en cours.

- **CCH, art. R. 353-16**

1° Le loyer maximum applicable aux logements conventionnés, ainsi que les conditions de son évolution sont fixées par les conventions.

2° Pour les conventions conclues postérieurement au 1er juillet 1996, y compris celles conclues lors de l'acquisition des logements, le loyer maximum de chaque logement est le produit des trois éléments suivants :

a) La surface utile du logement;

b) Le prix au mètre carré applicable à l'ensemble des logements de l'immeuble ou de l'ensemble immobilier qui fait l'objet de la convention, établi en tenant compte des caractéristiques de ce dernier, notamment de sa localisation, de la qualité de sa construction et de la taille moyenne des logements;

c) Le coefficient propre au logement, établi en tenant compte notamment de sa taille et de sa situation dans l'immeuble ou l'ensemble immobilier.

La surface utile est égale à la surface habitable du logement, telle qu'elle est définie à l'article R. 111-2, augmentée de la moitié de la surface des annexes définies par un arrêté du ministre chargé du logement.

La somme des résultats du produit, pour chaque logement, du coefficient par la surface utile ne doit pas excéder la surface utile totale de l'immeuble ou de l'ensemble immobilier qui fait l'objet de la convention.

La convention mentionne la surface utile totale de l'immeuble ou de l'ensemble immobilier et le coefficient applicable à chaque logement.

Les annexes qui n'entrent pas dans le calcul de la surface utile peuvent donner lieu à la perception d'un loyer accessoire, dans les limites et conditions fixées par la convention.

3° Par dérogation au 2° ci-dessus, le loyer maximum des logements conventionnés à l'occasion de travaux d'amélioration ou des logements conventionnés sans travaux pendant le cours de leur exploitation est fixé au mètre carré de surface corrigée, telle que celle-ci résulte des dispositions de l'article R. 442-1, du décret n° 48-1766 du 22 novembre 1948 et de l'article 4 du décret n° 60-1063 du 1er octobre 1960 modifié, sauf en cas de signature d'une convention d'utilité sociale telle que prévue à l'article L. 445-1 fixant le montant maximal des loyers au mètre carré de surface utile.

4° Le loyer maximum est majoré dans des limites fixées par décret pour les catégories de logements nouvellement conventionnés suivantes :

a) Les logements déjà occupés lors du conventionnement, lorsque les occupants sont des ménages dont les ressources sont supérieures aux plafonds mentionnés à la première phrase de l'article R. 331-12;

b) Les logements financés par des prêts locatifs à usage social, quand les logements sont attribués, dans les conditions fixées au II de l'article R. 331-12, à des ménages dont les ressources sont supérieures aux plafonds mentionnés au a ci-dessus.

5° Le loyer maximum des logements financés en prêt locatif aidé d'intégration, occupés ou devant être occupés par des ménages dont les ressources n'excèdent pas celles correspondant à un prêt locatif à usage social, peut être majoré dans la limite du loyer maximum des logements financés en prêt locatif à usage social. Les conditions d'application de cette majoration de loyer, pour les logements financés en prêt locatif aidé d'intégration, sont définies par arrêté préfectoral en tenant compte notamment de la situation des occupants et des caractéristiques des logements occupés.

• **CCH, art. L. 442-1** (réd. postérieure au 1er janv. 2017)

L'autorité administrative détermine les prix de base au mètre carré afférents aux différentes catégories de construction réalisées par les organismes d'habitations à loyer modéré.

En vue d'assurer l'équilibre de la situation financière de ces organismes, elle fixe, pour les loyers, un montant minimum et un montant maximum établis en tenant compte notamment des prix de revient de la construction à la charge desdits organismes et des frais de gestion, de contrôle et d'entretien.

Dans le cas où la situation financière d'un organisme d'habitations à loyer modéré fait craindre qu'il ne puisse plus faire face à ses obligations, l'autorité administrative peut imposer à l'organisme préalablement saisi l'application aux logements construits postérieurement au 3 septembre 1947 d'un loyer susceptible de rétablir l'équilibre d'exploitation.

Les loyers pratiqués pour les logements des organismes d'habitations à loyer modéré sont révisés chaque année au 1er janvier en fonction de l'indice de référence des loyers prévu au I de l'article 17-1 de la loi n° 89-462 du 6 juillet 1989 tendant à améliorer les rapports locatifs et portant modification de la loi n° 86-1290 du 23 décembre 1986. La date de l'indice de référence des loyers prise en compte pour cette révision est celle du deuxième trimestre de l'année précédente.

L'autorité administrative peut autoriser, pour une durée qu'elle détermine, un organisme à déroger à l'avant-dernier alinéa du présent article soit dans le cadre d'un plan de redressement approuvé par la Caisse de garantie du logement locatif social, soit pour une partie du patrimoine de l'organisme ayant fait l'objet d'une réhabilitation. Toutefois, d'une année par rapport à l'année précédente, la hausse de loyer est plafonnée à 5 % en sus de la variation de l'indice de référence des loyers mentionné au même avant-dernier alinéa. Sous réserve de l'accord des associations représentatives de locataires et des locataires dans les conditions fixées à l'article 42 de la loi n° 86-1290 du 23 décembre 1986 tendant à favoriser l'investissement locatif, l'accession à la propriété de logements sociaux et le développement de l'offre foncière, cette hausse peut être supérieure à ce plafond.

NOTA : Conformément au III de l'article 81 de la loi n° 2017-86 du 27 janvier 2017, les présentes dispositions s'appliquent à compter du 1er janvier 2017, y compris aux contrats en cours.

• **CCH, art. L. 442-1-1**

Les organismes d'habitations à loyer modéré fixent librement les loyers des logements faisant l'objet d'une nouvelle location dans les limites prévues au deuxième alinéa de l'article L. 442-1 ou, pour les logements conventionnés en application de l'article L. 351-2, dans la limite des loyers maximaux de ces conventions ou, pour les logements financés à l'aide de primes ou de prêts spéciaux à la construction du Crédit foncier de France ou de la Caisse centrale de coopération économique, dans la limite de leurs loyers plafonds.

734.03 **Bibliographie indicative.**

Ouvrages. J.-C. Driant, *Les politiques du logement en France*, La documentation française, 2015; P. Malinvaud (dir.), *Droit de la construction*, Dalloz Action, 2013, en particulier M. Carraz, dossier 340 : « HLM, la construction HLM »; M. Amzallag, C. Taffin, *Le logement social*, 2e éd., LGDJ, 2010.

Actualisables. RÉP. IMMO., v° « Habitat social (HLM) », H. des Lyons, nos 168-173 – DICT. PERM. Gestion immob., « HLM – Location », n° 177; « Logements locatifs conventionnés », nos 167 s.

SECTION 1
CHAMP D'APPLICATION DU LOYER MAXIMUM

734.11 **Décision de l'autorité administrative.** L'idée de départ est simple. C'est l'autorité administrative qui fixe le prix maximum des logements HLM.

Le parc non conventionné comme le parc conventionné sont concernés [1].

1. CCH, art. L. 442-1 et L. 353-2.

Quel est le champ d'application du loyer maximum et comment est-il déterminé ?

734.12 Diverses catégories de locaux. Un loyer maximum est-il applicable partout ?

On distinguera tout d'abord le cas des logements, puis les accessoires du logement, enfin, les autres locaux appartenant aux organismes d'HLM.

§ 1
Logement

734.21 Logement d'habitation. Le loyer des logements HLM ayant fait l'objet d'une aide est plafonné.

734.22 Principe du loyer maximum. Le livre IV du code de la construction et de l'habitation, intitulé : « Habitations à loyer modéré » (sur les sources de la réglementation HLM v. s^{s} n°s 712.11 s.) définit l'activité des organismes HLM, au sens des compétences qu'ils peuvent exercer.

À ce titre, l'article L. 411-1 donne vocation aux organismes HLM à réaliser des habitations au bénéfice des personnes et familles de ressources modestes, ainsi qu'aux personnes défavorisées, au moyen de formes spécifiques d'aides de l'État et de prêts accordés par l'État : PSR, PLR, HLMO, ILM, avant 1977, puis PLUS, PLA-I, PALULOS, PLS, prêts ouvrant droit à l'APL après la réforme de 1977 (v. s^{s} n° 733.14).

Le principe à retenir est clair, puisqu'à tous ces financements correspond un plafond de loyer fixé par l'autorité administrative.

734.23 Cas particuliers. Selon l'interprétation de l'administration[1], la capacité des organismes d'HLM « s'étend en fait également aux immeubles locatifs destinés aux catégories intermédiaires (financés avec des PCL (prêts conventionnés locatifs), PLI, ILN, investissements sur fonds propres ou prêts libres) ». Or, parmi ces financements, certains prévoient des plafonds de loyers, notamment pour les PCL, PLI, d'autres non. Les ILN ne sont pas plafonnés, et ce réglementairement[2]. Pour le reste, la lettre de l'administration ajoute que, dans le cas des investissements sur fonds propres ou prêts libres, les modalités d'exercice seraient définies dans une circulaire qui, en réalité, n'a pu paraître. Elle laisse posée, en conséquence, la question d'une activité HLM hors plafonds de loyer, en cas de recours à des financements non réglementés. Dans la pratique, les locataires de ces ensembles disposent d'un contrat HLM de droit commun, assorti du droit au maintien dans les lieux. L'application du régime de conventionnement d'utilité sociale à tout le patrimoine HLM à partir de 2011 a placé l'ensemble des loyers du parc HLM sous plafond.

§ 2
Locaux accessoires

734.31 Définition. Aux habitations, peuvent être adjoints « des dépendances, des annexes et des jardins privatifs ou collectifs, accolés ou non aux immeubles »[3].

734.32 Loyer initial. Jusqu'à une époque récente, le loyer de ces annexes dans les nouvelles opérations, qu'il s'agisse de garages ou de jardins, terrasses, cours ou autres accessoires, n'était pas plafonné.

L'article 36 de la loi du 1er septembre 1948 s'appliquait par renvoi du code de la construction et de l'habitation[4]. C'est donc par accord entre les parties et, à défaut d'accord, sur décision de justice, que les loyers de ces accessoires étaient déterminés, sous la forme d'une évaluation séparée de leur valeur.

734.33 Loyer maximum depuis le 1er juillet 1996. Depuis la réforme de la surface utile, entrée en application le 1er juillet 1996, l'autorité administrative peut fixer un loyer maximum des annexes privatives par décision prise dans la convention signée par le préfet et l'organisme HLM. L'évolution du loyer maximum est alors la même que celle du loyer maximum des logements. Lorsqu'aucun plafond n'est fixé c'est le contrat qui détermine le montant du loyer de l'accessoire.

Ces règles ne sont toutefois applicables qu'aux opérations postérieures à la réforme de la surface utile. Dans les autres cas, c'est toujours l'article 36 de la loi du 1er septembre 1948 qui s'applique pour la fixation initiale du loyer : il n'y a alors pas de loyer maximum.

734.34 Évolution des loyers pratiqués. Depuis le 2 août 1998, date d'entrée en vigueur de la loi du 29 juillet 1998 d'orientation relative à la lutte contre les exclusions[5], la révision du loyer pratiqué des accessoires est au plus égale à celle du loyer principal pour tous les logements HLM.

1. Lettre du directeur de la construction du ministère de l'Équipement du 23 sept. 1991 adressée au président de l'UNFOHLM.
2. Arr. 14 oct. 1963, *JO* 16 oct. 1963, p. 9270.
3. CCH, art. L. 411-1.
4. CCH, art. R. 442-1.
5. L. n° 98-657, 29 juill. 1998, *JO* 31 juill., p. 11679, art. 48, complétant l'art. 36 de la loi du 1er sept. 1948.

§ 3
Autres locaux

734.41 **Locaux à usage commun.** Les organismes HLM peuvent également adjoindre aux ensembles d'habitations qu'ils construisent et qu'ils gèrent des accessoires, sous la forme de locaux à usage commun, ainsi que « toutes constructions nécessaires à la vie économique et sociale de ces ensembles » [1].

734.42 **Locaux collectifs.** S'agissant des locaux à usage commun, appelés généralement locaux collectifs résidentiels (LCR), il n'y a plus d'obligation d'en construire depuis la réforme de la surface utile dans les textes concernant l'habitation. Cependant, la création de LCR est favorisée par un financement public, sous forme de subvention et de TVA réduite, et autorise une majoration du loyer des ensembles concernés.

Ces locaux ne sont pas soumis à un loyer maximum. Leur usage est destiné prioritairement aux résidents des immeubles collectifs et à leurs associations.

Les circulaires du 28 avril 1977 [2] et du 12 mars 1986 [3] précisent les conditions de leur utilisation. Le principe en est la gratuité; les utilisateurs peuvent cependant participer aux charges correspondant à l'usage de ces locaux.

734.43 **Constructions accessoires.** Il peut s'agir de locaux commerciaux, de locaux professionnels, voire de locaux administratifs, d'équipements divers, enfin, sportifs, sociaux, culturels, dont la présence dans les ensembles d'habitations HLM est nécessaire pour animer les quartiers et fournir aux habitants tous les services dont ils ont besoin.

734.44 **Locaux commerciaux.** Il n'existe pas de règle de plafonnement particulière pour les locaux commerciaux appartenant aux organismes HLM, dont le loyer répond aux prix du marché et l'attribution est libre, le maire étant consulté.

734.45 **Locaux exclusivement professionnels.** Les locaux réservés à une activité professionnelle ne subissent pas davantage de plafonnement du seul fait de leur appartenance à un groupe HLM. On se reportera par conséquent aux règles de droit commun (v. s^s^ n°s 022.81 s.) sur les conditions de fixation du loyer de ces locaux.

Dans certains cas, des logements HLM peuvent être transformés en locaux professionnels par la procédure du changement d'usage, conformément à l'article L. 443-11, 9e alinéa du code de la construction et de l'habitation, dans l'objectif de dynamiser des quartiers en difficulté. Le préfet dispose de larges pouvoirs d'appréciation pour obliger les organismes constructeurs à rembourser ou non les aides de l'État (sur les changements d'usage en HLM v. s^s^ n°s 434.11 s.).

734.46 **Locaux à usage mixte professionnel et d'habitation.** Ils sont soumis aux règles de plafonnement des loyers, comme leurs locataires le sont aux règles d'attribution HLM, puisqu'il s'agit de logements. La surface corrigée du local est cependant majorée de 30 % pour tenir compte de l'usage mixte professionnel et d'habitation du local [4]. La même idée de souplesse que ci-dessus pour les locaux à usage de logement transformés en locaux mixtes dans les quartiers visés à l'article L. 443-11 du code de la construction et de l'habitation doit prévaloir.

SECTION 2
FIXATION DU LOYER MAXIMUM

734.51 **Conditions de plafonnement.** Les conditions du plafonnement vont dépendre du fait que le logement est ou non conventionné à l'APL (sur la notion de conventionnement v. s^s^ n° 733.31).

§ 1
Logements non conventionnés

734.61 **Réglementation en cours.** La réglementation ancienne continue de s'appliquer aux logements non conventionnés (qui représentent moins de 2 % du parc au 1er janvier 2017), hors locatif intermédiaire.

734.62 **Sources de la réglementation.** L'autorité administrative détermine les prix de base au mètre carré afférents aux différentes catégories de construction réalisées par les organismes HLM.

« En vue d'assurer l'équilibre de la situation financière de ces organismes, elle fixe, pour les loyers, un montant minimum et un montant maximum établis en tenant compte notamment des prix de revient de la construction à la charge desdits organismes et des frais de gestion, de contrôle et d'entretien. » [5] Il s'agit de la « fourchette » HLM. L'arrêté du 14 octobre 1963, relatif au prix du loyer des logements construits par les organismes d'HLM depuis le 3 septembre 1947 (et applicable aux loge-

1. CCH, art. L. 411-1.
2. *JO* 24 juin 1977, p. 3388.
3. *BOMULTE*, n° 86-11, 11 avr. 1986.
4. Décr. n° 48-176, 22 nov. 1948, *JO* 23 nov., p. 11367, art. 15.
5. CCH, art. L. 442-1.

ments neufs jusqu'à la réforme du financement du logement de 1977), en précise le mécanisme.

734.63 **Modalités.** Les logements financés à l'aide de prêts antérieurs à la réforme de 1977 sont soumis aux valeurs de la fourchette applicables à chaque catégorie de financement, selon les modalités suivantes :

- répartition du patrimoine entre quatre catégories : PSR-PLR, HLM-O, ILM, ILN (v. s[s] n° 733.13);
- détermination du prix de revient global par catégorie à partir d'un prix de revient théorique des logements établi à partir de la surface par type de logement et d'un prix de revient réglementaire par type;
- application au prix de revient global par catégorie des pourcentages suivants permettant de fixer le montant annuel minimum et maximum du loyer en masse :

Catégorie	Taux minimum	Taux maximum
PSR PLR	2	4,5
HLM Ordinaire	3,5	6
ILM	6	7,9
ILN	6	Pas de maximum

Le montant est alors rapporté à la surface corrigée totale des logements de la catégorie pour obtenir les loyers annuels mini et maxi au m² de surface corrigée applicables à tout logement de la catégorie concernée.

Ce système a fonctionné jusqu'en 1978, c'est-à-dire jusqu'à la réforme du financement HLM. À cette date, le PLA est devenu le financement unique pour les nouveaux programmes. Un arrêté du 27 février 1979 est venu geler les « fourchettes » HLM existantes à cette date.

734.64 **Révision du loyer maximum.** Le minimum et le maximum des fourchettes étaient depuis 1979 révisés chaque 1er juillet en fonction des variations de la moyenne sur quatre trimestres de l'indice Insee du coût de la construction, puis en fonction de l'indice de référence des loyers (IRL). À compter du 1er janvier 2010, les montants de la fourchette sont révisés tous les 1er janvier en fonction de la variation annuelle de l'IRL[1], de la même manière que les loyers maximums des conventions. Le trimestre de référence pour la révision est le deuxième trimestre. Rappel : l'actualisation est faite en une fois pour tous les logements de la même catégorie des anciens financements.

734.65 **Logements locatifs intermédiaires.** La construction des logements intermédiaires, financée en PLI, est réservée à certaines zones : communes appartenant à une zone d'urbanisation continue de plus de 50 000 habitants, communes de plus de 15 000 habitants en forte croissance démographique définies par décret.

Le loyer maximum applicable est inscrit dans le contrat de prêt. La réglementation des PLI est précisée aux articles R. 391-1 et suivants du code de la construction et de l'habitation.

§ 2
Logements conventionnés

A.
Fixation du loyer maximum

734.71 **Fixation conventionnelle du loyer maximum.** L'article L. 353-2 du code de la construction et de l'habitation renvoie à la convention signée avec l'État la détermination du loyer maximum du programme.

734.72 **Objectifs de la convention.** Les conventions, qui sont non seulement des instruments de régulation des prix des logements mais également, à l'origine en 1977, des instruments de réglementation des rapports locatifs (avant les législations d'ordre public qui interviendront à partir de 1982), précisent, notamment, outre le loyer maximum :

- les caractéristiques techniques des logements après construction ou amélioration;
- les conditions d'occupation et de peuplement des logements;
- les charges qui incombent aux locataires;
- les obligations des bailleurs à l'égard des organismes chargés de la liquidation et du paiement de l'aide personnalisée au logement.

734.73 **Détermination du loyer maximum.** Le loyer maximum est fixé annuellement par circulaire, le 1er juillet.

Elle donne le niveau des plafonds de loyers applicables aux logements qui seront conventionnés entre le 1er juillet et le 30 juin de l'année qui suit.

Sont compris dans le champ d'application de la circulaire les logements appartenant aux organismes d'HLM qui sont construits, acquis, acquis et améliorés, ou améliorés au cours de l'année qui suit et font l'objet d'une convention APL (ouvrant droit à l'Aide Personnalisée au Logement).

Sont également concernés les logements appartenant à une collectivité territoriale, construits ou acquis en application de la législation HLM, et gérés par un organisme d'HLM[2].

1. Arr. 17 avr. 2009. *JO* 6 mai, p. 7625.

2. CCH, art. L. 442-10.

Le loyer maximum est fixé par zone géographique (il en existe quatre) et en fonction des prêts qui ont servi à la réalisation des logements et/ou à leur amélioration (PLUS, PLAI, PLS).

734.74 Valeur du loyer maximum. Les valeurs du loyer maximum sont exprimées en euros par mètre carré de surface utile pour les logements neufs et en acquisition amélioration et en euros par mètre carré de surface corrigée pour les logements réhabilités ou conventionnés sans travaux[1].

734.75 Cas des logements acquis. Les opérations d'acquisition d'immeubles existants, favorisées par la rareté du foncier dans les villes et par le désengagement de certains acteurs institutionnels, ont posé la question de la définition du loyer maximum applicable après l'acquisition. Depuis un décret du 3 mai 2002[2], la fixation de deux niveaux de loyer maximum lors du conventionnement est autorisée.

Ce double plafonnement ne s'applique que dans le cas où l'immeuble acquis est occupé par des personnes dont les ressources sont supérieures au plafond de ressources HLM applicable aux logements. Les articles 9 *bis* et 10 *bis* de la convention type HLM prévoient la réalisation d'une enquête effectuée dans les quatre mois de l'acquisition de l'immeuble. Elle permet de déterminer si des ménages occupants ont des ressources supérieures aux plafonds prévus par la convention. Si c'est le cas, les locataires concernés se voient appliquer un plafond majoré de loyer, de manière à ce que le conventionnement n'oblige pas le bailleur à baisser le loyer appliqué auparavant à ces personnes. Le plafond normal est applicable aux nouveaux locataires ainsi qu'à ceux qui occupaient l'immeuble avant son acquisition si leurs ressources sont inférieures au plafond applicable.

B.
Révision du loyer maximum

734.81 Révision du loyer maximum jusqu'en 2009. Le loyer maximum des conventions était révisé tous les ans à la date du 1er juillet jusqu'à fin 2009.

Avant le 1er janvier 1995, le loyer maximum était révisé en fonction des variations de l'indice du coût de la construction (ICC), entre l'indice du quatrième trimestre précédant l'année de révision et l'indice du quatrième trimestre de l'année antérieure à l'année précédant la première date de révision.

Du 1er janvier 1995 au 31 décembre 2005, la révision annuelle du loyer maximum des conventions en cours s'opérait selon la variation de la moyenne sur quatre trimestres (moyenne associée) de l'ICC[3].

Depuis le 1er janvier 2006, les conventions en cours étaient réactualisées sur la base de la variation de l'IRL. À compter de la loi du 8 février 2008 pour le pouvoir d'achat[4], l'IRL correspondait à la moyenne sur les douze derniers mois de l'évolution des prix à la consommation hors tabac et hors loyers.

734.82 À compter du 1er janvier 2010. Les loyers et redevances maximaux des conventions APL sont révisés chaque année à la date du 1er janvier[5].

La date de l'indice de référence des loyers prise en compte pour cette révision est celle du deuxième trimestre de l'année précédente. Cette disposition s'applique à toutes les conventions, y compris celles en cours, à partir du 1er janvier 2010. L'augmentation des loyers et des redevances maximaux des conventions, résultant de la révision du 1er juillet 2009, ne pouvait excéder la variation de l'indice de référence des loyers du quatrième trimestre de l'année 2008. Puis, au 1er janvier 2010, l'indexation a été limitée à la variation sur six mois de l'IRL, de janvier 2009 à juin 2009.

C.
Dérogations limitées au loyer maximum

734.91 Dérogations limitées du loyer maximum. Des dérogations sont possibles par rapport aux valeurs inscrites dans la circulaire annuelle pour certains logements :

1°) En prêt PLUS, des dépassements peuvent être accordés par les services d'État dans le département pour tenir compte de la diversité du marché locatif et de la qualité des opérations, pouvant aller jusqu'à 18 % pour les opérations réalisées avec ascenseur.

2°) En prêt PLS, les valeurs de loyer maximum tiennent compte du financement de ces opérations et les marges ne sont dorénavant possibles que dans la limite de 18 % maximum dans le seul cas où le locataire bénéficierait d'annexes importantes.

3°) En prêt conventionné locatif (PCL), pour lequel une majoration dans la limite de 50 % est possible, en fonction de la charge foncière (en neuf) ou immobilière (en acquisition-amélioration).

1. V. CCH, art. R. 353-16, 3°.
2. Décr. n° 2002-844, 3 mai 2002 modifiant les dispositions du CCH et relatif aux conventions conclues entre l'État et les organismes d'HLM, *JO* 5 mai, p. 8835.
3. Circ. 4 juill. 2008 relative à la fixation du loyer maximal des conventions, *BO Équipement* n° 13, 25 juill. 2008.
4. L. n° 2008-111, 8 févr. 2008, *JO* 9 févr., p. 2451.
5. CCH, art. L. 353-9-2.

4°) En cas d'acquisition d'immeubles, une dérogation est possible pour les locataires de l'immeuble acquis qui dépassent le plafond de ressources applicable à leur logement (v. s[s] n° 734.75).

D.
Durée d'application du loyer maximum

734.101 Durée d'application du plafonnement. Le loyer maximum s'applique pour toute la durée de la convention, soit la durée restant à courir pour l'amortissement intégral des prêts.

Le fait qu'ultérieurement de nouveaux financements publics soient mobilisés ne modifie pas le niveau du loyer maximum de l'opération, actualisé comme il vient d'être dit.

À la date prévue pour leur expiration, les conventions sont renouvelées par période de trois ans, sauf dénonciation par l'une des parties. Le loyer maximum est alors reconduit.

734.102 Pérennisation du loyer maximum ? Quel avenir est-il réservé au loyer maximum des opérations ? On peut penser que le régime de plafonnement est amené à se pérenniser, la loi sur la solidarité et le renouvellement urbains [1] ayant précisé qu'à l'expiration de la convention, en cas de dénonciation par l'une de ses parties, les logements conventionnés seront soumis à un régime permanent de statut HLM, dans le cadre du livre IV du code de la construction et de l'habitation relatif aux HLM.

Il faut cependant apporter un tempérament à l'idée d'un plafonnement identique en continu. Le régime de la CUS 1 (2011-2017) avec remise en ordre des loyers maximums, comme celui de la CUS 2 (2018-2023) avec application de la Nouvelle Politique des Loyers, autorise, dans certaines conditions, le déplafonnement du loyer maximum de certains immeubles ou ensembles immobiliers (sur les conditions financières de location dans le cadre des CUS, v. chapitre 736).

1. L. n° 2000-1208, 13 déc. 2000 relative à la solidarité et au renouvellement urbains, *JO* 14 déc., p. 19777, art. 145, créant l'art. L. 411-6 CCH.

CHAPITRE

735. Loyer pratiqué

SECTION 0
ORIENTEUR

735.00 **Plan du chapitre.**

Division. L'organisme HLM bailleur fixe le loyer pratiqué par logement dans la limite du loyer maximum défini, soit par la fourchette HLM (v. s[s] n°s 734.71 s.), soit par la convention ouvrant droit à l'APL signée avec l'État ou le délégataire.

735.01 **Textes applicables.**

TEXTES SOURCES

- **Loyers**
- **CCH, art. L. 353-9-3.**
- **CCH, art. R. 353-1, ann. I, conv type, art. 9 à 10 *bis*.**
- **CCH, art. L. 442-1 à L. 442-2.**
- **CCH, art. R. 442-1 à R. 442-3.**

TEXTES *IN EXTENSO*

- **CCH, art. L. 353-9-3** (réd. postérieure au 1er janv. 2017)

Les loyers et redevances pratiqués pour les logements faisant l'objet d'une convention conclue en application de l'article L. 351-2, à l'exception des logements mentionnés à l'article L. 321-8, sont révisés chaque année au 1er janvier en fonction de l'indice de référence des loyers prévu au I de l'article 17-1 de la loi n° 89-462 du 6 juillet 1989 tendant à améliorer les rapports locatifs et portant modification de la loi n° 86-1290 du 23 décembre 1986. La date de l'indice de référence des loyers prise en compte pour cette révision est celle du deuxième trimestre de l'année précédente.

L'autorité administrative peut autoriser, pour une durée qu'elle détermine, un organisme à déroger au premier alinéa du présent article soit dans le cadre d'un plan de redressement approuvé par la Caisse de garantie du logement locatif social, soit pour une partie du patrimoine de l'organisme ayant fait l'objet d'une réhabilitation. Toutefois, d'une année par rapport à l'année précédente, la hausse de loyer est plafonnée à 5 % en sus de la variation de l'indice de référence des loyers mentionné au même premier alinéa. Sous réserve de l'accord des associations représentatives de locataires et des locataires dans les conditions fixées à l'article 42 de la loi n° 86-1290 du 23 décembre 1986 tendant à favoriser l'investissement locatif, l'accession à la propriété de logements sociaux et le développement de l'offre foncière, cette hausse peut être supérieure à ce plafond.

NOTA : Conformément au III de l'article 81 de la loi n° 2017-86 du 27 janvier 2017, les présentes dispositions s'appliquent à compter du 1er janvier 2017, y compris aux contrats en cours.

- **CCH, art. L. 442-1** (réd. antérieure au 1er janv. 2017)

L'autorité administrative détermine les prix de base au mètre carré afférents aux différentes catégories de construction réalisées par les organismes d'habitations à loyer modéré.

En vue d'assurer l'équilibre de la situation financière de ces organismes, elle fixe, pour les loyers, un montant minimum et un montant maximum établis en tenant compte notamment des prix de revient de la construction à la charge desdits organismes et des frais de gestion, de contrôle et d'entretien.

Dans le cas où la situation financière d'un organisme d'habitations à loyer modéré fait craindre qu'il ne puisse plus faire face à ses obligations, l'autorité administrative peut imposer à l'organisme préalablement saisi l'application aux logements construits postérieurement au 3 septembre 1947 d'un loyer susceptible de rétablir l'équilibre d'exploitation.

Les augmentations résultant des dispositions du présent article sont applicables de plein droit aux bénéficiaires des baux ou engagements de location. En aucun cas, ces augmentations ne devront entraîner, d'un semestre par rapport au semestre précédent, une hausse supérieure à 10 p. 100.

• **CCH, art. L. 442-1** (réd. postérieure au 1er janv. 2017)

* V. s[s] n° 734.01

• **CCH, art. L. 442-1-1**

* V. s[s] n° 734.01

• **CCH, art. L. 442-1-2**

Toute délibération d'un organisme d'habitations à loyer modéré relative aux loyers applicables à compter du 1er juillet 1987 est transmise deux mois avant son entrée en vigueur au représentant de l'État dans le département du siège de l'organisme et à celui du département du lieu de situation des logements. Le représentant de l'État dans le département du lieu de situation des logements peut, dans le délai d'un mois à compter de la plus tardive de ces transmissions, demander à l'organisme une nouvelle délibération.

• **CCH, art. R. 442-1**

Le loyer applicable aux logements construits en application de la législation sur les habitations à loyer modéré est calculé conformément aux dispositions des articles 28, 29, 32, 32 *bis* et 36 de la loi n° 48-1360 du 1er septembre 1948, modifiée.

• **CCH, art. R. 442-3**

Les loyers des logements construits en application de la législation sur les habitations à loyer modéré peuvent être révisés dans les conditions fixées par l'article 32 *bis* de la loi n° 48-1360 du 1er septembre 1948 précitée.

735.02 Jurisprudence de référence.

• **Civ. 3e, 10 janv. 1996, n° 94-21.992**, *Bull. civ.* III, n° 8

* V. s[s] n° 735.52

Les dispositions légales sur le conventionnement HLM « constituent un régime locatif dérogatoire applicable quels que soient les textes auxquels se référait le bail, dès l'entrée en vigueur de la convention ».

• **Civ. 3e, 18 janv. 2011, n° 09-72.408**, NP

* V. s[s] n° 735.55

L'augmentation des loyers, suite à des travaux d'amélioration subventionnés avec autorisation administrative, n'est pas soumise à une notification particulière dès lors qu'ils n'entraînent pas de modification de la surface corrigée.

735.03 Bibliographie indicative.

Actualisables. RÉP. IMMO., v° « Habitat social (HLM) », H. des Lyons, n°s 164-167 – DICT. PERM. Gestion immob., « HLM – Location », n°s 175 s.; « Logements locatifs conventionnés », n°s 167 s.

SECTION 1
SURFACE DE RÉFÉRENCE

735.11 Surface de référence duale. Le loyer pratiqué est égal au produit de la surface du logement par le prix au mètre carré applicable [1].

La surface de référence est, soit la surface corrigée, soit la surface utile.

735.12 De la surface corrigée à la surface utile. La surface de référence des nouvelles opérations a été la surface corrigée du logement jusqu'au 1er juillet 1996. Depuis cette date, elle a été remplacée par la surface utile dans les conditions qui vont être détaillées ci-après.

Pour les opérations de réhabilitation des logements anciens, le loyer reste calculé, avant comme après les travaux, à la surface corrigée.

735.13 Existence de deux surfaces – Perspectives d'évolution avec les CUS. Cette situation, qui aboutit à utiliser deux surfaces de référence différentes pour un même patrimoine, est amenée à évoluer.

La loi du 25 mars 2009 a permis la signature entre l'État et un organisme HLM d'une convention d'utilité sociale (CUS) pour six ans. À cette occasion, la surface peut être unifiée pour tout le patrimoine du bailleur, soit en surface corrigée, soit en surface utile. C'est à l'échelle de l'immeuble que la surface de référence est déterminée.

L'organisme signataire de la convention d'utilité sociale ne pouvait procéder à cette unification de la surface de référence que s'il optait pour une remise en ordre des loyers, à partir de 2011 (CUS 1).

À partir de 2019, l'option pour l'application de la nouvelle politique des loyers (NPL), dans la convention d'utilité sociale n° 2 (CUS 2) sera toujours possible. Si l'option n'est pas prise, la surface de référence pour le calcul des loyers du patrimoine restera inchangée (surface corrigée ou surface utile). Sur la notion de CUS, v. s[s] chap. 736.

§ 1
Surface corrigée

735.21 Utilité. Au même titre que pour les logements soumis à la loi du 1er septembre 1948, la surface de référence HLM est longtemps restée la surface corrigée :

– son utilisation concerne aussi bien les logements non conventionnés que les logements conventionnés;

– elle n'est plus la référence pour les opérations nouvelles depuis le 1er juillet 1996;

– elle reste cependant utilisée pour tous les logements HLM construits avant le 1er juillet 1996 ou réhabilités ultérieurement, soit la grande majorité des logements HLM actuels;

– à chaque contrat de location, est annexé un décompte de surface corrigée.

Ainsi, une très grande majorité des loyers HLM reste calculée par référence à la notion de surface

1. CCH, art. R. 353-16.

corrigée issue de la loi du 1er septembre 1948, le reste l'étant à la surface utile.

735.22 Textes de référence. Pour les logements non conventionnés, l'article R. 442-1 du code de la construction et de l'habitation précise que « le loyer applicable aux logements construits en application de la législation sur les HLM est calculé conformément aux articles 28, 29, 32, 32 *bis* et 36 de la loi du 1er septembre 1948, modifiée ». Pour les logements conventionnés, l'article R. 353-16, 3° du code de la construction et de l'habitation renvoie quant à lui au même article R. 442-1 pour les logements faisant l'objet de travaux d'amélioration ou conventionnés sans travaux.

Pour le calcul de la surface corrigée, le texte de référence est le décret du 22 novembre 1948 [1], modifié.

735.23 Calcul de la superficie. La détermination de la superficie nécessitait de suivre les cinq étapes suivantes (v. annexe n° 1112.62).

735.24 Surface réelle. La surface réelle de chaque pièce du logement est prise en compte et affectée de correctifs correspondants :

- à sa nature (pièce habitable, pièce secondaire ou annexe);

- à son éclairement, son ensoleillement et sa vue;

- ce qui permet d'obtenir la surface corrigée des pièces ou annexes.

735.25 Correctif d'ensemble. Cette surface est affectée d'un correctif d'ensemble tenant compte de la vétusté et de l'état d'entretien du local et de son emplacement dans l'agglomération. Depuis le décret du 1er octobre 1960, le coefficient d'entretien des logements HLM est plafonné à 1 (alors qu'il peut atteindre 2,35 pour un immeuble collectif en bon état appartenant à un autre bailleur). On obtient alors la surface corrigée du local.

735.26 Ajout des équivalences de surface. Des équivalences de surface sont ajoutées à cette surface corrigée pour tenir compte des éléments d'équipement et de confort fournis par le propriétaire (il s'agit des postes d'eau chaude et froide, de l'équipement sanitaire, de l'électricité, du gaz et du chauffage central, de l'ascenseur, cf. art. 14 du décret du 22 novembre 1948). La liste de ces équipements n'a pas été modifiée depuis 1964, ce qui interdit la valorisation d'équipements techniques intervenus depuis (ventilation, interphones, par exemple).

735.27 Éléments fixés par arrêté préfectoral. Le préfet peut toutefois compléter cette liste à partir d'éléments « en usage dans tout ou partie du département et qui donnent une plus-value incontestable aux locaux qui en sont dotés » (art. 17 du décret du 22 novembre 1948). Par exemple, un arrêté du 16 mars 1992 du préfet du Finistère prévoit une surface de 2,5 mètres carrés pour une installation domotique comprenant la régulation du chauffage et le contrôle des consommations d'eau, de gaz, d'électricité. Dans les Bouches-du-Rhône, la présence d'un interphone permet une surface de 1 mètre carré (arr. 16 mars 1983).

735.28 Abattement et majoration. La surface corrigée obtenue fait l'objet d'un abattement pour absence d'ascenseur et d'une majoration en cas d'usage mixte professionnel et d'habitation du logement. On obtient ainsi la surface corrigée d'ensemble du local.

735.29 Loyer du logement. À l'intérieur des valeurs *minima* et *maxima* de la fourchette ou du maximum de la convention, le conseil d'administration de l'organisme d'HLM fixe le prix du loyer applicable aux logements du programme.

Le loyer par logement correspond au produit de la surface corrigée obtenu par le prix au mètre carré fixé par l'organisme dans les limites qui viennent d'être évoquées. En application de l'article 14, dernier alinéa, du décret du 22 novembre 1948 [2], le bailleur peut en outre louer des équipements exceptionnels (cuisine équipée par exemple). Le prix de ces équipements est bien inclus dans le loyer, mais il fait alors l'objet d'une évaluation séparée.

Enfin, le loyer des accessoires (garage, cour, jardin...) est ajouté à ces éléments pour déterminer le loyer total (v. ss nos 734.41 s.).

§ 2
Surface utile

735.31 Surface de référence depuis le 1er juillet 1996. À travers la réforme de la surface utile, les pouvoirs publics ont cherché à simplifier le système de calcul du loyer HLM, tout en donnant aux opérateurs une plus grande liberté dans la conception des logements.

La surface utile est prise en compte pour les nouvelles opérations à partir du 1er juillet 1996 (nouvelles constructions, mais aussi immeubles acquis et conventionnés) et sert de référence, aussi bien pour le calcul du loyer maximum et du loyer pratiqué,

1. Décr. n° 48-1766, 22 nov. 1948, *JO* 23 nov. 1948, p. 11367.

2. Décr. n° 48-1766, 22 nov. 1948, *JO* 23 nov. 1948, p. 11367.

que pour celui de la subvention de l'organisme. Après le 1er octobre 1996, l'adoption de la réforme du PLA fiscal a eu pour effet de substituer une TVA à taux réduit (5,5 %) à la subvention de l'État.

735.32 Définition. La surface utile est égale à la surface habitable, augmentée de la moitié de la surface des annexes privatives (v. annexe n° 1112.61).

Ces annexes comprennent les caves, sous-sols, remises, ateliers, séchoirs et celliers extérieurs au logement, les réserves, combles et greniers aménageables, balcons, loggias et vérandas et, dans la limite de 9 mètres carrés, les parties de terrasses accessibles en étage ou aménagées sur ouvrage enterré ou à moitié enterré[1].

735.33 Modulations. Le calcul du loyer maximum au m² de surface utile est fait sur la base d'un plafond national adapté dans certaines limites sous forme de modulations ou de majorations locales :

- un coefficient de structure permet de tenir compte du coût plus élevé des petits logements au mètre carré;

- un barème local précise les majorations applicables en fonction de la localisation et des caractéristiques de l'opération (présence ou non d'ascenseurs, label de performance énergétique...); la majoration peut atteindre 18 % en présence d'ascenseur (ou 20 % en cas de délégation de compétence).

735.34 Répartition du produit locatif à l'intérieur de l'opération. Le produit locatif maximum est égal au produit de la surface utile totale par le loyer maximum au m² fixé dans la convention pour l'opération, qui peut comprendre un ou plusieurs immeubles.

Les organismes peuvent cependant moduler les loyers des logements d'un même immeuble en fonction de la taille et de la qualité de chacun d'entre eux (par exemple, une meilleure exposition, un étage élevé, etc.). Cette modulation, qui reste facultative, fait l'objet, le cas échéant, d'une grille de coefficients par logement annexée à la convention. Le produit locatif total de l'opération peut ainsi être réparti entre les appartements de l'immeuble.

735.35 Loyer du logement. L'organisme ayant choisi pour chaque logement un coefficient de modulation du loyer (à défaut, il est égal à 1), le loyer maximum par logement sera égal au produit de la surface utile du logement, du loyer maximum de l'opération et du coefficient propre au logement, qui tient compte notamment de sa taille et de son implantation dans l'immeuble. Toutefois, pour les logements compris dans le périmètre d'une convention d'utilité sociale, le bailleur fixe le loyer maximum sans référence à sa surface utile[2].

Le loyer pratiqué est fixé dans cette limite.

TABLEAU RÉCAPITULATIF DES SURFACES APPLICABLES EN HLM POUR LE CALCUL DES LOYERS

Surface utile	Surface corrigée
Conventions conclues postérieurement au 1er juillet 1996 et portant sur : - de la construction neuve; - de l'acquisition; - de l'acquisition-amélioration.	Conventions conclues avant le 1er juillet 1996. Conventions conclues postérieurement au 1er juillet 1996 et portant sur des logements : - conventionnés à l'occasion de travaux d'amélioration; - conventionnés sans travaux pendant le cours de leur exploitation.

SECTION 2
LOYER INITIAL

§ 1
Liberté de fixation du loyer initial

735.41 Liberté de principe. Depuis la loi du 23 décembre 1986, dite loi Méhaignerie, « les organismes d'HLM fixent librement les loyers des logements faisant l'objet d'une nouvelle location... », cette liberté étant limitée par le maximum de la fourchette HLM ou le maximum de la convention[3].

735.42 Cas des logements acquis avec ou sans amélioration. Qu'en est-il pour les logements qui sont, non pas construits, mais acquis par les organismes HLM ?

Ces immeubles ont vocation, tout d'abord, à faire l'objet d'une convention avec l'État, pour permettre aux organismes propriétaires de respecter leur vocation sociale.

Selon le cas :

- le loyer des locataires entrés après l'acquisition et le conventionnement est fixé dans la limite du loyer maximum ordinaire;

- le loyer des locataires présents lors de l'acquisition (relevant du régime locatif de la loi du 6 juillet 1989, par exemple, ou bénéficiaires du droit au maintien dans les lieux dans le régime locatif de la loi du 1er septembre 1948) dépend de leurs ressources enquêtées dans les mois qui suivent l'acquisition (v. s^s n° 734.75).

Le nouveau loyer fait l'objet d'une notification, à compter d'un délai d'au plus quatre mois après la signature de la convention ou après la fin des tra-

1. Arr. 9 mai 1995, *JO* 11 mai; mod. par arr. 10 mai 1996, *JO* 29 mai et Arr. 24 juill. 1997, *JO* 1er août.

2. CCH, art. L. 445-4.

3. CCH, art. L. 442-1-1.

vaux si la convention en prévoit. La forme la plus courante de la notification est la lettre recommandée avec demande d'avis de réception.

§ 2
Opposabilité du loyer au locataire

735.51 Pour les nouveaux locataires. Le contrat de location comprend obligatoirement un décompte de surface corrigée[1] ou un décompte de surface utile[2] qui récapitule les éléments de loyer pour les nouvelles constructions, après leur mise en service.

Il en est de même pour toutes les nouvelles locations d'immeubles existants et chaque locataire doit disposer d'un décompte de surface utile ou corrigée, selon la date de construction de l'immeuble.

735.52 Pour les immeubles acquis. Dans le cas d'une acquisition d'immeuble (v. s^s^ n°s 712.61 s.) ou d'un conventionnement sans travaux, l'opposabilité du nouveau loyer pour les locataires en place est inscrite dans l'article L. 353-16 du code de la construction et de l'habitation, qui précise que le nouveau loyer est applicable « dès sa notification aux titulaires de baux en cours ou aux bénéficiaires du droit au maintien dans les lieux sans qu'il soit nécessaire de leur donner congé ». Certains locataires ont pu contester le fait que, disposant d'un contrat conclu dans le cadre d'une autre législation que celle qui s'applique en HLM, ils se voient soumis à ces règles. Leur contrat en cours à la date de l'acquisition de l'immeuble n'a-t-il pas vocation à être maintenu jusqu'à son terme ? Leur loyer ne pourrait alors être modifié avant ce terme.

La cour de cassation répond à ces arguments que les dispositions légales sur le conventionnement HLM « constituent un régime locatif dérogatoire applicable quels que soient les textes auxquels se référait le bail, dès l'entrée en vigueur de la convention »[3]. La convention de conventionnement conclue à l'occasion du rachat de l'immeuble est applicable aux locataires en place, conformément aux dispositions de l'article L. 353-16 du code de la construction et de l'habitation[4]. En cas de travaux lors du conventionnement de l'immeuble qui a fait l'objet d'une acquisition préalable, le nouveau loyer s'applique à compter de la date d'achèvement des travaux[5]. Toutefois, le juge du fond n'est pas lié par l'attestation d'exécution conforme délivrée par l'administration et peut contester leurs conséquences[6].

735.53 Contestation du loyer par le locataire. Deux hypothèses doivent être retenues selon qu'il y a contestation du loyer initial ou de son évolution à la suite d'une modification des éléments ayant servi à le déterminer.

735.54 Désaccord sur la surface ou le loyer. En cas de désaccord sur la surface ou le loyer, le nouveau locataire doit notifier par lettre recommandée avec avis de réception ou par acte d'huissier le loyer qu'il propose, et préciser les éléments sur lesquels porte le désaccord. Le délai de contestation est limité à deux mois par l'article 32 de la loi du 1er septembre 1948, applicable ici.

La remise en mains propres du décompte ne présente pas de garanties équivalentes à une notification par lettre recommandée ou par acte extra-judiciaire[7].

735.55 Modification de la surface corrigée – Procédure amiable. Si, à l'occasion de travaux par exemple, la surface corrigée subit une modification, l'article 32 *bis* de la loi du 1er septembre 1948 renvoie à l'initiative de l'une ou de l'autre des parties la possibilité d'une révision du loyer.

Par lettre recommandée avec AR ou par acte d'huissier, la partie qui demande la modification propose les bases de calcul du nouveau loyer, en annexant un nouveau décompte de surface corrigée. Par exemple, le locataire qui conteste le loyer en raison de problèmes d'infiltration d'eau et d'humidité dans le logement doit respecter la procédure prévue par l'article 32 *bis* et proposer les éléments qu'il souhaite prendre en compte[8].

L'autre partie a alors deux mois pour répondre et faire connaître son éventuelle contre-proposition. Ce délai est un délai de forclusion, au-delà duquel il n'est par conséquent plus possible d'agir. Pour les logements conventionnés cependant, l'article L. 353-15 du code de la construction et de l'habitation précise que seuls les premier et deuxième alinéas de l'article 32 *bis* sont applicables aux logements conventionnés, ce qui, en cas de modification des éléments ayant servi à déterminer le loyer, paraît supprimer le délai de forclusion.

L'augmentation des loyers, suite à des travaux d'amélioration subventionnés avec autorisation administrative, n'est pas soumise à une notification

1. L. 1er sept. 1948, art. 32 (v. annexe n° 1112.72).
2. Décr. n° 97-56, 21 janv. 1997 (v. annexe n° 1112.71).
3. Civ. 3e, 10 janv. 1996, n° 94-21.992, *Bull. civ.* III, n° 8.
4. Civ. 3e, 22 oct. 2015, n° 14-17.545, P, *Loyers et copr.* n° 2, févr. 2016, note C. Coutant-Lapalus.
5. Civ. 3e, 12 mars 2014, n° 13-14.403, *Bull. civ.* III, n° 36; *Dalloz Act.* 1er avr. 2014, note M. Kebir; *D.* 2014. 778; *AJDI* 2015. 752, étude F. Zitouni; *RDI* 2014. 340, obs. H. Heugas-Darraspen.
6. Civ. 3e, 23 mars 2005, n° 03-19.281, *Bull. civ.* III, n° 71; *AJDI* 2005. 500, note Brouant.
7. Versailles, 7 déc. 2010, *Loyers et copr.* 2011, n° 76.
8. Civ. 3e, 30 juin 1999, n° 97-19.308, *Bull. civ.* III, n° 156; *AJDI* 1999. 920, note Wertenschlag.

particulière dès lors qu'ils n'entraînent pas de modification de la surface corrigée[1].

735.56 Modification de la surface corrigée – Recours au juge. En cas de différend persistant, le juge d'instance, juge de droit commun des loyers, peut être saisi. Il a pu être décidé par un juge l'exonération totale du loyer, en présence de bruits intolérables provoqués par l'exploitation d'un pressing rendant les lieux inhabitables dans la journée[2].

§ 3 Obligations du bailleur

735.61 Quittance. Le paiement du loyer s'effectue à la date prévue par le contrat. Il se fait à terme échu (paiement du loyer du mois au début du mois suivant) pour les logements conventionnés. Il peut être en terme à échoir (paiement au début du mois en cours) pour les logements non conventionnés.

Pour tous les logements, le loyer maximum doit être inscrit sur la quittance remise au locataire, en sus du loyer principal, du loyer des accessoires et du montant de l'APL, le cas échéant[3].

Le bailleur est tenu de transmettre gratuitement la quittance au locataire qui en fait la demande. Aucuns frais liés à la gestion de l'avis d'échéance ou de la quittance ne peuvent être facturés au locataire[4].

Avec l'accord exprès du locataire, le bailleur peut procéder à la transmission dématérialisée de la quittance.

SECTION 3 ÉVOLUTION DU LOYER

§ 1 Principe

735.71 Décision soumise au contrôle des pouvoirs publics. La révision du loyer pratiqué résulte d'une décision de l'organisme HLM bailleur. Ce dernier ne peut toutefois appliquer d'augmentation conduisant le loyer pratiqué à dépasser le loyer maximum autorisé.

Cette décision, prise par le conseil d'administration ou le conseil de surveillance de l'organisme, est soumise au contrôle du représentant de l'État dans le département.

Toutefois, le loyer des nouvelles locations reste libre, dans la limite des plafonds actualisés applicables au logement.

735.72 Contrôle réglementaire sur les loyers. Il est exercé par le préfet du département du lieu d'implantation des immeubles.

Toute délibération d'un organisme en matière de loyer est transmise deux mois avant son application au préfet du siège de l'organisme et au préfet du lieu de situation des logements, ce dernier pouvant, dans le mois qui suit la transmission, demander une nouvelle délibération[5].

Il ne peut cependant s'opposer à une seconde délibération qui confirmerait la première.

La seconde délibération n'est pas soumise à un nouveau délai de deux mois et entre en application à la date prévue à l'origine pour la première délibération. La publicité donnée à la demande de seconde délibération a pour effet de conduire l'organisme à une nouvelle réflexion sur sa décision.

735.73 Modalités. Pendant très longtemps deux textes formalisaient dans des conditions légèrement différentes les conditions d'augmentation des loyers, selon que le logement faisait ou non l'objet d'une convention.

1° Les loyers des logements non conventionnés ne pouvaient augmenter d'un semestre à l'autre de plus de 10 %[6].

2° Pour les logements conventionnés, la convention type HLM permettait la révision des loyers pratiqués le 1er janvier ou le 1er juillet de chaque année sans pouvoir dépasser un pourcentage fixé par la convention, en général 20 % par an.

Ces chiffres n'étaient pas atteints, sauf exception, lorsque des travaux importants avaient été réalisés.

À certaines époques, le Gouvernement recommandait par circulaire aux organismes HLM de ne pas dépasser un pourcentage, généralement égal à l'inflation prévisionnelle dans le budget pour l'année suivante[7].

À partir du 1er janvier 2011, la loi de finances pour 2011[8] a limité l'évolution des loyers pratiqués à la variation de l'indice de référence des loyers (IRL). L'indice retenu était l'indice du 3e trimestre de l'année. Valable pour trois ans (2011-2013), cette limitation à hauteur de l'IRL a été reconduite pour trois nouvelles années (2014-2016) par la loi

1. Civ. 3e, 18 janv. 2011, n° 09-72.408, NP.
2. Paris, 16e ch. B, 29 mars 2002, *Rev. Habitat Social* 2003, n° 47-48, p. 35.
3. CCH, art. R. 442-2-1 – art. 16 de la convention type HLM annexée à l'art. R. 353-1, CCH.
4. L. n° 89-462, 6 juill. 1989, art. 21, modifié par L. n° 2014-366 du 24 mars 2014, art. 6.
5. CCH, art. L. 442-1-2.
6. CCH, art. L. 442-1.
7. Rép. min. n° 2013, *JO Sénat* 10 janv. 2008, p. 69.
8. L. n° 2010, 29 déc. 2010, art. 210, III, *JO* 30 déc., p. 23033.

Alur du 24 mars 2014 (v. s[s] n° 736.31). Le régime de révision des loyers après le 1er janvier 2017 est exposé dans le chapitre suivant.

§ 2
Loyer administré

735.81 **Loyer administré.** Le prix du loyer HLM doit permettre d'assurer l'équilibre financier de l'organisme. Si celui-ci menace d'être rompu « l'autorité administrative peut autoriser pour une durée qu'elle détermine un organisme à déroger au premier alinéa du présent article (...) dans le cadre d'un plan de redressement approuvé par la Caisse de garantie du logement locatif social (CGLLS) »[1].

La dérogation à l'application de l'IRL est fonction de la situation de l'organisme qui doit, au préalable, relever d'un plan CGLLS. La CGLLS est un établissement public à caractère administratif (EPA), opérateur de l'État, et une société de financement. Elle est chargée, notamment, de prévenir les difficultés financières des bailleurs sociaux et d'aider au rétablissement de leur équilibre.

Toutefois, d'une année par rapport à l'année précédente, poursuit le texte, la hausse de loyer est plafonnée à 5 % en sus de la variation de l'indice de référence des loyers (soit IRL + 5 %).

§ 3
Loyer en cas de travaux

735.91 **Travaux et conséquences.** Comment évolue le loyer lorsque le bailleur réalise des travaux ? En cas de travaux, les règles ont évolué à partir de 2017 et les règles applicables à partir de cette date seront exposées au chapitre suivant.

Avant le 1er janvier 2017, les règles de droit commun étaient les suivantes. Le loyer pouvait augmenter dans la limite de 10 % par semestre ou dans la limite de 20 % en général pour les logements conventionnés. Toutefois, de 2011 à 2016, l'augmentation du loyer relevait de l'accord du préfet (conformément au dispositif instauré par la loi de finances pour 2011 et renouvelé par la loi Alur).

Un deuxième régime d'augmentation, exceptionnel, pouvait s'appliquer lorsque des travaux étaient réalisés par le bailleur après l'acquisition d'un immeuble, suivie de son conventionnement à l'APL. Afin de limiter la hausse pouvant résulter de la réhabilitation des logements, une circulaire de 1988 avait précisé les conditions dans lesquelles un immeuble faisant l'objet de travaux pouvait être conventionné à l'APL à partir du 1er janvier 1988[2].

Le loyer pratiqué pour les locataires en place devait être fonction du coût des travaux et de leur amortissement. L'augmentation résultant des travaux ne pouvait ainsi dépasser 10 % du coût des travaux, hors subvention de l'État (le taux pouvant être porté exceptionnellement à 12,5 % si les travaux avaient été financés avec des prêts d'une durée inférieure à quinze ans). Si un accord collectif avait été conclu avec les locataires ou leurs associations, il pouvait y avoir dérogation aux limites posées par la circulaire (sur les accords collectifs v. s[s] n°s 912.11 s. – Sur les conditions d'augmentation des loyers après travaux à partir de 2017, v. s[s] n° 735.91).

§ 4
Participation du locataire en cas de travaux de performance énergétique

735.101 **Conditions.** Une participation du locataire peut être demandée par le bailleur qui réalise des travaux de performance énergétique sur son immeuble. Cette participation, en sus du loyer et des charges, prend la forme d'une contribution pour le partage des économies de charges. Un décret du 23 novembre 2009[3] précise les conditions d'application de cette disposition introduite par l'article 119 II de la loi du 25 mars 2009[4], notamment, la liste des travaux éligibles à réaliser et les niveaux minimaux de performance énergétique à atteindre, ainsi que les modalités d'évaluation des économies d'énergie, de calcul du montant de la participation demandée au locataire du logement et de contrôle de ces évaluations après travaux (sur tous ces points, v. le développement dans le chapitre relatif aux travaux (v. s[s] n°s 411.51 s.).

La participation n'est cependant pas un loyer au sens strict. Elle est limitée sur 15 ans et son montant n'est pas intégré au loyer pour le calcul de l'aide personnalisée au logement, délivrée au locataire sous conditions de ressources.

735.102 **Tableau récapitulatif.**

1. CCH, art. L. 353-9-3, dernier alinéa et art. L. 442-1, dernier alinéa dans leur rédaction antérieure à la loi du 27 janvier 2017.
2. Circ. 1er févr. 1988 relative à la mise en œuvre du « bouclage » des aides au logement, à la conclusion des accords-cadres et au nouveau régime du conventionnement après travaux, BOMELATT, n° 9, 31 mars 1988.
3. Décr. n° 2009-1438, 23 nov. 2009 relatif à la contribution du locataire au partage des économies de charges issues des travaux d'économie d'énergie réalisée par un bailleur social, *JO* 25 nov. 2009, p. 20227 – CCH, art. R. 442-24 et suivants.
4. L. n° 2009-323, 25 mars 2009 de mobilisation pour le logement et la lutte contre l'exclusion, *JO* 27 mars, p. 5408 – CCH, art. L. 442-3.

Fixation et évolution des loyers HLM jusqu'au 1er janvier 2017

	PLUS PLA-I	PALULOS	Conventionnement sans travaux	Logements non conventionnés
Loyer maximum	Inscrit dans la convention	Inscrit dans la convention	Inscrit dans la convention	Fourchette fixée par arrêté
Évolution du loyer maximum	Actualisé le 1er janvier selon IRL*	Actualisé le 1er janvier selon IRL*	Actualisé le 1er janvier selon IRL*	Actualisé le 1er janvier selon IRL*
Loyer pratiqué initial	Dans la limite du maximum fixé par la convention	Dans la limite de 10 % du coût des travaux	Pas de modification du loyer	Dans la limite du maximum de la fourchette
Évolution du loyer pratiqué (2011-2016)	Dans la limite de l'IRL et du maximum fixé par la convention	Dans la limite de l'IRL et du maximum fixé par la convention	Dans la limite de l'IRL et du maximum fixé par la convention	Dans la limite de l'IRL et du maximum de la fourchette

* IRL, indice de référence des loyers v. ss no 734.81.

CHAPITRE

736. Régime des loyers dans les CUS

SECTION 0 ORIENTEUR

736.00 Plan du chapitre.

Division – Conventionnement global et conventionnement d'utilité sociale. Trois lois successives sont intervenues pour définir des objectifs nouveaux d'accueil des personnes modestes dans le logement social, ayant une incidence sur la politique des loyers des organismes.

Les deux premières ont été prises en 2004 et en 2009, mais leur application n'a été effective qu'à partir de 2011. Il s'agit de la réforme du conventionnement global du parc HLM, auquel s'est substitué le conventionnement d'utilité sociale depuis la loi du 25 mars 2009[1].

Mise en œuvre à compter du 1er juillet 2011, la première convention d'utilité sociale (la CUS 1) avait une durée de 6 ans, soit jusqu'au 31 décembre 2016.

La troisième loi, relative à l'égalité et à la citoyenneté du 27 janvier 2017[2] a, d'une part, prorogé les effets de la CUS 1 jusqu'au 31 décembre 2017 et, d'autre part, affiché des objectifs nouveaux pour la deuxième convention d'utilité sociale (la CUS 2), dont la date d'effet a été fixée au 1er janvier 2018 et se poursuivra par conséquent jusqu'au 31 décembre 2023.

Les textes présentés en début de chapitre (textes *in extenso*) se rapportent à la CUS 1 (pour la version antérieure au 1er janvier 2017) et à la CUS 2 (pour la version postérieure au 1er janvier 2017).

Quels ont été les objectifs des CUS 1 et 2, avec quelle politique des loyers associée ?

736.01 Textes applicables.

TEXTES SOURCES

> Loyers

CCH, art. L. 353-9-3, L. 442-1 à L. 442-2.

> CUS

• **CCH, art. L. 445-1 à 445-8.**

• **Décr. n° 2017-922, 9 mai 2017** modifiant le chapitre III du titre V du livre III du code de la construction et de l'habitation relatif au régime juridique des logements locatifs conventionnés et le titre IV du livre IV du même code relatif aux rapports des organismes d'habitations à loyer modéré et des bénéficiaires, *JO* 10 mai, n° 173.

TEXTES *IN EXTENSO*

> CUS 1 (2011-2016)

CCH, art. L. 442-1 (réd. antérieure au 1er janv. 2017)

* V. ss n° 735.01

CCH, art. L. 445-1 (réd. antérieure au 1er janv. 2017)

Avant le 1er juillet 2011, les organismes d'habitations à loyer modéré concluent avec l'État, sur la base du plan stratégique de patrimoine mentionné à l'article L. 411-9 et en tenant compte des programmes locaux de l'habitat, une convention d'utilité sociale d'une durée de six ans renouvelable.

1. L. n° 2009-323, 25 mars 2009 de mobilisation pour le logement et la lutte contre l'exclusion, *JO* 27 mars, p. 5408.

2. L. n° 2017-86, 27 janv. 2017 relative à l'égalité et à la citoyenneté, *JO* 28 janv., n° 1.

Les établissements publics de coopération intercommunale dotés d'un programme local de l'habitat et les départements sont associés, selon des modalités définies par décret en Conseil d'État, à l'élaboration des dispositions des conventions d'utilité sociale relatives aux immeubles situés sur leur territoire. Ils sont signataires des conventions d'utilité sociale conclues par les organismes qui leur sont rattachés ainsi que pour les organismes disposant d'un patrimoine représentant plus de 20 % du parc social sur leur territoire. Ils peuvent l'être pour les autres organismes disposant d'un patrimoine sur leur territoire.

La convention d'utilité sociale comporte :

– le classement des immeubles ou ensembles immobiliers; ce classement est établi en fonction du service rendu aux locataires, après concertation avec les locataires dans des conditions fixées dans le plan de concertation locative prévu à l'article 44 *bis* de la loi n° 86-1290 du 23 décembre 1986 tendant à favoriser l'investissement locatif, l'accession à la propriété de logements sociaux et le développement de l'offre foncière;

– l'énoncé de la politique patrimoniale et d'investissement de l'organisme, comprenant notamment un plan de mise en vente à leurs locataires des logements à usage locatif détenus par l'organisme et les orientations retenues pour le réinvestissement des fonds provenant de la vente. Cet énoncé comporte les mesures d'information à l'égard des locataires en cas de vente, cession ou fusion;

– les modalités de la concertation locative avec les locataires, dans le cadre fixé à l'article 44 *bis* de la loi n° 86-1290 du 23 décembre 1986 précitée;

– les engagements pris par l'organisme sur la qualité du service rendu aux locataires;

– un cahier des charges de gestion sociale de l'organisme. La convention d'utilité sociale comporte des indicateurs permettant de mesurer si les objectifs fixés pour chaque aspect de la politique des organismes mentionnés au présent article ont été atteints. Ces indicateurs sont définis par décret en Conseil d'État. Dans les zones géographiques se caractérisant par un déséquilibre entre l'offre et la demande de logements, la convention prévoit également un dispositif de modulation du supplément de loyer de solidarité selon des seuils et des modalités définis par décret en Conseil d'État.

Si un organisme d'habitations à loyer modéré n'a pas adressé un projet de convention d'utilité sociale au représentant de l'État du département de son siège avant le 30 juin 2010, le ministre chargé du logement peut lui retirer une ou plusieurs des compétences mentionnées aux articles L. 421-1 à L. 421-4, L. 422-2 et L. 422-3, pendant une durée qui ne peut excéder cinq ans. Le ministre chargé du logement peut en outre, pour la même durée, majorer la cotisation due par cet organisme en vertu de l'article L. 452-4, dans une proportion qui ne peut excéder le quintuple du montant initialement dû.

Si, au cours de la durée de la convention, le représentant de l'État signataire de la convention constate que l'organisme n'a pas respecté les engagements définis par la convention, il le met en demeure de présenter ses observations et, le cas échéant, de faire des propositions permettant de remédier aux manquements constatés dans un délai d'un mois.

Si cet examen de la situation de l'organisme démontre que celui-ci a gravement manqué, de son fait, à ses engagements, le représentant de l'État propose au ministre chargé du logement de prononcer une pénalité à son encontre.

Le montant de cette pénalité, proportionné à l'écart constaté entre les objectifs définis par la convention et leur degré de réalisation ainsi qu'à la gravité des manquements, ne peut excéder 100 € par logement sur lequel l'organisme détient un droit réel, augmenté du montant de l'exonération de la taxe foncière sur les propriétés bâties dont il a, le cas échéant, bénéficié pour une fraction de son patrimoine au cours du dernier exercice connu.

La pénalité est recouvrée au bénéfice de la Caisse de garantie du logement locatif social, dans les conditions prévues à l'avant-dernier alinéa de l'article L. 452-5.

Nonobstant la date fixée au premier alinéa, les conventions globales de patrimoine qui ont été conclues entre l'État et les organismes d'habitations à loyer modéré avant le 27 mars 2009 peuvent faire l'objet d'un avenant qui intègre les dispositions propres des conventions d'utilité sociale. Le projet d'avenant est adressé par l'organisme d'habitations à loyer modéré au représentant de l'État dans le département où l'organisme a son siège dans un délai de trois mois à compter de la promulgation de la loi n° 2011-525 du 17 mai 2011 de simplification et d'amélioration de la qualité du droit et signé dans un délai de six mois à compter de la même date. À compter de la date de signature de l'avenant susvisé, les conventions globales de patrimoine sont qualifiées de conventions d'utilité sociale. Si l'organisme d'habitations à loyer modéré n'a pas transmis le projet d'avenant dans un délai de trois mois à compter de la promulgation de la loi n° 2011-525 du 17 mai 2011 précitée, les sanctions prévues au dixième alinéa du présent article sont applicables.

Dans un délai de six mois à compter de la promulgation de la loi n° 2011-525 du 17 mai 2011 précitée, les organismes d'habitations à loyer modéré n'ayant pas de patrimoine locatif concluent avec l'État une convention d'utilité sociale « accession » d'une durée de six ans renouvelable selon des modalités définies par décret.

• **CCH, art. L. 445-2** (réd. antérieure au 1er janv. 2017)

Le cahier des charges de gestion sociale mentionné à l'article L. 445-1 récapitule les obligations de l'organisme relatives aux conditions d'occupation et de peuplement des logements qui tiennent compte des engagements fixés par les accords mentionnés aux articles L. 441-1-1 et L. 441-1-2, ainsi que celles relatives à la détermination des loyers. Il précise les actions d'accompagnement menées, en lien avec les associations d'insertion, en faveur des personnes mentionnées au II de l'article L. 301-1, notamment celles occupant les logements ayant bénéficié des financements prévus au II de l'article R. 331-1. Il porte sur l'ensemble des logements pour lesquels l'organisme détient un droit réel.

Le cahier des charges est révisé tous les six ans.

Il fixe notamment, par immeuble ou ensemble immobilier :

– les plafonds de ressources applicables pour l'attribution des logements;

– les conditions dans lesquelles l'organisme peut exiger des locataires le paiement d'un supplément de loyer de solidarité, et ses modalités de calcul;

– le montant maximal total des loyers, rapporté à la surface utile ou à la surface corrigée totale, exprimé en euros par mètre carré et par mois. Il tient compte du classement des immeubles ou groupes d'immeubles mentionné à l'article L. 445-1. Pour l'établissement de la première convention d'utilité sociale, l'organisme peut déroger au présent alinéa. Toutefois, pendant la durée de la première convention, il peut être procédé par avenant à la fixation de ce montant maximal total des loyers, dans le respect des dispositions relatives au classement des immeubles prévues à l'article L. 445-1. Cette fixation prend effet au début d'une année civile.

Les engagements du cahier des charges se substituent à ceux prévus par la réglementation en vigueur à la date de son établissement.

Les engagements qui sont de même nature que ceux figurant dans les conventions conclues au titre de l'article L. 351-2 et en vigueur à la date de signature de la convention d'utilité sociale mentionnée à l'article L. 445-1 se substituent de plein droit à ceux-ci ainsi qu'à l'engagement d'occupation sociale inscrit dans ces conventions pour la durée de celles-ci. Pour les conventions conclues au titre de l'article L. 351-2, postérieurement à la date d'entrée en vigueur de la loi n° 2004-809 du 13 août 2004 relative aux libertés et responsabilités locales, la substitution intervient au terme de la sixième année de leur application.

• **CCH, art. L. 445-4** (réd. antérieure au 1er janv. 2017)

Le montant maximal de la masse des loyers de l'ensemble des immeubles de l'organisme résultant du cahier des charges mentionné à l'article L. 445-2 ne peut excéder le montant maximal résultant, à la date d'établissement de ce même cahier des charges, des conventions visées à l'article L. 351-2 ou résultant de la réglementation en vigueur. Il peut être augmenté, pendant la durée de la convention et en vue d'assurer l'équilibre financier d'opérations d'amélioration modifiant le classement des immeubles, dans des conditions prévues par le cahier des charges. Celui-ci peut prévoir si nécessaire, lors de son établissement ou au moment du renouvellement de la convention, un montant maximal plus élevé que celui résultant des dispositions précédentes, à la demande d'un organisme et en vue de préserver ses équilibres financiers, après avis de la Caisse de garantie du logement locatif social.

Le montant maximal de la masse des loyers prévu au précédent alinéa est actualisé au 1er juillet de chaque année conformément au mode de calcul défini à l'article 17-1 de la loi n° 89-462 du 6 juillet 1989 tendant à améliorer les rapports locatifs et portant modification de la loi n° 86-1290 du 23 décembre 1986.

L'organisme fixe le loyer maximal applicable à chaque logement en tenant compte notamment de sa taille et de sa situation dans l'immeuble ou l'ensemble immobilier.

L'organisme fixe librement les loyers applicables aux bénéficiaires des baux ou engagements en cours dans la limite des loyers maximaux. Toutefois, aucune augmentation de loyer ne doit entraîner, d'une année par rapport à l'année précédente, une hausse qui excède de plus de 5 % le montant maximal prévu en application de l'article 17-1 de la loi n° 89-462 du 6 juillet 1989 précitée, sauf accord des associations représentatives de locataires ou des locataires dans les conditions fixées par l'article 42 de la loi n° 86-1290 du 23 décembre 1986 tendant à favoriser l'investissement locatif, l'accession à la propriété de logements sociaux et le développement de l'offre foncière.

La convention d'utilité sociale peut prévoir, à titre expérimental, pour sa durée, un dispositif permettant de moduler les loyers en fonction des revenus des locataires nonobstant les plafonds de loyers fixés par les conventions conclues en application de l'article L. 351-2 ou résultant de la réglementation en vigueur. Ces loyers ne peuvent excéder une part des ressources de l'ensemble des personnes vivant au foyer. Le minimum et le maximum de cette part sont déterminés par décret en Conseil d'État.

> CUS 2 (2018-2023)

CCH, art. L. 353-9-3 (réd. postérieure au 1er janv. 2017)

* V. s^s^ n° 735.01

CCH, art. L. 442-1 (réd. postérieure au 1er janv. 2017)

* V. s^s^ n° 734.01

CCH, art. L. 445-1 (réd. postérieure au 1er janv. 2017)

Les organismes d'habitations à loyer modéré concluent avec l'État, sur la base du plan stratégique de patrimoine mentionné à l'article L. 411-9 et en tenant compte des programmes locaux de l'habitat, une convention d'utilité sociale d'une durée de six ans, au terme de laquelle elle fait l'objet d'un renouvellement.

La convention est conclue dans les six mois qui suivent son dépôt.

Les établissements publics de coopération intercommunale mentionnés au vingtième alinéa de l'article L. 441-1, la commune de Paris, les établissements publics territoriaux de la métropole du Grand Paris, la métropole de Lyon et les départements sont associés, selon des modalités définies par décret en Conseil d'État, à l'élaboration des stipulations des conventions d'utilité sociale relatives aux immeubles situés sur leur territoire. Ils sont signataires des conventions d'utilité sociale conclues par les organismes qui leur sont rattachés. Ils peuvent être signataires, à leur demande, des conventions d'utilité sociale des organismes disposant d'un patrimoine sur leur territoire. Toutefois, dans ce dernier cas, l'absence de signature de la convention d'utilité sociale par l'établissement public de coopération intercommunale, la commune de Paris, l'établissement public territorial, la métropole de Lyon ou le département ne fait pas obstacle à sa conclusion.

Chaque groupe de plus de 100 000 logements définit, avant la conclusion des conventions d'utilité sociale, un cadre stratégique commun aux sociétés qui le constituent.

La convention d'utilité sociale comporte :

– l'état de l'occupation sociale de leurs immeubles ou ensembles immobiliers établi d'après les renseignements statistiques mentionnés à l'article L. 442-5 et décliné selon que ces immeubles ou ensembles immobiliers sont situés ou non sur le territoire d'un quartier prioritaire de la politique de la ville défini à l'article 5 de la loi n° 2014-173 du 21 février 2014 de programmation pour la ville et la cohésion urbaine;

– l'état du service rendu aux locataires dans les immeubles ou les ensembles immobiliers, après concertation avec les locataires dans les conditions fixées dans le plan de concertation locative prévu à l'article 44 *bis* de la loi n° 86-1290 du 23 décembre 1986 tendant à favoriser l'investissement locatif, l'accession à la propriété de logements sociaux et le développement de l'offre foncière;

– l'énoncé de la politique patrimoniale et d'investissement de l'organisme, comprenant notamment un plan de mise en vente à leurs locataires des logements à usage locatif détenus par l'organisme et les orientations retenues pour le réinvestissement des fonds provenant de la vente. Cet énoncé comporte les mesures d'information à l'égard des locataires en cas de vente, cession ou fusion;

– les engagements pris par l'organisme sur la qualité du service rendu aux locataires;

– le cas échéant, l'énoncé de la politique menée par l'organisme en faveur de l'hébergement;

– le cas échéant, l'énoncé de la politique d'accession de l'organisme;

– un cahier des charges de gestion sociale de l'organisme, établi après concertation avec les locataires dans des conditions fixées dans le plan de concertation locative prévu à l'article 44 *bis* de la loi n° 86-1290 du 23 décembre 1986 précitée;

– les modalités de la concertation locative avec les locataires, dans le cadre fixé au même article 44 *bis;*

– les engagements pris par l'organisme en faveur d'une concertation avec les locataires, notamment en termes de politique sociale et environnementale.

La convention d'utilité sociale comporte des indicateurs permettant de mesurer le niveau de réalisation des objectifs fixés pour chaque aspect de la politique des organismes mentionnés au présent article. Ces indicateurs sont définis par décret en Conseil d'État. Dans les zones géographiques se caractérisant par un déséquilibre entre l'offre et la demande de logements, la convention prévoit également un dispositif de modulation du supplément de loyer de solidarité selon des seuils et des modalités définis par décret en Conseil d'État.

Si un organisme d'habitations à loyer modéré n'a pas adressé un projet de convention d'utilité sociale au représentant de l'État du département de son siège au plus tard six mois avant l'échéance de la convention en cours, ou n'a pas signé la nouvelle convention dans les six mois suivant son dépôt, il ne peut pas bénéficier des dérogations prévues au deuxième alinéa de l'article L. 353-9-3 et au dernier alinéa de l'article L. 442-1 et le ministre chargé du logement peut lui retirer une ou plusieurs des compétences mentionnées aux articles L. 421-1 à L. 421-4, L. 422-2 et L. 422-3, pendant une durée qui ne peut excéder cinq ans. Le ministre chargé du logement peut en outre, pour la même durée, majorer la cotisation due par cet organisme en vertu de l'article L. 452-4, dans une proportion qui ne peut excéder le quintuple du montant initialement dû.

Si, au cours de la durée de la convention, le représentant de l'État signataire de la convention constate que l'organisme n'a pas respecté les engagements définis par la convention, il le met en demeure de présenter ses observations et, le cas échéant, de faire des propositions permettant de remédier aux manquements constatés dans un délai d'un mois.

Si cet examen de la situation de l'organisme démontre que celui-ci a gravement manqué, de son fait, à ses engagements, le représentant de l'État propose au ministre chargé du logement de prononcer une pénalité à son encontre.

Le montant de cette pénalité, proportionné à l'écart constaté entre les objectifs définis par la convention et leur degré de réalisation ainsi qu'à la gravité des manquements, ne peut excéder 200 € par logement sur lequel l'organisme détient un droit réel, augmenté du montant de l'exonération de la taxe foncière sur les propriétés bâties dont il a, le cas échéant, bénéficié pour une fraction de son patrimoine au cours du dernier exercice connu.

La pénalité est recouvrée au profit du Fonds national des aides à la pierre mentionné à l'article L. 435-1.

• **CCH, art. L. 445-2** (réd. postérieure au 1er janv. 2017)

Le cahier des charges de gestion sociale mentionné à l'article L. 445-1 récapitule les obligations de l'organisme relatives aux conditions d'occupation et de peuplement des logements qui tiennent compte des engagements fixés par les accords mentionnés aux articles L. 441-1-1 et L. 441-1-2, ainsi que des objectifs de mixité sociale définis aux vingtième à vingt-deuxième alinéas de l'article L. 441-1. Il précise les actions d'accompagnement menées, en lien avec les associations d'insertion, en faveur des personnes mentionnées au II de l'article L. 301-1, notamment celles occupant les logements ayant bénéficié des financements prévus au II de l'article R. 331-1. Il porte sur l'ensemble des logements pour lesquels l'organisme détient un droit réel.

Le cahier des charges est révisé tous les six ans. Toutefois, les objectifs de mixité sociale mentionnés aux vingtième à vingt-deuxième alinéas de l'article L. 441-1 peuvent être introduits par avenant à la convention d'utilité sociale, pendant toute la durée d'application de celle-ci les conditions dans lesquelles l'organisme peut exiger des locataires le paiement d'un supplément de loyer de solidarité, et ses modalités de calcul.

Il peut fixer la nouvelle politique des loyers de l'organisme. Cette politique des loyers, qui tient compte de l'état de l'occupation sociale des immeubles ou ensembles immobiliers mentionné à l'article L. 445-1 ainsi que des objectifs de mixité sociale définis aux vingtième à vingt-deuxième alinéas de l'article L. 441-1, s'applique aux baux conclus après son entrée en vigueur. Dans ce cas, le cahier des charges détermine également :

1° Les plafonds de ressources applicables, dans les conditions prévues au I de l'article L. 445-3;

2° Le montant maximal de la masse des loyers de l'ensemble des immeubles de l'organisme, dans les conditions prévues au II du même article L. 445-3;

3° Les montants maximaux de loyers applicables aux ensembles immobiliers, dans les conditions prévues au III dudit article L. 445-3;

4° Les montants maximaux de la moyenne des loyers maximaux applicables aux logements de l'ensemble immobilier, dans les conditions prévues au IV du même article L. 445-3.

Cette politique des loyers peut être introduite par avenant à la convention d'utilité sociale, pendant toute la durée d'application de celle-ci. Elle s'applique à compter du 1er janvier de l'année civile qui suit la signature de la convention ou de l'avenant.

Les engagements relatifs à cette nouvelle politique des loyers se substituent à ceux prévus par la réglementation en vigueur ainsi qu'aux engagements de même nature figurant dans les conventions conclues au titre de l'article L. 351-2 depuis plus de six ans à la date de prise d'effet de cette nouvelle politique des loyers ou de son renouvellement.

• **CCH, art. L. 445-3** (réd. postérieure au 1er janv. 2017)

I. – Les plafonds de ressources prévus par la nouvelle politique des loyers mentionnée à l'article L. 445-2 sont ceux prévus pour l'attribution des logements locatifs sociaux et mentionnés à l'article L. 441-1 ou résultant de la réglementation en vigueur. Un ou plusieurs plafonds de ressources peuvent être institués au sein de chaque ensemble immobilier.

II. – Le montant maximal de la masse des loyers de l'ensemble des immeubles de l'organisme résultant de la nouvelle politique des loyers mentionnée à l'article L. 445-2, rapporté à la surface corrigée ou à la surface utile, ne peut excéder le montant maximal résultant, à la date de prise d'effet de la nouvelle politique des loyers, des conventions mentionnées à l'article L. 351-2 ou résultant de la réglementation en vigueur ou, le cas échéant, des montants fixés dans le cahier des charges pour les immeubles ou ensembles immobiliers mentionnés à l'article L. 445-3-1. Lors du renouvellement de la nouvelle politique des loyers, ce montant ne peut être supérieur au montant maximal résultant des montants fixés dans le cahier des charges en application du III du présent article, révisés et éventuellement augmentés et, le cas échéant, dans les conventions mentionnées à l'article L. 351-2. Par dérogation au deuxième alinéa de l'article L. 445-2, le cahier des charges peut être modifié, si nécessaire, afin de prévoir un montant maximal plus élevé que celui résultant du présent II, à la demande d'un organisme signataire d'un plan de redressement approuvé par la Caisse de garantie du logement locatif social et en vue de résoudre des difficultés dues à un déséquilibre financier grave et durable, après avis du conseil d'administration de la caisse.

III. – Le montant maximal des loyers d'un ensemble immobilier fixé dans la nouvelle politique des loyers est exprimé en euros par mètre carré et par mois. Lorsqu'il est exprimé en euros par mètre carré de surface utile, il peut être modulé en fonction de la taille moyenne des logements de l'ensemble immobilier.

Il peut être augmenté, après accord de l'autorité administrative et pour une durée qu'elle détermine, en vue d'assurer l'équilibre financier d'opérations d'amélioration. D'une année par rapport à l'année précédente, la hausse du montant maximal des loyers est plafonnée à 5 % en sus de la variation de l'indice de référence des loyers prévu au I de l'article 17-1 de la loi n° 89-462 du 6 juillet 1989 tendant à améliorer les rapports locatifs et portant modification de la loi n° 86-1290 du 23 décembre 1986. La date de l'indice de référence des loyers prise en compte pour cette révision est celle du deuxième trimestre de l'année précédente.

IV. – L'organisme fixe, dans la nouvelle politique des loyers, le montant maximal, exprimé en euros par mètre carré et par mois, de la moyenne des loyers maximaux applicables aux logements de l'ensemble immobilier. Ce montant est fixé pour chaque plafond de ressources déterminé pour l'attribution de ces logements. Les loyers maximaux ne peuvent excéder, en moyenne, la valeur ainsi déterminée. À l'exception des logements financés en prêts locatifs intermédiaires ou à un niveau équivalent, le montant du loyer maximal de chaque logement est inférieur ou égal au montant du loyer maximal des logements financés en prêts locatifs sociaux.

V. – Les montants prévus aux II, III et IV du présent article sont révisés au 1er janvier de chaque année en fonction de l'indice de référence des loyers prévu au I de l'article 17-1 de la loi n° 89-462 du 6 juillet 1989 précitée. La date de l'indice de référence des loyers prise en compte pour cette révision est celle du deuxième trimestre de l'année précédente.

VI. – Les loyers applicables sont fixés librement dans la limite des loyers maximaux. Les modalités de révision et de hausse des loyers pratiqués sont fixées conformément à l'article L. 353-9-3 et aux deux derniers alinéas de l'article L. 442-1.

736.03 **Bibliographie indicative.**

Actualisables. DICT. PERM. Gestion immob., « HLM – Location », n° 178, 205 ; « Logements locatifs conventionnés », nos 209 s., 260 s.

SECTION 1
CUS 1 (2011-2016)

§ 1
Objectifs

736.11 **Service rendu et mixité sociale.** Les articles L. 445-1 à L. 445-7 du code de la construction et de l'habitation (CCH), issus de la loi du 13 août 2004 relative aux libertés et responsabilités locales, modifiée par la loi du 25 mars 2009 (art. 1er), précisent l'obligation pour les organismes HLM de conclure avec l'État une convention d'utilité sociale avant le 1er juillet 2011 pour une durée de six ans.

Selon ces dispositions, la convention d'utilité sociale doit comporter un classement des immeubles, établi en fonction du service rendu aux locataires, après concertation avec eux. L'objectif poursuivi est de rendre plus objectif le rapport entre les loyers maximums applicables aux logements des ensembles immobiliers avec l'état du service qui est rendu à leurs locataires, sans être contraint par le loyer maximum fixé à l'origine lors de la construction de l'immeuble (v. ss n° 734.31).

Le texte autorise une remise en ordre des loyers maximums, en gardant constante la masse de ces loyers maximums sur tout le patrimoine du bailleur. En parallèle, l'organisme doit veiller à rendre accessibles aux personnes dont les ressources sont les plus faibles les immeubles les mieux classés dans son patrimoine pour favoriser la mixité sociale des ensembles immobiliers.

La convention d'utilité sociale comprend l'énoncé de la politique patrimoniale et d'investissement de l'organisme, dont ses objectifs en terme de vente aux locataires HLM de leurs logements, des engagements sur la qualité de service rendu aux locataires et un cahier des charges de gestion sociale.

Le cahier des charges récapitule les obligations des organismes en matière d'occupation et de peuplement des logements, en rapport avec les accords collectifs qu'il a signé, soit avec un établissement public de coopération intercommunale, dans le ressort de cet établissement, soit avec l'État à l'échelle du département[1].

Les EPCI et les départements délégataires sont consultés sur cette convention d'utilité sociale et en sont signataires s'ils sont collectivité de rattachement de l'organisme. Les décrets d'application sont parus les 3 et 30 décembre 2009. La CUS 1 est entrée en vigueur le 1er juillet 2011.

§ 2
Politique des loyers

736.21 Avant l'entrée dans la CUS. Il convient au préalable de noter que l'entrée dans le régime des loyers applicable aux CUS qui va être développé ci-dessous n'intervient qu'au bout de six années pour certains logements. On doit retenir en effet que :

- pendant les six premières années, tout logement neuf conventionné, comme tout logement acquis et conventionné à l'APL par les organismes HLM, est soumis aux règles générales de fixation des loyers prévues par les conventions APL que signent les organismes avec l'État ou le délégataire local (loyer maximum défini par circulaire et loyer pratiqué défini par l'organisme dans la limite du loyer maximum : v. ss nos 734.11 s.);

- ce n'est qu'au terme de la sixième année des conventions APL que ce logement entre dans le régime applicable aux CUS, avec, le cas échéant, la possibilité pour l'organisme propriétaire de définir des loyers plafonds nouveaux, dans le cadre de la CUS 2 signée en 2018 par les organismes HLM avec l'État et les autres signataires autorisés.

736.22 Dispositions spéciales pour la première convention. Pour la durée de la première convention d'utilité sociale (2011-2016), l'organisme a eu le choix de procéder ou non à une remise en ordre de ses loyers.

736.23 Remise en ordre des loyers maximums. L'organisme qui opte pour une remise en ordre des loyers dès la première convention (on estime que moins de 10 % des organismes d'HLM ont choisi cette solution) poursuit l'objectif de restaurer la cohérence entre service rendu et loyer, en restant économiquement et socialement neutre. Il peut modifier la valeur par m² du loyer maximum de chaque ensemble immobilier, qui reste cependant limitée par un plafond réglementaire[2]. Ce nouveau loyer maximum remplace la valeur qui figure dans la convention APL d'origine. Il n'est toutefois pas nécessaire de procéder par avenant dans les conventions APL, la CUS 1 valant novation.

Les nouveaux loyers maximums sont inscrits dans le cahier des charges signé par l'organisme, l'État et les autres personnes publiques associées. Il est opposable aux locataires.

L'organisme qui fait le choix de la remise en ordre bénéficie, à cette occasion, de la possibilité de procéder à l'unification de la surface de référence pour la gestion de tout son patrimoine. Le passage à la surface utile (ou à la surface corrigée) est permis.

Afin d'évoluer progressivement dans le sens de cette remise en ordre, les loyers peuvent évoluer à hauteur de la variation de l'IRL sur une année, augmentée de 5 %.

736.24 Absence de remise en ordre des loyers maximums. S'il ne procède pas à la remise en ordre des loyers maximums, alors les dispositions relatives aux loyers des conventions APL de chaque ensemble immobilier restent en vigueur. Dans ce cas, la CUS ne comporte pas de partie spécifique sur les loyers; les articles L. 445-2 et L. 445-4 du code de la construction et de l'habitation relatifs à l'inscription de nouveaux plafonds de ressources et loyers maximums par immeuble, dans leur version antérieure au 1er janvier 2017, ne s'appliquent pas.

Les règles d'évolution des loyers pratiqués, restent inchangées. Pour les logements non conventionnés, les loyers qui résultent de la réglementation (anciens financements) ou le contenu des contrats de prêts (certains PLI) restent applicables.

736.25 Loi Alur et CUS. La loi du 24 mars 2014[3], dite loi Alur, permettait de passer un avenant pendant la durée de la première CUS (2011-2016). L'avenant permettait aux organismes qui n'avaient pas opté dès l'origine pour la remise en ordre des loyers de procéder à la remise en ordre au cours de la CUS 1, en fixant le montant maximal total des loyers des immeubles dans le respect des règles de classement exposées ci-dessus. Cependant, une telle fixation ne pouvait prendre effet qu'au début d'une année civile. *A priori*, cette possibilité n'a pas été utilisée entre 2014 et fin 2016, date d'expiration de la CUS 1.

1. Sur ces accords collectifs, v. CCH, art. L. 441-1-1 et L. 441-1-2.

2. Valeurs maximales de loyer par m² à respecter fixées par Arr. 3 juin 2010, *JO* 6 juin, n° 2.

3. L. n° 2014-366, 24 mars 2014, *JO* 26 mars, p. 5809.

§ 3
Évolution limitée (2011-2016)

736.31 Plafonnement des loyers en 2011. Alors que la rédaction des CUS 1 était en cours, l'article 210 de la loi de finances pour 2011[1] a plafonné pour trois ans (2011-2013) la révision des loyers pratiqués au 1er janvier, à hauteur de la variation de l'IRL du 3e trimestre.

Le loyer maximum des conventions restait révisé en fonction de la variation de l'IRL du 2e trimestre, par application de l'article L. 353-9-2 du code de la construction et de l'habitation.

Cette limitation a été reconduite pour trois nouvelles années (2014-2016) par loi du 24 mars 2014[2], dite loi Alur.

Ce plafonnement, applicable dès le 1er janvier 2011, valait pour tous les organismes HLM, y compris ceux qui avaient signé une CUS avec remise en ordre des loyers et modifié en conséquence leurs loyers maximums. Il rendait impossible l'application de la remise en ordre, les loyers pratiqués ne pouvant atteindre leur nouveau loyer maximum.

Ce plafonnement s'appliquait également au loyer des annexes (garages, jardins) considérés comme accessoires à la location principale, dont la révision ne peut être supérieure à celle du loyer principal.

Les loyers des logements vacants offerts à la relocation n'étaient cependant pas concernés par cette limitation.

Il pouvait, par ailleurs, être dérogé à cette limitation dans le cas de travaux de réhabilitation, avec l'accord du préfet.

Enfin, les organismes qui faisaient l'objet d'un plan de redressement approuvé par la Caisse de garantie du logement locatif social (CGLLS) n'étaient pas concernés par cette disposition.

§ 4
Règles d'évolution des loyers pratiqués de la CUS 2 et loyers en 2017

736.41 Loi égalité et citoyenneté. La loi relative à l'égalité et à la citoyenneté du 27 janvier 2017[3] fixe, à partir du 1er janvier 2017, les conditions d'augmentation des loyers pratiqués.

Le nouveau régime s'applique aux logements conventionnés et aux logements non conventionnés, dans une rédaction identique des articles L. 353-9-3 et L. 442-1 du code de la construction et de l'habitation (pour la rédaction des textes postérieurs au 1er janvier 2017, v. ss no 736.01).

Les loyers pratiqués pour les logements des organismes d'habitations à loyer modéré continuent d'être révisés chaque année au 1er janvier en fonction de l'indice de référence des loyers (IRL). La date de l'indice de référence des loyers prise en compte pour cette révision est celle du deuxième trimestre de l'année précédente.

Si la date de révision des loyers (1er janvier) est inchangée et que la référence à l'IRL est maintenue, par rapport à la période antérieure, c'est l'indice du deuxième trimestre de l'IRL qui est retenu (au lieu de celui du 3e trimestre).

La loi s'appliquant dès le 1er janvier 2017 a conduit au maintien pour toute l'année 2017 des loyers pratiqués HLM à leur niveau atteint en 2016, la variation de l'indice du 2e trimestre de l'IRL étant égal à 0 %.

Deux dérogations sont cependant possibles : pour un organisme placé en plan de redressement de ses comptes par la CGLLS, d'une part, en cas de travaux, d'autre part.

Il est alors possible d'augmenter les loyers à hauteur de l'IRL + 5 %, chaque année, avec l'accord du préfet, pour une durée à déterminer avec lui. Cet étalement permet d'appliquer une hausse plus forte justifiée par l'importance des travaux. Si les locataires concernés par les travaux signent, en outre, avec l'organisme un accord, conclu dans les conditions de l'article 42 de la loi du 23 décembre 1986, la hausse n'est alors plafonnée que par le loyer maximum applicable et peut dépasser la variation de l'IRL + 5 %.

SECTION 2
CUS 2 (2018-2023)

736.51 CUS 2. Régime. La parution de la loi du 27 janvier 2017, relative à l'égalité et à la citoyenneté, en dehors des règles d'évolution des loyers pratiqués qui viennent d'être exposées, autorise les organismes HLM à modifier leurs loyers maximums dans certaines conditions, pour la période 2018-2023.

Quels sont les objectifs et les conditions de signature de la CUS 2 ? Comment peuvent évoluer les loyers maximums applicables aux immeubles et aux logements ?

§ 1
Objectifs

736.61 CUS 2. Objectifs. Les objectifs affichés par la loi du 27 janvier 2017 s'inscrivent dans la

1. L. no 2010-1657, 29 déc. 2010 de finances pour 2011, *JO* 30 déc., p. 23033.
2. L. no 2014-366, 24 mars 2014, *JO* 26 mars, p. 5809.
3. L. no 2017-86, 27 janv. 2017, *JO* 28 janv., no 1, art. 81.

continuité des lois de 1998, de lutte contre les exclusions, de 2000, pour la solidarité et le renouvellement urbains, de 2006, portant engagement national pour le logement, de février 2014 de programmation pour la ville et la cohésion sociale, de mars 2014, dite Alur, pour l'accès au logement et un urbanisme rénové : il s'agit de favoriser une plus grande mixité sociale dans le logement social par la diversification des flux d'accueil dans les quartiers prioritaires de la politique de la ville (QPV), par un meilleur accès au parc HLM en dehors de ces quartiers pour les ménages les plus pauvres. Ceci implique une nouvelle approche des attributions des logements (v. titre 72), grâce à une meilleure transparence, un partenariat étroit avec les collectivités territoriales, leurs élus, l'État et les réservataires de logements.

La mixité sociale, qui se traduit par une obligation d'accueillir les ménages les plus pauvres à hauteur de 25 % en dehors des quartiers de la politique de la ville est favorisée par la nouvelle politique des loyers (NPL) dans les CUS 2.

736.62 CUS 2, calendrier. Avant le 1er janvier 2018, les organismes d'habitations à loyer modéré transmettent au représentant de l'État du département de leur siège un projet de convention d'utilité sociale[1].

Avant le 1er juillet 2018, ils concluent avec l'État et les signataires autorisés une convention d'une durée de six ans renouvelable qui prend effet le 1er janvier 2018 (1er janvier 2018/31 décembre 2023).

736.63 CUS 2, signataires. Instrument de développement d'une politique de mixité sociale dans un périmètre déterminé, la CUS associe à son élaboration, en tant que de besoin, les personnes suivantes[2] :

– les établissements publics de coopération intercommunale tenus de se doter d'un PLH ou ayant la compétence en matière d'habitat et au moins un quartier prioritaire de la politique de la ville,

– la commune de Paris,

– les établissements publics territoriaux de la métropole du Grand Paris,

– la métropole de Lyon,

– les départements.

Elles sont associées à l'élaboration des stipulations des conventions d'utilité sociale relatives aux immeubles situés sur leur territoire.

Sont signataires obligatoires des CUS 2 : outre l'organisme HLM et l'État, les personnes associées ci-dessus pour les organismes qui leur sont rattachés.

Les personnes associées ci-dessus peuvent être signataires, à leur demande, pour les organismes disposant d'un patrimoine sur leur territoire. Toutefois, dans ce dernier cas, l'absence de signature de la convention d'utilité sociale par l'établissement public de coopération intercommunale, la commune de Paris, l'établissement public territorial, la métropole de Lyon ou le département ne fait pas obstacle à sa conclusion.

736.64 CUS 2. Contenu. La CUS 2 contient les documents de la CUS 1 (v. s^s n° 736.11). Elle prévoit en outre l'établissement d'un état de l'occupation sociale, à partir des informations issues de l'enquête sur l'occupation du parc social, dite enquête OPS, réalisée tous les deux ans et dont les informations peuvent être utilisées à cette occasion, conformément à l'article L. 442-5 modifié du code de la construction et de l'habitation.

Un certain nombre d'indicateurs quantitatifs et qualitatifs sont joints à la CUS. Pour la CUS 2, le décret du 9 mai 2017[3] les définit. Par rapport à la première CUS qui en comprenait 36, la CUS 2 rassemble 6 indicateurs obligatoires qui s'appliquent à tous les organismes HLM sur l'ensemble de leur territoire et 5 indicateurs optionnels, dont l'activation est laissée un choix du Préfet signataire[4].

La concertation avec les locataires est par ailleurs étendue, en particulier au cahier des charges[5] :

– qui contient les obligations de l'organisme sur les conditions d'occupation et de peuplement des logements et des objectifs de mixité sociale;

– qui précise les actions d'accompagnement en faveur des personnes en difficultés;

– qui peut prévoir la nouvelle politique des loyers (NPL) et fixe alors, dans ce cas, les plafonds de ressources, les montants maximaux de loyers des immeubles et les loyers maximaux moyens.

Les modalités de la concertation sont inscrites dans le plan de concertation locative.

Chaque groupe de plus de 100 000 logements, constitué de plusieurs organismes doit définir, avant la conclusion des conventions d'utilité sociale, un cadre stratégique commun aux sociétés qui le constituent.

1. L. n° 2017-86, 27 janv. 2017, art. 81, III.
2. CCH, art. L. 445-1. Sur les modalités d'élaboration de la CUS 2 : v. CCH, art. R. 445-2-2 et suivants (tels qu'issus du décret n° 2017-922 du 9 mai 2017, *JO* 10 mai, n° 173).
3. Décr. n° 2017-922, 9 mai 2017, *JO* 10 mai, n° 173.
4. Sur le contenu de la CUS 2 : v. CCH, art. L. 445-5 (issu de la loi n° 2017-86, 27 janv. 2017) et R. 445-3 à R. 445-5-5 (tels qu'issus du décret n° 2017-922, 9 mai 2017).
5. Sur le contenu du cahier des charges gestion sociale : v. CCH, art. L. 445-2 (issu de la loi n° 2017-86, 27 janv. 2017) et R. 445-6 à R. 445-10 (tels qu'issus du décret n° 2017-922 du 9 mai 2017).

§ 2
Politique des loyers

736.71 Avant l'entrée dans la CUS. Comme pour les CUS 1, il convient au préalable de noter que l'entrée dans le régime des loyers applicable aux CUS, qui va être développé ci-dessous, n'intervient qu'au bout de six années pour certains logements. On doit retenir en effet que :

- pendant les six premières années tout logement neuf conventionné, comme tout logement acquis et conventionné à l'APL par les organismes HLM, est soumis aux règles générales de fixation des loyers prévues par les conventions APL que signent les organismes avec l'État ou le délégataire local (loyer maximum défini par circulaire et loyer pratiqué défini par l'organisme dans la limite du loyer maximum : v. s[s] n° 734.51);

- ce n'est qu'au terme de la sixième année des conventions APL que ce logement entre dans le régime applicable aux CUS, avec la possibilité pour l'organisme propriétaire de définir des loyers plafonds nouveaux, dans le cadre de la CUS 2, signée en 2018 par les organismes HLM avec l'État et les autres signataires autorisés.

A.
Règles applicables en matière de loyers maximums quand l'organisme n'a pas recours à la nouvelle politique des loyers (NPL)

736.81 Principes. Tout d'abord, la nouvelle politique des loyers (NPL) [1] est facultative. À défaut d'opter pour la NPL, les loyers plafonds des immeubles de l'organisme HLM ne changent pas.

La nouvelle politique des loyers est conçue pour faciliter l'objectif d'accueil des ménages à bas revenus en dehors des quartiers de la politique de la ville (QPV), à savoir l'attribution de logements à au moins 25 % de ménages relevant du quartile de revenus le plus faible observé sur le territoire de l'EPCI (ou de la commune de Paris et des établissements publics territoriaux de la métropole du Grand Paris).

En conséquence, la NPL :

- doit permettre de rendre compatibles les loyers et les ressources des ménages concernés par l'objectif de 25 % des attributions annuelles hors QPV;

- n'est plus une remise en ordre des loyers liée à la qualité de service.

1. CCH, art. L. 445-2 et suivants (issus de la loi n° 2017-86, 27 janv. 2017).

Elle peut être mise en place à tout moment par avenant à la CUS; elle prend alors effet au 1er janvier qui suit.

Compte tenu du calendrier des CUS exposé ci-dessus, la première année d'application effective de la NPL est l'année 2019.

On doit noter cependant que cette obligation d'attribution de 25 % hors des quartiers existe néanmoins dès 2017. L'organisme qui n'a pas recours à la NPL devra proposer cet accès aux plus modestes à partir de sa grille de loyers maximums inchangée.

736.82 Intérêt de la NPL. Le choix de la nouvelle politique des loyers, décliné dans les articles L. 445-2 et suivants du code de la construction et de l'habitation [2], apporte une souplesse nouvelle en matière de loyer maximum, mais également sur d'autres aspects de la politique des loyers de l'organisme. Ils sont résumés dans le tableau ci-dessous.

TABLEAU EXPLICATIF DES EFFETS DU NON RECOURS À LA NPL

	SANS NPL	AVEC NPL
Variation annuelle des loyers pratiqués	IRL ou IRL + 5 % ou Accord collectif	IRL ou IRL + 5 % ou Accord collectif
Loyer maximum de l'ensemble immobilier (surface)	Inchangé	Passage possible en surface utile (ou corrigée) pour tout ou partie du patrimoine
Loyer maximum de l'ensemble immobilier	Inchangé	Augmentation possible dans le respect de la masse des loyers maxi.
Loyer maximum de l'ensemble immobilier en cas de travaux	Inchangé	Augmentation possible de la masse des loyers maxi.

B.
Règles applicables en matière de loyers maximums dans le cadre de la nouvelle politique des loyers (NPL)

736.91 Mécanisme de la NPL. Le mécanisme de la NPL s'applique aux seules nouvelles locations, donc au fur et à mesure de la rotation des locataires.

Cela signifie que, même après fixation de nouveaux loyers plafonds par immeuble dans la NPL, les

2. V. texte *in extenso* s[s] n° 736.01

locataires en place des immeubles correspondants ne pourront pas voir leur loyer modifié du seul fait de la NPL.

Les engagements relatifs à cette nouvelle politique des loyers se substituent à ceux prévus par la réglementation en vigueur, ainsi qu'aux engagements de même nature figurant dans les conventions conclues au titre de l'article L. 351-2 du code de la construction et de l'habitation depuis plus de six ans à la date de prise d'effet de cette nouvelle politique des loyers ou de son renouvellement. Il n'est toutefois pas nécessaire de procéder par avenant dans les conventions APL, la CUS 2 valant novation.

736.92 **Masse des loyers maximums dans la NPL.** La masse des loyers maximums de l'organisme qui applique la NPL doit rester constante par rapport à la situation antérieure. Cette règle s'applique lors de la signature de la CUS 2 avec NPL ou lors de la mise en place d'une NPL ultérieurement.

L'article L. 445-3 du code de la construction et de l'habitation précise que : « Le montant maximal de la masse des loyers de l'ensemble des immeubles de l'organisme résultant de la nouvelle politique des loyers mentionnée à l'article L. 445-2, rapporté à la surface corrigée ou à la surface utile, ne peut excéder le montant maximal résultant, à la date de prise d'effet de la nouvelle politique des loyers, des conventions mentionnées à l'article L. 351-2 ou résultant de la réglementation en vigueur (...). »

736.93 **Loyers plafonds par ensemble immobilier dans la NPL.** Constitue un ensemble immobilier un ou plusieurs immeubles du bailleur sur un même site. Le montant maximal des loyers d'un ensemble immobilier, fixé dans la nouvelle politique des loyers, est exprimé en euros par mètre carré et par mois.

À l'occasion de la mise en place de la NPL, on a vu que l'organisme pouvait choisir d'unifier la surface de référence de son patrimoine en choisissant, soit la surface corrigée, soit la surface utile. Cela lui permet de disposer d'une seule unité de référence de calcul pour ses loyers maximaux et pour leur répartition entre les immeubles de son patrimoine.

Le texte précise que « le montant maximal de loyer d'un ensemble immobilier exprimé en surface corrigée peut être exprimé en surface utile (...) sans que ce mode de calcul ne modifie à lui seul ce montant maximal de loyer »[1].

736.94 **Répartition des loyers maximums dans l'immeuble ou l'ensemble immobilier.** L'organisme fixe, dans la nouvelle politique des loyers, le montant maximal de la moyenne des loyers maximaux applicables aux logements de l'ensemble immobilier. Il est exprimé en euros par mètre carré et par mois.

Ce montant est fixé pour chaque plafond de ressources déterminé pour l'attribution de ces logements.

Ainsi, un même immeuble ou un même ensemble immobilier peut voir ses logements répartis autour d'un, de deux ou de trois plafonds de ressources (PLAI, PLUS et PLS).

L'objectif consiste à déterminer une cible de répartition des PLAI, PLUS et PLS dans l'immeuble ou l'ensemble immobilier, assortie des valeurs des loyers plafonds correspondants (v. schéma explicatif s^{s} n° 735.102). Cette cible permettra de procéder aux attributions des logements en vue de la mixité sociale, en particulier hors des quartiers de la politique de la ville, afin de remplir l'objectif poursuivi par l'organisme. Les valeurs des loyers les plus élevés devraient compenser celles des loyers rendus plus accessibles aux personnes modestes.

À l'exception des logements financés en prêts locatifs intermédiaires (PLI) ou à un niveau équivalent, le montant du loyer maximal de chaque logement dans la nouvelle politique des loyers doit rester inférieur ou égal au montant du loyer maximal des logements financés en prêts locatifs sociaux (PLS).

736.95 **Plafonds de ressources et la NPL.** Les plafonds de ressources dans la nouvelle politique des loyers sont ceux prévus pour l'attribution des logements locatifs sociaux et mentionnés à l'article L. 441-1 ou résultant de la réglementation en vigueur.

Un ou plusieurs plafonds de ressources peuvent être institués au sein de chaque ensemble immobilier[2].

Le montant du loyer maximal moyen est fixé pour chaque plafond de ressources déterminé pour l'attribution de ces logements.

736.96 **Révision des loyers plafonds.** Les loyers plafonds sont révisés le 1er janvier en fonction de la variation de l'IRL du 2e trimestre. On notera que cette révision à l'indice du deuxième trimestre vaut pour tous les loyers maximums, que l'organisme applique ou non la nouvelle politique des loyers.

Pour un schéma explicatif de la NPL, v. schéma s^{s} n° 736.106.

1. CCH, art. R. 445-9.

2. CCH, art. L. 445-3, I et IV.

C.
Révision des loyers en cas de nouvelle location ou pour les baux en cours ou en cas de travaux dans la nouvelle politique des loyers (NPL)

736.101 Loyers des nouvelles locations dans la NPL Les loyers applicables en cas de changement de locataire sont fixés librement dans la limite des loyers maximaux.

736.102 Révision des loyers en cours avec ou sans NPL. Il n'y a pas de différence pour la révision des loyers dans ou sans la NPL. Les règles exposées ci-dessus pour les loyers en 2017 sont applicables (v. s^{s} n° 736.41).

736.103 Cas des logements réhabilités. La loi du 27 janvier 2017 prévoit une possibilité d'augmentation des loyers pour une partie du patrimoine de l'organisme qui fait l'objet d'une réhabilitation, avec ou sans application de la NPL[1].

L'autorité administrative (il s'agit du préfet de département) peut autoriser un organisme à déroger à la règle de base en matière d'augmentation des loyers pratiqués annuelle, qui est celle du respect de la variation de l'IRL du deuxième trimestre.

Le texte précise que cette dérogation vaut « pour une durée déterminée » par l'autorité administrative, ce qui justifie que la hausse s'applique sur plusieurs exercices, en fonction de la nature et du montant des travaux.

Toutefois, d'une année par rapport à l'année précédente, poursuit le texte, la hausse de loyer est plafonnée à 5 % en sus de la variation de l'indice de référence des loyers (IRL).

Mais il apporte un second tempérament : « Sous réserve de l'accord des associations représentatives de locataires et des locataires dans les conditions fixées à l'article 42 de la loi n° 86-1290 du 23 décembre 1986 tendant à favoriser l'investissement locatif, l'accession à la propriété de logements sociaux et le développement de l'offre foncière, cette hausse peut être supérieure à ce plafond. » Il est ici renvoyé à la négociation d'un accord collectif, dans les conditions de l'article 42 de la loi du 23 décembre 1986, c'est-à-dire à un vote (sur les accords collectifs de l'art. 42, v. s^{s} n°s 912.91 s.). Mais cette dérogation doit respecter le plafond maximum applicable à l'immeuble ou à l'ensemble immobilier.

736.104 Loyers en cas de travaux dans le cadre de la NPL. Dans la NPL, un organisme peut, en outre, déroger à la règle selon laquelle la masse des loyers plafonds avant comme après la NPL est constante. En effet, selon l'article L. 445-3, III du code de la construction et de l'habitation, l'augmentation du loyer maximum pour l'immeuble ou l'ensemble immobilier qui fait l'objet de travaux peut s'effectuer sur plusieurs années selon les modalités suivantes. « *Le montant maximal des loyers d'un ensemble immobilier (...) peut être augmenté, après accord de l'autorité administrative et pour une durée qu'elle détermine, en vue d'assurer l'équilibre financier d'opérations d'amélioration. D'une année par rapport à l'année précédente, la hausse du montant maximal des loyers est plafonnée à 5 % en sus de la variation de l'indice de référence des loyers prévu au I de l'art. 17-1 de la loi n° 89-462 du 6 juillet 1989 tendant à améliorer les rapports locatifs et portant modification de la loi n° 86-1290 du 23 décembre 1986. La date de l'indice de référence des loyers prise en compte pour cette révision est celle du deuxième trimestre de l'année précédente.* » Ainsi, il est possible de déroger au loyer maximum de l'immeuble, sur plusieurs années, pour amortir des travaux de réhabilitation significatifs. La hausse se fait au-delà de la masse des loyers maximums du patrimoine de l'organisme.

736.105 Situation des organismes ayant signé la CUS 1 avec remise en ordre des loyers. La loi prévoit que les engagements relatifs aux immeubles ou ensembles immobiliers dont le montant maximal de loyer a été fixé dans la CUS 1 après remise en ordre des loyers sont prorogés à chaque renouvellement du cahier des charges de gestion sociale de la CUS 2, en substitution des engagements de même nature des conventions conclues au titre de l'article L. 351-2 du code de la construction et de l'habitation. Cela signifie que ces organismes peuvent continuer à se référer aux loyers maximums qu'ils ont déterminés dans le cadre de la CUS 1.

Les loyers maximaux de ces immeubles ou ensembles immobiliers sont révisés au 1er janvier de chaque année en fonction de l'indice de référence des loyers du deuxième trimestre de l'année précédente. Les modalités de révision et de hausse des loyers pratiqués sont fixées conformément à l'article L. 353-9-3 et aux deux derniers alinéas de l'article L. 442-1 du code de la construction et de l'habitation, comme pour les autres organismes.

Cette dérogation prévue à l'article L. 445-3-1 du code de la construction et de l'habitation cesse de s'appliquer aux immeubles ou ensembles immobiliers qui sont intégrés dans le champ de la nouvelle politique des loyers (NPL) mentionnée à l'article L. 445-2 du code de la construction et de l'habitation. Dans ce cas l'organisme peut, pour remplir les objectifs de la CUS 2, procéder à une redéfinition des loyers maximums de son patrimoine.

1. CCH, art. L. 353-9-3 et L. 442-1.

736.106 Fixation et évolution des loyers HLM après le 1er janvier 2017.

	Sans NPL	Avec NPL
Loyer maximum de l'immeuble ou de l'ensemble immobilier	Inchangé	Modulable par immeuble ou ensemble immobilier et par logement
Loyer maximum de l'immeuble ou de l'ensemble immobilier en cas de travaux	Inchangé	Dépassement du loyer maximum possible étalé sur plusieurs années
Évolution du loyer maximum	IRL 2e trimestre au 1er janvier	IRL 2e trimestre au 1er janvier
Loyer pratiqué initial	Dans la limite du maximum de la convention	Dans la limite du nouveau loyer maximum modulé
Évolution du loyer pratiqué sans travaux	IRL 2e trimestre au 1er janvier	IRL 2e trimestre au 1er janvier
Évolution du loyer pratiqué avec travaux	IRL + 5 % sur une ou plusieurs années (ou plus si accord art. 42 L. 1986 avec les locataires)	IRL + 5 % sur une ou plusieurs années (ou plus si accord art. 42 L. 1986 avec les locataires)

Sources : Ministère du logement/DHUP. Union sociale pour l'habitat / DMOP, DEEF.

CHAPITRE

737. Supplément de loyer de solidarité (SLS)

SECTION 0 ORIENTEUR

737.00 Plan du chapitre.

737.01 Textes applicables.

TEXTES SOURCES

- **CCH, art. L. 441-3 à L. 441-15.**
- **CCH, art. R. 441-19 à R. 441-28.**

TEXTES *IN EXTENSO*

- **CCH, art. L. 441-3**

Les organismes d'habitations à loyer modéré perçoivent des locataires des logements visés au premier alinéa de l'article L. 441-1 le paiement d'un supplément de loyer de solidarité en sus du loyer principal et des charges locatives dès lors qu'au cours du bail les ressources de l'ensemble des personnes vivant au foyer excèdent d'au moins 20 % les plafonds de ressources en vigueur pour l'attribution de ces logements.

Les ressources sont appréciées selon les modalités applicables en matière d'attribution des logements. Toutefois, les dernières ressources connues de l'ensemble des personnes vivant au foyer sont prises en compte sur demande du locataire qui justifie que ces ressources sont inférieures d'au moins 10 p. 100 à celles de l'année de référence. En outre, il est tenu compte de l'évolution de la composition familiale intervenue dans l'année en cours à la condition qu'elle soit dûment justifiée.

Les plafonds pris en compte sont ceux qui sont applicables à la date à laquelle le supplément de loyer est exigé.

Les dispositions du présent article ne sont pas applicables dans les zones de revitalisation rurale telles que définies par la loi n° 95-115 du 4 février 1995 d'orientation pour l'aménagement et le développement du territoire ainsi que dans les quartiers classés en quartiers prioritaires de la politique de la ville.

Ces dispositions demeurent non applicables aux locataires bénéficiant de cet avantage et résidant, au plus tard le 31 décembre 2014, dans les quartiers classés en zones urbaines sensibles qui n'auront pas été classés en quartiers prioritaires de la politique de la ville.

Le présent article n'est pas applicable, pendant une durée de trois ans à compter de la date de signature de la convention, aux locataires de logements faisant l'objet d'un bail en cours et dont le loyer n'est pas établi sur la base de la surface corrigée ou de la surface utile au moment de leur conventionnement en application de l'article L. 351-2.

NOTA : Conformément à l'article 82 II de la loi n° 2017-86 du 27 janvier 2017, les présentes dispositions s'appliquent aux conventions signées à compter de la date de publication de la présente loi.

- **CCH, art. L. 441-8**

Sous réserve des dispositions de l'article L. 441-3-1, le supplément de loyer de solidarité appliqué par l'organisme d'habitations à loyer modéré est calculé par lui en fonction :

– des valeurs du coefficient de dépassement du plafond de ressources, déterminées par décret en Conseil d'État;

– du montant par mètre carré habitable du supplément de loyer de référence fixé par décret en Conseil d'État selon les zones géographiques tenant compte du marché locatif.

• **CCH, art. R. 441-23**

Le dépassement des plafonds de ressources est déterminé au cours de l'année civile en fonction :

1° – des plafonds de ressources applicables aux logements locatifs sociaux fixés à l'annexe 1 de l'arrêté prévu à la première phrase de l'article R. 331-12 en ce qui concerne la métropole et par l'arrêté prévu à l'article L. 472-1 en ce qui concerne les départements d'outre-mer; des plafonds de ressources majorés applicables aux logements locatifs sociaux financés à l'aide de prêts prévus à l'article R. 331-17, aux logements mentionnés à la deuxième phrase de l'article R. 353-11, ainsi qu'aux logements attribués dans les conditions fixées au II de l'article R. 331-12;

2° des ressources de l'ensemble des personnes vivant au foyer et afférentes à la pénultième année civile. Toutefois, les ressources afférentes à la dernière année civile ou aux douze derniers mois sont prises en compte sur demande du locataire qui justifie qu'elles sont inférieures d'au moins 10 % à celles de la pénultième année. Les ressources sont évaluées selon les modalités fixées par l'arrêté mentionné au 1° ci-dessus.

La modification de la composition du ménage ou de ses ressources telle que prévue à l'article L. 441-3 est prise en compte pour le calcul du dépassement du plafond de ressources du locataire à partir du mois qui suit la survenance de l'événement et sur la base de justificatifs dûment transmis à l'organisme d'habitations à loyer modéré dans le délai de trois mois suivant la survenance de l'événement. En cas de transmission de ces pièces après ce délai, cette modification est prise en compte à partir du mois qui suit cette transmission.

737.02 Jurisprudence de référence.

• **Civ. 3e, 11 janv. 2011, n° 10-40.051**, *Bull. civ.* III, n° 2

* V. s^s n° 737.14

Les articles L. 441-3 et L. 441-4 du code de la construction et de l'habitation n'opèrent aucune discrimination entre les locataires d'un logement entrant dans le champ d'application de cette loi, répondent à un motif d'intérêt général de justice sociale, enfin, leur mise en œuvre est entourée de garanties procédurales et de fond suffisantes.

• **Civ. 3e, 19 janv. 2000, n° 98-11.041**, NP

* V. s^s n° 737.51

Le paiement d'un supplément de loyer est exigible du locataire d'un immeuble acquis par un organisme HLM, « en vertu d'une prérogative de puissance publique dérogeant aux dispositions de droit commun du louage ».

• **Civ. 3e, 27 févr. 2002, n° 00-18.411**, *Bull. civ.* III, n° 48

* V. s^s n° 737.76

La restitution du supplément de loyer indûment perçu est soumise à la prescription de trois ans, conformément à l'article 68 de la loi du 1er septembre 1948 auquel renvoient les articles L. 442-6 et L. 442-10 du code de la construction et de l'habitation.

737.03 Bibliographie indicative.

Actualisables. RÉP. IMMO., v° « Habitat social (HLM) », H. des Lyons, n° 177 – DICT. PERM. Gestion immob.; « HLM – Location », n° 185-217.; « Logements locatifs conventionnés », n°s 253-256.

Régime de SLS applicable en 1996

> **Articles.** B. Wertenschlag, « Les suppléments de loyer en secteur HLM », *AJPI* 1995. 677 (régime antérieur à la loi n° 96-162 du 4 mars 1996); « Le supplément de loyer de solidarité », *AJPI* 1996. 558 (régime de la loi n° 96-162 du 4 mars 1996).

Régime de SLS applicable depuis 1996

> **Articles.** L. Auriac, « Le supplément de loyer de solidarité en pratique », *AJDI* 2015. 504; G Forest, « SLS et mixité sociale », *AJDI* 2008. 153.

SECTION PRÉLIMINAIRE

ÉVOLUTION

737.11 Origine et évolution du SLS. Caractéristique proprement HLM, le versement d'un supplément de loyer de solidarité, rendu obligatoire par la loi du 4 mars 1996 [1], a été étendu par la loi portant engagement national pour le logement du 13 juillet 2006 [2] et ses barèmes ont été renforcés en 2008.

Le paiement d'un supplément de loyer de solidarité (SLS) est exigible des locataires occupant un logement HLM dont les ressources dépassent d'au moins 20 % le plafond d'entrée dans le logement. La loi du 13 juillet 2006, portant engagement national pour le logement [3], a remplacé le régime antérieur dans lequel le SLS était obligatoire à partir de 60 % de dépassement des ressources et facultatif à partir de 20 %.

En outre, la loi de 2006 a imposé un barème national alors que les bailleurs HLM avaient la faculté d'opter pour un barème propre.

Le montant des ressources est calculé par rapport à l'année *n* – 2 (v. s^s n°s 723.12 s.).

737.12 Adoption d'un barème réglementaire et adaptation du SLS. Le décret d'application du 21 août 2008 [4], qui a défini le barème réglementaire de SLS applicable, en a précisé les possibilités d'adaptation.

Le nouveau dispositif prévoyait que des barèmes adaptés aux conditions locales pouvaient être mis en place, soit par le programme local de l'habitat (PLH) [5], soit lorsque l'organisme d'HLM s'engageait

1. L. n° 96-162, 4 mars 1996 relative au supplément de loyer de solidarité, *JO* 5 mars, p. 3406.
2. L. n° 2006-872, 13 juill. 2006, *JO* 16 juill., p. 10662.
3. L. n° 2006-872, 13 juill. 2006, *JO* 16 juill., p. 10662 – CCH, art. L. 441-3 s.
4. Décr. n° 2008-825, 21 août 2008 relatif au supplément de loyer de solidarité, *JO* 23 août, p. 13290.
5. V. s^s n° 737.41.

dans la mise en œuvre d'un conventionnement global de patrimoine, avant le 1er janvier 2009, pour conclure cette convention avant le 1er janvier 2010. Entre-temps, la loi du 25 mars 2009 a substitué à ce régime, facultatif, celui de la convention d'utilité sociale, obligatoire (v. ss no 736.01).

Concrètement, c'est dans le cahier des charges des CUS que les organismes HLM ont adopté des barèmes de SLS, applicables depuis 2011 et pouvant contenir des modulations du barème SLS selon les zones. Ils ont largement appliqué ces modulations dans les zones tendues.

737.13 Loi relative à l'égalité et à la citoyenneté. La loi du 27 janvier 2017 relative à l'égalité et à la citoyenneté[1] a modifié le régime du SLS. La réforme ne s'appliquera cependant qu'à compter du 1er janvier 2018, pour l'essentiel (v. ss no 737.121).

737.14 Absence de discrimination. La cour de cassation a pris position sur le régime du supplément de loyer de solidarité dans une décision de 2011, à l'occasion d'une demande de renvoi devant le conseil Constitutionnel : « Les articles L. 441-3 et L. 441-4 du code de la construction et de l'habitation critiqués n'opèrent à l'évidence aucune discrimination entre les locataires d'un logement entrant dans le champ d'application de cette loi et qui remplissent les conditions financières qu'elle définit, qu'ensuite, ils répondent à un motif d'intérêt général de justice sociale, qu'enfin, leur mise en œuvre est entourée de garanties procédurales et de fond suffisantes. D'où il suit qu'il n'y a pas lieu à renvoi devant le Conseil constitutionnel de la question prioritaire de constitutionnalité »[2].

SECTION 1
LOGEMENTS CONCERNÉS PAR LE SUPPLÉMENT DE LOYER DE SOLIDARITÉ (SLS)

§ 1
Logements inclus dans le champ du supplément de loyer de solidarité (SLS)

737.21 Principe. Le SLS s'applique aux logements occupés appartenant aux organismes HLM ou gérés par eux qui ont été construits, améliorés ou acquis et améliorés avec le concours financier de l'État, ou qui sont conventionnés à l'APL (v. ss no 733.31).

Le champ d'application du SLS s'est élargi à de nouvelles catégories après la loi du 13 juillet 2006[3], à savoir les logements financés en PLA-CFF et en prêt conventionné locatif (PCL) avec convention APL.

Toutefois, un certain nombre de logements qui répondent à un mode de financement particulier, ou dont la localisation justifie de favoriser le maintien de la diversité sociale, sont exclus du champ du SLS.

§ 2
Logements exclus du champ du supplément de loyer de solidarité (SLS)

737.31 Exclusions tenant au mode de financement du logement. Sont exclus les logements qui ont bénéficié d'une subvention de l'Agence nationale de l'habitat (Anah).

Dans les Dom, les immeubles à loyer moyen (ILM) sont également exclus[4].

Par ailleurs, et parce qu'ils n'ont pas bénéficié d'un financement aidé, on ajoute à la liste des exclusions : les logements ILN, ceux financés en PLI ou sur fonds propres, à la condition toutefois que ces logements ne soient pas conventionnés à l'APL.

Enfin, parce qu'ils ne correspondent pas à proprement parler à la définition d'un logement, le SLS ne s'applique pas aux logements-foyers et aux résidences sociales, ni aux logements de fonction des gardiens et concierges, ni aux logements attenant à des commerces et inclus dans des baux commerciaux.

737.32 Exclusions tenant à la localisation des logements. Nombreux sont les logements HLM qui sont exclus du champ du SLS du seul fait de leur situation[5]. Il s'agit des logements situés :

– dans les zones urbaines sensibles (ZUS) jusqu'à la fin 2014 et, à partir du 1er janvier 2015, ceux situés dans les quartiers prioritaires de la politique de la ville (QPV). Toutefois, les locataires qui occupent un logement situé en ZUS au 31 décembre 2014, dont l'immeuble n'est plus classé en QPV en 2015, continueront d'être exemptés de SLS[6];

1. L. no 2017-86, 27 janv. 2017 relative à l'égalité et à la citoyenneté, *JO* 28 janv., no 1.
2. Civ. 3e, 11 janv. 2011, no 10-40.051, *Bull. civ.* III, no 2; *AJDA*, 2011, p. 639; *Loyers et copr.* 2011, no 80, note Coutant-Lapalus; Civ. 3e, 6 févr. 2013, no 12-22.136, *Bull. civ.* III, no 18; *Loyers et copr.* 2013, no 108, note Coutant-Lapallus. *Dalloz actu.*, 26 févr. 2013, obs. Rouquet.
3. L. no 2006-872, 13 juill. 2006, *JO* 16 juill., p. 10662.
4. CCH, art. L. 441-14.
5. CCH, art. L. 441-3.
6. V. CCH, art. L. 441-3, av. dern. al.

– dans les zones de revitalisation rurale (ZRR), définies par arrêté du 16 mars 2017[1].

L'intention affichée ici est de développer, ou de maintenir, la mixité sociale de certains quartiers qui ont souffert d'une ségrégation particulière, ou de zones rurales moins développées.

737.33 Autres exclusions légales. Les textes applicables en HLM ont exclu l'application du SLS pour les logements qui sont loués à un certain nombre de personnes morales (v. CCH, art. L. 442-8-1) en vue de leur sous-location à des personnes en difficultés. De même, certains logements meublés, attribués à des jeunes, en colocation ou non, ne sont pas soumis pour leur attribution à un plafond de ressources et ne relèvent donc pas du champ du SLS (v. CCH, art. L. 442-8-4).

§ 3 Programme local de l'habitat

737.41 Primauté du PLH. Le programme local de l'habitat (PLH) peut, depuis la loi du 13 juillet 2006[2], définir des zones géographiques ou des quartiers dans lesquels le SLS ne s'appliquera pas et « fixer les orientations relatives à sa mise en œuvre ». Le PLH est établi par un établissement public de coopération intercommunale pour l'ensemble des communes qui en sont membres[3]. Sur la question du SLS, le PLH est opposable à la double condition que les organismes et les SEM concernés aient été associés à son élaboration et que le préfet ait rendu un avis conforme.

Cette possibilité n'a pas été remise en cause par la loi relative à l'égalité et à la citoyenneté du 27 janvier 2017. La suppression ou la modulation du SLS reste possible par conséquent, dans les conditions du PLH approuvé.

En outre, on rappellera que, pour la période antérieure à 2018, les dispositions éventuelles du PLH en vigueur relatives au SLS (dérogations, exclusion de certaines zones) s'appliquent dans tous les cas. Le PLH prime en effet sur les règles relatives au SLS inscrites dans la CUS et s'impose dès son entrée en vigueur, même si celle-ci intervient après la signature de la CUS.

737.42 Prorogation du PLH. Lors de l'élaboration d'un nouveau PLH, les établissements publics de coopération intercommunale peuvent proroger le PLH antérieur durant la période nécessaire à l'adoption du nouveau[4].

§ 4 Logements acquis

737.51 Acquisition de patrimoine. Le paiement d'un supplément de loyer est exigible du locataire d'un immeuble acquis par un organisme HLM, « en vertu d'une prérogative de puissance publique dérogeant aux dispositions de droit commun du louage ». En effet, précise la Haute cour, l'attribution du logement par une commission d'attribution (sur les règles d'attribution v. titre 72) n'est pas une condition d'application du SLS[5].

Suite à l'acquisition de l'immeuble et à la signature d'une convention avec l'État par le nouveau bailleur HLM, les logements conventionnés sont soumis à l'application du SLS, dès la signature de la convention, bien que le bailleur ait prorogé les baux antérieurs[6].

737.52 Loi égalité citoyenneté. Si le SLS a vocation à s'appliquer, y compris dans le cas où le logement a été acquis avec le concours financier de l'État par un organisme HLM, la loi relative à l'égalité et à la citoyenneté du 27 janvier 2017[7] a toutefois prévu une exception particulière. Elle exclut du SLS, pendant trois ans, les locataires des immeubles acquis par les organismes HLM et conventionnés à l'APL en application de l'article L. 351-2 du code de la construction et de l'habitation.

Elle précise en effet que le SLS n'est pas applicable, pendant une durée de trois ans à compter de la date de signature de la convention APL, aux locataires de logements faisant l'objet d'un bail en cours et dont le loyer n'est pas établi sur la base de la surface corrigée ou de la surface utile au moment de leur conventionnement.

Cette disposition n'est cependant pas rétroactive et n'est donc applicable qu'au cas des logements relevant des conventions APL signées après l'entrée en vigueur de la loi, c'est-à-dire à partir du 29 janvier 2017.

1. Arr. 16 mars 2017 constatant le classement de communes en zone de revitalisation rurale, *JO* 29 mars.
2. L. n° 2006-872, 13 juill. 2006, *JO* 16 juill., p. 10662 – CCH, art. L. 441-3-1.
3. SUR le PLH v. CCH, art. L. 302-1 s.
4. Rép. min. n° 03627, *JO Sénat Q* 13 déc. 2012, p. 2888.
5. Civ. 3e, 19 janv. 2000, n° 98-11.041, NP, *AJDI* 2000. 545, note Wertenschlag.
6. Civ. 3e, 10 juill. 2013, n° 12-18.918, *Bull. civ.* III, n° 99, *Dalloz actu.*, 6 sept. 2013, obs. Dreveau; *Loyers et copr.* 2013, n° 202, note Coutant-Lapalus, *AJDI* 2014. 224, note Wertenschlag.
7. L. n° 2017-86, 27 janv. 2017, *JO* 28 janv., n° 1 – CCH, art. L. 441-3.

RÉCAPITULATIF DU CHAMP DU SLS SELON LE FINANCEMENT DES LOGEMENTS

	Financement principal et conventionnement	Champ d'application du SLS
MÉTROPOLE	Logements conventionnés (CCH, art. L. 351-2)	
	PLA-CDC, PLUS, PLALM, PLATS / I, PLS de mars 2001	x
	PALULOS ou conventionnés sans travaux	x
	Logements financés sans le concours de l'État	x
	PLA-CFF, PCLS	x
	Prêts conventionnés locatifs	x
	RAPAPLA	x
	PAP locatifs	
	Logements-foyers et résidences sociales	
	Logements non conventionnés	
	PSR	x
	PLR	x
	HLMO	x
	ILM	x
	Logements sociaux ayant bénéficié d'une subvention ANAH	
	ILN	
	PLI	
	PLS de 1992-1993	
	PAP locatifs	
	Prêts conventionnés locatifs	
	Logements de fonction	
	Logements financés sans le concours de l'État	
	Logements foyers	
DOM	PSR	x
	PLR	x
	HLMO	x
	LLS	x
	LLSS et LLST	x
	Immeubles à loyer moyen (ILM)	
	Logements de fonction	
	Logements loyers	
	Logements financés sans le concours de l'État	

Dans le champ de l'enquête	x
Hors du champ de l'enquête	

SECTION 2
LOCATAIRES CONCERNES PAR LE SUPPLÉMENT DE LOYER DE SOLIDARITÉ (SLS)

737.61 Paiement d'un supplément de loyer obligatoire. Le paiement d'un SLS est obligatoire pour les locataires dès lors qu'au cours du bail, les ressources de l'ensemble des personnes vivant au foyer dépassent d'au moins 20 % le plafond applicable pour l'attribution du logement.

Le SLS est exigible sans qu'il ait à figurer dans le bail[1].

§ 1
Enquête auprès des locataires

737.71 Enquête annuelle obligatoire. Afin de déterminer les locataires assujettis et le montant du SLS pour l'année, une enquête est réalisée tous les ans, à partir de septembre/octobre pour une application du SLS l'année suivante[2].

Les locataires qui bénéficient d'une aide au logement (aide personnalisée au logement - APL -, aide de logement familiale - ALF - ou allocation de logement social - ALS -) ne sont pas enquêtés, dans la mesure où leurs ressources sont inférieures au plafond de ressources HLM de droit commun.

Le locataire est tenu d'y répondre dans le délai d'un mois et de communiquer les avis d'imposition de tous les occupants justifiant des ressources à l'année N-2 précédant le paiement du SLS (2016 pour 2018, par exemple), ainsi que les informations concernant les personnes vivant au foyer.

Sont considérées comme personnes vivant au foyer, depuis la loi du 25 mars 2009[3], les personnes visées à l'article L. 442-12 du code de la construction et de l'habitation :

« Sont considérées comme personnes vivant au foyer au titre des articles L. 441-1, et L. 441-4;

- le ou les titulaires du bail;
- les personnes figurant sur les avis d'imposition du ou des titulaires du bail;
- le concubin notoire du titulaire du bail;
- le partenaire lié par un pacte civil de solidarité au titulaire du bail;
- et les personnes réputées à charge au sens des articles 194, 196, 196 A *bis* et 196 B du code général des impôts ».

1. Chambéry, 30 janv. 1996, RG n° 94/00079, *D.* 1997. Somm. 272.
2. CCH, art. L. 441-9.
3. L. n° 2009-323, 25 mars 2009 de mobilisation pour le logement et la lutte contre l'exclusion, *JO* 27 mars, p. 5408 – SUR CETTE LOI : Wertenschlag, *AJDI* 2009. 256.

Cette règle aboutit à ne pas tenir compte des personnes qui, à la fois, ne sont pas à la charge du locataire et qui ne sont pas titulaires du bail (enfants majeurs du titulaire par exemple) et à exclure leurs ressources pour le calcul du SLS.

Une décision de la cour de cassation, pourtant sans s'appuyer sur l'article L. 442-12 du code de la construction et de l'habitation précité, a considéré que si le locataire est tenu du paiement du SLS, ce n'est pas le cas de l'occupant du logement, son fils, dont les revenus ne peuvent être pris en compte [1]. Cette solution peut être contestée, au moins dans le principe, puisque l'article L. 441-3 du code de la construction et de l'habitation retient que, pour le calcul du SLS, « les dernières ressources de l'ensemble des personnes vivant au foyer sont prises en compte ».

737.72 Non réponse à l'enquête. En cas de non réponse du locataire dans le délai, et quinze jours après une mise en demeure, le SLS est liquidé avec application du supplément de loyer maximum, c'est-à-dire d'un SLS déterminé en tenant compte du coefficient de dépassement du plafond à sa valeur maximale (cette valeur est fixé à 14,90 euros [2]). Selon la cour de cassation, cette sanction n'exclut pas l'application du plafond prévu, par l'article L. 441-4, alinéa 2, lorsque le montant du SLS, cumulé avec le montant du loyer principal, excède 25 % des ressources de l'ensemble des personnes vivant au foyer (la loi du 27 janvier 2017 relative à l'égalité et à la citoyenneté porte le seuil de déclenchement de ce plafond à 30 % des ressources, à compter du 1er janvier 2018) [3].

La notification (mise en demeure), qui a une incidence sur le montant du loyer, doit être adressée à chacun des co-titulaires du bail [4].

737.73 Indemnité pour frais de dossier. À défaut de réponse à l'enquête, une indemnité de 25 euros maximum pour frais de dossier est perçue [5]. Les juges du fond doivent exposer les moyens de fait et de droit justifiant leur décision de condamner la locataire au paiement des frais de dossier [6].

737.74 Sanction aggravée pour non réponse pendant deux ans. Une sanction lourde en cas de non réponse à l'enquête SLS a été prévue par la loi relative à l'égalité et à la citoyenneté du 27 janvier 2017 [7]. Elle ne s'applique cependant que « dans les zones géographiques définies par décret en Conseil d'État se caractérisant par un déséquilibre important entre l'offre et la demande de logements », c'est-à-dire les zones dites « tendues [8] ».

Les locataires qui, au cours de deux années consécutives, ne répondent pas à l'enquête prévue à l'article L. 441-9 du code de la construction et de l'habitation n'ont plus le droit au maintien dans les lieux à l'issue d'un délai de dix-huit mois à compter du 1er janvier de l'année qui suit ces deux années.

Six mois avant l'issue de ce délai de dix-huit mois, le bailleur notifie aux locataires par lettre recommandée avec demande d'avis de réception ou leur signifie par acte d'huissier la date à laquelle les locaux loués doivent être libres de toute occupation. À l'issue de cette échéance, les locataires sont déchus de tout titre d'occupation des locaux loués.

Si, au cours de la période de dix-huit mois, les locataires communiquent au bailleur les documents et renseignements prévus au premier alinéa de l'article L. 441-9 et justifient que leurs ressources sont inférieures aux plafonds de ressources requis pour l'attribution des logements financés en prêts locatifs sociaux, ils bénéficient à nouveau du droit au maintien dans les lieux. Ainsi, un locataire qui ne répondrait pas aux enquêtes pour l'établissement du SLS de 2018 et de 2019 pourrait perdre son droit au maintien dans les lieux à l'issue d'un délai de 18 mois commençant à courir le 1er janvier 2020, soit le 1er juillet 2021.

737.75 Exceptions à la perte du droit au maintien. L'article L. 442-3-4 du code de la construction et de l'habitation prévoit plusieurs exceptions à cette sanction.

1. Civ. 3e, 29 sept. 2015, no 14-18.421, NP, *AJDI* 2015. 855; *ibid.* 2016. 667, Chron. F. Zitouni; *Loyers et copr.* févr. 2016, comm. 38, note C. Coutant-Lapalus.
2. CCH, R. 441-26.
3. Civ. 3e, 16 mars 2017, no 16-12.773, P, *AJDA* 2017. 1092; *RDI* 2017. 283, obs. H. Heugas-Darraspen.
4. Civ. 3e, 12 mars 2014, no 13-14.403, *Bull. civ.* III, no 36; *Dalloz Act.* 1er avr. 2014, note M. Kebir; *D.* 2014. 778; *AJDI* 2015. 752, étude F. Zitouni; *RDI* 2014. 340, obs. H. Heugas-Darraspen.
5. Arr. 22 oct. 2008 relatif au montant maximum de l'indemnité pour frais de dossier prévu à l'article L. 441-9 du code de la construction et de l'habitation, NOR : MLVU0823408A.
6. Civ. 3e, 17 sept. 2008, no 07-15.784, *Bull. civ.* III, no 135; *D.* 2008. 2432; *AJDI* 2008. 942, obs. F. de La Vaissière.
7. CCH, art. L. 442-3-4 créé par L. no 2017-86 du 27 janv. 207, art. 82 – Conformément à l'article 82, II de la loi no 2017-86 du 27 janvier 2017, cette sanction s'applique à compter du 1er janvier 2018. Elle ne s'appliquera pas, jusqu'au 31 décembre 2020, aux locataires résidant, au plus tard le 31 décembre 2014, dans les quartiers classés en zones urbaines sensibles (ZUS) qui n'ont pas été classés en quartiers prioritaires de la politique de la ville (QPV).
8. Il s'agit des zones A, B1 et B2 visées à l'arrêté du 30 septembre 2014. Voir l'article R. 442-3-3 du CCH qui renvoie à l'arrêté du 8 décembre 2009 relatif aux zones géographiques mentionnées à l'article L. 442-3-2 du CCH. Cet arrêté renvoyait à la liste établie par l'arrêté du 29 avril 2009 relatif au classement des communes par zone applicable à certaines aides au logement, texte qui a été abrogé et remplacé par l'arrêté du 1er août 2014 pris en application de l'article R. 304-1 du CCH, puis modifié par l'arrêté du 30 septembre 2014 (*JO* 14 oct., p. 16717.

Elle n'est pas applicable aux locataires qui, au cours de l'année suivant la constatation par le bailleur de l'absence de réponse pour la deuxième année consécutive à l'enquête SLS, atteignent leur soixante-cinquième anniversaire et aux locataires présentant un handicap, au sens de l'article L. 114 du code de l'action sociale et des familles, ou ayant à leur charge une personne présentant un tel handicap.

Elle ne s'applique pas non plus aux locataires de logements situés dans les quartiers prioritaires de la politique de la ville (QPV).

Enfin, l'article 82, II, de la loi du 27 janvier 2017 prévoit que cette mesure ne touchera pas, jusqu'au 31 décembre 2020, les locataires qui occupaient au 31 décembre 2014, un logement situé dans les quartiers classés en zones urbaines sensibles (ZUS) qui n'ont pas été classés en quartiers prioritaires de la politique de la ville.

737.76 Réponse tardive du locataire – Régularisation. Lorsque le locataire qui n'avait pas répondu apporte les informations nécessaires au calcul du SLS, l'organisme procède au remboursement du trop-perçu éventuel dans le délai de deux mois[1]. L'indemnité reste acquise au bailleur. La restitution du supplément de loyer indûment perçu est soumise à la prescription de trois ans, conformément à l'article 68 de la loi du 1er septembre 1948 auquel renvoient les articles L. 442-6 et L. 442-10 du code de la construction et de l'habitation[2].

737.77 Information du locataire. Le locataire soumis au SLS est informé du détail des éléments de calcul retenus pour évaluer le supplément de loyer qui lui est réclamé et des possibilités de révision de ce montant en cas de baisse de ressources ou de changement de situation familiale ou d'occupation. Les litiges relatifs à l'application du barème établi, qui touchent aux relations de droit privé entre un locataire et son bailleur, ne relèvent pas du juge administratif[3].

§ 2
Ressources prises en compte.

737.81 Ressources prises en compte. Les ressources prises en compte pour le calcul du SLS sont les mêmes que pour l'attribution des logements HLM[4]. Elles correspondent à l'ensemble des revenus imposables de l'avant-dernière année de toutes les personnes qui occupent le logement. Le plafond de référence est celui en vigueur pour l'attribution des logements[5] (v. s^s^ n°s 723.31 s.). Il évolue par conséquent tous les ans au 1er janvier.

Un locataire occupant un logement financé en PLUS ou en PLS verra son SLS calculé par rapport au niveau du plafond d'entrée dans ce type de logement.

Toutefois, il convient de noter que le calcul du dépassement pour les personnes entrées sous le plafond de ressources applicable aux logements financés en PLA-I est le plafond PLUS. Ceci résulte de la rédaction de l'article R. 441-23 du code de la construction et de l'habitation selon lequel :

« Le dépassement des plafonds de ressources est déterminé au cours de l'année civile en fonction :

1°) des plafonds de ressources applicables aux logements locatifs sociaux fixés à l'annexe 1 de l'arrêté prévu à la première phrase de l'article R. 331-12 en ce qui concerne la métropole et par l'arrêté prévu à l'article L. 472-1 en ce qui concerne les départements d'outre-mer; (...) ».

Le renvoi à la première phrase de l'article R. 331-12 vise le plafond PLUS. Il aurait été anormal, en effet, de prévoir que le calcul du SLS pour les locataires les moins fortunés se réalise à partir d'un niveau plus bas que pour les autres locataires.

Par ailleurs, l'article R. 441-23 prévoit qu'en cas de PLUS majoré le seuil de référence du SLS correspond au plafond PLUS augmenté de 20 %, qui est le plafond d'entrée dans ces logements.

Pour le calcul du SLS, il y a lieu de prendre en compte le barème unique des plafonds de ressources des bénéficiaires de la législation HLM pour les logements à loyer modéré et les logements à loyer moyen, tels qu'ils résultent de l'arrêté du 29 juillet 1987, modifié[6].

Pour les locataires de logements construits en application de la loi du 13 juillet 1928 établissant un programme de construction ou d'habitation à bon marché et de logements, en vue de remédier à la crise de l'habitation, le plafond de ressources à prendre en compte est supérieur de 50 % au plafond de droit commun HLM[7]; tel est le cas d'application immédiate du relèvement du seuil de déclenchement du SLS à un ILM 28 sans attendre la publication du décret prévu par la loi[8].

1. CCH, art. L. 441-9.
2. Civ. 3e, 27 févr. 2002, n° 00-18.411, *Bull. civ.* III, n° 48; *AJDI* 2002. 455, obs. S. Beaugendre.
3. CAA Paris, 21 mars 2000, *Brouty*, req. n° 97PA01025.
4. CCH, art. L. 441-3.
5. Arr. 29 juill. 1987 relatif aux plafonds de ressources des bénéficiaires de la législation sur les habitations à loyer modéré et des nouvelles aides de l'État en secteur locatif, NOR : EQUC8700526A.
6. Civ. 3e, 28 avr. 2002, n° 00-18.936, NP.
7. CCH, art. L. 442-10.
8. Civ. 3e, 23 mai 2002, n° 00-21.116, *Bull. civ.* III, n° 107; *Revue de l'Habitat Social* 2003, n° 47-48, p. 20.

Catégorie de logements	Plafond de ressources applicable pour le calcul du coefficient de dépassement [v. s[s] n° 737.101]
PLUS, PLA-I, PLA de la CDC et anciens financements sous plafonds de ressources PLUS ou PLA-I (HLMO, PLR, PSR, ILM...)	PLUS
Logements financés en PLUS attribués sous condition de ressources PLUS + 20 %	PLUS + 20 %
PLS, PLA-CFF, prêt conventionné locatif (PCL) avec convention APL	PLUS + 30 %

§ 3
Baisse des ressources et changement de situation familiale

737.91 Baisse des ressources – Changements familiaux. Deux évènements doivent être pris en compte par le bailleur, à savoir une baisse de ressources ou un changement dans la composition du ménage.

L'article L. 441-3 du code de la construction et de l'habitation précise que :

« Toutefois, les dernières ressources connues de l'ensemble des personnes vivant au foyer sont prises en compte sur demande du locataire qui justifie que ces ressources sont inférieures d'au moins 10 p. 100 à celles de l'année de référence. En outre, il est tenu compte de l'évolution de la composition familiale intervenue dans l'année en cours à la condition qu'elle soit dûment justifiée. »

En outre, les évolutions familiales (naissance d'un enfant, décès, divorce) justifient également le réexamen de la situation du locataire lors de leur signalement au bailleur.

Le locataire doit présenter les justificatifs correspondants. La baisse de ressources retenue va porter soit sur l'année civile antérieure (année N-1), puisque les ressources retenues pour le calcul du SLS sont celles de l'année N-2, soit sur les douze derniers mois.

Ne peut être retenue une baisse de ressources qui serait seulement « attendue » pour les mois à venir. Seule la baisse effective et d'au moins 10 % sera considérée. Le demandeur doit amener la preuve qu'au cours des douze derniers mois, ou l'année civile précédente, ses ressources ont bien subi une baisse de 10 %. Un départ à la retraite, par exemple, permet de constater une baisse de revenus dès le premier mois de la retraite, mais celle-ci n'aura d'effet à hauteur de 10 % qu'après plusieurs mois. La baisse du SLS prend effet le mois suivant la notification faite au bailleur. Ainsi, en cas de retraite l'événement est constitué par la baisse des ressources d'au moins 10 %, constatée et notifiée au bailleur.

Un événement familial en revanche aura un effet dans l'immédiat (naissance ou décès).

L'article R. 441-23 du code de la construction et de l'habitation précise les conditions dans lesquelles un changement est retenu :

« La modification de la composition du ménage ou de ses ressources telle que prévue à l'article L. 441-3 est prise en compte pour le calcul du dépassement du plafond de ressources du locataire à partir du mois qui suit la survenance de l'événement et sur la base de justificatifs dûment transmis à l'organisme d'habitations à loyer modéré dans le délai de trois mois suivant la survenance de l'événement. En cas de transmission de ces pièces après ce délai, cette modification est prise en compte à partir du mois qui suit cette transmission. »

Ainsi, le fait générateur du changement est l'événement justifiant un nouveau calcul du SLS : évènement familial ou baisse effective de ressources d'au moins 10 %.

S'il est justifié dans les trois mois qui le suivent, le SLS sera modifié à la date du mois de l'événement. Mais s'il est justifié plus de trois mois après sa survenance, il n'aura d'effet sur le montant du SLS qu'à la date de la transmission des justificatifs (bulletin des salaires, de pension, acte de naissance...).

SECTION 3
MONTANT DU SUPPLÉMENT DE LOYER DE SOLIDARITÉ (SLS)

§ 1
Calcul du supplément de loyer de solidarité (SLS)

737.101 Calcul du SLS. Le barème national de SLS a été fixé par décret en Conseil d'État[1].

Le SLS est calculé par mètre carré de surface habitable à partir des ressources du locataire et des occupants du logement établies par l'enquête.

Le coefficient de dépassement du plafond de ressources (CDPR) applicable au ménage est alors connu.

Le supplément de loyer de référence (SLR) mensuel par mètre carré de surface habitable est défini par immeuble et par zone.

1. Décr. n° 2008-825, 21 août 2008 relatif au supplément de loyer de solidarité, *JO* 23 août, p. 13290.

Localisation des immeubles	SLR par m² habitable (au 1er janvier 2017)
Zone 1 *bis*	2,68 euros
Reste de la zone 1	2,14 euros
Zone 2	1,06 euro
Zone 3	0,26 euro

Le SLS est alors appliqué au ménage concerné :

SLS = CDPR × SLR × m² SH (surface habitable du logement).

Les valeurs du SLR fixées par zone géographique sont révisées chaque année en fonction de la variation de l'indice de référence des loyers (IRL) du 3e trimestre.

§ 2 Supplément de loyer de solidarité (SLS) entre 2011 et le 1er janvier 2018

737.111 Modulation du barème du SLS dans les CUS. Pendant toute la durée des premières conventions d'utilité sociale (CUS), soit du 1er juillet 2011 au 31 décembre 2017, des modulations de barème de SLS ont été autorisées. Dans les communes classées en zones A, B1 et B2, considérées comme des zones de marché tendu, le coefficient de dépassement des plafonds de ressources (CDPR) du barème forfaitaire a pu être modulé à la hausse ou à la baisse dans des limites fixées par l'article R. 441-21-1 du code de la construction et de l'habitation. Le coefficient de dépassement modulé retenu par l'organisme doit figurer dans le cahier des charges de gestion locative de la CUS. Le coefficient de dépassement modulé choisi pour une zone donnée s'applique à tous les logements situés dans la zone.

La modulation doit respecter les dispositions du PLH, qui prévoit éventuellement des dérogations du SLS applicables dans son ressort.

En dehors de ces zones, les organismes d'HLM peuvent déroger au barème national défini dans le décret du 21 août 2008 [1].

Ces modulations, précisées par l'article R. 441-21-1 du code de la construction et de l'habitation, s'appliquent jusqu'au 1er janvier 2018, date à laquelle la loi relative à l'égalité et à la citoyenneté du 27 janvier 2017 les a supprimées.

737.112 Plafonnement du SLS. Le montant du SLS est plafonné lorsque, cumulé avec le loyer principal, il excède 25 % des ressources de l'ensemble des personnes vivant au foyer [2]. Ce plafond est calculé par l'organisme directement, avant tout appel de SLS. La loi du 13 juillet 2006 [3] autorise le programme local de l'habitat (PLH) à porter jusqu'à 35 % ce plafond. La somme cumulée des deux loyers et des deux suppléments de loyer afférents au local principal et au local secondaire ne doit pas excéder 25 % des revenus imposables du locataire au titre de chacun des deux baux [4].

737.113 Second plafond – Suppression. Le montant du SLS était également plafonné lorsque, cumulé avec le montant du loyer principal, il excédait, par mètre carré de surface habitable, un plafond fixé par le décret du 29 juillet 2009 portant application de l'article 62 de la loi du 25 mars 2009 de mobilisation pour le logement et la lutte contre l'exclusion [5]. Ce deuxième plafond a été supprimé par loi du 24 mars 2014 [6], dite loi Alur, avec effet immédiat au 27 mars 2014.

737.114 Fin de la déduction du SLS en cas d'acquisition du logement. Le locataire qui acquiert son logement ne bénéficie plus depuis la loi du 13 juillet 2006 d'une déduction sur le prix du bien égale au montant de supplément de loyer acquitté pendant cinq ans.

SECTION 4 RÉGIME DU SUPPLÉMENT DE LOYER DE SOLIDARITÉ (SLS) À COMPTER DU 1ER JANVIER 2018

737.121 CUS et SLS. A compter du 1er janvier 2018, la loi du 27 janvier 2017 relative à l'égalité et à la citoyenneté revient à l'application pure et simple du barème de SLS.

Elle a prévu :

– la suppression de la faculté pour l'organisme de définir les conditions dans lesquelles l'organisme peut exiger des locataires le paiement d'un supplément de loyer de solidarité, et ses modalités de calcul (suppression du 5e alinéa de l'article L. 445-2 du CCH); c'est le barème national qui s'applique tel quel.

– la suppression de la possibilité pour la convention d'utilité sociale (CUS) de déroger aux dispositions sur le SLS (les articles L. 441-12 et L. 445-5 du CCH sont abrogés par la loi);

– la suppression de la possibilité pour la CUS de moduler le supplément de loyer de solidarité, dans

1. Décr. n° 2008-825, 21 août 2008 relatif au supplément de loyer de solidarité, *JO* 23 août, p. 13290.
2. CCH, art. L. 441-4.
3. L. n° 2006-872, 13 juill. 2006, *JO* 16 juill., p. 10662.
4. Civ. 3e, 14 janv. 2004, n° 02-16.599, *Bull. civ.* III, n° 7; *Rev. loyers* 2004. 316, note Rémy.
5. CCH, art. R. 441-20-1.
6. L. n° 2014-366, 24 mars 2014, *JO* 26 mars, p. 5809.

les zones géographiques se caractérisant par un déséquilibre entre l'offre et la demande de logements, selon des seuils et des modalités qui ont été définis par décret en Conseil d'État (suppression de la dernière phrase du neuvième alinéa de l'article L. 445-1 du CCH);

- le plafonnement du SLS lorsque, cumulé avec le montant du loyer principal, il excède 30 % des ressources de l'ensemble des personnes vivant au foyer (au lieu de 25 % auparavant); la réforme intervenue dans la loi relative à l'égalité et à la citoyenneté du 27 janvier 2017 porte ainsi, à compter du 1er janvier 2018, ce plafond (loyer + SLS) à 30 % des ressources de l'ensemble des personnes vivant au foyer[1].

La loi n'a cependant pas porté atteinte à la possibilité qu'a le PLH de déroger ou de prévoir des adaptations au SLS sur son territoire. De nouvelles mesures d'exonération peuvent ainsi être prévues à tout moment à ce titre.

1. CCH, art. 41-20 (issu du décr. n° 2017-922, 9 mai 2017, *JO* 10 mai, n° 173).

TITRE

74. Le congé, le droit au maintien dans les lieux et la vente HLM

SECTION 0
ORIENTEUR

74.00 Plan du titre.

74.01 Textes applicables.

TEXTES SOURCES

> Congé et droit au maintien dans les lieux

L. n° 89-462, 6 juill. 1989, art. 15, I, art. 40.

> Vente HLM

• CCH, art. L. 443-7 à L. 443-15-1, L. 443-15-3 et L. 443-15-4, L. 451-5.

• CCH, art. R. 443-10 à R. 443-16.

• CCH, art. R. 443-11, annexe, Normes minimales d'habitabilité des logements vendus.

74.03 Bibliographie indicative.

Actualisables. RÉP. IMMO., v° « Habitat social (HLM) », H. des Lyons, n° 189-194 – DICT. PERM. Gestion immob., « HLM – Location », nos 267; 298.

CHAPITRE

741. Congé et droit au maintien dans les lieux

SECTION 0 ORIENTEUR

741.00 **Plan du chapitre.**

Division. Le locataire, en donnant congé, s'engage à respecter un préavis, s'oblige de son plein gré à quitter le logement à la date qu'il a choisie, doit rendre le logement en état d'usage et, à défaut, devra assumer le coût des réparations locatives et des éventuelles dégradations.

Les motifs qui justifient qu'il soit mis fin au contrat en HLM à l'initiative du bailleur sont en nombre limité et sont soumis à un formalisme renforcé du fait des droits dont dispose le locataire au maintien dans les lieux. Le bailleur peut toutefois s'appuyer sur les dispositions législatives qui l'autorisent à donner congé afin, par exemple, d'engager des travaux importants sur son patrimoine ou en cas de démolition, liée au renouvellement urbain. Le bailleur peut également proposer une offre de relogement au locataire qui contrevient à l'obligation d'usage paisible de son logement.

Un développement particulier sera consacré à la remise en question du droit au maintien dans les lieux, dont bénéficient les locataires de logements HLM. La loi du 25 mars 2009[1], complétée par la loi du 27 janvier 2017[2], a bouleversé le paysage législatif antérieur, en introduisant une remise en cause du droit au maintien dans les lieux en raison des ressources du locataire.

741.01 **Textes applicables.**

TEXTES SOURCES

• **L. n° 89-462, 6 juill. 1989, art. 15, I.**

TEXTES *IN EXTENSO*

• **L. 6 juill. 1989, art. 15, I, 1 3e à 23e al.**

Lorsqu'il émane du locataire, le délai de préavis applicable au congé est de trois mois.

Le délai de préavis est toutefois d'un mois :

1° Sur les territoires mentionnés au premier alinéa du I de l'article 17;

2° En cas d'obtention d'un premier emploi, de mutation, de perte d'emploi ou de nouvel emploi consécutif à une perte d'emploi;

3° Pour le locataire dont l'état de santé, constaté par un certificat médical, justifie un changement de domicile;

4° Pour les bénéficiaires du revenu de solidarité active ou de l'allocation adulte handicapé;

5° Pour le locataire qui s'est vu attribuer un logement défini à l'article L. 351-2 du code de la construction et de l'habitation.

Le locataire souhaitant bénéficier des délais réduits de préavis mentionnés aux 1° à 5° précise le motif invoqué et le justifie au moment de l'envoi de la lettre de congé. À défaut, le délai de préavis applicable à ce congé est de trois mois.

Le congé doit être notifié par lettre recommandée avec demande d'avis de réception, signifié par acte d'huissier ou remis en main propre contre récépissé ou émargement. Ce délai court à compter du jour de la réception de la lettre recommandée, de la signification de l'acte d'huissier ou de la remise en main propre.

Pendant le délai de préavis, le locataire n'est redevable du loyer et des charges que pour le temps où il a occupé réelle-

1. L. n° 2009-323, 25 mars 2009, *JO* 27 mars, p. 5408 – SUR CETTE LOI : Wertenschlag, *AJDI* 2009. 256.
2. L. n° 2017-86, 27 janv. 2017 relative à l'égalité et à la citoyenneté, *JO* 28 janv., n° 1.

ment les lieux si le congé a été notifié par le bailleur. Il est redevable du loyer et des charges concernant tout le délai de préavis si c'est lui qui a notifié le congé, sauf si le logement se trouve occupé avant la fin du préavis par un autre locataire en accord avec le bailleur.

À l'expiration du délai de préavis, le locataire est déchu de tout titre d'occupation des locaux loués.

• **L. 6 juill. 1989, art. 40, I et III *in fine***

(...) Les treizième à vingt-troisième alinéas du I de l'article 15 sont applicables lorsque le congé émane du locataire.

741.02 Jurisprudence de référence.

• **Civ. 3e, 16 juin 2011, n° 10-18.814**, *Bull. civ.* III, n° 104

* V. ss n° 741.61

Si l'article 40 de la loi du 6 juillet 1989 exclut, en HLM, l'application de l'article 15 de la loi du 6 juillet 1989 pour un congé à l'initiative du bailleur, cet article, ni aucun autre texte, n'interdit au bailleur HLM de délivrer congé en application de l'article 1736 du code civil.

• **Civ. 3e, 31 mars 1998, n° 96-14.871**, NP

* V. ss n° 741.72

Le droit au maintien dans les lieux « naissant à l'expiration du bail », il incombe au bailleur, qui entend le contester, de délivrer préalablement au locataire un congé visant le motif invoqué avant de saisir la juridiction compétente d'une action en déchéance de ce droit.

741.03 Bibliographie indicative.

Actualisables. DICT. PERM. Gestion immob., « HLM – Location », n° 267, 298, 316.

SECTION 1
CONGÉ DU LOCATAIRE

741.11 Liberté contractuelle. Le locataire HLM peut donner congé à tout moment, en respectant les conditions de forme du congé et les règles de délai de préavis prescrites par la loi.

On signalera toutefois qu'à la suite de ce qu'il faut appeler une erreur dans la rédaction de la loi du 24 mars 2014, dite loi Alur[1], l'article 12 de la loi du 6 juillet 1989, qui autorise le locataire à donner congé à tout moment dans les conditions de l'article 15, n'a pas été rendu applicable dans les logements HLM par l'article 40, I et III. Sa stricte application aboutirait à interdire au locataire de donner congé.

§ 1
Forme du congé

741.21 Application du droit commun locatif. Les mêmes principes que ceux en vigueur pour les logements privés de droit commun sont applicables. En effet, l'article 40 de la loi du 6 juillet 1989 précise que l'article 15, I (13e à 23e alinéas) est applicable en HLM quand le congé émane du locataire.

Il en résulte que le congé doit être donné par lettre recommandée avec demande d'avis de réception, signifié par acte d'huissier ou remis en main propre contre récépissé ou émargement. Pour de plus amples développements sur la forme du congé v. ss nos 542.11 s.

§ 2
Délai de préavis

741.31 Délai de droit commun. Le préavis, normalement d'une durée de trois mois, est réduit à un mois dans un certain nombre de cas limitativement énoncés (v. ss nos 542.41 s.). Si le locataire à l'issue du délai de préavis doit laisser le logement libre de toute occupation, la Cour de cassation relève que le fait de libérer les lieux en cours de préavis n'est pas en soi constitutif d'un manquement à l'obligation de jouissance paisible et la cour d'appel doit rechercher si l'intrusion de squatters dans le logement ne constitue pas un cas de force majeure faisant obstacle à la restitution[2].

Toutefois, le caractère HLM de la location emporte certaines précisions complémentaires sur le délai de préavis.

A.
Loi Alur et loi Macron

741.41 Loi Alur et loi Macron. La loi du 24 mars 2014[3], dite loi Alur, prévoit de nouvelles conditions de réduction du délai pour les baux conclus après la date de son entrée en vigueur, soit le 27 mars 2014. Dans ce cas, c'est le droit commun résultant de l'article 15 de la loi du 6 juillet 1989 qui s'applique (v. ss nos 542.41 s.). En revanche, pour les baux en cours au 27 mars 2014, la réduction du délai à un mois pour raisons de santé, pour handicap ou dans les zones tendues ne s'appliquent pas, la loi n'ayant pas réputé l'article 15 d'application immédiate (sur ce point v. ss n° 542.52 s.).

Un avis rendu par la cour de cassation est venu apporter une analyse toute personnelle de la Haute cour. Elle a considéré, en effet, à propos de l'article 24 de la loi du 6 juillet 1989, relatif aux délais accordés au locataire pour payer sa dette de loyers que : « La loi nouvelle régissant immédiatement les effets légaux des situations juridiques ayant pris naissance

1. L. n° 2014-366, 24 mars 2014 pour l'accès au logement et un urbanisme rénové, *JO* 26 mars, p. 5809.
2. Civ. 3e, 9 janv. 2008, n° 07-11.379, *Bull. civ.* III, n° 3; *Administrer* mai 2008, p. 55.
3. L. n° 2014-366, 24 mars 2014, *JO* 26 mars, p. 5809.

avant son entrée en vigueur et non définitivement réalisées, il en résulte que l'article 24 de la loi du 6 juillet 1989 modifié par la loi du 24 mars 2014 en ce qu'il donne au juge la faculté d'accorder un délai de trois ans au plus au locataire en situation de régler sa dette locative s'applique aux baux en cours à la date d'entrée en vigueur de la loi du 24 mars 2014[1]... »

Sur la même base, le locataire serait, par exemple, autorisé à donner congé avec le préavis réduit pour raisons de santé, de handicap ou dans les zones tendues, que la loi Alur ne lui a pas ouvert.

Cette interprétation aurait pu être contestée. Elle l'a été, dans une affaire portant cette fois sur l'article 22 de la loi de 1989, relatif aux conditions de restitution du dépôt de garantie. La cour de cassation a repris, dans son arrêt, l'analyse qu'elle avait avancée dans son avis[2].

Or la loi suivante du 6 août 2015, dite loi Macron[3], a précisé dans son article 82, que : « L'article 15 de la loi, dans sa rédaction résultant du présent article, est applicable aux contrats des locations mentionnées au deuxième alinéa de l'article 2 de ladite loi ».

Ainsi, peut-on avancer maintenant que dès l'entrée en vigueur de la loi Macron, c'est-à-dire le 8 août 2015, l'article 15 dans sa nouvelle rédaction est applicable aux contrats en cours à cette date. Ceci laisse de côté la période qui a couru entre l'entrée en vigueur de la loi Alur, le 27 mars 2014, et le 8 août 2015, pendant laquelle il faut recourir au raisonnement défendu par la cour de cassation pour donner aux dispositions plus favorables au locataire en matière de congé leur plein effet. Solution motivée si l'on suit la Haute cour mais complexe, on en conviendra.

B. Mobilité sociale renforcée

741.51 Changement de résidence principale. La mobilité sociale des locataires HLM a été prise en compte par le législateur, en favorisant des congés avec un délai de préavis réduit en cas de changement de résidence principale, qui s'ajoutent aux cas visés à l'article 15 I (al. 13 à 23) de la loi du 6 juillet 1989.

741.52 Préavis réduit à un mois. L'article L. 353-15 du code de la construction et de l'habitation pour les logements conventionnés et l'article L. 442-6-3 du même code pour les logements non conventionnés, dans une rédaction issue de la loi du 29 juillet 1998 relative à la lutte contre les exclusions, autorisent le locataire à donner un préavis réduit à un mois :

- lorsqu'il quitte un logement HLM ayant bénéficié d'une aide de l'état ou conventionné à l'aide personnalisée au logement (APL);
- ou s'il quitte un logement aidé ou conventionné géré par un organisme d'HLM;
- et qu'il entre dans un logement répondant aux mêmes conditions et situé dans le parc du même bailleur.

741.53 Préavis réduit à deux mois. Le préavis est réduit à deux mois si le locataire quitte un logement HLM conventionné pour un autre logement HLM, lui aussi conventionné, mais appartenant à un autre bailleur HLM (sur les conséquences du congé en matière de paiement du loyer, d'état des lieux, de réparations locatives v. s[s] n°s 134.21 s. et 313.11 s.).

741.54 Absence de préavis réduit. En revanche, le locataire déjà titulaire d'un contrat HLM pour un logement conventionné à l'APL ne peut se prévaloir du préavis réduit à un mois ouvert au locataire « qui s'est vu attribuer un logement conventionné ».

Ce nouveau cas de préavis réduit, qui résulte de la loi du 24 mars 2014, dite Alur, n'a pas vocation à s'appliquer au locataire HLM d'un logement conventionné qui demande sa mutation dans un autre logement conventionné. Il dispose en effet déjà d'un tel logement, à la différence d'un locataire résidant dans le parc non HLM qui lui « s'est vu attribuer » un tel logement. Les débats parlementaires relatifs à la loi Alur montrent que l'intention poursuivie par le législateur dans ce texte était de favoriser le départ d'un locataire du secteur privé non conventionné vers un logement conventionné du parc social, sans avoir à respecter un délai de préavis de trois mois. En outre, les dispositions spéciales, décrites ci-dessus (v. s[s] n° 741.51), ont prévu des délais de préavis réduits pour les locataires HLM en mutation dans le parc.

SECTION 2 Congé du bailleur

741.61 Motifs spécifiques aux HLM. En HLM, il faut écarter d'emblée les cas de congé du bailleur prévus par la loi du 6 juillet 1989. L'article 15 de la loi du 6 juillet 1989, qui prévoit le congé pour reprise, pour vente et pour motif légitime et sérieux n'est en effet pas applicable ici, conformément à l'article 40, I et III de la loi.

1. Cass. Avis, 16 févr. 2015, n° 14-70.011, *Bull.* Avis, n° 2; *D.* 2015. 489, *ibid* 1178, obs. N. Damas; *AJDI* 2015. 608, obs. N. Damas; *RTD civ.* 2015. 569, obs. P. Deumier.
2. Civ. 3e, 17 nov. 2016, n° 15-24.552, P, *D.* 2016. 2399; *AJDI* 2017. 157, point de vue F. de La Vaissière.
3. L. n° 2015-990, 6 août 2015 pour la croissance, l'activité et l'égalité des chances économiques, *JO* 7 août, p. 13537.

Toutefois, si l'article 40 de la loi du 6 juillet 1989 exclut, en HLM, l'application de l'article 15 de la loi du 6 juillet 1989 pour un congé à l'initiative du bailleur, cet article, ni aucun autre texte, n'interdit au bailleur HLM de délivrer congé en application de l'article 1736 du code civil[1].

Il existe un certain nombre de motifs qui peuvent justifier un congé de la part d'un bailleur HLM. Il s'agit, d'une part, des nombreux congés résultant de l'application de la loi du 1er septembre 1948, d'autre part, du congé de la loi du 13 décembre 2000, en cas d'impossibilité de se maintenir dans les lieux suite à la démolition de l'immeuble et, enfin, de la procédure pour troubles de jouissance.

§ 1
Application de la loi du 1er septembre 1948

741.71 Conditions de perte du droit au maintien dans les lieux. Conformément aux articles L. 353-15 et L. 442-6 du code de la construction et de l'habitation, les dispositions du chapitre I de la loi du 1er septembre 1948 sont applicables en HLM. Le bailleur peut ainsi opposer les conditions de perte du droit au maintien dans les lieux dans les cas prévus par ce chapitre.

741.72 Article 10 de la loi du 1er septembre 1948. L'article 10 de la loi du 1er septembre 1948 n'évoque pas moins de onze cas de perte du droit dont l'analyse est faite dans la partie relative à la loi de 1948 (v. ss nos 813.51 s.). La contestation du droit au maintien dans les lieux du locataire qui reçoit un congé sur le fondement de l'article 10 n'est pas subordonnée à la délivrance d'un congé préalable de pure forme de l'article 4[2]. Mais le droit au maintien dans les lieux « naissant à l'expiration du bail », il incombe au bailleur, qui entend le contester, de délivrer préalablement au locataire un congé visant le motif invoqué avant de saisir la juridiction compétente d'une action en déchéance de ce droit[3].

(Sur la procédure applicable en cas de mise en œuvre de l'article 10 de la loi du 1er septembre 1948 v. ss nos 813.73 s.)

1. Civ. 3e, 16 juin 2011, no 10-18.814, *Bull. civ.* III, no 104; *Loyers et copr.* 2011, no 244, note Coutant Lapallus; *Administrer* 2012 no 455, p. 15. À propos de l'application de l'article 10, 9° de la loi du 1er septembre 1948, qui précise que « n'ont pas droit au maintien dans les lieux les personnes qui ont à leur disposition ou peuvent recouvrer, en exerçant leur droit de reprise, un autre local répondant à leurs besoins et à ceux des membres de leur famille ou des personnes à leur charge qui vivaient habituellement avec elles depuis plus de six mois. »
2. Civ. 3e, 31 mars 1998, no 96-14.871, NP, *Rev. loyers* 1998. 502, note Rémy.
3. Civ. 3e, 20 mai 2008, no 07-10.550, *Bull. civ.* III, no 97.

Les articles 12 et suivants de la loi du 1er septembre 1948, quant à eux, autorisent le bailleur à donner congé en cas de travaux nécessitant le départ du locataire et donc également la perte du droit.

Ces travaux engagés par le bailleur HLM pour préserver l'habitabilité des logements ou en améliorer le confort, donnent lieu à une protection particulière sous forme de droit à relogement ou à réintégration dans les lieux pour le locataire (sur la question et la procédure applicable, v. ss nos 412.81 s.).

§ 2
Application de la loi du 13 décembre 2000

741.81 Loi du 13 décembre 2000. La loi pour la solidarité et le renouvellement urbains du 13 décembre 2000, puis la loi portant engagement national pour le logement du 13 juillet 2006, enfin la loi du 25 mars 2009[4], ont adapté les textes permettant au bailleur social de délivrer congé pour démolition, nonobstant le droit au maintien dans les lieux du locataire. Ce régime est inscrit dans les articles L. 353-15 et L. 442-6 du code de la construction et de l'habitation. Il oblige le bailleur à reloger le locataire dans un autre logement correspondant à ses besoins et capacités (sur la question et la procédure applicable, v. ss nos 412.81 s.).

§ 3
Procédure spéciale en cas de troubles de jouissance

741.91 Mesure équilibrée. Créée par la loi du 29 juillet 1998 relative à la lutte contre les exclusions, la procédure décrite ici cherche à réduire les cas de troubles graves de voisinage causés par certains locataires.

Elle se veut équilibrée puisque le ou les auteurs de ces troubles se voient proposer une solution de relogement dans un local d'habitation correspondant à leurs possibilités et que leur refus de cette offre peut entraîner leur expulsion.

741.92 Proposition de relogement. Lorsque le locataire ne respecte pas l'obligation de jouissance paisible, visée à l'article 7 *b* de la loi du 6 juillet 1989, le bailleur peut le mettre en demeure.

À défaut pour le preneur de se conformer à l'obligation qui lui a été rappelée, le bailleur dispose d'un choix :

4. L. no 2009-323, 25 mars 2009 de mobilisation pour le logement et la lutte contre l'exclusion, *JO* 27 mars, p. 5408 – SUR CETTE LOI : Wertenschlag, *AJDI* 2009. 256.

– soit il propose au locataire un relogement[1] correspondant à ses besoins et ses possibilités (v. s[s] n° 412.103). L'offre est faite par lettre recommandée avec demande d'avis de réception;

– soit il engage une action en résiliation de bail devant le juge d'instance. La proposition de relogement reste en effet une faculté et, en aucun cas, une obligation pour le bailleur[2] dans cette hypothèse.

741.93 Suite de la procédure. Si le locataire accepte la proposition de relogement qui lui est faite, la procédure se termine sur ce point.

Si le locataire ne répond pas ou s'il refuse la proposition dans le délai d'un mois de l'envoi de l'offre, le bailleur peut saisir le juge. Celui-ci, au vu des éléments qui lui seront apportés, prononcera ou non la résiliation du bail.

Les conditions sont alors plus rigoureuses pour le locataire qui a refusé l'offre de relogement, si le bail est résilié. Il ne pourra en effet bénéficier des délais prévus à l'article L. 412-3 du code des procédures civiles d'exécution, selon lequel le juge (des référés, de l'exécution ou qui prononce l'expulsion) peut accorder des délais de trois mois à trois ans aux personnes expulsées dont le relogement pose des difficultés. Solution logique puisqu'il aura refusé une première offre de relogement.

L'expulsion pourra alors être poursuivie, après signification du jugement et envoi du commandement de quitter les lieux, le délai de deux mois après celui-ci pouvant être réduit par le juge en cas de refus de l'offre de relogement de l'article L. 442-4-1 du code de la construction et de l'habitation[3].

SECTION 3
DÉCHÉANCE DU DROIT AU MAINTIEN DANS LES LIEUX DANS LE CODE DE LA CONSTRUCTION ET DE L'HABITATION

741.101 Affaiblissement du droit au maintien par la loi du 25 mars 2009. La loi du 25 mars 2009[4] remet en question une institution ancienne. Les locataires HLM détiennent, par l'effet de la loi du 1er septembre 1948, à laquelle renvoient les articles L. 353-15 et L. 442-6 du code de la construction et de l'habitation, le droit à se maintenir dans les logements qui leur ont été attribués, sous la réserve du respect de leurs obligations.

Ce droit n'a cependant pas un caractère illimité, la loi du 1er septembre 1948 ayant prévu les conditions de la déchéance de ce droit dans certaines conditions (v. s[s] n°s 741.72 et 813.51 s.).

741.102 Nouvelles déchéances. La loi de 2009 susvisée ouvre plusieurs hypothèses nouvelles de déchéance du droit qui ne concernent que les logements de type HLM. Elles sont codifiées aux articles L. 442-3-1 à L. 442-3-3 du code de la construction et de l'habitation.

Trois cas sont retenus :

– lorsqu'il y a sous occupation du logement;

– lorsque le logement occupé est réservé à des personnes handicapées et que le ou les occupants ne sont pas ou ne sont plus handicapés;

– lorsque le logement est occupé par des personnes dont les revenus dépassent significativement et de manière continue un certain niveau de ressources.

§ 1
Sous-occupation du logement

A.
Propositions de relogement

741.111 Proposition de relogement corrélative. Lorsque le logement ne répond plus aux conditions d'occupation légales, l'organisme d'HLM propriétaire doit proposer une solution de relogement respectant des impératifs particuliers introduits par le législateur[5].

741.112 Conditions. La loi pose en principe l'obligation faite au bailleur de proposer au locataire une solution de relogement lorsqu'il sous occupe son logement. Est considéré comme insuffisamment occupé un local dont le nombre de pièces habitables est supérieur de plus de un aux personnes qui y ont leur résidence principale. Ainsi, une personne seule sous occupe un trois pièces et deux personnes sous occupent un quatre pièces[6].

Quelles sont les conditions que devra respecter le local de relogement ?

1. CCH, art. L. 442-4-1.
2. CCH, art. L. 442-4-2.
3. L. n° 98-657, 29 juill. 1998, art. 122 sur l'ensemble de la procédure, *JO* 31 juill., p. 1167.
4. L. n° 2009-323, 25 mars 2009 de mobilisation pour le logement et la lutte contre l'exclusion, *JO* 27 mars, p. 5408 – SUR CETTE LOI : Wertenschlag, *AJDI* 2009. 256.
5. CCH, art. L. 442-3-1.
6. CCH art. L. 621-2 qui résulte de la loi n° 2017-86 du 27 janvier 2017 relative à l'égalité et la citoyenneté. La définition antérieure de la sous-occupation, prévue à l'article R. 641-4 du CCH, était plus souple; par exemple, elle prévoyait qu'une personne seule sous occupait un trois pièces et que deux personnes sous occupaient un quatre pièces.

741.113 **Besoins du locataire.** Le logement proposé doit correspondre aux besoins du locataire. Il est ici question, par renvoi du texte à l'article 13 *bis* de la loi du 1er septembre 1948, de ses besoins personnels, familiaux et, le cas échéant, professionnels (pour une application de l'article 13 *bis* au cas de démolition v. ss n° 412.103).

741.114 **Plafond de ressources.** Le locataire pour bénéficier du nouveau logement n'a pas à respecter les plafonds de ressources applicables à l'entrée dans un logement social.

741.115 **Loyer inférieur.** Le loyer principal du nouveau logement doit être inférieur à celui du logement d'origine. Cette condition est impérative. Elle répond à l'une des difficultés de tout relogement qui peut entraîner dans certains cas une hausse du montant du loyer, les petits logements n'étant pas nécessairement les moins chers ou n'étant pas nécessairement moins chers que le logement quitté.

741.116 **Aide à la mobilité.** Les conditions d'une aide à la mobilité prise en charge par le bailleur sont définies par décret[1].

B.
Sanction du refus du relogement

741.121 **Sanction.** Quelle sanction pour le locataire qui refuserait un tel relogement ? La loi va plus loin puisque, sur certains territoires, mais ceux-là seuls, elle a prévu la sanction de la déchéance du droit au maintien dans les lieux[2].

741.122 **Territoires concernés.** Il s'agit des territoires visés à l'article 10, 7° (réécrit) de la loi du 1er septembre 1948, à savoir les communes comprises, au sens du recensement général de la population, dans une agglomération de plus de 50 000 habitants et comprenant au moins une commune de plus de 15 000 habitants, ainsi que les communes de plus de 20 000 habitants.

741.123 **Locataire concerné.** Le locataire ayant refusé trois offres de relogement, faites par le bailleur et respectant les conditions prévues à l'article 13 *bis* de la loi du 1er septembre 1948 (v. ss n° 741.113), est déchu de son droit au maintien dans les lieux.

741.124 **Moment de la déchéance.** À l'expiration d'un délai de six mois à compter de la notification de la troisième offre de relogement, le locataire est déchu de tout titre d'occupation des locaux loués.

1. V. CCH, art. R. 442-3-2.
2. CCH, art. L. 442-3-1.

741.125 **Exceptions.** Y a-t-il des exceptions à l'application de la déchéance du droit ? Elles sont assez nombreuses en effet et tiennent à des conditions d'âge, de handicap ou de territoires.

Sont exclus de toute obligation de relogement et peuvent par conséquent se maintenir dans les lieux les personnes suivantes qui sous occupent leur logement :

1°) Les locataires âgés de plus de soixante-cinq ans.

2°) Les locataires présentant un handicap au sens de l'article L. 114 du code de l'action sociale et des familles ou ayant à leur charge une personne présentant un tel handicap.

3°) Les locataires présentant une perte d'autonomie physique ou psychique, ou ayant à leur charge une personne présentant une telle perte d'autonomie[3].

4°) Le texte ne s'applique pas non plus aux logements situés dans les quartiers prioritaires de la politique de la ville (pour la définition des QPV, v. ss n° 721.41). Auparavant, étaient concernées par cette exemption les zones urbaines sensibles, définies au 3 de l'article 42 de la loi n° 95-115 du 4 1995 d'orientation pour l'aménagement et le développement du territoire (ZUS). C'est pourquoi le législateur a pris soin de préciser que : « Ces dispositions demeurent non applicables aux locataires bénéficiant de cet avantage et résidant, au plus tard le 31 décembre 2014, dans les quartiers classés en zones urbaines sensibles qui n'auront pas été classés, à compter du 1er janvier 2015, en quartiers prioritaires de la politique de la ville. »

§ 2
Logements réservés aux handicapés

741.131 **Priorité aux personnes à mobilité réduite.** Il s'agit ici de permettre la libération de logements normalement réservés et adaptés aux personnes présentant un handicap[4].

741.132 **Conditions.** À partir du moment où le ou les occupants présentant un tel handicap n'occupent plus le logement adapté, le bailleur a l'obligation de proposer à cet ou ces occupants de quitter ce logement adapté et d'en proposer un autre.

1° Le relogement se fait sans tenir compte des plafonds de ressources HLM.

3. Il s'agit des personnes mentionnées aux 3° et 4° de l'art. L. 322-3 du code de la sécurité sociale et des personnes bénéficiant d'une pension d'invalidité versée par un des régimes de sécurité sociale – CCH, art. R. 442-3-1.
4. CCH, art. L. 442-3-2.

2° Le loyer principal du nouveau logement doit ici aussi être inférieur à celui du logement d'origine.

3° Les conditions d'une aide à la mobilité prise en charge par le bailleur sont définies par décret[1].

741.133 Sanction. La sanction s'applique ici sans distinction de territoires, puisque l'objectif est de reprendre le logement adapté au handicap, mais qui, dans les faits, ne profite pas à une personne en situation de handicap.

1° Le locataire ayant refusé trois offres de relogement faites par le bailleur et respectant les conditions prévues à l'article 13 *bis* de la loi du 1er septembre 1948 (v. ss no 741.113) ne bénéficie plus du droit au maintien dans les lieux.

2° À l'expiration d'un délai de six mois à compter de la notification de la troisième offre de relogement, le locataire est déchu de tout titre d'occupation des locaux loués.

3° Le délai est cependant porté à dix-huit mois en cas de décès d'une personne handicapée à la charge du locataire. Il est tenu compte des circonstances particulières dans lesquelles le logement ne se trouve plus occupé par une personne handicapée.

741.134 Exception. Le texte n'est pas applicable aux locataires âgés de plus de soixante-cinq ans.

§ 3 Logements occupés par des locataires en dépassement de ressources

741.141 Dépassement durable et significatif. Le législateur a la volonté d'écarter des logements sociaux HLM les personnes qui, durablement et significativement, dépassent un plafond de ressources fixé par la loi. L'objectif poursuivi est d'obtenir le départ effectif de ces ménages.

741.142 Conditions. La mise en œuvre du dispositif suppose réunies trois conditions[2] :

1°) Sont visés les logements locatifs sociaux appartenant aux organismes d'habitations à loyer modéré, mais également ceux qui sont gérés par eux.

2°) Les logements doivent être situés dans des zones géographiques, définies par un décret en Conseil d'État[3], qui se caractérisent par un déséquilibre important entre l'offre et la demande de logements. Le législateur a considéré qu'il n'était pas nécessaire de poursuivre la libération de logements dans des zones peu tendues.

3°) Les locataires dont les ressources, au vu des résultats de l'enquête réalisée tous les ans à l'occasion de l'application du SLS[4], sont, deux années consécutives, supérieures d'au moins 200 % aux plafonds de ressources pour l'attribution des logements (plafond dit « PLUS ») n'ont plus le droit au maintien dans les lieux. La perte du droit au maintien prend effet à l'issue d'un délai de trois ans à compter du 1er janvier de l'année qui suit les résultats de l'enquête faisant apparaître, pour la deuxième année consécutive, le dépassement retenu. La loi no 2017-86 du 27 janvier 2017 relative à l'égalité et la citoyenneté a durci ce dispositif : le seuil de dépassement est fixé à 150 %, les plafonds de ressources pris en compte sont ceux applicable pour les logements financés en prêt locatif social (plafonds dits « PLS ») et la perte du droit au maintien dans les lieux intervient dans un délai réduit à 18 mois. Ce nouveau dispositif s'appliquera à compter du 1er janvier 2018[5].

741.143 Sanction. Le constat doit donc être fait, deux années consécutives, d'un dépassement de 150 % du plafond de ressources PLS à l'occasion de l'enquête SLS. Dès que les résultats de l'enquête font apparaître, pour la deuxième année consécutive, un dépassement du double de ces plafonds, le bailleur en informe les locataires sans délai. Il les informe qu'à compter du 1er janvier qui suit, un délai de 3 ans s'ouvre, au terme duquel ils peuvent perdre leur droit au maintien dans les lieux.

Six mois avant l'issue de ce délai de 3 ans, le bailleur notifie par lettre recommandée avec demande d'avis de réception, ou signifie par acte d'huissier, la date à laquelle les locaux loués doivent être libres de toute occupation. À l'issue de cette échéance, les locataires sont déchus de tout titre d'occupation des locaux loués.

Le dispositif à venir (à compter du 1er janvier 2018), en application de la loi du 27 janvier 2017, sera plus dur. Si un dépassement du plafond est constaté à l'occasion des enquêtes SLS de 2018 et 2019, les locataires concernés pourront perdre leur droit au maintien, après un délai de 18 mois, qui court à partir du 1er janvier 2020, soit le 1er juillet 2021.

1. CCH, art. R. 442-3-2
2. CCH, art. L. 442-3-3.
3. Il s'agit des zones A, B1 et B2 visées à l'arrêté du 30 septembre 2014. Voir l'article R. 442-3-3 du CCH qui renvoie à un arrêté du 8 décembre 2009 relatif aux zones géographiques mentionnées à l'article L. 442-3-2 du CCH. Cet arrêté renvoyait à la liste établie par l'arrêté du 29 avril 2009 relatif au classement des communes par zone applicable à certaines aides au logement, texte qui a été abrogé et remplacé par l'arrêté du 1er août 2014 pris en application de l'article R. 304-1 du CCH, puis modifié par l'arrêté du 30 septembre 2014 (*JO* 14 oct., p. 16717).
4. CCH, art. L. 441-9.
5. L. no 2017-86, 27 janv. 2017 relative à l'égalité et à la citoyenneté, art. 82.

741.144 **Exception.** Il existe quatre situations dans lesquelles la sanction peut ne pas s'appliquer.

741.145 **Ressources inférieures aux plafonds d'attribution.** Tout d'abord, si au cours de la période de trois ans évoquée ci-dessus (dix-huit mois, à compter du 1er janvier 2018), le locataire justifie que ses ressources sont devenues inférieures aux plafonds pour l'attribution du logement, il bénéficie à nouveau du droit au maintien dans les lieux.

741.146 **Personnes de 65 ans.** Ensuite, une mesure écartant les personnes âgées de plus de 65 ans a été envisagée par le législateur. Mais, sans doute en raison de l'urgence déclarée sur le projet de loi de mobilisation pour le logement et la lutte contre l'exclusion [1] et le passage par une seule lecture du texte devant chaque chambre du Parlement qui en est la conséquence, une erreur d'écriture a été commise dans la loi. Le texte exclut ainsi de son champ, non pas les locataires de plus de 65 ans, mais « les locataires qui, l'année suivant les résultats de l'enquête faisant apparaître, pour la deuxième année consécutive, un dépassement du double des plafonds de ressources, atteignent leur soixante-cinquième anniversaire » [2]. C'est une exclusion bien singulière qui ferait de la survenance une année donnée d'une date anniversaire le seul critère d'exclusion et non l'âge lui-même. Or, c'est bien les personnes de plus de 65 ans qui sont visées.

741.147 **Locataires atteints d'un handicap.** Les locataires présentant un handicap au sens de l'article L. 114 du code de l'action sociale et des familles ou ayant à leur charge une personne présentant un tel handicap sont également exclus de cette mesure.

741.148 **Locataires des quartiers prioritaires de la politique de la ville (QPV).** Enfin, sont exclus les logements situés dans les quartiers prioritaires de la politique de la ville (QPV). Étaient exclus auparavant les logements des zones urbaines sensibles, définies au 3 de l'article 42 de la loi du 4 février 1995 [3] d'orientation pour l'aménagement et le développement du territoire. Le législateur a prévu, ici également, que cette sanction demeure non applicable aux locataires bénéficiant de cet avantage et résidant, au plus tard le 31 décembre 2014, dans les quartiers classés en zones urbaines sensibles qui n'auront pas été classés, à compter du 1er janvier 2015, en quartiers prioritaires de la politique de la ville.

Il faut signaler enfin que les organismes HLM peuvent décider, par délibération de leur conseil d'administration ou de leur conseil de surveillance, d'appliquer ces dispositions aux logements leur appartenant situés en dehors des zones géographiques ci-dessus.

1. DEVENU L. n° 2009-323, 25 mars 2009, *JO* 27 mars, p. 5408.
2. CCH, art. L. 442-3-3.
3. L. n° 95-115, 4 févr. 1995, *JO* 5 févr. 1995, p. 1973.

CHAPITRE

742. Vente HLM

SECTION 0
ORIENTEUR

742.00 Plan du chapitre.

Division. La vente du logement HLM à son occupant répond d'abord au souhait du législateur de faciliter une accession à la propriété à dimension sociale offrant au locataire de ressources modestes l'opportunité d'acquérir le logement qu'il occupe dans des conditions de prix et de transparence satisfaisantes.

Son régime, défini aux articles L. 443-7 et suivants du code de la construction et de l'habitation, garantit en outre à l'acquéreur un logement répondant aux normes d'habitabilité, doté du confort lié aux caractéristiques techniques exigées pour la construction des logements HLM, et respectant une performance énergétique minimale.

En outre, le régime de la vente HLM, entendue comme une vente à l'occupant locataire qui peut seul acheter le logement qu'il occupe, a été assoupli. C'est ainsi que la loi du 21 juillet 1994 relative à l'habitat[1] a supprimé plusieurs obstacles tels que l'obligation faite au vendeur d'occuper le logement à titre principal pendant cinq ans. De même, pour permettre à certains membres de la famille du locataire de se porter acquéreurs à la place de celui-ci, la loi a élargi les bénéficiaires du régime de vente HLM.

Seront successivement analysés le champ d'application, les bénéficiaires de la vente et les conditions de celle-ci.

On signalera que le conseil d'administration ou de surveillance de l'organisme d'HLM est tenu de définir une politique de vente en fixant annuellement les objectifs à atteindre[2]. Dans la convention d'utilité sociale qu'il signe avec l'État (v. s[s] n° 741.148), l'organisme fixe sa politique patrimoniale et, le cas échéant, l'énoncé de sa politique d'accession.

1. L. n° 94-624, 21 juill. 1994, *JO* 24 juill. 1994, p. 10685.
2. CCH, art. L. 443-7.

742.01 Textes applicables.

TEXTES SOURCES

- **CCH, art. L. 443-7 à L. 443-15-1, L. 443-15-3 et L. 443-15-4, L. 451-5.**
- **CCH, art. R. 443-10 à R. 443-16.**
- **CCH, art. R. 443-11, annexe, Normes minimales d'habitabilité des logements vendus.**

TEXTES *IN EXTENSO*

- **CCH, art. L. 443-7**

Les organismes d'habitations à loyer modéré peuvent aliéner aux bénéficiaires prévus à l'article L. 443-11 des logements construits ou acquis depuis plus de dix ans par un organisme d'habitations à loyer modéré. Ils peuvent proposer à ces mêmes bénéficiaires la possibilité d'acquérir ces mêmes logements au moyen d'un contrat de location-accession. Ces logements doivent répondre à des normes d'habitabilité minimale fixées par décret en Conseil d'État. Ces logements doivent, en outre, répondre à des normes de performance énergétique minimale fixées par décret.

La décision d'aliéner est prise par l'organisme propriétaire. Elle ne peut porter sur des logements et immeubles insuffisamment entretenus. Elle ne doit pas avoir pour effet de réduire de manière excessive le parc de logements sociaux locatifs existant sur le territoire de la commune ou de l'agglomération concernée.

Lorsqu'une ou plusieurs décisions d'aliéner conduisent à diminuer de plus de 30 % le parc de logements locatifs détenu sur les trois dernières années par un organisme d'habitations à loyer modéré, le conseil d'administration ou le directoire doit motiver cette décision et déclarer au représentant de l'État dans le département s'il a l'intention de maintenir son activité ou de demander la dissolution de l'organisme. Dans ce dernier cas, la décision d'aliéner est examinée au regard des conditions de mise en œuvre des dispositions relatives à la dissolution de l'organisme.

La décision d'aliéner est transmise au représentant de l'État dans le département qui consulte la commune d'implantation ainsi que les collectivités publiques qui ont accordé un financement ou leur garantie aux emprunts contractés pour la construction, l'acquisition ou l'amélioration des logements. La commune émet son avis dans le délai de deux mois à compter du jour où le maire a reçu la consultation du représentant de l'État dans le département. Faute d'avis de la commune à l'issue de ce délai, celui-ci est réputé favorable. À défaut d'opposition motivée du représentant de l'État dans le département dans un délai de quatre mois, la décision est exécutoire. En cas de désaccord entre la commune et le représentant de l'État dans le département, la décision d'aliéner ne devient exécutoire qu'après autorisation par le ministre chargé du logement. Le représentant de l'État informe la commune et l'organisme propriétaire de la transmission de la décision d'aliéner au ministre. Dans ce cas, le silence du ministre dans un délai de six mois à compter de la transmission de la décision d'aliéner au représentant de l'État dans le département par l'organisme propriétaire vaut autorisation de la décision d'aliéner. En cas de non-respect de l'obligation de transmission au représentant de l'État de la décision d'aliéner, ou de non-respect de l'obligation prévue au troisième alinéa, lorsque cette aliénation est réalisée au bénéfice d'une personne morale, l'acte entraînant le transfert de propriété est entaché de nullité. L'action en nullité peut être intentée par l'autorité administrative ou par un tiers dans un délai de cinq ans à compter de la publication de l'acte au fichier immobilier.

À défaut de commencement d'exécution de la décision d'aliéner dans un délai de cinq ans à compter de la date à laquelle l'autorisation implicite est intervenue ou à laquelle l'autorisation a été notifiée au bénéficiaire, cette autorisation est caduque. Ce délai peut être prorogé par l'autorité ayant accordé l'autorisation de vente.

Lorsqu'une métropole régie par le chapitre VII du titre Ier du livre II de la cinquième partie du code général des collectivités territoriales ou la métropole de Lyon a pris la compétence de délivrance aux organismes d'habitations à loyer modéré des agréments d'aliénation de logements prévue au présent article, la décision d'aliéner est transmise au président du conseil de la métropole où est situé le logement qui consulte la commune d'implantation ainsi que les collectivités publiques qui ont accordé un financement ou leur garantie aux emprunts contractés pour la construction, l'acquisition ou l'amélioration des logements. La commune émet son avis dans le délai de deux mois à compter du jour où le maire a reçu la consultation du président du conseil de la métropole. Faute d'avis de la commune à l'issue de ce délai, celui-ci est réputé favorable. À défaut d'opposition motivée du président du conseil de la métropole dans un délai de quatre mois, la décision est exécutoire. En cas de non-respect de l'obligation de transmission au président du conseil de la métropole de la décision d'aliéner, ou de non-respect de l'obligation prévue au troisième alinéa, lorsque cette aliénation est réalisée au bénéfice d'une personne morale, l'acte entraînant le transfert de propriété est entaché de nullité. L'action en nullité peut être intentée par l'autorité administrative ou par un tiers dans un délai de cinq ans à compter de la publication de l'acte au fichier immobilier.

Lorsqu'il s'agit d'un contrat de vente à une personne physique, l'organisme vendeur est passible d'une sanction pécuniaire, dans la limite de 15 000 € par logement vendu, arrêtée par l'Agence nationale de contrôle du logement social ou le président du conseil de la métropole dans la situation prévue au sixième alinéa.

Toutefois, lorsque le logement est affecté à la location saisonnière, la décision d'aliéner ne peut être prise qu'après accord de la commune d'implantation.

Le conseil d'administration ou de surveillance de chaque organisme d'habitations à loyer modéré délibère annuellement sur les orientations de sa politique de vente de logements, fixe les objectifs à atteindre en nombre de logements mis en vente et apprécie les résultats obtenus l'année précédente.

Le comité régional de l'habitat et de l'hébergement est saisi chaque année d'un rapport du représentant de l'État ou du président du conseil de la métropole dans la situation prévue au sixième alinéa portant sur la vente de logements d'habitation à loyer modéré. Ce rapport analyse si le réinvestissement des fonds provenant de la vente permet le maintien quantitatif et qualitatif de l'offre locative. Il peut émettre à cette occasion des recommandations.

L'organisme d'habitations à loyer modéré indique par écrit à l'acquéreur personne physique, préalablement à la vente, le montant des charges locatives et, le cas échéant, de copropriété des deux dernières années, et lui transmet la liste des travaux réalisés les cinq dernières années sur les parties communes. En tant que de besoin, il fournit une liste des travaux d'amélioration des parties communes et des éléments d'équipement commun qu'il serait souhaitable d'entreprendre, accompagnée d'une évaluation du montant global de ces travaux et de la quote-part imputable à l'acquéreur.

• CCH, art. L. 443-11

Un logement occupé ne peut être vendu qu'à son locataire. Toutefois, sur demande du locataire, le logement peut être vendu à son conjoint ou, s'ils ne disposent pas de ressources supérieures à celles qui sont fixées par l'autorité administrative, à ses ascendants et descendants.

Tout locataire peut adresser à l'organisme propriétaire une demande d'acquisition de son logement. La réponse de l'organisme doit être motivée et adressée à l'intéressé dans les deux mois suivant la demande.

Lorsque l'organisme d'habitations à loyer modéré met en vente un logement vacant, il doit l'offrir en priorité à l'ensemble des locataires de logements lui appartenant dans le département, ainsi qu'aux gardiens d'immeuble qu'il emploie, par voie d'une publicité dont les modalités sont fixées par décret en Conseil d'État. À défaut d'acquéreur prioritaire, le logement peut être offert :

– à toute autre personne physique;

– à une collectivité territoriale ou un groupement de collectivités territoriales qui s'engage à mettre ce logement pendant au moins quinze ans à la disposition de personnes défavorisées mentionnées au II de l'article L. 301-1.

Lorsqu'une personne physique a acquis soit un logement vacant auprès d'un organisme d'habitations à loyer modéré, soit un logement locatif appartenant à une société d'économie mixte ou à l'association mentionnée à l'article L. 313-34 et faisant l'objet d'une convention conclue en application de l'article L. 351-2 et devenu vacant, soit un logement auparavant acquis par une telle société en application du septième alinéa du présent article et devenu vacant, elle ne peut se porter acquéreur d'un autre logement vacant appartenant à un organisme d'habitations à loyer modéré ou appartenant à une société d'économie mixte ou à l'association mentionnée à l'article L. 313-34 et faisant l'objet d'une convention conclue en application de l'article L. 351-2 ou acquis par une telle société en application du septième alinéa du présent article, sous peine d'entacher de nullité le contrat de vente de cet autre logement.

Nonobstant les dispositions du premier ou du deuxième alinéa du présent article, les logements peuvent être vendus à un autre organisme d'habitations à loyer modéré ou à une société d'économie mixte ou à un organisme bénéficiant de l'agrément relatif à la maîtrise d'ouvrage prévu à l'article L. 365-2, ou à un organisme de foncier solidaire défini à l'article L. 329-1 du code de l'urbanisme en vue de la conclusion d'un bail réel solidaire tel que défini aux articles L. 255-1 et suivants, sans qu'il soit fait application des conditions d'ancienneté, d'habitabilité et de performance énergétique prévues à l'article L. 443-7. Les locataires en place continuent à bénéficier des conditions antérieures de location.

Les logements peuvent également être vendus dans le cadre d'opérations de renouvellement urbain aux établissements publics créés en application des articles L. 321-14 et L. 326-1 du code de l'urbanisme, en vue de leur démolition préalablement autorisée par le représentant de l'État dans le département; dans ce cas, les baux demeurent jusqu'au départ des locataires en place.

Afin d'assurer l'équilibre économique et social d'un ou plusieurs ensembles d'habitations ou d'un quartier connaissant des difficultés particulières, l'organisme d'habitations à loyer modéré propriétaire peut, après accord du représentant de l'État dans le département, qui consulte la commune d'implantation, vendre des logements vacants à toute personne physique ou morale, ou les louer à ces mêmes personnes pour des usages autres que l'habitation. Afin de contribuer aux politiques de développement social des quartiers, et notamment de ceux connaissant des difficultés particulières, un organisme d'habitations à loyer modéré peut mettre à disposition d'une association des locaux moyennant, éventuellement, le paiement des charges locatives correspondant auxdits locaux.

Dans les quartiers prioritaires de la politique de la ville ou dans les territoires définis à l'article 6 de la loi n° 2003-710 du 1er août 2003 d'orientation et de programmation pour la ville et la rénovation urbaine, les organismes d'habitations à loyer modéré peuvent, après avis de la commune d'implantation, louer des locaux d'habitation situés en rez-de-chaussée, en vue d'y exercer des activités économiques. Passé le délai d'un mois, cet avis est réputé favorable. Le bail d'habitation de ces locaux n'est pas soumis au chapitre V du titre IV du livre Ier du code de commerce et ne peut être un élément constitutif du fonds de commerce.

Dans ce cas, les dispositions prévues aux articles L. 311-3, L. 631-7, L. 631-7-4 et L. 631-7-5 ne s'appliquent pas.

• **CCH, art. L. 443-12**

Le prix de vente est fixé par l'organisme propriétaire, après avis du maire de la commune d'implantation du logement vendu.

Si le maire n'a pas répondu dans un délai de deux mois, son avis est réputé favorable.

Lorsque l'acquéreur est une personne physique, le prix peut être inférieur ou supérieur de 35 % à l'évaluation faite par le service des domaines, en prenant pour base le prix d'un logement comparable libre d'occupation.

Lorsque l'acquéreur est l'une des personnes morales visées à l'article L. 443-11 autre qu'un organisme d'habitations à loyer modéré ou une société d'économie mixte de construction et de gestion de logements sociaux ou un organisme bénéficiant de l'agrément relatif à la maîtrise d'ouvrage prévu à l'article L. 365-2, ou un organisme de foncier solidaire défini à l'article L. 329-1 du code de l'urbanisme en vue de la conclusion d'un bail réel solidaire tel que défini aux articles L. 255-1 et suivants, le prix de vente ne peut être inférieur à l'évaluation faite par le service des domaines en prenant pour base le prix d'un logement comparable libre d'occupation. En cas de vente à un organisme d'habitations à loyer modéré ou à une société d'économie mixte, ou à un organisme bénéficiant de l'agrément relatif à la maîtrise d'ouvrage prévu à l'article L. 365-2, ou à un organisme de foncier solidaire défini à l'article L. 329-1 du code de l'urbanisme en vue de la conclusion d'un bail réel solidaire tel que défini aux articles L. 255-1 et suivants, le service des domaines n'est pas consulté.

• **CCH, art. L. 451-5**

L'avis de l'autorité compétente de l'État est requis par les organismes d'habitations à loyer modéré préalablement à leurs acquisitions ou cessions immobilières à l'exception de celles relatives aux opérations entreprises en vue de l'accession à la propriété et de celles intervenant entre deux organismes d'habitations à loyer modéré.

742.02 Jurisprudence de référence.

• **CE 19 déc. 1994**, req. n° 133039

* V. ss n° 742.42

Lorsqu'un locataire demande à acquérir son logement, l'organisme doit lui transmettre une réponse motivée dans le délai de deux mois. La contestation du refus opposé par une SA d'HLM de vendre un logement occupé est un litige de droit privé qui relève du juge judiciaire.

• **CDBF, 20 déc. 2007**, *Sté SCIC Hab. IdF*, req. n° 158-534, *Lebon*

* V. ss n° 742.24

Le prix de vente ne doit pas être différent du prix proposé ayant fait l'objet des mesures de publicité réglementaire auprès des acquéreurs prioritaires et la modification du prix initialement proposé par voie de publicité nécessite donc une nouvelle publicité.

742.03 Bibliographie indicative.

Actualisables. RÉP. IMMO., v° « Habitat social (HLM) », H. des Lyons, n° 189-194 – LAMY DR. IMMO, n° 2876 s. – DICT. PERM. Gestion immob., « HLM – Location », nos 316-346 s.

Articles. R. Roux, « La vente de logements HLM vacants », *JCP N* 1995, n° 44-45, p. 1525, n° 3528; P. Derrez, « Acquisition de logements HLM par leurs occupants », *Ann. Loyers* 1994, p. 6.

SECTION 1
CHAMP D'APPLICATION

742.11 Financement indifférent. La loi ne fait ici aucune distinction entre les logements HLM. Le seul critère à retenir est celui de l'appartenance du logement à l'organisme HLM, peu important les conditions de sa construction, le fait qu'il ait ou non bénéficié de prêts aidés, ou qu'il soit ou non conventionné (sur ces notions v. s[s] n°s 733.21 s.). Dans le cas de logements conventionnés, les dispositions de la convention sont inopposables aux acquéreurs successifs, car la convention rendrait impossible une occupation personnelle.

Toutefois, si le logement concerné fait l'objet d'une réservation au profit d'une personne morale, l'organisme vendeur doit proposer au réservataire un logement équivalent, sauf si les parties en décident autrement[1].

742.12 Logement construits ou acquis depuis au moins dix ans. La décision de vente ne peut concerner que des logements construits ou acquis depuis plus de dix ans par l'organisme vendeur[2]. Le délai est calculé à partir de la date d'achèvement des travaux de construction ou de la date d'acquisition. Le délai est porté à vingt ans si l'organisme HLM a bénéficié d'un prix d'acquisition du terrain avec décote[3].

Le préfet du département d'implantation des logements ou le président du conseil de la métropole compétent le cas échéant[4] peut toutefois déroger à cette règle en cas de circonstances économiques et sociales particulières. Il doit dans ce cas consulter la commune d'implantation du logement et motiver sa décision[5].

742.13 Logement répondant à des conditions de confort. Des conditions de confort sont exigées pour les logements susceptibles d'être vendus[6]. Ces normes minimales portent sur la qualité du gros œuvre, l'étanchéité du logement et son équipement minimal en eau et électricité, avec une cuisine, une salle d'eau dans les immeubles collectifs et des sanitaires intérieurs, des ouvertures et une aération suffisantes.

En outre, le logement et l'immeuble doivent être suffisamment entretenus[7].

742.14 Logement répondant à des normes de performance énergétique. L'obligation de respecter des normes de confort énergétique a d'abord concerné les logements collectifs, selon la loi du 24 mars 2014[8], dite loi Alur. Les logements de ces immeubles doivent avoir une consommation d'énergie correspondant au maximum à l'étiquette E[9], sauf pour les logements pour lesquels un agrément d'aliénation a été délivré avant cette date.

La même condition s'applique aux logements individuels depuis le 1er janvier 2016, sauf pour les logements pour lesquels un agrément d'aliénation a été délivré avant cette date.

742.15 Dérogations applicables à certaines ventes. Les conditions d'ancienneté, de confort et de performances énergétiques ne sont toutefois pas applicables aux ventes entre organismes HLM ou à une SEM ou à un organisme agréé pour la maîtrise d'ouvrage en application de l'article L. 365-2 du code de la construction et de l'habitation[10].

SECTION 2
BÉNÉFICIAIRES

742.21 Critère de l'occupation. La situation varie selon que le logement est ou non occupé.

742.22 Logement occupé. Le principe est posé par l'article L. 443-11 du code de la construction et de l'habitation : « Un logement occupé ne peut être vendu qu'à son locataire. » La loi ne prévoit pas de délai de réponse; l'organisme vendeur peut en fixer un dans sa proposition.

Il a été jugé, qu'en l'état d'une offre de vente faite en 1998, la réponse du locataire intervenue en 2006 a dépassé les délais; sa demande d'indemnisation et de remboursement des loyers versés depuis 1998 est dès lors rejetée[11].

L'acquéreur de son logement n'est pas soumis au respect de plafonds de ressources.

La loi du 21 juillet 1994 a ouvert la possibilité d'une vente au conjoint du locataire[12], sur la demande du locataire, ou, s'ils répondent à des conditions de ressources réglementaires, aux ascen-

1. CCH, art. L. 443-9.
2. Cette condition est facultative dans les cas de vente à un autre organisme d'HLM ou à une SEM.
3. CGPPP, art. L. 3211-7.
4. V. s[s] n° 742.41.
5. CCH, art. L. 443-8.
6. CCH, art. R. 443-11. Cette condition est facultative en cas de vente à un autre organisme HLM, à une SEM ou à un organisme bénéficiant de l'agrément relatif à la maîtrise d'ouvrage prévu à l'article L. 365-2 du CCH.
7. CCH, art. L. 443-7. Cette condition s'apprécie conformément aux obligations du bailleur visées aux articles 1719 et 1720 du code civil.
8. L. n° 2014-366, 24 mars 2014, *JO* 26 mars, p. 5809, art. 114 V.
9. A savoir les logements dont la consommation d'énergie est inférieure ou égale à 330 kWh d'énergie primaire par mètre carré et par an.
10. CCH, art. L. 443-11.
11. Nancy, 20 nov. 2008, *JurisData* n° 2008-375126.
12. La notion de conjoint est ici entendue au sens du code civil, ce qui exclut le concubin ou le partenaire pacsé.

dants et descendants du locataire[1]. Ne sont concernés par conséquent que les proches en ligne directe (parents, grands-parents, enfants, petits-enfants).

Les ressources visées doivent être inférieures ou égales au PLS, soit 130 % des plafonds PLUS qui donnent accès au logement locatif HLM[2] (v. s^s n° 723.31).

Le montant des ressources à prendre en considération au cours d'une année donnée est égal à la somme des revenus fiscaux de référence au sens du 1° du IV de l'article 1417 du code général des impôts de chaque personne composant le ménage au titre de l'avant-dernière année précédant celle de l'acquisition.

742.23 Réponse du locataire. Engage sa responsabilité un organisme de logement social qui avait consenti une promesse unilatérale de vente au profit de sa locataire, puis l'avait informée de la caducité de cette proposition suite au transfert de son patrimoine, alors que celle-ci avait déjà manifesté son intention d'acquérir le bien au prix offert[3].

742.24 Logement vacant. Lorsqu'un logement est vacant, la priorité est donnée aux locataires de l'organisme dans le département, à la condition qu'ils soient locataires de logements (et non de commerces ou de garages indépendants par exemple), ainsi qu'aux gardiens d'immeuble de l'organisme HLM.[4]

Ils sont avertis par voie d'affichage dans le patrimoine et par une insertion dans deux journaux locaux. L'affichage se fait au siège social de l'organisme et aux emplacements habituellement utilisés pour l'information des locataires dans les immeubles locatifs appartenant à l'organisme et situés dans le département[5].

Pour les maisons individuelles l'affichage repose sur un écriteau visible de la voie publique et apposé sur la maison ou à proximité immédiate.

Sont précisés aux candidats acquéreurs la consistance du bien et le prix proposé.

Le prix de vente ne doit pas être différent du prix proposé ayant fait l'objet des mesures de publicité réglementaire auprès des acquéreurs prioritaires et la modification du prix initialement proposé par voie de publicité nécessite donc une nouvelle publicité[6].

742.25 Acquisition limitée à un seul logement. Une personne physique qui a acquis un logement vacant auprès d'un organisme HLM ou d'une Sem ou de l'Association foncière logement ne peut acquérir un autre logement vacant auprès des mêmes organismes, sous peine de nullité du contrat de vente.

742.26 Absence de candidat locataire pour l'achat. Si aucun locataire ne s'est manifesté dans le délai de deux mois, le bien pourra être offert à toute autre personne physique ainsi qu'à certaines personnes morales : collectivités locales ou leurs groupements, organismes à but non lucratif s'engageant à mettre le logement pendant au moins quinze ans à la disposition de personnes défavorisées. Le défaut de transmission de la décision d'aliéner les logements par le propriétaire au préfet, en cas de vente à une personne morale, est entaché de nullité.

742.27 Vente en bloc. Les logements peuvent également être vendus sous la forme d'une vente en bloc à un autre organisme d'habitations à loyer modéré ou à une société d'économie mixte ou à un organisme bénéficiant de l'agrément relatif à la maîtrise d'ouvrage prévu à l'article L. 365-2 du code de la construction et de l'habitation, sans qu'il soit fait application des conditions d'ancienneté, d'habitabilité et de performance énergétique.

742.28 Vente pour démolition. Dans le cadre d'une opération de renouvellement urbain, les logements peuvent être également vendus, en vue de leur démolition (préalablement autorisée par le préfet), à des établissements publics fonciers et d'aménagement visés aux articles L. 321-1 et L. 326-1 du code de l'urbanisme.

742.29 Prise en compte de l'équilibre économique et social du quartier. Enfin, la vente est possible au bénéfice de toute personne physique ou morale sans condition particulière si l'équilibre économique et social d'un ensemble d'habitations ou d'un quartier connaissant des difficultés particulières le justifie, après accord du préfet qui consulte la commune d'implantation[7].

SECTION 3
CONDITIONS

742.31 Régime. Elles concernent la procédure et les modalités financières de l'opération qui ont fait l'objet d'importants compléments dans la loi du 13 juillet 2006, portant engagement national pour

1. Arr. 26 juill. 2007 relatif aux plafonds de ressources applicables aux ascendants ou descendants de ménages locataires qui acquièrent un logement locatif auprès d'un organisme d'habitation à loyer modéré ou d'une société d'économie mixte ayant pour objet statutaire la réalisation de logements, *JO* 25 oct., p. 17511, n° 34.
2. Rép. min. n° 21350, *JO Sénat* 11 janv. 2001, p. 97.
3. Civ. 3e, 11 avr. 2012, n° 11-16.329, NP.
4. CCH, art. L. 443-11.
5. CCH, art. R. 443-12.
6. CDBF, 20 déc. 2007, *S^té SCIC Hab. IdF*, req. n° 158-534, *Lebon*. 617 ; *AJDA*. 2008. 12.
7. CCH, art. L. 443-11.

le logement[1], puis dans la loi du 25 mars 2009 portant engagement national pour le logement[2].

§ 1
Conditions procédurales

742.41 **Procédure.** Si l'initiative de la vente est du libre choix du propriétaire des logements, le préfet ou le président du conseil de la métropole compétent est amené à formuler un avis.

742.42 **Initiative de la vente.** L'initiative de la vente appartient à l'organisme propriétaire seul, sur décision de son conseil d'administration ou de surveillance.

Lorsqu'un locataire demande à acquérir son logement, l'organisme doit lui transmettre une réponse motivée dans le délai de deux mois. La contestation du refus opposé par une SA d'HLM de vendre un logement occupé est un litige de droit privé qui relève du juge judiciaire[3].

Il n'est pas envisagé de créer un droit individuel à l'acquisition car il porterait atteinte au droit de propriété. La priorité n'est pas de réduire le parc social existant, mais de générer davantage de logements abordables[4].

742.43 **Rôle du préfet.** Après réception de la décision d'aliéner de l'organisme, le préfet consulte la commune d'implantation et les collectivités publiques qui ont garanti les emprunts[5].

La commune émet son avis dans les deux mois. À défaut l'avis est réputé favorable.

À défaut d'opposition motivée du préfet[6] dans le délai de 4 mois, la décision d'aliéner est exécutoire. Toutefois, en cas de désaccord entre la commune et le préfet, ce dernier transmet la décision d'aliéner au ministre chargé du logement et informe la commune de cette transmission. La décision d'aliénation ne devient exécutoire qu'après l'autorisation du ministre mais son silence pendant six mois vaut autorisation d'aliéner[7].

Cette solution succède à la situation précédente résultant de la loi du 24 mars 2014, dite loi Alur, dans laquelle il était avancé que le silence du ministre pendant 4 mois valait opposition. Elle résulte de l'analyse du code des relations entre le public et l'administration qui précisent que le silence de l'administration pendant 6 mois vaut acceptation.

742.44 **Rôle des métropoles.** Lorsque la compétence pour délivrer des agréments d'aliénation de logements relève d'une métropole régie par le code général des collectivités territoriales ou de la métropole du Grand Lyon, la décision d'aliéner est alors transmise non pas au préfet mais au président du conseil de la métropole où se situent les logements[8]. Il procède aux mêmes consultations (commune et collectivités garantes). Avis de la commune dans les deux mois, à défaut il est réputé favorable. À défaut d'opposition du président de la métropole dans les quatre mois, il est réputé favorable. Le texte ne prévoit pas de saisine du ministre du logement en cas de désaccord entre l'autorité et la commune.

742.45 **Délais.** La validité de l'autorisation du préfet ou du président du conseil de la métropole est, depuis la loi du 24 mars 2014[9], dite loi Alur, soumise à un délai. Il est de 5 ans et court à compter de la date à laquelle la décision implicite est intervenue ou à laquelle l'autorisation a été notifiée au bénéficiaire. Toutefois, ce délai peut être prorogé. À l'issue de ces délais l'autorisation est caduque.

742.46 **Renforcement du contrôle de l'État sur certaines cessions.** La loi relative à l'égalité et à la citoyenneté du 27 janvier 2017 a prévu que l'organisme qui envisage de vendre plus de 30 % de son patrimoine détenu sur les trois dernières années doit motiver sa décision et déclarer au préfet s'il a l'intention de poursuivre son activité ou non. Dans ce dernier cas, la décision d'aliéner est examinée au regard des conditions de mise en œuvre des dispositions relatives à la dissolution de l'organisme. Cette obligation permet au préfet de vérifier quelle est l'orientation stratégique de l'organisme vendeur, sa démarche ne se limitant plus alors à une simple aliénation.

À défaut le transfert de propriété est entaché de nullité.

742.47 **Vente HLM et droit de préemption urbain.** Les immeubles construits ou acquis par les organismes HLM leur appartenant sont soumis au droit de préemption urbain depuis la loi du 24 mars 2014[10], dite loi Alur.

1. L. n° 2006-872, 13 juill. 2006, *JO* 16 juill., p. 10662.
2. L. n° 2009-323, 25 mars 2009, *JO* 27 mars, p. 5408.
3. CE 19 déc. 1994, req. n° 133039.
4. Rép. min. n° 10695, *JOAN* 1er nov. 2016, p. 9177.
5. L'avis demandé à la commune par le préfet ne se confond pas avec celui demandé sur le prix de vente (v. ss n° 742.51).
6. Le préfet ne peut s'opposer que pour un risque de réduction excessive du parc locatif de la commune ou de l'agglomération, non-respect des normes d'habitabilité ou insuffisance d'entretien du logement.
7. L. n° 2017-86, 27 janv. 2017, art. 84, modifiant CCH, art. L. 443-7.
8. CCH, art. L. 443-7, 6e al., reproduit dans les textes *in extenso* en début de chapitre, v. ss n° 742.01.
9. L. n° 2014-366, 24 mars 2014, *JO* 26 mars, p. 5809, art. 114 V, 2°.
10. L. n° 2014-366, 24 mars 2014, *JO* 26 mars, p. 5809, art. 149, 4°.

742.48 Information des acquéreurs. L'acquéreur personne physique doit être informé par écrit du montant des charges locatives et, le cas échéant, de copropriété, au cours des deux dernières années. Il reçoit un exemplaire de l'état descriptif de division et le règlement de copropriété, le cas échéant. Il est informé par le vendeur qu'il sera redevable de la taxe foncière sur les propriétés bâties.

Afin de l'informer complètement sur l'état du logement et de l'immeuble, le vendeur doit en outre préciser les travaux intervenus les cinq dernières années sur les parties communes et la liste des travaux qu'il serait nécessaire d'entreprendre pour l'amélioration des parties communes et des éléments d'équipement communs[1]. Une évaluation du montant global de ces travaux et de la quote-part imputable à l'acquéreur doit lui être transmise depuis la loi du 25 mars 2009.

Enfin, un état mentionnant la présence ou l'absence d'amiante est annexé à toute promesse de vente et à tout contrat de vente pour les immeubles construits avant le 1er juillet 1997. Sont également applicables, le cas échéant, la réglementation sur les termites, celle relative aux installations intérieures de gaz naturel[2], les diagnostics techniques relatifs au plomb et à la performance énergétique ainsi que, dans les zones concernées, une information sur la présence d'un risque de mérule dans le bâtiment[3].

§ 2
Conditions financières

742.51 Modalités financières – Sources. Elles relèvent des articles L. 443-12 et suivants du code de la construction et de l'habitation[4].

742.52 Prix de vente et avis des Domaines. Si le prix de vente est fixé par l'organisme propriétaire, France-Domaines est obligatoirement consulté sur l'évaluation du bien[5] (qui est faite pour un logement comparable, libre d'occupation), sauf en cas de vente à un autre organisme HLM ou une Sem ou un organisme agréé maîtrise d'ouvrage de l'article L. 365-2 du code de la construction et de l'habitation.

1. CCH, art. L. 443-7.
2. L. n° 2003-8, 3 janv. 2003 relative aux marchés du gaz et de l'électricité et au service public de l'énergie, art. 17, *JO* 4 janv., p. 265.
3. V. CCH, art. L. 133-9.
4. Ces articles précisent notamment les modalités de remboursement des emprunts et de reversement des aides publiques et ont été complétés par la loi du 13 juill. 2006 qui créé l'art. L. 443-12-1, CCH.
5. Conformément à l'article L. 451-5 CCH (v. « textes *in extenso* » en début de chapitre) v. ss n° 742.01.

Le prix de vente à l'acquéreur, personne physique, peut être inférieur ou supérieur de 35 % à l'évaluation des Domaines La vente n'est acquise qu'en cas d'accord sur le prix, condition essentielle de la vente[6].

L'évaluation est un prix plancher pour les ventes à une personne morale autre qu'un organisme HLM, une Sem ou un organisme agréé maîtrise d'ouvrage de l'article L. 365-2 du code de la construction et de l'habitation.

742.53 Avis du maire de la commune d'implantation du logement. Il est requis sur le prix fixé par l'organisme pour la mise en vente du bien. Il est purement consultatif. Aucune sanction n'est prévue en cas de non-respect d'un avis défavorable. L'avis porte uniquement sur la fixation du prix de vente. En cas de silence du maire pendant deux mois, l'avis est réputé favorable.

742.54 Délai de réponse et crédit-vendeur pour l'acquéreur. L'acquéreur dispose d'un délai de dix jours pour se rétracter, délai pendant lequel le versement de toute somme d'argent est interdit[7]. À défaut d'avant-contrat, l'acquéreur dispose d'un délai de réflexion de dix jours, pendant lequel aucun acte ne peut être signé.

L'organisme n'est plus tenu d'accorder à l'acquéreur un échelonnement du paiement du prix depuis la loi du 21 juillet 1994.

742.55 Vente HLM et PTZ. L'achat d'un logement HLM par son locataire ou par un gardien de l'organisme ouvre droit au bénéfice d'un prêt à taux zéro (PTZ+), à la condition que le prix soit inférieur d'au moins 10 % à l'évaluation des domaines. Cette possibilité est applicable à compter du 1er avril 2014[8].

742.56 Mesures anti-spéculation. La loi du 13 juillet 2006, complétée par la loi du 25 mars 2009[9], prévoit des mesures pour faire pièce à d'éventuelles spéculations sur le prix de revente des logements HLM acquis. En cas de revente dans les cinq ans, l'acquéreur, personne physique, doit ainsi informer l'organisme vendeur qui est prioritaire pour l'acquisition. L'acquéreur personne physique ayant acquis son logement à un prix inférieur à l'évaluation faite par le service des domaines et l'ayant vendu dans les cinq ans suivant cette acquisition est tenu de verser à l'organisme d'habitations à loyer modéré une somme égale à la différence entre le prix de vente et le prix d'acquisition. Cette

6. Civ. 3e, 15 déc. 2009, n° 09-12.059, NP.
7. CCH, art. L. 271-1.
8. L. n° 2014-366, 24 mars 2014, art. 17, *JO* 26 mars, p. 5809.
9. L. n° 2009-323, 25 mars 2009 de mobilisation pour le logement et la lutte contre l'exclusion, *JO* 27 mars, p. 5408 – SUR CETTE LOI : Wertenschlag, *AJDI* 2009. 256.

somme ne peut excéder l'écart constaté entre l'évaluation faite par le service des domaines lors de l'acquisition et le prix d'acquisition [1].

Par ailleurs, la personne physique qui a acquis son logement à un prix inférieur à l'évaluation ne peut le louer pendant cinq ans que dans la limite de plafonds de loyer fixés par l'autorité administrative. Le contrat de vente doit préciser ces obligations à peine de nullité. L'arrêté du 5 décembre 2007 précise que l'acquéreur ne peut percevoir un loyer supérieur au dernier loyer qu'il payait avant l'acquisition de son logement. Ce montant est révisé le 1er janvier conformément à l'évolution de l'IRL.

742.57 Remboursement des prêts et des aides publiques. Les conditions de remboursement des prêts et des aides publiques pour les logements vendus sont précisées aux articles L. 443-11 et L. 443-13 du code de la construction et de l'habitation, le cas échéant.

742.58 Organisme vendeur syndic. L'organisme vendeur est syndic de la copropriété créée tant qu'il demeure propriétaire de l'un des lots. Dans les copropriétés issues de la vente HLM l'organisme détenant au moins un logement peut, en tant que de besoin, mettre son personnel à disposition du syndicat des copropriétaires afin d'assurer des missions de gardiennage, d'agent de propreté, d'élimination des déchets, d'entretien technique courant et de veille du bon fonctionnement des équipements communs.

1. CCH, art. L. 443-12-1.

LIVRE

8. LA LOI DU 1ER SEPTEMBRE 1948

SECTION 0 ORIENTEUR

8.00 Plan du livre.

Titre	**81**	**Le régime de la loi de 1948**
Chap.	811	Champ d'application de la loi de 1948
Chap.	812	Régime juridique du contrat de location
Chap.	813	Droit au maintien dans les lieux du locataire et droit de reprise du bailleur
Chap.	814	Fixation du prix
Titre	**82**	**La sortie du régime de la loi de 1948**
Chap.	821	Locaux vacants
Chap.	822	Baux de sortie du régime de la loi du 1er septembre 1948

8.01 Textes applicables.

TEXTES SOURCES

• **L. n° 48-360, 1er sept. 1948** portant modification et codification de la législation relative aux rapports des bailleurs et locataires ou occupants de locaux d'habitation ou à usage professionnel et instituant des allocations de logement, *JO* 2 sept., p. 8659.

• **L. n° 86-1290, 23 déc. 1986** tendant à favoriser l'investissement locatif, l'accession à la propriété de logements sociaux et le développement de l'offre foncière, *JO* 24 déc., p. 15531, art. 25, 28 à 34.

• **L. n° 89-462, 6 juill. 1989, art. 40, II.**

• **Décr. n° 48-1766, 22 nov. 1948** fixant les conditions de détermination de la surface corrigée des locaux d'habitation ou à usage professionnel, *JO* 23 nov., p. 11367.

• **Décr. n° 48-1881, 10 déc. 1948** déterminant le prix de base au mètre carre des locaux d'habitation ou à usage professionnel, *JO* 11 déc., p. 12090.

8.03 Bibliographie indicative.

Actualisables. RÉP. CIV., v° « Baux d'habitation et professionnels (loi du 1er sept. 1948) », H. des Lyons et Y. Rouquet – LAMY DR. IMMO, nos 5674-5834 – DICT. PERM. Gestion immob., « Baux – loi du 1er septembre 1948 ».

TITRE

81. Le régime de la loi de 1948

SECTION 0
ORIENTEUR

81.00 Plan du titre.

81.01 Textes applicables.

TEXTES SOURCES

• **L. n° 48-360, 1er sept. 1948, art. 1, 4, 5, 10, 18, 19, 26 à 44.**

• **Décr. n° 48-1766, 22 nov. 1948** fixant les conditions de détermination de la surface corrigée des locaux d'habitation ou à usage professionnel, *JO* 23 nov., p. 11367.

• **Décr. n° 48-1881, 10 déc. 1948** déterminant le prix de base au mètre carre des locaux d'habitation ou à usage professionnel, *JO* 11 déc., p. 12090.

81.03 Bibliographie indicative.

Actualisables. RÉP. CIV., v° « Baux d'habitation et professionnels (loi du 1er sept. 1948) », H. des Lyons et Y. Rouquet – LAMY DR. IMMO, nos 5674-5834 – DICT. PERM. Gestion immob., « Baux – loi du 1er septembre 1948 ».

Articles. Brière de Lisle, « Réflexions sur le vœu d'abrogation de la loi du 1er septembre 1948 », *Administrer*, nov. 1985, p. 7; Ascensio, « Le droit au maintien dans les lieux dans les locaux d'habitation soumis à la loi du 1er septembre 1948 », *D.* 1976. Chron. 177; B. Boussageon, « Majorations de loyer applicables aux locaux régis par la loi du 1er septembre 1948 », *AJPI* 1985. 461; C. Berthault-Azéma, « Dans quels cas la loi du 1er septembre 1948 cesse-t-elle de s'appliquer ? », *Rev. loyers* 1986, p. 13; P. Guitard, « La loi de 1948 : un régime exsangue qui ne veut pas mourir », *AJPI* 1987. 439; « Le 40e anniversaire de la loi du 1er septembre 1948 », *Administrer* août-sept. 1988; J. Monéger, « La loi de 1948 a cinquante ans », *Loyers et copr.* déc. 1998; Magnin, « La loi de 1948 une peau de chagrin qui perdure », *LPA* 1999, n° 202, p. 4; H. des Lyons et Y. Rouquet, « Revue de jurisprudence janv. 2003-juin 2004 », *AJDI* 2004. 607; *ibid.*, « Chronique d'actualité législative et jurisprudentielle juill. 2004-août 2005 », *AJDI* 2005. 802; N. Damas, « Commentaire de la loi du 13 juillet 2006 », *AJDI* 2006. 706; *D.* 2007, Pan. 912; B. Raclet, « Loi ENL du 13 juill. 2006 », *IRC* sept. 2006, 26; « Que reste-t-il de la loi de 1948 », *Administrer* mai 2012, 13.

CHAPITRE

811. Champ d'application de la loi de 1948

SECTION 0
ORIENTEUR

811.00 **Plan du chapitre.**

811.01 **Textes applicables.**

TEXTES SOURCES

• **L. n° 48-360, 1er sept. 1948, art. 1.**

TEXTES *IN EXTENSO*

• **L. 1er sept. 1948, art. 1**

À Paris,

Dans un rayon de cinquante kilomètres de l'emplacement des anciennes fortifications de Paris.

Dans les communes dont la population municipale totale est supérieure à 4 000 habitants ou qui sont limitrophes de communes dont la population municipale totale est au moins égale à 10 000 habitants, ces populations s'évaluant d'après le recensement général de 1968.

Dans les communes de 4 000 habitants au plus dont la population municipale totale s'est accrue de plus de 5 p. 100 à chacun des recensements généraux de 1954, 1962 et 1968 par rapport au recensement précédent.

Sous réserve des décrets pris en application du dernier alinéa du présent article, l'occupation des locaux d'habitation ou à usage professionnel sans caractère commercial ou industriel ou ne relevant pas du statut du fermage, ainsi que des locaux affectés à l'exercice d'une fonction publique dans lesquels l'habitation est indivisiblement liée au local utilisé pour ladite fonction, est régie, après l'expiration du bail écrit ou verbal, par les dispositions suivantes.

Des décrets pris sur le rapport du ministre de l'équipement et du logement détermineront les communes dans lesquelles la présente législation cessera d'être appliquée soit totalement, soit partiellement, ou pourra, dans les mêmes conditions, être rendue applicable.

811.02 **Jurisprudence de référence.**

> Renonciation au régime de la loi de 1948

• **Civ. 3e, 23 mai 2002, n° 00-22.402**, NP

* V. ss n° 811.17

La validité de la renonciation au régime de la loi de 1948 par le bénéficiaire n'est possible que si le droit a déjà pris naissance, que le bénéficiaire y renonce en parfaite connaissance de la portée de celle-ci et qu'elle a un caractère certain et non équivoque.

> Champ d'application

• **Civ. 3e, 10 déc. 2002, n° 01-11.793**, *Bull. civ.* III, n° 254

* V. ss n° 811.51

C'est au locataire qui invoque le bénéfice de la loi de démontrer que le local a été construit avant le 1er septembre 1948.

811.03 **Bibliographie indicative.**

Actualisables. RÉP. CIV., v° « Baux d'habitation et professionnels (loi du 1er sept. 1948) », H. des Lyons et Y. Rouquet, nos 19-42 – LAMY DR. IMMO, nos 5675-5691 – DICT. PERM. Gestion immob., « Baux – loi du 1er septembre 1948 », nos 7-42.

SECTION 1
NATURE ET FINALITÉS DE LA LOI DE 1948

811.11 **Caractéristiques.** La loi du 1er septembre 1948[1] est souvent définie à travers deux caractéristiques essentielles : c'est une loi d'exception; c'est une loi en extinction[2].

811.12 **Loi d'exception.** La loi de 1948 est une loi d'exception parce que la crise du logement caracté-

1. L. n° 48-1360, 1er sept. 1948 portant modification et codification de la législation relative aux rapports des bailleurs et locataires ou occupants de locaux d'habitation ou à usage professionnel et instituant des allocations de logement, *JO* 2 sept., p. 8659.
2. AUSSI, sur le régime de la loi de 1948 : VOIR des Lyons et Rouquet, RÉP. CIV., v° « Baux d'habitation et professionnels (L. 1er sept. 1948) ».

risait l'après-guerre et qu'il fallait, d'une part, remettre en ordre les loyers des logements en fonction du service rendu, et, d'autre part, rendre la rentabilité à l'investissement locatif.

Ainsi, pour chaque catégorie de logement a été défini un loyer de rentabilité correspondant au coût d'un immeuble de remplacement (la valeur locative); mais, compte tenu des circonstances de l'époque, il a été convenu que ce loyer ne serait atteint que par étapes, alors qu'un loyer « salaire » serait applicable immédiatement, compatible avec le revenu moyen d'un locataire.

Dans le même temps, le loyer des logements neufs a été libéré.

Par ailleurs, la loi a accordé aux locataires le droit au maintien dans les lieux à l'expiration de leur contrat. La protection du locataire est renforcée par le caractère d'ordre public de la législation de 1948 (sur la notion d'ordre public v. s[s] n° 021.11).

La reprise du logement par le propriétaire, exception au droit au maintien dans les lieux, n'est envisageable que pour son habitation personnelle ou celle des membres de sa famille.

Des solutions étaient en outre avancées pour assurer l'amélioration du bâti ou les réparations justifiées par le bon entretien de l'immeuble.

811.13 **Loi en extinction.** La loi de 1948 est une loi en extinction par ailleurs dès lors qu'elle n'était applicable qu'aux logements construits avant son entrée en vigueur et que des mesures de « sortie » progressive de ces logements ont été définies dans les cinquante années suivantes. Pour mémoire en 1959, la liberté était reconnue pour les locations nouvelles dans les communes de moins de 10 000 habitants[1]. En 1965, dans les villes de plus de 10 000 habitants, les logements répondant à un certain équipement et, à condition que le bail soit d'au moins six ans, bénéficiaient également de la liberté. Ce transfert aux héritiers est désormais impossible.

Depuis 1968, les locaux les plus prestigieux (catégorie exceptionnelle et I) sont sortis de la loi de 1948[2]. De même, en 1975, les logements de la catégorie II A sortent de la loi[3], suivis en 1986 de ceux des catégories II B et II C[4], sous certaines conditions. L'impossibilité de revenir dans le champ d'application de la loi a complété ce dispositif de sortie (sur les baux de sortie de la loi v. s[s] n°s 822.11 s.).

811.14 **Projets de réforme.** Un projet significatif de réforme de la loi avait été annoncé en 2003 pour faciliter la sortie des derniers baux du système de la loi de 1948 vers le droit commun. La réforme contenue dans la loi du 13 juillet 2006[5] n'a pas la dimension annoncée. Le législateur s'est en effet contenté de limiter les effets combinés de l'article 5 de la loi et de l'article 1742 du code civil qui, en cas de décès du locataire, permettaient aux héritiers, quels qu'ils soient, de bénéficier du transfert du bail (v. s[s] n° 813.122). Le parc de la loi de 1948 est en constante diminution et ne représentait plus que 200 000 logements en 2006 contre 520 000 en 1988. Dans ces conditions il n'est pas envisagé que le montant des loyers concernés fasse l'objet d'une exonération fiscale, au-delà des régimes de droit commun[6]. La non-transmissibilité du bail ayant pour effet de réduire progressivement et automatiquement le nombre de ces logements, aucune modification de la loi du 1er septembre 1948 n'est envisagée actuellement[7].

811.15 **Statistiques.** Évolution du nombre de logements restant soumis à la loi de 1948, selon l'enquête logement de l'Insee :

1970 : 1,4 million logements;
1978 : 930 000 logements;
1984 : 700 000 logements;
1988 : 520 000 logements;
1992 : 440 000 logements;
1996 : 337 000 logements;
2002 : 246 000 logements;
2006 : 200 000 logements.
2014 : 100 000 à 150 000 logements[8].

811.16 **Loi d'ordre public.** Aux termes de l'article 87 de la loi du 1er septembre 1948, les dispositions de son titre Ier sont d'ordre public. Cette affirmation interdit aux parties de déroger à ses dispositions. On est en présence d'un ordre public de protection qui, sous certaines conditions, peut faire l'objet d'un renoncement de la part du locataire ou du bailleur.

811.17 **Renonciation au régime.** La validité de la renonciation au régime de la loi de 1948 par le bénéficiaire n'est possible que si le droit a déjà pris naissance, que le bénéficiaire y renonce en parfaite connaissance de la portée de celle-ci et qu'elle a un caractère certain et non équivoque[9]. Ne manifeste

1. L. 1er sept. 1948, art. 3 *bis*.
2. Décr. n° 67-519, 30 juin 1967.
3. Décr. n° 75-803, 26 août 1975.
4. L. n° 86-1290, 23 déc. 1986.
5. L. n° 2006-872, 13 juill. 2006 portant engagement national pour le logement, art. 85.
6. Rép. min. n° 41283, 6 avr. 2010, *JOAN Q* 6 avr. 2010, p. 4067.
7. Rép. min. n° 786, *JOAN Q* 11 juin 2013, p. 6111.
8. Rép. min. n° 786, *JOAN Q* 11 juin 2013, p. 6111. V. aussi : Raclet, « Que reste-t-il de la loi du 1er septembre 1948 », *Administrer* n° 454, mai 2012.
9. Civ. 3e, 23 mai 2002, n° 00-22.402, NP, *Administrer* mai 2003, p. 36.

pas sa volonté de renoncer au bénéfice des dispositions de la loi du 1er septembre 1948 le preneur qui se borne à contester le montant des loyers et des charges de son bail[1].

La signature d'un nouveau bail, au visa de la loi du 6 juillet 1989, par une personne de grand âge et ayant un handicap visuel non contesté, n'est pas en soi constitutive de manœuvres dolosives au sens de l'article 1137 du code civil (anct art. 1116)[2]. Le nouveau bail faisant référence à plusieurs reprises aux dispositions de la loi du 22 juin 1982, le locataire, en le concluant, avait renoncé, sans équivoque, à se prévaloir de la loi du 1er septembre 1948[3]. La renonciation ne se présume pas, elle doit être explicite[4]. La signature d'un bail visant la loi du 6 juillet 1989 vaut renonciation non équivoque à se prévaloir des dispositions de la loi du 1er septembre 1948[5].

811.18 Application prohibée du régime. En raison du caractère d'ordre public des dispositions de la loi du 23 décembre 1986 qui soumettent les locaux vacants répondant à des normes minimales de confort à la loi du 6 juillet 1989, les parties ne peuvent s'entendre pour conclure un bail de la loi de 1948[6].

Si le locataire peut renoncer au régime protecteur de la loi, il n'est pas possible, même par accord, d'en revendiquer l'application pour des locaux vacants.

811.19 Réduction du champ d'application. Défini aux articles 1er, 1er *bis*, 1er *ter*, 2, 3 et 3 *bis*, le champ d'application de la loi du 1er septembre 1948 tend à se restreindre progressivement.

La loi du 1er septembre 1948 crée un régime de droit au maintien dans les lieux applicable à des bénéficiaires dont le bail est expiré et sous certaines conditions (v. ss no 813.21). La condition de la validité d'un titre d'occupation préalable est posée par l'article 1er de la loi selon lequel l'occupation des locaux est régie par la loi « après l'expiration du bail écrit ou verbal ».

1. Civ 3e, 5 avr. 2011, no 09-68-155, NP, *AJDI* mai 2011, p. 372.
2. Civ. 3e, 28 janv. 2004, no 02-18.603, NP, *Administrer* nov. 2005, p. 30, obs. Beddeleem.
3. Civ. 3e, 12 nov. 2008, no 07-17.876, NP, *AJDI* 2009. 32; *Administrer*, août-sept. 2009, p. 17.
4. Paris, 15 janv. 2009, no 07-15.621, NP, *AJDI* 2009. 368.
5. Civ. 3e, 7 mars 2012, no 11-12.027, NP, *Loyers et copr.* 2012, no 136, note Vial-Pedroletti.
6. Civ. 3e, 19 mars 2003, no 01-12.529, *Bull. civ.* III, no 64; *D.* 2004. 846, et les obs., obs. S. Gérard; *AJDI* 2003. 418, obs. Y. Rouquet; *Loyers et copr.* 2003, no 108, obs. Vial-Pedroletti – Paris, Pôle 4, ch. 3, 16 sept. 2010, *AJDI* janv. 2011, p. 59.

SECTION 2
COMMUNES VISÉES

811.21 Critère du nombre d'habitants. De manière originale, le champ géographique de la loi étant défini par zones et par taille de communes, elle peut s'appliquer ou ne pas s'appliquer dans deux communes voisines géographiquement. Le champ d'application de la loi est par ailleurs soumis à de possibles évolutions.

811.22 Cas général. La loi du 1er septembre 1948 s'applique[7] :

- à Paris;
- dans un rayon de cinquante kilomètres autour de Paris (et, plus précisément des anciennes fortifications de Paris);
- dans les communes dont la population totale est supérieure à 4 000 habitants ou dont la population est inférieure mais qui sont limitrophes de communes de 10 000 habitants au moins[8];
- dans les communes de 4 000 habitants au plus dont la population s'est accrue de plus de 5 % à chacun des recensements généraux de 1954, 1962 et 1968 par rapport au recensement précédent.

811.23 Extensions ou dérogations. L'article 1er de loi du 1er septembre 1948 ajoute que ce champ peut être élargi ou restreint par décret; le retrait peut toutefois être partiel, et l'article 1er *bis* précise que le décret peut comprendre des dérogations pour certaines catégories de personnes en difficulté qui continueront d'en bénéficier.

En outre, dans les communes de moins de 10 000 habitants, sauf jusqu'à 50 kilomètres de Paris, les dispositions de la loi ne s'appliquent pas aux locataires entrés dans les lieux après le 1er janvier 1959. Des décrets ont pu, ici aussi, étendre ou restreindre ce champ d'exclusion défini par la date d'entrée du locataire. La population à prendre en compte est celle du recensement de 1968[9].

SECTION 3
LOCAUX VISÉS

811.31 Critères multiples. Les critères relatifs aux locaux peuvent concerner leur destination, leur date de construction ou leur classement par catégorie. En outre, certains locaux sont sortis de la loi de manière expresse.

7. L. 1er sept. 1948, art. 1er.
8. Mesurés par le recensement de 1968.
9. Civ. 3e, 2 oct. 2002, no 01-03.431, *Bull. civ.* III, no 190; *D.* 2002. 3123; *Rev. loyers* 2003. 33, note Canu.

§ 1
Destination des locaux

811.41 Application de la loi. Les locaux à usage d'habitation, à usage mixte d'habitation et professionnel ou à usage professionnel, sans caractère commercial, industriel ou relevant du statut du fermage, entrent dans le champ d'application de la loi, ainsi que les locaux affectés à l'exercice d'une fonction publique lorsque le logement est « indivisiblement » lié au local de fonction. La loi s'applique à une chambre de service constituant l'habitation principale du locataire[1].

811.42 Clause d'habitation bourgeoise. La domiciliation d'une personne morale dans les locaux à usage d'habitation pris à bail par son représentant légal n'entraîne pas un changement de la destination des lieux si aucune activité n'y est exercée[2].

811.43 Location postérieure à la réforme du 23 décembre 1986. Si les réformes successives de la loi du 1er septembre 1948 ont eu pour objet, et pour effet, d'en réduire le champ, il reste possible cependant de voir consacrée l'application de la loi ancienne, même pour une location postérieure à la loi du 23 décembre 1986[3]. C'est le cas lorsque le propriétaire, après une location verbale initiale relevant de la loi de 1948, accepte son extension à des locaux vacants situés dans le même immeuble et, condition essentielle sans laquelle il aurait pu voir son procès conclu différemment, qu'il modifie globalement le montant du loyer et des charges sans exiger de nouveau dépôt de garantie. La cour d'appel a pu en déduire que les locaux « étaient soumis dans leur ensemble aux dispositions de la loi du 1er septembre 1948 »[4]. Par contre, une pièce isolée, indépendante du local principal, louée selon un bail verbal, pour y entreposer des papiers et revues, n'est pas destinée à l'habitation et par conséquent ne relève pas de son champ, l'article 1er de la loi ne visant que des locaux d'habitation ou à usage professionnel[5].

1. Paris, 18 déc. 2003, RG n° 2002/14792, *Rev. loyers* 2004. 330.
2. Civ. 3e, 25 févr. 2016, n° 15-13.856, P, *D.* 2016. 545, obs. Y. Rouquet; *ibid.* 1102, obs. N. Damas; *AJDI* 2016. 683, obs. N. Damas; *Rev. sociétés* 2016. 604, note A. Reygrobellet; *Rev. loyers* 2016, p. 193, note F. Cornette.
3. L. n° 86-1290, 23 déc. 1986 tendant à favoriser l'investissement locatif, l'accession à la propriété de logements sociaux et le développement de l'offre foncière, *JO* 24 déc., p. 15531, dite loi Méhaignerie.
4. Civ. 3e, 17 oct. 2007, n° 06-17.472, *Bull. civ.* III, n° 177; *D.* 2007. 2805, obs. G. Forest; *AJDI* 2008. 484, obs. V. Zalewski; *Loyers et copr.* 2007, n° 240, note Vial-Pedroletti.
5. Civ. 3e, 2 oct. 2007, n° 06-16.112, NP, *Administrer* févr. 2008, p. 25, obs. Canu.

811.44 Non-application de la loi. Sont hors du champ de la loi : les garages et les remises à usage de garage, loués accessoirement et situés dans des immeubles collectifs[6].

La conséquence est la possibilité de reprise par le bailleur de ces remises ou garages ou de leur restitution en cours de bail par le locataire, ou par l'occupant, sans que l'autre partie puisse s'y opposer. Toutefois, la reprise est écartée lorsque le garage forme avec les autres locaux loués un ensemble matériellement indivisible[7].

§ 2
Date de construction

811.51 Application de la loi. Les logements construits ou achevés avant le 1er septembre 1948 sont dans le champ de la loi. C'est au locataire qui invoque le bénéfice de la loi de démontrer que le local a été construit avant le 1er septembre 1948[8].

Des dérogations sont prévues pour certains logements construits après le 1er septembre 1948, qui ont été reconstruits à la suite de faits de guerre s'ils sont occupés par les personnes qui les habitaient antérieurement ou qui les occupaient à la date de promulgation de la loi du 4 août 1962.

811.52 Non-application de la loi. La loi ne s'applique pas aux logements, même construits avant le 1er septembre 1948, s'ils étaient affectés avant le 1er juin 1948 à d'autres fins que l'habitation.

De même, n'entrent pas dans le champ d'application de la loi les locaux qui :

- résultent d'une reconstruction après démolition (et qui comprennent plus de logements ou une surface habitable supérieure);
- résultent d'une surélévation ou d'une addition de construction, ayant augmenté le nombre de logements, la surface habitable ou le confort de l'immeuble;
- ont fait l'objet de travaux et sont compris dans un secteur sauvegardé ou un périmètre de restauration immobilière, sauf pour les locataires ou occupants maintenus ou réintégrés.

811.53 Locaux vacants. La loi du 23 décembre 1986[9] a, dans son article 25, posé un principe

6. Civ. 3e, 17 juill. 1992, n° 90-19.333, *Bull. civ.* III, n° 252; *Administrer* mai 1993. 43, note Franck.
7. Soc. 26 oct. 1967, *Bull. civ.* IV, n° 677.
8. Civ. 3e, 10 déc. 2002, n° 01-11.793, *Bull. civ.* III, n° 254; *AJDI* 2003. 508, obs. S. Beaugendre; *Rev. loyers* 2003. 94, note Canu – POUR un arrêt dans lequel le bailleur doit établir que le local a été achevé postérieurement au 1er sept. 1948 : Civ. 3e, 21 déc. 1987, n° 86-15.589, NP, *Rev. loyers* 1988. 63.
9. V. note ss n° 811.43.

d'exclusion de la loi pour tous les locaux vacants, quelle que soit leur date de construction : « les locaux vacants à compter du 23 décembre 1986 ne sont pas soumis aux dispositions de la loi n° 48-1360 du 1er septembre 1948. Ils sont désormais régis par les chapitres Ier à III du titre Ier de la loi n° 89-462 du 6 juillet 1989 [1], à l'exception des locaux à usage exclusivement professionnel qui sont régis par l'article 57 A et par les dispositions du code civil ».

811.54 Impossibilité de soumettre le bail à la loi de 1948. C'est par ailleurs par trois arrêts rendus le même jour, mais seulement en 2003 [2], que la Cour de cassation a clairement souligné que « les dispositions de l'article 25 de la loi du 23 décembre 1986, d'ordre public, ne peuvent être écartées par la soumission conventionnelle d'un bail à la loi du 1er septembre 1948 », après une période au cours de laquelle le retour à la loi de 1948 était possible, si les locaux vacants ne répondaient pas aux normes d'habitabilité. En présence de deux locations successives portant sur deux appartements, le deuxième étant conclu au visa de l'article 25 de la loi du 23 décembre 1986, la validité du congé délivré pour ce logement ne peut s'apprécier au regard des dispositions de la loi du 1er septembre 1948 [3].

811.55 Recours du locataire. Quelle peut être alors l'action du locataire dont le logement ne répond pas aux normes d'habitabilité ? L'article 25 a été complété et son alinéa 2 précise que : « Si les locaux loués depuis le 23 décembre 1986 ne satisfont pas aux caractéristiques définies en application des premier et deuxième alinéas de l'article 6 de la loi n° 89-462 du 6 juillet 1989 précitée, relatifs à la notion de logement décent, le locataire peut, dans le délai d'un an à compter de la date de prise d'effet du contrat de location initial, demander au propriétaire leur mise en conformité avec ces normes sans qu'il soit porté atteinte à la validité du contrat de location en cours ».

Un arrêt important de la cour de cassation, rendu en assemblée plénière, a considéré que, bien que le loyer du logement classé en catégorie IV de la loi de 1948 a été déterminé en considération de ce classement, que la locataire a été informée de ce qu'il ne sera pas possible de faire installer l'eau courante et que le gestionnaire lui avait fait une proposition de relogement qu'elle avait refusée, l'exigence de la délivrance au preneur d'un logement décent impose son alimentation en eau courante [4].

1. L. n° 89-462, 6 juill. 1989 tendant à améliorer les rapports locatifs et portant modification de la loi n° 86-1290 du 23 déc. 1986, *JO* 8 juill., p. 8541.
2. Civ. 3e, 19 mars 2003, n° 01-12.529, *Bull. civ.* III, n° 64; *D.* 2004. 846, et les obs., obs. S. Gérard; *AJDI* 2003. 418, obs. Y. Rouquet et Civ. 3e, 19 mars 2003, n° 01-12.530, NP.
3. Civ. 3e, 10 mars 2010, n° 09-13.589, *Bull. civ.* III, n° 61; *AJDI* 2010. 807, obs. Damas; *Administrer* août-sept. 2010, p. 33, obs. Canu.
4. Civ. 3e, 15 déc. 2004, n° 02-20.614, *Bull. civ.* III, n° 239. *D.* 2005. IR 109, obs. Rouquet; *ibid.* Pan. 751, obs. Damas; *AJDI* 2005. 125, note Rouquet; *RDI* 2005. 113, obs. Heugas-Darraspen; *Rev. loyers* 2005, 88 obs. Humblot-Gignoux; *Loyers et copr.* 2005, n° 29, obs. Coutant-Lapalus.

CHAPITRE

812. Régime juridique du contrat de location

SECTION 0
ORIENTEUR

812.00 Plan du chapitre.

Sect.	1	Effets sur le contrat des législations d'ordre public
Sect.	2	Régime du contrat relevant de la loi

Division – Sources. Le régime juridique du contrat dit loi de 1948 résulte de plusieurs sources législatives : de la loi du 1er septembre 1948 évidemment mais également, voire surtout depuis 1986 puis 1989 et 2014, des lois d'ordre public intervenues postérieurement, dont certains articles ont été rendus applicables aux contrats en cours de la loi de 1948 ou à la situation des occupants de bonne foi; enfin s'applique le code civil, qui règle les conditions de conclusion du contrat de location. Ainsi, la durée de celui-ci n'est pas réglementée et sa forme est libre (contrat écrit ou verbal [1]).

Le régime est applicable aux locataires ou aux occupants qui bénéficient du doit au maintien dans les lieux après l'expiration de leur bail.

812.01 Textes applicables.

TEXTES SOURCES

- **L. n° 48-360, 1er sept. 1948,** ch. I à VII.
- **L. n° 89-462, 6 juill. 1989, art. 40, II.**

TEXTES *IN EXTENSO*

- **L. 6 juill. 1989, art. 40, II**

II – Les dispositions des articles 3, 3-1, 8 à 20, du premier alinéa de l'article 22 et de l'article 24 ne sont pas applicables aux logements dont le loyer est fixé en application des dispositions du chapitre III de la loi n° 48-1360 du 1er septembre 1948 précitée.

1. Les juges du fond apprécient souverainement l'application de la loi au bail en cause (délivrance de quittances de loyer, courriers du bailleur). Civ. 3e, 22 mai 2012, n° 11-17.382, NP, *Ann. loyers* déc. 2012, n° 28438, Beddelem.

812.02 Jurisprudence de référence.

> Régime juridique applicable au bail

- **Civ. 3e, 22 mai 2012, n° 11-17.382**, NP

* V. ss n° 812.00

Le juge du fond apprécie souverainement l'application de la loi au bail en cause.

> Régime de la sous-location

- **Civ. 3e, 17 janv. 1969**, *Bull. civ.* III, n° 54

* V. ss n° 812.23

L'autorisation du bailleur de sous-louer doit résulter d'un acte positif impliquant nécessairement un accord non équivoque.

812.03 Bibliographie indicative.

Actualisables. RÉP. CIV., v° « Baux d'habitation et professionnels (loi du 1er sept. 1948) », H. des Lyons et Y. Rouquet, nos 50-63 – LAMY DR. IMMO, nos 5728-5730 – DICT. PERM. Gestion immob., « Baux – loi du 1er septembre 1948 », nos 2 s.

SECTION 1
EFFETS SUR LE CONTRAT DES LÉGISLATIONS D'ORDRE PUBLIC

812.11 Dispositions de la loi du 6 juillet 1989 relatives à la loi de 1948. L'article 40-II de la loi du 6 juillet 1989 permet de connaître les articles de cette loi qui sont applicables « aux logements dont le loyer est fixé en application des dispositions du chapitre III de la loi n° 48-1360 de la loi du 1er septembre 1948 ».

812.12 Articles applicables. Sont applicables aux relations entre les bailleurs et les locataires ou occupants relevant de la loi du 1er septembre 1948, par déduction des dispositions de l'article 40, II, les articles :

- 1er et 2, relatifs au droit au logement et au caractère d'ordre public de la loi (v. ss nos 021.11 s.);
  – 3-2 sur l'état des lieux (v. ss nos 134.12 s.);

– 3-3 sur le dossier de diagnostic technique (v. s^s n°s 132.25 s.);

– 4, qui répute non écrites plusieurs clauses du contrat; les baux de la loi du 1er septembre 1948 doivent donc respecter les clauses réputées non écrites de l'article 4 de la loi du 6 juillet 1989 (v. s^s n°s 132.201 s.);

– 5 sur le partage des honoraires d'intermédiaires (v. s^s n°s 133.111 s.);

– 6 et 7 sur les obligations du bailleur et du locataire (v. s^s titres 21, 22, 31 et 33);

– 7-1 sur la prescription (v. s^s n° 311.51);

– 20-1 sur la décence (v. s^s n° 211.32);

– 21 sur l'obligation de transmettre gratuitement une quittance ou un reçu au locataire (v. s^s n° 814.64); la loi du 25 mars 2009 de mobilisation pour le logement et la lutte contre l'exclusion, a substitué le mot « transmettre » au mot « remettre » antérieur, adaptant ainsi l'obligation du bailleur aux moyens modernes de communication. La quittance porte le détail des sommes versées par le locataire en distinguant le loyer et les charges;

– 22, sauf le 1er alinéa, sur le dépôt de garantie (v. s^s n°s 812.22 s.);

– 22-1 et 22-1-I sur le cautionnement (v. s^s n° 144.37);

– 22-2 sur les pièces justificatives (v. s^s n°s 146.05 s.);

– 23 sur les charges locatives récupérables (v. s^s n°s 321.11 s.);

– 23-1 sur les travaux d'économie d'énergie (v. s^s n°s 411.41 s.);

– 24-1 sur la résolution des litiges (v. s^s n° 211.11);

– 25 et suivants relatifs aux dispositions modificatives de la loi du 23 décembre 1986 et les dispositions diverses.

812.13 Articles non applicables. En revanche les articles suivants de la loi du 6 juillet 1989 ne sont pas applicables, les dispositions particulières de la loi de 1948 étant maintenues :

– art. 3 sur la forme du contrat (v. s^s n° 131.11); en écartant l'article 3 relatif à l'établissement du contrat par écrit et à son contenu, le texte laisse la liberté aux parties de fixer la forme du contrat, qui peut être un contrat verbal, comme l'autorise, en droit commun, l'article 1714 du code civil. L'état des lieux n'est pas obligatoire, le principe de son établissement étant inscrit dans le même article 3 de la loi du 6 juillet 1989. Le code civil (C. civ., art. 1730 s.), s'applique à titre supplétif et le preneur doit rendre les locaux tels qu'il les a reçus en cas de rédaction d'un état des lieux. À défaut de rédaction d'un état des lieux l'article 1731 présume que le preneur a reçu le local en bon état, sauf preuve contraire par tous moyens;

– art. 3-1 sur la surface habitable (v. s^s n° 132.25);

– art. 8 sur la cession et la sous-location (v. s^s n° 812.23);

– art. 8-1 sur la colocation (v. s^s n°s 124.11 s.);

– art. 9 sur l'échange de logement (v. s^s n° 813.21);

– art. 9-1 sur l'opposabilité des notifications (v. s^s n° 121.22);

– art. 10 à 13 sur la durée du contrat (v. s^s n° 813.21);

– art. 14 sur le transfert du contrat (v. s^s n°s 813.111 s.);

– art. 14-1 sur l'abandon du logement (v. s^s n° 923.91);

– art. 15 sur le congé (v. s^s n°s 813.11 s.);

– art. 16 à 20 sur le loyer (v. s^s n°s 814.11 s.);

– art. 22, al. 1er, sur le montant du dépôt de garantie (v. s^s n° 812.22);

– art. 24 sur la clause résolutoire (v. s^s n°s 814.101 s.).

SECTION 2
RÉGIME DU CONTRAT RELEVANT DE LA LOI

812.21 Dispositions applicables. L'apport de la loi du 1er septembre 1948 au régime du contrat reste pour l'essentiel le droit au maintien dans les lieux (v. s^s n°s 813.11 s.) et la définition du loyer à la surface corrigée (v. s^s n°s 814.41 s.). Mais, certaines autres dispositions continuent de s'appliquer depuis l'origine.

812.22 Montant du dépôt de garantie. Le dépôt de garantie est limité à deux mois de loyer pour les locations faites au mois ou à trois mois dans les autres cas, en tenant compte des loyers payés d'avance[1]. Par conséquent, si le loyer est payé d'avance (terme à échoir), le dépôt de garantie ne pourra pas dépasser un mois pour les locations faites au mois et deux mois dans les autres cas.

Les clauses contraires sont frappées d'une nullité de plein droit.

812.23 Cession et sous-location – Principe. La cession et la sous-location sont également interdites sauf autorisation du bailleur[2]. L'autorisation du bailleur doit résulter d'un acte positif impliquant nécessairement un accord non équivoque[3]. L'occu-

1. L. 1er sept. 1948, art. 75.
2. L. 1er sept. 1948, art. 78.
3. Civ. 3e, 17 janv. 1969, *Bull. civ.* III, n° 54.

pant logeait d'autres personnes dans l'appartement, qui y recevaient leur courrier, ce qui caractérise sa mauvaise foi. Les personnes hébergées n'étant pas des proches, l'article 8-1 de la Convention de sauvegarde des droits de l'homme et des libertés fondamentales (v. s^s n° 423.31) n'est pas violé[1].

812.24 Cession et sous-location – Tempérament. Toutefois, la faculté de sous-louer une pièce quand le local en comporte au moins deux est reconnue légalement. Les chambres de service sont comprises dans la faculté de sous-louer[2].

Le chiffre est porté à deux pièces susceptibles d'être sous-louées quand le local ne dépasse pas cinq pièces et qu'il se trouve dans une commune visée à l'article 10-7°, le locataire ou l'occupant vivant seul et étant âgé de plus de 75 ans.

La notification est faite par le locataire ou l'occupant au bailleur dans un délai d'un mois sous peine de déchéance du droit au maintien dans les lieux et par lettre recommandée avec demande d'avis de réception. La notification n'est toutefois pas obligatoire si la sous-location est déjà autorisée par le bail[3]. La cession est opposable au bailleur dès lors que, avisé, il y a acquiescé tacitement par la perception de loyers versés par le cessionnaire[4].

812.25 Travaux. Le régime des travaux de la loi du 1er septembre 1948 est traité au v. s^s n°s 412.51 s.

812.26 Sanctions. Le chapitre 6 de la loi est tout entier consacré aux sanctions susceptibles d'être prononcées en cas de comportement frauduleux de la part des bailleurs et des locataires.

Elles visent aussi bien la perception de loyers illicites (art. 51, 57 et 63) que le dépassement de la valeur locative ou le versement de « pas-de-porte » au départ du locataire (art. 52), voire la discrimination envers les candidats locataires ayant une famille nombreuse (art. 54).

Des sanctions pénales sont prévues à l'encontre des propriétaires exécutant des travaux en dehors des conditions légales ou malgré une décision d'interdiction ou d'interruption prononcée par le juge (art. 59 et 59 *bis*),

Enfin, l'exercice du droit de reprise (v. s^s n°s 813.161 s.) sans occupation consécutive par le bénéficiaire est frappé d'amendes civiles, sans présomption des dommages-intérêts éventuellement dus au locataire (art. 60 à 62, art. 66).

812.27 Procédure et prescription. L'article 46 de la loi pose le principe de la compétence du tribunal d'instance du lieu de situation de l'immeuble pour connaître des contestations nées de l'application de la loi.

Mais, c'est le tribunal de grande instance qui tranche les conflits d'attribution préférentielle en matière de droit au maintien dans les lieux[5].

L'article 68 de la loi précise que : « Les actions en nullité et les actions en répétition prévues au présent chapitre se prescrivent par trois ans. » On notera que cette durée de prescription a vocation à s'appliquer dans les relations entre bailleurs et locataires HLM, l'article 68 relevant du titre VI de la loi de 1948, qui s'applique aux logements conventionnés HLM (CCH, art. L. 353-15) et aux logements HLM non conventionnés (CCH, art. L. 442-6). Sur la prescription v. aussi s^s n° 814.65.

1. Civ. 3e, 26 oct. 2011, n° 10-16.694, NP. *Ann. loyers* 2012, n° 28440, Beddelem.
2. Civ. 3e, 28 nov. 1968, *Bull. civ.* III, n° 497.
3. Civ. 3e, 12 juin 1968, *Bull. civ.* III, n° 269.
4. Com. 17 janv. 1951, *JCP* 1951. II, n° 6297.
5. L. 1er sept. 1948, art. 5-II.

CHAPITRE

813. Droit au maintien dans les lieux du locataire et droit de reprise du bailleur

SECTION 0
ORIENTEUR

813.00 Plan du chapitre.

813.01 Textes applicables.

TEXTES SOURCES

• **L. n° 48-360, 1er sept. 1948, art. 4, 5, 10, 18 et 19.**

TEXTES *IN EXTENSO*

• **L. 1er sept. 1948, art. 4** [Bénéfice du droit au maintien dans les lieux]

Les occupants de bonne foi des locaux définis à l'article 1er bénéficient de plein droit et sans l'accomplissement d'aucune formalité, du maintien dans les lieux loués, aux clauses et conditions du contrat primitif non contraires aux dispositions de la présente loi, quelle que soit la date de leur entrée dans les lieux.

Sont réputés de bonne foi les locataires, sous-locataires, cessionnaires de baux, à l'expiration de leur contrat, ainsi que les occupants qui, habitant dans les lieux en vertu ou en suite d'un bail écrit ou verbal, d'une sous-location régulière, d'une cession régulière d'un bail antérieur, d'un échange opéré dans les conditions légales, exécutent leurs obligations.

L'acte par lequel le bailleur notifie au locataire qu'il met fin au contrat de louage et qui entraîne l'application des dispositions précédentes doit, à peine de nullité, reproduire les dispositions des deux alinéas précédents et préciser qu'il ne comporte pas en lui-même obligation d'avoir à quitter effectivement les lieux.

Le fait pour le locataire ou l'occupant d'un local à usage professionnel d'exercer une activité, soit en collaboration avec d'autres personnes exerçant une profession libérale dans les conditions prévues par les règles régissant leurs professions, soit au sein d'une société constituée conformément à la loi n° 66-879 du 29 novembre 1966 ne peut être considéré en lui-même comme une infraction aux clauses du bail.

En cas de location partielle ou de sous-location partielle, le droit au maintien dans les lieux n'est opposable ni au propriétaire, ni au locataire ou occupant principal, lorsque les locaux occupés forment, avec l'ensemble des lieux, un tout indivisible, ou lorsqu'il s'agit de pièces constituant l'accessoire du local habité par le propriétaire, le locataire ou l'occupant principal.

• **L. 1er sept. 1948, art. 5** [extension du bénéfice du droit au maintien dans les lieux]

I. – Le bénéfice du maintien dans les lieux pour les locaux visés à l'article premier appartient, en cas d'abandon de domicile ou de décès de l'occupant de bonne foi, au conjoint ou au partenaire lié à lui par un pacte civil de solidarité, et lorsqu'ils vivaient effectivement avec lui depuis plus d'un an, aux ascendants, aux personnes handicapées visées au 2° de l'article 27 ainsi que, jusqu'à leur majorité, aux enfants mineurs.

Le maintien reste acquis au conjoint, au partenaire lié par un pacte civil de solidarité ou au concubin de l'occupant, lorsque cet occupant a fait l'objet d'une condamnation devenue définitive, assortie d'une obligation de résider hors du domicile ou de la résidence du couple, pour des faits de violences commis sur son conjoint, son concubin, son partenaire lié par un pacte civil de solidarité ou sur leurs enfants.

I *bis*. – Nonobstant les dispositions de l'article 1742 du code civil, même en l'absence de délivrance d'un congé au locataire, le contrat de location est résilié de plein droit par le décès du locataire. Le contrat de bail est également résilié de plein droit en cas d'abandon du domicile par le locataire, même en l'absence de délivrance d'un congé.

Toutefois, le bénéfice du maintien dans les lieux appartient aux personnes visées au I du présent article.

II. – Nonobstant les dispositions du I ci-dessus, le maintien dans les lieux reste acquis aux personnes qui en bénéficiaient antérieurement à la publication de la présente loi.

En cas d'instance en divorce ou en séparation de corps, la juridiction saisie attribue à l'un des époux l'éventuel droit au maintien dans les lieux en considération des intérêts sociaux ou familiaux en cause. Si l'époux qui en est bénéficiaire n'est pas celui au nom duquel étaient délivrées les quittances, notification de la décision devra être faite au bailleur dans le délai de trois mois de son prononcé par lettre recommandée avec avis de réception. La juridiction prévue au chapitre V reste compétente sur toute contestation du bailleur quant à l'application des conditions exigées par la présente loi.

Toutefois, le bénéfice du maintien dans les lieux ne s'appliquera pas aux locaux à usage exclusivement professionnel, à moins que l'une des personnes visées aux alinéas précédents ne continue à y exercer la profession à laquelle ces locaux étaient affectés.

• **L. 1er sept. 1948, art. 10** [Perte du droit au maintien dans les lieux]

N'ont pas droit au maintien dans les lieux les personnes définies aux articles 4, 5, 6, 7 et 8 :

1° Qui ont fait ou feront l'objet d'une décision judiciaire devenue définitive ayant prononcé leur expulsion par application du droit commun ou de dispositions antérieures permettant l'exercice du droit de reprise ou qui feront l'objet d'une semblable décision prononçant leur expulsion pour l'une des causes et aux conditions admises par la présente loi ; toutefois, lorsque la décision n'aura ordonné l'expulsion qu'en raison de l'expiration du bail ou d'un précédent maintien dans les lieux accordé par les lois antérieures, l'occupant ne sera pas privé du droit au maintien dans les lieux ;

2° Qui n'ont pas occupé effectivement par elles-mêmes les locaux loués ou ne les ont pas fait occuper par les personnes qui vivaient habituellement avec elles et qui sont, soit membres de leur famille, soit à leur charge. L'occupation doit avoir duré huit mois au cours d'une année de location, à moins que la profession, la fonction de l'occupant ou tout autre motif légitime ne justifie une occupation d'une durée moindre. En particulier, lorsque l'occupant apportera la preuve qu'il est tenu par ses obligations professionnelles à résider temporairement hors de la France métropolitaine, la durée d'occupation susvisée pourra être réduite à six mois pour une période de trois années.

3° Qui ont plusieurs habitations, sauf pour celle constituant leur principal établissement, à moins qu'elles ne justifient que leur fonction ou leur profession les y oblige ;

4° Qui occupent des locaux visés à l'article L. 43 du code de la santé publique, ou des locaux ayant fait l'objet soit d'une interdiction d'habiter prononcée en application de l'article L. 28 ou L. 42 du code de la santé publique, soit d'un arrêté de péril prescrivant, en vertu des articles L. 511-1 et L. 511-2 du code de la construction et de l'habitation la réparation ou la démolition de l'immeuble menaçant ruine dans lequel les locaux sont situés.

Toutefois, lorsque l'interdiction n'a été édictée qu'à titre temporaire ou si l'arrêté de péril visé à l'alinéa précédent a été rapporté, les anciens occupants peuvent invoquer les dispositions du présent chapitre pour rentrer en possession ;

5° Qui occupent des locaux situés dans des immeubles acquis ou expropriés à la suite d'une déclaration d'utilité publique, à charge par l'administration d'assurer le relogement des locataires ou occupants expulsés ;

6° Qui occupent des locaux de plaisance, pour lesdits locaux ;

7° Qui, dans les communes comprises, au sens du recensement général de la population, dans une agglomération de plus de 50 000 habitants et comprenant au moins une commune de plus de 15 000 habitants ainsi que dans les communes de plus de 20 000 habitants ne remplissent pas à l'expiration d'un délai de six mois à compter de la signification du congé les conditions d'occupation suffisante fixées en application de l'article L. 621-2 du code de la construction et de l'habitation.

Ces dispositions pourront être rendues applicables aux communes non visées ci-dessus par décret pris sur le rapport de la construction.

Pour l'application des conditions susvisées, l'occupation des locaux doit être appréciée compte non tenu de la ou des pièces régulièrement sous-louées et des occupants de ces pièces.

La diminution du nombre des occupants par suite de mariage ou de décès ne pourra être invoquée qu'à l'expiration d'un délai d'un an à compter de ce mariage ou de ce décès.

Le présent paragraphe ainsi que les conditions d'occupation suffisante fixées pour la commune en application de l'article L. 621-2 du code de la construction et de l'habitation et les dispositions de l'article 79 de la présente loi devront être reproduites, à peine de nullité, dans tout congé donné en application du présent paragraphe;

8° Dont le titre d'occupation est l'accessoire du contrat de travail;

9° Qui ont à leur disposition ou peuvent recouvrer, en exerçant leur droit de reprise, un autre local répondant à leurs besoins et à ceux des personnes membres de leur famille ou à leur charge, qui vivaient habituellement avec elles depuis plus de six mois;

Toutefois, lorsque l'occupant pourra justifier d'une instance régulièrement engagée dans la quinzaine de la contestation du droit au maintien dans les lieux, et suivie, il ne sera contraint de quitter les lieux que lorsqu'il pourra prendre effectivement possession dudit local;

10° Qui dans les stations balnéaires, climatiques ou thermales, classées ou en voie de classement, occupent des locaux habituellement affectés avant le 2 septembre 1939 à la location saisonnière ou occupés pendant la saison par leur propriétaire.

Toutefois les dispositions du présent paragraphe ne sont pas applicables aux sinistrés et réfugiés privés de leur habitation, jusqu'au moment où ils pourront réintégrer leur local réparé ou le local reconstruit en remplacement de leur habitation primitive ou occuper le local correspondant à leurs besoins mis provisoirement à leur disposition par l'administration.

Ces dispositions ne s'appliquent pas non plus aux titulaires d'une location amiable résultant de la transformation de leur titre antérieur de réquisition.

11° Qui, après s'être vu offrir un logement définitif correspondant à leurs besoins et n'excédant pas les normes HLM, continuent d'occuper des locaux appartenant aux organismes d'HLM et destinés à assurer le relogement provisoire des occupants des locaux ou installations visés au premier alinéa de l'article 13 de la loi n° 70-612 du 10 juillet 1970.

12° Qui ont fait l'objet d'une condamnation devenue définitive, assortie d'une obligation de résider hors du domicile ou de la résidence du couple, pour des faits de violences commis sur leur conjoint, leur concubin, leur partenaire lié par un pacte civil de solidarité ou sur leurs enfants.

• **L. 1er sept. 1948, art. 18** [Droits de reprise du bailleur]
Le droit au maintien dans les lieux cesse d'être opposable au propriétaire de nationalité française ou ressortissant d'un État membre de la Communauté européenne qui veut reprendre son immeuble pour l'habiter lui-même ou le faire habiter par son conjoint, ses ascendants ou ses descendants ou par ceux de son conjoint, lorsqu'il met à la disposition du locataire ou de l'occupant un local en bon état d'habitation, remplissant des conditions d'hygiène normales ou au moins équivalentes à celles du local objet de la reprise et correspondant à ses besoins personnels ou familiaux et, le cas échéant, professionnels, et à ses possibilités.

Le local offert peut être constitué par une partie du local faisant l'objet de la reprise après exécution éventuelle de travaux d'aménagement.

Le propriétaire ne peut exercer le droit ouvert à l'alinéa 1er que pour des locaux correspondant aux besoins personnels ou familiaux du bénéficiaire de la reprise, et, le cas échéant, à ses besoins professionnels.

Le propriétaire qui veut bénéficier de la disposition ci-dessus doit prévenir par acte extrajudiciaire celui dont il se propose de reprendre le local; ledit acte doit indiquer à peine de nullité;

Le nom et l'adresse du propriétaire du local offert;

L'emplacement de celui-ci;

Le nombre de pièces qu'il comporte;

Le degré de confort;

Le loyer;

Le délai à l'expiration duquel il veut effectuer la reprise et pendant lequel il peut être pris possession du local offert, délai qui ne peut être inférieur à trois mois s'il s'agit d'un locataire;

L'identité du bénéficiaire de la reprise ainsi que sa situation de famille et sa profession.

Si, dans le délai d'un mois à compter de la signification de l'acte extrajudiciaire, le locataire ou l'occupant donne son acceptation écrite à la proposition qui lui est faite, il doit remettre le local qu'il occupe à la disposition du propriétaire, au plus tard à la date fixée pour la reprise dans l'acte extrajudiciaire prévu à l'alinéa précédent.

Si, dans le même délai d'un mois, le locataire ou l'occupant refuse ou ne fait pas connaître sa décision, le propriétaire l'assigne, suivant la procédure prévue au chapitre V du présent titre, aux fins de nomination d'un expert.

Ledit expert, qui peut être saisi sur minute et avant enregistrement, a pour mission de visiter les locaux offerts, de dire s'ils remplissent les conditions d'hygiène prévues au premier alinéa et sont susceptibles de satisfaire aux besoins personnels ou familiaux, et le cas échéant professionnels, du locataire ou de l'occupant, de vérifier enfin si les possibilités de ce dernier lui permettent d'en supporter les charges.

Il doit déposer son rapport dans la quinzaine du jour où il a été saisi. Faute par lui de ce faire, il est de plein droit dessaisi et le juge doit pourvoir d'office à son remplacement par nouvelle ordonnance rendue dans les quarante-huit heures suivant l'expiration dudit délai.

Dans les quarante-huit heures qui suivent le dépôt de ce rapport, les parties sont informées par le greffier par lettre recommandée avec accusé de réception, comportant convocation pour la plus prochaine audience utile.

• **L. 1er sept. 1948, art. 19** [Reprise sans relogement]
Le droit au maintien dans les lieux n'est pas opposable au propriétaire de nationalité française ou ressortissant d'un État membre de la Communauté européenne qui veut reprendre son immeuble pour l'habiter lui-même ou le faire habiter par son conjoint, ses ascendants, ses descendants ou par ceux de son conjoint et qui justifie que le bénéficiaire de la reprise ne dispose pas d'une habitation correspondant à ses besoins normaux et à ceux des membres de sa famille vivant habituellement ou domiciliés avec lui.

Lorsque l'immeuble a été acquis à titre onéreux, ce droit de reprise ne peut être exercé que si l'acte d'acquisition a date certaine, ou bien avant le 2 septembre 1939, ou bien plus de dix ans avant l'exercice de ce droit. Néanmoins, le propriétaire d'un immeuble acquis depuis plus de quatre ans peut être autorisé par justice à exercer le droit de reprise s'il établit que son acquisition n'a été faite que pour se loger ou pour satisfaire un intérêt familial légitime à l'exclusion de toute idée de spéculation. En cas d'acquisition à titre gratuit, les délais prévus au présent alinéa courent à partir de la dernière acquisition à titre onéreux.

Le propriétaire qui veut bénéficier du droit de reprise doit prévenir, au moins six mois à l'avance, par acte extrajudiciaire, le locataire ou l'occupant dont il se propose de reprendre le local; ledit acte doit, à peine de nullité :

Indiquer que le droit de reprise est exercé en vertu du présent article;

Préciser la date et le mode d'acquisition de l'immeuble;

Faire connaître le nom et l'adresse du propriétaire qui loge le bénéficiaire ainsi que l'emplacement et le nombre de pièces du local occupé par ce dernier.

Le juge doit toujours apprécier les contestations qui lui sont soumises au jour de la signification de l'acte extrajudiciaire.

Le bénéficiaire du droit de reprise prévu au présent article est tenu de mettre à la disposition du locataire ou de l'occupant dont il reprend le local, le logement qui, le cas échéant, pourrait être rendu vacant par l'exercice de ce droit.

Le bénéficiaire du droit de reprise devra notifier à son propriétaire l'action qu'il exerce par acte extrajudiciaire dans le même délai que celui prévu à l'alinéa 3 ci-dessus. Le propriétaire de son logement ne pourra s'opposer à la venue de ce nouveau locataire ou occupant qu'en excipant de motifs sérieux et légitimes. S'il entend user de ce droit, il devra, à peine de forclusion, saisir la juridiction compétente aux termes des articles 46 et suivants de la présente loi dans un délai de quinze jours à dater de la modification susvisée.

Cette notification devra, à peine de nullité, indiquer que, faute par le propriétaire d'avoir saisi la juridiction compétente dans le délai de quinze jours, il sera forclos.

Le nouvel occupant aura le titre d'occupant de bonne foi.

813.02 Jurisprudence de référence.

> 1. Droit au maintien dans les lieux

> Bénéficiaires

• **Soc. 25 mars 1954.**

* V. s[s] n° 813.11

Les occupants de bonne foi sont maintenus dans les lieux aux clauses et conditions du contrat originaire.

> Notion d'occupant de bonne foi

• **Soc. 18 juill. 1960**

* V. s[s] n° 813.32

Est de mauvaise foi l'occupant qui paye ses loyers avec des retards répétés.

> Perte du droit au maintien

• **Soc. 24 oct. 1960**, *Bull. civ.* IV, n° 921 – **Civ. 3e, 19 déc. 2000, n° 99-13.542**, NP

* V. s[s] n° 813.71

L'occupation des lieux (huit mois par an) doit être réelle, effective et suffisamment continue.

• **Civ. 3e, 22 janv. 2003, n° 01-13.850**, *Bull. civ.* III, n° 10

* V. s[s] n° 813.79

Les conditions d'occupation suffisante s'apprécient non pas en fonction de la destination des lieux prévue dans le contrat primitif, mais compte tenu de leur utilisation effective.

> Disposition d'un autre local

• **Civ. 3e, 16 juin 2011, n° 10-18.814**, *Bull. civ.* III, n° 104

* V. s[s] n° 813.95

N'a pas droit au maintien dans les lieux le locataire qui dispose dans la même commune d'un vaste pavillon lui appartenant, occupé sans bail par ses enfants.

> 2. Droit de reprise du bailleur

> Avec relogement du locataire

• **Civ. 3e, 28 juin 2000, n° 97-20.887**, *Bull. civ.* III, n° 130

* V. s[s] n° 813.171

Le droit de reprise ne peut être exercé que pour l'habitation principale du bénéficiaire.

> Conditions applicables au local de remplacement

• **Civ. 3e, 8 nov. 1977, n° 76-12.845**, *Bull. civ.* III, n° 374

* V. s[s] n° 813.172

Le loyer du local de remplacement doit correspondre aux possibilités financières du locataire.

> Sans relogement du locataire

• **Paris 6e ch. C, 19 juin 2007, RG n° 05/05202**

* V. s[s] n° 813.181

Le demandeur en reprise doit démontrer par tous moyens que le bénéficiaire ne dispose pas d'un logement satisfaisant.

813.03 Bibliographie indicative.

Actualisables. RÉP. CIV., v° « Baux d'habitation et professionnels (loi du 1er sept. 1948) », H. des Lyons et Y. Rouquet, n°s 119-297 – LAMY DR. IMMO, n°s 5731-5755 – DICT. PERM. Gestion immob., « Baux – loi du 1er septembre 1948 », n°s 135-310.

SECTION 1
DROIT AU MAINTIEN DANS LES LIEUX

813.11 Droit sans limitation de durée. Défini par l'article 4, il permet au locataire de se maintenir dans les lieux après l'expiration de son bail, aux clauses et conditions du contrat primitif. Le locataire devient occupant de bonne foi.

C'est un élément caractéristique de la loi, qui lui a donné sa renommée et a motivé parfois l'hostilité qui lui était portée. Les occupants de bonne foi sont maintenus dans les lieux aux clauses et conditions du contrat originaire[1]. La jurisprudence est constante. Ils le sont dans les locaux loués, qui ne sont pas limités aux locaux d'habitation[2].

1. Soc. 25 mars 1954, *D.* 1954. 364.
2. Civ. 3e, 4 nov. 1980, n° 79-12.393, *Bull. civ.* III, p. 125.

Ce droit est ouvert sans limitation de durée, sauf les cas de déchéance (v. s[s] n° 813.51) et de reprise (v. s[s] n° 813.161).

§ 1
Conditions d'ouverture du droit

A.
Bail expiré

813.21 **Régularité du titre à l'origine du droit.** Il peut s'agir :

- d'un bail écrit ou verbal;
- d'un contrat de sous-location;
- d'une cession régulière d'un bail antérieur;
- d'un échange régulier.

Il ne peut s'agir que d'un échange intervenu au titre de la loi du 1er septembre 1948 (art. 79, abrogé depuis par la loi du 23 déc. 1986), et non d'un échange de l'article 9 de la loi du 6 juillet 1989, inapplicable ici (sur l'échange de l'art. 9 v. s[s] n°s 424.11 s.).

813.22 **Congé délivré par le bailleur.** Le droit au maintien est ouvert au locataire qui a reçu du bailleur un congé appelé « congé de pure forme » qui, selon l'article 4 de la loi, doit « préciser qu'il ne comporte pas en lui-même obligation d'avoir à quitter les lieux ». Ce congé transforme le locataire en occupant de bonne foi et est destiné notamment à l'empêcher de transmettre son droit au bail[1]. Le congé n'est pas nul faute de reproduire intégralement les deux premiers alinéas de l'article 4, si cette omission ne cause aucun grief à son destinataire dès lors qu'il lui est précisé qu'il est maintenu dans les lieux[2]. Le congé délivré à un seul époux n'est pas opposable à l'autre[3].

B.
Occupant de bonne foi

813.31 **Bonne foi contractuelle.** Sont de bonne foi les occupants qui exécutent leurs obligations.

813.32 **Paiement des loyers.** Est de mauvaise foi celui qui paie les loyers avec des retards réitérés et après mise en demeure[4] ou celui qui s'abstient de payer[5].

Mais le juge a un pouvoir souverain d'appréciation. Des retards justifiés par de graves difficultés économiques ne sont pas constitutifs de mauvaise foi, d'autant plus si l'arriéré a été payé intégralement[6].

813.33 **Transformations des lieux.** La modification des lieux loués suffit à justifier le refus du droit au maintien, abstraction faite de tout préjudice subi par le bailleur[7]. Mais l'exécution sans autorisation de travaux améliorant les lieux loués ne justifie pas la déchéance du droit au maintien[8].

813.34 **Changement de destination des lieux.** L'occupant qui change la destination des lieux est de mauvaise foi[9], sauf autorisation tacite du propriétaire[10]. L'interdiction vise aussi bien une activité artisanale[11] que commerciale[12]. En revanche, la domiciliation du siège d'une entreprise est possible (v. s[s] n° 433.21).

813.35 **Sous-location et hébergement.** Le locataire qui consent une sous-location interdite est de mauvaise foi[13], de même que celui qui méconnaît la clause d'interdiction de prêter les lieux à des tiers[14].

813.36 **Jouissance paisible.** À cet égard, les juges disposent d'un large pouvoir d'appréciation[15]. Est de mauvaise foi le locataire qui incommode les autres locataires par son comportement et par les personnes qu'il a introduites dans les lieux et dont il est responsable[16].

813.37 **Notion d'occupant.** Un bailleur, à la suite de l'acquisition d'un logement, s'est mépris sur le sens à donner à la notion d'occupant, estimant celui-ci sans droit ni titre. Sa demande de résiliation judiciaire est sans objet à l'égard d'un occupant maintenu dans les lieux par application de la loi du 1er septembre 1948[17].

1. Ce qui n'a plus qu'un intérêt relatif depuis que l'art. 26 II de la loi du 23 déc. 1986 a interdit une telle transmission.
2. Civ. 3e, 11 juill. 1990, n° 89-10.201, *Bull. civ.* III, n° 173.
3. Civ. 3e, 4 mai 1994, n° 92-10.115, NP, *Loyers et copr.* 1994, n° 276.
4. Soc. 18 juill. 1960, *AJPI* 1960. 120.
5. Soc. 3 mars 1966, *Bull. civ.* IV, n° 236.
6. Civ. 3e, 6 mars 1991, n° 89-12.800, NP, *Rev. huiss.* 1er nov. 1991, p. 1007.
7. Soc. 3 nov. 1956, *Bull. civ.* IV, n° 812.
8. Civ. 3e, 22 févr. 1989, n° 87-17.658, NP, *Loyers et copr.* 1989, n° 259.
9. JURISPRUDENCE CONSTANTE : Soc. 2 juin 1955, *Bull. civ.* IV, n° 474.
10. Soc. 21 avr. 1955, *Bull. civ.* IV, n° 318.
11. Soc. 20 juin 1958, *Bull. civ.* IV, n° 763.
12. Soc. 9 janv. 1958, *Bull. civ.* IV, n° 46.
13. JURISPRUDENCE CONSTANTE : Soc. 1er févr. 1952, *Bull. civ.* IV, n° 105.
14. Civ. 3e, 11 oct. 1989, n° 88-14.851, NP, *Loyers et copr.* 1989, n° 508.
15. Soc. 8 janv. 1965, *Bull. civ.* IV, n° 13.
16. JURISPRUDENCE CONSTANTE : Soc. 3 janv. 1957, *Bull. civ.* IV, n° 2.
17. Civ. 3e, 22 mai 2012, n° 11-17.382, NP, *Ann. loyers*, 2012, n° 28441 ; *Administrer* 2012 n° 458, p. 14, note critique Beddelem.

§ 2
Faculté de renoncer au droit au maintien

813.41 Renonciation strictement encadrée. Le droit au maintien dans les lieux étant d'ordre public, il ne peut y avoir de renonciation anticipée du locataire au bénéfice du droit. L'article 16 de la loi est explicite, aux termes duquel « il ne peut être renoncé au droit au maintien dans les lieux qu'à l'expiration du bail ». En conséquence, toute renonciation qui serait inscrite dans la convention locative, ou même qui résulterait d'un acte postérieur à la convention, mais antérieur à l'expiration du bail, est nul. Il a été jugé qu'un congé comportant renonciation au maintien dans les lieux donné par le locataire le jour même où le bail lui est consenti est nul, car il indique l'intention de contourner les dispositions de l'article 16 [1]. Le droit au maintien ne peut résulter de dispositions conventionnelles [2]. Le bailleur qui entend contester le droit au maintien dans les lieux doit délivrer préalablement au locataire un congé visant le motif invoqué, avant de saisir la juridiction compétente d'une action en déchéance de ce droit [3]. La renonciation de l'époux, qui a signé des baux dérogatoires au régime de la loi du 1er septembre 1948, est inopposable à l'épouse non signataire des baux dérogatoires et le paiement des loyers est insuffisant à établir de façon certaine et non équivoque sa renonciation au bénéfice des dispositions de la loi du 1er septembre 1948 [4].

813.42 Licéité de la renonciation expresse. Mais il est possible et licite de renoncer au droit au maintien dès que le bénéfice en est acquis. Le droit au maintien naît à la suite de la délivrance du congé de pure forme prévu par l'article 4 de la loi (v. ss n° 813.22). En particulier le juge est attentif aux conditions que les parties se sont offertes réciproquement à cette occasion. Ainsi l'engagement pris par l'occupant de restituer l'appartement qu'il occupait en vertu de son droit au maintien, en l'échange d'une renonciation du propriétaire à toute augmentation découlant de la rénovation de l'immeuble et de l'installation de l'ascenseur, ainsi qu'à tout recours en matière d'état des lieux, fait apparaître que les parties se sont faits des concessions réciproques, et la renonciation est valable [5].

813.43 Congé et renonciation. Le locataire qui donne congé renonce, de ce fait, au droit au maintien dans les lieux [6]. *A fortiori* en cas de congé de l'occupant. Cette renonciation, qui peut intervenir à tout moment, vaut abandon du droit au maintien dans les lieux [7].

§ 3
Perte du droit au maintien

813.51 Motifs et procédure. L'article 10 de la loi du 1er septembre 1948 énonce un certain nombre de motifs entraînant la perte du droit au maintien dans les lieux pour les locataires ou occupants des logements. L'action intentée sur un des motifs de l'article 10 ne peut se fonder sur l'article 1224 du code civil (anct art. 1184) sans avoir été précédée d'un congé [8]. En l'absence d'interdiction légale, le bailleur peut se prévaloir, en cours d'instance, de moyens de déchéance du droit au maintien dans les lieux autres que ceux invoqués dans le congé [9].

A.
Expulsion

813.61 Décision définitive d'expulsion (L. 1948, art. 10, 1°). La décision définitive d'expulsion est la décision qui a statué en dernier ressort et qui n'est plus susceptible d'aucun recours ordinaire [10], y compris, dans les mêmes conditions, les décisions de référé [11].

B.
Inoccupation et occupation insuffisante

813.71 Inoccupation effective du logement (L. 1948, art. 10, 2°). L'occupation doit avoir duré au moins huit mois par an, sauf justification (profession, fonction ou motif légitime). L'occupation doit être réelle, effective et suffisamment continue,

1. Civ. 3e, 11 janv. 1968, n° 66-20.204, *Bull. civ.* III, n° 8.
2. Civ. 3e, 20 déc. 1989, n° 88-14.389, *Bull. civ.* III, n° 242.
3. Soc. 14 févr. 1957, *Bull. civ.* IV, n° 164 – Civ. 3e, 28 mai 2008, n° 07-10.550, *Bull. civ.* III, n° 97 ; *D.* 2008. 1625 ; *Administrer*, janv. 2009, p. 41, obs. Canu.
4. Civ. 3e, 12 mai 2015, n° 14-13.282, NP, *AJDI* 2015. 519 ; *Rev. loyers* 2015, 345 et s., note P. Gomar.
5. Civ. 3e, 28 nov. 2007. n° 06-19.272, *Bull. civ.* III, n° 214 ; *D.* 2008. AJ 18, obs. Forest ; *AJDI* 2008. 588, note Zalewski.
6. Soc. 10 févr. 1956, *Bull. civ.* IV, n° 144 ; 14 mars 1962 ; *ibid.* IV, n° 274 ; 22 juin 1960, *D.* 1960. 688 – Civ. 3e, 27 févr. 1969, *Bull. civ.* III, n° 175.
7. Soc. 19 mai 1967, *Bull. civ.* IV, n° 408, *Rev. loyers* 1967. 325.
8. Civ. 3e, 28 mai 2008, n° 07-10.550, *Bull. civ.* III, n° 97 ; *D.* 2008. 1625 ; *Administrer*, janv. 2009, p. 41, obs. Canu.
9. POUR une substitution de l'art. 10, 2° à la place du 10, 3°, Civ. 3e, 7 mars 2001, n° 99-13.547, *Bull. civ.* III, n° 27 ; *AJDI* 2001. 701 ; *ibid.* 702, obs. S. Beaugendre ; *Rev. loyers* 2001. 241, obs. Rémy ; *Administrer* avr. 2002. 38, note Canu.
10. Soc. 11 juin 1954, *Bull. civ.* IV, n° 404.
11. Soc. 3 mai 1956, *Bull. civ.* IV, n° 313.

et ne saurait résulter de ce que le locataire vient occasionnellement dans les lieux[1].

813.72 Motif légitime d'inoccupation – Appréciation. Les juges du fond apprécient souverainement le motif légitime d'inoccupation[2] : motif de santé (d'autant plus si l'hypothèse d'un proche retour peut être envisagée[3]), motif lié à la fonction ou à la profession[4], etc. Le placement en maison de retraite depuis trois ans, sans perspective de retour, constitue un motif de déchéance du droit au maintien dans les lieux. À la différence d'une hospitalisation ou d'un placement temporaire qui peut constituer un motif légitime pour une occupation inférieure à huit mois au cours d'une année, le défaut permanent d'occupation ne peut constituer ce motif[5].

813.73 Procédure. En matière de procédure, il faut signaler que, lorsqu'un congé fondé sur l'article 4 de la loi du 1er septembre 1948 a été donné au préalable, qui met fin au bail et place le locataire sous le régime du droit au maintien dans les lieux, il n'est pas nécessaire de reformuler un congé, l'article 10, 2° ne l'exigeant pas[6]. L'action en déchéance du droit peut alors être menée directement.

813.74 Appréciation de l'inoccupation. La situation des parties s'apprécie à la date de l'assignation, lorsque celle-ci est postérieure de plus d'un an à la date du congé. Les juges ne sauraient donc retenir l'année qui suit la date du congé[7].

Peut-on pour autant compenser l'inoccupation ? S'il est possible à l'occupant d'accueillir des membres de sa famille, l'installation de la petite-fille dans les lieux, après le décès de sa grand-mère, ne lui ouvre aucun droit[8].

Le locataire qui passe la plus grande partie de l'année dans le Sud, y retire les lettres recommandées qui lui sont adressées à son adresse parisienne et y dispose d'un logement plus grand répondant à ses besoins, est déchu de son droit au maintien dans les lieux[9].

813.75 Occupation insuffisante (L. 1948, art. 10, 7°). L'insuffisance d'occupation ne peut s'apprécier que par rapport à l'article L. 621-2 du code de la construction et de l'habitation[10]. Est, par conséquent, considéré comme insuffisamment occupé un local dont le nombre de pièces habitables est supérieur de plus de deux aux personnes qui y ont leur résidence principale. Ne caractérise pas la renonciation d'un propriétaire à se prévaloir de l'insuffisance d'occupation, la cour d'appel qui retient que les locaux litigieux, composés de deux appartements réunis, de deux pièces chacun, ont été loués à un même locataire qui les a toujours occupés seul et que le dernier propriétaire a acquis les lieux en parfaite connaissance de cause[11].

813.76 Occupation insuffisante – Champ d'application. La déchéance du droit au maintien dans les lieux pour motif d'insuffisance d'occupation n'est applicable, depuis la modification de la loi intervenue dans la loi du 25 mars 2009[12] que : « dans les communes comprises, au sens du recensement général de la population, dans une agglomération de plus de 50 000 habitants et comprenant au moins une commune de plus de 15 000 habitants ainsi que dans les communes de plus de 20 000 habitants ».

813.77 Formalisme. Le propriétaire doit délivrer un congé au visa de l'article 10, 7°, reproduisant celui-ci et l'article L. 621-2 du code de la construction et de l'habitation, à peine de nullité. Il doit par ailleurs être attentif au fait que l'article 10, 7°, utilisant le terme de signification, le congé doit être notifié par acte d'huissier, conformément à l'article 651 du code de procédure civile[13].

813.78 Régularisation – Délai. Les locataires ou occupants disposent d'un délai de six mois pour remplir les conditions imposées. Pour ce faire, ils peuvent accueillir chez eux un membre de leur famille ou consentir une sous-location régulière, voire prendre une personne à leur service.

813.79 Critère d'appréciation. Les conditions d'occupation suffisante s'apprécient non pas en fonction de la destination des lieux prévue dans le

1. Soc. 24 oct. 1960, *Bull. civ.* IV, no 921 – Civ. 3e, 19 déc. 2000, no 99-13.542, NP, *AJDI* 2001. 432, obs. S. Laporte, *Administrer* oct. 2001, p. 50, obs. Beddeleem – Civ. 3e, 12 oct. 2004, no 03-13.700, NP, Administrer mai 2005, p. 37, obs. Canu.
2. Civ. 3e, 24 janv. 1996, no 93-19.027, *Bull. civ.* III, no 19.
3. Civ. 3e, 2 juin 1993, no 91-22.046, NP, *Loyers et copr.* 1993, no 300.
4. Soc. 6 avr. 1954, *D.* 1954. 493 – Civ. 3e, 13 déc. 2000, no 99-14.309, NP, *Administrer* mai 2001, p. 51, obs. Beddeleem.
5. Paris, 6e ch. C, 15 mai 2007, RG no 05/12039, *Loyers et copr.* sept. 2007, note Vial-Pedroletti.
6. Civ. 3e, 14 nov. 2012, no 11-24.778, *Bull. civ.* III, no 168; *D.* 2012. 2738; *AJDI* 2014. 39, obs. N. Damas; *Loyers et copr.* 2013, no 8, note Vial-Pedroletti.
7. Civ. 3e, 9 juill. 2003, no 02-11.343, *Bull. civ.* III, no 146; *D.* 2004. 846, obs. N. Pierre; *Rev. loyers* 2003. 606, note Rémy; *Ann. loyers* 2003. 2496.
8. Paris, 6e ch. B, 21 oct. 2004, RG no 03/09801, *Loyers et copr.* 2005, no 30, obs. Vial-Pedroletti.
9. Paris, pôle 4 ch. 3, 17 mars 2015, RG no 14/06395, inédit.
10. Civ. 3e, 1er févr. 1983, no 81-12.457, *Bull. civ.* III, no 30.
11. Civ. 3e, 20 sept. 2006, no 05-16.896, *Bull. civ.* III, no 179, *AJDI* 2007. 137, obs. F. de La Vaissière.
12. L. no 2009-323, 25 mars 2009 de mobilisation pour le logement et la lutte contre l'exclusion, art. 61-II.
13. Civ. 3e, 7 mai 2002, no 00-19.011, *Bull. civ.* III, no 92; *AJDI* 2002. 694, obs. Laporte-Leconte; *Rev. loyers* 2002. 443, note Canu.

contrat primitif, mais compte tenu de leur utilisation effective[1].

C. Pluralité d'habitations

813.81 Pluralité d'habitations (L. 1948, art. 10, 3°). Le fait de disposer de plusieurs habitations contrevient aux obligations légales, si le locataire n'a pas son « principal établissement » dans le logement loué, c'est-à-dire s'il ne l'occupe pas au moins huit mois par an. Au sens de l'article 10 de la loi du 1er septembre 1948, l'habitation correspond à l'ensemble des locaux loués nécessaires à la satisfaction des besoins du groupe familial, sans qu'ils puissent être regardés comme constitutifs d'une pluralité d'habitations[2]. Mais l'existence de logements distincts dans un même immeuble ne constitue pas une pluralité d'habitations.

813.82 Jurisprudence. On retiendra enfin la position prise par la Cour de cassation dans l'affaire suivante. La Cour sanctionne, au visa de l'article 455 du code de procédure civile, l'arrêt qui ne se prononce pas sur la cause sur laquelle s'est fondée le propriétaire pour justifier la déchéance du droit au maintien dans les lieux, bien qu'elle soit intervenue en cours d'instance, à savoir l'article 10, 3° de la loi, alors que le congé était fondé sur l'article 10, 2°. La Haute Cour reconnaît ainsi la validité d'un argument présenté au cours de l'instance et qui ne constitue pas une prétention nouvelle[3].

D. Motif lié au local

813.91 Locaux déclarés insalubres ou frappés d'un arrêté de péril (L. 1948, art. 10, 4°). Sont concernés les locaux visés aux articles L. 28, L. 42, L. 43 du code de la santé publique[4] ou L. 511-1 et L. 511-2 du code de la construction et de l'habitation. Cette protection du locataire ne vise que les décisions définitives d'interdiction, dans les autres cas les occupants ou locataires peuvent réintégrer les locaux.

813.92 Locaux visés par une expropriation d'utilité publique (L. 1948, art. 10, 5°). Il s'agit des locaux acquis ou expropriés à la suite d'une déclaration, dans le cadre d'opérations d'aménagement par exemple, les locataires bénéficiant d'un relogement.

813.93 Locaux de plaisance (L. 1948, art. 10, 6°). L'interdiction d'utiliser le logement à titre de résidence secondaire ou de locaux de vacances est vérifiée pour un local qui n'est occupé que pendant les grandes vacances[5].

813.94 Logement accessoire au contrat de travail (L. 1948, art. 10, 8°). Le paiement de loyers ou d'une redevance n'exclut pas le caractère d'accessoire au contrat de travail de la location[6].

813.95 Disposition d'un autre local (L. 1948, art. 10, 9°). Les personnes qui disposent ou peuvent retrouver un logement répondant à leurs besoins et à ceux des membres de leur famille qui vivaient avec eux depuis six mois au moins, n'ont pas davantage droit au maintien. C'est le cas si le locataire a vendu en viager un appartement dont il s'est réservé l'usufruit et qu'il n'a pas consenti de bail au tiers occupant[7]. Il n'appartient pas au bailleur de prouver que le locataire dispose d'un autre local[8]. C'est également le cas lorsqu'un bailleur HLM, auquel l'article 10, 9° s'applique par renvoi de l'article L. 442-6 du code de la construction et de l'habitation, délivre congé à son locataire qui dispose dans la même commune d'un vaste pavillon lui appartenant, occupé sans bail par ses enfants[9].

Enfin le bailleur peut, successivement, engager une action fondée sur un droit de reprise, puis, une demande de déchéance du droit au maintien dans les lieux sans que l'autorité de la chose jugée sur la première action ne s'y oppose[10].

E. Motif lié à l'occupant

813.101 Occupant auteur de violence conjugale. La loi du 4 août 2014 pour l'égalité réelle entre les femmes et les hommes[11] ajoute un cas d'exclusion du droit au maintien pour les auteurs de violences,

1. Civ. 3e, 22 janv. 2003, no 01-13.850, *Bull. civ.* III, no 10; *AJDI* 2003. 587, obs. Laporte-Leconte.
2. Civ 3e, 22 mars 2006, no 05-11.895, NP, *AJDI* 2006. 741, obs. Zalewski.
3. Civ. 3e, 20 févr. 2007, no 06-11.368, NP, *AJDI* 2007. 570, obs. Zalewski.
4. DEVENUS respectivement les art. L. 1331-28, L. 1336-3 et L. 1331-23 du code de la santé publique.
5. Soc. 22 juin 1960, *Bull. civ.* IV, no 662.
6. Soc. 29 oct. 1957, *Rev. loyers* 1958. 25.
7. Paris, 3 juill. 1992, RG no 91/16112, *Loyers et copr.* 1992, no 467.
8. Civ. 3e, 23 juin 1993, no 90-17.542, *Bull. civ.* III, no 95; *RDI* 1994. 110, obs. G. Brière de l'Isle et J. Derruppé.
9. Civ. 3e, 16 juin 2011, no 10-18.814, *Bull. civ.* III, no 104; *D.* 2011. 1760, obs. Y. Rouquet; *ibid.* 2012. 1086, obs. N. Damas; *AJDI* 2011. 808, obs. N. Damas; *ibid.* 2012. 487, Chron. F. Zitouni; *AJCT* 2011. 468, obs. Y. Rouquet; *Loyers et copr.* 2011, no 244, note Coutant-Lapallus.
10. Civ. 3e, 4 juill. 2012, no 11-19-725, *Bull. civ.* III, no 103; *AJDI*, mars 2013, p. 210, note Damas; *Rev. loyers* 2012. 356, note Rémy; *Loyers et copr.* 2012, no 231, note Vial-Pedroletti.
11. L. no 2014-873, *JO* 5 août, art. 32.

en complétant l'article 10 de la loi du 1er septembre 1948 par un 12°. L'occupant doit avoir fait l'objet d'une condamnation devenue définitive, assortie d'une obligation de résider hors du domicile ou de la résidence du couple, pour des faits de violences. Il s'agit de violences commises sur son conjoint, son concubin, son partenaire lié par un pacte civil de solidarité ou sur ses enfants. Dans ces cas le bénéfice du maintien dans les lieux revient au conjoint, au partenaire lié par un pacte civil de solidarité ou au concubin de l'occupant.

§ 4
Transmission du droit au maintien

A.
Principe

813.111 **Intransmissibilité de principe.** Par principe, le droit au maintien dans les lieux est « exclusivement attaché à la personne », selon l'article 17 de la loi. Par conséquent, il ne saurait être transmis.

Le même article 17 réservait cependant le cas de l'article 5 qui prévoit des exceptions au principe de l'intransmissibilité.

Puis, la loi du 13 juillet 2006 [1] a interdit, à compter de son entrée en vigueur, soit le 17 juillet 2006, tout transfert du bail aux héritiers du locataire [2].

Antérieurement à la loi du 13 juillet 2006, le fils de la locataire devenue occupante ne bénéficie pas du droit au maintien dans les lieux, n'ayant jamais été titulaire d'un titre locatif. Il ne pouvait pas davantage prétendre au transfert d'un tel droit car l'article 5 de la loi du 1er septembre 1948 en exclut les enfants majeurs, ce qui était le cas en l'espèce [3].

B.
Exceptions limitées

813.121 **Deux cas d'exception.** Selon l'article 5 de la loi le décès ou l'abandon de domicile de l'occupant ou du locataire ouvrent à certains bénéficiaires un droit soumis à stricte interprétation par les tribunaux. (sur la définition de ces deux notions v. ss nos 421.21 s.).

813.122 **Bénéficiaires. Conjoint. Partenaire d'un Pacs. Concubin.** Le premier bénéficiaire est le conjoint qui, même s'il n'habite pas effectivement dans les lieux, bénéficiera du transfert. En cas de divorce ou de séparation de corps, le texte renvoie au juge l'attribution du droit, en considération des intérêts sociaux ou familiaux en cause.

La loi du 13 juillet 2006 ajoute le partenaire d'un pacte civil de solidarité (v. ss n° 122.11) à la liste [4], mais le concubin a été oublié (v. ss n° 421.42).

Le concubin d'un occupant loi de 1948, s'il n'est pas lui-même titulaire, ne détient aucun droit en propre sur le logement, en particulier en cas de décès ou d'abandon de domicile de l'occupant (v. ss n° 421.41). La situation du concubin reste par conséquent toujours fragile au regard du droit au maintien issu de la loi de 1948 à la suite du décès ou de l'abandon de domicile du titulaire du bail, à la différence de la loi du 6 juillet 1989, qui le reconnaît par son article 14 (v. ss n° 421.41). L'article 5 ne bénéficie pas à la concubine du locataire [5]. La loi du 4 août 2014 lui apporte cependant une protection en cas de violences (v. ss n° 813.141).

813.123 **Famille proche – Personne handicapée.** En outre, sous condition d'habitation préalable pendant un an avec le locataire ou l'occupant, les ascendants, les personnes handicapées, et les enfants, mais seulement jusqu'à leur majorité, peuvent se voir transmettre le droit au maintien. Un bailleur ne saurait soutenir qu'un mineur ne peut bénéficier du droit au maintien dans les lieux que si son parent survivant en bénéficie aussi [6].

C.
Héritiers

813.131 **Héritier.** La loi du 13 juillet 2006 [7] a interdit le transfert du bail à l'héritier du locataire. Antérieurement, la Cour de cassation avait retenu que l'héritier pouvait poursuivre le bail sur le fondement de l'article 1742 du code civil, aux termes duquel le décès du preneur ne mettait pas fin au bail, dès lors qu'il n'avait pas été délivré au locataire

1. L. n° 2006-872, 13 juill. 2006 portant engagement national pour le logement, *JO* 16 juill., p. 10662.
2. L. n° 2006-872, 13 juill. 2006 portant engagement national pour le logement, *JO* 16 juill., p. 10662, art. 85.
3. Civ. 3e, 17 déc. 2015, n° 12-20.672, P, *D.* 2016. 72; *ibid.* 1102, obs. N. Damas; *AJ fam.* 2016. 169, obs. S. Thouret; *Loyers et copr.* févr. 2016, comm. 33, Vial-Pedroletti; *Opérations immobilières* mars 2016, p. 38, comm. P. Pelletier.
4. L. n° 2006-872, 13 juill. 2006, *JO* 16 juill., p. 10662, art. 85.
5. Paris, 24 sept. 2003, *Rev. loyers* 2004. 31, note Rémy – AUSSI : Paris, 15 juin 1990, RG n° 89/13284, *Loyers et copr.* 1990, n° 425 – COMP. CEPENDANT un arrêt rendu sur le fondement de l'art. 16 de la loi du 22 juin 1982, réputé applicable aux logements soumis à la loi de 1948 [art. 75, 2° de la loi de 1982] : Civ. 3e, 30 oct. 1990, n° 89-14.749, *Bull. civ.* III, n° 211.
6. Paris, 4 mai 1990, RG n° 89/20272, *JurisData* n° 022293, *D.* 1992. Somm. 70, obs. Vauvillé.
7. L. n° 2006-872, 13 juill. 2006 portant engagement national pour le logement, *JO* 16 juill., p. 10662.

de congé de l'article 4[1]. Par ailleurs, le congé délivré à un héritier, au titre de l'article 4, ne privait pas les autres successeurs de leur droit[2]. Cette solution permettait à l'héritier de revendiquer le bénéfice du bail, même s'il n'avait jamais occupé les locaux et quel que soit son lien de parenté avec le prédécédé. En privant l'héritier du locataire de la faculté de reprendre le bail, l'article 85 de la loi du 13 juillet 2006 aligne la transmission du droit au maintien à des bénéficiaires limités (v. s[s] n° 813.121)[3], que l'on soit en présence, à l'origine, d'un locataire ou d'un occupant de bonne foi[4]. Par cohérence, l'article 9 *bis* est abrogé. Il permettait au bailleur de demander la résiliation du bail lorsque les héritiers ou ayants droit n'occupaient pas le local dans les trois mois du décès. Le silence gardé par le bailleur pendant de longues années sur une situation juridique peu claire (bail consenti en 1944, suivi du décès du dernier époux en 1993 et assignation du bailleur en expulsion de la petite nièce des époux en 2013) n'entraîne aucun droit acquis à l'occupant[5].

D.
Violences conjugales

813.141 Maintien du droit dans certaines circonstances. Violences conjugales. En cas de violences conjugales la loi du 4 août 2014[6] permet au conjoint, au partenaire d'un pacte civil de solidarité et au concubin, de conserver l'acquis du droit au maintien dans les lieux s'il est victime de violences de la part de l'occupant qui, lui, en est privé (v. s[s] n° 813.101).

En réalité ce maintien est déjà acquis au conjoint ainsi qu'au partenaire d'un Pacs par l'effet de l'article 1751 du code civil, modifié par la loi du 24 mars 2014, dite loi Alur.

Quant au concubin non titulaire il tient en droit la faculté de se maintenir dans le logement en cas de violence conjugale sur ordonnance de protection du juge aux affaires familiales qui, selon l'article 515-11 du code civil, modifié par la loi du 4 août 2014[7], peut :

« Préciser lequel des partenaires liés par un pacte civil de solidarité ou des concubins continuera à résider dans le logement commun et statuer sur les modalités de prise en charge des frais afférents à ce logement. »

E.
Local professionnel

813.151 Baux professionnels. Le bénéfice du maintien dans les lieux ne s'applique pas aux locaux à usage exclusivement professionnel, à moins que l'un des bénéficiaires cités ci-dessus continue à y exercer la profession à laquelle ces locaux étaient affectés. La Cour de cassation a fait prévaloir une interprétation littérale de l'article 5 dernier alinéa de la loi en refusant le bénéfice du droit au maintien au fils de l'occupant alors qu'il exerçait la même profession que son père, au motif que le droit au transfert est réservé aux seuls enfants mineurs (depuis la modification de l'art. 5 par la loi du 23 déc. 1986)[8].

SECTION 2
DROIT DE REPRISE DU BAILLEUR

813.161 Reprise avec ou sans relogement du locataire. Il s'agit d'un droit ouvert par la loi au bailleur qui lui permet d'obtenir le départ du locataire (ou de l'occupant) à la fin de son bail. Ce droit de reprise est fixé par les articles 18 à 25 de la loi. Il complète la reprise pour travaux liée à la décision de démolir ou de réaliser des travaux importants nécessitant le départ du locataire (v. s[s] n°s 412.71 s.).

Plusieurs hypothèses sont envisagées selon que le droit de reprise est accompagné d'un relogement du locataire (art. 18), ou non (art. 19 et 20). Des protections spécifiques existent dans certaines conditions (art. 21, 22, 22 *bis* et 23). Enfin, le local peut être repris s'il a été loué à titre provisoire et des pièces isolées peuvent faire l'objet de reprise.

§ 1
Reprise avec relogement (L. 1er sept. 1948, art. 18)

813.171 Bénéficiaires. Peuvent bénéficier de la reprise pour habiter le propriétaire, son conjoint, ses

1. Civ. 3e, 26 juin 1996, n° 94-17.238, *Bull. civ.* III, n° 155; *RDI* 1996. 622, obs. F. Collart-Dutilleul et J. Derruppé – Civ. 3e, 25 juin 2003, n° 02-11.260, NP, *Rev. loyers* 2003. 615; *Loyers et copr.* 2004, n° 27, obs. Vial-Pedroletti – Civ. 3e, 24 mai 2000, n° 98-19.336, *Bull. civ.* III, n° 11; *D.* 2000. 167; *Administrer* 2003, p. 34.
2. Civ. 3e, 27 juin 2001, n° 99-17.737, NP, *AJDI* 2002. 220, note Beaugendre; *Administrer* févr. 2002, p. 31, note Gauclère.
3. Toutefois, le fils qui a hérité avant l'entrée en vigueur de la loi nouvelle bénéficie des dispositions antérieures. Civ. 3e, 16 juin 2011, n° 10-16.121, NP, *Loyers et copr.* 2011, comm. n° 317.
4. SUR LA RÉFORME de la loi du 1er sept. 1948 : Damas, *AJDI* 2006. 706 s.
5. Paris, pôle 4 ch. 3, 10 déc. 2015, RG n° 14-02.936, inédit.
6. Art. 32, L. n° 2014-873, *JO* 5 août, p. 12949.
7. L. n° 2014-873, art. 32, *JO* 5 août, p. 12949.
8. Civ. 3e, 29 sept. 1999, n° 98-12.018, *Bull. civ.* III, n° 189; *D.* 1999. 240; *RDI* 1999. 693, obs. F. Collart-Dutilleul; *Administrer* oct. 2000, p. 53, obs. Canu.

ascendants ou ses descendants ou ceux de son conjoint à la condition que le local repris corresponde aux besoins personnels ou familiaux et, le cas échéant, professionnels du bénéficiaire. Le droit de reprise ne peut être exercé que pour l'habitation principale du bénéficiaire[1]. La validité du congé délivré n'est pas seulement subordonnée au fait que le local de remplacement correspond bien aux besoins des locataires évincés. Le juge du fond doit aussi vérifier que le local repris est conforme aux besoins de son bénéficiaire[2].

813.172 Local de remplacement. Le local mis à la disposition du locataire ou de l'occupant évincé doit être en bon état d'habitation et répondre à des conditions d'hygiène normales ou au moins équivalentes à celle du local d'origine, et correspondre aux besoins personnels ou familiaux et, le cas échéant, professionnels, du locataire ou de l'occupant et à ses possibilités. Vérification doit notamment être faite que le loyer du local de remplacement correspond aux possibilités financières du locataire[3].

En revanche, le repreneur n'a pas à être propriétaire du local proposé : l'accord du propriétaire du local suffit[4]. Il n'est pas nécessaire non plus que le local de relogement présente nécessairement une garantie de droit au maintien dans les lieux[5].

813.173 Procédure. Le propriétaire notifie par acte extrajudiciaire au locataire ou à l'occupant ses intentions en précisant, à peine de nullité, le nom et l'adresse du propriétaire du local offert, l'emplacement de celui-ci, son nombre de pièces, son degré de confort, son loyer, le délai de la reprise et de la mise à disposition du local de remplacement, qui ne peut être inférieur à trois mois pour un occupant ou à la durée du congé pour un locataire.

813.174 Formalisme à peine de nullité. Le congé délivré par le bailleur pour reprise de l'article 18 de la loi du 1er septembre 1948 est assorti de conditions précises de forme pour le congé, à peine de nullité. L'omission d'une mention[6] suffit-elle pour autant à justifier la nullité du congé ? Oui, selon le juge du fond. Il ajoute que l'article 114 du code de procédure civile, selon lequel la nullité ne peut être prononcée qu'à charge pour l'adversaire qui l'invoque de prouver le grief que lui cause l'irrégularité, même lorsqu'il s'agit d'une formalité substantielle ou d'ordre public, n'est pas applicable ici. Mais il est contredit par la Cour de cassation qui impose à l'occupant de rapporter la preuve de l'existence d'un grief[7].

813.175 Refus ou silence du preneur. En cas de refus ou de silence du locataire ou de l'occupant dans le délai d'un mois, le propriétaire doit l'assigner devant le juge d'instance du lieu de l'immeuble pour faire nommer un expert. Celui-ci rend son rapport dans les quinze jours de sa saisine et précise si le local de remplacement correspond aux prescriptions légales.

§ 2 Reprise sans relogement (L. 1er sept. 1948, art. 19 et 20)

A. Bénéficiaire disposant d'un logement insuffisant

813.181 Hypothèse. C'est le cas si le logement du bénéficiaire ne correspond pas à ses besoins et à ceux des membres de sa famille vivant habituellement avec lui. La liste des bénéficiaires est la même que dans le cas précédent.

La preuve est rapportée par le demandeur en reprise et par tous moyens que le bénéficiaire ne dispose pas du logement satisfaisant. C'est le cas par exemple pour un célibataire de 25 ans occupant une chambre chez sa mère et le congé est alors justifié. Le juge accorde cependant, comme l'article L. 613-1 du code de la construction et de l'habitation le permet, un délai d'un an pour libérer les locaux[8].

813.182 Motifs justifiant la reprise. Sur quels motifs le bailleur peut-il s'appuyer ? En voici quelques-uns (dont la liste n'est pas exhaustive) : mariage prochain, retour en France, abandon d'un logement de fonction et mise à la retraite, nouvelle profession, fait de disposer d'un logement excédant les besoins normaux du couple[9], rapprochement de parents, poursuite d'études dans une autre ville, besoins du commerce.

813.183 Motifs de refus. Doit être rejetée la demande du bailleur qui bénéficie déjà d'une habitation correspondant à ses besoins normaux[10].

1. Civ. 3e, 28 juin 2000, no 97-20.887, *Bull. civ.* III, no 130; *AJDI* 2000. 844; *Administrer* oct. 2001, p. 57.
2. Civ. 3e, 4 juill. 2001, no 99-21.820, *Bull. civ.* III, no 89; *AJDI* 2001. 987, obs. Laporte-Leconte.
3. Civ. 3e, 8 nov. 1977, no 76-12.845, *Bull. civ.* III, no 374.
4. Soc. 23 juin 1961, *Bull. civ.* IV, no 694.
5. Civ. 3e, 24 avr. 1981, no 79-15.898, *Bull. civ.* III, no 82.
6. Ici la situation de famille du repreneur et sa profession n'avait pas été renseignées.
7. Civ. 3e, 20 mars 2007, no 06-12.599, NP, *AJDI* 2007. 661, note Zalewski.
8. Paris 6e ch. C, 19 juin 2007, RG no 05/05202, *AJDI* 2007. 929.
9. Paris, 18 déc. 2001, RG no 1999/22362, *Rev. loyers* 2002. 180.
10. Paris, 24 avr. 2001, RG no 2000/02244, *Rev. loyers* 2001. 350.

En l'absence de motif médical, psychologique ou pédagogique justifiant un traitement thérapeutique ou une scolarité dans un établissement à Paris pour ses enfants, la cour d'appel retient souverainement que la propriétaire ne démontrait pas qu'elle ne disposait pas d'un logement correspondant à ses besoins et à ceux de ses enfants mineurs[1].

813.184 **Conditions.** Le droit de reprise est soumis à des conditions particulières relatives au bien qui en fait l'objet. Il doit, s'il a été acquis à titre onéreux :

- avoir été acquis depuis plus de dix ans;
- ou avant le 2 septembre 1949;
- ou, si l'acquisition a plus de quatre ans, le tribunal peut autoriser la reprise si le propriétaire démontre que cette acquisition a été faite pour se loger ou pour satisfaire un intérêt familial légitime.

813.185 **Acquisition à titre gratuit.** Si l'acquisition a été faite à titre gratuit, les délais précédents courent à compter de la date de la dernière acquisition. Le propriétaire est libre de choisir le local qui fait l'objet de la reprise[2] et l'existence d'un appartement équivalent resté vacant dans l'immeuble n'établit pas nécessairement l'intention de nuire du propriétaire[3]. De même est indifférent le fait que le propriétaire dispose d'un autre appartement dans un autre immeuble, dès lors qu'il rapporte la preuve que son logement actuel est trop exigu[4].

813.186 **Mise à disposition du local.** Le bénéficiaire de la reprise doit cependant mettre à disposition de la personne évincée le logement qu'il occupait lui-même, le cas échéant. Le propriétaire de celui-ci, prévenu par acte extrajudiciaire ne pourra s'opposer à la venue de la personne évincée que pour des motifs légitimes, sous le contrôle du juge qu'il doit saisir dans les quinze jours de la notification qui lui a été faite. L'obligation n'a pas un caractère formel et automatique[5]. Est un motif légitime et sérieux le refus de l'usufruitier afin de loger son petit-fils majeur, hébergé par sa mère[6]. L'omission des mentions requises, précisant que le bénéficiaire de la reprise était propriétaire du logement libéré, n'a pas mis en mesure les locataires de vérifier si les conditions de la reprise étaient réunies et s'ils pouvaient prétendre à un local de remplacement, ce qui leur a causé grief et rend le congé nul[7].

1. Civ. 3e, 29 mars 2000, no 98-15.604, NP, *AJDI* 2000. 558; *Administrer* juin 2001, p. 25 obs. Canu.
2. Soc. 9 juill. 1966, *Bull. civ.* IV, no 621.
3. TI Paris, 9 nov. 1996, *Rev. loyers* 1997. 115, note Azéma.
4. Civ. 3e, 5 oct. 1999, no 98-11.279, NP, *Administrer* janv. 2001. 33.
5. Soc. 11 déc. 1952, *Bull. civ.* IV, no 905.
6. Civ. 3e, 26 juin 1996, no 94-16.601, NP, *Loyers et copr.* no 348.
7. Paris, 29 oct. 2009, RG no 08/18685, *AJDI* 2010. 227.

813.187 **Procédure.** La procédure de reprise sans relogement est déclenchée par un acte d'huissier délivré par le propriétaire au locataire ou à l'occupant, au moins six mois à l'avance, en précisant, à peine de nullité :

- la date et le mode d'acquisition de l'immeuble;
- le nom et l'adresse du propriétaire du bénéficiaire, l'emplacement et le nombre de pièces du logement du bénéficiaire. Cette mention est toutefois inutile si le bénéficiaire ne détient aucun droit locatif ou au maintien sur l'appartement[8].

813.188 **Opposabilité de la nullité du congé.** La nullité du congé n'est opposable que si elle cause grief au locataire[9]. Il n'est pas nécessaire de délivrer au préalable un congé au visa de l'article 4 de la loi, l'article 19 prévoyant la reprise contre le locataire ou l'occupant[10].

B. Propriétaire répondant à une situation particulière

813.191 **Bailleur obligé lui-même de quitter son logement.** L'article 20 réserve plusieurs cas qui concernent le propriétaire seul.

Il dispose d'un droit de reprise lorsqu'il peut justifier :

- qu'il est lui-même locataire et qu'il est évincé par l'exercice d'un droit de reprise de l'article 19 ou de l'article 20;
- qu'il est locataire ou occupant de locaux frappés d'un arrêté de péril, d'une interdiction d'habiter, d'une procédure d'expropriation;
- qu'il a acquis le bien objet de la reprise depuis plus de cinq ans et qu'il est fonctionnaire, agent, ouvrier ou employé et contraint de quitter un logement de fonction occupé depuis plus de deux ans.

La procédure prévoit un acte d'huissier délivré six mois à l'avance indiquant la situation du propriétaire, la date et le mode d'acquisition du logement et toutes indications permettant au locataire de vérifier le bien fondé de la demande.

§ 3 Protection des locataires et des occupants

813.201 **Justifications éthiques ou économiques.** La protection particulière des locataires et des occupants permet de faire échec au droit de reprise du bailleur des articles 20 et 21 dans le cas où une

8. Civ. 3e, 17 déc. 1969, *Bull. civ.* III, no 839; *D.* 1970. Somm. 86.
9. Civ. 3e, 18 févr. 1998, no 96-12.200, NP, *Rev. loyers* 1998. 492, note Rémy.
10. Civ. 3e, 4 mai 2000, no 98-19.998, *Bull. civ.* III, no 93; *AJDI* 2000. 640; *Administrer* juin 2001, p. 28, obs. Canu.

intention de nuire ou d'éluder la loi peut être rapportée (art. 21), ou au bénéfice de locataires de locaux professionnels (art. 22), enfin au profit de personnes âgées aux ressources modestes (art. 22 *bis*).

813.202 **Intention de nuire.** La preuve de l'intention de nuire est à la charge de celui qui l'invoque, sous le contrôle souverain du juge. Il peut s'agir de la « haine du propriétaire »... manifestée par des procédures abusives et vexatoires[1]. Mais une défense du bailleur dans le cadre d'une procédure de retour à la loi de 1948 ne suffit pas à démontrer l'intention de nuire[2].

813.203 **Fraude à la loi.** La tentative de fraude à la loi peut résulter d'allégations mensongères du propriétaire, du fait, par exemple, qu'il dispose d'une habitation qui correspond à ses besoins ou de la mise en vente d'un appartement pour ne pas exercer la reprise sur le bien vendu. Le propriétaire qui donne congé n'invoque le droit de reprise que pour éluder la loi du 1er septembre 1948, le bénéficiaire de la reprise s'étant placé volontairement dans l'impossibilité de mettre les lieux qu'il occupait à disposition[3].

Caractérise la volonté d'éluder les règles de la loi du 1er septembre 1948 le cas dans lequel l'exercice du droit de reprise avait nécessité trois actes pour que l'associé devienne propriétaire du logement occupé alors que la société disposait d'appartements disponibles dans l'immeuble[4].

813.204 **Local professionnel.** Le droit de reprise sans relogement des articles 19 et 20 ne peut être exercé contre celui qui exerce sa profession dans le local « au vu et au su du propriétaire et avec son accord au moins tacite ».

Il ne peut s'agir d'une activité à caractère commercial ou industriel, ni artisanale[5]. L'acceptation du bailleur doit résulter d'un acte positif, à l'exclusion d'une abstention ou d'une attitude passive[6].

Le propriétaire d'au moins 75 ans qui reprend le local pour lui-même est protégé.

813.205 **Personnes âgées.** Le droit de reprise sans relogement des articles 19 et 20 ne peut être exercé à l'encontre de l'occupant de plus de 70 ans dont les ressources annuelles sont inférieures à une fois et demie le montant du Smic, sauf si le bénéficiaire a plus de 65 ans. Pour apprécier l'âge de l'occupant, il faut prendre en compte la date du congé et non celle de sa date d'effet[7]. Le montant des ressources de l'occupant s'apprécie à la date de la demande en justice[8].

La protection du bénéficiaire de plus de 65 ans ne vaut que s'il exerce la reprise du logement à son profit. Un bénéficiaire de plus de 65 ans ne peut exercer la reprise au profit de ses enfants d'un appartement occupé par une personne de plus de 70 ans, lui-même s'installant dans le local libéré par ses enfants[9].

Pour le calcul des ressources des occupants, il est tenu compte de celles des personnes vivant avec lui de manière effective et permanente[10]. L'assiette des ressources ne se limite pas au revenu imposable[11].

813.206 **Choix du local de reprise.** En cas de pluralité de locaux loués ou occupés dans le même immeuble, l'article 23 précise que le propriétaire exerce son droit sur celui qui est occupé par le plus petit nombre de personnes si les locaux susceptibles d'être repris sont sensiblement équivalents. L'article 23 permet de tenir compte tant du confort et de la commodité des lieux que des besoins du bénéficiaire de la reprise, qu'il ne limite pas[12].

1. Soc. 16 nov. 1960, *Bull. civ.* IV, no 1027.
2. Paris, 4 févr. 1993, *Loyers et copr.* 1993, no 175.
3. Compromis de vente signé vingt jours avant la délivrance du congé à l'occupant. Le bénéficiaire de la reprise fait preuve de mauvaise foi en mettant en vente le logement dont l'occupant aurait pu bénéficier ou le local qui aurait pu être mis à sa disposition : Civ. 3e, 28 sept. 2005, no 04-15.974, NP, *AJDI* 2006. 125, obs. F. de La Vaissière.
4. Civ. 3e 6 déc. 2011, no 10-31.135, NP.
5. Civ. 3e, 17 juill. 1987, no 86-11.766, NP, *D.* 1987. IR 179.
6. Civ. 3e, 2 juill. 1969, *Bull. civ.* III, no 556.
7. Civ. 3e, 4 oct. 1983, nos 82-11.440 et 82-13.184, *Bull. civ.* III, no 176.
8. Paris, 3 nov. 1966, *JCP* 1967 II. 15060.
9. Civ. 3e, 23 oct. 1969, *Bull. civ.* III, no 667, *D.* 1970. 50.
10. Civ. 3e, 20 janv. 1988, no 86-16.357, *Bull. civ.* III, no 11; *Rev. loyers* 1988. 220, note Vaissette.
11. Caen, 28 oct. 2004. *Loyers et copr.* 2005, no 48, obs. Vial-Pedroletti.
12. Soc. 21 janv. 1954, *Bull. civ.* IV, no 45; *Rev. loyers* 1954. 85.

CHAPITRE

814. Fixation du prix

SECTION 0 ORIENTEUR

814.00 Plan du chapitre.

Division. Le montant du loyer est fonction du classement de chaque logement dans sa catégorie. Le loyer notifié par le bailleur peut être contesté par le locataire dans des conditions définies légalement. Ses conditions d'augmentation sont réglementées. Une clause de résiliation de plein droit peut sanctionner le défaut de paiement du loyer.

814.01 Textes applicables.

TEXTES SOURCES

• **L. n° 48-360, 1er sept. 1948, art. 26 à 44.**

• **Décr. n° 48-1766, 22 nov. 1948** fixant les conditions de détermination de la surface corrigée des locaux d'habitation ou à usage professionnel, *JO* 23 nov., p. 11367.

• **Décr. n° 48-1881, 10 déc. 1948** déterminant le prix de base au mètre carre des locaux d'habitation ou à usage professionnel, *JO* 11 déc., p. 12090.

TEXTES *IN EXTENSO*

• **L. 1er sept. 1948, art. 26**

Le prix des loyers des locaux soumis aux dispositions de la présente loi est déterminé en application des règles ci-après.

• **L. 1er sept. 1948, art. 27** – [Prix]

La valeur locative d'un local est égale au produit de la surface corrigée, telle qu'elle résulte de l'article 28, par le prix de base du mètre carré de chacune des catégories de logements prévues à l'article 30.

Lorsque la faculté de céder ou de sous-louer est incluse dans un bail portant sur un local à usage professionnel, la valeur locative ainsi déterminée pourra être majorée, pendant le cours du bail, de 50 p. 100 au maximum.

Le montant du loyer des locaux pour lesquels le droit au bail ou le droit au maintien dans les lieux a été postérieurement au 1er juillet 1966 transmis aux héritiers ou transféré dans les conditions prévues à l'article 5 de la présente loi, est égal à la valeur locative majorée de 50 p. 100. Ces dispositions ne sont toutefois pas applicables en cas d'attribution de l'un de ces droits au conjoint du locataire ou de l'occupant ni en cas de transfert à un descendant mineur.

Les prix résultant des dispositions de l'alinéa 1er du présent article demeurent applicables aux logements occupés par les personnes qui ont bénéficié entre le 1er juillet 1965 et le 30 juin 1966 du maintien dans les lieux prévu à l'article 5 ci-dessus, à moins qu'il ne s'agissent du conjoint, veuf, séparé ou divorcé.

Dans les communes visées à l'article 10 (7°) ci-dessus, le loyer de la totalité des locaux inoccupés ou insuffisamment occupés ou faisant l'objet d'une sous-location totale ou partielle est égal à la valeur locative majorée de 50 p. 100. Cette majoration cesse de droit dès que prend fin la situation qui l'avait motivée. Les locataires ou occupants auxquels est ou a été appliquée cette majoration continuent de bénéficier du droit au maintien dans les lieux prévu à l'article 4, nonobstant les dispositions du 7° de l'article 10.

Lorsque l'insuffisance d'occupation a pour origine le décès ou le mariage de l'un des occupants, la majoration prévue dans ce cas par l'alinéa précédent ne prend effet qu'à l'expiration d'un délai d'un an à compter de ce mariage ou de ce décès.

La majoration pour insuffisance d'occupation n'est pas applicable :

1° Aux personnes âgées de plus de soixante-dix ans;

2° Aux personnes titulaires :

Soit d'une pension de grand invalide de guerre ouvrant droit au bénéfice des dispositions de l'article L. 31 du code des pensions militaires d'invalidité et des victimes de la guerre;

Soit d'une rente d'invalide du travail correspondant à une incapacité au moins égale à 80 p. 100.

Soit d'une allocation servie à toute personne dont l'infirmité entraîne au moins 80 p. 100 d'incapacité permanente et qui est qualifiée Grand infirme en application de l'article 169 du code de la famille et de l'aide sociale.

En cas de sous-location, la majoration de 50 p. 100 ne s'applique pas aux locataires ou occupants qui sous-louent une ou plusieurs pièces lorsqu'ils occupent suffisamment les locaux compte tenu de ces pièces ou qu'ils appartiennent aux catégories visées aux 1° et 2° ci-dessus, à la condition que la sous-location soit conclue au profit de personnes appartenant à des catégories déterminées par arrêté interministériel.

Pour l'application des dispositions ci-dessus, sont, sauf preuve contraire, présumées sous-locataires les personnes vivant de façon continue au foyer du locataire ou de l'occupant, des lors qu'elles ne présentent avec ce dernier aucun lien de parenté ou d'alliance au sens de la loi ou qu'elles ne sont ni à sa charge ni à son service.

Les majorations de 50 p. 100 prévues au présent article ne peuvent se cumuler.

• **L. 1er sept. 1948, art. 28** – [Surface corrigée]

Un décret, pris sur le rapport du ministre chargé de la reconstruction et de l'urbanisme, déterminera les conditions dans lesquelles sera obtenue la surface corrigée en affectant la superficie des pièces habitables et celle des autres parties du logement de correctifs dont il donnera le taux pour qu'il soit tenu compte, notamment, de la hauteur du plafond, de l'éclairement, de l'ensoleillement et des vues de chacune des pièces habitables, ainsi que des caractéristiques particulières des autres parties du local.

Il définira les pièces habitables et les conditions dans lesquelles sera calculée la superficie desdites pièces, ainsi que celle des autres parties du local et des annexes.

Le même décret précisera également les correctifs applicables à l'ensemble du logement pour tenir compte notamment de son état d'entretien, de sa vétusté, de l'importance du local, de son affectation, de sa situation et des éléments d'équipement propres, soit au local, soit à l'ensemble de l'immeuble.

Ne pourront entrer en ligne de compte dans l'évaluation des correctifs que les éléments d'équipement et de confort fournis par le propriétaire.

• **L. 1er sept. 1948, art. 29**

Le préfet peut, éventuellement, dans les limites fixées par le décret prévu à l'article 28, adapter par arrêté certains correctifs aux conditions locales et fixer ceux relatifs à la situation des immeubles dans les différentes zones qu'il aura déterminées.

• **L. 1er sept. 1948, art. 30**

Le prix de base du mètre carré applicable chaque année au 1er juillet est déterminé par décret pour les différentes catégories de logements en fonction de la qualité de leur construction et, le cas échéant, suivant la localité dans laquelle ils sont situés.

Les prix de base doivent être tels qu'ils assurent, après application des correctifs, la rémunération du service rendu par le logement ainsi que son maintien en état d'habitabilité.

Le décret prévu à l'alinéa 1er fixe les modalités selon lesquelles les prix de base s'appliquent lors de leur révision aux locataires ou occupants dont le loyer avait déjà atteint la valeur locative résultant de l'application des anciens prix de base.

• **L. 1er sept. 1948, art. 31**

Indépendamment du prix de base déterminé conformément aux dispositions de l'article 30 ci-dessus, le décret prévu audit article fixe le prix du mètre carré applicable jusqu'à ce que le loyer ait atteint la valeur locative définie à l'article 27.

À compter du 1er juillet 1965, le loyer est majoré chaque année d'une fraction du loyer applicable au cours du dernier mois de la période précédente.

L'augmentation maximale de loyer résultant de l'application de la majoration prévue à l'alinéa précédent peut faire l'objet d'un abattement en considération de l'âge ou de l'état physique des bénéficiaires et compte tenu de leurs ressources, à la condition que le local ne soit pas insuffisamment occupé ou ne fasse pas l'objet d'une sous-location totale ou partielle et sans que l'abattement puisse dépasser la moitié de cette augmentation.

Lorsque des modifications sont apportées à la surface corrigée du local pour quelque cause que ce soit, notamment en raison de l'affectation de tout ou partie du local à un usage professionnel, il doit être tenu compte de l'incidence de ces modifications pour déterminer le loyer servant de base au calcul des majorations annuelles. Les taux de majoration sont fixés par le décret prévu à l'article 30.

• **L. 1er sept. 1948, art. 32**

Chaque propriétaire devra, avant le 1er janvier 1949, faire connaître à chaque locataire ou occupant, par lettre recommandée, avec accusé de réception, ou par acte extrajudiciaire, le loyer des locaux qu'il occupe.

Le propriétaire doit joindre, à l'appui de cette modification, un décompte détaillé, établi d'après un modèle type qui sera annexé au décret prévu à l'article 28, des bases de calcul de ce loyer.

En cas de désaccord, le locataire ou l'occupant devra, à peine de forclusion, aviser, dans les deux mois, le propriétaire, par lettre recommandée avec accusé de réception ou par acte extrajudiciaire, du loyer qu'il propose lui-même, en précisant les éléments sur lesquels porte ce désaccord.

La notification par le propriétaire devra, à peine de nullité, indiquer que faute par le locataire ou l'occupant d'avoir contesté le loyer dans le délai de deux mois, il sera forclos à l'expiration de ce délai et que ce loyer s'imposera comme nouveau prix.

Le différend sera porté devant le tribunal compétent suivant les règles de procédure prévues au chapitre V du présent titre.

Pour la détermination de la compétence, le loyer pris en considération est celui qui était payé antérieurement à l'application de la présente loi.

• **L. 1er sept. 1948, art. 32 *bis***

En cas de modification totale ou partielle des éléments ayant servi de base à la détermination du loyer, ce loyer pourra être révisé à la demande de l'une ou de l'autre des parties.

Le demandeur doit faire connaître à l'autre partie par lettre recommandée avec demande d'avis de réception ou par acte extrajudiciaire les nouveaux éléments proposés. Il doit joindre à l'envoi de cette notification un décompte détaillé, établi d'après un modèle type annexé au décret prévu à l'article 28, des bases de calcul de ce loyer.

En cas de désaccord sur les nouveaux éléments proposés par le demandeur, l'autre partie doit, à peine de forclusion, aviser, dans les deux mois, le demandeur, par lettre recommandée avec demande d'avis de réception ou par acte extrajudiciaire, du loyer qu'il propose lui-même, en précisant les éléments sur lesquels porte ce désaccord.

La notification par le demandeur devra à peine de nullité, indique que faute par l'autre partie d'avoir contesté le loyer dans le délai de deux mois, il sera forclos à expiration de ce délai et que ce loyer s'imposera comme un nouveau prix. En cas de contestation, le différend sera porté devant le tribunal compétent, suivant les règles de procédure prévues au chapitre V du présent titre.

Pour la détermination de la compétence, le loyer pris en considération est celui qui était exigible à la date de la notification.

• **L. 1er sept. 1948, art. 33**

Les prix résultant de l'application de la présente loi sont applicables de plein droit à dater du 1er janvier 1949, sans qu'il soit nécessaire de donner congé ni aux titulaires de baux écrits ou verbaux, ni à ceux qui sont maintenus dans les lieux.

Au cas où la notification prévue au premier alinéa de l'article 32 est faite à une date postérieure au 1er janvier 1949, les prix résultant de l'application de la présente loi ne seront applicables qu'à partir du terme d'usage qui suivra cette notification; toutefois, s'il y a lieu à réduction en application des dispositions de l'article 35, et quelle que soit la date de la notification, le nouveau prix sera applicable à partir du 1er janvier 1949.

• **L. 1er sept. 1948, art. 34**

Les parties pourront, d'un commun accord, se dispenser de l'application des règles de fixation des loyers prévues aux articles précédents en prenant forfaitairement comme base le loyer pratiqué au 1er juillet 1948.

À compter du 1er juillet 1965, le loyer est majoré chaque année d'une fraction du loyer applicable au cours du dernier mois de la période précédente. Le taux de majoration est fixé par le décret prévu à l'article 30.

Cet accord pourra être dénoncé par chacune des parties par lettre recommandée avec accusé de réception adressée dans la quinzaine suivant le paiement de chaque terme de loyer. Dans ce cas, les règles des articles 26 et suivants deviendront définitivement applicables aux termes de loyer qui suivront la dénonciation de l'accord.

Le demandeur devra joindre à l'appui de sa dénonciation un décompte détaillé, établi d'après un modèle type annexé au décret prévu à l'article 28, des bases de calcul du nouveau loyer. Les dispositions des trois derniers alinéas de l'article 32 *bis* sont applicables.

L'augmentation de loyer résultant de l'application de la majoration prévue au deuxième alinéa ci-dessus peut faire l'objet d'un abattement en considération de l'âge ou de l'état physique des bénéficiaires et compte tenu de leurs ressources à la condition que le local ne soit pas insuffisamment occupé ou ne fasse pas l'objet d'une sous-location totale ou partielle et sans que l'abattement puisse dépasser la moitié de cette augmentation.

• **L. 1er sept. 1948, art. 34 *bis***

I. – Les parties peuvent également, d'un commun accord, fixer un prix de loyer dans la limite de la valeur locative définie à l'article 27.

• **L. 1er sept. 1948, art. 35**

Les loyers qui dépassent la valeur locative telle qu'elle est définie à l'article 27 seront ramenés à cette valeur locative.

• **L. 1er sept. 1948, art. 36**

Les dispositions des articles qui précèdent ne sont pas applicables à la détermination du loyer des cours, jardins ou terrains loués ou occupés accessoirement aux locaux visés à la présente loi. Ce loyer fera l'objet d'une évaluation séparée. À défaut d'accord amiable, il sera procédé à l'évaluation du loyer par justice. Le juge devra tenir compte de tous éléments d'appréciation, notamment de la proximité de l'habitation, des possibilités de culture et des plantations existant au moment de la location.

Il sera procédé de même pour l'évaluation du loyer des locaux, tels que remises et garages, loués ou occupés accessoirement aux locaux visés par la présente loi et n'ayant aucune affectation commerciale ou industrielle.

Ce loyer est augmenté chaque année du taux de majoration applicable au loyer du local principal.

• **L. 1er sept. 1948, art. 37**

Le loyer des locaux mentionnés à l'article 8 de la présente loi sera fixé, à défaut d'accord amiable, par le juge à l'aide de tous éléments d'appréciation.

• **L. 1er sept. 1948, art. 38**

Les locataires ou occupants sont tenus, en sus du loyer principal, au remboursement des charges locatives définies à l'article 23 de la loi no 89-462 du 6 juillet 1989, dans les conditions prévues à cet article.

• **L. 1er sept. 1948, art. 39**

Il ne peut être exigé des sous-locataires de locaux nus un loyer supérieur à celui payé par le locataire ou occupant principal augmenté du montant des prestations, taxes locatives et fournitures individuelles énumérées à l'article 38. Le locataire ou occupant principal est tenu, à la demande du sous-locataire, d'en justifier par la production de sa quittance.

Dans le cas de sous-location partielle de locaux nus, il devra être tenu compte, pour la fixation du loyer, de l'importance des locaux sous-loués et d'un prorata des prestations, taxes et fournitures payées par le locataire principal. Le principal du loyer ainsi déterminé pourra être majoré de 20 p. 100 et, en outre, du prix des prestations particulières que le locataire principal serait appelé à fournir.

• **L. 1er sept. 1948, art. 40**

En aucun cas, l'application des dispositions du présent chapitre ne pourra être invoquée par le bailleur pour se soustraire à l'exécution des obligations mises à sa charge par le contrat ou par la loi.

Toutefois, sont autorisées les conventions par lesquelles tout locataire ou occupant s'engage, postérieurement à son entrée dans les lieux ou à l'occasion de l'exécution de travaux afférents à l'immeuble et déterminés dans la convention, à participer à tout ou partie des dépenses exposées pour leur réalisation.

• **L. 1er sept. 1948, art. 41**

Le preneur pourra, nonobstant toutes clauses ou conventions contraires, résilier le bail tant que la valeur locative résultant des dispositions qui précèdent ne sera pas atteinte.

• **L. 1er sept. 1948, art. 42**

Les occupants évincés en application des articles 11 et 12 et usant du droit à réintégration prévu à l'article 13 ne devront payer que le loyer, les prestations, taxes et fournitures individuelles tels qu'ils résultent de l'application des dispositions du présent chapitre.

• **L. 1er sept. 1948, art. 43**

Le bailleur qui, n'exerçant pas la profession de loueur en meublé, loue exceptionnellement en totalité un local normalement meublé, est autorisé à majorer le montant du loyer, tel qu'il est déterminé au présent chapitre, du prix de location des meubles, qui ne pourra lui-même dépasser le montant du loyer principal. Il pourra, en outre, récupérer les prestations, taxes et fournitures définies à l'article 38 et tous impôts et taxes perçus à l'occasion des locations en meublé.

Pour les sous-locations partielles en meublé existant au jour de la promulgation de la présente loi et pour les sous-locations partielles en meublé autorisées en application des dispositions de l'article 78, le prix du loyer est déterminé comme il est dit à l'article 39, alinéa 2, et le prix de location des meubles ne peut dépasser le montant dudit loyer. Il pourra être exigé en sus le montant de tous impôts et taxes perçus à l'occasion des locations en meublé.

• **L. 1er sept. 1948, art. 44**

Les travaux ayant pour objet d'augmenter le nombre de logements par la division des logements existants ouvrent droit, pour le propriétaire, à la récupération du montant des dépenses par une majoration du prix des loyers des locaux rendus disponibles.

Cette majoration ne devra, en aucun cas, permettre l'amortissement du capital dépensé sur une période inférieure à dix années. Elle n'est autorisée qu'à la condition que les appartements créés comportent trois pièces principales au moins.

814.02 **Jurisprudence de référence.**

> Classement des locaux

• **Civ. 3e, 3 juill. 2002, no 01-02.701**, *Bull. civ.* III, no 154

* V. ss no 814.29

Les travaux réalisés par le locataire ne peuvent justifier un classement dans une catégorie supérieure.

> Valeur locative

• **Civ. 3e, 5 nov. 2015, no 14-23.693**, P

* V. ss no 814.41

Compte tenu du caractère d'ordre public de la loi du 1er septembre 1948, les parties ne peuvent convenir de l'application d'une clause conventionnelle d'indexation.

> Prescription

• **Civ. 3e, 12 mars 2002, no 00-18.935**, NP

* V. ss no 814.65

Les sommes indûment perçues par le bailleur sont sujettes à la prescription abrégée de trois ans (Supplément de loyer en HLM).

> Clause résolutoire

• **Civ. 3e, 11 mai 1995, no 93-14.039**, *Bull. civ.* III, no 115

* V. ss no 814.102

La clause résolutoire prévue au bail ne peut produire d'effet si elle vise des loyers illicites.

814.03 **Bibliographie indicative.**

Actualisables. RÉP. CIV., Vo « Baux d'habitation et professionnels (loi du 1er sept. 1948) », H. des Lyons et Y. Rouquet, nos 298-366 – LAMY DR. IMMO, nos 5805-5823 – DICT. PERM. Gestion immob., « Baux – loi du 1er septembre 1948 », nos 103-134.

SECTION 1
CLASSEMENT DES LOCAUX

§ 1
Catégories de logements

814.11 **Cinq catégories de logement.** L'annexe I du décret du 10 décembre 1948 distingue cinq catégories de locaux, selon un classement par catégories et sous-catégories, pour le calcul du loyer du logement :

- catégorie exceptionnelle de luxe;
- première catégorie;
- deuxième catégorie, comprenant les sous-catégories II A, II B, II C;
- troisième catégorie, comprenant les sous-catégories III A et III B;
- quatrième catégorie.

§ 2
Classement dans les catégories

814.21 **Règle générale de classement.** Les principes régissant le classement sont les suivants :

1° Le classement se fait par local et non par immeuble.

Les différences entre locaux d'un même immeuble se justifient par la situation du local dans l'immeuble (entresol, accès par escalier de service).

2° Les caractéristiques définies pour chaque catégorie doivent être complétées par divers éléments propres à l'immeuble.

814.22 **Caractéristiques par catégorie.** Elles tiennent pour l'essentiel à la qualité des constructions mesurée à travers l'emploi de matériaux assurant des conditions d'habitabilité : « excellentes » en 1re catégorie, « bonnes ou très bonnes » en 2e catégorie, « ordinaires ou médiocres » en 3e catégorie, « exceptionnellement défectueuses » en 4e catégorie.

S'y ajoutent des caractéristiques d'aspect intérieur et extérieur, de conception des pièces (dimension), de qualité des installations et équipements et, dans les immeubles collectifs, de dimension et de conception des parties communes.

814.23 **Catégorie exceptionnelle de luxe – Conditions.** Le classement en catégorie exceptionnelle de luxe tient à l'emploi de matériaux nobles tels que bois précieux, marbre ou à la présence d'équipements de très grand luxe.

814.24 **Catégorie II B – Conditions.** Un classement en catégorie II B est impossible en l'absence de salle d'eau avant l'installation d'une salle de bains par le locataire[1]. L'installation d'une salle d'eau par le locataire ne peut être retenue pour le calcul de la surface corrigée, mais n'interdit pas un classement en sous-catégorie II C[2]. Un logement de la catégorie IV reste soumis à l'obligation de décence[3].

814.25 **Sous-catégorie.** Pour le classement en sous-catégorie, les distinctions tiennent compte des mêmes éléments de qualité de construction, de dimension des pièces...

814.26 **Distinction selon la région.** Dans la deuxième catégorie, une distinction est faite entre la région parisienne et la province.

814.27 **Absence d'accord – Solution.** À défaut d'accord entre les parties sur le classement, il peut être convenu d'un classement en catégorie intermédiaire, le loyer étant calculé en conséquence.

814.28 **Éléments propres à l'immeuble ou au local.** La liste avancée dans l'annexe au décret du 10 décembre 1948 n'est pas limitative.

On retiendra notamment le plan du logement : qualité de distribution des pièces ou leur inadaptation (dimension excessive), ainsi que la présence d'inconvénients notables tels que la difficulté d'installer des équipements d'hygiène, les pièces sous combles ou en sous-sol, la qualité inférieure de la construction dans une partie importante du local, l'absence de cave ou de grenier...

814.29 **Évolutions.** Le changement de catégorie en cours d'occupation peut intervenir à l'occasion de travaux réalisés par le propriétaire.

Il est précédé d'une notification conforme à l'article 32 *bis* de la loi de 1948 (modification totale ou partielle des éléments ayant servi à déterminer le loyer).

Les travaux réalisés par le locataire ne peuvent, quant à eux, justifier un classement dans une catégorie supérieure[4], ni par ailleurs être pris en compte pour le calcul du loyer (pour la prise en compte de ces travaux en cas de sortie du local de la loi v. ss no 822.131).

SECTION 2
DÉTERMINATION DU PRIX

814.31 **Fixation réglementaire.** Le chapitre III de la loi de 1948 fixe les principes de calcul du prix applicable[5].

Les règles en sont précisées par les décrets no 48-1766 du 22 novembre 1948 et no 48-1881 du 10 décembre 1948.

§ 1
Valeur locative

814.41 **Calcul.** Le point de départ du système des loyers de la loi du 1er septembre 1948 est la valeur locative.

La valeur locative est égale au produit du prix de base au mètre carré de la catégorie du local par sa surface corrigée[6].

Compte tenu du caractère d'ordre public de la loi du 1er septembre 1948, les parties ne peuvent convenir de l'application d'une clause conventionnelle d'indexation[7].

814.42 **Prix de base au mètre carré.** Le prix de base du mètre carré est fixé par le décret du 10 décembre 1948 selon la catégorie du local. Ce prix a vocation à assurer tant la rémunération du service rendu

1. Paris, 3 juill. 2001, *Rev. loyers* 2001. 466.
2. Civ. 3e, 9 juin 2009, no 08-13.804, NP; *Rev. loyers*, nov. 2009, p. 439, note Rémy.
3. Civ. 3e, 15 déc. 2004, no 02-20.614, *Bull. civ.* III, no 239; *D.* 2005. 109, obs. Y. Rouquet; *ibid.* 305, tribune J. Monéger; *ibid.* 749, obs. N. Damas; *AJDI* 2005. 125, obs. Y. Rouquet; *RDI* 2005. 113, obs. H. Heugas-Darraspen – SUR LA NOTION de décence v. ss nos 022.191, 211.32 et 211.71.
4. Civ. 3e, 3 juill. 2002, no 01-02.701, *Bull. civ.* III, no 154; *AJDI* 2002. 693, obs. S. Beaugendre; *Loyers et copr.* 2002, no 228. Paris, 3e Ch., 7 févr. 2013, RG no 10/23869, *Loyers et copr.* 2013, no 138.
5. L. 1er sept. 1948, art. 26 à 44.
6. L. 1er sept. 1948, art. 27.
7. Civ. 3e, 5 nov. 2015, no 14-23.693, P, *AJDI* 2016. 515, note Damas; *Rev. loyers* 2016, p. 562 et s. note F. Cornette; *Loyers et copr.* 2015, no 246, note Vial-Pedroletti; *Ann. Loyers* janv./févr. 2016, p. 58 – DICT. perm. Gestion immob., *bull.* déc. 2015, p. 8, note A.-C. Monge.

par le logement que son maintien en état d'habitabilité. La valeur locative est une valeur maximale que le loyer ne peut pas dépasser.

814.43 **Surface corrigée.** La loi a défini un critère commun à tous les logements : la surface corrigée correspondant à la surface réelle, corrigée par le niveau d'équipement du logement, son état d'entretien et la situation de l'immeuble (pour la détermination de la surface corrigée v. s^s n°s 735.21 s.).

814.44 **Révision de la valeur locative.** Le prix de base au mètre carré est révisé tous les ans par décret. Le décret fixe les modalités selon lesquelles les prix de base s'appliquent lors de leur révision aux locaux dont le loyer a atteint la valeur locative[1]. Le dernier décret paru, du 6 juillet 2017[2] autorise, à compter du 1er juillet 2017, une augmentation des loyers, de 0,51 % pour les locaux des catégories III A et III B, pour les locaux des catégories II B et II C et pour les locaux de la catégorie II A restant soumis aux dispositions de la loi du 1er septembre 1948.

Les loyers des locaux de la catégorie IV, eux, ne subissent aucune majoration annuelle légale.

Compte tenu des retards réguliers pris par l'administration pour fixer le prix du loyer révisé, retards préjudiciables aux bailleurs, la loi du 25 mars 2009[3] a fixé par principe sa date de révision au 1er juillet de chaque année.

§ 2
Montant du loyer

814.51 **Alternative.** La valeur locative n'a pas été applicable immédiatement, notamment à cause de la différence qui pouvait exister entre les loyers appliqués après-guerre et cette valeur.

Aussi, lors de l'entrée en vigueur de la loi, le choix a été laissé aux parties du type de loyer qui devait s'appliquer dans leurs relations. Il en existe deux : le loyer dit scientifique et le loyer forfaitaire.

814.52 **Loyer salaire (ou loyer technique ou loyer scientifique).** Le loyer salaire résulte de l'article 31 de la loi. Depuis le 1er juillet 1965, il est augmenté régulièrement jusqu'à ce qu'il atteigne la valeur locative. Ces augmentations sont fixées par le décret annuel évoqué ci-dessus et prennent effet au premier juillet.

À l'heure actuelle, la plupart des loyers des locaux encore soumis à la loi de 1948 ont atteint la valeur locative, sauf ceux de la catégorie IV qui sont de fait bloqués.

814.53 **Loyer forfaitaire.** Le loyer forfaitaire est défini aux articles 34 et suivants de la loi.

Les parties étaient autorisées « d'un commun accord » à se dispenser d'appliquer le loyer salaire ou loyer scientifique et de prendre comme base le loyer pratiqué au 1er juillet 1948. Ce loyer a été majoré en juillet 1965 et chaque année par décret.

Si l'une des parties voulait dénoncer le loyer forfaitaire, il lui suffisait de transmettre un décompte de surface corrigée, le nouveau loyer étant calculé alors selon le droit commun (valeur locative ou loyer scientifique).

814.54 **Loyer des accessoires.** Sont concernés, selon les termes de l'article 36 de la loi, les cours, jardins ou terrains auxquels s'ajoutent *in fine* les remises et garages n'ayant aucune affectation commerciale ou industrielle. Sont également concernées les terrasses dont la dimension ou l'aménagement apporte un avantage inhabituel aux locaux concernés[4].

Il est procédé à une évaluation séparée de ces accessoires, par accord amiable entre les parties, et sous le contrôle du juge, le cas échéant. Depuis l'entrée en vigueur de la loi du 29 juillet 1998, la révision du loyer accessoire ne peut dépasser celle du loyer principal.

814.55 **Loyer des locaux meublés.** Il est fixé dans les conditions habituelles, le loyer des meubles s'y ajoutant, sans que ce dernier ne puisse dépasser le montant du loyer principal.

SECTION 3
APPLICATION DU LOYER

814.61 **Notification.** Le loyer doit être notifié au locataire (en pratique dans le bail lui-même pour les locataires entrés dans les lieux après le 1er janvier 1949), en annexant un décompte de surface corrigée conforme au modèle établi par le décret du 22 novembre 1948.

814.62 **Contestation.** Le locataire ou l'occupant a deux mois pour contester le loyer. C'est un délai de forclusion au-delà duquel le loyer s'impose comme nouveau prix. Bien qu'il ait accepté un prix de loyer établi sans notification préalable d'un décompte comportant classement du local, le locataire reste recevable à solliciter la détermination du loyer conformément au décret du 10 décembre 1948[5].

1. L. 1er sept. 1948, art. 30, dern. al.
2. Décr. n° 2017-1140, 6 juill. 2017 modifiant le décret n° 48-1881 du 10 déc. 1948 déterminant les prix de base au mètre carré des locaux d'habitation ou à usage professionnel, *JO* 7 juill., texte n° 16.
3. L. n° 2009-323, 25 mars 2009 de mobilisation pour le logement et la lutte contre l'exclusion, art. 121, *JO* 27 mars., p. 5408.
4. Civ. 3e, 24 févr. 1976, n° 74-13.963, *Bull. civ.* III, n° 78.
5. Civ. 3e, 28 mars 1995, n° 92-20.784, NP, *Rev. loyers* 1996. 413.

En l'absence d'une notification conforme à l'article 32 de la loi le délai de deux mois opposable aux locataires ne court pas et ils sont recevables à contester le loyer[1].

814.63 Notification du loyer et opposition du locataire. Le locataire avise le propriétaire par lettre recommandée avec demande d'avis de réception ou par acte extrajudiciaire et propose un loyer en précisant les éléments sur lesquels porte le désaccord.

814.64 Paiement du loyer. Le paiement mensuel est de droit[2]. Chaque partie, bailleur ou locataire, pourra demander le paiement mensuel si le bail avait prévu d'une période supérieure.

La délivrance d'une quittance, ou d'un reçu en cas de paiement partiel, est obligatoire comme prévu par la loi du 6 juillet 1989[3].

814.65 Prescription. L'action en paiement des loyers à l'encontre du locataire se prescrit par cinq ans par application de l'article 2224 du code civil[4].

La loi du 1er septembre 1948 a prévu une prescription abrégée pour les actions en remboursement de loyers illicites. Elle est de trois ans, conformément à l'article 68 de la loi. L'article 68 vise notamment les actions tendant à la fixation de la valeur locative en application des articles 27 à 35 de la loi[5]. Toutes les sommes indûment perçues sont sujettes à la prescription abrégée de trois ans[6]. Le délai de prescription de l'article 68 ne court que du jour de la perception de chaque loyer illicite[7].

SECTION 4
AUGMENTATIONS DU LOYER

§ 1
Modification de la surface corrigée

814.71 Procédure – Formalisme. Le loyer peut être révisé à la demande de l'une ou de l'autre des parties, suite à la modification de la surface corrigée (v. ss nos 412.51 s.).

La procédure de l'article 32 *bis* prévoit la transmission d'une lettre recommandée avec accusé de réception ou un acte extrajudiciaire contenant les nouveaux éléments proposés.

814.72 Délai de proposition – Délai de forclusion. Un délai de deux mois s'ouvre alors à l'autre partie pour proposer un loyer en précisant les éléments sur lesquels porte le désaccord. Le locataire ne peut se borner à formuler un refus pur et simple et doit indiquer les éléments sur lesquels porte son désaccord[8].

Ce délai est un délai de forclusion. La mention du délai de forclusion dans la notification faite par le propriétaire est prescrite à peine de nullité[9].

814.73 Recours au juge. Le juge d'instance du lieu de l'immeuble traite des litiges de loyer de la loi du 1er septembre 1948[10]. L'article 32 *bis* ne fixe aucun délai pour la saisine du tribunal compétent après que chacun des bailleur et preneur a notifié à l'autre les éléments devant servir de base à une modification des loyers[11].

§ 2
Installations d'équipements nouveaux

814.81 Majoration des équivalences superficielles. En cas d'installation d'éléments d'équipements nouveaux ou de substitution d'une installation moderne à l'ensemble d'une installation ancienne, l'article 8 du décret du 10 décembre 1948 autorise le bailleur à majorer les équivalences superficielles (sur cette notion v. ss no 735.23) correspondantes à hauteur de 100 % pendant quinze ans.

S'il s'agit du remplacement d'appareils sanitaires, de modernisation ou de remembrement d'une partie essentielle d'une installation du local ou de l'immeuble telle que chauffe-eau, chaudière de chauffage central, la majoration est de 50 %.

§ 3
Autres augmentations possibles

814.91 Sous occupation du local. La majoration de la valeur locative est de 50 % en cas d'occupation insuffisante.

1. Civ. 3e, 2 juill. 2013, no 12-19.813, NP, *Loyers et copr.* 2013, no 303, note Vial-Pedroletti.
2. Art. 7 a, L. 6 juill. 1989, applicable en loi de 1948 et art. 74 de la dite loi.
3. L. no 89-462, 6 juill. 1989, art. 21.
4. C. civ., anc. art. 2277 (remplacé par C. civ., nouv. art. 2224, issu L. no 2008-561, 17 juin 2008 portant réforme de la prescription en matière civile, *JO* 18 juin, p. 9856).
5. Civ. 3e, 18 janv. 1984, no 82-15.080, *Bull. civ.* III, no 14.
6. POUR UNE APPLICATION au supplément de loyer perçu par les organismes d'HLM par renvoi des art. L. 442-6 et L. 442-10, CCH : Civ. 3e, 12 mars 2002, no 00-18.935, NP – *Idem* en matière de charges locatives : Civ. 3e, 18 févr. 2003, no 01-16.880, NP, *Administrer* mai 2004, p. 31, note Beddeleem.
7. Soc. 6 déc. 1961, *Bull. civ.* IV, no 996.
8. Paris, 27 nov. 1964, *Gaz. Pal.* 1965. 1. 17.
9. Civ. 3e, 8 nov. 1995, no 93-15.681, NP, *Loyers et copr.* 1996, no 22.
10. L. 1er sept. 1948, art. 46.
11. Civ. 3e, 10 juill. 1978, no 76-15.638, *Bull. civ.* III, no 287.

Est insuffisamment occupé le local comportant un nombre de pièces habitables [1] supérieur de plus de deux au nombre de personnes qui y ont leur résidence principale [2].

814.92 Communes concernées. Ne sont concernées que les communes visées à l'article 10-7° de la loi, à savoir Paris, les communes se situant dans un rayon de 50 km des anciennes fortifications de Paris et les communes de plus de 10 000 habitants ou celles désignées par décret.

814.93 Cessation de la majoration. La majoration cesse de droit quand la situation prend fin.

814.94 Personnes exemptées de majoration. Les personnes de plus de 70 ans sont exemptées de la majoration ainsi que les catégories suivantes :

- grand invalide de guerre;

- invalide du travail ou grand infirme civil ayant une incapacité d'au moins 80 %.

814.95 Droit au maintien dans les lieux. Le droit au maintien dans les lieux bénéficie aux personnes auxquelles s'applique la majoration.

Il n'est donc plus possible au bailleur qui perçoit la majoration de poursuivre le locataire ou l'occupant au titre de la déchéance de l'article 10, 7° (v. s^s^ n° 813.75), y compris lorsque, la locataire ayant atteint l'âge de 70 ans, la majoration ne s'applique plus [3].

814.96 Cession ou sous-location. La majoration est de 50 % de la valeur locative, lorsque la faculté de céder ou de sous-louer est incluse dans le bail portant sur un local à usage professionnel.

Les deux majorations au titre de la sous-location et de l'insuffisance d'occupation ne se cumulent pas.

814.97 Transmission aux héritiers. Les bénéficiaires du transfert du droit au bail ou du droit au maintien dans les lieux dont le droit est né après le 1er juillet 1966 sont tenus au paiement d'une majoration de 50 % de la valeur locative.

814.98 Exercice d'une activité professionnelle dans le logement. La majoration est de 30 % en cas d'activité professionnelle dans tout ou partie du logement.

SECTION 5
CLAUSE RÉSOLUTOIRE DE PLEIN DROIT

814.101 Application partielle de la loi du 6 juillet 1989. Une clause peut être prévue au contrat à défaut de paiement du loyer aux échéances convenues entre les parties, conformément à l'article 80 de la loi.

L'article 24 de la loi du 6 juillet 1989 n'a pas été étendu à la loi du 1er septembre 1948 et la procédure de résiliation de plein droit n'est donc pas homogène pour tous les baux d'habitation. Par contre, l'article 7 *g* de la loi de 1989, qui permet d'inscrire une clause de résiliation de plein droit en cas de défaut d'assurance, s'applique aux logements soumis à la loi de 1948. Le locataire n'a qu'un mois à compter du commandement pour souscrire une assurance, le juge ne pouvant lui accorder de délai supplémentaire.

814.102 Conditions. La clause ne peut produire d'effet, même en cas de disposition contractuelle contraire, qu'au terme d'un délai d'un mois après la sommation ou le commandement de payer demeuré infructueux.

La mise en demeure ou le commandement doit, à peine de nullité, préciser ce délai. Faute de détailler la somme réclamée, le commandement ne peut entraîner le jeu de la clause résolutoire [4]. La clause ne peut produire d'effet si elle vise des loyers illicites [5] ou en cas de non-paiement de charges [6].

814.103 Effets. Le locataire peut saisir le juge pour obtenir des délais de paiement. La clause de résiliation est suspendue pendant les délais accordés. Elle reprend effet à défaut de respect du plan d'apurement.

L'article 80 renvoie la décision au juge des référés. Le plan d'apurement ne peut dépasser deux ans [7].

1. AU SENS du Décr. n° 48-1766, 22 nov. 1948.
2. CCH, art. L. 621-2.
3. Civ. 3e, 19 déc. 2000, n° 99-13.542, NP, *AJDI* 2001. 432, obs. Laporte.
4. Paris, 1er sept. 1997, RG n° 95/10510, *Loyers et copr.* 1997, n° 280, obs. Vial-Pedroletti.
5. Civ. 3e, 11 mai 1995, n° 93-14.039, *Bull. civ.* III, n° 115.
6. Paris, 25 juin 1998, *JurisData* n° 230538, *Rev. loyers* 1998. 504, note Azéma.
7. C. civ., art. 1343-5 (anc^t^ 1244-1).

TITRE

82. La sortie du régime de la loi de 1948

SECTION 0
ORIENTEUR

82.00 **Plan du titre.**

82.01 **Textes applicables.**

TEXTES SOURCES

- **L. n° 86-1290, 23 déc. 1986, art. 25, 28 à 34.**
- **L. n° 48-1360, 1er sept. 1948, art. 3 *bis*, 3 *quater*, 3 *octies*.**

82.03 **Bibliographie indicative.**

Actualisables. RÉP. CIV., v° « Baux d'habitation et professionnels (loi du 1er sept. 1948) », H. des Lyons et Y. Rouquet, nos 372-508 – LAMY DR. IMMO, nos 5692-5727 – DICT. PERM. Gestion immob., « Baux – loi du 1er septembre 1948 », 30-34, « Baux de sortie de la loi de 1948 ».

CHAPITRE

821. Locaux vacants

SECTION 0

ORIENTEUR

821.00 Plan du chapitre.

Division. Les locaux relevant de la loi du 1er septembre 1948 (v. ss nos 911.11 s.) vont tout d'abord pouvoir s'affranchir des dispositions de ce texte, à l'occasion de leur vacance. De plus, le bailleur va avoir la possibilité, sous certaines conditions, d'imposer au locataire en place la sortie du régime de cette loi.

Précision étant apportée qu'à chaque situation (vacance/bail de sortie), va correspondre deux sous-hypothèses : celle de droit commun et celle relevant de baux dérogatoires[1].

821.01 821.01 Textes applicables.

TEXTES SOURCES

- **L. n° 86-1290, 23 déc. 1986, art. 25 et 34.**
- **L. n° 48-1360, 1er sept. 1948, art. 3 *bis*, 3 *quater*, 3 *octies*.**

1. AUSSI, sur les différentes hypothèses de sortie de la loi de 1948, VOIR : des Lyons et Rouquet RÉP. CIV., v° « Baux d'habitation et professionnels (L. 1er sept. 1948) ».

TEXTES *IN EXTENSO*

- **L. 23 déc. 1986, art. 25** (Mod. par L. n° 2014-366, 24 mars 2014, art. 6)

Les locaux vacants à compter du 23 décembre 1986 ne sont pas soumis aux dispositions de la loi n° 48-1360 du 1er septembre 1948 précitée. Ils sont désormais régis par les chapitres Ier à III du titre Ier de la loi n° 89-462 du 6 juillet 1989, à l'exception des locaux à usage exclusivement professionnel qui sont régis par l'article 57 A et par les dispositions du code civil.

Si les locaux loués depuis le 23 décembre 1986 ne satisfont pas aux caractéristiques définies en application des premier et deuxième alinéas de l'article 6 de la loi n° 89-462 du 6 juillet 1989 précitée, le locataire peut, dans le délai d'un an à compter de la date de prise d'effet du contrat de location initial, demander au propriétaire leur mise en conformité avec ces normes sans qu'il soit porté atteinte à la validité du contrat de location en cours.

À défaut d'accord entre les parties, le juge saisi détermine, le cas échéant, la nature des travaux à réaliser et le délai de leur exécution, qu'il peut même d'office assortir d'une astreinte. Il peut également se prononcer sur une demande de modification du loyer fixé par le bailleur ou proposé par le locataire.

À défaut de mise aux normes effectuée dans les conditions précitées, le loyer des locaux soumis au présent article est fixé conformément aux II ou III de l'article 17 de la loi n° 89-462 du 6 juillet 1989.

Les dispositions du présent article ne sont pas applicables aux locaux classés en catégorie IV.

- **L. 23 déc. 1986, art. 34** (Mod. par L. n° 89-462, 6 juill. 1989, art. 30 et 39)

À l'expiration des contrats de location conclus en application des articles 3 *bis*, 3 *quater*, 3 *quinquies*, 3 *sexies* et 3 septies de la loi n° 48-1360 du 1er septembre 1948 précitée, en cours au moment de la publication de la présente loi, et portant sur des locaux à usage d'habitation ou mixte, il est fait application de l'article 20. À l'expiration des contrats conclus après la publication de la présente loi en application des articles 3 *bis*, 3 *quater* et 3 *octies* de la loi n° 48-1360 du 1er septembre 1948 précitée, les contrats de location des locaux d'habitation ou mixte sont soumis aux dispositions des chapitres Ier à III de la loi 89-462 du 6 juillet 1989, à l'exception de l'article 16, du paragraphe c de l'article 17 et des articles 18 à 20.

À l'expiration des contrats conclus en application des mêmes articles et portant sur des locaux à usage exclusivement professionnel, il est fait usage des dispositions de l'article 57 A et des dispositions du code civil.

• **L. 1er sept. 1948, art. 3 *bis***

Dans les communes dont la population municipale totale est inférieure à 10 000 habitants (l'exclusion de celles situées dans un rayon de 50 kilomètres de l'emplacement des anciennes fortifications de Paris), les dispositions du présent titre ne seront pas applicable aux locataires qui entreront dans les lieux postérieurement au 1er janvier 1959, à l'exception toutefois de ceux visés à l'article 79.

Des décrets pris sur le rapport du ministre de la construction pourront :

1° Apporter des dérogations aux dispositions de l'alinéa qui précède;

2° Étendre lesdites dispositions à d'autres communes.

• **L. 1er sept. 1948, art. 3 *quater***

Les dispositions du présent titre ne sont pas applicables aux locaux utilisés en tout ou partie à usage professionnel lorsque le local et le contrat répondront aux conditions qui seront fixées par décret pris sur le rapport du ministre de la construction et que l'entrée dans les lieux sera postérieure à la date de publication de ce décret.

• **L. 1er sept. 1948, art. 3 *octies***

Dans les communes qui ne sont pas visées par le premier alinéa de l'article 3 *bis* et qui n'ont pas fait l'objet d'un décret pris en vertu du 2° du même article, la location des locaux classés en catégorie IV et effectivement vacants, autres que ceux libérés depuis moins de cinq ans par l'exercice d'un des droits de reprise prévus aux articles 18, 19, 20 *bis*, 24 et 25 ci-après, n'est pas soumises au dispositions du présent titre.

Les dispositions du présent titre demeureront applicables aux personnes qui entreront dans les lieux en vertu d'un relogement effectué en application des articles 18 et 19 ci-après.

Ces locaux devront satisfaire aux normes prévues à l'article 25 de la loi n° 86-1290 du 23 décembre 1986.

À l'expiration du bail valablement conclu en application du présent article, le local ne sera plus soumis aux dispositions de la présente loi.

821.02 **Jurisprudence de référence.**

• **Civ. 3e, 17 oct. 2007, n° 06-17.472**, *Bull. civ.* III, n° 177

* V. s^s n° 821.23

Ayant constaté que le loyer du preneur, locataire d'un appartement au 1er étage d'un immeuble appartenant au bailleur, a été toujours fixé et modifié globalement au vu de l'adjonction des divers locaux situés au 2e et 3e étage du même immeuble, donnés à bail verbalement par le bailleur, qu'il en a été de même pour les charges, que le locataire a mensuellement réglé un seul loyer pour l'ensemble des locaux et une provision mensuelle sur charges globale et qu'il n'y a eu qu'un seul dépôt de garantie, une cour d'appel, qui retient souverainement que les différentes prises de possession ne constituent qu'une adjonction de locaux au bail verbal initial, a pu en déduire que les locaux étaient soumis dans leur ensemble aux dispositions de la loi du 1er sept. 1948 applicable au logement initialement loué.

821.03 **Bibliographie indicative.**

Actualisables. RÉP. CIV., v° « Baux d'habitation et professionnels (loi du 1er sept. 1948) », H. des Lyons et Y. Rouquet, nos 375-414 – LAMY DR. IMMO, nos 5698-5718 – DICT. PERM. Gestion immob., « Baux – loi du 1er septembre 1948 », nos 30-34.

SECTION 1
RÉGIME DE L'ARTICLE 25 DE LA LOI DU 23 DÉCEMBRE 1986

821.11 **Non-application de la loi de 1948 aux locaux vacants.** En application de l'article 25 de la loi du 23 décembre 1986[1], dite loi Méhaignerie, certains locaux vacants vont être exclus de la loi du 1er septembre 1948. La Cour de cassation a indiqué que les dispositions d'ordre public de l'article 25 de la loi du 23 décembre 1986 ne sont pas destinées à assurer la seule protection du preneur. Elles peuvent donc être invoquées également par le bailleur[2].

§ 1
Locaux concernés

821.21 **Exclusion des logements de catégorie IV.** Pour ne plus être soumis aux dispositions de la loi du 1er septembre 1948, les locaux doivent être vacants et appartenir à une autre catégorie que la catégorie IV.

Depuis la loi du 21 juillet 1994, le respect de normes minimales de confort et d'habitabilité (normes auxquelles ont été substituées, depuis la loi du 13 juill. 2006[3], les normes de la décence) n'est plus une condition de libération des locaux.

821.22 **Vacance des locaux.** Ne sont plus soumis aux dispositions de la loi de 1948, les locaux vacants à compter du 23 décembre 1986. Cela vaut aussi pour les locaux vacants meublés[4].

1. L. n° 86-1290, 23 déc. 1986 tendant à favoriser l'investissement locatif, l'accession à la propriété de logements sociaux et le développement de l'offre foncière, *JO* 24 déc., p. 15531, dite loi Méhaignerie.
2. Civ. 3e, 2 juin 1999, n° 97-17.373, *Bull. civ.* III, n° 123; *D.* 2000. 733, note Beaugendre; *RDI* 1999. 466, obs. Collart-Dutilleul – Civ. 3e, 19 mars 2003, n° 01-12.529, *Bull. civ.* III, n° 64; *D.* 2003. IR 1006, avec les obs.; *AJDI* 2003. 418, obs. Rouquet – Cependant cette position n'est pas partagée par la cour d'appel de Paris : Paris, 25 nov. 1999, *Rev. loyers* 2000. 248, obs. crit. Rémy.
3. L. n° 2006-872, 13 juill. 2006 portant engagement national pour le logement, *JO* 16 juill., p. 10662.
4. Civ. 3e, 30 janv. 2002, n° 00-15.724, *Bull. civ.* III, n° 18; *AJDI* 2002. 457, obs. Beaugendre; *Administrer* juin 2002, p. 43, obs. Canu.

En conséquence, chaque fois qu'un locataire quitte un logement régi par la loi de 1948, celui-ci est libéré. Ce, sous réserve, bien sûr, qu'il appartienne à une catégorie « libérable ».

821.23 Adjonction de locaux au bail initial. La question de la soumission à la loi de 1948 d'un local nouvellement loué qui, ajouté à un précédent relevant de cette législation, constitue le logement du locataire, fait débat.

En effet, alors qu'en 2007, la Cour de cassation a estimé que les locaux étaient soumis dans leur ensemble aux dispositions de la loi du 1er septembre 1948 applicable au logement initialement loué[1], en 2010, les hauts magistrats ont considéré qu'un bail conclu postérieurement à l'entrée en vigueur de la loi du 23 décembre 1986 ne peut être soumis à la loi de 1948, même si l'appartement sur lequel il porte constitue, associé à un autre appartement objet d'un bail distinct et soumis à cette loi, l'habitation du preneur[2]. Il est vrai toutefois que, dans l'espèce de 2007, l'adjonction de locaux avait donné lieu à un bail verbal, le loyer et les charges étaient fixés et payés globalement et qu'il n'existait qu'un seul dépôt de garantie, tandis qu'en 2010, deux baux distincts semblent avoir été signés.

821.24 Catégorie de logements concernés. Il s'agit des locaux soumis aux dispositions de la loi de 1948, à l'exception de ceux qui relèvent de la catégorie IV (sur la possibilité de libérer les locaux vacants de la catégorie IV v. cependant ss n° 811.53).

En d'autres termes, sont concernés par l'article 25 de la loi du 23 décembre 1986 les logements des catégories II B, II C, III A et III (sur la détermination de la catégorie du local loué v. ss nos 811.11 s.).

§ 2
Respect des normes de décence

821.31 Indifférence de l'état de décence du logement. Le non-respect de ces normes ne va pas permettre au locataire de se prévaloir des dispositions de la loi du 1er septembre 1948. Il disposera cependant d'un recours contre son cocontractant.

Ainsi, les locaux vacants vont échapper à la loi de 1948 même s'ils ne répondent pas aux normes de décence, telles que définies par le décret du 30 janvier 2002[3]. Pour autant, le locataire entrant dans un tel local pourra exiger sa mise aux normes.

821.32 Possibilité pour le locataire d'obtenir la mise aux normes. Un locataire qui signe un contrat de location portant sur un local vacant antérieurement soumis à la loi de 1948 ne respectant pas ces normes peut exiger du bailleur qu'il entreprenne les travaux de mise en conformité nécessaires.

Cette demande ne pourra pas porter atteinte à la validité du contrat de location en cours[4].

Cette exigence du preneur est cependant enfermée dans un délai strict puisqu'elle doit intervenir dans le délai d'un an à compter de la date de la prise d'effet du contrat de location initial[5]. Toute demande judiciaire au-delà de ce délai sera vouée à l'échec[6]. À noter que le bailleur ne pourrait pas imposer au preneur qu'il réalise lui-même ces travaux de mise aux normes en contrepartie d'une diminution temporaire de loyer (sur les « clauses travaux » v. ss nos 411.11 s.).

821.33 Motifs de saisine du juge. En cas de conflit entre les parties, le juge pourra être saisi. Les motifs de sa saisine sont nombreux. Elle peut intervenir :

- suite à un refus pur et simple du bailleur de s'exécuter;

- en cas de désaccord sur la nature des travaux à entreprendre;

- à propos d'un différend quant au délai de leur réalisation. Le juge pourra alors, même d'office, assortir ce délai de réalisation d'une astreinte[7];

- sur une demande de modification du loyer fixé par le bailleur ou proposé par le locataire. Quant à l'intérêt à agir du demandeur à l'action, il est à noter qu'un locataire qui a donné congé n'est plus recevable à demander la mise en conformité du logement ni la fixation d'un nouveau loyer[8].

821.34 Conséquence du défaut de mise aux normes. À défaut de mise aux normes, le loyer devra être fixé conformément aux dispositions de l'ancien article 17 *b* de la loi du 6 juillet 1989, depuis la loi du 24 mars 2014, dite loi Alur[9], « aux II ou III de l'article 17 », c'est-à-dire par référence aux loyers du voisinage (v. ss n° 822.71).

1. Civ. 3e, 17 oct. 2007, n° 06-17.472, *Bull. civ.* III, n° 177; *D.* 2007. AJ 2805, obs. Forest; *AJDI* 2008. 484, note Zalewski.
2. Civ. 3e, 10 mars 2010, n° 09-13.589, *Bull. civ.* III, n° 61, *D.* 2010. AJ 828, obs. Forest.
3. Décr. n° 2002-120, 30 janv. 2002 relatif aux caractéristiques du logement décent pris pour l'application de l'article 187 de la loi n° 2000-1208 du 13 déc. 2000 relative à la solidarité et au renouvellement urbains, *JO* 31 janv., p. 2090.
4. L. n° 86-1290, 23 déc. 1986, art. 25, al. 2.
5. L. n° 86-1290, 23 déc. 1986, art. 25, al. 2.
6. Paris, 11 févr. 2005, RG n° 04/17314, *AJDI* 2005. 393.
7. L. n° 86-1290, 23 déc. 1986, art. 25, al. 3.
8. Versailles, 27 nov. 1998, RG n° 96/00007551, *Gaz. Pal.* 24-26 oct. 1999. Somm. 19.
9. L. n° 2014-366, 24 mars 2014 pour l'accès au logement et un urbanisme rénové, *JO* 26 mars, p. 5809.

§ 3
Régime juridique

821.41 Application du droit commun locatif. Deux cas de figure sont à distinguer.

• Le local est à usage d'habitation ou à usage d'habitation et professionnel. Il est désormais soumis aux dispositions de la loi du 6 juillet 1989[1].

• Le local est à usage exclusivement professionnel. Le local est alors régi par les articles 57 A et 57 B de la loi du 23 décembre 1986 et par les dispositions du code civil (sur le régime applicable aux baux professionnels v. s^s^ n° 022.81).

SECTION 2
BAUX DÉROGATOIRES DE L'ARTICLE 3 *TER* DE LA LOI DU 1ER SEPTEMBRE 1948

821.51 Régime commun. Il convient de distinguer les baux de l'article 3 *bis* de ceux relevant de l'article 3 *quater* et de ceux visés à l'article 3 *octies*, étant précisé qu'ils relèvent tous trois du régime de l'article 3 *nonies*.

§ 1
Champ d'application des baux dérogatoires des articles 3 *bis*, 3 *quater* et 3 *octies* de la loi de 1948

821.61 Baux de l'article 3 *bis*. En application de l'article 3 *bis* de la loi du 1er septembre 1948, dans les communes dont la population municipale totale est inférieure à 10 000 habitants (à l'exclusion de celles situées dans un rayon de 50 kilomètres de l'emplacement des anciennes fortifications de Paris), les dispositions de la loi du 1er septembre 1948 ne sont pas applicables aux locataires qui sont entrés dans les lieux postérieurement au 1er janvier 1959. La population à prendre en compte pour l'application de l'article 3 *bis* est celle évaluée d'après le recensement général de 1968, par référence à l'article 1er, alinéa 2, de la loi de 1948[2].

Le 2° de l'article 3 *bis* prévoit la possibilité d'étendre par décret les cas d'exclusion de la loi de 1948.

821.62 Les baux de l'article 3 *quater*. L'article 3 *quater* exclut l'application de la loi du 1er septembre 1948 aux locaux utilisés en tout ou en partie à usage professionnel dès lors que les conditions suivantes sont remplies :

- le local et le contrat doivent répondre aux normes minimales de confort et d'habitabilité;
- l'entrée dans les lieux du locataire (ou de l'occupant) doit être postérieure au 5 octobre 1962.

Aujourd'hui, compte tenu de l'article 25 de la loi du 23 décembre 1986[3], dite loi Méhaignerie (v. s^s^ n°s 821.51 s.), les baux de l'article 3 *quater* ne concernent plus que les locaux de la catégorie IV.

821.63 Baux de l'article 3 *octies*. Lorsque les locaux vacants relèvent de la catégorie IV, ils peuvent, par le jeu de l'article 3 *octies* de la loi, échapper à la loi de 1948.

Cet article 3 *octies* va jouer à l'égard de locaux :

- qui n'ont pas été libérés en application de l'article 3 *bis* (v. s^s^ n° 822.183);
- qui satisfont aux normes de décence issues du décret du 30 janvier 2002[4];
- qui sont effectivement vacants, étant précisé que ne sont pas vacants, au sens de l'article 3 *octies*, les locaux libérés depuis moins de cinq ans par l'exercice d'un des droits de reprise prévus aux articles 18, 19, 20 *bis*, 24 et 25 de la loi du 1er septembre 1948.

§ 2
Régime applicable aux baux des articles 3 *bis* (2°), 3 *quater* et 3 *octies* de la loi de 1948

821.71 Caractéristiques communes aux baux des articles 3 *bis* (2°) et 3 *octies*. En vertu de l'article 3 *nonies* de la loi de 1948, ces baux doivent présenter les caractéristiques suivantes :

- ils doivent avoir une durée minimale de six ans;
- la faculté de résiliation annuelle ne doit appartenir qu'au preneur à la fin de chaque année;
- sous réserve de respecter un préavis de trois mois, le preneur doit pouvoir résilier le bail à tout moment pour raisons familiales ou professionnelles.

Il est à noter, par ailleurs, qu'en vertu du décret du 6 mars 1987, un constat de l'état du local et de l'immeuble est établi par huissier au moment de la

1. L. n° 86-1290, 23 déc. 1986, art. 25, al. 1er.
2. Civ. 3e, 2 oct. 2002, n° 01-00.589, *Bull. civ.* III, n° 190; *D.* 2002. IR 3123.
3. L. n° 86-1290, 23 déc. 1986 tendant à favoriser l'investissement locatif, l'accession à la propriété de logements sociaux et le développement de l'offre foncière, *JO* 24 déc., p. 15531.
4. Décr. n° 2002-120, 30 janv. 2002 relatif aux caractéristiques du logement décent pris pour l'application de l'article 187 de la loi n° 2000-1208 du 13 déc. 2000 relative à la solidarité et au renouvellement urbains, *JO* 31 janv., p. 2090.

signature du bail dérogatoire des articles 3 *bis*, 3 *quater* et 3 *octies*.

821.72 Textes applicables. Lorsque les locaux n'ont pas un usage exclusivement professionnel, ces baux sont soumis aux dispositions des chapitres Ier à III de la loi du 23 décembre 1986 qui ne sont pas contraires aux dispositions de l'article 3 *nonies*. Là encore, il y a certainement lieu de considérer que ce sont les dispositions de la loi du 6 juillet 1989 qui sont désormais applicables (v. s^{s} n° 822.171).

821.73 Baux irréguliers. Concernant le local qui aurait été loué en vertu de l'article 3 *bis* ou 3 *quater* sans respecter les normes minimales, le locataire ne peut pas demander à se voir appliquer les dispositions de la loi de 1948.

La jurisprudence est, à cet égard, dénuée d'ambiguïté[1].

En effet, en vertu de la loi du 21 juillet 1994[2], il peut seulement demander la mise en conformité des locaux (sans que cette demande ne puisse d'ailleurs porter atteinte à la validité du bail en cours).

L'article 20 est applicable aux baux en cours[3] et ne subordonne pas sa propre application à une demande de mise en conformité aux normes du bail par le locataire[4].

La solution était inverse avant la loi de 1994, puisqu'en application de l'article 35 de la loi du 23 décembre 1986, la jurisprudence estimait que la sanction du défaut de respect des normes était le retour à la loi de 1948[5].

821.74 Demande de mise aux normes. Cette demande de mise aux normes doit être formulée dans l'année suivant la prise d'effet du bail. Pour les baux conclus antérieurement à la publication de la loi du 23 décembre 1986 (le 24 déc. 1986), le délai d'un an avait cette date de parution comme point de départ.

821.75 Absence d'accord des parties. À défaut d'accord entre les parties, le juge peut, soit fixer un nouveau loyer par référence aux loyers habituellement constatés dans le voisinage pour des logements comparables, soit déterminer, le cas échéant, la nature des travaux à réaliser et le délai de leur exécution (délai pouvant être, même d'office, assorti d'une astreinte). Quant au non-respect des normes pour les locaux régis par un bail de l'article 3 *octies*, un raisonnement *a contrario* tiré de ce qui précède semble valider la possibilité d'un retour aux dispositions de la loi de 1948.

821.76 Locaux vacants. L'article 20 de la loi du 21 juillet 1994 précise *in fine* que ces dispositions ne sont pas applicables aux locaux vacants à compter du 23 décembre 1986. En effet, à compter de cette date, la location de locaux vacants relève de l'article 25 de la loi du 23 décembre 1986 (v. s^{s} n° 821.22). À noter qu'un bail relatif à un local meublé qui n'a pas été conclu en vertu des articles 3 *bis*, 3 *quater*, 3 *quinquies*, 3 *sexies* ou 3 *septies* ne remplit pas les conditions pour bénéficier des dispositions de l'article 20[6].

§ 3
Situation applicable à l'expiration des baux

821.81 Deux hypothèses. Deux cas de figure sont à distinguer, en fonction de l'usage pour lequel les lieux ont été loués. Les locaux à usage non professionnel se partagent en fonction de la date de conclusion du contrat.

A.
Locaux à usage d'habitation ou à usage mixte

821.91 Baux en cours au moment de la publication de la loi du 23 décembre 1986. À l'expiration des baux conclus en application des articles 3 *bis* et 3 *quater*, en cours au moment de la publication de la loi du 23 décembre 1986[7], les relations entre les parties se trouvent aujourd'hui régies par la loi du 6 juillet 1989[8].

821.92 Baux conclus après la publication de la loi du 23 décembre 1986. À l'expiration des contrats conclus en application des articles 3 *bis*, 3 *quater* et 3 *octies*, les baux des locaux d'habitation ou à usage mixte sont soumis aux dispositions de la loi du 6 juillet 1989, à l'exclusion des articles 16 (observatoires des loyers), 17 *c* (relatif au loyer de renouvel-

1. Civ. 3e, 18 nov. 1998, n° 96-22.420, *Bull. civ.* III, n° 215; *RDI* 1999. 156, obs. Collart-Dutilleul – Civ. 3e, 24 févr. 1999, n° 97-12.485, *Bull. civ.* III, n° 46; *D.* 1999. IR 80; *Administrer* févr. 2000, p. 46, obs. Canu – Civ. 3e, 26 sept. 2001, n° 99-17.433, *Bull. civ.* III, n° 103; *AJDI* 2002. 296, obs. Laporte-Leconte (2e esp.).
2. L. n° 94-624, 21 juill. 1994 relative à l'habitat, *JO* 24 juill., p. 10685, art. 20.
3. Civ. 3e, 3 avr. 1997, n° 95-15.623, *Bull. civ.* III, n° 81; *D.* 1997. IR 111 – Précisant que l'art. 20 est applicable aux situations nées avant son entrée en vigueur et non encore définitivement réalisées, AUSSI : Civ. 3e, 17 févr. 2010, n° 08-21.360, *Bull. civ.* III, n° 45; *D.* 2010. AJ 710; *AJDI* 2010. 553, obs. Rouquet.
4. Civ. 3e, 17 févr. 2010, n° 08-21.360, *Bull. civ.* III, n° 45; *D.* 2010. AJ 710; *AJDI* 2010. 553, obs. Rouquet.
5. Civ. 3e, 7 févr. 1990, n° 88-16.998, *Bull. civ.* III, n° 42; *D.* 1990. Somm. 314, obs. Bihr – Civ. 3e, 16 janv. 1991, n° 89-16.839, *Bull. civ.* III, n° 22.
6. Civ. 3e, 13 juill. 1999, n° 97-18.529, *Bull. civ.* III, n° 166; *D.* 1999. IR 207; *RDI* 1999. 692, obs. Collart-Dutilleul.
7. *JO* 24 déc. 1986.
8. L. n° 86-1290, 23 déc. 1986, art. 34, al. 1er.

lement et abrogé par la loi du 24 mars 2014[1], dite loi Alur), 18 (prévoyant un décret de blocage des loyers dans certaines zones et modifié par la loi du 24 mars 2014, dite loi Alur), 19 (loyers de référence, abrogé par la loi du 24 mars 2014, dite loi Alur) et 20 (commission départementale de conciliation, texte également amendé par la loi du 24 mars 2014, dite loi Alur)[2].

B.
Locaux à usage exclusivement professionnel

821.101 **Application du droit commun.** À l'expiration du bail dérogatoire, les règles applicables sont celles des articles 57 A et 57 B de la loi du 23 décembre 1986 et du code civil[3].

1. L. n° 2014-366, 24 mars 2014 pour l'accès au logement et un urbanisme rénové, *JO* 26 mars, p. 5809.
2. L. n° 86-1290, 23 déc. 1986, art. 34, al. 1er, *in fine*.
3. L. n° 86-1290, 23 déc. 1986, art. 34, al. 2.

CHAPITRE

822. Baux de sortie du régime de la loi du 1er septembre 1948

SECTION 0 ORIENTEUR

822.00 Plan du chapitre.

Sect. 1 Baux de sortie des locaux des catégories II B ou II C

§ 1 Conditions de la conclusion d'un bail de sortie

A. Logement concerné

B. Ressources du locataire

§ 2 Caractéristiques du contrat de sortie

A. Régime applicable au cours du bail de sortie

B. Durée du bail de sortie

C. Fixation du loyer

§ 3 Procédure relative à la proposition d'un bail de sortie

A. Forme et moment de la proposition

B. Contenu de la proposition

C. Réponse du locataire

D. Conséquences d'un refus ou d'une absence de réponse du locataire

E. Date de prise d'effet du bail de huit ans

F. Remboursement des travaux d'amélioration effectués par le locataire

§ 4 Régime applicable à l'expiration du bail de huit ans

Sect. 2 Baux de sortie dérogatoire du régime de la loi du 1er septembre 1948

§ 1 Conditions de validité d'un bail de l'article 3 *ter* de la loi de 1948

§ 2 Régime juridique applicable pendant la durée du bail

§ 3 Situation à l'expiration du bail

822.01 Textes applicables.

TEXTES SOURCES

• **L. n° 86-1290, 23 déc. 1986, art. 28 à 33.**

• **L. n° 48-1360, 1er sept. 1948, art. 3 *ter*.**

TEXTES *IN EXTENSO*

• **L. 23 déc. 1986, art. 28** (Mod. par L. n° 94-624, 21 juill. 1994, art. 13)

Le bailleur d'un local classé en sous-catégorie II B ou II C dont le loyer ou l'indemnité d'occupation est fixé conformément aux dispositions du chapitre III de la loi n° 48-1360 du 1er septembre 1948 précitée peut proposer au locataire ou occupant de bonne foi un contrat de location régi par les dispositions des articles 30 à 33 du présent chapitre et des chapitres Ier à III, à l'exception des articles 10 et 11, de la loi n° 89-462 du 6 juillet 1989 tendant à améliorer les rapports locatifs et portant modification de la loi n° 86-1290 du 23 décembre 1986 et, s'il s'agit d'un local à usage exclusivement professionnel, par les dispositions du code civil et les articles 30 à 33 et 57 A de la présente loi.

Les dispositions des deuxième et troisième alinéas de l'article 25 sont applicables aux locaux loués en application du présent article.

• **L. 23 déc. 1986, art. 29** (Mod. par L. n° 89-462, 6 juill. 1989, art. 27)

Les dispositions de l'article 28 ne sont pas opposables au locataire ou occupant de bonne foi dont les ressources, cumulées avec celles des autres occupants du logement, sont inférieures à un seuil fixé par décret.

Le seuil est calculé en fonction de la localisation géographique du logement et du nombre de personnes qui l'occupent.

Toutefois, si, à l'expiration du contrat prévu à l'article 30 ci-dessous, le locataire est âgé de plus de soixante-cinq ans ou handicapé visé au 2° de l'article 27 de la loi n° 48-1360 du 1er septembre 1948 précitée, il bénéficiera, nonobstant les dispositions de l'article 33, du droit au maintien dans les lieux prévu à l'article 4 de la loi n° 48-1360 du 1er septembre 1948 précitée.

• **L. 23 déc. 1986, art. 30** (Mod. par L. n° 94-624, 21 juill. 1994, art. 6)

Le contrat de location conclu en application de l'article 28 est d'une durée de huit ans. Son loyer est fixé par référence aux loyers non régis par le chapitre III de la loi n° 48-1360 du 1er septembre 1948 précitée et habituellement constatés dans le voisinage au cours des trois dernières années pour les logements comparables.

La différence entre le loyer du contrat de location établi en application de l'article 28 et le loyer ou l'indemnité d'occupation antérieur s'applique par huitième au cours des huit années de ce contrat. La révision éventuelle résultant du I de l'article 17-1 de la loi n° 89-462 du 6 juillet 1989 précitée s'applique à chaque valeur ainsi définie.

• **L. 23 déc. 1986, art. 31** (Mod. par L. n° 89-462, 6 juill. 1989, art. 28)

Le contrat de location proposé en application de l'article 28 doit, à peine de nullité, reproduire les dispositions des articles 25 et 28 à 33.

Le bailleur notifie, à peine de nullité de la proposition de contrat, la liste des références ayant servi à déterminer le prix proposé. Les éléments constitutifs de ces références sont fixés par décret, après avis de la Commission nationale de concertation.

Dans un délai de deux mois à compter de la réception de la proposition du bailleur, le locataire ou l'occupant de bonne foi fait, le cas échéant, connaître au bailleur, en présentant les justifications, qu'il remplit les conditions de l'article 29.

Dans le même délai, le locataire ou occupant de bonne foi qui ne peut se prévaloir des conditions de l'article 29 fait connaître au bailleur son acceptation ou son refus du contrat de location ainsi que, le cas échéant, le montant des travaux dont il demande le remboursement en application de l'article 32.

Les notifications prévues aux trois premiers alinéas du présent article sont faites par lettre recommandée avec demande d'avis de réception ou signifiées par acte d'huissier.

En cas de désaccord ou à défaut de réponse du locataire, l'une ou l'autre partie peut saisir la commission prévue à l'article 20 de la loi n° 89-462 du 6 juillet 1989 dans les trois mois qui suivent la réception de la proposition du contrat de location faite par le bailleur. Si, en l'absence d'accord entre les parties, à l'expiration d'un délai de six mois à compter de la proposition de contrat de location faite par le bailleur, le juge n'a pas été saisi, le local reste soumis aux dispositions de la loi n° 48-1360 du 1er septembre 1948 précitée.

En cas de saisine du juge, celui-ci fixe le montant du loyer et statue sur les demandes des parties. Le contrat de location est alors réputé être conclu avec les clauses et conditions fixées judiciairement. La décision est exécutoire par provision.

Sauf convention expresse contraire, le contrat de location conclu dans les conditions du présent article prend effet à l'expiration d'un délai de six mois à compter de la date de la proposition de contrat de location faite par le bailleur.

À la date d'effet du contrat de location, les rapports entre le bailleur et le locataire ou occupant de bonne foi ne sont plus régis par les dispositions de la loi n° 48-1360 du 1er septembre 1948 précitée.

• **L. 23 déc. 1986, art. 32**

Lorsqu'il est fait application de l'article 28, le coût des travaux ayant amélioré substantiellement le confort ou l'équipement du local effectués par le locataire ou l'occupant de bonne foi est remboursé par le propriétaire. Un décret en Conseil d'État détermine la nature des travaux pris en compte ainsi que les modalités de leur évaluation.

Le montant en est fixé et le remboursement effectué lors de la conclusion du contrat de location prévu à l'article 28.

Si le bailleur le demande, le règlement intervient par compensation sur la fraction du nouveau loyer qui excède le montant de l'ancien. Si la dette n'est pas éteinte à l'expiration du bail mentionné à l'article 28, le bailleur en règle alors le solde.

• **L. 23 déc. 1986, art. 33** (Mod. par L. n° 89-462, 6 juill. 1989, art. 29)

À l'expiration du contrat conclu en application de l'article 31, le local est soumis aux dispositions des chapitres Ier à III du titre Ier de la loi n° 89-462 du 6 juillet 1989 et les locaux à usage exclusivement professionnel aux dispositions de l'article 57 A et aux dispositions du code civil.

• **L. 1er sept. 1948, art. 3 *ter***

* V. ss n° 821.01

822.02 Jurisprudence de référence.

• **Civ. 3e, 28 févr. 1992, n° 90-18.912**, *Bull. civ.* III, n° 58

* V. ss n° 822.92

La notification du contrat de location doit comporter, outre la reproduction des articles 25 et 28 à 33 de la loi du 23 décembre 1986, tous les éléments du contrat énumérés à l'art. 3 de la loi de 1989.

• **Civ. 3e, 29 mars 2000, n° 98-15.881**, *Bull. civ.* III, n° 68

* V. ss n° 822.92

Est nulle, la proposition de bail de sortie portant sur l'appartement seul, alors que le bail en cours englobait, en plus de l'appartement, deux chambres de service.

• **Civ. 3e, 20 mars 1996, n° 94-10.710**, *Bull. civ.* III, n° 73

* V. ss n° 822.11

Les dispositions de la loi du 23 décembre 1986 relatives aux baux de sortie de la loi de 1948 étaient d'ordre public et le sont restés après les modifications issues de la loi de 1989. Une convention conclue en juin 1988 ne pouvait contenir renonciation pour le bailleur à invoquer la nullité de la clause excluant le bénéfice d'une nouvelle loi d'ordre public.

• **Civ. 3e, 30 mai 1996, n° 94-14.839**, *Bull. civ.* III, n° 124

* V. ss n° 822.43

L'absence de congé donné par un des deux locataires conjoints et solidaires ayant quitté les lieux entraînant le maintien de la cotitularité du bail, il convient de cumuler les revenus des deux locataires pour déterminer si les conditions de l'art. 29 sont remplies.

• **Civ. 3e, 1er oct. 1997, n° 95-19.140**, *Bull. civ.* III, n° 175

* V. ss n° 822.33, 822.97

La réparation des locaux n'est pas une des conditions préalables que doit remplir le bailleur pour proposer à ses locataires un bail de sortie de la loi de 1948.

• **Civ. 3e, 10 déc. 2008, n° 08-10.319**, *Bull. civ.* III, n° 200

* V. ss n° 822.142

À l'expiration du contrat de bail de huit ans qui lui a été consenti, le locataire, âgé de plus de 65 ans, bénéficie non d'un bail renouvelé mais d'un droit au maintien dans les lieux aux clauses et conditions du bail expiré.

822.03 Bibliographie indicative.

Actualisables. RÉP. CIV., v° « Baux d'habitation et professionnels (loi du 1er sept. 1948) », H. des Lyons et Y. Rouquet, n°s 415-508 – LAMY DR. IMMO, n°s 5704-5725 – DICT. PERM. Gestion immob., « Baux de sortie de la loi de 1948 ».

SECTION 1
BAUX DE SORTIE DES LOCAUX DES CATÉGORIES II B OU II C

822.11 Sortie progressive du régime de 1948. Les articles 28 à 33 de la loi du 23 décembre 1986 permettent, sous certaines conditions, au bailleur d'un logement soumis à la loi de 1948 d'imposer au preneur la sortie progressive de la loi de 1948. Les dispositions des articles 28 à 33 sont d'ordre public[1].

Il y a lieu de déterminer les conditions de conclusion d'un bail de sortie, ses caractéristiques, la procédure à respecter et le régime applicable à son expiration.

§ 1
Conditions de la conclusion d'un bail de sortie

822.21 Deux conditions cumulatives. La validité d'une proposition de bail de sortie des articles 28 et suivants de la loi du 23 décembre 1986 est soumise à deux conditions. L'une a trait au logement occupé, l'autre est relative aux ressources des occupants du local. Il s'agit de conditions cumulatives. Pour ce qui est du logement lui-même, trois points doivent être étudiés. Le premier a trait à la catégorie du logement, le deuxième à son prix, et le troisième à son état.

A.
Logement concerné

822.31 Catégorie du logement. Aux termes de l'article 28, alinéa 1er de la loi du 23 décembre 1986[2], dite loi Méhaignerie, la location doit porter sur un local classé en sous-catégorie II B ou II C dont le loyer (ou l'indemnité d'occupation) est fixé conformément à la surface corrigée (traitée au chapitre III de la loi de 1948). À noter que lorsque le locataire a fait installer à ses frais une salle d'eau, un système de chauffage et de distribution d'eau chaude qui n'existaient pas lors de l'engagement de location, le propriétaire n'est pas fondé à notifier un nouveau décompte de surface corrigée, à reclasser le bien loué en catégorie II C et à invoquer les dispositions de l'article 28 de la loi de 1986[3] (sur le classement des locaux en catégories v. s[s] n°s 811.11 s.).

822.32 Prix du logement. Selon le 1er alinéa de l'article 28 de la loi du 23 décembre 1986, le loyer ou l'indemnité d'occupation du local doit être fixé « conformément aux dispositions du chapitre III de la loi n° 48-1360 du 1er septembre 1948 », soit, en fonction de la surface corrigée[4].

822.33 État du logement. Aucune condition n'est requise concernant l'état du logement. Ainsi, la réparation des locaux n'est pas une condition préalable que doit remplir le bailleur pour proposer à son locataire un bail de sortie[5].

Quant au respect par le local des normes de décence, instaurées par le décret du 30 janvier 2002, que la loi du 13 juillet 2006, dite loi ENL, a substitué aux normes minimales de confort et d'habitabilité définies par le décret du 6 mars 1987, il n'est pas non plus requis[6]. Pour autant, le locataire à qui il serait proposé un bail de sortie serait en droit d'exiger cette mise aux normes[7] dans l'année qui suit la conclusion du contrat puisqu'il ressort de l'article 28, *in fine* que les dispositions des deuxième et troisième alinéas de l'article 25 de la loi de 1986 sont applicables à ces baux de sortie (sur les conditions d'exercice de ce droit de mise aux normes v. s[s] n° 821.32).

B.
Ressources du locataire

822.41 Plafond et mode de calcul des revenus. Un bail de sortie de la loi de 1948 ne pourra pas être proposé à un locataire (ou occupant de bonne foi) dont les ressources, cumulées avec celles des autres occupants du logement, sont inférieures au seuil fixé par le décret du 22 décembre 2006[8]. Sont considérés comme occupants du logement les personnes y habitant depuis plus de six mois à la date de la proposition du contrat[9].

1. Civ. 3e, 20 mars 1996, n° 94-10.710, *Bull. civ.* III, n° 73; *D.* 1997. Somm. 272, obs. CRDP Nancy 2 – Civ. 3e, 16 févr. 2000, n° 97-22.012, *Bull. civ.* III, n° 31; *D.* 2000, Jur. 733, note Beaugendre.
2. L. n° 86-1290, 23 déc. 1986 tendant à favoriser l'investissement locatif, l'accession à la propriété de logements sociaux et le développement de l'offre foncière, *JO* 24 déc., p. 15531.
3. Civ. 3e, 3 juill. 2002, n° 01-03.070, *Bull. civ.* III, n° 154; *AJDI* 2002. 693, obs. Beaugendre; *Rev. loyers* 2002. 586, obs. Rémy – AUSSI : Paris, 27 mars 2008, RG n° 06/22765, *AJDI* 2008. 680.
4. Civ. 3e, 10 nov. 1992, n° 90-21.936, *Bull. civ.* III, n° 289.
5. Civ. 3e, 1er oct. 1997, n° 95-19.140, *Bull. civ.* III, n° 175; *Administrer* mai 1998, p. 38, obs. Canu; *Gaz. Pal.* 24 déc. 1997, 358-359.
6. Civ. 3e, 3 juill. 2002, n° 01-03.070, *Bull. civ.* III, n° 155; *AJDI* 2002. 768, obs. Beaugendre – Paris, 30 oct. 1996, *Loyers et copr.* 1997, n° 14.
7. Paris, 30 oct. 1996, *Loyers et copr.* 1997, n° 14.
8. L. n° 86-1290, 23 déc. 1986, art. 29, al. 1er.
9. Décr. n° 2006-1679, 22 déc. 2006, art. 1er.

822.42 Ressources prises en compte. Les ressources à prendre en compte sont le revenu net imposable (et non le « revenu réel »[1]) de l'année civile précédant celle au cours de laquelle est formulée la proposition de bail de sortie[2]. Il faut tenir compte de l'ensemble des revenus perçus, quelle que soit leur nature, dès lors qu'ils sont imposables, et d'adopter le même mode de calcul que celui retenu par le fisc, soit après déduction des abattements de 10 % et de 20 % sur les salaires et pensions[3]. Par ailleurs, la décision de l'administration des impôts d'opérer une rectification, à la demande du contribuable, de son revenu imposable, s'impose au bailleur en l'absence de fraude démontrée par ce dernier[4].

822.43 Critères de calcul du seuil. Ce seuil est calculé en fonction de la localisation géographique du logement et du nombre de personnes qui l'occupent[5]. Il a été jugé que l'absence de congé donné par l'un des deux locataires, conjoints et solidaires ayant quitté les lieux, entraîne le maintien de la cotitularité du droit de bail, et qu'ainsi les ressources des deux locataires doivent être cumulées[6].

822.44 Révision du seuil. Le seuil de ressources est révisé chaque année en fonction de l'indice de référence des loyers publié par l'Insee, en prenant en compte la valeur de cet indice correspondant au deuxième trimestre de l'année précédente[7].

822.45 Seuils de ressources. À l'heure où ces lignes sont rédigées (soit sur la base de l'IRL du deuxième trimestre 2017[8]), les seuils en question sont les suivants :

SEUILS DE RESSOURCES MENTIONNÉS À L'ARTICLE 29 DE LA LOI N° 86-1290 DU 23 DÉCEMBRE 1986 (EN €)

	Île-de-France	Autres régions
• Personne seule	39 263,37	29 447,25
• 2 personnes	47 914,09	35 935,28
• 3 personnes	56 564,83	42 424,47
• 4 personnes	65 216,70	48 912,54
• Personne supplémentaire	+ 8 651,36	+ 6 488,04

1. Civ. 3e, 29 juin 1994, n° 92-16.948, *Bull. civ.* III, n° 130; *AJDI* 1995. 129, obs. J.-P. Blatter.
2. Décr. n° 2006-1679, 22 déc. 2006, art. 1er – AUSSI : Civ. 3e, 25 nov. 2009, n° 08-14.604, NP, *AJDI* 2010. 385, obs. F. de La Vaissière.
3. Civ. 3e, 16 déc. 1992, n° 91-10.507, *Bull. civ.* III, n° 322; *Defrénois* 1993. 1066, obs. Vermelle.
4. Paris, 5 janv. 1990, RG n° 89/00010, *D.* 1990. IR 44.
5. L. n° 86-1290, 23 déc. 1986, art. 29, al. 2.
6. Civ. 3e, 30 mai 1996, n° 94-14.839, *Bull. civ.* III, n° 124; *Administrer* janv. 1997. 38, note Beddeleem.
7. Décr. n° 2006-1679, 22 déc. 2006, art. 3.
8. *Informations rapides de l'INSEE*, n° 183, 13 juill. 2017

§ 2
Caractéristiques du contrat de sortie

A.
Régime applicable au cours du bail de sortie

822.51 Fin de l'application du régime de 1948. À la date d'effet du contrat, les rapports entre les parties ne sont plus régis par les dispositions de la loi de 1948[9].

Aux termes de la loi de 1986[10], deux cas de figure sont à dissocier.

822.52 Local à usage d'habitation ou à usage mixte. Si le local est à usage d'habitation ou à usage mixte (usage d'habitation et usage professionnel), le contrat proposé au locataire sera régi par :

- les articles 30 à 33 de la loi du 23 décembre 1986[11], relatifs à la durée du bail et à son loyer (art. 30), au formalisme qui entoure la proposition de contrat de sortie et à son contenu (art. 31), au remboursement du coût des travaux d'amélioration réalisés par le preneur (art. 32) et au régime applicable au local à l'expiration du bail de sortie (art. 33);
- les chapitres Ier à III (du titre Ier) de la loi du 6 juillet 1989 (soit les art. 1er à 25-2), à l'exception des articles 10 (relatif à la durée du contrat de location) et 11 (prévoyant la possibilité de conclure un bail pour une durée réduite).

822.53 Local à usage exclusivement professionnel. Si le local est à usage exclusivement professionnel, le bail de sortie sera régi par :

- les dispositions du code civil;
- les articles 30 à 33 de la loi du 23 décembre 1986;
- les article 57 A et 57 B de la même loi (relatif aux baux professionnels).

B.
Durée du bail de sortie

822.61 Durée fixe. Le contrat de sortie est conclu pour une durée de huit ans[12].

C.
Fixation du loyer

822.71 Fixation par référence. Le loyer est fixé par référence aux loyers non régis par la loi de 1948

9. L. n° 86-1290, 23 déc. 1986, art. 31, *in fine*.
10. L. n° 86-1290, 23 déc. 1986, art. 28, al. 1er.
11. L. n° 86-1290, 23 déc. 1986, *JO* 24 déc., p. 15531.
12. L. n° 86-1290, 23 déc. 1986, art. 30, al. 1er.

et habituellement constatés dans le voisinage au cours des trois dernières années pour les logements comparables[1] (sur le nombre de références à fournir et leur contenu v. s[s] n° 822.94).

La différence entre le loyer du bail de sortie (fixé par référence aux loyers du voisinage) et le loyer (ou l'indemnité d'occupation) antérieur ne va pas s'appliquer intégralement dès la prise d'effet du bail.

En effet, étalée sur la durée du bail, la hausse s'appliquera chaque année par huitième.

L'éventuelle révision annuelle du loyer (telle que définie au I de l'article 17-1 de la loi du 6 juillet 1989) s'appliquera à chaque valeur définie.

Le calcul de l'indice doit s'effectuer chaque année par rapport à l'indice de l'année précédente[2].

822.72 Exemple d'étalement de la hausse de loyer. Soit un loyer initial de 80 euros et un loyer de sortie qui s'élève à 232 euros. La différence à considérer est donc de 152 euros.

Cette différence devra être prise en compte tous les ans à hauteur de 19 euros (152 : 8).

En admettant que pendant les huit années que dure le bail de sortie, la révision annuelle soit égale à 2 % par an, on obtient les loyers suivants :

- loyer lors de la 1re année : 80 + 19 = 99 euros;
- loyer lors de la 2e année : 99 + 1,98 + 19 = 119,98 euros;
- loyer lors de la 3e année : 119,98 + 2,40 + 19 = 141,38 euros;
- loyer lors de la 4e année : 141,38 + 2,83 + 19 = 163,21 euros;
- loyer lors de la 5e année : 163,21 + 3,26 + 19 = 185,47 euros;
- loyer lors de la 6e année : 185,47 + 3,71 + 19 = 208,18 euros;
- loyer lors de la 7e année : 208,18 + 4,16 + 19 = 231,34 euros;
- loyer lors de la 8e année : 231,34 + 4,63 + 19 = 254,97 euros.

À noter que le loyer applicable à l'expiration du bail de sortie (254,97 euros) est supérieur au loyer initialement prévu (232 euros) puisque, dans notre exemple, le loyer était indexé.

822.73 Dépôt de garantie. Quant à la fixation d'un éventuel dépôt de garantie, il ressort d'une réponse ministérielle que, sous réserve de l'interprétation des tribunaux, le calcul de son montant doit s'appuyer sur le loyer de la huitième année. En conséquence, la somme exigible ne peut pas dépasser deux mois de loyer hors charges [un mois depuis la loi n° 2008-111 du 8 février 2008 pour le pouvoir d'achat] de cette huitième année, déduction faite, le cas échéant, de la somme déjà détenue par le bailleur au titre d'un précédent dépôt de garantie[3].

§ 3
Procédure relative à la proposition d'un bail de sortie

A.
Forme et moment de la proposition

822.81 Auteur et destinataires. La proposition doit être adressée par le bailleur ou l'administrateur qui gère ses biens[4] au preneur par lettre recommandée avec accusé de réception ou signifiée par acte d'huissier[5]. Lorsque le logement sert effectivement à l'habitation des deux époux, en application de l'article 1751 du code civil, la proposition de nouveau contrat doit faire l'objet de lettres distinctes adressées à chacun des deux époux[6]. La même solution.

Cette solution jurisprudentielle qui, *mutatis mutandis*, vaut désormais lorsque le locataire est Pacsé et que les deux partenaires ou fait une demande conjointe de cotitularité du bail[7], doit cependant être tempérée puisque, en 2000, la Cour de cassation a considéré valable l'unique proposition adressée à « Monsieur et Madame », dès lors que l'accusé de réception avait été signé par les deux époux[8].

822.82 Moment. Le bailleur n'est pas tenu d'attendre l'expiration du bail en cours pour faire sa proposition[9].

B.
Contenu de la proposition

822.91 Contrat, mentions obligatoires et références. La proposition doit contenir trois types d'information.

822.92 Contrat de location. S'il n'est pas indispensable que la notification contienne la rédaction

1. L. n° 86-1290, 23 déc. 1986, art. 30, al. 1er, *in fine*.
2. TI Paris, 14 déc. 1995, *Rev. loyers* 1996. 186.
3. Rép. min. n° 3780, *JOAN Q* 16 août 1993, p. 2584.
4. Paris, 13 mai 2008, RG n° 05/23484, *AJDI* 2008. 768.
5. L. n° 86-1290, 23 déc. 1986, art. 31, al. 5.
6. Civ. 3e, 18 mars 1992, n° 90-13.759, *Bull. civ.* III, n° 92; *D.* 1993. Somm. 178, obs. Bihr – Civ. 3e, 20 juill. 1994, n° 92-21.682, *Bull. civ.* III, n° 149; *AJDI* 1995. 128; *ibid.* 129, obs. J.-P. Blatter.
7. C. civ., art. 1751, mod. par L. 24 mars 2014, dite loi Alur; v. s[s] n° 122.21.
8. Civ. 3e, 2 févr. 2000, n° 98-11.471, *Bull. civ.* III, n° 19; *D.* 2000. IR 57; *AJDI* 2000. 618, obs. Blatter.
9. Paris, 7 déc. 1989, RG n° 89/1445, *D.* 1990. IR 10.

complète du nouveau bail[1], encore faut-il que la proposition comporte tous les éléments du contrat énumérés à l'article 3 de la loi du 6 juillet 1989[2] (v. ss nos 021.11 s.). Sous couvert de proposer un bail de sortie de la loi de 1948, il n'est pas possible au bailleur de modifier non seulement le loyer, mais aussi les autres conditions du bail et notamment d'exclure de celui-ci la possibilité pour le locataire d'exercer une profession libérale ou de céder son bail, alors que cela lui était permis dans le contrat initial[3]. De même, il est impossible au bailleur de faire porter le bail de sortie sur un objet différent de celui du bail initial, notamment en supprimant des chambres de service[4]. Le bail est cependant un nouveau contrat qui peut contenir des clauses ne figurant pas dans le précédent (notamment une clause de pénalité de retard)[5].

822.93 **Articles à reproduire.** En application de l'article 31 de la loi de 1986[6], le contrat de location proposé doit, à peine de nullité, reproduire les dispositions des articles suivants de la loi du 23 décembre 1986 :

- art. 25 (relatif à la libération des locaux vacants antérieurement soumis à la loi de 1948);
- art. 28 (proposition de bail de sortie);
- art. 29 (locataires à faibles ressources et locataires âgés);
- art. 30 (durée du bail de sortie et loyer);
- art. 31 (formalisme qui entoure la proposition de contrat de sortie et contenu);
- art. 32 (remboursement du coût des travaux d'amélioration réalisés par le preneur);
- art. 33 (régime applicable au local à l'expiration du bail de sortie).

822.94 **Références.** Le bailleur doit, à peine de nullité de la proposition, notifier la liste des références ayant servi à déterminer le loyer proposé[7]. Aucune disposition légale n'oblige le bailleur à joindre les baux des logements servant de références[8].

822.95 **Nombre minimal de références.** Le nombre minimal de références à fournir est de trois, sauf si le local loué est situé dans une des communes faisant partie d'une agglomération de plus d'un million d'habitants figurant au décret n° 87-818 du 2 octobre 1987, auquel cas ce nombre est porté à six[9].

822.96 **Critères de choix des références.** En vertu du décret n° 90-781 du 31 août 1990, ces références doivent être représentatives de l'ensemble des loyers habituellement constatés au cours des trois dernières années dans le voisinage pour les logements comparables, quelle que soit la date d'entrée dans les lieux du locataire[10].

Elles doivent être prises dans le voisinage du logement loué, c'est-à-dire soit dans le même groupe d'immeubles, soit dans un autre groupe d'immeubles comportant des caractéristiques similaires et situé dans la même zone géographique[11].

La liste des références doit comporter, au moins pour les deux tiers, des références de locations pour lesquelles il n'y a pas eu de changement de locataires depuis trois ans[12].

822.97 **Contenu des références.** Elles doivent comprendre les éléments suivants :

- le nom de la rue et la dizaine de numéros où se situe l'immeuble;
- la qualité et l'époque de construction de l'immeuble;
- l'étage du logement et la présence éventuelle d'un ascenseur;
- la surface habitable du logement et le nombre de ses pièces principales; à noter qu'il a été jugé que le fait de fournir des références dont certaines concernent des logements d'une superficie différente que celle de l'appartement en cause est sans effet sur la régularité de la proposition[13];
- l'existence éventuelle d'annexes prises en compte pour le loyer;
- son état d'équipement : notamment WC intérieur, salle d'eau, chauffage;
- l'indication selon laquelle le locataire est dans les lieux depuis plus ou moins de trois ans;
- le montant du loyer mensuel hors charges effectivement exigé. La nullité des références incomplètes ne sera cependant prononcée que dans la mesure où le locataire fera état d'un grief[14]. Les juges du

1. Civ. 3e, 19 juin 1991, n° 90-11.465, *Bull. civ.* III, n° 181; *Rev. loyers* 1991. 508, note J.-C. B.
2. Civ. 3e, 26 févr. 1992, n° 90-18.912, *Bull. civ.* III, n° 58; *D.* 1993. Somm. 178, obs. Bihr; *Administrer* juill. 1992, p. 29, note Aubert.
3. TI Ivry-sur-Seine, 9 déc. 1988, *D.* 1988. Somm. 396, obs. Bihr.
4. Civ. 3e, 29 mars 2000, n° 98-15.881, *Bull. civ.* III, n° 68; *Loyers et copr.* 2000, n° 138, obs. Vial-Pedroletti.
5. TI Paris, 24 mars 1992, *Rev. loyers* 1993. 140, note Aubert.
6. L. n° 86-1290, 23 déc. 1986, *JO* 24 déc., p. 15531, art. 31, al. 1er.
7. L. n° 86-1290, 23 déc. 1986, art. 31, al. 2.
8. Civ. 3e, 4 avr. 2007, n° 06-10.980, *Bull. civ.* III, n° 55; *D.* 2007. AJ 1202; *AJDI* 2007. 751, note Rouquet.
9. Décr. n° 90-781, 31 août 1990, *JO* 6 sept. 1990, p. 10828, art. 2.
10. Décr. n° 90-781, 31 août 1990, préc., art. 1er, al. 1.
11. Décr. n° 90-781, 31 août 1990, préc., art. 3.
12. Décr. n° 90-781, 31 août 1990, art. 4.
13. Nîmes, 18 nov. 1997, RG n° 97/562, *Loyers et copr.* 1998, n° 262, obs. crit. Vial-Pedroletti.
14. Civ. 3e, 1er oct. 1997, n° 95-19.140, *Bull. civ.* III, n° 175; *Administrer* mai 1998, p. 38, obs. Canu.

fond doivent souverainement[1] rechercher si les références produites respectent les prescriptions du décret n° 90-781 du 31 août 1990[2].

C. Réponse du locataire

822.101 **Forme.** La réponse du preneur doit intervenir par lettre recommandée avec accusé de réception ou être signifiée par acte d'huissier[3].

822.102 **Contenu et délai.** Dans les deux mois de la réception de la proposition du bailleur, le locataire (ou l'occupant de bonne foi) doit, le cas échéant, et justificatifs à l'appui, faire connaître au bailleur qu'il remplit les conditions de l'article 29 de la loi de 1986 rendant la conclusion d'un bail de sortie impossible à l'égard d'un locataire ayant de faibles ressources (v. s^s n° 822.41)[4]. Dès lors que le délai de deux mois est respecté, le refus du locataire peut prendre la forme d'une assignation du bailleur aux fins de déterminer, en application de la loi de 1948, le loyer légal du contrat[5]. Concernant la nature juridique de ce délai, on retiendra qu'il ne s'agit pas d'un délai de forclusion[6]. En conséquence, un locataire pourra, postérieurement à ce délai de deux mois, refuser le bail de sortie dès lors qu'il justifiera de ses faibles ressources. Et le bailleur ne pourra que demander l'allocation de dommages et intérêts[7].

822.103 **Réponse du locataire.** Dans ce même délai de deux mois, le locataire (ou occupant de bonne foi) qui ne peut arguer de faibles ressources, fait connaître au bailleur son acceptation ou son refus ainsi que, le cas échéant, le montant des travaux dont il demande le remboursement (v. s^s n°s 822.131 s.)[8].

822.104 **Saisine du juge.** Jusqu'à l'expiration du délai de six mois dans lequel le juge peut être saisi (v. s^s n° 822.51), le bailleur doit maintenir son offre. Le refus du locataire ne l'autorise pas à la rétracter[9].

D. Conséquence d'un refus ou d'une absence de réponse du locataire

822.111 **Conciliation ou recours.** Un refus ou une absence de réponse va entraîner la saisine de la commission départementale de conciliation et/ou la saisine du juge.

822.112 **Saisine de la commission départementale de conciliation.** En cas de désaccord ou à défaut de réponse du locataire, l'une ou l'autre des parties peut, dans les trois mois de la réception de la proposition de contrat, saisir la commission départementale de conciliation (sur cette commission v. s^s n°s 911.11 s.)[10]. La saisine de la commission de conciliation est facultative[11].

822.113 **Saisine du juge.** À défaut d'accord devant la commission de conciliation, le bailleur aura intérêt à saisir le juge puisqu'alors, si à l'expiration d'un délai de six mois à compter de la proposition de contrat, le juge n'a pas été saisi, le local reste soumis aux dispositions de la loi de 1948[12]. Le bailleur pourra également saisir directement le juge, la saisine de la commission étant facultative (v. s^s n° 822.112).

Lorsqu'il est saisi, le juge fixe le montant du loyer et, plus généralement, statue sur les demandes des parties[13].

En application des articles R. 221-38 et R. 221-48 du code de l'organisation judiciaire, le juge compétent est le tribunal d'instance du lieu de la situation de l'immeuble.

Le bail est alors réputé être conclu aux clauses et conditions fixées judiciairement[14].

La décision de justice est exécutoire par provision.

E. Date de prise d'effet du bail de huit ans

822.121 **Délai de six mois.** Sauf clause contraire insérée dans le bail, celui-ci prend effet à l'expiration d'un délai de six mois à compter de la date de la proposition faite par le bailleur[15]. En conséquence, une cour d'appel ne peut décider que le point de

1. Civ. 3e, 4 avr. 2007, n° 06-10.980, *Bull. civ.* III, n° 55; *D.* 2007. AJ 1202; *AJDI* 2007. 751, note Rouquet.
2. Décr. n° 90-781, 31 août 1990, *JO* 6 sept. 1990, p. 10828 – Civ. 3e, 12 mars 2002, n° 97-20.519, NP, *Loyers et copr.* 2002, n° 255, obs. Vial-Pedroletti.
3. L. n° 86-1290, 23 déc. 1986, *JO* 24 déc., p. 15531, art. 31, al. 5.
4. L. n° 86-1290, 23 déc. 1986, art. 31, al. 3.
5. Civ. 3e, 26 juin 1991, n° 89-21.733, *Bull. civ.* III, n° 189; *JCP* 1991. 339; *Gaz. Pal.* déc. 1990, 310.
6. Civ. 3e, 10 déc. 2008, n° 07-20.027, *Bull. civ.* III, n° 201; *D.* 2009. AJ 168, obs. Rouquet; *AJDI* 2009. 367, note F. de La Vaissière.
7. Paris, 29 mars 2007, RG n° 06/03296, *BICC* 2007, n° 1441; *AJDI* 2008. 292, obs. F. de La Vaissière.
8. L. n° 86-1290, 23 déc. 1986, art. 31, al. 4.
9. Paris, 11 janv. 1990, RG n° 88/20591, *Loyers et copr.* 1990, n° 174.
10. L. n° 86-1290, 23 déc. 1986, art. 31, al. 6.
11. Paris, 30 nov. 2004, RG n° 2003/06442, *Loyers et copr.* 2005, n° 49, obs. Vial-Pedroletti.
12. L. n° 86-1290, 23 déc. 1986, art. 31, al. 6, *in fine*.
13. L. n° 86-1290, 23 déc. 1986, art. 31, al. 7.
14. L. n° 86-1290, 23 déc. 1986, art. 31, al. 7.
15. L. n° 86-1290, 23 déc. 1986, art. 31, al. 8.

départ du nouveau contrat sera la date de signification de sa décision[1].

F.
Remboursement des travaux d'amélioration effectués par le locataire

822.131 Modalités de remboursement. Le coût des travaux effectués par le locataire (ou l'occupant de bonne foi) ayant amélioré substantiellement le confort ou l'équipement du local est remboursé par le propriétaire[2].

Le montant en est fixé et le remboursement a lieu lors de la conclusion du bail de huit ans[3].

Quant aux modalités de remboursement, le bailleur peut demander que celui-ci intervienne en diminution du nouveau loyer[4].

Si, à l'expiration du bail de huit ans, la dette n'est pas éteinte, le bailleur devra en régler le solde au locataire[5].

Le décret du 28 août 1987 est venu préciser la nature des travaux pris en compte ainsi que les modalités de leur évaluation.

822.132 Nature des travaux pris en compte. Il doit s'agir de travaux ayant amélioré substantiellement le confort ou l'équipement du local effectués par le locataire (ou l'occupant de bonne foi). Peu importe que ces travaux n'aient pas été autorisés par le bailleur[6] (sur l'impossibilité de reclasser un local en catégorie II C suite à la réalisation d'importants travaux par le locataire v. s^{s} n° 822.31).

Ces travaux ne doivent pas être consécutifs à des dégradations ou des pertes dont le locataire (ou l'occupant de bonne foi) serait responsable.

Ils doivent conserver une valeur effective d'utilisation et doivent avoir été exécutés suivant les règles de l'art et la réglementation.

La part du montant des travaux qui aurait été couverte par une subvention versée au locataire n'est pas prise en considération[7].

822.133 Évaluation des travaux. Les règles d'évaluation des travaux sont passablement compliquées[8].

Les travaux sont évalués à la date de leur réalisation (justificatifs à l'appui).

Les installations ayant un caractère somptuaire ou qui ont été facturées à un prix supérieur au prix du marché ne sont prises en compte que comme s'il s'agissait d'installations normales réalisées au juste prix. À noter que seules les installations somptuaires faisant partie des travaux ayant substantiellement amélioré le confort ou l'équipement du local sont prises en compte[9].

Le montant retenu est actualisé par application du rapport entre le dernier indice du coût de la construction connu à la date de la proposition du bail de sortie et la valeur de ce même indice connue à la date du remboursement des travaux.

Le montant ainsi obtenu devra cependant être réduit de 6 % par année pleine écoulée entre la date d'achèvement des travaux et la date de la proposition du bail de sortie.

§ 4
Régime applicable à l'expiration du bail de huit ans

822.141 Application du droit commun locatif. À l'expiration du bail de huit ans, deux cas sont à distinguer[10].

• Lorsque le local est à usage d'habitation ou à usage mixte, il est alors soumis aux dispositions des chapitres Ier à III du titre Ier de la loi du 6 juillet 1989.

• Lorsque le local est à usage exclusivement professionnel, il est soumis aux dispositions des articles 57 A et 57 B de la loi du 23 décembre 1986[11] et aux dispositions du code civil.

822.142 Droit au maintien dans les lieux – Condition. Précisons toutefois que si, à l'expiration du bail de sortie de huit ans, le locataire est âgé de plus de 65 ans, ou est handicapé au sens du 2° de l'article 27 de la loi de 1948, il va bénéficier du droit au maintien dans les lieux prévu à l'article 4 de la même loi.

Ce droit au maintien dans les lieux va interdire au bailleur, non seulement de délivrer congé à son locataire au visa de l'article 15 de la loi du 6 juillet 1989, mais aussi de tenter d'obtenir une hausse de loyer[12] lors du renouvellement du bail. En effet, à l'expiration du contrat de bail de huit ans, le locataire, âgé de plus de 65 ans ou handicapé, bénéficie non d'un bail renouvelé mais d'un droit au main-

1. Civ. 3e, 12 mars 2002, n° 97-20.519, NP, *Loyers et copr.* 2002, n° 255, obs. Vial-Pedroletti.
2. L. n° 86-1290, 23 déc. 1986, art. 32, al. 1er.
3. L. n° 86-1290, 23 déc. 1986, art. 32, al. 2.
4. L. n° 86-1290, 23 déc. 1986, art. 32, al. 3.
5. L. n° 86-1290, 23 déc. 1986, art. 32, *in fine*.
6. Paris, 19 févr. 1998, RG n° 96/82013, *Loyers et copr.* 1998, n° 209, obs. Vial-Pedroletti.
7. Décr. n° 87-714, 26 août 1987, art. 1er.
8. Décr. n° 87-714, 26 août 1987, art. 2.
9. Paris, 29 mars 1993, RG n° 92/003697, *Loyers et copr.* 1993, n° 304.
10. L. n° 86-1290, 23 déc. 1986, art. 33.
11. L. n° 86-1290, 23 déc. 1986, *JO* 24 déc., p. 15531.
12. L. 1989, art. 17 c.

tien dans les lieux aux clauses et conditions du bail expiré[1].

822.143 **Appréciation de l'âge du preneur.** La date à prendre en compte pour apprécier l'âge du locataire est celle de la proposition de bail de sortie[2], étant entendu qu'en présence de plusieurs locataires, la condition est remplie dès lors que l'un d'entre eux a plus de 65 ans[3].

822.144 **Conséquence de l'indivisibilité du droit de bail.** Compte tenu de l'indivisibilité du droit de bail entre époux[4], la solution est la même à l'égard d'un logement à usage d'habitation loué au mari alors que seule la femme a atteint l'âge requis[5]. Il en ira différemment lorsque le logement des époux ou des pacsés[6] est à usage mixte, l'article 1751 du code civil n'ayant alors pas vocation à s'appliquer[7].

822.145 **Personne handicapée – Détermination.** Les personnes handicapées au sens du 2° de l'article 27 de la loi du 1er septembre 1948 sont les suivantes :

- titulaires d'une pension de grand invalide de guerre ouvrant droit au bénéfice des dispositions de l'article L. 31 du code des pensions militaires d'invalidité et des victimes de guerre;
- titulaires d'une rente d'invalide de travail correspondant à une incapacité au moins égale à 80 %;
- titulaires d'une allocation servie à toute personne dont l'infirmité entraîne au moins 80 % d'incapacité permanente et qui est qualifiée « grand infirme » en application de l'article L. 241-3 du code de l'action sociale et des familles.

SECTION 2
BAUX DE SORTIE DÉROGATOIRE DU RÉGIME DE LA LOI DU 1ER SEPTEMBRE 1948

822.151 **Régime de l'article 3 *ter* de la loi de 1948.** Par la signature d'un bail de l'article 3 *ter*, les parties peuvent déroger pendant son cours aux dispositions de la loi de 1948. Si la signature d'un tel bail est possible quelle que soit la catégorie du local, en pratique, elle ne va intervenir qu'à propos de locaux classés en catégorie III ou en catégorie IV, le bail de sortie des articles 28 et suivants de la loi du 23 décembre 1986, dite loi Méhaignerie, étant préféré lorsque le bail sera classé II B ou II C.

Un tel bail dérogatoire pose la question des conditions de sa validité, de son régime juridique, ainsi que de celui qui sera applicable à son terme.

§ 1
Conditions de validité d'un bail de l'article 3 *ter* de la loi de 1948

822.161 **Locaux concernés.** Il ressort de la combinaison des articles 3 *ter* et 10-4° de la loi de 1948 (auquel se réfère l'art. 3 *ter*) et de l'article L. 1336-3 du code de la santé publique, que tous les locaux sont concernés par le bail dérogatoire de l'article 3 *ter*, à l'exception :

- des caves;
- des sous-sols;
- des combles;
- des pièces dépourvues d'ouverture sur l'extérieur;
- des locaux ayant fait l'objet d'une interdiction d'habiter, prononcée en application de l'article L. 1331-28 du code de la santé publique ou L. 1331-23 du même code;
- des locaux ayant fait l'objet d'un arrêté de péril prescrivant la réparation ou la démolition de l'immeuble menaçant ruine dans lequel les locaux sont situés[8].

822.162 **Date de conclusion du bail de l'article 3 *ter*.** Le bail doit être conclu après l'entrée du preneur dans les lieux. Les dispositions de l'article 3 *ter* ont en effet pour objet de permettre à un locataire ou à un occupant bénéficiant déjà d'un titre conventionnel ou légal de le confirmer pour la durée du bail dérogatoire[9] (sur cette durée v. ss n° 822.166).

822.163 **Locaux objet de la location.** L'article 3 *ter* ne va recevoir application que si les locaux dont le preneur avait antérieurement la jouissance sont rigoureusement identiques à ceux faisant l'objet du bail. Tel n'est pas le cas lorsque deux locaux ont été réunis et que le preneur n'en occupait auparavant qu'un seul[10].

822.164 **État du logement.** Concernant l'état du logement, l'article 3 *ter* ne pose aucune condition

1. Civ. 3e, 10 déc. 2008, n° 08-10.319, *Bull. civ.* III, n° 200; *D.* 2009. AJ 169, obs. Rouquet; *AJDI* 2009. 544, note Zalewski.
2. Paris, 21 juin 1989, *JurisData* n° 023760, *D.* 1989. IR 214.
3. Paris, 30 oct. 1990, *JCP* 1991. IV. 282, RG n° 90/791 – TI Paris, 27 janv. 1988, *Rev. loyers* 1988. 347.
4. C. civ., art. 1751 (v. ss n° 133.51).
5. Paris, 30 oct. 1990, RG n° 90/791, *JCP* 1991. IV. 282 – TI Paris, 27 janv. 1988, *Rev. loyers* 1988. 347.
6. V. ss n° 121.13.
7. Paris, 13 sept. 1989, RG n° 87/019845, *D.* 1989. IR 250.
8. CCH, art. L. 511-1 et L. 511-2.
9. Civ. 3e, 9 janv. 1991, n° 89-20.039, NP, *Administrer* mai 1991, p. 38, note Frank.
10. Paris, 4 mai 1988, RG n° 86/010425, *Loyers et copr.* 1988, n° 367.

de conformité aux normes minimales de confort et d'habitabilité définies par le décret du 6 mars 1987, ni d'ailleurs aux normes de décence issues du décret du 30 janvier 2002[1]. D'ailleurs, cet article n'envisage pas l'établissement d'un état des lieux lors de la signature du bail[2].

822.165 **Avantage pour le bailleur.** La conclusion d'un bail de l'article 3 *ter* est donc intéressante pour le bailleur qui pourra percevoir un loyer libre (v. s[s] n° 822.171) et ne sera pas tenu de mettre le local aux normes en cours de contrat. Il a en effet été jugé que les dispositions de l'article 20 de la loi du 21 juillet 1994[3] n'étaient pas applicables au bail conclu au visa de l'article 3 *ter*[4] (cependant sur la sanction, en fin de bail dérogatoire, d'un tel défaut de conformité v. s[s] n°s 822.182 s.).

822.166 **Durée du bail.** Le bail doit avoir une durée au moins égale à six ans. Il est en effet possible de prévoir une durée plus longue[5].

Le preneur n'est cependant pas lié durant toute cette période, puisque la faculté de résiliation annuelle est réservée de droit au locataire et ne peut être stipulée qu'à son profit[6]. Il s'agit d'une faculté dont le locataire dispose de plein droit, même en l'absence de clause contractuelle stipulée en ce sens[7].

En revanche, le bailleur ne pourrait se réserver la possibilité de reprendre annuellement le logement[8].

§ 2
Régime juridique applicable pendant la durée du bail

822.171 **Plus grande liberté contractuelle.** Le bail est soumis aux dispositions des chapitres Ier à III de la loi du 23 décembre 1986, en ce qu'elles ne sont pas contraires aux dispositions de l'article 3 *ter*. Les dispositions citées de la loi de 1986 ayant été abrogées par la loi du 6 juillet 1989, il y a certainement lieu de considérer que ce sont à présent les dispositions de ce dernier texte qui doivent s'appliquer, la persistance à la référence à la loi du 23 décembre 1986 résultant vraisemblablement d'une omission du législateur de 1989.

Le loyer n'est donc plus enfermé dans le carcan imposé par la loi de 1948, le droit au maintien dans les lieux n'existe plus, etc.

§ 3
Situation à l'expiration du bail

822.181 **Norme de décence.** En application du décret du 6 mars 1987, un constat de l'état du local et de l'immeuble est établi par huissier au moment de la signature du contrat de location faisant suite au contrat conclu en application de l'article 3 *ter*[9].

La situation juridique applicable à l'issue du bail va dépendre du respect ou non des normes de décence fixées par le décret du 30 janvier 2002.

822.182 **Local ne satisfaisant pas aux normes de décence.** Le local va alors retomber sous le coup des dispositions générales la loi du 1er septembre 1948[10].

822.183 **Local satisfaisant aux normes de décence.** Le local qui, à l'expiration du bail, satisfait à ces normes minimales échappe à la loi de 1948. Le point de savoir qui, du bailleur ou du preneur, a réalisé ces travaux de conformité est indifférent[11].

Il est alors soumis, aux termes de l'article 3 *ter*, aux dispositions des chapitres Ier à III de la loi du 23 décembre 1986. Depuis l'entrée en vigueur de la loi du 6 juillet 1989 (qui a abrogé partiellement la loi de 1986, et notamment les chapitres Ier à III du titre Ier), se pose, là aussi, la question de la législation effectivement applicable (sur ce point v. notre remarque s[s] n° 822.171). Comme pendant la durée du bail (v. s[s] n° 822.171), la loi du 6 juillet 1989 semble devoir recevoir application[12]. On notera cependant sur ce point les hésitations de la sixième chambre de la cour d'appel de Paris, dont la section B a, en 1994, déclaré applicable la loi du 23 décembre

1. Décr. n° 2002-120, 30 janv. 2002 relatif aux caractéristiques du logement décent pris pour l'application de l'article 187 de la loi n° 2000-1208 du 13 déc. 2000 relative à la solidarité et au renouvellement urbains, *JO* 31 janv., p. 2090.
2. Paris, 2 oct. 1991, RG n° 90/6928, *Loyers et copr.* 1992, n° 63.
3. En vertu desquelles le locataire peut demander la mise en conformité du logement, v. s[s] n° 821.73.
4. Civ. 3e, 26 sept. 2001, n° 99-18.742, *Bull. civ.* III, n° 104; *AJDI* 2002. 296, obs. Laporte-Leconte [1re esp.]; *Administrer* avr. 2002. 40, obs. Canu.
5. Civ. 3e, 15 juin 1983, n° 82-12.128, *Bull. civ.* III, n° 140.
6. L. 1er sept. 1948, art. 3 *ter*, al. 1er, *in fine*.
7. Civ. 3e, 14 oct. 1980, n° 79-11.295, *Bull. civ.* III, n° 155.
8. Civ. 3e, 4 nov. 1992, n° 90-11.215, *Bull. civ.* III, n° 286.
9. Décr. n° 87-150, 6 mars 1987, art. 1er.
10. Civ. 3e, 10 juill. 1991, n° 90-12.295, *Bull. civ.* III, n° 210; *Gaz. Pal.* déc. 1991, 260.
11. Civ. 3e, 16 mai 2000, n° 98-15.928, NP, *Administrer* oct. 2001, p. 54, obs. Canu – EN SENS CONTRAIRE AUPARAVANT : Paris, 26 févr. 1998, *Gaz. Pal.* 1999. 1. Somm. 7.
12. EN CE SENS : notamment J. Lafond, Vial-Pedroletti, *Les baux d'habitation*, 8e éd., LexisNexis, n°s 257 s.

1986 [1], alors qu'en 2001, la section C a fait application de l'article 15 de la loi du 6 juillet 1989 [2].

Précisons enfin que, si le bail dérogatoire a été conclu avant la publication de la loi du 23 décembre 1986 [3], il est à présent également régi par les dispositions de la loi du 6 juillet 1989 [4].

1. Paris, 6e ch. B, 25 mars 1994, RG nos 91/010731 et 93/009693, *Loyers et copr.* 1994, no 429.
2. Paris, 6e ch. C, 15 mai 2001, RG no 1999/16882, *Loyers et copr.* 2002, no 6, obs. Vial-Pedroletti.
3. L. no 86-1290, 23 déc. 1986, *JO* 24 déc., p. 15531 et partiellement abrogée par la loi du 6 juillet 1989.
4. Interprétation de la loi du 1er sept. 1948, art. 3 *ter, in fine*, par la doctrine, et notamment par Bihr et Aubert, *Droit de la gestion de l'immeuble*, « Dalloz Action », 2000, no 2025.

LIVRE

9. LA PRÉVENTION ET LES PROCÉDURES CONTENTIEUSES

SECTION 0
ORIENTEUR

9.00 Plan du livre.

9.03 Bibliographie indicative.

Ouvrages. Bérenger F., *Guide de l'expulsion locative*, Annales des loyers, Edilaix, 2011 – *Confédération nationale du logement : Locataires. Connaissez vos droits*, www.lacnl.com

Actualisables. RÉP. PR. CIV., v° « Bail d'habitation », F. de La Vaissiere; « Force publique : refus de concours », R. Vandermeeren – RÉP. IMMO., v^is « Bail (expulsion) », S. Gérard; « Baux d'habitation et mixtes (Rapports locatifs collectifs) », N. Damas; « Expulsion », A. Gaonac'h – DICT. PERM. Gest. Immo., v^is « Baux d'habitation et mixte », « Expulsion » – LAMY DR. IMMO.

TITRE

91. La prévention

SECTION 0
ORIENTEUR

91.00 **Plan du titre.**

91.01 **Textes applicables.**

TEXTES SOURCES

• **L. n° 89-462, 6 juill. 1989, art. 20, 24.**

• **CCH, art. L. 353-15-2, L. 442-6-5.**

• **L. n° 86-1290, 23 déc. 1986** tendant à favoriser l'investissement locatif, l'accession à la propriété de logements sociaux et le développement de l'offre foncière, *JO* 24 déc., p. 15531, art. 41 à 44 *quater*.

• **L. n° 2009-323, 25 mars 2009** de mobilisation pour le logement et la lutte contre l'exclusion, *JO* 27 mars, p. 5408.

• **L. n° 2014-366, 24 mars 2014** pour l'accès au logement et un urbanisme rénové, *JO* 26 mars, p. 5809.

• **Décr. n° 2001-653, 19 juill. 2001** pris pour l'application de l'article 20 de la loi n° 89-462 du 6 juillet 1989 modifiée et relatif aux commissions départementales de conciliation, *JO* 21 juill., p. 11779.

• **Décr. n° 2015-1384, 30 oct. 2015** relatif à la commission de coordination des actions de prévention des expulsions locatives, *JO* 31 oct., p. 20411.

• **Décr. n° 2016-393, 31 mars 2016** relatif à la charte pour la prévention de l'expulsion, *JO* 1er avr., n° 49.

91.03 **Bibliographie indicative.**

Ouvrages. Herbert B., *Prévention des expulsions, locataires et bailleurs face à l'impayé*, ANIL, oct. 2011 – *Confédération nationale du logement : Locataires. Connaissez vos droits*, www.lacnl.com

Actualisables. RÉP. PR. CIV., v° « Bail d'habitation », F. de La Vaissiere – RÉP. IMMO., v° « Baux d'habitation et mixtes (Rapports locatifs collectifs) », N. Damas – DICT. PERM. Gest. Immo., « Expulsion ».

CHAPITRE

911. Conciliation

SECTION 0
ORIENTEUR

911.00 Plan du chapitre.

911.01 Textes applicables.

TEXTES SOURCES

- **L. n° 89-462, 6 juill. 1989, art. 20.**
- **Décr. n° 2001-653, 19 juill. 2001** pris pour l'application de l'article 20 de la loi n° 89-462 du 6 juillet 1989 modifiée et relatif aux commissions départementales de conciliation, *JO* 21 juill., p. 11779.

TEXTES *IN EXTENSO*

- **L. 6 juill. 1989, art. 20** (Mod. par L. n° 2014-366, 24 mars 2014, art. 6)

Il est créé, auprès du représentant de l'État dans chaque département, une commission départementale de conciliation composée de représentants d'organisations de bailleurs et d'organisations de locataires, en nombre égal. La commission rend un avis dans le délai de deux mois à compter de sa saisine et s'efforce de concilier les parties.

La compétence de la commission porte sur :

1° Les litiges résultant de l'application des articles 17, 17-1, 17-2 et 18 de la présente loi et des articles 30 et 31 de la loi n° 86-1290 du 23 décembre 1986 tendant à favoriser l'investissement locatif, l'accession à la propriété de logements sociaux et le développement de l'offre foncière;

2° Les litiges relatifs aux caractéristiques du logement mentionnées aux deux premiers alinéas de l'article 6 de la présente loi;

3° Les litiges relatifs à l'état des lieux, au dépôt de garantie, aux charges locatives et aux réparations;

4° Les litiges relatifs aux congés délivrés en application de l'article 15;

5° Les difficultés résultant de l'application des accords collectifs nationaux ou locaux prévus aux articles 41 *ter* et 42 de la loi n° 86-1290 du 23 décembre 1986 précitée ou de l'application du plan de concertation locative prévu à l'article 44 *bis* de la même loi et les difficultés résultant des modalités de fonctionnement de l'immeuble ou du groupe d'immeubles.

Pour le règlement des litiges mentionnés aux 1° à 4° du présent article, la commission départementale de conciliation peut être saisie par le bailleur ou le locataire. Pour le règlement des difficultés mentionnées au 5°, elle peut être saisie par le bailleur, plusieurs locataires ou une association représentative de locataires.

À défaut de conciliation entre les parties, elle rend un avis comportant l'exposé du différend et la position des parties ainsi que, le cas échéant, celle de la commission. Cet avis peut être transmis au juge par l'une ou l'autre des parties. En cas de conciliation, elle établit un document de conciliation comportant les termes de l'accord trouvé.

La composition de la commission départementale de conciliation, le mode de désignation de ses membres, son organisation et ses règles de saisine et de fonctionnement sont fixés par décret.

911.02 Jurisprudence de référence.

- **Civ. 3ᵉ, 14 nov. 2002, n° 01-10.282**, *Bull. civ.* III, n° 222

* V. sˢ n° 911.74

La saisine de la Commission par lettre simple constitue une irrégularité de forme.

- **Civ. 3ᵉ, 28 mai 2003, n° 01-13.387**, *Bull. civ.* III, n° 115

* V. sˢ n° 911.72

La saisine de la commission départementale de conciliation par une personne qui n'est ni le locataire, ni le bailleur, ni le mandataire habilité par l'une ou l'autre des parties équivaut à une absence de saisine.

911.03 Bibliographie indicative.

Actualisables. RÉP. PR. CIV., v° « Bail d'habitation », F. de La Vaissiere, nos 14-19 – RÉP. IMMO., v° « Baux d'habitation et mixtes (Rapports locatifs collectifs) », N. Damas, nos 2-29.

SECTION 1
PREMIÈRES VUES

911.11 Organisation et missions des services de conciliation. À côté des commissions mixtes HLM-usagers, instances départementales ou régionales propres au monde HLM qui ne sont que partiellement dédiées à la recherche de la conciliation dans l'intérêt des parties, il existe les commissions départementales de conciliation (CDC), qui interviennent tant dans les rapports locatifs du secteur privé que dans ceux du secteur social.

Depuis la loi du 13 décembre 2000, dite loi SRU, la loi du 13 juillet 2006, dite loi ENL, et la loi Alur du 24 mars 2014, le champ d'intervention de ces instances a été considérablement élargi. En effet, désormais, à côté de la mission qui est la leur depuis la loi du 23 décembre 1986, dite loi Méhaignerie, en matière de fixation de loyers, il leur revient à présent de connaître des litiges portant sur les caractéristiques du logement décent, de ceux relatifs à l'état des lieux, au dépôt de garantie, aux charges locatives, aux réparations et aux congés, ainsi que des difficultés résultant de l'application des accords collectifs nationaux ou locaux, de l'application du plan de concertation locative et des modalités de fonctionnement de l'immeuble ou du groupe d'immeubles. Cette extension de compétences a nécessité la mise en place de commissions rénovées, répondant à une nouvelle organisation, celle qui est prévue par le décret n° 2001-653 du 19 juillet 2001[1], modifié par le décret n° 2015-733 du 24 juin 2015[2]. Conformément à l'article 11 du décret de 2001, qui a abrogé le décret n° 87-449 du 26 juin 1987[3], les commissions qui avaient été constituées en application de ce décret ont continué à exercer les compétences conférées et leurs membres sont restés en fonctions jusqu'à la mise en place des nouvelles commissions, laquelle mise en place devait intervenir (en vertu de l'article 10 du texte), dans les six mois suivant la publication du décret, soit avant le 21 janvier 2002.

SECTION 2
PRÉSENTATION DES COMMISSIONS DÉPARTEMENTALES DE CONCILIATION

§ 1
Composition

911.21 Commissions paritaires. Les CDC sont des commissions paritaires composées en nombre égal de représentants d'organisations de bailleurs et d'organisations de locataires représentatives au niveau départemental[4].

Toutefois, s'il n'existe pas d'organisation de bailleurs ou d'organisation de locataires représentative au niveau départemental, ou en cas de carence de celles-ci, les commissions départementales de conciliation peuvent être composées de représentants des organisations de bailleurs ou de locataires représentatives au niveau régional ou, à défaut, au niveau national[5].

Il ressort de l'article 2 du décret du 19 juillet 2001 que le préfet arrête la liste des organisations de bailleurs et de locataires répondant aux critères de représentativité définis à l'article 43 de la loi du 23 décembre 1986.

911.22 Critères de représentativité. Conformément à ce texte, les critères retenus sont le montant global des cotisations, l'indépendance, l'expérience et l'activité de l'organisation dans le domaine du logement. En outre, pour les organisations de bailleurs et de gestionnaires, il est tenu compte du nombre de leurs adhérents et du nombre de logements détenus ou gérés par leurs adhérents; et, pour les organisations de locataires, du nombre et de la répartition géographique de leurs adhérents.

911.23 Nombre de sièges – Répartition. Le préfet fixe le nombre de sièges attribués à chacune des organisations retenues ainsi que le nombre des membres de la commission qui comporte en nombre égal des membres titulaires et des membres suppléants.

911.24 Désignation des membres – Durée du mandat. Toujours en application de l'article 2 du décret du 19 juillet 2001, chaque organisation doit

1. Décr. n° 2001-653, 19 juill. 2001 pris pour l'application de l'article 20 de la loi n° 89-462 du 6 juillet 1989 modifiée et relatif aux commissions départementales de conciliation, *JO* 21 juill., p. 11779.
2. Décr. n° 2015-733, 24 juin 2015, *JO* 26 juin, p. 10776.
3. Décr. n° 87-449, 26 juin 1987 portant application de l'art. 24 de la loi 861290 du 23-12-1986 et relatif aux commissions départementales de conciliation, *JO* 30 juin, p. 7020.
4. L. n° 89-462, 6 juill. 1989, art. 20 – Décr. n° 2001-653, 19 juill. 2001, *JO* 21 juill., p. 11779, art. 1er.
5. Décr. n° 2001-653, 19 juill. 2001, art. 1er, mod. par Décr. n° 2015-733, 24 juin 2015, *JO* 26 juin, p. 10776

communiquer au préfet le nom de ses représentants, titulaires et suppléants, qui sont nommés pour trois ans renouvelables par arrêté du préfet.

Les représentants des organisations représentatives au niveau départemental sont désignés parmi les adhérents de celles-ci[1].

On notera par ailleurs que toute personne ayant perdu la qualité en raison de laquelle elle a été nommée cesse d'appartenir à la commission, et que son remplaçant est nommé par arrêté du préfet pour la durée du mandat restant à courir.

§ 2
Fonctionnement interne

911.31 Formation unique ou constitution de sections au sein de la commission. La commission adopte un règlement intérieur qui précise ses modalités d'organisation et de fonctionnement. Ce règlement peut notamment prévoir notamment qu'elle se réunit en formation unique ou en plusieurs sections[2].

Si c'est la seconde branche de l'alternative qui est retenue, lesdites sections devront être composées selon le principe de parité énoncé au v. s[s] n° 911.71.

Alors, le collège des bailleurs de chaque section devra être constitué :

- d'un nombre égal de représentants des bailleurs sociaux et des bailleurs privés pour l'examen des litiges relatifs à la décence du logement[3], à l'état des lieux, au dépôt de garantie, aux charges locatives et aux réparations, ainsi qu'aux litiges relatifs aux congés de l'article 15 de la loi de 1989 (au sujet desquels, v. s[s] titres 53 et 54);

- des seuls représentants des bailleurs privés pour l'examen des litiges relatifs à l'encadrement du loyer par décret[4] ou par mesure préfectorale[5], au loyer de renouvellement[6], au loyer révisé[7], ou au loyer déterminé suite à la réalisation de travaux d'amélioration par le bailleur[8] et au loyer de sortie de la loi du 1er septembre 1948[9] et pour l'examen des difficultés résultant de l'application des accords collectifs nationaux ou locaux, de l'application du plan de concertation locative et des modalités de fonctionnement de l'immeuble ou du groupe d'immeubles dans le privé[10];

- des seuls représentants des bailleurs sociaux pour l'examen des difficultés résultant de l'application des accords collectifs nationaux ou locaux, de l'application du plan de concertation locative et des modalités de fonctionnement de l'immeuble ou du groupe d'immeubles.

911.32 Règles générales. Conformément à l'article 3 du décret du 19 juillet 2001, la commission désigne, pour un an, son président parmi ses membres. Il doit être alternativement choisi parmi les représentants des locataires et les représentants des bailleurs.

911.33 Président, vice-président. La commission désigne en son sein un président et un vice-président choisis alternativement parmi les représentants des locataires et des bailleurs pour une durée d'un an. Le président et le vice-président sont issus de deux collèges différents. Le vice-président supplée le président en cas d'absence ou d'empêchement[11].

911.34 Règles applicables à la première présidence. Pour la première présidence, il est procédé par voie de tirage au sort pour désigner le collège concerné. Faute d'accord au sein de la commission pour la désignation du président, le préfet désigne le président dans le collège concerné. La même procédure est applicable pour la désignation du vice-président.

911.35 Secrétariat. Le secrétariat de la commission est assuré[12] :

- par un service de l'État désigné par le préfet et,

- dans les départements de Paris, des Hauts-de-Seine, de la Seine-Saint-Denis et du Val-de-Marne, par l'unité territoriale de la direction régionale et interdépartementale de l'hébergement et du logement d'Île-de-France.

911.36 Rémunération des membres. Les membres de la commission sont rémunérés sous forme de vacations dans des conditions fixées par arrêté pris par le ministre chargé du Budget et le ministre chargé du Logement[13].

L'arrêté en vigueur est celui du 18 décembre 2001.

Ce texte fixe, depuis le 1er janvier 2002, le taux horaire de la vacation alloué aux membres de commissions départementales de conciliation « dans la

1. Décr. n° 2001-653, 19 juill. 2001, art. 2, mod. par Décr. n° 2015-733, 24 juin 2015, *JO* 26 juin, p. 10776.
2. Décr. n° 2001-653, 19 juill. 2001, art. 3, mod. par Décr. n° 2015-733, 24 juin 2015, *JO* 26 juin, p. 10776.
3. L. n° 89-462, 6 juill. 1989, art. 6, al. 1er et 2.
4. L. n° 89-462, 6 juill. 1989, art. 18.
5. L. n° 89-462, 6 juill. 1989, art. 17.
6. L. n° 89-462, 6 juill. 1989, art. 17-2.
7. L. n° 89-462, 6 juill. 1989, art. 17-1-I.
8. L. n° 89-462, 6 juill. 1989, art. 17-1-II.
9. L. n° 86-1290, 23 déc. 1986, art. 30 et 31, *JO* 24 déc. p. 15531.
10. L. n° 86-1290, 23 déc. 1986, art. 41 *ter* et 42, *JO* 24 déc. p. 15531.
11. Décr. n° 2001-653, 19 juill. 2001, art. 3, mod. par Décr. n°°2015-733, 24 juin 2015, *JO* 26 juin, p. 10776.
12. Décr. n° 2001-653, 19 juill. 2001, art. 4, mod. par Décr. n° 2015-1689, 17 déc. 2015, *JO* 18 déc, n° 51.
13. Décr. n° 2001-653, 19 juill. 2001, art. 9.

limite des crédits ouverts à cet effet », à 8 euros (alors que ce taux était de 40 francs, ou 6,10 euros, depuis un arrêté du 20 novembre 2000). Ces indemnités horaires sont exclusives de toute autre rémunération [1], exception faite cependant du remboursement des frais de déplacement, expressément visés par l'article 9 du décret de 2001 et dont le sort est réglé par le décret du 28 mai 1990 modifié (en dernier lieu par le décr. n° 2000-928, 22 sept. 2000).

SECTION 3
COMPÉTENCE DES COMMISSIONS

911.41 Compétences *ratione materiae* et *ratione loci*. Seront étudiées leur compétence d'attribution et territoriale.

§ 1
Compétence d'attribution

911.51 Évolution de la législation. À côté de leur compétence traditionnelle en matière de fixation du loyer, compétence qui était la leur dès avant la loi du 13 décembre 2000 dite SRU, la rédaction de l'article 20 de la loi du 6 juillet 1989 issue de ce texte, ainsi que de la loi ENL du 13 juillet 2006 [2] leur a reconnu la possibilité d'examiner un certain nombre d'autres questions (caractéristiques du logement, état des lieux, dépôt de garantie, charges locatives, réparations et application des accords collectifs).

Pour les contrats conclus à compter du 27 mars 2014, le nouvel article 20 de la loi du 6 juillet 1989 issu de la loi du 24 mars 2014 [3], dite loi Alur, qui ne retranche aucune des compétences précédemment reconnues aux CDC, étend leur domaine d'intervention aux litiges relatifs aux congés.

911.52 Compétence en matière de fixation du loyer. La compétence des commissions porte sur les litiges résultant :

– de l'application des dispositions de l'ancien article 17 de la loi du 6 juillet 1989, et plus précisément de l'application des dispositions de l'ancien article 17 *c* relatif à la fixation du loyer de renouvellement (v. s^s n°s 522.191 s.), devenus, depuis la loi du 24 mars 2014, dite loi Alur, les articles 17 (loyer en zones tendues, v. s^s n°s 521.21 s.), 17-1 (révision du loyer et augmentation de loyer suite à la réalisation de travaux d'amélioration, v., respectivement, n°s 523.11 s. et 412.31 s.), 17-2 (loyer de renouvellement en zone tendue ou non, v. s^s n°s 522.291 s.) et 18 (encadrement des loyers par décret, v. s^s n°s 521.41 et 522.321 s.);

– de l'application des articles 30 et 31 de la loi du 23 décembre 1986, relatifs à la fixation du loyer d'un bail de sortie de la loi du 1er septembre 1948 (sur l'intervention [facultative] des commissions départementales de conciliation en matière de sortie de la loi de 1948 v. s^s n° 822.112).

911.53 Autres compétences dévolues aux commissions. Les lois SRU de 2000, ENL de 2006 et la loi du 24 mars 2014, dite loi Alur, ont étendu la compétence des CDC dans deux directions : elles peuvent en effet connaître de certains litiges et de certaines difficultés.

911.54 Examen de certains litiges. Les commissions sont compétentes pour connaître des litiges relatifs à la décence du logement loué, à l'état des lieux, au dépôt de garantie, ainsi qu'aux charges locatives et aux réparations; concernant les réparations, en dépit d'une circulaire selon laquelle « seules les réparations locatives sont concernées ce qui exclut les travaux à la charge du bailleur » [4], une réponse ministérielle a précisé que les commissions départementales de conciliation étaient compétentes pour connaître des litiges portant sur les réparations incombant au bailleur [5].

À ces litiges, la loi du 24 mars 2014, dite loi Alur, en réécrivant l'article 20 de la loi du 6 juillet 1989 a ajouté ceux « relatifs aux congés délivrés en application de l'article 15 » (au sujet desquels, v. s^s titres 53 et 54).

911.55 Examen de certaines difficultés. La compétence des commissions est également étendue à l'examen des difficultés résultant de l'application des accords collectifs nationaux ou locaux prévus aux articles 41 *ter* et 42 de la loi Méhaignerie n° 86-1290 du 23 décembre 1986 (v. s^s n°s 912.131 s.) et de celle du plan de concertation locative prévu à l'article 44 *bis* de la loi du 23 décembre 1986 et des modalités de fonctionnement de l'immeuble ou du groupe d'immeubles (v. s^s n°s 912.61 s.).

§ 2
Compétence territoriale

911.61 Compétence départementale. La commission est compétente pour connaître des litiges

1. Arr. 18 déc. 2001, NOR : EQUP0101574A, *JO* 31 janv., p. 2091, art. 3.
2. L. n° 2006-872, 13 juill. 2006 portant engagement national pour le logement, *JO* 16 juill., p. 10662.
3. L. n° 2014-366, 24 mars 2014, *JO* 26 mars, p. 5809.
4. Circ. n° 2002-38, 3 mai 2002, *BOME* 2002/10, p. 28.
5. Rép. min. n° 30861, *JOAN Q* 25 mai 2004, p. 3851; *AJDI* 2004. 732, obs. Rouquet.

ou des difficultés portant sur les logements locatifs situés dans le département[1].

Toutefois, cette règle connaît une exception puisque, pour l'examen des difficultés liées à l'application des plans de concertation locative dont il est question à l'article 44 *bis* de la loi du 23 décembre 1986, la commission compétente est celle dans le ressort de laquelle est situé le siège social de l'organisme bailleur concerné (à propos des plans de concertation locative v. s[s] n°s 912.61 s.; sur les conséquences de la saisine d'une commission territorialement incompétente v. s[s] n° 911.102).

SECTION 4
FONCTIONNEMENT DES COMMISSIONS

§ 1
Saisine de la commission

911.71 Personnes habilitées à saisir la commission. Le règlement des litiges et celui des difficultés doivent être distingués.

911.72 Règlement des litiges. Pour le règlement des litiges résultant de l'application de l'article 17 [depuis la loi du 24 mars 2014, dite loi Alur, des articles 17, 17-1, 17-2 et 18, v. s[s] n°s 522.11 s. et 523.11 s.] de la loi de 1989 ou des articles 30 et 31 de la loi de 1986 ou relatifs à l'état des lieux, au dépôt de garantie, aux charges locatives eaux réparations et, depuis l'entrée en vigueur du nouvel article 20 dans sa rédaction issue de la loi du 24 mars 2014, dite loi Alur[2], aux congés, la commission devra être saisie par le bailleur, le locataire ou leur mandataire. La saisine de la commission par une autre personne équivaut à une absence de saisine[3]. Concernant la procédure en cas de saisine de la commission en application de l'ancien article 17 *c* de la loi de 1989 [nouv. art. 17-2] v. s[s] n°s 522.191 s. À propos de l'intervention de la commission en matière de sortie de la loi de 1948 v. s[s] n° 822.112.

911.73 Règlement des difficultés. Pour le règlement des difficultés au sens de l'article 20 de la loi de 1989 (v. s[s] n° 911.54), la commission peut être saisie par le bailleur, plusieurs locataires ou une association représentative de locataires.

911.74 Forme de la saisine. La commission est saisie par lettre recommandée avec avis de réception adressée à son secrétariat[4] ou par voie électronique[5]. Dans ce dernier cas, le procédé technique utilisé doit assurer l'authentification de l'émetteur, l'intégrité du message et permettre de vérifier la réception du message par la commission à une date certaine[6].

La demande peut également être réalisée au moyen d'un formulaire prévu par un arrêté du préfet[7].

À noter cependant que la saisine de la commission par lettre simple ne constitue qu'une irrégularité de forme. En conséquence, elle ne pourra être sanctionnée que pour autant que le demandeur à l'action en ait éprouvé un grief[8]. Pour un modèle de saisine de la commission v. annexe n° 1112.33.

911.75 Contenu de la saisine. Le (les) demandeur(s) doi(ven)t indiquer dans sa (leur) saisine ses (leurs) nom, qualité et adresse, ceux du défendeur et l'objet du litige ou de la difficulté[9]. Si la demande est introduite par plusieurs locataires ayant, avec un même bailleur, une ou des difficultés de même nature, la lettre de saisine établie par chacun d'entre eux doit préciser le nom d'un ou de deux représentants communs à tous et qui seront expressément mandatés aux fins de conciliation. La demande émanant d'une association représentative de locataires doit également comporter le nom d'un ou de deux représentants de celle-ci.

911.76 Saisine incomplète ou adressée dans une forme inadéquate. Lorsque la saisine est incomplète ou n'est pas adressée dans les formes requises, le demandeur en est informé par courrier ou par voie électronique si la saisine a été effectuée par cette voie. Le procédé technique utilisé doit, dans ce cas, assurer l'authentification de l'émetteur ainsi que l'intégrité du message[10].

§ 2
Convocation des parties

911.81 Forme. Lorsque la demande est recevable, la convocation doit intervenir par lettre ou par voie

1. Décr. n° 2001-653, 19 juill. 2001, *JO* 21 juill., p. 11779, art. 6.
2. Applicable aux contrats signés à compter du 27 mars 2014.
3. Civ. 3e, 28 mai 2003, n° 01-13.387, *Bull. civ.* III, n° 115, *AJDI* 2003. 670, obs. Rouquet; *Rev. loyers* 2003. 528, obs. Canu.
4. Décr. n° 2001-653, 19 juill. 2001, art. 7.
5. Décr. n° 2001-653, 19 juill. 2001, art. 7, mod. par Décr. n° 2015-733, 24 juin 2015, *JO* 26 juin, p. 10776.
6. Décr. n° 2001-653, 19 juill. 2001, art. 7, mod. par Décr. n° 2015-733, 24 juin 2015, *JO* 26 juin, p. 10776.
7. Décr. n° 2001-653, 19 juill. 2001, art. 7, mod. par Décr. n° 2015-733, 24 juin 2015, *JO* 26 juin, p. 10776.
8. Civ. 3e, 14 nov. 2002, n° 01-10.282, *Bull. civ.* III, n° 222; *D.* 2003. IR 465 [rendu s[s] décr. 87-449, 26 juin 1987].
9. Décr. n° 2001-653, 19 juill. 2001, art. 7, mod. par Décr. n° 2015-733, 24 juin 2015, *JO* 26 juin, p. 10776.
10. Décr. n° 2001-653, 19 juill. 2001, art. 7, mod. par Décr. n° 2015-733, 24 juin 2015, *JO* 26 juin, p. 10776.

électronique. Ainsi, une convocation par lettre simple est valable.

911.82 **Délai.** Le secrétariat convoque les parties au minimum quinze jours avant la date retenue[1].

911.83 **Contenu.** La convocation doit préciser l'objet du litige ou de la difficulté[2].

911.84 **Destinataires.** Il va s'agir du demandeur et du défendeur. Si la demande est introduite par une association représentative de locataires ou par plusieurs locataires, la convocation est adressée à leurs représentants désignés dans le document de saisine[3].

§ 3
Réunion de la commission

911.91 **Périodicité.** La commission se réunit selon une périodicité fixée par le règlement intérieur et, le cas échéant, sur l'initiative de son président ou sur convocation du préfet[4].

911.92 ***Quorum.*** La commission peut valablement siéger lorsque sont présents au minimum quatre membres et au plus six membres représentant de manière paritaire les bailleurs et les locataires[5] étant précisé que le président de séance est compris dans ce décompte[6].

911.93 **Présidence de la séance.** Il revient au président de la commission ou, en cas d'absence de celui-ci, à son vice-président, de présider la réunion.

En cas d'absence du président et du vice-président, la commission devra, au début de la séance, désigner en son sein son président de séance, choisi dans le collège du président de la commission[7].

911.94 **Présence, représentation et assistance des parties.** Si la règle est que les parties doivent se présenter en personne devant la commission[8], celles-ci peuvent néanmoins se faire représenter par une personne munie d'un mandat spécial en ce sens. La possibilité de se faire représenter n'existe cependant pas à l'égard des représentants d'une association ou de plusieurs locataires[9].

On notera par ailleurs que les parties peuvent également, en vertu du même article 7, se faire assister par toute personne de leur choix, pourvu que celle-ci ne soit pas membre (titulaire ou suppléant) de la commission.

Précisons, enfin, que le membre titulaire ou suppléant qui est partie à un litige, ou à une difficulté, soumis à l'avis de la commission, ne peut siéger pour l'examen de cette affaire[10].

De la même manière, si une organisation représentative est partie à un litige ou une difficulté, ou représente ou assiste une des parties en séance, les membres titulaires ou suppléants représentant cette organisation ne peuvent siéger valablement pour l'examen de cette affaire. Dans ce cas, si le nombre minimum de membres pour que la commission puisse siéger ne peut être réuni, ce nombre peut être réduit à deux[11].

911.95 **Déroulement de la réunion.** Une séance de la commission de conciliation se déroule en trois temps. Tout d'abord, la commission entend les parties. Puis, elle s'efforce de les concilier. Enfin, elle émet un avis[12]. C'est cette troisième étape qui va à présent retenir notre attention.

§ 4
Avis de la commission

911.101 **Modalité de vote.** L'avis de la commission va faire l'objet d'un vote de la part des membres de cette instance.

En cas de partage égal des voix, la voix du président n'est pas prépondérante[13].

911.102 **Délai dans lequel l'avis doit être rendu.** La commission doit rendre son avis dans un délai de deux mois maximum à compter de la réception par le secrétariat de la lettre ou du message électronique de saisine pour les litiges relatifs au loyer en application des articles 30 et 31 de la loi du 23 décembre 1986 et de l'article 17 *c* [devenu l'article 17-2-II depuis la loi Alur du 24 mars 2014] de la loi du 6 juillet 1989[14] (sur les conséquences d'un avis tardif ou d'un défaut d'avis dans le cadre d'un litige sur la

1. Décr. n° 2001-653, 19 juill. 2001, art. 7, mod. par Décr. n° 2015-733, 24 juin 2015, *JO* 26 juin, p. 10776.
2. Décr. n° 2001-653, 19 juill. 2001, art. 7, mod. par Décr. n° 2015-733, 24 juin 2015, *JO* 26 juin, p. 10776.
3. Décr. n° 2001-653, 19 juill. 2001, art. 7, mod. par Décr. n° 2015-733, 24 juin 2015, *JO* 26 juin, p. 10776.
4. Décr. n° 2001-653, 19 juill. 2001, art. 5, mod. par Décr. n° 2015-733, 24 juin 2015, *JO* 26 juin, p. 10776.
5. TOUTEFOIS, v. s[s] n° 911.94.
6. Décr. n° 2001-653, 19 juill. 2001, art. 5, mod. par Décr. n° 2015-733, 24 juin 2015, *JO* 26 juin, p. 10776.
7. Décr. n° 2001-653, 19 juill. 2001, art. 5.
8. Décr. n° 2001-653, 19 juill. 2001, art. 7.
9. Décr. n° 2001-653, 19 juill. 2001, art. 7, *in fine*.
10. Décr. n° 2001-653, 19 juill. 2001, art. 5, mod. par Décr. n° 2015-733, 24 juin 2015, *JO* 26 juin, p. 10776.
11. Décr. n° 2001-653, 19 juill. 2001, *JO* 21 juill., p. 11779, art. 5, mod. par Décr. n° 2015-733, 24 juin 2015, *JO* 26 juin, p. 10776.
12. Décr. n° 2001-653, 19 juill. 2001, art. 8.
13. Décr. n° 2001-653, 19 juill. 2001, art. 3.
14. Décr. n° 2001-653, 19 juill. 2001, art. 8, mod. par Décr. n° 2015-733, 24 juin 2015, *JO* 26 juin, p. 10776.

fixation du loyer de renouvellement de l'article 17 *c*, v. s^{s} n°s 522.204 s.).

Ce délai de deux mois ne court qu'à compter d'une saisine complète et réalisée conformément à l'article 7 du décret du 19 juillet 2001 (v. s^{s} n° 911.75). En cas de saisine d'une commission territorialement incompétente, ce délai court à compter de la réception de la lettre ou du message électronique par le secrétariat de la commission initialement saisie, sauf si le dossier est incomplet[1].

911.103 **Sens de l'avis.** Trois cas de figure doivent être distingués.

911.104 **Conciliation totale.** En cas de conciliation, la commission établit un document de conciliation comportant les termes de l'accord trouvé[2].

911.105 **Conciliation partielle.** En cas de conciliation partielle, la commission constate la conciliation dont les termes font l'objet d'un document de conciliation. Ce document fait également apparaître les points de désaccord qui subsistent[3].

911.106 **Absence de conciliation.** L'article 20 de la loi du 6 juillet 1989 et l'article 8 du décret du 19 juillet 2001 modifié[4] distinguent plusieurs hypothèses :

- les parties étaient présentes ou représentées. À défaut de conciliation, la commission rend un avis qui comporte l'exposé du différend et la position des parties ainsi que, le cas échéant, celle de la commission. L'avis rendu par la commission pourra être transmis au juge saisi par l'une ou l'autre des parties;

- en cas de motif légitime de non-comparution dûment justifié par l'une des parties avant la séance, une nouvelle et ultime convocation peut être adressée;

- si les parties dûment convoquées ne sont ni présentes ni représentées à la séance ou si une seule des parties est présente ou représentée, la commission constate l'impossibilité de concilier les parties et émet éventuellement un avis sur le litige ou la difficulté.

911.107 **Matérialisation de la décision.** L'avis et, en cas de conciliation partielle ou totale, le document de conciliation, sont établis par le secrétariat de la commission.

Ils sont signés par le président de la séance et cosignés par un membre présent à la séance appartenant au collège qui n'assure pas la présidence.

Par ailleurs, le document de conciliation est signé par les parties. Enfin, avis et documents de conciliation sont remis ou adressés à chacune des parties[5].

1. Décr. n° 2001-653, 19 juill. 2001, art. 8, mod. par Décr. n° 2015-733, 24 juin 2015, *JO* 26 juin, p. 10776.
2. L. n° 89-462, 6 juill. 1989, art. 20, réd. issue L. 24 mars 2014, dite loi Alur.
3. Décr. n° 2001-653, 19 juill. 2001, art. 8, mod. par Décr. n° 2015-733, 24 juin 2015, *JO* 26 juin, p. 10776.
4. Décr. n° 2001-653, 19 juill. 2001, *JO* 21 juill., p. 11779, art. 5, mod. par Décr. n° 2015-733, 24 juin 2015, *JO* 26 juin, p. 10776.
5. Décr. n° 2001-653, 19 juill. 2001, *JO* 21 juill., p. 11779, art. 8.

CHAPITRE

912. Concertation et accords collectifs

SECTION 0 ORIENTEUR

912.00 Plan du chapitre.

Division – Intention législative continue. La volonté du législateur a constamment été, dans les lois de 1982 (Quilliot), 1986 (Méhaignerie), 1989 (Mermaz-Malandain) et 2000 (Solidarité et renouvellement urbains), de donner un cadre de référence à la concertation entre bailleurs et locataires à une double échelle :

– nationale d'abord avec une commission placée auprès du ministre du Logement, appelée à rendre des avis mais aussi à servir de lieu de négociation d'accords qui peuvent éventuellement être rendus obligatoires par décret;

– locale ensuite, c'est-à-dire à l'échelle de l'immeuble, du groupe d'immeubles, ou du patrimoine d'un bailleur, soit par la concertation sur les sujets les plus courants tels que les charges récupérables ou la gestion de l'immeuble, soit par la négociation d'accords collectifs locaux qui, dans certaines conditions, peuvent s'imposer au-delà des seuls signataires.

La législation actuellement applicable résulte de la loi du 23 décembre 1986 [1], modifiée par la loi du 13 décembre 2000 [2].

912.01 Textes applicables.

TEXTES SOURCES

• **L. n° 86-1290, 23 déc. 1986** tendant à favoriser l'investissement locatif, l'accession à la propriété de logements sociaux et le développement de l'offre foncière, *JO* 24 déc., p. 15531, art. 41 à 44 *quater*.

TEXTES *IN EXTENSO*

• **L. 23 déc. 1986, art. 44**

Dans un immeuble ou groupe d'immeubles, tout groupement de locataires affilié à une organisation siégeant à la Commission nationale de concertation ou toute association qui représente au moins 10 % des locataires ou toute association de locataires affiliée à une organisation nationale siégeant à la Commission nationale de concertation, au Conseil national de l'habitat ou au Conseil national de la consommation désigne au bailleur, et, le cas échéant, au syndic de copropriété par lettre recommandée avec demande d'avis de réception, le nom de trois au plus de ses représentants choisis parmi les locataires de l'immeuble ou du groupe d'immeubles. Les associations ci-dessus désignées doivent œuvrer dans le domaine du logement. Elles doivent être indépendantes de tout parti politique ou organisation philosophique, confessionnelle, ethnique ou raciale. En outre, elles œuvrent dans le secteur locatif social et ne doivent pas poursuivre des intérêts collectifs qui seraient en contradiction avec les objectifs du logement social fixés par le code de la construction et de l'habitation, et notamment par les articles L. 411 et L. 441, ou du droit à la ville tel que défini par la loi n° 91-662 du 13 juillet 1991 d'orientation pour la ville.

Ces représentants ont accès aux différents documents concernant la détermination et l'évolution des charges locatives. À leur demande, le bailleur ou, s'il y a lieu, l'administrateur de la copropriété les consulte chaque semestre sur les différents aspects de la gestion de l'immeuble ou du groupe d'immeubles.

1. L. n° 86-1290, 23 déc. 1986 tendant à favoriser l'investissement locatif, l'accession à la propriété de logements sociaux et le développement de l'offre foncière, *JO* 24 déc., p. 15531, art. 41 à 44 *quater*.
2. L. n° 2000-1208, 13 déc. 2000 relative à la solidarité et au renouvellement urbains, *JO* 14 déc., p. 19777.

Dans les immeubles soumis au statut de la copropriété, les représentants des associations désignés ci-dessus peuvent assister à l'assemblée générale de copropriété et formuler des observations sur les questions inscrites à l'ordre du jour de l'assemblée générale. Le syndic de la copropriété informe les représentants des associations, par lettre recommandée avec demande d'avis de réception, de la date, de l'heure, du lieu et de l'ordre du jour de l'assemblée générale.

Les décisions prises en assemblée des copropriétaires et relatives à l'entretien de l'immeuble et aux travaux font l'objet d'un procès-verbal abrégé affiché dans les parties communes de l'immeuble.

Dans chaque bâtiment d'habitation, un panneau d'affichage doit être mis à la disposition des associations ou groupements de locataires, définis au premier alinéa du présent article, pour leurs communications portant sur le logement, l'habitat et les travaux, dans un lieu de passage des locataires.

• **L. 23 déc. 1986, art. 44 *bis***

Les bailleurs des secteurs locatifs mentionnés aux troisième, quatrième et cinquième alinéas de l'article 41 *ter* sont tenus d'élaborer, avec les représentants des associations de locataires présentes dans le patrimoine du bailleur affiliées à une organisation siégeant à la Commission nationale de concertation au Conseil national de l'habitat ou au Conseil national de la consommation, les représentants des associations de locataires ayant obtenu 10 % des suffrages exprimés aux dernières élections et les administrateurs élus représentants des locataires, un plan de concertation locative couvrant l'ensemble de leur patrimoine.

Le plan de concertation locative, validé par le conseil d'administration ou le conseil de surveillance du bailleur, définit les modalités pratiques de la concertation applicables aux immeubles ou aux ensembles immobiliers de leur patrimoine. Il précise notamment les règles destinées à formaliser les relations locatives locales, instaure un ou plusieurs conseils de concertation locative dont il peut prévoir la composition et prévoit des moyens matériels attribués aux représentants des locataires pour exercer leurs fonctions dans ce cadre. Il prévoit des moyens financiers, au moins égaux à 2 € par logement du patrimoine concerné par le plan et par an, pour soutenir les actions des associations qui participent à la concertation locative. Ces moyens sont répartis entre les associations de locataires en fonction de leur résultat aux dernières élections des représentants des locataires. L'usage de ces moyens et les modalités de suivi de cet usage sont définis dans le plan de concertation locative. Un bilan annuel de l'utilisation de ces moyens est adressé par les associations bénéficiaires à l'organisme concerné.

Le plan doit être élaboré dans le délai de neuf mois après publication de la loi n° 2000-1208 du 13 décembre 2000 relative à la solidarité et au renouvellement urbains.

Le plan fait l'objet de bilans et de révisions périodiques, dans les conditions qu'il définit, entre les partenaires visés au premier alinéa ci-dessus.

Dans un délai de trois ans après publication de la loi n° 2000-1208 du 13 décembre 2000 précitée, le Gouvernement présentera un bilan de la mise en œuvre des mesures relatives à la concertation après avis des secteurs concernés de la Commission nationale de concertation.

NOTA : Conformément à l'article 94 II de la loi n° 2017-86 du 27 janvier 2017, les quatre dernières phrases du deuxième alinéa, telles qu'elles résultent du I dudit article 94 de ladite loi, sont applicables lors du renouvellement de chaque plan de concertation locative effectué après la publication de la présente loi et, au plus tard, le 1er janvier 2019.

• **L. 23 déc. 1986, art. 44 *ter***

Le conseil de concertation locative prévu à l'article 44 *bis* est consulté sur les différents aspects de la gestion de l'immeuble ou des ensembles immobiliers concernés, sur les projets d'amélioration ou de construction-démolition et plus généralement sur toutes mesures touchant aux conditions d'habitat et au cadre de vie des habitants des ensembles concernés.? Il est composé de représentants du bailleur et de représentants des locataires désignés dans les conditions prévues au premier alinéa de l'article 44.

Les membres du conseil de concertation locative peuvent être assistés, dans les conditions fixées par le plan de concertation locative, de toute personne dont la compétence est jugée utile.? Il doit être mis en place au plus tard dans les six mois qui suivent l'élaboration du plan de concertation locative et se réunit au moins une fois par an.

• **L. 23 déc. 1986, art. 44 *quater***

Préalablement à toute décision d'engager une opération d'amélioration, ayant une incidence sur les loyers ou les charges locatives, ou de construction-démolition, le bailleur mentionné à l'article 44 *bis* est tenu d'organiser une réunion d'information des locataires. Pendant l'élaboration du projet, il est tenu de mener une concertation avec les représentants des locataires, désignés dans les conditions prévues au premier alinéa de l'article 44. Lorsque le conseil de concertation locative, prévu à l'article 44 *ter*, existe, cette concertation est également réalisée dans son cadre. À défaut de représentants des locataires dans l'immeuble ou le groupe d'immeubles et après en avoir informé le conseil de concertation locative, quand il existe le bailleur doit mener cette concertation avec les locataires réunis à cet effet.

La concertation porte sur la consistance et le coût des travaux, leur répercussion prévisible sur les loyers ou les charges locatives, les modalités de leur réalisation, sur l'opportunité de créer un local collectif résidentiel ainsi que, le cas échéant, sur les conditions de relogement des locataires, notamment pour les opérations de construction-démolition.

Les documents et les diagnostics ayant permis d'élaborer le projet sont tenus à disposition des locataires et de leurs représentants. Parallèlement, le bailleur informe la commune de ses projets et de l'engagement de la concertation.

Une fois le projet élaboré et avant le début de l'opération d'amélioration ou de construction-démolition, le bailleur dresse un bilan de la concertation qui comporte, le cas échéant, l'avis motivé des représentants des locataires. Il en informe les locataires réunis à cet effet.

Un décret fixe, en tant que de besoin, les conditions d'application des articles 44 *bis*, 44 *ter* et du présent article.

912.02 Jurisprudence de référence.

• **Civ. 3e, 18 janv. 2011, n° 09-72.408**, NP

* V. ss n° 912.83

La concertation avec les représentants des locataires de la résidence concernée par les travaux ayant donné lieu à validation de l'ensemble du programme des travaux envisagés et étant intervenue avant le démarrage des travaux et l'envoi des appels d'offres, respecte les conditions légales posées par l'article 44 *quater* de la loi du 23 décembre 1986.

• **Civ. 3e, 28 juin 2000, no 97-21.684**, *Bull. civ.* III, no 131

* V. ss no 912.174

Un accord proposé par un bailleur et approuvé par la majorité des locataires s'impose à tous.

912.03 Bibliographie indicative.

Ouvrages. Confédération nationale du logement, *Locataires. Connaissez vos droits*, www.lacnl.com

Actualisables. RÉP. PR. CIV., vo « Bail d'habitation », F. de La Vaissiere – RÉP. IMMO., vo « Baux d'habitation et mixtes (Rapports locatifs collectifs) », N. Damas, nos 30-66; « Habitat social », nos 81-88.

Articles. Dallagi. « HTC. Le conseil de concertation locative : un outil intégré au service du mieux vivre ensemble », *Cahiers d'Actualités Habitat*, no 140, janv. 2011; « La concertation entre bailleurs et locataires », www.familles-de-France.org, juill. 2014 – H. des Lyons, « La loi SRU et la concertation dans l'habitat locatif », *AJDI* 2001. 671.

SECTION 1 CONCERTATION

§ 1 Commission nationale de concertation

912.11 Missions. La commission nationale de concertation (CNC) a pour mission de rendre des études, de donner des avis et de faire des propositions. Elle est placée auprès du ministre chargé de la Construction et de l'Habitation.

912.12 Secteurs locatifs. Pour faciliter la concertation, quatre secteurs locatifs homogènes ont été créés :

- le secteur I regroupe les logements appartenant ou gérés par les organismes d'HLM;

- le secteur II regroupe les logements des Sem, des sociétés immobilières à participation majoritaire de la Caisse des dépôts et consignations, des collectivités publiques, des sociétés filiales d'un organisme collecteur du 1 % logement, et des filiales de ces organismes;

- le secteur III comprend les logements des entreprises d'assurance, des établissements de crédit, et des filiales de ces organismes ainsi que des personnes morales autres que celles des deux premiers secteurs définis ci-dessus;

- le secteur IV enfin regroupe les logements appartenant aux bailleurs personnes physiques et aux sociétés civiles immobilières constituées exclusivement entre parents et alliés jusqu'au quatrième degré inclus.

912.13 Représentativité des organisations nationales. La représentativité de ces organisations est appréciée à partir du montant global des cotisations et de l'indépendance, de l'expérience et de l'activité de l'organisation dans le domaine du logement.

En outre, il est tenu compte, pour les associations de bailleurs et de gestionnaires du nombre de leurs adhérents et des logements détenus ou gérés par les adhérents et, pour les organisations de locataires du nombre et de la répartition géographique de leurs adhérents[1].

Cinq organisations de locataires sont représentées à la CNC. Il s'agit de :

- la Confédération nationale du logement (CNL);
- la Confédération générale du logement (CGL);
- la Confédération syndicale des familles (CSF);
- la Consommation Logement Cadre de Vie (CLCV);
- l'association Force ouvrière consommateurs (AFOC).

912.14 Accords collectifs nationaux. Des accords peuvent être conclus par secteur locatif entre une ou plusieurs associations de bailleurs et de locataires. Ces accords sont opposables aux organisations signataires de ces accords et aux adhérents de ces organisations.

En outre, publiés au *Journal officiel*, ils peuvent être rendus obligatoires par décret à tous les logements des secteurs locatifs concernés, à l'issue d'un délai d'un mois après cette publication et sauf opposition de la majorité des organisations représentatives des bailleurs d'un ou plusieurs secteurs et des organisations représentatives des locataires[2].

912.15 Objets. Au début des années quatre-vingts, les accords nationaux ont eu pour thèmes les loyers et les travaux.

Dans les années quatre-vingt-dix, deux accords collectifs nationaux ont été signés, dans le premier et les deuxième et troisième secteurs réunis, qui donnent la mesure des préoccupations très concrètes des organisations concernées.

• L'accord collectif national du 7 juillet 1998 dans le premier secteur (HLM). Il s'applique à la concertation sur les programmes de travaux visant à une meilleure maîtrise des charges locatives et réalisés en contrepartie de l'économie de TVA induite par l'application du taux de TVA à 5,5 % pour certains travaux. Cet accord a été signé par les cinq organisations de locataires et les fédérations natio-

1. L. no 86-1290, 23 déc. 1986, *JO* 24 déc., p. 15531, art. 43.
2. L. no 86-1290, 23 déc. 1986, art. 41 *ter*, modifié par la loi no 2006-685, 13 juin 2006 relative au droit de préemption et à la protection des locataires en cas de vente d'un immeuble, *JO* 14 juin, p. 8944.

nales des offices d'HLM et des sociétés anonymes et fondations d'HLM.

• L'accord collectif de location relatif aux congés pour vente par lots aux locataires dans les ensembles immobiliers d'habitation. Cet accord a été rendu obligatoire par le décret du 22 juillet 1999[1]. L'accord définit les conditions d'information des locataires par les bailleurs qui vendent plus de dix logements dans un même ensemble immobilier. Il recommande le recours aux procédures de conciliation, le cas échéant.

• L'accord collectif de location du 16 mars 2005.

Cet accord, étendu par le décret du 10 novembre 2006[2], améliore certains aspects de l'accord collectif de 1998 (sur ces deux derniers accords et leurs conséquences, v. les développements particuliers relatifs aux mesures protectrices contre les ventes à la découpe, v. s[s] n°s 442.11 s.).

912.16 Autres champs de réflexion : charges locatives – Révision des loyers. La commission nationale a repris, à l'été 2004, son travail de concertation sur la question des charges locatives, à partir d'un texte proposé par l'administration, mais sans parvenir à un accord. La constitution d'un nouvel indice de révision des loyers, mieux adapté que l'ICC, a été également débattue à la CNC. La loi du 26 juillet 2005[3] a créé le nouvel indice de référence des loyers (v. s[s] n° 523.41).

912.17 Autres champs de réflexion : état des lieux. En novembre 2006 la commission nationale a élaboré un document de recommandations et de précisions relatives à l'état des lieux. Il rappelle succinctement les droits et devoirs des bailleurs et des locataires selon les dispositions de la loi du 6 juillet 1989. Ces recommandations ressortent des bonnes conduites qui peuvent être pratiquées afin d'améliorer les rapports entre bailleurs et locataires. Il a été signé par toutes les organisations nationales représentant les bailleurs, les gestionnaires et les locataires.

912.18 Autres champs de réflexion : colocation. En 2010, la présidente de la commission nationale de concertation a été chargée d'une réflexion sur la colocation, « tant sur le plan juridique qu'au regard de la mise en œuvre, par les bailleurs, de ce nouveau mode d'habitation répondant aux préoccupations de plus en plus fréquentes de nos concitoyens[4] ». La loi Alur a depuis créé un régime de colocation[5] inscrit dans l'article 8-1 de la loi n° 89-462 du 10 juillet 1989 (v. s[s] n° 124.11 s.).

912.19 Activité de la CNC après la loi dite Alur du 24 mars 2014. La commission nationale a rendu de nombreux avis sur les projets de décrets élaborés par le Gouvernement en application de la loi Alur :

- article 3 : contrat type de bail vide défini par décret en Conseil d'État;

- articles 3 et 15 : contenu de la notice d'information défini par arrêté du ministre chargé du logement;

- article 7 : modalités de prise en compte de la vétusté de la chose louée déterminées en décret en Conseil d'État;

- article 8-1 : contrat type de bail d'une colocation défini par décret en Conseil d'État;

- article 22-2 : liste des pièces justificatives exigées du candidat ou de sa caution définie par décret en Conseil d'État;

- article 25-7 : contrat type de bail meublé défini par décret en Conseil d'État.

§ 2
Concertation locale

912.21 Sphère de l'immeuble ou de l'ensemble immobilier. Elle intervient au niveau de l'immeuble ou, selon le texte de l'article 44 de la loi du 23 décembre 1986, de « l'ensemble immobilier ».

La loi sur la solidarité et le renouvellement urbain du 13 décembre 2000, dite loi SRU, a ajouté, pour les patrimoines appartenant à des bailleurs sociaux ou institutionnels, la création de conseils de concertation[6].

A.
Concertation applicable dans tous les secteurs locatifs

1°
Représentation des locataires à l'échelle de l'immeuble ou du groupe d'immeubles

912.31 Association ou groupement de locataires. Les locataires sont représentés soit par une association, soit, depuis la loi du 13 décembre 2000, par un groupement de fait[7] (v. s[s] n° 912.34).

1. Décr. n° 99-628, 22 juill. 1999, *JO* 23 juill., p. 10951
2. Décr. n° 2006-1366, 10 nov. 2006 rendant obligatoire en application de l'article 41 *ter* de la loi n° 86-1290 du 23 déc. 1986, à tous les logements des deuxième et troisième secteurs locatifs, l'accord collectif de location relatif aux congés pour vente par lots aux locataires dans les ensembles immobiliers d'habitation, *JO* 11 nov., p. 17015.
3. L. n° 2005-841, 26 juill. 2005 relative au développement des services à la personne et portant diverses mesures en faveur de la cohésion sociale. *JO* 27 juill., p 12152.
4. Rép. min. n° 72508, *JOAN Q* 2 mars 2010, p. 2284.
5. L. n° 2014-366, 24 mars 2014, *JO* 26 mars, p. 5809.
6. L. n° 2000-1208, 13 déc. 2000 relative à la solidarité et au renouvellement urbains, *JO* 14 déc., p. 19777.
7. L. n° 2000-1208, 13 déc. 2000 relative à la solidarité et au renouvellement urbains, *JO* 14 déc., p. 19777, art. 193, 2° *a*.

La représentativité de l'association sera fonction de son affiliation ou non à l'une des cinq associations nationales de locataires (v. s[s] n° 912.13) :

- si l'association est affiliée, elle est légitimée en quelque sorte par cette affiliation;

- si elle n'est pas affiliée, elle doit représenter au moins 10 % des locataires de l'immeuble ou de l'ensemble immobilier.

912.32 **Indépendance de l'association.** Les associations doivent être « indépendantes de tout parti politique ou organisation philosophique, confessionnelle, ethnique ou raciale »; elles œuvrent dans le domaine du logement et « dans le secteur social », sans poursuivre « d'intérêts collectifs qui seraient en contradiction avec les objectifs du logement social fixés par le code de la construction et de l'habitation [...] ou du droit à la ville [...] »[1].

912.33 **Formalisme.** La création d'une association n'est pas soumise à un formalisme particulier. Si, en revanche, l'association veut voir reconnaître sa capacité juridique (pour pouvoir contracter, recueillir des dons ou ester en justice par exemple), une publicité devra être donnée à son existence[2].

912.34 **Condition de la reconnaissance de la qualité d'interlocuteur.** Le groupement de fait entre locataires est dorénavant reconnu comme interlocuteur à la condition qu'il soit affilié à l'une des cinq associations nationales de locataires (v. s[s] n° 912.13).

912.35 **Participation des représentants.** L'association ou le groupement désigne trois au plus de ses représentants choisis à l'intérieur de l'immeuble. C'est la deuxième condition posée par l'article 44 de la loi de 1986.

L'information est faite par lettre recommandée avec demande d'avis de réception. Sont informés le bailleur et, dans les immeubles en copropriété, le syndic.

2°
Thèmes de la concertation

912.41 **Charges locatives.** L'association, ou le groupement, par ses représentants désignés, a accès aux « différents documents concernant la détermination et l'évolution des charges locatives ». Ces notions n'ont cependant jamais été définies et la jurisprudence ne s'est, semble-t-il, pas davantage prononcée.

Le contrôle des charges ainsi évoqué est associé de manière générale à la régularisation qui a lieu chaque année lorsque les charges donnent lieu au versement de provisions (v. s[s] n° 323.31).

912.42 **Gestion de l'immeuble.** Le bailleur comme l'administrateur de la copropriété sont tenus de consulter, à leur demande, l'association, au moins une fois par semestre, sur les différents aspects de la gestion de l'immeuble ou du groupe d'immeubles.

912.43 **Copropriété.** Dans les copropriétés, les représentants peuvent assister aux assemblées générales et formuler des observations sur les questions de l'ordre du jour. La loi du 13 décembre 2000 a prévu que les décisions des copropriétaires en matière d'entretien et de travaux faisaient l'objet d'une publicité dans les parties communes de l'immeuble[3].

912.44 **Information des locataires.** Par le biais de panneaux d'affichage mis à leur disposition dans les immeubles, les représentants peuvent communiquer sur le logement et l'habitat en général.

912.45 **Travaux.** Depuis la loi du 13 décembre 2000, une concertation préalable aux travaux est instaurée pour certains bailleurs dans les conditions définies ci-dessous.

B.
Concertation locale après la loi du 13 décembre 2000

912.51 **Obligations relatives à la concertation incombant au bailleur personne morale.** La loi sur la solidarité et le renouvellement urbains, sans remettre en cause les modalités de concertation ci-dessus, a renforcé notablement la concertation locale à l'échelle d'un patrimoine et au niveau de l'immeuble.

Elle a cependant procédé à une distinction entre les bailleurs puisque les bailleurs personnes physiques, relevant du quatrième secteur, sont dispensés des obligations imposées aux bailleurs des trois premiers secteurs en matière de concertation (v. s[s] n° 912.12).

Pour ces derniers, l'article 193 de la loi du 13 décembre 2000 complète les textes antérieurs par trois apports essentiels :

1°) Un plan de concertation de patrimoine doit être élaboré par chaque bailleur[4].

1. L. n° 2000-1208, 13 déc. 2000 relative à la solidarité et au renouvellement urbains, *JO* 14 déc. 2000, p. 19777, art. 193, 2° *b*.
2. Lemeunier, *Associations*, 12e éd., « Encyclopédie Delmas », Dalloz, 2009.
3. L. n° 2000-1208, 13 déc. 2000 relative à la solidarité et au renouvellement urbains, *JO* 14 déc., p. 19777, art. 193, 2° *c*.
4. L. n° 86-1290, 23 déc. 1986, *JO* 24 déc., p. 15531, art. 44 *bis*.

2°) Un ou plusieurs conseils de concertation sont en place dans le patrimoine de chaque bailleur[1].

3°) Toute opération d'amélioration ayant une incidence sur les loyers ou les charges locatives ou toute démolition est dorénavant précédée d'une concertation avec les représentants des locataires ou avec les locataires directement[2].

1°
Plan de concertation locative

912.61 **Étendue du plan.** Les bailleurs des trois premiers secteurs locatifs définis à l'article 41 *ter* de la loi du 23 décembre 1986 sont tenus d'élaborer un plan de concertation locative applicable sur l'ensemble de leur patrimoine.

912.62 **Interlocuteurs.** Les interlocuteurs du bailleur pour l'élaboration du plan sont :

- les représentants des associations de locataires affiliées à une organisation nationale siégeant à la CNC (v. s[s] n° 912.13), ou siégeant au Conseil national de l'habitat ou au Conseil national de la consommation, et présentes dans le patrimoine;

- les représentants des associations ayant obtenu plus de 10 % aux dernières élections de locataires;

- les administrateurs élus représentants des locataires au conseil d'administration (CA) ou au conseil de surveillance (CS) du bailleur. Les associations membres de la CNC devront pouvoir justifier de leur présence dans le patrimoine par tout élément, qu'elles soient ou non déclarées, la loi n'exigeant pas cette dernière condition. Quant aux associations non affiliées, elles seront directement désignées par leurs résultats aux élections de locataires, pour autant qu'il y en ait eu, ce qui est le cas dans les seuls patrimoines détenus par les organismes HLM et par les Sem, les autres bailleurs personnes morales n'étant pas tenus à cette obligation. Il en est de même pour les administrateurs élus.

912.63 **Objet du plan.** Le plan de concertation locative a pour mission de définir tout d'abord le formalisme des relations locatives locales. Ceci peut recouvrir la mise à plat des « règles du jeu » de la concertation locale : À quelle échelle est-elle menée ? Dans quelles conditions ? Sur quels thèmes ?

Par ailleurs, le plan doit instaurer un ou plusieurs conseils de concertation « dont il peut prévoir la composition » (v. s[s] n° 912.71).

Enfin, des moyens matériels et financiers sont prévus en faveur des représentants des locataires dans le cadre de ces conseils.

Le plan est validé par le conseil d'administration ou le conseil de surveillance, il fait l'objet de bilans et est révisable.

912.64 **Apports de la loi « Égalité Citoyenneté ».** La loi n° 2017-86 du 27 janvier 2017, relative à l'égalité et à la citoyenneté, a précisé la nature des moyens financiers mis à la disposition des associations par le plan de concertation locative.

« Il prévoit des moyens financiers, au moins égaux à 2 € par logement du patrimoine concerné par le plan et par an, pour soutenir les actions des associations qui participent à la concertation locative. Ces moyens sont répartis entre les associations de locataires en fonction de leur résultat aux dernières élections des représentants des locataires. L'usage de ces moyens et les modalités de suivi de cet usage sont définis dans le plan de concertation locative. Un bilan annuel de l'utilisation de ces moyens est adressé par les associations bénéficiaires à l'organisme concerné. » Ces dispositions seront applicables à compter du 1er janvier 2019.

2°
Conseil de concertation locative

912.71 **Formation.** Le conseil de concertation est évoqué dans les trois articles nouveaux de la loi du 23 décembre 1986 créés par la loi du 13 décembre 2000.

L'article 44 *bis* prévoit que le plan de concertation en précise le nombre et peut en prévoir la composition.

L'article 44 *ter* précise son objet et sa composition.

L'article 44 *quater* en fait le lieu naturel de la concertation, notamment en cas de travaux d'amélioration ou de démolition.

La loi ne précise pas le ressort d'activité de ces conseils dans le patrimoine du bailleur, ce qui n'est pas sans poser de difficultés. Les débats parlementaires n'apportent pas non plus de précision sur ce point[3].

Si le principe de leur création par le plan de concertation est bien retenu par l'article 44 *bis*, la seule contrainte est d'en nommer un ou plusieurs. Il existe bien ainsi une liberté que la loi n'encadre pas, ce qui ne serait pas dommageable s'il n'y avait risque de concurrence entre conseils de concertation au détriment de la concertation en matière de tra-

1. L. n° 86-1290, 23 déc. 1986, *JO* 24 déc., p. 15531, art. 44 *ter*.
2. L. n° 86-1290, 23 déc. 1986, *JO* 24 déc., p. 15531, art. 44 *quater*.
3. V. NOTAMMENT *JOAN CR* 17 mars 2000, p. 2285 s.; *JO* Sénat 19 mai 2000, p. 2915.

vaux ou de démolition par exemple (v. s[s] n° 912.81).

912.72 Objet. Le conseil de concertation est un organe de consultation dont le champ d'intervention est vaste : il touche aux « différents aspects de la gestion de l'immeuble ou des ensembles immobiliers concernés », aux « projets d'amélioration et de construction - démolition » et enfin, plus généralement, à « toutes mesures touchant aux conditions d'habitat et au cadre de vie des habitants des ensembles immobiliers concernés ». Il est ainsi prévu de manière expresse sa consultation dans la mise en œuvre des obligations de sécurité/tranquillité des locaux visées par le décret du 3 mai 2002 (v. s[s] n° 212.141).

912.73 Bilans. Deux bilans ont été réalisés, en 2005 et en 2009, dans le parc locatif social HLM sur les plans et les conseils de concertation. 80 % des organismes enquêtés ont un conseil de concertation locative (CCL) unique par patrimoine. Pour 61 % de bailleurs enquêtés, le travail dans les CCL a abouti à des projets ou des actions concrètes. Les thèmes de concertation les plus fréquents sont : les charges et la qualité du service (+ de 80 % des cas); la tranquillité, la vie collective et le renouvellement urbain (démolition, réhabilitation, résidentialisation : + de 60 %); le supplément de loyer de solidarité (+ de 40 %); les travaux (+ de 20 %). Les bailleurs soulignent l'amélioration de la qualité des relations avec les associations qui en résulte, notamment quant aux échanges constructifs, à la relation de plus en plus confiante et à la meilleure efficacité des informations remontant des ensembles immobiliers gérés[1].

912.74 Bilan 2015. En 2015, l'Union sociale pour l'habitat, les fédérations qui la composent et les associations de locataires regroupées au sein de l'Instance de concertation nationale (ICN) ont établi un nouveau bilan du fonctionnement et des activités des conseils de concertation locative. Ce bilan a retenu les thématiques suivantes : projets patrimoniaux, projets stratégiques de l'organisme, charges locatives, entretien courant, maintenance et propreté, traitement des réclamations, le « vivre "ensemble" »[2].

912.75 Composition. Il est composé de représentants du bailleur et de représentants désignés par les locataires[3] dans les conditions prévues à l'article 44 de la loi du 23 décembre 1986. Peuvent ainsi être représentées les associations affiliées et celles regroupant au moins 10 % des locataires, auxquelles la loi du 13 décembre 2000 ajoute les « groupements de locataires affiliés » à l'une des associations nationales siégeant à la CNC. Les conditions de représentativité des associations sont différentes selon qu'il s'agit de leur participation à l'élaboration du plan de concertation locative ou du conseil de concertation locative. En effet, le législateur a souhaité que la concertation menée au sein du conseil de concertation, qui porte sur les différents aspects de la gestion de l'immeuble, soit élaborée avec les locataires dudit immeuble plutôt qu'avec les associations représentatives du patrimoine, plus éloignée de la vie courante de l'immeuble[4].

Une association de locataires qui intente une action en dommages-intérêts vis-à-vis du bailleur n'est pas tenue de répondre aux critères de représentativité de l'article 44 de la loi du 23 décembre 1986[5].

3°
Concertation en matière de travaux

912.81 Concertation obligatoire. La concertation est obligatoire dans un champ précis et avec des interlocuteurs désignés. L'article 44 *quater* pose une triple condition :

- le principe de la concertation préalable est posé dans le champ ainsi défini;
- la concertation doit être menée à l'échelle de l'immeuble ou du groupe d'immeubles, parce qu'il renvoie à l'article 44, 1er alinéa;
- la concertation est menée prioritairement dans le cadre du conseil de concertation, s'il existe évidemment. L'article 44 *quater* de la loi du 23 décembre 1986[6] impose une concertation préalable aux travaux mais il ne peut s'appliquer aux réhabilitations antérieures à la loi du 13 décembre 2000 qui crée l'article 44 *quater*[7].

Le bailleur qui, outre la consultation obligatoire prévue à l'article 44 *quater*, procède à une consultation individuelle des locataires prévue par l'article 42, mais non obligatoire, ne peut procéder à l'augmentation des loyers lorsque l'accord collectif de l'article 42 n'est pas approuvé à la majorité requise[8].

1. Dallagi. « HTC. Le conseil de concertation locative : un outil intégré au service du mieux vivre ensemble ». *Cahiers d'Actualités Habitat*, n° 140, janv. 2011.
2. Instance de concertation nationale, « Cadre de référence pour les plans et les conseils de concertation locative », 24 nov. 2015, Union sociale pour l'habitat.
3. Le conseil de concertation n'est pas nécessairement un organe paritaire.
4. Rép. min. n° 120098, *JOAN Q* 28 févr., p. 1906.
5. Civ. 3e, 2 mai 2012, n° 11-17.859, NP, *Administrer* n° 458, oct. 2012, p. 50, obs. Canu.
6. L. n° 86-1290, 23 déc. 1986, *JO* 24 déc., p. 15531.
7. Amiens, 1re ch., 16 mars 2006, RG n° 04/01959, NP.
8. Civ. 3e, 22 janv. 2014, n° 12-16.953, *Bull. civ.* III, n° 5; *Dalloz actu.*, 14 févr., obs. Dreveau.

912.82 **Champ d'application.** Sont concernées toutes les opérations d'amélioration « ayant une incidence sur le loyer ou les charges » et celles de construction - démolition. Par opposition, les travaux de grosses réparations ou ceux prescrits par l'administration en matière de sécurité par exemple ne devraient pas rentrer dans cette définition.

912.83 **Partenaires.** Les interlocuteurs sont les représentants des locataires « désignés dans les conditions du premier alinéa de l'article 44 ». Il s'agit, à l'échelle de l'immeuble ou du groupe d'immeubles, des partenaires suivants :

- le groupement de locataires affilié à une organisation nationale de la CNC;

- l'association affiliée à une organisation nationale de la CNC;

- l'association non affiliée et représentant au moins 10 % des locataires.

Enfin, le texte ajoute que la concertation préalable obligatoire avant toute opération d'amélioration ou de construction - démolition est menée par priorité dans le cadre du conseil de concertation existant. À défaut, elle est menée avec les représentants des locataires dans l'immeuble ou le groupe d'immeubles ou, en leur absence, avec les locataires réunis à cet effet. L'idée d'un vote des locataires n'est cependant pas reprise dans les conditions posées par la loi, même si elle n'est pas écartée en pratique (sur la concertation en matière de travaux d'efficacité énergétique v. s^s n° 411.53).

La concertation avec les représentants des locataires de la résidence concernée par les travaux ayant donné lieu à validation de l'ensemble du programme des travaux envisagés et étant intervenue avant le démarrage des travaux et l'envoi des appels d'offres, respecte les conditions légales posées par l'article 44 *quater* de la loi du 23 décembre 1986[1].

SECTION 2
ACCORDS COLLECTIFS

912.91 **Domaines non limitatifs.** À la concertation institutionnalisée qui vient d'être décrite, le dispositif législatif[2] ajoute la possibilité de négocier des accords collectifs dont le domaine d'intervention est ouvert.

Il n'exige qu'un formalisme minimum dans la rédaction des accords mais il en précise clairement les conditions d'opposabilité à tous les locataires.

1. Civ. 3e, 18 janv. 2011, n° 09-72.408, NP.
2. L. n° 86-1290, 23 déc. 1986, *JO* 24 déc., p. 15531, art. 42.

§ 1
Domaines d'application et limites

912.101 **Respect de l'ordre public quant aux loyers et aux charges locatives.** Les domaines d'application sont multiples pour faciliter la recherche d'accords. Ceux-ci ne peuvent toutefois pas déroger aux principes posés par la loi dans le domaine des loyers et de la définition des charges.

A.
Domaines de la négociation

912.111 **Sources législatives.** Le législateur a cité certains exemples qu'il souhaitait privilégier tels que les charges locatives récupérables (à travers la maîtrise de leur évolution), les réparations locatives (*via* les grilles de vétusté), l'amélioration et l'entretien des logements et des parties communes, les locaux collectifs résidentiels. Pour le secteur HLM, les suppléments de loyer sont également évoqués.

Par ailleurs, la loi du 2 juillet 1966 relative à l'installation d'antennes réceptrices de radiodiffusion renvoie explicitement à la négociation d'un accord collectif de l'article 42 de la loi du 23 décembre 1986 « les modalités du remplacement d'une antenne collective par un réseau interne raccordé au réseau câblé » (v. s^s n°s 322.136 et 411.111 s.). Un bailleur a proposé de substituer à l'antenne collective un raccordement collectif au câble à ses locataires de l'immeuble en leur demandant leur avis, puis leur a fait part de ce qu'une majorité d'entre eux avait accepté ce raccordement; M. X... ayant avisé la bailleresse de son refus du changement, a saisi le juge en restitution de la somme correspondant au coût de l'installation;

« Attendu que pour accueillir cette demande, le jugement retient que le bailleur ne peut prétendre que le raccordement au réseau collectif câblé aurait un caractère obligatoire pour tous les locataires en raison de l'acceptation de l'offre par la majorité d'entre eux, que le fait que ce "raccordement soit réputé applicable" implique seulement sa validité pour ceux qui l'ont accepté et que permettre à la bailleresse d'imposer aux preneurs un type particulier d'équipement porte atteinte au principe de la libre concurrence.

Qu'en statuant ainsi, alors qu'un accord proposé par un bailleur et approuvé par la majorité des locataires s'impose à tous et que cet accord intervenu dans le respect des dispositions légales, ne va pas à l'encontre du principe de la libre concurrence, le Tribunal a violé les textes susvisés »[3].

3. Civ. 3e, 28 juin 2000, n° 97-21.684, *Bull. civ.* III, n° 131. *D.* 2000. 227; *Administrer* oct. 2001, p. 56, obs. Canu; *RTD civ.* 2001. 160, obs. P.-Y. Gautier.

Enfin, la loi du 13 décembre 2000 relative à la solidarité et au renouvellement urbains prévoit également de manière expresse l'intervention d'un accord de même nature pour définir les conditions de l'individualisation des contrats de fourniture d'eau dans les immeubles collectifs[1].

912.112 Accords collectifs : vers une amélioration des rapports entre bailleurs et locataires. Des accords collectifs peuvent être librement conclus dans le respect des obligations générales des bailleurs et des locataires. Les accords collectifs ont pour objet d'améliorer les rapports entre bailleurs et locataires, tout en respectant l'équilibre économique et juridique du contrat de location. Ainsi un accord collectif peut, pour améliorer la sécurité, prévoir la pose de volets aux fenêtres avec la participation financière des locataires[2].

Une contribution des locataires peut être prévue aux fins de remplacement des boites aux lettres vétustes ou de leur mise aux normes dans le cadre d'un accord collectif local signé selon les dispositions de l'article 42[3].

912.113 Applications. Au début des années quatre-vingts, les préoccupations dans la négociation d'accords collectifs locaux ont porté prioritairement sur la sécurisation des rapports locatifs, à travers la rédaction de documents contractuels tels que les états des lieux. De même, la formalisation de grilles de vétusté à prendre en compte dans le calcul des réparations locatives lors du départ des locataires a fortement mobilisé les partenaires locaux.

Très vite cependant, de nombreux accords de patrimoine ont concerné les travaux, avec leurs conséquences sur les loyers puis la maîtrise des charges locatives récupérables.

912.114 Prolongation du mouvement au niveau local. Ce mouvement s'est prolongé au niveau local et a concerné souvent l'amélioration de la sécurité des logements collectifs (avec la pose de dispositifs de type digicode et interphone), le contenu et l'amélioration du confort des logements, la rédaction de grilles de vétusté. Ainsi pour une majoration de loyer à la suite d'un accord collectif intervenu pour l'installation de portes blindées et autorisée par le Directeur départemental de l'équipement[4].

Attendu que l'article 42 de la loi du 23 décembre 1986 permet au bailleur de proposer directement aux locataires des accords collectifs réputés applicables dès lors qu'ils ont été approuvés par écrit par la majorité des locataires dans un délai maximum d'un mois à compter de la réception de la notification individuelle faite aux preneurs par le bailleur; qu'ayant constaté que l'accord collectif du 28 novembre 2003, concernant l'installation d'un portier interphone et l'augmentation annuelle des charges, avait été approuvé par la majorité des locataires de la résidence dans le délai d'un mois, la cour d'appel en a exactement déduit que l'accord était valable et opposable[5].

En général, ces accords ont, pour l'essentiel, été négociés dans les secteurs locatifs I et II, à savoir les ensembles de logements appartenant à des organismes d'HLM, à des sociétés d'économie mixte ou aux sociétés immobilières de la Caisse des dépôts et consignations ainsi qu'aux sociétés filiales d'un organisme collecteur de la contribution des employeurs à l'effort de construction, et, dans une moindre mesure dans le secteur III, qui vise les logements appartenant aux sociétés d'assurances, aux établissements de crédit et aux filiales de ces organismes.

B.
Limites

912.121 Deux limitations. Le législateur, s'il a laissé largement ouvert le champ de la négociation, a cependant prescrit deux limites quant au contenu et aux conséquences de tels accords, l'une explicite, l'autre implicite.

912.122 Limite explicite : les règles de plafond en matière de loyers. L'article 54 de la loi du 23 décembre 1986 modifiée interdit toute dérogation aux règles générales de fixation et d'évolution des loyers, même par accord collectif, qu'il soit national, départemental ou local.

Sont visés tant les loyers maxima résultant des conventions signées avec l'État en application de l'article L. 351-2 du CCH, que les règles de fixation des loyers des logements financés par des prêts du Crédit Foncier de France ou de ceux soumis à la loi du 1er septembre 1948.

Pour les HLM enfin, les règles de fixation et d'évolution des loyers résultant soit de l'article L. 353-16 du CCH sur le loyer plafond des conventions APL, soit de l'article L. 442-1 du CCH (règle de limitation au maximum de la fourchette HLM et hausse limitée à 10 % maximum d'un semestre à l'autre) sont intangibles (v. ss nos 735.71 s.).

1. L. n° 2000-1208, 13 déc. 2000, *JO* 14 déc., p. 19777, art. 93 – Décr. n° 2003-408, 28 avr. 2003, *JO* 6 mai, p. 7854.
2. Civ. 3e, 25 avr. 1990, n° 88-19.011, *Bull. civ.* III, n° 98; *D.* 1990. 124; *JCP* 1990. 231; *Gaz. Pal.* oct. 1990, 165, [loi de 1982].
3. Rép. Min. n° 45425 : *JOAN Q* 13 janv. 1997, p. 144.
4. Toulouse, 19 nov. 2002, RG n° 2001/04603, inédit.
5. Civ. 3e, 17 sept. 2008, n° 07-15.784, *Bull. civ.* III, n° 135.

912.123 Limite implicite : les charges. En matière de charges récupérables, la liste annexée au décret relatif aux charges récupérables est limitative (v. s[s] n° 322.21). Elle ne pourrait être allongée ou modifiée par un accord collectif, sauf disposition législative plus favorable.

Ainsi, dans le cadre de l'article 41 de la loi du 6 juillet 1989, selon laquelle pour la période concernée du 13 novembre 1982 au 31 décembre 1986, les services rendus liés à l'usage des différents éléments de la chose louée prévus par l'article L. 442-3 du Code de la construction et de l'habitation n'incluaient pas les dépenses du personnel chargé de l'entretien des parties communes et de l'élimination des rejets, il a été jugé qu'un accord collectif, conclu en application de l'article 44 de la loi du 22 juin 1982, ne pouvait mettre à la charge des locataires de telles dépenses[1].

Un accord collectif de location ne peut déroger aux dispositions des lois des 23 décembre 1986 et 6 juillet 1989 ni contenir renonciation à un droit d'ordre public. Ainsi, si l'article 42 a un caractère non limitatif pour définir l'objet de l'accord, une association de locataires et un bailleur ne peuvent s'entendre pour déroger à la liste du décret relatif aux charges récupérables[2].

Toutefois, la mise en application d'un contrat « multiservices », proposée aux locataires par la société et approuvée après constat d'huissier par plus de 65 % des locataires, s'impose à tous[3].

912.124 Évolutions. La législation a, cependant, évolué. La réflexion intervenue à la suite de la remise par P. Pelletier au ministre du Logement d'un rapport sur les charges récupérables[4], a permis l'évolution des textes. La loi du 13 juillet 2006[5] autorise dorénavant la signature d'accords collectifs allongeant la liste des charges dans les deux domaines de la sécurité et du développement durable.

§ 2
Cadre juridique de la négociation collective

912.131 Dispositions de la loi du 23 décembre 1986. Les articles 41 *ter* et 42 de la loi du 23 décembre 1986 modifiée, dite loi Méhaignerie, définissent le cadre juridique de la négociation collective dans les rapports entre locataires et bailleurs.

Tous les secteurs locatifs sont ici concernés (sur la définition des secteurs locatifs v. s[s] n° 912.12).

A.
Étendue de l'accord collectif

912.141 Tout ou partie du patrimoine. L'article 42 de la loi du 23 décembre 1986 renvoie à « tout ou partie » du patrimoine. Par conséquent, l'accord peut être conclu à l'échelle d'un bâtiment ou d'un groupe, d'un quartier, ou sur tout le patrimoine du même bailleur.

B.
Représentativité des locataires et de leurs associations

912.151 Association de locataires ou locataires. Les accords locaux peuvent être négociés selon deux modalités : soit avec une ou des associations de locataires présentes sur le terrain, soit, à défaut, directement avec les locataires eux-mêmes. Dans les deux cas cependant il convient de souligner qu'un accord collectif de l'article 42 'est opposable aux locataires qu'il concerne que s'il a fait l'objet d'un vote de ceux-ci.

912.152 Négociation avec les associations. Les accords négociés avec les associations sont obligatoires sur tout ou partie du patrimoine, dès lors qu'ils ont été conclus[6] :

- soit par une ou plusieurs associations affiliées à une organisation siégeant à la commission nationale de concertation, présentes dans le patrimoine du bailleur;

- soit par une ou plusieurs associations regroupant au moins 50 % des voix des locataires aux élections au conseil d'administration ou au conseil de surveillance de l'organisme;

- soit par une ou plusieurs associations regroupant au moins 20 % des locataires concernés par l'accord. Ces chiffres concernent les adhérents des associations et non les votes au conseil d'administration qui ne peuvent être mesurés par immeuble ou groupe d'immeubles.

C'est à l'association de démontrer sa représentativité par tous moyens.

1. Civ. 3e, 9 oct. 1991, n° 90-11.928. NP. *Gaz. Pal.* 2 févr. 1992
2. Civ. 3e, 19 janv. 2000, n° 98-12.658, *Bull. civ.* III, n° 9; *D.* 2000. 34; *Loyers et copr.*, n° 84, note Vial-Pedroletti. *Administrer* oct. 2000, p. 45, Comm. B. Gauclère. *D.* 2000. IR 34
3. Douai, 21 juin 2007, RG n° 06/01089, inédit.
4. Ph. Pelletier. « Les charges locatives ». Juin 2003. Ministère de l'équipement, des transports, du logement, du tourisme et de la mer.
5. L. n° 2006-872, 13 juill. 2006 portant engagement national pour le logement, *JO* 16 juill., p. 10662.
6. L. n° 2009-323, 25 mars 2009 de mobilisation pour le logement et la lutte contre l'exclusion, art. 13, *JO* 27 mars, p. 5408 – SUR CETTE LOI : Damas, *AJDI* 2009. 274; *D.* 2010. Pan. 1168, spéc. 1177; Lafond, *JCP N* 2009, n° 1136; Canu, *Rev. loyers* 2009. 262; Raclet, *Administrer* août-sept. 2009. 7.

À la fin de la négociation, le projet d'accord est formalisé par écrit, avant transmission à l'ensemble des locataires.

	Avant la loi du 25 mars 2009	Après la loi du 25 mars 2009
Représentativité des associations	• L'association (ou les associations) doit (doivent), pour pouvoir signer un accord collectif : – soit regrouper le tiers des locataires concernés par l'accord; – soit regrouper 20 % des locataires concernés, si l'association (ou les associations) est (sont) affiliée(s) à une organisation siégeant à la commission nationale de concertation (CGL-CNL-CLCV-CSF-AFOC).	• Les accords négociés avec les associations sont obligatoires sur tout ou partie du patrimoine dès lors qu'ils ont été conclus : – soit par une ou plusieurs associations affiliées à une organisation siégeant à la commission nationale de concertation, présentes dans le patrimoine du bailleur; – soit par une ou plusieurs associations regroupant au moins 50 % des voix des locataires aux élections au conseil d'administration ou au conseil de surveillance de l'organisme; – soit par une ou plusieurs associations regroupant au moins 20 % des locataires concernés par l'accord.

912.153 **Accord collectif conclu directement avec les locataires.** L'accord est, dans ce cas, passé directement par le bailleur, par écrit, avec les locataires concernés.

L'article 42 de la loi du 23 décembre 1986 a été complété par la loi du 13 décembre 2000[1]. Les bailleurs ne pourront proposer d'accords directement aux locataires qu'« en l'absence » d'accords signés avec les représentants.

C. Notification de l'accord et réponse du locataire

912.161 **Contenu de l'accord.** Le formalisme a été réduit au minimum par la législation. Elle précise que :

1°) La durée de l'accord peut être déterminée ou indéterminée. En cas d'accord à durée indéterminée, la précision des conditions de dénonciation de l'accord est primordiale. Il peut, par exemple, être prévu que l'accord sera dénoncé si une majorité de locataires supérieure à celle qui a voté l'accord se manifeste.

2°) L'accord doit préciser les conditions de sa dénonciation, de son renouvellement ou de sa révision.

1. L. n° 2000-1208, 13 déc. 2000, *JO* 14 déc. 2000, p. 19777, art. 193, 1°.

912.162 **Information du locataire.** L'information du locataire doit être claire et complète, notamment sur :

- les objectifs de l'accord;
- le contenu de l'accord proposé et ses incidences, notamment sur les loyers, le cas échéant;
- sa durée;
- les conditions de réponse des locataires et notamment le délai de réponse;
- les conditions de dénonciation, de renouvellement ou de révision de l'accord.

912.163 **Modalités de réponse du locataire.** La loi du 25 mars 2009[2] impose une réponse écrite du locataire.

La réponse doit parvenir dans le délai de deux mois à compter de la réception de la notification individuelle par le bailleur. Compte tenu des règles de majorité énoncées, le bailleur doit pouvoir démontrer que l'accord a bien été accepté et il devra conserver en conséquence les éléments de preuve pendant au moins toute la durée de l'accord (voir davantage si l'accord a, par exemple, une incidence sur les loyers).

D. Opposabilité de l'accord

912.171 **Accords négociés avec une association.** L'accord négocié avec l'association doit toujours être transmis à tous les locataires concernés. Ces accords ne sont pas obligatoires s'ils ont été rejetés par écrit par 50 % des locataires concernés, dans un délai de deux mois à compter de leur notification individuelle par le bailleur.

L'accord visant à offrir à l'ensemble des locataires un service télévisuel nouveau donnant lieu à un abonnement récupéré par l'office d'HLM est opposable de plein droit à tout nouveau locataire entrant. La charge est due par le locataire, peu important le fait que ce dernier utilise ou non ce service mis à sa disposition[3].

912.172 **Accord négocié directement.** Ces accords sont réputés applicables dès lors qu'ils ont été approuvés, par écrit, par la majorité des locataires concernés par l'accord qui se sont exprimés, dans un délai de deux mois à compter de la réception de la notification individuelle par le bailleur, à condi-

2. L. n° 2009-323, 25 mars 2009 de mobilisation pour le logement et la lutte contre l'exclusion, *JO* 27 mars, p. 5408 – SUR CETTE LOI : Damas, *AJDI* 2009. 274; *D.* 2010. Pan. 1168, spéc. 1177; Lafond, *JCP N* 2009, n° 1136; Canu, *Rev. loyers* 2009. 262; Raclet, *Administrer* août-sept. 2009. 7.
3. Rennes, 4e ch., 2 févr. 2012. *Loyers et copr.* 2012, n° 138. *JurisData* n° 2012-003829.

tion que 25 % des locataires concernés par l'accord se soient exprimés. À défaut, une nouvelle consultation est alors engagée et l'accord est réputé applicable dès lors qu'il a été approuvé, par écrit, par la majorité des locataires qui se sont exprimés, dans un délai de deux mois à compter de la réception de la nouvelle notification individuelle par le bailleur.

Dans tous les cas, il n'est attribué qu'une seule voix par logement loué.

912.173 Assouplissement des règles de majorité. La loi du 25 mars 2009 [1] a assoupli les règles de majorité pour rendre l'accord opposable et exprime ainsi la volonté du législateur de favoriser les accords collectifs. Pour calculer la majorité requise ne sont plus comptées que les voix des locataires qui se sont exprimés, au lieu et place de celles des locataires inscrits, antérieurement à la loi du 25 mars 2009, ce qui signifiait auparavant que les abstentions étaient considérées comme des votes négatifs.

Conditions de vote des locataires	Avant la loi du 25 mars 2009	Après la loi du 25 mars 2009
Accord signé avec une ou des associations	L'accord n'est opposable que s'il n'est pas rejeté, par écrit, dans le délai d'un mois, par un nombre de locataires supérieur à celui que regroupe(nt) l'association ou les associations signataires	Ces accords ne sont pas obligatoires s'ils ont été rejetés, par écrit, par 50 % des locataires concernés, dans un délai de deux mois à compter de leur notification individuelle par le bailleur
Accord négocié directement avec les locataires	L'accord est applicable si la proposition du bailleur est approuvée par écrit par la majorité des locataires concernés, dans le délai d'un mois	Ces accords sont réputés applicables s'ils ont été approuvés, par écrit, par la majorité des locataires concernés qui se sont exprimés, dans un délai de deux mois après notification par le bailleur, si au moins 25 % des locataires concernés par l'accord ont voté. À défaut, après un nouveau vote, l'accord est réputé applicable s'il a été approuvé, par écrit, par la majorité des locataires qui se sont exprimés, dans un délai de deux mois

1. L. n° 2009-323, 25 mars 2009 de mobilisation pour le logement et la lutte contre l'exclusion, *JO* 27 mars, p. 5408.

912.174 Opposabilité de l'accord aux locataires en général. L'accord une fois voté dans les conditions décrites est opposable à tous les locataires concernés à l'échelle qui a été choisie pour l'accord. Un accord proposé par un bailleur et approuvé par la majorité des locataires s'impose à tous [2]. Il s'impose dans le délai de deux mois visé à l'article 42, à compter de sa notification individuelle par le bailleur. Un accord collectif concernant l'installation d'un portier interphone et l'augmentation annuelle des charges, avait été approuvé par la majorité des locataires de la résidence dans le délai d'un mois, la cour d'appel en a exactement déduit que l'accord était valable et opposable à Mme X., peu important que cette dernière ait été invitée à se prononcer sur la proposition de la bailleresse sous quinze jours [3].

2. Civ. 3e, 28 juin 2000, n° 97-21.684, *Bull. civ.* III, n° 131 ; *D.* 2000. 227 ; *Rev. loyers* 2000. 447 ; *Administrer* oct. 2001, p. 56 ; *RTD civ.* 2001. 160, obs. P.-Y. Gautier, à propos d'un accord visant à substituer à l'antenne collective un raccordement collectif au câble.
3. Civ. 3e, 17 sept. 2008, n° 07-15.784, *Bull. civ.* III, n° 135 ; *Administrer* août-sept. 2009, p. 17. La décision est antérieure à la modification intervenue dans la loi du 25 mars 2009 qui impose dorénavant un délai de deux mois.

CHAPITRE

913. Mesures préventives

SECTION 0 ORIENTEUR

913.00 Plan du chapitre.

913.01 Textes applicables.

TEXTES SOURCES

- **L. n° 89-462, 6 juill. 1989, art. 24.**
- **CCH, art. L. 353-15-2, L. 442-6-5.**
- **L. n° 2009-323, 25 mars 2009** de mobilisation pour le logement et la lutte contre l'exclusion, *JO* 27 mars, p. 5408.
- **L. n° 2014-366, 24 mars 2014** pour l'accès au logement et un urbanisme rénové, *JO* 26 mars, p. 5809.
- **Décr. n° 2015-1384, 30 oct. 2015** relatif à la commission de coordination des actions de prévention des expulsions locatives, *JO* 31 oct., p. 20411.
- **Décr. n° 2016-393, 31 mars 2016** relatif à la charte pour la prévention de l'expulsion, *JO* 1er avr., n° 49.
- **Instruction du 22 mars 2017** relative à la mise en œuvre du plan interministériel pour la prévention des expulsions locatives (NOR:LHAL1709078C).

TEXTES *IN EXTENSO*

- **L. 6 juill. 1989, art. 24**

I. – Toute clause prévoyant la résiliation de plein droit du contrat de location pour défaut de paiement du loyer ou des charges aux termes convenus ou pour non-versement du dépôt de garantie ne produit effet que deux mois après un commandement de payer demeuré infructueux.

Le commandement de payer reproduit, à peine de nullité, les dispositions du présent article et des trois premiers alinéas de l'article 6 de la loi n° 90-449 du 31 mai 1990 visant la mise en œuvre du droit au logement, en mentionnant la faculté pour le locataire de saisir le fonds de solidarité pour le logement, dont l'adresse de saisine est précisée.

Lorsque les obligations résultant d'un contrat de location conclu en application du présent titre sont garanties par un cautionnement, le commandement de payer est signifié à la caution dans un délai de quinze jours à compter de sa signification au locataire. À défaut, la caution ne peut être tenue au paiement des pénalités ou des intérêts de retard.

Le représentant de l'État dans le département fixe, par arrêté, le montant et l'ancienneté de la dette au-delà desquels les commandements de payer, délivrés à compter du 1er janvier 2015 pour le compte d'un bailleur personne physique ou société civile constituée exclusivement entre parents et alliés jusqu'au quatrième degré inclus, sont signalés par l'huissier de justice à la commission de coordination des actions de prévention des expulsions locatives prévue à l'article 7-2 de la loi n° 90-449 du 31 mai 1990 précitée. Ce signalement est fait dès lors que l'un des deux seuils est atteint, par simple lettre reprenant les éléments essentiels du commandement. Il peut s'effectuer par voie électronique, selon des modalités fixées par décret.

L'arrêté mentionné à l'avant-dernier alinéa du présent I est pris après avis du comité responsable du plan local d'action pour le logement et l'hébergement des personnes défavorisées ainsi que de la chambre départementale des huissiers de justice. Les modalités de détermination du montant et de l'ancienneté de la dette au-delà desquels les commandements sont signalés sont fixées par décret en Conseil d'État.

II. – À compter du 1er janvier 2015, les bailleurs personnes morales autres qu'une société civile constituée exclusivement entre parents et alliés jusqu'au quatrième degré inclus ne peuvent faire délivrer, sous peine d'irrecevabilité de la demande, une assignation aux fins de constat de résiliation du bail avant l'expiration d'un délai de deux mois suivant la saisine de la commission de coordination des actions de prévention des expulsions locatives prévue à l'article 7-2 de la loi n° 90-449 du 31 mai 1990 précitée. Cette saisine est réputée constituée lorsque persiste une situation d'impayés, préalablement signalée dans les conditions réglementaires aux organismes payeurs des aides au logement en vue d'assurer le maintien du versement des aides mentionnées à l'article L. 351-2 du code de la construction et de l'habitation et aux articles L. 542-1 et L. 831-1 du code de la sécurité sociale. Cette saisine peut s'effectuer par voie électronique, selon des modalités fixées par décret.

III. – À peine d'irrecevabilité de la demande, l'assignation aux fins de constat de la résiliation est notifiée à la diligence de l'huissier de justice au représentant de l'État dans le département, par lettre recommandée avec demande d'avis de réception, au moins deux mois avant l'audience, afin qu'il saisisse l'organisme compétent désigné par le plan local d'action pour le logement et l'hébergement des personnes défavorisées, suivant la répartition de l'offre globale de services d'accompagnement vers et dans le logement prévue à l'article 4 de la loi n° 90-449 du 31 mai 1990 précitée. Cette saisine peut s'effectuer par voie électronique, selon des modalités fixées par décret. L'organisme saisi réalise un diagnostic social et financier au cours duquel le locataire et le bailleur sont mis en mesure de présenter leurs observations, et le transmet au juge avant l'audience, ainsi qu'à la commission de coordination des actions de prévention des expulsions locatives; le cas échéant, les observations écrites des intéressés sont jointes au diagnostic.

IV. – Les II et III sont applicables aux assignations tendant au prononcé de la résiliation du bail lorsqu'elle est motivée par l'existence d'une dette locative du preneur. Ils sont également applicables aux demandes additionnelles et reconventionnelles aux fins de constat ou de prononcé de la résiliation motivées par l'existence d'une dette locative, la notification au représentant de l'État dans le département incombant au bailleur.

V. – Le juge peut, même d'office, accorder des délais de paiement dans la limite de trois années, par dérogation au délai prévu au premier alinéa de l'article 1343-5 du code civil, au locataire en situation de régler sa dette locative. Le quatrième alinéa de l'article 1343-5 s'applique lorsque la décision du juge est prise sur le fondement du présent alinéa. Le juge peut d'office vérifier tout élément constitutif de la dette locative et le respect de l'obligation prévue au premier alinéa de l'article 6 de la présente loi.

Pendant le cours des délais ainsi accordés, les effets de la clause de résiliation de plein droit sont suspendus; ces délais et les modalités de paiement accordés ne peuvent affecter l'exécution du contrat de location et notamment suspendre le paiement du loyer et des charges.

Si le locataire se libère dans le délai et selon les modalités fixés par le juge, la clause de résiliation de plein droit est réputée ne pas avoir joué; dans le cas contraire, elle reprend son plein effet.

VI. – La notification de la décision de justice prononçant l'expulsion indique les modalités de saisine et l'adresse de la commission de médiation prévue à l'article L. 441-2-3 du code de la construction et de l'habitation.

• **CCH, art. L. 353-15-2**

Lorsque le bail de l'occupant d'un logement appartenant à un organisme d'habitations à loyer modéré ou géré par lui est résilié par décision judiciaire pour défaut de paiement de loyer et de charges, la signature d'un protocole d'accord conclu entre le bailleur et l'intéressé en vue du rétablissement du bail vaut titre d'occupation et donne droit à l'aide personnalisée au logement instituée par l'article L. 351-1. Dans des conditions fixées par décret, le droit à l'aide personnalisée au logement peut être étendu à la période comprise entre la résiliation du bail et la conclusion du protocole. Dans ce cas, la prescription prévue à l'article L. 351-11 n'est pas applicable au paiement de l'aide personnalisée au logement.

L'occupant s'engage à payer régulièrement l'indemnité d'occupation et les charges fixées dans la décision judiciaire et à respecter un plan d'apurement de sa dette locative approuvé par l'organisme payeur mentionné à l'article L. 351-14 et joint au protocole.

Pour permettre le respect du plan d'apurement, l'organisme payeur mentionné au deuxième alinéa procède, en tant que de besoin, à la saisine du fonds de solidarité pour le logement par application des dispositions de l'article 6-2 de la loi n° 90-449 du 31 mai 1990 visant à la mise en œuvre du droit au logement.

Sous réserve du respect des engagements de l'occupant, le bailleur renonce à la poursuite de la procédure d'expulsion et conclut un bail dans un délai maximal prévu par le protocole et ne pouvant excéder trois mois.

Les parties prévoient dans le protocole, le cas échéant, l'accompagnement social, tel que prévu par le septième alinéa de l'article 6 de la loi n° 90-449 du 31 mai 1990 précitée, nécessaire à la gestion de son budget par l'intéressé, à l'ouverture de l'ensemble des droits aux prestations sociales et à l'aide au logement et à la mobilisation des différents dispositifs d'aide, et l'examen par le bailleur de la possibilité de proposer au locataire une mutation vers un logement avec un loyer plus adapté tenant compte de la typologie du ménage.

La durée du protocole est de deux ans au plus. En cas de nouvelle négociation du plan d'apurement, elle peut être, par avenant, prolongée de trois années au plus.

Lorsque la décision de recevabilité de la demande mentionnée à l'avant-dernier alinéa de l'article L. 331-3-1 du code de la consommation est déclarée et qu'un protocole de cohésion sociale a été conclu avec le bailleur antérieurement, le paiement des arriérés de loyer prévu par ledit protocole est suspendu jusqu'à la mise en place des mesures prévues aux 1° et 2° de l'article L. 330-1 ou aux articles L. 331-6 à L. 331-7-2 du même code. Lorsque lesdites mesures prévoient des modalités de règlement de la dette de loyer, celles-ci se substituent aux modalités de règlement de la dette de loyer prévues dans le protocole de cohésion sociale, dont la durée est prolongée jusqu'au règlement de la dette de loyer, dans la limite de la durée des mesures de redressement prises en application des articles L. 331-6 à L. 331-7-2 dudit code.

Si les engagements pris par l'occupant ne sont pas respectés, le bailleur retrouve le droit de faire exécuter la décision judiciaire prononçant ou constatant la résiliation du bail. En l'absence de bail, le versement de l'aide personnalisée au logement est interrompu.

• **CCH, art. L. 442-6-5**

Lorsque le bail de l'occupant d'un logement appartenant à un organisme d'habitations à loyer modéré ou géré par lui est résilié par décision judiciaire pour défaut de paiement de loyer et de charges, la signature d'un protocole d'accord conclu entre le bailleur et l'intéressé en vue du rétablissement du bail vaut titre d'occupation et donne droit aux allocations de logement prévues aux articles L. 542-1, L. 755-21 et L. 831-1 du code de la sécurité sociale. Dans des conditions fixées par décret, le droit aux allocations de logement peut être étendu à la période comprise entre la résiliation du bail et la conclusion du protocole. Dans ce cas, la prescription prévue aux articles L. 553-1 et L. 835-3 dudit code n'est pas applicable aux paiements des allocations de logement.

L'occupant s'engage à payer régulièrement l'indemnité d'occupation et les charges fixées dans la décision judiciaire et à respecter un plan d'apurement de sa dette locative approuvé par le représentant de l'organisme payeur de l'allocation et joint au protocole.

Pour permettre le respect du plan d'apurement, le représentant de l'organisme payeur mentionné au deuxième alinéa procède, en tant que de besoin, à la saisine du fonds de solidarité pour le logement en application des dispositions de l'article 6-2 de la loi n° 90-449 du 31 mai 1990 visant à la mise en œuvre du droit au logement.

Sous réserve du respect des engagements de l'occupant, le bailleur renonce à la poursuite de la procédure d'expulsion et conclut un bail dans un délai maximal prévu par le protocole et ne pouvant excéder trois mois.

Les parties prévoient dans le protocole, le cas échéant, l'accompagnement social, tel que prévu par le septième alinéa de l'article 6 de la loi n° 90-449 du 31 mai 1990 précitée, nécessaire à la gestion de son budget par l'intéressé, à l'ouverture de l'ensemble des droits aux prestations sociales et à l'aide au logement et à la mobilisation des différents dispositifs d'aide.

La durée du protocole est de deux ans au plus. En cas de nouvelle négociation du plan d'apurement, elle peut être, par avenant, prolongée de trois années au plus.

Lorsque la décision de recevabilité de la demande mentionnée à l'avant-dernier alinéa de l'article L. 331-3-1 du code de la consommation est déclarée et qu'un protocole de cohésion sociale a été conclu avec le bailleur antérieurement, le paiement des arriérés de loyer prévu par ledit protocole est suspendu jusqu'à la mise en place des mesures prévues aux 1° et 2° de l'article L. 330-1 ou aux articles L. 331-6 à L. 331-7-2 du code de la consommation. Lorsque lesdites mesures prévoient des modalités de règlement de la dette de loyer, celles-ci se substituent aux modalités de règlement de la dette de loyer prévues dans le protocole de cohésion sociale, dont la durée est prolongée jusqu'au règlement de la dette de loyer, dans la limite de la durée des mesures de redressement prises en application des articles L. 331-6 à L. 331-7-2 du même code.

Si les engagements pris par l'occupant ne sont pas respectés, le bailleur retrouve le droit de faire exécuter la décision judiciaire prononçant ou constatant la résiliation du bail. En l'absence de bail, le versement des allocations de logement est interrompu.

913.03 Bibliographie indicative.

Ouvrages. Union Sociale pour l'habitat, *Prévention des impayés et des expulsions : l'action des organismes HLM*, « Collection Cahiers », *Repères* n° 7, juill. 2015 – Bérenger F., *Guide de l'expulsion locative*, Annales des loyers, Edilaix, 2011.

Actualisables. RÉP. PR. CIV., v° « Bail d'habitation », F. de La Vaissiere, n°s 46-47 – RÉP. IMMO., v° « Bail d'habitation et mixte : rapports individuels – loi du 6 juillet 1989 », N. Damas, n° 450 – DICT. PERM. Gest. Immo., « Baux d'habitation et mixte », n° 447.

Articles. S. Antunes, « Loi Alur : nouvelles obligations du bailleur à l'égard de la CCAPEX », *Revue de l'habitat*, févr. 2015 – P. Derrez, « Expulsions locatives : les dispositifs de prévention », *Opérations immobilières*, Juin 2014, p. 46; P. Vincent, « Comment en arrive-t-on à l'expulsion ? », *Informations sociales*, 4/2014/14, n° 184, p. 42 – P. Le More, « Impayés de loyer d'un bail d'habitation : comment réagir ? », *Revue de l'habitat*, oct. 2013 – Adil du Gard, « Comment en arrive-t-on à l'expulsion ? », ADIL Gard, 2012.

Rapports. ANIL, *Intervenir de façon précoce pour prévenir les expulsions*, avr. 2010; *Prévention des expulsions : locataires et bailleurs face à l'impayé*, oct. 2011 – F. Brunet, J. Faure, *Les conséquences psychologiques et sociales de la procédure d'expulsion*, secteur Études et recherches de la Fondation Abbé Pierre, 2004 – C. Frisque, *La prévention des expulsions locatives : les paradoxes de la banalisation d'un nouveau risque*, Direction de la recherche, des études, de l'évaluation et des statistiques (Drees), 2007 – J.-P. Grunspan, *Définition d'un système d'observation des expulsions locatives, de leur mécanisme et de leur prévention*, Conseil général des Ponts et chaussées, 2004.

SECTION 1
EXPULSION ET PRÉVENTION

913.11 Titre exécutoire. Lorsque le juge a rendu une décision d'expulsion, le propriétaire est alors muni d'un titre exécutoire et peut engager la procédure d'expulsion. Elle est soumise à certaines conditions et le juge exerce son contrôle sur les différentes phases qui peuvent conduire à l'expulsion effective. Les pouvoirs publics ont cependant développé une politique de prévention des expulsions. En favorisant le maintien des locataires dans leur logement, par une politique de gestion anticipée des impayés, ils ont également tenté de réduire le coût des expulsions pour les comptes publics, lorsque l'intervention de la force publique est requise (v. chap. 931 à 933).

913.12 Prévention de l'expulsion. Le choix de développer une politique de prévention des expulsions est maintenant ancien. Il s'est installé progressivement depuis une vingtaine d'années, en réponse à la montée des impayés dans un contexte de crise économique et sociale installée que connaît dorénavant la France. Trois dates fixent les repères pour cette période : la loi du 31 mai 1990 visant à la mise en œuvre du droit au logement, la loi du 25 mars 2009, de mobilisation pour le logement et la lutte contre l'exclusion, enfin la loi du 24 mars 2014 pour l'accès au logement et un urbanisme rénové et ses textes d'application.

SECTION 2
DU FONDS DE SOLIDARITÉ SOCIALE À LA SIGNATURE DE PROTOCOLES (1990-2005)

913.21 Loi visant à mettre en œuvre le droit au logement, 31 mai 1990. La politique menée par les pouvoirs publics a d'abord consisté à mettre en place des outils de solidarité pour assurer le suivi des difficultés des personnes les plus défavorisées. La loi du 31 mai 1990 a installé les FSL (fonds de solidarité pour le logement) et les PDALPD (plans départementaux d'aide au logement des personnes défavorisées). Il s'agit, à l'aide d'outils d'observations et de suivi créés par le plan, d'ouvrir l'accès des personnes en difficulté à des aides financières qu'offre le FSL. Celui-ci est, à l'époque, abondé à parts égales par l'État et le conseil général. L'article 24 de la loi du 6 juillet 1989 prévoit que les ménages en impayés sont informés de l'existence de ce fonds et de son adresse au moment du commandement de payer (v. s^s^ n° 922.31).

913.22 Loi de lutte contre les exclusions, 29 juillet 1998. Puis la loi de lutte contre les exclusions du 29 juillet 1998, dans le parc social uniquement, a obligé le bailleur à saisir la SDAPL (section départementale de l'APL) avant toute assignation, pour examiner la situation du ménage au regard des aides au logement et décider de leur suspension ou de leur maintien. En outre un délai de deux mois entre la saisine du tribunal d'instance et l'audience est obligatoire, cette fois pour tous les secteurs du logement, afin que le préfet, informé par l'huissier, diligente une enquête sociale sur le ménage assigné en paiement de loyer et charges (v. s^s^ n°s 923.62 s.). Le juge peut également accorder des délais de paiement au débiteur, même après l'expiration du délai de deux mois du commandement. L'objectif est d'éviter la résiliation du bail et de maintenir le locataire dans les lieux, en mettant en place des plans d'apurement de la dette.

913.23 Chartes de prévention des expulsions. En parallèle des chartes de prévention des expulsions locatives doivent être signées dans chaque département. « Le nouveau dispositif dans lequel les acteurs publics et sociaux ont à jouer un rôle tout à fait majeur vise à substituer à une logique d'ordre public une logique de traitement social et préventif de l'expulsion », précise la circulaire du 15 février 1999, relative à la prévention des expulsions des personnes en impayés de loyer.

Il s'agit d'associer, selon les modalités définies dans la charte départementale de prévention des expulsions, l'ensemble des partenaires des PDALPD, en premier lieu les départements, les communes ou groupements de communes mais également les organismes payeurs de l'aide personnalisée au logement ou d'une des allocations de logement, les bailleurs publics et privés, les commissions de surendettement, la commission d'action sociale d'urgence (CASU) et les associations. La charte a pour ambition de mobiliser l'ensemble des partenaires, en fonction des réalités locales, « pour accroître leur efficacité et réduire très sensiblement le nombre des expulsions ».

SECTION 3
UNE POLITIQUE RENFORCÉE DE PRÉVENTION DES EXPULSIONS (2005-2013)

913.31 Deuxième chance. Après avoir développé des instruments d'aide aux impayés les pouvoirs publics se sont tournés vers un soutien des débiteurs après la décision de résiliation du bail par le juge, dans le secteur du logement social. Au plan législatif, avec la loi de programmation pour la cohésion sociale du 18 janvier 2005 [1], est encouragée, dans les relations entre les bailleurs HLM ou Sem et leurs occupants, dont le bail a été résilié par décision judiciaire pour défaut de paiement des loyers, la signature de protocoles, afin de rétablir d'une part le versement de l'APL ou des allocations de logement et, d'autre part, un bail valant titre d'occupation pendant la période couverte [2]. Dans ce protocole, d'une durée de deux ans pouvant être portée à cinq, l'occupant s'engage à payer l'indemnité d'occupation et les charges prévues par la décision judiciaire, et à respecter le plan d'apurement, éventuellement avec l'aide du fonds de solidarité pour le logement. Le bailleur renonce à poursuivre la procédure d'expulsion et conclut un nouveau bail dans un délai de trois mois. Le non-respect par l'occupant de ses engagements ouvre à l'organisme propriétaire le droit de faire exécuter la décision judiciaire antérieure. Cette procédure n'est toutefois pas applicable en cas de résiliation du bail pour violation de l'obligation de jouissance des lieux en bon père de famille [3].

913.32 Circulaire du 11 mai 2005. Le gouvernement a, par ailleurs, demandé aux préfets de donner une nouvelle impulsion aux dispositifs existants de

1. L. n° 2005-32, 18 janv. 2005 de programmation pour la cohésion sociale, *JO* 19 janv., p. 864.
2. CCH, art. L. 353-15-1, puis L. 353-15-2 après L. 24 mars 2014 dite loi Alur.
3. Rouen, 23 oct. 2007, RG n° 06/03459, *Loyers et copr.* 2008, n° 25, note Vial-Pedroletti.

prévention des expulsions locatives. Une première circulaire du 11 mai 2005 les invite à développer la signature de chartes de prévention des expulsions, là où elles n'existent pas encore, et à améliorer les résultats des dispositifs antérieurs créés par la loi du 29 juillet 1998 d'orientation relative à la lutte contre les exclusions (traitement trop lent des dossiers par les SDAPL, taux d'échec élevé des plans d'apurement prévus par le juge, défaut de réalisation des enquêtes sociales).

913.33 Circulaire du 13 juillet 2005. Une deuxième circulaire, du 13 juillet 2005, commente les dispositions législatives nouvelles de prévention des expulsions, tant dans la phase antérieure à l'assignation que dans sa phase postérieure, afin de favoriser le maintien dans le logement des personnes de bonne foi. Deux avantages sont mis en avant : l'APL, ou l'allocation logement, est rétablie par la loi du 18 janvier 2005 dans les cas où le bail est résilié; parfois même elle est versée avec rappel depuis la date de résiliation du bail, ce qui doit faciliter la reprise du paiement régulier de l'indemnité ainsi que le plan d'apurement. En outre, la faculté ouverte au bailleur par la loi, en cas de non-respect du plan d'apurement, de retrouver le droit de faire exécuter la décision judiciaire prononçant ou constatant la résiliation du bail, assortie d'une possibilité de renégocier le plan d'apurement dans la limite de cinq ans, devrait satisfaire les objectifs poursuivis [1].

On observera cependant que la loi de 2005 n'étend pas au secteur privé les solutions préventives, développées dans le secteur social du logement, au delà du délai incompressible de deux mois entre l'assignation et le jugement.

913.34 Circulaire du 14 octobre 2008. Une troisième circulaire, du 14 octobre 2008, fait le constat d'une augmentation sensible des assignations en justice dans les rapports entre bailleurs et locataires (plus de 130 000) et des décisions prononçant l'expulsion (plus de 100 000) [2] pour demander une amélioration des démarches de prévention pour éviter l'expulsion et l'exclusion qui en résulte. Or, au 1er janvier 2007, seuls 36 départements disposaient d'une charte de prévention des expulsions, prévues par la loi du 29 juillet 1998. Le développement de ces chartes et la mise en place de CCAPEX (commissions spécialisées de coordination des actions de prévention des expulsions locatives) [3] sont préconisés. La circulaire donne aux services préfectoraux les points de repère utiles et commente les nouveaux outils mis à leur disposition [4].

913.35 Lois de 2007 et de 2009. La loi du 5 mars 2007 instaure l'État comme garant du droit au logement, reconnu dorénavant par la loi comme opposable. Il doit permettre le relogement des ménages dits Dalo (bénéficiaires du Droit au Logement opposable), classés parmi les catégories prioritaires par les commissions de médiation départementales, dont celle des personnes « menacées d'expulsion » (v. s^s n°s 725.21 s.). La loi a ouvert aux ménages menacés d'expulsion (dont le bail a été résilié en justice) de déposer un recours sans délai auprès de la commission de médiation.

La loi du 25 mars 2009, de mobilisation pour le logement et la lutte contre l'exclusion, a rendu obligatoire l'instauration par le comité responsable du PDALPD de la commission spécialisée de coordination des actions de prévention des expulsions locatives, la CCAPEX, dont la mission est de délivrer des avis aux instances décisionnelles en matière d'aides personnelles au logement, d'attribution d'aides financières sous forme de prêts ou de subventions et d'accompagnement social lié au logement, en faveur des personnes en situation d'impayés.

La recherche d'une intervention précoce est soulignée comme le moyen qui doit être privilégié, qu'il s'agisse d'établir un plan d'apurement ou de trouver un nouveau logement [5]. L'ANIL constate par ailleurs que : « La mise en œuvre du dispositif de prévention des expulsions ne devrait pas conduire à rechercher à tout prix le maintien du ménage en impayés dans le logement qu'il occupe, mais à lui proposer une solution de logement viable à long terme, c'est-à-dire compatible avec ses ressources » [6].

913.36 Circulaire du 26 octobre 2012. Une circulaire du ministre de l'intérieur et de la ministre du logement du 26 octobre 2012 a levé le paradoxe qui conduisait le préfet à requérir la force publique pour des ménages dont il instruisait en parallèle le relogement, à la suite d'une commission de médiation les ayant reconnus comme devant être relogés d'urgence. C'est ainsi que la circulaire demandait que toute per-

1. Circ. 13 juill. 2005 relative à l'application des dispositions de prévention des expulsions de la loi de programmation pour la cohésion sociale, NOR : SOCU0510337C.
2. V. tableau s^s n° 932.23.
3. Décr. n° 2008-187, 26 févr. 2008 relatif à la commission spécialisée de coordination des actions de prévention des expulsions locatives, *JO* 28 févr., p. 3473. Ce décret définit la composition et le fonctionnement de cette commission créée par le comité responsable du plan départemental d'action pour le logement des personnes défavorisées (PDALPD).
4. Circ. DGALN/DHUP, 14 oct. 2008 relative à la prévention des expulsions locatives.
5. *Intervenir de façon précoce pour prévenir les expulsions*, rapp. ANIL, avr. 2010 – *Prévention des expulsions : locataires et bailleurs face à l'impayé, rapp.* ANIL, oct. 2011 – *Comment en arrive-t-on à l'expulsion ?* Étude ADIL du Gard, févr. 2012.
6. ANIL. *Prévention des expulsions : constat et améliorations possibles;* mars 2012.

sonne faisant l'objet d'un commandement de quitter soit informée de la possibilité d'un recours Dalo, et de rappeler à la commission de médiation qu'il n'était « pas nécessaire que le concours de la force publique ait été demandé, voire accordé, pour que la condition d'urgence à laquelle est conditionnée la reconnaissance du Dalo soit constituée. »

Enfin le financement du fonds national vers et dans le logement doit être mobilisé pour éviter que les ménages qui ont accumulé des dettes locatives voient rendu plus difficile leur accès au logement social, pour réaliser un diagnostic social et fournir à ces ménages un accompagnement social.

913.37 Bilan de la seconde période. Le comité interministériel pour la modernisation de l'action publique a demandé qu'un rapport d'évaluation de la prévention des expulsions locatives soit réalisé en 2014, dans le triple contexte d'une croissance des procédures d'expulsion, des difficultés persistantes sur le marché du logement et de la perspective d'une réforme législative du dispositif, intervenue avec la loi n° 2014-366 du 24 mars 2014 pour l'accès au logement et un urbanisme rénové, dite loi Alur[1].

Selon le résumé de ce rapport « La mission a procédé à trois constats principaux : la mobilisation des acteurs est réelle mais trop tardive; les dispositifs de prévention existent mais privilégient les interventions en aval; les objectifs de prévention ne sont pas priorisés. Par-delà la protection particulière que constitue le logement en période de crise, le coût des indemnisations des propriétaires en aval est d'autant plus réduit que la prévention intervient plus précocement en amont. »

Les recommandations vont largement en ce sens : prévention au stade des premiers impayés, pour réduire le nombre de jugements et de procédures par le développement du conseil, du diagnostic, de l'apurement ou du relogement; développement d'une offre de logement abordable avec des logements plus nombreux à faible loyer; animation et suivi national et territorial; renforcement du rôle des préfets dans la stratégie départementale de prévention; enfin développement du rôle des collectivités territoriales (communes, intercommunalités et métropoles) en phase avec la réforme territoriale en cours.

Ce constat recoupe largement certaines analyses réalisées par des chercheurs comme Vincent Pascale : « La prévention des expulsions est une préoccupation centrale des politiques publiques en direction des ménages défavorisés. Pourtant, chaque année en France, plusieurs milliers de personnes sont encore expulsées de leur logement. La rencontre avec celles qui ont subi cette épreuve est riche d'enseignements. Elle montre que, s'ajoutant à une mauvaise compréhension du déroulement de la procédure, c'est principalement un cumul de difficultés de tous ordres qui empêche la mobilisation et conduit ces locataires à rester dans leur logement jusqu'à l'expulsion effective. Les multiples entraves au relogement des ménages stigmatisés par une situation d'expulsion les enferment de surcroît dans un attentisme infructueux. Ce constat confirme que l'accompagnement des ménages en difficulté sur les questions sociales mais aussi juridiques est un indispensable facteur de réussite de la prévention lors d'une procédure d'expulsion. »[2]

Le constat semble ainsi établi qu'un suivi plus précoce des impayés, un accompagnement plus fort des ménages en situation d'impayés reste la première démarche à envisager. Ensuite le maintien dans les lieux est possible s'il est accepté par tous et qu'il est efficace au regard de la situation du ménage en difficulté. C'est dire qu'un relogement adapté peut se trouver être une solution pérenne. Or des choix politiques orientés vers le maintien dans les lieux avec un accompagnement insuffisant ou l'allongement des délais de procédure dans les cas d'insuffisance économique des ménages pourraient se révéler infructueux pour régler les difficultés rencontrées.

913.38 Rappel des délais pouvant être accordés par le juge. Les textes ont prévu, dans l'ordre de la procédure suivie dans une résiliation judiciaire, les délais suivants :

- un délai de deux mois entre le commandement de payer et la délivrance de l'assignation (pour régler la dette locative ou demander des délais au juge);
- un délai de deux mois pour les bailleurs personnes morales entre la saisine de la CCAPEX et la délivrance de l'assignation;
- un délai de deux mois entre la délivrance de l'assignation et celle-ci pour la réalisation d'une enquête sociale et financière à destination du juge;
- un délai de deux mois entre le commandement de quitter et la demande d'octroi de concours de la force publique (délai de prévenance pour les occupants);
- un délai de deux mois pour octroyer ou non le concours de la force publique; le respect de la trêve hivernale du 1er novembre au 31 mars.

Le juge peut, en outre et de lui-même, accorder des délais au locataire pour payer sa dette, avec une suspension des effets de la clause résolutoire, pour 24 mois, ce qui est le cas dans plus de 40 % des affaires traitées devant le juge d'instance (statistique 2012, ministère de la justice).

1. Fr. Henry (IGA), P. Tardivon (CGEDD), Ph. Laffon (IGAS), N. Combot (IGSJ), M. de Blasi (IGSJ), Ph. Mouchard (IGSJ), *Rapport au comité interministériel pour la modernisation de l'action publique*, oct. 2014.

2. V. Pascale, « Comment en arrive-t-on à l'expulsion ? », *Informations sociales*, 2014/4, n° 184, p. 42-51.

Devant le juge d'instance, à l'occasion de la demande d'expulsion, devant le juge des référés, lorsque la demande en est faite avant le commandement de quitter, ou devant le juge de l'exécution, après la délivrance du commandement de quitter, il peut être sursis à l'exécution de l'expulsion pour des délais pouvant aller de trois mois à trois ans, lorsque le relogement des personnes expulsées ne peut avoir lieu dans des conditions normales. Mais le constat est fait que ces délais ne concernent au final qu'un peu moins de 2 % du nombre annuel des décisions d'expulsion locative (ministère de la justice).

Selon l'analyse faite dans le rapport sur l'évaluation de la prévention des expulsions locatives, (v. s[s] n° 913.37) :

« En moyenne, le délai entre la délivrance du commandement de payer et l'expulsion à proprement parler est compris entre 18 et 24 mois. Dans cet intervalle relativement long, on recense les délais incompressibles fixés par les textes, les délais qu'accordent le juge et enfin les délais liés au traitement des affaires et à la mise à exécution des décisions.

L'ensemble de ces délais rend l'expulsion "virtuelle", "désacralise" la procédure d'expulsion et concourt sauf exception à une augmentation de la dette locative. Il peut, en outre, induire des comportements en marge de la loi de la part de bailleurs qui cherchent à s'en affranchir et exercent sur leurs locataires une pression psychologique qui confine parfois au harcèlement moral.

En dehors des délais incompressibles imposés par les textes, la durée de la procédure est variable mais toujours longue. Elle résulte de contraintes extérieures (encombrement des tribunaux, absence de solution de relogement...) mais les acteurs, et particulièrement les bailleurs sociaux, la modulent et s'en servent pour trouver des solutions alternatives à l'expulsion. Ces solutions seraient pourtant plus aisées à mettre en œuvre avant que la procédure soit engagée. »

SECTION 4
LA LOI ALUR (2014 – 2017)

§ 1
Objectifs

913.41 **Quelles pistes ont été poursuivies par les textes et la pratique depuis 2014 ?** Il convient de souligner d'emblée les différences d'objectifs, souvent liés à des moyens et à une organisation différents, entre les bailleurs du secteur privé et du secteur social. Ils n'ont pas les mêmes capacités pour faire face à un contexte de crise qui se poursuit. Le bailleur privé qui ne détient très majoritairement qu'un ou deux logements a la nécessité d'en recouvrer la disposition en cas d'impayés lourds et le temps qui passe peut être pour lui particulièrement grave. Les bailleurs sociaux sont quant à eux mobilisés plus tôt face à un impayé. Selon le rapport rendu en 2014 par l'administration « une proportion plus élevée de locataires du secteur privé redevables de dettes plus importantes sont sujets aux expulsions avec concours de la force publique ».

Et de conclure que des marges doivent être recherchées par les bailleurs privés aux moments clés que sont la prévention et le traitement de l'impayé.

913.42 **Déclenchement en amont du dispositif.** La loi du 24 mars 2014, dite loi Alur[1], révise le dispositif d'actions pour la prévention des expulsions afin qu'il soit déclenché le plus en amont possible de la procédure.

Son article 27 renforce la procédure de l'article 24 de la loi du 6 juillet 1989, avec un formalisme complété (v. s[s] n°s 922.44 s. et 923.72), et donne un rôle prépondérant à la commission de coordination des actions de prévention des expulsions (CCAPEX) pour coordonner, évaluer et orienter le dispositif de prévention, en lien avec le plan départemental d'action pour le logement et l'hébergement des personnes défavorisées (PDALHPD), la charte de prévention des expulsions à mettre en place dans chaque département et le fonds de solidarité pour le logement (FSL) qui vient en aide aux personnes en difficulté.

913.43 **Décrets d'application.** Deux décrets signés successivement à la fin de l'année 2015 et au début de l'année 2016 reflètent l'engagement des pouvoirs publics à voir fonctionner les instruments de la prévention des expulsions dont la mise en œuvre tarde à se concrétiser.

Le premier définit la composition et l'organisation de la CCAPEX et le second précise les conditions de réalisation de la charte de prévention des expulsions qui, de facultative, devient obligatoire.

§ 2
Mission de prévention de la CCAPEX

913.51 **Décret n° 2015-1384 du 30 octobre 2015[2].** Il est pris pour l'application des articles 27 et 28 de la loi Alur.

1. L. n° 2014-366, 24 mars 2014 pour l'accès au logement et un urbanisme rénové, *JO* 26 mars, p. 5809.
2. Décr. n° 2015-1384, 30 oct. 2015 relatif à la commission de coordination des actions de prévention des expulsions locatives, *JO* 31 oct., p. 20411.

La CCAPEX, qui a pour missions la coordination, l'évaluation et l'orientation de la politique de prévention des expulsions locatives, doit, chaque année, réaliser un bilan des procédures d'expulsions locatives dans le département, évaluer son activité (notamment un bilan des avis, recommandations aux bailleurs et aux occupants, ainsi que les suites réservées), recenser enfin les améliorations envisageables. Ce bilan est destiné au comité responsable du PDALPD du département, dans un souci de coordination des acteurs et des actions.

913.52 Saisine et information de la CCAPEX. La CCAPEX est saisie de manière systématique par les organismes payeurs des aides au logement avant toute suspension de l'aide.

Elle est informée, dès la délivrance du commandement de payer.

Elle doit être saisie en effet par les bailleurs personnes morales (essentiellement le secteur du logement social) qui délivrent un commandement de payer et elle est informée par l'huissier de ceux qui sont délivrés par les bailleurs personnes physiques (essentiellement le secteur privé du logement) au-delà d'un certain montant (v. s^s^ n° 922.46).

Elle est destinataire du diagnostic social et financier réalisé avant toute assignation dans la procédure de l'article 24 de la loi du 6 juillet 1989 modifiée.

Dès la délivrance d'un commandement de quitter[1] l'huissier informe le préfet qui informe la CCAPEX. Elle est également informée des demandes de concours de la force publique.

Elle est également saisie par la commission de médiation dans le cadre du droit au logement opposable (DALO, v. s^s^ n°s 725.11) s.) quand elle est saisie d'un recours amiable déposé par un locataire menacé d'expulsion sans relogement.

Elle est ainsi placée au centre du dispositif avec un objectif de coordination qui lui permettra, si d'autres structures de traitement des impayés existent au niveau local, d'en coordonner le fonctionnement et de traiter les cas les plus sensibles. À défaut, elle sera placée dans un rôle d'orientation et de développement des actions de prévention.

Enfin, une charte pour la prévention de l'expulsion est élaborée dans chaque département avec les partenaires concernés localement. Un décret précise les dispositions devant figurer dans la charte. La CCAPEX en évaluera annuellement le fonctionnement.

913.53 Membres de la commission. Il existe deux catégories de membres, selon qu'ils ont une voix délibérative ou seulement consultative.

1. V. s^s^ n° 931.17.

Dans le premier cas il s'agit des personnes suivantes :

1°) Le préfet ou son représentant.

2°) Le président du conseil départemental ou son représentant.

3°) Le cas échéant, le président du conseil de la métropole ou son représentant.

4°) Un représentant de chacun des organismes payeurs des aides personnelles au logement.

5°) Le cas échéant, un représentant de chaque sous-commission que chacune désigne parmi ses membres.

6°) Un représentant de chacun des établissements publics de coopération intercommunale ayant conclu une convention avec l'État en application de l'article L. 301-5-1 du code de la construction et de l'habitation, ou, à défaut, un représentant d'un établissement public de coopération intercommunale doté d'un programme local de l'habitat exécutoire.

La présidence de la commission est assurée conjointement par le préfet et le président du conseil départemental.

Ont par ailleurs une voix consultative, à leur demande, un ou des représentants :

- de la commission de surendettement des particuliers mentionnée à l'article L. 331-1 du code de la consommation;
- des bailleurs sociaux;
- des bailleurs privés;
- des organismes collecteurs de la participation des employeurs à l'effort de construction;
- des centres d'action sociale mentionnés aux articles L. 123-4 et suivants du code de l'action sociale et des familles;
- des associations de locataires;
- des associations dont l'un des objets est le logement des personnes défavorisées ou la défense des personnes en situation d'exclusion par le logement;
- de l'union départementale des associations familiales mentionnée à l'article L. 211-2 du code de l'action sociale et des familles;
- des associations d'information sur le logement mentionnées à l'article L. 366-1 du code de la construction et de l'habitation;
- de la chambre départementale des huissiers de justice mentionnée à l'article 6 de l'ordonnance du 2 novembre 1945 susvisée.

913.54 Commission et sous-commissions. La commission peut créer des sous-commissions avec des périmètres divers, adaptés aux instances en place dans le ressort de la commission (par exemple les instances locales du PDLHPD, les EPCI ou les départements).

Le préfet et le président du conseil départemental fixent la composition et le ressort des sous-commissions.

Le ménage et le bailleur concernés par un dossier peuvent être invités par la commission ou une sous-commission. et peuvent présenter leurs observations par écrit avant la réunion et inviter le maire à y participer.

Le décret détermine enfin le fonctionnement des commissions et sous-commissions (règlement intérieur, secrétariat, instruction des dossiers) et soumet leurs membres au secret professionnel dans les conditions de l'article 226-13 du code pénal[1]. Les données personnelles utilisées relèvent de la loi du 6 janvier 1978 relative à l'informatique, aux fichiers et aux libertés, notamment quant au droit d'accès et de rectification, mais le droit d'opposition ne peut être exercé par les personnes concernées.

Le décret fixe par ailleurs les modalités de détermination du montant (un multiple du montant du loyer hors charges locatives) et de l'ancienneté de la dette (entre trois et six mois) au-delà desquels les commandements de payer, délivrés pour le compte d'un bailleur personne physique ou société civile constituée exclusivement entre parents et alliés jusqu'au quatrième degré inclus, sont signalés par l'huissier de justice à la CCAPEX. C'est un arrêté préfectoral, d'une durée maximale de six ans (trois jusqu'au 31 décembre 2018), qui détermine le seuil relatif à l'ancienneté de la dette et à son montant. Le signalement peut être effectué par voie électronique.

§ 3
Charte départementale pour la prévention des expulsions

913.61 **Charte départementale.** L'idée d'une charte départementale pour la prévention des expulsions est ancienne puisqu'elle remonte à la loi du 29 juillet 1998. Mais c'est depuis la loi du 24 mars 2014 qu'il est fait obligation de réaliser une telle charte afin que l'ensemble des partenaires intervenant au sein du département se mobilisent pour réduire sensiblement le nombre des expulsions. Le décret n° 2016-393 du 31 mars 2016[2] fixe la liste des dispositions appelées à figurer dans la charte ainsi que les modalités d'élaboration, de signature et d'évaluation de celle-ci.

Elle doit déterminer :

1° Les engagements des partenaires de la charte pour la mise en œuvre des mesures et actions en vue de prévenir les expulsions, pour tout motif, à chacune des étapes de la procédure ainsi que les moyens qu'ils prévoient d'allouer, en matière :

– d'information des particuliers, des bailleurs et des agences immobilières sur les droits et devoirs des propriétaires et des locataires, le déroulement de la procédure, les démarches et dispositifs pouvant être sollicités pour la prévention des expulsions, en particulier la commission de coordination des actions de prévention des expulsions locatives mentionnée à l'article 7-2 de la loi du 31 mai 1990 susvisée;

– d'aides et de secours mobilisables selon la situation du ménage relatifs au cautionnement des ménages, à l'apurement des dettes antérieures, à la prise en charge des frais de procédures et à la garantie des associations faisant de la sous-location, notamment ceux du fonds de solidarité pour le logement;

– de relogement dans le parc social dans le cadre des contingents des réservataires ou d'attribution hors contingent;

– de dispositifs de conciliation;

– d'accompagnements sociaux, médico-sociaux et juridiques auxquels le locataire ou le bailleur peuvent recourir;

– de définition du contenu du diagnostic social et financier et de répartition de sa réalisation telle que prévue par le plan d'action pour le logement et l'hébergement des personnes défavorisées en application du 9° du IV de l'article 4 de la loi du 31 mai 1990;

– de formation des intervenants sociaux en matière de politiques sociales du logement;

– de procédures de coordination des acteurs, notamment adaptées aux situations d'urgence;

– d'information de la commission de coordination des actions de prévention des expulsions locatives et de ses sous-commissions sur le suivi de leurs avis et recommandations.

2° Les objectifs quantitatifs et qualitatifs poursuivis exprimés notamment en terme de réduction du nombre de ménages concernés aux différents stades de la procédure et de leur part parmi les ménages locataires;

3° La liste des maires qui souhaitent être invités aux réunions de la commission de coordination des actions de prévention des expulsions locatives et de ses sous-commissions lorsque le dossier d'un de leurs administrés y est examiné conformément au deuxième alinéa de l'article 8 du décret du 30 octobre 2015;

1. La révélation d'une information à caractère secret par une personne qui en est dépositaire soit par état ou par profession, soit en raison d'une fonction ou d'une mission temporaire, est punie d'un an d'emprisonnement et de 15 000 euros d'amende.
2. Décr. n° 2016-393, 31 mars 2016 relatif à la charte pour la prévention de l'expulsion, *JO* 1er avr., n° 49.

4° Sa durée, qui ne peut excéder six ans, la définition des indicateurs permettant son évaluation ainsi que les modalités de son suivi, de son évaluation et de sa révision.

913.62 **Personnes associées.** La charte est élaborée par le préfet et le président du conseil départemental en y associant les organismes payeurs des aides personnelles au logement, les établissements publics de coopération intercommunale, le cas échéant la métropole, les communes, les organismes collecteurs de la participation des employeurs à l'effort de construction, les bailleurs sociaux, les organismes représentant les bailleurs privés, les organismes représentant les professions immobilières, les centres d'action sociale mentionnés aux articles L. 123-4 et suivants du code de l'action sociale et des familles, la commission de surendettement des particuliers mentionnée à l'article L. 331-1 du code de la consommation, l'union départementale des associations familiales mentionnée à l'article L. 211-1 du code de l'action sociale et des familles, les associations d'information sur le logement mentionnées à l'article L. 366-1 du code de la construction et de l'habitation, les tribunaux d'instance et le conseil départemental de l'accès au droit, l'ordre des avocats, la chambre départementale des huissiers de justice, les associations dont l'un des objets est le logement des personnes défavorisées, les associations de défense des personnes en situation d'exclusion par le logement, les associations de locataires, la commission de médiation prévue à l'article L. 441-2-3 du code de la construction et de l'habitation, les acteurs compétents en matière d'accompagnement social, médicosocial ou de médiation locative, les autorités administratives compétentes en matière de protection des majeurs ou des mineurs, les groupements d'intérêt public mentionnés aux articles 10 et 11 du décret du 30 octobre 2015 susvisé.

913.63 **Signature et bilan.** La charte est approuvée par le comité responsable du plan départemental d'action pour le logement et l'hébergement des personnes défavorisées.

Elle est signée par le préfet et le président du conseil départemental, qui présentent chaque année une évaluation de la charte au regard de ses objectifs.

À compter du 24 mars 2017 elle est approuvée par le comité responsable du PDALHPD.

§ 4
Bilan 2014-2017

913.71 **Conclusion provisoire sur la période.** La volonté affichée en 2014 de reprendre en main la politique nationale de prévention des expulsions par l'État s'est traduite par un nombre important de mesures de suivi et d'évaluation des moyens.

1. Le renforcement des CCAPEX comme instrument central de la coordination et de l'évaluation de la politique de prévention s'accompagne d'une centralisation des informations sur la situation des ménages à travers la commission ou les sous-commissions, demain grâce à l'outil EXPLOC (v. ci-dessous).

2. L'élaboration effective des chartes de prévention des expulsions favorise le travail en commun des partenaires sur les territoires. Elle est accompagnée d'engagements chiffrés de ces partenaires et de l'allocation de moyens.

3. La redéfinition de la notion d'impayé, inscrite dans le décret du 6 juin 2016 [1] et la modification des procédures d'apurement de ces impayés entre partenaires concernés (bailleur, CAF, CCAPEX, FSL, voire commission de surendettement) ont pour objectif de réaliser un traitement plus précoce de l'impayé locatif et pour effet de favoriser le maintien des aides personnelles au logement par les CAF ou les MSA, ou leur rétablissement, après avis de la CCAPEX.

4. Enfin des moyens numérisés importants sont mobilisés à la suite de la création d'un système d'information sur les ménages menacés d'expulsion, par l'arrêté du 23 juin 2016 (système EXPLOC, pour expulsions locatives). Alimenté par les CAF, les huissiers, puis par les bailleurs sociaux, il concentrera des données sur les ménages en impayés et a vocation à être un instrument d'observation et de pilotage de la politique de prévention des expulsions.

913.72 **Bailleurs sociaux et prévention des expulsions.** Les bailleurs sociaux sont des acteurs majeurs de la prévention des expulsions dès le stade de l'impayé.

Le parc locatif social représente près de 4,7 millions de logements gérés essentiellement par 270 offices publics de l'habitat et 260 entreprises sociales pour l'habitat, auxquels s'ajoutent quelques coopératives et entreprises publiques locales (ex SEM). Ces bailleurs sont quasiment toujours signataires des chartes de prévention et membres des CCAPEX.

Au début de l'année 2014, l'Union sociale pour l'Habitat (USH) indiquait que 17 % des locataires avaient un incident de paiement et 6 % des locataires étaient en situation d'impayé de loyer résiduel (après déduction de l'aide au logement) de plus de 3 mois. Le poids des créances admises en non-valeur (160 m€ en 2012) pèse sur les comptes des organismes et sur leur capacité d'autofinancement.

1. Décr. n° 2016-748, 6 juin 2016 relatif aux aides personnelles au logement, *JO* 7 juin, n° 18.

Ils sont donc très vigilants face au risque d'impayé et ont donc mis en place toute une panoplie d'actions pour les prévenir :

• beaucoup ont un entretien avec le candidat locataire avant le passage en commission d'attribution pour bien mesurer l'adéquation entre le loyer, les charges et les ressources et sont très vigilants sur le choix d'un logement adapté aux ressources du demandeur. Pour les ménages les plus fragiles, ils peuvent avoir recours à des dispositions spécifiques : demande de mesures d'accompagnement vers et dans le logement (AVDL) pour des ménages ayant déjà eu des dettes, veille sur les ménages ayant bénéficié d'une aide FSL-accès, mise en place de baux glissants...

• à l'entrée dans les lieux, pour compenser l'inconvénient de la mise en place de l'aide au logement à terme échu le premier mois (« mois de carence »), certains pratiquent une avance au loyer qui sera remboursée par la suite et de façon étalée, d'autres décalent la date de signature du bail au moment où l'aide est versée. Beaucoup remplissent les demandes d'aide personnalisée au logement (APL) pour les locataires;

• certains prévoient une visite au domicile du locataire dans les trois mois qui suivent l'emménagement pour savoir si le logement lui convient;

• dans le cadre de la gestion courante, ils adaptent leur gestion pour limiter les risques et éviter des difficultés pour les locataires : dates de quittancement calées sur la date de perception des revenus, mise en place du prélèvement automatique. Certains bailleurs invitent (par voie d'affichage dans les halls d'immeubles ou dans les courriers annexés aux quittances) leurs locataires à contacter leur chargé de clientèle ou leur service social s'ils estiment rencontrer des difficultés financières ou encore organisent des réunions sur les charges et la maîtrise de celles-ci;

• quand un impayé est repéré, au-delà des courriers de relance automatisés, un contact personnel peut être recherché avec le locataire, en mobilisant, successivement ou concomitamment selon les organisations, le chargé de clientèle, un agent du service recouvrement ou un travailleur social, conseiller en économie sociale et familiale (CESF) quand il y en a au sein de l'organisme. Ces contacts débouchent souvent sur la signature d'un protocole/plan d'apurement, le commandement de payer étant utilisé comme un moyen ultime pour faire réagir les locataires qui n'ont pas engagé de dialogue avec les personnels de l'organisme. Ces derniers sont nombreux à être mobilisés (par exemple, 98 ETP en Gironde dans différents services : agences, services précontentieux et contentieux, travailleurs sociaux);

• les travailleurs sociaux apportent une plus-value certaine dans la prévention des impayés. Bien que n'étant pas présents chez tous les bailleurs, leur nombre ne cesse de croître : en Seine-Saint-Denis, 25 bailleurs représentant 82 % du parc social et ayant répondu à une enquête sollicitée par la mission emploient 56 travailleurs sociaux diplômés, soit 1 pour 3 700 logements. En Gironde, une enquête réalisée par l'association régionale des organismes d'HLM (AROSHA) en a recensé dix, soit un ratio de 1 pour 5 800 logements. [1]

1. F. Henry (IGA), P. Tardivon (CGEDD), Ph. Laffon (IGAS), N. Combot (IGSJ), M. de Blasi (IGSJ), ph. Mouchard (IGSJ), *Rapport pour l'évaluation de la prévention des expulsions locatives*, remis au comité interministériel pour la modernisation de l'action publique, oct. 2014 (extraits).

TITRE

92. Le contentieux du bail

SECTION 0

ORIENTEUR

92.00 Plan du titre.

92.01 Textes applicables.

TEXTES SOURCES

- **COJ, art. R. 211-4, R. 221-4, R. 221-5, R. 221-38 et R. 221-48.**
- **L. n° 89-462, 6 juill. 1989, art. 4 g), 7 g), 24.**

92.03 Bibliographie indicative.

Ouvrages. J. Lafond, B. Vial-Pedroletti, *Les baux d'habitation,* 8e éd., LexisNexis, 2017, n°s 1243 s.

Actualisables. RÉP. PR. CIV., v° « Bail d'habitation », F. de La Vaissiere – RÉP. IMMO., v° « Bail d'habitation et mixte : rapports individuels – loi du 6 juillet 1989 », N. Damas, n°s 444-454 – DICT. PERM. Gest. Immo., « Expulsion » – LAMY DR. IMMO, n°s 5912-5915.

CHAPITRE

921. Règles de compétence

SECTION 0
ORIENTEUR

921.00 Plan du chapitre.

Division. Le tribunal d'instance a une compétence exclusive en matière de baux d'habitation. La compétence résiduelle de la juridiction de proximité a récemment disparu.

921.01 Textes applicables.

TEXTES SOURCES

• **COJ, art. R. 211-4, R. 221-4, R. 221-5, R. 221-38 et R. 221-48.**

TEXTES *IN EXTENSO*

• **COJ, art. R. 211-4** (mod. par Décr. n° 2017-890, 6 mai 2017)

Le tribunal de grande instance a compétence exclusive dans les matières déterminées par les lois et règlements, au nombre desquelles figurent les matières suivantes :

1° État des personnes : mariage, filiation, adoption, déclaration d'absence;

2° « Annulation » des actes d'état civil [en vigueur 1er nov. 2017];

3° Successions;

4° Amendes civiles encourues par les officiers de l'état civil;

5° Actions immobilières pétitoires *« et possessoires » [abrogé];*

6° Récompenses industrielles;

7° Dissolution des associations;

8° Sauvegarde, redressement judiciaire et liquidation judiciaire lorsque le débiteur n'est ni commerçant ni immatriculé au répertoire des métiers;

9° Assurance contre les accidents et les maladies professionnelles des personnes non salariées en agriculture;

10° Droits d'enregistrement, taxe de publicité foncière, droits de timbre et contributions indirectes et taxes assimilées à ces droits, taxes ou contributions;

11° Baux commerciaux à l'exception des contestations relatives à la fixation du prix du bail révisé ou renouvelé, baux professionnels et conventions d'occupation précaire en matière commerciale;

12° Inscription de faux contre les actes authentiques;

13° Actions civiles pour diffamation ou pour injures publiques ou non publiques, verbales ou écrites;

14° Contestations concernant le paiement, la garantie ou le remboursement des créances de toute nature recouvrées par l'administration des douanes et les autres affaires de douanes, dans les cas et conditions prévus au code des douanes. »

• **COJ, art. R. 221-4**

Le tribunal d'instance connaît des actions mentionnées à l'article L. 221-4.

Toutefois, lorsqu'il est appelé à connaître, en matière civile, d'une action personnelle ou mobilière portant sur une demande dont le montant est inférieur ou égal à la somme de 4 000 euros ou sur une demande indéterminée qui a pour origine l'exécution d'une obligation dont le montant est inférieur ou égal à cette somme, le tribunal d'instance statue en dernier ressort.

• **COJ, art. R. 221-5**

Le tribunal d'instance connaît des actions tendant à l'expulsion des personnes qui occupent aux fins d'habitation des immeubles bâtis, sans droit ni titre.

• **COJ, art. R. 221-38** (mod. par Décr. n° 2017-683, 28 avr. 2017)

Le tribunal d'instance connaît des actions dont un contrat de louage d'immeubles à usage d'habitation ou un contrat portant sur l'occupation d'un logement est l'objet, la cause ou l'occasion, ainsi que des actions relatives à l'application de la loi n° 48-1360 du 1er septembre 1948 portant modification et codification de la législation relative aux rapports des bailleurs et locataires ou occupants de locaux d'habitation ou à usage professionnel et instituant des allocations de logement.

• **COJ, art. R. 221-48**

Dans les cas prévus aux articles R. 221-5 et R. 221-12, aux 1°, 2° et 6° de l'article R. 221-14, aux 1° à 4° de l'article R. 221-16, aux 1° à 3° de l'article R. 221-17 et aux articles R. 221-19, R. 221-22-1 et R. 221-38, la demande est portée devant le tribunal dans le ressort duquel sont situés les biens.

921.02 **Jurisprudence de référence.**

• **Civ. 3e, 17 nov. 2016, n° 15-25.265**, P

* V. s^s n° 921.15

Le tribunal d'instance, qui connaît des actions dont un contrat portant sur l'occupation d'un logement est l'objet, la cause ou l'occasion, est compétent pour connaître des actions portant sur les baux mixtes, à usage d'habitation et professionnel.

921.03 **Bibliographie indicative.**

Ouvrages. J. Lafond, B. Vial-Pedroletti, *Les baux d'habitation,* 8e éd., LexisNexis, 2017, n°s 1295 s.

Actualisables. RÉP. PR. CIV., v° « Bail d'habitation », F. de La Vaissiere, n°s 6-13, 18-26; « Juridictions de proximité », M. Douchy-Oudot, n°s 63-73.

Articles. De Kergunic, « La juridiction de proximité et les litiges immobiliers », *AJDI* 2004. 437; C. Bléry, « Les aspects civils de la loi n° 2005-47 du 26 janvier 2005 relative aux compétences du tribunal d'instance, de la juridiction de proximité et du tribunal de grande instance », *D.* 2005. Chron. 461.

SECTION 1
COMPÉTENCE DU TRIBUNAL D'INSTANCE

§ 1
Compétence matérielle

921.11 **Compétence exclusive.** Selon l'article R. 221-38 du COJ, le tribunal d'instance connaît, à charge d'appel ou en dernier ressort, selon le montant de la demande, des actions dont un contrat de louage d'immeuble à usage d'habitation ou un contrat portant sur l'occupation d'un logement est l'objet, la cause ou l'occasion, ainsi que des actions relatives à l'application de la loi n° 48-1360 du 1er septembre 1948.

921.12 **Étendue.** Le texte ne renvoie pas au régime juridique de la location (hormis en ce qui concerne la loi du 1er septembre 1948). Il est indifférent, dès lors, que la location relève de la loi du 6 juillet 1989 (en son titre premier relatif aux locations nues, ou en son titre premier *bis* relatif aux locations de logements meublés), du Code civil, ou de la loi du 1er septembre 1948. Le tribunal d'instance est compétent tant pour le secteur privé que pour le secteur social.

921.13 **Taux de ressort.** Le tribunal d'instance statue en dernier ressort pour les demandes dont le montant est inférieur ou égal à la somme de 4 000 €, ou sur une demande indéterminée qui a pour origine l'exécution d'une obligation dont le montant est inférieur ou égal à cette somme (COJ, art. R. 221-4). Les demandes respectives du bailleur et du preneur ne s'additionnent toutefois pas[1].

921.14 **Exclusions.** Le tribunal de grande instance a compétence exclusive en matière de baux commerciaux et de baux professionnels (COJ, art. R. 211-4). En aucun cas le litige ne peut être porté devant le tribunal d'instance[2]. C'est le décret n° 2009-1693 du 29 décembre 2009, qui a repris de nombreuses propositions du rapport Guinchard de juin 2008[3], qui a clairement réparti les compétences entre le tribunal d'instance et le tribunal de grande instance.

921.15 **Bail mixte.** Lorsque le bail est mixte, commercial et d'habitation, ou professionnel et d'habitation, la juridiction compétente est plus difficile à identifier. Dans les deux cas, la location porte, au moins en partie, sur un logement. Il pourrait dès lors être avancé que le tribunal d'instance devrait être compétent. Mais c'est en réalité la nature du régime locatif applicable qui doit commander la compétence. Ainsi, le bail mixte, commercial et d'habitation, soumis au statut des baux commerciaux, doit relever de la compétence du tribunal de grande instance. En revanche, le bail mixte, professionnel et d'habitation, étant soumis à la loi du 6 juillet 1989 (art. 2), doit relever de la compétence du tribunal d'instance. Ainsi en a jugé la Cour de cassation dans un arrêt de principe[4].

921.16 **Expulsion.** Selon l'article R. 221-5 du COJ, le tribunal d'instance connaît, à charge d'appel, des actions tendant à l'expulsion des personnes qui occupent aux fins d'habitation des immeubles bâtis sans droit ni titre (V. s^s n°s 932.11 s.).

1. Civ. 2e, 24 mai 2007, n° 06-12.741, *Bull. civ.* II, n° 137; *D.* 2008. 1300, obs. N. Damas; *AJDI* 2007. 832, obs. C. Saint-Didier.
2. Civ. 3e, 27 janv. 2004, n° 02-16.908, NP, *AJDI* 2004. 377, obs. C. Denizot.
3. *L'ambition raisonnée d'une justice apaisée*, rapp. au garde des Sceaux sur la répartition des contentieux, La Documentation française, août 2008.
4. Civ. 3e, 17 nov. 2016, n° 15-25.265, P. [cassation de Paris, 3 juill. 2015, RG n° 15/05094, *AJDI* 2015. 689], *D.* 2016. 2399; *ibid.* 2017. 1068, Chron. A.-L. Méano et A.-L. Collomp; *ibid.* 1149, obs. N. Damas; *AJDI* 2017. 356, obs. N. Damas.

§ 2
Compétence territoriale

921.21 **Lieu de l'immeuble.** La compétence territoriale est définie par l'article R. 221-48 du code de l'organisation judiciaire comme celle dans le ressort duquel sont situés les biens. Cette compétence est exclusive[1].

SECTION 2
COMPÉTENCE DE LA JURIDICTION DE PROXIMITÉ

921.31 La juridiction de proximité n'a bénéficié que d'une compétence résiduelle, qui a pris fin au 1er juillet 2017.

§ 1
Compétence matérielle

921.41 **Compétence exclusive mais réduite.** La juridiction de proximité a connu, en dernier ressort, jusqu'à la valeur de 4 000 €, des actions relatives à l'application de l'article 22 de la loi du 6 juillet 1989, c'est-à-dire le contentieux lié à la fixation et à la restitution du dépôt de garantie. Il apparaît de la rédaction du texte que cette juridiction devait toujours statuer en dernier ressort d'une part, et jamais au-delà de 4 000 € d'autre part. Les demandes en restitution du dépôt de garantie non fondées sur l'article 22 de la loi du 6 juillet 1989 ne relevaient pas de la compétence du juge de proximité.

921.42 **Demande reconventionnelle.** La question s'est posée de savoir si le juge de proximité conservait sa compétence en cas de demande reconventionnelle formulée par le bailleur. L'hypothèse est, en pratique, fort courante : face à une action en restitution du dépôt de garantie initiée par le locataire, le bailleur peut se défendre en invoquant à titre reconventionnel des loyers impayés, ou des travaux de remise en état du logement, afin de compenser tout ou partie du dépôt de garantie, voire de réclamer une indemnisation au locataire. Si la demande initiale du locataire en restitution amène le bailleur à former une demande reconventionnelle en indemnisation du préjudice subi, le fondement de cette demande n'est plus lié à l'article 22, mais dépend directement de l'obligation inexécutée par le locataire (L. 1989, art. 7). Les règles habituelles de procédure auraient alors dû s'appliquer : en application de l'article 51, alinéa 2, du code de procédure civile, une juridiction d'exception ne peut statuer sur une demande incidente qui ne relève pas de sa compétence d'attribution. Le litige aurait donc dû être renvoyé devant le tribunal d'instance. C'est une solution différente qu'avait toutefois adoptée la Cour de cassation en rendant un avis favorable au maintien de la compétence de la juridiction de proximité[2].

921.43 **Suppression de la juridiction de proximité.** La loi n° 2011-1862 du 13 décembre 2011[3], relative à la répartition des contentieux et à l'allégement de certaines procédures juridictionnelles, a supprimé la juridiction de proximité et rattaché les juges de proximité au tribunal de grande instance, en leur conférant de nouvelles prérogatives. Dès lors, l'exception disparaissant, le tribunal d'instance est redevenu compétent pour l'intégralité du contentieux relatif à un bail d'habitation, y compris les demandes fondées sur l'article 22 de la loi du 6 juillet 1989.

921.44 **Entrée en vigueur.** La loi a cependant prévu une entrée en vigueur différée. Selon l'article 70, I de la loi du 13 décembre 2011, ces différentes dispositions devaient entrer en vigueur le premier jour du treizième mois suivant celui de sa promulgation (soit le 1er janv. 2013). Cette date a été reportée une première fois in extremis, au 1er janvier 2015, par l'article unique de la loi n° 2012-1441 du 24 décembre 2012 relative aux juridictions de proximité. À nouveau, un report a été décidé par l'article 99 de la loi n° 2014-1654 de finances pour 2015 du 29 décembre 2014. La suppression de la juridiction de proximité devait ainsi intervenir au 1er janvier 2017. Finalement, la loi n° 2016-1547 du 18 novembre 2016 a reporté cette suppression au 1er juillet 2017.

§ 2
Compétence territoriale.

921.51 **Lieu de l'immeuble.** La compétence territoriale était, comme pour le tribunal d'instance, celle du lieu de situation des biens, par le renvoi opéré par l'article R. 231-6 du code de l'organisation judiciaire aux règles de procédure du tribunal d'instance. S'appliquaient par extension les articles R. 221-46 et R. 221-48 dudit code.

1. Civ. 3e, 16 déc. 1998, n° 96-21.579, NP.
2. Cass. Avis, 10 oct. 2005, n° 05-00.023, *Bull. Avis*, n° 7, *D.* 2006. Pan. 958, obs. Damas; *AJDI* 2006. 32, obs. Rouquet.
3. Cass. Avis, 10 oct. 2005, n° 05-00.023, *Bull. Avis*, n° 7, *D.* 2006. Pan. 958, obs. Damas; *AJDI* 2006. 32, obs. Rouquet.

CHAPITRE

922. Clause résolutoire de plein droit

SECTION 0 ORIENTEUR

922.00 Plan du chapitre.

Division. Lorsqu'une clause résolutoire est insérée dans un contrat et que le débiteur de l'obligation visée par la clause ne l'exécute pas, son contrat est résilié. Cette clause est facultative dans les baux d'habitation (le contrat type de location annexé au décret n° 2015-587 du 29 mai 2015 le précise expressément).

La clause est qualifiée de clause de résiliation (ou résolutoire) de plein droit parce que son effet est tel que le juge ne peut, normalement, la tempérer : une fois le manquement constaté, le contrat est automatiquement résilié. Elle présente dès lors un danger certain pour le débiteur défaillant, dont on imagine qu'il s'agit exclusivement, dans ce cas de figure, du locataire. L'abus qui a pu être fait des clauses résolutoires de plein droit avant 1982 a conduit le législateur à réglementer leur usage une première fois dans la loi du 22 juin 1982, relative aux droits et aux obligations des locataires et des bailleurs. Puis, à partir de 1998 le caractère automatique de la clause a été remis en cause afin de favoriser le maintien des locataires dans leur logement, en privilégiant un aménagement de leur dette locative. Mais la clause résolutoire (aujourd'hui codifiée à l'article 1225 du Code civil, en application de l'ordonnance du 10 février 2016) n'est pas simplement cantonnée aux dettes financières du locataire.

Il conviendra de déterminer la mise en œuvre et les objectifs de la clause résolutoire contenue dans le contrat de location d'un local d'habitation. À cet effet, seront détaillés les conditions légales posées pour son application et les pouvoirs régulateurs du juge.

Les développements qui suivent sont applicables aux baux d'habitation régis par la loi du 6 juillet 1989, qu'il s'agisse d'un logement nu (art. 4, 7 et 24) ou meublé (art. 25-3). Les logements du secteur social sont également concernés sous certaines réserves (art 40). Les logements relevant de la loi de 1948 feront l'objet de précisions ponctuelles (v. aussi s[s] n°s 811.11 s). Lorsque le bail n'est pas soumis à une législation spécifique, le droit commun issu des articles 1225 et suivants du Code civil (anc. art. 1184) a vocation à s'appliquer[1].

922.01 Textes applicables.

TEXTES SOURCES

- **L. n° 89-462, 6 juill. 1989, art. 4 g), 7 g), 24.**

TEXTES *IN EXTENSO*

- **L. 6 juill. 1989, art. 4 g)**

Est réputée non écrite toute clause :

(...)

g) Qui prévoit la résiliation de plein droit du contrat en cas d'inexécution des obligations du locataire pour un motif autre que le non-paiement du loyer, des charges, du dépôt de garantie, la non-souscription d'une assurance des risques locatifs « ou le non-respect de l'obligation d'user paisiblement des locaux loués, résultant de troubles de voisinage

1. Civ. 3e, 23 mars 2017, n° 16-13.060, P., *D.* 2017. 760; *ibid.* 1149, obs. N. Damas.

constatés par une décision de justice passée en force de chose jugée »

• **L. 6 juill. 1989, art. 7 g)**

Le locataire est obligé :

(...)

g) De s'assurer contre les risques dont il doit répondre en sa qualité de locataire et d'en justifier lors de la remise des clés puis, chaque année, à la demande du bailleur. La justification de cette assurance résulte de la remise au bailleur d'une attestation de l'assureur ou de son représentant.

Toute clause prévoyant la résiliation de plein droit du contrat de location pour défaut d'assurance du locataire ne produit effet qu'un mois après un commandement demeuré infructueux. Ce commandement reproduit, à peine de nullité, les dispositions du présent alinéa. À défaut de la remise de l'attestation d'assurance et après un délai d'un mois à compter d'une mise en demeure non suivie d'effet, le bailleur peut souscrire une assurance pour compte du locataire, récupérable auprès de celui-ci.

Cette mise en demeure doit informer le locataire de la volonté du bailleur de souscrire une assurance pour compte du locataire et vaut renoncement à la mise en œuvre de la clause prévoyant, le cas échéant, la résiliation de plein droit du contrat de location pour défaut d'assurance du locataire.

Cette assurance constitue une assurance pour compte au sens de l'article L. 112-1 du code des assurances. Elle est limitée à la couverture de la responsabilité locative mentionnée au premier alinéa du présent *g*. Le montant total de la prime d'assurance annuelle, éventuellement majoré dans la limite d'un montant fixé par décret en Conseil d'État, est récupérable par le bailleur par douzième à chaque paiement du loyer. Il est inscrit sur l'avis d'échéance et porté sur la quittance remise au locataire.

Une copie du contrat d'assurance est transmise au locataire lors de la souscription et à chaque renouvellement du contrat.

Lorsque le locataire remet au bailleur une attestation d'assurance ou en cas de départ du locataire avant le terme du contrat d'assurance, le bailleur résilie le contrat souscrit pour le compte du locataire dans le délai le plus bref permis par la législation en vigueur. La prime ou la fraction de prime exigible dans ce délai au titre de la garantie souscrite par le bailleur demeure récupérable auprès du locataire.

• **L. 6 juill. 1989, art. 24**

I. – Toute clause prévoyant la résiliation de plein droit du contrat de location pour défaut de paiement du loyer ou des charges aux termes convenus ou pour non-versement du dépôt de garantie ne produit effet que deux mois après un commandement de payer demeuré infructueux.

Le commandement de payer reproduit, à peine de nullité, les dispositions du présent article et des trois premiers alinéas de l'article 6 de la loi n° 90-449 du 31 mai 1990 visant la mise en œuvre du droit au logement, en mentionnant la faculté pour le locataire de saisir le fonds de solidarité pour le logement, dont l'adresse de saisine est précisée.

Lorsque les obligations résultant d'un contrat de location conclu en application du présent titre sont garanties par un cautionnement, le commandement de payer est signifié à la caution dans un délai de quinze jours à compter de sa signification au locataire. À défaut, la caution ne peut être tenue au paiement des pénalités ou des intérêts de retard.

Le représentant de l'État dans le département fixe, par arrêté, le montant et l'ancienneté de la dette au-delà desquels les commandements de payer, délivrés à compter du 1er janvier 2015 pour le compte d'un bailleur personne physique ou société civile constituée exclusivement entre parents et alliés jusqu'au quatrième degré inclus, sont signalés par l'huissier de justice à la commission de coordination des actions de prévention des expulsions locatives prévue à l'article 7-2 de la loi n° 90-449 du 31 mai 1990 précitée. Ce signalement est fait dès lors que l'un des deux seuils est atteint, par simple lettre reprenant les éléments essentiels du commandement. Il peut s'effectuer par voie électronique, selon des modalités fixées par décret.

L'arrêté mentionné à l'avant-dernier alinéa du présent I est pris après avis du comité responsable du plan départemental d'action pour le logement et l'hébergement des personnes défavorisées ainsi que de la chambre départementale des huissiers de justice. Les modalités de détermination du montant et de l'ancienneté de la dette au-delà desquels les commandements sont signalés sont fixées par décret en Conseil d'État.

II. – À compter du 1er janvier 2015, les bailleurs personnes morales autres qu'une société civile constituée exclusivement entre parents et alliés jusqu'au quatrième degré inclus ne peuvent faire délivrer, sous peine d'irrecevabilité de la demande, une assignation aux fins de constat de résiliation du bail avant l'expiration d'un délai de deux mois suivant la saisine de la commission de coordination des actions de prévention des expulsions locatives prévue à l'article 7-2 de la loi n° 90-449 du 31 mai 1990 précitée. Cette saisine est réputée constituée lorsque persiste une situation d'impayés, préalablement signalée dans les conditions réglementaires aux organismes payeurs des aides au logement en vue d'assurer le maintien du versement des aides mentionnées à l'article L. 351-2 du code de la construction et de l'habitation et aux articles L. 542-1 et L. 831-1 du code de la sécurité sociale. Cette saisine peut s'effectuer par voie électronique, selon des modalités fixées par décret.

III. – À peine d'irrecevabilité de la demande, l'assignation aux fins de constat de la résiliation est notifiée à la diligence de l'huissier de justice au représentant de l'État dans le département, par lettre recommandée avec demande d'avis de réception, au moins deux mois avant l'audience, afin qu'il saisisse l'organisme compétent désigné par le plan départemental d'action pour le logement et l'hébergement des personnes défavorisées, suivant la répartition de l'offre globale de services d'accompagnement vers et dans le logement prévue à l'article 4 de la loi n° 90-449 du 31 mai 1990 précitée. Cette saisine peut s'effectuer par voie électronique, selon des modalités fixées par décret. L'organisme saisi réalise un diagnostic social et financier au cours duquel le locataire et le bailleur sont mis en mesure de présenter leurs observations, et le transmet au juge avant l'audience, ainsi qu'à la commission de coordination des actions de prévention des expulsions locatives; le cas échéant, les observations écrites des intéressés sont jointes au diagnostic.

IV. – Les II et III sont applicables aux assignations tendant au prononcé de la résiliation du bail lorsqu'elle est motivée par l'existence d'une dette locative du preneur. Ils sont également applicables aux demandes additionnelles et reconventionnelles aux fins de constat ou de prononcé de la résiliation motivées par l'existence d'une dette locative, la notification au représentant de l'État dans le département incombant au bailleur.

V. – Le juge peut, même d'office, accorder des délais de paiement dans la limite de trois années, par dérogation au délai prévu au premier alinéa de l'article 1343-5 du code civil, au locataire en situation de régler sa dette locative. Le quatrième alinéa de l'article 1343-5 s'applique lorsque la décision du juge est prise sur le fondement du présent alinéa. Le juge peut d'office vérifier tout élément constitutif de la dette locative et le respect de l'obligation prévue au premier alinéa de l'article 6 de la présente loi.

Pendant le cours des délais ainsi accordés, les effets de la clause de résiliation de plein droit sont suspendus; ces délais et les modalités de paiement accordés ne peuvent affecter l'exécution du contrat de location et notamment suspendre le paiement du loyer et des charges.

Si le locataire se libère dans le délai et selon les modalités fixés par le juge, la clause de résiliation de plein droit est réputée ne pas avoir joué; dans le cas contraire, elle reprend son plein effet.

VI. – La notification de la décision de justice prononçant l'expulsion indique les modalités de saisine et l'adresse de la commission de médiation prévue à l'article L. 441-2-3 du code de la construction et de l'habitation.

922.02 Jurisprudence de référence.

• **Cass. Avis, 29 juin 2001, n° 01-00.003**, *Bull. Avis.* n° 4

* V. s[s] n° 922.13

L'article 24 de la loi du 6 juillet 1989, modifié par l'article 114 de la loi du 29 juillet 1998 est d'application générale, sans distinction relative à la qualité du bailleur et au mode de recouvrement du loyer ou des charges et que le juge judiciaire peut donc accorder des délais de paiement au locataire, conformément aux dispositions de ce texte, même lorsque le bailleur est soumis aux règles de la comptabilité publique.

• **Civ. 3e, 17 déc. 2002, n° 01-12.532**, NP

* V. s[s] n° 922.192

Aucun délai n'est imposé au preneur pour saisir le juge d'une demande de délais de paiement et de suspension des effets de la clause résolutoire.

• **Civ. 3e, 18 mars 2009, n° 08-10.743**, *Bull. civ.* III, n° 65

* V. s[s] n° 922.113, 922.181

Le juge, qui retient que le locataire, bénéficiaire d'un plan d'apurement consenti par son bailleur dans le délai de deux mois du commandement de payer visant la clause résolutoire, a, au terme de ce plan, respecté ses engagements, en déduit, sans violer l'article 24 de la loi du 6 juillet 1989, que la demande en constatation de l'acquisition de la clause résolutoire doit être rejetée, peu important le retard apporté dans le paiement des premières mensualités de ce plan amiable.

922.03 Bibliographie indicative.

Ouvrages. J. Lafond, B. Vial-Pedroletti, *Les baux d'habitation,* 8e éd., LexisNexis, 2017, nos 1270 s.

Actualisables. RÉP. PR. CIV., v° « Bail d'habitation », F. de La Vaissiere, nos 33-55 – RÉP. IMMO., v° « Bail d'habitation et mixte : rapports individuels – loi du 6 juillet 1989 », N. Damas, nos 446, 448 s. – DICT. PERM. Gest. Immo., « Expulsion », sp. nos 8 et 15 – LAMY DR. IMMO, nos 5912-5915.

Articles. B. Vial-Pedroletti, « Quel avenir pour la clause résolutoire en matière de bail d'habitation ? », *Loyers et copr.* 1999, Chron. 4.

SECTION 1
CHAMP D'APPLICATION LIMITÉ

922.11 Une automaticité redoutée. Le caractère automatique de la clause résolutoire de plein droit a conduit le législateur à intervenir à plusieurs reprises pour en limiter les effets dans le champ des baux d'habitation. D'une part, de telles clauses ne peuvent sanctionner que les manquements les plus graves au contrat; d'autre part, la clause ne prend effet qu'après un délai minimal offert à l'autre partie pour s'exécuter; enfin le juge qui, en théorie, ne peut que constater l'acquisition de la clause et, éventuellement, accorder des délais pour le paiement de la dette ou l'expulsion, détient depuis l'adoption de la loi d'orientation du 29 juillet 1998, relative à la lutte contre les exclusions, de réels pouvoirs d'appréciation de la situation.

922.12 Clause de plein droit limitée à quatre cas. Dès la loi du 22 juin 1982[1], le principe a été posé d'un nombre limité de cas d'ouverture de la clause résolutoire de plein droit. Celle-ci n'était envisageable que pour trois motifs[2] :

– le défaut de paiement du loyer et des charges;

– le non-versement du dépôt de garantie;

– la non souscription d'une assurance garantissant les risques locatifs.

L'article 18-II de la loi relative à la prévention de la délinquance[3] en a ajouté un nouveau : « le non-respect de l'obligation d'user paisiblement des locaux loués, résultant de troubles de voisinage constatés par une décision de justice passée en force de chose jugée ». Ce motif ne peut toutefois jouer qu'après une décision de justice définitive, rendue au profit d'un tiers, nécessairement un voisin du locataire, et à la condition que le bailleur dispose du jugement.

922.13 Source. Actuellement la législation relative à la clause résolutoire est inscrite dans les articles 4, 7 et 24 de la loi du 6 juillet 1989.

1. L. n° 82-526, 22 juin 1982, art. 25.
2. V. L. n° 89-462, 6 juill. 1989, art. 24.
3. L. n° 2007-297, 5 mars 2007 relative à la prévention de la délinquance, *JO* 7 mars., p. 4297.

Il est à noter que ces textes sont d'application générale, sans distinction selon la qualité du bailleur et le mode de recouvrement du loyer ou des charges. Ainsi le juge judiciaire peut accorder des délais de paiement au locataire, même lorsque le bailleur, un office public d'aménagement et de construction, est soumis aux règles de la comptabilité publique[1].

922.14 **Clause d'interprétation stricte.** Toute clause contraire à la limitation légale est réputée non écrite (L. 6 juill. 1989, art. 4). La clause ne peut être appliquée que si le motif avancé est constaté. Il a ainsi été jugé que la clause ne peut être mise en œuvre pour un défaut de paiement des frais de recouvrement, et qu'un commandement ne peut produire effet que pour les loyers ou les charges qu'il vise[2]. Il en a été jugé de même s'agissant d'un défaut de paiement d'une indemnité forfaitaire résultant d'une clause pénale[3]. Enfin des sommes qui ne sont pas exigibles à la date de délivrance du commandement concernant des charges non encore régularisées ne sauraient permettre la mise en jeu de la clause résolutoire[4].

Le bailleur peut toujours, dans les autres cas, c'est-à-dire si le motif avancé de résiliation ne fait pas partie des cas d'ouverture prévus par la loi, engager une action en résiliation judiciaire, conformément à l'article 1227 du code civil (v. s^s^ n°s 923.11 s.).

922.15 **Particularités procédurales.** La mise en œuvre de la clause résolutoire suppose, en principe, la délivrance d'un commandement préalable. Par ailleurs, des formalités spécifiques devront être accomplies si la clause résolutoire est invoquée dans le cadre de l'existence d'une dette locative (loyers et/ou charges : v. s^s^ n°s 923.51 s.).

SECTION 2 COMMANDEMENT PRÉALABLE

922.21 **Délais obligatoires après l'envoi d'un commandement.** Les clauses de résiliation de plein droit n'ont pas d'effet immédiat. La loi impose un délai donné au cocontractant pour satisfaire à l'obligation contractuelle, après la délivrance obligatoire d'un commandement. N'entre toutefois pas dans ce schéma le quatrième motif de résiliation de plein droit, ajouté par la loi du n° 2007-297 du 5 mars 2007 en matière de troubles de voisinage, puisque la condamnation du locataire suffit pour saisir directement le juge afin de faire constater l'acquisition de la clause prévue au contrat.

922.22 **Défaut de paiement.** S'agissant du défaut de paiement du loyer, des charges ou du dépôt de garantie l'article 24, alinéa 1, de la loi du 6 juillet 1989 précise : « Toute clause prévoyant la résiliation de plein droit du contrat de location pour défaut de paiement du loyer ou des charges aux termes convenus ou pour non-versement du dépôt de garantie ne produit effet que deux mois après un commandement de payer demeuré infructueux. »

922.23 **Défaut d'assurance.** Pour le défaut d'assurance la rédaction de l'article 7 *g*, alinéa 2 de la loi du 6 juillet 1989 est la suivante : « Toute clause prévoyant la résiliation de plein droit du contrat de location pour défaut d'assurance du locataire ne produit effet qu'un mois après un commandement demeuré infructueux. Ce commandement reproduit, à peine de nullité, les dispositions du présent alinéa. »

§ 1 Modalités du Commandement

922.31 **Définition.** Le commandement est un acte extrajudiciaire et doit en respecter le formalisme général (C. pr. civ., art. 648 s.).

Il a vocation à produire ses effets en dehors de toute procédure juridictionnelle, même s'il peut être le préalable d'une telle action.

Le commandement informe la partie adverse d'un manquement à une obligation née du contrat de location. Il est signifié par un huissier de justice. Il peut cependant être rédigé par un avocat, un notaire ou tout auxiliaire de justice.

L'obligation de recourir à une signification permet également de fixer le début du délai imparti par la loi.

A. Formalisme du commandement

1° Commandement de payer

922.41 **Contenu et formalisme.** Le formalisme spécifique aux commandements de payer doit être respecté de manière précise, « à peine de nullité » souligne l'article 24 de la loi de 1989 (v. s^s^ n° 922.61) :

1. Cass. Avis, 29 juin 2001, n° 01-00.003, *Bull. Avis,* n° 4; *D.* 2001. IR 2558; *AJDI* 2002. 224; *Rev. loyers*, 2001, p. 443.
2. Paris, 6e ch. C, 1er juill. 1997, RG n° 96/82971, *Loyers et copr.* 1997, n° 257.
3. Civ. 3e, 18 mai 1988, n° 86-17.827, *Bull. civ.* III, n° 184.
4. Paris, 1er juill. 2008, RG n° 05/11708, *AJDI* 2008. 857.

« Le commandement doit reproduire les dispositions du présent article et des trois premiers alinéas de l'article 6 de la loi n° 90-449 du 31 mai 1990 visant la mise en œuvre du droit au logement[1], en mentionnant la faculté pour le locataire de saisir le fonds de solidarité pour le logement, dont l'adresse de saisine est précisée. » Mais les termes dans lesquels le commandement lui-même est rédigé ne sont pas précisés dans l'article 24[2]. La mention en caractères très apparents de l'article 24, reproduit sur une feuille annexée au commandement, satisfait aux prescriptions de la loi[3].

922.42 Information du locataire. Le renvoi à l'adresse du fonds de solidarité a pour objet de tenir le locataire informé de l'existence et des coordonnées de ce fonds qui peut accorder une aide aux locataires en difficulté.

Mais le commandement n'a pas à informer le locataire de son droit à former un recours auprès de la commission dite Dalo[4].

922.43 Information de la caution. En présence d'un cautionnement pour garantir les obligations relevant du contrat le commandement de payer doit être signifié à la caution dans un délai de quinze jours à compter de la signification du commandement au locataire. À défaut, la caution ne pourra être tenue au paiement de pénalités ou d'intérêts de retard.

922.44 Réforme de 2014 : la loi Alur. La loi du 24 mars 2014[5], dite loi Alur, dans le souci d'améliorer la rapidité de la réponse aux cas d'impayés de loyer précise que l'huissier qui délivre le commandement de payer doit signaler celui-ci à la commission de coordination des actions de prévention des expulsions locatives (la CCAPEX), prévue à l'article 7-2 de la loi n° 90-449 du 31 mai 1990[6]. Lorsque le bailleur est une personne morale, la CCAPEX doit être saisie avant toute assignation.

La CCAPEX est ainsi amenée à avoir un rôle majeur dans les années à venir pour anticiper les risques d'expulsion résultant d'impayés en particulier (v. s^{s} n°s 913.41 s.).

922.45 Bailleurs – Distinction. Le nouvel article 24 de la loi du 6 juillet 1989 distingue le signalement et la saisine de la CCAPEX, selon que le bailleur est une personne physique (et assimilée) ou une personne morale.

922.46 Signalement à la CCAPEX. Depuis le 1er janvier 2015, les commandements de payer délivrés pour le compte des bailleurs personnes physiques ou d'une société civile constituée exclusivement entre parents et alliés jusqu'au quatrième degré inclus, sont signalés par l'huissier de justice à la CCAPEX à partir d'un certain seuil de dette. L'article 14 du décret n° 2015-1384 du 30 octobre 2015 a précisé que le signalement est effectué lorsque :

– soit le locataire est en situation d'impayé de loyer ou de charges locatives sans interruption depuis une durée fixée en mois par arrêté préfectoral, comprise entre trois et six mois;

– soit la dette de loyer ou de charges locatives du locataire est équivalente à un multiple, fixé par arrêté préfectoral, compris entre trois et six fois le montant du loyer mensuel hors charges locatives.

Les seuils relatifs à l'ancienneté et au montant de la dette peuvent varier au sein d'un même département.

Il suffit que l'un des deux seuils soit atteint. Le signalement est fait par simple lettre mais la loi Égalité et Citoyenneté du 27 janvier 2017[7] a détaillé les modalités d'un signalement par voie électronique, via l'application EXPLOC, au plus tard le 31 décembre 2017.

922.47 Saisine de la CCAPEX. Depuis le 1er janvier 2015, les bailleurs personnes morales ne peuvent faire délivrer, sous peine d'irrecevabilité de la demande, une assignation aux fins de constat de résiliation du bail avant l'expiration d'un délai de deux mois suivant la saisine de la commission de coordination des actions de prévention des expulsions locatives (CCAPEX). Toutefois, la saisine est réputée constituée dès lors que l'organisme payeur des aides personnelles au logement a lui-même été saisi, suite à impayés, ce qui dispensera les bailleurs dont les locataires bénéficient des aides personnelles d'une saisine formelle de la CCAPEX.

Cette procédure se substitue pour les bailleurs de logements sociaux à une disposition qui prévoyait un délai de trois mois avant toute assignation pour les locataires en impayés bénéficiant d'une aide personnelle (AL ou APL). En conséquence les articles L. 353-15-1 et L. 442-6-1 du CCH sont abrogés par la loi Alur (v. s^{s} n°s 923.41 s.).

1. L. n° 90-449, 31 mai 1990, art. 6 (mod. par L. n° 2004-809, 13 août 2004, art. 65-1).
2. Nîmes, 28 mai 1996, RG n° 95/3273, *Loyers et copr.* 1996, n° 336.
3. Paris, 22 déc. 1983, *JurisData* n° 030198, *D.* 1984. 329, note Giverdon; *JCP* 1984. II. 20260, note Thuillier.
4. Versailles, 10 avr. 2013, n° 12/04141, *Loyers et copr.* 2013, n° 204, note Vial-Pedroletti.
5. L. n° 2014-366, 24 mars 2014, *JO* 26 mars, p. 5809.
6. L. n° 90-449, 31 mai 1990 visant à la mise en œuvre du droit au logement, *JO* 2 juin, p. 6551.
7. L. n° 2017-86, 27 janv. 2017 relative à l'égalité et à la citoyenneté. V. Dossier « Loi Égalité et citoyenneté : gestion immobilière », *AJDI* 2017. 245 s.

La loi Égalité et citoyenneté du 27 janvier 2017 a précisé que la saisine s'effectuera par voie électronique, au plus tard le 30 juin 2019.

922.48 Destinataire de la signification – Locataire marié. Le commandement doit être signifié à chacun des époux à peine d'inopposabilité à l'autre [1]. Signifié aux deux époux il est opposable à celui qui n'a pas signé le bail [2].

2°
Commandement pour défaut d'assurances

922.51 Mentions obligatoires. Le commandement doit reproduire, à peine de nullité, les dispositions de l'article 7 g) al. 2. Il s'agit là encore d'une nullité pour vice de forme, qui devrait nécessiter la démonstration d'un grief (v. s^{s} n° 922.61).

3°
Sanctions

922.61 Sanction du défaut de reproduction du texte – Jurisprudence. Le défaut de reproduction du texte a été diversement analysé : certaines décisions ont refusé de prononcer la nullité du commandement, le preneur n'alléguant ni ne démontrant le grief qu'aurait pu lui causer l'omission dont il se prévaut [3]. À l'inverse, une réponse ministérielle a estimé que le défaut de reproduction du texte doit être sanctionné par la nullité du commandement, que l'omission ait ou non fait grief au locataire [4]. Cette dernière position nous semble contestable.

La Cour de cassation semble privilégier l'analyse en terme de simple vice de forme : le locataire qui s'est abstenu de retirer à la mairie le commandement de payer, dont il avait eu communication par la lettre simple que lui avait adressée l'huissier instrumentaire, ne rapporte la preuve d'aucun grief consécutif aux irrégularités de forme affectant le commandement [5].

922.62 Nullité du commandement – Absence de représentant légal. Un commandement délivré par une société dépourvue de représentant légal est entaché d'une nullité de fond, insusceptible de régularisation [6].

1. Versailles, 16 févr. 1988, RG n° 5941/86, *Gaz. Pal.* 1988. 2. Somm. 446.
2. Montpellier, 27 janv. 2003, RG n° 01/04833, *Loyers et copr.* 2004, n° 45, obs. Vial-Pedroletti.
3. Paris, 25 mai 1992, RG n° 91/018210, *Loyers et copr.* 1992, n° 324 – Paris, 28 avr. 1998, RG n° 96/81132, *ibid.* 1999, n° 4, obs. Vial-Pedroletti – Montpellier 27 janv. 2003, RG n° 01/04833, *Loyers et copr.* 2004, n° 45, obs. Vial-Pedroletti.
4. Rép. min. n° 38371 : *JOAN Q* 1er juill. 1991, p. 2597.
5. Civ. 3e, 29 juin 1994, n° 92-18.438, NP, *Rev. loyers* 1994. 495.

B.
Contenu du Commandement de payer

922.71 Mentions du commandement de payer. Le commandement doit préciser, à peine de nullité, le décompte des sommes dues, la ventilation, le cas échéant, entre le loyer et les charges et la période de référence, permettant aux locataires de vérifier le bien-fondé de la demande [7], les dates d'échéance des sommes réclamées [8]. Lorsque le commandement comprend des loyers dus au titre des locaux d'habitation dans un bail commercial, la cour d'appel doit rechercher la part exacte que représentent les loyers dus au seul titre du bail commercial pour permettre au locataire de régulariser sa situation au titre de ce bail [9]. Un commandement indiquant la somme demandée, et comportant en annexe un relevé de compte locatif a pu être validé par la Cour de cassation [10].

922.72 Limites – Loyers illicites. Le commandement de payer visant la clause résolutoire ne peut produire effet s'il porte sur des loyers illicites : un arrêt définitif ayant reconnu le bénéfice de la loi du 1er septembre 1948 aux locataires et nommé un expert pour fixer le loyer, la clause résolutoire ne pouvait produire effet dès lors que le commandement visait des loyers illicites [11].

922.73 Limites – Erreurs. Par ailleurs, le commandement peut contenir certaines erreurs, dont la nature va influer sur sa validité : le commandement notifié pour une somme supérieure au montant de la créance n'en est pas moins valable à due concurrence des sommes exigibles [12]. Mais il a été jugé que le commandement de payer portant sur une somme supérieure à celle qui est due ne saurait produire d'effet dès lors que les sommes versées par le locataire avant l'expiration du délai imparti sont d'un montant supérieur à la dette de loyer et que les parties n'ont pas donné d'imputation précise aux paie-

6. Civ. 3e, 4 janv. 2006, n° 03-14.115, NP, *AJDI* 2006. 195; *Administrer* avr. 2006. 33, obs. Canu.
7. Paris, 28 nov. 1996, RG n° 95/026796, *Loyers et copr.* 1997, n° 37, obs. Vial-Pedroletti.
8. Rouen, 12 déc. 1995, *Rev. loyers* 1993. 533 – Versailles, 7 déc. 2001, RG n° 00/08131, *BICC* 2002, n° 837.
9. Civ. 3e, 30 juin 2010, n° 09-16.244, *Bull. civ.* III, n° 135; *AJDI* 2011. 294, note Damas.
10. Civ. 3e, 25 sept. 2014, n° 13-18.201, NP.
11. Civ. 3e, 11 mai 1995, n° 93-14.039, *Bull. civ.* III, n° 115; *Administrer* n° 274, p. 58, note Canu.
12. Civ. 3e, 5 févr. 1992, n° 90-13.153, *Bull. civ.* III, n° 38, *RTD civ.* 1992. 763, obs. J. Mestre; *ibid.* 1993. 152, obs. P.-Y. Gautier; *Loyers et copr.* 1992, n° 345 – Civ. 3e, 31 mai 2011, n° 10-17.846, NP, *Loyers et copr.* 2011, n° 235, note Vial-Pedroletti.

ments[1]. Dans le même sens, un commandement insuffisamment détaillé soulève une contestation sérieuse[2].

922.74 Litige sur le montant des charges – Prohibition de la résiliation. Le bail peut ne pas être résilié en présence d'un litige sur le montant des charges.

N'a pas satisfait aux exigences de l'article 455 du code de procédure civile, la cour d'appel qui ne répond pas aux conclusions de la locataire qui soutenait qu'elle n'avait jamais cessé de payer les loyers, seul étant en litige le problème des charges récupérables ou non récupérables, alors que les comptes annuels de régularisation des charges ne lui avaient jamais été fournis, conformément aux obligations légales du propriétaire[3]. Mais le juge apprécie souverainement le caractère certain de la compensation entre un trop perçu de charges et les sommes objet du commandement[4].

§ 2
Délai du commandement

922.81 En matière d'impayés. Aux termes de l'article 24 de la loi du 6 juillet 1989, toute clause prévoyant la résiliation de plein droit du contrat pour défaut de paiement du loyer ou des charges ne produit effet que deux mois après un commandement de payer demeuré infructueux. Déjà l'article 80 de la loi du 1er septembre 1948 prévoyait un délai d'un mois avant toute prise d'effet de la sommation ou du commandement de payer. La loi de 1982 retenait également ce délai d'un mois, repris en 1986 par la loi du 23 décembre, puis allongé à deux mois en 1989.

922.82 En matière d'assurance. En cas de non souscription de l'assurance obligatoire, l'article 7 de la loi du 6 juillet 1989 prévoit un délai d'un mois après le commandement. La non justification de son assurance par le locataire dans le délai imparti justifie la résiliation du bail[5]. Sur le caractère automatique de la clause résolutoire, il a été jugé que « l'attestation adressée au bailleur avec effet rétroactif ne pouvait être prise en considération pour faire échec à la clause résolutoire, le contrat (d'assurance) ayant été souscrit après le délai imparti »[6].

922.83 En matière de dépôt de garantie. Le non-versement du dépôt peut donner lieu à commandement ouvrant un délai de deux mois.

La question ne se pose cependant pas en pratique pour au moins deux raisons :

– d'une part, le dépôt est exigé en début de contrat et son versement conditionne généralement la remise des clés au locataire;

– d'autre part, en cours de contrat, le montant du dépôt n'est pas révisable et l'hypothèse d'un défaut de versement ne se pose alors plus (sur le dépôt de garantie v. ss nos 142.11 s.).

SECTION 3
CONSÉQUENCES DU COMMANDEMENT

922.91 Information du locataire – Point de départ des délais. Le commandement informe le locataire d'une procédure engagée contre lui pour le recouvrement du loyer ou la souscription d'une assurance. Il a également un caractère comminatoire en ce qu'il fait courir des délais d'un mois ou de deux mois, selon la nature de l'obligation concernée.

§ 1
Attitude du locataire pendant le délai du commandement

922.101 Annonce. Dans ce délai, le locataire dispose de plusieurs possibilités : paiement de la dette ou souscription d'une assurance, négociation d'un plan d'apurement avec le bailleur ou départ. Le locataire pourra aussi saisir le juge pour demander un délai de paiement, ou pour contester le commandement.

A.
Paiement de la dette ou souscription de l'assurance

922.111 Exécution libératoire de l'obligation. Ce sont évidemment les solutions qui libèrent le locataire pour l'avenir.

922.112 Commandement de payer – Règlement des sommes dues. S'agissant des sommes dues, il doit veiller à s'acquitter de celles visées au comman-

1. Civ. 3e, 10 juill. 1996, no 94-18.132, NP, *RJDA* 1996, no 1302.
2. Paris, 14e ch., 14 mars 2003, RG no 2002/16010, *AJDI* 2003. 503.
3. Civ. 3e, 21 mars 1990, no 88-12.589, NP, *Rev. loyers* 1990. 392.
4. Civ. 3e, 18 juill. 2001, no 00-10.116, NP, *Administrer* avr. 2002. 34, note Gauclère.
5. Paris, 21 mars 1994, RG no 91/014673, *Loyers et copr.* 1994, no 273.
6. Civ. 3e, 21 nov. 1995, no 92-21.425, NP, *JCP N* 1997. II, no 1008, obs. Gallet.

dement. La clause résolutoire est alors paralysée. Il en va de même, *a fortiori*, lorsque le locataire règle un montant supérieur à celui indiqué dans l'acte[1]. Le locataire n'ayant que très partiellement réglé dans le délai les causes du commandement, la cour d'appel a légalement justifié sa décision en résiliation de bail, expulsion, paiement de provision et fixation d'indemnité d'occupation[2]. Le paiement doit être intégral et ne donne pas de base légale à sa décision la cour d'appel qui, pour juger que la clause résolutoire n'était pas acquise, retient que la somme due, d'un montant inférieur à la somme réclamée dans le commandement, a été versée par la suite, sans préciser la date à laquelle avait été effectué le paiement[3]. La clause est également acquise si le locataire n'agit pas dans le délai prescrit et qu'il déduit un coût de travaux incombant selon lui au bailleur[4]. De même, l'impossibilité pour le preneur de s'acquitter de sa dette locative entraîne l'application de la clause, notamment du fait de son incarcération[5].

922.113 Commandement de payer – Loyers non échus. Ne sont cependant pas visés dans le commandement les loyers qui continuent de courir, dont le non-paiement est soumis à l'appréciation des juges du fond. Une cour d'appel a légalement justifié sa décision en retenant que l'ordonnance de référé avait suspendu les effets de la clause résolutoire pour le seul paiement des causes du commandement et que les locataires s'étant acquittés de leur dette dans les conditions prescrites, leur expulsion constituait un trouble manifestement illicite qu'il convenait de faire cesser[6]. En sens contraire, le locataire ne s'étant pas acquitté des loyers en cours alors que l'ordonnance de référé dont il n'avait pas été interjeté appel, avait jugé que pendant la période courant jusqu'au remboursement de la dette, les loyers courants restaient dus, la clause résolutoire se trouve acquise[7]. L'article 24 de la loi de 1989 précise que les délais octroyés par le juge « ne peuvent affecter l'exécution du contrat de location et notamment suspendre le paiement du loyer et des charges ».

922.114 Commandement de payer – Sommes perçues par le bailleur au titre de l'APL. Enfin, par dérogation aux dispositions du code civil et selon les textes spéciaux relatifs à l'APL, les sommes perçues par le bailleur au titre de l'APL doivent s'imputer, depuis le commandement de payer, sur les loyers correspondants aux périodes pour lesquelles elles ont été versées[8].

922.115 Commandement de souscrire à une assurance. La clause résolutoire est acquise lorsque le locataire ne justifie de l'existence de son assurance et de l'acquît des primes que postérieurement au prononcé du jugement[9]. Enfin la rigueur de la clause est absolue en ce que, même si la preuve est rapportée *a posteriori* que les locaux étaient couverts par une assurance durant le mois qui avait suivi la délivrance du commandement, la clause résolutoire avait valablement joué[10].

Mais l'avis d'échéance comportant une mention manuscrite témoignant du paiement réalisé et le courrier de l'assureur corroborant le paiement sont des éléments de preuve suffisants de la souscription de l'assurance[11].

B.
Négociation d'un plan d'apurement amiable avec le bailleur, avec ou sans l'intervention des services sociaux

922.121 Suspension de la clause résolutoire. Cette solution doit être recommandée aux locataires de bonne foi, afin d'éviter que la dette ne s'aggrave, réduisant ainsi l'espoir d'une solution rapide.

Elle est appliquée, autant que possible, par les bailleurs sociaux qui disposent d'équipes formées à l'analyse de ces solutions.

Lorsqu'elle est mise en œuvre et que le plan d'apurement est respecté, la clause de résiliation est suspendue. En outre, le juge conserve sa faculté d'appréciation. Le locataire, à jour de ses paiements au moment de la décision du juge d'instance, ne

1. Civ. 3e, 29 sept. 2015, no 14-19.862, NP (résolution acquise toutefois en l'espèce pour défaut d'assurance).
2. Civ. 3e, 8 déc. 2009, no 08-20.017, NP, *Administrer* mai 2010, p. 41.
3. Civ. 3e, 21 févr. 1996, no 93-21.106, NP, *RJDA* 1996, no 620.
4. Civ. 3e, 14 oct. 1987, no 86-12.959, NP – Civ. 3e, 18 févr. 2003, no 00-22.318, NP, *Administrer* août 2004, p. 24, note Beddeleem.
5. Riom, 1re ch., 9 janv. 2003, RG no 02/00656, *Loyers et copr.* 2003, no 150, obs. Vial-Pedroletti.
6. Civ. 3e, 16 juin 1993, no 91-18.444, NP, *Rev. loyers* 1993. 364.
7. Civ. 3e, 18 mars 2009, no 08-10.743, *Bull. civ.* III, no 65; *AJDI* 2009. 214, obs. F. de La Vaissière.
8. Grenoble, 28 août 2011, no 11/00579, *Loyers et copr.* 2012, no 322, note Vial-Pedroletti.
9. Paris, 14e ch., 17 sept. 2003, RG no 2003/06580, *Rev. loyers* 2003. 659, note Rémy – Civ. 3e, 23 juin 2009, no 08-13.890, NP, *AJDI* 2009. 859, obs. F. de La Vaissière.
10. Pau, 2e ch., 12 juin 2003, RG no 02/00925, *Loyers et copr.* 2003, no 171, obs. Vial-Pedroletti – Civ. 3e, 24 juin 2009, no 08-13.718, NP, *AJDI* 2009. 859, obs. F. de La Vaissière. V. également Civ. 3e, 29 sept. 2015, no 14-19.862, NP.
11. Civ. 3e, 27 sept. 2011, no 10-24.361, NP, *AJDI* 2012. 201, obs. C. Dreveau; *Les Cahiers de l'Hab.* nov.-déc. 2011, p. 16.

peut voir son bail résilié, même dans le cas où des retards de paiement sont intervenus au cours du déroulement du plan[1].

C.
Départ du locataire pendant le délai

922.131 Respect du préavis de congé régulier. Le départ du locataire dans les deux mois de la délivrance du commandement doit se faire dans le respect du délai de préavis de trois mois[2]. Certaines décisions des juges du fond ont adopté des positions quelque peu surprenantes, en raisonnant par analogie avec l'article 15 de la loi du 6 juillet 1989. C'est ainsi que la cour d'appel d'Agen, dans un arrêt publié au *BICC* a jugé qu'en application de cet article 15, lorsque le locataire quitte les lieux après notification d'un commandement visant la clause résolutoire, il n'est redevable du loyer que pour le temps où il a réellement occupé les lieux. En revanche, lorsqu'à réception du commandement de payer, le locataire a sollicité la suspension de la clause résolutoire, manifestant ainsi son intention de poursuivre l'exécution du bail, et qu'il quitte les lieux plus de quatre mois après la signification du commandement, il doit respecter le délai de préavis de trois mois de l'article 15[3]. La Cour de cassation a énoncé fermement une position plus rigoureuse : le commandement de payer ne s'assimilant pas à un congé, le départ du locataire dans les deux mois de la délivrance du commandement, la remise des clés et l'établissement de l'état des lieux de sortie, ne suffisent pas à caractériser la renonciation non équivoque du bailleur aux loyers dus par le locataire jusqu'au terme du délai de préavis[4].

D.
Saisine du juge pour obtenir des délais de paiement

922.141 Faiblesse de l'information délivrée au locataire. La demande de délais auprès du juge, quoique peu utilisée par les locataires dès le début des impayés, était favorisée par les textes antérieurs à la loi du 29 juillet 1998. Ainsi la loi du 22 juin 1982 précisait-elle que le commandement de payer devait reproduire cette information en caractère « très apparents ».

On peut regretter que l'article 24 de la loi du 6 juillet 1989, même s'il met en œuvre, après la loi du 24 mars 2014, dite loi Alur, des alertes rapides en cas d'impayés, ne précise plus que le juge peut être saisi par le locataire dès le commandement de payer.

922.142 Délais et suspension de la clause résolutoire. La suspension des effets de la clause résolutoire est subordonnée à l'octroi par le juge de délais de paiement. Cette règle peut s'avérer problématique lorsque le locataire s'est acquitté de l'ensemble des sommes dues au jour où le juge statue, mais postérieurement au délai d'un mois imparti par le commandement de payer. La Cour de cassation impose aux juges du fond d'accorder malgré tout des délais (dès lors fictifs) s'ils entendent suspendre les effets de la clause[5]. Le Gouvernement a été alerté de cette incongruité par le Rapport Annuel de la Cour de Cassation en 2015[6].

E.
Autres moyens ouverts au locataire

922.151 Mauvaise foi du bailleur. L'expiration du délai n'interdit pas au locataire de se prévaloir de la mauvaise foi du bailleur, et celle-ci peut priver la clause résolutoire de son effet[7].

A pu être jugé de mauvaise foi le bailleur qui a délivré un commandement en juillet, rendant impossible l'intervention du fonds de solidarité pour le logement dans les deux mois, compte tenu des congés légaux[8]. Par ailleurs la clause résolutoire ne peut produire effet dès lors que le non-respect de l'ordonnance de référé condamnant le preneur à apurer sa dette selon un échéancier précis est imputable au mandataire du bailleur qui n'a pas fait le nécessaire pour percevoir dans un délai raisonnable l'aide du fonds de solidarité accordée audit preneur[9].

Est de mauvaise foi le bailleur qui a manqué à son obligation d'entretien et de délivrance d'un logement décent, a délivré un commandement de payer un arriéré de loyer supérieur à la créance réelle, et n'a pas réclamé en temps utile le rappel de loyers résultant de la clause d'indexation figurant dans le contrat de bail[10].

1. Civ. 3e, 18 mars 2009, n° 08-10.743, *Bull. civ.* III, n° 65; *AJDI* 2009. 712, obs. F. de La Vaissière; *Loyers et copr.* 2009, n° 113, note Vial-Pedroletti.
2. Chambéry, 20 janv. 2004, RG n° 01/01208, *Loyers et copr.* 2004, n° 162, obs. Vial-Pedroletti.
3. Agen, 30 mai 2002, RG n° 00/01211, *BICC* 2003, n° 112.
4. Civ. 3e, 26 nov. 2008, n° 07-18.856, NP, *AJDI* 2009. 366, obs. Dreveau.
5. Civ. 3e, 7 déc. 2004, n° 03-18.144, *Bull. civ.* n° 224 ; Civ. 3e, 8 avr. 2010, n° 09-11.292, *Bull. civ.* n° 78.
6. *Rapp. C. cass. 2015*, La documentation française, 2016, p. 64.
7. Civ. 3e, 17 juill. 1992, n° 90-18.810, *Bull. civ.* III, n° 254; *D.* 1992. Somm. 399 obs. Aubert [loi de 1982].
8. Nancy, 17 juin 1996, RG n° 3974/94, *Loyers et copr.* 1997, n° 136.
9. Lyon, 2 févr. 1994, RG n° 93/06121, *Loyers et copr.* 1994, n° 416; *Rev. huiss.* 1995. 224.
10. Civ. 3e, 23 avr. 2013, n° 12-12.684, NP.

922.152 **Exception d'inexécution.** Le locataire peut opposer l'exception d'inexécution au bailleur et écarter en conséquence l'acquisition de la clause, par exemple en cas de vétusté et de dégradation des fenêtres de l'appartement[1].

Le juge doit examiner la demande reconventionnelle du locataire assigné en résiliation de bail qui demande réparation de son trouble de jouissance (vétusté et dangerosité de l'installation électrique et problèmes d'humidité)[2]. La jurisprudence se montrant quelque peu stricte dans l'appréciation de la gravité des manquements commis par le bailleur, le locataire devra manier avec précaution cette arme de l'exception d'inexécution.

§ 2
Attitude du bailleur pendant le délai du commandement

922.161 **Renonciation.** Si le bailleur peut renoncer tacitement au bénéfice d'une clause de résiliation, cette renonciation ne se présume pas et doit résulter de faits qui l'impliquent nécessairement[3].

L'acceptation sans réserve d'un paiement partiel après commandement n'implique pas renonciation[4]; pas plus que la délivrance de quittances de loyer[5].

Mais une lettre du bailleur proposant au locataire une reconduction de son bail sans réserve, peut valoir renonciation du bailleur à se prévaloir de l'acquisition de la clause résolutoire[6].

922.162 **Irrecevabilité de la saisine anticipée du juge.** Le bailleur n'a pas un intérêt né et actuel à assigner le locataire avant l'expiration du délai de deux mois, même si, au jour des plaidoiries, ce délai est expiré[7].

SECTION 4
CONSÉQUENCES LIÉES À LA FIN DU DÉLAI

922.171 **Portée de la clause résolutoire.** À l'arrivée du terme fixé par le commandement, le bailleur qui n'a pas obtenu du locataire le paiement de l'arriéré locatif ou la justification de la souscription de l'assurance peut se prévaloir de ce que le bail est résilié et que le locataire n'a plus le droit de se maintenir dans les lieux loués. Si celui-ci ne libère pas spontanément les lieux, le bailleur dispose de recours judiciaires (v. s^s n°s 923.11 s.), mais les droits du locataire ont profondément évolué depuis la loi du 29 juillet 1998.

§ 1
Situation avant la loi du 29 juillet 1998

922.181 **Enjeu.** L'enjeu à ce stade de la procédure est important selon que le délai expiré entraîne ou non la résiliation automatique du bail.

Si le délai du commandement est strict, c'est alors un délai de forclusion. La procédure est écourtée si le locataire s'abstient de réagir. Dans ce cas, les conséquences seront radicales pour lui : le contrat de location étant résilié, il devra quitter le logement. S'il ne le fait pas le bailleur va saisir le juge en assignant le locataire pour voir constater à son profit l'acquisition de la clause résolutoire et retrouver la libre disposition des lieux, ce qui signifie l'expulsion du locataire, éventuellement sous astreinte. En tout état de cause le juge ne pourra intervenir que pour donner des délais à l'expulsion mais le contrat est résilié dans tous les cas. C'est la solution qui s'est appliquée de 1982 à 1998.

922.182 **Délai de forclusion opposable au locataire – Lois de 1982 et 1986.** La loi de 1982 et celle de 1986 précisaient que le locataire qui avait reçu le commandement pouvait saisir le juge dans le délai prévu par celui-ci pour obtenir des délais de paiement. S'il ne le faisait pas (ou s'il ne s'acquittait pas de sa dette), il se trouvait forclos à l'expiration du délai, c'est-à-dire déchu de toute possibilité d'agir, de former un recours. Le juge, saisi cette fois par le bailleur, ne pouvait alors que constater que la clause était acquise et devait résilier le contrat.

922.183 **Délai de forclusion opposable au locataire – Loi de 1989.** La loi du 6 juillet 1989 ayant supprimé du texte de l'article 24 les termes « à peine de forclusion », la question s'était posée des conséquences de cette suppression. La Cour de cassation y a répondu en confirmant l'impossibilité pour le locataire d'agir après l'expiration du délai. Viole l'article 24 l'arrêt qui accorde des délais de paiement à un locataire ayant saisi le juge plus de deux mois après le commandement de payer demeuré infructueux, au motif que ledit article 24, contrairement aux articles 25 de la loi du 22 juin 1982 et 19

1. Paris, 26 févr. 2002, RG n° 2000/15326, *AJDI* 2002. 370.
2. Civ. 3e, 22 nov. 2011, n° 10-27.120, NP; *AJDI* 2012. 289, obs. F. de La Vaissière; *Les cahiers de l'hab.* nov.-déc. 2011, p. 14.
3. Com. 18 mai 1953, *Bull. civ.* III, n° 175.
4. Civ. 3e, 23 mars 1999, n° 97-15.048, NP, *AJDI* 1999. 635.
5. Civ. 3e, 23 nov. 1993, n° 91-21.489, NP, *Loyers et copr.* 1994, n° 17.
6. Paris, 22 mars 1989, *D.* 1989. IR 119.
7. Civ. 3e, 29 sept. 2004, n° 00-16.524, NP, *Administrer* mai 2005. 36, obs. Canu; *ibid.* juin 2005. 39, note Beddeleem; *RTD civ.* 2004. 774, obs. R. Perrot – AUSSI : Lyon, 30 janv. 2008, RG n° 05/04752, *Loyers et copr.* 2008, n° 125, obs. Vial-Pedroletti.

de la loi du 23 décembre 1986, ne sanctionnait pas expressément ce délai par la forclusion[1].

§ 2
Situation après la loi du 29 juillet 1998

922.191 Recevabilité de la demande postérieure du locataire. Avec la réforme intervenue dans la loi du 29 juillet 1998[2], la nouvelle rédaction de l'article 24 de la loi de 1989 permet de poursuivre la recherche de solutions après le délai de deux mois du commandement de payer, de manière à maintenir le locataire dans les lieux. L'expiration du délai de deux mois ne produit donc plus de conséquences définitives à cet égard.

922.192 Saisine du juge par le bailleur et pouvoir modérateur du juge. Le délai du commandement n'est ainsi plus qu'indicatif et la suite de la procédure est alors soumise à l'appréciation portée sur la situation par le juge, après que le bailleur l'ait saisi. L'automaticité de la résiliation du bail ne joue plus : « ... aucun délai n'est imposé au preneur pour saisir le juge d'une demande de délais de paiement et de suspension des effets de la clause résolutoire »[3]. Le législateur de 1998 permet au juge, saisi pour constater la résiliation du bail, soit de confirmer celle-ci, soit d'accorder des délais de paiement et de suspendre, même d'office, l'effet de la clause résolutoire.

922.193 Esprit de la réforme – Conséquences. La réforme inscrite dans la loi du 29 juillet 1998 a ainsi fait le choix du maintien du locataire dans le logement, au prix sans doute d'un allongement de la procédure, les délais ainsi ouverts devant être mis à profit pour trouver, après enquête, une solution favorable à la résorption des impayés (v. les développements sur la procédure après la loi du 24 mars 2014, dite loi Alur, s[s] n° 923.61). La question de la dette risque cependant dans ce cas d'être repoussée, voire aggravée, si le locataire ne dispose pas des moyens de la rembourser. Les dispositifs existants d'aide aux débiteurs seront mobilisés et la solution dépendra, pour le locataire comme pour le bailleur, de la bonne coordination des acteurs : préfet, CAF, FSL, CCAPEX et, parfois, commission de surendettement.

1. Civ. 3e, 18 mai 1994, n° 92-20.298, *Bull. civ.* III, n° 102; *AJDI* 1994. 535, obs. J.-P. Blatter; *Administrer* août-sept. 1994, p. 26, note Duthil; *Rev. loyers* 1994. 472, note J.-C. B.
2. L. n° 98-657, 29 juill. 1998 d'orientation relative à la lutte contre les exclusions, art. 114.
3. Civ. 3e, 17 déc. 2002, n° 01-12.532, NP – Civ. 3e, 16 févr. 2011, n° 10-14.945; *Bull. civ.* III, n° 26; *D.* 2011. 677, obs. Y. Rouquet; *ibid.* 2012. 1086, obs. N. Damas; *AJDI* 2011. 625, obs. N. Damas; *Loyers et copr.* 2011, n° 100, note Vial-Pedroletti; *Revue loyers*, 2011 n° 916, p. 160, obs. Canu; *Ann. loyers* avr. 2011, p. 547 s., note Beddeleem.

CHAPITRE

923. Résiliation judiciaire

SECTION 0
ORIENTEUR

923.00 Plan du chapitre.

Division. À un certain stade de la relation entre le bailleur et le locataire, la question du recours au juge pour trancher un différend est souvent considérée comme la dernière solution possible, d'autres ayant échoué ou ne pouvant être mises en œuvre : absence de possibilité de saisir la commission de conciliation (v. s^{s} n° 911.51), échecs des tentatives amiables, mauvaise foi de la partie adverse, voire simplement temps qui passe, sont des raisons suffisantes pour celui qui agit. Le recours au juge prendra la forme de l'assignation, le plus souvent.

Le législateur a cependant tenté à plusieurs reprises de faciliter la recherche de solutions qui soit permettent au bailleur de reprendre son bien dans des délais courts (1982-1998), soit ménagent des délais à l'occupant pour qu'il se maintienne dans son logement tout en remboursant ses dettes (depuis 1998), dans un contexte général d'insuffisance de logements locatifs pour permettre une solution de relogement adaptée à la situation de chacun.

Il en est résulté des mouvements de va et vient qui nécessitent une mise à plat des procédures.

Seront analysés successivement : les conditions du choix entre clause résolutoire et résiliation judiciaire (I); les caractéristiques de l'assignation et le diagnostic en cas de dette locative (II); le rôle du juge, dans le déroulement de la procédure depuis les réformes de 1998 et de 2014 (III) et la résiliation judiciaire du bail en cas de suspicion d'abandon du logement par le locataire (IV).

923.01 Textes applicables.

TEXTES SOURCES

• **L. n° 89-462, 6 juill. 1989, art. 24.**

TEXTES *IN EXTENSO*

• **L. 6 juill., art. 24**

* V. s^{s} n° 922.01

923.02 Jurisprudence de référence.

• **Cass. Avis, 29 juin 2001, n° 01-00.003**, *Bull. Avis.*, n° 4

* V. s^{s} n° 923.85

L'article 24 de la loi du 6 juillet 1989, modifié par l'article 114 de la loi du 29 juillet 1998 est d'application générale, sans distinction relative à la qualité du bailleur et au mode de recouvrement du loyer ou des charges et que le juge judiciaire peut donc accorder des délais de paiement au locataire, conformément aux dispositions de ce texte, même lorsque le bailleur est soumis aux règles de la comptabilité publique.

• **Civ. 3e, 13 oct. 2004, n° 03-14.266**, *Bull. civ.* III, n° 168

* V. s^{s} n° 923.62

Le moyen tiré du défaut de la notification, prévue à l'article 24 de la loi du 6 juillet 1989, de l'assignation au représentant de l'État dans le département n'étant pas de pur droit comme impliquant l'appréciation de circonstances de fait, une cour d'appel n'a pas l'obligation de le relever d'office. Ce même moyen ne peut, par conséquent, être soulevé pour la première fois devant la Cour de cassation.

• **Civ. 3e, 16 avr. 2008, n° 07-12.264**, *Bull. civ.* III, n° 73

* V. s^{s} n° 923.62

À peine d'irrecevabilité de la demande, l'assignation aux fins de constat de la résiliation est notifiée à la diligence de l'huissier de justice au représentant de l'État dans le département, par lettre recommandée avec demande d'avis de réception, au moins deux mois avant l'audience, et ces dispositions sont applicables aux assignations tendant au prononcé de la résiliation du bail lorsqu'elle est notamment motivée par l'existence d'une dette locative du preneur.

• **Cass. Avis, 16 févr. 2015, n° 14-70.011**, *Bull. Avis*, n° 2
* V. s[s] n° 923.82
La loi nouvelle régissant immédiatement les effets légaux des situations juridiques ayant pris naissance avant son entrée en vigueur et non définitivement réalisées, il en résulte que l'article 24 de la loi du 6 juillet 1989 modifié par la loi du 24 mars 2014 en ce qu'il donne au juge la faculté d'accorder un délai de trois ans au plus au locataire en situation de régler sa dette locative s'applique aux baux en cours à la date d'entrée en vigueur de la loi du 24 mars 2014.

• **Civ. 2e, 18 févr. 2016, n° 14-17.782**, P
* V. s[s] n° 923.74
Le moyen tiré de l'effacement de la dette locative à l'issue d'une procédure de traitement du surendettement alors que la clause résolutoire était acquise est inopérant.

• **Cass., avis, 4 juill. 2017, n° 17-70.008**, P
* V. s[s] n° 923.87
Les juges du fond disposent d'un pouvoir souverain pour évaluer le montant d'une indemnité due par un occupant sans droit ni titre.

923.03 Bibliographie indicative.

Ouvrages. J. Lafond, B. Vial-Pedroletti, *Les baux d'habitation,* 8e éd., LexisNexis, 2017, n°s 1261 s.

Actualisables. RÉP. PR. CIV., V° « Bail d'habitation », F. de La Vaissiere, n°s 41-50 – RÉP. IMMO., V° « Bail d'habitation et mixte : rapports individuels – loi du 6 juillet 1989 », N. Damas, n°s 445, 448-454 – DICT. PERM. Gest. Immo., « Expulsion », sp. n° 15 – LAMY DR. IMMO, n°s 5912-5915.

Articles. de La Vaissière, « Clause résolutoire ou résiliation judiciaire : quelle voie privilégier ? » *AJDI* 2010. 536 – Commeignes, « Les difficultés liées à la résiliation du bail d'habitation », *Gaz. Pal.* 1999. 2. Doctr. 1315 – Vial-Pedroletti, « Résiliation ou résolution du bail ? », *Loyers et copr.* 2003, Chron. 9 – Schutz, « Les clauses résolutoires dans les baux d'immeubles », *Dr. et proc.* 2012, suppl. au n° 11, p. 53.

SECTION 1
MISE EN ŒUVRE D'UNE CLAUSE RÉSOLUTOIRE OU DE LA RÉSILIATION DE DROIT COMMUN

§ 1
Choix du bailleur

923.11 Mise en œuvre de la clause résolutoire. Dans le cadre de la mise en œuvre de la clause de résiliation de plein droit (v. s[s] n°s 922.11 s.), la saisine du juge compétent par le bailleur suit l'expiration du délai de deux mois (dette locative) ou d'un mois (défaut d'assurance) du commandement, lorsque le débiteur n'a pas réagi ou qu'un plan d'apurement de la dette, décidé de manière amiable, a échoué. La saisine du juge a alors pour objet de voir déclarer acquise la clause résolutoire, de voir constater la résiliation du bail et de demander en conséquence l'expulsion du locataire.

La saisine directe du juge sans mise en œuvre de la clause résolutoire, peut intervenir, quant à elle, dans plusieurs hypothèses :

– le contrat ne contient pas de clause résolutoire de plein droit, ou le bailleur fait le choix d'une action directe en justice[1];

– le litige touche à des motifs non couverts par la clause résolutoire : appréciation du caractère récupérable ou non des charges locatives, non-respect de l'obligation de jouissance paisible, travaux non effectués...

Le support de l'action en justice est ici l'article 1224 du code civil (anc. art 1184), qui énonce :

« La résolution résulte soit de l'application d'une clause résolutoire soit, en cas d'inexécution suffisamment grave, d'une notification du créancier au débiteur ou d'une décision de justice. »

Selon l'article 1228 du Code civil, « le juge peut, selon les circonstances, constater ou prononcer la résolution ou ordonner l'exécution du contrat, en accordant éventuellement un délai au débiteur, ou allouer seulement des dommages et intérêts »[2].

La résolution du bail produit en principe un effet rétroactif, mais la Cour de cassation distingue selon que l'inexécution a été constatée ou non depuis l'origine[3].

923.12 Procédures alternatives au procès. Avant le procès toutefois, il est souvent possible d'avoir recours à des procédures qui, tout en passant par l'intervention du juge, ont été conçues pour éviter l'inconvénient de délais excessifs pour les requérants. En outre, ces procédures sont moins coûteuses qu'un procès civil traditionnel.

En matière d'impayés notamment, le créancier peut choisir des actions en paiement, telles que l'injonction de payer, le référé provision.

Le décret n° 2012-66 du 20 janvier 2012[4] a créé dans le code de procédure civile un livre consacré aux modes de résolution amiable des différends en dehors d'une procédure judiciaire (médiation, conciliation)[5].

1. F. de La Vaissière, « Clause résolutoire ou résiliation judiciaire : quelle voie privilégier ? » *AJDI* 2010. 536.
2. POUR UNE APPLICATION de la résolution du bail pour inexécution partielle de l'obligation de délivrance : Civ. 3e, 30 avr. 2003, n° 01-14.890, *Bull. civ.* III, n° 87; *D.* 2003. 1408, et les obs.; *RTD civ.* 2003. 501, obs. J. Mestre et B. Fages; *Loyers et copr.* 2003, n° 196, note Vial-Pedroletti.
3. Vial-Pedroletti, « Résiliation ou résolution du bail ? », *Loyers et copr.* 2003, Chron. 9. V. Civ. 3e, 30 avr. 2003, n° 01-14.890, *Bull. civ.* III, n° 87 précit.
4. Décr. n° 2012-66, 20 janv. 2012 relatif à la résolution amiable des différends, *JO* 22 janv., p. 1280.
5. V. AUSSI, de manière plus générale, N. Fricero (dir.), *Le guide des modes amiables de résolution des différents (MARD)*, 3e éd., « Guides Dalloz », Dalloz, 2017.

§ 2
Motifs pouvant justifier la résiliation judiciaire

923.21 Motifs pouvant justifier la résiliation du bail. Parmi les motifs retenus par la jurisprudence on peut relever que le retard systématique dans le paiement du loyer sans explication admissible est constitutif de mauvaise foi et caractérise le manquement aux obligations contractuelles dont le caractère grave et sérieux justifie la résiliation du bail[1]. À l'inverse, en présence d'une autorisation verbale expresse du précédent propriétaire, les travaux réalisés contribuant à l'amélioration des lieux loués, la cour d'appel a souverainement retenu que le manquement des locataires à leur obligation de ne pas transformer les lieux sans autorisation écrite n'était pas suffisamment grave pour justifier la résiliation du bail[2]. Le locataire est responsable des nuisances et actes de malveillance commis par ses enfants, qu'il héberge, quand bien même ceux-ci échapperaient de façon totale et définitive à son autorité[3]. Il est responsable des troubles majeurs à l'ensemble des voisins occasionnés par les occupants de son local d'habitation (ses enfants), entraînant la résiliation du bail[4]. Mais les troubles occasionnés par le fils majeur des locataires résidant dans les lieux loués, commis à plus d'un kilomètre de ceux-ci, pour des faits d'entrave en réunion à l'accès et à la circulation dans les parties communes prive de fondement la violation prétendue de l'obligation de jouissance paisible des lieux loués, dont le périmètre ne peut être étendu au-delà de l'immeuble dans lequel ils se situent[5]. Un acte de violence isolé, alors même qu'il serait sanctionné pénalement, ne justifie pas nécessairement la résiliation du bail[6]. On notera que lorsque des locaux loués à usage d'habitation sont impropres à cet usage, le bailleur ne peut se prévaloir de la nullité du bail ou de sa résiliation pour demander l'expulsion de l'occupant[7].

1. Civ. 3e, 10 juin 2008, n° 07-16.233, NP, *AJDI* 2008. 839, obs. Zalewski.
2. Civ. 3e, 24 juin 2008, n° 07-14.424, NP, *AJDI* 2008. 839, obs. Zalewski.
3. Civ. 3e, 10 nov. 2009, n° 08-21.874, *Bull. civ.* III, n° 245; *Dalloz actu.*, 2 déc. 2009, comm. Chenu; *Administrer* oct. 2010, p. 26, note Beddeleem.
4. Versailles, 26 juin 2012, n° 11/05333, 11 sept. 2012, n° 11/05309, n° 11/05332.
5. Civ. 3e, 14 oct. 2009, n° 08-16.955, *Bull. civ.* III, n° 221; *D.* 209. 2552, obs. G. Forrest; *ibid.* 2010. 1168, obs. N. Damas; *AJDI* 2010. 316, obs. V. Zalewski.
6. Aix-en-Provence, 6 mai 2011, n° 10/00286, cite par Rémy et Pialoux, *Revue des loyers*, déc. 2012, p. 460.

SECTION 2
ASSIGNATION

923.31 Définition et utilité. La procédure applicable à tous les secteurs locatifs pour saisir le juge est l'assignation. L'assignation est un acte d'huissier de justice par lequel le demandeur cite son adversaire à comparaître devant le juge (C. pr. civ., art. 55).

Dans le cadre d'une action pour obtenir le respect de l'application du bail, une des parties, bailleur ou locataire, assigne l'autre pour obtenir satisfaction.

Un décret n° 2017-923 du 9 mai 2017 rend obligatoire, depuis le 1er juin 2017, un document d'information en vue de l'audience délivré aux locataires assignés aux fins de constat ou de prononcé de la résiliation du contrat de bail. Ce document, déposé par l'huissier de justice au domicile ou à la résidence du destinataire, par pli séparé de l'avis de passage, précise :

- la date, l'horaire et le lieu de l'audience;
- l'importance de la présentation du destinataire à l'audience;
- la possibilité de déposer, avant l'audience, une demande d'aide juridictionnelle et de saisir les acteurs qui contribuent à la prévention des expulsions locatives (visés à l'art. 4-IV-4° de la loi « Besson » du 31 mai 1990).

Ce document est également remis par l'huissier de justice au destinataire de l'assignation lorsque celle-ci est délivrée à personne. Un modèle type du document d'information va être établi par le ministre chargé du logement.

Avant d'analyser la suite de la procédure, dans le cadre notamment de la loi du 24 mars 2014[8], dite loi Alur, il faut rappeler qu'une phase précontentieuse était obligatoire pour les bailleurs sociaux, pour les locataires bénéficiant d'une aide personnelle.

§ 1
Phase précontentieuse dans le secteur social

A.
Avant la loi Alur

923.41 Obligation de saisine. Pour les seuls bailleurs sociaux, l'article 115 de la loi du 29 juillet

7. L. n° 2009-323, 25 mars 2009 de mobilisation pour le logement et la lutte contre l'exclusion, *JO* 27 mars, p. 5408, art. 58 (complétant C. civ., art. 1719, 1°) – SUR CETTE LOI : Damas, *AJDI* 2009. 274; *D.* 2010. Pan. 1168, spéc. 1177; Lafond, *JCP N* 2009, n° 1136; Canu, *Rev. loyers* 2009. 262; Raclet, *Administrer* août-sept. 2009. 7.
8. L. n° 2014-366, 24 mars 2014, *JO* 26 mars, p. 5809.

1998[1] instaurait une procédure préalable spécifique et obligatoire avant toute assignation aux fins de constat de résiliation du bail, sous réserve que le locataire bénéficie de l'APL ou d'une allocation de logement, ce qui peut être rapporté par tous moyens. La définition des bailleurs sociaux recouvre les organismes d'HLM pour l'ensemble de leur parc conventionné ou non conventionné et les sociétés d'économie mixte pour leur parc conventionné et, dans les départements d'Outre-mer, pour les logements construits, acquis et améliorés avec le concours financier de l'État[2].

Le bailleur devait saisir, préalablement à toute assignation, l'organisme payeur (CAF ou MSA).

La saisine peut être réalisée dès la constitution de l'impayé, ce qui, au sens de l'article R. 351-30 du CCH, s'entend de trois termes nets consécutifs totalement impayés ou de deux fois le montant mensuel brut du loyer et des charges. Cette obligation ne s'imposait évidemment qu'en présence de bénéficiaires des aides locatives (sur la définition des aides v. s^s n° 711.22).

Le bailleur doit pouvoir prouver qu'il a effectué la saisine. Il n'y a pas de règle de forme imposée par le texte, mais son omission entraînerait l'irrecevabilité de la demande[3].

Toute assignation tendant à la résiliation du bail doit être notifiée au préalable à la commission, peu important qu'elle ait été antérieurement saisie dans le cadre d'une précédente procédure[4].

923.42 Délai imposé. Un délai de trois mois était obligatoire entre cette saisine et l'assignation, sauf si la CAF se prononçait plus tôt.

Si l'assignation était déposée avant l'expiration de ce délai, elle était irrecevable[5]. L'irrecevabilité ne s'appliquait qu'aux assignations délivrées postérieurement à la date d'entrée en vigueur de la loi du 18 janvier 2005[6].

1. CCH, art. L. 353-15-1 pour les logements conventionnés et CCH, art. L. 442-6-1 pour les logements non conventionnés, abrogés depuis L. n° 2014-366, 24 mars 2014, dite loi Alur.
2. Circ. 9 févr. 1999 relative à la prévention des expulsions locatives, *JO* 17 févr., p. 2506.
3. L. n° 2005-32, 18 janv. 2005 de programmation pour la cohésion sociale, art. 99 – V. CCH, art. L. 353-15-1 et L. 442-6-1.
4. Civ. 3e, 18 juin 2014, n° 13-15.049, *Bull. civ.* III, n° 87, *Dalloz actu*, 4 juill. 2014, obs. Y. Rouquet; *D.* 2015. 1178, obs. N. Damas.
5. L. n° 2005-32, 18 janv. 2005 de programmation pour la cohésion sociale, ayant modifié CCH, art. L. 353-15-1 et L. 442-6-1, *JO* 19 janv., p. 864.
6. Civ. 3e, 26 nov. 2008, n° 07-17.810, *Bull. civ.* III, n° 185; *D.* 2009. 22, obs. G. Forest; *AJDI* 2009. 305, obs. C. Dreveau.

923.43 Objectif poursuivi. Cette phase avait pour objet de faciliter la recherche d'une solution amiable, pour mettre au point notamment un plan d'apurement de la dette, accompagné éventuellement d'une participation financière du FSL ou d'une mesure d'accompagnement du locataire.

Elle était doublée par l'enquête obligatoire prévue entre l'assignation et la tenue de l'audience aux termes de l'article 24, 2e alinéa de la loi du 6 juillet 1989, dans sa version antérieure à la loi du 24 mars 2014, dite loi Alur (v. s^s n°s 923.62 s.).

L'aide au logement est maintenue durant une période conservatoire de trois mois au cours de laquelle une solution amiable est recherchée[7].

B.
Depuis la loi Alur

923.51 Loi du 24 mars 2014, dite loi Alur. Dorénavant, la loi du 24 mars 2014, dite loi Alur, a cherché à renforcer le dispositif en faveur de la prévention des expulsions et la procédure a été simplifiée. Elle est entrée en vigueur le 1er janvier 2015 (v. s^s n° 922.44).

Le bailleur doit toujours signaler les impayés auprès de la CAF[8] mais la loi du 24 mars 2014, dite loi Alur, a voulu permettre le maintien des aides personnelles pour les débiteurs de bonne foi. À ce titre l'article L. 351-14 du CCH précise que l'organisme payeur décide du maintien du versement de l'aide personnelle quand le bénéficiaire ne paye pas la part qui lui revient dans des conditions qui seront fixées dans un décret à paraître. Le décret n° 2016-748 du 6 juin 2016 a précisé les conditions dans lesquelles le maintien du versement pour les allocataires de bonne foi peut être envisagé.

§ 2
Diagnostic social et financier en cas de dette locative

923.61 Deux modes de résiliation du bail, une procédure commune. En cas de dette locative le bailleur peut avoir choisi de mettre en jeu la clause résolutoire prévue dans le bail (v. s^s n°s 922.11 s.) ou de poursuivre directement le locataire devant le juge.

Dans les deux cas un diagnostic social et financier est posé en préalable à toute assignation pour que la situation du locataire en difficulté soit appréciée.

7. Circ. 9 févr. 1999 – Mais l'aide est souvent maintenue pour une durée de 6 mois.
8. CCH, art. R. 351-30.

La réforme intervenue dans la loi du 24 mars 2014[1], dite loi Alur, précise en effet que : « À peine d'irrecevabilité de la demande, l'assignation aux fins de constat de la résiliation est notifiée à la diligence de l'huissier de justice au représentant de l'État dans le département par lettre recommandée avec demande d'avis de réception, au moins deux mois avant l'audience, afin qu'il saisisse l'organisme compétent désigné par le PDHLPD (plan départemental d'aide à l'hébergement ou au logement des personnes défavorisées). L'organisme saisi réalise un diagnostic social et financier au cours duquel le locataire et le bailleur sont mis en mesure de présenter leurs observations, et le transmet au juge avant l'audience, ainsi qu'à la CCAPEX.[2] ». La loi Égalité et citoyenneté du 27 janvier 2017 n'exige plus que la notification au Préfet soit réalisée par lettre recommandée avec demande d'avis de réception, mais par voie électronique via le système d'information EXPLOC. Par ailleurs, la saisine de l'organisme ci-dessus mentionné peut s'effectuer par voie électronique selon des modalités fixées par décret. L'entrée en vigueur de ces dispositions est fixée au plus tard au 31 décembre 2017.

L'obligation pèse sur tous les logements sans distinction d'appartenance à tel ou tel type de bailleur, social ou privé.

Cette obligation pour l'huissier de notifier l'assignation au préfet est applicable aux assignations tendant au prononcé de la résiliation du bail lorsqu'elle est motivée par l'existence d'une dette locative du preneur. Elle est également applicable aux demandes reconventionnelles aux fins de constat ou de prononcé de la résiliation motivées par l'existence d'une dette locative, mais cette fois la notification au représentant de l'État incombe au bailleur, selon l'article 24 de la loi du 6 juillet 1989, modifiée par la loi du 24 mars 2014, dite loi Alur.

Le cas des demandes additionnelles, visées par le même article de la loi dans sa version antérieure, avait été oublié lors de la réécriture de l'article 24 par la loi Alur. Cet oubli a été corrigé par la loi n° 2015-990 du 6 août 2015, dite loi Macron.

923.62 Notification obligatoire. Dans la rédaction de l'article 24 de la loi du 6 juillet 1989 dès avant la loi du 24 mars 2014, dite loi Alur, l'obligation de notification de l'assignation au préfet par l'huissier préexistait.

Le préfet devait quant à lui saisir les services compétents pour qu'ils réalisent une enquête sociale et financière. La réforme de 2014 a pour ambition, en impliquant la CCAPEX le plus en amont (v. s^{s} n° 922.44), de favoriser un meilleur suivi du locataire en difficulté.

Il a été jugé, dans le cadre antérieur à la loi du 24 mars 2014, dite loi Alur, que peu importe que l'assignation ait été notifiée au sous-préfet et non au préfet, dès lors qu'il est établi que celui-ci l'a bien reçue en réalité[3].

En cas d'assignation aux fins de résiliation du bail, la cour d'appel n'a pas l'obligation de relever d'office le défaut de notification de l'assignation au préfet, s'agissant d'un moyen qui n'est pas de pur droit comme impliquant l'appréciation de circonstances de fait[4].

Il doit s'écouler au minimum un délai de deux mois entre l'information du préfet et la date de l'audience. La saisine précoce du tribunal par le bailleur n'est pas justifiée, le bailleur n'ayant pas, au regard de l'article 31 du code de procédure civile, un intérêt né et actuel à agir, justifiant une saisine avant la fin du délai de deux mois, qui ne peut par conséquent être abrégé[5]. N'est pas davantage valable la régularisation en appel dès lors que le délai de deux mois n'est pas respecté[6].

Mais la notification s'impose-t-elle même si la demande n'est motivée qu'en partie par l'existence d'une dette locative ? La Cour de cassation l'affirme. Le fait que la demande soit notamment motivée par l'existence d'une dette locative suffit[7]. Dans le cas contraire, il aurait été tentant pour le bailleur d'ajouter à un grief de non-paiement des loyers un autre grief pour s'affranchir de l'obligation de notification qui a, rappelons-le, pour objectif le relogement. La notification au préfet des conclusions signifiées en cours d'instance n'a pas valeur de régularisation; elle ne repose sur aucun texte et n'est pas recevable[8].

923.63 Absence de dette. La formalité prévue par l'article 24 n'est pas requise lorsque c'est le locataire qui a pris l'initiative de la résiliation du bail et que

1. L. n° 2014-366, 24 mars 2014, *JO* 26 mars, p. 5809.
2. L. n° 89-462, 6 juill. 1989, art. 24, III, mod. par L. n° 2014-366, 24 mars 2014, art. 27.
3. Douai, 10 févr. 2000, RG n° 1999/05735, *Loyers et copr.* 2001, n° 144, obs. Vial-Pedroletti.
4. Civ. 3e, 13 oct. 2004, n° 03-14.266, *Bull. civ.* III, n° 138, *AJDI* 2005. 308, obs. Rouquet; *Administrer* mai 2005, p. 38, obs. Canu.
5. Civ. 3e, 29 sept. 2004, n° 00-16.524, NP, *RTD civ.* 2004. 774, obs. R. Perrot; *Administrer* 2005, p. 39, note Beddeleem – Lyon, 30 janv. 2008, RG n° 05/04752, *Loyers et copr.* 2008, n° 125, note Vial-Pedroletti.
6. Civ. 3e, 14 févr. 2012, n° 11-30.072, NP, *Loyers et copr.* 2012, n° 98, note Vial-Pedroletti.
7. Civ. 3e, 16 avr. 2008, n° 07-12.264, *Bull. civ.* III, n° 73; *BICC* 15 sept. 2008, n° 1290; *Loyers et copr.* 2008, n° 126, note Vial-Pedroletti; *Ann. loyers* juill. 2007, note F. de La Vaissière.
8. Civ. 3e, 16 avr. 2008, n° 07-12.264, *Bull. civ.* III, n° 73; *BICC* 15 sept. 2008, n° 1290; *Loyers et copr.* 2008, n° 126, note Vial-Pedroletti; *Ann. loyers* juill. 2007, note F. de La Vaissière.

l'action du bailleur consiste à faire constater la qualité d'occupant sans titre de l'ancien locataire qui s'est maintenu dans les lieux[1].

N'est pas motivée par l'existence d'une dette locative du preneur l'assignation aux fins de constat de la résiliation du bail résultant de nuisances causées au voisinage. Elle n'a, par conséquent, pas à être notifiée au préfet[2].

Si l'assignation n'est pas motivée par une dette locative, le délai de deux mois avant l'audience n'a pas lieu d'être et le juge peut poursuivre la procédure.

923.64 **Rôle du préfet dans le délai.** Dans ce délai de deux mois, le préfet saisit l'organisme compétent, désigné par le Plan Départemental d'action pour l'Hébergement le Logement des Personnes Défavorisées pour la réalisation du diagnostic social et financier et informe le juge sur les causes de l'impayé.

Rappelons que cette procédure est à appliquer dans tous les cas, qu'il s'agisse du parc social ou du parc privé.

À la fin du délai de deux mois, le préfet transmet au juge les informations dont il dispose à la suite du diagnostic rendu, en tenant compte des éléments recueillis auprès des organismes payeurs pour les locataires qui bénéficient d'aides au logement.

§ 3
Assignation *stricto sensu*

923.71 **Formalisme.** L'assignation doit comprendre un certain nombre de mentions obligatoires, d'une part parce qu'il s'agit d'un acte d'huissier de justice, d'autre part en fonction de sa nature même. Le formalisme de l'assignation devant le tribunal d'instance a été constamment renforcé, en dernier lieu par le décret n° 2017-892 du 6 mai 2017.

923.72 **Formalités préalables.** La demande en justice sera irrecevable dans deux circonstances expressément visées par l'article 24 de la loi du 6 juillet 1989. D'une part, si l'assignation n'a pas été notifiée au représentant de l'État dans le département au moins deux mois avant l'audience (v. s[s] n° 923.61). D'autre part, depuis le 1er janvier 2015, si la CCAPEX n'a pas été saisie lorsque le bailleur est une personne morale autre qu'une société civile familiale (v. s[s]. n° 922.47).

923.73 **Demandes du bailleur.** Le bailleur, dans le cadre d'une action en résiliation, demande au juge soit de constater l'acquisition de la clause résolutoire soit de prononcer la résiliation du contrat et, dans les deux cas, le paiement de la dette et, le cas échéant, le prononcé de l'expulsion du locataire.

En outre, il peut solliciter à cette occasion le paiement par le locataire du coût du commandement et l'application de l'article 700 du code de procédure civile pour les frais qu'il a engagés.

Enfin si le contrat est résilié, le locataire devient occupant sans titre et le bailleur demandera que soit fixé le montant de l'indemnité d'occupation jusqu'au départ du locataire.

923.74 **Surendettement et dette locative.** L'article 125 de la loi du 18 janvier 2005, dite loi de Cohésion sociale, a introduit une mesure en faveur des bailleurs aux termes de laquelle les dettes locatives bénéficient d'une priorité de règlement dans le cadre d'une procédure de surendettement. Le nouvel article L. 711-6 (anc. L. 333-1-1) du code de la consommation qui en résulte précise que cette priorité s'exerce à l'encontre des créances des établissements de crédit et des sociétés de financement et aux crédits. Aussi, dans le cadre d'un plan conventionnel de redressement comme au stade des mesures adoptées par la commission, le bailleur bénéficiera dorénavant d'une priorité de règlement par rapport à de telles dettes bancaires.

Le moyen tiré de l'effacement de la dette locative à l'issue d'une procédure de traitement du surendettement alors que la clause résolutoire était acquise est inopérant[3].

923.75 **Synthèse.** À ce stade, la procédure peut être résumée de la manière suivante :

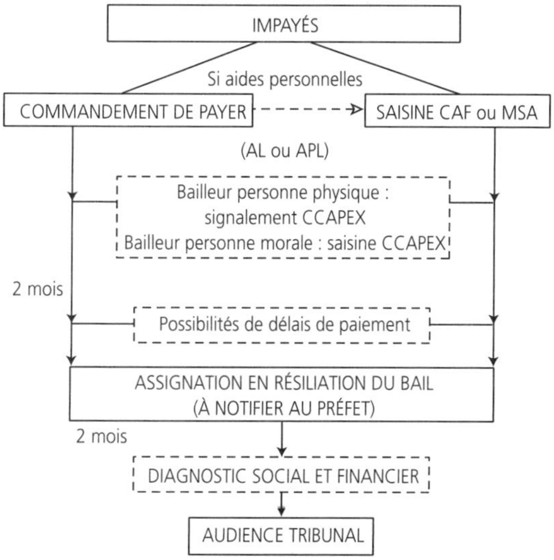

1. Civ. 3e, 23 mars 2011, n° 09-68.942, *Bull. civ.* III, n° 48; *D.* 2011. 1015, obs. Y. Rouquet; *ibid.* 2012. 1086, obs. N. Damas; *Loyers et copr.* 2011, n° 139, note Vial-Pedroletti.
2. Civ. 3e, 7 déc. 2004, n° 03-19.276, NP, *Rev. loyers* 2005. 155.
3. Civ. 2e, 18 févr. 2016, n° 14-17.782, P, *D.* 2016. 1102, obs. N. Damas; *ibid.* 1886, Chron. H. Adida-Canac, T. Vasseur, E. de Leiris, G. Hénon, N. Palle, O. Becuwe et N. Touati; *AJDI* 2016. 690, obs. N. Damas.

SECTION 3
POUVOIRS DU JUGE

923.81 **Mesures de soutien du locataire.** Le juge, à cette phase du jugement, peut accorder au débiteur des délais de paiement, mais également, tout en prononçant l'expulsion, assortir celle-ci d'un délai, et/ou informer le préfet de la situation pour faciliter le relogement des personnes expulsées.

923.82 **Conditions.** « Le juge peut, même d'office, accorder des délais de paiement dans la limite de trois années par dérogation au délai prévu au 1er alinéa de l'article 1343-5 du code civil, au locataire en situation de régler sa dette locative »[1]. Seul le tribunal d'instance est compétent pour accorder des délais qui suspendent la clause résolutoire[2].

Le texte de l'article 24 modifié de la loi du 6 juillet 1989 ajoute que le juge peut vérifier, à l'occasion des délais qu'il accorde, « tout élément constitutif de la dette locative et le respect de l'obligation de (décence du logement) », et ce d'office, c'est-à-dire par lui-même, sans saisine préalable par l'une des parties.

Les délais de paiement ont été portés de deux à trois ans par la loi Alur du 24 mars 2014, et la Cour de cassation a estimé que cette modification était d'application immédiate, y compris aux baux en cours[3].

923.83 **Conséquences.** La décision favorable du juge a une triple conséquence :

- elle permet d'échelonner, ou de reporter le paiement des sommes dues;
- elle suspend l'application de la clause résolutoire pendant les délais octroyés;
- elle suspend les procédures d'exécution qui auraient été engagées par le créancier; les majorations d'intérêts et les pénalités encourues cessent d'être dues pendant le délai si elles résultent du retard de paiement.

Le locataire n'en reste pas moins tenu de continuer à payer les loyers qui courent pendant ces délais.

Le juge judiciaire peut accorder des délais de paiement au locataire, conformément aux dispositions de l'article 24 de la loi du 6 juillet 1989, alors même que le bailleur est soumis aux règles de la comptabilité publique[4]. Mais la suspension par le juge de l'exécution de l'exigibilité des dettes[5], après l'expiration du délai de deux mois suivant la délivrance du commandement de payer, n'a pas pour conséquence de suspendre la clause résolutoire dont les effets se poursuivent[6].

Si le locataire se libère de sa dette dans les délais et selon les modalités fixées par le juge, la clause est réputée ne pas avoir joué. Dans le cas contraire, elle reprend ses effets. Toutefois, le locataire peut arguer d'événements extérieurs, imprévisibles et irrésistibles, constitutifs de la force majeure, tel qu'un bogue informatique ayant rendu le paiement d'une échéance de la dette impossible, un mois donné, ce qui annule le commandement de quitter les lieux et le procès-verbal de tentative d'expulsion[7].

923.84 **Sursis à exécution à l'occasion du jugement d'expulsion.** Le juge peut, également, prononcer la résiliation du bail et l'expulsion, quels que soient les motifs invoqués, tout en accordant le sursis à l'exécution de sa décision.

Les délais peuvent être accordés même d'office, conformément à l'article L. 613-1, alinéa 2, du CCH, qui renvoie aux dispositions du code des procédures civiles d'exécution.

Ces délais sont renouvelables si le relogement des intéressés ne peut avoir lieu dans des conditions normales. Ils ne peuvent cependant ni être inférieurs à trois mois, ni être supérieurs à trois ans.

923.85 **Procédure.** Le jugement rendu fait l'objet d'une signification par huissier, lequel informe la partie adverse de la décision. La signification marque le point de départ des voies de recours ouvertes aux parties. Le délai d'appel est d'un mois pour les jugements et de quinze jours pour les ordonnances de référé. Si la décision est assortie de l'exécution provisoire, elle peut être appliquée immédiatement, même en cas d'appel. La cour d'appel, pour annuler une procédure d'expulsion à l'encontre du sous-locataire, alors qu'une ordonnance de référé a prononcé l'expulsion du locataire principal, ne peut affirmer que le bailleur devait au préalable signifier au sous-locataire cette ordonnance[8].

923.86 **Relogement.** La loi relative à la lutte contre les exclusions du 29 juillet 1998[9] a souhaité

1. L. n° 89-462, 6 juill. 1989, art. 24 V, après mod. par L. n° 2014-366, 24 mars 2014, dite loi Alur.
2. Civ. 3e, 5 juin 2002, n° 00-21.774, *Bull. civ.* III, n° 132, *D.* 2002. 2302; *Loyers et copr.* 2002, n° 225, obs. Vial-Pedroletti.
3. Cass. Avis, 16 févr. 2015, n° 14-70.011, *Bull. Avis*, n° 2; *D.* 2015. 489; *ibid.* 1178, obs. N. Damas; *AJDI* 2015. 608, obs. N. Damas; *RTD civ.* 2015. 569, obs. P. Deumier.
4. Cass. Avis, 29 juin 2001, n° 01-00.003, *Bull. Avis*, n° 4; *D.* 2001. IR 2558; *AJDI* 2002. 224; *Rev. loyers*, 2001, p. 443.
5. En cas de surendettement.
6. Civ. 2e, 13 juill. 2005, n° 03-18.293, *Bull. civ.* II, n° 205; *AJDI* 2005. 739, note Rouquet.
7. Civ. 3e, 17 févr. 2010, n° 08-20.943, *Bull. civ.* III, n° 47; *Loyers et copr.* 2010, n° 106, note Chavance.
8. Civ. 3e, 30 nov. 2005, n° 04-18.686, *Bull. civ.* III, n° 229; *D.* 2006. 99; *AJDI* 2006. 371, obs. F. de La Vaissière.
9. L. n° 98-657, 29 juill. 1998, *JO* 31 juill., p. 11679.

faciliter la recherche de solutions de relogement des locataires en voie d'expulsion. Elle incite le juge qui ordonne l'expulsion, ou qui statue sur une demande de délais, à transmettre au préfet son ordonnance ou sa décision, et ce même d'office, afin de prendre en compte la demande de l'occupant dans les dispositifs de relogement existant au niveau départemental (v. s^s n°s 913.11 s.).

Ainsi, comme dans le cas de la clause résolutoire, un rôle prépondérant est confié au juge pour apprécier les conditions de la rupture du bail et ses conséquences sur le départ du locataire du logement.

923.87 Indemnité d'occupation. La date d'effet de la résiliation du bail fait naître une créance d'indemnité d'occupation au profit du bailleur si les locaux étaient encore occupés par l'ex-locataire. L'indemnité d'occupation a une nature mixte, compensatoire et indemnitaire [1].

Les juges du fond ont un pouvoir souverain d'appréciation du montant de cette indemnité, et peuvent donc fixer un montant différent du montant du loyer [2], et l'assortir des modalités qu'ils estiment nécessaires (telle qu'une réévaluation annuelle), conformément au principe de la réparation intégrale [3].

Le débiteur de l'indemnité est l'ex-locataire, mais il peut également s'agir de la caution ou d'un codébiteur solidaire, à la condition que leurs engagements respectifs mentionnent expressément l'hypothèse de l'indemnité d'occupation [4].

SECTION 4
LA RÉSILIATION JUDICIAIRE DU BAIL EN CAS D'ABANDON DU LOGEMENT

923.91 Disposition créée par la loi du 22 décembre 2010. La loi du 22 décembre 2010 [5] offre une opportunité propre à favoriser la reprise par le bailleur d'un logement que le locataire a quitté.

L'article 14-1 de la loi du 6 juillet 1989 ainsi créé prévoit trois temps précis d'intervention : la mise en demeure, le constat d'abandon, la résiliation. Cette solution est évidemment à privilégier à partir du moment où des éléments solides laissent présager du départ du locataire. La nouvelle procédure ne supprime pas l'intervention du juge dont les conditions sont fixées par un décret du 10 août 2011 [6].

Il est à noter que le fait pour le bailleur de reprendre unilatéralement le bien loué, sans mise en œuvre d'une quelconque procédure de résiliation du bail dans les conditions prévues aux articles 14-1 ou 24 de la loi du 6 juillet 1989, est fautive et pourrait même constituer une violation de domicile au sens pénal du terme [7]. La Cour de cassation a par ailleurs jugé que la seule constatation d'une reprise illicite d'un logement ouvre droit à réparation au profit du locataire [8].

923.92 Mise en demeure par acte d'huissier. « Art. 14-1. – Lorsque des éléments laissent supposer que le logement est abandonné par ses occupants, le bailleur peut mettre en demeure le locataire de justifier qu'il occupe le logement. »

« Cette mise en demeure, faite par acte d'huissier de justice, peut être contenue dans un des commandements visés aux articles 7 et 24. »

La loi permet donc d'utiliser le support des commandements des articles 7 sur le défaut d'assurance ou 24 sur le commandement de payer (v. s^s n° 922.21) ou de procéder à une mise en demeure avant la saisine directe du juge en vue de la résiliation judiciaire sans commandement préalable, le seul fait que le bailleur « détienne des éléments laissant supposer que le logement est abandonné par ses occupants » permettant de lancer la mise en demeure. Il convient de s'aménager la preuve de ces éléments (état des consommations d'eau ou d'électricité, courriers postaux non relevés...). Si le logement est régulièrement occupé ce sera au locataire d'en apporter la preuve.

923.93 Constat de l'abandon du domicile par l'huissier. L'article 14-1 précise ensuite : « S'il n'a pas été déféré à cette mise en demeure un mois après signification, l'huissier de justice peut procéder dans les conditions prévues aux articles L. 142-1 et L. 142-2 du code des procédures civiles d'exécution [9] pour constater l'état d'abandon du logement. »

L'huissier de justice peut pénétrer dans les lieux, en l'absence de l'occupant mais en présence du maire de la commune, d'un conseiller municipal ou d'un fonctionnaire municipal délégué par le maire à

1. Civ. 3e, 27 avr. 1982, n° 80-15.139, *Bull. civ.* III, n° 103.
2. Civ. 3e, 26 nov. 1997, n° 96-12.003, *Bull. civ.* III, n° 210; *D.* 1999. 146, obs. CRDP Nancy II; *AJDI* 1998. 1066; *ibid.* 1067, obs. G. Teilliais; *RDI* 1998. 141, obs. F. Collart-Dutilleul et J. Derruppé.
3. Cass., avis, 4 juill. 2017, n° 17-70.008, P.
4. Civ. 3e, 6 mars 1996, n° 93-16.540, NP, *D.* 2001. 2514; 11 févr. 2016, n° 14-25.948, NP, *AJDI* 2016. 271.
5. L. n° 2010-1609, 22 déc. 2010 relative à l'exécution des décisions de justice, aux conditions d'exercice de certaines professions réglementées et aux experts judiciaires, *JO* 23 déc. 2010, p. 22552, art. 4.1.
6. Décr. n° 2011-945, 10 août 2011, *JO* 12 août, p. 13848.
7. Bourges, 27 oct. 2016, n° 15/01636.
8. Civ. 3e, 6 juill. 2017, n° 16-15.752, P (action en responsabilité intentée à l'encontre de l'huissier ayant dressé un procès-verbal de reprise des lieux et fait changer la serrure du logement, en l'absence d'une mise en demeure et d'une décision de justice constatant la résiliation du bail prévues à l'article 14-1 de la loi du 6 juillet 1989).
9. Anc^t L. n° 91-650, 9 juill. 1991, art. 21.

cette fin, d'une autorité de police ou de gendarmerie, requis pour assister au déroulement des opérations ou, à défaut, de deux témoins majeurs qui ne sont au service ni du créancier, ni de l'huissier de justice chargé de l'exécution. Dans les mêmes conditions, il peut procéder à l'ouverture des meubles.

Puis le texte de l'article 14-I nouveau de la loi du 6 juillet 1989 poursuit : « Pour établir l'état d'abandon du logement en vue de voir constater par le juge la résiliation du bail, l'huissier de justice dresse un procès-verbal des opérations. Si le logement lui semble abandonné, ce procès-verbal contient un inventaire des biens laissés sur place, avec l'indication qu'ils paraissent, ou non, avoir valeur marchande. »

Ainsi l'huissier de justice va dresser procès-verbal de l'opération, assisté des personnes visées plus haut; il recense le mobilier qu'il a trouvé dans les lieux, pour préserver les droits de l'occupant.

923.94 Résiliation judiciaire du bail. « La résiliation du bail est constatée par le juge dans des conditions prévues par voie réglementaire. »

Le décret du 10 août 2011 [1] précise que le demandeur peut procéder par la voie d'une requête, s'il le souhaite, ou par assignation. Le juge se prononce alors sur la résiliation du bail ainsi que sur la reprise des lieux, le paiement éventuel des sommes dues au titre du bail et sur l'abandon des meubles hors valeur marchande. On notera que le juge d'instance, depuis la réforme et la codification des procédures d'exécution intervenue par décret du 30 mai 2012, peut statuer sur le sort de la totalité des meubles laissés dans les locaux abandonnés et non plus seulement sur les seuls ayant une valeur marchande.

923.95 Sort des documents de nature personnelle. Les papiers et documents de nature personnelle sont conservés sous pli scellé, l'huissier devant les conserver deux ans.

923.96 Rejet de la demande. Une décision de rejet par le juge est sans recours pour le bailleur, sauf à utiliser la voie ordinaire pour l'expulsion du locataire.

923.97 Abandon et départ volontaire. En cas de constat d'abandon par le juge une expédition de son ordonnance par huissier à l'initiative du bailleur dans les deux mois est transmise au locataire et aux derniers occupants connus du bailleur. Le locataire a un délai d'un mois pour faire opposition. Le tribunal statue et son jugement se substitue à l'ordonnance antérieure, sauf si aucune partie ne se présente, ce qui rend caduque l'ordonnance.

En cas de départ volontaire l'huissier peut procéder à un constat de reprise des lieux, le bailleur bénéficiant d'une procédure d'expulsion simplifiée sans délivrance d'un commandement de quitter (v. s[s] n° 923.91).

1. Décr. n° 2011-945, 10 août 2011, *JO* 12 août, p. 13848.

TITRE

93. Le contentieux de l'expulsion

SECTION 0 ORIENTEUR

93.00 Plan du titre.

93.01 Textes applicables.

TEXTES SOURCES

• **C. pr. exéc., art. L. 122-1 à L. 122-2, L. 142-1, L. 153-1, L. 153-2, L. 411-1, L. 412-1 à L. 412-8, L. 433-1 à L. 433-3, L. 451-1.**

• **C. pr. exéc., art. R. 153-1, R. 412-1.**

• **L. n° 2010-1609, 22 déc. 2010** relative à l'exécution des décisions de justice, aux conditions d'exercice de certaines professions réglementées et aux experts judiciaires, *JO* 23 déc., p. 22552.

93.03 Bibliographie indicative.

Ouvrages. GIP Charente SolidaritéS, *Les expulsions locatives en Charente.* Bilan 2013, 2014 – Maurel Y., Vincent P., 2012, *Comment en arrive-t-on à l'expulsion ? 100 ménages expulsés de leur logement rencontrés par les ADIL, ADIL du Gard,* févr. 2012 – Herbert B., *Prévention des expulsions, locataires et bailleurs face à l'impayé,* ANIL, oct. 2011 – Hirsch M., Chemla D. (dir.). *Code des droits contre l'exclusion,* « Droits d'urgence », Dalloz, 2006 – Grunspan J.-P., *Définition d'un système d'observation des expulsions locatives, de leur mécanisme et de leur prévention,* Conseil général des ponts et chaussées, juill. 2004 – Bérenger F., *Guide de l'expulsion locative,* Annales des loyers, Edilaix, 2011.

Actualisables. RÉP. PR. CIV., v° « Force publique : refus de concours », R. Vandermeeren – RÉP. IMMO., v° « Bail (expulsion) », S. Gérard; « Expulsion », A. Gaonac'h – DICT. PERM. Gest. Immo., « Expulsion » – LAMY DR. IMMO, n°s 5651-5666.

Articles. R. Rossi-Landi, « L'expulsion du locataire pour impayés de loyer depuis la loi Alur », www.village-justice.com, 5 juin 2015 – P. Pelletier, S. Fraîche-Dupeyrat, « Les contentieux locatifs d'habitation après les lois Alur et Hamon », *Opérations immobilières*, mars 2015, p. 18 s. – L. Auvergnat, « La procédure d'expulsion au lendemain de la loi Alur du 24 mars 2014 », *Gaz. Pal.*, 7 au 9 sept. 2014 – V. Pascale, « Comment en arrive-t-on à l'expulsion ? », Informations sociales 2014/4, n° 184, p. 42 s. – P. Combeau, « L'Administration face aux expulsions locatives », *AJDA* 2012. 1939.

CHAPITRE

931. Formalités préalables à l'expulsion

SECTION 0
ORIENTEUR

931.00 **Plan du chapitre.**

931.01 **Textes applicables.**

TEXTES SOURCES

• **C. pr. exéc., art. L. 411-1, L. 412-1 à L. 412-8.**

• **C. pr. exéc., art. R. 412-1.**

• **L. n° 2010-1609, 22 déc. 2010** relative à l'exécution des décisions de justice, aux conditions d'exercice de certaines professions réglementées et aux experts judiciaires, *JO* 23 déc., p. 22552.

TEXTES *IN EXTENSO*

• **C. pr. exéc., art. L. 411-1**

Sauf disposition spéciale, l'expulsion d'un immeuble ou d'un lieu habité ne peut être poursuivie qu'en vertu d'une décision de justice ou d'un procès-verbal de conciliation exécutoire et après signification d'un commandement d'avoir à libérer les locaux.

• **C. pr. exéc., art. L. 412-1**

Si l'expulsion porte sur un lieu habité par la personne expulsée ou par tout occupant de son chef, elle ne peut avoir lieu qu'à l'expiration d'un délai de deux mois qui suit le commandement, sans préjudice des dispositions des articles L. 412-3 à L. 412-7. Toutefois, le juge peut, notamment lorsque les personnes dont l'expulsion a été ordonnée sont entrées dans les locaux par voie de fait ou lorsque la procédure de relogement effectuée en application de l'article L. 442-4-1 du code de la construction et de l'habitation n'a pas été suivie d'effet du fait du locataire, réduire ou supprimer ce délai.

• **C. pr. exéc., art. L. 412-2**

Lorsque l'expulsion aurait pour la personne concernée des conséquences d'une exceptionnelle dureté, notamment du fait de la période de l'année considérée ou des circonstances atmosphériques, le délai prévu à l'article L. 412-1 peut être prorogé par le juge pour une durée n'excédant pas trois mois.

• **C. pr. exéc., art. L. 412-3**

Le juge peut accorder des délais renouvelables aux occupants de locaux d'habitation ou à usage professionnel, dont l'expulsion a été ordonnée judiciairement, chaque fois que le relogement des intéressés ne peut avoir lieu dans des conditions normales, sans que ces occupants aient à justifier d'un titre à l'origine de l'occupation. Le juge qui ordonne l'expulsion peut accorder les mêmes délais, dans les mêmes conditions. Cette disposition n'est pas applicable lorsque le propriétaire exerce son droit de reprise dans les conditions prévues à l'article 19 de la loi n° 48-1360 du 1er septembre 1948 portant modification et codification de la législation relative aux rapports des bailleurs et locataires ou occupants de locaux d'habitation ou à usage professionnel et instituant des allocations de logement ainsi que lorsque la procédure de relogement effectuée en application de l'article L. 442-4-1 du code de la construction et de l'habitation n'a pas été suivie d'effet du fait du locataire.

• **C. pr. exéc., art. L. 412-4**

La durée des délais prévus à l'article L. 412-3 ne peut, en aucun cas, être inférieure à trois mois ni supérieure à trois ans. Pour la fixation de ces délais, il est tenu compte de la bonne ou mauvaise volonté manifestée par l'occupant dans l'exécution de ses obligations, des situations respectives du propriétaire et de l'occupant, notamment en ce qui concerne l'âge, l'état de santé, la qualité de sinistré par faits de guerre, la situation de famille ou de fortune de chacun d'eux, les circonstances atmosphériques, ainsi que des diligences que l'occupant justifie avoir faites en vue de son relogement. Il est également tenu compte du droit à un logement décent et indépendant, des délais liés aux recours engagés selon les modalités prévues aux articles L. 441-2-3 et L. 441-2-3-1 du code de la construction et de l'habitation et du délai prévisible de relogement des intéressés.

• **C. pr. exéc., art. L. 412-5**

Dès le commandement d'avoir à libérer les locaux, l'huissier de justice chargé de l'exécution de la mesure d'expulsion en saisit le représentant de l'État dans le département afin que celui-ci en informe la commission de coordination des actions de prévention des expulsions locatives prévue à l'article 7-2 de la loi n° 90-449 du 31 mai 1990 visant à la mise en œuvre du droit au logement, et qu'il informe le ménage locataire de la possibilité de saisir la commission de médiation en vue d'une demande de relogement au titre du droit au logement opposable. À défaut de saisine du représentant de l'État dans le département par l'huissier, le délai avant l'expiration duquel l'expulsion ne peut avoir lieu est suspendu.

La saisine du représentant de l'État dans le département par l'huissier et l'information de la commission de coordination des actions de prévention des expulsions locatives par le représentant de l'État dans le département peuvent s'effectuer par voie électronique, selon des modalités fixées par décret.

• **C. pr. exéc., art. L. 412-6**

Nonobstant toute décision d'expulsion passée en force de chose jugée et malgré l'expiration des délais accordés en vertu de l'article L. 412-3, il est sursis à toute mesure d'expulsion non exécutée à la date du 1er novembre de chaque année jusqu'au 31 mars de l'année suivante, à moins que le relogement des intéressés soit assuré dans des conditions suffisantes respectant l'unité et les besoins de la famille. Toutefois, le juge peut supprimer le bénéfice du sursis prévu au premier alinéa lorsque les personnes dont l'expulsion a été ordonnée sont entrées dans les locaux par voie de fait.

• **C. pr. exéc., art. L. 412-7**

Les dispositions des articles L. 412-3 à L. 412-6 ne sont pas applicables aux occupants de locaux spécialement destinés aux logements d'étudiants lorsque les intéressés cessent de satisfaire aux conditions en raison desquelles le logement a été mis à leur disposition. Les dispositions du titre II du présent livre ne sont pas non plus applicables à ces occupants.

• **C. pr. exéc., art. L. 412-8**

Les articles L. 412-1 à L. 412-7 ne sont pas applicables à l'expulsion du conjoint, du partenaire lié par un pacte civil de solidarité ou du concubin violent ordonnée par le juge aux affaires familiales sur le fondement de l'article 515-9 du code civil.

• **C. pr. exéc., art. R. 412-1**

Lorsque l'expulsion porte sur un local affecté à l'habitation principale de la personne expulsée ou de tout occupant de son chef, le commandement d'avoir à libérer les locaux contient, à peine de nullité, en plus des mentions prévues à l'article R. 411-1, la reproduction des articles L. 412-1 à L. 412-6. Par dérogation au précédent alinéa, les articles L. 412-3 à L. 412-6 ne sont pas reproduits pour l'application de l'article L. 412-7. Les articles L. 412-1 à L. 412-6 ne sont pas reproduits pour l'application de l'article L. 412-8.

931.02 Jurisprudence de référence.

• **Civ. 3e, 30 sept. 2009, n° 08-15.203**, *Bull. civ.* III, n° 208

* V. ss n° 931.15

Le commandement d'avoir à libérer les locaux contient, à peine de nullité, en plus des mentions prévues à l'article L. 411-1 du C. pr. exéc. la reproduction des articles L. 412-1 à L. 412-6 C. pr. exéc. Le non-respect de cette formalité entraîne la nullité de l'acte, mais elle est subordonnée à la preuve de l'existence d'un grief.

• **Civ. 3e, 19 mai 2010, n° 09-12.424**, *Bull. civ.* III, n° 100

* V. ss n° 931.17

Ne donne pas de base légale à sa décision, la cour d'appel qui rejette une demande contestant la régularité d'une procédure d'expulsion, sans rechercher, comme il lui était demandé, si l'huissier de justice avait, dès la délivrance du commandement de quitter, adressé au préfet copie de cet acte et s'il lui avait communiqué tous les renseignements utiles relatifs à la personne concernée, cette notification étant obligatoire.

• **CE 5e et 7e ss sect., 29 mars 2002**, *SCI Stephaur et autres*, req. n° 243338

* V. ss n° 931.51

Le juge des référés fait une application inexacte de l'article L. 613-3 du CCH (devenu L. 421-6, C. pr. exéc.,) en fondant sa décision sur la période d'hiver, qui n'est pas applicable aux squatters.

931.03 Bibliographie indicative.

Ouvrages. Hirsch M., Chemla D. (dir.). *Code des droits contre l'exclusion*, « Droits d'urgence », Dalloz, 2006 – Bérenger F., *Guide de l'expulsion locative*, Annales des loyers, Edilaix, 2011.

Actualisables. RÉP. PR. CIV., v° « Bail d'habitation », F. de La Vaissiere – RÉP. IMMO., « Bail (expulsion) », S. Gérard, nos 5-11; « Expulsion », A. Gaonac'h, nos 26-53, 111-146 – DICT. PERM. Gest. Immo., « Expulsion », nos 29-66 – LAMY DR. IMMO, nos 5653-5654, 5664.

Articles. R. Rossi-Landi, « L'expulsion du locataire pour impayés de loyer depuis la loi Alur », www.village-justice.com, 5 juin 2015 – L. Auvergnat, « La procédure d'expulsion au lendemain de la loi Alur du 24 mars 2014 », Gaz. Pal., 7 au 9 sept. 2014 – P. Combeau, « L'Administration face aux expulsions locatives », *AJDA* 2012. 1939.

SECTION 1
COMMANDEMENT DE QUITTER

931.11 Nécessité d'un titre. Le bailleur muni du titre exécutoire qui l'autorise à demander l'expulsion, ne peut agir directement. Il est tenu de faire délivrer par un huissier de justice un commandement de quitter les lieux à l'occupant. L'article L. 411-1 du code des procédures civiles d'exécution[1] (C. pr. exéc.) dispose en effet que « sauf disposition spéciale, l'expulsion d'un immeuble ou d'un lieu habité ne peut être poursuivie qu'en vertu d'une décision de justice ou d'un procès-verbal de conci-

1. Anct art. 61, L. n° 91-650, 9 juill. 1991 portant réforme des procédures civiles d'exécution, codifiée par ord. n° 2011-1895, 19 déc. 2011, *JO* 20 déc., p. 21464, entrée en vigueur le 1er juin 2012.

liation exécutoire et après signification d'un commandement d'avoir à libérer les locaux ».

On notera que le commandement de quitter peut être délivré dans l'acte de signification du jugement d'expulsion.

L'indivision successorale n'ayant pas la personnalité morale ne peut délivrer un commandement de quitter[1].

931.12 Titre exécutoire. Selon l'article L. 411-1 C. pr. exéc., le titre exécutoire pour une expulsion est soit une décision de justice, soit un procès-verbal de conciliation exécutoire. La décision de justice résulte de l'acquisition de la clause résolutoire ou de la décision rendue suite à saisine directe du tribunal. Le jugement doit contenir la mention expresse de l'expulsion et il doit avoir force exécutoire, c'est-à-dire être passé en force de chose jugée, ce qui est le cas des jugements qui ne sont plus susceptibles de recours suspensif d'exécution. La conciliation entre les parties étant possible soit directement, soit par l'intermédiaire d'un juge, le procès-verbal de conciliation contient les termes de la conciliation, il est signé par le juge, ce qui lui donne valeur exécutoire, et par les parties[2].

931.13 Délai de prescription des jugements d'expulsion. L'exécution des titres exécutoires ne peut être poursuivie que pendant dix ans, sauf si les actions en recouvrement des créances qui y sont constatées se prescrivent par un délai plus long[3]. Ce délai n'est susceptible ni de suspension ni d'interruption.

931.14 Procédure simplifiée en cas d'occupation illicite depuis la loi Dalo du 5 mars 2007. Pour faire face à des pratiques dolosives nouvelles envers un locataire ou un propriétaire occupant les lieux l'article 38 de la loi du 5 mars 2007, dite loi Dalo[4], instituant le droit au logement opposable, permet de procéder à l'expulsion sans avoir recours au juge en cas d'introduction et de maintien dans le domicile d'autrui à l'aide de manœuvres, menaces, voies de fait ou de contrainte. Le propriétaire ou le locataire du logement occupé peut demander au préfet de mettre en demeure l'occupant de quitter les lieux, après avoir déposé plainte, fait la preuve que le logement constitue son domicile et fait constater l'occupation illicite par un officier de police judiciaire.

La mise en demeure est assortie d'un délai d'exécution qui ne peut être inférieur à vingt-quatre heures. Elle est notifiée aux occupants et publiée sous forme d'affichage en mairie et sur les lieux. Le cas échéant, elle est notifiée au propriétaire ou au locataire.

Lorsque la mise en demeure de quitter les lieux n'a pas été suivie d'effet dans le délai fixé, le préfet doit procéder à l'évacuation forcée du logement, sauf opposition du propriétaire ou du locataire dans le délai fixé pour l'exécution de la mise en demeure.

931.15 Contenu du commandement de quitter. Le commandement doit contenir à peine de nullité :

- l'indication du titre exécutoire en vertu duquel l'expulsion est poursuivie;
- la désignation du juge de l'exécution devant lequel peuvent être portées les demandes de délais et toutes contestations relatives à l'exécution des opérations d'expulsion;
- la date à laquelle les locaux devront être libérés;
- l'avertissement qu'à compter de cette date, il pourra être procédé à l'expulsion forcée du débiteur et de tout occupant de son chef.

En outre, conformément à l'article R. 412-1 du C. pr. exéc. : « Lorsque l'expulsion porte sur un local affecté à l'habitation principale de la personne expulsée ou de tout occupant de son chef, le commandement d'avoir à libérer les locaux contient, à peine de nullité, en plus des mentions prévues à l'article L. 411-1 du C. pr. exéc., la reproduction des articles L. 412-1 à L. 412-6 C. pr. exéc. ». Le non respect de cette formalité entraîne la nullité de l'acte, mais elle est subordonnée à la preuve de l'existence d'un grief[5].

931.16 Délai du commandement. S'agissant d'un local d'habitation principale, l'expulsion ne peut avoir lieu qu'à l'expiration d'un délai de deux mois qui suit le commandement.

L'article L. 412-1 du C. pr. exéc. ajoute cependant que le délai peut être réduit ou supprimé par le juge pour les personnes entrées par voie de fait dans les locaux. Est justifiée l'ordonnance du premier juge qui, par décision spéciale et motivée, a écarté le délai de deux mois en relevant « qu'il apparaissait à l'évidence que les intéressés s'étaient introduits par voie de fait dans les locaux »[6]. Mais la procédure d'expulsion est subordonnée à la formalité de la signification d'un commandement d'avoir à libérer les locaux, l'article 62 (devenu L. 412-1, C. pr.

1. Civ. 2e, 9 juin 2011, n° 10-19.241, *Bull. civ.* II, n° 129, *Dalloz actu.*, 6 juill. 2011, note Tahri; *D.* 2011. 2188, note F. Julienne.
2. C. pr. civ., art. 130.
3. C. pr. exéc., art. L. 111-4.
4. L. n° 2007-290, 5 mars 2007 instituant le droit au logement opposable et portant diverses mesures en faveur de la cohésion sociale, *JO* 6 mars, p. 4190.
5. Civ. 3e, 30 sept. 2009, n° 08-15.203, *Bull. civ.* III, n° 208; *D.* 2010, Pan. 1307, spéc. 1320, obs. Leborgne; *Loyers et copr.* 2009, n° 247, obs. Vial-Pedroletti – Civ. 2e, 13 juill. 2006, n° 04-13.248, *Bull. civ.* II, n° 212. 8 févr. 2007; *Loyers et copr.* 2008, n° 91, obs. Vial-Pedroletti.
6. Paris, 26 sept. 2001, RG n° 01/04479, *AJDI* 2001. 979.

exéc.) n'autorisant que la suppression du délai de deux mois [1].

– Selon l'article L. 412-2, le délai peut être prorogé par le juge, dans la limite de trois mois si l'expulsion est susceptible d'entraîner des conséquences d'une exceptionnelle dureté, compte tenu par exemple des circonstances atmosphériques.

Rappelons en outre que la loi du 22 décembre 2010 [2], autorise l'huissier, qui relève des critères objectifs d'abandon du logement, à pénétrer dans les lieux en présence de l'une des personnes énumérées par le texte (maire, conseiller municipal ou fonctionnaire délégué par le maire...) afin de constater que la personne expulsée et les occupants de son chef ont volontairement libéré les locaux postérieurement à la signification du commandement de quitter et de procéder à la reprise des lieux (v. s[s] n° 923.91).

931.17 Information du préfet obligatoire. L'huissier doit immédiatement informer le préfet de la délivrance du commandement de quitter. À défaut, le délai de deux mois prévu entre le commandement et l'expulsion est suspendu [3].

Ne donne pas de base légale à sa décision, la cour d'appel qui rejette une demande contestant la régularité d'une procédure d'expulsion, sans rechercher, comme il lui était demandé, si l'huissier de justice avait, dès la délivrance du commandement de quitter, adressé au préfet copie de cet acte et s'il lui avait communiqué tous les renseignements utiles relatifs à la personne concernée, cette notification étant obligatoire [4]. La notification du commandement d'avoir à libérer les locaux ne se confond pas avec l'information prévue par l'article 24 de la loi du 6 juillet 1989, relative aux dettes locatives [5].

Mais dès lors que le locataire dont l'expulsion est poursuivie ne réside pas dans le local d'habitation, accessoire aux locaux à usage professionnel, l'huissier de justice n'a pas à procéder aux formalités d'information de l'article 197 du décret du 31 juillet 1992 [6] (C. pr. exéc., art. L. 412-5) [7].

1. Paris, 26 sept. 2001, RG n° 01/04479, *AJDI* 2001. 979.
2. L. n° 2010-1609, 22 déc. 2010 relative à l'exécution des décisions de justice, aux conditions d'exercice de certaines professions réglementées et aux experts judiciaires, *JO* 23 déc., p. 22552, art. 4.
3. C. pr. exéc., art. L. 412-5.
4. Civ. 3e, 19 mai 2010, n° 09-12.424, *Bull. civ.* III, n° 100; *BICC* 2010, n° 1489; *Act. D. immob.* 2010, p. 1350; *AJDI*, 2010, p. 817, obs. F. de La Vaissière; *Loyers et copr.* 2010, n° 213, obs. Vial-Pedroletti – VOIR AUSSI : Civ. 2e, 13 juill. 2006, n° 04-13.248, *Bull. civ.* II, n° 212.
5. Même arrêt.
6. Décr. n° 92-755, 31 juill. 1992, *JO* 5 août, p. 10530.
7. Civ. 2e, 23 juin 2011, n° 10-18.551, *Bull. civ.* II, n° 143; *Dalloz actu.*, 6 juill. 2011, note Avena-Robardet.

Le préfet doit informer la CCAPEX et indiquer au locataire la possibilité qu'il détient de solliciter la commission de médiation pour bénéficier d'un relogement éventuel au titre du droit au logement opposable (Dalo, v. s[s] n° 725.31). Le locataire peut saisir la commission dès la notification du jugement d'expulsion. Si la commission retient l'urgence du relogement le préfet devra reloger le locataire dans un délai déterminé.

Pour saisir la commission de médiation, le demandeur transmet le formulaire cerfa n° 15036*01 (à télécharger ou à retirer en préfecture).

Le formulaire doit être accompagné des pièces justificatives mentionnées sur la notice d'accompagnement.

Le dossier doit être envoyé ou déposé au secrétariat de la commission de médiation, dont les coordonnées sont communicables en préfecture et figurent sur le site internet de chaque préfecture.

SECTION 2
DÉLAIS

931.21 Saisine du juge. L'occupant, dans le délai du commandement peut toujours saisir le juge pour obtenir un sursis à l'exécution.

§ 1
Sursis à exécution après la décision d'expulsion

931.31 Délais avant et après la loi Alur. Des délais peuvent être accordés bien que la décision soit devenue définitive, à la demande de la personne expulsée chaque fois que le relogement des personnes intéressées ne pourra avoir lieu dans des conditions normales. Ils sont précisés aux articles L. 412-4 et L. 412-7 du code des procédures civiles d'exécution [8]. Selon l'article L. 412-4 du code des procédures civiles d'exécution, le délai ne peut être inférieur à trois mois ni supérieur à trois ans (mais ni inférieur à un mois ni supérieur à un an pour la période entre l'entrée en vigueur de la loi de 2009 et celle de 2014).

Commet une faute ouvrant droit à réparation le propriétaire qui fait procéder à l'exécution d'une décision d'expulsion pendant le cours du délibéré d'une demande de sursis à exécution [9].

Le juge de l'exécution est compétent pour connaître « des difficultés relatives aux titres exécu-

8. Anc[t] CCH, art. L. 612-1 à 5.
9. Civ. 3e, 28 sept. 2005, n° 04-14.882, *Bull. civ.* III, n° 176; *Rev. loyers*, janv. 2006, p. 37, note Canu.

toires et des contestations qui s'élèvent à l'occasion de l'exécution forcée »[1]. En revanche, il est incompétent pour accorder des délais de paiement tant qu'aucun commandement de quitter ou aucun acte de saisie n'a été délivré[2].

Il ne connaît pas non plus du traitement du surendettement et de la procédure de redressement personnel.

Sur l'étendue de la compétence du juge de l'exécution, la haute cour a rendu la décision suivante : saisi par un locataire d'une demande en réintégration du logement dont il avait été expulsé, après un arrêt infirmant la décision d'expulsion rendue à titre provisoire, le juge de l'exécution, constatant que les lieux ont été reloués, alloue des dommages intérêts à titre de restitution du locataire dans ses droits. La Cour casse la décision, le juge ayant excédé les pouvoirs qu'il tenait de l'article L. 311-12-1 du code de l'organisation judiciaire[3], la demande étant étrangère aux dispositions du titre exécutoire[4].

§ 2 Conditions du sursis

931.41 Critères. L'article L. 412-4 du C. pr. exéc. contraint le juge à tenir compte, lorsqu'il prononce des délais ou qu'il examine une demande, des éléments suivants :

- bonne ou mauvaise volonté manifestée par l'occupant dans l'exécution de ses obligations;
- situations respectives du propriétaire et de l'occupant notamment en ce qui concerne l'âge, l'état de santé, la situation de famille et de fortune de chacun;
- circonstances atmosphériques;
- diligence de l'occupant en vue de son relogement.

Il est tenu compte également du droit à un logement décent et indépendant et des délais de recours du Dalo lorsqu'une demande a été faite.

931.42 Information du préfet. Le juge peut, même d'office, informer le préfet de sa décision afin de faire bénéficier l'occupant d'un éventuel relogement dans le cadre du plan départemental d'action pour le logement des personnes défavorisées, relevant de la loi du 31 mai 1990[5].

931.43 Exceptions. La décision de sursis à exécution n'est pas applicable lorsque le propriétaire des locaux exerce son droit de reprise au titre de l'article 19 de la loi du 1er septembre 1948, c'est-à-dire en cas de reprise avec relogement (v. ss no 813.161).

Les occupants de logements d'étudiants qui cessent de satisfaire aux conditions pour lesquelles le logement a été mis à leur disposition ne bénéficient pas de ces mesures.

Il en est de même dans les cas d'expulsion à la suite de violences dans les couples.

§ 3 Période d'hiver

931.51 Période d'hiver. L'article L. 412-6 du C. pr. exéc. sursoit à toute mesure d'expulsion non exécutée entre le 1er novembre et le 31 mars[6] de l'année suivante, à moins d'un relogement des intéressés dans des conditions respectant l'unité et les besoins de la famille.

Cette mesure ne concerne pas les personnes entrées dans les locaux par voie de fait[7] ou lorsque l'immeuble fait l'objet d'un arrêté de péril. Le juge des référés, saisi par des propriétaires et des locataires à la suite d'un refus de concours de la force publique pour une expulsion, fait une application inexacte de l'article L. 613-3 du code de la construction et de l'habitation (devenu L. 421-6, C. pr. exéc.,) en fondant sa décision sur la période d'hiver, qui n'est pas applicable aux squatters[8].

§ 4 Surendettement et expulsion

931.61 Cas particulier : le surendettement. Il a été jugé que le juge d'instance ne pouvait suspendre une procédure d'expulsion dans le cadre d'une procédure de surendettement menée en parallèle, la procédure d'expulsion n'étant pas destinée au recouvrement de la créance de loyer[9].

1. SUR la compétence du juge de l'exécution, COJ, art. L. 213-5 s.
2. Paris, 6 sept. 2001, RG no 2000/22915, *Loyers et copr.* 2002, no 249, obs. Vial-Pedroletti.
3. Devenu COJ, art. L. 213-6.
4. Civ. 3e, 23 mars 2005, no 03-19.071, *Bull. civ.* III, no 72; *Rev. loyers* 2005. 323, note Rémy.
5. L. no 90-449, 31 mai 1990 visant à la mise en œuvre du droit au logement.
6. Au lieu du 15 mars depuis L. no 2014-366, 24 mars 2014 pour l'accès au logement et un urbanisme rénové, *JO* 26 mars, p. 5809, dite loi Alur.
7. Rép. min. no 79351, *JOAN Q* 7 nov. 2006, p. 11632.
8. CE 29 mars 2002, *SCI Stephaur et a*, req. no 243338, *AJDA* 2003. 345, note Grosieux – POUR un cas d'expulsion d'occupants entrés par voie de fait, à la suite d'une ordonnance sur requête : Chambéry, 18 sept. 2007, RG no 07/01038, *Loyers et copr.* 2008, no 3, note Vial-Pedroletti.
9. Civ. 1re, 30 mai 1995, no 93-04.189, *Bull. civ.* I, no 228; *D.* 1995. IR 156 – Civ. 3e, 22 janv. 2002, no 99-16.752, *Bull. civ.* III, no 26; *Loyers et copr.* 2002, no 110, obs. Vial-Pedroletti.

La protection du débiteur surendetté a évolué entre-temps. Selon l'article L. 722-6 du code de la consommation (mod. par ord. 14 mars 2016[1]), « dès que la décision de recevabilité de la demande de traitement de la situation de surendettement est intervenue, la commission peut saisir le juge du tribunal d'instance aux fins de suspension des mesures d'expulsion du logement du débiteur ».

Par ailleurs l'article L. 722-7 ajoute qu'en cas d'urgence, la saisine du juge peut intervenir à l'initiative du président de la commission, du délégué de ce dernier, du représentant local de la Banque de France ou du débiteur.

Enfin « si la situation du débiteur l'exige, le juge prononce la suspension provisoire des mesures d'expulsion de son logement » selon l'article L. 722-8.

La suspension est acquise pour une période maximale de deux ans. Dans ce délai une solution est recherchée sous la forme de l'approbation du plan conventionnel de redressement, l'homologation par le juge des mesures recommandées par la commission, un jugement prononçant un redressement personnel sans liquidation judiciaire ou un jugement d'ouverture d'une procédure de rétablissement personnel avec liquidation judiciaire (C. consom., art. L. 722-9).

Déjà, auparavant, le jugement d'ouverture d'une procédure de redressement personnel avec liquidation judiciaire devant le juge de l'exécution, quant à lui, suspendait et interdisait les procédures d'exécution, les cessions des rémunérations ainsi que la procédure d'expulsion, selon l'article L. 332-6, alinéa 2 du code de la consommation, tel que modifié par la loi du 1er juillet 2010.

La Cour de cassation a considéré que cette suspension temporaire ne privait pas le propriétaire de son droit de propriété et que la mesure était proportionnée à l'objectif d'intérêt général poursuivi en raisons de garanties de fond et de procédure existantes[2].

1. Ord. nº 2016-301, 14 mars 2016 relative à la partie législative du code de la consommation, *JO* 16 mars, nº 29.

2. Civ. 3e, 11 juill. 2012, QPC, nº 12-40.043, *Bull. civ.* III, nº 109; *D.* 2012. 1950; *AJDI* 2013. 56, obs. F. de La Vaissière.

CHAPITRE

932. Procédure d'expulsion

SECTION 0
ORIENTEUR

932.00 **Plan du chapitre.**

Division – Intervention du législateur. La procédure d'expulsion proprement dite a fait l'objet d'une attention particulière du législateur, notamment dans la loi du 29 juillet 1998 qui est venue compléter les mesures instaurées par la loi du 9 juillet 1991, portant réforme des procédures civiles d'exécution désormais codifiée dans le code des procédures civiles d'exécution.

Un rôle central est conféré à l'huissier de justice chargé de l'exécution forcée du jugement. En cas d'impossibilité d'exécuter, il devra solliciter le concours de la force publique. Lorsque celle-ci n'est pas accordée, le créancier doit être indemnisé.

La procédure d'expulsion est opposable à l'épouse du locataire dès lors que celui-ci ne justifie pas avoir porté, par un démarche positive, à la connaissance du bailleur, le fait qu'il était marié[1].

932.01 **Textes applicables.**

TEXTES SOURCES

• **C. pr. exéc., art. L. 122-1 à L. 122-2, L. 142-1, L. 433-1 à L. 433-3, L. 451-1.**

TEXTES *IN EXTENSO*

• **C. pr. exéc., art. L. 122-1**

Seuls peuvent procéder à l'exécution forcée et aux saisies conservatoires les huissiers de justice chargés de l'exécution. Ils sont tenus de prêter leur ministère ou leur concours sauf lorsque la mesure requise leur paraît revêtir un caractère illicite ou si le montant des frais paraît manifestement susceptible de dépasser le montant de la créance réclamée, à moins que cette dernière résulte d'une condamnation symbolique que le débiteur refuserait d'exécuter.

• **C. pr. exéc., art. L. 122-2**

L'huissier de justice chargé de l'exécution a la responsabilité de la conduite des opérations d'exécution. Il est habilité, lorsque la loi l'exige, à demander au juge de l'exécution ou au ministère public de donner les autorisations ou de prescrire les mesures nécessaires.

• **C. pr. exéc., art. L. 142-1**

En l'absence de l'occupant du local ou si ce dernier en refuse l'accès, l'huissier de justice chargé de l'exécution ne peut y pénétrer qu'en présence du maire de la commune, d'un conseiller municipal ou d'un fonctionnaire municipal délégué par le maire à cette fin, d'une autorité de police ou de gendarmerie, requis pour assister au déroulement des opérations ou, à défaut, de deux témoins majeurs qui ne sont au service ni du créancier ni de l'huissier de justice chargé de l'exécution. Dans les mêmes conditions, il peut être procédé à l'ouverture des meubles.

• **C. pr. exéc., art. L. 433-1**

Les meubles se trouvant sur les lieux sont remis, aux frais de la personne expulsée, en un lieu que celle-ci désigne. À défaut, ils sont laissés sur place ou entreposés en un autre lieu approprié et décrits avec précision par l'huissier de justice chargé de l'exécution avec sommation à la personne expulsée d'avoir à les retirer dans un délai fixé par voie réglementaire.

• **C. pr. exéc., art. L. 433-2**

À l'expiration du délai imparti et sur autorisation du juge, il est procédé à leur mise en vente aux enchères publiques. Le juge peut déclarer abandonnés les biens qui ne sont pas susceptibles d'être vendus.?Le produit de la vente est remis à la personne expulsée après déduction des frais et de la créance du bailleur.

• **C. pr. exéc., art. L. 433-3**

Les articles L. 433-1 et L. 433-2 ne sont pas applicables à l'expulsion du conjoint, du partenaire lié par un pacte civil de solidarité ou du concubin violent ordonnée par le juge aux affaires familiales sur le fondement de l'article 515-9 du code civil.

• **C. pr. exéc., art. L. 451-1**

L'huissier de justice chargé de l'exécution de la mesure d'expulsion peut procéder comme il est dit à l'article L. 142-1

1. Civ. 3e, 29 oct. 2013, no 12-23.138, *Bull. civ.* III, no 135, *Dalloz actu.*, 18 nov. 2013, note Kebir.

pour constater que la personne expulsée et les occupants de son chef ont volontairement libéré les locaux postérieurement à la signification du commandement prévu à l'article L. 411-1 et pour procéder à la reprise des lieux.

932.02 Jurisprudence de référence.

• **Civ. 2e, 10 janv. 2013, no 11-23.151**, *Bull. civ.* II, no 5

* V. ss no 932.11

L'huissier doit relater avec précision les diligences qu'il a accomplies en vue de rechercher la nouvelle adresse du destinataire de l'acte. À défaut le fait que le locataire n'ait pas transmis sa nouvelle adresse ne suffit pas à exonérer l'huissier de sa recherche.

• **Lyon, 16 janv. 2008, RG no 06/02550**

* V. ss no 932.13

Commet une violation flagrante des droits du locataire le bailleur qui procède à une reprise des lieux non contradictoire et à un déménagement des effets du locataire.

• **Civ. 2e, 11 avr. 2013, no 12-15.948**, *Bull. civ.* II, no 80

* V. ss no 932.31

Les effets personnels du locataire expulsé, à la suite des mesures d'exécution forcée, ne peuvent être rendus indisponibles et c'est l'huissier de justice, seul responsable de l'exécution de la mesure d'expulsion qui est tenu de l'obligation de restitution et non le commissaire priseur désigné séquestre.

932.03 Bibliographie indicative.

Ouvrages. Hirsch M., Chemla D. (dir.). *Code des droits contre l'exclusion*, « Droits d'urgence », Dalloz, 2006 – Bérenger F., *Guide de l'expulsion locative*, Annales des loyers, Edilaix, 2011.

Actualisables. RÉP. IMMO., vo « Bail (expulsion) », S. Gérard, nos 32-46; « Expulsion », A. Gaonac'h, nos 54-108; DICT. PERM. Gest. Immo., « Expulsion », nos 67-73, 85-95 – LAMY DR. IMMO, nos 5655-5665.

Articles. P. Derrez, « Expulsions locatives : les moyens de coercition », *Opérations immobilières*, juill. 2014.

SECTION 1
PRINCIPES

932.11 Rôle de l'huissier. Seul l'huissier de justice chargé de l'exécution peut procéder à l'exécution forcée et aux saisies conservatoires[1].

Il doit ainsi prêter son concours sauf s'il estime que la mesure a un caractère illicite et il devra dans ce cas en référer au juge de l'exécution. L'intervention tardive de l'huissier de justice n'est pas de nature à engager la responsabilité de l'État[2].

L'article L. 122-2 du C. pr. exéc. rappelle le lien constant entre l'huissier et le juge. L'huissier a « la responsabilité de la conduite des opérations d'exécution », et il doit dresser procès-verbal en présence d'une difficulté, le juge tranchant celle-ci après avoir entendu ou appelé le débiteur.

L'huissier doit relater avec précision les diligences qu'il a accomplies en vue de rechercher la nouvelle adresse du destinataire de l'acte. À défaut le fait que le locataire n'ait pas transmis sa nouvelle adresse ne suffit pas à exonérer l'huissier de sa recherche[3].

932.12 Accès de l'huissier aux parties communes. Aux termes de l'article L. 111-6-6 du code de la construction et de l'habitation (issu de L. 22 déc. 2010)[4], le propriétaire ou, en cas de copropriété, le syndicat des copropriétaires représenté par le syndic permet aux huissiers de justice d'accéder, pour l'accomplissement de leurs missions de signification ou d'exécution, aux parties communes des immeubles d'habitation.

L'objectif de ce texte est, notamment, de faciliter la remise des significations (d'un jugement, d'un congé, ...) en mains propres.

932.13 Rôle du bailleur. C'est dire suffisamment que le bailleur ne peut en aucun cas poursuivre par lui-même l'exécution. Commet une violation flagrante des droits du locataire le bailleur qui procède à une reprise des lieux non contradictoire et à un déménagement des effets du locataire[5].

L'article R. 141-3 du C. pr. exéc. ajoute que la personne qui requiert une mesure d'exécution forcée ne peut assister aux opérations d'exécution, sauf décision du juge. Le bailleur ne peut interdire au locataire l'accès aux locaux pour y récupérer ses objets personnels après lui avoir fait sommation de retirer ses meubles[6].

Enfin la loi du 24 mars 2014[7], dite loi Alur, a prévu des sanctions pénales pour les cas d'expulsion forcée sans le concours de la force publique, avec une peine de trois ans d'emprisonnement et 30 000 euros d'amende.

SECTION 2
CONDITIONS DE L'EXÉCUTION

932.21 Obligation de l'huissier. En première hypothèse, l'huissier doit, manifestant ainsi sa dili-

1. C. pr. exéc., art. L. 122-1 (anc. art. 18, L. 9 juill. 1991).
2. CE 14 oct. 1987, *SCI du Bois de Grâce*, req. no 71.329.
3. Civ. 2e, 10 janv. 2013, no 11-23.151, *Bull. civ.* II, no 5; *Loyers et copr.* 2013, no 70; *Dalloz actu.*, 30 janv. 2013, note Kebir.
4. L. no 2010-1609, 22 déc. 2010, *JO* 23 déc., p. 22552.
5. Lyon, 16 janv. 2008, RG no 06/02550, *Loyers et copr.* 2008, no 123, note Vial-Pedroletti.
6. Civ. 3e, 9 juill. 2003, no 01-11.709, NP, *AJDI* 2004. 711.
7. L. no 2014-366, 24 mars 2014 pour l'accès au logement et un urbanisme rénové, *JO* 26 mars, p. 5809.

gence, toujours se présenter seul au domicile du débiteur et tenter de poursuivre l'expulsion.

932.22 Conditions d'intervention. En cas d'absence ou de résistance de l'occupant, ses conditions d'intervention sont strictement réglementées. En règle générale il ne peut entrer dans les lieux. Toutefois, l'article L. 451-1 du C. pr. exéc. permet, sous certaines conditions, de pénétrer dans les lieux « pour constater que la personne expulsée et les occupants de son chef ont volontairement libéré les locaux postérieurement à la signification du commandement (de quitter), et pour procéder à la reprise des lieux ».

Dans ce cas, l'huissier ne peut y pénétrer « qu'en présence du maire de la commune, d'un conseiller municipal ou d'un fonctionnaire municipal délégué par le maire à cette fin, d'une autorité de police ou de gendarmerie, requis pour assister au déroulement des opérations ou, à défaut, de deux témoins majeurs qui ne sont au service ni du créancier, ni de l'huissier de justice chargé de l'exécution. »

932.23 Statistiques d'évolution des différentes étapes de la procédure : du contentieux à l'exécution des décisions de justice avec octroi de concours de la force publique.

	2001	2005	2010	2015
Contentieux locatif avec demande de délivrance d'un titre exécutoire	125 706	140 587	155 874	168 775
Décisions prononçant l'expulsion	nd	nd	112 195	132 196
Nbre de commandements de quitter les lieux	47 473	53 976	58 739	67 406
Nbre de décisions accordant le concours de la force publique	16 844	23 054	26 502	33 461
Nbre d'interventions effectives de la force publique	6 337	10 182	11 670	14 363

Source : ministère de la Justice

On assiste à une hausse sensible (+ 24 %) du concours effectif de la force publique en 2014/2015, alors que dans les années précédentes (2001-2014) la hausse constatée était en lente progression.

SECTION 3
SORT DES MEUBLES

932.31 Conditions. La question du mobilier lors de l'expulsion est traitée par les articles L. 433-1 et L. 433-3 du C. pr. exéc.

Ils sont remis, aux frais de la personne expulsée, en un lieu désignée par elle.

À défaut, ils sont laissés sur place ou entreposés en un lieu approprié, et décrits par l'huissier de justice. La personne expropriée est sommée d'avoir à les retirer dans le délai d'un mois[1].

Si les biens n'ont pas été retirés dans ce délai, ils sont mis en vente aux enchères publiques, sur autorisation du juge de l'exécution. Le même juge peut déclarer abandonnés les biens qui ne sont pas susceptibles d'être vendus.

Le produit de la vente est remis à la personne expulsée, sous déduction des frais et de la créance du bailleur.

Mais les effets personnels du locataire expulsé, à la suite des mesures d'exécution forcée, ne peuvent être rendus indisponibles et c'est l'huissier de justice, seul responsable de l'exécution de la mesure d'expulsion qui est tenu de l'obligation de restitution et non le commissaire-priseur désigné séquestre[2].

Cette procédure n'est cependant pas applicable au cas particulier d'une expulsion ordonnée par le juge aux affaires familiales dans le cadre de violences familiales ou conjugales visée à l'article 515-9 du code civil[3].

1. C. pr. exéc., art. R. 433-2.
2. Civ. 2e, 11 avr. 2013, n° 12-15.948, *Bull. civ.* II, n° 80; *AJDI* 2013. 772, note F. de La Vaissière.
3. C. pr. exec, art. L. 433-3.

CHAPITRE

933. Concours de la force publique

SECTION 0

ORIENTEUR

933.00 **Plan du chapitre.**

Sect.	1	Requête
Sect.	2	Refus de concours et responsabilité de l'État
Sect.	3	Période de responsabilité
Sect.	4	Évaluation du préjudice
Sect.	5	Frais

933.01 **Textes applicables.**

TEXTES SOURCES

• **C. pr. exéc., art. L. 153-1, L. 153-2.**

• **C. pr. exéc., art. R. 153-1.**

TEXTES *IN EXTENSO*

• **C. pr. exéc., art. L. 153-1**

L'État est tenu de prêter son concours à l'exécution des jugements et des autres titres exécutoires. Le refus de l'État de prêter son concours ouvre droit à réparation.

• **C. pr. exéc., art. L. 153-2**

L'huissier de justice chargé de l'exécution peut requérir le concours de la force publique.

• **C. pr. exéc., art. R. 153-1**

Si l'huissier de justice est dans l'obligation de requérir le concours de la force publique, il s'adresse au préfet.

La réquisition contient une copie du dispositif du titre exécutoire. Elle est accompagnée d'un exposé des diligences auxquelles l'huissier de justice a procédé et des difficultés d'exécution. Toute décision de refus de l'autorité compétente est motivée. Le défaut de réponse dans un délai de deux mois équivaut à un refus.

Ce refus est porté à la connaissance du procureur de la République et du créancier par l'huissier de justice.

933.02 **Jurisprudence de référence.**

• **CE 25 nov. 2009**, *min. de l'Int.*, req. n° 323359

* V. s^{s} n° 933.11

Les dispositions de l'article R. 153-1 du Code des procédures d'exécution ont pour objet d'éclairer le préfet sur la situation et sur les risques de troubles que l'expulsion peut comporter.

• **CE 18 févr. 2010**, *SA HLM de Guyane*, req. n° 316987

* V. s^{s} n°s 933.11 et 933.12

La demande prématurée du concours, à l'intérieur du délai de deux mois suivant la délivrance du commandement de quitter les lieux, est nulle et le préfet n'est pas valablement saisi.

• **CE 30 nov. 1923**, *Couitéas*, req. n°s 38284 et 48688

* V. s^{s} n° 933.21

Le principe de l'autorité des décisions de justice oblige l'État à les faire respecter et, à défaut, à réparer le préjudice subi.

• **CE 26 oct. 1998**, *M. et Mme Peultier*, req. n° 260867

* V. s^{s} n° 933.23

Le préfet peut refuser le concours de la force publique si l'expulsion est de nature à créer un trouble à l'ordre public.

• **CE 26 juin 1968**, *A. et Martinod*, req. n° 70982

* V. s^{s} n°s 933.31 et 933.33

La responsabilité de l'État débute à l'expiration de la période de deux mois dont dispose l'administration pour instruire la demande de concours de la force publique.

Elle prend fin lorsque l'occupant sans titre a libéré effectivement les lieux.

• **CE 5 mai 2006**, *min. de l'Int. c/SCI de la Terre de Savigny et de Fertot*, req. n° 277632

* V. s^{s} n° 933.41

Un délai d'intervention tardif après que la force publique a été accordée peut présenter un caractère anormal de nature à engager la responsabilité de l'État, lorsqu'il n'est pas imputable à des carences de la société requérante ou de l'huissier dans la mise en œuvre des aspects matériels de l'opération qui leur incombait.

• **Cass., avis, 4 juill. 2017, n° 17-70.008**, P

* V. s^{s} n° 933.41

Les juges du fond disposent d'un pouvoir souverain pour évaluer le montant d'une indemnité due par un occupant sans droit ni titre.

933.03 **Bibliographie indicative.**

Ouvrages. Belin M., *Refus du concours de la force publique & indemnisation,* « Points de Droit », Edilaix, 2010 – Bérenger F., *Guide de l'expulsion locative*, Annales des loyers, Edilaix, 2011.

Actualisables. RÉP. PR. CIV., v° « Force publique : refus de concours », R. Vandermeeren » – RÉP. IMMO., v° « Bail (expulsion) », S. Gérard, n°s 47-54; « Expulsion », A. Gaonac'h, n° 64 – DICT. PERM. Gest. Immo., « Expulsion », n°s 74-81 – LAMY DR. IMMO, n° 5666.

Articles. V. de Bary, « L'obtention du concours de la force publique pour l'exécution d'une décision de justice », www.village-justice.com, 7 oct. 2015 – A. Jacquemet-Gauché, « La jurisprudence *Couitéas* : du mythe doctrinal à la réalité indemnitaire », *AJDA* 2014. 1821 – B. Seiller, « L'actualité de l'arrêt Couitéas », *RFDA* 2013. 1012 – Pélissier, « La responsabilité de l'État du fait de la décision de prêter le concours de la force publique à l'exécution d'une décision de justice », *AJDA* 2006. 1947 – H. des Lyons, « Expulsion, refus de concours de la force publique et indemnisation du bailleur : revue de jurisprudence commentée », *Actualités Habitat*, 15 mai 2008.

SECTION 1
REQUÊTE

933.11 **Conditions.** L'huissier requiert le concours de la force publique, en s'adressant au préfet. Sa réquisition contient copie du dispositif du titre exécutoire et mentionne ses diligences et les difficultés d'exécution. Les dispositions de l'article R. 153-1 du code des procédures civiles d'exécution prévoyant que la réquisition est accompagnée d'un exposé des diligences auxquelles l'huissier a procédé et des difficultés d'exécution « ont pour objet, non d'habiliter le préfet à porter une appréciation, qui n'appartient qu'à l'huissier, sur la nécessité de demander le concours de la force publique, mais de l'éclairer sur la situation et sur les risques de troubles que l'expulsion peut comporter » [1]. Le préfet saisi doit s'assurer du caractère exécutoire du jugement autorisant l'expulsion[2].

Il a été jugé que le propriétaire pouvait saisir valablement par lui-même le préfet d'une demande de concours de la force publique pour l'exécution d'un jugement d'expulsion : les articles L. 153-2 et R. 153-1 du code des procédures civiles d'exécution n'ont ni pour objet ni pour effet d'imposer au propriétaire d'agir par l'intermédiaire d'un huissier de justice[3].

L'absence de mention des diligences de l'huissier ne rend pas irrégulière la réquisition. En revanche, conformément à l'article 62 de la loi du 9 juillet 1991 [art. L. 412-1 s., C. pr. exéc.], l'administration ne peut être saisie qu'à l'expiration du délai de deux mois suivant la notification qui lui a été faite de la copie du commandement de quitter, lorsqu'il est resté sans effet[4]. Le préfet a deux mois pour se prononcer. Le refus de concours doit être motivé. Le défaut de réponse dans le délai de deux mois est considéré comme un refus.

Toutefois, si le juge a supprimé le délai de deux mois pour quitter les lieux la notification du commandement et la réquisition de la force publique peuvent être simultanées[5].

L'huissier de justice porte ce refus à la connaissance du créancier et du procureur de la République[6], sans que, dans ce dernier cas, cette information ne paraisse avoir de conséquences particulières.

On signalera que le bailleur peut, en outre, présenter un recours devant le tribunal administratif, par la voie du référé liberté, lorsque, aux termes de l'article L. 521-2 du code de justice administrative, « Saisi d'une demande en ce sens justifiée par l'urgence, le juge des référés peut ordonner toutes mesures nécessaires à la sauvegarde d'une liberté fondamentale à laquelle une personne morale de droit public ou un organisme de droit privé chargé de la gestion d'un service public aurait porté, dans l'exercice d'un de ses pouvoirs, une atteinte grave et manifestement illégale. Le juge des référés se prononce dans un délai de quarante-huit heures. » Cette voie suppose cependant que la condition posée par le code soit vérifiée : le refus de concours de la force publique opposé au propriétaire depuis un an et demi apparaît entaché d'une illégalité manifeste et constitutif d'une situation d'urgence au sens et pour l'application de l'article L. 521-2 du code de justice administrative[7].

L'approbation donnée par le bailleur à un plan conventionnel de redressement de son débiteur ne vaut pas renonciation à sa demande préalable de concours de la force publique. Il doit cependant la renouveler au vu de la situation. À défaut, la période d'indemnisation ne s'étend que jusqu'à la date de signature du plan de redressement[8].

933.12 **Effets.** Trois situations sont à retenir :

– le concours de la force publique est accordé;

– le concours est refusé : dans ce cas le préfet doit motiver sa décision;

1. CE 25 nov. 2009, *min. de l'Int.*, req. n° 323359, *Dalloz actu.*, 4 déc. 2009, obs. Brondel.
2. CE 28 nov. 2014, req. n° 364391, *Lebon; Loyers et copr.* 2015, n° 8, obs. B. Vial-Pedroletti.
3. CE 10 févr. 2014, req. n° 350265, *Dalloz actu.*, 14 févr. 2014, note Avena-Robardet.
4. CE 18 févr. 2010, req. n° 316987, *AJDA* 2010. 857; CE 14 nov. 2011, req. n° 343908, *AJDA* 2011. 2267.
5. CE 12 déc. 2014, *S[té] Ogif*, req. n° 363372, *Lebon*.
6. C. pr. exéc., art. R. 153-1.
7. CE 27 nov. 2002, n° 251898, *Lebon*.
8. CE 17 janv. 2011, *SA France Hab.*, n° 325663. *AJDA* 2011. 133, note Blondel.

– l'administration ne répond pas : le silence vaut refus au bout de deux mois.

La jurisprudence est intervenue sur les conditions de la saisine de l'autorité administrative : ainsi la demande n'est pas recevable si la décision judiciaire n'a pas été signifiée[1]. La demande n'est pas recevable non plus pendant les délais de grâce accordés par le juge. Elle doit alors être renouvelée « à la date où l'ordonnance d'expulsion devenue exécutoire est susceptible d'exécution »[2]. La demande prématurée du concours, à l'intérieur du délai de deux mois suivant la délivrance du commandement de quitter les lieux, est nulle et le préfet n'est pas valablement saisi[3].

Par ailleurs, depuis la loi du 5 mars 2007, dite loi Dalo, le Conseil d'État s'est prononcé sur les incidences de la procédure consécutive à cette loi et a jugé que la décision de la commission de médiation, qui désigne le locataire comme prioritaire et devant être relogé d'urgence et la décision du juge des enfants lui accordant le droit d'héberger sa fille deux week-end par mois, ne sont pas de nature à créer un doute sérieux quant à la légalité de la décision du préfet accordant le concours de la force publique[4].

On notera enfin que lorsque deux sociétés fusionnent la société absorbante bénéficie de la transmission universelle du patrimoine de la société absorbée et qu'elle peut engager l'action indemnitaire envers l'État, suite au refus de concours opposé à la société absorbée[5]. Mais la société devenue propriétaire en 2006 d'un logement pour lequel un refus implicite de concours avait été opposé en 2004, ne peut se prévaloir des droits dont disposait la société propriétaire de l'immeuble pour la période antérieure à son acquisition, alors qu'elle n'a demandé le concours de la force publique que deux ans plus tard[6].

SECTION 2
REFUS DE CONCOURS ET RESPONSABILITÉ DE L'ÉTAT

933.21 **Principe.** Le principe de l'autorité des décisions de justice oblige l'État à les faire respecter et, à défaut, à réparer le préjudice subi.

La question de l'indemnisation du bailleur lorsque l'État refuse de prêter son concours à l'exécution d'une décision de justice repose sur une jurisprudence ancienne[7].

L'obligation de l'État de prêter son concours à l'exécution des jugements a, depuis, été énoncée clairement dans l'article L. 153-1 du C. pr. exéc. : « L'État est tenu de prêter son concours à l'exécution des jugements et autres titres exécutoires. Le refus de l'État de prêter son concours ouvre droit à réparation. »

Le Conseil constitutionnel a par ailleurs rappelé que « toute décision de justice est exécutoire; tout jugement peut donner lieu à une exécution forcée, la force publique devant, si elle y est requise, prêter main-forte à cette exécution[8] ».

La tendance observée va dans le sens d'une intervention plus fréquente du concours rapportée au nombre de commandements de quitter délivrés.

Années	Rapport intervention effective de la force publique / CQL (commandement de quitter les lieux)
2003	18,20 %
2004	12,80 %
2005	18,80 %
2006	19,50 %
2007	19,00 %
2008	19,10 %
2009	19,6 %
2010	19,80 %
2011	22,80 %
2012	23,11 %

Source : Ministère de l'Intérieur

933.22 **Conséquences.** Le refus de l'administration de prêter son concours, ou le défaut de réponse dans les deux mois, permet au créancier de poursuivre l'État par un recours contentieux devant le tribunal administratif.

Mais le bailleur n'est pas fondé à solliciter la condamnation de l'État en réparation de ses préjudices subis du fait du refus du concours de la force publique en vue de l'expulsion d'un de ses locataires, dans la mesure où le jugement dont il se prévalait n'ordonnait l'expulsion que d'un seul des époux locataires, seul assigné dans le cadre de la procédure d'expulsion. Dans ces conditions, même si ce dernier avait été expulsé, le préjudice du bailleur aurait subsisté tant du fait de l'occupation des lieux que des sommes restant dues au titre du bail. La demande en indemnisation du bailleur ne peut donc qu'être rejetée[9]. Par ailleurs la responsabilité

1. CE 8 déc. 1989, *SA Faïenceries de Longwy*, req. n° 68586.
2. CE 16 déc. 1966, *Sieur Caillat*.
3. CE 18 févr. 2010, *SA HLM de Guyane*, req. n° 316987. CE 8 oct. 2010, *OPHLM Puteaux*, req. n° 328645.
4. CE 11 févr. 2010, *min. de l'Int.*, req. n° 329927.
5. CE 28 nov. 2008, *min. de l'Int.*, req. n° 301548.
6. CE 18 déc. 2009, *FSM*, req. n° 320961.
7. CE 30 nov. 1923, *Couitéas*, req. n°s 38284 et 48688.
8. Cons. const. 29 juill. 1998, n° 98-403 DC, *JO* 31 juill., p. 11710; *AJDA* 1998. 739, note Glaser.
9. CE 30 août 2006, *min. de l'Int. c/SCI Ciber*, req. n° 277760.

de l'État ne peut être engagée qu'à l'égard de la personne au profit de laquelle a été rendue la décision ou de la personne investie ultérieurement des droits de cette dernière[1]. Par ailleurs, même dans le cas où les occupants du chef de la personne à expulser ne sont pas mentionnés dans la décision prononçant l'expulsion, le droit à indemnité existe[2]. Mais si l'immeuble est vide au moment de la réquisition du préfet, ou occupé par d'autres personnes que le locataire visé par la décision de justice ou les occupants de son chef l'indemnisation par l'État est écartée[3].

On notera que le preneur à bail emphytéotique peut rechercher la responsabilité de l'État après le refus de concours, suite à un jugement d'expulsion obtenu par le propriétaire[4].

933.23 Fondement. La responsabilité de l'État est engagée, avec ou sans faute, l'inaction de l'État causant un préjudice anormal au bailleur bénéficiaire d'une décision de justice.

• Responsabilité avec ou sans faute. Responsabilité sans faute si le refus est justifié par des motifs d'ordre public, et responsabilité sur le fondement de la faute, si le refus de l'État n'est pas justifié pour des raisons d'ordre public[5] ou s'il est justifié par un délai de grâce accordé par l'administration[6]. Lorsque le locataire fait l'objet, après la demande de concours, d'une procédure de rétablissement personnel, qui emporte suspension des voies d'exécution, l'État n'en est pas moins condamné à réparer l'ensemble des préjudices que l'occupation irrégulière a causé au propriétaire jusqu'à la date de libération des locaux[7]. Le refus du préfet d'apporter le concours de la force publique porte une atteinte grave et manifestement illégale à la liberté fondamentale que constitue le droit de propriété et son corollaire qu'est le droit pour le locataire de disposer des biens pris à bail, dans l'hypothèse de squatters motivés par des objectifs « de nature principalement revendicative ». En conséquence le préfet est condamné à prendre toutes les mesures pour assurer l'exécution sous 15 jours de l'ordonnance du premier juge et, au-delà, sous astreinte de 100 euros par jour[8].

Il est toutefois tenu compte des circonstances particulières. Ainsi il n'y a pas urgence à exécuter une décision d'expulsion dès lors que la société propriétaire qui sollicite le concours de la force publique connaissait, lors de l'acquisition de l'immeuble, la présence de squatters et les difficultés que cela entraînerait pour elle[9].

• Risque de trouble à l'ordre public. Le préfet peut refuser le concours de la force publique si l'expulsion est de nature à créer un trouble à l'ordre public[10]. S'agissant du contrôle du juge sur la décision d'octroi du concours, le Conseil d'État précise « qu'en cas d'octroi de la force publique il appartient au juge de rechercher si l'appréciation à laquelle s'est livrée l'administration sur la nature et l'ampleur des troubles à l'ordre public susceptibles d'être engendrés par sa décision, ou sur les conséquences de l'expulsion des occupants, compte tenu de la survenance de circonstances postérieures à la décision de justice l'ayant ordonné, n'est pas entaché d'une erreur manifeste d'appréciation. » Et « en estimant que le seul fait que les personnes expulsées n'aient pas de solution de relogement était susceptible d'entraîner un trouble à l'ordre public justifiant que l'autorité administrative puisse, sans erreur manifeste d'appréciation, ne pas prêter son concours à l'exécution d'une décision juridictionnelle, le juge des référés a commis une erreur de droit[11] ». La circonstance selon laquelle l'administration invoque « la précarité des ressources de l'occupante et l'état de santé de l'un de ses trois enfants » ne permet pas, selon les juges du fond, d'établir en quoi l'expulsion pouvait entraîner à l'époque des troubles à l'ordre public[12]. Sur cette question la Cour européenne a déclarée irrecevable un recours dirigé contre la France, en considérant que le refus de concours de la force publique ne heurte pas nécessairement le droit à l'exécution d'une décision de justice (Conv. EDH, art. 6) et le droit au respect des biens (Conv. EDH, prot. add., art. 1er), dès lors que « les occupants se trouvaient en situation de précarité et fragilité, et apparaissaient mériter, à ce titre, une protection renforcée[13] ». Mais le refus prolongé d'accorder le concours de la

1. CE 2 sept. 2009, *Soc. Slibail Immob,* req. n° 297126, (2e esp.), *AJDI* 2010. 239, obs. F. de La Vaissière.
2. CE 22 juin 2011, req. n° 340614, NP.
3. CE 9 juill. 2014, req. n° 358130, *AJDI* 2015. 132, obs. J. Mazure; *Rev. loyers*, 2014, p. 507, note V. Canu.
4. CE 10 oct. 2012, *Paris Habitat OPH*, req. n° 352770, *AJDA* 2013. 85.
5. CE 19 févr. 1986, *SPCI*, req. n° 51157.
6. CE 3 juin 1938, *Société La Cartonnerie et imprimerie Saint Charles*, req. nos 58698 et 58699. Cité par *AJPI* 1985. 595.
7. CE 24 avr. 2012, *Duquesne*, req. n° 338777, *AJDA* 2012. 916, note Grand.
8. CE 29 mars 2002, *SCI Stephaur et autres*, req. n° 243338, *AJDA* 2003. 345, note Grosieux.
9. CE 3 janv. 2003, *min. de l'Int. c/Société Kerry*, req. n° 253001, *AJDA* 2003. 342, note Gilli.
10. CE 26 oct. 1998, *M. et Mme Peultier*, req. n° 260867, cité par Pélissier, « La responsabilité de l'État du fait de la décision de prêter le concours de la force publique à l'exécution d'une décision de justice », *AJDA* 2006. 1947.
11. CE 30 juin 2010, *min. de l'Int.*, req. n° 332259, *AJDA* 2010. 1344. Comm. Royer.
12. CAA Paris, 7 juin 2007, n° 06PA03783.
13. CEDH 12 oct. 2010, Req. n° 23516/08, *D.* 2010. 2843, obs. C. de Gaudemont; *ibid.* 2011. 2298, obs. B. Mallet-Bricout et N. Reboul-Maupin; *AJDI* 2011. 153, obs. J. Raynaud.

force publique a pour conséquence, faute de toute justification d'intérêt général, de conduire à une sorte d'expropriation privée, en violation de l'article 1er du protocole n° 1 relatif au droit de propriété (la France est condamnée à verser 3 000 euros à la société propriétaire des locaux illégalement occupés) [1].

SECTION 3
PÉRIODE DE RESPONSABILITÉ

933.31 Début. La responsabilité de l'État débute à l'expiration de la période de deux mois dont dispose l'administration pour instruire la demande de concours de la force publique [2].

Si le délai de réflexion expire entre le 1er novembre et le 15 mars, la responsabilité de l'État n'est engagée qu'à la fin de cette période [3]. À l'expiration du sursis hivernal, le droit à réparation court sans qu'il soit subordonné à une réitération de la réquisition de la force publique [4].

Mais, qu'en est-il si la demande de concours est portée dans le délai de grâce ?

Il faut rappeler tout d'abord que la lecture de l'article L. 613-3 du code de la construction et de l'habitation conduit à exclure formellement toute tentative pendant la période d'hiver et un huissier ne peut procéder à une tentative d'expulsion [5].

A fortiori, la force publique ne peut intervenir dans ce délai.

Mais, contrairement à l'analyse avancée par le ministère de l'Intérieur dans une circulaire (inédite) du 17 octobre 2005, l'administration peut valablement être saisie pendant la période d'hiver d'une demande de concours dont le rejet est susceptible d'entraîner la responsabilité de l'État. Ainsi, une demande faite le 19 janvier engage la responsabilité de l'État à partir du 19 mars [6]. Le Conseil d'État a jugé par ailleurs qu'en présence d'un délai qu'il considère comme anormalement long entre la date d'octroi du concours et l'expulsion elle-même, la responsabilité de l'État se trouvait engagée, et ce à compter du quinzième jour suivant la démarche de l'huissier, en l'absence de circonstances particulières [7].

933.32 Interruption. La période de responsabilité de l'État est interrompue :

- si le propriétaire, qui n'a pas obtenu le concours de la force publique, renonce, même à titre provisoire, à sa demande;

- si une décision judiciaire accorde un sursis à l'occupant [8];

- il faut y ajouter le cas où un protocole d'accord est signé entre le bailleur social et le locataire dans les conditions de l'article L. 353-15-2 du code de la construction et de l'habitation. À compter de la conclusion du protocole, l'État n'a plus à prêter son concours et ne peut voir sa responsabilité engagée à raison de son refus de concours. Mais l'organisme bailleur retrouve le droit de poursuivre l'exécution si l'occupant ne remplit pas ses obligations financières; la notification au préfet de la dénonciation du protocole doit être regardée comme valant réquisition de prêter le concours de la force publique à l'expulsion du locataire [9]. Il incombe au bailleur qui veut être indemnisé de transmettre au préfet le protocole d'accord et tous les éléments d'information sur l'exécution par le locataire défaillant de ses engagements relatifs à l'apurement de la dette [10]. En outre, l'organisme doit être indemnisé tant pour la première période où il avait sollicité le concours de la force publique après le jugement d'expulsion que pour la seconde qui débute au terme d'un délai de deux mois à compter du courrier constatant la défaillance du locataire suite au protocole intervenu [11].

933.33 Fin. Elle prend fin lorsque l'occupant sans titre a libéré effectivement les lieux [12].

La responsabilité de l'État prend fin également si le bailleur renonce à exécuter la décision d'expulsion, soit en signant un nouveau contrat, soit en renonçant expressément au bénéfice de la décision judiciaire. Même dans ce cas, l'État reste responsable pour la période pendant laquelle il a refusé le concours de la force publique [13]. Mais, le refus de donner suite à une demande de concours de la force publique pour assurer l'exécution d'un jugement ordonnant l'expulsion d'un occupant sans titre ne crée aucun droit pour ce dernier à se maintenir dans les lieux et l'autorité compétente peut revenir à tout

1. CEDH 2 déc. 2010, Req. n° 6722/05, *AJDA* 2010. 2341; *D.* 2011. 2298, obs. B. Mallet-Bricout et N. Reboul-Maupin.
2. CE 26 juin 1968, *A. et Martinod*, req. n° 70982.
3. CE 4 mars 1988, *Gaillard*, req. n° 53722.
4. CE 20 nov. 1985, *Arthur et Tiffen*.
5. Rép. min. n° 18682, *JOAN Q* 29 avr. 2008, p. 3669.
6. CE 27 avr. 2007, req. n° 291410, min. de l'Int.
7. CE 27 janv. 2010, *OPAC Habitat Marseille Provence*, req. n° 320642, *AJDA* 2010. 181; *AJDI* 2010. 487, obs. F. de La Vaissière.
8. CE 29 juill. 1983, *Société d'Investissements Immobiliers et de Construction*, req. nos 46500 et 46510.
9. CE 16 avr. 2008, req. n° 300268, *AJDA* 2008. 839.
10. CE 27 janv. 2010, n° 316576, *AJDA* 2010. 182.
11. CE 30 mai 2008, req. n° 302136, NP.
12. CE 26 juin 1968, *A. et Martinod*, req. n° 70982.
13. CE 3 mai 1974, *Dame Dandres*, req. n° 88306.

moment sur son refus initial et accorder le concours de la force publique demandé[1].

SECTION 4
ÉVALUATION DU PRÉJUDICE

933.41 Loyers et charges. L'indemnité d'occupation s'appuie sur le montant du loyer contractuel, révisable, le cas échéant[2], dans le cadre du pouvoir souverain des juges du fond[3] Le surloyer n'est pas pris en compte[4], les pénalités de retard prévues au contrat non plus[5]. Mais les charges récupérables font partie du préjudice du bailleur, en tant qu'accessoire du loyer principal[6].

Un délai d'intervention tardif après que la force publique a été accordée peut présenter un caractère anormal de nature à engager la responsabilité de l'État, lorsqu'il n'est pas imputable à des carences de la société requérante ou de l'huissier dans la mise en œuvre des aspects matériels de l'opération qui leur incombait[7].

933.42 Travaux. Le coût des travaux nécessaires à la remise en état résultant des négligences ou du défaut d'entretien des occupants est indemnisable, sauf la vétusté[8]. Encore faut-il pouvoir justifier ce coût, notamment par un état des lieux[9]. Les travaux d'élimination du plomb prescrits par l'administration « ont constitué des mesures palliatives dont le seul objet a été de diminuer les risques sanitaires encourus par les occupants sans droit ni titre, et par suite, ces travaux constituent un préjudice ayant un lien direct avec le refus de concours de la force publique opposé par l'État »[10].

Mais les réparations locatives « qui ne sont pas en relation de cause à effet avec l'occupation abusive des locaux » ne sont pas indemnisées[11]. Le remboursement des frais de protection de l'immeuble destinés à empêcher l'occupation de certains des logements libérés n'est pas en relation directe avec la décision contestée de l'administration refusant le concours de la force publique et ne peuvent, par suite, donner lieu à réparation[12].

Les frais qui ne relèvent pas d'une dégradation postérieure à la décision d'expulsion ne sont pas inclus[13].

Dans le cas particulier de locaux occupés par des personnes entrées par voie de fait ayant fait l'objet d'un jugement d'expulsion avec refus de concours de la force publique, dans lesquels le préfet de Paris a décidé d'exécuter d'office des travaux de désintoxication au plomb, la charge revenant normalement au propriétaire peut être transférée à l'État, la somme venant en déduction de l'indemnité qui lui sera versée en indemnisation de l'occupation illégale[14].

933.43 Perte de valeur vénale. • Évaluation du préjudice. Les refus réitérés de l'administration pendant près de sept ans aux demandes tendant à l'octroi de la force publique ont conduit la société à vendre l'immeuble à un prix inférieur à celui qu'elle aurait obtenu si les occupants avaient vidé les lieux. Elle est fondée à obtenir de l'État une indemnité à ce titre[15]. En refusant toute indemnisation au seul motif que le montant de l'indemnité demandée avait été calculé par équivalence avec les loyers qu'aurait pu rapporter la location de l'immeuble pendant la période d'inertie de l'administration, sans rechercher si un autre mode de calcul permettait de mieux évaluer le préjudice subi par les créanciers, le tribunal administratif a commis une erreur de droit[16].

• Intérêts. Le bailleur a droit aux intérêts et à la capitalisation des intérêts sur les loyers et charges échus pendant la période de responsabilité de l'État[17].

SECTION 5
FRAIS

933.51 Nature. • Frais de procédure

Les frais de procédure engagés pendant la période de responsabilité de l'État pour l'exécution du jugement d'expulsion ne sont indemnisables que s'ils ont un lien direct avec le refus de concours de la force publique. Ce n'est pas le cas des frais de procédure et de tentative d'exécution du jugement, ni des frais de déménagement, procès-verbal d'expulsion, procès-verbal de recollement et de signification de vente « qui n'avaient pour objet que de parvenir à l'exécution du jugement et qui, de toute façon,

1. CE 5 déc. 2005, *min. de la Sécurité intérieure et des libertés locales*, req. n° 280050, *Lebon; AJDA* 2006. 277.
2. CE 5 avr. 1980, *Mme Marchand.*
3. Cass., avis, 4 juill. 2017, n° 17-70.008, P.
4. CE 18 févr. 1983, *FFF.*
5. CE 7 mai 1982, *SNI;* CE 21 janv. 2011, *SNI.*
6. CE 20 mars 1985, Tharel, req. n° 46731.
7. CE 5 mai 2006, *min. de l'Int. c/SCI de la Terre de Savigny et de Fertot*, req. n° 277632.
8. CE 3 mai 1974, *Dame Veuve Félix*, req. n° 88306.
9. CE 13 juill. 1995, *SA La Lutèce*, req. n° 64467.
10. CE 21 sept. 2007, *Soc. Kerry*, req. n° 381330.
11. CE 19 juin 1992, CIRP, req. n° 93106.
12. CE 10 oct. 2005, *Soc. Transimmeubles*, req. n° 267043.
13. CE 26 avr. 1989, *SA France Habitation*, req. n° 68013, pour des frais de remise en peinture.
14. CE 7 déc. 2011, n° 343128, *Loyers et copr.* 2012, n° 64, note Vial-Pedroletti.
15. CE 17 mai 2006, *Soc. Brink's France*, req. n° 277714.
16. CE 25 juill. 2007, *Me Massart*, req. n° 293377.
17. CE 15 mai 2009, req. n° 316626.

auraient dû être exposés par les requérants »[1]. C'est le cas en revanche des frais d'expertise servant à fixer l'indemnité d'occupation[2].

• **Frais d'avocats**

Les honoraires d'avocat et d'avoué acquittés par le bailleur ne sont pas, généralement, remboursés[3]. Certaines juridictions font un remboursement partiel, à hauteur de 500 euros environ en 2014.

• **Dégradations**

Si des dégradations sont commises par les forces de l'ordre au cours d'une opération d'expulsion, l'État, qui est son propre assureur selon l'article L. 211 du code des assurances, procède à l'indemnisation des victimes[4].

• **Autres indemnisations**

Enfin, un propriétaire social s'est vu indemnisé « des troubles de gestion que lui a occasionnés le refus de l'administration de lui accorder le concours de la force publique ». Cette indemnité couvre « les actions engagées [...] pour assumer l'exécution de sa mission dans le domaine du logement social »[5].

933.52 Coût de l'indemnisation pour l'État. L'État, qui doit indemniser les bailleurs, a vu augmenter considérablement les sommes consacrées à cette dépense. Aussi a-t-il cherché à réduire la pression sur les finances publiques résultant de cette obligation. Par circulaire du 17 octobre 2005[6], le ministre de l'Intérieur a incité les préfets à recourir systématiquement au mécanisme de la transaction, avec les bailleurs sociaux notamment, en proposant des abattements sur les sommes dues. Les contentieux s'étant poursuivis malgré cette recommandation, les bailleurs souhaitant obtenir la compensation intégrale de leur préjudice, l'État a pris acte de la situation en demandant aux préfets par circulaire du 22 janvier 2010[7], de renoncer aux abattements dans les transactions amiables. La transaction emporte renonciation « à tous droits, actions et prétentions ».

À l'issue de la transaction amiable ou du jugement le condamnant à indemniser le bénéficiaire du jugement, il convient de rappeler que l'administration est subrogée dans les droits que le bailleur détenait sur son locataire et peut, par le biais d'actions récursoires, récupérer auprès de l'occupant les sommes versées[8]. Le juge, lorsqu'il condamne l'État à indemniser un propriétaire doit, même d'office, subroger l'État dans les droits du propriétaire à l'encontre des occupants[9].

1. CE 31 mars 1989, *ép^x Morainville*, req. n° 71088.
2. CE 24 nov. 1976, *Santos de Casuro*, req. n° 99811.
3. CE 29 juill. 1983, *D.* 1984. IR 120.
4. Rép. min. n° 27834, *JOAN* 21 oct. 2008, p. 9068.
5. CE 13 juill. 1995, *SA La Lutèce,* req. n° 64467. Confirmation de l'indemnisation de l'immobilisation du bien au titre des troubles de gestion. CE 15 mai 2009, req. n° 316626.
6. NOR INT D 05 00091 C, non publiée.
7. Circ. 22 janv. 2010 relative à la définition de la transaction amiable pour indemniser les conséquences des refus de concours de la force publique en matière d'expulsion locative, NOR 10CD1002892C.
8. Rép. min. n° 86043, *JOAN Q* 16 nov. 2010, p. 12476.
9. CE 27 juill. 2016, n° 389690. *AJDA* 2016. 1597, note M.-C. de Montecler.

LIVRE

10. LA FISCALITÉ DU LOGEMENT LOCATIF

SECTION 0
ORIENTEUR

10.00 Plan du livre.

Division. Qu'elle soit exercée dans un cadre patrimonial ou économique, la location de logement est appréhendée par la fiscalité française, avec toute la richesse et la complexité qui caractérisent cette dernière.

Le bailleur ou son revenu sont ainsi impactés par les impositions directes (impôt sur le revenu ou impôt sur les sociétés, contributions sociales, ...) et indirectes (TVA, ...), nationales et locales (taxe foncière et contributions annexes, ...).

Au chapitre de la complexité, on relèvera qu'à l'image de la fiscalité française, celle du bailleur est de prime abord lourde, mais impactée par de multiples atténuations ou régimes de faveur (investissement locatif, prise en compte des déficits, ...), qui, s'ils ont un effet d'atténuation ou d'incitation, rendent son application délicate.

La fiscalité du bailleur a également une dimension « répressive », qui s'illustre par diverses impositions mises en place ces dernières années dans le cadre de la pénurie d'offre locative (taxe sur les micro logements, impositions sur les logements vacants).

La fiscalité applicable à la location dépend en premier lieu du statut juridique du bailleur (personne physique ou morale), mais également de nombreux autres critères (location nue ou meublée, ...), variables d'une imposition à l'autre.

Le tableau ci-après situe les problématiques fiscales à examiner, en fonction des principaux critères.

	Fiscalité du revenu locatif	Contribution sur les revenus locatifs	TVA	Taxe foncière	Contribution économique territoriale
Particulier louant un logement nu	Impôt sur le revenu dans la catégorie des revenus fonciers + contributions sociales	Non soumis	Non soumis	Imposable	Non soumis
Particulier louant un logement meublé	Impôt sur le revenu dans la catégorie des bénéfices industriels et commerciaux + contributions sociales	Non soumis	Non soumis, sauf fourniture de services para-hôteliers	Imposable	Imposable
Personnes morales passibles de l'impôt sur les sociétés – logement nu	Impôt sur les sociétés, sauf régime particulier (collectivités territoriales, bailleurs sociaux, organismes sans but lucratif, ...)	Soumis (sauf régime particulier)	Non soumis	Imposable	Non soumis
Personnes morales passibles de l'impôt sur les sociétés – logement meublé	Impôt sur les sociétés, sauf régime particulier (collectivités territoriales, bailleurs sociaux, organismes sans but lucratif, ...)	Soumis (sauf régime particulier)	Non soumis, sauf fourniture de services para-hôteliers	Imposable	Imposable
Sociétés non soumises à l'IS – location nue	Imposition des associés selon leur propre régime (IR ou IS)	Soumis si l'un des associés est soumis à l'IS	Non soumis	Imposable	Non soumis
Sociétés non soumises à l'IS – location meublée	Imposition des associés selon leur propre régime (IR ou IS)	Soumis si l'un des associés est soumis à l'IS	Non soumis, sauf fourniture de services para-hôteliers	Imposable	Non soumis

TITRE

101. La fiscalité du revenu locatif (impôt sur le revenu, impôt sur les sociétés)

SECTION 0
ORIENTEUR

101.00 **Plan du titre.**

Division. L'activité de location de logement dégage un résultat économique. Celui-ci est naturellement appréhendé par l'impôt, selon différents régimes.

Les d'imposition dépendent de plusieurs critères : qualité du bailleur (personne physique ou morale), location nue ou meublée, ...

Le revenu effectivement imposable est alors défini selon les règles propres à chaque catégorie d'imposition. Sont définies dans ce cadre la nature des produits et des charges retenues. De même, lorsque le résultat fiscal est déficitaire, les modalités de prise en compte du déficit sont différentes selon la catégorie d'imposition.

Pour les bailleurs particuliers (personnes physiques), l'imposition des locations nues relève de la catégorie des revenus fonciers (CGI, art. 14 s. – v. s^s^ n° 1011.11). Lorsque la location est meublée, elle relève des bénéfices industriels et commerciaux (CGI, art. 34 s. – v. s^s^ n°s 1011.321 s.). La sous-location relève quant à elle des bénéfices non commerciaux (v. s^s^ n°s 1011.361 s.).

Les bailleurs personne morale sont soumis, selon leur forme juridique et dans certains cas sur option, soit à l'impôt sur les sociétés (v. s^s^ n°s 1012.11 s.), soit exonérés de cet impôt (le résultat est alors imposé entre les mains des associés – v. s^s^ n°s 1012.41 s.).

CHAPITRE

1011. Bailleur particulier

SECTION 0 ORIENTEUR

1011.00 Plan du chapitre.

Division. Le bailleur particulier est imposable sur le revenu tiré de la location d'immeuble à l'impôt sur le revenu. La catégorie d'imposition est celle dite des « revenus fonciers » s'il s'agit d'une location nue (v. s^{s} n° 1011.21), des bénéfices industriels et commerciaux s'il s'agit de location meublée (v. s^{s} n° 1011.321), ou des bénéfices non commerciaux en cas de sous-location de locaux nus (v. s^{s} n° 1011.361). Il demeure par ailleurs soumis à des prélèvements sociaux (v. s^{s} n°s 1011.371 s.).

1011.01 Textes applicables.

TEXTES SOURCES

• **CGI, art. 14 à 32, 34, 35 *bis*, 156-I-3°, 199 *novovicies*, 199 *tervicies***

• **CSS, art. L. 136-6-1-a, L. 245-14.**

• **Ord. n° 96-50, 26 janv. 1996** relative au remboursement de la dette sociale, art. 15.

• **CASF, art. L. 14-10-4 2°.**

• **CGI, art. 1600-0 S.**

TEXTES *IN EXTENSO*

• **CGI, art. 14**

Sous réserve des dispositions de l'article 15, sont compris dans la catégorie des revenus fonciers, lorsqu'ils ne sont pas inclus dans les bénéfices d'une entreprise industrielle, commerciale ou artisanale, d'une exploitation agricole ou d'une profession non commerciale :

1° Les revenus des propriétés bâties, telles que maisons et usines, ainsi que les revenus :

[...]

c) Des bateaux utilisés en un point fixe et aménagés pour l'habitation, le commerce ou l'industrie, même s'ils sont seulement retenus par des amarres.

• **CGI, art. 28**

Le revenu net foncier est égal à la différence entre le montant du revenu brut et le total des charges de la propriété.

• **CGI, art. 29**

Sous réserve des dispositions des articles 33 *ter* et 33 *quater*, le revenu brut des immeubles ou parties d'immeubles donnés en location, est constitué par le montant des recettes brutes perçues par le propriétaire, augmenté du montant des dépenses incombant normalement à ce dernier et mises par les conventions à la charge des locataires. Les subventions et indemnités destinées à financer des charges déductibles sont comprises dans le revenu brut. Il n'est pas tenu compte des sommes versées par les locataires au titre des charges leur incombant.

Dans les recettes brutes de la propriété sont comprises notamment celles qui proviennent de la location du droit d'affichage ou du droit de chasse, de la concession du droit d'exploitation des carrières, de redevances tréfoncières ou autres redevances analogues ayant leur origine dans le droit de propriété ou d'usufruit.

• **CGI, art. 30**

Sous réserve des dispositions de l'article 15-II, le revenu brut des immeubles ou parties d'immeubles dont le propriétaire se réserve la jouissance est constitué par le montant du loyer qu'ils pourraient produire s'ils étaient donnés en location. Il est évalué par comparaison avec les immeubles ou parties d'immeubles similaires faisant l'objet d'une location normale, ou, à défaut, par voie d'appréciation directe. Il est majoré, s'il y a lieu, des recettes visées au deuxième alinéa de l'article 29. Cette disposition ne concerne pas le droit de chasse.

• **CGI, art. 31**

I. Les charges de la propriété déductibles pour la détermination du revenu net comprennent :

1° Pour les propriétés urbaines :

a) Les dépenses de réparation et d'entretien effectivement supportées par le propriétaire;

a) *bis*) les primes d'assurance;

a) *ter*) Le montant des dépenses supportées pour le compte du locataire par le propriétaire dont celui-ci n'a pu obtenir le remboursement, au 31 décembre de l'année du départ du locataire;

a) *quater*) Les provisions pour dépenses, comprises ou non dans le budget prévisionnel de la copropriété, prévues aux articles 14-1 et 14-2 de la loi n° 65-557 du 10 juillet 1965 fixant le statut de la copropriété des immeubles bâtis, supportées par le propriétaire, diminuées du montant des provisions déduites l'année précédente qui correspond à des charges non déductibles;

b) Les dépenses d'amélioration afférentes aux locaux d'habitation, à l'exclusion des frais correspondant à des travaux de construction, de reconstruction ou d'agrandissement, ainsi que des dépenses au titre desquelles le propriétaire bénéficie du crédit d'impôt sur le revenu prévu à l'article 200 quater ou de celui prévu à l'article 200 *quater* A;

b) *bis*) Les dépenses d'amélioration afférentes aux locaux professionnels et commerciaux destinées à protéger ces locaux des effets de l'amiante ou à faciliter l'accueil des handicapés, à l'exclusion des frais correspondant à des travaux de construction, de reconstruction ou d'agrandissement; [...]

c) Les impositions, autres que celles incombant normalement à l'occupant, perçues, à raison desdites propriétés, au profit des collectivités territoriales, de certains établissements publics ou d'organismes divers, à l'exception de la taxe annuelle sur les locaux à usage de bureaux, les locaux commerciaux et les locaux de stockage perçue dans la région d'Île-de-France prévue à l'article 231 *ter*;

d) Les intérêts de dettes contractées pour la conservation, l'acquisition, la construction, la réparation ou l'amélioration des propriétés, y compris celles dont le contribuable est nu-propriétaire et dont l'usufruit appartient à un organisme d'habitations à loyer modéré mentionné à l'article, à une société d'économie mixte ou à un organisme disposant de l'agrément prévu à l'article du même code;

e) Les frais de gestion, fixés à 20 € par local, majorés, lorsque ces dépenses sont effectivement supportées par le propriétaire, des frais de rémunération des gardes et concierges, des frais de procédure et des frais de rémunération, honoraire et commission versés à un tiers pour la gestion des immeubles;

e) *bis*) Les dépenses supportées par un fonds de placement immobilier mentionné à l'article 239 nonies au titre des frais de fonctionnement et de gestion à proportion des actifs mentionnés au a du 1° du II de l'article du code monétaire et financier détenus directement ou indirectement par le fonds, à l'exclusion des frais de gestion variables perçus par la société de gestion mentionnée à l'article du même code en fonction des performances réalisées.

Les frais de gestion, de souscription et de transaction supportés directement par les porteurs de parts d'un fonds de placement immobilier mentionné à l'article 239 *nonies* ne sont pas compris dans les charges de la propriété admises en déduction; [...]

o. 1. – Une déduction fixée :

A. Pour les logements situés dans les communes classées par arrêté des ministres chargés du budget et du logement dans les zones géographiques se caractérisant par un déséquilibre entre l'offre et la demande de logements :

– à 15 % des revenus bruts des logements donnés en location dans le cadre d'une convention mentionnée à l'article L 321-4 du code de la construction et de l'habitation conclue entre le 1er janvier 2017 et le 31 décembre 2019;

– à 50 % des revenus bruts des logements donnés en location dans le cadre d'une convention mentionnée à l'article L 321-8 du même code conclue entre le 1er janvier 2017 et le 31 décembre 2019;

B. Pour les logements situés dans des communes autres que celles mentionnées au A du présent 1, à 85 % des revenus bruts des logements donnés en mandat de gestion ou en location dans le cadre d'une convention mentionnée aux articles L 321-4 ou L 321-8 dudit code conclue entre le 1er janvier 2017 et le 31 décembre 2019 et à la condition que cette location ou ce mandat soit conclu avec un organisme public ou privé, agréé en application de l'article L 365-4 du même code, soit en vue de leur location ou sous-location, meublée ou non, à des personnes mentionnées au II de l'article L 301-1 du même code ou aux personnes physiques dont la situation nécessite une solution locative de transition, soit en vue de l'hébergement de ces mêmes personnes.

2. La déduction mentionnée au 1 du présent o s'applique à compter de la date de prise d'effet de la convention et pendant toute sa durée.

3. Les taux de 15 % et 50 % mentionnés au A du 1 du présent o sont respectivement portés :

A. À 30 % et 70 % des revenus bruts, lorsque les logements sont situés dans les communes classées par arrêté des ministres chargés du budget et du logement dans les zones géographiques se caractérisant par un déséquilibre important entre l'offre et la demande de logements entraînant des difficultés d'accès au logement sur le parc locatif existant;

B. Ou à 85 % des revenus bruts, lorsque les logements sont donnés en mandat de gestion ou en location à un organisme public ou privé, agréé en application de l'article L 365-4 du code de la construction et de l'habitation, soit en vue de leur location ou sous-location, meublée ou non, à des personnes mentionnées au II de l'article L 301-1 du même code ou aux personnes physiques dont la situation nécessite une solution locative de transition, soit en vue de l'hébergement de ces mêmes personnes.

4. Le bénéfice de la déduction prévue au 1 du présent o est subordonné à l'engagement du contribuable ou de la société propriétaire de louer le logement nu pendant toute la durée d'application de la convention à usage d'habitation principale.

Cet engagement prévoit que :

A. Le loyer et les ressources du locataire appréciées à la date de conclusion du bail ne doivent pas excéder des plafonds fixés par décret en fonction de la localisation du logement;

B. La location ne peut être conclue avec un membre du foyer fiscal, un ascendant ou un descendant du contribuable, une personne occupant déjà le logement, sauf à l'occasion du renouvellement du bail, ou, si le logement est la propriété d'une société non soumise à l'impôt sur les sociétés, l'un de ses associés ou un membre du foyer fiscal, un ascendant ou un descendant d'un associé. Les associés d'une société non soumise à l'impôt sur les sociétés doivent conserver leurs parts pendant toute la durée de la convention.

5. Pour le bénéfice des déductions prévues au présent o, lorsqu'elle fait l'objet de l'une des conventions mentionnées au 1 du présent o, la location du logement consentie dans les mêmes conditions à un organisme public ou privé pour le logement ou l'hébergement de personnes physiques à usage d'habitation principale, à l'exclusion du propriétaire du logement, des membres de son foyer fiscal ou de ses descendants ou ascendants, ne fait pas obstacle au bénéfice de la déduction, à la condition que cet organisme ne fournisse aucune prestation hôtelière ou para-hôtelière. Un décret précise les modalités d'appréciation des loyers et des ressources de l'occupant, ainsi que les conditions de cette location.

6. Lorsque, à l'échéance de l'une des conventions mentionnées au 1 du présent o, y compris après une période triennale de prorogation, le contrat de location du logement concerné est en cours de validité conformément à l'article 10 de la loi n° 89-462 du 6 juillet 1989 tendant à améliorer les rapports locatifs et portant modification de la loi n° 86-1290 du 23 décembre 1986, le bénéfice de l'une des déductions des revenus bruts prévues au présent o est maintenu jusqu'à la date fixée pour le renouvellement ou la reconduction de ce contrat de location tant que le même locataire reste en place et que toutes les conditions, notamment celle relative au montant du loyer, sont remplies.

7. En cas de non-respect de l'un des engagements mentionnés au présent o ou de cession du logement ou des parts sociales, la déduction fait l'objet d'une reprise au titre de l'année de la rupture de l'engagement ou de la cession. Toutefois, aucune reprise n'est effectuée si la rupture de l'engagement ou la cession survient à la suite de l'invalidité correspondant au classement dans la deuxième ou la troisième des catégories prévues à l'article L 341-4 du code de la sécurité sociale, du licenciement ou du décès du contribuable ou de l'un des membres du couple soumis à imposition commune.

8. Les dispositions du présent o sont exclusives de celles prévues aux f à m du présent 1° et aux articles 31 *bis*, 199 *decies* I, 199 *undecies* A, 199 *septvicies* et 199 *novovicies* du présent code. Elles ne sont pas non plus applicables aux immeubles classés ou inscrits au titre des monuments historiques ou ayant reçu le label délivré par la « Fondation du patrimoine », mentionnés au premier alinéa du 3° du I de l'article 156.

• **CGI, art. 32**

1. Par dérogation aux dispositions de l'article 31, lorsque le montant du revenu brut annuel défini aux articles 29 et 30 n'excède pas 15 000 €, le revenu imposable correspondant est fixé à une somme égale au montant de ce revenu brut diminué d'un abattement de 30 %.

Dans le cas où le contribuable détient des parts de fonds de placement immobilier mentionnés à l'article 239 *nonies* ou des parts de sociétés, autres que celles visées à l'article 1655 *ter*, qui donnent en location des immeubles nus et dont les résultats sont imposés dans les conditions prévues à l'article 8, la limite de 15 000 € est appréciée en tenant compte du montant du revenu brut annuel défini aux articles 29 et 30 à proportion de ses droits dans les bénéfices comptables de ces sociétés ou de ces fonds. Le revenu imposable est déterminé en tenant compte de cette quote-part.

2. Les dispositions du 1 s'appliquent à l'ensemble des revenus fonciers perçus par le foyer fiscal. Les contribuables concernés portent directement le montant du revenu brut annuel sur la déclaration prévue à l'article 170.

Les dispositions du 1 ne sont pas applicables lorsque le contribuable ou l'un des membres du foyer fiscal est propriétaire d'un ou plusieurs biens appartenant aux catégories suivantes :

a) Monuments historiques et assimilés ou immeubles en nue-propriété, donnés en location et visés au 3° du I de l'article 156;

b) Immeubles au titre desquels est demandé le bénéfice des dispositions du b *ter* du 1° du I de l'article 31 ou de celles du deuxième alinéa du 3° du I de l'article 156;

c) Logements au titre desquels est demandé le bénéfice de l'une des déductions prévues aux j et k du 1° du I de l'article 31 ou de l'une des déductions au titre de l'amortissement prévues aux f, g et h du 1° du I de l'article 31;

d) Parts de sociétés, autres que celles visées à l'article 1655 *ter*, qui donnent en location des immeubles nus et dont les résultats sont imposés dans les conditions prévues à l'article 8 lorsque leur détenteur n'est pas propriétaire d'un immeuble donné en location nue.

e) Parts de sociétés, autres que celles visées à l'article 1655 *ter*, et parts de fonds de placement immobilier mentionnés à l'article 239 *nonies*, qui donnent en location un immeuble visé aux a, b et c ou qui font l'objet de la déduction au titre de l'amortissement prévue à l'article 31 *bis* et dont les résultats sont imposés dans les conditions prévues à l'article 8.

f) Logements au titre desquels est demandé le bénéfice de la déduction prévue au i, au m ou au n du 1° du I de l'article 31.

g) Parts de fonds de placement immobilier mentionnés à l'article 239 *nonies* lorsque leur détenteur n'est pas propriétaire d'un immeuble donné en location nue;

3. L'année au cours de laquelle le seuil prévu au 1 est dépassé ou celle au titre de laquelle l'une des exclusions mentionnées au 2 est applicable, le revenu net foncier est déterminé dans les conditions prévues aux articles 28 et 31;

4. Les contribuables qui souhaitent renoncer au bénéfice des dispositions du 1 peuvent opter pour la détermination de leur revenu net foncier dans les conditions prévues aux articles 28 et 31.

L'option est exercée pour une période de trois ans dans le délai prévu pour le dépôt de la déclaration mentionnée à l'article 170 de la première année au titre de laquelle elle s'applique. Irrévocable durant cette période, elle est valable tant que le contribuable reste de manière continue dans le champ d'application du 1.

• **CGI, art. 34**

Sont considérés comme bénéfices industriels et commerciaux, pour l'application de l'impôt sur le revenu, les bénéfices réalisés par des personnes physiques et provenant de l'exercice d'une profession commerciale, industrielle ou artisanale.

• **CGI, art. 35 *bis***

I. Les personnes qui louent ou sous-louent en meublé une ou plusieurs pièces de leur habitation principale sont exonérées de l'impôt sur le revenu pour les produits de cette location sous réserve que les pièces louées constituent pour le locataire ou le sous-locataire en meublé sa résidence principale ou sa résidence temporaire, dès lors qu'il justifie d'un contrat conclu en application du 3° de l'article L. 1242-2 du code du travail, et que le prix de location demeure fixé dans des limites raisonnables.

II. À compter du 1er janvier 2001, les personnes qui mettent de façon habituelle à la disposition du public une ou plusieurs pièces de leur habitation principale sont exonérées de l'impôt sur le revenu sur le produit de ces locations lorsque celui-ci n'excède pas 760 € par an.

Cette exonération ne peut se cumuler avec les dispositions de l'article 50-0.

• **CSS, art. L. 136-6-1-a**

I. – Les personnes physiques fiscalement domiciliées en France au sens de l'article 4 B du code général des impôts sont assujetties à une contribution sur les revenus du patrimoine assise sur le montant net retenu pour l'établissement de l'impôt sur le revenu, à l'exception de ceux ayant déjà supporté la contribution au titre des articles L. 136-3, L. 136-4 et L. 136-7 :

a) Des revenus fonciers;

(...).

• **CSS, art. L. 245-14**

Les personnes physiques fiscalement domiciliées en France au sens de l'article 4 B du code général des impôts sont assujetties à un prélèvement sur les revenus et les sommes mentionnés aux I et II de l'article L. 136-6. Sont également soumises à ce prélèvement, à raison des revenus mentionnés au I *bis* de l'article L. 136-6 du présent code, les personnes physiques qui ne sont pas fiscalement domiciliées en France au sens de l'article 4 B du code général des impôts. Les dispositions du III de l'article L. 136-6 sont applicables à ce prélèvement.

• **Ord. n° 96-50, 26 janv. 1996, art. 15**

I. – Il est institué une contribution perçue à compter de 1996 et assise sur les revenus du patrimoine définis au I de l'article L. 136-6 du code de la sécurité sociale perçus par les personnes physiques fiscalement domiciliées en France au sens de l'article 4 B du code général des impôts. Sont également soumis à cette contribution les revenus désignés au I *bis* de l'article L. 136-6 du code de la sécurité sociale.

Cette contribution est établie chaque année sur les revenus de l'année précédente, à l'exception de ceux ayant supporté la contribution prévue à l'article 16.

Toutefois, la contribution due sur les revenus de la première année d'imposition est assise sur les onze douzièmes des revenus de l'année 1995.

Elle est établie, recouvrée et contrôlée dans les conditions et selon les modalités prévues au III de l'article L. 136-6 du code de la sécurité sociale, à l'exception du troisième alinéa.

II. – La contribution est mise en recouvrement et exigible en même temps, le cas échéant, que la contribution sociale instituée par l'article L. 136-6 du code de la sécurité sociale. Il n'est pas procédé au recouvrement lorsque le montant total par article de rôle est inférieur à 61 euros.

III. – Sont également assujettis à la contribution dans les conditions et selon les modalités prévues aux I et II ci-dessus :

1° (Abrogé);

2° Les sommes soumises à l'impôt sur le revenu en application des articles 168,1649 A, 1649 AA, 1649 *quater* A, 1649 *quater*-0 B *bis* et 1649 *quater*-0 B *ter* du code général des impôts et L. 69 du livre des procédures fiscales;

2° *bis* Les sommes soumises à l'impôt sur le revenu en application du 1° de l'article L. 66 du livre des procédures fiscales et qui ne sont pas assujetties à la contribution en vertu d'une autre disposition;

3° Tous autres revenus perçus au titre des années définies au I, dont l'imposition est attribuée à la France par une convention internationale relative aux doubles impositions et qui n'ont pas supporté la contribution prévue à l'article 14.

• **CASF, art. L. 14-10-4 2°**

Les produits affectés à la Caisse nationale de solidarité pour l'autonomie sont constitués par :

(...)

2° Une contribution additionnelle au prélèvement social mentionné à l'article L. 245-14 du code de la sécurité sociale et une contribution additionnelle au prélèvement social mentionné à l'article L. 245-15 du même code. Ces contributions additionnelles sont assises, contrôlées, recouvrées et exigibles dans les mêmes conditions et sous les mêmes sanctions que celles applicables à ces prélèvements sociaux. Leur taux est fixé à 0,3 %.

• **CGI, art. 1600-0 S**

I. – Il est institué :

1° Un prélèvement de solidarité sur les revenus du patrimoine mentionnés à l'article L. 136-6 du code de la sécurité sociale;

2° Un prélèvement de solidarité sur les produits de placement mentionnés à l'article L. 136-7 du même code.

II. – Le prélèvement de solidarité mentionné au 1° du I est assis, contrôlé et recouvré selon les mêmes règles et sous les mêmes sûretés, privilèges et sanctions que la contribution mentionnée à l'article L. 136-6 du code de la sécurité sociale.

Le prélèvement de solidarité mentionné au 2° du même I est assis, contrôlé et recouvré selon les mêmes règles et sous les mêmes sûretés, privilèges et sanctions que la contribution mentionnée à l'article L. 136-7 du code de la sécurité sociale.

III. – Le taux des prélèvements de solidarité mentionnés au I est fixé à 2 %.

IV. – Le produit des prélèvements de solidarité mentionnés au I est affecté au fonds mentionné à l'article L. 135-1 du code de la sécurité sociale.

1011.02 Jurisprudence de référence.

> Loyer imposable – compensation

• **CE 30 nov. 1973, n° 86977**, *Lebon,* p. 681

* V. s[s] n° 1011.31

Si la société bailleresse n'a pas perçu le loyer normalement prévu au bail, cette dernière ne s'étant pas de son côté acquitté auprès de son locataire de son engagement de contribuer aux travaux de grosse réparation, elle doit être regardée comme ayant perçu par compensation le loyer prévu au contrat; il en résulte que ce revenu doit être soumis à l'impôt sur le revenu des personnes physiques dans la catégorie des revenus fonciers.

> Loyer imposable – saisie-arrêt

• **CE 28 juin 1968, n° 72307**

* V. s[s] n° 1011.31

Les loyers acquis par le propriétaire doivent être regardés comme un revenu dont il a disposé, alors même que ces sommes auraient fait l'objet d'une saisie-arrêt.

> Loyer imposable – loyer sous évalué

• **CE 26 mai 1976**, req. n° 98816, *Lebon*

EN CE SENS AUSSI : CE 23 nov. 1977, req. n° 98227, *Lebon* • CE 9e et 7e s[s]-sect., 13 févr. 1980, req. n° 16937, *Lebon*

* V. s[s] n° 1011.55

Doit être considéré comme anormalement bas le loyer qui est notoirement inférieur à la valeur locative des propriétés données en location, sans que le propriétaire puisse justifier d'aucune circonstance indépendante de sa volonté de nature à faire obstacle à la location des immeubles pour un prix normal.

> Charges déductibles – intérêts d'emprunts

• **CE 27 janv. 1988**, req. n° 76282, *Lebon*

* V. s[s] n° 1011.161

Présentent le caractère de charges déductibles les intérêts qui se rapportent à des sommes empruntées pour acheter un terrain à bâtir ou un immeuble ou faire construire un bâtiment destiné à être donné en location nue dans le cadre des revenus fonciers, sous réserve du respect des conditions générales de déduction des charges.

• **CE 27 juin 1990, n° 57559**

* V. s[s] n° 1011.161

Les intérêts d'un emprunt contracté pour l'acquisition d'un immeuble restent déductibles même si l'immeuble ne produit plus de revenus, dès lors qu'il a été démoli en vue de sa reconstruction et de l'obtention par le propriétaire de revenus fonciers plus élevés.

> Charges déductibles – frais d'emprunts

• **CE 8e et 3e s[s]-sect., 5 oct. 2007**, *Guyon*, req. n° 281658, *Lebon*

* V. s[s] n° 1011.162

Est déductible l'indemnité de résiliation anticipée d'un emprunt dès lors que le remboursement anticipé de l'emprunt initial et la souscription du nouvel emprunt à un taux moins élevé n'ont eu ni pour objet ni pour effet d'accroître la valeur d'actif mais pour seule finalité la conservation du revenu net foncier de l'emprunteur.

> Charges déductibles – indemnités d'éviction

• **CAA Paris, 31 janv. 1991**, req. n° 89PA01032

* V. s[s] n° 1011.181

L'indemnité d'éviction versée à un commerçant en vue de la libération d'un local commercial pour remise en état avant location nouvelle constitue une dépense déductible en ce qu'elle vise l'acquisition et la conservation du revenu foncier.

> Imputation des déficits – activité non-commerciale

• **CE 10e et 9e s[s]-sect., 8 juill. 2009**, *Cazenave*, req. n° 304815

* V. s[s] n° 1011.362

La sous-location d'immeubles nus n'étant pas une activité libérale en ce qu'elle ne requiert pas un art ou un savoir-faire propre à l'exercice d'une profession libérale, les déficits tirés de cette activité non commerciale ne sont pas imputables sur le revenu global.

1011.03 Bibliographie indicative.

Ouvrages. *Mémento fiscal*, « Impôt sur le revenu – Revenus fonciers », n°s 27000 s.; « Impôt sur le revenu – Bénéfices industriels et commerciaux », n°s 7025 s.; « Impôt sur le revenu – Bénéfices non-commerciaux », n°s 13205 s., « Impôts sur le revenu – CSG et autres prélèvements sociaux », n°s 342000 s., Francis Lefebvre, 2017.

Actualisables. DICT. PERM. Gestion immob, « Revenu foncier »; « Locations meublées », n°s 57 s.

SECTION 1
LOCATIONS IMPOSABLES DANS LA CATÉGORIE DES REVENUS FONCIERS

1011.11 Division. Lorsque la location nue est imposable dans la catégorie des revenus fonciers (v. s[s] n° 1011.21), la détermination du revenu peut être effectuée selon un régime dit « normal », qui prend en compte la plupart des charges (v. s[s] n° 1011.81), ou simplifié, auquel cas les charges sont forfaitisées (v. s[s] n° 1011.211).

Des règles particulières sont prévues lorsqu'un déficit foncier est constaté (v. s[s] n° 1011.221).

§ 1
Champ d'application

1011.21 Locations imposables. Les locations consenties par les personnes physiques et portant sur des immeubles bâtis, fixés au sol à perpétuelle demeure, sont de plein droit dans le champ des revenus fonciers (CGI, art. 14). Sont également expressément visées par cette disposition les locations de bateaux utilisés en un point fixe et aménagés pour l'habitation, même s'ils ne sont retenus que par des amarres. L'administration considère que sont ainsi imposables les péniches ou bateaux de plaisance utilisés comme habitations et qui ne quittent pratiquement jamais leur lieu d'amarrage, lorsque d'une part ils ne sont pas destinés à la navigation, d'autre part ils sont soumis à la taxe foncière sur les propriétés bâties[1] (v. s[s] n° 1041.11).

Ces locations sont imposables dans la catégorie des revenus fonciers pour autant qu'elles ne se rattachent pas à une activité professionnelle, commerciale, industrielle, artisanale, agricole, ... exercée par le bailleur. Est notamment considérée comme une activité commerciale la location (et la sous location) de logement meublé, qui relève par conséquent du régime des bénéfices industriels et commerciaux (v. s[s] n° 1011.321).

De même, la sous location de locaux nus n'est pas imposable en tant que revenus fonciers mais dans la catégorie des bénéfices non commerciaux (v. s[s] n° 1011.361).

1011.22 Personnes imposables. Le régime des revenus fonciers concerne les revenu perçus par les personnes physiques dans le cadre de la gestion de leur patrimoine privé, mais également par des sociétés translucides ou transparentes (v. s[s] n° 1012.41). Le principe général d'imposition des revenus du foyer fiscal (CGI, art. 6) conduit bien entendu à retenir le cas échéant l'ensemble des revenus fonciers perçus par chaque membre du foyer.

Lorsque le bien loué est détenu en indivision, chaque co-indivisaire est tenu d'acquitter l'impôt en proportion des droits qu'il détient dans l'indivision. Les répartitions de revenus et de charges qui dérogent aux droits respectifs des co-indivisaires ne sont pas opposables à l'administration. Ainsi, si un co-indivisaire abandonne tout ou partie des revenus auxquels il a droit, il reste néanmoins redevable de l'impôt à proportion de ses droits. De même, s'il prend à sa charge plus de dépenses qu'il ne devrait en supporter, il ne peut pas déduire de ses revenus fonciers l'excédent de charges correspondant[2].

En cas de démembrement de propriété, c'est bien entendu l'usufruitier qui est redevable de l'impôt. En effet, c'est lui qui jouit des fruits que procure l'immeuble (C. civ. art. 578). La doctrine administrative commente la situation dans laquelle l'usufruitier abandonne les loyers au nu-propriétaire. Si cette situation n'est pas entérinée par un acte de transmission de l'usufruit soumis aux droits de mutation, l'administration considère que le revenu foncier reste imposable entre les mains de l'usufruitier. En outre, le nu-propriétaire perçoit de fait un revenu régulier non spécifiquement visé par une catégorie d'imposition (revenu non dénommé) et relève donc par défaut de la catégorie des bénéfices non commerciaux[3].

§ 2
La définition du revenu imposable – Régime normal

1011.31 Régime normal. En application du principe général selon lequel les revenus catégoriels sont des revenus nets, le revenu foncier est en principe constitué par la différence entre les recettes perçues par le bailleur et les charges supportées en vue de cette perception (régime normal). Lorsque le revenu locatif est peu élevé, il peut relever d'un régime simplifié, dit « micro-foncier » (v. s[s] n° 1011.211).

Les recettes et charges dont il est question dans le régime normal sont celles effectivement perçues ou payées. On parle donc de comptabilité de caisse, et non d'engagement (cette dernière retenant les créances acquises et les dettes certaines, indépendamment des dates de paiement). Ainsi, les loyers effectivement encaissés sont imposables au titre de l'année d'encaissement, même s'ils sont courus au cours d'une année antérieure (loyers différés ou recouvrés tardivement). La perception du loyer peut résulter d'une compensation avec une dette envers le locataire (ex. : compensation avec le dépôt de garantie)[4]. Est également considéré comme perçu un loyer recouvré par saisie-arrêt[5].

A.
Recettes imposables

1011.41 Sommes perçues. Les recettes imposables sont constituées par l'ensemble des sommes perçues par le bailleur. Il s'agit principalement des loyers mais également des dépenses incombant légalement au bailleur et mises à la charge du locataire,

1. BOI-RFPI-CHAMP-10-10-20120912, § 40
2. BOI-RFPI-CHAMP-30-30-20120912, § 10
3. BOI-RFPI-CHAMP-30-30-20120912, § 30
4. CE 30 nov. 1973, n° 86977, *Lebon*, p. 681.
5. CE 28 juin 1968, n° 72307

ainsi que certaines subventions et indemnités (CGI, art. 29). Sont également imposables les recettes accessoires (emplacements publicitaires, location de toiture pour une antenne de téléphonie mobile, ...).

1°
Loyers et accessoires

1011.51 **Loyers abandonnés ou impayés.** Le régime fiscal des loyers non effectivement perçus par le bailleur dépend des circonstances. Si l'absence d'encaissement résulte d'une remise de loyers s'analysant comme un acte de disposition ou une libéralité consentie au locataire, le loyer abandonné constitue une recette imposable[1]. En revanche, les loyers impayés du fait du locataire et malgré les tentatives de recouvrement effectuées par le bailleur ne sont pas imposables[2].

1011.52 **Loyers remboursés par le bailleur.** Lorsque le bailleur est amené à rembourser au locataire des loyers perçus antérieurement, il n'est pas fondé à demander la restitution de l'impôt correspondant acquitté au titre de l'année d'encaissement. En revanche, le remboursement constitue une charge déductible du revenu foncier de l'année de remboursement[3].

1011.53 **Cas des loyers soumis à la TVA.** Dans le cas où les loyers d'habitation sont soumis à la TVA (certaines locations meublées avec prestations de services - v. s^s^ n° 1032.11), le bailleur encaisse, outre le loyer proprement dit, la TVA qui a été quittancée au locataire. Cependant, la TVA ainsi collectée étant reversée au Trésor, elle ne constitue pas un revenu pour le bailleur. Les recettes à déclarer pour les revenus fonciers sont donc bien les loyers pour leur montant hors TVA. Par ailleurs, il résulte de l'assujettissement à la TVA de la location que le bailleur est en droit de récupérer la TVA grevant les dépenses qu'il paye. Cette TVA ne constituant ainsi pas une charge définitive, les dépenses déductibles ne sont à prendre en compte que pour leur montant hors TVA.

1011.54 **Dépôt de garantie.** En principe, le dépôt de garantie réclamé par le bailleur ne constitue pas une contrepartie de la mise à disposition du logement. Il ne fait donc pas partie du revenu pour le bailleur au moment de son versement par le locataire. Corrélativement, le reversement à ce dernier en fin de bail de son dépôt de garantie ne constitue pas une charge déductible du revenu foncier.

En revanche, lorsque le bailleur conserve le dépôt de garantie pour se couvrir de loyers impayés, la somme conservée est considérée comme un loyer imposable. Il en va de même selon l'administration de la conservation du dépôt pour se couvrir de frais de remise en état du logement[4], ou encore des sommes conservées par le propriétaire pour financer des charges locatives acquittées par lui-même et non remboursées par le locataire. Ces sommes doivent en principe être rajoutées aux recettes brutes, puis déduites au titre des charges récupérables non récupérées.

La doctrine admet toutefois, que le bailleur s'abstienne de faire état des sommes correspondant à ces charges locatives lorsque le chiffre à déclarer dans les recettes brutes est identique à celui porté en déduction. Cette condition implique notamment que les charges locatives dont le propriétaire obtient le remboursement par le biais d'une retenue effectuée sur le dépôt de garantie n'aient pas déjà été déduites[5].

1011.55 **Loyer anormalement bas.** Lorsque le loyer est sensiblement inférieur au loyer normal, l'administration peut réintégrer dans les revenus locatifs imposables la différence entre le loyer normal et le loyer pratiqué[6]. Cette faculté est subordonnée au fait que le propriétaire ne puisse établir que des circonstances indépendantes de sa volonté font obstacle à la location de l'immeuble à son prix normal[7]. Pour justifier de la réintégration qu'elle opérerait, l'administration devrait bien entendu faire état de locations portant sur des logements comparables (caractéristiques physiques, localisation, période, ...).

1011.56 **Bail fictif.** Le bail fictif est par exemple celui pour lequel le propriétaire ne perçoit en fait aucun loyer, en l'absence de locataire ou en présence d'une occupation qui est de fait à titre gratuit. Dans ce cas, il est considéré que le propriétaire se réserve la jouissance du logement. Il ne relève dès lors pas des revenus fonciers et ne peut par conséquent pas déduire de ses revenus les charges liées au logement.

2°
Dépenses mises à la charge du locataire

1011.61 **Charges locatives.** Les charges incombant légalement au locataire, payées par le bailleur et qui lui sont remboursées par le locataire ne constituent pas des revenus fonciers imposables. Elles ne doivent donc pas être déclarées par le bailleur. Cor-

1. BOI-RFPI-BASE-10-10-20140214, n° 70
2. BOI-RFPI-BASE-10-10-20140214, § 140
3. BOI-RFPI-BASE-10-10-20140214, § 160
4. BOI-RFPI-BASE-10-10-20140214, § 380
5. BOI-RFPI-BASE-10-10 n° 400, 12 septembre 2012.
6. CE 26 mai 1976, req. n° 98816, *Lebon; RJF* 7/76 n° 303 – CE 23 nov. 1977, req. n° 98227, *Lebon* – CE 9e et 7e s^s^-sect., 13 févr. 1980, req. n° 16937, *Lebon*.
7. BOI-RFPI-BASE-10-10-20140214, § 430

rélativement, les charges locatives payées par lui ne sont pas déductibles de son revenu foncier.

3°
Indemnités perçues par le bailleur

1011.71 **Indemnités.** Les indemnités perçues par le bailleur sont en principe imposables dès lors qu'elles constituent des recettes se substituant aux loyers (CGI, art. 29). Il en va ainsi par exemple des indemnités d'assurance couvrant les loyers impayés (v. s[s] n° 1011.41). Dans le cas d'indemnités fixées par une décision de justice mises à la charge d'occupants sans titre, la doctrine administrative prévoit l'imposition de la fraction correspondant à la mise à disposition du logement. La fraction représentative de l'indemnisation du préjudice lié à la situation n'est pas imposable[1]. Par ailleurs, la même doctrine[2] présume que les indemnités pour retard de livraison versées à l'acquéreur d'un logement par le constructeur ont pour objet de compenser une perte de loyer et sont donc imposables. Une indemnité d'assurance perçue du fait de dépenses de remise en état du logement (suite à un sinistre, à des dégradations commises par un locataire, ...), elles-mêmes déductibles du revenu foncier, est également imposable[3]. D'après l'administration fiscale, il en va ainsi même si les travaux ne sont pas réalisés par le propriétaire. En revanche, une indemnité réparant un préjudice subi par le propriétaire n'est pas imposable[4].

1011.72 **Subventions.** Le principe est que les subventions perçues par le bailleur constituent un revenu imposable lorsqu'elles financent des charges déductibles de ce revenu (CGI, art. 29). Il en va ainsi quelle que soit l'origine de la subvention (État, collectivité territoriale, Anah, OPAH, ADEME, ...). Lorsque la subvention finance des dépenses non déductibles (acquisition, construction, reconstruction, ...), elle n'est pas imposable. Il convient donc de vérifier d'une part l'affectation de la subvention (conditions d'octroi, ...), d'autre part la nature des travaux réalisés, au vu des critères précisés plus bas (v. s[s] n°s 1011.91 s.).

B.
Charges déductibles

1011.81 **Principes.** Le revenu imposable étant nécessairement un revenu net, les charges supportées par le bailleur en vue de percevoir les revenus sont en principe déductibles. Ces charges déductibles sont cependant limitativement définies par le code général des impôts (CGI, art. 31). Concernant les logements, sont ainsi déductibles les charges suivantes :

- les dépenses de réparation et d'entretien effectivement supportées par le propriétaire;
- les primes d'assurance;
- le montant des dépenses supportées pour le compte du locataire par le propriétaire dont celui-ci n'a pas pu obtenir le remboursement au 31 décembre de l'année de départ du locataire;
- les provisions pour dépenses, comprises ou non dans le budget prévisionnel de la copropriété, supportées par le propriétaire, diminuées du montant des provisions déduites l'année précédente, qui correspond à des charges non déductibles;
- les dépenses d'améliorations, à l'exclusion des frais correspondant à des travaux de construction, de reconstruction ou d'agrandissement, ainsi que des dépenses au titre desquelles le propriétaire bénéficie du crédit d'impôt pour dépenses en faveur de la transition énergétique (CGI art. 200 *quater* et 200 *quater* A);
- les impositions, autres que celles incombant normalement à l'occupant, perçues au profit des collectivités territoriales et d'organismes divers;
- les intérêts de dettes contractées pour la conservation, l'acquisition, la construction, la réparation ou l'amélioration du logement;
- les frais de gestion, fixés à 20 € par local, majorés, lorsque ces dépenses sont effectivement supportées par le propriétaire, des frais de rémunération des gardes et concierges, des frais de procédure et des frais de rémunération, honoraire et commission versés à un tiers pour la gestion du logement.

En plus de ces charges, certains régimes de faveur prévoient l'application d'un abattement forfaitaire calculé en pourcentage du revenu brut (v. s[s] n° 1011.301).

1011.82 **Règles générales.** La déductibilité des charges, quelles qu'elles soient, est subordonnée à des conditions générales :

- être effectivement payées par le propriétaire au cours de l'année civile en cause;
- être justifiées par tout document approprié.

1°
Les travaux

1011.91 **Distinction.** L'article 31 du code général des impôts distingue entre trois catégories de travaux :

- les travaux de réparation et d'entretien, qui sont déductibles,
- les travaux d'amélioration du logement, également déductibles,

1. BOI-RFPI-BASE-10-20-20140113, § 110
2. BOI-RFPI-BASE-10-20-20140113, § 100)
3. BOI-RFPI-BASE-10-20-20140113, § 130
4. BOI-RFPI-BASE-10-20-20140113, § 160

– les travaux de construction, reconstruction ou d'agrandissement, qui ne sont pas déductibles.

Il s'agit de bien qualifier la nature des travaux réalisés, afin de leur appliquer le régime fiscal adéquat. La frontière entre ces catégories n'est pas toujours aisée à tracer. La doctrine administrative et la jurisprudence viennent donc préciser ces différentes notions.

Pour éviter un cumul d'avantages fiscaux, les travaux ne sont pas déductibles des revenus fonciers notamment s'ils ont fait l'objet d'un crédit d'impôt au titre des travaux en faveur de la transition énergétique (CGI art. 200 *quater*).

a)
Les travaux de réparation et d'entretien.

1011.101 Définition. Les travaux de réparation et d'entretien déductibles sont définis comme ceux ayant pour objet de maintenir ou de remettre un immeuble en bon état et d'en permettre un usage normal, conforme à sa destination, sans en modifier la consistance, l'agencement ou l'équipement initial. Il s'agit de dépenses de maintien en l'état et des dépenses de réparation pouvant consister en la remise en état, la réfection ou le remplacement des équipements essentiels pour maintenir l'immeuble en mesure d'être utilisé normalement[1].

Les dépenses de petit entretien et réparations à la charge du locataire en application du décret charges (v. s[s] n° 313.21) sont notamment considérées comme déductibles. En revanche, les travaux ayant la nature de réparations locatives (v. s[s] n°s 313.11 s.) ne sont en principe pas déductibles. En effet, elles ne sont pas visées par l'article 31 du code général des impôts. Il existe toutefois trois exceptions qui limitent fortement la portée pratique de ce principe. Les réparations locatives payées par le propriétaire sont en effet déductibles :

– lorsqu'elles sont réalisées par le propriétaire pour cause de vétusté, de force majeure ou de malfaçons (ex. : travaux induits par des travaux plus importants incombant au propriétaire, travaux faisant suite à une inondation);

– lorsqu'elles sont engagées en vue de faciliter la location ou la relocation;

– lorsqu'elles sont supportées par le propriétaire, qui n'a pu en obtenir le remboursement auprès du locataire au 31 décembre de l'année du départ de ce dernier.

1011.102 Exemples. La doctrine administrative donne des exemples de dépenses d'entretien et des réparations déductibles (le lecteur pourra s'y référer pour plus d'informations[2]) :

– traitement des bois contre les insectes xylophages, dépenses de recherche et d'analyse de l'amiante;

– remise en état du gros œuvre (toiture, façade, etc.), des canalisations, de l'installation électrique ou de chauffage;

– dépenses de mise aux normes des ascenseurs.

b)
Les travaux d'amélioration.

1011.111 Définition. En matière de revenus fonciers, les travaux d'amélioration ne devraient en principe pas être déduits, du fait qu'ils ont pour effet d'accroître la valeur du bien. Toutefois, par exception, il est possible de déduire les travaux d'amélioration des locaux d'habitation. Le bailleur d'un logement peut ainsi déduire de son revenu les travaux consistant à ajouter un élément de confort nouveau ou mieux adapté aux conditions actuelles de vie, sans apporter de modification à la structure de l'immeuble : création d'une cuisine, d'une salle de bains, installation d'un chauffage central, d'un ascenseur, raccordement au tout à l'égout, ...

La déduction est immédiate dans l'année de paiement des dépenses. Toutefois, dans le cas de certains régimes particuliers d'incitation fiscale à l'investissement locatif (« Périssol », « Robien », ...), la déduction est étalée sous la forme d'un amortissement[3].

1011.112 Exemples. Sont considérés comme des travaux d'amélioration ceux visant à remplacer des équipements en vue de les mettre aux normes ou de protéger les usagers : enlèvement, fixation ou encoffrement d'amiante, remplacement de portes d'ascenseurs par des portes automatiques, mise en conformité de canalisations en plomb, ...). Les travaux d'amélioration du confort du logement sont également déductibles : par exemple, l'agrandissement des ouvertures, le réaménagement intérieur par décloisonnement, l'asphaltage des abords. De même, des travaux à l'intérieur d'un immeuble, consistant à réaménager celui-ci en appartements (ouvertures, cloisonnement, ajout de cuisines ou de salles de bains, ...) sans changement d'affectation, sans toucher au gros œuvre ni augmenter la surface, ont pu être considérés comme des travaux d'amélioration[4].

c)
Les travaux de construction, de reconstruction, d'agrandissement.

1011.121 Définition. La définition des travaux de construction, de reconstruction ou d'agrandisse-

1. BOI-RFPI-BASE-20-30-10-2014-02-03, § 10
2. BOI-RFPI-BASE-20-30-10-2014-02-03, § 30 et 40
3. BOI-RFPI-BASE-20-30-20-2014-02-03, § 130
4. BOI-RFPI-BASE-20-30-10-2014-02-03, § 100

ment est importante car les dépenses correspondantes ne sont pas déductibles du revenu foncier. Or, peuvent être visés des travaux réalisés sur des immeubles existants, dès lors qu'ils ont une certaine importance ou touchent par nature à des éléments structurels de l'immeuble. Cette question fait l'objet d'un contentieux important, qui peut donner des indications permettant d'éclairer le bailleur sur le traitement fiscal qu'il doit retenir.

Les travaux de démolition totale suivis d'une reconstruction ne sont bien entendu pas déductibles.

Sont également considérés comme tels notamment :

- les travaux ayant pour effet d'apporter une modification importante au gros œuvre de locaux existants;

- les travaux d'aménagement interne qui, par leur importance, équivalent à une reconstruction (démolition intérieure complète suivie de création d'aménagements neufs);

- les travaux qui ont pour effet d'accroître le volume ou la surface habitable de l'immeuble existant;

- les travaux de transformation de locaux d'activités ou de dépendances non affectées à l'habitation (combles, garages, granges, ...), en logements.

La doctrine administrative donne des exemples de jurisprudences ayant tranché dans des cas particuliers sur la qualification de reconstruction non déductible ou d'amélioration déductible [1].

On relèvera que le juge s'attache à la nature et à l'importance des travaux, et non à leur coût proprement dit. Il reste souvent difficile dans certains cas pour le bailleur de savoir si les travaux qu'il pense être déductibles ne risquent pas d'être écartés par l'administration. De ce point de vue, on observe que le législateur n'a pas, en matière de revenus fonciers, défini de critères objectifs, comme il l'a fait depuis 2006 en matière de TVA immobilière (CGI, art. 257-I-2 et CGI annexe II art. 245-A).

d)

Précisions et modalités de déduction des travaux.

1011.131 Réalisation des travaux dans le cadre d'un contrat de vente d'immeuble à rénover. Lorsque le bailleur acquiert le logement dans le cadre d'un contrat de vente d'immeuble à rénover (CCH, art. L. 262-1 s.), celui-ci prévoit la réalisation de travaux. Ces derniers sont considérés par la doctrine administrative comme un élément du coût d'acquisition de l'immeuble. Il en résulte selon elle que ces travaux, n'étant pas engagés « en vue de l'acquisition ou de la conservation du revenu », ne sont pas déductibles [2].

1011.132 Paiement des travaux. Les travaux déductibles au titre d'une année sont ceux effectivement payés par le propriétaire au cours de cette année, quelle que soit la date de réalisation. Les acomptes sont ainsi pris en compte au titre de l'année de leur versement. Lorsque les travaux sont payés directement aux entreprises par un établissement de crédit et remboursés par le bailleur dans le cadre d'un emprunt, c'est l'année de paiement aux entreprises qui est retenue.

Le montant des dépenses à déduire est le montant TVA comprise, dans la mesure où le bailleur, non assujetti, ne peut pas récupérer la TVA.

Les dépenses connexes et accessoires sont également admises en déduction (ex. : honoraires d'architecte). La réalisation des travaux peut impliquer des frais de relogement du locataire ou le versement d'une indemnité d'éviction. Ces dépenses sont en principe déductibles.

Lorsque le bailleur réalise lui-même les travaux, seul le coût d'achat des matériaux et équipements est déductible.

Bien entendu, le bailleur doit être en mesure de justifier de la nature et du paiement des travaux, par tous moyens (factures, devis, plans, photos, documents d'urbanisme, rapports, expertises, ...). Il est donc recommandé de faire en sorte que ces documents soient suffisamment explicites.

Notons que l'application de certains régimes locatifs spécifiques qui prennent en compte les travaux réalisés (logements touristiques, loi Malraux, ...) peut, pour éviter un cumul d'avantages, impliquer l'impossibilité de déduire les travaux des revenus fonciers [3].

1011.133 Travaux réalisés dans les parties communes d'immeubles en copropriété. Lorsque le logement locatif est en copropriété, les dépenses d'entretien et de travaux réalisés sur les parties communes sont payées par le syndic et remises à la charge du copropriétaire par les provisions. En matière de revenus fonciers, le code général des impôts retient comme critère le paiement des provisions pour charges et non le paiement effectif des travaux par la copropriété.

Le mécanisme est le suivant :

- les provisions payées au titre d'une année sont déduites;

- l'année suivante, le bailleur réintègre dans son revenu la part de provision de l'année précédente

1. BOI-RFPI-BASE-20-30-10-2014-02-03, § 110 s.

2. BOI-RFPI-BASE-20-30-30-2014-02-03, § 25

3. BOI-RFPI-BASE-20-30-30-2014-02-03, § 90

qui ne correspond pas à des dépenses d'entretien ou de réparations déductibles.

Ce mécanisme concerne les dépenses courantes de maintenance, de fonctionnement et d'administration des parties communes et équipements communs de l'immeuble (L. n° 65-557, 10 juill. 1965, art. 14-1) et les dépenses de travaux qui n'ont pas à figurer dans le budget prévisionnel et dont la liste est fixée par décret (L. n° 65-557, 10 juill. 1965, art. 14-2 et décr. n° 67-223, 17 mars 1967, art. 44).

En revanche, les travaux réalisés dans le cadre de provisions spéciales (L. n° 65-557, 10 juill. 1965, art. 18) ne sont déductibles que dans l'année de paiement des travaux par la copropriété.

2°
Les frais d'administration et de gestion

1011.141 **Principe.** Les frais de rémunération des gardes et concierges, de procédure, les rémunérations, honoraires et commissions versés pour la gestion du logement sont déductibles du revenu foncier (CGI, art. 31-I-1°-e). Pour ces dépenses, la déduction porte sur le montant réel effectivement supporté par le bailleur. En outre, une somme forfaitaire de 20 €, représentative des autres frais de gestion, est également déductible.

Lorsque la dépense de gestion est supportée sous la forme d'une provision pour charges de copropriété (ex. : honoraires de syndic), c'est le montant de la provision pour charges qui est retenu, sous réserve de sa régularisation l'année suivante (v. s[s] n° 1011.202).

Par ailleurs, la quote-part de frais de gestion incombant au locataire (ex. : fraction récupérable de la rémunération du gardien) n'est pas déductible par le propriétaire, sauf pour la part qu'il supporte entre deux locations ou de celle qu'il n'a pu recouvrer auprès du locataire au 31 décembre de l'année du départ de ce dernier.

1011.142 **Rémunération des gardiens et concierges.** Il s'agit des rémunérations allouées aux personnes en charge du gardiennage de l'immeuble, au titre de cette fonction. Si ces personnes fournissent d'autres prestations (travaux domestiques pour le compte personnel du propriétaire ou du locataire), la part correspondante n'est pas déductible. Cependant, les prestations de travaux réalisées par le gardien dont la nature est elle-même déductible peuvent être prises en compte.

Les rémunérations à retenir sont celles versées en numéraire (salaire et charges sociales) et les avantages en nature (électricité, eau, gaz, chauffage, valeur locative du logement si celle-ci a été ajoutée au revenu foncier).

1011.143 **Rémunérations, honoraires et commissions.** Sont à ce titre notamment déductibles du revenu foncier :

- les rémunérations des gérants d'immeubles ou d'administrateurs de biens auxquels le propriétaire a recours;
- les sommes versées à un tiers pour la tenue de la comptabilité ou la gestion administrative du logement;
- les rémunérations de salariés du bailleur, affectés à la gestion des logements;
- les commissions versées par le propriétaire à une agence de location (recherche de locataire, rédaction du bail, état des lieux, ...);
- les honoraires versés à un conseil pour l'établissement des déclarations fiscales de revenus fonciers;
- les frais de gestion de biens de majeurs incapables (tutelle, curatelle, ...);
- les cotisations versées à des chambres syndicales ou fédérations de chambres syndicales de copropriétaires qui fournissent aide et information personnalisées pour la gestion des logements donnés en location par leurs adhérents (assistance téléphonique, conseils, ...).

En revanche, ne sont pas déductibles notamment les cotisations versées à des organismes ayant pour objet la défense et la représentation de leurs adhérents, qui ne leur fournissent pas de prestations individualisées concernant la gestion de leur logement ni les sommes versées à un tiers pour l'acquisition ou la cession de l'immeuble donné en location.

1011.144 **Frais de procédure.** Il s'agit par exemple des frais engagés par le propriétaire dans le cadre de litiges avec son locataire (recouvrement, entretien, ...) ou encore avec ses fournisseurs (litiges sur les travaux, ...). Sont visés les honoraires des experts, avocats, huissiers, ...

1011.145 **Autres frais de gestion.** Les autres frais supportés par le propriétaire dans le cadre de la gestion de son bien (frais postaux, de téléphone, informatique, déplacement, ...) ne sont pas déductibles pour leur montant réel. Une déduction forfaitaire de 20 € par logement, censée représenter ces frais, est toutefois prévue par l'article 31 du code général des impôts.

3°
Les frais d'assurance

1011.151 **Principe.** La déduction des primes d'assurances payées par le propriétaire est expressément prévue par l'article 31-I-1-a *bis* du code général des impôts. Il s'agit des primes d'assurance individuelle ou collective versées en vue de l'acquisition ou de la conservation du revenu, c'est à dire notamment celles qui couvrent les risques suivants :

- incendie, dégâts des eaux, bris de glace, dégâts causés par les catastrophes naturelles et intempéries (tempête, grêle, neige, ...);

- vol, vandalisme;

- responsabilité civile du propriétaire bailleur (assurance propriétaire non occupant).

Les primes d'assurance garantissant un emprunt contracté pour l'acquisition ou la réalisation de travaux déductibles sont déductibles en tant que frais accessoires à ces prêts (v. s[s] n° 1011.161). Il en résulte notamment que la part de déficit foncier qui pourrait provenir de ces primes n'est pas imputable sur le revenu global du propriétaire.

Notons que, jusqu'en 2016, certaines primes d'assurance contre les impayés de loyers de logements conventionnés pour le bénéfice de l'aide personnalisée au logement pouvaient bénéficier d'un crédit d'impôt, prévu par l'article 200 *nonies* du code général des impôts. Le bénéfice du crédit d'impôt privait le bailleur de la possibilité de déduire ces primes de son revenu foncier. Le crédit d'impôt a été supprimé par la loi de finances pour 2017 (L. n° 2016-1917, 29 déc. 2016, art. 32-I-5° et II-C) pour les primes payées à compter du 1er janvier 2017.

4°
Les intérêts et frais d'emprunts

1011.161 Principes. L'article 31-I-1-d du code général des impôts prévoit la déduction des intérêts d'emprunt contractés pour l'acquisition, la construction, la conservation, l'amélioration, la réparation du bien loué.

Au titre de la conservation du bien, sont déductibles les intérêts d'emprunts contractés pour le paiement des droits de mutation à titre gratuit.

Les emprunts liés à l'acquisition sont ceux contractés pour l'achat de l'immeuble existant ou à construire (VEFA, immeuble achevé neuf ou ancien), l'achat du terrain et le coût de construction en cas de construction par le bailleur (y compris les intérêts correspondant au paiement des droits de mutation à titre onéreux). Si l'immeuble est démoli et reconstruit, les intérêts du premier emprunt restent déductibles, dès lors que l'objectif est de percevoir des revenus plus élevés[1]. La doctrine administrative permet également que le propriétaire occupant, qui change de résidence principale et donne en location son premier logement, puisse déduire les intérêts d'emprunt contractés pour l'acquisition de celui-ci des revenus qu'il tire de la location ce logement.

En revanche, les arrérages d'une rente viagère ne sont pas considérés par la jurisprudence comme des intérêts d'emprunt et ne sont par conséquent pas déductibles[2].

La déductibilité porte sur les intérêts proprement dits (à l'exclusion par conséquent du remboursement du capital de l'emprunt) mais également sur les frais accessoires :

- frais de dossier;

- frais d'inscription d'hypothèque ou de privilège de prêteur de deniers, y compris les honoraires du notaire afférents à ces formalités;

- frais de cautionnement non remboursables, commission de l'organisme de cautionnement (à l'exclusion des dépôts restituables en fin de prêt);

- frais de mainlevée;

- primes d'assurance pour garantir le remboursement du prêt.

1011.162 Remboursement anticipé. D'après la doctrine administrative, les intérêts d'un emprunt se substituant à un autre ne sont en principe pas déductibles. Cependant, ce principe est fortement tempéré par une exception[3]. La déduction est en effet admise aux conditions cumulatives suivantes :

- que le nouvel emprunt soit souscrit pour rembourser ou se substituer à l'emprunt initial, cette condition étant réputée remplie lorsque le nouveau contrat ou l'avenant fait référence à l'ancien prêt (le nouveau peut bien entendu être souscrit auprès d'un autre établissement financier);

- les intérêts admis en déduction n'excèdent pas ceux de l'échéancier initial, cette limitation s'appréciant globalement en comparant la somme des intérêts figurant respectivement sur l'échéancier de l'emprunt initial et l'échéancier du nouvel emprunt;

- le bailleur indique dans ses déclarations le prêt auquel le nouvel emprunt se substitue, et peut sur demande de l'administration en justifier.

Par ailleurs, les frais ou pénalités occasionnés par le remboursement anticipé d'un prêt ne sont pas considérés comme engagés en vue de la perception du revenu foncier et ne sont donc pas déductibles[4], sauf s'ils sont versés en vue de la souscription d'un nouvel emprunt dont le taux est moins élevé[5].

1011.163 Cas particuliers. Les intérêts payés par le contribuable particulier au titre d'emprunts

1. BOI-RFPI-BASE-20-80-2012-09-12, § 50.

2. NOTAMMENT CE 27 janv. 1988, req. n° 76282 – CE 27 juin 1990, req. n° 57559.
3. BOI-RFPI-BASE-20-80-2012-09-12, § 110.
4. BOI-RFPI-BASE-20-80-2012-09-12, § 210.
5. CE 8e et 3e s[s]-sect., 5 oct. 2007, *Guyon*, req. n° 281658, *Lebon*.

contractés pour la souscription ou l'acquisition de parts de sociétés immobilières non soumises à l'impôt sur les sociétés ou de fonds de placement immobilier sont déductibles du revenu foncier. Il en va de même de l'emprunt contracté pour faire apport du logement à ces structures.

En cas de démembrement de propriété ou de parts de sociétés non soumises à l'impôt sur les sociétés, les intérêts supportés par l'usufruitier pour l'acquisition de ses droits sont déductibles.

Par ailleurs, les intérêts d'emprunt supportés par le nu-propriétaire pour l'acquisition de ses droits sont également déductibles, alors même qu'il n'est pas imposable au titre des revenus fonciers de l'immeuble, mais à condition que le logement soit donné en location par l'usufruitier, et imposés chez ce dernier en tant que revenus fonciers. Le déficit foncier ainsi dégagé au titre de l'immeuble en cause est imputable exclusivement sur d'autres revenus fonciers du nu-propriétaire au cours des dix années suivantes (v. s^s^ n° 1011.241) [1].

1011.164 **Cas des logements sociaux démembrés.** Le particulier nu-propriétaire d'un logement social dont l'usufruitier est un bailleur social (CCH, art. L. 253-1 s.) peut déduire des revenus fonciers qu'il tire d'autres logements donnés en location, les intérêts d'emprunt correspondant à l'acquisition de la nue-propriété des logements démembrés qu'il possède (CGI, art. 31-I-1°-d).

5°
Les impositions et taxes

1011.171 **Impositions déductibles.** L'article 31-I-1-c du code général des impôts prévoit la déductibilité des impositions, autres que celles incombant au propriétaire, acquittées au profit des collectivités territoriales et de certains établissements publics.

Sont ainsi déductibles les impositions suivantes :

- les taxes foncières sur les propriétés bâties et sur les propriétés non bâties (v. s^s^ n° 1041.11);
- certaines taxes annexes aux taxes foncières : taxe spéciale d'équipement établie au profit des établissements publics fonciers, impositions au profit des communautés urbaines pour la fraction se rattachant aux taxes foncières, taxe additionnelle spéciale au profit de la région Île de France;
- la contribution sur les revenus locatifs (v. s^s^ n° 1021.11).

L'imposition est déductible dans l'année de son paiement. Toutefois, la doctrine administrative admet que les taxes établies et non encore payées au 31 décembre de l'année d'imposition soient déduites, sous réserves d'éventuelles régularisations l'année suivante. Si les taxes ne sont pas encore établies, le bailleur peut déduire provisoirement le montant acquitté au titre de l'année précédente [2].

1011.172 **Impositions non déductibles.** *A contrario*, ne sont pas déductibles les impositions établies au profit de l'État (impôt sur le revenu, droits de mutation à titre gratuit ou onéreux, taxe sur les loyers élevés des logements de petite surface, dite « taxe Apparu » - v. s^s^ n° 1051.11) et celles incombant au locataire (taxe d'habitation, taxe d'enlèvement des ordures ménagères, taxe de balayage).

Par ailleurs, ne sont pas non plus déductibles les taxes d'urbanisme qui font partie du prix de revient de l'immeuble, perçues notamment lors de sa construction ou de son extension (taxe d'aménagement, versement pour dépassement du plafond légal de densité).

6°
Les indemnités d'éviction et frais de relogement

1011.181 **Indemnités d'éviction.** Les indemnités versées par le propriétaire pour évincer le locataire sont déductibles, à condition que la finalité soit l'obtention ou la conservation du revenu foncier (CGI, art. 13-1). Ainsi, le propriétaire peut déduire l'indemnité versée en vue d'effectuer des travaux puis de relouer immédiatement dans de meilleures conditions [3]. En revanche, si l'éviction intervient dans un contexte de valorisation du patrimoine du bailleur, elle n'est pas déductible (ex. : éviction en vue d'occuper le logement ou de le vendre libre d'occupation) [4].

1011.182 **Frais de relogement.** Le coût que supporte le propriétaire pour reloger temporairement son locataire pendant la réalisation de travaux est déductible du revenu foncier, sous réserve que l'engagement et le montant des frais résultent d'une gestion normale [5].

7°
Les charges locatives

1011.191 **Contexte.** Les charges locatives constituent en principe pour le bailleur une dépense (paiement à un tiers) et un encaissement (remboursement par le locataire). En matière de revenu foncier, le principe est que ces flux ne sont pas pris en compte : le remboursement perçu n'est pas un

1. BOI-RFPI-BASE-20-80-2012-09-12, §°170 – ÉGALEMENT s^s^ n°s 1012.31 s.
2. BOI-RFPI-BASE-20-50-2015-04-01, n° 60.
3. CAA Paris, 31 janv. 1991, req. n° 89PA01032.
4. BOI-RFPI-BASE-20-20-2014-02-14, § 1.
5. BOI-RFPI-BASE-20-20-2014-02-14, § 30.

revenu imposable et les charges correspondantes ne sont corrélativement pas déductibles.

Ce principe connaît toutefois deux exceptions : le bailleur peut déduire les charges correspondantes lorsqu'elles lui incombent définitivement, soit qu'il n'en obtienne pas le remboursement auprès du locataire, soit que le logement est temporairement vacant.

La déduction intervient au titre de l'année du départ du locataire [1].

8°
Les provisions pour charges de copropriété

1011.201 **Principe de déduction immédiate.** Lorsque le logement locatif est situé dans une copropriété, une partie des charges déductibles du revenu foncier est payée par la copropriété (ex. : travaux sur les parties communes). Le bailleur copropriétaire supporte ces dépenses sous la forme de charges de copropriété, reversées à cette dernière à titre de provisions, lesquelles font ensuite l'objet d'une régularisation.

Toutefois, les provisions appelées ne couvrent pas exclusivement des charges déductibles des revenus fonciers. Pour tenir compte de cette situation, le législateur a retenu le schéma suivant :

- pour une année n, le bailleur déduit de son revenu foncier l'intégralité des provisions pour charges de copropriété qu'il a versées, sans distinguer entre les dépenses déductibles ou non;

- au titre de l'année n+1, le bailleur soustrait la quote-part des charges de l'année N non déductible (CGI, art. 31-I-1°-a *quater*).

En pratique, le bailleur déduit donc obligatoirement l'intégralité des provisions pour charges qu'il a versées au titre d'une année, toutes dépenses confondues, même s'il connaît déjà leur répartition. Les provisions concernées sont celles couvrant les dépenses, comprises ou non dans le budget prévisionnel, prévues aux articles 14-1 et 14-2 de la loi n° 65-557 du 10 juillet 1965 modifiée :

- dépenses courantes de maintenance, de fonctionnement et d'administration des parties communes et équipements communs de l'immeuble, comprises dans le budget prévisionnel;

- dépenses pour travaux qui ne figurent pas dans le budget prévisionnel et dont la liste est fixée par décret (Décr. n° 67-223, 17 mars 1967, art. 44).

En revanche, les provisions spéciales destinées à faire face à des travaux non encore décidés par l'assemblée générale, prévues par l'article 18 de la loi précitée, ne sont pas concernées par ce dispositif. Elles ne sont donc pas déduites en tant que telles. Seuls les travaux proprement dits seront déduits, si leur nature le permet, au titre de l'année de leur paiement aux fournisseurs par l'intermédiaire du syndic.

1011.202 **Régularisation de la fraction non déductible.** L'arrêté des comptes présenté à l'assemblée générale en n+1 permet de procéder à la ventilation des charges payées sous la forme de provisions en année n. Le copropriétaire bailleur doit alors majorer son revenu imposable des dépenses non déductibles. Il s'agit notamment :

- des travaux non déductibles par nature (agrandissement, ..., v. s^s n° 1011.121);

- des dépenses récupérables auprès du locataire (dépenses d'éclairage, de chauffage, ... v. s^s n°s 321.11 s.);

- des dépenses couvertes par la déduction forfaitaire pour frais divers (v. s^s n° 1011.145);

- le solde de régularisation, s'il est positif; il s'agit de la situation dans laquelle le montant des provisions versées excède les dépenses réelles; par hypothèse, les versements, ne correspondent pas à des dépenses effectivement payées par la copropriété et ne sont par conséquent pas déductibles (si le solde est négatif, le versement correspondant constituera une charge déductible en tant que versement de provision au titre de l'année N+1, sous réserve de régularisation ultérieure).

Des dispositions particulières sont prévues par la doctrine administrative en cas de cessation de la location [2].

§ 3
La définition du revenu imposable – Régime du micro-foncier

1011.211 **Principe.** Le régime dit « micro-foncier » concerne les bailleurs dont les revenus fonciers n'excèdent pas 15 000 euros par an. À ce niveau de revenu peu élevé, il leur est permis d'appliquer un régime simplifié, consistant principalement en une dispense de dépôt de la déclaration spéciale des revenus fonciers et un calcul forfaitaire des charges déductibles.

1011.212 **Champ d'application.** Le régime dit « micro-foncier » concerne les particuliers bailleurs d'immeubles dans les conditions précisées (v. s^s n° 1011.213) dont les recettes brutes de location, telles qu'exposées plus haut (v. s^s n°s 1011.41 s.) sont, au titre d'une année, inférieures ou égales à 15 000 euros.

1. BOI-RFPI-BASE-20-40-2012-09-12, § 90.

2. BOI-RFPI-BASE-20-70-2013-01-07, § 90.

Il convient de retenir l'ensemble des revenus fonciers du foyer fiscal, y compris la quote-part de revenus comptables de sociétés de personnes revenant à ces derniers dans la proportion de leurs droits en tant qu'associés.

Il s'applique également à l'associé personne physique d'une société transparente (CGI, art. 1655 *ter* – société d'attribution ou de copropriété) si l'associé donne lui-même son lot en location. Les associés d'une société transparente (CGI, art. 8) qui donne en location le logement et les porteurs de parts d'un fonds de placement immobilier peuvent également bénéficier du régime micro-foncier, à condition toutefois d'être par ailleurs propriétaires directs d'un autre bien donné en location. En effet, si ce n'est pas le cas, la société elle-même ou le fonds déterminent un revenu net qui est directement mentionné dans la déclaration de revenu n° 2042.

En revanche, le régime micro-foncier ne s'applique pas aux foyers dont l'un des membres perçoit des revenus fonciers bénéficiant de certains régimes fiscaux (monuments historiques, Malraux, amortissements spécifiques, ...) [1].

1011.213 **Montant du revenu à retenir pour l'appréciation du plafond.** Le total des revenus fonciers perçus par le bailleur (et le cas échéant les membres du foyer fiscal) ne doit pas excéder 15 000 euros annuels. Si les loyers sont soumis à la TVA (v. s^s n° 1011.53), il convient de retenir le montant hors TVA du loyer.

Lorsque le bailleur est propriétaire de biens autres que des logements dont il se réserve la jouissance, et qui sont donc imposables, il convient de tenir compte du loyer normal que pourraient produire ces biens.

Le montant de 15 000 euros annuels est à retenir même si la location a duré moins d'un an. Autrement dit, il n'y a pas lieu de réduire ce montant *prorata temporis*.

La franchise inclut les revenus perçus par l'intermédiaire d'une société translucide ou d'un fonds de placement immobilier, dans la proportion des droits du porteur de parts.

1011.214 **Modalités d'imposition.** Le contribuable déclare l'ensemble des revenus définis ci-dessus, pour leur montant brut, sans déduction des charges. En effet, un abattement forfaitaire de 30 % est appliqué et se substitue aux charges réelles, lesquelles ne sont par conséquent pas déductibles. Cet abattement est appliqué automatiquement par l'administration dès lors que les revenus sont bien mentionnés en tant que micro-foncier dans la déclaration de revenu.

1. BOI-RFPI-DECLA-10-2013-07-30, § 60 et 70.

Par hypothèse, ce régime ne peut pas générer de déficit foncier. En revanche, les déficits fonciers dégagés le cas échéant par le bailleur alors qu'il relevait au titre des années précédentes du régime normal seraient imputables sur le revenu micro-foncier net, régime dans lequel ce dernier se trouverait suite par exemple à une diminution de ses recettes imposables.

1011.215 **Sortie du régime.** La sortie du régime micro-foncier peut résulter :

– de plein droit du fait que les revenus excèdent le montant de 15 000 euros ou du fait qu'une des situations d'exclusion de ce régime survient (v. s^s n° 1011.212),

– d'une option du bailleur pour le régime normal (CGI, art. 32-4).

Le régime normal est celui décrit plus haut (v. s^s n°s 1011.31 s.). L'option est exercée pour une durée de trois ans. Au terme des trois ans, le bailleur est réputé opter de nouveau pour un an à chaque dépôt d'une déclaration de revenus fonciers normale. Il peut dès lors renoncer l'année suivante à ce régime et revenir au micro-foncier si les conditions sont remplies.

§ 4
Déficits fonciers

1011.221 **Principe.** Le bailleur soumis au régime normal d'imposition déclare les revenus et charges du bien ou de l'ensemble des biens loués par les membres du foyer fiscal. En cas de pluralité de biens, les revenus positifs et négatifs se compensent mécaniquement. Le résultat d'ensemble peut lui-même être déficitaire.

L'article 156-I-3° du code général des impôts permet dans certaines conditions et limites l'imputation de ce déficit foncier sur le revenu global du foyer. La fraction non imputable peut être reportée sur les revenus fonciers des années suivantes.

L'imputation des déficits sur le revenu global n'est pas possible dans le cadre du régime du micro-foncier.

A.
Imputation sur le revenu global

1011.231 **Principes.** Le déficit foncier constaté est imputable sur le revenu global dans la limite d'un montant de 10 700 euros [2]. Les intérêts d'emprunt ne sont toutefois pas retenus pour le cal-

2. Cette limite est portée à 15 300 euros en cas d'investissement Périssol ; des précisions sur les conditions de ce relèvement figurent au BOI-RFPI-BASE-30-20-10, n°s 110 s.

cul du déficit imputable. Ce plafonnement n'est pas applicable aux logements loués dans certains immeubles historiques (v. s[s] n° 1011.312).

1011.232 Conditions. L'imputation du déficit n'est définitivement acquise que si le bailleur poursuit la location au moins jusqu'au 31 décembre de la troisième année qui suit celle de l'année d'imputation. Lorsque l'immeuble est détenu par l'intermédiaire d'une société translucide, ce délai s'impose à la société et le bailleur doit lui-même conserver les titres de la société pendant le même délai.

La doctrine administrative[1] exige que la location soit effective et permanente, ce qui n'est pas le cas par exemple lorsque le propriétaire perçoit et déclare des revenus de remplacement d'une assurance. Il est cependant admis qu'une période de vacance incompressible entre deux locations ne remette pas en cause l'imputation (sous réserve de démontrer les diligences nécessaires et la conformité de l'offre au marché). Par ailleurs, l'affectation à la location meublée est considérée comme une rupture de la location, du fait qu'elle entraîne un changement de régime d'imposition (v. s[s] n° 1011.321).

1011.233 Modalités. Le déficit imputable est calculé en faisant abstraction des intérêts d'emprunt et des charges accessoires à ces emprunts, définis plus haut (v. s[s] n° 1011.161).

La fraction de déficit provenant de ces charges exclues est reportable sur les revenus fonciers des années suivantes (v. s[s] n° 1011.241).

En pratique, il convient dans un premier temps d'identifier pour l'ensemble des propriétés les revenus, les charges d'emprunt et les autres charges.

Afin de s'assurer que le déficit ne provient pas des charges d'emprunt, celles-ci sont imputées sur les revenus. Les autres charges sont ensuite déduites de ce revenu net des charges d'emprunt. S'il en résulte un déficit, celui-ci est imputable sur le revenu global, dans les limites sus-indiquées.

Il résulte de ce mode de calcul que les charges d'emprunt ne sont prises en compte que dans la limite du revenu brut. Elles peuvent tout au plus le neutraliser, mais pas contribuer à la constitution du déficit imputable.

1011.234 Remise en cause de l'imputation. L'imputation du déficit sur le revenu global est en principe remise en cause lorsque la location n'est pas poursuivie jusqu'au 31 décembre de la troisième année qui suit celle de l'imputation (par exemple en cas de cession du logement).

La remise en cause consiste à recalculer l'impôt sur le revenu sans prendre en compte l'imputation du ou des déficits, et à recalculer le report déficitaire imputable sur les revenus fonciers futurs. En outre, la doctrine administrative considère que, dans l'hypothèse où les revenus fonciers n'auraient pas suffi à absorber la totalité des déficits qui provenaient du ou des logements dont la location a cessé, l'imputation du solde n'est plus possible au-delà de l'année de cessation de la location[2]. Toutefois, cette doctrine a été invalidée par le Conseil d'État, qui a considéré que le solde de déficit restait imputable le cas échéant sur les autres revenus fonciers du foyer fiscal dans le délai de dix ans[3].

La loi prévoit trois exceptions à la remise en cause de l'imputation des déficits sur le revenu global : le décès, l'invalidité et le licenciement. Par tolérance, l'administration admet également l'absence de remise en cause en cas d'expropriation ou de fusion de FCPI[4].

B. Report sur les revenus des années suivantes

1011.241 Principes. Il résulte des règles rappelées précédemment que ne sont pas imputables sur le revenu global :

– la part de déficit foncier provenant des intérêts d'emprunt,

– la part de déficit foncier imputable par nature (autres charges) excédant les limites de 10 700 € ou de 15 300 €.

Ces fractions de déficit sont imputables sur les revenus fonciers des dix années suivantes.

C. Cas particulier des déficits subis par les nus propriétaires

1011.251 Logement dont la propriété est démembrée et est donné en location par l'usufruitier. Dans ce cas, le nu-propriétaire ne perçoit pas de revenus. Les travaux qu'il supporte en tant que tel ne sont donc en principe pas déductibles. Cette absence de déduction ne serait pas satisfaisante d'un point de vue économique car les travaux supportés par le nu-propriétaire concourent bien *in fine* à la perception de revenus imposables, même si ceux-ci ne sont pas perçus par le nu-propriétaire. Pour corriger ce qui serait une anomalie, ce dernier peut déduire le coût des travaux qu'il supporte des revenus fonciers dont il dispose par ailleurs[5] (v. s[s] n° 1011.163). Cette mesure est donc strictement limitée au cas où l'usufruitier donne le logement en

1. BOI-RFPI-BASE-30-20-10-2012-09-12, § 50.

2. BOI-RFPI-BASE-30-20-10 § 240.
3. CE 26 avr. 2017, req. n° 400441.
4. BOI-RFPI-BASE-30-20-10, § 290 s.
5. BOI-RFPI-BASE-20-30-30, § 70.

location (il ne l'occupe pas) et où il est imposable dans la catégorie des revenus fonciers (il ne s'agit pas d'une société soumise à l'impôt sur les sociétés).

Notons que l'article 156-II-*quater*, 2° du code général des impôts permet également, sur option, aux nus-propriétaires de déduire de leur revenu global certains travaux. L'option pour ce régime est incompatible avec la déduction du revenu foncier sus-évoquée [1]. Ce régime a cessé de s'appliquer aux dépenses supportées à compter du 1er janvier 2017 (L. n° 2016-1917, 29 déc. 2016, art. 32, I-4° et II-B).

§ 5
Modalités de déclaration

1011.261 **Micro-foncier.** L'objet même de ce régime étant de simplifier la gestion fiscale des personnes dont les revenus fonciers sont peu élevés, les modalités de déclaration sont très simples : le montant des recettes brutes est mentionné directement dans la déclaration de revenus (formulaire n° 2042). L'abattement est calculé et appliqué directement par l'administration fiscale.

1011.262 **Régime réel normal.** Les contribuables relevant du régime réel normal doivent remplir une déclaration annexe spécifique à ces revenu (formulaire n° 2044 en général ou n° 2044 spéciale en cas d'application de régimes spécifiques - monuments historiques, Malraux, investissement locatif, ...).

Ces déclarations détaillent, le cas échéant pour chaque immeuble, les revenus et les charges.

Les contribuables qui ne perçoivent pas d'autres revenus fonciers que ceux procurés par des parts de sociétés immobilières non soumises à l'impôt sur les sociétés et d'OPCI sont dispensés de déposer ces déclarations et peuvent porter directement les revenus des parts dans leur déclaration de revenus. Ils doivent toutefois fournir une note annexe à leur déclaration indiquant les coordonnées des sociétés, les revenus et éventuellement le montant des intérêts des emprunts souscrits pour l'acquisition des parts.

§ 6
Régimes fiscaux spécifiques d'incitation à la location de logements

1011.271 **Contexte.** La fiscalité directe du bailleur particulier est fortement marquée par des régimes spécifiques d'incitation à l'investissement ou à la location de logements dans certaines conditions. Ces dispositifs visent d'une part l'investissement dans le logement locatif neuf, d'autre part la restauration de certains immeubles, notamment historiques. Plus récemment, des incitations à l'investissement ou à la location dans le logement social ont également été mises en place. S'ils existent depuis plusieurs décennies, ces régimes sont marqués par une très grande instabilité dans leurs modalités d'application. Les critères d'éligibilité des investissements et la forme même de l'incitation fiscale sont très régulièrement modifiées par le législateur. Il en résulte une juxtaposition de régimes très divers selon la date à laquelle l'opération a été réalisée.

Le propos sera donc ici limité à l'exposé des principales caractéristiques des régimes applicables aux investissements réalisés actuellement.

A.
Investissements dans les logements locatifs neufs (« Duflot-Pinel »)

1011.281 **Historique.** Les dispositifs d'incitation des particuliers à investir dans l'immobilier locatif existent depuis de nombreuses années. La tradition veut que chaque ministre ou secrétaire d'État en charge du logement laisse son nom au régime qu'il aura créé ou modifié. Le régime actuel est ainsi dénommé « Duflot-Pinel ». Il a été précédé, entre 2009 et 2012, par le régime « Scellier ». Ces deux régimes prennent la forme d'une réduction d'impôt imputable sur l'impôt dû par le foyer fiscal. Auparavant, l'incitation reposait sur un amortissement de l'investissement, déductible du revenu foncier. Il pouvait en résulter un déficit foncier qui était imputable sur le revenu global, ce qui *in fine* réduisait le montant de l'impôt dû (régimes « Périssol », « Robien », « Besson neuf », « Borloo »). Certains autres régimes reposaient sur une déduction forfaitaire majorée, pour certaines locations à caractère social (« Lienemann », « Besson ancien », ...). Pour les conditions d'application de ces régimes, qui peuvent pour certains encore produire leurs effets sur l'imposition du bailleur, le lecteur pourra se reporter aux commentaires administratifs (BOI) et guides déclaratifs des éditions spécialisées.

1011.282 **Opérations éligibles au régime « Duflot-Pinel ».** Le dispositif actuellement en vigueur permet à des particuliers qui acquièrent un logement locatif directement ou via une société translucide (v. ss n° 1012.51 ou une SCPI dédiée à 95 % à des investissements éligibles) de bénéficier d'un crédit d'impôt imputable sur l'impôt sur le revenu (CGI art. 199 *novovicies*).

Sont visés les logements qui sont, sur la période comprise entre 2013 et 2017, selon le cas : acquis neufs achevés (jamais occupés ni utilisés), acquis en

1. BOI-RFPI-BASE-20-60-20.

l'état futur d'achèvement, construits par l'investisseur ou remis à neuf au sens de la TVA immobilière (v. ss n° 1033.21). Sont également éligibles les opérations de transformation de locaux affectés à un usage autre que d'habitation en logements, et les réhabilitations de logements vétustes permettant d'atteindre des performances techniques proches de celles des logements neufs (définies par arrêté ministériel).

Les logements doivent répondre à des normes de performance énergétique, attestées selon le cas par différents labels prévus par l'article 46 AZA *octies*-0-A de l'annexe III au code général des impôts.

Le dispositif est centré sur des zones géographiques considérées comme tendues, définies par décret (zones A *bis*, A et B, et, sous certaines conditions et sur agrément dans les autres zones).

L'investisseur doit s'engager à louer le bien à usage de résidence principale pendant six ou neuf ans. L'engagement peut être prorogé pour trois ans. La durée totale maximale de l'engagement ne peut excéder douze ans.

Le loyer ne doit pas excéder des plafonds définis par zone (CGI ann. III art. 2 *terdecies* D). Cet article fixe également des plafonds de ressources des locataires, variables selon la localisation et la composition du ménage.

1011.283 Définition de l'avantage fiscal. Le montant de la réduction d'impôt est calculé sur le prix de revient du logement, plafonné à 5 500 € par mètre carré de surface habitable et globalement à 300 000 €.

Si l'engagement de location est pris sur six ans, la réduction d'impôt s'élève à 12 %. Elle est répartie par parts égale sur six ans. En cas de prolongation de trois ans, le taux est de 6 % pour le premier renouvellement, 3 % pour le second.

Si l'engagement initial était sur neuf ans, la réduction s'élève à 18 % (étalée par parts égales sur neuf ans) et le taux applicable en cas de prorogation est de 3 %.

Si la réduction excède l'impôt dû, le solde n'est pas reportable sur les impositions futures. Rappelons enfin que la réduction d'impôt est prise en compte dans le calcul du plafonnement des niches fiscales.

B. Restauration immobilière dans certains quartiers (« Malraux »)

1011.291 Historique. La législation prévoit depuis de nombreuses années des mécanismes fiscaux incitant les bailleurs à rénover des bâtiments historiques. Jusqu'en 2008, l'incitation reposait sur le calcul du revenu foncier, en permettant la déduction de dépenses plus large qu'en droit commun et une imputation illimitée du déficit foncier sur le revenu global (CGI art. 31, I-1°-b *ter* et 156, I-3° - al. 3 et 4). Depuis 2009, l'incitation prend la forme d'une réduction d'impôt. Son champ a été étendu à la restauration d'immeubles non historiques, situés dans certains quartiers (CGI art. 199 *tervicies*).

1011.292 Opérations éligibles au régime « Malraux ». Le dispositif actuel permet à des bailleurs particuliers qui investissent (directement ou via une société de personnes ou une SCPI) dans des opérations de restauration immobilière dans certains quartiers urbains de bénéficier d'une réduction d'impôt.

L'opération doit consister en une restauration complète d'un immeuble bâti, qui doit être situé soit dans une des zones suivantes :

- site patrimonial remarquable,
- quartier ancien dégradé,
- quartier présentant une concentration élevée d'habitat ancien dégradé dont la liste est fixée par arrêté.

La zone doit être déclarée d'utilité publique ou avoir fait l'objet d'un plan de sauvegarde et de mise en valeur approuvé.

Les dépenses prises en compte pour le calcul de la réduction d'impôt sont les suivantes :

- les charges retenues par le droit commun des revenus fonciers (travaux de réparation et d'entretien, primes d'assurance, dépenses d'amélioration, impositions, frais de gestion, fraction des provisions pour dépenses de travaux de copropriété pour le montant effectivement employé par le syndic pour le paiement desdites dépenses);
- les frais d'adhésion à une association foncière urbaine de restauration;
- les travaux imposés ou autorisés par l'autorité publique y compris les travaux de transformation en logement de tout ou partie d'un immeuble d'habitation réalisés ou non dans le volume bâti existant (travaux ayant pour effet de rendre habitables des combles, des greniers ou des parties communes, extension de superficies habitables, ...).

Le montant des aides ou subventions dont le bailleur a pu bénéficier doit être déduit du coût des travaux.

Les travaux peuvent être réalisés dans le cadre d'un contrat de vente d'immeuble à rénover (CCH art. L262-1). Le montant des dépenses ouvrant droit à la réduction d'impôt est alors celui correspondant au prix des travaux devant être réalisés par le vendeur (prévus dans l'acte) et effectivement payés par l'acquéreur selon l'échéancier prévu.

Le propriétaire doit prendre l'engagement de louer le logement nu pendant neuf ans à usage de résidence principale du locataire.

1011.293 Définition de l'avantage fiscal. Le taux de la réduction d'impôt dépend du type d'opération réalisée.

Il s'élève à 30 % du montant des dépenses éligibles pour les immeubles situés dans le périmètre d'un site patrimonial remarquable couvert par un plan de sauvegarde et de mise en valeur approuvé, dans un quartier ancien dégradé ou dans un quartier présentant une concentration élevée d'habitat ancien dégradé,

Pour les opérations réalisées dans le périmètre d'un site patrimonial remarquable couvert par un plan de valorisation du patrimoine approuvé et celles déclarées d'utilité publique, le taux est de 22 %.

Ces taux s'appliquent aux dépenses éligibles, retenues dans une limite de 400 000 €. À compter du 1er janvier 2017 (date de demande de permis de construire ou du dépôt de la déclaration préalable), le plafond des dépenses s'apprécie sur une période pluriannuelle de quatre ans (auparavant, il s'agissait d'un plafond annuel de 100 000 €).

La réduction d'impôt est accordée au titre de l'année du paiement des dépenses. Depuis le 1er janvier 2017 (date de demande de permis de construire ou de dépôt de la déclaration préalable), lorsque la fraction de la réduction d'impôt imputable au titre d'une année d'imposition est supérieure au montant de l'impôt dû, l'excédent est reportable sur l'impôt dû au titre des trois années suivantes.

Contrairement à la réduction d'impôt « Duflot-Pinel », la réduction d'impôt « Malraux » n'est pas prise en compte pour l'application du plafonnement des niches fiscales.

C. Logements loués dans le cadre d'un conventionnement ANAH (« Cosse »)

1011.301 Principe. Les propriétaires de logements sont fiscalement incités à les donner en location dans le cadre d'un conventionnement ANAH (Agence Nationale de l'Habitat). L'incitation prend la forme d'un abattement pris en compte dans le cadre du revenu foncier.

Ce régime, dit « Cosse » (CGI art. 31-I-1°-o), qui s'applique à compter des revenus de l'année 2017, se substitue progressivement aux régimes « Borloo ancien » (CGI art. 31-I-1°-m) et « Besson ancien » (CGI art. 31-I-1°-j).

1011.302 Opérations éligibles au régime « Cosse ». Le dispositif vise les propriétaires particuliers qui donnent en location nue directement ou indirectement (société de personnes, SCPI), un logement à usage de résidence principale du locataire.

Les logements peuvent être anciens ou neufs. Concernant les seconds, le régime « Cosse ancien » est moins avantageux que le régime « Duflot-Pinel ». Il sera donc en pratique appliqué principalement aux logements anciens.

Le bailleur peut confier la gestion du logement (par mandat ou en le donnant en location) à un organisme d'intermédiation locative ou de gestion locative sociale agréé (CCH art. L365-4).

Le dispositif est ciblé sur les zones géographiques tendues (A *bis*, A, B1 et B2 principalement). Son application est subordonnée à la conclusion par le bailleur d'une convention avec l'ANAH, d'une durée de six ans (ou neuf ans en cas de subventionnement de travaux par l'Anah). La convention impose des plafonds de ressources du ménage et des plafonds de loyers, variables selon la localisation du bien.

1011.303 Définition de l'avantage fiscal. Dans le cadre du calcul de son revenu foncier, le bailleur peut déduire un montant forfaitaire en plus des autres charges déductibles habituelles (v. ss nos 1011.91 s.).

Localisation de l'immeuble	Conventionnement Anah	
	Secteur intermédiaire	Secteur social ou très social
Zones A *bis*, A, B1	30 %	70 %
Zone B2	15 %	50 %

En cas de location par l'intermédiaire d'un organisme agréé, le taux de la déduction est fixé à 85 %, y compris en zone C, quel que soit le type de conventionnement (intermédiaire ou social).

D. Monuments historiques

1011.311 Opérations éligibles. Les propriétaires de certains « immeubles historiques » bénéficient des dispositions spécifiques en matière de revenus fonciers.

Sont visés les immeubles classés monuments historiques ou inscrits à l'Inventaire supplémentaire ainsi que les immeubles faisant partie du patrimoine national en raison du label délivré par la Fondation du patrimoine.

Le propriétaire doit prendre l'engament de conserver l'immeuble pendant quinze ans au moins à compter de son acquisition. La détention indirecte via certaines sociétés peut être admise, sous conditions. Par ailleurs, il ne faut pas que l'immeuble ait fait l'objet d'une division depuis le 1er janvier 2009, sauf si cette mise en copropriété fait l'objet d'un agrément.

1011.312 **Définition de l'avantage fiscal.** Dans le cas où les logements sont donnés en location, toutes les charges dont la déduction est admise en matière de revenus fonciers sont déductibles, et notamment les travaux (v. ss no 1011.102).

La particularité du régime tient au fait que s'il en résulte un déficit foncier, celui-ci est intégralement imputable sur le revenu global du foyer fiscal (CGI art. 156-I-3°). Cette imputation n'est pas limitée par le plafond de 10 700 euros prévu en droit commun (v. ss no 1011.231).

Si le classement ou l'inscription à l'inventaire supplémentaire des monuments historiques ne vise que des éléments isolés ou dissociables de l'ensemble immobilier, la déduction est limitée au coût des travaux qui sont exposés sur ces éléments. En revanche, en cas de classement partiel mais visant la protection de l'ensemble architectural, les déficits relatifs aux parties non inscrites de l'immeuble peuvent être déduits.

SECTION 2
LOCATIONS IMPOSABLES DANS LA CATÉGORIE DES BÉNÉFICES INDUSTRIELS ET COMMERCIAUX

§ 1
Champ d'application

1011.321 **Principe.** Les particuliers qui louent ou sous-louent des logements meublés sont considérés du point de vue fiscal comme exerçant une activité commerciale. Les revenus sont dans ce cas imposés non pas dans la catégorie des revenus fonciers (CGI, art. 14 s. - v. ss no 1011.21) mais dans celle des bénéfices industriels et commerciaux (CGI, art. 34 s.).

Il en va de même de certains revenus [1] :

- de location d'immeubles inscrits à l'actif d'une entreprise commerciale, industrielle, artisanale;

- de location nue accompagnée de certaines prestations;

- de location de logements destinés à être meublés lorsque le bailleur participe aux résultats de l'exploitant;

- distribués par un fonds de placement immobilier au titre de locations meublées.

Notons qu'à compter des revenus de 2017, les locations meublées sont imposables dans cette catégorie, même si elles n'ont qu'un caractère occasionnel (art. 114 de la loi 2016-1918 du 29 décembre 2016). Auparavant, ces locations relevaient de la catégorie des revenus fonciers. Cela vise notamment à clarifier la situation des particuliers qui louent des logements meublés via des plateformes internet, qui sont désormais de plein droit soumis au régime des BIC, même si la location n'est qu'occasionnelle.

Comme chaque catégorie d'imposition, celle des bénéfices industriels et commerciaux (BIC) a ses propres règles, notamment en matière d'assiette. En effet, dans le régime réel normal, le revenu est défini sur la base d'une comptabilité commerciale. Cela implique notamment que les loyers imposables sont les loyers courus (comptabilité d'engagement), et que les charges déductibles ne font pas l'objet d'une liste limitative comme en matière de revenus fonciers (v. ss no 1011.81).

Par ailleurs, en cas de déficit, les règles d'imputation sont spécifiques à cette catégorie (v. ss no 1011.303). Elles sont différentes selon que le bailleur est considéré fiscalement comme professionnel ou pas. Enfin, il existe comme en matière de revenus fonciers un régime simplifié pour les bailleurs en meublé dont les revenus locatifs sont peu élevés (v. ss no 1011.331).

1011.322 **Notion de location meublée.** Une location est considérée comme meublée si le bailleur fournit en plus des locaux les meubles indispensables à un usage normal du bien en tant que logement [2]. Cependant, ne relève pas de la location meublée celle qui s'accompagne de prestations de services qui, par leur nature et leur importance, permettent de considérer l'activité comme assimilable à une activité hôtelière [3]. Ainsi par exemple, si le nettoyage du logement n'est effectué qu'au départ du locataire, que la réception se limite à la simple remise des clés ou si la fourniture du linge n'est pas régulière, l'activité n'est pas exercée dans des conditions comparables à l'hôtellerie et relève donc du régime des locations meublées. Dans un schéma de location à un exploitant, si les services sont fournis par ce dernier, le bailleur est soumis au régime des locations meublées (sauf s'il est associé aux résultats de l'exploitant). Cette question et les conséquences de cette analyse sont traitées plus précisément plus bas (v. ss nos 1032.31 s.).

Le régime des loueurs en meublé suppose que l'activité soit habituelle. Cette condition est assez aisément remplie puisqu'elle n'implique pas une location permanente ou continue. Ainsi, le fait que

1. BOI-RFPI-CHAMP-10-30, § 10 s.

2. BOI-BIC-CHAMP-40-10, § 1 et 10.
3. BOI-BIC-CHAMP-40-10, § 20.

la location est saisonnière (période de vacances) suffit à considérer que le critère d'habitude est rempli. La location de gîtes ruraux relève donc bien de cette catégorie.

1011.323 Exonération des locations ou sous-locations de pièces de l'habitation principale. Les particuliers qui louent ou sous-louent en meublé une ou plusieurs pièces de leur habitation principale sont exonérés de l'impôt sur le revenu pour les revenus procurés (CGI, art. 35 *bis*-I). La doctrine administrative admet que les chambres de service aménagées sous les combles soient considérées comme faisant partie de l'habitation principale[1].

Les pièces louées doivent constituer pour l'occupant sa résidence principale. Cette condition est satisfaite par un locataire étudiant ou apprenti, même s'il reste légalement domicilié chez ses parents. L'exonération s'applique également aux pièces louées à titre temporaire à un occupant qui justifie d'un contrat saisonnier (C. trav., art. L. 1242-3°).

Le loyer doit selon l'article 35 *bis* précité être « raisonnable ». En pratique, l'administration fixe par instruction un montant maximum qui est présumé satisfaire à cette condition[2]. Pour l'année 2016, le plafond annuel par mètre carré habitable est ainsi fixé à 184 euros pour l'Île-de-France et 135 euros en province.

1011.324 Exonération des mises à disposition de pièces de l'habitation principale. Les particuliers qui mettent à disposition d'occupants à titre temporaire une ou plusieurs pièces de leur habitation principale sont exonérés de l'impôt sur le revenu si les revenus perçus sont inférieurs à 760 euros toutes taxes comprises annuels (CGI, art. 35 *bis*-II). Cette disposition vise principalement à encourager la location de chambres d'hôtes.

§ 2
Définition du revenu imposable – Régime micro-BIC

1011.331 Détermination du bénéfice – Régime des micro-entreprises. Pour les bailleurs dont les recettes annuelles sont inférieures à certains montants, le bénéfice est déterminé simplement par application aux recettes d'un abattement forfaire (CGI, art. 50-0). L'application de ce régime est conditionnée au fait que le bailleur bénéficie de la franchise en base de TVA (v. s[s] n°s 1031.11 s. et 1032.21).

Pour les locations de meublés de tourisme (C. tourisme, art. L. 324-1) et les chambres d'hôtes (C. tourisme, art. L. 324-3) mentionnés aux 2° et 3° du III de l'article 1407 du code général des impôts, le seuil de chiffre d'affaires est celui mentionné au 1er alinéa de l'article 50-0 du CGI (c'est à dire en règle générale 82 200 euros au titre de l'année précédente – il convient pour plus de détails de se reporter aux conditions générales d'application du régime micro-BIC). L'abattement forfaitaire représentatif des charges est alors de 71 %.

Pour les locations meublées autres que les précédentes, le seuil de chiffre d'affaires est celui mentionné au II de l'article 50-0 précité (soit en principe 32 900 euros au titre de l'année précédente), et l'abattement forfaitaire n'est que de 50 %.

§ 3
Définition du revenu imposable – régime normal

1011.341 Détermination du bénéfice – Principes. Le bénéfice imposable en matière de BIC est défini sur la base d'un résultat établi par la différence entre l'ensemble des produits et l'ensemble des charges de l'activité de location (CGI, art. 38-1). Les charges et les produits sont définis essentiellement selon les règles de la comptabilité de commerce. L'article 38 *quater* de l'annexe 3 au code général des impôts indique en effet que les entreprises relevant des BIC « doivent respecter les définitions édictées par le plan comptable général, sous réserve que celles-ci ne soient pas incompatibles avec les règles applicables pour l'assiette de l'impôt ». Autrement dit, le résultat est un résultat comptable, établi selon les règles de la comptabilité commerciale. Il ne peut être corrigé, pour l'assiette de l'impôt sur le revenu, que si des règles spécifiques prévues par le code général des impôts prévoient une dérogation (ex. : taxe sur les loyers élevés des micro-logements, charge comptable non déductible fiscalement). Il convient donc pour le bailleur concerné de se reporter à l'ensemble des règles applicables à cette catégorie. Nous limiterons ici notre propos à quelques rappels et points importants spécifiques à l'activité de location.

L'une des caractéristiques de la comptabilité commerciale est qu'il s'agit d'une comptabilité d'engagement : les créances sont imposables dès qu'elles sont acquises et les dettes déductibles dès qu'elles sont certaines, contrairement au régime des revenus fonciers, où il s'agit d'une comptabilité de caisse (recettes encaissées et charges payées – v. s[s] n° 1011.31).

Les revenus imposables sont tous ceux générés par l'activité de location (loyers courus), même s'ils

1. BOI-BIC-CHAMP-40-10, § 110.
2. BOI-BIC-CHAMP-10-40, § 140.

n'ont pas encore été encaissés. Les éventuels impayés peuvent, dans le respect des règles comptables et sous le contrôle de l'administration et *in fine* du juge de l'impôt, faire l'objet de provisions puis le cas échéant d'un passage en perte.

Le résultat prend en compte en principe de toutes les charges liées à la location des logements (intérêts des emprunts, travaux, assurances, frais de gestion, impositions – à l'exception de l'impôt sur le revenu lui-même, ...). Il s'agit des charges réelles. Contrairement à la catégorie des revenus fonciers, il n'y a pas de liste limitative. Toutes les charges comptabilisées liées à l'activité sont en principe, sous réserve du contrôle de l'administration, déductibles.

1011.342 Détermination du bénéfice – Amortissements. La comptabilité commerciale prescrit la comptabilisation en charge de l'amortissement des actifs immobilisés qui se déprécient dans le temps. Cela concerne notamment le ou les logements que le loueur en meublé donne en location et qu'il a acquis ou construits. Seule la valeur des constructions est amortissable, étant considéré que le terrain ne se déprécie pas dans le temps. Le prix d'acquisition ou de revient des logements doit donc être ventilé afin de distinguer la valeur du terrain et celle de la construction.

En outre, les règles comptables conduisent à identifier au sein d'une construction différents composants qui ont des durées d'utilisation différentes (Plan comptable général, art. 214-9).

À ce propos, une attention particulière doit être apportée aux travaux réalisés ultérieurement sur les logements. En effet, selon leur nature et leur importance, ils peuvent, soit constituer une charge déductible en totalité dans l'exercice (ex. : travaux de réparation ou d'entretien courant), soit constituer une dépense amortissable (ex. : création d'un nouvel équipement constituant du point de vue comptable un composant), auquel cas la déduction est étalée dans le temps.

La déduction des amortissements des biens loués par les particuliers fait cependant l'objet d'une limitation au plan fiscal. En effet, l'article 39-C-II du code général des impôts prévoit qu'en cas de location ou de mise à disposition de biens consentie par une personne physique, directement ou indirectement, l'amortissement des biens admis en déduction du résultat fiscal ne peut excéder, au titre d'un exercice, la différence entre le loyer acquis et les autres charges afférentes au bien loué. Il en résulte que l'amortissement comptable ne peut ni directement ni indirectement constituer un déficit. L'amortissement non déductible au titre d'un exercice peut seulement être déduit du résultat des exercices suivants, dans la limite de déduction propre à chaque exercice.

Lorsque le bailleur loue plusieurs biens, la fraction d'amortissement non déductible est calculée globalement par la différence entre l'ensemble des loyers et l'ensemble des charges de tous les biens confondus. Cette fraction est répartie proportionnellement entre les biens pour lesquels la dotation aux amortissements excède le montant du loyer et des charges.

La règle de limitation de l'amortissement des loueurs en meublé s'applique tant aux loueurs en meublé non professionnels que professionnels (sur cette distinction, v. s^s^ n° 1011.344).

1011.343 Régime des déficits. En principe, dans le cadre de la définition du revenu global du foyer fiscal, le résultat déficitaire d'une catégorie d'imposition vient s'imputer sur les résultats des autres catégories (CGI, art. 156-I). Ce principe connaît cependant une exception en matière de location meublée : l'imputation n'est possible que si le bailleur est considéré comme « professionnel » au sens fiscal (CGI, art. 156-I-1°-*ter*).

Les déficits constatés par les loueurs en meublé non professionnels ne sont imputables que sur les bénéfices constatés le cas échéant au titre de la même activité dans les dix exercices suivants.

Le statut fiscal de loueur en meublé professionnel est de ce fait souvent présenté comme plus avantageux que le statut non professionnel. Cette analyse doit cependant être relativisée puisque le déficit fiscalement imputable ne peut provenir des amortissements, même pour un loueur en meublé professionnel. Il n'existe donc de déficit fiscalement imputable que si les charges autres que les amortissements sont supérieures aux revenus. La distinction entre les loueurs en meublé professionnels et non professionnels est examinée s^s^ n° 1011.344.

Par ailleurs, dans le cas où la mise à disposition de locaux s'accompagne de prestations de services importantes et rendues dans des conditions similaires à celles du secteur hôtelier, l'activité ne s'analyse plus au plan fiscal comme un louage de biens mais comme un louage de service. Or, le régime d'imputation par les particuliers des déficits sur leur revenu global est soumis à des conditions différentes pour les activités industrielles ou commerciales autres que la location meublée. Dans ces conditions, il convient donc d'examiner également la distinction entre les loueurs en meublé et les loueurs de services (v. s^s^ n° 1011.345).

1011.344 Définition du loueur en meublé professionnel. Les critères de définition du loueur en meublé professionnel sont fixés par l'article 155-IV du code général des impôts. Sont considérés comme tels les bailleurs qui remplissent cumulativement les trois conditions suivantes :

- un des membres du foyer fiscal est inscrit en qualité de loueur en meublé au registre du commerce et des sociétés; en cas de refus d'inscription par le greffe et sous réserve d'en justifier, l'administration n'exige pas que cette condition soit remplie[1];

- les recettes annuelles de l'activité de location en meublé du foyer fiscal excèdent 23 000 euros;

- le montant de ces recettes excède celui des autres revenus professionnels du foyer fiscal; ces derniers s'entendent des traitement et salaires, pensions, bénéfices industriels et commerciaux (autres que les locations meublées), bénéfices agricoles, bénéfices non commerciaux et revenus des gérants et associés assimilés à des salariés (CGI, art. 62).

Les bailleurs qui ne remplissent pas ces conditions sont considérés comme loueurs en meublé « non professionnels ». En pratique, le bailleur qui remplirait les deux dernières conditions et serait donc *a priori* « professionnel » peut *de facto* renoncer à ce régime et se placer sous le régime des loueurs non professionnels en ne s'inscrivant pas au registre du commerce et des sociétés. Cela permet de choisir entre le régime le plus adapté à la situation du contribuable.

La qualité de loueur en meublé professionnel impacte comme on l'a vu les conditions d'imputation des déficits. Il a également des conséquences sur le régime fiscal de la vente des biens :

- la plus-value réalisée par le loueur en meublé non professionnel est en principe imposée selon le régime des plus-values des particuliers (CGI, art. 150-U); celui-ci permet notamment à l'application d'abattements en fonction de la durée de détention, qui aboutissent à une exonération totale de l'impôt sur le revenu après vingt-deux ans de détention et de contributions sociales après trente ans de détention;

- la plus-value réalisée par le loueur en meublé professionnel est imposée en principe selon les règles applicables aux plus-values à court ou long terme (CGI, art. 39 *duodecies*); cela signifie l'application de l'impôt sur le revenu aux plus-values en cas de cession dans les deux ans de l'acquisition et, en cas de cession au-delà de ce délai, à la fraction correspondant aux amortissements déduits (le surplus est imposé au taux de 16 % auquel s'ajoutent les contributions sociales); cependant, ces plus-values peuvent bénéficier d'une exonération totale si l'activité est exercée depuis au moins cinq ans et à condition que la moyenne des recettes tirées de la location au titre des exercices clos au cours des deux années civiles précédentes soient inférieures à 90 000 euros hors TVA (l'exonération est partielle dans le cas où les recettes sont comprises entre 90 000 euros et 126 000 euros hors TVA - CGI, art. 151 *septies*).

Le régime d'exonération des plus-values professionnelles peut dans certains cas être plus avantageux, mais il convient de tenir compte également du régime de la plus-value au regard des cotisations sociales, dès lors que le loueur en meublé professionnel est assujetti au régime des travailleurs non-salariés[2].

Par ailleurs, en cas de commencement de l'activité de loueur en meublé professionnel, la loi (CGI, art. 156-I-1°-*ter*) permet la prise en compte rétroactive des frais préalables au démarrage de l'activité[3].

Notamment, lorsque l'immeuble est acquis, les charges engagées avant la mise en location (intérêts d'emprunt, frais d'acquisition, ...) dégagent par hypothèse un déficit puisqu'aucun revenu n'est encore perçu. En outre, en l'absence de revenus, le loueur ne peut être considéré comme professionnel. Le déficit n'est donc pas imputable. Dans ce cas, l'administration admet cependant que, si le loueur remplit les conditions pour être considéré comme professionnel dès le début de la location, celui-ci peut imputer les charges préalables par tiers sur les trois premières années d'activité.

1011.345 Distinction entre le louage de bien et le louage de service. Le régime fiscal des loueurs en meublé professionnels, bien que relevant de la catégorie des bénéfices industriels et commerciaux, diffère de celui applicable en droit commun à cette catégorie. Or, la qualification de location meublée d'une activité de mise à disposition de locaux peut être écartée lorsque celle-ci s'accompagne de prestations de services importantes. L'activité est alors considérée du point de vue comme une activité commerciale normale. Il en résulte principalement deux conséquences au plan fiscal :

- les conditions d'imputation des déficits sont plus restrictives que pour les loueurs en meublé professionnels; elles résultent en effet de l'article 156-I-1°-*bis* subordonne la possibilité d'imputer les déficits d'une activité commerciale ou industrielle « ordinaire » à une participation personnelle, continue et directe de l'un des membres du foyer fiscal à l'accomplissement des actes nécessaires à l'activité;

- en revanche, la limitation de l'imputation des déficits (CGI, art. 39-C-II - v. s^{s} n° 1011.342) est propre aux opérations de location et n'est donc pas applicable aux activités industrielles ou commerciales « ordinaires »; les amortissements sont donc totalement déductibles et peuvent contribuer à la constitution d'un déficit imputable.

Pour faire la distinction entre le louage de biens et de service, la doctrine administrative fait réfé-

1. BOI-BIC-CHAMP-40-10, § 80.

2. CSS, art. L. 613-1-8°.

3. BOI-BIC-CHAMP-40-20, § 360 s.

rence aux prestations dites para-hôtelières. Ainsi, les conventions d'hébergement dont le contenu dépasse la simple jouissance du bien du fait de services supplémentaires rendus par l'exploitant (nettoyage régulier des locaux, fourniture du linge de maison, réception de la clientèle, ...) sont considérés comme un louage de service, dès lors que les services sont rendus dans des conditions similaires au secteur hôtelier[1]. *A contrario*, la fourniture de ces services de façon très accessoire et dans des conditions différentes d'un établissement hôtelier conduisent à considérer qu'il s'agit d'une location de biens (ex. : l'accueil se limite à la remise des clés, la fourniture de linge ou le nettoyage ne sont effectués qu'au départ du locataire, ...).

§ 4
Modalités de déclaration

1011.351 **Micro-BIC.** Les bailleurs qui sont soumis au régime micro-BIC (v. s[s] n° 1011.331) mentionnent leurs recettes brutes directement dans leur déclaration de revenu global (Cerfa n° 2042 C Professions non salariées). Ce régime dispense de fait le bailleur de déclarer une comptabilité complète. L'abattement forfaitaire représentatif des charges (71 % ou 50 % selon le cas) est appliqué directement par l'administration fiscale.

1011.352 **Régime réel normal.** L'application du régime réel normal entraîne l'obligation de déclarer le bénéfice sur le formulaire n° 2031 et sur les imprimés 2050 à 2059-G (dénommés en pratique « liasse fiscale »), lesquels reprennent la comptabilité complète de l'activité, établie selon les règles du plan comptable général (bilan, compte de résultat, annexes, informations diverses, ...). L'imprimé 2058-A permet de passer du résultat comptable au résultat fiscal en effectuant le cas échéant les retraitements prescrits par le code général des impôts (ex. : en cas de déficit comptable, réintégration de la fraction d'amortissements non déductibles, v. s[s] n° 1011.342). En pratique, ce régime implique donc l'établissement d'une comptabilité commerciale, et donc le plus souvent le recours à un professionnel.

Le résultat est reporté sur la déclaration de revenus globale du foyer fiscal (formulaire n° 2042 C).

SECTION 3
LOCATIONS IMPOSABLES DANS LA CATÉGORIE DES BÉNÉFICES NON COMMERCIAUX

1011.361 **Principe.** Les revenus de la sous-location de logements nus sont imposables dans la catégorie des bénéfices non commerciaux (CGI, art. 92)[2]. Il en va de même de la sous-location d'immeubles pris en crédit-bail ou à bail emphytéotique.

Toutefois, si la sous-location est meublée, elle relève de la catégorie des bénéfices industriels et commerciaux (v. s[s] n° 1011.321).

1011.362 **Principales caractéristiques du régime.** Le bénéfice est en principe calculé en fonction des recettes encaissées et des charges payées (comptabilité de caisse). Toutefois, les contribuables soumis à la déclaration contrôlée ont la possibilité d'opter pour la détermination du résultat en fonction d'une comptabilité d'engagement (créances acquises et dettes certaines, comme en matière de BIC – v. s[s] n° 1011.341). Il n'existe pas, comme en matière de revenus fonciers, de liste limitative des charges déductibles. Toutes celles qui sont affectables à la sous-location sont donc déductibles, à l'exception de l'impôt sur le revenu lui-même.

Lorsque le résultat est déficitaire, le déficit n'est pas imputable sur le revenu global. Il ne peut être imputé que sur les bénéfices de la même activité réalisés dans les années suivantes, jusqu'à la sixième (CGI, art. 156-I-1°-*bis*). Cette analyse a été confirmée par la jurisprudence[3].

1011.363 **Modalités d'imposition et de déclaration.** Les titulaires de bénéfices non commerciaux dont les recettes annuelles sur sont inférieures à 32 900 euros relèvent du régime micro-BNC (CGI, art. 102-*ter*). Ils déclarent leurs recettes brutes directement sur le formulaire n° 2042 C Pro. L'administration applique un abattement forfaitaire de 34 % pour l'établissement du revenu net, qui est ajouté aux autres revenus du foyer fiscal et imposé au barème de l'impôt sur le revenu.

Le régime, normal, dit de la déclaration contrôlée, s'applique de plein droit si le montant de recettes précité est dépassé ou en cas d'option exercée par le bailleur qui relèverait en principe du régime micro-BNC. Le régime normal amène le bailleur à déposer une déclaration spécifique (Cerfa n° 2035, CGI, art. 97) dont le résultat est reporté sur la déclaration d'ensemble (formulaire n° 2042).

SECTION 4
CONTRIBUTIONS SOCIALES

1011.371 **Contributions applicables.** Les contributions sociales frappent la plupart des revenus des assujettis, en distinguant les revenus d'activités ou

1. BOI-BIC-CHAMP-40-10, § 20.

2. BOI-RFPI-CHAMP-10-30, § 240.
3. CE 10e et 9e s[s]-sect., 8 juill. 2009, *Cazenave*, req. n° 304815., *RJF* 11/09, n° 906.

de remplacement d'une part et les revenus du patrimoine d'autre part. Les bailleurs peuvent selon leur situation relever de l'un ou l'autre de ces régimes :

- les revenus imposés dans la catégorie des revenus fonciers ou dans celle des bénéfices industriels et commerciaux en tant que loueur en meublé non professionnel sont considérés en principe comme des revenus patrimoniaux;

- les revenus imposés selon le régime des loueurs en meublé professionnels sont considérés comme des revenus d'activité, dès lors que le bailleur relève du régime de protection sociale des professionnels.

Les revenus fonciers et BIC non professionnels perçus par les contribuables personnes physiques sont expressément soumis aux diverses contributions sociales : contribution sociale généralisée (CSG), contribution au remboursement de la dette sociale (CRDS), prélèvement social, contribution additionnelle au prélèvement social et prélèvement de solidarité.

Les bénéfices réalisés par les loueurs en meublé professionnels, en tant que revenus d'activités, ne sont soumis qu'à la CSG et à la CRDS.

1011.372 **Assiette.** Les contributions sont assises sur le revenu net de l'année tel qu'il est défini selon les règles des revenus fonciers (v. s^{s} n° 1011.21) ou des BIC (loueurs en meublé non professionnels - v. s^{s} n° 1011.341) en tenant compte le cas échéant des déficits imputés (v. s^{s} n°s 1011.221 s.). Dans le cas où une fraction du déficit foncier n'a pu être imputée sur le revenu global, celui-ci étant insuffisant, le reliquat, imputable uniquement sur le revenu global des années suivantes, ne vient pas en diminution de l'assiette des contributions, qui reste donc calculée sur le revenu foncier annuel déclaré.

Par ailleurs, aucune compensation n'est possible avec les déficits éventuels d'autres revenus catégoriels (placements, ...).

Pour les revenus des loueurs en meublé professionnels, l'assiette est définie comme en matière de cotisations sociales.

1011.373 **Taux.** Le taux des contributions sociales applicables aux revenus fonciers et aux bénéfices des loueurs en meublé non professionnels est actuellement fixé à 8,2 % pour la CSG, 0,5 % pour la CRDS, 4,5 % pour le prélèvement social, 0,3 % pour sa contribution additionnelle et 2 % pour le prélèvement de solidarité.

Le montant total de ces contributions s'élève ainsi actuellement à 15,5 %.

Les revenus des loueurs en meublé professionnels sont soumis à la CSG au taux de 7,5 % et à la CRDS au taux de 0,5 %. Une partie de la CSG est déductible pour le calcul de l'impôt sur le revenu.

Ces taux sont définis actuellement par l'article L. 136-8 du Code de la sécurité sociale.

1011.374 **Déclaration et paiement.** Du fait qu'elles sont établies comme en matière d'impôt sur le revenu, les contributions sociales dues par les bailleurs relevant des revenus fonciers et les loueurs en meublé non professionnels sont mises en recouvrement par l'administration fiscale par voie de rôle au vu des sommes portées par le contribuable dans sa déclaration annuelle de revenus (Cerfa n° 2042).

Les contributions sociales sont payées comme l'impôt sur le revenu c'est à dire selon le cas par tiers provisionnels ou par prélèvements mensuels, avec bien entendu un règlement du solde. Lorsque le montant total des contributions est inférieur à 61 euros, il n'est pas mis en recouvrement (CSS, art. L. 136-6).

Les loueurs en meublé professionnels sont affiliés au régime de l'assurance maladie-maternité des non-salariés et à l'assurance vieillesse des industriels et commerçants (L. n° 2011-1906, 21 déc. 2011, art. 37 XII). La loi fait expressément référence à la définition fiscale des loueurs en meublé professionnels.

Les contributions sociales dues par ces derniers sont donc recouvrées comme les cotisations sociales (Urssaf).

CHAPITRE

1012. Bailleur personne morale

SECTION 0 ORIENTEUR

1012.00 Plan du chapitre.

Division. Lorsque la location des logements est consentie par une personne morale (société, association, personne morale de droit public, ...), le régime fiscal du résultat dépend de celui applicable à la structure concernée. Au plan fiscal, il convient de distinguer entre les personnes morales passibles de l'impôt sur les sociétés (v. sect. 1) et les sociétés non passibles selon qu'elles sont dites « transparentes » ou « translucides » (v. sect. 2).

1012.01 Textes applicables.

TEXTES SOURCES

• **CGI, art. 8, 8 *bis*, 206, 1 et 5, 207, 1-4° et 1-4° *bis*, 219 *bis*, 1655 *ter*.**

• **CCH, art. L. 411-2 al. 7.**

TEXTES *IN EXTENSO*

• **CGI, art. 8**

Sous réserve des dispositions de l'article 6, les associés des sociétés en nom collectif et les commandités des sociétés en commandite simple sont, lorsque ces sociétés n'ont pas opté pour le régime fiscal des sociétés de capitaux, personnellement soumis à l'impôt sur le revenu pour la part de bénéfices sociaux correspondant à leurs droits dans la société. En cas de démembrement de la propriété de tout ou partie des parts sociales, l'usufruitier est soumis à l'impôt sur le revenu pour la quote-part correspondant aux droits dans les bénéfices que lui confère sa qualité d'usufruitier. Le nu-propriétaire n'est pas soumis à l'impôt sur le revenu à raison du résultat imposé au nom de l'usufruitier.

Il en est de même, sous les mêmes conditions :

1° Des membres des sociétés civiles qui ne revêtent pas, en droit ou en fait, l'une des formes de sociétés visées au 1 de l'article 206 et qui, sous réserve des exceptions prévues à l'article 239 *ter*, ne se livrent pas à une exploitation ou à des opérations visées aux articles 34 et 35;

2° Des membres des sociétés en participation – y compris les syndicats financiers – qui sont indéfiniment responsables et dont les noms et adresses ont été indiqués à l'administration;

3° Des membres des sociétés à responsabilité limitée qui ont opté pour le régime fiscal des sociétés de personnes dans les conditions prévues au IV de l'article 3 du décret n° 55-594 du 20 mai 1955 modifié ou dans celles prévues par l'article 239 *bis* AA;

4° De l'associé unique d'une société à responsabilité limitée lorsque cet associé est une personne physique;

5° De l'associé unique ou des associés d'une exploitation agricole à responsabilité limitée;

6° Des membres des sociétés anonymes, des sociétés par actions simplifiées et des sociétés à responsabilité limitée qui ont opté pour le régime fiscal des sociétés de personnes dans les conditions prévues par l'article 239 *bis* AB;

7° Nonobstant les dispositions du 1°, des membres des sociétés interprofessionnelles de soins ambulatoires mentionnées à l'article L. 4041-1 du code de la santé publique.

• **CGI, art. 8 *bis***

Les associés ou actionnaires des sociétés visées à l'article 1655 *ter* sont personnellement soumis à l'impôt sur le revenu pour la part des revenus sociaux correspondant à leurs droits dans la société.

• **CGI, art. 206, 1 et 5**

1. Sous réserve des dispositions des articles 8 *ter*, 239 *bis* AA, 239 *bis* AB et 1655 *ter*, sont passibles de l'impôt sur les socié-

tés, quel que soit leur objet, les sociétés anonymes, les sociétés en commandite par actions, les sociétés à responsabilité limitée n'ayant pas opté pour le régime fiscal des sociétés de personnes dans les conditions prévues au IV de l'article 3 du décret n° 55-594 du 20 mai 1955 modifié, les sociétés coopératives et leurs unions ainsi que, sous réserve des dispositions des 6° et 6° *bis* du 1 de l'article 207, les établissements publics, les organismes de l'État jouissant de l'autonomie financière, les organismes des départements et des communes et toutes autres personnes morales se livrant à une exploitation ou à des opérations de caractère lucratif.

(...)

5. Sous réserve des exonérations prévues aux articles 1382 et 1394, les établissements publics, autres que les établissements scientifiques, d'enseignement et d'assistance, ainsi que les associations et collectivités non soumis à l'impôt sur les sociétés en vertu d'une autre disposition, à l'exception, d'une part, des fondations reconnues d'utilité publique et, d'autre part, des fonds de dotation dont les statuts ne prévoient pas la possibilité de consommer leur dotation en capital, sont assujettis audit impôt en raison des revenus patrimoniaux qui ne se rattachent pas à leurs activités lucratives.

• **CGI, art. 207, 1-4°**

1. Sont exonérés de l'impôt sur les sociétés :

(...)

4° Les organismes d'habitations à loyer modéré mentionnés à l'article L. 411-2 du code de la construction et de l'habitation, les sociétés d'économie mixte visées à l'article L. 481-1 du même code et les sociétés anonymes de coordination entre les organismes d'habitations à loyer modéré mentionnées à l'article L. 423-1-1 du même code pour :

a) les opérations réalisées au titre du service d'intérêt général défini aux septième à onzième alinéas de l'article L. 411-2 du même code ainsi que les produits issus de la cession de certificats d'économies d'énergie mentionnés à l'article L. 221-7 du code de l'énergie;

b) les produits engendrés par les locaux annexes et accessoires des ensembles d'habitations mentionnés à l'article L. 411-1 du code de la construction et de l'habitation, à la condition que ces locaux soient nécessaires à la vie économique et sociale de ces ensembles;

c) les produits financiers issus du placement de la trésorerie de ces organismes.

La fraction du bénéfice provenant d'activités autres que celles visées aux alinéas précédents et au 6° *bis* est soumise à l'impôt sur les sociétés;

Pour l'application des dispositions du premier alinéa de l'article 221 *bis*, la deuxième condition mentionnée à cet alinéa n'est pas exigée des sociétés qui cessent totalement ou partiellement d'être soumises au taux prévu au deuxième alinéa du I de l'article 219 du fait des dispositions du présent 4°. Les dispositions de l'article 111 *bis* ne s'appliquent pas à ces mêmes sociétés.

Les dispositions du présent 4° s'appliquent aux exercices clos à compter du 1er janvier 2006.

Toutefois, les organismes et les sociétés mentionnés au premier alinéa peuvent opter pour l'application anticipée de ces dispositions aux exercices clos à compter du 1er janvier 2005. Cette option est irrévocable.

• **CGI, art. 219 *bis***

Par dérogation aux dispositions de l'article 219, le taux de l'impôt sur les sociétés est fixé à 24 % en ce qui concerne les revenus visés au 5 de l'article 206, perçus par les établissements publics, associations et collectivités sans but lucratif.

1° Ce taux est fixé à 10 % pour :

a) Les produits des titres de créances mentionnés au 1° *bis* du III *bis* de l'article 125 A;

b) Les revenus des titres émis à compter du 1er janvier 1987 tels qu'ils sont définis aux articles 118, 119, 238 *septies* A, 238 *septies* B et 238 *septies* E.

2° Ce taux est fixé à 15 % pour les dividendes.

• **CGI, art. 1655 *ter***

Sous réserve des dispositions de l'article 60, du 2° du I de l'article 827 et du 2° du I de l'article 828, les sociétés qui ont, en fait, pour unique objet soit la construction ou l'acquisition d'immeubles ou de groupes d'immeubles en vue de leur division par fractions destinées à être attribuées aux associés en propriété ou en jouissance, soit la gestion de ces immeubles ou groupes d'immeubles ainsi divisés, soit la location pour le compte d'un ou plusieurs des membres de la société de tout ou partie des immeubles ou fractions d'immeubles appartenant à chacun de ces membres, sont réputées, quelle que soit leur forme juridique, ne pas avoir de personnalité distincte de celle de leurs membres pour l'application des impôts directs, des droits d'enregistrement, de la taxe de publicité foncière exigible sur les actes qui donnent lieu à la formalité fusionnée en application de l'article 647, ainsi que des taxes assimilées (1).

Notamment, les associés ou actionnaires sont personnellement soumis à l'impôt sur le revenu ou à l'impôt sur les sociétés, suivant le cas, pour la part des revenus sociaux correspondant à leurs droits dans la société.

• **CCH, art. L. 411-2, al. 7**

Les organismes d'habitations à loyer modéré comprennent :

(...)

Les organismes d'habitations à loyer modéré mentionnés aux alinéas précédents bénéficient, en conformité avec la décision 2012/21/UE de la Commission, du 20 décembre 2011, relative à l'application de l'article 106, paragraphe 2, du traité sur le fonctionnement de l'Union européenne aux aides d'État sous forme de compensations de service public octroyées à certaines entreprises chargées de la gestion de services d'intérêt économique général, d'exonérations fiscales et d'aides spécifiques de l'État au titre du service d'intérêt général défini comme :

– la construction, l'acquisition, l'amélioration, l'attribution, la gestion et la cession de logements locatifs à loyers plafonnés, lorsqu'elles sont destinées à des personnes dont les revenus sont inférieurs aux plafonds maximum fixés par l'autorité administrative pour l'attribution des logements locatifs conventionnés dans les conditions définies à l'article L. 351-2 et dont l'accès est soumis à des conditions de ressources. Font toutefois partie du service d'intérêt général, jusqu'au 1er janvier 2020, les opérations susmentionnées destinées à des personnes de revenu intermédiaire dont les ressources ne dépassent pas les plafonds fixés au titre IX du livre III, lorsque les logements correspondants représentent moins de 10 % des logements locatifs sociaux mentionnés à l'article L. 302-5 détenus par l'organisme.

1012.02 **Jurisprudence de référence.**

> Organisme à but non-lucratif – revenus annexes

• **CE 7e et 8e ss-sect., 22 oct. 1980**, req. n° 4906, *Lebon* – AUSSI : TA Toulouse, 1re ch., 28 janv. 2003, *Association Institut Protestant*, req. n° 98-779

* V. ss n° 1012.23

Les revenus tirés de la location d'une exploitation agricole dans laquelle sont placés des travailleurs handicapés doivent être dispensés de l'impôt sur les sociétés en ce que ces revenus ne sont pas des revenus d'exploitation agricole mais sont indissociables de l'activité non-lucrative de l'organisme propriétaire.

> Assujettissement à l'IS – exercice de l'option – accord de tous les associés

• **CE 3e et 8e ss-sect., 28 déc. 2007**, *Nave*, req. n° 277370, *RJF* 3/08, n° 282

* V. ss n° 1012.61

L'option d'une société civile pour le régime de l'impôt sur les sociétés doit être signée par les deux époux associés.

> Assujettissement à l'IS – exercice de l'option – formalisme

• **CE 8e et 3e ss-sect., 30 déc. 2011**, *SARL Distribur*, req. n° 342566, *RJF* 3/12, n° 227

* V. ss n° 1012.61

Le dépôt par une SCI, auprès du centre de formalités des entreprises, de sa déclaration d'existence, accompagnée de ses statuts comportant l'option pour l'impôt sur les sociétés, mais sans que la case prévue à cet effet dans le formulaire de déclaration d'existence n'ait été cochée, ne permet pas de regarder comme accomplie la formalité de notification de cette option à l'administration fiscale.

1012.03 **Bibliographie indicative.**

Ouvrages. *Mémento fiscal*, « Impôt sur les sociétés – Personnes assujetties », nos 35550 s; « Impôt sur les sociétés – Associations et organismes sans but lucratif », nos 89200 s.; « Impôt sur les sociétés – Bailleurs sociaux », nos 37110, « impôts sur les bénéfices des sociétés – Sociétés de personne et assimilées », nos 375.00 s., Francis Lefebvre 2017.

SECTION 1
PERSONNES MORALES PASSIBLES DE L'IMPÔT SUR LES SOCIÉTÉS

§ 1
Personnes morales soumises à l'impôt sur les sociétés dans les conditions de droit commun

1012.11 **Principe.** L'article 206-1 du code général des impôts définit les personnes morales qui sont soumises de plein droit à l'impôt sur les sociétés du seul fait de leur forme juridique. Il s'agit des sociétés commerciales : sociétés anonymes, sociétés à responsabilité limitée (qui n'ont pas opté pour le régime des sociétés de personnes), société par actions simplifiées, sociétés en commandite par actions, sociétés coopératives.

Leur objet social ou activité réelle étant indifférents, il en résulte que la location de logements par ces sociétés est de plein droit assujettie à l'impôt sur les sociétés, nonobstant notamment le caractère civil de cette activité. Il en va ainsi quelles que soient les conditions de location (nu, meublé, avec ou sans services, ...).

Sont également soumis de plein droit à l'impôt sur les sociétés les établissements publics, les organismes de l'État jouissant de l'autonomie financière, les organismes des départements et des communes et toutes les autres personnes morales se livrant à une exploitation ou à des opérations de caractère lucratif. Ainsi, une association dont la gestion n'est pas désintéressée ou dont l'activité est lucrative (au sens défini par la jurisprudence et la doctrine administrative) est soumise à l'impôt dans les conditions de droit commun. Il en résulte qu'un de ces organismes, qui aurait pour objet la gestion de logements et qui ne pourrait pas être considéré comme non lucratif serait soumis de plein droit à l'impôt dans les conditions de droit commun.

Enfin, certaines sociétés qui par leur forme sont normalement soumises au régime des sociétés de personnes (translucidité fiscale) peuvent être soumises à l'impôt sur les sociétés du fait d'une option qu'elles ont exercé : il s'agit notamment des sociétés civiles immobilières, sociétés en nom collectif, sociétés en participation, EURL dont l'associé unique est une personne physique.

1012.12 **Conditions d'imposition.** L'article 209-1 du code général des impôts prévoit que l'assiette de l'impôt sur les sociétés est déterminée par application des règles prévues pour la catégorie des bénéfices industriels et commerciaux. Certaines règles spécifiques à l'impôt sur les sociétés peuvent cependant venir corriger le résultat fiscal ainsi défini. S'agissant ici de location de logements, nous avons évoqué les principales particularités au plan fiscal dans la partie concernant les loueurs en meublé, qui sont applicables ici, à l'exception des règles relatives au report des déficits, qui sont propres à l'impôt sur les sociétés (v. ss nos 1011.341 s.).

Le résultat d'ensemble de ces sociétés et organismes est en principe imposé au taux normal de l'impôt sur les sociétés, actuellement de 33,33 % (sous réserve de l'application de taux spécifiques[1], de contributions additionnelles pour les structures importantes[2], ...).

1. Taux réduit à 15 % sur une partie du bénéfice de certaines PME (CGI, art. 219-I-b).
2. CGI, art. 235 *ter* ZC, 235 *ter* ZAA et 235 *ter* ZCA.

§ 2
Régime des organismes sans but lucratif

1012.21 Principe. Les organismes sans but lucratif (établissements publics, associations, ...), c'est à dire ceux dont la gestion est désintéressée et l'activité non lucrative, au sens de la jurisprudence et de la doctrine administrative, échappent à l'impôt sur les sociétés au taux de droit commun. Ils sont cependant soumis à cet impôt, à des taux réduit, sur certains produits de leur patrimoine, notamment immobilier (CGI, art. 206-5-a).

Il en résulte que les revenus tirés de la location de logements par ces organismes supportent de plein droit l'impôt sur les sociétés au taux réduit.

Sont visés la location des logements appartenant à l'organisme (ce qui exclut de fait les revenus de sous-location), ainsi que la location d'immeubles auxquels l'organisme a vocation en qualité d'associé d'une société civile immobilière de copropriété visée à l'article 1655 *ter* du code général des impôts (v. s[s] n° 1012.41). En revanche, les revenus locatifs perçus par l'intermédiaire d'une société civile autre que de copropriété dont l'organisme est associé (v. s[s] n° 1012.51) ne sont pas imposables.

1012.22 Conditions d'imposition. Le résultat de la location des logements (et le cas échéant d'autres immeubles) est défini par la différence entre les recettes brutes et les charges.

La doctrine administrative ancienne donnait des précisions sur les modalités de calcul (doc. Adm. 4 H-6122, n° 2, 12 juill. 1997). Cette doctrine n'a pas été reprise au *BOFIP* en 2012 et n'est donc plus en vigueur. Les solutions qu'elle comporte semblent cependant toujours pertinentes et nous les reprenons ci-dessous.

Le revenu brut comprend les recettes et le cas échéant les dépenses incombant normalement au propriétaire et mises à la charge du locataire. Comme en matière de revenus fonciers, sont également retenues les subventions finançant des charges déductibles (ANAH, collectivités territoriales) et les indemnités d'assurance. Les dépenses correspondantes sont en contrepartie déductibles en totalité.

Les charges effectivement supportées au cours de la période d'imposition sont déductibles. Il s'agit des charges liées à l'acquisition, la conservation, la gestion des logements, sans limitation particulière. En effet, s'agissant d'impôt sur les sociétés, l'assiette est définie comme en matière de bénéfices industriels et commerciaux (v. s[s] n° 1011.341). Il en résulte notamment que l'organisme est en droit de déduire l'amortissement des biens loués.

Le résultat est soumis à l'impôt sur les sociétés au taux réduit de 24 % (CGI, art. 219 *bis*). Il est déclaré sur le formulaire n° 2070.

L'article 206-5-a précité ne visant que les revenus de la location et étant d'interprétation stricte, les plus-values de cession des biens loués ne sont pas soumises à l'impôt sur les sociétés.

1012.23 Cas particulier des organismes dont l'objet est la location de logements. Les organismes sans but lucratif sont totalement exonérés de l'impôt sur les sociétés sur le résultat de leur activité non lucrative et sont, comme on vient de le voir, soumis à cet impôt au taux de 24 % sur les revenus locatifs tirés de leur patrimoine immobilier. Cependant, pour certains organismes, la location de logements n'est pas effectuée dans le cadre d'une démarche patrimoniale mais constitue leur objet même.

Il en résulte que si cet objet est lui-même reconnu comme non lucratif, les revenus locatifs sont totalement exonérés de l'impôt.

La jurisprudence a eu l'occasion de confirmer ce principe à propos de l'exploitation par des associations de propriétés agricoles (normalement imposables au taux réduit), dans le cadre de centres d'aide par le travail. Elle a confirmé que cette exploitation, concourant directement à l'exécution même de l'activité à but non lucratif de l'association, n'était pas dissociable de celle-ci et échappait par conséquent à l'imposition des revenus patrimoniaux[1]. L'administration avait entériné cette solution[2].

Cette analyse serait tout à fait transposable au cas d'un organisme dont l'objet même serait la location de logements dans des conditions non lucratives par nature (hébergement d'urgence, logement d'insertion, ...) et dans les conditions mêmes de location (montant des loyers, ...). L'administration avait d'ailleurs précisé que les associations agréées qui ont pour objet de louer ou sous-louer des logements aux personnes démunies dans le cadre des plans départementaux d'action pour le logement des personnes défavorisées prévus par la loi n° 90-449 du 31 mai 1990 étaient exonérées de l'impôt sur les sociétés[3].

§ 3
Régime des bailleurs sociaux

1012.31 Principe. Les bailleurs sociaux définis par la loi bénéficient d'une exonération d'impôt sur les sociétés au titre de certaines activités ou opérations définies, dont l'exploitation de leur patri-

1. CE 7e et 8e s[s]-sect., 22 oct. 1980, req. n° 4906; *Lebon; RJF* 12/80, n° 496 – AUSSI TA Toulouse, 1re ch., 28 janv. 2003, *Association Institut Protestant*, req. n° 98-779; *RJF* 6/03, n° 687.
2. Rép. Beix, n° 36485, *JOAN* 9 mars 1981, p. 973.
3. Rép. Luppi, n° 59017, *JOAN* 5 oct. 1992, p. 4603.

moine locatif social (CGI, art. 207-1-4°, 207-1-4° *bis* et CCH, art. L. 411-2, al. 7).

1012.32 **Organismes concernés.** Les bailleurs sociaux pouvant bénéficier de cette exonération sont limitativement énumérés par les textes précités. Il s'agit :

- des offices publics de l'habitat (CCH, art. L. 421-1);
- des sociétés anonymes d'HLM (CCH, art. L. 422-2);
- des sociétés coopératives de production d'HLM (CCH, art. L. 422-3) et des sociétés coopératives d'intérêt collectif (SCIC) d'HLM (CCH, art. L. 422-3-2);
- des fondations d'HLM (CCH, art. L. 422-1);
- des sociétés de coordination entre organismes d'HLM (CCH, art. L. 423-1-1);
- des sociétés d'économie mixte exerçant l'activité de bailleur social, mentionnées à l'article L. 481-1 du CCH;
- des unions d'économie sociale agréées (CCH, art. L. 365-1), à condition que leurs dirigeants de droit ou de fait ne soient pas rémunérés directement ou indirectement (CGI, art. 207-1-4°-*bis*).

1012.33 **Activité concernée.** L'objectif du législateur a été d'exonérer les logements locatifs sociaux. Or, il n'existe pas de définition précise de ceux-ci, notamment du fait que la constitution du parc locatif social actuel s'est échelonnée sur plus d'un siècle et donc selon des modalités juridiques et financières très variables dans le temps. Le critère retenu a été celui de l'existence de contraintes de ressources, au plus égales à celles prévues dans le cadre du conventionnement pour l'aide personnalisée au logement (CCH, art. L. 351-1 s.) et de l'existence de plafonds de loyers. Il est donc fait référence à la définition actuelle des logements sociaux produits par les bailleurs sociaux. Pour les logements qui ne sont pas conventionnés, notamment en raison du fait que lors de leur construction, le conventionnement APL n'existait pas (avant 1977), l'exonération est applicable à condition que les logements subissent des contraintes équivalentes.

L'activité de bailleur social bénéficiant de l'exonération est définie par l'article L. 411-2 du code de la construction et de l'habitation comme « *la construction, l'acquisition, l'amélioration, l'attribution, la gestion et la cession de logements locatifs* » sociaux. Tous les actes décrits génèrent en effet des produits et des charges dont le résultat final bénéficiera de l'exonération.

Le cœur de l'exonération est constitué par les logements dont les loyers sont plafonnés (sans que la loi ne fasse référence aux plafonds APL ni à une autre législation) et l'attribution destinée à des locataires dont les ressources n'excèdent pas les plafonds du conventionnement APL, c'est à dire les plafonds du Prêt Locatif Social (PLS).

Cependant, jusqu'en 2020, sont également exonérés, à titre accessoire, les logements destinés à des locataires dont les ressources sont comprises entre les plafonds PLS et PLI (prêt locatif intermédiaire - CCH, art. R. 391-1 s.), à condition que ces logements représentent moins de dix pour cent des logements sociaux au sens de l'article L. 302-5 du CCH détenus par l'organisme.

La condition de ressources s'apprécie au moment de l'attribution du logement. Autrement dit, le fait que les ressources d'un locataire en place viennent à dépasser les plafonds d'attribution ne remet pas en cause le fait que la réattribution du logement serait soumise à un plafond. Le logement reste donc exonéré.

1012.34 **Logements exonérés.** Les critères légaux rappelés précédemment sont illustrés et précisés par la doctrine administrative[1].

Sont ainsi exonérés essentiellement les logements suivants :

- les logements conventionnés APL;
- les logements non conventionnés APL mais qui sont assujettis par une réglementation ou une convention (ex. : certains financements) à une contrainte d'attribution identique au conventionnement APL et à une contrainte de loyer;
- les logements-foyers conventionnés APL, ainsi que ceux loués dans les conditions prévues à l'article L. 442-8-1 du CCH (y compris les résidences sociales);
- les places dans les centres d'hébergement et de réinsertion sociale (CHRS);
- les logements financés par un prêt HLMO, y compris postérieur au 5 janvier 1977;
- les logements appartenant aux sociétés d'HLM et aux sociétés d'économie mixte des départements d'outre-mer;
- certains logements destinés à d'anciens mineurs ou à leurs ayants droit (cf. *BOI* précité, § 430);
- les logements situés dans des résidences dédiées à l'accueil des étudiants lorsque ces logements sont destinés à des étudiants dont les revenus sont inférieurs aux plafonds PLS.

Sont visés par l'exonération les logements proprement dits mais également leurs dépendances, parties communes et accessoires (emplacements de stationnement, caves, greniers, locaux communs, loges et logements de gardiens, espaces extérieurs, ...).

1. BOI-IS-CHAMP-30-30-10-10, § 320 s.

En ce qui concerne les emplacements de stationnement, ils sont exonérés du seul fait qu'ils constituent une dépendance de logements exonérés, même s'ils sont loués à une personne non locataire d'un logement.

1012.35 Logements acquis. Lorsqu'un bailleur social acquiert des logements achevés, ceux-ci ne sont généralement pas immédiatement conventionnés APL, notamment lorsque le bailleur réalise des travaux (opérations d'acquisition-amélioration).

L'administration en déduit qu'en principe, ils ne sont pas exonérés pendant la période qui s'écoule entre la date d'acquisition et la date de signature de la convention APL.

Elle admet toutefois par tempérament qu'ils ne soient pas imposés, à la double condition :

- que l'organisme prenne l'engagement dans l'acte d'acquisition de réaliser les travaux dans un délai maximum de deux ans,

- que le logement ne soit pas donné en location pendant la période précédant le conventionnement ou, s'il est loué, que les loyers respectent les plafonds du conventionnement.

Les conditions posées pour bénéficier de cet assouplissement sont en pratique difficiles à respecter, notamment l'obligation le cas échéant d'abaisser les loyers, qui n'existe pas au plan réglementaire.

1012.36 Gendarmeries, casernes de pompiers. Les bailleurs sociaux peuvent donner en location à la gendarmerie nationale ou aux services d'incendie des casernes. Les logements étant attribués aux fonctionnaires par ces services, *a priori* sans contrainte de ressources, l'administration fiscale en conclut que la location de ces locaux est imposable.

1012.37 Locaux d'activité accessoires. Les locaux d'activités (commerces, bureaux, cabinets médicaux, équipements publics, ...) situés dans les ensembles de logements sociaux sont exonérés à la condition qu'ils soient accessoires et nécessaires à la vie du quartier (CGI, art. 207-1-4°). La notion de nécessité est interprétée largement puisque la doctrine administrative l'entend comme toute activité visant à satisfaire les besoins courants des locataires (commerces et services de proximité, services publics, ...)[1].

Les locaux d'activité non accessoires, c'est à dire non situés dans un ensemble de logements sociaux, sont imposables. Il en va de même des locaux accessoires mais non nécessaires à la vie de l'ensemble (activité non tournée vers les habitants). Toutefois, pour ces derniers, l'administration admet qu'ils ne soient pas imposés si les recettes que dégage l'ensemble de ces locaux représentent moins de 5 % des recettes totales de l'organisme[2].

Cette franchise inclut également les recettes de location d'emplacements publicitaires ou pour les antennes de téléphonie ainsi que la vente d'électricité photovoltaïque.

1012.38 Portée de l'exonération. L'impôt sur les sociétés ayant pour assiette le bénéfice réalisé, l'exonération porte *de facto* sur le résultat de l'exploitation et le cas échéant de la cession des logements concernés. Le bailleur doit donc isoler toutes les écritures comptables qui concourent à la définition de ce résultat. L'exonération est ainsi susceptible de couvrir des produits d'exploitation (loyers, remboursement des charges locatives, indemnités d'occupation, redevances, ...) mais aussi des produits exceptionnels (plus-values, indemnités d'assurance, dégrèvements de taxe foncières, ...) ou calculés (reprises de provisions, subventions étalées, ...).

1012.39 Logements imposables. Les logements qui ne répondent pas aux critères d'exonération légaux ou doctrinaux sont imposables à l'impôt sur les sociétés dans les conditions de droit commun. Il s'agit notamment des logements ne subissant aucune contrainte de loyer et de ressources, de logements subissant de telles contraintes lorsqu'elles sont supérieures au PLS (sous réserve des logements intermédiaires accessoires), des logements PLI non accessoires (supérieurs à 10 %), des casernes de pompiers et de gendarmes, ...

S'agissant d'impôt sur les sociétés, le résultat est naturellement calculé comme en matière de BIC (v. s[s] n° 1011.341). Il comprend, outre les activités locatives taxables, toutes les autres activités non exonérées que l'organisme peut exercer par ailleurs.

Compte tenu du fait que l'assujettissement à l'impôt sur les sociétés n'est que partiel, les bailleurs sont conduits à identifier les produits et les charges liés aux biens concernés, dans le cadre d'une démarche analytique. La doctrine administrative en précise les modalités, notamment les conditions de prise en compte des charges indirectes.[3]

Pour les organismes d'HLM (au sens de CCH, art. L. 411-2) qui étaient exonérés de l'impôt sur les sociétés jusqu'en 2005, une réévaluation fiscale des biens soumis à l'impôt sur les sociétés a été mise en place par la doctrine administrative (bilan fiscal de départ). Ce mécanisme conduit à la constatation d'amortissements purement fiscaux qui viennent réduire le résultat imposable[4].

1. BOI-IS-CHAMP-30-30-10-10, § 630 s.
2. BOI-IS-CHAMP-30-30-10-10, § 640.
3. BOI-IS-CHAMP-30-30-10-20, § 190 s.
4. BOI-IS-CHAMP-30-30-10-20, § 290 s.

Cette réévaluation est également prise en compte pour le calcul de la plus-value de cession de ces logements.

SECTION 2
PERSONNES MORALES NON SOUMISES À L'IMPÔT SUR LES SOCIÉTÉS

§ 1
Sociétés transparentes

1012.41 **Définition.** Les sociétés dites transparentes sont celles qui attribuent à chacun de leurs associés un droit en propriété ou en jouissance sur une partie divise de l'immeuble.

En pratique, les statuts identifient des parts qui donnent droit à leur détenteur à un lot précis dans l'immeuble. Elles sont également dénommées « sociétés d'attribution ». Ce type de société très particulier n'est pas courant en pratique.

1012.42 **Régime fiscal : transparence.** Au plan fiscal, ces sociétés sont considérées comme n'ayant pas de personnalité, notamment au regard de l'impôt sur le revenu (CGI, art. 1655 *ter*).

Il en résulte d'une part que la société elle-même n'est pas soumise à l'impôt sur les sociétés (ni bien entendu à l'impôt sur le revenu), d'autre part que chaque associé est personnellement imposable sur les revenus qu'il tire le cas échéant du ou des lot(s) dont il est attributaire de par les statuts.

Si le détenteur des parts est un particulier, il sera considéré comme propriétaire bailleur au plan fiscal. Selon les circonstances (précisées *infra* pour chaque catégorie), il sera donc soumis à l'impôt sur le revenu dans la catégorie des revenus fonciers (location nue) ou des BIC (loueur en meublé, professionnel ou non).

Un associé personne morale prendra en compte dans son résultat imposable le résultat de la location du bien (ou des biens) dont il est attributaire, qui sera ainsi soumis à l'impôt sur les sociétés.

Ces sociétés ne peuvent pas opter pour leur assujettissement à l'impôt sur les sociétés (CGI, art. 239-1-a).

§ 2
Sociétés translucides

A.
Principes

1012.51 **Définition.** Les sociétés dites translucides fiscalement ne sont pas soumises à l'impôt sur les sociétés. Leur régime juridique est classique, au sens où les associés n'ont pas de droit sur un élément précis de l'actif. Ils ont simplement droit à une quote-part des résultats (ou de l'actif en cas de dissolution) en proportion de leur participation au capital. Ces sociétés sont visées principalement à l'article 8 et du code général des impôts. Il s'agit notamment des sociétés en nom collectif, des sociétés civiles (à conditions qu'elles n'aient pas une activité commerciale ou industrielle au sens fiscal, notamment pas de location meublée), des EURL dont l'associé unique est une personne physique, des sociétés en participation (lorsque les membres sont indéfiniment responsables et se sont identifiés auprès de l'administration).

1012.52 **Régime fiscal : translucidité.** Ces sociétés ne sont en principe pas soumises à l'impôt sur le bénéfice qu'elles réalisent. En effet, chaque associé est imposé personnellement sur le résultat réalisé en proportion de ses droits dans la société, c'est à dire en général selon le pourcentage de sa participation au capital.

Contrairement à la société transparente (ou d'attribution), l'associé n'est donc pas imposable sur le revenu d'un lot en particulier mais sur une quote-part du résultat global de la société, déterminée en proportion de ses droits en tant qu'associé.

En revanche, le régime d'imposition est le même :

- impôt sur le revenu, dans la catégorie correspondante (revenus fonciers, loueur en meublé professionnel ou non professionnel selon le cas[1]), pour les associés particuliers;

- impôt sur les sociétés pour les sociétés associées soumises à cet impôt.

Lorsque la société a pour associés à la fois des personnes physiques soumises à l'impôt sur le revenu et des associés soumis à l'impôt sur les sociétés, elle doit, à partir des mêmes données financières (charges, produits, ...), établir pour chacun un résultat fiscal différent, selon les règles propres à chaque associé et catégorie d'imposition.

La particularité fiscale de ces sociétés tient également au fait que le résultat annuel est imposé entre les mains des associés indépendamment de sa distribution. Inversement, lorsque le résultat est déficitaire, le déficit est imputable sur les revenus de l'associé, même si celui-ci ne l'a pas pris en charge financièrement, dans le cadre bien entendu de l'application des règles d'imputation propres à son régime d'imposition.

1. Par hypothèse, l'imposition selon le régime des loueurs en meublés ne peut s'appliquer aux revenus tirés d'une SCI car le fait pour celle-ci de louer en meublé lui fait perdre sa translucidité fiscale. Ce régime peut cependant s'appliquer si la société est une SNC ou une EURL.

B. Assujettissement sur option à l'impôt sur les sociétés

1012.61 **Exercice de l'option.** Les sociétés qui sont en principe translucides peuvent opter pour leur assujettissement à l'impôt sur les sociétés (CGI, art. 206-3 et 239).

Il en résulte que l'intégralité de leur résultat est alors déterminé selon les règles propres à cet impôt, c'est à dire principalement selon les règles applicables en matière de bénéfices industriels et commerciaux (v. s^s n° 1011.341).

L'option peut être exercée lors de la création de la société ou au cours de son existence.

L'option doit être notifiée à l'administration fiscale (service du siège ou du principal établissement) avant la fin du troisième mois de l'exercice au titre duquel l'entreprise souhaite être soumise pour la première fois à l'impôt sur les sociétés. Cette option est irrévocable.

La notification indique la désignation de la société (adresse, siège social), les noms, prénoms et adresse de chacun des associés ainsi que la répartition du capital ou des droits. Elle est signée dans les conditions prévues par les statuts, ou à défaut, par tous les associés. L'administration doit en délivrer un récépissé (CGI ann. IV, art. 22 et 23).

L'exigence de signature par tous les associés est appliquée strictement par le Conseil d'État. Ainsi, dans le cas d'une SCI constituée entre époux, la signature par l'un d'entre eux seulement est insuffisante, même s'ils font l'objet d'une imposition commune et sont mariés sous le régime de la communauté de biens [1].

Cependant, la jurisprudence [2], entérinée ensuite par la doctrine administrative [3], a considéré que l'option pouvait valablement être effectuée lors de la création de la société, dans le formulaire d'immatriculation déposé au centre de formalités des entreprises, en y cochant la case prévue.

1012.62 **Conséquences de l'option.** A compter de sa date d'effet, l'option a naturellement pour conséquence d'assujettir la société à l'impôt sur les sociétés dans les conditions de droit commun. Elle implique donc la tenue d'une comptabilité commerciale et l'application des règles propres à cet impôt (v. s^s n° 1012.11).

Les bénéfices sont imposés au nom de la société. Les associés ne sont eux-mêmes soumis à l'impôt sur le revenu que si la société distribue ce résultat. C'est une différence importante avec la translucidité, qui entraîne une imposition directe à l'impôt sur le revenu, même en l'absence de distribution.

Lorsqu'elle est exercée au cours de l'existence de la société, l'option a également un effet immédiat, lié au changement de régime fiscal. En effet, celui-ci entraîne en principe les mêmes conséquences qu'une cessation d'activité, c'est à dire l'imposition immédiate de tous les bénéfices et plus-values latentes.

Le code général des impôts prévoit toutefois des dispositions particulières pour neutraliser les conséquences de ce changement. Elles sont différentes selon que la société exerce une activité industrielle ou commerciale (location meublée), ou civile (location nue). Pour l'application de ces dispositions, la nature de l'activité est appréciée au niveau de la société et non selon le régime fiscal de leurs associés.

1012.63 **Option par une société dont l'activité était professionnelle.** Pour les sociétés de personnes dont l'activité relève des BIC (ex. : SNC, Eurl, louant en meublé), il devrait résulter du changement de régime fiscal l'imposition immédiate notamment des résultats en sursis d'imposition et des plus-values latentes sur les immobilisations (CGI, art. 202 *ter*-I). S'agissant de sociétés propriétaires de logements, cela conduit notamment à l'imposition des plus-values latentes sur ces derniers, calculées selon les règles applicables en matière de BIC (v. s^s n° 1011.341). À défaut de prix de vente, la plus-value est calculée par rapport à la valeur de marché des logements. Cette imposition serait problématique dans la mesure où la société et ses associés ne perçoivent pas la plus-value correspondante. C'est la raison pour laquelle le second alinéa de cette disposition prévoit l'absence d'imposition immédiate, à la double condition :

- qu'il ne soit apporté aucune modification aux écritures comptables;

- et que l'imposition des bénéfices et plus-values latentes reste possible dans le nouveau régime fiscal applicable à la société.

Ces conditions permettent de garantir l'imposition future des bénéfices en sursis d'imposition et, en cas de cession ultérieure des actifs, des plus-values latentes acquises à la date de l'option. La société doit dans un délai de soixante jours établir et produire un bilan d'ouverture (CGI, art. 202 *ter*-III).

1012.64 **Option par une société dont l'activité était non professionnelle.** Pour les sociétés dont l'activité ne relève pas des BIC, et notamment celles dont les revenus étaient imposés selon le régime des revenus fonciers (locations nues), les conséquences

1. CE 3e et 8e s^s-sect., 28 déc. 2007, *Nave*, req. n° 277370, *RJF* 3/08, n° 282.
2. CE 8e et 3e s^s-sect., 30 déc. 2011, *SARL Distribur*, req. n° 342566, *RJF* 3/12, n° 227.
3. BOI-IS-CHAMP-40, § 135.

de l'option sont prévues par l'article 202 *ter*-II à IV du code général des impôts.

Elles concernent en premier lieu l'imposition du résultat de la dernière période (fin de la dernière période imposée jusqu'à la date d'effet de l'option). Des dispositions particulières sont nécessaires afin de tenir compte, pour les associés personnes physiques imposables dans la catégorie des revenus fonciers, du basculement d'une comptabilité de caisse, propre à cette catégorie, à une comptabilité d'engagement (BIC/IS). L'objectif est d'éviter toute absence d'imposition mais aussi toute double imposition.

Pour ce faire, le dernier résultat est déterminé selon les règles des BIC : les loyers imposables sont non seulement ceux qui ont été encaissés mais également ceux qui sont courus (créances acquises); corrélativement, chaque associé peut déduire non seulement les dépenses déjà décaissées mais aussi celles qui sont certaines dans leur principe et leur montant (dettes certaines). Le résultat peut également prendre en compte le cas échéant des provisions (pour créances douteuses, pour risques et charges, notamment travaux de gros entretien), si les conditions fiscales de constitution et de déduction sont remplies (CGI ann. III, art. 46-E). Le cas échéant, les créances et les dettes comptabilisées après ce dernier exercice ne sont pas prises en compte fiscalement si elles ont déjà été encaissées ou payées au cours de la dernière période d'imposition précédant l'option.

Le second aspect à traiter du fait du changement de régime fiscal est celui des plus-values latentes sur les immeubles. En effet, les textes garantissent là aussi la neutralité du régime. Le choix est offert entre la taxation immédiate des plus-values latentes et leur non-imposition, qui sera alors reportée à la cession future des biens.

Les associés doivent tenir compte des conditions d'imposition de la plus-value pour opérer le meilleur choix. En effet, un associé particulier peut bénéficier d'une exonération totale de plus-value au terme d'une certaine durée de détention (vingt-deux ans pour l'impôt sur le revenu - CGI, art. 150-VC et trente ans pour les contributions sociales - CSS, art. L. 136-VI-2°). Il n'a donc pas intérêt à solliciter le report de l'imposition s'il bénéficie d'une exonération totale.

En cas d'option pour l'imposition immédiate, la société inscrira à son bilan fiscal de départ les biens pour leur valeur réelle à la date d'effet de l'option. Cela lui permettra de déduire un amortissement sur cette valeur à compter de l'exercice d'effet de l'option.

Si la société fait le choix de l'absence d'imposition immédiate des plus-values latentes, elle devra établir un bilan fiscal de départ, en inscrivant les logements pour leur valeur d'origine, en faisant apparaître les amortissements et provisions qui auraient pu être déduits depuis leur acquisition si la société avait été soumise à l'impôt sur les sociétés depuis l'origine. Cette obligation garantit que la part de plus-value latente non imposée lors de l'option sera imposable en cas de cession future du bien. Le choix est global pour l'ensemble du patrimoine de la société.

C.
Régime des sociétés civiles immobilières

1012.71 **Société civile immobilière.** La société civile immobilière est fréquemment utilisée pour y loger un patrimoine immobilier, notamment familial, et le donner en location. Le statut civil de la société correspond bien à l'activité de location de logements nus. On parle alors de société civile immobilière de gestion.

Du point de vue fiscal, une telle société est soumise au régime de la translucidité fiscale en application de l'article 8-1° du code général des impôts. Ce régime est cependant subordonné au fait que la société ne se livre pas à une activité relevant de la catégorie des BIC. Or, le fait de louer les logements meublés est considéré comme tel (v. s[s] n° 1011.321). Il en résulte qu'en cas de location en meublé, la société civile perd sa translucidité fiscale et se trouve *de facto* assujettie à l'impôt sur les sociétés.

Le régime de la translucidité est également en principe remis en cause en cas d'exercice par la société d'une activité commerciale, quelle que soit son importance.

Ainsi, en cas de cession de logements par la société, il convient de veiller à ce qu'elles n'interviennent pas dans un cadre habituel et spéculatif. Si c'était le cas, il s'agirait d'une activité de marchand de biens, relevant de plein droit des BIC. Les critères de qualification d'une telle activité sont définis au cas par cas par la jurisprudence et font l'objet de commentaires par l'administration fiscale[1].

Hormis le cas d'une qualification d'activité de marchand de biens, la doctrine administrative admet le maintien du régime de translucidité en cas d'exercice d'activités commerciales accessoires, si le montant hors TVA de ces opérations n'excède pas 10 % des recettes totales hors TVA de la société[2].

Lorsqu'une société civile perd sa translucidité et devient assujettie à l'impôt sur les sociétés, le changement de régime fiscal qui en résulte est traité comme évoqué précédemment en cas d'option volontaire (v. s[s] n° 1012.61).

1. BOI-IS-CHAMP-20-10-10.
2. BOI-BIC-CESS-10-20-30, § 390.

TITRE

102. La contribution sur les revenus locatifs

SECTION 0

Orienteur

102.00 **Plan du titre.**

CHAPITRE

1021. Champ d'application

SECTION 0 ORIENTEUR

1021.00 **Plan du chapitre.**

Sect. 1 Locations assujetties
Sect. 2 Personnes assujetties
Sect. 3 Exonérations

1021.01 **Textes applicables.**

TEXTES SOURCES

• **CGI, art. 234 *nonies*.**

• **BOI-RFPI-CTRL-20-20** (Contribution annuelle sur les revenus locatifs (CRL) – Exonérations).

TEXTES *IN EXTENSO*

• **CGI, art. 234 *nonies***

I. – Il est institué une contribution annuelle sur les revenus retirés de la location de locaux situés dans des immeubles achevés depuis quinze ans au moins au 1er janvier de l'année d'imposition, acquittée par les bailleurs mentionnés au I de l'article 234 *duodecies* et aux articles 234 *terdecies* et 234 *quaterdecies*.

(...)

III. – Sont exonérés de la contribution les revenus tirés de la location :

1° dont le montant annuel n'excède pas 1 830 € par local;

2° qui donne lieu au paiement de la taxe sur la valeur ajoutée;

3° consentie à l'État ou aux établissements publics nationaux scientifiques, d'enseignement, d'assistance ou de bienfaisance;

4° consentie en vertu des livres I et II du code de l'action sociale et des familles et exclusivement relative au service de l'aide sociale;

5° à vie ou à durée illimitée;

6° des immeubles appartenant ou destinés à appartenir, dans le cadre des contrats énumérés à l'article *1048 ter*, à l'État, aux collectivités territoriales, aux établissements et organismes publics qui en dépendent et aux organismes d'habitations à loyer modéré;

7° des locaux d'habitation qui font partie d'une exploitation agricole ou sont annexés à celle-ci, ainsi que des locaux dont les propriétaires ont procédé au rachat du prélèvement sur les loyers, prévu par l'article 11 de la loi de finances rectificative pour 1964 (L. n° 64-1278, 23 déc. 1964, *JO* 24 déc., p. 11503);

8° des immeubles appartenant aux sociétés d'économie mixte de construction ou ayant pour objet la rénovation urbaine ou la restauration immobilière dans le cadre d'opérations confiées par les collectivités publiques, ainsi que de ceux appartenant aux houillères de bassin;

9° des immeubles faisant partie de villages de vacances ou de maisons familiales de vacances agréés;

10° Des logements appartenant aux organismes sans but lucratif ou aux unions d'économie sociale réalisant les activités mentionnées à l'article du code de la construction et de l'habitation, et dont les dirigeants de droit ou de fait ne sont pas rémunérés;

11° Des logements qui ont fait l'objet de travaux de réhabilitation définis par décret, lorsque ces travaux ont été financés à hauteur d'au moins 15 % de leur montant par une subvention versée par l'Agence nationale de l'habitat, pour les quinze années suivant celle de l'achèvement des travaux;

12° Des logements qui ont fait l'objet, après une vacance continue de plus de douze mois, d'une mise en location assortie d'une convention conclue à compter du 1er juillet 2004 en l'application du 4° de l'article du code de la construction et de l'habitation, le bénéfice de l'exonération s'appliquant jusqu'au 31 décembre de la troisième année suivant celle de la conclusion du bail.

1021.03 **Bibliographie indicative.**

Ouvrages. *Mémento fiscal,* « Taxes diverses – Contribution sur les revenus locatifs », nos 74800, Francis Lefebvre, 2017.

SECTION 1 LOCATIONS ASSUJETTIES

1021.11 **Locaux imposables.** La contribution sur les revenus locatifs frappe les locations de biens immobiliers achevés depuis plus de quinze ans au 1er janvier de l'année d'imposition. Elle ne concerne donc pas les locations de terrains nus. Par ailleurs, les biens ruraux ne sont pas imposables.

La notion d'achèvement est une question de fait. En pratique, la date d'achèvement correspond à celle à laquelle le logement est utilisable en tant que tel dans des conditions normales. Cette possibilité d'utilisation n'est pas incompatible avec le fait qu'il puisse rester quelques travaux, *à priori* mineurs, à réaliser. Dans un immeuble collectif, cette date s'apprécie logement par logement.

En pratique, les services fiscaux peuvent se baser sur des documents d'urbanisme (déclaration d'achèvement et de conformité des travaux) ou fiscaux (déclarations H1 ou H2 en matière de taxe foncière). Mais l'appréciation peut également être faite au vu de la situation réelle du logement.

1021.12 **Locations imposables.** Seules les locations à durée limitée sont imposables, condition qui ne pose pas de difficulté s'agissant des baux d'habitation.

Les sous-locations ne sont pas imposables. Ainsi, le revenu locatif tiré par le locataire principal de la sous-location échappe à la contribution. Seul le loyer principal est imposable.

En principe, la contribution ne frappe que les revenus de la location (jouissance du bien), à l'exclusion de revenus tirés de prestations de nature hôtelière. Toutefois, la doctrine administrative indique que lorsque les services fournis ont un caractère accessoire par rapport à la location du bien, tout le revenu est imposable à la contribution. Elle cite comme exemple les résidences pour étudiants ou jeunes travailleurs, les chambres d'hôtes et gîtes ruraux et les maisons de retraite[1]. Notons que si ces résidences sont, du fait des services rendus, assujetties à la TVA (v. ss no 1032.12), les loyers échapperont à la contribution (v. ss no 1021.32).

On peut concevoir qu'une ventilation entre la prestation d'hébergement proprement dite et les prestations annexes ne soit pas toujours aisée. La règle posée par la doctrine administrative doit cependant certainement être confrontée aux modalités concrètes de facturation mises en place dans ces résidences.

SECTION 2
PERSONNES ASSUJETTIES

1021.21 **Personnes morales.** La contribution sur les revenus locatifs ne frappe que les revenus perçus par certaines personnes morales. Les particuliers donnant en location un bien qui leur appartient échappent donc à la contribution.

Les différentes catégories de personnes morales concernées sont précisées par les articles 234 *duodecies*-I, 234 *terdecies* et 234 *quaterdecies* du code général des impôts.

1021.22 **Personnes morales soumises à l'impôt sur les sociétés au taux normal.** La contribution sur les revenus locatifs vise en premier lieu toutes les sociétés et autres personnes morales dont les résultats sont imposables à l'impôt sur les sociétés au taux de droit commun. L'article 234 *duodecies*-I fait en effet référence à celles qui doivent déclarer leur résultat sur le formulaire 2065.

Rappelons que l'impôt sur les sociétés peut s'appliquer de plein droit (ex. : société anonyme, SARL, ...) ou sur option (société civile immobilière qui serait normalement translucide et qui décide d'opter).

Le fait que le résultat soit déficitaire ou que la société ou personne morale bénéficie d'une exonération totale ou partielle d'impôt sur les sociétés ou encore soit membre d'un groupe fiscalement intégré est indifférent dès lors qu'elle est assujettie à l'obligation de souscription de la déclaration précitée.

En revanche, les personnes morales dont les résultats sont imposés à l'impôt sur les sociétés aux taux réduits prévus par l'article 219 *bis* du code général des impôts (organismes sans but lucratif) relèvent des dispositions prévues au quatrième alinéa de l'article 234 *quaterdecies* du même code (v. ss no 1021.24).

1021.23 **Société et autres personnes morales translucides.** Les sociétés et autres personnes morales non soumises à l'impôt sur les sociétés mais relevant du régime des sociétés de personnes sont également assujetties à la contribution, à la condition qu'au moins un de leurs associés ou membres soit lui-même assujetti à l'impôt sur les sociétés au taux de droit commun (CGI, art. 234 *terdecies*).

Les personnes concernées sont notamment les sociétés en nom collectif, les sociétés civiles immobilières, y compris celles ayant pour objet la construction en vue de la vente, les sociétés en participation ou de fait, certaines sociétés commerciales ayant pu opter pour le régime des sociétés de personnes, groupement d'intérêt économique ou d'intérêt public, les sociétés civiles de placement immobilier, ..., à condition bien entendu qu'elles n'aient pas opté pour l'assujettissement à l'impôt sur les sociétés (auquel cas elles relèveraient de la catégorie précédente (v. ss nos 1012.61 s.).

Une société civile immobilière constituée exclusivement de personnes physiques (SCI familiale) et

1. BOI-RFPI-CTRL-20-10, no 190.

qui n'a pas opté pour l'impôt sur les sociétés échappe à la contribution.

1021.24 Organismes sans but lucratif. Les organismes sans but lucratif non soumis à l'impôt sur les sociétés au taux normal restent imposables sur certains revenus patrimoniaux (notamment immobiliers) à un taux d'impôt sur les sociétés réduit (CGI, art. 206-5 et 219 *bis*). Il s'agit notamment des associations, fondations, congrégations et de certains établissements publics sans caractère lucratif (v. s^{s} n° 1012.21). Ils sont redevables de la contribution en application de l'article 234 *quaterdecies* 4e alinéa du code général des impôts.

Sont en pratique visés les organismes qui déclarent leur résultat sur le formulaire n° 2070.

Ceux qui ont sectorisé leurs activités (secteur lucratif soumis à l'impôt sur les sociétés au taux de droit commun et secteur non lucratif) doivent le cas échéant affecter les loyers à chaque secteur selon que les locations sont ou non lucratives.

1021.25 Autres personnes morales et organismes. Les trois premiers alinéas de l'article 234 *quaterdecies* du code général des impôts visent toutes les personnes morales non concernées par les dispositions précédentes. Il s'agit en pratique notamment des associations ou fondations qui louent des logements dans le cadre d'une activité sociale non lucrative (bailleur caritatif). Dans ce cas, elles échappent en effet à l'impôt sur les sociétés au taux réduit sur les revenus patrimoniaux.

SECTION 3
EXONÉRATIONS

L'article 234 *nonies*-III du code général des impôts prévoit diverses exonérations de la contribution.

1021.31 Locations d'un faible montant. La contribution sur les revenus locatifs n'est pas due au titre des locations dont les revenus annuels sont inférieurs à 1 830 euros.

Cette limite s'apprécie logement par logement, en tenant compte le cas échéant des locations accessoires (emplacements de stationnement, ...), même si ces dernières font l'objet d'un bail distinct.

La période de référence est selon le cas l'année civile ou l'exercice et prend en compte l'ensemble des loyers encaissés, même s'ils se rapportent à une autre période (retards de paiements, ...).

En cas d'indivision, la limite s'apprécie au niveau du logement loué et non au niveau des sommes perçues par chaque co-indivisaire.

Lorsque la durée de location est inférieure à douze mois (ex. : début ou fin de la location dans l'année), il n'y a pas lieu d'ajuster le plafond *prorata temporis* [1].

1021.32 Locations soumises à la TVA. La contribution sur les revenus locatifs n'est pas due au titre des locations qui sont soumises à la TVA (CGI, art. 234 *nonies*-III-2°).

En pratique, s'agissant de logements, cette exonération n'est susceptible de s'appliquer que s'ils sont loués meublés et si le bailleur fournit en plus certains services (v. s^{s} n°s 1032.12 s.) ou s'il s'agit de la location principale de logements à des exploitants eux-mêmes imposables (v. s^{s} n° 1032.31).

1021.33 Locations consenties à l'État ou aux établissements publics nationaux scientifiques, d'enseignement, d'assistance ou de bienfaisance. Cette exonération ne s'applique pas aux locations aux collectivités territoriales ou à leurs établissements publics.

Il est admis de considérer que la location d'un logement à un gendarme, titulaire du bail, bénéficie de l'exonération lorsque par convention avec le propriétaire, l'État s'acquitte des loyers et charges locatives [2].

1021.34 Locations consenties dans le cadre de l'aide sociale. L'article 234 *nonies*-III-4° du code général des impôts exonère de contribution les locations consenties aux gestionnaires de maisons de retraite habilitées au titre de l'aide sociale (CASF, art. L. 231-4) et aux gestionnaires de centres d'hébergement et de réadaptation sociale agréés (CASF, art. L. 345-1).

1021.35 Immeubles appartenant à l'État, aux collectivités territoriales et à leurs établissements publics et à certains bailleurs sociaux. Les articles 234 *nonies*-III-6° et 8° et 10° du code général des impôts exonèrent de la contribution les locations d'immeubles appartenant :

- à l'État et aux établissements publics d'État,
- aux collectivités territoriales et aux établissements publics qui en dépendent,
- aux organismes d'HLM au sens de l'article L. 411-2 du code de la construction et de l'habitation (offices publics de l'habitat, sociétés anonymes d'HLM, fondations d'HLM, sociétés coopératives d'HLM),
- aux sociétés d'économie mixte ayant pour objet la construction, la rénovation urbaine ou la restauration immobilière dans le cadre de conventions avec les collectivités territoriales,
- aux houillères de bassin,
- aux organismes agréés dans le cadre des dispositions de l'article L. 365-1 et suivants du code de la

1. BOI-RFPI-CTRL-20-20, § 60.
2. BOI-RFPI-CTRL-20-20, § 580.

construction et de l'habitation (organismes sans but lucratif et unions d'économie sociale) pour la location de leurs logements.

1021.36 Logements réhabilités avec un financement de l'ANAH. Les logements ayant fait l'objet d'une réhabilitation financée à hauteur de 15 % au moins par une subvention de l'ANAH sont exonérés de la contribution pour une durée de quinze ans à compter de l'année suivant celle de l'achèvement des travaux (CGI, art. 234 *nonies*-III-11°). Les travaux concernés sont ceux visés par le BOI-IR-RICI-80-10-20-10, § 260 s.

1021.37 Logements vacants remis en location dans le cadre d'un conventionnement APL. L'exonération vise des logements qui sont restés vacants pour une durée d'au moins douze mois continus, avant d'être remis en location dans le cadre d'une convention APL signée par le propriétaire dans le cadre de l'article L. 351-2-4° du code de la construction et de l'habitation.

L'exonération s'applique jusqu'au 31 décembre de la troisième année suivant celle de la signature du bail.

La vacance suppose une absence totale d'occupation du logement (à titre onéreux, gratuit, avec ou sans titre, par le propriétaire ou un tiers, ...). Le point de départ du délai de douze mois est constitué selon le cas, en cas de location, par la date de résiliation ou d'échéance du bail ou de départ du locataire, en cas d'acquisition de logement déjà vacant, par la date d'acquisition, ou par la date de départ effectif (ex. : propriétaire occupant).

1021.38 Immeubles considérés comme remis à neuf. Dans la mesure où la contribution sur les revenus locatifs ne concerne que les biens achevés depuis plus de quinze ans, les biens remis à neuf au sens fiscal échappent *de facto* à cette imposition.

Pour définir la notion d'immeuble remis à neuf, la doctrine administrative fait référence aux critères définis par la jurisprudence en matière de revenus fonciers, telle que commentée par le BOI-RFPI-BASE-20-30-20, § 80 s. v. s^s^ n° 1011.121).

1021.39 Dispenses de contribution par tolérance administrative. Outre les exonérations légales évoquées précédemment, l'administration admet par tolérance de ne pas imposer certaines locations[1].

Il s'agit :

- des immeubles ayant fait l'objet d'un arrêté préfectoral d'interdiction d'habiter ou d'insalubrité (CSP, art. L. 1331-28 et L. 1331-29), à compter de l'année au cours de laquelle intervient l'arrêté préfectoral;

- des immeubles ayant fait l'objet d'une décision administrative prescrivant leur réparation et pour lesquels l'ANAH a refusé son concours financier, à compter de l'année au cours de laquelle intervient la décision de refus;

- des immeubles compris dans les périmètres de rénovation et figurant sur la liste des bâtiments à démolir dressée par le préfet, à compter de l'année au cours de laquelle intervient la décision du préfet;

- des immeubles compris dans les ZAC et dont la destination ne correspond pas au plan d'aménagement de la zone, à compter de l'année au cours de laquelle intervient l'approbation par le préfet du plan de la zone;

- des immeubles faisant l'objet, pour tout autre motif, d'une procédure d'expropriation, à compter de l'année au cours de laquelle intervient la déclaration d'utilité publique.

1. BOI-RFPI-CTRL-20-20, § 540.

CHAPITRE

1022. Modalités d'imposition

SECTION 0
ORIENTEUR

1022.00 **Plan du chapitre.**

Sect. 1 Assiette d'imposition – Taux

Sect. 2 Établissement de la contribution

1022.01 **Textes applicables.**

TEXTES SOURCES

• **CGI, art. 234 *duodecies, terdecies, quaterdecies* et *quindecies*.**

• **BOI-RFPI-CTRL-20-30** (Contribution annuelle sur les revenus locatifs (CRL) – Base, taux, modalités d'imposition, de déclaration et de paiement).

TEXTES *IN EXTENSO*

• **CGI, art. 234 *duodecies***

I. – Lorsque la location est consentie par une personne morale ou un organisme devant souscrire la déclaration prévue au 1 de l'article 223, à l'exclusion de ceux imposés aux taux de l'impôt sur les sociétés prévus à l'article 219 *bis*, la contribution prévue à l'article 234 *nonies* est assise sur les recettes nettes définies à l'article 29 qui ont été perçues au cours de l'exercice ou de la période d'imposition définie au deuxième alinéa de l'article 37.

II. – La contribution est déclarée, contrôlée et recouvrée selon les mêmes règles et sous les mêmes garanties et sanctions qu'en matière d'impôt sur les sociétés.

III. – La contribution est payée spontanément au comptable public compétent, au plus tard à la date prévue au 2 de l'article 1668.

Elle donne lieu au préalable, à la date prévue pour le paiement du dernier acompte d'impôt sur les sociétés de l'exercice ou de la période d'imposition, à un acompte égal à 2,5 % des recettes nettes définies à l'article 29 qui ont été perçues au cours de l'exercice précédent.

Lorsque la somme due au titre d'un exercice ou d'une période d'imposition en application du deuxième alinéa est supérieure à la contribution dont l'entreprise prévoit qu'elle sera finalement redevable au titre de ce même exercice ou de cette même période, l'entreprise peut réduire ce versement à concurrence de l'excédent estimé.

IV. – Les crédits d'impôt de toute nature ainsi que la créance mentionnée à l'article 220 *quinquies* ne sont pas imputables sur cette contribution.

• **CGI, art. 234 *terdecies***

Lorsque la location est consentie par une société ou un groupement soumis au régime prévu aux articles 8, 8 *ter*, 238 *ter*, 239 *ter* à 239 *quinquies*, 239 *septies* et 239 *nonies* dont l'un des membres est soumis, à la date de clôture de l'exercice, à l'impôt sur les sociétés au taux de droit commun, la contribution prévue à l'article 234 *nonies*, établie dans les conditions définies au I de l'article 234 *duodecies*, est acquittée par cette société ou ce groupement, auprès du comptable public compétent, au vu d'une déclaration spéciale, au plus tard à la date prévue pour le dépôt de la déclaration de leur résultat.

Elle donne lieu au préalable au versement d'un acompte payable au plus tard le 15 du dernier mois de l'exercice, dont le montant est déterminé selon les modalités définies au III de l'article 234 *duodecies*.

La contribution est contrôlée et recouvrée selon les mêmes garanties et sanctions qu'en matière d'impôt sur les sociétés.

• **CGI, art. 234 *quaterdecies***

Lorsque la location est consentie par une personne morale ou un organisme de droit public ou privé, non mentionné à l'article 234 *duodecies* ou à l'article 234 *terdecies*, la contribution prévue à l'article 234 *nonies*, assise sur le montant des recettes nettes définies à l'article 29 et perçues au cours de l'année civile au titre de la location, est acquittée par cette personne ou cet organisme, auprès du comptable public compétent, au vu d'une déclaration spéciale, au plus tard le 15 octobre de l'année qui suit celle de la perception des revenus soumis à la contribution.

Sous cette réserve, la contribution est contrôlée et recouvrée selon les mêmes règles et sous les mêmes garanties et sanctions qu'en matière d'impôt sur les sociétés.

Elle donne lieu à la date prévue au premier alinéa à un acompte égal à 2,5 % de trois quarts des recettes nettes définies à l'article 29 et perçues au cours de l'année précédente.

Pour les personnes morales ou organismes imposés aux taux de l'impôt sur les sociétés prévus à l'article 219 *bis*, la contribution, établie dans les conditions définies au I de l'article 234 *duodecies*, est déclarée, recouvrée et contrôlée comme l'impôt sur les sociétés dont ils sont redevables, par exception aux dispositions des premier à troisième alinéas.

• **CGI, art. 234 *quindecies***

La contribution prévue à l'article 234 *nonies* est égale à 2,5 % de la base définie aux articles 234 *duodecies* à 234 *quaterdecies*.

1022.03 **Bibliographie indicative.**

Ouvrages. *Mémento fiscal*, « Taxes diverses – Contribution sur les revenus locatifs », n°s 74855 s., Francis Lefebvre, 2017.

SECTION 1
ASSIETTE D'IMPOSITION – TAUX

1022.11 **Assiette d'imposition.** L'assiette de la contribution sur les revenus locatifs est constituée par les recettes perçues par le bailleur. Lorsque le bailleur tient une comptabilité commerciale, celle-ci traduit en produit les loyers courus. La détermination de l'assiette oblige ainsi ces redevables à identifier les seules recettes effectivement encaissées au cours de l'exercice.

L'assiette est constituée par tous les revenus tirés de la location, définis comme en matière de revenus fonciers (CGI, art. 234 *duodecies*, qui renvoie à CGI, art. 29). Il s'agit donc essentiellement du loyer en principal, des subventions, primes et indemnités d'assurance couvrant des dépenses déductibles, des revenus accessoires, etc. (v. s^s^ n°s 1011.41 s.).

1022.12 **Taux d'imposition.** Le taux de la contribution est fixé à 2,5 % (CGI, art. 234 *quindecies*).

SECTION 2
ÉTABLISSEMENT DE LA CONTRIBUTION

1022.21 **Redevable.** Le redevable de la contribution due au titre de logements est le bailleur, qui en supporte la charge.

1022.22 **Modalités d'imposition pour les personnes morales soumises à l'impôt sur les sociétés au taux normal.** Il s'agit des personnes morales définies précédemment (v. s^s^ n° 1021.22).

La période d'imposition est l'exercice social, comme pour l'impôt sur les sociétés[1]. L'assiette de la contribution est mentionnée directement dans le formulaire de déclaration de l'impôt sur les sociétés (Cerfa n° 2065), dans les cases prévues à cet effet.

Le paiement est effectué spontanément par le redevable. Un acompte égal au montant de la contribution acquittée au titre de l'exercice précédent doit être versé en même temps que le dernier acompte d'impôt sur les sociétés (formulaire n° 2571, à télédéclarer). Cet acompte n'est pas dû si le montant est inférieur à 100 euros (CGI ann. III, art. 376). En cas de diminution prévue de l'assiette, le redevable peut réduire le montant de l'acompte en informant le comptable public[2].

Lors de la liquidation définitive de la contribution en année n+1, le montant dû est comparé à l'acompte versé. Le solde est versé spontanément en même temps que le solde de l'impôt sur les sociétés. Il fait l'objet du formulaire de relevé de solde n° 2572. Ce dernier est télédéclaré et le solde doit être télépayé. En cas de solde négatif, l'administration restitue l'excédent versé spontanément.

Notons que les sociétés membres d'un groupe fiscal restent chacune personnellement redevable de la contribution.

1022.23 **Modalités d'imposition pour les sociétés et groupements relevant du régime des sociétés de personnes.** Il s'agit des personnes morales définies précédemment (v. s^s^ n°s 1021.23 s.).

Malgré la translucidité fiscale, qui conduit à imposer le résultat de la société ou du groupement entre les mains de ses associés ou membres, la contribution est acquittée directement par la société ou le groupement.

La période d'imposition est l'exercice social pour les entités dont le résultat relève de la catégorie des bénéfices industriels et commerciaux (v. s^s^ n° 1011.321). Si les résultats relèvent des revenus fonciers, la période d'imposition est l'année civile.

L'assiette est déclarée dans les espaces prévus à cet effet dans les formulaires n° 2072 pour les sociétés immobilières non soumises à l'impôt sur les sociétés lorsque cette dernière est déposée sous forme papier ou du formulaire n° 2582 pour les autres sociétés et groupements.

Un acompte égal au montant de la contribution de l'année précédente est versé spontanément au plus tard le 15 du dernier mois de la période d'imposition, sous réserve qu'il soit supérieur à 100 euros (formulaire n° 2581).

Le solde de la contribution est versé spontanément au plus tard à la date limite de dépôt de la déclaration de résultat (soit en général le deuxième jour ouvré suivant le premier mai). Si la différence

1. Des modalités particulières sont prévues en cas de clôture multiples en cours d'année ou d'absence de clôture d'exercice en cours d'année ; v. BOI-RFPI-CTRL-20-30, § 80.
2. BOI-RFPI-CTRL-20-30, § 140.

entre le montant de la contribution et l'acompte versé, le solde négatif est restitué d'office par l'administration.

1022.24 Modalités d'imposition pour les organismes publics ou privés sans but lucratif. Il s'agit des personnes morales définies précédemment (v. s[s] n° 1021.24).

La période d'imposition est la même que pour les catégories précédentes. L'assiette de la contribution est déclarée dans le formulaire de déclaration des résultats n° 2070, qui est déposé dans les trois mois de la clôture de l'exercice ou le 2e jour ouvré suivant le 1er mai en cas d'exercice coïncidant avec l'année civile. Le paiement spontané est effectué en même temps. Il n'est pas réclamé d'acompte.

1022.25 Modalités d'imposition pour les autres personnes morales. Il s'agit des **organismes ne relevant ni de l'impôt sur les sociétés ni du régime des sociétés de personnes,** définies précédemment (ex. : organisme public ou privé totalement exonéré de l'impôt sur les sociétés).

L'acompte et le solde de la contribution sont déclarés sur le formulaire n° 2073. Ce formulaire, accompagné du paiement, est déposé au plus tard le 15 octobre de l'année suivant celle de perception des revenus.

TITRE

103. Le régime de TVA

SECTION 0

ORIENTEUR

103.00 Plan du titre.

Division. Les bailleurs de logements sont *a priori* peu concernés par la TVA puisque les locations de logements nus ou meublés sont largement exonérées (v. chapitre 1031). Seules les locations meublées assorties de certaines prestations de services sont imposables (locations dites « para-hôtelières », v. chapitre 1032).

Par ailleurs, les propriétaires et locataires de logements sont susceptibles de bénéficier de taux réduits de TVA sur certains travaux qu'ils réalisent (v. chapitre 1033).

103.01 Textes applicables.

TEXTES SOURCES

• **CGI, art. 256, I, 260, 2°, 260-D, 261-D.**

TEXTES *IN EXTENSO*

• **CGI, art. 256, I**

I. Sont soumises à la taxe sur la valeur ajoutée les livraisons de biens et les prestations de services effectuées à titre onéreux par un assujetti agissant en tant que tel.

• **CGI, art. 260, 2°**

Peuvent sur leur demande acquitter la taxe sur la valeur ajoutée :

1° (Disposition devenue sans objet).

2° Les personnes qui donnent en location des locaux nus pour les besoins de l'activité d'un preneur assujetti à la taxe sur la valeur ajoutée ou, si le bail est conclu à compter du 1er janvier 1991, pour les besoins de l'activité d'un preneur non assujetti.

L'option ne peut pas être exercée :

a) Si les locaux nus donnés en location sont destinés à l'habitation ou à un usage agricole;

b) Si le preneur est non assujetti, sauf lorsque le bail fait mention de l'option par le bailleur (1).

• **CGI, art. 260-D**

Pour l'application de la taxe sur la valeur ajoutée la location d'un local meublé ou nu dont la destination finale est le logement meublé est toujours considérée comme une opération de fourniture de logement meublé quelles que soient l'activité du preneur et l'affectation qu'il donne à ce local.

• **CGI, art. 261-D**

Sont exonérées de la taxe sur la valeur ajoutée :

1° Les locations de terres et bâtiments à usage agricole;

1° *bis* Les locations d'immeubles résultant d'un bail conférant un droit réel;

2° Les locations de terrains non aménagés et de locaux nus, à l'exception des emplacements pour le stationnement des véhicules; toutefois, ces dispositions ne sont pas applicables lorsque les locations constituent pour le bailleur un moyen de poursuivre, sous une autre forme, l'exploitation d'un actif commercial ou d'accroître ses débouchés ou lorsque le bailleur participe aux résultats de l'entreprise locataire;

3° Les locations ou concessions de droits portant sur les immeubles visés aux 1° et 2° dans la mesure où elles relèvent de la gestion d'un patrimoine foncier.

4° Les locations occasionnelles, permanentes ou saisonnières de logements meublés ou garnis à usage d'habitation.

Toutefois, l'exonération ne s'applique pas :

a) Aux prestations d'hébergement fournies dans les hôtels de tourisme classés, les villages de vacances classés ou agréés et les résidences de tourisme classées lorsque ces dernières sont destinées à l'hébergement des touristes et qu'elles sont louées par un contrat d'une durée d'au moins neuf ans à un ou plusieurs exploitants qui ont souscrit un engagement de promotion touristique à l'étranger dans les conditions fixées par un décret en Conseil d'État;

b) Aux prestations de mise à disposition d'un local meublé ou garni effectuées à titre onéreux et de manière habituelle, comportant en sus de l'hébergement au moins trois des prestations suivantes, rendues dans des conditions similaires à celles proposées par les établissements d'hébergement à caractère hôtelier exploités de manière professionnelle : le petit déjeuner, le nettoyage régulier des locaux, la fourniture de linge de maison et la réception, même non personnalisée, de la clientèle;

c) Aux locations de locaux nus, meublés ou garnis consenties à l'exploitant d'un établissement d'hébergement qui remplit les conditions fixées aux a ou b, à l'exclusion de celles consenties à l'exploitant d'un établissement mentionné à l'article L. 633-1 du code de la construction et de l'habitation dont l'activité n'ouvre pas droit à déduction;

d) Aux prestations d'hébergement fournies dans les villages résidentiels de tourisme, lorsque ces derniers sont destinés à l'hébergement des touristes et qu'ils sont loués par un contrat d'une durée d'au moins neuf ans à un exploitant, dans des conditions fixées par décret en Conseil d'État.

Ces villages résidentiels de tourisme s'inscrivent dans une opération de réhabilitation de l'immobilier de loisirs définie par l'article L. 318-5 du code de l'urbanisme.

103.03 Bibliographie indicative.

Ouvrages. *Mémento fiscal,* « Taxe sur la valeur ajoutée », n°s 46000 s., Francis Lefebvre, 2017.

CHAPITRE

1031. Exonération de principe des locations de logements

SECTION 0 ORIENTEUR

1031.00 **Plan du chapitre.**

Sect. unique Étude d'ensemble

1031.01 **Textes applicables.**

TEXTES SOURCES

• **CGI, art. 261-D, 2° et 4°.**

TEXTES *IN EXTENSO*

• **CGI, art. 261-D, 2° et 4°**

* V. s[s] n° 103.01

1031.02 **Jurisprudence de référence.**

> Assujettissement ou non des propriétaires personnes physiques

• **CJUE 29 avr. 2004, *EDM*, aff. C-77/01**, *D.* 2004. 1500; *RTD eur.* 2005. 711, Chron. D. Berlin

* V. s[s] n° 1031.12

Le simple exercice du droit de propriété d'un titre financier par son titulaire ne saurait – en lui-même – être considéré comme une activité économique assujettie à la TVA.

> Champ d'application de l'exonération – revenus annexes

• **CJCE 13 juill. 1989, *Morten Henriksen*, aff. 173/88**, *D.* 1990. 95; *RJF* 10/89, n° 1183

* V. s[s] n° 1031.14

Si les locations d'emplacement pour le stationnement des véhicules, y compris les garages fermés, font partie des activités normalement assujetties à la TVA, elles ne sauraient être exclues du bénéfice de l'exonération prévue en faveur de la « location de biens immeubles », si elles sont étroitement liées à celles, elles-mêmes exonérées, de biens destinés à un autre usage.

1031.03 **Bibliographie indicative.**

Ouvrages. *Mémento fiscal,* « Taxe sur la valeur ajoutée – Location immobilière », n°s 46835 s., Francis Lefebvre, 2017.

SECTION UNIQUE ÉTUDE D'ENSEMBLE

1031.11 **Situation des loyers au regard du champ de la TVA.** Le champ d'application de la TVA, défini par la directive communautaire du 28 novembre 2006[1] est très large et comprend l'ensemble des activités économiques.

S'agissant d'un impôt indirect, le champ de la taxe est défini avant tout par les opérations réalisées, le statut de l'opérateur étant très secondaire. Il comprend les prestations de services ou les livraisons de biens (CGI, art. 256-I). Pour être dans le champ de la TVA, ces opérations doivent être effectuées à titre onéreux, c'est à dire moyennant une contrepartie (qui est très généralement un prix payé en numéraire). Enfin, l'opération doit être réalisée par un assujetti agissant en tant que tel.

Le champ de la TVA est donc défini avant tout par la nature des opérations. Leur cadre juridique, le statut juridique ou la situation au regard des autres impôts de la personne qui réalise l'opération sont en principe indifférents.

Un assujetti est donc une personne, quelle qu'elle soit, qui réalise habituellement et de façon indépendante des prestations de services ou des livraisons de bien à titre onéreux.

De ce point de vue, l'activité de location de logement est *a priori* dans le champ de la TVA. En effet, il s'agit d'une prestation de service (la mise à disposition d'un logement) réalisée à titre onéreux (moyennant le paiement d'un loyer).

Par ailleurs, le bailleur est considéré comme un assujetti dès lors qu'il agit de façon indépendante et

1. Dir. n° 2006/112/CE 28 nov. 2006 relative au système commun de taxe sur la valeur ajoutée, *JOUE* L347/1, 11 déc. 2006.

que l'activité de location est par hypothèse habituelle, puisqu'elle est permanente.

Ces règles s'appliquent à toute personne, indépendamment de son statut juridique. Ainsi, un bailleur est *a priori* assujetti, qu'il soit une personne physique (particulier) ou morale. Dans ce dernier cas, le statut juridique est indifférent; il peut donc s'agir d'une société commerciale ou civile, d'une association, d'une personne morale de droit public (collectivité territoriale, office public de l'habitat ou autre établissement public, ...).

De même, la qualification de l'activité au regard du droit est indifférente. Ainsi, le fait qu'une location nue constitue une activité civile n'empêche pas de considérer qu'elle est dans le champ de la TVA.

Enfin, la situation du bailleur au regard des autres impôts est indifférente.

1031.12 Cas des bailleurs particuliers. Les principes énoncés précédemment devraient conduire à considérer qu'une personne physique, propriétaire à titre privé d'un logement qu'elle donne en location, est un assujetti au sens de la TVA : elle rend un service (mise à disposition du logement), à titre onéreux (moyennant le paiement d'un loyer) et agit de façon indépendante et habituelle.

Toutefois la jurisprudence communautaire a pu, notamment dans le cadre de la gestion de patrimoines financiers, considérer qu'il ne s'agissait pas d'une activité économique mais patrimoniale[1]. Elle en déduit que l'activité n'est pas exercée en tant qu'assujetti et qu'elle se trouve donc en dehors du champ de la TVA.

La question de la transposition de cette approche à la location de logements n'a pas fait l'objet de décisions jurisprudentielles à ce jour.

La doctrine administrative évoque toutefois la situation des particuliers bailleurs (en direct ou via une SCI) dans ses commentaires sur le champ d'application de la TVA immobilière[2]. Elle envisage la possibilité qu'un tel bailleur puisse être considéré comme non assujetti, compte tenu de la jurisprudence communautaire précitée.

Cependant, une telle solution pourrait être pénalisante et remettre en cause des situations déjà existantes dans lesquelles des particuliers bailleurs sont soumis à la TVA et en ont tiré les conséquences en exerçant des droits à déduction :

- location de locaux d'activité équipés,
- location de locaux d'activité nus, en cas d'option,
- location de logements meublés accompagnées de certaines prestations de services (v. s^s n° 1032.12).

Ainsi, probablement dans un souci de pragmatisme, la doctrine précitée laisse au particulier la liberté de se considérer comme assujetti ou pas.

1031.13 Principe d'exonération de TVA des locations de logements. En pratique, la question de savoir si l'activité de location de logement est ou non dans le champ de la TVA a une portée réduite. En effet, même si elle est dans le champ, cette activité échappe à la TVA du fait d'une exonération expresse prévue par l'article 261-D du code général des impôts. L'exonération vise tant les locations nues (CGI, art 261-D, 2°) que les locations meublées (CGI, art 261-D, 4°).

Aucun texte ne permet au bailleur d'un logement d'opter pour la taxation des loyers. Une option est prévue mais uniquement pour les bailleurs de locaux à usage autre que d'habitation (locaux commerciaux, bureaux, ... - CGI, art. 260-2°). D'ailleurs, lorsque cette option est exercée sur un immeuble mixte comprenant des logements, le texte exclut expressément que l'option ait un effet sur ces derniers.

La seule exception à l'exonération des logements concerne les locations meublées assorties de certaines prestations de service (v. s^s n° 1032.11).

1031.14 Portée de l'exonération. L'exonération vise l'opération de « location ». En pratique, elle conduit donc à exonérer les sommes que le bailleur perçoit en contrepartie de la mise à disposition des logements. Il s'agit en premier lieu du loyer lui-même. Le remboursement des charges locatives par le locataire est, en tant qu'accessoire du loyer, également exonéré de TVA.

L'exonération s'applique quel que soit le statut juridique du bailleur ou son régime fiscal. Ainsi, une location de logement nu ou meublé consentie par une société commerciale est exonérée.[3]

L'article 261-D-2° précité exclut expressément de l'exonération les locations d'emplacements de stationnement. Toutefois, la jurisprudence communautaire est venue tempérer cette règle en précisant qu'une telle location, liée à celle d'un logement, était également exonérée[4].

La doctrine administrative a repris cette solution en indiquant que la location d'emplacements de stationnement est exonérée dès lors qu'elle est étroitement liée à la location, elle-même obligatoirement exonérée, d'un logement nu ou meublé.[5]

1. CJUE 29 avr. 2004, *EDM*, aff. C-77/01 – CJCE 22 juin 1993, *Sofitam*, aff. C-333/91 – CJCE 11 juill. 1996, *Régie dauphinoise*, aff. C-306/94 – CJCE 14 nov. 2000, *Floridienne et Berginvest*, aff. C-142/99.
2. BOI-TVA-IMM-10-10-10-10, § 40 s.
3. BOI-TVA-CHAMP-20-10-50, n° 30.
4. CJCE 13 juill. 1989, *Morten Henriksen*, aff. 173/88, *D.* 1990. 95; *RJF* 10/89, n° 1183.
5. BOI-TVA-CHAMP-10-10-30, n° 170.

Pour que les locations du logement et de l'emplacement soient considérées comme liées, la doctrine retient quatre critères[1] :

- l'emplacement est situé dans le même ensemble immobilier que le logement;

- l'emplacement et le logement sont donnés en location par le même bailleur;

- l'emplacement et le logement sont pris en location par le même locataire;

- l'emplacement est l'accessoire des logements qui constituent l'objet principal du bail; cependant, l'existence de baux ou de loyers distincts ne s'oppose pas à l'exonération.

Notons que la notion de « même ensemble immobilier » n'est pas définie par la doctrine. Il s'agit donc en pratique d'une appréciation qui peut s'avérer délicate dans certaines configurations et susceptible d'interprétations divergentes.

1031.15 **Régime du dépôt de garantie.** Au stade de la signature du bail, l'encaissement par le bailleur du dépôt de garantie n'est pas la contrepartie de la mise à disposition du logement, mais constitue un mécanisme financier de garantie du respect par le locataire de ses obligations. Cet encaissement se trouve donc en dehors du champ de la TVA. Lorsque, du fait du non-respect par le locataire de son obligation d'entretien, le dépôt de garantie est conservé par le bailleur, le produit est considéré comme une indemnité compensant le préjudice ainsi causé au bailleur, et non la rémunération d'une prestation de services rendue à ce dernier[2]. Il se trouve donc en dehors du champ de la TVA.

En revanche, ce raisonnement ne semble pas pouvoir être tenu lorsque le bailleur facture, en cours de bail, des réparations locatives au locataire. En effet, les réparations locatives incombent par hypothèse au locataire. Même si leur exécution est effectuée par le bailleur (ou sous sa responsabilité par une entreprise, dont le coût est remis à la charge du locataire), cette opération ne relève pas du rapport locatif. Elle ne paraît donc pas pouvoir bénéficier de l'exonération qui vise la « location » proprement dite.

1031.16 **Exonération de certaines recettes accessoires.** L'article 261-D-3° du code général des impôts exonère de TVA la location de droits incorporels portant sur les immeubles. L'exonération est subordonnée au fait que l'opération relève de la gestion d'un patrimoine foncier, c'est à dire que les droits loués ne fassent pas partie d'un actif commercial.

Cette disposition vise notamment la location d'un droit d'affichage. La doctrine administrative en déduit que lorsque la location d'un tel droit, consentie par un particulier, est imposable à l'impôt sur le revenu dans la catégorie des revenus fonciers, elle est exonérée de la TVA.

A contrario, il semble que la location d'un tel droit, prise en compte dans le résultat d'une entreprise relevant des bénéfices industriels et commerciaux ou de l'impôt sur les sociétés est assujettie à la TVA.

1031.17 **Conséquence de l'exonération.** L'exonération de la location du logement a pour conséquence l'impossibilité pour le bailleur de récupérer la TVA qui grève les dépenses qu'il supporte en vue de cette location. Ainsi, la TVA acquittée sur l'acquisition du logement, les travaux de réparation, d'entretien, d'amélioration, et d'une manière générale toutes les autres dépenses (honoraires de gestion, ...) n'est pas déductible. Le revenu foncier ou le bénéfice imposable à l'impôt sur le revenu ou sur les sociétés sont donc déterminés à partir du montant des dépenses TVA incluse.

1. BOI-TVA-CHAMP-10-10-30, n° 180.
2. TA Versailles, 5e ch., 23 sept. 2003, *Sté Mojim*, req. n° 01-1982, *RJF* 1/04, n° 27.

CHAPITRE

1032. Exceptions au principe : les locations soumises à la TVA

SECTION 0
ORIENTEUR

1032.00 Plan du chapitre.

Sect. 1 Locations meublées taxables
Sect. 2 Locations meublées exonérées
Sect. 3 Cas des locations indirectes
Sect. 4 taux applicables

1032.01 Textes applicables.

TEXTES SOURCES

- **CGI, art. 260-D, 261-D-4°b, 278-0-*bis*-C.**

TEXTES *IN EXTENSO*

- **CGI, art. 260-D**

* V. s[s] n° 103.01

- **CGI, art. 261-D-4°-b**

* V. s[s] n° 103.01

- **CGI, art. 278-0 *bis* C**

La taxe sur la valeur ajoutée est perçue au taux de 5,5 % en ce qui concerne […]

C. – La fourniture de logement et de nourriture dans les maisons de retraite, les établissements accueillant des personnes handicapées, les logements-foyers mentionnés à l'article L. 633-1 du code de la construction et de l'habitation et les établissements mentionnés au b du 5° et aux 8° et 10° du I de l'article L. 312-1 du code de l'action sociale et des familles.

1032.03 Bibliographie indicative.

Ouvrages. *Mémento fiscal,* « Taxe sur la valeur ajoutée – Location immobilière », n°s 46835 s. ; « Autres régimes – Location en meublé », n°s 90620 s.

Actualisables. DICT. PERM. Gestion immo., « Locations meublées », n°s 75 s., Francis Lefebvre, 2017.

SECTION 1
LOCATIONS MEUBLÉES TAXABLES

1032.11 Locations imposables : exception au principe d'exonération. Comme on l'a vu précédemment, le principe en matière de location de logements est l'exonération de TVA, qui s'applique même lorsque le logement est meublé ou garni. À l'opposé, l'activité hôtelière est considérée, compte tenu de sa nature et de l'importance des services qui entourent l'hébergement, comme taxable de plein droit.

Entre le logement meublé exonéré d'une part et l'activité hôtelière, le code général des impôts définit une situation intermédiaire, dénommée en pratique « para-hôtellerie » (CGI, art. 261-D-4°-b).

Elle se caractérise par la fourniture d'un logement meublé assortie de certaines prestations de services. Lorsque ces conditions sont remplies, la location est soumise de plein droit à la TVA.

1032.12 Critères de la para-hôtellerie. Pour que la location meublée soit soumise à la TVA, il faut que le bailleur fournisse au moins trois services parmi les quatre suivants : accueil, petit déjeuner, linge de maison, nettoyage régulier.

La doctrine administrative précise les conditions de fourniture de ces services[1]. En fait, la fourniture effective des services n'est pas obligatoire, mais il faut impérativement que le bailleur soit en mesure de les offrir à la demande des occupants. Il doit donc avoir les moyens (matériels, humains), en propre ou à travers des prestataires intervenant en son nom, d'offrir les services prévus.

Le bailleur doit disposer des moyens nécessaires pour être en mesure, si besoin, de fournir le petit déjeuner à l'ensemble des locataires. Celui-ci doit être fourni selon les usages professionnels, c'est à dire dans les chambres ou appartements ou dans un local aménagé situé dans l'immeuble ou l'ensemble immobilier.

Le nettoyage des locaux (parties privatives) doit être effectué de manière régulière. Cette condition est considérée comme remplie lorsque le bailleur est en capacité de proposer ce service au locataire durant son séjour selon une périodicité régulière. En revanche, l'administration considère que la condition n'est pas remplie lorsque le nettoyage n'est fourni qu'en début et fin de séjour.

Le bailleur doit être en mesure de fournir aux locataires le linge de maison (linge de toilette et de literie).

Enfin, le critère de l'accueil implique un service de réception, même non personnalisé, de la clientèle. Cet accueil peut être confié à un mandataire qui l'assure en un lieu unique différent du local loué lui-même. Un accueil électronique est également reconnu comme valable par la doctrine.

1032.13 **Notion d'exploitant.** Compte tenu de l'exigence légale de fourniture par *« l'exploitant »*, c'est à dire le bailleur, d'un logement meublé et des services, cette qualité d'exploitant est précisée par la doctrine administrative[2]. La question se pose dans la mesure où la fourniture de la prestation dans son ensemble est susceptible en pratique d'être organisée selon des modalités très différentes.

L'exploitant est la personne qui assume personnellement tous les risques de l'activité et qui est responsable vis-à-vis des occupants. Il doit donc agir en son nom propre. L'exploitant peut faire appel à un mandataire qui agit en son nom et pour son compte, mais celui-ci ne doit naturellement pas assumer les risques de l'activité.

L'exploitant peut naturellement faire appel à des entreprises pour fournir les services (ex. : entreprise de nettoyage), mais celles-ci doivent intervenir sous sa responsabilité. C'est donc bien l'exploitant qui doit facturer et percevoir la totalité du prix des prestations fournies.

Si des entreprises devaient intervenir directement, en leur nom et pour leur compte, le service serait considéré comme n'étant pas fourni par l'exploitant. Cela pourrait conduire à écarter le régime de la para-hôtellerie et à exonérer l'opération si, en excluant ce service, le seuil des trois services exigés par la loi n'était pas atteint.

1032.14 **Situations visées.** L'assujettissement à la TVA des locations para-hôtelières est susceptible de s'appliquer à des locations d'appartements ou maisons meublées et également aux locations de logements dans des résidences pour étudiants, jeunes travailleurs, personnes âgées ou handicapées, de chambres d'hôtes, etc.

En ce qui concerne les maisons de retraite, la doctrine administrative reconnaît que le fait que le locataire puisse faire ôter les meubles fournis par le bailleur pour les remplacer par ses propres meubles n'empêche pas de considérer qu'il s'agit d'une location meublée.[3]

SECTION 2
LOCATIONS MEUBLÉES EXONÉRÉES

1032.21 **Locations meublées exonérées.** Si le bailleur ne fournit pas au moins trois des services prévus par l'article 261-D-4° du code général des impôts, la location elle-même reste exonérée de TVA de plein droit (v. s^{s} n° 1031.13).

Cependant, les services autres que l'hébergement sont imposés à la TVA, dès lors qu'ils ne sont pas habituellement inclus dans le prix de location des logements meublés. La doctrine administrative considère que la fourniture du linge, l'accueil au début du séjour et le nettoyage à la fin du séjour ne constituent pas des services annexes et ne sont donc pas soumis à la TVA lorsqu'ils sont inclus dans le prix de location du logement meublé.[4]

Sont notamment exonérées de TVA les locations occasionnelles ou permanentes, par des particuliers, de leur résidence principale (ou d'une partie de celle-ci) ou secondaire, dès lors qu'ils n'offrent pas les services prévus par la loi. Il en va de même de la location par des collectivités territoriales de gîtes ruraux ou communaux.

SECTION 3
CAS DES LOCATIONS INDIRECTES

1032.31 **Schémas visés.** Le régime de la para-hôtellerie est susceptible de s'appliquer notamment à des résidences destinées à des publics spécifiques (étudiants, personnes âgées, ...). Lorsque l'exploitant de la résidence n'est pas propriétaire de celle-ci,

1. BOI-TVA-CHAMP-10-10-50-20, § 40.
2. BOI-TVA-CHAMP-10-10-50-20, § 50.
3. BOI-TVA-CHAMP-10-10-50-20, § 60.
4. BOI-TVA-CHAMP-30-10-50, § 120.

on se trouve dans un schéma de location indirecte : le propriétaire donne la résidence en location à l'exploitant, locataire principal, qui sous-loue lui-même les logements aux occupants. Dans cette situation, les conditions d'assujettissement de la sous-location s'apprécient au niveau de l'exploitant.

Si celui-ci fournit un logement meublé et trois des quatre services prévus par l'article 261-D-4°-b du code général des impôts, les sous-locations qu'il consent sont naturellement soumises à la TVA de plein droit.

En revanche, si l'exploitant ne remplit pas les conditions, les sous-locations sont exonérées.

Par ailleurs, certains exploitants remplissant les critères de taxation (les trois services sont rendus) peuvent échapper à la TVA dans deux situations :

- l'exploitant est un organisme sans but lucratif qui bénéficie en tant que tel d'une exonération de TVA, dans la mesure où les critères de non lucrativité sont remplis (CGI, art. 261-4-9° et 261-7-1°);

- l'exploitation est effectuée en tant que service public non concurrentiel par une personne morale de droit public; elle est alors considérée comme hors du champ de la TVA (CGI, art. 256-B).

Ces situations sont susceptibles d'exercer une influence sur le régime de TVA de la location principale. Il convient de distinguer différentes situations visées ci-après.

1032.32 Location principale taxable. La location principale est en principe taxable si l'exploitant remplit les critères de la para-hôtellerie, c'est à dire loue en meublé et rend au moins trois des services prévus. Il en va ainsi même si l'exploitant est exonéré de TVA ou hors du champ de la TVA (organisme sans but lucratif, personne morale de droit public, ...).

La taxation du loyer principal permet au propriétaire de déduire la TVA grevant l'investissement et les autres dépenses liées à l'établissement. En revanche, l'exploitant ne peut naturellement déduire la TVA qui grève le loyer que s'il est lui-même taxable.

Autrement dit, s'il s'agit d'un organisme sans but lucratif ou d'une personne morale de droit public hors du champ de la TVA, la taxe supportée sur le loyer principal n'est pas déductible.

Toutefois, une exception est prévue dans le cas des logements foyers (v. ci-après).

1032.33 Cas particulier des logements foyers. Par exception au principe de la taxation du loyer principal réclamé à tous les exploitants louant en meublé et fournissant les services requis par la loi, les locations de logements-foyers au sens de l'article L. 633-1 du code de la construction et de l'habitation sont exonérées de TVA. Cette exonération est réservée aux cas dans lesquels l'exploitant du logement-foyer est lui-même exonéré de TVA ou hors du champ de la taxe.

L'exploitant ne supporte ainsi pas la TVA sur le loyer payé au propriétaire. Par conséquent, ce dernier ne peut déduire la TVA qu'il supporte le cas échéant sur les investissements et sur les autres dépenses liées à la location de l'établissement.

1032.34 Location principale exonérée. Lorsque la location par l'exploitant n'est pas qualifiée de para-hôtelière, c'est à dire si les trois services ne sont pas rendus par ce dernier, la location principale par le propriétaire est exonérée de TVA.

Cette exonération s'applique de plein droit et le propriétaire ne peut pas opter pour l'assujettissement à la TVA, aucun texte ne le permettant pour des logements.

SECTION 4
TAUX APPLICABLE

1032.41 Maisons de retraite, établissement hébergeant des personnes handicapées, logements-foyers. Lorsque les conditions d'imposition prévues par l'article 261-D-4-b précité sont remplies et que l'exploitant n'est pas exonéré ou hors du champ de la TVA, le loyer est taxable au taux réduit de 5,5 % :

- pour les maisons de retraite;

- pour les établissements hébergeant des personnes handicapées;

- pour les logements foyers visés à l'article L. 633-1 du code de la construction et de l'habitation.

Le taux de 5,5 % s'applique au loyer réclamé par l'exploitant aux personnes logées. Il ne s'applique pas à d'éventuelles autres prestations qui peuvent être rendues par l'exploitant (ex. : activités sportives, ...) [1].

En cas de location indirecte, ce taux s'applique également au loyer principal réclamé par le propriétaire à l'exploitant. Toutefois, un commentaire de l'administration fiscale précisait que le taux réduit n'était susceptible de s'appliquer à la totalité du loyer principal que si l'exploitant ne tirait pas de recette autre que celles liées à la l'hébergement et à la fourniture de repas[2]. Il en résulte que la part du loyer principal correspondant à des locaux affectés à un usage autre que l'hébergement ne relève pas des règles de la para-hôtellerie (ex. : locaux de soins dans une maison de retraite).

1032.42 Autres locations. La fourniture de logement meublé « para-hôtelière » fournie dans les établissements ou logements autres que ceux visés précédemment relèvent du taux intermédiaire de 10 % (CGI, art. 279-a).

1. BOI-TVA-LIQ-30-20-10-10, § 140 et 150.
2. Rép. Victoria, n° 76984, *JOAN* 20 déc. 2005, p. 11777, non reprise au *BOFiP*, mais qui semble toujours pertinente.

CHAPITRE

1033. TVA au taux réduit sur les travaux

SECTION 0 ORIENTEUR

1033.00 **Plan du chapitre.**

Division. En principe, les travaux immobiliers sont des prestations de services taxables de plein droit au taux normal de la TVA (20 %). Lorsque les travaux sont supportés par un consommateur final (propriétaire occupant, bailleur de logement nu, ...), la TVA supportée n'est pas déductible et constitue donc une charge définitive. Afin de favoriser le secteur du bâtiment et de lutter contre le travail non déclaré, le législateur a mis en place depuis la fin des années 1990 un abaissement des taux applicables.

Le régime a évolué dans le temps et actuellement, les travaux d'entretien, de réparation et d'amélioration réalisés sur les logements sont susceptibles de bénéficier de taux de TVA à 5,5 % (réduit) ou à 10 % (intermédiaire).

Les bailleurs de logements font partie, comme les propriétaires occupants ou les locataires, des bénéficiaires de ces dispositifs. L'application de ces derniers est opportune dans la mesure où, comme nous l'avons vu (v. s^{s} n°s 1031.13 s.), les bailleurs de logements nus ou meublés sont en général exonérés de TVA et ne peuvent par conséquent pas déduire les taxes qui grèvent les travaux réalisés dans le logement.

Les régimes bénéficient également le cas échéant aux locataires lorsqu'ils font eux-mêmes réaliser les travaux.

En complément de ces dispositifs de droit commun, applicables à tous les bailleurs, les logements sociaux conventionnés APL bénéficient également de dispositifs de taux réduit ou intermédiaire, sous la forme d'une livraison à soi-même.

1033.01 **Textes applicables.**

TEXTES SOURCES

• **CGI, art. 278-0 *bis*-A, 279-0 *bis*, 278 *sexies*-III et IV, 284.**

• **CGI ann. II, art. 245-A.**

• **CGI ann. IV, art. 18 *bis*.**

• **BOI-TVA-LIQ-30-20-90-10 à 40** TVA – Prestations de services imposables au taux réduit – Travaux (autres que de construction ou de reconstruction) portant sur des locaux à usage d'habitation achevés depuis plus de deux ans).

• **BOI-TVA-LIQ-30-20-95** TVA – Liquidation – Prestations imposables au taux réduit – Travaux d'amélioration de la qualité énergétique.

• **BOI-TVA-IMM-20-10-20-10** TVA – Opérations concourant à la production ou à la livraison d'immeubles – Opérations immobilières réalisées dans le secteur du logement social – Opérations locatives sociales – Livraison à soi-même de travaux – Champ d'application et modalités d'imposition.

TEXTES *IN EXTENSO*

• **CGI, art. 278-0 *bis*-A**

1. La taxe sur la valeur ajoutée est perçue au taux réduit mentionné au premier alinéa de l'article 278-0 *bis* sur les travaux d'amélioration de la qualité énergétique des locaux à usage d'habitation achevés depuis plus de deux ans ainsi que sur les travaux induits qui leur sont indissociablement liés. Ces travaux portent sur la pose, l'installation et l'entretien des matériaux et équipements mentionnés au 1 de l'article 200 *quater*, sous réserve que ces matériaux et équipements respectent des caractéristiques techniques et des critères de performances minimales fixés par arrêté du ministre chargé du budget.

2. Par dérogation au 1, le taux prévu à l'article 278 s'applique aux travaux, réalisés sur une période de deux ans au plus :

a) Qui concourent à la production d'un immeuble neuf au sens du 2° du 2 du I de l'article 257;

b) A l'issue desquels la surface de plancher des locaux existants est augmentée de plus de 10 %.

3. Le taux réduit prévu au 1 est applicable aux travaux facturés au propriétaire ou, le cas échéant, au syndicat de copropriétaires, au locataire, à l'occupant des locaux ou à leur représentant, à condition que le preneur atteste que ces travaux se rapportent à des locaux d'habitation achevés depuis plus de deux ans, ont la nature de travaux mentionnés au même 1 et ne répondent pas aux conditions mentionnées au 2. Il est également applicable, dans les mêmes conditions, aux travaux réalisés par l'intermédiaire d'une société d'économie mixte intervenant comme tiers financeur. Le prestataire est tenu de conserver cette attestation à l'appui de sa comptabilité.

Le preneur doit conserver copie de cette attestation ainsi que les factures ou notes émises par les entreprises ayant réalisé des travaux, jusqu'au 31 décembre de la cinquième année suivant la réalisation de ces travaux.

Le preneur est solidairement tenu au paiement du complément de taxe si les mentions portées sur l'attestation s'avèrent inexactes de son fait.

• **CGI, art. 278 *sexies* III**

La taxe sur la valeur ajoutée est perçue au taux réduit de 5,5 % en ce qui concerne (...) :

III – 1. Les livraisons à soi-même de travaux portant sur les locaux mentionnés aux 2, 5, 6 et 8 du I, lorsque ces travaux consistent en une extension ou rendent l'immeuble à l'état neuf, au sens du 2° du 2 du I de l'article 257, sous réserve de la prise en compte de ces opérations d'extension ou de remise à neuf dans les conventions mentionnées aux 2, 5, 6 et 8 du I du présent article.

2. Les livraisons à soi-même de travaux de rénovation, d'amélioration, de transformation ou d'aménagement réalisés dans le cadre de l'une des opérations suivantes, lorsque l'acquéreur bénéficie pour cette opération d'un prêt accordé pour la construction, l'acquisition ou l'amélioration de logements locatifs aidés ou d'une subvention de l'Agence nationale pour la rénovation urbaine et a conclu avec l'État une convention en application des 3° à 5° de l'article L. 351-2 du code de la construction et de l'habitation :

a) Acquisition de logements et d'immeubles destinés à l'habitation, suivie de travaux d'amélioration;

b) Acquisition de locaux ou d'immeubles non affectés à l'habitation, suivie de leur transformation ou aménagement en logements;

c) Travaux d'amélioration exécutés sur des immeubles ou des logements cédés à bail emphytéotique par l'État, des collectivités territoriales ou leurs groupements;

IV – 1. Les livraisons à soi-même de travaux de rénovation portant sur les locaux mentionnés aux 2 à 8 du I et ayant pour objet de concourir directement à :

1° La réalisation d'économies d'énergie et de fluides, concernant :

a) Les éléments constitutifs de l'enveloppe du bâtiment;

b) Les systèmes de chauffage;

c) Les systèmes de production d'eau chaude sanitaire;

d) Les systèmes de refroidissement dans les départements d'outre-mer;

e) Les équipements de production d'énergie utilisant une source d'énergie renouvelable;

f) Les systèmes de ventilation;

g) Les systèmes d'éclairage des locaux;

h) Les systèmes de répartition des frais d'eau et de chauffage;

2° L'accessibilité de l'immeuble et du logement et l'adaptation du logement aux personnes en situation de handicap et aux personnes âgées, concernant les cheminements extérieurs, le stationnement, l'accès au bâtiment, les parties communes de l'immeuble et les logements;

3° La mise en conformité des locaux avec les normes mentionnées à l'article 25 de la loi n° 86-1290 du 23 décembre 1986 tendant à favoriser l'investissement locatif, l'accession à la propriété de logements sociaux et le développement de l'offre foncière;

4° La protection de la population contre les risques sanitaires liés à une exposition à l'amiante ou au plomb;

5° La protection des locataires en matière de prévention et de lutte contre les incendies, de sécurité des ascenseurs, de sécurité des installations de gaz et d'électricité, de prévention des risques naturels, miniers et technologiques ou d'installation de dispositifs de retenue des personnes.

2. Les livraisons à soi-même de travaux induits et indissociablement liés aux travaux prévus au 1.

• **CGI, art. 278 *sexies* A**

La taxe sur la valeur ajoutée est perçue au taux réduit de 10 % en ce qui concerne les livraisons à soi-même de travaux d'amélioration, de transformation, d'aménagement ou d'entretien, autres que l'entretien des espaces verts et les travaux de nettoyage, lorsqu'ils ne bénéficient pas du taux réduit de 5,5 % en application des III ou IV de *l'article 278 sexies* et dans la mesure où ces travaux portent sur les locaux mentionnés aux 2 à 8 du I du même article.

• **CGI, art. 279-0 *bis***

1. La taxe sur la valeur ajoutée est perçue au taux réduit de 10 % sur les travaux d'amélioration, de transformation, d'aménagement et d'entretien autres que ceux mentionnés à l'article 278-0 *bis*-A portant sur des locaux à usage d'habitation, achevés depuis plus de deux ans, à l'exception de la part correspondant à la fourniture d'équipements ménagers ou mobiliers ou à l'acquisition de gros équipements fournis dans le cadre de travaux d'installation ou de remplacement du système de chauffage, des ascenseurs, de l'installation sanitaire ou de système de climatisation dont la liste est fixée par arrêté du ministre chargé du budget.

2. Par dérogation au 1, le taux prévu à l'article 278 s'applique aux travaux, réalisés sur une période de deux ans au plus :

a) Qui concourent à la production d'un immeuble neuf au sens du 2° du 2 du I de l'article 257;

b) A l'issue desquels la surface de plancher des locaux existants est augmentée de plus de 10 %.

2 *bis*. Par dérogation au 1, le taux prévu à l'article 278 s'applique aux travaux de nettoyage ainsi qu'aux travaux d'aménagement et d'entretien des espaces verts.

3. Le taux réduit prévu au 1 est applicable aux travaux facturés au propriétaire ou, le cas échéant, au syndicat de copropriétaires, au locataire, à l'occupant des locaux ou à leur représentant à condition que le preneur atteste que ces travaux se rapportent à des locaux d'habitation achevés depuis plus de deux ans et ne répondent pas aux conditions mentionnées au 2. Il est également applicable dans les mêmes conditions aux travaux réalisés par l'intermédiaire d'une société d'économie mixte intervenant comme tiers financeur. Le prestataire est tenu de conserver cette attestation à l'appui de sa comptabilité.

Le preneur doit conserver copie de cette attestation, ainsi que les factures ou notes émises par les entreprises ayant réalisé des travaux jusqu'au 31 décembre de la cinquième année suivant la réalisation de ces travaux.

Le preneur est solidairement tenu au paiement du complément de taxe si les mentions portées sur l'attestation s'avèrent inexactes de son fait.

1033.03 Bibliographie indicative.

Ouvrages. *Mémento fiscal*, « Taxe sur la valeur ajoutée – Travaux portant sur des locaux d'habitation », n° 53270; « Taxe sur la valeur ajoutée – Travaux d'amélioration de la qualité énergétique des locaux d'habitation », n° 53048 s.; « Taxe sur la valeur ajoutée – Livraison à soi-même de travaux dans les logements sociaux », n°s 59120 s., Francis Lefebvre, 2017.

Actualisables. DICT. PERM., Gestion immob., « TVA sur les travaux réalisés dans les logements ».

SECTION 1
RÉGIME DE DROIT COMMUN

§ 1
Logements éligibles

1033.11 Définition des logements. Les locaux éligibles aux taux réduits sont ceux affectés à l'habitation, ce qui est le cas par hypothèse des logements locatifs.

Lorsque le logement est situé dans un immeuble collectif, les travaux éligibles sont non seulement ceux réalisés sur les parties privatives mais également ceux réalisés sur les parties communes, à condition pour ces derniers que les éventuels locaux non affectés au logement (commerces, bureaux, ...) représentent moins de la moitié des surfaces de l'immeuble.

Outre les logements locatifs « ordinaires », les taux réduits sont également applicables aux travaux réalisés sur les logements foyers, maisons de retraite, logements pour étudiants, ainsi qu'aux locaux à usage mixte lorsque l'affectation à l'habitation est supérieure à la moitié de la surface.

Les travaux réalisés sur les annexes au logement (garages, caves, parties communes, loges, ...) sont également éligibles.

Les logements loués sous en TVA sous le régime de la para-hôtellerie sont exclus, sauf les établissements sociaux ou médico-sociaux.[1]

1033.12 Ancienneté des logements. Pour pouvoir bénéficier des taux réduits, les logements doivent être achevés depuis plus de deux ans. La date prise en considération est celle de l'achèvement des logements, et non celle de leur acquisition.

Par exception, certains travaux urgents réalisés sur des logements achevés depuis moins de deux ans sont éligibles.[2]

§ 2
Travaux et dépenses éligibles

A.
Condition commune : nature des travaux

1033.21 Nature de travaux. Les travaux éligibles sont définis largement, allant de travaux de petites réparations et d'entretien courant aux travaux d'amélioration, en passant par les travaux de grosses réparations et de gros entretien. Du point de vue du bailleur, il n'est pas fait de distinction selon qu'il s'agit de réparations locatives, de charges récupérables ou non.

Si des travaux importants de réhabilitation ou d'amélioration des logements sont éligibles, il convient de veiller à ce qu'ils n'aboutissent pas à une remise à neuf du logement au sens fiscal (CGI, art. 257-I-2-2° et CGI ann. II, art. 245-A). En effet, de tels travaux sont considérés comme des travaux de construction et ne peuvent par conséquent pas bénéficier des taux réduit ou intermédiaire. Ils sont définis comme les travaux de surélévation ou comme ceux qui ont rendu à l'état neuf :

– soit la majorité des fondations;

– soit la majorité des éléments hors fondation, déterminant la résistance et la rigidité de l'ouvrage;

– soit la majorité de la consistance des façades hors ravalement;

– soit les deux tiers de chacun des éléments de second œuvre (huisseries extérieures, cloisons, planchers ne déterminant pas la résistance et la rigidité de l'ouvrage, électricité, chauffage ou climatisation dans les DOM, plomberie, sanitaire).

La doctrine administrative donne des précisions sur les conditions d'appréciation de ces critères.[3]

1. BOI-TVA-LIQ-30-20-90, n° 110.
2. BOI-TVA-LIQ-30-20-90-30, n° 280.
3. BOI-TVA-IMM-10-10-10-20, § 130 s.

Sont également exclus de la facturation aux taux réduits les travaux à l'issue desquels la surface de plancher des locaux existants, majorée le cas échéant des surfaces des bâtiments d'exploitations agricoles mentionnées au d de l'article R. 112-2 du code de l'urbanisme, est augmentée de plus de 10 %.

Notons également que les travaux aboutissant à la démolition totale du logement sont également exclus de la facturation au taux réduit.

B.
Travaux éligibles au taux de 5,5 %

1033.31 **Travaux d'amélioration énergétique.** Les travaux d'amélioration énergétique réalisés sur les logements achevés depuis plus de deux ans sont éligibles à une facturation au taux réduit de 5,5 % (CGI, art. 278-0 *bis*-A). Les travaux doivent porter sur des équipements ou matériaux spécifiques (isolation des parois opaques, des ouvertures, certaines chaudières, énergies renouvelables, ...). Ils sont très précisément définis par l'article 18 *bis* de l'annexe IV au code général des impôts.

Les travaux éligibles sont ceux d'installation, de réparation et d'entretien des matériaux et équipements visés.

Le taux réduit s'applique également aux dépenses induites par ces travaux, qui sont définies assez largement par la doctrine administrative[1] (ex. : travaux de décoration, de plomberie, d'électricité, suite à l'isolation par l'intérieur d'un mur).

C.
Travaux éligibles au taux de 10 %

1033.41 **Locations imposables.** Le taux de 10 % s'applique à tous les travaux éligibles autres que ceux bénéficiant du taux de 5,5 % (v. s[s] n° 1033.31).

Une liste très détaillée des travaux éligibles figure en annexe au *BOFiP* (BOI-ANNX-000208).

Certaines dépenses sont par nature exclues du bénéfice du taux de 10 % :

- les prestations de nettoyage des immeubles (non liées directement à des travaux), d'entretien ou d'aménagement des espaces verts et des aires de jeux ou de sport ne sont pas considérées comme des travaux;
- les travaux d'installation initiale ou de remplacement complet d'un ascenseur ou d'une chaudière collective dans les immeubles collectifs;
- les fournitures de biens meubles corporels, qui ne s'incorporent pas au bâtiment, et ne sont donc pas considérées comme des travaux immobiliers (meubles meublants, ...).

1. BOI-TVA-LIQ-30-20-95, § 50 s.

§ 3
Conditions de forme

1033.51 **Personnes éligibles.** Les personnes susceptibles de bénéficier de travaux au taux réduit sont les propriétaires, les syndicats de copropriétaires, les locataires et tous occupants et les représentants de ces personnes.

Les travaux peuvent donc notamment être commandés et facturés par un administrateur de biens chargé par mandat donné par le propriétaire bailleur de gérer le bien.

1033.52 **Délivrance d'une attestation.** Pour bénéficier des taux réduits, la personne qui commande les travaux doit établir et délivrer au fournisseur une attestation. Celle-ci doit être conforme aux modèles fournis par l'administration (disponibles sur www.impôts.gouv.fr).

Elle permet de certifier que les critères d'éligibilité des travaux sont remplis (les locaux sont bien affectés à l'habitation, ils sont achevés depuis plus de deux ans, que travaux ne sont pas des travaux de remise à neuf et n'entraînent pas une augmentation de plus de 10 % de la surface de plancher, etc.).

L'attestation doit être délivrée au plus tard à la date de la facturation des travaux par l'entreprise. Les modalités détaillées des conditions d'établissement des attestations sont précisées par la doctrine administrative.[2]

Il est toutefois admis que l'attestation simplifiée ne soit pas établie lorsque le montant des travaux pour réparation et entretien, toutes taxes comprises, est inférieur à 300 euros.

Les informations suivantes doivent pour cela figurer directement sur la facture : nom et adresse du client et de l'immeuble objet des travaux, nature des travaux et mention selon laquelle l'immeuble est achevé depuis plus de deux ans.[3]

1033.53 **Remise en cause du taux réduit.** Le taux réduit appliqué aux travaux peut être remis en cause par l'administration fiscale si les conditions d'application ne sont pas réunies. En principe, la rectification devrait être adressée à l'entreprise qui a réalisé les travaux, puisqu'elle est redevable de la TVA. Cependant, dans la mesure où c'est le preneur des travaux qui bénéficie *in fine* du taux réduit, la rectification peut lui être adressée si l'application indue du taux réduit résulte d'une déclaration erronée de sa part sur la nature des travaux, l'ancienneté des logements, etc. (CGI, art. 284).

2. BOI-TVA-LIQ-30-20-90-40.
3. BOI-TVA-LIQ-30-20-90-40, § 90.

SECTION 2
RÉGIME DES BAILLEURS SOCIAUX

1033.61 **Livraisons à soi-même au taux réduit.** Les bailleurs sociaux, définis comme ceux donnant en location des logements conventionnés pour le bénéfice de l'APL (organismes d'HLM, sociétés d'économie mixte, ...), bénéficient également de dispositifs de taux réduit sur les travaux qu'ils réalisent. Ces dispositifs ont un champ plus étendu que le régime de droit commun : les natures de travaux éligibles sont plus larges et il n'y a pas de condition d'ancienneté des logements. Le mécanisme de livraison à soi-même conduit dans un premier temps le bailleur à récupérer la TVA grevant les travaux et dépenses payées. Le bailleur calcule ensuite et reverse au Trésor une TVA collectée sur le prix de revient hors TVA des travaux. Dès lors que la TVA collectée est inférieure à celle récupérée, du fait du différentiel de taux, le bailleur social bénéficie *in fine* d'un taux de TVA plus avantageux que dans le régime de droit commun.

§ 1
Logements éligibles

1033.71 **Logements éligibles.** Les logements éligibles à la livraison à soi-même au taux réduit sont :

- les logements conventionnés pour le bénéfice de l'APL en application des 3° (logements familiaux) et 5° (logements foyers) de l'article L. 351-2 du code de la construction et de l'habitation;

- les logements loués dans le cadre d'un prêt social location accession;

- les logements appartenant aux structures d'hébergement temporaire ou d'urgence faisant l'objet d'une convention entre le propriétaire ou le gestionnaire des locaux et le préfet et destinées aux personnes visées au II de l'article L. 301-1 du CCH;

- les logements sociaux à usage locatif appartenant à l'association mentionnée à l'article L. 313-34 du CCH lorsqu'elle a conclu avec l'État une convention en application du 4° de l'article L. 351-2 du CCH;

- les logements à usage locatif appartenant à l'association mentionnée à l'article L. 313-34 du CCH ou à des sociétés civiles immobilières dont cette association détient la majorité des parts, situés dans des quartiers faisant l'objet d'une convention prévue à l'article 10 de la loi n° 2003-710 du 1er août 2003 d'orientation et de programmation pour la ville et la rénovation urbaine et destinés à être occupés par des ménages dont le total des ressources n'excède pas le montant mentionné à l'article R. 391-8 du CCH;

- les logements à usage locatif appartenant aux organismes réalisant les opérations prévues par une convention mentionnée à l'article 10 de la loi n° 2003-710 du 1er août 2003 d'orientation et de programmation pour la ville et la rénovation urbaine et situées sur des terrains octroyés au titre des contreparties mentionnées au onzième alinéa de l'article L. 313-3 du CCH et dont la réalisation était initialement prévue par l'association mentionnée à l'article L. 313-34 du CCH; ces logements sont destinés à être occupés par des ménages dont le total des ressources n'excède pas le montant mentionné à l'article R. 391-8 du CCH;

- les locaux appartenant aux établissements mentionnés aux 6° et 7° du I de l'article L. 312-1 du code de l'action sociale et des familles (CASF), agissant sans but lucratif et dont la gestion est désintéressée, de même pour la seule partie des locaux dédiée à l'hébergement s'agissant des établissements mentionnés au 2° du I du même article L. 312-1 du CASF, lorsqu'ils hébergent à titre permanent ou temporaire des personnes handicapées, ou des personnes âgées remplissant les critères d'éligibilité au prêt prévu à l'article R. 331-1 du CCH, et que ces locaux font l'objet d'une convention entre le propriétaire ou le gestionnaire des locaux et le préfet.

Les dépendances et locaux annexes à ces logements sont également éligibles (parties communes, garages, ...). En revanche, les locaux d'activité, même accessoires, en sont exclus.

§ 2
Travaux éligibles

1033.81 **Division.** Les articles 278 *sexies*-III et 278 *sexies*-IV du code général des impôts prévoient la livraison à soi-même de certains travaux, dits de rénovation, réalisés sur les logements sociaux tels que définis précédemment, au taux de 5,5 % (v. ss nos 1033.91 s.). Pour les autres travaux sur ces logements, le taux de livraison à soi-même est de 10 % (CGI, art. 278 *sexies*-A – v. ss n° 1033.101).

Ces mécanismes ne sont pas exclusifs de l'application directe de ces taux au stade de la facturation (v. régime de droit commun – v. ss n° 1033.11). Il convient donc d'examiner l'articulation entre ces deux régimes (v. ss n° 1033.111).

A.
Travaux éligibles à la livraison à soi-même au taux de 5,5 %

1033.91 **Travaux réalisés dans le cadre d'une opération d'acquisition amélioration.** L'ensemble des travaux et dépenses liées effectués dans le cadre d'une opération d'acquisition amélioration de logements, financée par un prêt aidé par l'État ou par une subvention ANRU, en vue de leur conventionnement APL, bénéficient d'une livraison à soi-même au taux réduit de 5,5 % (CGI, art. 278 *sexies*-III-2).

L'opération peut porter sur des logements acquis ou pris à bail emphytéotique auprès de collectivités territoriales ou de l'État.

1033.92 Travaux de rénovation – Définition de la notion. Certains travaux dits « de rénovation », précisés ci-après (v. ss nos 1033.93 s.), sont éligibles à la livraison à soi-même au taux réduit de 5,5 %. La notion de travaux de rénovation est définie par la doctrine administrative[1] comme :

- les travaux d'installation et de remplacement des équipements ou de leurs composants (travaux induisant le remplacement de pièces essentielles au bon fonctionnement de l'équipement ainsi que les travaux de gros entretien liés à ces remplacements qui dépassent les simples travaux d'entretien courant) ;

- la prestation de main d'œuvre et la fourniture des équipements ou matériaux concourant à la réalisation des travaux de rénovation;

- les prestations d'études préalables, de suivi ou d'expertise (notamment les diagnostics préalables aux travaux, les prestations de contrôle de la conformité des travaux, etc.);

- les travaux indissociablement liés aux travaux de rénovation réalisés (désinstallation ou déconstruction des matériaux ou équipements devant être rénovés);

- la pose et la dépose de matériels permettant la réalisation des travaux principaux (pose d'échafaudage, d'équipement de sécurité, ...);

- les travaux induits visés aux, § 50 à 90 du BOI-TVA-LIQ-30-20-95 liés aux travaux de rénovation.

1033.93 Travaux de rénovation énergétique. Il s'agit des travaux de pose et de fourniture portant sur l'installation ou le remplacement d'équipements à la condition qu'ils concourent directement à la réalisation d'économies d'énergie et de fluides concernant :

- les éléments constitutifs de l'enveloppe du bâtiment (isolants thermiques portant sur les parois opaques, les parois vitrées et les systèmes de distribution, tels que les isolants muraux, de toitures, de planchers ou de plafonds, renouvellement des fenêtres et portes d'entrée);

- les systèmes de chauffage et d'eau chaude sanitaire (systèmes de production et de distribution de chauffage et d'eau chaude sanitaire liée ou non au chauffage, et de systèmes de régulation de chauffage);

- les systèmes de refroidissement dans les départements d'outre-mer;

- les équipements de production d'énergie utilisant une source d'énergie renouvelable (équipements de production de chauffage, d'électricité ou d'eau chaude fonctionnant grâce à l'énergie solaire, hydraulique, éolienne, pompe à chaleur, biomasse);

- les systèmes de ventilation;

- les systèmes d'éclairage des locaux (système d'éclairage, tels que les luminaires, avec un ballast électronique et les dispositifs automatiques d'extinction ou de variation de la puissance d'éclairage à détection de présence à horloge ou en fonction de l'éclairement naturel);

- les systèmes de répartition des frais d'eau ou de chauffage.

1033.94 Travaux d'accessibilité aux personnes âgées ou handicapées. Il s'agit des travaux d'accessibilité et d'adaptation de l'immeuble et du logement aux personnes en situation de handicap ou aux personnes âgées, qui portent sur l'accessibilité des cheminements extérieurs et du stationnement, des entrées du bâtiment et des parties communes, ainsi que du logement proprement dit.

Sont par exemple visés notamment les travaux d'installation de rampe d'accès, de main courante, de création de places de stationnement adaptées, l'élargissement des portes et couloirs, l'installation, la rénovation ou le remplacement d'ascenseurs, l'adaptation des équipements sanitaires, etc.

1033.95 Travaux de mise en conformité. Il s'agit des travaux visant à mettre les logements en conformité avec les normes minimales de confort et d'habitabilité définis pour considérer le logement comme « décent » au sens de l'article 25 de la loi no 86-1290 du 23 décembre 1986 tendant à favoriser l'investissement locatif (v. ss no 211.32 – ex. : création de sanitaires, étanchéité, normes dimensionnelles des pièces d'habitation, ...).

1033.96 Travaux de protection contre les risques liés à l'amiante et au plomb. Il s'agit notamment des travaux suivants :

- travaux sur les canalisations d'eau ou les revêtements dégradés contenant du plomb;

- les travaux et interventions mentionnés au décret no 2012-639 du 4 mai 2012 relatif aux risques d'exposition à l'amiante, ainsi que les travaux liés à la lutte contre la présence d'amiante visés aux articles L. 1334-1 à L. 1334-8 du code de la santé publique.

1033.97 Travaux de protection des locataires contre certains risques. Il s'agit notamment des travaux suivants, destinés à améliorer la protection des locataires en matière :

- de prévention et de lutte contre les incendies (travaux d'accessibilité des abords des bâtiments d'habitation aux services de secours, travaux sécuri-

1. BOI-TVA-IMM-20-10-20-10, § 73 s.

sant contre les risques d'incendies et de panique permettant l'évacuation rapide des occupants en sécurité, travaux permettant de limiter la propagation des incendies, ...);

- de sécurité des ascenseurs (systèmes de contrôle de l'arrêt et du maintien à niveau de la cabine pour assurer, à tous les niveaux desservis, un accès sans danger, systèmes de protection contre la vitesse excessive de la cabine, dans les ascenseurs électriques à adhérence, systèmes de téléalarme entre la cabine et un service d'intervention et un éclairage de secours en cabine, ...);

- de sécurité des installations de gaz et d'électricité et de leurs composants (travaux de mise en sécurité de l'installation gaz, travaux destinés à supprimer ou réduire les risques de chocs électriques, d'échauffement des canalisations ou d'interrupteurs, d'électrocution dues aux différences de potentiel dans les locaux contenant une baignoire ou une douche, de contacts directs avec les éléments sous tension, risques induits par les conducteurs non protégés mécaniquement);

- de prévention des risques naturels, notamment les travaux destinés à couvrir les risques sismiques, d'inondation, d'incendie feux de forêt;

- de prévention des risques miniers et technologiques (interventions mentionnées dans les plans de prévention des risques prescrits ou approuvés, établis par l'État selon les conditions définies à l'article L. 174-5 du code minier nouveau et aux articles L. 515-15 et suivants du code de l'environnement);

- de dispositif de retenue des personnes (barre d'appui, garde-corps, rampe, etc.).

B.
Travaux éligibles à la livraison à soi-même au taux de 10 %

1033.101 Autres travaux d'amélioration, d'aménagement, de transformation et d'entretien. L'article 279-0 *bis* du code général des impôts rend éligibles à une livraison à soi-même au taux de 10 % les travaux d'amélioration, de transformation, d'aménagement et d'entretien. Il s'agit de l'ensemble des travaux autres que ceux bénéficiant de la livraison à soi-même au taux de 5,5 % (ex. : simples ravalements des façades, réfection des parties communes, aménagement des espaces extérieurs, ...).

Contrairement aux travaux pouvant bénéficier de la livraison à soi-même au taux de 5,5 %, cette livraison à soi-même vise également les travaux d'entretien courant. Elle peut de ce fait notamment concerner les postes correspondant à l'entretien courant ou aux grosses réparations des contrats d'entretien, ainsi que les travaux en régie par le bailleur.

Les travaux de démolition partielle d'immeubles qui consistent à alléger les structures existantes (remodelage, écrêtement, creusement de « trous » dans les étages etc.) peuvent être assimilés à des travaux d'amélioration, de transformation ou d'aménagement des logements locatifs sociaux, dès lors que leur réalisation permet de conserver des logements sociaux réhabilités dans les immeubles concernés[1].

C.
Modalités pratiques de taxation des livraisons à soi-même

1033.111 Déductions. La livraison à soi-même étant une opération imposable, la taxe qui grève les dépenses qui entrent dans l'assiette de la TVA est déductible (travaux, honoraires, dépenses liées, ...).

Le bailleur doit avoir préalablement déclaré chaque immeuble comprenant des logements sociaux conventionnés comme constituant un secteur distinct (CGI ann. II, art. 209).

1033.112 Assiette et liquidation de la TVA. La TVA due au titre de la livraison à soi-même est calculée sur le prix de revient total des travaux (CGI, art. 266-6). Celui-ci inclut le coût des travaux proprement dit ainsi que les honoraires et prestations de services nécessités par ces derniers.[2]

Lorsque les travaux sont réalisés par le personnel employé par le bailleur (régie de travaux), l'assiette comprend en principe le coût salarial. Une exception est toutefois prévue sous certaines conditions, afin d'éviter un cumul d'imposition avec la taxe sur les salaires (BOI précité, § 272).

La TVA due est collectée dès l'achèvement des travaux, ou pour les travaux d'entretien courant, par trimestre (CGI, art. 269-1-d et 269-2-a).

1033.113 Remise en cause du taux réduit. Le taux réduit appliqué à la livraison à soi-même des travaux peut être remis en cause dans le cas où les conditions auxquelles il est subordonné ne sont plus remplies dans les trois ans qui suivent le fait générateur de la livraison à soi-même (CGI, art. 284-III).

D.
Articulation entre les régimes de droit commun et de livraisons à soi-même

1033.121 Articulation des régimes. Les textes relatifs à l'application directe du taux réduit (v. s[s]

1. BOI-TVA-IMM-20-10-20-10, § 210.
2. BOI-TVA-IMM-20-10-10-20, § 270 s.

n° 1033.11) et aux livraisons à soi-même (v. s^s n° 1033.61) sont susceptibles de s'appliquer aux travaux réalisés sur les logements sociaux. Du point de vue légal, les dispositifs ne sont pas exclusifs l'un de l'autre et pourraient donc s'appliquer concurremment. La doctrine administrative est toutefois venue préciser les conditions dans lesquelles les deux régimes peuvent s'articuler.

1033.122 Taux de commande et de facturation des travaux. En principe, le bailleur de logements sociaux conventionnés pourrait, nonobstant la taxation de la livraison à soi-même, commander et se faire facturer les travaux au taux de 5,5 % ou de 10 %.

Cependant, dans la mesure où il peut bénéficier du même taux par le biais d'une livraison à soi-même, dont le champ est plus large (pas de condition d'ancienneté des logements, et natures de travaux plus large), le bailleur peut renoncer à l'application directe du taux réduit. Les dispositifs de facturation directe étant subordonnés à la production d'une attestation, il suffit au bailleur de ne pas satisfaire cette condition pour que le taux facturé soit le taux normal. Cette TVA sera neutralisée puisqu'elle est déductible du fait de l'imposition de la livraison à soi-même. Cette possibilité est confirmée par la doctrine administrative dans le cas où les travaux commandés relèvent de taux différents.[1]

Cela permet de simplifier le régime de la commande, mais implique une avance de trésorerie plus importante, compte tenu du délai de récupération de la TVA déductible, souvent par voie de remboursement de crédit. Par ailleurs, le bailleur assume alors totalement l'éventuel risque de remise en cause du taux réduit.

1033.123 Dispense de livraison à soi-même. Lorsque les travaux effectués par le bailleur social ont déjà bénéficié dès leur facturation du taux de 5,5 % ou de 10 %, la taxation d'une livraison à soi-même au même taux ne présente aucun intérêt. Cependant, si les textes légaux n'excluent pas la taxation de la livraison à soi-même, la doctrine administrative admet que le bailleur en soit dispensé.[2]

1. BOI-TVA-IMM-20-10-10-20, § 330 s.
2. BOI-TVA-IMM-20-10-20-10, § 10.

TITRE

104. Les impositions locales

SECTION 0

ORIENTEUR

104.00 **Plan du titre.**

CHAPITRE

1041. Taxe foncière

SECTION 0
ORIENTEUR

1041.00 **Plan du chapitre.**

Sect. 1 Champ d'application

Sect. 2 Dégrèvement pour vacance

§ 1 Dégrèvement pour vacance involontaire

§ 2 Dégrèvement pour vacance volontaire de logements sociaux

Sect. 3 Dégrèvements pour travaux réalisés par les bailleurs sociaux

1041.01 **Textes applicables.**

TEXTES SOURCES

• **CGI, art. 1384-0-A, 1384-A, 1384-C, 1384-D, 1388-*bis*, 1389, 1391-C, 1391-E, 1391-D.**

• **BOI-IF-TFB-50-20-20** (dégrèvement pour travaux liés à un plan de prévention des risques technologiques).

• **BOI-IF-TFB-50-20-30** (dégrèvements en cas de vacance de maison ou d'inexploitation d'immeuble à usage industriel ou commercial).

• **BOI-IF-TFB-50-20-40** (dégrèvement pour vacance de logements sociaux destinés à la démolition).

• **BOI-IF-TFB-10-120-10** (exonération temporaire de longue durée en faveur des logements sociaux à usage locatif acquis avec une aide financière publique – Généralités).

• **BOI-IF-TFB-10-90** (exonérations temporaires de longue durée en faveur des constructions de logements sociaux à usage locatif financés au moyen de prêts aidés par l'État et bénéficiant du taux réduit de la TVA (CGI, art. 1384 A)).

• **BOI-IF-TFB-20-330-30** (abattements spéciaux – Logements sociaux situés dans les quartiers prioritaires de la politique de la ville).

• **BOI-IF-TFB-10-90-10** (exonérations temporaires de longue durée en faveur des constructions de logements sociaux à usage locatif financés au moyen de prêts aidés par l'État et bénéficiant du taux réduit de la TVA (CGI, art. 1384 A)).

TEXTES *IN EXTENSO*

• **CGI, art. 1389**

I. Les contribuables peuvent obtenir le dégrèvement de la taxe foncière en cas de vacance d'une maison normalement destinée à la location ou d'inexploitation d'un immeuble utilisé par le contribuable lui-même à usage commercial ou industriel, à partir du premier jour du mois suivant celui du début de la vacance ou de l'inexploitation jusqu'au dernier jour du mois au cours duquel la vacance ou l'inexploitation a pris fin. Le dégrèvement est subordonné à la triple condition que la vacance ou l'inexploitation soit indépendante de la volonté du contribuable, qu'elle ait une durée de trois mois au moins et qu'elle affecte soit la totalité de l'immeuble, soit une partie susceptible de location ou d'exploitation séparée.

II. Les réclamations présentées en application du I sont introduites dans le délai indiqué à l'article R. 196-5 du livre des procédures fiscales et dans les formes prévues par ce même livre.

III. – Le dégrèvement prévu au premier alinéa du I s'applique également aux logements à usage locatif, attribués sous conditions de ressources conformément à l'article L. 441-1 du code de la construction et de l'habitation, vacants depuis plus de trois mois et appartenant à l'un des organismes visés à l'article L. 411-2 du même code ou à une société d'économie mixte. Ces logements doivent être situés dans un immeuble destiné soit à être démoli, soit à faire l'objet de travaux définis au 1° de l'article R. 323-3 du même code et financés par la subvention prévue aux articles R. 323-1 à R. 323-12 de ce même code. Le dégrèvement est subordonné à la présentation par le propriétaire, selon le cas, soit de l'autorisation de démolir prévue à l'article L. 443-15-1 du code de la construction et de l'habitation, soit de la décision de subvention des travaux prévue à l'article R. 323-5 du même code.

1041.02 **Jurisprudence de référence.**

> Exonération – immeuble impropre à toute utilisation

• **CE 8e et 3e ss-sect., 16 févr. 2015**, *Royo (ste)*, req. no 364676, *Lebon*

* V. ss no 1041.11

Ne doit pas être assujetti à la taxe foncière sur les immeubles bâtis mais à la taxe foncière sur les propriétés non bâties l'immeuble devenu impropre à toute utilisation dans son ensemble, car délabré et en ruine en raison des importantes dégradations qu'il avait subies.

> Exonération – période de reconstruction

• **CE 8ᵉ et 3ᵉ sˢ-sect., 16 févr. 2015**, *sci La Haie de Roses*, req. nº 369862, *Lebon*

* V. sˢ nº 1041.11

Ne doit pas être assujetti à la taxe foncière sur les immeubles bâtis mais à la taxe foncière sur les propriétés non bâties l'immeuble qui, nécessitant une démolition même partielle affectant le gros œuvre, est devenu impropre à toute utilisation jusqu'à l'achèvement des travaux.

> Vacance involontaire – défaut d'entretient

• **CE 12 janv. 1959**, *RO*, p. 338 – CE 27 nov. 1964, *RO*, p. 195 – CE 10 mai 1967

* V. sˢ nº 1041.31

Si l'absence de locataire est due à un défaut d'entretien imputable au propriétaire, elle n'est pas considérée comme involontaire.

> Vacance involontaire – travaux de remise en état

• **CE 20 avr. 1983**, req. nº 36139

* V. sˢ nº 1041.31

L'interruption de la location ayant eu pour cause la réalisation d'importants travaux de renforcement des structures, de raccordement au tout-à-l'égout et de séparation en deux logements indépendants, ces travaux, qui ont d'ailleurs apporte à l'immeuble une plus-value appréciable, ne peuvent, des lors, être regardés comme ayant entraîné une vacance de l'immeuble indépendante de la volonté du propriétaire.

> Vacance involontaire – demandes exagérées du bailleur

• **CE 5 mai 1958**, *RO*, p. 127 et CE 26 avr. 1963, req. nº 58438

* V. sˢ nº 1041.31

Lorsque la vacance provient des exigences injustifiées du propriétaire quant aux conditions imposées aux éventuels preneurs, le rejet de la demande de dégrèvement du contribuable doit être prononcé.

> Vacance involontaire dans le parc social – déséquilibre du marché local

• **CE 8ᵉ et 3ᵉ sˢ-sect., 9 avr. 2004**, *Office public d'habitations à loyer modéré du Tarn*, req. nº 240857, *Lebon*

* V. sˢ nº 1041.32

Ni le statut, ni la mission de service public qu'assure une office public d'habitations à loyer modéré, ne fait obstacle à ce que elle prenne les mesures appropriées en vue d'adapter son parc immobilier aux besoins de la population locale réduisant ainsi son taux de vacance et un déséquilibre du marché locatif ne peut, sauf circonstances particulières, être regardé comme indépendant de sa volonté et lui permettre de demander le dégrèvement de la taxe foncière sur les immeubles bâtis.

> Vacance volontaire dans le parc social – immeuble destiné à être démoli – permis

• **CE 8ᵉ et 3ᵉ sˢ-sect., 28 janv. 2015**, *min. c/Office public de l'habitat de la communauté urbaine de Strasbourg*, req. nº 368640, *Lebon*

* V. sˢ nº 1041.41

Le bénéfice de l'exonération prévue par l'article 1389 du code général des impôts pour les organismes publics d'habitat et les sociétés d'économie mixte propriétaires d'un immeuble à usage locatif destiné à être démoli à l'autorisation de démolir mentionnée à l'article L. 443-15-1 du code de la construction et de l'habitation, laquelle ne peut être postérieure à l'année au titre de laquelle l'exonération est demandée. La délivrance de cette autorisation au titre de dispositions relatives au logement social ne peut être déduite de la délivrance d'un permis de démolir au titre des dispositions du code de l'urbanisme.

> Dégrèvements pour travaux dans le parc social – économie d'énergie – acompte

• **CE 8ᵉ et 3ᵉ sˢ-sect., 2 juill. 2014**, *Office public de l'habitat Grand Lyon*, req. nº 368070

* V. sˢ nº 1041.53

Un acompte versé à titre de paiement partiel par un organisme d'habitations à loyer modéré pour l'exécution d'un marché de travaux d'économie d'énergie visés à l'article L. 111-10 du code de la construction et de l'habitation, et venant en déduction du paiement total de ce marché, a le caractère d'une dépense payée; que l'organisme débiteur est fondé à en demander le dégrèvement pour l'année civile au cour de laquelle il a été payé.

> Dégrèvements pour travaux dans le parc social – économie d'énergie – dépenses annexes

• **CE 8ᵉ sˢ-sect., 17 juin 2015**, *Office public de l'habitat du Territoire de Belfort*, req. nº 382248, *Lebon*

* V. sˢ nº 1041.53

Les dépenses d'économie d'énergie ouvrant droit au dégrèvement de taxe foncière sur les propriétés bâties en faveur des propriétaires de logements sociaux, comprennent, outre les dépenses payées pour la réalisation des travaux d'économie d'énergie, celles exposées pour la réalisation des travaux et prestations qui en constituent un préalable indispensable et qui en sont indissociables.

> Dégrèvements pour travaux dans le parc social – accessibilité pour handicapés – portes d'ascenseur

• **CE 8ᵉ et 3ᵉ sˢ-sect., 21 oct. 2015**, *Société Dauphinoise de l'Habitat*, req. nº 374751, *Lebon*

* V. sˢ nº 1041.54

Si, pour être déductibles les dépenses doivent avoir été engagées pour des travaux qui, dans leur totalité ou pour partie, améliorent effectivement l'accessibilité des immeubles et logements aux personnes en situation de handicap, il n'est pas nécessaire que ces travaux portent spécifiquement sur des équipements spécialisés pour les personnes handicapées, tel est le cas du remplacement de portes palières battantes par des portes automatiques.

1041.03 Bibliographie indicative.

Ouvrages. *Mémento fiscal*, « Taxes foncières sur les propriétés bâties », nᵒˢ 41900 s., Francis Lefebvre, 2017.

Actualisables. RÉP. IMMO., vº « Ressources locales (Taxe foncière sur les propriétés bâties) », par Th. Lambert – DICT. PERM. Gestion immob, vº « Impôts locaux – taxe foncière sur les propriétés bâties », nᵒˢ 88 s.

SECTION 1
CHAMP D'APPLICATION

1041.11 **Principe d'imposition.** La taxe foncière sur les propriétés bâties est due au titre de l'ensemble des constructions (CGI, art. 1380). Les logements sont donc bien entendu soumis à la taxe. Le redevable est le propriétaire (CGI, art. 1400). La taxe est due quel que soit l'usage du logement : occupation personnelle par le propriétaire, à titre de résidence principale ou secondaire, location, mise à disposition à titre gratuit à un tiers, ...

Il en résulte qu'en principe, l'absence de revenu locatif du fait d'impayés ou de la vacance du logement ne remet pas en cause son assujettissement à la taxe foncière.

Cela tient au caractère « réel » de cette imposition. La seule existence de l'immeuble rend en effet la taxe exigible même en l'absence de revenu.

Un bâtiment n'est susceptible d'échapper à la taxe foncière que s'il est devenu impropre à toute utilisation en tant que tel. Cela suppose un état de dégradation très avancé, et non seulement un délabrement du bien. Tel serait le cas d'un logement très dégradé et en ruine [1] ou encore d'un immeuble faisant l'objet d'une reconstruction, pendant la durée de celle-ci [2].

La base d'imposition est constituée par une valeur locative cadastrale, définie spécifiquement par le code général des impôts (CGI, art. 1388 et 1494 s.). S'agissant des logements, elle est définie principalement par la surface réelle, affectée de pondérations diverses (coefficients d'importance, de situation, état d'entretien, prise en compte des éléments de confort et d'équipement, ...), multipliée par un tarif au mètre carré. Notons que cette valeur locative est actuellement, du fait du mode de calcul de la surface, de l'ancienneté des tarifs appliqués et de l'absence de réelle mise à jour, sans rapport avec la valeur locative réelle de la plupart des biens. Cette valeur locative fait l'objet, pour les besoins de la taxe foncière, d'un abattement de 50 %, censé représenter forfaitairement les charges supportées par le propriétaire. À la valeur locative ainsi définie s'appliquent les taux d'imposition votés par les différentes collectivités territoriales et établissements publics sur le territoire desquels se trouve le logement.

Certains logements sociaux situés dans les quartiers prioritaires de la politique de la Ville et appartenant aux bailleurs sociaux peuvent en outre bénéficier d'un abattement supplémentaire de 30 % de leur valeur locative (CGI art. 1388-*bis*).

Dans le cadre de la location d'un logement, la taxe foncière, légalement due par le propriétaire, reste à la charge de ce dernier puisqu'elle est exclue des charges récupérables sur le locataire (v. s^{s} n°s 321.11 s.). Elle constitue en revanche une charge déductible dans le cadre de l'impôt sur le revenu (revenus fonciers, v. s^{s} n° 1011.171 - BIC, v. s^{s} n° 1011.321, ou impôt sur les sociétés, v. s^{s} n° 1012.12).

Le redevable de la taxe est le propriétaire du bien au 1er janvier de l'année d'imposition.

1041.12 **Exonérations.** Les logements neufs sont susceptibles de bénéficier d'exonérations. Les principales sont les suivantes :

- exonération de droit commun de deux ans (CGI, art. 1383); le logement neuf acquis ou construit par le bailleur bénéficie en principe d'une exonération de deux ans; toutefois, la commune peut par délibération supprimer cette exonération,

- exonération de vingt-cinq ans des logements locatifs sociaux construits (CGI, art. 1384-A-I - 2e al.) : cette exonération vise les logements locatifs sociaux neufs conventionnés pour le bénéfice de l'APL et financés par un prêt aidé (PLAI, PLUS, PLS); le prêt et certaines subventions publiques ainsi que les aides provenant de la Participation des employeurs à l'effort de construction doivent représenter plus de la moitié du prix de revient de l'opération [3],

- exonération de vingt-cinq ans des logements locatifs sociaux acquis (CGI, art. 1384-C) [4] : cette exonération vise les logements locatifs sociaux conventionnés pour le bénéfice de l'APL, acquis par le bailleur (notamment dans le cadre des acquisitions-améliorations ou acquisitions sans travaux), et dont l'acquisition est financée par un prêt aidé [5],

- exonération de vingt ans des logements intermédiaires (CGI, art. 1384-0-A) : cette exonération vise les logements locatifs définis à l'article 279-0 *bis*-A du code général des impôts,

- exonération des logements faisant l'objet d'un bail à réhabilitation (CGI, art. 1384-B); cette exonération s'applique pendant toute la durée du bail.

Il existe d'autres exonérations facultatives sur délibération des collectivités (ex. : logements répondant à certains critère environnementaux - CGI, art. 1383-0-B et 1383-0-B-*bis*). Les exonérations en faveur des

1. CE 8e et 3e s^{s}-sect., 16 févr. 2015, *Royo (ste)*, req. n° 364676, *Lebon*.
2. CE 8e et 3e s^{s}-sect., 16 févr. 2015, *sci La Haie de Roses*, req. n° 369862, *Lebon*.
3. POUR plus de précisions sur les conditions d'application de l'exonération, v. BOI-IF-TFB-10-90 s.
4. La durée de l'exonération est portée à trente ans lorsque les logements répondent à certains critères environnementaux (CGI, art. 1384-A-I-*bis*).
5. POUR plus de précisions sur les conditions d'application de l'exonération, v. BOI-IF-TFP-10-120-10.

logements locatifs sociaux reposent sur des textes qui ont évolué en même temps que les financements de ces derniers et dépendent donc de leur date de production (CGI, art. 1384, 1384-I-al. 1er).

SECTION 2
DÉGRÈVEMENTS POUR VACANCE

1041.21 Exceptions au caractère réel de l'imposition. Par exception au principe d'imposition du bien du seul fait de son existence et indépendamment de la perception d'un revenu (v. ss no 1041.11), le code général des impôts prévoit la possibilité de dégrèvements en cas de vacance de logements destinés à la location, dans certaines situations :

- vacance involontaire de logement (régime de droit commun),

- vacance de logements sociaux organisée en vue de leur démolition (régime propre aux logements sociaux).

Ces dispositifs sont, du fait de leur caractère dérogatoire, d'interprétation très stricte.

§ 1
Dégrèvement pour vacance involontaire

1041.31 Conditions générales d'application. Le propriétaire d'un logement destiné à la location et qui se trouve vacant peut demander un dégrèvement de la taxe foncière due au titre de ce logement (CGI, art. 1389-I).

L'octroi du dégrèvement est subordonné à trois conditions cumulatives :

- la vacance concerne la totalité de l'immeuble ou au moins un logement (appartement),

- elle a une durée de plus de trois mois consécutifs,

- elle est indépendante de la volonté du bailleur.

Le caractère involontaire de la vacance est interprété très strictement par l'administration fiscale[1] et par la jurisprudence.

Le logement doit être entretenu de manière à en permettre l'usage conformément à sa destination, et n'avoir pas trouvé preneur dans des conditions normales, malgré les démarches effectuées par leur propriétaire afin de pourvoir à leur location.

Ainsi, si l'absence de locataire est due à un défaut d'entretien imputable au propriétaire, elle n'est pas considérée comme involontaire[2].

Le bailleur peut le cas échéant faire état de travaux de remise en état pour justifier du caractère involontaire de la vacance. S'il s'agit de travaux visant à remédier à des dégradations imputables au locataire précédent, ou à l'obsolescence de certains équipements, malgré un entretien régulier, la vacance engendrée par les travaux devrait être considérée, pour la durée de ces derniers, comme involontaire (vacance technique). Il en va de même en cas de vacance liée à un sinistre, pour le temps nécessaire aux réparations. Cependant, si les travaux ont en réalité été engagés dans le cadre d'une démarche patrimoniale (travaux d'agrandissement, de reconstruction ou de modifications intérieures, destinés à conférer une plus-value au logement), la jurisprudence a pu considérer que la vacance n'était pas indépendante de la volonté du propriétaire[3].

Le caractère involontaire n'est pas non plus établi lorsque la vacance provient d'exigences exagérées du bailleur, notamment en terme de montant du loyer, de garanties, de revenus du locataire, ...[4]. *A fortiori*, le bailleur doit être en mesure de démontrer qu'il a bien engagé des démarches en vue de louer et, en cas de difficultés, d'adapter sa démarche en vue de trouver un locataire.

1041.32 Conditions particulières d'application pour les logements sociaux. L'appréciation du caractère involontaire de la vacance peut présenter des spécificités lorsqu'il s'agit de logements sociaux. En effet, les bailleurs sociaux peuvent être confrontés à des situations de vacance chronique liées à la situation économique du bassin d'habitat ou aux difficultés dans certains quartiers (insécurité, ...).

Ces situations ont donné lieu à un contentieux spécifique, ayant eu à se prononcer sur le caractère involontaire de la vacance.

Celui-ci ne peut pas être établi par la seule existence d'un déficit démographique ou de la situation économique et sociale de la région[5].

En revanche, un bailleur social peut établir que la vacance est indépendante de sa volonté :

- lorsqu'il a engagé un programme spécial, comportant notamment des travaux importants et une politique d'accueil de candidats locataires et de surveillance des locaux, qui a permis de faire diminuer le taux de vacance[6];

1. BOI-IF-TFB-50-20-30.
2. CE 12 janv. 1959, *RO*, p. 338 – CE 27 nov. 1964, *RO*, p. 195 – CE 10 mai 1967, *RJCD*, p. 132.
3. CE 20 avr. 1983, req. no 36139.
4. CE 5 mai 1958, *RO*, p. 127 et CE 26 avr. 1963, req. no 58438.
5. CAA Bordeaux, 3e ch., 9 oct. 2001, req. no 99-2130, *RJF* 2/02, no 176 – CE 8e et 3e ss-sect., 9 avr. 2004, *Office public d'habitations à loyer modéré du Tarn*, req. no 240857, *Lebon; AJDA* 2004. 1556; *AJDI* 2005. 495, obs. J.-P. Maublanc; *RJF* 7/04, no 736, concl. G. Bachelier; *BDCF* 7/04, no 93 – CAA Nancy, 1re ch., 20 févr. 1992, *Opac du Nord*, req. no 658, *RJF* 7/92, no 1006.
6. TA Lyon 2 nov. 1995, *Office public communautaire d'HLM de Lyon*, req. no 91-2167, *RJF* 6/96, no 842.1665.

– lorsque les bâtiments ont fait l'objet de programmes de restructuration et de réhabilitation, alors que les loyers ont été particulièrement étudiés et que la commercialisation locative est effectuée par une équipe de proximité instituée à cet effet[1].

En ce qui concerne les conditions de location, la jurisprudence a pu considérer que, du fait du conventionnement APL des logements, l'administration ne pouvait pas soutenir que la vacance résultait du mauvais entretien de l'immeuble et du niveau excessif des loyers[2].

§ 2
Dégrèvement pour vacance volontaire de logements sociaux

1041.41 Exception en faveur des logements sociaux destinés à la démolition. Par hypothèse, le dégrèvement pour vacance involontaire (CGI, art. 1389-I), ne peut pas s'appliquer à des logements rendus vacants en vue de leur démolition. En effet, d'une part ils ne sont plus offerts à la location, d'autre part, la vacance est organisée et donc volontaire.

Cependant, afin de favoriser les opérations de renouvellement urbain dans les quartiers d'habitat social, qui peuvent impliquer des démolitions, le législateur a institué un dégrèvement spécifique (CGI, art. 1389-III). Celui-ci dispense le bailleur de la condition liée au caractère involontaire de la vacance, lorsque les logements sociaux sont destinés à la démolition. Celle-ci doit être autorisée par le préfet, dans le cadre de l'article L. 443-15-1 du code de la construction et de l'habitation. Le permis de démolir prévu par le code de l'urbanisme n'est pas suffisant[3].

Les autres conditions d'application du dégrèvement (notamment la durée de la vacance) sont identiques à celles prévues par l'article 1389-I du code général des impôts.

SECTION 3
DÉGRÈVEMENTS POUR TRAVAUX RÉALISÉS PAR LES BAILLEURS SOCIAUX

1041.51 Compensation. Le législateur a entendu favoriser la réalisation par les bailleurs sociaux de certains travaux sur leur patrimoine en leur faisant bénéficier de dégrèvements de taxe foncière. Concrètement, le bailleur fait valoir tout ou partie du coût des travaux réalisés en réclamant un dégrèvement de taxe foncière correspondant à ce montant. L'État restitue ainsi au bailleur une partie de la taxe foncière qu'il avait acquittée. Les travaux concernés sont les travaux d'économie d'énergie, les travaux d'adaptation des logements aux personnes âgées ou handicapées et les travaux de prévention contre les risques technologiques.

Nous examinerons les dispositions communes à ces dispositifs avant de préciser les règles propres à chacun d'entre eux.

1041.52 Bailleurs concernés. Les dégrèvements pour travaux sont réservés à certains bailleurs sociaux personnes morales. Il s'agit des organismes d'HLM, des sociétés d'économie mixte ayant pour objet la construction et la gestion de logements et des organismes agréés au sens de l'article L. 365-1 du CCH.

Le dégrèvement s'impute en premier lieu sur la taxe due au titre des logements sur lesquels les travaux sont réalisés. Cela suppose donc que ceux-ci soient effectivement soumis à la taxe. Si la taxe correspondante est insuffisante, le surplus de dégrèvement s'impute sur les cotisations afférentes à des immeubles imposés dans la même commune ou dans d'autres communes relevant du même service des impôts, au titre de la même année.

Les dépenses prises en compte sont celles payées au titre de l'année précédant celle de la taxe à l'encontre de laquelle le dégrèvement est demandé. La réclamation doit être effectuée au plus tard le 31 décembre de l'année suivant celle du paiement de la taxe.

Exemple : les travaux payés en 2016 ouvrent droit à un dégrèvement de la taxe due au titre de 2017; la réclamation à l'encontre de cette taxe doit être effectuée au plus tard le 31 décembre 2018.

Lorsque le paiement des travaux s'étale sur plusieurs années, une réclamation pour chaque année doit être effectuée en fonction des paiements effectués au cours de celle-ci[4].

1041.53 Travaux d'économie d'énergie. Les travaux d'économie d'énergie éligibles au dégrèvement de taxe foncière sont définis par l'article 1391-E du code général des impôts. Celui-ci renvoie aux travaux éligibles à la livraison à soi-même au taux de TVA de 5,5 % visés à l'article 278 *sexies*-IV-1-a du code général des impôts (v. s[s] n° 1033.93). Rappelons que ce dernier texte vise des natures de travaux et ne renvoie pas à des équipements ou normes spécifiques. Le champ d'application est donc large et le

1. CAA Lyon, 5e ch., 5 oct. 2006, *Opac du Grand Lyon*, req. n° 02-1025, *RJF* 2/07, n° 171.
2. TA Besançon, 16 févr. 1995, *SARL Compagnie Immobilière*, req. n°s 91-412 et 91-563, *RJF* 5/95, n° 617.
3. CE 8e et 3e s[s]-sect., 28 janv. 2015, *min. c/Office public de l'habitat de la communauté urbaine de Strasbourg*, req. n° 368640, *Lebon; AJDA* 2015. 791.
4. EN CE SENS, CE 8e et 3e s[s]-sect., 2 juill. 2014, *Office public de l'habitat Grand Lyon*, req. n° 368070.

dégrèvement n'est pas subordonné à la justification du respect de normes techniques.

En revanche, le mécanisme de livraison à soi-même étant réservé aux logements conventionnés, l'administration en déduit que le dégrèvement ne s'applique qu'à ces derniers. Le texte pourrait également être interprété comme ne se référant qu'aux natures de travaux visés par le mécanisme de livraison à soi-même et non à la mise en œuvre effective de ce mécanisme.

Le dégrèvement est égal au quart du coût des travaux. Celui-ci inclut les travaux et dépenses induites [1]. En revanche, si le bailleur a perçu des subventions au titre de ces travaux, le montant de celles-ci doit être déduit du coût des travaux. La doctrine administrative précise que les subventions à déduire sont celles perçues jusqu'au 31 décembre de l'année de paiement des travaux. [2]

1041.54 **Travaux d'accessibilité.** Les travaux d'accessibilité et d'adaptation des logements aux personnes handicapées ou âgées réalisés par les bailleurs sociaux sont éligibles à un dégrèvement de taxe foncière. Celui-ci est égal au montant total des dépenses (CGI, art. 1391-C).

La loi ne définit pas plus précisément les natures de travaux éligibles. Le champ est donc large, et n'implique pas nécessairement la mise en œuvre d'équipements spécifiquement adaptés aux personnes handicapées [3].

Les travaux peuvent être réalisés tant dans le logement proprement dit que dans les parties communes, extérieures ou intérieures. Le dégrèvement n'est pas subordonné à la justification de l'occupation effective du ou des logements par une personne âgée ou handicapée.

Il concerne tous les logements appartenant au bailleur, que ceux-ci soient conventionnés ou non. Par ailleurs, le montant des subventions éventuellement perçu n'est pas déduit du coût des travaux sur la base duquel le dégrèvement est demandé. [4]

1041.55 **Travaux de prévention des risques technologiques.** Les plans de prévention des risques technologiques (PPRT - C. envir., art. L. 515-16-2 s.) ont pour objet de limiter l'exposition des populations aux conséquences des accidents susceptibles de survenir dans les installations classées « Seveso seuil haut » et pouvant entraîner des effets sur la salubrité, la santé et la sécurité publiques directement ou par pollution du milieu. Lorsqu'ils sont réalisés par un bailleur social sur des logements lui appartenant, ils ouvrent droit à un dégrèvement de taxe foncière (CGI, art. 1391-D) égal aux dépenses payées à raison des travaux prescrits par le plan. Les travaux qui ne sont que recommandés n'ouvrent pas droit au dégrèvement.

Le montant des travaux prescriptibles ne peut excéder un pourcentage de la valeur vénale des immeubles, fixé par décret, ou un montant de 20 000 euros. [5]

1. EN CE SENS, CE 8e ss-sect., 17 juin 2015, *Office public de l'habitat du Territoire de Belfort*, req. n° 382248, *Lebon; AJDI* 2016. 372, obs. J.-P. Maublanc.
2. BOI-IF-TFB-50-20-20-30.
3. EN CE SENS, CE 8e et 3e ss-sect., 21 oct. 2015, *Société Dauphinoise de l'Habitat*, req. n° 374751, *Lebon; AJDI* 2016. 128, obs. J.-P. Maublanc.
4. BOI-IF-TFB-50-20-20-10.
5. BOI-IF-TFB-50-20-20-20.

CHAPITRE

1042. Taxe d'habitation

SECTION 0 ORIENTEUR

1042.00 **Plan du chapitre.**

1042.01 **Textes applicables.**

TEXTES SOURCES

• **CGI, art. 1407, 1408.**

• **BOI-IF-TH-10-20-20** (IF – TH – Champ application – Personnes imposables – Cas particuliers).

TEXTES *IN EXTENSO*

• **CGI, art. 1407**

I. La taxe d'habitation est due :

1° Pour tous les locaux meublés affectés à l'habitation;

2° Pour les locaux meublés conformément à leur destination et occupés à titre privatif par les sociétés, associations et organismes privés et qui ne sont pas retenus pour l'établissement de la cotisation foncière des entreprises;

3° Pour les locaux meublés sans caractère industriel ou commercial occupés par les organismes de l'État, des départements et des communes, ainsi que par les établissements publics autres que ceux visés au 1° du II de l'article 1408.

II. Ne sont pas imposables à la taxe :

1° Les locaux passibles de la cotisation foncière des entreprises lorsqu'ils ne font pas partie de l'habitation personnelle des contribuables [...];

5° Les locaux affectés au logement des étudiants dans les résidences universitaires lorsque la gestion de ces locaux est assurée par un centre régional des œuvres universitaires et scolaires ou par un organisme en subordonnant la disposition à des conditions financières et d'occupation analogues. Un décret fixe les justifications à produire par ces organismes.

III. Dans les zones de revitalisation rurale mentionnées à l'article 1465 A, les communes peuvent, par une délibération de portée générale prise dans les conditions prévues au I de l'article 1639 A *bis*, exonérer :

2° Les locaux classés meublés de tourisme dans les conditions prévues à l'article L. 324-1 du code du tourisme;

3° Les chambres d'hôtes au sens de l'article L. 324-3 du code du tourisme. La délibération prise par la commune produit ses effets pour la détermination de la part de la taxe d'habitation afférente à ces locaux revenant à la commune et, le cas échéant, à l'établissement public de coopération intercommunale doté d'une fiscalité propre dont elle est membre. Elle peut concerner une ou plusieurs catégories de locaux. Pour bénéficier de cette exonération, le redevable de la taxe d'habitation adresse au service des impôts du lieu de situation du bien, avant le 1er janvier de chaque année au titre de laquelle l'exonération est applicable, une déclaration accompagnée de tous les éléments justifiant de l'affectation des locaux.

• **CGI, art. 1408**

I. La taxe est établie au nom des personnes qui ont, à quelque titre que ce soit, la disposition ou la jouissance des locaux imposables. Toutefois, pour l'imposition mentionnée à l'article 1407 *bis*, la taxe est établie au nom du propriétaire, de l'usufruitier, du preneur du bail à construction ou à réhabilitation ou de l'emphytéote qui dispose du local depuis le début de la période de vacance.

Les fonctionnaires et les employés civils et militaires logés gratuitement dans les bâtiments appartenant à l'État, aux départements, aux communes ou aux hospices sont imposables pour les locaux affectés à leur habitation personnelle.

Les sociétés d'attribution d'immeubles en jouissance à temps partagé sont redevables de la taxe d'habitation afférente aux locaux attribués en jouissance à leurs membres.

• **CGI, art. 1686**

Les propriétaires et, à leur place, les principaux locataires, doivent, un mois avant l'époque du déménagement de leurs locataires, se faire représenter par ces derniers les quittances de leur taxe d'habitation. Lorsque les locataires ne représentent pas ces quittances, les propriétaires ou principaux locataires sont tenus, sous leur responsabilité personnelle, de donner, dans le délai d'un mois, avis du déménagement au comptable public chargé du recouvrement des impôts directs.

Dans le cas de déménagement furtif, les propriétaires et, à leur place, les principaux locataires sont responsables des sommes dues au titre de la taxe d'habitation par leurs locataires s'ils n'ont pas, dans les trois mois, fait donner avis du déménagement au comptable public.

Dans tous les cas, et nonobstant toute déclaration de leur part, les propriétaires ou principaux locataires sont responsables de la taxe d'habitation des personnes logées par eux en garni.

1042.02 **Jurisprudence de référence.**

> Champ d'application – vacance

• **CE 7e et 9e ss-sect., 22 mai 1974**, *Roux*, req. n° 91679, *Lebon;* BOI-IF-TH-10-20-10, n° 130

* V. ss n° 1042.22

Le fait que le propriétaire d'un studio meublé n'ayant jamais fait l'objet d'aucune location ait souhaité le donner en location et ait, à cette fin, confié les clefs à une agence ne faisait pas obstacle à ce qu'il utilisât cet appartement, et n'avait donc pas eu pour effet de lui en retirer la disposition.

1042.03 **Bibliographie indicative.**

Ouvrages. *Mémento fiscal*, « Taxe d'habitations », nos 43000 s., Francis Lefebvre, 2017.

Actualisables. RÉP. IMMO., v° « Ressources locales (Taxe d'habitation) », par M.-Ch. Steckel Assouere – DICT. PERM. Gestion immob., « Impôts locaux – taxe d'habitation », nos 327 s.

SECTION 1
CHAMP D'APPLICATION DE LA TAXE

1042.11 **Champ d'application de la taxe.** La taxe d'habitation est normalement due pour tous les locaux meublés affectés à l'habitation (CGI, art. 1407-I). La condition que le logement soit meublé est remplie dès lors que le logement est pourvu d'un ameublement « suffisant », quelles que soient l'importance ou le confort de celui-ci [1]. Ainsi, le fait que toutes les pièces ne soient pas meublées n'empêche pas en soi l'application de la taxe. Peu importe la provenance des meubles, qui peuvent être fournis par le bailleur, par le locataire lui-même ou encore par un tiers.

1042.12 **Régime des dépendances.** La taxe d'habitation est due au titre du logement proprement dit mais également de ses dépendances (CGI, art. 1409). Celles-ci sont définies par la doctrine administrative comme les locaux ou terrains, qui en raison de leur proximité par rapport à l'habitation, de leur aménagement ou de leur destination, peuvent être considérés comme y étant rattachés même s'ils ne sont pas contigus à celle-ci. [2]

Sont visés en pratique notamment les garages et emplacements de stationnement privatifs, jardins d'agrément, parcs et terrains de jeux, serres d'agrément et autres constructions (remises, installations sportives, ...), implantés sur des terrains à proximité immédiate du logement.

Concernant les garages et emplacements de stationnement privatifs, la doctrine administrative précise qu'ils constituent des dépendances soumises à la taxe d'habitation non seulement lorsqu'ils sont situés dans le bâtiment où se trouve le logement (maison individuelle, immeuble collectif), mais également lorsque, distinct de celui-ci, ils se trouvent dans un garage privé collectif. Le lien physique entre la jouissance du logement et celle du parking dépend de chaque situation de fait, mais elle est présumée écartée lorsqu'il existe une distance de plus d'un kilomètre entre les deux. [3]

1042.13 **Exonérations.** Le code général des impôts prévoit des exonérations de taxe d'habitation, dont certaines peuvent concerner les bailleurs de logements.

Sont notamment exonérés les logements soumis à la cotisation foncière des entreprises lorsqu'ils ne font pas partie de l'habitation personnelle du bailleur (v. ss nos 1043.22 s.).

SECTION 2
REDEVABLE DE LA TAXE

1042.21 **Principes.** Le redevable de la taxe d'habitation est la personne qui a la jouissance ou la disposition du logement (CGI, art. 1408-I) c'est à dire en principe, en cas de location, le locataire.

La condition de disposition du logement implique d'une part la possibilité de l'occuper à tout moment, d'autre part que la jouissance soit privative. Ces conditions appellent des interrogations en cas de vacance d'un logement locatif et dans le cas de certaines résidences ou établissements d'hébergement.

1042.22 **Redevable en cas de vacance.** Lorsque le logement locatif est vacant, la question se pose de savoir si l'on doit considérer que le propriétaire en a la jouissance, ce qui entraînerait son assujettissement à la taxe. En premier lieu, il convient de rappeler que la taxe d'habitation ne s'applique qu'aux logements meublés. Ainsi, si le logement est vide de tout meuble, il échappe de ce seul fait à la taxe.

En revanche, la question demeure posée lorsque le logement est meublé. Il s'agit alors de savoir si le bailleur a ou non la disposition du logement. En principe, le fait de rechercher un locataire devrait conduire à considérer que le logement n'est pas disponible. Cependant, la jurisprudence et la doctrine

1. BOI-IF-TH-10-10-10, § 70 s.
2. BOI-IF-TH-10-10-10, § 160.
3. BOI-IF-TH-10-10-10, § 180 s.

ne se satisfont pas de ce seul fait et prennent en compte le cas échéant d'autres éléments de contexte.

Ainsi, il a été jugé à propos d'un studio meublé qui n'avait fait l'objet d'aucune location, que la circonstance que son propriétaire ait souhaité le donner en location et ait, à cette fin, confié les clefs à une agence ne faisait pas obstacle à ce qu'il utilisât cet appartement, et n'avait donc pas eu pour effet de lui en retirer la disposition [1].

Notons qu'en cas de prolongation de la vacance, le bailleur en est présumé responsable et peut se voir réclamer la taxe d'habitation sur les logements vacants (v. s^s^ n° 1052.51) ou la taxe annuelle sur les logements vacants (v. s^s^ n° 1052.11).

1042.23 Notion de jouissance privative. Il convient de vérifier que le locataire jouit bien de façon privative du logement. À cet égard, les contraintes qui résultent habituellement d'un règlement de copropriété ou des stipulations d'un bail d'habitation ne sont *a priori* pas de nature à ôter à l'occupation son caractère privatif.

La condition de jouissance privative peut cependant faire défaut dans certains établissements d'hébergement collectif tels que les foyers de travailleurs, les résidences pour étudiants ou pour personnes âgées.

En effet lorsque, eu égard à la durée habituelle de leur séjour et aux conditions d'occupation comportant, notamment, l'attribution de chambres ou logements individuels, les locataires de ces établissements ou résidences peuvent être regardés comme ayant la disposition privative de ces locaux, la doctrine administrative considère que chacun d'entre eux doit être personnellement assujetti à la taxe d'habitation [2]. Chaque occupant bénéficie alors, le cas échéant, des abattements à la base, et des exonérations ou dégrèvements auxquels sa situation personnelle ouvre droit.

À cet égard, les clauses du règlement intérieur de l'établissement destinées à préserver l'ordre, la tranquillité et la sécurité des locataires, ne sont pas considérées à elles seules comme de nature à ôter à l'occupation son caractère privatif.

En revanche, si des contraintes plus importantes pèsent sur l'occupation, l'imposition des chambres ou appartements est établie sous une cote unique au nom du bailleur.

Cette taxe d'habitation peut toutefois, pour les foyers de jeunes travailleurs, de travailleurs migrants et pour les résidences sociales, faire l'objet d'un dégrèvement d'office en application des dispositions du 1° du II de l'article 1414 du CGI. [3] Par ailleurs, les maisons de retraite font l'objet de dispositions particulières.

1042.24 Cas des maisons de retraite gérées dans un but lucratif. Les maisons de retraite gérées dans un but lucratif sont imposées à la cotisation foncière des entreprises et leurs pensionnaires sont assujettis à la taxe d'habitation dans les conditions de droit commun lorsqu'ils occupent leur logement à titre privatif.

Les locataires peuvent dès lors bénéficier des abattements éventuels à la base ou des exonérations ou dégrèvements résultant de leur situation personnelle.

1042.25 Cas des maisons de retraite gérées sans but lucratif par des établissements publics d'assistance. Dans le cas des maisons de retraite gérées par des organismes sans but lucratif, l'article 1408 du CGI prévoit que la taxe d'habitation doit être établie au nom des personnes qui ont la disposition de locaux imposables. Par ailleurs, le II du même article exonère les établissements publics d'assistance de taxe d'habitation.

Ces établissements s'entendent, notamment, des hôpitaux et des centres communaux ou intercommunaux d'action sociale (bureaux d'aide sociale par exemple).

Les locaux communs (réfectoire, salles d'activités, ...) sont exonérés de la taxe d'habitation.

Les locaux d'hébergement proprement dits ne sont imposables au nom des occupants que si ces derniers en ont la jouissance privative. L'administration [4] considère que l'occupant n'a pas la jouissance privative lorsqu'il est hébergé en dortoir ou lorsque la réglementation de l'établissement comporte notamment l'obligation pour les personnes valides de prendre les repas en commun (et, par suite, l'interdiction de cuisiner), une limitation des heures de visite ou, à tout le moins, l'interdiction des visites de nuit ou prévoit le libre accès des chambres au personnel.

Dans ce cas, ni les occupants, ni l'établissement gestionnaire ne sont imposés. En revanche, si les occupants ont la disposition des locaux, ils sont personnellement assujettis à la taxe d'habitation.

1042.26 Cas des maisons de retraite gérées sans but lucratif par des organismes autres que les établissements publics d'assistance. Les locaux communs sont considérés par la doctrine administrative comme étant à la disposition du gestionnaire et sont

1. CE 7e et 9e s^s^-sect., 22 mai 1974, *Roux*, req. n° 91679, BOI-IF-TH-10-20-10, n° 130 – EN CE SENS AUSSI, CE 7e et 8e s^s^-sect., 10 déc. 1975, *Lombard*, req. n° 95854 – CE 7e et 8e s^s^-sect., 20 janv. 1980, req. n° 15663, *RJF* 4/80, n° 337.
2. BOI-IF-TH-10-20-20, § 250 s.
3. V. BOI-IF-TH-10-50-10.
4. BOI-IF-TH10-20-20, n° 290.

par conséquent imposés à son nom.[1] En revanche, les locaux d'hébergement sont imposés à la taxe d'habitation :

- soit, sous une cote unique, au nom du gestionnaire, si les pensionnaires n'ont pas la disposition privative de leur logement. Le gestionnaire peut obtenir, sur réclamation, un dégrèvement de la taxe, pour les locaux d'hébergement occupés par des pensionnaires qui auraient pu bénéficier d'exonérations ou dégrèvements s'ils avaient été personnellement imposés[2];

- soit, dans le cas contraire, au nom de chacun des occupants.

1042.27 Solidarité du bailleur pour le paiement de la taxe d'habitation. Le redevable de la taxe d'habitation est comme on l'a vu en principe le locataire, puisque celui-ci a la jouissance du logement. Toutefois, afin de garantir le recouvrement la recette fiscale, le code général des impôts prévoit dans certains cas une solidarité du bailleur pour le paiement de la taxe établie au nom du locataire (CGI, art. 1686).

Le propriétaire (ou le locataire principal) peut cependant échapper à cette imposition en informant le comptable public du départ du locataire. Il convient de distinguer deux cas :

- si le locataire a donné congé, le propriétaire doit se faire présenter les quittances de taxe d'habitation au plus tard un mois avant le déménagement du locataire; à défaut, il doit informer le comptable public du départ du locataire dans un délai d'un mois, c'est-à-dire au plus tard le jour du déménagement;

- si le locataire quitte le logement furtivement, le propriétaire (ou le locataire principal) doit informer le comptable public dans les trois mois du déménagement.

Ces exceptions ne sont pas applicables aux propriétaires qui donnent le logement en location meublée.

La doctrine administrative prévoit des assouplissements à ce mécanisme de solidarité :

- elle n'est effective que si l'imposition a été mise en recouvrement avant le départ du locataire[3],

- la solidarité ne s'applique pas lorsque le locataire déménage dans le ressort du même poste comptable...

- ... ni si le locataire, déménageant en dehors du ressort de ce poste, a informé le comptable public de sa nouvelle adresse ou a donné à la Poste un ordre de réexpédition définitive de son courrier[4],

- enfin, le bailleur peut éventuellement obtenir la remise gracieuse de sa responsabilité, dans le cas où il établirait qu'il est victime de « circonstances imprévisibles »[5].

1. BOI-IF-TH10-20-20, n° 320.
2. BOI-IF-TH-50-30-20.
3. BOI-REC-SOLID-20-40, § 20.
4. BOI-IF-TH-50-10, § 40 et BOI-REC-SOLID-20-40, § 50 et 70.
5. BOI-REC-SOLID-20-40, § 1.

CHAPITRE

1043. Contribution économique territoriale

SECTION 0 ORIENTEUR

1043.00 Plan du chapitre.

Division. La contribution économique territoriale est une imposition locale qui a remplacé, depuis 2010, l'ancienne taxe professionnelle. Elle ne s'applique pas aux locations ou sous-locations de logements nus. *A contrario*, les locations meublées entrent dans son champ d'application.

Cette imposition se décompose (v. s[s] n° 1043.12) entre la cotisation foncière des entreprises (CFE) et la cotisation sur la valeur ajoutée des entreprises (CVAE), cette dernière n'étant toutefois exigible qu'à compter d'un montant de recettes élevé (v. s[s] n° 1043.32).

1043.01 Textes applicables.

TEXTES SOURCES

• **CGI, art. 1447-1, 1459, 1461.**

TEXTES *IN EXTENSO*

• **CGI, art. 1447-I**

La cotisation foncière des entreprises est due chaque année par les personnes physiques ou morales, les sociétés non dotées de la personnalité morale ou les fiduciaires pour leur activité exercée en vertu d'un contrat de fiducie qui exercent à titre habituel une activité professionnelle non salariée.

Pour l'établissement de la cotisation foncière des entreprises, les activités de location ou de sous-location d'immeubles, autres que les activités de location ou sous-location d'immeubles nus à usage d'habitation, sont réputées exercées à titre professionnel.

• **CGI, art. 1459**

Sont exonérés de la cotisation foncière des entreprises :

1° Les propriétaires ou locataires qui louent accidentellement une partie de leur habitation personnelle, lorsque d'ailleurs cette location ne présente aucun caractère périodique;

2° Les personnes qui louent ou sous-louent en meublé une ou plusieurs pièces de leur habitation principale, sous réserve que les pièces louées constituent pour le locataire ou le sous-locataire en meublé sa résidence principale, et que le prix de location demeure fixé dans des limites raisonnables;

3° Sauf délibération contraire de la commune ou de l'établissement public de coopération intercommunale doté d'une fiscalité propre :

b) Les personnes qui louent en meublé des locaux classés dans les conditions prévues à l'article L. 324-1 du code du tourisme, lorsque ces locaux sont compris dans leur habitation personnelle;

c) Les personnes autres que celles visées aux 1° et 2° du présent article ainsi qu'au b qui louent ou sous-louent en meublé tout ou partie de leur habitation personnelle.

Les délibérations sont prises dans les conditions prévues à l'article 1639 A *bis* et portent sur la totalité de la part revenant à chaque collectivité ou groupement; elles peuvent concerner une ou plusieurs des catégories de personnes énumérées ci-dessus.

• **CGI, art. 1461**

Sont exonérés de la cotisation foncière des entreprises :

2° Les organismes d'habitations à loyer modéré mentionnés à l'article L. 411-2 du code de la construction et de l'habitation, les sociétés anonymes de coordination entre les organismes d'habitations à loyer modéré mentionnées à l'article L. 423-1-1 du même code, ainsi que les sociétés ou organismes visés aux articles 239 *ter* et 239 *quater* du présent code dès lors qu'ils sont constitués exclusivement par des organismes précités et si leurs activités sont identiques à celles de leurs membres;

6° L'association mentionnée à l'article L. 313-18 du code de la construction et de l'habitation et les sociétés mentionnées aux articles L. 313-19 et L. 313-20 du même code au titre des activités relevant des opérations énumérées au 14° du 1 de l'article 207

1043.02 Jurisprudence de référence.

> Exonération – location de pièces du logement principal

• **CE 9e et 8e s[s]-sect., 13 nov. 1987**, *Khouiy*, req. n° 44238, *RJF* 1/88, n° 71

* V. s[s] n° 1043.22

L'exonération ne s'applique pas en cas de location de pièces formant des logements indépendants de l'habitation principale. Il en est ainsi, notamment, des pièces pourvues de cuisines et de salles d'eau, disposant d'un accès individuel aux parties communes, d'une boîte aux lettres indépendante, etc.

1043.03 Bibliographie indicative.

Ouvrages. *Mémento fiscal*, « Contribution économique territoriale », n°s 43500 s., Francis Lefebvre, 2017.

SECTION 1
PRINCIPE D'ASSUJETTISSEMENT

1043.11 Conditions d'application aux logements. La contribution économique territoriale a remplacé l'ancienne taxe professionnelle. Comme son nom l'indique, cette dernière ne concernait que les activités « professionnelles », ce qui excluait de son champ des revenus « patrimoniaux ». En principe, les locations d'immeubles nus étaient considérées comme des activités patrimoniales et échappaient donc à la taxe professionnelle.

À l'occasion de la création de la contribution économique territoriale, le législateur a expressément précisé les conditions d'application de celle-ci aux activités immobilières (CGI, art. 1447-I) :

- la location de locaux d'activités est soumise à la contribution (sous réserve d'une exonération pour les petits bailleurs),
- la location (ou sous-location) de logements nus n'est pas soumise à la contribution,
- la location (ou sous-location) de logements meublés est imposable.

Il en résulte, en matière de logement, que seules les locations ou sous-locations meublées sont soumises à la contribution.

1043.12 Articulation entre cotisation foncière des entreprises (CET) et contribution sur la valeur ajoutée des entreprises (CVAE). La contribution économique territoriale est constituée par deux impositions dont l'assiette est distincte (CGI, art. 1447-0) :

- la cotisation foncière des entreprises (CFE) est assise sur la valeur locative des locaux définie pour les autres impositions locales (taxe foncière, taxe d'habitation);
- la contribution sur la valeur ajoutée des entreprises (CVAE) est assise sur la valeur ajoutée générée par l'activité imposable.

La CVAE ne s'applique qu'aux activités qui sont soumises à la CET (CGI, art. 1586 *ter*). Par conséquent, les locations et sous-locations de logements nus échappent à cette imposition.

Concernant les locations meublées, elles sont en principe soumises à la CVAE. Toutefois, les redevables dont l'activité génère un chiffre d'affaires annuel inférieur à 500 000 € échappent, par l'effet d'une exonération ou d'un dégrèvement, à la contribution (CGI, art. 1586 *quater*).

SECTION 2
EXONÉRATIONS

1043.21 Bailleurs sociaux. Les organismes d'HLM visés à l'article L. 411-2 du code de la construction et de l'habitation ainsi que les sociétés de coordination entre organismes d'HLM sont exonérés de la CET (CGI, art. 1461-2°).

Les autres bailleurs sociaux (notamment les sociétés d'économie mixte) ne bénéficient pas de cette exonération et sont donc en principe soumis à la contribution au titre des locations ou sous-locations de logements meublés, sauf si le bailleur peut faire valoir une exonération en tant qu'organisme public ou sans but lucratif.

1043.22 Bailleurs particuliers. Diverses exonérations de la cotisation foncière des entreprises sont prévues en faveur des bailleurs particuliers (CGI, art. 1459).

En premier lieu, les propriétaires ou locataires qui louent accidentellement une partie de leur habitation personnelle, lorsque cette location ne présente aucun caractère périodique sont exonérés. La location doit donc être accidentelle. Sont par conséquent imposables les locations habituelles d'une partie de l'habitation principale, de même qu'une location occasionnelle, lorsqu'elle porte sur des logements dont le bailleur ne dispose pas le reste du temps en tant que résidence principale. La location ne doit pas avoir de caractère périodique, c'est-à-dire qu'elle ne doit pas se répéter, ni avoir une durée trop longue.

En second lieu, l'article 1459-2 du code général des impôts prévoit une exonération pour les personnes qui louent ou sous-louent en meublé une ou plusieurs pièces de leur habitation principale, sous réserve que les pièces louées constituent pour le locataire ou le sous-locataire en meublé sa résidence principale et que le prix de location demeure fixé dans des limites raisonnables.

L'exonération ne s'applique pas en cas de location de pièces formant des logements indépendants de l'habitation principale. Il en est ainsi, notamment, des pièces pourvues de cuisines et de salles d'eau, disposant d'un accès individuel aux parties communes, d'une boîte aux lettres indépendante, etc. Cette position de l'administration a été confirmée par plusieurs décisions du Conseil d'État[1].

1. NOTAMMENT CE 9e et 8e s^s^-sect., 13 nov. 1987, *Khouiy*, req. n° 44238, *RJF* 1/88, n° 71.

Notons que l'appréciation du caractère indépendant de la location est sujet à interprétation, et que la Cour administrative d'appel de Nancy a retenu une solution contraire dans le cas de pièces qui étaient pourtant pourvues d'un équipement sanitaire [1]. L'exonération est ainsi susceptible de s'appliquer la location de chambres de bonnes, à condition de démontrer que leur configuration permette de considérer qu'elles constituent bien une dépendance du logement principal. La pièce louée doit faire partie de l'habitation principale du locataire. Concernant les étudiants, la doctrine administrative confirmait qu'ils pouvaient être considérés comme ayant leur résidence principale au lieu où ils séjournent habituellement au cours de l'année universitaire, même s'ils avaient conservé leur domicile légal chez leurs parents (D. adm. 6 E-1354, n° 2, 1er sept. 1991).

Enfin, la condition tenant au caractère raisonnable du montant du loyer est réputée remplie lorsque la location, ou la sous-location porte sur des locaux soumis à la législation sur les loyers du 1er septembre 1948, si le prix de la sous-location n'excède pas 2,5 fois la quote-part, correspondant à la partie sous-louée, du loyer de l'immeuble nu qu'il paye à son propriétaire.

En ce qui concerne le propriétaire qui loue directement en meublé, la même règle est appliquée, mais la valeur locative de l'immeuble, déterminée par comparaison avec celle d'immeubles donnés en location, sert alors de terme de référence pour l'application du coefficient susvisé.

Dans le cas des logements échappant à la loi de 1948 précitée, le caractère raisonnable du prix de la sous-location ou de la location sera reconnu si le loyer ne permet pas au locataire principal ou au propriétaire, de réaliser un profit supérieur en valeur absolue à celui qui serait autorisé s'il s'agissait d'un immeuble faisant partie du secteur réglementé.

Le cas échéant, le prix ainsi fixé peut être majoré à concurrence du prix normal des prestations particulières qui pourraient être fournies, sans qu'il en résulte la perte du bénéfice de l'exonération [2]. L'appréciation du montant du loyer reste donc sujet à interprétation.

Un troisième cas d'exonération de CET est prévu en faveur des personnes qui louent en meublé des locaux classés « meublés de tourisme » (C. tourisme, art. L. 324-1), lorsque ces locaux sont compris dans leur habitation personnelle (qui peut être leur résidence principale ou secondaire) [3]. Cette exonération peut cependant être supprimée par les collectivités territoriales ou établissements publics bénéficiaires de la contribution (CGI, art. 1459-3-b).

Enfin, l'article 1459-3-c du code général des impôts exonère les personnes autres que celles visées précédemment qui louent ou sous-louent en meublé tout ou partie de leur habitation personnelle. Il peut s'agir par exemple de propriétaires qui donnent en location leur résidence secondaire quelques semaines par an ou ceux qui louent des chambres d'hôtes dépendant de leur résidence personnelle, dont ils gardent la disposition en dehors des périodes de location [4]. Les conditions d'application de cette exonération sont plus souples que celles visées précédemment (CGI, art. 1459-1, 2 et 3-b), mais les collectivités territoriales peuvent la supprimer. En pratique, les exonérations prévues aux articles précédents ne seront donc le cas échéant appliquées que si la ou les collectivités ont délibéré pour supprimer l'exonération de l'article 1459-3-c.

SECTION 3
MODALITÉS D'IMPOSITION

1043.31 **Assiette d'imposition à la CFE.** D'une manière générale, l'assiette de la CFE est constituée par les biens passibles de la taxe foncière (terrains, constructions, ...) dont dispose le redevable pour les besoins de son activité. S'agissant d'un loueur en meublé, il s'agit du ou des logements affectés par le bailleur à la location meublée.

La base d'imposition est constituée par la valeur locative du ou des logements, telle que définie pour les besoins de la taxe foncière sur les propriétés bâties (v. ss n° 1041.11) étant précisé que l'abattement de 50 % prévu pour la taxe foncière n'est pas appliqué pour l'établissement de la CET.

1043.32 **CVAE.** L'assiette de la CVAE est constituée par la valeur ajoutée produite par l'activité du redevable (CGI, art. 1586 *sexies*).

Cependant, elle ne s'applique que si le chiffre d'affaires annuel engendré par l'activité est supérieur à 152 500 euros. En outre, les entreprises dont le chiffre d'affaires annuel est inférieur à 500 000 euros bénéficient d'un dégrèvement total de la CVAE (CGI, art. 1586 *quater*).

Il en résulte qu'en pratique, les loueurs en meublé dont l'activité génère moins de 500 000 euros de revenus annuels échappent à la CVAE.

1. CAA Nancy, 2e ch., 21 mai 1991, *Lenglet*, req. n° 89NC01557, *Lebon; RJF* 11/91, n° 1400.
2. Rép. Boucheron, 39346, *JOAN* 5 mars 1984, p. 1016.
3. Une exonération similaire existait en faveur des gîtes ruraux; elle a été supprimée par l'article 91 de la loi n° 2015-1785 du 29 décembre 2015.
4. Rép. Prat, n° 8234, *JOAN* 16 avr. 2013, p. 4141.

CHAPITRE

1044. Taxe et redevance d'enlèvement des ordures ménagères

SECTION 0
ORIENTEUR

1044.00 **Plan du chapitre.**

1044.01 **Textes applicables.**

TEXTES SOURCES

- **CGI, art. 1520-I, 1524.**
- **CGCT, art. L. 2333-76.**

TEXTES *IN EXTENSO*

- **CGI, art. 1520-I**

Les communes qui assurent au moins la collecte des déchets des ménages peuvent instituer une taxe destinée à pourvoir aux dépenses du service de collecte et de traitement des déchets ménagers et des déchets mentionnés à l'article L. 2224-14 du code général des collectivités territoriales, dans la mesure où celles-ci ne sont pas couvertes par des recettes ordinaires n'ayant pas le caractère fiscal. [...]

- **CGI, art. 1524**

En cas de vacance d'une durée supérieure à trois mois, il peut être accordé décharge ou réduction de la taxe sur réclamation présentée dans les conditions prévues en pareil cas, en matière de taxe foncière.

- **CGCT, art. L. 2333-76**

Les communes, les établissements publics de coopération intercommunale et les syndicats mixtes qui bénéficient de la compétence prévue à l'article L. 2224-13 peuvent instituer une redevance d'enlèvement des ordures ménagères calculée en fonction du service rendu dès lors qu'ils assurent au moins la collecte des déchets des ménages. [...]

La redevance est instituée par l'assemblée délibérante de la collectivité locale ou de l'établissement public qui en fixe le tarif.

Ce tarif peut, en raison des caractéristiques de l'habitat, inclure une part fixe qui n'excède pas les coûts non proportionnels et prévoir, pour les résidences constituées en habitat vertical on pavillonnaire, une redevance globale calculée en fonction du nombre de résidents ou de la masse des déchets produits exprimée en volume ou en poids. La personne morale ou physique chargée de la gestion de la résidence est alors considérée comme l'usager du service public et procède à la répartition de la redevance globale entre les foyers.

Elle est recouvrée par cette collectivité, cet établissement ou, par délégation de l'assemblée délibérante, par le concessionnaire du service. [...]

Les collectivités territoriales ont la possibilité de financer le service d'enlèvement des ordures ménagères en instituant la taxe d'enlèvement des ordures ménagères, prévue par l'article 1520 du code général des impôts, ou la redevance d'enlèvement des ordures ménagères, prévue par l'article L. 2333-76 du code général des collectivités territoriales. Ces deux modes de financement sont exclusifs l'un de l'autre.

1044.03 **Bibliographie indicative.**

Ouvrages. *Mémento fiscal*, « Taxe d'enlèvement des ordures ménagères », n° 45520, Francis Lefebvre, 2017.

Actualisables. RÉP. IMMO., v° « Ressources locales – Redevances », par J.-L. Albert, nos 90 s. – DICT. PERM., Gestion immob., « Impôts locaux – Enlèvement des ordures ménagères », nos 305 s.

SECTION 1
TAXE D'ENLÈVEMENT DES ORDURES MÉNAGÈRES

1044.11 **Principes.** La taxe d'enlèvement des ordures ménagères a le même champ d'application que la taxe foncière sur les propriétés bâties. Elle est donc due à raison des logements, et est assise sur la valeur locative de ces derniers, définie comme en matière de taxe foncière (v. ss n° 1041.11). Le taux est défini par la collectivité ou l'établissement concerné. Elle est recouvrée en même temps que cette dernière, par l'administration fiscale. Il s'agit d'une imposition à caractère fiscal, et non d'une redevance pour service rendu. Le montant de la taxe n'est donc pas directement corrélé au coût du service rendu.

La taxe est due par le propriétaire. Elle fait toutefois partie des charges récupérables sur le locataire (v. s^{s} n°s 321.11 s.). Lorsque le propriétaire dispose de plusieurs logements situés à une même adresse, l'avis d'imposition ne distingue pas entre les différents logements. Le propriétaire doit donc ventiler la taxe foncière à remettre à la charge des différents locataires, sous sa responsabilité. Pour ce faire, il peut néanmoins demander à l'administration de détail des valeurs locatives de chaque logement afin de définir la clé de répartition [1].

1044.12 **Dégrèvement pour vacance.** La taxe d'enlèvement des ordures ménagères peut faire l'objet d'un dégrèvement lorsque le logement est vacant pendant une durée de moins de trois mois, à condition que la vacance soit involontaire (CGI, art. 1524). Le caractère involontaire de la vacance s'apprécie comme en matière de taxe foncière (v. s^{s} n° 1041.31).

SECTION 2

REDEVANCE D'ENLÈVEMENT DES ORDURES MÉNAGÈRES

1044.21 **Principes.** La redevance d'enlèvement des ordures ménagères est une redevance pour service rendu, et non une imposition à caractère fiscal. Lorsqu'elle est instituée, son montant doit correspondre au coût du service rendu. Elle est collectée directement par le receveur pour le compte de la collectivité ou de l'établissement concerné.

Cette redevance, lorsqu'elle est réclamée au propriétaire, fait partie des charges récupérables auprès du locataire (v. s^{s} n°s 321.11 s.).

1. Rép. Gantier, n° 6861, *JOAN* 22 mai 1989, p. 2326.

TITRE

105. Les impositions diverses

SECTION 0

ORIENTEUR

105.00 **Plan du titre.**

CHAPITRE

1051. Taxe sur les loyers élevés des micro-logements

SECTION 0 ORIENTEUR

1051.00 Plan du chapitre.

Division. Il est notoire que les loyers au mètre carré sont d'autant plus élevés que la surface du logement est petite. Dans les zones urbaines très tendues, cette règle a pu atteindre un paroxysme, qui a conduit le législateur à intervenir en créant une imposition spécifique très dissuasive (v. s^{s} n° 1051.11).

Le caractère répressif de cette taxe (dite « taxe Apparu », du nom du ministre qui en est à l'origine), est renforcé par le fait qu'elle n'est pas déductible du revenu foncier ou du résultat imposable selon le régime BIC/IS (v. s^{s} n°s 1011.172 et 1011.341).

1051.01 Textes applicables.

TEXTES SOURCES

• **CGI, art. 234.**

• **BOI-RFPI-CTRL-10** (RFPI – Contributions et taxes sur les revenus locatifs – Taxe sur les loyers élevés des logements de petite surface – « Taxe Apparu »).

TEXTES *IN EXTENSO*

• **CGI, art. 234**

I. – Il est institué une taxe annuelle due à raison des loyers perçus au titre de logements situés dans des communes classées dans des zones géographiques se caractérisant par un déséquilibre particulièrement important entre l'offre et la demande de logements, donnés en location nue ou meublée pour une durée minimale de neuf mois et dont la surface habitable, au sens du code de la construction et de l'habitation, est inférieure ou égale à 14 mètres carrés, lorsque le montant du loyer mensuel, charges non comprises, des logements concernés excède un montant, fixé par décret, compris entre 31,23 et 46,85 € par mètre carré de surface habitable.

Le montant mentionné au premier alinéa peut être majoré, par le décret mentionné au même alinéa, au maximum de 10 % pour les locations meublées. Il peut, par le même décret, être modulé selon la tension du marché locatif au sein des zones géographiques concernées.

Le montant mentionné au premier alinéa, éventuellement majoré ou modulé dans les conditions prévues au deuxième alinéa, ainsi que les limites de 31,23 et 46,85 € mentionnées au premier alinéa sont révisés au 1er janvier de chaque année selon les modalités prévues au premier alinéa de l'article L. 353-9-2 du code de la construction et de l'habitation et arrondis au centime d'euro le plus proche.

Un arrêté des ministres chargés du budget et du logement, révisé au moins tous les trois ans, établit le classement des communes par zone.

La taxe s'applique exclusivement aux loyers perçus au titre des logements donnés en location nue ou meublée et exonérés de la taxe sur la valeur ajoutée conformément aux 2° et 4° de l'article 261 D.

II. – La taxe, due par le bailleur, est assise sur le montant des loyers perçus au cours de l'année civile considérée au titre des logements imposables définis au I.

III. – Le taux de la taxe est fixé à :

a) 10 % si l'écart entre le montant du loyer mensuel, charges non comprises, et la valeur du loyer mensuel de référence est inférieur à 15 % de cette valeur;

b) 18 % si l'écart entre le montant du loyer mensuel, charges non comprises, et la valeur du loyer mensuel de référence est supérieur ou égal à 15 % et inférieur à 30 % de cette valeur;

c) 25 % si l'écart entre le montant du loyer mensuel, charges non comprises, et la valeur du loyer mensuel de référence est supérieur ou égal à 30 % et inférieur à 55 % de cette valeur;

d) 33 % si l'écart entre le montant du loyer mensuel, charges non comprises, et la valeur du loyer mensuel de référence est supérieur ou égal à 55 % et inférieur à 90 % de cette valeur;

e) 40 % si l'écart entre le montant du loyer mensuel, charges non comprises, et la valeur du loyer mensuel de référence est supérieur ou égal à 90 % de la valeur du loyer mensuel de référence.

IV. 1. Pour les personnes physiques, la taxe est établie, contrôlée et recouvrée comme en matière d'impôt sur le revenu et sous les mêmes garanties et sanctions. Le seuil de mise en recouvrement mentionné au 1 *bis* de l'article 1657 s'applique à la somme de la taxe et de la cotisation initiale d'impôt sur le revenu.

2. Pour les personnes soumises à l'impôt sur les sociétés, la taxe est déclarée, contrôlée et recouvrée selon les mêmes règles d'assiette, d'exigibilité, de liquidation, de recouvrement et de contrôle que l'impôt sur les sociétés et sous les mêmes garanties et sanctions.

3. Pour les sociétés ou groupements dont les bénéfices sont imposés au nom des associés, la taxe est déclarée et acquittée par ces sociétés ou groupements auprès du comptable de la direction générale des finances publiques compétent au plus tard à la date prévue pour le dépôt de la déclaration de leur résultat. La taxe est contrôlée et recouvrée selon les mêmes garanties et sanctions qu'en matière d'impôt sur les sociétés.

V. – La taxe n'est pas déductible des revenus soumis à l'impôt sur le revenu ou du résultat imposable à l'impôt sur les sociétés.

1051.03 **Bibliographie indicative.**

Ouvrages. *Mémento fiscal*, « Taxe sur les loyers des micro-logements », n°s 75990 s., Francis Lefebvre, 2017.

Actualisables. DICT. PERM., Gestion immob., « Taxe sur les loyers élevés de logements de petite surface ».

SECTION 1
CHAMP D'APPLICATION

1051.11 **Locations concernées.** La taxe s'applique aux locations de logements dont la surface habitable (définie par CCH, art. R. 111-2) est inférieure à 14 mètres carrés.

La location doit être d'une durée minimale de neuf mois. Elle s'applique tant aux locations nues que meublées. La taxe ne s'applique pas si la location est soumise à la TVA (locations « para-hôtelières » - v. s^{s} n° 1032.11). De ce fait, certaines résidences de tourisme, pour personnes âgées, étudiants, ..., peuvent échapper à cette imposition.

1051.12 **Localisation des biens.** Seuls les logements situés dans des zones « tendues » sont imposables. Ces zones sont définies par un arrêté ministériel (actuellement, arrêté du 1er août 2014, modifié le 30 septembre 2014, pris en application de CCH, art. R. 304-1). Il s'agit de la zone A (qui inclut la zone A *bis*).

1051.13 **Montant du loyer.** La taxe vise les locations dont le loyer est considéré comme élevé. Le montant de loyer est défini par mètre carré habitable. Les remboursements de charges locatives ne sont pas pris en compte pour l'appréciation du montant du loyer.

Pour 2016, le seuil déclenchant la taxe est fixé à 41,64 euros mensuels par mètre carré habitable.[1] Ainsi, pour un logement de 10 m^2, la taxe s'applique si le loyer mensuel hors charges est au moins égal à 416,40 euros.

1051.14 **Personnes imposables.** La taxe est susceptible de s'appliquer à tous les propriétaires, personnes physiques ou morales, quel que soit leur régime d'imposition (revenus fonciers, BNC, BIC, impôt sur les sociétés, ...).

Les locations consenties par les sociétés transparentes (CGI, art. 1655 *ter* - v. s^{s} n° 1012.42) sont imposables directement au nom des associés.

SECTION 2
MODALITÉS D'APPLICATION

1051.21 **Assiette.** La taxe est assise sur le montant brut des loyers perçus au cours de l'année civile, hors charges locatives. La doctrine administrative renvoie pour l'assiette à celle définie pour les revenus fonciers (v. s^{s} n° 1011.41). Il n'est pas tenu compte des charges ni de l'abattement forfaitaire du régime micro-foncier.

1051.22 **Taux.** La taxe est assise sur le montant brut des loyers. Le taux varie selon un barème dépendant du niveau de dépassement du seuil d'imposition.

Écart entre le loyer mensuel pratiqué et le loyer de référence	Taux de la taxe
Inférieur à 15 %	10 %
Supérieur ou égal à 15 % et inférieur à 30 %	18 %
Supérieur ou égal à 30 % et inférieur à 55 %	25 %
Supérieur ou égal à 55 % et inférieur à 90 %	33 %
Supérieur ou égal à 90 %	40 %

EXEMPLE : un bailleur donne en location en 2016 un studio de 10 m^2 de surface habitable situé en zone A, pour un loyer mensuel hors charges de 600 euros. La durée de location est de trois ans.

Le montant de loyer excède le seuil de déclenchement de la taxe, fixé à 416,40 euros par mois en 2016.

Le pourcentage de dépassement est de 44,09 % ([(60-41,64)/41,64] × 100). Le taux de la taxe s'élève donc à 25 %.

Le bailleur ayant perçu douze mois de loyers (soit 7 200 euros), il est redevable d'une taxe de 1 800 euros.

1. BOI-RFPI-CTRL-10, n° 70.

SECTION 3
DÉCLARATION ET PAIEMENT

1051.31 **Personnes physiques.** Les informations relatives à la taxe sont mentionnées par les particuliers sur l'imprimé n° 2042 LE (Cerfa n° 14872).

Le montant total de la taxe est ensuite reporté dans la case relative à cette taxe de la déclaration d'ensemble des revenus n° 2042 (Cerfa n° 10330). Le montant de la taxe apparaît dans l'avis d'imposition et est payé comme l'indique l'avis d'imposition.

1051.32 **Personnes morales passibles de l'impôt sur les sociétés.** La taxe sur les loyers élevés des logements de petite surface due par les personnes morales passibles de l'impôt sur les sociétés est déclarée et recouvrée comme cet impôt.

Les personnes morales redevables remplissent l'imprimé 2576-TSLE-SD (Cerfa n° 14813) qui regroupe l'ensemble des éléments permettant l'auto-liquidation de la taxe.

Cet imprimé doit être déposé, accompagné du paiement correspondant, dans les mêmes conditions et délais que l'impôt sur les sociétés.

1051.33 **Personnes morales soumises au régime des sociétés de personnes.** La taxe sur due par les sociétés ou groupements dont les bénéfices sont imposés au nom des associés est déclarée et acquittée, au moyen de l'imprimé 2576-TSLE-SD (Cerfa n° 14813), auprès du comptable de la direction générale des finances publiques compétent au plus tard à la date prévue pour le dépôt de leur déclaration de résultat.

CHAPITRE

1052. Impositions sur les logements vacants

SECTION 0 ORIENTEUR

1052.00 **Plan du chapitre.**

1052.01 **Textes applicables.**

TEXTES SOURCES

• **CGI, art. 232.**

• **CGI, art. 1407 *bis*.**

• **BOI-IF-AUT-60** (IF-AUT – Taxes et prélèvements additionnels aux impôts fonciers – Taxe annuelle sur les logements vacants).

• **BOI-IF-TH-60** (IF-TH – Règles spécifiques d'assujettissement des logements vacants à la taxe d'habitation).

TEXTES *IN EXTENSO*

• **CGI, art. 232**

I. – La taxe annuelle sur les logements vacants est applicable dans les communes appartenant à une zone d'urbanisation continue de plus de cinquante mille habitants où existe un déséquilibre marqué entre l'offre et la demande de logements, entraînant des difficultés sérieuses d'accès au logement sur l'ensemble du parc résidentiel existant, qui se caractérisent notamment par le niveau élevé des loyers, le niveau élevé des prix d'acquisition des logements anciens ou le nombre élevé de demandes de logement par rapport au nombre d'emménagements annuels dans le parc locatif social. Un décret fixe la liste des communes où la taxe est instituée.

II. – La taxe est due pour chaque logement vacant depuis au moins une année, au 1er janvier de l'année d'imposition, à l'exception des logements détenus par les organismes d'habitations à loyer modéré et les sociétés d'économie mixte et destinés à être attribués sous conditions de ressources.

III. – La taxe est acquittée par le propriétaire, l'usufruitier, le preneur à bail à construction ou à réhabilitation ou l'emphytéote qui dispose du logement depuis le début de la période de vacance mentionnée au II.

IV. – L'assiette de la taxe est constituée par la valeur locative du logement mentionnée à l'article 1409. Son taux est fixé à 12,5 % la première année d'imposition et à 25 % à compter de la deuxième.

V. – Pour l'application de la taxe, n'est pas considéré comme vacant un logement dont la durée d'occupation est supérieure à quatre-vingt-dix jours consécutifs au cours de la période de référence définie au II.

VI. – La taxe n'est pas due en cas de vacance indépendante de la volonté du contribuable.

VII. – Le contrôle, le recouvrement, le contentieux, les garanties et les sanctions de la taxe sont régis comme en matière de taxe foncière sur les propriétés bâties.

VIII. – Le produit de la taxe est versé à l'Agence nationale de l'habitat dans la limite du plafond prévu au I de l'article 46 de la loi n° 2011-1977 du 28 décembre 2011 de finances pour 2012.

• **CGI, art. 1407 *bis***

Les communes autres que celles visées à l'article 232 peuvent, par une délibération prise dans les conditions prévues à l'article 1639 A *bis*, assujettir à la taxe d'habitation, pour la part communale et celle revenant aux établissements publics de coopération intercommunale sans fiscalité propre, les logements vacants depuis plus de deux années au 1er janvier de l'année d'imposition. La vacance s'apprécie au sens des V et VI de l'article 232.

Le premier alinéa est applicable aux établissements publics de coopération intercommunale à fiscalité propre, mentionnés aux I ou II de l'article 1379-0 *bis*, lorsqu'ils ont adopté un programme local de l'habitat défini à l'article L. 302-1 du code de la construction et de l'habitation. La délibération prise par l'établissement public de coopération intercommunale n'est pas applicable sur le territoire de ses communes membres ayant délibéré pour instaurer cette taxe conformément au premier alinéa ainsi que sur celui des communes mentionnées à l'article 232.

Les abattements, exonérations et dégrèvements prévus aux articles 1411 et 1413 *bis* à 1414 A ne sont pas applicables. Toutefois, sont exonérés les logements détenus par les organismes d'habitations à loyer modéré et les sociétés d'économie mixte, destinés à être attribués sous conditions de ressources.

En cas d'imposition erronée liée à l'appréciation de la vacance, les dégrèvements en résultant sont à la charge de la commune ou de l'établissement public de coopération intercommunale à fiscalité propre. Ils s'imputent sur les attributions mentionnées aux articles L. 2332-2 et L. 3332-1-1 du code général des collectivités territoriales.

1052.03 Bibliographie indicative.

Ouvrages. *Mémento fiscal*, « Taxe sur les logements vacants », n°s 75980 s. ; « taxe d'habitation », n° 43000, Francis Lefebvre, 2017.

Actualisables. DICT. PERM., Gestion immob., « Taxe sur les logements vacants ».

SECTION 1
TAXE ANNUELLE SUR LES LOGEMENTS VACANTS

1052.11 Introduction. Cette taxe, prévue par l'article 232 du code général des impôts, s'applique aux logements vacants situés dans les communes appartenant à une zone d'urbanisation continue de plus de 50 000 habitants, dans lesquelles existe un déséquilibre marqué entre l'offre et la demande de logements. La liste de ces communes est fixée par le décret n° 2013-392 du 10 mai 2013 [1].

§ 1
Champ d'application

1052.21 Logements concernés. La taxe s'applique aux logements situés dans les zones précitées et vacants depuis plus d'un an au 1er janvier de l'année d'imposition. Elle porte sur des logements non meublés, non soumis à la taxe d'habitation.

Le logement doit être en état d'être loué. Autrement dit, un logement vétuste qui ne pourrait être mis en location que moyennant des travaux très importants n'est pas imposable. Ces travaux sont définis par la doctrine administrative [2] comme ceux :

- ayant pour objet d'assurer la stabilité des murs, charpentes et toitures, planchers ou circulations intérieures (notamment les escaliers) ;

- avoir pour objet l'installation, dans un logement qui en est dépourvu ou, dans le cas contraire, la réfection complète de l'un ou l'autre des éléments suivants : équipement sanitaire élémentaire, chauffage, électricité, eau courante, ensemble des fenêtres et portes extérieures.

La justification de l'importance des travaux peut notamment être apportée par des devis. En outre, l'administration admet que l'importance est établie lorsque le coût des travaux excède 25 % de la valeur vénale du logement.

Si le contribuable estime que la taxe a été établie à tort, il lui appartient d'en solliciter le dégrèvement en adressant à l'administration une réclamation.

1052.22 Exonérations. Les logements appartenant aux organismes d'HLM (au sens de CCH, art. L. 411-2) ou aux sociétés d'économie mixte et dont l'attribution est soumise à des conditions de ressources sont de plein droit exonérés de la taxe.

Par ailleurs, les logements qui constituent des dépendances du domaine public, dont l'occupation a, comme toute occupation du domaine public, un caractère précaire, sont de ce fait exclus du champ d'application de la taxe.

1052.23 Condition de vacance. La taxe est due dès lors que le logement est vacant depuis au moins un an au 1er janvier de l'année d'imposition. Le logement n'est pas soumis à la taxe s'il a été occupé pendant plus de 90 jours au cours de l'année précédente.

Par ailleurs, la taxe n'est pas due lorsque la vacance du logement est imputable à une cause étrangère à la volonté du contribuable. Ainsi, d'après la doctrine administrative, sont notamment exclus du champ d'application de la taxe :

- les logements ayant vocation, dans un délai proche, à disparaître ou à faire l'objet de travaux dans le cadre d'opérations d'urbanisme, de réhabilitation ou de démolition (à ce titre, un délai d'un an peut être retenu) ;

- les logements mis en location ou en vente au prix du marché et ne trouvant pas preneur ou acquéreur.

L'appréciation du caractère volontaire ou non de la vacance relève donc essentiellement de circonstances de fait, le contribuable devant prouver qu'il a effectué toutes les démarches nécessaires pour vendre ou louer son logement vacant (mise en vente ou propositions de location dans plusieurs agences, adaptation du prix de vente ou de location aux conditions et évolutions du marché, etc.) ou que l'immeuble ne peut pas être occupé dans des conditions normales. Lorsque le redevable estime que la vacance n'est pas de son fait, il lui appartient d'établir les faits constitutifs de cette situation et d'en réclamer la restitution par voie de réclamation contentieuse.

La doctrine administrative considère que la vacance involontaire au sens de la taxe sur les logements vacants est différente de la vacance indépendante de la volonté au sens du I de l'article 1389 du

1. Décr. n° 2013-392, 10 mai 2013 relatif au champ d'application de la taxe annuelle sur les logements vacants instituée par l'article 232 du code général des impôts, *JO* 12 mai, p. 7959.
2. BOI-IF-AUT-10, § 60.

CGI relatif à la taxe foncière sur les propriétés bâties (v. s^s n° 1041.31).

Le délai de vacance s'apprécie au regard d'un même redevable. Il en résulte qu'en cas de vente d'un logement vacant, la durée de vacance s'apprécie, au regard du nouvel acquéreur, uniquement à partir de la date à laquelle il est devenu propriétaire. La taxe est ainsi due le cas échéant par le nouveau propriétaire au titre de la deuxième année à compter de celle de la cession si le logement reste constamment vacant durant cette période.

§ 2
Modalités d'imposition

1052.31 **Base et taux d'imposition.** L'assiette d'imposition est constituée par la valeur locative du logement retenue en matière de taxe d'habitation.

Le taux est fixé à 12,5 % la première année où le logement devient imposable et à 25 % à compter de la deuxième année. Lorsque le logement sort du champ de la taxe et y revient, il bénéficie de nouveau la première année du taux de 12,5 %.

1052.32 **Redevable.** Le redevable de la taxe est selon le cas le propriétaire, l'usufruitier ou le preneur d'un bail à construction, emphytéotique ou à réhabilitation.

S'il entend contester la taxe, le redevable doit adresser une réclamation à l'administration au plus tard le 31 décembre de l'année qui suit celle de l'imposition.

SECTION 2
TAXE D'HABITATION SUR LES LOGEMENTS VACANTS

1052.41 **Introduction.** Les communes, les établissements publics de coopération intercommunale (EPCI) à fiscalité propre peuvent, par une délibération prise dans les conditions prévues à l'article 1639-A-*bis* du code général des impôts, assujettir à la taxe d'habitation les logements vacants depuis plus de deux années au 1er janvier de l'année d'imposition (CGI, art. 1407 *bis*). Cette taxe ne s'applique que lorsque la taxe annuelle sur les logements vacants prévue à l'article 232 du code général des impôts n'est pas applicable sur leur territoire (v. s^s n° 1052.11).

§ 1
Champ d'application

1052.51 **Logements concernés.** La taxe s'applique aux logements situés hors des zones dans lesquelles s'applique la taxe annuelle sur les logements vacants, et à condition que la collectivité ait délibéré pour l'établir.

Les logements imposables sont les mêmes que ceux soumis à la taxe annuelle sur les logements vacants (v. s^s n° 1052.21). Toutefois, les logements appartenant aux bailleurs sociaux et dont l'attribution est soumise à des plafonds de ressources n'étaient pas exonérés de la taxe jusqu'en 2016. Ils en sont exonérés à compter de 2017 (L. n° 2016-1917, 29 déc. 2016, art. 96).

1052.52 **Condition de vacance.** La durée de vacance rendant la taxe exigible est de deux années consécutives. Un logement est donc imposable au titre d'une année N s'il est vacant le 1er janvier de cette année et ce, depuis le 1er janvier de l'année N-2.

Le délai de vacance s'apprécie au regard d'un même redevable. Il en résulte qu'en cas de vente d'un logement vacant, la durée de vacance s'apprécie, au regard du nouvel acquéreur, uniquement à partir de la date à laquelle il est devenu propriétaire. La taxe est ainsi due le cas échéant par le nouveau propriétaire au titre de la troisième année à compter de celle de la cession si le logement reste constamment vacant durant cette période.

§ 2
Modalités d'imposition

1052.61 **Base et taux d'imposition.** L'assiette d'imposition est constituée par la valeur locative du logement retenue en matière de taxe d'habitation.

Le taux applicable est, selon le cas, le taux de taxe d'habitation de la commune, majoré le cas échéant du taux des établissements publics de coopération inter-communale sans fiscalité propre dont elle est membre, ou celui de l'établissement public à fiscalité propre ayant délibéré afin d'assujettir à la taxe d'habitation les logements vacants.

Les abattements sur la valeur locative et les exonérations ou réductions de taux applicables en matière de taxe d'habitation ne sont pas applicables à la taxe d'habitation sur les logements vacants.

1052.62 **Redevable.** Le redevable de la taxe est selon le cas le propriétaire, l'usufruitier ou le preneur d'un bail à construction, emphytéotique ou à réhabilitation.

S'il entend contester la taxe, le redevable doit adresser une réclamation à l'administration au plus tard le 31 décembre de l'année qui suit celle de l'imposition.

LIVRE

11. ANNEXES

SECTION 0
ORIENTEUR

Plan des annexes.

ANNEXE

1111. Indicateurs

1111.11 **Indice de référence des loyers (IRL)**
[▶ V. s^s n°s 521.65 s. et 523.41]

> À partir du 1er janvier 2006, l'indice de référence des loyers (IRL) se substitue à l'indice du coût de la construction (ICC) comme référence pour la révision des loyers en cours de bail dans le parc locatif privé. Depuis le 8 février 2008, cet indice trimestriel s'établit comme la moyenne, sur les douze derniers mois, de l'indice des prix à la consommation hors tabac et hors loyers. Pour en savoir plus, consulter le site de l'Insee.

IRL – Historique de l'indice de référence des loyers (L. 8 févr. 2008)

TABLEAU DES VALEURS DE L'INDICE DE RÉFÉRENCE DES LOYERS BASE 100 AU 4E TRIMESTRE 1998

Période	Indice de référence des loyers	Variation annuelle en %	Date de parution au *JO*
• 3e trimestre 2017	126,46	+ 0,90	13/10/2017
• 2e trimestre 2017	126,19	+ 0,75	16/07/2017
• 1er trimestre 2017	125,90	+ 0,51	14/04/2017
• 4e trimestre 2016	125,50	+ 0,18	14/01/2017
• 3e trimestre 2016	125,33	+ 0,06	13/10/2016
• 2e trimestre 2016	125,25	+ 0,00	14/07/2016
• 1er trimestre 2016	125,26	+ 0,06	14/04/2016
• 4e trimestre 2015	125,28	– 0,01	15/01/2016
• 3e trimestre 2015	125,26	+ 0,02	16/10/2015
• 2e trimestre 2015	125,25	+ 0,08	23/07/2015
• 1er trimestre 2015	125,19	+ 0,15	17/04/2015
• 4e trimestre 2014	125,29	+ 0,37	17/01/2015
• 3e trimestre 2014	125,24	+ 0,47	22/10/2014
• 2e trimestre 2014	125,15	+ 0,57	27/07/2014
• 1er trimestre 2014	125,00	+ 0,60	18/04/2014
• 4e trimestre 2013	124,83	+ 0,69	17/01/2014
• 3e trimestre 2013	124,66	+ 0,90	23/10/2014
• 2e trimestre 2013	124,44	+ 1,20	16/07/2014
• 1er trimestre 2013	124,25	+ 1,54	14/04/2013
• 4e trimestre 2012	123,97	+ 1,88	12/01/2013
• 3e trimestre 2012	123,55	+ 2,15	13/10/2012
• 2e trimestre 2012	122,96	+ 2,20	17/07/2012
• 1er trimestre 2012	122,37	+ 2,24	18/04/2012
• 4e trimestre 2011	121,68	+ 2,11	15/01/2012
• 3e trimestre 2011	120,95	+ 1,90	15/10/2011
• 2e trimestre 2011	120,31	+ 1,73	22/07/2011
• 1er trimestre 2011	119,69	+ 1,60	14/04/2011
• 4e trimestre 2010	119,17	+ 1,45	14/01/2011
• 3e trimestre 2010	118,70	+ 1,10	14/10/2010
• 2e trimestre 2010	118,26	+ 0,57	22/07/2010
• 1er trimestre 2010	117,81	+ 0,09	16/04/2010
• 4e trimestre 2009	117,47	– 0,06	17/01/2010
• 3e trimestre 2009	117,41	+ 0,32	16/10/2009
• 2e trimestre 2009	117,59	+ 1,31	25/07/2009
• 1er trimestre 2009	117,70	+ 2,24	17/04/2009
• 4e trimestre 2008	117,54	+ 2,83	17/01/2009
• 3e trimestre 2008	117,03	+ 2,95	21/11/2008
• 2e trimestre 2008	116,07	+ 2,38	17/07/2008
• 1er trimestre 2008	115,12	+ 1,81	19/04/2008
• 4e trimestre 2007	114,30	+ 1,36	16/02/2008
• 3e trimestre 2007	113,68	+ 1,11	14/02/2008
• 2e trimestre 2007	113,37	+ 1,24	14/02/2008
• 1er trimestre 2007	113,07	+ 1,44	14/02/2008
• 4e trimestre 2006	112,77	///	14/02/2008
• 3e trimestre 2006	112,43	///	14/02/2008
• 2e trimestre 2006	111,98	///	14/02/2008

ANNEXE

1112. Exemples de contrats et d'actes

1112.10 Secteur privé – Contrat – Caution – État des lieux

1112.11 Contrat de location ou de colocation de logement nu, soumis au titre Ier de la loi du 6 juillet 1989 tendant à améliorer les rapports locatifs et portant modification de la loi n° 86-1290 du 23 décembre 1986

Le présent contrat de bail est conforme au bail type en annexe 1 du décret n° 2015-587 du 29 mai 2015 relatif aux contrats types de location de logement à usage de résidence principale (*JO* 31 mai, P. 9035).

[▶ V. n°s 132.13 s.]

1. Désignation des parties

Le présent bail est conclu entre les soussignés :

Bailleur : M. .... *[nom et prénom si personne physique ou, si personne morale* (1)*, dénomination sociale]*, dont le domicile *[ou siège social]* est situé .... et dont l'adresse électronique (2) est ...... *(facultatif)*.

Désigné(s) ci-après « le bailleur » ;

– le cas échéant, représenté par le mandataire :

[Nom ou raison sociale et adresse du mandataire ainsi que l'activité exercée*]*

le cas échéant, *[numéro et lieu de délivrance de la carte professionnelle / nom et adresse du garant]* (3)

Locataire(s) : M. .... [nom et prénom du ou des locataires ou, en cas de colocation, des colocataires, adresse électronique (facultatif)]

ci-après, dénommé « le locataire »

(1) Préciser si la personne morale est une société civile constituée exclusivement entre parents et alliés jusqu'au quatrième degré inclus.

(2) À reproduire si pluralité de bailleur.

(3) Mention obligatoire s'appliquant aux professionnels exerçant une activité mentionnée à l'article 1er de la loi n° 70-9 du 2 janvier 1970 réglementant les conditions d'exercice des activités relatives à certaines opérations portant sur les immeubles et les fonds de commerce.

Il a été convenu ce qui suit :

2. Objet du contrat

Le présent contrat a pour objet la location d'un logement ainsi déterminé :

A. Consistance du logement

Les locaux loués sont situés :

– Adresse [n° rue / bâtiment / étage / porte etc.]

Les locaux loués sont du type :

[▶ Cocher la (les) case(s) correspondante(s) et remplir les blancs]

– Immeuble collectif	❐	Maison individuelle	❐
– Mono propriété	❐	Copropriété	❐

Ils ont été construits :

Avant 1949	❐	de 1949 à 1974	❐
de 1975 à 1989	❐	de 1989 à 2005	❐
depuis 2005	❐		

Les locaux loués ont :

– une surface habitable au sens de l'article R. 111-2 du Code de la construction et de l'habitation de : ... m^2;

Les locaux loués sont composés de .... pièces et des éléments suivantes [le cas échéant] :

- combles aménagés ou non ❐
- balcon ❐
- terrasse ❐
- loggia ❐
- jardin ❐
- grenier ❐
- autre *[▶ Préciser]*......... ❐

Ils bénéficient des éléments d'équipement suivants :

- chauffage

collectif(4) ❐ individuel ❐

- eau chaude
sanitaire collective(5) ❐ individuelle ❐
Le cas échéant :
- cuisine équipée (détailler) ❐
- équipements sanitaires (détailler) ❐
- interphone ❐

(4) Si chauffage collectif, préciser les modalités de répartition de la consommation du locataire.

(5) En cas de production collective, préciser les modalités de répartition de la consommation du locataire.

B.
Destination des locaux

Les locaux loués sont à usage
- à usage exclusif d'habitation ❐
- à usage mixte (d'habitation et professionnel) ❐

C.
Équipements accessoires de l'immeuble à usage privatif du locataire [le cas échéant]

[▶ Cocher la (les) case(s) correspondante(s) et remplir les blancs]

Les locaux loués comprennent les éléments accessoires de l'immeuble à usage privatif du locataire suivants :
- cave ❐
- garage ❐
- parking ❐
- autre *[▶ Préciser]*......... ❐

D.
Équipements accessoires de l'immeuble à usage commun [le cas échéant]

[▶ Cocher la (les) case(s) correspondante(s) et remplir les blancs]

Les locaux loués comprennent les équipements et éléments accessoires de l'immeuble à usage commun :
- digicode ❐
- ascenseur ❐
- garage à vélo ❐
- jardin ❐
- laverie ❐
- local à poubelles ❐
- service de gardiennage ❐
- parking ❐
- autre *[▶ Préciser]*............ ❐

E.
Équipements d'accès aux technologies de l'information et de communication [le cas échéant]

Les locaux loués disposent des équipements d'accès aux technologies de l'information et de communication suivants
- antenne TV collective ❐
- câble ❐
- autre *[▶ Préciser]*......... ❐
- N° de ligne téléphonique fixe ou point de connexion *[▶ Préciser]*..............

3.
Date de prise d'effet et durée du contrat

La durée du contrat et sa date de prise d'effet sont ainsi définies :

A.
Date de prise d'effet du contrat :

[▶ Préciser]

B.
Durée du contrat

Le présent contrat est conclu pour une durée de .... ans

[▶ la durée du bail ne peut être inférieure à trois ans lorsque le bailleur est une personne physique et six ans lorsque le bailleur est une personne morale]

C.
Événement et raison justifiant la durée réduite du contrat de location [le cas échéant]

En raison d'un événement précis qui justifie(6) que le bailleur (personne physique) doive reprendre les lieux loués pour des raisons professionnelles ou familiales, le présent contrat est conclu pour une durée de............ mois *[▶ durée ne pouvant être inférieure à un an]*.

L'événement précis dont il est question à l'alinéa ci-dessus est le suivant :

[▶ préciser].

En l'absence de proposition de renouvellement du contrat, celui-ci est, à son terme, reconduit tacitement pour 3 ou 6 ans et dans les mêmes conditions.

Le locataire peut mettre fin au bail à tout moment, après avoir donné congé.

Le bailleur, quant à lui, peut mettre fin au bail à son échéance et après avoir donné congé, soit pour reprendre le logement en vue de l'occuper lui-même ou une personne de sa famille, soit pour le vendre, soit pour un motif sérieux et légitime.

(6) Limité aux événements précis qui justifient que le bailleur personne physique ait à reprendre le local pour des raisons professionnelles ou familiales.

4.
Conditions financières

Les parties conviennent des conditions financières suivantes :

A.
Loyer

1°
Fixation du loyer initial :

a) Le loyer mensuel est fixé à........... euros. (7)

b) Le loyer suit les modalités particulières de fixation initiale du loyer applicables dans certaines zones tendues [Le cas échéant] (8) :

– le loyer du logement objet du présent contrat est soumis au décret fixant annuellement le montant maximum d'évolution des loyers à la relocation :

oui ❒ non ❒

– le loyer du logement objet du présent contrat est soumis au loyer de référence majoré fixé par arrêté préfectoral

oui ❒ non ❒

– montant du loyer de référence : *[...]* €/m²

Montant du loyer de référence majoré : *[...]* €/m²;

– Complément de loyer [Le cas échéant] *: [...]* €

[Si un complément de loyer est prévu, indiquer le montant du loyer de base, nécessairement égal au loyer de référence majoré, le montant du complément de loyer et les caractéristiques du logement justifiant le complément de loyer].

c) Informations relatives au loyer du dernier locataire [Le cas échéant]

[Montant du dernier loyer acquitté par le précédent locataire, date de versement et date de la dernière révision du loyer] (9).

2°
Modalités de révision [Le cas échéant]

a) Le loyer est révisable selon la périodicité suivante : *[▶ Date de révision].*

b) L'indice de référence est celui du......trimestre de l'année......... et son montant est : *[▶ valeur............].*

(7) Lorsqu'un complément de loyer est appliqué, le loyer mensuel s'entend comme la somme du loyer de base et de ce complément.

(8) Zones d'urbanisation continue de plus de 50 000 habitants où il existe un déséquilibre marqué entre l'offre et la demande de logements, entraînant des difficultés sérieuses d'accès au logement sur l'ensemble du parc résidentiel telles que définies par décret.

(9) Mention obligatoire si le précédent locataire a quitté le logement moins de dix-huit mois avant la signature du bail.

B.
Charges récupérables

1°
Modalité de règlement des charges récupérables

Le règlement des charges est effectué mensuellement à la même date que le règlement du loyer *(v. E. ci-après).*

[Le cas échéant] La provision sur charges fera l'objet d'une régularisation annuelle et sera justifiée par la communication des résultats antérieurs et, si l'immeuble est soumis au régime de la copropriété ou si le bailleur est une personne morale, par le budget prévisionnel.

[En cas de colocation, les parties peuvent convenir de la récupération des charges par le bailleur sous la forme d'un forfait]

2°
Montant des provisions sur charges ou, en cas de colocation, du forfait de charge [Le cas échéant]

La provision mensuelle sur charges est fixée à .... euros.

Ou

Le forfait mensuel de charges est fixée à .... euros.

3°
Modalités de révision du forfait de charges en cas de colocation [Le cas échéant – si les parties en conviennent] (10).

Il est convenu entre les parties que

a) Le forfait de charges est révisable selon la périodicité suivante : *[Date de révision].*

b) L'indice de référence est celui du......trimestre de l'année......... et son montant est : *[▶ valeur............].*

(10) Si les parties conviennent d'un forfait de charges et de sa révision annuelle, ce forfait est révisé dans les mêmes conditions que le loyer principal.

C.
Contribution pour le partage des économies de charges [le cas échéant] (11)

1. Une contribution pour le partage des économies de charge est exigible.

– son montant est de... euros.

– la durée de la participation du locataire restant à courir au jour de la signature du contrat est de : ... mois.

2. Les éléments propres servant à justifier des travaux réalisés donnant lieu à cette contribution sont : *[▶ détailler]*

(11) L. n° 89-462, 6 juill. 1989, art. 23-1

D.
En cas de colocation souscription par le bailleur d'une assurance pour le compte des colocataires [le cas échéant] (12)

Le bailleur n'a pas souscrit d'assurance pour le compte des colocataires ❒

Le bailleur a souscrit une assurance pour le compte des colocataires ❒

[▶ dans le dernier cas, préciser]

Le montant total annuel récupérable au titre de l'assurance pour compte des colocataires est de [...] (13).

Le montant récupérable par douzième est de [...].

(12) Au cours de l'exécution du contrat de location et dans les conditions prévues par la loi, les colocataires peuvent provoquer la résiliation de l'assurance souscrite par le bailleur pour leur compte.

(13) Correspond au montant de la prime d'assurance annuelle, éventuellement majoré dans la limite d'un montant fixé par décret en Conseil d'État.

E.

Modalités de paiement

Le loyer est payable selon la périodicité suivante [...] (14);

Le paiement est à terme [à échoir / échu];

Il sera effectué à la date/période du [...];

Lieu de paiement [Le cas échéant] [...];

Montant total dû à la première échéance de paiement pour une période complète de location [Le cas échéant] :

– montant relatif au loyer,

– montant relatif aux charges récupérable,

– montant relatif à la contribution pour le partage des économies de charges,

– montant relatif à l'assurance récupérable pour le compte des colocataires [en cas de colocation].

(14) Paiement mensuel de droit à tout moment à la demande du locataire.

F.

Modalités de réévaluation d'un loyer manifestement sous-évalué [Le cas échéant – exclusivement lors d'un renouvellement de contrat]

1. Montant de la hausse ou de la baisse de loyer mensuelle : *[...]*.
2. Modalité d'application annuelle de la hausse : *[par tiers ou par sixième selon la durée du contrat et le montant de la hausse de loyer]*.

5.

Travaux

A.

Travaux d'amélioration ou de mise en conformité avec les caractéristiques de décence effectués depuis la fin du dernier contrat de location ou depuis le dernier renouvellement [Le cas échéant] (15)

– Les travaux visés ci-dessus sont d'un montant de *[...]*. euros.

– Les travaux visés ci-dessus ont consistés en :

[▶ préciser]

(15) Le cas échéant, préciser par ailleurs le montant des travaux d'amélioration effectués au cours des six derniers mois.

B.

Majoration du loyer en cours de bail consécutive à des travaux d'amélioration entrepris par le bailleur [Le cas échéant]

En considération des travaux détaillés ci-dessous, il est établi une majoration de loyer :

– Nature des travaux *[...]*

– Modalités d'exécution *[...]*

– Délai de réalisation *[...]*

– Montant de la majoration du loyer *[...]* (16)

(16) Clause invalide pour les travaux de mise en conformité aux caractéristiques de décence.

C.

Diminution de loyer en cours de bail consécutive à des travaux entrepris par le locataire [Le cas échéant]

En considération des travaux visés ci-dessus, il est consenti une réduction de loyer pour une durée de *[...]*

En cas de départ anticipé du locataire, il sera dédommagé de ses dépenses sur justification des dépenses effectuées et selon les modalités arrêtées ci-dessous :

[▶ préciser]

6.

Garanties [le cas échéant]

Le montant du dépôt de garantie de l'exécution des obligations du locataire est de *[...]* euros.

Ou

Le montant de la garantie autonome est de *[...]* euros.

[inférieur ou égal à un mois de loyers hors charges]

7.

Clause de solidarité [le cas échéant]

En cas de pluralité de locataires, ceux-ci reconnaissent être solidaires et indivis pour l'exécution de leurs obligations.

8.

Clause résolutoire [le cas échéant]

A.

Troubles de voisinage (loi du 6 juill. 1989, art. 4 g)

En cas de non-respect par le locataire de son obligation d'user paisiblement des locaux loués, résultant de troubles de voisinage constatés par une décision de justice passée en force de chose jugée, le bail sera résilié de plein droit.

B.
Défaut d'assurance (loi du 6 juill. 1989, art. 7 g)

À défaut d'assurance des risques locatifs par le locataire, le bail sera résilié de plein droit.

La présente clause résolutoire ne produira cependant effet qu'un mois après un commandement de produire un justificatif demeuré infructueux. Ce commandement devra reproduire, à peine de nullité, les dispositions du paragraphe 7 g de la loi n° 89-462 du 6 juillet 1989.

C.
Défaut de paiement du loyer ou des charges récupérables, défaut de versement du dépôt de garantie (loi du 6 juill. 1989, art. 24)

À défaut de paiement du loyer ou des charges (qu'il s'agisse des provisions ou de la régularisation annuelle) aux termes convenus ou à défaut de versement du dépôt de garantie, le bail sera résilié de plein droit.

La présente clause résolutoire ne produira cependant effet que deux mois après un commandement de payer demeuré infructueux.

À peine d'irrecevabilité de la demande, l'assignation aux fins de constat de la résiliation est notifiée à la diligence de l'huissier de justice au représentant de l'État dans le département, par lettre recommandée avec demande d'avis de réception, au moins deux mois avant l'audience, afin qu'il saisisse, en tant que de besoin, les organismes dont relèvent les aides au logement, le fonds de solidarité pour le logement ou les services sociaux compétents (loi du 6 juill. 1989, art. 24, al. 2).

Le commandement de payer reproduit, à peine de nullité, les dispositions des cinq premiers alinéas de l'article 24 de la loi n° 89-462 du 6 juillet 1989, ainsi que celles du premier alinéa de l'article 6 de la loi n° 90-449 du 31 mai 1990 visant à la mise en œuvre du droit au logement, en mentionnant la faculté pour le locataire de saisir le fonds de solidarité pour le logement, dont l'adresse est précisée (loi du 6 juill. 1989, art. 24, al. 6).

Lorsque les obligations résultant du bail sont garanties par un cautionnement, le commandement de payer est signifié à la caution dans un délai de quinze jours à compter de la signification du commandement au locataire. À défaut, la caution ne peut être tenue au paiement des pénalités ou intérêts de retard (loi du 6 juill. 1989, art. 24, al. 7).

9.
Honoraires de location [le cas échéant] *(17)*

(17) À mentionner lorsque le contrat de location est conclu avec le concours d'une personne mandatée et rémunérée à cette fin.

A.
Dispositions applicables

Il est rappelé les dispositions du I de l'article 5 (I) de la loi du 6 juillet 1989, alinéas 1 à 3 :

« La rémunération des personnes mandatées pour se livrer ou prêter leur concours à l'entremise ou à la négociation d'une mise en location d'un logement, tel que défini aux articles 2 et 25-3, est à la charge exclusive du bailleur, à l'exception des honoraires liés aux prestations mentionnées aux deuxième et troisième alinéas du présent I. Les honoraires des personnes mandatées pour effectuer la visite du preneur, constituer son dossier et rédiger un bail sont partagés entre le bailleur et le preneur. Le montant toutes taxes comprises imputé au preneur pour ces prestations ne peut excéder celui imputé au bailleur et demeure inférieur ou égal à un plafond par mètre carré de surface habitable de la chose louée fixé par voie réglementaire et révisable chaque année, dans des conditions définies par décret. Ces honoraires sont dus à la signature du bail. Les honoraires des personnes mandatées pour réaliser un état des lieux sont partagés entre le bailleur et le preneur. Le montant toutes taxes comprises imputé au locataire pour cette prestation ne peut excéder celui imputé au bailleur et demeure inférieur ou égal à un plafond par mètre carré de surface habitable de la chose louée fixé par voie réglementaire et révisable chaque année, dans des conditions définies par décret. Ces honoraires sont dus à compter de la réalisation de la prestation. »

Plafonds applicables :

– montant du plafond des honoraires imputables aux locataires en matière de prestation de visite du preneur, de constitution de son dossier et de rédaction de bail : *[...]* €/m^2 de surface habitable;

– montant du plafond des honoraires imputables aux locataires en matière d'établissement de l'état des lieux d'entrée : *[...]* €/m^2 de surface habitable.

B.
Détail et répartition des honoraires

1. Honoraires à la charge du bailleur :

– prestations de visite du preneur, de constitution de son dossier et de rédaction de bail :

[Préciser les prestations effectivement réalisées et le montant des honoraires toutes taxes comprises dus à la signature du bail];

– prestation de réalisation de l'état des lieux d'entrée [le cas échéant] :

[Préciser le montant des honoraires toutes taxes comprises dus à compter de la réalisation de la prestation];

– autres prestations :

[Détailler les prestations et conditions de rémunération].

2. Honoraires à la charge du locataire :

– prestations de visite du preneur, de constitution de son dossier et de rédaction de bail :

[Détailler les prestations effectivement réalisées et le montant des honoraires toutes taxes comprises dus à la signature du bail];

– le cas échéant, prestation de réalisation de l'état des lieux d'entrée [le cas échéant] :

[Préciser le montant des honoraires toutes taxes comprises dus à compter de la réalisation de la prestation].

10.
Autres conditions particulières

[À définir par les parties]

11.
Annexes

Sont annexées et jointes au contrat de location les pièces suivantes :

A. Un extrait du règlement concernant la destination de l'immeuble, la jouissance et l'usage des parties privatives et communes, et précisant la quote-part afférente au lot loué dans chacune des catégories de charges [le cas échéant]

B. Un dossier de diagnostic technique comprenant :

– un diagnostic de performance énergétique;

– un constat de risque d'exposition au plomb pour les immeubles construits avant le 1er janvier 1949;

– une copie d'un état mentionnant l'absence ou la présence de matériaux ou de produits de la construction contenant de l'amiante *(18)*;

– un état de l'installation intérieure d'électricité et de gaz, dont l'objet est d'évaluer les risques pouvant porter atteinte à la sécurité des personnes [le cas échéant] *(19)*;

– un état des risques naturels et technologiques pour le zones couvertes par un plan de prévention des risques technologiques ou par un plan de prévention des risques naturels prévisibles, prescrit ou approuvé, ou dans des zones de sismicité [le cas échéant] *(20)*.

C. Une notice d'information relative aux droits et obligations des locataires et des bailleurs

D. Un état des lieux *(21)*

E. Une autorisation préalable de mise en location [le cas échéant] *(22)*

F. Les références aux loyers habituellement constatés dans le voisinage pour des logements comparables [le cas échéant] *(23)*

(18) À compter de l'entrée en vigueur du décret d'application listant notamment les matériaux ou produits concernés.

(19) À compter de la date d'entrée en vigueur de cette disposition, prévue par décret.

(20) La liste des communes comprises dans ces zones est définie localement par arrêté préfectoral.

(21) L'état des lieux d'entrée est établi lors de la remise des clés, dont la date peut être ultérieure à celle de conclusion du contrat.

(22) Dispositif applicable dans certains territoires présentant une proportion importante d'habitat dégradé délimité localement par l'établissement public de coopération intercommunale compétent en matière d'habitat ou, à défaut, le conseil municipal (art. 92 de la loi n° 2014-366 du 24 mars 2014 pour l'accès au logement et un urbanisme rénové).

(23) Lorsque la détermination du montant du loyer est la conséquence d'une procédure liée au fait que le loyer précédemment appliqué était manifestement sous-évalué.

Le(s) locataire(s)

Fait à..........., le...........

Signature du locataire

Le bailleur (ou son représentant)

Fait à..........., le...........

Signature du bailleur [*ou de son mandataire, le cas échéant*]

1112.12 Contenu de la notice d'information annexée à certains contrats de location (Arr. 29 mai 2015 relatif au contenu de la notice d'information annexée aux contrats de location de logement à usage de résidence principale, *JO* 31 mai, p. 9041)

Préambule.

1. Établissement du bail.

1.1. Forme et contenu du contrat.

1.2. Durée du contrat.

1.3. Conditions financières de la location.

1.3.1. Loyer.

1.3.1.1. Fixation du loyer initial.

1.3.1.2. Évolution du loyer en cours de contrat.

1.3.1.2.1. Révision annuelle du loyer.

1.3.1.2.2. Évolution du loyer consécutive à des travaux.

1.3.1.3. Ajustement du loyer au renouvellement du bail.

1.3.2. Charges locatives.

1.3.3. Contribution du locataire au partage des économies de charges.

1.3.4. Modalités de paiement.

1.4. Garanties.

1.4.1. Dépôt de garantie.

1.4.2. Garantie autonome.

1.4.3. Cautionnement.

1.5. État des lieux.

2. Droits et obligations des parties.

2.1. Obligations générales du bailleur.

2.2. Obligations générales du locataire.

3. Fin de contrat et sortie du logement.

3.1. Congés.

3.1.1. Congé délivré par le locataire.

3.1.2. Congé délivré par le bailleur.

3.2. Sortie du logement.

3.2.1. État des lieux de sortie.

3.2.2. Restitution du dépôt de garantie.

4. Règlement des litiges locatifs.

4.1. Règles de prescriptions.

Préambule

Le régime de droit commun des baux d'habitation, applicable aux locations de logements constituant la résidence principale des locataires, est défini principalement par la loi n° 89-462 du 6 juillet 1989 tendant à améliorer les rapports locatifs.

La présente notice d'information rappelle les principaux droits et obligations des parties ainsi que certaines des voies de conciliation et de recours possibles pour régler leurs litiges.

Si la plupart des règles s'appliquent indifféremment à l'ensemble des locations, la loi prévoit certains aménagements pour les locations meublées ou les colocations afin de prendre en compte les spécificités attachées à ces catégories de location.

Pour prétendre à la qualification de meublé, un logement doit être équipé d'un mobilier en nombre et en qualité suffisants pour permettre au locataire d'y dormir, manger et vivre convenablement au regard des exigences de la vie courante (titre Ier *bis* de la loi du 6 juillet 1989).

Les colocations, définies comme la location d'un même logement par plusieurs locataires, sont soumises au régime applicable le cas échéant aux locations nues ou meublées et aux règles spécifiques prévues par la loi en matière de colocation (art. 8-1).

1. Établissement du bail

1.1. Forme et contenu du contrat

Le contrat de location est établi par écrit et respecte un bail type défini par décret.

Le bail peut être établi directement entre le bailleur et le locataire, éventuellement avec l'aide d'un intermédiaire (agent immobilier, administrateur de biens, huissier, notaire...). Il doit être fait en autant d'originaux que de parties et remis à chacune d'elles.

Le contrat de location doit comporter certaines mentions et notamment l'identité des parties, la description du logement, sa surface habitable et les conditions financières du contrat. Ainsi, en cas d'inexactitude supérieure à 5 % de la surface habitable mentionnée au bail d'une location nue, le locataire peut demander une diminution de loyer proportionnelle à l'écart constaté (art. 3 et 3-1).

Certaines clauses sont interdites. Si elles figurent dans le contrat, elles sont alors considérées comme étant inapplicables. Il s'agit notamment des clauses qui imposent comme mode de paiement du loyer le prélèvement automatique, qui prévoient des pénalités en cas de retard dans le paiement du loyer, qui interdisent au locataire d'héberger des personnes ne vivant pas habituellement avec lui, qui prévoient des frais de délivrance ou d'envoi de quittance, etc. (art. 4).

Le bailleur est tenu de remettre au locataire un certain nombre de documents lors de la signature du contrat, et notamment un dossier de diagnostic technique (art. 3-3).

1.2. Durée du contrat

LOCATION D'UN LOGEMENT NU :

Le bail d'un logement nu est conclu pour une durée minimum de trois ans lorsque le bailleur est une personne physique (par exemple, un particulier) ou une société civile immobilière familiale, et de six ans lorsqu'il est une personne morale (par exemple, une société, une association).

À la fin du bail et à défaut de congé donné par l'une ou l'autre des parties, le bail est renouvelé sur proposition du bailleur ou reconduit automatiquement et dans les mêmes conditions pour trois ans lorsque le bailleur est une personne physique ou une société civile immobilière familiale, et pour six ans lorsqu'il est une personne morale (art. 10).

Par exception, la durée peut être inférieure à trois ans, mais d'au minimum un an, si le bailleur (personne physique, membre d'une société civile immobilière familiale ou d'une indivision) prévoit de reprendre son logement pour des raisons familiales ou professionnelles. Les raisons et l'événement invoqué pour justifier la reprise doivent impérativement figurer dans le bail. Le bailleur confirme au locataire, par lettre recommandée avec avis de réception, au minimum deux mois avant la fin du bail que l'événement est réalisé et qu'il reprendra le logement à la date prévue. Si la réalisation de l'événement justifiant la reprise du logement est différée, le bailleur peut également proposer dans les mêmes délais un ultime report du terme du contrat. Lorsque l'événement ne s'est pas produit ou n'a pas été confirmé, le bail se poursuit jusqu'au délai de trois ans (art. 11).

LOCATION D'UN LOGEMENT MEUBLÉ :

Le contrat de location d'un logement meublé est conclu pour une durée d'au moins un an. À la fin du bail et à défaut de congé donné par le bailleur ou le locataire ou de proposition de renouvellement, le bail est reconduit automatiquement et dans les mêmes conditions pour un an.

Lorsque le locataire est un étudiant, les parties peuvent convenir d'un bail d'une durée de neuf mois qui n'est pas reconductible tacitement. Dans ce cas, si les parties ne conviennent pas de la reconduction du contrat, celui-ci prend fin à son terme (art. 25-7).

1.3. Conditions financières de la location

1.3.1. Loyer

1.3.1.1. FIXATION DU LOYER INITIAL

En principe, le loyer initial est fixé librement entre les parties au contrat. Cependant, dans certaines zones où il existe un déséquilibre marqué entre l'offre et la demande de logements, entraînant des difficultés sérieuses d'accès au logement, les loyers peuvent être encadrés par deux mécanismes complémentaires au moment de la mise en location. La liste des communes comprises dans ces « zones de tension du marché locatif » est fixée par décret.

LOGEMENTS SITUÉS DANS DES « ZONES DE TENSION DU MARCHÉ LOCATIF » (ART. 18) :

Pour l'ensemble des communes comprises dans ces zones, un décret fixe chaque année le montant maximum d'évolution des loyers en cas de relocation d'un logement. Ainsi, au moment du changement de locataire, le loyer d'un bien ne peut plus excéder le dernier loyer appliqué, revalorisé sur la base de l'évolution de l'indice de référence des loyers (IRL). L'augmentation de loyer peut être supérieure dans des cas particuliers : lorsque certains travaux d'amélioration ou de mise en conformité avec les caractéristiques de décence sont réalisés par le bailleur ou lorsque le loyer est manifestement sous-évalué. Par ailleurs, les logements faisant l'objet d'une première location, les logements inoccupés par un locataire depuis plus de dix-huit mois et les logements ayant fait l'objet, depuis moins de six mois, de travaux d'amélioration d'un montant au moins égal à la dernière année de loyer, sont exclus du champ de ce dispositif.

LOGEMENTS SITUÉS DANS CERTAINES « ZONES DE TENSION DU MARCHÉ LOCATIF » DOTÉES D'UN OBSERVATOIRE LOCAL DES LOYERS AGRÉÉ (ART. 17 ET 25-9) :

Un mécanisme complémentaire d'encadrement du niveau des loyers des logements mis en location peut s'appliquer dans les communes qui sont dotées d'un observatoire local des loyers agréé par l'État. Ce dispositif s'appuie sur des références de loyers déterminées à partir des données représentatives des loyers du marché locatif local produites par les observatoires locaux des loyers dans le respect de prescriptions méthodologiques définies par un conseil scientifique.

À partir de ces données, les préfets concernés fixent annuellement par arrêté et pour chaque catégorie de logement et secteur géographique donnés, des références de loyers (loyer de référence, loyer de référence majoré et loyer de référence minoré) exprimées par un prix au mètre carré de surface habitable.

Dans les territoires où l'arrêté préfectoral est pris, le loyer au mètre carré des logements mis en location ne peut pas excéder le loyer de référence majoré, ce dernier devant être mentionné dans le contrat de location. Toutefois, lorsque le logement présente certaines caractéristiques, le bailleur peut fixer un loyer supérieur au loyer de référence majoré en appliquant un complément de loyer au loyer de base, lorsque celui-ci est égal au loyer de référence majoré correspondant au logement. Le montant de ce complément de loyer et les caractéristiques le justifiant doivent être mentionnés dans le contrat de location. Le locataire dispose d'un délai de trois mois pour contester ce complément de loyer en saisissant d'abord la commission départementale de conciliation compétente, et, en l'absence d'accord entre les parties, en ayant recours au juge.

1.3.1.2. ÉVOLUTION DU LOYER EN COURS DE CONTRAT

1.3.1.2.1. RÉVISION ANNUELLE DU LOYER (ART. 17-1) :

Lorsqu'une clause le prévoit, le loyer peut être révisé, une fois par an, à une date de révision indiquée au bail ou, à défaut, à la date anniversaire du bail. Cette augmentation annuelle du loyer ne peut être supérieure à la variation de l'indice de référence des loyers (IRL) publié par l'INSEE. Cet indice correspond à la moyenne, sur les douze derniers mois, de l'évolution des prix à la consommation, hors tabac et hors loyers.

L'indice de référence à prendre en compte est celui du trimestre qui figure dans le bail ou, à défaut, le dernier indice publié à la date de signature du contrat. Il est à comparer avec l'indice du même trimestre connu à la date de révision.

Le bailleur dispose d'un délai d'un an, à compter de la date de révision, pour en faire la demande. La révision prend effet au jour de sa demande; elle ne peut donc pas être rétroactive.

Passé ce délai, la révision du loyer pour l'année écoulée n'est plus possible.

Si le bail ne prévoit pas de clause de révision, le loyer reste le même pendant toute la durée de la location.

1.3.1.2.2. ÉVOLUTION DU LOYER CONSÉCUTIVE À DES TRAVAUX (ART. 6 ET 17-1) :

Exceptionnellement, le loyer d'un logement répondant aux caractéristiques de décence peut être revu à la hausse ou à la baisse en cours de bail lorsque le bailleur et le locataire ont convenu de travaux que l'une ou l'autre des parties fera exécuter à ses frais durant l'exécution du contrat.

La clause du contrat de location ou l'avenant qui prévoient cet accord doit fixer la majoration ou la diminution de loyer applicable suite à la réalisation des travaux et, selon le cas, fixer ses modalités d'application. Lorsqu'elle concerne des travaux à réaliser par le bailleur, cette clause ne peut porter que sur des travaux d'amélioration.

1.3.1.3. Ajustement du loyer au renouvellement du bail (art. 17-2 et 25-9)

Hors « zones de tension du marché locatif, » le loyer ne fait l'objet d'aucune réévaluation au moment du renouvellement du bail sauf s'il est manifestement sous-évalué. Ainsi, à l'expiration du bail, si le bailleur considère que le loyer est manifestement sous-évalué, il peut proposer une augmentation de loyer, en se référant aux loyers habituellement constatés dans le voisinage pour des logements comparables.

Il doit faire cette proposition au moins six mois avant le terme du contrat par lettre recommandée avec accusé de réception, par acte d'huissier ou remis en main propre contre récépissé ou émargement. Cette proposition doit reproduire intégralement, sous peine de nullité, les dispositions légales relatives à la réévaluation de loyer (art. 17-2 [II]) et indiquer le montant du nouveau loyer proposé ainsi que la liste des références de loyers ayant servi à le déterminer.

En cas de désaccord ou à défaut de réponse du locataire quatre mois avant le terme du contrat, la commission départementale de conciliation peut être saisie. Celle-ci s'efforce de concilier les parties et en cas d'échec rend un avis pouvant être transmis au juge saisi par l'une ou l'autre des parties.

À défaut de conciliation, le bailleur peut alors saisir le juge d'instance qui fixera alors lui-même le loyer applicable.

Si, au terme du contrat, aucun accord n'est trouvé, ou si le juge d'instance n'est pas saisi, le contrat est reconduit aux mêmes conditions de loyer (éventuellement révisé, si une clause le prévoit).

Lorsqu'une hausse de loyer a été convenue entre les parties ou fixée judiciairement, celle-ci s'applique progressivement au cours du bail renouvelé :

– lorsque la hausse est inférieure ou égale à 10 % de l'ancien loyer, l'augmentation est échelonnée par tiers sur trois ans, si le bailleur est un particulier, ou par sixième sur six ans, s'il est une personne morale. Cette hausse s'entend hors révision annuelle liée à la variation de l'indice de référence des loyers;

– lorsque la hausse est supérieure à 10 % de l'ancien loyer, elle doit être, dans tous les cas, étalée par sixième sur six ans. L'étalement par sixième s'applique même si le bail est renouvelé pour une durée inférieure à six ans, par exemple pour trois ans. Dans ce cas, l'augmentation continue à s'échelonner lors du renouvellement suivant.

Enfin, sur certains territoires (cf. § 1.3.1.1), les modalités d'ajustement du loyer au renouvellement du contrat connaissent certaines particularités :

– dans l'ensemble des zones « de tension du marché locatif », un décret limite la hausse de loyer applicable au renouvellement de bail;

– dans les zones « de tension du marché locatif » dotées d'un observatoire local des loyers et pour lesquelles un arrêté préfectoral fixe des références de loyers, deux procédures d'encadrement des loyers au stade du renouvellement du bail sont ouvertes :

– le locataire peut engager une action en diminution de loyer si le montant du loyer fixé au contrat (hors montant du complément de loyer) s'avère supérieur au loyer de référence majoré publié par le préfet. Il doit alors faire une proposition au bailleur, au moins cinq mois avant le terme du bail, par lettre recommandée avec accusé de réception, par acte d'huissier ou remis en main propre contre récépissé ou émargement;

– le bailleur peut engager une action en réévaluation du loyer dès lors que le loyer fixé au bail est inférieur au loyer de référence minoré publié par le préfet. Il doit alors faire une proposition au locataire, au moins six mois avant le terme du bail et dans les mêmes conditions de forme, qui ne peut être supérieure au loyer de référence minoré.

1.3.2. Charges locatives (art. 23)

Les charges locatives, ou charges récupérables, correspondent à certaines catégories de dépenses prises en charge par le bailleur, mais qui peuvent être récupérées auprès du locataire. Elles sont la contrepartie de services rendus liés à la chose louée, de dépenses d'entretien courant et de menues réparations relatives aux parties communes, et de certaines impositions liées à des services au locataire.

La liste des charges récupérables est limitativement énumérée par un décret[1] qui distingue huit postes de charges.

Le bailleur peut donc récupérer ces charges auprès des locataires de deux manières :

– de manière ponctuelle en apportant les justificatifs des dépenses engagées;

– de manière régulière par versement périodique de provisions pour charges, par exemple tous les mois ou tous les trimestres.

Si les charges sont payées par provision, une régularisation doit être effectuée chaque année en comparant le total des provisions versées par le locataire avec les dépenses effectives engagées par le bailleur pendant l'année. Si les provisions sont supérieures aux dépenses réelles, celui-ci doit reverser le trop-perçu au locataire; dans le cas contraire, il peut exiger un complément.

Le montant des charges récupérées par le bailleur doit être dans tous les cas justifié.

1. Décr. n° 87-713, 26 août 1987 pris en application de l'article 18 de la loi n° 86-1290 du 23 décembre 1986 tendant à favoriser l'investissement locatif, l'accession à la propriété de logements sociaux et le développement de l'offre foncière et fixant la liste des charges récupérables.

C'est ainsi que le bailleur doit communiquer au locataire :

– le décompte des charges locatives par nature de charges (électricité, eau chaude, eau froide, ascenseur...);

– le mode de répartition entre les locataires si le logement est situé dans un immeuble collectif;

– une note d'information sur les modalités de calcul des charges de chauffage et de production d'eau chaude sanitaire collectives.

Dans les six mois suivant l'envoi du décompte, le bailleur doit tenir à la disposition du locataire l'ensemble des pièces justificatives de charges complémentaires (factures, contrats de fournitures). À compter du 1er septembre 2015, il doit transmettre le récapitulatif des charges du logement par voie dématérialisée ou par voie postale dès lors que le locataire en fait la demande.

Si la régularisation des charges n'a pas été effectuée dans l'année suivant leur exigibilité, le locataire peut exiger un paiement échelonné sur douze mois (art. 23).

LOCATION DE LOGEMENT MEUBLÉ ET COLOCATION (DE LOGEMENT NU OU MEUBLÉ) :

Les parties peuvent opter, lors de la conclusion du contrat, pour la récupération des charges, en fonction des dépenses réellement engagées comme décrit précédemment, ou sous la forme d'un forfait. Dans ce cas, le montant du forfait est fixé dès la conclusion du contrat et ne donne pas lieu à régularisation. Ce montant, éventuellement révisé chaque année dans les mêmes conditions que le loyer, ne doit pas être manifestement disproportionné au regard des charges dont le locataire se serait acquitté sur justification des dépenses engagées par le bailleur (art. 8-1 et 25-10).

1.3.3. Contribution du locataire au partage des économies de charges (art. 23-1)

Dans le cadre d'une location nue, une contribution financière peut être demandée au locataire en plus du loyer et des charges lorsque le bailleur a réalisé dans les parties privatives d'un logement, ou dans les parties communes de l'immeuble, des travaux d'économies d'énergie.

Cette contribution, limitée au maximum à quinze années et dont le montant est fixe et non révisable, peut être demandée au locataire au titre du partage des économies de charge à partir de la date d'achèvement des travaux, dans des conditions strictement fixées par les textes.

1.3.4. Modalités de paiement

Le paiement du loyer et des charges doit être effectué à la date prévue au contrat.

Le bailleur est tenu de transmettre gratuitement au locataire qui en fait la demande, une quittance, qui indique le détail des sommes versées par le locataire en distinguant le loyer et les charges. Avec l'accord du locataire, la quittance peut être transmise par voie dématérialisée. Aucuns frais liés à la gestion de l'avis d'échéance ou de la quittance ne peuvent être facturés au locataire (art. 21).

1.4. Garanties

Fréquemment, le bailleur exige certaines garanties pour se prémunir de l'inexécution des obligations du locataire. Pour ce faire, le bailleur dispose de différents moyens, strictement encadrés par la loi.

1.4.1. Dépôt de garantie (art. 22)

Le contrat de location peut prévoir le paiement d'un dépôt de garantie qui sert à couvrir les éventuels manquements du locataire à ses obligations locatives.

Son montant doit obligatoirement figurer dans le bail. Il ne peut pas être supérieur à un mois de loyer, hors charges, pour les locations nues et ne peut faire l'objet d'aucune révision en cours ou au renouvellement du bail.

Pour les locations meublées, le montant du dépôt est limité à deux mois de loyer (art. 25-6).

Au moment de la signature du bail, le dépôt de garantie est versé au bailleur directement par le locataire ou par l'intermédiaire d'un tiers.

Les modalités de restitution du dépôt de garantie à la fin du bail sont précisées dans la partie 3.2.2.

1.4.2. Garantie autonome (art. 22-1-1)

Une garantie autonome peut être souscrite en lieu et place du dépôt de garantie, dans la limite du montant de celui-ci. Appliquée au contrat de location, la garantie autonome est l'engagement par lequel le garant s'oblige, en cas de non-respect par le locataire de ses obligations, à verser une somme, soit à première demande, soit suivant des modalités convenues sans pouvoir opposer aucune exception à l'obligation garantie.

1.4.3. Cautionnement (art. 22-1)

La caution est la personne qui, dans un document écrit appelé « Acte de cautionnement », s'engage envers le bailleur à payer les dettes locatives du locataire et à exécuter les obligations qui lui incombent en cas de défaillance de sa part (ex. : loyers, charges, frais de remise en état du logement...).

EXIGIBILITÉ :

Le bailleur ne peut exiger de cautionnement, à peine de nullité, s'il a déjà souscrit une assurance, ou toute autre forme de garantie, garantissant les obligations locatives (ex. : garantie des risques locatifs, assurance privée) sauf si le logement est loué à un étudiant ou un apprenti.

En principe, lorsque le bailleur est une personne morale, hors société immobilière familiale, une caution ne peut être demandée que si le logement est loué à un étudiant qui ne bénéficie pas d'une bourse de l'enseignement supérieur ou si elle est apportée par certains organismes.

Le bailleur ne peut enfin pas refuser la caution présentée au motif qu'elle ne possède pas la nationalité française ou qu'elle ne réside pas sur le territoire métropolitain.

FORME ET CONTENU DE L'ACTE DE CAUTIONNEMENT :

L'engagement de caution doit être écrit. Le bailleur doit remettre un exemplaire du contrat de location à la caution. L'engagement de caution doit obligatoirement comporter certaines informations, écrites de la main de la caution.

DURÉE DE L'ENGAGEMENT :

Engagement sans durée :

Si aucune durée d'engagement ne figure dans l'acte, la caution peut mettre fin à son engagement à tout moment par lettre recommandée avec avis de réception.

Toutefois, la résiliation signifiée au bailleur ne prend effet qu'à l'expiration du bail en cours.

En pratique, la caution qui résilie son engagement reste donc tenue des dettes locatives jusqu'à la fin du contrat de location en cours, elle n'en est plus tenue lorsque le bail est reconduit ou renouvelé.

Engagement à durée déterminée :

Quand une durée précise est indiquée dans l'acte de cautionnement, la caution ne peut pas résilier son engagement. Elle est tenue des dettes locatives jusqu'à la date initialement prévue.

Colocation (de logement loué nu ou meublé) (art. 8-1) :

Dans une colocation, les colocataires et les personnes qui se portent caution pour leur compte peuvent être solidairement tenus responsables du paiement du loyer. Lorsqu'un des colocataires donne congé, cette solidarité cesse lorsqu'un nouveau colocataire le remplace ou, à défaut de remplaçant, au bout de six mois après la fin du délai de préavis du congé.

Par ailleurs, l'engagement de la personne qui s'est portée caution pour le colocataire sortant cesse dans les mêmes conditions. À cet effet, l'acte de cautionnement doit nécessairement identifier un des colocataires.

1.5.
État des lieux (art. 3-2)

Lors de la remise et de la restitution des clés, un état des lieux doit être établi. Ce document décrit l'état du logement loué avec précision, ainsi que les équipements qu'il comporte. En comparant l'état des lieux dressé à l'arrivée et au départ du locataire, le bailleur pourra demander réparation des détériorations causées par le locataire. À défaut d'état des lieux d'entrée, le logement est présumé avoir été délivré en bon état sauf si le locataire en apporte la preuve contraire ou si le bailleur a fait obstacle à l'établissement de l'état des lieux.

Il est établi par écrit contradictoirement et amiablement par le bailleur et le locataire ou par un tiers mandaté par les deux parties. Un exemplaire doit être remis à chaque partie. L'état des lieux d'entrée peut dans certains cas être complété ultérieurement à sa réalisation. Le locataire peut demander au bailleur ou à son représentant de compléter l'état des lieux d'entrée dans les dix jours suivant sa date de réalisation pour tout élément concernant le logement, ou durant le premier mois de la période de chauffe concernant l'état des éléments de chauffage. Si le bailleur refuse de compléter l'état des lieux, le locataire peut saisir la commission départementale de conciliation dont dépend le logement.

Si les parties ne peuvent établir l'état des lieux de manière contradictoire et amiable (par exemple, si l'une des parties ne se présente pas ou si les parties ne s'accordent pas sur le contenu de l'état des lieux), le bailleur ou le locataire peut faire appel à un huissier pour l'établir. Ce dernier doit aviser les parties au moins sept jours à l'avance par lettre recommandée avec avis de réception. Dans ce cas, les frais d'huissier sont partagés par moitié entre le bailleur et le locataire, les tarifs sont fixes et déterminés par décret[1].

LOCATION DE LOGEMENT MEUBLÉ :

Au-delà de l'état des lieux, un inventaire et un état détaillé du mobilier doivent également être établis, sans que cela ne puisse donner lieu à une prise en charge financière supplémentaire du locataire (art. 25-5).

2.
Droits et obligations des parties

Au-delà des conditions particulières prévues par le contrat de location, bailleurs et locataires sont soumis à un certain nombre d'obligations prévues par la loi durant l'exécution du contrat.

2.1.
Obligations générales du bailleur (art. 6)

DÉLIVRER UN LOGEMENT DÉCENT :

Le bailleur est tenu de remettre au locataire un logement décent, ne laissant pas apparaître de risques manifestes pouvant porter atteinte à la sécurité physique ou à la santé et doté des éléments de confort le rendant conforme à l'usage d'habitation. Un décret[2] détermine les caractéristiques relatives à la sécurité physique et à la santé des locataires, aux éléments d'équipements et de confort et à la surface et au volume habitable que doit respecter un logement décent.

1. Décr. n° 96-1080, 12 déc. 1996 portants fixation du tarif des huissiers de justice en matière civile et commerciale [abrogée par Décr. n° 2016-230, 26 févr. 2016, codifié s[s] C. com., art. A. 440-10 s.].
2. Décr. n° 2002-120, 30 janv. 2002 relatifs aux caractéristiques du logement décent pris pour l'application de l'article 187 de la loi n° 2000-1208 du 13 décembre 2000 relative à la solidarité et au renouvellement urbains, *JO* 31 janv., p. 2090.

Si le logement ne satisfait pas ces caractéristiques, le locataire peut demander au bailleur sa mise en conformité. À défaut de réponse de celui-ci à la demande de mise en conformité dans un délai de deux mois ou à défaut d'accord entre les parties, la commission départementale de conciliation peut être saisie par l'une ou l'autre des parties. À défaut de saisine ou d'accord constaté par la commission, le juge peut être saisi du litige aux fins de déterminer la nature des travaux à réaliser et le délai de leur exécution.

DÉLIVRER UN LOGEMENT EN BON ÉTAT :

Le bailleur est tenu de remettre au locataire un logement en bon état d'usage et de réparations, et doté d'équipements en bon état de fonctionnement.

Si le logement n'est pas en bon état, les parties peuvent convenir, par une clause expresse insérée dans le bail, de travaux que le locataire exécutera ou fera exécuter en contrepartie d'une réduction de loyer pendant une période déterminée (cf. § 1.3.1.2.2). Une telle clause ne peut concerner que des logements répondant déjà aux caractéristiques de décence.

ENTRETENIR LE LOGEMENT :

Le bailleur est tenu d'entretenir les locaux en état de servir à l'usage prévu par le contrat, et d'y faire toutes les réparations nécessaires au maintien en état et à l'entretien normal des locaux loués, en dehors de tout ce qui touche aux réparations locatives (menues réparations et entretien courant à la charge du locataire, cf. partie 2.2).

AMÉNAGEMENTS RÉALISÉS PAR LE LOCATAIRE :

Le bailleur ne peut s'opposer aux aménagements que son locataire souhaite réaliser dans le logement, à condition qu'il ne s'agisse pas de travaux de transformation.

À titre d'exemple, la modification du coloris des peintures ou la pose du papier peint pourraient être considérés comme de simples aménagements du logement que le bailleur ne saurait interdire. En revanche, le fait d'abattre une cloison ou de transformer une chambre en cuisine constituerait une transformation nécessitant préalablement une autorisation écrite du bailleur.

USAGE DU LOGEMENT :

Le bailleur doit assurer au locataire un usage paisible du logement. Le logement loué est le domicile du locataire. À ce titre, il en a la jouissance exclusive et peut utiliser les lieux librement dans le respect du contrat de location et, le cas échéant, d'un règlement intérieur à l'immeuble. Il peut aussi inviter ou héberger les personnes de son choix. Dès lors, le bailleur n'a pas le droit d'imposer un droit de visite à son locataire en dehors de certaines circonstances (vente du logement, départ du locataire...), d'interdire l'accès au logement à des personnes autres que la famille du locataire, de pénétrer dans le logement sans l'accord du locataire, de lui interdire d'avoir des animaux familiers, de lui interdire de fumer, etc.

En cas de troubles de voisinage causés par les personnes qui occupent ces locaux, le bailleur doit, après leur avoir adressé une mise en demeure dûment motivée, utiliser les droits dont il dispose en propre afin de faire cesser ces troubles de voisinage.

2.2. Obligations générales du locataire (art. 7)

PAIEMENT DU LOYER ET DES CHARGES :

Le locataire doit payer le loyer et les charges à la date prévue au contrat.

Le locataire ne doit en aucun cas cesser de payer de lui-même, sans autorisation d'un juge, tout ou partie de son loyer sous prétexte que le bailleur ne respecte pas ses obligations.

UTILISATION DU LOGEMENT :

Le locataire jouit librement de son logement pendant toute la durée de la location, mais il doit respecter certaines obligations en la matière :

– le locataire est tenu d'utiliser paisiblement son logement et dans le respect de la tranquillité du voisinage;

– le locataire doit veiller à respecter le règlement intérieur à l'immeuble, lorsque ce logement est situé dans un immeuble collectif (appartement). Ce règlement peut par exemple interdire certaines pratiques (ex. : pose de jardinières, de linge aux fenêtres);

– le locataire doit respecter la destination prévue au sein du contrat de location. Par exemple, le local peut être loué à usage d'habitation uniquement, dès lors le locataire ne peut y exercer une activité commerciale;

– le locataire ne peut sous-louer tout ou partie de son logement sans l'accord écrit du bailleur. Dans l'hypothèse où le bailleur donne son accord, le montant du loyer au mètre carré de surface habitable appliqué au sous-locataire ne peut en aucun cas excéder celui payé par le locataire principal. Le locataire est également tenu de transmettre au sous-locataire l'autorisation écrite du bailleur et la copie du bail en cours.

TRAVAUX :

– le locataire a le droit d'aménager librement le logement qu'il occupe (changement de moquette, pose de papier peint, modification des peintures...). Il ne peut toutefois y faire de travaux de transformation sans l'accord écrit du bailleur. À défaut, celui-ci peut, lors du départ du locataire, conserver le bénéfice des transformations sans indemnisation. Il peut aussi exiger la remise immédiate en l'état des lieux aux frais du locataire. En cas de litige, le caractère des travaux (simple aménagement ou transformation) relève de l'appréciation du juge;

– le locataire doit laisser exécuter dans son logement certains travaux décidés par le bailleur : les réparations urgentes, les travaux d'amélioration ou d'entretien du logement loué ou des parties communes, les travaux d'amélioration de la performance énergétique et les travaux de mise aux normes de décence. Avant le début des travaux, le bailleur est tenu de remettre au locataire une notification de travaux, par lettre remise en main propre ou par courrier recommandé avec avis de réception, précisant leur nature et les modalités de leur exécution. Pour la préparation et la réalisation de ces travaux, le locataire est tenu de permettre l'accès à son logement tous les jours sauf les samedis, dimanches et jours fériés (à moins qu'il ne donne son accord pour que les travaux soient réalisés pendant ces jours).

Si les travaux durent plus de vingt et un jours et affectent l'utilisation du logement, une réduction de loyer peut être appliquée au profit du locataire. En cas d'abus (travaux à caractère vexatoire, ne respectant pas les conditions prévues dans la notification de travaux, rendant l'utilisation du logement impossible ou dangereuse), le locataire peut également saisir le juge pour interrompre ou interdire les travaux.

ENTRETIEN :

Le locataire doit veiller à maintenir en l'état le logement qu'il occupe. À ce titre :

– le locataire doit prendre en charge l'entretien courant, les menues réparations du logement et des équipements mentionnés dans le contrat (ex. : maintien en état de propreté, remplacement d'ampoules, etc.) ainsi que l'ensemble des réparations locatives dont la liste est définie par décret[1] sauf si elles sont occasionnées par vétusté, malfaçon, vice de construction, cas fortuit ou force majeure;

– le locataire est responsable des dégradations ou pertes qui pourraient survenir en cours de bail dans le logement, à moins qu'il ne prouve qu'elles ont eu lieu par cas de force majeure, par la faute du bailleur ou par la faute d'un tiers qu'il n'a pas introduit dans le logement.

ASSURANCE :

Le locataire est tenu de s'assurer contre les risques locatifs (principalement dégâts des eaux, incendie, explosion) et de le justifier lors de la remise des clefs puis chaque année à la demande du bailleur, par la remise d'une attestation. S'il ne le fait pas, le bailleur peut demander la résiliation du bail ou souscrire une assurance à la place du locataire en lui répercutant le montant de la prime.

En cas de colocation, dans un logement nu ou meublé, les parties peuvent convenir dès la conclusion du contrat de la souscription par le bailleur d'une assurance pour le compte des colocataires.

1. Décr. n° 87-712, 26 août 1987 relatif aux réparations locatives, *JO* 30 août, p. 9976.

3.
Fin de contrat et sortie du logement

3.1.
Congés (art. 15 et 25-8)

Les parties peuvent unilatéralement, dans les conditions déterminées par la loi, mettre fin au contrat de location et donner congé.

3.1.1. Congé délivré par le locataire

Motifs : le locataire peut donner congé à tout moment et sous réserve de respecter certaines conditions de forme. Le congé est effectif à l'expiration d'un délai de préavis variable selon les circonstances de son départ.

Forme : le locataire qui souhaite quitter son logement doit notifier son congé au bailleur par lettre recommandée avec avis de réception, acte d'huissier, ou remise en main propre contre émargement ou récépissé.

Effets : la réception de la lettre de congé par le bailleur fait courir un délai de préavis pendant lequel le locataire reste tenu au paiement de son loyer, même s'il a déjà quitté le logement, sauf si, en accord avec le locataire sortant, un nouveau locataire occupe le logement avant la fin du délai de préavis.

DURÉE DU DÉLAI DE PRÉAVIS :

LOCATION NUE :
Le délai de préavis est en principe de trois mois. Ce délai est réduit à un mois lorsque le logement est situé dans des « zones de tension du marché locatif » ou lorsque le locataire justifie d'une des situations suivantes : obtention d'un premier emploi, de mutation, de perte d'emploi ou de nouvel emploi consécutif à une perte d'emploi, état de santé justifiant un changement de domicile et constaté par un certificat médical, bénéfice du revenu de solidarité active ou de l'allocation adulte handicapé, attribution d'un logement social. Le locataire doit alors préciser le motif de son départ et le justifier à l'occasion de la notification de congé. À défaut, le préavis de trois mois s'applique.

LOCATION MEUBLÉE :
Le délai de préavis est d'un mois.

3.1.2. Congé délivré par le bailleur

Motifs : le bailleur peut donner congé à son locataire à l'échéance du bail et dans trois cas :

1. Le bailleur souhaite reprendre le logement pour l'occuper, à titre de résidence principale, ou y loger un proche[2].

2. Conjoint, partenaire de PACS, concubin notoire depuis au moins un an à la date du congé, ascendants et descendants du bailleur ou de son conjoint, de son partenaire ou de son concubin notoire.

2. Le bailleur souhaite vendre le logement inoccupé. Le locataire est alors prioritaire pour acquérir le logement. Le bailleur doit lui donner congé en lui indiquant le prix et les conditions de la vente. Cela constitue une offre de vente.

3. Le bailleur met fin au bail pour un motif légitime et sérieux : non-respect par le locataire de l'une de ses obligations, retards répétés de paiement des loyers, défaut d'entretien du logement, troubles de voisinage, etc.

Des restrictions peuvent s'appliquer quant à la possibilité pour le bailleur de donner congé, notamment en fonction du niveau de ressources et de l'âge du locataire ou, en location nue, lorsque le congé du bailleur est consécutif à l'acquisition d'un logement occupé.

Forme et délais :

La notification du congé doit être adressée à chacun des cotitulaires du bail par lettre recommandée avec avis de réception, acte d'huissier, ou remise en main propre contre récépissé. Le délai de préavis court à compter de la réception du courrier ou du passage de l'huissier. La notification contient le motif du congé et d'autres informations en fonction du motif invoqué.

Location nue :

Le préavis doit être délivré au moins six mois avant la fin du bail. Le bailleur doit joindre une notice d'information définie par arrêté ministériel et relative à ses propres obligations et aux voies de recours et d'indemnisation du locataire en cas de congé pour reprise ou vente.

Location meublée :

Le préavis doit être délivré au moins trois mois avant la fin du bail.

Effet : si le locataire quitte le logement avant l'expiration du préavis, le locataire n'est redevable du loyer et des charges que pour le temps réel d'occupation du logement.

Sanction du congé frauduleux : si le motif du congé ne correspond pas à la réalité, le locataire peut le contester devant le juge. Par ailleurs, le bailleur qui délivre un congé pour vendre ou pour habiter frauduleusement risque une amende pénale pouvant aller jusqu'à 6 000 € ou 30 000 € s'il s'agit d'une personne morale.

3.2. Sortie du logement

3.2.1. État des lieux de sortie

À la remise des clés par le locataire, un état des lieux de sortie doit être établi entre le bailleur et le locataire. Les modalités d'établissement de l'état des lieux de sortie sont identiques à celles applicables lors de l'état des lieux d'entrée.

Cependant, dans le cadre d'un état des lieux amiable et lorsque le bailleur mandate un tiers pour le représenter (par exemple, un professionnel de l'immobilier), aucuns frais ne peut être facturé au locataire.

3.2.2. Restitution du dépôt de garantie (art. 22)

Délais : le dépôt de garantie doit être restitué dans un délai maximal de deux mois à compter de la remise des clés par le locataire, déduction faite le cas échéant des sommes justifiées dues au titre des loyers, charges, réparations locatives ou des dégradations dont il pourrait être tenu responsable. Le délai s'apprécie à compter du jour de la restitution des clés par le locataire qui peut les remettre en main propre ou par lettre recommandée avec demande d'avis de réception, au bailleur ou à son mandataire. À cette occasion, le locataire indique au bailleur, ou à son mandataire, sa nouvelle adresse.

Dans certains cas particuliers, des aménagements sont prévus au délai de restitution du dépôt de garantie :

– si l'état des lieux de sortie est conforme à l'état des lieux d'entrée, le délai est réduit à un mois;

– si le logement est situé dans un immeuble collectif, le bailleur peut conserver une provision maximale de 20 % du dépôt de garantie jusqu'au mois suivant l'approbation des comptes annuels de l'immeuble.

Le bailleur est tenu de justifier la retenue qu'il opère sur le dépôt de garantie par la remise au locataire de documents tels que l'état des lieux d'entrée et de sortie, des factures, devis, lettres de réclamation des loyers impayés restées sans réponse, etc.;

– sanction de la restitution tardive du dépôt de garantie : à défaut de restitution du dépôt de garantie dans les délais impartis, le montant dû au locataire est majoré d'une somme égale à 10 % du loyer mensuel, pour chaque mois de retard commencé. Cette majoration n'est pas due lorsque l'origine du défaut de restitution dans les délais résulte de l'absence de transmission par le locataire de sa nouvelle adresse.

4. Règlement des litiges locatifs

En cas de conflit, les parties peuvent tenter de trouver une solution amiable. En cas d'échec, le tribunal compétent peut être saisi pour trancher le litige.

4.1. Règles de prescriptions (art. 7-1)

En matière locative, la durée au-delà de laquelle une action en justice n'est plus recevable est en principe de trois ans. Ainsi, sauf interruption ou suspension des délais, le bailleur peut récupérer judiciairement les arriérés de charges et de loyer pendant trois ans à compter de leur exigibilité.

Il existe une exception à ce principe en matière d'action en révision de loyer, le bailleur ne disposant que d'un délai d'un an pour demander en justice le paiement du différentiel de loyer issu de la révision.

4.2.
Règlement amiable et conciliation

Lorsqu'il existe un litige, il est conseillé d'adresser un courrier recommandé avec accusé de réception à l'autre partie relatant les faits le plus précisément possible, accompagné des arguments et preuves relatifs aux faits litigieux (références juridiques, factures, photos, etc.).

Ce courrier est une première étape préalable importante pour engager ensuite un recours éventuel devant le juge. Si le litige n'est pas résolu à l'amiable, il peut être utile de saisir la commission départementale de conciliation.

VOIES DE CONCILIATION : LES COMMISSIONS DÉPARTEMENTALES DE CONCILIATION (ART. 20) :

Présentation : pour régler certains litiges entre le bailleur et le locataire, il est possible de faire appel localement aux commissions départementales de conciliation (CDC), présentes dans chaque département et placées auprès des services de l'État. Cette commission est composée à parts égales de représentants des bailleurs et de représentants des locataires. Elle est compétente pour connaître des litiges de nature individuelle et des difficultés de nature collective. Toute démarche devant la CDC est gratuite.

Rôle : la CDC s'efforce de concilier les parties en établissant un dialogue, afin d'éviter le recours au juge. La CDC doit traiter les litiges qui lui sont soumis dans un délai de deux mois à compter de sa saisine.

Le champ de compétence de la CDC est large.

La saisine de la CDC constitue une étape obligatoire avant toute saisine du juge pour les litiges relatifs à l'ajustement des loyers au renouvellement du bail (cf. § 1.3.1.3), pour certains litiges relatifs à l'encadrement des loyers (contestation du complément de loyer ou du loyer déterminé en application du décret fixant annuellement le montant maximum d'évolution des loyers).

Elle intervient aussi de manière facultative pour les litiges relatifs aux thèmes suivants : dépôt de garantie, état des lieux, fixation et révision des loyers, charges locative, réparations, décence, congés.

Enfin, la CDC est compétente pour les différends de nature collective : application des accords collectifs nationaux ou locaux, des plans de concertation locative, difficultés de fonctionnement d'un immeuble ou d'un groupe d'immeubles.

Modalités de saisine : la CDC peut être saisie par le bailleur ou le locataire concerné, lorsqu'il s'agit d'un litige de nature individuelle et par le bailleur, plusieurs locataires ou une association représentative des locataires, lorsqu'il s'agit d'une difficulté de nature collective.

La saisine de la commission doit être formulée en double exemplaire et adressée par lettre recommandée avec avis de réception au secrétariat de la commission. La saisine doit indiquer les nom, qualité et adresse du demandeur, ceux du défendeur ainsi que l'objet du litige ou de la difficulté. Dans tous les cas, la lettre de saisine doit être accompagnée de la copie des pièces en lien avec le litige (le bail, le courrier du bailleur proposant l'augmentation, etc.).

Déroulement des séances : le bailleur et le locataire en conflit sont convoqués, en personne, par lettre à une séance de conciliation au minimum quinze jours avant la séance.

Ils peuvent se faire assister par une personne de leur choix ou se faire représenter par une personne dûment mandatée. Si la demande a été introduite par une association ou par plusieurs locataires, seuls sont convoqués à la séance leurs représentants (2 au maximum), dont les noms auront été communiqués au préalable au secrétariat de la CDC.

Chaque partie expose son point de vue et la CDC aide les parties à trouver une solution à leur problème.

Si un accord intervient, les termes de la conciliation font l'objet d'un document signé par chacune des parties.

En l'absence d'accord, la CDC rend un avis qui constate la situation et fait apparaître les points essentiels de la position de chacun, ainsi que, le cas échéant, sa position.

4.3.
Action en justice

4.3.1. Généralités

Si le locataire ou le bailleur ne respecte pas ses obligations, l'autre partie peut exercer une action en justice auprès du tribunal compétent pour l'obliger à exécuter son obligation, pour demander la résiliation du contrat ou pour demander une indemnisation.

Tout litige relatif à un bail d'habitation relève exclusivement du tribunal d'instance dans le ressort duquel se situe le logement. Toutefois, le juge de proximité est compétent en matière de restitution du dépôt de garantie si le litige porte sur un montant inférieur à 4 000 euros.

Lorsqu'un ou plusieurs locataires ont avec un même bailleur un litige locatif ayant une origine commune, ils peuvent donner par écrit mandat d'agir en justice en leur nom et pour leur compte à une association siégeant à la Commission nationale de concertation.

Si le litige porte sur les caractéristiques du logement pour en faire un logement décent, ce mandat peut être donné à une des associations précitées ou à une association compétente en matière d'insertion ou de logement des personnes défavorisées, à une collectivité territoriale compétente en matière d'habitat ou à un organisme payeur des aides au logement (CAF ou MSA).

4.3.2. Résiliation judiciaire et de plein droit (art. 24)

Des modalités particulières de résiliation du bail sont prévues par la loi lorsque le bailleur est à l'initiative de la demande judiciaire de résiliation du bail.

4.3.2.1. Mise en œuvre de la clause résolutoire de plein droit

Une clause du contrat de location, appelée clause résolutoire, peut prévoir sa résiliation de plein droit en cas d'inexécution des obligations du locataire, dans les quatre cas suivants :

– défaut de paiement des loyers et des charges locatives au terme convenu;

– non-versement du dépôt de garantie;

– défaut d'assurance du locataire contre les risques locatifs;

– troubles de voisinage constatés par une décision de justice passée en force de chose jugée rendue au profit d'un tiers.

En pratique, le bailleur devra assigner le locataire devant le tribunal pour faire constater l'acquisition de la clause résolutoire et la résiliation de plein droit du bail. Les modalités de mise en œuvre de cette clause varient selon la nature de la faute imputée au locataire.

Lorsque le bailleur souhaite mettre en œuvre la clause résolutoire pour défaut de paiement des loyers et des charges ou pour non-versement du dépôt de garantie, il doit préalablement faire signifier au locataire, par acte d'huissier, un commandement de payer, qui doit mentionner certaines informations et notamment la faculté pour le locataire de saisir le fonds de solidarité pour le logement (cf. § 4.4.1). De plus, pour les bailleurs personnes physiques ou les sociétés immobilières familiales, le commandement de payer doit être signalé par l'huissier à la commission de coordination des actions de prévention des expulsions locatives (cf. § 4.4.2) dès lors que l'un des seuils relatifs au montant et à l'ancienneté de la dette, fixé par arrêté préfectoral, est atteint.

Le locataire peut, à compter de la réception du commandement, régler sa dette, saisir le juge d'instance pour demander des délais de paiement, voire demander ponctuellement une aide financière à un fonds de solidarité pour le logement. Si le locataire ne s'est pas acquitté des sommes dues dans les deux mois suivant la signification, le bailleur peut alors assigner le locataire en justice pour faire constater la résiliation de plein droit du bail.

En cas de défaut d'assurance, le bailleur ne peut assigner en justice le locataire pour faire constater l'acquisition de la clause résolutoire qu'après un délai d'un mois après un commandement demeuré infructueux.

4.3.2.2. Résiliation judiciaire

Si le bailleur renonce à la mise en œuvre de la clause résolutoire, ou si celle-ci n'est pas prévue au bail ou si le litige a pour origine des motifs non couverts par la clause résolutoire, le bailleur peut saisir directement le juge pour demander la résiliation judiciaire du bail. Le juge dispose alors d'un large pouvoir pour apprécier si la faute du locataire est d'une gravité suffisante pour justifier la résiliation du bail.

4.3.2.3. Assignation aux fins de résiliation du bail et pouvoirs du juge

L'assignation est la procédure obligatoire de saisine du juge. Il s'agit d'un acte établi et délivré par un huissier de justice, par lequel le demandeur prévient la partie adverse qu'une procédure judiciaire est ouverte contre lui.

Le bailleur personne morale autre que les sociétés immobilières familiales ne peut assigner aux fins de constat de résiliation du bail qu'après avoir saisi, au moins deux mois auparavant, la commission de coordination des actions de prévention des expulsions locatives (cf. § 4.4.2). Cette saisine est réputée constituée lorsqu'il y a eu signalement à la CAF/CMSA en vue d'assurer le maintien des aides au logement.

Quand l'assignation est fondée sur une dette locative, cette assignation doit être notifiée par huissier au préfet de département deux mois avant l'audience.

Le juge peut alors :

– soit accorder, même d'office, au locataire en situation de régler sa dette locative, des délais de paiement, pouvant aller jusqu'à trois ans pour régler sa dette locative. Si le locataire se libère de sa dette dans le délai et selon les modalités fixés par le juge, le bail n'est pas résilié;

– soit ordonner l'expulsion assortie ou non d'un délai de grâce pour quitter les lieux (trois mois à trois ans) (art. L. 412-1 et suivants du code des procédures civiles d'exécution).

4.4. Prévention des expulsions

Des dispositifs de prévention des expulsions ont été institués afin de traiter notamment le plus en amont les situations d'impayés locatifs. Au sein des différentes actions mises en place sur le territoire départemental, deux dispositifs sont susceptibles d'être mobilisés plus particulièrement.

4.4.1. Le fonds de solidarité pour le logement

Le fonds de solidarité pour le logement (FSL) a été constitué dans chaque département afin d'accorder des aides financières, sous forme de prêts, de subventions ou de garantie, aux personnes ayant de faibles ressources qui rencontrent des difficultés pour assurer leurs dépenses de logement (factures, loyers...).

Les aides du FSL peuvent notamment permettre d'aider au paiement :

– du dépôt de garantie, du premier loyer, de l'assurance du logement;

– des dettes de loyers et de charges en vue du maintien dans le logement ou en vue de faciliter l'accès à un nouveau logement;

– des impayés de factures d'eau et d'énergie.

Chaque département a ses propres critères d'attribution des aides. Il est notamment tenu compte des ressources de toutes les personnes composant le foyer.

Pour en bénéficier, il convient de s'adresser aux services de son conseil départemental.

4.4.2. La commission de coordination des actions de prévention des expulsions locatives (CCAPEX)

Dans chaque département, la CCAPEX a pour mission de délivrer des avis et des recommandations à tout organisme ou personne susceptible de contribuer à la prévention de l'expulsion ainsi qu'aux bailleurs et aux locataires concernés par une situation d'impayé ou de menace d'expulsion quel que soit le motif. Elle émet également des avis et recommandations à l'attention des instances compétentes pour l'attribution d'aides financières ou pour l'accompagnement social des personnes en situation d'impayé.

Pour exercer ses missions, elle est informée dès la délivrance du commandement de payer (cf. § 4.3.2.1). En outre, elle peut être saisie par les organismes payeurs des aides personnelles au logement ou directement par le bailleur ou le locataire. Il convient de s'adresser à la préfecture de département pour connaître les coordonnées et modalités de saisine.

4.5. Procédure d'expulsion

VALIDITÉ DE L'EXPULSION :

Le locataire ne peut être expulsé que sur le fondement d'une décision de justice ou d'un procès-verbal de conciliation exécutoire. Cette décision peut, notamment, faire suite au refus du locataire de quitter les lieux après un congé délivré régulièrement par le bailleur, à la mise en œuvre de la clause résolutoire ou à une résiliation judiciaire du contrat.

Le bailleur ne doit en aucun cas agir sans décision de justice, même avec l'assistance d'un huissier. Ainsi, le bailleur qui procède lui-même à l'expulsion d'un locataire indélicat est passible de trois ans de prison et de 30 000 € d'amende.

Par ailleurs, suite à la décision de justice, le bailleur est tenu de signifier au locataire, par un huissier de justice, un commandement de quitter les lieux. L'expulsion ne peut avoir lieu qu'après un délai de deux mois suivant le commandement, ce délai peut être modifié par le juge dans les conditions prévues notamment à l'article L. 412-1 du code des procédures civiles d'exécution.

L'État est tenu de prêter son concours à l'exécution des jugements à moins qu'un motif tiré de l'ordre public ne l'autorise à refuser son concours.

En cas de refus, ou à l'expiration du délai de deux mois suivant le dépôt de la demande de concours de la force publique, le bailleur peut effectuer une demande gracieuse d'indemnisation auprès du préfet, puis devant le tribunal administratif pour obtenir réparation du préjudice.

TRÊVE HIVERNALE :

Durant la période dite de trêve hivernale, qui court du 1er novembre au 31 mars, les locataires sont protégés et ne peuvent être expulsés. Ce délai supplémentaire doit être mis à profit pour activer tous les dispositifs de relogement. Cette trêve signifie que tout jugement ordonnant l'expulsion d'un locataire, passée en force de chose jugée, ne peut être exécuté de force pendant cette période de grâce. Elle s'applique même si le juge a ordonné des délais pour exécuter l'expulsion et que ces délais ont expiré, sauf si l'expulsion est engagée à l'encontre :

– d'un locataire qui loue un logement dans un immeuble qui a fait l'objet d'un arrêté de péril ; ou

– d'un locataire dont l'expulsion est assortie d'un relogement correspondant à ses besoins familiaux (le nombre de pièces doit correspondre au nombre d'occupants).

En revanche, la trêve hivernale n'interdit pas aux bailleurs de demander et d'obtenir un jugement d'expulsion, ni même de signifier au locataire le commandement de quitter les lieux. En effet, seules les mesures d'exécution de l'expulsion avec le concours de la force publique sont suspendues.

5. Contacts utiles

Les ADIL : les agences départementales d'information sur le logement apportent au public un conseil gratuit, neutre et personnalisé sur toutes les questions juridiques, financières et fiscales relatives au logement et leur proposent des solutions adaptées à leur cas personnel. Les ADIL assurent ainsi de nombreuses permanences sur l'ensemble du territoire (http://www.anil.org/votre-adil/).

LES ORGANISMES PAYEURS DES AIDES AU LOGEMENT :

– Caisses d'allocations familiales (CAF) ;
– Mutualité sociale agricole (MSA).

LES ASSOCIATIONS REPRÉSENTATIVES DES BAILLEURS ET DES LOCATAIRES :

Au plan local, il existe de nombreuses organisations ayant pour objet de représenter et de défendre l'intérêt des locataires ou des bailleurs.

Sont également considérées comme représentatives au niveau national les organisations représentatives des locataires et des bailleurs suivantes, qui siègent à ce titre à la commission nationale de concertation :

– organisations nationales représentatives des bailleurs :

– l'Association des propriétaires de logements intermédiaires (APLI) ;

– la Fédération des sociétés immobilières et foncières (FSIF) ;

– l'Union nationale de la propriété immobilière (UNPI) ;

– organisations nationales représentatives des locataires :

– la Confédération nationale du logement (CNL);

– la Confédération générale du logement (CGL);

– la Confédération syndicale des familles (CSF);

– la Confédération de la consommation, du logement et du cadre de vie (CLCV);

– l'Association force ouvrière consommateurs (AFOC).

Maison de justice et du droit et point d'accès au droit : les maisons de justice et du droit et les points d'accès au droit accueillent gratuitement et anonymement les personnes rencontrant un problème juridique et/ou administratif. Le site http://www.annuaires.justice.gouv.fr/ vous permet de connaître, à partir de votre code postal, le point d'accès au droit ou la maison de justice et du droit le plus proche de votre domicile.

INFORMATION ADMINISTRATIVE :

– ministère du logement, de l'égalité des territoires et de la ruralité : http://www.territoires.gouv.fr;

– site officiel de l'administration française : http://www.service-public.fr/;

– numéro unique de renseignement des usagers Allo Service Public : 3939 (coût : 0,15 € la minute en moyenne).

1112.13 État des lieux pour un local à usage d'habitation ou à usage d'habitation et à usage professionnel [▶ V. s^s n°s 134.12 s. et 134.21 s.]

[**Avertissement.** Ce modèle prend en considération le décret n° 2016-382 du 30 mars 2016 fixant les modalités d'établissement de l'état des lieux et de la prise en compte de la vétusté des logements loués à usage de résidence principale]

État des lieux d'entrée ❒ en date du............

État des lieux de sortie ❒ en date du............

1. Désignation des parties

Le présent état des lieux est signé entre :

Bailleur : Mme/M.............*[▶ ou : société............]*, dont le domicile *[▶ ou : le siège social]* est situé .... *[▶ représenté, le cas échéant, par .... (Nom ou dénomination et adresse ou siège social du mandataire)]*

Locataire(s) :

Mme/M.............*[▶ Nom et prénom]*

Mme/M............. *[▶ Nom et prénom]*.

❒ **En cas d'état des lieux de sortie** :

– adresse du nouveau domicile ou du lieu d'hébergement du (des) locataire(s)

– date de réalisation de l'état des lieux d'entrée

2. Désignation des locaux

Les locaux sont situés............ *[▶ adresse, étage, n° d'appartement...]*.

3. Consistance des lieux

Appartement ❒ Maison individuelle ❒

3.1. Nombre de pièces : ....

3.2. Locaux annexes

Garage n°.............. ❒

Parking n°.............. ❒

Cave n°................. ❒

Grenier n°.............. ❒

Autre *[▶ préciser]* ... ❒

4. Nombre de clés ou d moyens d'accès remises au(x) locataire(s) ou destination :

... clé(s) de porte d'entrée

... clé(s) ou bip de porte de garage

5. Tableau synthétique de l'état des locaux donnés en location (v. page opposée)

6. Relevé des compteurs

[▶ Le propriétaire ou son mandataire complète les états des lieux d'entrée et de sortie par les relevés des index pour chaque énergie, en présence d'une installation de chauffage ou d'eau chaude sanitaire individuelle, ou collective avec un comptage individuel]

6.1. Eau

- eau froide : ....
- eau chaude : ....

6.2. Électricité

- heures creuses : ....
- heures pleines : ....

6.3. Gaz

[▶ Pendant le premier mois de la période de chauffe, le locataire peut demander que l'état des lieux soit complété par l'état des éléments de chauffage]

Fait à............, le............ en............ exemplaires.

Le bailleur ou son mandataire

Le(s) locataire(s)

5.

Tableau synthétique de l'état des locaux donnés en location

Élément	Plafonds		Murs		Sols		Portes		Fenêtres		Chauffage		Équipements		Remarques diverses ou réserves[a]	EDL de sortie : évolution de l'état de chaque pièce / partie du logement depuis l'EDL d'entrée
Pièce	Revêt.[b]	État[c]	Revêt.[d]	État[e]	Revêt.[f]	État[g]	Matériau[h]	État[i]	Matériau[j]	État[k]	Mode[l]	État[m]	Identification[n]	État[o]		
Entrée																
Salon																
Salle à manger																
Chambre 1																
Chambre 2																
Chambre 3																
Cuisine																
Salle de bains																
W.-C.																
Terrasse																
Grenier																
Cave																
Garage																
Parking																

a. Exemples de remarques : éraflures, fenêtres simple ou double vitrage, carrelage cassé, tâches sur la moquette, ampoule manquante, …
b. Revêtement : peinture, papier, lambris, tissu, etc.
c. État* : neuf, bon, moyen, mauvais.
d. Revêtement : peinture, papier, lambris, tissu, moquette, etc.
e. Voir note c.
f. Revêtement : carrelage, parquet, lino, moquette, etc.
g. Voir note c.
h. Matériau : bois, PVC, métal, etc.
i. Voir note c.
j. Matériau : bois, PVC, etc.
k. Voir note c.
l. Chauffage au gaz, au fuel, au bois, etc.
m. Voir note c.
n. Par exemple, placards, plan de travail, four, plaques électriques, hotte aspirante, porte blindée, VMC, évier, baignoire, douche.
o. Voir note c.

[▶ L'état des lieux doit être établi dans les mêmes formes et en autant d'exemplaires que de parties lors de la remise et de la restitution des clés.

Le locataire peut demander au bailleur ou à son représentant de compléter l'état des lieux dans un délai de dix jours à compter de son établissement. Si cette demande est refusée, le locataire peut saisir la commission départementale de conciliation territorialement compétente]

[▶ L'état des lieux à l'entrée et à la sortie du logement est établi selon les modalités suivantes :

1° Le logement contient les seuls meubles ou équipements mentionnés au contrat de location;

2° La forme du document permet la comparaison de l'état du logement constaté à l'entrée et à la sortie des lieux. À cet effet, les états des lieux peuvent être réalisés sous la forme d'un document unique ou de documents distincts ayant une présentation similaire;

3° L'état des lieux, établi sur support papier ou sous forme électronique, est remis en main propre ou par voie dématérialisée à chacune des parties ou à leur mandataire au moment de sa signature]

1112.20
Secteur privé – Congé

1112.21 Congé émanant du bailleur (reprise pour vendre)

[▶ V. s[s] n°s 534.31 s.]

Lettre recommandée avec AR

[▶ Aux termes de l'article 15 de la loi du 6 juillet 1989 modifié par la loi n° 2014-366 du 24 mars 2014, dite loi Alur, applicable aux baux conclus à compter du 27 mars 2014, le congé doit être notifié par lettre recommandée avec demande d'avis de réception, signifié par acte d'huissier ou remis en main propre contre récépissé ou émargement. Pour les congés concernant des baux signés avant le 27 mars 2014, seuls la lettre recommandée avec demande d'avis de réception et l'exploit d'huissier sont envisagés par le texte].

Objet : congé

[▶ Coordonnées du locataire]

Madame / Monsieur,

Conformément à l'article 15 de la loi n° 89-462 du 6 juillet 1989, j'ai l'honneur de vous donner congé pour les locaux situés au............ *[▶ adresse]* que vous occupez en vertu d'un bail que nous avons signé le............ *[▶ date]*.

Ce congé est motivé par le fait que je désire vendre ce logement.

Le prix de vente a été arrêté à............ euros, payables comptant.

À toutes fins utiles, vous trouverez ci-jointes copies du règlement de copropriété et de l'état descriptif de division.

La présente vaut donc congé pour le............, date de l'expiration de votre bail.

Conformément à l'article 15-II, alinéa 6, de la loi précitée, voici reproduits ci-dessous (à peine de nullité) les alinéas 1 à 5 de cet article 15-II :

« Lorsqu'il est fondé sur la décision de vendre le logement, le congé doit, à peine de nullité, indiquer le prix et les conditions de la vente projetée. Le congé vaut offre de vente au profit du locataire : l'offre est valable pendant les deux premiers mois du délai de préavis. Les dispositions de l'article 46 de la loi n° 65-557 du 10 juillet 1965 fixant le statut de la copropriété des immeubles bâtis ne sont pas applicables au congé fondé sur la décision de vendre le logement.

À l'expiration du délai de préavis, le locataire qui n'a pas accepté l'offre de vente est déchu de plein droit de tout titre d'occupation sur le local.

Le locataire qui accepte l'offre dispose, à compter de la date d'envoi de sa réponse au bailleur, d'un délai de deux mois pour la réalisation de l'acte de vente. Si, dans sa réponse, il notifie son intention de recourir à un prêt, l'acceptation par le locataire de l'offre de vente est subordonnée à l'obtention du prêt et le délai de réalisation de la vente est porté à quatre mois. Le contrat de location est prorogé jusqu'à l'expiration du délai de réalisation de la vente. Si, à l'expiration de ce délai, la vente n'a pas été réalisée, l'acceptation de l'offre de vente est nulle de plein droit et le locataire est déchu de plein droit de tout titre d'occupation.

Dans le cas où le propriétaire décide de vendre à des conditions ou à un prix plus avantageux pour l'acquéreur, le notaire doit, lorsque le bailleur n'y a pas préalablement procédé, notifier au locataire ces conditions et prix à peine de nullité de la vente. Cette notification est effectuée à l'adresse indiquée à cet effet par le locataire au bailleur; si le locataire n'a pas fait connaître cette adresse au bailleur, la notification est effectuée à l'adresse des locaux dont la location avait été consentie. Elle vaut offre de vente au profit du locataire. Cette offre est valable pendant une durée d'un mois à compter de sa réception. L'offre qui n'a pas été acceptée dans le délai d'un mois est caduque.

Le locataire qui accepte l'offre ainsi proposée dispose, à compter de la date d'envoi de sa réponse au bailleur ou au notaire, d'un délai de deux mois pour la réalisation de l'acte de vente. Si, dans sa réponse, il notifie son intention de recourir à un prêt, l'acceptation par le locataire de l'offre de vente est subordonnée à l'obtention du prêt et le délai de la réalisation de la vente est porté à quatre mois. Si, à l'expiration de ce délai, la vente n'a pas été réalisée, l'acceptation de l'offre de vente est nulle de plein droit ».

Dans l'attente de vos nouvelles afin que nous arrêtions une date pour dresser l'état des lieux de sortie et que, le cas échéant, vous me fassiez part de votre souhait de vous porter acquéreur du logement que vous occupez.

Veuillez agréer, Madame / Monsieur, l'expression de mes salutations les meilleures.

[▶ Signature]

PS : Vous trouverez ci-joint une notice d'information relative aux obligations du bailleur et aux voies de recours et d'indemnisation du locataire.

[▶ Aux termes de l'article 15 de la loi du 6 juillet 1989 modifié par la loi n° 2014-366 du 24 mars 2014, dite loi Alur, applicable aux baux en cours le 8 août 2015, la notice d'information relative aux obligations du bailleur et aux voies de recours et d'indemnisation du locataire (V. annexe 1112.12) est jointe au congé délivré par le bailleur en raison de sa décision de reprendre ou de vendre le logement]

1112.22 Congé émanant du bailleur (reprise pour habiter par le bailleur lui-même)

[▶ V. s^s n°s 533.31 s.]

Lettre recommandée avec AR

[▶ Aux termes de l'article 15 de la loi du 6 juillet 1989 modifié par la loi n° 2014-366 du 24 mars 2014, dite loi Alur, applicable aux baux en cours le 8 août 2015, le congé doit être notifié par lettre recommandée avec demande d'avis de réception, signifié par acte d'huissier ou remis en main propre contre récépissé ou émargement.]

Objet : congé

[▶ Coordonnées du locataire]

Madame / Monsieur,

Conformément à l'article 15 de la loi n° 89-462 du 6 juillet 1989, j'ai l'honneur de vous donner congé pour les locaux situés au............ *[▶ adresse]* que vous occupez en vertu d'un bail que nous avons signé le............ *[▶ date]*.

Ce congé est motivé par le fait que je désire reprendre ce logement pour l'occuper moi-même.

Actuellement domicilié *[▶ Coordonnées du bailleur]* ma décision de repris est fondée sur

[▶ Aux termes de l'article 15 modifié par la loi n° 2014-366 du 24 mars 2014, dite loi Alur, applicable aux baux en cours le 8 août 2015, lorsque le bailleur donne congé à son locataire pour reprendre le logement, le bailleur justifie du caractère réel et sérieux de sa décision de reprise.]

La présente vaut donc congé pour le............, date de l'expiration de votre bail.

Dans l'attente de vos nouvelles afin que nous arrêtions une date pour dresser l'état des lieux de sortie.

Veuillez agréer, Madame / Monsieur, l'expression de mes salutations les meilleures.

[▶ Signature]

PS : Vous trouverez ci-joint une notice d'information relative aux obligations du bailleur et aux voies de recours et d'indemnisation du locataire.

[▶ Aux termes de l'article 15 de la loi du 6 juillet 1989 modifié par la loi n° 2014-366 du 24 mars 2014, dite loi Alur, applicable aux baux en cours le 8 août 2015, la notice d'information relative aux obligations du bailleur et aux voies de recours et d'indemnisation du locataire (V. annexe 1112.12) est jointe au congé délivré par le bailleur en raison de sa décision de reprendre ou de vendre le logement]

1112.23 Congé émanant du bailleur (pour motif légitime et sérieux)

[▶ V. s^s n°s 535.11 s.]

Lettre recommandée avec AR

[▶ Aux termes de l'article 15 de la loi du 6 juillet 1989 modifié par la loi n° 2014-366 du 24 mars 2014, dite loi Alur, applicable aux baux en cours le 8 août 2015, le congé doit être notifié par lettre recommandée avec demande d'avis de réception, signifié par acte d'huissier ou remis en main propre contre récépissé ou émargement.]

Objet : congé

[▶ Coordonnées du locataire]

Madame / Monsieur,

Conformément à l'article 15 de la loi n° 89-462 du 6 juillet 1989, j'ai l'honneur de vous donner congé pour les locaux situés au............ *[▶ adresse]* que vous occupez en vertu d'un bail que nous avons signé le............ *[▶ date]*.

Ce congé est motivé par le fait que vous ne m'ayez pas réglé les loyers des mois de............ intégralement et ceux des mois de............ avec quinze jours de retard.

(Ou tout autre motif emportant déclenchement de la clause résolutoire, en détaillant les éléments factuels à l'appui de la décision)

La présente vaut donc congé pour le............, date de l'expiration de votre bail.

Dans l'attente de vos nouvelles afin que nous arrêtions une date pour dresser l'état des lieux de sortie.

Veuillez agréer, Madame / Monsieur, l'expression de mes salutations les meilleures.

[▶ Signature]

PS : Vous trouverez ci-joint une notice d'information relative aux obligations du bailleur et aux voies de recours et d'indemnisation du locataire.

1112.24 Congé émanant du locataire (trois mois)

[▶ V. s^s n°s 542.31 s.]

Lettre recommandée avec AR

[▶ Aux termes de l'article 15 de la loi du 6 juillet 1989 modifié par la loi n° 2014-366 du 24 mars 2014, dite loi Alur, applicable aux baux en cours le 8 août 2015, le congé doit être notifié par lettre recommandée avec demande d'avis de réception, signifié par acte d'huissier ou remis en main propre contre récépissé ou émargement.]

Objet : congé

[▶ Coordonnées du bailleur]

Madame / Monsieur,

Conformément à l'article 15 de la loi n° 89-462 du 6 juillet 1989, j'ai l'honneur de vous donner congé pour les locaux situés au............ *[▶ adresse]* que j'occupe en vertu d'un bail que nous avons signé le............ *[▶ date]*.

En application de l'article 15 de la loi précitée, le délai de préavis étant de trois mois lorsque le congé émane du locataire, la présente vaut congé pour le............ *[▶ date à fixer en prenant en compte le délai de réception du bailleur].*

Dans l'attente de vos nouvelles afin que nous arrêtions une date pour dresser l'état des lieux de sortie.

Veuillez agréer, Madame / Monsieur, l'expression de mes salutations les meilleures.

[▶ Signature]

1112.25 Congé émanant du locataire (un mois)

[▶ V. ss nos 542.41 s.]

Lettre recommandée avec AR

[▶ Aux termes de l'article 15 de la loi du 6 juillet 1989 modifié par la loi n° 2014-366 du 24 mars 2014, dite loi Alur, applicable aux baux en cours le 8 août 2015, le congé doit être notifié par lettre recommandée avec demande d'avis de réception, signifié par acte d'huissier ou remis en main propre contre récépissé ou émargement.]

Objet : congé

[▶ Coordonnées du bailleur]

Madame / Monsieur,

Conformément à l'article 15 de la loi n° 89-462 du 6 juillet 1989, j'ai l'honneur de vous donner congé pour les locaux situés au............ *[▶ adresse]* que j'occupe en vertu d'un bail que nous avons signé le............ *[▶ date].*

En application de l'article 15-I de la loi précitée, ce congé étant motivé par...

[▶ Aux termes de l'article 15 de la loi du 6 juillet 1989 modifié par la loi n° 2014-366 du 24 mars 2014, dite loi Alur, applicable aux baux en cours le 8 août 2015, le locataire souhaitant bénéficier des délais réduits de préavis précise le motif invoqué et le justifie au moment de l'envoi de la lettre de congé. Le locataire peut bénéficier d'un délai de préavis réduit lorsque le bail porte sur un logement situé en zone tendue, en cas d'obtention d'un premier emploi, de mutation, de perte d'emploi ou de nouvel emploi consécutif à une perte d'emploi, lorsque l'état de santé du locataire, constaté par un certificat médical, justifie un changement de domicile, lorsque le locataire est bénéficiaire du revenu de solidarité active ou de l'allocation adulte handicapé, lorsque le locataire s'est vu attribuer un logement défini.]

Le délai de préavis qui m'est applicable est d'un mois (voir le courrier ci-joint émanant de mon employeur).

(Ou tout justificatif du motif exposé plus haut)

La présente vaut donc congé pour le............ *[▶ date].*

Dans l'attente de vos nouvelles afin que nous arrêtions une date pour dresser l'état des lieux de sortie.

Veuillez agréer, Madame / Monsieur, l'expression de mes salutations les meilleures.

[▶ Signature]

1112.30
Secteur privé – Renouvellement de loyer

1112.31 Offre de renouvellement avec augmentation de loyer hors zone tendue (bail de trois ans)

[▶ V. ss nos 522.101 s.]

Lettre recommandée avec AR

(Ou acte d'huissier ou remise en main propre contre récépissé ou émargement)

Objet : offre de renouvellement avec augmentation de loyer

Madame / Monsieur,

Comme en attestent les références ci-jointes, le loyer du logement que vous occupez en vertu de votre contrat de location qui s'achève le............ est manifestement sous-évalué.

Aussi, conformément à l'article 17-2-II de la loi n° 89-462 du 6 juillet 1989, je vous offre de le renouveler pour trois ans, moyennant une augmentation de loyer de............ euros, soit un loyer de............ euros.

Cette hausse s'appliquera *[▶ Cocher la case correspondante] :*

• par tiers tous les ans (si la hausse est inférieure ou égale à 10 %) ❏

• par sixième tous les ans (si la hausse est supérieure à 10 %) ❏

Ainsi, durant la première année du renouvellement, le loyer mensuel dont vous devrez vous acquitter sera de............ euros, puis passera à............ euros à compter de la seconde année, et sera de............ la troisième année.

En application du quatrième alinéa de l'article 17-2-II de la loi susmentionnée, vous trouverez ci-dessous la reproduction intégrale dudit article 17-2-II.

« Dans les zones où ne s'applique pas l'arrêté mentionné au I de l'article 17, lors du renouvellement du contrat, le loyer ne donne lieu à réévaluation que s'il est manifestement sous-évalué.

Dans ce cas, le bailleur peut proposer au locataire, au moins six mois avant le terme du contrat et dans les conditions de forme prévues à l'article 15, un nouveau loyer fixé par référence aux loyers habituellement constatés dans le voisinage pour des logements comparables dans les conditions définies aux cinquième et sixième alinéas du I du présent article.

Lorsque le bailleur fait application des dispositions du présent II, il ne peut donner congé au locataire pour la même échéance du contrat.

La notification reproduit intégralement, à peine de nullité, les dispositions du présent II et mentionne le montant du loyer ainsi que la liste des références ayant servi à le déterminer.

En cas de désaccord ou à défaut de réponse du locataire quatre mois avant le terme du contrat, l'une ou l'autre des parties saisit la commission départementale de conciliation.

À défaut d'accord constaté par la commission, le juge est saisi avant le terme du contrat. À défaut de saisine, le contrat est reconduit de plein droit aux conditions antérieures du loyer, éventuellement révisé. Le contrat dont le loyer est fixé judiciairement est réputé renouvelé pour la durée définie à l'article 10 à compter de la date d'expiration du contrat. La décision du juge est exécutoire par provision.

La hausse convenue entre les parties ou fixée judiciairement s'applique par tiers ou par sixième selon la durée du contrat.

Toutefois, cette hausse s'applique par sixième annuel au contrat renouvelé, puis lors du renouvellement ultérieur, dès lors qu'elle est supérieure à 10 % si le premier renouvellement avait une durée inférieure à six ans.

La révision éventuelle résultant de l'article 17-1 *[▶ révision annuelle ne pouvant excéder la variation de l'indice de référence des loyers publié par l'Insee]* s'applique à chaque valeur ainsi définie. »

Vous demandant de bien vouloir me faire part des suites que vous comptez donner à ma proposition dans les meilleurs délais et, au plus tard, avant le............ *[▶ quatre mois avant le terme du bail]*.

Veuillez agréer, Madame / Monsieur, l'expression de mes salutations les meilleures.

[▶ Signature]

1112.32 Offre de renouvellement avec augmentation de loyer en zone tendue (bail de trois ans)

[▶ V. s^s n°s 522.312 s.]

Lettre recommandée avec AR

(Ou acte d'huissier ou remise en main propre contre récépissé ou émargement)

Objet : offre de renouvellement avec augmentation de loyer

Madame / Monsieur,

Comme en attestent les références ci-jointes, le loyer du logement que vous occupez en vertu de votre contrat de location qui s'achève le............ est inférieur au loyer de référence minoré.

Sur la zone dans lequel se situe votre logement, le loyer de référence minoré s'élève à...... euros, soit un montant supérieur à votre loyer actuel de......euros.

Aussi, conformément à l'article 17-2-II de la loi n° 89-462 du 6 juillet 1989, je vous offre de le renouveler pour trois ans, moyennant une augmentation de loyer de............ euros, soit un loyer de............ euros.

[En tout état de cause le loyer nouveau est inférieur ou égal au loyer de référence minoré]

Cette hausse s'appliquera *[▶ Cocher la case correspondante] :*

• par tiers tous les ans (si la hausse est inférieure ou égale à 10 %) ❐

• par sixième tous les ans (si la hausse est supérieure à 10 %) ❐

Ainsi, durant la première année du renouvellement, le loyer mensuel dont vous devrez vous acquitter sera de............ euros, puis passera à............ euros à compter de la seconde année, et sera de............ la troisième année.

En application du quatrième alinéa de l'article 17-2-II de la loi susmentionnée, vous trouverez ci-dessous la reproduction intégrale dudit article 17-2-I.

« Lors du renouvellement du contrat, et dans les zones où s'applique l'arrêté mentionné au I de l'article 17, une action en diminution de loyer peut être engagée si le montant du loyer fixé au contrat de bail, hors montant du complément de loyer le cas échéant, est supérieur au loyer de référence majoré.

Dans ces mêmes zones, lors du renouvellement du contrat, une action en réévaluation de loyer peut être engagée dès lors que le loyer est inférieur au loyer de référence minoré.

Dans ces deux cas, l'une ou l'autre des parties peut proposer un nouveau loyer à son cocontractant, au moins six mois avant le terme du contrat pour le bailleur et au moins cinq mois avant le terme du contrat pour le locataire, dans les conditions de forme prévues à l'article 15. Le montant du loyer de référence majoré ou minoré pris en compte correspond à celui qui est en vigueur à la date de la proposition émise par l'une des parties.

Le nouveau loyer proposé dans le cadre d'une action en réévaluation de loyer est inférieur ou égal au loyer de référence minoré. Le locataire peut, par référence aux loyers habituellement constatés dans le voisinage pour des logements comparables, contester l'action en réévaluation de loyer selon la procédure prévue au présent article.

Les loyers servant de références doivent être représentatifs de l'ensemble des loyers habituellement constatés dans le voisinage pour des logements comparables, situés soit dans le même groupe d'immeubles, soit dans tout autre groupe d'immeubles comportant des caractéristiques similaires et situés dans la même zone géographique. Un décret en Conseil d'État définit les éléments constitutifs de ces références.

Le nombre minimal de références à fournir est de trois. Toutefois, il est de six dans les communes, dont la liste est fixée par décret, faisant partie d'une agglomération de plus d'un million d'habitants.

Lorsque le bailleur fait application du présent I, il ne peut donner congé au locataire pour la même échéance du contrat.

La notification d'une proposition d'un nouveau loyer reproduit intégralement, à peine de nullité, les dispositions du présent I et mentionne le montant du loyer ainsi que le loyer de référence majoré ou le loyer de référence minoré ayant servi à le déterminer.

En cas de désaccord ou à défaut de réponse du cocontractant saisi quatre mois avant le terme du contrat, l'une ou l'autre des parties peut saisir la commission départementale de conciliation mentionnée à l'article 20.

À défaut d'accord constaté par la commission départementale de conciliation, le juge peut être saisi, avant le terme du contrat. À défaut de saisine du juge, le contrat est reconduit de plein droit aux conditions antérieures du loyer, éventuellement révisé en application de l'article 17-1. Le contrat dont le loyer est fixé judiciairement est réputé renouvelé pour la durée définie à l'article 10, à compter de la date d'expiration du contrat. La décision du juge est exécutoire par provision.

Lorsque les parties s'accordent sur une hausse du loyer ou lorsque cette hausse est fixée judiciairement, celle-ci s'applique par tiers ou par sixième selon la durée du contrat.

Toutefois, cette hausse s'applique par sixième annuel au contrat renouvelé, puis lors du renouvellement ultérieur, dès lors qu'elle est supérieure à 10 % si le premier renouvellement avait une durée inférieure à six ans.

La révision éventuelle résultant de l'article 17-1 *[▶ révision annuelle ne pouvant excéder la variation de l'indice de référence des loyers publié par l'Insee]* s'applique à chaque valeur ainsi définie. »

Vous demandant de bien vouloir me faire part des suites que vous comptez donner à ma proposition dans les meilleurs délais et, au plus tard, avant le............ *[▶ quatre mois avant le terme du bail]*.

Veuillez agréer, Madame / Monsieur, l'expression de mes salutations les meilleures.

[▶ Signature]

1112.33 Saisine du secrétariat de la Commission départementale de conciliation par le bailleur (litige relatif au loyer de renouvellement)

[▶ V. s^s n°s 522.201 s.]

Lettre recommandée avec AR

[▶ Concernant les cas de saisine de la commission, v. s^s n°s 522.201 s.]

Objet : fixation d'un loyer de renouvellement

[▶ Coordonnées de la commission]

Madame, Monsieur,

Suite à la proposition de renouvellement que j'ai adressée à mon locataire le............ *[▶ date]* (v. copie jointe) et à défaut de réponse de sa part quatre mois avant le terme du bail (également joint à la présente), je vous saurais gré de bien vouloir convoquer les parties concernées dans les meilleurs délais.

Coordonnées du bailleur : .... *[▶ Nom et adresse]*.

Coordonnées du locataire : .... *[▶ Nom et adresse]*.

Dans cette attente,

Je vous prie d'agréer, Madame, Monsieur, l'expression de mes salutations les meilleures.

[▶ Signature]

PJ : Contrat de location et proposition de renouvellement (incluant les références produites à l'appui de ma demande).

1112.40
Secteur privé – Bail à durée réduite

1112.41 Confirmation de la réalisation de l'événement ayant justifié la conclusion d'un bail à durée réduite (article 11 de la loi du 6 juillet 1989)

[▶ V. s^s n° 513.41]

Lettre recommandée avec AR

(Ou acte d'huissier ou remise en main propre contre récépissé ou émargement)

Objet : confirmation de la reprise de mon logement

[▶ Coordonnées du locataire]

Madame / Monsieur,

Je vous informe par la présente que la raison nous ayant conduit à conclure un bail de............ mois *[▶ à savoir............]* se réalisera à la date convenue.

[la signification du courrier doit intervenir au moins 2 mois avant]

Je vous demande donc, de libérer les lieux pour le............, date d'expiration du bail.

Dans l'attente de vos nouvelles afin que nous arrêtions une date pour dresser l'état des lieux de sortie.

Je vous prie d'agréer, Madame / Monsieur, l'expression de mes salutations les meilleures.

[▶ Signature]

1112.42 Report du terme du bail conclu pour une durée réduite (article 11 de la loi du 6 juillet 1989)

[▶ V. s^s n° 513.44]

Lettre recommandée avec AR

(Ou acte d'huissier ou remise en main propre contre récépissé ou émargement)

Objet : proposition de report du terme du bail

[▶ Cette faculté de report ne peut être utilisée par le bailleur qu'une seule fois]

[▶ Coordonnées du locataire]

Madame / Monsieur,

Je vous informe par la présente que la raison nous ayant conduit à conclure un bail de............ mois *[▶ à savoir............]* ne se réalisera pas à la date convenue.

[La signification du courrier doit intervenir au moins 2 mois avant la date originelle de fin de bail]

Je vous propose donc de différer le terme de notre bail et de le reporter au............

En cas d'acceptation du report du terme, je vous demanderai donc de libérer les lieux pour le............ *[▶ date]*.

Je vous prie d'agréer, Madame / Monsieur, l'expression de mes salutations les meilleures.

[▶ Signature]

1112.50
Secteur privé – Domiciliation/exercice d'une activité professionnelle

1112.51 Lettre à adresser au propriétaire en cas de domiciliation/exercice de l'activité professionnelle dans un local d'habitation

[▶ V. s^s n°s 433.21 s]

(Forme libre mais une lettre recommandée avec AR ou remise en main propre contre récépissé ou émargement est recommandée)

Objet : Exercice d'une activité professionnelle dans les lieux loués *[▶ ou : domiciliation du siège de mon entreprise]*

[▶ Coordonnées du bailleur]

Madame / Monsieur,

J'ai l'honneur, par la présente, de vous informer que j'envisage, à partir du............ *[▶ date]*,

d'exercer mon activité professionnelle de............ dans une partie de mon local d'habitation situé au............

[▶ ou : de domicilier le siège de mon entreprise (ou : de ma société), immatriculée au............, depuis le............, en l'absence de stipulation contraire du bail ou du règlement de copropriété.]

Je tiens également à signaler que je conserverai dans ces lieux ma résidence principale et que je n'y recevrai ni clientèle ni marchandises.

Veuillez agréer, Madame / Monsieur, l'expression de mes sentiments les meilleurs.

[▶ Signature]

1112.60
Secteur HLM – Décompte de surface

1112.61 Décompte de surface utile (annexe de l'article 1er du décret n° 97-56 du 21 janvier 1997)

[▶ V. s^s n° 735.51]

Situation de l'immeuble : ....

Numéro du logement porté dans la convention : ....

Numéro de la convention : ....

Année de la convention : ....

Nom du bailleur et siège social : ....

Loyer maximum fixé par la convention : .... euros par m² et par mois.

Liste des annexes faisant partie de la surface utile, conforme à l'arrêté du ministre du Logement pris en application du 2° de l'article R. 353-16 :

Décompte des surfaces et des coefficients propres au logement : ....

Montant du loyer maximum du logement : .... euros (Col. 6 x 6 .... €/m²/mois).

Ce loyer maximum est révisé chaque année au 1er janvier en fonction des variations de l'indice de référence des loyers *[▶ à compter du 1er janvier 2010, la date de l'indice de référence des loyers prise en compte est celle du deuxième trimestre de l'année précédente]*. À la date de signature de la présente convention, le loyer de référence est de : ....

Ce sont les annexes ou parties d'annexes qui n'entrent pas dans le calcul de la surface utile, soit les emplacements réservés au stationnement des véhicules, les terrasses, cours et jardins, faisant l'objet d'une jouissance exclusive.

L'évolution du loyer maximum des annexes donnant lieu à perception d'un loyer accessoire est la même que celle du logement.

Annexes susceptibles de donner lieu à perception d'un loyer accessoire (dernier alinéa du 2° de l'article R. 353-16)	**Loyer maximum conventionné de l'annexe**
....	....
....	....

Désignation du logement	**Surface habitable**	**Surface des annexes**	**Surface utile (somme de la colonne 2 et de la moitié de la colonne 3)**	**Coefficient propre au logement**	**Base du calcul du loyer (col. 4 x col. 5)**	**Loyer maximum du logement (col. 6 x €/m²)**
Col. 1	Col. 2	Col. 3	Col. 4	Col. 5	Col. 6	Col. 7
....	....	....	....	....	....	....
....	....	....	....	....	....	....

1112.62 Décompte de surface corrigée (annexe à l'article R. 353-19 du CCH)
[▶ V. s[s] n°s 735.23 s.]

Situation de l'immeuble : ....

Numéro de logement porté dans la convention : ....

Numéro de la convention : ....

Année de la convention : ....

Nom du bailleur et lieu du siège social : ....

DÉCOMPTE DE SURFACE CORRIGÉE ET DU PRIX DU LOYER (1)

I. Correctifs applicables à chaque partie du local

Nature des différentes parties du local (art. 2 à 4) (2)	**Surface réelle (art. 5)**	**Coefficient correspondant à la nature des pièces (art. 6)**	**Surface utile (produit des colonnes 2 et 3)**	**Coefficient 2 et applicable aux pièces**				**Surface corrigée (pour les pièces : produits des colonnes 4 et 8; pour les annexes : produits des colonnes 2 et 3)**
				Éclairement (art. 8)	**Ensoleillement (art. 9)**	**Vues (art. 10)**	**Coefficient moyen (total des colonnes 5, 6 et 7 divisé par 3) (art. 7)**	
1	2	3	4	5	6	7	8	9
Pièces habitables								
....	....	....	....	....	....	....	....	....
....	....	....	....	....	....	....	....	....
Pièces secondaires								
....	....	....	....	....	....	....	....	....
....	....	....	....	....	....	....	....	....
Annexes			Porter le produit des colonnes 2 et 3 dans la colonne 9					
....	....	....	*Idem*..................					....
....	....	....	*Idem*..................					....
Total des surfaces des différentes parties du local	....	....	....					....
	....	....	....					....

II. Correctif d'ensemble du local

a) Coefficient d'entretien (3)	....	....
b) Coefficient de situation (art. 13)	....	....
Coefficient moyen (total des deux lignes précédentes divisé par 2) (art. 11)	....	....
Produit de la surface corrigée des pièces et annexes par le correctif d'ensemble du local	....	.... (A)

III. Équivalence superficielle des éléments d'équipement (art. 14)

Nature	Nombre d'unités	Équivalence		
		Par unité	Totale	
....	....	....	....	....
....	....	....	....	....
Surface réelle totale				
• Caves, greniers et débarras	....	....	....	....
• Total des équivalences superficielles				.... (B)

IV. Surface corrigée

• Surface corrigée du local : total des lignes (A) et (B)	....
• Diminution pour absence d'ascenseur (4) (art. 16)	–..................
Reste	....
• Majoration pour usage professionnel (5) (art. 15)	+..................
Surface corrigée totale	+.................. m²

V. Montant du loyer annuel	
• 1° Montant du loyer maximum fixé par la convention (6) : m² de surface corrigée............ €/m² annuel	.... €
• 2° Montant du nouveau loyer notifié (7) : m² de surface corrigée............ €/m² annuel	.... €
Option (8) : Remise de............ p. 100 du nouveau loyer du............20...... au............20...... Remise de............ p. 100 du nouveau loyer du 1er............20...... au............20...... Remise de............ p. 100 du nouveau loyer du 1er............20...... au............20...... Remise de............ p. 100 du nouveau loyer du............20...... au............20...... (date d'extinction de la remise).	
VI. Loyer des jardins, remises, garages et autres dépendances	
• Loués ou occupés accessoirement au local	.... €

1. Conformément à l'article R. 353.17 du code de la construction et de l'habitation, la valeur du loyer est fixée au mètre carré de surface corrigée telle que résultant des dispositions de l'article R. 442-1 dudit code (qui rend applicables les dispositions du décret n° 48-1766 du 22 nov. 1948 pris en application de la loi n° 48-1360 du 1er sept. 1948) et de l'article 4 du décret n° 60-1063 du 1er octobre 1960.
2. Articles du décret n° 48-1766 du 22 novembre 1948 fixant les conditions de détermination de la surface corrigée des locaux d'habitation ou à usage professionnel.
3. Qui ne peut dépasser 1 en application de l'article 4 du décret n° 60-1063 du 1er octobre 1960.
4. Égale à : 5 p. 100 de la surface corrigée du local si celui-ci est situé, sans ascenseur, au 4e étage; 10 p. 100 de la surface corrigée du local si celui-ci est situé, sans ascenseur, au 5e étage. 15 p. 100 de la surface corrigée du local si celui-ci est situé, sans ascenseur, au 6e étage et au-dessus.
5. Égale à 30 p. 100 de la surface corrigée du local.
6. Le loyer est révisable chaque année le 1er juillet en fonction des variations de l'indice de référence des loyers.
7. Le loyer pratiqué peut être modifié, dans la limite du loyer maximum, selon des modalités fixées par la convention et par les dispositions prises en application du titre IV de la loi n° 82-526 du 22 juin 1982.
8. Dans le cas où le bailleur opère une remise de loyer aux locataires, il indique le pourcentage de la remise applicable lors de la modification du nouveau loyer ainsi que toute modification de pourcentage (intervenant soit un 1er janv., soit un 1er juill. et sa durée d'application).

1112.70
Secteur HLM – Congé

1112.71 Troisième offre de relogement valant congé émanant du bailleur (démolition de l'immeuble)

[▶ V. ss nos 412.91 s.]

Lettre recommandée avec demande d'avis de réception

> Articles L. 353-15 et L. 442-6 du code de la construction et de l'habitation.

À............, le............ 20...

Mme/M.............

Conformément aux dispositions *[▶ rayer la mention inutile] :*

• de l'article L. 353-15 du code de la construction et de l'habitation.

[▶ Pour les logements conventionnés, v. ss nos 733.31 s.]

• de l'article L. 442-6 du code de la construction et de l'habitation.

[▶ Pour les logements non conventionnés, v. ss nos 733.41 s.]

Je vous notifie une 3e offre de relogement valant congé pour les locaux que vous occupez à la suite du bail signé le............ *[▶ rappeler la date de signature du bail]* pour les locaux situés à l'adresse suivante :

....

Cette offre est justifiée par la démolition de l'immeuble.............

Elle fait suite à une première offre qui vous a été transmise le............ portant sur les locaux suivants :

....

....

Une deuxième offre vous a été faite le............ pour les locaux suivants :

....

....

La présente offre répond aux dispositions légales (art. 13 *bis* de la loi du 1er septembre 1948 reproduit ci-dessous). Elle vaut congé au terme du délai de six mois prévu par la loi, à savoir le............ À cette date vous serez déchu de tout droit au maintien dans les lieux et vous devrez libérer les locaux actuellement occupés et les restituer libres de toute occupation. Vous devrez à la même date avoir acquitté la totalité des loyers, charges, impôts liés à l'occupation des locaux, le cas échéant les réparations locatives, et, plus généralement, avoir satisfait à toutes les obligations d'un locataire sortant.

Je vous rappelle les dispositions légales suivantes :

• Article 13 *bis*. Le local mis à la disposition des personnes évincées, en application des articles 11 et 12, doit satisfaire aux caractéristiques définies en application des premier et deuxième alinéas de l'article 6 de la loi n° 89-462 du 6 juillet 1989 tendant à améliorer les rapports locatifs et portant modification de la loi n° 86-1290 du 23 décembre 1986 et correspondre à leurs besoins personnels ou familiaux et, le cas échéant, professionnels, et à leurs possibilités. Il doit en outre être situé :

❐ dans le même arrondissement ou les arrondissements limitrophes ou les communes limitrophes de l'arrondissement où se trouve le local, objet de la reprise, si celui-ci est situé dans une commune divisée en arrondissements;

❐ dans le même canton ou dans les cantons limitrophes de ce canton inclus dans la même commune ou dans les communes limitrophes de ce canton si la commune est divisée en cantons;

❒ dans les autres cas sur le territoire de la même commune ou d'une commune limitrophe, sans pouvoir être éloigné de plus de 5 km.

Je vous prie d'agréer, Mme/M............., l'expression de mes salutations les meilleures.

[▶ Signé : Le bailleur]

1112.72 Congé émanant du bailleur (réalisation de travaux)

[▶ V. ss nos 412.71 s.]

Lettre recommandée avec demande d'avis de réception

[▶ Art. 12 de la loi no 48-1360 du 1er sept. 1948]

À............, le............ 20...

Mme/M.............

Conformément aux dispositions de l'article 12 de la loi du 1er septembre 1948, je vous donne congé pour les locaux que vous occupez à la suite du bail signé le............ *[▶ rappeler la date de signature du bail].*

Ce congé est justifié par la réalisation de travaux dans l'immeuble, conformément à l'autorisation administrative qui m'a été délivrée par le préfet du département de............

Ce congé prend effet le............ *[▶ le délai de préavis doit être d'au moins six mois].*

À cette date, vous devrez avoir libéré les locaux loués et les restituer libres de toute occupation. Vous devrez à la même date avoir acquitté la totalité des loyers, charges, impôts liés à l'occupation des locaux, le cas échéant les réparations locatives et, plus généralement, avoir satisfait à toutes les obligations d'un locataire sortant.

Vous disposez d'un droit à être relogé dans les conditions prévues par l'article 13 *bis* de la loi no 48-1360 du 1er septembre 1948 portant modification et codification de la législation relative aux rapports des bailleurs et locataires ou occupants de locaux d'habitation ou à usage professionnel et instituant des allocations de logement, mais vous ne disposez d'aucun droit au maintien dans les lieux après la date d'effet du congé. Je vous rappelle les dispositions légales suivantes :

• Article 13 (L. no 48-1360, 1er sept. 1948)

Les personnes évincées en application des articles 11 et 12 bénéficient, si elles ne sont pas relogées dans un local remplissant les conditions prévues à l'article 13 *bis* ci-dessous, du droit à réintégration dans un des locaux situés dans les immeubles ayant fait l'objet des travaux visés aux dits articles et peuvent s'y maintenir dans les conditions prévues par la présente loi.

Dès l'achèvement des travaux, le propriétaire devra, par lettre recommandée avec accusé de réception, ou par acte extrajudiciaire, les mettre en demeure de lui faire connaître, dans le délai d'un mois et dans la même forme, s'ils entendent user de ce droit. La notification devra mentionner, à peine de nullité, la forme et le délai de la réponse.

• Article 13 *bis* (L. no 48-1360, 1er sept. 1948)

Le local mis à la disposition des personnes évincées, en application des articles 11 et 12, doit satisfaire aux caractéristiques définies en application des premier et deuxième alinéas de l'article 6 de la loi no 89-462 du 6 juillet 1989 tendant à améliorer les rapports locatifs et portant modification de la loi no 86-1290 du 23 décembre 1986, et correspondre à leurs besoins personnels ou familiaux et, le cas échéant, professionnels, et à leurs possibilités. Il doit en outre être situé :

❒ dans le même arrondissement ou les arrondissements limitrophes ou les communes limitrophes de l'arrondissement où se trouve le local, objet de la reprise, si celui-ci est situé dans une commune divisée en arrondissements;

❒ dans le même canton ou dans les cantons limitrophes de ce canton inclus dans la même commune ou dans les communes limitrophes de ce canton si la commune est divisée en cantons;

❒ dans les autres cas sur le territoire de la même commune ou d'une commune limitrophe, sans pouvoir être éloigné de plus de 5 km.

Je vous prie d'agréer, Mme/M............., l'expression de mes salutations les meilleures.

[▶ Signé : Le bailleur]

ANNEXE

1113. Sources d'information

1113.10 Accès aux textes applicables

1113.11 Textes législatifs et réglementaires

• Les textes législatifs et réglementaires français sont publiés au *Journal Officiel de la république française (JO) et* aux *Bulletins Officiels* des ministères. Les directives et les règlements européens sont publiés au *Journal officiel de l'Union européenne (JOUE).* Tous ces textes sont disponibles par abonnement ou au numéro.

Au-delà des publications légales, l'ensemble de textes législatifs et réglementaires sont consultables sur www.legifrance.gouv.fr.

> Direction de l'information légale et administrative

26, rue Desaix

75727 Paris cedex 15

www.dila.premier-ministre.gouv.fr

www.journal-officiel.gouv.fr

• Ils sont publiés, à l'état brut, annotés ou commentés, dans des codes annuels, biennaux, sur Internet. Certains sont regroupés, par thème, dans des brochures.

• On trouve les textes législatifs et réglementaires dans les bibliothèques des universités, des tribunaux et barreaux, dans les préfectures et sous-préfectures et dans la plupart des bibliothèques et centres de documentation publics. Ils sont disponibles en librairie.

1113.12 Sur la matière

– code des baux, Dalloz, annoté

– code des baux, LexisNexis, annoté

– code de la construction et de l'habitation, Dalloz, annoté et commenté

– code de la construction et de l'habitation, LexisNexis, commenté

– code civil, Dalloz

– code civil, LexisNexis

1113.20 Références bibliographiques

1113.21 Principaux périodiques juridiques généraux pour les professionnels

> Gazette du Palais (La)

• Hebdomadaire,

www.gazettedupalais.com

> La Semaine juridique (JCP), Édition générale, entreprise, notariale et immobilière

• Hebdomadaire,

LexisNexis

www.lexisnexis.fr

> Les Petites Affiches

• Quotidien,

www.petites-affiches.com

> Recueil Dalloz

• Hebdomadaire,

www.editions-dalloz.fr

• Site immobilier sur www.dalloz.fr / Dalloz actualité

1113.22 Principaux périodiques juridiques spécialisés

> Actualité juridique Droit immobilier (AJDI)

Anciennement AJPI

• Mensuel, Dalloz

www.editions-dalloz.fr

> Administrer

• Mensuel, UNIS

www.unis.immo.fr

> Loyers et copropriété

• Mensuel, Juris-Classeur

> Revue de droit immobilier

• Mensuel, Dalloz

www.dalloz.fr

> Revue de l'Habitat

• Mensuel, Chambre nationale des propriétaires

www.chdp.asso.fr

> Revue des loyers

• Mensuel, Lamy

www.wkf.fr

1113.23 Documentations actualisées périodiquement

> Mémento pratique Gestion immobilière

• Ouvrage annuel; également consultable en ligne.

Francis Lefebvre

www.efl.fr

> Dictionnaire permanent Gestion immobilière

• Feuillets mobiles, 2 volumes, bulletin d'actualisation mensuel; également consultable en ligne : ELnet.fr

Éditions Législatives

www.editions-legislatives.fr

> Lamy droit immobilier

• Ouvrage annuel, 2 volumes, bulletin d'actualisation mensuel; également consultable en ligne.

Wolters Kluwer France

www.wkf.fr

> Navis immobilier

• Interface web

Francis Lefebvre

www.efl.fr

1113.23 Principaux ouvrages juridiques

Se reporter au Titre 03 – Bibliographie indicative

1113.30 Principaux acteurs

• Pour la recherche d'informations générales sur l'administration française et la consultation des formulaires administratifs :

www.service-public.fr

1113.31 Organismes publics

> Ministère de la cohésion des territoires/

Ministère de la Transition écologique et solidaire

Direction générale de l'aménagement, du logement et de la nature (DGALN)

www.cohesion-territoires.gouv.fr

Tour Séquoïa

1 place Carpeaux

92800 Puteaux

> Ministère de la Justice

www.justice.gouv.fr

Bureau du droit immobilier

13, place Vendôme

75042 Paris cedex 01

1113.32 Organismes parapublics

> Agence nationale de l'habitat (ANAH)

www.anah.fr

8, avenue de l'Opéra

75001 Paris

• Attribue des subventions pour améliorer le confort dans l'habitat locatif privé

> Agence nationale pour l'information sur le logement (ANIL)

www.anil.org

2 boulevard St-Martin

75010 Paris

• Depuis 1976, elle suscite la création des Agences départementales d'information sur le logement (ADIL) qui assurent au le plan local le conseil aux particuliers.

Ainsi, sur Paris :

ADIL 75

46 *bis*, boulevard Edgar Quinet

75014 Paris

Tél. : +33(0)1 42 79 50 50

www.adil75.org

> Institut national de la consommation (INC)

18, rue Thiphaine

75015 Paris

+33(0)1 45 66 20 20

www.inc60.fr

www.conso.net

> Observatoire des loyers de l'agglomération lilloise

7 *bis* rue Racine

59000 LILLE

www.adilnord.fr

> Observatoires de loyers de l'agglomération parisienne (OLAP)

5, rue Leblanc

75015 Paris

www.observatoire-des-loyers.fr

1113.33 Organisations liées au logement social

> Association pour la formation professionnelle continue des organismes de logement social (AFPOLS)

9, boulevard des italiens

75002 Paris

+33(0)1 40 75 68 52

www.afpols.fr

> Fédération Nationale des Offices Publics de l'Habitat (offices et OPAC)

14, rue Lord Byron

75384 Paris cedex 08

www.foph.fr

• La Fédération nationale des Offices publics de l'habitat (OPH) est composée de 264 offices.

> Fédération nationale des Entreprises Sociales de l'Habitat

14, rue Lord Byron

75384 Paris cedex 08

www.esh.fr

• La Fédération des Entreprises sociales pour l'habitat est composée de 229 entreprises sociales pour l'habitat (sociétés anonymes d'HLM)

> Union Sociale pour l'Habitat

14, rue Lord Byron

75384 Paris cedex 08

www.union-habitat.org

L'Union sociale pour l'habitat fédère quatre fédérations d'organismes Hlm ainsi qu'une fédération des associations régionales d'organismes d'habitat social.

• La Fédération nationale des Offices publics de l'habitat (OPH).

• La Fédération des Entreprises sociales pour l'habitat (ESH).

• La Fédération nationale des Sociétés coopératives d'HLM (Coop'HLM).

www.hlm.coop

• La Fédération nationale des Associations régionales d'organismes d'habitat social est composée de 21 associations regroupant l'ensemble des organismes HLM de chaque région

www.fnar-habitat.org

• L'Union d'Économie Sociale pour l'Accession à la Propriété (UES-AP PROCIVIS. Elle représente les intérêts communs des 56 SACICAP (Société anonymes coopératives d'intérêt collectif pour l'accession à la propriété) dédiées à l'accession très sociale à la propriété.

www.procivis.fr

> Union Sociale pour l'Habitat Outre-Mer

14, rue Lord Byron

75384 Paris cedex 08

+33(0)1 40 75 68 58

www.habitat-outre-mer.fr

• L'USH Outre-Mer fédère l'ensemble des organismes Hlm de la Réunion, de la Martinique, de la Guadeloupe, de la Guyane, de la Polynésie française et de la Nouvelle-Calédonie.

1113.34 Organisations associatives

> Association Force ouvrière consommateurs (AFOC)

141, avenue du Maine

75014 Paris

+33(0)1 40 52 85 85

www.afoc.net

> Confédération nationale du logement (CNL)

8, rue Mériel

BP 119

93104 Montreuil cedex

+33(0)1 48 57 04 64

www.lacnl.com

> Confédération générale du logement (CGL)

29 rue des Cascades

75020 Paris

+33(0)1 40 54 60 80

www.lacgl.fr

> Confédération syndicale des familles (CSF)

53, rue Riquet

75019 Paris

+33(0)1 44 89 86 80

www.la-csf.org

> Confédération de la consommation, du logement et du cadre de vie (CLCV)
59, boulevard Exelmans
75016 Paris
+33(0)1 56 54 32 10
www.clcv.org

> Fédération des sociétés immobilières et foncières
46, rue de Rome
75008 Paris
+33(0)1 44 90 01 05
www.fsif.fr

> Groupement syndical des propriétaires et copropriétaires de Paris et de la région parisienne
123, rue Saint-Lazare
75008 Paris
+33(0)1 43 87 56 65
http://gspparis.free.fr

> Union fédérale de la consommation (UFC – Que choisir)
233, boulevard Voltaire
75011 Paris
www.quechoisir.org

> Union nationale de la propriété immobilière (UNPI)
11, quai Anatole France
+33(0)1 44 11 32 42
75007 Paris
www.unpi.org

1113.35 Organismes des professionnels de l'immobilier

> Fédération nationale de l'immobilier (FNAIM)
129, rue du faubourg Saint-Honoré
75008 Paris
+33(0)1 44 20 77 00
www.fnaim.fr
Chambre Fnaim Paris Île-de-France
Maison de l'immobilier
27 *bis*, avenue de Villiers
75017 Paris
Tél. : 01 40 53 73 50

> Fédération internationale des professions immobilières (FIABCI)
17, rue Dumont d'Urville
75016 Paris
+33(0) 1 73 79 58 30
www.fiabci.org

> Union des syndicats de l'immobilier (UNIS)
15-17, rue Chateaubriand
75008 Paris
+33(0)1 55 32 01 00
www.unis-immo.fr

> Syndicat national des professionnels de l'immobilier (SNPI)
26, avenue Victor-Hugo
75116 Paris
+33(0)1 53 64 91 91
www.snpi.com

> Conseil supérieur du notariat (CSN)
60, boulevard La Tour-Maubourg
75007 Paris
+33(0)1 44 90 30 00
www.notaires.fr

1113.36 Organismes des professionnels des travaux

> Fédération française du bâtiment
33, avenue Kléber
75116 Paris
+33(0)1 40 69 51 00
www.ffbatiment.fr

> Qualibat
55, avenue Kléber
75784 Paris cedex 16
+33(0)1 47 04 26 01
www.qualibat.com

Principales abréviations utilisées

	signifie
Administrer	Revue Administrer
AJDA	Actualité juridique – Droit administratif
AJDI	Actualité juridique – Droit immobilier
AJPI	Actualité juridique – Propriété immobilière
AL	Allocation de logement
ALF	Allocation de logement familiale
ALS	Allocation de logement sociale
Anah	Agence nationale pour l'amélioration de l'habitat
Anil	Agence nationale pour l'information sur le logement
Ann. loyers	Annales de loyers
APL	Aide personnalisée au logement
Arr.	Arrêté
art.	article
Bull. civ.	Bulletin des arrêts de la Cour de cassation, chambres civiles
C. civ.	Code civil
CCH	Code de la construction et de l'habitation
CE	Conseil d'État
C. pén.	Code pénal
CAF	Caisse d'allocations familiales
Civ.	1re, 2e, 3e Cour de cassation, chambres civiles
Com.	Cour de cassation, chambre commerciale
CDC	Caisse des dépôts et consignations
CFF	Crédit foncier de France
CGI	Code général des impôts
Circ.	Circulaire
CNC	Commission nationale de concertation
COJ	Code de l'organisation judiciaire
CS	Conseil de surveillance
CSP	Code de la santé publique
D.	Recueil Dalloz
EPCI	Établissement public de coopération intercommunale
FSL	Fonds de solidarité pour le logement
Gaz. Pal.	Gazette du Palais
Hlm	Habitations à loyer modéré
HLMO	Habitations à loyer modéré ordinaire
ILM	Immeuble à loyer moyen
ILN	Immeuble à loyer normal
Instr.	Instruction
Insee	Institut national de la statistique et des études économiques
IR	Informations rapides
JCP	Juris-Classeur périodique, édition générale
JCP N	Juris-Classeur périodique, édition notariale
JO	Journal officiel

JOAN	Journal officiel, débats de l'Assemblée nationale
JO Sénat	Journal officiel, débats du Sénat
LCR	Locaux collectifs résidentiels
Loyers et copr.	Loyers et copropriété
MSA	Mutualité sociale agricole
OPAC	Office public d'aménagement et de construction
OPHlm	Office public d'habitations à loyer modéré
Ord.	Ordonnance
PALULOS	Prime à l'amélioration des logements à usage locatif et à occupation sociale
Pan.	Panorama
PAP	Prêt d'accession à la propriété
PC	Prêt conventionné
PCL	Prêt conventionné locatif
PLA	Prêt locatif aidé
PLI	Prêt locatif intermédiaire
PLR	Programmes à loyer réduit
PLS	Prêt locatif social
PLUS	Prêt locatif à usage social
PSR	Programmes sociaux de relogement
RDI	Revue de droit immobilier
Rép. min.	Réponse ministérielle
Rev. loyers	Revue des loyers et des fermages
RTD civ.	Revue trimestrielle de droit civil
SA Hlm	Société anonyme d'habitations à loyer modéré
SDAPL	Section départementale de l'APL
SEM	Société d'économie mixte
SLS	Supplément de loyer de solidarité
Soc.	Cour de cassation, chambre sociale
somm.	sommaire
TI	Tribunal d'instance
TGI	Tribunal de grande instance
ZRR	Zone de revitalisation rurale
ZUS	Zone urbaine sensible

Index alphabétique thématique

F

G

J

M

N

T

PHOTOCOMPOSITION
SCM • Toulouse

716068 (I) OSB - Pr 60 g - SCM (FLE)
Imprimé en Italie par LEGO S.p.A.
Dépôt légal : novembre 2017